D1618612

Neues Schuld- und Sachenrecht
im Beitrittsgebiet

Neues Schuld- und Sachenrecht im Beitrittsgebiet

Sachenrechtsbereinigungsgesetz
Schuldrechtsänderungsgesetz
Mietenüberleitungsgesetz
§§ 1094 ff. BGB · Art. 230 ff. EGBGB

C. H. Beck'sche Verlagsbuchhandlung
München 1997

Sonderausgabe aus der 3. Auflage des Münchener Kommentars zum BGB

Teil 1 und 3: Sonderausgabe aus Band 6

Teil 2: Sonderausgabe aus der 3. Ergänzungslieferung ausgegeben im Januar 1997

Teil 4: Sonderausgabe aus der 2. Ergänzungslieferung ausgegeben im August 1995 und aus der 3. Ergänzungslieferung ausgegeben im Januar 1997

Die Deutsche Bibliothek – Cip-Einheitsaufnahme

Neues Schuld- und Sachenrecht : Sachenrechtsbereinigungsgesetz, Schuldrechtsänderungsgesetz, Mietenüberleitungsgesetz, §§ 1094 ff. BGB Art. 230 ff. EGBGB. – Sonderausg. – München : Beck, 1997
Aus: Münchener Kommentar zum BGB
ISBN 3 406 42964 5

ISBN 3 406 42964 5

Druck der C. H. Beck'schen Buchdruckerei, Nördlingen
Gedruckt auf säurefreiem, alterungsbeständigem Papier
(hergestellt aus chlorfrei gebleichtem Zellstoff)

Vorwort

Der Einigungsvertrag (BGBl. 1990 II S. 885 ff.) hat die Sonderentwicklung des Privatrechts der ehemaligen DDR insbesondere auf dem Gebiet des Immobiliarsachenrechts in der Kürze der 1990 zur Verfügung stehenden Zeit nicht abrupt beenden können, sondern hat die vielfältigen Formen der Nutzungszuweisung von Grund und Boden, von Wohn- und Gewerbebauten, die die Bedeutung des Privateigentums zurückdrängten, zunächst hingenommen und dem Gesetzgeber den Auftrag erteilt, die vom Privatrecht der DDR eingeräumten sachen- und schuldrechtlichen Nutzungsrechte an die Institutionen des BGB baldmöglichst anzupassen, um damit auch für den Bereich des Bodeneigentums die Rechtseinheit sobald wie möglich herzustellen.

Der Sonderband aus dem Münchener Kommentar erläutert das nach sorgfältiger Vorbereitung zustande gekommene Sachenrechtsbereinigungsgesetz sowie das Schuldrechtsänderungsgesetz, das schuldrechtliche Nutzungs- und Gebrauchsüberlassungsverträge unterschiedlichster Art an das BGB anpaßt. Im übrigen sind aus Gründen des Sachzusammenhangs die Erläuterungen der Art. 230 bis 236 EGBGB mit aufgenommen. Diese Kommentierung entspricht dem Stand der 2. bzw. 3. Ergänzungslieferung zur 3. Auflage, die im August 1995 bzw. Januar 1997 ausgegeben wurden. Deshalb wird bereits jetzt auf die in Vorbereitung befindliche Kommentierung in Band 11 des Münchener Kommentars zum BGB hingewiesen. Ferner wurden die Ausführungen zum dinglichen Vorkaufsrecht in den Sonderband eingestellt.

Verlag und Herausgeber hoffen, damit den Juristen in den neuen Bundesländern eine praktikable, benutzerfreundliche Hilfe für die Bewältigung der zahlreichen Rechtsfragen zu liefern, die sich bei der Anpassung des DDR-Schuld- und Sachenrechts an die Privatrechtsordnung Deutschlands ergeben.

München, im Juni 1997 C. H. Beck'sche Verlagsbuchhandlung

Bearbeiterverzeichnis

Dr. Jan Busche
Wiss. Assistent an der Freien Universität Berlin

Dr. Mathias Cremer
Notar in Dresden

Dr. Jürgen Damrau
Prof. an der Universität Konstanz, Richter am LG a. D.

Claus Dörr
Richter am BGH

Dr. Jörn Eckert
Prof. an der Universität Kiel

Dieter Eickmann
Prof. an der Fachhochschule für Verwaltung und Rechtspflege in Berlin

Börries von Feldmann
Richter am OLG a. D.

Dr. Joachim Gernhuber
em. Professor an der Universität Tübingen

Dr. Dr. h. c. Wolfgang Gitter
Prof. an der Universität Bayreuth

Uwe Gräper
Richter am OLG Bremen

Dr. Christian Grüneberg
Richter am LG Bonn

Dr. Helmut Heinrichs
Präsident des OLG Bremen a. D.

Dr. Manfred Hinz
Prof. an der Freien Universität Berlin

Dr. Georg Holch
Ministerialrat a. D.

Dr. Uwe Hüffer
Prof. an der Universität Bochum

Dr. Detlev Joost
Prof. an der Universität Hamburg

Peter Kühnholz
Vors. Richter am Brandenburgischen OLG

Dr. Dieter Leipold
Prof. an der Universität Freiburg

Bearbeiter

Dr. Alexander Lüderitz
Prof. an der Universität Köln

Horst Luthin
Vors. Richter am OLG Hamm

Dr. Hans-Joachim Mertens
Prof. an der Universität Frankfurt

Dr. Dirk Müller-Gindullis
Vors. Richter am Hamburgischen OVG

Dr. Dietrich Mutschler
Vors. Richter am OLG a. D.

Helmut Freiherr von Oefele
Notar in München

Dr. Hartmut Oetker
Prof. an der Universität Jena

Friedrich Quack
Richter am BGH

Dr. Dieter Reuter
Prof. an der Universität Kiel

Dr. Gerhard Richter
Leitender Ministerialrat

Dr. Dr. Franz Jürgen Säcker
Prof. an der Freien Universität Berlin

Dr. Karsten Schmidt
Prof. an der Universität Bonn

Dr. Dieter Schwab
Prof. an der Universität Regensburg

Dr. Kurt Siehr
Prof. an der Universität Zürich

Dr. Stefan Smid
Prof. an der Universität Halle

Dr. Hans Jürgen Sonnenberger
Prof. an der Universität München

Rudi Voelskow
Ministerialrat a. D.

Dr. Andreas Wacke
Prof. an der Universität Köln

Holger Wendtland
Richter am Brandenburgischen OLG

Dr. Harm Peter Westermann
Prof. an der Universität Tübingen

Inhaltsübersicht

Inhaltsverzeichnis

Seite

Seite

Teil 3. Bürgerliches Gesetzbuch
Drittes Buch. Sachenrecht
Sechster Abschnitt.
Vorkaufsrecht (§§ 1094–1104)

Teil 4. Einführungsgesetz zum Bürgerlichen Gesetzbuche
Sechster Teil. Inkrafttreten und Übergangsrecht aus Anlaß der Einführung des Bürgerlichen Gesetzbuchs und dieses Einführungsgesetzes in dem in Artikel 3 des Einigungsvertrages genannten Gebiet (Art. 230–236)

Verzeichnis der Abkürzungen und der abgekürzt zitierten Literatur

Zeitschriften werden, soweit nicht anders angegeben, nach Jahrgang und Seite zitiert.

aA	anderer Ansicht
aaO	am angegebenen Ort
AAÜG	Gesetz zur Überführung der Ansprüche und Anwartschaften aus Zusatz- und Sonderversorgungssystemen des Beitrittsgebiets (Anspruchs- und Anwartschaftsüberführungsgesetz – AAÜG), Art. 3 des RÜG v. 25. 7. 1991 (BGBl. I S. 1606, 1677)
Abg.	Abgeordneter
AbgG	Gesetz über die Rechtsverhältnisse der Mitglieder des Deutschen Bundestages (Abgeordnetengesetz) v. 18. 2. 1977 (BGBl. I S. 297)
ABGB	Allgemeines Bürgerliches Gesetzbuch vom 1. 6. 1811 (Österreich)
Abh.	Abhandlung(en)
Abk.	Abkommen
ABl.	Amtsblatt
abl.	ablehnend
ABlEG	Amtsblatt der Europäischen Gemeinschaften
Abs.	Absatz
Abschn.	Abschnitt
ABSpB	Allgemeine Bausparbedingungen
Abt.	Abteilung
abw.	abweichend
AbzG	Abzahlungsgesetz v. 16. 4. 1894 (RGBl. S. 450)
AcP	Archiv für die civilistische Praxis (Zeitschrift; zitiert nach Band und Seite; in Klammer Erscheinungsjahr des jeweiligen Bandes)
ADB	Allgemeine Deutsche Binnen-Transportbedingungen von 1963
ADHGB	Allgemeines Deutsches Handelsgesetzbuch von 1861
AdoptG	Adoptionsgesetz v. 2. 7. 1976 (BGBl. I S. 1749)
AdoptRÄndG	Gesetz zur Änderung von Vorschriften des Adoptionsrechts v. 14. 8. 1973 (BGBl. I S. 1013)
ADS	Allgemeine Deutsche Seeversicherungsbedingungen – Besondere Bestimmungen für die Güterversicherung 1973/1984
ADSp.	Allgemeine Deutsche Spediteurbedingungen
AdVermiG	Gesetz über die Vermittlung der Annahme als Kind idF v. 27. 11. 1989 (BGBl. I S. 2016)
aE	am Ende
AEG	Allgemeines Eisenbahngesetz v. 29. 3. 1951 (BGBl. I S. 225)
Änderungs-RL	Änderungsrichtlinie zur Änderung der Verbraucherkreditrichtlinie v. 22. 2. 1990 (ABlEG Nr. L 61/14 v. 10. 3. 1990)
Ärztl. Lab.	Das Ärztliche Laboratorium (Zeitschrift)
aF	alte(r) Fassung
AFB	Allgemeine Feuerversicherungsbedingungen
AFG	Arbeitsförderungsgesetz v. 25. 6. 1969 (BGBl. I S. 582)
AFKG	Gesetz zur Konsolidierung der Arbeitsförderung (Arbeitsförderungs-Konsolidierungsgesetz – AFKG) v. 22. 12. 1981 (BGBl. I S. 1497)
AfP	Archiv für Presserecht (Zeitschrift)
AFWoG	Gesetz zum Abbau der Fehlsubventionierung im Wohnungswesen, Art. 27 Unterart. 1 des 2. Haushaltsstrukturgesetzes v. 22. 12. 1981 (BGBl. I S. 1523, 1542)
AG	Aktiengesellschaft; Die Aktiengesellschaft (Zeitschrift); Amtsgericht (mit Ortsnamen)
AGB	Allgemeine Geschäftsbedingungen; Arbeitsgesetzbuch der Deutschen Demokratischen Republik v. 16. 6. 1977 (GBl. I S. 185)

AGBG .... Gesetz zur Regelung des Rechts der Allgemeinen Geschäftsbedingungen vom 9. 12. 1976 (BGBl. I S. 3317)
AGBGB .... Ausführungsgesetz zum BGB
AGBSpK .... Allgemeine Geschäftsbedingungen der Sparkassen
AGJ .... Arbeitsgemeinschaft für Jugendhilfe
AGJJ .... Arbeitsgemeinschaft für Jugendpflege und Jugendfürsorge
AgrarR .... Agrarrecht, Zeitschrift für das gesamte Recht der Landwirtschaft, der Agrarmärkte und des ländlichen Raumes
AgV .... Arbeitsgemeinschaft für Verbraucher
AHB .... Allgemeine Versicherungsbedingungen für die Haftpflichtversicherung
AHG .... Gesetz über Altschuldenhilfen für kommunale Wohnungsunternehmen, Wohnungsgenossenschaften und private Vermieter in dem in Artikel 3 des Einigungsvertrages genannten Gebiet (Altschuldenhilfe-Gesetz) v. 23. 6. 1993 (BGBl. I S. 986, zul. geänd. durch Gesetz v. 21. 11. 1996, BGBl. I S. 1780)
AHGB .... Allgemeines Handelsgesetzbuch
AHK .... Alliierte Hohe Kommission
AHKBl. .... Amtsblatt der Alliierten Hohen Kommission in Deutschland
AHKGes. .... Gesetz der Alliierten Hohen Kommission
AiB .... Arbeitsrecht im Betrieb (Zeitschrift)
AIZ .... Allgemeine Immobilien-Zeitung
AK .... Alliierte Kommandatura
AKB .... Allgemeine Bedingungen für die Kraftfahrtversicherung idF v. 26. 7. 1988 (BAnz. S. 3658)
AK-BGB – *Bearbeiter* ..... Alternativkommentar zum Bürgerlichen Gesetzbuch, hrsg. v. *Wassermann,* 1979 ff.
AkDR .... Akademie für Deutsches Recht
AKG .... Gesetz zur allgemeinen Regelung durch den Krieg und den Zusammenbruch des Deutschen Reiches entstandener Schäden (Allgemeines Kriegsfolgengesetz) v. 5. 11. 1957 (BGBl. I S. 1747)
AktG .... Aktiengesetz v. 6. 9. 1965 (BGBl. I S. 1089)
allgM .... allgemeine Meinung
ALR .... Allgemeines Landrecht für die Preußischen Staaten von 1794 (zitiert nach §, Teil und Titel)
Alt. .... Alternative
AltersteilzeitG .... Gesetz zur Förderung eines gleitenden Übergangs älterer Arbeitnehmer in den Ruhestand (Altersteilzeitgesetz) v. 20. 12. 1988 (BGBl. I S. 2343)
aM .... anderer Meinung
Amtl. Begr. .... Amtliche Begründung
ANBA .... Amtliche Nachrichten der Bundesanstalt für Arbeit
ÄndG .... Gesetz zur Änderung
AnfG .... Gesetz betr. die Anfechtung von Rechtshandlungen eines Schuldners außerhalb des Konkursverfahrens idF v. 20. 5. 1898 (RGBl. S. 709)
AngKSchG .... Gesetz über die Fristen für die Kündigung von Angestellten v. 9. 7. 1926 (RGBl. I S. 399)
Anh. .... Anhang
Anm. .... Anmerkung
AnmVO .... Anmeldeverordnung, Verordnung über die Anmeldung vermögensrechtlicher Ansprüche idF der Bekanntm. v. 3. 8. 1992 (BGBl. I S. 1481)
AnpassungsVO .... Anpassungsverordnung zu § 1612a Abs. 2 BGB v. 22. 6. 1977 (BGBl. I S. 977)
AnpflEigentG .... Gesetz zur Regelung des Eigentums an von landwirtschaftlichen Produktionsgenossenschaften vorgenommenen Anpflanzungen (Anpflanzungseigentumsgesetz – AnpflEigentG) v. 21. 9. 1994 (BGBl. I S. 2549)
AnVNG .... Gesetz zur Neuregelung des Rechts der Rentenversicherung der Angestellten (Angestellten-Versicherungs-Neuregelungsgesetz) v. 23. 2. 1957 (BGBl. I S. 88)
AnwBl. .... Anwaltsblatt (Zeitschrift)

AO .... Abgabenordnung (AO 1977) idF v. 16. 3. 1976 (BGBl. I S. 613), (BGBl. I [1977] S. 269)
AöR .... Archiv des öffentlichen Rechts (Zeitschrift, zitiert nach Band und Seite)
AP .... Arbeitsrechtliche Praxis, Nachschlagewerk des Bundesarbeitsgerichts (Nr. ohne Gesetzesstelle bezieht sich auf den gerade kommentierten Paragraphen)
AppG .... Appellationsgericht
ARB 1984 .... Allgemeine Reisebedingungen 1984, AGB-Empfehlungen des Deutschen Reisebüro-Verband e. V.
ArbG .... Arbeitsgericht (mit Ortsnamen)
ArbGeb. .... Der Arbeitgeber (Zeitschrift)
ArbGG .... Arbeitsgerichtsgesetz idF v. 2. 7. 1979 (BGBl. I S. 853, ber. S. 1036)
ArbGr. .... Arbeitsrechtlicher Grundriß
AR-Blattei .... Arbeitsrecht-Blattei, Handbuch für die Praxis, begr. v. *Sitzler,* hrsg. v. *Oehmann* u. *Dieterich*
ArbMin. .... Arbeitsministerium
ArbnErfG .... Gesetz über Arbeitnehmererfindungen v. 25. 7. 1957 (BGBl. I S. 756)
ArbPlSchG .... Arbeitsplatzschutzgesetz idF v. 14. 4. 1980 (BGBl. I S. 425)
1. ArbRBerG .... Erstes Arbeitsrechtsbereinigungsgesetz v. 14. 8. 1969 (BGBl. I S. 1106)
ArbRGeg. .... Das Arbeitsrecht der Gegenwart (Zeitschrift)
ArbRspr. .... Die Rechtsprechung in Arbeitssachen (Entscheidungssammlung)
ArbSG .... Arbeitssicherstellungsgesetz v. 9. 7. 1968 (BGBl. I S. 787)
AuA .... Arbeit und Arbeitsrecht (DDR-Zeitschrift)
ArbuR .... Arbeit und Recht (Zeitschrift)
ArbVNG .... Gesetz zur Neuregelung des Rechts der Rentenversicherung der Arbeiter (Arbeiterrentenversicherungs-Neuregelungsgesetz) vom 23. 2. 1957 (BGBl. I S. 45)
Arch. .... Archiv
ArchBürgR .... Archiv für Bürgerliches Recht (Zeitschrift)
ArchFunkR .... Archiv für Funkrecht (Zeitschrift; ab 1937: Rundfunkarchiv)
ArchLR .... Archiv für Luftrecht (Zeitschrift)
ArchRWPhil. .... Archiv für Rechts- und Wirtschaftsphilosophie (Zeitschrift)
ArchSozG .... Archiv für soziale Gesetzgebung und Statistik (Zeitschrift)
ArchSozWiss. .... Archiv für Sozialwissenschaft und Sozialpolitik (Zeitschrift)
ArchVR .... Archiv für Völkerrecht (Zeitschrift)
arg. .... argumentum
ARS .... Arbeitsrechts-Sammlung, Entscheidungen des Reichsarbeitsgerichts und der Landesarbeitsgerichte (1928–1944)
ARSP .... Archiv für Rechts- und Sozialphilosophie (Zeitschrift; zitiert nach Band und Seite)
ARSt. .... Arbeitsrecht in Stichworten (Entscheidungssammlung)
Art. .... Artikel
ArVNG .... Gesetz zur Neuregelung des Rechts der Rentenversicherung der Arbeiter (Arbeiterrentenversicherungs-Neuregelungsgesetz) v. 23. 2. 1957 (BGBl. I S. 45)
AS .... Sammlung der eidgenössischen Gesetze
ASp. .... Arbeit und Sozialpolitik (Zeitschrift)
AT .... Allgemeiner Teil
AtG .... Atomgesetz idF v. 15. 7. 1985 (BGBl. I S. 1565)
AtW .... Die Atomwirtschaft, Zeitschrift für die wirtschaftlichen Fragen der Kernumwandlung
AuA .... Arbeit und Arbeitsrecht (Zeitschrift)
AUB .... Allgemeine Unfallversicherungs-Bedingungen
Aufl. .... Auflage
AUG .... Gesetz zur Geltendmachung von Unterhaltsansprüchen im Verkehr mit ausländischen Staaten (Auslandsunterhaltsgesetz) v. 19. 2. 1986 (BGBl. I S. 2563)
AÜG .... Arbeitnehmerüberlassungsgesetz idF v. 14. 6. 1985 (BGBl. I S. 1068)
AuR .... Arbeit und Recht, Zeitschrift für die Arbeitsrechtspraxis

AusfG	Ausführungsgesetz
AusfVO	Ausführungsverordnung
AuslG	Ausländergesetz v. 9. 7. 1990 (BGBl. I S. 1354)
AuslInvestmG	Gesetz über den Vertrieb ausländischer Investmentanteile und über die Besteuerung der Erträge aus ausländischen Investmentanteilen v. 28. 7. 1969 (BGBl. I S. 986)
AuslPflVG	Gesetz über die Haftpflichtversicherung für ausländische Kraftfahrzeuge und Kraftfahrzeuganhänger v. 24. 7. 1956 (BGBl. I S. 667; 1957 I S. 368)
AußStrG	Gesetz über das gerichtliche Verfahren in Rechtsangelegenheiten außer Streitsachen (Österreich)
AVAVG	Gesetz über Arbeitsvermittlung und Arbeitslosenversicherung v. 16. 7. 1927 (RGBl. I S. 187), idF d. Bek. v. 3. 4. 1957 (BGBl. I S. 321)
AVB	Allgemeine Versicherungsbedingungen; Allgemeine Vertragsbestimmungen
AVG	Angestelltenversicherungsgesetz idF v. 28. 5. 1924 (RGBl. S. 563)
AVO	Ausführungsverordnung
AVV	Allgemeine Verwaltungsvorschrift
AWD	Außenwirtschaftsdienst des Betriebsberaters (Zeitschrift, 4. 1958–20. 1974; vorher und anschließend RIW)
AWG	Außenwirtschaftsgesetz v. 28. 4. 1961 (BGBl. I S. 481)
AW/RiA	AW-Recht im Außenhandel; Beilage zu DDR-Außenwirtschaft
AWV	Außenwirtschaftsverordnung v. 18. 12. 1986 (BGBl. I S. 2671)
Az.	Aktenzeichen
AZO	Arbeitszeitordnung v. 30. 4. 1938 (RGBl. S. 447)
B	Bundes-
BABl.	Bundesarbeitsblatt (Zeitschrift)
BadNotZ	Badische Notar-Zeitschrift
BadRpr.	Badische Rechtspraxis
Bad.-Württ.	Baden-Württemberg
bad.-württ.	baden-württembergisch
Bärmann-Pick	*Bärmann-Pick,* Wohnungseigentum, Kommentar, 13. Aufl. 1994
BAföG	Bundesgesetz über individuelle Förderung der Ausbildung (Bundesausbildungsförderungsgesetz) idF v. 6. 6. 1983 (BGBl. I S. 645)
BAG	Bundesarbeitsgericht
BAGE	Entscheidungen des Bundesarbeitsgerichts
BAKred.	Bundesaufsichtsamt für das Kreditwesen
BankA	Bank-Archiv (Zeitschrift, 1. 1901–43. 1943; aufgegangen in Bankwirtschaft [1943–1945])
bank und markt	bank und markt (Zeitschrift)
BAnstArb.	Bundesanstalt für Arbeit
BAnz.	Bundesanzeiger
BÄO	Bundesärzteordnung idF v. 16. 4. 1987 (BGBl. I S. 1218)
BarwertV	Verordnung zur Ermittlung des Barwerts einer auszugleichenden Versorgung nach § 1587 a Abs. 3 Nr. 2, Abs. 4 des Bürgerlichen Gesetzbuchs (Barwert-Verordnung) v. 24. 6. 1977 (BGBl. I S. 1014)
Bassenge-Herbst	*Bassenge-Herbst,* Kommentar zum FGG/RPflG, 6. Aufl. 1992
BAT	Bundes-Angestellten-Tarifvertrag
BauGB	Baugesetzbuch idF v. 8. 12. 1986 (BGBl. I S. 2253)
Baumbach-Bearbeiter	*Baumbach-Lauterbach-Albers-Hartmann,* Zivilprozeßordnung, 55. Aufl. 1997
Baumbach-Hopt	*Baumbach-Hopt,* Handelsgesetzbuch, Kommentar, 29. Aufl. 1995
Baumbach-Hefermehl	*Baumbach-Hefermehl,* Wechselgesetz und Scheckgesetz, Kommentar, 19. Aufl. 1995
Baumbach-Hefermehl Wettbewerbsrecht	*Baumbach-Hefermehl* Wettbewerbsrecht, 19. Aufl. 1996
Baumbach-Hueck	*Baumbach-Hueck,* GmbHG, Kommentar, 16. Aufl. 1996
Baumgärtel	*Baumgärtel,* Handbuch der Beweislast im Privatrecht, Kommentar, 1982 ff.

BauNVO .... Verordnung über die bauliche Nutzung der Grundstücke idF v. 23. 1. 1990 (BGBl. I S. 132)
Baur-Stürner .... *Baur-Stürner,* Lehrbuch des Sachenrechts, 16. Aufl. 1992
BauGB .... Baugesetzbuch idF v. 8. 12. 1986 (BGBl. I S. 2253)
BauGB-MaßnahmenG .. Art. 2 des Gesetzes zur Erleichterung des Wohnungsbaus vom 17. 5. 1990 (BGBl. I S. 926)
BAUNVO .... Baunutzungsverordnung idF v. 23. 1. 1990 (BGBl. I S. 132)
BauR .... Baurecht (Zeitschrift 1. 1970 ff.)
BauSpkG .... Gesetz über Bausparkassen idF v. 13. 12. 1990 (BGBl. I S. 2770)
BauSpkVO .... Verordnung über Bausparkassen v. 16. 1. 1973 (BGBl. I S. 41)
Bay., bay. .... Bayern, bayerisch
BayAGBGB .... Bayerisches Ausführungsgesetz zum BGB
BayBS .... Bereinigte Sammlung des bayerischen Landesrechts
BayJMBl. .... Bayerisches Justizministerialblatt
BayNotV .... Mitteilungen des Bayerischen Notarvereins (1. 1924–10. 1933), danach Bayerische Notarzeitschrift
BayNotZ .... Bayerische Notariats-Zeitung und Zeitschrift für die freiwillige Rechtspflege der Gerichte in Bayern
BayObLG .... Bayerisches Oberstes Landesgericht
BayObLGZ .... Amtliche Sammlung von Entscheidungen des Bayerischen Obersten Landesgerichts in Zivilsachen
BayObLGSt. .... Amtliche Sammlung von Entscheidungen des Bayerischen Obersten Landesgerichts in Strafsachen
BayStAZ .... Bayerisches Standesamt (Zeitschrift; jetzt verbunden mit StAZ)
BayVBl. .... Bayerische Verwaltungsblätter (Zeitschrift)
BayVerfG .... Bayerischer Verfassungsgerichtshof
BayVerfGE .... Sammlung von Entscheidungen des Bayerischen Verfassungsgerichtshofes
BayZ .... Zeitschrift für Rechtspflege in Bayern
BB .... Betriebs-Berater (Zeitschrift)
BBankG .... Gesetz über die Deutsche Bundesbank v. 26. 7. 1957 (BGBl. I S. 745)
BBauBl. .... Bundesbaublatt (Zeitschrift)
BBesG .... Bundesbesoldungsgesetz idF v. 9. 3. 1992 (BGBl. I S. 409)
BBG .... Bundesbeamtengesetz idF v. 27. 2. 1985 (BGBl. I S. 479)
BBahnG .... Bundesbahngesetz v. 13. 12. 1951 (BGBl. I S. 955)
BBiG .... Berufsbildungsgesetz v. 14. 8. 1969 (BGBl. I S. 1112)
BBVAnpG .... Bundesbesoldungs- und versorgungsanpassungsgesetz 1991 vom 21. 2. 1992 (BGBl. I S. 266)
Bd. (Bde.) .... Band (Bände)
BDA .... Bundesvereinigung der Deutschen Arbeitgeberverbände
BDH .... Bundesdisziplinarhof
BDO .... Bundesdisziplinarordnung idF v. 20. 7. 1967 (BGBl. I S. 750, ber. BGBl. I S. 984)
BDSG .... Bundesdatenschutzgesetz v. 20. 12. 1990 (BGBl. I S. 2954)
BeamtVG .... Gesetz über die Versorgung der Beamten und Richter in Bund und Ländern (Beamtenversorgungsgesetz) idF v. 24. 10. 1990 (BGBl. I S. 2298)
BeamtVGÄndG .... Gesetz zur Änderung des Beamtenversorgungsgesetzes und sonstiger dienst- und versorgungsrechtlicher Vorschriften v. 18. 12. 1989 (BGBl. I S. 2218)
BeamtVÜV .... Verordnung über beamtenversorgungsrechtliche Übergangsregelungen nach Herstellung der Einheit Deutschlands (Beamtenversorgungs-Übergangsverordnung) vom 7. 3. 1991 (BGBl. I S. 629)
Bearb., bearb. .... Bearbeitung/Bearbeiter; bearbeitet
Becker-Etzel KR .... *Becker-Etzel,* Gemeinschaftskommentar zum Kündigungsschutzgesetz und zu sonstigen kündigungsschutzrechtlichen Vorschriften, 3. Aufl. 1989
BEG .... Bundesgesetz zur Entschädigung für Opfer der nationalsozialistischen Verfolgung (Bundesentschädigungsgesetz) idF v. 29. 6. 1956 (BGBl. I S. 559, 562)
Begr. .... Begründung

Beih.	Beiheft
Beil.	Beilage
Beitzke-Lüderitz	*Beitzke-Lüderitz,* Familienrecht, 26. Aufl. 1992
Bek.	Bekanntmachung
Belchaus	*Belchaus,* Elterliches Sorgerecht, Kommentar zum Gesetz zur Neuregelung der elterlichen Sorge, 1980
Bem.	Bemerkung
ber.	berichtigt
BerGesVR	Berichte der Deutschen Gesellschaft für Völkerrecht
Bergmann-Ferid	*Bergmann-Ferid,* Internationales Ehe- und Kindschaftsrecht (Loseblattausgabe), 7 Bde.
BErzGG	Gesetz über die Gewährung von Erziehungsgeld und Erziehungsurlaub (Bundeserziehungsgeldgesetz) idF v. 21. 1. 1992 (BGBl. I S. 69)
bes.	besonders
BeschFG	Gesetz über arbeitsrechtliche Vorschriften zur Beschäftigungsförderung v. 26. 4. 1985 (BGBl. I S. 710)
bespr.	besprochen
bestr.	bestritten
1./2. BesVNG	Erstes/Zweites Gesetz zur Vereinheitlichung und Neuregelung des Besoldungsrechts in Bund und Ländern v. 18. 3. 1971 (BGBl. I S. 208)/v. 23. 5. 1975 (BGBl. I S. 1173)
betr.	betreffend; betreffs
BetrAV	Betriebliche Altersversorgung, Mitteilungsblatt der Arbeitsgemeinschaft für betriebliche Altersversorgung
BetrAVG	Gesetz zur Verbesserung der betrieblichen Altersversorgung v. 19. 12. 1974 (BGBl. I S. 3610)
BetrKostUV	Betriebskosten-Umlageverordnung v. 17. 6. 1991 (BGBl. I S. 1270)
BetrR	Der Betriebsrat (Zeitschrift)
BetrVG	Betriebsverfassungsgesetz idF v. 23. 12. 1988 (BGBl. 1989 I S. 1)
BeurkG	Beurkundungsgesetz v. 28. 8. 1969 (BGBl. I S. 1513)
BewG	Bewertungsgesetz idF v. 1. 2. 1991 (BGBl. I S. 230)
bez.	bezüglich
BezG	Bezirksgericht
BfA	Bundesversicherungsanstalt für Angestellte
BfAI	Bundesstelle für Außenhandelsinformation
BFH	Bundesfinanzhof
BFHE	Sammlung der Entscheidungen und Gutachten des Bundesfinanzhofs
BFM	Bundesfinanzministerium
BGB	Bürgerliches Gesetzbuch v. 18. 8. 1896 (RGBl. S. 195)
BGBl.	Bundesgesetzblatt
BGH	Bundesgerichtshof
BGHSt.	Entscheidungen des Bundesgerichtshofs in Strafsachen
BGHWarn.	Rechtsprechung des Bundesgerichtshofs in Zivilsachen – in der Amtlichen Sammlung nicht enthaltene Entscheidungen (als Fortsetzung von WarnR)
BGHZ	Entscheidungen des Bundesgerichtshofs in Zivilsachen
BImSchG	Gesetz zum Schutz vor schädlichen Umwelteinwirkungen durch Luftverunreinigungen, Geräusche, Erschütterungen und ähnliche Vorgänge idF v. 14. 5. 1990 (BGBl. I S. 881)
BInVG	Gesetz über besondere Investitionen in dem in Artikel 3 des Einigungsvertrages genannten Gebiet (Investitionsgesetz) idF v. 22. 4. 1991 (BGBl. I S. 994)
BJagdG	Bundesjagdgesetz idF v. 29. 9. 1976 (BGBl. I S. 2849)
BKartA	Bundeskartellamt
BKGG	Bundeskindergeldgesetz idF v. 30. 1. 1990 (BGBl. I S. 150)
BKleingG	Bundeskleingartengesetz v. 28. 2. 1983 (BGBl. I S. 210)
Bl.	Blatt
BLG	Bundesleistungsgesetz idF v. 27. 9. 1961 (BGBl. I S. 1769)
BlGBW	Blätter für Grundstücks-, Bau- und Wohnungsrecht
BlGenW	Blätter für Genossenschaftswesen

BlIntPR .... Blätter für internationales Privatrecht (Beilage zur Leipziger Zeitschr. für Deutsches Recht)
Bln .... Berlin(er)
Blomeyer .... *Blomeyer,* Allgemeines Schuldrecht, 4. Aufl. 1969
BlPMZ .... Blatt für Patent-, Muster- und Zeichenwesen
BlStSozArbR .... Blätter für Steuerrecht, Sozialversicherung und Arbeitsrecht
BMA .... Bundesminister(ium) für Arbeit und Sozialordnung
BMBau .... Bundesminister(ium) für Raumordnung, Bauwesen und Städtebau
BMG .... Bundesmietengesetz (nur noch im Land Berlin gültig; dort insbesondere v. Bedeutung:)
1. BMG: Erstes Bundesmietengesetz v. 27. 7. 1955 (BGBl. I S. 458)
2. BMG: Zweites Bundesmietengesetz, Art. 1 des Gesetzes v. 23. 6. 1960 (BGBl. I S. 389)
12. BMG: Zwölftes Bundesmietengesetz, Art. 2 des Gesetzes v. 3. 8. 1982 (BGBl. I S. 1106)
BMI .... Bundesminister(ium) des Innern
BMJ .... Bundesminister(ium) der Justiz
BMJErl. .... Das erste Gesetz zur Reform des Ehe- und Familienrechts vom 14. Juni 1976, Gesetzestext, Auszug aus den Materialien und ergänzende Erläuterungen, herausgegeben vom BMJ
BMJFFG .... Bundesminister(ium) für Jugend, Familie, Frauen und Gesundheit
BNotO .... Bundesnotarordnung idF v. 24. 2. 1961 (BGBl. I S. 97)
Böhmer-Siehr .... *Böhmer-Siehr,* Das gesamte Familienrecht, Bd. 1: Das innerstaatliche Recht der Bundesrepublik Deutschland, Bd. 2: Das internationale Recht, Loseblatt, 1982 ff.
BöhmsZ .... Zeitschrift für internationales Privat- und Strafrecht (ab 12. 1903: für internationales Privat- und Öffentliches Recht), begr. v. *Böhm*
BolzeRG .... Die Praxis des Reichsgerichts in Zivilsachen bearb. v. *A. Bolze*
BonnKomm-*Bearbeiter* ... Kommentar zum Bonner Grundgesetz, Loseblatt
BörsG .... Börsengesetz idF v. 27. 5. 1908 (RGBl. S. 215)
Borth .... *Borth,* Bedarfs- und Einkommensermittlung im Unterhaltsrecht, 1987
BoSoG .... Gesetz über die Sonderung unvermessener und überbauter Grundstücke nach der Karte (Bodensonderungsgesetz – BoSoG) v. 20. 12. 1993 (BGBl. I S. 2183, 2215)
BPatA .... Bundespatentamt
BPatG .... Bundespatentgericht
BPersVG .... Bundespersonalvertretungsgesetz v. 15. 3. 1974 (BGBl. I S. 693)
BPolBG .... Bundespolizeibeamtengesetz idF v. 3. 6. 1976 (BGBl. I S. 1357)
BRAGO .... Bundesrechtsanwaltsgebührenordnung v. 26. 7. 1957 (BGBl. I S. 861, 907)
BRAO .... Bundesrechtsanwaltsordnung v. 1. 8. 1959 (BGBl. I S. 565)
BRat .... Bundesrat
BRatE .... Entwurf des Deutschen Bundesrates
BR-Drucks. .... Drucksache des Deutschen Bundesrates
Brehm .... *Brehm,* Allgemeiner Teil des BGB – Rechtswissenschaft heute, 1991
Breithaupt .... *Breithaupt,* Sammlung von Entscheidungen aus dem Sozialrecht
Brem.; brem. .... Bremen; bremisch
BRepD .... Bundesrepublik Deutschland
BR-Prot. .... Protokoll des Deutschen Bundesrates
Brox .... *Brox,* Erbrecht, 15. Aufl. 1994
Brox AT .... *Brox,* Allgemeiner Teil des Bürgerlichen Gesetzbuchs, 15. Aufl. 1991
Brox SchR AT .... *Brox,* Allgemeines Schuldrecht, 22. Aufl. 1995
Brox SchRBT .... *Brox,* Besonderes Schuldrecht, 20. Aufl. 1995
BRRG .... Beamtenrechtsrahmengesetz idF v. 27. 2. 1985 (BGBl. I S. 462)
BRüG .... Bundesgesetz zur Regelung der rückerstattungsrechtlichen Geldverbindlichkeiten des Deutschen Reichs und gleichgestellter Rechtsträger (Bundesrückerstattungsgesetz) v. 19. 7. 1957 (BGBl. I S. 734)
BrZ .... Britische Zone
BSchG .... Gesetz betreffend die privatrechtlichen Verhältnisse der Binnenschiffahrt (Binnenschiffahrtsgesetz) idF v. 20. 5. 1898 (RGBl. S. 868)

BSG	Bundessozialgericht
BSGE	Entscheidungen des Bundessozialgerichts
BSHG	Bundessozialhilfegesetz idF v. 10. 1. 1991 (BGBl. I S. 95)
BSpkG	Gesetz über Bausparkassen v. 15. 2. 1991 (BGBl. I S. 454)
BStBl.	Bundessteuerblatt
BT	Besonderer Teil
BTag	Bundestag
BTÄO	Bundes-Tierärzteordnung idF v. 20. 11. 1981 (BGBl. I S. 119)
BtBG	Gesetz über die Wahrnehmung behördlicher Aufgaben bei der Betreuung Volljähriger (Betreuungsbehördengesetz-BtBG) (Art. 8. BtG) v. 12. 9. 1990 (BGBl. I S. 2025)
BT-Drucks.	Drucksache des Deutschen Bundestages
BtG	Gesetz zur Reform des Rechts der Vormundschaft und Pflegschaft für Volljährige (Betreuungsgesetz – BtG) v. 12. 9. 1990 (BGBl. I S. 2002)
BT-Prot.	Protokoll des Deutschen Bundestages
Btx	Bildschirmtext
BuB	Bankrecht und Bankpraxis, Loseblattwerk, 3 Bde., 1979 ff.
Buchst.	Buchstabe
Bülow	*Bülow,* Recht der Kreditsicherheiten, 3. Aufl. 1993
Büro	Das Büro (Zeitschrift)
Bumiller-Winkler	*Bumiller-Winkler,* Freiwillige Gerichtsbarkeit, 6. Aufl. 1995
Bunte	*Bunte,* Entscheidungssammlung zum AGB-Gesetz
BUrlG	Mindesturlaubsgesetz für Arbeitnehmer (Bundesurlaubsgesetz) v. 8. 1. 1963 (BGBl. I S. 2)
BuW	Betrieb und Wirtschaft (Zeitschrift)
II. BV	Verordnung über wohnungswirtschaftliche Berechnungen (Zweite Berechnungsverordnung) idF v. 12. 10. 1990 (BGBl. I 2179)
BVerfG	Bundesverfassungsgericht
BVerfGE	Entscheidungen des Bundesverfassungsgerichts
BVerfGG	Gesetz über das Bundesverfassungsgericht idF v. 12. 12. 1985 (BGBl. I S. 2229)
BVerwG	Bundesverwaltungsgericht
BVerwGE	Entscheidungen des Bundesverwaltungsgerichts
BVFG	Gesetz über die Angelegenheiten der Vertriebenen und Flüchtlinge (Bundesvertriebenengesetz) idF v. 3. 9. 1971 (BGBl. I S. 1565, 1807)
BVG	Gesetz über die Versorgung der Opfer des Krieges (Bundesversorgungsgesetz) idF v. 22. 1. 1982 (BGBl. I S. 21)
BWG	Bundeswahlgesetz idF v. 21. 9. 1990 (BGBl. I S. 2059)
BWGöD	Gesetz zur Regelung der Wiedergutmachung nationalsozialistischen Unrechts für Angehörige des öffentlichen Dienstes idF v. 15. 12. 1965 (BGBl. I S. 2073)
BWNotZ	Mitteilungen aus der Praxis, Zeitschrift für das Notariat in Baden-Württemberg (früher WürttNotV)
BZRG	Bundeszentralregistergesetz idF v. 21. 9. 1984 (BGBl. I S. 1229)
bzw.	beziehungsweise
ca.	circa
Canaris	*Canaris,* Die Vertrauenshaftung im deutschen Privatrecht, 1971
Canaris Bankvertragsrecht	*Canaris,* Bankvertragsrecht, 1. Teil 3. Aufl. 1988, 2. Teil 4. Auflage 1995
cert.	certiorari
CIC	Codex Iuris Canonici
c.i.c.	culpa in contrahendo
c.i.f.	cost, insurance, freight
CIM	Règles uniformes concernant le contrat de transport international ferroviaire des marchondises (CIM), Einheitliche Rechtsvorschriften für den Vertrag über die internationale Eisenbahnbeförderung von Gütern (CIM) v. 9. 5. 1980 (BGBl. 1985 II S. 224, 1001)

CISG .... Convention on Contrasts for the International Sale of Goods, siehe UN-KaufR

CIV .... Règles uniformes concernant le contrat de transport international ferroviaire des voyageurs et des bagages (CIV), Einheitliche Rechtsvorschriften für den Vertrag über die internationale Eisenbahnbeförderung von Personen und Gepäck (CIV) v. 9. 5. 1980 (BGBl. 1985 II S. 178, 1001)

CMR .... Convention relative au Contrat de transport international de marchandises par route, Übereinkommen über den Beförderungsvertrag im internationalen Straßengüterverkehr v. 19. 5. 1956 (BGBl. 1961 II S. 1119; 1962 II S. 12)

Cod. .... Codex

Cosack-Mitteis .... *Cosack-Mitteis,* Lehrbuch des Bürgerlichen Rechts, 8. Aufl. 1927

COTIF .... Convention relative aux transports internationaux ferroviaires (COTIV) Übereinkommen über den internationalen Eisenbahnverkehr (COTIF) v. 9. 5. 1980 (BGBl. 1985 II S. 130, 144, 1001)

CR .... Computer und Recht (Zeitschrift)

DA .... Dienstanweisung für die Standesbeamten und ihre Aufsichtsbehörden idF v. 23. 11. 1987 (BAnz. Nr. 227 a), geändert am 24. 10. 1989 (BAnz. S. 5274) und 11. 1. 1991 (BAnz. S. 24)

DAngVers. .... Die Angestelltenversicherung (Zeitschrift)

Danzig .... *Danzig,* Kindschaftsrecht, Die familienrechtlichen Beziehungen in ihrer Bedeutung für Sozialarbeit und Sozialpädagogik, 1974

DAR .... Deutsches Autorecht (Zeitschrift)

DAVorm. .... Der Amtsvormund, Rundbrief des Deutschen Instituts für Vormundschaftswesen (Zeitschrift, zitiert nach Jahrgang und Spalte)

DB .... Der Betrieb (Zeitschrift)

DDR .... Deutsche Demokratische Republik

Demharter .... *Demharter,* Grundbuchordnung, Kommentar, 21. Aufl. 1995

DEMV .... Deutscher Einheits-Mietvertrag

Denkschr. .... Denkschrift des Reichsjustizamts zum Entwurf eines Bürgerlichen Gesetzbuchs, 1896

DepG .... Gesetz über die Verwahrung und Anschaffung von Wertpapieren v. 4. 2. 1937 (RGBl. S. 171)

ders. .... derselbe

DFG .... Deutsche Freiwillige Gerichtsbarkeit (Zeitschrift, 1. 1936–9. 1944)

DFGT .... Deutscher Familiengerichtstag

DGB .... Deutscher Gewerkschaftsbund

dgl. .... desgleichen; dergleichen

DGVZ .... Deutsche Gerichtsvollzieher-Zeitung

DGWR .... Deutsches Gemein- und Wirtschaftsrecht (Zeitschrift, 1. 1935–7. 1942)

dh. .... das heißt

Die Bank .... Die Bank (Zeitschrift)

dies. .... dieselbe(n)

Dietz-Richardi .... *Dietz-Richardi,* Betriebsverfassungsgesetz, Kommentar, 6. Aufl., Bd. 1 1981, Bd. 2 1982

Dig. .... Digesten

Dilcher SachenR .... *Dilcher,* Sachenrecht, 4. Aufl. 1982

DiskE .... Diskussionsentwurf

Diss. .... Dissertation (Universitätsort)

Dittmann-Reimann-Bengel .... *Dittmann-Reimann-Bengel,* Testament und Erbvertrag, 2. Aufl. 1986

DIV .... Deutsches Institut für Vormundschaftswesen

DJ .... Deutsche Justiz (Zeitschrift)

DJT .... Deutscher Juristentag

DJZ .... Deutsche Juristenzeitung (Zeitschrift)

DMBilG .... Gesetz über die Eröffnungsbilanz in Deutscher Mark und die Kapitalneufestsetzung (D-Markbilanzgesetz) idF der Bek. v. 28. 7. 1994 (BGBl. I S. 1842)

DNotV .... Zeitschrift des Deutschen Notarvereins (1. 1901–33. 1933), dann DNotZ
DNotZ .... Deutsche Notar-Zeitung (Zeitschrift)
DÖD .... Der öffentliche Dienst (Zeitschrift)
DogmJ .... Jahrbücher für die Dogmatik des heutigen römischen und deutschen Privatrechts
Dok. .... Dokument
Dölle .... *Dölle,* Darstellung des deutschen Familienrechts mit rechtsvergleichenden Hinweisen Bd. I 1964, Bd. II 1965
DONot .... Dienstordnung für Notare – Bundeseinheitliche Verwaltungsvorschrift der Landesjustizverwaltungen idF v. 1. 8. 1970
DÖV .... Die öffentliche Verwaltung (Zeitschrift)
DR .... Deutsches Recht (Zeitschrift)
DRdA .... Das Recht der Arbeit (österreichische Zeitschrift)
DRiG .... Deutsches Richtergesetz idF v. 19. 4. 1972 (BGBl. I S. 713)
DRiZ .... Deutsche Richterzeitung (Zeitschrift)
DRspr. .... Deutsche Rechtsprechung, Entscheidungssammlung und Aufsatzhinweise
DRV .... Deutsche Rentenversicherung (Zeitschrift); Deutscher Reisebüro-Verband e. V.
DRWiss. .... Deutsche Rechtswissenschaft (Zeitschrift, 1. 1936–8. 1943)
DRZ .... Deutsche Rechts-Zeitschrift
DSb. .... Der Sozialberater (Zeitschrift)
DStR .... Deutsches Steuerrecht (Zeitschrift)
DStZ/A .... Deutsche Steuerzeitung Ausgabe A
Dt.; dt. .... deutsch
DtZ .... Deutsch-Deutsche Rechts-Zeitschrift
DuR .... Demokratie und Recht (Zeitschrift)
DVBl. .... Deutsches Verwaltungsblatt
DVerkStRdsch. .... Deutsche Verkehrsteuer-Rundschau
DVO .... Durchführungsverordnung
DWW .... Deutsche Wohnungswirtschaft (herausgegeben vom Zentralverband der deutschen Haus-, Wohnungs- und Grundeigentümer; Zeitschrift)
DZWir .... Deutsche Zeitschrift für Wirtschaftsrecht

E .... Entwurf, Entscheidung (in der amtlichen Sammlung)
EALG .... Gesetz über die Entschädigung nach dem Gesetz zur Regelung offener Vermögensfragen und über staatliche Ausgleichsleistungen für Enteignungen auf besatzungsrechtlicher oder besatzungshoheitlicher Grundlage (Entschädigungs- und Ausgleichsleistungsgesetz – EALG) v. 27. 9. 1994 (BGBl. I S. 2624)
ebd. .... ebenda
ECU .... European Currency Unit
EFG .... Entscheidungen der Finanzgerichte
EFG .... Eigentumsfristengesetz v. 20. 12. 1996 (BGBl. I S. 2028)
EG .... Einführungsgesetz; Europäische Gemeinschaft
EGBGB .... Einführungsgesetz zum Bürgerlichen Gesetzbuch v. 18. 8. 1896 (RGBl. S. 604)
EGFGB .... Einführungsgesetz zum Familiengesetzbuch der Deutschen Demokratischen Republik vom 20. 12. 1965 (GBl. 1966 I S. 19)
EGKS .... Europäische Gemeinschaft für Kohle und Stahl
EGKSV .... Vertrag über die Gründung der Europäischen Gemeinschaft für Kohle und Stahl v. 18. 4. 1951 (BGBl. II S. 445, 978)
EGZGB .... Einführungsgesetz zum Zivilgesetzbuch der Deutschen Demokratischen Republik v. 19. 6. 1975 (GBl. S. 517)
EheG .... Ehegesetz v. 20. 2. 1946 (= KRG Nr. 16; ABlKR S. 77)
Eicher-Haase-Rauschenbach Die Rentenversicherung der Arbeiter und Angestellten, 7. Aufl. 1983 ff.
1. EheRG .... 1. Gesetz zur Reform des Ehe- und Familienrechts vom 14. 6. 1976 (BGBl. I S. 1421)
Eichler .... *Eichler,* Institutionen des Sachenrechts, Bd. 1 1954, Bd. II 1. Halbbd. 1957, 2. Halbbd. 1960

Einf.	Einführung
EigenheimVO	Verordnung über die Bereitstellung genossenschaftlich genutzter Bodenflächen zur Errichtung von Eigenheimen auf dem Lande v. 9. 6. 1976 (GBl. I S. 426, 500)
Einl.	Einleitung
EisenbE	Eisenbahn- und verkehrsrechtliche Entscheidungen und Abhandlungen. Zeitschrift für Eisenbahn und Verkehrsrecht (Band u. Seite)
EJF	Entscheidungen aus dem Jugend- und Familienrecht (Abschnitt und Nummer)
EKG	Einheitliches Gesetz über den Abschluß von internationalen Kaufverträgen über bewegliche Sachen v. 17. 7. 1973 (BGBl. I S. 868) iVm. Bek. v. 12. 2. 1974 (BGBl. I S. 358) aufgehoben mit Wirkung vom 1. 1. 1991 (BGBl. 1990 I S. 2895)
EKMR	Europäische Kommission für Menschenrechte
Emmerich-Sonnenschein	*Emmerich-Sonnenschein,* Miete, Handkommentar, §§ 535–580 a BGB, 2. Wohnraumkündigungsschutzgesetz, Gesetz zur dauerhaften sozialen Verbesserung der Wohnungssituation im Land Berlin, Einigunsvertrag, 6. Aufl. 1991
Endemann	*Endemann,* Lehrbuch des Bürgerlichen Rechts, 5 Bde., 1903–1920
Enneccerus-	*Enneccerus-Kipp-Wolff,* Lehrbuch des Bürgerlichen Rechts
– *Kipp*	IV. Bd. Familienrecht (Teil II und III) 7. Aufl. 1931
– *Lehmann*	II. Bd. Recht der Schuldverhältnisse, 15. Aufl. 1958
– *Nipperdey*	I. Bd. AT des Bürgerlichen Rechts, 1. Halbbd. 15. Aufl. 1959; 2. Halbbd. 15. Aufl. 1960
– *Wolff* FamR	IV. Bd. Familienrecht (Teil 1) 7. Aufl. 1931
– *Wolff-Raiser*	III. Bd. Sachenrecht, 10. Aufl. 1957
Entsch.	Entscheidung
EntschG	Gesetz über die Entschädigung nach dem Gesetz zur Regelung offener Vermögensfragen (Entschädigungsgesetz – EntschG) v. 27. 9. 1994 (BGBl. I S. 2624)
entspr.	entsprechend
ErbbauVO	Verordnung über das Erbbaurecht v. 15. 1. 1919 (RGBl. S. 72, ber. S. 122)
ErbStG	Erbschaftsteuer- und Schenkungsteuergesetz idF v. 19. 2. 1991 (BGBl. I S. 468)
Erg.	Ergänzung
ErholNutzG	Gesetz zur Bereinigung der im Beitrittsgebiet zu Erholungszwecken verliehenen Nutzungsrechte (Erholungsnutzungsrechtsgesetz – ErholNutzG) v. 21. 9. 1994 (BGBl. I S. 2548)
Erl.	Erlaß; Erläuterung
Erman-Bearbeiter	*Erman,* Handkommentar zum Bürgerlichen Gesetzbuch, Band I und II, 9. Aufl. 1993
Erstbearb.	Erstbearbeitung (Verweis aus dem Loseblatt-Ergänzungsband auf die genannte Fundstelle im Hauptwerk)
Esser-Schmidt AT	*Esser, Schmidt,* Schuldrecht, Band I, Teilband 1, Allgemeiner Teil, 7. Aufl., 1993
Esser-Weyers BT	*Esser, Weyers,* Schuldrecht, Band II, Besonderer Teil, 7. Aufl. 1991
EStG 1990	Einkommensteuergesetz idF d. Bek. v. 7. 9. 1990 (BGBl. I S. 1898)
etc.	et cetera
EuG	Europäisches Gericht Erster Instanz
EuGH	Gerichtshof der Europäischen Gemeinschaften
EuGHE	Entscheidungen des Gerichtshofes der Europäischen Gemeinschaften
EuGHMR	Europäischer Gerichtshof für Menschenrechte
EuGVÜ	Europäisches Übereinkommen über die gerichtliche Zuständigkeit und die Vollstreckung gerichtlicher Entscheidungen in Zivil- und Handelssachen v. 27. 9. 1968 (BGBl. 1972 II S. 773; 1986 II S. 1020)
EuR	Europarecht (Zeitschrift)
EurEntfü	Europäisches Übereinkommen vom 20. 5. 1980 über die Anerkennung und Vollstreckung von Entscheidungen über das Sorgerecht für

	Kinder und die Wiederherstellung des Sorgeverhältnisses (BGBl. 1990 II S. 220)
EuZW	Europäische Zeitschrift für Wirtschaftsrecht
EV	Eigentumsvorbehalt
e. V.	eingetragener Verein
EVertr.	Vertrag zwischen der Bundesrepublik Deutschland und der Deutschen Demokratischen Republik über die Herstellung der Einheit Deutschlands – Einigungsvertrag – (EVertr) v. 31. 8. 1990 (BGBl. II S. 889)
EVO	Eisenbahn-Verkehrsordnung v. 8. 9. 1938 (RGBl. II S. 663)
evtl.	eventuell
EVÜ	(Europäisches) Übereinkommen über das auf vertragliche Schuldverhältnisse anzuwendende Recht v. 19. 6. 1980 (BGBl. 1986 II S. 809; 1991 II S. 871)
EWG	Europäische Wirtschaftsgemeinschaft
EWGV	Vertrag zur Gründung der Europäischen Wirtschaftsgemeinschaft v. 25. 3. 1957 (BGBl. II S. 766)
EWiR	Entscheidungen zum Wirtschaftsrecht (Zeitschrift)
EWIV	Europäische wirtschaftliche Interessenvereinigung
EWS	Europäisches Währungssystem
EzA	Entscheidungen zum Arbeitsrecht, hrsg. von *Stahlhacke* (Nr. ohne Gesetzesstelle bezieht sich auf den gerade kommentierten Paragraphen)
EzFamR	Entscheidungen zum Familienrecht
f., ff.	folgend(e)
FAG	Gesetz über Fernmeldeanlagen idF d. Bek. v. 3. 7. 1989 (BGBl. I S. 1455)
FamG	Familiengericht
FamGB	Familiengesetzbuch der DDR v. 20. 12. 1965 (GBl. DDR 1966 S. 1)
FamRÄndG	Familienrechtsänderungsgesetz v. 11. 8. 1961 (BGBl. I S. 1221)
FamRZ	Zeitschrift für das gesamte Familienrecht
Ferid IPR	*Ferid*, Internationales Privatrecht, JA-Sonderheft 13, 3. Aufl. 1986
Ferid-Firsching-Lichtenberger	*Ferid-Firsching-Lichtenberger,* Internationales Erbrecht, 7 Bde, 1955 ff. (Loseblattausgabe) 4. Aufl. 1995
FernUSG	Gesetz zum Schutz der Teilnehmer am Fernunterricht (Fernunterrichtsschutzgesetz) v. 24. 8. 1976 (BGBl. I S. 2525)
FestG	Festgabe
Festschr.	Festschrift
FEVG	Gesetz über das gerichtliche Verfahren bei Freiheitsentziehungen v. 29. 6. 1956 (BGBl. I S. 599)
FGB	s. FamGB
FGG	Gesetz über die Angelegenheit der freiwilligen Gerichtsbarkeit v. 17. 5. 1898 (RGBl. I S. 189) idF Bek. v. 20. 5. 1898 (RGBl. S. 369, 711)
FGO	Finanzgerichtsordnung v. 6. 10. 1965 (BGBl. I S. 1477)
FidKomAuflG	Gesetz zur Vereinheitlichung der Fideikommißauflösung v. 26. 6. 1935 (RGBl. I S. 785)
Fikentscher	*Fikentscher,* Das Schuldrecht, 8. Aufl. 1992
FinG	Finanzgericht
Firsching-Graba FamR	*Firsching-Graba,* Familienrecht, 1. Halbband: Familiensachen, 5. Aufl. 1992
Firsching-v. Hoffmann IPR	*Firsching-v.-Hoffmann,* Einführung in das IPR, 4. Aufl. 1995
Firsching-Ruhl FamR	*Firsching-Ruhl,* Familienrecht, 2. Halbband: Vormundschafts- und Betreuungsrecht sowie andere Rechtsgebiete der freiwilligen Gerichtsbarkeit, 5. Aufl. 1992
Firsching NachlR	*Firsching,* Nachlaßrecht, 6. Aufl. 1986
Fitting-Auffarth-Kaiser-Heither	*Fitting-Auffarth-Kaiser-Heither,* Betriebsverfassungsgesetz, Handkommentar, 18. Aufl. 1996
FlaggRG	Gesetz über das Flaggenrecht der Seeschiffe und die Flaggenführung der Binnenschiffe (Flaggenrechtsgesetz) v. 8. 2. 1951 (BGBl. I S. 79)

FLF	Finanzierung-Leasing-Factoring (Zeitschrift)
Flume	*Flume,* Allgemeiner Teil des Bürgerlichen Rechts, 1. Bd., 1. Teil: Die Personengesellschaft, 1977, 1. Bd. 2. Teil: Die juristische Person, 1983, 2. Bd.: Das Rechtsgeschäft, 4. Aufl. 1992
Flume Eigenschaftsirrtum	*Flume,* Eigenschaftsirrtum und Kauf, 1948
FlurbG	Flurbereinigungsgesetz idF v. 16. 3. 1976 (BGBl. I S. 546)
Fn.	Fußnote
FNA	Fundstellennachweis A, Beilage zum Bundesgesetzblatt Teil I
FNB	Fundstellennachweis B, Beilage zum Bundesgesetzblatt Teil II
FR	Finanz-Rundschau (Zeitschrift)
FrankfRdsch.	Rundschau. Sammlung von Entscheidungen in Rechts- und Verwaltungssachen aus dem Bezirke des OLG Frankfurt a. M. (ab 1914: Frankfurter Rundschau)
franz.	französisch
FRES	Entscheidungssammlung zum gesamten Bereich von Ehe und Familie
FRG	Fremdrentengesetz v. 25. 2.1960 (BGBl. I S. 93)
Friederici	*Friederici,* Aktuelles Unterhaltsrecht, 1988
FrzZ	Französische Besatzungszone
FS	Festschrift
Fuchs FamR	Kommentar zum Bürgerlichen Recht 4. Band, Familienrecht. 1. Abschnitt: *Schmidt,* Bürgerliche Ehe, 1907; 3. Abschnitt: *Fuchs,* Vormundschaft, 1909
FuR	Familie und Recht (Zeitschrift)
FVE	Sammlung fremdenverkehrsrechtlicher Entscheidungen
FWW	Die freie Wohnungswirtschaft (Informationsdienst des Verbandes Freier Wohnungsunternehmen; Zeitschrift)
FZR	Freiwillige Zusatzrentenversicherung der Sozialversicherung
G	Gesetz
GA	Goltdammer's Archiv für Strafrecht (1953 ff.; vorher: Dt. Strafrecht)
GAL	Gesetz über die Altersbeihilfe für Landwirte v. 14. 9. 1965 (BGBl. I S. 1448)
GBl.	Gesetzblatt
GBl. DDR	Gesetzblatt Deutsche Demokratische Republik
GBO	Grundbuchordnung idF v. 5. 8. 1935 (RGBl. S. 1073)
GbR	Gesellschaft bürgerlichen Rechts
GBMaßnG	Gesetz über Maßnahmen auf dem Gebiet des Grundbuchwesens v. 20. 12. 1963 (BGBl. I S. 986)
GBVfg.	Allgemeine Verfügung über die Einrichtung und Führung des Grundbuchs (Grundbuchverfügung) v. 8. 8. 1935 (RMBl. S. 637)
GDO	Grundstücksdokumentationsordnung vom 6. 11. 1975 (GBl. I S. 697)
GE	Gemeinsame Erklärung
GebrMG	Gebrauchsmustergesetz idF v. 28. 8. 1986 (BGBl. I S. 1455)
Geigel HaftpflProz.	*Geigel,* Der Haftpflichtprozeß mit Einschluß des materiellen Haftpflichtrechts, 21. Aufl. 1993
gem.	gemäß
GemSOBG	Gemeinsamer Senat der obersten Bundesgerichte
GenG	Gesetz betreffend die Erwerbs- und Wirtschaftsgenossenschaften idF der Bek. v. 20. 5. 1898 (RGBl. S. 369, 810)
Gernhuber/Coester-Waltjen Fam	*Gernhuber/Coester-Waltjen,* Lehrbuch des Familienrechts, 4. Aufl. 1994
Gernhuber BR	*Gernhuber,* Bürgerliches Recht, 3. Aufl. 1991
Gernhuber Erfüllung	*Gernhuber,* Die Erfüllung und ihre Surrogate, Handbuch des Schuldrechts, Band 3, 1983
Gernhuber Schuldverhältnis	*Gernhuber,* Das Schuldverhältnis, Handbuch des Schuldrechts, Band 8, 1989
Gerold	*Gerold,* Ehegesetz, Kommentar, 1950
Ges.; ges.	Gesetz; gesetzlich

GeschmMG .... Gesetz betr. das Urheberrecht an Mustern und Modellen (Geschmacksmustergesetz) v. 11. 1. 1876 (RGBl. S. 11)
GesEinhG .... Gesetz zur Wiederherstellung der Gesetzeseinheit auf dem Gebiete des bürgerlichen Rechts v. 5. 3. 1953 (BGBl. I S. 33)
gesetzl. GV .... gesetzliches Gewaltverhältnis
GesO .... Gesamtvollstreckungsordnung idF vom 23. 5. 1991 (BGBl. I S. 1185)
GesRZ .... Der Gesellschafter (Zeitschrift, 1. 1972ff.)
GewA .... Gewerbe-Archiv (Zeitschrift)
GewO .... Gewerbeordnung idF v. 1. 1. 1987 (BGBl. I S. 425)
gewöhnl. .... gewöhnlich
gewöhnl. A. .... gewöhnlicher Aufenthalt
GewStG .... Gewerbesteuergesetz idF v. 14. 5. 1984 (BGBl. I S. 657)
GG .... Grundgesetz für die Bundesrepublik Deutschland v. 23. 5. 1949 (BGBl. I S. 1)
ggf. .... gegebenenfalls
GGG .... Gesetz über die gesellschaftlichen Gerichte der DDR
Gierke .... *O. v. Gierke,* Deutsches Privatrecht, Bd. 1 1895, Bd. II 1905, Bd. III 1917
Gierke SachR .... *J. v. Gierke,* Bürgerliches Recht, Sachenrecht, 3. Aufl. 1948
Gierke-Sandrock .... *J. v. Gierke-Sandrock,* Handels- und Wirtschaftsrecht, 9. Aufl., 1. Band 1975
Giesen .... *Giesen,* BGB Allgemeiner Teil
Gitter .... *Gitter,* Gebrauchsüberlassungsverträge, Handbuch des Schuldrechts, Band 7, 1988
GIW .... Gesetz über internationale Wirtschaftsverträge v. 5. 2. 1976 (GBl. I S. 61), zuletzt geändert durch Gesetz vom 28. 6. 1990 (GBl. I S. 483)
GKG .... Gerichtskostengesetz idF v. 15. 12. 1975 (BGBl. I S. 3047)
gl. Ans. .... gleiche Ansicht
GleichberG .... Gesetz über die Gleichberechtigung von Mann und Frau auf dem Gebiete des bürgerlichen Rechts (Gleichberechtigungsgesetz) v. 18. 6. 1957 (BGBl. I S. 609)
GmbH .... Gesellschaft mit beschränkter Haftung
GmbH & Co. (KG) .... Gesellschaft mit beschränkter Haftung und Compagnie (Kommanditgesellschaft)
GmbHG .... Gesetz betreffend die Gesellschaften mit beschränkter Haftung idF d. Bek. v. 20. 5. 1898 (RGBl. S. 369, 846)
GmbHRdsch .... GmbH-Rundschau (Zeitschrift)
GMBl. .... Gemeinsames Ministerialblatt
GmS-OGB .... Gemeinsamer Senat der obersten Gerichte des Bundes
Gnomon .... Gnomon, kritische Zeitschrift für die gesamte klassische Altertumswissenschaft
GOA .... Gebührenordnung für Architekten (ersetzt durch HOAI)
GoA .... Geschäftsführung ohne Auftrag
GOÄ .... Gebührenordnung für Ärzte idF v. 10. 6. 1988 (BGBl. I 818, 1590)
Godin .... *K.* u. *H. v. Godin-Tölke,* Ehegesetz, Kommentar, 2. Aufl. 1950
Göppinger(-Bearbeiter) .... *Göppinger,* Vereinbarungen anläßlich der Ehescheidung, von *Göppinger, Wenz, Märkle,* 6. Aufl. 1988
GP .... Gesetzgebungsperiode
GPG .... Gärtnerische Produktionsgenossenschaft
Grdst-VerkVO .... Grundstücksverkehrsverordnung idF v. 18. 4. 1991 (BGBl. I S. 1000)
GrdstVG .... Gesetz über Maßnahmen zur Verbesserung der Agrarstruktur und zur Sicherung land- und forstwirtschaftlicher Betriebe (Grundstücksverkehrsgesetz) v. 28. 7. 1961 (BGBl. I S. 1091)
GrEStG 1983 .... Grunderwerbsteuergesetz v. 17. 12. 1982 (BGBl. I S. 1777)
griech. .... griechisch
GrS .... Großer Senat
GruchB .... s. Gruchot
Gruchot .... Beiträge zur Erläuterung des (bis 15. 1871: Preußischen) Deutschen Rechts, begr. von *Gruchot* (1. 1857–73. 1933)

GrünhutsZ .... Zeitschrift für das Privat- und öffentliche Recht der Gegenwart, begr. v. *Grünhut*
GrundE .... Das Grundeigentum (Zeitschrift)
Grundlagen des Vertrags- und Schuldrechts .... Grundlagen des Vertrags- und Schuldrechts, mit Beiträgen von *Emmerich, Gerhardt, Grunsky, Huhn, Schmidt, Tempel, Wolf,* Vahlens Rechtsbücher, Reihe Zivilrecht Bd. I, 1974
1./2. GrundMV .... Erste Verordnung über die Erhöhung der Grundmieten (Erste Grundmietenverordnung – 1. GrundMV) v. 17. 6. 1991 (BGBl. I S. 1269) Zweite Verordnung über die Erhöhung der Grundmiete (Zweite Grundmietenverordnung – 2. GrundMV) v. 27. 7. 1992 (BGBl. I S. 1416)
GRUR .... Gewerblicher Rechtsschutz und Urheberrecht (Zeitschrift)
GRUR Ausl. .... Gewerblicher Rechtsschutz und Urheberrecht, Auslands- und internationaler Teil (Zeitschrift), 1952–1969
GRURInt. .... Gewerblicher Rechtsschutz und Urheberrecht, Internationaler Teil (Zeitschrift, 1970 ff.)
GS .... Großer Senat
GSZ .... Großer Senat in Zivilsachen
GüKG .... Güterkraftverkehrsgesetz idF v. 10. 3. 1983 (BGBl. I S. 256)
GV .... Gewaltverhältnis
GVBl. .... Gesetz- und Verordnungsblatt
GVG .... Gerichtsverfassungsgesetz idF v. 9. 5. 1975 (BGBl. I S. 1077)
GvKostG .... Gesetz über Kosten der Gerichtsvollzieher v. 26. 7. 1957 (BGBl. I S. 887)
GVO .... Grundstücksverkehrsordnung idF der Bek. v. 20. 12. 1993 (BGBl. I S. 2182, geänd. durch Gesetz v. 4. 7. 1995, BGBl. I S. 896)
GVÜ .... siehe EuGVÜ
GVVO .... Verordnung über die Gesamtvollstreckung – Gesamtvollstreckungsverordnung – v. 6. 6. 1990 (GBl. I Nr. 32 S. 285, geänd. durch VO v. 25. 7. 1990, GBl. I Nr. 45 S. 782)
GVW .... Gesetz zur dauerhaften sozialen Verbesserung der Wohnungssituation im Land Berlin v. 14. 7. 1987 (BGBl. I S. 1625)
GW .... siehe GlW
GWB .... Gesetz gegen Wettbewerbsbeschränkungen idF d. Bek. v. 20. 2. 1990 (BGBl. I S. 235)
GWW .... Gemeinnütziges Wohnungswesen (herausgegeben vom Gesamtverband Gemeinnütziger Wohnungsunternehmen; Zeitschrift)

HaagAbk. .... Haager Abkommen
Habilschr. .... Habilschrift
Habscheid FG .... *Habscheid,* Freiwillige Gerichtsbarkeit, 7. Aufl. 1983
Hachenburg .... *Hachenburg,* Kommentar zum GmbHG, 8. Aufl. 1991 ff.
Haegele-Schöner-Stöber ..... *Haegele-Schöner-Stöber,* Grundbuchrecht, 10. Aufl. 1993
Haegele-Winkler TV .... *Haegele-Winkler,* Der Testamentsvollstrecker nach bürgerlichem, Handels- und Steuerrecht, 13. Aufl. 1994
HaftpflG .... Haftpflichtgesetz idF vom 4. 1. 1978 (BGBl. I S. 145)
HAG .... Heimarbeitsgesetz v. 14. 3. 1951 (BGBl. I S. 191)
Halbbd. .... Halbband
Halbs. .... Halbsatz
Hamb.; hamb. .... Hamburg; hamburgisch
Hansa .... Hansa, Zentralorgan für Schiffahrt, Schiffsbau, Hafen
HansGZ .... Hanseatische Gerichtszeitung
HansOLG .... Hanseatisches Oberlandesgericht
HansRGZ .... Hanseatische Rechts- und Gerichtszeitschrift
HansRZ .... Hanseatische Rechtszeitschrift für Handel, Schiffahrt und Versicherung, Kolonial- und Auslandsbeziehungen
Hauck-Haines .... Komm. zum Sozialgesetzbuch
HAuslG .... Gesetz über die Rechtsstellung heimatloser Ausländer im Bundesgebiet v. 25. 4. 1951 (BGBl. I S. 269)

HausratsVO	Verordnung über die Behandlung der Ehewohnung und des Hausrats (Sechste Durchführungsverordnung zum Ehegesetz) v. 21. 10. 1944 (RGBl. I S. 256)
HausTWG	Gesetz über den Widerruf von Haustürgeschäften und ähnlichen Geschäften v. 16. 1. 1986 (BGBl. I S. 122)
HausTWG-RL	EG-Richtlinie betreffend den Verbraucherschutz im Falle von außerhalb von Geschäftsräumen geschlossenen Verträgen v. 20. 12. 1985 (85/577/EWG; ABl. EG Nr. 372/31 v. 31. 12. 1985)
Hdb.	Handbuch
HdWW	Handwörterbuch der Wirtschaftswissenschaften, Bd. 1–10, 1977 ff.
Heck	*Heck,* Grundriß des Schuldrechts, Nachdruck der Ausgabe von 1929, 1974
Heck	*Heck,* Grundriß des Sachenrechts, Nachdruck der Ausgabe von 1930, 1960
Hedemann	*Hedemann,* Sachenrecht des BGB, 3. Aufl. 1960
HeimG	Heimgesetz idF v. 23. 4. 1990 (BGBl. I S. 763)
HeizkostenV	Verordnung über die verbrauchsabhängige Abrechnung der Heiz- und Warmwasserkosten idF v. 20. 1. 1989 (BGBl. I S. 115)
HEntfü	Haager Übereinkommen vom 25. 10. 1980 über die zivilrechtlichen Aspekte internationaler Kindesentführung (BGBl. 1990 II S. 207)
Hess.; hess.	Hessen; hessisch
HessRspr.	Hessische Rechtsprechung
HEZ	Höchstrichterliche Entscheidungen (Entscheidungssammlung)
HEZG	Gesetz zur Neuordnung der Hinterbliebenenrenten sowie zur Anerkennung von Kindererziehungszeiten in der gesetzlichen Rentenversicherung (Hinterbliebenenrenten- und Erziehungszeiten-Gesetz) v. 11. 7. 1985 (BGBl. I S. 1450)
HFR	Höchstrichterliche Finanzrechtsprechung
HGB	Handelsgesetzbuch v. 10. 5. 1897 (RGBl. S. 219)
hins.	hinsichtlich
HintO	Hinterlegungsordnung v. 10. 3. 1937 (RGBl. S. 285)
hL	herrschende Lehre
hM	herrschende Meinung
HOAI	Verordnung über die Honorare für Leistungen der Architekten und der Ingenieure (Honorarordnung der Architekten und Ingenieure) idF v. 4. 3. 1991 (BGBl. I S. 533)
HöfeO	Höfeordnung idF v. 26. 7. 1976 (BGBl. I S. 1933)
Hoffmann-Stephan	*Hoffmann-Stephan,* Ehegesetz, Kommentar, 2. Aufl. 1967
HPflG	Haftpflichtgesetz idF v. 4. 1. 1978 (BGBl. I S. 145)
HRG	Hochschulrahmengesetz idF v. 9. 4. 1987 (BGBl. I S. 1170)
HRR	Höchstrichterliche Rechtsprechung (Zeitschrift)
Hrsg.; hrsg.	Herausgeber; herausgegeben
HS	Halbsatz
HStruktG	Gesetz zur Verbesserung der Haushaltsstruktur (Haushaltsstrukturgesetz) v. 18. 12. 1975 (BGBl. I S. 3091)
2. HStruktG	Zweites Gesetz zur Verbesserung der Haushaltsstruktur (2. Haushaltsstrukturgesetz) v. 22. 12. 1981 (BGBl. I S. 1523)
Hübner AT	*Hübner,* Allgemeiner Teil des Bürgerlichen Gesetzbuches, 2. Aufl. 1996
Hueck	*G. Hueck,* Gesellschaftsrecht, 19. Aufl. 1991
Hueck-Canaris	*Hueck-Canaris,* Das Recht der Wertpapiere, Kommentar, 12. Aufl. 1986
Hueck OHG	*A. Hueck,* Das Recht der offenen Handelsgesellschaft, 4. Aufl. 1971
HuW	Haus und Wohnung (Zeitschrift)
HWB	Handwörterbuch
HWBdSozW	Handwörterbuch der Sozialwissenschaften (1956 ff.)
HWBRWiss.	Handwörterbuch der Rechtswissenschaft, hrsg. v. *Stier-Somlo* und *Elster* (Band u. Seite)
HwO	Handwerksordnung idF v. 28. 12. 1965 (BGBl. I 1966 S. 1)

HypAblAO .... Anordnung über die Ablösung früherer Rechte – Hypothekenablöseanordnung (HypAblAO) v. 14. 7. 1992 (BGBl. I S. 1257; zul. geänd. durch Gesetz v. 20. 12. 1993, BGBl. I S. 2182, 2225; aufgeh. durch VO v. 10. 6. 1994, BGBl. I S. 1253, 1255)
HypAblV .... Verordnung über die Ablösung früherer Rechte und andere vermögensrechtliche Fragen (Hypothekenablöseverordnung – HypAblV) v. 10. 6. 1994 (BGBl. I S. 1253, geänd. durch VO v. 28. 9. 1995, BGBl. I S. 1238)
HypBankG .... Hypothekenbankgesetz idF v. 19. 12. 1990 (BGBl. I S. 2899)

i. a. .... im allgemeinen
IAEA .... International Atomic Energy Agency
idF (v.) .... in der Fassung (vom)
IDR .... Internationales Deliktsrecht
idR .... in der Regel
idS .... in diesem Sinne
i. e. .... im einzelnen
I. E. C. L. .... International Encyclopedia of Comparative Law, hrsg. v. *David* u. a., ab 1974
IER .... Internationales Enteignungsrecht
ieS .... im engeren Sinne
IHK .... Industrie- und Handelskammer
ILO .... International Labour Organization
IMF .... International Monetary Fund
insbes. .... insbesondere
IntHK .... Internationale Handelskammer
IntRDipl .... Internationales Recht und Diplomatie (Zeitschrift)
InVorG .... Gesetz über den Vorrang für Investitionen bei Rückübertragungsansprüchen nach dem Vermögensgesetz (Investitionsvorranggesetz) vom 14. 7. 1992 (BGBl. I S. 1268)
IPG .... Gutachten zum internationalen und ausländischen Privatrecht
IPR .... Internationales Privatrecht
IPRax .... Praxis des internationalen Privat- und Verfahrensrechts (Zeitschrift, 1. 1981 ff.)
IPRG .... Gesetz zur Neuregelung des Internationalen Privatrechts
IPRspr. .... *Makarov, Gamillscheg, Müller, Dierk, Kropholler,* Die deutsche Rechtsprechung auf dem Gebiet des internationalen Privatrechts, 1952 ff.
iran. .... iranisch
iS(d.) .... im Sinne (des; der)
iSv. .... im Sinne von
ISR .... Internationales Sachenrecht
ital. .... italienisch
i. ü. .... im übrigen
iVm. .... in Verbindung mit
IVR .... Internationales Vertragsrecht
i. w. .... im wesentlichen
iwS .... im weiteren Sinne
IZ .... Zeitschrift für den internationalen Eisenbahnverkehr
IZPR .... Internationales Zivilprozeßrecht
IzRspr. .... Sammlung der deutschen Entscheidungen zum interzonalen Privatrecht
iZw. .... im Zweifel

JA .... Juristische Arbeitsblätter (Zeitschrift)
japan. .... japanisch
JArbSchG .... Jugendarbeitsschutzgesetz v. 12. 4. 1976 (BGBl. I S. 965)
Jauernig-Bearbeiter .... *Jauernig,* Bürgerliches Gesetzbuch, Kommentar, 7. Aufl. 1994
Jb. .... Jahrbuch
JBeitrO .... Justizbeitreibungsordnung v. 11. 3. 1937 (RGBl. I S. 298)
JbIntR .... Jahrbuch des internationalen Rechts

JBl. .... Juristische Blätter (österreichische Zeitschrift)
JBlSaar .... Justizblatt des Saarlandes
JbOstR .... Jahrbuch für Ostrecht
JbPraxSchG .... Jahrbuch für die Praxis der Schiedsgerichtsbarkeit
JFG .... Jahrbuch für Entscheidungen in Angelegenheiten der freiwilligen Gerichtsbarkeit und des Grundbuchrechts, begründet von *Ring* (1. 1924–23. 1943)
Jg. .... Jahrgang
JGG .... Jugendgerichtsgesetz idF v. 11. 12. 1974 (BGBl. I S. 3427)
Jh. .... Jahrhundert
JherJb. .... *Jherings* Jahrbuch für die Dogmatik des bürgerlichen Rechts (Zeitschrift, Band u. Seite)
JM .... Justizministerium
JMBl. .... Justizministerialblatt
Johannsen-Henrich-Bearbeiter .... Eherecht, 2. Aufl. 1992, bearb. v. *Brudermüller, Graba, Hahne, Henrich, Jaeger, Sedemund-Treiber, Thalmann, Voelskow*
JöR .... Jahrbuch des öffentlichen Rechts der Gegenwart
JR .... Juristische Rundschau (Zeitschrift)
JRfPrV .... Juristische Rundschau für die Privatversicherung (Zeitschrift)
Jura .... Juristische Ausbildung (Zeitschrift)
JurA .... Juristische Analysen (Zeitschrift)
JurBüro .... Das juristische Büro (Zeitschrift)
JurJb. .... Juristen-Jahrbuch
JuS .... Juristische Schulung (Zeitschrift)
Justiz .... Die Justiz (Zeitschrift)
JVBl. .... Justizverwaltungsblatt (Zeitschrift)
JW .... Juristische Wochenschrift (Zeitschrift)
JWG .... Jugendwohlfahrtsgesetz idF v. 25. 4. 1977 (BGBl. I S. 633), außer Kraft getreten durch Art. 24 Nr. 1 KJHG v. 26. 6.1990 (BGBl. I S. 1163)
JZ .... Juristenzeitung (Zeitschrift)
JZ-GD .... Juristenzeitung Gesetzgebungsdienst (monatliche Beilage der Juristenzeitung über die Bundesgesetzgebung)

KAGG .... Gesetz über Kapitalanlagegesellschaften idF v. 14. 1. 1970 (BGBl. I S. 127)
Kalthoener-Büttner .... *Kalthoener-Büttner,* Die Rechtsprechung zur Höhe des Unterhalts, 4. Aufl. 1989
Kant.G .... Kantonsgericht
Kap. .... Kapital; Kapitel
Kapp-Ebeling .... *Kapp-Ebeling,* Erbschaftsteuer- und Schenkungsteuergesetz, Kommentar, Loseblatt
Kegel IPR .... *Kegel,* Internationales Privatrecht, 6. Aufl. 1987
KEHE .... *Kuntze-Ertl-Herrmann-Eickmann,* Grundbuchrecht, Kommentar, 4. Aufl. 1991
Keidel-Kuntze-Winkler .... *Keidel-Kuntze-Winkler,* Freiwillige Gerichtsbarkeit, Teil A 13. Aufl. 1992; Teil B 12. Aufl. 1986
Kfz. .... Kraftfahrzeug
KG .... Kammergericht (Berlin); Kommanditgesellschaft
KGaA .... Kommanditgesellschaft auf Aktien
KGBl. .... Blätter für Rechtspflege im Bereich des Kammergerichts in Sachen der freiwilligen Gerichtsbarkeit in Kosten-, Stempel- und Strafsachen (Zeitschrift)
KGJ .... Jahrbuch für Entscheidungen des Kammergerichts in Sachen der freiwilligen Gerichtsbarkeit, in Kosten-, Stempel- und Strafsachen (bis 19. 1899: in Sachen der nichtstreitigen Gerichtsbarkeit), 1. 1881–53. 1922
Kipp-Coing .... *Kipp-Coing,* Erbrecht, 14. Aufl. 1990
Kissel .... *Kissel,* Ehe- und Ehescheidung, 1977
KiStG .... Kirchensteuergesetz

KJHG .... Gesetz zur Neuordnung des Kinder- und Jugendhilferechts (Kinder- und Jugendhilfegesetz – KJHG) v. 26. 6. 1990 (BGBl. I S. 1163)
KLG .... Gesetz über Leistungen der gesetzlichen Rentenversicherung für Kindererziehung an Mütter der Geburtsjahrgänge vor 1921 (Kindererziehungsleistungs-Gesetz)
Klin. Lab. .... Klinisches Labor (Zeitschrift)
KnVNG .... Gesetz zur Neuregelung der knappschaftlichen Rentenversicherung (Knappschaftsrentenversicherungs-Neuregelungsgesetz) v. 21. 5. 1957 (BGBl. I S. 533)
KO .... Konkursordnung idF d. Bek. v. 20. 5. 1898 (RGBl. S. 369, 612)
Köhler .... *Köhler,* BGB Allgemeiner Teil, 21. Aufl. 1991
Köhler-Kossmann Wohnraummiete .... *Köhler,* Handbuch der Wohnraummiete, 4. Aufl. 1995
Kölner Kommentar zum AktG .... Kölner Kommentar zum Aktiengesetz, hrsg. v. Zöllner, 2. Aufl. 1987 ff.
KölnZfSoz .... Kölner Zeitschrift für Soziologie und Sozialpsychologie
Kombinats-VO .... Verordnung über die volkseigenen Kombinate und volkseigenen Betriebe vom 8. 11. 1979 (GBl. I S. 355)
Kom.end. .... Kommission, endgültig
Komm. .... Kommentar
KommBer. .... Reichstagskommission über den Entwurf eines Bürgerlichen Gesetzbuchs und Einführungsgesetzes
Kompaß .... Kompaß, Zeitschrift für Sozialversicherung im Bergbau
KonsG .... Gesetz über die Konsularbeamten, ihre Aufgaben und Befugnisse (Konsulargesetz) v. 11. 9. 1974 (BGBl. I S. 2317)
Konv. .... Konvention
KostO .... Gesetz über die Kosten in Angelegenheiten der freiwilligen Gerichtsbarkeit (Kostenordnung) idF v. 26. 7. 1957 (BGBl. I S. 861, 960)
KR .... Kontrollrat
KreisG/KrG .... Kreisgericht
Kress .... *Kress,* Lehrbuch des Allgemeinen Schuldrechts, unveränderter Neudruck der Ausgabe München 1929; mit einer Einführung versehen und herausgegeben von *Weitnauer* und *Ehmann,* 1974
KRG .... Kontrollratsgesetz
krit. .... kritisch
KritJ .... Kritische Justiz (Zeitschrift)
Krüger-Breetzke-Nowack .. *Krüger, Breetzke, Nowack,* Gleichberechtigungsgesetz, 1958
Krug .... *Krug,* Gesetz für Jugendwohlfahrt, Loseblatt-Kommentar
KrVjschr. .... Kritische Vierteljahresschrift für Gesetzgebung und Rechtswissenschaft
KSchG .... Kündigungsschutzgesetz idF v. 25. 8. 1969 (BGBl. I S. 1317)
KStG 1991 .... Körperschaftsteuergesetz 1991 idF d. Bek. v. 11. 3. 1991 (BGBl. I S. 638)
KTS .... Zeitschrift für Konkurs-, Treuhand- und Schiedsgerichtswesen
KUG .... Gesetz betreffend das Urheberrecht an Werken der bildenden Künste und der Photographie v. 9. 1. 1907 (RGBl. 7), aufgehoben durch § 141 Nr. 5 des Urheberrechtsgesetzes v. 9. 9. 1965 (BGBl. I S. 1273), soweit es nicht den Schutz v. Bildnissen betrifft
Kuhn-Uhlenbruck .... *Kuhn-Uhlenbruck,* Konkursordnung, Kommentar, 11. Aufl. 1994
KVG .... Gesetz über das Vermögen der Gemeinden, Städte und Landkreise (Kommunalvermögensgesetz – KVG) v. 6. 7. 1990 (GBl. I Nr. 42 S. 660; zul. geänd. durch Gesetz v. 22. 3. 1991, BGBl. I S. 786)
KVO .... Kraftverkehrsordnung für den Güterfernverkehr mit Kraftfahrzeugen (Beförderungsbedingungen) idF v. 23. 12. 1958 (BAnz. 31. 12. 1958 Nr. 249)
KWG .... Gesetz über das Kreditwesen

L .... Landes-
LAG .... Landesarbeitsgericht (mit Ortsnamen); Gesetz über den Lastenausgleich (Lastenausgleichsgesetz) idF v. 1. 10. 1969 (BGBl. I S. 1909); Landwirtschaftsanpassungsgesetz v. 29. 6. 1990 (GBl. DDR I S. 642)

Lange	*Lange,* Schadensersatz, Handbuch des Schuldrechts, Band 1, 2. Aufl.1990
Lange-Köhler	s. *Köhler*
Lange-Kuchinke	*Lange-Kuchinke,* Lehrbuch des Erbrechts, 4. Aufl. 1995
Langenfeld	*Langenfeld,* Handbuch der Eheverträge und Scheidungsvereinbarungen, 2. Aufl. 1989
Larenz AT	*Larenz,* Allgemeiner Teil des deutschen Bürgerlichen Rechts, 7. Aufl. 1989
Larenz I	*Larenz,* Lehrbuch des Schuldrechts, Band I Allg. Teil, 14. Aufl. 1987
Larenz-Canaris II	*Larenz-Canaris,* Lehrbuch des Schuldrechts, Band II Bes. Teil, 13. Aufl. 1994
Larenz Methodenlehre	*Larenz,* Methodenlehre der Rechtswissenschaft, 6. Aufl. 1991
LARoV	Landesamt zur Regelung offener Vermögensfragen
LBG	Landesbeamtengesetz
Lehmann-Hübner	*Lehmann-Hübner,* Allgemeiner Teil des BGB, neubearbeitet von *Hübner,* 16. Aufl. 1966
Leipold	*Leipold,* Grundzüge des Erbrechts, 10. Aufl. 1993
LeistungsVO	Verordnung über die Leistungssätze des Unterhaltsgeldes, des Kurzarbeitergeldes, des Schlechtwettergeldes, des Arbeitslosengeldes und der Arbeitslosenhilfe für das Jahr … (zuletzt 1991) v. 6. 12. 1990 (BGBl. I S. 2647)
Lent-Schwab	s. *Schwab*
Lewald	*Lewald,* Das deutsche internationale Privatrecht, 1931
LFG	Lohnfortzahlungsgesetz v. 27. 7. 1969 (BGBl. I S. 946)
LFGG	Landesgesetz über die freiwillige Gerichtsbarkeit (Baden-Württemberg) v. 12. 2. 1975 (GBl. S. 116)
LG	Landgericht (mit Ortsnamen)
LGZ	(österreichisches) Landgericht für Zivilrechtssachen
Lit.	Literatur
LKV	Landes- und Kommunalverwaltung (Zeitschrift)
LK-*Verfasser*	Strafgesetzbuch – Leipziger Kommentar, 10. Aufl. 1978ff.
LM	*Lindenmaier-Möhring,* Nachschlagewerk des Bundesgerichtshofs (Nr. ohne Gesetzesstelle bezieht sich auf den gerade kommentierten Paragraphen)
LöV	Löschungsvormerkung
Löwe-v. Westphalen-Trinkner	*Löwe, Graf v. Westphalen, Trinkner,* Kommentar zum Gesetz zur Regelung des Rechts der Allgemeinen Geschäftsbedingungen, 2. Aufl. 1982/86
Löwe-v. Westphalen-Trinkner Großkomm.	*Löwe, Graf v. Westphalen, Trinkner,* Großkommentar zum AGB-Gesetz, 2. Aufl., Band 1 (1985), Band 2 (1983), Band 3 (1985)
LPachtVG	Gesetz über die Anzeige und Beanstandung von Landpachtverträgen (Landpachtverkehrsgesetz) v. 8. 11. 1985 (BGBl. I S. 2075)
LPersVG	Landespersonalvertretungsgesetz
LPG	Landwirtschaftliche Produktionsgenossenschaft
LPG-G	Gesetz über die landwirtschaftlichen Produktionsgenossenschaften vom 2. 7. 1982 (GBl. I S. 443)
LS	Leitsatz
LSG	Landessozialgericht (mit Ortsnamen)
LuftfzRG	Gesetz über Rechte an Luftfahrzeugen v. 26. 2. 1959 (BGBl. I S. 57, 223)
LuftVG	Luftverkehrsgesetz idF d. Bek. v. 14. 1. 1981 (BGBl. I S. 61)
LUG	Gesetz betr. das Urheberrecht an Werken der Literatur und der Tonkunst v. 19. 6. 1901 (RGBl. S. 227)
lux.	luxemburgisch
LVA	Landesversicherungsanstalt
LwAnpG	Landwirtschaftsanpassungsgesetz idF der Bek. v. 3. 7. 1991 (BGBl. I S. 1418, zul. geänd. durch Gesetz v. 20. 12. 1996, BGBl. I S. 2082)
LwG	Landwirtschaftsgericht

LwVG	Gesetz über das gerichtliche Verfahren in Landwirtschaftssachen vom 21. 7. 1953 (BGBl. I S. 667)
LZ	Leipziger Zeitschrift für Deutsches Recht
MA	Der Markenartikel (Zeitschrift, 1. 1934 – 11. 1944; 12. 1950ff.)
m. abl. Anm.	mit ablehnender Anmerkung
MaBV	Verordnung über die Pflichten der Makler, Darlehens- und Anlagenvermittler, Bauträger und Baubetreuer (Makler- und Bauträgerverordnung) idF v. 7. 11. 1990 (BGBl. I S. 2749)
m. Änd.	mit Änderung(en)
Mainczyk	*Mainczyk*, Bundeskleingartengesetz, Praktiker-Kommentar, 6. Aufl. 1994
Massfeller-Böhmer	s. *Böhmer-Siehr*
Massfeller-Hoffmann	*Massfeller-Hoffmann*, Personenstandsgesetz, Loseblatt-Kommentar
MauerG	Gesetz über den Verkauf von Mauer- und Grenzgrundstücken an die früheren Eigentümer und zur Änderungen anderer Vorschriften v. 15. 7. 1996 (BGBl. I S. 980)
Maunz-Dürig-Bearbeiter	*Maunz-Dürig*, Grundgesetz, Loseblatt-Kommentar
maW	mit anderen Worten
MB/KK	Musterbedingungen des Verbandes der privaten Krankenversicherung für die Krankheitskosten- und Krankenhaustagegeldversicherung
MB/KT	Musterbedingungen des Verbandes der privaten Krankenversicherung für die Krankentagegeldversicherung
MBl.	Ministerialblatt
MDR	Monatsschrift für Deutsches Recht (Zeitschrift)
mE	meines Erachtens
MeAnlG	Gesetz zur Regelung der Rechtsverhältnisse an Meliorationsanlagen (Meliorationsanlagengesetz – MeAnlG) v. 21. 9. 1994 (BGBl. I S. 2550)
MecklZ	Mecklenburgische Zeitschrift für Rechtspflege, Rechtswissenschaft, Verwaltung (Band u. Seite)
Medicus	*Medicus*, Bürgerliches Recht, 16. Aufl. 1993
Medicus AT	*Medicus*, Allgemeiner Teil des BGB, 4. Aufl. 1990
Medicus SchR I	*Medicus*, Schuldrecht I, Allg. Teil, 8. Aufl. 1995
Medicus SchR II	*Medicus*, Schuldrecht II, Bes. Teil, 7. Aufl. 1995
MedR	Medizinrecht (Zeitschrift 1. 1983ff.)
Meikel	*Meikel*, Grundbuchrecht, Kommentar zur Grundbuchordnung, bearb. von *Böhringer, Lichtenberger, Simmerding* u. a., 7. Aufl. 1994ff.
Melchior	*Melchior*, Die Grundlagen des deutschen internationalen Privatrechts, 1932
MHG	Gesetz zur Regelung der Miethöhe (Art. 3 des 2. WKSchG v. 18. 12. 1974, BGBl. I S. 3603)
3. MietRÄndG	Drittes Gesetz zur Änderung mietrechtlicher Vorschriften idF v. 5. 6. 1980 (BGBl. I S. 657)
4. MietRÄndG	Viertes Gesetz zur Änderung mietrechtlicher Vorschriften (Viertes Mietrechtsänderungsgesetz) v. 21. 7. 1993 (BGBl. I S. 1257)
MindABG	Gesetz über die Festsetzung von Mindestarbeitsbedingungen v. 11. 1. 1952 (BGBl. I S. 17)
Mio.	Million(en)
Mitt.	Mitteilung(en)
Mitt. AGJ	Mitteilungen der Arbeitsgemeinschaft für Jugendhilfe (Zeitschrift)
Mitt. AGJJ	Mitteilungen der Arbeitsgemeinschaft für Jugendpflege und Jugendfürsorge (Zeitschrift)
MittBayNot.	Mitteilungen des Bayerischen Notarvereins (Zeitschrift)
MittBlBLJA	Mitteilungsblatt des Bayerischen Landesjugendamtes
MittBl. Königsteiner Kreis	Mitteilungsblatt des Königsteiner Kreises
MittHV	Mitteilungen des Hochschulverbandes
MittPat.	Mitteilungen der deutschen Patentanwälte (Zeitschrift)
MittRhNotK	Mitteilungen der Rheinischen Notarkammer (Zeitschrift)

m. krit. Anm.	mit kritischer Anmerkung
MitbestG	Gesetz über die Mitbestimmung der Arbeitnehmer (Mitbestimmungsgesetz) v. 4. 5. 1976 (BGBl. I S. 1153)
MiZi	Allgemeine Verfügung über Mitteilungen in Zivilsachen v. 1. 10. 1967 (BAnz. Nr. 218)
Mj., Mje., Mjen.	Minderjähriger, e, en
mj.	minderjährig
Mjkt.	Minderjährigkeit
MKSchG	Gesetz über den Mutter- und Kindesschutz und die Rechte der Frau (DDR) v. 27. 9. 1950 (GBl. I S. 1037)
MKSchVO	Verordnung über den Mutter- und Kindesschutz und die Rechte der Frau (Ost-Berlin)
MM	Mietrechtliche Mitteilungen, Beilage zum Mieter-Magazin (Berlin)
MMV	Mustermietvertrag
ModEnG	Gesetz zur Förderung der Modernisierung von Wohnungen und von Maßnahmen zur Einsparung von Heizenergie (Modernisierungs- und Energieeinsparungsgesetz) idF v. 12. 7. 1978 (BGBl. I S. 993)
Möhring	*Möhring-v. Selzam,* Vermögensverwaltung in Vormundschafts- und Nachlaßsachen, 6. Aufl. 1981
mon.	monatlich
Montan-MitbestG	Gesetz über die Mitbestimmung der Arbeitnehmer in den Aufsichtsräten und Vorständen der Unternehmen des Bergbaus und der Eisen und Stahl erzeugenden Industrie v. 21. 5. 1951 (BGBl. I S. 347)
Montan-MitbestErgG	Gesetz zur Ergänzung des Gesetzes über die Mitbestimmung der Arbeitnehmer in den Aufsichtsräten und Vorständen des Bergbaus und der Eisen und Stahl erzeugenden Industrie v. 7. 8. 1956 (BGBl. I S. 707)
Mot. I–V	Motive zu dem Entwurf eines Bürgerlichen Gesetzbuches für das Deutsche Reich (Bd. I Allgemeiner Teil; Bd. II Recht der Schuldverhältnisse; Bd. III Sachenrecht; Bd. IV Familienrecht; Bd. V Erbrecht)
MRG	Gesetz der Militärregierung
MRK	Konvention zum Schutze der Menschenrechte und Grundfreiheiten v. 4. 11. 1950 (Gesetz v. 7. 8. 1952, BGBl. II S. 685)
MRS	Mietrechtssammlung, Rechtsprechung des BVerfG, des BGH, des BayObLG, des Kammergerichts und der OLGe zum Mietrecht, hrsg. von *Otto,* 1980 ff.
MSA	Übereinkommen über die Zuständigkeit und das anzuwendende Recht auf dem Gebiet des Schutzes von Minderjährigen (Haager Minderjährigenschutzabkommen) v. 5. 10. 1961 (BGBl. 1971 II S. 217)
MTV	Manteltarifvertrag
MuA	Mensch und Arbeit (Zeitschrift)
MÜG	Gesetz zur Überleitung preisgebundenen Wohnraums im Beitrittsgebiet in das allgemeine Miethöherecht (Mietenüberleitungsgesetz) v. 6. 6. 1995 (BGBl. I S. 748)
Müller SaR	*Müller,* Sachenrecht. 3. Aufl. 1993
Mugdan	Die gesamten Materialien zum Bürgerlichen Gesetzbuch für das deutsche Reich, hrsg. v. *Mugdan,* Band I–V, 1899
MuSchG	Mutterschutzgesetz v. 18. 4. 1968 (BGBl. I S. 315)
MuW	Markenschutz und Wettbewerb (Zeitschrift)
m. weit. Nachw.	mit weiteren Nachweisen
m. zahlr. Nachw.	mit zahlreichen Nachweisen
m. zust. Anm.	mit zustimmender Anmerkung
nachf.	nachfolgend
Nachw.	Nachweis
NamensÄndG	Gesetz über die Änderung von Familiennamen und Vornamen v. 5. 1. 1938 (RGBl. I S. 9)
Nbl.	Nachrichtenblatt
NblLVABa.	Nachrichtenblatt, Zeitschrift der Landesversicherungsanstalt Baden
NDBZ	Neue Deutsche Beamtenzeitung (Zeitschrift)

Nds.; nds.	Niedersachsen; niedersächsisch
NdsRpfl.	Niedersächsische Rechtspflege (Zeitschrift)
NDV	Nachrichtendienst des deutschen Vereins für öffentliche und private Fürsorge
ne.	nichtehelich
NEhelG	Gesetz über die rechtliche Stellung der nichtehelichen Kinder v. 19. 8. 1969 (BGBl. I S. 1243)
Neuhaus	*Neuhaus,* Die Grundbegriffe des internationalen Privatrechts, 2. Aufl. 1976
NF	Neue Folge
nF	neue Fassung
NiemeyersZ	Niemeyers Zeitschrift für internationales Recht (25. 1915–52. 1937/38; vorher s. BöhmsZ)
NJ	Neue Justiz (Zeitschrift)
NJW	Neue Juristische Wochenschrift (Zeitschrift)
NJW-RR	NJW-Rechtsprechungs-Report, Zivilrecht (Zeitschrift)
NMV	Verordnung über die Ermittlung der zulässigen Miete für preisgebundene Wohnungen (Neubaumietenverordnung 1970) idF v. 12. 10. 1990 (BGBl. I S. 2203)
Nörr-Scheyhing	*Nörr-Scheyhing,* Sukzessionen, Handbuch des Schuldrechts, Band 2, 1983
norddt.	norddeutsch
Nov.	Novelle
Nr.	Nummer(n)
NRW	Nordrhein-Westfalen
NStZ	Neue Zeitschrift für Strafrecht
NuR	Natur und Recht (Zeitschrift)
Nußbaum	*Nußbaum,* Deutsches IPR, 1932
NutzEV	Verordnung über eine angemessene Gestaltung von Nutzungsentgelten – Nutzungsentgeltverordnung – v. 22. 7. 1993 (BGBl. I S. 1339)
NutzRG	Gesetz über die Verleihung von Nutzungsrechten an volkseigenen Grundstücken v. 14. 12. 1970 (GBl. I S. 372)
NVwZ	Neue Zeitschrift für Verwaltungsrecht
NWB	Neue Wirtschaftsbriefe (Loseblatt-Sammlung)
NZA	Neue Zeitschrift für Arbeits- und Sozialrecht
NZfA	Neue Zeitschrift für Arbeitsrecht
NZV	Neue Zeitschrift für Verkehrsrecht
o.	oben
o. a.	oben angegeben
o. ä.	oder ähnliches
ObG	Obergericht
Odersky	*Odersky,* Nichtehelichengesetz, Kommentar, 4. Aufl. 1978
OECD	Organization of Economic Cooperation and Development
OEEC	Organisation für Europäische Wirtschaftliche Zusammenarbeit
Oertmann	*Oertmann,* Kommentar zum Bürgerlichen Gesetzbuch und seinen Nebengesetzen, Bd. I Allgemeiner Teil, 3. Aufl. 1927, Bd. II Recht der Schuldverhältnisse, 5. Aufl. 1928/29, Bd. III Sachenrecht, 3. Aufl. 1914, Bd. IV Familienrecht, 1906, Bd. V Erbrecht, 2. Aufl. 1912
OG	Oberstes Gericht (der ehem. DDR)
OGH	Oberster Gerichtshof (Österreich)
OGH-BrZ	Oberster Gerichtshof für die Britische Zone
OGHSt.	Entscheidungen des Obersten Gerichtshofes für die Britische Zone in Strafsachen (Band u. Seite)
OGHZ	Entscheidungen des Obersten Gerichtshofes für die Britische Zone in Zivilsachen (Band u. Seite)
OHG	offene Handelsgesellschaft
oJ	ohne Jahrgang
ÖJZ	Österreichische Juristenzeitung (Zeitschrift)
OLG	Oberlandesgericht

OLGE .... s. OLGRspr.
OLG-NL .... OLG-Rechtsprechung Neue Länder (Jahrgang, Seite)
OLG-Report .... Schnelldienst zur Zivilrechtsprechung der fünf Oberlandesgerichte in den neuen Bundesländern
OLGRspr. .... Die Rechtsprechung der Oberlandesgerichte auf dem Gebiete des Zivilrechts, hrsg. v. *Mugdan* und *Falkmann* (1. 1900–46. 1928; aufgegangen in HRR)
OLGZ .... Rechtsprechung der Oberlandesgerichte in Zivilsachen, Amtliche Entscheidungssammlung
OlSchVO .... Verordnung über Orderlagerscheine v. 16. 12. 1931 (RGBl. I S. 763, 1932 I S. 424)
ÖNotZ .... Österreichische Notariats-Zeitung
o. O. .... ohne Ort
OR .... Schweizerisches Obligationsrecht
ORDO .... ORDO, Jahrbuch für die Ordnung von Wirtschaft und Gesellschaft
österr. .... österreichisch
oV .... ohne Verfasser
OVG .... Oberverwaltungsgericht
OV spezial .... Offene Vermögensfragen spezial Informationsdienst zum Vermögens- und Entschädigungsrecht in den neuen Bundesländern
OWiG .... Gesetz über Ordnungswidrigkeiten idF v. 19. 2. 1987 (BGBl. I S. 602)
ÖZöffR .... Österreichische Zeitschrift für öffentliches Recht (zitiert nach Band und Seite)

PAngV .... Preisangabenverordnung v. 14. 3. 1985 (BGBl. I S. 580)
Palandt-Bearbeiter .... *Palandt,* Bürgerliches Gesetzbuch, 56. Aufl. 1997
ParteiG .... Gesetz über die politischen Parteien (Parteiengesetz) idF der Bek. v. 3. 3. 1989 (BGBl. I S. 327)
PatG .... Patentgesetz idF d. Bek. v. 16. 12. 1980 (BGBl. 1981 I S. 1)
PBefG .... Personenbeförderungsgesetz idF v. 8. 8. 1990 (BGBl. I S. 1690)
PersV .... Die Personalvertretung (Zeitschrift)
PfandleiherVO .... Pfandleiherverordnung idF v. 1. 6. 1972 (BGBl. I S. 1234)
PflVersG .... Gesetz über die Pflichtversicherung der Kraftfahrzeughalter (Pflichtversicherungsgesetz) idF v. 5. 4. 1965 (BGBl. I S. 213)
Picone-Wengler .... *Picone-Wengler,* Internationales Privatrecht, 1974
Pikart-Henn .... *Pikart-Henn,* Lehrbuch der freiwilligen Gerichtsbarkeit, 1963
Planck-Bearbeiter .... *Plancks* Kommentar zum BGB nebst Einführungsgesetz, 5 Bde., Bd. 4/2, 6: 3. Aufl. 1905/06; Bd. 1, 2, 4/1, 5: 4. Aufl. 1913–30; Bd. 3: 5. Aufl. 1933–38
port. .... portugiesisch
PostG .... Gesetz über das Postwesen idF v. 3. 7. 1989 (BGBl. I S. 1449)
PostO .... Postordnung v. 16. 5. 1963 (BGBl. I S. 341)
PostSO .... Postsparkassenordnung v. 24. 4. 1986 (BGBl. I S. 626)
PostStruktG .... Gesetz zur Neustrukturierung des Post- und Fernmeldewesens und der Deutschen Bundespost (Poststrukturgesetz – PostStruktG) v. 8. 6. 1989 (BGBl. I S. 1026)
PostVerfG .... Gesetz über die Unternehmensverfassung der Deutschen Bundespost (Art. 1 des PostStruktG) v. 8. 6. 1989 (BGBl. I S. 1026)
Potrykus .... *Potrykus,* Jugendwohlfahrtsgesetz, Kommentar, 2. Aufl. 1972 (Nachtrag 1974)
Pr.; pr. .... Preußen; preußisch
PresseG .... Gesetz über die Presse v. 7. 5. 1874 (RGBl. S. 65)
PrGS .... Sammlung des in Nordrhein-Westfalen geltenden preußischen Rechts (1806–1945)
ProdHaftG .... Gesetz über die Haftung für fehlerhafte Produkte (Produkthaftungsgesetz) v. 15. 12. 1989 (BGBl. I S. 2198)
Prot. I–VI .... Protokolle der Kommission für die zweite Lesung des Entwurfs des BGB (Bd. I und IV 1897; Bd. II 1898; Bd. III, V und VI 1899)

ProtRA .... Protokolle des Rechtsausschusses
PrOVG .... Preußisches Oberverwaltungsgericht
PStG .... Personenstandsgesetz idF d. Bek. v. 8. 8. 1957 (BGBl. I S. 1125)
PStV .... Verordnung zur Ausführung des Personenstandsgesetzes idF d. Bek. v. 15. 6. 1987 (BGBl. I S. 1549)
PSVaG .... Pensionssicherungsverein auf Gegenseitigkeit
PucheltsZ .... Zeitschrift für französisches Zivilrecht
PVÜ .... Pariser Verbandsübereinkunft zum Schutz des gewerblichen Eigentums vom 20. 3. 1983, revidiert in Stockholm am 14. 7. 1967 (BGBl. 1970 II S. 293, 391, 1073; 1971 II S. 1015)
pVV .... positive Vertragsverletzung

RA .... Rechtsausschuß
Raape .... *Raape,* Internationales Privatrecht, 5. Aufl. 1961
Raape-Sturm .... *Raape-Sturm,* Internationales Privatrecht Band I, 6. Aufl. 1977
Rabel .... *Rabel,* The Conflict of Laws I 2. Aufl. 1958, II 2. Aufl. 1960, III 2. Aufl. 1964, IV 1. Aufl. 1958
RabelsZ .... Zeitschrift für ausländisches und internationales Privatrecht (Band u. Seite)
RabG .... Gesetz über Preisnachlässe (Rabattgesetz) v. 25. 11. 1933 (RGBl. S. 1011)
RAG .... Reichsarbeitsgericht, zugleich amtliche Sammlung der Entscheidungen (Band u. Seite); s. auch RAnwG DDR
RAGebO .... Gebührenordnung für Rechtsanwälte v. 7. 7. 1879 idF v. 5. 7. 1927 (RGBl. I S. 162)
RAnwG DDR .... Gesetz über die Anwendung des Rechts auf internationale zivil-, familien- und arbeitsrechtliche Beziehungen sowie auf internationale Wirtschaftsverträge – Rechtsanwendungsgesetz (DDR) v. 5. 12. 1975 (GBl. DDR I S. 748)
RAnwO .... Reichsrechtsanwaltsordnung idF v. 21. 2. 1936 (RGBl. I S. 107)
RanwVO .... VO über die Rechtsanwendung bei Schädigungen deutscher Staatsangehöriger außerhalb des Reichsgebietes v. 7. 12. 1942
RAnz. .... Deutscher Reichs-Anzeiger
RAV .... Rentenanpassungsverordnung
RAV 1992 .... Verordnung zur Anpassung der Renten im Gebiet der Bundesrepublik Deutschland ohne das in Art. 3 des Einigungsvertrages genannte Gebiet im Jahr 1992 und zur ersten Anpassung der Renten in dem in Art. 3 des Einigungsvertrages genannten Gebiet (Rentenanpassungsverordnung 1992 – RAV 1992) vom 5. 6. 1992 (BGBl. S. 1017)
Rb. .... Arrondissements-Rechtsbank
RBerG .... Rechtsberatungsgesetz v. 13. 12. 1935 (RGBl. S. 1478)
RbfDJugArch. .... Rundbrief des Deutschen Jugendarchivs
RdA .... Recht der Arbeit (Zeitschrift)
RdErl. .... Runderlaß
RdJ .... Recht der Jugend (Zeitschrift)
RdJB .... Recht der Jugend und des Bildungswesens (Zeitschrift)
RdK .... Das Recht des Kraftfahrers (Zeitschrift, ab 1952: Deutsches Autorecht)
RdL .... Recht der Landwirtschaft (Zeitschrift)
RdNr. .... Randnummer(n)
RdSchr. .... Rundschreiben
RE .... Rechtsentscheid
Recht .... Das Recht (Zeitschrift)
Rechtstheorie .... Rechtstheorie (Zeitschrift)
rechtsw. .... rechtswidrig
RefE .... Referentenentwurf
REG .... Rückerstattungsgesetz (s. auch BRüG)
Reg. .... Regierung
RegBez. .... Regierungsbezirk
RegBl. .... Regierungsblatt

RegE	Regierungsentwurf
RegerE	Entscheidungen der Gerichte und Verwaltungsbehörden auf dem Gebiete des auf reichsgesetzlichen und gemeinrechtlichen Bestimmungen beruhenden Verwaltungs- und Polizeistrafrechtes (ab 1934: aus dem Rechtsgebiete der inneren Verwaltung), begr. v. *Reger*
RegUnterhV	Regelunterhalt-Verordnung v. 27. 6. 1970 (BGBl. I S. 1010)
RegVBG	Gesetz zur Vereinfachung und Beschleunigung registerrechtlicher und anderer Verfahren (Registerverfahrensbeschleunigungsgesetz) v. 20. 12. 1993 (BGBl. I S. 2182)
Reinicke-Tiedtke	*Reinicke-Tiedtke,* Kaufrecht, 5. Aufl. 1992
Reinicke-Tiedtke, Kreditsicherung	*Reinicke-Tiedtke,* Kreditsicherung, 3. Aufl. 1994
Reithmann-Martiny	*Reithmann-Martiny,* Internationales Vertragsrecht. Das IPR der Schuldverträge, 4. Aufl. 1988
RelKErzG	Gesetz über die religiöse Kindererziehung v. 15. 7. 1921 (RGBl. 939)
REMiet.	Rechtsentscheide Mietrecht *(Thieler, Frantzioch, Uetzmann)*
RES	Sammlung der Rechtsentscheide in Wohnraummietsachen, hrsg. v. *Landfermann, Herde,* Band I Entscheidungen 1980/1981, Band II Entscheidungen 1982, Band III Entscheidungen 1983, Band IV Entscheidungen 1984, Band V Entscheidungen 1985, Band VI Entscheidungen 1986/1987
Reuter-Martinek	*Reuter-Martinek,* Ungerechtfertigte Bereicherung, Handbuch des Schuldrechts, Band 4, 1983
RFH	Reichsfinanzhof, zugleich amtliche Sammlung der Entscheidungen (Band u. Seite)
RG	Reichsgericht
RGBl.	Reichsgesetzblatt
RG-Praxis	Die Reichsgerichtspraxis im deutschen Rechtsleben
RGRK-*Bearbeiter*	Das Bürgerliche Gesetzbuch, Kommentar, herausgegeben von Mitgliedern des Bundesgerichtshofs, 12. Aufl. 1974 ff.
RGSt.	Amtliche Sammlung von Entscheidungen des Reichsgerichts in Strafsachen
RGZ	Amtliche Sammlung von Entscheidungen des Reichsgerichts in Zivilsachen
RHeimstG	Reichsheimstättengesetz idF d. Bek. v. 25. 11. 1937 (RGBl. I S. 1291)
RheinZ	Rheinische Zeitschrift für Zivil- und Prozeßrecht
Rh.-Pf.; rh.-pf.	Rheinland-Pfalz; rheinland-pfälzisch
RiA	Recht im Amt (Zeitschrift); s. auch AW/RiA
Richtl.	Richtlinien
Riezler	*Riezler,* Internationales Zivilprozeßrecht und prozessuales Fremdenrecht, 1949
RiM	Rechtsentscheide im Mietrecht *(Müller, Oske, Becker, Blümmel)*
RiW	Recht der internationalen Wirtschaft (Zeitschrift, 1. 1954/55–3. 1957 u. 21. 1975 ff.; früher AWD)
RJA	Entscheidungen in Angelegenheiten der freiwilligen Gerichtsbarkeit und des Grundbuchrechts, zusammengestellt im Reichsjustizamt (1. 1900–17. 1922)
RJM	Reichsminister der Justiz
RKG	Reichsknappschaftsgesetz idF v. 1. 7. 1926 (RGBl. I S. 369)
RKW	Rationalsierungs-Kuratorium der deutschen Wirtschaft
RL	Richtlinie
RLA	Rundschau für den Lastenausgleich (1. 1952 ff.)
RMBl.	Reichsministerialblatt
RNotO	Reichsnotarordnung
Rövekamp	*Rövekamp,* Schuldrechtsanpassung, 1. Aufl. 1995, 2. Aufl. 1997
Rolland	*Rolland,* Kommentar zum 1. Eherechtsreformgesetz, 2. Aufl. 1982, mit Nachtrag 1983
Rolland HRG	*Rolland,* Gesetz zur Regelung von Härten im Versorgungsausgleich (HRG), Kommentar, 1983

ROHG	Reichsoberhandelsgericht, auch Entscheidungssammlung (Band und Seite)
ROW	Recht in Ost und West (Zeitschrift)
Rpfleger (RPfleger)	Der Deutsche Rechtspfleger (Zeitschrift)
RpflG (RPflG)	Rechtspflegergesetz v. 5. 11. 1969 (BGBl. I S. 2065)
RPflJb.	Rechtspflegerjahrbuch
RRG 1992	Gesetz zur Reform der gesetzlichen Rentenversicherung (Rentenreformgesetz 1992 – RRG 1992) v. 18. 12. 1989 (BGBl. I S. 2261)
Rs	Rechtssache
RSiedlG	Reichssiedlungsgesetz v. 11. 8. 1919 (RGBl. S. 1429)
Rspr.	Rechtsprechung
RsprBau	s. *Schäfer-Finnern-Hochstein*
RT	Reichstag
RuG	Recht und Gesellschaft (Zeitschrift)
r+s	Recht und Schaden
RuStAG	Reichs- und Staatsangehörigkeitsgesetz v. 22. 7. 1913 (RGBl. S. 583)
RuStAGÄndG 1974	Gesetz zur Änderung des Reichs- und Staatsangehörigkeitsgesetzes (RuStAGÄndG 1974) vom 20. 12. 1974 (BGBl. I S. 3714)
RÜG	Gesetz zur Herstellung der Rechtseinheit in der gesetzlichen Renten- und Unfallversicherung (Renten-Überleitungsgesetz – RÜG) v. 25. 7. 1991 (BGBl. I S. 1606)
Rüthers	*Rüthers*, Allg. Teil des BGB, 10. Aufl. 1997
RuW	Recht und Wirtschaft (Zeitschrift)
RV	Die Rentenversicherung (Zeitschrift)
RVÄndG	Gesetz zur Beseitigung von Härten in den gesetzlichen Rentenversicherungen und zur Änderung sozialrechtlicher Vorschriften (Rentenversicherungs-Änderungsgesetz) v. 9. 6. 1965 (BGBl. I S. 476)
RvglHWB	Rechtsvergleichendes Handwörterbuch für das Zivil- und Handelsrecht des In- und Auslandes (Band u. Seite)
RVI	Rechtshandbuch Vermögen und Investitionen in der ehemaligen DDR
RVO	Reichsversicherungsordnung v. 15. 12. 1924 (RGBl. S. 779)
RWiG	Reichswirtschaftsgericht
RWP	Rechts- und Wirtschaftspraxis (Loseblatt-Ausgabe)
Rz.	Randziffer
RzW	Rechtsprechung zum Wiedergutmachungsrecht (Zeitschrift)
S.	Seite; Satz; Recueil Sirey
s.	siehe; section
Saage-Göppinger	*Saage-Göppinger*, Freiheitsentziehung und Unterbringung, 3. Aufl. 1984
Saarl.	Saarland
SaarlRStZ	Saarländische Rechts- und Steuerzeitschrift
SaBl.	Sammelblatt für Rechtsvorschriften des Bundes und der Länder
SaBremR	Sammlung des bremischen Rechts
SachenRÄndG	Gesetz zur Änderung sachenrechtlicher Bestimmungen (Sachenrechtsänderungsgesetz – SachenRÄndG) v. 21. 9. 1994 (BGBl. I S. 2457)
SachenRBerG	Gesetz zur Sachenrechtsbereinigung im Beitrittsgebiet (Sachenrechtsbereinigungsgesetz – SachenRBerG) v. 21. 9. 1994 (BGBl. I S. 2457)
Sachgeb.	Sachgebiet
SAE	Sammlung arbeitsrechtlicher Entscheidungen (Zeitschrift)
SächsAnn.	Annalen des Sächsischen Oberlandesgerichts zu Dresden
SächsArch.	Sächsisches Archiv für Rechtspflege (Zeitschrift)
Savigny	*Savigny*, System des heutigen römischen Rechts Bd. I–VIII, 1814–49, 2. Neudruck 1981
Schack-Westermann	*Schack-Westermann*, BGB – Allgemeiner Teil, 6. Aufl. 1991
Schäfer-Finnern-Hochstein	*Schäfer-Finnern-Hochstein*, Rechtsprechung zum privaten Baurecht, Entscheidungssammlung mit Anmerkungen, Loseblatt, 1978 ff.
Schapp	*Schapp*, Sachenrecht, 2. Aufl. 1995
Schaub	*Schaub*, Arbeitsrechts-Handbuch, 8. Aufl. 1996
ScheckG	Scheckgesetz v. 14. 8. 1933 (RGBl. I S. 597)

SchiffsRegO	Schiffsregisterordnung idF d. Bek. v. 26. 5. 1951 (BGBl. I S. 359)
SchiffsRG	Gesetz über Rechte an eingetragenen Schiffen und Schiffsbauwerken (Schiffsrechtegesetz) v. 15. 11. 1940 (RGBl. I S. 1499)
Schlegelberger-Bearbeiter	*Schlegelberger,* Handelsgesetzbuch, Kommentar von *Geßler, Hefermehl, Hildebrand, Schröder, Martens* und *Karsten Schmidt,* 5. Aufl. 1973 ff.
SchlH	Schleswig-Holstein
SchlHA	Schleswig-Holsteinische Anzeigen (NF 1. 1837 ff. Zeitschrift)
Schlüter	*Schlüter,* Erbrecht, 12. Auflage der von Horst Bartholomeyczik begründeten Werkes, 1986
Schnabel	*Schnabel,* Schuldrechtsänderungsgesetz, Kommentar, 1. Aufl. 1995
Schönke-Schröder	*Schönke-Schröder,* Strafgesetzbuch, Kommentar, 25. Aufl. 1997
Scholz	*Scholz,* Kommentar zum GmbHG, 8. Aufl. 1993, 1995
Schubert Vorentwürfe	Die Vorlagen der Redaktoren für die erste Kommission zur Ausarbeitung des Entwurfs eines Bürgerlichen Gesetzbuches, hrsg. v. *W. Schubert,* 1980 ff.
SchuldRÄndG	Gesetz zur Änderung schuldrechtlicher Bestimmungen im Beitrittsgebiet (Schuldrechtsänderungsgesetz – SchuldRÄndG) v. 21. 9. 1994 (BGBl. I S. 2538)
SchuldRAnpG	Gesetz zur Anpassung schuldrechtlicher Nutzungsverhältnisse an Grundstücken im Beitrittsgebiet (Schuldrechtsanpassungsgesetz – SchuldRAnpG) v. 21. 9. 1994 (BGBl. I S. 2538)
Schulze Rechtspr.	Rechtsprechung zum Urheberrecht; Entscheidungssammlung mit Anm. von *E. Schulze,* 1988
Schwab-Bearbeiter	s. *Schwab* (Handbuch)
Schwab-Prütting	*Schwab-Prütting,* Sachenrecht, 25. Aufl. 1994
Schwab FamR	*Schwab,* Familienrecht, 8. Aufl. 1995
Schwab (Handbuch)	*Schwab,* Handbuch des Scheidungsrechts, 3. Aufl. 1995
Schwab ZivR	*Schwab,* Einführung in das Zivilrecht, 10. Aufl. 1991
SchwbG	Gesetz zur Sicherung der Eingliederung Schwerbehinderter in Arbeit, Beruf und Gesellschaft (Schwerbehindertengesetz) idF d. Bek. v. 26. 8. 1986 (BGBl. I S. 1422)
schweiz.	schweizerisch
SchweizAG	Schweizerische Aktiengesellschaft, Société anonyme suisse (Zeitschrift)
Schwerdtner	*Schwerdtner,* Arbeitsrecht I, 2. Aufl. 1990
SE	Societas Europaea, Europäische Aktiengesellschaft
SeemannsG	Seemannsgesetz v. 26. 7. 1957 (BGBl. II S. 713)
SeeRÄndG	Gesetz zur Änderung des Handelsgesetzbuchs und anderer Gesetze (Seerechtsänderungsgesetz) v. 21. 6. 1972 (BGBl. I S. 966, 1300) iVm. Bek. v. 21. 3. 1973 (BGBl. I S. 266)
SeeRVerteilO	Gesetz über das Verfahren bei der Errichtung und Verteilung eines Fonds zur Beschränkung der Haftung für Seeforderungen (Seerechtliche Verteilungsordnung) v. 25. 7. 1986 (BGBl. I S. 1130)
Selb	*Selb,* Mehrheiten von Gläubigern und Schuldnern, Handbuch des Schuldrechts, Band 5, 1984
SeuffA	*Seufferts,* Archiv für Entscheidungen der obersten Gerichte in den deutschen Staaten (Zeitschrift, zitiert nach Band u. Nr.; 1. 1847–98. 1944)
SeuffBl.	*Seufferts,* Blätter für Rechtsanwendung (Zeitschrift, zitiert nach Band u. Seite)
SG	Sozialgericht
SGB	Sozialgesetzbuch – SGB I: (1. Buch) Allgemeiner Teil v. 11. 12. 1975 (BGBl. I S. 3015); SGB IV: (4. Buch) Gemeinsame Vorschriften für die Sozialversicherung v. 23. 12. 1976 (BGBl. I S. 3845); SGB V: (5. Buch) Gesetzliche Krankenversicherung v. 20. 12. 1988 (BGBl. I S. 2477); SGB VI: (6. Buch) Gesetzliche Rentenversicherung v. 18. 12. 1989 (BGBl. I S. 2261); SGB VIII: (8. Buch) Kinder- und Jugendhilfe v. 26. 6. 1990 (BGBl. I S. 1163); SGB X: (10. Buch) Verwaltungsverfahren v. 18. 8. 1980 (BGBl. I S. 1469, 2218), Zusammenarbeit der Leistungsträger und ihre Beziehungen zu Dritten v. 4. 11. 1982 (BGBl. I S. 1450)

SGb	Die Sozialgerichtsbarkeit (Zeitschrift)
SGG	Sozialgerichtsgesetz idF v. 23. 9. 1975 (BGBl. I S. 2535)
SGVNW	Sammlung des bereinigten Gesetz- und Verordnungsblattes für das Land Nordrhein-Westfalen, 1962ff., Loseblatt-Sammlung
Siber	*Siber,* Grundriß des deutschen bürgerlichen Rechts, Bd. II, Schuldrecht, 1931
Simader	*Simader,* Dienstanweisung für die Standesbeamten und ihre Aufsichtsbehörden, Loseblatt-Kommentar
SJZ	Süddeutsche Juristenzeitung (Zeitschrift)
SM; SMen	Schutzmaßnahme(n)
s. o.	siehe oben
Söllner	*Söllner,* Grundriß des Arbeitsrechts, 10. Aufl. 1990
Soergel-Bearbeiter	Bürgerliches Gesetzbuch mit Einführungsgesetz und Nebengesetzen, begründet von *Soergel,* 12. Aufl. 1987ff.; soweit in 12. Auflage noch nicht erschienen, 11. Aufl. 1978ff.
SoergRspr.	*Soergel(s)* Rechtsprechung zum gesamten Zivil-, Handels- und Prozeßrecht (Jahr, § und Nr.)
sog.	sogenannt
SoldG	Gesetz über die Rechtsstellung der Soldaten (Soldatengesetz) idF v. 19. 8. 1975 (BGBl. I S. 2273)
SorgeRÜbkAG	Gesetz zur Ausführung von Sorgerechtsübereinkommen und zur Änderung des Gesetzes über die Angelegenheiten der freiwilligen Gerichtsbarkeit sowie anderer Gesetze vom 5. 4. 1990 (BGBl. I S. 701)
Sozialer Fortschritt	Sozialer Fortschritt (Zeitschrift)
SozPlG	Gesetz über den Sozialplan im Konkurs- und Vergleichsverfahren v. 20. 2. 1985 (BGBl. I S. 369)
SozR	Sozialrecht, Rechtsprechung und Schrifttum, bearbeitet von den Richtern des Bundessozialgerichts
SozVers.	Die Sozialversicherung (Zeitschrift)
SozW	Sozialwissenschaft(en)
Sp.	Spalte
SprAuG	Sprecherausschußgesetz v. 20. 12. 1988 (BGBl.I S. 2316)
SpTrUG	Gesetz über die Spaltung der von der Treuhandanstalt verwalteten Unternehmen v. 5. 4. 1991 (BGBl. I S. 854)
st.	ständig
StA	Staatsangehörigkeit
Staat	Der Staat. Zeitschrift für Staatslehre, öffentliches Recht und Verfassungsgeschichte (Band u. Seite)
StabG	Gesetz zur Förderung der Stabilität und des Wachstums der Wirtschaft v. 8. 6. 1967 (BGBl. I S. 582)
Stang	*Stang,* Bundeskleingartengesetz, Kommentar, 2. Aufl. 1995
StARegG	Gesetz zur Regelung von Fragen der Staatsangehörigkeit v. 22. 2. 1955 (BGBl. I S. 65) und 2. v. 17. 5. 1956 (BGBl. I S. 431)
Staub-Bearbeiter	*Staub-Bearbeiter,* Handelsgesetzbuch, Großkommentar, 4. Aufl. 1982ff.
Staudinger-Bearbeiter	Kommentar zum Bürgerlichen Gesetzbuch, 12. Aufl. 1978ff.; 13. Bearbeitung 1993ff.
StAZ	Das Standesamt (Zeitschrift)
StB	Der Steuerberater (Zeitschrift)
StBerG	Steuerberatungsgesetz idF d. Bek. v. 4. 11. 1975 (BGBl. I S. 2735)
StBG	Gesetz vom 20. 2. 1967 über die Staatsbürgerschaft der Deutschen Demokratischen Republik
StBGebV	Gebührenordnung für Steuerberater, Steuerbevollmächtigte und Steuerberatungsgesellschaften (Steuerberater-Gebührenverordnung-StBGebV) v. 17. 12. 1981 (BGBl. I S. 1442)
StBp.	Die steuerliche Betriebsprüfung (Zeitschrift)
Stein-Jonas-Bearbeiter	*Stein-Jonas,* Zivilprozeßordnung, Kommentar, bearbeitet von *Grunsky, Leipold, Münzberg, Schlosser* u. *Schumann,* 21. Aufl. 1993ff.
Sten. Prot.	Stenographisches Protokoll
StGB	Strafgesetzbuch idF v. 10. 3. 1987 (BGBl. I S. 945, 1160)

StGH	Staatsgerichtshof; Gesetz zur Regelung der Staatshaftung vom 12. 5. 1969 (GBl. I S. 34)
StHG-DDR	Staatshaftungsgesetz v. 12. 5. 1969 (GBl. DDR I S. 34)
StiftG	Stiftungsgesetz
StPO	Strafprozeßordnung idF v. 7. 4. 1987 (BGBl. I S. 1074, 1319)
str.	streitig
Strohal	*Strohal,* Das deutsche Erbrecht, 3. Aufl., Band 1 (1903), Band 2 (1904)
st. Rspr.	ständige Rechtsprechung
StuR	Staat und Recht (DDR-Zeitschrift)
StuW	Steuer und Wirtschaft (Zeitschrift)
StVG	Straßenverkehrsgesetz v. 19. 12. 1952 (BGBl. I S. 837)
StVO	Straßenverkehrsordnung idF v. 16. 11. 1970 (BGBl. I S. 1565; 1971 I S. 38)
StVZO	Straßenverkehrs-Zulassungs-Ordnung idF d. Bek. v. 28. 9. 1988 (BGBl. I S. 1793)
s. u.	siehe unten
SV	Sicherungsvertrag
SV-Abk.	Sozialversicherungsabkommen
SVG	Gesetz über die Versorgung für die ehemaligen Soldaten der Bundeswehr und ihre Hinterbliebenen (Soldatenversorgungsgesetz) idF d. Bek. v. 5. 3. 1987 (BGBl. I S. 842)
SVO	Verordnung zur Sozialpflichtversicherung der Arbeiter und Angestellten (DDR)
SZS	Schweizerische Zeitschrift für Sozialversicherung und berufliche Vorsorge
TA-Lärm	Technische Anleitung zum Schutz gegen Lärm v. 16. 7. 1968 (Beilage zu BAnz Nr. 137/1968)
TA-Luft	Technische Anleitung zur Reinhaltung der Luft v. 27. 2. 1986 (Beilage zu BAnz Nr. 58/1986)
teilw.	teilweise
TelWG	Telegraphenwegegesetz v. 18. 12. 1899 (RGBl. S. 705)
TestG	Gesetz ü. d. Errichtung v. Testamenten und Erbverträgen (Testamentsgesetz) v. 31. 7. 1938 (RGBl. I S. 973)
THG	Treuhandgesetz v. 17. 6. 1990 (GBl. I S. 300)
Thomas-Putzo	*Thomas-Putzo,* Zivilprozeßordnung mit Gerichtsverfassungsgesetz und den Einführungsgesetzen, 20. Aufl. 1997
TierSchG	Tierschutzgesetz idF v. 18. 8. 1986 (BGBl. I S. 1319)
TKO	Technische Kontrollorganisation
TranspR	Transport- und Speditionsrecht (Zeitschrift)
v. Tuhr	*v. Tuhr,* Der Allgemeine Teil des Deutschen Bürgerlichen Rechts, Bd. I 1910, Bd. II 1. Halbbd. 1914, 2. Halbbd. 1918
türk.	türkisch
TÜV	Technischer Überwachungsverein
TVG	Tarifvertragsgesetz idF v. 25. 8. 1969 (BGBl. I S. 1323)
TZ	Textziffer
u.	und; unten; unter
UA	Untersuchungsausschuß
u. a.	unter anderem; und andere
u. a. m.	und andere(s) mehr
UARA	Unterausschuß des Rechtsausschusses
u. ä.	und ähnliche(s)
u.ä.m.	und ähnliches mehr
überwM	überwiegende Meinung
Übk.	Übereinkommen
UFITA	Archiv für Urheber-, Film-, Funk- und Theaterrecht (Zeitschrift, zitiert nach Band und Seite)
UJ	Unsere Jugend (Zeitschrift)

E. Ulmer Wertpapierrecht	*Eugen Ulmer,* Das Recht der Wertpapiere, 1938
UmlG	Umlegungsgesetz v. 26. 6. 1936 (RGBl. I S. 518)
UmstG	Drittes Gesetz zur Neuordnung des Geldwesens (Umstellungsgesetz) in Kraft seit 27. 6. 1948 (WiGBl. Beil. 5 S. 13)
UmweltHG	Gesetz über die Umwelthaftung v. 10. 12. 1990 (BGBl.I S. 2634)
UmwG	Gesetz über die Umwandlung von Kapitalgesellschaften und bergrechtlichen Gewerkschaften (Umwandlungsgesetz) idF v. 6. 11. 1969 (BGBl. I S. 2081)
UNCTAD	United Nations Congress of Trade and Development
UNIDROIT	Institut International pour l'Unification du Droit Privé
UN-KaufR	(Wiener) Übereinkommen der Vereinten Nationen über Verträge über den internationalen Warenkauf v. 11. 4. 1980 (BGBl. 1989 II S. 586; 1990 II S. 1477), siehe auch CISG
UNO	United Nations Organization
unstr.	unstreitig
Unterhaltsrecht-*Bearbeiter*	Unterhaltsrecht, Handbuch für die Praxis, von *B. Heiß, Apel, Berninghaus, Deisenhofer, Eichinger, H. Heiß, Henrich, Langenfeld, Luthin, Schlüter,* Loseblatt, 4. Aufl. 1991
UPR	Umwelt- und Planungsrecht (Zeitschrift)
UrhG	Gesetz über Urheberrecht und verwandte Schutzrechte (Urheberrechtsgesetz) v. 9. 9. 1965 (BGBl. I S. 1273)
Urt.	Urteil
URüV	Verordnung zum Vermögensgesetz über die Rückgabe von Unternehmen (Unternehmensrückgabeverordnung – URüV) v. 13. 7. 1991 (BGBl. I S. 1542, geänd. durch Gesetz v. 4. 7. 1995, BGBl. I S. 897)
UStA	Haager Übereinkommen über das auf Unterhaltspflichten anzuwendende Recht (Unterhaltsstatutabkommen von 1973) v. 2. 10. 1973 (BGBl. 1986 II S. 825, 837; 1987 II S. 225)
UStAK	Haager Übereinkommen über das auf Unterhaltsverpflichtungen gegenüber Kindern anwendbare Recht (Unterhaltsstatutabkommen für Kinder von 1956) v. 24. 10. 1956 (BGBl. 1961 II S. 1013)
UStG 1991	Umsatzsteuergesetz idF v. 8. 2. 1991 (BGBl. I S. 350)
usw.	und so weiter
uU	unter Umständen
UWG	Gesetz gegen den unlauteren Wettbewerb v. 7. 6. 1909 (RGBl. S. 499)

v.	vom; von
VA	Vermittlungsausschuß
VAG	Gesetz über die Beaufsichtigung der privaten Versicherungsunternehmen idF d. Bek. v. 13. 10. 1983 (BGBl. I S. 1261)
VAHRG	Gesetz zur Regelung von Härten im Versorgungsausgleich v. 21. 2. 1983 (BGBl. I S. 105)
VAÜG	Gesetz zur Überleitung des Versorgungsausgleichs auf das Beitrittsgebiet (Versorgungsausgleichs-Überleitungsgesetz – VAÜG), Art. 31 des RÜG v. 25. 7. 1991 (BGBl. I S. 1606, 1702)
VAWMG	Gesetz über weitere Maßnahmen auf dem Gebiet des Versorgungsausgleichs v. 8. 12. 1986 (BGBl. I S. 2317)
VBL	Versorgungsanstalt des Bundes und der Länder
VEB	Verwaltungsentscheide der Bundesbehörden (jetzt VPB); Volkseigener Betrieb (DDR)
VerBAV	Veröffentlichungen des Bundesaufsichtsamtes f. das Versicherungs- und Bausparwesen (Zeitschrift)
Verb. Komm.	Verbandskommentar, Kommentar zur Reichsversicherungsordnung (4. und 5. Buch), hrsg. v. Verband Deutscher Rentenversicherungsträger
Verb. Komm. SGB VI ...	Kommentar zum Recht der gesetzlichen Rentenversicherung. Sozialgesetzbuch, Sechstes Buch – Gesetzliche Rentenversicherung, hrsg. vom Verband Deutscher Rentenversicherungsträger

VerbrKrG	Gesetz über Verbraucherkredite, zur Änderung der Zivilprozeßordnung und anderer Gesetze v. 17. 12. 1990 (BGBl. I S. 2840)
VerbrKr-RL	Verbraucherkredit-Richtlinie zur Angleichung der Rechts- und Verwaltungsvorschriften der Mitgliedstaaten über den Verbraucherkredit v. 22. 12. 1986 (ABlEG Nr. L 42/48 v. 12. 2. 1987)
VereinfNov.	Gesetz zur Vereinfachung und Beschleunigung gerichtlicher Verfahren (Vereinfachungsnovelle) v. 3. 12. 1976 (BGBl. I S. 3281)
VereinsG	Vereinsgesetz v. 5. 8. 1964 (BGBl. I S. 593)
Verf.	Verfassung
VerglO	Vergleichsordnung v. 26. 2. 1935 (RGBl. I S. 321)
Verh.	Verhandlung(en)
Verhdlg. DJT	Verhandlungen des Deutschen Juristentages
VerkBl.	Verkehrsblatt, Amtsblatt des Bundesministers für Verkehr
VerkMitt.	Verkehrsrechtliche Mitteilungen (Zeitschrift)
VerkRdsch.	Verkehrsrechtliche Rundschau (Zeitschrift)
VerlG	Gesetz über das Verlagsrecht v. 19. 6. 1901 (RGBl. S. 217)
VermG	Gesetz zur Regelung der offenen Vermögensfragen (Vermögensgesetz) idF der Bek. v. 3. 8. 1992 (BGBl. I S. 1446)
2. VermRÄndG	Gesetz zur Änderung des Vermögensgesetzes und anderer Vorschriften (Zweites Vermögensrechtsänderungsgesetz – 2. VermRÄndG) v. 14. 7. 1992 (BGBl. I S. 1257; ber. BGBl. 1993 I S. 1811)
VermRAnpG	Gesetz zur Anpassung vermögensrechtlicher und anderer Vorschriften (Vermögensrechtsanpassungsgesetz – VermRAnpG) v. 4. 7. 1995 (BGBl. I S. 895)
Veröff.	Veröffentlichung
VersArch.	Versicherungswissenschaftliches Archiv (Zeitschrift)
VerschG	Verschollenheitsgesetz idF v. 15. 1. 1951 (BGBl. I S. 63)
VersR	Versicherungsrecht, Juristische Rundschau für die Individualversicherung (Zeitschrift)
VersRdSch.	Versicherungsrundschau (österreichische Zeitschrift)
VersW	Versicherungswirtschaft (Zeitschrift)
Vertragsschuldverhältnisse	Vertragsschuldverhältnisse mit Beiträgen von *Gitter, Huhn, Lammel, Luig, Reich, Tempel, Weyers,* Vahlens Rechtsbücher, Reihe Zivilrecht, Bd. III, 1974
Verw.	Verwaltung
VerwA	Verwaltungsarchiv (Zeitschrift)
VerwG	Verwaltungsgericht
VerwGH	Verwaltungsgerichtshof
VerwRspr.	Verwaltungsrechtsprechung in Deutschland (Band u. Seite)
Vfg.	Verfügung
VFGüterstandsG	Gesetz über den ehelichen Güterstand von Vertriebenen und Flüchtlingen v. 4. 8. 1969 (BGBl. I S. 1067)
VG	Verwaltungsgericht
VGH	Verfassungsgerichtshof
vgl.	vergleiche
vH	von (vom) Hundert
VHB 1984	Allgemeine Hausratversicherungsbedingungen 1984
VIZ	Zeitschrift für Vermögens- und Investitionsrecht
VKSK	Verband der Kleingärtner, Siedler und Kleintierzüchter
VMBl.	Ministerialblatt des Bundesministers für (ab 1962: der) Verteidigung
VO	Verordnung
VOB Teil A/B	Verdingungsordnung für Bauleistungen, Teil A: Allg. Best. für die Vergabe von Bauleistungen, Teil B: Allg. Vertragsbedingungen für die Ausführung von Bauleistungen v. 25. 10. 1979 (BAnz. 1979 Nr. 208 S. 4)
VOBl.	Verordnungsblatt
VolljG	Gesetz zur Neuregelung des Volljährigkeitsalters v. 31. 7. 1974 (BGBl. I S. 1713)

Voraufl. .... Vorauflage
Vorb. .... Vorbemerkung
VormG .... Vormundschaftsgericht
VPB .... Verwaltungspraxis der Bundesbehörden (früher VEB)
VRG .... Gesetz zur Förderung v. Vorruhestandsleistungen (Vorruhestandsgesetz) v. 13. 4. 1984 (BGBl. I S. 601)
VRS .... Verkehrsrechts-Sammlung (Zeitschrift; Band u. Seite)
VRÜ .... Verfassung und Recht in Übersee (Zeitschrift, 1. 1968ff.)
VSSR .... Vierteljahresschrift für Sozialrecht
VStG .... Vermögensteuergesetz idF v. 14. 11. 1990 (BGBl. I S. 2468)
VSV .... Verbraucherschutzverband
VuR .... Verbraucher und Recht (Zeitschrift)
VVaG .... Versicherungsverein auf Gegenseitigkeit
VVB .... Vereinigung Volkseigener Betriebe
VVDStRL .... Veröffentlichungen der Vereinigung Deutscher Staatsrechtslehrer
VVG .... Gesetz über den Versicherungsvertrag v. 30. 5. 1908 (RGBl. S. 263)
VwGO .... Verwaltungsgerichtsordnung idF v. 19. 3. 1991 (BGBl. I S. 686)
VwKostG .... Verwaltungskostengesetz v. 23. 6. 1970 (BGBl. I S. 821)
VwV .... Verwaltungsverordnung; Verwaltungsvorschrift
VwVfG .... Verwaltungsverfahrensgesetz v. 25. 5. 1976 (BGBl. I S. 1253)
VwZG .... Verwaltungszustellungsgesetz v. 3. 7. 1952 (BGBl. I S. 379)
VZ .... Verbraucherzentrale
VZOG .... Gesetz über die Feststellung der Zuordnung von ehemals volkseigenem Vermögen (Vermögenszuordnungsgesetz – VZOG) idF der Bekanntm. v. 29. 3. 1994 (BGBl. I S. 709)
VZS .... Vereinigte Zivilsenate

WarnR .... Rechtsprechung des Reichsgerichts, herausgegeben von *Warneyer* (Band u. Nr.), ab 1961: Rechtsprechung des Bundesgerichtshofs in Zivilsachen
WarschAbk. .... Abkommen zur Vereinheitlichung von Regeln über die Beförderung im internationalen Luftverkehr v. 12. 10. 1929 (RGBl. 1933 II S. 1039), Warschauer Abkommen in der Fassung Den Haag 1955 v. 28. 9. 1955 (BGBl. 1958 II S. 291, 312; 1964 II S. 1295)
WBG .... Gesetz zur Bereinigung des Wertpapierwesens (Wertpapierbereinigungsgesetz) v. 19. 8. 1949 (WiGBl. S. 295)
WBVR .... *Strupp,* Wörterbuch des Völkerrechts und der Diplomatie I (1924); *Strupp-Schlochauer,* Wörterbuch des Völkerrechts, 2. Aufl., I (1960), II (1961), III (1962)
WdA .... Welt der Arbeit (Zeitschrift)
WEG .... Gesetz über das Wohnungseigentum und das Dauerwohnrecht (Wohnungseigentumsgesetz) v. 15. 3. 1951 (BGBl. I S. 175)
WehrPflG .... Wehrpflichtgesetz idF d. Bek. v. 13. 6. 1986 (BGBl. I S. 879)
WeinG .... Gesetz über Wein, Likörwein, Schaumwein, weinhaltige Getränke und Branntwein aus Wein (Weingesetz) idF v. 27. 8. 1982 (BGBl. I S. 1196)
WertV .... Verordnung über die Grundsätze für die Ermittlung der Verkehrswerte von Grundstücken (Wertermittlungsverordnung – WertV) v. 6. 12. 1988 (BGBl. I S. 2209)
Westermann, Schwerpunkte .... *Harm Peter Westermann,* BGB-Schwerpunkte: Sachenrecht, 9. Aufl. 1994
Westermann SaR I .... *Harry Westermann,* Sachenrecht Bd. I, 6. Aufl. 1990, bearbeitet von *H. P. Westermann, K. H. Gursky* und *W. Pinger*
Westermann SaR II .... *Harry Westermann,* Sachenrecht Bd. II, 6. Aufl. 1988, bearbeitet von *D. Eickmann* und *W. Pinger*
WG .... Wechselgesetz v. 21. 6. 1933 (RGBl. I S. 399)
WGO .... Die wichtigsten Gesetzgebungsakte in den Ländern Ost-, Südosteuropas und in den asiatischen Volksdemokratien (Zeitschrift)
WGSVG .... Gesetz zur Regelung der Wiedergutmachung nationalsozialistischen Unrechts in der Sozialversicherung v. 22. 12. 1970 (BGBl. I S. 1846)

WHG	Wasserhaushaltsgesetz idF v. 23. 9. 1986 (BGBl. I S. 1529, 1654)
Wiedemann	*Wiedemann,* Gesellschaftsrecht, Band 1: Grundlagen, 1980
Wieling	*Wieling,* Sachenrecht, 2. Aufl. 1994
WiGBl.	Gesetzblatt der Verwaltung des Vereinigten Wirtschaftsgebiets
Wilhelm	*Wilhelm,* Sachenrecht, 1993
Windscheid I, II, III	*Windscheid,* Lehrbuch des Pandektenrechts, Bd. I–III, 9. Aufl. 1906, bearbeitet v. *Kipp*
WiR	Wirtschaftsrecht
WiSta	Wirtschaft und Statistik (herausgegeben vom Statistischen Bundesamt; Zeitschrift)
WiStG	Gesetz zur weiteren Vereinfachung des Wirtschaftsstrafrechts (Wirtschaftsstrafgesetz) idF v. 3. 6. 1975 (BGBl. I S. 1313)
de Witt-Huffmann	*de Witt-Huffmann,* Nichteheliche Lebensgemeinschaft, 2. Aufl. 1986
2. WKSchG	Zweites Gesetz über den Kündigungsschutz für Mietverhältnisse über Wohnraum (Zweites Wohnraumkündigungsgesetz) v. 18. 12. 1974 (BGBl. I S. 3603)
WLVO	Wohnraumlenkungsverordnung
WM	Wertpapiermitteilungen (Zeitschrift)
WO	Wechselordnung
WoBauErlG	Gesetz zur Erleichterung des Wohnungsbaus vom 17. 5.1990 (BGBl. I S. 926)
2. WobauG	Zweites Wohnungsbaugesetz (Wohnungsbau- und Familiengesetz) idF v. 14. 8. 1990 (BGBl. I S. 1730)
WoBindG	Gesetz zur Sicherung der Zweckbestimmung von Sozialwohnungen (Wohnungsbindungsgesetz) idF d. Bek. v. 22. 7. 1982 (BGBl. I S. 972)
WoGG	Wohngeldgesetz idF der Bek. v. 1. 2. 1993 (BGBl. I S. 183), zuletzt geändert durch Gesetz v. 19. 10. 1994 (BGBl. I S. 2978)
WoGSoG	Gesetz über Sondervorschriften für die vereinfachte Gewährung von Wohngeld in dem in Artikel 3 des Einigungsvertrages genannten Gebiet (Wohngeldsondergesetz – WoGSoG) idF der Bek. v. 16. 2. 1992 (BGBl. I S. 2406), zuletzt geändert durch Gesetz v. 7. 10. 1994 (BGBl. I S. 2844)
M. Wolf	*Manfred Wolf,* Sachenrecht, 12. Aufl. 1994
Wolf AT	*E. Wolf,* Allgemeiner Teil des bürgerlichen Rechts, Lehrbuch, 3. Aufl. 1982
Wolf SaR	*E. Wolf,* Lehrbuch des Sachenrechts, 2. Aufl. 1979
Wolf SchR	*E. Wolf,* Lehrbuch des Schuldrechts, 1978
Wolff	*M. Wolff,* Das Internationale Privatrecht Deutschlands 1954
Wolf-Horn-Lindacher	*M. Wolf-Horn-Lindacher,* AGB-Gesetz, Kommentar, 2. Aufl. 1989
WoM	s. jetzt WuM
WoVermG	Gesetz zur Regelung der Wohnungsvermittlung v. 4. 11. 1971 (BGBl. I S. 1745)
WP	Wahlperiode
WPg.	Die Wirtschaftsprüfung (Zeitschrift)
WRP	Wettbewerb in Recht und Praxis (Zeitschrift)
WRV	Weimarer Reichsverfassung v. 11. 8. 1919 (RGBl. S. 1383)
WStG	Wehrstrafgesetz v. 24. 5. 1974 (BGBl. I S. 1213)
WuB	Wirtschafts- und Bankrecht (Zeitschrift)
WÜK	Gesetz zu dem Wiener Übereinkommen vom 24. April 1963 über konsularische Beziehungen v. 26. 8. 1969 (BGBl. II S. 1585)
WuM	Wohnungswirtschaft und Mietrecht (Zeitschrift, 1. 1948 ff.)
WuR	Die Wirtschaft und das Recht (Zeitschrift)
WürttNV	Mitteilungen aus der Praxis, herausgegeben vom Württembergischen Notarverein (bis 20. 1954), dann BWNotZ
WürttRpflZ	Württembergische Zeitschrift für Rechtspflege und Verwaltung
WürttZ	Zeitschrift für die freiwillige Gerichtsbarkeit und Gemeindeverwaltung in Württemberg
WuW	Wirtschaft und Wettbewerb (Zeitschrift)

WuW/E .... Wirtschaft und Wettbewerb – Entscheidungssammlung
WZG .... Warenzeichengesetz idF d. Bek. v. 2. 1. 1968 (BGBl. I S. 1, 29)

ZAkDR .... Zeitschrift der Akademie für Deutsches Recht
ZaöRV .... Zeitschrift für ausländisches öffentliches Recht und Völkerrecht (zitiert nach Band u. Seite)
ZAP .... Zeitschrift für die Anwaltspraxis
ZAS .... Zeitschrift für Arbeits- und Sozialrecht (Österreich)
zB .... zum Beispiel
ZBB .... Zeitschrift für Bankrecht und Bankwirtschaft
ZBergR .... Zeitschrift für Bergrecht
ZBlFG .... Zentralblatt für freiwillige Gerichtsbarkeit und Notariat (ab 12. 1911/12: für freiwillige Gerichtsbarkeit, Notariat und Zwangsversteigerung), 1. 1900/01-22. 1921/22
ZBlHR .... Zentralblatt für Handelsrecht
ZBlJugR .... Zentralblatt für Jugendrecht und Jugendwohlfahrt
ZblSozVers. .... Zentralblatt für Sozialversicherung, Sozialhilfe und -versorgung
ZBR .... Zeitschrift für Beamtenrecht
ZDJ .... Zeitschrift des Bundes Deutscher Justizamtmänner
ZEuP .... Zeitschrift für Europäisches Privatrecht
ZevKR .... Zeitschrift für evangelisches Kirchenrecht
ZfA .... Zeitschrift für Arbeitsrecht
ZfbF .... (Schmalenbachs) Zeitschrift für betriebswirtschaftliche Forschung
ZfBR .... Zeitschrift für deutsches und internationales Baurecht (1. 1978 ff.)
ZfBSch .... Binnenschiffahrt (bis 1990: Zeitschrift für Binnenschiffahrt und Wasserstraßen)
ZfF .... Zeitschrift für das Fürsorgewesen
ZfJ .... Zeitschrift für Jugendrecht
ZfRV .... Zeitschrift für Rechtsvergleichung (Österreich)
ZfS .... Zeitschrift für Schadensrecht (1. 1980ff.)
ZfSH .... Zeitschrift für Sozialhilfe (1. 1962ff.)
ZfSozW .... Zeitschrift für Sozialwissenschaft
ZfVersWesen .... Zeitschrift für Versicherungswesen
ZGB .... Schweizerisches Zivilgesetzbuch
ZGB DDR .... Zivilgesetzbuch der Deutschen Demokratischen Republik v. 19. 6. 1975 GBl. DDR I S. 465)
ZgesGenW .... Zeitschrift für das gesamte Genossenschaftswesen
ZgesKredW .... Zeitschrift für das gesamte Kreditwesen
ZgesStaatsW .... Zeitschrift für die gesamte Staatswissenschaft
ZgesStrafW .... (s. ZStrW)
ZGR .... Zeitschrift für Unternehmens- und Gesellschaftsrecht
ZHR .... Zeitschrift für das gesamte Handelsrecht und Wirtschaftsrecht (früher Zeitschrift für das gesamte Handelsrecht und Konkursrecht)
Ziff. .... Ziffer(n)
ZImmunForsch .... Zeitschrift für Immunitätsforschung, Allergie und klinische Immunologie
ZIP .... Zeitschrift für Wirtschaftsrecht (bis 1982: Zeitschrift für Wirtschaftsrecht und Insolvenzpraxis)
ZIR .... Zeitschrift für internationales Recht (früher NiemeyersZ)
ZivG .... Zivilgericht
Zivilrecht im Einigungsvertrag .... Zivilrecht im Einigungsvertrag, 1991 – Sonderausgabe aus der 2. Ergänzungslieferung der 2. Auflage dieses Kommentars
ZKredW .... Zeitschrift für das gesamte Kreditwesen
ZLR .... Zeitschrift für Luftrecht
ZLW .... Zeitschrift für Luftrecht und Weltraumrechtsfragen
ZMR .... Zeitschrift für Miet- und Raumrecht
ZöffR .... Zeitschrift für öffentliches Recht
ZOV .... Zeitschrift für offene Vermögensfragen
ZPO .... Zivilprozeßordnung idF v. 12. 9. 1950 (BGBl. I S. 533)

ZRechtsmed.	Zeitschrift für Rechtsmedizin
ZRG	Zeitschrift der Savigny-Stiftung für Rechtsgeschichte (germ. Abt. = germanistische Abteilung; rom. Abt. = romanistische Abteilung, kanon. Abt. = kanonistische Abteilung)
ZRHO	Rechtshilfeordnung für Zivilsachen vom 19. 10. 1956
ZRP	Zeitschrift für Rechtspolitik
ZRvgl.	Zeitschrift für Rechtsvergleichung
ZS	Zivilsenat
ZSEG	Gesetz über die Entschädigung von Zeugen und Sachverständigen idF d. Bek. v. 1. 10. 1969 (BGBl. I S. 1756)
ZSR	Zeitschrift für Sozialreform
ZStrW	Zeitschrift für die gesamte Strafrechtswissenschaft (Band u. Seite)
zT	zum Teil
ZTR	Zeitschrift für Tarifrecht
ZugabeVO	Verordnung des Reichspräsidenten zum Schutze der Wirtschaft, hier: Erster Teil Zugabewesen (Zugabeverordnung) v. 9. 3. 1932 (RGBl. I S. 121)
Zur Sache	Zur Sache 2/76, Reform des Ehe- und Familienrechts – Versorgungsausgleich –, hrsg. v. Presse- und Informationszentrum des Deutschen Bundestages
zust.	zuständig; zustimmend
ZustErgG	Gesetz zur Ergänzung von Zuständigkeiten auf den Gebieten des Bürgerlichen Rechts, des Handelsrechts und des Strafrechts (Zuständigkeitsergänzungsgesetz) v. 7. 8. 1952 (BGBl. I S. 407)
ZustG	Zustimmungsgesetz
ZustG/MSA	(deutsches) Gesetz vom 30. 4. 1971 zu dem Haager Übereinkommen über die Zuständigkeit der Behörden und das anzuwendende Recht auf dem Gebiet des Schutzes von Minderjährigen v. 5. 10. 1961 (BGBl. 1971 II S. 217, 1150)
zutr.	zutreffend
ZVerkR	Zeitschrift für Verkehrsrecht (Österreich)
ZVersWes.	Zeitschrift für Versicherungswesen
ZVersWiss.	Zeitschrift für die gesamte Versicherungswissenschaft (1. 1901–43. 1943; 49. 1960 ff.)
ZVG	Gesetz über die Zwangsversteigerung und Zwangsverwaltung idF der Bek. v. 20. 5. 1898 (RGBl. S. 369, 713)
ZVglRWiss.	Zeitschrift für vergleichende Rechtswissenschaft (Band, Jahr u. Seite)
ZV-Materialien	Materialien, hrsg. v. Zentralverband der Deutschen Haus-, Wohnungs- und Grundeigentümer
ZVOBl.	Zentralverordnungsblatt
ZVölkR	Zeitschrift für Völkerrecht
ZVP	Zeitschrift für Verbraucherpolitik
zZt	zur Zeit
ZZP	Zeitschrift für Zivilprozeß (Band u. Seite)

Teil 1

Gesetz zur Sachenrechtsbereinigung im Beitrittsgebiet (Sachenrechtsbereinigungsgesetz – SachenRBerG)

und

Gesetz zur Änderung schuldrechtlicher Bestimmungen im Beitrittsgebiet (Schuldrechtsänderungsgesetz – SchuldRÄndG)

Einführung zum Sachenrechtsbereinigungsgesetz (SachenRBerG) und zum Schuldrechtsänderungsgesetz (SchuldRÄndG)

Übersicht

Schrifttum: S. die Schrifttumsverzeichnisse zum Sachenrechtsbereinigungsgesetz (S. 9) und zum Schuldrechtsänderungsgesetz (S. 271).

A. Einführung

1 Am 1. Oktober 1994 ist das Sachenrechtsänderungsgesetz (SachenRÄndG) in Kraft getreten. Kernstück dieses Gesetzes ist mit Artikel 1 das Sachenrechtsbereinigungsgesetz (SachenRBerG). Art. 2 SachenRÄndG enthält Folgeänderungen zu acht verschiedenen Gesetzen sowie eine Neufassung von § 906 BGB. Das SachenRBerG wird ergänzt durch das am 1. Januar 1995 in Kraft getretene Schuldrechtsänderungsgesetz (SchuldRÄndG). Den Hauptteil des SchuldRÄndG bildet mit Art. 1 das SchuldRAnpG. Art. 2 bis 4 behandeln Spezialmaterien der Rechtsangleichung. Beide Gesetze regeln die Überführung der aus dem Recht der DDR überkommenen Bodennutzungsverhältnisse in das Recht des Bürgerlichen Gesetzbuches.

B. Ausgangslage

2 Planwirtschaft in der DDR hieß Vergesellschaftung der Produktionsmittel. Dazu gehörte zuallererst der Grund und Boden. An bestimmten Bodenobjekten konnte nur Volkseigentum bestehen, wie zB an den Bodenschätzen, Bergwerken, Kraftwerken, Talsperren sowie an den Industriebetrieben, den Banken und Versicherungsunternehmen, den Verkehrswegen sowie den Anlagen der Bahn und Post. Nicht dazu gehörte der Grund und Boden insgesamt: Vergesellschaftung der Bodennutzung bedeutete, anders als in der Sowjetunion, nicht, daß der gesamte Grund und Boden in Volkseigentum überführt wurde. Der volkseigene Anteil an der Fläche der DDR betrug 30%,[1] nach anderen Schätzungen 50%.[2]

3 Das als Kernfrage der Staatsmacht[3] betrachtete Volkseigentum stand zwar unter dem besonderen Schutz des Staates, war aber letztlich nur eine ideelle Größe. Es konnte nur über Rechtsträgerschaft oder Nutzungsrechte volkswirtschaftlich genutzt werden. Dagegen war es das Bestreben der Staatsführung der DDR, das Privateigentum an Grund und Boden zurückzudrängen. Es wurde von den unterschiedlichsten Nutzungsbefugnissen überlagert. Der private Grundstücks-

[1] *Fieberg-Reichenbach,* Einführung VermG RdNr. 16.

[2] *Baur-Stürner* SachenR S. 279 f.; *Wesel* DtZ 1995, 70.

[3] Zur Charakterisierung des Volkseigentums vgl. BGH Urt. v. 29. März 1996 – V ZR 326/94 = VIZ 1996, 401 = ZOV 1996, 270 = NJ 1996, 313.

verkehr unterlag einer rigorosen staatlichen Lenkung und Leitung. Das Eigentum an Grund und Boden verlor so, von der ideellen Bedeutung des Volkseigentums abgesehen, auch im Bewußtsein der Bevölkerung schließlich jede Bedeutung. Eine Unterscheidung zwischen Eigentum und Besitz wurde nicht mehr vorgenommen. Eine förmliche Enteignung des Grund und Bodens wurde von der Staatsführung schließlich nicht mehr für wichtig, jedenfalls nicht für vordringlich gehalten. So blieb das Eigentum der Bauern an den in die LPGen eingebrachten Flächen erhalten. Es wurde durch das umfassende Nutzungsrecht der LPGen überlagert und damit letztlich bedeutungslos.

4 Das Recht der DDR kannte die unterschiedlichsten Bodennutzungsverhältnisse. Als dingliche Nutzungsverhältnisse werden heute diejenigen definiert, die ein selbständiges Gebäudeeigentum ermöglichten. Es gab aber auch schuldrechtliche Nutzungsverhältnisse, die das Recht zur Bebauung fremden Grund und Bodens einschlossen, teils mit der Folge der Entstehung selbständigen Gebäudeeigentums, teils ohne diese. Insgesamt sind bei der Entstehung selbständigen Gebäudeeigentums mindestens sechs verschiedene Fallgruppen zu unterscheiden.[4] Zudem wurden in der Rechtspraxis der DDR, zum Teil auch in der Theorie, die Unterschiede zwischen schuldrechtlicher und dinglicher Nutzung zunehmend verwischt. Oft wurde die Grundstücksnutzung sogar ohne jede rechtliche Ausgestaltung, dh. rein faktisch, durchgeführt. Der Beschreibung dieser Rechtszustände dient der Begriff des „faktischen Sachenrechts" der DDR.[5] Die verschiedenartigsten Nutzungsverhältnisse sind im Einigungsvertrag weitgehend aufrechterhalten worden. Zugleich sind Bereinigungs- und Anpassungsvorbehalte vorgesehen, zum Teil auch, wie in Art. 233 § 2 a Abs. 1 S. 2 EGBGB, nachgeschoben worden.

5 Um diese Bereinigung und Anpassung an das Recht des BGB geht es sowohl bei der Sachenrechtsbereinigung als auch bei der Schuldrechtsanpassung: Beide Gesetze betreffen ausschließlich Grundstücksnutzungsverhältnisse. Beide Gesetze bezwecken die Zusammenführung von Grund- und Gebäudeeigentum auf der Grundlage des BGB. Beide Gesetze streben einen sozialverträglichen Interessenausgleich zwischen Grundstückseigentümer und Nutzer an. Bei beiden Gesetzen geht es im wesentlichen um die Absicherung von Investitionen des Nutzers. Die Weichenstellung zwischen der Sachenrechtsbereinigung einerseits und der Schuldrechtsanpassung andererseits hängt im Grundsatz vom wirtschaftlichen und rechtlichen Gewicht der Nutzung ab. Bei der Sachenrechtsbereinigung erhält der Nutzer, dh. in der Regel der Gebäudeeigentümer, den Vorrang. Im Ergebnis bedeutet dies: Der Nutzer kann das Grundstück zum halben Verkehrswert erwerben oder er kann die Bestellung eines Erbbaurechts zum halben Erbbauzins verlangen; er kann sich als Erbbauberechtigter zusätzlich das Recht vorbehalten, das Grundstück innerhalb von 12 Jahren zum halben Verkehrswert zu erwerben. Sachenrechtsbereinigung bedeutet mithin, daß dem Nutzer der dingliche Zugriff auf das Grundstück gewährt wird, daß seine Nutzung verdinglicht wird. Dies ist nur bei einer Nutzung gerechtfertigt, die dem Bodenwert mindestens gleichgestellt werden kann, nämlich bei einer Bebauung des Grundstücks, wobei die bauliche Investition einiges Gewicht haben muß. Schuldrechtsanpassung bedeutet dagegen: Der Nutzer erhält nur die zwar abgesicherte, aber doch rechtlich schwächere Position eines Mieters oder Pächters. Die Unterschiedlichkeit der Rechtsfolgen erfordert damit eine genaue Abgrenzung der Rechtsverhältnisse, die der Sachenrechtsbereinigung einerseits und der Schuldrechtsanpassung andererseits unterliegen.

C. Regelungsgegenstände

I. Sachenrechtsänderung

6 Den Hauptteil des SachenRÄndG bildet das in Art. 1 normierte SachenRBerG. Art. 2 enthält damit im Zusammenhang stehende Änderungen der ErbbauVO, des ZVG, des VermG, der Art. 231, 233, 234 EGBGB, des GBBerG, der BNotO, der VO über die Tätigkeit von Notaren in eigener Praxis, des LwAnpG sowie eine Änderung des Immissionsschutzrechts (§ 906) des BGB.

7 Das SachenRBerG regelt in Kapitel 2 folgende Materien:[6]
– die nach dem Recht der DDR verliehenen oder zugewiesenen „dinglichen" Nutzungsrechte,

[4] *Wesel* DtZ 1995, 70, 71.
[5] *Grün* NJW 1994, 2641, 2642.
[6] *Czub* NJ 1994, 555 f.

- die Fälle des nach dem Recht der DDR entstandenen selbständigen Gebäudeeigentums,
- die bauliche Inanspruchnahme fremden Grundstückseigentums, ohne daß ein dingliches Nutzungsrecht bestellt oder selbständiges Gebäudeeigentum entstanden ist (sog. hängende Fälle),
- die in der DDR abgeschlossenen, nicht mehr vollzogenen Gebäudekaufverträge, in deren Vollzug selbständiges Eigentum an dem gekauften Gebäude oder der baulichen Anlage hätte entstehen sollen.

In den Kapiteln 3 bis 5 sind folgende Materien geregelt:
- die Wiederanpassung der aus der Zeit vor Inkrafttreten des ZGB herrührenden sog. alten Erbbaurechte an das Recht des BGB,
- die Regelung der Rechte aus den gem. § 459 ZGB entstandenen Miteigentumsanteilen und
- die Absicherung der Inanspruchnahme fremder Grundstücke durch Anlagen der Erschließung oder Entsorgung, soweit bisher ein Mitbenutzungsrecht nach dem ZGB der DDR nicht begründet wurde.

II. Schuldrechtsanpassung

8 Das mit Art. 1 den Kernbereich des SchuldRÄndG bildende SchuldRAnpG regelt diejenigen Grundstücksnutzungsverhältnisse, die nicht vom SachenRBerG erfaßt werden, bei denen jedoch eine rechtliche Absicherung des Nutzers erforderlich erschien, nämlich
- die Nutzungsverhältnisse zur Erholung oder Freizeitgestaltung oder zur Errichtung von Garagen oder anderen persönlichen, jedoch nicht Wohnzwecken dienenden Bauwerken,
- die Überlassungsverträge iSv. Art. 232 § 1 a EGBGB,
- die Miet-, Pacht oder sonstigen Nutzungsverträge, soweit der Nutzer auf ihrer Grundlage ein Wohn- oder gewerblichen Zwecken dienendes Gebäude errichtet hat.

Das ErholNutzG (Art. 2) regelt diejenigen dinglichen Nutzungsrechte, die zu Erholungs- und Freizeitzwecken verliehen worden sind und die wegen ihrer geringeren sozialen Bedeutung nicht in das SachenRBerG einzubeziehen waren.

Das AnpflEigentG (Art. 3) regelt, daß das zunächst aufrechterhaltene Sondereigentum an den von den LPGen vorgenommenen Anpflanzungen endet und die Anpflanzungen wesentlicher Bestandteil des Grundstücks werden.

Das MeAnlG (Art. 4) regelt die Rechtsverhältnisse an den im landwirtschaftlichen Bereich vorwiegend von den LPGen angelegten und noch im Sondereigentum stehenden Be- und Entwässerungsanlagen (Meliorationsanlagen), die an das Sachenrecht des BGB angepaßt werden.

Art. 5 erklärt in Abänderung des BKleinG einige Bestimmungen des SchuldRAnpG auch auf Kleingartenpachtverträge für anwendbar.

D. Eckwerte

9 Für beide Gesetze sind zunächst Grundsätze, die sogenannten Eckwerte, entwickelt worden, die die Grundlage für die gesetzlichen Regelungen bilden.

I. Die Eckwerte der Sachenrechtsbereinigung[7]

10 **1. Die faktischen Verhältnisse.** Es war von den vorgefundenen **faktischen Verhältnissen** und nicht von den geltenden rechtlichen Regelungen auszugehen. Nach den rechtstatsächlichen Erhebungen der Bundesregierung, die mit den Erfahrungen der täglichen Rechtspraxis übereinstimmen, ist in der DDR das Bodenrecht oftmals nicht beachtet worden. Für den gesamten Bereich des Bodenrechts ist darüber hinaus eine unsorgfältige Handhabung von Rechts- und Verfahrensvorschriften kennzeichnend. Nicht selten hing es vom Zufall ab, ob und wie der Besitz und die Nutzung, insbesondere die Bebauung, eines Grundstücks rechtlich abgesichert wurden.

11 Um einen sachgerechten Ausgleich zu ermöglichen, hat der Gesetzgeber das Nachzeichnungsprinzip entwickelt: Danach ist der Nutzer so zu stellen, wie er bei gesetzeskonformem Vorgehen der Behörden der DDR gestanden hätte. Die rechtliche Einordnung eines Nut-

[7] *Leutheusser-Schnarrenberger* DtZ 1993, 34, 37 f.; sog. Eckwertepapier DtZ 1993, 49 f.; *Grün* NJW 1994, 2641, 2644 f.

zungsverhältnisses ist nicht nach der erfolgten rechtlichen Absicherung – oftmals fehlte diese –, sondern danach vorzunehmen, ob nach den Rechtsvorschriften der DDR eine dingliche Absicherung vorgesehen war (§ 3 Abs. 2 S. 2 SachenRBerG). Die Frage, ob nach dem Recht der DDR eine dingliche Absicherung hätte erfolgen müssen, ist damit zu einem Tatbestandsmerkmal (von vielen) für die Einbeziehung eines Rechtsverhältnisses in die Sachenrechtsbereinigung erhoben worden. Die Anwendung des SachenRBerG setzt somit auch die Kenntnis des Bodenrechts der DDR voraus.

12 2. **Bauliche Investitionen** auf fremden Grundstücken waren besonders **zu schützen.** Die in Übereinstimmung mit der Rechts- und Verwaltungspraxis der DDR von den Nutzern geschaffenen wirtschaftlichen Werte sollten erhalten bleiben. Denn die Errichter eines Bauwerks verstießen nach damaligem Rechtsverständnis nicht gegen die Befugnisse des Grundstückseigentümers. Allein das Bauwerk, nicht der Grund und Boden, stellte einen wirtschaftlichen Wert dar. Daraus folgt, daß bei der Zusammenführung von Grund- und Gebäudeeigentum die Nutzer grundsätzlich den Vorrang haben.

13 3. **Teilungsmodell.** Die nach den heutigen Verkehrswerten zu bemessenden Bodenwerte sind zwischen Grundstückseigentümer und Nutzer im Verhältnis 50 : 50 aufzuteilen. Dieses **Teilungsmodell** ist die politische Leitidee der Sachenrechtsbereinigung. Durch den Übergang zur Marktwirtschaft sind die Bodenpreise bekanntlich explosionsartig angestiegen. Dieser – unverhoffte – Gewinn ist zwischen Bodeneigentümer und Nutzer hälftig zu teilen. Da bei der Grundstücksnutzung der Nutzer den Vorrang erhält (Eckwert Nr. 2) bedeutet dies im Ergebnis, daß der Nutzer das Grundstück zum halben Verkehrswert erhält.

14 Dieser Grundsatz wird in drei Fällen zugunsten des Nutzers durchbrochen. Der Erbbauzins wird während einer Eingangsphase von drei mal drei Jahren – bei Eigenheimen auf Grundstükken im Wert von über 250 000 DM von drei mal vier Jahren – abgesenkt. Im komplexen Wohnungs- und Siedlungsbau ist der Bodenwert als Ausgleich für Maßnahmen zur Baufreimachung pauschal um ein Drittel zu kürzen. Darüber hinaus kann der Nutzer bei einem Ankauf im ersten Jahr nach Inkrafttreten des Gesetzes einen Preisnachlaß von 5% und im zweiten Jahr einen solchen von 2,5% in Anspruch nehmen.

15 4. **Gleichwertigkeit der Ansprüche.** Die den Nutzern zur Wahl gestellten **Ansprüche** – auf Ankauf des Grundstücks oder auf Bestellung eines Erbbaurechts – sollten wirtschaftlich **gleichwertig** sein. Dieser Grundsatz ist im Ergebnis nicht eingehalten worden, sondern als Folge der Korrekturen am Halbteilungsprinzip (vgl. vorstehend Eckwert Nr. 3) zugunsten des Nutzers durchbrochen: Für den Nutzer ist es eindeutig vorteilhafter, das Ankaufsrecht erst nach Ausnutzung der Zinsermäßigung in der Eingangsphase auszuüben. Der dadurch erzielbare Vorteil übersteigt die Preisermäßigung bei einem Ankauf innerhalb der ersten zwei Jahre nach Inkrafttreten des Gesetzes.[8]

16 5. **Sozial- und wohnungspolitische Korrekturen.** Es waren **sozial- und wohnungspolitische Korrekturen** vorzusehen, um die Nutzung der Grundstücke zu ermöglichen oder zu erhalten. Diese Korrekturen dienen insbesondere der Erhaltung von bezahlbarem Wohnraum. Sie finden Ausdruck in der Korrektur des Halbteilungsprinzips (s. vorstehend Nr. 3) und in einer besonderen Härteklausel bei niedrigen Grundstückswerten: Ist der Nutzer nicht in der Lage, die Mittel zum Ankauf eines Grundstücks mit niedrigerem Verkehrswert, bei dem die Bestellung eines Erbbaurechts ausgeschlossen ist, aufzubringen, kann er den Abschluß eines Nutzungsvertrages von längstens sechs Jahren verlangen. Sein Ankaufsanspruch bleibt bis zum Ablauf des Nutzungsvertrages erhalten (§ 123 SachenRBerG).

II. Die Eckwerte der Schuldrechtsanpassung[9]

17 1. **Nutzungsverhältnisse.** Die **Nutzungsverhältnisse zu Erholungs-,** Freizeit- und anderen persönlichen **Zwecken** (nicht Wohnzwecken) sollten **nicht verdinglicht,** sondern als Miet- oder Pachtverträge weitergeführt werden. Zwar waren diese Verträge faktisch weitgehend unkündbar, auch erwarb der Nutzer an dem errichteten Gartenhaus (dem Bungalow, der Datsche) ein gesondertes Baulichkeiteneigentum. Doch überwog der schuldrechtliche Charakter dieser Verträge.

[8] *von Oefele* DtZ 1995, 158; *Vossius* Einleitung RdNr. 50 und § 51 RdNr. 2 bis 5.

[9] *Leutheusser-Schnarrenberger* DtZ 1993, 34, 37; BT-Drucks. 12/7135 S. 30 f.

2. Überführung der Nutzungsverhältnisse. Die Überführung der Nutzungsverhältnisse in das Miet- oder Pachtrecht des BGB war durch Überleitungsvorschriften sozialverträglich auszugestalten. Die Nutzer haben auf die Rechtsbeständigkeit der Verträge vertraut und auf dem fremden Grund und Boden erhebliche Werte geschaffen. Das Vertrauen der Nutzer auf den Fortbestand der Vertragsverhältnisse war gegen das Interesse der Grundstückseigentümer an der Wiedererlangung der Nutzungsbefugnis abzuwägen. **18**

a) Bestandsschutz. Für eine Übergangszeit war daher ein – nach den verschiedenen Nutzungstypen abgestufter – **Bestandsschutz** in Form eines Kündigungsschutzes einzuführen. Eine Ausnahme war bei berechtigtem Eigenbedarf des Grundstückseigentümers anzuerkennen. **19**

b) Angemessene Entschädigungsregelung. Für die vom Nutzer vorgenommenen Werterhöhungen, insbesondere die errichteten Bauwerke, war eine **angemessene Entschädigungsregelung** vorzusehen. Der Nutzer soll die geschaffenen Werte grundsätzlich bis zu ihrer Amortisierung nutzen dürfen. Der Zeitwert des Bauwerks ist im Grundsatz noch sieben Jahre nach Ablauf der Kündigungsschutzfrist zu ersetzen (Investitionsschutzfrist). **20**

c) Anhebung des Entgelts. Das bisher unangemessen niedrige **Entgelt** war in sozialverträglichen Einzelschritten **anzuheben.** Die bisher unentgeltlichen Nutzungsverhältnisse waren unter Beachtung der vorgenannten Erhöhungsschritte in entgeltliche Nutzungsverhältnisse umzuwandeln. **21**

Die vorstehend genannten Regelungen sind im Gesetzgebungsverfahren noch erheblich zugunsten der Nutzer – besonders durch Verlängerung der Kündigungsschutzfristen, Verbesserung der Entschädigungsregelung und die Schaffung eines schuldrechtlichen Vorkaufsrechts – verbessert worden.[10] **22**

E. Rechtstechnische Lösungen

Bei der Umsetzung der Eckwerte ist der Gesetzgeber bei der Sachenrechtsbereinigung einerseits und der Schuldrechtsanpassung andererseits auf unterschiedliche Weise vorgegangen. **23**

Die **Sachenrechtsbereinigung** folgt dem Modell der **Anspruchslösung.**[11] Das Gesetz begründet nach Wahl des Nutzers Ansprüche auf Abschluß eines Kaufvertrages oder eines Erbbaurechtsbestellungsvertrages. Der denkbare Weg einer Umwandlung der Nutzungsverhältnisse kraft Gesetzes war nicht gangbar. Hierdurch wären eindeutige Ergebnisse, die eine unmittelbare Berichtigung des Grundbuches ermöglicht hätten, nicht erzielbar gewesen. Auch eine Umwandlung kraft Gesetzes hätte zudem eine Mitwirkung der Behörden erfordert. Dazu hätten schon die vermessungstechnischen Vollzugsdefizite und die Schwierigkeiten bei der Wertermittlung gezwungen. Die Anspruchslösung bietet insgesamt bessere Gestaltungsmöglichkeiten. Sie fördert einvernehmliche Lösungen: Solange die Parteien sich einig sind, sind sie an die gesetzlichen Vorgaben nicht gebunden. Erst wenn keine Übereinkunft zu erzielen ist, greift das gesetzliche Regelungswerk ein. Alsdann kann jeder Beteiligte von dem anderen den Abschluß eines Vertrages zu den gesetzlich vorgegebenen Bedingungen verlangen. Notwendige Folge dieser Lösung ist die Durchführung eines notariellen Vermittlungsverfahrens. Dieses dient der Aufbereitung und Konzentration des Streitstoffes sowie der Streitvermeidung und Streitschlichtung. Es ist, wenn keine einvernehmliche Bereinigung zustande kommt, Sachurteilsvoraussetzung für das sich anschließende gerichtliche Verfahren. **24**

Die **Anpassung** nach dem **SchuldRAnpG** erfolgt dagegen **kraft Gesetzes.** Gemäß § 6 SchuldRAnpG ist auf die in dieses Gesetz einbezogenen Rechtsverhältnisse mit dem Tage des Inkrafttretens, am 1. Januar 1995, das Miet- oder Pachtrecht des BGB anzuwenden. Die gegenseitigen vertraglichen Ansprüche sind gegebenenfalls vor dem sachlich und örtlich ausschließlich zuständigen Amtsgericht zu verfolgen. **25**

[10] Vgl. zur Entstehungsgeschichte des SchuldRAnpG *Schmidt-Räntsch* DtZ 1994, 82; *Rövekamp* S. 1 ff.; *Czub-Rövekamp* OV spezial 1994 Nr. 2 f und Nr. 3 S. 4 f.; *Rövekamp* OV spezial Nr. 13 S. 2 f.

[11] *Schmidt-Räntsch* DtZ 1994, 82; *ders.* DtZ 1994, 322, 327; *Vossius* Einl. RdNr. 54 f.; *Eickmann* SachenR BerG § 3 RdNr. 4; *ders.* DNotZ 1996, 139 f.

Gesetz zur Änderung sachenrechtlicher Bestimmungen (Sachenrechtsänderungsgesetz – SachenRÄndG)

Vom 21. September 1994 (BGBl. I S. 2457)

Artikel 1
Gesetz zur Sachenrechtsbereinigung im Beitrittsgebiet (Sachenrechtsbereinigungsgesetz – SachenRBerG)

Inhaltsübersicht

Schrifttum: *Böhringer,* Zusammenführung von Gebäude- und Grundeigentum, DtZ 1994, 266; *ders.,* Neuerungen bei Art. 233 EGBGB und beim Grundbuchbereinigungsgesetz, DtZ 1994, 301; *v. Brünneck,* Verfassungsprobleme des Sachenrechtsänderungsgesetzes, NJ 1994, 150; *Czub,* Sachenrechtsbereinigung, Leitfaden für die Praxis, 1994 *(Czub* Leitfaden); *ders.,* Einführung in das Sachenrechtsänderungsgesetz, NJ 1994, 555 und NJ 1995, 10; *Czub/Schmidt-Räntsch/Frenz,* SachenRBerG-Komm., Stand: Januar 1995 *(Czub-Bearbeiter); Eickmann,* Sachenrechtsbereinigung – Komm., Stand: November 1995 *(Eickmann-Bearbeiter); ders.*, Grundstücksrecht in den neuen Bundesländern, 2. Aufl. 1993; *Frenz*, Sachenrechtsbereinigung durch notarielle Vermittlung, DtZ 1995, 66; *ders.*, Erste Erfahrungen mit der Sachenrechtsbereinigung, NJW 1995, 2657; *Göhring-Posch*, Zivilrecht der DDR Bd. 1, 1984; *Grün*, Das Sachenrechtsänderungsgesetz, NJW 1994, 2641; *Grüneberg-Wendtland*, Zur Beendigung von Nutzungsverträgen nach §§ 312 ff. DDR-ZGB über Erholungs- und Freizeitgrundstücke außerhalb von Kleingartenanlagen, DtZ 1993, 101; *Herbig-Gaitzsch-Hügel-Weser*, Sachenrechtsänderungsgesetz, 1. Aufl. 1994; *Heuer*, Grundzüge des Bodenrechts der DDR 1949 – 1990; *Horst*, Eigentum contra Nutzungsrecht an Grundstücken (Teil 1); ZOV 1994, 342; *Kayser*, Überlassungsverträge unwirksam?, GE 1993, 284; *Kimme*, Offene Vermögensfragen – Komm., Stand: Dezember 1995 *(Kimme-Bearbeiter); Kinne*, Auskunfts- und Rechnungslegungspflicht des staatlichen Verwalters gegenüber dem Grundstückseigentümer?, ZOV 1992, 59; *Komm. zum LPG-G v. 2. 7. 1982*, Staatsverlag der DDR, 1985; *Köhler*, Sicherung des Volkseigentums bei Baumaßnahmen von Betrieben auf vertraglich genutzten, nicht volkseigenen Grundstücken, NJ 1983, 328; *Köhler*, Das Altschuldenhilfegesetz, DtZ 1994, 390; *Kluddssuweit*, Fragen und Antworten, NJ 1984, 423; *Krauß*, Sachenrechtsbereinigung und Schuldrechtsanpassung im Beitrittsgebiet, 1995; *Lappe*, Die Entwicklung des Gerichts- und Notarkostenrechts im Jahr 1994, NJW 1995, 1191 ff.; *Leutheusser-Schnarrenberger*, Die Bereinigung des Sachenrechts in den neuen Bundesländern, DtZ 1993, 34; *v. Oefele*, Die Erbbaurechtslösung nach dem Sachenrechtsbereinigungsgesetz, DtZ 1995, 158; *v. Oefele-Winkler*, Handbuch des Erbbaurechts, 2. Aufl. 1995; *Pittack-Puls*, Struktur und Inhalt des Bodensonderungsgesetzes, VIZ 1994, 393; *Prütting-Zimmermann-Heller*, Grundstücksrecht Ost, Stand: März 1996 *(Prütting-Bearbeiter); Purps*, Die Gebäudegrundbuchverfügung, ZAP Ost 1995, 217; *Rädler-Raupach-Bezzenberger*, Vermögen in der ehemaligen DDR Komm., Stand: November 1995 *(Rädler-Bearbeiter); Rodenbach*, Schuldrechtliche Nutzungsverhältnisse und offene Vermögensfragen, ZOV 1991, 73; *Rohde*, Bodenrecht, 1989; *Schmidt-Räntsch*, Einführung in die Sachenrechtsbereinigung, VIZ 1994, 441; *ders.*, Überlassungsverträge in der ehemaligen DDR, ZOV 1992, 2; *ders.*, Zur Sonderungsplanverordnung, DtZ 1995, 74 ff.; *ders.*, Die Verordnungen auf dem Gebiet der Sachenrechtsbereinigung, VIZ 1995, 1 ff.; *Schmidt-Räntsch/Marx*, Bodensonderung in den neuen Bundesländern, DtZ 1994, 354; *Schmidt-Räntsch/Sternal*, Zur Gebäudegrundbuchverfügung, DtZ 1994, 262; *Schulz-Schaeffer*, Umverteilung von Grundeigentum in den neuen Bundesländern? – Zum Entwurf eines Sachenrechtsänderungsgesetzes, MDR 1993, 921; *Volhard*, Isoliertes Gebäudeeigentum nach § 459 ZGB, VIZ 1993, 481; *Vossius*, SachenRBerG – Komm., 1995; *ders.*, Der Ankauf des Grundstücks nach dem Sachenrechtsbereinigungsgesetz, DtZ 1995, 154; *Wesel*, Nutzer, Nutzung und Nutzungsänderung nach dem Sachenrechtsbereinigungsgesetz, DtZ 1995, 70; *Wilhelms*, Nicht ausgeübte Nutzungsrechte an unbebauten Grundstücken im Beitrittsgebiet, ZOV 1994, 171; *Zimmermann-Heller*, Das neue Sachenrechtsbereinigungsgesetz, 1995.

Kapitel 1. Gegenstände der Sachenrechtsbereinigung

§ 1 Betroffene Rechtsverhältnisse

(1) Dieses Gesetz regelt Rechtsverhältnisse an Grundstücken in dem in Artikel 3 des Einigungsvertrages genannten Gebiet (Beitrittsgebiet),

1. a) an denen Nutzungsrechte verliehen oder zugewiesen wurden,

b) auf denen vom Eigentum am Grundstück getrenntes selbständiges Eigentum an Gebäuden oder an baulichen Anlagen entstanden ist,

c) die mit Billigung staatlicher Stellen von einem anderen als dem Grundstückseigentümer für bauliche Zwecke in Anspruch genommen wurden oder

d) auf denen nach einem nicht mehr erfüllten Kaufvertrag ein vom Eigentum am Grundstück getrenntes selbständiges Eigentum am Gebäude oder an einer baulichen Anlage entstehen sollte,

2. die mit Erbbaurechten, deren Inhalt gemäß § 5 Abs. 2 des Einführungsgesetzes zum Zivilgesetzbuch der Deutschen Demokratischen Republik umgestaltet wurde, belastet sind,

3. an denen nach § 459 des Zivilgesetzbuchs der Deutschen Demokratischen Republik kraft Gesetzes ein Miteigentumsanteil besteht oder

4. auf denen andere natürliche oder juristische Personen als der Grundstückseigentümer bauliche Erschließungs-, Entsorgungs- oder Versorgungsanlagen, die nicht durch ein mit Zustimmung des Grundstückseigentümers begründetes Mitbenutzungsrecht gesichert sind, errichtet haben.

(2) Ist das Eigentum an einem Grundstück dem Nutzer nach Maßgabe besonderer Gesetze zugewiesen worden oder zu übertragen, finden die Bestimmungen dieses Gesetzes keine Anwendung.

(3) Die Übertragung des Eigentums an einem für den staatlichen oder genossenschaftlichen Wohnungsbau verwendeten Grundstück auf die Kommune erfolgt nach dem Einigungsvertrag und dem Vermögenszuordnungsgesetz und auf ein in § 9 Abs. 2 Nr. 2 genanntes Wohnungsunternehmen nach dem Wohnungsgenossenschafts-Vermögensgesetz, wenn das Eigentum am Grundstück

1. durch Inanspruchnahmeentscheidung nach dem Aufbaugesetz vom 6. September 1950 (GBl. Nr. 104 S. 965) und die zu seinem Vollzug erlassenen Vorschriften oder

2. durch bestandskräftigen Beschluß über den Entzug des Eigentumsrechts nach dem Baulandgesetz vom 15. Juni 1984 (GBl. I Nr. 17 S. 201) und die zu seinem Vollzug erlassenen Vorschriften

entzogen worden ist oder in sonstiger Weise Volkseigentum am Grundstück entstanden war. Grundbucheintragungen, die abweichende Eigentumsverhältnisse ausweisen, sind unbeachtlich.

I. Normzweck

1 Die Vorschrift beschreibt die Gegenstände der Sachenrechtsbereinigung und gibt anhand von **Regelbeispielen** (BT-Drucks. 12/5992 S. 65) einen ersten Überblick über den Anwendungsbereich des Gesetzes. Wegen der Vielgestaltigkeit der zu regelnden Sachverhalte enthält Abs. 1 zunächst nur eine nicht abschließende Aufzählung der zahlenmäßig bedeutendsten Fallgruppen, die der Sachenrechtsbereinigung dem Grundsatz nach unterliegen. Aus dem hierdurch nur allgemein gesetzten Rahmen der Anwendbarkeit des Gesetzes schließen Abs. 2, Abs. 3 und § 2 sodann die dort näher bezeichneten Sachverhalte aus. Hinsichtlich der hiernach verbleibenden Fallgruppen wird der **sachliche Anwendungsbereich** des Gesetzes durch die Bestimmungen in § 3 und §§ 4 ff. weiter konkretisiert.[1]

II. Gegenstände der Sachenrechtsbereinigung

2 **1. Betroffene Rechtsverhältnisse. a) Verliehene oder zugewiesene Nutzungsrechte.** Abs. 1 Nr. 1 a erfaßt die sog. dinglichen Grundstücksnutzungsrechte,[2] deren Bestellung in der DDR Grundlage für den Bau oder den Erwerb eines Gebäudes war. Diese Rechte beruhten auf einer öffentlich-rechtlichen[3] Verleihung (§§ 287 ff. ZGB) oder Zuweisung (§§ 291 ff. ZGB). Zur wirksamen Bestellung eines Nutzungsrechts war die Aushändigung einer **Nutzungsurkunde**[4] erforderlich.[5] Eine Eintragung im Grundbuch war keine Wirksamkeitsvoraussetzung.[6] Nutzungsrechte existierten in der DDR seit dem Jahre 1954[7] und waren ursprünglich zur Ermöglichung des Eigenheimbaus auf volkseigenen Grundstücken gedacht.[8] Mit Inkrafttreten des ZGB am 1. 1. 1976[9] war die Zuweisung von Nutzungsrechten auch an nicht volkseigenen, genossenschaftlich genutzten Grundstücken möglich (§§ 291 ff. ZGB).

3 Im wesentlichen handelt es sich hier um **aa)** Bürgern der DDR für den **Bau von Eigenheimen** nach §§ 287 ff. oder 291 ff. ZGB verliehene oder zugewiesene Nutzungsrechte (vgl. § 5 RdNr. 4), **bb)** Nutzungsrechte zum **Erwerb von Gebäuden** nach den Gesetzen über den Verkauf volkseigener Gebäude,[10] **cc)** Nutzungsrechte nach § 7 Abs. 1 der VO über die Arbeiter-

[1] Zur Gesetzestechnik der Darstellung des Anwendungsbereichs des SachenRBerG vgl. auch *Vossius* RdNr. 1 ff.

[2] Vgl. *Horst* ZOV 1994, 342.

[3] *Czub* Leitfaden RdNr. 248; *Czub-Czub* RdNr. 22; *Eickmann-Trittel* RdNr. 8.

[4] Vgl. insbesondere § 287 Abs. 2 S. 2 ZGB und § 4 Abs. 2 Gesetz über die Verleihung von Nutzungsrechten an volkseigenen Grundstücken v. 14. 12. 1970 (GBl. I S. 372).

[5] Vgl. *Heuer* RdNr. 50; Erg.-Bd. zur 2. Aufl. Zivilrecht im EVertr. RdNr. 304 f., 338; *Czub-Czub* RdNr. 23; *Kimme-Schmidt* § 4 VermG RdNr. 59.

[6] Vgl. VG Leipzig ZOV 1996, 76.

[7] Vgl. § 2 Abs. 2 S. 2 Gesetz über den Verkauf volkseigener Eigenheime und Siedlungshäuser v. 15. 9. 1954 (GBl. S. 784).

[8] *Schmidt-Räntsch* VIZ 1994, 441.

[9] § 1 EGZGB v. 19. 6. 1975 (GBl. I S. 517).

[10] Vgl. insbes. Gesetz über den Verkauf volkseigener Eigenheime und Siedlungshäuser v. 15. 9. 1954 (GBl. I S. 784); Gesetz über den Verkauf volkseigener Eigenheime, Miteigentumsanteile und Gebäude für Erholungszwecke v. 19. 12. 1973 (GBl. I S. 578); Gesetz über den Verkauf volkseigener Gebäude v. 7. 3. 1990 – sog. „Modrow-Gesetz“ – (GBl. I S. 157).

wohnungsbaugenossenschaften v. 21. 11. 1963[11] zum Zweck des **genossenschaftlichen Wohnungsbaus** auf volkseigenen Grundstücken (§ 6) sowie **dd)** die nach § 1 des Gesetzes über die Verleihung von Nutzungsrechten an volkseigenen Grundstücken v. 14. 12. 1970[12] meist **für gewerbliche Zwecke** an Genossenschaften verliehenen Nutzungsrechte (§ 7 Abs. 2 Nr. 1).

4 **b) Selbständiges Gebäudeeigentum.** Die Einführung des selbständigen Gebäudeeigentums in das Rechtssystem der DDR erfolgte bereits in den frühen fünfziger Jahren.[13] Vom Eigentum am Grundstück selbständiges Gebäude- oder Anlageneigentum konnte gem. § 295 Abs. 2 S. 1 ZGB nur in den Fällen begründet werden, in denen dies durch besondere Rechtsvorschriften[14] festgelegt war.

5 **c) Bauliche Inanspruchnahme fremder Grundstücke.** Abs. 1 Nr. 1 c bezieht zunächst die Fälle in den Regelungsbereich der Sachenrechtsbereinigung ein, in denen die bauliche Inanspruchnahme entspr. den Rechtsvorschriften der DDR erfolgte. Erfaßt werden aber auch die Sachverhalte, in denen die Bebauung eines fremden Grundstücks nur aufgrund Billigung staatlicher Stellen (vgl. § 10) vorgenommen wurde, also auf schlichtem, teilweise rechtswidrigem, jedoch üblichem (vgl. § 10 RdNr. 4 f.) Verwaltungshandeln beruhte (BT-Drucks. 12/5992 S. 54).

6 **d) „Hängende" Gebäudekaufverträge (§ 3 Abs. 3, § 121).** Abs. 1 Nr. 1 erfaßt die nicht vollzogenen (sog. „hängenden") Anlagen- oder Gebäudekaufverträge (BT-Drucks. 12/7425 S. 59), bei denen es mangels Erfüllung nicht zur Entstehung selbständigen Anlagen- oder Gebäudeeigentums gekommen ist.

7 **e) Alte Erbbaurechte (§ 112).** Abs. 1 Nr. 2 erfaßt die Rechtsverhältnisse an im Beitrittsgebiet belegenen Grundstücken, die mit Erbbaurechten aus der Zeit vor Inkrafttreten des ZGB belastet sind. Diese Erbbaurechte sind durch § 5 Abs. 2 S. 1 EGZGB v. 19. 6. 1975[15] grundsätzlich auf unbefristete Zeit verlängert worden. Zugleich sind vertraglich vereinbarte Heimfallrechte kraft Gesetzes entfallen (§ 5 Abs. 2 S. 3 EGZGB).

8 **f) Miteigentumsanteile nach § 459 ZGB (§§ 113 ff.).** Abs. 1 Nr. 3 bezeichnet die nach § 459 ZGB kraft Gesetzes entstandenen Miteigentumsanteile. Es handelt sich hier um die durch Erweiterungs- und Erhaltungsmaßnahmen an vertraglich genutzten privaten Grundstücken durch staatliche Stellen und volkseigene Betriebe iSv. § 459 Abs. 1 S. 2 ZGB sowie bauliche Maßnahmen von Genossenschaften oder gesellschaftlichen Organisationen iSv. § 459 Abs. 4 ZGB entstandenen Miteigentumsanteile[16] (BT-Drucks. 12/5992 S. 98).

9 **g) Nicht gesicherte Mitbenutzungsrechte Dritter (§§ 116 ff.).** Abs. 1 Nr. 4 erfaßt die Fälle, in denen bauliche Anlagen, die der Erschließung, Entsorgung oder Versorgung dienen, auf fremden Grundstücken errichtet worden sind, ohne daß die Inanspruchnahme durch ein Mitbenutzungsrecht iSv. §§ 321, 322 ZGB gesichert wurde (BT-Drucks. 12/5992 S. 98). Hiervon **ausgenommen** sind die Anlagen öffentlicher Versorgungsunternehmen (BT-Drucks. 12/7425 S. 82), deren dingliche Sicherung nach Maßgabe von § 9 GBBerG v. 20. 12. 1993[17] erfolgt.

10 **2. Ausschlußtatbestände. a) Andere Eigentumszuordnung.** Abs. 2 stellt klar, daß es an einem nach diesem Gesetz zu regelnden Sachverhalt fehlt, wenn dem Nutzer das Eigentum am Grundstück bereits nach Maßgabe **besonderer Gesetze** (vgl. § 11 Abs. 2 S. 2 TreuhG; § 2 Abs. 1 der 5. DVO zum TreuhG v. 12. 9. 1990;[18] Art. 21, 22 EVertr.; § 1 WoGenVermG v. 23. 6. 1993)[19] zuzuordnen ist oder bereits zugeordnet wurde (BT-Drucks. 12/5992 S. 98).

11 **b) Enteignungen.** Abs. 3 nimmt diejenigen Fälle aus dem Regelungsbereich des SachenRBerG heraus, in denen für den Wohnungsbau verwendete Grundstücke entspr. den jeweils geltenden Vorschriften der DDR (§ 14 AufbauG iVm. §§ 3, 4 Abs. 1 der 2. Durch-

[11] GBl. I S. 109.

[12] GBl. I S. 372.

[13] Vgl. *Wesel* DtZ 1995, 70; *Schmidt-Räntsch* VIZ 1994, 441; *Leutheusser-Schnarrenberger* DtZ 1993, 34 f.

[14] Vgl. hierzu insbes. §§ 288 Abs. 4, 292 Abs. 3 und § 459 ZGB sowie § 7 Abs. 4 der VO über die Arbeiterwohnungsbaugenossenschaften idF v. 23. 2. 1973 (GBl. I S. 109), § 4 Abs. 4 S. 1 des Gesetzes über die Verleihung von Nutzungsrechten an volkseigenen Grundstücken v. 14. 12. 1970 (GBl. I S. 372), § 27 LPG-G v. 2. 7. 1982 (GBl. I S. 443) sowie zuvor § 13 LPG-G v. 3. 6. 1959 (GBl. I S. 577).

[15] GBl. I S. 517.

[16] Zum Miteigentumserwerb nach § 459 Abs. 1 S. 2 ZGB vgl. *Volhard* VIZ 1993, 481, 485.

[17] BGBl. I S. 2182, 2192, idF durch Art. 2 § 6 SachenRÄndG v. 21. 9. 1994 (BGBl. I S. 2457).

[18] GBl. I S. 1466.

[19] BGBl. I S. 944, 989 idF durch Art. 17 § 2 RegVBG v. 20. 12. 1993 (BGBl. I S. 2182, 2232).

führungsbestimmung zum AufbauG v. 29. 9. 1972;[20] §§ 15, 16 BaulandG) **unbeschadet abweichender Grundbucheintragungen** in Volkseigentum überführt worden sind. Abs. 3 S. 2 stellt insoweit klar, daß in diesem Fall der Enteignungsbeschluß und nicht die Grundbucheintragung für den Eigentumsentzug konstitutiv war.[21] Da das Eigentum an diesen Grundstücken, soweit sie sich in der Rechtsträgerschaft eines volkseigenen Betriebes der Wohnungswirtschaft befanden, nach Art. 22 Abs. 4 S. 3 EVertr. auf die Kommunen oder, soweit sie durch Wohnungsgenossenschaften genutzt worden sind, nach § 1 WoGenVermG auf jene übergegangen ist, sind hier keine durch eine Sachenrechtsbereinigung zu regelnden Sachverhalte mehr gegeben.

III. Rechtliche Bedeutung

12 Ist der Tatbestand eines der in Abs. 1 bezeichneten Regelbeispiele erfüllt oder liegt ein in seinen wesentlichen Elementen gleichgelagerter Sachverhalt vor, ohne daß zugleich einer der Ausschlußtatbestände von Abs. 1 und 2 oder § 2 erfüllt ist, kommen für die Beteiligten die nach der Sachenrechtsbereinigung vorgesehenen **gesetzlichen Ansprüche** in Betracht, mit denen sie eine Anpassung dieser Rechtsverhältnisse an das BGB und seine Nebengesetze jederzeit herbeiführen können (§ 3 Abs. 1), aber nicht müssen (BT-Drucks. 12/5992 S. 184).

§ 2 Nicht einbezogene Rechtsverhältnisse

(1) Dieses Gesetz ist nicht anzuwenden, wenn der Nutzer das Grundstück

1. am 2. Oktober 1990 aufgrund eines Vertrages oder eines verliehenen Nutzungsrechts zur Erholung, Freizeitgestaltung oder kleingärtnerischen Bewirtschaftung oder als Standort für ein persönlichen, jedoch nicht Wohnzwecken dienendes Gebäude genutzt hat,

2. aufgrund eines Miet-, Pacht- oder sonstigen Nutzungsvertrages zu anderen als den in Nummer 1 genannten Zwecken bebaut hat, es sei denn, daß der Nutzer auf vertraglicher Grundlage eine bauliche Investition vorgenommen hat,

a) die in den §§ 5 bis 7 bezeichnet ist oder

b) zu deren Absicherung nach den Rechtsvorschriften der Deutschen Demokratischen Republik das Grundstück hätte als Bauland bereitgestellt werden und eine der in § 3 Abs. 2 Satz 1 bezeichneten Rechtspositionen begründet werden müssen,

3. mit Anlagen zur Verbesserung der land- und forstwirtschaftlichen Bodennutzung (wie Anlagen zur Beregnung, Drainagen) bebaut hat,

4. mit Gebäuden, die öffentlichen Zwecken gewidmet sind und bestimmten Verwaltungsaufgaben dienen (insbesondere Dienstgebäude, Universitäten, Schulen), oder mit dem Gemeingebrauch gewidmeten Anlagen bebaut hat, es sei denn, daß die Grundstücke im komplexen Wohnungsbau oder Siedlungsbau verwendet wurden oder in einem anderen nach einer einheitlichen Bebauungskonzeption überbauten Gebiet liegen, oder

5. aufgrund öffentlich-rechtlicher Bestimmungen der Deutschen Demokratischen Republik, die nach dem Einigungsvertrag fortgelten, bebaut hat.

Satz 1 Nr. 1 ist entsprechend anzuwenden auf die von den in § 459 Abs. 1 Satz 1 des Zivilgesetzbuchs der Deutschen Demokratischen Republik bezeichneten juristischen Personen auf vertraglich genutzten Grundstücken zur Erholung, Freizeitgestaltung oder kleingärtnerischen Bewirtschaftung errichteten Gebäude, wenn diese allein zur persönlichen Nutzung durch Betriebsangehörige oder Dritte bestimmt waren. Dies gilt auch für Gebäude und bauliche Anlagen, die innerhalb einer Ferienhaus- oder Wochenendhaus- oder anderen Erholungszwecken dienenden Siedlung belegen sind und dieser als gemeinschaftliche Einrichtung dienen oder gedient haben.

[20] GBl. II S. 641.

[21] *Herbig-Gaitzsch-Hügel-Weser* S. 40.

(2) Dieses Gesetz gilt ferner nicht, wenn der Nutzer

1. eine Partei, eine mit ihr verbundene Massenorganisation oder eine juristische Person im Sinne der §§ 20 a und 20 b des Parteiengesetzes der Deutschen Demokratischen Republik ist oder

2. ein Unternehmen oder ein Rechtsnachfolger eines Unternehmens ist, das bis zum 31. März 1990 oder zu einem früheren Zeitpunkt zum Bereich „Kommerzielle Koordinierung" gehört hat.

(3) Die Bestimmungen über die Ansprüche eines Mitglieds einer landwirtschaftlichen Produktionsgenossenschaft oder des Nachfolgeunternehmens nach den §§ 43 bis 50 und § 64 b des Landwirtschaftsanpassungsgesetzes gehen den Regelungen dieses Gesetzes vor.

I. Normzweck

1 Die Vorschrift bezeichnet Sachverhalte, die nach den in § 1 Abs. 1 Nr. 1 genannten Merkmalen zwar Gegenstand der Sachenrechtsbereinigung sein könnten, gleichwohl aber vom Geltungsbereich dieses Gesetzes ausgenommen sind. Zweck dieser Ausnahmeregelung ist es, der Sachenrechtsbereinigung zunächst diejenigen Besitzverhältnisse zu entziehen, die auch nach dem Recht der DDR einen nur – zumindest überwiegenden – **schuldrechtlichen Charakter** trugen (Abs. 1 Nr. 1 und 2). In solchen Fällen ist eine Verdinglichung der zugrunde liegenden Besitzrechte nach Maßgabe dieses Gesetzes sachlich nicht gerechtfertigt. Weiterhin räumt die Vorschrift spezielleren Regelungen Vorrang ein, indem sie solche Sachverhalte von der Sachenrechtsbereinigung ausnimmt, in denen für die bauliche Inanspruchnahme des Grundstücks oder die Zusammenführung von Grund- und Gebäudeeigentum bereits andere **spezialgesetzliche Bestimmungen** bestehen oder eine **öffentlich-rechtliche Regelung** für die künftige Inanspruchnahme des Grundstücks und die Entschädigungsleistung getroffen werden muß (Abs. 1 Nr. 3 bis 5, Abs. 2 und 3).

II. Von der Sachenrechtsbereinigung ausgenommene Rechtsverhältnisse

2 **1. Nutzungen zur Erholung und Freizeitgestaltung.** Die Nutzung von Erholungsgrundstücken erfolgte in der DDR im wesentlichen aufgrund von Überlassungsverträgen zu Erholungszwecken[1] oder von Nutzungsverträgen nach §§ 312 ff. ZGB.[2] Abs. 1 Nr. 1 nimmt diese Rechtsverhältnisse von der Sachenrechtsbereinigung aus, da in diesen Fällen keine dingliche Belastung des Grundstücks vorliegt und nach dem Recht der DDR auch nicht zu begründen war (BT-Drucks. 12/5992 S. 57).

3 Von der Sachenrechtsbereinigung ausgenommen sind auch jene Fälle, in denen dingliche Nutzungsrechte nach § 2 Abs. 1 des Gesetzes über die Verleihung von Nutzungsrechten an volkseigenen Grundstücken v. 14. 12. 1970[3] für den **Bau massiver Wochenendhäuser** verliehen wurden. Auf diese Sachverhalte finden die Regelungen des ErholNutzG Anwendung.

4 Der Ausschlußtatbestand des Abs. 1 S. 2 erstreckt sich auf die Fälle, in denen die genannten juristischen Personen Wochenendhäuser oder Bungalows **zur persönlichen Nutzung** durch Betriebsangehörige oder Dritte errichtet haben.[4] Von der Sachenrechtsbereinigung erfaßt werden hingegen die von Betrieben erbauten Ferienheime und Hotels (BT-Drucks. 12/5992 S. 99).

5 **2. Nutzungen aufgrund von Miet-, Pacht oder Nutzungsverträgen.** Abs. 1 Nr. 2 nimmt grundsätzlich diejenigen Sachverhalte aus dem Regelungsbereich der Sachenrechtsbereinigung aus, in denen das Grundstück aufgrund eines Miet-, Pacht- oder sonstigen Nutzungsvertrages[5] bebaut worden ist. Eine Verdinglichung dieser Rechtsverhältnisse mit einer Beteili-

[1] Vgl. *Rodenbach* ZOV 1991, 73 f.; *Schmidt-Räntsch* ZOV 1992, 2, 7.

[2] Vgl. *Grüneberg-Wendtland* DtZ 1993, 101 f.; *Rodenbach* ZOV 1991, 73.

[3] GBl. I S. 372.

[4] *Czub-Czub* RdNr. 33.

[5] Vgl. insbes. § 71 VertragsG idF v. 25. 3. 1982 (GBl. I S. 293) sowie § 73 VertragsG idF v. 25. 2. 1965 (GBl. I S. 107) iVm. BodennutzungsVO v. 17. 12. 1964 (GBl. II S. 233, 299) idF durch die AnpassungsVO v. 13. 6. 1968 (GBl. II S. 363, 827) und die 1. Durchführungsbestimmung v. 28.5. 1968 (GBl. II S. 295).

gung des Nutzers am Bodenwert ist hier nicht gerechtfertigt. Der Nutzer konnte in diesen Fällen auch nach dem Recht der DDR kein selbständiges Gebäudeeigentum erwerben.[6] Dieser Ausschlußtatbestand wird durch Abs. 1 Nr. 2 a und b für die Fälle durchbrochen, in denen einer der Tatbestände der §§ 5 bis 7 erfüllt ist oder die nach dem in § 3 Abs. 2 S. 2 bezeichneten Grundprinzip nach den Bestimmungen dieses Gesetzes zu behandeln sind (BT-Drucks. 12/7425 S. 60).

6 **3. Bebauungen mit Anlagen zur Verbesserung der Bodennutzung.** Abs. 1 Nr. 3 nimmt die Sachverhalte von der Sachenrechtsbereinigung aus, in denen das Grundstück mit Anlagen zur Verbesserung der land- und forstwirtschaftlichen Bodennutzung bebaut worden ist, obwohl auch in diesen Fällen nach § 27 LPG-Gesetz v. 2. 7. 1982[7] regelmäßig selbständiges Anlageneigentum entstanden ist. Diese Sachverhalte unterliegen den Regelungen des MeAnlG. Eine Verdinglichung dieser Rechtsverhältnisse nach der Sachenrechtsbereinigung würde die Aufhebung des gesetzlichen Bodennutzungsrechts der LPGen und die Neuordnung der Grundstückseigentumsverhältnisse nach dem LAG v. 3. 7. 1991[8] unterlaufen (BT-Drucks. 12/5992 S. 100; BT-Drucks. 12/7135 S. 74).

7 **4. Bebauung mit öffentlichen Zwecken gewidmeten Gebäuden und Anlagen.** Abs. 1 Nr. 4 nimmt die für öffentliche Zwecke verwendeten Grundstücke aus dem Regelungsbereich der Sachenrechtsbereinigung heraus. Die Instrumente der Sachenrechtsbereinigung, die einen Interessensausgleich durch Teilung des nach dem Verkehrswert zu bemessenden Bodenwerts vorsehen, greifen hier nicht. Die für öffentliche Zwecke genutzten Grundstücke haben keinen Verkehrswert, da sie dem Grundstücksverkehr durch ihre Widmung faktisch entzogen sind.[9] Etwas anderes gilt nach Abs. 1 Nr. 4 nur dann, wenn die Grundstücke in einem nach einer **einheitlichen Bebauungskonzeption** überbauten Gebiet liegen. Grund für diese Ausnahme ist, daß die Sachenrechtsbereinigung in diesen Gebieten idR eine Bodenneuordnung nach dem BoSoG voraussetzt, die ohne Einbeziehung der öffentlichen Zwecken dienenden Grundstücke nicht durchführbar wäre.[10] Zudem sollen die Eigentümer in diesen Gebieten eine von der zufälligen Bebauung ihres Grundstücks unabhängige, einheitliche Entschädigung erhalten.[11] Hierfür hat die Sachenrechtsbereinigung einen Maßstab zum Ausgleich für den Rechtsverlust nach dem durchschnittlichen Verkehrswert der in dem Gebiet belegenen Grundstücke bereitzustellen.[12]

8 **5. Öffentlich-rechtliche Nutzungsrechte.** Abs. 1 Nr. 5 stellt klar, daß die nach dem EVertr. idR zeitlich befristet fortgeltenden öffentlich-rechtlichen Nutzungsrechte nicht Gegenstand der Sachenrechtsbereinigung sind. Ein Beispiel hierfür sind die nach Anlage II Kap. V Sachgebiet D Abschnitt III Nr. 4 zum EVertr. bis zum 31. 12. 2010 fortbestehenden Mitbenutzungsrechte für Energiefortleitungsanlagen nach der EnergieVO v. 1. 6. 1988.[13] Zu diesem Bereich liegt mit den §§ 8 f. GBBerG eine gesonderte Regelung vor.[14]

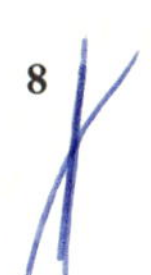

9 **6. Parteivermögen, Kommerzielle Koordinierung.** Abs. 2 bezeichnet zwei Fallgruppen, für die wegen der engen Nähe und Verbindung der betroffenen Nutzer zum Staat der früheren DDR besondere Regelungen gelten, die eine Einbeziehung der der Grundstücksnutzung zugrunde liegenden Rechtsverhältnisse in die Sachenrechtsbereinigung ausschließen.

10 **a) Parteien und Massenorganisationen (Abs. 2 Nr. 1).** Das Vermögen der Parteien und Massenorganisationen der DDR unterliegt nach §§ 20 a, 20 b ParteienG DDR iVm. Anlage II Kap. II Sachgebiet A Abschnitt III Nr. 1 d zum EVertr. der treuhänderischen Verwaltung. Die Beurteilung, ob und in welchem Umfang diese Organisationen Rechte an Grundstücken nach materiell-rechtsstaatlichen Grundsätzen iSd. GG erworben haben, richtet sich ausschließlich nach jenen Vorschriften (BT-Drucks. 12/5992 S. 67, 101).

11 **b) Kommerzielle Koordinierung (Abs. 2 Nr. 2).** Die zum Bereich der Kommerziellen Koordinierung gehörenden Unternehmen wurden in der DDR zur Devisenbeschaffung u. a. durch Waffenhandel, Verkauf enteigneter Kunstgegenstände und Antiquitäten usw. genutzt.

[6] *Czub* Leitfaden RdNr. 265.
[7] GBl. I S. 443.
[8] BGBl. I S. 1418, idF durch Art. 2 § 9 SachenRÄndG v. 21. 9. 1994 (BGBl. I S. 2457).
[9] *Vossius* RdNr. 13.
[10] *Pittack-Puls* VIZ 1994, 393, 395; *Schmidt-Räntsch* VIZ 1994, 441, 446; *Eickmann-Trittel* RdNr. 18; *Vossius* RdNr. 14.
[11] *Czub* Leitfaden RdNr. 268.
[12] Vgl. *Czub-Czub* RdNr. 160.
[13] GBl. I S. 89.
[14] Vgl. *Herbig-Gaitzsch-Hügel-Weser* S. 39; *Czub-Czub* RdNr. 170; *Eickmann-Trittel* RdNr. 21.

Die zur Vornahme solcher Rechtsgeschäfte begründeten Rechte an Grundstücken stellen keine schützenswerten Besitzpositionen iSd. Sachenrechtsbereinigung dar (BT-Drucks. 12/5992 S. 67).

III. Verhältnis zum LAG

12 Abs. 3 bestimmt den Vorrang der Regelungen des LAG vor denen der Sachenrechtsbereinigung. Das LAG v. 3. 7. 1991[15] regelt in seinem 6. Abschnitt die Rechtsfolgen des Ausscheidens von Mitgliedern aus einer LPG. Das Mitglied bekommt die eingebrachten Wirtschaftsgebäude nach §§ 47, 64 b LAG zurück; ein an die LPG als Inventarbeitrag eingebrachtes Wirtschaftsgebäude wird zurückübereignet. Die Rückgabe erfolgt hier nach **genossenschaftlichen Prinzipien,** mit denen das Teilungsprinzip der Sachenrechtsbereinigung nicht zu vereinbaren ist.[16] Darüber hinaus wird die Rückübereignung eingebrachter Gebäude in diesen Fällen idR ohnehin zugleich zu einer Sachenrechtsbereinigung führen, da das Mitglied meist Eigentümer des Grundstücks ist, auf dem das seinerzeit eingebrachte Wirtschaftsgebäude steht.[17]

Kapitel 2. Nutzung fremder Grundstücke durch den Bau oder den Erwerb von Gebäuden

Abschnitt 1. Allgemeine Bestimmungen

Unterabschnitt 1. Grundsätze

§ 3 Regelungsinstrumente und Regelungsziele

(1) In den in § 1 Abs. 1 Nr. 1 bezeichneten Fällen können Grundstückseigentümer und Nutzer (Beteiligte) zur Bereinigung der Rechtsverhältnisse an den Grundstücken Ansprüche auf Bestellung von Erbbaurechten oder auf Ankauf der Grundstücke oder der Gebäude nach Maßgabe dieses Kapitels geltend machen. Die Beteiligten können von den gesetzlichen Bestimmungen über den Vertragsinhalt abweichende Vereinbarungen treffen.

(2) Die Bereinigung erfolgt zur

1. Anpassung der nach dem Recht der Deutschen Demokratischen Republik bestellten Nutzungsrechte an das Bürgerliche Gesetzbuch und seine Nebengesetze,

2. Absicherung aufgrund von Rechtsträgerschaften vorgenommener baulicher Investitionen, soweit den Nutzern nicht das Eigentum an den Grundstücken zugewiesen worden ist, und

3. Regelung der Rechte am Grundstück beim Auseinanderfallen von Grundstücks- und Gebäudeeigentum.

Nach Absatz 1 sind auch die Rechtsverhältnisse zu bereinigen, denen bauliche Investitionen zugrunde liegen, zu deren Absicherung nach den Rechtsvorschriften der Deutschen Demokratischen Republik eine in Satz 1 bezeichnete Rechtsposition vorgesehen war, auch wenn die Absicherung nicht erfolgt ist.

(3) Nach diesem Gesetz sind auch die Fälle zu bereinigen, in denen der Nutzer ein Gebäude oder eine bauliche Anlage gekauft hat, die Bestellung eines Nutzungsrechts aber ausgeblieben und selbständiges, vom Eigentum am Grundstück getrenntes Eigentum am Gebäude nicht entstanden ist, wenn der Nutzer aufgrund des Vertrags

[15] BGBl. I S. 1418, idF durch Art. 2 § 9 SachenRÄndG v. 21. 9. 1994 (BGBl. I S. 2457).

[16] *Czub* Leitfaden RdNr. 275; *Vossius* RdNr. 20; *Czub-Czub* RdNr. 224.

[17] *Vossius* RdNr. 20.

Besitz am Grundstück erlangt hat oder den Besitz ausgeübt hat. Dies gilt nicht, wenn der Vertrag

1. wegen einer Pflichtverletzung des Käufers nicht erfüllt worden ist,

2. wegen Versagung einer erforderlichen Genehmigung aus anderen als den in § 6 der Verordnung über die Anmeldung vermögensrechtlicher Ansprüche in der Fassung der Bekanntmachung vom 11. Oktober 1990 (BGBl. I S. 2162) genannten Gründen nicht durchgeführt werden konnte oder

3. nach dem 18. Oktober 1989 abgeschlossen worden ist und das Grundstück nach den Vorschriften des Vermögensgesetzes an den Grundstückseigentümer zurückzuübertragen ist oder zurückübertragen wurde; für diese Fälle gilt § 121.

I. Normzweck

1 Die Vorschrift ist Ausdruck des durch die Sachenrechtsbereinigung eingeführten Systems schuldrechtlicher Ansprüche zwischen Nutzern und Eigentümern von im Beitrittsgebiet belegenen Grundstücken. Da die von der Sachenrechtsbereinigung erfaßten Sachverhalte wegen ihrer Vielgestaltigkeit in den §§ 5 bis 7 nicht vollständig aufgezählt, sondern nur anhand von Regelbeispielen bezeichnet werden konnten, soll die Vorschrift insbes. auch als **Auslegungshilfe** dafür dienen, ob ein in jenen Regelbeispielen nicht ausdrücklich genannter Sachverhalt der Sachenrechtsbereinigung unterliegt oder nicht (BT-Drucks. 12/5992 S. 101).

II. Regelungsinstrumente (Abs. 1)

2 Die Sachenrechtsbereinigung gibt den Beteiligten schuldrechtlich **Ansprüche** auf Bestellung eines Erbbaurechts oder auf Ankauf des Grundstücks bzw. des Gebäudes (vgl. §§ 32, 61, 81), die sie jederzeit geltend machen können, aber nicht müssen. Dem gesetzlichen Anspruch eines der Beteiligten steht hierbei die Pflicht des anderen gegenüber, einen entsprechenden Vertrag zu schließen, soweit das hierauf gerichtete Angebot den Bestimmungen über den Inhalt des jeweiligen Vertrages (vgl. §§ 43 ff., 65 ff., 81) entspricht. Abs. 1 S. 2 eröffnet den Beteiligten jedoch die Möglichkeit, übereinstimmend von den gesetzlichen Vorschriften über den Vertragsinhalt abzuweichen und stellt damit klar, daß jene Bestimmungen **dispositiv** sind.[1]

III. Regelungsziele (Abs. 2)

3 **1. Allgemeines.** Abs. 2 S. 1 bezeichnet die Ziele der Sachenrechtsbereinigung in den Fällen, in denen der Nutzer ein fremdes Grundstück durch den Bau oder Erwerb eines Gebäudes nutzt. Diese allgemeine Darstellung dient als Auslegungshilfe für die Entscheidung, ob ein nicht ausdrücklich in dem Regelbeispielkatalog der §§ 5 bis 7 bezeichneter Sachverhalt der Sachenrechtsbereinigung unterliegt.[2]

4 **2. Nutzungsrechte (Abs. 2 S. 1 Nr. 1).** Der EVertr. hat die in der DDR bestellten Nutzungsrechte[3] unter dem Vorbehalt ihrer späteren Bereinigung (vgl. Art. 233 §§ 3 Abs. 2, 4 Abs. 2 S. 1 EGBGB) zunächst mit ihrem bisherigen Inhalt übernommen. Mit der Sachenrechtsbereinigung sollen diese Rechtsverhältnisse nunmehr an das BGB und seine Nebengesetze angepaßt werden.[4]

5 **3. Rechtsträgerschaften (Abs. 2 S. 1 Nr. 2).** Die Sachenrechtsbereinigung dient weiter der Absicherung der im Rahmen von Rechtsrägerschaften[5] vorgenommenen baulichen Investitionen, soweit den Nutzern nicht das Eigentum an den Grundstücken aufgrund anderer Rechtsvorschriften zugeordnet ist.[6]

6 **4. Selbständiges Gebäudeeigentum (Abs. 2 S. 1 Nr. 3).** Das nach Art. 231 § 5, Art. 233 § 8 EGBGB im Beitrittsgebiet zunächst fortbestehende selbständige Gebäudeeigentum soll durch die Sachenrechtsbereinigung mit dem Grundstückseigentum zusammengeführt wer-

[1] *Czub-Czub* RdNr. 26.

[2] *Eickmann-Trittel* RdNr. 19; *Vossius* RdNr. 8; *Czub-Czub* RdNr. 29, 32.

[3] Vgl. § 1 RdNr. 2 f.; § 5 RdNr. 4.

[4] *Czub-Czub* RdNr. 34.

[5] Zur Rechtsträgerschaft vgl. *Heuer* RdNr. 8 ff.

[6] Vgl. § 1 RdNr. 10.

den, um hierdurch eine dem BGB und seinen Nebengesetzen entsprechende Rechtsgestaltung herzustellen.

7 **5. „Hängende Fälle" (Abs. 2 S. 2).** Hierbei handelt es sich um Sachverhalte, in denen bauliche Investitionen erfolgt sind, zu deren Absicherung die Bestellung eines Nutzungsrechts, die Entstehung selbständigen Gebäudeeigentums oder die Übertragung einer Rechtsträgerschaft vorgesehen war, dies jedoch ausgeblieben ist (BT-Drucks. 12/5992 S. 102). Diese baulichen Investitionen sollen nunmehr durch die Sachenrechtsbereinigung abgesichert werden. Die Vorschrift fängt ein rechtsstaatliches Defizit der DDR auf; die gesetzlichen Ansprüche[7] auf Absicherung der Bebauung waren nach dem Recht der DDR nicht einklagbar[8] und sind in vielen Fällen allein aus behördlicher Nachlässigkeit nicht erfüllt worden. Die Sachenrechtsbereinigung führt hier zur sog. **Nachzeichnung:** Für die vorgefundenen „hängenden Fälle" wird ein gesetzeskonformes Handeln der zuständigen Behörden unterstellt. Diese Sachverhalte werden so behandelt, als sei die für die jeweilige bauliche Investition nach dem Recht der DDR vorgeschriebene Absicherung noch vor dem Beitritt erfolgt. Hierdurch soll verhindert werden, daß behördliche Willkür und Zufälligkeiten, die auf Vollzugsdefiziten beruhen, durch die Sachenrechtsbereinigung fortgeschrieben werden.[9]

IV. „Hängende" Gebäudekaufverträge (Abs. 3)

8 **1. Voraussetzungen.** Der Nutzer muß den Besitz am Grundstück aufgrund eines nicht vollzogenen Kaufvertrages über ein Gebäude oder eine bauliche Anlage ausüben, bei dessen Vollzug er ein Nutzungsrecht an dem Grundstück und selbständiges Eigentum an dem aufstehenden Gebäude bzw. der baulichen Anlage erworben hätte.

9 **a) Kaufvertrag.** In Betracht kommen hier zunächst diejenigen Fälle, in denen ein von einer sozialistischen Genossenschaft, einer LPG oder einem volkseigenen Betrieb errichtetes Eigenheim auf einen Bürger übertragen werden sollte (§ 2 Abs. 2 EigenheimVO v. 31. 8. 1978[10]). In der Mehrzahl der erfaßten Sachverhalte wird es sich aber um nicht vollzogene Kaufverträge über Gebäude und bauliche Anlagen nach den Gesetzen über den Verkauf volkseigener Gebäude[11] handeln. Diese Verträge können, wenn das Nutzungsrecht nicht verliehen und ein Antrag auf Eintragung des Gebäudeeigentums in das Grundbuch vor dem Beitritt nicht gestellt worden ist (vgl. Art. 233 § 7 EGBGB), infolge der mit dem Beitritt eingetretenen Rechtsänderungen nicht mehr erfüllt werden. Inbes. scheidet nunmehr die Neubegründung von Nutzungsrechten aus.[12]

10 **b) Besitzausübung.** In den Fällen der „hängenden" Kaufverträge ist keine bauliche Investition, sondern eine aufgrund des nicht vollzogenen Kaufvertrages erlangte Besitz- und Nutzungsberechtigung zu schützen (BT-Drucks. 12/5992 S. 205). Das Gebäude muß daher an den Nutzer entweder aufgrund des Kaufvertrags zur Nutzung übergeben oder von jenem, wenn er es bereits zuvor als Mieter, Pächter usw. in Besitz hatte, in der Folge **als Käufer** (Eigenbesitzer) genutzt worden sein. Das Vorliegen dieser Voraussetzung wird idR in den Fällen ausscheiden, in denen der Nutzer, der das Gebäude schon vor Abschluß des Vertrages als Mieter oder Pächter genutzt hatte, auch noch über den Zeitpunkt des Vertragsschlusses hinaus Miet- bzw. Pachtzins entrichtet hat.[13]

11 **2. Nicht einbezogene Sachverhalte. a) Pflichtverletzung des Käufers.** Abs. 3 S. 2 Nr. 1 stellt klar, daß nur solche Sachverhalte erfaßt werden, in denen der Vollzug des Vertrages infolge eines dem Nutzer nicht zuzurechnenden Umstands ausgeblieben ist. Soweit der Käufer das Scheitern des Vertrages durch eigene Vertragsuntreue selbst herbeigeführt hat, sollen ihm die gesetzlichen Ansprüche nach der Sachenrechtsbereinigung nicht zugute kommen (BT-Drucks. 12/5992 S. 205).

[7] Vgl. insbes. die Regelungen zur Bestellung von Nutzungsrechten und über die Entstehung selbständigen Gebäudeeigentums: zB § 2 Abs. 2 Gesetz über den Verkauf volkseigener Eigenheime und Siedlungshäuser v. 15. 9. 1954 (GBl. S. 784); §§ 287 Abs. 1, 288 Abs. 4 und §§ 291, 292 Abs. 3 ZGB; § 4 Gesetz über den Verkauf volkseigener Gebäude v. 7. 3. 1990 (GBl. I S. 157).

[8] Vgl. *Czub* Leitfaden RdNr. 64.

[9] Vgl. *Czub* Leitfaden RdNr. 61 ff.

[10] GBl. I S. 425.

[11] Vgl. Gesetz über den Verkauf volkseigener Eigenheime und Siedlungshäuser v. 15. 9. 1954 (GBl. I S. 784); Gesetz über den Verkauf volkseigener Eigenheime, Miteigentumsanteile und Gebäude für Erholungszwecke v. 19. 12. 1973 (GBl. I S. 578); Gesetz über den Verkauf volkseigener Gebäude v. 7. 3. 1990 – sog. „Modrow-Gesetz" – (GBl. I S. 157).

[12] *Kimme-Schmidt* VermG § 4 RdNr. 52.

[13] *Vossius* RdNr. 20.

b) Versagung einer staatlichen Genehmigung. Abs. 3 S. 2 Nr. 2 trägt dem Umstand Rechnung, daß die Versagung einer notwendigen staatlichen Genehmigung nach dem Recht der DDR die Nichtigkeit des Rechtsgeschäfts nach sich zog (§ 68 Abs. 1 Nr. 4 ZGB). Betroffen sind hiervon insbes. diejenigen Fälle, in denen die nach § 2 GVVO v. 15. 12. 1977[14] erforderliche Genehmigung aus den in § 3 Abs. 4 GVVO genannten Gründen versagt worden ist. Ausdrücklich nicht von Abs. 3 S. 2 Nr. 2 erfaßt werden Versagungen oder Aussetzungen der Genehmigung nach § 6 AnmeldeVO, da jene Vorschrift lediglich die Durchführung des nach dem VermG vorgesehenen Restitutionsverfahrens sichern, nicht aber Ansprüche aus einer Sachenrechtsbereinigung ausschließen sollte (BT-Drucks. 12/5992 S. 205). 12

c) Vertragsschluß nach Ablauf des 18. 10. 1989. Von Abs. 3 S. 1 nicht erfaßt werden nach Abs. 3 S. 2 diejenigen Sachverhalte, in denen der der Besitzausübung zugrundeliegende Kaufvertrag nach dem 18. 10. 1989 geschlossen wurde und das Grundstück nach dem VermG an den Restitutionsberechtigten zurückzuübertragen ist oder zurückübertragen wurde (vgl. RdNr. 15 ff.). 13

3. Rechtsfolgen. Liegen die in Abs. 3 S. 1 bezeichneten Voraussetzungen vor und ist keiner der Ausschlußtatbestände von Abs. 3 S. 2 gegeben, bezieht Abs. 3 die nicht vollzogenen („hängenden") Gebäudekaufverträge in die Sachenrechtsbereinigung ein. Ist dem Nutzer aufgrund eines solchen Vertrages der Besitz am Grundstück eingeräumt worden, so soll er grundsätzlich so gestellt werden, wie er stehen würde, wenn noch vor dem Beitritt ein Nutzungsrecht verliehen und die Eintragung des selbständigen Anlagen- oder Gebäudeeigentums in das Grundbuch erfolgt bzw. beantragt worden wäre (BT-Drucks. 12/7425 S. 61). In der DDR lag es allein in der Hand der Behörden, die hierfür erforderlichen Rechtshandlungen vorzunehmen. Der Nutzer soll in diesen Fällen keine Nachteile dadurch erleiden, daß die zur Absicherung seines Erwerbs vorgesehenen Rechtsvorschriften durch die zuständigen Behörden nicht eingehalten wurden (BT-Drucks. 12/5992 S. 205). 14

4. Verhältnis zur Restitution nach dem VermG. Abs. 3 S. 2 Nr. 3 stellt zudem klar, daß in den Fällen, in denen das Grundstück an den Alteigentümer nach § 3 Abs. 1 VermG zurückzugeben ist, die in Nr. 3 b und 13 d der Gemeinsamen Erklärung der Regierungen der Bundesrepublik Deutschland und der Deutschen Demokratischen Republik zur Regelung offener Vermögensfragen v. 15. 6. 1990[15] festgelegten Grundsätze, denen in § 4 Abs. 2 S. 2 VermG Rechnung getragen wird, beachtet werden müssen. Für das Verhältnis zwischen der Restitution und der Sachenrechtsbereinigung ergibt sich für die „hängenden" Gebäudekaufverträge iSv. Abs. 3 S. 1 hieraus folgendes: 15

a) Kaufvertragsschluß vor Ablauf des 18. 10. 1989. Ist der Kaufvertrag vor Ablauf des 18. 10. 1989 geschlossen worden, schließt der Vertragsschluß die Restsituation nicht aus, da der Nutzer mangels Erfüllung des gerade aus diesem Grund „hängenden" Vertrages weder ein Nutzungsrecht noch das Eigentum an einem Gebäude iSv. § 4 Abs. 2 S. 1 VermG erworben hat. In diesen Fällen stehen dem Nutzer die aus der Sachenrechtsbereinigung folgenden Ansprüche gegenüber dem Restitutionsberechtigten zu. Der Nutzer soll hier nicht schlechter stehen als derjenige, der ein Gebäude auf einem nicht restitutionsbelasteten Grundstück gekauft hat, wenn die Erfüllung des Kaufvertrages allein aus behördlicher Nachlässigkeit unterblieben ist.[16] Die Restitution hat lediglich die Folgen der in § 1 VermG bezeichneten Maßnahmen auszugleichen, rechtfertigt innerhalb der Sachenrechtsbereinigung jedoch grundsätzlich keine Besserstellung des Restitutionsgläubigers im Vergleich zu nicht enteigneten Grundstückseigentümern (BT-Drucks. 12/5992 S. 206). 16

b) Kaufvertragsschluß nach Ablauf des 18. 10. 1989. Ist der Kaufvertrag nach Ablauf des 18. 10. 1989 geschlossen worden, kann die Sachenrechtsbereinigung vorbehaltlich der Ausnahmeregelung in **§ 121 Abs. 1 S. 3 und Abs. 2** (Abs. 3 S. 2 2. Halbs.) dann keine Anwendung finden, wenn das Grundstück nach den Vorschriften des VermG zurückzuübertragen ist oder zurückübertragen wurde. Das Bestandsschutzinteresse desjenigen Nutzers, der den Gebäudekaufvertrag erst im unmittelbaren zeitlichen Vorfeld der eigentumsrechtlichen Zuordnung zum Vermögen des Alteigentümers abgeschlossen hat, muß in diesen Fällen grundsätzlich hinter das Rückgewährungsinteresse des Alteigentümers zurücktreten (BT-Drucks. 12/5992 S. 206). Nach den Regelungen des VermG setzt sich der Rückgewährungsanspruch idR selbst 17

[14] GBl. I 1978 S. 73, geändert durch VO vom 14. 12. 1988 (GBl. I S. 330).

[15] BGBl. II S. 889, 1237.

[16] *Vossius* RdNr. 28.

gegenüber einem vollzogenen Gebäudekaufvertrag durch, wenn der Vertrag nach dem 18. 10. 1989 geschlossen worden ist (§ 4 Abs. 2 S. 2 1. Alt. VermG). Der nicht vollzogene Kaufvertrag kann für den Nutzer keine besseren Rechte gegenüber dem Alteigentümer begründen (BT-Drucks. 12/5992 S. 206).

Unterabschnitt 2. Anwendungsbereich

§ 4 Bauliche Nutzungen

Die Bestimmungen dieses Kapitels sind anzuwenden auf

1. den Erwerb oder den Bau eines Eigenheimes durch oder für natürliche Personen (§ 5),

2. den staatlichen oder genossenschaftlichen Wohnungsbau (§ 6),

3. den Bau von Wohngebäuden durch landwirtschaftliche Produktionsgenossenschaften sowie die Errichtung gewerblicher, landwirtschaftlicher oder öffentlichen Zwecken dienender Gebäude (§ 7) und

4. die von der Deutschen Demokratischen Republik an ausländische Staaten verliehenen Nutzungsrechte (§ 110).

Die Vorschrift bestimmt die vier von der Sachenrechtsbereinigung erfaßten Fallgruppen **baulicher Nutzungen** von Grundstücken. Dieser Kreis wird weit gezogen. Die Sachenrechtsbereinigung erfaßt mit Ausnahme der in § 1 Abs. 2 und 3 sowie in § 2 bezeichneten Fallgruppen grundsätzlich alle Sachverhalte, in denen nach den Rechtsvorschriften der DDR die Entstehung bzw. der Erwerb selbständigen Eigentums an Gebäuden oder baulichen Anlagen vorgesehen war.

§ 5 Erwerb oder Bau von Eigenheimen

(1) Auf den Erwerb oder den Bau von Eigenheimen ist dieses Gesetz anzuwenden, wenn

1. nach den Gesetzen der Deutschen Demokratischen Republik über den Verkauf volkseigener Gebäude vom 15. September 1954 (GBl. I Nr. 81 S. 784), vom 19. Dezember 1973 (GBl. I Nr. 58 S. 578) und vom 7. März 1990 (GBl. I Nr. 18 S. 157) Eigenheime verkauft worden sind und selbständiges Eigentum an den Gebäuden entstanden ist,

2. Nutzungsrechte verliehen oder zugewiesen worden sind (§§ 287, 291 des Zivilgesetzbuchs der Deutschen Demokratischen Republik) oder

3. Grundstücke mit Billigung staatlicher Stellen in Besitz genommen und mit einem Eigenheim bebaut worden sind. Dies ist insbesondere der Fall, wenn

a) Wohn- und Stallgebäude für die persönliche Hauswirtschaft auf zugewiesenen, ehemals genossenschaftlich genutzten Grundstücken nach den Musterstatuten für die landwirtschaftlichen Produktionsgenossenschaften errichtet wurden,

b) Eigenheime von einem Betrieb oder einer Produktionsgenossenschaft errichtet und anschließend auf einen Bürger übertragen wurden,

c) Bebauungen mit oder an Eigenheimen aufgrund von Überlassungsverträgen erfolgten,

d) Eigenheime aufgrund von Nutzungsverträgen auf Flächen gebaut wurden, die Gemeinden oder anderen staatlichen Stellen von einer landwirtschaftlichen Produktionsgenossenschaft als Bauland übertragen wurden,

e) als Wohnhäuser geeignete und hierzu dienende Gebäude aufgrund eines Vertrages zur Nutzung von Bodenflächen zur Erholung (§§ 312 bis 315 des Zivil-

gesetzbuchs der Deutschen Demokratischen Republik) mit Billigung staatlicher Stellen errichtet wurden, es sei denn, daß der Überlassende dieser Nutzung widersprochen hatte,

f) Eigenheime auf vormals volkseigenen, kohlehaltigen Siedlungsflächen, für die Bodenbenutzungsscheine nach den Ausführungsverordnungen zur Bodenreform ausgestellt wurden, mit Billigung staatlicher Stellen errichtet worden sind oder

g) Eigenheime aufgrund einer die bauliche Nutzung des fremden Grundstücks gestattenden Zustimmung nach der Eigenheimverordnung der Deutschen Demokratischen Republik vom 31. August 1978 (GBl. I Nr. 40 S. 425) oder einer anderen Billigung staatlicher Stellen errichtet wurden, die Verleihung oder Zuweisung eines Nutzungsrechts jedoch ausblieb, die nach den Rechtsvorschriften der Deutschen Demokratischen Republik für diese Art der Bebauung vorgeschrieben war.

(2) Eigenheime sind Gebäude, die für den Wohnbedarf bestimmt sind und eine oder zwei Wohnungen enthalten. Die Bestimmungen über Eigenheime gelten auch für mit Billigung staatlicher Stellen errichtete Nebengebäude (wie Werkstätten, Lagerräume).

(3) Gebäude, die bis zum Ablauf des 2. Oktober 1990 von den Nutzern zur persönlichen Erholung, Freizeitgestaltung oder zu kleingärtnerischen Zwecken genutzt wurden, sind auch im Falle einer späteren Nutzungsänderung keine Eigenheime. Eine Nutzung im Sinne des Satzes 1 liegt auch vor, wenn der Nutzer in dem Gebäude zwar zeitweise gewohnt, dort jedoch nicht seinen Lebensmittelpunkt hatte.

A. Normzweck

1 Die Vorschrift gewährleistet den **Schutz des Vertrauens** derjenigen Nutzer, die ihr Eigenheim in redlicher Weise mit Billigung staatlicher Stellen auf fremden Grundstücken errichtet oder erworben haben. Diese sollen ihren hierdurch gewonnenen Lebensmittelpunkt nicht aufgrund der in den neuen Bundesländern erforderlichen Sachenrechtsbereinigung verlieren. Die damit von der Regelung bezweckte **Befriedungsfunktion** soll eine sozialverträgliche Durchführung der vom SachenRBerG verfolgten Zusammenführung von Grundstücks- und Gebäudeeigentum ermöglichen.

B. Begriffsbestimmung

2 Abs. 2 bestimmt den Begriff des Eigenheims nach Maßgabe von § 1 Abs. 2 der Durchführungsbestimmung zur EigenheimVO v. 18. 8. 1987.[1] Abweichend von § 9 Abs. 1 II. WoBauG werden hiernach **auch Zweifamilienhäuser** erfaßt (Abs. 2 S. 1). Abs. 2 S. 2 stellt klar, daß die Regelungen über Eigenheime auch für die mit Billigung staatlicher Stellen (vgl. § 10) errichteten **Nebengebäude von Eigenheimen** gelten.

C. Errichtung oder Erwerb von Eigenheimen

I. Voraussetzungen

3 **1. Erwerb von Eigenheimen.** Erfaßt werden zunächst diejenigen Sachverhalte, in denen Bürger selbständiges Gebäudeeigentum an Eigenheimen nach den genannten Verkaufsgesetzen der DDR erworben haben (Abs. 1 Nr. 1).

[1] GBl. I S. 215.

4 **2. Bestellung von Nutzungsrechten.**[2] Nach den Rechtsvorschriften der DDR war die **Verleihung**[3] von Nutzungsrechten nur an volkseigenen Grundstücken zulässig. Die **Zuweisung**[4] von Nutzungsrechten durch LPGen oder andere sozialistische Genossenschaften konnte hingegen auch an nicht volkseigenen Grundstücken erfolgen.[5] Abs. 1 Nr. 2 erfaßt die Fälle, in denen die Entstehung **gesonderten Gebäudeeigentums** an einem Eigenheim auf einer solchen Verleihung oder Zuweisung eines Nutzungsrechts beruht.

5 **3. Errichtung von Eigenheimen.** Abs. 1 Nr. 3 erfaßt diejenigen Sachverhalte, in denen fremde Grundstücke allein aufgrund der Billigung einer staatlichen Stelle (vgl. § 10) in Besitz genommen und mit einem Eigenheim bebaut worden sind. Nach den in Abs. 1 Nr. 3 bezeichneten **Regelbeispielen** kommen insbes. folgende Fallgruppen in Betracht:

6 **a) Persönliche Hauswirtschaften.** Nach den Musterstatuten[6] konnten LPG-Mitglieder kleinere Bodenflächen zur Bewirtschaftung und zum Bau von Wohn- und Stallgebäuden erhalten. An den auf diesen sog. persönlichen Hauswirtschaften errichteten Gebäuden entstand nach den Rechtsvorschriften der DDR (vgl. § 292 Abs. 3 ZGB) jedoch nur dann selbständiges Gebäudeeigentum, wenn dem Nutzer ein entsprechendes Nutzungsrecht zugewiesen (vgl. § 1 RdNr. 2) wurde.[7] Hierzu ist es aus Nachlässigkeit der zuständigen[8] LPG-Vorstände vielfach nicht gekommen.

7 **b) Eigenheimerwerb.** Abs. 1 Nr. 3 b erfaßt die Erwerber von im Bau befindlichen oder bereits fertiggestellten Eigenheimen sowie deren Rechtsnachfolger (BT-Drucks. 12/5992 S. 103). Nach § 2 Abs. 2 EigenheimVO v. 31. 8. 1978[9] konnten die dort bezeichneten juristischen Personen mit der Errichtung eines Eigenheims beginnen, auch wenn der spätere Erwerber noch nicht bekannt war. Der Erwerb erfolgte durch Eintritt in die Bauleistungs- und Kreditverträge (§ 4 Durchführungsbestimmung zur EigenheimVO v. 18. 8. 1987[10]) oder durch Kauf des fertiggestellten Gebäudes. Die Bestellung eines Nutzungsrechts blieb auch hier häufig aus.

8 **c) Überlassungsverträge.** Abs. 1 Nr. 3 c erfaßt die Fälle, in denen die Bebauung (vgl. § 12) mit oder der Bau an einem Eigenheim aufgrund eines Überlassungsvertrages iSv. Art. 232 § 1 a EGBGB erfolgt ist.[11] Hierbei handelt es sich um Verträge, die nach im Ministerium der Finanzen der DDR entwickelten Formularen[12] von den damaligen staatlichen Verwaltern über Grundstücke abgeschlossen wurden, deren Eigentümer ihren Wohnsitz nicht im Beitrittsgebiet hatten. Bei Abschluß des Vertrages hatten die Überlassungsnehmer einen Betrag in Höhe des Wertes des Grundstücks und der ggf. aufstehenden Gebäude auf einem Konto des staatlichen Verwalters zu hinterlegen. Den Überlassungsnehmern wurde idR der spätere Erwerb des Anwesens vage in Aussicht gestellt, wobei der hinterlegte Betrag auf den Kaufpreis angerechnet werden sollte. Aufgrund dieser besonderen Umstände wähnten sich die Überlassungsnehmer in bezug auf das Grundstück in einer eigentümerähnlichen Stellung. Eine gesetzliche Regelung hat dieser Vertragstyp in der früheren DDR nicht gefunden. Gleichwohl entsprach er als Vertrag sui generis der Rechtsordnung der ehemaligen DDR.[13] Dies ist nunmehr durch Art. 232 § 1 a EGBGB auch ausdrücklich klargestellt.[14]

9 Nach dem Inhalt des Formularvertrags[15] war der Überlassungsnehmer idR berechtigt, das Grundstück zu bebauen oder vorhandene Gebäude baulich zu verändern. Der Überlassungsnehmer erwarb an dem übernommenen oder errichteten Gebäude – anders als der Inhaber

[2] Vgl. § 1 RdNr. 2 f.

[3] Vgl. §§ 287 ff. ZGB iVm. § 2 Gesetz über die Verleihung von Nutzungsrechten an volkseigenen Grundstücken v. 14. 12. 1970 (GBl. I S. 372) idF durch das Gesetz über den Verkauf volkseigener Eigenheime, Miteigentumsanteile und Gebäude für Erholungszwecke v. 19. 12. 1973 (GBl. I S. 578).

[4] Vgl. §§ 291 ff. ZGB iVm. § 1 der VO über die Bereitstellung von genossenschaftlich genutzten Bodenflächen zur Errichtung von Eigenheimen auf dem Lande v. 9. 9. 1976 (GBl. I S. 426, 500).

[5] *Heuer* RdNr. 54.

[6] Vgl. zB Nr. 69 des Musterstatus für landwirtschaftliche Produktionsgenossenschaften Typ III v. 9. 4. 1959 (GBl. I S. 350).

[7] Vgl. Komm. zum LPG-Gesetz § 18 LPG-G Anm. 2 f; aA wohl *Eickmann-Trittel* RdNr. 6.

[8] Vgl. Komm. zum LPG-G § 18 LPG-G Anm. 2 f.

[9] GBl. I S. 425.

[10] GBl. I S. 215.

[11] *Czub-Czub* RdNr. 91.

[12] Vgl. *Czub-Czub* RdNr. 68 f.

[13] *Rodenbach* ZOV 1991, 73, 74; *Göhring-Riecke* Anm. zu LG Berlin NJ 1992, 555, 556 ff.; *Schmidt-Räntsch* ZOV 1992, 2, 3, 6; *Leutheusser-Schnarrenberger* DtZ 1993, 34, 36; aA KG ZOV 1994, 52, 53; *Kayser* GE 1993, 284, 288.

[14] *Kimme-Thomas* Art. 232 § 1 a EGBGB RdNr. 1.

[15] Abgedruckt in: ZOV 1991, 76 f.

eines bestellten Nutzungsrechts – kein Eigentum.[16] Soweit er das Grundstück iSv. § 12 bebaut hat, sind aber die **gleichen Investitionen** erbracht worden wie durch denjenigen, der die Bebauung aufgrund eines Nutzungsrechts vorgenommen hat. Zu der nach § 2 Abs. 2 BaulandG v. 15. 6. 1984[17] auch für diese Fälle möglichen Sicherung der Bebauung durch Enteignung zur Bestellung eines Nutzungsrechts ist es aber idR nicht gekommen.

10 **d) Nutzungsverträge.** Die LPGen konnten den Gemeinden oder anderen staatlichen Stellen gem. § 18 Abs. 2 h LPG-Gesetz v. 2. 7. 1982[18] Bauland zur Nutzung übertragen. Da diese Bodenflächen dem dauerhaften genossenschaftlichen Nutzungsrecht[19] unterlagen, waren die Gemeinden rechtlich gehindert, an den ihnen solchermaßen überlassenen Grundstücken Nutzungsrechte zugunsten Dritter zu bestellen. Deshalb überließen die Gemeinden solche Grundstücke häufig auf der Grundlage schlichter Nutzungsverträge an Eigenheimbauer, obwohl dies nach dem Recht der DDR keine zulässige Form der Überlassung von Grundstücken zum Zweck der Eigenheimerrichtung war.[20]

11 **e) Erholungsgrundstücke.** Nach den Rechtsvorschriften der DDR war die Errichtung eines Eigenheims auf vertraglich zur Erholung und Freizeitgestaltung genutzten Bodenflächen nicht gestattet (§§ 312 ff. ZGB). Gleichwohl wurden Nutzungsberechtigten iSv. §§ 312 ff. ZGB häufig Genehmigungen zum Neubau von Eigenheimen oder zum Umbau bereits vorhandener Baulichkeiten zu Wohngebäuden (sog. unechte Datschen[21]) erteilt, ohne daß die Rechtsform der Grundstücksnutzung zuvor geändert und ein Nutzungsrecht bestellt wurde. Abs. 1 Nr. 3 e schließt diese Sachverhalte für diejenigen Fälle in die Sachenrechtsbereinigung ein, in denen der Eigentümer oder – für den Fall der staatlichen Verwaltung – der ihn vertretende Verwalter[22] der vertragswidrigen Errichtung eines massiven, zu Wohnzwecken geeigneten[23] Hauses auf dem Erholungsgrundstück **nicht ausdrücklich**[24] **widersprochen** hat. In den meisten Fällen sind solche Bebauungen durch den Überlassenden jedoch entweder gebilligt oder schlicht hingenommen worden. Abs. 1 Nr. 3 e trägt diesem Umstand durch eine **Beweiserleichterung** für den Nutzer Rechnung, der im Streitfall insoweit nur die Billigung staatlicher Stellen iSv. § 10 für die Errichtung des Eigenheims nachzuweisen hat (BT-Drucks. 12/5992 S. 104). Erforderlich ist weiter, daß der Nutzer das solchermaßen auf einem Freizeit- und Erholungsgrundstück iSv. §§ 312 ff. ZGB errichtete Eigenheim bzw. die unechte Datsche bewohnt und dort noch **vor Ablauf des 2. 10. 1990 seinen Lebensmittelpunkt** begründet hat (Abs. 3). Nicht erfaßt werden die Fälle, in denen ein zu Wohnzwecken geeignetes Wochenendhaus vor dem Beitritt lediglich zu Freizeit- und Erholungszwecken genutzt oder vom Nutzer nur vorübergehend – vornehmlich während der Sommermonate – bewohnt wurde.[25] Gleichfalls von der Sachenrechtsbereinigung **nicht erfaßt** werden diejenigen Sachverhalte, in denen der Nutzer ein zu Wohnzwecken geeignetes Wochenendhaus nach dem 2. 10. 1990 oder eine nach ihrer Bausubstanz und Erschließung **nicht zum dauernden Wohnen** geeignete Laube bzw. Datsche vor dem Beitritt bezogen und dort seinen Lebensmittelpunkt begründet hat.[26]

12 **f) Bodenbenutzungsscheine.** Abs. 1 Nr. 3 f erfaßt diejenigen Fälle, in denen die Bebauung aufgrund der Ausstellung eines sog. Bodenbenutzungsscheins erfolgt ist. Hierbei handelte es sich um eine – nur im Land Brandenburg anzutreffende[27] – Sonderform eines staatlich verliehenen Nutzungsrechts an Bodenreformland, das wegen seiner Kohlehaltigkeit im staatlichen Bodenfonds verblieben ist.[28] Auf den Flächen, die auf absehbare Zeit nicht zum Kohleabbau anstanden, wurden bebaubare Siedlerstellen eingerichtet. Den Siedlern wurden hierfür Bodenbenutzungsscheine ausgestellt und Baugenehmigungen erteilt.

13 **g) „Hängende" Fälle.** Abs. 1 Nr. 3 g bezieht die Fälle in die Sachenrechtsbereinigung ein, in denen mit Billigung staatlicher Stellen (vgl. § 10) Eigenheime errichtet wurden, ohne daß es zur Bestellung eines hierfür nach den Rechtsvorschriften der DDR vorgeschriebenen Nutzungsrechts gekommen ist. Hiervon nicht erfaßt sind insbes. die Sachverhalte, in denen Bebauungen aufgrund von Miet- oder Pachtverträgen erfolgt sind. In diesen Fällen war die Bestellung

[16] *Schmidt-Räntsch* ZOV 1992, 2, 5; *Rodenbach* ZOV 1991, 73, 74.
[17] GBl. I S. 201.
[18] GBl. I S. 443.
[19] *Heuer* RdNr. 22.
[20] *Eickmann-Trittel* RdNr. 9; *Czub-Czub* RdNr. 96.
[21] Vgl. *Czub* Leitfaden RdNr. 82 ff.
[22] Vgl. *Czub-Czub* RdNr. 132.
[23] Vgl. hierzu *Czub-Czub* RdNr. 120 f.
[24] Vgl. *Eickmann-Trittel* RdNr. 11.
[25] *Eickmann-Trittel* RdNr. 23.
[26] Vgl. insoweit aber die Regelungen in § 20 a Nr. 8 BKleingG und § 24 SchuldRAnpG.
[27] *Czub-Czub* RdNr. 135.
[28] Vgl. AusführungsVO Nr. 8 zur Bodenreform in Brandenburg v. 24. 10. 1945 (VO-Blatt der Provinzialverwaltung Mark Brandenburg 1945 S. 34).

von Nutzungsrechten nach den Rechtsvorschriften der DDR nicht vorgesehen.[29] Dies gilt auch dann, wenn der Mieter die Bewohnbarkeit eines ihm nach der WohnraumlenkungsVO v. 16. 10. 1985[30] zugewiesenen Gebäudes erst durch einen Aus- oder Umbau herzustellen hatte.[31] Diese Sachverhalte unterliegen ausschließlich den Regelungen des SchuldRAnpG.[32]

II. Rechtsfolgen

14 Handelt es sich bei dem aufstehenden Gebäude um ein Eigenheim iSv. Abs. 2 und liegt eine der in Abs. 1 bezeichneten Voraussetzungen vor, ohne daß der Ausschlußtatbestand des Abs. 3 gegeben ist, können die Beteiligten das der entsprechenden Grundstücksnutzung zugrundeliegende Rechtsverhältnis **nach Maßgabe dieses Gesetzes** an das BGB und seine Nebengesetze anpassen.

§ 6 Staatlicher oder genossenschaftlicher Wohnungsbau

Auf den staatlichen oder genossenschaftlichen Wohnungsbau findet dieses Kapitel Anwendung, wenn

1. staatliche Investitionsauftraggeber oder ehemals volkseigene Betriebe der Wohnungswirtschaft mit privaten Grundstückseigentümern oder staatlichen Verwaltern Nutzungsverträge, die die Bebauung des Grundstücks gestattet haben, abgeschlossen und die Grundstücke bebaut haben oder

2. Grundstücke mit Billigung staatlicher Stellen ohne eine der Bebauung entsprechende Regelung der Eigentumsverhältnisse mit Gebäuden bebaut worden sind.

Nach dem Recht der DDR waren die für den staatlichen oder genossenschaftlichen Wohnungsbau verwendeten Grundstücke in Volkseigentum bzw. in genossenschaftliches Eigentum zu überführen. Diejenigen Sachverhalte, in denen dies geschehen ist, unterfallen nach § 1 Abs. 3 nicht dem Regelungsbereich dieses Gesetzes (vgl. § 1 RdNr. 11). Nr. 1 und 2 stellen klar, daß von der Sachenrechtsbereinigung jedoch die Fälle erfaßt werden, in denen eine solche bauliche Investition aufgrund eines die Bebauung gestattenden Nutzungsvertrages iSv. § 459 ZGB oder allein aufgrund einer staatlichen Investitionsentscheidung ohne Regelung der Eigentumsverhältnisse auf einem in **Privateigentum** verbliebenen Grundstück vorgenommen wurde.

§ 7 Andere bauliche Nutzungen

(1) Dieses Kapitel regelt auch die bauliche Nutzung fremder Grundstücke für land-, forstwirtschaftlich, gewerblich (einschließlich industriell) genutzte oder öffentlichen Zwecken dienende Gebäude sowie für Wohnhäuser, die durch landwirtschaftliche Produktionsgenossenschaften errichtet oder erworben worden sind.

(2) Eine bauliche Nutzung im Sinne des Absatzes 1 liegt insbesondere dann vor, wenn

1. Genossenschaften mit gewerblichem oder handwerklichem Geschäftsgegenstand Nutzungsrechte auf volkseigenen Grundstücken verliehen worden sind,

2. den in Nummer 1 bezeichneten Genossenschaften Rechtsträgerschaften an Grundstücken übertragen worden sind, sie die Grundstücke bebaut und sie den Bau ganz oder überwiegend mit eigenen Mitteln finanziert haben,

3. Vereinigungen Nutzungsrechte verliehen worden sind oder sie Grundstücke als Rechtsträger bebaut und den Bau ganz oder überwiegend mit eigenen Mitteln finanziert haben,

[29] Vgl. *Czub-Czub* RdNr. 149.
[30] GBl. I S. 301.
[31] *Czub* Leitfaden RdNr. 289; *Czub-Czub* RdNr. 150.
[32] Vgl. § 1 Abs. 1 Nr. 3 SchuldRAnpG.

4. **vormals im Register der volkseigenen Wirtschaft eingetragene oder einzutragende Betriebe oder staatliche Stellen mit privaten Grundstückseigentümern oder staatlichen Verwaltern Nutzungsverträge geschlossen haben, die die Bebauung der Grundstücke gestattet haben, und sie die Grundstücke bebaut haben,**
5. **landwirtschaftliche Produktionsgenossenschaften ihrem vormaligen gesetzlich begründeten genossenschaftlichen Bodennutzungsrecht unterliegende Grundstükke bebaut oder auf ihnen stehende Gebäude erworben haben,**
6. **Handwerker oder Gewerbetreibende für die Ausübung ihres Berufes genutzte, vormals volkseigene Grundstücke mit Billigung staatlicher Stellen mit einem Gebäude oder einer baulichen Anlage bebaut haben oder**
7. **a) staatliche Stellen fremde, in Privateigentum stehende Grundstücke**
   aa) mit Gebäuden oder baulichen Anlagen bebaut haben, die nicht öffentlichen Zwecken gewidmet sind und nicht unmittelbar Verwaltungsaufgaben dienen, oder
   bb) für den Bau von Gebäuden, baulichen Anlagen, Verkehrsflächen und für Zwecke des Gemeingebrauchs verwendet haben, wenn diese im komplexen Wohnungsbau oder im Siedlungsbau (§ 11) belegen sind,
   b) vormals volkseigene Betriebe im Sinne der Nummer 4 oder Genossenschaften im Sinne der Nummer 1 fremde, in Privateigentum stehende Grundstücke mit betrieblich genutzten Gebäuden oder baulichen Anlagen ohne einer der Bebauung entsprechende Regelung der Eigentumsverhältnisse oder ohne vertragliche Berechtigung bebaut haben.

I. Normzweck und Inhalt

Die Vorschrift dient der weiteren **Konkretisierung** der in § 1 Abs. 1 Nr. 1 zunächst nur dem Grundsatz nach beschriebenen Anwendungsbereiche des Gesetzes, in denen die bauliche Nutzung fremder Grundstücke erfolgt ist. Erfaßt werden hier diejenigen weiteren Sachverhalte, die nach diesem Grundsatz Gegenstand der Sachenrechtsbereinigung sind und nicht schon dem Regelungsbereich der §§ 5 und 6 unterfallen. Abs. 1 beschreibt zu diesem Zweck zunächst die allgemeinen Voraussetzungen jener verbleibenden Restfälle; Abs. 2 benennt **Regelbeispiele,**[1] in denen diese Voraussetzungen vorliegen. 1

II. Voraussetzungen

1. Anwendungsbereich (Abs. 1). Erfaßt werden zunächst der Bau und Erwerb von Wohn- und Wirtschaftsgebäuden sowie von Anlagen iSv. § 12 Abs. 3 durch LPGen (BT-Drucks. 12/5992 S. 105). Weiter einbezogen sind diejenigen Sachverhalte, in denen ein fremdes Grundstück mit öffentlichen Zwecken dienenden oder land-, forstwirtschaftlich oder gewerblich genutzten Gebäuden oder Anlagen iSv. § 12 Abs. 3 bebaut worden ist. 2

2. Regelbeispiele (Abs. 2). a) Genossenschaftliche Nutzungsrechte (Abs. 2 Nr. 1). Erfaßt werden die Fälle, in denen Genossenschaften mit gewerblichem oder handwerklichem Geschäftsgegenstand (zB Konsumgenossenschaften, Produktionsgenossenschaften des Handwerks) auf der Grundlage eines verliehenen Nutzungsrechts an einem volkseigenen Grundstück selbständiges Anlagen- oder Gebäudeeigentum erworben[2] haben. Keine Genossenschaften iSv. Abs. 2 Nr. 1 sind die von Abs. 2 Nr. 5 besonders erfaßten LPGen.[3] 3

b) Genossenschaftliche Rechtsträgerschaften (Abs. 2 Nr. 2). Erfaßt werden die Fälle, in denen eine Genossenschaft iSv. Abs. 2 Nr. 1 ein volkseigenes Grundstück als Rechtsträger[4] 4

[1] *Czub-Czub* RdNr. 2; *Eickmann-Trittel* RdNr. 7.

[2] Vgl. § 1 iVm. § 4 Abs. 4 S. 1 Gesetz über die Verleihung von Nutzungsrechten an volkseigenen Grundstücken v. 14. 12. 1970 (GBl. I S. 372).

[3] *Vossius* RdNr. 3.

[4] Vgl. § 2 Abs. 1 c Anordnung über die Rechtsträgerschaft an volkseigenen Grundstücken v. 7. 7. 1969 (GBl. II S. 433); zur Rechtsträgerschaft i. a. vgl. *Heuer* RdNr. 8 ff.

bebaut hat. Erforderlich ist, daß die Genossenschaft den Bau ganz oder zum größten Teil **mit eigenen Mitteln** finanziert hat. Für diese Fälle war nach dem Recht der DDR die Verleihung eines Nutzungsrechts zur Absicherung der baulichen Investition vorgesehen.[5] Dies ist in der Praxis häufig nicht erfolgt.

5 **c) Bebauungen durch Vereinigungen (Abs. 2 Nr. 3).** Hierunter fallen Bebauungen durch Vereinigungen iSv. § 9 Abs. 3 S. 2 (vgl. § 9 RdNr. 18). Erforderlich ist, daß die Vereinigung ein fremdes Grundstück als Rechtsträger oder Inhaber eines verliehenen Nutzungsrechts bebaut und den Bau zumindest überwiegend mit eigenen Mitteln und nicht mit Zuwendungen aus dem Staatshaushalt finanziert hat.

6 **d) Bebauungen auf vertraglicher Grundlage (Abs. 2 Nr. 4).** Erfaßt werden Bebauungen durch Betriebe oder staatliche Stellen, die nach § 459 Abs. 1 S. 1 ZGB zur Entstehung selbständigen Eigentums am Gebäude oder an der baulichen Anlage führten.[6] Erforderlich ist, daß der Grundstückseigentümer oder – für den Fall der staatlichen Verwaltung – der ihn vertretende Verwalter der Bebauung zugestimmt hat. Bei den staatlich verwalteten Grundstücken ist hier ausschließlich die Zustimmung des Verwalters maßgeblich, da in diesen Fällen alle Eigentümerbefugnisse vom staatlichen Verwalter bzw. Treuhänder wahrgenommen wurden.[7]

7 **e) Genossenschaftliches Bodennutzungsrecht (Abs. 2 Nr. 5).** Erfaßt sind hier alle Fälle, in denen LPGen aufgrund ihres umfassenden Bodennutzungsrechts[8] selbständiges Eigentum an Gebäuden oder baulichen Anlagen erworben haben.[9]

8 **f) Private Handwerker und Gewerbetreibende (Abs. 2 Nr. 6).** Erfaßt wird die Bebauung von vormals volkseigenen Grundstücken durch private Handwerker und Gewerbetreibende. Hierbei handelt es sich insbes. um die Fälle, in denen sich Kleinunternehmer oder Handwerker zur Errichtung eines Betriebsgebäudes eine Freifläche zuweisen[10] ließen und diese aufgrund eines die Bebauung gestattenden Vertrages bebauten.[11] Zur erstmals durch das sog. „Modrow-Gesetz" v. 7. 3. 1990[12] ermöglichten dinglichen Absicherung dieser baulichen Investitionen durch Verleihung eines Nutzungsrechts ist es hier häufig wegen Untätigkeit der zuständigen Behörden nicht gekommen.

9 **g) Bebauung vor Klärung der Eigentumslage (Abs. 2 Nr. 7).** Hierunter fallen die Bebauungen privater Grundstücke durch staatliche Stellen, ehemals volkseigene Betriebe und Genossenschaften vor Klärung der Eigentumslage und ohne vertragliche Berechtigung (BT-Drucks. 12/5992 S. 107). Da die Klärung der Rechtsverhältnisse an Grundstücken bei der Ausführung im Plan vorgesehener Investitionsvorhaben in der Verwaltungspraxis der DDR regelmäßig als nachrangig angesehen wurde, blieb eine rechtliche Absicherung solcher Bebauungen häufig aus.[13] Erfaßt werden zunächst bauliche Inanspruchnahmen privater Grundstücke **durch staatliche Stellen.** Wegen des Ausschlußtatbestands in § 2 Abs. 1 Nr. 4 (vgl. § 2 RdNr. 7) kommen nur Bebauungen mit Gebäuden oder Anlagen in Betracht, die dem Finanzvermögen zuzurechnen oder zwar öffentlichen Zwecken gewidmet, aber in einem im komplexen Wohnungsbau oder im Siedlungsbau verwendeten Gebiet belegen sind.[14] Gleichfalls hierunter fallen Bebauungen in Privateigentum stehender Grundstücke **durch vormals volkseigene Betriebe oder Genossenschaften** mit gewerblich genutzten Bauwerken (zB Fabrikgebäude, Lagerhallen).

III. Rechtliche Bedeutung

10 Ist der Tatbestand eines der in Abs. 2 bezeichneten **Regelbeispiele** erfüllt oder liegt ein in seinen wesentlichen Elementen **gleichgelagerter Sachverhalt** vor, können die Beteiligten das der baulichen Nutzung zugrundeliegende Rechtsverhältnis nach Maßgabe dieses Gesetzes an das BGB und seine Nebengesetze anpassen.

[5] Vgl. § 1 S. 1 Gesetz über die Verleihung von Nutzungsrechten an volkseigenen Grundstücken v. 14. 12. 1970 (GBl. I S. 433) und § 7 Abs. 4 VO über die Arbeiterwohnungsbaugenossenschaften v. 21. 11. 1963 idF v. 23. 2. 1973 (GBl. I S. 109).

[6] *Czub* Leitfaden RdNr. 292; *Vossius* RdNr. 11.

[7] Vgl. *Czub-Czub* § 5 RdNr. 132.

[8] Vgl. § 10 LPG-G v. 3. 6. 1959 (GBl. I S. 577); § 18 LPG-G v. 2. 7. 1982 (GBl. I S. 443).

[9] Vgl. § 13 LPG-G v. 3. 6. 1959 (GBl. I S. 577); § 27 LPG-G v. 2. 7. 1982 (GBl. I S. 443).

[10] Vgl. § 1 Abs. 3 iVm. § 7 Abs. 1 VO zur Lenkung des Gewerberaums v. 2. 5. 1986 (GBl. I S. 249).

[11] *Czub* Leitfaden RdNr. 74.

[12] GBl. I S. 157.

[13] *Czub-Czub* RdNr. 17.

[14] *Vossius* RdNr. 15.

§ 8 Zeitliche Begrenzung

Die Bestimmungen dieses Kapitels sind nur anzuwenden, wenn der Bau oder Erwerb des Gebäudes oder der baulichen Anlage nach dem 8. Mai 1945 erfolgt ist und

1. selbständiges Eigentum an einem Gebäude oder an einer baulichen Anlage entstanden ist,

2. ein Nutzungsrecht bis zum Ablauf des 30. Juni 1990 zugewiesen oder bis zum Ablauf des 2. Oktober 1990 verliehen worden ist oder

3. auf den Flächen, die dem aufgehobenen Bodennutzungsrecht der landwirtschaftlichen Produktionsgenossenschaften unterlagen, bis zum Ablauf des 30. Juni 1990, auf allen anderen Flächen bis zum Ablauf des 2. Oktober 1990, mit dem Bau eines Gebäudes oder einer baulichen Anlage begonnen worden ist.

I. Normzweck

1 Die Vorschrift bezeichnet den **zeitlichen Geltungsbereich** dieses Gesetzes für die Fälle des Baus (vgl. § 12) oder des Erwerbs eines Gebäudes oder einer baulichen Anlage auf einem fremden Grundstück. Zweck dieser Regelung ist die Klarstellung, daß Gegenstand der Sachenrechtsbereinigung nur die auf der Grundlage der früheren sozialistischen Bodenordnung im Beitrittsgebiet entstandenen Sachverhalte sind. Da die Einführung dieser sozialistischen Bodenordnung bereits unmittelbar nach der Kapitulation mit der sowjetischen Besatzungszeit begann, bestimmt die Vorschrift den 8. 5. 1945 als Anfangszeitpunkt für den Anwendungsbereich des Gesetzes.

II. Voraussetzungen

2 **1. Eigentumserwerb kraft Gesetzes (Nr. 1).** Erfaßt werden die Fälle, in denen selbständiges Eigentum an Gebäuden oder baulichen Anlagen nach dem 8. 5. 1945 kraft Gesetzes entstanden ist (BT-Drucks. 12/7425 S.64). Hierunter fällt insbes. auch das nach Art. 233 § 2b EGBGB idF durch das 2. VermRÄndG entstandene Gebäudeeigentum (BT-Drucks. 12/7425 S. 64).

3 **2. Eigentumserwerb aufgrund eines Nutzungsrechts (Nr. 2).** Erfaßt werden die Fälle, in denen ein Nutzungsrecht in der Zeit vom 8. 5. 1945 bis zum Ablauf des 30. 6. 1990 zugewiesen (§ 291 ZGB) oder bis zum Ablauf des 2. 10. 1990 verliehen (§ 287 ZGB) wurde. Die unterschiedlichen Zeitpunkte beruhen darauf, daß das Bodennutzungsrecht der LPGen aus § 18 LPG-G bereits am 1. 7. 1990,[1] die gesetzlichen Grundlagen für die Verleihung von Nutzungsrechten an Grundstücken erst mit dem Beitritt aufgehoben worden sind (BT-Drucks. 12/7425 S. 64).

4 Die Bestimmungen dieses Kapitels sind nach Nr. 2 nur auf diejenigen Sachverhalte anzuwenden, in denen der Bau oder der Erwerb eines Gebäudes oder einer baulichen Anlage auf einem wirksam bestellten (vgl. § 1 RdNr. 2) Nutzungsrecht beruht. Das bedeutet für den Fall der Bebauung eines Grundstücks, daß das Nutzungsrecht im **Zeitpunkt des Baubeginns** noch bestanden haben muß. Diese Voraussetzung liegt regelmäßig nicht vor, wenn mit dem Bau erst nach dem Beitritt begonnen wurde. Nach Art. 231 § 5 Abs. 2 EGBGB gelten die bis zum Ablauf des 2. 10. 1990 wirksam an einem Grundstück bestellten Nutzungsrechte nach diesem Zeitpunkt nur als wesentliche Bestandteile des aufstehenden Gebäudes oder der baulichen Anlage fort. War ein solches Gebäude oder eine solche bauliche Anlage am 3. 10. 1990 nicht einmal in seinen Anfängen (Baubeginn) vorhanden, hat das Nutzungsrecht mit Ablauf des 2. 10. 1990 seinen Bestand verloren.[2] Das bedeutet, daß von der Sachenrechtsbereinigung nur diejenigen Bebauungen auf der Grundlage eines Nutzungsrechts erfaßt werden, in denen der **Baube-**

[1] § 18 LPG-G mit Wirkung v. 1. 7. 1990 aufgehoben durch Gesetz über die Änderung oder Aufhebung von Gesetzen der Deutschen Demokratischen Republik v. 28.6. 1990 (GBl. I S. 483).

[2] *Wilhelms* ZOV 1994, 171 f.; *ders.* DtZ 1995, 228, 229; *Czub-Wilhelms* § 29 RdNr. 19 f.; aA BezG Cottbus ZOV 1992, 304, 305; *Purps* DtZ 1995, 390 ff.

ginn vor Ablauf des 2. 10. 1990 erfolgt ist.[3] Der Beginn der Erdarbeiten bis zu diesem Zeitpunkt genügt.[4] Nur in diesen Fällen kann ein wirksam bestelltes Nutzungsrecht ab dem 3. 10. 1990 als wesentlicher Bestandteil eines – zumindest in der Entstehung begriffenen – Gebäudes oder einer baulichen Anlage fortgelten.[5]

5 **3. Bebauung ohne Bestellung eines Nutzungsrechts (Nr. 3).** Erfaßt werden die Fälle, in denen ein Grundstück nach dem 8. 5. 1945 mit Billigung staatlicher Stellen iSv. § 10 bebaut wurde (BT-Drucks. 12/5992 S. 107). Ist die Billigung durch eine LPG erfolgt, muß die Bebauung vor dem 1. 7. 1990, in allen übrigen Fällen vor dem 3. 10. 1990 begonnen (vgl. RdNr. 4) haben.[6]

III. Rechtsfolgen

6 Ist der Bau oder Erwerb eines Gebäudes oder einer baulichen Anlage im Beitrittsgebiet **innerhalb des durch die Vorschrift bestimmten Zeitraums** erfolgt, unterliegt der der Nutzung des Grundstücks zugrundeliegende Sachverhalt der Sachenrechtsbereinigung. In allen übrigen Fällen gelten die allgemeinen Vorschriften (BT-Drucks. 12/5992 S. 67).

Unterabschnitt 3. Begriffsbestimmungen

§ 9 Nutzer

(1) Nutzer im Sinne dieses Gesetzes sind natürliche oder juristische Personen des privaten und des öffentlichen Rechts in nachstehender Reihenfolge:

1. der im Grundbuch eingetragene Eigentümer eines Gebäudes,
2. der Inhaber eines verliehenen oder zugewiesenen Nutzungsrechts,
3. der Eigentümer des Gebäudes oder der baulichen Anlage, wenn außerhalb des Grundbuchs selbständiges, vom Eigentum am Grundstück unabhängiges Eigentum entstanden ist,
4. der aus einem Überlassungsvertrag berechtigte Nutzer,
5. derjenige, der mit Billigung staatlicher Stellen ein Gebäude oder eine bauliche Anlage errichtet hat,
6. derjenige, der ein Gebäude oder eine bauliche Anlage gekauft hat, wenn die Bestellung eines Nutzungsrechts ausgeblieben und selbständiges, vom Eigentum am Grundstück getrenntes Eigentum am Gebäude nicht entstanden ist,
7. der in § 121 bezeichnete Käufer eines Grundstücks, eines Gebäudes oder einer baulichen Anlage

oder deren Rechtsnachfolger. Satz 1 ist nicht anzuwenden, wenn eine andere Person rechtskräftig als Nutzer festgestellt und in dem Rechtsstreit dem Grundstückseigentümer der Streit verkündet worden ist.

(2) Rechtsnachfolger sind auch

1. Käufer eines Gebäudes oder einer baulichen Anlage, wenn der Kaufvertrag bis zum Ablauf des 2. Oktober 1990 abgeschlossen wurde und nach den Rechtsvorschriften der Deutschen Demokratischen Republik selbständiges Gebäudeeigentum nicht entstanden war,
2. die aus den volkseigenen Betrieben der Wohnungswirtschaft oder Arbeiterwohnungsbaugenossenschaften, gemeinnützigen Wohnungsbaugenossenschaften und sonstigen Wohnungsgenossenschaften, denen Gebäude oder Gebäudeteile nach Durchführung eines Investitionsvorhabens des staatlichen oder genossenschaftlichen Wohnungsbaus zur Nutzung sowie zur selbständigen Bewirtschaftung und Verwaltung übertragen worden waren, hervorgegangenen kommunalen Woh-

[3] *Czub-Wilhelms* § 29 RdNr. 19 f.; aA *Czub-Czub* RdNr. 7; *ders.* § 9 RdNr. 4; *Eickmann-Trittel* RdNr. 6.
[4] *Vossius* RdNr. 8.
[5] *Czub-Wilhelms* § 29 RdNr. 20.
[6] *Vossius* RdNr. 7.

nungsgesellschaften, Wohnungsunternehmen sowie Wohnungsgenossenschaften und die Kommunen oder

3. Genossenschaften mit gewerblichem oder handwerklichem Geschäftsgegenstand sowie Vereinigungen nach Absatz 3, wenn sie als Investitionsauftraggeber den Bau von Gebäuden oder baulichen Anlagen, die ihnen von staatlichen Hauptauftraggebern nach Errichtung zur Nutzung sowie zur selbständigen Bewirtschaftung und Verwaltung zur Verfügung gestellt worden sind, ganz oder überwiegend mit eigenen Mitteln finanziert haben.

(3) Landwirtschaftliche Produktionsgenossenschaften im Sinne dieses Kapitels sind auch die in § 46 des Gesetzes über die landwirtschaftlichen Produktionsgenossenschaften vom 2. Juli 1982 – LPG-Gesetz – (GBl. I Nr. 25 S. 443), das zuletzt durch das Gesetz über die Änderung oder Aufhebung von Gesetzen der Deutschen Demokratischen Republik vom 28. Juni 1990 (GBl. I Nr. 38 S. 483) geändert worden ist, bezeichneten Genossenschaften und rechtsfähigen Kooperationsbeziehungen sowie die durch Umwandlung, Zusammenschluß oder Teilung entstandenen Nachfolgeunternehmen. Vereinigungen im Sinne dieses Kapitels sind auch gesellschaftliche Organisationen nach § 18 Abs. 4 des Zivilgesetzbuchs der Deutschen Demokratischen Republik, die als rechtsfähige Vereine nach den §§ 21 und 22 des Bürgerlichen Gesetzbuchs fortbestehen und nicht Parteien, mit ihnen verbundene Organisationen, juristische Personen oder Massenorganisationen nach § 2 Abs. 2 Nr. 1 sind.

(4) Auf die Ausübung der in diesem Kapitel begründeten Ansprüche durch Ehegatten sind in den Fällen des Absatzes 1 Nr. 4 und 5 die Bestimmungen über das gemeinschaftliche Eigentum der Ehegatten in Artikel 234 § 4 a des Einführungsgesetzes zum Bürgerlichen Gesetzbuche entsprechend anzuwenden, wenn der Vertragsschluß oder die Bebauung des Grundstücks vor Ablauf des 2. Oktober 1990 und während der Ehe erfolgte.

A. Normzweck und Inhalt

1 Die Vorschrift bezeichnet iVm. § 14 Abs. 1 S. 1 den **personellen Anwendungsbereich** des Gesetzes. Aktiv und passiv legitimiert sind hiernach nur die Grundstückseigentümer sowie die in Abs. 1 entspr. dem Grad der Verdinglichung ihrer am Grundstück erlangten Rechtsposition abschließend aufgezählten Nutzer bzw. deren Rechtsnachfolger.

2 Abs. 1 bestimmt die Rangfolge der Berechtigung mehrerer in Betracht kommender Nutzer und definiert gemeinsam mit Abs. 2, welche Personen Nutzer iSd. Sachenrechtsbereinigung sind. Abs. 3 beinhaltet weitere **Begriffsbestimmungen** über LPGen und Vereinigungen iSd. Gesetzes. Abs. 4 enthält eine Regelung über die gemeinschaftliche Berechtigung von Ehegatten, die gemeinsam einen Nutzungstatbestand iSd. Sachenrechtsbereinigung erfüllen.

B. Begriffsbestimmungen

I. Nutzer

3 **1. Voraussetzungen.** Nutzer iSd. Sachenrechtsbereinigung sind die in Abs. 1 nach der Reihenfolge ihrer Berechtigung **abschließend** genannten natürlichen oder juristischen Personen des privaten oder öffentlichen Rechts. Hierbei handelt es sich um:

4 **a) Eingetragene Gebäudeeigentümer (Abs. 1 S. 1 Nr. 1).** Erforderlich ist die wirksame Begründung selbständigen Anlagen- oder Gebäudeeigentums und die Eintragung des Gebäudeeigentümers in das Grundbuch (§ 295 Abs. 2 S. 2 iVm. § 26 Abs. 2 ZGB).

5 **b) Nutzungsrechtsinhaber (Abs. 1 S. 1 Nr. 2).** Das Nutzungsrecht muß nach den Vorschriften der DDR wirksam verliehen (§§ 287 ff. ZGB) oder zugewiesen (§§ 291 ff. ZGB) worden sein (vgl. § 1 RdNr. 2).

6 **c) Nicht eingetragener Gebäudeeigentümer (Abs. 1 S. 1 Nr. 3).** Nach dem Recht der DDR hatte die Eintragung selbständigen Anlagen- oder Gebäudeeigentums in das Grundbuch

nur dem Grundsatz nach konstitutiven Charakter (§ 26 Abs. 2 ZGB). Selbständiges Eigentum an Gebäuden oder baulichen Anlagen konnte kraft Gesetzes auch außerhalb des Grundbuchs entstehen.[1]

7 **d) Überlassungsnehmer (Abs. 1 S. 1 Nr. 4).** Erfaßt werden diejenigen Nutzer, die ein fremdes Grundstück aufgrund eines sog. Überlassungsvertrages (vgl. § 5 RdNr. 8 f.) iSv. § 12 Abs. 2 bebaut haben.

8 **e) Bebauer (Abs. 1 S. 1 Nr. 5).** Fehlt es an einem der Wirksamkeitserfordernisse für die Bestellung eines Nutzungsrechts oder die Begründung selbständigen Anlagen- oder Gebäudeeigentums, genügt es, wenn die Bebauung mit Billigung staatlicher Stellen iSv. § 10 erfolgt ist.

9 **f) Gebäudekäufer (Abs. 1 S. 1 Nr. 6 und 7).** Erfaßt werden die sog. „hängenden" Kaufverträge über Gebäude und bauliche Anlagen unter den in § 3 Abs. 3 und § 121 bezeichneten Voraussetzungen (BT-Drucks. 12/7425 S. 64).

10 **g) Rechtsnachfolger.** Nutzer iSd. Sachenrechtsbereinigung sind auch die Gesamtrechtsnachfolger der in Abs. 1 S. 1 Nr. 1 bis 7 genannten natürlichen oder juristischen Personen sowie Sonderrechtsnachfolger, die das selbständige Eigentum am Gebäude oder der baulichen Anlage wirksam erworben haben.[2] Als **Sonderrechtsnachfolger** iSd. Sachenrechtsbereinigung gelten insbes. die in Abs. 2 in der Form von Regelbeispielen bezeichneten natürlichen und juristischen Personen:

11 **aa) Käufer rechtlich unselbständigen Gebäudeeigentums (Abs. 2 Nr. 1).** Nach dem Recht der DDR umfaßte das Eigentum am Grundstück auch die mit dem Boden fest verbundenen Gebäude und Anlagen (§ 295 Abs. 1 ZGB). Abweichend von diesem Grundsatz konnte selbständiges Eigentum an Gebäuden oder baulichen Anlagen nur dort entstehen, wo dies durch besondere Rechtsvorschriften ausdrücklich geregelt war (vgl. § 1 RdNr. 4). Wegen der Vielzahl von Ausnahmeregelungen, die die Entstehung selbständigen Eigentums an Gebäuden oder baulichen Anlagen zuließen, entstand in der DDR die – unzutreffende – allgemeine Vorstellung, daß ein auf fremdem Grund errichtetes Gebäude in jedem Fall dem Erbbauer gehöre und er darüber unbeschränkt verfügen könne. Aus diesem Grund sind vielfach rechtlich nicht selbständige Gebäude und bauliche Anlagen verkauft worden, ohne daß der Käufer hierdurch wirksam selbständiges Gebäudeeigentum erwerben konnte.

12 Soweit sich die Parteien eines solchen Kaufvertrages entspr. dem Vertrag verhalten und das – an sich wegen anfänglicher Unmöglichkeit der Leistung nach § 68 Abs. 1 Nr. 3 ZGB nichtige – Geschäft übereinstimmend als abgeschlossen angesehen haben, bestimmt Abs. 2 Nr. 1, daß die **Ansprüche nach diesem Gesetz** durch den wirksamen Abschluß des schuldrechtlichen Geschäfts als auf den Käufer übergegangen gelten.[3] Dies gilt jedoch nur für solche Verträge, die **vor dem 3. 10. 1990** geschlossen wurden. Für die nach diesem Tage geschlossenen Kaufverträge gelten die Regelungen des BGB. In diesen Fällen kommt eine **Umdeutung** (§ 140 BGB) des nach § 306 BGB nichtigen Gebäudekaufvertrags in einen Kauf der sich aus der Bebauung des Grundstücks aus diesem Gesetz ergebenden Rechte (vgl. § 14 RdNr. 5 ff.) in Betracht.[4]

13 **bb) Betriebe der Wohnungswirtschaft, Wohnungsgenossenschaften.** Abs. 2 Nr. 2 stellt klar, daß Nutzer iSd. SachenRBerG auch die Rechtsnachfolger der vormals volkseigenen Betriebe der Wohnungswirtschaft und Wohnungsgenossenschaften sind, die die Bebauungen idR zwar nicht selbst durchgeführt haben, denen jedoch die durch sog. Hauptauftraggeber fertiggestellten Gebäude oder Gebäudeteile zur Nutzung sowie selbständigen Bewirtschaftung und Verwaltung übertragen worden sind.

14 **cc) Genossenschaften, Vereinigungen (Abs. 2 Nr. 3).** Erfaßt werden die in § 7 Abs. 2 Nr. 2 genannten Genossenschaften (vgl. § 7 RdNr. 3) sowie Vereinigungen iSv. Abs. 3 S. 2 (vgl. RdNr. 18). Erforderlich ist, daß die Genossenschaft oder Vereinigung die durch einen staatlichen Hauptauftraggeber vorgenommene Bebauung ganz oder überwiegend **mit eigenen Mitteln** finanziert hat und ihr das fertiggestellte Bauwerk nach Errichtung zur Nutzung sowie selbständigen Bewirtschaftung und Verwaltung zur Verfügung gestellt worden ist.

15 **h) Rechtskräftig festgestellte Nutzer (Abs. 1 S. 2).** Kommen nach Abs. 1 S. 1 mehrere Personen gleichrangig als Nutzer in Betracht, ist im Verhältnis zwischen ihnen derjenige Nutzer, der eine Bebauung iSv. § 12 und damit die nach der Sachenrechtsbereinigung zu schützende Investition vorgenommen hat. Der Streit darüber, wer Nutzer iSv. Abs. 1 S. 1 ist, muß

[1] Vgl. zB § 27 S. 1 LPG-G v. 2. 7. 1982 (GBl. I S. 443); § 459 Abs. 1 S. 1 ZGB.
[2] *Vossius* RdNr. 14 ff.
[3] *Czub-Czub* RdNr. 19.
[4] *Vossius* RdNr. 27.

zwischen den Prätendenten entschieden werden (§ 108 Abs. 3). Ist eine Person rechtskräftig als Nutzer festgestellt worden, wirkt die Entscheidung des Gerichts nur dann gegenüber dem Grundstückseigentümer, wenn diesem gem. § 108 Abs. 3 der Streit verkündet wurde. Abs. 1 S. 2 stellt klar, daß in diesem Fall gegen den Eigentümer die Interventionswirkung nach § 74 Abs. 1, § 68 ZPO eintritt, durch die er an die Feststellung des Gerichts gebunden ist.[5]

16 **2. Rechtliche Bedeutung.** Liegt eine der in Abs. 1 und 2 genannten Voraussetzungen in der Person eines Beteiligten vor, ist dieser Nutzer iSd. Sachenrechtsbereinigung und kann die aus diesem Gesetz folgenden Ansprüche geltend machen bzw. aus ihnen verpflichtet werden. Dies gilt jedoch nur, soweit kein entspr. der in Abs. 1 bezeichneten Reihenfolge vorrangig Berechtigter bzw. keine andere rechtskräftig als Nutzer festgestellte Person existiert.

II. Landwirtschaftliche Produktionsgenossenschaften

17 Abs. 3 S. 1 stellt klar, daß LPGen iSd. SachenRBerG auch die in § 46 LPG-G v. 2. 7. 1982 genannten Genossenschaften und rechtsfähigen Kooperationsbeziehungen sowie die nach dem LAG entstandenen **Nachfolgeunternehmen** sind.

III. Vereinigungen

18 Abs. 3 S. 2 bestimmt, daß unter den Begriff der Vereinigung iSd. SachenRBerG nicht nur die Zusammenschlüsse von Bürgern der DDR nach der VO über die Gründung und die Tätigkeit von Vereinigungen v. 6. 11. 1975[6] sondern auch diejenigen gesellschaftlichen Organisationen iSv. § 18 Abs. 4 ZGB fallen, die keine Organisationen iSv. § 2 Abs. 2 Nr. 1 sind. Soweit sich die Vereinigungen neu konstituiert und nach § 4 VereinigungsG v. 21. 2. 1990[7] durch ihre Registrierung **Rechtsfähigkeit** erlangt haben, bestehen sie gem. Art. 231 § 2 Abs. 1 EGBGB als rechtsfähige Vereine fort. Abs. 3 S. 2 stellt klar, daß diese rechtsfähigen Vereine Anspruchsinhaber nach dem SachenRBerG sein können (BT-Drucks. 12/7425 S. 65). Nicht unter den Begriff der Vereinigung fallen die nach dem Recht der DDR nicht rechtsfähigen Gemeinschaften nach §§ 266 ff. ZGB.[8] Dies gilt auch dann, wenn sich diese bis dahin nicht rechtsfähigen Gemeinschaften erst nach dem Beitritt in der Form des eingetragenen Vereins (§§ 21 ff. BGB) neu konstituiert haben.

C. Eheliche Vermögensgemeinschaft (Abs. 4)

19 Soweit Ehegatten, die bis zum Beitritt im gesetzlichen Güterstand der Eigentums- und Vermögensgemeinschaft gelebt haben, selbständiges Gebäudeeigentum oder einen Erfüllungsanspruch aus einem „hängenden" Kaufvertrag erworben haben oder für diese ein Nutzungsrecht wirksam bestellt worden ist, sind die Vorschriften über das gemeinschaftliche Eigentum von Ehegatten (Art. 234 § 4 a EGBGB) auf die hieraus folgenden Rechtspositionen nach der Sachenrechtsbereinigung **unmittelbar** anzuwenden (BT-Drucks. 12/7425 S. 65).

20 Ist jedoch einer der Nutzungstatbestände von Abs. 1 Nr. 4 oder Nr. 5 erfüllt, haben die Ehegatten vor dem Beitritt kein entsprechendes gemeinschaftliches Recht erworben. In diesen Fällen ist es gerade nicht zum Erwerb selbständigen Gebäudeeigentums (vgl. § 5 RdNr. 8) oder zur wirksamen Bestellung eines Nutzungsrechts (vgl. RdNr. 5) gekommen. Aus diesem Grund bestimmt Abs. 4 zur Gewährleistung der Gleichbehandlung der Nutzungstatbestände dieses Gesetzes, daß die Regelungen in Art. 234 § 4 a EGBGB über das gemeinschaftliche Eigentum von Ehegatten auf die sich aus den Nutzungstatbeständen von Abs. 1 Nr. 4 und Nr. 5 ergebenden Ansprüche **entsprechend** anzuwenden sind (BT-Drucks. 12/7425 S. 65).

§ 10 Billigung staatlicher Stellen

(1) Billigung staatlicher Stellen ist jede Handlung, insbesondere von Verwaltungsstellen, Vorständen landwirtschaftlicher Produktionsgenossenschaften oder sonstigen Organen, die nach in der Deutschen Demokratischen Republik üblicher Staats- oder

[5] Vgl. *Eickmann-Eickmann* § 108 RdNr. 3.
[6] GBl. I S. 723.
[7] GBl. I S. 75.
[8] Vgl. § 4 Abs. 2 S. 2 SchuldRAnpG.

Verwaltungspraxis die bauliche Nutzung fremder Grundstücke vor Klärung der Eigentumsverhältnisse oder ohne Bestellung eines Nutzungsrechts ausdrücklich anordnete oder gestattete. Dies gilt auch, wenn die zu beachtenden Rechtsvorschriften nicht eingehalten worden sind.

(2) Ist für die bauliche Maßnahme eine Bauzustimmung oder Baugenehmigung erteilt worden, ist zugunsten des Nutzers zu vermuten, daß die bauliche Nutzung des Grundstücks mit Billigung staatlicher Stellen erfolgt ist. Das gleiche gilt, wenn in einem Zeitraum von fünf Jahren nach Fertigstellung des Gebäudes vor Ablauf des 2. Oktober 1990 eine behördliche Verfügung zum Abriß nicht ergangen ist.

I. Normzweck

1 Abs. 1 enthält eine **Legaldefinition** der „Billigung staatlicher Stellen". Die bauliche Inanspruchnahme fremder Grundstücke erfolgte in der DDR häufig allein aufgrund willkürlicher Willensbekundungen von LPG-Vorständen oder Parteifunktionären. Die Vorschrift stellt klar, daß die Sachenrechtsbereinigung deshalb nicht an rechtsförmliche Entscheidungen von Behörden, sondern allein an die übliche, teilweise sogar rechtswidrige Staats- und Verwaltungspraxis in der ehemaligen DDR anknüpfen kann (BT-Drucks. 12/5992 S. 109).

II. Voraussetzungen

2 **1. Anordnung oder Gestattung der Bebauung.** Erforderlich ist die **vor Ablauf des 2. 10. 1990** erfolgte Anordnung oder Gestattung der Bebauung eines fremden Grundstücks vor Klärung der Eigentumsverhältnisse oder ohne Bestellung eines Nutzungsrechts durch eine der von Abs. 1 S. 1 erfaßten Stellen. Ein nur schlüssiges Handeln genügt, soweit die Anordnung oder Gestattung aus dem gesamten Handlungszusammenhang eindeutig erkennbar ist.[1] Die bloße Duldung oder Hinnahme der Bebauung reicht grundsätzlich (vgl. RdNr. 8) nicht.[2] Eine Anordnung oder Gestattung der baulichen Nutzung nach Baubeginn genügt.[3]

3 **2. Staatliche Stelle.** Die Anordnung oder Gestattung der Bebauung muß durch eine der von Abs. 1 S. 1 erfaßten Stellen erfolgt sein. Hierunter fallen entgegen dem Gesetzeswortlaut nicht nur staatliche Stellen ieS (BT-Drucks. 12/5992 S. 68). Erfaßt werden **auch nichtstaatliche Stellen** (BT-Drucks. 12/5992 S. 68), deren tatsächliche Entscheidungskompetenz nach der sozialen Realität in der DDR wegen ihrer engen Verknüpfung mit dem Staat derjenigen einer zuständigen Behörde faktisch gleichgestellt war. Abs. 1 S. 1 benennt als **Regelbeispiele** hierfür Verwaltungsstellen und Vorstände von LPGen. In Betracht kommen u. a. aber auch staatliche Verwalter, Partei- und Gewerkschaftsfunktionäre sowie Vertreter des Ministerrats, einzelner Ministerien, der Räte der Bezirke, Kreise, Städte, Stadtbezirke und Gemeinden.

4 **3. Übliche Staats- oder Verwaltungspraxis.** Der Begriff der „Üblichkeit" ist zugunsten des Nutzers **weit auszulegen.** Ausgenommen sind hiervon nur völlig atypische Gestaltungen,[4] die nicht der Praxis der sozialen Realität in der DDR entsprachen. Es genügt, wenn die Art und Weise der erfolgten Billigung der baulichen Nutzung eines fremden Grundstücks in der Region (Bezirk, Kreis, Gemeinde, Gebiet einer LPG) üblich war, in der das betroffene Grundstück belegen ist.[5] Abzustellen ist hierbei auf die rein tatsächliche Entscheidungsbefugnis der die jeweilige Bebauung anordnenden oder gestattenden Stelle. Erstreckte sich diese Befugnis nicht auf das in Anspruch genommene Grundstück, etwa weil es der faktisch ausschließlichen Verfügungsmacht eines über- oder gleichgeordneten Entscheidungsträgers unterstellt war, entsprach die ohne dessen Willen erfolgte Anordnung oder Gestattung der Bebauung regelmäßig nicht der üblichen Staats- oder Verwaltungspraxis der DDR. Von Abs. 1 hiernach erfaßt wäre etwa zB der Fall der ohne ihren Willen erfolgten Gestattung der Inanspruchnahme des Grundstücks einer LPG durch den Vorstand einer mit ihr weder in Ansehung der Grundstücksnutzung noch in sonstiger Weise tatsächlich oder rechtlich in Beziehung stehenden anderen LPG.

5 Abs. 1 S. 2 stellt klar, daß auch eine in rechtswidriger Weise erfolgte Anordnung oder Gestattung der Bebauung eines fremden Grundstücks eine Billigung iSv. Abs. 1 S. 1 darstellt, soweit

[1] *Vossius* RdNr. 4; aA *Herbig-Gaitzsch-Hügel-Weser* S. 19.

[2] *Herbig-Gaitzsch-Hügel-Weser* S. 19; *Vossius* RdNr. 4.

[3] IdS auch *Staudinger-Rauscher* Art. 233 § 2 a EGBGB RdNr. 7.

[4] *Vossius* RdNr. 6.

[5] *Vossius* RdNr. 6.

die jeweilige **Nichteinhaltung der zu beachtenden Rechtsvorschriften** der – zumindest regional (vgl. RdNr. 4) – üblichen Staats- oder Verwaltungspraxis in der DDR entsprach.

III. Beweiserleichterung

6 **Beweispflichtig** für das Vorliegen einer Billigung iSv. Abs. 1 ist der Nutzer.[6] Da die hierfür maßgeblichen Entscheidungen häufig nicht in förmlichen Verwaltungsverfahren getroffen wurden, sind sie oft nur schwer nachweisbar. Abs. 2 stellt aus diesem Grund zur Beweiserleichterung gesetzliche Vermutungen auf, nach denen die bauliche Inanspruchnahme eines fremden Grundstücks als mit Billigung iSv. Abs. 1 erfolgt gilt:[7]

7 **1. Baugenehmigung.** Nach Abs. 2 S. 1 besteht die widerlegbare gesetzliche Vermutung, daß die bauliche Inanspruchnahme eines Grundstücks dann mit Billigung staatlicher Stellen iSv. Abs. 1 erfolgt ist, wenn für die Baumaßnahme eine **Bauzustimmung**[8] **oder Baugenehmigung**[9] erteilt worden ist. Zwar ergingen Baugenehmigungen auch nach dem Recht der DDR unbeschadet von Rechten Dritter,[10] doch rechtfertigt sich die Vermutung in Abs. 2 S. 1 daraus, daß Baudurchführungen in der DDR idR von staatlichen Planentscheidungen bestimmt wurden und deshalb davon ausgegangen werden kann, daß von der über die Zulässigkeit der Bebauung entscheidenden Stelle auch die bauliche Inanspruchnahme des fremden Grundstücks gebilligt wurde (BT-Drucks. 12/5992 S. 110).

8 **2. Fünfjährige Duldung der Bebauung.** Abs. 2 S. 2 erweitert die aus Abs. 2 S. 1 folgende Vermutung auf die Fälle, in denen nach Fertigstellung eines eigenmächtig auf fremdem Grund errichteten Gebäudes und noch **vor Ablauf des 2. 10. 1990** fünf Jahre verstrichen sind, ohne daß eine behördliche Abrißverfügung ergangen ist. Die Gleichstellung der fünfjährigen Duldung einer rechtswidrigen Bebauung mit einer ausdrücklichen Billigung iSv. Abs. 1 rechtfertigt sich aus der Regelung in § 11 Abs. 3 der VO über Bevölkerungsbauwerke[11] (BT-Drucks. 12/5992 S. 110). Hiernach waren Schwarzbauten dauerhaft in ihrem Bestand geschützt, wenn ihr Abriß nicht innerhalb von fünf Jahren seit ihrer Fertigstellung verfügt wurde.

IV. Rechtliche Bedeutung

9 Liegen die Voraussetzungen einer Billigung staatlicher Stellen iSd. Vorschrift vor, werden diese Sachverhalte den Fällen **gleichgestellt,** in denen die Bebauung eines fremden Grundstücks aufgrund eines bestellten Nutzungsrechts erfolgte oder nach anderen Rechtsvorschriften der ehemaligen DDR selbständiges Gebäudeeigentum entstanden ist.

§ 11 Komplexer Wohnungsbau oder Siedlungsbau

(1) Komplexer Wohnungsbau im Sinne dieses Gesetzes sind Wohngebiete für den staatlichen oder genossenschaftlichen Wohnungsbau, die entsprechend den Rechtsvorschriften der Deutschen Demokratischen Republik im Zeitraum vom 7. Oktober 1949 bis zum Ablauf des 2. Oktober 1990 nach einer einheitlichen Bebauungskonzeption oder einem Bebauungsplan für die Gesamtbebauung des jeweiligen Bauvorhabens (Standort) vorbereitet und gebaut worden sind. Wohngebiete im Sinne des Satzes 1 sind insbesondere großflächige Wohnanlagen in randstädtischen oder innerstädtischen Lagen sowie Wohnanlagen an Einzelstandorten in städtischen oder dörflichen Lagen jeweils einschließlich Nebenanlagen, Versorgungseinrichtungen und Infrastruktur.

[6] *Herbig-Gaitzsch-Hügel-Weser* S. 19; *Vossius* RdNr. 14.

[7] *Czub* Leitfaden RdNr. 14.

[8] Vgl. insbes. § 3 EigenheimVO v. 31. 8. 1978 (GBl. I S. 425), § 5 VO über die Sicherung des Volkseigentums bei Baumaßnahmen von Betrieben auf vertraglich genutzten nicht volkseigenen Grundstücken v. 7. 4. 1983 (GBl. I S. 129) und § 3 Abs. 1 S. 1 VO über Bevölkerungsbauwerke v. 8. 11. 1984 (GBl. I S.433) idF durch die 2. VO über Bevölkerungsbauwerke v. 13. 7. 1989 (GBl. I S. 191).

[9] Vgl. insbes. § 3 Abs. 4 S. 3 VO über Bevölkerungsbauwerke v. 8. 11. 1984 (GBl. I S. 433 idF durch die 2. VO über Bevölkerungsbauwerke v. 13. 7. 1989 (GBl. I S. 191).

[10] Vgl. § 5 Abs. 6 VO über Bevölkerungsbauwerke v. 8. 11. 1984 (GBl. I S. 433) idF durch die 2. VO über Bevölkerungsbauwerke v. 13. 7. 1989 (GBl. I S. 191).

[11] Vgl. Fn. 8.

(2) Siedlungsbau im Sinne dieses Gesetzes sind Wohngebiete für den Eigenheimbau, die entsprechend den Rechtsvorschriften der Deutschen Demokratischen Republik in dem in Absatz 1 genannten Zeitraum nach einer einheitlichen Bebauungskonzeption oder einem Bebauungsplan für die Gesamtbebauung des jeweiligen Bauvorhabens (Standort) vorbereitet und neu bebaut worden sind.

1 Die Vorschrift enthält die **Legaldefintion** der Begriffe des komplexen Wohnungs- und Siedlungsbaus. Die Bestimmung dieser aus der DDR-Terminologie übernommenen Begriffe ist erforderlich, weil der Sprachgebrauch in der ehemaligen DDR insoweit nicht einheitlich war (BT-Drucks. 12/7425 S. 65).

2 Erfaßt werden insbes. großflächige Überbauungen mehrerer Grundstücke aufgrund eines den Rechtsvorschriften der DDR[1] entsprechenden **Gesamtkonzepts.** Bei der Planung und Durchführung der Maßnahmen im komplexen Wohnungs- und Siedlungsbau wurden vielfach die vorhandenen Grenzen der in dem zu bebauenden Gebiet belegenen Grundstücke außer acht gelassen. Dies hat zur Folge, daß die Grundstücksgrenzen nunmehr teilweise quer unter den aufstehenden Gebäuden verlaufen.

§ 12 Bebauung

(1) Bebauungen im Sinne dieses Kapitels sind die Errichtung von Gebäuden sowie bauliche Maßnahmen an bestehenden Gebäuden, wenn

1. schwere Bauschäden vorlagen und die Nutzbarkeit des Gebäudes wiederhergestellt wurde (Rekonstruktion) oder

2. die Nutzungsart des Gebäudes verändert wurde

und die baulichen Maßnahmen nach ihrem Umfang und Aufwand einer Neuerrichtung entsprechen.

(2) Hat der Nutzer das Grundstück aufgrund eines Überlassungsvertrages vom staatlichen Verwalter erhalten, sind

1. Aus- und Umbauten, durch die die Wohn- oder Nutzfläche des Gebäudes um mehr als 50 vom Hundert vergrößert wurde, oder

2. Aufwendungen für bauliche Investitionen, deren Wert die Hälfte des Sachwerts des Gebäudes ohne Berücksichtigung der baulichen Investitionen des Nutzers zum Zeitpunkt der Vornahme der Aufwendungen überstiegen,

baulichen Maßnahmen im Sinne des Absatzes 1 gleichzustellen; für die Zeit vom Abschluß des Überlassungsvertrages bis zum Ablauf des 2. Oktober 1990 sind jährlich

a) zwei vom Hundert des Gebäuderestwertes in den ersten fünf Jahren nach dem Vertragsschluß,

b) einhalb vom Hundert des Gebäuderestwertes in den folgenden Jahren

für nicht nachweisbare bauliche Investitionen des Nutzers zusätzlich zu den nachgewiesenen Aufwendungen in Ansatz zu bringen. Frühere Investitionen des Nutzers sind mit ihrem Restwert zu berücksichtigen. Ist der Zeitpunkt der Aufwendungen nicht festzustellen, ist der 2. Oktober 1990 als Wertermittlungsstichtag zugrunde zu legen. Hat der Nutzer nach Ablauf des 2. Oktober 1990 notwendige Verwendungen vorgenommen, sind die dadurch entstandenen Aufwendungen dem nach Satz 1 Nr. 2 zu ermittelnden Wert seiner baulichen Investitionen hinzuzurechnen. Satz 4 ist nicht anzuwenden, wenn mit den Arbeiten nach dem 20. Juli 1993 begonnen wurde.

[1] Vgl. insbes. InvestitionsVO v. 30. 11. 1988 (GBl. I S. 287); AO über die Generalbebauungspläne der Städte v. 11. 2. 1988 (GBl. I S. 64); AO über die Aufgaben und Arbeitsweise der Hauptauftraggeber komplexer Wohnungsbauprojekte v. 19. 9. 1983 (GBl. I S. 269).

(3) Der Bebauung eines Grundstücks mit einem Gebäude steht die Errichtung oder die bauliche Maßnahme an einer baulichen Anlage im Sinne des Satzes 2 gleich. Bauliche Anlagen sind alle Bauwerke, die nicht Gebäude sind, wenn

1. **deren bestimmungsgemäßer Gebrauch durch den Nutzer einen Ausschluß des Grundstückseigentümers von Besitz und Nutzung des Grundstücks voraussetzt,**
2. **die zur bestimmungsgemäßen Nutzung der baulichen Anlage erforderliche Fläche (Funktionsfläche) sich so über das gesamte Grundstück erstreckt, daß die Restfläche nicht baulich oder wirtschaftlich nutzbar ist, oder**
3. **die Funktionsfläche der baulichen Anlage nach den baurechtlichen Bestimmungen selbständig baulich nutzbar ist und vom Grundstück abgetrennt werden kann.**

I. Normzweck

Die Sachenrechtsbereinigung umfaßt neben den Sachverhalten, in denen neue Gebäude oder bauliche Anlagen gebaut worden sind, auch die Fälle, in denen Gebäude oder bauliche Anlagen wiederhergestellt oder um- und ausgebaut worden sind. Die Vorschrift bestimmt den Umfang dieser von der Sachenrechtsbereinigung erfaßten baulichen Maßnahmen und **definiert den Begriff der Bebauung** iSv. Kapitel 2 dieses Gesetzes. 1

II. Bebauungen

1. Neubauten. Eine Bebauung iSd. Sachenrechtsbereinigung ist zunächst die Errichtung eines neuen Gebäudes. Das Gebäude muß zumindest in seinen wesentlichen Bestandteilen **fertiggestellt** sein. Befindet sich das Bauvorhaben noch in der Anfangsphase oder ist das Gebäude nur teilweise errichtet, liegt keine Bebauung iSd. Vorschrift vor; der bloße Aushub der Baugrube oder die Fertigstellung des Rohbaus bis zur Decke des Kellergeschosses genügen nicht.[1] 2

Gebäude sind alle Bauwerke, die durch räumliche Umfriedung Menschen oder Sachen Schutz gewähren.[2] Nach § 2 Abs. 1 Nr. 1 sind hiervon im Rahmen der Sachenrechtsbereinigung jedoch jene **Baulichkeiten** iSv. § 296 ZGB ausgenommen, die lediglich der Erholung und Freizeitgestaltung dienen (BT-Drucks. 12/5992 S. 98). Die Regelung dieser Rechtsverhältnisse erfolgt ausschließlich im Rahmen der Schuldrechtsänderung. 3

2. Bauliche Maßnahmen an bestehenden Gebäuden. a) Rekonstruktion (Abs. 1 Nr. 1). Gleichfalls unter den Begriff der Bebauung fällt die Wiederherstellung eines infolge schwerer Bauschäden nicht mehr nutzbaren Gebäudes. Bloße Reparatur- oder Sanierungsarbeiten genügen nicht.[3] Erforderlich ist, daß die Rekonstruktion nach Kosten und bautechnischem Aufwand einer Neuerrichtung gleichgestellt werden kann und durch die Maßnahme ein **im wesentlichen neues Gebäude** entstanden ist (BT-Drucks. 12/5992 S. 110). Eine Rekonstruktion iSv. Abs. 1 S. 1 wird idR nur dann vorliegen, wenn es sich bei dem Gebäude vor seiner Wiederherstellung um eine nicht nutzbare Ruine gehandelt hat.[4] 4

b) Veränderung der Gebäudenutzungsart (Abs. 1 Nr. 2). Eine Bebauung iSd. Sachenrechtsbereinigung liegt auch dann vor, wenn ein bestehendes Gebäude in seiner bestimmungsgemäßen Nutzung maßgeblich geändert wurde (zB Umbau einer Scheune zu einem Wohnhaus). Erforderlich ist auch hier, daß der bauliche Aufwand dem einer Neuerrichtung entsprach und ein im wesentlichen neues Bauwerk entstanden ist (BT-Drucks. 12/5992 S. 110). 5

3. Überlassungsverträge (Abs. 2). a) Neubau. Der im Rahmen eines Überlassungsvertrags[5] durch den Überlassungsnehmer erfolgte Neubau eines Gebäudes ist eine Bebauung iSd. Sachenrechtsbereinigung. Insoweit gilt Abs. 1 6

b) Vergrößerung der Gebäudefläche (Abs. 2 S. 1 Nr. 1). Sind im Rahmen eines Überlassungsvertrages Aus- oder Umbauten an einem bestehenden Gebäude vorgenommen werden, durch die die Wohn- oder Nutzfläche des Gebäudes **um mehr als 50 Prozent** erhöht wurde, stellt auch dies eine Bebauung iSd. Sachenrechtsbereinigung dar. Die Wohn- bzw. 7

[1] BGH DtZ 1996, 23, 25 f.
[2] BGH DB 1972, 2298.
[3] *Vossius* RdNr. 11.
[4] *Vossius* RdNr. 11; *Eickmann-Trittel* RdNr. 5.
[5] Vgl. § 5 RdNr. 8 f.

Nutzfläche des Gebäudes ist hierbei jeweils nach den Regelungen in §§ 42 ff. der 2. BerechnungsVO v. 12. 10. 1990[6] zu bestimmen.

8 **c) Erhöhung des Gebäudewerts (Abs. 2 S. 1 Nr. 2).** Eine Bebauung iSd. Sachenrechtsbereinigung liegt auch dann vor, wenn der Überlassungsnehmer **bis zum Ablauf des 2. 10. 1990** Aufwendungen für bauliche Maßnahmen an einem bestehenden Gebäude vorgenommen hat, deren Summe (vgl. RdNr. 10 ff.) die Hälfte des aktuellen Gebäudewerts (vgl. RdNr. 9) übersteigt.

9 **aa) Ermittlung des Gebäudewerts.** Maßgeblich für den Vergleich mit dem Wert der vorgenommenen Aufwendungen ist der **heutige Gebäudewert** (BT-Drucks. 12/5992 S. 111). Dieser Wert ist nach Maßgabe von §§ 21 ff. der WertV v. 6. 12. 1988[7] zu ermitteln. Bei dieser Wertermittlung bleiben die durch den Überlassungsnehmer vorgenommenen Aufwendungen unberücksichtigt.

10 **bb) Ermittlung des Werts der vorgenommenen Aufwendungen.** Der mit der Hälfte des heutigen Gebäudewerts zu vergleichende Wert der vorgenommenen Aufwendungen entspricht dem Wert der erfolgten baulichen Investition **im Zeitpunkt ihrer Vornahme.** Ist dieser Zeitpunkt nicht feststellbar, gilt der 2. 10. 1990 als Wertermittlungsstichtag (Abs. 2 S. 3).

11 Diesem Betrag sind die im Zeitpunkt der maßgeblichen baulichen Investitionen noch vorhandenen **Restwerte früherer baulicher Investitionen** des Überlassungsnehmers hinzuzurechnen.[8]

12 Der hiernach ermittelten Investitionssumme sind für die Zeit vom Abschluß des Überlassungsvertrages bis zum Ablauf des 2. 10. 1990 jährlich zwei Prozent des Gebäuderestwerts in den ersten fünf Jahren nach Vertragsschluß und ein halbes Prozent des Gebäuderestwerts in den darauffolgenden Jahren als **Pauschalbetrag für zusätzliche Bauunterhaltungsmaßnahmen** an dem Gebäude hinzuzurechnen.[9]

13 Hat der Überlassungsnehmer auf das Gebäude **notwendige Verwendungen iSv. § 994 BGB nach dem 2. 10. 1990** vorgenommen, so ist auch deren Wert der mit der Hälfte des aktuellen Gebäudewerts zu vergleichenden Investitionssumme hinzuzurechnen (Abs. 2 S. 4). Dies gilt jedoch nur dann, wenn mit den entsprechenden Arbeiten an dem Gebäude bis zum Ablauf des 20. 7. 1993[10] begonnen wurde (Abs. 2 S. 5). Hinsichtlich der nach diesem Tag vorgenommenen notwendigen Verwendungen bleiben die Ansprüche des Nutzers auf den Verwendungsersatz (§ 994 Abs. 1 S. 1 BGB) beschränkt (BT-Drucks. 12/5992 S. 111).

14 **4. Bauliche Anlagen.** Durch Abs. 3 S. 1 wird die Errichtung oder die bauliche Maßnahme an einer baulichen Anlage der Bebauung mit einem Gebäude iSv. Abs. 1 gleichgestellt, soweit eine der in Abs. 3 S. 2 Nr. 1 bis 3 bezeichneten Voraussetzungen gegeben ist. Bauliche Anlagen sind nach Abs. 3 S. 2 **alle Bauwerke, die nicht Gebäude sind** (vgl. RdNr. 3). Bauwerke sind alle durch Verwendung von Arbeitskraft und bodenfremdem Material in Verbindung mit dem Erdboden hergestellte Sachen.[11]

15 Erfaßt werden nur solche baulichen Anlagen, zu deren Sicherung **üblicherweise** entweder der Grund und Boden erworben oder ein Erbbaurecht bestellt wird.[12] Dies ist regelmäßig dann der Fall, wenn der bestimmungsgemäße Gebrauch der baulichen Anlage den Ausschluß des Grundstückseigentümers von Besitz und Nutzung des Grundstücks voraussetzt (Abs. 3 S. 2 Nr. 1) oder die zur bestimmungsgemäßen Nutzung der baulichen Anlage erforderliche Funktionsfläche eine bauliche oder wirtschaftliche Nutzbarkeit der Restfläche des Gesamtgrundstücks ausschließt (Abs. 3 S. 2 Nr. 2). Das Vorliegen dieser Voraussetzungen bestimmt sich nach der **allgemeinen Verkehrsanschauung.** Hierbei sind insbes. die Art, Größe und Dauerhaftigkeit der baulichen Anlage entscheidend.[13] Zur Abtrennbarkeit der Funktionsfläche einer baulichen Anlage (Abs. 3 S. 2 Nr. 3) vgl. § 13.

16 Keine baulichen Anlagen iSd. Sachenrechtsbereinigung sind hiernach jene, für die nach der allgemeinen Verkehrsanschauung üblicherweise die Bestellung einer **Dienstbarkeit** ausreicht (BT-Drucks. 12/5992 S. 112). Gleichfalls nicht erfaßt werden – unabhängig vom Vorliegen einer der Voraussetzungen von Abs. 3 S. 2 Nr. 1 bis 3 – **Anlagen iSv. § 2 MeAnlG** (vgl. § 2

[6] BGBl. I S. 2178.

[7] BGBl. I S. 2209.

[8] *Vossius* RdNr. 21; vgl. auch Berechnungsbeispiele bei *Eickmann-Trittel* RdNr. 12, 19 f.

[9] Vgl. Berechnungsbeispiele bei *Eickmann-Trittel* RdNr. 15, 19 f.

[10] Tag des Kabinettbeschlusses zum Entwurf des SachenRÄndG.

[11] RGZ 56, 41, 43.

[12] *Vossius* RdNr. 7.

[13] *Vossius* RdNr. 8 f.

Abs. 1 Nr. 3) sowie der Erholung, Freizeitgestaltung oder ähnlichen persönlichen Bedürfnissen dienende **Bauwerke iSv. § 296 Abs. 1 ZGB** (vgl. § 2 Abs. 1 Nr. 1).

III. Rechtliche Bedeutung

17 **1. Absicherung baulicher Investitionen.** Abs. 1 bezieht insbes. diejenigen Sachverhalte in die Sachenrechtsbereinigung ein, in denen der Nutzer erhebliche Baumaßnahmen an einem bereits bestehenden Gebäude durchgeführt hat, ohne daß es zur Bestellung eines Nutzungsrechts zur Absicherung der baulichen Investitionen oder Entstehung selbständigen Gebäudeeigentums gekommen ist.

18 **2. Einbeziehung von Aufwendungen aufgrund von Überlassungsverträgen.** Anders als der Inhaber eines Nutzungsrechts erwarb der Überlassungsnehmer kein selbständiges Eigentum an dem auf dem von ihm genutzten Grundstück aufstehenden Gebäude.[14] Da aber viele Überlassungsnehmer meinten, an dem Grundstück ein eigentumsähnliches Recht erworben zu haben (vgl. § 5 RdNr. 8), haben sie oftmals erhebliche bauliche Investitionen auf dem ihnen überlassenen Grund und Boden vorgenommen. Zu der grundsätzlich auch für die Absicherung der Baumaßnahmen von Überlassungsnehmern nach den Rechtsvorschriften der DDR möglichen Enteignung zur Bestellung eines Nutzungsrechts ist es idR nicht gekommen (vgl. § 5 RdNr. 9). Abs. 2 bezieht diese Sachverhalte in die Sachenrechtsbereinigung ein und bestimmt den für eine Verdinglichung und eine Beteiligung des Nutzers am Bodenwert nötigen Umfang der vorgenommenen baulichen Investitionen.

19 Die zu diesem Zweck erforderliche **Wertermittlung** nach Abs. 2 S. 1 Nr. 2 wird wegen der mit ihr verbundenen tatsächlichen und rechnerischen Schwierigkeiten idR zur Einholung von Sachverständigengutachten (vgl. § 97 Abs. 2 Nr. 3) führen. Da diese Wertgutachten in einer Vielzahl von Fällen auf zwischen den Beteiligten streitigen Grundlagen hinsichtlich des Umfangs und der Kosten der jeweiligen baulichen Investitionen beruhen werden, stehen hier zahlreiche gerichtliche Auseinandersetzungen zu erwarten.[15]

20 **3. Einbeziehung anderer Bauwerke.** Abs. 3 bezeichnet die Voraussetzungen, unter denen die Bebauung eines Grundstücks mit einer baulichen Anlage der Bebauung mit einem Gebäude im Rahmen der Sachenrechtsbereinigung gleichzustellen ist und gibt hierdurch den Maßstab dafür, wann in solchen Fällen die Begründung der nach diesem Gesetz vorgesehenen Ansprüche für den Nutzer in Betracht kommt.

§ 13 Abtrennbare, selbständig nutzbare Teilfläche

(1) Eine Teilfläche ist abtrennbar, wenn sie nach Vermessung vom Stammgrundstück abgeschrieben werden kann.

(2) Eine Teilfläche ist selbständig baulich nutzbar, wenn sie gegenwärtig oder nach der in absehbarer Zeit zu erwartenden städtebaulichen Entwicklung bebaut werden kann. Sie ist auch dann selbständig baulich nutzbar, wenn sie zusammen mit einem anderen Grundstück oder mit einer von einem solchen Grundstück abtrennbaren Teilfläche ein erstmals selbständig bebaubares Grundstück ergibt.

(3) Abtrennbarkeit und selbständige bauliche Nutzbarkeit sind gegeben, wenn eine Teilungsgenehmigung nach § 120 erteilt worden ist.

I. Normzweck

1 Die Vorschrift enthält **zwei Legaldefinitionen.** Abs. 1 bestimmt, wann eine Teilfläche eines von der Sachenrechtsbereinigung erfaßten Grundstücks abtrennbar ist und gibt damit zugleich den Maßstab für die Abtrennbarkeit der Funktionsfläche einer baulichen Anlage iSv. § 12 Abs. 3 S. 2 Nr. 3.[1] Abs. 2 bestimmt den Begriff der selbständigen baulichen Nutzbarkeit einer Grundstücksteilfläche iSd. Sachenrechtsbereinigung.

[14] *Schmidt-Räntsch* ZOV 1992, 2, 5; *Rodenbach* ZOV 1991, 73, 74.

[15] So auch die Einschätzung von *Herbig-Gaitzsch-Hügel-Weser* S. 45.

[1] *Vossius* RdNr. 1.

II. Abtrennbare, selbständig nutzbare Teilflächen

2 **1. Abtrennbarkeit.** Eine Abtrennbarkeit iSv. Abs. 1 setzt voraus, daß die Teilfläche nach Vermessung vom Stammgrundstück abgeschrieben werden kann. Dies trifft auf nahezu alle denkbaren Fälle zu. Nicht erforderlich ist, daß die Teilfläche nach Abschreibung als selbständiges Grundstück in das Grundbuch eingetragen wird. Die Möglichkeit der Zuschreibung zu einem Nachbargrundstück genügt.[2]

3 **2. Selbständige bauliche Nutzbarkeit (Abs. 2).** Die bauliche Nutzbarkeit der Teilfläche bestimmt sich nach der gegenwärtigen oder zu erwartenden baulichen Nutzung. Hinsichtlich der **gegenwärtigen baulichen Nutzung** ist auf die Bestimmungen über die Zulässigkeit von Bauvorhaben nach §§ 29 bis 38 BauGB und den Bauordnungen der Länder abzustellen. Die **zu erwartende bauliche Nutzung** bestimmt sich in entsprechender Anwendung von § 4 Abs. 2 WertV v. 6. 12. 1988[3] nach den Ausweisungen in einem Flächennutzungsplan, einem entsprechenden Verhalten der Gemeinde oder der allgemeinen städtebaulichen Entwicklung des Gemeindegebiets.

4 Die **selbständige** bauliche Nutzbarkeit der Teilfläche ist zunächst dann gegeben, wenn sie nach Abschreibung vom Stammgrundstück ein selbständiges, bebaubares Grundstück ergibt. Eine selbständige bauliche Nutzbarkeit liegt auch dann vor, wenn aus der Teilfläche in Verbindung mit einem Nachbargrundstück oder einer von diesem abzuschreibenden anderen Teilfläche ein erstmals selbständig bebaubares Grundstück hergestellt werden kann (Abs. 2 S. 2). Die Bebaubarkeit mit einem Gebäude, insbes. einem Wohnhaus, ist nicht erforderlich. Es genügt die bauliche Nutzbarkeit zur Errichtung eines anderen Bauwerks.[4]

5 Nicht erfaßt werden diejenigen Sachverhalte, in denen die Teilfläche einem ohnehin schon selbständig bebaubaren Nachbargrundstück **lediglich zur Vergrößerung** des Bauplatzes zugeschrieben werden soll.[5] Dies ergibt sich aus dem eindeutigen Wortlaut der Vorschrift, nach dem sich durch die Verbindung der Teilfläche mit einem anderen Grundstück oder einer von diesem abtrennbaren Teilfläche ein **erstmals selbständig bebaubares** Grundstück ergeben muß (Abs. 2 S. 2). Diese Voraussetzung ist nicht gegeben, wenn die benachbarte Grundstücksfläche, mit der die abtrennbare Teilfläche verbunden werden soll, auch ohne die Verbindung bereits selbständig bebaubar ist.

6 **3. Teilungsgenehmigung nach § 120 (Abs. 3).** Ist eine Teilungsgenehmigung nach § 120 iVm. §§ 19 ff. BauGB erteilt worden, liegen die in Abs. 1 und 2 bezeichneten Voraussetzungen vor. Abs. 3 begründet für diese Fälle eine **unwiderlegbare gesetzliche Vermutung** für die Abtrennbarkeit und selbständige bauliche Nutzbarkeit der betreffenden Teilfläche (BT-Drucks. 12/5992 S. 112).

III. Rechtliche Bedeutung

7 Die Begriffsbestimmungen der Vorschrift sind insbes. in denjenigen Sachverhalten von Bedeutung, in denen der Nutzer ein **Eigenheimgrundstück** nutzt, das über die nach den Bestimmungen der DDR hierfür vorgesehene Regelgröße (vgl. § 26 Abs. 1 S. 1) hinausgeht. Liegen in einem solchen Fall die Voraussetzungen der Abtrennbarkeit und selbständigen baulichen Nutzbarkeit vor, hat der Nutzer die Abschreibung der über die Regelgröße hinausgehenden Teilfläche grundsätzlich hinzunehmen (§ 26 Abs. 1) oder für diese Teilfläche einen nach dem ungeteilten Bodenwert zu bemessenden Erbbauzins (§ 43 Abs. 2 Nr. 1 b) oder Kaufpreis (§ 70 Abs. 3) zu zahlen.

[2] *Vossius* RdNr. 2.
[3] BGBl. I S. 2209.
[4] *Vossius* RdNr. 3.
[5] *Czub-Czub* RdNr. 4; aA *Vossius* RdNr. 6 f.

Unterabschnitt 4. Erbbaurecht und Ankauf

§ 14 Berechtigte und Verpflichtete

(1) Durch die in diesem Kapitel begründeten Ansprüche werden der jeweilige Nutzer und Grundstückseigentümer berechtigt und verpflichtet. Kommen nach § 9 Abs. 1 Satz 1 mehrere Personen als Nutzer in Betracht, ist im Verhältnis zueinander derjenige Nutzer, der eine Bebauung nach § 12 vorgenommen hat.

(2) Die begründeten Ansprüche können nur mit dem Eigentum am Grundstück oder dem selbständigen Eigentum am Gebäude, dem Nutzungsrecht, den Rechten des Nutzers aus einem Überlassungsvertrag oder dem Besitz an dem mit Billigung staatlicher Stellen vom Nutzer errichteten oder erworbenen Gebäude übertragen werden, es sei denn, daß die Abtretung zu dem Zweck erfolgt, Grundstücke entsprechend der Bebauung zu bilden und an diesen Erbbaurechte zu bestellen oder die Grundstücke an die Nutzer zu veräußern.

(3) Ein Vertrag, aus dem ein Teil verpflichtet wird, die Ansprüche auf Bestellung eines Erbbaurechts oder zum Ankauf des Grundstücks oder eines Gebäudes oder einer baulichen Anlage zu übertragen, bedarf vom 1. Oktober 1994 an der notariellen Beurkundung. Ein ohne Beobachtung der Form geschlossener Vertrag wird seinem ganzen Inhalt nach gültig, wenn

1. der Erwerber als neuer Eigentümer des Grundstücks oder Gebäudes in das Grundbuch eingetragen wird,

2. ein die Rechte des Erwerbers sichernder Vermerk nach Artikel 233 § 2 c Abs. 2 des Einführungsgesetzes zum Bürgerlichen Gesetzbuche oder nach § 92 Abs. 5 in das Grundbuch eingetragen wird oder

3. die in diesem Gesetz für den Grundstückseigentümer oder den Nutzer begründeten Ansprüche erfüllt worden sind.

I. Normzweck

1 Die Vorschrift bestimmt, welche Personen aus den sich nach der Sachenrechtsbereinigung ergebenden Ansprüchen berechtigt bzw. verpflichtet sind und regelt die **Übertragbarkeit** dieser Ansprüche auf Dritte.

II. Berechtigte und Verpflichtete

2 **1. Eigentümer und Nutzer.** Abs. 1 S. 1 bestimmt, daß die Rechte und Pflichten aus der Sachenrechtsbereinigung an die jeweilige Rechtsstellung als Eigentümer oder als Nutzer des betroffenen Grundstücks anknüpfen. Hieraus folgt, daß diese Rechte und Pflichten ipso iure auf den **Erwerber** des Grundeigentums oder des den Nutzungstatbestand erfüllenden Rechts übergehen[1] (vgl. RdNr. 5). Ein gutgläubig lastenfreier Erwerb scheidet insoweit vorbehaltlich der Regelung in § 111 aus.[2]

3 **2. Prätendenten.** Kommen nach der in § 9 Abs. 1 Satz 1 bestimmten Reihenfolge mehrere Personen gleichrangig als Nutzer in Betracht, ist im Verhältnis zwischen ihnen derjenige Nutzer, der eine Bebauung iSv. § 12 und damit die zu schützende Investition vorgenommen hat (Abs. 1 S. 2). Über die Berechtigung müssen diese Personen untereinander streiten. Das in einem solchen Rechtsstreit ergehende Feststellungsurteil (§ 108 Abs. 1 iVm. § 256 ZPO)[3] wirkt gegenüber dem Grundstückseigentümer nur dann, wenn er durch Streitverkündung einbezogen worden ist (§ 9 Abs. 1 S. 2 iVm. § 108 Abs. 3).

4 Verklagt einer der mehreren in Betracht kommenden Nutzer den Eigentümer auf Abschluß eines nach diesem Gesetz vorgesehenen Vertrages und wird der Eigentümer antragsgemäß

[1] *Herbig-Gaitzsch-Hügel-Weser* S. 62; *Vossius* RdNr. 3; *Czub-Hügel* RdNr. 15.

[2] *Vossius* RdNr. 3.

[3] Vgl. *Grün* NJW 1994, 2641, 2646; *Czub-Hügel* RdNr. 11.

rechtskräftig verurteilt, wird er einem **„besserberechtigten" Nutzer** gegenüber gem. § 275 BGB von der Leistung frei.[4]

III. Übertragung der Ansprüche

5 **1. Trennungsverbot.** Abs. 2 bestimmt, daß die nach diesem Gesetz begründeten Ansprüche grundsätzlich nur zusammen mit dem Grundstücks- oder selbständigen Gebäudeeigentum, dem Nutzungsrecht, den Rechten des Nutzers aus einem Überlassungsvertrag oder – in den Fällen, in denen für den Nutzer in der DDR kein Recht am Grundstück begründet wurde – dem Besitz am Gebäude übertragen werden können. Diese Regelung ergänzt die Bestimmung von Abs. 1, nach der die aus der Sachenrechtsbereinigung folgenden Ansprüche nur dem jeweiligen Nutzer oder Grundstückseigentümer zustehen können (vgl. RdNr. 2).

6 Hierdurch soll – ähnlich wie nach § 1153 Abs. 2 BGB für das Verhältnis zwischen Hypothek und gesicherter Forderung – verhindert werden, daß das Grundstückseigentum bzw. das den Nutzungstatbestand begründete Recht und der hieraus folgende Anspruch in die Hand verschiedener Personen gelangen. Eine gegen das grundsätzliche Trennungsverbot verstoßende Erklärung ist **unwirksam.**[5]

7 **2. Ausnahme.** Eine Ausnahme von dem Trennungsverbot sieht Abs. 2 nur in den Fällen vor, in denen die isolierte Abtretung der Ansprüche zu dem Zweck erfolgt, Grundstücke entspr. der Bebauung zu bilden und an diesen neu gebildeten Grundstücken Erbbaurechte zugunsten der ursprünglichen Nutzer (Zedenten) zu bestellen oder die neu parzellierten Grundstücke an diese zu veräußern. Dies kommt insbes. im komplexen Wohnungs- oder Siedlungsbau in Betracht. Zessionare können hierbei nur Gebietskörperschaften oder andere Träger der Umlegung sein, die eine entsprechende Bodenneuordnung durch Erwerb aller Grundstücke in dem Gebiet durchführen (BT-Drucks. 12/5992 S. 113). Durch die Ausnahme von dem grundsätzlichen Trennungsverbot wird nach den Gesetzesmaterialien in diesen Fällen eine **Erleichterung der Sachenrechtsbereinigung** bezweckt (BT-Drucks. 12/5992 S. 113). Ob die Vorschrift dieser Erwartung in der Praxis gerecht werden kann, ist jedoch zu bezweifeln.[6] Angesichts der in diesen Fällen erforderlichen äußerst komplexen Regelungen des der Abtretung zugrundeliegenden Schuldverhältnisses (Geschäftsbesorgungs- und Treuhandvertrag)[7] erscheint der hiermit verbundene hohe Aufwand allenfalls in Massenverfahren gerechtfertigt. Da eine dingliche Sicherung der aus einem solchen Schuldverhältnis folgenden Ansprüche der Zedenten kaum möglich sein wird,[8] steht zu erwarten, daß es eine Vielzahl der Nutzer auch im Rahmen größerer Umlegungsverfahren vorziehen wird, ihre Ansprüche nach der Sachenrechtsbereinigung selbst oder durch einen Verfahrensbevollmächtigten zu verfolgen.

8 **3. Formerfordernis.** Abs. 3 S. 1 erfaßt zunächst diejenigen Verträge, mit denen die nach diesem Gesetz begründeten **Ansprüche** übertragen werden. Die Regelung hat insoweit nur klarstellenden Charakter. Verträge, durch die eine rechtsgeschäftliche Verpflichtung zur Veräußerung oder zum Erwerb des Eigentums an einem Grundstück bzw. zur Bestellung oder zum Erwerb eines Erbbaurechts begründet werden, bedürfen bereits nach § 313 S. 1 BGB bzw. nach § 11 Abs. 2 ErbbauVO iVm. § 313 S. 1 BGB der **notariellen Beurkundung.** Dasselbe gilt nach Art. 233 § 4 Abs. 1 S. 1 für die rechtsgeschäftliche Verpflichtung zum Erwerb oder zur Veräußerung selbständigen Gebäudeeigentums.

9 Das Formerfordernis nach Abs. 3 S. 1 umfaßt auch rechtsgeschäftliche Verpflichtungen zur Übertragung oder zum Erwerb von Rechten, die einen **Nutzungstatbestand** iSd. Sachenrechtsbereinigung begründen,[9] da die aus diesem Gesetz folgenden Ansprüche ipso iure auf den Erwerber eines solchen Rechts übergehen (vgl. RdNr. 2). Dies ist insbes. in den Fällen von Bedeutung, in denen lediglich ein durch das **Moratorium** nach Art. 233 § 2a EGBGB geschützter Besitz vorliegt.[10] An die bis zum Inkrafttreten dieses Gesetzes formlos[11] mögliche Übertragung des Besitzrechts nach dem Moratorium knüpfen idR nunmehr die aus der Sachenrechtsbereinigung folgenden Ansprüche auf Erbbaurechtsbestellung oder Erwerb des Grundstücks an. Deshalb bedarf die Übertragung eines solchen Besitzrechts ab dem 1. 10. 1994 der notariellen Beurkundung (Abs. 3 S. 1).

[4] *Herbig-Gaitzsch-Hügel-Weser* S. 61; *Czub-Hügel* RdNr. 12.
[5] So wohl auch *Vossius* RdNr. 2.
[6] So auch *Czub-Hügel* RdNr. 18.
[7] Vgl. hierzu *Vossius* RdNr. 25 f.
[8] *Vossius* RdNr. 26.
[9] *Vossius* RdNr. 28.
[10] *Vossius* RdNr. 28.
[11] *Staudinger-Rauscher* Art. 233 § 2a EGBGB RdNr. 37.

4. Formmangel, Heilung. Eine ohne Beachtung der Formvorschrift in Abs. 3 S. 1 abgegebene Willenserklärung bewirkt deren Nichtigkeit (§ 125 S. 1 BGB). Abs. 3 S. 2 enthält jedoch eine an die Regelungen von § 313 S. 2 BGB und § 518 Abs. 2 BGB angelehnte (BT-Drucks. 12/5992 S. 114) Heilungsvorschrift. Hiernach tritt im Interesse der Sicherheit des Rechtsverkehrs die Heilung der Nichtigkeit eines ohne Beachtung der nach Abs. 3 S. 1 erforderlichen Form geschlossenen Vertrages ein, wenn **a)** der Erwerber als neuer Eigentümer des Grundstücks oder des Gebäudes in das Grundbuch **eingetragen** ist (Abs. 3 S. 2 Nr. 1) oder **b)** die Übertragbarkeit der Ansprüche durch eine die Berechtigung des Erwerbers dokumentierende Eintragung im Grundbuch **ausgewiesen** ist (Abs. 3 S. 2 Nr. 2) oder **c)** die aus diesem Gesetz folgenden Ansprüche bereits **erfüllt** sind (Abs. 3 S. 2 Nr. 3). 10

§ 15 Verhältnis der Ansprüche

(1) Der Nutzer kann wählen, ob er die Bestellung eines Erbbaurechts verlangen oder das Grundstück ankaufen will.

(2) Die gesetzlichen Ansprüche des Nutzers beschränken sich auf den Ankauf des Grundstücks, wenn der nach § 19 in Ansatz zu bringende Bodenwert des Grundstücks nicht mehr als 100 000 Deutsche Mark oder im Falle der Bebauung mit einem Eigenheim nicht mehr als 30 000 Deutsche Mark beträgt.

(3) Ist der Grundstückseigentümer eine juristische Person, die nach ihrem Statut ihr Grundvermögen nicht veräußern darf, so kann er den Nutzer auf die Bestellung eines Erbbaurechts verweisen. Satz 1 ist nicht anzuwenden, wenn das Grundstück im komplexen Wohnungsbau oder Siedlungsbau bebaut oder für gewerbliche Zwekke in Anspruch genommen wurde, die Grenzen der Bebauung die Grundstücksgrenzen überschreiten und zur Absicherung der Bebauung neue Grundstücke gebildet werden müssen.

(4) Der Grundstückseigentümer kann ein vom Nutzer errichtetes oder erworbenes Wirtschaftsgebäude oder eine bauliche Anlage ankaufen oder, sofern selbständiges Gebäudeeigentum nicht besteht, die aus der baulichen Investition begründeten Rechte des Nutzers ablösen, wenn die in § 81 Abs. 1 bezeichneten Voraussetzungen vorliegen. Macht der Grundstückseigentümer von seinem Recht nach Satz 1 Gebrauch, so sind die in Absatz 1 bezeichneten Ansprüche des Nutzers ausgeschlossen.

A. Normzweck

Die Vorschrift enthält den für das Verfahren der Sachenrechtsbereinigung maßgeblichen Grundsatz, daß der Nutzer ein **Wahlrecht** zwischen den ihm nach diesem Gesetz zustehenden Ansprüchen auf Bestellung eines Erbbaurechts oder Abschluß eines Grundstückskaufvertrages hat und bestimmt zugleich die gesetzlichen Ausnahmen, nach denen dieses Wahlrecht eingeschränkt oder ausgeschlossen wird. 1

B. Wahlrecht des Nutzers (Abs. 1)

Durch das in Abs. 1 begründete grundsätzliche Wahlrecht soll der Nutzer entscheiden können, auf welche Weise er eine dem BGB und seinen Nebengesetzen entsprechende Absicherung seiner baulichen Investition herbeiführen will (BT-Drucks. 12/5992 S. 114). Das Wahlrecht ist ein **Gestaltungsrecht** (vgl. § 16 RdNr. 2). Die Ausübung dieses Gestaltungsrechts erfolgt nach Maßgabe von § 16. Wegen der Rechtsfolgen der Ausübung des Wahlrechts vgl. § 16 RdNr. 7. 2

C. Einschränkungen des Wahlrechts

I. Voraussetzungen

3 **1. Geringer Bodenwert (Abs. 2). a)** Erfaßt werden zunächst mit einem **Eigenheim** iSv. § 5 Abs. 2 bebaute Grundstücke, deren nach § 19 in Ansatz zu bringender Bodenwert nicht mehr als 30 000 DM beträgt. Die Sachenrechtsbereinigung hat auch die Interessen des Grundstückseigentümers zu wahren. Es geht hier darum, daß die bauliche Nutzung des Grundstücks nicht auf Dauer unentgeltlich bleiben kann. Bei der Bestellung eines Erbbaurechts für ein Grundstück mit einem Bodenwert bis zu 30 000 DM würde aber der nach diesem Gesetz zu entrichtende regelmäßige Erbbauzins (vgl. § 43) bereits durch die auf die Laufzeit umgelegten Vertragskosten sowie die Verwaltungs- und Überweisungskosten aufgezehrt.

4 **b) Sonstige Grundstücke,** die mit einem land- forstwirtschaftlichen, gewerblichen oder öffentlichen Zwecken dienenden Gebäude bebaut sind, unterfallen der Regelung von Abs. 2, wenn ihr nach § 19 in Ansatz zu bringender Bodenwert nicht mehr als 100 000 DM beträgt. Der sich hieraus ergebende regelmäßige Ankaufspreis (vgl. § 68 Abs. 1) von bis zu 50 000 DM stellt bei einer solchen Nutzung keine übermäßige Belastung dar, die eine Beschränkung des Grundstückseigentümers auf die in diesen Fällen vergleichsweise niedrigen Erbbauzinseinnahmen bei einem relativ hohen Verwaltungsaufwand rechtfertigen könnte.

5 **2. Veräußerungsverbot.** Abs. 3 erfaßt diejenigen Grundstückseigentümer, die als juristische Personen nach ihren Statuten verpflichtet sind, ihr Grundvermögen nicht zu veräußern. Dies trifft insbes. auf **Kirchen und Stiftungen** zu. Abs. 3 S. 2 nimmt hiervon solche Eigentümer aus, deren Grundstücke dergestalt im komplexen Wohnungsbau oder Siedlungsbau bebaut oder für gewerbliche Zwecke in Anspruch genommen wurden, daß die Grenzen der Bebauung die Grundstücksgrenzen überschreiten und zur Absicherung der Bebauung neue Grundstücke gebildet werden müssen.

II. Rechtsfolgen

6 **1. Beschränkung auf den Ankauf. a)** Liegen die in Abs. 2 bezeichneten Voraussetzungen vor, ist das Wahlrecht des Nutzers auf den Ankauf des Grundstücks beschränkt (vgl. auch § 61 Abs. 2 Nr. 1). Die Beteiligten sind hierdurch jedoch grundsätzlich nicht gehindert, sich auch in diesen Fällen übereinstimmend auf die Bestellung eines Erbbaurechts zu einigen (§ 3 Abs. 1 S. 2).

7 **b)** In **Härtefällen** kann der Nutzer, wenn er die für den Ankauf erforderlichen Mittel aus besonderen persönlichen oder wirtschaftlichen Gründen nicht aufzubringen vermag, dem Ankaufsverlangen des Grundstückseigentümers nach Maßgabe von § 123 widersprechen und den Abschluß eines befristeten Nutzungsvertrages verlangen.

8 **2. Beschränkung auf Bestellung eines Erbbaurechts.** Liegen die in Abs. 3 S. 1 bezeichneten Voraussetzungen vor, ist der Eigentümer berechtigt, den Verkauf des Grundstücks zu verweigern und den Nutzer auf die Bestellung eines Erbbaurechts zu verweisen. Dies gilt jedoch nicht in den in Abs. 3 S. 2 genannten Fällen, in denen zur dinglichen Absicherung der die Grundstücksgrenzen überschreitenden Bebauung neue Grundstücke gebildet werden müssen (vgl. § 5 BoSoG). Die Verweisung des Nutzers auf eine Erbbaurechtsbestellung an dem überbauten Grundstück würde die Sachenrechtsbereinigung in derartigen Fällen meist scheitern lassen (BT-Drucks. 12/5992 S. 115).

D. Umgekehrtes Ankaufsrecht (Abs. 4)

9 Abs. 4 trägt dem Umstand Rechnung, daß bei Wirtschaftsgebäuden auch der **„umgekehrte Ankauf"** des Gebäudes durch den Grundstückseigentümer in Betracht kommen kann. Liegen die in § 81 bezeichneten Voraussetzungen vor und übt der Grundstückseigentümer das ihm nach jener Vorschrift iVm. Abs. 4 S. 1 eingeräumte Recht zum Ankauf des Bauwerks oder zur Ablösung der aus der baulichen Investition begründeten Rechte des Nutzers aus, stehen diesem die in Abs. 1 genannten Ansprüche nicht zu. Ein entsprechendes Wahlrecht des Nutzers ist in diesen Fällen ausgeschlossen.

§ 16 Ausübung des Wahlrechts

(1) Die Wahl erfolgt durch schriftliche Erklärung gegenüber dem anderen Teil. Mit der Erklärung erlischt das Wahlrecht.

(2) Auf Verlangen des Grundstückseigentümers hat der Nutzer innerhalb einer Frist von fünf Monaten die Erklärung über seine Wahl abzugeben.

(3) Gibt der Nutzer eine Erklärung nicht ab, kann der Grundstückseigentümer eine angemessene Nachfrist setzen. Eine Nachfrist von einem Monat ist angemessen, wenn nicht besondere Umstände eine längere Nachfrist erfordern. Mit dem Ablauf der Nachfrist geht das Wahlrecht auf den Grundstückseigentümer über, wenn nicht der Nutzer rechtzeitig die Wahl vornimmt.

I. Normzweck

1 Die Vorschrift bezeichnet die Anforderungen an **Form und Frist** der Ausübung des nach diesem Gesetz dem Nutzer zustehenden Wahlrechts (§ 15 Abs. 1) und bestimmt die Voraussetzungen, unter denen der Grundstückseigentümer die Berechtigung zur Ausübung dieses Gestaltungsrechts an sich ziehen kann.

II. Ausübungserklärung (Abs. 1)

2 **1. Rechtsnatur.** Die Erklärung über die Ausübung des Wahlrechts ist eine einseitige, empfangsbedürftige Willenserklärung mit rechtsgestaltender Wirkung und damit grundsätzlich bedingungsfeindlich.[1] Hinsichtlich der Abgabe und der Zugangserfordernisse der Willenserklärung gelten die allgemeinen Bestimmungen des BGB. Dies gilt insbes. auch für die Anfechtbarkeit (§§ 119 ff. BGB).

3 **2. Schriftformerfordernis.** Die Erklärung über die Ausübung des Wahlrechts bedarf der Schriftform (§ 126 BGB). Eine notarielle Beurkundung ist nicht erforderlich. Dies ist unbedenklich.[2] Die Ausübung von gesetzlichen Gestaltungsrechten – wie etwa auch im Fall von § 326 Abs. 1 S. 2 BGB – bedarf grundsätzlich auch dann nicht der Form des § 313 BGB, wenn hiervon ein Grundstücksgeschäft betroffen ist.[3]

4 **3. Erklärungsempfänger** ist der Grundstückseigentümer oder der für ihn gem. § 17 bestellte Pfleger. Steht das Grundstück im Eigentum einer Personenmehrheit, bestimmt sich die Empfangsberechtigung nach den für diese geltenden allgemeinen Vorschriften.

III. Fristsetzung (Abs. 2)

5 Abs. 2 räumt dem Grundstückseigentümer die Möglichkeit ein, dem Nutzer eine **fünfmonatige Frist** zur Abgabe seiner Erklärung über die Ausübung des Wahlrechts zu setzen. Die lange Frist dient dem Schutz des Nutzers, dem hierdurch hinreichende Zeit zur Prüfung seiner wirtschaftlichen Verhältnisse eingeräumt werden soll. Die Fristsetzung ist **formlos** möglich.

IV. Nachfrist (Abs. 3)

6 Gibt der Nutzer innerhalb der ihm gem. Abs. 2 gesetzten fünfmonatigen Frist keine Erklärung nach Abs. 1 ab, so kann ihm der Grundstückseigentümer eine **angemessene Nachfrist** setzen (Abs. 3 S. 1). Liegen keine besonderen Umstände vor, die eine längere Nachfrist erfordern, ist eine Nachfrist **von einem Monat** angemessen (Abs. 3 S. 2). Eine zeitlich darüber hinausgehende Frist kann insbes. dann geboten sein, wenn es sich auf der Nutzerseite um eine größere Personenmehrheit handelt, die zu ihrer Willensbildung im Innenverhältnis einen längeren Zeitraum benötigt.[4] Die Nachfristsetzung ist erst nach Ablauf der Frist nach Abs. 2 zulässig.[5]

[1] *Czub-Hügel* § 15 RdNr. 25 f.
[2] Vgl. *Vossius* RdNr. 4; *Eickmann-Trittel* RdNr. 1; aA *Czub-Hügel* RdNr. 5 ff.
[3] *Palandt-Heinrichs* § 313 BGB RdNr. 17; *Soergel-Wolf* § 313 BGB RdNr. 41.
[4] *Vossius* RdNr. 15; *Czub-Hügel* RdNr. 20.
[5] *Vossius* RdNr. 16; *Czub-Hügel* RdNr. 20.

V. Rechtsfolgen

7 **1. Ausübungserklärung.** Mit der Ausübung des Wahlrechts beginnt das Verfahren der Sachenrechtsbereinigung. Mit dem Zugang der Erklärung über die vom Nutzer getroffene Wahl dem beim Grundstückseigentümer **erlischt das Wahlrecht.** Der Nutzer ist an die von ihm abgegebene Erklärung gebunden. Der Grundstückseigentümer ist berechtigt, entspr. der erklärten Wahl den Ankauf des Grundstücks gem. § 61 Abs. 2 Nr. 2 oder die Annahme eines Angebots auf Bestellung eines Erbbaurechts gem. § 32 S. 2 1. Alt. vom Nutzer zu verlangen.

8 **2. Fruchtloser Ablauf der Nachfrist.** Ist die dem Nutzer durch den Grundstückseigentümer gem. Abs. 3 S. 1 gesetzte Nachfrist verstrichen, ohne daß sich der Nutzer rechtzeitig über die von ihm getroffene Wahl erklärt hat, geht das Wahlrecht auf den Grundstückseigentümer über (Abs. 3 S. 3). Die Vorschrift folgt insoweit dem Grundgedanken von § 264 Abs. 2 BGB (BT-Drucks. 12/5992 S. 116). Durch den **Übergang des Wahlrechts** wird gewährleistet, daß der Grundstückseigentümer in jedem Fall eine Klärung der Rechtsverhältnisse an seinem Grundstück herbeiführen kann. Für die Ausübung des Wahlrechts durch den Grundstückseigentümer gelten die Vorschriften über die Ausübungserklärung des Nutzers entsprechend.

§ 17 Pfleger für Grundstückseigentümer und Inhaber dinglicher Rechte

(1) Zur Verfolgung der Ansprüche des Nutzers ist auf dessen Antrag für den Grundstückseigentümer oder den Inhaber eines eingetragenen dinglichen Rechts ein Pfleger zu bestellen, wenn

1. nach den Eintragungen im Grundbuch das Eigentum oder das dingliche Recht an der mit einem Nutzungsrecht belasteten oder bebauten Fläche einer bestimmten Person nicht zugeordnet werden kann,

2. die Person des Berechtigten unbekannt ist,

3. der Aufenthaltsort des abwesenden Berechtigten unbekannt ist oder dessen Aufenthalt zwar bekannt, der Berechtigte jedoch an der Besorgung seiner Angelegenheiten verhindert ist,

4. die Beteiligung in Gesamthandsgemeinschaften, Miteigentümergemeinschaften nach Bruchteilen oder gleichartigen Berechtigungen an einem dinglichen Recht unbekannt ist und die Berechtigten einen gemeinsamen Vertreter nicht bestellt haben oder

5. das Grundstück herrenlos ist.

(2) Für die Bestellung und die Tätigkeit des Pflegers sind die Vorschriften des Bürgerlichen Gesetzbuchs über die Pflegschaft entsprechend anzuwenden. Zuständig für die Bestellung des Pflegers ist das Vormundschaftsgericht, in dessen Bezirk das Grundstück ganz oder zum größten Teil belegen ist.

(3) Der nach § 11 b Abs. 1 des Vermögensgesetzes oder Artikel 233 § 2 Abs. 3 des Einführungsgesetzes zum Bürgerlichen Gesetzbuche bestellte Vertreter nimmt auch die Aufgaben eines Pflegers nach diesem Kapitel wahr. Er kann den Grundstückseigentümer jedoch nicht vertreten bei einem Vertragsschluß zwischen diesem und

1. ihm selbst, seinem Ehegatten oder einem seiner Verwandten in gerader Linie,

2. einer Gebietskörperschaft oder einer von ihr beherrschten juristischen Person, wenn der Vertreter bei dieser als Organ oder gegen Entgelt beschäftigt ist, oder

3. einer anderen juristischen Person des öffentlichen oder privaten Rechts, wenn der Vertreter bei dieser als Mitglied des Vorstands, Aufsichtsrats oder eines gleichartigen Organs tätig oder gegen Entgelt beschäftigt ist.

Der Vertreter ist für den Abschluß von Erbbaurechtsverträgen oder Kaufverträgen über das Grundstück oder das Gebäude von den Beschränkungen des § 181 des Bürgerlichen Gesetzbuchs nicht befreit. Für die Erteilung der Genehmigung nach § 1821 des Bürgerlichen Gesetzbuchs ist statt des Landkreises das Vormundschaftsgericht zuständig.

I. Normzweck

Die Vorschrift trägt dem Umstand Rechnung, daß erforderliche Umschreibungen in den Grundbüchern der DDR oftmals über Jahrzehnte nicht vorgenommen, Grundstücke nicht vermessen und Liegenschaftskarten nicht fortgeführt worden sind. Dies war insbes. der Fall, wenn die Grundstückseigentümer ihren Wohnsitz in den alten Bundesländern hatten.[1] Aus diesem Grund sind viele Eigentümer und Inhaber dinglicher Rechte oder ihr derzeitiger Aufenthalt unbekannt. Müßte der Nutzer hier erst die Klärung der Rechtsverhältnisse an solchen Grundstücken abwarten, wäre die Sachenrechtsbereinigung auf Jahre hinaus blockiert. Die Vorschrift gibt dem Nutzer deshalb in diesen Fällen das Recht, die **Bestellung eines Pflegers** für den Grundstückseigentümer oder den Inhaber eines dinglichen Rechts am Grundstück herbeizuführen. 1

II. Pflegschaftsbestellung

1. Voraussetzungen. a) Unterlassene Grundstücksdokumentation. Abs. 1 Nr. 1 erfaßt zunächst die Fälle, in denen Bebauungen quer über die Grundstücksgrenzen erfolgt sind, ohne daß die Grundstücke vermessen und neu parzelliert worden sind. Hier ist es häufig nicht möglich zu bestimmen, auf welchem im Grundbuch eingetragenen Grundstück sich das vom Nutzer erworbene oder errichtete Gebäude befindet. Die zweite von Abs. 1 Nr. 1 erfaßte Fallgruppe betrifft die Sachverhalte, in denen die Grundbücher nicht fortgeführt worden sind und deshalb der Eigentümer oder der Inhaber eines dinglichen Rechts nicht ermittelt werden kann. 2

b) Unbekannter oder abwesender Rechtsinhaber. Die Voraussetzungen von Abs. 1 Nr. 2 und 3 entsprechen denjenigen der Bestimmungen von § 1913 BGB, § 207 S. 1 Nr. 1 BauGB bzw. § 1911 BGB, § 207 S. 1 Nr. 2 und 3 BauGB (BT-Drucks. 12/5992 S. 116). 3

c) Gesamthands- oder Bruchteilsgemeinschaften. Abs. 1 Nr. 4 ist an die Regelung von § 207 S.1 Nr. 4 BauGB angelehnt und ergänzt die Bestimmung in Abs. 1 Nr. 2 (BT-Drucks. 12/5992 S. 116 f). 4

d) Herrenlose Grundstücke. Die Voraussetzungen von Abs. 1 Nr. 5 entsprechen denjenigen von § 58 ZPO.[2] 5

2. Rechtsfolgen. Liegt eine der in Abs. 1 bezeichneten Voraussetzungen vor, hat der Nutzer das Recht, die Bestellung eines Pflegers für den Grundstückseigentümer oder den Inhaber eines dinglichen Rechts am Grundstück herbeizuführen. 6

3. Verfahren. Die Bestellung des Pflegers nach Abs. 1 setzt einen entsprechenden **Antrag** des Nutzers voraus. Zuständig ist das Vormundschaftsgericht, in dessen Bezirk das betroffene Grundstück ganz oder zum größten Teil belegen ist (Abs. 2). Für die Bestellung und Tätigkeit des Pflegers gelten im übrigen die Bestimmungen des BGB und des FGG über die Pflegschaft. 7

4. Konkurrenzen. Neben der Bestellung eines Pflegers nach dieser Vorschrift bleiben sonstige Rechtsbehelfe des Nutzers, wie sie insbes. in §§ 6 und 10 GBBerG oder nach dem GBMaßnG v. 20. 12. 1963[3] vorgesehen sind, grundsätzlich möglich.[4] 8

III. Bereits bestellter Vertreter

1. Wahrnehmung der Aufgaben eines Pflegers iSd. Sachenrechtsbereinigung. Abs. 3 S. 1 ordnet zur Entlastung der freiwilligen Gerichtsbarkeit in den neuen Bundesländern[5] an, daß die bereits durch die Gemeinden nach Maßgabe von § 11 b VermG oder Art. 233 § 2 Abs. 3 EGBGB bestellten Vertreter zugleich als Pfleger iSv. Abs. 1 und 2 gelten. 9

2. Einschränkungen der Vertretungsmacht. Die nach jenen Vorschriften bestellten Vertreter haben idR nur Geschäfte der laufenden Verwaltung vorzunehmen, so daß insoweit die Gefahr einer **Interessenkollision** nicht besteht. Aus diesem Grund enthalten die genannten Bestimmungen keine besonderen Beschränkungen der Vertretungsmacht. Solche Beschränkungen sind jedoch erforderlich, soweit die nach den vorstehenden Regelungen bestellten Vertreter zugleich die Aufgaben eines Pflegers iSd. Sachenrechtsbereinigung wahrnehmen. Deshalb sehen 10

[1] *Czub* Leitfaden RdNr. 378.
[2] *Vossius* RdNr. 5; *Czub-Hügel* RdNr. 11.
[3] BGBl. I S. 986.
[4] *Herbig-Gaitzsch-Hügel-Weser* S. 68; *Czub-Hügel* RdNr. 3; *Eickmann-Trittel* RdNr. 5.
[5] *Czub-Hügel* RdNr. 13.

Abs. 3 S. 2 und 3 die in diesen Fällen zur Verhinderung von Mißbräuchen aus Interessenkollision erforderlichen Einschränkungen der Vertretungsmacht vor.

11 Abs. 3 S. 2 untersagt dem Vertreter in Anlehnung an die Regelungen in § 1795 Abs. 1 Nr. 1 BGB und § 20 VwVfG die Vornahme von Rechtsgeschäften mit sich selbst, seinem Ehegatten, seinen Verwandten in gerader Linie oder einer juristischen Person, bei der er als Organ tätig oder gegen Entgelt beschäftigt ist. In diesen Fällen ist durch das Vormundschaftsgericht ein **Pfleger** zu bestellen.[6]

12 Abs. 3 S. 3 stellt klar, daß die in Art. 233 § 2 Abs. 3 S. 3 EGBGB und § 11 b Abs. 1 S. 3 VermG enthaltene Ausnahme von den **Beschränkungen des § 181 BGB** keine Anwendung findet, soweit der Vertreter die Aufgaben eines Pflegers iSd. Sachenrechtsbereinigung wahrnimmt.

13 Die Frage, ob der nach § 11 b Abs. 1 VermG bestellte Vertreter im Rahmen jener Tätigkeit zur Vornahme der in § 1821 BGB bezeichneten Rechtsgeschäfte der Genehmigung des Vormundschaftsgerichts oder des Landkreises bzw. der kreisfreien Stadt bedarf, ist streitig.[7] Abs. 3 S. 4 stellt deshalb ausdrücklich klar, daß die in Abs. 3 S. 1 bezeichneten Vertreter im Rahmen ihrer Tätigkeit als Pfleger iSd. Sachenrechtsbereinigung zur Vornahme solcher Geschäfte der **Genehmigung des Vormundschaftsgerichts** bedürfen.

§ 18 Aufgebotsverfahren gegen den Nutzer

(1) Liegen die in § 17 Abs. 1 Nr. 1, 2 oder 3 (erste Alternative) bezeichneten Umstände in der Person des Nutzers vor, ist der Grundstückseigentümer berechtigt, den Nutzer mit seinen Rechten am Grundstück und am Gebäude, seinen vertraglichen Ansprüchen gegen den Grundstückseigentümer und seinen Ansprüchen aus diesem Kapitel im Wege des Aufgebotsverfahrens auszuschließen.

(2) Das Aufgebotsverfahren ist nur zulässig, wenn der Nutzer den Besitz verloren oder zehn Jahre nicht ausgeübt hat und, wenn für den Nutzer ein Recht am Grundstück oder selbständiges Gebäudeeigentum eingetragen worden ist, zehn Jahre seit der letzten sich auf das Recht des Nutzers beziehenden Eintragung in das Grundbuch verstrichen sind.

(3) Für das Aufgebotsverfahren sind die Vorschriften der §§ 983 bis 986 der Zivilprozeßordnung entsprechend anzuwenden.

(4) Mit dem Ausschlußurteil erlöschen die in Absatz 1 bezeichneten Ansprüche. Das Gebäudeeigentum und das Nutzungsrecht gehen auf den Grundstückseigentümer über. Der Nutzer kann von dem Grundstückseigentümer entsprechend § 818 des Bürgerlichen Gesetzbuchs eine Vergütung in Geld für den Rechtsverlust verlangen.

I. Normzweck

1 Die Vorschrift trägt dem Umstand Rechnung, daß die Sachenrechtsbereinigung auch in den – verhältnismäßig wenigen –[1] Fällen nicht durchführbar ist, in denen ein bestehendes Nutzungsrecht keiner Person zugeordnet werden kann oder der Nutzer oder sein Aufenthalt unbekannt ist. In diesen Fällen gibt Abs. 1 dem Grundstückseigentümer die Möglichkeit, den unbekannten Nutzer mit seinen Rechten im Wege des **Aufgebotsverfahrens** auszuschließen und ihn insoweit gem. Abs. 4 S. 3 auf einen Wertersatzanspruch nach bereicherungsrechtlichen Grundsätzen zu beschränken.

II. Voraussetzungen

2 **1. Unterlassene Grundstücksdokumentation, unbekannter Nutzer.** Die Voraussetzungen für § 17 Abs. 1 Nr. 1, 2 und 3 (1. Alt.) gelten entspr. (vgl. § 17 RdNr. 2 f.). Erforderlich ist, daß das Nutzungsrecht keiner bestimmten Person zugeordnet werden kann oder der Nutzer

[6] *Czub* Leitfaden RdNr. 379; *Vossius* RdNr. 8.

[7] *Kimme-Gisselmann* § 11 b VermG RdNr. 50 m. weit. Nachw.

[1] So auch die Einschätzung von *Czub-Hügel* RdNr. 1.

bzw. sein Aufenthaltsort unbekannt ist. Ausdrücklich nicht erfaßt werden die Fälle von § 17 Abs. 1 Nr. 3 2. Alt., in denen der Nutzer zwar an der Besorgung seiner Angelegenheiten verhindert ist, aber er und sein Aufenthaltsort bekannt sind (vgl. RdNr. 5).

2. Frist. Weiterhin erforderlich ist, daß der Nutzer den Besitz verloren oder **zehn Jahre** nicht ausgeübt hat. Ist für den Nutzer ein Recht am Grundstück oder selbständiges Gebäudeeigentum in das Grundbuch eingetragen worden, müssen zudem zehn Jahre seit der letzten sich hierauf beziehenden Grundbucheintragung vergangen sein. Der in der Lit. vertretenen Auffassung, nach der in entspr. Anwendung von § 1170 BGB zusätzlich zu fordern ist, daß während dieser Frist kein Anerkenntnis der Rechte des Nutzers durch den Grundstückseigentümer erfolgt sein darf,[2] ist nicht zu folgen. Soweit § 1170 BGB diese Voraussetzung erfordert, beruht dies darauf, daß die Zehnjahresfrist nach jener Norm an solche Vorgänge anknüpft, die die Kenntnis von der **Person** des Gläubigers voraussetzen.[3] Da es aber nach Abs. 1 iVm. § 17 Abs. 1 Nr. 3 1. Alt. – anders als nach § 1170 BGB –[4] genügt, daß nur der **Aufenthalt** des Nutzers, nicht aber auch seine Person unbekannt ist, bleibt insoweit für eine entspr. Anwendbarkeit der Voraussetzungen von § 1170 BGB kein Raum. 3

III. Rechtsfolgen

Mit dem rechtsgestaltenden Ausschlußurteil **erlöschen** die in Abs. 1 bezeichneten Ansprüche. Das Gebäudeeigentum und das Nutzungsrecht gehen – einschließlich an ihnen bestehender Rechte Dritter –[5] auf den Grundstückseigentümer über (Abs. 4 S. 2). Der Nutzer wird Inhaber eines entspr. § 818 BGB zu bemessenden Anspruchs auf Geldersatz für den hierdurch erlittenen Rechtsverlust. 4

Liegen die Voraussetzungen von § 17 Abs. 1 Nr. 3 2. Alt. in der Person des Nutzers vor, ist das Aufgebotsverfahren nach Abs. 1 **unzulässig.**[6] In diesen Fällen ist in entspr. Anwendung der Regelungen in § 17 ein Pfleger für den Nutzer zu bestellen.[7] 5

IV. Verfahren

Für das Aufgebotsverfahren sind die Vorschriften der §§ 983 bis 986 ZPO über die Ausschließung des Inhabers eines Grundpfandrechts entspr. anzuwenden (Abs. 3). Zuständig ist das **Amtsgericht,** in dessen Bezirk das betreffende Grundstück belegen ist. Der Grundstückseigentümer hat in entsprechender Anwendung von § 985 ZPO vor Einleitung des Aufgebotsverfahrens glaubhaft zu machen, daß der Nutzer bzw. sein Aufenthaltsort unbekannt ist oder daß das Nutzungsrecht keiner bestimmten Person zugeordnet werden kann.[8] 6

Gegen das **Ausschlußurteil** (Abs. 4 S. 1) findet kein Rechtsmittel statt (§ 957 Abs. 1 ZPO). Es kann nur mit der gegen den Antragsteller zu erhebenden Anfechtungsklage (§ 957 Abs. 2 ZPO) angegriffen werden. 7

Unterabschnitt 5. Bodenwertermittlung

§ 19 Grundsätze

(1) Erbbauzins und Ankaufspreis sind nach dem Bodenwert in dem Zeitpunkt zu bestimmen, in dem ein Angebot zum Vertragsschluß nach diesem Kapitel abgegeben wird.

(2) Der Bodenwert bestimmt sich nach dem um die Abzugsbeträge nach Satz 3 verminderten Wert eines baureifen Grundstücks. Der Wert eines baureifen Grundstücks ist, vorbehaltlich der Regelung in § 20, der Verkehrswert im Sinne des § 194 des Baugesetzbuchs, der sich ergeben würde, wenn das Grundstück unbebaut wäre. Der Wert des baureifen Grundstücks ist zu vermindern um

[2] *Herbig-Gaitzsch-Hügel-Weser* S. 69 f.; idS wohl auch *Vossius* RdNr. 8.
[3] Vgl. § 1170 BGB RdNr. 7, 10.
[4] Vgl. § 1170 BGB RdNr. 2.
[5] *Vossius* RdNr. 9; *Czub-Hügel* RdNr. 10.
[6] *Czub-Hügel* RdNr. 7.
[7] Vgl. BT-Drucks. 12/7425 S. 66; BT-Drucks. 12/5992 S. 189.
[8] *Herbig-Gaitzsch-Hügel-Weser* S. 69.

1. einen nach Absatz 3 zu bemessenden Abzug für die Erhöhung des Werts des baureifen Grundstücks durch Aufwendungen zur Erschließung, zur Vermessung und für andere Kosten zur Baureifmachung des Grundstücks, es sei denn, daß der Grundstückseigentümer diese Kosten getragen hat oder das Grundstück bereits während der Dauer seines Besitzes erschlossen und vermessen war, und

2. die gewöhnlichen Kosten des Abbruchs eines aufstehenden Gebäudes oder einer baulichen Anlage, wenn ein alsbaldiger Abbruch erforderlich und zu erwarten ist, soweit diese Kosten im gewöhnlichen Geschäftsverkehr berücksichtigt werden.

(3) Der Abzug nach Absatz 2 Satz 3 Nr. 1 beträgt

1. 25 DM/m² in Gemeinden mit mehr als 100 000 Einwohnern,

2. 15 DM/m² in Gemeinden mit mehr als 10 000 bis zu 100 000 Einwohnern und

3. 10 DM/m² in Gemeinden bis zu 10 000 Einwohnern.

Als Bodenwert ist jedoch mindestens der Wert zugrunde zu legen, der sich für das Grundstück im Entwicklungszustand des Rohbaulandes ergeben würde.

(4) Der Abzug nach Absatz 2 Satz 3 Nr. 2 darf nicht zu einer Minderung des Bodenwerts unter das Doppelte des in § 82 Abs. 5 bestimmten Entschädigungswertes führen. Der Abzug ist nicht vorzunehmen, wenn die Erforderlichkeit alsbaldigen Abbruchs auf unterlassener Instandhaltung des Gebäudes oder der baulichen Anlage durch den Nutzer beruht oder der Nutzer sich vertraglich zum Abbruch verpflichtet hat.

(5) Soweit für das Grundstück Bodenrichtwerte nach § 196 des Baugesetzbuchs vorliegen, soll der Wert des baureifen Grundstücks hiernach bestimmt werden. Jeder Beteiligte kann eine hiervon abweichende Bestimmung verlangen, wenn

1. Anhaltspunkte dafür vorliegen, daß die Bodenrichtwerte nicht den tatsächlichen Marktverhältnissen entsprechen, oder

2. aufgrund untypischer Lage oder Beschaffenheit des Grundstücks die Bodenrichtwerte als Ermittlungsgrundlage ungeeignet sind.

A. Normzweck und Inhalt

1 Maßgeblich für die Bestimmung des nach diesem Gesetz zu zahlenden Erbbauzinses (vgl. § 43) bzw. Grundstückskaufpreises (vgl. § 68) ist der – fiktive – Wert des unbebauten Grundstücks. Die Vorschrift enthält zusammen mit § 20 die Grundsätze der zur Bestimmung dieser Beträge erforderlichen **Ermittlung des Bodenwerts** und bildet damit eine der Grundlagen für die praktische Durchführung der Sachenrechtsbereinigung.

B. Bodenwertermittlung

I. Wert des baureifen Grundstücks

2 **1. Allgemeines.** Der Bodenwertermittlung wird grundsätzlich der Wert eines vergleichbaren unbebauten, baureifen Grundstücks zugrundegelegt (Abs. 2 S. 2). Maßgeblich ist grundsätzlich (vgl. § 20) der **Verkehrswert iSv. § 194 BauGB,** der sich für das jeweils betroffene Grundstück ergeben würde, wenn es nicht bebaut sondern lediglich **baureif iSv. § 4 Abs. 4 WertV** v. 6. 12. 1988[1] wäre. Die Baulandqualität ist der Wertermittlung zugrundezulegen, weil die der Sachenrechtsbereinigung unterliegenden Grundstücke den jeweiligen Nutzern zur Bebauung überlassen wurden.[2] Der Wert des aufstehenden Gebäudes hat bei der Bewertung außer Betracht zu bleiben. Da das Gebäude bzw. die bauliche Anlage idR durch den Nutzer selbst errichtet oder von diesem erworben wurde, kommt eine Beteiligung des Grundstückseigentümers an dem dem Bauwerk innewohnenden Wert über die Höhe des Erbbauzinses oder des Grundstückskaufpreises nicht in Betracht (BT-Drucks. 12/5992 S. 118).

[1] BGBl. I S. 2290.

[2] *Czub* Leitfaden RdNr. 302.

2. Art der Wertermittlung (Abs. 5). Der Wert des baureifen Grundstücks soll zur Vereinfachung des Verfahrens (BT-Drucks. 12/5992 S. 119) auf der Grundlage der **Bodenrichtwerte** (vgl. § 196 BauGB, § 13 Abs. 2 WertV) ermittelt werden, die für das jeweilige Gemeindegebiet gelten, in dem das Grundstück belegen ist (Abs. 5 S. 1). Die aus den Kaufpreissammlungen der Gutachterausschüsse nach § 195 BauGB ermittelten Bodenrichtwerte bestimmen sich nach den durchschnittlichen Werten zum jeweiligen Jahresende (§ 196 Abs. 1 S. 3 BauGB). Dies kann dazu führen, daß die Bodenrichtwerte kurzfristigen marktwirtschaftlichen Schwankungen oder Besonderheiten der Lage und Beschaffenheit des betroffenen Grundstücks im Einzelfall nicht hinreichend gerecht werden können. Liegen Anhaltspunkte hierfür vor, kann jeder der Beteiligten eine hiervon abweichende Bodenwertbestimmung – insbes. durch Beauftragung eines Sachverständigen – verlangen (Abs. 5 S. 2). Die insoweit anfallenden **Kosten** für die Einholung eines Wertgutachtens zur Ermittlung des Bodenwerts sind Vertragskosten iSv. §§ 60, 77.[3] 3

3. Zeitpunkt der Wertermittlung (Abs. 1). Maßgeblich für die Ermittlung des Bodenwerts ist nach Abs. 1 der Zeitpunkt, „in dem ein Angebot zum Vertragsschluß" abgegeben wird. Die Vorschrift ist unglücklich formuliert und stößt deshalb zu Recht auf Kritik.[4] Nach dem Wortlaut der Bestimmung käme als Stichtag der Zeitpunkt des Zugangs eines bindenden Antrags auf Abschluß eines Erbbaurechts- bzw. Grundstückskaufvertrages in Betracht. Die auf den Zugang einer solchen Erklärung abstellende Auffassung[5] verkennt jedoch, daß ein solcher Antrag bereits die Angabe der Höhe des Erbbauzinses bzw. des Grundstückskaufpreises enthalten müßte, die erst im Zeitpunkt seines Zugangs ermittelt werden kann (Abs. 1).[6] Maßgeblich kann demnach nur der Zeitpunkt des Antragseingangs nach § 87 oder des Zugangs einer Erklärung des Nutzers nach § 16 Abs. 1 oder der Aufforderung des Grundstückseigentümers nach § 16 Abs. 2 sein. Auf den zeitlich ersten dieser drei Zeitpunkte ist im Einzelfall abzustellen. Nur hierdurch ist gewährleistet, daß jeder der Beteiligten den für die Wertermittlung maßgebenden Stichtag durch eine eigene Willenserklärung **selbst bestimmen** kann. Nach dem Sinn und Zweck der Vorschrift soll diese nämlich sicherstellen, daß kein Beteiligter die andere Seite durch eine Verzögerung des nach diesem Gesetz vorgesehenen Verfahrens benachteiligen kann (BT-Drucks. 12/5992 S. 118). 4

II. Abzüge

1. Aufwendungen für die Baureifmachung (Abs. 2 S. 3 Nr. 1). In der Praxis werden die Sachverhalte nicht selten sein, in denen es sich bei dem Grundstück ursprünglich um Rohbauland oder Bauerwartungsland handelte, dessen Baureife iSv. § 4 Abs. 4 WertV erstmals durch Vermessungsarbeiten, Erschließungs- oder sonstige Maßnahmen des Nutzers hergestellt wurde. Die an den festzustellenden Bodenwert anknüpfende Halbteilung[7] (vgl. § 43 bzw. § 68) würde in diesen Fällen zu ungerechten Ergebnissen führen, wenn der Grundstückseigentümer auf diesem Wege an der auf Kosten des Nutzers eingetretenen Wertsteigerung teilhaben würde. Deshalb sieht Abs. 2 S. 3 Nr. 1 zugunsten des Nutzers einen Abzug für die ihm entstandenen **Erschließungskosten und Kosten der Baureifmachung** vor, die in dem Bodenwert für das nunmehr erschlossene Bauland enthalten sind (BT-Drucks. 12/5992 S. 119). 5

Gleichzeitig stellt Abs. 2 S. 3 Nr. 1 klar, daß ein solcher Abzug nicht in Betracht kommen kann, wenn die Vermessungs- und Erschließungskosten nicht vom Nutzer, sondern **vom Grundstückseigentümer** getragen wurden oder das Grundstück bereits zu einer Zeit baureif war, in der es sich noch in dessen Besitz befand. In diesen Fällen können die Kosten der Baureifmachung dem Nutzer nicht zugerechnet werden. 6

a) Abzugspauschale (Abs. 3 S. 1). Zur Vereinfachung der Durchführung der Sachenrechtsbereinigung bestimmt Abs. 3 S. 1 Pauschalbeträge für den nach Abs. 2 S. 3 Nr. 1 vorzunehmenden Abzug. Die Staffelung dieser Pauschalbeträge erfolgt nach der Einwohnerzahl der Gemeinde, in der das Grundstück belegen ist. Maßgeblich ist hierbei die Einwohnerzahl im Zeitpunkt nach Abs. 1.[8] (vgl. RdNr. 4). Auf die Höhe der dem Nutzer tatsächlich entstandenen Kosten kommt es nicht an. Der jeweilige Pauschalbetrag ist auch in den Fällen in voller Höhe 7

[3] Vgl. § 60 RdNr. 3, § 77 RdNr. 2; differenzierend: *Vossius* § 60 RdNr. 9.

[4] Vgl. *Vossius* RdNr. 19 ff.; *Eickmann-Bischof* RdNr. 9 a ff.

[5] Vgl. *Zimmermann-Heller* Kap. 3 RdNr. 57; *Czub-Zimmermann* RdNr. 6 ff., 13.

[6] So auch die Kritik von *Vossius* RdNr. 20.

[7] Vgl. *Czub* Leitfaden RdNr. 192 ff.

[8] *Eickmann-Bischoff* RdNr. 36 f.; *Vossius* RdNr. 10.

in Abzug zu bringen, in denen der Nutzer nur noch letzte Maßnahmen durchführen mußte, um ein im übrigen erschlossenes Grundstück baureif zu machen.[9]

8 **b) Kappungsgrenze (Abs. 3 S. 2).** Der Abzug des Pauschalbetrages nach Abs. 3 S. 1 darf jedoch nicht dazu führen, daß der Grundstückswert unter denjenigen Wert fällt, der in dem jeweiligen Gebiet für Rohbauland (vgl. § 4 Abs. 3 WertV) zu erzielen ist (Abs. 3 S. 2). Diese Regelung ist insbes. für die Bodenwertbestimmung von Grundstücken von Bedeutung, die in Gemeinden mit einer Einwohnerzahl von unter 10 000 belegen sind (BT-Drucks. 12/7425 S. 67). Wegen der dort idR noch sehr niedrigen Baulandpreise könnte der für diese Fälle vorgesehene Pauschalabzug von 10 DM/m² zu einem Bodenwert führen, der der tatsächlichen Qualität des Grundstücks nicht mehr entspricht.[10] Zur Vermeidung einer hieraus folgenden unangemessenen Benachteiligung des Eigentümers ist in diesen Fällen der Rohbaulandwert als Untergrenze des zu bestimmenden Bodenwerts anzusetzen.

9 **2. Abbruchkosten (Abs. 2 S. 3 Nr. 2).** Einen weiteren Abzug sieht Abs. 2 S. 3 Nr. 2 in Höhe der erforderlichen Abbruchkosten für ein auf dem Grundstück aufstehendes Gebäude oder eine bauliche Anlage vor. Diese Regelung beruht auf dem Grundgedanken, daß der Nutzer eine durch die Bebauung eingetretene Wertminderung nicht auszugleichen hat, soweit das Bauwerk rechtmäßig errichtet wurde und er deshalb gegenüber dem Grundstückseigentümer auch grundsätzlich nicht zur Beseitigung verpflichtet ist.[11]

10 **a) Voraussetzungen.** Der Abbruch des Gebäudes oder der baulichen Anlage muß **alsbald erforderlich und zu erwarten** sein. Dies ist idR dann der Fall, wenn aus der auf dem Grundstück vorhandenen Bebauung kein dem Bodenwert angemessener Ertrag erzielt werden kann (BT-Drucks. 12/5992 S. 119). In Betracht kommen hier insbes. Bebauungen mit Gewerbe- und Industriebauten, die infolge der mit dem Beitritt eingetretenen wirtschaftlichen Veränderungen nicht mehr genutzt werden können und deren Abbruch zur ordnungsgemäßen Bewirtschaftung des Grundstücks erforderlich ist. Der Abzug der Abbruchkosten kommt nur dann in Betracht, wenn der **gewöhnliche Geschäftsverkehr des Grundstücksmarkts** diesen Abzug gleichermaßen anbringen würde. Dies wird idR nur dann der Fall sein, wenn die Bebauung nicht von nur untergeordneter Bedeutung ist und die Abbruchkosten angesichts des Verkehrswerts des unbebauten Grundstücks von wesentlicher Bedeutung sind.[12]

11 **b) Kappungsgrenze (Abs. 4 S. 1).** Der Abzug der Abbruchkosten darf nicht dazu führen, daß der Bodenwert unter den doppelten Betrag des in § 82 Abs. 5 bestimmten Entschädigungswerts gemindert wird (Abs. 4 S. 1). Die Höhe des einfachen Werts dieses Entschädigungsbetrags bestimmt sich nach den Regelungen des EntschG v. 27. 9. 1994.[13] Hierdurch soll sichergestellt werden, daß der Grundstückseigentümer nach Durchführung der Sachenrechtsbereinigung und der damit einhergehenden Halbteilung des Bodenwerts[14] (vgl. § 43 bzw. § 68) wenigstens den Wert erhält, der dem Betrag entspricht, der ihm nach dem EntschG für den Fall einer entschädigungslosen Enteignung durch Behörden der DDR zustehen würde (BT-Drucks. 12/7425 S. 67).

12 **c) Ausschluß des Abzugs (Abs. 4 S. 2).** Abs. 4 S. 2 bestimmt, daß der Abzug der Abbruchkosten nach Abs. 2 S. 3 Nr. 2 nicht vorzunehmen ist, wenn die Erforderlichkeit des Abbruchs auf unterlassener Instandhaltung des Gebäudes oder der baulichen Anlage durch den Nutzer beruht oder dieser sich vertraglich zum Abbruch verpflichtet hat. **aa)** Die Bestimmung des Begriffs der **unterlassenen Instandhaltung** hat hierbei vor dem Hintergrund der sozialen und wirtschaftlichen Wirklichkeit in der DDR zu erfolgen. Zu berücksichtigen ist insbes., daß die zur Erhaltung des Gebäudes oder der baulichen Anlage erforderlichen Materialien in der DDR oft noch nicht einmal unter erheblichen Schwierigkeiten zu bekommen waren.[15] Eine allein auf der Mangelwirtschaft in der DDR beruhende schlechte Bauunterhaltung genügt deshalb nicht. Erforderlich ist vielmehr, daß der Nutzer die Bauunterhaltung über einen längeren Zeitraum vollständig eingestellt hat und das Gebäude oder die bauliche Anlage aus diesem Grund verfallen ist.[16] **bb)** Die **vertraglich begründete Abbruchverpflichtung** braucht nicht gegenüber dem Eigentümer zu bestehen. Eine entspr. Verpflichtung einem Dritten gegenüber

[9] *Eickmann-Bischoff* RdNr. 33.

[10] Vgl. Berechnungsbeispiel bei *Eickmann-Bischoff* RdNr. 43.

[11] *Czub* Leitfaden RdNr. 308.

[12] Vgl. *Eickmann-Bischoff* RdNr. 51 ff.

[13] BGBl. I S. 2624.

[14] Vgl. *Czub* Leitfaden RdNr. 192 ff.

[15] Differenzierend: *Eickmann-Bischoff* RdNr. 56 f.

[16] So wohl auch *Czub* Leitfaden RdNr. 311.

genügt;[17] denn der Abzug der Abbruchkosten soll grundsätzlich nicht dazu führen, den Nutzer von der Einhaltung vertraglicher Absprachen zu entlasten (BT-Drucks. 12/5992 S. 119).

§ 20 Bodenwertermittlung in besonderen Fällen

(1) Bei der Bemessung des Bodenwerts eines Grundstücks, das vor dem Ablauf des 2. Oktober 1990 im staatlichen oder genossenschaftlichen Wohnungsbau verwendet worden ist, ist nicht die im Gebiet baurechtlich zulässige Nutzung des Grundstücks, sondern die auf dem betreffenden Grundstück vorhandene Bebauung und Nutzung maßgeblich.

(2) § 19 Abs. 2 bis 4 ist auf die Grundstücke nicht anzuwenden, die im komplexen Wohnungsbau oder Siedlungsbau bebaut und für

1. den staatlichen oder genossenschaftlichen Wohnungsbau,
2. den Bau von Gebäuden oder baulichen Anlagen, die öffentlichen Zwecken gewidmet sind und unmittelbar Verwaltungsaufgaben dienen, oder
3. die Errichtung der im Gebiet belegenen Maßnahmen der Infrastruktur

verwendet worden sind. Der Bodenwert dieser Grundstücke ist in der Weise zu bestimmen, daß von dem nach § 19 Abs. 2 Satz 2 ermittelten Wert des baureifen Grundstücks ein Betrag von einem Drittel für die Maßnahmen zur Baureifmachung des Grundstücks und anderer Maßnahmen zur Entwicklung des Gebiets sowie wegen der eingeschränkten oder aufgrund der öffentlichen Zweckbestimmung nicht vorhandenen Ertragsfähigkeit des Grundstücks abzuziehen ist.

(3) In den Verfahren zur Bodenneuordnung nach § 5 des Bodensonderungsgesetzes ist für die Bestimmung der nach § 15 Abs. 1 jenes Gesetzes zu leistenden Entschädigungen der Bodenwert der Grundstücke im Plangebiet nach § 8 des Bodensonderungsgesetzes nach dem durchschnittlichen Bodenwert aller im Gebiet belegenen Grundstücke zu ermitteln. Für die Bemessung der Entschädigung für den Rechtsverlust ist § 68 entsprechend anzuwenden.

(4) Ein im Plangebiet belegenes nicht bebautes und selbständig baulich nutzbares Grundstück oder eine in gleicher Weise nutzbare Grundstücksteilfläche ist in die Ermittlung des durchschnittlichen Bodenwerts nach Absatz 3 nicht einzubeziehen, sondern gesondert zu bewerten. Die Entschädigung für dieses Grundstück oder für diese Teilfläche ist nach § 15 Abs. 2 des Bodensonderungsgesetzes zu bestimmen.

(5) Die den Erwerbern durch den Ansatz eines durchschnittlichen Bodenwerts nach Absatz 3 Satz 1 entstehenden Vor- und Nachteile sind zum Ausgleich zu bringen. Vor- und Nachteile sind nach dem Verhältnis zwischen dem durchschnittlichen Bodenwert und dem Bodenwert, der sich nach den §§ 19 und 20 ergeben würde, in dem Zeitpunkt zu bemessen, in dem der Sonderungsbescheid bestandskräftig geworden ist. Die Abgabe hat der Träger der Sonderungsbehörde von denjenigen zu erheben, die durch die gebietsbezogene Bodenwertbestimmung und die darauf bezogene Bemessung der Beträge für Entschädigungsleistungen nach § 15 Abs. 1 des Bodensonderungsgesetzes Vorteile erlangt haben. Die Einnahme aus der Abgabe ist als Ausgleich an diejenigen auszukehren, die dadurch Nachteile erlitten haben. Über Abgaben- und Ausgleichsleistungen kann auch außerhalb des Sonderungsbescheids entschieden werden. Diese sind spätestens ein Jahr nach Eintritt der Bestandskraft des Sonderungsbescheids festzusetzen und einen Monat nach Bekanntgabe des Bescheids fällig.

(6) Liegt das Grundstück in einem städtebaulichen Sanierungsgebiet oder Entwicklungsbereich, bleiben § 153 Abs. 1 und § 169 Abs. 4 des Baugesetzbuchs unberührt.

[17] *Vossius* RdNr. 17.

I. Normzweck

1 Die Ermittlung des Bodenwerts nach dem Maßstab eines vergleichbaren unbebauten Grundstücks vermag nicht in allen Fällen zu einem sachgerechten Ergebnis zu führen. Dies gilt insbes. für solche Sachverhalte, in denen der Wert des Grundstücks aufgrund seiner Bebauung geringer ist als der des unbebauten Grundstücks, und eine Änderung der vorhandenen baulichen Nutzung wegen entgegenstehender öffentlich-rechtlicher Bestimmungen nicht in Betracht kommt. Die Vorschrift trägt diesen Umständen Rechnung und bezeichnet diejenigen **Ausnahmefälle,** in denen die Bodenwertermittlung abweichend von den in § 19 festgelegten Bewertungsmaßstäben zu erfolgen hat.

II. Staatlicher und genossenschaftlicher Wohnungsbau (Abs. 1)

2 Abs. 1 enthält eine Sonderregelung für die Bodenwertermittlung von Grundstücken des **Mietwohnungsbaus** (BT-Drucks. 12/7425 S. 67). Erfaßt werden grundsätzlich alle Fälle des Mietwohnungsbaus in der DDR. Hierunter fällt – über den Wortlaut der Vorschrift hinaus – auch der Wohnungsbau der ehemaligen Kombinate und früheren volkseigenen Betriebe.[1] Erforderlich ist, daß das Grundstück vor Ablauf des 2. 10. 1990 im Mietwohnungsbau verwendet wurde.

3 Bemessungsgrundlage für die Ermittlung des Bodenwerts ist in diesen Fällen nicht der Wert eines entsprechenden unbebauten Grundstücks unter Zugrundelegung der im gesamten Gebiet planungsrechtlich zulässigen Nutzung, sondern die **tatsächliche Grundstücksnutzung** unter Berücksichtigung der vorhandenen Bebauung. Die Vorschrift berücksichtigt, daß die planungsrechtlich zulässige Nutzung eines in demselben Gebiet belegenen unbebauten Grundstücks einen höheren Ertrag gewährleisten könnte, als er im Wohnungsbau möglich ist. Da eine andere Nutzung des Grundstücks wegen entgegenstehender öffentlich-rechtlicher Bestimmungen über die Zweckentfremdung von Wohnraum idR nicht in Betracht kommt, könnte dies dazu führen, daß der Wert des Grundstücks aufgrund seiner Bebauung dauerhaft geringer ist, als der eines vergleichbaren unbebauten Grundstücks.[2]

III. Komplexer Wohnungs- oder Siedlungsbau (Abs. 2)

4 **1. Voraussetzungen (Abs. 2 S. 1 Nr. 1 bis 3).** Erfaßt werden Grundstücke, die im komplexen Wohnungs- oder Siedlungsbau (vgl. § 11) bebaut und für den Mietwohnungsbau (vgl. RdNr. 2), den Bau öffentlicher Zwecke dienender Gebäude oder baulicher Anlagen oder für Maßnahmen der im Gebiet belegenen Infrastruktur verwendet worden sind. Unter den Begriff der Infrastruktur fallen hierbei insbes. Straßen und Grünanlagen sowie Ver- und Entsorgungseinrichtungen für das Wohngebiet.[3]

5 **2. Bodenwertermittlung.** In diesen Fällen ist von dem nach Maßgabe von § 19 Abs. 2 S. 2 ermittelten Wert ein Drittel in Abzug zu bringen. Dieser **pauschalierte Abzug** trägt insbes. dem Umstand Rechnung, daß die für den Mietwohnungsbau, für öffentliche Bauten oder für Zwecke des Gemeingebrauchs genutzten Grundstücke einen idR wesentlich geringeren Wert haben als die in demselben Gebiet belegenen unbebauten baureifen Grundstücke (BT-Drucks. 12/7425 S. 68).

IV. Bodenneuordnungsverfahren (Abs. 3 bis 5)

6 Demjenigen, der durch die **Bodenneuordnung nach § 5 BoSoG** v. 20. 12. 1993[4] ein dingliches Recht an einem Grundstück verliert, stehen gem. § 15 Abs. 1 BoSoG gegen den Träger der Sonderungsbehörde die nach der Sachenrechtsbereinigung für den Ankaufsfall vorgesehenen Ansprüche zu. Die Regelungen in Abs. 3 bis 5 ergänzen diese Bestimmung.[5] Abs. 3 stellt hierbei sicher, daß die Grundprinzipien des BoSoG und der Sachenrechtsbereinigung für die Bemessung der Ausgleichsleistung für einen solchen Eigentumsverlust übereinstimmen (BT-Drucks. 12/5992 S. 120).

7 **1. Durchschnittlicher Bodenwert (Abs. 3 S. 1).** Abs. 3 S. 1 bestimmt, daß für die nach § 15 Abs. 1 BoSoG zu leistende Entschädigung der durchschnittliche Bodenwert aller im Plan-

[1] Vgl. *Eickmann-Bischoff* RdNr. 5.
[2] Vgl. *Czub* Leitfaden RdNr. 302; *Eickmann-Bischoff* RdNr. 6.
[3] *Czub-Zimmermann* RdNr. 27.
[4] BGBl. I S. 2182.
[5] *Czub* Leitfaden RdNr. 314.

gebiet nach § 8 BoSoG belegenen Grundstücke zu ermitteln ist. Hierzu ist der Bodenwert der in die Bebauungskonzeption einbezogenen Grundstücke dergestalt zu ermitteln, als handele es sich bei der gesamten Fläche um ein einziges Flurstück.[6] Auf der Grundlage des hierdurch ermittelten durchschnittlichen Quadratmeterpreises für die Gesamtfläche ist sodann der Bodenwert der einzelnen Grundstücke zu bestimmen.

8 **2. Bemessung der Entschädigung (Abs. 3 S. 2).** Durch die Verweisung auf § 68 bestimmt Abs. 3 S. 2, daß die Höhe der Entschädigung grundsätzlich nach der Hälfte des gem. Abs. 3 S. 1 ermittelten Bodenwerts zu bemessen ist.[7]

9 **3. Ausnahmen (Abs. 4).** Eine Ausnahme von der Bestimmung des Abs. 3 enthält Abs. 4 für sog. **Baulückengrundstücke** (BT-Drucks. 12/5992 S. 121). Hierbei handelt es sich um in dem Bodenneuordnungsgebiet belegene unbebaute Grundstücke oder Grundstücksteilflächen, die selbständig baulich nutzbar iSv. § 13 Abs. 2 sind.[8] Eine Teilung des Bodenwerts aufgrund erfolgter baulicher Inanspruchnahme kann hier bereits mangels Bebauung nicht erfolgen.[9] Abs. 4 S. 2 stellt deshalb klar, daß sich die Entschädigung für den Eigentumsverlust an solchen Grundstücksflächen nach Maßgabe von § 15 Abs. 2 BoSoG bemißt. Die Höhe der Entschädigung bestimmt sich in diesen Fällen nach den Regelungen des BauGB über die Umlegung (vgl. § 15 Abs. 2 BoSoG, § 59 Abs. 5 BauGB).

10 **4. Wertausgleich (Abs. 5).** Abs. 5 begründet für den Träger der Sonderungsbehörde die Verpflichtung, von denjenigen eine Ausgleichsabgabe zu erheben, die durch die nach Abs. 3 S. 1 einheitlich bemessene Aufbringung der Mittel für die Entschädigungsleistung (vgl. § 15 Abs. 5 BoSoG) Vorteile erlangt haben.[10] Die hierdurch eingenommenen Beträge sind an diejenigen Eigentümer auszukehren, die durch die Wertbemessung nach Abs. 3 S. 1 Nachteile erlangt haben. Die erforderliche Ermittlung der entstandenen Vor- und Nachteile erfolgt durch den Vergleich des durchschnittlichen Bodenwerts iSv. Abs. 3 S. 1 mit dem sich nach Maßgabe dieses Gesetzes für den Fall ergebenden Bodenwert, daß das jeweilige Grundstück außerhalb des Plangebiets nach § 8 BoSoG belegen wäre (Abs. 5 S. 2). Die Regelungen des Abs. 5 berechtigen und verpflichten den Träger der Sonderungsbehörde – idR die Gemeinde (BT-Drucks. 12/5992 S. 122) – und sind deshalb **öffentlich-rechtlicher** Natur.[11] Für die sich hieraus ergebenden Streitigkeiten ist der Rechtsweg zu den Verwaltungsgerichten gegeben (§ 40 Abs. 1 S. 1 VwGO).

V. Bodenwertermittlung für Grundstücke im städtebaulichen Sanierungsgebiet oder Entwicklungsbereich (Abs. 6)

11 Liegen die von der Sachenrechtsbereinigung betroffenen Grundstücke in einem **förmlich festgelegten** städtebaulichen Sanierungsgebiet oder Entwicklungsbereich, können allein aufgrund der hierdurch bestehenden Aussicht auf Sanierung oder Entwicklung Erhöhungen des Bodenwerts eintreten. Abs. 6 stellt aus diesem Grund durch die Verweisung auf § 153 Abs. 1 und § 169 Abs. 4 BauGB klar, daß diese sanierungs- und entwicklungsbedingten Wertsteigerungen bei der Ermittlung des Bodenwerts nach den §§ 19, 20 nicht zu berücksichtigen sind (BT-Drucks. 12/5992 S. 122).

Unterabschnitt 6. Erfaßte Flächen

§ 21 Vermessene Flächen

Die Ansprüche auf Bestellung eines Erbbaurechts oder den Ankauf erstrecken sich auf das Grundstück insgesamt, wenn dessen Grenzen im Liegenschaftskataster nachgewiesen sind (vermessenes Grundstück) und die Nutzungsbefugnis aus einem Nutzungsrecht oder einem Vertrag mit den Grenzen des Grundstücks übereinstimmt. Im übrigen sind die §§ 22 bis 27 anzuwenden.

[6] *Vossius* RdNr. 10; *Eickmann-Bischoff* RdNr. 18.
[7] *Czub* Leitfaden RdNr. 314.
[8] *Vossius* RdNr. 12.
[9] *Eickmann-Bischoff* RdNr. 20.
[10] *Czub* Leitfaden RdNr. 316.
[11] *Vossius* RdNr. 16.

I. Normzweck und Regelungsinhalt

1 Die Vorschrift regelt den Umfang der Grundstücksflächen, auf die sich die nach diesem Gesetz begründeten Ansprüche beziehen. Erfaßt werden die Fälle, in denen ein Nutzungsrecht **verliehen**[1] oder die Befugnis zur Nutzung des Grundstücks **vertraglich begründet** wurde.

II. Voraussetzungen

2 Erforderlich ist, daß es sich um ein vermessenes Grundstück handelt, dessen Grenzen im Liegenschaftskataster nachgewiesen sind. Diese Grundstückgrenzen müssen mit den in der Nutzungsurkunde[2] bzw. dem Nutzungsvertrag bezeichneten Grenzen des zur Nutzung übergebenen Grundstücks **übereinstimmen.**

III. Rechtsfolgen

3 Stimmen die in der Nutzungsurkunde bzw. dem Nutzungsvertrag bezeichneten Grundstücksgrenzen mit den im Liegenschaftskataster nachgewiesenen überein, erstrecken sich die Ansprüche nach diesem Gesetz grundsätzlich auf das gesamte Grundstück. Handelt es sich bei dem Grundstück um eine **übergroße Fläche** iSd. dieses Gesetzes, sind – unbeschadet des Wortlauts der Vorschrift – die Regelungen des § 26 anwendbar.[3]

4 Liegen die Voraussetzungen der Vorschrift nicht vor, finden die Regelungen der §§ 22 bis 27 Anwendung. Dies gilt insbes. für diejenigen Sachverhalte, in denen das Nutzungsrecht nicht verliehen, sondern **zugewiesen** (vgl. §§ 291 ff. ZGB) wurde.

§ 22 Genossenschaftlich genutzte Flächen

(1) Soweit ein Nutzungsrecht für den Eigenheimbau zugewiesen worden ist oder ein Eigenheim von oder mit Billigung der landwirtschaftlichen Produktionsgenossenschaft oder aufgrund Nutzungsvertrages mit der Gemeinde errichtet worden ist, beziehen sich die gesetzlichen Ansprüche nach den §§ 32 und 61 auf die Fläche,

1. auf die sich nach der ehemaligen Liegenschaftsdokumentation das Nutzungsrecht erstreckt,

2. die in den Nutzungsverträgen mit den Gemeinden bezeichnet ist, soweit die Fläche für den Bau des Hauses überlassen worden ist, oder

3. die durch die landwirtschaftliche Produktionsgenossenschaft oder die Gemeinde dem Nutzer für den Bau des Eigenheimes oder im Zusammenhang mit dem Bau zugewiesen worden ist.

(2) Absatz 1 ist auf andere Bebauungen genossenschaftlich genutzter Flächen entsprechend anzuwenden, soweit die Errichtung des Gebäudes oder der baulichen Anlage aufgrund zugewiesenen Nutzungsrechts erfolgte.

(3) Die Ansprüche des Nutzers beschränken sich auf die Funktionsfläche (§ 12 Abs. 3 Satz 2 Nr. 2) des Gebäudes oder der baulichen Anlage, wenn die Bebauung aufgrund des aufgehobenen gesetzlichen Nutzungsrechts der landwirtschaftlichen Produktionsgenossenschaften vorgenommen worden ist oder durch Einbringung des Bauwerks in die landwirtschaftliche Produktionsgenossenschaft selbständiges Gebäudeeigentum entstanden ist. Handelt es sich um Betriebsgebäude, so sind die Flächen einzubeziehen, die für die zweckentsprechende Nutzung des Gebäudes im Betrieb des Nutzers notwendig sind.

[1] Vgl. §§ 287 ff. ZGB sowie Gesetz über die Verleihung von Nutzungsrechten an volkseigenen Grundstücken v. 14. 12. 1970 (GBl. I S. 372) idF des Gesetzes über den Verkauf volkseigener Eigenheime, Miteigentumsanteile und Gebäude für Erholungszwecke v. 19. 12. 1973 (GBl. I S. 578); für die Fälle der Zuweisung eines Nutzungsrechts (§§ 291 ff. ZGB) vgl. § 22.

[2] Vgl. § 287 Abs. 2 ZGB, § 4 Abs. 2 Gesetz über die Verleihung von Nutzungsrechten an volkseigenen Grundstücken (Fn. 1).

[3] *Herbig-Gaitzsch-Hügel-Weser* S. 52; *Vossius* Rd-Nr. 3.

I. Normzweck

1 Die Vorschrift bestimmt die **räumlichen Grenzen** der von den gesetzlichen Ansprüchen nach der Sachenrechtsbereinigung betroffenen Grundstücksflächen, die dem genossenschaftlichen Nutzungsrecht der LPGen[1] unterlagen.

II. Erfaßte Grundstücksflächen

2 **1. Eigenheimbau (Abs. 1).** Erfaßt werden diejenigen Sachverhalte, in denen Eigenheime durch eine LPG selbst oder mit deren Billigung oder aufgrund eines durch sie zugewiesenen Nutzungsrechts (vgl. § 291 ZGB) oder aufgrund eines mit der Gemeinde geschlossenen Nutzungsvertrages (vgl. § 5 RdNr. 10) errichtet wurden. Nach der in Abs. 1 Nr. 1 bis 3 bestimmten **Rangfolge** beziehen sich die Ansprüche des Nutzers in diesen Fällen zunächst auf diejenige Grundstücksfläche, für die das Nutzungsrecht ausweislich der **Liegenschaftsdokumentation** der DDR zugewiesen worden ist (Abs. 1 Nr. 1). In Betracht kommen hier insbes. Eintragungen auf dem für das betreffende Grundstück bestehenden Grundbuchblatt[2] oder auf dem für den Fall der Zuweisung eines Nutzungsrechts zum Zwecke der Eigenheimerrichtung anzulegenden Gebäudegrundbuchblatt.[3] In zweiter Linie maßgeblich sind die Flächenbezeichnungen in einem zwischen der Gemeinde und dem Nutzer geschlossenen **Nutzungsvertrag** (vgl. § 5 RdNr. 10) über ein zum Eigenheimbau überlassenes oder bereits mit einem Eigenheim bebautes Grundstück (Abs. 1 Nr. 2). In den übrigen Fällen bestimmen sich die Grenzen der Grundstücksfläche, auf die sich die gesetzlichen Ansprüche des Nutzers beziehen, nach den **Entscheidungen der LPG-Vorstände oder der Gemeinden** über den tatsächlichen Umfang des zuzuweisenden Eigenheimgrundstücks (Abs. 1 Nr. 3).

3 Geht die auf diesem Wege ermittelte Grundstücksfläche über die nach den Rechtsvorschriften der DDR für den Eigenheimbau vorgesehene[4] **Regelgröße von 500 m²** (vgl. § 26 RdNr. 1) hinaus, gelten die Bestimmungen des § 26.[5]

4 **2. Andere Bebauungen (Abs. 2).** Abs. 2 stellt klar, daß die Regelung des Abs. 1 auf die Fälle entspr. anzuwenden ist, in denen das Grundstück aufgrund eines zugewiesenen Nutzungsrechts (vgl. § 291 ZGB) mit einem anderen Bauwerk als einem Eigenheim bebaut worden ist.

5 **3. Beschränkung auf die Funktionsfläche (Abs. 3).** Sind Gebäude oder bauliche Anlagen im Rahmen des aufgehobenen[6] gesetzlichen Nutzungsrechts der LPGen errichtet worden und ist hierdurch oder durch die Einbringung eines Gebäudes oder einer baulichen Anlage in die LPG selbständiges Gebäudeeigentum entstanden,[7] beschränkt Abs. 3 S. 1 die nach diesem Gesetz bestehenden Ansprüche des Nutzers auf die für die jeweilige Nutzung des Bauwerks erforderliche Funktionsfläche (vgl. § 12 Abs. 3 S. 2 Nr. 2). Handelt es sich um betrieblich genutzte Gebäude oder bauliche Anlagen, sind hierbei auch diejenigen Flächen mit einzubeziehen, die für die zweckentsprechende Nutzung der jeweiligen Bauwerke innerhalb eines Betriebes notwendig sind (Abs. 3 S. 2). Maßgeblich für die Bestimmung der hiernach einzubeziehenden Flächen ist der **Werterhalt der baulichen Investition** (BT-Drucks. 12/5992 S. 123). Erfaßt werden diejenigen Flächen, ohne deren Einbeziehung der Wert des Gebäudes oder der baulichen Anlage für die jeweilige betriebliche Nutzung gemindert werden würde. Eine nur unerhebliche Wertminderung der baulichen Investition bleibt hierbei außer Betracht.

III. Rechtliche Bedeutung

6 Unterlag das Grundstück dem genossenschaftlichen Nutzungsrecht einer LPG, beziehen sich die nach der Sachenrechtsbereinigung bestehenden Ansprüche des Nutzers für den Fall der Bebauung auf die **nach Maßgabe dieser Vorschrift zu bestimmende** Grundstücksfläche.

[1] Vgl. § 18 Abs. 1 LPG-G v. 2. 7. 1982 (GBl. I S. 443).

[2] Vgl. *Heuer* RdNr. 51.

[3] Vgl. § 4 Abs. 2 S. 2 VO über die Bereitstellung von genossenschaftlich genutzten Bodenflächen zur Errichtung von Eigenheimen auf dem Lande v. 9. 9. 1976 (GBl. I S. 426).

[4] Vgl. § 2 Abs. 1 VO über die Bereitstellung von genossenschaftlich genutzten Flächen zur Errichtung von Eigenheimen auf dem Lande v. 9. 9. 1976 (GBl. I S. 426, ber. GBl. I S. 500); § 7 S. 2 EigenheimVO v. 31. 8. 1978 (GBl I S. 425).

[5] *Herbig-Gaitzsch-Hügel-Weser* S. 53; *Vossius* RdNr. 4.

[6] § 18 LPG-G v. 2. 7. 1982 (GBl. I S. 443) aufgehoben durch Gesetz v. 28. 6. 1990 (GBl. I S. 483).

[7] Vgl. § 27 LPG-G v. 2. 7. 1982 (GBl. I S. 443).

§ 23 Unvermessene volkseigene Grundstücke

Soweit Nutzungsrechte auf unvermessenen, vormals volkseigenen Grundstücken verliehen wurden, sind die Grenzen in folgender Reihenfolge zu bestimmen nach

1. einem Bescheid über die Vermögenszuordnung, soweit ein solcher ergangen ist und über die Grenzen der Nutzungsrechte Aufschluß gibt,

2. Vereinbarungen in Nutzungsverträgen oder

3. dem für ein Gebäude der entsprechenden Art zweckentsprechenden, ortsüblichen Umfang oder der Funktionsfläche der baulichen Anlage.

I. Normzweck und Regelungsinhalt

1 Die Vorschrift regelt den Umfang der in die Sachenrechtsbereinigung einzubeziehenden **unvermessenen, ehemals volkseigenen Grundstücksflächen,** an denen Nutzungsrechte verliehen[1] wurden. Die an solchen unvermessenen Grundstücken verliehenen Nutzungsrechte waren häufig auf die Gebäudegrundfläche beschränkt.[2] Die Nutzungsbefugnisse an den Gemeinschaftsanlagen waren in diesen Fällen in Nutzungsverträgen zu regeln.[3]

II. Rechtliche Bedeutung

2 Ist ein Nutzungsrecht an einem volkseigenen, unvermessenen Grundstück **verliehen** worden, bestimmen sich die Grenzen des in die Sachenrechtsbereinigung einzubeziehenden Grundstücks in erster Linie nach dem Inhalt eines **Vermögenszuordnungsbescheids** nach dem VZOG, soweit dieser Aufschluß über die Grenzen der dem Nutzungsrecht unterliegenden Fläche gibt.

3 Ist ein Vermögenszuordnungsbescheid nicht ergangen oder gibt er keinen Aufschluß über die Grenzen des Nutzungsrechts, sind an zweiter Stelle die Vereinbarungen aus einem **Nutzungsvertrag,** die bis zu einer Vermessung und Teilung des Grundstücks die Nutzungsgrenzen auf dem ungeteilten Grundstück regeln sollen, maßgeblich.

4 In den übrigen Fällen ist die vom Nutzungsrecht erfaßte Fläche entspr. der Fläche zu bestimmen, die für die Nutzung von Gebäuden der betreffenden Art **zweckmäßig und ortsüblich** iSv. Art. 233 § 4 Abs. 3 S. 3 EGBGB ist.

§ 24 Wohn-, Gewerbe- und Industriebauten ohne Klärung der Eigentumsverhältnisse

(1) Soweit im komplexen Wohnungsbau oder Siedlungsbau oder durch gewerbliche (einschließlich industrielle) Vorhaben Bebauungen ohne Klärung der Eigentumsverhältnisse über Grundstücksgrenzen hinweg vorgenommen worden sind, erstrekken sich die Ansprüche nach diesem Kapitel in folgender Reihenfolge auf die Flächen,

1. deren Grenzen in Aufteilungs- oder Vermessungsunterlagen als Grundstücksgrenzen bis zum Ablauf des 2. Oktober 1990 ausgewiesen worden sind,

2. die entsprechend den Festsetzungen in einem Zuordnungsplan für die in dem Gebiet belegenen vormals volkseigenen Grundstücke für die zweckentsprechende Nutzung der zugeordneten Grundstücke erforderlich sind oder

3. die für eine zweckentsprechende Nutzung einer Bebauung der entsprechenden Art ortsüblich sind.

(2) Entstehen durch die Bestellung von Erbbaurechten oder den Ankauf von Grundstücksteilen Restflächen, die für den Grundstückseigentümer nicht in angemessenem Umfang baulich oder wirtschaftlich nutzbar sind, so kann dieser von der

[1] Vgl. §§ 287 ff. ZGB sowie Gesetz über die Verleihung von Nutzungsrechten an volkseigenen Grundstücken v. 14. 12. 1970 (GBl. I S. 372) idF des Gesetzes über den Verkauf volkseigener Eigenheime, Miteigentumsanteile und Gebäude für Erholungszwecke v. 19. 12. 1973 (GBl. I S. 578).

[2] Vgl. Nr. 75 Abs. 1 S. 1 Colido-Grundbuchanweisung v. 27. 10. 1987 (abgedruckt bei *Herbig-Gaitzsch-Hügel-Weser* S. 303).

[3] Vgl. Nr. 75 Abs. 1 S. 3 Colido-Grundbuchanweisung v. 27. 10. 1987 (vgl. Fn. 2).

Gemeinde den Ankauf der Restflächen verlangen. Der Kaufpreis ist nach den §§ 19, 20 und 68 zu bestimmen. Der Anspruch nach Satz 1 kann nicht vor dem 1. Januar 2000 geltend gemacht werden. Eine Bereinigung dieser Rechtsverhältnisse durch Enteignung, Umlegung oder Bodenneuordnung bleibt unberührt.

I. Normzweck und Bedeutung

1 Die Vorschrift regelt den Umfang der von den Ansprüchen nach diesem Gesetz betroffenen Grundstücksflächen, die in der DDR ohne Klärung der Eigentumsverhältnisse an Grund und Boden **großflächig überbaut** worden sind. Nach den gesetzlichen Regelungen der DDR wäre in diesen Fällen eine Enteignung der Grundstücke nach § 14 AufbauG v. 6. 9. 1950[1] oder nach § 12 BaulandG v. 15. 6. 1984[2] erforderlich gewesen, um vor deren baulicher Inanspruchnahme Rechtsträgerschaften zu begründen oder Nutzungsrechte zu bestellen.[3] Dies ist in der ehemaligen DDR aus behördlicher Nachlässigkeit vielfach nicht geschehen. Die Folge hiervon ist, daß die Grundstücksgrenzen in diesen Gebieten quer unter den Gebäuden verlaufen.

2 Eine Bereinigung dieser Rechtsverhältnisse wird idR nur in einem alle in dem großflächig überbauten Gebiet belegenen Grundstücke umfassenden **Bodenneuordnungsverfahren** nach dem BoSoG v. 20. 12. 1993[4] erfolgen können.[5] Vor diesem Hintergrund kommt der Vorschrift ihre hauptsächliche Bedeutung nur in denjenigen Fällen zu, in denen es keiner Umlegung im Hinblick auf die vorhandene Bebauung bedarf und in denen durch die Nutzer nur noch wenige Grundstücke in dem überbauten Gebiet hinzuerworben werden müssen (BT-Drucks. 12/5992 S. 124).

II. Voraussetzungen

3 Die betroffenen Grundstücke müssen bis zum Ablauf des 2. 10. 1990 baulich in Anspruch genommen worden sein. Der Beginn der Erdarbeiten bis zu diesem Zeitpunkt genügt. Die Bebauung muß im Rahmen des komplexen Wohnungs- oder Siedlungsbaus (vgl. § 11) oder einer großflächigen gewerblichen Überbauung **ohne Klärung der Eigentumsverhältnisse an Grund und Boden** erfolgt sein. Bebauungen auf vertraglicher Grundlage (vgl. § 7 RdNr. 6) werden nicht erfaßt.

III. Rechtliche Bedeutung

4 **1. Bestimmung der betroffenen Grundstücksflächen (Abs. 1 Nr. 1 bis 3).** Liegen die in Abs. 1 S. 1 1. Halbs. bezeichneten Voraussetzungen vor, ist zur Bestimmung der vom Anspruch des Nutzers auf Erwerb des Grundstücks oder auf Bestellung eines Erbbaurechts betroffenen Bodenfläche nach der in Abs. 1 Nr. 1 bis 3 bezeichneten Reihenfolge vorzugehen: **a)** Werden die für die Bebauung erforderlichen Nutzungsgrenzen in **Aufteilungs- oder Vermessungsunterlagen** ausgewiesen, die vor Ablauf des 2. 10. 1990 erstellt wurden, sind die sich hieraus ergebenden Grundstücksgrenzen maßgeblich (Abs. 1 Nr. 1). **b)** Ist dies nicht der Fall, bestimmen sich die Grundstücksgrenzen nach einem ggf. gem. § 2 Abs. 2 a und 2 b VZOG festgelegten **Zuordnungsplan**[6] (Abs. 1 Nr. 2). **c)** In allen übrigen Fällen ist von einer Grundstücksfläche auszugehen, die für eine zweckentsprechende Nutzung der konkreten Bebauung **ortsüblich** ist (Abs. 1 Nr. 3); bei der Bildung solcher Grundstücksgrenzen ist auf die Einhaltung der bauordnungsrechtlich erforderlichen Grenzabstände zu achten.[7]

5 **2. Restflächen (Abs. 2).** Entstehen bei der nach Maßgabe von Abs. 1 Nr. 1 bis 3 erfolgten Bestellung eines Erbbaurechts oder dem Ankauf eines solchen Grundstücksteils Restflächen, die für den Grundstückseigentümer selbständig nicht verwertbar sind (vgl. § 27 RdNr. 2), hat dieser nach Abs. 2 S. 1 gegen die Gemeinde einen dem Übernahmeverlangen nach §§ 145 Abs. 5, 168 BauGB entsprechenden Anspruch auf Abkauf dieser Restflächen. In diesen Fällen bestimmt sich der Kaufpreis für die Restflächen nach Maßgabe von §§ 19, 20 und 68 (Abs. 2

[1] GBl. S. 965.
[2] GBl. I S. 201.
[3] *Eickmann-Wessels-Töpfer* RdNr. 1.
[4] BGBl. I S. 2182.
[5] *Czub/Schmidt-Räntsch/Marx* RdNr. 3; *Eickmann-Wessels-Töpfer* RdNr. 2.
[6] Vgl. *Rädler-Schmidt-Leitschuh* § 2 VZOG RdNr. 8 ff.
[7] *Vossius* RdNr. 10.

S. 2). Diesen Anspruch kann der Grundstückseigentümer frühestens ab dem 1. 1. 2000 geltend machen (Abs. 2 S. 3).

6 Abs. 2 S. 4 stellt klar, daß die Bereinigung der Rechtsverhältnisse an den in Abs. 1 bezeichneten Grundstücken durch Umlegung, Enteignung oder Bodenneuordnung unberührt bleibt. Die Regelung in Abs. 2 stellt insoweit nur eine **Notordnung** für diejenigen Fälle dar, in denen diese Rechtsverhältnisse nicht schon durch ein solches anderes Verfahren als nach diesem Gesetz bereinigt worden sind (BT-Drucks. 12/5992 S. 125). Die künftige praktische Bedeutung dieser Notordnung erscheint ungewiß. IdR dürfte es sich den Beteiligten in diesen Fällen geradezu als sinnvoll aufdrängen, daß der Nutzer im Rahmen einer Erbbaurechtsbestellung oder des Ankaufs eines Grundstücksteils in den nach Abs. 1 Nr. 1 bis 3 zu bestimmenden Grenzen zugleich auch die hiernach verbleibenden Restflächen übernimmt.[8]

§ 25 Andere Flächen

Ergibt sich der Umfang der Flächen, auf die sich die Ansprüche des Nutzers erstrecken, nicht aus den vorstehenden Bestimmungen, so ist Artikel 233 § 4 Abs. 3 Satz 3 des Einführungsgesetzes zum Bürgerlichen Gesetzbuche entsprechend anzuwenden.

1 Die Vorschrift enthält einen **Auffangtatbestand,** der dann eingreift, wenn sich der Umfang der Grundstücksfläche, auf die sich die Ansprüche des Nutzers erstrecken, nicht aus den Regelungen der §§ 21 bis 24 bestimmen läßt.

2 Mit der Verweisung auf Art. 233 § 4 Abs. 3 S. 3 EGBGB stellt die Vorschrift für diese Sachverhalte auf den Maßstab des für Gebäude der errichteten Art **zweckentsprechenden ortsüblichen Umfangs** ab, den die Beteiligten in solchen Fällen für das zu bestellende Erbbaurecht bzw. die zu erwerbende Grundstücksfläche zugrundezulegen haben.

§ 26 Übergroße Flächen für den Eigenheimbau

(1) Ist dem Nutzer ein Nutzungsrecht verliehen oder zugewiesen worden, das die für den Eigenheimbau vorgesehene Regelgröße von 500 Quadratmetern übersteigt, so können der Nutzer oder der Grundstückseigentümer verlangen, daß die Fläche, auf die sich die Nutzungsbefugnis des Erbbauberechtigten (§ 55) erstreckt oder die Gegenstand des Kaufvertrages (§ 65) ist, im Vertrag nach Satz 3 abweichend vom Umfang des Nutzungsrechts bestimmt wird. Das gleiche gilt, wenn der Anspruch des Nutzers nach den §§ 21 bis 23 sich auf eine über die Regelgröße hinausgehende Fläche erstreckt. Die Ansprüche aus den Sätzen 1 und 2 können nur geltend gemacht werden, soweit

1. eine über die Regelgröße von 500 Quadratmetern hinausgehende Fläche abtrennbar und selbständig baulich nutzbar oder

2. eine über die Größe von 1000 Quadratmetern hinausgehende Fläche abtrennbar und angemessen wirtschaftlich nutzbar ist.

(2) Macht der Grundstückseigentümer den in Absatz 1 bestimmten Anspruch geltend, kann der Nutzer von dem Grundstückseigentümer die Übernahme der abzuschreibenden Teilfläche gegen Entschädigung nach dem Zeitwert für die aufstehenden Gebäude, Anlagen und Anpflanzungen verlangen, soweit der Nutzer diese erworben oder in anderer Weise veranlaßt hat. In anderen Fällen hat der Grundstückseigentümer in dem Umfang Entschädigung für die Gebäude, Anlagen und Anpflanzungen zu leisten, wie der Wert seines Grundstücks im Zeitpunkt der Räumung der abzuschreibenden Teilfläche noch erhöht ist. Der Grundstückseigentümer kann nach Bestellung des Erbbaurechts oder dem Ankauf durch den Nutzer von diesem die Räumung der in Absatz 1 bezeichneten Teilfläche gegen eine Entschädigung nach den Sätzen 1 und 2 verlangen.

[8] So auch *Vossius* RdNr. 13.

(3) Der Nutzer darf der Begrenzung seiner Ansprüche nach Absatz 1 widersprechen, wenn diese zu einer unzumutbaren Härte führte. Eine solche Härte liegt insbesondere dann vor, wenn

1. die abzutrennende Teilfläche mit einem Bauwerk (Gebäude oder bauliche Anlage) bebaut worden ist, das

a) den Wert der Nutzung des Eigenheims wesentlich erhöht oder

b) für den vom Nutzer ausgeübten Beruf unentbehrlich ist und für das in der Nähe mit einem für den Nutzer zumutbaren Aufwand kein Ersatz bereitgestellt werden kann, oder

2. durch die Abtrennung ein ungünstig geschnittenes und im Wert besonders vermindertes Grundstück entstehen würde.

Auf Flächen, die über eine Gesamtgröße von 1000 Quadratmetern hinausgehen, ist Satz 1 in der Regel nicht anzuwenden.

(4) Der Nutzer kann den Anspruch des Grundstückseigentümers nach Absatz 1 abwenden, indem er diesem ein nach Lage, Bodenbeschaffenheit und Größe gleichwertiges Grundstück zur Verfügung stellt.

(5) Die Absätze 1 bis 4 sind entsprechend anzuwenden, wenn die Befugnis des Nutzers auf einem Vertrag beruht.

I. Normzweck

1 Nach den Rechtsvorschriften in der DDR sollten die für den Eigenheimbau bereitzustellenden Grundstücke zur Vermeidung einer Zersiedlung[1] eine **Regelgröße von 500 m²** nicht überschreiten.[2] Diese lediglich als Orientierungsgröße[3] festgesetzte Obergrenze ist in einer Vielzahl von Fällen – teilweise erheblich – überschritten worden. Die Ursache hierfür liegt darin, daß die in der DDR belegenen Grundstücke, die für die Bestellung eines Nutzungsrechts in Betracht kamen, in vielen Fällen eine über 500 m² hinausgehende Fläche aufwiesen und eine Grundstücksteilung oder Abschreibung der über die Regelgröße hinausgehenden Fläche meist einen für die Behörden der DDR zu großen Verwaltungsaufwand erfordert hätte. Die Vorschrift trägt diesem Umstand Rechnung und ermöglicht es den Beteiligten, bei einem größeren Grundstück die Ansprüche nach diesem Gesetz auf eine der Regelgröße entsprechende Teilfläche zu beschränken.

2 Hierdurch soll es einerseits dem Nutzer ermöglicht werden, seine ihm durch den Ankauf oder die Bestellung eines Nutzungsrechts entstehenden **finanziellen Belastungen zu beschränken,** indem er seine entsprechenden Rechte auf die von ihm tatsächlich nur benötigte – bebaute – Teilfläche bis zur Regelgröße reduzieren kann (BT-Drucks. 12/7425 S. 69). Andererseits soll in diesen Fällen auch dem Grundstückseigentümer die Möglichkeit eingeräumt werden, eine über die Regelgröße von 500 m² hinausgehende **Teilfläche behalten** zu können, soweit diese für ihn selbständig nutzbar ist (BT-Drucks. 12/5992 S. 125).

II. Voraussetzungen

3 **1. Übergroße Fläche.** Erfaßt werden nur Eigenheimgrundstücke. Nicht erforderlich ist, daß der Nutzer das Eigenheim selbst errichtet hat. Erfaßt werden auch diejenigen Fälle, in denen für den Nutzer ein Nutzungsrecht an einem bereits mit einem Eigenheim bebauten Grundstück bestellt worden ist.[4]

4 Das Grundstück, für das dem Nutzer ein **Nutzungsrecht** bestellt wurde, oder die nach Maßgabe von §§ 21 bis 23 zu bestimmende Fläche muß die nach den Vorschriften der DDR für den Eigenheimbau vorgesehene Regelgröße von 500 m² überschreiten.

[1] *Heuer* RdNr. 51.

[2] Vgl. § 2 Abs. 1 VO über die Bereitstellung von genossenschaftlich genutzten Flächen zur Errichtung von Eigenheimen auf dem Lande v. 9. 9. 1976 (GBl. I S. 426, ber. GBl. I S. 500); § 7 S. 2 EigenheimVO v. 31. 8. 1978 (GBl. I S. 425).

[3] *Heuer* RdNr. 51.

[4] Vgl. insbes. §§ 289, 293 ZGB und § 2 Abs. 2 Gesetz über den Verkauf volkseigener Eigenheime und Siedlungshäuser v. 15. 9. 1954 (GBl. S. 783).

5 Abs. 5 bestimmt, daß die Vorschrift auch auf diejenigen Sachverhalte anzuwenden ist, in denen dem Nutzer ein übergroßes, mit einem Eigenheim bebautes oder für die Errichtung eines Eigenheims bestimmtes Grundstück **auf vertraglicher Grundlage** überlassen wurde. In Betracht kommen hier insbes. Überlassungsverträge (vgl. § 5 RdNr. 8 f.) und Nutzungsverträge (vgl. § 5 RdNr. 10).

6 **2. Abtrennbarkeit. a)** Die über die Regelgröße von 500 m² hinausgehende Grundstücksfläche muß von der mit dem Eigenheim und den dazugehörenden Nebengebäuden (vgl. § 5 Abs. 2 S. 2) bebauten Teilfläche abtrennbar (vgl. § 13 RdNr. 2) und **selbständig baulich nutzbar** (vgl. § 13 RdNr. 3 ff.) sein (Abs. 1 S. 3 Nr. 1). Hierzu genügt es, wenn aus der Teilfläche erst in Verbindung mit einem Nachbargrundstück oder einer von diesem abzuschreibenden anderen Teilfläche ein neues selbständig bebaubares Grundstück hergestellt werden kann (vgl. § 13 Abs. 2 S. 2). Geht die Grundstücksfläche nämlich nur relativ geringfügig über 500 m² hinaus, ist ein Zurückschneiden auf die Regelgröße nur dann vertretbar, wenn dem Grundstückseigentümer hierdurch ein wesentlicher Vorteil in der Form eines neuen Bauplatzes entsteht (BT-Drucks. 12/5992 S. 125). **b)** Beträgt die Grundstücksfläche mehr als das Doppelte der für den Eigenheimbau vorgesehenen Regelgröße, ist die selbständige bauliche Nutzbarkeit der über 1000 m² hinausgehenden Teilfläche nicht erforderlich. In diesen Fällen genügt es, wenn die über 1000 m² hinausgehende Teilfläche abtrennbar und nur in irgendeiner Weise für den Grundstückseigentümer angemessen **wirtschaftlich nutzbar** ist (Abs. 1 S. 3 Nr. 2). Hierunter fällt jede wirtschaftlich sinnvolle Nutzung (BT-Drucks. 12/5992 S. 126).

III. Rechtsfolgen

7 **1. Abtrennung.** Sind die in Abs. 1 bezeichneten Voraussetzungen gegeben, kann jeder der Beteiligten von dem anderen Teil verlangen, daß die Fläche, auf die sich das Erbbaurecht erstreckt oder die Gegenstand des Kaufvertrages ist, um diejenige über 500 m² bzw. 1000 m² hinausgehende Teilfläche reduziert wird, die für den Grundstückseigentümer selbständig nutzbar ist. Hierbei darf die dem Nutzer verbleibende Grundstücksfläche im Fall von Abs. 1 S. 3 Nr. 1 500 m² und im Fall von Abs. 1 S. 3 Nr. 2 1000 m² nicht unterschreiten.

8 Eine Regelung über den **Grenzverlauf** zwischen der dem Nutzer verbleibenden und der abzutrennenden Grundstücksfläche enthält die Vorschrift nicht. Die Grundstücksteilung darf jedoch nicht den Zwecken des öffentlichen Baurechts zuwiderlaufen[5] (vgl. insbes. §§ 19 ff. BauGB iVm. § 120). Die zur Sicherung öffentlicher Belange (zB Erschließungsfähigkeit, Abstandsflächen) ggf. erforderlichen Rechtshandlungen (zB Bestellung einer Dienstbarkeit bzw. Baulast) haben die Beteiligten im Rahmen des von ihnen zu schließenden Vertrages (§§ 43 ff.; §§ 65 ff.) vorzunehmen.[6] Eine nicht abschließende Sonderregelung enthält insoweit § 27 Abs. 2 und Abs. 3.[7]

9 **2. Auswirkungen auf den Grundstückskaufpreis bzw. Erbbauzins.** Liegen die Voraussetzungen des Abs. 1 vor und wird der Anspruch auf Reduzierung der übergroßen Fläche nicht geltend gemacht, bestimmt sich der von dem Nutzer für den über 500 m² bzw. 1000 m² hinausgehenden Grundstücksteil zu zahlende Erbbauzins bzw. Ankaufspreis nach Maßgabe von § 43 Abs. 2 S. 1 Nr. 1 b bzw. § 70 Abs. 3. Ist die über die Regelgröße von 500 m² bzw. 1000 m² hinausgehende Fläche nicht abtrennbar und selbständig nutzbar, bestehen die in Abs. 1 S. 1 und 2 bezeichneten Ansprüche nicht (Abs. 1 S. 3); dies hat zur Folge, daß die über die Regelgröße hinausgehende Fläche in die sich aus diesem Gesetz ergebenden Ansprüche auf Erbbaurechtsbestellung (§§ 32 ff.) bzw. Ankauf des Grundstücks (§§ 61 ff.) mit einbezogen wird (vgl. § 22 Abs. 1). In diesen Fällen bestimmt sich der regelmäßige Erbbauzins bzw. der regelmäßige Grundstückskaufpreis nach Maßgabe von § 43 Abs. 1 bzw. § 68 Abs. 1. Eine Anwendbarkeit der Regelungen von § 43 Abs. 2 S. 1 Nr. 1 b bzw. § 70 Abs. 3 scheidet wegen des Fehlens der auch dort jeweils vorausgesetzten Abtrennbarkeit und selbständigen Nutzbarkeit der über die Regelgröße hinausgehenden Fläche aus.

10 **3. Entschädigung (Abs. 2 S. 1).** Wird der Anspruch nach Abs. 1 vom **Grundstückseigentümer** geltend gemacht, hat der Nutzer diesem gegenüber einen Anspruch auf Entschädigung für den hierdurch eintretenden Verlust seines bis dahin nach Art. 231 § 5 EGBGB fortbestehenden[8] selbständigen Eigentums an den auf dem abzutrennenden Grundstücksteil befindlichen

[5] *Eickmann-Wessels-Töpfer* RdNr. 7.
[6] Vgl. *Vossius* vor § 21 RdNr. 13 f.
[7] Vgl. *Vossius* vor § 21 RdNr. 14.
[8] Vgl. *Eickmann-Böhringer* Art. 233 § 4 EGBGB RdNr. 17; *Palandt-Heinrichs* Art. 231 § 5 EGBGB RdNr. 3 ff.

Gebäuden, Anlagen und Anpflanzungen (vgl. §§ 288 Abs. 4, 292 Abs. 3 ZGB) in Höhe des jeweiligen Zeitwerts. Die Bestimmung der Höhe dieses Werts erfolgt nach den für die insoweit vergleichbare Vorschrift des § 547 a BGB[9] geltenden Grundsätzen.[10]

11 **4. Bereicherungsersatz (Abs. 2 S. 2).** Wird der Anspruch nach Abs. 1 vom **Nutzer** geltend gemacht, schuldet ihm der Grundstückseigentümer nach allgemeinen bereicherungsrechtlichen Grundsätzen[11] einen Wertersatz nur in dem Umfang, in dem der Wert der abzuschreibenden Teilfläche durch die aufstehenden Gebäude, baulichen Anlagen oder Anpflanzungen im Zeitpunkt der Herausgabe noch erhöht ist. Hierdurch soll sichergestellt werden, daß der Nutzer seinen Anspruch auf Abtrennung nicht dazu verwendet, vom Grundstückseigentümer eine Entschädigung nach dem Zeitwert für ihm lästig gewordene Gebäude, bauliche Anlagen oder Anpflanzungen zu verlangen, die auch für diesen wertlos sind (BT-Drucks. 12/7425 S. 69).

12 **5. Räumung (Abs. 2 S. 3).** Leistet der Grundstückseigentümer dem Nutzer die aus Abs. 2 S. 1 oder 2 folgende Entschädigung, kann er von jenem Zug um Zug die Entfernung derjenigen Gebäude, baulichen Anlagen und Anpflanzungen verlangen, auf die sich seine Verpflichtung zum Wertersatz erstreckt.

IV. Einrede des Nutzers (Abs. 3)

13 **1. Voraussetzungen.** Die Abtrennung der über die Regelgröße von 500 m² hinausgehenden Fläche darf für den Nutzer nicht zur Zerschlagung wirtschaftlicher Einheiten oder erheblichen Wertminderung des ihm verbleibenden Grundstücks führen (BT-Drucks. 12/5992 S. 126). Abs. 3 S. 2 bezeichnet **Regelbeispiele,** in denen das Vorliegen einer solchen **unzumutbaren Härte** zu vermuten ist. Hiernach kommen nur solche Sachverhalte in Betracht, in denen die Abtrennung der über die Regelgröße hinausgehenden Fläche die berufliche Existenz des Nutzers bedrohen (Abs. 3 S. 2 Nr. 1 b) oder zu einem für ihn schlichtweg untragbaren wirtschaftlichen Verlust (Abs. 3 S. 2 Nr. 1 a und Nr. 2) führen würde. Die Härteklausel des Abs. 3 findet grundsätzlich keine Anwendung, wenn das dem Nutzer nach Abtrennung einer Teilfläche verbleibende Grundstück noch eine Gesamtgröße von mindestens 1000 m² aufweist (Abs. 3 S. 3). In diesen Fällen ist es dem Nutzer idR zuzumuten, sich auf die ihm verbleibende Grundstücksfläche zu beschränken, da sie noch immer das Doppelte der nach den Vorschriften der DDR vorgesehenen Regelgröße für Eigenheimgrundstücke beträgt.

14 **2. Rechtsfolgen.** Beruft sich der Nutzer auf eine tatsächlich vorliegende unzumutbare Härte iSv. Abs. 3, scheidet eine Abtrennung der über die Regelgröße hinausgehenden Grundstücksfläche aus. Dies hat zur Folge, daß die über die Regelgröße hinausgehende Fläche in die sich aus diesem Gesetz ergebenden Ansprüche auf Erbbaurechtsbestellung (§§ 32 ff.) bzw. Ankauf des Grundstücks (§§ 61 ff.) einbezogen wird (vgl. § 22 Abs. 1). In diesem Fall schuldet der Nutzer für den über die Regelgröße hinausgehenden Grundstücksteil allerdings nach Maßgabe von § 43 Abs. 2 S. 1 Nr. 1 b bzw. § 70 Abs. 3 den sich aus dem **ungeteilten Grundstückswert** ergebenden Erbbauzins bzw. Grundstückskaufpreis.[12]

V. Ersetzungsbefugnis (Abs. 4)

15 Der Nutzer kann das Begrenzungsverlangen des Grundstückseigentümers nach Abs. 1 abwenden, wenn er diesem anstelle der abzutrennenden Teilfläche ein **in jeder Hinsicht gleichwertiges Grundstück** (BT-Drucks. 12/5992 S. 126) zur Verfügung stellt (Abs. 4). Die praktische Bedeutung dieser Vorschrift dürfte mangels (nahezu) identischer Grundstücke gering sein. Insbesondere in den Fällen, in denen der Grundstückseigentümer die abzuschreibende Teilfläche nur in Zusammenhang mit einem Nachbargrundstück selbständig nutzen kann (vgl. RdNr. 6), werden die Voraussetzungen des Abs. 4 grundsätzlich nicht vorliegen können.[13]

[9] *Vossius* RdNr. 16.
[10] Vgl. hierzu *Palandt-Putzo* § 547 a BGB RdNr. 6.
[11] *Vossius* RdNr. 12.
[12] *Vossius* RdNr. 19.
[13] So auch *Vossius* RdNr. 21.

§ 27 Restflächen

(1) Die Ansprüche nach den §§ 32 und 61 erfassen auch Restflächen. Restflächen sind Grundstücksteile, auf die sich der Anspruch des Nutzers nach den §§ 21 bis 23 und 25 nicht erstreckt, wenn diese nicht in angemessenem Umfang baulich oder wirtschaftlich nutzbar sind. Der Nutzer oder der Grundstückseigentümer ist berechtigt, eine Einbeziehung der Restflächen in den Erbbaurechts- oder Grundstückskaufvertrag zu verlangen, wenn hierdurch ein nach Lage, Form und Größe zweckmäßig gestaltetes Erbbaurecht oder Grundstück entsteht. Der Nutzer kann die Einbeziehung der Restflächen in den Erbbaurechts- oder Grundstückskaufvertrag verweigern, wenn sich dadurch eine für ihn unzumutbare Mehrbelastung ergäbe.

(2) Ist für eine dem Grundstückseigentümer verbleibende Fläche die zur ordnungsgemäßen Nutzung notwendige Verbindung zu einem öffentlichen Weg nicht vorhanden, kann der Grundstückseigentümer vom Nutzer die Bestellung eines Wege- oder Leitungsrechts und zu dessen Sicherung die Übernahme einer Baulast gegenüber der Bauaufsichtsbehörde sowie die Bewilligung einer an rangbereiter Stelle in das Grundbuch einzutragenden Grunddienstbarkeit verlangen. Der Grundstückseigentümer ist zur Löschung der Grunddienstbarkeit verpflichtet, sobald eine anderweitige Erschließung der ihm verbleibenden Fläche hergestellt werden kann. Für die Zeit bis zur Herstellung dieser Erschließung ist § 117 Abs. 2 entsprechend anzuwenden.

(3) Kann ein Wege- oder Leitungsrecht nach Absatz 2 aus tatsächlichen Gründen nicht begründet werden, so hat der Grundstückseigentümer gegen den Nachbarn den in § 917 Abs. 1 des Bürgerlichen Gesetzbuchs bezeichneten Anspruch auf Duldung eines Notwegs. § 918 Abs. 1 des Bürgerlichen Gesetzbuchs ist nicht anzuwenden, wenn das Restgrundstück wegen Abschreibung der mit dem Nutzungsrecht belasteten oder der bebauten und dem Nutzer zuzuordnenden Teilfläche die Verbindung zum öffentlichen Weg verliert.

(4) Für die in § 24 bezeichneten Bebauungen gelten die dort genannten besonderen Regelungen.

A. Normzweck und Geltungsbereich

1 Die Bestimmung trägt dem Umstand Rechnung, daß dem Grundstückseigentümer bei der Durchführung der Sachenrechtsbereinigung **Restflächen** verbleiben können, auf die sich die Ansprüche des Nutzers nach den §§ 21 bis 23 und § 25 nicht erstrecken, und enthält zunächst Regelungen für den Fall, daß diese Restflächen durch den Grundstückseigentümer nicht selbständig verwertbar sind (Abs. 1). Ist hingegen die selbständige Nutzbarkeit der dem Grundstückseigentümer nach Durchführung der Sachenrechtsbereinigung verbleibenden Fläche gegeben, enthält die Vorschrift Ansprüche zur Sicherung der Erschließung des durch die Abtrennung entstandenen neuen Grundstücks (Abs. 2 und Abs. 3). Von dieser Bestimmung **ausdrücklich ausgenommen** sind diejenigen Restflächen, die dem Regelungsbereich von § 24 (vgl. § 24 RdNr. 3) unterfallen (Abs. 4).

B. Einbeziehung von Restflächen (Abs. 1)

I. Voraussetzungen

2 Erforderlich ist, daß der Grundstücksteil, auf den sich der Anspruch des Nutzers nach §§ 21 bis 23 und § 25 nicht bezieht, für den Eigentümer nicht in angemessenem Umfang baulich oder wirtschaftlich nutzbar ist. Die Restfläche muß für den Grundstückseigentümer **nach der allgemeinen Verkehrsanschauung wertlos** sein. Dies wird idR immer dann der Fall sein, wenn die

Nutzung der verbleibenden Teilfläche unter Zugrundelegung einer sinnvollen Wirtschaftsführung vernünftigerweise nicht in Betracht kommen kann.

3 Die Restfläche muß in Verbindung mit dem der Sachenrechtsbereinigung unterliegenden Grundstücksteil ein nach Lage, Form und Größe **zweckmäßig gestaltetes** Erbbaurecht oder Grundstück ergeben (Abs. 1 S. 3 2. Halbs.). Der Begriff der zweckmäßigen Gestaltung ist hierbei weit zu fassen. Soweit die Ansprüche des Nutzers nur einen Teil des Grundstücks erfassen, wird die Einbeziehung der verbleibenden Restfläche idR dazu führen, daß das gesamte Grundstück in seiner bisherigen katastermäßig erfaßten Lage, Form und Größe den Gegenstand des Erbbaurechts- bzw. Kaufvertrages bildet. Ein solches, bereits in der Liegenschaftsdokumentation ausgewiesenes Grundstück wird idR auch als zweckmäßig gestaltet anzusehen sein.

II. Rechtsfolgen

4 Liegen die in Abs. 1 S. 2 und 3 2. Halbs. bezeichneten Voraussetzungen vor, kann jeder der Beteiligten von dem anderen Teil die **Einbeziehung der Restfläche** iSv. Abs. 1 S. 2 in den Erbbaurechts- oder Grundstückskaufvertrag verlangen (Abs. 1 S. 1 und 3 1. Halbs.). Abs. 1 S. 1 stellt durch den ausdrücklichen Hinweis auf die Geltung der §§ 32 und 61 klar, daß auch die in den Vertrag zwischen den Beteiligten einbezogenen Restflächen iSv. Abs. 1 S. 2 von den Vorschriften über die **Halbteilung** des Erbbauzinses (vgl. § 43) bzw. des Bodenwerts (vgl. § 68) erfaßt werden.[1]

5 Der Nutzer kann die Übernahme der Restfläche nur für den Fall verweigern, daß deren Hinzuerwerb bzw. ihre Einbeziehung in den Erbbaurechtsvertrag für ihn eine **unzumutbare Mehrbelastung** bedeuten würde (Abs. 1 S. 4). Vor dem Hintergrund, daß in diesen Fällen – anders als bei den Flächen iSv. § 26 Abs. 3 (vgl. § 26 RdNr. 14) – eine Halbteilung des Bodenwerts bzw. des Erbbauzinses erfolgt (vgl. RdNr. 4), dürfte der Anwendungsbereich dieser Einrede (BT-Drucks. 12/5992 S. 127) auf den Ausgleich von besonderen Härtefällen beschränkt sein.[2] Solche Härtefälle werden idR dann vorliegen, wenn die zusätzlich vom Nutzer zu übernehmende Restfläche besonders groß ist und auch von ihm nicht in angemessenem Umfang baulich oder wirtschaftlich genutzt werden kann (BT-Drucks. 12/5992 S. 73).

C. Sicherung der Erschließung

I. Wege- und Leitungsrechte (Abs. 2)

6 **1. Wege- und Leitungsrechte (Abs. 2 S. 1). a) Voraussetzungen.** Erfaßt werden diejenigen Fälle, in denen dem Eigentümer eine nicht nach Maßgabe von Abs. 1 in den Erbbaurechts- oder Grundstückskaufvertrag einzubeziehende Restfläche verbleibt. Diese Restfläche muß nach entsprechender Parzellierung durch die dem Nutzer zufallende Fläche von der zur ordnungsgemäßen Nutzung erforderlichen Erschließung abgeschnitten sein. Solche Sachverhalte werden insbes. in ländlichen Gebieten anzutreffen sein, in denen Nutzungsrechte häufig ohne Rücksicht auf die Grundstücksgrenzen nur an den entlang der Straße belegenen Grundstücksteilen bestellt worden sind, wodurch – zumeist größere – rückwärtig belegene Teilflächen vom Zugang zum öffentlichen Straßenland abgeschnitten sind (BT-Drucks. 12/5992 S. 127).

7 **b) Rechtsfolgen.** Liegen die Voraussetzungen von Abs. 2 S. 1 1. Halbs. vor, hat der Grundstückseigentümer gegen den Nutzer einen Anspruch auf Bestellung eines Wege- und Leitungsrechts; zur Sicherung dieses Rechts kann der Grundstückseigentümer vom Nutzer die Übernahme einer Baulast gegenüber der Bauaufsichtsbehörde sowie die Bewilligung der Eintragung einer Grunddienstbarkeit an rangbereiter Stelle in das Grundbuch verlangen (Abs. 2 S. 1 2. Halbs.).

8 **c) Kosten.** Die Kosten der Bestellung der zur Gewährung einer hinreichenden Erschließung der Restfläche erforderlichen Sicherungsrechte gehören zu den Vertragskosten iSv. § 60 Abs. 2 bzw. § 77 und sind deshalb zwischen den Beteiligten nach Maßgabe jener Vorschriften zu teilen.[3]

9 **2. Wegfall der Duldungspflicht (Abs. 2 S. 2).** Abs. 2 S. 2 bestimmt, daß der Nutzer die Inanspruchnahme des ihm zufallenden Grundstücks nur solange zu dulden hat, bis eine ander-

[1] So im Ergebnis auch *Vossius* RdNr. 4.
[2] So wohl auch *Vossius* RdNr. 4.
[3] *Vossius* RdNr. 8.

weitige Erschließung der dem Eigentümer verbleibenden Restfläche hergestellt werden kann (BT-Drucks. 12/5992 S. 127). Der Grundstückseigentümer ist nach Maßgabe von § 242 BGB (Verbot der unzulässigen Rechtsausübung) verpflichtet, sich in angemessenem Umfang um die Schaffung einer solchen anderweitigen Erschließungsmöglichkeit zu bemühen,[4] um den Nutzer nicht über das unbedingt erforderliche Maß hinaus zu belasten (BT-Drucks. 12/5992 S. 127).

10 **a) Voraussetzungen.** Erforderlich ist die Möglichkeit einer annähernd gleichwertigen anderweitigen Erschließung. Auf komplizierte Umwege bei der Wegführung der Grundstückszufahrt oder von Ent- und Versorgungsleitungen muß sich der Grundstückseigentümer hierbei grundsätzlich nicht einlassen.[5]

11 **b) Rechtsfolgen.** Liegen die Voraussetzungen für eine dem Grundstückseigentümer zumutbare anderweitige Erschließung der ihm verbleibenden Restfläche vor, hat der Nutzer gegen ihn einen Anspruch auf **Löschung** (§ 875 BGB) der zur Sicherung des Wege- und Leitungsrechts eingetragenen Grunddienstbarkeit. Dieser Anspruch kann durch **Vormerkung** gegenüber Rechtsnachfolgern des Eigentümers gesichert werden.[6] In entsprechender Anwendung von Abs. 2 S. 2 hat der Nutzer unter diesen Voraussetzungen auch einen Anspruch auf Aufgabe einer von ihm zur Sicherung des Wege- und Leitungsrechts übernommenen Baulast.[7]

12 Abs. 2 S. 3 bestimmt, daß der Grundstückseigentümer unter den Voraussetzungen von Abs. 2 S. 2 bis zur Herstellung der anderweitig möglichen Erschließung in entsprechender Anwendung von § 117 Abs. 2 berechtigt ist, die ihm verbleibende Restfläche für eine **angemessene Übergangszeit** weiterhin über das Grundstück des Nutzers zu erschließen (BT-Drucks. 12/5992 S. 127).

II. Notwegrecht (Abs. 3)

13 Abs. 3 enthält eine Regelung für diejenigen Fälle, in denen eine Erschließung der dem Eigentümer verbleibenden Restfläche über das Grundstück des Nutzers aus tatsächlichen Gründen – etwa wegen zu geringer Breite der zur Straße belegenen Grundstücksseite oder wegen einer vollständigen Bebauung – nicht möglich ist. Liegen diese Voraussetzungen vor, hat der Eigentümer gegen den Grundstücksnachbarn einen Anspruch auf Duldung eines Notwegs (Abs. 3 S. 1). Die Verweisung auf § 917 Abs. 1 BGB ist eine **Rechtsfolgeverweisung.**[8] Insbes. hat der Nachbar gegen den Grundstückseigentümer einen Anspruch auf Zahlung einer **Notwegrente** gem. § 917 Abs. 2 BGB,[9] da die Sachenrechtsbereinigung insoweit nicht zu Lasten eines an diesem Verfahren nicht beteiligten Dritten erfolgen kann.[10]

14 Abs. 3 S. 2 stellt klar, daß die Regelung des § 918 Abs. 1 BGB keine Anwendung findet, wenn das dem Eigentümer verbleibende Restgrundstück wegen der Abschreibung der dem Nutzer zuzuordnenden Teilfläche die Verbindung zum öffentlichen Wege- oder Leitungsnetz verliert. Die auf der Grundlage dieses Gesetzes erfolgte Abschreibung von Grundstücksflächen ist **nicht willkürlich iSv. § 918 Abs. 1 BGB,** sondern zeichnet lediglich die in der DDR bereits faktisch vorhandene Grenzziehung nach (BT-Drucks. 12/5992 S. 127).

Unterabschnitt 7. Einwendungen und Einreden

Vorbemerkung zu den §§ 28 bis 31

I. Übersicht über die Gegenrechte nach den Vorschriften des 7. Unterabschnitts

1 **1. Einwendung und Einreden.** Die Durchführung der sogenannten „kleinen" – grundstücksbezogenen (§ 28 RdNr. 1) Sachenrechtsbereinigung nach diesem Gesetz hängt von der Geltendmachung der Ansprüche des Nutzers auf Einräumung eines Erbbaurechts oder Verkauf des Grundstücks ab; der 7. Unterabschnitt regelt in seinen §§ 29 bis 31 anspruchshindernde Einreden und in § 28 eine Einwendung gegen diese Ansprüche des Nutzers.[1]

[4] *Vossius* RdNr. 9.
[5] *Vossius* RdNr. 9.
[6] *Eickmann-Wessels-Töpfer* RdNr. 9.
[7] *Vossius* RdNr. 10.
[8] *Vossius* RdNr. 13.
[9] *Eickmann-Wessels-Töpfer* RdNr. 12.
[10] *Vossius* RdNr. 13.
[1] *Grün* NJW 1994, 2641, 2646; *Czub* NJ 1994, 555, 560 f.; *Czub-Wilhelms* vor § 28 RdNr. 1.

Durch die Erhebung der in § 29 bestimmten Einrede wird zwar die Durchsetzung der RdNr. 1 genannten Ansprüche des Nutzers gehindert, die Sachenrechtsbereinigung selbst aber nicht ausgeschlossen. Es würde nämlich dem Zweck dieses Gesetzes widerstreiten, wenn es aufgrund der Geltendmachung der Gegenrechte des Grundstückseigentümers zu „Hängepartien" käme, in denen es bei dem Auseinanderfallen von Gebäude- und Grundeigentum bliebe. Dies vermeidet das Gesetz, § 29 Abs. 5 (dort RdNr. 39). 2

2. Weitere Gegenrechte. a) Keine Exklusivität der §§ 28 bis 31. Der 7. Unterabschnitt regelt die Gegenrechte des Grundstückseigentümers nicht abschließend; die Gegenrechte der §§ 28ff. schließen die Erhebung weiterer Einwendungen und Einreden nicht aus.[2] 3

Hierzu gehören die allgemeinen bürgerlich-rechtlichen Gegenrechte,[3] insbesondere die Stundung, das Zurückbehaltungsrecht gem. § 273 BGB,[4] aber auch alle Rechte aus Leistungsstörungen, soweit dieses Gesetz nicht speziellere Regelungen trifft.

b) Einzelfälle. Als weitere Gegenrechte sind zu nennen: der Vorrang des aufgrund völkerrechtlicher Vereinbarungen der DDR begründeten Nutzungsrechts gem. **§ 110,** die Einrede gutgläubig lastenfreien Erwerbs gem. **§ 111,** die Härteklausel des **§ 123** für das Ankaufsverlangen und in **§ 53 Abs. 3** für den Fall des Verlangens auf Bestellung eines Erbbaurechts, der Anspruch auf Nutzungstausch nach **§ 109 Abs. 1,** sowie die Gegenrechte der **§§ 34 Abs. 2 S. 2, 35 S. 2, 36 Abs. 1 S. 1** sowie **§ 81 Abs. 1 Nr. 4**. 4

II. Allgemeine Anwendungsfragen der §§ 28ff.

1. Mehrheit von Nutzungstatbeständen. a) Grundregel. Sind auf **einem Grundstück mehrere Nutzungstatbestände** oder ist ein Nutzungstatbestand auf **mehreren Grundstükken** begründet, so ist jeder der Nutzungstatbestände oder ist der Nutzungstatbestand im Hinblick auf jedes Grundstück für sich genommen rechtlich zu beurteilen.[5] Denn erstreckt sich die Nutzung auf zwei Grundstücke, so können die Einwendung oder die Einreden des 7. Unterabschnitts im Hinblick auf ein Grundstück vorliegen, im Hinblick auf das andere hingegen nicht. Wird das Grundstück durch Bebauung mit mehreren Gebäuden oder baulichen Anlagen genutzt, sind die Einwendungen und Einreden also im Hinblick auf jedes Gebäude oder jede bauliche Anlage gesondert zu beurteilen. So kann der Nutzungstatbestand für ein Grundstück iSv § 30 redlich, wegen des anderen Grundstücks aber unredlich erworben worden sein, oder es können nur auf eines der auf dem Grundstück errichteten Gebäude die Voraussetzungen zutreffen, die zur tatbestandlichen Begründung der Einwendung und Einreden des 7. Unterabschnitts führen. 5

b) „Durchgriff" der Einwendung bei Bebauung zweier Grundstücke. Bezieht sich ein Nutzungstatbestand auf zwei Grundstücke, kommt es zu einem „Durchgriff" der in bezug auf eines der Grundstücke begründeten Einwendungs- oder Einredevoraussetzungen, wenn das andere Grundstück andernfalls nicht mehr selbständig bebaubar wäre. Das folgt aus § 13 Abs. 2 und 3.[6] 6

c) Fehlende selbständige bauliche Nutzbarkeit der verbleibenden Funktionsflächen. Ist das Grundstück mit mehreren Gebäuden oder baulichen Anlagen bebaut, kommt es zu einer „Durchgriffs"situation, wenn die Voraussetzungen des § 12 Abs. 3 Nr. 2 vorliegen. Das ist der Fall, wenn die sog. Funktionsfläche, derer der Nutzer zur bestimmungsgemäßen Nutzung *eines* Gebäudes oder *einer* baulichen Anlage bedarf, so beschaffen ist, daß die verbleibende Restfläche nicht mehr baulich oder wirtschaftlich genutzt werden kann.[7] 7

2. Mehrheit von Beteiligten a) Problemstellung. In Sachenrechtsbereinigungsverfahren kann eine Mehrheit von Beteiligten auftreten, sei es, daß das Grundstück mehreren Eigentümern gehört oder daß mehrere Nutzer voneinander unabhängig oder in Abhängigkeit voneinander das Grundstück nutzen; es können auch mehrere Sachenrechtsbereinigungsverfahren miteinander verbunden werden. In diesen Fällen fragt es sich, welches Rechtsverhältnis durch die Einwendung oder Einrede betroffen wird und welche Folgen dies zeitigt. 8

b) Einwendung des § 28. Erhebt der Grundstückseigentümer im Falle einer Mehrheit von Nutzern unabhängig von der rechtlichen Ausgestaltung des zwischen ihnen greifenden Rechts- 9

[2] *Vossius* vor § 28 RdNr. 2;.*Czub-Wilhelms* vor § 28 RdNr. 1.

[3] *H. Roth,* Die Einrede des bürgerlichen Rechts, 1988, passim.

[4] *Vossius* vor § 28 RdNr. 2 aE.

[5] *Vossius* vor § 28 RdNr. 10f.

[6] *Vossius* vor § 28 RdNr. 10 aE.

[7] *Vossius* vor § 28 RdNr. 11.

verhältnisses die Einwendung des § 28 gegen nur einen der Nutzer, so greift sie auch gegenüber den anderen Nutzern.[8] Das folgt aus dem Charakter des Gegenrechts des § 28, das von Amts wegen zu berücksichtigen ist. Kommt das Vorliegen seiner Voraussetzungen dem Notar oder dem Gericht daher dadurch zur Kenntnis, daß sich der Grundstückseigentümer einem der Nutzer gegenüber auf sie beruft, hat der Notar oder das Gericht sie auch im Verfahren gegen die übrigen Nutzer zu berücksichtigen. Das ist sachgerecht, da die Einwendung des § 28 grundstücks- und nicht „personenbezogen"[9] wirkt.

10 **c) Einreden der §§ 29 bis 31.** Dagegen müssen die Einreden der §§ 29ff. gegen den jeweiligen Nutzer erhoben werden. Im Verfahren gegen andere beteiligte Nutzer sind sie nicht von Amts wegen zu berücksichtigen,[10] auch wenn das Gericht vom Vorliegen der Tatbestandsvoraussetzungen dieser Vorschriften Kenntnis erlangt hat. Das folgt aus der verfahrensrechtlichen Qualität von Einreden und ist auch ihrer sachlichen Funktion nach daraus begründet, daß diese Einreden sich auf das konkrete Nutzungsrecht beziehen, die Literatur spricht z. T. von „Personenbezogenheit".[11]

§ 28 Anderweitige Verfahren und Entscheidungen

Die Beteiligten können Ansprüche nach diesem Kapitel nicht verfolgen, wenn

1. **für das Gebiet, in dem das Grundstück belegen ist, ein Bodenneuordnungsverfahren nach dem Bodensonderungsgesetz eingeleitet worden ist, in dem über einen Ausgleich des Grundstückseigentümers für einen Rechtsverlust entschieden wird, oder**
2. **in einem Verfahren auf Zusammenführung des Grundstücks- und Gebäudeeigentums nach § 64 des Landwirtschaftsanpassungsgesetzes Anordnungen zur Durchführung eines freiwilligen Landtausches oder eines Bodenordnungsverfahrens ergangen sind.**

Nummer 2 ist nicht anzuwenden, wenn das Verfahren ohne einen Landtausch oder eine bestandskräftige Entscheidung zur Feststellung und Neuordnung der Eigentumsverhältnisse beendet worden ist.

I. Normzweck

1 **1. Vorrang grundstücksübergreifender vor grundstücksbezogener Sachenrechtsbereinigung.** Die sachenrechtlichen Beziehungen zwischen Grundstückseigentümern und Nutzern (§ 3 Abs. 1 S. 1, § 9) können sowohl durch die individuell zwischen den Beteiligten (zum Begriff § 3 Abs. 1 S. 1) greifenden Regelungen dieses Gesetzes bezogen auf das betreffende Grundstück („kleine" Sachenrechtsbereinigung) als auch durch grundstücksübergreifende Sachenrechtsbereinigungsmaßnahmen („große" Sachenrechtsbereinigung) den sachenrechtlichen Regelungen des BGB angepaßt werden.[1] Denn auch die gesetzlichen Regelungen grundstücksübergreifender Bodenordnung dienen der Sachenrechtsbereinigung,[2] § 1 Nr. 2 BoSoG.[3] § 28 ordnet einen Vorrang[4] der grundstücksübergreifenden Sachenrechtsbereinigung vor der grundstücksbezogenen nach diesem Gesetz an. Denn die „große" Sachenrechtsbereinigung im Wege amtswegig eingeleiteter Bodenneuordnungsverfahren nach dem BoSoG und dem LwAnpG würde ihren Sinn verlieren, wenn die im SachenRBerG normierten Ansprüche auch nach Abschluß dieser grundstücksübergreifenden Regelungsverfahren noch geltend gemacht werden könnten.[5] Der Primat grundstücksübergreifender Bodenordnungsverfahren entspricht auch im übrigen der Struktur des SachenRBerG (vgl. § 86). Daher hat der Gesetzgeber für diese Fälle einen „Ausschluß"[6] der Ansprüche aus verfahrensrechtlichen Gründen in den Fällen

[8] *Vossius* vor § 28 RdNr. 16.
[9] *Purps* VIZ 1995, 565, 566.
[10] *Purps* (Fn. 9).
[11] *Vossius* vor § 28 RdNr. 21.
[1] *Czub-Wilhelms* § 28 RdNr. 1.
[2] *Eickmann* vor § 1 BoSoG RdNr. 12.
[3] *Eickmann* § 1 BoSoG RdNr. 35.
[4] *Eickmann* § 28 RdNr. 2.
[5] BT-Drucks. 12/5992 S. 128.
[6] BT-Drucks. 12/5992 S. 128.

des § 28 angeordnet. Denn wegen ihres Vorranges entziehen die grundstücksübergreifenden Bodennutzungsverfahren der Sachenbereinigung nach diesem Gesetz den Gegenstand.[7]

2 **2. Berücksichtigung von Amts wegen. a) Einwendungen.** Gesetzestechnisch wird dieses Ziel der Sicherstellung des Vorranges von Maßnahmen der „großen" Sachenrechtsbereinigung vor den grundstücksbezogenen Ordnungsmaßnahmen dieses Gesetzes dadurch erreicht, daß § 28 gegenüber den Ansprüchen der §§ 15, 32ff. und 61ff. SachenRBerG eine **Einwendung**[8] bestimmt. Die Durchsetzung der Ansprüche ist daher beim Vorliegen der in den Nrn. 1 und 2 dieser Vorschrift tatbestandlich gefaßten Voraussetzungen von Gesetzes wegen gehindert.

3 Den Beteiligten wird durch § 28 nicht verwehrt, sich auf den Abschluß von Verträgen über die Bestellung von Erbbaurechten oder den Eigentumsübergang des Grundstücks zu einigen, da auch nach Durchführung von grundstücksübergreifenden Bodenordnungsverfahren die entsprechenden Entscheidungen hierüber der Privatautonomie der Beteiligten überantwortet sind. Unabhängig von § 28 sind freilich insoweit die übrigen hoheitlichen Beschränkungen des Grundstücksverkehrs.

4 **b) Notarielles Vermittlungsverfahren gem. §§ 87ff.** Nur soweit einer der Beteiligten sich einer einverständlichen Sachenrechtsbereinigung nach diesem Gesetz verschließt und der andere den Weg des notariellen Vermittlungsverfahrens nach den §§ 87ff. beschreitet, kommt § 28 zum Zuge; es wird insoweit davon gesprochen,[9] die „Umsetzung" dieser Vorschrift erfolge durch die §§ 94, 95: Danach ist dem Notar gem. § 94 Abs. 2 Nr. 1 die *Möglichkeit* (iS einer Sollvorschrift) eingeräumt, die Vermittlung u. a. dann auszusetzen, wenn für das betroffene Grundstück ein Antrag auf Feststellung der Eigentums- oder Nutzungsrechtsgrenzen in einem Bodensonderungsverfahren (gem. §§ 2, 3 BoSoG) gestellt und das Verfahren noch nicht zum Abschluß gelangt ist.[10] In diesen Fällen können die Beteiligten nämlich privatautonom ihre Rechtsbeziehungen gestalten (RdNr. 3), sofern nur unbedeutende Teilflächen im Bodensonderungsverfahren gegenständlich sind.[11] In den Fällen einer Einbeziehung des Grundstücks in ein Bodenneuordnungsverfahren nach § 5 BoSoG und ein Verfahren nach **§ 64 LwAnpG** greift dagegen im notariellen Vermittlungsverfahren der Einwendungscharakter des § 28 durch, da die Einleitung beider Verfahren **zwingende Einstellungsgründe** für den Notar darstellen, § 95 Abs. 1.[12]

5 **c) Prozeß.** Auch im gerichtlichen Verfahren gem. §§ 103ff. ist die Einwendung nach dieser Vorschrift von Amts wegen zu berücksichtigen. Wurde die Einwendung bereits im notariellen Vermittlungsverfahren erhoben und ist darauf die Einstellung des Verfahrens erfolgt (RdNr. 4), so muß der Grundstückseigentümer vor Gericht die Einwendung erneut erheben, um ihre anspruchshindernden Wirkungen herbeizuführen. Den Antragsteller trifft insoweit keine Mitteilungspflicht entsprechend den in § 90 Abs. 3 Nr. 3 und 4 aufgezählten Fällen. Daher stellt die Einstellung des notariellen Vermittlungsverfahrens auch kein Verfahrenshindernis für den Prozeß dar. Die Klage wird nicht unzulässig.

6 **d) Mehrheit von Beteiligten.** Zur Wirkung der Erhebung der Einwendung bei einer Mehrheit von Verfahrensbeteiligten vgl. Vorbemerkung RdNr. 9.

II. Bodenneuordnungsverfahren (S. 1 Nr. 1)

7 **1. Tatbestände. a) Verfahren nach § 5 BoSoG.** S. 1 Nr. 1 sieht eine Einwendung gegen die Ansprüche der §§ 15, 32ff. und 61ff. SachenRBerG vor, wenn ein Bodenneuordnungsverfahren nach § 5 BoSoG[13] eingeleitet worden ist: Das Bodenneuordnungsverfahren nach § 5 BoSoG trifft nämlich im Gegensatz zu den Verfahren nach den §§ 2 bis 4 BoSoG nicht allein reine Feststellungen der Rechtsverhältnisse, sondern zugunsten bestimmter besonders vom Gesetz Begünstigter materielle Regelungen im Zusammenspiel mit § 2 VZOG. Mit den Bodenneuordnungsverfahren soll auf die spezifischen aus dem sogenannten **komplexen Wohnungs- oder Siedlungsbau** der DDR herrührenden Probleme reagiert werden (oben **§ 11**). Hier bedarf es einer grundstücksübergreifenden Sachenrechtsbereinigung, da die Bestellung von Gesamterbbaurechten regelmäßig in den Fällen in pragmatischer Hinsicht nicht durchführbar

[7] BT-Drucks. 12/5992 S. 128.
[8] *Vossius* § 28 RdNr. 1; *Czub-Wilhelms* § 28 RdNr. 2.
[9] *Eickamnn* § 28 RdNr. 9.
[10] *Eickmann* § 94 RdNr. 7, 8.
[11] *Eickmann* § 94 RdNr. 8.
[12] *Eickmann* § 95 RdNr. 1.
[13] Vgl. allgemein zur Bodensonderung in den neuen Bundesländern *Schmidt-Räntsch/Marx* DtZ 1994, 354.

wäre,[14] in denen Wohngebiete großflächig grundstücksflächenübergreifend bebaut worden sind. Bei der großflächigen grundstücksübergreifenden Sachenrechtsbereinigung ist in vielen Fällen die Zuordnung von Splitterflächen nötig; im Falle enteigneter Grundstücke muß eine Vermögenszuordnung erfolgen.

8 Im Hinblick auf die **besonderen sozialpolitischen Zwecke,** die im Bodenneuordnungsverfahren nach **§ 5 Abs. 4 BoSoG** zu berücksichtigen sind, und die angemessene Beteiligung der **besonderen Begünstigten**[15] bestimmt **§ 5 Abs. 6 BoSoG,** daß im Bodenneuordnungsverfahren von den Bestimmungen des SachenRBerG abgewichen werden kann.[16]

9 **b) § 51 BauGB.** In Betracht kommen auch bauordnungsrechtliche Umlegungsverfahren. Denn zum Schutz der in diesen Verfahren bezweckten Neuordnungen ordnet § 51 BauGB an, daß die betroffenen Grundstücke bestimmten Verfügungssperren unterworfen sind, die auch nicht durch eine „kleine" Sachenrechtsbereinigung unterlaufen werden sollen.[17]

10 **2. Rechtsfolge.** Das Vermittlungsverfahren nach den §§ 87f., 95 ist vom Notar einzustellen, wenn eine **Bodenneuordnungsverfahren gem. § 5 BoSoG** eingeleitet worden und noch nicht zum Abschluß gekommen ist.

III. Landwirtschaftliche Bodenordnungsverfahren gem. § 64 LwAnpG (S. 1 Nr. 2)

11 **1. Anordnungen nach § 64 LwAnpG. a) Voraussetzung.** Nach S. 1 Nr. 2 besteht eine Einwendung gegen die Ansprüche nach dem SachenRBerG (RdNr. 4), wenn eine **Anordnung** zur Durchführung eines freiwilligen Landtausches oder zur Durchführung eines Bodenordnungsverfahrens in einem Verfahren nach § 64 LwAnpG **getroffen** worden ist.[18] Dabei geht es nach der Aufhebung des genossenschaftlichen Bodennutzungsrechts um die grundlegende Neuregelung der Eigentumsverhältnisse an landwirtschaftlichen Flächen sowie um den Ausgleich eintretender Rechtsverluste. Rechtsgrundlagen sind die §§ 103c FlurbG bzw. § 64 i. V. m. §§ 56 bis 61 LwAnpG.[19] Entsprechend seiner Regelungsfunktion sind am Verfahren die Flächennutzer, die Eigentümer sowie die Inhaber sonstiger dinglicher Rechte zu beteiligen.

12 **b) Funktion der Vorschrift.** Die Einwendung des S. 1 Nr. 2 trägt der verfahrensrechtlichen Ausgestaltung des besonderen landwirtschaftlichen Bodenordnungsverfahrens Rechnung. Anders als das Verfahren nach dem BoSoG wird das landwirtschaftliche Bodensonderungsverfahren nicht von Amts wegen durchgeführt, es ist als Antragsverfahren ausgestaltet,[20] das durch übereinstimmende Erklärung der Beteiligten beendet werden kann. Die bloße Verfahrenseinleitung hindert daher nicht bereits notwendig die Sachenrechtsbereinigung nach diesem Gesetz,[21] da die Verfahrensbeteiligten einer umfassenden grundstücksübergreifenden Neuregelung der sachenrechtlichen Verhältnisse verfahrensrechtlich die Grundlage entziehen können. Nur unter der Voraussetzung, daß im Verfahren nach § 64 LwAnpG tatsächlich eine Anordnung ergangen ist, aufgrund derer in die sachenrechtliche Verfaßtheit der betroffenen Grundstücke eingegriffen wird, greift die Einwendung gegen Ansprüche nach dem SachenRBerG nach S. 1 Nr. 2.

13 **2. Rechtsfolge.** Unter den in RdNr. 11 u. 12 aufgeführten Voraussetzungen ist das Vermittlungsverfahren vom Notar von Amts wegen einzustellen (§ 95 Abs. 1). Dies gilt nicht bei Eingriffen der Ausnahme gemäß S. 2 (s. nachstehend).

14 **3. Ausnahmetatbestand des S. 2.** Ergeht im landwirtschaftlichen Bodensonderungsverfahren **keine Anordnung,** durch die eine **Feststellung oder Neuordnung der Eigentumsverhältnisse** an den betroffenen Grundstücken vorgenommen wird, so greift S. 2 ein.[22] Danach wird die Sachenrechtsbereinigung durch das landwirtschaftliche Bodensonderungsverfahren unter dieser Voraussetzung nicht ausgeschlossen; S. 2 hebt für diese Fälle die Anwendbarkeit des S. 1 Nr. 2 auf. Denn in diesen Fällen greift der vom Gesetzgeber intendierte Zweck, den Vorrang grundstücksübergreifender „großer" Sachenrechtsbereinigungsmaßnahmen vor solchen nach diesem Gesetz zu bewahren, nicht durch.

[14] *Eickmann* § 5 BoSoG RdNr. 22.

[15] *Eickmann* § 5 BoSoG RdNr. 24.

[16] *Eickmann* § 5 BoSoG RdNr. 31.

[17] *Vossius* § 28 RdNr. 3; *Czub-Wilhelms* § 28 RdNr. 22; vgl. i. ü. § 120.

[18] *Thöne-Knauber,* Boden- und Gebäudeeigentum in den neuen Bundesländern, 2. Aufl. 1996, RdNr. 417; *Vossius* § 28 RdNr. 4; *Zimmermann-Heller* Kapitel 2 RdNr. 86.

[19] *Thöne-Knauber* (Fn. 18) RdNr. 414f.

[20] *Thöne-Knauber* (Fn. 18) RdNr. 416.

[21] *Herbig-Gaitzsch-Hügel-Weser,* Sachenrechtsbereinigungsgesetz, 1994, S. 67.

[22] *Vossius* § 28 RdNr. 4 aE.

§ 29 Nicht mehr nutzbare Gebäude und nicht ausgeübte Nutzungen

(1) Der Grundstückseigentümer kann die Bestellung des Erbbaurechts oder den Verkauf des Grundstücks an den Nutzer verweigern, wenn das Gebäude oder die bauliche Anlage

1. nicht mehr nutzbar und mit einer Rekonstruktion durch den Nutzer nicht mehr zu rechnen ist, oder

2. nicht mehr genutzt wird und mit einem Gebrauch durch den Nutzer nicht mehr zu rechnen ist.

Ist die Nutzung für mindestens ein Jahr aufgegeben worden, so ist zu vermuten, daß eine Nutzung auch in Zukunft nicht stattfinden wird.

(2) Ist ein Nutzungsrecht bestellt worden, steht dem Grundstückseigentümer die in Absatz 1 bezeichnete Einrede nur dann zu, wenn

1. die in Absatz 1 bezeichneten Voraussetzungen vorliegen oder der Nutzer das Grundstück nicht bebaut hat und

2. nach den persönlichen oder wirtschaftlichen Verhältnissen des Nutzers nur eine Verwertung durch Veräußerung zu erwarten ist oder das Gebäude oder die bauliche Anlage, für die das Nutzungsrecht bestellt wurde, an anderer Stelle errichtet wurde.

(3) Der Grundstückseigentümer kann die Einreden aus den Absätzen 1 und 2 auch gegenüber dem Rechtsnachfolger des Nutzers erheben, wenn

1. der Nutzer bei Abschluß des der Veräußerung zugrunde liegenden Vertrages das Grundstück nicht bebaut hatte oder das Gebäude oder die bauliche Anlage nicht mehr nutzbar war,

2. das Eigentum am Gebäude aufgrund eines nach dem 20. Juli 1993 abgeschlossenen Vertrags übertragen worden ist und

3. der Rechtsnachfolger das Grundstück nicht bebaut oder das Gebäude oder die bauliche Anlage nicht wiederhergestellt hat.

Hat der Rechtsnachfolger des Nutzers das Grundstück bebaut, so kann der Grundstückseigentümer die Bestellung eines Erbbaurechts oder den Ankauf des Grundstücks nicht verweigern. In diesem Fall bestimmen sich der Erbbauzins nach § 47 Abs. 3 und der Ankaufspreis nach § 70 Abs. 4.

(4) Die Absätze 1 und 2 nicht nicht anzuwenden, wenn

1. das Gebäude oder die bauliche Anlage noch nutzbar ist,

2. als Teil eines Unternehmens veräußert wird und

3. der Erwerber das Gebäude oder die bauliche Anlage nutzt und das Geschäft des Veräußerers fortführt.

Satz 1 ist auf Veräußerungen von Unternehmen oder Unternehmensteilen durch einen Verwalter im Wege eines Verfahrens nach der Gesamtvollstreckungsordnung entsprechend anzuwenden.

(5) Erhebt der Grundstückseigentümer die in den Absätzen 1 und 2 bezeichnete Einrede, kann der Nutzer vom Grundstückseigentümer den Ankauf des Gebäudes oder der baulichen Anlage oder die Ablösung der aus der baulichen Investition begründeten Rechte nach § 81 Abs. 1 Satz 1 Nr. 2 verlangen. Der Grundstückseigentümer kann den Anspruch des Nutzers aus Satz 1 abwenden, indem er das Grundstück oder die Teilfläche, auf die sich die Ansprüche nach diesem Kapitel erstrecken, zu einem Verkauf mit dem Gebäude oder der baulichen Anlage bereitstellt. § 79 Abs. 1, 2 Satz 2 und Abs. 3 ist entsprechend anzuwenden. Eine Versteigerung ist entsprechend den §§ 180 bis 185 des Gesetzes über die Zwangsversteigerung und die Zwangsverwaltung vorzunehmen.

Übersicht

I. Normzweck

1 **1. Überblick.** Dem Grundstückseigentümer stehen nach dieser Vorschrift gegenüber dem Anspruch des Nutzers auf Bestellung eins Erbbaurechts oder auf Verkauf des Grundstücks unter verschiedenen Voraussetzungen **Einreden**[1] zu, die in ihrem Kern darauf beruhen, daß der Nutzer das auf dem Grundstück befindliche Gebäude oder die bauliche Anlage **nicht mehr nutzt** und auch in Zukunft mit einer Nutzung nicht mehr zu rechnen ist oder sie **aufgrund ihres Zustandes nicht mehr nutzen kann** und eine Wiederherstellung nicht zu erwarten ist.

2 **2. Zweck der Vorschrift.** Das entspricht dem ursprünglichen Zweck, den die Ausstattung des Nutzers einer Immobilie mit eigenen Rechten durch die Rechtsordnung der DDR verfolgte, nämlich unabhängig von der immobiliarsachenrechtlichen Eigentumslage investive Vorhaben zu ermöglichen und zu sichern.[2] Diese Investitionen sollen, sofern sie sich noch als werthaltig darstellen, nicht der Anpassung der sachenrechtlichen Lage an das BGB zum Opfer fallen.[3] Umgekehrt sorgt diese Vorschrift dafür, daß der Grundstückseigentümer Einbußen seiner Rechtsstellung aufgrund von Ansprüchen eines Nutzers dann nicht hinnehmen muß, wenn die

[1] *Vossius* § 29 RdNr. 1; *Eickmann-Trittel* § 29 RdNr. 1; *Thöne-Knauber,* Boden- und Gebäudeeigentum in den neuen Bundesländern, 2. Aufl. 1996, RdNr. 622; *Czub-Wilhelms* § 29 RdNr. 2.

[2] *Thöne-Knauber* (Fn. 1) RdNr. 625.

[3] *Vossius* § 29 RdNr. 1.

Nutzung aufgegeben oder die Bausubstanz wertlos geworden ist. Dadurch soll verhindert werden, daß der **ehemalige** Nutzer wirtschaftlich am verbliebenen Wert des Grundstücks beteiligt wird,[4] was im Ausgleich zwischen Grundstückseigentümer und Nutzer Art. 14 Abs. 1 GG Rechnung trägt.

3 **3. Verfahren.** Beruft sich der Grundstückseigentümer im notariellen Vermittlungsverfahren der §§ 87ff. SachenRBerG auf die Einrede der Abs. 1 oder 2, so greift § 94 Abs. 2 ein. Im Falle des Bestreitens der Anspruchsberechtigung, wozu insbesondere die Erhebung der Einreden des § 29 zählt,[5] ist dem Notar ein Ermessensspielraum dahingehend eingeräumt, das Vermittlungsverfahren bis zur streitigen Klärung der Anspruchsberechtigung des Nutzers auszusetzen (s. auch § 94 RdNr. 4, 6ff.). Zur **Mehrheit von Nutzern** und Grundstückseigentümern im Verfahren s. vor § 28 RdNr. 10.

II. Abs. 1: Voraussetzungen der Einrede beim Nutzer ohne Nutzungsrecht

4 **1. Fallgruppen.** Ist dem Nutzer kein Nutzungsrecht eingeräumt, steht dem Grundstückseigentümer gegen den Anspruch auf Bestellung eines Erbbaurechts oder Verkauf des Grundstücks eine Einrede zu, wenn einer der folgenden Tatbestände erfüllt ist: **Entweder** ist nach Abs. 1 S. 1 Nr. 1 das Gebäude bzw. die bauliche Anlage nicht mehr nutzbar[6] **und** es ist mit einer Wiederherstellung durch den Nutzer nicht mehr zu rechnen, **oder** es findet gem. Abs. 1 S. 1 Nr. 2 tatsächlich keine Nutzung mehr statt **und** es ist mit der Wiederaufnahme des Gebrauchs durch den Nutzer nicht zu rechnen.

5 **2. Zu Abs. 1 S. 1 Nr. 1. a) Fehlende Nutzbarkeit.** Diese Regelung erfaßt die Rechtsverhältnisse von Grundstückseigentümer und Nutzer im Falle von bebauten Grundstücken, deren Baustubstanz jedenfalls nicht mehr nutzbar ist – der Gesetzgeber sprach zunächst sogar von Ruinengrundstücken.[7] Nicht mehr nutzbar ist das Gebäude (die bauliche Anlage), wenn es nach den objektiven Gegebenheiten, insbesondere seinem Bauzustand, im Rahmen des Nutzungszwecks keiner wirtschaftlich sinnvollen Verwendung mehr zugeführt werden kann. Dabei kann nur eine solche Nutzung in Betracht kommen, die dazu bestimmt und grundsätzlich auch geeignet ist, den Gebäudewert zu erhalten.[8]

6 **b) Aussicht auf Wiederaufbau.** Zu der objektiven Eigenschaft des Grundstücks muß noch ein „voluntatives" oder genauer prognostisches Element treten. Die Einrede des Abs. 1 S. 1 Nr. 1 setzt nämlich voraus, daß nicht damit zu rechnen ist, daß der Nutzer das Gebäude wiederaufbauen werde. Die Dinge liegen, inwoweit komplizierter als im Falle des Abs. 1 S. 1 Nr. 2, da es für die Nr. 1 an einer dem S. 2 entsprechenden gesetzlichen Vermutung (RdNr. 12) fehlt. Das ist plausibel, denn die Wiederaufnahme einer zwischenzeitlich eingestellten Nutzung und der Wiederaufbau von Gebäuden und baulichen Anlagen sind sehr unterschiedliche Sachverhalte: Der Investitionsaufwand ist im zweiten Fall regelmäßig erheblich höher als im ersten, in dem ja gerade vorhandene Investitionen genutzt werden. Das Problem des Abs. 1 S. 1 Nr. 1 liegt daher bei der Bestimmung der Darlegungslast der Beteiligten. Dabei begegnet es aus den genannten Gründen zunächst Bedenken, wenn man die von Abs. 1 S. 1 Nr. 1 geforderte prognostische Betrachtungsweise entsprechend S. 2 an dem bisherigen Verhalten des Nutzers[9] orientiert und darauf abstellt, ob er seit Jahren das verfallene Objekt nicht rekonstruiert hat. Denn dem Nutzer kann nicht in allen Fällen zugemutet werden, daß er das erhebliche wirtschaftliche Risiko eines Wiederaufbaus bei ungesicherter sachenrechtlicher Rechtslage trägt. Der Zeitraum, innerhalb dessen der Nutzer den Wiederaufbau des verfallenen Gebäudes versäumt hat, muß daher erheblich sein; er muß die Jahresfrist des Abs. 1 S. 2 deutlich überschreiten. Zusätzlich zu dem Vortrag, der Nutzer habe über einen längeren Zeitraum die Rekonstruktion versäumt, muß der Grundstückseigentümer vortragen, der Nutzer sei nicht willens oder wirtschaftlich nicht in der Lage, den Neuaufbau durchzuführen.

7 **c) Liquidation oder Gesamtvollstreckung.** Einfacher stellt sich die Darlegungssituation des Grundstückseigentümers in folgenden Fällen dar: Handelt es sich bei dem Nutzer um eine in Liquidation befindliche juristische Person oder ist über das Vermögen des Nutzers die Ge-

[4] *Eickmann-Trittel* § 29 RdNr. 2.
[5] *Eickmann-Trittel* § 94 RdNr. 8, 2. Spiegelstrich.
[6] Zum Begriff: *Purps* VIZ 1995, 565.
[7] BT-Drucks. 12/5992 S. 128.
[8] S. auch § 49 SchuldRAnpG, dort RdNr. 7 und unten RdNr. 9.
[9] So aber *Eickmann-Trittel* § 29 RdNr. 6 und BT-Drucks. 12/5992 S. 128.

samtvollstreckung eröffnet worden, so spricht dieser Umstand dagegen, daß der Nutzer das Gebäude wiedererrichten werden. Dabei ist aber Abs. 4 S. 2 zu beachten (RdNr. 35f.). Daher ist mit Ausnahme der Fälle einer Betriebs- oder Unternehmensveräußerung durch den Liquidator oder den Gesamtvollstreckungsverwalter unter den Voraussetzungen des Abs. 4 S. 1 Nr. 1 bis 3 regelmäßig davon auszugehen, daß das in Liquidation oder Gesamtvollstreckung befindliche Unternehmen nicht in der Lage sein wird, investive Vorhaben im Umfange eines Wiederaufbaus solcher unbenutzbarer Gebäude oder baulicher Anlagen zu tätigen, deren Nutzer es ist bzw. war.

8 **3. Zu Abs. 1 S. 1 Nr. 2. a) Regelungsbereich.** Diese Vorschrift erfaßt Fälle, in denen auf der Seite des **objektiven Tatbestandes** das Gebäude oder die bauliche Anlage nach ihrem Zustand ihrer Widmung gemäß gebraucht werden könnten, der Nutzer aber diesen Gebrauch unterläßt bzw. nicht mehr aufrechterhält.[10] Insoweit wird durch die nicht mehr aufrechterhaltene Nutzung manifest, daß die vom Nutzer getätigte Investition ihren wirtschaftlichen Wert eingebüßt hat.[11]

9 **b) Nutzung, Nutzungsänderung.** Auch eine geänderte Nutzung iS einer Änderung des Gewerbezweiges kann eine Nutzung iS dieser Vorschrift sein, sofern der Rahmen der Widmung gemäß § 2 NutzungsRG[12] nicht überschritten wird. Ein Gebäude oder eine bauliche Anlage wird aber dann nicht mehr genutzt, wenn die Erträgnisse der geänderten Nutzung von vornherein nicht dazu bestimmt (und geeignet) sind, die Gebäudesubstanz zu erhalten. Beispiele: Nutzung einer Fabrikhalle als Parkfläche, eines Kellerraumes für die Champignonzucht.[13] Hier kann es nicht gerechtfertigt sein, das Grundstück mit dem Gebäude in der Hand des Nutzers zu vereinigen. Daß der ursprüngliche Nutzer das Gebäude vermietet oder verpachtet hat, vermag an diesem Ergebnis in diesen Fällen[14] nichts zu ändern: Mit dem Pachtzins, der aus einer solcherart geänderten Nutzung gezogen wird, wird die Gebäudesubstanz nicht zu erhalten sein.

10 **c) Aussicht auf Wiederaufnahme der Nutzung.** Der Tatbestand des Abs. 1 S. 1 Nr. 2 weist daneben eine subjektive Seite auf: Die Einrede des Grundstückseigentümers greift nur, wenn nicht zu erwarten ist, daß der Nutzer den Gebrauch des Gebäudes oder der baulichen Anlage wiederaufnehmen werde. Das ist jedenfalls dann der Fall, wenn der Nutzer dem Grundstückseigentümer oder Dritten gegenüber entsprechende dahingehende Erklärungen abgegeben hat oder dann, wenn eine Wiederaufnahme der Nutzung aus zwingenden betriebswirtschaftlichen Gründen unrentabel wäre.

11 **d) Liquidation oder Gesamtvollstreckung in das Vermögen des Nutzers** schließen eine Wiederaufnahme der Nutzung zumeist aus. Denn die mit der Wiederaufnahme einer – zwischenzeitlich aufgegebenen – Nutzung verbundene Ausdehnung des werbenden Geschäftsbetriebs des Nutzers wird mit dem Liuqidations- oder Gesamtvollstreckungszweck in aller Regel nicht vereinbar sein. Dabei ist aber zu beachten, daß die Dinge dann anders liegen, wenn beispielsweise der Gesamtvollstreckungsverwalter im Wege einer „übertragenden Sanierung" vorgeht; diesen Fall berücksichtigt die Ausnahmeregelung des Abs. 4 S. 2 (unten RdNr. 35f.).

12 **e) Gesetzliche Vermutung des Abs. 1 S. 2.** Die Prognose der Wiederaufnahme einer Nutzung des Objekts ist im übrigen – wie jede Prognose – problematisch. Für den Fall des Abs. 1 S. 1 Nr. 2 hilft indessen der S. 2, in dem der Gesetzgeber eine **widerlegbare Vermutung** anordnet, wonach davon auszugehen ist, daß die Aufnahme der Nutzung in Zukunft nicht zu erwarten ist, wenn sie seit wenigstens einem Jahr eingestellt worden ist. Auf den Grund der Einstellung der Nutzung kommt es insoweit nicht an. Die gesetzliche Vermutung, daß mit einer Wiederaufnahme der Nutzung nicht zu rechnen sei, greift daher auch dann ein, wenn dem Nutzer beispielsweise durch behördliche Auflagen usf. die Einstellung der Nutzung aufgegeben wurde, diese mithin unfreiwillig erfolgte.[15] Das ist auch deshalb richtig, weil derartige Fälle sich der Sache nach stark an die des Abs. 1 S. 1 Nr. 1 annähern; das Gebäude wird dann entweder nicht mehr öffentlich-rechtlichen Vorschriften entsprechen oder die Art der Nutzung durch den Nutzer entspricht nicht mehr geltendem Recht.

[10] *Purps* DtZ 1995, 390, 392.

[11] *Thöne-Knauber* (Fn. 1) RdNr. 627f.

[12] Nutzungsrechtsgesetz vom 14. 12. 1970 (GBl. I S. 372).

[13] Vgl. auch § 49 SchuldRAnpG RdNr. 7.

[14] Für generellen Ausschluß der Einrede bei Vermietung oder Verpachtung *Eickmann-Trittel* § 29 RdNr. 5.

[15] *Eickmann-Trittel* § 29 RdNr. 7; *Thöne-Knauber,* (Fn. 1) RdNr. 629.

III. Abs. 2: Bestehen eines Nutzungsrechts des Nutzers

1. Funktion der Vorschrift. Die Behandlung des Rechtsverhältnisses zwischen Grundstückseigentümer und Nutzer wird maßgeblich durch das Bestehen von dem Nutzer eingeräumten Nutzungsrechten beeinflußt. Dem trägt auch die Vorschrift des Abs. 2 Rechnung. Denn dem Nutzer eingeräumte dingliche Nutzungsrechte werden von Art. 231 § 5 Abs. 2, Art. 233 § 4 Abs. 3 S. 2 EGBGB ausdrücklich anerkannt: Ein Nutzungsrecht an dem Grundstück gilt mit Wirkung vom 3. Oktober 1990 als wesentlicher Bestandteil des Gebäudes; Belastungen des Gebäudeeigentums setzen sich an dem Nutzungsrecht und an einem evtl. neu errichteten[16] Gebäude fort. Steht dem Nutzer ein dingliches Nutzungsrecht zu, kann der Grundstückseigentümer die Einrede nur unter den zusätzlichen Voraussetzungen des Abs. 2 geltend machen. 13

2. Voraussetzungen der Einrede des Grundstückseigentümers nach Abs. 2. a) Übersicht. Die Einrede nach Abs. 2 ist geknüpft 14
alternativ an die Voraussetzungen der Nr. 1, nämlich
– die in Abs. 1 bezeichneten Voraussetzungen **oder**
– die Nichtbebauung des Grundstücks durch den Nutzer
und zusätzlich alternativ an die Voraussetzungen der Nr. 2, nämlich
– daß nach den Verhältnissen des Nutzers nur eine Verwertung durch Veräußerung zu erwarten ist **oder**
– daß das Gebäude oder die bauliche Anlage bereits an anderer Stelle errichtet worden ist.

b) Voraussetzungen des Abs. 1; Nichtbebauung. Wegen der Voraussetzungen des Abs. 1 s.o. RdNr. 8 bis 12. Da dem Nutzer auch das Recht zur Neubebauung zusteht (s.o. RdNr. 13), braucht mit dem Bau nicht vor dem 3. Oktober 1990 begonnen worden zu sein. – Das Grundstück ist auch dann „nicht bebaut", wenn ein Bauvorhaben nicht zu Ende geführt worden ist. 15

c) Verwertung durch Veräußerung (Nr. 2 1. Alt.). aa) Übersicht. Im Falle des Fehlens der persönlichen oder wirtschaftlichen Voraussetzungen für eine Bebauung des Grundstücks durch den Nutzer soll verhindert werden, daß der Nutzer am Wert des Grundstücks allein durch Veräußerung der ihm aufgrund einer Sachenrechtsbereinigung nach diesem Gesetz zufallenden Rechte beteiligt wird. 16

bb) Persönliche oder wirtschaftliche Verhältnisse des Nutzers. Für die Feststellung der persönlichen oder wirtschaftlichen Verhältnisse des Nutzers kann auf die RdNr. 10 gemachten Ausführungen verwiesen werden: Die Eröffnung des **Gesamtvollstreckungsverfahrens** mit Zwangsliquidation und Löschung des Nutzers zeigt an, daß die wirtschaftlichen Verhältnisse des Nutzers eine Bebauung des Grundstücks nicht zulassen, was Raum für die Einrede des Grundstückseigentümers schafft. Denn das Gesamtvollstreckungsverfahren wird bei Zahlungsunfähigkeit oder Überschuldung des Gemeinschuldners eingeleitet, mithin aufgrund der bei ihm eingetretenen Illiquidität. Die gesellschaftsrechtliche Liquidation betrifft nicht notwendig die wirtschaftlichen Verhältnisse des Nutzers, jedenfalls aber seine persönlichen Verhältnisse. Denn dieser Nutzer hat ebenfalls keine Möglichkeit zur eigenen Nutzung des Grundstücks. In beiden Fällen kommt nur eine Verwertung durch Verkauf in Betracht. 17

cc) Im Fall der über das Vermögen des Nutzers eröffneten Gesamtvollstreckung ist indes die Ausnahmeregelung des Abs. 4 S. 2 zu berücksichtigen (unten RdNr. 35 f.). 18

dd) Kann der Grundstückseigentümer in anderen als den RdNr. 17 dargestellten Fällen dartun, daß der Nutzer **vermögenslos** ist oder doch wenigstens nicht über die Mittel verfügt, um die Bebauung des Grundstücks zu finanzieren, steht ihm ebenfalls die Einrede des Abs. 2 zu. Hier bedarf es einer prognostischen Betrachtung der Lage des Nutzers. Mehr noch als im RdNr. 7 dargestellten Fall sind dabei strenge Maßstäbe anzulegen Die Bebauung des Grundstücks muß in einer der oben RdNr. 10 dargestellten vergleichbaren Intensität ausgeschlossen sein. 19

d) Errichtung des Gebäudes an anderer Stelle (Nr. 2 2. Alt.). Das Nutzungsrecht wurde nach § 290 Abs. 1, § 294 Abs. 1 ZGB gleichsam zweckgebunden zur Errichtung eines 20

[16] AA *Wendtland* § 8 RdNr. 4 m. w. N., wonach das dingliche Nutzungsrecht kein Recht zur Neubebauung nach dem 2. Oktober 1990 gewährt; wie hier *Purps* DtZ 1995, 390 f.

konkreten Gebäudes oder einer konkreten baulichen Anlage erteilt. Hat der Nutzer sein Vorhaben an einer anderen Stelle als auf dem Grundstück errichtet, fällt der die Verleihung des Nutzungsrechts tragende Zweck weg, es wird gegenstandslos, auch wenn es dem Nutzer nicht entzogen worden ist. Damit fällt aber auch der Grund für eine Beteiligung des Nutzers am Wert des nicht bebauten Grundstücks weg. Dabei kommt es nicht darauf an, worauf die Abweichung von den ursprünglichen Planungen des Nutzers beruht; ausschlaggebend ist allein, daß wegen der anderweitigen Ausführung des Baus eine dem Zweck der Verleihung des Nutzungsrechts am Grundstück entsprechende Nutzung nicht mehr in Betracht kommt. Diese der gesetzlichen Regelung innewohnende Vermutung ist nicht widerleglich.

IV. Abs. 3: Geltendmachung der Einrede gegenüber dem Rechtsnachfolger des Nutzers

21 **1. Übersicht.** Abs. 3 S. 1 bestimmt die Voraussetzungen, unter denen der Grundstückseigentümer auch dem Rechtsnachfolger des Nutzers gegenüber die Einrede nach Abs. 1 und 2 erheben kann. Abs. 3 S. 2 regelt den Ausschluß der Einrede, Abs. 3 S. 3 die in diesem Falle eintretenden Rechtsfolgen.

22 **2. Regelung des Abs. 3 S. 1. a) Allgemeines.** Diese Vorschrift schützt in besonderen Fällen den Rechtsnachfolger des Nutzers. Der Grundstückseigentümer kann die Einrede der Abs. 1 und 2 erheben, wenn **kumulativ** die Voraussetzungen des Abs. 3 S. 1 Nr. 1 bis 3 vorliegen.

23 **b) Voraussetzung** für die Einrede des Grundstückseigentümers ist zunächst (Abs. 3 Nr. 1), daß der Nutzer bei Abschluß des Vertrages mit dem Rechtsnachfolger das Grundstück nicht bebaut hatte (s. RdNr. 15) oder daß das Gebäude bzw. die bauliche Anlage nicht mehr nutzbar waren (s. RdNr. 5).

24 Dem Grundstückseigentümer steht die Einrede der Abs. 1 und 2 nach Abs. 3 S. 1 Nr. 2 aber weiter nur dann zu, wenn der Rechtsnachfolger deshalb nicht auf den Bestand seines Nutzungsrechts vertrauen konnte, weil er das Eigentum am Gebäude aufgrund eines **nach dem 20. Juli 1993** geschlossenen Vertrages erworben hat. Denn an diesem Tag wurde der **Kabinettsbeschluß zum Sachenrechtsbereinigungsgesetz** gefaßt; dem Rechtsnachfolger war die sich abzeichnende Rechtslage bekannt, weshalb ihm der Vertrauensschutz nach diesem Gesetz durch Gewährung einer Einrede des Grundstückseigentümers gegen seine Ansprüche versagt wird.

25 Voraussetzung für die Einrede ist schließlich, daß die Voraussetzungen der Nr. 3 vorliegen: Auch der Rechtsnachfolger darf das Grundstück nicht bebaubt **oder** er muß es unterlassen haben, das Gebäude oder die bauliche Anlage wiederherzustellen. Denn in diesem Fall hat der Rechtsnachfolger des Nutzers das auf ihn übergegangene Nutzungsrecht nicht ausgeübt. Dadurch sollen Umgehungsgeschäfte ausgeschlossen werden.[17]

26 **c) Einzelfragen. aa) Rechtsnachfolger.** Aus dem Ausnahmecharakter der Vorschrift des § 9 Abs. 2 Nr. 1 (dort RdNr. 11, 12) folgt im Umkehrschluß, daß Rechtsnachfolger eines Nutzers auch nach § 29 nur derjenige ist, der durch Eintragung des Gebäudeeigentums in das Gebäudegrundbuch Inhaber der vollen Rechtsposition des Nutzers geworden ist; dies gilt grundsätzlich auch für die nach Abs. 3 gegen den Rechtsnachfolger zu erhebende Einrede. Hat der Erwerber des Nutzungsrechts das Grundstück bebaut, ist er aber noch nicht in das Gebäudegrundbuch eingetragen, ist er daher nicht als Rechtsnachfolger des Nutzers anzusehen, muß aber die gegen den Nutzer erhobene Einrede gegen sich gelten lassen. Die Literatur[18] will hier dem Erwerber unter Rückgriff auf § 242 BGB dadurch helfen, daß sie die mit der Erhebung der Einrede vorgenommene Rechtsausübung als **unzulässig** qualifiziert. Diese Argumentation überzeugt aber angesichts des Gesetzeswortlauts ebensowenig wie vor dem Hintergrund der Funktion des Abs. 3 S. 1.

27 **bb) Kaufvertrag *vor* dem 20. Juli 1993.** Wenn der Rechtsnachfolger den Kaufvertrag mit dem Nutzer über das Gebäude vor dem 20. Juli 1993 abgeschlossen hat, aber im übrigen die Voraussetzungen gem. Abs. 3 S. 1 Nr. 1 und 3 vorliegen, fragt es sich, ob die Einrede des Grundstückseigentümers nach Abs. 1 und 2 nur deshalb ausgeschlossen ist, weil die Voraussetzung nach Nr. 2 nicht gegeben ist. Für diese Fälle wird vorgeschlagen, Abs. 3 nicht anzuwenden, sondern unmittelbar auf die Abs. 1 und 2 zurückzugreifen, bis der Gesetzgeber eine Ent-

[17] *Vossius* § 29 RdNr. 10; BT-Drucks. 12/7425 S. 70.

[18] *Eickmann-Trittel* § 29 RdNr. 20 aE.

scheidung in dieser Sache getroffen habe.[19] Die Erwartung einer „Korrekturgesetzgebung" mag trügen oder nicht; methodisch ist bei neuen Gesetzen wie dem SachenRBerG die Argumentation mit dem Willen des Gesetzgebers wichtig.[20] Zwar enthalten die Materialien hierzu keine Stellungnahme; doch ist der legislatorische Wille unmittelbar den Absätzen 1 und 2 zu entnehmen.

28 **d) Ausschluß der Einrede nach Abs. 3 S. 2.** Die Einrede steht dem Grundstückseigentümer nicht zu, wenn der Rechtsnachfolger des Nutzers das Grundstück – zu ergänzen ist: bestimmungsgemäß – **bebaut** hat. Das folgt schon im Umkehrschluß aus Abs. 3 S. 1 Nr. 3. In diesem Fall bestimmen sich der Erbbauzins nach § 47 Abs. 3 und der Ankaufspreis nach § 70 Abs. 4, d. h. dem Grundstückseigentümer soll der ungeteilte Bodenwert zustehen. Das ist der Ausgleich für den Verlust des Einrederechts.[21]

V. Abs. 4: Privilegierung des Erwerbers im Falle einer Unternehmensfortführung

29 **1. Funktion der Vorschrift. a) Allgemeines.** Die Erhebung der Einrede nach Abs. 2 und 3 kann solche Rechtsnachfolger des Nutzers wirtschaftlich belasten, die das Gebäudeeigentum im Rahmen eines Unternehmenskaufs erwerben: Der Rechtsnachfolger des Nutzers, der das Unternehmen des Nutzers fortführt, soll die Ansprüche aus dem SachenRBerG geltend machen können, um Arbeitsplätze zu sichern.[22]

30 **b) Ausschluß der Einrede nach Abs. 1 und 2.** Unter bestimmten Voraussetzungen ordnet Abs. 4 daher an, daß der Rechtsnachfolger des Nutzers, der das Unternehmen fortführt, zu dessen Inventar das Nutzungspotential an Gebäuden und baulichen Anlagen gehört, den Einreden des Grundstückseigentümers nach Abs. 2 nicht ausgesetzt ist. Der nach Abs. 2 an sich ausgeschlossene Anspruch auf Bestellung eines Erbbaurechts bzw. auf Ankauf ist bei Vorliegen der Voraussetzungen des Abs. 4 also nicht ausgeschlossen.

31 **2. Voraussetzungen nach Abs. 4 S. 1. a) Übersicht über Nr. 1 bis 3.** Gegenüber dem Erwerber des Unternehmens des Nutzers ist die Erhebung der Einrede des Abs. 2 ausgeschlossen, wenn **kumulativ** die folgenden Voraussetzungen eingreifen: Das Gebäude und die bauliche Anlage muß gem. Nr. 1 **noch nutzbar** sein, es muß als **Teil eines Unternehmens veräußert** worden sein, Nr. 2, und der Erwerber muß das Gebäude oder die bauliche Anlage **nutzen und das Geschäft des Veräußerers fortführen,** Nr. 3.

32 **b) Nutzbarkeit des Gebäudes oder der baulichen Anlage.** Wegen dieses Tatbestandsmerkmals kann auf die Erläuterungen RdNr. 5 verwiesen werden.

33 **c) Unternehmenskauf, Abs. 4 S. 1 Nr. 2.** Problematisch ist das Tatbestandsmerkmal des Unternehmenskaufs nach Abs. 4 S. 1 Nr. 2. Im Rahmen eines Erwerbsvorgangs, der sich auf das Unternehmen des Nutzers bezieht, müssen das Gebäude oder die bauliche Anlage mitveräußert worden sein. Denkbar sind zwei Formen, in denen dies von den Parteien vorgenommen werden kann. Entweder der Rechtsnachfolger des Nutzers hat die Anteile einer juristischen Person als Unternehmensträger erworben, was im Bereich des Unternehmenskaufs von der ehemaligen Treuhandanstalt der Regelfall war, oder der Rechtsnachfolger hat aufgrund von Einzelübertragungsakten Gebäude und bauliche Anlagen als Teile des Unternehmens erworben. Den Rechtsnachfolger trifft insoweit die Darlegungslast dafür, daß nicht lediglich Einzelerwerbstatbestände vorliegen, sondern daß die auf die Gebäude oder bauliche Anlagen bezogenen Erwerbsakte Teile eines als Unternehmenskauf zu wertenden Gesamtvorgangs sind.

34 **d) Gebäudenutzung und Geschäftsfortführung, Abs. 4 S. 1 Nr. 3.** Wegen der Nutzung des Gebäudes durch den Rechtsnachfolger kann auf die Erläuterungen **RdNr. 9** ff. verwiesen werden. Für die Unternehmensfortführung gelten die Grundsätze, die von der Judikatur zu § 613a BGB aufgestellt worden sind: Ebenso wie § 613a BGB[23] dient Abs. 4 S. 1 dazu, Arbeitsplätze zu erhalten. Erforderlich ist, daß nach dem Vertrag der Erwerber den Geschäftsbetrieb des Veräußerers unter Übernahme seines Kundenstammes und seiner Aufträge usf. übernehmen sollte und nicht allein eine Funktionsnachfolge durch Aufnahme eines geplanten Geschäftsbetriebs mit eigenen Mitteln des Rechtsnachfolgers gewollt war.[24] Vielmehr muß Betriebsvermögen übertragen worden sein, soweit es zur Betriebsübernahme erforderlich war.

[19] *Eickmann-Trittel* § 29 RdNr. 21.

[20] *Pawlowski,* Methodenlehre für Juristen, 2. Aufl. 1991, RdNr. 440.

[21] *Czub-Wilhelms* RdNr. 37.

[22] *Vossius* § 29 RdNr. 20; *Thöne-Knauber* (Fn. 1) RdNr. 633.

[23] BAG NJW 1975, 1378.

[24] BAG NJW 1986, 451.

Ausschlaggebend ist, daß die Arbeitsorganisation des Veräußerers auf den Erwerber übertragen worden ist.[25] Unerheblich ist, ob gegebenenfalls ein Teil des Vermögens des Veräußerers nicht übertragen wird; anders als im Rahmen des § 419 BGB reicht es für die Anwendbarkeit des Abs. 4 S. 1 wie im Rahmen des § 613a BGB aus, daß nur Betriebsteile veräußert werden.[26]

35 **3. Voraussetzungen des Abs. 4 S. 2. a) Übersicht.** Besondere Probleme stellen sich, wenn die Veräußerung nach S. 1 durch einen über das Vermögen des Nutzers eingesetzten **Verwalter im Gesamtvollstreckungsverfahren** erfolgt. Im Rahmen des Insolvenzrechts wird der Erwerber des Betriebes bei Insolvenz eines Unternehmensträgers in verschiedener Weise privilegiert; so hat der Gesetzgeber u. a. die Abschaffung des § 419 BGB beschlossen, um eine übertragende Sanierung des Unternehmens zu erleichtern.[27] Abs. 4 S. 2 ist aus diesem Zusammenhang heraus zu verstehen. Die Privilegierung des Erwerbers hat in erster Linie zum Ziel, die Funktionsfähigkeit des Insolvenzverfahrens dadurch zu verbessern, daß die Verwertung der Masse im Interesse der Gläubiger (§§ 8 Abs. 2, 17 Abs. 1 GesO[28]) durch eine Unternehmensveräußerung erleichtert und effektuiert wird.

36 **b) Verhältnis zu Abs. 4 S. 1.** Die Privilegierung des Erwerbers greift bei Vorliegen der Voraussetzungen des Abs. 4 S. 1 Nr. 1 bis 3 jedenfalls auch dann ein, wenn der Erwerbsvorgang im Rahmen eines Gesamtvollstreckungsverfahrens stattgefunden hat und der Erwerber aufgrund eines Modells übertragender Sanierung das Geschäft des Nutzers fortführt. Über diesen bereits in S. 1 geregelten Fall hinaus hat S. 2 aufgrund seines Zusammenhangs mit der besonderen Funktion des Insolvenzverfahren einen erweiterten Anwendungsbereich. Das Gesetz bringt dies mit der Formulierung zum Ausdruck, im Gesamtvollstreckungsverfahren seien die Vorschriften des S. 1 **entsprechend** anwendbar. Diese entsprechende Anwendung kann die Anforderungen von Abs. 4 S. 1 Nr. 1 und Nr. 2 gewiß nicht übergehen; S. 1 kommt aber beim Erwerb im Gesamtvollstreckungsverfahren zur entsprechenden Anwendung auch dann, wenn die Voraussetzungen einer Unternehmensfortführung nach Abs. 1 S. 1 Nr. 3 **nicht** vorliegen.[29] Denn es geht bei dieser Vorschrift um die Erleichterung der Verwertung der Masse. Andernfalls hätte S. 2 gegenüber S. 1 keinen eigenen Anwendungsbereich;[30] diese Annahme würde gegen methodische Grundregeln der Auslegung verstoßen.

VI. Abs. 5: Auswirkungen der Erhebung der Einrede auf die Rechtsstellung des Nutzers

37 **1. Regelungsbereich, Übersicht.** Die Erhebung der Einrede der Abs. 1 und 2 durch den Grundstückseigentümer führt nicht zu einem völligen Rechtsverlust des Nutzers, der nur daran gehindert wird, seine Ansprüche nach den §§ 32ff., 61ff. dieses Gesetzes geltend zu machen. An deren Stelle treten nach Abs. 5 S. 1 Ansprüche des Nutzers gegen den Eigentümer auf Ankauf des Gebäudes oder der baulichen Anlage oder auf Ablösung der aus der Investition begründeten Rechte. Abs. 5 S. 2 bestimmt Gegenrechte des Grundstückseigentümers, der die Ansprüche des Nutzers nach Abs. 5 S. 1 dadurch abwenden kann, daß er sich mit dem Verkauf des Grundstücks oder der der Sachenrechtsbereinigung unterliegenden Fläche einverstanden erklärt. Abs. 5 S. 3 und 4 regeln das Verfahren.[31]

38 **2. Ausübung der Rechte des Nutzers, Abs. 5 S. 1.** Für den Fall, daß der Grundstückseigentümer die in den Absätzen 1 und 2 bezeichnete Einrede erhebt, bestimmt Abs. 5 S. 1, daß sich die Rechte des Nutzers nach § 81 Abs. 1 S. 1 Nr. 2 bemessen. Dabei handelt es sich um eine **Rechtsfolgeverweisung,**[32] aufgrund derer die Regelungen des § 81 Abs. 2 bis 4 zur Anwendung gelangen. Insbesondere folgt daraus, daß der Grundstückseigentümer im Rahmen des Abs. 5 S. 1 gem. § 81 Abs. 4 S. 1 allein den Wert des Gebäudes und der baulichen Anlage als Kaufpreis zu zahlen hat. Dagegen ist bei der Bemessung der Ablösung der baulichen Investition der dadurch begründete Bodenwertanteil nach Maßgabe des § 81 Abs. 2 S. 2 nicht in Anschlag zu bringen.

39 **3. Gegenrechte des Grundstückseigentümers, Abs. 5 S. 2. a) Abwendung durch Verkauf an den Nutzer.** Der Eigentümer stellt das Grundstück zur Abwehr der Ansprüche

[25] *Staudinger-Richardi* § 613a RdNr. 37.

[26] BAG NJW 1981, 2212.

[27] Vgl. allein *K. Schmidt,* in: *Leipold* (Hrsg.) Insolvenzrecht im Umbruch 1991 S. 67ff.

[28] *Smid,* Gesamtvollstreckung Arbeitsbuch 1992, 89ff.

[29] *Eickmann-Trittel* § 29 RdNr. 24; anders wohl *Vossius* RdNr. 20 aE.

[30] *Eickmann-Trittel* § 29 RdNr. 24 aE.

[31] *Thöne-Knauber* (Fn. 1) RdNr. 634f.

[32] *Eickmann-Trittel* § 29 RdNr. 25; aA *Vossius* § 29 RdNr. 17.

des Nutzers gem. Abs. 5 S. 1 dann „bereit", wenn er das Grundstück zum **Verkehrswert** an den Nutzer oder, unter den Voraussetzungen des Abs. 3, an seinen Rechtsnachfolger zu veräußern bereit ist.[33] Eine den Verkehrswert übersteigende Kaufpreisforderung wäre dem Nutzer dagegen nicht zuzumuten, da sie vom Zweck des SachenRBerG, einen angemessenen Wertausgleich herbeizuführen, nicht getragen wäre. Denn auch bei einer Veräußerung an den Nutzer kommt es zu der vom Gesetzgeber gewollten Sachenrechtsbereinigung.

40 **b) Abwendung durch Verkauf von Grundstück und Gebäude.** Der Grundstückseigentümer kann die Ansprüche des Nutzers nach Abs. 5 S. 1 nicht dadurch abwenden, daß er dem gemeinsamen Verkauf von Grundstück **und** Gebäude zustimmt. Auch hier stellt der Grundstückseigentümer das Grundstück nur dann zum Verkauf iS dieser Vorschrift „bereit", wenn er den Verkehrswert als Maßstab des Kaufpreises zugrundelegt.

41 **4. Verfahren. a) Zwangsversteigerung.** Die Durchsetzung der **Rechte des Nutzers** erfolgt im Wege eines Zwangsversteigerungsverfahrens. S. 4 verweist hierfür auf das Verfahren der Teilungsversteigerung gem. §§ 180 bis 185 ZVG. In diesem Verfahren ist der Nutzer nach Abs. 5 S. 4 **antragsbefugt.** Im Verfahren werden **Grundstück und Gebäude** zusammen versteigert.

42 **b) Regelung des S. 3.** Abs. 5 S. 3 verweist für die Durchsetzung der Ansprüche des Nutzers auf die Regelung des § 79 Abs. 1, Abs. 2 S. 2, Abs. 3: Der Nutzer ist daher im Zwangsversteigerungsverfahren nur unter den besonderen Voraussetzungen dieser Vorschrift antragsbefugt, also wenn er dem Grundstückseigentümer die Zwangsversteigerung von Grundstück und Gebäude **unter Fristsetzung angedroht** hat und dieser das Grundstück in der ihm gesetzten Frist nicht iSv. Abs. 5 S. 2 bereitgestellt hat. Die Frist muß wenigstens **zwei Wochen** betragen. Weitere Voraussetzungen für seine Antragsbefugnis ist nach § 79 Abs. 2 S. 2, daß der Nutzer im Gebäudegrundbuch eingetragen (dort Nr. 1) und daß das Gebäude frei von Rechten ist, die Ansprüche auf Zahlung aus der Verwertung des Gebäudes begründen (dort Nr. 2). Im übrigen richtet sich das Verfahren nach § 79 Abs. 3.

§ 30 Unredlicher Erwerb

(1) Der Grundstückseigentümer kann die Bestellung eines Erbbaurechts oder den Verkauf verweigern, wenn der Nutzer bei der Bestellung des Nutzungsrechts oder, falls ein Nutzungsrecht nicht bestellt wurde, der Nutzer bei der Erlangung des Besitzes am Grundstück unredlich im Sinne des § 4 des Vermögensgesetzes gewesen ist. Ist ein Nutzungsrecht begründet worden, kann der Grundstückseigentümer die Einrede nach Satz 1 nur dann erheben, wenn er auch die Aufhebung des Nutzungsrechts beantragt.

(2) Der Grundstückseigentümer, der die Aufhebung des Nutzungsrechts nicht innerhalb der gesetzlichen Ausschlußfristen beantragt hat, ist zur Erhebung der in Absatz 1 Satz 1 bezeichneten Einrede nicht berechtigt.

(3) Die in Absatz 1 Satz 1 bezeichnete Einrede ist ausgeschlossen, wenn das Grundstück dem Gemeingebrauch gewidmet oder im komplexen Wohnungsbau oder Siedlungsbau verwendet wurde. Hatte die für die Entscheidung über den Entzug des Eigentumsrechts zuständige staatliche Stelle vor Baubeginn der Inanspruchnahme des Grundstücks widersprochen, so sind der Erbbauzins nach den für die jeweilige Nutzung üblichen Zinssätzen und der Ankaufspreis nach dem ungeteilten Bodenwert zu bestimmen. § 51 ist nicht anzuwenden.

[33] *Thöne-Knauber* (Fn. 1) RdNr. 636.

Übersicht

I. Übersicht über die Vorschrift

1 **1. Allgemeines.** § 30 gibt dem Grundstückseigentümer gegen die Ansprüche des Nutzers auf Bestellung eines Erbbaurechts oder Verkauf des Grundstücks eine weitere peremtorische **Einrede** für solche Fälle, in denen der Nutzer beim Erwerb seiner ihn nach dem SachenRBerG berechtigenden Rechtsposition unredlich war, Abs. 1.[1] Den Maßstab für die Unredlichkeit entnimmt § 30 der Vorschrift des § 4 VermG. Der Grundstückseigentümer muß nach Abs. 2 ein gegebenenfalls für den Nutzer bestelltes Nutzungsrecht fristgerecht aufheben lassen, da ihm andernfalls die Einrede verlorengeht.[2] Die Einrede ist schließlich ausgeschlossen, wenn die Voraussetzungen des Abs. 3 vorliegen.

2 Die Einrede nach dieser Vorschrift kann neben der aus § 29 erhoben werden. Es ist zu erwarten, daß sie in einer Vielzahl von Verfahren geltend gemacht werden wird, da der Grundstückseigentümer bestrebt sein wird, dadurch seine Rechte bestmöglich zu wahren.

3 **2. Verfahren.** Beruft sich der Grundstückseigentümer im notariellen Vermittlungsverfahren der §§ 87 ff. SachenRBerG auf die Einrede der Abs. 1 oder 2, so greift § 94 Abs. 2 ein. Im Falle des Bestreitens der Anspruchsberechtigung, wozu insbesondere die Erhebung der Einrede des § 30 zählt,[3] ist dem Notar ein Ermessensspielraum dahingehend eingeräumt, das Vermittlungsverfahren bis zur streitigen Klärung der Anspruchsberechtigung des Nutzers auszusetzen. Zur Wirkung der Erhebung der Einrede bei einer Mehrheit verfahrensbeteiligter Nutzer, s. vor § 28 RdNr. 10.

II. Voraussetzung der Einrede nach Abs. 1 S. 1

4 **1. Ausschluß von Rechtsmißbrauch. Zweck der Vorschrift.** Ein Nutzer, dessen Rechtsposition in einer Weise begründet worden ist, die nach dem VermG keinen Bestand hätte, würde rechtsmißbräuchlich handeln, wenn er durch die Geltendmachung seiner Ansprüche auf Einräumung eines Erbbaurechts oder auf Verkauf des Grundstücks am Wert des Grundstücks partizipieren würde. Denn ein unredlich erworbenes dingliches oder schuldrechtliches Nutzungsrecht des Nutzers wäre gemäß §§ 16 Abs. 3, 17 S. 2, 33 Abs. 4 VermG durch

[1] *Thöne-Knauber,* Boden- und Gebäudeeigentum in den neuen Bundesländern, 2. Aufl. 1996, RdNr. 649.

[2] *Thöne-Knauber* (Fn. 1) RdNr. 650.

[3] *Eickmann-Albrecht* § 94 RdNr. 8, 2. Spiegelstrich.

Bescheid aufzuheben. Abs. 1 S. 1 gleicht die Rechtsstellung des Nutzers im Sachenrechtsbereinigungsverfahren den gesetzgeberischen Wertungen des VermG an.[4]

2. Verweisung auf § 4 VermG. a) Übersicht. Im einzelnen stellt sich der Erwerb seiner Rechsposition durch den Nutzer als unredlich[5] und die Geltendmachung seiner Rechte aus dem SachenRBerG als rechtsmißbräuchlich dar, wenn **entweder** der Erwerb mit den in der DDR geltenden Rechtsvorschriften, Verfahrensgrundsätzen und einer ordnungsgemäßen Verwaltungspraxis nicht im Einklang stand und der Nutzer dies wußte oder hätte wissen müssen, **oder** wenn der Nutzer seine Rechtsstellung durch Korruption oder unter Ausnutzung seiner Machtstellung unter Einwirkung auf die Bedingungen des Erwerbs oder auf die Auswahl des Erwerbsgegenstandes erworben hat, **oder** wenn der Nutzer beim Erwerb seiner Rechtsposition eine gegenüber dem vormaligen Eigentümer bestehende Zwangslage oder Täuschungssituation ausgenutzt hat. **5**

b) Subjektive Seite. Ebenso wie im Rahmen des § 4 VermG hat das Tatbestandsmerkmal der Unredlichkeit im Rahmen dieser Vorschrift eine subjektive Seite,[6] die dann vorliegt, wenn dem Erwerber bewußt war oder nach den Umständen des Falles bewußt sein mußte, daß beim Erwerb seiner Rechtsposition etwas nicht mit rechten Dingen zuging.[7] Erforderlich ist, daß der Erwerber zum Zeitpunkt des Erwerbs die Umstände kannte oder kennen mußte, aus denen sich die Unredlichkeit seines Rechtserwerbs ergibt. Dagegen ist es nicht erforderlich, daß der Erwerber selbst aus diesen Umständen den Schluß auf die Vorwerfbarkeit seines Rechtserwerbs gezogen hat. **6**

c) Abgrenzung. Ebenso wie in § 4 VermG ist der Begriff der Unredlichkeit von dem der Bösgläubigkeit der §§ 892, 893, 932 BGB zu unterscheiden.[8] Der Verfügende, von dem der Nutzer seine Rechtsposition herleitet, hat in den Fällen des § 30 als Verfügungsberechtigter gehandelt. Ferner gilt: Sind die Ansprüche gegen den Rechtsnachfolger des Nutzers gerichtet, kann sich dieser nicht mit einer Redlichkeit des Nutzers verteidigen.[9] **7**

3. Fallgruppen unredlichen Erwerbs des Nutzungsrechts. a) Rechts- oder Verfahrensverstöße § 4 Abs. 3 Buchstabe a VermG. Wußte der Nutzer, daß der Erwerb seines Nutzungsrechts oder des Besitzes der Sache nicht im Einklang mit den zum Erwerbszeitpunkt geltenden Rechtsvorschriften der DDR, deren Verfahrensgrundsätzen oder deren allgemeiner („ordentlicher") Verwaltungspraxis stand,[10] so stellt sich der Erwerb als unredlich dar. Gleiches gilt, wenn der Nutzer hiervon Kenntnis hätte haben müssen.[11] Rechtskenntnisse sind also nicht gefordert, es geht um das Bewußtsein des Nutzers, daß beim Erwerb seiner Rechtsposition etwas nicht mit rechten Dingen zugegangen ist, also um eine „Parallelwertung in der Laiensphäre". **8**

Dieser Tatbestand bereitet sowohl im Zusammenhang des Restitutionsrechts als auch in dem dieser Vorschrift Schwierigkeiten. Berücksichtigt man, daß die Vorschrift gegenüber der des § 4 Abs. 3 Buchstabe b VermG einen eigenen Anwendungsbereich hat, dann geht es darum, daß dem Nutzer ein aus der Sicht der Gesamtrechtsordnung unverdienter Vorteil gewährt worden ist, beispielsweise weil es sich bei ihm um einen „verdienten Genossen" gehandelt hat[12] – ohne daß aus heutiger Sicht ein Korruptionsvorwurf erhoben worden wäre. Es geht hier nicht darum, einem rechtswidrigen, sondern einem illegitimen Rechtserwerb die Anerkennung zu versagen.[13] Eine illegitime Bevorzugung „guter Genossen" gehörte in der Rechtswirklichkeit der DDR zum Alltag. Hierauf indes kann sich der Nutzer heute nicht berufen; die Verweisung auf § 4 Abs. 3 Buchstabe a VermG bedarf von daher einer einschränkenden Auslegung,[14] die sich an der allgemein in dem Bezirk, in dem die Tathandlung vorlag, geübten Verwaltungspraxis orientiert.[15] **9**

Im einzelnen fällt unter die Verweisung auf § 4 Abs. 3 Buchstab a VermG eine auf seinerzeit geltendem Recht der DDR beruhende Bevorzugung von Funktionären oder Angehörigen sonstiger privilegierter Personengruppen, **wenn** der Erwerber von der Verwaltung wegen **10**

[4] Amtl. Begr. BR-Drucks 515/93 S. 130.
[5] Zur Verfassungskonformität: BVerfG VIZ 1995, 343.
[6] *Fieberg-Reichenbach* § 4 RdNr. 80 ff.
[7] *Vossius* § 30 RdNr. 18.
[8] *Fieberg-Reichenbach* § 4 VermG RdNr. 82.
[9] *Fieberg-Reichenbach* § 4 VermG RdNr. 62.
[10] BVerwG VIZ 1995, 288; VIZ 1995, 291, 292.
[11] BVerwG ZIP 1994, 488, 491; *Fieberg-Reichenbach* § 4 VermG RdNr. 85.
[12] BVerwG VIZ 1994, 27; VG Magdeburg VIZ 1994, 29; VG Berlin VIZ 1994, 30.
[13] *Vossius* § 30 RdNr. 27.
[14] BVerwG VIZ 1994, 350 f.
[15] *Vossius* § 30 RdNr. 27 aE.

seiner Zugehörigkeit zu einer solchen Personengruppe bevorzugt behandelt worden ist.[16] Solche Personengruppen waren u. a. Sportler, Kulturschaffende (Künstler), kirchliche Würdenträger, Wissenschaftler.[17] Lenkungsmaßnahmen, die durch Wohnraumbeschaffungsmaßnahmen begleitet wurden, begründen den Tatbestand des § 4 Abs. 3 Buchstabe a VermG dagegen nicht.[18]

11 **b) Unlautere Mittel § 4 Abs. 3 Buchstabe b VermG.** Nach diesem Tatbestand wird dem Rechtserwerb wegen Unredlichkeit die Anerkennung versagt, weil der Erwerber unter zurechenbarem Gebrauch unlauterer Mittel Einfluß auf den Erwerbsvorgang genommen hat.[19] Die Vorschrift des § 4 Abs. 3 Buchstabe b VermG nennt als **Regelbeispiele**[20] **Korruption** oder die **Ausnutzung einer persönlichen Machtstellung.**

12 Im einzelnen: Korruption liegt vor, wenn der Erwerber der Vorwurf der Vorteilsgewährung oder Bestechung ausgesetzt ist, aber auch dann, wenn eine von den Tatbeständen der §§ 333, 334 StGB nicht erfaßte von der Rechtsordnung mißbilligte Zuwendung beim Rechtserwerb vorgelegen hat. Im Falle der Ausnutzung einer Machtstellung gilt folgendes: Eine Machtstellung im Sinne dieser Vorschrift liegt nicht bereits dann vor, wenn der Erwerber einen bestimmten Beruf wie den eines Arztes (anders kann es sich möglicherweise beim Rechtsanwalt verhalten) innehatte. Ausschlaggebend ist vielmehr, ob er eine hervorgehobene Position in der Nomenklatura hatte. Es genügt zudem nicht, daß der Erwerber eine derartige Machtstellung innehatte[21] oder einen ihm eine vorteilhafte Stellung verschaffenden Beruf ausübte,[22] der Ewerb muß ihm darüber hinaus gegenüber anderen Erwerbern in vergleichbaren Fällen einen Konkurrenzvorsprung gewährt haben. Der Erwerber muß in den Fallgruppen des § 4 Abs. 3 Buchstabe b VermG aber nicht notwendig eine vom Üblichen abweichende Rechtsposition erlangt haben.[23] Es genügt überdies, daß nicht der Erwerber selbst, sondern Dritte mit unlauteren Mitteln auf den Erwerbsvorgang eingewirkt haben; in diesen Fällen muß der Erwerber aber Kenntnis davon gehabt haben oder gehabt haben können. Ihm wird dann der Gebrauch unredlicher Mittel durch Dritte zugerechnet.[24]

13 Der Erwerber muß beim Erwerb korrumpiert oder seine Machtstellung **aus Eigennutz** ausgenutzt haben.[25] Genügend ist hierfür bedingter Vorsatz des Erwerbers, auf den aus den Umständen geschlossen werden kann.

14 **c) Willensmängel § 4 Abs. 3 Buchstabe c VermG.** Nach dieser Vorschrift ist der Erwerb der Nutzungsposition als unredlich zu qualifizieren, wenn der Erwerber eine Zwangslage oder eine Täuschungssituation zu Lasten des Grundstückseigentümers ausgenutzt hat, die er oder ein Dritter herbeigeführt haben.[26]

15 Die Ausnutzung einer Zwangslage kann z.B. in dem Versprechen von Vorteilen bei der Ausbildung der Kinder, der Erteilung der Ausreisegenehmigung, der Einstellung von Strafverfolgungsmaßnahmen usf. liegen. Die Grenze zur Täsuchungshandlung ist fließend.

16 Der Erwerbsvorgang muß von der Täuschungs- oder Zwangslage beeinflußt sein;[27] auf einen Kausalzusammenhang kommt es insoweit nicht an. Damit werden auch diejenigen Fälle von dieser Vorschrift erfaßt, in denen sich der Nutzer darauf beruft, der Nutzungserwerb wäre auch ohne die Beeinflussung des Grundstückseigentümers durch Täuschung oder Zwangslage zustandegekommen.[28] Diese Lage muß sich der Erwerber zunutze gemacht haben, worunter zu verstehen ist, daß ihm aus der Zwangslage oder Täuschungssituation ein besonderer Vorteil beim Erwerb des Nutzungsrechts zugefallen ist. Das kann darin liegen, daß ihm überdurchschnittlich gute Konditionen eingeräumt worden sind.[29] Hierbei reicht es auch, daß der Erwerber im Sinne bedingten Vorsatzes[30] billgend in Kauf genommen hat, daß beim Erwerb des Nutzungsrechts etwas nicht in Ordnung war.

17 **d) Fiktion unredlichen Erwerbs § 4 Abs. 2 S. 2 VermG.** Die Verweisung des Abs. 1 S. 1 erfaßt auch die **Fiktion unredlichen Erwerbs** gem. § 4 Abs. 2 S. 2 VermG. Hiernach ist der Besitzerwerb oder die Begründung eines Nutzungsrechts an einem Grundstück auch dann im Sinne der Einrede des § 30 als unredlich anzusehen, wenn der Nutzer seine Position erst

[16] *Fieberg-Reichenbach* § 4 VermG RdNr. 96.
[17] *Eisold* ov-spezial 20/1993, 2ff.
[18] BVerwG (Fn. 10).
[19] *Fieberg-Reichenbach* § 4 VermG RdNr. 87.
[20] *Vossius* § 30 RdNr. 33.
[21] AA VG Dresden VIZ 1993, 265, 266.
[22] VG Greifswald VIZ 1993, 266.
[23] *Vossius* § 30 RdNr. 40.
[24] *Vossius* § 30 RdNr. 38
[25] *Fieberg-Reichenbach* § 4 VermG RdNr. 89.
[26] *Fieberg-Reichenbach* § 4 VermG RdNr. 91.
[27] *Vossius* § 30 RdNr. 45.
[28] BVerwG VIZ 1995, 654.
[29] VG Greifswald (Fn. 21); VG Leipzig VIZ 1993, 560; *Fieberg-Reichenbach* § 4 VermG RdNr. 93.
[30] *Vossius* § 30 RdNr. 48.

nach dem 18. Oktober 1989 erlangt hat. Denn für Erwerbsvorgänge nach dem genannten Zeitpunkt genießt sein Vertrauen einen geringeren Schutz, weil das Ende der DDR absehbar wurde.[31] War der Erwerb der Nutzungsposition durch entsprechende Antragstellung bereits vor dem 19. Oktober 1989 angebahnt, hatte der Erwerber das Nutzungsrecht an einem „Modrow-Haus" nach dem Gesetz über den Verkauf volkseigener Gebäude vom 7. März 1990 (GBl. I S. 157) erworben[32] oder vor dem 19. Oktober 1989 in größerem Umfang werterhöhende oder substanzerhaltende Investitionen vorgenommen,[33] so ist der nach dem Stichtag des 18. Oktober 1989 eingetretene Erwerb gleichwohl schützenswert und nicht als unredlich anzusehen.

18 **4. Verhältnis zu § 29.** Die Unredlichkeitseinrede des § 30 ist im übrigen von den Einredevoraussetzungen unabhängig, die § 29 normiert. Es kommt also nicht darauf an, in welchem baulichen Zustand sich Gebäude oder bauliche Anlage befinden, ob und in welcher Weise der Nutzer noch nutzt.

III. Einrede bei Bestehen eines Nutzungsrechts, Abs. 1 S. 2

19 **1. Funktion der Vorschrift.** Die Erhebung der Einrede des Abs. 1 S. 1 schließt zwar eine rechtsmißbräuchliche Ausnutzung unredlich erlangter Rechtspositionen des Nutzers im Verfahren der Sachenrechtsbereinigung aus, würde aber für sich genommen deren Aufgaben konterkarieren: Bliebe es bei der Erhebung der Einrede, so würde dadurch nicht nur die Geltendmachung der Ansprüche des Nutzers dauernd gehemmt, sondern auch der Zustand der Trennung von Grundeigentum und Nutzungsrecht zementiert. Abs. 1 S. 2 macht die Erhebung der Einrede des S. 1 daher davon abhängig, daß der Grundstückseigentümer die Aufhebung des Nutzungsrechts beantragt hat.

20 **2. Antrag auf Aufhebung des Nutzungsrechts. a) Art. 233 § 4 Abs. 5 EGBGB.** Die Antragsbefugnis zur Aufhebung des Nutzungsrechts durch gerichtliche Entscheidung ist durch Art. 2 § 5 Nr. 2e SachenRÄndG in Art. 233 § 4 Abs. 5 EGBGB geregelt worden.

21 **b) Voraussetzungen.** Der Grundstückseigentümer kann bzw. konnte die Aufhebung des Nutzungsrechts durch gerichtliche Entscheidung verlangen, wenn der Nutzer beim Erwerb seiner Rechtsposition unredlich iSv. § 4 VermG war (RdNr. 4 bis 17).

22 **c) Auslegung des Restitutionsantrags des Grundstückseigentümers.** Der allgemeine Restitutionsantrag des Berechtigten ist dabei entsprechend auszulegen: Hat der Berechtigte keine Kenntnis davon, daß die Voraussetzungen des § 4 VermG vorliegen, so ist sein allgemeiner Antrag zugleich als Antrag auf Aufhebung des unredlich erworbenen Nutzungsrechts zu verstehen.

23 **d) Rechtsfolgen.** Die Aufhebung des Nutzungsrechts durch Bescheid des zuständigen Amtes für offene Vermögensfragen führt auf dessen Ersuchen gem. § 34 VermG zur Vornahme der entsprechenden Eintragungen in das Grundbuch. Das Gebäudeeigentum erlischt und das Gebäude wird nach § 94 BGB Bestandteil des Grundstücks.

IV. Ausschlußfrist gem. Art. 233 § 4 Abs. 5 S. 2 EGBGB (§ 30 Abs. 2)

24 Der Grundstückseigentümer muß die Aufhebung des Nutzungsrechts bis zum 31. Dezember 1996 **rechtshängig** machen. Läßt er diese Frist verstreichen, so wird die Erhebung der Einrede aus diesem Paragraphen unstatthaft. Ein Klageantrag auf Aufhebung des Nutzungsrechts ist (oder war) allerdings unzulässig, wenn der Grundstückseigentümer diese Rechtsfolge bereits in einem Restitutionsverfahren geltend machen kann oder konnte (Art. 233 § 4 Abs. 5 S. 3 EGBGB). Damit dürfte dem Grundstückseigentümer in den Restitutionsfällen im Ergebnis auch die Erhebung der Einrede aus § 30 verwehrt sein. Die Erhebung der Einrede des § 29 bleibt ihm unbenommen.

V. Ausschluß der Einrede in Fällen des Gemeingebrauchs oder komplexen Wohnungs- und Siedlungsbaus, Abs. 3

25 **1. Allgemeines.** Die Regelung des Abs. 3 ist § 5 VermG nachgebildet. Sie schließt die Einrede des Grundstückseigentümers dann aus, wenn das Grundstück dem Gemeingebrauch ge-

[31] *Fieberg-Reichenbach* § 4 VermG RdNr. 98.
[32] *Fieberg-Reichenbach* § 4 VermG RdNr. 130 ff.
[33] *Fieberg-Reichenbach* § 4 VermG RdNr. 135 ff.

widmet ist oder wenn auf dem Grundstück Bauwerke des Siedlungsbaus oder des komplexen Wohnungsbaus errichtet worden sind. Diese Regelung hat ihren Grund in zwei Überlegungen. Zum einen entsprach es dem Rechtsverständnis in der DDR, auch in privatem Eigentum stehenden Grund und Boden zu den genannten Zwecken nutzen zu dürfen.[34] Zum anderen soll die entsprechende Regelung des § 5 VermG die vielfältigen Härten mindern, die aus einer Rückabwicklung derartiger Projekte herrühren würden.[35] S. 2 regelt den Wertausgleich in diesen Fällen.

26 **2. Einzelfälle. a) Gemeingebrauch.** Der Begriff des Gemeingebrauchs in Abs. 3 folgt dem allgemeinen Verständnis der Widmung von Flächen zu öffentlichen Zwecken.

27 **b) Komplexer Wohnungsbau.** Hierbei handelt es sich um die in § 11 Abs. 1 geregelte Nutzungsweise von Grundstücken. Danach handelt es sich um Wohngebiete, die im Rahmen staatlichen oder genossenschaftlichen Wohnungsbaus zwischen dem 7. Oktober 1949 und dem 2. Oktober 1990 auf der Grundlage einer einheitlichen Bebauungskonzeption für einen Standort vorbereitet und errichtet worden sind.

28 **c) Siedlungsbau.** In Fällen des Siedlungsbaus greift Abs. 3 ebenfalls dann ein, wenn das Bauvorhaben in dem in RdNr. 27 genannten Zeitraum aufgrund einer einheitlichen Planung und Plandurchführung ausgeführt worden ist (vgl. i. e. § 11 Abs. 2).

29 **3. Ausnahme.** Haben die für die Entscheidung über den Entzug des Eigentums zum Zwecke der Durchführung der genannten großflächigen Bebauungsvorhaben seinerzeit in der DDR zuständigen Stellen – nach § 8 DurchführungsVO zum BaulandG vom 15. Juni 1984, GBl. I S. 205: die Räte der Kreise – der Maßnahme ausdrücklich widersprochen, greift Abs. 3 zwar ein, ordnet aber zugleich eine Aufgabe des im übrigen nach dem SachenRBerG anzuwendenden Halbteilungsgrundsatzes an.

§ 31 Geringe Restnutzungsdauer

(1) Der Grundstückseigentümer kann den Abschluß eines Erbbaurechtsvertrages oder eines Grundstückskaufvertrages verweigern, wenn das vom Nutzer errichtete Gebäude oder die bauliche Anlage öffentlichen Zwecken dient oder land-, forstwirtschaftlich oder gewerblich genutzt wird, dem Nutzer ein Nutzungsrecht nicht bestellt wurde und die Restnutzungsdauer des Gebäudes oder der baulichen Anlage in dem Zeitpunkt, in dem der Nutzer Ansprüche nach diesem Kapitel geltend macht, weniger als 25 Jahre beträgt.

(2) Der Nutzer kann in diesem Fall vom Grundstückseigentümer den Abschluß eines Mietvertrages über die erforderliche Funktionsfläche (§ 12 Abs. 3 Satz 2 Nr. 2) verlangen, dessen Laufzeit nach der Restnutzungsdauer des Gebäudes zu bemessen ist.

(3) Der Zins ist nach der Hälfte des ortsüblichen Entgelts zu bemessen, wenn für ein Erbbaurecht der regelmäßige Zinssatz nach § 43 in Ansatz zu bringen wäre; andernfalls ist der Zins nach dem ortsüblichen Entgelt zu bestimmen. Die §§ 47, 51 und 54 sind entsprechend anzuwenden.

(4) Jede Vertagspartei kann eine Anpassung des Zinses verlangen, wenn

1. zehn Jahre seit dem Beginn der Zinszahlungspflicht oder bei späteren Anpassungen drei Jahre seit der letzten Zinsanpassung vergangen sind und

2. der ortsübliche Zins sich seit der letzten Anpassung um mehr als zehn vom Hundert verändert hat.

Das Anpassungsverlangen ist gegenüber dem anderen Teil schriftlich geltend zu machen und zu begründen. Der angepaßte Zins wird von dem Beginn des dritten Kalendermonats an geschuldet, der auf den Zugang des Anpassungsverlangens folgt.

[34] BT-Drucks. 12/7425 S. 70.

[35] *Eickmann-Trittel* § 30 RdNr. 7.

(5) Nach Beendigung des Mietverhältnisses kann der Nutzer vom Grundstückseigentümer den Ankauf oder, wenn selbständiges Gebäudeeigentum nicht begründet worden ist, Wertersatz für das Gebäude oder die bauliche Anlage verlangen. Der Grundstückseigentümer kann den Anspruch dadurch abwenden, daß er dem Nutzer die Verlängerung des Mietvertrages für die restliche Standdauer des Gebäudes oder der baulichen Anlage anbietet; § 27 Abs. 4 der Verordnung über das Erbbaurecht ist entsprechend anzuwenden. Ist das Gebäude oder die bauliche Anlage nicht mehr nutzbar, bestimmen sich die Ansprüche des Grundstückseigentümers gegen den Nutzer nach § 82.

Übersicht

I. Übersicht

1. Normzweck. Diese Vorschrift gibt dem Grundstückseigentümer eine Einrede gegen das Ankaufsverlangen oder das Begehren auf Bestellung eins Erbbaurechts durch den Nutzer, wenn die verbleibende Nutzungsdauer (Restnutzungsdauer) „gering" ist.[1] Aufgrund der geringen Restnutzungsdauer ist der Bodenwertanteil des Nutzers ebenfalls gering, was es rechtfertigt, dem Grundstückseigentümer gegen die Ansprüche des Nutzers nach diesem Gesetz ein Gegenrecht einzuräumen.[2] Die Durchführung einer Sachenrechtsbereinigung unter dem Vorzeichen der zitierten Ansprüche des Nutzers wäre zudem unverhältnismäßig aufwendig, bedenkt man daß wegen der geringen Restnutzungsdauer auch eine Beleihung der Objekte regelmäßig ausgeschlossen ist.[3] 1

2. Anwendungsbereich. Diese Einrede greift im Falle einer Bebauung mit öffentlich oder land- und forstwirtschaftlich oder gewerblich genutzten Gebäuden; sie kommt im gesamten Bereich einer Bebauung zu Wohnzwecken nicht zur Anwendung.[4] Sie ist auch dann nicht gegeben, wenn ein unter Abs. 1 fallendes Gebäude teilweise zu Wohnzwecken genutzt wird.[5] 2

In diesen Fällen ist entweder eine Grundstücksteilung durchzuführen oder – bei Vorliegen der Voraussetzungen der Abgeschlossenheit iSv. §§ 3, 7 WEG – Wohnungseigentum zu begründen.[6] 3

3. Einrede. § 31 gibt dem Grundstückseigentümer gegen die RdNr. 1 genannten Ansprüche des Nutzers eine **echte Einrede,** die im Verfahren vom Grundstückseigentümer also ausdrücklich erhoben werden muß, um Berücksichtigung finden zu können.[7] Beruft sich der Grundstückseigentümer im notariellen Vermittlungsverfahren[8] der §§ 87 ff. SachenRBerG auf 4

[1] *Thöne-Knauber,* Boden- und Gebäudeeigentum in den neuen Bundesländern, 2. Aufl. 1996, RdNr. 643.
[2] *Thöne-Knauber* (Fn. 1) RdNr. 644; BT-Drucks. 12/5992 S. 75.
[3] BR-Drucks. 515/93 S. 75, 130.
[4] *Czub-Wilhelms* § 31 RdNr. 1; *Vossius* § 31 RdNr. 2; *Thöne-Knauber* (Fn. 1) RdNr. 645.
[5] *Vossius* § 31 RdNr. 2 aE.
[6] *Vossius* § 31 RdNr. 3.
[7] *Vossius* § 31 RdNr. 1.
[8] *Eickmann-Trittel* SachenRBerG § 31 RdNr. 15.

diese Einrede, so ist nach § 94 Abs. 2 zu verfahren. Dort geht es um den Fall des Bestreitens der Anspruchsberechtigung, wozu insbesondere die Erhebung der Einrede des § 31 zählt.[9] Hier ist dem Notar ein Ermessensspielraum dahingehend eingeräumt, das Vermittlungsverfahren bis zur streitigen Klärung der Anspruchsberechtigung des Nutzers auszusetzen. Zur Mehrheit von Nutzern und Grundstückseigentümern im Verfahren s. vor § 28 RdNr. 10.

II. Voraussetzungen der Einrede nach Abs. 1

5 **1. Öffentlichen u. a. Zwecken dienende Gebäude.** Die Einrede greift bei der Bebauung des Grundstücks mit Gebäuden, die behördlichen Zwecken dienen, dh. als Kindergärten, Schulen usf. genutzt werden oder die land-, forstwirtschaftlich oder gewerblich genutzt werden.

6 **2. Geringe Restnutzungsdauer.** Abs. 1 ordnet an, daß die Geltendmachung der Ansprüche des Nutzers nach diesem Gesetz wegen geringer Restnutzungsdauer gehindert ist, wenn diese zum Zeitpunkt der Geltendmachung von Ansprüchen nach diesem Gesetz geringer als 25 Jahre ist. Liegt die Restnutzungsdauer bei 25 bis 50 Jahren, greift zugunsten des Grundstückseigentümers § 53 Abs. 3 ein. Der Nutzer wird durch diese Regelungen dazu angehalten, seine Rechte alsbald geltend zu machen.

7 **3. Kein Nutzungsrecht.** Die Einrede dieser Vorschrift greift im übrigen nur unter der Voraussetzung ein, daß dem Nutzer **kein Nutzungsrecht** bestellt worden ist.

III. Rechte des Nutzers, Abs. 2

8 **1. Allgemeines.** Der Ausschluß seiner Ansprüche nach Abs. 1 stellt den Nutzer nicht rechtlos. Er kann vielmehr vom Grundstückseigentümer den Abschluß eines auf die Restnutzungsdauer befristeten **Mietvertrages** verlangen, der ihn zur Nutzung der erforderlichen Funktionsfläche iSv. § 12 Abs. 3 S. 2 Nr. 2 berechtigt.

9 **2. Form, gesetzliche Regelung.** Für den Mietvertrag, dessen Abschluß der Nutzer bei Vorliegen der Voraussetzungen des Abs. 1 verlangen kann, greifen vorbehaltlich der näheren Regelungen der Abs. 3 bis 5 die Vorschriften des BGB über die Grundstücksmiete. Daher ist im allgemeinen die **Schriftform des Mietvertrages** (§ 566 BGB) zu wahren. Im Vertrag sind im übrigen dessen Parteien, also Vermieter und Mieter, die Bestimmung der Mietsache, der Mietzins, die Betriebskosten und die Mietdauer zu regeln. Die Fälligkeit des Mietzinses folgt aus § 551 Abs. 2 BGB.

10 Durch die Regelung des § 31 soll der Nutzer nicht besser gestellt werden, als es bei der Bestellung eines Erbbaurechts zu seinen Gunsten der Fall wäre. Da das Gebäude, auch bei fehlendem Sondereigentum, nicht Gegenstand des Mietvertrages ist, besteht insoweit auch keine Verpflichtung des Vermieters (Grundstückseigentümer) aus § 536 BGB zur Instandhaltung. Die Unterhaltspflicht des Vermieters beschränkt sich auf den Grund und Boden.[10]

11 **3. Verfahren.** Abs. 2 schränkt die negative Vertragsabschlußfreiheit des Grundstückseigentümers ein. Das damit korrespondierende Recht des Nutzers wird im notariellen Vermittlungsverfahren umgesetzt. Der Mietvertrag kann in den Vermittlungsvorschlag des Notars nach § 98 oder, bei Säumnis eines Beteiligten, nach § 96 Abs. 1, aufgenommen werden oder Inhalt eines Abschlußprotokolls über Streitpunkte gem. § 99 sein. Einer Beurkundung bedarf der Mietvertrag im übrigen nur im Falle des § 96 Abs. 3 S. 1.[11]

IV. Höhe des Mietzinses, Abs. 3

12 **1. Allgemeines.** Im Hinblick auf bestimmte *essentialia negotii* trifft § 31 ausdrückliche Regelungen, um das Zustandekommen von Mietverträgen zu gewährleisten. Hierzu gehört insbesondere die Höhe des Mietzinses. Darunter ist allein die Grundmiete zu verstehen, da die Kosten im übrigen dem Mieter zur Last fallen, vgl. § 58 und oben RdNr. 10. Den berechtigten **Interessen des Nutzers** wird dadurch Rechnung getragen, daß er nur für einen Mietzins in Höhe der Hälfte des Erbbauzinses aufzukommen hat.[12]

13 **2. Bemessung der Höhe des Mietzinses.** Insoweit sind für den Mietvertrag Gesichtspunkte von Bedeutung, die bei der Bestellung des Erbbaurechts zu berücksichtigen wären.

[9] *Eickmann-Albrecht* SachenRBerG § 94 RdNr. 8, 2. Spiegelstrich.

[10] *Czub-Wilhelms* § 31 RdNr. 19, 20.

[11] *Vossius* § 31 RdNr. 12.

[12] *Thöne-Knauber* (Fn. 1) RdNr. 646.

Daraus ergeben sich die folgenden Regelungen: Das zu zahlende Entgelt bezieht sich auf den Bodenwert,[13] nicht auf die auf dem Grundstück errichteten Gebäude. Im Falle des § 43 ist die Hälfte des ortsüblichen Zinses zu zahlen; dies gilt gleichermaßen für Erbbau- und Mietzins.

V. Anpassung des Mietzinses, Abs. 4

1. Fristen. Die Parteien können eine Anpassung des Mietzinses verlangen. Dies gilt – im Hinblick auf § 3 S. 1 WährungsG – nur bei Mietverträgen mit einer Laufzeit von über zehn Jahren. Zulässig ist es auch, daß das Anpassungsverlangen vor Ablauf von zehn Jahren Dauer des Mietverhältnisses gestellt, aber erst im elften Jahr wirksam wird.[14] Die Regelung weicht insoweit von § 2 Abs. 1 Nr. 1, Abs. 2 S. 1 MHG ab. Drei Jahre nach der ersten Zinsanpassung kann erneut eine Anpassung verlangt werden, Abs. 4 Nr. 1. **14**

2. Umfang, Höhe. Die Anpassung kann verlangt werden, wenn sich der ortsübliche Zins um mehr als zehn vom Hundert verändert hat, seit der Mietvertrag geschlossen wurde oder die letzte Anpassung begehrt wurde, Abs. 4 Nr. 2. **15**

3. Form, Wirkung. Den die Anpassung verlangenden Vertragspartner – es wird sich wohl üblicherweise um den Grundstückseigentümer handeln – treffen die Formanforderungen des Abs. 4 S. 2. Das Anpassungsverlangen muß **schriftlich** erklärt werden. Es bedarf einer Begründung im Hinblick auf die in RdNr. 15 genannten Voraussetzungen. Der angepaßte (erhöhte) Mietzins wird mit Beginn des dritten Kalendermonats nach Ablauf des Kalendermonats geschuldet, in dem das Anpassungsverlangen dem anderen Teil zugeht. Das Anpassungsverlangen wird also zum 1. April wirksam, wenn es im Januar erklärt wurde. **16**

VI. Beendigung des Mietverhältnisses

Der Mietvertrag kann aus **wichtigem Grunde** vor Ablauf der vereinbarten Dauer gekündigt werden. Der Grundstückseigentümer kann den Vertrag **fristlos** kündigen, wenn der Nutzer mit der Zahlung des Mietzinses in Verzug gerät, § 554 Abs. 1 Nr. 2 BGB. Im übrigen sind die Regelungen der §§ 542, 544, 553 BGB anwendbar.[15] **17**

VII. Ansprüche nach Beendigung des Mietvertrages, Abs. 5

1. Ankaufsverlangen. Grundsätzlich kann nach Beendigung des Mietverhältnisses der Nutzer vom Grundstückseigentümer den **Ankauf** des Gebäudes oder der baulichen Anlage, oder, wenn er nicht Eigentümer selbständigen Gebäudeeigentums geworden ist, Wertersatz für das Gebäude verlangen, Abs. 5 S. 1. Dabei ist der **volle Restwert** des Gebäudes oder der baulichen Anlage in Ansatz zu bringen. Verwendungen des Nutzers aufgrund baulicher Maßnahmen sind nicht anspruchsmindernd in Ansatz zu bringen. Gegenüber diesem Anspruch des Nutzers ist freilich der Anspruch des Grundstückseigentümers nach § 82 zu berücksichtigen, siehe nachstehend RdNr. 19, 20. **18**

2. Gegenrechte des Grundstückseigentümers. Der Grundstückseigentümer kann die in RdNr. 18 dargestellten Rechte des Nutzers dadurch abwenden, daß er ihm eine Vertragsverlängerung anbietet, die auf die **restliche Standdauer** des Gebäudes befristet ist, Abs. 5 S. 2. Insoweit verweist die Vorschrift auf § 27 Abs. 4 ErbbauVO. **19**

Der Grundstückseigentümer hat bei nicht mehr nutzbaren Anlagen gem. Abs. 5 S. 3, § 82 Ansprüche auf Ersatz der Abrißkosten in voller oder hälftiger Höhe.[16] Es handelt sich um eine Rechtsgrundverweisung; die Voraussetzungen des § 82 müssen also im übrigen vorliegen. **20**

[13] *Zimmermann* VIZ 1995, 129 ff.
[14] *Vossius* § 31 RdNr. 16.
[15] *Vossius* § 31 RdNr. 17.
[16] *Thöne-Knauber* (Fn. 1) RdNr. 648 aE.

Abschnitt 2. Bestellung von Erbbaurechten

Unterabschnitt 1. Gesetzliche Ansprüche auf Erbbaurechtsbestellung

§ 32 Grundsatz

Der Nutzer kann vom Grundstückseigentümer die Annahme eines Angebots auf Bestellung eines Erbbaurechts verlangen, wenn der Inhalt des Angebots den §§ 43 bis 58 entspricht. Dasselbe Recht steht dem Grundstückseigentümer gegen den Nutzer zu, wenn dieser eine entsprechende Wahl getroffen hat oder das Wahlrecht auf den Grundstückseigentümer übergegangen ist.

I. Normzweck

1 Der gesetzliche Anspruch auf Erbbaurechtsbestellung ist neben dem gesetzlichen Ankaufsrecht die erste Säule der Sachenrechtsbereinigung; hierdurch sollen die bestehenden Nutzungsrechte in Erbbaurechte überführt werden, um eine BGB-konforme Rechtslage entstehen zu lassen.

II. Anspruch des Nutzers

2 **1. Vorrang des Nutzers.** § 32 S. 1 greift den in § 15 Abs. 1 ausgesprochenen Vorrang des Nutzers vor dem Grundstückseigentümer auf, in welcher Weise er seinen Besitz sichern will. Die Vorschrift wird durch § 61 Abs. 1 (Ankaufsrecht) ergänzt. Wer Nutzer ist, ergibt sich aus § 9. Zur Ausübung des Wahlrechts vgl. §§ 16, 17.

3 **2. Inhalt des Anspruchs.** Über den Wortlaut des § 32 hinaus richtet sich der Anspruch auf den Abschluß eines Erbbaurechtsvertrages und nicht lediglich auf die Bestellung eines Erbbaurechts.[1] Die Geltendmachung des Anspruchs ist von der Ausübung des Wahlrechts unabhängig (folgt aus §§ 32 S. 2, 61 Abs. 2 Nr. 2).[2]

4 **3. Voraussetzungen.** Der Inhalt des Angebots muß den Vorschriften der §§ 43 bis 58 entsprechen. Soweit der Nutzer seinen Anspruch zwangsweise durchsetzen muß, ist deshalb unerheblich, daß an sich nur die Vorschriften über die Vereinbarungen über die Dauer des Erbbaurechts (§ 53), die vertraglich zulässige bauliche Nutzung (§ 54) und die Nutzungsbefugnis des Erbbauberechtigten an den nicht überbauten Flächen (§ 55) **zwingend,** die übrigen gesetzlichen Vorgaben aber dispositiv sind.

5 Bereits **geringfügige Abweichungen** von den gesetzlichen Vorschriften müssen deshalb von dem anderen Vertragsteil nicht akzeptiert werden; eine entspr. Anwendung des § 44 Abs. 2 S. 2 scheidet wegen der unterschiedlichen Zielrichtung der beiden Normen aus.

6 Darüber hinaus gelten die Vorschriften der ErbbauVO (§ 60 Abs. 1), so daß der gesetzliche Inhalt des Erbbaurechts (§ 1 ErbbauVO) zu beachten ist, während der vertraglich zulässige Inhalt (§ 2 ErbbauVO) durch die §§ 43 bis 58 ergänzt wird.

7 **4. Ausschluß des Anspruchs.** Ein Anspruch auf Abschluß eines Erbbaurechtsvertrages ist in folgenden Fällen ausgeschlossen:
- wenn der Bodenwert des Grundstücks die Schwellenwerte des § 15 Abs. 2 nicht erreicht (mit der Folge der Beschränkung des Wahlrechts auf den Ankauf des Grundstücks),
- wenn die Voraussetzungen des § 81 Abs. 1 vorliegen und der Grundstückseigentümer von seinem Ankaufsrecht gem. 15 Abs. 4 Gebrauch gemacht hat,
- wenn sich der Nutzer gem. § 16 Abs. 1 bereits verbindlich für die Ausübung des Ankaufsrechts entschieden hat,
- wenn das Wahlrecht gem. § 16 Abs. 3 auf den Grundstückseigentümer übergegangen ist,

[1] *Herbig-Gaitzsch-Hügel-Weser* S. 71.

[2] *Vossius* RdNr. 2 und DtZ 1995, 154; *Eickmann-Wittmer* § 61 RdNr. 12.

- wenn der Nutzer gem. § 18 Abs. 4 im Rahmen eines Aufgebotsverfahrens seiner Rechte verlustig erklärt worden ist oder
- wenn mehrere Nachbarerbbaurechte bestellt werden müßten (vgl. § 39 RdNr. 13).

III. Anspruch des Grundstückseigentümers

8 Nach der gesetzgeberischen Konzeption in § 15 Abs. 1 besteht der Anspruch des Grundstückseigentümers nur nachrangig, und zwar in folgenden Fällen:
- wenn sich der Nutzer gem. §§ 15 Abs. 1, 16 Abs. 1 S. 1 für die Erbbaurechtsvariante entschieden hat und diese Wahl für ihn gem. § 16 Abs. 1 S. 2 verbindlich geworden ist, er dann aber untätig geblieben ist,
- wenn das Wahlrecht nach ergebnislosem Ablauf der 5-Monats-Frist des § 16 Abs. 2 und der mindestens einmonatigen Nachfrist des § 16 Abs. 3 S. 1, 2 auf den Grundstückseigentümer übergegangen ist,
- im Falle des § 15 Abs. 3 S. 1,
- im Falle des § 80 Abs. 1 S. 2 Nr. 1.

Zur Ausübung des Wahlrechts vgl. §§ 16, 17. Zum Anspruchsinhalt vgl. RdNr. 3.

IV. Verfahren

9 **1. Grundsatz der Privatautonomie.** Die Parteien können sich außergerichtlich über den Abschluß und den Inhalt eines Erbbaurechtsbestellungsvertrages einigen, wobei sie an die zwingenden Vorgaben des SachenRBerG gebunden sind (vgl. RdNr. 4). Ferner sind die **zwingenden Vorschriften** der ErbbauVO zu beachten. Gemäß § 11 Abs. 2 ErbbauVO iVm. § 313 BGB bedarf der schuldrechtliche Vertrag insbes. der notariellen Form, während die Bestellung Einigung und Eintragung erfordert (§ 11 Abs. 11 ErbbauVO iVm. § 873 BGB).

10 **2. Notarielles Vermittlungsverfahren.** Können sich die Parteien über den Abschluß eines Erbbaurechtsvertrages nicht einigen, kann jeder von ihnen gem. § 87 die Einleitung eines notariellen Vermittlungsverfahrens beantragen. Dieses Verfahren endet entweder mit der Beurkundung eines Vertrages oder mit einem notariellen Vermittlungsvorschlag (§ 98). Vgl. i. e. die Kommentierung zu §§ 87 bis 102.

11 **3. Gerichtliches Verfahren.** Haben die Parteien in dem notariellen Vermittlungsverfahren keine Einigung erzielen können, können sie gem. §§ 103 bis 108 den Klageweg vor die Zivilgerichte beschreiten. Zu den Einzelheiten vgl. die Kommentierung zu §§ 103 bis 108.

Unterabschnitt 2. Gesetzliche Ansprüche wegen dinglicher Rechte

§ 33 Verpflichtung zum Rangrücktritt

Die Inhaber dinglicher Rechte am Grundstück sind nach Maßgabe der nachfolgenden Bestimmungen auf Verlangen des Nutzers verpflichtet, im Rang hinter das Erbbaurecht zurückzutreten.

I. Normzweck

1 Die Vorschrift soll in Übereinstimmung mit dem Normzweck von § 10 Abs. 1 S. 1 ErbbauVO eine zuverlässige Beleihbarkeit des Erbbaurechts gewährleisten. Deshalb sind die Inhaber dinglicher Rechte grundsätzlich verpflichtet, einem Rangrücktritt zuzustimmen.

II. Anspruchsinhaber

2 Anspruchsinhaber ist der in § 9 definierte Nutzer. Er muß das Recht geltend machen; es ist nicht von Amts wegen zu berücksichtigen.

III. Anspruchsgegner

3 **1. Grundsatz.** Der Anspruch richtet sich gegen die Inhaber dinglicher Rechte am Grundstück, nicht gegen den Grundstückseigentümer. Dingliche Rechte gem. § 33 sind die rangfähigen Rechte iSd. § 879 BGB,[1] da sich § 10 Abs. 1 S. 1 ErbbauVO nur auf diese bezieht, und die über Art. 233 § 3 EGBGB in ihrem Bestand anerkannten dinglichen Rechte nach den Vorschriften der DDR[2] bzw. die nach §§ 116 ff. einzutragenden dinglichen Rechte. Die dinglichen Rechte müssen am Grundstück bestehen; dingliche Rechte am Gebäude setzen sich am Erbbaurecht fort (§ 34 Abs. 1 Satz 2). Das Gesetz unterscheidet zwischen den Inhabern dinglicher Rechte am Grundstück bei bestehendem Gebäudeeigentum (§ 34) und solchen bei nicht bestehendem Gebäudeeigentum (§§ 35, 36); im letzteren Fall ist sodann wieder zu unterscheiden zwischen den dinglichen Nutzungsrechten (§ 35) und den Grundpfandrechten bzw. Reallasten (§ 36).

4 **2. Ausnahmen.** Gegenüber den Inhabern solcher dinglichen Rechte, die zur Erhaltung der Wirksamkeit gegenüber dem öffentlichen Glauben des Grundbuchs der Eintragung nicht bedürfen und die deshalb die Bestellung eines Erbbaurechts gem. § 10 Abs. 1 S. 2 ErbbauVO nicht hindern, besteht dagegen kein Anspruch auf Rangrücktritt. Hierzu zählen zB Überbau- und Notwegrenten (§§ 914, 917 Abs. 2 BGB), öffentliche Lasten, Grunddienstbarkeiten nach früherem preußischem Recht (Art. 187 EGBGB), Vorkaufsrechte nach § 4 RSiedlG, Preußische Verordnung betr. die Rangstelle von Erbbaurechten vom 30. 4. 1919,[3] Testamentsvollstreckungs- und Nacherbenvermerke (wenn der Nacherbe der Bestellung des Erbbaurechts zugestimmt hat).[4]

5 Ein Anspruch auf Rangrücktritt besteht ebenfalls nicht in den Fällen, in denen das dingliche Recht für den Erbbauberechtigten unschädlich ist, wie zB ein subjektiv-dingliches Vorkaufsrecht, das mit dem Erbbaurecht im gleichen Rang bestellt wird.[5]

IV. Inhalt des Anspruchs

6 Der Anspruch auf Zustimmung zum Rangrücktritt ist ein gesetzlicher Anspruch. Sein Inhalt richtet sich – je nach der Art des dinglichen Rechts – nach den Vorschriften der §§ 34 bis 36. Kommt der Anspruchsgegner seiner Verpflichtung nicht nach, gelten die allgemeinen Vorschriften der §§ 241 ff. BGB, insbes. §§ 284 ff. BGB.

§ 34 Regelungen bei bestehendem Gebäudeeigentum

(1) Soweit selbständiges Gebäudeeigentum besteht, können die Inhaber dinglicher Rechte am Grundstück eine Belastung des Erbbaurechts nicht verlangen. Belastungen des Gebäudes bestehen am Erbbaurecht fort.

(2) Erstreckt sich die Nutzungsbefugnis aus dem zu bestellenden Erbbaurecht auf eine Teilfläche des Grundstücks, so kann der Inhaber des dinglichen Rechts vom Grundstückseigentümer die Abschreibung des mit dem Erbbaurecht belasteten Grundstücksteils verlangen. Dieser Anspruch kann gegenüber dem Verlangen des Nutzers auf Rangrücktritt einredeweise geltend gemacht werden.

(3) Der Inhaber kann vom Grundstückseigentümer Ersatz der durch die Abschreibung entstandenen Kosten verlangen. Die Kosten sind den Kosten für die Vertragsdurchführung zuzurechnen. § 60 Abs. 2 ist entsprechend anzuwenden.

I. Normzweck

1 Die Vorschrift bezweckt im Grundsatz die Perpetuierung der im DDR-Recht vorgefundenen Rechtslage, wonach sich die Haftung für Grundpfandrechte am Grundstück nicht auf das selbständige Gebäudeeigentum erstreckte (§§ 295 Abs. 2, 452 ZGB).

[1] Vgl. § 879 BGB RdNr. 3 ff.

[2] ZB Hypothek (§ 452 Abs. 1 S. 1), Aufbauhypothek (§ 456 Abs. 2), Mitbenutzungsrechte (§ 321), Wege- und Überfahrtrechte (§ 322).

[3] PrGS S. 88.

[4] *Eickmann-von Schuckmann* RdNr. 6; *Vossius* RdNr. 8 f.

[5] *Eickmann-von Schuckmann* RdNr. 7.

II. Selbständiges Gebäudeeigentum

2 Selbständiges Gebäudeeigentum konnte nach DDR-Recht in folgenden Fällen entstehen:
- aufgrund der Verleihung des Nutzungsrechts an einem volkseigenen Grundstück für den Bau und die Nutzung von Eigenheimen (§§ 286 Abs. 1, 287 bis 289 ZGB),
- aufgrund der Zuweisung genossenschaftlich genutzten Bodens für den Bau und die persönliche Nutzung von Eigenheimen (§§ 286 Abs. 1, 291 bis 294 ZGB),
- bei Gebäuden und Anlagen, die von volkseigenen Betrieben, staatlichen Organen oder Einrichtungen an vertraglich genutzten Grundstücken errichtet wurden (§ 459 Abs. 1 ZGB),
- nach § 27 LPGG in bezug auf Gebäude und Anlagen, die von einer landwirtschaftlichen Produktionsgenossenschaft auf fremdem Boden errichtet wurden,
- an Wohngebäuden, die im genossenschaftlichen Wohnungsbau auf fremden Grundstücken errichtet wurden (VO über die Arbeiterwohnungsbaugenossenschaft v. 21. 11. 1963, GBl. DDR I S. 109),
- nach §§ 1, 2 und 4 Abs. 1 VerkaufsG.

Wegen der Ausnahmen vgl. § 1 RdNr. 10 f.

III. Inhalt des Anspruchs

3 **1. Grundsatz.** Nach Abs. 1 S. 1 besteht der Anspruch des Nutzers auf Rangrücktritt ohne Einschränkung. Da nach § 8 Abs. 2 der DDR-Verordnung über die Vollstreckung in Grundstücke vom 6. Juni 1990[1] das selbständige Gebäudeeigentum nicht in den Haftungsverband einer Vollstreckung in das Grundstück fiel und der Einigungsvertrag diese Rechtslage perpetuiert hat (vgl. Art. 231 § 5 Abs. 1 und Art. 233 § 4 Abs. 2, 4 EGBGB),[2] entsteht dem Inhaber eines dinglichen Rechts am Grundstück hierdurch kein Nachteil.

4 Gemäß Abs. 1 S. 2 bestehen dagegen **Belastungen des Gebäudes** am Erbbaurecht fort; dies ist die Konsequenz aus § 59 Abs. 1. Belastungen des Gebäudes, auf das sich das selbständige Eigentum bezieht, konnten gem. § 295 Abs. 2 S. 2 ZGB entspr. den Vorschriften über Grundstücksbelastungen bestellt werden (vgl. die Beispiele bei § 33 RdNr. 3 Fn. 2). Bei Anlegung des Erbbaugrundbuchblattes müssen die bestehenden Rechte übertragen werden; dabei kann eine bisher ganz oder teilweise erfolgte Unterlassung der Bezugnahme auf die Bewilligung nachgeholt und sogar der Text verändert werden (§ 44 Abs. 3 GBO).[3]

5 **2. Nutzungsbefugnis an Teilfläche.** Erstreckt sich das Nutzungsrecht nur auf eine Teilfläche des Grundstücks, besteht für den Inhaber des dinglichen Rechts keine Verpflichtung zum Rangrücktritt hins. der Gesamtfläche. Vielmehr kann er von dem Grundstückseigentümer die Abschreibung der Fläche, auf die sich das Nutzungsrecht erstreckt, verlangen. Für die **Abschreibung** gelten die §§ 13, 21 bis 27. Der Anspruch auf Abschreibung ist allerdings nicht gegeben, soweit das Erbbaurecht gem § 1 Abs. 2 ErbbauVO auf einen für das Bauwerk nicht erforderlichen Teil des Grundstücks erstreckt wird.

6 **3. Ausnahme.** Eine Ausnahme von Abs. 1 S. 1 ist für den Fall zu machen, daß zB noch nicht rechtlich abgesicherte Leitungen bestehen, die sowohl den Ausübungsbereich der Fläche, auf die das Erbbaurecht sich bezieht, betreffen, als auch die Restfläche des Grundstücks, die nur formell mit dem Erbbaurecht belastet wird. Soweit dies für den Bestand der Leitung erforderlich ist, muß in solchen Fällen eine entspr. Versorgungsleitungsdienstbarkeit sowohl am Grundstück, als auch am Erbbaurecht eingetragen werden.[4]

IV. Rechte des Inhabers des dinglichen Rechts

7 **1. Anspruch gegen den Grundstückseigentümer.** Der Anspruch auf Abschreibung der Teilfläche von Stammgrundstück ist vom Inhaber des dinglichen Rechts gegenüber dem Grundstückseigentümer geltend zu machen (Abs. 2 S. 1). **Abschreibung** bedeutet Teilung des Grundstücks und selbständige Buchung entweder auf demselben Grundbuchblatt oder Übertragung auf ein anderes, neu anzulegendes oder auf ein für denselben Eigentümer bereits angelegtes Grundbuchblatt. Voraussetzung für die Abschreibung ist eine Teilungserklärung gegenüber dem Grundbuchamt gem. § 29 GBO, eine Teilungsgenehmigung gem. § 19 BauGB sowie ein beglaubigter Auszug aus dem Liegenschaftsbuch und ein beglaubigter Abdruck der Flurkarte,

[1] GBl. DDR I S. 288.
[2] Vgl. hierzu auch *Czub* Leitfaden RdNr. 414 ff.
[3] *Eickmann-von Schuckmann* RdNr. 5.
[4] *Herbig-Gaitzsch-Hügel-Weser* S. 94.

falls der abzuschreibende Grundstücksteil bisher nicht im Grundbuch nach dem amtlichen Verzeichnis, dh. nach Gemarkung, Flur, Flurstück, bestimmt ist (§ 2 Abs. 4 GBO).

Ist die **Teilungsgenehmigung** nicht zu erlangen, besteht ein Anspruch auf Abschreibung nicht (§ 275 BGB).[5]

8 Zur **Durchsetzung dieses Anspruchs** steht dem Inhaber des dinglichen Rechts der allgemeine Zivilrechtsweg offen; das notarielle Vermittlungsverfahren gem. §§ 87 ff. und das gerichtliche Verfahren gem. §§ 103 ff. sind nach Wortlaut und Systematik auf diese Streitigkeit nicht zugeschnitten.

9 **2. Rechte gegenüber dem Nutzer. a) Allgemeines.** Der Inhaber des dinglichen Rechts kann den Anspruch auf Abschreibung der Teilfläche im Wege des Einwendungsdurchgriffs, aber auch **einredeweise** gegenüber dem Anspruch des Nutzers auf Rangrücktritt geltend machen, um so seinen Rang am Stammgrundstück zu erhalten (Abs. 2 S. 2).

10 **b) Verfahren.** Die verfahrensmäßigen Konsequenzen der Erhebung der Einrede sind im Gesetz nicht geregelt. Soweit sich Nutzer und Grundstückseigentümer über den Umfang der abzuschreibenden Teilflächen einig sind, sollten sie die Abschreibung vor oder unmittelbar nach Einleitung des notariellen Vermittlungsverfahrens (§§ 87 ff.) durchführen; diese Frage kann im Rahmen des notariellen Vermittlungsverfahrens auch mit dem Inhaber des dinglichen Rechts erörtert werden (vgl. § 93 Abs. 4 Nr. 1 lit. a).

11 Ist eine solche gütliche Einigung nicht zu erzielen und setzt der Notar deshalb gem. § 94 Abs. 2 S. 1 Nr. 3 das Vermittlungsverfahren aus, muß der Nutzer den Grundstückseigentümer auf Zustimmung zur Abschreibung der Teilfläche in Anspruch nehmen, wobei es sich hierbei um eine Vorfrage handelt, die nicht in den vom Gesetzgeber bereitgestellten Verfahren gem. §§ 87 ff. bzw. §§ 103 ff. beantwortet wird. Vielmehr hat der Nutzer den **allgemeinen Zivilrechtsweg** zu beschreiten. Erst nach dem rechtskräftigen Abschluß dieses Verfahrens und dem Vollzug der Abschreibung der Teilfläche im Grundbuch ist es prozeßökonomisch sinnvoll, nunmehr den Inhaber des dinglichen Rechts auf Zustimmung zum Rangrücktritt in Anspruch zu nehmen, um so die Geltendmachung der Einrede des § 34 Abs. 2 S. 2 zu verhindern.

12 Erhebt der Nutzer gegen den Inhaber des dinglichen Rechts vor der Abschreibung der Teilfläche **Klage auf Zustimmung zum Rangrücktritt,** muß die Klage als derzeit unbegründet abgewiesen werden. Eine Aussetzung des Verfahrens nach § 148 ZPO scheidet aus, wenn der Nutzer nicht gleichzeitig gegen den Grundstückseigentümer eine Klage auf Zustimmung zur Abschreibung der genutzten Teilfläche vom Stammgrundstück anhängig gemacht hat.

13 **3. Zustimmung der Grundstücksgläubiger.** Die Grundstücksgläubiger müssen nicht zustimmen, weil ihre Rechte als Gesamtrechte erhalten bleiben.

14 **4. Nachträgliche Abschreibung.** Wird das Grundstück nicht geteilt, ist das gesamte Grundstück belastet. Da sich das Erbbaurecht aber nur auf den für das Bauwerk erforderlichen Teil und ggf. auf die Fläche gem. § 1 Abs. 2 ErbbauVO erstreckt, kann auch noch bei einer späteren Teilung des Grundstücks der vom Erbbaurecht nicht betroffene Teil des Grundstücks ohne Mitwirkung des Erbbauberechtigten und der Gläubiger am Erbbaurecht insoweit lastenfrei abgeschrieben werden.[6]

V. Kostentragung

15 Gemäß Abs. 3 S. 1 hat der Inhaber des dinglichen Rechts gegenüber dem Grundstückseigentümer einen gesetzlichen **Anspruch auf Erstattung** der durch die Grundstücksteilung entstandenen Kosten bzw. einen **Freistellungsanspruch.** Hierunter fallen jedoch nur die durch die Abschreibung entstehenden Kosten, wozu zB Anwalts- und Gerichtskosten für die Durchsetzung des Anspruchs nicht gehören;[7] insoweit gelten die allgemeinen Regeln.

16 Ein Anspruch auf Kostenerstattung gegenüber dem Nutzer besteht also im Außenverhältnis nicht. Vielmehr hat der Grundstückseigentümer gegenüber dem Nutzer im Innenverhältnis einen Anspruch auf hälftige Kostenbeteiligung, da es sich bei den durch die Abschreibung entstehenden Kosten gem. Abs. 3 S. 2 um Vertragskosten iSd. § 60 Abs. 2 handelt.

[5] *Czub-Frenz* RdNr. 7.

[6] *Eickmann-von Schuckmann* RdNr. 8; vgl. auch *Czub-Frenz* RdNr. 10.

[7] *Eickmann-von Schuckmann* RdNr. 10.

§ 35 Dienstbarkeit, Nießbrauch, Wohnungsrecht

Soweit selbständiges Gebäudeeigentum nicht besteht, können die Inhaber solcher dinglichen Rechte, die einen Anspruch auf Zahlung oder Befriedigung aus dem Grundstück nicht gewähren, eine der Belastung des Grundstücks entsprechende Belastung des Erbbaurechts verlangen, wenn diese zur Ausübung ihres Rechts erforderlich ist. Macht der jeweilige Erbbauberechtigte die in den §§ 27 und 28 der Verordnung über das Erbbaurecht bestimmten Ansprüche geltend, so darf er die Zwangsversteigerung des Grundstücks nur unter der Bedingung des Bestehenbleibens dieser Rechte am Grundstück betreiben.

I. Normzweck

1 Die Vorschrift bezweckt den Schutz der Inhaber der von der Norm umfaßten dinglichen Rechte am Grundstück, indem diese einen Ausgleich dafür erhalten, daß sie gem. § 33 grundsätzlich zum Rangrücktritt verpflichtet sind.

II. Anspruchsvoraussetzungen (Satz 1)

2 **1. Kein selbständiges Gebäudeeigentum** darf begründet worden sein, da andernfalls die Vorschrift des § 34 anwendbar ist.

3 **2. Dingliche Rechte** sind hier nur solche, die keinen Anspruch auf Zahlung oder Befriedigung aus dem Grundstück gewähren, also Grunddienstbarkeiten, Nießbrauchsrechte, Wohnungsrechte oder Leitungs- und Wegerechte (vgl. i.ü. § 33 RdNr. 3 bis 5). Bloße schuldrechtliche Vereinbarungen genügen nach dem eindeutigen Gesetzeswortlaut nicht. Die dinglichen Rechte müssen deshalb nach dem Recht der DDR bzw. bei einer Bestellung vor dem Inkrafttreten des ZGB am 1. 1. 1976 nach dem BGB[1] wirksam bestellt worden sein.

4 Vom Gesetz nicht ausdrücklich erwähnt sind **dingliche Vorkaufsrechte,** die in der Praxis auch eher selten sein dürften. Nach der Konzeption des SachenRBerG, das dem Nutzer einen Anspruch auf Einräumung eines Erbbaurechts auch gegen den Rechtsnachfolger des Grundstückseigentümers gewährt, beschränkt sich ein dingliches Vorkaufsrecht auf die Grundstücksfläche, während das Gebäude insoweit unbelasteter Bestandteil des Erbbaurechts wird.

III. Rechtsfolgen

5 **1. Belastungsanspruch.** Die dinglichen Rechtsinhaber können von dem Nutzer Zug-um-Zug (§ 273 Abs. 1 BGB) gegen Abgabe des Rangrücktritts nach § 33 die Einräumung einer entsprechenden Belastung am neu entstehenden Erbbaurecht verlangen. Hierbei handelt es sich um ein gleichartiges Recht an der gleichen Rangstelle.

6 **2. Ausschluß oder Beschränkung des Anspruchs.** Die der Belastung des Grundstücks entspr. Belastung des Erbbaurechts muß **zur Rechtsausübung erforderlich** sein. Dieses Erfordernis lehnt sich an den **Rechtsgedanken des § 1026 BGB** an. Während es bei § 1026 BGB auf die rechtliche Beschränkung der Rechtsausübung ankommt und eine rein tatsächliche Beschränkung jedenfalls im Falle der Änderungsmöglichkeit nicht genügen soll,[2] legt der Wortlaut des § 35 S. 1 eine zugunsten des Nutzers extensive Auslegung nahe, wie dies auch in der Begründung des RegE angedeutet ist.[3] Die rechtliche Beschränkung setzt daher die Grenze für den Umfang der zu bestellenden Belastung des Erbbaurechts, wobei sich dieser Umfang im Falle einer geringeren tatsächlichen Ausübung weiter vermindert. Im Einzelfall wird daher zu klären sein, inwieweit eine Belastung des Erbbaurechts zur Ausübung des dinglichen Rechts tatsächlich überhaupt erforderlich ist; ein Anhaltspunkt wird dafür sein, inwieweit das Gebäude oder die genutzte Fläche bereits in der Vergangenheit innerhalb des Bereichs der tatsächlichen Ausübung des dinglichen Rechts belegen war.

7 **3. Kosten.** Die Kosten der Bestellung hat mangels einer gesetzlichen Regelung der dinglich Berechtigte zu tragen.

[1] Vgl. § 6 Abs. 1 EGZGB.

[2] Vgl. § 1026 BGB RdNr. 2; *Palandt-Bassenge* § 1026 RdNr. 2.

[3] BT-Drucks. 12/5992 (RegE), S. 132 f. (zu § 35 S. 1).

IV. Vollstreckungsschutz (Satz 2)

8 **1. Allgemeines.** Nach Beendigung des Erbbaurechts durch Zeitablauf hat der Grundstückseigentümer gem. § 27 Abs. 1 S. 1 ErbbauVO dem Erbbauberechtigten eine Entschädigung für das Bauwerk zu leisten. Gemäß § 28 ErbbauVO haftet das Grundstück für diese Forderung an Stelle und mit dem Rang des Erbbaurechts. Beide Vorschriften sind gem. § 60 Abs. 1 auf das nach dem SachenRBerG zu bestellende Erbbaurecht anwendbar. Im Falle der Insolvenz des Grundstückseigentümers und einer Vollstreckung aus der erstrangigen Forderung in das Grundstück würde mit dem Zuschlag auch das nachrangige dingliche Recht erlöschen (§§ 52 Abs. 1 S. 2, 91 Abs. 1 ZVG). Aus diesem Grund ist deshalb vom BGH[4] ein Anspruch auf Rangrücktritt gegen den Inhaber einer Dienstbarkeit, wie er gem. § 33 begründet wird, auf der Grundlage des geltenden Rechts verneint worden, selbst wenn die Eintragung einer gleichrangigen Dienstbarkeit auf dem Erbbaurecht bewilligt worden ist. Durch § 35 S. 2 wird dieser Konflikt positiv-rechtlich zugunsten des Inhabers des dinglichen Rechts gelöst.

9 **2. Inhalt der Sicherung.** Durch § 35 S. 2 besteht für den jeweiligen Erbbauberechtigten eine gesetzliche Verpflichtung, eine Versteigerung des Grundstücks nur mit der Bedingung des Bestehenbleibens der gem. § 35 S. 1 fortbestehenden dinglichen Rechte zu betreiben, soweit bei der Bestellung des Erbbaurechts ein **Rangrücktritt** erfolgt ist und dadurch der Inhaber des dinglichen Rechts durch die Versteigerung den Verlust seiner Rechtsposition befürchten muß. Eine solche abweichende Feststellung des geringsten Gebots ist nach § 59 ZVG zulässig. Sie hat zur Folge, daß die nicht durch Zahlung zu deckende Dienstbarkeit beim Zuschlag bestehen bleibt und vom Ersteher zu übernehmen ist.

§ 36 Hypothek, Grundschuld, Rentenschuld, Reallast

(1) Soweit selbständiges Gebäudeeigentum nicht besteht, können die Inhaber solcher dinglichen Rechte, die Ansprüche auf Zahlung oder Befriedigung aus dem Grundstück gewähren, den Rangrücktritt hinter das Erbbaurecht verweigern, es sei denn, daß der Nutzer ihnen eine Belastung des Erbbaurechts mit einem dinglichen Recht an gleicher Rangstelle wie am Grundstück und in Höhe des Betrages bewilligt, der dem Verhältnis des Werts des Erbbaurechts zu dem Wert des belasteten Grundstücks nach den für die Wertermittlung maßgebenden Grundsätzen entspricht. Das in Satz 1 bestimmte Recht besteht nicht, wenn

1. der Antrag auf Eintragung der Belastung nach dem 21. Juli 1992 beim Grundbuchamt einging und dem Inhaber des dinglichen Rechts bekannt war, daß der Grundstückseigentümer vorsätzlich seiner Verpflichtung aus Artikel 233 § 2 a Abs. 3 Satz 2 des Einführungsgesetzes zum Bürgerlichen Gesetzbuche zuwiderhandelte, das vom Nutzer bebaute Grundstück nicht zu belasten, oder

2. das vom Nutzer errichtete oder erworbene Gebäude oder dessen bauliche Anlage und die hierfür in Anspruch genommene Fläche nach den vertraglichen Regelungen nicht zum Haftungsverband gehören sollten oder deren Nichtzugehörigkeit zum Haftungsverband für den Inhaber des dinglichen Rechts bei dessen Begründung oder Erwerb erkennbar war.

Ist ein Darlehen für den Betrieb des Grundstückseigentümers gewährt worden, ist zu vermuten, daß ein vom Nutzer errichtetes oder erworbenes Eigenheim und die ihm zuzuordnende Fläche nicht als Sicherheit für das Darlehen dienen sollten.

(2) Der Nutzer ist berechtigt, das dingliche Recht nach Absatz 1 Satz 1 durch eine dem Umfang des Rechts entsprechende Befriedigung des Gläubigers zum nächstmöglichen Kündigungstermin abzulösen.

[4] DNotZ 1974, 692, 693.

Übersicht

I. Normzweck

1 Durch § 36 soll die Rechtsposition der Inhaber von Grundpfandrechten und Reallasten nicht verkürzt werden, was an sich gem. § 12 Abs. 1 S. 3 ErbbauVO der Fall wäre, wonach mit der Begründung des Erbbaurechts die Haftung des Bauwerks für die Belastungen des Grundstücks erlöschen würde. Die Rechtsinhaber sollen deshalb zum Rangrücktritt nur verpflichtet sein, wenn zu ihren Gunsten an dem Erbbaurecht eine anteilige, gleichrangige Belastung bestellt wird. Hierdurch sollen einerseits das Vertrauen des Inhabers des dinglichen Rechts in die durch den Haftungsverband begründete Sicherheit für einen gegebenen Kredit, andererseits aber die Interessen des Nutzers, der häufig auf die Vergabe des Kredits keinen Einfluß nehmen konnte, angemessen berücksichtigt werden.

2 Durch Abs. 2 soll dem Nutzer eine Ablösung der Belastung ermöglicht werden, um damit ein Hindernis für eine Belastung des Erbbaurechts für eigene Zwecke zu beseitigen.

II. Grundsatz (Abs. 1 Satz 1)

3 **1. Kein selbständiges Gebäudeeigentum.** Vgl. hierzu § 35 RdNr. 2.

4 **2. Dingliche Rechte.** Dingliche Rechte iS der Vorschrift sind nur solche, die einen Anspruch auf Zahlung oder Befriedigung aus dem Grundstück gewähren, also Hypothek, Grundschuld, Rentenschuld oder Reallast; für andere dingliche Rechte am Grundstück gilt § 35.

5 **3. Belastung des Erbbaurechts.** Dem Inhaber eines dinglichen Rechts steht gegenüber dem Anspruch des Nutzers aus § 33 auf Zustimmung zum Rangrücktritt ein im Wege der Einrede[1] zu erhebender Gegenanspruch auf anteilige Belastung des Erbbaurechts zu, wobei anstelle von Rechten nach DDR-Vorschriften die entsprechenden BGB-Rechte zu bestellen sind.

6 Steht die dingliche Belastung dem Grundstückseigentümer zB in Form einer **Eigentümerhypothek** oder Eigentümergrundschuld selbst zu, folgt aus dem Sinn des § 37, daß in diesem Fall kein Leistungsverweigerungsrecht besteht, sondern der Nutzer seinen Anspruch auf Zustimmung zum Rangrücktritt einredefrei durchsetzen kann.

7 **4. Höhe der Belastung.** Der Gegenanspruch besteht in Höhe des Teilbetrages der Belastung, der dem Verhältnis des Werts des Erbbaurechts zu dem des belasteten Grundstücks entspricht.[2] Hierdurch wird die für die Grundpfandrechte geltende gesetzliche Grundregel des § 1120 BGB bzw. der §§ 452, 455 ZGB, wonach die gesamte Fläche nebst aufstehenden Gebäuden in deren Haftungsverband fällt, durchbrochen und der Höhe nach begrenzt.

8 Für die **Wertermittlung** sind nach dem klaren Wortlaut des § 36 Abs. 1 S. 1 die allgemeinen Wertermittlungsgrundsätze und nicht Beleihungsgrundsätze zugrundezulegen; dadurch ist auch der Bodenwertanteil des Erbbaurechts zu berücksichtigen, der vom Wert des zu belastenden

[1] So die Begründung des RegE, BT-Drucks 12/5992, S. 133.

[2] Vgl. das Rechenbeispiel bei *Vossius* RdNr. 7 ff.; *Prütting-Zimmermann* Anh. zu § 36.

Grundstücks abgezogen wird. Die Vorschrift ist der in der Praxis selten angewandten Norm des § 55 Abs. 2 FlurbG nachgebildet.

9 Das Wertverhältnis ist aus Praktikabilitätsgründen auf den **Zeitpunkt** der Geltendmachung des Anspruchs gem. § 33 festzusetzen. Dies entspricht auch dem Gedanken des § 18 Abs. 1. Soweit in der Begründung des RegE insoweit anscheinend auf den Zeitpunkt der Beleihung, dh. der Bestellung des dinglichen Rechts, abgestellt werden soll,[3] kann dem deshalb nicht gefolgt werden; hierfür gibt auch der Wortlaut der Norm nichts her.

10 **5. Rangstelle.** Das dingliche Recht ist zu Lasten des Erbbaurechts im gleichen Rang einzutragen, wie es am Grundstück besteht.

11 **6. Verfahren.** Der Gegenanspruch des Inhabers des dinglichen Rechts ist wie der Anspruch des Nutzers auf Rangrücktritt im notariellen Vermittlungsverfahren zu erörtern (§ 93 Abs. 4). Wie § 93 Abs. 4 Nr. 1 lit. b) zeigt, können sich die Parteien im Rahmen ihrer Dispositionsbefugnis auch über eine andere Art der Sicherheitsleistung (zB Grundpfandrecht auf einem eigenen Grundstück des Nutzers etc.) einigen. Gleichfalls bleibt das Recht des Nutzers auf Ablösung des dinglichen Rechts gem. § 36 Abs. 2 unberührt. Zulässig ist auch eine Abrede, daß die Vollstreckung in das Erbbaurecht erst erfolgen kann, wenn die Versteigerung des Grundstücks vorausgegangen ist.[4]

12 Wird keine Einigung erzielt, ist eine Entscheidung auf dem **Klageweg** zu suchen. Ein behördliches Verfahren durch eine Erteilung von Unschädlichkeitszeugnissen durch Kataster- oder Grundbuchämter, wie sie gem. Art. 120 EGBGB möglich gewesen wäre, ist vom Gesetzgeber ausdrücklich nicht vorgesehen worden, um das Verfahren aus Gründen der Prozeßökonomie nicht aufzuspalten.[5]

III. Ausnahmetatbestände (Abs. 1 Satz 2)

13 **1. Allgemeines.** Nach Wortlaut und Intention des Gesetzgebers sind die aufgeführten Ausnahmetatbestände abschließend gemeint. Bei diesen Fallgruppen ist ein Grund für einen Schutz des Inhabers des dinglichen Rechts nicht gegeben, da er nicht auf eine Haftung des Gebäudewertes für den Kredit vertrauen durfte, so daß der Nutzer keine anteilige Haftung auf seinem Erbbaurecht zu übernehmen hat. Die Ausschlußtatbestände sind vom Nutzer im Wege der Einrede geltend zu machen, wodurch er ein unbelastetes Erbbaurecht erhält.

14 **2. Unredlicher Erwerb (Nr. 1). a) Allgemeines.** Der Ausschlußtatbestand des unredlichen Erwerbs entspricht allgemeinen Rechtsgrundsätzen. Das Zweite Vermögensrechtsänderungsgesetz vom 14. 7. 1992 (BGBl. I S. 1257), das das Belastungsverbot in Art. 233 § 2 a Abs. 3 S. 2 EGBGB aufgenommen hat, hat insoweit im Interesse des Grundstücksverkehrs und der Beleihbarkeit lediglich eine schuldrechtliche Verpflichtung des Grundstückseigentümers gegenüber dem Nutzer begründet. Diese Unterlassungsverpflichtung hat die gleichen Wirkungen wie eine entspr. rechtsgeschäftliche Verpflichtung, so daß sie keine dingliche Wirkung entfaltet (§ 137 S. 1 BGB), insbes. also eine Verletzung dieser Pflicht im Außenverhältnis gegenüber Dritten unbeachtlich ist und die Wirksamkeit der Verfügung unberührt läßt.

15 **b) Voraussetzungen.** Der Ausschlußtatbestand hat mehrere Voraussetzungen: Der Antrag auf Eintragung der Belastung muß nach dem 21. Juli 1992 (= Tag vor Inkrafttreten des Moratoriums gem. Art. 233 § 2 a EGBGB) beim Grundbuchamt eingegangen sein, wobei das Datum des Eingangsstempels maßgebend ist. Der Grundstückseigentümer muß gegen das ihm obliegende Belastungsverbot vorsätzlich verstoßen haben, wobei nach dem eindeutigen Wortlaut und der Gesetzesbegründung[6] bloß fahrlässiges Verhalten nicht genügt. Ebenso muß dem Inhaber des dinglichen Rechts dieser vorsätzliche Verstoß positiv bekannt gewesen sein; bloße fahrlässige Unkenntnis genügt nicht.

16 **c) Beweisfragen.** Für das Vorliegen der Voraussetzungen trägt der Nutzer die Darlegungs- und Beweislast. Angesichts der hohen Tatbestandsanforderungen (Vorsatz des Grundstückseigentümers, Kenntnis des Inhabers des dinglichen Rechts) wird er diesen Nachweis schwer erbringen können. Damit der Ausschlußtatbestand nicht leerläuft, dürfen deshalb die Anforderungen nicht überspitzt werden. Hins. der Frage der vorsätzlichen Pflichtverletzung durch den Grundstückseigentümer wird idR eine tatsächliche Vermutung für einen Verstoß vorliegen,

[3] BT-Drucks. 12/5992, S. 133; unklar: *Czub-Frenz* RdNr. 19.

[4] *Herbig-Gaitzsch-Hügel-Weser* S. 96.

[5] BT-Drucks. 12/5992 S. 133.

[6] BT-Drucks. 12/5992 S. 134.

wenn die Belastung nach dem 21. 7. 1992 vereinbart worden ist; insbes. schließt die Eintragung eines Vermerks nach Art. 233 § 2 c Abs. 2 EGBGB einen gutgläubigen Erwerb idR aus.[7] Hins. der Kenntnis des Inhabers des dinglichen Rechts kommt es vor allem darauf an, ob er überhaupt von dem Nutzungsverhältnis und damit der möglichen Anwendbarkeit des Moratoriums des Art. 233 § 2 a Abs. 3 S. 2 EGBGB wußte; dies ist zB bei Eintragung des Vermerks nach Art. 233 § 2 c Abs. 2 EGBGB der Fall.

17 **3. Anderweitige schuldrechtliche Abrede (Nr. 2 1. Alt.). a) Allgemeines.** Soweit Grundstückseigentümer und dinglicher Rechtsinhaber vereinbart haben, daß das von einem Nutzer errichtete oder erworbene Gebäude und die hierfür in Anspruch genommene Fläche nicht als Haftungsgrundlage dienen sollten, haben sie die dingliche Belastung akzessorisch an die schuldrechtliche Vereinbarung geknüpft. Der Inhaber des dinglichen Rechts ist deshalb nicht schutzwürdig.

18 **b) Voraussetzungen.** Entscheidend ist der Inhalt der schuldrechtlichen Vereinbarung zwischen Grundstückseigentümer und dinglichem Rechtsinhaber. Hat sich diese zB nur auf einen Teil der vom Nutzer beanspruchten Fläche bezogen oder ist diese Fläche später zugunsten des Nutzers vergrößert worden, kann der Nutzer die Einrede des Abs. 1 Nr. 2 1. Alt. nur bezüglich dieser Teilfläche erheben. Im übrigen kann der Inhaber die anteilige Belastung des Erbbaurechts verlangen, wobei sich die Belastung selbst auf das gesamte Erbbaurecht zu beziehen hat, während für die Höhe die zu belastende Teilfläche maßgeblich ist.

19 **c) Beweisfragen.** Für den Umfang der schuldrechtlichen Abrede hat der Nutzer die Darlegungs- und Beweislast. Soweit aber eine schriftliche Vereinbarung existiert und sich diese in Händen des Grundstückseigentümers oder des Inhabers des dinglichen Rechts befindet, kann er diese gem. § 810 BGB herausverlangen. Im übrigen gelten die §§ 415 ff. ZPO. Im Falle der Vergabe eines Betriebskredits besteht darüber hinaus die gesetzliche Vermutung des § 36 Abs. 1 S. 3 (vgl. RdNr. 22).

20 **4. Erkennbarkeit der Nichtzugehörigkeit zum Haftungsverband (Nr. 2 2. Alt.). a) Allgemeines.** Wegen der besonderen Verhältnisse in den neuen Ländern mußte ein Kreditgeber damit rechnen, daß nicht eingetragene dingliche Nutzungsrechte am Grundstück bestehen oder außerhalb des Grundbuchs selbständiges Gebäudeeigentum entstanden ist, welche auch nach Art. 231 § 5 Abs. 1 und Art. 233 §§ 4 und 5 EGBGB fortbestehen können.[8] Aus diesem Grund oblag dem Gläubiger bei der Bestellung einer Sicherheit die Nachfrage, ob seinem Schuldner die auf dem Grundstück befindlichen Gebäude auch gehören. Bei einem Verstoß gegen diese Obliegenheit wird der Inhaber des dinglichen Rechts ebenfalls als nicht schutzwürdig angesehen.

21 **b) Voraussetzungen, Beweisfragen.** Dem Inhaber des dinglichen Rechts muß die Nichtzugehörigkeit zum Haftungsverband erkennbar gewesen sein. Hierfür trägt der Nutzer die Darlegungs- und Beweislast, wobei der Nachweis für den Nutzer leichter zu führen ist als im Falle der Nr. 1, da nicht Kenntnis verlangt wird, sondern bloße Erkennbarkeit ausreicht, also (auch einfache) fahrlässige Unkenntnis genügt, wobei auf die ex-ante-Sicht abzustellen ist. Hierbei kommt es auf die Umstände des Einzelfalles an, also insbes. die Frage der Bebauung des Grundstücks; je größer die Anzahl der Bauwerke und je unterschiedlicher ihre Art und Nutzung, desto eher wird der Schluß auf bestehende Nutzungsrechte zu ziehen (gewesen) sein. Ferner ist von Bedeutung, ob Grundstückseigentümer und Nutzer personenverschieden waren, da in diesem Fall für den Gläubiger uU eine Erkundigungspflicht bestand. Bei Betriebskrediten greift auch hier die Vermutung des § 36 Abs. 1 S. 3 ein (vgl. RdNr. 22).

22 **5. Vermutung bei Betriebskredit (Satz 3).** Die Vermutung des § 36 Abs. 1 S. 3 bezieht sich auf beide Alternativen des Ausschlußtatbestandes des Abs. 1 S. 2. Es handelt sich um eine gesetzliche Vermutung iSd. § 292 ZPO, die vom Inhaber des dinglichen Rechts widerlegt werden kann. Entscheidend für das Eingreifen der Vermutung und ihre Widerlegung ist der Inhalt der Kreditvereinbarung und die Erklärung in den sonstigen Beleihungsunterlagen. Im Falle der verweigerten Vorlage durch den Inhaber des dinglichen Rechts ist zugunsten des Nutzers § 421 ZPO anzuwenden.

23 **6. Verfahren.** Gemäß § 93 Abs. 4 Nr. 1 sind die Fragen nach dem Vorliegen eines Ausschlußtatbestandes auch im notariellen Vermittlungsverfahren zu erörtern. Im Falle des Schei-

[7] Ebenso *Vossius* RdNr. 29 f.

[8] Vgl. hierzu *Czub* Leitfaden RdNr. 424.

terns einer Einigung soll der Notar gem. § 94 Abs. 2 S. 1 Nr. 3, S. 2 die Vermittlung aussetzen und die Beteiligten auf den Klageweg verweisen.

IV. Ablösung der Belastung (Abs. 2)

24 **1. Recht des Nutzers.** Abs. 2 gibt dem Nutzer ein Ablöserecht entsprechend §§ 1150, 268 BGB; allerdings besteht das Ablöserecht im Hinblick auf den Normzweck nicht erst im Falle der Zwangsvollstreckung, sondern bereits zum nächstmöglichen (vertraglichen oder gesetzlichen) Kündigungstermin. Um von diesem Recht Gebrauch machen zu können, hat der Nutzer gegen den Grundstückseigentümer einen (neben-)vertraglichen **Auskunftsanspruch** hins. des Zeitpunktes der Kündigungsmöglichkeit usw.

25 Die **Befriedigung** des Gläubigers kann durch Zahlung oder entsprechend § 268 Abs. 2 BGB auch durch Hinterlegung oder Aufrechnung erfolgen.

26 **2. Verhältnis zu § 37.** Die Vorschrift des § 36 Abs. 2 ergänzt die Norm des § 37, wonach dem Nutzer gegenüber dem Grundstückseigentümer ein Befreiungsanspruch zusteht. Ist der Grundstückseigentümer hierzu aber nicht in der Lage oder nicht willens, steht dem Nutzer gem. § 36 Abs. 2 auch ein eigenes Ablösungsrecht zu. In diesem Fall wandelt sich der Befreiungsanspruch des § 37 S. 1 in einen Erstattungsanspruch des Nutzers gegen den Grundstückseigentümer um.

§ 37 Anspruch auf Befreiung von dinglicher Haftung

Der Nutzer kann vom Grundstückseigentümer Befreiung von einer dinglichen Haftung verlangen, die er nach § 36 Abs. 1 zu übernehmen hat. Ist eine grundpfandrechtlich gesicherte Kreditschuld noch nicht ablösbar, so hat der Grundstückseigentümer dem Nutzer statt der Befreiung auf Verlangen Sicherheit zu leisten.

I. Normzweck

1 Die Vorschrift bezweckt den Ausgleich der dinglichen Rechtsverschiebungen auf der Vermögensseite, dh. im Innenverhältnis zw. Grundstückseigentümer und Nutzer. Zugleich will sie die Beteiligten zur Verschaffung von Erbbaurechten frei von Belastungen anhalten.

II. Anspruch des Nutzers

2 **1. Anspruchsinhalt.** Im Wege der teleologischen Reduktion wird der Anspruch unter Berücksichtigung des Normzweckes dann nicht oder nur teilweise bestehen, wenn die Belastung mit Einwilligung des Nutzers und zu seinem wirtschaftlichen Vorteil bestellt worden ist, also wenn und soweit er zB die besicherte Darlehensvaluta selbst erhalten hat.

3 Auf den Anspruch aus § 37 kann der Nutzer (formlos) **verzichten.** Er kann sich mit dem Grundstückseigentümer auch dahingehend einigen, daß der Erbbauzins unmittelbar an den Inhaber des dinglichen Rechts gezahlt und auf die anteilige Belastung angerechnet wird.

4 Der Anspruch aus § 37 S. 1 ist an eine andere Person als den Inhaber des dinglichen Rechts **nicht abtretbar,** da sich ansonsten der Leistungsinhalt entgegen § 399 1. Alt. BGB verändern würde.

5 **2. Noch nicht ablösbare Kreditschuld.** Ist die grundpfandrechtlich gesicherte Kreditschuld noch nicht ablösbar, gewährt § 37 S. 2 dem Nutzer lediglich einen Anspruch auf eine entspr. Sicherheitsleistung durch den Grundstückseigentümer. Der Begriff der „Kreditschuld“ ist allerdings zu eng; hierunter ist vielmehr wie in § 64 Abs. 2 S. 2 jede gesicherte Forderung zu verstehen.[1]

6 Hins. der **Art der Sicherheitsleistung** hat der Grundstückseigentümer mangels besonderer gesetzlicher Regelung die Wahl unter den in § 232 Abs. 1 BGB aufgeführten Mitteln, insbes. also die Möglichkeit der Hinterlegung in Geld oder der Bestellung eines Grundpfandrechts an einem Grundstück. Die Sicherheitsleistung muß stets werthaltig sein, was insbes. im Falle der Bestellung eines Grundpfandrechts an dem Erbbaurechtsgrundstück wegen der bereits beste-

[1] *Vossius* RdNr. 8; *Prütting-Zimmermann* RdNr. 4.

henden (vorrangigen) Belastung einer genauen Prüfung bedarf. Wird die Sicherheit ohne Verschulden des Nutzers notleidend, hat der Grundstückseigentümer sie zu ergänzen oder eine anderweitige Sicherheit zu leisten (§ 240 BGB). Vgl. i. e. die Kommentierung zu §§ 232 bis 240 BGB.

7 **3. Leistungsverweigerungsrecht.** Kommt der Grundstückseigentümer dem Verlangen des Nutzers auf Befreiung oder Sicherheitsleistung nicht nach, steht dem Nutzer gem. § 273 BGB ein im Wege der Einrede geltend zu machendes Leistungsverweigerungsrecht gegenüber dem Anspruch des Grundstückseigentümers auf Zahlung des Erbbauzinses zu. Dieses Zurückbehaltungsrecht besteht bis zur Höhe des Befreiungsanspruchs (zuzüglich etwaiger Zinsen) und wandelt sich im Falle der Ablösung der Belastung durch den Nutzer in einen aufrechenbaren Zahlungsanspruch um.

Unterabschnitt 3. Überlassungsverträge

§ 38 Bestellung eines Erbbaurechts für einen Überlassungsvertrag

(1) Ist dem Nutzer das Grundstück aufgrund eines Überlassungsvertrages übergeben worden, so kann der Grundstückseigentümer vom Nutzer verlangen, daß dieser auf seine vertraglichen Ansprüche für Werterhöhungen des Grundstücks verzichtet und die zur Absicherung dieser Forderung eingetragene Hypothek aufgibt. Der Nutzer hat den Grundstückseigentümer freizustellen, wenn er den Anspruch auf Wertersatz und die Hypothek an einen Dritten abgetreten hat.

(2) Der Grundstückseigentümer hat dem Nutzer die Beträge zu erstatten, die der staatliche Verwalter aus den vom Nutzer eingezahlten Beträgen zur Ablösung von Verbindlichkeiten des Grundstückseigentümers und Grundpfandrechten, die zu deren Sicherung bestellt wurden, verwendet hat. Der Aufwendungsersatzanspruch des Nutzers nach Satz 1 gilt als erloschen, soweit aus der Zahlung des Nutzers Verbindlichkeiten und Grundpfandrechte getilgt wurden, die der Grundstückseigentümer nach § 16 Abs. 2 Satz 2, Abs. 5 bis 7 in Verbindung mit § 18 Abs. 2 des Vermögensgesetzes nicht übernehmen müßte, wenn diese im Falle der Aufhebung oder der Beendigung der staatlichen Verwaltung noch fortbestanden hätten. Satz 2 ist auf eine zur Absicherung des Aufwendungsersatzanspruchs des Nutzers eingetragene Hypothek entsprechend anzuwenden. Auf Abtretungen, die nach Ablauf des 31. Dezember 1999 erfolgen, sind die §§ 892 und 1157 Satz 2 des Bürgerlichen Gesetzbuchs entsprechend anzuwenden.

(3) Soweit Ansprüche und Rechte nach Absatz 2 Satz 2 und 3 erlöschen, ist § 16 Abs. 9 Satz 3 des Vermögensgesetzes entsprechend anzuwenden.

(4) Der Nutzer ist berechtigt, die hinterlegten Beträge mit Ausnahme der aufgelaufenen Zinsen zurückzufordern. Der Grundstückseigentümer kann vom Nutzer die Zustimmung zur Auszahlung der aufgelaufenen Zinsen verlangen.

I. Anwendungsbereich, Normzweck

1 **1. Anwendungsbereich.** Die Vorschrift gilt nur für die sog. Überlassungsverträge, soweit sie unter den Voraussetzungen der §§ 5 Abs. 1 Nr. 3c, 12 Abs. 2 der Sachenrechtsbereinigung unterstellt sind (vgl. § 5 RdNr. 8f. und § 12 RdNr. 5). Wegen des Inhalts solcher Überlassungsverträge wird auf die vom Ministerium der Finanzen der DDR herausgegebenen Muster verwiesen.[1]

Eine weitere Sonderregelung für Überlassungsverträge ist in § 45 für den zu zahlenden Erbbauzins vorgesehen.

[1] Wiedergegeben in *Fieberg-Reichenbach*, Enteignung und offene Vermögensfragen in der ehemaligen DDR, Bd. II, 2. Aufl., Nr. 3.5.11.1; vgl. auch *Czub* Leitfaden RdNr. 130 ff.

2 **2. Normzweck.** Die Norm zielt auf den zivilrechtlichen Ausgleich des von dem Nutzer bei Abschluß des Überlassungsvertrages an den staatlichen Verwalter gezahlten Betrages, der in Höhe des seinerzeit festgestellten Werts für das Gebäude, den Grund und Boden und die Grundstückseinrichtungen zu leisten war.[2] Der durch § 38 gesuchte Interessenausgleich orientiert sich daran, wem die Verwendungen nach der Sachenrechtsbereinigung zugute kommen.

II. Ansprüche des Grundstückseigentümers (Abs. 1)

3 **1. Werterhöhende Verwendungen.** Hierzu zählen Aufwendungen für das Gebäude, für Grundstückseinrichtungen oder für Anpflanzungen (vgl. zu diesem Begriff § 27 SchuldRAnpG RdNr. 2). Zum Verwendungsbegriff i. e. vgl. § 994 BGB RdNr. 6 bis 13; im Gegensatz zu § 995 BGB gehören dagegen die wiederkehrenden Lasten des Grundstücks nicht hierher, da diese der Nutzer nach dem Überlassungsvertrag selbst zu tragen hatte, ohne hierfür Ersatz verlangen zu können.[3]

4 **2. Verzicht.** Soweit der Nutzer aufgrund des Überlassungsvertrages gegen den Grundstückseigentümer einen Anspruch auf Werterhöhungen des Grundstückes erworben hat, ist mit der Bestellung eines Erbbaurechts der sachliche Grund für einen solchen Anspruch entfallen, da das auf dem Grundstück stehende Gebäude Bestandteil des Erbbaurechts wird (§ 12 Abs 1 S. 2 ErbbauVO) und die Werterhöhungen damit dem Nutzer zugute kommen. Durch § 38 Abs. 1 S. 1 hat deshalb der Grundstückseigentümer gegen den Nutzer einen Anspruch auf Abschluß eines entspr. Verzichtsvertrages iSd. § 397 BGB.

5 Soweit zur Absicherung dieses Anspruchs auch eine **Hypothek** eingetragen worden war, kann der Grundstückseigentümer von dem Nutzer deren Aufgabe verlangen, dh. die Erklärung, daß er das Recht aufgebe, und die Löschungsbewilligung gem. § 19 GBO zwecks Löschung der Hypothek im Grundbuch (vgl. §§ 1183, 875, 876 BGB). Die Rechtsfolgen bestimmen sich in diesem Fall nach § 1169 BGB. Für die Löschung gelten die Regeln des allgemeinen Grundbuchrechts; bei Hypotheken, die erst nach dem 31. 12. 1975 begründet worden sind, bedarf es allerdings für die Zustimmung nach § 27 GBO nicht der Form des § 29 GBO (Art. 6 Abs. 1 EGZGB).[4]

6 **3. Freistellung.** Soweit der Nutzer seinen Anspruch auf Wertersatz und die zu dessen Sicherung eingetragene Hypothek an einen Dritten abgetreten hat, wie zB an das die werterhöhenden Maßnahmen finanzierende Kreditinstitut, ist er für den Anspruch nach Abs. 1 S. 1 nicht mehr passiv legitimiert. In diesem Fall hat der Grundstückseigentümer deshalb gegen den Nutzer gem. Abs. 1 S. 2 einen Anspruch auf Freistellung von der schuldrechtlichen und dinglichen Haftung, dh. auf Ablösung des Grundpfandrechts. Dies entspricht §§ 415, 416 BGB. Löst der Grundstückseigentümer im Falle seiner Inanspruchnahme durch den Gläubiger im Rahmen der Zwangsvollstreckung die Hypothek ab, geht sie auf ihn in Höhe der Zahlung über (§ 1164 Abs. 1 BGB).

III. Ansprüche des Nutzers (Abs. 2 bis 3)

7 **1. Aufwendungsersatzanspruch (Abs. 2 S. 1).** Aus den vom Nutzer eingezahlten Beträgen hatte der staatliche Verwalter zunächst die Verbindlichkeiten des Grundstückseigentümers und danach die eingetragenen Grundpfandrechte abzulösen.[5] Da dies dem Grundstückseigentümer zugute gekommen ist und eine anderweitige Verrechnung nicht möglich ist, hat der Nutzer in diesen Fällen gegen den Grundstückseigentümer gem Abs. 2 S. 1 einen gesetzlichen Aufwendungsersatzanspruch in Höhe des abgelösten Betrages; soweit die Zahlungen des Nutzers mit anderen durch die staatliche Verwaltung entstandenen Verbindlichkeiten verrechnet wurden, die dem Grundstückseigentümer nicht zugute kamen, besteht kein Aufwendungsersatzanspruch.

8 Der Anspruch ist sofort fällig und ggf. im Klageweg durchzusetzen. Hins. der **Höhe** ist der Nutzer darlegungs- und beweispflichtig, wobei er den Nachweis abgelöster Grundpfandrechte durch die entsprechende Löschung im Grundbuch führen kann; i.ü. ist er auf Unterlagen des ehemaligen staatlichen Verwalters angewiesen.

9 **2. Erlöschen des Anspruchs (Abs. 2 S. 2 und 3).** Soweit mit der Zahlung des Nutzers an den staatlichen Verwalter eine Verbindlichkeit getilgt worden ist, die der Grundstückseigen-

[2] Vgl. § 5 Abs. 4 des Mustervertrages.
[3] *Czub* Leitfaden RdNr. 427.
[4] *Eickmann-von Schuckmann* RdNr. 6.
[5] Vgl. § 5 Abs. 2 des Mustervertrages.

tümer wegen der in § 18 Abs. 2 S. 2 VermG aufgeführten Abschläge oder wegen ihres diskriminierenden oder sonst benachteiligenden Charakters nicht zu übernehmen hätte, gilt der Aufwendungsersatzanspruch des Nutzers gem. Abs. 2 S. 1 als erloschen. Diese Rechtsfolge ergibt sich für den Inhaber der Ursprungsforderung wie für den Gläubiger des entspr. Grundpfandrechts aus § 16 Abs. 9 S. 1 und 2 VermG; der Überlassungsnehmer oder im Falle der Zession der Hypothekengläubiger sollen nicht besser stehen, sondern durch § 38 Abs. 2 S. 2 und 3 in gleichem Umfang einen Rechtsverlust hinnehmen müssen.

3. Entschädigung für den Rechtsverlust (Abs. 3). Soweit der Nutzer oder im Falle der Zession der Hypothekengläubiger nach Abs. 2 S. 2 und 3 einen Rechtsverlust erleiden, steht ihnen gem. Abs. 3 iVm. § 16 Abs. 9 S. 3 VermG ein Anspruch auf eine angemessene Entschädigung zu, soweit es sich um eine Forderung aus einem Darlehn gehandelt hat, für das keine staatlichen Mittel eingesetzt worden sind. **10**

4. Gutglaubenserwerb (Abs. 2 S. 4). Diese Vorschrift bezieht sich auf die Regelungen in Abs. 2 S. 2 und 3. Die gesetzliche Folge des Erlöschens der Hypothek einschließlich der zu sichernden Forderung ist aus dem Grundbuch nicht ersichtlich. Soweit es sich bei der Hypothek um eine Sicherungshypothek handelt, ist dies unschädlich, da wegen § 1184 Abs. 1 BGB ein gutgläubiger Erwerb der Hypothek ausgeschlossen ist. Die Vorschrift des Abs. 2 S. 4 bezieht sich deshalb auf **Verkehrshypotheken,** bei denen trotz Nichtbestehens der zugrundeliegenden Forderung (als Folge des Erlöschens des Aufwendungsersatzanspruchs gem. Abs. 2 S. 2) gem. §§ 892, 1157 S. 2 BGB ein gutgläubiger Erwerb des dinglichen Rechts möglich wäre, sofern der Grundstückseigentümer nicht zuvor die Eintragung eines Widerspruchs erwirkt hätte. Durch Abs. 2 S. 4 wird auch für Verkehrshypotheken ein **Gutglaubenserwerb** bis zum 31. 12. 1999 ausgeschlossen; hierdurch wird der Gleichklang mit Art. 13 Nr. 3 Buchstabe d bis f RegVBG hergestellt, wonach mit Wirkung vom 1. 1. 2000 auch in den neuen Ländern die Verläßlichkeit des Grundbuchs wieder gelten soll. Ein Gutglaubenserwerb wird ab diesem Zeitpunkt nur noch ausgeschlossen, wenn die Löschung des Rechts erfolgt ist, ein Widerspruch im Grundbuch eingetragen ist oder der Erwerber positive Kenntnis des Erlöschens hat.[6] **11**

Da nur der Erwerb im Wege der Abtretung gesetzlich genannt ist, kann die Vorschrift auf andere Formen des Rechtserwerbs nicht angewendet werden (zB auf Pfandrechte an der Hypothek).[7] **12**

IV. Hinterlegte Beträge (Abs. 4)

Soweit die vom Nutzer aufgrund des Überlassungsvertrages gezahlten Beträge hinterlegt worden sind, hat er einen Anspruch auf **Auskehrung.** Durch Abs. 4 S. 1 wird klargestellt, daß der Grundstückseigentümer erforderlichenfalls hierzu seine Zustimmung erteilen muß. Der Anspruch des Nutzers besteht nach dem Wortlaut der Vorschrift nur in Höhe des hinterlegten Betrages mit Ausnahme aufgelaufener **Zinsen,** die nach S. 2 der Grundstückseigentümer verlangen kann; insoweit hat ggf. der Grundstückseigentümer gegen den Nutzer einen Anspruch auf die Erteilung der Zustimmung. Nach der Gesetzesbegründung[8] hat dies seinen Grund darin, daß nach den Überlassungsverträgen die Zinsen dem Grundstückseigentümer zustehen sollten. Ist dies einmal nicht der Fall, muß die Vorschrift des Abs. 4 allerdings im Wege der teleologischen Reduktion dahin ausgelegt werden, daß dann auch die aufgelaufenen Zinsen dem Nutzer gebühren. **13**

Unterabschnitt 4. Besondere Gestaltungen

§ 39 Mehrere Erbbaurechte auf einem Grundstück, Gesamterbbaurechte, Nachbarerbbaurechte

(1) An einem Grundstück können mehrere Erbbaurechte bestellt werden, wenn jedes von ihnen nach seinem Inhalt nur an einer jeweils anderen Grundstücksteilfläche ausgeübt werden kann. In den Erbbaurechtsverträgen muß jeweils in einem

[6] *Eickmann-von Schuckmann* RdNr. 14.
[7] *Eickmann-von Schuckmann* RdNr. 14.
[8] BT-Drucks. 12/5992 S. 136 (zu § 38 Abs. 3).

Lageplan bestimmt sein, auf welche Teilfläche des Grundstücks sich die Nutzungsbefugnis des Erbbauberechtigten erstreckt. Der Lageplan hat den in § 8 Abs. 2 Satz 1 bis 3 des Bodensonderungsgesetzes genannten Anforderungen für eine nach jenem Gesetz aufzustellende Grundstückskarte zu entsprechen. Der Vertrag muß die Verpflichtung für die jeweiligen Erbbauberechtigten und Grundstückseigentümer enthalten, die Teilfläche nach Vermessung vom belasteten Grundstück abzuschreiben und der Eintragung als selbständiges Grundstück in das Grundbuch zuzustimmen. Mehrere nach Satz 1 bestellte Erbbaurechte haben untereinander Gleichrang, auch wenn sie zu unterschiedlichen Zeiten in das Grundbuch eingetragen werden. Der gleiche Rang ist im Grundbuch zu vermerken; einer Zustimmung der Inhaber der anderen Erbbaurechte wie der Inhaber dinglicher Rechte an diesen bedarf es nicht. Wird eines dieser Erbbaurechte zwangsweise versteigert, so sind die anderen im Gleichrang an erster Rangstelle bestellten Erbbaurechte wie Rechte an einem anderen Grundstück zu behandeln.

(2) Das Erbbaurecht kann sich auf mehrere Grundstücke erstrecken (Gesamterbbaurecht). Die Belastung durch das Gesamterbbaurecht kann ein Grundstück einbeziehen, das nicht bebaut worden ist, wenn der Anspruch des Nutzers auf Erbbaurechtsbestellung sich nach den §§ 21 bis 27 auch auf dieses Grundstück erstreckt.

(3) Erstreckt sich die Bebauung auf ein benachbartes Grundstück, so kann zu deren Absicherung ein Erbbaurecht bestellt werden (Nachbarerbbaurecht), wenn

1. **der Nutzer Eigentümer des herrschenden Grundstücks und Inhaber eines auf dem benachbarten Grundstück bestellten Nachbarerbbaurechts wird,**
2. **die grundpfandrechtlichen Belastungen und die Reallast zur Absicherung des Erbbauzinses auf dem Grundstückseigentum und dem Erbbaurecht als Gesamtbelastung mit gleichem Rang eingetragen werden und**
3. **die Erbbaurechtsverträge keinen Anspruch auf den Erwerb des Erbbaurechts (Heimfall) enthalten oder das Heimfallrecht nur dann ausgeübt werden kann, wenn das Grundstückseigentum und die sich auf das Gebäude beziehenden Erbbaurechte in einer Hand bleiben.**

Über das Erbbaurecht kann nur zusammen mit dem Eigentum am herrschenden Grundstück verfügt werden. Das Erbbaurecht ist im Grundbuch als Nachbarerbbaurecht zu bezeichnen, im Grundbuch des belasteten Grundstücks als Belastung und im Grundbuch des herrschenden Grundstücks als Bestandteil einzutragen.

I. Normzweck

1 Die Vorschrift soll den Vollzug der Sachenrechtsbereinigung in den Fällen erleichtern, bei denen die Nutzungsrechte ohne Rücksicht auf Grundstücksgrenzen zugewiesen wurden und Bebauungen über Grundstücksgrenzen hinweg erfolgten. Deshalb werden nach § 39 alle denkbaren Gestaltungsformen für die Belastung von Grundstücken mit Erbbaurechten in dem notwendigen Umfang als zulässig erachtet, auch soweit hiergegen nach der geltenden Rechtslage zur ErbbauVO in Rechtsprechung und Literatur Bedenken erhoben werden.[1]

II. Mehrere Erbbaurechte an einem Grundstück (Abs. 1)

2 **1. Zulässigkeit.** In Abs. 1 wird die Möglichkeit geschaffen, an einem Grundstück mehrere Erbbaurechte zu bestellen, was nach hM zu § 1 ErbbauVO nicht möglich ist.[2] Soweit dies i.w. mit dem fehlenden Gleichrang der Erbbaurechte gem. § 10 Abs. 1 ErbbauVO begründet wird, wird dem durch die Regelung in Satz 5 Genüge getan.

3 **2. Voraussetzungen. a) Mehrere Nutzungsrechte.** Voraussetzung für die Bestellung mehrerer Erbbaurechte an einem Grundstück ist das Bestehen mehrerer Nutzungsrechte. Diese müssen nicht unbedingt personenverschiedenen Nutzern zustehen, da auch in diesem Fall ein

[1] Vgl. insoweit auch die Begründung des RegE, BT-Drucks 12/5992 S. 78; *Czub-Krauß* RdNr. 35 bis 48.

[2] Vgl. die Nachweise bei § 1 ErbbauVO RdNr. 37 (dort Fn. 99).

Interesse an der Bestellung mehrerer Erbbaurechte bestehen kann, insbes. wenn sich die Nutzungsarten unterscheiden; vgl. aber RdNr. 7.

4 **b) Unterschiedliche Nutzungsflächen.** Das einzelne Erbbaurecht muß sich auf eine jeweils andere Grundstücksteilfläche beziehen, was im Einzelfall zu klären ist. Soweit sich die Nutzungsflächen überschneiden, müssen die Nutzer aufgrund der zwischen ihnen bestehenden Vertragsverhältnisse oder aufgrund des nachbarschaftlichen Gemeinschaftsverhältnisses, ggf. unter Beschreitung des Klageweges, ermitteln, auf welche Teilfläche sich die Nutzungsbefugnis bezieht.

5 **c) Lageplan.** Die Teilflächen sind in einem **Lageplan** zu verzeichnen, der den Anforderungen an eine Grundstückskarte gem. § 8 Abs. 2 S. 1 bis 3 BoSoG[3] entspricht (Maßstab nicht kleiner als 1 : 1000; amtliche Karte); schlichte Handskizzen oder ältere Katasterauszüge genügen nicht.[4] Ohne den Lageplan als Bestandteil der Eintragungsunterlagen iSd. § 28 GBO dürfen die Erbbaurechte nicht eingetragen werden.

6 **3. Rechtsfolge. a) Rangstelle und Eintragung.** Die Erbbaurechte sind gem. § 10 Abs. 1 ErbbauVO an erster Rangstelle einzutragen. Durch S. 5 wird angeordnet, daß sämtliche nach S. 1 zu bestellenden Erbbaurechte Gleichrang haben, unabhängig von dem Zeitpunkt des Abschlusses des Erbbaurechtsvertrages, des Eingangs des Eintragungsantrages oder der Eintragung; die Regelung verdrängt somit die §§ 879 Abs. 1 BGB, 45 GBO. Die Erbbaurechte können also eingetragen werden, sobald sich der einzelne Nutzer mit dem Grundstückseigentümer über den Inhalt des Erbbaurechtsvertrages geeinigt hat. Dem Berechtigten des zeitlich später eingetragenen Erbbaurechts wird durch S. 6 ein gesetzlicher Anspruch auf eine nachträgliche Rangänderung iSd. § 880 Abs. 1 BGB gewährt, wobei auf die an sich gem § 880 Abs. 2 BGB erforderliche Zustimmung des Grundstückseigentümers ebenso verzichtet wird wie auf die Zustimmung der Inhaber anderer dinglicher Rechte bzw. der anderen Erbbaurechte, da deren Rechtsposition dadurch nicht verschlechtert wird (auch nicht bei einer Zwangsversteigerung eines Erbbaurechts, vgl. Satz 7 und RdNr. 9).

7 **b) Ausschluß des Anspruchs.** Bei identischer Nutzung durch denselben Nutzer wird idR im Hinblick auf den Normzweck ein Anspruch auf Bestellung mehrerer Erbbaurechte nicht bestehen; in diesem Fall ist ein einheitliches Erbbaurecht zu begründen.

8 **c) Pflichten nach Vermessung der Teilflächen.** In Verfolgung des Normzwecks müssen die Erbbaurechtsverträge gem. S. 4 die Verpflichtung für alle Teile erhalten, einer Abschreibung der Teilfläche und ihrer Eintragung als selbständiges Grundstück im Grundbuch zuzustimmen, sobald die vermessungsmäßigen Voraussetzungen vorliegen. Fehlt eine solche Bestimmung, besteht für die Vertragsparteien eine Pflicht zur Vertragsergänzung.

9 **d) Teilungsgenehmigung.** Da sich die Nutzungsbefugnis der einzelnen Erbbauberechtigten nicht auf das Grundstück insgesamt erstreckt, bedarf es einer Teilungsgenehmigung gem. § 120 Abs. 2 iVm. §§ 19, 20 BauGB. Die erforderliche Teilungserklärung hat der Grundstückseigentümer abzugeben, während die jeweiligen Erbbauberechtigten ihre Zustimmung zu erteilen haben.

10 **4. Zwangsversteigerung eines Erbbaurechts.** Soweit die Erbbaurechte im Gleichrang stehen bzw. zu bestellen waren und ein Erbbaurecht oder das Grundstück aus der Entschädigungsforderung des § 28 ErbbauVO zwangsversteigert wird, gelten die übrigen Erbbaurechte gem. Satz 7 wie Rechte an einem anderen Grundstück, so daß sie nicht gem. § 52 S. 2 ZVG erlöschen. Im übrigen bleibt der Grundsatz der ausschließlichen Erstrangigkeit des Erbbaurechts unberührt.

III. Gesamterbbaurecht (Abs. 2)

11 **1. Zulässigkeit.** Die Bestellung eines Gesamterbbaurechts, also eines Erbbaurechts, das sich auf mehrere Grundstücke erstreckt, wird auch nach der zu § 1 ErbbauVO geltenden Rechtslage von der hM und inzwischen in § 6 a GBO als zulässig angesehen.[5] Abs. 2 S. 1 dient daher nur der Klarstellung. Wegen weiterer Einzelheiten wird deshalb auf § 1 ErbbauVO RdNr. 40 bis 42 verwiesen. Von dem Gesamterbbaurecht zu unterscheiden ist die ebenfalls zulässige Gestaltungsmöglichkeit der Bestellung eines Erbbaurechts an jedem Grundstück.

[3] Vgl. Sonderungsplanverordnung v. 2. 12. 1994 (BGBl. I S. 3701).

[4] *Prütting-Zimmermann* RdNr. 8.

[5] Vgl. die Nachweise bei § 1 ErbbauVO RdNr. 40 (dort Fn. 103); § 6 a GBO wurde durch das RegVBG v. 20. 12. 1993 (BGBl. I S. 2182) eingefügt.

12 **2. Einbeziehung unbebauter Nebenflächen.** Wegen § 1 Abs. 2 ErbbauVO, wonach das Erbbaurecht auch auf einen für das Bauwerk nicht erforderlichen Teil des Grundstücks erstreckt werden kann, sofern das Bauwerk wirtschaftlich die Hauptsache bleibt, könnte zweifelhaft sein, ob auch die Belastung eines Grundstücks zulässig ist, auf welches sich zwar die Nutzungsbefugnis bezieht, auf dem aber kein Teil des Gebäudes steht.[6] Durch Abs. 2 S. 2 wird klargestellt, daß auch die Belastung einer unbebauten Nebenfläche zulässig ist, wenn diese gem. §§ 21 bis 27 von der Nutzungsbefugnis erfaßt wird und jedenfalls als Nebenfläche iSv. § 1 Abs. 2 ErbbauVO nutzbar ist, also einen wirtschaftlichen Zusammenhang mit dem bebauten Grundstück hat.

IV. Nachbarerbbaurecht (Abs. 3)

13 **1. Zulässigkeit.** Das Nachbarerbbaurecht ist ein Erbbaurecht, das zusammen mit dem Eigentum an einem benachbarten Grundstück oder einem weiteren Erbbaurecht auf einem Nachbargrundstück als dingliche Sicherung für ein Gebäude dient. Abweichend von den allgemeinen Regelungen[7] erlaubt Abs. 3 die Bestellung von Nachbarerbbaurechten, was auch durch § 6a GBO grundbuchrechtlich abgesichert ist. Es ist **nur** die **Bestellung eines Nachbarerbbaurechts** zulässig. Erstreckt sich der Überbau auf mehrere fremde Grundstücke, ist die Bestellung von Erbbaurechten unzulässig und der Nutzer auf das Ankaufsrecht nach §§ 61 ff. beschränkt, da ansonsten auf Jahre hinaus unübersichtliche Rechtsverhältnisse entstehen würden.[8]

14 **2. Voraussetzungen.** Das Nachbarerbbaurecht kann nur zur Absicherung eines aufgrund Nutzungsrechts oder mit Billigung staatlicher Stellen (vgl. § 10 RdNr. 3) erfolgten Überbaus bestellt werden. Dies setzt **kumulativ** voraus:

- Grundstückseigentum und Nachbarerbbaurecht müssen bei Entstehung des Rechts in einer Hand sein und für die Dauer des Erbbaurechts bleiben,
- Grundpfandrechte und Erbbauzins müssen auf dem Grundstück und dem Erbbaurecht als Gesamtbelastung mit gleichen Rang ruhen,
- Heimfallrechte dürfen im Erbbaurechtsvertrag nicht oder nur für den Fall enthalten sein, daß Grundstückseigentum und Inhaberschaft am Nachbarerbbaurecht in einer Hand bleiben.

15 **3. Rechtsfolgen.** Aus obigen Gründen sieht Satz 2 vor, daß über das Erbbaurecht nur zusammen mit dem Eigentum am herrschenden Grundstück verfügt werden kann.[9] Durch Satz 1 Nr. 2 ist zudem sichergestellt, daß auch im Falle der Zwangsvollstreckung diese beiden Rechtspositionen nicht auseinanderfallen können und so eine vertikale Teilung des Eigentums am Gebäude vermieden wird.

16 **4. Eintragung.** Durch die Regelung in Satz 3 sollen die Rechtsverhältnisse auch im Grundbuch klargestellt werden, indem insbes. das Nachbarerbbaurecht als Bestandteil des herrschenden Grundstücks einzutragen ist.[10]

§ 40 Wohnungserbbaurecht

(1) Der Anspruch ist auf die Erbbaurechtsbestellung und Begründung von Erbbaurechten nach § 30 des Wohnungseigentumsgesetzes zu richten, wenn

1. natürliche Personen Gebäude (Mehrfamilien- und zusammenhängende Siedlungshäuser) als Miteigentümer erworben oder gemeinsam errichtet haben und abgeschlossene Teile eines Gebäudes unter Ausschluß der anderen nutzen,

2. staatliche Stellen, Gemeinden oder Genossenschaften Gebäude gemeinsam errichtet haben und abgeschlossene Teile des Gebäudes unter Ausschluß der anderen nutzen.

Ein Wohnungserbbaurecht ist auch dann zu bestellen, wenn die Genehmigung zu einer Teilung durch Abschreibung der mit den Erbbaurechten belasteten Grundstücke nach § 120 Abs. 1 versagt wird.

[6] Vgl. hierzu BayObLG DNotZ 1985, 375, 378.

[7] Vgl. die Nachweise bei § 1 ErbbauVO RdNr. 52.

[8] Vgl. BT-Drucks 12/5992 S. 85; aA wohl *Herbig-Gaitzsch-Hügel-Weser* S. 100.

[9] Zur Problematik im Falle der Erbfolge vgl. *Vossius* RdNr. 56 ff.

[10] Vgl. hierzu *von Oefele-Winkler* RdNr. 8.35 f.

(2) Jeder Nutzer kann von den anderen Nutzern und von dem Grundstückseigentümer den Abschluß der für die Begründung eines Erbbaurechts und die Bestellung von Wohnungserbbaurechten erforderlichen Verträge auch dann verlangen, wenn eine Teilung des Grundstücks wegen gemeinschaftlicher Erschließungsanlagen oder gemeinschaftlich genutzter Anbauten unzweckmäßig ist. Eine Realteilung ist in der Regel unzweckmäßig, wenn zur Sicherung der Nutzung der Gebäude mehrere Dienstbarkeiten auf verschiedenen Grundstücken zu bestellen sind und Verträge über die Unterhaltung gemeinschaftlicher Anlagen und Anbauten zu schließen sind, die auch für Rechtsnachfolger verbindlich sein müssen.

(3) Jeder Nutzer kann von den anderen Beteiligten den Abschluß einer Vereinbarung über den Erbbauzins verlangen, nach der die Nutzer nach der Größe ihrer Erbbaurechtsanteile dem Grundstückseigentümer allein zur Zahlung des bezeichneten Erbbauzinses verpflichtet sind. Einer Zustimmung der Grundpfandrechtsgläubiger bedarf es nicht.

(4) Nutzer und Grundstückseigentümer sind verpflichtet, an der Aufteilung und der Erlangung der in § 7 Abs. 4 des Wohnungseigentumsgesetzes bezeichneten Unterlagen mitzuwirken. Die dadurch entstehenden Kosten haben die künftigen Inhaber der Wohnungserbbaurechte nach dem Verhältnis ihrer Anteile zu tragen.

I. Normzweck

1 Die Begründung von Wohnungserbbaurechten ist in den Fällen erforderlich, in denen wegen des Grundsatzes der Rechtseinheit am Gebäude eine Realteilung ausscheidet oder eine Teilung des Grundstücks wegen der behördlichen Versagung der Teilungsgenehmigung nicht möglich ist. Darüber hinaus ist nach § 40 die Begründung von Wohnungserbbaurechten zulässig, wenn eine Teilung des Grundstücks unzweckmäßig wäre, weil dies wegen gemeinschaftlich genutzter Anlagen die Bestellung mehrerer Dienstbarkeiten zwecks dinglicher Absicherung der Nutzungsrechte erfordern würde.

2 Die Vorschrift ist in Zusammenhang mit § 67 zu sehen, wonach der Nutzer auch einen Anspruch auf Begründung von Wohnungs- und Teileigentum geltend machen kann. In der Praxis ist deshalb zu erwarten, daß die Nutzer die Begründung von Wohnungserbbaurechten nur bei hohen Grundstückswerten verlangen werden, wofür § 67 Abs. 2 die rechtliche Grundlage gibt.

II. Tatbestand

3 **1. Gebäudemiteigentum natürlicher Personen (Abs. 1 S. 1 Nr. 1). a) Allgemeines.** Der Tatbestand erfaßt die Fälle, in denen in der DDR Nutzungsrechte zur Errichtung von Mehrfamilien- und zusammenhängenden Siedlungshäusern verliehen wurden; für das Eigentum an den Gebäuden war dann Miteigentum zu vereinbaren und im Gebäudegrundbuch auszuweisen.[1]

4 **b) Mehrere natürliche Personen.** Das Gebäude muß durch *mehrere* natürliche Personen erworben oder gemeinsam errichtet worden sein, dh. diese müssen **Miteigentümer** geworden sein; ist nur eine Person Eigentümer geworden, kann sie gegenüber dem Grundstückseigentümer nur den Abschluß eines (normalen) Erbbaurechtsvertrages verlangen. Es muß sich um *natürliche* Personen handeln. **Juristische Personen** sind – bis auf die unter Nr. 2 fallenden juristischen Personen des öffentlichen Rechts und die privatrechtlichen Genossenschaften – nicht anspruchsberechtigt.[2] Soweit neben natürlichen Personen auch **staatliche Stellen**, Gemeinden oder Genossenschaften Miteigentümer geworden sind, steht dies im Hinblick auf Satz 1 Nr. 2 der Begründung von Wohnungserbbaurechten nicht entgegen, da nach dem Normzweck der Wortlaut der Nr. 1 insoweit erweiternd auszulegen ist.

5 **c) Ein Gebäude.** Das Miteigentum muß sich auf *ein* Gebäude beziehen, wobei eine Realteilung nicht in Betracht kommen darf, da sonst die Regelung des § 39 einschlägig ist.

[1] Ziffer 1.2.3. der internen Hinweise des Ministeriums der Finanzen der DDR für die Verleihung von Nutzungsrechten vom 31. 12. 1986.

[2] *Eickmann-von Schuckmann* RdNr. 3.

6 Das Gebäude muß nach der Klammerdefinition grundsätzlich **Wohnzwecken** dienen. Wegen des Verweises auf § 30 WEG ist aber die Norm im Wege der erweiternden Auslegung auch auf den Fall anzuwenden, in dem ein Miteigentümer zB seine Räume im Erdgeschoß gewerblich nutzt (zur Rechtsfolge vgl. RdNr. 18).

7 **d) Abgeschlossene Teile.** Die einzelnen Miteigentümer müssen **abgeschlossene Teile** des Gebäudes, dh. ihre Wohnung, unter Ausschluß der anderen nutzen. Daß es daneben auch Gemeinschaftsräume (Waschküche, Fahrradkeller, Gesellschaftsraum etc.) gibt, ist unschädlich; an diesen kann lediglich kein Sondererbbaurecht begründet werden.

8 **2. Gemeinsame Nutzung durch staatliche Stellen (Abs. 1 S. 1 Nr. 2). a) Allgemeines.** Die Vorschrift bezieht sich auf die Fälle im komplexen Wohnungsbau (vgl. §§ 6, 11), in denen Wohnbauten von den volkseigenen Betrieben der Wohnungswirtschaft und den Wohnungsbaugenossenschaften zur gemeinsamen Nutzung übernommen wurden; Vermieter der Wohnungen konnten für einen Hausflur die Gemeinde und für einen anderen Hausflur eine Genossenschaft sein.

9 **b) Voraussetzungen.** Der Begriff der **staatlichen Stelle** deckt sich mit dem in § 10. Auch hier müssen **abgeschlossene Teile** des Gebäudes vorliegen, die jeweils unter Ausschluß der anderen Nutzer genutzt werden (vgl. RdNr. 7).

10 **3. Versagung der behördlichen Teilungsgenehmigung (Abs. 1 S. 2).** Die Vorschrift betrifft den Fall, in dem zwar mehrere selbständige Gebäude errichtet wurden und deshalb grundsätzlich eine Realteilung bzw. die Begründung mehrerer Erbbaurechte gem. § 39 Abs. 1 möglich ist, dies jedoch daran scheitert, daß die Teilungsgenehmigung nach § 120 iVm. §§ 19, 20 BauGB versagt wird. Versagt ist die Genehmigung erst dann, wenn dies bestandskräftig aufgrund unanfechtbaren Bescheids feststeht.

11 **4. Unübersichtliche nachbarschaftliche Belange (Abs. 2). a) Allgemeines.** Die Regelung betrifft die Fälle, in denen zwar eine Realteilung des Gebäudes und eine Bestellung selbständiger Erbbaurechte möglich, dies aber unpraktisch wäre (vgl. RdNr. 1 aE).

12 **b) Gemeinschaftliche Erschließungsanlagen.** Hierbei handelt es sich zum einen um die in § 127 Abs. 2 BauGB genannten Anlagen, dh. zB um Zufahrtswege, Parkplätze oder Grünanlagen. Daneben fallen darunter Versorgungs- und Entsorgungsanlagen, Fernmeldeverbindungen oder auch Kinderspielplätze. Diese müssen von den Nutzern, dh. mindestens von zwei Nutzern, gemeinsam genutzt werden, wobei es auf die tatsächliche Ausübung der Nutzung ankommt.

13 **c) Gemeinschaftlich genutzte Anbauten.** Hierunter fallen Gebäudeteile, in denen Gemeinschaftsräume untergebraucht sind, wie zB Waschküche, Fahrradkeller, Gesellschaftsraum, Kindergarten.

14 **d) Realteilung unzweckmäßig.** Das normative Tatbestandsmerkmal der Unzweckmäßigkeit ist in Satz 2 durch ein Regelbeispiel näher erläutert.[3] Im Gegensatz zu § 66 Abs. 2 S. 2 ist die Verursachung eines außerordentlichen Aufwandes nicht erforderlich.

III. Rechtsfolgen

15 **1. Begründung von Wohnungserbbaurechten.** Die Begründung erfolgt in zwei Schritten, nämlich zunächst durch die Bestellung eines Erbbaurechts und sodann durch die Aufteilung in Wohnungserbbaurechte; dies kann entweder durch die Bestellung eines Eigentümererbbaurechts mit anschließender Aufteilung nach § 8 WEG und Übertragung der entstandenen Wohnungserbbaurechte auf die jeweiligen Nutzer geschehen oder durch die Bestellung eines Erbbaurechts für die Nutzer zu ideellen Bruchteilen, die sodann die Aufteilung nach § 3 WEG durchführen. Im übrigen gilt § 30 WEG.

16 In den Fällen des Abs. 1 ist die Begründung von Wohnungserbbaurechten **zwingend**, wobei sich allerdings insbes. im Fall des Abs. 1 S. 2 die Wohnungserbbauberechtigten in den abzuschließenden Vereinbarungen nach §§ 3, 10 Abs. 2 WEG untereinander diejenigen Rechte und Pflichten einräumen können, die sie als Inhaber selbständiger Rechte hätten.

17 Dagegen sieht Abs. 2 die Begründung eines Wohnungserbbaurechts nicht zwingend vor, sondern gibt jedem Nutzer einen **Anspruch** auf Abschluß eines entspr. Vertrages.

[3] Für eine restriktive Auslegung: *Vossius* RdNr. 35 ff.

Soweit Gebäudeteile gewerblich genutzt werden, besteht ein Anspruch auf Bestellung eines sog. **Teilerbbaurechts.**[4] 18

2. Aufteilung des Erbbauzinses (Abs. 3). Die einzelnen Erbbauberechtigten haften bei Fehlen einer besonderen Vereinbarung dem Grundstückseigentümer für die volle Höhe des Erbbauzinses als Gesamtschuldner; eine Aufteilung des Erbbauzinses ist ohne dessen Zustimmung nicht möglich (§ 30 WEG iVm. § 8 WEG). Durch Abs. 3 S. 1 hat jeder Nutzer einen Anspruch auf eine Aufteilung des Erbbauzinses auf die einzelnen Erbbaurechtsanteile, wodurch **Teilschulden** iSd. § 420 BGB entstehen. Der an sich erforderlichen Zustimmung etwaiger Grundpfandrechtsgläubiger bedarf es nach Abs. 3 S. 2 nicht. 19

3. Mitwirkungspflichten (Abs. 4). Nach Abs. 4 sind die Beteiligten verpflichtet, die für die Begründung von Wohnungserbbaurechten (und ggf. Teilerbbaurechten) notwendigen Handlungen vorzunehmen, insbesondere hins. der Erlangung der notwendigen Unterlagen gem. § 7 Abs. 4 WEG (Aufteilungsplan, Abgeschlossenheitsbescheinigung, Grundbuchauszüge, Katasterunterlagen) sowie der Unterlagen für Finanzierungszusagen, Zustimmungserklärungen, notarielle Beurkundungen oder für die Erstellung der erforderlichen Pläne und Zeichnungen. Die hierdurch entstehenden **Kosten** sind keine Vertragskosten iSd. § 61 Abs. 2, sondern der besonderen Kostenregelung des Abs. 4 S. 2 unterworfen. 20

Nach Abs. 4 ist der Grundstückseigentümer auch zur **Duldung von Umbaumaßnahmen** zur Herstellung der Abgeschlossenheit verpflichtet.[5] 21

4. Dingliche Sicherung. Die dingliche Sicherung der Unterhaltungspflichten bez. der Gemeinschaftsanlagen kann durch die Bestimmung solcher Pflichten zum Inhalt des Sondererbbaurechts gem. § 10 Abs. 2 WEG erreicht werden. 22

§ 41 Bestimmung des Bauwerks

Ein Erbbaurechtsvertrag nach diesem Kapitel kann mit dem Inhalt abgeschlossen werden, daß der Erbbauberechtigte jede baurechtlich zulässige Zahl und Art von Gebäuden oder Bauwerken errichten darf.

I. Normzweck

Die Vorschrift will zugunsten der Vertragsparteien eine größtmögliche Flexibilität schaffen und dem Nutzer die Änderung der Bebauung erleichtern, um so den in den neuen Ländern notwendigen Strukturwandel zu fördern bzw. ihn nicht zu behindern, zumal oft auch eine Bauplanung noch nicht erfolgt ist. 1

II. Vertragsinhalt

1. Gebäude. Der Erbbaurechtsvertrag ist gem. § 41 keinen Anforderungen hins. der **Bestimmtheit** der vom Nutzer zu errichtenden Gebäude unterworfen.[1] Entgegen dem Wortlaut gilt diese Erleichterung nicht nur für künftige, erst noch zu errichtende Bauwerke; nach Sinn und Zweck der Vorschrift fallen auch bereits **errichtete Gebäude** in deren Anwendungsbereich, da zB bei einer Gebäudeerweiterung der zumindest teilweise Abriß des bestehenden Gebäudes oder aber dessen Nutzungsänderung erforderlich ist. Müßte der Nutzer insoweit an der bisherigen Art und Nutzung der bestehenden Gebäude festhalten, könnte der in § 41 geförderte Strukturwandel behindert werden. Wie aber § 54 Abs. 4 zeigt, kann der Nutzer sogar den Abschluß einer Vereinbarung verlangen, wonach er die bauliche Nutzung sogar vollständig umgestalten kann. 2

2. Einzelbestimmungen. Bei der Formulierung der Berechtigung besteht weitgehende Freiheit. Zulässig ist zB auch eine Vertragsbestimmung, wonach der Erbbauberechtigte auf oder unter der Oberfläche des mit dem Erbbaurecht belasteten Grundstücks Bauwerke entspr. seinen Erfordernissen errichten darf.[2] Auf den Bebauungsplan oder auf § 41 kann Bezug genommen 3

[4] Vgl. zur Abgrenzung § 30 WEG RdNr. 8 und § 1 WEG RdNr. 2.

[5] *Vossius* RdNr. 51.

[1] BGHZ 126, 12 = NJW 1994, 2024; vgl. auch § 1 ErbbauVO RdNr. 13.

[2] BGHZ 126, 12 = NJW 1994, 2024.

werden.[3] Soll die Nutzung auf den gegenwärtigen Stand beschränkt werden, ist das im Interesse der Gläubiger festzuhalten.

III. Rechtsfolgen

4 Abweichend von der allgemeinen Vorschrift ist ein nach § 41 festgelegtes Erbbaurecht inhaltlich hinreichend bestimmt. Beim **wirtschaftlichen Wert** ist die Zulässigkeit künftiger Bebauung mit zu berücksichtigen, da die (erweiterte oder eingeschränkte) Bebauungsmöglichkeit einen wertbestimmenden Faktor darstellt. Zur Zinsanpassung bei Nutzungsänderungen vgl. § 47.

Unterabschnitt 5. Gesetzlicher und vertragsmäßiger Inhalt des Erbbaurechts

§ 42 Bestimmungen zum Inhalt des Erbbaurechts

(1) Zum Inhalt eines nach diesem Kapitel begründeten Erbbaurechts gehören die Vereinbarungen im Erbbaurechtsvertrag über

1. die Dauer des Erbbaurechts (§ 53),

2. die vertraglich zulässige bauliche Nutzung (§ 54) und

3. die Nutzungsbefugnis des Erbbauberechtigten an den nicht überbauten Flächen (§ 55).

(2) Jeder Beteiligte kann verlangen, daß

1. die Vereinbarungen zur Errichtung und Unterhaltung von Gebäuden und zum Heimfallanspruch (§ 56),

2. die Abreden über ein Ankaufsrecht des Erbbauberechtigten (§ 57),

3. die Abreden darüber, wer die öffentlichen Lasten zu tragen hat (§ 58),

4. die Vereinbarung über eine Zustimmung des Grundstückseigentümers zur Veräußerung (§ 49) und

5. die Vereinbarung über die Sicherung künftig fällig werdender Erbbauzinsen (§ 52) als Inhalt des Erbbaurechts bestimmt werden.

I. Normzweck

1 § 42 bestimmt den zwingenden und den dispositiven Inhalt des Erbbaurechts in Ergänzung der allgemeinen Regeln. Dabei bezweckt Abs. 2 den Beteiligten einen breiten Regelungsspielraum zu lassen, um das Erbbaurecht flexibel gestalten und die Besonderheiten des Einzelfalles berücksichtigen zu können.

II. Allgemeines

2 Die vertraglichen Vereinbarungen in einem Erbbaurechtsvertrag über den Inhalt des Erbbaurechts sind in **drei Kategorien**[1] einzuordnen:
– dinglich wirkende Abreden, die den gesetzlichen Inhalt des Erbbaurechts festlegen;
– Vereinbarungen, die zum Inhalt des Erbbaurechts bestimmt werden können;
– schuldrechtliche Vereinbarungen, die nur zwischen den Vertragsparteien Gültigkeit haben.

3 Durch § 42 Abs. 1 wird festgelegt, welche Vereinbarungen den gesetzlichen Inhalt des Erbbaurechts bestimmen, während § 42 Abs. 2 (in Verbindung mit § 2 ErbbauVO) vorsieht, welche Vereinbarungen zum vertragsgemäßen Inhalt des Erbbaurechts gemacht und „verdinglicht" werden können. Alle anderen Abreden wirken zwischen den Vertragsparteien lediglich schuldrechtlich.

[3] Vgl. BGHZ 101, 143, 146 = NJW 1987, 2674 = LM ErbbauVO § 1 Nr. 15.

[1] Vgl. § 2 ErbbauVO RdNr. 1 f.

III. Gesetzlicher Inhalt (Abs. 1)

1. Allgemeines. Mangels besonderer Regelung im SachenRBerG gilt für das Erbbaurecht über § 60 Abs. 1 zunächst die Legaldefinition des § 1 Abs. 1 ErbbauVO. Daneben sind auch die sich aus § 1 Abs. 1 bis 3 ErbbauVO ergebenden gesetzlichen Erfordernisse für das Entstehen eines Erbbaurechts, dh dessen gesetzlicher Inhalt, zu beachten. Durch § 42 Abs. 1 wird dieser gesetzliche Mindestinhalt des Erbbaurechts erweitert. 4

2. Dauer des Erbbaurechts (Nr. 1). Während die ErbbauVO die Frage der Dauer des Erbbaurechts ungeregelt läßt[2] und lediglich die schuldrechtliche Vereinbarung einer festen Laufzeit ermöglicht (vgl. § 27 ErbbauVO), gehört nach dem SachenRBerG die Abrede über die Dauer des Erbbaurechts zum gesetzlichen Inhalt desselben; vgl. i. e. die Kommentierung zu § 53. 5

3. Zulässige Bebauung (Nr. 2). Die Vorschrift lehnt sich an § 1 Abs. 1 ErbbauVO an. Das Erfordernis nach einer näheren Bestimmung des Bauwerks darf allerdings nicht zu eng ausgelegt werden, da der notwendige Strukturwandel in den neuen Ländern eine Nutzungsänderung erfordern kann und dem Erbbauberechtigten ein Gestaltungsspielraum verbleiben muß, wie auch die §§ 41, 54 zeigen. Da es sich jedoch um den dinglichen Inhalt des Erbbaurechts handelt, ist eine Konkretisierung der Nutzungsart erforderlich, und zwar sowohl hins. bereits eingetretener, als auch hins. beabsichtigter Nutzungsänderungen; ansonsten liefe auch § 54 leer, wonach der Nutzer den Abschluß einer Vereinbarung über eine bestimmte Nutzungsänderung verlangen kann. Vgl. i.e. die Kommentierung zu § 54. 6

4. Einbeziehung nicht überbauter Flächen (Nr. 3). Diese Regelung stellt klar, daß auch Vereinbarungen, wonach die Nutzungsbefugnis des Erbbauberechtigten sich nur auf Teile des Erbbaugrundstücks bezieht (**sog. negative Erstreckung**), zum gesetzlichen Inhalt des Erbbaurechts gehören, was im Rahmen des § 1 Abs. 2 ErbbauVO streitig ist.[3] Vgl. i. ü. die Kommentierung zu § 55. 7

5. Rechtsfolgen bei einem Verstoß. Die vorgenannten zwingenden gesetzlichen Erfordernisse müssen bei der Erbbaurechtsbestellung genügend bestimmt sein; fehlt eine solche Bestimmung oder ist sie ungenügend, führt dies zur Nichtigkeit des Erbbaurechts.[4] 8

IV. Dingliche Inhaltsvereinbarungen (Abs. 2)

1. Allgemeines. Abs. 2 betrifft die Vereinbarungen, die auf Verlangen eines Beteiligten (§ 3 Abs. 1 S. 1) zum Inhalt des Erbbaurechts zu bestimmen sind. Insoweit bedarf es der **Einigung und Eintragung** (§ 873 BGB). Nach Eintragung im Grundbuch können Änderungen des vereinbarten dinglichen Inhalts unter Beachtung des § 877 BGB nur als Inhaltsveränderung des Erbbaurechts erfolgen. 9

Die **Auslegung** der Vereinbarung erfolgt nur nach Wortlaut und Sinn der Urkunde; Umstände außerhalb der Urkunde dürfen nur herangezogen werden, wenn sie auch für Dritte erkennbar sind.[5] 10

2. Anwendbarkeit des AGBG. Wie bei § 2 ErbbauVO (vgl. dort RdNr. 5) können auch die dinglichen Inhaltsvereinbarungen des § 42 Abs. 2 trotz ihrer Beurkundung dem Anwendungsbereich des AGBG unterfallen, § 1 Abs. 1 S. 2 AGBG. Soweit allerdings gesetzlich ausgestaltete Rechtsinstitute verwendet werden (wie die §§ 49, 52, 56 bis 58), sind gem. § 8 AGBG die Klauselverbote nicht anwendbar. 11

3. Dingliche Wirkung. Vgl. hierzu zunächst die Ausführungen zu § 2 ErbbauVO RdNr. 6. Wegen ihrer Rechtsnatur als Inhaltsregelung **beschränkt** sich die dingliche Wirkung von Vereinbarungen nach § 42 Abs. 2 Nr. 1 (hinsichtlich Errichtung und Unterhaltung) sowie Nr. 3 und 4 auf ihre Geltung zwischen dem jeweiligen Grundstückseigentümer und Erbbauberechtigtem. Der aus den Vereinbarungen entstandene und damit losgelöste einzelne Anspruch, wie zB auf Erstattung bezahlter Lasten (Nr. 3) wirkt **nur persönlich** zwischen den Beteiligten zZt der Entstehung des Anspruchs; eine dingliche Haftung des Erbbaurechts für diese losgelösten An- 12

[2] § 1 ErbbauVO RdNr. 70.

[3] Zum Meinungsstand § 1 ErbbauVO RdNr. 22, vgl. auch BT-Drucks. 12/5992 S. 139.

[4] § 1 ErbbauVO RdNr. 1; *Czub-Limmer* RdNr. 12 und 34.

[5] Vgl. BGH NJW 1985, 1464; § 2 ErbbauVO RdNr. 4.

sprüche besteht nicht, so daß der Rechtsnachfolger nicht haftet.[6] Der Grundstückseigentümer kann sich allerdings insoweit durch die Vereinbarung einer Zustimmungspflicht nach Nr. 4 schützen.

13 **4. Abschließende Aufzählung.** Die in Abs. 2 enthaltene Aufzählung ist insoweit abschließend, als nur in den genannten Fällen jeder Beteiligte einen **Anspruch** auf Aufnahme einer entspr. Bestimmung in den Erbbaurechtsvertrag hat. Wegen der Einzelheiten wird auf die Kommentierung der §§ 56 bis 58, 49 und 52 verwiesen. Lediglich im Hinblick auf Nr. 5 wird darauf hingewiesen, daß die Vorschrift leer läuft, da im Laufe des Gesetzgebungsverfahrens die ursprüngliche Konzeption, die Erbbauzinsreallast zum Inhalt des Erbbaurechts zu machen, aufgegeben und stattdessen der Weg über §§ 46, 52 iVm. § 9 Abs. 3 ErbbauVO gewählt worden ist.[7]

14 Aufgrund der **Dispositionsbefugnis** (§ 3 Abs. 1 S. 2) können die Vertragsparteien gem. § 60 Abs. 1 entspr. den Vorschriften der ErbbauVO über die dortigen dinglichen Inhaltsvereinbarungen (§§ 2 bis 8, 27 Abs. 1 S. 2, 32 Abs. 1 S. 2 ErbbauVO) einverständlich weitere Regelungen treffen.[8]

V. Schuldrechtliche Vereinbarungen

15 Hins. schuldrechtlicher Vereinbarungen gelten die allgemeinen Regeln. Zulässig sind vor allem solche Vereinbarungen, die aus dem Katalog des § 2 ErbbauVO nicht in § 42 aufgenommen worden sind, wie zB Vereinbarungen über den Wiederaufbau des Gebäudes im Falle seiner Zerstörung, über die Tragung privatrechtlicher Lasten und Abgaben, über die Verpflichtung des Erbbauberechtigten zur Zahlung von Vertragsstrafen oder die Einräumung eines Vorrechts für den Erbbauberechtigten auf Erneuerung des Erbbaurechts nach dessen Ablauf. Schuldrechtliche **Zinsanpassungsklauseln,** mit denen sich § 9a ErbbauVO befaßt, werden dagegen aufgrund des austarierten Regelungswerkes der §§ 43 bis 51 (insbes. wegen § 46) keine Rolle spielen.

Unterabschnitt 6. Bestimmungen zum Vertragsinhalt

§ 43 Regelmäßiger Zins

(1) Der regelmäßige Zins beträgt die Hälfte des für die entsprechende Nutzung üblichen Zinses.

(2) Als Zinssatz ist in Ansatz zu bringen

1. für Eigenheime
  a) zwei vom Hundert jährlich des Bodenwerts,
  b) vier vom Hundert jährlich des Bodenwerts, soweit die Größe des belasteten Grundstücks die gesetzliche Regelgröße von 500 Quadratmetern übersteigt und die darüber hinausgehende Fläche abtrennbar und selbständig baulich nutzbar ist oder soweit die Größe des belasteten Grundstücks 1000 Quadratmeter übersteigt und die darüber hinausgehende Fläche abtrennbar und angemessen wirtschaftlich nutzbar ist,

2. für im staatlichen oder genossenschaftlichen Wohnungsbau errichtete Gebäude zwei vom Hundert jährlich des Bodenwerts,

3. für öffentlichen Zwecken dienende oder land-, forstwirtschaftlich oder gewerblich genutzte Gebäude dreieinhalb vom Hundert jährlich des Bodenwerts.

In den Fällen des Satzes 1 Nr. 3 kann jeder Beteiligte verlangen, daß ein anderer Zinssatz der Erbbauzinsberechnung zugrunde gelegt wird, wenn der für diese Nutzung übliche Zinssatz mehr oder weniger als sieben vom Hundert jährlich beträgt.

[6] § 2 ErbbauVO RdNr. 7.
[7] Vgl. hierzu *Herbig-Gaitzsch-Hügel-Weser* S. 81 ff.; *Czub-Limmer* § 52 RdNr. 12 f.
[8] Ebenso *Czub-Limmer* RdNr. 10 und 36.

I. Normzweck

Die Vorschrift bringt den Grundgedanken des Teilungsmodells zum Ausdruck. Dabei hat der Gesetzgeber den Zinssatz als Maßstab für die Beteiligung des Nutzers am Bodenwert herangezogen und sich damit gegen einen Ansatz bei der Bemessungsgrundlage ausgesprochen, weil dem Nutzer nach dem Inhalt der Nutzungsrechte eine begünstigende Nutzung, auf die sich der Zins bezieht, und nicht ein Miteigentumsanteil am Grundstück zugewiesen worden war. 1

II. Zinssatz

1. Regelmäßiger Zinssatz (Abs. 1). Abs. 1 enthält eine Auffangvorschrift für diejenigen Gebäude und baulichen Anlagen, die nicht von Abs. 2 erfaßt werden. 2

Der Erbbauzins wird durch die **Nutzungsart** bei Bestellung des Erbbaurechts bestimmt. Der für die Nutzungen übliche Zins ist ggf. gutachterlich festzustellen. Von Mindestzinssätzen ist bewußt abgesehen worden.[1] 3

Von dem festgestellten üblichen Zins beträgt der vom Nutzer zu zahlende Zins die Hälfte. Wie nicht zuletzt die Regelung in § 51 Abs. 3 zeigt, sind jedoch auch abweichende **Parteivereinbarungen** über das Nutzungsentgelt zulässig. Soweit allerdings das vertraglich vereinbarte Nutzungsentgelt den sich aus § 43 ergebenden regelmäßigen Zins übersteigt, hat der Nutzer gem. § 51 Abs. 3 S. 2 einen Anspruch auf Anpassung des Zinssatzes an den regelmäßigen Zins. 4

2. Gesetzlicher Zinssatz (Abs. 2). a) Regel. Abs. 2 legt für bestimmte Nutzungsarten aus Vereinfachungsgründen feste Zinssätze in Höhe der Hälfte der für vergleichbare Nutzungen ermittelten üblichen Zinssätze fest. **Bemessungsgrundlage** ist der sich aus §§ 18, 19 ergebende Bodenwert. In den Fällen der Nr. 1 und 2 ist der Nachweis eines geringeren oder höheren üblichen Zinssatzes im Einzelfall nicht möglich, wie sich aus einem Umkehrschluß zu Abs. 2 S. 2 ergibt. 5

b) Ausnahmen für Eigenheimbau. Nr. 1 b enthält für den **Eigenheimbau** (§ 5 Abs. 2) eine Sonderregelung hins. der Flächen, die die vorgeschriebene Regelgröße von gewöhnlich 500 qm[2] übersteigen und selbständig nutzbar sind; die Regelung übernimmt die Voraussetzungen des § 26 Abs. 1 (vgl. dort RdNr. 3 bis 6). In diesem Fall ist der Erbbauzins dergestalt zu berechnen, daß er für die ersten 500 qm genutzter Grundstücksfläche 2% und nur für die darüber hinausgehend genutzte Fläche 4% des Bodenwerts (also der übliche Zinssatz) beträgt. 6

c) Sonstige Nutzung. Für den Bereich der land- und forstwirtschaftlich oder gewerblich genutzten Gebäude sowie für die öffentlichen Zwecken dienenden Nutzungen (vgl. § 7) können beide Vertragsteile gem. Satz 2 die Vereinbarung des üblichen Zinses verlangen, dessen Feststellung idR die Einholung eines Sachverständigengutachtens erforderlich machen wird. Die Parteien können dann im Wege der Vertragsänderung einen abweichenden Zinssatz festlegen oder insoweit Klage auf Zustimmung zur Vertragsänderung erheben. Die Beweislast trägt diejenige Partei, die sich auf die für sie günstige Abweichung vom gesetzlichen Regelzinssatz beruft. 7

3. Verweisungen. Der regelmäßige Zins ist in der sog. Eingangsphase gem. § 51 auf Verlangen des Nutzers zu vermindern. Zur dinglichen Sicherung vgl. § 52. 8

§ 44 Fälligkeit des Anspruchs auf den Erbbauzins

(1) Der Erbbauzins ist vierteljährlich nachträglich am 31. März, 30. Juni, 30. September und 31. Dezember eines Jahres zu zahlen.

(2) Die Zahlungspflicht beginnt mit

1. der Ladung des Nutzers zum Termin im notariellen Vermittlungsverfahren auf Abschluß eines Erbbaurechtsvertrages, wenn der Grundstückseigentümer den Antrag gestellt hat oder sich auf eine Verhandlung über den Inhalt des Erbbaurechts einläßt, oder

[1] Anders noch der Regierungsentwurf, vgl. BT-Drucks 12/5992 S. 27.

[2] Vgl. § 7 Satz 2 der DDR-EigenheimVO v. 31. 8. 1978 (GBl. DDR I S. 425).

2. einem § 32 entsprechenden Verlangen des Grundstückseigentümers zur Bestellung eines Erbbaurechts oder der Annahme eines entsprechenden Angebots des Nutzers.

Der Nutzer hat auch dann ein Entgelt zu zahlen, wenn das Angebot von dem Inhalt des abzuschließenden Vertrages verhältnismäßig geringfügig abweicht. Bis zur Eintragung des Erbbaurechts in das Grundbuch hat der Nutzer an den Grundstückseigentümer ein Nutzungsentgelt in Höhe des Erbbauzinses zu zahlen.

I. Normzweck

1 Die komplizierte Regelung über den Beginn der Zahlungspflicht will verhindern, daß die Beteiligten durch eine Verzögerung der Vertragsverhandlungen die Zinspflicht hinausschieben können.

II. Inhalt der Zahlungspflicht

2 Der dingliche Erbbauzins entsteht gem. § 1 Abs. 1 S. 1 ErbbauVO, §§ 873, 874 BGB erst mit Einigung und Eintragung. Durch § 44 Abs. 2 S. 3 wird zugunsten des Grundstückseigentümers die Zahlungspflicht in Form einer Nutzungsentschädigung in Höhe des (späteren) Erbbauzinses zeitlich vorverlegt. Die weiteren Regelungen über den Beginn der Zahlungspflicht in Abs. 2 S. 1 und 2 beziehen sich deshalb auch nur auf dieses Nutzungsentgelt. Abs. 2 ist anderweitige Regelung iSv. Art. 233 § 2 a Abs. 1 S. 5, Abs. 8 S. 1 EGBGB.

III. Beginn der Zahlungspflicht (Abs. 2)

3 **1. Allgemeines.** Die Zinszahlungspflicht ist die Gegenleistung des Nutzers für den Erhalt des Erbbaurechts. Die Zinszahlung des Nutzers soll deshalb erst dann beginnen, wenn der Grundstückseigentümer die nach diesem Gesetz begründeten Ansprüche nicht bestreitet, sondern an den für die Bestellung des Erbbaurechts erforderlichen Rechtshandlungen mitwirkt; andererseits soll sich der Nutzer dann der Zahlungspflicht auch nicht entziehen können und es soll ihm zB nichts nutzen, wenn er ein Bodenordnungsverfahren betreibt. Die Zinspflicht beginnt daher zum frühesten der Zeitpunkte gem. RdNr. 4 bis 8.

4 **2. Gesetzliche Regelfälle. a) Beurkundung des notariellen Erbbaurechtsvertrages,** unabhängig davon, welcher der Beteiligten die Verhandlungen initiiert hat; dies folgt aus dem Rechtsgedanken der Nr. 2 2. Alt., deren Wortlaut jedoch zu eng ist, wenn darin auf ein Angebot des Nutzers und eine nachfolgende Annahme des Grundstückseigentümers abgestellt wird. Nach dem Gesetzeszweck muß die Zinspflicht auch dann entstehen, wenn das Angebot vom Grundstückseigentümer ausgegangen ist, ohne daß er zu dessen Abgabe nach § 32 S. 2 berechtigt war.

5 **b) Mit der Abgabe eines Angebots** des hierzu nach § 32 S. 2 berechtigten Grundstückseigentümers (Nr. 2 1. Alt.); wann dies der Fall ist, richtet sich nach § 32 S. 2 (vgl. dort RdNr. 8). Das Angebot muß dem Gesetz entsprechen, wobei gem. Satz 2 eine verhältnismäßig **geringfügige Abweichung** unschädlich ist. Die Auslegung dieses Begriffs muß sich an dem Normzweck orientieren; eine Abweichung ist verhältnismäßig geringfügig, wenn aus der Sicht eines verständigen Dritten trotz der Abweichung mit einer Annahme des Angebots gerechnet werden kann, die Abweichung also insbes. nicht zu einer rechtlichen oder wirtschaftlichen Schlechterstellung des Nutzers führt, wobei deren Verhältnis zur gesamten Regelung maßgeblich ist.[1] Die Zinspflicht entsteht mit dem Zugang des Angebots beim Nutzer, da es erst dann als abgegeben gilt (§ 130 Abs. 1 S. 1 BGB).

6 **c) Mit der Ladung des Nutzers** zum Termin im notariellen Vermittlungsverfahren, wenn dieses auf **Antrag des Grundstückseigentümers** mit dem Ziel der Erbbaurechtsbestellung eingeleitet worden war (Nr. 1 1. Alt.); Voraussetzung ist, daß der Grundstückseigentümer antragsberechtigt iSd. § 87 Abs. 2 ist, dh. ihm gem. § 32 S. 2 das Recht auf Abschluß eines Erbbaurechtsvertrages zugestanden hat. Dabei entsteht die Zinspflicht auch dann, wenn die gem. § 90 Abs. 2 mitzuteilenden inhaltlichen Angaben über den abzuschließenden Erbbaurechtsvertrag von den gesetzlichen Vorschriften mehr als nur geringfügig iSd. Abs. 2 S. 2 abwei-

[1] *Eickmann-von Schuckmann* RdNr. 5; *Vossius* RdNr. 17; *Prütting-Zimmermann* RdNr. 15.

chen. Denn der Antrag nach § 90 stellt zum einen kein Vertragsangebot dar; zum anderen handelt es sich bei dieser Norm nur um eine Sollvorschrift, weshalb derjenige Grundstückseigentümer, der in seinem Antrag keine Angaben macht, ohne Grund bevorzugt würde. Die **Zinspflicht** beginnt aus Gründen der Rechtssicherheit mit der Zustellung der Ladung gem. § 92 Abs. 1 S. 1.

d) Mit der Ladung des Nutzers zum Termin im notariellen Vermittlungsverfahren, wenn dieses auf **Antrag des Nutzers** mit dem Ziel der Erbbaurechtsbestellung eingeleitet worden war und sich der Grundstückseigentümer auf eine Verhandlung über den Inhalt des Erbbaurechts eingelassen hat (Nr. 1 2. Alt.); wegen des Vorrangs bei der Ausübung des Wahlrechts zugunsten des Nutzers ergeben sich hinsichtlich seiner Antragsberechtigung iSd. § 87 Abs. 2 keine besonderen Voraussetzungen, sofern nicht sein Anspruch auf Abschluß eines Erbbaurechtsvertrages gesetzlich ausgeschlossen ist (vgl. hierzu § 32 RdNr. 7). Ob sich der Grundstückseigentümer auf die Verhandlungen über den Inhalt des Erbbaurechts eingelassen hat, muß sich im Streitfall aus dem vom Notar anzufertigenden Protokoll (vgl. §§ 93 Abs. 2, 99) bzw. aus einer bei ihm einzuholenden Stellungnahme ergeben. 7

Die **Zinspflicht** beginnt mit der Zustellung der Ladung (s. RdNr. 5). Läßt sich der Grundstückseigentümer auf Verhandlungen nicht ein und kommt es zu einem Vertrag erst im Rahmen des gerichtlichen Verfahrens, entsteht die Zinspflicht erst mit Rechtskraft der Entscheidung, da dieser Zeitpunkt dem Zeitpunkt des Vertragsabschlusses gleichsteht; die durch den Grundstückseigentümer verursachte Verzögerung wirkt sich also für ihn nachteilig aus. 8

3. Sonstige Fallgestaltungen. Da es sich bei den vorgenannten Fallkonstellationen um gesetzliche Regelbeispiele handelt, können die Vertragsparteien einvernehmlich eine abweichende Vereinbarung treffen. Wegen des spezifischen Inhalts der Beispiele sind diese nur beschränkt analogiefähig. Ist deshalb zB das notarielle Vermittlungsverfahren mit dem Ziel des Abschlusses eines Ankaufsvertrages eingeleitet worden und haben die Beteiligten im Rahmen dieser Verhandlung einen Erbbaurechtsvertrag abgeschlossen, ist die Zinspflicht erst mit Vertragsabschluß entstanden, da ein Zinsbeginn zum Zeitpunkt des Zugangs der Ladung gem. § 44 Abs. 2 S. 1 Nr. 1 analog wegen der zunächst anderen Zielrichtung des notariellen Vermittlungsverfahrens ausscheidet. 9

Für den sog. **Moratoriumsbesitz** ist in Art. 233 § 2 a Abs. 1 S. 4 EGBGB unter den dort genannten Voraussetzungen eine Verzinsung ab dem 1. 1. 1995 vorgesehen. 10

IV. Zahlungsweise (Abs. 1)

Die **nachschüssige vierteljährliche** Zahlungsweise ist der gesetzliche Regelfall; eine abweichende Parteivereinbarung ist zulässig.[2] Die Regelung betrifft über ihren Wortlaut hinaus sowohl den ab Eintragung zu zahlenden Erbbauzins, als auch das bis zu diesem Zeitpunkt zu leistende Nutzungsentgelt. 11

Bei Nichtzahlung befindet sich der Nutzer in **Verzug,** ohne daß es einer weiteren Mahnung bedarf (§ 284 Abs. 2 S. 1 BGB). Allerdings hat der Grundstückseigentümer in diesem Fall wegen § 289 S. 1 BGB keinen Anspruch auf Zahlung von gesetzlichen Verzugszinsen. Zulässig ist aber die Vereinbarung eines sog. Strafzinses.[3] 12

Der Anspruch auf rückständige Einzelleistungen **verjährt** in vier Jahren (§§ 902 Abs. 1 S. 2, 197 BGB), während eine Vertragsstrafe in Form des sog. Strafzinses in sechs Monaten verjährt (§ 4 ErbbauVO). Das Stammrecht als solches ist dagegen unverjährbar (§ 902 Abs. 1 S. 1 BGB). 13

§ 45 Verzinsung bei Überlassungsverträgen

(1) Ist dem Nutzer aufgrund eines mit dem staatlichen Verwalter geschlossenen Vertrages ein Grundstück mit aufstehendem Gebäude überlassen worden, so ist auf Verlangen des Grundstückseigentümers über den Erbbauzins hinaus der Restwert des überlassenen Gebäudes und der überlassenen Grundstückseinrichtungen für die Zeit der üblichen Restnutzungsdauer zu verzinsen. Der Restwert bestimmt sich nach dem Sachwert des Gebäudes zum Zeitpunkt der Überlassung abzüglich der Wertminderung, die bis zu dem Zeitpunkt der Abgabe eines Angebots auf Abschluß

[2] Ebenso *Prütting-Zimmermann* RdNr. 8.

[3] Vgl. § 2 ErbbauVO RdNr. 32.

eines Erbbaurechtsvertrages gewöhnlich eingetreten wäre. Er ist mit vier vom Hundert jährlich zu verzinsen.

(2) § 51 Abs. 1 ist auf die Verzinsung des Gebäuderestwerts entsprechend anzuwenden.

(3) Eine Zahlungspflicht nach Absatz 1 entfällt, wenn der Nutzer auf dem Grundstück anstelle des bisherigen ein neues Gebäude errichtet hat.

I. Normzweck

1 Die Vorschrift trägt den Besonderheiten der Nutzung aufgrund eines Überlassungsvertrages Rechnung und bezweckt, den Grundstückseigentümer für den zusätzlichen Gebäudewert angemessen, dh. ohne Anwendung des Halbteilungsgrundsatzes, zu entschädigen.

II. Anspruchsvoraussetzungen

2 **1. Bebautes Grundstück.** Das Grundstück muß zum Zeitpunkt des Abschlusses des Überlassungsvertrages (§ 38 RdNr. 1) mit einem aufstehenden Gebäude oder sonstigen Grundstückseinrichtungen bebaut gewesen sein. Diese Bauwerke müssen noch – wie sich aus Abs. 3 ergibt – auf dem Grundstück stehen und genutzt werden.

3 Soweit der Nutzer noch zZt der Geltung des ZGB, also vor dem 3. 10. 1990, die überlassenen Gebäude abgerissen und an ihrer Stelle **neue Gebäude errichtet** hat, besteht keine Zinspflicht (Abs. 3), da in diesem Fall der Nutzer keinen vom Grundstückseigentümer geschaffenen Vermögenswert nutzt. Gleiches gilt, wenn der Nutzer auf dem Grundstück zwar das überlassene Gebäude stehengelassen, aber daneben noch weitere selbständige Gebäude errichtet hat; eine Zinspflicht besteht dann nur in bezug auf das überlassene Bauwerk.

4 Soweit der Nutzer die überlassenen **Gebäude nach dem 3. 10. 1990 abgerissen** hat, entfällt mangels Gegenleistung ebenfalls die Zinspflicht; der Nutzer hat sich dann jedoch gegenüber dem Grundstückseigentümer schadensersatzpflichtig gemacht und muß ihm nach den allgemeinen Vorschriften Ersatz (zB wegen pVV oder aus § 823 Abs. 1 BGB) leisten. Soweit der Nutzer in der Folgezeit neue Gebäude errichtet hat, sind diese Eigentum des Grundstückseigentümers geworden, jedoch aus den Mitteln des Nutzers finanziert worden; eine Zinspflicht hat deshalb auch in diesem Fall zu entfallen.

5 **2. Verlangen des Grundstückseigentümers.** Der Anspruch ist nicht von Amts wegen zu prüfen, sondern nur auf Verlangen des Grundstückseigentümers.

III. Höhe des Zusatzanspruchs

6 **1. Restwert des Gebäudes.** Bemessungsgrundlage ist der Restwert des überlassenen Gebäudes und der überlassenen Grundstückseinrichtungen (zB Erschließungs-, Entsorgungs- oder Versorgungsanlagen, vgl. § 1 Abs. 1 Nr. 4). Der Begriff des Restwertes ist in Abs. 1 S. 2 definiert.

7 Über den **Sachwert** der überlassenen Gebäude zum Zeitpunkt der Überlassung können die Feststellungen beim Vertragsabschluß, die gemäß § 4 des Vertragsmusters für Überlassungsverträge (vgl. § 38 RdNr. 1) zu treffen waren, allerdings nur bedingt Aufschluß geben; denn diese Wertfestsetzungen erfolgten nicht nach dem Wiederbeschaffungswert, sondern nach Entschädigungswerten und wurden bei den sog. West-Grundstücken bewußt niedrig angesetzt.[1] Es sollte deshalb stets ein Sachverständigengutachten eingeholt werden, sofern die Parteien sich nicht einigen.

8 **Restnutzungsdauer** und **Wertverlust** sind nach dem Gesetzeswortlaut („übliche" Restnutzungsdauer bzw. „gewöhnliche" Wertminderung) grundsätzlich pauschal nach den Aufstellungen zur technischen Lebensdauer von baulichen Anlagen und Bauteilen sowie von Außenanlagen (Anlage 5 und 6 zu den Wertermittlungsrichtlinien[2]) und den Tabellen zur Berechnung der Wertminderung wegen des Alters von Gebäuden in Prozent des Herstellungswertes (vgl. Anlage 6 zu den Wertermittlungsrichtlinien) zu bestimmen. Bauliche Maßnahmen des Nutzers zur Werterhaltung des Gebäudes sollen dem Grundstückseigentümer ebensowenig zugute kommen

[1] Vgl. *Czub* Leitfaden RdNr. 461 (Fn. 208); *Czub-Limmer* RdNr. 7; zu pauschal: *Eickmann-von Schuckmann* RdNr. 3.

[2] Wertermittlungs-Richtlinien 1991 (WertR 1991) vom 11. 6. 1991, BAnz. Nr. 182 a.

wie unterlassene Erhaltungsmaßnahmen bzw. Reparaturen dem Nutzer. Wegen der vergleichbaren Interessenlage sind die Vorschriften des § 74 Abs. 1 S. 3 und 4 entsprechend anzuwenden.

9 **2. Zinshöhe.** Von dem festgestellten Restwert der überlassenen Gebäude beträgt der Zusatzzins 4%, der sich jedoch gem. Abs. 2 iVm. § 51 Abs. 1 für die sog. Eingangsphase vermindert. Bei dem Zinssatz handelt es sich wie bei § 43 Abs. 2 S. 1 Nr. 1 und 2 um eine gesetzliche Festschreibung, die jedoch dispositiv ist.

10 **3. Zinsdauer.** Der erhöhte Zinssatz ist ab den in § 44 Abs. 2 bestimmten Zeitpunkten zu zahlen; eine rückwirkende Zahlungspflicht besteht nicht, da dem Grundstückseigentümer insoweit der Anspruch auf die aufgelaufenen Zinsen aus den bei Abschluß des Überlassungsvertrages hinterlegten Beträgen zukommt (§ 38 Abs. 4).[3] Die Zinspflicht endet hins. des erhöhten Teils mit Ablauf der üblichen Restnutzungsdauer der überlassenen Gebäude, auch wenn das Erbbaurecht eine längere Laufzeit hat.

IV. Dingliche Sicherung

11 Da die Verzinsungspflicht nach dem Gesetzeswortlaut „über den Erbbauzins hinaus" besteht, ist sie nicht Inhalt der Erbbauzinsreallast, sondern nur ein schuldrechtlicher Anspruch, der durch eine eigene dingliche Sicherung, zB eine weitere Reallast oder ein Grundpfandrecht, abgesichert werden kann.[4]

§ 46 Zinsanpassung an veränderte Verhältnisse

(1) Nutzer und Grundstückseigentümer sind verpflichtet, in den Erbbaurechtsvertrag eine Bestimmung aufzunehmen, die eine Anpassung des Erbbauzinses an veränderte Verhältnisse vorsieht. Die Anpassung kann erstmals nach Ablauf von zehn Jahren seit Bestellung des Erbbaurechts verlangt werden. Bei einer zu Wohnzwecken dienenden Nutzung bestimmt sich die Anpassung nach dem in § 9 a der Verordnung über das Erbbaurecht bestimmten Maßstab. Bei anderen Nutzungen ist die Anpassung nach

1. den Erzeugerpreisen für gewerbliche Güter bei gewerblicher oder industrieller Nutzung des Grundstücks,
2. den Erzeugerpreisen für landwirtschaftliche Produkte bei land- und forstwirtschaftlicher Bewirtschaftung des Grundstücks oder
3. den Preisen für die allgemeine Lebenshaltung in allen übrigen Fällen

vorzunehmen. Die Vereinbarung über die Anpassung des Erbbauzinses ist nur wirksam, wenn die Genehmigung nach § 3 des Währungsgesetzes oder entsprechenden währungsrechtlichen Vorschriften erteilt wird. Weitere Anpassungen des Erbbauzinses können frühestens nach Ablauf von drei Jahren seit der jeweils letzten Anpassung des Erbbauzinses geltend gemacht werden.

(2) Die Anpassung nach Absatz 1 Satz 3 und 4 ist auf den Betrag zu begrenzen, der sich aus der Entwicklung der Grundstückspreise ergibt. Die Begrenzung ist auf der Grundlage der Bodenrichtwerte nach § 196 des Baugesetzbuchs, soweit diese vorliegen, andernfalls in folgender Reihenfolge nach der allgemeinen Entwicklung der Grundstückspreise in dem Land, in dem das Grundstück ganz oder zum größten Teil belegen ist, dem in § 1 bezeichneten Gebiet oder im gesamten Bundesgebiet zu bestimmen. Abweichende Vereinbarungen und Zinsanpassungen sind gegenüber den Inhabern dinglicher Rechte am Erbbaurecht, die einen Anspruch auf Zahlung oder Befriedigung gewähren, unwirksam, es sei denn, daß der Erbbauzins nur als schuldrechtliche Verpflichtung zwischen dem Grundstückseigentümer und dem Nutzer vereinbart wird.

[3] Vgl. auch BT-Drucks 12/5992 S. 141, 142; *Vossius* RdNr. 10; *Czub-Limmer* RdNr. 6.

[4] *Herbig-Gaitzsch-Hügel-Weser* S. 99; unklar: *Vossius* RdNr. 17.

I. Normzweck

1 Die Anpassungsklausel will einerseits den Grundstückseigentümer gegen den allgemeinen Währungsverfall schützen, andererseits aber im Interesse des Nutzers zu hohen Erbbauzinssteigerungen durch einen festen Erhöhungsmaßstab und gewisse Obergrenzen entgegenwirken. Damit soll während der gesamten Vertragsdauer das dem SachenRBerG zugrundeliegende Teilungsmodell Bestand haben, da andernfalls durch den Geldwertschwund der Grundsatz der Teilung des Bodenwertes immer mehr zum Nachteil des Grundstückseigentümers verschoben würde.

II. Inhalt der Anpassungsklausel

2 **1. Zwingendes Erfordernis.** Nach Abs. 1 S. 1 sind die Vertragsparteien zur Aufnahme einer Anpassungsklausel in den Erbbaurechtsvertrag gegenseitig verpflichtet. Wird dies bei Vertragsabschluß übersehen, können sie nachträglich eine entspr. Vertragsergänzung verlangen. Die Beteiligten können allerdings im Rahmen ihrer Dispositionsbefugnis auch bewußt von der Vereinbarung einer Zinsanpassung absehen;[1] sie sollten dies dann aber ausdrücklich vereinbaren, um einen Anspruch auf eine nachträgliche Einfügung einer Anpassungsklausel in den Erbbaurechtsvertrag auszuschließen.

3 **2. Anpassung an veränderte Verhältnisse.** § 46 betrifft nur den Fall einer Veränderung der allgemeinen wirtschaftlichen Verhältnisse, wie die Regelung der Anpassungsmaßstäbe zeigt. Weitere Fälle sind in §§ 47, 48 normiert.

4 **3. Änderungshöhe.** Die Zinsanpassung betrifft den Erbbauzins (also zB nicht den verzinsten Gebäuderestwert gem. § 45) und richtet sich nach der Nutzungsart, wobei feste Maßstäbe zugrundegelegt werden:

5 **a) Bei einer Nutzung zu Wohnzwecken** soll sich die Anpassung gem. Abs. 1 S. 3 nach den in § 9a ErbbauVO festgelegten Billigkeitsgesichtspunkten bestimmen, dh. idR nach der Entwicklung der allgemeinen wirtschaftlichen Verhältnisse, worunter nach der Rechtsprechung des BGH[2] der Mittelwert aus dem Anstieg der Lebenshaltungskosten und der Arbeitnehmereinkommen zu verstehen ist; wegen der Einzelheiten wird auf § 9a ErbbauVO RdNr. 8 bis 12 verwiesen. Insoweit bleibt jedoch abzuwarten, ob die Bundesbank solche Anpassungsklauseln billigen wird, da bislang § 9a ErbbauVO nach der Rechtsprechung des BGH lediglich als Korrektiv in Unbilligkeitsfällen gedient hat; nach den bisherigen Genehmigungsgrundsätzen der Bundesbank, wird deshalb wohl nur die Entwicklung der Lebenshaltungskosten als Anpassungsmaßstab in Betracht kommen.[3]

6 **b) Bei anderen Nutzungen.** Im übrigen erfolgt die Anpassung nach den im Gesetz genannten – vom Statistischen Bundesamt – herausgegebenen Preisindizes. Bei einer **gemischten Nutzung** ist allgem. gem. § 9a Abs. 2 ErbbauVO eine differenzierte Zinsanpassung vorzunehmen.[4] Bei einer **Nutzungsänderung** im Laufe des Vertragszeitraumes kommt es für die Frage des Anpassungsmaßstabes auf die Nutzung zum Zeitpunkt des Erhöhungsverlangens bzw. auf den Zeitpunkt des Wirksamwerdens der Zinserhöhung an; vgl. auch § 47 RdNr. 14. **Abweichende Parteivereinbarungen** über den Anpassungsmaßstab sind möglich, soweit sie währungsrechtlich genehmigungsfähig sind.

7 **4. Beschränkung der Änderungshöhe.** Die nach Abs. 1 S. 3 und 4 zulässige Erbbauzinserhöhung wird durch Abs. 2 für die wertgesicherten Erbbauzinsreallasten zugunsten der Grundpfandrechtsgläubiger der Höhe nach auf den Betrag begrenzt, der sich aus der **Entwicklung der Bodenpreise** ergibt. Hierdurch soll verhindert werden, daß in der Zwangsversteigerung des Erbbaurechts die bestehenbleibende Erbbauzinsreallast den Wert vorrangiger Grundpfandrechte aushöhlt (vgl. § 52 Abs. 1, 2 S. 2 ZVG). Durch Abs. 2 S. 3 wird klargestellt, daß die Beschränkung der Änderungshöhe im Verhältnis zwischen Nutzer und Grundstückseigentümer der Dispositionsmaxime unterfällt und eine abweichende Vereinbarung zwischen ihnen

[1] *Vossius* RdNr. 2; *Czub* Leitfaden RdNr. 465; *von Oefele* DtZ 1995, 158, 161.

[2] BGHZ 75, 279, 283; 77, 188, 190.

[3] Vgl. *Herbig-Gaitzsch-Hügel-Weser* S. 85, 89; *Czub* Leitfaden RdNr. 466; *Czub-Limmer* RdNr. 33 bis 41; aA *Eickmann-von Schuckmann* RdNr. 5; kritisch: *von Oefele* DtZ 1995, 158, 161.

[4] Zu anderen Verteilungsmaßstäben vgl. § 9a ErbbauVO RdNr. 7; vgl. auch *Czub-Limmer* RdNr. 28.

wirksam ist, jedoch nicht gegenüber dem Grundpfandrechtsgläubiger hins. des Erbbaurechts und dem Ersteher des Erbbaurechts dinglich wirkt.

8 Aus Vereinfachungsgründen sieht Abs. 2 S. 2 für die Ermittlung der Preisentwicklung einen Rückgriff auf die örtlichen Bodenrichtwerte bzw. im Falle ihres Fehlens auf die genannten statistischen Unterlagen in der dort genannten Reihenfolge vor. **Bodenrichtwerte** sind die aufgrund der Kaufpreissammlung (§ 195 BauGB) des unabhängigen Gutachterausschusses (§ 192 BauGB) für jedes Gemeindegebiet ermittelten durchschnittlichen Lagewerte für den Boden unter Berücksichtigung des unterschiedlichen Entwicklungsstandes.

9 Bei **Wohnnutzungen** verdrängt Abs. 2 als Sonderregelung § 9 a Abs. 1 S. 3 ErbbauVO, wonach Änderungen der Grundstückswertverhältnisse im Grundsatz außer Betracht zu bleiben haben.

10 Eine Beschränkung der zulässigen Erbbauzinserhöhung nach dem Lebenshaltungskostenindex ist im Gesetzgebungsverfahren ausdrücklich fallengelassen worden.[5]

11 **5. Genehmigungserfordernis.** Durch Abs. 1 S. 5 wird klargestellt, daß die Vereinbarung einer Anpassungsklausel zu ihrer Wirksamkeit der währungsrechtlich erforderlichen Genehmigung (zB nach § 3 WährungsG) bedarf, für deren Erteilung die Landeszentralbanken zuständig sind. Soweit die Parteien eine Anpassungsklausel vereinbaren, der die Genehmigung zu Recht versagt wird, hat jeder Vertragsteil gem. Abs. 1 S. 1 gegen den anderen einen Anspruch auf Vereinbarung einer genehmigungsfähigen Anpassungsklausel.

12 **6. Beschränkung des Änderungszeitraumes.** Gemäß Abs. 1 S. 2 kann die Anpassung des Erbbauzinses an die geänderten wirtschaftlichen Verhältnisse erstmals 10 Jahre nach Bestellung des Erbbaurechts, dh. nach Eintragung im Grundbuch (Umkehrschluß zu § 48 Abs. 4 S. 2), verlangt werden.[6] Eine (weitere) Zinserhöhung während der neunjährigen Eingangsphase des § 51, in der der Zinssatz bereits stufenweise erhöht wird, soll dadurch vermieden werden. Dieses gesetzgeberische Ziel[7] läuft allerdings im Falle der Verlängerung der Eingangsphase auf 12 Jahre gem. § 51 Abs. 2 (betr. **Eigenheime in teuren Lagen**) in der Endphase leer; dies ist offensichtlich übersehen worden, als die Vorschrift des § 51 Abs. 2 erst im Laufe des Gesetzgebungsverfahrens eingefügt worden ist. Gleichwohl ist auch hier eine Zinsanpassung nach § 46 aufgrund des eindeutigen Wortlautes nach Ablauf von 10 Jahren möglich, da die wirtschaftliche Belastung des Nutzers durch die „doppelte" Erhöhung sich erst in den letzten zwei Jahren der Eingangsphase auswirkt und deshalb hingenommen werden kann.

13 Weitere Zinsanpassungen sind gem. Abs. 1 S. 6 jeweils frühestens nach Ablauf einer **Sperrfrist** von drei Jahren seit der letzten Anpassung möglich. Der Anspruch kann auch schon vorsorglich geltend gemacht werden. Ebenso können die Parteien auch feste Intervalle vereinbaren, soweit diese nicht kürzer als die Sperrfrist sind.[8]

14 **7. Verbindlichkeit für Rechtsnachfolger.** Anders als in § 47 Abs. 2 ist in § 46 eine Weiterübertragungspflicht nicht vorgesehen; sie kann jedoch von den Vertragsparteien vereinbart werden.

15 **8. Zustimmung der Grundpfandrechtsgläubiger.** Da die Interessen der Grundpfandrechtsgläubiger durch Abs. 2 gewahrt werden, bedarf es ihrer Zustimmung zu der Vereinbarung einer Anpassungsklausel nicht; § 9 Abs. 2 S. 2 und 3 ErbbauVO wird insoweit verdrängt.

§ 47 Zinsanpassung an Nutzungsänderungen

(1) Nutzungsänderungen, zu denen der Erbbauberechtigte nach § 54 Abs. 2 und 3 berechtigt ist, rechtfertigen keine Anpassung des Erbbauzinses. Für Nutzungsänderungen nach § 54 Abs. 1 und 4 kann die Aufnahme der folgenden Zinsanpassungen im Erbbaurechtsvertrag verlangt werden:

1. Der Zinssatz ist heraufzusetzen,

a) von zwei auf sieben vom Hundert jährlich des Bodenwerts, wenn ein zu Wohnzwecken errichtetes Gebäude zu gewerblichen, land-, forstwirtschaftlichen oder zu öffentlichen Zwecken genutzt wird,

[5] Vgl. BT-Drucks 12/5992 S. 214.

[6] AA *Vossius* RdNr. 14 und *Eickmann-von Schuckmann* RdNr. 4, die auf den Zeitpunkt des Abschlusses des Erbbaurechtsvertrages abstellen.

[7] Vgl. BT-Drucks 12/5992 S. 80, 142.

[8] § 9 a ErbbauVO RdNr. 13; unklar: *Czub-Limmer* RdNr. 49; aA *Prütting-Zimmermann* RdNr. 23.

b) von dreieinhalb auf sieben vom Hundert jährlich des Bodenwerts, wenn land- oder forstwirtschaftlich genutzte Gebäude gewerblich genutzt werden oder wenn ein anderer Wechsel in der bisherigen Art der Nutzung erfolgt;

2. der Zinssatz ist von dreieinhalb auf zwei vom Hundert jährlich des Bodenwerts herabzusetzen, wenn eine am 2. Oktober 1990 ausgeübte gewerbliche Nutzung nicht mehr ausgeübt werden kann und das Gebäude zu Wohnzwecken genutzt wird.

In den Fällen des Satzes 2 Nr. 1 kann jeder Beteiligte verlangen, daß ein anderer Zinssatz zugrunde gelegt wird, wenn der für diese Nutzung übliche Zins mehr oder weniger als sieben vom Hundert jährlich beträgt. Wird in den Fällen des Satzes 2 Nr. 2 das Gebäude nunmehr zu land- oder forstwirtschaftlichen Zwecken genutzt, kann der Nutzer eine Anpassung des regelmäßigen Zinses verlangen, wenn der für diese Nutzung übliche Zins weniger als sieben vom Hundert jährlich beträgt.

(2) Der Grundstückseigentümer kann vom Erbbauberechtigten verlangen, daß sich dieser ihm gegenüber verpflichtet, in einem Vertrag über die Veräußerung des Erbbaurechts die in den Absätzen 1 und 2 bestimmten Pflichten zur Zinsanpassung seinem Rechtsnachfolger aufzuerlegen.

(3) Der Erbbauzins ist nach den in Absatz 1 Satz 2 Nr. 1 Buchstabe a und b genannten Zinssätzen zu bemessen, wenn der Nutzer das Gebäude oder die bauliche Anlage nach dem Ablauf des 20. Juli 1993 erworben hat und zum Zeitpunkt des der Veräußerung zugrunde liegenden Rechtsgeschäfts die in § 29 Abs. 3 Satz 1 bezeichneten Voraussetzungen vorlagen. Satz 1 ist nicht anzuwenden, wenn das Gebäude oder die bauliche Anlage als Teil eines Unternehmens veräußert wird und der Nutzer das Geschäft seines Rechtsvorgängers fortführt.

I. Normzweck

1 Während nach der Rechtslage in der ehemaligen DDR die Nutzungsrechte nur zu dem festgelegten Zweck ausgeübt werden durften, ist zur Anpassung an den Strukturwandel in den neuen Ländern auch eine Nutzungsänderung zu gestatten. Hierfür bieten die §§ 47, 54 das Instrumentarium, wobei sich § 54 mit der Frage der Zulässigkeit einer Nutzungsänderung befaßt, während in § 47 die Auswirkungen auf die Höhe des Erbbauzinses geregelt sind. Da insoweit das Recht des Nutzers auf Abschluß eines Erbbaurechtsvertrages nicht mehr aus einem aus DDR-Zeiten stammenden Nutzungsrecht, sondern allein aus der Erhaltung der Nutzbarkeit folgt, hat er keinen Anspruch auf eine Bodenwertbeteiligung, sondern den vollen Zinssatz zu zahlen.

II. Anspruchsvoraussetzungen

2 Abs. 1 S. 1 und 2 stellt klar, daß nur die über § 54 Abs. 2 und 3 hinausgehenden **Nutzungsänderungen** einen Anspruch auf Anpassung des Erbbauzinses begründen können. Wollen die Parteien auch für diesen Fall eine Zinssatzänderung vereinbaren, muß dies bereits bei Abschluß des Erbbaurechtsvertrages erfolgen. Daraus folgt, daß zB die Aufnahme einer freiberuflichen Tätigkeit oder eines Handwerks- bzw. Pensionsbetriebes in einem zu Wohnzwecken errichteten Eigenheim (§ 54 Abs. 2) keine Zinsanpassung nach sich ziehen kann, wenn diese Nutzungsänderung *in berechtigter Weise* geschieht, dh. im Erbbaurechtsvertrag vereinbart worden ist; ist dies nicht der Fall, kann der Grundstückseigentümer **Unterlassung** verlangen.

3 Die Aufnahme einer Anpassungsklausel in den Erbbaurechtsvertrag erfolgt nur auf Verlangen einer Partei; nachträglich ist dies nur noch im Falle einer einverständlichen Vertragsänderung möglich. Soweit eine Fallgestaltung in dem Katalog des § 47 nicht abgehandelt ist, ist im Falle einer Nutzungsänderung der bisherige Zins weiter zu entrichten, da der Katalog abschließend ist.[1]

[1] Vgl. BT-Drucks 12/5992 S. 214.

III. Änderungstatbestände

1. Fallgestaltungen. a) Änderung der Wohnnutzung. Bei einer Nutzungsänderung von einem Wohnhaus zu einer gewerblichen, land- und forstwirtschaftlichen oder öffentlichen Zwecken dienenden Nutzung erhöht sich der Erbbauzins von 2% auf 7% pro Jahr (Abs. 1 S. 2 Nr. 1 a), wenn die Nutzungsänderung über den Umfang des § 54 Abs. 2 hinausgeht. Gemäß Abs. 1 S. 3 haben aber beide Vertragspartner die Möglichkeit, entspr. § 43 Abs. 2 S. 2 die Vereinbarung des üblichen Zinssatzes zu verlangen (vgl. § 43 RdNr. 7). 4

b) Änderung der Gewerbenutzung. Bei einer Nutzungsänderung von einer gewerblichen Nutzung zu einer Wohnzwecken dienenden Nutzung vermindert sich der Jahreszins von 3,5% auf 2% (Abs. 1 S. 2 Nr. 2), wenn die gewerbliche Nutzung zB aufgrund eines behördlichen Verbots nicht mehr ausgeübt werden kann. Zur Vermeidung eines Widerspruchs mit der Regelung in § 43 Abs. 2 S. 1 Nr. 1 a, b kann dies allerdings nur für die Grundstücksflächen mit einer Regelgröße von 500 qm oder weniger gelten; für die Überfläche verbleibt es bei dem bisherigen Zinssatz von 3,5%, da es für eine Anpassung auf 4% (vgl. § 43 Abs. 2 S. 1 Nr. 1 b) an einer gesetzlichen Regelung fehlt. 5

Bei einer Nutzungsänderung von einer gewerblichen zu einer land- oder forstwirtschaftlichen Nutzung verbleibt es mangels gesetzlicher Regelung bei dem bisherigen Zinssatz von 3,5%. Insbes. handelt es sich hierbei nicht um einen anderen „Wechsel in der bisherigen Art der Nutzung" iSd. Abs. 1 S. 2 Nr. 1 b, zumal beide Nutzungsarten in § 43 Abs. 2 S. 1 Nr. 3 gleichgestellt sind. 6

Eine Ausnahme ist jedoch dann zu machen, wenn die gewerbliche Tätigkeit zB aufgrund behördlichen Handelns nicht mehr ausgeübt werden *kann,* das Gebäude auch zu Wohnzwecken genutzt wird, aber auf der zugehörigen Grundstücksfläche wieder ein land- oder forstwirtschaftlicher Betrieb geschaffen wird. Dann kann der Nutzer gem. Abs. 1 S. 4 eine Herabsetzung des regelmäßigen (hälftigen) Zinses verlangen, wenn der für die neue Nutzung übliche Zins weniger als 7% beträgt. 7

Gibt der Nutzer die Gewerbetätigkeit freiwillig auf, scheidet eine Zinssatzverminderung mangels gesetzlicher Grundlage aus. 8

c) Änderung der landwirtschaftlichen Nutzung. Bei einer Nutzungsänderung von einer land- oder forstwirtschaftlichen Nutzung zu einer Wohnzwecken dienenden Nutzung bleibt es mangels gesetzlicher Regelung bei dem bisherigen gesetzlichen Regelzinssatz von 3,5%, auch soweit die genutzte Grundstücksfläche größer als 500 qm ist (vgl. § 43 Abs. 2 S. 1 Nr. 1 b).[2] 9

Bei einer Nutzungsänderung von einer land- oder forstwirtschaftlichen Nutzung zu einer gewerblichen Nutzung erhöht sich der jährliche Zinssatz von 3,5% auf 7% (Abs. 1 S. 2 Nr. 1 b) mit der Möglichkeit für beide Vertragspartner, entspr. § 43 Abs. 2 S. 2 eine Vereinbarung des für die neue Nutzungsart üblichen Zinses verlangen zu können (Abs. 1 S. 3; vgl. § 43 RdNr. 7). 10

d) Änderung der öffentlichen Zwecken dienenden Nutzung. Bei einer Nutzungsänderung von einer öffentlichen Zwecken dienenden Nutzung in eine gewerbliche oder land- und forstwirtschaftliche Nutzung (oder umgekehrt) hat es ebenfalls mangels gesetzlicher Regelung bei dem bisherigen Zinssatz von 3,5% zu bleiben; diese Fallgruppen werden auch in § 43 Abs. 2 S. 1 Nr. 3 gleichbehandelt. 11

2. Verhältnis zu § 51. Soweit die Nutzungsart in der Eingangsphase des § 51 geändert wird, ist die prozentuale Ermäßigung der Zinssätze entspr. zu berücksichtigen. 12

3. Verhältnis zu § 46. Ein Zusammentreffen der §§ 46 und 47 kann erst nach der Eingangsphase eintreten. Erfolgt die Nutzungsänderung nach einer für die bisherige Nutzungsart bereits vorgenommenen Zinsanpassung gem. § 46, muß bei dem sich aus den obigen Fallgestaltungen ergebenden neuen Zinssatz ebenfalls die sich für die neue Nutzungsart aus § 46 ergebende Zinsanpassung genauso berücksichtigt werden, als wenn diese Nutzungsart bereits bei Bestellung des Erbbaurechts vorgelegen hätte. Für die Berechnung der Sperrfristen des § 46 Abs. 1 S. 2 und 6 ist nach dessen Wortlaut und aus Gründen der Vereinheitlichung nicht auf den Zeitpunkt der Nutzungsänderung, sondern allein auf den Zeitpunkt der Erbbaurechtsbestellung bzw. auf den Zeitpunkt der letzten Erhöhung abzustellen. 13

4. Mehrfacher Wechsel der Nutzungsart. § 47 gilt nur für den erstmaligen Wechsel der Nutzungsart; Berechtigung und Folgen eines weiteren Nutzungswechsels unterliegen der freien 14

[2] AA *Vossius* RdNr. 21.

Vereinbarung der Parteien. Die „Rückkehr" zu der ursprünglichen Nutzungsart führt nicht zu einem Wiederaufleben des vormals geschuldeten Erbbauzinses.[3]

IV. Verbindlichkeit für Rechtsnachfolger (Abs. 2)

15 Die Verpflichtung zur Zinsanpassung gem. § 47 bindet nur die Vertragspartner, da eine dingliche Absicherung nicht vorgesehen ist (vgl. § 42). Auf Verlangen des Grundstückseigentümers ist jedoch in den Erbbaurechtsvertrag eine Verpflichtung des Nutzers aufzunehmen, die Anpassungsverpflichtung an den Erwerber des Erbbaurechts weiterzugeben. Im Falle eines Verstoßes entsteht zu Lasten des Nutzers eine **Schadensersatzpflicht** aus pVV in Höhe der Zinsdifferenz.

16 Die Übernahme der Verpflichtung durch den Erwerber kann durch einen **Zustimmungsvorbehalt** zur Veräußerung (§ 49) gesichert werden. Daneben wird die Vorschrift durch § 48 Abs. 5 ergänzt.

17 Durch Abs. 2 wird zugleich deutlich, daß die Zinsanpassung wegen Nutzungsänderung nicht zum Inhalt der Erbbauzinsreallast gehört. Möglich ist insoweit aber eine **Vormerkungssicherung** bzw. eine analoge Anwendung des § 52 Abs. 1.[4]

18 Die Verweisung auf Abs. 2 stellt ein Redaktionsversehen dar, da im Regierungsentwurf zu § 47 Abs. 2 eine weitere Zinsanpassungsmöglichkeit für den komplexen Wohnungsbau vorgesehen war, die im weiteren Gesetzgebungsverfahren entfallen ist, wodurch aus dem ursprünglichen Abs. 3 der jetzige Abs. 2 geworden ist.[5]

V. Zinsanpassung bei Bebauung durch Rechtsnachfolger (Abs. 3)

19 Die Vorschrift ergänzt § 29 Abs. 3 und entspricht insoweit § 70 Abs. 4. In beiden Fällen muß der Rechtsnachfolger seine Gegenleistung ungeschmälert erbringen. Wegen der Bezugnahme auf Abs. 1 S. 2 Nr. 1 a und b kommt eine Zinssatzerhöhung nur in diesen beiden Fällen in Betracht, wobei die Möglichkeit eines **Abänderungsverlangens** gem. Abs. 1 S. 3 beiden Seiten offensteht, da hierdurch der beschriebene Zweck der Norm nicht berührt wird.

20 Im Falle einer **Unternehmensübertragung** mit der Fortführung des Geschäfts scheidet nach Abs. 3 S. 2 eine Zinsanpassung aus, da bei einer Unternehmensfortführung die bisherige Nutzung nicht aufgegeben wird; dies entspricht dem Rechtsgedanken der §§ 29 Abs. 4, 48 Abs. 1 und 71 Abs. 1 Nr. 2.

§ 48 Zinserhöhung nach Veräußerung

(1) Der Grundstückseigentümer kann verlangen, daß in den Erbbaurechtsvertrag eine Bestimmung aufgenommen wird, in der sich der Erbbauberechtigte im Falle einer Veräußerung des Erbbaurechts in den ersten drei Jahren nach dessen Bestellung verpflichtet, einen Vertrag über die Veräußerung des Erbbaurechts in der Weise abzuschließen, daß der Erwerber des Erbbaurechts gegenüber dem Grundstückseigentümer zu einer Zinsanpassung nach Absatz 2 verpflichtet ist, wenn die in § 71 Abs. 1 Satz 1 Nr. 1 und 3 bezeichneten Voraussetzungen vorliegen.

(2) Der Zins erhöht sich von

1. **zwei auf vier vom Hundert jährlich des Bodenwerts, wenn das Erbbaurecht für eine Nutzung des Gebäudes zu Wohnzwecken bestellt wurde, oder**
2. **dreieinhalb auf sieben vom Hundert jährlich bei land-, forstwirtschaftlicher oder gewerblicher oder einer Nutzung des Erbbaurechts für öffentliche Zwecke.**

(3) Im Falle einer Veräußerung in den folgenden drei Jahren kann der Grundstückseigentümer eine Absatz 1 entsprechende Verpflichtung des Erbbauberechtigten zur Anpassung des Erbbauzinses bis auf drei vom Hundert jährlich des Bodenwerts bei einer Nutzung zu Wohnzwecken und bis auf fünf und ein Viertel vom Hundert jährlich des Bodenwerts bei allen anderen Nutzungen verlangen.

[3] *Vossius* RdNr. 30, 31; *v. Oefele-Winkler* RdNr. 8.97.

[4] Vgl. *Herbig-Gaitzsch-Hügel-Weser* S. 91; *von Oefele-Winkler* RdNr. 8.107; *Vossius* RdNr. 36.

[5] Vgl. BT-Drucks 12/5992 S. 28 f. (zu § 48).

(4) Im Falle einer land-, forstwirtschaftlichen oder gewerblichen Nutzung oder einer Nutzung für öffentliche Zwecke kann der Nutzer eine Bemessung des Zinssatzes nach dem für die Nutzung üblichen Zins verlangen, wenn dieser mehr oder weniger als sieben vom Hundert beträgt. Maßgebender Zeitpunkt für die in den Absätzen 2 und 3 bestimmten Fristen ist der Zeitpunkt des Abschlusses des die Verpflichtung zur Übertragung des Erbbaurechts begründenden schuldrechtlichen Geschäfts.

(5) Der Grundstückseigentümer kann verlangen, daß der Nutzer sich im Erbbaurechtsvertrag ihm gegenüber verpflichtet, einen Vertrag über die Veräußerung des Erbbaurechts so abzuschließen, daß der Erwerber die Pflichten zur Zinsanpassung wegen der in § 70 Abs. 1 bezeichneten Nutzungsänderungen übernimmt.

I. Normzweck

1 Die Vorschrift will – wie § 71 für das Ankaufsrecht – spekulative Geschäfte verhindern, indem der Nutzer das (zinsgünstige) Erbbaurecht gar nicht nutzen, sondern allein durch die Weiterveräußerung einen Gewinn erzielen möchte. Zugleich sollen dadurch Wertungswidersprüche zum Inhalt der in der DDR begründeten Nutzungsbefugnis ausgeschlossen werden, da dem Nutzer danach im Falle einer Nutzungsaufgabe diese Befugnis entzogen worden wäre. Da andererseits aber die Anpassung an marktwirtschaftliche Verhältnisse grundsätzlich auch die Veräußerbarkeit des Erbbaurechts erforderlich macht, sieht § 48 einen zeitlich abgestuften Wegfall der Bindung vor.

II. Anspruchsvoraussetzungen

2 **1. Fallgruppen.** Ein Anspruch auf Aufnahme einer Zinsanpassungsklausel in den Erbbaurechtsvertrag besteht in folgenden drei Fällen:
- Veräußerung eines Erbbaurechts, welches sich auf eine unbebaute oder mit einem abbruchreifen Gebäude versehene Grundstücksfläche bezieht (Abs. 1 iVm. § 71 Abs. 1 S. 1 Nr. 1); vgl. § 71 RdNr. 5;
- Veräußerung eines zu land-, forstwirtschaftlich oder gewerblich genutzten oder öffentlichen Zwecken dienenden Erbbaurechts (Abs. 1 iVm. § 71 Abs. 1 S. 1 Nr. 3); vgl. § 71 RdNr. 7;
- Nutzungsänderung nach der Veräußerung des Erbbaurechts (Abs. 5 iVm. §§ 70 Abs. 1, 47); vgl. § 70 RdNr. 3.

Die Aufzählung in § 48 ist abschließend, wobei die Parteien in dem Erbbaurechtsvertrag weitergehendere Bestimmungen treffen können.

3 **2. Verlangen des Grundstückseigentümers.** Die Aufnahme einer Bindungsklausel in den Erbbaurechtsvertrag erfolgt nur auf Verlangen des Grundstückseigentümers bei Abschluß des Erbbaurechtsvertrages. Dies gilt auch in bezug auf den zweiten 3-Jahres-Zeitraum gem. Abs. 3; insoweit ist die Vorschrift sprachlich mißglückt, da der Grundstückseigentümer den Anspruch nach dem Zweck der Vorschrift nicht erst „im Falle einer Veräußerung" geltend machen kann, sondern bereits zuvor *für* den Fall einer Veräußerung.

III. Maßstab für die Zinsanpassung

4 **1. Weiterveräußerung im Falle des § 71 Abs. 1 S. 1 Nr. 1 und 3.** Soweit eine der ersten beiden oben aufgeführten Fallgruppen vorliegt, richtet sich die Zinsanpassung nach Abs. 2 bis 4. Zur Veräußerung vgl. § 71 RdNr. 3 ff.

5 **a) Erster 3-Jahres-Zeitraum.** Wird das Erbbaurecht in den ersten drei Jahren nach Abschluß des Erbbaurechtsvertrages weiterveräußert, ist nach Abs. 2 der volle Jahreszins zu zahlen, dh. bei einer Wohnnutzung 4% und bei einer sonstigen Nutzung 7%. Im letzteren Fall kann jedoch gem. Abs. 4 S. 1 ähnlich wie in den Fällen des § 43 Abs. 2 S. 2 und § 47 Abs. 1 S. 4 eine Anpassung des Zinssatzes nach dem üblichen Zinssatz verlangt werden. Die Vorschrift des Abs. 4 S. 1 enthält jedoch ein Redaktionsversehen, soweit nur der Nutzer eine entspr. Anpassung verlangen können soll; dies ergibt im Hinblick auf die Möglichkeit einer Anpassung über den gesetzlichen Zinssatz von 7% hinaus keinen Sinn. Wie bei § 43 Abs. 2 S. 2 muß deshalb auch dem Grundstückseigentümer ein Anpassungsanspruch zustehen. Für eine einschränkende Auslegung entspr. der Regelung in § 47 Abs. 1 S. 4 besteht bereits deshalb kein Anlaß, weil sich diese Norm nur auf land- oder forstwirtschaftliche Nutzung bezieht.

6 **b) Zweiter 3-Jahres-Zeitraum.** Wird das Erbbaurecht in den folgenden drei Jahren veräußert, ist gem. Abs. 3 der regelmäßige Zinssatz des § 43 zwecks eines abgestuften Wegfalls der Bindung auf drei Viertel des gesetzlich festgelegten Regelzinssatzes zu erhöhen, also auf 3% bei Wohnnutzung und auf 5,25% bei sonstiger Nutzung. Im Falle der sonstigen Nutzung können gem. Abs. 4 S. 1 beide Vertragspartner eine Zugrundelegung des üblichen Zinses verlangen (vgl. hierzu oben RdNr. 5), wovon dann drei Viertel als Entgelt jährlich zu entrichten sind.

7 **c) Ausschluß des Anspruchs.** Nach Ablauf von sechs Jahren kommt eine Zinsanpassung nach § 48 nicht mehr in Betracht. Der Erwerber hat dann wie sein Rechtsvorgänger lediglich den regelmäßigen Zins gem. § 43 Abs. 1 zu zahlen.

8 **d) Fristberechnung.** Der für Abs. 2 und 3 maßgebliche Fristbeginn richtet sich nach dem Zeitpunkt der Bestellung des Erbbaurechts, also seiner Eintragung im Grundbuch. Die Frist endet dagegen gem. Abs. 4 S. 2 mit dem Zeitpunkt des Abschlusses des schuldrechtlichen Erbbaurechtsvertrages; auf den Zeitpunkt der dinglichen Bestellung bzw. der Eintragung kommt es insoweit nicht an.

9 **2. Nutzungsänderung nach Veräußerung.** Durch Abs. 5 wird klargestellt, daß eine weitere Zinsanpassung wegen Nutzungsänderung iSd. § 70 Abs. 1 möglich bleibt. Durch diese Regelung wird lediglich der Erbbauberechtigte verpflichtet, seine etwaige Verpflichtung zur Zinsanpassung wegen Nutzungsänderung nach § 47 auf einen Erwerber zu übertragen. Ansonsten wird für diese Fallgestaltung in § 48 bezüglich des Maßstabes für die Zinsanpassung keine Regelung getroffen; deren Voraussetzungen bestimmen sich nach § 47 Abs. 1. Für eine Zinsanpassung aus diesen Gründen gelten deshalb auch nicht die Fristen des § 48.

10 **3. Verhältnis zu § 51.** Der Erwerber hat keinen Anspruch auf eine Zinsermäßigung gem. § 51, da dies dem Normzweck widerspricht.[1]

IV. Sicherung des Grundstückseigentümers

11 Da die Verpflichtungen zur Übertragung auf einen Rechtsnachfolger des Erbbauberechtigten iSd. § 48 Abs. 1 bis 3 und 5 gem. § 42 weder zum gesetzlichen Inhalt des Erbbaurechts gehören noch zum vertragsmäßigen Inhalt bestimmt werden können, wirken sie nur schuldrechtlich zwischen den Parteien des Erbbaurechtsvertrages. Ein Verstoß des Nutzers löst allerdings einen Anspruch auf Schadensersatz aus pVV in Höhe der entgangenen Zinsdifferenz aus.

12 Die Übernahme der Verpflichtung durch den Erwerber kann gem. § 49 durch einen **Zustimmungsvorbehalt** zur Veräußerung gesichert werden.

§ 49 Zustimmungsvorbehalt

Der Grundstückseigentümer kann verlangen, daß die Veräußerung nach § 5 Abs. 1 der Verordnung über das Erbbaurecht seiner Zustimmung bedarf. Der Grundstückseigentümer hat diese zu erteilen, wenn die in § 47 Abs. 1, § 48 Abs. 1 bis 3 und 5 bezeichneten Voraussetzungen erfüllt sind.

I. Normzweck

1 Das Zustimmungserfordernis bezweckt zugunsten des Grundstückseigentümers u.a. die Sicherung der in §§ 47 Abs. 2, 48 Abs. 1 und 5 aufgestellten Pflichten des Nutzers zur Weitergabe der Verpflichtungen an den Erwerber des Erbbaurechts.

II. Inhalt des Zustimmungsvorbehalts

2 **1. Rechtsnatur.** Bei der Abrede über einen Zustimmungsvorbehalt handelt es sich um eine dingliche Inhaltsvereinbarung (§ 42 Abs. 2 Nr. 4); es gilt § 5 ErbbauVO (vgl. dort RdNr. 1 bis 8).

3 **2. Veräußerung.** Unter Veräußerung ist jede Übertragung des Erbbaurechts durch Rechtsgeschäft unter Lebenden zu verstehen, unabhängig von ihrer Entgeltlichkeit;[1*] der Begriff ist

[1] *Vossius* RdNr. 34 und § 51 RdNr. 14; aA *von Oefele* DtZ 1995, 158, 161.

[1*] Vgl. § 5 ErbbauVO RdNr. 6; *Czub-Limmer* RdNr. 10.

weiter als in § 48. Die Veräußerung im Wege der Zwangsvollstreckung wird ebenfalls erfaßt (§ 8 ErbbauVO).[2]

4 **3. Anspruch auf Zustimmung.** Ein Anspruch des Nutzers auf Zustimmung ergibt sich zunächst in den Fällen des § 7 ErbbauVO (vgl. dort RdNr. 5 bis 7). Darüber hinaus wird in Satz 2 der Anspruch auf Zustimmung erweitert,[3] wenn die Voraussetzungen der §§ 47 Abs. 1, 48 Abs. 1 bis 3 und 5 erfüllt sind, der Nutzer also die Verpflichtung zur Zinsanpassung nach Weiterveräußerung oder Nutzungsänderung an den Erwerber weitergegeben hat, sofern dies zwischen den Vertragsparteien vereinbart worden war. Für den Fall des § 48 Abs. 1 und 3 bedeutet dies, daß eine Veräußerung nach Ablauf der 6-Jahres-Frist zustimmungsfrei ist. Schließlich kann der Zustimmungsvorbehalt im Erbbaurechtsvertrag für weitere Fallgestaltungen einvernehmlich erweitert werden (§ 60 Abs. 1 iVm. § 7 Abs. 1 S. 2 ErbbauVO; vgl. dort RdNr. 8 bis 10).

5 Kein Zustimmungsvorbehalt ist dagegen für **Belastungen des Erbbaurechts** vorgesehen. Gegen den Widerspruch des Nutzers kann eine entsprechende Vereinbarung, wie sie gem. § 5 Abs. 2 ErbbauVO möglich ist, nicht zum Inhalt des Erbbaurechts gemacht werden.

6 **4. Fehlende Zustimmung.** Es gelten die allgem. Regeln, dh. bei Fehlen der Zustimmung die Norm des § 6 ErbbauVO (vgl. dort RdNr. 2 bis 5) und im Falle der **Zustimmungsverweigerung** § 7 ErbbauVO (vgl. dort RdNr. 1 bis 10).

§ 50 Zinsanpassung wegen abweichender Grundstücksgröße

Jeder Beteiligte kann verlangen, daß sich der andere Teil zu einer Zinsanpassung verpflichtet, wenn sich nach dem Ergebnis einer noch durchzuführenden Vermessung herausstellt, daß die tatsächliche Grundstücksgröße von der im Vertrag zugrunde gelegten mehr als geringfügig abweicht. § 72 Abs. 2 und 3 ist entsprechend anzuwenden.

I. Normzweck

1 In den neuen Ländern werden die Erbbaurechte häufig auf noch nicht oder nur unzureichend vermessenen (Teil-)Flächen begründet werden müssen. § 50 stellt in diesen Fällen die Rechtsgrundlage für eine Neufestsetzung des Erbbauzinses nach Durchführung einer Vermessung dar und schafft durch feste Anknüpfungsmerkmale Rechtsklarheit; eine (umständliche) Anpassung des Erbbauzinses über die Grundsätze des Wegfalls der Geschäftsgrundlage bzw. des gemeinsamen Kalkulationsirrtums wird dadurch vermieden.

II. Anspruchsvoraussetzungen

2 **1. Abweichende Grundstücksgröße.** Diese ergibt sich aus einem Vergleich der in dem Erbbaurechtsvertrag zugrunde gelegten Grundstücksgröße zu der nach dem Ergebnis der Vermessung tatsächlichen Grundstücksgröße, wobei unter „Grundstücksgröße" jeweils die zur Nutzung überlassene Fläche gemeint ist.

3 Die Abweichung muß mehr als geringfügig sein. Die Schwellenwerte sind in § 72 Abs. 2 gesetzlich pauschaliert (vgl. dort RdNr. 4).

4 **2. Geltendmachung durch Beteiligte.** Der Anspruch ist von dem Vertragsteil geltend zu machen, für den die Anpassung günstig ist. Als Inhaltsänderung bedarf die Zinsanpassung der Einigung und Eintragung im Grundbuch (§§ 877, 873 BGB); die schuldrechtliche Vereinbarung muß jedoch nicht notariell beurkundet werden, da kein Fall des § 11 Abs. 2 ErbbauVO vorliegt. Da es sich bei § 50 um einen gesetzlichen Anspruch handelt, bedarf es der Zustimmung der Inhaber dinglicher Rechte nicht; § 876 BGB ist insofern einschränkend auszulegen.

[2] Ebenso *Czub-Limmer* RdNr. 11.

[3] AA *Vossius* RdNr. 16; *von Oefele-Winkler* RdNr. 8.66, die in § 49 lediglich eine Konkretisierung zu § 7 ErbbauVO sehen.

III. Inhalt des Anspruchs

5 **1. Anpassung des Erbbauzinses.** Der Zinsanspruch ist aufgrund des Vermessungsergebnisses neu zu berechnen, indem der Bodenwert für die tatsächliche Grundstücksgröße neu festgesetzt wird. Die sich aus § 72 Abs. 2 ergebenden Grenzwerte sind dabei einzurechnen.

6 Die Anpassung kann nur für die Zukunft, dh. entspr. § 44 ab dem Erhöhungsverlangen, begehrt werden. Dies folgt aus dem Gesamtzusammenhang der §§ 46 ff., die sämtlich nur eine zukünftige Zinsänderung vorsehen.

7 **2. Verhältnis zum allgemeinen Gewährleistungsrecht.** Die in dem Erbbaurechtsvertrag enthaltene Grundstücksgröße, häufig wird dies eine „Circa"-Angabe sein, kann als Zusicherung ausgelegt werden. Durch die spezielle Regelung des § 50 sind jedoch in diesem Fall weitergehende Ansprüche ausgeschlossen. Etwas anderes gilt nur dann, wenn vertraglich ausdrücklich eine Gewährleistung wegen abweichender Grundstücksgröße vereinbart wird;[1] in diesem Fall kann als Schadensersatz auch rückwirkend die Zinsdifferenz verlangt werden.

8 **3. Kosten.** Die Vermessungskosten sind analog § 55 Abs. 2 S. 2 zu teilen.

IV. Verjährung

9 Gemäß Satz 2 iVm. § 72 Abs. 3 verjährt der Anspruch auf Zinsanpassung in einem Jahr nach der Vermessung; vgl. § 72 RdNr. 10 bis 12.

§ 51 Eingangsphase

(1) Der Erbbauberechtigte kann vom Grundstückseigentümer eine Ermäßigung des Erbbauzinses in den ersten Jahren verlangen (Eingangsphase). Der ermäßigte Zins beträgt
1. ein Viertel in den ersten drei Jahren,
2. die Hälfte in den folgenden drei Jahren und
3. drei Viertel in den darauf folgenden drei Jahren
des sich aus den vorstehenden Bestimmungen ergebenden Erbbauzinses. Die Eingangsphase beginnt mit dem Eintritt der Zahlungspflicht nach § 44, spätestens am 1. Januar 1995.

(2) Ist ein Erbbaurecht für ein Eigenheim (§ 5 Abs. 2) zu bestellen und beträgt der zu verzinsende Bodenwert mehr als 250 000 Deutsche Mark, so verlängert sich der für die Stufen der Zinsanhebung in Absatz 1 Satz 2 genannte Zeitraum von jeweils drei auf vier Jahre. Der vom Nutzer zu zahlende Erbbauzins beträgt in diesem Falle mindestens
1. 104 Deutsche Mark monatlich in den ersten drei Jahren,
2. 209 Deutsche Mark monatlich in den folgenden drei Jahren,
3. 313 Deutsche Mark monatlich in den darauf folgenden drei Jahren und
4. 418 Deutsche Mark monatlich in den darauf folgenden drei Jahren.

(3) Haben die Parteien ein vertragliches Nutzungsentgelt vereinbart, kann der Nutzer eine Ermäßigung nur bis zur Höhe des vereinbarten Entgelts verlangen. Übersteigt das vertraglich vereinbarte Entgelt den nach diesem Kapitel zu zahlenden Erbbauzins, kann der Nutzer nur eine Anpassung des Erbbauzinses auf den nach Ablauf der Eingangsphase zu zahlenden Betrag verlangen.

I. Normzweck

1 Die Vorschrift bezweckt aus sozialen, wohnungspolitischen und wirtschaftlichen Gründen einen allmählichen Übergang von der bisherigen zinslosen Nutzung auf die nach diesem Gesetz

[1] AA wohl *Herbig-Gaitzsch-Hügel-Weser* S. 92, nach denen die Gewährleistung für eine bestimmte Grundstücksgröße im schuldrechtlichen Teil des Erbbaurechtsvertrages ausdrücklich ausgeschlossen werden muß, um einer Haftung des Eigentümers aus §§ 493, 468 BGB entgegenzuwirken.

zu zahlenden Zinsen, wobei zugleich auch der wirtschaftlichen Entwicklung in den neuen Ländern bzw. der Angleichung an die westdeutschen Einkommensverhältnisse Rechnung getragen werden soll.

II. Regelungsinhalt

1. Anwendungsbereich. Die Eingangsphase gilt ausnahmslos für alle Nutzungsarten. Aus der systematischen Stellung des § 51 und der Bezugnahme auf die „vorstehenden Bestimmungen" ist zu schließen, daß die Herabsetzung des Zinssatzes auch für die Fälle gilt, in denen der Zins während der Eingangsphase aufgrund einer der in den §§ 45 bis 47 und 50 aufgeführten Fallgestaltungen angepaßt worden ist; in § 45 Abs. 2 ist dies sogar ausdrücklich geregelt. Für § 48 gilt die Vorschrift jedoch nicht (§ 48 RdNr. 10). 2

2. Geltendmachung durch Nutzer. Eine Ermäßigung des Erbbauzinses erfolgt nur auf Verlangen des Erbbauberechtigten. Sie ist deshalb auch erst ab diesem Zeitpunkt zu berücksichtigen; eine rückwirkende Ermäßigung scheidet aus. Dies gilt allerdings nicht für das Nutzungsentgelt gem. § 44 Abs. 2 S. 3, da sich dieses nach der Höhe des Erbbauzinses richtet; wird deshalb in dem Erbbaurechtsvertrag der Zins unter Berücksichtigung der Eingangsphase festgelegt, gilt dies auch rückwirkend für bereits gezahltes Nutzungsentgelt. Das Ermäßigungsverlangen muß nicht für die gesamte Dauer der Eingangsphase gestellt werden; iZw. ist jedoch hiervon auszugehen.[1] 3

3. Höhe des ermäßigten Zinses. In der Eingangsphase ist gem. Abs. 1 S. 2 eine stufenweise Anhebung des zu zahlenden Erbbauzinses vorgesehen. 4

Für **Eigenheime** iSd. § 5 Abs. 2, bei denen der zu verzinsende Bodenwert den Betrag von 250 000,-- DM übersteigt, ist im Falle einer beanspruchten Verlängerung der Eingangsphase in Abs. 2 S. 2 für die einzelnen Zeitabschnitte jeweils eine bestimmte Mindestverzinsung vorgesehen, damit sich für diese Objekte nicht eine niedrigere Verzinsung einstellen kann als für ein Grundstück, dessen Bodenwert knapp unter dem Schwellenwert liegt. Eine analoge Anwendung der Vorschrift auf andere Nutzungsarten kommt wegen ihres Ausnahmecharakters nicht in Betracht.[2] 5

Haben die Parteien bereits vor Abschluß des Erbbaurechtsvertrages ein **Nutzungsentgelt** vertraglich vereinbart, stellt dessen Höhe gemäß Abs. 3 S. 1 die Untergrenze für ein Ermäßigungsverlangen des Nutzers dar. Soweit dieses Nutzungsentgelt allerdings den sich aus den §§ 43 ff. ergebenden Zinssatz übersteigt, kann diese Untergrenze noch bis zur Höhe des gesetzlichen Zinses unterschritten werden. Eine weitere Ermäßigung gem. Abs. 1 S. 2 oder Abs. 2 S. 2 scheidet dann allerdings aus. 6

4. Beginn der Eingangsphase. Die Eingangsphase beginnt gem. Abs. 1 S. 3 grundsätzlich mit Beginn der Zinszahlungspflicht nach § 44, spätestens am 1. 1. 1995. Danach endet auch bei Erbbaurechtsverträgen, die erst nach dem 1. 1. 1995 abgeschlossen werden, die erste Phase der Ermäßigung, während der der Erbbauzins ein Viertel des regelmäßigen Zinses beträgt, am 31. 12. 1997, während ab dem 1. 1. 1998 die Hälfte des regelmäßigen Zinses zu zahlen ist. 7

5. Dauer der Eingangsphase. Die Eingangsphase dauert für alle Nutzungsarten grundsätzlich neun Jahre. Für Eigenheime iSd. § 5 Abs. 2 in sog. teuren Lagen (Randlagen der Ballungsgebiete) beträgt der Zeitraum gem. Abs. 2 S. 1 zwölf Jahre. 8

§ 52 Sicherung des Erbbauzinses

(1) Der Grundstückseigentümer kann die Absicherung des regelmäßigen Erbbauzinses durch Eintragung einer Reallast an rangbereiter Stelle sowie eine Vereinbarung über die Sicherung der Reallast nach § 9 Abs. 3 der Verordnung über das Erbbaurecht verlangen.

(2) Auf Verlangen des Nutzers ist in den Erbbaurechtsvertrag eine Bestimmung aufzunehmen, nach der sich der Grundstückseigentümer zu einem Rangrücktritt der Reallast zugunsten eines für Baumaßnahmen des Nutzers innerhalb des in den §§ 11

[1] *Eickmann-von Schuckmann* RdNr. 3.

[2] BT-Drucks 12/7425, S. 74 f.; *Czub-Limmer* RdNr. 12.

und 12 des Hypothekenbankgesetzes und § 21 der Verordnung über das Erbbaurecht bezeichneten Finanzierungsraums verpflichtet, wenn nach § 9 Abs. 3 der Verordnung über das Erbbaurecht das Bestehenbleiben des Erbbauzinses als Inhalt der Reallast vereinbart wird.

I. Normzweck

1 Die Vorschrift ermöglicht wie die Neufassung des § 9 ErbbauVO die Eintragung einer wertgesicherten Erbbauzinsreallast, wobei das Interesse des Nutzers an einem Rangrücktritt zwecks Beleihung des Erbbaurechts für durchzuführende Baumaßnahmen gewahrt bleibt.

II. Ansprüche des Grundstückseigentümers (Abs. 1)

2 **1. Eintragung einer Reallast.** Die Vorschrift stimmt inhaltlich mit § 9 Abs. 1 ErbbauVO überein. Danach kann der zu zahlende Erbbauzins durch eine an rangbereiter Stelle einzutragende Reallast gesichert werden, wobei durch die Neufassung des § 9 Abs. 2 ErbbauVO das Erfordernis der Bestimmtheit des Erbbauzinses fallengelassen und eine Zinsanpassung aufgrund veränderter wirtschaftlicher Umstände zugelassen worden ist; für den Bereich des SachenRBerG ist dies in § 46 spezialgesetzlich geregelt worden. Vgl. i.ü. die Kommentierung zu § 9 ErbbauVO.

3 Zur Sicherung der Ansprüche nach §§ 47, 48 kommt eine **entspr. Anwendung** des § 52 in Betracht.[1] Für Ansprüche nach § 50 scheidet dies wegen fehlender Bestimmtheit aus.

4 **2. Sicherung der Reallast.** Für den Fall eines Rangrücktritts der Reallast gem. Abs. 2 (vgl. hierzu RdNr. 6) bedarf der Grundstückseigentümer einer zusätzlichen Sicherung des Anspruchs auf den Erbbauzins, da eine nachrangige Reallast in der Zwangsvollstreckung ausfallen kann und vom Ersteher des Erbbaurechts möglicherweise nicht übernommen werden muß. Aufgrund dessen kann der Grundstückseigentümer gem. Abs. 1 2. HS iVm. § 42 Abs. 2 Nr. 5 verlangen, die Verpflichtung zur Zahlung des künftig fällig werdenden Erbbauzinses als Inhalt des Erbbaurechts zu bestimmen und dadurch dinglich zu sichern. Im übrigen gelten insoweit die Voraussetzungen des § 9 Abs. 3 ErbbauVO, insbes. also das Erfordernis der Zustimmung der Inhaber der der Erbbauzinsreallast im Rang vorgehenden oder gleichstehenden dinglichen Rechte. Aus der Anwendung dieser Norm folgt außerdem, daß der Finanzierungsbedarf des Nutzers feststehen muß, da ansonsten § 9 Abs. 3 S. 1 Nr. 2 ErbbauVO nicht Genüge getan werden kann; steht der Finanzierungsbedarf nicht fest, hat der Nutzer die Rechte nach Abs. 2.[2]

5 **3. Anwendbare Vorschriften.** Auf die Reallast sind die Vorschriften der §§ 1105 ff. BGB entsprechend anwendbar, soweit § 9 ErbbauVO keine Spezialregelung enthält; vgl. hierzu § 9 ErbbauVO RdNr. 6 ff.

III. Anspruch des Nutzers auf Rangrücktritt (Abs. 2)

6 **1. Anspruch auf Rangrücktritt.** Der Nutzer kann verlangen, daß in den Erbbaurechtsvertrag eine Verpflichtung des Grundstückseigentümers zum Rangrücktritt aufzunehmen ist, wenn dies zur Erlangung bestimmter der Baufinanzierung dienender Kredite erforderlich ist und ein Bestehen des Erbbauzinses im Falle der Zwangsversteigerung als Inhalt der Reallast vereinbart wird.

7 **2. Bestimmte Baukredite.** Eine Verpflichtung zum Rangrücktritt kann nur für Baukredite innerhalb der Beleihungsgrenzen der §§ 11, 12 HypBankG und des § 21 ErbbauVO verlangt werden; vgl. hierzu § 21 ErbbauVO RdNr. 1 ff.

8 **3. Bestehenbleiben des Erbbauzinses.** Die Verpflichtung zum Rangrücktritt besteht für den Grundstückseigentümer ferner nur dann, wenn zwischen den Vertragsparteien das Bestehenbleiben des Erbbauzinses als Inhalt der Reallast vereinbart wird und dieses damit auch für den Fall der Zwangsvollstreckung gilt (§ 9 Abs. 3 ErbbauVO iVm. § 52 Abs. 2 S. 2 ZVG). Hierdurch soll zugleich einem Ausfall wegen rückständiger Erbbauzinsen in der Zwangsvollstreckung vorgebeugt werden. Gemäß § 9 Abs. 3 ErbbauVO ist zur Wirksamkeit einer solchen Vereinbarung die Zustimmung der Inhaber vorrangiger oder gleichrangiger dinglicher Rechte erforderlich.

[1] *Vossius* RdNr. 45 bis 47; *ders.* § 42 RdNr. 22; *von Oefele-Winkler* RdNr. 8.107; *v. Oefele* DtZ 1995, 158, 162; aA *Prütting-Zimmermann* RdNr. 4.

[2] Vgl. hierzu *Herbig-Gaitzsch-Hügel-Weser* S. 87 f.

§ 53 Dauer des Erbbaurechts

(1) Die regelmäßige Dauer des Erbbaurechts ist entsprechend der nach dem Inhalt des Nutzungsrechts zulässigen Bebauung zu bestimmen. Ist ein Nutzungsrecht nicht bestellt worden, so ist von der tatsächlichen Bebauung auszugehen, wenn sie nach den Rechtsvorschriften zulässig gewesen oder mit Billigung staatlicher Stellen erfolgt ist.

(2) Die regelmäßige Dauer des Erbbaurechts beträgt vom Vertragsschluß an

1. 90 Jahre
   a) für Ein- und Zweifamilienhäuser oder
   b) für die sozialen Zwecken dienenden Gebäude (insbesondere Schulen, Krankenhäuser, Kindergärten),
2. 80 Jahre für die im staatlichen oder genossenschaftlichen Wohnungsbau errichteten Gebäude sowie für Büro- und andere Dienstgebäude,
3. 50 Jahre für die land-, forstwirtschaftlichen oder gewerblichen Zwecken dienenden Gebäude und alle anderen baulichen Anlagen.

(3) Auf Verlangen des Grundstückseigentümers ist eine verkürzte Laufzeit nach der Restnutzungsdauer des Gebäudes zu vereinbaren, wenn diese weniger als 50, jedoch mehr als 25 Jahre beträgt, das Grundstück mit einem land-, forstwirtschaftlich, gewerblich genutzten oder einem öffentlichen Zwecken dienenden Gebäude oder einer baulichen Anlage bebaut worden ist und für die Bebauung ein dingliches Nutzungsrecht nicht bestellt oder ein unbefristeter Nutzungsvertrag, der nur aus besonderen Gründen gekündigt werden konnte, nicht geschlossen wurde. Ist ein Vertrag mit einer über die Restnutzungsdauer des Gebäudes hinausgehenden Laufzeit abgeschlossen worden, kann der Nutzer die Bestellung eines Erbbaurechts für den Zeitraum verlangen, der wenigstens der Restlaufzeit des Vertrages entspricht, jedoch nicht über den in Absatz 2 bestimmten Zeitraum hinaus. Beträgt die Restnutzungsdauer weniger als 25 Jahre, so ist § 31 Abs. 2 bis 5 anzuwenden.

I. Normzweck

1 Die Vorschrift verfolgt drei Zielrichtungen: den Schutz der aufgrund Nutzungsrechts oder mit Billigung staatlicher Stellen geschaffenen baulichen Investitionen, die Anerkennung der durch die Bestellung von Nutzungsrechten geschaffenen Besitzstände und die Gleichbehandlung der rechtlich nicht gesicherten Nutzer mit den Inhabern von Nutzungsrechten (soweit dies aus sozial- und wohnungspolitischen Gründen geboten und unter Abwägung mit den Interessen der Grundstückseigentümer gerechtfertigt ist), da es in der Praxis der DDR oft vom Zufall abhing, ob solche Nutzungsrechte vergeben wurden. Die zeitliche Abstufung bezweckt eine Differenzierung zwischen den Gebäuden, die sozialen und wohnungspolitischen Zielen dienen und deshalb Neubauten gleichgestellt werden, und den Gebäuden, bei denen ökonomische Erwägungen im Vordergrund stehen und deren Nutzer deshalb über den allgemeinen Investitionsschutz hinaus einen besonderen Vertrauensschutz nicht verdienen.

II. Dauer des Erbbaurechts

2 **1. Rechtscharakter.** Die Dauer des Erbbaurechts gehört zum gesetzlichen Inhalt des Erbbaurechts (§ 42 Abs. 1 Nr. 1).

3 **2. Anknüpfungsmerkmal.** Die Erbbaurechte sollen nach dem in Abs. 1 und 2 niedergelegten Grundsatz für den Zeitraum der durchschnittlichen Nutzungsdauer eines Neubaus bestellt werden.[1] Zur Vereinfachung werden in Abs. 2 drei Kategorien vorgesehen, die allerdings dispositiv sind. Eine Befristung auf 99 Jahre ist uU nach § 33 Abs. 2 2. WoBauG erforderlich, wenn der Erbbauberechtigte öffentliche Mittel in Anspruch nehmen will.

[1] Vgl. zu den Alternativen: *Czub* Leitfaden RdNr. 472 ff.

4 Die in Abs. 2 vorgesehenen Laufzeiten gelten unabhängig von der tatsächlichen Restnutzungsdauer. Errichtet der Erbbauberechtigte während der Vertragszeit einen **Neubau,** verlängert sich dadurch die Laufzeit des Vertrages nicht.

5 Anknüpfungsmerkmal für die Vertragsdauer ist die **Nutzungsart,** wobei gem. Abs. 1 S. 1 vorrangig auf den Inhalt des Nutzungsvertrages abzustellen ist. Auf die sich aus dem Nutzungsvertrag ergebende Vertragslaufzeit kommt es nicht an, wie insbes. Abs. 3 S. 2 letzter Halbsatz zeigt. Soweit sich aus dem Nutzungsvertrag eine vertragliche Nutzungsart nicht ergibt oder ein Nutzungsvertrag gar nicht abgeschlossen worden ist, ist gem. Abs. 1 S. 2 auf die tatsächliche bauliche Inanspruchnahme des Grundstücks abzustellen, soweit sie nach den Bauvorschriften der DDR zulässig gewesen (vgl. hierzu § 10 RdNr. 4) oder mit Billigung staatlicher Stellen erfolgt ist (§ 10; vgl. dort RdNr. 3). Bei einer Diskrepanz zwischen dem Inhalt des Nutzungsvertrages und der tatsächlichen Bebauung ist auf den Inhalt des Nutzungsvertrages abzustellen; etwas anders gilt dann, wenn die Abweichung mit Billigung staatlicher Stellen iSd. § 10 vorgenommen worden ist, da dies als konkludente Vertragsänderung anzusehen ist. Die auch in der DDR üblichen **„Schwarzbauten"** haben dagegen als Maßstab für die Bemessung der Erbbaurechtsdauer auszuscheiden.[2]

6 **3. Einzelne Nutzungsarten.** Die in Abs. 2 festgelegte regelmäßige Nutzungsdauer beruht auf Erfahrungswerten für entspr. Neubauten.

7 **a) Eigenheime, Sozialgebäude.** Für alle Eigenheimbauten iSd. § 5 Abs. 2 besteht ein Anspruch der Nutzer auf Begründung eines Erbbaurechts für 90 Jahre. Dies gilt auch für die sozialen Zwecken dienenden Gebäude, worunter neben den im Gesetz genannten Regelbeispielen zB auch Frauenhäuser und Altenheime fallen.

8 **b) Wohnungsbau, Bürogebäude.** Für die im staatlichen oder genossenschaftlichen Wohnungsbau errichteten Gebäude (vgl. § 6) sowie für Büro- und andere Dienstgebäude ist ein Erbbaurecht von 80 Jahren vorgesehen. Unter Büro- und Dienstgebäuden sind solche Bauwerke zu verstehen, die dem Dienstleistungsbereich zugehörig sind und/oder bestimmten Verwaltungsaufgaben[3] dienen (vgl. § 2 Abs. 1 Nr. 4), unabhängig davon ob es sich um privatwirtschaftliche oder staatliche Dienstleistungen handelt (also zB Anwaltskanzleien, Schreibbüros, Gemeindeämter).

9 **c) Sonstige Gebäude.** Für alle sonstigen Nutzungsarten, einschließlich der land-, forstwirtschaftlichen und gewerblichen sowie der öffentlichen Zwecken dienenden Nutzung, ist eine Dauer des Erbbaurechts von 50 Jahren zu vereinbaren. Hierunter fallen also zB Lagerhallen, Ställe, Feuerwehrhallen, Erschließungsanlagen. Die öffentlichen Zwecken dienenden Gebäude werden von dieser Auffangvorschrift nur erfaßt, soweit sie nicht bereits in Nr. 1 b und 2 aufgeführt worden sind.

Für die unter Nr. 3 fallenden Baulichkeiten kann allerdings gem. Abs. 3 eine kürzere Vertragslaufzeit vereinbart werden (RdNr. 11).

10 **d) Mischnutzung.** Bei einer gemischten Nutzung ist zunächst danach zu unterscheiden, ob für die einzelnen Nutzungsarten auch mehrere Erbbaurechte zu bestellen sind, wie zB nach §§ 39 Abs. 1, 40. Da diese unabhängig voneinander zu betrachten sind, können auch unterschiedliche Laufzeiten vereinbart werden. Etwas anderes gilt, wenn sich ein Erbbaurecht auf eine gemischte Nutzung bezieht (also zB landwirtschaftlicher Betrieb mit Wohngebäude oder Wohnung mit anschließenden Geschäftsräumen für einen Handwerksbetrieb). In diesen Fällen kommt es darauf an, welche Nutzungsart nach dem Inhalt des Nutzungsvertrages bzw. nach der mit staatlicher Billigung erfolgten tatsächlichen Nutzung im Vordergrund steht; dies wird sich u.a. nach dem **Verhältnis der Nutzflächen** und im Falle einer Wohn-/Betriebsnutzung nach der Höhe der betrieblichen Einnahmen (Haupt- oder Nebeneinnahmequelle) bemessen. Zu berücksichtigen sind aber auch gesetzgeberische Vorgaben. Soweit deshalb zB ein Nutzungsrecht für ein Eigenheim vergeben worden ist, in dem auch eine freiberufliche Tätigkeit oder ein Handwerksbetrieb ausgeübt wird, ohne daß die Wohnnutzung aufgegeben wird, ergibt sich aus der Wertung des § 54 Abs. 2, daß die Dauer des Erbbaurechts 90 Jahre zu betragen hat.

11 **4. Verkürzung der Vertragslaufzeit (Abs. 3).** Die Vorschrift des Abs. 3 bezieht sich nach ihrer Systematik nur auf die Fallgestaltungen des Abs. 2 Nr. 3, so daß zB bei den sozialen Zwecken dienenden Gebäuden iSd. Abs. 2 Nr. 1 b oder bei den Dienstgebäuden iSd. Abs. 2

[2] *Eickmann-von Schuckmann* RdNr. 4; *Czub-Limmer* RdNr. 8.

[3] *Czub* NJ 1994, 555, 557; *Prütting-Zimmermann* RdNr. 11.

Nr. 2, bei denen es sich idR auch um öffentlichen Zwecken dienenden Gebäuden handelt, eine Verkürzung der Laufzeit des Erbbaurechts nicht in Betracht kommt, auch wenn deren Restnutzungsdauer unter 50 Jahren liegt.

12 Die **Restnutzungsdauer** des Gebäudes muß zwischen 25 und 50 Jahren liegen. Für die Bebauung darf kein über die Restnutzungsdauer hinausgehendes Nutzungsrecht begründet worden sein. Ist dies der Fall, kann der Grundstückseigentümer gem. Abs. 3 S. 1 die Vereinbarung einer Dauer des Erbbaurechts entspr. der Restnutzungsdauer des Gebäudes verlangen. Sieht jedoch der Nutzungsvertrag eine längere Restlaufzeit vor, ist auf Verlangen des Nutzers diese zu vereinbaren; Obergrenze sind aber stets die Regellaufzeiten des Abs. 2. Durch Abs. 3 S. 3 wird klargestellt, daß bei einer Restnutzungsdauer von weniger als 25 Jahren eine dingliche Belastung des Grundstücks mit einem Erbbaurecht nicht in Betracht kommt, sondern lediglich der Abschluß eines schuldrechtlichen (Miet-)Vertrages. Dies ergibt sich bereits aus § 31 Abs. 1 und 2.

13 Beträgt die Restnutzungsdauer genau 25 Jahre, ist Abs. 3 S. 1 und 2 entspr. anzuwenden; der Gesetzgeber hat die Regelung dieses Falles offensichtlich übersehen.

§ 54 Vertraglich zulässige bauliche Nutzung

(1) Die vertraglich zulässige bauliche Nutzung ist nach dem Inhalt des Nutzungsrechts oder, falls ein solches Recht nicht bestellt wurde, nach der Nutzung zu bestimmen, die auf genossenschaftlich genutzten Flächen am 30. Juni 1990, auf anderen Flächen am 2. Oktober 1990, ausgeübt wurde. Befand sich das Gebäude zu dem nach Satz 1 maßgebenden Zeitpunkt noch im Bau, so ist die vorgesehene Nutzung des im Bau befindlichen Gebäudes zugrunde zu legen.

(2) Ist ein Nutzungsrecht für den Bau eines Eigenheimes bestellt oder das Grundstück mit einem Eigenheim bebaut worden, so ist auf Verlangen des Nutzers zu vereinbaren, daß das Gebäude auch zur Ausübung freiberuflicher Tätigkeit, eines Handwerks-, Gewerbe- oder Pensionsbetriebes genutzt werden kann.

(3) Für land-, forstwirtschaftlich oder gewerblich genutzte oder öffentlichen Zwecken dienende Gebäude oder bauliche Anlagen kann der Nutzer, der diese bereits bis zum Ablauf des 2. Oktober 1990 genutzt hat, die Bestellung eines Erbbaurechts unter Anpassung an veränderte Umstände verlangen, wenn sich die bauliche Nutzung des Grundstücks hierdurch nicht oder nur unwesentlich verändert hat. Unwesentliche Veränderungen der baulichen Nutzung des Grundstücks sind insbesondere kleine Aus- oder Anbauten an bestehenden Gebäuden.

(4) Der Nutzer kann eine Vereinbarung beanspruchen, nach der Änderungen zulässig sein sollen, die über den in den Absätzen 2 und 3 benannten Umfang hinausgehen. Zulässig ist auch ein Wechsel der Nutzungsart nach § 70 Abs. 1, wenn dies für eine wirtschaftlich sinnvolle Nutzung der errichteten Gebäude erforderlich ist. Der Grundstückseigentümer kann dem widersprechen, wenn der Nutzer nicht bereit ist, die in § 47 bezeichneten Verpflichtungen in den Vertrag aufzunehmen.

I. Normzweck

1 Die Vorschrift will die Möglichkeit schaffen, die Beschränkungen der Nutzungsrechte durch die genaue Festlegung der Nutzungsart, welche ihre Ursache in den Vorgaben der sozialistischen Planwirtschaft hatte, zu beseitigen, um dadurch den Übergang zu marktwirtschaftlichen Regeln und eine erforderliche Strukturanpassung zu erleichtern. Je nach dem Umfang der vom Nutzer gewünschten Nutzungsänderung kann der Grundstückseigentümer für seine Einwilligung eine entspr. Zinsanpassung beanspruchen.

II. Vertraglich zulässige Nutzung (Abs. 1)

2 Die vertraglich zulässige bauliche Nutzung gehört zum gesetzlichen Inhalt des Erbbaurechts (§ 42 Abs. 1 Nr. 2).

Sie bestimmt sich grundsätzlich nach dem **Inhalt des Nutzungsrechts** oder, falls kein Nutzungsrecht bestellt wurde, nach der am 2. 10. 1990 bzw. – auf den LPG-Flächen – am 30. 6. 1990 (= Zeitpunkt der Aufhebung der gesetzlichen Nutzungsrechte) ausgeübten **tatsächlichen Nutzung,** wobei diese nach der Gesetzessystematik die Billigung staatlicher Stellen iSd. § 6 gefunden haben muß (vgl. zB § 53 Abs. 1); soweit es auf die tatsächliche Bebauung ankommt, richtet sich die Nutzung bei einem noch im Bau befindlichen Gebäude nach der vorgesehenen Nutzungsart (Abs. 1 S. 2). Soweit allerdings die Vertragsparteien vor Abschluß des Erbbaurechtsvertrages eine anderweitige Vereinbarung getroffen haben, ist diese maßgeblich. Verstößt der Nutzer gegen die vertraglich zulässige Nutzung, steht dem Grundstückseigentümer aus Vertrag und aus §§ 1004, 823 BGB ein Unterlassungsanspruch zu, sofern der Nutzer nicht gem. Abs. 2 bis 4 eine Nutzungsänderung verlangen kann.

Die Frage der bauordnungs- und bauplanungsrechtlichen Zulässigkeit bleibt von § 54 unberührt. Sie kann aber Gewährleistungsansprüche auslösen (vgl. § 60 RdNr. 6 ff.).

III. Anspruch des Nutzers auf Nutzungsänderung (Abs. 2 bis 4)

3 **1. Nutzungsänderung bei Eigenheimen (Abs. 2).** Bei einer Eigenheimnutzung (vgl. § 5 Abs. 2) kann der Nutzer verlangen, daß er in dem Gebäude *auch* eine freiberufliche Tätigkeit oder einen Handwerks-, Gewerbe- oder Pensionsbetrieb ausüben darf, wodurch eine Verbindung zum Bauplanungsrecht (§§ 2, 4 BauNVO) hergestellt wird. Das Gebäude muß aber daneben auch noch weiter zu Wohnzwecken genutzt werden.[1] Ist dies nicht der Fall, kommt ein Anspruch auf eine Nutzungsänderung nur gem. Abs. 4 in Betracht.

4 Der Wortlaut des Abs. 2 legt zwar nahe, daß der Nutzer das Verlangen schon bei den Verhandlungen über den Abschluß eines Erbbaurechtsvertrages zu stellen hat und dies **nachträglich** nicht mehr möglich sein soll. Um einen Widerspruch zu § 70 Abs. 2, wonach es sich bei der vorgenannten Fallgestaltung kraft Gesetzes um keine Nutzungsänderung handelt, zu vermeiden, kann der Nutzer das Verlangen auf eine Nutzungsänderung auch noch nachträglich stellen. Bei einer Nutzungsänderung im Rahmen des Abs. 2 ist das Gebäude weiterhin als Eigenheim (iSd. Vorschriften des SachenRBerG) zu behandeln. Insbes. besteht für den Grundstückseigentümer kein Anspruch auf eine Zinsanpassung (§ 47 Abs. 1 S. 1).

5 **2. Nutzungsänderung bei sonstigen Gebäuden (Abs. 3).** Bei sonstigen Gebäuden kann der Nutzer eine über den Inhalt der gem. Abs. 1 zulässigen Nutzung hinausgehende (auch künftige) Intensivierung der Nutzung verlangen, wenn sich die bauliche Inanspruchnahme des Grundstücks hierdurch nicht wesentlich verändert. Hierdurch soll die notwendige Strukturanpassung erleichtert werden, weshalb unter „Anpassung an veränderte Umstände" die veränderten wirtschaftlichen Verhältnisse in den neuen Ländern seit dem Umbruch gemeint sind; da es sich insoweit um den dinglichen Inhalt des Erbbaurechts handelt, muß die Nutzungsart konkretisiert werden.

6 Unter Nutzungsveränderungen iSd. Abs. 3 fallen insbes. auch **Nutzungsintensivierungen.** Diese dürfen jedoch nicht wesentlich sein. Nach dem gesetzlichen Beispiel in Abs. 3 S. 2 sind unwesentlich kleine Aus- und Anbauten an bestehende Gebäude; maßgeblich ist insoweit das Flächen- und Wertverhältnis zwischen Hauptgebäude und Anbau, wobei eine Vergrößerung bis 10% noch hinzunehmen ist. Denn der Begriff der baulichen Ausnutzung kann eindeutig nur aus dem öffentlichen Baurecht abgeleitet werden, wobei in §§ 16 ff. BauNVO die Bedingungen für das Maß der baulichen Nutzung definiert sind. Das planungsrechtlich zulässige Maß der Nutzung eines Grundstücks wird danach idR überschritten, wenn im Verhältnis zur Baugenehmigung die Ausnutzungskennziffer der Geschoßflächenzahl (GFZ) um 10% überschritten wird. Um einen Gleichlauf mit dem öffentlichen Baurecht zu erreichen, sollte deshalb diese Maßzahl auch für § 54 Abs. 3 die Obergrenze bilden.[2]

7 Gleiches muß auch für die Errichtung selbständiger Gebäude gelten, wenn es sich hierbei nur um kleine **Nebengebäude** handelt. Die geänderte Nutzung muß bereits vor dem 2. 10. 1990 erfolgt sein; andernfalls – wie auch im Fall einer wesentlichen Veränderung – regelt sich die Frage der Zustimmung des Grundstückseigentümers nach Abs. 4. Bleibt die Nutzungsänderung im Rahmen des Abs. 3, besteht kein Anspruch auf eine Zinsanpassung (§ 47 Abs. 1 S. 1).

8 **3. Sonstige Nutzungsänderungen (Abs. 4).** Über die vorgenannten Fälle hinaus kann der Nutzer gem. Abs. 4 von dem Grundstückseigentümer generell unter folgenden Voraussetzun-

[1] Ebenso *Vossius* RdNr. 18; *von Oefele-Winkler* RdNr. 8.22; *von Oefele* DtZ 1995, 158, 159.

[2] Vgl. auch *Eickmann-Bischoff* § 70 RdNr. 15 bis 19.

gen eine Zustimmung zur Nutzungsänderung verlangen, wobei folgende Fallgruppen denkbar sind:
- der Umfang der nach Abs. 2 und 3 zulässigen Nutzungsänderungen wird überschritten;
- die nach Abs. 3 zulässige Veränderung ist erst nach dem 2. 10. 1990 vorgenommen worden;
- Wechsel der Nutzungsart iSd. § 70 Abs. 1 (vgl. dort RdNr. 3), wenn dies wirtschaftlich sinnvoll ist.

9 Der Nutzer kann den Anspruch nur durchsetzen, wenn er auf ein entsprechendes Verlangen des Grundstückseigentümers für den Fall einer Nutzungsänderung mit einer **Zinsanpassung** auf den vollen (für diese Nutzung üblichen) Erbbauzins gem. § 47 einverstanden ist.

§ 55 Nutzungsbefugnis des Erbbauberechtigten, Grundstücksteilung

(1) Die Befugnis des Erbbauberechtigten, über die Grundfläche des Gebäudes hinausgehende Teile des Grundstücks zu nutzen, ist nach den §§ 21 bis 27 zu bestimmen. Der Erbbauberechtigte ist berechtigt, auch die nicht bebauten Flächen des belasteten Grundstücks zu nutzen.

(2) Grundstückseigentümer und Nutzer können eine Abschreibung des mit dem Erbbaurecht belasteten Grundstücks verlangen, wenn die Nutzungsbefugnis sich nicht auf das Grundstück insgesamt erstreckt, das Restgrundstück selbständig baulich nutzbar ist, eine Teilungsgenehmigung nach § 120 erteilt wird und eine Vermessung durchgeführt werden kann. Die Kosten der Vermessung sind zu teilen.

I. Normzweck

1 Die Vorschrift regelt unter Verweisung auf die §§ 21 bis 27 die Frage, auf welche Fläche sich das Nutzungsrecht bezieht.

Durch Abs. 2 soll sichergestellt werden, daß eine notwendige Grundstücksabschreibung sobald wie möglich erfolgt, um zum Zwecke überschaubarer Rechtsverhältnisse baldmöglichst zu einer Kongruenz der Grundstücksgrenzen mit den Grenzen des Erbbaurechts zu kommen.

II. Nutzungsbefugnis (Abs. 1)

2 **1. Rechtscharakter.** Die Nutzungsbefugnis des Erbbauberechtigten an den nicht überbauten Flächen gehört zum gesetzlichen Inhalt des Erbbaurechts (§ 42 Abs. 1 Nr. 3).

3 **2. Umfang.** Die Vorschrift verweist in Abs. 1 S. 1 auf die Regelung in §§ 21 bis 27 (vgl. die dortige Kommentierung).

4 **3. Nicht bebaute Flächen.** Durch Abs. 1 S. 2 wird klargestellt, daß die gesamte Fläche durch die Belastung des Grundstücks mit einem Erbbaurecht erfaßt wird, auch wenn hierzu im Erbbaurechtsvertrag nichts bestimmt ist.[1] Aus dem Zusammenhang mit Abs. 1 S. 1 ergibt sich, daß die Abgrenzung der nicht bebauten Flächen nach den in §§ 21 bis 27 genannten Kriterien erfolgt. Auf die Frage der wirtschaftlichen Hauptsache (§ 1 Abs. 2 ErbbauVO) kommt es nicht an. Die Nutzungsbefugnis an dem nicht bebauten Teil des Grundstücks sollte im Erbbaurechtsvertrag konkret beschrieben werden, indem diese als Zufahrt, Parkplatz, Garten o.ä. vereinbart wird. Allerdings ist es – wie die §§ 41, 54 Abs. 4 zeigen – auch zulässig, jedwede Nutzung der Freiflächen zu vereinbaren.[2]

III. Grundstücksteilung (Abs. 2)

5 **1. Anspruch der Vertragsparteien.** Wenn sich die Nutzungsbefugnis des Erbbauberechtigten nicht auf das gesamte Grundstück bezieht, kann jede Vertragspartei eine **Abschreibung** des mit dem Erbbaurecht belasteten Grundstücksteils verlangen. Dies setzt voraus:
- die selbständige bauliche Nutzbarkeit des Restgrundstücks (vgl. hierzu § 26 RdNr. 6),

[1] Ebenso *Czub-Limmer* RdNr. 8 bis 10; vgl. zur (umstrittenen) Rechtslage nach § 1 ErbbauVO dort RdNr. 21 bis 23.

[2] *Herbig-Gaitzsch-Hügel-Weser* S. 76.

- die Erteilung der baurechtlichen Teilungsgenehmigung nach § 120 (vgl. dazu die dortige Kommentierung),
- die Möglichkeit der Durchführung einer Vermessung; solange die Vermessungskapazitäten in den neuen Ländern noch nicht ausreichen, kann der Anspruch auf Abschreibung noch nicht geltend gemacht werden; eine vorzeitig erhobene Klage ist als (derzeit) unbegründet abzuweisen.

6 Liegt bereits ein **sog. zusammengesetztes Grundstück** vor, dh. ist das von der Nutzungsbefugnis nicht erfaßte Teilstück bereits als selbständiges Flurstück zusammen mit dem mit dem Erbbaurecht belasteten Flurstück als Grundstück im Grundbuch gebucht, ist eine Vermessung nicht erforderlich; es bedarf nicht einmal der Vorlage der Katasterunterlagen (§ 3 GBO).[3]

7 **2. Kosten der Vermessung.** Gemäß Abs. 2 S. 2 sind die Kosten der Vermessung zwischen den Vertragsparteien zu teilen.

§ 56 Errichtung und Unterhaltung des Gebäudes, Heimfall

(1) Der Grundstückseigentümer, der mit der Ausgabe von Erbbaurechten besondere öffentliche, soziale oder vergleichbare Zwecke in bezug auf die Bebauung des Grundstücks verfolgt, kann vom Nutzer die Zustimmung zu vertraglichen Bestimmungen verlangen, in denen sich dieser verpflichtet,

1. innerhalb von sechs Jahren nach Abschluß des Erbbaurechtsvertrages das Grundstück zu bebauen,

2. ein errichtetes Gebäude in gutem Zustand zu halten und die erforderlichen Reparaturen und Erneuerungen unverzüglich vorzunehmen.

(2) Die in Absatz 1 Nr. 1 bestimmte Frist ist vom Grundstückseigentümer auf Verlangen des Erbbauberechtigten um weitere sechs Jahre zu verlängern, wenn dieser aus wirtschaftlichen Gründen innerhalb der ersten sechs Jahre nach Abschluß des Erbbaurechtsvertrages zur Bebauung des Grundstücks nicht in der Lage oder aus besonderen persönlichen Gründen daran gehindert war. Eine Veräußerung des Erbbaurechts führt nicht zur Verlängerung der in Satz 1 bezeichneten Fristen.

(3) Sind an dem Gebäude bei Abschluß des Erbbaurechtsvertrages erhebliche Bauschäden vorhanden, so kann im Falle des Absatzes 1 Nr. 2 die Frist zur Behebung dieser Bauschäden auf Verlangen des Erbbauberechtigten bis auf sechs Jahre erstreckt werden, wenn nicht eine sofortige Behebung der Schäden aus Gründen der Bausicherheit erforderlich ist.

(4) Der Grundstückseigentümer hat das Recht, vom Nutzer zu verlangen, daß dieser sich ihm gegenüber verpflichtet, das Erbbaurecht auf ihn zu übertragen, wenn der Erbbauberechtigte den in den Absätzen 1 bis 3 bestimmten Pflichten auch nach einer vom Grundstückseigentümer zu setzenden angemessenen Nachfrist schuldhaft nicht nachgekommen ist (Heimfallklausel).

(5) Jeder Grundstückseigentümer kann verlangen, daß der Erbbauberechtigte sich zum Abschluß einer den Wert des Gebäudes deckenden Versicherung verpflichtet.

I. Normzweck

1 Die Vorschrift gewährt bestimmten Grundstückseigentümern, die mit der Ausgabe des Erbbaurechts besondere sozial- und wohnungspolitische Zwecke verfolgen, zur Durchsetzung dieser Ziele einen Anspruch auf Aufnahme von dinglichen Bebauungs- und Instandhaltungspflichten in den Erbbaurechtsvertrag, wobei eine Pflichtverletzung mit der Sanktion des Heimfalls verknüpft werden kann. Dies ist rechtspolitisch unbedenklich, da hierdurch lediglich das für die Nutzungsrechte früher geltende DDR-Recht fortgeschrieben wird, wonach die Nutzer zur Errichtung der Gebäude verpflichtet waren (§§ 287 Abs. 1, 291 ZGB) und ihnen im Falle der nicht bestimmungsgemäßen Nutzung die Nutzungsrechte entzogen werden konnten (§§ 290 Abs. 1, 294 Abs. 1 ZGB).

[3] *Eickmann-von Schuckmann* RdNr. 9.

II. Bebauungspflicht (Abs. 1 Nr. 1, Abs. 2)

1. Anspruchsinhaber. Der Anspruch auf Aufnahme einer Errichtungsverpflichtung in den Erbbaurechtsvertrag steht nur bestimmten Grundstückseigentümern zu, nämlich solchen, die mit der Ausgabe des Erbbaurechts besondere öffentliche, soziale oder vergleichbare Zwecke verfolgen. Hierunter fallen insbes. öffentliche Körperschaften, wie zB Gemeinden oder Kirchen, oder Wohnungsbaugesellschaften, die den privaten Wohnungsbau fördern wollen. Gleichfalls fallen hierunter auch die den sozialen Zwecken dienenden Gebäude iSd. § 53 Abs. 2 Nr. 1 b, also zB Schulen, Krankenhäuser, Kindergärten. 2

2. Bebauungsverpflichtung. Die Bebauungsverpflichtung ist in den Erbbaurechtsvertrag aufzunehmen. Einer näheren Umschreibung des Gebäudes bedarf es nicht, da sich dessen Nutzungsart bereits aus dem übrigen Vertragsinhalt ergibt, vgl. § 42 Abs. 1 Nr. 2 iVm. § 54. Unter Bebauung ist neben der Errichtung des Gebäudes auch die Vornahme privater Erschließungsmaßnahmen zu verstehen, soweit diese zwingende Voraussetzung zur Errichtung des Gebäudes sind, wie zB private Zufahrt, Kläranlage usw.[1] Die Kosten hat der Erbbauberechtigte zu tragen. Eine beabsichtigte **Veränderung des Gebäudes** (wie Abriß und Neuherstellung oder Umbau) kann an die Zustimmung des Grundstückseigentümers geknüpft werden. Dagegen kann anders als bei § 2 Nr. 2 ErbbauVO eine dingliche Vereinbarung über den **Wiederaufbau** des Gebäudes im Falle seiner Zerstörung nicht verlangt werden. 3

Soweit vertraglich nichts anderes vereinbart wird, gilt die gesetzliche **6-Jahresfrist;** die Vereinbarung einer kürzeren Frist ist zulässig, da dies dem Normzweck entgegenkommt. Aus dem Normzweck und aus dem Wortlaut des Abs. 2 („. . . gehindert *war.*“) folgt allerdings, daß die Beteiligten von vornherein die Frist nicht verlängern können; Abs. 2 gibt nur die Möglichkeit einer nachträglichen Fristverlängerung, wenn die dort genannten Umstände vorliegen. 4

3. Fristbeginn. Die Frist zur Bebauung des Grundstücks beginnt mit Abschluß des (schuldrechtlichen) Erbbaurechtsvertrages, also nicht erst mit der Grundbucheintragung. Es genügt der Beginn der Arbeiten; der Bau muß nicht innerhalb der Frist fertig sein. 5

4. Fristverlängerung (Abs. 2). Der Erbbauberechtigten kann von dem Grundstückseigentümer eine Verlängerung der 6-Jahresfrist um weitere sechs Jahre verlangen, wenn er der Bebauungspflicht innerhalb der (gesamten) ersten sechs Jahre aus wirtschaftlichen oder besonderen persönlichen Gründen nicht nachkommen konnte. Diese Frage ist nach der Formulierung des Abs. 2 aus der **ex-post-Sicht** zu klären. Dabei ist nicht zu prüfen, ob eine Verbesserung der Situation in den nächsten sechs Jahren zu erwarten ist, da dieser Zeitraum für eine sichere Prognose zu lang ist. 6

a) Wirtschaftliche Gründe. Zum Nachweis der wirtschaftlichen Gründe ist eine Darlegung der finanziellen Verhältnisse des Erbbauberechtigten und seiner (vergeblichen) Bemühungen um eine Finanzierung erforderlich. 7

b) Besondere persönliche Gründe. Hierunter sind andere als wirtschaftliche Gründe zu verstehen, wie zB schwere Krankheit, Unfall, berufliche Ortsabwesenheit oder die Pflege oder Betreuung naher Angehöriger, die aus zeitlichen Gründen den Erbbauberechtigten an der Bebauung gehindert haben. 8

c) Rechtsnachfolge. Durch Abs. 2 S. 2 wird klargestellt, daß allein ein Wechsel in der Person des Erbbauberechtigten durch eine Veräußerung des Erbbaurechts nicht zu einer Fristverlängerung führt. Der Rechtsnachfolger kann also nicht geltend machen, vor dem Erwerb des Erbbaurechts zu einer Bebauung nicht in der Lage gewesen zu sein. Soweit er allerdings vor Ablauf der ersten 6-Jahresfrist das Gebäude hätte errichten können, ihm dies aber aufgrund nach dem Erwerb eingetretener Umstände nicht mehr möglich ist, kann er bei Vorliegen der Voraussetzungen des Abs. 2 S. 1 wie sein Rechtsvorgänger eine Fristverlängerung beanspruchen. 9

III. Instandhaltungspflicht (Abs. 1 Nr. 2, Abs. 3)

1. Anspruchsinhaber. Vgl. oben RdNr. 2. 10

2. Unterhaltungsverpflichtung. Die Unterhaltungsverpflichtung entsteht auf Verlangen des Berechtigten bei einer entspr. Aufnahme in den Erbbaurechtsvertrag mit dessen Abschluß, da sich das Gebäude bereits im Besitz des Erbbauberechtigten befindet; er hat auch die Kosten zu tragen. 11

[1] Vgl. hierzu auch § 2 ErbbauVO RdNr. 9 bis 12.

12 Zu den **Unterhaltungskosten** gehören neben den laufenden auch die außergewöhnlichen Instandhaltungskosten, wie zB eine Erneuerung des Daches oder der Heizungsanlage (zB wegen der Umstellung von Kohle- auf Gasheizung).[2] Wie Abs. 3 zeigt, gehört zur Instandhaltung auch die Beseitigung bereits vorhandener Schäden.

13 Das Gebäude ist in einem **guten Zustand** zu halten, dh. in Anlehnung an die Rechtsprechung zu § 536 BGB in einem verkehrssicheren und den öffentlich-rechtlichen Bauvorschriften entspr. Zustand, so daß das Gebäude für die Nutzungsart geeignet und gebrauchsfähig bleibt.

Der Unterhaltungsverpflichtung ist **unverzüglich** (§ 121 Abs. 1 S. 2 BGB) nachzukommen. Die Kosten hat der Nutzer zu tragen.

14 **3. Fristverlängerung (Abs. 3).** Für die Beseitigung erheblicher Bauschäden kann der Erbbauberechtigte vom Grundstückseigentümer die Einräumung einer Frist von bis zu sechs Jahren verlangen. Die Frist beginnt entspr. Abs. 1 Nr. 1 mit dem Abschluß des (schuldrechtlichen) Erbbaurechtsvertrages. Die konkrete Frist bestimmt sich nach den Umständen des Einzelfalles; hierbei sind entspr. Abs. 2 wirtschaftliche Gründe und besondere persönliche Gründe beim Nutzer zu berücksichtigen (vgl. RdNr. 7 f.).

15 Unter **erheblichen Bauschäden** sind ähnliche Schäden zu verstehen wie in § 12 Abs. 1 Nr. 1 unter dem Begriff der „schweren Bauschäden" (vgl. dort RdNr. 3); erhebliche Bauschäden liegen insbes. vor, wenn deren Beseitigung Kosten verursacht, die ein Durchschnittsverdiener nicht sofort aus Eigenmitteln aufbringen kann.

16 Eine Fristverlängerung scheidet aus, wenn die sofortige Behebung der Schäden aus Gründen der **Bausicherheit** erforderlich ist, das Gebäude also sonst einsturzgefährdet ist oder sonst eine Gefahr für Bewohner oder Passanten darstellt.

IV. Heimfallklausel (Abs. 4)

17 **1. Anspruchsinhaber.** Da sich die Heimfallklausel nur auf die in den Abs. 1 bis 3 genannten Fälle bezieht, können auch nur die dort genannten Grundstückseigentümer deren Aufnahme in den Erbbaurechtsvertrag verlangen; vgl. hierzu RdNr. 2.

18 **2. Inhalt.** Der Heimfallanspruch des Abs. 4 stellt die Ergänzung zur Einwendung gegen die Bestellung eines Erbbaurechts für nachhaltig nicht mehr baulich nutzbare Gebäude gem. § 29 dar.

Voraussetzung für den Heimfall ist:
- die Verletzung einer der in Abs. 1 bis 3 statuierten Pflichten nach Ablauf der dort genannten Fristen,
- das Verstreichenlassen einer angemessenen Nachfrist, wobei die Angemessenheit im Einzelfall zu bestimmen ist und insbes. vom erforderlichen Kostenaufwand sowie der Situation des Erbbauberechtigten abhängt; eine zu kurz gesetzte Frist setzt eine angemessene Nachfrist in Lauf;
- das Verschulden des Erbbauberechtigten, wofür der Grundstückseigentümer die Beweislast trägt.[3]

19 **3. Entschädigung.** Mit dem Heimfall ist der Erbbauberechtigte gem. § 60 Abs. 1 iVm. §§ 27 ff., 32 f. ErbbauVO für den Gebäudewert zu entschädigen.

20 **4. Verweisungen.** Im übrigen gelten die Vorschriften der ErbbauVO, so insbes. § 2 Abs. 4 ErbbauVO für den Inhalt des Heimfallanspruchs und § 4 ErbbauVO für die Verjährung.

V. Versicherungspflicht (Abs. 5)

21 **1. Anspruchsinhaber.** Im Gegensatz zu Abs. 1 bis 4 steht der Anspruch auf Abschluß einer Gebäudeversicherung jedem Grundstückseigentümer zu, somit auch jedem Rechtsnachfolger.

22 **2. Versicherung.** Hierunter fällt die Versicherung des Bauwerks gegen Feuer, Sturm, Leitungswasser usw. Dabei kann auch die Art der Versicherung, also zB Neuwert oder Zeitwert, und die Pflicht zur Vorlage von Nachweisen über die Prämienzahlungen vereinbart werden; die Formulierung in Abs. 5 legt es nahe, daß der Erbbauberechtigte die Versicherungsprämie zu zahlen hat, eine abweichende Vereinbarung ist aber möglich. Es kann auch festgelegt werden, daß die Versicherungssumme zum Wiederaufbau bzw. zur Reparatur des Gebäudes zu verwenden ist.[4]

[2] Vgl. hierzu auch § 2 ErbbauVO RdNr. 13, 14; *Czub-Limmer* RdNr. 10.

[3] AA *Vossius* RdNr. 23.

[4] Vgl. i.ü. auch § 2 ErbbauVO RdNr. 19, 20.

VI. Dingliche Absicherung

23 Auf Verlangen jeder Vertragspartei kann gem. § 42 Abs. 2 Nr. 1 die Abrede über die Bebauungs- und Unterhaltungspflicht sowie den Heimfall zum vertragsmäßigen Inhalt des Erbbaurechts bestimmt werden. Hins. der Gebäudeversicherung gem. Abs. 5 bedarf es einer dinglichen Absicherung nicht (vgl. RdNr. 21).

§ 57 Ankaufsrecht

(1) Der Nutzer kann verlangen, daß in den Erbbaurechtsvertrag eine Verpflichtung des Grundstückseigentümers aufgenommen wird, das Grundstück an den jeweiligen Erbbauberechtigten zu verkaufen. Die Frist für das Ankaufsrecht ist auf zwölf Jahre von der Bestellung des Erbbaurechts an zu beschränken, wenn der Grundstückseigentümer eine Befristung verlangt.

(2) Der Preis ist entsprechend den Vorschriften in Abschnitt 3 über das Ankaufsrecht zu vereinbaren. Der Bodenwert ist auf den Zeitpunkt festzustellen, in dem ein den Vereinbarungen im Erbbaurechtsvertrag entsprechendes Angebot zum Ankauf des Grundstücks abgegeben wird. Die Grundlagen der Bemessung des Preises sind in den Vertrag aufzunehmen.

(3) Im Falle einer Weiterveräußerung des Grundstücks nach dem Ankauf ist § 71 entsprechend anzuwenden.

I. Normzweck

1 Das Ankaufsrecht soll auch dem Nutzer einen Erwerb des genutzten Grundstücks ermöglichen, der zunächst finanziell nicht in der Lage ist, von dem gesetzlichen Ankaufsrecht in §§ 61 ff. Gebrauch zu machen. Durch die Befristung des Ankaufsrechts soll aber andererseits auch die für den Grundstückseigentümer bestehende Ungewißheit, wie lange er sich noch auf fortlaufende Zinseinnahmen und auf das Behalten des wertbeständigen Grundstücks einrichten kann, angemessen eingegrenzt werden.

II. Anspruchsinhalt

2 **1. Rechtsnatur.** Das Ankaufsrecht ist ein einseitiges Gestaltungsrecht des Erbbauberechtigten; vgl. i. ü. § 2 ErbbauVO RdNr. 37 bis 41.

3 **2. Anspruch des Nutzers.** Das Ankaufsrecht ist auf Verlangen des Nutzers in Form einer (schuldrechtlichen) Verkaufsverpflichtung des Grundstückseigentümers in den Erbbaurechtsvertrag aufzunehmen. Mit der Ausübung des Ankaufsrechts kommt zwischen den Vertragsparteien ein Kaufvertrag zustande.

4 Die **Ausübung des Ankaufsrechts** ist durch formlose, einseitige Erklärung möglich.[1]

5 **3. Inhalt des Ankaufsrechts.** Die inhaltliche Ausgestaltung des Ankaufsrechts kann bereits in den Erbbaurechtsvertrag aufgenommen werden. Bedingungen und Befristungen des Rechts können ebenso vereinbart werden wie die Kaufkonditionen (zB Fälligkeit des Kaufpreises, Gewährleistung, Kosten, Steuern, Vollstreckung). Zwingend ist dies gem. Abs. 2 S. 3 für die **Grundlagen der Preisbemessung.** Dies ist auf Verlangen des Nutzers gem. Abs. 2 S. 1 entspr. den Vorschriften über das gesetzliche Ankaufsrecht zu vereinbaren, also gem. §§ 68 ff., wobei auch eine bloße Verweisung auf die §§ 68, 70 bis 72 genügt.[2] Ein unentgeltliches Erwerbsrecht ist zwar – wie Abs. 2 zeigt – vom Gesetz nicht vorgesehen, würde aber seinem Zweck nicht widersprechen. Erst wenn eine Preisvereinbarung fehlt, greift die Vorschrift des § 57 Abs. 2 ein.

6 Weitere Festlegungen über den Inhalt des Ankaufsrechts enthält das Gesetz nicht. In der Regel wird wie bei den nach § 2 Nr. 7 ErbbauVO abgeschlossenen Vereinbarungen zu verfahren sein (vgl. dort RdNr. 38).

[1] *Vossius* RdNr. 4; *Czub* Leitfaden RdNr. 486; *Czub-Limmer* RdNr. 8; *von Oefele-Winkler* RdNr. 8.63.

[2] *Herbig-Gaitzsch-Hügel-Weser* S. 79; *von Oefele* DtZ 1995, 158, 160.

7 **4. Höhe des Ankaufpreises.** Der Kaufpreis ist entspr. den §§ 68 ff. zu vereinbaren. Bemessungsgrundlage ist der aus §§ 19, 20 sich ergebende Bodenwert, wobei maßgeblicher Zeitpunkt gem. Abs. 2 S. 2 der Zeitpunkt der Abgabe (= Zugang bei Grundstückseigentümer, vgl. § 130 Abs. 1 S. 1 BGB) eines den Vereinbarungen im Erbbaurechtsvertrag entspr. Angebots zum Ankauf des Grundstücks ist; es kommt also nicht auf den Zeitpunkt des Abschlusses des Erbbaurechtsvertrages an, so daß in jedem Falle ein weiteres Wertgutachten einzuholen ist. Das Angebot muß den Festlegungen im Erbbaurechtsvertrag *entsprechen,* dh. mit den dortigen Bestimmungen übereinstimmen. Selbst verhältnismäßig **geringfügige Abweichungen** sind schädlich, da eine dem § 44 Abs. 2 S. 2 entsprechende Regelung in § 57 fehlt; bei einer Abweichung hat der Erbbauberechtigte also ein neues („entsprechendes") Angebot abzugeben, wobei der Bodenwert für den Zeitpunkt der Abgabe dieses Angebots zu ermitteln ist.

8 Auf der Grundlage des festgestellten Bodenwerts ist unter entsprechender Anwendung der §§ 68 ff. der Kaufpreis zu ermitteln. Er beträgt also grundsätzlich die **Hälfte des Bodenwerts.** Eine Preisermäßigung gem. § 68 Abs. 2 scheidet gem. § 68 Abs. 2 S. 3 idR aus.

Eine Anrechnung der gezahlten Erbbauzinsen auf den Kaufpreis kommt mangels gesetzlicher Regelung nicht in Betracht.

9 **5. Nachzahlungsverpflichtung.** Um eine Umgehung der §§ 48, 71 zu verhindern, kann für den Fall einer Weiterveräußerung des Grundstücks nach dem Ankauf gem. Abs. 3 in entspr. Anwendung des § 71 eine Nachzahlungsverpflichtung vereinbart werden.

Eine Nachzahlungs- bzw. Rückzahlungspflicht kann sich daneben auch aus §§ 70 oder 72 ergeben.

10 **6. Befristung des Ankaufsrechts.** Auf Verlangen des Grundstückseigentümers ist das Ankaufsrecht gem. Abs. 1 S. 2 (in Abweichung zu § 2 Nr. 7 ErbbauVO) auf zwölf Jahre zu befristen, wobei die Frist mit der Bestellung des Erbbaurechts, dh. mit Einigung und Eintragung beginnt. Abweichende Parteivereinbarungen sind zulässig.

11 **7. Dingliche Absicherung.** Der Erbbauberechtigte kann gem. § 42 Abs. 2 Nr. 2 verlangen, daß die Abrede über ein Ankaufsrecht zum vertragsmäßigen Inhalt des Erbbaurechts bestimmt wird und damit auch gegenüber etwaigen Rechtsnachfolgern des Grundstückseigentümers gilt. Zum Zeitpunkt der Ausübung des Ankaufsrechts sollte auch eine Vormerkungssicherung erfolgen, um die Rechtswirkungen der §§ 883, 885, 888 BGB eintreten zu lassen; dies sollte auch bereits mit der Eintragung des Erbbaurechts möglich sein.

12 **8. Rechtswirkungen.** Nach Ausübung und Vollzug im Grundbuch entsteht ein Eigentümer-Erbbaurecht (§ 889 BGB).[3] Ein Wohnungserbbaurecht kann nicht in Wohnungseigentum umgewandelt werden, möglich ist nur der Erwerb des entspr. Miteigentumsanteils; vgl. hierzu § 1 ErbbauVO RdNr. 29.

§ 58 Öffentliche Lasten

Der Grundstückseigentümer kann verlangen, daß der Erbbauberechtigte vom Tage der Bestellung des Erbbaurechts an die auf dem Grundstück ruhenden öffentlichen Lasten zu tragen hat, soweit diese dem Gebäude und der vom Erbbauberechtigten genutzten Fläche zuzurechnen sind. Die gesetzlichen und vertraglichen Regelungen über die entsprechenden Verpflichtungen des Nutzers bleiben bis zur Bestellung des Erbbaurechts unberührt.

I. Normzweck

1 Da der Grundstückseigentümer nur einen Erbbauzinsanspruch in Höhe des hälftigen üblichen Zinssatzes hat, soll er nicht auch noch die öffentlichen Lasten übernehmen müssen. Hierdurch wird auch der Nutzer nicht übermäßig belastet, da er üblicherweise bereits nach den früheren Nutzungsbestimmungen diese Lasten zu tragen hatte.[1]

[3] Vgl. hierzu § 1 ErbbauVO RdNr. 61 und § 2 ErbbauVO RdNr. 30.

[1] Vgl. § 3 Abs. 3 des Gesetzes über die Verleihung von Nutzungsrechten an volkseigenen Grundstücken vom 14. 12. 1970, GBl. DDR I S. 372.

II. Anspruchsinhalt

2 **1. Öffentliche Lasten.** Unter diesen Begriff fallen wie bei § 2 Nr. 3 ErbbauVO (vgl. dort RdNr. 22) alle auf öffentlichem Recht beruhenden Steuern und sonstigen Abgaben, die als dingliche Verwertungsrechte kraft Gesetzes auf dem Grundstück ruhen, wie zB Grundsteuern, Grundstücksabgaben und Erschließungskosten (vgl. i.e. § 1047 RdNr. 12 ff.).

3 Einer Regelung zum Tragen der **privatrechtlichen Lasten** bedarf es in der Regel nicht, da das Erbbaurecht nach Möglichkeit lastenfrei zu bestellen ist.

4 **2. Zurechnung zum Erbbaurecht.** Die öffentlichen Lasten sind vom Nutzer nur soweit zu übernehmen, wie sie sich dem Gebäude und der genutzten Fläche zurechnen lassen. Dies wirft keine Probleme auf, wenn sich die Grenzen dieser Fläche und des Gesamtgrundstücks decken. Soweit das Erbbaurecht nur auf einem Grundstücksteil bestellt wird oder auf einem Grundstück mehrere Erbbaurechte begründet werden, müssen die öffentlichen Lasten entspr. verteilt werden; als **Verteilungsmaßstab** bietet sich das Verhältnis der jeweiligen Bodenwerte an, da diese auch sonst im Gesetz als Maßstab genommen werden (zB §§ 50, 72 Abs. 2).[2]

5 Bei einem **Wohnungserbbaurecht** iSd. § 40 ist entspr. § 40 Abs. 3 S. 1 und Abs. 4 S. 2 als Verteilungsschlüssel zwischen den Erbbauberechtigten und dem Grundstückseigentümer das Verhältnis der Erbbaurechtsanteile anzuwenden.

6 **3. Entstehen des Anspruchs.** Die Verpflichtung zur Übernahme der öffentlichen Lasten entsteht bei einem entspr. Verlangen des Grundstückseigentümers mit dem Tag der Bestellung des Erbbaurechts, also dem Tag der Eintragung im Grundbuch. Soweit die Parteien allerdings eine entspr. vertragliche Vereinbarung getroffen haben oder der Nutzer nach gesetzlichen Vorschriften die öffentlichen Lasten zu tragen hatte (s. RdNr. 1 und Fn. 1), bleiben diese Regelungen gem. S. 2 bis zur Bestellung des Erbbaurechts wirksam; ein Aufwendungsersatzanspruch des Nutzers besteht nicht (§ 75 Abs. 2 S. 2 analog).

7 **4. Wirkungen** Die Zurechnung öffentlicher Lasten gilt nur im Innenverhältnis zwischen Erbbauberechtigtem und Grundstückseigentümer. Eine unmittelbare Haftung gegenüber dem (öffentlich-rechtlichen) Gläubiger entsteht – wie auch im Falle des § 2 Nr. 3 ErbbauVO (vgl. dort RdNr. 21) – nicht.[3]

8 **5. Dingliche Absicherung.** Der Grundstückseigentümer kann gem. § 42 Abs. 2 Nr. 3 verlangen, daß die Übernahme der öffentlichen Lasten durch den Erbbauberechtigten zum vertragsmäßigen Inhalt des Erbbaurechts bestimmt wird und damit auch gegenüber etwaigen Rechtsnachfolgern des Erbbauberechtigten gilt.

Unterabschnitt 7. Folgen der Erbbaurechtsbestellung

§ 59 Erlöschen des Gebäudeeigentums und des Nutzungsrechts

(1) Das Gebäude wird Bestandteil des Erbbaurechts. Das selbständige Gebäudeeigentum erlischt mit dessen Entstehung.

(2) Mit der Bestellung des Erbbaurechts erlöschen zugleich ein nach bisherigem Recht begründetes Nutzungsrecht und etwaige vertragliche oder gesetzliche Besitzrechte des Nutzers.

I. Eigentum am Gebäude

1 Mit der Bestellung des Erbbaurechts, dh. mit Einigung und Eintragung, wird das Gebäude wesentlicher Bestandteil (§ 93 BGB) des Erbbaurechts, unabhängig davon, ob es nach der Bestellung des Erbbaurechts errichtet oder schon vorher vorhanden gewesen ist (vgl. § 12 Abs. 1 S. 1 und 2 ErbbauVO). Soweit im letztgenannten Fall das Gebäude im Eigentum des Grundstückseigentümers stand, findet kraft Gesetzes ein Eigentumsübergang auf den Erbbauberechtig-

[2] AA *Czub-Limmer* RdNr. 8 (für Verteilung nach Flächenanteilen); diff.: *Prütting-Zimmermann* RdNr. 3.

[3] Vgl. *v. Oefele-Winkler* RdNr. 4.76; *Czub-Limmer* RdNr. 9.

ten statt; das Gebäude, das bisher wesentlicher Bestandteil des Grundstücks war, wird wesentlicher Bestandteil des Erbbaurechts. Diese Rechtsfolge tritt gem. Abs. 1 S. 2 auch für das selbständige Gebäudeeigentum ein, welches gegenstandslos wird und kraft Gesetzes erlischt; die Belastungen des Gebäudes bestehen am Erbbaurecht fort (§ 34 Abs. 1 S. 2). Bestandteile und Zubehör des Bauwerks werden gem. § 12 Abs. 2 ErbbauVO iVm. §§ 94, 95 BGB Bestandteile und Zubehör des Erbbaurechts.

II. Folgen für bestehende Nutzungsrechte

2 Mit der Bestellung des Erbbaurechts erlöschen gem. Abs. 2 auch die vom Staat oder einer landwirtschaftlichen Produktionsgenossenschaft nach dem Recht der DDR bestellten Nutzungsrechte und etwaige Besitzrechte. An deren Stelle tritt nunmehr das vertraglich begründete, dingliche Erbbaurecht zwischen Grundstückseigentümer und Erbbauberechtigtem. Daraus folgt, daß für die Zeit zwischen dem Abschluß des schuldrechtlichen Vertrages und der Eintragung im Grundbuch die bisherigen Berechtigungen des Nutzers fortbestehen.[1]

§ 60 Anwendbarkeit der Verordnung über das Erbbaurecht, Kosten und Gewährleistung

(1) Auf die nach den Bestimmungen dieses Kapitels bestellten Erbbaurechte findet, soweit nicht Abweichendes gesetzlich angeordnet oder zugelassen ist, die Verordnung über das Erbbaurecht Anwendung.

(2) Die Kosten des Vertrages und seiner Durchführung sind zwischen den Vertragsparteien zu teilen.

(3) Der Grundstückseigentümer haftet nicht für Sachmängel des Grundstücks.

I. Anwendung der ErbbauVO (Abs. 1)

1 Durch Abs. 1 wird klargestellt, daß auf das nach dem SachenRBerG begründete Erbbaurecht die Regelungen der ErbbauVO Anwendung finden, soweit sich im SachenRBerG nicht eine spezielle Norm befindet, wie zB in §§ 39 Abs. 1 und 3, 49 S. 2.

II. Kosten (Abs. 2)

2 Die **Kostenteilung** ist Ausfluß des Teilungsmodells. Soweit Grundstückseigentümer und Erbbauberechtigter für entstandene Kosten gegenüber Dritten gesamtschuldnerisch haften, ist Abs. 2 eine „andere Bestimmung" iSd. § 426 Abs. 1 S. 1 BGB.

3 **Vertragskosten** sind zB die Notarkosten für die Beurkundung des Erbbaurechtsvertrages, die Kosten für die Einholung des Wertgutachtens zur Ermittlung des Bodenwerts,[1] die Kosten der Eintragung des Erbbaurechts. Zu den Vertragskosten zählen ferner kraft Gesetzes die Kosten der Abschreibung einer Grundstücksteilfläche im Falle des § 34 Abs. 2 und 3. Nicht zu den Vertragskosten zählen die Rechtsanwalts- oder Steuerberaterkosten einer Vertragsseite.

4 **Besondere Kostenregelungen** enthalten:
- § 40 Abs. 4 S. 2 für die bei der Begründung von Wohnungserbbaurechten entstehenden Kosten bezüglich der Aufteilung und der Erlangung der in § 7 Abs. 4 WEG bezeichneten Unterlagen,
- § 55 Abs. 2 S. 2 für die Kosten der Vermessung im Falle einer Abschreibung einer nicht dem Nutzungsrecht unterworfenen Grundstücksteilfläche,
- §§ 90 Abs. 5 S. 2, 101 Abs. 1 S. 2 und Abs. 2, 107.

III. Gewährleistung (Abs. 3)

5 **1. Normzweck.** Der Erbbaurechtsvertrag ist im Falle der Vereinbarung eines Entgelts ein kaufähnlicher Vertrag gem. § 493 BGB,[2] auf den deshalb die kaufrechtlichen Gewährleistungsvorschriften wegen Sachmängeln entspr. anwendbar sind. Da aber die Überlassung des Grund-

[1] Ebenso *Herbig-Gaitzsch-Hügel-Weser* S. 101; *Prütting-Zimmermann* RdNr. 5.

[1] Differenzierend: *Vossius* RdNr. 9.
[2] Vgl. BGHZ 96, 385, 387.

stücks und ggf. dessen Bebauung durch den Nutzer zu DDR-Zeiten ohne Willen des Grundstückseigentümers erfolgt sind und sich der Nutzer häufig nur aufgrund der Billigung staatlicher Stellen in den Besitz des Grundstücks gesetzt hat, passen die Gewährleistungsvorschriften nicht. Durch Abs. 3 wird ihre Anwendbarkeit deshalb zugunsten des Grundstückseigentümers umfassend ausgeschlossen, dh. auch in bezug auf arglistig verschwiegene Mängel.[3]

6 **2. Sachmängel des Grundstücks.** Hierunter fallen tatsächliche Risiken (zB Mängel des Baugrundes, wie Morast oder zu hoher Grundwasserspiegel) wie auch rechtliche Risiken (zB bauordnungs- oder bauplanungsrechtliche Einschränkungen der Bebaubarkeit); vgl. im einzelnen § 459 BGB RdNr. 31 bis 35.

7 **Sachmängel des Gebäudes** (zB Hausschwamm, Trockenfäule) sind Sachmängel des Grundstücks, soweit das Gebäude im Eigentum des Grundstückseigentümers stand und damit wesentlicher Bestandteil des Grundstücks war, bevor gem. § 59 Abs. 1 das Eigentum auf den Erbbauberechtigten übergegangen ist. Insoweit sind gem. Abs. 3 Gewährleistungsansprüche ebenfalls ausgeschlossen. Soweit das Gebäude vom Nutzer errichtet worden ist und er daran selbständiges Gebäudeeigentum erworben hatte, ändert sich an den Eigentumsverhältnissen durch die Sachenrechtsbereinigung bis auf den Umstand nichts, daß das Gebäude wesentlicher Bestandteil des Erbbaurechts wird; Gewährleistungsansprüche wegen Sachmängeln am Gebäude bestehen in diesem Fall gegen den Grundstückseigentümer von vornherein nicht.

8 **3. Sonstige Rechtsfolgen.** Trotz des Ausschlusses des Gewährleistungsrechts bleiben weitere Rechte des Erbbauberechtigten wegen Sachmängeln unberührt. In Betracht kommt über die Regeln des Fehlens bzw. Wegfalls der Geschäftsgrundlage insbes. eine **Anpassung des Erbbauzinses,** wenn die Parteien zB bei Abschluß des Erbbaurechtsvertrages eine bestimmte Bebaubarkeit des Grundstücks vorausgesetzt haben, deren Umsetzung dann jedoch an öffentlichrechtlichen Bauvorschriften scheitert oder wenn die Mängel noch aus der Besitzzeit des Grundstückseigentümers herrühren (zB Altlasten). Dies kann allerdings nur dann gelten, wenn nicht in anderen Vorschriften bereits eine Regelung getroffen worden ist, wie zB für den Fall einer erforderlich werdenden Nutzungsänderung in § 47. Durch den Ausschluß der Sachmängelvorschriften sollten aber nach dem Willen des Gesetzgebers die Grundsätze über den Wegfall der Geschäftsgrundlage jedenfalls nicht verdrängt werden.[4] Allerdings muß für deren Anwendbarkeit die Äquivalenzstörung zumindest ein ähnliches Gewicht haben wie die Anforderungen an eine Zinsanpassung in den §§ 46 ff., um nicht in Widerspruch zu deren Regelungssystem zu geraten. Dies kann zB der Fall sein, wenn die Wertermittlung durch den Gutachter fehlerhaft war,[5] wobei sich allerdings dadurch eine Zinsanpassung ergeben muß, die über den Geringfügigkeitsgrenzen der §§ 50, 72 Abs. 2 liegt.

9 Dagegen ist durch den Gewährleistungsausschluß auch eine **Irrtumsanfechtung** gem. § 119 Abs. 2 BGB ausgeschlossen, da sonst der Zweck der Vorschrift leerliefe.[6]

10 Für **Rechtsmängel** haftet der Grundstückseigentümer nach den allgem. Vorschriften der §§ 434 ff. BGB, modifiziert durch die §§ 33 ff.[7]

Abschnitt 3. Gesetzliches Ankaufsrecht

Unterabschnitt 1. Gesetzliche Ansprüche auf Vertragsschluß

§ 61 Grundsatz

(1) Der Nutzer kann vom Grundstückseigentümer die Annahme eines Angebots für einen Grundstückskaufvertrag verlangen, wenn der Inhalt des Angebots den Bestimmungen der §§ 65 bis 74 entspricht.

(2) Der Grundstückseigentümer kann vom Nutzer den Ankauf des Grundstücks verlangen, wenn

[3] Ebenso *Krauß* S. 99, 112.

[4] BT-Drucks 12/5992 S. 217 und 12/7425 S. 75.

[5] *Eickmann-Eickmann* RdNr. 8; *Czub-Limmer* RdNr. 7.

[6] Ebenso *Eickmann-Eickmann* § 76 RdNr. 1.

[7] AA *Czub-Limmer* RdNr. 10, wonach Rechtsmängel „*im Grenzbereich der Sachmängelhaftung*" unter § 60 Abs. 3 fallen sollen.

1. der in Ansatz zu bringende Bodenwert nicht mehr als 100 000 Deutsche Mark, im Falle der Bebauung mit einem Eigenheim nicht mehr als 30 000 Deutsche Mark, beträgt,
2. der Nutzer eine entsprechende Wahl getroffen hat oder
3. das Wahlrecht auf den Grundstückseigentümer übergegangen ist.

I. Normzweck

1 Das gesetzliche Ankaufsrecht ist die zweite Säule der Sachenrechtsbereinigung; im Gegensatz zu der Erbbaurechtsbestellung führt es zu einer schnellen und endgültigen Bereinigung der Rechtsverhältnisse an Grundstück und Gebäude.[1] Das Ankaufsrecht findet in § 64 LAG zur Zusammenführung von Grundstücks- und Gebäudeeigentum im ländlichen Bereich eine gewisse Parallele.

III. Anspruch des Nutzers

2 **1. Vorrang des Nutzers.** § 61 Abs. 1 greift das in § 15 Abs. 1 vorgesehene Wahlrecht des Nutzers auf und stellt die zivilrechtliche **Anspruchsgrundlage** dar.

3 Wer Nutzer ist, bestimmt sich nach § 9. Der Grundstückseigentümer ergibt sich aus dem Grundbuch; bei den Volkseigentumsgrundstücken ist Grundstückseigentümer der jeweilige Rechtsnachfolger, der sich nach Art. 21, 22 des Einigungsvertrages und dem Vermögenszuordnungsgesetz[2] bestimmt. Zur Ausübung des Wahlrechts vgl. §§ 16, 17.

4 **2. Inhalt des Anspruchs.** Der Inhalt des Angebots muß den Vorschriften der §§ 65 bis 74 entsprechen. Nur dann besteht der gesetzliche Anspruch des Nutzers auf Abschluß eines Grundstückskaufvertrages; hierin ist eine gesetzliche Mindestsicherung für beide Vertragsparteien zu sehen. Da das SachenRBerG aber i.ü. den Grundsatz der Privatautonomie unberührt läßt (§ 3 Abs. 1 S. 2), können die Vertragsparteien einverständlich auch abweichende Regelungen treffen. Die Geltendmachung des Anspruchs ist von der Ausübung des Wahlrechts unabhängig (vgl. § 32 RdNr. 3).

5 **3. Beschränkung des Wahlrechts.** Das Wahlrecht des Nutzers ist in einigen Fällen von vornherein auf das Ankaufsrecht beschränkt, nämlich
– bei einem geringen Bodenwert des Grundstücks gem. § 15 Abs. 2;
– wenn durch das Gebäude mehrere fremde Grundstücke überbaut worden sind, die die Bestellung mehrerer Nachbarerbbaurechte erforderlich machen würden, was jedoch nach § 39 Abs. 3 unzulässig ist.

6 **4. Ausschluß des Anspruchs.** Ein Anspruch auf Abschluß eines Grundstückskaufvertrages ist in folgenden Fällen ausgeschlossen:
– wenn die Voraussetzungen des § 81 Abs. 1 vorliegen und der Grundstückseigentümer von seinem Ankaufsrecht gem. § 15 Abs. 4 Gebrauch gemacht hat,
– wenn das Wahlrecht gem. § 16 Abs. 3 auf den Grundstückseigentümer übergegangen ist,
– wenn der Nutzer gem. § 18 Abs. 4 im Rahmen eines Aufgebotsverfahrens seiner Rechte verlustig erklärt worden ist oder
– wenn sich der Nutzer gem. § 16 Abs. 1 bereits verbindlich für die Ausübung des Erbbaurechts entschieden hat und der Grundstückseigentümer auf dem Abschluß eines Erbbaurechtsvertrages besteht (§ 32 S. 1 1. Alt.); da der Nutzer in diesem Fall jedoch gem. § 57 die Vereinbarung eines Ankaufsrechts verlangen kann, würde ein Beharren des Grundstückseigentümers auf Abschluß eines Erbbaurechtsvertrages dem Grundsatz von Treu und Glauben widersprechen, wenn sicher davon auszugehen ist, daß der Erbbauberechtigte unmittelbar nach Vertragsabschluß von dem Ankaufsrecht Gebrauch machen wird.

[1] Zur Verfassungsmäßigkeit dieses Kontrahierungszwanges vgl. nur *Eickmann-Wittmer* RdNr. 5 bis 11; *von Brünneck* NJ 1994, 150; *Schulz-Schaeffer* MDR 1993, 921.

[2] Gesetz über die Feststellung der Zuordnung von ehemals volkseigenem Vermögen vom 3. 8. 1992 (BGB. I S. 1464), geändert durch das Registerverfahrensbeschleunigungsgesetz vom 20. 12. 1993 (BGBl. I S. 2182); vgl. hierzu auch *Eickmann-Wittmer* RdNr. 17 a.

III. Anspruch des Grundstückseigentümers

Nach der gesetzgeberischen Konzeption in § 15 Abs. 1 steht dem Grundstückseigentümer gegenüber dem Nutzer ein Anspruch auf Annahme eines Angebots erst nachrangig zu. Dieses Recht kann in folgenden Fällen entstehen: 7
- wenn die Schwellenwerte der §§ 15 Abs. 2, 61 Abs. 2 Nr. 1 nicht erreicht sind, wobei § 123 zu beachten ist,
- wenn sich der Nutzer gem. §§ 15 Abs. 1, 16 Abs. 1 S. 1 für das Ankaufsrecht entschieden hat und diese Wahl für ihn gem. § 16 Abs. 1 S. 2 verbindlich geworden ist,
- wenn das Wahlrecht gem. § 16 Abs. 3 S. 3 auf den Grundstückseigentümer übergegangen ist. Zur Ausübung des Wahlrechts vgl. §§ 16, 17; zum Anspruchsinhalt vgl. RdNr. 4.

IV. Verfahren

1. Grundsatz der Privatautonomie. Die Parteien können sich außergerichtlich über den Abschluß und den Inhalt eines Grundstückskaufvertrages einigen, ohne an die gesetzlichen Vorgaben der §§ 65 bis 74 gebunden zu sein, soweit diese Vorschriften nicht zwingend sind, da der Gesetzgeber die Sachenrechtsbereinigung grundsätzlich der Dispositionsmaxime unterstellt hat (§ 3 Abs. 1 S. 2). Im übrigen sind lediglich die sich aus sonstigen Gesetzen ergebenden Normen zu beachten, so daß zB der Grundstückskaufvertrag gem. § 313 BGB der notariellen Form bedarf, während die Eigentumsübertragung Einigung und Eintragung erfordert (§ 873 BGB). 8

2. Sonstiges. Zum notariellen Vermittlungsverfahren und zum gerichtlichen Verfahren vgl. § 32 RdNr. 10, 11. 9

Unterabschnitt 2. Gesetzliche Ansprüche wegen dinglicher Rechte

§ 62 Dienstbarkeit, Nießbrauch, Wohnungsrecht

(1) Dingliche Rechte am Grundstück, die einen Anspruch auf Zahlung oder Befriedigung aus dem Grundstück nicht gewähren, erlöschen auf den nach § 66 abzuschreibenden Teilflächen, die außerhalb der Ausübungsbefugnis des Inhabers des dinglichen Rechts liegen. Dasselbe gilt, wenn diese Rechte seit ihrer Bestellung nur auf einer Teilfläche ausgeübt wurden. Die Vertragsparteien können von den Inhabern dieser Rechte am Grundstück die Zustimmung zur Berichtigung des Grundbuchs verlangen.

(2) Für die nach dem 21. Juli 1992 beantragten Belastungen des Grundstücks ist § 63 Abs. 1 entsprechend anzuwenden.

I. Normzweck

Die Vorschrift übernimmt den Rechtsgedanken des § 1026 BGB, wonach Dienstbarkeiten bei einer Teilung des dienenden Grundstücks auf dem abzuschreibenden Teilstück erlöschen, wenn dieses außerhalb des Bereichs der Ausübung der Dienstbarkeit liegt, für alle in § 62 aufgeführten dinglichen Rechte. Systematisch gehört die Vorschrift allerdings – wie auch die §§ 63, 64 – zum Unterabschnitt 4 (Folgen des Ankaufs). 1

II. Anspruchsinhalt

1. Anwendungsbereich. Die Norm betrifft nur solche dinglichen Rechte, die keinen Anspruch auf Zahlung oder Befriedigung aus dem Grundstück gewähren, also die Dienstbarkeiten, den Nießbrauch und die Wohnungsrechte; vgl. hierzu auch § 35 RdNr. 3 und § 33 RdNr. 3. Dingliche Rechte am Gebäude werden nicht betroffen; deren Schicksal wird in § 78 geregelt. 2

2. Grundsatz. Aus einem Umkehrschluß zu Abs. 1 S. 1 ergibt sich, daß die dinglichen Rechte von der Veräußerung des Grundstücks unberührt und deshalb grundsätzlich bestehen bleiben. 3

4 **3. Ausnahmen.** Von dem vorgenannten Grundsatz sieht das Gesetz zwei Ausnahmen vor:

5 **a) Fehlende Rechtsausübung.** Bei Abtrennung und Veräußerung einer Teilfläche iSd. § 66 erlöschen die dinglichen Rechte, soweit sie außerhalb der Ausübungsbefugnis des Inhabers des dinglichen Rechts liegen (vgl. hierzu § 35 RdNr. 6), kraft Gesetzes. Gemäß Abs. 1 S. 3 besteht deshalb für beide Vertragsparteien gegen den Inhaber des dinglichen Rechts ein **Grundbuchberichtigungsanspruch** iSd. § 894 BGB. Während Abs. 1 S. 1 auf die Ausübungsbefugnis abstellt, die sich aus dem Gesetz oder dem vertraglichen Inhalt der Bestellungsurkunde ergibt, erweitert Abs. 1 S. 2 die Erlöschenswirkung auch auf den Fall, daß die dinglichen Rechte auf der Teilfläche tatsächlich niemals ausgeübt worden sind, was im Einzelfall festzustellen ist. Mangels gesetzlicher Regelung erleidet der Inhaber des erloschenen dinglichen Rechts im Falle der Zwangsversteigerung aus einem vorrangigen Recht am (Stamm-)Grundstück einen Rechtsnachteil, weil sein Anspruch auf Wertersatz gem. § 92 ZVG aus dem Versteigerungserlös des (Stamm-)Grundstücks zu bedienen ist und sich dessen Wert durch die Grundstücksteilung vermindert hat.[1]

6 **b) Unredlicher Erwerb.** Bei Vorliegen der Voraussetzungen des § 63 Abs. 1, also des sog. unredlichen Erwerbs des dinglichen Rechts entgegen Art. 233 § 2 a Abs. 3 S. 2 EGBGB, ist durch die Verweisungsnorm des Abs. 2 zugunsten des Nutzers ein schuldrechtlicher Anspruch gegen den Inhaber des dinglichen Rechts auf Löschung vorgesehen; vgl. i.e. § 63 RdNr. 8.

7 **4. Folgeansprüche.** Soweit das dingliche Recht bestehen bleibt, hat der Nutzer gegen den Grundstückseigentümer unter den Voraussetzungen des § 64 Abs. 1 einen Anspruch auf lastenfreie Übertragung. Soweit das dingliche Recht erlischt oder gelöscht wird, kann dem Inhaber des dinglichen Rechts gegen den Grundstückseigentümer ein Anspruch auf Wertersatz zustehen; dieser Anspruch wird gem. § 64 Abs. 3 S. 2 durch ein Pfandrecht am Kaufpreisanspruch gesichert.

§ 63 Hypothek, Grundschuld, Rentenschuld, Reallast

(1) Der Nutzer kann von den Inhabern dinglicher Rechte, die einen Anspruch auf Zahlung oder Befriedigung aus dem Grundstück gewähren, verlangen, auf ihr Recht zu verzichten, wenn der Antrag auf Eintragung der Belastung nach dem 21. Juli 1992 beim Grundbuchamt einging und dem Inhaber des dinglichen Rechts bekannt war, daß der Grundstückseigentümer vorsätzlich seiner Verpflichtung aus Artikel 233 § 2 a Abs. 3 Satz 2 des Einführungsgesetzes zum Bürgerlichen Gesetzbuche zuwiderhandelte, das vom Nutzer bebaute Grundstück nicht zu belasten. Erwirbt der Nutzer eine Teilfläche, so beschränkt sich der Anspruch nach Satz 1 auf die Zustimmung zur lastenfreien Abschreibung.

(2) Der Nutzer kann von dem Inhaber eines in Absatz 1 bezeichneten Rechts verlangen, einer lastenfreien Um- oder Abschreibung einer von ihm zu erwerbenden Teilfläche zuzustimmen, wenn das vom Nutzer errichtete oder erworbene Gebäude oder dessen bauliche Anlage und die hierfür in Anspruch genommene Fläche nach den vertraglichen Regelungen nicht zum Haftungsverband gehören sollten oder deren Nichtzugehörigkeit zum Haftungsverband für den Inhaber des dinglichen Rechts bei Bestellung oder Erwerb erkennbar war. Ist ein Darlehen für den Betrieb des Grundstückseigentümers gewährt worden, so ist zu vermuten, daß ein vom Nutzer bewohntes Eigenheim und die ihm zuzuordnende Fläche nicht als Sicherheit für das Darlehen haften sollen.

(3) Liegen die in Absatz 2 genannten Voraussetzungen nicht vor, kann der Nutzer verlangen, daß der Inhaber des dinglichen Rechts die Mithaftung des Trennstücks auf den Betrag beschränkt, dessen Wert im Verhältnis zu dem beim Grundstückseigentümer verbleibenden Grundstück entspricht. § 1132 Abs. 2 des Bürgerlichen Gesetzbuchs findet entsprechende Anwendung.

[1] Vgl. zu diesem Problem auch *Czub* Leitfaden RdNr. 499; *Eickmann-Wittmer* RdNr. 8.

I. Normzweck

Die Vorschrift sieht wie § 36 im Grundsatz eine Aufteilung der Belastung vor, um hierdurch den Interessen der Vertragsparteien und des Inhabers des dinglichen Rechts gerecht zu werden. 1

II. Grundsatz (Abs. 3)

1. Anwendungsbereich. Dingliche Rechte iSd. § 63 sind nur solche, die einen Anspruch auf Zahlung oder Befriedigung aus dem Grundstück gewähren, also Hypothek, Grundschuld, Rentenschuld oder Reallast; für andere dingliche Rechte gilt § 62. 2

2. Grundsatz. Aus einem Umkehrschluß zu Abs. 3 S. 1 ergibt sich, daß die dinglichen Rechte am Grundstück durch die Veräußerung grundsätzlich unberührt bleiben und deshalb fortbestehen, soweit nicht eine der Ausnahmen der Abs. 1 und 2 eingreift. Falls jedoch nur eine Teilfläche iSd. §§ 66 veräußert wird, ist die Grundstücksbelastung auf Verlangen des Nutzers entspr. dem Wertanteil der Teilfläche im Verhältnis zur Gesamtfläche aufzuteilen (Abs. 3 S. 1). 3

3. Bestimmung des Wertverhältnisses. Entsprechend der Regelung in § 36 ist das Wertverhältnis nach allgemeinen Wertermittlungsgrundsätzen zu bestimmen. Dabei ist auf den Zeitpunkt der Geltendmachung des Anspruchs abzustellen; vgl. i. e. § 36 RdNr. 9. 4

4. Durchführung. Durch die Verweisung auf § 1132 Abs. 2 BGB wird klargestellt, daß die Verteilung der Belastung durch die Abgabe einer Verteilungserklärung des Inhabers des dinglichen Rechts erfolgt, wodurch eine Aufhebung der Gesamthaftung herbeigeführt wird. Auf die Abgabe dieser Erklärung hat der Nutzer gegen den Rechtsinhaber einen Anspruch. 5

5. Folgeansprüche. Gemäß § 64 Abs. 1 und 2 steht dem Nutzer gegen den Grundstückseigentümer ein Anspruch auf lastenfreie Übertragung des Grundstücks bzw. auf Befreiung von der Belastung zu. 6

III. Ausnahmen (Abs. 1 und 2)

1. Allgemeines. Die in Abs. 1 und 2 aufgeführten Ausnahmetatbestände sind abschließend; vgl. hierzu § 36 RdNr. 13 ff. Sie gelten sowohl für den Fall des Erwerbs der gesamten Grundstücksfläche, als auch für den Fall des Erwerbs einer Teilfläche iSd. § 66. 7

2. Unredlicher Erwerb (Abs. 1). Die Vorschrift entspricht der Regelung des § 36 Abs. 1 S. 2 Nr. 1 (vgl. dort RdNr. 14 ff.). 8

3. Anderweitige schuldrechtliche Abrede (Abs. 2 S. 1 1. Alt.). Die Bestimmung entspricht der Vorschrift des § 36 Abs. 1 S. 2 Nr. 2 1. Alt. (vgl. dort RdNr. 17 ff.). 9

4. Erkennbarkeit der Nichtzugehörigkeit zum Haftungsverband (Abs. 2 S. 1 2. Alt.). Die Regelung entspricht der Norm des § 36 Abs. 1 S. 2 Nr. 2 2. Alt. (vgl. dort RdNr. 20 f.). 10

5. Vermutung bei Betriebskredit (Abs. 2 S. 2). Die Vorschrift entspricht der Bestimmung des § 36 Abs. 1 S. 3 (vgl. dort RdNr. 22). Insbesondere ist entgegen dem Wortlaut nicht erforderlich, daß der Nutzer das Eigenheim „bewohnt"; wie bei § 36 Abs. 1 S. 3 genügt es, wenn er das Gebäude errichtet oder erworben hat.[1] 11

6. Verfahren. Vgl. § 36 RdNr. 23. 12

7. Folgeansprüche. Im Falle der Verpflichtung zur Zustimmung einer lastenfreien Um- oder Abschreibung wird zugunsten des Inhabers des dinglichen Rechts gegenüber dem Grundstückseigentümer das Recht am Grundstück durch ein Pfandrecht am Grundstückskaufpreis ersetzt (§ 64 Abs. 3 S. 1); der Nutzer hat den Kaufpreis auf Verlangen des Inhabers des dinglichen Rechts zu hinterlegen (§ 64 Abs. 3 S. 3). 13

[1] Ebenso *Vossius* RdNr. 8; aA *Czub-Frenz* RdNr. 6.

§ 64 Ansprüche gegen den Grundstückseigentümer

(1) Der Grundstückseigentümer ist vorbehaltlich der nachfolgenden Bestimmungen verpflichtet, dem Nutzer das Grundstück frei von Rechten Dritter zu übertragen, die gegen den Nutzer geltend gemacht werden können. Satz 1 ist nicht anzuwenden auf

1. Vorkaufsrechte, die aufgrund gesetzlicher Bestimmungen oder aufgrund Überlassungsvertrags eingetragen worden sind, und

2. die in § 62 Abs. 1 bezeichneten Rechte, wenn

a) das Grundstück bereits vor der Bestellung des Nutzungsrechts oder der Bebauung des Grundstücks belastet war,

b) die Belastung vor Ablauf des 2. Oktober 1990 auf Veranlassung staatlicher Stellen erfolgt ist,

c) der Grundstückseigentümer aufgrund gesetzlicher Bestimmungen zur Belastung seines Grundstücks mit einem solchen Recht verpflichtet gewesen ist oder

d) der Nutzer der Belastung zugestimmt hat.

(2) Übernimmt der Nutzer nach § 63 Abs. 3 eine dingliche Haftung für eine vom Grundstückseigentümer eingegangene Verpflichtung, so kann er von diesem Befreiung verlangen. Ist die gesicherte Forderung noch nicht fällig, so kann der Nutzer vom Grundstückseigentümer statt der Befreiung Sicherheit fordern.

(3) Der Inhaber eines in § 63 Abs. 1 bezeichneten dinglichen Rechts, der einer lastenfreien Um- oder Abschreibung zuzustimmen verpflichtet ist, erwirbt im Range und Umfang seines Rechts am Grundstück ein Pfandrecht am Anspruch auf den vom Nutzer zu zahlenden Kaufpreis. Ist das Recht nicht auf Leistung eines Kapitals gerichtet, sichert das Pfandrecht den Anspruch auf Wertersatz. Jeder Inhaber eines solchen Rechts kann vom Nutzer die Hinterlegung des Kaufpreises verlangen.

I. Normzweck

1 Die Norm faßt die Ansprüche des Nutzers und des Inhabers des dinglichen Rechts gegen den Grundstückseigentümer zusammen. Dabei entspricht Abs. 1 der Regelung des § 434 BGB. Durch den Befreiungsanspruch in Abs. 2 soll dem Nutzer ermöglicht werden, das Grundstück lastenfrei zu machen, um dadurch seinerseits Platz für eine grundpfandrechtliche Sicherung zu schaffen.

II. Anspruch auf lastenfreie Übertragung (Abs. 1)

2 **1. Grundsatz.** Soweit die dinglichen Rechte nach §§ 62, 63 bestehen bleiben, hat der Nutzer gegen den Grundstückseigentümer grundsätzlich einen Anspruch auf lastenfreie Übertragung. Dies entspricht der allgemeinen kaufrechtlichen Bestimmung des § 434 BGB. Im Falle der Nichterfüllung stehen dem Nutzer die allgemeinen Rechte zu.

3 **2. Ausnahmen.** Bei dem Katalog des S. 2 handelt es sich wegen seines Ausnahmecharakters um eine abschließende Aufzählung.

4 **a) Vorkaufsrechte.** Vorkaufsrechte aufgrund Überlassungsvertrages sind solche zugunsten des Nutzers; in entspr. Anwendung von § 20 Abs. 7 S. 2 VermG erlöschen diese kraft Gesetzes.[1]

Ein Vorkaufsrecht zugunsten Dritter aufgrund gesetzlicher Bestimmungen kann der Grundstückseigentümer nicht zur Löschung bringen; insoweit bestehen deshalb auch keine Schadensersatzansprüche.

5 **b) Fehlende Schutzwürdigkeit.** Dingliche Rechte iSd. § 62 müssen unter den Voraussetzungen der Nr. 2 ebenfalls nicht abgelöst werden, weil in diesen Fällen der Nutzer nicht schutzwürdig oder dem Grundstückseigentümer eine Ablösung nicht zuzumuten ist. Dies ist (alternativ) der Fall bei:

[1] Ebenso *Czub* Leitfaden RdNr. 512 (Fn. 231); *Eickmann-Wittmer* RdNr. 3.

- Belastung des Grundstücks vor der Bestellung des Nutzungsrechts oder der Bebauung; nach der Systematik des Gesetzes bezieht sich die zweite Alternative auf die Fälle der Bebauung eines Grundstücks ohne vorherige Verleihung eines Nutzungsrechts, also zB bei bloßer Billigung staatlicher Stellen. Ist deshalb die Belastung zwischen der Bestellung eines Nutzungsrechts und der anschließenden Bebauung (aufgrund des Nutzungsrechts) erfolgt, kommt es auf den Zeitpunkt der Verleihung des Nutzungsrechts an, so daß die Ausnahmeregelung des Abs. 1 S. 2 Nr. 2 a nicht eingreift;
- Belastung *vor* Ablauf des 2. 10. 1990 auf Veranlassung staatlicher Stellen;
- Belastung aufgrund gesetzlicher Bestimmungen; hierbei handelt es sich zB um Mitbenutzungsrechte nach § 321 ZGB;
- Belastung mit Zustimmung des Nutzers (oder seines Rechtsvorgängers).

III. Anspruch auf Befreiung (Abs. 2)

6 Soweit der Nutzer für dingliche Rechte iSd. § 63 eine (anteilige) Haftung für eine vom Grundstückseigentümer begründete Belastung zu übernehmen hat, steht ihm gegen diesen ein Befreiungsanspruch zu. Dies entspricht der Regelung des § 37 (vgl. dort RdNr. 2 ff.).

IV. Ansprüche des Inhabers des dinglichen Rechts (Abs. 3)

7 **1. Allgemeines.** Die Regelung des Abs. 3 bezieht sich auf die dinglichen Rechte gem. §§ 62 und 63. Soweit der Inhaber des dinglichen Rechts einer lastenfreien Um- oder Abschreibung zuzustimmen verpflichtet ist, verliert er sein Recht am Grundstück. Mit dessen Untergang durch den Ankauf des Nutzers entsteht jedoch zugleich die Kaufpreisforderung des Grundstückseigentümers, die als Surrogat an die Stelle des Grundstücks tritt. Diese Rechtsfolge wird durch Abs. 3 festgeschrieben.

8 **2. Dingliche Rechte iSd. § 63.** Gemäß Abs. 3 S. 1 werden die dinglichen Rechte auf Zahlung oder Befriedigung aus dem Grundstück mit ihrem Untergang kraft Gesetzes in ein Pfandrecht an dem Grundstückskaufpreisanspruch umgewandelt, und zwar im Rang und im Umfang des dinglichen Rechts. Dies entspricht dem Gedanken des § 1247 BGB, weshalb auf das entstandene Pfandrecht die entspr. Bestimmungen des BGB anzuwenden sind. Hins. des Anspruchs des Inhabers des dinglichen Rechts gegen den Nutzer auf **Hinterlegung des Kaufpreises** werden allerdings die Regelungen der §§ 1281, 1282 BGB durch Abs. 3 S. 3 modifiziert, wodurch auch den Inhabern nachrangiger Rechte eine Sicherung ihrer Ansprüche ermöglicht wird.

9 Soweit allerdings der Grundstückseigentümer den Inhaber des dinglichen Rechts (oder dessen Rechtsvorgänger) auf die Fremdbebauung und auf das Erfordernis einer lastenfreien Um- oder Abschreibung hingewiesen hat, kann er je nach dem Inhalt des Sicherungsvertrages eine Pfandfreigabe verlangen.

10 **3. Dingliche Rechte iSd. § 62.** Bei sonstigen dinglichen Rechten kann im Falle ihres Erlöschens ein Wertersatzanspruch des Inhabers des dinglichen Rechts gegen den Grundstückseigentümer entstehen. Gemäß Abs. 3 S. 2 entsteht für diesen Anspruch kraft Gesetzes zur Sicherung ein Pfandrecht am Kaufpreisanspruch. Im übrigen kann auf die vorstehenden Ausführungen zu RdNr. 8 f. verwiesen werden.

Unterabschnitt 3. Bestimmungen zum Inhalt des Vertrages

§ 65 Kaufgegenstand

(1) Kaufgegenstand ist das mit dem Nutzungsrecht belastete oder bebaute Grundstück oder eine abzuschreibende Teilfläche.

(2) Ist eine Teilung eines bebauten Grundstücks nicht möglich oder unzweckmäßig (§ 66 Abs. 2), ist als Kaufgegenstand ein Miteigentumsanteil am Grundstück in Verbindung mit dem Sondereigentum an Wohnungen oder dem Teileigentum an nicht zu Wohnzwecken dienenden Räumen eines Gebäudes zu bestimmen.

I. Normzweck

1 Die Vorschrift bestimmt in Abs. 1 den Kaufgegenstand und modifiziert diesen in Abs. 2, falls eine Teilung des Grundstücks nicht möglich oder unzweckmäßig ist.

II. Kaufgegenstand

2 **1. Grundsatz (Abs. 1).** Das gesetzliche Ankaufsrecht bezieht sich grundsätzlich auf das mit dem Nutzungsrecht belastete oder bebaute Grundstück iSd. § 21 oder auf eine abzuschreibende Teilfläche im Falle der §§ 22 bis 27; vgl. i.e. die dortige Kommentierung.

3 **2. Ausnahme (Abs. 2).** Soweit eine Teilung des Grundstücks ausscheidet, weil dies unmöglich oder unzweckmäßig ist, bezieht sich das gesetzliche Ankaufsrecht auf zuvor noch zu begründendes Miteigentum am Grundstück(-teilfläche) in Verbindung mit Sondereigentum an einer Wohnung oder Teileigentum an sonstigen Räumen (§ 67). Insoweit entspricht die Bestimmung der Regelung des § 40 Abs. 1.

In welchen Fällen eine Teilung des Grundstücks unmöglich oder unzweckmäßig ist, ist in § 66 Abs. 2 S. 1 und 2 definiert.

§ 66 Teilflächen

(1) Die Bestimmung abzuschreibender Teilflächen ist nach den §§ 22 bis 27 vorzunehmen. Die Grenzen dieser Flächen sind in dem Vertrag zu bezeichnen nach
1. einem Sonderungsplan, wenn die Grenzen der Nutzungsrechte in einem Sonderungsbescheid festgestellt worden sind,
2. einem Lageplan oder
3. festen Merkmalen in der Natur.

(2) Eine Abschreibung von Teilflächen ist nicht möglich, wenn mehrere Nutzer oder der Nutzer und der Grundstückseigentümer abgeschlossene Teile eines Gebäudes unter Ausschluß des anderen nutzen oder wenn die Teilungsgenehmigung nach § 120 zu einer Teilung des Grundstücks versagt wird. Eine Teilung ist unzweckmäßig, wenn gemeinschaftliche Erschließungsanlagen oder gemeinsame Anlagen und Anbauten genutzt werden und die Regelungen für den Gebrauch, die Unterhaltung der Anlagen sowie die Verpflichtung von Rechtsnachfolgern der Vertragsparteien einen außerordentlichen Aufwand verursachen würden. § 40 Abs. 2 ist entsprechend anzuwenden.

I. Normzweck

1 Die Vorschrift ist Ausfluß des sachenrechtlichen Bestimmtheitsgrundsatzes und regelt die Frage, in welcher Weise die Grenzen abzuschreibender Teilflächen zu bestimmen und im Grundstückskaufvertrag zu bezeichnen sind.

II. Bestimmung der Teilflächen (Abs. 1)

2 **1. Grenzen der Teilflächen (Abs. 1 S. 1).** Gemäß Abs. 1 S. 1 bestimmen sich die Grenzen der Teilflächen nach den §§ 22 bis 27. Dies betrifft die materiell-rechtliche Seite; für das Verfahren gelten §§ 85, 86. Eine Modifizierung dieser Bestimmungen erfolgt nicht.

3 **2. Bezeichnung im Grundstückskaufvertrag (Abs. 1 S. 2).** Die Grenzen der Teilflächen müssen im Grundstückskaufvertrag hinreichend genau bezeichnet werden, da die Vereinbarung sonst wegen Verstoßes gegen das sachenrechtliche Bestimmtheitsgebot bzw. wegen Verletzung gesetzlicher Formvorschriften gem. §§ 313 S. 1, 125 S. 1 BGB nichtig ist.[1] In Abs. 1 S. 2 sieht das Gesetz drei Methoden zur Bezeichnung abzuschreibender Teilflächen vor, wobei die im Gesetz genannten Reihenfolge zwingend einzuhalten ist.

[1] Vgl. BGHZ 74, 103 = NJW 1979, 1350.

a) Bodensonderungsplan. Die Aufstellung eines Bodensonderungsplanes richtet sich nach den Vorschriften des sog. Bodensonderungsgesetzes vom 20. 12. 1993 (BGBl. I S. 2182).[2] Wegen der Vorgreiflichkeit der Grenzbestimmung in dem Bodensonderungsverfahren soll das notarielle Vermittlungsverfahren gem. § 94 Abs. 2 S. 1 Nr. 1 im Falle eines schwebenden und noch nicht abgeschlossenen Bodensonderungsverfahrens ausgesetzt werden. Daraus folgt, daß die Grenzbezeichnung gem. § 66 Abs. 1 S. 2 Nr. 1 einen bestandskräftigen **Sonderungsbescheid** voraussetzt. Dies hat zugleich zur Folge, daß Ansprüche auf eine vom Sonderungsbescheid abweichende Festlegung der abzusondernden Flächen nicht mehr geltend gemacht werden können (§ 13 BoSoG). Wegen seiner privilegierten Stellung kann in dem Ankaufsvertrag auch die Bestimmung des Sonderungsbescheides als Flächendefinition aufgenommen werden, bevor der Bescheid Rechtskraft erlangt.[3] 4

b) Lageplan. Der in Nr. 2 genannte Lageplan wird idR aus einem Auszug aus der Katasterkarte bestehen, in den die Grenzen der Grundstücke eingezeichnet sind. Der Begriff des Lageplans ist in den Vermessungsgesetzen der Länder definiert. 5

c) Merkmale in der Natur. Dies können zB markante Punkte und Linien des Geländes oder bestimmte Entfernungs- und Winkelmaße sein. Insoweit lehnt sich die Regelung an § 113 Abs. 4 BauGB an. In Betracht kommen auch Einzeichnungen in Stadtkarten oder Luftbilder in ausreichendem Maßstab. 6

d) Sonstige Bestimmungsmöglichkeiten. Nach dem Gesetzeszweck können die Parteien auch andere gleichwertige Möglichkeiten der Flächenbestimmung vereinbaren, wie zB die Orientierung an Zuteilungs- oder Aufteilungsplänen nach dem Vermögenszuordnungsgesetz, an Umlegungsplänen nach der Bodenordnung des BauGB (§§ 45 bis 79 BauGB) oder an Plänen der Flurbereinigung nach dem FlurbG.[4] 7

3. Grundbuchumschreibung. Die Bezeichnung der Grundstücksgrenzen durch einen Lageplan oder nach festen Merkmalen in der Natur ist nur für den Abschluß des schuldrechtlichen Grundstückskaufvertrages ausreichend. Zur Umschreibung im Grundbuch bedarf es entweder einer Ausweisung der abzuschreibenden Teilfläche in einem Sonderungsplan, da dieser gem. § 7 Abs. 2 BoSoG bis zur Übernahme in das Liegenschaftskataster als amtliches Grundstücksverzeichnis dient, oder einer Vermessung und Fortführung des Liegenschaftskatasters (Veränderungsnachweis). Denn die übrigen Flächenabgrenzungsunterlagen genügen nicht den Anforderungen des § 28 GBO.[5] 8

Der Eintragung einer **Auflassungsvormerkung** bedarf es im Falle des § 92 Abs. 5, 6 nicht. 9

III. Unzulässigkeit einer Teilflächenbestimmung (Abs. 2)

1. Abschreibung nicht möglich (Abs. 2 S. 1). Eine Abschreibung von Teilflächen ist nicht möglich, wenn mehrere Nutzungsrechte an einem Gebäude begründet wurden (1. Alt.) oder die Teilungsgenehmigung nach § 120 iVm. § 19 BauGB versagt wird (2. Alt.). Dies entspricht i.w. der Regelung in § 40 Abs. 1 S. 1 und 2 (vgl. dort RdNr. 3 ff.). In diesem Falle ist gem. § 67 Wohnungs- oder Teileigentum zu begründen, auf das sich dann das gesetzliche Ankaufsrecht bezieht. 10

2. Abschreibung unzweckmäßig (Abs. 2 S. 2). Auch wenn eine Grundstücksteilung rechtlich und tatsächlich möglich wäre, kann sie wegen des damit verbundene Aufwandes wirtschaftlich unvernünftig sein. Auch in diesen Fällen verweist das Gesetz die Beteiligten auf gem. § 67 zu begründendes Wohnungs- und Teileigentum und ein entsprechendes Ankaufsrecht. Nach der Legaldefinition des Abs. 2 S. 2 ist eine Realteilung unzweckmäßig, wenn wegen gemeinschaftlich genutzter Nebengebäude oder Anbauten (Parkplätze, Garagen, Wege, Heizung, Kläranlage, Freizeiträume, Waschküche etc.) verschiedene Verträge über die Nutzungsbefugnis und die Unterhaltung sowie zwecks dinglicher Absicherung für den Fall der Rechtsnachfolge abgeschlossen werden müßten *oder* wenn Erschließungsanlagen neu gebaut werden müßten und beides einen außerordentlichen Aufwand verursachen würde; es genügt also bereits ein hoher Aufwand, nicht erst ein im Verhältnis zum Nutzen oder zum Wert des Grundstücks unverhältnismäßiger Aufwand (vgl. hierzu auch § 40 RdNr. 14). 11

[2] Vgl. hierzu *Schmidt-Räntsch/Marx* DtZ 1994, 354 ff.; s. auch die Sonderungsplanverordnung v. 2. 12. 1994 (BGBl. I, S. 3701).

[3] *Eickmann-Bischoff* RdNr. 3.

[4] *Eickmann-Bischoff* RdNr. 6.

[5] Vgl. BGH NJW 1986, 1867, 1868; *Herbig-Gaitsch-Hügel-Weser* S. 105.

12 Durch den Verweis auf § 40 Abs. 2 wird klargestellt, daß im Falle der Unzweckmäßigkeit einer Realteilung eine Abschreibung von Teilflächen nicht kraft Gesetzes ausscheidet, sondern von einem Nutzer verweigert und stattdessen die Begründung von Wohnungs- oder Teileigentum nach § 67 (einklagbar) verlangt werden kann.

§ 67 Begründung von Wohnungs- oder Teileigentum

(1) In den Fällen des § 66 Abs. 2 kann jeder Beteiligte verlangen, daß anstelle einer Grundstücksteilung und Veräußerung einer Teilfläche Wohnungs- oder Teileigentum begründet und veräußert wird. Die Verträge sollen folgende Bestimmungen enthalten:

1. Sofern selbständiges Gebäudeeigentum besteht, ist Wohnungs- oder Teileigentum durch den Abschluß eines Vertrages nach § 3 des Wohnungseigentumsgesetzes über das Gebäude und eine Teilung des Grundstücks nach § 8 des Wohnungseigentumsgesetzes zu begründen und auf die Nutzer zu übertragen.

2. In anderen Fällen hat der Grundstückseigentümer eine Teilung entsprechend § 8 des Wohnungseigentumsgesetzes vorzunehmen und Sondereigentum und Miteigentumsanteile an die Nutzer zu veräußern.

(2) Der Anspruch nach Absatz 1 besteht nicht, wenn

1. der von einem Nutzer zu zahlende Kaufpreis bei der Begründung von Wohnungseigentum nach § 1 Abs. 2 des Wohnungseigentumsgesetzes mehr als 30 000 Deutsche Mark oder von Teileigentum nach § 1 Abs. 3 jenes Gesetzes mehr als 100 000 Deutsche Mark betragen würde und

2. der betreffende Nutzer die Begründung von Wohnungserbbaurechten verlangt.

(3) Wird Wohnungs- oder Teileigentum begründet, so können die Nutzer eine Kaufpreisbestimmung verlangen, nach der sie dem Grundstückseigentümer gegenüber anteilig nach der Größe ihrer Miteigentumsanteile zur Zahlung des Kaufpreises verpflichtet sind.

(4) Die Beteiligten sind verpflichtet, an der Erlangung der für die Aufteilung erforderlichen Unterlagen mitzuwirken. § 40 Abs. 4 ist entsprechend anzuwenden.

I. Normzweck

1 Die Vorschrift knüpft an § 66 Abs. 2 an und regelt die an die Stelle der Realteilung tretende Begründung von Wohnungs- oder Teileigentum. Zum Schutz finanzschwacher Nutzer sieht Abs. 2 die Möglichkeit vor, statt der Begründung von Eigentumsrechten die Bestellung von Wohnungs- oder Teilerbbaurechten verlangen zu können.

II. Regelungsgehalt (Abs. 1, 3 und 4)

2 **1. Allgemeines.** Wohnungs- oder Teileigentum ist *vor* einem Verkauf und der anschließenden Übertragung zunächst zu begründen. Hierauf haben Grundstückseigentümer und Nutzer als Beteiligte (§ 3 Abs. 1 S. 1) gem. Abs. 1 S. 1 einen gesetzlichen Anspruch, soweit einer der Fälle des § 66 Abs. 2 gegeben ist, also eine Realteilung nicht möglich oder unzweckmäßig ist (vgl. hierzu § 66 RdNr. 10 bis 12). Es genügt, wenn nur ein Nutzer das Verlangen stellt.

3 **2. Wohnungs- oder Teileigentum.** Das SachenRBerG trifft insoweit keine neue Begriffsdefinition. Es ist deshalb auf die Definition in § 1 Abs. 1 bis 3 WEG abzustellen.

4 **3. Vertragsinhalt (Abs. 1).** In Abs. 1 S. 2 sieht das Gesetz für den Vertragsinhalt einen bestimmten Sollinhalt vor.[1] Dabei ist danach zu unterscheiden, ob die Nutzer selbständiges Gebäudeeigentum erworben haben oder nicht.

[1] Für diese rechtlich schwierigen Sachverhalte ist die Ausarbeitung von Vertragsmustern beabsichtigt; vgl. *Czub* Leitfaden RdNr. 528 (Fn. 237).

a) Selbständiges Gebäudeeigentum des Nutzers. Hat zumindest ein Nutzer selbständiges Gebäudeeigentum (vgl. § 34 RdNr. 2) erworben, so ist insoweit gemäß § 34 Abs. 2 ZGB Miteigentum entstanden, welches nach Art. 232 § 9 EGBGB als Miteigentum nach Bruchteilen iSd. § 1008 BGB fortbesteht. Dieses Miteigentum am Gebäude ist gem. Abs. 1 S. 2 Nr. 1 in Sonder- und Miteigentum entspr. § 3 WEG aufzuteilen. Die Aufteilung in Wohnungs- und Teileigentum muß nicht im gleichen Verhältnis wie die vorherigen Miteigentumsanteile erfolgen; so kann zB vereinbart werden, daß ein Miteigentümer ausscheidet und sein Anteil in die Gesamtmasse aufgenommen wird.[2] 5

Das von dem Gebäudeeigentum zu trennende Eigentum am Grundstück ist dagegen gem. § 8 WEG zu teilen. 6

Die **Zusammenführung** der im Sonder- und im Miteigentum stehenden Anteile am Gebäude und der Miteigentumsanteile am Grundstück in einer Person erfolgt mit dem Vollzug der Grundstückskaufverträge. Grundbuchrechtlich muß das selbständige Gebäudeeigentum mit seinem Gebäudegrundbuchblatt zunächst in ein Gebäudeeigentums-Wohnungsgrundbuch überführt werden, um anschließend in das Grundstücks-Wohnungsgrundbuch umgeschrieben zu werden.[3] 7

b) Keine Eigentümerstellung des Nutzers. Soweit die Nutzer weder Gebäudeeigentum noch Eigentumsrechte am Grundstück erworben haben, ist gem. Abs. 1 S. 2 Nr. 2 insgesamt nur § 8 WEG anwendbar. Das Grundstück ist also auf Verlangen der Nutzer vom Grundstückseigentümer in Miteigentumsanteile unter Verbindung mit Sondereigentum zu teilen, bevor die Kaufverträge vollzogen werden können. Außerdem ist eine Aufgabeerklärung des Gebäudeeigentümers erforderlich, damit das selbständige Gebäudeeigentum untergeht; dies folgt aus der Wertung des § 78.[4] 8

c) Anwendung sonstiger Vorschriften. Soweit im SachenRBerG nicht zwingende Vorschriften getroffen worden sind, sind die zwingenden Vorschriften des WEG zu beachten. Ansonsten können die Vertragspartner abweichende Regelungen treffen (§ 3 Abs. 1 S. 2); die weiteren Vorschriften des WEG können sodann zur Ausfüllung von Regelungslücken herangezogen werden. 9

4. Aufteilung des Kaufpreises (Abs. 3). Durch Abs. 3 wird klargestellt, daß die Wohnungseigentümer gegenüber dem Grundstückseigentümer nur als Teilschuldner des auf den Erwerb ihres Miteigentumsanteils entfallenden Kaufpreisanteiles iSd. § 420 BGB haften; vgl. hierzu auch § 40 Abs. 3. 10

5. Mitwirkungspflichten (Abs. 4). Die Vorschrift stimmt mit § 40 Abs. 4 überein (vgl. dort RdNr. 20). Die Vertragsbeteiligten haben also insbes. an der Aufteilung und der Erlangung der in § 7 Abs. 4 WEG bezeichneten Unterlagen mitzuwirken. Durch die Verweisung auf § 40 Abs. 4 wird zudem klargestellt, daß die dadurch entstehenden Kosten keine Vertragskosten iSd. § 77 sind, sondern der besonderen Kostenregelung des § 40 Abs. 4 S. 2 unterworfen sind. 11

III. Ausschluß des Anspruchs (Abs. 2)

Die Regelung entspricht der in § 15 Abs. 2 getroffenen Entscheidung. Im Umkehrschluß zu Abs. 2, dessen Voraussetzungen kumulativ vorliegen müssen, ergibt sich nämlich, daß im Falle eines Kaufpreises für einen Wohnungseigentumsanteil von nicht mehr als 30 000 DM bzw. für einen Teileigentumsanteil von nicht mehr als 100 000 DM der betr. Nutzer der Begründung von Wohnungs- oder Teileigentum nicht widersprechen kann, sondern den Eigentumsanteil ankaufen muß. 12

Soweit die **Schwellenwerte** des Abs. 2 Nr. 1 überschritten sind (vgl. hierzu § 15 RdNr. 3f.), kann der betr. Nutzer dem Verlangen eines anderen Beteiligten nach Begründung von Wohnungs- oder Teileigentum widersprechen und stattdessen die Begründung von Wohnungserbbaurechten gem. § 40 verlangen. 13

[2] *Eickmann-Bischoff* RdNr. 3.

[3] Vgl. hierzu *Eickmann-Bischoff* RdNr. 6; *Czub-Spät* RdNr. 2 ff.; zur Anlegung von Gebäudegrundbuchblättern vgl. OLG Brandenburg DtZ 1994, 284; OLG Rostock Rpfleger 1994, 413; LG Berlin DtZ 1995, 61.

[4] Ebenso *Hügel* DtZ 1996, 66, 68 f.

§ 68 Regelmäßiger Preis

(1) Der Kaufpreis beträgt die Hälfte des Bodenwerts, soweit nicht im folgenden etwas anderes bestimmt ist.

(2) Macht der Nutzer dem Grundstückseigentümer im ersten Jahr nach dem 1. Oktober 1994 ein Angebot für einen Grundstückskaufvertrag oder beantragt er innerhalb dieser Zeit das notarielle Vermittlungsverfahren zum Abschluß eines solchen Vertrages, so kann er eine Ermäßigung des nach Absatz 1 ermittelten Kaufpreises um fünf vom Hundert für den Fall verlangen, daß der ermäßigte Kaufpreis innerhalb eines Monats gezahlt wird, nachdem der Notar dem Käufer mitgeteilt hat, daß alle zur Umschreibung erforderlichen Voraussetzungen vorliegen. Wird das Angebot im zweiten Jahr nach dem 1. Oktober 1994 gemacht oder innerhalb dieser Zeit das notarielle Vermittlungsverfahren beantragt, so beträgt die Ermäßigung zweieinhalb vom Hundert. Die Ermäßigung ist ausgeschlossen, wenn zuvor ein Erbbauzins an den Grundstückseigentümer zu zahlen war. Die Ermäßigung fällt weg, wenn der Käufer den Vertragsschluß wider Treu und Glauben erheblich verzögert.

I. Normzweck

1 Die Vorschrift enthält als Ausfluß des Teilungsmodells die Grundregelung für die Preisbestimmung. Als Anreiz für eine beschleunigte Durchführung der Sachenrechtsbereinigung sieht Abs. 2 darüber hinaus noch die Möglichkeit einer Preisermäßigung vor.

II. Regelmäßiger Preis (Abs. 1)

2 Der regelmäßige Kaufpreis beträgt die **Hälfte des Bodenwertes,** der nach §§ 19, 20 zu ermitteln ist. Die Zahlung eines Mindestbetrages, wie er im RegE vorgesehen war, ist nicht Gesetz geworden.[1] Hins. der Fälligkeit gelten die allgemeinen Vorschriften.

3 **Abweichende Regelungen** ergeben sich aus § 69 (Preisanhebung bei kurzer Restnutzungsdauer des Gebäudes), § 70 (Preisbemessung nach dem ungeteilten Bodenwert), § 73 (Preisbemessung im Wohnungsbau) und § 74 (Preisbemessung bei Überlassungsverträgen). Die Vorschriften der §§ 68 Abs. 2, 71 und 72 wirken sich dagegen nicht auf die Preisvereinbarung im Grundstückskaufvertrag aus, sondern führen nur nachträglich zu einer Herabsetzung des vereinbarten Kaufpreises oder zu einer Nachzahlungsverpflichtung.

III. Preisermäßigung (Abs. 2)

4 **1. Anspruchsvoraussetzungen. a) Allgemeines.** Die Preisermäßigung tritt nur auf Verlangen des Nutzers ein. Es handelt sich dabei um eine Art **Barzahlungsskonto,** nicht um einen nachträglichen Teilerlaß. Der Anspruch auf eine Preisermäßigung ist deshalb in den Grundstückskaufvertrag aufzunehmen; der Notar hat die Beteiligten hierüber zu belehren.

5 **b) Barzahlung.** Erforderlich ist die Barzahlung des Kaufpreises durch den Nutzer. Ratenzahlungs- oder Stundungsvereinbarungen führen deshalb nicht zu einer (auch nur teilweisen) Ermäßigung.

6 **c) Zeitraum.** Der Nutzer muß dem Grundstückseigentümer innerhalb einer bestimmten Frist ein Angebot für einen Grundstückskaufvertrag gemacht oder das notarielle Vermittlungsverfahren beantragt haben; eine notarielle Form des Angebots ist nicht erforderlich. Die bloße Ausübung des Wahlrechts nach § 16 genügt nicht, da hierdurch eine Bereinigung der Rechtsbeziehungen nicht so weit gefördert wird, daß nach dem Normzweck eine Preisermäßigung gerechtfertigt wäre.[2] Bei Abgabe eines Angebots für einen Grundstückskaufvertrag muß dessen Inhalt i.w. den Bestimmungen der §§ 65 bis 74 entsprechen; verhältnismäßig geringfügige **Abweichungen** sind in entspr. Anwendung des § 44 Abs. 2 S. 2 (vgl. dort RdNr. 5) unschädlich.

[1] Vgl. BT-Drucks. 12/5992 S. 33, 151 f.

[2] Vgl. auch BT-Drucks. 12/5992 S. 196; aA *Czub-Frenz* RdNr. 7; *Eickmann-Bischoff* RdNr. 6.

Angebot oder Antrag müssen binnen **Jahresfrist** nach dem Inkrafttreten des SachenRBerG abgegeben bzw. gestellt worden sein, um in den Genuß der fünfprozentigen Preisermäßigung zu kommen. Der Zeitraum umfaßt also die Zeit vom 1. 10. 1994 bis zum 30. 9. 1995 (§ 187 Abs. 2 S. 1 BGB). Gemäß Abs. 2 S. 2 kann der Nutzer eine zweieinhalbprozentige Preisermäßigung verlangen, wenn das Angebot oder der Antrag innerhalb des zweiten Jahres nach dem Inkrafttreten des SachenRBerG abgegeben bzw. gestellt worden ist, also innerhalb des Zeitraumes vom 1. 10. 1995 bis zum 30. 9. 1996. **7**

d) Zahlungsfrist. Weitere Voraussetzung für die Preisermäßigung ist die tatsächliche Zahlung des (ermäßigten) Kaufpreises innerhalb eines Monats nach der Mitteilung des Notars an den Nutzer, daß alle zur Umschreibung erforderlichen Voraussetzungen vorliegen. Geht die Mitteilung dem Nutzer/Käufer also zB am 15. 5. zu, muß der Kaufpreis bis zum 15. 6. entrichtet sein, da der 15. 5. bei der Fristberechnung nicht mitzählt (§§ 187 Abs. 1, 188 BGB). Aus Gründen der Rechtssicherheit sollte diese Mitteilung zugestellt werden. **8**

Eine Einschränkung ist jedoch für die **steuerliche Unbedenklichkeitsbescheinigung** zu machen, deren Vorlage zwar für die Eigentumsumschreibung erforderlich ist, jedoch vom Käufer durch ein verzögertes Bezahlen der Grunderwerbssteuer beeinflußbar ist. In entsprechender Anwendung des Rechtsgedankens des Abs. 2 S. 4 läuft die Monatsfrist auch dann, sobald die sonstigen Umschreibungsvoraussetzungen vorliegen und der Notar hierüber Mitteilung gemacht hat.[3] Die Voraussetzung der Zahlung binnen Monatsfrist gilt auch für die **zweieinhalbprozentige Preisermäßigung,** da insoweit durch Abs. 2 S. 2 keine abweichende Regelung getroffen werden sollte.[4] **9**

2. Ausschluß des Anspruchs. Gemäß Abs. 2 S. 3 ist eine Preisermäßigung ausgeschlossen, wenn sich der Nutzer zunächst für das Erbbaurecht entschieden hatte. Denn der Nutzer soll nicht die Kaufpreisermäßigung beanspruchen können, wenn er zuvor den Grundstückseigentümer für einen (wenngleich befristeten) Zeitraum auf die niedrigen Einkünfte aus dem Erbbaurechtsverhältnis verwiesen hatte. **10**

3. Wegfall des Anspruchs. Gemäß Abs. 2 S. 4 geht der Anspruch auf eine Preisermäßigung unter, wenn der Nutzer den Vertragsschluß **wider Treu und Glauben** erheblich verzögert. Die Vorschrift lehnt sich an § 162 BGB an, so daß das Verhalten des Nutzers bei Würdigung von Anlaß, Zweck und Beweggrund als treuwidrig erscheinen muß; die Verletzung einer einklagbaren Vertragspflicht ist ebensowenig erforderlich wie ein absichtliches Handeln. Andererseits genügt aber bloße Fahrlässigkeit idR nicht, zumal ein solches Verhalten nicht immer leicht von der Wahrnehmung berechtigter Interessen zu unterscheiden ist. Dies folgt aus der im Vergleich zum RegE, nach dem die Preisermäßigung bereits bei einer Verzögerung aus einem vom Käufer zu vertretenden Umstand entfallen sollte,[5] strengeren Fassung des Wortlautes. **11**

Darüber hinaus muß eine **erhebliche Verzögerung** vorliegen. Nicht hierunter fallen Zahlungsverzögerungen, da in diesem Fall eine Preisermäßigung schon wegen Verstreichen der Monatsfrist des Abs. 2 S. 1 entfällt. In Anbetracht der gesetzlich vorgesehenen Monatsfrist ist eine Verzögerung in diesem Rahmen als nicht erheblich anzusehen. Unter Berücksichtigung des Gesetzeszwecks und der Interessen des Grundstückseigentümers darf aber andererseits dieses Erfordernis nicht zu eng ausgelegt werden; als Obergrenze dürften Verzögerungen von zwei bis drei Monaten noch hinzunehmen sein. **12**

4. Berechnung. Der Berechnungsweg ist im Gesetz vorgeschrieben. Der Barzahlungsabschlag ist vom halbierten Bodenwert, also dem zu zahlenden Kaufpreis, vorzunehmen, so daß die Abzüge gem. § 19 Abs. 2, 3 sowie § 20 vor dem Barzahlungsabschlag zu berücksichtigen sind. **13**

§ 69 Preisanhebung bei kurzer Restnutzungsdauer des Gebäudes

(1) Der nach § 68 zu bestimmende Kaufpreis ist auf Verlangen des Grundstückseigentümers wegen kurzer Restnutzungsdauer des Gebäudes zu erhöhen, wenn
1. das Gebäude zu anderen als zu Wohnzwecken genutzt wird,
2. dem Nutzer ein Nutzungsrecht nicht verliehen oder nicht zugewiesen worden ist

[3] Ebenso *Herbig-Gaitzsch-Hügel-Weser* S. 106; *Vossius* RdNr. 12, 17; *Czub-Frenz* RdNr. 11; *Krauß* OVspezial 1995, 242, 247.

[4] *Vossius* RdNr. 13; vgl. auch BT-Drucks 12/5992 S. 196.

[5] Vgl. BT-Drucks 12/5992 S. 33 f., 196.

oder die Restlaufzeit eines Nutzungs- oder Überlassungsvertrages kürzer ist als die regelmäßige Dauer des Erbbaurechts und

3. die Restnutzungsdauer des Gebäudes zum Zeitpunkt des Ankaufverlangens kürzer ist als die regelmäßige Dauer eines Erbbaurechts.

(2) Zur Bestimmung der Preisanhebung sind die Bodenwertanteile eines Erbbaurechts mit der Restnutzungsdauer des Gebäudes und eines Erbbaurechts mit der regelmäßigen Laufzeit nach § 53 zu errechnen. Der Bodenwertanteil des Nutzers ist nach dem Verhältnis der Bodenwertanteile der in Satz 1 bezeichneten Erbbaurechte zu ermitteln. Der angehobene Preis errechnet sich durch Abzug des Anteils des Nutzers vom Bodenwert.

I. Normzweck

1 Die Vorschrift sieht bei einer kurzen Restnutzungsdauer des Gebäudes eine Preisanhebung vor, weil in diesem Fall die Beteiligung des Nutzers am Bodenwert durch seine bauliche Investition geringer als 50% ist. Zugleich wird dadurch eine wirtschaftliche Gleichstellung mit § 53 Abs. 3 geschaffen, wonach eine geringere Restnutzungsdauer des Gebäudes die regelmäßige Dauer des Erbbaurechts verkürzen kann.

II. Voraussetzungen (Abs. 1)

2 **1. Allgemeines.** Die in Abs. 1 genannten Vorschriften für eine Preisanhebung müssen kumulativ vorliegen. Sie erfolgt außerdem nur auf Verlangen des Grundstückseigentümers.

3 **2. Keine Nutzung zu Wohnzwecken (Nr. 1).** Das Gebäude darf nicht zu Wohnzwecken genutzt werden (wie in § 53 Abs. 3).

Stichtag ist der für die Preisbestimmung maßgebliche Tag, also der Tag des Angebots zum Vertragsschluß (§ 19 Abs. 1).

4 Bei einer **Mischnutzung** ist zunächst § 70 Abs. 2 iVm. § 54 Abs. 2 zu beachten, wonach zB die Ausübung einer freiberuflichen Tätigkeit in einem Eigenheim dessen Charakter als Eigenheim nicht verändert, so daß in diesem Fall eine Preisanhebung ausscheidet. In den übrigen Fällen ist zu prüfen, ob die anderweitige Nutzung so wenig ins Gewicht fällt, daß dadurch die Nutzung als Wohngebäude nach wie vor im Vordergrund steht, wobei insoweit auf die Flächenverhältnisse abzustellen ist;[1] ansonsten kommt eine anteilige Anhebung des Kaufpreises – bezogen auf den Anteil der nicht zu Wohnzwecken genutzten Fläche – in Betracht.

5 **3. Fehlendes Nutzungsrecht oder kurze Vertragsrestlaufzeit (Nr. 2).** Soweit zugunsten des Nutzers ein dingliches Nutzungsrecht bestellt worden ist (vgl. hierzu § 1 RdNr. 2f.) oder eine vertragliche Berechtigung mit einer Restlaufzeit besteht, die die regelmäßige Dauer eines entspr. Erbbaurechts gem. § 53 Abs. 2 (vgl. dort RdNr. 6 ff.) übersteigt, steht dem Nutzer der hälftige Bodenwertanteil zu; in diesen Fällen ist also eine Preisanhebung ausgeschlossen.

6 **4. Kurze Restnutzungsdauer (Nr. 3).** Die Restnutzungsdauer des Gebäudes muß kürzer sein als die regelmäßige Dauer eines Erbbaurechts. Die Restnutzungsdauer des Gebäudes ist dabei in jedem Einzelfall ggf. durch Einholung eines Sachverständigengutachtens[2] zu ermitteln, wobei hierfür der Zeitpunkt des Ankaufsverlangens maßgeblich ist, so daß insbes. beabsichtigte zukünftige Investitionen unberücksichtigt bleiben; aus der im Vergleich zu § 68 Abs. 2 abweichenden Formulierung ergibt sich, daß unter Ankaufverlangen auch bereits die Ausübung des Wahlrechts gem. § 15 zu verstehen ist. Mit der Restnutzungsdauer ist die aus § 53 Abs. 2 für die jeweilige Nutzungsart sich ergebende Dauer eines entspr. Erbbaurechts zu vergleichen (vgl. dort RdNr. 6 ff.).

III. Berechnung (Abs. 2)

7 **1. Allgemeines.** Die Berechnung erfolgt durch Ermittlung der Barwerte und entspricht damit den Wertermittlungsrichtlinien (Ziffer 5.2.2.3.2 der Wertermittlungsrichtlinien 1991) und der üblichen Bewertungspraxis. Die Ermittlung des zu zahlenden Kaufpreises ist durch Vergleich der Bodenwertanteile von entspr. Erbbaurechten mit der Restnutzungsdauer des Gebäudes (Bodenwertanteil 1) und einem entsprechenden Erbbaurecht mit der regelmäßigen Laufzeit

[1] *Eickmann-Bischoff* RdNr. 4.

[2] Vgl. hierzu *Eickmann-Bischoff* RdNr. 14 bis 39.

iSd. § 53 Abs. 2 (Bodenwertanteil 2) vorzunehmen. Die beiden Bodenwertanteile sind sodann ins Verhältnis zu setzen und mit dem sich aus § 68 Abs. 1, 2 ergebenden regelmäßigen Kaufpreis zu multiplizieren, um sodann von dem sich aus §§ 19, 20 folgenden Bodenwert abgezogen zu werden.

8 Die Preisbestimmung ergibt sich also aus der **Formel:**

$$\text{Kaufpreis} = \text{Bodenwert} - \frac{\text{regelmäßiger Preis} \times \text{Bodenwertanteil 1}}{\text{Bodenwertanteil 2}}$$

2. Berechnungsbeispiel.[3]

Bodenwert:	100 000 DM
regelmäßiger Preis:	50 000 DM
Restnutzungsdauer:	30 Jahre
übliche Laufzeit:	50 Jahre

Berechnung der Bodenwertanteile:

Differenz zwischen üblichem und gesetzlichem Erbbauzins (üblich 7%; gesetzlich: 3,5%): 3 500 DM p.a.

Wertfaktor (wegen starker Belastung des Grundeigentums durch das Ankaufsrecht): 1,0

Vervielfältiger (vgl. Anlage 4 zu den Wertermittlungsrichtlinien 1991):
- bei 30 Jahren Laufzeit und üblichem Zins von 8%: 12,41
- bei 50 Jahren Laufzeit und üblichem Zins von 7%: 13,8

Bodenwertanteile (Formel: Zinsdifferenz × Wertfaktor × Vervielfältiger):
- Bodenwertanteil 1 (Restnutzungsdauer): 43 435 DM
- Bodenwertanteil 2 (regelmäßige Dauer): 48 300 DM

Berechnung des Ankaufspreises:

$$\text{Kaufpreis} = 100000 - \frac{50000\ \text{DM} \times 43435\ \text{DM}}{48300\ \text{DM}} = 55036{,}23\ \text{DM}$$

§ 70 Preisbemessung nach dem ungeteilten Bodenwert

(1) Der Kaufpreis ist nach dem ungeteilten Bodenwert zu bemessen, wenn die Nutzung des Grundstücks geändert wird. Eine Nutzungsänderung im Sinne des Satzes 1 liegt vor, wenn

1. ein Gebäude zu land-, forstwirtschaftlichen, gewerblichen oder öffentlichen Zwecken genutzt wird, obwohl das Nutzungsrecht zu Wohnzwecken bestellt oder das Gebäude am 2. Oktober 1990 zu Wohnzwecken genutzt wurde,

2. ein Gebäude oder eine bauliche Anlage gewerblichen Zwecken dient und das Gebäude auf den dem gesetzlichen Nutzungsrecht der landwirtschaftlichen Produktionsgenossenschaften unterliegenden Flächen errichtet und am 30. Juni 1990 land- oder forstwirtschaftlich genutzt wurde oder

3. ein Gebäude oder eine bauliche Anlage abweichend von der nach dem Inhalt des Nutzungsrechts vorgesehenen oder der am Ablauf des 2. Oktober 1990 ausgeübten Nutzungsart genutzt wird.

(2) Die Nutzung eines Eigenheimes für die Ausübung freiberuflicher Tätigkeit, eines Handwerks-, Gewerbe- oder Pensionsbetriebes sowie die Änderung der Art der Nutzung ohne verstärkte bauliche Ausnutzung des Grundstücks durch einen Nutzer, der das Grundstück bereits vor dem 3. Oktober 1990 in Anspruch genommen hatte (§ 54 Abs. 2 und 3), sind keine Nutzungsänderungen im Sinne des Absatzes 1.

(3) Ist ein Nutzungsrecht für den Bau eines Eigenheimes bestellt oder das Grundstück mit einem Eigenheim bebaut worden, ist der ungeteilte Bodenwert für den Teil des Grundstücks in Ansatz zu bringen, der die Regelgröße übersteigt, wenn dieser abtrennbar und selbständig baulich nutzbar ist. Gleiches gilt hinsichtlich einer

[3] Aus: BT-Drucks 12/5992 S. 152 f.; vgl. die weiteren Beispiele bei *Eickmann-Bischoff* RdNr. 43 bis 52 und bei *Bischoff,* Grundstückswerte in den neuen Bundesländern, 2. Aufl. 1995.

über 1000 Quadratmeter hinausgehenden Fläche, wenn diese abtrennbar, und angemessen wirtschaftlich nutzbar ist.

(4) Der Kaufpreis ist auch dann nach dem ungeteilten Bodenwert zu bemessen, wenn der Nutzer das Gebäude oder die bauliche Anlage nach dem Ablauf des 20. Juli 1993 erworben hat und zum Zeitpunkt des der Veräußerung zugrunde liegenden Rechtsgeschäfts die in § 29 Abs. 3 bezeichneten Voraussetzungen vorlagen. Satz 1 ist nicht anzuwenden, wenn das Gebäude oder die bauliche Anlage als Teil eines Unternehmens veräußert wird und der Nutzer das Geschäft seines Rechtsvorgängers fortführt.

I. Normzweck

1 Die Vorschrift entspricht dem Regelungsgedanken des § § 47 (vgl. dort RdNr. 1). In Abs. 4 soll zusätzlich einem spekulativen Erwerb des Gebäudes nach dem 20. 7. 1993 vorgebeugt und die ungerechtfertigte Mitnahme von Gewinnen verhindert werden.

II. Voraussetzungen

2 **1. Allgemeines.** Die Vorschrift zählt in Abs. 1, 3 und 4 drei Fallgruppen auf, in denen die Preisbemessung nach dem ungeteilten Bodenwert vorzunehmen ist.

3 **2. Nutzungsänderung (Abs. 1, 2). a) Fallgestaltungen.** Nach der Legaldefinition des Abs. 1 S. 2 liegt – ähnlich wie bei § 47 Abs. 1 – eine Nutzungsänderung in folgenden Fällen vor:

- Übergang von einer Nutzung zu Wohnzwecken am 2. 10. 1990 zu einer anderen Nutzung; der ursprüngliche Nutzungszweck muß sich im Falle eines verliehenen Nutzungsrechts aus dessen Inhalt oder im Falle der staatlichen Billigung (§ 10) aus der tatsächlichen Nutzung ergeben;
- Umwandlung einer land- oder forstwirtschaftlichen Nutzung, die aufgrund des früheren gesetzlichen Nutzungsrechts der landwirtschaftlichen Produktionsgenossenschaften ausgeübt worden ist, in eine gewerbliche Nutzung, wenn die land- oder forstwirtschaftliche Nutzung am 30. 6. 1990 noch ausgeübt worden ist, wobei hierunter die für die DDR übliche Nutzung zu verstehen ist (also zB auch die Tätigkeit der Verwaltung einer LPG oder der volkseigenen Güter wie auch deren Handelseinrichtungen);
- Änderung der Art der Nutzung, zu der das Nutzungsrecht bestellt wurde (zB Konsumgenossenschaft hat ihre Verkaufsgeschäfte eingestellt und erzielt nunmehr Einnahmen aus der Vermietung und Verpachtung ihrer Ladenlokale) oder die bei Ablauf des 2. 10. 1990 ausgeübt worden ist; unschädlich ist es dagegen, wenn die strukturelle Nutzung als solche unverändert bleibt (zB: Personalbüro einer LPG wird nunmehr als Rechtsanwaltsbüro genutzt). Die Vermietung an einen Dritten bei unveränderter tatsächlicher Nutzung fällt unter § 71.

4 **Keine Nutzungsänderungen** sind gem. Abs. 2 die bereits in § 54 aufgeführten Fallgestaltungen. Die Nutzung eines Eigenheims für die Ausübung einer freiberuflichen Tätigkeit verändert deshalb nicht den Nutzungscharakter des Gebäudes als Eigenheim iSd. § 5 Abs. 2, so daß sich der Kaufpreis nur nach dem halben Bodenwert bemißt. Ebenso stellt eine Nutzungsänderung innerhalb derselben Nutzungsart (zB die Umstellung des Warensortiments) keine Nutzungsänderung iSd. Abs. 1 dar, wenn dies zu keiner verstärkten baulichen Ausnutzung des Grundstücks führt und der Nutzer das Grundstück bereits vor dem 3. 10. 1990 in Anspruch genommen hatte. Ein Rechtsnachfolger (nach dem 2. 10. 1990) kann sich also nicht auf den Ausnahmetatbestand des Abs. 2 iVm. § 54 Abs. 3 berufen. Vgl. i. ü. die Kommentierung zu § 54 RdNr. 3 ff.

5 Auf Nutzungsänderungen nach Abschluß des Grundstückskaufvertrages ist § 70 nicht anwendbar; diese unterfallen § 71.

6 **b) Teilweise Umnutzung, Mischnutzung.** In diesen Fällen ist für die Frage der Nutzungsänderung die von der jeweiligen Nutzungsart in Anspruch genommene Fläche entscheidend. Eine Ausnahme gilt dann, wenn mit der (teilweisen) Nutzungsänderung für die Bewertung des Objekts Ertragsgesichtspunkte eine Rolle spielen; diese sind dann zu berücksichtigen. Soweit danach das Objekt nicht überwiegend (zu 90%) einer Nutzungsart zuzuordnen ist, ist die Preisbemessung entsprechend den genutzten Teilflächen teils nach dem geteilten, teils nach dem ungeteilten Bodenwert vorzunehmen.[1]

[1] Unklar: *Eickmann-Bischoff* RdNr. 2.

3. Eigenheim mit übergroßem Grundstück (Abs. 3). Für den Eigenheimbau (§ 5 Abs. 2) ist eine Kaufpreisbemessung nach dem ungeteilten Bodenwert in bezug auf die Grundstücksteilfläche vorgesehen, die die Regelgröße von 500 qm übersteigt. Dies entspricht hinsichtlich der Voraussetzungen den Bestimmungen des § 26 Abs. 1 S. 3 (vgl. dort RdNr. 3 bis 6) und § 43 Abs. 2 S. 1 Nr. 1 b (vgl. dort RdNr. 6). 7

4. Gebäudeerwerb nach dem 20. 7. 1993 (Abs. 4). Die Vorschrift, die für alle Nutzungsarten gilt, ergänzt die in § 29 Abs. 1 und 2 bestimmten Einreden; in diesen Fällen liegt keine schützenswerte bauliche Investition vor, die eine Teilung des Bodenwerts zwischen Nutzer und Grundstückseigentümer rechtfertigen würde. Sie ist an folgende Voraussetzungen geknüpft: 8
- Rechtserwerb nach dem 20. 7. 1993, dh. dem Tag der Zuleitung des Entwurfs des SachenRBerG an den BTag durch die Bundesregierung;
- zum Zeitpunkt des Abschlusses des schuldrechtlichen Gebäudekaufvertrages müssen die in § 29 Abs. 3 bezeichneten Voraussetzungen vorgelegen haben, also insbes. die Einreden des § 29 Abs. 1 und 2 (vgl. die dortige Kommentierung).

Es ist unschädlich, wenn der Erwerber des Nutzungsrechts bzw. des Gebäudes die Gebäude oder die bauliche Anlage wiederhergestellt oder aufgrund des Nutzungsrechts einen **Neubau** errichtet hat. Die Einrede des § 29 Abs. 3 ist dann zwar (durch den nach dem Abschluß des schuldrechtlichen Gebäudekaufvertrages erfolgten Wiederaufbau oder Neubau) ausgeschlossen, so daß dem (neuen) Nutzer das gesetzliche Ankaufsrecht zusteht, er soll dieses aber nur zu dem ungeteilten Bodenwert erwerben können.[2] 9

Gemäß Abs. 4 S. 2 sind **Unternehmensübertragungen** im Falle der Fortführung des Geschäfts aus dem Anwendungsbereich des Abs. 4 S. 1 mit der Folge ausgenommen, daß sich der Kaufpreis nach dem hälftigen Bodenwert bemißt, wenn nicht eine der übrigen Fallgestaltungen, zB des Abs. 1, eingreift. Dies entspricht den Bestimmungen der §§ 29 Abs. 4, 48 Abs. 1 und 71 Abs. 1 S. 2 (vgl. i. e. § 29 RdNr. 34). 10

III. Rechtsfolge

Bei Vorliegen der genannten Voraussetzungen bemißt sich der Kaufpreis nach dem ungeteilten Bodenwert (ggf. unter Berücksichtigung der Abzüge für Erschließungs- oder Abbruchkosten gem. §§ 19, 20). Die Preisvorschriften der §§ 68 Abs. 2, 72, 74 bleiben unberührt.[3] 11

§ 71 Nachzahlungsverpflichtungen

(1) Der Grundstückseigentümer kann im Falle des Verkaufs zum regelmäßigen Preis (§ 68) verlangen, daß sich der Nutzer ihm gegenüber verpflichtet, die Differenz zu dem ungeteilten Bodenwert (§ 70) zu zahlen, wenn innerhalb einer Frist von drei Jahren nach dem Erwerb

1. das Grundstück unbebaut oder mit einem nicht mehr nutzbaren, abbruchreifen Gebäude veräußert wird,

2. eine Nutzungsänderung nach § 70 erfolgt oder

3. der Nutzer das erworbene land-, forstwirtschaftlich oder gewerblich genutzte oder öffentlichen Zwecken dienende Grundstück an einen Dritten veräußert.

Dies gilt nicht, wenn das Grundstück als Teil eines Unternehmens veräußert wird und der Erwerber das Geschäft des Veräußerers fortführt.

(2) Für Nutzungsänderungen oder Veräußerungen nach Absatz 1 in den folgenden drei Jahren kann der Grundstückseigentümer vom Nutzer die Begründung einer Verpflichtung in Höhe der Hälfte des in Absatz 1 bestimmten Differenzbetrags verlangen.

(3) Maßgebender Zeitpunkt für die in den Absätzen 1 und 2 bezeichneten Fristen ist der jeweilige Zeitpunkt des Abschlusses des die Verpflichtung zum Erwerb und zur Veräußerung begründenden schuldrechtlichen Geschäfts.

[2] Differenzierend: *Eickmann-Bischoff* RdNr. 29.

[3] Ebenso *Vossius* RdNr. 16 bis 19.

(4) Vermietungen, Verpachtungen sowie die Begründung von Wohnungs- und Nießbrauchsrechten oder ähnliche Rechtsgeschäfte, durch die einem Dritten eigentümerähnliche Nutzungsbefugnisse übertragen werden oder werden sollen, stehen einer Veräußerung nach den Absätzen 1 und 2 gleich.

I. Normzweck

1 Die Vorschrift will verhindern, daß die Möglichkeit des Erwerbs des Grundstücks zum halben Bodenwert zu spekulativen Zwecken mißbraucht wird, indem der Nutzer das Grundstück gar nicht weiter nutzen, sondern allein durch die Veräußerung zum vollen Verkehrswert einen Gewinn erzielen möchte. Sie findet ihre Parallele für das Erbbaurecht in § 48. Für den Fall einer Nutzungsänderung iSd. § 70 ist eine § 47 entsprechende, ebenfalls zeitlich abgestufte Regelung vorgesehen, um eine Umgehung des § 70 zu verhindern.

II. Anspruchsvoraussetzungen

2 **1. Allgemeines.** Die Nachzahlungspflicht des § 71 tritt nicht kraft Gesetzes ein. Vielmehr hat der Grundstückseigentümer lediglich einen Anspruch auf Aufnahme einer entspr. Verpflichtung des Nutzers in den Grundstückskaufvertrag (s. auch § 48 RdNr. 3).

3 Die Vorschrift ist auf die Fälle des Verkaufs zum regelmäßigen Preis iSd. § 68 anwendbar. Zur Vermeidung von Wertungswidersprüchen gilt sie darüber hinaus auch für die Fälle der §§ 69, 73.

4 **2. Fallgruppen.** Die Nachzahlungsverpflichtung kann für drei Fallgruppen vereinbart werden und in einem vierten Fall eintreten:

5 **a) Veräußerung eines unbebauten oder eines mit einem nicht mehr nutzbaren, abbruchreifen Gebäude bebauten Grundstücks (Nr. 1).** Dies sind die Fälle des § 29 Abs. 1 S. 1 Nr. 1 und Abs. 2 Nr. 1 (vgl. dort RdNr. 5 und 15). Auf den Inhalt des Nutzungsvertrages kommt es nicht an, so daß auch zu Wohnzwecken vergebene Nutzungsrechte unter diese Vorschrift fallen.

6 **b) Nutzungsänderung nach § 70 (Nr. 2).** Zu beachten ist, daß auch im Rahmen des § 71 die Fallgestaltungen des § 70 Abs. 2 iVm. § 54 Abs. 2 und 3 keine Nutzungsänderungen im Sinne dieser Vorschrift darstellen; vgl. i.e. § 70 RdNr. 4.

7 **c) Veräußerung eines land-, forstwirtschaftlich oder gewerblich genutzten oder öffentlichen Zwecken dienenden Grundstücks (Nr. 3).** Hierunter fallen zB auch die sog. sale-and-lease-back-Geschäfte, dh. die Veräußerung von Betriebsgrundstücken mit anschließender Anmietung oder Anpachtung, weil diese Form der Unternehmensfinanzierung mit dem Inhalt des ausgegebenen Nutzungsrechts nichts mehr gemein hat.[1] Nicht unter diese Vorschrift fällt dagegen zB die Veräußerung eines Wohngebäudes, weil auch nach dem DDR-Recht Veräußerungen aus persönlichen Gründen (zB Arbeitsplatz- und Wohnungswechsel) zulässig waren; eine Nachzahlungsverpflichtung unter den Voraussetzungen der Nr. 1 bleibt aber unberührt.

Die Regelung in Nr. 3 ist, wie in §§ 29 Abs. 4, 48 Abs. 1 und 70 Abs. 4 S. 2, auf Unternehmensübertragungen bei Geschäftsfortführung nicht anwendbar (vgl. i.e. § 29 RdNr. 34).

8 **d) Veräußerung im Rahmen der Zwangsversteigerung.** Gemäß § 78 Abs. 1 S. 2, Abs. 3 S. 3 kommt im Falle der Veräußerung des Grundstücks in der Zwangsversteigerung oder zu deren Abwendung die Vorschrift des § 71 ebenfalls zur Anwendung.

9 **3. Umgehungsgeschäfte.** Durch die Regelung des Abs. 4 werden auch Umgehungsgeschäfte in den Anwendungsbereich des § 71 einbezogen. Voraussetzung ist, daß dem Dritten durch die gewählte Vertragskonstruktion eigentümerähnliche Nutzungsbefugnisse eingeräumt werden. Durch die beispielhafte Aufzählung u.a. der Vermietung und Verpachtung wird klargestellt, daß hierunter auch rein schuldrechtliche Abreden fallen können.

III. Höhe der Nachzahlung und Befristung

10 **1. Höhe des Anspruchs.** Die Nachzahlungsverpflichtung ist zeitlich abgestuft und entfällt nach Ablauf von sechs Jahren. Treten die Anspruchsvoraussetzungen innerhalb der ersten drei

[1] *Czub* Leitfaden RdNr. 554 (Fn. 247).

Jahre nach dem Ankauf ein, hat der Grundstückseigentümer gem. Abs. 1 S. 1 einen Anspruch auf Nachzahlung der Differenz zu dem ungeteilten Bodenwert. Soweit die Anspruchsvoraussetzungen erst in den folgenden drei Jahren erfüllt werden, besteht gem. Abs. 2 ein Anspruch nur in Höhe der Hälfte des sich aus Abs. 1 S. 1 ergebenden Differenzbetrages; in der Regel entspricht der gesamte Kaufpreis dann drei Viertel des Bodenwerts. Nach Ablauf des zweiten Dreijahreszeitraumes besteht eine Nachzahlungsverpflichtung nicht mehr.

11 **2. Verzinsung.** Eine Verzinsung des Nachzahlungsanspruchs ist im Gesetz nicht vorgesehen, da die Nachzahlungspflicht erst im nachhinein entsteht.

12 **3. Fristbeginn.** Gemäß Abs. 3 ist der für den Fristbeginn maßgebende Zeitpunkt der Tag des formgültigen Abschlusses des schuldrechtlichen Kaufvertrages; auf die Vollziehung des Kaufvertrages, insbesondere auf die Eintragung im Grundbuch, kommt es somit nicht an.[2]

IV. Sonstige Rechtsfolgen

13 Soweit der Anwendungsbereich des § 71 reicht (einschließlich des Ausschlusses einer Nachzahlungsverpflichtung nach Ablauf von sechs Jahren), kommen wegen dieser spezialgesetzlichen Regelung die Bestimmungen über die Irrtumsanfechtung oder die Grundsätze über den Wegfall der Geschäftsgrundlage nicht zur Anwendung.

§ 72 Ausgleich wegen abweichender Grundstücksgröße

(1) Jeder Beteiligte kann verlangen, daß sich der andere Teil ihm gegenüber verpflichtet, eine Ausgleichszahlung zu leisten, wenn der Kaufpreis nach der Quadratmeterzahl des Grundstücks bemessen wird und die Größe des Grundstücks von der im Vertrag zugrunde gelegten nach dem Ergebnis einer Vermessung mehr als geringfügig abweicht. Ansprüche nach den §§ 459 und 468 des Bürgerlichen Gesetzbuchs sind ausgeschlossen, es sei denn, daß eine Gewährleistung wegen abweichender Grundstücksgröße im Vertrag ausdrücklich vereinbart wird.

(2) Größenunterschiede sind als geringfügig anzusehen, wenn sie bei einem Bodenwert je Quadratmeter

1. unter 100 Deutsche Mark fünf vom Hundert,
2. unter 200 Deutsche Mark vier vom Hundert oder
3. ab 200 Deutsche Mark drei vom Hundert
nicht überschreiten.

(3) Ansprüche nach Absatz 1 verjähren in einem Jahr nach der Vermessung.

I. Normzweck, Anspruchsvoraussetzungen

1 **1. Normzweck** Vgl. hierzu § 50 RdNr. 1.

2 **2. Anspruchsvoraussetzungen. a) Geltendmachung.** Der Anspruch entsteht nicht kraft Gesetzes. Vielmehr kann jeder Vertragsteil die Aufnahme einer entspr. Bestimmung in den Grundstückskaufvertrag verlangen.

3 **b) Größenabweichung.** Es muß eine abweichende Grundstücksgröße vorliegen. Ob dies der Fall ist, ergibt sich aus dem Vergleich der in dem Grundstückskaufvertrag zugrunde gelegten Grundstücksgröße zu dem Ergebnis der durchgeführten Vermessung, wobei unter „Größe des Grundstücks" der Kaufgegenstand iSd. § 65 gemeint ist.

4 **c) Keine Geringfügigkeit.** Die Abweichung muß mehr als nur geringfügig sein. Die Schwellenwerte sind in Abs. 2 gesetzlich festgeschrieben; die Parteien können abweichende Werte vereinbaren.

II. Rechtsfolgen

5 **1. Anpassung des Kaufpreises.** Der Kaufpreis ist aufgrund des Vermessungsergebnisses neu zu berechnen, indem der Bodenwert für die tatsächliche Grundstücksgröße neu festgesetzt wird.

[2] *Herbig-Gaitzsch-Hügel-Weser* S. 111; *Prütting-Zimmermann* RdNr. 11.

Der Ausgleichsanspruch bezieht sich auf die gesamte Mehr- oder Minderfläche einschließlich der Grenzwerte des Abs. 2. Die sonstigen Preisbemessungsvorschriften der §§ 68 ff. bleiben hiervon unberührt und sind ggf. entspr. zu berücksichtigen.

6 Soweit bei einer **Mischnutzung** bei der Kaufpreisbemessung unterschiedliche Bodenwerte für Teilflächen desselben Grundstücks zugrundegelegt worden sind, ist dies auch bei dem Ausgleichsanspruch nach § 72 entspr. zu berücksichtigen.[1]

7 **2. Verhältnis zum allgemeinen Gewährleistungsrecht.** Ob eine in dem Grundstückskaufvertrag enthaltene Grundstücksgröße, häufig wird dies eine „Circa"-Angabe sein, als Zusicherung iSd. §§ 459, 468 BGB auszulegen ist, kann im Einzelfall schwierig zu beurteilen sein.[2] Diese Problematik wird durch Abs. 1 S. 2 dadurch beseitigt, daß für das gesetzliche Ankaufsrecht die Geltendmachung der kaufrechtlichen Gewährleistungsansprüche wegen abweichender Grundstücksgröße ausgeschlossen ist. Vielmehr haben beide Vertragsteile die Möglichkeit, in den Grundstückskaufvertrag eine den Maßgaben des § 72 entsprechende Bestimmung aufzunehmen. Unterbleibt dies, sind idR die Gewährleistungsansprüche der §§ 459, 468 BGB ebenfalls ausgeschlossen, da dann davon auszugehen ist, daß die Vertragspartner auf eine entspr. Regelung bewußt verzichten wollten.

8 Etwas anders gilt gem. Abs. 1 S. 2 2. HS nur dann, wenn die Beteiligten die kaufrechtlichen **Gewährleistungsrechte ausdrücklich vereinbart** haben. Die Rechte des Nutzers/Käufers ergeben sich dann aus dieser auch die Rechtsfolgen umfassenden Vereinbarung. Wegen des Erfordernisses einer ausdrücklichen Vereinbarung scheidet eine ergänzende Vertragsauslegung aus.

9 **3. Kosten.** Die Vermessungskosten sind analog § 55 Abs. 2 S. 2 zu teilen.

III. Verjährung

10 Der Anspruch auf eine Anpassung des Kaufpreises verjährt gem. Abs. 3 in einem Jahr nach der Durchführung der Vermessung. Die kurze Verjährungsfrist erklärt sich aus der Absicht des Gesetzgebers, zwischen den Vertragsparteien möglichst bald Klarheit zu schaffen.

11 Die Verjährung kann jedoch entgegen dem Wortlaut der Norm nicht schon mit dem tatsächlichen Abschluß der durchgeführten Vermessung beginnen, sondern erst mit der **rechtskräftigen Feststellung des Vermessungsergebnisses,** dh. also mit dessen Übernahme in das Liegenschaftskataster.[3]

12 Unerheblich ist, wann den Beteiligten bzw. dem Vertragsteil, der aus dem Vermessungsergebnis Vorteile ziehen kann, das Vermessungsergebnis mitgeteilt wird. Dies folgt aus dem eindeutigen Gesetzeswortlaut und dem Umstand, daß die Verjährung von vertraglichen Ansprüchen regelmäßig mit der Entstehung des Anspruchs und nicht erst mit der **Kenntnis** von dessen Entstehung beginnt; der (vertragliche) Anspruch auf eine Kaufpreisanpassung nach § 72 entsteht jedoch mit Rechtskraft der durchgeführten Vermessung.[4]

§ 73 Preisbemessung im Wohnungsbau

(1) Für die im staatlichen oder genossenschaftlichen Wohnungsbau verwendeten Grundstücke ist der Kaufpreis unter Zugrundelegung des sich aus § 20 Abs. 1 und 2 ergebenden Bodenwerts zu bestimmen. Der Grundstückseigentümer kann vom Nutzer eines im staatlichen oder genossenschaftlichen Wohnungsbau verwendeten Grundstücks verlangen, daß der Nutzer sich im Vertrag ihm gegenüber zu einer Nachzahlung verpflichtet, wenn

1. **das Grundstück innerhalb von 20 Jahren nach dem Vertragsschluß nicht mehr zu Wohnzwecken genutzt wird (Absatz 2) oder**
2. **das Grundstück innerhalb von zehn Jahren nach dem Vertragsschluß weiterveräußert wird (Absatz 3).**

[1] Ebenso *Eickmann-Bischoff* RdNr. 10.
[2] Vgl. BGH WM 1984, 941, 942.
[3] *Eickmann-Bischoff* RdNr. 12.
[4] Unklar: *Czub-Frenz* RdNr. 4; aA *Eickmann-Bischoff* RdNr. 15; *Vossius* RdNr. 12.

Der Nutzer kann die Vereinbarung von Nachzahlungspflichten verweigern und verlangen, daß im Grundstückskaufvertrag der Kaufpreis nach dem sich aus § 19 Abs. 2 ergebenden Bodenwert bestimmt wird.

(2) Eine Nutzungsänderung nach Absatz 1 Satz 2 Nr. 1 tritt ein, wenn das Gebäude nicht mehr zu Wohnzwecken genutzt oder abgebrochen wird. Satz 1 ist nicht anzuwenden, wenn nur einzelne Räume des Gebäudes zu anderen Zwecken, aber mehr als 50 vom Hundert der gesamten Nutzfläche zu Wohnzwecken genutzt werden. Die Höhe des Nachzahlunganspruchs bestimmt sich nach

1. der Differenz zwischen dem gezahlten und dem regelmäßigen Kaufpreis auf der Basis des Werts eines unbebauten Grundstücks nach § 19 Abs. 2, wenn die Veränderung innerhalb von zehn Jahren nach Vertragsschluß eintritt,

2. der Hälfte dieses Betrags in den folgenden zehn Jahren.

Der Bodenwert ist auf den Zeitpunkt festzustellen, in dem der Nachzahlungsanspruch entstanden ist.

(3) Veräußerungen nach Absatz 1 Satz 2 Nr. 2 sind auch die Begründung und Veräußerung von Wohnungseigentum oder Wohnungserbbaurechten sowie ähnliche Rechtsgeschäfte, durch die einem Dritten eigentümerähnliche Rechte übertragen werden. Die Nachzahlungspflicht bemißt sich nach dem bei der Veräußerung erzielten Mehrerlös für den Bodenanteil. Der Mehrerlös ist die Differenz zwischen dem auf den Boden entfallenden Teil des bei der Weiterveräußerung erzielten Kaufpreises und dem bei der Veräußerung zwischen dem Grundstückseigentümer und dem Nutzer vereinbarten Kaufpreis. Der Nutzer ist verpflichtet, in dem Vertrag mit dem Dritten den auf Grund und Boden entfallenden Teil des Kaufpreises gesondert auszuweisen und die Weiterveräußerung dem früheren Grundstückseigentümer anzuzeigen. Die Höhe des Nachzahlungsanspruchs bestimmt sich nach

1. der Hälfte des Mehrerlöses, wenn die Veräußerung in den ersten fünf Jahren nach dem Erwerb des Grundstücks nach diesem Gesetz erfolgt,

2. einem Viertel des Mehrerlöses im Falle einer Veräußerung in den folgenden fünf Jahren.

(4) Der vom Nutzer an den Grundstückseigentümer nach Absatz 1 zu zahlende Kaufpreis sowie eine nach den Absätzen 2 und 3 zu leistende Nachzahlung sind von dem Erlös abzuziehen, der nach § 5 Abs. 2 des Altschuldenhilfe-Gesetzes der Ermittlung der an den Erblastentilgungsfonds abzuführenden Erlösanteile zugrunde zu legen ist.

(5) Der Grundstückseigentümer kann eine Sicherung des Anspruchs nach Absatz 1 Satz 2 Nr. 1 durch ein Grundpfandrecht innerhalb des in § 11 des Hypothekenbankgesetzes bezeichneten Finanzierungsraums nicht beanspruchen.

(6) Der Anspruch aus § 71 bleibt unberührt.

I. Normzweck

1 Die Vorschrift sieht für die im staatlichen und genossenschaftlichen Wohnungsbau genutzten Grundstücke einen verminderten Kaufpreis vor, dessen Grundlage nur der Bodenwert eines bebauten Grundstücks bildet. Denn wegen der Zweckbindung der Gebäude als Wohnung, die eine Umwandlung in eine gewerbliche Nutzung verbietet, und der noch auf längere Zeit nicht kostendeckenden Mieten erscheint die Zugrundelegung des Bodenwerts eines unbebauten Grundstücks unrealistisch. Zur Verhinderung spekulativer Geschäfte ist jedoch in den Fällen einer Nutzungsänderung und einer Veräußerung des Grundstücks eine Nachzahlungsverpflichtung vorgesehen.

II. Preisbemessung

2 **1. Anwendungsbereich.** Die Vorschrift gilt nur für den staatlichen und genossenschaftlichen Wohnungsbau (vgl. § 6).

3 **2. Grundsatz.** Gemäß Abs. 1 S. 1 erfolgt die Preisbemessung auf der Grundlage des sich aus § 20 Abs. 1 und 2 ergebenden Bodenwerts. Der Kaufpreis beträgt dann gem. § 68 Abs. 1 die Hälfte dieses Bodenwerts; unter den Voraussetzungen des § 68 Abs. 2 kommt eine weitere Preisreduzierung in Betracht.

4 **3. Ausnahme.** Gemäß Abs. 1 S. 3 kann der Nutzer die nach Abs. 1 S. 1 vorzunehmende Preisbemessung verweigern und eine Bestimmung des Kaufpreises nach dem sich aus § 19 Abs. 2 ergebenden (höheren) Bodenwert verlangen. Dies kann für ihn günstiger sein, wenn er das Grundstück in absehbarer Zeit freilegen und neu bebauen möchte, um so die ansonsten entstehende Nachzahlungsverpflichtung nach § 73 Abs. 2 zu umgehen, bei der der Bodenwert auf den Zeitpunkt des Entstehens des Nachzahlungsanspruchs zu ermitteln ist und somit inzwischen eingetretene Bodenwertsteigerungen zu berücksichtigen sind. Soweit der Nutzer eine Preisbemessung nach § 19 Abs. 2 verlangt, erfolgt die Kaufpreisbestimmung nach den allgemeinen Vorschriften der §§ 68 ff.

III. Nachzahlungspflicht

5 **1. Allgemeines.** Die Nachzahlungspflicht des Nutzers nach Abs. 2 und 3 muß auf Verlangen des Grundstückseigentümers im Grundstückskaufvertrag ausdrücklich vereinbart werden (Abs. 1 S. 2), wobei dies für die beiden in Abs. 1 S. 2 Nr. 1 und 2 genannten Fälle der Nutzungsänderung und der Veräußerung geschehen kann.

6 **2. Nutzungsänderung (Abs. 2).** Eine Nutzungsänderung liegt nach der Legaldefinition des Abs. 2 in zwei Fällen vor:

7 **a) Aufgabe der Wohnnutzung.** Das Gebäude wird nicht mehr zu Wohnzwecken genutzt, wobei es auf die Art der neuen Nutzung nicht ankommt. Eine teilweise andere Nutzung, dh. eine Mischnutzung, stellt jedoch keine Nutzungsänderung iSd. Abs. 1 dar und löst keine Nachzahlungsverpflichtung aus, wenn noch mehr als 50% der gesamten Nutzfläche zu Wohnzwecken genutzt werden (Abs. 2 S. 2); auf Ertragsgesichtspunkte kommt es ausdrücklich nicht an. **Nutzfläche** ist die nach den Vorschriften der 2. BerechnungsVO (BGBl. 1990 I S. 2178), zuletzt geändert durch Art.1 Vierte VO zur Änderung wohnungsrechtlicher Vorschriften v. 13. 7. 1992 (BGBl. I S. 1250), ermittelte Fläche.

8 Die Errichtung von **Neubauten** als Ergänzungs- oder Erweiterungsbauten oder Modernisierungen führt ebenfalls zu keiner Nachzahlungspflicht, auch wenn im Zuge dieser Arbeiten das Gebäude teilweise leersteht.

9 **b) Abbruch des Gebäudes.** Unerheblich ist, ob anschließend wieder ein (gleichartiger) Neubau errichtet wird, da der Grund für die Zugrundelegung des reduzierten Bodenwerts allein durch den Abbruch des Gebäudes entfallen ist.

10 **c) Höhe des Anspruchs.** Die Höhe der Nachzahlungspflicht ergibt sich aus Abs. 2 S. 3. Der für den regelmäßigen Kaufpreis zugrunde zu legende Bodenwert ist dabei gem. Abs. 2 S. 4 für den Zeitpunkt des Entstehens der Nachzahlungspflicht, also für den Zeitpunkt der Nutzungsänderung, zu ermitteln; seit Kaufvertragsabschluß eingetretene Bodenwertsteigerungen sind also zu berücksichtigen.

11 **d) Zeitliche Geltung.** Die Vorschrift sieht eine zeitliche Staffelung vor, wobei die Frist jeweils mit Abschluß des (schuldrechtlichen) Grundstücksvertrages beginnt (entspr. § 71 Abs. 3).

12 **3. Veräußerung (Abs. 3). a) Voraussetzungen.** Unter Veräußerungen sind dingliche Eigentumsübertragungen zu verstehen. Gemäß Abs. 3 S. 1 werden jedoch auch Umgehungsgeschäfte erfaßt, wobei Vermietungen, Verpachtungen und ähnliche Geschäfte, mit denen nur eigentümerähnliche *Nutzungs*befugnisse eingeräumt werden, nicht unter diese Vorschrift fallen (Umkehrschluß zu § 71 Abs. 4).

13 **b) Höhe des Anspruchs.** Die Höhe der Nachzahlungspflicht bemißt sich nach Abs. 3 S. 2 bis 5. Sie richtet sich also nach dem Mehrerlös für den Bodenanteil, wobei der Mehrerlös zwischen Nutzer und früherem Grundstückseigentümer zu teilen ist.

14 **c) Nebenpflichten des Nutzers.** Der Nutzer hat gem. Abs. 3 S. 4 gegenüber dem früheren Grundstückseigentümer die Pflicht zum gesonderten Ausweis des auf den Bodenanteil entfallenden Teils des Kaufpreises[1] sowie zur Anzeige der Weiterveräußerung. Hierbei handelt es sich um Obliegenheiten, bei deren Verletzung Beweisschwierigkeiten bez. der Höhe des Mehrerlö-

[1] Zu den praktischen Schwierigkeiten vgl. *Eickmann-Bischoff* RdNr. 21 bis 25.

ses (insbes. hins. des auf den Bodenanteil entfallenden Kaufpreisteils) zu Lasten des Nutzers gehen.

15 **d) Zeitliche Geltung.** Die Vorschrift sieht in Abs. 3 S. 5 eine zeitliche Staffelung vor; zum Fristbeginn vgl. RdNr. 11.

16 **4. Altschuldenhilfe-Gesetz (Abs. 4).** Die Vorschrift des Abs. 4 betrifft nicht das Verhältnis zwischen Nutzer und Grundstückseigentümer, sondern bezieht sich auf das sog. Altschuldenhilfe-Gesetz idF des Gesetzes vom 6. 6. 1994 (BGBl. I S. 1193),[2] wonach Wohnungsunternehmen und private Vermieter unter bestimmten Voraussetzungen von Altverbindlichkeiten entlastet werden können. Im Gegenzug müssen sie sich zur Privatisierung von mindestens 15% der Wohnfläche und der Abführung eines Teils der Erlöse an den Erblastentilgungsfonds verpflichten. Durch Abs. 4 wird bestimmt, daß bei der Berechnung dieser Erlösanteile auch der Kaufpreis gem. Abs. 1 sowie etwaige Nachzahlungen gem. Abs. 2 und 3 abzuziehen sind.

17 **5. Dingliche Sicherung.** Die Vereinbarung einer dinglichen Absicherung der Nachzahlungsverpflichtung durch ein Grundpfandrecht, insbesondere eine Grundschuld, ist zulässig. Gemäß Abs. 5 ist lediglich eine Sicherung in dem durch § 11 des Hypothekenbankgesetzes bezeichneten (erstrangigen) Finanzierungsraum ausgeschlossen.

IV. Verhältnis zu anderen Preisvorschriften

18 § 73 regelt lediglich, daß für die im staatlichen oder genossenschaftlichen Wohnungsbau verwendeten Grundstücke für die Preisbemessung ein anderer Bodenwert zugrunde zu legen ist. Auf dieser Grundlage sind deshalb die Vorschriften zur Kaufpreisfestsetzung gem. §§ 68 bis 70 ebenso anwendbar wie § 72.[3] Durch Abs. 6 ist zudem klargestellt, daß auch eine Nachzahlungspflicht gem. § 71 in Betracht kommt; dies kann zB im Falle einer Nutzungsänderung durch Übergang zu einer gewerblichen Nutzung der Fall sein. Für die Veräußerung des Grundstücks im Rahmen der Zwangsversteigerung wird in § 78 Abs. 3 ebenfalls auf § 73 Bezug genommen.

§ 74 Preisbemessung bei Überlassungsverträgen

(1) Der Grundstückseigentümer kann eine Anhebung des Kaufpreises durch Anrechnung des Restwerts des überlassenen Gebäudes und der Grundstückseinrichtungen verlangen. Die Erhöhung des Preises ist pauschal nach dem Sachwert des Gebäudes und der Grundstückseinrichtungen zum Zeitpunkt der Überlassung abzüglich der Wertminderungen, die bis zum Zeitpunkt der Abgabe eines Angebots zum Vertragsschluß eingetreten wären, zu bestimmen. Die Wertminderung ist nach der Nutzungsdauer von Gebäuden und Einrichtungen der entsprechenden Art und den üblichen Wertminderungen wegen Alters und Abnutzung zu berechnen. Eine andere Berechnung kann verlangt werden, wenn dies wegen besonderer Umstände, insbesondere erheblicher Bauschäden zum Zeitpunkt der Überlassung, geboten ist.

(2) Zahlungen des Überlassungsnehmers, die zur Ablösung von Verbindlichkeiten des Grundstückseigentümers und von Grundpfandrechten verwandt wurden, sind auf Verlangen des Nutzers auf den Kaufpreis anzurechnen. § 38 Abs. 2 und 3 gilt entsprechend.

(3) Die vom Überlassungsnehmer gezahlten und hinterlegten Geldbeträge sind auf den Kaufpreis anzurechnen, wenn sie bereits an den Grundstückseigentümer ausgezahlt wurden oder zur Zahlung an ihn verfügbar sind. Eine Verfügbarkeit der Beträge liegt vor, wenn diese binnen eines Monats nach Vertragsschluß an den verkaufenden Grundstückseigentümer gezahlt werden oder auf einem Treuhandkonto des beurkundenden Notars zur Verfügung bereitstehen.

(4) Ist eine Anrechnung nach Absatz 3 nicht möglich, so ist der Grundstückseigentümer verpflichtet, insoweit seine Ersatzansprüche gegen den staatlichen Verwalter auf den Nutzer zu übertragen und dies dem Verwalter anzuzeigen.

[2] Vgl. hierzu *Köhler* DtZ 1994, 390.

[3] AA *Vossius* RdNr. 4 hins. § 68 Abs. 2.

I. Anwendungsbereich, Normzweck

1 **1. Anwendungsbereich.** Die Vorschrift gilt nur für Grundstücksnutzungen aufgrund eines Überlassungsvertrages; vgl. i.e. § 38 RdNr. 1.

2 **2. Normzweck.** Die Vorschrift trifft bei Überlassungsverträgen – wie § 45 für das Erbbaurecht – für die Kaufpreisbemessung eine besondere Regelung; vgl. insoweit § 45 RdNr. 1. Zudem mußte der Nutzer bei Abschluß des Überlassungsvertrages auf einem Konto des staatlichen Verwalters einen bestimmten Geldbetrag hinterlegen; je nach der Verwendung dieser Summe (zB Verwaltungskosten, Ablösung von Grundpfandrechten) ist es interessengerecht, einen Betrag unter Umständen auf den Kaufpreis zu verrechnen. Vgl. i.ü. auch § 38 RdNr. 2 und 7.

II. Preisbemessung (Abs. 1)

3 **1. Allgemeines.** Die Preisanhebung erfolgt nur auf Verlangen des Grundstückseigentümers (Abs. 1 S. 1). Zusätzlich zu dem regelmäßigen Kaufpreis gem. § 68, dh. dem hälftigen Bodenwert, kann ein pauschaler Betrag in (voller) Höhe des Sachwertes des Gebäudes verlangt werden; insoweit findet also eine Teilung des Sachwerts zwischen Nutzer und Grundstückseigentümer nicht statt. Im übrigen sind für die Kaufpreisbemessung die §§ 69 bis 72 anwendbar.

4 Voraussetzung für ein Erhöhungsverlangen ist, daß das Gebäude bereits bei Abschluß des Überlassungsvertrages errichtet gewesen war. Soweit das Gebäude erst später vom Nutzer selbst erstellt worden ist, scheidet eine Kaufpreiserhöhung aus (vgl. § 45 RdNr. 2 bis 4).

5 **2. Erhöhungsbetrag.** Der regelmäßige Kaufpreis ist um den Restwert des Gebäudes und der Grundstückseinrichtungen zu erhöhen. Zu dessen Ermittlung sieht Abs. 1 S. 2 und 3 eine Pauschalierung vor, die den Grundsätzen des § 45 Abs. 1 S. 2 entspricht (vgl. dort RdNr. 6, 7). Im Unterschied zu dieser Vorschrift kann jedoch gem. Abs. 1 S. 4 von beiden Vertragsbeteiligten eine individuelle Sachwertberechnung verlangt werden, wenn dies wegen besonderer Umstände geboten ist; dies ist zB der Fall, wenn der Nutzer bei dem Gebäude altersuntypische Bauschäden beseitigt und dadurch eine Erhaltung des Gebäudewerts ermöglicht hat oder wenn der Grundstückseigentümer zu solchen Werterhöhungen beigetragen hat.

6 Für die **Sachwertberechnung** ist zur vernünftigen Handhabung fiktiv anzunehmen, daß zZt der Grundstücksüberlassung die Bedingungen der sozialen Markwirtschaft geherrscht haben.[1]

III. Anrechnung der vom Nutzer gezahlten Beträge

7 **1. Allgemeines.** Der vom Nutzer bei Abschluß des Überlassungsvertrages an den staatlichen Verwalter gezahlte Betrag (vgl. hierzu § 38 RdNr. 2) kann auf verschiedene Weise verwendet worden sein. Zunächst waren aus dieser Summe die aus der Verwaltung entstandenen und die auf dem Grundstück ruhenden Verbindlichkeiten abzulösen; ein verbleibender Restbetrag konnte zugunsten des Nutzers und des Grundstückseigentümers hinterlegt werden. § 74 sieht für den Interessenausgleich zwischen Nutzer und Grundstückseigentümer eine differenzierte Lösung vor.

8 Soweit eine Anrechnung in Betracht kommt, müssen die erfolgten Zahlungen den **Bestimmungen der Währungsunion** angepaßt werden, was zu deren Halbierung führt.

9 **2. Ablösung von Grundpfandrechten etc. (Abs. 2).** Soweit mit der Zahlung des Nutzers Verbindlichkeiten des Grundstückseigentümers oder Grundpfandrechte abgelöst wurden, stand dem Nutzer gegen den Grundstückseigentümer ein Aufwendungsersatzanspruch zu. Diese Regelung wird in Abs. 2 übernommen. Der Nutzer kann seinen Anspruch gegen den sich aus Abs. 1 ergebenden Kaufpreis verrechnen und dadurch eine Kaufpreisreduzierung erreichen. Im übrigen verweist Abs. 1 auf die Regelungen des § 38 Abs. 2 und 3 (vgl. dort RdNr. 7 bis 12).

10 **3. Hinterlegte Beträge (Abs. 3, 4).** Da die hinterlegten Geldbeträge sowohl im Interesse des Nutzers, als auch des Grundstückseigentümer verwahrt wurden, kann im Falle des Grundstückskaufes hiervon insoweit keine Erfüllungswirkung ausgehen; denn zum Zeitpunkt der Hinterlegung war die Rückforderung des Betrages durch einen der Vertragspartner noch nicht ausgeschlossen (vgl. § 378 BGB). Insoweit ist deshalb zu unterscheiden:

[1] Vgl. *Eickmann-Bischoff* RdNr. 2 ff.; so wohl auch *Czub-Zimmermann* RdNr. 30, 35 ff.

a) Verfügungsmöglichkeit des Grundstückseigentümers. Soweit die hinterlegten Beträge an den Grundstückseigentümer bereits ausgezahlt worden oder für ihn verfügbar sind, ist in Höhe dieser Beträge (mit ihrem heutigen Wert) kraft Gesetzes eine Verrechnung mit dem Kaufpreis vorzunehmen (Abs. 3). Der Begriff der Verfügbarkeit ist in Abs. 3 S. 2 definiert. Zweifel an der Verfügbarkeit gehen zu Lasten des Nutzers, da er die Darlegungs- und Beweislast trägt; er muß dann über Abs. 4 vorgehen. 11

Im Umkehrschluß zu § 38 Abs. 4 ergibt sich, daß der hinterlegte Betrag einschließlich der aufgelaufenen Zinsen auf den Kaufpreis anzurechnen ist. 12

b) Fehlende Verfügungsmöglichkeit. Soweit die hinterlegten Beträge noch nicht an den Grundstückseigentümer ausgezahlt wurden und für ihn auch nicht verfügbar sind, scheidet eine Anrechnung auf den Kaufpreis aus (Abs. 4). Der Nutzer muß dann den vollen Kaufpreis zahlen. In diesem Fall steht ihm aber der hinterlegte Betrag zu, weshalb er gem. Abs. 4 gegen den Grundstückseigentümer einen Anspruch auf Abtretung und Anzeige an den staatlichen Verwalter hat. In Höhe dieses Anspruchs steht dem Nutzer gegen den Kaufpreisanspruch des Grundstückseigentümers eine Zug-um-Zug-Einrede zu. Der Umkehrschluß zu § 38 Abs. 4 ergibt auch hier, daß sich die Abtretung auf den hinterlegten Betrag einschließlich aufgelaufener Zinsen bezieht. 13

4. Sonstige Verwendung. Soweit die von dem Nutzer an den staatlichen Verwalter gezahlten Beträge in sonstiger Weise verwendet worden sind, wie zB zur Ablösung von aus der Verwaltung entstandener Verbindlichkeiten, scheidet eine Anrechnung auf den Kaufpreis aus. Dem Nutzer steht insoweit auch (mangels Vermögensmehrung) kein Aufwendungsersatzanspruch gegen den Grundstückseigentümer zu. 14

Unterabschnitt 4. Folgen des Ankaufs

§ 75 Gefahr, Lasten

(1) Der Nutzer trägt die Gefahr für ein von ihm errichtetes Gebäude. Er hat vom Kaufvertragsschluß an die auf dem Grundstück ruhenden Lasten zu tragen.

(2) Gesetzliche oder vertragliche Regelungen, nach denen der Nutzer die Lasten schon vorher zu tragen hatte, bleiben bis zum Vertragsschluß unberührt. Ansprüche des Nutzers auf Aufwendungsersatz bestehen nicht.

I. Normzweck

Da der Nutzer bereits im Besitz des Grundstücks ist und ihm dessen Nutzungen zustehen, soll er ab dem Zeitpunkt des Kaufvertragsabschlusses auch die Lasten tragen. Soweit dies schon vorher der Fall war, soll es dabei aus demselben Grund auch bleiben. 1

II. Regelungsinhalt

1. Sachgefahr. Gemäß Abs. 1 S. 1 trägt der Nutzer die Sachgefahr für das Gebäude. Soweit selbständiges Gebäudeeigentum entstanden ist, trifft diese den Nutzer als Eigentümer ohnehin. Durch Abs. 1 S. 1 wird diese Verteilung der Sachgefahr auch für die vom Nutzer errichteten Gebäude getroffen, die Bestandteile des Grundstücks geworden sind, da er allein Vorsorge für den Schutz des Gebäudes treffen kann. Aus diesem Grund muß dies in entspr. Anwendung des Abs. 1 S. 1 auch für die aufgrund Überlassungsvertrages genutzten Gebäude, die im Eigentum des Grundstückseigentümers stehen, gelten; die Vorschrift des § 446 Abs. 1 S. 1 BGB paßt insoweit nicht, da sich der Nutzer bereits im Besitz des Gebäudes befindet. 2

2. Lasten. Gemäß Abs. 1 S. 2 sind die auf dem Grundstück ruhenden Lasten ab dem Zeitpunkt des (schuldrechtlichen) Kaufvertragsabschlusses vom Nutzer zu tragen, da ab diesem Zeitpunkt zwischen den Vertragspartnern rechtlich verbindlich klargestellt ist, daß der Nutzer das Grundstück behalten kann. Hierdurch wird die Vorschrift des § 446 Abs. 1 S. 2 BGB dahingehend modifiziert, daß an die Stelle der Übergabe der Vertragsschluß tritt.[1] Unter Lasten 3

[1] *Herbig-Gaitzsch-Hügel-Weser* S. 113; *Prütting-Zimmermann* RdNr. 2.

sind die auf dem Grundstück liegenden Verpflichtungen zu Leistungen, die aus dem Grundstück zu entrichten sind und den Nutzungswert mindern, zu verstehen (vgl. § 103 BGB RdNr. 5 ff. und § 446 BGB RdNr. 10).

Hierzu gehören zB Erschließungsbeiträge, Grundsteuer oder Gebäudeversicherungsprämie; nicht hierzu zählt die Grunderwerbssteuer, die zu den Vertragskosten iSd. § 77 gehört.[2] Ebenso kann das Erschließungskostenrisiko nicht abgewälzt werden, da diese Frage bereits abschließend im Rahmen der Ermittlung des ungeteilten Bodenwerts durch pauschalen Abschlag berücksichtigt wird (vgl. § 19 Abs. 2 S. 3, Abs. 5).[3]

4 Soweit der Nutzer die Lasten aufgrund einer gesetzlichen Regelung oder einer **vertraglichen Vereinbarung** bereits vor dem Zeitpunkt des Kaufvertragsabschlusses zu tragen hatte, bleibt diese Regelung gemäß Abs. 2 unberührt (vgl. auch § 58 S. 2). Dem Nutzer steht insoweit also gegen den Grundstückseigentümer kein Aufwendungsersatz- oder Bereicherungsanspruch zu.

§ 76 Gewährleistung

Der Verkäufer haftet nicht für Sachmängel des Grundstücks.

1 Die Vorschrift schließt die Haftung für **Sachmängel** des Grundstücks aus, da der Nutzer das Grundstück seit vielen Jahren nutzt, ihm der Zustand bekannt ist und der Grundstückseigentümer einem Kontrahierungszwang unterliegt. Die Vorschrift entspricht der Regelung des § 60 Abs. 3 für das Erbbaurecht (vgl. dort RdNr. 5 bis 9).

2 Die Haftung für **Rechtsmängel** ist in § 64 geregelt.

§ 77 Kosten

Die Kosten des Vertrages und seiner Durchführung sind zwischen den Vertragsparteien zu teilen.

1 Die Kostenteilung ist Ausfluß des Teilungsmodells und entspricht der Regelung des § 60 Abs. 2 für das Erbbaurecht (vgl. dort RdNr. 2 bis 4). Sie verdrängt die Normen der §§ 448, 449 BGB und ist zugleich eine „andere Bestimmung" iSd. § 426 Abs. 1 S. 1 BGB.

2 Zu den **Vertragskosten** gehören zB die Notarkosten für die Beurkundung des Grundstückskaufvertrages, die Kosten für die Einholung des Wertgutachtens zur Ermittlung des Bodenwerts,[1] die Kosten für eine Auflassungsvormerkung und für die Umschreibung im Grundbuch, die Kosten der Abschreibung einer Grundstücksteilfläche, die Kosten der Vermessung sowie die Grunderwerbssteuer. Nicht hierzu zählen Rechtsanwaltskosten der Beteiligten.

3 Eine **besondere Kostenregelung** enthält § 67 Abs. 4; vgl. auch § 60 RdNr. 4.

§ 78 Rechtsfolgen des Erwerbs des Grundstückseigentums durch den Nutzer

(1) Vereinigen sich Grundstücks- und Gebäudeeigentum in einer Person, so ist eine Veräußerung oder Belastung allein des Gebäudes oder des Grundstücks ohne das Gebäude nicht mehr zulässig. Die Befugnis zur Veräußerung im Wege der Zwangsversteigerung oder zu deren Abwendung bleibt unberührt. Der Eigentümer ist verpflichtet, das Eigentum am Gebäude nach § 875 des Bürgerlichen Gesetzbuchs aufzugeben, sobald dieses unbelastet ist oder sich die dinglichen Rechte am Gebäude mit dem Eigentum am Gebäude in seiner Person vereinigt haben. Der Eigentümer des Gebäudes und der Inhaber einer Grundschuld sind verpflichtet, das Recht aufzugeben, wenn die Forderung, zu deren Sicherung die Grundschuld bestellt worden ist, nicht entstanden oder erloschen ist. Das Grundbuchamt hat den Eigentümer zur Erfüllung der in den Sätzen 3 und 4 bestimmten Pflichten anzuhalten. Die Vorschriften über den Grundbuchberichtigungszwang im Fünften Abschnitt der Grundbuchordnung finden entsprechende Anwendung.

[2] Vgl. OLG Bremen DNotZ 1975, 95; § 449 BGB RdNr. 5.

[3] *Krauß* OVspezial 1995, 242, 248.

[1] Differenzierend: *Vossius* § 60 RdNr. 9

(2) Der Eigentümer kann von den Inhabern dinglicher Rechte am Gebäude verlangen, die nach § 876 des Bürgerlichen Gesetzbuchs erforderliche Zustimmung zur Aufhebung zu erteilen, wenn sie Rechte am Grundstück an der gleichen Rangstelle und im gleichen Wert erhalten und das Gebäude Bestandteil des Grundstücks wird.

(3) Im Falle einer Veräußerung nach Absatz 1 Satz 2 kann der Erwerber vom Eigentümer auch den Ankauf des Grundstücks oder des Gebäudes oder der baulichen Anlage nach diesem Abschnitt verlangen. Der Preis ist nach dem vollen Verkehrswert (§ 70) zu bestimmen. Im Falle der Veräußerung des Grundstücks ist § 71 anzuwenden. Eine Preisermäßigung nach § 73 kann der Erwerber vom Eigentümer nur verlangen, wenn

1. die in § 73 Abs. 1 bezeichneten Voraussetzungen vorliegen und

2. er sich gegenüber dem Eigentümer wie in § 73 Abs. 1 Satz 2 verpflichtet.

Der frühere Grundstückseigentümer erwirbt mit dem Entstehen einer Nachzahlungsverpflichtung des Eigentümers aus § 73 Abs. 1 ein vorrangiges Pfandrecht an den Ansprüchen des Eigentümers gegen den Erwerber aus einer Nutzungsänderung.

I. Normzweck

1 Anders als im Falle des Erbbaurechts gem. § 59 ist bei dem Ankauf des Grundstücks eine gesetzliche Anordnung des Erlöschens des Gebäudeeigentums nicht möglich, da Grundstücks- und Gebäudeeigentum unterschiedlich belastet sein können und eine Konsolidation gem. § 889 BGB ausscheidet.[1] Eine Zusammenführung kann nur durch die Aufhebung des Nutzungsrechts nach Art. 233 § 4 Abs. 5 EGBGB stattfinden, der die Inhaber der dinglichen Rechte zustimmen müssen. Die endgültige Sachenrechtsbereinigung wird deshalb noch geraume Zeit in Anspruch nehmen. Um sie aber nicht noch zusätzlich zu erschweren, sieht § 78 vor, daß selbständige Verfügungen über das Grundstück oder das Gebäude nicht mehr zulässig sind, wenn Grund- und Gebäudeeigentum in einer Hand zusammenfallen. Durch Abs. 3 soll eine Zusammenführung von Gebäude- und Grundstückseigentum auch im Falle der Zwangsversteigerung nur eines Teils ermöglicht und zugleich verhindert werden, daß die Nachzahlungspflicht nach § 73 zum Nachteil des früheren Grundstückseigentümers umgangen wird, indem das Grundstück zur Versteigerung gebracht wird.

II. Gesetzliches Verfügungsverbot

2 **1. Grundsatz.** Gemäß Abs. 1 S. 1 ist nach der Vereinigung von Grundstücks- und Gebäudeeigentum in einer Person eine Veräußerung oder Belastung allein des Grundstücks oder des Gebäudes unzulässig. Es handelt sich hierbei um ein absolut wirkendes gesetzliches Verfügungsverbot, welches auch durch die Gutglaubensvorschriften nicht beeinträchtigt wird; entgegenstehende Rechtsgeschäfte sind nichtig.[2] Ist das Gebäudeeigentum kraft Gesetzes entstanden und in das Grundbuch nicht eingetragen worden, ist ein von den Parteien geschlossener Grundstückskaufvertrag, in dem wegen der Unkenntnis der Parteien von diesen Umständen das Gebäude als Grundstücksbestandteil bezeichnet worden ist, nicht unwirksam; vielmehr ist die Falschbezeichnung wegen des übereinstimmenden Rechtsirrtums der Parteien berichtigend auszulegen.[3]

Das Verfügungsverbot ist auch vom Grundbuchamt zu beachten.

3 **2. Ausnahme für Zwangsversteigerung.** Im Interesse des Erhalts des Werts der dinglichen Rechte am Gebäude besteht gem. Abs. 1 S. 2 das Verfügungsverbot nicht für Veräußerungen im Wege des Zwangsversteigerung des Gebäudes oder zu deren Abwendung. Da das Gesetz lediglich die Befriedigung der Inhaber dinglicher Rechte vom Verbot ausnehmen will,[4] kann dies nur für eine von dem Inhaber eines dinglichen Rechts oder vom Pfändungspfandgläubiger aus einem Eigentümergrundpfandrecht betriebene Vollstreckungsversteigerung gelten.[5] Für den Fall der Begründung einer **Zwangshypothek** gem. § 867 Abs. 2 ZPO ist § 78

[1] AA LG Schwerin DNotZ 1993, 512 f.

[2] *Czub* Leitfaden RdNr. 576; *Prütting-Zimmermann* RdNr. 4; aA *Vossius* RdNr. 8; *Czub-Frenz* RdNr. 19 bis 27; *Vossius* DtZ 1995, 154, 157; *Frenz* NJW 1995, 2657, 2661.

[3] *Czub* NJ 1995, 10, 13 (Fn. 56).

[4] Vgl. BT-Drucks. 12/5992 S. 158.

[5] *Eickmann-Eickmann* RdNr. 3.

Abs. 1 S. 2 analog anwendbar, da insoweit auf Gläubigerseite eine vergleichbare Interessenlage besteht.[6]

4 Zugunsten des Erwerbers des Gebäudes oder des Grundstücks besteht gem. Abs. 3 S. 1 ein gesetzliches **Ankaufsrecht** hins. des anderen Teils. Der Preis bemißt sich nach dem vollen „Verkehrswert", dh. bei einem Ankauf des Grundstücks nach dem ungeteilten Bodenwert iSd. §§ 19, 20; die Verwendung des Begriffs „Verkehrswert" beruht auf einem Redaktionsversehen, wie die Klammerverweisung auf § 70 zeigt (Abs. 3 S. 2). Im Falle einer Weiterveräußerung an ein anderes Wohnungsunternehmen ist bei Vorliegen der Voraussetzungen der Preis gem. § 73 zu ermäßigen, da sich andernfalls bei der Versteigerung solcher Gebäude kein Erwerber finden wird (Abs. 3 S. 4). Bei einer Weiterveräußerung innerhalb der Fristen des § 71 entsteht zugunsten des früheren Grundstückseigentümers eine entspr. **Nachzahlungsverpflichtung** (Abs. 3 S. 3). Im Falle einer Nachzahlungsverpflichtung nach § 73 Abs. 1 infolge einer späteren Nutzungsänderung erwirbt der frühere Grundstückseigentümer zur Sicherung seines eigenen Anspruchs ein vorrangiges Pfandrecht an den Ansprüchen des Nutzers gegenüber dem Erwerber (Abs. 3 S. 5).

III. Pflicht zur Aufgabe des selbständigen Gebäudeeigentums

5 **1. Verpflichtung des Eigentümers.** Gemäß Abs. 1 S. 3 ist der Inhaber des Gebäudeeigentums gesetzlich verpflichtet, sein Gebäudeeigentum gem. § 875 BGB aufzugeben, sobald dieses unbelastet ist oder er selbst Inhaber noch bestehender dinglicher Rechte (zB im Falle einer Hypothek oder Eigentümergrundschuld gem. §§ 1163, 1168, 1177 BGB) geworden ist. Diese Verpflichtung besteht als Gesamtverpflichtung zusammen mit dem Inhaber einer Grundschuld auch dann, wenn die Forderung, zu deren Sicherung das dingliche Recht dient, nicht entstanden oder erloschen ist (Abs. 1 S. 4); hierdurch soll eine Neuvalutierung verhindert werden. Diese Pflichten sind öffentlich-rechtlicher Natur und können von dem Grundbuchamt durchgesetzt werden (s. hierzu RdNr. 8f.).

6 **2. Verpflichtung der Grundschuldinhaber.** Gemäß Abs. 1 S. 4 trifft die Verpflichtung zur Aufgabe des dinglichen Rechts gem. § 875 BGB auch den Grundschuldinhaber im Falle des Nichtentstehens oder des Erlöschens der zugrundeliegenden Forderung, wobei diese Verpflichtung auch schon den bereits bestehenden Rückgewähranspruch des Grundstückseigentümers belastet; vgl. i.ü. RdNr. 5.

7 Soweit der Grundstückseigentümer den Rückgewähranspruch bereits abgetreten hat (zB als zusätzliche Sicherheit im Rahmen einer Beleihung), besteht eine Aufhebungspflicht des Zessionars mangels gesetzlicher Grundlage nicht.[7]

8 **3. Durchsetzung der Verpflichtungen.** Zur Erfüllung der vorgenannten Verpflichtungen hat das Grundbuchamt die Betroffenen anzuhalten, Abs. 1 S. 5; diese Pflicht richtet sich an das Grundbuchamt, wobei ein Verstoß mangels Drittbezogenheit keine Amtspflichtverletzung iSd. § 839 BGB darstellt.

9 Dem Grundbuchamt stehen zur Durchsetzung der Pflichten die Vorschriften über den **Grundbuchberichtigungszwang** der §§ 82 ff. GBO zur Verfügung (Abs. 1 S. 6). Ist zB das Gebäudeeigentum infolge Löschung eines dort bislang eingetragenen dinglichen Rechts lastenfrei geworden, hat das Grundbuchamt dem Grundstücks-(und Gebäude-)-Eigentümer die Abgabe einer Löschungserklärung aufzugeben und diese ggf. durch Zwangsmaßnahmen nach § 33 FGG durchzusetzen.

10 **4. Rechtsfolgen.** Sind die vorgenannten Voraussetzungen erfüllt, erlischt das Gebäudeeigentum und wird das Gebäude Bestandteil des Grundstücks; entspr. Art. 233 § 4 Abs. 5 EGBGB erlischt ebenfalls das Nutzungsrecht.

IV. Verpflichtung zum Austausch der Sicherheiten (Abs. 2)

11 Gemäß Abs. 2 besteht zugunsten des Grundstücks- und Gebäudeeigentümers ein gesetzlicher Anspruch, von den Inhabern dinglicher Rechte am Gebäude die Zustimmung zur Aufhebung ihres Rechts gem. § 876 BGB (iVm. Art. 233 § 4 Abs. 6 S. 1 EGBGB) zu verlangen. Voraussetzung ist, daß die Inhaber der dinglichen Rechte ein gleichrangiges und gleichwertiges Recht am Grundstück erhalten und das selbständige Gebäudeeigentum gleichfalls aufgegeben wird.

[6] Vgl. hierzu Schreiben des BMJ v. 2. 3. 1995, DtZ 1995, 199.

[7] *Eickmann-Eickmann* RdNr. 16.

Unterabschnitt 5. Leistungsstörungen

§ 79 Durchsetzung des Erfüllungsanspruchs

(1) Der Grundstückseigentümer kann wegen seiner Ansprüche aus dem Kaufvertrag die Zwangsversteigerung des Gebäudes oder der baulichen Anlage des Nutzers nur unter gleichzeitiger Versteigerung des nach dem Vertrag zu veräußernden Grundstücks betreiben. Der Grundstückseigentümer darf einen Antrag auf Versteigerung des Gebäudes und des Grundstücks erst stellen, wenn er dem Nutzer die Versteigerung des verkauften Grundstücks zuvor angedroht, dem Nutzer eine Nachfrist zur Zahlung von mindestens zwei Wochen gesetzt hat und diese Frist fruchtlos verstrichen ist.

(2) Für die Vollstreckung in das Grundstück ist ein vollstreckbarer Titel gegen den Nutzer ausreichend. Die Zwangsversteigerung darf nur angeordnet werden, wenn

1. der Antragsteller als Eigentümer des Grundstücks im Grundbuch eingetragen oder als Rechtsvorgänger des Nutzers eingetragen gewesen ist oder Erbe des eingetragenen Grundstückseigentümers ist und
2. das Grundstück frei von Rechten ist, die Ansprüche auf Zahlung oder Befriedigung aus dem Grundstück gewähren.

(3) Der Zuschlag für das Gebäude und das Grundstück muß an dieselbe Person erteilt werden. Mit dem Zuschlag erlöschen die Rechte des Nutzers zum Besitz aus dem Moratorium nach Artikel 233 § 2 a des Einführungsgesetzes zum Bürgerlichen Gesetzbuche, aus diesem Gesetz und aus dem Grundstückskaufvertrag.

(4) An die Stelle des Anspruchs des Nutzers auf Übereignung tritt der Anspruch auf Auskehr des nach Berichtigung der Kosten und Befriedigung des Grundstückseigentümers verbleibenden Resterlöses.

I. Normzweck

1 Die Vorschrift will verhindern, daß das Auseinanderfallen von Gebäude- und Grundstückseigentum im Falle der Vollstreckung des Grundstückseigentümers wegen des Kaufpreisanspruchs in das Gebäudeeigentum des Nutzers perpetuiert wird.

II. Besondere Voraussetzungen der Zwangsversteigerung

2 **1. Allgemeines.** Im Falle der Vollstreckung des Grundstückseigentümer in das Gebäudeeigentum des Nutzers würde ohne die besonderen Bestimmungen des § 79 bei erfolgreicher Versteigerung dem Ersteher das Gebäudeeigentum zugeschlagen, während das Eigentum am Grundstück auf den Nutzer übergehen würde. Wegen der weitreichenden Folgen für den Nutzer ist zu seinem Schutz die Zwangsversteigerung nur unter bestimmten zusätzlichen Voraussetzungen zulässig.

3 Die **allgemeinen Voraussetzungen für die Zwangsvollstreckung** bleiben hiervon unberührt; insbes. muß deshalb der Grundstückseigentümer im Besitz eines Vollstreckungstitels gegen den Nutzer sein.

Der Grundstückseigentümer kann bei der Versteigerung mitbieten; für ihn ist dann aber evtl. der Weg über § 80 S. 2 Nr. 2 günstiger.

4 **2. Mitversteigerung des Grundstücks (Abs. 1 S. 1).** Der Grundstückseigentümer muß sein Grundstück, dh. den Kaufgegenstand iSd. § 65, mitversteigern lassen. Grundstück und Gebäude können also nur als Einheit angeboten werden, so daß diese Regelung vor allem auch von den Vollstreckungsorganen von Amts wegen zu beachten ist; Verstöße sind mit der Vollstreckungserinnerung des § 766 ZPO anzugreifen. In Ergänzung zu §§ 704 Abs. 1, 794 Abs. 1 ZPO ist gem. Abs. 2 S. 1 für die Vollstreckung der vollstreckbare Titel gegen den Nutzer ausreichend.

5 **3. Androhung und Nachfristsetzung (Abs. 1 S. 2).** Wegen der weitreichenden Folgen der Zwangsversteigerung hat der Grundstückseigentümer dem Nutzer die Versteigerung anzudrohen und ihm eine Nachfrist von mindestens zwei Wochen zu setzen. Beides kann miteinander verbunden werden. Teilzahlungen des Nutzers genügen nicht; der Grundstückseigentümer muß sie nicht annehmen (§ 266 BGB), wobei allerdings im Falle einer Entgegennahme nach Treu und Glauben die weitere Vollstreckung erst nach erneuter Androhung und Fristsetzung zulässig ist.

6 **4. Person des Antragstellers (Abs. 2 S. 2 Nr. 1).** Der Antragsteller des Versteigerungsverfahrens (§ 15 ZVG) muß seine Eigentümerstellung förmlich nachweisen, sei es durch seine Eintragung im Grundbuch, auch als Rechtsvorgänger des Nutzers, oder als Erbe des früheren Grundstückseigentümers, wobei insoweit die Voraussetzungen des § 35 GBO erfüllt sein müssen.

7 **5. Dingliche Rechte am Grundstück (Abs. 2 S. 2 Nr. 2).** Der Grundstückseigentümer kann die Zwangsversteigerung erst betreiben, wenn er das Grundstück zuvor von den dinglichen Rechten am Grundstück auf Zahlung oder Befriedigung, dh. von Hypotheken, Grundschulden, Rentenschulden und Reallasten, befreit hat. Dies ist Folge des § 64 Abs. 1 S. 1 und soll verhindern, daß der Grundstückseigentümer aus dem Erlös die titulierte Kaufpreisforderung auch dann in voller Höhe erhält, wenn die abzulösenden Rechte als Teil des geringsten Gebots nach § 52 Abs. 1 S. 4 ZVG bestehen bleiben.

8 **6. Person des Erstehers (Abs. 3 S. 1).** Der Zuschlag für Gebäude und Grundstück darf nur an dieselbe Person erteilt werden, die damit Eigentümer beider Gegenstände wird (§ 90 Abs. 1 ZVG) und die Pflichten des § 78 Abs. 1 S. 3 und 4 hat.

Ist der Zuschlag aus einem der in § 83 ZVG genannten Gründe für Gebäude oder Grundstück zu versagen, darf auch der andere Gegenstand nicht versteigert werden.

9 **7. Verfahren.** Für das Versteigerungsverfahren gelten i.ü. die allgemeinen Vorschriften.[1]

III. Rechtsfolgen des Zuschlags

10 **1. Erlöschen dinglicher Rechte.** Mit dem Zuschlag erlöschen gem. § 91 Abs. 1 ZVG das Eigentum am Grundstück und am Gebäude sowie die hieran bestehenden, bei der Feststellung des geringsten Gebots nicht berücksichtigten dinglichen Rechte. Das Gebäude wird wesentlicher Bestandteil des Grundstücks; für dingliche Rechte am Gebäude gelten §§ 91 Abs. 1, 92 ZVG.

11 **2. Erlöschen des Besitzrechts des Nutzers (Abs. 3 S. 2).** Mit dem Zuschlag erlischt ebenfalls das Besitzrecht des Nutzers an Grundstück und Gebäude, gleich auf welchem Rechtsgrund sie begründet waren, insbes. also aus (DDR-)Gesetz, Vertrag und Moratorium gem. Art. 233 § 2 a EGBGB.

12 **3. Anspruch auf Resterlös (Abs. 4).** Der mit dem Zuschlag untergehende Anspruch des Nutzers auf Übereignung des Grundstücks wird durch den Anspruch auf Auskehr des nach Berichtigung der Kosten und Befriedigung des Grundstückseigentümers verbleibenden Erlöses ersetzt. Die Vorschriften über eine Nachzahlungsverpflichtung gem. §§ 71, 73 bleiben hiervon unberührt, da durch Abs. 4 dem Nutzer kein Anspruch auf einen etwaigen „Übererlös" zugesprochen worden ist.

§ 80 Rechte aus § 326 des Bürgerlichen Gesetzbuchs

Dem Grundstückseigentümer stehen nach fruchtlosem Ablauf einer nach § 326 Abs. 1 Satz 1 des Bürgerlichen Gesetzbuchs bestimmten Nachfrist statt der in § 326 Abs. 1 Satz 2 bezeichneten Ansprüche folgende Rechte zu. Der Grundstückseigentümer kann

1. vom Nutzer den Abschluß eines Erbbaurechtsvertrages nach Maßgabe des Abschnitts 2 verlangen oder

2. das Gebäude oder die bauliche Anlage nach Maßgabe des nachfolgenden Unterabschnitts ankaufen.

[1] Vgl. hierzu *Eickmann-Eickmann* RdNr. 8 bis 12; *Vossius* RdNr. 9 ff.

Der Grundstückseigentümer kann über die in Satz 1 bezeichneten Ansprüche hinaus vom Nutzer Ersatz der ihm durch den Vertragsschluß entstandenen Vermögensnachteile sowie vom Ablauf der Nachfrist an ein Nutzungsentgelt in Höhe des nach dem Abschnitt 2 zu zahlenden Erbbauzinses verlangen. Die Regelungen über eine Zinsermäßigung in § 51 sind nicht anzuwenden, auch wenn nach Satz 1 Nr. 1 auf Verlangen des Grundstückseigentümers ein Erbbaurechtsvertrag geschlossen wird.

I. Normzweck

1 Die Norm modifiziert im Falle eines Rücktritts des Grundstückseigentümers vom Kaufvertrag wegen Nichterfüllung der Kaufpreisforderung durch den Nutzer die Rechte des § 326 BGB, um auch dann die Sachenrechtsbereinigung voranzubringen. Denn bei einem Rücktritt vom Kaufvertrag bliebe alles wie bisher; Gebäude- und Grundstückseigentum würden weiterhin auseinanderfallen. Im Falle der Geltendmachung von Schadensersatz würde bei einem Deckungsverkauf des Grundstücks lediglich die Person des Grundstückseigentümers ausgewechselt, während das Gebäudeeigentum beim Nutzer verbliebe.

II. Rechte des Grundstückseigentümers

2 **1. Ausschluß der Rechte aus § 326 BGB (Satz 1).** Aus den in RdNr. 1 genannten Gründen werden durch § 80 die Rechtsfolgen des § 326 BGB *ersetzt,* während es für die Anspruchsvoraussetzungen (Verzug, angemessene Fristsetzung mit Ablehnungsandrohung etc.) bei der Regelung des § 326 BGB verbleibt. Die Fristsetzung kann entbehrlich sein (zB bei Verzicht oder endgültiger Erfüllungsverweigerung). Bei der Frage der Angemessenheit der Frist sind die einschneidenden Folgen für den Nutzer und die Höhe des Kaufpreises zu berücksichtigen; um einen Wertungswiderspruch zu § 68 Abs. 2 zu vermeiden, muß die Frist mindestens einen Monat betragen.

3 Ansprüche aus §§ 284 ff. BGB, Delikt, GoA etc. bleiben unberührt.

4 **2. Anspruch auf Abschluß eines Erbbaurechtsvertrages (Satz 2 Nr. 1).** Insoweit steht das Wahlrecht dem Grundstückseigentümer zu. Für den Abschluß des Erbbaurechtsvertrages gelten die Vorschriften der §§ 32 bis 60 mit Ausnahme der Zinsermäßigungsnorm des § 51 (vgl. § 80 S. 4); denn der Nutzer soll nicht als „Belohnung“[1] für seine Vertragsverletzung noch eine Zinserleichterung in Anspruch nehmen können. Dagegen kann der Nutzer doch noch das Eigentum am Grundstück erwerben, wenn er ein Ankaufsrecht gem. § 57 vereinbart; diese Vorschrift ist von einer Anwendbarkeit nicht ausgenommen.

5 Der Anspruch des Grundstückseigentümers ist auch in den Fällen des § 15 Abs. 2 nicht ausgeschlossen, da die dortigen Schwellenwerte nur für den Nutzer gelten und § 61 Abs. 2 keine Muß-Vorschrift darstellt.

6 **3. Anspruch auf Ankauf des Gebäudes (Satz 2 Nr. 2).** Statt des Abschlusses eines Erbbaurechtsvertrages kann der Grundstückseigentümer nach freier Wahl auch den Ankauf des Gebäudes verlangen. Hierfür gelten die §§ 81 bis 84, wobei es sich insoweit um eine **Rechtsfolgenverweisung** handelt,[2] da die Rechtsfolgen des § 80 allgemein gelten sollen und nicht nur für Wirtschaftsgebäude und bauliche Anlagen iSd. § 81.

7 **4. Anspruch auf Schadensersatz (Satz 3).** Soweit dem Grundstückseigentümer durch den Abschluß des vom Nutzer nicht erfüllten Grundstückskaufvertrages Kosten und sonstige Vermögensnachteile entstanden sind, kann er neben den vorgenannten Rechten auch zusätzlich Schadensersatz verlangen. Hierbei kann es sich um Fahrtkosten, Zinsverluste oder die Kosten iSd. § 77 handeln; zu ersetzen ist jedoch nur der **Vertrauensschaden**, da der Schadensersatz wegen Nichterfüllung gem. § 326 BGB ausdrücklich ausgeschlossen ist.[3]

8 **5. Anspruch auf Nutzungsentgelt (Satz 3).** Neben den vorgenannten Ansprüchen steht dem Grundstückseigentümer außerdem vom Ablauf der Nachfrist des § 326 BGB an eine Nutzungsentschädigung zu. Läuft die Nachfrist also am 15. eines Monats ab, ist Nutzungsentschädigung ab dem einschließlich 16. dieses Monats zu zahlen. Die Höhe der Entschädigung richtet

[1] BT-Drucks 12/5992 S. 160.

[2] So wohl auch *Herbig-Gaitzsch-Hügel-Weser* S. 120 f.

[3] Ebenso *Eickmann-Eickmann* RdNr. 4; *Czub-Tropf* RdNr. 15; aA *Vossius* RdNr. 11.

sich nach § 43, wobei sich der Nutzer auf die Zinserleichterung des § 51 nicht berufen kann (Satz 4).

9 **6. Verfahren.** Hat sich der Grundstückseigentümer für eine der Alternativen des S. 2 entschieden, gelten insoweit die Verfahrensvorschriften der §§ 87 ff. und §§ 103 ff.[4]

Unterabschnitt 6. Besondere Bestimmungen für den Hinzuerwerb des Gebäudes durch den Grundstückseigentümer

§ 81 Voraussetzungen, Kaufgegenstand, Preisbestimmung

(1) Der Grundstückseigentümer ist berechtigt, ein vom Nutzer errichtetes oder erworbenes Wirtschaftsgebäude oder dessen bauliche Anlage anzukaufen oder, wenn kein selbständiges Gebäudeeigentum entstanden ist, die aus der baulichen Investition begründeten Rechte abzulösen, wenn

1. die Rechtsverhältnisse an land- und forstwirtschaftlich genutzten Grundstücken, Gebäuden oder baulichen Anlagen neu geregelt werden sollen und der Erwerb des Gebäudes oder der baulichen Anlage in einer vom Grundstückseigentümer von der Flurneuordnungsbehörde einzuholenden Stellungnahme befürwortet wird,

2. der Grundstückseigentümer die Bestellung eines Erbbaurechts oder den Ankauf des Grundstücks nach § 29 verweigert hat,

3. der Anspruch des Nutzers auf Bestellung eines Erbbaurechts oder auf Ankauf des Grundstücks nach § 31 wegen geringer Restnutzungsdauer des Gebäudes oder der baulichen Anlage ausgeschlossen ist und der Grundstückseigentümer für Wohn- oder betriebliche Zwecke auf eine eigene Nutzung des Grundstücks angewiesen ist oder

4. der Grundstückseigentümer Inhaber eines Unternehmens ist und

a) das Gebäude oder die bauliche Anlage auf dem Betriebsgrundstück steht und die betriebliche Nutzung des Grundstücks erheblich beeinträchtigt oder

b) das Gebäude, die bauliche Anlage oder die Funktionsfläche für betriebliche Erweiterungen in Anspruch genommen werden soll und der Grundstückseigentümer die in § 3 Abs. 1 Nr. 1 des Investitionsvorranggesetzes bezeichneten Zwecke verfolgt oder der Nutzer keine Gewähr für eine Fortsetzung der betrieblichen Nutzung des Wirtschaftsgebäudes bietet.

Satz 1 Nr. 4 Buchstabe b ist nicht anzuwenden, wenn den betrieblichen Belangen des Nutzers eine höhere Bedeutung zukommt als den investiven Interessen des Grundstückseigentümers.

(2) Der vom Grundstückseigentümer zu zahlende Kaufpreis ist nach dem Wert des Gebäudes oder der baulichen Anlage zu dem Zeitpunkt zu bemessen, in dem ein Beteiligter ein Angebot zum Ankauf macht. In den Fällen des Absatzes 1 Nr. 1 und 4 hat der Grundstückseigentümer auch den durch Nutzungsrecht oder bauliche Investition begründeten Bodenwertanteil abzulösen. Der Bodenwertanteil des Nutzers wird dadurch bestimmt, daß vom Verkehrswert der Betrag abgezogen wird, den der Nutzer im Falle des Hinzuerwerbs des Grundstücks zu zahlen hätte. In den Fällen des Absatzes 1 Nr. 3 kann der Nutzer eine Entschädigung verlangen, soweit ihm dadurch ein Vermögensnachteil entsteht, daß ein Mietvertrag mit einer nach der Restnutzungsdauer des Gebäudes bemessenen Laufzeit (§ 31 Abs. 2) nicht abgeschlossen wird.

(3) Ist das vom Nutzer errichtete oder erworbene Gebäude oder die bauliche Anlage nicht mehr nutzbar oder das Grundstück nicht bebaut, so kann der Nutzer vom

[4] *Czub-Tropf* RdNr. 11.

Grundstückseigentümer eine Zahlung nach Absatz 2 Satz 2 nur verlangen, wenn ein Nutzungsrecht bestellt wurde. Der Anspruch entfällt, wenn die in § 29 Abs. 2 bestimmten Voraussetzungen vorliegen. In diesem Fall kann der Grundstückseigentümer vom Nutzer die Aufhebung des Nutzungsrechts verlangen.

(4) Ist das Gebäude noch nutzbar, mit einem Gebrauch durch den Nutzer aber nicht mehr zu rechnen (§ 29 Abs. 1), ist der Kaufpreis auch dann nur nach dem Wert des Gebäudes zu bemessen, wenn dem Nutzer ein Nutzungsrecht bestellt wurde.

(5) Erwirbt der Grundstückseigentümer selbständiges Gebäudeeigentum, ist § 78 entsprechend anzuwenden.

I. Normzweck

1 Die Vorschrift stellt die Ausnahme zu dem Wahlrecht des Nutzers in § 15 Abs. 1 dar und gewährt dem Grundstückseigentümer in bestimmten Fällen ein Recht zum Ankauf des Gebäudes. Dies ist dann der Fall, wenn das Interesse des Grundstückseigentümers an der Bewirtschaftung seines Grundstücks höher zu bewerten ist als das Interesse des Nutzers an der Sicherung seiner früheren Investition. Damit sollen – wie auch im VermG oder InVorG – der Strukturwandel und die wirtschaftliche Entwicklung in den neuen Ländern gefördert werden.

II. Kaufgegenstand

2 Die Vorschrift betrifft nur **Wirtschaftsgebäude** (dh. Gebäude, die nicht Wohnzwecken dienen) und **bauliche Anlagen** (zB Bewässerungsanlagen, Abbauanlagen; vgl. auch § 12 Abs. 3 S. 2).

Wohngebäude fallen grundsätzlich nicht in den Anwendungsbereich der §§ 81 bis 84; eine Ausnahme gilt nur gem. Abs. 1 S. 1 Nr. 2.

Bei einer **Mischnutzung** richtet sich der Anspruch entspr. § 67 auf die Bildung und Übertragung von Teileigentum/-erbbaurechten, während das Wohnungseigentum/-erbbaurecht beim Nutzer verbleibt.

III. Voraussetzungen des Ankaufsrechts (Abs. 1)

3 **1. Allgemeines.** § 81 zählt vier Fälle auf, in denen der Grundstückseigentümer das vom Nutzer errichtete Gebäude ankaufen kann. Soweit kein selbständiges Gebäudeeigentum entstanden ist und das Gebäude damit als wesentlicher Bestandteil des Grundstücks bereits dem Grundstückseigentümer gehört, tritt zugunsten des Grundstückseigentümers an die Stelle des Ankaufsrechts ein Ablöserecht.

4 **2. Land- und forstwirtschaftliche Nutzung (Nr. 1).** Die Vorschrift betrifft nur den Grundstückseigentümer, der als ehemaliges LPG-Mitglied, als Wiedereinrichter oder in anderer Weise selbst Land- oder Forstwirtschaft betreibt. Voraussetzung ist eine Neuregelung der Rechtsverhältnisse an land- und forstwirtschaftlich genutzten Grundstücken und die Befürwortung durch die Flurneuordnungsbehörde (vgl. §§ 53 ff. LAG), so daß die Ausübung des Ankaufsrechts von dem Bestehen eines wichtigen betrieblichen Grundes abhängig ist. Dies ist zB der Fall, wenn das Wirtschaftsgebäude auf der Hofstelle des ausgeschiedenen, jetzt selbständigen Landwirts oder eines Wiedereinrichters steht oder das Wirtschaftsgebäude die landwirtschaftliche Nutzung der Fläche des Grundstückseigentümers in anderer Weise erheblich stört.[1]

5 **3. Einrede nach § 29 (Nr. 2).** Die Vorschrift betrifft die Ruinen und die nicht mehr ausgeübten Nutzungen (vgl. i.e. § 29 RdNr. 4 ff.). Darunter können auch ehemalige Wohnnutzungen fallen.

6 **4. Geringe Restnutzungsdauer (Nr. 3).** Die Vorschrift betrifft den Fall der geringen Restnutzungsdauer gem. § 31 (vgl. i.e. dort RdNr. 5 ff.), in dem der Grundstückseigentümer den Nutzer gem. § 31 Abs. 2 auf den Abschluß eines Mietvertrages verweisen kann. Der Grundstückseigentümer kann jedoch auch dies verweigern und das Gebäude ankaufen, wenn er auf eine Eigennutzung des Grundstücks angewiesen ist. Insoweit ist er darlegungs- und beweispflichtig. In den Fällen der Wohnnutzung ist dies jedenfalls dann der Fall, wenn der

[1] Vgl. BT-Drucks 12/5992 S. 161; *Vossius* RdNr. 11; *Czub-Tropf* RdNr. 8.

Grundstückseigentümer Eigenbedarf iSd. § 564 b BGB geltend machen kann. Wegen der im Vergleich zu § 112 Abs. 1 S. 2 abgeschwächten Formulierung genügen insoweit aber auch geringere Anforderungen.

7 **5. Gewerbliche Nutzung (Nr. 4).** Voraussetzung ist eine betriebliche Nutzung des Grundstücks durch den Grundstückseigentümer. Ein Ankaufsrecht besteht in folgenden Fällen:
- das Gebäude, das auf dem Betriebsgrundstück steht, beeinträchtigt die betrieblichen Belange in erheblichem (und fortdauerndem) Maße;
- das Gebäude oder die Funktionsfläche soll für eine Betriebserweiterung in Anspruch genommen werden; in diesem Fall muß der Grundstückseigentümer die in § 3 Abs. 1 Nr. 1 InVorG bezeichneten Zwecke verfolgen, also die Inanspruchnahme zur Sicherung und Schaffung von Arbeitsplätzen, insbes. durch Errichtung oder Erhaltung einer gewerblichen Betriebsstätte oder eines Dienstleistungsunternehmens des Grundstückseigentümers, dienen *oder* der Nutzer keine Gewähr für eine Fortsetzung der betrieblichen Nutzung bieten, soweit den betrieblichen Belangen des Nutzers keine höhere Bedeutung zukommt als den Interessen des Grundstückseigentümers (Abs. 1 S. 2); dabei sind nicht die individuellen Interessen der Beteiligten maßgebend, sondern die jeweiligen Auswirkungen auf die Zahl der Arbeitsplätze und die wirtschaftliche Bedeutung der Betriebe für die Region.

Der Grundstückseigentümer trägt für das Vorliegen der Voraussetzungen des S. 1 die **Beweislast;** der Nutzer hat die seinem Betrieb zukommende höhere Bedeutung im Sinne des S. 2 zu beweisen.

8 **6. Nichterfüllung des Ankaufsvertrages durch Nutzer.** Die in § 81 vorgesehene Ankaufsmöglichkeit gilt ferner generell bei Nichterfüllung des Ankaufsvertrages durch den Nutzer, falls der Grundstückseigentümer nach § 80 S. 2 Nr. 2 vorgeht.

IV. Kaufpreis (Abs. 2 bis 4)

9 **1. Allgemeines.** Der vom Grundstückseigentümer zu zahlende Preis besteht gem. Abs. 2 S. 1 aus dem Wert des Gebäudes, welcher auf den Zeitpunkt der Abgabe eines verbindlichen Angebots zum Ankauf festzustellen ist. Hierzu kann noch ein weiterer Betrag kommen, nämlich der **Bodenwertanteil** des Nutzers oder eine Entschädigung, je nach dem, welche der obigen Fallgestaltungen vorliegt.

10 **2. Land- und forstwirtschaftliche Nutzung.** In den Fällen des Abs. 1 S. 1 Nr. 1 und 4 ist gem. Abs. 2 S. 2 zu dem Gebäudewert noch der **Bodenwertanteil** des Nutzers hinzuzurechnen. Dieser wird gem. Abs. 2 S. 3 bestimmt, indem der Preis, den der Nutzer für den Erwerb des Grundstücks gem. §§ 68 ff. zu zahlen hätte, von dem Verkehrswert des Grundstücks abgezogen wird. Dadurch werden über § 19 Abs. 2 S. 3 Nr. 2 und Abs. 4 auch die **Abbruchkosten** unter den dort genannten Voraussetzungen berücksichtigt; beruht der Zustand der Baulichkeit auf einer unterlassenen Instandhaltung durch den Nutzer, trifft § 82 eine besondere Regelung.

11 Soweit allerdings das **Gebäude nicht mehr nutzbar** ist oder das **Grundstück unbebaut** ist, kann der Nutzer den Bodenwertanteil gem. Abs. 3 S. 1 nur beanspruchen, wenn ein Nutzungsrecht bestellt worden ist, also insbes. nicht in den Fällen der Nutzung aufgrund staatlicher Billigung (vgl. § 10). Bei Vorliegen der Voraussetzungen des § 29 Abs. 2 (vgl. dort RdNr. 14ff.), entfällt allerdings der Anspruch auf den Bodenwertanteil auch bei Bestehen eines Nutzungsrechts; der Grundstückseigentümer kann dann vom Nutzer die Aufhebung des Nutzungsrechts verlangen, vgl. Abs. 3 S. 2 und 3.

12 **3. Geringe Restnutzungsdauer.** Im Fall des Abs. 1 S. 1 Nr. 3 kann der Nutzer neben dem Gebäudewert noch eine Entschädigung gem. Abs. 2 S. 4 verlangen, soweit ihm durch die vorzeitige Beendigung seines Besitzes infolge Nichtabschluß eines Mietvertrages ein nachweisbarer Vermögensnachteil entstanden ist; dieser kann zB in der Mietdifferenz liegen (vgl. §§ 31 Abs. 2 und 3), in dem Ertragsausfall zwischen Beendigung des Besitzverhältnisses und Beginn eines neuen Mietverhältnisses, in Umzugskosten oder Maklergebühren (bzw. der Zinsverlust infolge des vorzeitigen Anfalls dieser Kosten). Eine vergleichbare Regelung findet sich in § 14 SchuldRAnpG und in §§ 182 bis 185 BauGB.

13 **4. Einrede des § 29.** Im Fall des Abs. 1 S. 1 Nr. 2 ist grundsätzlich weder eine Beteiligung am Bodenwert noch eine Entschädigungszahlung vorgesehen. Dies ist durch Abs. 4 auch für die Fallgestaltung des § 29 Abs. 1 klargestellt, bei der das Gebäude zwar noch nutzbar ist, mit einem Gebrauch durch den Nutzer aber nicht mehr zu rechnen ist (vgl. hierzu § 29 RdNr. 4ff.), und

zwar selbst dann, wenn zugunsten des Nutzers ein Nutzungsrecht bestellt war. Gemäß Abs. 3 S. 3 kann der Grundstückseigentümer vielmehr vom Nutzer die Aufhebung des Nutzungsrechts verlangen.

5. Gewerbliche Nutzung. Diese Fallgestaltung ist dem Fall der land- und forstwirtschaftlichen Nutzung gleichgestellt (s. RdNr. 10). **14**

V. Vollzug und Rechtsfolgen des Ankaufs

1. Form. Der Kaufvertrag bedarf nur bei einem grundstücksgleichen Nutzungstatbestand (Gebäudeeigentum) der notariellen Form des § 313 BGB. **15**

2. Vollzug. Die §§ 81 bis 84 betreffen nur das schuldrechtliche Verpflichtungsgeschäft. Hins. des Erfüllungsgeschäfts ist zu unterscheiden: **16**
- Die Übertragung eingetragenen Gebäudeeigentums erfolgt durch Auflassung und Eintragung (Art. 233 § 4 Abs. 1 EGBGB, §§ 873 Abs. 1, 925 BGB).
- Die Übertragung noch nicht eingetragenen Gebäudeeigentums (Art. 233 § 2 b und § 4 Abs. 2 EGBGB) setzt die Anlegung eines Gebäudegrundbuchblatts voraus; erst dann können Auflassung und Eintragung erfolgen.[2]
- Im Falle schuldrechtlicher Nutzungstatbestände (Nutzungsvertrag, Überlassungsvertrag), die nicht Bestandteile des Gebäudes iSd. Art. 231 § 5 EGBGB sind, besteht ein Anspruch auf deren Aufhebung unter Verzicht auf über den Kaufpreis hinausgehende Ersatzansprüche.[3]
- Im Falle faktischer Nutzungstatbestände genügt der (formlose) Verzicht auf weitergehende Ersatzansprüche.

3. Verweisung auf § 78. Bei einem Ankauf des Gebäudes durch den Grundstückseigentümer vereinigen sich Gebäude- und Grundstückseigentum in seiner Person. Abs. 5 verweist auf § 78, um ein erneutes Auseinanderfallen von Grund- und Gebäudeeigentum zu verhindern. **17**

4. Gewährleistung. Im Rahmen der Vollziehung des Gebäudekaufvertrages findet eine Übergabe des Gebäudes und damit ein Gefahrübergang iSd. § 446 BGB statt. Da zudem das Gebäude vom Nutzer oder seinem Rechtsvorgänger errichtet worden ist, ist der Zustand des Gebäudes ihm zuzurechnen. Der Nutzer haftet deshalb bei Vorliegen eines Mangels (wie zB Bauschäden, Schwamm- oder Hausbockbefall) nach den allgemeinen kaufrechtlichen Gewährleistungsvorschriften; mangels einer dem § 76 entspr. Regelung kann eine Haftung des Nutzers nur vertraglich ausgeschlossen werden. **18**

5. Sonstiges. Bei vermieteten Gebäuden gilt u.a. § 571 BGB. **19**

§ 82 Übernahmeverlangen des Grundstückseigentümers

(1) Ist das vom Nutzer errichtete oder erworbene Gebäude oder die bauliche Anlage nicht mehr nutzbar und beruht die Erforderlichkeit alsbaldigen Abbruchs auf unterlassener Instandhaltung durch den Nutzer, kann der Grundstückseigentümer vom Nutzer

1. Ersatz seiner Aufwendungen für die Beseitigung der vorhandenen Bausubstanz oder

2. den Erwerb der Fläche, auf der das Gebäude oder die bauliche Anlage errichtet wurde,

verlangen.

(2) Ist die Nutzung des vom Nutzer errichteten oder erworbenen Gebäudes oder der baulichen Anlage aus anderen als den in Absatz 1 genannten Gründen, insbesondere infolge der durch den Beitritt nach dem Einigungsvertrag eingetretenen Veränderungen, aufgegeben worden und der alsbaldige Abbruch des Gebäudes oder der baulichen Anlage zur ordnungsgemäßen Bewirtschaftung des Grundstücks erforderlich, kann der Grundstückseigentümer vom Nutzer

[2] *Vossius* vor §§ 81 ff. RdNr. 5 ff; *Böhringer* DtZ 1994, 266 ff. und 301 f.; *Schmidt-Räntsch/Sternal* DtZ 1994, 262 ff.

[3] Vgl. auch *Vossius* vor §§ 81 ff. RdNr. 9 f.

1. den hälftigen Ausgleich des Betrages verlangen, um den die Kosten des Abbruchs der vorhandenen Bausubstanz den Bodenwert des unbebauten Grundstücks im Zeitpunkt des Inkrafttretens dieses Gesetzes übersteigen, oder
2. den Erwerb der Fläche gegen Zahlung des nach Absatz 5 zu berechnenden Entschädigungswerts verlangen, auf der das Gebäude oder die bauliche Anlage errichtet wurde.

(3) Der Grundstückseigentümer kann die in den Absätzen 1 und 2 bestimmten Ansprüche erst geltend machen, nachdem er dem Nutzer Gelegenheit gegeben hat, das Gebäude oder die bauliche Anlage zu beseitigen. Der Grundstückseigentümer hat dem Nutzer hierzu eine angemessene Frist zu setzen. Die Ansprüche verjähren in drei Jahren.

(4) Der Nutzer kann den Anspruch des Grundstückseigentümers aus Absatz 2 Nr. 1 durch Erwerb der Fläche, auf der das abzureißende Gebäude steht, gegen Zahlung des nach Absatz 5 zu berechnenden Entschädigungswerts abwenden.

(5) Der Entschädigungswert bestimmt sich nach der Höhe der Entschädigung für Grundvermögen in dem nach § 9 Abs. 3 des Vermögensgesetzes zu erlassenden Gesetz.

(6) Abweichende vertragliche Vereinbarungen bleiben unberührt.

I. Normzweck

1 Die Vorschrift regelt die Rechtsfolgen, wenn der Nutzer auf dem Grundstück Bauruinen hinterlassen hat. Nach dem Ankauf des Gebäudes haftet insoweit der Grundstückseigentümer gegenüber Dritten für etwaige von dem Gebäude ausgehenden Gefahren als Zustandsstörer. Es stellt sich dann die Frage, wer von den Vertragsparteien für die Kosten des erforderlichen Gebäudeabbruchs aufzukommen hat. In § 82 wird insoweit eine differenzierte Lösung vorgesehen, die unter Anknüpfung an § 19 Abs. 2 S. 3 Nr. 2 und Abs. 4 danach unterscheidet, ob der Nutzer den Zustand des Gebäudes aufgrund unterlassener Instandhaltung verursacht hat.

II. Ansprüche des Grundstückseigentümers

2 Der Grundstückseigentümer hat gegen den Nutzer die Wahl zwischen mehreren Ansprüchen. In Betracht kommen:
- Beseitigung des Gebäudes als vorrangiger Anspruch (Abs. 3),
- Ersatz der Abbruchkosten als Aufwendungsersatzanspruch oder
- Abkauf der Grundstücksfläche, auf der die Baulichkeit steht.

Die Ansprüche sind dabei dem Grunde und der Höhe nach unter nachfolgend erläuterten bestimmten Voraussetzungen eingeschränkt.

III. Allgemeine Anspruchsvoraussetzungen

3 **1. Vorrang vertraglicher Vereinbarungen (Abs. 6).** Soweit die Parteien eine vertragliche Vereinbarung geschlossen haben oder noch abschließen, in der sich ein Teil zum Abriß auf eigene Kosten oder gegen Kostenbeteiligung verpflichtet, ist dies vorrangig. Die Vorschrift des § 82 ist dann nicht anwendbar.

4 **2. Anspruch auf Beseitigung (Abs. 3).** Bevor der Grundstückseigentümer die in Abs. 1 und 2 bezeichneten Ansprüche geltend machen kann, muß er dem Nutzer (erfolglos) Gelegenheit gegeben haben, das Bauwerk auf eigene Kosten abzureißen; eine Kostenbeteiligung durch den Grundstückseigentümer findet nicht statt.

5 Der Grundstückseigentümer hat dem Nutzer hierfür eine **angemessene Frist** zu setzen. Die Länge der Frist ist von dem Umfang und den Kosten des Abbruchs abhängig. Soweit der Grundstückseigentümer die Ansprüche nach Abs. 1 oder 2 ohne vorherige (fruchtlose) Fristsetzung verfolgt, steht dem Nutzer eine entspr. Einrede mit der Folge zu, daß eine erhobene Klage als derzeit unbegründet abzuweisen ist. Etwas anderes gilt allerdings dann, wenn der Nutzer bereits zuvor eine Beseitigung der Baulichkeit endgültig verweigert hat.

IV. Besondere Anspruchsvoraussetzungen

6 **1. Unterlassene Instandhaltung des Nutzers (Abs. 1). a) Voraussetzungen.** Die Ansprüche nach Abs. 1 setzen folgendes voraus:
- die vom Nutzer errichtete oder erworbene Baulichkeit darf nicht mehr nutzbar sein (vgl. hierzu § 29 RdNr. 5) und
- der erforderliche alsbaldige Abbruch muß auf eine unterlassene Instandsetzung durch den Nutzer zurückzuführen sein (vgl. hierzu § 19 RdNr. 12), wobei Verschulden nicht erforderlich ist.

7 **b) Rechtsfolgen.** Ist dies der Fall, stehen dem Grundstückseigentümer nach seiner Wahl (§§ 262 ff. BGB) zwei Ansprüche zur Verfügung:
- Anspruch auf (vollen) **Aufwendungsersatz** für den Abbruch, soweit die angefallenen Kosten angemessen und erforderlich waren; eine Vorschußklage ist zwar denkbar,[1] wird aber in der Praxis daran scheitern, daß in diesem Fall der Abbruch nicht alsbald erforderlich sein wird, wenn zuvor noch Zeit für eine Vorschußklage ist;
- **Abkauf der Fläche**, auf der die Baulichkeit errichtet wurde; der Preis für die Fläche bestimmt sich mangels gesetzlicher Regelung nach der freien Vereinbarung zwischen den Vertragspartnern, also idR nach dem Verkehrswert, der jedoch bei hohen Abbruchkosten gegen Null tendieren wird; gleichwohl kann dies für den Grundstückseigentümer sinnvoll sein, da er mit dem Abkauf auch die Verkehrssicherungspflicht auf den Nutzer „überträgt".

8 **2. Sonstige Gründe für die Abbruchreife (Abs. 2). a) Voraussetzungen.** Für die Ansprüche aus Abs. 2 müssen die folgenden drei besonderen Voraussetzungen *kumulativ* erfüllt sein:
- die Nutzung der Baulichkeit muß aus anderen als den in Abs. 1 genannten Gründen aufgegeben worden sein, insbes. also aufgrund der durch die Wiedervereinigung eingetretenen Veränderungen in den neuen Ländern (vgl. hierzu § 29 RdNr. 10 und 17),
- der alsbaldige Abbruch muß zur ordnungsgemäßen Bewirtschaftung des Grundstücks erforderlich sein (vgl. hierzu § 19 RdNr. 10) und
- die Abbruchkosten müssen den Bodenwert des unbebauten Grundstücks (zum Stichtag des 1. 10. 1994) übersteigen.

9 **b) Rechtsfolgen.** Der Grundstückseigentümer hat dann die Wahl (§§ 262 ff. BGB) zwischen den folgenden beiden Ansprüchen:
- 10 der Grundstückseigentümer kann eine hälftige **Beteiligung am Verlust** verlangen, also die hälftige Differenz zwischen den erforderlichen Abbruchkosten und dem Bodenwert des unbebauten Grundstücks am 1. 10. 1994; insoweit steht dem Nutzer aber gem. Abs. 4 eine Abwendungsbefugnis durch Zahlung des sich nach Abs. 5 zu berechnenden Entschädigungswerts (s. RdNr. 11) zu;
- 11 **Abkauf der Fläche,** auf der das Gebäude errichtet wurde; der als Entschädigungswert bezeichnete Preis für die Fläche bestimmt sich gem. Abs. 5 nach der Höhe der Entschädigung für Grundvermögen nach §§ 2 ff. des Entschädigungsgesetzes vom 27. 9. 1994 (BGBl. I S. 2624).

V. Verjährung

12 Die Ansprüche nach Abs. 1 bis 3 verjähren gem. Abs. 3 S. 3 in drei Jahren. Die Verjährung beginnt mit der Entstehung des betr. Anspruchs (§ 195 S. 1 BGB), dh. mit Inkrafttreten des SachenRBerG am 1. 10. 1994.[2] Die Vorschrift in § 15 Abs. 4 regelt nur die Frage der Geltendmachung, setzt aber die Entstehung der Ansprüche voraus. Etwas anderes ergibt sich auch nicht aus § 82 Abs. 3 S. 1, wonach lediglich die Geltendmachung der Ansprüche nach Abs. 1 und 2 an eine besondere Voraussetzung geknüpft ist, damit aber das Entstandensein der Ansprüche vorausgesetzt wird.

[1] AA *Czub-Tropf* RdNr. 8.
[2] Ebenso *Eickmann-Eickmann* RdNr. 11; aA *Vossius* RdNr. 20; unklar: *Czub-Tropf* RdNr. 18 f.

§ 83 Ende des Besitzrechts, Härteklausel

(1) Der Nutzer gilt gegenüber dem Grundstückseigentümer bis zum Ablauf eines Jahres nach dem Abschluß des Kaufvertrages als zum Besitz berechtigt. Der Grundstückseigentümer kann für die Nutzung des Gebäudes ein Entgelt in Höhe des ortsüblichen Mietzinses verlangen.

(2) Ist das Gebäude für den Betrieb des Nutzers unentbehrlich und ein anderes Gebäude zu angemessenen Bedingungen nicht zu beschaffen, ist der Nutzer berechtigt, vom Grundstückseigentümer den Abschluß eines Mietvertrages für längstens fünf Jahre nach dem Kauf des Gebäudes durch den Grundstückseigentümer zu verlangen.

I. Normzweck

1 Die Vorschrift will dem Nutzer für eine Übergangszeit ein entgeltliches Besitzrecht an dem Grundstück gewähren, um ihm während dieser Zeit die Suche nach einem anderen Standort für seinen Betrieb zu ermöglichen.

II. Besitzrecht (Abs. 1)

2 Bis zum Ablauf eines Jahres nach Abschluß des Gebäudekaufvertrages steht dem Nutzer noch ein befristetes **gesetzliches Besitzrecht** iSd. § 986 BGB zu, für das eine entsprechende Anwendung mietrechtlicher Vorschriften in Betracht kommt. Der Nutzer bleibt also unmittelbarer Fremdbesitzer, der Grundstückseigentümer mittelbarer Eigenbesitzer.

3 Hat jedoch der Nutzer das **Grundstück nicht mehr genutzt** (zB § 81 Abs. 1 Nr. 1 und 2), fehlt ein innerer Grund für eine Verlängerung des Besitzrechts des Nutzers, so daß insoweit im Wege der teleologischen Reduktion eine Anwendung des § 83 ausscheidet.[1]

4 Der Nutzer kann das Gebäude jedoch jederzeit, dh. auch vor Ablauf des Jahres, räumen und an den Grundstückseigentümer herausgeben. Der Grundstückseigentümer hat für die Zeit der Nutzung einen Anspruch auf ein **Nutzungsentgelt** in Höhe des ortsüblichen Mietzinses für eine vergleichbare Nutzung.

5 Da somit die Nutzungen nicht erst mit der tatsächlichen Übergabe, sondern bereits mit dem Kaufvertragsabschluß auf den Grundstückseigentümer übergehen, muß entspr. auch für die **Lasten** und die **Gefahr** des zufälligen Untergangs bzw. der zufälligen Verschlechterung des Gebäudes gelten; Zeitpunkt der Übergabe iSd. § 446 BGB ist somit der Zeitpunkt des Kaufvertragsabschlusses.

6 Die **Kaufpreisforderung** ist trotz fortbestehenden Besitzrechts bereits mit Abschluß des Kaufvertrages fällig, da der Grundstückseigentümer bereits in den Besitz des Gebäudes gelangt ist und für dessen Überlassung von dem Nutzer ein Entgelt erhält.[2]

Abweichende Parteivereinbarungen sind möglich (§ 3 Abs. 1 S. 2).

III. Härteklausel (Abs. 2)

7 Für längstens fünf Jahre nach dem Zeitpunkt des Abschlusses des Gebäudekaufvertrages (und nicht nach dem Ablauf der Frist des Abs. 1) hat der Nutzer einen gesetzlichen Anspruch auf **Abschluß eines Mietvertrages.** Die Befristung kann mit den Vorschriften des Wohnungsmietrechts nicht in Widerspruch treten, da Wohngebäude in den Anwendungsbereich der §§ 81 bis 84 nur im Falle des § 81 Abs. 1 S. 1 Nr. 2 fallen können, hier aber eine Weiternutzung des Gebäudes gerade nicht vorkommen kann.

8 Der **Anspruch des Nutzers** setzt (kumulativ) voraus:
- die Unentbehrlichkeit des Gebäudes für den Betrieb des Nutzers, dh. ohne das Gebäude müßte der Betrieb eingestellt werden, und
- die fehlende Möglichkeit, ein Ersatzgebäude zu angemessenen Bedingungen zu beschaffen; dieses darf also nicht zu einem ortsüblichen Mietzins anzumieten oder zu einem ortsüblichen Kaufpreis zu erwerben sein, ferner darf es nicht in einer zumutbaren Entfernung zu dem Betrieb des Nutzers liegen.

[1] *Eickmann-Eickmann* RdNr. 2; unklar: *Czub-Tropf* RdNr. 5.

[2] Ebenso *Eickmann-Eickmann* RdNr. 5; aA *Vossius* RdNr. 3.

§ 84 Rechte des Nutzers bei Zahlungsverzug

(1) Der Nutzer darf wegen seiner Ansprüche aus dem Kaufvertrag die Zwangsversteigerung in das Grundstück nur unter gleichzeitiger Versteigerung seines Gebäudes oder seiner baulichen Anlage, sofern daran selbständiges Eigentum besteht, sowie mit der Bedingung des Erlöschens seines Rechts zum Besitz aus Artikel 233 § 2 a des Einführungsgesetzes zum Bürgerlichen Gesetzbuche betreiben. § 79 Abs. 2 und 3 ist entsprechend anzuwenden.

(2) Nach fruchtlosem Ablauf einer nach § 326 Abs. 1 Satz 1 des Bürgerlichen Gesetzbuchs gesetzten Nachfrist kann der Nutzer vom Grundstückseigentümer

1. den Abschluß eines Erbbaurechtsvertrages nach Abschnitt 2 oder, wenn ein Nutzungsrecht nicht bestellt wurde und die Restnutzungsdauer des Gebäudes weniger als 25 Jahre beträgt, den Abschluß eines Mietvertrages nach § 31 oder

2. den Abschluß eines Grundstückskaufvertrages nach Abschnitt 3

verlangen. Dem Nutzer stehen weiter die in § 80 Satz 2 bezeichneten Ansprüche zu.

I. Normzweck

1 Die Vorschrift trifft für die Fälle der Vollstreckung des Nutzers in das Grundstück wegen seiner Kaufpreisforderung und des Zahlungsverzugs des Grundstückseigentümers notwendige Sonderregelungen, um das Ziel der Sachenrechtsbereinigung nicht zu gefährden. Die Norm verfolgt somit dieselben Zwecke wie die §§ 79 und 80.

II. Besondere Voraussetzungen der Zwangsversteigerung (Abs. 1)

2 Im Falle des Bestehens von selbständigem Gebäudeeigentum kann der Nutzer in das Grundstück nur vollstrecken, wenn er auch sein Gebäude oder seine bauliche Anlage zur Versteigerung bringt sowie auf sein Besitzrecht nach Art. 233 § 2 a EGBGB verzichtet. Auch wenn in Abs. 1 S. 2 nur auf § 79 Abs. 2 und 3 verwiesen wird, ist § 79 Abs. 4 ebenfalls entspr. anwendbar; vgl. i.e. die Kommentierung zu § 79.

III. Rechte des Nutzers im Falle des § 326 BGB (Abs. 2)

3 Soweit die Voraussetzungen des § 326 BGB erfüllt sind, werden seine Rechtsfolgen – wie bei § 80 – durch Abs. 2 dahingehend modifiziert, daß zugunsten des Nutzers wieder das **Wahlrecht** des § 15 Abs. 1 auflebt. Er kann also den Abschluß eines Grundstückskaufvertrages oder eines Erbbaurechtsvertrages verlangen; im Falle eines fehlenden Nutzungsrechts und einer Restnutzungsdauer des Gebäudes von weniger als 25 Jahren besteht das Wahlrecht zwischen dem Abschluß eines Grundstückskaufvertrages und eines Mietvertrages nach § 31 Abs. 2. Der Grundstückseigentümer hat nicht die Einrede aus § 31 Abs. 1.

4 Daneben hat der Nutzer gem. Abs. 2 S. 2 noch den sich aus § 80 S. 3 ergebenden Anspruch auf **Schadensersatz;** bei der Verweisung auf § 80 S. 2 handelt es sich um ein Redaktionsversehen. Der in § 80 S. 3 genannte Anspruch auf Nutzungsentgelt besteht allerdings naturgemäß nicht, da dieses der Nutzer zu zahlen hat; hierbei kann er sich auf eine Zinsermäßigung gem. § 51 berufen, wie der Umkehrschluß zu § 80 S. 4 zeigt, zumal dies auch die Interessenlage gebietet. Vgl. wegen weiterer Einzelheiten die Kommentierung zu § 80.

Abschnitt 4. Verfahrensvorschriften

Unterabschnitt 1. Feststellung von Nutzungs- und Grundstücksgrenzen

§ 85 Unvermessene Flächen

(1) Sind die Grenzen der Flächen, auf die sich das Nutzungsrecht erstreckt, nicht im Liegenschaftskataster nachgewiesen (unvermessene Flächen) oder wurde eine Bebauung nach den §§ 4 bis 7 und 12 ohne Bestellung eines Nutzungsrechts vorgenommen, erfolgt die Bestimmung des Teils des Grundstücks, auf den sich die Nutzungsbefugnis des Erbbauberechtigten erstreckt oder der vom Stammgrundstück abgeschrieben werden soll, nach den Vorschriften des Bodensonderungsgesetzes.

(2) Einigungen der Beteiligten über den Verlauf der Nutzungsrechtsgrenzen und des Grundstücks sind zulässig.

I. Unvermessene Flächen als Gegenstand von Ansprüchen nach dem Sachenrechtsbereinigungsgesetz

1 Erstreckt sich der Anspruch des Nutzers nicht auf ein gesamtes Grundstück, sondern nur auf eine unvermessene Teilfläche hiervon, so ist – wie bei jedem anderen eine Teilfläche betreffenden Grundstückskauf- oder Erbbaurechtsvertrag auch – vor Vollzug des Vertrages im Grundbuch zunächst der Vertragsgegenstand als Grundstück im Rechtssinne zu bilden. Dies kann auch im Rahmen des notariellen Vermittlungsverfahrens auf herkömmliche Weise durch Vermessung des Grundstücks in der Natur entsprechend der Einigung und den Anträgen der Parteien (Abs. 2), Übernahme des Vermessungsergebnisses ins Liegenschaftskataster und Vollzug des Veränderungsnachweises im Grundbuch erfolgen. Die Parteien können sich statt dessen aber gem. Abs. 1 auch verschiedener Verfahren nach dem Bodensonderungsgesetz (BoSoG) vom 20. 12. 1993[1] bedienen, wobei die Sonderungsbehörde allerdings den Antrag auf Einleitung eines Verfahrens zurückweisen kann, wenn dem Antragsteller zugesagt wird, daß die Vermessung seines Grundstücks oder dinglichen Nutzungsrechts innerhalb von drei Monaten durchgeführt wird (§ 6 Abs. 3 BoSoG).

II. Verhältnis von Verfahren nach dem Bodensonderungsgesetz zum notariellen Vermittlungsverfahren

Das BoSoG sieht folgende Verfahren vor:

2 **1. § 1 Nr. 1 BoSoG.** Gem. § 1 Nr. 1 BoSoG kann die Sonderungsbehörde feststellen, auf welchen Teil eines Grundstückes sich amtlich nicht nachweisbare Eigentumsrechte (**unvermessenes Eigentum**) oder grafisch nicht nachweisbare Nutzungsrechte (**unvermessene Nutzungsrechte**) erstrecken. Der insoweit ergehende Bescheid dient also nicht zur Begründung oder Übertragung von Eigentum oder Nutzungsrechten, sondern lediglich zur Feststellung des Umfanges solcher bereits bestehender Rechte. Die Behörde wird insoweit von Amts wegen (§ 6 Abs. 1 Satz 2 BoSoG) oder auf Antrag eines Planbetroffenen (§ 6 Abs. 1 Satz 3 BoSoG) tätig.

3 Soweit die Feststellung unvermessenen **Eigentums** Verfahrensgegenstand ist, ergeben sich keine unmittelbaren Überschneidungen mit dem notariellen Vermittlungsverfahren.

4 Soweit es dagegen um die Feststellung des Umfanges eines unvermessenen **Nutzungsrechtes** geht, kann und wird dies regelmäßig Vorfrage für den Umfang des Anspruchs des Nutzungsberechtigten nach dem Sachenrechtsbereinigungsgesetz sein. In diesem Fall kann somit auf Antrag einer der Parteien oder von Amts wegen in dem Verfahren nach § 1 Nr. 1 BoSoG zugleich mittelbar geklärt werden, auf welche Teilfläche des Grundstücks sich der Eigentumserwerbsan-

[1] BGBl. I S. 2182, 2215; dazu *Schmidt-Räntsch/Marx* DtZ 1994, 354 ff.; *Czub/Schmidt-Räntsch/Marx* Teil 3 A und B, BoSoG.

spruch des Nutzungsberechtigten bzw. dessen Anspruch auf Bestellung eines Erbbaurechts erstreckt. Der Anspruch selbst ist jedoch ebensowenig Gegenstand des Bescheides wie dessen Erfüllung. D. h. auf Grundlage des Bescheides, der die Grenzen des Nutzungsrechts festlegt, ist sodann im Rahmen des notariellen Vermittlungsverfahrens der Erwerbsanspruch vertraglich festzuschreiben und zu vollziehen. Das Vermittlungsverfahren soll dementsprechend gem. § 94 Abs. 2 Nr. 1 bis zum Abschluß des Bodensonderungsverfahrens ausgesetzt und nach Bestandskraft des Bescheides fortgesetzt werden. Die Ansprüche des Nutzungsberechtigten gegen den Eigentümer des Grundstücks nach dem Sachenrechtsbereinigungsgesetz sind somit weder formell noch materiell Gegenstand des Sonderungsverfahrens und bleiben von dem Bescheid unberührt. § 13 Abs. 3 BoSoG, der tatsächlich wohl nur die Fälle der Bodenneuordnung gem. § 1 Nr. 3 und 4 BoSoG meinen kann, ist insofern zumindest mißverständlich formuliert.

5 Da es jedoch gem. Abs. 2 den Parteien unbenommen bleibt, eine von dem Ergebnis des Verfahrens gem. § 1 Nr. 1 BoSoG abweichende Regelung zu treffen und auch das BoSoG insoweit den **Vorrang des Parteiwillens** anerkennt (§ 3 Abs. 2 Satz 1 BoSoG), ist die Einstellung des Vermittlungsverfahrens nicht zwingend, so daß das notarielle Vermittlungsverfahren auf übereinstimmenden Antrag der Parteien fortgesetzt werden kann.

6 **2. § 1 Nr. 2 BoSoG.** Gem. § 1 Nr. 2 BoSoG stellt die Behörde auf Antrag des Notars (§ 6 Abs. 1 Satz 2 BoSoG, § 97 Abs. 1 Nr. 2) oder eines Planbetroffenen (§ 6 Abs. 1 Satz 3 BoSoG) fest, für welchen Teil eines Grundstückes ein Anspruch nach dem Sachenrechtsbereinigungsgesetz besteht. Gegenstand des Verfahrens ist also der Anspruch selbst und nicht der Umfang des Nutzungsrechts als Vorfrage hierzu. Die Feststellung des Anspruches und seines Umfangs ist auch nicht auf die Fälle beschränkt, in denen ein dingliches Nutzungsrecht besteht, sondern kann für alle Anwendungsfälle des Sachenrechtsbereinigungsgesetzes getroffen werden.

7 Mißverständlich bzw. unvollständig geregelt sind die **Wirkungen des Sonderungsverfahrens und -bescheides in den Fällen des § 1 Nr. 2 BoSoG**. Zunächst fehlt eine Bestimmung, die das Verhältnis von notariellem Vermittlungsverfahren und Bodensonderung nach § 1 Nr. 2 BoSoG betrifft. Während § 94 Abs. 2 Nr. 1 für die Fälle des § 1 Nr. 1 BoSoG die Aussetzung und § 95 Abs. 1 Nr. 1 für die Fälle der Bodenneuordnung (§ 1 Nr. 3 und 4 iVm. § 5 BoSoG) die Einstellung des Vermittlungsverfahrens anordnen, gibt es eine entsprechende Bestimmung für die Fälle des § 1 Nr. 2 BoSoG nicht.

8 Nach § 13 Abs. 1 Satz 2 BoSoG sollen auch die in dem Sonderungsplan nach § 4 BoSoG „enthaltenen Bestimmungen über die Änderung, Aufhebung oder Begründung von Eigentums- und beschränkten dinglichen Rechten an Grundstücken und grundstücksgleichen Rechten" wirksam werden. § 4 BoSoG wiederum bestimmt, daß sich in den Fällen des § 1 Nr. 2 BoSoG die festzulegenden dinglichen Rechtsverhältnisse nach dem Sachenrechtsbereinigungsgesetz bestimmen. Dies könnte darauf schließen lassen, daß mit dem Bescheid nicht nur, wie es dem Wortlaut des § 1 Nr. 2 BoSoG entspräche, Ansprüche nach dem Sachenrechtsbereinigungsgesetz festgestellt, sondern diese auch erfüllt werden sollen. In diesem Fall würde sich das notarielle Vermittlungsverfahren nach Einleitung des Sonderungsverfahrens wie in den Fällen des § 1 Nr. 3 und 4 BoSoG[2] erledigen und das Vermittlungsverfahren wäre wie in den Fällen der Bodenneuordnung entsprechend § 95 Abs. 1 Nr. 2 einzustellen. Für diese Lösung scheint auch § 13 Abs. 3 BoSoG zu sprechen, wonach Ansprüche nach dem Sachenrechtsbereinigungsgesetz mit rechtskräftigem Abschluß eines Sonderungsverfahrens nicht mehr geltend gemacht werden können.

9 Gegen dieses Ergebnis spricht allerdings zunächst – wie schon gesagt – der Wortlaut des § 1 Nr. 2 BoSoG: Danach kann durch Sonderungsbescheid bestimmt werden, für welchen unvermessenen Grundstücksteil ein **Anspruch** auf Bestellung von Erbbaurechten oder beschränkten dinglichen Rechten oder auf Übertragung des Eigentums besteht. Gegenstand des Bescheides ist also nur die Feststellung des Anspruches und nicht die Verschaffung des Rechtes selbst. Vor allem aber enthält das Gesetz – anders als für die Fälle des § 1 Nr. 1 BoSoG[3] und die Bodenneuordnung[4] – keinerlei Regelungen darüber, wie der vom Sachenrechtsbereinigungsgesetz geforderte Leistungsaustausch zwischen Nutzer und Eigentümer vonstatten gehen soll. Insbesondere sieht das Gesetz keine vertragliche Einigung zu Protokoll der Sonderungsbehörde vor und es befreit eine solche Einigung nicht von dem Formerfordernis des § 313 BGB, wie dies für die Fälle des § 1 Nr. 1 BoSoG in § 2 Abs. 1 BoSoG bestimmt ist. § 4 BoSoG ermöglicht

[2] Vgl. RdNr. 11 f.
[3] Vgl. § 2 Abs. 1 und § 14 BoSoG.
[4] Vgl. § 15 BoSoG.

nur, die **dinglichen**, nicht aber schuldrechtliche Rechtsverhältnisse nach dem Sachenrechtsbereinigungsgesetz festzulegen. Es kann aber nicht dem Willen des Gesetzgebers entsprechen, die dinglichen Rechtsverhältnisse an dem betroffenen Grundstück einseitig zu Lasten des Eigentümers zu verändern, ohne zugleich dessen Ansprüche auf Gegenleistung zu sichern.

10 Man wird deshalb die Wirkung des Bescheides gem. § 1 Nr. 2 BoSoG ähnlich verstehen müssen wie die Wirkung eines Urteils gem. § 108. Mit dem Bescheid wird der Anspruch des Nutzers nach dem Sachenrechtsbereinigungsgesetz dem Grunde und dem Umfang nach festgestellt, das Sonderungsverfahren ist somit eine Alternative zur Feststellungklage gem. § 108, nicht jedoch zum notariellen Vermittlungsverfahren, das vielmehr durch das Sonderungsverfahren ergänzt wird. Nach Einleitung eines Bodensonderungsverfahrens gem. § 1 Nr. 2 BoSoG ist somit das notarielle Vermittlungsverfahren analog § 94 Abs. 2 Nr. 2 regelmäßig auszusetzen. Nach Rechts- bzw. Bestandskraft des Bescheides wird das notarielle Vermittlungsverfahren unter Berücksichtigung der Ergebnisse des Verwaltungsverfahrens fortgesetzt. Der mit dem Sonderungsbescheid festgestellte Anspruch ist somit mittels eines im Rahmen des notariellen Vermittlungsverfahrens beurkundeten Vertrages zu erfüllen. Dieses Ergebnis wird durch § 97 bestätigt: Im Rahmen seiner Ermittlungen kann der Notar auch gem. § 6 Abs. 1 Satz 2 BoSoG den Antrag auf Einleitung des Bodensonderungsverfahrens nach § 1 Nr. 2 BoSoG stellen, er kann sich also der Sonderungsbehörde zur Vorbereitung seines Vermittlungsvorschlages gem. § 98 als Hilfsbehörde bedienen. In dem Sonderungsbescheid können die Grenzen des von dem Anspruch betroffenen Grundstückteils verbindlich festgelegt und die Grundstücksteilung kann in Vorbereitung der Vertragsabwicklung im Grundbuch vollzogen werden[5].

11 **3. § 1 Nr. 3 BoSoG.** Gem. § 1 Nr. 3 BoSoG kann die Behörde die dinglichen Rechtsverhältnisse an nicht der Vermögenszuordnung unterliegenden Grundstücken, die im räumlichen und funktionalen Zusammenhang mit dem Gegenstand eines Zuordnungsplanes stehen, neu ordnen (ergänzende Bodenneuordnung). In diesem Fall beschränkt sich die Wirkung des Bescheides nicht auf die Feststellung bestehender Rechte bzw. Ansprüche, wie in den Fällen der Nrn. 1 und 2, sondern die Behörde kann im Anwendungsbereich der Nr. 3 die Rechtsverhältnisse gem. § 5 Abs. 5 BoSoG umfassend neu regeln. Mit Bestandskraft des Bescheides werden unabhängig von einer späteren Eintragung im Grundbuch die Rechte wirksam. Mit dem Bescheid kann also insbesondere ein Erbbaurecht begründet oder Eigentum übertragen werden. Gem. § 15 Abs. 1 BoSoG steht demjenigen, der durch den Bescheid einen Rechtsverlust erfährt, ein Ausgleichsanspruch gegen den Träger der Sonderungsbehörde zu. Umgekehrt haben die Eigentümer der im Gebiet des Sonderungsplanes gelegenen Grundstücke gem. § 15 Abs. 5 BoSoG an den Träger der Sonderungsbehörde einen Beitrag in Höhe eines Anteils an der Summe aller im Gebiet des Sonderungsplans anfallenden Entschädigungsleistungen zu entrichten. Die Höhe des Anteils bestimmt sich nach dem Verhältnis der dem Eigentümer gehörenden Grundstückfläche zur Fläche des Gebietes des Sonderungsplans (§ 15 Abs. 5 Satz 2 BoSoG). Diese Ausgleichspflichten können in dem Sonderungsbescheid festgesetzt werden (§ 15 Abs. 5 Satz 3 BoSoG). Das bedeutet, daß im Anwendungsbereich des § 1 Nr. 3 BoSoG mit dem Sonderungsbescheid auch wechselseitige Ansprüche nach dem Sachenrechtsbereinigungsgesetz im Umweg über den Träger der Sonderungsbehörde erledigt werden können und zu erledigen sind. Dementsprechend bleibt für ein notarielles Vermittlungsverfahren kein Raum mehr. Das Vermittlungsverfahren ist nach Einleitung des Bodenneuordnungsverfahrens einzustellen (§ 95 Abs. 1 Nr. 1). Ansprüche nach dem Sachenrechtsbereinigungsgesetz können nach rechtskräftigem Abschluß des Bodenneuordnungsverfahrens für die abgesonderten Flächen nicht mehr geltend gemacht werden (§ 13 Abs. 3 BoSoG).

12 **4. § 1 Nr. 4 BoSoG.** Gem. § 1 Nr. 4 BoSoG kann die Behörde die dinglichen Rechtsverhältnisse an im Zusammenhang bebauten, nicht der Vermögenszuordnung unterliegenden Grundstücken, die nicht im räumlichen oder funktionalen Zusammenhang mit dem Gegenstand eines Zuordnungsplanes stehen, mit den tatsächlichen Nutzungsverhältnissen in Einklang bringen (komplexe Bodenneuordnung). Die Wirkung des in diesem Verfahren ergehenden Bescheides entspricht im wesentlichen den Wirkungen eines gem. Nr. 3 ergehenden Bescheides. Auch hier ist das notarielle Vermittlungsverfahren nach Einleitung der Bodenneuordnung einzustellen, Ansprüche nach dem Sachenrechtsbereinigungsgesetz können nach Abschluß des Bodenneuordnungsverfahrens nicht mehr geltend gemacht werden. Im Einzelnen kann auf vorstehende RdNr. 11 verwiesen werden.

[5] Vgl. RdNr. 13.

III. Vollzug des Sonderungsbescheides im Grundbuch

Die Sonderungsbehörde weist die neuen Grundstücksgrenzen sowie den räumlichen Umfang der festzustellenden dinglichen Rechte im Entwurf eines Sonderungsplans grafisch nach (§ 8 Abs. 1 und 2 BoSoG). Der Plan ist gem. § 8 Abs. 4 BoSoG öffentlich auszulegen. Nach Ablauf der Auslegungsfrist stellt die Behörde den Sonderungsplan durch Bescheid, dessen Bestandteil der Sonderungsplan ist, verbindlich fest (§ 9 Abs. 1 BoSoG). Mit Bestandskraft des Sonderungsbescheides haben die Grundstücke den in dem Sonderungsplan bezeichneten Umfang (§ 13 Abs. 1 Satz 1 BoSoG). Zu diesem Zeitpunkt werden im Falle der Bodenneuordnung unabhängig von der späteren Eintragung im Grundbuch die in dem Sonderungsbescheid enthaltenen Bestimmungen über Änderung, Aufhebung oder Begründung von Eigentums- und beschränkten dinglichen Rechten im Gebiet des Sonderungsplans wirksam (§ 13 Abs. 1 Satz 2 BoSoG). Der Vollzug im Grundbuch erfolgt aufgrund Ersuchens der Sonderungsbehörde unter Übersendung einer beglaubigten Abschrift des den Sonderungsplan enthaltenden Sonderungsbescheides (§ 20 BoSoG iVm. § 7 der Sonderungsplanverordnung vom 2. 12. 1994[6]). 13

§ 86 Bodenordnungsverfahren

Die Neuregelung der Grundstücksgrenzen in Verfahren zur Flurbereinigung nach dem Flurbereinigungsgesetz, zur Feststellung und Neuordnung der Eigentumsverhältnisse nach den §§ 53 bis 64 b des Landwirtschaftsanpassungsgesetzes, zur Umlegung und Grenzregelung nach den §§ 45 bis 84 des Baugesetzbuchs sowie der Bodenneuordnung nach § 5 des Bodensonderungsgesetzes bleibt unberührt.

§ 86 stellt klar, daß das Bestehen von Ansprüchen nach dem Sachenrechtsbereinigungsgesetz und/oder die Einleitung eines notariellen Vermittlungsverfahrens weder zu einer Aussetzung noch gar zu einer Einstellung der genannten Bodenordnungsverfahren führt. Über die Auswirkungen dieser Verfahren auf das notarielle Vermittlungsverfahren sagt § 86 unmittelbar nichts. Hier ist zu differenzieren: 1

Flurbereinigungsgesetz: Das Flurbereinigungsverfahren ist weder dafür gedacht noch geeignet, Ansprüche nach dem Sachenrechtsbereinigungsgesetz zu erledigen. Beide Verfahren laufen mit unterschiedlichen Zielen nebeneinander. Eine Aussetzung oder gar Einstellung des Vermittlungsverfahrens sieht das Gesetz nicht vor, § 95 Abs. 1 Nr. 1 bezieht sich seinem eindeutigen Wortlaut wie auch seinem Sinn und Zweck nach nur auf die Boden**neu**ordnungsverfahren gem. § 5 BoSoG und nicht auf alle in § 86 genannten Bodenordnungsverfahren.[1] Das Ergebnis des zuerst beendeten Verfahrens ist in dem jeweils anderen Verfahren zu berücksichtigen. Der Nutzer ist in dem Flurbereinigungsverfahren gem. § 10 Nr. 2 d) FlurbG zu beteiligen. 2

§§ 53 bis 64 b Landwirtschaftsanpassungsgesetz: Für das Bodenordnungsverfahren nach §§ 53 bis 64 b Landwirtschaftsanpassungsgesetz gilt grundsätzlich entsprechendes wie für das Flurbereinigungsverfahren. Eine Ausnahme ist jedoch für das Verfahren zur Zusammenführung von Grundstücks- und Gebäudeeigentum gem. § 64 LwAnpG zu machen: Dieses Verfahren verfolgt dasselbe Ziel wie das notarielle Vermittlungsverfahren, wobei der Grundstückseigentümer, der sein Eigentum an den Nutzer verliert, im Falle des § 64 LwAnpG jedoch nicht – wie nach dem Sachenrechtsbereinigungsgesetz – mit Geld, sondern gem. § 58 LwAnpG mit Ersatzland abgefunden wird. Das notarielle Vermittlungsverfahren und das Verfahren nach § 64 LwAnpG schließen sich somit gegenseitig aus. Dementsprechend bestimmt § 95 Abs. 1 Nr. 2, daß das notarielle Vermittlungsverfahren einzustellen ist, wenn vor Einleitung des Vermittlungsverfahrens ein Antrag nach § 64 LwAnpG gestellt worden ist. Wird der Antrag während des notariellen Vermittlungsverfahrens gestellt, so hat der Notar die Parteien gem. § 95 Abs. 2 Satz 1 zur Stellungnahme aufzufordern, ob das Bodenordnungsverfahren fortgesetzt werden soll. Entscheiden sich beide für das notarielle Vermittlungsverfahren, so ist das Bodenordnungsverfahren, das nicht von Amts wegen, sondern nur aufgrund Antrages des Eigentümers oder des Nutzers eingeleitet werden kann, auf übereinstimmenden Antrag der Beteiligten hin einzustellen. Entscheidet sich dagegen zumindest eine Partei für das Bodenordnungsverfahren, so ist das 3

[6] BGBl. I S. 3701; dazu *Schmidt-Räntsch* DtZ 1995, 74 ff.; *Czub/Schmidt-Räntsch/Marx* Teil 3 C, SPV.

[1] AA offenbar *Vossius* § 95 RdNr. 4.

notarielle Vermittlungsverfahren gem. § 95 Abs. 2 Satz 2 einzustellen. Mit rechts- bzw. bestandskräftigem Abschluß des Bodenordnungsverfahrens haben sich die Ansprüche nach dem Sachenrechtsbereinigungsgesetz erledigt.

4 **§§ 45 bis 84 BauGB**: Hier gilt das zum Flurbereinigungsverfahren Gesagte entsprechend. Der Nutzer ist wiederum gem. § 48 Abs. 1 Nr. 3 BauGB jedenfalls nach Eintragung des Eröffnungsvermerkes an dem Umlegungsverfahren zu beteiligen.

5 **Bodenneuordnung gem. § 5 BoSoG**: Hier wird das notarielle Vermittlungsverfahren durch das Bodenneuordnungsverfahren erledigt, das Vermittlungsverfahren ist gem. § 95 Abs. 1 Nr. 1 einzustellen. Ansprüche nach dem Sachenrechtsbereinigungsgesetz gehen gem. § 13 Abs. 3 BoSoG unter.[2*]

Unterabschnitt 2. Notarielles Vermittlungsverfahren

§ 87 Antragsgrundsatz

(1) Auf Antrag ist der Abschluß von Verträgen zur Bestellung von Erbbaurechten oder zum Kauf des Grundstücks oder des Gebäudes oder, wenn kein selbständiges Gebäudeeigentum entstanden ist, zur Ablösung der aus der baulichen Investition begründeten Rechte, nach diesem Gesetz durch den Notar zu vermitteln.

(2) Antragsberechtigt ist der Nutzer oder der Grundstückseigentümer, der den Abschluß eines in Absatz 1 bezeichneten Vertrages geltend machen kann.

Übersicht

I. Zweck des notariellen Vermittlungsverfahrens

1 Das notarielle Vermittlungsverfahren ist nach § 104 notwendiges **Vorverfahren** vor einem gerichtlichen Verfahren. Die Gerichte sollen von der Aufgabe einer Vertragsvermittlung entlastet werden.[1] Die im Sachenrechtsbereinigungsverfahren zu behandelnden Rechtsfragen ließen sich in einem herkömmlichen Zivilprozeß auch kaum klären.[2] In formalisierter Weise soll durch das notarielle Vermittlungsverfahren der Sachverhalt ermittelt und Klarheit über die Ausübung rechtlicher Optionen hergestellt werden.

2 Das Vermittlungsverfahren dient der Aufbereitung und Konzentration des Streitstoffes und ist Grundlage für den gerichtlichen Klagantrag. Zuzustimmen ist der Ansicht von *Frenz*[3], daß sich die Mehrzahl der unter das Sachenrechtsbereinigungsgesetz fallenden Fälle unter dem Eindruck der Komplexität dieses Gesetzes dadurch bereinigen läßt, daß eine vertragliche Regelung außerhalb des Gesetzes und ohne förmliches Vermittlungsverfahren getroffen wird.[4] Durch die Möglichkeit, ein förmliches Vermittlungsverfahren auch gegen den Willen eines Beteiligten durchzuführen, kann ein heilsamer Zwang auf die Beteiligten ausgeübt werden, alsbald eine Sachenrechtsbereinigung durch privatrechtliche Vereinbarung herbeizuführen.

[2*] Vgl. hierzu im Einzelnen § 85 RdNr. 11 f.
[1] BT-Dr. 12/7425, S. 4.
[2] *Vossius* Vor § 87 RdNr. 1.
[3] DtZ 1995, 66, 70.
[4] Siehe auch *Krauß* MittBayNot 1995, 257.

II. Antragsgrundsatz (Abs. 1)

3 Der Notar wird beim notariellen Vermittlungsverfahren ebenso wie beim Beurkundungsverfahren nur auf Antrag und nicht von Amts wegen tätig (**Rogationsprinzip**). Zu den Mindestanforderungen an einen vollständigen Antrag vgl. § 90 RdNr. 1 ff.

4 **1. Form und Auslegung des Antrags.** Der Antrag kann schriftlich oder mündlich zu Protokoll des Notars, auch per Telefax, aber nicht telefonisch[5] gestellt werden.

5 Der Amtspflicht[6] zur **Aufnahme des Antrags** nach § 11 FGG kann auch dadurch genügt werden, daß der Antragsteller einen Vordruck ausgehändigt bekommt, den er selbst auszufüllen hat. Anläßlich der Antragstellung kann der Antragsteller auch darüber informiert werden, wo er die noch fehlenden, erforderlichen Angaben erhalten kann. Der Antrag muß nicht vom Notar selbst protokolliert werden. Es handelt sich bei der Protokollierung des Antrags – zu unterscheiden vom Eingangsprotokoll nach § 93 Abs. 2 – nicht um ein vom Notar zu errichtendes Protokoll, § 37 BeurkG ist nicht entsprechend anwendbar.[7]

6 Nicht jeder Antrag auf Entwurf eines Vertrages im Zusammenhang mit einer Sachenrechtsbereinigung ist als Antrag auf Durchführung eines notariellen Vermittlungsverfahrens zu verstehen. Bei unklaren und daher **auslegungsbedürftigen** Schreiben von Antragsberechtigten hat der Notar entsprechend § 12 FGG (nicht nach § 17 BeurkG, da es um die Ermittlung geht, ob ein notarielles Vermittlungsverfahren gewünscht wird, und nicht darum, den Willen von Vertragsparteien hinsichtlich einer konkret gewünschten Beurkundung zu ermitteln) zu klären, ob ein förmliches Vermittlungsverfahren oder aber die kostengünstigere Beurkundung einer privatrechtlichen Vereinbarung gewünscht wird; die Beteiligten sind dementsprechend zu beraten.[8] Leitet der Notar ein notarielles Vermittlungsverfahren ein, obwohl nur die Beurkundung einer privatrechtlichen Einigung gewünscht wurde, darf er die die Beurkundung überschießenden Kosten nach § 16 KostO nicht erheben.

7 **Berufstypische Pflichten** des Notars hinsichtlich der Aufklärungs-, Vermittlungs- und Beurkundungstätigkeit bleiben von der Möglichkeit der Durchführung eines Vermittlungsverfahrens unberührt. Der allgemein gehaltene Wunsch nach einer Sachenrechtsbereinigung ist etwa dann kein Antrag auf Durchführung eines notariellen Vermittlungsverfahrens, wenn Anhaltspunkte für die Möglichkeit einer gütlichen Einigung bestehen. Wird allerdings vorgetragen, daß vornotarielle Einigungsversuche erfolglos geblieben seien oder das Vermittlungsverfahren lediglich die notwendige Vorstufe eines als unausweichlich angesehenen gerichtlichen Verfahrens sei, ist dies als Antrag auf Durchführung einer Sachenrechtsbereinigung anzusehen.[9]

8 **Unvollständige Anträge** sind entsprechend § 12 FGG aufzuklären. Nach Verstreichen einer angemessenen Frist zur Ergänzung des Antrags sind unvollständige Anträge nach § 90 Abs. 5 Satz 2 als unzulässig zu verwerfen.

9 Auf die **Unbegründetheit von Anträgen** ist ebenfalls nach § 12 FGG hinzuweisen, wobei im Verfahrensstadium der Antragsprüfung nur eine begrenzte, summarische Prüfung durch den Notar stattfindet, die eine Entscheidung über die innerhalb oder anläßlich des Vermittlungsverfahrens zu klärenden Fragen nicht vorwegnimmt.

10 Eine **inhaltliche Prüfung** des Antrags findet in diesem Verfahrensstadium nicht statt, wenn der Antrag nicht offensichtlich unbegründet ist. Ein Antrag ist wirksam gestellt, auch wenn sich etwa die Anschrift der Grundstückseigentümer geändert haben oder ein Erbfall eingetreten sein sollte. Die neuen Angaben sind vom Antragsteller im Laufe des Verfahrens beizubringen; wird dies schuldhaft unterlassen, erfolgt Zurückweisung des Antrags.

11 Die **Zurückweisungsentscheidung** erfolgt in Form eines Beschlusses, der mit dem Notarsiegel zu versehen und dem Antragsteller zuzustellen ist;[10] eine Rechtsmittelbelehrung kann, muß aber nicht erfolgen. Zu den Rechtsmitteln vgl. § 89 RdNr. 10 f.

12 **2. Wirkungen des Antrags.** Liegt dem Notar ein vollständiger Antrag auf Durchführung eines notariellen Vermittlungsverfahrens vor,[11] ist das Vermittlungsverfahren eröffnet und damit

[5] Vgl. *Keidel-Kuntze-Winkler-Kahl* FGG, 13. Aufl. 1992, § 11 RdNr. 19 (Fn. 15).
[6] Vgl. *Keidel-Kuntze-Winkler-Kahl* FGG, 13. Aufl. 1992, § 11 RdNr. 23.
[7] Vgl. *Keidel-Kuntze-Winkler-Kahl* FGG, 13. Aufl. 1992, § 11 RdNr. 19.
[8] Vgl. *Vossius* § 87 RdNr. 2; *Clemm-Etzbach-Faßbender* § 87 RdNr. 16.
[9] *Czub-Krauß* § 87 RdNr. 9.
[10] Vgl. *Vossius* § 90 RdNr. 38; aA *Clemm-Etzbach-Faßbender* § 96 RdNr. 4: Formlose Feststellung des Notars.
[11] Siehe § 90 RdNr. 1 ff.

gemäß § 92 Abs. 5 ein Vermerk über die Eröffnung eines Vermittlungsverfahrens nach dem Sachenrechtsbereinigungsgesetz (Eröffnungsvermerk) im Grundbuch einzutragen.[12] Das Ersuchen um Eintragung des Vermerks ist eine unmittelbar nach Antragstellung entstehende Amtspflicht des Notars.

13 Nach § 91 Satz 1 ist der Notar berechtigt, jeweils gebührenfrei **Grundbucheinsicht** zu nehmen und – beglaubigte – Grundbuchabschriften anzufordern.

14 Der Notar kann beim Katasteramt gebührenfrei **Flurkarten** im Maßstab 1:1000 anfordern, wenn dies für die Sachenrechtsbereinigung erforderlich ist. Zur Erlangung der Gebührenfreiheit genügt die Mitteilung des Notars, daß ein Sachenrechtsbereinigungsverfahren hinsichtlich eines bestimmten Flurstücks oder mehrerer Flurstücke durchgeführt werden soll.

15 Weiterhin hat der Notar nach § 91 Satz 2 beim örtlich zuständigen Amt oder Landesamt zur Regelung offener Vermögensfragen nachzufragen, ob ein **Restitutionsanspruch** angemeldet oder ein Antrag auf Aufhebung des Nutzungsrechts gestellt worden ist. Handelt es sich nicht offensichtlich um Unternehmensgrundstücke, genügt die Nachfrage beim Amt zur Regelung offener Vermögensfragen des Belegenheitsortes des Grundstücks.

16 Der Antrag bestimmt den Gegenstand des notariellen Vermittlungsverfahrens. Erforderlich zur Durchführung eines notariellen Vermittlungsverfahrens ist sowohl die Stellung eines Verfahrensantrags als auch eines Sachantrages; beide Anträge werden regelmäßig zusammen gestellt, wobei dem Antragsteller nicht bewußt sein muß, daß er mit dem Antrag auf Durchführung eines notariellen Vermittlungsverfahrens im Grunde zwei Anträge stellt. Der **Verfahrensantrag** ist notwendige Verfahrensvoraussetzung und von Amts wegen zu prüfen,[13] seine Rücknahme beendet das Vermittlungsverfahren entsprechend § 269 ZPO.

17 Der **Sachantrag** stellt im notariellen Vermittlungsverfahren nur eine Anregung[14] dar, ein bestimmtes Verfahrensergebnis zu vermitteln; er bindet den vermittelnden Notar wegen des das Vermittlungsverfahren beherrschenden Vermittlungsgedankens anders als in den sonstigen echten Streitverfahren nicht in der Weise, daß ihm nur ganz oder teilweise stattgegeben oder er zurückgewiesen werden kann.[15] Nur bei einer Einigung der Beteiligten ist der Notar nach § 98 Abs. 2 Satz 1 verpflichtet, den Inhalt dieser Vereinbarung im Rahmen seiner Amtspflichten zu beurkunden. Eine Bindung des Notars an einen Antrag besteht also insoweit, als sich die Beteiligten diesbezüglich geeinigt haben. Sind sich die Beteiligten nicht einig, kann der Notar unabhängig von den gestellten Anträgen einen Vertragsentwurf erarbeiten, der den widerstreitenden Interessen seiner Meinung nach am besten gerecht wird.

18 **3. Antragsrücknahme.** Die Rücknahme des Antrags durch einen der Beteiligten ist unzulässig, wenn sich der andere Beteiligte auf das Verfahren eingelassen hat und der Antragsrücknahme widerspricht.

19 **4. Vorrang privatrechtlicher Einigungen.** Privatrechtliche Einigungen der Beteiligten inner- oder außerhalb des notariellen Vermittlungsverfahrens nach dem Sachenrechtsbereinigungsgesetz haben immer Vorrang vor dem Vermittlungsverfahren.[16] Eine Überleitung des Vermittlungsverfahrens in ein Beurkundungsverfahren nach §§ 9ff. BeurkG ist in jedem Verfahrenszeitpunkt möglich. Das formalisierte Vermittlungsverfahren verdrängt nicht die berufstypische notarielle Tätigkeit der Sachverhaltsermittlung, Aufklärung, Vermittlung, Belehrung und Beurkundung, sobald Einvernehmen erzielt worden ist.

20 **Förmliche** Antragsrücknahme oder Erledigterklärung sind nicht erforderlich,[17] ausreichend ist der schriftlich oder mündlich zu Protokoll des Notars geäußerte Wille aller Antragsberechtigten, eine privatrechtliche Vereinbarung abschließen zu wollen.

21 Das notarielle Vermittlungsverfahren **ruht** als echte Streitsache entsprechend § 251 ZPO für die Dauer der privatrechtlichen Einigung. Nach Beurkundung einer Einigung ist das notarielle Vermittlungsverfahren einzustellen; kommt eine Einigung nicht zustande, ist das Vermittlungsverfahren fortzusetzen.

22 Ist eine privatrechtliche Einigung nicht möglich, kann durch den **Kontrahierungszwang**[18]

[12] Siehe § 92 RdNr. 29ff.

[13] *Jansen* FGG, 2. Aufl. 1969, Vor § 8 RdNr. 8; *Keidel-Kuntze-Winkler-Amelung* FGG, 13. Aufl. 1992, § 12 RdNr. 12.

[14] Vgl. *Keidel-Kuntze-Winkler-Amelung* FGG, 13. Aufl. 1992, § 12 RdNr. 19 m. w. N.

[15] Vgl. aber *Keidel-Kuntze-Winkler-Amelung* FGG, 13. Aufl. 1992, § 12 RdNr. 19 m. w. N.

[16] Vgl. *Eickmann-Albrecht* § 87 RdNr. 3; *Vossius* § 87 RdNr. 2; *Krauß* MittBayNot 1995, 257, 359; *Eickmann* DNotZ 1996, 155.

[17] *Vossius* § 87 RdNr. 2.

[18] Vgl. *Frenz* DtZ 1995, 67; *Krauß* MittBayNot 1995, 256f.; *Czub-Krauß* Vor §§ 87ff. RdNr. 5; *Eickmann-Trittel* § 3 RdNr. 9; *Eickmann-Albrecht* Anh. I RdNr. 3.

des Sachenrechtsbereinigungsgesetzes im notariellen Vermittlungsverfahren die Zustimmung des jeweils anderen Beteiligten erzwungen werden. Ein entsprechender Hinweis an den nicht kompromißbereiten Beteiligten unter ausdrücklicher Erwähnung der zusätzlich entstehenden materiellen und immateriellen Kosten kann die Einigungsbereitschaft nachhaltig fördern.

III. Antragsberechtigung (Abs. 2)

1. Begründetes Behaupten. Der Antrag ist zulässig, wenn die Innehabung eines Anspruchs auf Sachenrechtsbereinigung nach dem Vortrag des Antragstellers als möglich und plausibel erscheint;[19] also ein bei summarischer Prüfung begründetes Behaupten vorliegt. Der Notar hat das Recht, den Antrag bei offenkundiger Nichtberechtigung als unzulässig zu verwerfen;[20] eine umfassende Prüfung der Anspruchsberechtigung muß jedoch nicht erfolgen.[21] Ein verfahrenserforderliches Rechtsschutzbedürfnis ist etwa dann zu verneinen, wenn die Antragstellung rechtsmißbräuchlich war oder keinen praktischen Erfolg haben kann.[22] Liegt nach summarischer Prüfung des Notars ein begründeter Antrag vor, ist das Vermittlungsverfahren zu eröffnen und das Grundbuchamt um Eintragung des Eröffnungsvermerks nach § 92 Abs. 5 zu ersuchen. 23

Antragsberechtigt sind Grundstücksnutzer und -eigentümer, letztgenannter allerdings zunächst nur hinsichtlich des Anspruchs nach § 81 auf Ankauf des Gebäudes oder der baulichen Anlage bzw. Ablösung der Rechte aus der baulichen Investition und erst nach Übergang des Wahlrechts gemäß § 16 Abs. 3 Satz 3 auch hinsichtlich des Anspruchs auf Ankauf des Grundstücks bzw. Erbbaurechtsbestellung.[23] Nicht antragsberechtigt sind Gläubiger eines Eigentümers oder Nutzers; gleiches gilt für dinglich Berechtigte oder Sicherungseigentümer eines Gebäudes,[24] die erst in das laufende Verfahren einzubeziehen sind. 24

2. Mehrere Antragsberechtigte. Bei mehreren Antragsberechtigten kann, da das notarielle Vermittlungsverfahren in weiten Teilen dem Nachlaßauseinandersetzungsverfahren nach §§ 86–98 FGG entspricht,[25] entsprechend § 86 Abs. 2 FGG jeder Antragsberechtigte die Durchführung eines notariellen Vermittlungsverfahrens beantragen. Eine Mitwirkung anderer Berechtigter ist bei der Antragstellung nicht erforderlich; unberührt bleibt das Erfordernis, alle Berechtigten nach § 92 zum Verhandlungstermin zu laden. 25

Bei Erbengemeinschaften ist **jeder Miterbe** auch ohne Mitwirkung oder Zustimmung der anderen Miterben antragsberechtigt;[26] es muß sich bei der Antragstellung nicht um eine notwendige Erhaltungsmaßnahme iSd. §§ 2038, 744 BGB handeln.[27] Da Ansprüche nach dem Sachenrechtsbereinigungsgesetz gemäß § 111 ab dem 1. 1. 2000 gutgläubigen Erwerbern gegenüber nicht mehr geltend gemacht werden können, muß der vor gutgläubigem lastenfreiem Erwerb durch Dritte schützende Eröffnungsvermerk nach § 92 Abs. 5 auch dann eingetragen werden können, wenn ein Miterbe nicht erreichbar oder nicht zur Mitwirkung bereit ist. 26

Bei geschiedenen oder getrennt lebenden **Ehegatten**, denen seinerzeit ein gemeinsames Nutzungsrecht verliehen wurde, genügt der Antrag der- oder desjenigen, die oder der das Gebäude derzeit bewohnt. In das Vermittlungsverfahren sind dann alle Antragsberechtigten entsprechend ihrer Anspruchsberechtigung einzubeziehen. 27

3. Antragstellung durch Bevollmächtigte. Antragstellung durch Bevollmächtigte ist nach § 89 Abs. 1 iVm. § 13 FGG grundsätzlich zulässig. Es ist dem freien Ermessen des Notars überlassen, ob der Nachweis der Vollmacht formlos, schriftlich oder öffentlich beglaubigt zu führen ist, da insoweit nicht der Amtsermittlungs-, sondern der Amtsprüfungsgrundsatz gilt.[28] Auch bei Antragstellung durch Rechtsanwälte ist die Vollmacht nachzuweisen, wobei anwaltliche Versicherung regelmäßig genügt. 28

Nach § 13 Satz 3 FGG ist auf Verlangen eines Beteiligten die Bevollmächtigung durch **öffentlich beglaubigte Vollmacht** nachzuweisen. Die Bindung des Notars an ein entsprechendes Verlangen eines Beteiligten ist grundsätzlich zu bejahen, sie besteht jedoch nicht bei Schikane.[29] 29

[19] *Vossius* § 87 RdNr. 9; *Clemm-Etzbach-Faßbender* § 87 RdNr. 17.

[20] *Eickmann-Albrecht* § 87 RdNr. 11.

[21] Vgl. *Vossius* § 87 RdNr. 9.

[22] Vgl. *Keidel-Kuntze-Winkler-Kahl* FGG, 13. Aufl. 1992, § 19 RdNr. 84.

[23] Vgl. *Czub-Krauß* § 87 RdNr. 15; *Eickmann-Albrecht* § 87 RdNr. 10.

[24] *Vossius* § 87 RdNr. 10; *Clemm-Etzbach-Faßbender* § 87 RdNr. 17.

[25] BT-Dr. 12/5992, S. 164.

[26] *Keidel-Kuntze-Winkler-Winkler* FGG, 13. Aufl. 1992, § 86 RdNr. 55; aA *Czub-Krauß* § 87 RdNr. 18.

[27] AA *Eickmann-Albrecht* § 87 RdNr. 12; *Czub-Krauß* § 87 RdNr. 18.

[28] Vgl. *Jansen* FGG, 2. Aufl. 1969, § 13 RdNr. 38.

[29] *Jansen* FGG, 2. Aufl. 1969, § 13 RdNr. 39; *Keidel-Kuntze-Winkler-Zimmermann* FGG, 13. Aufl. 1992, § 13 RdNr. 20.

30 **IV. Ablauf des notariellen Vermittlungsverfahrens[30] (Schaubild)**

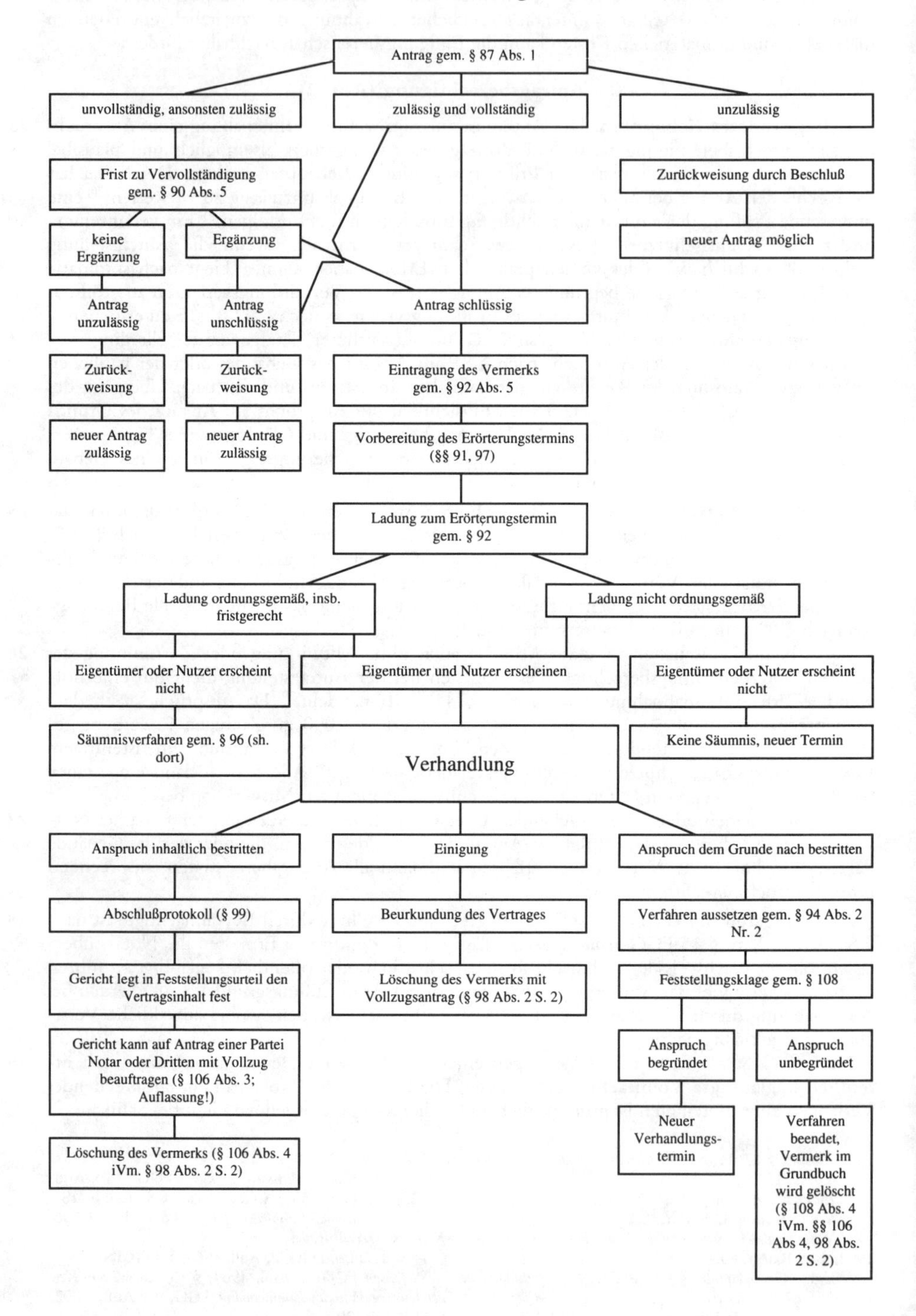

[30] Siehe dazu auch *Czub-Krauß* Vor §§ 87 ff. RdNr. 13 bis 28.

§ 88 Sachliche und örtliche Zuständigkeit

(1) Für die Vermittlung ist jeder Notar zuständig, dessen Amtsbezirk sich in dem Land befindet, in dem das zu belastende oder zu veräußernde Grundstück oder Gebäude ganz oder zum größten Teil belegen ist. Die Beteiligten können auch die Zuständigkeit eines nach Satz 1 nicht zuständigen Notars für das Vermittlungsverfahren vereinbaren.

(2) Können sich Grundstückseigentümer und Nutzer nicht auf einen Notar verständigen, so wird der zuständige Notar durch das Landgericht bestimmt, in dessen Bezirk das Grundstück oder Gebäude ganz oder zum größten Teil belegen ist. Die Entscheidung ist unanfechtbar.

(3) Bei den nach den Vorschriften der Zivilprozeßordnung erfolgenden Zustellungen obliegen dem Notar auch die Aufgaben des Urkundsbeamten der Geschäftsstelle.

Übersicht

I. Sachliche Zuständigkeit

1 Das Vermittlungsverfahren kann nur von einem **Notar** und nicht auch – wie vom Bundesrat vorgeschlagen – von weiteren erfahrenen Berufsgruppen wie Rechtsanwälten, Steuerberatern, Wirtschaftsprüfern oder öffentlich bestellten Grundstückssachverständigen[1] durchgeführt werden. Maßgeblich war, daß Notare unparteiisch ein öffentliches Amt ausüben und das für die Beurkundung von Grundstücksverträgen zuständige Organ der Rechtspflege sind. Den Amtsgerichten, die für die der freiwilligen Gerichtsbarkeit zuzuordnende Vermittlungstätigkeit an sich zuständig wären, konnte die Aufgabe wegen fehlender personeller Kapazitäten an den Gerichten in den neuen Bundesländern nicht übertragen werden.[2]

II. Örtliche Zuständigkeit

2 **1. Grundsatz (Abs. 1 Satz 1).** Entscheidend ist, in welchem Bundesland das vermittlungsverfahrensgegenständliche Grundstück oder Gebäude belegen ist. Örtlich zuständig sind nicht nur die Notare, in deren Amtsbereich oder Amtsbezirk das Grundstück oder Gebäude belegen ist, sondern **alle Notare des jeweiligen Bundeslandes**.

3 Abs. 1 Satz 1 bestimmt den Zuständigkeitsbereich der Notare für das Vermittlungsverfahren, läßt aber die allgemeinen Regeln für die damit zusammenhängende **Urkundstätigkeit unberührt**. In eine sachenrechtsbereinigende privatrechtliche Einigung der Beteiligten können deshalb auch Grundstücke außerhalb des auf das Bundesland begrenzten Zuständigkeitsbereichs einbezogen werden, selbst wenn diese mangels Zuständigkeitsvereinbarung nicht Gegenstand des notariellen Vermittlungsverfahrens werden konnten.

4 Die **berufsrechtlichen Vorschriften** des § 10a Abs. 2 BNotO und des § 11 Abs. 2 BNotO, wonach Urkundstätigkeiten regelmäßig außerhalb des Amtsbereichs nicht vorgenommen werden sollen und außerhalb des Amtsbezirks nicht vorgenommen werden dürfen, bleiben unberührt.[3]

5 **2. Eröffnung des Vermittlungsverfahrens.** Liegt ein nach § 90 Abs. 1 zulässiger Antrag bei einem im Belegenheitsbundesland amtierenden Notar vor, ist das Vermittlungsverfahren

[1] BT-Dr. 12/5992, S. 200; vgl. dazu *Frenz* DtZ 1995, 67.

[2] BT-Dr. 12/5992, S. 218.

[3] *Vossius* § 88 RdNr. 13.

eröffnet und die Zuständigkeit dieses Notars nach § 89 Abs. 1 iVm. § 4 FGG begründet; ein weiterer Antrag bei einem anderen Notar ist unzulässig und führt nicht zur Unzuständigkeit des zuerst angerufenen Notars. Der Notar des Belegenheitsbundeslandes, bei dem der erste zulässige Antrag gestellt wurde, ist solange zuständig, als die andere Seite nicht widerspricht und Antrag auf Bestimmung des zuständigen Notars nach Abs. 2 stellt. Ein Notar außerhalb des Belegenheitsbundeslandes wird hingegen erst dann zuständig, wenn die Gegenseite zustimmt und so seine Zuständigkeit vereinbart wird.

6 Die Zuständigkeit des Notars bezieht sich auf den **Verfahrensgegenstand** der Sachenrechtsbereinigung, die Vermittlung im Hinblick auf ein konkretes Grundstück oder Gebäude unabhängig davon, in welcher Form die Bereinigung erfolgen soll. Die Sachenrechtsbereinigung erfolgt grundstücks- bzw. gebäudebezogen, divergierende Anträge der Beteiligten binden den Notar nicht. Gegenstand des Vermittlungsverfahrens ist das Rechtsverhältnis zwischen den Beteiligten in seiner Gesamtheit, es sind nicht die auf einen Lebenssachverhalt bezogenen Anträge.[4]

7 Hinsichtlich der Frage, ob es eine **rügelose Einlassung** auf den von einem Beteiligten angegangenen Notar seitens des anderen Beteiligten gibt, ist zu unterscheiden: Notare aus dem Bundesland, in dem das verfahrensgegenständliche Grundstück belegen ist, sind für die Vermittlung örtlich zuständig, ohne daß es einer Vereinbarung bedürfte. Eine rügelose Einlassung auf einen solchen Notar ist daher ohne weiteres möglich.

8 Sollen Notare über außerhalb des Bundeslandes ihres Amtsbezirks gelegene Grundstücke verhandeln (etwa auch Berliner Notare für in Brandenburg belegene Grundstücke, solange der Zusammenschluß nicht vollzogen ist), kommt eine rügelose Einlassung nicht in Betracht und bedarf es nach Abs. 1 Satz 2 einer ausdrücklichen Zuständigkeitsvereinbarung.

9 **3. Zuständigkeitsvereinbarung (Abs. 1 Satz 2).** Eine wirksame Zuständigkeitsvereinbarung (Prorogation) muß ausdrücklich getroffen werden; der mangels Vereinbarung der Beteiligten unzuständige Notar darf die Beteiligten nicht laden und auch keinen Eröffnungsvermerk in das Grundbuch eintragen lassen.[5] Da Zuständigkeitsvereinbarungen in der freiwilligen Gerichtsbarkeit grundsätzlich ausgeschlossen sind,[6] sind ergänzend die Vorschriften der ZPO heranzuziehen.

10 Die **rügelose Einlassung** ersetzt entsprechend § 39 Satz 1 und 2 ZPO die Zuständigkeitsvereinbarung dann (und nur dann), wenn entsprechend § 504 ZPO eine Belehrung des Notars dahingehend erfolgt ist, daß für sein Tätigwerden eine Zuständigkeitsvereinbarung erforderlich ist und bei rügeloser Einlassung unterstellt wird. Ein Notar aus einem Bundesland, in dem das verfahrensgegenständliche Grundstück nicht belegen ist, kann demnach nur (a) bei ausdrücklicher Vereinbarung[7] oder (b) nach Belehrung entsprechend § 504 ZPO aufgrund rügeloser Einlassung[8] zuständig werden. Diese vermittelnde Auffassung schützt zum einen den Antragsgegner davor, ohne Belehrung über das Erfordernis einer Zuständigkeitsvereinbarung durch rügeloses Verhandeln an einen an sich nicht zuständigen Notar gebunden zu sein, und verhindert zum anderen, daß trotz rügeloser Einlassung ein Notarwechsel während des laufenden Vermittlungsverfahrens erzwungen werden kann. Wer darauf hingewiesen wurde, daß der vermittelnde Notar an sich nicht zuständig ist, und daraufhin rügelos verhandelt, ist genauso zu behandeln wie derjenige, der die Zuständigkeit dieses Notars vereinbart hatte.

11 Das Fehlen einer Zuständigkeitsvereinbarung – wenn keine Belehrung entsprechend § 504 ZPO erfolgt ist – stellt einen **Verfahrensmangel** dar, der die Säumnisentscheidung nach § 96 nichtig und die nach § 97 Abs. 3 erhobenen Beweise unverwertbar macht sowie die Bindungswirkung einer Verständigung im Abschlußprotokoll entfallen läßt. Erst die rügelose Einlassung vor Gericht führt gemäß § 39 ZPO dazu, daß das Vermittlungsverfahren als durchgeführt gilt.[9] Da § 104 die Vorlage eines Vermittlungsvorschlags und eines Abschlußprotokolls zur Sachurteilsvoraussetzung gemacht hat, nicht aber die ordnungsgemäße Durchführung eines Vermittlungsverfahrens an sich, bedarf es hier keines Hinweises des Gerichts entsprechend § 504 ZPO auf seine – durch rügelose Einlassung heilbare – sachliche Unzuständigkeit.

[4] AA *Vossius* Vor § 87 RdNr. 29.

[5] *Eickmann-Albrecht* § 88 RdNr. 7; *Clemm-Etzbach-Faßbender* § 88 RdNr. 14.

[6] *Jansen* FGG, 2. Aufl. 1969, § 3 RdNr. 41; *Keidel-Kuntze-Winkler-Kahl* FGG, 13. Aufl. 1992, Vor § 3 RdNr. 6.

[7] *Czub-Krauß* § 88 RdNr. 6; aA *Eickmann-Albrecht* § 88 RdNr. 7: Wirksame Prorogation mit rügelosem Verhandeln, § 39 Satz 1 ZPO analog.

[8] AA *Vossius* § 88 RdNr. 7: Rügelose Einlassung entsprechend § 39 ZPO heilt Mangel der Vereinbarung nicht, kein Rückgriff auf § 504 ZPO.

[9] *Vossius* § 88 RdNr. 9.

4. Gerichtliche Zuständigkeitsbestimmung (Abs. 2). Das Landgericht der Belegenheit des Grundstücks oder Gebäudes bestimmt auf Antrag eines oder beider Beteiligten den für die Vermittlung zuständigen Notar. Zuständig ist eine Zivilkammer als Kammer für die Verfahren zur Sachenrechtsbereinigung und Bodensonderung. Der Antrag ist nach § 92 Abs. 1 Satz 4 vor dem Verhandlungstermin zu stellen.[10] 12

Besteht Unklarheit darüber, in welchem Landgerichtsbezirk die zu vermittelnden Grundstücke oder Gebäude liegen, oder sind mehrere Landgerichtsbezirke betroffen, bestimmt das Oberlandesgericht das für die Bestimmung des zuständigen Notars zuständige Landgericht. 13

Die Bestimmung der Zuständigkeit des Notars ist nach § 88 Abs. 2 Satz 2 und der Zuständigkeit des Landgerichts nach § 37 Abs. 2 ZPO **unanfechtbar**. 14

Eine **Hinweispflicht des Notars** dahingehend, daß er den Antragsgegner auf die Möglichkeit einer gerichtlichen Zuständigkeitsbestimmung hinzuweisen hätte, besteht nicht. Antwortet der vom Notar angeschriebene Antragsgegner jedoch, daß er kein von ihm geleitetes Vermittlungsverfahren wünsche, hat der Notar das Ruhen des Verfahrens anzuordnen und dies den Beteiligten unter Hinweis auf Abs. 2 mitzuteilen. Die gerichtliche Zuständigkeitsbestimmung erfolgt nur auf entsprechenden Antrag eines der Beteiligten; der Notar gibt erforderlichenfalls einen entsprechenden Hinweis, wird aber nicht von Amts wegen tätig. Stellt trotz notariellen Hinweises keiner der Beteiligten einen Antrag auf gerichtliche Zuständigkeitsbestimmung, wird das Vermittlungsverfahren nach angemessener Fristsetzung beendet und dem Antragsteller die Tragung der Verfahrenskosten auferlegt. 15

Die gerichtliche Zuständigkeitsbestimmung eines anderen Notars läßt die Wirksamkeit eines bereits eingetragenen **Eröffnungsvermerks** unberührt. Der gerichtlich für zuständig erklärte Notar sollte dem Grundbuchamt jedoch Mitteilung über die Übernahme des Vermittlungsverfahrens machen. 16

III. Zustellungen (Abs. 3)

1. Förmliche Zustellung hat in den vom Sachenrechtsbereinigungsgesetz ausdrücklich geregelten Fällen sowie nach § 16 FGG dann zu erfolgen, wenn mit der Zustellung eine Frist zu laufen beginnt. Eine Rechtsmittelbelehrung ist grundsätzlich nicht erforderlich. 17

Förmlich zuzustellen ist die Aufforderung des Notars an den Antragsteller nach § 90 Abs. 5 Satz 1, einen unvollständigen oder unbegründeten Antrag binnen einer angemessenen **Frist** zu ergänzen, widrigenfalls der Antrag als unzulässig zurückgewiesen werde. Die Zurückweisung nach § 90 Abs. 5 Satz 2 ist ebenfalls förmlich zuzustellen. 18

Förmlich zuzustellen ist nach Eröffnung des Vermittlungsverfahrens die **Terminsladung** des Nutzers und des Grundstückseigentümers nach § 92 Abs. 1 und der Inhaber dinglicher Rechte nach § 92 Abs. 2 Satz 2; der **Vermittlungsvorschlag** mit Terminsladung nach § 96 Abs. 2; die **Vertragsausfertigung** mit Bestätigungshinweis nach § 96 Abs. 4; der **Bestätigungsbeschluß** nach § 96 Abs. 5 Satz 2 sowie die **Wiedereinsetzung** nach § 96 Abs. 5 Satz 3. 19

Zu beachten ist, daß der Vermittlungsvorschlag bei Säumnis eines Beteiligten nach § 96 Abs. 2 zusammen mit der Ladung zu einem neuen Termin und dem Hinweis, daß bei erneuter Säumnis das Einverständnis des Säumigen mit dem Vermittlungsvorschlag angenommen wird, beiden Beteiligten förmlich zuzustellen ist; waren die Beteiligten beim Termin anwesend, wird der **Vermittlungsvorschlag** nach § 98 Abs. 1 formlos übersandt. Hat sich ein im Termin anwesender Beteiligter geweigert, am Vermittlungsverfahren teilzunehmen, ist der Vermittlungsvorschlag wie bei Säumnis förmlich zuzustellen. 20

Die förmliche Zustellung erfolgt durch den Gerichtsvollzieher oder die Post nach den §§ 166ff., 193ff., 208, 211f. ZPO durch Postzustellungsurkunde oder Einschreiben mit Rückschein; bei Rechtsanwälten kann die Zustellung gegen Empfangsbekenntnis nach § 212a ZPO erfolgen; möglich ist auch die Aushändigung nach § 212b ZPO. Bei Zustellungen nach § 96 Abs. 4 ist eine Ausfertigung zuzustellen; ansonsten genügen beglaubigte Abschriften, wobei der Unterschrift des Notars nicht die Worte „als Urkundsbeamter der Geschäftsstelle" hinzugefügt werden müssen.[11] Öffentliche Zustellung nach den §§ 203ff., 208 ZPO ist grundsätzlich möglich, aber bei der Ladung zum Verhandlungstermin nach § 92 Abs. 1 Satz 2 explizit unzulässig. Zu den einzelnen Verfahrensschritten bei der förmlichen Zustellung vgl. *Vossius* § 88 RdNr. 32 bis 44. 21

[10] Vgl. dazu § 92 RdNr. 8ff.

[11] *Vossius* § 88 RdNr. 28.

22 **2. Bekanntgabe.** Nicht förmlich zuzustellen, sondern lediglich bekanntzugeben sind bei einem zulässigen Antrag dieser dem Antragsgegner; sonstige Schriftsätze der Beteiligten, auch wenn sie Sachanträge oder eine Antragsrücknahme enthalten, der jeweils anderen Partei; die Unterrichtung der Inhaber dinglicher Rechte am Grundstück oder Gebäude vom Termin nach § 92 Abs. 2 Satz 1; der Aussetzungsbeschluß nach § 94 sowie der Wiederaufnahmebeschluß; der Einstellungsbeschluß nach § 95; Beweisbeschlüsse nach § 97; das Abschlußprotokoll nach § 99.[12] Ebenfalls formlos bekanntzugeben sind nicht bestimmende Schriftsätze der Parteien, Aufklärungsverfügungen, einfache Beweisbeschlüsse, der Vermittlungsvorschlag nach § 98 Abs. 1, die beurkundete Einigung nach § 98 Abs. 2 und die Kostenrechnung nach §§ 100f.[13]

§ 89 Verfahrensart

(1) Soweit dieses Gesetz nichts anderes bestimmt, sind auf das notarielle Vermittlungsverfahren die Vorschriften des Gesetzes über die Angelegenheiten der freiwilligen Gerichtsbarkeit sinngemäß anzuwenden.

(2) Über Beschwerden gegen die Amtstätigkeit des Notars entscheidet das Landgericht, in dessen Bezirk das Grundstück oder das Gebäude ganz oder zum größten Teil belegen ist.

Übersicht

I. Verfahrensart

1 Das notarielle Vermittlungsverfahren wird bestimmt durch die Verfahrensvorschriften des Sachenrechtsbereinigungsgesetzes und subsidiär durch sinngemäße Anwendung des FGG. Beim Vermittlungsverfahren handelt es sich um ein sog. **echtes Streitverfahren,**[1] in dem sich Grundstückseigentümer und -nutzer im entgegengesetzten Interesse gegenüberstehen. Der Notar ist berufen, dabei eine Einigung der Beteiligten zu vermitteln, er entscheidet aber streitige Fragen etwa der Anspruchsberechtigung nicht selbst, sondern verweist nach § 94 Abs. 2 auf den Klageweg gemäß § 108.

2 Die ZPO ist subsidiär dann anwendbar, wenn das FGG keine eigene Regelung enthält und dessen verfahrensrechtliche Grundsätze einer entsprechenden Anwendung der ZPO nicht entgegenstehen.[2] Entscheidend ist jeweils, welche Regelungen des FGG oder der ZPO zur bestmöglichen verfahrensmäßigen Umsetzung der Ziele des Sachenrechtsbereinigungsgesetzes beitragen können. Verfahrensvorschriften dienen der Verwirklichung materiellen Rechts und sind daher Zweckmäßigkeitserwägungen zugänglich;[3] Verfahrensvorschriften sind kein Selbstzweck, sondern sollen die Transformation materieller Rechtsnormen in Rechtswirklichkeit ermöglichen.

3 Damit sind stufenweise anzuwenden: (1.) Im Sachenrechtsbereinigungsgesetz enthaltene Verfahrensvorschriften; sind solche nicht vorhanden, (2.) dem FGG zu entnehmende Vorschriften; subsidiär schließlich (3.) Regelungen der ZPO. Die Verfahrensvorschriften des FGG und

[12] AA jeweils *Vossius* § 88 RdNr. 24, der entgegen § 89 nicht § 16 FGG anwendet, sondern die Regelungen der ZPO anwenden will.

[13] So auch *Vossius* § 88 RdNr. 24.

[1] *Vossius* § 89 RdNr. 6.

[2] *Keidel-Kuntze-Winkler-Amelung* FGG, 13. Aufl. 1992, § 12 RdNr. 198.

[3] *Keidel-Kuntze-Winkler-Kahl* FGG, 13. Aufl. 1992, Vor § 8 RdNr. 2.

der ZPO sind stets unter Beachtung der ratio legis des Sachenrechtsbereinigungsgesetzes anzuwenden.

4 **1. Anwendbarkeit des FGG (Abs. 1).** Für das notarielle Vermittlungsverfahren gilt grundsätzlich der **Amtsermittlungsgrundsatz** nach § 12 FGG.[4] Dieser ist jedoch dem Sinn und Zweck des notariellen Vermittlungsverfahrens entsprechend einschränkend auszulegen, da im Vermittlungsverfahren als echtem Streitverfahren der **Dispositionsgrundsatz** gilt und die Amtsermittlungspflicht dort endet, wo ein Verfahrensbeteiligter es in der Hand hat, die notwendigen Erklärungen abzugeben und Beweismittel vorzulegen, um eine seinen Interessen entsprechende Entscheidung herbeizuführen.[5] Dem Notar obliegt die Ermittlung des Sachverhalts im Rahmen des § 91 durch Einsicht in die grundstücks- und gebäudebezogenen Akten, darüberhinaus ist der Notar gem. § 97 Abs. 1 grundsätzlich nur auf Antrag zu Ermittlungen berufen und verpflichtet. Den Beteiligten obliegt insoweit eine Darlegungspflicht.

5 Die Beteiligten sind zur Stellung sachdienlicher Anträge bei der Durchführung der Ermittlungen des Notars nach § 97 verpflichtet. Eine **formelle Beweislast** gibt es jedoch im notariellen Vermittlungsverfahren nicht,[6] so daß der notarielle Vermittlungsvorschlag im Säumnisverfahren nach § 96 oder beim Abschlußprotokoll nach § 99 nicht mit Beweisfälligkeit eines Beteiligten begründet werden kann; hingegen kann es nach den Regeln der **materiellen Beweislast** zu Lasten eines Beteiligten gehen, wenn die nach § 97 durchzuführenden Ermittlungen zu keinem eindeutigen Ergebnis geführt haben.[7]

6 Der Notar ist nach § 91 verpflichtet, **grundstücks- und gebäudebezogene Akten** einzusehen; er muß aber keine Ermittlungen vor Ort etwa im Hinblick darauf durchführen, ob sich auf dem betroffenen Grundstück tatsächlich ein Gebäude befindet, auch wenn ihm dies zu tun nicht verwehrt ist. Die Beibringung ladungsfähiger Anschriften ist nach § 90 Abs. 1 Nr. 1 Sache der Antragsteller und Voraussetzung dafür, daß das Vermittlungsverfahren überhaupt durchgeführt werden kann; eine diesbezügliche Akteneinsicht durch den Notar auf der Grundlage des § 34 FGG ist im Vermittlungsverfahren als echtem Streitverfahren nicht geboten.

7 Eine **Vereidigung** von Sachverständigen, Zeugen und Beteiligten ist im notariellen Vermittlungsverfahren entsprechend § 15 FGG grundsätzlich möglich.[8] Dies ist nicht untypisch für die notarielle Tätigkeit, der Notar ist auch in anderen Fällen zur Vereidigung berechtigt, etwa nach § 16 Abs. 3 Satz 3 BeurkG oder § 22 Abs. 1 BNotO.

8 **2. Anwendbarkeit der ZPO.** Enthalten weder Sachenrechtsbereinigungsgesetz noch FGG eigene Verfahrensregeln, die zur Umsetzung der Sachenrechtsbereinigung erforderlich sind, ist ergänzend unter Berücksichtigung der Besonderheiten des notariellen Vermittlungsverfahrens auf Normen der ZPO zu rekurrieren.

9 Eine **Fristsetzung** wie im Zivilprozeß entsprechend den §§ 273ff. ZPO[9] gibt es im notariellen Vermittlungsverfahren nicht, da Äußerungsfristen hier für die Beteiligten im Hinblick auf den modifizierten Amtsermittlungsgrundsatz nicht die Wirkung einer Ausschlußfrist haben können.[10] Von der Möglichkeit der Zurückweisung verspäteten Vorbringens nach Ablauf gesetzter Frist kann anders als im formalisierten Zivilprozeß auch bei Anwaltsbeteiligung nur in Ausnahmefällen Gebrauch gemacht werden,[11] etwa bei Verfahrensverschleppung.

II. Beschwerde (Abs. 2)

10 Für die Beschwerde gelten die §§ 19ff. FGG. Für die grundsätzlich **unbefristete Beschwerde** (Ausnahme: sofortige Beschwerde gegen den Bestätigungsbeschluß sowie gegen den Beschluß über den Antrag auf Wiedereinsetzung in den vorigen Stand gemäß § 96 Abs. 6 Satz 1: Zwei-Wochen-Frist gemäß § 22 FGG) ist nach Abs. 2 in Abweichung von § 15 Abs. 1 BNotO nicht das Landgericht, in dessen Bezirk der Notar seinen Amtssitz hat, sondern das Landgericht der Grundstücks- oder Gebäudebelegenheit zuständig. Mit der Beschwerde anfechtbar (ja) oder nicht anfechtbar (nein) sind:

[4] *Eickmann-Albrecht* § 89 RdNr. 3; *Czub-Krauß* § 89 RdNr. 3; *Clemm-Etzbach-Faßbender* § 89 RdNr. 7; aA *Vossius* § 89 RdNr. 8.

[5] *Keidel-Kuntze-Winkler-Amelung* FGG, 13. Aufl. 1992, § 12 RdNr. 197.

[6] AA *Vossius* § 89 RdNr. 10.

[7] Vgl. *Keidel-Kuntze-Winkler-Amelung* FGG, 13. Aufl. 1992, § 12 RdNr. 190.

[8] Vgl. zum Zeugenbeweis § 97 RdNr. 3.

[9] Vgl. *Vossius* § 89 RdNr. 26ff.

[10] Vgl. *Keidel-Kuntze-Winkler-Amelung* FGG, 13. Aufl. 1992, § 12 RdNr. 32, § 17 RdNr. 5.

[11] Im Ergebnis ebenso *Vossius* § 89 RdNr. 29.

11 **1. Vor Eröffnung des Vermittlungsverfahrens:** Die Aufforderung an den Antragsteller nach § 90 Abs. 5 Satz 1, seinen unvollständigen oder unschlüssigen Vortrag binnen angemessener Zeit zu ergänzen, hinsichtlich der **Ergänzungsaufforderung** selbst (nein), da noch kein Eingriff in Beteiligtenrechte vorliegt; hinsichtlich der **Fristsetzung** (ja), da hierdurch die fristgerechte Ergänzung des Antrags kostenpflichtig abgeschnitten werden kann; die Zurückweisung des Antrags wegen **Unvollständigkeit** nach § 90 Abs. 5 Satz 2 (ja); allein die diesbezügliche **Kostenentscheidung** (ja), wenn die Kosten mehr als 200,– DM betragen, da keine Entscheidung in der Hauptsache nach § 20a Abs. 2 FGG erfolgt ist; die Zurückweisung des Antrags wegen **Unzulässigkeit** nach § 90 Abs. 5 Satz 2 (ja); allein die diesbezügliche **Kostenentscheidung** (nein), da eine Entscheidung in der Hauptsache erfolgt ist und diese nach § 20a Abs. 1 Satz 1 FGG mit angefochten werden muß, wobei es unschädlich ist, daß auch bei unzulässigem Antrag gem. § 90 Abs. 5 ein neues Vermittlungsverfahren möglich ist; die **Bestimmung des zuständigen Notars** durch das Landgericht (nein), da die Entscheidung nach § 88 Abs. 2 Satz 2 unanfechtbar ist, vgl. § 5 Abs. 2 FGG.

12 **2. Im Vermittlungsverfahren:** Die **Eröffnung des Vermittlungsverfahrens** durch den Notar (nein)[12]; das Ersuchen auf Eintragung des **Eröffnungsvermerk**s im Grundbuch nach § 92 Abs. 5 (ja); die Eintragung, Nichteintragung oder verzögerte Eintragung des Eröffnungsvermerks im Grundbuch (ja: Erinnerung); Erhebung von Kosten bei Akteneinsicht und Abschriften bei Gerichten und Behörden sowie bei der Anfrage wegen Restitutionsanmeldung oder Nutzungsrechtsaufhebungsantrag bei ARoV oder LARoV trotz **Gebührenfreiheit** nach § 91 Satz 3 (ja); Ladung nach § 92 und Bestimmung eines **Erörterungstermins** (nein), ausnahmsweise ist die Terminsbestimmung anfechtbar, wenn wichtige Gründe für die Notwendigkeit eines anderen Termins vorgebracht werden; **Aussetzung** des Verfahrens nach § 94 (ja); **Einstellung** des Verfahrens nach § 95 (ja); **Amtstätigkeit** des Notars im allgemeinen: verfahrensleitende Maßnahmen wie Verbindung, Trennung, Beweisbeschlüsse (nein), aber Ablehnung von Beweisanträgen nach § 97 (ja); **Vermittlungsvorschlag** des Notars nach § 98 Abs. 1 (nein), auch einzelne Punkte des Vertragsentwurfs sind nicht beschwerdefähig; beurkundete **Einigung** der Beteiligten nach § 98 Abs. 2 Satz 1 (nein); die **Vollzugstätigkeit** des Notars (nein).

13 **3. Im Säumnisverfahren:** Vermittlungsvorschlag mit Terminsladung nach § 96 Abs. 2 Satz 1 (nein), da Erscheinen im neuen Termin möglich; Bestimmung des neuen Termins (nein); Beurkundung des Vermittlungsvorschlags mit Einverständnisunterstellung bei Nichterscheinen nach § 96 Abs. 3 (nein), da innerhalb einer Notfrist von zwei Wochen nach Zustellung einer Ausfertigung des Vermittlungsvorschlags nach § 96 Abs. 4 ein neuer Termin beantragt werden kann; Bestätigungsbeschluß nach § 96 Abs. 5 (ja), sofortige Beschwerde binnen einer Frist von zwei Wochen.

14 Der **Bestätigungsbeschluß** kann in formeller und in materieller Hinsicht, jedoch nur mit der befristeten sofortigen Beschwerde angefochten werden. Die **Wiedereinsetzung in den vorigen Stand** muß binnen zwei Wochen nach Wegfall des Wiedereinsetzungsgrundes, spätestens ein Jahr nach Ablauf der Notfrist des § 96 Abs. 4, beim Notar beantragt werden. Wird Wiedereinsetzung in den vorigen Stand gewährt oder nicht gewährt, ist gegen die Entscheidung des Notars nach § 96 Abs. 6 Satz 1 jeweils die sofortige Beschwerde beim Landgericht möglich. Bei der sofortigen Beschwerde gegen den Bestätigungsbeschluß in materieller Hinsicht nach § 96 Abs. 6 Satz 1 trifft das Landgericht selbst eine Sachentscheidung entsprechend § 18 Abs. 2 FGG, wobei es nicht an die Tatsachenfeststellungen des Notars gebunden ist (zweite und letzte Tatsacheninstanz).

15 Gegen die Beschwerdeentscheidungen ist die **weitere Beschwerde** zulässig (§ 27 FGG). Bei Entscheidungen aufgrund einfacher Beschwerde ist die weitere Beschwerde unbefristet, bei Entscheidungen aufgrund sofortiger Beschwerde ist die sofortige weitere Beschwerde binnen einer Frist von zwei Wochen zulässig (§ 29 Abs. 2 FGG). Da es sich um eine Rechtsbeschwerde handelt, ist das zuständige Oberlandesgericht an die Tatsachenfeststellungen des Landgerichts gebunden. Weitere Rechtsmittel sind nicht gegeben, Gegenvorstellungen aber möglich.

III. Haftung des Notars

16 Für die Haftung ist zwischen notarieller Tätigkeit im Vermittlungsverfahren und bei der Beurkundung zu unterscheiden.

[12] LG Dresden VIZ 1996, 481 f.

1. Vermittlungsverfahren. Im **Vermittlungsverfahren** wird der Notar anstelle des (Amts-) Richters tätig und haftet deshalb nicht nach § 19 BNotO, sondern nach § 839 BGB[13] entsprechend: Für während des Verfahrens begangene Amtspflichtverletzungen, die keinen Bezug zum Bestätigungsbeschluß haben, haftet der Notar nach § 839 Abs. 1 BGB; hinsichtlich des Bestätigungsbeschlusses nach § 96 Abs. 5 Satz 2 haftet der Notar nach § 839 Abs. 2 BGB. Das **Spruchrichterprivileg** des § 839 Abs. 2 BGB gilt für den Bestätigungsbeschluß und alle vorausgehenden Verfahrensfehler, die sich im Zusammenhang mit dem Bestätigungsbeschluß nachteilig für den Betroffenen auswirken können, da § 839 Abs. 2 BGB alle „bei dem Urteil" und nicht nur „durch ein Urteil" begangenen Pflichtverletzungen erfaßt, beispielsweise die Versagung rechtlichen Gehörs, mangelnde Sachaufklärung oder die Behandlung streitiger Punkte als unstreitig.[14] **17**

Art. 34 GG ist nicht anwendbar, da der Notar als unabhängiger Träger eines öffentlichen Amtes nicht „in Dienst" des Staates – abgesehen von den Notaren im Landesdienst in den OLG-Bezirken Karlsruhe und (teilweise) Stuttgart – steht. **18**

Die **Ersatzpflicht entfällt** entsprechend § 839 Abs. 3 BGB, wenn die geschädigten Beteiligten es vorsätzlich oder fahrlässig unterließen, den Schaden durch Rechtsmittelgebrauch abzuwenden. Als Rechtsmittel gegen Entscheidungen des Notars im Vermittlungsverfahren ist regelmäßig die Beschwerde nach § 89 Abs. 2 gegeben.[15] Wurden rechtsunerfahrene, nicht anwaltlich vertretene Beteiligte nicht über die Möglichkeit des Rechtsmittelgebrauchs belehrt, kann in der Regel nicht von Fahrlässigkeit ausgegangen werden. Bei anwaltlich vertretenen Beteiligten ist hingegen regelmäßig von Fahrlässigkeit auszugehen, wenn von schadensabwendenden oder -mindernden Rechtsmitteln kein Gebrauch gemacht wurde. **19**

2. Beurkundung. Bei der **Beurkundung** wird der Notar als solcher tätig und haftet daher nach § 19 Abs. 1 Satz 1 BNotO persönlich für allfällige Amtspflichtverletzungen. Die Haftungssubsidiarität bei fahrlässigen Amtspflichtverletzungen nach § 19 Abs. 1 Satz 2 BNotO bestimmt sich nach den allgemeinen Regelungen. **20**

3. Abgrenzung. Die **Abgrenzung von vermittelnder und beurkundender Tätigkeit** entzieht sich pauschalisierender Betrachtungsweise und kann nur im Einzelfall vorgenommen werden. Im Zweifel wird der Notar während des notariellen Vermittlungsverfahrens anstelle des Richters und erst nach vollständiger Einigung der Beteiligten beurkundend bzw. in Vorbereitung der Beurkundung und damit in seiner Eigenschaft als Urkundsnotar tätig. Alle im notariellen Vermittlungsverfahren vorzunehmenden Tätigkeiten mit Bezug zum Bestätigungsbeschluß unterfallen auch nach Eintritt in das Beurkundungsverfahren dem Spruchrichterprivileg des § 839 Abs. 2 BGB, beispielsweise Fehler im Zusammenhang mit der Löschung des Eröffnungsvermerks nach § 98 Abs. 2 Satz 2 und 3. **21**

4. Säumnisverfahren. Im **Säumnisverfahren** wird der Notar bei der Beurkundung der vertraglichen Vereinbarung nach § 96 Abs. 3 Satz 1 und 2 als vermittelnder und nicht als beurkundender Notar tätig, so daß sich die Haftung nach § 839 Abs. 2 BGB und nicht nach § 19 BNotO richtet. § 19 BNotO kann auch deshalb nicht Haftungsmaßstab sein, weil der Notar seiner Belehrungspflicht dem nicht erschienenen Beteiligten gegenüber nicht nachkommen kann und deshalb als unparteiischer Vermittler die Interessen des säumigen Beteiligten von Amts wegen berücksichtigen muß. **22**

IV. Aktenführung

Spezielle Regelungen zur Aktenführung im notariellen Vermittlungsverfahren sind weder im Sachenrechtsbereinigungsgesetz noch im BeurkG oder der DONot enthalten. Entsprechend den allgemeinen Bestimmungen in BeurkG und DONot sind die Verfahrensakten entweder als Urkunden oder als Nebenakten zu behandeln. Urkunden sind (1.) die Vereinbarung gem. § 98 Abs. 2 Satz 1, (2.) die Säumnisvereinbarung gem. §§ 96 Abs. 3 Satz 1, 96 Abs. 5 Satz 2 und (3.) das Abschlußprotokoll gem. § 99; alle übrigen Verfahrensakten (Anträge, Schriftsätze, Grundbuchauszüge, Ladungen, usw.) sind als Nebenakten gem. § 21 DONot zu behandeln. **23**

Für die Aufnahme notarieller Vermittlungsverfahren in das im Bereich der Ländernotarkasse gem. § 15 DONot iVm. § 39 VONot zu führende Kostenregister gelten die allgemeinen **24**

[13] Ebenso *Eickmann-Albrecht* § 87 RdNr. 14; aA *Vossius* Vor § 87 RdNr. 56: § 19 BNotO iVm. § 839 Abs. 2 BGB.

[14] *Staudinger-Schäfer* BGB, 12. Aufl. 1986, § 839 RdNr. 454.

[15] Siehe oben RdNr. 10ff; vgl. *Eickmann-Albrecht* § 87 RdNr. 15; *Czub-Krauß* § 87 RdNr. 4.

Grundsätze. Wird das Vermittlungsverfahren nicht mit einer Urkunde abgeschlossen, sind die Kosten wie bei einem Urkundsentwurf mit einer Bruchnummer zu registrieren.

25 Im übrigen besteht eine Regelungslücke, die im Sinne einer sachgerechten Aktenführung unter Berücksichtigung der Notariats- und Gerichtspraxis zu schließen ist.

26 Demgemäß ist entsprechend §§ 7, 8 DONot und den korrespondierenden Bestimmungen in den jeweiligen Aktenordnungen der Justiz ein besonderes Verfahrensregister anzulegen, in das die einzelnen Vermittlungsverfahren unter jeweils einem Aktenzeichen und Angabe der beteiligten Grundstücksnutzer und -eigentümer (etwa „SaRB 4/96 Schnitzler ./. Kohlhaas" für das vierte im Jahr 1996 eröffnete Vermittlungsverfahren) einzutragen sind.

27 Die Aktenblätter sind entsprechend der Gerichtspraxis fortlaufend zu numerieren, um Bezugnahmen zu erleichtern und die Akte für ein nachfolgendes gerichtliches Verfahren vorzubereiten.

28 Das „Muster 7 – DONot", das gem. § 23 Abs. 1 Satz 1 DONot für die dem Landgerichtspräsidenten einzureichenden Geschäftsübersichten zu Grunde zu legen ist, verlangt keine Angabe zu notariellen Vermittlungsverfahren nach den Sachenrechtsbereinigungsgesetz. Auch § 23 Abs. 2 DONot verlangt diese Angaben nicht. Gleichwohl dürfte es sachgerecht und wohl nicht zu beanstanden sein, wenn das Muster in geeigneter Weise durch den Notar ergänzt und die notariellen Vermittlungsverfahren nach dem Sachenrechtsbereinigungsgesetz entsprechend den förmlichen Vermittlungsverfahren gem. § 86 FGG gesondert ausgewiesen werden (§ 23 Abs. 2 Nr. 3 DONot); eine Dienstpflicht hierzu besteht jedoch bis zu einer entsprechenden Änderung des Musters wohl nicht.

§ 90 Inhalt des Antrags

(1) In dem Antrag sind anzugeben

1. der Nutzer und der Grundstückseigentümer,
2. das betroffene Grundstück unter Angabe seiner Bezeichnung im Grundbuch und das Gebäude, soweit selbständiges Eigentum besteht,
3. die Inhaber dinglicher Rechte am Grundstück und am Gebäude und
4. die Bezeichnung des gewünschten Vertrages.

(2) Wird die Bestellung eines Erbbaurechts begehrt, soll der Antrag auch Angaben über

1. den Erbbauzins,
2. die Dauer des Erbbaurechts,
3. die Art der nach dem Erbbaurechtsvertrag zulässigen baulichen Nutzung,
4. die Konditionen des Ankaufsrechts sowie
5. die Fläche, auf die sich die Nutzungsbefugnis des Erbbauberechtigten erstrecken soll,

enthalten. Wird der Ankauf des Grundstücks oder des Gebäudes begehrt, soll der Antrag auch Angaben über

1. das Grundstück oder die davon abzutrennende Teilfläche oder das Gebäude und
2. den Kaufpreis

enthalten. Satz 2 ist entsprechend anzuwenden, wenn der Antragsteller nach § 81 Abs. 1 Satz 1 die Ablösung der aus der baulichen Investition des Nutzers begründeten Rechte begehrt.

(3) Der Antragsteller soll außerdem erklären, ob

1. ein Anspruch auf Rückübertragung des Grundstücks nach den Vorschriften des Vermögensgesetzes angemeldet,
2. die Aufhebung eines Nutzungsrechts nach § 16 Abs. 3 des Vermögensgesetzes beantragt oder eine Klage auf Aufhebung des Nutzungsrechts erhoben,
3. die Durchführung eines Bodensonderungsverfahrens beantragt oder ein Bodenneuordnungsverfahren eingeleitet oder

4. die Zusammenführung von Grundstücks- und Gebäudeeigentum nach § 64 des Landwirtschaftsanpassungsgesetzes beantragt

worden ist. Der Antrag soll weiter Angaben darüber enthalten, wie das Grundstück, das Gebäude oder die bauliche Anlage am Ablauf des 2. Oktober 1990 genutzt wurde und zum Zeitpunkt der Antragstellung genutzt wird.

(4) Beantragt der Nutzer die Durchführung eines Vermittlungsverfahrens, so soll er in dem Antrag auch erklären, wie das Grundstück in den in § 8 genannten Zeitpunkten genutzt worden ist.

(5) Fehlt es an den in Absatz 1 bezeichneten Erklärungen, hat der Notar dem Antragsteller eine angemessene Frist zur Ergänzung des Antrags zu bestimmen. Verstreicht die Frist fruchtlos, so weist der Notar den Antrag auf Kosten des Antragstellers als unzulässig zurück. Der Antragsteller kann ein neues Verfahren beantragen, wenn er seinen Antrag vervollständigt hat.

Übersicht

I. Mindestinhalt des Antrags (Abs. 1)

1 **1. Grundstücksnutzer und -eigentümer (Nr. 1). a) Eigentümer.** Beteiligter (§ 3 Abs. 1 Satz 1) ist der Eigentümer. Dies gilt auch dann, wenn vor Eröffnung des Vermittlungsverfahrens ein schuldrechtlicher Veräußerungsvertrag über das Grundstück abgeschlossen und eine Auflassungsvormerkung zu Gunsten des Erwerbers im Grundbuch eingetragen wurde[1]. Zum Eigentümerwechsel nach Eröffnung des Vermittlungsverfahrens vgl. § 111 RdNr. 3ff.

2 Ist der Eigentümer im Grundbuch eingetragen, so wird der Nutzer keine Schwierigkeiten haben, ihn in dem Antrag ordnungsgemäß zu bezeichnen. Probleme ergeben sich jedoch dann, wenn das Grundbuch in Abt. I unrichtig ist. In der Praxis häufig sind Fälle, in denen der derzeit eingetragene Eigentümer verstorben oder in denen das Grundstück noch als Eigentum des Volkes ausgewiesen ist.

3 Ist der eingetragene Eigentümer verstorben und sind die **Erben** unbekannt, so hat der Nutzer die Möglichkeit, gem. § 17 die Bestellung eines Pflegers zu beantragen.[2] In dem Antrag ist dann gem. Abs. 1 Nr. 1 der Pfleger als gesetzlicher Vertreter der unbekannten Erben des im Grundbuch eingetragenen Eigentümers zu benennen.

4 Ist das Grundstück noch als **Eigentum des Volkes** ausgewiesen, so kann der Antrag nicht gegen den gem. § 8 Abs. 1 VZOG **Verfügungsberechtigten** gerichtet werden. Der Verfügungsberechtigte ist gem. § 8 Abs. 4 Satz 2 VZOG dem Eigentümer gegenüber zum Wertersatz verpflichtet. Unabhängig von der ungeklärten Frage, ob der Verfügungsberechtigte dem Eigentümer den Halbteilungsgrundsatz gem. § 68 Abs. 1 entgegenhalten könnte, d.h. in diesem Fall nur den halben oder aber den vollen Wert des Grundstückes auszugleichen hätte, wäre der Eigentümer jedenfalls weder an das Ergebnis des notariellen Vermittlungsverfahrens noch des gerichtlichen Verfahrens nach §§ 103ff gebunden. Der Verfügungsberechtigte müßte also damit rechnen, über den von ihm vereinnahmten Kaufpreis hinaus zu einem zusätzlichen Wertausgleich herangezogen zu werden, obwohl er zum Vertragabschluß durch Gerichtsurteil gezwun-

[1] Vgl. § 111 RdNr. 4ff.

[2] Vgl. Brandenbg. OLG Rpfleger 1997, 20f.

gen wurde. Dies kann dem Verfügungsberechtigten zumindest ohne ausdrückliche gesetzliche Regelung nicht auferlegt werden[3].

5 Dagegen ist die Bestellung eines **Pflegers** gem. § 17 Abs. 1 Nr. 1 dem Wortlaut des Gesetzes nach möglich und auch sinnvoll. Der Nutzer kann nicht bis zum Abschluß des von ihm nicht zu beeinflussenden Zuordnungsverfahrens vertröstet werden[4]. Zum Pfleger kann auch der Verfügungsberechtigte bestellt werden, der dann aber nicht nach § 8 Abs. 4 Satz 2 VZOG, sondern nur als Pfleger haftet.

6 De lege ferenda wäre daran zu denken, den Verfügungsberechtigten kraft Gesetzes zum Pfleger zu bestellen.

7 **b) Nutzer.** Das Gesetz schreibt nur vor, daß der Nutzer anzugeben ist. Eine **Begründung oder gar Glaubhaftmachung des Nutzungsverhältnisses** im Antrag ist nicht vorgesehen. Dies ist insofern bemerkenswert, als die Eintragung des Eröffnungsvermerkes gem. § 92 Abs. 5 im Ergebnis einer im Wege einer einstweiligen Verfügung gem. § 935 ZPO zur Sicherung des Streitgegenstandes eingetragenen Vormerkung sehr ähnlich ist. Gleichwohl sieht das Gesetz nicht nur keine Glaubhaftmachung des Anspruchsgrundes, sondern auch keine dem § 945 ZPO vergleichbare Schadensersatzregelung bei zu Unrecht eingetragenen Eröffnungsvermerken vor. Eine anderweitige Anspruchsgrundlage – etwa § 826 BGB – wird nur in Ausnahmefällen aufzufinden sein. Der Grundstückseigentümer muß deshalb damit rechnen, daß seine Dispositionsmöglichkeiten über das Grundstück bis zur rechtskäftigen Feststellung über das Bestehen oder Nichtbestehen des Nutzungsverhältnisses erheblich eingeschränkt sind, ohne daß er für daraus entstehende Schäden Ersatz verlangen könnte. Das Gesetz nimmt dies grundsätzlich in Kauf. Dennoch besteht soweit ersichtlich Einigkeit, daß nicht jeder Antrag zur Eintragung des Eröffnungsvermerkes führen kann[5] wobei insoweit allerdings unterschiedliche Anforderungen an den Antrag gestellt werden. ME hat der Notar die Stellung eines Ersuchens auf Eintragung des Vermerkes abzulehnen, wenn der Anspruch nach dem eigenen Vortrag des Antragstellers unbegründet, der Antrag also **unschlüssig** ist (zB wird der Anspruch auf ein gem. § 312 ZGB verliehenes Nutzungsrecht zur Errichtung einer Garage gestützt). Gegebenenfalls ist der Antragsteller gem. Abs. 5 zur Ergänzung oder Berichtigung des Vortrages aufzufordern. Kann der Antrag nicht schlüssig gestellt werden, so ist er zurückzuweisen. Gegen die Zurückweisung ist die Beschwerde gem. § 89 Abs. 2 zulässig.

8 Dagegen kann in diesem Stadium des Verfahrens weder eine **Glaubhaftmachung** noch gar voller Beweis für das Bestehen des Anspruches verlangt werden.[6] Dies sieht das Gesetz nicht vor und kann vom Nutzer – beispielsweise bei geduldeter Bebauung ohne Nutzungsrecht oder verschollener Nutzungsurkunde – in angemessener Zeit häufig nicht geleistet werden. Auch wenn es dem Nutzer kurzfristig nicht gelingt, seinen Anspruch glaubhaft zu machen, steht ihm entsprechend der gesetzgeberischen Entscheidung zunächst der Schutz des § 92 Abs. 6 Satz 1 zu.

9 **Exkurs: Kompetenzen des Notars, die Begründetheit des geltend gemachten Anspruchs zu prüfen.**

Auch an anderen Stellen erscheint das Gesetz in der Frage, ob, wann und in welchem Umfang dem Notar die Kompetenz und vielleicht sogar Pflicht zukommt, den geltend gemachten Anspruch auf seine Begründetheit zu prüfen, nicht ausgereift und widersprüchlich. Grundsätzlich geht das Gesetz – soviel wird deutlich – davon aus, daß der Notar über die Begründetheit nicht selbst entscheidet. Aber schon bei der Frage, wie im Bestreitensfalle weiter zu verfahren ist, zeigt sich das Gesetz unentschlossen: Gem. § 94 Abs. 2 Nr. 2 „soll" das Verfahren ausgesetzt werden, wobei die Beteiligten auf den Klageweg zu verweisen sind. Über die Fälle, in denen von dieser Soll-Bestimmung abgewichen werden kann, schweigt das Gesetz. Desweiteren hat der Notar im Säumnisverfahren auf Antrag des erschienenen Beteiligten gem. § 96 Abs. 1 iVm. § 98 Abs. 1 einen Vermittlungsvorschlag in Form eines Vertragsentwurfes zu machen. Von der Möglichkeit einer Zurückweisung wegen Unschlüssigkeit oder offensichtlicher Unbegründet-

[3] Im Ergebnis ebenso *Czub-Krauß* § 90 RdNr. 7; *Eickmann-Albrecht* § 90 RdNr. 5; *Clemm-Etzbach-Faßbender* § 87 RdNr. 38; *Frenz* DtZ 1995, 68; *Eickmann* DNotZ 1996, 149; aA *Vossius* Einl. RdNr. 138; *Böhringer* MittBayNot 1994, 18.

[4] AA *Czub-Krauß* § 90 RdNr. 8; *Eickmann-Albrecht* § 90 RdNr. 6, die zwar die sofortige Eintragung eines Eröffnungsvermerkes für zulässig halten, dann aber das Verfahren bis zum Abschluß der Vermögenszuordnung aussetzen wollen.

[5] Vgl. *Czub-Krauß* § 90 RdNr. 32; *Eickmann-Albrecht* § 90 RdNr. 22; *Vossius* § 90 RdNr. 45; § 92 RdNr. 30 ff., *Vossius* VIZ 1997, 7.

[6] So aber wohl *Clemm-Etzbach-Faßbender* § 87 RdNr. 21 ff.; *Vossius* VIZ 1997, 7.

heit des Antrags spricht das Gesetz nicht. Gleichwohl kommt einem im Säumnisverfahren bestätigten Vermittlungsvorschlag gem. § 96 Abs. 3 Satz 1 eine Wirkung zu, die der eines Versäumnisurteils gegen den Beklagten gem. § 331 ZPO durchaus vergleichbar ist, wobei letzterem gem. § 331 Abs. 2 ZPO jedoch eine Schlüssigkeitsprüfung voranzugehen hat. Obwohl also das Gesetz an keiner Stelle den Notar ausdrücklich ermächtigt oder gar verpflichtet, über die Begründetheit des Anspruches zu entscheiden, ist er gem. § 97 Abs. 2 Nr. 3 dennoch dazu berufen, über Fragen, die ausschließlich die Begründetheit des Anspruchs betreffen, Beweis zu erheben und das Beweisergebnis seinem Vorschlag zu Grunde zu legen.

10 Zumindest die gewichtigste Ungereimtheit – die Beurkundung des Vertrages gem. § 96 Abs. 3 trotz unschlüssigen Vortrags des Erschienenen – wird vermieden, wenn der Notar bereits bei Beginn des Verfahrens die Schlüssigkeit des geltend gemachten Anspruchs zu prüfen hat. Auch diese Überlegung zeigt, daß die Schlüssigkeit der richtige Maßstab ist, an dem die Zulässigkeit des Antrags zu messen ist.

11 Sind im Antrag des Nutzers ladungsfähige Anschriften des Grundstückseigentümers oder des Inhabers eingetragener dinglicher Rechte nicht angegeben oder Ladungsschreiben nicht zustellbar, fordert der Notar den Nutzer auf, ladungsfähige Anschriften nachzureichen oder nach § 17 einen Pfleger bestellen zu lassen.[7]

12 **2. Grundstücks- und Gebäudebezeichnung (Nr. 2).** Das Grundstück ist nach § 28 Satz 1 GBO zu bezeichnen. Selbständiges Gebäudeeigentum ist entweder durch Hinweis auf das Gebäudegrundbuchblatt oder das Grundbuchblatt des Grundstücks oder mit Gemarkung und Flurstücksnummer des Grundstücks zu bezeichnen, auf dem es lastet. Ist nur eine Grundstücksteilfläche Vermittlungsgegenstand, ist dies bei der Eintragung des Eröffnungsvermerks unter Beifügung einer Planskizze und einer ungefähren Flächenangabe anzugeben.

13 **3. Inhaber dinglicher Rechte (Nr. 3).** Regelmäßig lassen sich die Inhaber dinglicher Rechte dem Grundbuch entnehmen. Die Ansprüche des Grundstücksnutzers gegen die Inhaber dinglicher Rechte ergeben sich aus den §§ 33ff. und §§ 62ff.; im Antrag sind dementsprechend nur solche dinglichen Rechte anzugeben, bei denen Rangrücktritt oder Befreiung verlangt wird.

14 **4. Gewünschter Vertrag (Nr. 4).** Die kurze Bezeichnung des gewünschten Vertrages – etwa: Grundstückskauf, Gebäudekauf, Erbbaurecht – ist ausreichend.[8] Die Angabe des gewünschten Vertrages beschränkt den Verfahrensgegenstand nicht, denn dieser ist die umfassende Sachenrechtsbereinigung an einem bestimmten Grundstück[9] und nicht der Antrag nach § 90 Abs. 1 Nr. 4.[10] Da die Sachenrechtsbereinigung hinsichtlich eines Grundstücks oder Gebäudes bei ein und demselben Notar verhandelt wird, kann der Antragsgegner im selben Verfahren einen abweichenden Antrag stellen; die Beteiligten müssen sich dann in diesem Verfahren über den gewünschten Vertrag auseinandersetzen. Auch der Antragsteller ist durch die bloße Angabe des gewünschten Vertrages nicht nach §§ 15f. gebunden, da Nr. 4 vom „gewünschten Vertrag" und nicht vom „gewählten Vertrag" spricht.[11]

II. Zusätzliche Angaben

15 Fehlen die in Abs. 2 und 3 aufgeführten zusätzlichen Angaben, ist der Antrag nicht nach Abs. 5 als unzulässig zu verwerfen, sondern der Wille der Beteiligten im Erörterungstermin festzustellen.

16 **1. Erbbaurechtsbestellung (Abs. 2 Satz 1).** Die Angaben über den **Erbbauzins** richten sich nach den §§ 43ff; erwünscht ist auch der Vortrag von Tatsachen, die sich auf die Höhe des Erbbauzinses auswirken. Die Angaben über die **Dauer des Erbbaurechtes** richten sich nach § 53. Die Angaben über die **Art der** nach dem Erbbaurechtsvertrag **zulässigen baulichen Nutzung** richten sich nach § 54. Die Angaben über die **Konditionen des Ankaufsrechts** richten sich nach § 57. Die Angaben über die **Fläche**, auf die sich die Nutzungsbefugnis des Erbbauberechtigten erstrecken soll, richten sich nach den §§ 21ff., 39f., wobei für die grafische Darstellung der Fläche eine amtliche Flurkarte im Maßstab 1:1000 verwendet werden sollte. Wird ein bestimmter dinglicher oder schuldrechtlicher Inhalt des Erbbaurechtsvertrags ge-

[7] *Eickmann-Albrecht* § 90 RdNr. 4.
[8] *Vossius* § 90 RdNr. 11.
[9] *Eickmann-Albrecht* § 90 RdNr. 11.
[10] AA *Vossius* Vor § 87 RdNr. 29.
[11] *Czub-Krauß* § 90 RdNr. 13; vgl. *Vossius* § 32 RdNr. 2.

wünscht, sollten die entsprechenden Angaben nach §§ 32 ff. in den Antrag aufgenommen werden.

17 **2. Ankauf (Abs. 2 Satz 2).** Die Angaben über das Grundstück oder die davon abzutrennende Teilfläche oder das Gebäude, also den **Gegenstand** des Ankaufsbegehrens, richten sich nach den §§ 21 ff., 65 ff., wobei beim Ankaufswunsch hinsichtlich einer Teilfläche eine amtliche Flurkarte im Maßstab 1:1000 vorgelegt werden sollte. Die Angaben über den **Kaufpreis** richten sich nach den §§ 68 ff. Wird ein bestimmter Inhalt des Kaufvertrages nach den §§ 61 ff. gewünscht, sollten die diesbezüglichen Angaben bereits in den Antrag aufgenommen werden, damit der Notar diese bei der vermittelnden Vertragsgestaltung berücksichtigen kann.

18 **3. Ablösung der Rechte des Nutzers (Abs. 2 Satz 3).** Für den Fall, daß der Grundstückseigentümer das vom Nutzer errichtete oder erworbene Gebäude oder die bauliche Anlage zu erwerben wünscht, richten sich die erforderlichen Angaben im Antrag nach den §§ 81 ff.

19 **4. Parallelverfahren (Abs. 3 Satz 1).** Die Angaben zu angemeldeten Restitutionsansprüchen, beantragter oder eingeklagter Aufhebung eines Nutzungsrechts nach § 16 Abs. 3 VermG, zu Bodensonderungs- bzw. Bodenneuordnungsverfahren und zur Zusammenführung von Grundstücks- und Gebäudeeigentum nach § 64 Landwirtschaftsanpassungsgesetz sollen gemacht werden, weil dadurch Aussetzungs- und Einstellungsgründe nach § 94 Abs. 1 und § 95 Abs. 1 ersichtlich werden.

20 Der Antragsteller **soll** Angaben zu Parallelverfahren machen. Macht er keine Angaben, weil er beispielsweise keine genaue Kenntnis darüber hat, ob und welche Bodenordnungsverfahren für sein Grundstücks eingeleitet worden sind, wird der Antrag dadurch nicht unzulässig. Der Notar muß sich wegen des das notarielle Vermittlungsverfahren prägenden modifizierten Amtsermittlungsgrundsatzes ohnehin bei den zuständigen Behörden nach den genannten Verfahren erkundigen, um das Vorliegen von Aussetzungs- und Einstellungsgründen feststellen zu können. Der Notar darf auf die Mitwirkung der Beteiligten bei der Sachverhaltsaufklärung bauen, sich aber nicht nur auf deren Angaben verlassen. Die Beteiligten können nicht durch Zwangsmittel dazu veranlaßt werden, für den Verfahrensablauf nicht unbedingt erforderliche Angaben zu machen.[12]

21 **5. Nutzung (Abs. 3 Satz 2, Abs. 4).** Die für Angaben zur Nutzung maßgeblichen Zeitpunkte sind nach § 5 Abs. 3 der 2. 10. 1990, nach § 8 der 8. 5. 1945, der 30. 6. 1990 und der 2. 10. 1990, nach § 47 der 2. 10. 1990 und der 20. 7. 1993, nach § 54 der 30. 6. 1990 und der 2. 10. 1990 und nach § 70 der 30. 6. 1990 und der 2. 10. 1990 sowie jeweils der Zeitpunkt der Antragstellung. Zur Bedeutung der Nutzungszeitpunkte siehe die jeweilige Kommentierung. Der Nutzungstatbestand ist nicht nur inhaltlich zu beschreiben, sondern auch durch Urkunden und sonstige schriftliche Unterlagen zu belegen (Beibringungsgrundsatz).

III. Unvollständiger Antrag (Abs. 5)

22 Der unvollständige Antrag wird, nach angemessener Fristsetzung in Form einer Zwischenverfügung, durch notariellen Beschluß als unzulässig zurückgewiesen. In der Zwischenverfügung hat der Notar die fehlenden Angaben zu bezeichnen und Wege zu deren Beibringung anzugeben, etwa die zuständigen Behörden zu benennen. Fristsetzung und -verlängerung liegen im pflichtgemäßen Ermessen des Notars.

23 **1. Fristsetzung (Satz 1).** Der Notar muß bei einem unvollständigen Antrag dem Antragsteller eine angemessene Frist zur Vervollständigung seines Antrags setzen. Fristverlängerungen stehen im Ermessen des Notars und sollten nur dann nicht gewährt werden, wenn erkennbar Verfahrensverzögerung betrieben wird.

24 **2. Zurückweisung (Satz 2).** Die Zurückweisung des **unvollständigen** Antrags erfolgt durch notariellen Beschluß. Für seine Tätigkeit erhält der Notar in diesem Fall die Hälfte einer vollen Gebühr gem. § 100 Abs. 1 Nr. 2.[13] Die Kosten trägt gem. § 101 Abs. 2 Nr. 2 der Antragsteller.

25 **3. Kein Verbrauch des Antragsrechts (Satz 3).** Die Zurückweisung des Antrags als unzulässig führt nach Satz 3 nicht zum Verbrauch des Antragsrechts. Die Zurückweisung des Antrags als unbegründet führt, da die Abweisungsentscheidung des Notars als Entscheidung im Verfahren der freiwilligen Gerichtsbarkeit nicht mit sofortiger Beschwerde anfechtbar ist und

[12] Vgl. auch *Eickmann-Albrecht* § 90 RdNr. 19.

[13] § 100 RdNr. 3.

somit nicht in Rechtskraft erwächst, entsprechend Satz 3 ebenfalls nicht zum Verbrauch des Antragsrechts; ein neuerlicher Vermittlungsantrag ist also nicht wegen der vorhergehenden Abweisung eines inhaltsgleichen Antrags unzulässig.[14]

§ 91 Akteneinsicht und Anforderung von Abschriften durch den Notar

Der Notar ist berechtigt, die Akten der betroffenen Grundstücke und Gebäude bei allen Gerichten und Behörden einzusehen und Abschriften hieraus anzufordern. Er hat beim Amt zur Regelung offener Vermögensfragen, oder, falls das Grundstück zu einem Unternehmen gehört, auch beim Landesamt zur Regelung offener Vermögensfragen, in deren Bezirk das Grundstück belegen ist, nachzufragen, ob ein Anspruch auf Rückübertragung des Grundstücks oder des Gebäudes angemeldet oder ein Antrag auf Aufhebung des Nutzungsrechts gestellt worden ist. Für Auskünfte und Abschriften werden keine Gebühren erhoben.

I. Akteneinsicht (Satz 1)

1 Die gebührenfreie Akteneinsicht nach § 91 bezieht sich nur auf **grundstücks- und gebäudebezogene Akten**. Einsichtnahme und Anforderung von Abschriften sind beispielsweise möglich bei den Grundbuchämtern hinsichtlich des Grundbuchs und der Grundakten einschließlich der geschlossenen Grundbücher und Grundakten, bei den Vermessungsämtern und Katasterbehörden hinsichtlich der Flurkarten, bei den Bau- und sonstigen Genehmigungsbehörden einschließlich der Landwirtschaftsbehörden, bei den Finanzämtern hinsichtlich der Steuerakten des Grundstücks.[1] Im grundstücks- und gebäudebezogenen Anwendungsbereich geht § 91 den datenschutzrechtlichen Bestimmungen als lex specialis vor.[2]

2 Andere als grundstücks- und gebäudebezogene Akten kann der Notar nicht nach § 91, sondern nur nach § 34 FGG einsehen. Der Notar kann beispielsweise nicht nach § 91 Einsicht in **Nachlaßakten** nehmen, auch wenn die Erbfolge am Grundstück oder Gebäude nur so festzustellen ist.[3] Auskünfte bei **Meldebehörden**, um den Aufenthaltsort von Verfahrensbeteiligten zu ermitteln, kann der Notar nur nach den allgemeinen Vorschriften und nicht nach § 91 erhalten.[4] Vom jeweiligen **Vermögensamt** erhält der Notar Auskunft, ob Restitutionsansprüche angemeldet oder Anträge auf Aufhebung des Nutzungsrechts gestellt wurden, nicht jedoch Personendaten der Anmelder, die gemäß § 92 Abs. 3 vom Erörterungstermin zu unterrichten sind.[5]

3 Der Notar ist zur Akteneinsicht berechtigt, aber nur im Rahmen seines pflichtgemäßen **Ermessens** verpflichtet. Er darf sich grundsätzlich auf die von den Beteiligten nach § 90 gemachten Angaben verlassen. Beispielsweise ist der Notar nicht verpflichtet, sich bei den Sonderungsbehörden über die Benachrichtigung gemäß § 12 BoSoG hinaus in Vorbereitung des Erörterungstermins von Amts wegen nach laufenden Bodenneuordnungsverfahren zu erkundigen und Negativatteste einzuholen,[6] es sei denn, es liegen konkrete Anhaltspunkte oder Kenntnisse seinerseits über laufende Bodenneuordnungsverfahren vor.

4 Das Akteneinsichtsrecht nach § 91 begründet **keinen Amtshilfeanspruch** des Notars dahingehend, daß die Gerichte und Behörden zur Weitergabe von Informationen verpflichtet wären, die über die Anfertigung von Abschriften und die Erteilung von Auskünften hinausgehen.[7]

II. Erkundigungspflicht (Satz 2)

5 **1. Anmeldung von Restitutionsansprüchen.** Der Notar muß die Restitutionsbelastung ermitteln, um über das Bestehen oder Nichtbestehen eines Aussetzungsgrundes nach § 94

[14] Ebenso *Vossius* § 90 RdNr. 56.
[1] Vgl. *Vossius* § 91 RdNr. 5; *Eickmann-Albrecht* § 91 RdNr. 1.
[2] *Vossius* § 91 RdNr. 3; *Clemm-Etzbach-Faßbender* § 91 RdNr. 6.
[3] Wie hier *Eickmann-Albrecht* § 91 RdNr. 2; aA *Vossius* § 91 RdNr. 5; *Frenz* DtZ 1995, 68; *Czub-Frenz* § 91 RdNr. 3; *Clemm-Etzbach-Faßbender* § 91 RdNr. 3.
[4] *Eickmann-Albrecht* § 91 RdNr. 2; aA *Clemm-Etzbach-Faßbender* § 91 RdNr. 3.
[5] Siehe dazu § 92 RdNr. 24.
[6] *Eickmann-Albrecht* § 95 RdNr. 6; aA *Czub-Frenz* § 95 RdNr. 6.
[7] *Eickmann-Albrecht* § 91 RdNr. 3.

Abs. 1 Nr. 1 informiert zu sein. Es ist die Auskunft des für den Belegenheitsort des Grundstücks zuständigen Amtes zur Regelung offener Vermögensfragen einzuholen. Gibt es Anhaltspunkte dafür, daß das Grundstück zu einem Unternehmen gehörte, hat der Notar außerdem die Auskunft beim zuständigen Landesamt zur Regelung offener Vermögensfragen einzuholen; dies gilt auch für der Unternehmensrestitution unterfallende Gebäude,[8] der Gesetzeswortlaut ist insofern teleologisch zu ergänzen.

6 Ist nicht eindeutig festzustellen, ob das Grundstück zu einem **Unternehmen** gehörte oder nicht, besteht ein Beurteilungsspielraum des Notars, ob er die Anfrage an das Amt oder das Landesamt zur Regelung offener Vermögensfragen richtet. In Zweifelsfällen sollte zur Vermeidung von zeitlichen Verzögerungen die Anfrage sowohl an das Amt als auch das Landesamt zur Regelung offener Vermögensfragen gerichtet werden.

7 Bei **offensichtlich unbegründeten Anmeldungen** von Restitutionsansprüchen darf sich der Notar anders als die Genehmigungsbehörden nach § 1 Abs. 2 Satz 2 GVO nicht über das Verfahrenshindernis hinwegsetzen; er muß das notarielle Vermittlungsverfahren nach § 94 Abs. 1 Nr. 1 aussetzen, bis ihm die Entscheidung des Vermögensamtes vorliegt. Der Notar hat einen Anspruch darauf, daß ihm vom Amt oder Landesamt zur Regelung offener Vermögensfragen das Ergebnis der Restitutionsentscheidung mitgeteilt wird. Anspruch auf eine Ausfertigung der Entscheidung hat er aus Gründen des Datenschutzes nicht.[9]

8 Ist eine Grundstücksverkehrsgenehmigung nach § 2 Abs. 1 Satz 2 Nr. 1 bis 3 GVO weder für das Grundstück noch für das Gebäude erforderlich, besteht keine Nachfragepflicht des Notars, da eine Restitutionsbelastung hier ausgeschlossen ist.

9 **2. Antrag auf Aufhebung des Nutzungsrechts.** Hat der Grundstückseigentümer einen Antrag auf Aufhebung des Nutzungsrechts nach § 16 Abs. 3 VermG gestellt, weil er dem Nutzer unredlichen Rechtserwerb vorwirft, ist das notarielle Vermittlungsverfahren nach § 94 Abs. 1 Nr. 2 auszusetzen. Der Notar muß sich beim Vermögensamt nach Nutzungsrechtsaufhebungsanträgen erkundigen, um ggf. seiner Aussetzungspflicht nachkommen zu können und nicht etwa im Säumnisverfahren eine Sachenrechtsbereinigung mit einem Nutzer zu vermitteln, dem sein Nutzungsrecht möglicherweise überhaupt nicht zusteht.

III. Gebührenfreiheit (Satz 3)

10 Auskünfte und Abschriften sind gebührenfrei, wenn sie zur Durchführung des notariellen Vermittlungsverfahrens erteilt werden; Auslagen sind wegen der kostenlos zu leistenden Amtshilfe ebenfalls nicht zu ersetzen.[10] Bei der Antragstellung muß der Notar deutlich machen, daß es sich um ein Amtshilfeersuchen zur Durchführung eines notariellen Vermittlungsverfahrens handelt, da die Gerichte und Behörden nur bei Amtshilfe für dieses Verfahren berechtigt und verpflichtet sind, Gebührenfreiheit zu gewähren.

§ 92 Ladung zum Termin

(1) Der Notar hat den Nutzer und den Grundstückseigentümer unter Mitteilung des Antrages für den anderen Teil zu einem Verhandlungstermin zu laden. Die Ladung durch öffentliche Zustellung ist unzulässig. Die Frist zwischen der Ladung und dem ersten Termin muß mindestens zwei Wochen betragen. Anträge nach § 88 Abs. 2 sind von den Beteiligten vor dem Verhandlungstermin bei dem zuständigen Landgericht zu stellen und dem Notar mitzuteilen.

(2) Ist die Bestellung eines Erbbaurechts oder der Verkauf des Grundstücks oder einer abzuschreibenden Teilfläche beantragt, so sind die Inhaber dinglicher Rechte am Grundstück und am Gebäude von dem Termin zu unterrichten. Die Inhaber dinglicher Rechte am Grundstück sind zu laden, wenn

1. die für die erstrangige Bestellung des Erbbaurechts erforderlichen Zustimmungen zu einem Rangrücktritt nicht in der in § 29 der Grundbuchordnung vorgesehenen

[8] *Czub-Frenz* § 91 RdNr. 7; *Eickmann-Albrecht* § 91 RdNr. 5: Redaktionsversehen.

[9] Vgl. auch § 92 RdNr. 24; aA *Eickmann-Albrecht* § 94 RdNr. 6.

[10] *Clemm-Etzbach-Faßbender* § 91 RdNr. 5; *Czub-Frenz* § 91 RdNr. 11; aA *Vossius* § 91 RdNr. 6; *Eickmann-Albrecht* § 91 RdNr. 7.

Form vorgelegt worden sind oder dies einer der in § 90 Abs. 1 bezeichneten Beteiligten beantragt,

2. von dem Nutzer oder dem Grundstückseigentümer Ansprüche nach § 33 oder § 63 geltend gemacht werden.

Einer Ladung der Inhaber dinglicher Rechte bedarf es nicht, wenn das Verfahren aus den in den §§ 94 und 95 genannten Gründen auszusetzen oder einzustellen ist.

(3) Sind für das Grundstück oder das vom Nutzer errichtete oder erworbene Gebäude Rückübertragungsansprüche nach dem Vermögensgesetz angemeldet worden, hat der Notar auch den Anmelder von dem Termin zu unterrichten.

(4) Ladung und Unterrichtung vom Termin sind mit dem Hinweis zu versehen, daß, falls der Termin vertagt oder ein weiterer Termin anberaumt werden sollte, eine Ladung und Unterrichtung zu dem neuen Termin unterbleiben kann. Sind vom Antragsteller Unterlagen zu den Akten gereicht worden, ist in der Ladung zu bemerken, daß die Unterlagen nach Anmeldung am Amtssitz oder der Geschäftsstelle des Notars eingesehen werden können.

(5) Der Notar hat das Grundbuchamt um Eintragung eines Vermerks über die Eröffnung eines Vermittlungsverfahrens nach dem Sachenrechtsbereinigungsgesetz in das Grundbuch des Grundstücks zu ersuchen, das mit einem Erbbaurecht belastet oder vom Nutzer gekauft werden soll. Das Grundbuchamt hat dem Ersuchen zu entsprechen. Ist ein Gebäudegrundbuch angelegt, sind die Sätze 1 und 2 entsprechend anzuwenden. Für die Eintragung des Vermerks werden Gebühren nicht erhoben.

(6) Der Vermerk hat die Wirkung einer Vormerkung zur Sicherung der nach diesem Gesetz begründeten Ansprüche auf Erbbaurechtsbestellung und Ankauf des Grundstücks oder des Gebäudes oder der baulichen Anlage und des Vollzugs. Artikel 233 § 2c Abs. 2 des Einführungsgesetzes zum Bürgerlichen Gesetzbuche ist entsprechend anzuwenden. Ist bereits eine Eintragung nach jener Bestimmung erfolgt, ist bei dieser die Eröffnung des notariellen Vermittlungsverfahrens zu vermerken.

Übersicht

I. Ladung des Nutzers und Eigentümers (Abs. 1)

1 Nutzer und Grundstückseigentümer sind zu einer ersten gemeinsamen Besprechung in den Amtsräumen des Notars, dem **Verhandlungstermin** oder Erörterungstermin, förmlich zu laden. Haben die Beteiligten vorher zugesagt, im Verhandlungstermin zu erscheinen, ist eine förmliche Ladung entbehrlich, ein Säumnisverfahren kann dann allerdings nicht stattfinden. Die Beteiligten können einvernehmlich auf die mündliche Erörterung im Verhandlungstermin verzichten und sich im schriftlichen Verfahren zu einigen versuchen.[1] Hat ein Beteiligter einen Verfahrensbevollmächtigten bestellt, ist dieser und nicht der Beteiligte zum Verhandlungstermin zu laden,[2] wenn die Bevollmächtigung dem Notar ordnungsgemäß nachgewiesen wurde.

[1] Vgl. *Clemm-Etzbach-Faßbender* § 92 RdNr. 7.

[2] *Keidel-Kuntze-Winkler-Winkler* FGG, 13. Aufl. 1992 § 89 RdNr. 7; *Jansen* FGG, 2. Aufl. 1969, § 89 RdNr. 2, § 16 RdNr. 30; *Czub-Frenz* § 92 RdNr. 14.

2 **1. Ladungsvoraussetzungen.** Die Ladung kann nur durch einen zuständigen Notar erfolgen, dem ein Antrag mit den Mindestangaben nach § 90 Abs. 1 einschließlich der ladungsfähigen Anschriften aller Beteiligten vorliegt. Die Ladung durch öffentliche Zustellung ist durch Satz 2 ausgeschlossen; ein Pfleger ist wie ein Beteiligter zu laden. Vermittlungsgegenstand und Beteiligte müssen in der Ladung klar bestimmt sein. Regelmäßig wird der Verhandlungstermin erst dann anberaumt werden, wenn die Vorermittlungen des Notars nach § 91 abgeschlossen sind; das Gesetz macht diesbezüglich allerdings keine Vorgaben, so daß der Notar die Beteiligten auch vorher laden kann, wenn dies zweckdienlich ist.

3 Zum Zeitpunkt der Ladung sollte eine umfassende und zeitnahe Grundbucheinsicht unter Einbeziehung der beim Grundbuchamt vorliegenden Anträge durchgeführt worden sein; bei noch zu bestimmenden Grundstücksgrenzen ist eine amtliche Flurkarte im Maßstab 1:1000 vom Katasteramt anzufordern. Die Beibringung ladungsfähiger Anschriften aller Beteiligten ist hingegen nach § 90 Abs. 1 Aufgabe der Antragsteller und vom Notar nicht zu übernehmen; erforderlichenfalls sind die Antragsteller durch Zwischenverfügungen zur Wahrnehmung ihrer Mitwirkungspflichten anzuhalten.

4 Wurden **Restitutionsansprüche** angemeldet oder ein Antrag auf Aufhebung des Nutzungsrechts gestellt, kann der Notar gleichwohl zum Verhandlungstermin laden und unter Einbeziehung aller Anmelder vermögensrechtlicher Ansprüche verhandeln, um eine gütliche Einigung zu erzielen; gelingt dies im Verhandlungstermin nicht, ist das Verfahren nach § 94 Abs. 1 auszusetzen und die Restitutionsentscheidung des Vermögensamtes abzuwarten. Stellt sich im Laufe des Vermittlungsverfahrens heraus, daß entgegen der Negativauskunft des Vermögensamtes doch Restitutionsansprüche angemeldet sind, ist das Verfahren nach § 94 Abs. 1 Nr. 1 auszusetzen, wenn eine Einigung mit den Anmeldern vermögensrechtlicher Ansprüche nicht erzielt werden kann.

5 **2. Form der Ladung.** Die Ladung erfolgt förmlich nach den §§ 16 Abs. 2 Satz 1 FGG, 208 ff. ZPO durch Zustellung. Die Ladung ist den Beteiligten entsprechend den §§ 180 ff. ZPO, jedoch nicht durch öffentliche Bekanntmachung nach §§ 203 ff. ZPO, zuzustellen. Wird einem der Beteiligten die Ladung nicht oder nicht rechtswirksam zugestellt, was insbesondere bei der Ersatzzustellung auch durch Niederlegung nach § 182 ZPO möglich ist, kommt eine förmliche Ladung zum Verhandlungstermin nicht zustande; ein Säumnisverfahren kann dann nicht durchgeführt werden.

6 **3. Inhalt der Ladung.** Den Beteiligten ist die Eröffnung des Vermittlungsverfahrens mitzuteilen und die Terminsladung zuzustellen. Das Ladungsschreiben muß die Namen und Anschriften der Beteiligten, das betroffene Grundstück oder Gebäude, den gestellten Antrag, Ort, Tag und Uhrzeit des Verhandlungstermins sowie die Aufforderung, zu diesem Termin zu erscheinen, enthalten. Der vom Antragsteller eingereichte Antrag ist der Ladung beizufügen, damit sich der Antragsgegner auf den Verhandlungstermin vorbereiten kann. Die Ladung muß weiterhin den Hinweis nach Abs. 4 Satz 1 und den Vermerk nach Abs. 4 Satz 2 enthalten; auf die Vorteile einer gütlichen Einigung kann an dieser Stelle hingewiesen werden.

7 **4. Unmöglichkeit der Ladung.** Stellt sich bei der Ladung heraus, daß dem vom antragstellenden Nutzer angegebenen Eigentümer die Ladung nicht zugestellt werden kann, ist der Nutzer zur Nennung einer ladungsfähigen Anschrift des Eigentümers oder zur Stellung eines Antrags auf Bestellung eines Pflegers nach § 17 aufzufordern. Der Termin ist aufzuheben; der Notar bestimmt einen neuen Termin, wenn ihm eine ladungsfähige Anschrift des Grundstückseigentümers oder seines Abwesenheitspflegers vorliegt. Das Erscheinen des Antragsgegners zum Verhandlungstermin kann nicht mit Zwangsmitteln durchgesetzt werden. Dagegen kann das Einverständnis des Antragsgegners mit den vertraglichen Regelungen im Wege des Säumnisverfahrens gemäß § 96 fingiert werden.

8 **5. Bestimmung des zuständigen Notars (Satz 4).** Können Grundstückseigentümer und Nutzer sich nicht verständigen, welcher Notar das Vermittlungsverfahren durchführen soll, ist der Antrag auf gerichtliche Entscheidung vor dem Verhandlungstermin bei dem Landgericht zu stellen, in dessen Bezirk das Objekt der Sachenrechtsbereinigung belegen ist, und dem Notar mitzuteilen. Der Notar läßt das Verfahren ruhen, bis ihm die gerichtliche Entscheidung vorliegt. Satz 4 war im Regierungsentwurf und in der Beschlußempfehlung des Rechtsausschusses noch nicht enthalten und wurde erst am Ende des Gesetzgebungsverfahrens eingefügt, so daß es keine amtliche Begründung gibt. Es genügt, wenn einer der Beteiligten den Antrag auf gerichtliche Zuständigkeitsbestimmung stellt.

9 Verhandelt der gemäß § 92 ordnungsgemäß geladene Antragsgegner im Termin bei einem nach § 88 Abs. 1 Satz 1 **zuständigen Notar** rügelos, hat er sich damit mit dem Antragsteller auf einen Notar verständigt und seinen Anspruch auf gerichtliche Zuständigkeitsbestimmung nach § 88 Abs. 2 verloren.[3] Wird der Antrag nach § 88 Abs. 2 nicht vor dem Verhandlungstermin beim zuständigen Landgericht, sondern erst im Verhandlungstermin beim Notar gestellt, ist der Anspruch auf gerichtliche Zuständigkeitsbestimmung mit Beginn der inhaltlichen Erörterungen somit ausgeschlossen. Eine Wiedereinsetzung in den vorigen Stand entsprechend §§ 22 FGG, 233 ff. ZPO ist nicht möglich, da die Ausschlußfrist für den Zuständigkeitsbestimmungsanspruch nicht zu den dort genannten Fristen zählt. Die Wiedereinsetzung in den vorigen Stand ist kein üblicher Rechtsbehelf, sondern hat Ausnahmecharakter;[4] die Anwendbarkeit der Wiedereinsetzungsvorschriften ist daher im Interesse der Rechtssicherheit restriktiv auszulegen.

10 Verhandelt der Antragsgegner im Termin bei einem nach § 88 Abs. 1 Satz 2 **nicht zuständigen Notar** rügelos, hat er sich nur dann mit dem Antragsteller auf diesen Notar verständigt, wenn er vom Notar über das Erfordernis einer Zuständigkeitsvereinbarung entsprechend § 504 ZPO belehrt wurde. Die Belehrung kann auch noch im Termin erfolgen; wird weiterverhandelt, geht der Anspruch auf gerichtliche Zuständigkeitsbestimmung nach § 88 Abs. 2 verloren. Erfolgte keine Belehrung entsprechend § 504 ZPO über die Unzuständigkeit des Notars und die Notwendigkeit einer Zuständigkeitsvereinbarung, bleibt der Anspruch auf gerichtliche Zuständigkeitsvereinbarung erhalten.[5]

11 Erscheint der ordnungsgemäß geladene Antragsgegner im Termin nicht, geht bei einem lege artis durchgeführten **Säumnisverfahren** der Anspruch nach § 88 Abs. 2 verloren. Ist das Säumnisverfahren fehlerhaft, bleibt der Anspruch auf gerichtliche Zuständigkeitsbestimmung trotz Säumnis erhalten.

II. Inhaber dinglicher Rechte (Abs. 2)

12 Nicht ganz klar geregelt ist die **Stellung der Inhaber dinglicher Rechte im Verfahren**. Dies gilt schon für deren Bezeichnung als „Beteiligte". Während § 96 Abs. 1 Satz 1 für das Säumnisverfahren den Beteiligtenbegriff ausdrücklich auf Grundstückseigentümer und Nutzer begrenzt und das Gesetz auch in anderen Fällen wohl stillschweigend davon ausgeht, daß nur diese Beiden Beteiligtenrechte wahrnehmen können (zB §§ 85 Abs. 2, 88 Abs. 1 Satz 2), bezeichnet das Gesetz an anderer Stelle ausdrücklich auch die Inhaber dinglicher Rechte als Beteiligte (§ 92 Abs. 2 Satz 2 Nr. 1 aE iVm. § 90 Abs. 1 Nr. 3) oder macht zumindest deutlich, daß es außer Grundstückseigentümer und -nutzer noch andere Beteiligte geben kann (§ 93 Abs. 3 Satz 2), und als solche kommen wiederum nur die Inhaber dinglicher Rechte in Betracht.

13 Vor allem ist aber unklar, weshalb Abs. 2 Satz 2 in den dort bezeichneten Fällen die **Ladung der Inhaber dinglicher Rechte** anordnet. Gesetze verbinden die förmliche Ladung ansonsten stets mit einer Sanktion für den Fall, daß der Geladene ohne zureichenden Grund nicht erscheint. Bei Beteiligten in Parteiverfahren besteht die Sanktion regelmäßig darin, daß der Nichterschienene mit seinem Vorbringen nicht mehr gehört wird (zB § 96 sowie §§ 330, 331 ZPO), bei Zeugen darin, daß Ordnungsgeld oder -haft gegen den Nichterschienenen festgesetzt werden kann (zB § 380 Abs. 1 Satz 2 ZPO). Sinn der förmlichen Ladung ist sicherzustellen, daß eine Sanktion nur dann verhängt wird, wenn der Betroffene nachweislich und in gehöriger Form über seine Pflicht zum Erscheinen informiert worden ist. Das Sachenrechtsbereinigungsgesetz sieht eine solche Sanktion gegen den nichterschienenen Inhaber dinglicher Rechte jedoch auch nach förmlicher Ladung nicht vor. § 96 Abs. 1 läßt ein **Säumnisverfahren** nur bei Ausbleiben von Nutzer oder Grundstückseigentümer – nicht jedoch bei Ausbleiben eines Inhabers dinglicher Rechte – zu, und eine entsprechende Anwendung des § 380 ZPO scheitert daran, daß die Inhaber dinglicher Rechte nicht als Zeugen, d. h. zur Vernehmung über Tatsachen, sondern zur Mitwirkung am Verfahren und Abgabe von Willenserklärungen geladen werden. In § 94 Abs. 2 Nr. 3 behandelt das Gesetz den Fall, daß der Inhaber dinglicher Rechte dem Anspruch aus § 33 oder § 63 widerspricht; der Fall des Nichterscheinens ist zwar auch hier nicht ausdrücklich geregelt, man wird die Vorschrift aber auf diesen Fall entsprechend anzuwenden haben. Das hat allerdings zur Folge, daß die förmliche Ladung gem. Abs. 2 Satz 2 keinerlei Funktion mehr hat.

[3] So auch *Eickmann-Albrecht* § 92 RdNr. 14; vgl. auch § 88 RdNr. 9 ff.

[4] MünchKommZPO-*Feiber* § 233 RdNr. 2.

[5] Vgl. auch § 88 RdNr. 10 ff.

14 Im Einzelnen ergibt sich für die Stellung des Inhabers dinglicher Rechte im Verfahren folgendes:

Soweit das Gesetz von „Beteiligten" spricht, sind neben Grundstückseigentümer und Nutzer grundsätzlich auch die Inhaber dinglicher Rechte gemeint,[6] es sei denn aus dem Wortlaut oder dem Sinn und Zweck der jeweiligen Vorschrift ergibt sich eindeutig etwas anderes.

15 Im Vermittlungsverfahren kann der Nutzer gegen den beteiligten Inhaber dinglicher Rechte auch Ansprüche gem. § 33 (Anspruch auf Rangrücktritt bei Bestellung eines Erbbaurechtes) oder § 63 (Anspruch auf Löschung bei Ankauf) geltend machen. Die Ansprüche sind mit dem Inhaber dinglicher Rechte zu erörtern (§ 93 Abs. 4). Kommt es zu einer Einigung zwischen dem Inhaber dinglicher Rechte und dem Nutzer, so ist diese – möglichst zusammen mit der Einigung zwischen dem Grundstückseigentümer und dem Nutzer – zu beurkunden. Kommt es zu keiner Einigung, so soll das Vermittlungsverfahren gem. § 94 Abs. 2 Nr. 3 ausgesetzt und der Nutzer auf die Klage gegen den dinglich Berechtigten gem. § 108 verwiesen werden.

16 Für die Vermittlung zwischen Nutzer und dinglich Berechtigtem erhält der Notar zusätzlich zu der vierfachen Gebühr für die Vermittlung zwischen Nutzer und Grundstückseigentümer gem. § 100 Abs. 1 **eine halbe Gebühr** nach § 100 Abs. 3.

17 Inhaber dinglicher Rechte sind gem. Abs. 2 Satz 2 zu **laden,** (1) wenn ein Erbbaurecht bestellt werden soll und die hierfür erforderliche Rangrücktrittserklärung nicht in der Form des § 29 GBO vorliegt,[7] (2) wenn ein in § 90 Abs. 1 genannter Beteiligter dies beantragt[8] oder (3) der Nutzer Ansprüche gem. § 33 (Anspruch auf Rangrücktritt bei Bestellung eines Erbbaurechtes) oder § 63 (Anspruch auf Löschung bei Ankauf) geltend gemacht hat.[9] Ansonsten sind sie von dem Termin nur zu **unterrichten**.

18 Gem. Abs. 2 Satz 3 ist die Ladung entbehrlich, wenn die Aussetzung oder Einstellung des Vermittlungsverfahrens nach §§ 94, 95 zu erwarten ist.

19 Wurde ein Inhaber dinglicher Rechte entgegen Abs. 2 Satz 2 nicht oder fehlerhaft geladen und erscheint er im Termin, so kann die Erörterung stattfinden. Erscheint er nicht, so ist der Termin zu wiederholen. Kommt es in dem Termin oder in dessen Folge zu einer Einigung zwischen Grundstückseigentümer und Nutzer oder fertigt der Notar ein Abschlußprotokoll gem. § 99, jeweils ohne daß der Erörterungstermin unter Mitwirkung des Inhabers dinglicher Rechte wiederholt worden wäre, so hat dies auf die Wirksamkeit dieser Verfahrensakte jedoch keine Auswirkung. Der Anspruch auf für den Vollzug evtl. erforderliche Rangrücktrittserklärungen kann unabhängig von dem Vermittlungsverfahren durch Klage gem. § 108 durchgesetzt werden.

20 Ist ein ordnungsgemäß geladener **Inhaber dinglicher Rechte** im Erörterungstermin **säumig,** so ist ein Säumnisverfahren gegen ihn gem. § 96 Abs. 1 nicht zulässig, das Vermittlungsverfahren ist vielmehr entsprechend § 94 Abs. 2 Satz 1 Nr. 3 auszusetzen und der Nutzer gem. § 94 Abs. 2 Satz 2 auf die Klage gem. § 108 zu verweisen (vgl. auch RdNr. 12).

21 Für unbekannte Gläubiger kann auf Antrag des Nutzers ein Pfleger nach § 17 bestellt werden; diesem ist die Ladung zuzustellen. Der Notar kann nicht von sich aus die Bestellung eines Pflegers beantragen, wird aber den Nutzer auf diese Möglichkeit hinweisen. Öffentliche Zustellung ist wegen der in § 17 spezialgesetzlich geregelten Möglichkeit der Zustellung an den Abwesenheitspfleger entsprechend Abs. 1 Satz 2 nicht zulässig.

22 Vor dem 1. 7. 1990 bestellte Hypotheken, Grundschulden, Rentenschulden und Reallasten mit einem umgerechneten Nenn- bzw. Ablösebetrag bis zu 10000,– DM können im übrigen auch durch Hinterlegung gemäß § 10 Abs. 1 GBBerG (BGBl. 1993 I S. 2192, 2195f.) zum Erlöschen gebracht werden.

23 Wie dinglich Berechtigte gem. Abs. 2 Satz 1 vom Termin zu informieren sind **Auflassungsvormerkungsberechtigte**. Eine Ladung ist nicht erforderlich.[10]

III. Anmelder von Restitutionsansprüchen (Abs. 3)

24 Die Anmelder vermögensrechtlicher Ansprüche sind vom Verhandlungstermin zu **unterrichten**, um durch ihre Teilnahme eine gütliche Vereinbarung zu ermöglichen. Die Unterrichtung

[6] Für das Antragsrecht gem. § 97 ebenso *Eickmann-Albrecht* § 97 RdNr. 2.

[7] Das Erbbaurecht kann gem. § 10 Abs. 1 Erbbaurechtsverordnung grundsätzlich nur an erster Rangstelle eingetragen werden.

[8] Gem. § 90 Abs. 1 Nr. 3 kann den Antrag insbesondere auch der Inhaber dinglicher Rechte selbst stellen.

[9] Vgl. auch RdNr. 15; der Eigentümer hat keine Ansprüche gem. §§ 33 und 63, insoweit liegt offensichtlich ein Redaktionsversehen des Gesetzgebers vor.

[10] Vgl. § 111 RdNr. 4ff.

namentlich nicht bekannter Anmelder erfolgt im Rahmen der Amtshilfe durch das jeweilige Vermögensamt im Wege des sog. Adreßmittlungsverfahrens. Einen Anspruch auf Bekanntgabe der Personendaten der Anmelder hat der Notar aus Gründen des Datenschutzes wohl nicht; die Akten des Vermögensamtes dürften auch keine grundstücksbezogenen Akten iSd. § 91 sein, da deren Inhalt für die Durchführung des Vermittlungsverfahrens bedeutungslos ist – das Vermittlungsverfahren ist unabhängig vom Inhalt dieser Akten bis zur Entscheidung des Vermögensamtes gem. § 94 Abs. 1 Nr. 1 auszusetzen, der Notar kann insbesondere die Entscheidung des Vermögensamtes nicht ersetzen.

25 Erscheinen die Anmelder nicht im Verhandlungstermin oder kommt eine gütliche Vereinbarung nicht zustande, ist das Vermittlungsverfahren gemäß § 94 Abs. 1 Satz 1 bis zur bestandskräftigen Entscheidung über den Restitutionsanspruch auszusetzen, da der Notar kein Rechtsgeschäft beurkunden soll, durch das gegen das schuldrechtliche Verfügungsverbot nach § 3 Abs. 3 Satz 1 VermG verstoßen wird.[11] Der Eröffnungsvermerk bleibt eingetragen.

26 Die Durchführung eines Termins mit dem Restitutionsanspruchsteller ist insbesondere dann sinnvoll, wenn für einen redlichen Nutzer ein **Nutzungsrecht nicht bestellt** worden ist und die Restitution somit nicht nach § 4 Abs. 2 VermG ausgeschlossen ist, aber gleichwohl ein Anspruch des Nutzers auf Sachenrechtsbereinigung besteht.[12]

IV. Hinweis und Bemerkung (Abs. 4)

27 Der **Hinweis** im Ladungs- oder Unterrichtungsschreiben an die Beteiligten, daß eine Ladung und Unterrichtung bei weiteren Terminen unterbleiben kann, dient der Gewährleistung rechtlichen Gehörs bei gleichzeitiger Verfahrensstraffung. Es besteht kein Rechtsschutzbedürfnis der Beteiligten, von jedem weiteren Termin förmlich in Kenntnis gesetzt zu werden, wenn zum ersten Verhandlungstermin ordnungsgemäß geladen wurde.

28 Die dem § 89 Satz 4 FGG nachgebildete **Bemerkung** zum Akteneinsichtsrecht soll den Antragsgegner im Rahmen des rechtlichen Gehörs darauf hinweisen, daß er die vom Antragsteller eingereichten Unterlagen einsehen kann. Das allgemeine Akteneinsichtsrecht nach § 89 Abs. 1 und § 34 FGG, wonach auch beglaubigte und einfache Abschriften gefordert werden können, bleibt unberührt und wird nicht durch Abs. 4 als lex specialis verdrängt.[13]

V. Eröffnungsvermerk im Grundbuch (Abs. 5)

29 **1. Eröffnung eines Vermittlungsverfahrens.** Das Eintragungsersuchen ist nicht erst mit der Ladung der Beteiligten zum ersten Termin, sondern bereits dann zu stellen, wenn ein vollständiger und begründeter Antrag nach § 90 Abs. 1 vorliegt. Bei unbegründeten Anträgen ist das Vermittlungsverfahren nicht zu eröffnen und das Grundbuchamt nicht um Eintragung eines Eröffnungsvermerks zu ersuchen, sondern der Antrag zurückzuweisen.[14]

30 **2. Eintragungspflicht.** Das Grundbuchamt hat dem Eintragungsersuchen des Notars nach § 38 GBO zu entsprechen, eine eigene Prüfungskompetenz kommt dem Grundbuchamt nicht zu,[15] die Begründetheit des Eintragungsersuchens darf es nicht prüfen.[16] Ist nur eine Grundstücksteilfläche Vermittlungsgegenstand, ist dies bei der Eintragung des Eröffnungsvermerks am Gesamtgrundstück anzugeben.

31 **3. Gebührenfreiheit.** Die Eintragung des Eröffnungsvermerks ist gebührenfrei, ebenso die Löschung des Vermerks, wobei die Gebührenfreiheit hier im Sinne von „kostenfrei"[17] zu verstehen ist. Auch Auslagen, etwa Schreibauslagen und Portokosten für die Eintragungsmitteilung, sind daher nicht zu berechnen.

32 **4. Wirkung des Vermerks (Abs. 6).** Der Vermerk dient der Sicherung der Ansprüche der Beteiligten aus dem Sachenrechtsbereinigungsgesetz mit der Wirkung einer Vormerkung. Insbesondere verhindert er den gutgläubigen Erwerb des Grundstückes nach § 111 frei von der Belastung mit Ansprüchen nach dem Sachenrechtsbereinigungsgesetz, der bei Rechtsgeschäften ab dem 1. 1. 2000 möglich ist. Wegen § 111 hat ein vor dem Stichtag 1. 1. 2000 beantragter Eröffnungsvermerk kraft Gesetzes **Rang vor** auf dem Grundstück lastenden **Auflassungsvormerkungen**, auch wenn diese zeitlich vor dem Eröffnungsvermerk eingetragen wurden.[18]

[11] BT-Dr. 12/5992 S. 167.
[12] Vgl. BT-Dr. 12/5992 S. 167.
[13] *Eickmann-Albrecht* § 92 RdNr. 33.
[14] Vgl. § 90 RdNr. 7 ff.
[15] *Frenz* DtZ 1995, 66, 68.
[16] *Vossius* § 92 RdNr. 33.
[17] *Eickmann-Albrecht* § 92 RdNr. 39.
[18] Vgl. § 111 RdNr. 4 f.

33 **Satz 2** verweist auf Art. 233 § 2c Abs. 2 EGBGB, der wiederum auf Art. 233 § 2a EGBGB, das Besitzrecht von Grundstücksnutzern (sog. Moratorium), Bezug nimmt. **Satz 3** stellt klar, daß der das Besitzrecht der Nutzer schützende Vermerk nicht durch den Eröffnungsvermerk ersetzt wird, sondern daß dieser durch entsprechende Ergänzung des bereits bestehenden Vermerks eingetragen wird (Satz 3).

§ 93 Erörterung

(1) Der Notar erörtert mit den Beteiligten den Sachverhalt in tatsächlicher und rechtlicher Hinsicht. Er hat vor einer Verhandlung über den Inhalt des abzuschließenden Vertrages mit den Beteiligten zu erörtern, ob Gründe für eine Aussetzung oder Einstellung des Vermittlungsverfahrens vorliegen oder geltend gemacht werden und auf welchen rechtlichen oder tatsächlichen Gründen die bauliche Nutzung beruht.

(2) Liegt ein Grund für eine Aussetzung oder Einstellung des Verfahrens nicht vor, fertigt der Notar ein Protokoll an, in dem er alle für die Bestellung des Erbbaurechts oder den Ankauf eines Grundstücks oder Gebäudes unstreitigen und streitigen Punkte feststellt (Eingangsprotokoll).

(3) Der Notar soll dem Grundstückseigentümer und dem Nutzer Vorschläge unterbreiten. Er ist dabei an die von diesen Beteiligten geäußerten Vorstellungen über den Inhalt des abzuschließenden Vertrages nicht gebunden. Ermittlungen nach § 97 darf der Notar jedoch nur innerhalb der gestellten Anträge erheben.

(4) Mit den Inhabern dinglicher Rechte ist zu erörtern

1. im Falle der Bestellung von Erbbaurechten,
a) welche Hindernisse einem Rangrücktritt entgegenstehen,
b) ob und welche anderweitige Sicherheit für eine vom Nutzer nach § 36 Abs. 1 Satz 1 zu übernehmende Sicherheit in Betracht kommt,

2. im Falle des Ankaufs des Grundstücks,
a) welche Hindernisse einer lastenfreien Abschreibung entgegenstehen,
b) ob und welche andere Sicherheit für eine vom Nutzer nach § 63 übernommene Sicherheit gestellt werden kann.

Übersicht

I. Erörterung des Sachverhalts (Abs. 1 Satz 1)

1 Im Verhandlungstermin führt der Notar die **Sachverhaltserörterung** nach Verfahrensgrundsätzen der freiwilligen Gerichtsbarkeit und erst ab dem Zeitpunkt des Übergangs vom Vermittlungs- zum Beurkundungsverfahren nach § 17 BeurkG durch. Er wird dabei die Vorgaben des Sachenrechtsbereinigungsgesetzes erläutern, insbesondere den Kontrahierungszwang sowie das Halbteilungsprinzip.

2 Der Notar hat den Verhandlungstermin höchstpersönlich zu leiten, da der Notar in richterlicher Funktion tätig wird und diese **richterliche Tätigkeit** nicht delegieren kann. Mitarbeiter des Notars können ihn jedoch bei der Sachverhaltsermittlung sowie als Protokollführer im Verhandlungstermin unterstützen.

II. Vorfragen (Abs. 1 Satz 2)

1. Verfahrenshindernisse. Vor inhaltlichen Fragen sind eventuelle Verfahrenshindernisse und Aussetzungsgründe zu erörtern. Liegen Aussetzungsgründe nach § 94 Abs. 1 vor, können inhaltliche Fragen nur verhandelt werden, wenn der Anmelder nach § 3 Abs. 1 VermG bzw. Antragsteller nach § 16 Abs. 3 VermG zum Termin erschienen und zur Verhandlung über eine gütliche Einigung bereit ist. Andernfalls ist die Verhandlung auszusetzten. 3

2. Gründe der baulichen Nutzung. Der Notar hat mit den Beteiligten die tatsächlichen und rechtlichen Gründe der baulichen Nutzung, also die Tatbestandsvoraussetzungen des Anspruches und auch das Bestehen von Einreden und Einwendungen gem. §§ 28 ff. zu erörtern. 4

III. Eingangsprotokoll (Abs. 2)

Das Eingangsprotokoll ist keine Niederschrift nach §§ 36 f. BeurkG, sondern ein **gerichtliches Protokoll** nach den §§ 11 FGG, 159 ff. ZPO mit dem Mindestinhalt nach § 160 ZPO. Das Eingangsprotokoll ist nicht von den Beteiligten zu genehmigen und zu unterschreiben, sondern nur vom Notar zu unterschreiben, zu siegeln und den Beteiligten in beglaubigter Abschrift auch dann formlos zu übersenden, wenn sie nicht anwesend waren. Eine Eintragung in der Urkundenrolle erfolgt nicht. Das Eingangsprotokoll ist entbehrlich, wenn das Vermittlungsverfahren schon im Erörterungstermin zu einer Beurkundung führt.[1] Scheitert das Vermittlungsverfahren im Erörterungstermin, ist das Eingangsprotokoll iSd. Abs. 2 zugleich Abschlußprotokoll iSd. § 99. 5

IV. Vorschläge des Notars (Abs. 3)

Nach **Satz 1** soll der Notar dem Grundstückseigentümer und dem Nutzer Lösungsvorschläge unterbreiten. 6

Der Notar ist nach **Satz 2** im Vermittlungsverfahren anders als im Beurkundungsverfahren nicht an die Vorstellungen der Beteiligten gebunden; es besteht umfassende **Gestaltungsfreiheit** des Notars bei der Ausarbeitung sachgerechter, vollziehbarer, der Sachenrechtsbereinigung dienender Vorschläge. Die Beteiligten haben im Vermittlungsverfahren keinen Anspruch darauf, daß über die von ihnen gestellten Anträge zur Vertragsgestaltung im Einzelnen entschieden wird, sondern lediglich einen prozessualen Anspruch auf Rechtsgestaltung nach pflichtgemäßem Ermessen des Notars unter Einhaltung kautelarjuristischer Standards, wobei dem Notar ein gerichtlich nicht zu überprüfender Beurteilungsspielraum zukommt.[2] 7

Satz 3 stellt klar, daß der Notar bei der Einholung von grundstückswertbezogenen Auskünften und Gutachten sowie bei Anträgen zwecks Bodensonderung, Vermessung und Teilungsgenehmigung nur innerhalb der gestellten Anträge und nicht von Amts wegen tätig werden darf, was sich im übrigen auch aus § 97 Abs. 1 und 2 ergibt. 8

V. Dingliche Rechte (Abs. 4)

Mit den Inhabern dinglicher Rechte sind bei gewünschtem Kauf die §§ 62 ff. und bei gewünschter Erbbaurechtsbestellung die §§ 33 ff. zu erörtern. Die anderweitige Absicherung von Darlehen unter Ablösung der bestehenden dinglichen Rechte liegt dabei auch im Interesse der dinglich Berechtigten, da vor einer Sachenrechtsbereinigung die Verkehrsfähigkeit und damit der in einer Zwangsvollstreckung realisierbare Verkehrswert der Haftungsobjekte erheblich eingeschränkt ist. Die Erörterung wird sich nicht nur auf die in Abs. 4 genannten Bereiche erstrecken, sondern ggf. etwa auch darauf, ob der dinglich Berechtigte davon wußte, daß der Grundstückseigentümer das Grundstück entgegen Art. 233 § 2a Abs. 3 Satz 2 EGBGB während des den Nutzer schützenden Moratoriums mit dem dinglichen Recht belastet hat.[3] Vgl. im übrigen zur Stellung der Inhaber dinglicher Rechte im Vermittlungsverfahren § 92 RdNr. 12 ff. 9

Nicht ausdrücklich erwähnt ist die Erörterung mit den Anmeldern von **Restitutionsansprüchen**. Die Anmelder können vom Notar bereits in der Unterrichtung vom Verhandlungstermin darauf hingewiesen werden, daß die Restitution den Anspruch der Nutzer auf Ankauf oder Erbbaurechtsbestellung nicht tangiert und dieser Anspruch auch ihnen gegenüber besteht, das Vermittlungsverfahren demzufolge im Restitutionsfall mit ihnen durchzuführen ist. Durch eine 10

[1] *Clemm-Etzbach-Faßbender* § 93 RdNr. 22.
[2] *Vossius* § 93 RdNr. 9.
[3] *Eickmann-Albrecht* § 93 RdNr. 14.

Einigung mit dem Anmelder kann nach § 1 Abs. 2 Satz 1 Nr. 2 GVO die Grundstücksverkehrsgenehmigung erlangt und damit ein wesentliches Vollzugshindernis beseitigt werden; diese Vorgehensweise ist auch bei konkurrierenden Anmeldern oder fragwürdigen Restitutionsansprüchen möglich, da die Zahlung an Restitutionsberechtigte von einem positiven Restitutionsbescheid abhängig gemacht werden kann. Eine Einigung mit den Anmeldern vermögensrechtlicher Ansprüche ist daher nicht nur in Ausnahmefällen praktikabel.[4]

§ 94 Aussetzung des Verfahrens

(1) Der Notar hat die Vermittlung auszusetzen, wenn

1. eine Anmeldung auf Rückübertragung des Grundstücks oder des Gebäudes oder der baulichen Anlage nach § 3 Abs. 1 des Vermögensgesetzes vorliegt oder

2. ein Antrag auf Aufhebung des Nutzungsrechts nach § 16 Abs. 3 des Vermögensgesetzes gestellt worden ist und noch keine bestandskräftige Entscheidung des Amtes zur Regelung offener Vermögensfragen vorliegt.

(2) Der Notar soll die Vermittlung aussetzen, wenn

1. ein Antrag auf Feststellung der Eigentums- oder Nutzungsrechtsgrenzen in einem Bodensonderungsverfahren gestellt und das Verfahren noch nicht abgeschlossen worden ist,

2. der Grundstückseigentümer oder der Nutzer die Anspruchsberechtigung bestreitet oder

3. ein Inhaber eines dinglichen Rechts am Grundstück dem Anspruch auf Rangrücktritt für ein an erster Rangstelle einzutragendes Erbbaurecht oder einer lastenfreien Um- oder Abschreibung des Grundstücks auf den Nutzer widerspricht.

In den Fällen des Satzes 1 Nr. 2 und 3 sind die Beteiligten auf den Klageweg zu verweisen, wenn in der Erörterung mit den Beteiligten keine Einigung erzielt werden kann.

(3) Der Notar kann die in § 100 Abs. 1 Satz 2 Nr. 2 bestimmte Gebühr bei einer Aussetzung in Ansatz bringen. Die Gebühr ist nach Aufnahme des ausgesetzten Vermittlungsverfahrens auf die danach entstehenden Gebühren anzurechnen.

Übersicht

I. Zwingende Aussetzungsgründe (Abs. 1)

1 **1. Anmeldung von Restitutionsansprüchen.** Ist der Anmelder vermögensrechtlicher Ansprüche bekannt und zur Mitwirkung am Vermittlungsverfahren bereit, kann der Notar vor der Aussetzung versuchen, eine allseitige Einigung zwischen Anmelder, Grundstücksnutzer und Verfügungsberechtigtem herzustellen. Kommt eine solche Einigung nicht zustande oder ist sie nach Ansicht des Notars nicht zu erwarten, ist das Verfahren wegen des Verfügungsverbots aus

[4] AA *Czub-Frenz* § 93 RdNr. 19.

§ 3 Abs. 3 Satz 1 VermG bis zur bestandskräftigen Entscheidung über den Restitutionsanspruch, die dem Notar im Rahmen der Amtshilfe nach § 91 mitzuteilen ist, auszusetzen. Das Vermittlungsverfahren wird nach Vorliegen eines bestandskräftigen Restitutionsbescheids mit dem nunmehrigen Eigentümer durchgeführt, da Ansprüche des Nutzers nach dem Sachenrechtsbereinigungsgesetz durch eine Restitution nicht untergehen.

2 **2. Antrag auf Nutzungsrechtsaufhebung.** Die Unredlichkeit des Nutzers kann und soll im notariellen Vermittlungsverfahren nicht geprüft werden. Erstrebt der Grundstückseigentümer die Aufhebung des Nutzungsrechts wegen Unredlichkeit, ist das Vermittlungsverfahren bis zur bestandskräftigen Entscheidung des zuständigen Vermögensamtes darüber, ob ein Nutzungsrecht besteht oder nicht, auszusetzen.

II. Fakultative Aussetzungsgründe (Abs. 2)

3 Liegen Aussetzungsgründe nach Abs. 2 vor, ist die Aussetzung des Vermittlungsverfahrens regelmäßig geboten. Der Notar entscheidet jedoch nach Anhörung der Beteiligten nach **pflichtgemäßem Ermessen** über die Aussetzung oder Fortsetzung des Verfahrens.

4 **1. Bodensonderungsverfahren (Nr. 1).** Das Gesetz ordnet die Aussetzung des Vermittlungsverfahrens an, sobald ein Verfahren nach § 1 Nr. 1 BoSoG eingeleitet wird, da der Umfang des unvermessenen Nutzungsrechts eine Vorfrage für den Umfang des Anspruches nach dem Sachenrechtsbereinigungsgesetz ist. Da die Parteien jedoch, soweit Einvernehmen besteht, an das Ergebnis des Verfahrens nach § 1 Nr. 1 BoSoG nicht gebunden sind, erlaubt das Gesetz ausnahmsweise die Fortsetzung des Vermittlungsverfahrens auch nach Einleitung des Sonderungsverfahrens. Dies ist jedoch nur bei entsprechenden einvernehmlichen Anträgen der Parteien sinnvoll.

5 Abs. 2 Nr. 1 gilt – über den Wortlaut hinaus – auch für Bodensonderungsverfahren gem. § 1 Nr. 2 BoSoG entsprechend. Zu Einzelheiten vgl. § 85 RdNr. 2ff.

6 **2. Bestrittene Anspruchsberechtigung (Nr. 2).** Wird die Anspruchsberechtigung des Nutzers oder des im Grundbuch eingetragenen Grundstückseigentümers bestritten, sind sich also die Beteiligten über das Bestehen von Ansprüchen nach dem Sachenrechtsbereinigungsgesetz nicht dem Grunde nach einig und kann eine solche Einigung auch nicht im Erörterungstermin erzielt werden, muß dieser Streit vor dem notariellen Vermittlungsverfahren in einem zivilrechtlichen Verfahren nach § 108 geklärt werden; das Vermittlungsverfahren ist auszusetzen. Gleiches gilt bei teilweisem Bestreiten der Anspruchsberechtigung, wenn etwa hinsichtlich der Größe oder Lage der von einem Nutzungsrecht umfaßten Grundstücksfläche keine Einigung zwischen Grundstücksnutzer und -eigentümer erzielt werden kann. Ist bereits bei Einleitung des notariellen Vermittlungsverfahrens eine Klage auf Feststellung des betreffenden Gebäudeeigentums anhängig, muß der Ausgang der Feststellungsklage abgewartet und das notarielle Vermittlungsverfahren ausgesetzt werden.

7 **3. Kein Rangrücktritt (Nr. 3).** Der Grundstücksnutzer hat gegen den Inhaber eines dinglichen Rechts einen Anspruch auf Rangrücktritt bzw. lastenfreie Um- oder Abschreibung der verfahrensgegenständlichen Grundstücks(teil)fläche in dem in §§ 33ff., 62ff. geregelten Umfang. Der Inhaber eines dinglichen Rechts ist Beteiligter in dem Vermittlungsverfahren.[1] Bestreitet der Rechtsinhaber den Anspruch oder erscheint er trotz Ladung zum Termin nicht,[2] soll das Verfahren ausgesetzt und der Nutzer gem. Satz 3 auf die Klage gegen den dinglich Berechtigten gem. § 108 verwiesen werden.

8 **4. Ruhen des Verfahrens.** Auf Antrag aller Verfahrensbeteiligten kann der Notar entsprechend § 251 ZPO das Ruhen des Verfahrens anordnen, wenn dies nach seinem Ermessen zweckmäßig ist. Das Ruhen des Verfahrens ist insbesondere dann zweckmäßig, wenn sich eine privatrechtliche Einigung außerhalb des förmlichen Vermittlungsverfahrens abzeichnet. Bei ruhendem Vermittlungsverfahren kann der Notar seine Kanzleiangestellten beauftragen, wie bei gewöhnlichen Grundstückskaufverträgen vorbereitend tätig zu werden. Beantragen die Beteiligten Wiederaufnahme des Vermittlungsverfahrens, hat der Notar die Verhandlungen höchstpersönlich zu leiten. Haben sich die Beteiligten geeinigt, beurkundet der Notar diese Einigung und stellt das Vermittlungsverfahren ein.

[1] Vgl. im Einzelnen § 92 RdNr. 12ff.

[2] Vgl. § 92 RdNr. 20.

III. Verweisung auf den Klageweg

9 Die Beteiligten sind nach Abs. 2 Satz 2 vor allem dann auf den Klageweg zu verweisen, wenn die **Anspruchsberechtigung bestritten** wurde und diese durch positive oder negative Feststellungsklage gemäß § 108 durch die ordentlichen Gerichte festzustellen ist. Wird innerhalb der im Aussetzungsbeschluß vom Notar gesetzten Frist die Feststellungsklage nicht erhoben, kann der Notar das Verfahren nach § 99 beenden oder es – falls eine Einigung doch noch möglich erscheint – fortsetzen.

IV. Wiederaufnahme des Verfahrens

10 **1. Entfallen der Aussetzungsgründe.** Das notarielle Vermittlungsverfahren ist nach Entfallen der Aussetzungsgründe von Amts wegen fortzusetzen. Über die Aussetzungsgründe muß mit Bestandskraft entschieden worden sein, da sonst die Gefahr der Fortsetzung eines mit nicht endgültig geklärten Vorfragen belasteten Verfahrens besteht.

11 **2. Wiederholte Aussetzung.** Die wiederholte Aussetzung ist möglich.

V. Kosten der Verfahrensaussetzung (Abs. 3)

12 Bei Verfahrensaussetzung vor dem Verhandlungstermin ist nach Abs. 3 eine halbe Gebühr anzusetzen. Bei Aussetzung nach Beginn des Verhandlungstermins ist § 100 Abs. 1 Satz 2 Nr. 1 nicht anwendbar und ebenfalls eine halbe Gebühr nach Abs. 3 anzusetzen,[3] da das Vermittlungsverfahren noch nicht beendet worden ist. Die Kosten sind nach Satz 2 wie bei § 145 Abs. 1 Satz 3 KostO auf die Kosten des wiederaufgenommenen Verfahrens anzurechnen, so daß bei einer Fortsetzung des Verfahrens keine gesonderten Notarkosten für die Aussetzung entstanden sind. Wird das Verfahren nach Klärung des Aussetzungsgrundes eingestellt, richten sich die Kosten nach § 100 Abs. 1 Satz 2 Nr. 1, wenn vor der Aussetzung ein Verhandlungstermin stattgefunden hat. Die Kosten sind gemäß § 101 Abs. 1 Satz 2 zwischen Grundstückseigentümer und Nutzer zu teilen, wobei die Kostenverursachung gemäß §§ 2ff. KostO für die Aufteilungsquote maßgeblich ist.[4]

§ 95 Einstellung des Verfahrens

(1) Der Notar hat die Vermittlung einzustellen, wenn

1. ein Bodenneuordnungsverfahren eingeleitet worden ist, in das das Grundstück einbezogen ist, oder

2. ein Antrag auf Zusammenführung von Grundstücks- und Gebäudeeigentum nach § 64 des Landwirtschaftsanpassungsgesetzes vor Einleitung des Vermittlungsverfahrens gestellt worden ist.

(2) Wird ein Antrag nach Absatz 1 Nr. 2 während des notariellen Vermittlungsverfahrens gestellt, so hat der Notar die Beteiligten aufzufordern, mitzuteilen, ob sie das Bodenordnungsverfahren fortsetzen wollen. Wird das von einem Beteiligten erklärt, so ist nach Absatz 1 zu verfahren.

I. Bodenneuordnungsverfahren (Abs. 1 Nr. 1)

1 In den Bodenneuordnungsverfahren gem. § 1 Nr. 3 und Nr. 4 BoSoG wird der Anspruch nach dem Sachenrechtsbereinigungsgesetz miterledigt, so daß für das notarielle Vermittlungsverfahren kein Raum mehr bleibt. Da die Bodenneuordnungsverfahren nicht der Parteidisposition unterliegen, ist die Einstellung zwingend. Die Ansprüche nach dem Sachenrechtsbereinigungsgesetz gehen mit Abschluß des Neuordnungsverfahrens gem. § 13 Abs. 3 BoSoG unter.

Zu Einzelheiten vgl. § 85 RdNr. 11f.

[3] *Vossius* § 94 RdNr. 14; *Czub-Frenz* § 94 RdNr. 17; aA *Eickmann-Albrecht* § 94 RdNr. 14: 20/10 Gebühr.

[4] Vgl. *Vossius* § 94 RdNr. 20; *Clemm-Etzbach-Faßbender* § 94 RdNr. 14.

II. § 64 LwAnpG (Abs. 1 Nr. 2, Abs. 2)

2 Das Verfahren nach § 64 LwAnpG verdrängt das notarielle Vermittlungsverfahren, wenn auch nur einer der Beteiligten die Fortsetzung des vor Einleitung (Abs. 1 Nr. 2) oder während (Abs. 2) des notariellen Vermittlungsverfahrens beantragten Verfahrens nach § 64 LwAnpG wünscht. Das insofern nachrangige notarielle Vermittlungsverfahren ist dann einzustellen, kann jedoch auf Antrag aller Beteiligten – bis zur Erledigung der Ansprüche nach dem Sachenrechtsbereinigungsgesetz durch rechts- bzw. bestandskräftigen Abschluß des Bodenordnungsverfahrens – wieder eröffnet werden.

Zu Einzelheiten vgl. § 86 RdNr. 3.

III. Andere Einstellungsgründe

3 Das notarielle Vermittlungsverfahren ist entsprechend § 95 einzustellen, wenn es von den Parteien nicht mehr betrieben wird, wenn also die Parteien das Verfahren übereinstimmend für erledigt erklären oder trotz ordnungsgemäßer Ladung keiner der Beteiligten zum Termin erscheint oder in dem Termin keine Anträge gestellt werden; ist mit einer Fortsetzung des Verfahrens zu rechnen, so kann der Notar in diesem Fall aber auch zunächst das Ruhen des Verfahrens anordnen.[1]

§ 96 Verfahren bei Säumnis eines Beteiligten

(1) Erscheint ein Beteiligter (Grundstückseigentümer oder Nutzer) nicht, hat der Notar auf Antrag des anderen Beteiligten einen Vermittlungsvorschlag nach § 98 anzufertigen.

(2) Der Vermittlungsvorschlag ist beiden Beteiligten mit einer Ladung zu einem neuen Termin zuzustellen. Die Ladung hat den Hinweis zu enthalten, daß das Einverständnis eines Beteiligten mit dem Vermittlungsvorschlag angenommen wird, wenn dieser zu dem neuen Termin nicht erscheint, und daß auf Antrag des anderen Beteiligten ein dem Vermittlungsvorschlag entsprechender Vertrag beurkundet wird.

(3) Ist in diesem Termin nur ein Beteiligter erschienen, so hat der Notar, wenn der erschienene Beteiligte es beantragt, den Vorschlag als vertragliche Vereinbarung zu beurkunden. In der Urkunde ist anzugeben, daß das Einverständnis des anderen Beteiligten wegen Nichterscheinens angenommen worden ist. Stellt der erschienene Beteiligte keinen Antrag, ist das Vermittlungsverfahren beendet. Die Beteiligten sind unter Zusendung des Abschlußprotokolls und des Vermittlungsvorschlags auf den Klageweg zu verweisen.

(4) Eine Ausfertigung des Vertrages ist dem nicht erschienenen Beteiligten mit dem Hinweis zuzustellen, daß der Notar den Vertrag bestätigen werde, wenn der Beteiligte nicht in einer Notfrist von zwei Wochen nach Zustellung der Ausfertigung einen neuen Termin beantragt oder in dem Termin nicht erscheint.

(5) Beantragt der nicht erschienene Beteiligte rechtzeitig einen neuen Termin und erscheint er in diesem Termin, so ist das Vermittlungsverfahren fortzusetzen. Andernfalls hat der Notar den Vertrag zu bestätigen. War der Beteiligte ohne sein Verschulden verhindert, die Anberaumung eines neuen Termins zu beantragen oder im neuen Termin zu erscheinen, so ist ihm auf Antrag durch den Notar Wiedereinsetzung in den vorigen Stand zu erteilen. § 92 des Gesetzes über die Angelegenheiten der freiwilligen Gerichtsbarkeit ist entsprechend anzuwenden. Die Wirkungen eines bestätigten Vertrages bestimmen sich nach § 97 Abs. 1 des Gesetzes über die Angelegenheiten der freiwilligen Gerichtsbarkeit.

(6) Gegen den Bestätigungsbeschluß und den Beschluß über den Antrag auf Wiedereinsetzung ist die sofortige Beschwerde zulässig. Zuständig ist das Landgericht,

[1] Vgl. auch § 96 RdNr. 1.

in dessen Bezirk das Grundstück ganz oder zum größten Teil belegen ist. § 96 des Gesetzes über die Angelegenheiten der freiwilligen Gerichtsbarkeit ist entsprechend anzuwenden.

Übersicht

I. Säumnis eines Beteiligten (Abs. 1)

1 **1. Nichterscheinen.** Erscheint ein von einem zuständigen Notar nach § 92 Abs. 1 ordnungsgemäß geladener Beteiligter nicht, kann auf Antrag des anderen Beteiligten das Säumnisverfahren eingeleitet werden. Ist die ordnungsgemäße Ladung des nicht erschienenen Beteiligten nicht nachweisbar oder bestehen Verfahrenshindernisse nach den §§ 94, 95, kann ein Säumnisverfahren nicht stattfinden. Stellt der Erschienene keinen Antrag oder ist trotz ordnungsgemäßer Ladung niemand erschienen, kann der Notar durch Beschluß nach seinem Ermessen das Ruhen des Verfahrens[1] oder entsprechend Abs. 3 Satz 3 die Einstellung anordnen; es gibt keine Zwangsmittel, die Beteiligten zum Erscheinen oder zur Antragstellung zu zwingen. Haben die Beteiligten dem Notar ihre Vorstellungen schriftlich mitgeteilt und um Anfertigung eines Vermittlungsvorschlags gebeten, kann der Notar bei Nichterscheinen aller Beteiligten keinen Vermittlungsvorschlag erstellen, da der Antrag auf Anfertigung eines Vermittlungsvorschlags die Anwesenheit wenigstens eines antragstellenden Beteiligten im Verhandlungstermin voraussetzt.

2 **2. Vermittlungsvorschlag.** Auf Antrag des Erschienenen fertigt der Notar einen Vermittlungsvorschlag gemäß § 98 Abs. 1 an.[2] Hat der nicht erschienene Beteiligte dem Notar seine Vorstellungen vorher schriftlich mitgeteilt, können diese bei der Ausarbeitung des Vermittlungsvorschlags berücksichtigt werden, wobei der Notar wie bei § 98 Abs. 1 grundsätzlich nicht an die Vorgaben eines Beteiligten, weder des erschienenen noch des nicht erschienenen, gebunden ist.

II. Zustellung des Vermittlungsvorschlags mit Ladung (Abs. 2)

3 Der Vermittlungsvorschlag ist den beteiligten Grundstückseigentümern und -nutzern mit einer den Hinweis nach Satz 2 enthaltenden Ladung zu einem neuen Termin förmlich zuzustellen – wobei auch die öffentliche Zustellung zulässig ist –, damit bei Säumnis im neuen Termin das Einverständnis des Nichterschienenen mit dem Vermittlungsvorschlag fingiert werden kann.

4 **1. Neuer Termin.** Grundstückseigentümer und -nutzer, nicht nur der jeweils säumige Beteiligte, sind zu dem neuen Termin förmlich zu laden; öffentliche Zustellung ist anders als bei der Ladung zum ersten Verhandlungstermin zulässig. Die förmliche Ladung ist auch dann nicht entbehrlich, wenn im Ladungsschreiben zum ersten Verhandlungstermin ein Hinweis nach § 92 Abs. 4 Satz 1 erfolgt ist, da die Ladung für den neuen Termin im Säumnisverfahren in Abs. 2 Satz 1 ausdrücklich vorgeschrieben ist.

[1] Ebenso *Czub-Krauß* § 96 RdNr. 3.

[2] Zur Prüfung der Begründetheit des Anspruchs vgl. § 90 RdNr. 9 ff.

Ablauf des Säumnisverfahrens (Schaubild)

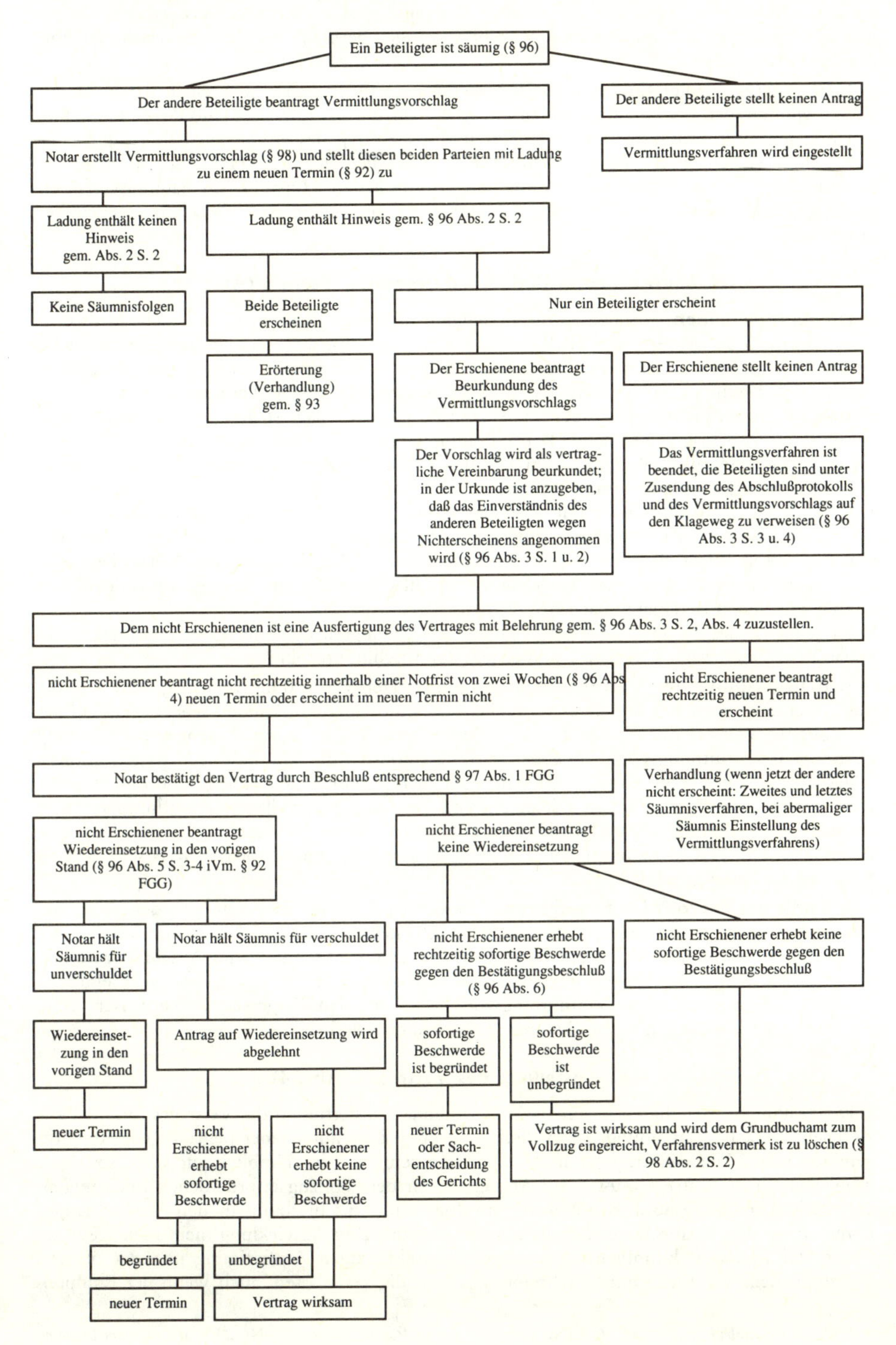

5 Wird der säumige Beteiligte ordnungsgemäß, der nicht säumige Beteiligte aber nicht ordnungsgemäß geladen, kann sich der säumige Beteiligte mangels **Rechtsschutzbedürfnisses** im späteren Verfahren nicht auf diesen Verfahrensmangel berufen; ein Säumnisverfahren kann durchgeführt werden.

6 **2. Fingiertes Einverständnis.** Die Beteiligten müssen im Ladungsschreiben darauf hingewiesen werden, daß bei Nichterscheinen im neuen Termin das Einverständnis des dann Säumigen mit dem Vermittlungsvorschlag fingiert und auf Antrag des erschienenen Beteiligten der Vermittlungsvorschlag als Vertrag beurkundet wird. Fehlen diese Hinweise, können die Säumnisfolgen nicht eintreten; ein ohne die erforderlichen Hinweise im Säumnisverfahren zustandegekommener Vertrag ist einem damit nicht ordnungsgemäß Geladenen gegenüber unwirksam.

III. Säumnis eines Beteiligten im neuen Termin (Abs. 3)

7 **1. Nichterscheinen.** Erscheinen die Beteiligten im neuen Termin, ist der Sachverhalt entsprechend § 93 zu erörtern. Bei Nichterscheinen des zunächst säumigen, ordnungsgemäß geladenen Beteiligten wird der Vermittlungsvorschlag auf Antrag des erschienenen Beteiligten beurkundet. Erscheint nur der zunächst säumige Beteiligte im neuen Termin, kann er ebenfalls Antrag auf Beurkundung des zugestellten Vermittlungsvorschlags stellen,[3] jedoch keine vom Vermittlungsvorschlag abweichende Beurkundung in diesem Termin verlangen.

8 Der zunächst säumige, aber im neuen Termin erschienene Beteiligte kann statt Beurkundung des Vermittlungsvorschlages im Rahmen der Fortsetzung des Vermittlungsverfahrens nach Abs. 5 Satz 1 bei Nichterscheinen des Beteiligten, der das Säumnisverfahren beantragt hat, auch Antrag auf Erstellung eines neuen Vermittlungsvorschlags stellen. Dieser neue Vermittlungsvorschlag – dessen Inhalt allerdings wiederum im pflichtgemäßen Ermessen des Notars liegt und dementsprechend mit dem ersten Vermittlungsvorschlag identisch sein kann – ist dann dem nun säumig gewesenen Beteiligten nach Abs. 2 zuzustellen.

9 Einigen sich die im neuen Termin erschienenen Beteiligten nicht auf einen Vertragstext, so verfährt der Notar nach § 99 Satz 1 und erstellt das Abschlußprotokoll.

10 **2. Beurkundung des Vermittlungsvorschlags.** Der Vermittlungsvorschlag wird auf Antrag des erschienenen Beteiligten als vertragliche Vereinbarung beurkundet, wobei es bis auf die Berichtigung von offensichtlichen Unrichtigkeiten keine Abweichung zu dem mit der Ladung übersandten Vermittlungsvorschlag geben darf, da ansonsten die Säumnisfolgen wegen insofern fehlerhafter Ladung nicht eintreten können.[4] Der nicht erschienene Beteiligte muß nicht damit rechnen, daß sein Einverständnis mit einem von dem ihm zugestellten Vermittlungsvorschlag abweichenden Vertrag fingiert wird.[5] Der erschienene Beteiligte handelt für den säumigen Beteiligten aufgrund angenommenen Einverständnisses, das durch notariellen Beschluß nach Abs. 5 Satz 2 bestätigt wird.

11 **3. Ende des Vermittlungsverfahrens.** Ist der erschienene Beteiligte mit dem Vermittlungsvorschlag nicht einverstanden und stellt deshalb keinen Antrag, ist nach Abs. 3 Satz 3 das Vermittlungsverfahren beendet; die Beteiligten sind unter Zusendung des Abschlußprotokolls und des – in den unter vorstehender RdNr. 8 behandelten Fällen mehrfacher wechselseitiger Säumnis: zuletzt erstellten – Vermittlungsvorschlages auf den Klageweg zu verweisen. Eine Zustellung der Unterlagen an die Beteiligten ist nicht erforderlich.

IV. Zustellung des Vertrages (Abs. 4)

12 Dem säumigen Beteiligten ist eine auf ihn lautende[6] Ausfertigung des Vertrages förmlich zuzustellen; einfache Zusendung der Ausfertigung oder Zustellung einer beglaubigten Abschrift genügen nicht. Die Ausfertigung muß vollständig sein, was im Hinblick auf § 98 Abs. 1 aE problematisch ist: Danach müssen auf Antrag alle für den Vollzug erforderlichen Erklärungen, also auch **Auflassung und Bewilligung** zur Eigentumsumschreibung in den Vertrag aufgenommen werden. Damit wäre aber die übliche Zug-um-Zug Abwicklung nicht mehr gewährleistet: der Erwerber könnte unter Vorlage der vollständigen Ausfertigung und der übrigen Vollzugsbehelfe die Eigentumsumschreibung selbständig veranlassen, auch wenn der Kaufpreis

[3] AA *Clemm-Etzbach-Faßbender* § 96 RdNr. 10.
[4] *Eickmann-Albrecht* § 96 RdNr. 9.
[5] *Czub-Krauß* § 96 RdNr. 17.
[6] *Vossius* § 96 RdNr. 29; aA *Clemm-Etzbach-Faßbender* § 96 RdNr. 14.

nicht bezahlt ist. Die Wirksamkeit eines in der Urkunde erklärten Verzichtes der Beteiligten auf ihr Antragsrecht gegenüber dem Grundbuchamt ist zumindest zweifelhaft.[7] Zumindest im Säumnisverfahren sollten deshalb in den beurkundeten Vermittlungsvorschlag nur Auflassungsverpflichtungen und -vollmachten für den Käufer oder Notarangestellte aufgenommen werden, die dann mit den üblichen Treuhandauflagen für den Notar zu versehen sind und deren Ausübung auf Erklärungen zu Protokoll des vermittelnden Notars zu beschränken ist. Wenn diese Vollmachten unwiderruflich erteilt werden, dann wird damit zumindest dem Sinn und Zweck nach auch dem Gebot des § 98 Abs. 1 hinreichend Rechnung getragen: Durch diese Vorschrift soll sichergestellt werden, daß der Vertragspartner nicht nach Vertragsabschluß noch den Vollzug durch die Verweigerung seiner Mitwirkung weiter verzögern kann. Dagegen genügt die von *Vossius*[8] vorgeschlagene Vollmacht für den Verkäufer den Anforderungen des § 98 Abs. 1 nicht.

V. Fortsetzung des Vermittlungsverfahrens (Abs. 5 Satz 1, 3 und 4)

13 **1. Antrag auf neuen Termin (Satz 1).** Beantragt der säumige Beteiligte rechtzeitig, also bei ordnungsgemäßer Zustellung gemäß Abs. 4 innerhalb der Notfrist von zwei Wochen nach Zustellung und bei fehlerhafter Zustellung gemäß § 89 Abs. 1, § 16 Abs. 2 FGG, § 187 ZPO unbefristet, jedoch spätestens vor Rechtskraft des Bestätigungsbeschlusses, einen neuen Termin, ist das Vermittlungsverfahren fortzusetzen. Ist der säumige Beteiligte mit dem Vermittlungsvorschlag nicht einverstanden, ohne ausdrücklich einen neuen Termin zu beantragen, hat der Notar zu klären, ob die Fortsetzung des Vermittlungsverfahrens gewünscht und damit ein neuer Termin beantragt wird. Bei einer Fortsetzung des Vermittlungsverfahrens sind die Beteiligten an den beurkundeten Vertrag nicht mehr gebunden; Ergänzungen und Änderungen des Vertrages sind nach § 42 KostO mit einer 10/10-Gebühr abzurechnen.[9]

14 **2. Wiedereinsetzung in den vorigen Stand (Satz 3 und 4).** Bei unverschuldeter Säumnis kann beim Notar binnen zwei Wochen nach Wegfall des Säumnisgrundes Wiedereinsetzung in den vorigen Stand beantragt werden. Ist seit Ablauf der Notfrist des Abs. 4 mehr als ein Jahr vergangen, ist entsprechend § 92 Satz 3 FGG Wiedereinsetzung ausgeschlossen. Hinsichtlich der Frage verschuldeter bzw. unverschuldeter Säumnis kann auf die Rechtsprechung zu § 233 ZPO zurückgegriffen werden.

VI. Bestätigung des Vertrages (Abs. 5 Satz 2 und 5)

15 Der Vertrag wird rechtswirksam durch den notariellen Bestätigungsbeschluß, der eines Antrags des erschienenen Beteiligten nicht bedarf. Der Bestätigungsbeschluß ist, zusammen mit den Zustellungsnachweisen im Original, mit der Vertragsurkunde zu verbinden und wie diese auszufertigen, somit zusammen mit dem Vertrag allen Beteiligten in Ausfertigung förmlich zuzustellen. Mit Rechtskraft des Bestätigungsbeschlusses wird der Vertrag rechtswirksam, formelle Mängel werden geheilt. Zur Wirksamkeit erforderliche öffentlich-rechtliche Genehmigungen werden durch den Bestätigungsbeschluß nicht ersetzt, materielle Mängel werden nicht geheilt.

VII. Rechtsmittel im Säumnisverfahren (Abs. 6)

16 Zu den Rechtsmitteln im Säumnisverfahren vgl. zunächst § 89 RdNr. 13 ff. Zu beachten ist, daß gegen den Bestätigungsbeschluß und den Wiedereinsetzungsbeschluß nur die sofortige Rechtsbeschwerde gem. §§ 96, 22 FGG innerhalb einer Frist von zwei Wochen zulässig ist. Die Beschwerde kann gem. § 96 Satz 2 FGG nur auf Verfahrensverstöße gestützt werden. **Beschwerdeberechtigt** ist gem. § 20 FGG nur, wer durch den Verfahrensmangel selbst in eigenen, materiellen Rechten verletzt wurde,[10] da nur dann ein Rechtsschutzbedürfnis gegeben ist und Verfahrensmängel nicht dem zum Nachteil gereichen dürfen, dessen Rechtsschutzgewähr die Verfahrensformalitäten zu dienen bestimmt sind.

[7] Vgl. z. B. OLG Frankfurt, DNotZ 1992, 389 (390) mwN.
[8] *Vossius* § 96 RdNr. 30.
[9] Ebenso *Clemm-Etzbach-Faßbender* § 96 RdNr. 17.
[10] Vgl. *Keidel-Kuntze-Winkler-Kahl* FGG, 13. Aufl. 1992, § 20 RdNr. 10; aA *Eickmann-Albrecht* § 96 RdNr. 23; *Czub-Krauß* § 96 RdNr. 31.

§ 97 Ermittlungen des Notars

(1) Der Notar kann auf Antrag eines Beteiligten Ermittlungen durchführen. Er kann insbesondere

1. Auskünfte aus der Kaufpreissammlung und über Bodenrichtwerte (§ 195 Abs. 3 und § 196 Abs. 3 des Baugesetzbuchs) einholen,

2. ein Verfahren zur Bodensonderung beantragen,

3. die das Liegenschaftskataster führende Stelle oder eine Person, die nach Landesrecht zu Katastervermessungen befugt ist, mit der Vermessung der zu belastenden oder abzuschreibenden Flächen beauftragen und den Antrag auf Erteilung einer Teilungsgenehmigung nach § 120 stellen.

(2) Der Notar kann nach Erörterung auf Antrag eines Beteiligten auch schriftliche Gutachten eines Sachverständigen oder des zuständigen Gutachterausschusses für die Grundstückswerte nach § 192 des Baugesetzbuchs über

1. den Verkehrswert des zu belastenden Grundstücks,

2. das in § 36 Abs. 1 und § 63 Abs. 3 bestimmte Verhältnis des Werts der mit dem Erbbaurecht belasteten oder zu veräußernden Fläche zu dem des Gesamtgrundstücks und

3. den Umfang und den Wert baulicher Maßnahmen im Sinne des § 12

einholen und diese seinem Vorschlag nach § 98 zugrunde legen.

(3) Eine Beweiserhebung im Vermittlungsverfahren nach Absatz 2 steht in einem anschließenden Rechtsstreit einer Beweisaufnahme vor dem Prozeßgericht gleich. § 493 der Zivilprozeßordnung ist entsprechend anzuwenden.

(4) Werden Zeugen und Sachverständige von dem Notar nach Absatz 2 zu Beweiszwecken herangezogen, so werden sie in entsprechender Anwendung des Gesetzes über die Entschädigung von Zeugen und Sachverständigen entschädigt.

I. Allgemeines

1 Der Notar ist nur im Rahmen des § 91 von Amts wegen zu Ermittlungen berufen.[1] Ansonsten besteht eine **Ermittlungsbefugnis** gem. Abs. 1 Satz 1 und Abs. 2 **nur auf Antrag eines Beteiligten** (vgl. auch § 93 Abs. 3 Satz 3). Der in Abs. 1 Satz 2 und Abs. 2 aufgeführte Katalog der Ermittlungstätigkeiten ist dabei nicht abschließend zu verstehen („insbesondere"). Hinsichtlich des „ob" und „wie" der beantragten Ermittlungen entscheidet der Notar nach pflichtgemäßem Ermessen; insbesondere ist der Notar nicht verpflichtet, bestimmte Ermittlungstätigkeiten durchzuführen, wenn er sie als für das Vermittlungsverfahren wegen Offenkundigkeit, Erwiesenheit oder Unerheblichkeit entbehrlich ansieht. Die Durchführung einer Beweisaufnahme kann von der Einzahlung eines entsprechenden Kostenvorschusses abhängig gemacht werden.

2 **Beteiligte** sind in der Terminologie des Gesetzes grundsätzlich Grundstückseigentümer, Nutzer und Inhaber dinglicher Rechte.[2] Diese sind somit **antragsberechtigt** im Sinne des Abs. 1 und 2.[3]

3 Streitig ist, ob im Rahmen der Ermittlungstätigkeiten gem. Abs. 1 auch **Zeugen gehört** werden können.[4] Der Gesetzgeber äußerte sich hierzu nicht eindeutig.[5] Entscheidend sind Zweckmäßigkeitserwägungen. Wünschen die Beteiligten zur Frage der Anspruchsberechtigung oder des Anspruchsumfanges übereinstimmend weitere Sachaufklärung durch den Notar im Wege der Zeugeneinvernahme, so steht dem das Gesetz jedenfalls nicht entgegen.[6] Wird der Anspruch jedoch bestritten und eine weitere Sachaufklärung durch den Notar zumindest von einer Partei nicht gewünscht, so ist eine Zeugeneinvernahme, die nicht gem. Abs. 3 im anschließenden Rechtsstreit verwertet werden könnte, sinnlos. In diesem Fall ist das Verfahren gem. § 94 Abs. 2 Nr. 2 auszusetzen und die Beteiligten sind ohne weitere Sachaufklärung auf den Klageweg zu verweisen.

[1] Vgl. auch § 89 RdNr. 4.

[2] Vgl. § 92 RdNr. 12f.

[3] Ebenso *Eickmann-Albrecht* § 97 RdNr. 2.

[4] Dafür *Vossius* § 97 RdNr. 8 f.; dagegen *Eickmann-Albrecht* § 97 RdNr. 6; *Czub-Frenz* § 97 RdNr. 6.

[5] BT-Dr. 12/5992, S. 170, 202, 219.

[6] Zur Möglichkeit der Zeugenvereidigung vgl. § 89 RdNr. 7.

II. Die einzelnen Ermittlungstätigkeiten gem. Abs. 1 Satz 2 und Abs. 2

4 Die vom Gesetz in Abs. 1 Satz 2 und Abs. 2 aufgeführten „Ermittlungstätigkeiten" lassen sich entsprechend ihrer Zielrichtung in fünf Gruppen einteilen:

5 (1) Die **Ermittlungstätigkeiten** gem. **Abs. 1 Satz 2 Nr. 1 und Abs. 2 Nr. 1** dienen dazu, den maßgeblichen Wert des Grundstücks und Gebäudes festzustellen, um in dem Vermittlungsvorschlag einen Kaufpreis bzw. Erbbauzins vorgeben zu können. Das Gesetz unterscheidet hierbei zwischen einfachen Auskünften gem. Abs. 1 Nr. 1, die auch schon vor Erörterungstermin und zu dessen Vorbereitung auf Antrag eines Beteiligten angefordert werden können, sowie Gutachten gem. Abs. 2 Nr. 1. Nur die Gutachten gem. Abs. 2 können in einem Folgeprozeß gem. Abs. 3 als Beweismittel verwertet werden.

6 (2) Gem. **Abs. 1 Nr. 2** iVm. § 6 Abs. 1 Satz 2 BoSoG kann der Notar Antrag auf Einleitung eines Bodensonderungsverfahrens gem. § 1 Nr. 2 BoSoG stellen. Es handelt sich hierbei eigentlich nicht um eine Ermittlungstätigkeit, sondern um die Einleitung eines gesonderten Verwaltungsverfahrens, das mit der verbindlichen Feststellung des Anspruches endet. Das Vermittlungsverfahren ist bis zum Abschluß des Sonderungsverfahrens entsprechend § 94 Abs. 2 Nr. 1 auszusetzen und sodann entsprechend dem Ergebnis dieses Verfahrens fortzusetzen (wenn der Anspruch begründet ist) oder einzustellen (wenn der Anspruch unbegründet ist). Vgl. im Einzelnen § 85 RdNr. 6ff.

7 (3) Gem. **Abs. 1 Nr. 3** kann der Notar die Vermessung des Grundstückes veranlassen und die Teilungsgenehmigung einholen. Die Ermächtigung wird sich nicht nur auf die Teilungsgenehmigung gem. § 19 BauGB iVm § 120 beschränken, sondern über den Wortlaut hinaus auch eine eventuell nach Landesbauordnung erforderliche Teilungsgenehmigung umfassen.[7] Der Befugnis, die Vermessung des Grundstückes auf Antrag eines Beteiligten schon vor einer Einigung zwischen Nutzer und Grundstückseigentümer zu veranlassen, wird allerdings keine praktische Bedeutung zukommen. Solange sich die Parteien nicht auf eine Teilfläche geeinigt haben, ist eine Vermessung „ins Blaue hinein" schon aus Kostengründen nicht sinnvoll. Grundlage für den Vermessungsauftrag wird deshalb regelmäßig die bereits beurkundete Einigung zwischen den Parteien über den Verkauf der bzw. Erbbaurechtsbestellung an der noch zu vermessenden und im Vertrag gekennzeichneten Teilfläche sein.

8 (4) Gem. **Abs. 2 Nr. 2** kann der Notar Gutachten über das Verhältnis des Werts der mit dem Erbbaurecht belasteten oder zu veräußernden Fläche und dem Gesamtgrundstück in Auftrag geben. Das Gutachten dient dazu, die Höhe der dem Inhaber dinglicher Rechte gem. § 36 Abs. 1 Satz 1 am Erbbaurecht bzw. gem. § 63 Abs. 3 am Trenngrundstück einzuräumenden Belastung zu ermitteln. Das Gutachten dient also nicht der Vermittlung zwischen Grundstückseigentümer und Nutzer, sondern der Vermittlung zwischen Nutzer und dinglich Berechtigtem.[8]

9 (5) Gem. **Abs. 2 Nr. 3** kann ein Gutachten über den Wert baulicher Maßnahmen gem. § 12 eingeholt werden. Die Vorschrift ist insofern merkwürdig, als der Wert baulicher Maßnahmen gem. § 12 ausschließlich für Fragen der Begründetheit des Anspruchs auf Ankauf bzw. Erbbaurechtsbestellung von Bedeutung ist, der Notar diese Fragen aber grundsätzlich nicht zu klären, sondern das Verfahren bis zur gerichtlichen Klärung des Anspruchs gem. § 94 Abs. 2 Nr. 2 auszusetzen hat.[9] Die Vorschrift wird demnach allenfalls ausnahmsweise von Bedeutung sein, wenn sich die Parteien zwar über den Anspruch dem Grunde nach streiten, aber einvernehmlich den Notar mit weiterer Sachaufklärung beauftragen.

10 Die **Gutachten gem. Abs. 2** können erst **nach dem Erörterungstermin** auf Antrag eines Beteiligten in Auftrag gegeben werden. Ist die andere Partei bei der Erörterung säumig, hindert dies die Einholung des Gutachtens nicht.

11 Die Erstattung von schriftlichen Wertgutachten durch Sachverständige gem. Abs. 2 richtet sich gemäß § 89 Abs. 1 iVm. § 15 Abs. 1 FGG nach den §§ 402ff. ZPO. Nicht anwendbar ist aufgrund des im notariellen Vermittlungsverfahren geltenden modifizierten Amtsermittlungsgrundsatzes § 404 Abs. 4 ZPO, so daß der Notar nicht verpflichtet ist, ein Gutachten des von den Beteiligten benannten Sachverständigen einzuholen, sondern die Auswahl des Sachverständigen nach Ermessen vornehmen kann.[10] Auf Antrag kann der Notar anordnen, daß das Gutachten mündlich zu erläutern ist (§ 411 Abs. 3 ZPO).

[7] *Eickmann-Albrecht* § 97 RdNr. 4.
[8] Vgl. hierzu auch § 92 RdNr. 12ff.
[9] Vgl. hierzu § 94 RdNr. 6.
[10] *Keidel-Kuntze-Winkler-Amelung* FGG, 13. Aufl. 1992, § 15 RdNr. 37; *Czub-Frenz* § 97 RdNr. 8; aA *Eickmann-Albrecht* § 97 RdNr. 10.

III. Selbständiges Beweisverfahren analog § 493 ZPO (Abs. 3)

12 Die nach Abs. 2 eingeholten Gutachten können anders als die nach Abs. 1 erzielten Ermittlungsergebnisse in einem späteren Gerichtsverfahren als Beweismittel verwendet werden. Das Ergebnis der Beweisaufnahme kann gerade auch dann im Prozeß verwertet werden, wenn das notarielle Vermittlungsverfahren gescheitert ist.[11]

IV. Entschädigung nach ZSEG (Abs. 4)

13 Abs. 4 wurde auf Initiative des Bundesrates angefügt, um die entsprechende Anwendung des Gesetzes über die Entschädigung von Zeugen und Sachverständigen sicherzustellen und klarzustellen, daß es sich bei der Entschädigung um nach § 100 zu erhebende Auslagen nach § 137 Nr. 6 KostO handelt.[12]

§ 98 Vermittlungsvorschlag des Notars

(1) Nach Durchführung der Erhebungen macht der Notar einen Vorschlag in Form eines Vertragsentwurfs, der den gesetzlichen Bestimmungen zu entsprechen und alle für einen Vertragsschluß erforderlichen Punkte und, wenn dies von einem Beteiligten beantragt worden ist, auch die für dessen Erfüllung notwendigen Erklärungen zu umfassen hat.

(2) Sobald sich eine Einigung im Sinne des Absatzes 1 zwischen den Beteiligten ergibt, hat der Notar den Inhalt dieser Vereinbarung zu beurkunden. Der Notar hat mit dem Antrag auf Eintragung des Erbbaurechts oder des Nutzers als Erwerber, spätestens jedoch sechs Monate nach der Beurkundung, die Löschung des Vermerks nach § 92 Abs. 5 zu beantragen. Der Ablauf der in Satz 2 bestimmten Frist ist gehemmt, solange ein für den Vollzug der Vereinbarung erforderliches behördliches oder gerichtliches Verfahren beantragt worden, aber noch keine Entscheidung ergangen ist.

I. Vertragsentwurf (Abs. 1)

1 Mit dem Vermittlungsvorschlag in Form eines Vertragsentwurfes werden zwei Optionen eröffnet: Zum einen kann das Vermittlungsverfahren in die Beurkundung aufgrund Einigung nach Abs. 2 Satz 1 übergeleitet werden, zum anderen stellt der Vermittlungsvorschlag den Kern des Abschlußprotokolls nach § 99 dar, wenn es nicht zu einer Einigung gekommen ist.

2 **1. Form.** Der Vermittlungsvorschlag muß nicht beurkundet werden und ist den erschienenen Beteiligten wie ein Vertragsentwurf im normalen Beurkundungsverfahren formlos zu übersenden, im Säumnisverfahren allen Beteiligten nach § 96 Abs. 2 förmlich zuzustellen.

3 **2. Inhalt.** Soweit sich die Parteien – vom Notar gem. § 93 Abs. 3 entsprechend beraten – im Erörterungstermin über bestimmte Vertragsinhalte einigen, werden diese zum Inhalt des Vermittlungsvorschlags.

4 Soweit sich die Parteien nicht einigen, hat sich der Vertragsentwurf grundsätzlich an den **zwingenden Bestimmungen** des Sachenrechtsbereinigungsgesetzes zu orientieren.[1] Eine daraus eventuell resultierende Unausgewogenheit des Vertrages[2] muß in Kauf genommen werden; so kann etwa die in Grundstückskaufverträgen übliche Zwangsvollstreckungsunterwerfung nur freiwillig erklärt und nicht erzwungen werden.[3]

5 Auch ohne ausdrückliche Anweisung im Sachenrechtsbereinigungsgesetz ist jedoch durch bewährte Vertragsgestaltungen der **Leistungsaustausch** „Zug-um-Zug" **sicherzustellen.**[4] Das Gesetz bestimmt in Absatz 1 aE, daß auf Antrag eines Beteiligten die Vollzugserklärungen in den Vermittlungsvorschlag aufzunehmen sind. Dies beträfe auch die Auflassung, die dann mit

[11] BT-Dr. 12/5992 S. 170.
[12] BT-Dr. 12/5992 S. 202.
[1] Vgl. *Czub-Krauß* Vor §§ 87 ff. RdNr. 22, § 98 RdNr. 5; *Krauß* MittBayNot 1995, 356; weitergehend *Vossius* § 42 RdNr. 13 ff. und passim („notardispositives Recht"); hiergegen *Krauß* MittBayNot 1995, 357 ff.; kritisch *Etzbach* VIZ 1996, 307 f.
[2] *Krauß* MittBayNot 1995, 356.
[3] Vgl. *Krauß* MittBayNot 1995, 362.
[4] *Krauß* MittBayNot 1995, 362, 364.

Feststellung des Vermittlungsvorschlages durch das Gericht gem. § 106 Abs. 2 Satz 2 wirksam würde. Hier ergeben sich ähnliche Probleme wie beim Säumnisverfahren:[5] Das Urteil ist allen Beteiligten in Ausfertigung zuzustellen. Mit der Urteilsausfertigung könnte der Käufer die Eigentumsumschreibung betreiben, ohne daß die Kaufpreiszahlung gesichert wäre. Auch hier ist deshalb eine einschränkende Auslegung des Gesetzeswortlautes entsprechend dem Gesetzeszweck geboten: Es muß lediglich sichergestellt sein, daß der Vertragspartner nicht nach Vertragsabschluß noch den Vollzug durch die Verweigerung seiner Mitwirkung weiter verzögern kann. Dem trägt das Gesetz aber schon in § 106 Abs. 3 ausreichend Rechnung. Das Gericht kann einen Notar bzw. dessen Angestellte beauftragen und ermächtigen, die entsprechenden Vollzugserklärungen einschließlich der Auflassung für beide Vertragsparteien abzugeben und entgegenzunehmen. Damit entfällt aber für den Fall, daß sich die Parteien nicht einigen, die Notwendigkeit, in den dem Abschlußprotokoll beizufügenden Vermittlungsvorschlag Vollzugserklärungen aufzunehmen.[6]

6 Der Notar ist bei seinem Vermittlungsvorschlag an die von den Beteiligten geäußerten Vorstellungen über den Inhalt des abzuschließenden Vertrages nur bei Übereinstimmung sowie dann gebunden, wenn eine vertragliche Regelung vom **Kontrahierungszwang** umfaßt wird (der Beteiligte „kann verlangen“ oder „kann beanspruchen“).[7] Besteht hingegen Uneinigkeit über den zu zahlenden Kaufpreis, entscheidet der Notar nach pflichtgemäßem **Ermessen** aufgrund der ihm vorliegenden Bodenrichtwerte und ggf. Wertgutachten über den in den Vermittlungsvorschlag aufzunehmenden Kaufpreis.

II. Beurkundung des Vermittlungsvorschlags (Abs. 2 Satz 1)

7 Haben sich die Beteiligten über den Inhalt des Vermittlungsvorschlags geeinigt, wird der die Erklärungen der Beteiligten enthaltende Vermittlungsvorschlag nicht nach dem FGG, sondern nach dem Beurkundungsgesetz beurkundet. Die Beteiligten sind im Rahmen der Belehrungs- und Beratungspflicht des Notars gemäß § 17 BeurkG darauf hinzuweisen, welche Vertragsbestandteile dem Kontrahierungszwang des Sachenrechtsbereinigungsgesetzes entstammen und welche dispositiver Natur sind. Durch die Beurkundung werden alle formellen Verfahrensmängel geheilt.

III. Löschung des Eröffnungsvermerks (Abs. 2 Satz 2 und 3)

8 Die Löschung des Eröffnungsvermerks erfolgt nach **Beendigung des Vermittlungsverfahrens**. Das Vermittlungsverfahren endet und der Eröffnungsvermerk ist gemäß Abs. 2 Satz 2 zu löschen: Nach **Beurkundung** einer Einigung zwischen den Beteiligten oder mit Rechtskraft einer **gerichtlichen Entscheidung** gemäß § 106 Abs. 4 Satz 2, wenn die sonstigen Voraussetzungen für die Eigentumsumschreibung bzw. Erbbaurechtsbestellung vorliegen; bei erfolgloser **Feststellungsklage** auf Bestehen der Anspruchsberechtigung oder bei erfolgreicher Klage auf Feststellung des Nichtbestehens der Anspruchsberechtigung gemäß §§ 108 Abs. 4, 106 Abs. 4 Satz 2; nach **Zurückweisung** des Antrags als unzulässig oder unbegründet[8] bei zum Zeitpunkt der Eröffnung des Vermittlungsverfahrens nicht erkennbaren Verfahrenshindernissen; nach **Antragsrücknahme**;[9] nach **Einstellung** des Vermittlungsverfahrens nach § 95.[10] Bei Aussetzung des Vermittlungsverfahrens nach § 94 bleibt der Eröffnungsvermerk hingegen eingetragen.

9 Der Notar hat die Löschung des Eröffnungsvermerks entgegen dem als Redaktionsversehen[11] anzusehenden Wortlaut beim Grundbuchamt nicht zu beantragen, sondern das Grundbuchamt um Löschung zu ersuchen; das Grundbuchamt hat diesem **Ersuchen** ohne weitere Prüfung entsprechend § 38 GBO Folge zu leisten.[12] Eine Bewilligung des Berechtigten oder aller Beteiligten kann nicht zur Löschung des Eröffnungsvermerks führen;[13] die Beteiligten sind in jedem Fall auf das Ersuchen des verfahrensleitenden Notars verwiesen.

[5] Vgl. § 96 RdNr. 12.
[6] AA *Clemm-Etzbach-Faßbender* § 98 RdNr. 4.
[7] *Krauß* MittBayNot 1995, 356, 358.
[8] *Vossius* § 92 RdNr. 40.
[9] *Clemm-Etzbach-Faßbender* § 98 RdNr. 9.
[10] Vgl. *Eickmann-Albrecht* § 92 RdNr. 36.
[11] *Frenz* DtZ 1995, 69; *Clemm-Etzbach-Faßbender* § 92 RdNr. 19.
[12] *Eickmann-Albrecht* § 98 RdNr. 14; *Czub-Krauß* § 98 RdNr. 17; *Frenz* DtZ 1995, 69.
[13] *Czub-Krauß* § 98 RdNr. 17; aA *Vossius* § 92 RdNr. 41.

10 Der Notar hat das Grundbuchamt zusammen mit dem Antrag auf Eigentumsumschreibung bzw. Eintragung des Erbbaurechts, spätestens jedoch sechs Monate nach der Beurkundung[14] um Löschung des Eröffnungsvermerks zu ersuchen, wobei **Vollzugshindernisse** den Fristlauf hemmen. Als Vollzugshindernisse nennt Satz 3 das Nichtvorliegen für den Vollzug notwendiger behördlicher oder gerichtlicher Entscheidungen; zu denken ist hierbei etwa an die Teilungsgenehmigung nach BauGB iVm. § 120 oder an Entscheidungen über Erbscheinsanträge. Fraglich ist, ob auch den Vollzug verzögernde tatsächliche Vorgänge wie etwa eine sich verzögernde Vermessung zu einer Fristhemmung führen.[15] Für den Fall, daß sechs Monate zur Beschaffung aller zum Vollzug erforderlichen Unterlagen trotz Abs. 2 Satz 3 nicht ausreichen sollten, verweist der Gesetzgeber[16] auf die Möglichkeit zur Eintragung einer Vormerkung für den Anspruch aus dem Vertrag;[17] diese – an die Stelle des zu löschenden Eröffnungsvermerks tretende – Vormerkung könne von vornherein vereinbart oder später gemäß § 885 BGB durchgesetzt werden.[18] Die Sechsmonatsfrist nach Abs. 2 Satz 2 mittlerer Halbsatz, Satz 3 sollte im Rahmen einer Bereinigung des Sachenrechtsbereinigungsgesetzes ersatzlos gestrichen werden, da sie wegen der dann erforderlich werdenden Absicherung des Erwerbers durch eine gesondert zu beantragende Auflassungsvormerkung im Ergebnis ohnehin leerläuft und so nur unnötigen Aufwand und Kosten verursacht.

11 Bei **Derogation** ist für das Löschungsersuchen ausschließlich derjenige Notar zuständig, bei dem das Vermittlungsverfahren abgeschlossen worden ist.

§ 99 Abschlußprotokoll über Streitpunkte

Kommt es nicht zu einer Einigung, so hält der Notar das Ergebnis des Verfahrens unter Protokollierung der unstreitigen und der streitig gebliebenen Punkte fest (Abschlußprotokoll). Sind wesentliche Teile des abzuschließenden Vertrages unstreitig, so können die Beteiligten verlangen, daß diese Punkte im Protokoll als vereinbart festgehalten werden. Die Verständigung über diese Punkte ist in einem nachfolgenden Rechtsstreit bindend.

I. Abschlußprotokoll und Beendigungsbeschluß (Satz 1)

1 Der Notar beendet das Vermittlungsverfahren, wenn nach seinem pflichtgemäßen Ermessen **keine Einigung** mehr erreicht werden kann; die Ansicht eines Beteiligten, es werde noch zu einer Einigung kommen, ist demgegenüber unmaßgeblich.[1] Die Beteiligten haben bei andauernder Uneinigkeit keinen Anspruch auf Fortführung des Verfahrens; den Beteiligten ist die Absicht des Notars, das Vermittlungsverfahren zu beenden, wegen ihres Anspruchs auf rechtliches Gehör rechtzeitig mitzuteilen.

2 Das **Abschlußprotokoll** hat zum Inhalt amtliche Feststellungen des Notars über den Verlauf und das Ergebnis des von ihm geleiteten Vermittlungsverfahrens und ist daher den Beteiligten weder vorzulesen noch von ihnen zu genehmigen.[2] Das Abschlußprotokoll besteht aus drei Teilen, nämlich (1) den Feststellungen zum Verfahrensablauf, (2) dem Vermittlungsvorschlag und (3) den auf den Vermittlungsvorschlag bezogenen streitig gebliebenen Punkten. Die streitig gebliebenen Punkte können auch in den Vermittlungsvorschlag integriert und etwa durch Kursivschrift gekennzeichnet werden. Das Abschlußprotokoll ist vom Notar zu unterzeichnen und mit Schnur und Siegel zu versehen; die Beteiligten erhalten beglaubigte Abschriften. Das Abschlußprotokoll wird als schriftliche Zusammenfassung des Vermittlungsverfahrensergebnisses nach § 39 BeurkG gemäß § 8 DONot mit einer URNr. versehen und in die Urkundenrolle eingetragen.[3]

[14] Grundsätzlich kritisch zur Sechsmonatsfrist *Czub-Krauß* § 98 RdNr. 17 ff.; *Eickmann-Albrecht* § 98 RdNr. 14 f.; *Vossius* § 98 RdNr. 14 ff.; von Systemwidrigkeit und verfassungsrechtlichen Bedenken sprechen *Clemm-Etzbach-Faßbender* § 98 RdNr. 11.

[15] Dafür *Eickmann-Albrecht* § 98 RdNr. 14 f.; dagegen *Czub-Krauß* § 98 RdNr. 19; *Vossius* § 98 RdNr. 18.

[16] BT-Dr. 12/5992 S. 171.

[17] Dafür auch *Vossius* § 98 RdNr. 20; *Czub-Krauß* § 98 RdNr. 20 ff.; *Krauß* MittBayNot 1995, 361 f.; kritisch *Eickmann-Albrecht* § 98 RdNr. 15.

[18] BT-Dr. 12/5992, S. 171.

[1] *Eickmann-Albrecht* § 99 RdNr. 2.

[2] *Eickmann-Albrecht* § 99 RdNr. 3.

[3] *Vossius* § 99 RdNr. 8; *Clemm-Etzbach-Faßbender* § 99 RdNr. 7; aA *Czub-Krauß* § 99 RdNr. 4.

Ein im Abschlußprotokoll enthaltener oder gesondert zu fassender **Beendigungsbeschluß** ist zur Festsetzung und Verteilung der entstandenen Kosten und als Grundlage des Ersuchens um Löschung des Eröffnungsvermerks im Grundbuch erforderlich. Im förmlich zuzustellenden Beendigungsbeschluß setzt der Notar den Beteiligten eine angemessene Frist zur Klageerhebung, nach deren klaglosem Ablauf er das Grundbuchamt um **Löschung des Eröffnungsvermerks** ersucht. In Betracht kommt entsprechend § 98 Abs. 2 Satz 2 eine Frist von sechs Monaten ab Zugang von Abschlußprotokoll und Beendigungsbeschluß.[4] Die Frist kann im Einzelfall nach pflichtgemäßem Ermessen des Notars auch kürzer bemessen werden. 3

II. Verlangte Bindungswirkung (Satz 2 und 3)

Der Vermittlungsvorschlag ist **unstreitig**, soweit die Beteiligten nicht ausdrücklich die Änderung einzelner Punkte verlangt haben. Die unstreitigen Punkte binden die Beteiligten jedoch nur auf deren übereinstimmenden Antrag; der Antrag nur eines Beteiligten genügt nicht.[5] Kommt eine **Bindungsvereinbarung** nicht zustande, ist nach § 154 Abs. 1 Satz 2 BGB auch derjenige später nicht mehr gebunden, der die Bindungswirkung ursprünglich beantragt hatte. Der Notar wird darauf hinwirken, daß der Vermittlungsvorschlag bis auf die streitig gebliebenen Punkte als bindend vereinbart wird, um den Streitstoff zu reduzieren. Die Bindungswirkung kann jederzeit auf übereinstimmenden Antrag der Beteiligten aufgehoben werden. Unberührt bleiben materiellrechtliche Bindungen, etwa an die gewählte Vertragsart gemäß § 16 Abs. 1 Satz 2. 4

III. Änderung des Abschlußprotokolls

Gegen den Inhalt des Abschlußprotokolls ist Beschwerde nach § 89 Abs. 2, § 19 FGG insbesondere mit der Behauptung möglich, das Ergebnis des Vermittlungsverfahrens sei im Protokoll nicht richtig wiedergegeben worden, etwa daß eine Verständigung mit Bindungswirkung (nicht) vorgelegen habe.[6] Ein unrichtiges Protokoll kann entsprechend § 164 ZPO auf Antrag oder von Amts wegen berichtigt werden; die Beteiligten sind vorher anzuhören. 5

§ 100 Kosten

(1) Für das notarielle Vermittlungsverfahren erhält der Notar das Vierfache der vollen Gebühr nach § 32 der Kostenordnung. Die Gebühr ermäßigt sich auf

1. das Doppelte der vollen Gebühr, wenn das Verfahren vor Ausarbeitung eines Vermittlungsvorschlags beendet wird,

2. die Hälfte einer vollen Gebühr, wenn sich das Verfahren vor dem Erörterungstermin erledigt.

Als Auslagen des Verfahrens erhebt der Notar auch die durch Ermittlungen nach § 97 Abs. 1 entstandenen Kosten.

(2) Die Gebühren nach Absatz 1 bestimmen sich nach dem Geschäftswert, der sich aus den folgenden Vorschriften ergibt. Maßgebend ist das Fünfundzwanzigfache des Jahreswertes des Erbbauzinses ohne Rücksicht auf die Zinsermäßigung in der Eingangsphase oder der Kaufpreis, in jedem Fall jedoch mindestens die Hälfte des nach den §§ 19 und 20 Abs. 1 und 6 ermittelten Wertes. Endet das Verfahren ohne eine Vermittlung, bestimmt sich die Gebühr nach dem in Satz 2 genannten Mindestwert.

(3) Wird mit einem Dritten eine Vereinbarung über die Bestellung oder den Verzicht auf dingliche Rechte geschlossen, erhält der Notar für deren Vermittlung die Hälfte der vollen Gebühr. Der Wert richtet sich nach den Bestimmungen über den Geschäftswert in der Kostenordnung, in den Fällen der §§ 36 und 63 jedoch nicht über den Anteil hinaus, für den der Nutzer nach Maßgabe dieser Vorschriften mithaftet.

[4] *Czub-Krauß* § 99 RdNr. 12.
[5] *Vossius* § 99 RdNr. 12.
[6] *Eickmann-Albrecht* § 99 RdNr. 8.

Übersicht

I. Regelungsumfang

1 Als spezialgesetzliche Norm verdrängt § 100 die allgemeinen kostenrechtlichen Vorschriften nur hinsichtlich des Gebührensatzes (Abs. 1) und des Geschäftswertes (Abs. 2) für das notarielle Vermittlungsverfahren einschließlich der Vermittlung dinglicher Rechte (Abs. 3).[1] Im übrigen ist die Kostenordnung anzuwenden, auch die Ermäßigungsvorschrift des Einigungsvertrages für Kostenschuldner aus den neuen Bundesländern.[2] Nicht anzuwenden sind jedoch die §§ 144, 144a KostO, da diese Ausnahmevorschriften auf Vermittlungsverfahren nach dem Sachenrechtsbereinigungsgesetz nicht zugeschnitten sind[3] und durch § 100 verdrängt werden.

II. Gebühren nach Verfahrensstand (Abs. 1)

2 Die Anknüpfung der Kostenregelungen an den Verfahrensstand nach dem Vorbild des § 116 Abs. 1 KostO schafft einen Anreiz für die Beteiligten, eine einvernehmliche Sachenrechtsbereinigung außerhalb des förmlichen Vermittlungsverfahrens zu vereinbaren.[4]

3 **1. Erledigung vor dem Erörterungstermin (Satz 2 Nr. 2).** Bei Erledigung des Vermittlungsverfahrens vor dem Erörterungstermin, also vor Eintritt in die materielle Erörterung[5] ist eine **halbe Gebühr** zu berechnen. Die Erledigung kann zu jeder Zeit nach Einleitung des Verfahrens durch den Antragsteller, nicht etwa erst nach Eintragung des Eröffnungsvermerkes oder Zustellung des Antrages an den Antragsgegner erfolgen. Die Gebühr ist also mit Entgegennahme des Antrags verdient. Erledigung in diesem Sinne kann insbesondere durch Zurückweisung des Antrages wegen Unzuständigkeit des Notars (§ 88), unvollständigen oder unschlüssigen Antrags gem. § 90 Abs. 5 Satz 1 oder durch Antragsrücknahme eintreten. § 100 Abs. 1 ist insoweit lex specialis gegenüber § 130 KostO.[6] Daneben sind die bisher angefallenen Auslagen zu erstatten.

4 **2. Beendigung zwischen Erörterungstermin und Vermittlungsvorschlag (Satz 2 Nr. 1).** Bei Beendigung des notariellen Vermittlungsverfahrens nach dem Erörterungstermin, aber vor Ausarbeitung eines Vermittlungsvorschlags ist eine **doppelte Gebühr** in Ansatz zu bringen.

5 **3. Ausarbeitung eines Vermittlungsvorschlags (Satz 1).** Nach Ausarbeitung des Vermittlungsvorschlags, wobei es auf die Übersendung desselben an die Beteiligten[7] und damit den

[1] *Vossius* § 100 RdNr. 3.

[2] *Vossius* § 100 RdNr. 9; *Clemm-Etzbach-Faßbender* § 100 RdNr. 11; *Korintenberg-Lappe*, KostO, 13. Aufl. 1995, Anh. A III § 100 RdNr. 19.

[3] Ausführlich *Czub-Frenz* § 100 RdNr. 8; *Tiedtke-Schmidt* DNotZ 1995, 746; *Lappe* NJW 1996, 1190; *Korintenberg* (Fn. 2) RdNr. 20f.; aA *Vossius* § 100 RdNr. 9; *Clemm-Etzbach-Faßbender* § 100 RdNr. 11.

[4] Vgl. *Czub-Frenz* § 100 RdNr. 1.

[5] AA *Vossius* § 100 RdNr. 15: Aufruf der Sache; zum Kostenanspruch bei Verfahrensaussetzung vgl. § 94 RdNr. 12.

[6] AA *Clemm-Etzbach-Faßbender* § 100 RdNr. 12f, die bis zur Verhandlung mit dem Antragsgegner bei Antragsrücknahme § 130 Abs. 2 KostO und bei Zurückweisung § 130 Abs. 1 KostO anwenden wollen, dabei aber wohl verkennen, daß nach der gesetzgeberischen Konzeption die Verhandlung im Erörterungstermin stattfindet und bei Erledigung im Erörterungstermin nach § 100 Abs. 1 Nr. 1 schon die doppelte Gebühr zu erheben ist.

[7] Vgl. *Vossius* § 100 RdNr. 12, § 98 RdNr. 10; *Korintenberg-Lappe*, KostO, 13. Aufl. 1995, Anh. A III § 100 RdNr. 12.

Zeitpunkt der Aufgabe zur Post ankommt, ist die für das gesamte Vermittlungsverfahren vorgesehene **vierfache Gebühr** entstanden. Für die nachfolgende Beurkundung des Vermittlungsvorschlags nach § 98 Abs. 2 Satz 1 werden keine gesonderten Gebühren erhoben.[8]

6 **4. Ermittlungskosten (Satz 3).** Neben den Verfahrensgebühren haben die Beteiligten die durch Ermittlungen des Notars nach § 97 entstandenen Kosten, insbesondere die Kosten für Verkehrswertgutachten sowie die Teilungs-/Vermessungskosten zu tragen. Bei gebührenfreien Amtshandlungen nach § 91 sind auch keine Auslagen zu erstatten (vgl. § 91 RdNr. 10).

III. Geschäftswert (Abs. 2)

7 **1. Kaufpreis.** Beim Ankauf des Grundstücks oder Gebäudes bestimmt sich der Geschäftswert gemäß den §§ 68ff. nach dem regelmäßig die Hälfte des Bodenwertes betragenden **Kaufpreis**, wobei die **Preisanhebungen** nach den §§ 69, 70, 74 in voller Höhe[9] und die **Nachzahlungsverpflichtungen** nach den §§ 71, 73 Abs. 2 und 3 in Höhe von ca. 20 bis 30% des Kaufpreises zu berücksichtigen sind.[10]

8 Die Ausgleichsverpflichtung nach § 72 und die Kaufpreisermäßigung nach § 68 Abs. 2 bleiben **unberücksichtigt**.[11] Die Aufteilung in Wohnungs- und Teileigentum ist nicht gesondert zu bewerten; § 21 KostO wird von Abs. 2 verdrängt.[12]

9 **2. Erbbauzins.** Geschäftswert bei der Bestellung eines Erbbaurechts ist das **fünfundzwanzigfache des vereinbarten Jahreserbbauzinses**, auch wenn das Erbbaurecht für eine kürzere Zeit bestellt wird.[13] Zusätzlich zu berücksichtigen ist das **Vorkaufsrecht** am Erbbaurecht zugunsten des Grundstückseigentümers, und zwar gemäß § 20 Abs. 2 KostO mit dem halben Verkehrswert des auf dem Erbbaugrundstück errichteten Gebäudes,[14] nicht jedoch das als wesentlicher Bestandteil des Erbbaurechts anzusehende Ankaufsrecht des Erbbauberechtigten nach § 57.

10 **Unberücksichtigt** bleiben außerdem: Die Nutzungsentschädigung für die Vergangenheit nach § 44 Abs. 2, die gegenstandsgleich mit dem Erbbauzins ist; die Verzinsung überlassener Gebäude nach § 45; die Zinsanpassungsverpflichtungen nach §§ 46, 47, 48, 50 – Ausnahme: Währungsgleitklausel nach § 3 WährungsG, regelmäßig 10% Zuschlag –; der Zustimmungsvorbehalt nach § 49; die Zinsermäßigung in der Eingangsphase nach § 51; die durch Heimfallklausel gesicherten Bau- und Reparaturverpflichtungen nach § 56.[15] Bei der Aufteilung in Wohnungs- und Teilerbbaurechte nach § 40 sind die Werte des Erbbaurechts am Grundstück und der Wohnungserbbaurechte zu addieren;[16] § 21 KostO wird nicht von Abs. 2 verdrängt.[17]

11 **3. Mindestwert.** Beträgt beim **Ankauf** der unter Berücksichtigung der Verpflichtungen erhöhte Kaufpreis weniger als die Hälfte des nach den §§ 19f. zu ermittelnden Bodenwertes, so ist der halbe Bodenwert der Gebührenberechnung als Geschäftswert zugrundezulegen. Der vom Notar anhand der Bodenrichtwerte oder aufgrund Sachverständigengutachtens festgestellte Bodenwert ist auch dann maßgebend, wenn die Beteiligten ihn für überhöht halten;[18] über Beanstandungen entscheidet gemäß § 156 KostO das Landgericht.

12 Beträgt bei der **Erbbaurechtsbestellung** der 25-fache Jahreserbbauzins weniger als die Hälfte des nach den §§ 19f. zu ermittelnden Bodenwertes, ist der halbe Bodenwert der Gebührenberechnung als Geschäftswert zugrundezulegen.

13 **4. Verfahrensbeendigung ohne Vermittlung.** Wird das Verfahren ohne Vermittlung, d.h. ohne **Vermittlungserfolg** beendet, kommt also weder ein Vertragsschluß nach § 98 Abs. 2 Satz 1 noch ein Bestätigungsbeschluß nach § 96 Abs. 5 Satz 2 zustande, so ist mangels vereinbarten Kaufpreises oder Jahreserbbauzinses der halbe Grundstückswert nach den §§ 19f. bei der Gebührenberechnung anzusetzen.

[8] *Korintenberg-Lappe*, KostO, 13. Aufl. 1995, Anh. A III § 100 RdNr. 39.
[9] AA *Clemm-Etzbach-Faßbender* § 100 RdNr. 4: 10%.
[10] *Vossius* § 100 RdNr. 33.
[11] *Vossius* § 100 RdNr. 33; aA zu § 72 *Korintenberg-Lappe*, KostO, 13. Aufl. 1995, Anh. A III § 100 RdNr. 32: Berichtigung der ursprünglichen Kostenberechnung.
[12] *Vossius* § 100 RdNr. 34.
[13] Ablehnend *Lappe* NJW 1995, 1196; *Tiedtke-Schmidt* DNotZ 1995, 741.
[14] *Clemm-Etzbach-Faßbender* § 100 RdNr. 2.
[15] *Vossius* § 100 RdNr. 29ff.
[16] *Korintenberg-Lappe*, KostO, 13. Aufl. 1995, Anh. A III § 100 RdNr. 29.
[17] AA *Vossius* § 100 RdNr. 32.
[18] *Clemm-Etzbach-Faßbender* § 100 RdNr. 6.

IV. Vermittlung bei dinglichen Rechten Dritter

14 **1. Vereinbarung.** Die gesondert zu berechnende Vermittlungsgebühr in Höhe einer halben Gebühr entsteht nur, wenn dinglich Berechtigte am Vermittlungsverfahren beteiligt wurden und nach Erörterung eine Vereinbarung vor dem Notar abgeschlossen haben.[19] Es muß also (a) eine Vereinbarung (b) durch Vermittlung des Notars abgeschlossen worden sein. Ist trotz notarieller Vermittlung keine Vereinbarung oder ist die Vereinbarung ohne notarielle Vermittlung zustandegekommen, entsteht die Gebühr nach Abs. 3 nicht, denn Voraussetzung der Entstehung der Gebühr ist der vom Notar herbeigeführte Vermittlungserfolg.[20] Werden Löschungsbewilligungen, Pfandfreigaben, Rangrücktritte usw. nicht innerhalb des Sachenrechtsbereinigungsverfahrens, sondern lediglich im Rahmen des Vollzugs des Vertrages eingeholt, ist nicht die Vermittlungsgebühr nach Abs. 3, sondern eine Nebentätigkeitsgebühr nach § 147 KostO anzusetzen.[21]

15 Die Gebühr wird für jede Vereinbarung mit einem Dritten einzeln erhoben. Werden mit einem Dritten in einem Termin mehrere Vereinbarungen über verschiedene dingliche Rechte geschlossen, entsteht die Vermittlungsgebühr nach Abs. 3 jedoch nur einmal aus dem Gesamtwert der dinglichen Rechte.[22]

16 **2.** Der **Geschäftswert** bestimmt sich nach den §§ 22ff. KostO; bei einer Haftungsübernahme nach § 36 oder § 63 Abs. 3 ist jedoch nur der Betrag anzusetzen, für den der Nutzer mithaftet.

17 **3. Gebührenschuldner** ist anders als nach § 116 Abs. 2 KostO nicht der Dritte, dessen dingliches Recht vermittelt wird,[23] sondern nach § 2 Nr. 1 KostO bei der Bestellung eines dinglichen Rechts der Erwerber, bei der Löschung eines dinglichen Rechts der Eigentümer des Grundstücks oder Gebäudes; eine Kostenteilung findet hier nicht statt.[24]

V. Nebengebühren

18 Durch die Verfahrensgebühren nicht abgegolten sind die beim **Vollzug** einer beurkundeten Vereinbarung entstehenden Kosten.[25] Neben der Vermittlungsgebühr entsteht etwa eine halbe Gebühr nach § 38 Abs. 2 Nr. 5 lit. a KostO für die Beurkundung von Grundbuchanträgen und -bewilligungen im Zusammenhang mit Löschungs-, Freigabe- oder Rangrücktrittserklärungen der Inhaber dinglicher Rechte. Für im Auftrag der Beteiligten betriebene Genehmigungsverfahren ist die Vollzugsgebühr gem. § 146 Abs. 1 KostO zu erheben. Weiter kommen Hebegebühren nach § 149 KostO und Nebentätigkeitsgebühren gem. § 147 Abs. 2 KostO für die Überwachung der Kaufpreisfälligkeit und der Vorlagesperre in Betracht. Die Vermittlungsgebühr umfaßt auch nicht die Gebühr für die Bestellung einer Finanzierungsgrundschuld des Erwerbers.

§ 101 Kostenpflicht

(1) Für die Kosten des Vermittlungsverfahrens haften Grundstückseigentümer und Nutzer als Gesamtschuldner. Sie haben die Kosten zu teilen. Eine Erstattung der den Beteiligten entstandenen Auslagen findet nicht statt.

(2) Die für das notarielle Vermittlungsverfahren im Falle einer Einstellung nach § 95 entstandenen Kosten sind

1. in den Fällen des § 95 Abs. 1 Nr. 1 zwischen Eigentümer und Nutzer zu teilen,
2. in den Fällen des § 95 Abs. 1 Nr. 2 von dem Antragsteller zu tragen,
3. in den Fällen des § 95 Abs. 2 von dem Beteiligten zu tragen, der das Verfahren nach § 64 des Landwirtschaftsanpassungsgesetzes beantragt hat.

[19] *Vossius* § 100 RdNr. 38.
[20] *Korintenberg-Lappe,* KostO, 13. Aufl. 1995, Anh. A III § 100 RdNr. 50: Erfolgsgebühr.
[21] *Clemm-Etzbach-Faßbender* § 100 RdNr. 10.
[22] *Clemm-Etzbach-Faßbender* § 100 RdNr. 10.
[23] *Eickmann-Eickmann* § 100 RdNr. 3.
[24] *Clemm-Etzbach-Faßbender* § 101 RdNr. 11; *Vossius* § 101 RdNr. 6; aA *Eickmann-Eickmann* § 100 RdNr. 3.
[25] *Tiedtke-Schmidt* DNotZ 1995, 740.

Übersicht

I. Gesamtschuldnerische Haftung (Abs. 1 Satz 1)

1 Im notariellen Vermittlungsverfahren gilt entsprechend § 5 Abs. 1 Satz 1 KostO der Grundsatz, daß die Beteiligten im Verhältnis zum Notar **gesamtschuldnerisch** für die Kosten haften.

2 Eine gesamtschuldnerische Haftung besteht ausnahmsweise nicht, wenn ein Antrag auf Durchführung des notariellen Vermittlungsverfahrens als unzulässig oder unschlüssig zurückgewiesen wurde.[1]

3 Sind die Kosten nur eines von zwei Beteiligten wegen dessen Wohnsitz in den neuen Bundesländern **ermäßigt**, so ist nur dessen gesetzlicher Gebührenanteil um 10% zu ermäßigen, der Gebührenanteil des anderen Beteiligten bleibt unermäßigt. Die **Haftung** des Begünstigten beschränkt sich allerdings auf 90% der Gesamtgebühren, während der nicht Begünstigte für seinen unermäßigten Teil und den ermäßigten Gebührenanteil des Begünstigten in vollem Umfang, also für 95% der gesamten, unermäßigten Gebühren haftet. Der interne Ausgleichsanspruch des Nichtbegünstigten beschränkt sich für den Fall, daß er die Gebühren alleine bezahlt hat, auf den ermäßigten Anteil des Begünstigten, also auf 45% der Gesamtgebühren.[2]

II. Kostenverteilung

4 **1. Grundsatz der Kostenteilung (Abs. 1 Satz 2).** Im Innenverhältnis der Beteiligten sind die Kosten grundsätzlich zu teilen. Ausnahmsweise werden die Kosten jedoch entsprechend der Wertung in Abs. 2 Nr. 2 und 3 von einem Beteiligten alleine zu tragen sein, wenn er sie ausschließlich alleine veranlaßt hat, etwa bei Zurückweisung seines Antrags nach § 90 Abs. 5 Satz 2.

5 **2. Keine Auslagenerstattung (Abs. 1 Satz 3).** Auslagen der Beteiligten werden nicht erstattet, Auslagen des Notars sind hingegen Verfahrenskosten und somit zu teilen. Von den Beteiligten selbst zu tragende Auslagen sind insbesondere die eigenen Rechtsanwalts- und Reisekosten.

6 **3. Einstellung des Verfahrens (Abs. 2).** Abweichend von Abs. 1 Satz 1 werden die Kosten im Falle der Verfahrenseinstellung nach § 95 entsprechend der Veranlassung verteilt. **(Nr.1):** Bei Einstellung wegen Einleitung eines Bodenneuordnungsverfahrens sind die Kosten des notariellen Vermittlungsverfahrens zu teilen, da die Einleitung des Bodenneuordnungsverfahrens ausschließlich von Amts wegen erfolgt und somit die Einstellung des Vermittlungsverfahrens von keiner Seite veranlaßt ist.

7 (**Nr. 2**): Auch das Verfahren nach § 64 Landwirtschaftsanpassungsgesetz ersetzt das notarielle Vermittlungsverfahren.[3] Wird nach Eröffnung dieses Verfahrens Antrag auf Durchführung eines notariellen Vermittlungsverfahrens gestellt, so ist letzteres gem. § 95 Abs. 1 Nr. 2 ohne weiteres einzustellen; die Kosten trägt nach Nr. 2 als Veranlasser derjenige, der das (aussichtslose) notarielle Vermittlungsverfahren beantragt hat. **(Nr. 3):** Wird nach Eröffnung des notariellen Vermittlungsverfahrens ein Verfahren nach § 64 Landwirtschaftsanpassungsgesetz eingeleitet und einigen sich die Beteiligten nicht noch auf Einstellung des Bodenordnungsverfahrens, so ist gem. § 95 Abs. 2 wiederum das notarielle Vermittlungsverfahren einzustellen; die Kosten trägt in diesem Fall als Veranlasser derjenige, der nachträglich die Bodenordnung beantragt hat.

[1] Ebenso *Lappe* NJW 1995, 1191 ff., 1197.

[2] Vgl. hierzu BayObLG DNotZ 1985, 563 = MittBayNot 1984, 147; *Korintenberg-Lappe*, KostO, 13. Aufl. 1995, § 144 RdNr. 35; *Dietrich* DNotZ 1980, 402 – alle zu § 144 KostO.

[3] Vgl. § 86 RdNr. 3.

§ 102 Prozeßkostenhilfe

(1) Für das notarielle Vermittlungsverfahren finden die Vorschriften der Zivilprozeßordnung über die Prozeßkostenhilfe mit Ausnahme des § 121 Abs. 1 bis 3 entsprechende Anwendung. Einem Beteiligten ist auf Antrag ein Rechtsanwalt beizuordnen, wenn der andere Beteiligte durch einen Rechtsanwalt vertreten ist und die Beiordnung zur zweckentsprechenden Rechtsverfolgung erforderlich ist.

(2) Für die Entscheidung nach Absatz 1 ist das Gericht zuständig, das nach § 103 Abs. 1 über eine Klage auf Feststellung des Erbbaurechts oder des Ankaufsrechts zu entscheiden hat.

(3) Der Notar hat dem Gericht die Antragsunterlagen zu übermitteln.

I. Prozeßkostenhilfe nach §§ 114 bis 127 ZPO (Abs. 1 Satz 1)

1 **Normzweck**. Ein notarielles Vermittlungsverfahren soll auch derjenige beanspruchen können, der nach seinen persönlichen und wirtschaftlichen Verhältnissen die dadurch entstehenden Kosten nicht oder nur teilweise aufbringen kann. § 102 ist insofern lex specialis zu § 17 Abs. 2 BNotO, der für das an das Vermittlungsverfahren anschließende Beurkundungsverfahren gilt.

2 Verwiesen wird auf die §§ 114 bis 127 ZPO. Voraussetzungen der Gewährung von Prozeßkostenhilfe im notariellen Vermittlungsverfahren sind danach, daß (1) ein **Antrag** beim vermittelnden Notar oder beim nach Abs. 2 zuständigen Gericht gestellt wird, (2) der Antragsteller seine **Bedürftigkeit** nachweist, und (3) **Erfolgsaussicht** dahingehend besteht, daß durch das Vermittlungsverfahren die gewünschte Sachenrechtsbereinigung erreicht werden kann. Erfolgsaussicht ist dann anzunehmen, wenn ein den Voraussetzungen des § 90 Abs. 1 genügender und bei summarischer Prüfung erfolgversprechender Antrag vorliegt.

3 **Prozeßkostenhilfeberechtigt** ist jeder, der prozessual die Möglichkeit und rechtlich ein Interesse daran hat, sich am Vermittlungsverfahren zu beteiligen und dem gegenüber das Vermittlungsverfahren unmittelbare materiell-rechtliche Wirkungen hat.[1] Prozeßkostenhilfe kann daher nur dem Nutzer und dem Grundstückseigentümer bewilligt werden, nicht jedoch den anderen am Verfahren Beteiligten, etwa den dinglich Berechtigten oder den Anmeldern von Restitutionsansprüchen.

II. Beiordnung eines Rechtsanwalts (Abs. 1 Satz 2)

4 Die Beiordnung eines Rechtsanwalts entsprechend § 121 Abs. 1 bis 3 ZPO ist regelmäßig nicht geboten, da der Notar beide Seiten sachkundig und unabhängig zu beraten hat.[2] In Ausnahmefällen ist bei anwaltlicher Vertretung der Gegenseite die Beiordnung eines Rechtsanwalts möglich, wenn dies trotz der neutralen Vermittlung durch den Notar zur zweckentsprechenden Rechtsverfolgung erforderlich ist,[3] etwa bei komplizierten Grundstücksverhältnissen, umstrittenen Fällen faktischer Nutzung, komplizierten Kaufpreis- oder Erbbauzinsberechnungen oder bei nicht zum Rangrücktritt bereiten dinglich Berechtigten.[4]

III. Zuständigkeit des Gerichts (Abs. 2)

5 Die Prozeßkostenhilfe wird nicht von dem das Vermittlungsverfahren durchführenden Notar, sondern von dem Gericht bewilligt, in dessen Bezirk das verfahrensgegenständliche Grundstück oder Gebäude belegen ist (**Grundstücksbelegenheit**). Wegen der Höhe des Streitwerts wird regelmäßig das Landgericht zuständig sein.

IV. Übermittlung der Antragsunterlagen (Abs. 3)

6 Der Notar übermittelt dem Landgericht die Antragsunterlagen wahrheitsgemäß anhand der ihm bekannten Umstände. Er ist nicht verpflichtet, dem Gericht die ihm nachträglich bekannt werdenden Tatsachen mitzuteilen, die nach § 124 ZPO zur Aufhebung der Prozeßkostenhilfe-

[1] Vgl. MünchKommZPO-*Wax* § 114 RdNr. 30.
[2] BT-Dr. 12/5992, S. 172.
[3] BT-Dr. 12/5992, S. 172.
[4] *Vossius* § 102 RdNr. 18; *Czub-Frenz* § 102 RdNr. 3.

bewilligung führen könnten, da die Pflicht des Notars zur Verschwiegenheit gemäß § 18 BNotO und das dadurch mögliche Vertrauensverhältnis zu seinen Klienten Vorrang vor der Wahrung öffentlicher Interessen hat.[5]

Unterabschnitt 3. Gerichtliches Verfahren

§ 103 Allgemeine Vorschriften

(1) Die gerichtlichen Verfahren, die die Bestellung von Erbbaurechten oder den Ankauf des Grundstücks oder des Gebäudes oder der baulichen Anlage betreffen, sind nach den Vorschriften der Zivilprozeßordnung zu erledigen. Ausschließlich zuständig ist das Gericht, in dessen Bezirk das Grundstück ganz oder zum größten Teil belegen ist.

(2) Bei den Landgerichten können Kammern für die Verfahren zur Sachenrechtsbereinigung gebildet werden.

I. Regelungsbereich

1 Gerichtliche Sachenrechtsbereinigungsverfahren sind möglich bei allen Ansprüchen nach dem **Sachenrechtsbereinigungsgesetz**, die Gegenstand eines notariellen Vermittlungsverfahrens waren: Erbbaurechtsbestellung nach §§ 32ff. und Erholungsnutzungsrechtsgesetz; Grundstücks- oder Gebäudeankauf nach §§ 61ff., 81ff.; Verfahren nach §§ 109, 110 und 121f. Die Feststellungsklage nach § 108 bei bestrittener Anspruchsberechtigung kann auch vor Durchführung eines notariellen Vermittlungsverfahrens erhoben werden.[1]

2 **Streitparteien** sind regelmäßig Nutzer und Grundstückseigentümer; möglich ist jedoch auch ein Streit zwischen mehreren Nutzern ohne Beteiligung des Grundstückseigentümers über Ansprüche nach §§ 40, 67 oder ein Streit von Nutzer oder Grundstückseigentümer mit dem dinglich Berechtigten über Ansprüche nach §§ 33ff., 62ff.

3 Von den §§ 103ff. **nicht erfaßt** sind Ansprüche wegen Nutzungsentschädigung oder Schadensersatz, die aber durch gesonderte Klage geltend gemacht und ggf. durch Prozeßverbindung mit der Klage nach §§ 104ff. verbunden werden können. Nicht erfaßt sind auch die auf Abschluß von Miet- oder Nutzungsverträgen gerichteten Ansprüche nach § 31 Abs. 2, § 83 Abs. 2 oder § 123, die allenfalls als Widerklage im Gerichtsstand nach § 103 geltend gemacht werden können.[2] Streitigkeiten über die im Sachenrechtsbereinigungsverfahren vereinbarte Zahlung von Erbbauzinsen oder des vereinbarten Kaufpreises richten sich nicht nach den §§ 103ff., sondern nach den allgemeinen Vorschriften der ZPO.

II. Sachliche Zuständigkeit

4 **1. Zivilverfahren (Abs. 1 Satz 1).** Die Verfahren nach §§ 103ff. sind Zivilsachen im Sinne der ZPO, der Amtsermittlungsgrundsatz gilt in diesem Verfahrensstadium nicht mehr.[3] Für die Streitwertfestsetzung gelten die §§ 2ff. ZPO und nicht § 100 Abs. 2.

5 Bei einem über der Streitwertgrenze des § 23 Nr. 1 GVG liegenden Wert des Streitgegenstands sind die Landgerichte nach § 23 GVG erstinstanzlich zuständig. Von einer streitwertunabhängigen Zuweisung an die Amtsgerichte gemäß § 23 Nr. 2 GVG hat der Gesetzgeber keinen Gebrauch gemacht.

6 **2. Sachenrechtsbereinigungskammern.** Abs. 2 sieht die Bildung von Spezialkammern bei den Landgerichten zur Konzentration des spezifischen Sachverstands im Interesse einer einheitlichen Rechtsprechung vor. In Umsetzung der Ermächtigung nach Abs. 2 ist beim Landgericht Dresden die Kammer für die Verfahren zur Sachenrechtsbereinigung und Bodensonderung (17. Zivilkammer) für die Verfahren zur Sachenrechtsbereinigung zuständig.

[5] *Clemm-Etzbach-Faßbender* § 102 RdNr. 12f.; aA *Vossius* § 102 RdNr. 26.

[1] LG Potsdam OV spezial 1996, 61ff. = VIZ 1996, 175.

[2] *Vossius* § 103 RdNr. 6.

[3] Hiergegen *Grün* NJW 1994, 2648.

III. Örtliche Zuständigkeit (Abs. 1 Satz 2)

7 Das Gericht der **Belegenheit des Grundstücks** bzw. des flächenmäßig größten Grundstücksteils ist wegen der Ortsnähe und Sachkunde ausschließlich zuständig. Die Wahl eines anderen Gerichtsstandes ist nicht möglich, die Prorogation ist ausgeschlossen.[4]

IV. Anwaltszwang

8 Bei sachlicher Zuständigkeit des Landgerichts besteht wegen der im gerichtlichen Verfahren nach Abs. 1 Satz 1 anzuwendenden Vorschriften der ZPO nach § 78 Abs. 1 ZPO Anwaltszwang, da der Gesetzgeber keine Ausnahme vom Anwaltszwang gemäß § 78 Abs. 3 ZPO bestimmt hat. Die vom Gesetzgeber für das gerichtliche Verfahren ab dem Landgericht stillschweigend vorausgesetzte Notwendigkeit einer Vertretung durch einen zugelassenen Anwalt dient dem Interesse einer geordneten Rechtspflege sowie dem Schutz der rechtsunkundigen Partei und rechtfertigt sich durch die verfahrenserleichternde Aufbereitung und Konzentration des Prozeßstoffs, wodurch Chancengleichheit und materielle Gerechtigkeit befördert werden sollen.[5]

§ 104 Verfahrensvoraussetzungen

Der Kläger hat für eine Klage auf Feststellung über den Inhalt eines Erbbaurechts oder eines Ankaufsrechts nach Maßgabe der §§ 32, 61, 81 und 82 den notariellen Vermittlungsvorschlag und das Abschlußprotokoll vorzulegen. Fehlt es an dem in Satz 1 bezeichneten Erfordernis, hat das Gericht den Kläger unter Fristsetzung zur Vorlage aufzufordern. Verstreicht die Frist fruchtlos, ist die Klage als unzulässig abzuweisen. Die Entscheidung kann ohne mündliche Verhandlung durch Beschluß ergehen.

I. Anwendungsbereich

1 Im gerichtlichen Sachenrechtsbereinigungsverfahren besteht regelmäßig die über die allgemeinen Sachurteilsvoraussetzungen hinausgehende **Sachurteilsvoraussetzung** der Durchführung eines notariellen Vermittlungsverfahrens. Die Pflicht zur Vorlage des Vermittlungsvorschlags und des Abschlußprotokolls besteht bei Streitigkeiten zwischen Grundstückseigentümer und -nutzer nach dem Sachenrechtsbereinigungsgesetz immer dann, wenn nicht bereits die Anspruchsberechtigung bestritten wird. Bei dem Sachenrechtsbereinigungsgesetz unterfallenden Streitigkeiten mit den Inhabern dinglicher Rechte ist kein Vermittlungsvorschlag vorzulegen.

II. Zulässigkeit der Klage

2 Besondere Zulässigkeitsvoraussetzung der Klage ist, daß dem Gericht der notarielle **Vermittlungsvorschlag** und das **Abschlußprotokoll** vorgelegt wird.[1] Unterbleibt dies, ist die Klage nach angemessener Fristsetzung als unzulässig abzuweisen. Erforderlich und ausreichend ist die Vorlage einer beglaubigten Abschrift des den Vermittlungsvorschlag enthaltenden Abschlußprotokolls; eine Kopie genügt nicht, eine Ausfertigung ist nicht erforderlich, da es auf den Besitz der Urkunden nicht ankommt.

3 Das notarielle Vermittlungsverfahren ist auch dann nicht entbehrlich, wenn der Antragsgegner unbekannten Aufenthalts ist und seine Verfahrensbeteiligung wegen § 92 Abs. 1 Satz 2 nicht mittels öffentlicher Zustellung fingiert werden kann.[2] Die Unzulässigkeit öffentlicher Zustellung kann nicht dazu führen, daß überhaupt nicht zugestellt werden muß und das Vermittlungsverfahren insgesamt entbehrlich wird; vielmehr ist in solchen Fällen auf Antrag des anderen Beteiligten ein Pfleger gem. § 17 Abs. 1 Nr. 3 zu bestellen und am notariellen Vermittlungsverfahren zu beteiligen, wodurch sich auch regelmäßig das gerichtliche Verfahren erübrigen wird.

[4] *Vossius* § 103 RdNr. 11 f.
[5] MünchKommZPO-*vonMettenheim* § 78 RdNr. 4.

[1] *Eickmann-Eickmann* § 104 RdNr. 2 f.
[2] AA *Vossius* § 104 RdNr. 12 f.

Die auf Ausgestaltung und Erfüllung eines zwischen den Beteiligten bereits bestehenden gesetzlichen Schuldverhältnisses gerichtete Klage ist keine Feststellungsklage besonderer Art,[3] sondern eine Leistungsklage mit Elementen der Gestaltungsklage.[4] Es handelt sich um eine **Vertragsgestaltungsklage** eigener Art. **4**

III. Entscheidung über die Zulässigkeit

5 Legt der Kläger den Vermittlungsvorschlag und das Abschlußprotokoll nicht vor, so hat das Gericht nach fruchtlosem Verstreichen einer angemessenen Nachfrist die Klage gem. Satz 3 von Amts wegen als unzulässig abzuweisen. Satz 4 bestimmt, daß die Entscheidung ohne mündliche Verhandlung durch Beschluß ergehen kann. Daraus läßt sich allerdings wohl nicht im Umkehrschluß entnehmen, daß nach voraufgegangener mündlicher Verhandlung durch Urteil zu entscheiden sei. Regelmäßig – d.h. soweit das Gesetz nicht ausdrücklich etwas anderes bestimmt – sind Entscheidungen bei fakultativer mündlicher Verhandlung durch Beschluß zu treffen und zwar auch dann, wenn tatsächlich eine mündliche Verhandlung durchgeführt wurde.[5] Von dieser Regel ist auch hier auszugehen, obgleich dadurch die ausdrückliche Anordnung des Beschlußverfahrens in Satz 4 zum bloßen (überflüssigen und eher irreführenden) Hinweis wird, auf den das Gesetz an anderer Stelle stets verzichtet.[6] Hätte der Gesetzgeber nach mündlicher Verhandlung das Urteilsverfahren gewollt, so hätte dies als Abweichung von der Regel einer eindeutigeren Formulierung wie etwa in § 922 Abs. 1 Satz 1 ZPO bedurft.[7]

6 Gegen den Beschluß ist die einfache Beschwerde gem. § 567 ZPO statthaft. Der klageabweisende Beschluß betrifft ein „das Verfahren betreffendes Gesuch" iSd. § 567 Abs. 1, 2. Hs. ZPO, denn mit „Verfahren" ist hier nicht nur der äußere Verfahrensgang, sondern der Rechtsstreit an sich gemeint.[8] Da eine mit der unbefristeten einfachen Beschwerde anfechtbare Entscheidung nicht durch Ablauf einer Rechtsmittelfrist in Rechtskraft erwachsen kann, bleibt die Klage – worauf *Tropf* zu Recht hinweist[9] – bis zur anderweitigen Erledigung trotz klageabweisender Entscheidung rechtshängig. Dies ist im Hinblick auf die Wirkungen der Rechtshängigkeit gem. § 261 Abs. 3 ZPO durchaus hinnehmbar,[10] ähnliche Schwebezustände sind auch aus anderen Vefahren bekannt.[11]

7 Satz 4 gilt seinem Wortlaut und seiner systematischen Stellung entsprechend nur für die Klageabweisung wegen fehlendem Nachweis des Vorverfahrens. Bei Unzulässigkeit aus anderen Gründen erfolgt demnach Klageabweisung durch Urteil nach vorhergehender mündlicher Verhandlung.

§ 105 Inhalt der Klageschrift

In der Klageschrift hat sich der Kläger auf den notariellen Vermittlungsvorschlag zu beziehen und darzulegen, ob und in welchen Punkten er eine hiervon abweichende Feststellung begehrt.

I. Anwendungsbereich

1 Die notwendige Bezugnahme auf den notariellen Vermittlungsvorschlag besteht nur bei sachenrechtsbereinigenden Vertragsgestaltungsklagen. Zur Klärung von Ansprüchen etwa auf Rangrücktritt oder Aufhebung eines dinglichen Rechts ist eine Bezugnahme auf den notariellen Vermittlungsvorschlag nicht erforderlich.

II. Feststellungsbegehren

2 Das **Bezugnahmegebot** dient der Abgrenzung des vom Kläger Gewollten vom notariellen Vermittlungsvorschlag. Das Gericht erhält durch den zwingend an Abschlußprotokoll und

[3] *Clemm-Etzbach-vonFalkenhayn* § 104 RdNr. 7; aA *Eickmann-Eickmann* § 105 RdNr. 1.

[4] *Vossius* § 104 RdNr. 19; ähnlich *Czub-Tropf* § 104 RdNr. 6 f.: Gestaltungsklage mit Feststellungswirkung; aA *Clemm-Etzbach-vonFalkenhayn* § 104 RdNr. 8.

[5] MünchKommZPO-*Peters* § 128 RdNr. 20 ff.; MünchKommZPO-*Braun* § 567 RdNr. 4.

[6] Vgl. zB §§ 46 Abs. 1, 248 Abs. 2, 281 Abs. 2 Satz 2, 319 Abs. 2 Satz 1 ZPO.

[7] Im Ergebnis ebenso *Czub-Tropf* § 104 RdNr. 24.

[8] RGZ 47, 364 f.; MünchKommZPO-*Braun* § 567 RdNr. 4; *Thomas-Putzo* ZPO, 17. Aufl. 1991, § 567 Anm. 3.b); aA *Czub-Tropf* § 104 RdNr. 25.

[9] *Czub-Tropf* § 104 RdNr. 25.

[10] AA wohl *Czub-Tropf* § 104 RdNr. 25.

[11] So ist zB auch gegen die Ablehnung des Arrestgesuches durch Beschluß gem. § 922 Abs. 1 Satz1 ZPO die einfache Beschwerde gem. § 567 ZPO statthaft.

Vermittlungsvorschlag ausgerichteten Parteivortrag eine geeignete Grundlage für eine schnelle Orientierung über den Sach- und Streitstand und eine sachgemäße Entscheidung.[1] Auch der Beklagte hat sich bei seinem Vortrag entsprechend § 105 auf den notariellen Vermittlungsvorschlag zu beziehen.

3 Die sachenrechtsbereinigende Vertragsgestaltungsklage ist auf den Abschluß eines Vertrags bestimmten Inhalts gerichtet. Das Gericht kann im Rahmen des § 106 selbst den **Vertragsinhalt** feststellen und braucht dem Kläger deshalb nicht die verfahrensverzögernde und kostenverursachende Vorlage eines neuen Angebots aufzugeben.[2] Bezieht sich die Klageschrift nicht auf den notariellen Vermittlungsvorschlag, wird die Klage nach fruchtlosem richterlichen Hinweis gemäß §§ 139, 278 Abs. 3 ZPO als unzulässig zurückgewiesen.

§ 106 Entscheidung

(1) Das Gericht kann bei einer Entscheidung über eine Klage nach § 104 im Urteil auch vom Klageantrag abweichende Rechte und Pflichten der Parteien feststellen. Vor dem Ausspruch sind die Parteien zu hören. Das Gericht darf ohne Zustimmung der Parteien keine Feststellung treffen, die

1. einem von beiden Parteien beantragten Grundstücksgeschäft,

2. einer Verständigung der Parteien über einzelne Punkte oder

3. einer im Vermittlungsvorschlag vorgeschlagenen Regelung, die von den Parteien nicht in den Rechtsstreit einbezogen worden ist,

widerspricht.

(2) Im Urteil sind die Rechte und Pflichten der Parteien festzustellen. Die rechtskräftige Feststellung ist für die Parteien in gleicher Weise verbindlich wie eine vertragsmäßige Vereinbarung.

(3) Das Gericht kann auf Antrag einer Partei im Urteil einen Notar und eine andere geeignete Person im Namen der Parteien beauftragen, die zur Erfüllung notwendigen Rechtshandlungen vorzunehmen, sobald die hierfür erforderlichen Voraussetzungen vorliegen. Die Beauftragten sind für beide Parteien vertretungsberechtigt.

(4) Der Urkundsbeamte der Geschäftsstelle teilt dem Notar, der das Vermittlungsverfahren durchgeführt hat, nach Eintritt der Rechtskraft den Inhalt der Entscheidung mit. Der Notar hat entsprechend § 98 Abs. 2 Satz 2 zu verfahren.

Übersicht

I. Anwendungsbereich

1 Die Besonderheiten des § 106 gelten nur für die Vertragsgestaltungsklage nach § 104. Die Vorschrift ermöglicht dem Gericht eine flexible Ausgestaltung des Vertrages in dem von dem Gesetz vorgegebenen Rahmen nach seinem Ermessen.

[1] BT-Dr. 12/5992, S. 173.

[2] BT-Dr. 12/5992, S. 173.

II. Eingeschränkte Dispositionsmaxime

1. Eingeschränkte Bindung des Gerichts an den Klageantrag (Abs. 1 Satz 1). Das Gericht ist nur an den übereinstimmend geäußerten Parteiwillen, aber in Abweichung vom Grundsatz des § 308 ZPO wie bei § 308a ZPO in den Einzelheiten nicht an den Klageantrag gebunden,[1] soweit sich nicht aus dem Gesetz an anderer Stelle, insbesondere aus §§ 15, 16 etwas anderes ergibt. Das Gericht kann in die Entscheidung auch nicht beantragte Regelungen aufnehmen oder sonst von dem beantragten Vertragsinhalt abweichend entscheiden. Insbesondere kann das Gericht den Kaufpreis oder Jahreserbbauzins bei Uneinigkeit der Parteien nach Ermessen festlegen. 2

2. Anhörung der Parteien (Abs. 1 Satz 2). Die Pflicht des Gerichts zur Anhörung der Parteien ergibt sich bereits aus dem Grundrecht auf rechtliches Gehör nach Art. 103 Abs. 1 GG, so daß die ausdrückliche Regelung an sich entbehrlich ist.[2] Will das Gericht von den gestellten Anträgen abweichen, hat es den Parteien den Inhalt der beabsichtigten Abweichung unter Bezugnahme auf den notariellen Vermittlungsvorschlag mitzuteilen und dann Gelegenheit zur Äußerung zu geben. 3

3. Bindung des Gerichts an übereinstimmenden Parteiwillen (Abs. 1 Satz 3). Die **Vertragsart** – Ankauf oder Erbbaurecht – bestimmt nach § 15 Abs. 1 grundsätzlich der Nutzer. Insoweit ist das Gericht in der Regel aus Gründen des materiellen Bereinigungsrechtes an dessen Antrag gebunden. Steht das Wahlrecht ausnahmsweise gem. § 16 Abs. 3 Satz 3, § 15 Abs. 3 oder Abs. 4 dem Grundstückseigentümer zu, so gilt die Bindung an dessen Antrag entsprechend. Wenn Satz 3 Nr. 1 bestimmt, daß das Gericht keine Feststellungen zur Vertragsart treffen darf, die einem von beiden Parteien beantragten Grundstücksgeschäft widersprechen, so können damit also nur Fälle gemeint sein, in denen keiner der Parteien mehr ein einseitiges Wahlrecht zusteht, entweder weil dieses Wahlrecht bereits wirksam ausgeübt wurde und damit erloschen ist (§ 16 Abs. 1) oder ausnahmsweise von vornherein ein Wahlrecht nicht bestanden hat (§ 15 Abs. 2). Wählen beide Parteien in einem solchen Fall übereinstimmend eine Vertragsart, auf deren Abschluß nach materiellem Recht keine Partei (mehr) einen Anspruch hätte – also abweichend von einem zuvor ausgeübten Wahlrecht oder entgegen § 15 Abs. 2 – so hat das Gericht gleichwohl einen Vertrag der gewählten Art festzustellen;[3] es gibt keinen Grund, die Parteien in diesem wie in anderen Fällen entgegen ihrem übereinstimmenden Willen auf die gesetzliche Regelung zu beschränken. 4

Das Gericht ist nach Nr. 2 an eine Verständigung der Parteien über einzelne Punkte gebunden. Ist die Verständigung über wesentliche Punkte im notariellen Abschlußprotokoll niedergelegt, so sind auch die Parteien gem. § 99 Satz 3 hieran gebunden; ist die Verständigung über wesentliche Punkte erst nach Abschluß des notariellen Vermittlungsverfahrens zustandegekommen, so ist dieses ähnlich wie ein Teilanerkenntnis gem. § 307 ZPO ebenfalls grundsätzlich einseitig nicht widerruflich. § 99 Satz 3 zeigt, daß der Gesetzgeber die Parteien nicht zuletzt im Interesse der Verfahrensökonomie an einer einmal gefundenen Verständigung festhalten will. Es gibt keinen Grund, eine im notariellen Vermittlungsverfahren zustande gekommene Verständigung anders zu behandeln als eine solche, zu der sich die Parteien erst im gerichtlichen Verfahren zusammengefunden haben[4]. 5

Die Bindung an eine Verständigung der Parteien gilt nicht, wenn hierdurch gegen nicht dispositives Recht verstoßen wird, etwa bei Verständigung über sittenwidrige Vertragsklauseln. 6

Eine Bindung des Gerichts besteht schließlich nach Nr. 3 an **unstreitig** gestellte Regelungen. Das Gericht ist an Regelungen des notariellen Vermittlungsvorschlags immer dann gebunden, wenn sie von keinem der Beteiligten durch Einbeziehung in den Rechtsstreit angegriffen werden. Eine Bindung des Gerichts an den Vermittlungsvorschlag besteht auch dann, wenn das davon abweichende Vorbringen einer Partei entsprechend § 296 ZPO präkludiert ist. 7

III. Urteil (Abs. 2)

1. Inhalt. Das Urteil enthält wie der notarielle Vermittlungsvorschlag alle notwendigen sowie die von den Parteien zusätzlich gewünschten Regelungen zur Sachenrechtsbereinigung am verfahrensgegenständlichen Grundstück oder Gebäude. 8

[1] BT-Dr. 12/5992, S. 174.
[2] *Eickmann-Eickmann* § 106 RdNr. 5.
[3] AA *Vossius* § 106 RdNr. 7: Klageabweisung.
[4] AA *Czub-Tropf* § 106 RdNr. 10.

9 **2. Wirkung.** Das die vertraglichen Beziehungen der Parteien regelnde Urteil hat die Wirkung eines vollständigen, nach Maßgabe des § 106 den Parteien oktroyierbaren Vertrages und ist nicht lediglich ein Vertragsangebot, das der Kläger in notarieller Form annehmen müßte.[5] Die Beteiligten können jederzeit einverständlich vom Urteil abweichende Vereinbarungen treffen, die nach § 313 Satz 1 BGB der notariellen Beurkundung bedürfen. Das nach Verstreichen der Rechtsmittelfristen rechtskräftige und für beide Parteien wie eine vertragliche Vereinbarung verbindliche Urteil kann evtl. erforderliche gerichtliche oder behördliche Genehmigungen nicht ersetzen.

10 **3. Rechtsmittel.** Kläger und Beklagte können das Urteil durch Berufung jeweils insofern anfechten, als die gerichtliche Vertragsgestaltung von ihren Anträgen abweicht (materielle Beschwer).

11 **4. Versäumnisurteil.** Bei Säumnis des Klägers wird die Klage nach § 330 ZPO abgewiesen; bei Säumnis des Beklagten stellt das Gericht bei schlüssiger Klage den Vertragsinhalt unter Berücksichtigung der klägerischen Anträge und des notariellen Vermittlungsvorschlages entsprechend § 331 ZPO iVm. Abs. 1 Satz 1 fest.

IV. Vollzug (Abs. 3 und 4)

12 Grundsätzlich können die **für den Vollzug erforderlichen Erklärungen** (Bewilligungen, Auflassung) in den Urteilstenor aufgenommen werden,[6] zweckmäßig ist dies jedoch nicht. Auch in einem im Rahmen des gerichtlichen Bereinigungsverfahrens festgestellten Vertrag sollte der übliche Standard bei der Sicherung der Parteien gewahrt und ein Leistungsaustausch Zug-um-Zug sichergestellt werden. Da einerseits das Gericht selbst dies nicht bewerkstelligen kann und andererseits die übliche Treuhandanweisung an den Notar, die Auflassung erst nach Kaufpreiszahlung vorzulegen und bis dahin die Urkunde nur ohne Auflassung auszufertigen ebenfalls nicht in Betracht kommt, bleibt praktisch nur der Weg, die Auflassung auszusetzen und nicht in den Urteilstenor aufzunehmen. Der Eintragung einer Auflassungsvormerkung zugunsten des Ewerbers bedarf es in der Regel nicht, da der Anspruch des Erwerbers auf Eigentumsverschaffung gem. § 92 Abs. 6 Satz 1 durch den Eröffnungsvermerk wie durch eine Vormerkung gesichert ist und der Vermerk gem. Abs. 4 Satz 2 iVm. § 98 Abs. 2 Satz 2 grundsätzlich erst mit Eigentumsumschreibung zu löschen ist. Nach erfolgter Kaufpreiszahlung hat der Käufer gegebenenfalls in einem neuen Verfahren auf Auflassung zu klagen.

13 **Auf Antrag einer Partei** kann das Gericht gem. Absatz 3 Satz 1 die komplexe Abwicklung des Vertrages einschließlich Einholen behördlicher Genehmigungen und Lastenfreistellungserklärungen statt dessen einem **Notar** übertragen sowie diesem und – soweit die Erklärungen nicht in notarieller Eigenurkunde abgegeben werden können – dessen Angestellten gem. Satz 2 entsprechende **Vollmacht** erteilen, alle Vollzugserklärungen für die Beteiligten abzugeben. Der Notar kann insbesondere beauftragt werden, nach Vorliegen der behördlichen Genehmigungen und Lastenfreistellungserklärungen den Kaufpreis fällig zu stellen, die Notarangestellten können insbesondere beauftragt und ermächtigt werden, nach erfolgter Kaufpreiszahlung die Auflassung für die Parteien zu erklären und entgegenzunehmen. Diese Art der Abwicklung entspricht dem Willen des Gesetzgebers[7] und wird angesichts der komplexen Verhältnisse zwischen Parteien, Gericht und Notar auch regelmäßig sinnvoll sein.[8] Für die **Durchführung des Vollzugsauftrags** benötigt der Notar eine vollstreckbare Ausfertigung des Urteils.

14 Für seine Vollzugstätigkeit erhält der Notar wie bei der Abwicklung eines von ihm beurkundeten Kaufvertrages gegebenenfalls die **Gebühr** gem. § 146 Abs. 1 KostO sowie für eventuelle Nebentätigkeiten Gebühren aus § 147 Abs. 2 KostO. Diese Tätigkeiten sind nicht mit der Gebühr für ein vorausgegangenes notarielles Vermittlungsverfahren abgegolten.[9]

15 Der Urkundsbeamte der Geschäftsstelle hat dem Notar, der das Vermittlungsverfahren betrieben hat, nach Rechtskraft der gerichtlichen Entscheidung diese auch dann mitzuteilen, wenn der Notar nicht mit dem Vertragsvollzug beauftragt wird. Der Notar hat bei Klageabweisung mit Rechtskraft der Entscheidung und ansonsten mit Eigentumsumschreibung bzw. Ablauf der Sechsmonatsfrist gem. § 98 Abs. 2 Satz 2 das Grundbuchamt um **Löschung des Eröffnungsvermerkes** zu ersuchen. Bei der Fristberechnung ist eine eventuelle Hemmung durch laufende Genehmigungsverfahren gem. § 98 Abs. 2 Satz 3 zu beachten.

[5] AA *Vossius* § 105 RdNr. 4.
[6] Vgl. auch BT-Dr. 12/5992, S. 91.
[7] BT-Dr. 12/5992, S. 174.
[8] Kritisch *Vossius* § 106 RdNr. 34.
[9] Vgl. § 100 RdNr. 18.

§ 107 Kosten

Über die Kosten entscheidet das Gericht unter Berücksichtigung des Sach- und Streitstands nach billigem Ermessen. Es kann hierbei berücksichtigen, inwieweit der Inhalt der richterlichen Feststellung von den im Rechtsstreit gestellten Anträgen abweicht und eine Partei zur Erhebung im Rechtsstreit zusätzlich entstandener Kosten Veranlassung gegeben hat.

1 Die Kostenentscheidung nach **Satz 1** unter Berücksichtigung des Sach- und Streitstands nach billigem Ermessen des Gerichts entspricht der Regelung in § 91a Abs. 1 ZPO, wonach der Sach- und Streitstand der entscheidungsreifen Sache maßgeblich ist.

2 **Satz 2 1. Halbsatz** konkretisiert das billige Ermessen des Gerichts dahingehend, daß die Abweichung der in den Anträgen zum Ausdruck kommenden Vorstellungen der Parteien vom Inhalt der Feststellung des Gerichts berücksichtigt werden kann, d. h. regelmäßig zu berücksichtigen ist.

3 Zu Lasten der jeweiligen Partei können und sollen nach **Satz 2 2. Halbsatz** die von ihr zusätzlich veranlaßten Kosten berücksichtigt werden, beispielsweise die als Verfahrenskosten entstehenden Ausgaben für eine entscheidungsunerhebliche Beweisaufnahme. Verfahrensverzögerndes Prozeßverhalten kann im Rahmen des § 107 kostenmäßig geahndet werden; daneben kann eine Verzögerungsgebühr nach § 34 GKG festgesetzt werden.[1*]

4 Entspricht die Entscheidung des Gerichts dem notariellen Vermittlungsvorschlag, können dem Kläger als **Verursacher** des gerichtlichen Verfahrens auch dann sämtliche Kosten auferlegt werden, wenn der Beklagte vom notariellen Vermittlungsvorschlag abweichende Anträge gestellt hat, es sei denn, daß durch diese Anträge zusätzliche Kosten veranlaßt wurden.

5 Das Gericht entscheidet über die Kosten durch **Beschluß**. Gegen die Entscheidung ist entsprechend § 91a Abs. 2 ZPO nur die sofortige Beschwerde statthaft.

§ 108 Feststellung der Anspruchsberechtigung

(1) Nutzer und Grundstückseigentümer können Klage auf Feststellung des Bestehens oder Nichtbestehens der Anspruchsberechtigung nach diesem Gesetz erheben, wenn der Kläger ein rechtliches Interesse an alsbaldiger Feststellung hat.

(2) Ein Interesse an alsbaldiger Feststellung besteht nicht, wenn wegen der Anmeldung eines Rückübertragungsanspruchs aus § 3 des Vermögensgesetzes über das Grundstück, das Gebäude oder die bauliche Anlage noch nicht verfügt werden kann.

(3) Nehmen mehrere Personen die Rechte als Nutzer für sich in Anspruch und ist in einem Rechtsstreit zwischen ihnen die Anspruchsberechtigung festzustellen, können beide Parteien dem Grundstückseigentümer den Streit verkünden.

(4) § 106 Abs. 4 ist entsprechend anzuwenden.

I. Klageverfahren zwischen Nutzer und Grundstückseigentümer

1 Während die Klage gem. §§ 104 bis 107 auf Feststellung eines bestimmten Vertragsinhaltes geht, ist Gegenstand der Klage nach Abs. 1 als Vorfrage hierzu der Anspruch auf Vertragsabschluß dem Grunde nach. Klagebefugt sind nur Nutzer und Grundstückseigentümer. Die §§ 104 bis 107 sind nicht anwendbar. Ein notarielles Vorverfahren ist nicht Sachurteilsvoraussetzung.[1] Gegenstand der Klage kann nur die Feststellung des Anspruchs, nicht jedoch die Feststellung einzelner Anspruchsvoraussetzungen sein.

2 Zulässigkeitsvoraussetzung ist wie bei § 256 Abs. 1 ZPO ein **rechtliches Interesse** des Klägers an der Feststellung. Hieran fehlt es, wenn der Anspruch dem Grunde nach nicht bestritten wird, da der Kläger dann ohne weiteres über das notarielle Vermittlungsverfahren die Feststellung des Vertragsinhaltes betreiben kann. Wird der Anspruch nach Einleitung des notariellen

[1*] *Czub-Tropf* § 107 RdNr. 9 f.

[1] LG Potsdam OV spezial 1996, 61 ff. = VIZ 1996, 175.

Vermittlungsverfahrens bestritten, so soll das Vermittlungsverfahren gem. § 94 Abs. 2 Satz 1 Nr. 2 ausgesetzt werden, die Parteien sind auf den Klageweg zu verweisen.

3 An einem Feststellungsinteresse fehlt es auch, wenn bereits ein **Verwaltungsverfahren** eingeleitet wurde, das (u.a.) denselben Anspruch wie die Feststellungsklage zum Gegenstand hat oder diesen untergehen läßt, also ein Bodenneuordnungsverfahren, ein Bodensonderungsverfahren oder ein Verfahren nach § 64 LwAnpG (vgl. hierzu im Einzelnen die Kommentierung zu §§ 85, 86). Wird ein solches Verfahren während des Prozesses eröffnet, so entfällt das Feststellungsinteresse und die Klage wird unzulässig,[2] der Kläger hat die Hauptsache für erledigt zu erklären mit der Kostenfolge aus § 91 a ZPO, andernfalls ist die Klage als unzulässig abzuweisen.

4 An einem Feststellungsinteresse fehlt es auch dann, wenn bereits ein **notarielles Vermittlungsverfahren** durchgeführt worden ist und der Anspruch dem Grunde nach ausweislich des Abschlußprotokolls nicht bestritten wurde. Regelmäßig wird den Parteien hier entsprechend § 99 Satz 2 das Bestreiten des Anspruchs nicht mehr möglich sein, in jedem Fall aber bietet die Klage nach §§ 104ff. den umfassenderen Rechtsschutz.

5 Das Feststellungsinteresse fehlt gem. Abs. 2 schließlich auch dann, wenn für das verfahrensgegenständliche Grundstück oder Gebäude **Restitutionsansprüche** angemeldet sind. Die Ansprüche nach dem Sachenrechtsbereinigungsgesetz richten sich gegen den jeweiligen Eigentümer und bleiben von einer Restitution unberührt. Der alte Eigentümer könnte somit nach bestandskräftiger Feststellung eines Restitutionsanspruches den Anspruch nach dem Sachenrechtsbereinigungsgesetz nicht mehr erfüllen, der neue Eigentümer wäre an das Prozeßergebnis nicht gebunden, so daß die Feststellung des Anspruches gegen den alten Eigentümer jedenfalls sinnlos wäre.[3] Im übrigen würde der Eigentümer mit Abschluß eines Vertrages gegen das Verbot des § 3 Abs. 3 Satz 1 VermG verstoßen.

II. Mehrere Nutzer

6 Erfüllen mehrere Personen hinsichtlich eines Grundstückes insgesamt die Tatbestandsmerkmale eines Nutzers iSd. § 9 Abs. 1 Satz 1, so ist zu klären, welchem von ihnen der Anspruch zusteht. Im **Verhältnis zwischen Grundstückseigentümer und Nutzer** knüpft § 9 Abs. 1 Satz 1 im Interesse des Grundstückseigentümers und der Rechsklarheit die Rangfolge an die Nachweisbarkeit der Rechtsposition an – an erster Stelle steht der im Grundbuch eingetragene Gebäudeeigentümer, an den beiden letzten Stellen diejenigen, die ohne Bestellung eines Nutzungsrechtes und ohne selbständiges Gebäudeeigentum zu erwerben auf dem Grundstück gebaut oder Bauten gekauft haben.

7 Im **Verhältnis der Nutzer untereinander** soll dagegen gem. § 14 Abs. 1 Satz 2 nicht die Nachweisbarkeit der Rechtsposition, sondern die materielle Berechtigung, d.h. die Frage entscheidend sein, wer das Bauwerk errichtet hat.

8 Dem Grundstückseigentümer soll also nicht zugemutet werden zu überprüfen, ob der aus dem Grundbuch ersichtliche Gebäudeeigentümer das Gebäude tatsächlich errichtet hat, dies soll vielmehr dem **Prätendentenstreit** der Nutzer untereinander überlassen bleiben. Dies hat zur Folge, daß der Grundstückseigentümer etwa grundsätzlich den Anspruch des mit Nutzungsurkunde ausgewiesenen Nutzungsberechtigten zu erfüllen hat, selbst wenn ihm bekannt ist, daß dieser sein Nutzungsrecht nicht ausgeübt und statt dessen ein anderer ohne formelles Nutzungsrecht aber mit Billigung staatlicher Stellen das Gebäude errichtet hat.[4] Erfüllt der Grundstückseigentümer den Anspruch eines gem. § 9 Abs. 1 Nr. 2 besser legitimierten Nutzungsberechtigten, so muß konsequenterweise der Anspruch nach dem Sachenrechtsbereinigungsgesetz insgesamt untergehen, die Erfüllung wirkt also auch gegenüber dem zwar im Innenverhältnis besser Berechtigten, aber iSd. § 9 Abs. 1 Satz 1 schlechter Legitimierten. Hiergegen kann sich der gem. § 14 Abs. 1 Satz 2 besser Berechtigte nur schützen, indem er rechtzeitig vor Abschluß der Sachenrechtsbereinigung gem. § 108 gegen den oder die anderen Nutzer auf Feststellung seiner Anspruchsberechtigung klagt. Gem. Abs. 3 kann er in diesem Verfahren dem Grundstückseigentümer den Streit verkünden. Obsiegt er in dem Verfahren nach ordnungsgemäßer Streitverkündung, so gilt er gem. § 9 Abs. 1 Satz 2 abweichend von § 9 Abs. 1 Satz 1 auch gegenüber dem Grundstückseigentümer als der besser berechtigte Nutzer.

[2] MünchKommZPO-*Lüke* § 256 RdNr. 1454.

[3] BT-Dr. 12/5992, S. 175.

[4] Beispiel aus BT-Dr. 12/5992, S. 108.

III. Mitteilung an den Notar (Abs. 4)

9 Wurde die Feststellungsklage während eines bereits laufenden notariellen Vermittlungsverfahrens erhoben und dieses nach § 94 Abs. 2 Satz 1 Nr. 2 ausgesetzt, ist der vermittelnde Notar entsprechend § 106 Abs. 4 vom Feststellungsergebnis durch Übersendung einer auszugsweisen Ausfertigung des rechtskräftigen Urteils zu unterrichten. Der **benachrichtigte Notar** nimmt dann entweder das Vermittlungsverfahren wieder auf oder ersucht entsprechend §§ 106 Abs. 4 Satz 2, 98 Abs. 2 Satz 2 das Grundbuchamt um Löschung des gegenstandslos gewordenen Eröffnungsvermerks im Grundbuch.

Abschnitt 5. Nutzungstausch

§ 109 Tauschvertrag über Grundstücke

(1) Jeder Grundstückseigentümer, dessen Grundstück von einem nach § 20 des LPG-Gesetzes vom 2. Juli 1982 sowie nach § 12 des LPG-Gesetzes vom 3. Juni 1959 durchgeführten Nutzungstausch betroffen ist, kann von dem anderen Grundstückseigentümer verlangen, daß das Eigentum an den Grundstücken entsprechend dem Nutzungstausch übertragen wird, wenn

1. eine oder beide der getauschten Flächen bebaut worden sind und

2. der Tausch in einer von der Flurneuordnungsbehörde einzuholenden Stellungnahme befürwortet wird.

(2) Der andere Grundstückseigentümer kann die Erfüllung des Anspruchs aus Absatz 1 verweigern, wenn das an ihn zu übereignende Grundstück von einem Dritten bebaut worden ist.

(3) Soweit sich die Werte von Grund und Boden der getauschten Grundstücke unterscheiden, kann der Eigentümer des Grundstücks mit dem höheren Wert von dem anderen einen Ausgleich in Höhe der Hälfte des Wertunterschieds verlangen.

(4) Im übrigen finden auf den Tauschvertrag die Vorschriften über den Ankauf in den §§ 65 bis 74 entsprechende Anwendung.

I. Nutzungstausch nach LPG-Gesetz

1 Ein Nutzungstausch nach § 20 LPGG wurde durchgeführt, wenn die LPG ein von ihrem gesetzlichen Nutzungsrecht aus § 18 LPGG nicht umfaßtes Grundstück benötigte; der Tauschpartner erhielt dafür das Nutzungsrecht an einem in Nutzungsberechtigung der LPG stehenden Grundstück.[1] Rechtsförmlichkeit des Nutzungstauschs ist nicht erforderlich, ein faktischer Nutzungstausch ohne Einhaltung der gesetzlichen Vorschriften reicht aus.[2]

II. Eigentumsübertragung

2 Da die **faktische Grundstücksnutzung** und nicht die formale Nutzungsrechtsinhaberschaft nach dem Willen des Gesetzgebers maßgeblich sein soll, wird das Eigentum an den getauschten Flächen entsprechend dem Nutzungstausch und der tatsächlichen Nutzung übertragen. Ein vereinbarter oder angeordneter, aber nicht tatsächlich vollzogener Nutzungstausch ist unmaßgeblich. In das Verfahren nach § 109 sind aus verfahrensökonomischen Gründen alle am Nutzungstausch Beteiligten einzubeziehen, so daß dem Sinn und Zweck des Sachenrechtsbereinigungsgesetzes entsprechend eine Bereinigung der Nutzungsrechtsverhältnisse insgesamt erfolgen kann.

[1] *Eickmann-Eickmann* § 109 RdNr. 1.

[2] *Vossius* § 109 RdNr. 6.

3 **1. Bebauung (Nr. 1).** Mindestens eine der getauschten Grundstücksflächen muß bebaut sein. Auf den Zeitpunkt der Bebauung kommt es nicht an, die Bebauung muß insbesondere nicht in Ausübung des Nutzungsrechts aufgrund Nutzungstausches erfolgt sein.[3] Es kommt auch nicht darauf an, wer bebaut hat,[4] sondern allein darauf, daß eine Bebauung vorhanden ist. Der jetzt durchzuführende Nutzungstausch soll dazu führen, daß die genutzte Fläche beim Nutzer verbleibt.[5]

4 Die Errichtung eines Wohn- oder Wirtschaftsgebäudes ist nicht erforderlich, es genügt die Errichtung einer baulichen Anlage, etwa von einem Silo,[6] Schober, Schuppen oder Tankbehälter. Sind bauliche Anlagen zwar geplant, aber nicht errichtet worden, oder sind bauliche Anlagen zum Zeitpunkt des Tauschverlangens wieder beseitigt worden, liegt eine Bebauung der jeweiligen Grundstücksfläche nicht vor.

5 **2. Befürwortung durch die Flurneuordnungsbehörde (Nr. 2).** Der Gesetzgeber[7] sah die Stellungnahme der Flurneuordnungsbehörde aus agrarstrukturellen Erwägungen vor. Der Tausch sei etwa dann nicht zu befürworten, wenn hierdurch ein aufgesplitterter, schwer zu bewirtschaftender Grundbesitz entstehen würde. Es sei dann zu prüfen, ob der Nutzer das Grundstück oder das Erbbaurecht am Grundstück oder der Grundstückseigentümer das Gebäude erhalten solle. Die Stellungnahme kann als Verwaltungsakt auf dem Rechtsweg nach § 65 Landwirtschaftsanpassungsgesetz eingeklagt bzw. angefochten werden.[8]

6 **3. Erfüllungsverweigerungsrecht bei Drittbebauung (Abs. 2).** Von Dritten bebaute Grundstücke sind beim Nutzungstausch nur dann zu berücksichtigen, wenn der Grundstückseigentümer, der diese Grundstücke erhalten soll, damit einverstanden ist, sich mit diesen Dritten seinerseits auseinanderzusetzen.[9]

7 **4. Wertausgleich (Abs. 3).** Allfällige Wertunterschiede zwischen den vom Nutzungstausch betroffenen Grundstücken sind auszugleichen. Grundlage ist der Wert des Grund und Bodens; der Wert einer Bebauung bleibt dann unberücksichtigt, wenn sie vom Nutzer herrührt und damit eine nur von ihm geschaffene Wertsteigerung bedeutet.[10] Der Wertunterschied ist in Höhe von 50% des Differenzbetrages durch zusätzliche Zahlung auszugleichen.[11]

8 **5. Verweisung auf §§ 65 bis 74 (Abs. 4).** Hinsichtlich des Vertragsinhalts wird beim Tauschvertrag auf die allgemeinen Vorschriften der §§ 65ff. Bezug genommen, vgl. die dortigen Kommentierungen. Nicht verwiesen wird auf die §§ 62 bis 64, woraus zu entnehmen ist, daß hinsichtlich der Lastenfreistellung die §§ 434 und 435 BGB gelten, wonach lastenfreies Eigentum zu verschaffen ist,[12] soweit nicht ein anderes vereinbart wird. Nicht verwiesen wird auch auf die §§ 75 bis 77, die jedoch entsprechend gelten,[13] auch wenn bei Abschluß des Tauschvertrages keine ausdrücklichen Vereinbarungen getroffen werden.

[3] AA *Vossius* § 109 RdNr. 7.
[4] *Eickmann-Eickmann* § 109 RdNr. 5.
[5] BT-Dr. 12/5992, S. 175.
[6] *Vossius* § 109 RdNr. 7.
[7] BT-Dr. 12/5992, S. 175f.
[8] *Vossius* § 109 RdNr. 8.
[9] Vgl. *Eickmann-Eickmann* § 109 RdNr. 7.
[10] *Eickmann-Eickmann* § 109 RdNr. 8.
[11] *Vossius* § 109 RdNr. 10 mit Beispielen in RdNr. 14ff.
[12] *Vossius* § 110 RdNr. 28.
[13] *Vossius* § 110 RdNr. 31.

Abschnitt 6. Nutzungsrechte für ausländische Staaten

§ 110 Vorrang völkerrechtlicher Abreden

Die von der Deutschen Demokratischen Republik an andere Staaten verliehenen Nutzungsrechte sind nach den Regelungen in diesem Kapitel anzupassen, soweit dem nicht völkerrechtliche Vereinbarungen entgegenstehen. Artikel 12 des Einigungsvertrages bleibt unberührt.

I. Normzweck

1 Die Norm bezweckt einen Vorbehalt wegen völkerrechtlicher Verpflichtungen. In der DDR wurden Nutzungsrechte auch anderen Staaten auf der Grundlage der Nutzungsrechtsverordnung vom 26. 9. 1974 (GBl. I S. 555) verliehen; dies geschah durch das Dienstleistungsamt für Ausländische Vertretungen vornehmlich in Berlin zur Unterbringung diplomatischer Vertretungen und von deren Mitarbeitern. Auch diese Nutzungsrechte unterfallen grundsätzlich der Sachenrechtsbereinigung nach dem Sachenrechtsbereinigungsgesetz.

II. Vorrang des Völkerrechts (Satz 1)

2 Wurden Nutzungsrechte einem ausländischen Staat verliehen, steht dies einer Sachenrechtsbereinigung dann entgegen, wenn (a) der Nutzungsrechtsverleihung eine **völkerrechtliche Vereinbarung** der DDR mit dem jeweiligen Staat zugrundelag, und (b) diese Vereinbarung nicht durch Konfusion, also den Untergang der DDR durch Beitritt der neuen Bundesländer zur Bundesrepublik Deutschland, erloschen ist.

3 Es ist völkerrechtlich nicht zulässig, ausländische Staaten der inländischen Iudikative – im Sachenrechtsbereinigungsverfahren den deutschen Notaren und Gerichten – zu unterstellen; Voraussetzung ist jedoch stets das Vorliegen einer wirksamen völkerrechtlichen Vereinbarung, die insbesondere bei den **Regierungsabkommen** zweifelhaft sein kann.[1] Das Vermittlungsverfahren wird vom Notar entsprechend § 94 Abs. 2 Nr. 2 ausgesetzt, bis die völkerrechtlichen Vorfragen geklärt sind, und dann entweder fortgeführt oder nach §§ 87 Abs. 2, 110 eingestellt.

4 Die Anpassung von Nutzungsvereinbarungen nach dem Sachenrechtsbereinigungsgesetz unter Beachtung des Vorrangs des Völkerrechts gilt entsprechend auch für die **anderen Völkerrechtssubjekten**, etwa internationalen Organisationen wie der Internationalen Demokratischen Frauenföderation, verliehenen Nutzungsrechte[2] sowie für die **Rechtsnachfolger** der Staaten, denen die Nutzungsrechte verliehen wurden. Ob völkerrechtliche Vereinbarungen über Nutzungsrechte bei Staatennachfolge bindend sind, ist jeweils einzelfallbezogen außerhalb des notariellen Vermittlungsverfahrens festzustellen.

III. Verhandlungslösung (Satz 2)

5 Entsprechend Art. 12 Abs. 1 Einigungsvertrag sind Nutzungsrechtsvereinbarungen auf völkerrechtlicher Grundlage mit den betroffenen Staaten zu erörtern, und Fortgeltung, Anpassung oder ihr Erlöschen im Wege einer Verhandlungslösung zu regeln oder festzustellen. Maßgebliche Gesichtspunkte sind der Vertrauensschutz, die Interessenlage der beteiligten Staaten, die vertraglichen Verpflichtungen der Bundesrepublik Deutschland sowie die Prinzipien einer freiheitlichen, demokratischen und rechtsstaatlichen Grundordnung.

[1] Vgl. BT-Dr. 12/5992, S. 176.

[2] Vgl. *Czub-Bultmann* § 110 RdNr. 25.

Abschnitt 7. Rechtsfolgen nach Wiederherstellung des öffentlichen Glaubens des Grundbuchs

§ 111 Gutgläubiger lastenfreier Erwerb

(1) Ansprüche nach Maßgabe dieses Kapitels können gegenüber demjenigen, der durch ein nach Ablauf des 31. Dezember 1999 abgeschlossenes Rechtsgeschäft das Eigentum am Grundstück, ein Recht am Grundstück oder ein Recht an einem solchen Recht erworben hat, nicht geltend gemacht werden, es sei denn, daß im Zeitpunkt des Antrags auf Eintragung des Erwerbs in das Grundbuch

1. selbständiges Eigentum am Gebäude oder ein Nutzungsrecht nach Artikel 233 § 4 des Einführungsgesetzes zum Bürgerlichen Gesetzbuche, ein Vermerk nach Artikel 233 § 2 c Abs. 2 des Einführungsgesetzes zum Bürgerlichen Gesetzbuche oder ein Vermerk nach § 92 Abs. 5 im Grundbuch des Grundstücks eingetragen oder deren Eintragung beantragt worden ist,

2. ein Zustimmungsvorbehalt zu Verfügungen über das Grundstück in einem Verfahren zur Bodensonderung oder zur Neuordnung der Eigentumsverhältnisse nach dem Achten Abschnitt des Landwirtschaftsanpassungsgesetzes eingetragen oder dessen Eintragung beantragt worden ist oder

3. dem Erwerber bekannt war, daß

a) ein im Grundbuch nicht eingetragenes selbständiges Eigentum am Gebäude oder dingliches Nutzungsrecht besteht oder

b) ein anderer als der Eigentümer des Grundstücks mit Billigung staatlicher Stellen ein Gebäude oder eine bauliche Anlage errichtet hatte und Ansprüche auf Erbbaurechtsbestellung oder Ankauf des Grundstücks nach diesem Kapitel bestanden.

(2) Mit dem Erwerb des Eigentums am Grundstück erlöschen die in diesem Kapitel begründeten Ansprüche. Der Nutzer kann vom Veräußerer Wertersatz für den Rechtsverlust verlangen. Artikel 231 § 5 Abs. 3 Satz 2 des Einführungsgesetzes zum Bürgerlichen Gesetzbuche ist entsprechend anzuwenden.

I. Rechtsnachfolge im Grundstückseigentum

1 Der Anspruch des Nutzers richtet sich gem. § 14 Abs. 1 gegen den jeweiligen Grundstückseigentümer. Wechselt der Eigentümer, richtet sich der Anspruch grundsätzlich gegen den neuen Eigentümer.

2 Abweichend hiervon bestimmt § 111, daß Ansprüche nach dem zweiten Kapitel (§§ 3 bis 111), die sich aus nicht eingetragenen Rechten herleiten, gegenüber demjenigen erlöschen, der das Grundstück nach dem 31. 12. 1999 (Stichtag) gutgläubig erworben hat. Die Vorschrift ist ein Teil des Regelwerkes, das die Wiederherstellung des öffentlichen Glaubens des Grundbuches in den neuen Ländern zum Gegenstand hat. Die Frist für die Wiederherstellung des öffentlichen Glaubens des Grundbuchs endete ursprünglich am 31. 12. 1996 und wurde kurz vor Ablauf verlängert.[1]

II. Wechsel des Grundstückseigentümers nach Einleitung des Vermittlungsverfahrens

3 Wird das betroffene Grundstück nach Einleitung des notariellen Vermittlungsverfahrens und Eintragung des Eröffnungsvermerkes gem. § 92 Abs. 5 veräußert, gilt grundsätzlich § 265 ZPO[2]. Auch nach Einleitung des Verfahrens kann somit das Grundstück gem. § 265 Abs. 1

[1] Eigentumsfristengesetz (EFG) vom 20. Dezember 1996, Art. 1, Abs. 2 Nr. 2, BGBl. I S. 2028.

[2] Vgl. MünchKommZPO-*Lüke* § 265 RdNr. 13.

ZPO veräußert werden. Die Fortsetzung des Verfahrens mit dem bisherigen Eigentümer gem. § 265 Abs. 2 ZPO ist jedoch nur dann sinnvoll, wenn das Verfahrensergebnis auch gegenüber dem neuen Eigentümer durchgesetzt werden kann. Im Zivilprozeß ergibt sich dies grundsätzlich aus §§ 325, 727 ZPO. Beide Vorschriften sind auf das notarielle Vermittlungsverfahren nicht anwendbar. Für das notarielle Vermittlungsverfahren folgt ein vergleichbares Ergebnis jedoch aus § 888 BGB iVm. § 92 Abs. 6: Der mit dem bisherigen Eigentümer im Rahmen des Vermittlungsverfahrens abgeschlossene Vertrag kann vollzogen werden, der neue Eigentümer hat die Eintragung des Nutzers als Eigentümer zu bewilligen.

4 Wird für den Erwerber zunächst eine **Auflassungsvormerkung** im Grundbuch eingetragen, so sind folgende vier Fälle zu unterscheiden:

Fall 1: *Zu Gunsten des Erwerbers wurde zeitlich vor dem Eröffnungsvermerk gem. § 92 Abs. 5 eine Auflassungsvormerkung im Grundbuch eingetragen. Die Eintragung des Eröffnungsvermerkes im Grundbuch wurde bis zum Stichtag 31. 12. 1999 beantragt und vollzogen, das Eigentum wird nicht mehr oder erst nach Eintragung des Eröffnungsvermerkes auf den Erwerber umgeschrieben.*

Der Berechtigte kann aufgrund Eintragung der Vormerkung keine besseren Rechte erwerben als mit Eigentumsumschreibung. Die Rechte aus der Vormerkung können sich also gegenüber dem Anspruch des Nutzers ebensowenig durchsetzen wie das Eigentumsrecht, wenn der Eröffnungsvermerk bis zum Stichtag im Grundbuch eingetragen wird. Im Ergebnis bedeutet das nichts anderes, als daß wegen § 111 ein vor dem 31. 12. 1999 eingetragener Eröffnungsvermerk kraft Gesetzes Rang vor einer zu Gunsten eines Erwerbers eingetragenen Auflassungsvormerkung hat und zwar auch dann, wenn die Vormerkung zeitlich früher eingetragen wurde. Der Nutzer hat somit gegen den Vormerkungsberechtigten nach Vollzug des Vertrages mit dem Eigentümer einen Anspruch auf Löschung der Auflassungsvormerkung bzw. Einräumung der Buchposition gem. § 888 BGB.

Der Vormerkungsberechtigte ist wie ein dinglich Berechtigter entsprechend § 92 Abs. 2 vom Termin zu benachrichtigen. Eine Ladung zum Termin ist nicht erforderlich.

5 **Fall 2:** *Wie Fall 1, die Eintragung des Vermerkes wird jedoch erst nach dem Stichtag vollzogen.*

Da gem. Abs. 1 Nr. 1 schon der Antrag als rang- und fristwahrend behandelt wird und die Bearbeitungszeit beim Grundbuchamt nicht zu Lasten des Nutzers gehen darf, muß der rechtzeitige Antrag der rechtzeitigen Eintragung des Eröffnungsvermerkes gleichgestellt sein, so daß sich auch hier der Anspruch des Nutzers gem. § 888 BGB gegen den des Erwerbers durchsetzt.

6 **Fall 3:** *Die Eintragung des Vermerkes wird nach dem Stichtag beantragt. Zeitlich nach dem Vermerk wird eine Auflassungsvormerkung zu Gunsten eines Dritten eingetragen.*

Auch hier kann der nach dem Sachenrechtsbereinigungsgesetz abzuschließende Vertrag des Nutzers mit dem alten Eigentümer über § 888 BGB auch mit Wirkung gegenüber den Dritterwerber durchgesetzt werden, da der Eröffnungsvermerk der Vormerkung im Rang vorgeht, so daß auch hier eine entsprechende Anwendung des § 265 Abs. 2 ZPO sinnvoll ist.

7 **Fall 4:** *Die Eintragung des Vermerkes wird nach dem Stichtag beantragt. Bei Eintragung des Vermerkes ist bereits eine Auflassungsvormerkung zu Gunsten eines Dritten eingetragen.*

Hier ist entscheidend, wann der Dritterwerber mit dem Grundstückseigentümer das schuldrechtliche Rechtsgeschäft abgeschlossen hat. Liegt der Auflassungsvormerkung ein bis zum 31. 12. 1999 abgeschlossenes Rechtsgeschäft zugrunde, gilt das oben Gesagte: Ein gutgläubiger lastenfreier Erwerb ist nicht möglich, der Anspruch des Nutzers setzt sich gem. § 888 BGB durch.

Wurde das der Auflassungsvormerkung zugrundeliegende Rechtsgeschäft hingegen nach dem 31. 12. 1999 abgeschlossen, setzt sich der Anspruch des gutgläubigen Dritterwerbers gegen den des Nutzers gem. Abs. 1 Nr. 3 iVm. § 888 BGB durch. Die Fortsetzung des notariellen Vermittlungsverfahrens mit dem bisherigen Eigentümer ist für den Nutzer sinnlos, sie kann aber vor allem auch dem bisherigen Eigentümer nicht zugemutet werden: Er könnte den im Vermittlungsverfahren gegebenenfalls zwangsweise zustande gekommenen Vertrag nicht erfüllen. Das Verfahren ist daher – und zwar anders als im Falle des § 265 Abs. 3 ZPO auch ohne entsprechenden Antrag von Amt wegen – einzustellen, sobald der Dritterwerber als Eigentümer im Grundbuch eingetragen ist. Insoweit gilt nichts anderes, als wenn der Nutzer von vornherein das Vermittlungsverfahren gegen einen Nichteigentümer beantragt hätte. Der Eröffnungsvermerk ist dann auf Ersuchen des einstellenden Notars hin zu löschen. Bis zur Eigentumsumschreibung wird man allerdings dem Nutzer die Eintragung des Eröffnungsvermerkes nicht verweigern können, da er ansonsten für den Fall, daß der Dritterwerber bösgläubig iSd. Abs. 1 Nr. 3 war oder der Vertrag zwischen dem Eigentümer und dem Dritterwerber nicht vollzogen wird, keinen Schutz genösse. Bis zur Eigentumsumschreibung oder Aufhebung des Vertrages mit dem Dritterwerber ist das notarielle Vermittlungsverfahren nach Eintragung des Eröffnungsvermerkes im Grundbuch auf Antrag auszusetzen.

8 Der Nutzer, dessen Anspruch durch Weiterveräußerung untergegangen ist, erhält Wertersatz gem. Abs. 2 Satz 2.

Kapitel 3. Alte Erbbaurechte

§ 112 Umwandlung alter Erbbaurechte

(1) War das Grundstück am 1. Januar 1976 mit einem Erbbaurecht belastet, so endet das Erbbaurecht zu dem im Erbbaurechtsvertrag bestimmten Zeitpunkt, frühestens jedoch am 31. Dezember 1995, wenn sich nicht aus dem folgenden etwas anderes ergibt. Das Erbbaurecht verlängert sich bis zum 31. Dezember 2005, wenn ein Wohngebäude aufgrund des Erbbaurechts errichtet worden ist, es sei denn, daß der Grundstückseigentümer ein berechtigtes Interesse an der Beendigung des Erbbaurechts entsprechend § 564 b Abs. 2 Nr. 2 und 3 des Bürgerlichen Gesetzbuchs geltend machen kann.

(2) Hat der Erbbauberechtigte nach dem 31. Dezember 1975 das Grundstück bebaut oder bauliche Maßnahmen nach § 12 Abs. 1 vorgenommen, so endet das Erbbaurecht mit dem Ablauf von

1. 90 Jahren, wenn
   a) ein Ein- oder Zweifamilienhaus errichtet wurde oder
   b) ein sozialen Zwecken dienendes Gebäude gebaut wurde,
2. 80 Jahren, wenn das Grundstück im staatlichen oder genossenschaftlichen Wohnungsbau bebaut wurde, oder
3. 50 Jahren in allen übrigen Fällen

nach dem Inkrafttreten dieses Gesetzes. Ein Heimfallanspruch kann nur aus den in § 56 genannten Gründen ausgeübt werden. Die Verlängerung der Laufzeit des Erbbaurechts ist in das Grundbuch einzutragen. Der Grundstückseigentümer ist berechtigt, eine Anpassung des Erbbauzinses bis zu der sich aus den §§ 43, 45 bis 48 und 51 ergebenden Höhe zu verlangen.

(3) Vorstehende Bestimmungen finden keine Anwendung, wenn das Erbbaurecht auf einem vormals volkseigenen Grundstück bestellt worden ist und bei Ablauf des 2. Oktober 1990 noch bestand. Auf diese Erbbaurechte finden die Bestimmungen dieses Gesetzes für verliehene Nutzungsrechte entsprechende Anwendung.

(4) § 5 Abs. 2 des Einführungsgesetzes zum Zivilgesetzbuch der Deutschen Demokratischen Republik ist vom Inkrafttreten dieses Gesetzes an nicht mehr anzuwenden.

I. Normzweck

1 Mit dem Inkrafttreten des ZGB am 1. 1. 1976 sind die zum damaligen Zeitpunkt bestehenden Erbbaurechte in unbefristete Erbbaurechte umgewandelt worden (§ 5 Abs. 2 EGZGB). Die Vorschrift des § 112 sieht die Wiederherstellung des früheren Rechtszustandes vor, wobei zugunsten der Erbbauberechtigten je nach einer von ihm vorgenommenen Bebauung des Grundstücks Übergangsfristen vorgesehen sind.

II. Anwendungsbereich

Die Vorschrift gilt für solche Erbbaurechte, die vor dem 1. 1. 1976 (= Inkrafttreten des ZGB) bestellt worden sind und zu diesem Zeitpunkt noch bestanden haben. Das Erbbaurecht darf zwischenzeitlich auch nicht erloschen sein.[1] 2

Gemäß Abs. 3 ist die Norm auf die auf ehemals **volkseigenen Grundstücken** bestellten Erbbaurechte dagegen nicht anwendbar, soweit das Erbbaurecht am 2. 10. 1990 noch bestanden hat. Denn für solche Erbbaurechte hatte § 5 Abs. 2 S. 5, 6 EGZGB die Verleihung eines Nutzungsrechts mit der Folge des Erlöschens des Erbbaurechts in Aussicht gestellt, wobei von dieser Ermächtigung in eher zufälliger Weise Gebrauch gemacht wurde, ohne daß die Erbbauberechtigten hierauf Einfluß hatten. Durch Abs. 3 werden diese Fälle deshalb gleichbehandelt, indem sowohl den Erbbauberechtigten, als auch den Nutzern das gesamte Instrumentarium des SachenRBerG (vgl. §§ 1 Abs. 1 Nr. 1 a, 3 Abs. 1 S. 1) zur Verfügung gestellt wird. 3

III. Grundsatz

1. Umwandlung alter Erbbaurechte. Gemäß Abs. 1 S. 1 gelten für die alten Erbbaurechte grundsätzlich wieder die vertraglich vereinbarten Beendigungszeitpunkte. Soweit allerdings danach deren Laufzeit vor dem 31. 12. 1995 endet, wird das Laufzeitende kraft Gesetzes bis zu diesem Zeitpunkt hinausgeschoben. Eine einverständliche Verlängerung ist möglich (§ 3 Abs. 1 S. 2).[2] 4

2. Grundbucheintragung. Stimmt die aus Abs. 1 sich ergebende Dauer des Erbbaurechts mit der Eintragung im Grundbuch nicht überein, ist das Grundbuch entspr. Abs. 2 S. 3 zu berichtigen.[3] 5

3. Anwendbare Normen. Soweit einer der unten genannten Ausnahmefälle nicht gegeben ist, finden auf das Erbbaurechtsverhältnis – neben der Fristbestimmung des § 112 Abs. 1 S. 1 – wieder die Bestimmungen des Erbbaurechtsvertrages und der ErbbauVO bzw. auf die vor dem 22. 1. 1919 begründeten Erbbaurechte die §§ 1012 bis 1017 BGB Anwendung. Die sonstigen Vorschriften des SachenRBerG sind nicht anwendbar; dies ergibt sich aus der systematischen Stellung des § 112 als „Kapitel 3", so daß vor allem die Vorschriften des 2. Kapitels (§§ 3 bis 111) nicht gelten. Gleichfalls ist gem. Abs. 5 die Vorschrift des § 5 Abs. 2 EGZGB nicht mehr anzuwenden, insbes. also nicht das dem Erbbauberechtigten gem. § 5 Abs. 2 S. 4 EGZGB zustehende Vorkaufsrecht. 6

IV. Ausnahmen

1. Vor dem 1. 1. 1976 errichtete Wohngebäude. Für solche Bauwerke sieht Abs. 1 S. 2 eine Verlängerung der weiteren Mindestlaufzeit des Erbbaurechts um weitere 10 Jahre bis zum 31. 12. 2005 vor. Unter den Begriff des Wohngebäudes als Oberbegriff fallen Eigenheime, Mehrfamilienhäuser und die im staatlichen oder genossenschaftlichen Wohnungsbau errichteten Gebäude. Bei einer **Mischnutzung** muß die Wohnnutzung das Erbbaurechtsverhältnis prägen (§ 53 RdNr. 10). 7

Eine **Fristverlängerung** tritt ein, wenn der Grundstückseigentümer ein berechtigtes Interesse iSd. § 564 b Abs. 2 Nr. 2 und 3 BGB nachweisen kann, wobei ihn insoweit die Beweislast trifft. Die Mindestfrist des 31. 12. 1995 ist jedoch stets zu beachten. 8

Hins. der auf das Erbbaurechtsverhälnis **anwendbaren Normen** gelten die obigen Grundsätze (s. RdNr. 6). 9

Ist die Errichtung des Wohngebäudes erst nach dem 31. 12. 1975 abgeschlossen worden, gilt Abs. 2, soweit es sich nicht nur um unwesentliche Restarbeiten gehandelt hat. 10

2. Neubau oder Baumaßnahmen nach dem 31. 12. 1975. a) Bauliche Maßnahme. Zum Begriff der baulichen Maßnahme iSd. § 12 Abs. 1 vgl. dort RdNr. 3f.; soweit eine solche nicht vorliegt, gelten nur die in Abs. 1 bestimmten Fristen. 11

[1] *Czub-Limmer* RdNr. 6.

[2] *Herbig-Gaitzsch-Hügel-Weser* S. 102; *Czub-Limmer* RdNr. 28.

[3] *Herbig-Gaitzsch-Hügel-Weser* S. 103; *Eickmann-von Schuckmann* RdNr. 7; *Czub-Limmer* RdNr. 20.

12 **b) Fristen.** Je nach der Art der Bebauung entsprechen die Fristen in Abs. 2 S. 1 i.w. den Bestimmungen in § 53; vgl. deshalb i.e. § 53 RdNr. 6 ff. Im Unterschied zu § 53 sind lediglich die Büro- und Dienstgebäude nicht gesondert aufgeführt, so daß für sie im Rahmen des § 112 die 50-Jahresfrist gilt.

13 **c) Grundbucheintragung.** Die kraft Gesetzes eingetretene Fristverlängerung ist gem. Abs. 2 S. 3 im Wege der Berichtigung in das Grundbuch einzutragen.

14 **d) Anwendbare Normen.** Hins. der auf die unter Abs. 2 fallenden Erbbaurechtsverhältnisse anwendbaren Normen gelten die obigen Ausführungen (RdNr. 6). Neben den veränderten Vertragslaufzeiten ist gem. Abs. 2 folgendes zu beachten:

- etwaige vertragliche **Heimfallrechte,** die gem. § 5 Abs. 2 S. 3 EGZGB ausgeschlossen waren, leben kraft Gesetzes nur in dem Umfang wieder auf, wie dies in § 56 vorgesehen ist (Abs. 2 S. 2), wobei es sich hierbei in Anbetracht des Wortlautes des Abs. 2 S. 2 („aus den in § 56 genannten Gründen") um eine Rechtsgrundverweisung handelt, so daß ein Heimfallanspruch nur den in § 56 Abs. 1 genannten Grundstückseigentümern zusteht;[4]
- der Grundstückseigentümer kann eine **Anpassung des Erbbauzinses** entspr. den §§ 43, 45 bis 48, 51 verlangen.

Wegen des abschließenden Charakters des Abs. 2 kommt i.ü. eine Anwendung der Vorschriften des SachenRBerG nicht in Betracht.

Kapitel 4. Rechte aus Miteigentum nach § 459 des Zivilgesetzbuchs der Deutschen Demokratischen Republik

§ 113 Berichtigungsanspruch

(1) Haben vormals volkseigene Betriebe, staatliche Organe und Einrichtungen oder Genossenschaften auf vertraglich genutzten, vormals nichtvolkseigenen Grundstücken nach dem 31. Dezember 1975 und bis zum Ablauf des 30. Juni 1990 bedeutende Werterhöhungen durch Erweiterungs- und Erhaltungsmaßnahmen am Grundstück vorgenommen, so können beide Vertragsteile verlangen, daß der kraft Gesetzes nach § 459 Abs. 1 Satz 2 und Abs. 4 Satz 1 des Zivilgesetzbuchs der Deutschen Demokratischen Republik entstandene Miteigentumsanteil in das Grundbuch eingetragen wird.

(2) Eine bedeutende Werterhöhung liegt in der Regel vor, wenn der Wert des Grundstücks durch Aufwendungen des Besitzers um mindestens 30 000 Mark der Deutschen Demokratischen Republik erhöht wurde. Im Streitfall ist die durch Erweiterungs- und Erhaltungsmaßnahmen eingetretene Werterhöhung durch ein Gutachten zu ermitteln. Die Kosten des Gutachtens hat der zu tragen, zu dessen Gunsten der Miteigentumsanteil in das Grundbuch eingetragen werden soll.

(3) Der Anspruch aus Absatz 1 kann gegenüber denjenigen nicht geltend gemacht werden, die durch ein nach Ablauf des 31. Dezember 1999 abgeschlossenes Rechtsgeschäft das Eigentum am Grundstück, ein Recht am Grundstück oder ein Recht an einem solchen Recht erworben haben, es sei denn, daß im Zeitpunkt des Antrags auf Eintragung des Erwerbs in das Grundbuch

1. die Berichtigung des Grundbuchs nach Absatz 1 beantragt worden ist,

2. ein Widerspruch zugunsten des aus Absatz 1 berechtigten Miteigentümers eingetragen oder dessen Eintragung beantragt worden ist oder

[4] Ebenso *Herbig-Gaitzsch-Hügel-Weser* S. 103; *Czub-Limmer* RdNr. 23; aA *Vossius* RdNr. 10.

3. dem Erwerber bekannt war, daß das Grundbuch in Ansehung eines nach § 459 Abs. 1 Satz 2 oder Abs. 4 Satz 1 des Zivilgesetzbuchs der Deutschen Demokratischen Republik entstandenen Miteigentumsanteils unrichtig gewesen ist.

Ist ein Rechtsstreit um die Eintragung des Miteigentumsanteils anhängig, so hat das Prozeßgericht auf Antrag einer Partei das Grundbuchamt über die Eröffnung und das Ende des Rechtsstreits zu unterrichten und das Grundbuchamt auf Ersuchen des Prozeßgerichts einen Vermerk über den anhängigen Berichtigungsanspruch einzutragen. Der Vermerk hat die Wirkung eines Widerspruchs.

(4) § 111 Abs. 2 ist entsprechend anzuwenden.

Übersicht

I. Normzweck und Anwendungsbereich

1 Aufgrund der grundsätzlichen Anerkennung der Rechtsordnung der DDR durch den Einigungsvertrag hat der Eigentumserwerb unter Geltung des Rechts der DDR im allgemeinen Bestand. Dies gilt auch für solche Fälle, in denen bestimmte Nutzer auf privaten Grundstücken Gebäude errichtet bzw. bedeutende Erweiterungs- und Erhaltungsmaßnahmen vorgenommen haben (§ 459 ZGB). Das Recht am Gebäude folgte hier weitgehend nicht dem Recht am Grund und Boden.

§ 459 wich damit grundlegend von den §§ 946, 94 BGB ab (superficies solo cedit).[1] Die von bestimmten Nutzern errichteten Gebäude und Anlagen wurden nach § 459 Abs. 1 S. 1 ZGB unabhängig vom Eigentum am Grund und Boden Volkseigentum. Dieses ehemals volkseigene Gebäudeeigentum ist nicht Gegenstand der Regelung des § 113;[2] es unterfällt §§ 1 Abs. 1 Nr. 1b, 7 Abs. 2 Nr. 4 und 7 dieses Gesetzes. § 459 Abs. 1 S. 2, Abs. 4 S. 1 ZGB ordnete darüber hinaus an, daß bei bedeutenden Erweiterungs- und Erhaltungsmaßnahmen ein volkseigener **Miteigentumsanteil**[3] bzw. ein Miteigentumsanteil der dort genannten Nutzer am Grundstück entstand.[4] Da die Eintragung dieser Miteigentumsanteile zunächst nicht geregelt war und nach der 1983 erfolgten Regelung[5] die Berichtigung der Grundbücher zumeist unterblieb, hat § 113 die Aufgabe, die Grundbuchlage mit der wahren Rechtslage am Grundstück zur Deckung zu bringen. Die Vorschrift dient damit der Rechtssicherheit im Grundstücksverkehr.

[1] *Vossius* § 113 RdNr. 1.
[2] *Czub-Bultmann* § 113 RdNr. 10; *Vossius* § 113 RdNr. 3.
[3] OLG Dresden OLG NL 1995, 203.
[4] Autorenkollektiv ZGB § 459 Anm. 1.2.
[5] Verordnung über die Sicherung des Volkseigentums bei Baumaßnahmen von Betrieben auf vertraglich genutzten nicht volkseigenen Grundstücken v. 7. 4. 1983, GBl. I Nr. 12 S. 129.

II. Tatbestand

2 **1. Rechtsinhaber. a) Lage nach § 459 ZGB.** Als Rechtsträger eines volkseigenen Miteigentumsanteils nennt § 459 Abs. 1 S. 2 volkseigene Betriebe, staatliche Organe oder Einrichtungen; als Berechtigte eines Miteigentumsanteils nennt § 459 Abs. 4 S. 1 ZGB sozialistische Genossenschaften (zB PGH = Produktionsgenossenschaften des Handwerks) oder gesellschaftliche Organisationen. Dagegen waren LPGen ausdrücklich vom Anwendungsbereich des § 459 ausgenommen. Insoweit sollten nach § 459 Abs. 5 ZGB auch bei Erweiterungs- und Erhaltungsmaßnahmen – nur[6] – die genossenschaftsrechtlichen Bestimmungen gelten. Dieser Ausschluß bezieht sich damit auch auf die gem. § 46 LPG-G den LPGen gleichgestellten gärtnerischen Produktionsgenossenschaften, die Produktionsgenossenschaften der Binnenfischer und andere Produktionsgenossenschaften im Bereich der Landwirtschaft.

3 **b) Von § 113 berücksichtigte Rechtsnachfolger.** Rechtsnachfolger der Rechtsträger sind die gemäß § 11 THG aus der Umwandlung hervorgegangenen Gesellschaften, vorzugsweise GmbH. Die in § 459 Abs. 4 ZGB ebenfalls privilegierten gesellschaftlichen Organisationen (SED, FDGB, FDJ), die aufgrund der fortgeltenden §§ 20 a, b ParteienG der DDR[7] derzeit einer hoheitlichen Beschlagnahme unterworfen sind, sind in § 113 nicht genannt. Sie sind in § 2 Abs. 2 Ziff. 1 ausdrücklich von der Anwendung des Sachenrechtsbereinigungsgesetzes ausgenommen. Ihnen steht daher kein Berichtigungsanspruch gem. § 113, sondern lediglich der allgemeine Anspruch aus § 894 BGB zu.[8]

4 **2. Voraussetzungen nach § 459 ZGB.** Das gemäß § 459 ZGB begründete selbständige Gebäudeeigentum wird von § 113 nicht erfaßt. Gegenstand der Regelung ist der – ehemals volkseigene oder genossenschaftliche (ohne LPG) – Miteigentumsanteil, vgl. RdNr. 1, 2. Die Entstehung des Miteigentumsanteils setzte voraus, daß bedeutende Erweiterungs- und Erhaltungsmaßnahmen (dazu näher RdNr. 5) an vertraglich genutzten Grundstücken durchgeführt wurden. Grundlage der Nutzung waren Mietverträge oder andere den Grundstücksgebrauch ermöglichende Vereinbarungen[9] zwischen den in § 459 ZGB genannten Wirtschaftseinheiten und den privaten Grundstückseigentümern. Die bedeutenden Erweiterungs- und Erhaltungsmaßnahmen müssen zu einer Werterhöhung des genutzten Objekts geführt haben. Die Werterhöhung wurde durch Gutachter[10] festgestellt, die sich am staatlichen Preisrecht der DDR orientierten: Die Bewertung des Grundstücks war dabei nach Rechtslage der DDR im Verhältnis zum Wert der baulichen Maßnahme sehr niedrig.[11]

5 **3. Erhebliche Werterhöhung, Abs. 2 S. 1. a) Allgemeines.** Voraussetzung für den Erwerb des Miteigentumsanteils am Grundstück und damit für den in dieser Vorschrift normierten Grundbuchberichtigungsanspruch ist es, daß eine erhebliche Werterhöhung am Grundstück eingetreten ist. Diese wurde von § 9 Abs. 1 der Verordnung vom 7. April 1983 (GBl. I S. 129) mit 30 000,00 Mark der DDR beziffert. Diese Wertuntergrenze greift Abs. 2 S. 1 auf. Im Streitfall ist die Werterhöhung durch ein Gutachten zu ermitteln (Abs. 2 S. 2). Die Kosten für das Gutachten hat derjenige zu tragen, zu dessen Gunsten der Miteigentumsanteil in das Grundbuch eingetragen werden soll (Abs. 2 S. 3).

6 **b) Werterhöhende Maßnahme.** Die Werterhöhung kann auf unterschiedliche Art und Weise zustande gekommen sein. Denkbar ist es, daß der Nutzer das Gebäude oder die bauliche Anlage, mit der das Grundstück bebaut ist, ausgebaut oder instandgesetzt hat.[12] Es ist aber nicht erforderlich, daß ein derartiger Bezug auf das Gebäude vorliegt; vielmehr genügt es, wenn der Nutzer Erhaltungsmaßnahmen am Grundstück vorgenommen hat. Der Katalog möglicher Maßnahmen reicht hier von der Beseitigung von Altlasten bis hin zur Verlegung von Versorgungsleitungen, Drainagen und dergleichen mehr.

7 **c) Zeitraum.** Erfaßt werden Maßnahmen, die vom Zeitpunkt des Inkrafttretens des ZGB am 1. Januar 1976 bis zum 30. Juni 1990 durchgeführt wurden. Bei dem letztgenannten Datum dürfte es sich um ein Redaktionsversehen handeln, da § 459 ZGB erst durch das

[6] Autorenkollektiv ZGB § 459 Anm. 5; *Czub-Bultmann* § 113 RdNr. 12.

[7] Zu den Problemstellungen vgl. m. w. N. *Smid*, Das Insolvenzrecht der neuen Bundesländer 1994 S. 165 f.

[8] *Eickmann* § 113 RdNr. 12; *Czub-Bultmann* § 113 RdNr. 21.

[9] Autorenkollektiv ZGB § 459 Anm. 1.1.

[10] *Vossius* § 113 RdNr. 10 bis 12.

[11] *Vossius* § 113 RdNr. 2.

[12] *Czub-Bultmann* § 113 RdNr. 18.

2. Zivilrechtsänderungsgesetz (GBl. 1990 I S. 903) mit Wirkung vom 9. 8. 1990 aufgehoben worden ist.[13] Die in der Zeit vom 30. 6. bis zum 9. 8. 1990 eventuell noch entstandenen Miteigentumsanteile werden daher durch § 113 nicht erfaßt.

8 **4. Ermittlung des Miteigentumsanteils. a) Problem.** Zur Eintragung des Miteigentumsanteils muß dieser bestimmt sein, was sich aus dem allgemeinen sachenrechtlichen Spezialitätsprinzip ergibt. Der Berichtigungsanspruch nach dieser Vorschrift muß sich daher auf ein Verfahren der Berechnung des konkreten Miteigentumsanteils des Erwerbers gemäß § 459 ZGB stützen.

9 **b) Fortgeltendes Recht der DDR.** Das hierbei zu berücksichtigende Verfahren folgt aus der Fn. 5 zitierten Verordnung vom 7. April 1983.[14] Nach § 7 dieser Verordnung ist der Grundstückswert abzüglich der Werterhöhung zur Werterhöhung ins Verhältnis zu setzen. Hieraus ist die Quote zu errechnen, nach der sich der Miteigentumsanteil des Nutzers bemißt.

10 **c) Wertkorrektur.** Während für die Berücksichtigung der werterhöhenden Maßnahme auf den Zeitpunkt der Vornahme abzustellen ist (oben RdNr. 6), bedarf es hinsichtlich des Grundstückswertes einer korrigierenden Betrachtungsweise. Ein Rückgriff auf die Grundstückspreise, die zum Zeitpunkt der Vornahme der Maßnahme galten, würde zu einer erheblichen Benachteiligung des Grundstückseigentümers führen. Denn aufgrund einer Reihe von Faktoren waren Grundstücke in der DDR sehr niedrig bewertet. Daher ist bei der Berechnung der Miteigentumsanteile der heutige Grundstückswert unter Abzug des Gebäudewertes in Ansatz zu bringen.[15]

11 **5. Mehrheit von Nutzern.** Haben mehrere Nutzer werterhöhende Maßnahmen vorgenommen, die nach den RdNr. 6 dargestellten Maßstäben zu berücksichtigen sind, so ist jeder nach seinem Anteil bei der Begründung von Miteigentum am Grundstück zu beteiligen.

III. Rechtsfolgen

12 **1. Berichtigungsanspruch.** Legt man allein die Regelungen des BGB zugrunde, wäre in diesen Fällen ein Berichtigungsanspruch des von der Unrichtigkeit betroffenen Inhabers des Miteigentumsanteils nach § 894 BGB gegeben. Neben dem Nutzer ist aber auch der ursprüngliche Grundstückseigentümer (Bucheigentümer) an einer Klarstellung der Eigentumsverhältnisse beispielsweise deshalb interessiert, weil er den ihm verbleibenden Miteigentumsanteil zum Zwecke der Beleihung konkret bestimmt haben will.[16] Daher gibt diese Vorschrift auch dem Grundstückseigentümer einen besonderen Grundbuchberichtigungsanspruch, der es gestattet, die Voraussetzungen des § 22 Abs. 2 GBO herbeizuführen.

13 **2. Nutzungsvertrag.** Der zwischen dem Grundstückseigentümer und dem Nutzer bestehende Vertrag, auf dem das die Maßnahmen des Nutzers legitimierende Nutzungsverhältnis beruhte, hat keinen Bestand. An seine Stelle treten nach § 115 (dort RdNr. 1, 5 f.) die Regelungen des BGB über die Gemeinschaft. Der ursprüngliche Nutzungsvertrag erlischt im Wege gesetzlicher Novation.[17]

IV. Einschränkung des gutgläubig-lastenfreien Erwerbs, Abs. 3

14 **1. Grundsatz. a) Erwerb des Grundstücks vor dem 31. Dezember 1996.** Für den rechtsgeschäftlichen Erwerb des Grundstücks bis zum 31. Dezember 1996 gelten die allgemeinen Regeln;[18] für spätere Erwerbsvorgänge greifen besondere Vorschriften des Abs. 3 (unten RdNr. 18).

15 **b) Veräußerung des Grundstücks.** Für das Grundstück betreffende Erwerbsgeschäfte gelten die Regelungen der §§ 891, 892 BGB. Daraus folgt, daß der Erwerber von dem im Grundbuch eingetragenen Eigentümer oder vom Verfügungsberechtigten iSv. § 8 VZOG das Volleigentum am ganzen Grundstück erwerben kann. Der nach § 459 ZGB erworbene, aber nicht

[13] *Czub-Bultmann* § 113 RdNr. 14.

[14] Verordnung über die Sicherung des Volkseigentums bei Baumaßnahmen von Betrieben auf vertraglich genutzten nicht volkseigenen Grundstücken v. 7. 4. 1983, GBl. I Nr. 12 S. 129.

[15] *Vossius* § 113 RdNr. 17 f.

[16] *Eickmann* § 113 RdNr. 9.

[17] *Vossius* § 115 RdNr. 3, mißverständlich § 113 RdNr. 25.

[18] AA *Czub-Bultmann* § 113 RdNr. 25, die einen gutgläubig-lastenfreien Erwerb vor dem 1. 1. 1997 ausschließen; wie hier *Eickmann* § 113 RdNr. 14.

eingetragene Miteigentumsanteil geht unter, sofern der Erwerber im guten Glauben an die Stellung des Veräußerers war. Der gute Glaube beurteilt sich aufgrund der allgemeinen Regelungen.

16 **c) Belastung des Grundstücks.** Die Frage gutgläubig-lastenfreien Erwerbs ist insbesondere bei der Belastung des Grundstücks durch den Bucheigentümer bei nach § 459 ZGB bestehendem, aber nicht gebuchten Miteigentum zu stellen. Denn § 495 Abs. 3 ZGB bestimmte, daß das aufgrund sozialistischen Eigentums am Gebäude begründete Miteigentum nicht belastet werden konnte und von Belastungen des Grundstücks nicht erfaßt wurde. Das stand in Einklang mit dem Ausschluß einer Belastung von Volkseigentum im übrigen, der indessen in der Wendezeit noch vor dem Beitritt der DDR zur Bundesrepublik durch eine Reihe von Rechtsvorschriften aufgehoben wurde. Hätte demgegenüber § 459 Abs. 3 ZGB Bestand, könnte gegen diese Vorschrift auch der gute Glaube des Erwerbers nicht helfen, da durch den guten Glauben die fehlende Verfügungsbefugnis des Bucheigentümers überwunden wird, nicht aber die gesetzliche Bestimmung der Unzulässigkeit dinglicher Belastungen in Fällen von Volkseigentum. § 459 Abs. 3 ZGB ist aber aufgrund der Zulassung der Belastung von Volkseigentum als gegenstandslos anzusehen, so daß die §§ 891, 892 BGB auch in diesen Fällen greifen.[19]

17 **2. Besondere Gutglaubensregelungen des Abs. 3 S. 1. a) Frist.** Die besonderen Gutglaubensregeln des Abs. 3 greifen hinsichtlich solcher Rechtsgeschäfte ein, die nach dem 31. Dezember 1996 geschlossen werden.

18 **b) Voraussetzungen im einzelnen.** Der Berichtigungsanspruch wegen des nach § 459 ZGB erworbenen Miteigentumsanteils kann nach Abs. 3 S. 1 dann nicht geltend gemacht werden, wenn (Nr. 1) kein Antrag auf Grundbuchberichtigung gestellt, (Nr. 2) kein Widerspruch zugunsten des aus § 459 ZGB berechtigten Miteigentümers gem. §§ 894, 899 BGB eingetragen **oder** dem Erwerber des Grundstücks die Begründung eines Miteigentumsanteils des Nutzers aus § 459 ZGB bekannt war. Nach Abs. 3 S. 2 kann der Widerspruch auch in Gestalt eines Vermerks über die Rechtshängigkeit (§§ 265, 266, 325 ZPO) eines Rechtsstreits über den Berichtigungsanspruch eingetragen werden, § 38 GBO. Um Eintragung dieses Vermerks hat das Prozeßgericht das Grundbuchamt auf Antrag einer Partei zu ersuchen.

V. Wertersatz früherer Rechtsinhaber, Abs. 4

19 § 111 Abs. 2 S. 2 sieht einen Wertersatzanspruch des früheren Rechtsinhabers gegen den Veräußerer vor, der nach bereicherungsrechtlichen Grundsätzen abzuwickeln ist.[20]

§ 114 Aufgebotsverfahren

(1) Der Eigentümer eines nach § 459 des Zivilgesetzbuchs der Deutschen Demokratischen Republik entstandenen Miteigentumsanteils kann von den anderen Miteigentümern im Wege eines Aufgebotsverfahrens mit seinem Recht ausgeschlossen werden, wenn der Miteigentumsanteil weder im Grundbuch eingetragen noch in einer Frist von fünf Jahren nach dem Inkrafttreten dieses Gesetzes die Berichtigung des Grundbuchs nach § 113 beantragt worden ist.

(2) Für das Verfahren gelten, soweit nicht im folgenden etwas anderes bestimmt ist, die §§ 977 bis 981 der Zivilprozeßordnung entsprechend. Meldet der Miteigentümer sein Recht im Aufgebotstermin an, so tritt die Ausschließung nur dann nicht ein, wenn der Berichtigungsanspruch bis zum Termin rechtshängig gemacht oder anerkannt worden ist. Im Aufgebot ist auf diese Rechtsfolge hinzuweisen.

(3) Mit dem Ausschlußurteil erwirbt der andere Miteigentümer den nach § 459 des Zivilgesetzbuchs der Deutschen Demokratischen Republik entstandenen Anteil. Der ausgeschlossene Miteigentümer kann entsprechend der Regelung in § 818 des Bürgerlichen Gesetzbuchs Ausgleich für den Eigentumsverlust verlangen.

[19] *Eickmann* § 113 RdNr. 15.

[20] *Czub-Bultmann* § 113 RdNr. 29, 30.

I. Übersicht

1 **1. Normzweck.** Der im Grundbuch eingetragene Grundstückseigentümer, der nach § 113 einem Grundbuchberichtigungsanspruch desjenigen Nutzers ausgesetzt ist, der aufgrund werterhöhender Maßnahmen nach § 459 ZGB einen nicht eingetragenen Miteigentumsanteil am Grundstück erworben hat (§ 113 RdNr. 4, 8ff.), hat aus verschiedenen Gründen ein Interesse daran, die Rechtslage zu klären. Zum einen wird er nicht zeitlich unbegrenzt Ansprüchen nach § 113 ausgesetzt sein wollen, zum anderen wird er zur Herstellung der Beleihbarkeit des Grundstücks für die Zukunft die Geltendmachung von Grundbuchberichtigungsansprüchen nach § 113 auszuschließen bestrebt sein.[1] Diesem Interesse des Grundstückseigentümers trägt § 114 durch die Gewährung eines besonderen Aufgebotsverfahrens Rechnung. Diese Vorschrift ergänzt insoweit § 113.

2 **2. Aufbau der Vorschrift.** Abs. 1 gibt dem Grundstückseigentümer die Möglichkeit, nach Ablauf einer Frist von fünf Jahren nach Inkrafttreten des SachenRBerG das nicht zur Eintragung gelangte Miteigentum des Nutzers aufzubieten. Abs. 2 erklärt die Vorschriften der ZPO über das Aufgebotsverfahren für anwendbar und Abs. 3 ordnet die Rechtsfolgen des Ausschlußurteils an.

II. Abs. 1: Voraussetzungen des Aufgebotsverfahrens

3 **1. Allgemeines.** Für das Aufgebotsverfahren gelten gem. Abs. 2 die Bestimmungen über die Ausschließung eines Grundstückseigentümer (§§ 977 bis 981 ZPO) entsprechend, soweit in § 114 nichts anderes bestimmt ist. Damit ist zugleich die Geltung der allgemeinen Bestimmungen über das Aufgebotsverfahren (§§ 946 bis 959 ZPO) in Bezug genommen.

4 **2. Gang des Verfahrens. a) Antragsprinzip.** Das Aufgebotsverfahren des § 114 wird auf Antrag des **Grundstückseigentümers oder anderer Miteigentümer** eingeleitet,[2] Abs. 1 iVm. § 947 Abs. 1 S. 1 ZPO. **Zuständig** ist gem. § 23 Nr. 2h GVG das Amtsgericht, in dessen Bezirk das Grundstück belegen ist.[3] Der Antrag ist zulässig, wenn der aufgebotene Miteigentumsanteil nicht im Grundbuch eingetragen ist und in einer Frist von fünf Jahren nach Inkrafttreten des SachenRBerG kein Antrag auf Durchführung eines Sachenrechtsbereinigungsverfahrens in bezug auf das Grundstück gestellt worden ist. Dagegen ist es nicht erforderlich, daß der den Antrag nach Abs. 1 stellende Miteigentümer im Grundbuch eingetragen ist. Zum Nachweis seiner Antragsbefugnis genügt es daher, wenn der aus § 459 ZGB berechtigte nicht eingetragene Miteigentümer ein Verfahren nach § 113 eingeleitet hat oder daß in bezug auf ihn vom Grundstückseigentümer ein derartiges Verfahren eingeleitet worden ist. Daher kommt § 979 ZPO nicht zum Zuge; nach Abs. 1 ist also auch derjenige antragsberechtigt, der nicht iSv § 927 BGB Eigenbesitzer des Grundstücks ist.[4]

5 **b) Beweismittel.** Der Antragsteller hat den seinem Antrag zugrundeliegenden Tatsachenvortrag glaubhaft zu machen, § 980 ZPO iVm. § 294 ZPO. Die Führung des Vollbeweises setzt voraus, daß die zu beweisende Tatsache aufgrund der Würdigung des Ergebnisses der Beweisaufnahme durch den Richter (§ 286 ZPO) „überzeugend wahrscheinlich" ist, während zur Glaubhaftmachung die Vermittlung der Überzeugung **„überwiegende Wahrscheinlichkeit"** des glaubhaft zu machenden Umstandes genügt.[5] Die Glaubhaftmachung erfolgt durch Vorlage liquider Beweismittel oder durch eidesstattliche Versicherung. Hierzu gelten die allgemeinen Grundsätze: Zur Glaubhaftmachung kann der Beweisführer daher **alle Beweismittel der §§ 355 bis 455 ZPO** anführen, sofern sie **präsent** sind. Dh. der Beweisführer muß die Beweismittel zugleich mit seinem Vortrag dem erkennenden Gericht präsentieren, da § 294 Abs. 2 ZPO im Falle der Glaubhaftmachung eine Beweisaufnahme dann für unstatthaft erklärt, wenn diese nicht „sofort" erfolgen kann; für die schriftliche Antragstellung beschränkt § 294 Abs. 2 ZPO die Mittel der Glaubhaftmachung daher durch den Ausschluß des Beweisantritts durch Sachverständigen- oder Zeugenbeweis bzw. durch den Ausschluß der Bezugnahme auf vom Gericht erst einzuholende Auskünfte. Der Tatsachenvortrag ist im übrigen regelmäßig durch Vorlage von öffentlichen oder privaten Urkunden (zum Urkundsbegriff vgl. §§ 415ff. ZPO),

[1] *Eickmann* § 114 RdNr. 1.
[2] *Vossius* § 114 RdNr. 3; *Czub-Bultmann* § 114 RdNr. 12.
[3] *Eickmann* § 114 RdNr. 3.
[4] *Vossius* § 114 RdNr. 3.
[5] *Zöller-Stephan* § 294 RdNr. 1.

aber gem. § 294 Abs. 1 ZPO auch durch die Abgabe von Versicherungen an Eides Statt (vgl. § 156 StGB), anwaltliche Versicherungen, uneidliche Parteibefragungen, schriftliche Zeugenerklärungen iSv. § 377 Abs. 4 ZPO oder die Bezugnahme auf dem Gericht unmittelbar verfügbare Akten glaubhaft zu machen.[6] Insbesondere kann dies durch Vorlage eines beglaubigten Grundbuchauszuges geschehen.

6 **c) Aufgebot.** Das Gericht erläßt – auch ohne mündliche Verhandlung, § 947 Abs. 1 S. 2 ZPO – das Aufgebot, das des Inhalts des § 947 Abs. 2 ZPO bedarf. Er muß daher neben der Bezeichnung des Antragstellers (§ 947 Abs. 2 Nr. 1 ZPO) die Aufforderung enthalten, den nicht gebuchten Miteigentumsanteil spätestens im Aufgebotstermin anzumelden (§ 947 Abs. 2 Nr. 2 ZPO). Ferner muß nach § 947 Abs. 2 Nr. 3 ZPO auf die Rechtsfolgen der Unterlassung der Anmeldung hingewiesen werden. Diese Rechtsfolgen bestimmen sich nach **Abs. 2 S. 2;** daher wird die Vorschrift des § 981 ZPO im Verfahren nach § 114 nicht angewendet; an ihre Stelle tritt **Abs. 2 S. 3.** Der Aufgebotstermin ist nach § 947 Abs. 2 S. 2 Nr. 4 ZPO in der Frist des § 950 ZPO zu bestimmen. Danach beläuft sich die Aufgebotsfrist auf sechs Wochen nach dem erstmaligen Einrücken des Aufgebots in den Bundesanzeiger (zur öffentlichen Bekanntmachung § 949 ZPO).

7 **d) Entscheidung ohne mündliche Verhandlung.** Es greift § 947 Abs. 1 S. 2 ZPO ein, nach dem die Entscheidung des Gerichts im Aufgebotsverfahren ohne mündliche Verhandlung ergehen kann.

8 Verschiedene Entscheidungen des Gerichts kommen in Betracht. Es kann das beantragte **Ausschlußurteil uneingeschränkt erlassen,** § 952 Abs. 1 ZPO, oder einen unzulässigen Antrag (RdNr. 5) durch **Beschluß** nach § 952 Abs. 4 ZPO zurückweisen. Das Gericht kann das Verfahren bis zu einer endgültigen Entscheidung über das angemeldete Recht aussetzen (§ 953 Fall 1 ZPO) oder ein Ausschlußurteil unter Vorbehalt des angemeldeten Rechts erlassen (§ 953 Fall 2 ZPO).

9 **e) Veröffentlichung des Ausschlußurteils. Rechtsmittel.** Das Gericht kann das Ausschlußurteil durch Einrückung in den Bundesanzeiger veröffentlichen. Rechtsmittel sind gegen das Ausschlußurteil nicht statthaft, § 957 Abs. 1 ZPO. Vielmehr muß der Betroffene nach § 957 Abs. 2 ZPO in der Notfrist des § 958 ZPO binnen eines Monats nach Kenntniserlangung vom Ausschlußurteil Anfechtungsklage erheben.

III. Wirkungen des Ausschlußurteils

10 **1. Rechtsstellung des Grundstückseigentümers, Abs. 3 S. 1.** Aufgrund des Ausschlußurteils verliert der nicht eingetragene Miteigentümer seine aus § 459 ZGB resultierende Rechtsposition; er kann daher nicht mehr nach § 113 vorgehen, da ihm ein Berichtigungsanspruch nicht mehr zusteht. Das Grundbuch wird richtig, die Buchposition des eingetragenen Grundstückseigentümers hinsichtlich des ungeteilten Eigentums am Grundstück durch den Nutzer unantastbar.

11 **2. Andere Miteigentümer nach § 459 ZGB.** Dagegen erhalten etwaige weitere aus § 459 ZGB berechtigte Miteigentümer keinen Zuwachs ihrer Rechtsposition aufgrund des Ausschlusses des betroffenen Miteigentümers.[7] Das ergibt sich zwanglos aus der Art der Berechnung der Miteigentumsanteile (§ 113 RdNr. 11 ff.), die sich stets auf das Verhältnis zwischen dem einzelnen aus § 459 ZGB Berechtigten zum Bucheigentümer ergibt.

IV. Ansprüche des Ausgeschlossenen

12 **1. § 818 Abs. 2 BGB.** Dem Ausgeschlossenen steht ein Bereicherungsanspruch gegen den Erwerber auf Wertersatz gem. § 818 Abs. 2 BGB zu. § 818 Abs. 1 BGB greift zugunsten des Ausgeschlossenen nicht, da es nach Abs. 3 S. 2 ausdrücklich darum geht, den Eigentumsverlust des Ausgeschlossenen zu kompensieren.[8]

13 **2. Entreicherung.** Gegen den Anspruch des Ausgeschlossenen auf Wertersatz kann der Grundstückseigentümer gem. § 818 Abs. 3 BGB die Entreicherungseinrede erheben.[9]

[6] *Zöller-Stephan* § 294 RdNr. 3.
[7] *Vossius* § 114 RdNr. 18 aE.
[8] *Vossius* § 114 RdNr. 19; *Eickmann* § 114 RdNr. 14.
[9] *Eickmann* § 114 RdNr. 15.

3. Verjährung. Die Verjährungsfrist gem. § 195 BGB beginnt mit Rechtskraft des Ausschlußurteils.[10] 14

§ 115 Ankaufsrecht bei Auflösung der Gemeinschaft

Das Rechtsverhältnis der Miteigentümer bestimmt sich nach den Vorschriften über das Miteigentum und über die Gemeinschaft im Bürgerlichen Gesetzbuch. Im Falle der Auflösung der Gemeinschaft kann der bisher durch Vertrag zum Besitz berechtigte Miteigentümer den Ankauf des Miteigentumsanteils des anderen zum Verkehrswert verlangen, wenn hierfür ein dringendes öffentliches oder betriebliches Bedürfnis besteht.

I. Normzweck

1. Allgemeines. Zwischen den Miteigentümern bestand nach § 459 ZGB, § 113 eine Miteigentumsgemeinschaft (vgl. § 113 RdNr. 4, 8 ff.). Der zwischen dem Grundstückseigentümer und dem Nutzer bestehende schuldrechtliche Vertrag, auf dem das die Maßnahmen des Nutzers legitimierende Nutzungsverhältnis beruhte, hat – unabhängig von einer erfolgten Grundbucheintragung[1] – keinen Bestand. An seine Stelle treten nach § 115 die Regelungen des BGB über die Gemeinschaft, die jedoch hinsichtlich der Aufhebung durch die Gewährung eines Ankaufsrechts angepaßt worden sind. In der Bruchteilsgemeinschaft nach den §§ 1008 bis 1011, 741 bis 758 BGB sind die Miteigentümer gleichgestellt. 1

2. Übersicht über die Regelung. § 115 trifft für diese – aus der Begründung eines Miteigentumsanteils gem. § 459 ZGB hervorgegangene – Gemeinschaft eine Reihe besonderer Regelungen. Aus S. 1 folgt im Ergebnis, daß die besonderen vertraglichen Absprachen des Nutzungsvertrages fortgelten (s. nachstehend RdNr. 3 bis 5); S. 2 ordnet ein Ankaufsrecht in bestimmten Fällen bei Auflösung der Gemeinschaft an. 2

II. § 1010 Abs. 1 BGB

1. Gesetzliche Schuldumdeutung des Nutzungsvertrages. Der Nutzungsvertrag fällt nur hinsichtlich seiner dinglichen Wirkungen weg; diese sachenrechtlichen Wirkungen, die § 459 ZGB an ihn geknüpft hat, werden durch die Regelungen des § 113 obsolet. Er behält indessen schuldrechtliche Wirkungen *inter partes* der Vertragsschließenden als Verwaltungs- und Benutzungsregelung nach § 1010 BGB.[2] Für sich genommen vermag der Nutzungsvertrag gegenüber den Rechtsnachfolgern der ursprünglichen Vertragsparteien keine Verbindlichkeit zu entfalten, da er nicht dinglich wirkt. 3

2. Grundbucheintragung des Nutzungsvertrages. Eine dingliche Wirkung des Nutzungsvertrages kann aber dadurch hergestellt werden, daß er in Abt. 2 des Grundbuches eingetragen wird. Das ist zulässig, da es sich bei dem Nutzungsvertrag insoweit um eine schuldrechtliche Verwaltungs- und Benutzungsregelung iSv. § 1010 Abs. 1 BGB handelt. Die Grundbucheintragung richtet sich nach den §§ 873 ff. BGB, §§ 19 ff. GBO.[3] Es bedarf also der Einigung zwischen den Miteigentümern (§ 873 BGB), die einander dann zur Erteilung der Eintragungsbewilligung verpflichtet sind. Trotz der nach dem Recht der DDR „dinglichen" Wirkungen der Nutzungsverträge iSv. § 459 ZGB handelt es sich daher bei der Eintragung des Nutzungsvertrages als schuldrechtlicher Benutzungsregelung nicht um eine Grundbuchberichtigung, sondern um den die dingliche Wirkung des Nutzungsvertrages nach dem BGB erst konstituierenden Akt.[4] 4

3. Rechtsfolgen. a) Allgemeines. Ist der Nutzungsvertrag als schuldrechtliche Benutzungsregelung in das Grundbuch eingetragen, entfaltet er auch gegenüber den Sonderrechtsnachfol- 5

[10] *Vossius* § 114 RdNr. 20.
[1] *Vossius* § 115 RdNr. 1, 3.
[2] *Vossius* § 115 RdNr. 4.
[3] *Staudinger-Gursky* § 1010 RdNr. 6.
[4] Vgl. zur Rechtslage nach § 1010 BGB *Staudinger-Gursky* § 1010 RdNr. 5 m. Nachw. der Gegenmeinung.

gern (§§ 746, 751 S. 1 BGB) dingliche Wirkung.[5] Wird dagegen der schuldrechtliche Anspruch aus § 743 Abs. 1 BGB gepfändet oder abgetreten, erstrecken sich die Wirkungen der Benutzungsregelung nicht auf den Pfändungspfandgläubiger oder den Zessionar,[6] da die eingetragene Benutzungsregelung allein sachenrechtlich wirkt.[7]

6 **b) Einzelheiten.** Durch die eingetragene Benutzungsregelung kann das Recht, die Aufhebung der Gemeinschaft zu verlangen, beschränkt oder sogar ausgeschlossen werden (§ 1010 Abs. 1 BGB); der letzere Fall des Ausschlusses des Aufhebungsverlangens greift aber nur dann ein, wenn er ausdrücklich vereinbart worden ist.[8] Von den dinglichen Wirkungen der eingetragenen Benutzungsregelung unberührt bleiben dagegen alle spezifisch aus dem Recht der Gemeinschaft folgenden Befugnisse, insbesondere das Recht gem. § 749 Abs. 2 BGB, aus wichtigem Grunde zu kündigen.

III. Satz 2, Ankaufsrecht

7 **1. Auflösung der Gemeinschaft nach dem BGB.** Das BGB sieht zwei Verfahren für die Auflösung der Bruchteilsgemeinschaft vor, nämlich nach § 753 BGB die Teilung durch Zwangsversteigerung[9] bzw. in denjenigen Ausnahmefällen, in denen eine Realteilung möglich ist, gem. § 752 BGB die Teilung „in Natur";[10] regelmäßig wird wegen einer Ungleichartigkeit der Grundstücksteile, die sich schon mit Blick auf die Regelungen der §§ 12, 13 ergeben wird, der Weg einer Teilung in Natur nicht gangbar sein.

8 **2. Regelung des S. 2. a) Tatbestandsvoraussetzungen.** Da die Zwangsversteigerung des Grundstücks zu einem Verlust der Investition führen würde, deren Schutz durch die Regelungen des SachenRBerG intendiert ist, gibt S. 2 dem bisher vertraglich zum Besitz berechtigten Miteigentümer, dh. dem Nutzer, für den Fall der Auflösung der Gemeinschaft, ein Ankaufsrecht. Inhaber des Rechts können die in § 113 Abs. 1 (dort RdNr. 2, 3) Genannten sein. Voraussetzung des Ankaufsrechts ist, daß ein dringendes öffentliches oder betriebliches Bedürfnis besteht, den Miteigentumsanteil zum Verkehrswert anzukaufen. Ein solches liegt z. B. vor, wenn der Betrieb aus dem Standort besondere Vorteile zieht, unter seiner Adresse bekannt ist oder etwa eine Behördenverlagerung logistische Probleme nach sich ziehen würde usf.,[11] ferner wenn die Wiederbeschaffung eines für die betrieblichen oder behördlichen Zwecke in vergleichbarer Weise geeigneten Gebäudes nur unter erheblichen Aufwendungen möglich wäre.

9 **b) Verfahren.** Betreibt ein anderer Miteigentümer die Teilung der Gemeinschaft gem. § 753 BGB im Wege der Zwangsversteigerung des Grundstücks, so muß der Ankaufsberechtigte sein Ankaufsverlangen im Zwangsversteigerungsverfahren wie andere materiellrechtliche Einwendungen geltend machen;[12] ihm steht daher aufgrund des Ankaufsrechts die Drittwiderspruchsklage gem. § 771 ZPO zu.[13]

10 **3. Einzelne Regelungen des Ankaufs.** Der Ankauf richtet sich im übrigen nach den §§ 313, 433ff. BGB, soweit nicht für den Gefahrübergang § 75 und für die Gewährleistung § 76 dieses Gesetzes besondere Regelungen treffen,[14] die den allgemeinen kaufrechtlichen Regelungen vorgehen.

[5] *Staudinger-Gursky* § 1010 RdNr. 1.
[6] RGZ 89, 176, 179.
[7] *Staudinger-Grusky* § 1010 RdNr. 3.
[8] *Vossius* § 115 RdNr. 5.
[9] *Staudinger-U. Huber* § 753 RdNr. 5.
[10] *Staudinger-U. Huber* § 752 RdNr. 15; *Czub-Bultmann* § 115 RdNr. 7.
[11] *Vossius* § 115 RdNr. 7.
[12] OLG Schleswig Rpfleger 1979, 471; *Zeller-Stöber* ZVG § 180 RdNr. 9.6; *Czub-Bultmann* § 115 RdNr. 9.
[13] *Eickmann* SachenRBerG § 115 RdNr. 7.
[14] *Vossius* § 115 RdNr. 8.

Kapitel 5. Ansprüche auf Bestellung von Dienstbarkeiten

§ 116 Bestellung einer Dienstbarkeit

(1) Derjenige, der ein Grundstück in einzelnen Beziehungen nutzt oder auf diesem Grundstück eine Anlage unterhält (Mitbenutzer), kann von dem Eigentümer die Bestellung einer Grunddienstbarkeit oder einer beschränkten persönlichen Dienstbarkeit verlangen, wenn

1. die Nutzung vor Ablauf des 2. Oktober 1990 begründet wurde,

2. die Nutzung des Grundstücks für die Erschließung oder Entsorgung eines eigenen Grundstücks oder Bauwerks erforderlich ist und

3. ein Mitbenutzungsrecht nach den §§ 321 und 322 des Zivilgesetzbuchs der Deutschen Demokratischen Republik nicht begründet wurde.

(2) Zugunsten derjenigen, die durch ein nach Ablauf des 31. Dezember 1999 abgeschlossenes Rechtsgeschäft gutgläubig Rechte an Grundstücken erwerben, ist § 122 entsprechend anzuwenden. Die Eintragung eines Vermerks über die Klageerhebung erfolgt entsprechend § 113 Abs. 3.

I. Normzweck und Anwendungsbereich

1 **1. Normzweck. a) Allgemeines.** Auf einer Reihe von Grundstücken im Beitrittsgebiet sind bis zum 3. Oktober 1990 Anlagen errichtet worden, ohne daß hierfür Mitbenutzungsrechte nach §§ 321, 322 ZGB begründet oder die Mitbenutzung durch besondere Rechtsvorschriften gestattet wurde.[1] Dies ist besonders im ländlichen Bereich aufgrund entsprechender, von LPGen errichteten Anlagen, der Fall.[2] Es handelt sich dabei um Wege, Versorgungs- und Entsorgungsleitungen. Solche Leitungen sind oftmals über fremde Grundstücke gelegt worden, ohne daß ein etwa entgegenstehender Wille des Grundstückseigentümers Beachtung gefunden hätte. Z.T. geschah dies seitens LPGen, die sich dabei auf das ihnen zustehende umfassende gesetzliche Bodennutzungsrecht stützten, aber auch unter Berufung auf höherrangige Interessen seitens energiewirtschaftlicher VEB. Es liegt auf der Hand, daß die Rechtsbeeinträchtigung, die der Eigentümer hierdurch erleidet, einer Kompensation bedarf, ebenso wie es naheliegt, daß eine Verlegung vor dem Beitritt gezogener Versorgungstrassen zu erheblichen Belastungen der Versorgungsunternehmen und außerordentlichen Härten für Dritte führen müßte.

2 **b) Energieversorgungsanlagen.** Für den außerordentlich wichtigen Bereich der Mitbenutzung privater Grundstücke durch die Unterhaltung von Leitungstrassen im Rahmen von Energieanlagen zur Fortleitung von Elektrizität, Gas und Fernwärme[3] trifft § 9 GBBerG[4] eine eigene Regelung, durch die zugunsten der Energieversorgungsunternehmen iSd. EnergiewirtschaftsG und der Fernwärmelieferanten mit seinem Inkrafttreten von Gesetzes wegen eine persönliche Dienstbarkeit an den Grundstücken begründet, die von der Energieanlage in Anspruch genommen werden. In den Kreis der nicht unter § 116 fallenden Anspruchsberechtigten sind zu rechnen kommunale Stromversorgungs-, Abwasserbereinigungsunternehmen oder Wasserwerke. § 9 GBBerG ist lex specialis gegenüber § 116.[5] Auch die Deutsche Telekom AG und die Deutsche Bahn AG, die zwar keine Versorgungsunternehmen iSv. § 9 GBBerG sind, fallen nicht unter § 116,[6] wohl aber Privatbahnunternehmen.

3 **2. Geltungsbereich der Vorschrift.** Wegen der in **RdNr. 2** geschilderten Gesetzeslage ist der Geltungsbereich des Abs. 1 weitgehend auf Fälle „privat“ – seitens LPGen – errichteter

[1] BT-Drucks. 12/5992 S. 179; *Vossius* § 116 RdNr. 1.

[2] *Thöne-Knauber,* Boden- und Gebäudeeigentum in den neuen Bundesländern, 2. Aufl. 1996, RdNr. 807.

[3] *Seeliger* DtZ 1995, 34ff.; *Thöne-Knauber* (Fn. 2) RdNr. 372ff.

[4] *Thöne-Knauber* (Fn. 2) RdNr. 372, 377.

[5] *Eickmann* § 116 RdNr. 9.

[6] Unklar *Vossius* § 116 RdNr. 7.

Leitungstrassen beschränkt;[7] hiervon sind jedoch auszunehmen die Be- und Entwässerungsanlagen zur Verbesserung der land- und forstwirtschaftlichen Bodennutzung. Diese unterfallen gemäß § 2 Abs. 1 Nr. 3 nicht dem SachenRBerG; für sie gilt das MeAnlG.[8]

4 **3. Übersicht über die Vorschrift.** Der in **RdNr. 1** geschilderte Interessenkonflikt[9] ist vom Gesetzgeber dadurch gelöst worden, daß der – im ZGB – so bezeichnete Mitbenutzer des Grundstücks von dem Grundstückseigentümer unter den Voraussetzungen des Abs. 1 Nr. 1 bis 3 die Bestellung einer Grunddienstbarkeit oder einer beschränkten persönlichen Dienstbarkeit verlangen kann. Abs. 1 Nr. 2 trifft eine Regelung für Fälle, in denen beispielsweise eine LPG gem. § 18 LPG-G Versorgungsanlagen zum Unterhalt eigener auf fremdem Boden errichteter Gebäude eingerichtet hat, vgl. unten RdNr. 9.

II. Voraussetzungen des Anspruchs nach Abs. 1[10]

5 **1. Mitbenutzung des Grundstücks. a) Allgemeines.** Der aus Abs. 1 Berechtigte muß das Grundstück mitbenutzen. Das Gesetz gebraucht zwei Formulierungen zur Beschreibung dieses Tatbestandes. Der Anspruchssteller muß das Grundstück in **einzelnen Beziehungen nutzen** oder darauf eine Anlage unterhalten. Die Unterhaltung einer Anlage stellt keinen anderen Fall als die Nutzung des Grundstücks in einer einzelnen Beziehung dar, diese Formulierung beschreibt die Voraussetzung des Anspruchs nur näher.[11] Vor dem Hintergrund der überkommenen Judikatur[12] zum Recht der Dienstbarkeit läßt sich die Formulierung des Gesetzes daher nicht im Sinne einer Unterscheidung, sondern allein als Exemplifizierung verstehen.

6 **b) Unrechtmäßige Mitbenutzung.** Abs. 1 kommt zur Anwendung jedenfalls insoweit, als es sich um eine Form der Mitbenutzung des Grundstücks handelt, die zum Zeitpunkt ihrer Aufnahme mit Billigung staatlicher Stellen erfolgte. Der Gesetzgeber wollte dies zum tatbestandsmäßigen Erfordernis des Anspruchs nach Abs. 1 machen. Der Regierungsentwurf zum SachenRBerG hat dies noch ausdrücklich so formuliert.[13] In den Wortlaut des Abs. 1 hat aber nicht einmal die Andeutung dieser gesetzgeberischen Vorstellung Einzug gehalten. Daher fragt es sich, ob Abs. 1 im Sinne der Begründung des Regierungsentwurfs auszulegen oder als Ausdruck eines seit dem Gesetzesentwurf geänderten Willens des Gesetzgebers zu verstehen ist. Besonders bei sehr jungen Gesetzen, mit denen der Gesetzgeber unter anderem auch Steuerungsziele verfolgt, ist in weitaus stärkerem Maße als bei „alten" Gesetzen auf die (subjektiven) Vorstellungen und Absichten des Gesetzgebers zurückzugreifen.[14] Für eine Änderung der Betrachtungsweise seit dem Regierungsentwurf fehlen aber Hinweise; die Grundtendenz der Gesetzgebung zu Fragen der einigungsbedingten Rechtsangleichung weist in die Richtung der Begründung des Regierungsentwurfs. Dieser – als Ausdruck des legislatorischen Willens – legt es ebenso wie der Zweck des Abs. 1 nahe, die Vorschrift auf Fälle solchen Handelns zu beschränken, die sich nach ständiger Verwaltungspraxis und nach dem Recht der DDR als rechtmäßig darstellen[15] (vgl. dazu näher die Erläuterungen zu § 10).

7 **2. Anspruchsvoraussetzungen im einzelnen. a) Allgemeines.** Die näheren Voraussetzungen des Anspruchs sind in den Nr. 1 bis 3 geregelt, die kumulativ gegeben sein müssen.

8 **b) Zeitraum der Nutzung.** Nach **Abs. 1 Nr. 1** muß die Nutzung vor dem Ablauf des 2. Oktober 1990 begründet worden sein. Das ist zu dem Zeitpunkt der Fall, an dem die Nutzung tatsächlich aufgenommen wurde bzw. der Baubeginn der Anlage lag.[16] Für die Gegenansicht,[17] der maßgebliche Zeitpunkt sei differenziert nach § 8 Nr. 2 und 3 zu beurteilen, findet sich dagegen im Wortlaut des Abs. 1 keine Stütze.

9 **c) Erforderlichkeit der Mitnutzung.** Nach der Regelung des **Abs. 1 Nr. 2** muß die Versorgungsanlage der Erschließung der Nutzung eines eigenen Gebäudes des Mitbenutzers dienen. Anspruchsberechtigter kann also nur ein Gebäudeeigentümer oder Grundstückseigentümer sein, der der Versorgungsanlage auf fremdem Grund bedarf, weil sie sich für die Bewirtschaftung der eigenen Immobilie als erforderlich erweist. Aus dem Erforderlichkeitskriterium

[7] *Thöne-Knauber* (Fn. 2) RdNr. 807.
[8] Art. 4 des SchuldRÄndG, s. insbes. die Vorbemerkungen zum MeAnlG.
[9] BT-Drucks. 12/5992 S. 179.
[10] *Thöne-Knauber* (Fn. 2) RdNr. 808.
[11] *Eickmann* § 116 RdNr. 2.
[12] BGH NJW 1992, 1101.
[13] Vgl. Amtl. Begr. zu § 116, RegE, BT-Drucks. 12/5992, S. 179.
[14] *Pawlowski,* Methodenlehre für Juristen, 2. Aufl. 1991, RdNr. 440.
[15] *Eickmann* § 116 RdNr. 3.
[16] *Czub-Franz* § 116 RdNr. 3.
[17] *Eickmann* § 116 RdNr. 4.

ergeben sich eine Reihe von Folgerungen. Es liegt vor, wenn die Erschließung des eigenen Grundstücks auf anderem Wege als dem der Nutzung desjenigen des von der Mitbenutzung betroffenen Grundstückseigentümers kostspieliger oder technisch aufwendiger wäre oder in anderen Hinsichten höhere Belästigungen nach sich ziehen würde. Zugleich beschränkt der Erforderlichkeitsmaßstab auch die Art und Weise möglicher legitimer Mitbenutzung. Dazu gehört u.a. die Errichtung von Umspannungsanlagen (Trafohäuschen), Masten, Leitungen und Rohren, aber auch Zufahrtswegen u. dgl. mehr.

d) Ausschluß des Anspruchs bei Bestehen eines Rechts nach §§ 321, 322 ZGB. Abs. 1 Nr. 2 bestimmt ein **negatives Tatbestandsmerkmal** des Anspruchs des Mitbenutzers. Das ZGB sah in bestimmten Fällen die Begründung eines Mitbenutzungsrechts am Grundstück vor. Nach dem Wortlaut des **Abs. 1 Nr. 3** würde in den durch §§ 321, 322 ZGB[18] erfaßten Fällen der nach dem Recht der DDR wirksamen Begründung eines Mitbenutzungsrechts der Anspruch auf Bestellung einer Grunddienstbarkeit nach Abs. 1 ausgeschlossen sein. Wollte man Nr. 3 so weit auslegen, würde einem Mitbenutzer in einer Reihe von Fällen, in denen ihm nach geltendem Recht kein Mitbenutzungsrecht *mehr* zusteht, gleichwohl ein Anspruch auf Bestellung einer der in Abs. 1 genannten Dienstbarkeiten verweigert werden, was der mit § 116 intendierten Sachenrechtsbereinigung widerstreiten würde.[19] Denn die Mitbenutzungsrechte nach den §§ 321, 322 ZGB bestehen allein nach Maßgabe des Art. 233 § 5 Abs. 1 EGBGB fort und sind dann im Grundbuch einzutragen. Im übrigen werden sie von unserer Rechtsordnung nicht mehr anerkannt. **10**

Mitbenutzungsrechte nach dem ZGB bestehen danach nur unter zwei Voraussetzungen fort. Zum einen mußte die Nutzung einen dauerhaften Charakter haben. Das ist in den nach dieser Vorschrift interessierenden Fällen regelmäßig der Fall, da sich das Rechtsproblem andernfalls durch Zeitablauf erledigt hätte. Zum anderen wird das Mitbenutzungsrecht nur unter der Voraussetzung anerkannt, daß es mit Zustimmung des Grundstückseigentümers eingerichtet wurde, was eine entsprechende vertragliche Vereinbarung eines Mitbenutzungsrechts zwischen dem Eigentümer des von ihm betroffenen („dienenden") Grundstücks und dem die Mitbenutzung Prätendierenden voraussetzte.[20] **11**

Auf diese Fälle eines vertraglich nicht vereinbarten Mitbenutzungsrechts ist der Anwendungsbereich des Abs. 1 Nr. 3 zu beschränken. **12**

III. Rechtsfolgen

1. Allgemeines. Unter den Voraussetzungen des § 116 und bei Nichteingreifen einer Einwendung des Grundstückseigentümers gem. § 117 kann der Berechtigte wahlweise[21] die Bestellung einer Grunddienstbarkeit oder einer beschränkten persönlichen Dienstbarkeit verlangen. Der Anspruch auf Bestellung einer Grunddienstbarkeit kommt nur bei Vorliegen der Voraussetzungen des § 1019 BGB, nämlich dann in Betracht, wenn die Nutzung unabhängig von der Person des Grundstückseigentümers für ein Grundstück vorteilhaft ist. Die Bestellung einer beschränkten persönlichen Dienstbarkeit kommt in solchen Fallgestaltungen in Betracht, in denen ein Vorteil gerade zugunsten einer Person (beispielsweise eines Versorgungsunternehmens usf.) gewährleistet werden soll. **13**

2. Durchsetzung im Verfahren. Der Berechtigte kann den Anspruch auf Bestellung einer Grunddienstbarkeit oder einer beschränkten persönlichen Dienstbarkeit mit einer Leistungsklage vor den nach den allgemeinen Regelungen hierfür zuständigen ordentlichen Gerichten geltend machen. **14**

IV. Regelung des Abs. 2

Diese Regelung wurde auf Beschlußempfehlung des Rechtsausschusses eingefügt.[22] **15**

Vom 1. Januar 2000 an wird nach Abs. 2 die Registerpublizität in Ansehung der von Abs. 1 erfaßten Grunddienstbarkeiten wiederhergestellt, §§ 122 iVm. 111. Das hat zur Folge, daß ein **16**

[18] *Vossius* § 116 RdNr. 13f.
[19] *Eickmann* § 116 RdNr. 7.
[20] *Eickmann* § 116 RdNr. 7 aE.
[21] *Eickmann* § 116 RdNr. 7 aE; *Vossius* § 116 RdNr. 15ff.
[22] *Krauß,* Sachenrechtsbereinigung und Schuldrechtsanpassung im Beitrittsgebiet, 1996, § 116 S. 475.

Dritter ein Grundstück, dessen Grundstückseigentümer Ansprüchen nach Abs. 1 ausgesetzt ist, gutgläubig lastenfrei erwerben kann, wenn weder eine Vormerkung zur Sicherung des Anspruchs noch ein Rechtshängigkeitsvermerk iSv. § 113 Abs. 3 im Grundbuch eingetragen ist.

§ 117 Einwendungen des Grundstückseigentümers

(1) Der Grundstückseigentümer kann die Bestellung einer Dienstbarkeit verweigern, wenn

1. die weitere Mitbenutzung oder der weitere Fortbestand der Anlage die Nutzung des belasteten Grundstücks erheblich beeinträchtigen würde, der Mitbenutzer der Inanspruchnahme des Grundstücks nicht bedarf oder eine Verlegung der Ausübung möglich ist und keinen unverhältnismäßigen Aufwand verursachen würde oder

2. die Nachteile für das zu belastende Grundstück die Vorteile für das herrschende Grundstück überwiegen und eine anderweitige Erschließung oder Entsorgung mit einem im Verhältnis zu den Nachteilen geringen Aufwand hergestellt werden kann.

Die Kosten einer Verlegung haben die Beteiligten zu teilen.

(2) Sind Erschließungs- oder Entsorgungsanlagen zu verlegen, so besteht ein Recht zur Mitbenutzung des Grundstücks im bisherigen Umfange für die Zeit, die für eine solche Verlegung erforderlich ist. Der Grundstückseigentümer hat dem Nutzer eine angemessene Frist einzuräumen. Können sich die Parteien über die Dauer, für die das Recht nach Satz 1 fortbesteht, nicht einigen, so kann die Frist durch gerichtliche Entscheidung bestimmt werden. Eine richterliche Fristbestimmung wirkt auch gegenüber den Rechtsnachfolgern der Parteien.

I. Übersicht

1 **1. Allgemeines.** Der Grundstückseigentümer kann dem Anspruch des Nutzers aus § 116 die in Abs. 1 S. 1 bestimmten Gegenrechte entgegenhalten. Damit hat der Gesetzgeber eine Abwägung zwischen den Interessen des Mitbenutzers und des Grundstückseigentümers ermöglicht.[1] Abs. 1 S. 2 und Abs. 2 regeln Fragen, die im Zusammenhang mit einer – bei erfolgreicher Berufung auf die Einrede durch den Grundstückseigentümer – erforderlichen Verlegung der Anlage auftreten.[2]

2 **2. Entsprechende Regelungen des BGB.** Abs. 1 S. 1 ist den Vorschriften der §§ 1020 und 1023 BGB nachgebildet,[3] die einer Ergänzung durch die vorliegende Vorschrift bedürfen, da in den Fällen des § 116 oftmals keine vertraglichen Regelungen vorliegen werden, die das Verhältnis zwischen Grundstückseigentümer und Mitbenutzer ordnen.

II. Einredevoraussetzungen

3 **1. Echte Einrede.** Abs. 1 normiert insoweit echte Einreden. Der Eigentümer muß sich also in dem vom Anspruchsberechtigten gem. § 116 Abs. 1 angestrengten Leistungsprozeß (§ 116 RdNr. 14) ausdrücklich auf das Vorliegen der Einredevoraussetzungen nach dieser Vorschrift berufen, um mit ihnen gehört zu werden; eine Berücksichtigung des § 117 von Amts wegen findet nicht statt. § 117 ist also nicht als Einwendung zu qualifizieren.[4]

4 **2. Tatbestände. a) Erhebliche Beeinträchtigung der Nutzung des belasteten Grundstücks, Abs. 1 Nr. 1.** Sofern die Mitbenutzung die Eigennutzung des Grundstücks

[1] BT-Drucks. 12/5992 S. 179; *Vossius* § 117 RdNr. 1.

[2] *Thöne-Knauber,* Boden- und Gebäudeeigentum in den neuen Bundesländern, 2. Aufl. 1996, RdNr. 809.

[3] *Vossius* § 117 RdNr. 2; *Czub-Frenz* § 117 RdNr. 1.

[4] *Vossius* § 117 RdNr. 8; anders wohl *Eickmann* § 117 RdNr. 1, 2.

durch den Grundstückseigentümer erheblich beeinträchtigt, kann sich dieser gegen das Begehren auf Bestellung der Dienstbarkeit zur Wehr setzen. Diese Voraussetzung liegt vor, wenn der Grundstückseigentümer aufgrund der Art der vom Mitbenutzer unterhaltenen Anlage das Grundstück nicht sinnvoll bebauen oder bewirtschaften kann – auch etwa in Form einer Bepflanzung des Grundstücks.[5]

5 **b) Mitbenutzer „bedarf" der Anlage nicht.** Kumulativ mit der besonderen Belastung, die von der Mitbenutzung in diesem Falle ausgehen muß, setzt Abs. 1 Nr. 1 weiter voraus, daß der Mitbenutzer der Anlage **nicht bedarf.** Das ist gewiß der Fall, wenn es an der Erforderlichkeit der Mitbenutzung iSv. § 116 S. 1 Nr. 1 fehlt (dort RdNr. 9). Die Formulierung des Abs. 1 Nr. 1 ist aber weiter, da im Falle fehlender Erforderlichkeit bereits der Anspruch nach § 116 nicht besteht und für die Erhebung einer Einrede von vornherein kein Raum ist. Der fehlende Bedarf des Mitbenutzers ist deshalb dahingehend zu verstehen, daß in Fällen, in denen die Mitbenutzung das Grundstück „zerschneidet" u. dgl. m., auch bei Vorliegen einer aus der Sicht des Mitbenutzers erforderlichen Anlage iSv. § 116 Abs. 1 S. 1 Nr. 1, eine Interessenabwägung zwischen Mitbenutzer und Grundstückseigentümer stattzufinden hat.[6] Überwiegen die Nachteile, die der Grundstückseigentümer erleidet, diejenigen, die im Gefolge einer Verlegung der Anlage vom Mitbenutzer hingenommen werden müßten, kann sich der Grundstückseigentümer gegen den Anspruch nach § 116 Abs. 1 zur Wehr setzen. Das ist nach dem Wortlaut der Vorschrift besonders dann der Fall, wenn eine anderweitige Erschließung oder Entsorgung mit einem im Verhältnis zu den anderen Nachteilen geringen Aufwand hergestellt werden kann; die Formulierung des Gesetzes verweist scheinbar auf einen weiteren Fall gegenüber dem fehlenden Bedarf; gemeint ist aber eine Exemplifizierung der bei der anzustellenden Interessenabwägung vorzunehmenden Abwägung.

6 Vorrang in dieser Abwägung muß aber – schon im Blick auf Art. 14 Abs. 1 GG – den Interessen des Grundstückseigentümers eingeräumt werden, dessen Herrschaft- und Nutzungsbefugnisse ansonsten im Kernbereich seines Eigentumsrechts ausgehöhlt blieben.

7 **c) Vorteilsabwägung zwischen dienendem und herrschendem Grundstück.** Eine der Nr. 1 (RdNr. 4 bis 6) entsprechende Abwägung ist nach **Nr. 2** vorzunehmen: Ein Nachteil für das dienende Grundstück iSv. Nr. 2 liegt jedenfalls dann vor, wenn eine erhebliche Nutzungsbeeinträchtigung iSv. Nr. 1 (RdNr. 4) vorliegt. Aber auch sofern dies nicht der Fall ist, kann sich der Grundstückseigentümer aus den in RdNr. 6 genannten Gründen solange gegen den Anspruch nach § 116 Abs. 1 zur Wehr setzen, wie überhaupt eine realisierbare Möglichkeit der Verlegung der Anlage besteht (zur Kostenproblematik RdNr. 8ff.). Der Auffassung, der Aufwand einer Verlegung müsse nach Nr. 2 erheblich niedriger sein als im Falle der Nr. 1[7] kann nicht gefolgt werden; es genügt, daß der Aufwand jedenfalls im Verhältnis zu den Nachteilen für das belastete Grundstück gering ist.

III. Verlegungskosten, Abs. 1 S. 2

8 **1. Grundsatz.** In beiden Fällen der Erhebung der Einrede des Abs. 1 S. 1 ordnet Abs. 1 S. 2 an, daß die Parteien die Kosten zu teilen haben. Die Literatur[8] geht davon aus, daß diese **Teilung hälftig** zu erfolgen habe. Z. T. wird die Ansicht vertreten,[9] ein Abweichen von diesem Grundsatz sei dann geboten, wenn die Verlegung das Verhältnis der Vorteile zwischen den Beteiligten ändere. Dieses Argument ist nicht verständlich, da gerade dies etwa im Falle erheblicher Beeinträchtigung des Grundstückseigentümers aufgrund der Mitbenutzung nach Abs. 1 Nr. 1 stets der Fall sein wird.

9 **2. Abweichen vom Grundsatz hälftiger Kostenteilung.** Anknüpfpunkt für eine abweichende Kostenteilung sind vielmehr die in RdNr. 7 aE beschriebenen Fälle, in denen eine Verlegung der Anlage möglich, aber kostenintensiv ist und der Grundstückseigentümer sich gleichwohl auf diese Vorschrift beruft. Hier ist es ihm zuzumuten, über eine hälftige Kostenbeteiligung zur Tragung der die der Verlegung entstehenden Kosten herangezogen zu werden.

[5] *Eickmann* § 117 RdNr. 2.
[6] *Eickmann* § 117 RdNr. 2.
[7] *Vossius* § 117 RdNr. 7 aE.
[8] *Eickmann* § 117 RdNr. 6; grundsätzlich auch *Vossius* § 117 RdNr. 10.
[9] *Vossius* § 117 RdNr. 10 aE.

IV. Rechtsbeziehungen während der Verlegung der Anlage, Abs. 2

10 **1. Allgemeines.** Abs. 2 konkretisiert für den Fall der Erhebung der Einrede des Abs. 1, daß die Parteien bis zum Abschluß der Verlegung der Anlage auf die wechselseitigen Rechtspositionen Rücksicht zu nehmen haben, § 242 BGB.[10] Der Grundstückseigentümer hat dem Mitbenutzer zur Verlegung eine angemessene Frist zu bestimmen, die im Streitfall richterlich festgelegt wird; während dieser Frist steht dem Mitbenutzer ein Nutzungsrecht weiterhin zu.

11 **2. Angemessenheit der Frist. Maßstäbe.** Bei der Bemessung der Frist ist den gegebenenfalls zu berücksichtigenden planungsrechtlichen Vorlaufzeiten ebenso Rechnung zu tragen wie dem Umfang der schließlich auszuführenden Arbeiten.

12 **3. Richterliche Fristbestimmung. a) Verfahren. Zuständigkeit.** Können sich die Parteien nicht auf eine Frist zur Verlegung der Anlage einigen, können sie eine gerichtliche Entscheidung durch Gestaltungsurteil[11] herbeiführen, Abs. 2 S. 3. Die Gegenmeinung,[12] die von einer Zuständigkeit der Gerichte der freiwilligen Gerichtsbarkeit ausgeht, verkennt, daß Abs. 2 S. 3 und 4 erst im Rahmen der Geltendmachung der Einrede des Abs. 1 Bedeutung gewinnt. Es geht dabei also um streitige Rechtsbeziehungen der Parteien, was es nahelegt, keine Zuständigkeiten neben der des ordentlichen Prozeßgerichts anzunehmen.[13]

13 **b) Ermessen.** Das dem Gericht eingeräumte Ermessen bewegt sich in dem in RdNr. 11 dargestellten Rahmen.

14 **c) Rechtsnachfolger.** Abs. 2 S. 4 bestimmt, daß das Urteil gem. Abs. 2 S. 3 über die Fälle der §§ 265, 325 ZPO hinaus gegenüber Rechtsnachfolgern der Parteien Wirkung entfaltet.[14]

§ 118 Entgelt

(1) Der Eigentümer des belasteten Grundstücks kann die Zustimmung zur Bestellung einer Dienstbarkeit von der Zahlung eines einmaligen oder eines in wiederkehrenden Leistungen zu zahlenden Entgelts (Rente) abhängig machen. Es kann ein Entgelt gefordert werden

1. bis zur Hälfte der Höhe, wie sie für die Begründung solcher Belastungen üblich ist, wenn die Inanspruchnahme des Grundstücks auf den von landwirtschaftlichen Produktionsgenossenschaften bewirtschafteten Flächen bis zum Ablauf des 30. Juni 1990, in allen anderen Fällen bis zum Ablauf des 2. Oktober 1990 begründet wurde und das Mitbenutzungsrecht in der bisherigen Weise ausgeübt wird, oder

2. in Höhe des üblichen Entgelts, wenn die Nutzung des herrschenden Grundstücks und die Mitbenutzung des belasteten Grundstücks nach den in Nummer 1 genannten Zeitpunkten geändert wurde.

(2) Das in Absatz 1 bestimmte Entgelt steht dem Eigentümer nicht zu, wenn

1. nach dem 2. Oktober 1990 ein Mitbenutzungsrecht bestand und dieses nicht erloschen ist oder

2. der Eigentümer sich mit der Mitbenutzung einverstanden erklärt hat.

I. Übersicht

1 **1. Allgemeines.** Soweit dem Mitbenutzer ein Anspruch auf Bestellung einer Grunddienstbarkeit bzw. einer beschränkten persönlichen Dienstbarkeit zusteht, gewährt diese Vorschrift

[10] *Vossius* § 117 RdNr. 11 aE.
[11] *Vossius* § 117 RdNr. 12.
[12] *Eickmann* § 117 RdNr. 8.
[13] Vgl. *Smid,* Rechtsprechung zur Unterscheidung von Rechtsfürsorge und Prozeß, 1990, bes. S. 197 ff.
[14] *Vossius* § 117 RdNr. 12.

dem betroffenen Grundstückseigentümer unter bestimmten Voraussetzungen einen Gegenanspruch auf Ausgleich der mit der Belastung des Grundstücks verbundenen Nachteile. Damit wird die Lage des Eigentümers in den neuen Bundesländern derjenigen, die während der deutschen Teilung unter Geltung des BGB in den westlichen Bundesländern geherrscht hat, angeglichen. Denn soweit er zur Einräumung von Vorteilen gegenüber dem Nutzer verpflichtet ist, kann er ein Entgelt verlangen.[1]

2. Funktionsweise der Vorschrift. a) Problemstellung. Die Formulierung des Gesetzes wirft Fragen auf. Denn wenn der Grundstückseigentümer die Bestellung der Grunddienstbarkeit „davon abhängig machen" kann, daß ihm ein Entgelt gezahlt wird, deutet dies darauf hin, daß diese Vorschrift eine Einrede gewährt.[2] Dagegen meint *Eickmann,*[3] § 118 normiere eine Anspruchsgrundlage. Denn eine Zug-um-Zug Einrede, auf die die Formulierung „abhängig machen"[4] zunächst hindeute, sei in Fällen wiederkehrender Leistungen nicht denkbar. Der Grundstückseigentümer könne daher die Grunddienstbarkeitsbestellung von der Zahlung des Entgelts Zug um Zug abhängig machen. 2

b) Erhebung der Einrede. In Fällen einmaliger Zahlung eines Entgelts wirkt § 118 als Einrede der Leistung Zug um Zug. Aber dies gilt auch für Rentenleistungen: Hier kann der Grundstückseigentümer die Bestellung der Grunddienstbarkeit davon abhängig machen, daß der Mitbenutzer sich in einer vollstreckbaren Urkunde (§ 794 Abs. 1 Nr. 5 ZPO) wegen der Rentenzahlungen der sofortigen Zwangsvollstreckung unterwirft.[5] 3

II. Bemessung des zu zahlenden Entgelts

1. Allgemeine Maßstäbe. a) Üblichkeit. Abs. 1 S. 2 trifft in zwei Fallgruppen eine Regelung der Bemessungsgrundlagen, nach denen die Höhe des Entgelts festzusetzen ist. In beiden Fällen ist Ausgangspunkt der Bemessung das **übliche Entgelt,** das bei der Begründung vergleichbarer Belastungen zu zahlen wäre. 4

b) Wertbezug der Bemessungsmaßstäbe. Die Feststellung des üblichen Entgelts ist indes nicht einfach; **Ortsüblichkeit**[6] wird deshalb schwer zu ermitteln sein, weil im Hinblick auf Dienstbarkeiten deren Entgelt wegen der „Indiviudalität" der Fallgestaltungen[7] auch am Belegenheitsort oftmals sehr unterschiedlich ausfällt. Wenn damit der Bezugspunkt auf Durchschnittswerte fragwürdig ist, empfiehlt es sich, auf den Bezug der Dienstbarkeit auf das Grundstück abzustellen: Denn die Mitbenutzung des Grundstücks aufgrund der Dienstbarkeit führt zu einer – feststellbaren – Minderung des Ertragswerts,[8] der nach Maßgabe des § 43 vom Mitbenutzer zu verzinsen oder durch einmalige Ablösung zu kompensieren wäre. 5

2. Hälftiges Entgelt, Voraussetzungen. a) Abs. 1 S. 2 Nr. 1. Die Höhe des nach RdNr. 5 zu ermittelnden Entgelts wird zur Hälfte geschuldet, wenn die Mitbenutzung in einer Inanspruchnahme des Grundstücks durch eine **LPG** erfolgte, sofern die Inanspruchnahme vor dem **30. Juni 1990** begründet wurde. Begründet wurde die Inanspruchnahme zu dem Zeitpunkt, an dem die Nutzung tatsächlich aufgenommen wurde bzw. der Baubeginn der Anlage lag. Bei anderen Fällen von Mitbenutzung ist der Stichtag der 2. Oktober 1990. Weitere Voraussetzung ist, daß die Ausübung des Mitbenutzungsrechts in der bisherigen Weise erfolgt. Da ist dann nicht der Fall, wenn die Versorgungsanlagen beispielsweise nicht mehr einem Verwaltungsgebäude, sondern der Unterhaltung eines Hotels u. dgl. m. dienen, also eine Änderung der wirtschaftlichen Zweckbestimmung erfolgt ist. Abs. 1 Nr. 1 hält also an dem Prinzip der hälftigen Teilung im Gefolge der Grundanlage des SachenRBergG fest. 6

b) Abs. 1 S. 2 Nr. 2. Vor den in Nr. 1 genannten Zeitpunkten begründete, aber **danach geänderte Mitbenutzungsrechte,** aufgrund derer ihr Inhaber einen Anspruch nach § 116 Abs. 1 geltend macht, führen zu einem Anspruch des Grundstückseigentümers auf Zahlung des üblichen (RdNr. 5) Entgelts in voller Höhe. Bereits geringfügige Nutzungsabweichungen führen zur Anwendbarkeit des Abs. 1 Nr. 2. 7

[1] BR-Drucks. 515/93 S. 180; *Czub-Frenz* § 118 RdNr. 1.
[2] *Vossius* § 118 RdNr. 2.
[3] § 118 RdNr. 2.
[4] *Eickmann* § 118 RdNr. 2; *Vossius* § 118 RdNr. 3.
[5] Vgl. auch *Eickmann* § 118 RdNr. 2 aE.
[6] *Eickmann* § 118 RdNr. 3.
[7] *Vossius* § 118 RdNr. 8.
[8] *Vossius* § 118 RdNr. 8 aE.

III. Regelung des Abs. 2

8 **1. Übersicht.** Der Mitbenutzer kann sich nach Abs. 2 gegen die Einrede des Grundstückseigentümers nach Abs. 1 wehren. Abs. 24 betrifft freilich allein den Anspruch auf Entgelt gem. Abs. 1; treten weitere Rechtsgründe auf, aus denen der Grundstückseigentümer Vergütungsansprüche gegen den Mitbenutzer herleiten kann, vermag dieser Abs. 2 dagegen nicht ins Feld zu führen.

9 **2. Einzelfälle. a) Abs. 2 Nr. 1: Bestehendes Mitbenutzungsrecht.** Besteht gem. Art. 233 § 5 EGBGB ein Mitbenutzungsrecht nach den §§ 321, 322 ZGB auch nach dem 2. Oktober 1990 noch fort, so greift § 116 Abs. 1 Nr. 3 (dort RdNr. 10) ein. Insoweit ist für die Zahlung eines Entgelts kein Raum, was durch diese Vorschrift klargestellt wird.

10 **b) Abs. 2 Nr. 2: Einverständnis des Grundstückseigentümers.** Hat der Grundstückseigentümer sein Einverständnis mit der Mitbenutzung des Grundstücks durch den anderen erklärt, schließt dies seinen Anspruch auf Entgelt aus. Da das Einverständnis des Grundstückseigentümers seine Rechtsposition nachhaltig beeinträchtigt, sind hohe Anforderungen an das von ihm Erklärte zu stellen. Die bloße Duldung der Mitbenutzung reicht keinesfalls hin. Entgegen einer in der Literatur vertretenen Ansicht[9] genügt es aber auch nicht für die Annahme der Wirkungen des Abs. 2 Nr. 2, daß das Einverständnis des Grundstückseigentümers schlüssig erklärt worden ist; vielmehr ist eine ausdrückliche Erklärung des Grundstückseigentümers erforderlich. Das Einverständnis muß sich auf zwei Komponenten beziehen, nämlich die Mitbenutzung an sich **und** ihre Unentgeltlichkeit.

§ 119 Fortbestehende Rechte, andere Ansprüche

Die Vorschriften dieses Kapitels finden keine Anwendung, wenn die Mitbenutzung des Grundstücks

1. aufgrund nach dem Einigungsvertrag fortgeltender Rechtsvorschriften der Deutschen Demokratischen Republik oder

2. durch andere Rechtsvorschriften

gestattet ist.

I. Normzweck

1 Die §§ 16ff. finden dann keine Anwendung,[1] wenn dem Mitbenutzer des Grundstücks ein Mitbenutzungsrecht aufgrund der §§ 321, 322 ZGB zusteht, dessen Fortbestand sich aus Art. 233 § 5 EGBGB ergibt. Darüber hinaus sieht § 119 zwei weitere Fälle vor, in denen aufgrund weiterer Vorschriften die Mitbenutzung des Grundstücks gewährleistet ist. Insoweit soll das 5. Kapitel des SachenRBerG nichts an anderweitigen Mitbenutzungsrechten ändern.

II. Fallgruppen

2 **1. Allgemeines.** § 119 sieht einen Ausschluß der Anwendbarkeit der §§ 116ff. für zwei Fallgruppen vor. Zum einen kommt über die §§ 321f. hinaus fortgeltendes Recht der DDR als Grundlage weiterer Mitbenutzungsrechte in Betracht (Nr. 1). Zum anderen nennt diese Vorschrift (Nr. 2) „andere" Rechtsvorschriften, auf denen ein Mitbenutzungsrecht beruhen kann.

3 **2. Fortgeltendes Recht der DDR. a) Einzelne Regelungen.** Unter diese Fallgruppe fallen die §§ 29 Abs. 1 bis 3, 30, 31, 48 und 69 Abs. 4 EnergieVO der DDR vom 1. Juni 1988 (GBl. I S. 89) idF der Änderung durch Verordnung vom 25. Juli 1990 (GBl. I S. 812) sowie der Fünften Durchführungsbestimmung zur EnergieVO vom 27. August 1990 (GBl. I S. 1423).

4 **b) Geltungsdauer.** Die in RdNr. 3 zitierten Rechtsvorschriften gelten fort gem. Einigungsvertrag vom 23. September 1990, Anlage II Kapitel V Sachgebiet D Abschnitt III Nr. 4b

[9] *Vossius* § 118 RdNr. 10.

[1] *Eickmann* § 119 RdNr. 1; *Czub-Frenz* § 119 RdNr. 1.

(BGBl. II S. 885, 1202) mit einer **Befristung** auf den **31. Dezember 2010.** Nach Ablauf der Geltungsfrist dieser Vorschriften greift daher die Regelung der §§ 116 ff. unverkürzt ein.

3. „Andere" Rechtsvorschriften. a) Öffentlich-rechtlich begründete Mitbenutzungsrechte. Bei den „anderen" Rechtsvorschriften handelt es sich im wesentlichen um solche des öffentlichen Rechts. Mitbenutzungsrechte können sich besonders aus öffentlich-rechtlichen Straßen- und Wegerechtsvorschriften ergeben. Denkbar sind auch Vorschriften aus dem öffentlichen Nachbarrecht. 5

b) Zivilrechtliche Rechtsgrundlagen. Hier läßt sich insbesondere an das zivilrechtliche Nachbarschaftsrecht denken. 6

Kapitel 6. Schlußvorschriften

Abschnitt 1. Behördliche Prüfung der Teilung

§ 120 Genehmigung nach dem Baugesetzbuch

(1) Die Teilung eines Grundstücks nach diesem Gesetz bedarf der Teilungsgenehmigung nach den Vorschriften des Baugesetzbuchs. Dabei ist § 20 des Baugesetzbuchs mit folgenden Maßgaben anzuwenden:

1. Die Teilungsgenehmigung ist zu erteilen, wenn die beabsichtigte Grundstücksteilung den Nutzungsgrenzen in der ehemaligen Liegenschaftsdokumentation oder dem Inhalt einer Nutzungsurkunde entspricht, in der die Grenzen des Nutzungsrechts in einer grafischen Darstellung (Karte) ausgewiesen sind,

2. für die Teilungsgenehmigung ist ein Vermögenszuordnungsbescheid zugrunde zu legen, soweit dieser über die Grenzen der betroffenen Grundstücke Aufschluß gibt,

3. in anderen als den in den Nummern 1 und 2 bezeichneten Fällen ist die Teilungsgenehmigung nach dem Bestand zu erteilen,

4. ist eine Teilung zum Zwecke der Vorbereitung einer Nutzungsänderung oder baulichen Erweiterung beantragt, die nach § 20 des Baugesetzbuchs nicht genehmigungsfähig wäre, kann eine Teilungsgenehmigung nach dem Bestand erteilt werden.

Wird die Teilungsgenehmigung nach Satz 2 erteilt, findet § 21 des Baugesetzbuchs keine Anwendung. Die Maßgaben nach Satz 2 gelten entsprechend für die Erteilung einer Teilungsgenehmigung nach § 144 Abs. 1 Nr. 2 und § 145 des Baugesetzbuchs in förmlich festgelegten Sanierungsgebiet sowie nach § 169 Abs. 1 Nr. 1 in Verbindung mit § 144 Abs. 1 Nr. 2 und § 145 des Baugesetzbuchs im städtebaulichen Entwicklungsbereich.

(2) Die Bestellung eines Erbbaurechts nach diesem Gesetz bedarf einer Genehmigung entsprechend Absatz 1, wenn nach dem Erbbaurechtsvertrag die Nutzungsbefugnis des Erbbauberechtigten sich nicht auf das Grundstück insgesamt erstreckt.

(3) Ist die Genehmigung für die Bestellung eines Erbbaurechts nach Absatz 2 erteilt worden, gilt § 21 des Baugesetzbuchs entsprechend für den Antrag auf Erteilung einer Teilungsgenehmigung, der innerhalb von sieben Jahren seit der Erteilung der Genehmigung nach Absatz 2 gestellt wurde.

(4) Der Ankauf von Grundstücken sowie die Bestellung eines Erbbaurechts nach diesem Gesetz bedürfen innerhalb eines förmlich festgelegten Sanierungsgebiets nicht der Genehmigung nach § 144 Abs. 2 Nr. 1 und 2 des Baugesetzbuchs und innerhalb eines förmlich festgelegten Entwicklungsbereichs nicht der Genehmigung nach § 169 Abs. 1 Nr. 1 des Baugesetzbuchs.

(5) Im übrigen bleiben die Vorschriften des Baugesetzbuchs unberührt.

Übersicht

I. Regelungsgehalt des Abs. 1 S. 1

1 **1. Allgemeines.** Die „kleine" Sachenrechtsbereinigung nach diesem Gesetz suspendiert nach dem erklärten Willen des Gesetzgebers nicht die öffentlich-rechtlichen Genehmigungsregelungen nach dem BauGB und den entsprechenden Regelungen der Landesbauordnungen. Wird im Zusammenhang einer Sachenrechtsbereinigung nach diesem Gesetz eine Grundstücksteilung erforderlich, so greift § 19 BauGB ein.[1] § 19 Abs. 1 BauGB ordnet an, daß Wirksamkeitsvoraussetzung der Teilung eines Grundstücks die Erteilung einer Genehmigung ist, wenn das Grundstück

- innerhalb des räumlichen Geltungsbereichs eines Bebauungsplans gem. § 30 BauGB (§ 19 Abs. 1 Nr. 1 BauGB) oder
- innerhalb im Zusammenhang bebauter Ortsteile gem. § 34 BauGB (§ 19 Abs. 1 Nr. 2 BauGB) oder
- als – bebautes oder zu bebauendes oder kleingärtnerischer Dauernutzung unterworfenes Grundstück – im Außenbereich (§ 19 Abs. 1 Nr. 3 BauGB) oder
- innerhalb des räumlichen Geltungsbereichs einer Veränderungssperre (§ 19 Abs. 1 Nr. 4 BauGB)

liegt.

2 **2. Begriff der Grundstücksteilung.** Unter der Teilung eines Grundstücks ist die grundbuchmäßige Abschreibung eines Grundstücksteils und seine Eintragung entweder als selbständiges Grundstück oder zusammen mit anderen Grundstücken oder Teilen anderer Grundstücke zu verstehen (§ 19 Abs. 2 BauGB).

3 **3. Berücksichtigung öffentlich-baurechtlicher Zwecke neben dem Sachenrechtsbereinigungsverfahren.** Zwar führt die Anwendbarkeit der §§ 19 ff. BauGB zu Belastungen der

[1] *Eickmann/v. Schuckmann* § 120 RdNr. 1; *Vossius* § 120 RdNr. 1.

„kleinen" Sachenrechtsbereinigung nach diesem Gesetz, da deren Durchführung von administrativen Vorgängen abhängig gemacht wird, die erfahrungsgemäß zeitaufwendig sind. Anders als bei großen Sachenrechtsbereinigungen nach dem BoSoG werden aber im übrigen in den Verfahren nach dem SachenRBerG Belange der öffentlichen Bauplanung und Bauordnung nicht berücksichtigt. Art. 233 § 4 Abs. 3 S. 3 EGBGB berücksichtigt die entsprechenden hoheitlichen Zwecke nicht.[2] Der Parallellauf des Sachenrechtsbereinigungsverfahrens mit den entsprechenden öffentlich-baurechtlichen Genehmigungsverfahren dient daher der Berücksichtigung der öffentlich-baurechtlichen Zwecke im Zusammenhang des Sachenrechtsbereinigungsprozesses.

II. Abs. 1 S. 2: Modifikation der Versagungsgründe des § 20 BauGB

4 **1. Allgemeines.** Die Regelungen des BauGB sind hinsichtlich der betroffenen Grundstücke auf eine sachenrechtliche Lage zugeschnitten, die den Regelungen des BGB entspricht. Ihre uneingeschränkte Anwendung auf die der Sachenrechtsbereinigung unterliegenden Grundstücke würde in vielen Fällen zu einer Versagung der Teilungsgenehmigung gem. § 20 BauGB führen[3] und damit die Sachenrechtsbereinigung verhindern. Abs. 1 S. 2 stellt daher einen Katalog von Tatbeständen auf, in denen die Versagungsgründe des § 20 BauGB eingeschränkt bzw. modifiziert[4] zur Anwendung gelangen. Unabhängig vom Vorliegen der Versagungsgründe des § 20 BauGB ist daher nach den Nrn. 1 bis 4 des Abs. 1 S. 2 als lex specialis zu verfahren.

5 **2. Abs. 1 S. 2 Nr. 1. a) Voraussetzungen.** Entspricht die beabsichtigte Grundstücksteilung denjenigen Nutzungsgrenzen, die in der ehemaligen Liegenschaftsdokumentation oder einer Nutzungsurkunde festgelegt waren, sofern eine entsprechende grafische Darstellung vorliegt, ist die Teilungsgenehmigung zu erteilen.[5] Nicht genügend ist daher die Erfassung der Nutzungsgrenzen im sogenannten Integrationsregister (dem beschreibenden Teil), sondern es bedarf ihres Ausweises in einer entsprechenden Flurakte. Die unter Geltung des Rechts der DDR hoheitlich ausgewiesene legitime Nutzung von Grundstücksteilen rechtfertigt einen Vertrauensschutz,[6] dem gegenüber nicht auf die Versagungstatbestände des § 20 BauGB verwiesen werden kann.

6 **b) Suspendierte Vorschriften des BauGB.** Die Teilung kann in diesem Fall des Abs. 1 S. 2 Nr. 1 daher nicht mit der Begründung versagt werden, die Teilung sei mit den Festsetzungen des Bebauungsplans nicht vereinbar (§ 20 Abs. 1 Nr. 1 BauGB), die bezweckte Nutzung widerspreche den Festsetzungen des Bebauungsplans oder füge sich gem. § 24 Abs. 1 und 2 BauGB nicht in die Umgebung ein (§ 20 Abs. 1 Nr. 2 BauGB), die Nutzung sei mit der städtebaulichen Entwicklung nicht vereinbar oder diene der Vorbereitung einer unzulässigen Bebauung oder kleingärtnerischen Dauernutzung (§ 20 Abs. 1 Nr. 3 BauGB), und schließlich darf die Genehmigung nicht mit der Begründung versagt werden, innerhalb des Geltungsbereichs einer Veränderungssperre liege die Voraussetzung für eine Ausnahmegenehmigung gem. § 14 Abs. 2 S. 1 BauGB nicht vor (§ 20 Abs. 1 Nr. 4 BauGB).

7 **3. Abs. 1 S. 2 Nr. 2.** Ist in einem (hoheitlich strukturierten) Vermögenszuordnungsverfahren bereits durch Vermögenszuordnungsbescheid über die Grenzen der betroffenen Grundstücke gem. § 2 Abs. 2, 3 VZOG entschieden worden, besteht zum einen kein Anlaß zur Nachschaltung eines weiteren bauordnungsrechtlichen Verwaltungsverfahrens. Zudem gewährt der Vermögenszuordnungsbescheid in Ansehung des Bauordnungsverfahrens Vertrauensschutz, wenn in ihm über die Grenzen von Nutzungstatbeständen verbindliche Festlegungen getroffen worden sind. Zu den suspendierten bauordnungsrechtlichen Vorschriften vgl. RdNr. 6.

8 **4. Abs. 1 S. 2 Nr. 3.** Liegen die Voraussetzungen der Nrn. 1 und 2 nicht vor, kann maW nicht auf eine Flurkarte, eine Nutzungsrechtsurkunde oder einen Vermögenszuordnungsbescheid zurückgegriffen werden, ist die Teilungsgenehmigung nach dem Bestand, dh. nach Maßgabe der tatsächlichen baulichen Inanspruchnahme des Grundstücks, zu erteilen. Dabei ist auf die Vorschriften der §§ 3ff., 7 dieses Gesetzes abzustellen, wobei die bauplanerischen Belan-

[2] *Vossius* § 120 RdNr. 3.
[3] *Czub-Gemmeke* § 120 RdNr. 3.
[4] *Vossius* § 120 RdNr. 8.
[5] *Eickmann/v. Schuckmann* § 12 RdNr. 5; *Vossius* § 102 RdNr. 9.
[6] *Vossius* § 120 RdNr. 9.

ge, die nach § 20 BauGB zu einer Ablehnung der Erteilung einer Teilungsgenehmigung führen würden, zu berücksichtigen sind.[7]

9 **5. Abs. 1 S. 2 Nr. 4. a) Bedeutung der Vorschrift.** Insbesondere angesichts von Strukturveränderungen im industriellen ebenso wie im landwirtschaftlichen Bereich wird dieser Vorschrift eine nicht unerhebliche Bedeutung zukommen. Denn Vorgänge der Sachenrechtsbereinigung werden nicht selten solche Rechtsnachfolger von Nutzern betreffen, die im Gefolge von gesellschaftsrechtlichen Liquidationen oder Gesamtvollstreckungen (Insolvenzen) der vormaligen Nutzer die Nutzung des Grundstücks antreten und die daher zur wirtschaftlich erfolgreichen Verwertung ihrer Rechtsposition auf Nutzungsänderungen angewiesen sind.

10 **b) Systematische Einordnung.** Abs. 1 S. 2 Nr. 4 hilft den Betroffenen für den Fall einer Teilung des Grundstücks, die eine Nutzungsänderung vorbereiten soll und die nach § 20 BauGB nicht genehmigungsfähig wäre. Es geht um den Ausgleich zwischen verschiedenen Interessen: Den Schutz des Rechtsnachfolgers des Nutzers und die öffentlichen Zwecke der Sanierung konkursreifer Unternehmen aus arbeitsplatz-, struktur- oder wettbewerbs-politischen Gründen; die Position des Rechtsnachfolgers des Nutzers aus Art. 14 Abs. 1 GG und die durch das BauGB geschützten planungsrechtlichen Belange.

11 **c) Regelung.** Abs. 1 S. 2 Nr. 4 ordnet in diesen Fällen eine **Ermessensentscheidung** der Genehmigungsbehörde über die Erteilung der Teilungsgenehmigung an. Das Ermessen der Behörde ist aber rechtlich gebunden: Daher sind insbesondere die Maßstäbe des Abs. 1 S. 2 Nr. 1 entsprechend zu berücksichtigen: Entspricht die beabsichtigte „neue" Nutzung der in der Flurkarte oder der Nutzungsurkunde vorgesehenen Nutzung, ist die Teilungsgenehmigung zu erteilen. Dabei ist die grundrechtlich geschützte Position des gegenwärtigen Nutzers zu berücksichtigen: Von einer „Entsprechung" der beabsichtigten gegenüber der vorgesehenen Nutzung ist nur in evidenten Extremfällen nicht auszugehen, also etwa dann, wenn statt der wirtschaftlichen Nutzung durch eine gärtnerische Produktionsgenossenschaft (GPG) eine Nutzung durch den Betreiber einer Mülldeponie beabsichtigt wäre.

III. Abs. 1 S. 3: Unanwendbarkeit des § 21 BauGB

12 **1. Problemstellung.** Das BauGB normiert einen in bestimmten Fristen greifenden subjektiv-öffentlichen Anspruch auf Erteilung der Baugenehmigung trotz Vorliegens von Gründen der Versagung, wenn die Teilungsgenehmigung nach § 19 BauGB erteilt worden ist.

13 **2. Keine Anwendbarkeit im Sachenrechtsbereinigungsverfahren.** Abs. 1 S. 3 stellt klar, daß § 21 BauGB keine Anwendung auf die Sonderfälle der Genehmigungserteilung nach Abs. 1 S. 2 findet; diese Fälle schaffen keinen Vertrauenstatbestand, der demjenigen vergleichbar wäre, der der Regelung des § 21 BauGB zugrundeliegt.

IV. Abs. 1 S. 4: Regelungen für förmlich festgelegte Sanierungsgebiete

14 **1. Sanierungsgebiete.** Aus naheliegenden Gründen sind Sonderregelungen von größter Bedeutung, die Sanierungsgebiete betreffen: Das BauGB trifft in seinen §§ 144, 145 besondere Regelungen hinsichtlich der Genehmigungspflicht in förmlich ausgewiesenen Sanierungsgebieten. Dabei handelt es sich um solche Gebiete, in denen städtebauliche Sanierungsmaßnahmen zur Behebung städtebaulicher Mißstände (§ 136 Abs. 2, 3 BauGB) aufgrund einer Sanierungssatzung iSv. § 142 BauGB nach Maßgabe der Anzeige- und Bekanntmachungsvorschriften des § 143 BauGB förmlich ausgewiesen sind.

15 **2. Normzweck, Regelungsinhalt.** Zur Beförderung der städtebaulich gewollten Sanierungsmaßnahmen ist die zeitnahe Durchführung auch einer kleinen Sachenrechtsbereinigung nach diesem Gesetz erwünscht, dem trägt die Vorschrift des Abs. 1 S. 4 Rechnung, indem sie auf die Genehmigungsvoraussetzungen des § 144 BauGB die Regelungen des Abs. 1 für anwendbar erklärt.

V. Abs. 2: Behandlung von Erbbaurechtsbestellungen

16 **1. Regelungsbereich.** Abs. 2 erklärt die Genehmigungspflichten und -voraussetzungen des Abs. 1 auch in den Fällen für anwendbar, in denen ein nicht das gesamte Grundstück umfassen-

[7] *Vossius* § 120 RdNr. 11.

des Erbbaurecht bestellt werden soll. Das sind die Fallgestaltungen, in denen ein Erbbaurecht gem. § 39 Abs. 1 hinsichtlich der Ausübung auf Teilen anderer Grundstücke oder auf einer Teilfläche des Grundstücks bestellt werden soll.

17 **2. Gesamterbbaurechte.** Unter Abs. 2 sind dagegen solche Fälle nicht zu fassen, in denen Gesamterbbaurechte an mehreren ganzen Flurstücken oder an einem vereinigten Flurstück bestellt werden sollen.

VI. Abs. 3: Baugenehmigungsrechtlicher Bestandsschutz

18 Während einer Frist von sieben Jahren nach Stellung des Antrags auf Teilungsgenehmigung nach Abs. 2 genießt der Inhaber des Erbbaurechts einen baurechtlichen Bestandsschutz des Inhalts, daß zu seinen Gunsten § 21 BauGB anzuwenden ist. Dh., seinem Antrag auf Erteilung einer Baugenehmigung können nicht die Gründe der Versagung einer Teilungsgenehmigung gem. § 20 BauGB entgegengehalten werden.

VII. Abs. 4: Suspendierung der Genehmigungspflicht

19 Das BauGB trifft in seinen §§ 144 Abs. 2 Nr. 1 und 2, 169 Abs. 1 Nr. 1 für die Veräußerung von Grundstücken und die Bestellung bzw. Veräußerung von Erbbaurechten in **Sanierungsgebieten** und in Entwicklungsbereichen besondere Genehmigungsregelungen, die durch Abs. 4 zum Zwecke der zügigen Bereinigung der Rechtsverhältnisse suspendiert werden.

VIII. Abs. 5: Geltung des BauGB

20 § 120 läßt im übrigen die Bestimmungen des Bauordnungsrechts unberührt, soweit sie die Grundstücksteilung betreffen. Insbesondere betrifft Abs. 5 die Bestimmungen über das gesetzliche Vorkaufsrecht nach dem BauGB und dem WohnungsbauerleichterungsG. Die Regelungen, die § 19 Abs. 3 BauGB zu Fristen und Genehmigungsfiktionen trifft, bleiben ebenfalls durch § 120 unberührt.[8]

Abschnitt 2. Rückübertragung von Grundstücken und dinglichen Rechten

§ 121 Ansprüche nach Abschluß eines Kaufvertrags

(1) Dem Nutzer, der bis zum Ablauf des 18. Oktober 1989 mit einer staatlichen Stelle der Deutschen Demokratischen Republik einen wirksamen, beurkundeten Kaufvertrag über ein Grundstück, ein Gebäude oder eine bauliche Anlage abgeschlossen und aufgrund dieses Vertrages oder eines Miet- oder sonstigen Nutzungsvertrages Besitz erlangt oder den Besitz ausgeübt hat, stehen die Ansprüche nach Kapitel 2 gegenüber dem jeweiligen Grundstückseigentümer auch dann zu, wenn das Grundstück, das Gebäude oder die bauliche Anlage nach dem Vermögensgesetz zurückübertragen worden ist. Satz 1 findet keine Anwendung, wenn der Vertrag aus den in § 3 Abs. 3 Satz 2 Nr. 1 und 2 genannten Gründen nicht erfüllt worden ist. Die Ansprüche aus Satz 1 stehen dem Nutzer auch dann zu, wenn der Kaufvertrag nach dem 18. Oktober 1989 abgeschlossen worden ist und

a) der Kaufvertrag vor dem 19. Oktober 1989 schriftlich beantragt oder sonst aktenkundig angebahnt worden ist,

b) der Vertragsschluß auf der Grundlage des § 1 des Gesetzes über den Verkauf volkseigener Gebäude vom 7. März 1990 (GBl. I Nr. 18 S. 157) erfolgte oder

c) der Nutzer vor dem 19. Oktober 1989 in einem wesentlichen Umfang werterhöhende oder substanzerhaltende Investitionen vorgenommen hat.

[8] BT Drucks. 12/5992 S. 182.

(2) Die in Absatz 1 bezeichneten Ansprüche stehen auch dem Nutzer zu,

a) der aufgrund eines bis zum Ablauf des 18. Oktober 1989 abgeschlossenen Miet-, Pacht- oder sonstigen Nutzungsvertrages ein Eigenheim am 18. Oktober 1989 genutzt hat,

b) bis zum Ablauf des 14. Juni 1990 einen wirksamen, beurkundeten Kaufvertrag mit einer staatlichen Stelle der Deutschen Demokratischen Republik über dieses Eigenheim geschlossen hat und

c) dieses Eigenheim am 1. Oktober 1994 zu eigenen Wohnzwecken nutzt.

(3) Entgegenstehende rechtskräftige Entscheidungen und abweichende rechtsgeschäftliche Vereinbarungen zwischen dem Grundstückseigentümer und dem Nutzer bleiben unberührt.

(4) Bei der Bemessung von Erbbauzins und Ankaufspreis ist auch der Restwert eines vom Grundstückseigentümer errichteten oder erworbenen Gebäudes, einer baulichen Anlage und der Grundstückseinrichtungen in Ansatz zu bringen. Für die Bestimmung des Restwerts ist § 74 Abs. 1 Satz 2 bis 4 entsprechend anzuwenden.

(5) Der Nutzer hat auf Verlangen des Grundstückseigentümers innerhalb der in § 16 Abs. 2 bestimmten Frist zu erklären, ob er von den Ansprüchen auf Erbbaurechtsbestellung oder Ankauf des Grundstücks Gebrauch machen will, und die Wahl auszuüben. Erklärt der Nutzer, daß er die in Satz 1 bestimmten Ansprüche nicht geltend machen will, ist § 17 Satz 5 des Vermögensgesetzes entsprechend anzuwenden.

(6) Der Nutzer kann von der Gemeinde oder der Gebietskörperschaft, die den Kaufpreis erhalten hat, nach § 323 Abs. 3 und § 818 des Bürgerlichen Gesetzbuchs die Herausgabe des Geleisteten verlangen, soweit diese durch seine Zahlung bereichert ist. Ansprüche auf Schadensersatz wegen Nichterfüllung sind ausgeschlossen.

Übersicht

A. Normzweck und Anwendungsbereich

1 Die Vorschrift schließt sich an die Regelung des § 3 Abs. 3 an (vgl. § 3 RdNr. 17), mit der die „hängenden" Gebäudekaufverträge in die Sachenrechtsbereinigung einbezogen werden. Sie regelt die Durchführung der Sachenrechtsbereinigung im Verhältnis zwischen Nutzern und restitutionsberechtigten (Alt-) Eigentümern nach dem VermG in den Fällen der sog. **„hängenden Kaufverträge"** (vgl. § 3 RdNr. 8ff.).

B. „Hängende Fälle" (Abs. 1 bis 3)

I. Voraussetzungen

2 **1. Kaufvertragsschluß vor dem 19. 10. 1989 (Abs. 1 S. 1).** Erfaßt werden Kaufverträge über Grundstücke, Gebäude oder bauliche Anlagen, die bis zum Ablauf des 18. 10. 1989[1] geschlossen wurden. Dieser Stichtag beruht auf dem Grundsatz, nach welchem einem zeitlich erst in der Krise der sozialistischen Sozial- und Eigentumsordnung erfolgten Erwerb kein Schutz vor dem Rückgewährinteresse des (Alt-) Eigentümers zukommen soll[2] (BT-Drucks. 12/5992 S. 206). Der Kaufvertrag muß nach den Rechtsvorschriften der DDR **wirksam** (vgl. § 297 Abs. 1 ZGB), insbes. **beurkundet**[3] zustande gekommen sein. Der Vertrag muß mit einer staatlichen Stelle der DDR (vgl. § 10 RdNr. 3) geschlossen worden sein.

3 Das Grundstück oder das Gebäude bzw. die bauliche Anlage muß dem Nutzer entweder **aufgrund des Kaufvertrages** zur Nutzung übergeben worden oder von jenem, wenn er hieran bereits zuvor als Mieter, Pächter usw. Besitz erlangt hatte, in der Folge **als Käufer** (Eigenbesitzer) genutzt worden sein (vgl. § 3 RdNr. 10). Entgegen dem nicht eindeutigen Wortlaut der Vorschrift genügt es nicht, wenn der Nutzer den Besitz auch noch nach Vertragsschluß weiterhin nur als Mieter, Pächter oder sonst vertraglich zur Nutzung Berechtigter (Fremdbesitzer) genutzt hat.[4] In den „hängenden" Kaufvertragsfällen ist keine bauliche Investition, sondern eine durch den **Kaufvertrag** begründete Besitz- und Nutzungsberechtigung zu schützen (BT-Drucks. 12/5992 S. 205). Die insoweit sprachlich mißglückte Formulierung „oder eines Miet- oder sonstigen Nutzungsvertrages" in Abs. 1 S. 1 dient allein der Erfassung der nicht seltenen Fälle, in denen der Nutzer den Kaufgegenstand bei Abschluß des Vertrages (zB als Mieter) bereits in Besitz hatte und der Kaufvertrag aus diesem Grund keine ausdrückliche Besitzübergabe-Klausel enthält (BT-Drucks. 12/7668 S. 2).

4 **2. Kaufvertragsschluß nach dem 18. 10. 1989 (Abs. 1 S. 3).** Abs. 1 S. 3 erweitert den Anwendungsbereich der Vorschrift auf die in § 4 Abs. 2 S. 2 a bis c VermG bezeichneten Fälle, in denen der Vertragsschluß erst nach dem 18. 10. 1989 erfolgt ist. Da durch die Einbeziehung der „hängenden" Kaufverträge in die Sachenrechtsbereinigung keine bauliche Investition, sondern eine durch den Kaufvertrag begründete Besitz- und Nutzungsberechtigung geschützt werden soll, ist es auch in den in Abs. 3 S. 3 bezeichneten Fällen erforderlich, daß der Nutzer das Grundstück oder das Gebäude bzw. die bauliche Anlage ab dem Zeitpunkt des Vertragsschlusses als **Käufer** (Eigenbesitzer) nutzt.[5]

5 **a) Vertragsanbahnung vor Ablauf des 18. 10. 1989 (Abs. 1 S. 3 a).** Erfaßt werden diejenigen Fälle, in denen sich der Nutzer (idR als Mieter) bereits vor dem Stichtag ernsthaft um einen rechtlich zulässigen Erwerb des Eigentums an einem damals volkseigenen Grundstück oder Gebäude bzw. einer volkseigenen baulichen Anlage bemüht hat. Hierdurch soll vermieden werden, daß jemand nur deshalb unter die Stichtagsregelung fällt, weil seinem Erwerbsanliegen aus Gründen, auf die er keinen Einfluß hatte, durch die betreffende staatliche Stelle erst nach Ablauf des 18. 10. 1989 entsprochen wurde (BT-Drucks. 12/7668 S. 3).

6 Der Abschluß des Kaufvertrages muß bei der staatlichen Stelle durch den Nutzer schriftlich beantragt oder sonst **aktenkundig angebahnt** worden sein. Hierzu genügt ein vor dem 19. 10. 1989 gefertigter Aktenvermerk oder ein vor dem Stichtag bei der staatlichen Stelle eingegangenes und nach Eingang zu den Akten genommenes Privatschreiben; nur mündliche Bekundungen des Erwerbsinteresses oder sonstige Äußerungen, die keinen Eingang in die Akten der verkaufenden staatlichen Stelle gefunden haben, reichen nicht.[6] Nicht erforderlich ist, daß der Kauf auf die Initiative des Nutzers zurückzuführen ist.[7] Es genügt, wenn der Nutzer in aktenkundiger Weise vor Ablauf des Stichtages in eine entsprechende Erwerbsaufforderung der staatlichen Stelle eingewilligt hat (BT-Drucks. 12/7668 S. 3). Die schriftlich dokumentierte Äußerung des Erwerbswillens muß in konkretem Bezug zu dem abgeschlossenen Kaufvertrag stehen.

[1] Tag des Rücktritts Honeckers.

[2] Vgl. § 3 RdNr. 17.

[3] Vgl. § 67 ZGB iVm. §§ 18 ff. NotG v. 5. 2. 1976 (GBl. I S. 93), § 6 GDO v. 6. 11. 1975 (GBl. I S. 697) und Art. 231 §§ 7, 8 EGBGB.

[4] *Eickmann-Wittmer* RdNr. 31; aA wohl *Vossius* RdNr. 5.

[5] So wohl auch *Eickmann-Wittmer* RdNr. 40.

[6] *Eickmann-Wittmer* RdNr. 43, vgl. auch *Kimme-Schmidt* § 4 VermG RdNr. 81; *Rädler-Koch* § 4 VermG RdNr. 46.

[7] AA vgl. *Kimme-Schmidt* § 4 VermG RdNr. 81.

Allgemein gehaltene, zeitlich weit zurückliegende oder zunächst zurückgewiesene Bekundungen eines Erwerbsinteresses genügen grundsätzlich nicht, da solche Äußerungen idR nicht der Anbahnung des **konkreten Kaufvertrages** gedient haben.[8]

7 **b) Vertragsschluß nach § 1 VerkaufsG (Abs. 1 S. 3 b).** Die Regelung bezieht diejenigen Sachverhalte in die Sachenrechtsbereinigung ein, in denen Handwerker und Gewerbetreibende[9] auf der Grundlage des sog. „Modrow"-Gesetzes[10] durch den Abschluß eines Kaufvertrages selbständiges Gebäudeeigentum erwerben wollten. Die Vorschrift dient damit dem Schutz der durch diesen Personenkreis getätigten wirtschaftlichen Investitionen und zu deren Existenzsicherung.[11]

8 Die Bestimmung des § 1 VerkaufsG sah lediglich den Verkauf von ehemals **volkseigenen Gebäuden** zu gewerblichen Zwecken vor. Sachverhalte, in denen Handwerker und Gewerbetreibende einen nicht (mehr) vollzogenen Grundstückskaufvertrag für ihre betrieblichen Zwekke geschlossen haben, werden deshalb von Abs. 1 S. 3 b nicht erfaßt.[12] Dies gilt auch dann, wenn das Grundstück einschließlich eines auf dem Grund und Boden als wesentlicher Bestandteil (vgl. § 295 Abs. 1 ZGB) aufstehenden Gebäudes veräußert werden sollte.[13]

9 **c) Bauliche Investitionen vor dem 19. 10. 1989 (Abs. 1 S. 3 c).** Erfaßt werden diejenigen Fälle, in denen der Käufer (zB als Mieter) vor Abschluß des „hängenden" Kaufvertrages in erheblichem Umfang werterhöhende oder substanzerhaltende Investitionen an dem auf dem Grundstück aufstehenden Gebäude oder der baulichen Anlage vorgenommen hat. Nicht in Betracht kommen hierbei allerdings solche Aufwendungen, zu denen der Käufer vertraglich (etwa aufgrund eines Mietvertrages) verpflichtet war, die zur Beseitigung von durch ihn selbst verursachten Mängeln oder Schäden dienten oder die ihm von dritter Stelle (etwa von der kommunalen Wohnungsverwaltung) erstattet worden sind.[14] Den Wert der Immobilie nur unerheblich erhöhende Investitionen genügen nicht. Erforderlich ist eine wertsteigernde Investition, die ihrem Umfang nach einer Maßnahme iSv § 12 Abs. 2 Nr. 1 oder 2 (vgl. § 12 RdNr. 7f.). entspricht.[15]

10 **3. Vertragsschluß bis zum Ablauf des 14. 6. 1990 (Abs. 2).** Die Bestimmung stellt eine Kompromißlösung bei der Wahrung der Interessen des enteigneten (Alt-) Eigentümers und des Nutzers dar, der (noch) nicht damit zu rechnen brauchte, daß die Enteignung des von ihm zu erwerben beabsichtigten Eigenheims rückgängig gemacht werden sollte.[16] Einerseits soll hierdurch sichergestellt werden, daß der nach dem VermG begründete Restitutionsanspruch des (Alt-) Eigentümers nicht an einem Veräußerungsgeschäft scheitern soll, das erst nach dem 18. 10. 1989 geschlossen wurde. Andererseits soll der Nutzer, dem der Inhalt der Gemeinsamen Erklärung v. 15. 6. 1990[17] vor diesem Tag nicht bekannt sein konnte, in seinem Vertrauen auf den Bestand des von ihm mit einer staatlichen Stelle der DDR geschlossenen Kaufvertrags dadurch geschützt werden, daß er nunmehr die nach diesem Gesetz vorgesehenen Ansprüche auf Ankauf oder Erbbaurechtsbestellung gegen den (Alt-) Eigentümer erhält.

11 Von der Regelung des Abs. 2 erfaßt werden nur diejenigen Sachverhalte, in denen die in Abs. 2 a bis c bezeichneten Voraussetzungen **kumulativ** vorliegen.[18] **a) Vertragliche Nutzung eines Eigenheims am 18. 10. 1989 (Abs. 2 a).** Erforderlich ist, daß der Nutzer ein Eigenheim (vgl. § 5 RdNr. 2) aufgrund eines vor dem 19. 10. 1989 geschlossenen Miet-, Pacht- oder sonstigen Nutzungsvertrages am 18. 10. 1989 genutzt hat.

12 **b) Wirksamer Kaufvertrag (Abs. 2 b).** Der Nutzer muß bis zum Ablauf des 14. 6. 1990 mit einer staatlichen Stelle (vgl. § 10 RdNr. 3) einen Kaufvertrag über ein zu diesem Zeitpunkt von ihm bereits genutztes Eigenheim geschlossen haben. Erfaßt werden ausschließlich Kaufverträge über Eigenheime. Der Kaufvertrag muß wirksam, insbes. in beurkundeter Form (vgl. Fn. 3) zustandegekommen sein. Darauf, ob der Vertrag vollzogen wurde oder nicht, kommt es

[8] *Eickmann-Wittmer* RdNr. 44.

[9] Vgl. § 1 Abs. 2 GewerbeG v. 6. 3. 1990 (GBl. I S. 138).

[10] Gesetz über den Verkauf volkseigener Gebäude – VerkaufsG – v. 7. 3. 1990 (GBl. I S. 157).

[11] *Eickmann-Wittmer* RdNr. 45.

[12] Vgl. *Kimme-Schmidt* § 4 VermG RdNr. 82.

[13] So im Ergebnis auch *Czub* Leitfaden RdNr. 635; zur entspr. Problematik bei § 4 Abs. 2 S. 2 b VermG vgl. *Kimme-Schmidt* § 4 VermG RdNr. 83.

[14] *Eickmann-Wittmer* RdNr. 50; vgl. auch *Kimme-Schmidt* § 4 VermG RdNr. 88.

[15] *Vossius* RdNr. 7; so im Ergebnis wohl auch *Eickmann-Wittmer* RdNr. 55, 57.

[16] Vgl. *Czub-Czub* RdNr. 43 f.; kritisch hierzu *Vossius* RdNr. 12.

[17] Anlage III zum EVertr. v. 31. 8. 1990 (BGBl. II S. 889, 1237).

[18] *Czub-Czub* RdNr. 105; *Eickmann-Wittmer* RdNr. 61.

nicht an.[19] Abs. 2 erfaßt auch diejenigen Sachverhalte, in denen der Nutzer aufgrund des Kaufvertrages als Gebäudeeigentümer in das Grundbuch eingetragen wurde. Da ein solcher Eigentumserwerb unter den Voraussetzungen von Abs. 2 nach den Bestimmungen des VermG gegenüber dem Rückübertragungsanspruch des (Alt-) Eigentümers nicht von Bestand sein kann (vgl. § 4 Abs. 2 S. 2 VermG), ist auch hier ein „hängender" Fall gegeben, der dem Regelungsbereich dieser Vorschrift unterliegt.[20]

13 **c) Nutzung zu eigenen Wohnzwecken am 1. 10. 1994 (Abs. 2 c).** Der Nutzer muß das Eigenheim bei Inkrafttreten dieses Gesetzes selbst bewohnt haben. Hierdurch wird klargestellt, daß die Ansprüche nach diesem Gesetz nur demjenigen Nutzer zugute kommen sollen, der in dem unter den Voraussetzungen von Abs. 2 gekauften Eigenheim seinen Lebensmittelpunkt begründet hat.[21] Ist der Nutzer nach Inkrafttreten dieses Gesetzes freiwillig aus dem Eigenheim ausgezogen, stehen ihm die aus der Sachenrechtsbereinigung folgenden Ansprüche nicht mehr zu.[22]

II. Rechtsfolgen

14 **1. Ansprüche gegen den (Alt-) Eigentümer. a) Ansprüche nach Kapitel 2 dieses Gesetzes (Abs. 1 S. 1).** Liegen die Voraussetzungen von Abs. 1 S. 1, Abs. 1 S. 3 oder Abs. 2 vor, stehen dem Nutzer die aus diesem Gesetz folgenden Ansprüche auf Ankauf des Grundstücks (§§ 32 ff.) oder Erbbaurechtsbestellung (§§ 61 ff.) gegenüber dem jeweiligen Eigentümer zu. Als Anspruchsgegner kommt hierbei nur der Alteigentümer oder dessen Rechtsnachfolger **nach erfolgter Restitution** in Betracht.[23] Dies folgt bereits aus dem eindeutigen Wortlaut von Abs. 1 S. 1 („zurückübertragen worden ist"). Die Bezugnahme in Abs. 1 S. 1 auf Kapitel 2 betrifft sämtliche in diesem Kapitel enthaltenen Vorschriften, insbes. auch diejenigen zur Bestimmung der Höhe des Grundstückskaufpreises und des Erbbauzinses.[24]

15 **b) Anspruchsausschluß (Abs. 1 S. 2).** Die aus Kapitel 2 dieses Gesetzes folgenden Ansprüche des Nutzers kommen jedoch nur dann in Betracht, wenn das Scheitern des Vertrages auf dem Rückgabeanspruch des (Alt-) Eigentümers beruht.[25] Abs. 1 S. 2 bestimmt deshalb, daß diese Ansprüche dem Nutzer dann nicht zustehen, wenn das Scheitern des Vertrages aus einem der in § 3 Abs. 3 S. 2 Nr. 1 oder 2 genannten Gründe (vgl. § 3 RdNr. 11 f.) folgt.

16 **c) Einwendung des Grundstückseigentümers (Abs. 3).** Der Nutzer soll sich aus Gründen des Rechtsfriedens und der Rechtssicherheit[26] kein Erwerbs- oder Besitzrecht nach diesem Gesetz verschaffen können, wenn zwischen den Beteiligten bereits aufgrund wirksamer vertraglicher Vereinbarung oder aufgrund rechtskräftiger Entscheidung (zB Räumungsurteil) feststeht, daß der Nutzer das Grundstück zu verlassen hat. Abs. 3 bestimmt deshalb, daß die aus Kapitel 2 dieses Gesetzes folgenden Ansprüche des Nutzers nicht in Betracht kommen, wenn zwischen den Beteiligten (vgl. § 325 Abs. 1 ZPO) eine entgegenstehende rechtskräftige Entscheidung besteht oder jene bereits eine abweichende vertragliche Regelung getroffen haben.

17 **2. Ansatz des Gebäuderestwerts (Abs. 4).** Nach den grundsätzlichen Bestimmungen dieses Gesetzes zur Ermittlung des Ankaufspreises bzw. der Höhe des Erbbauzinses (vgl. § 19 und § 20) ist das Grundstück dem Vermögen des Eigentümers und das aufstehende Gebäude sowie das Nutzungsrecht am Grund und Boden dem Vermögen des Nutzers zuzuordnen. Diese grundsätzlichen Regelungen werden den in dieser Vorschrift geregelten Sachverhalten der „hängenden" Kaufverträge nicht in vollem Umfang gerecht. Eine Zuordnung des Gebäudes zum Vermögen des Nutzers scheidet hier aus, da der Erwerb des Gebäudes idR gerade nicht vollzogen wurde. Aus diesem Grund bestimmt Abs. 4 S. 1, daß der (Rest-) Wert des Gebäudes bzw. der baulichen Anlage und der Grundstückseinrichtungen für diejenigen Fälle bei der Bestimmung des Grundstückskaufpreises bzw. des Erbbauzinses zusätzlich in Ansatz zu bringen ist, in denen dieser Wert auf einer **Investition des (Alt-) Eigentümers** beruht.[27] Die Bestimmung dieses in Ansatz zu bringenden Restwerts erfolgt in entspr. Anwendung von § 74 Abs. 1 S. 2 bis 4 (Abs. 4 S. 2).

[19] *Czub-Czub* RdNr. 103.
[20] *Czub-Czub* RdNr. 103.
[21] *Eickmann-Wittmer* RdNr. 66.
[22] Vgl. *Czub-Czub* RdNr. 114.
[23] So auch *Czub-Czub* RdNr. 88 ff.; *Eickmann-Wittmer* RdNr. 33; aA *Vossius* RdNr. 3.
[24] *Czub-Czub* RdNr. 123.
[25] *Czub-Czub* RdNr. 93; *Eickmann-Wittmer* RdNr. 37.
[26] *Eickmann-Wittmer* RdNr. 67.
[27] Vgl. *Czub-Czub* RdNr. 124 ff.; *Eickmann-Wittmer* RdNr. 68.

18 **3. Erweitertes Wahlrecht (Abs. 5).** Liegen die Voraussetzungen von Abs. 1 S. 1, Abs. 1 S. 3 oder Abs. 2 vor, stehen dem Nutzer zunächst die aus diesem Gesetz folgenden Ansprüche auf Ankauf des Grundstücks (§§ 32 ff.) oder Erbbaurechtsbestellung (§§ 61 ff.) zu. Abs. 5 erweitert diese dem Nutzer zustehenden Ansprüche für die von dieser Vorschrift erfaßten Fälle um eine **dritte Alternative:** Anstelle des Ankaufs oder der Erbbaurechtsbestellung kann sich der Nutzer auch dafür entscheiden, keinen dieser Ansprüche geltend zu machen und damit in entspr. Anwendung von § 17 S. 5 VermG das **Miet-, Pacht oder sonstige Nutzungsverhältnis** wieder aufleben zu lassen, aufgrund dessen er das Grundstück vor Abschluß des „hängenden" Kaufvertrages genutzt hatte. Dieses Miet-, Pacht- oder sonstige Nutzungsverhältnis gilt für den Fall einer entspr. Ausübung des Wahlrechts (vgl. § 16) ab diesem Zeitpunkt als unbefristet und hat den Inhalt, den es ohne den Abschluß des „hängenden" Kaufvertrages seit dem 3. 10. 1990 gehabt hätte.[28]

19 Die **Ausübung des Wahlrechts** durch den Nutzer hat auch in diesem Fall innerhalb der Frist von § 16 Abs. 2 zu erfolgen (Abs. 5 S. 1). Hieraus folgt, daß auch das erweiterte Wahlrecht nach Abs. 5 unter der Voraussetzung von § 16 Abs. 3 auf den (Alt-) Eigentümer übergeht, wenn es durch den Nutzer nicht fristgemäß ausgeübt wird.

20 **4. Rückzahlung des Kaufpreises (Abs. 6).** Abs. 6 trägt dem Umstand Rechnung, daß der „hängende" Kaufvertrag jedenfalls nach Rückübertragung des Grundstückseigentums an den (Alt-) Eigentümer nicht mehr erfüllt werden kann.[29] Die Vorschrift enthält deshalb für den – nicht seltenen –[30] Fall, daß der Nutzer den Kaufpreis bereits gezahlt hat, eine **Rechtsfolgeverweisung**[31] auf die Regelungen in § 323 Abs. 3 iVm. § 818 BGB. Hiernach hat der Nutzer einen Anspruch auf Rückzahlung des Kaufpreises nach den Bestimmungen über die Herausgabe einer ungerechtfertigten Bereicherung.

21 Zur Rückzahlung des Kaufpreises verpflichtet ist diejenige Gemeinde oder Körperschaft, der die Einnahme aus dem „hängenden" Kaufvertrag **nach den Regelungen des EVertr.** zuzuordnen ist.[32] Diese Gemeinde oder Körperschaft ist dem Nutzer gegenüber so verpflichtet, als ob sie der Vertragspartner des Nutzers gewesen wäre. Die Verweisung auf § 818 BGB stellt klar, daß sich die Gemeinde oder Körperschaft auf den Wegfall der Bereicherung (§ 818 Abs. 3 BGB) berufen kann.

22 Schadensersatzansprüche wegen Nichterfüllung sind nach Abs. 6 S. 2 ausdrücklich ausgeschlossen. Von diesem Ausschluß nicht erfaßt sind jedoch **Ansprüche aus Verschulden bei Vertragsverhandlungen** (vgl. § 92 Abs. 2 ZGB).[33]

§ 122 Entsprechende Anwendung des Sachenrechtsbereinigungsgesetzes

Hat das Amt zur Regelung offener Vermögensfragen nach dem 2. Oktober 1990 für ein entzogenes Nutzungsrecht nach § 287 Abs. 1 und § 291 des Zivilgesetzbuchs der Deutschen Demokratischen Republik ein Erbbaurecht oder ein anderes beschränktes dingliches Recht begründet, so sind die Bestimmungen in Kapitel 2 entsprechend anzuwenden.

I. Normzweck und Regelungsinhalt

1 Unterfällt die Entziehung eines Nutzungsrechts iSv. § 287 oder § 291 ZGB nach § 1 VermG dem Geltungsbereich jenes Gesetzes, hat das Amt zur Regelung offener Vermögensfragen nach § 3 Abs. 1 a S. 1 und 4 VermG zugunsten des Restitutionsberechtigten dasjenige Recht zu begründen, das dem entzogenen Nutzungsrecht am ehesten entspricht. Ist ein solches Recht **im Rahmen des Restitutionsverfahrens** bestellt worden, soll der Berechtigte hierdurch nicht schlechter aber auch nicht besser stehen als derjenige, der Inhaber eines Nutzungsrechts geblieben ist (BT-Drucks. 12/5992 S. 182).

2 Die Vorschrift ordnet aus diesem Grund die **entsprechende Anwendung** der §§ 3 bis 111 auf diejenigen Sachverhalte an, in denen nach § 3 Abs. 1 a S. 1 und 4 VermG ein beschränkt dingliches Recht an die Stelle eines entzogenen Nutzungsrechts getreten ist.

[28] *Eickmann-Wittmer* RdNr. 73.

[29] Vgl. *Czub-Czub* RdNr. 170; *Eickmann-Wittmer* RdNr. 75.

[30] Vgl. *Czub-Czub* RdNr. 172.

[31] *Vossius* RdNr. 26.

[32] *Czub-Czub* RdNr. 181.

[33] *Vossius* RdNr. 28; *Czub-Czub* RdNr. 190 f.; aA wohl *Eickmann-Wittmer* RdNr. 76.

II. Rechtliche Bedeutung

3 In diesen Fällen stehen den Beteiligten die **Ansprüche nach der Sachenrechtsbereinigung** zu. Insbes. kann der Nutzer in entspr. Anwendung von § 15 zwischen der inhaltlichen Angleichung des nach § 3 Abs. 1 a S. 1 und 4 VermG bestellten dinglichen Rechts an die Regelungen der §§ 32 ff. und dem Ankauf des Grundstücks nach §§ 61 ff. wählen.[1] Dies gilt auch dann, wenn durch das Amt zur Regelung offener Vermögensfragen bereits ein Erbbaurecht zugunsten des Nutzers begründet worden ist.[2] Steht dem Nutzer ein Wahlrecht nicht mehr zu (§ 16 Abs. 3), kann der Grundstückseigentümer seinerseits vom Nutzer anstelle des Grundstücksankaufs die Anpassung eines bereits begründeten Erbbaurechts an den Inhalt der §§ 32 ff. verlangen.[3]

4 Die Verweisung auf die entsprechende Anwendbarkeit der §§ 3 bis 111 umfaßt insbes. **auch die verfahrensrechtlichen Bestimmungen.**[4] Hieraus folgt, daß die Ansprüche der Beteiligten auch in diesen Fällen im notariellen Vermittlungsverfahren (§§ 87 ff.) und ggf. im gerichtlichen Verfahren (§§ 103 ff.) geltend gemacht werden müssen.[5]

Abschnitt 3. Übergangsregelung

§ 123 Härteklausel bei niedrigen Grundstückswerten

(1) Der Nutzer eines Grundstücks, dessen Verkehrswert die in § 15 Abs. 2 bezeichneten Beträge nicht übersteigt, kann einem Ankaufsverlangen des Grundstückseigentümers widersprechen und den Abschluß eines längstens auf sechs Jahre nach dem Inkrafttreten dieses Gesetzes befristeten Nutzungsvertrages verlangen, wenn er die für den Ankauf erforderlichen Mittel zum gegenwärtigen Zeitpunkt aus besonderen persönlichen oder wirtschaftlichen Gründen nicht aufzubringen vermag.

(2) Das Entgelt für die Nutzung bestimmt sich nach dem Betrag, der nach diesem Gesetz als Erbbauzins zu zahlen wäre. Im übrigen bleiben die Rechte und Pflichten der Beteiligten für die Vertragsdauer unberührt.

I. Funktion der Vorschrift

1 **1. Ausgangslage**. Unter den Voraussetzungen des § 15 Abs. 2, dh. wenn der Bodenwert des Grundstücks nicht mehr als 100 000 DM oder bei Bebauung mit einem Eigenheim nicht mehr als 30 000 DM beträgt, beschränken sich die Ansprüche des Nutzers auf einen Ankaufsanspruch. der Grundstückseigentümer kann den Nutzer durch ein entsprechendes Ankaufsverlangen in Zugzwang setzen (§ 61 Abs. 2 Nr. 1). Die hiervon betroffenen Nutzer werden die zum Ankauf erforderlichen Mittel oftmals nicht oder nur unter Schwierigkeiten aufbringen können. § 123 stellt eine Härteregelung[1*] dar; sie können dem Ankaufsverlangen des Grundstückseigentümers widersprechen und den Abschluß eines längstens auf sechs Jahre befristeten Nutzungsvertrages verlangen. Dadurch wird die Moratoriumssituation des Art. 233 § 2 a EGBGB praktisch um die Dauer des Nutzungsvertrages verlängert.[2*]

2 **2. Einrede des Nutzers. a) Allgemeines.** Nach Abs. 1 kann der Nutzer dem Ankaufsverlangen des Grundstückseigentümers die **Einrede**[3*] **mangelnder wirtschaftlicher Leistungsfähigkeit**[4*] entgegenhalten. Sie hemmt den Anspruch des Grundstückseigentümers in den unten (RdNr. 7) darzustellenden Fristen.

3 **b) Verfahren.** Der Nutzer hat die Voraussetzungen des Abs. 1 im notariellen Vermittlungsverfahren darzutun;[5*] eine amtswegige Berücksichtigung oder Ermittlung findet nicht statt. Für das Vorliegen der Voraussetzungen seiner Einrede trägt der Nutzer die Beweislast. Der Grundstückseigentümer kann den Beweis seitens des Nutzers durch die Führung des Gegenbeweises entkräften.[6]

[1] *Vossius* RdNr. 5.
[2] *Czub-Frenz* RdNr. 4; *Vossius* RdNr. 4 f.; aA *Eickmann-v. Schuckmann* RdNr. 3.
[3] *Vossius* RdNr. 6.
[4] *Vossius* RdNr. 7; *Eickmann-v. Schuckmann* RdNr. 3.
[5] *Czub-Frenz* RdNr. 6.
[1*] *Vossius* § 123 RdNr. 2; *Thöne-Knauber*, Boden- und Gebäudeeigentum in den neuen Bundesländern, 2. Aufl. 1996, RdNr. 474.
[2*] *Vossius* § 123 RdNr. 1.
[3*] *Eickmann* § 123 RdNr. 5; *Vossius* § 123 RdNr. 3.
[4*] *Eickmann* § 123 RdNr. 1.
[5*] *Vossius* § 123 RdNr. 22.
[6] *Vossius* § 123 RdNr. 22 aE.

4 **c) Verhältnis zu § 279 BGB.** In der Gesetzgebungsdiskussion wurde dazu wie in der Literatur die Ansicht[7] vertreten, dies setze partiell den Grundsatz[8] außer Kraft, daß der Schuldner für seine Leistungsfähigkeit einzustehen habe.[9] Grundsätzlich gelte auch in dem durch das Verhältnis von Grundstückseigentümer und Nutzer begründeten Schuldverhältnis der Satz, Geld habe man zu haben, § 279 BGB.[10] Die Verpflichtung, die aus § 61 dieses Gesetzes erwächst, hat ihren Grund jedoch nicht in privatautonom dem Nutzer zuzurechnenden Entscheidungen; sie folgt unmittelbar aus der hoheitlichen Entscheidung des Gesetzgebers, eine Anpassung der immobiliarsachenrechtlichen Verhältnisse im Beitrittsgebiet an die Regelungen des 3. Buches des BGB vorzunehmen. Der Interessenausgleich zwischen Grundstückseigentümer und Nutzer, den dieses Gesetz vornimmt, rechtfertigt es aufgrund seiner Bezüge zu öffentlichen Belangen, die persönlichen wirtschaftlichen Verhältnisse des Nutzers zu berücksichtigen. § 123 stellt sich daher im Verhältnis zu Grundentscheidungen des BGB nicht als „systemfremd" dar, § 123 normiert einen Fall der **gesetzlichen Anerkennung von Situationen wirtschaftlichen Unvermögens des Schuldners,** aufgrund derer eine Anpassung des Schuldverhältnisses vom Schuldner begehrt werden kann. Die Nähe der vorliegenden Regelung zu Fallgestaltungen einer Vertragshilfe zeigt sich allein schon in der richterlichen Festsetzung der Fristdauer gem. Abs. 1 (unten RdNr. 17).

II. Voraussetzungen der Einrede nach Abs. 1

5 **1. Ankaufsverlangen des Grundstückseigentümers.** Voraussetzung für die Berufung des Nutzers auf die Einrede des Abs. 1 ist ein vom Grundstückseigentümer gem. § 61 Abs. 2 Nr. 1 gegen ihn gerichtetes Ankaufsverlangen. Hat umgekehrt der Nutzer nach § 61 Abs. 1 ein Ankaufsverlangen an den Grundstückseigentümer gerichtet, so kann er sich nicht auf § 123 berufen; das folgt aus dem Charakter des Abs. 1 als eines **Gegenrechts,** das dem Ankaufsverlangen des Grundstückseigentümers entgegengesetzt, aber nicht zur Modifikation des eigenen Rechts des Nutzers eingesetzt werden kann.[11]

6 **2. Kaufpreis des Grundstücks.** Der nach Maßgabe der §§ 19 und 20 zu ermittelnde Verkehrswert des Grundstücks darf, damit Abs. 1 zur Anwendung gelangt, gem. § 15 Abs. 2 100 000 DM oder, im Falle der Bebauung des Grundstücks mit einem Eigenheim, 30 000 DM nicht überschreiten. Nach dem in diesem Gesetz maßgeblichen Wertteilungsprinzip bemißt sich der Kaufpreis des Grundstücks nach der Hälfte seines Verkehrswertes, liegt also jedenfalls unter 50 000 DM.

7 **3. Mittellosigkeit. a) Allgemeines.** Der Nutzer darf zudem derzeit nicht über die Mittel verfügen, um den Kaufpreis des Grundstücks aufzubringen. Das ist nicht bereits dann der Fall, wenn er vorträgt, nicht über Ersparnisse bzw. Rücklagen zu verfügen, deren Auflösung ihm die Erfüllung des Kaufpreisanspruchs des Grundstückseigentümers gestatten würde.[12] Denn durch den Ankauf des Grundstücks würde dem Nutzer regelmäßig eine dingliche Sicherheit verschafft, die er zur Besicherung eines Kredits zur Finanzierung des Ankaufs des Grundstücks zur Verfügung stellen könnte. Er muß daher vortragen, daß er entweder keinen Kredit zur Finanzierung des Ankaufs der Immobilie zu marktüblichen Konditionen eingeräumt erhält oder, falls er ein Darlehen erhalten kann, nicht in der Lage wäre, die daraus folgenden Zinsleistungen zu bedienen bzw. die fälligen Tilgungen vorzunehmen.

8 **b) Besondere persönliche oder wirtschaftliche Gründe.** Abs. 1 setzt voraus, daß die Mittellosigkeit auf **besonderen Gründen** beruht. Die allgemeinen wirtschaftlichen Probleme im Beitrittsgebiet sind nicht gemeint. Die Belastungssituation des Nutzers muß die durchschnittliche Belastung eines Nutzers, wie sie aufgrund der durch das SachenRBerG geschaffenen Lage entsteht, übersteigen.[13]

9 Die Belastungssituation, aus der das wirtschaftliche Unvermögen des Nutzers hervorgeht, muß auf **persönlichen Gründen** beruhen: Solche Gründe können in der Krankheit oder Gebrechlichkeit des Nutzers liegen, die seine Erwerbstätigkeit reduziert oder aufhebt, in der Versorgung bedürftiger Angehöriger oder dem Eintritt in den Ruhestand bei reduzierten Bezügen o. dgl. m.[14]

[7] *Eickmann* § 123 RdNr. 2.
[8] *Medicus* AcP (1988) 489 ff.
[9] St. Rspr.: BGHZ 7, 346, 354; BGHZ 106, 269; BGHZ 107, 92, 97 ff.
[10] *Emmerich,* BGB § 279 RdNr. 5 et passim.
[11] *Eickmann* § 123 RdNr. 4 aE.
[12] *Eickmann* § 123 RdNr. 7.
[13] *Vossius* RdNr. 6.
[14] *Eickmann* § 123 RdNr. 7.

10 **Wirtschaftliche Gründe** des mangelnden Leistungsvermögens des Nutzers aufgrund seiner Mittellosigkeit können in allgemein wirkenden Ursachen liegen – Überschwemmungen wie im Frühjahr 1994 in Sachsen-Anhalt mit den daraus resultierenden Schäden, besonderen Strukturkrisen eines Wirtschaftszweiges, Unfälle, die zu Schadenersatzverpflichtungen führen. Aber auch eine übermäßige Verschuldung des Nutzers kann zu den wirtschaftlichen Ursachen zu zählen sein, auf denen die Mittellosigkeit des Nutzers beruht. Die Ursache dieser Verschuldung ist insoweit nicht in Ansatz zu bringen.[15] Denn die Einrede des Abs. 1 ist vom Gesetzgeber nicht von einer Bewertung des Verhaltens des Nutzers abhängig gemacht worden.

11 **c) Einsatz eigenen Vermögens.** Ein Problem eigener Art ist es, wieweit der Nutzer verpflichtet ist, eigene Ersparnisse oder Vermögenswerte durch Veräußerung flüssig zu machen, um den geschuldeten Kaufpreis aufzubringen. So wird in der Literatur[16] die Ansicht vertreten, der Nutzer sei verpflichtet, Antiquitäten oder luxuriöse Gebrauchsgegenstände zu veräußern, um aus dem Erlös den Kaufpreis zu zahlen. Eine solche Einstandspflicht des Nutzers würde § 279 BGB entsprechen, hätte aber auch eine Parallele etwa im geltenden Recht der Prozeßkostenhilfe. Diese Parallele geht aber an der Wirklichkeit der neuen Bundesländer ebenso vorbei wie an den Zwecken, die der Gesetzgeber mit dem SachenRBerG verfolgt. Da es um eine Anpassung an das BGB unter Schutz der berechtigten Interessen des Nutzers geht, kann von ihm nicht die – erfahrungsgemäß immer höchst verlustreiche – Veräußerung seines Privatvermögens verlangt werden, um den Kaufpreis gem. § 61 zu entrichten. Denn der Schutz der Integrität der Lebensverhältnisse des Nutzers ist eine der Aufgaben des SachenRBerG: Gerade der Bezug des Abs. 1 zum Nutzer von Eigenheimen zeigt, daß es umgekehrt nachgerade widersinnig wäre, ihm die Veräußerung bspw. von im Familienbesitz befindlichen Kunstgegenständen zuzumuten, um den Familienwohnsitz angesichts der anfallenden Sachenrechtsbereinigung zu finanzieren. An dieser Stelle hat das Moratorium des Abs. 1 einen Sinn, dessen zeitliche Grenze aber in Rechnung stellen kann, daß es dem Nutzer möglich sein muß, etwa Kunstgegenstände nach einem gewissen Zeitraum zu beleihen.[17]

III. Abschluß eines Nutzungsvertrages

12 **1. Allgemeines.** Der Nutzer kann für den Fall, daß er mit seiner Einrede gehört wird, den Abschluß eines Nutzungsvertrages verlangen.[18] Der Nutzungsvertrag begründet das Recht des Nutzers zum Besitz des Grundstücks.[19]

13 **2. Einzelheiten.** Das vom Nutzer zu entrichtende Nutzungsentgelt bemißt sich nach den §§ 43ff. SachenRBerG.[20] Es ist von dem Zeitpunkt an geschuldet, an dem die Einrede erhoben worden ist (Abs. 2 S. 1, § 44 Abs. 2). Der Nutzer trägt im übrigen die öffentlichen Lasten und Abgaben, die auf dem Grundstück lasten, sowie alle Betriebskosten.[21] Der Nutzungsvertrag kann im Wege der außerordentlichen Kündigung beendet werden, insbesondere dann gem. § 554 BGB iVm. § 44 SachenRBerG, wenn der Nutzer mit mehr als einer Quartalrate im Verzuge ist.[22]

14 **3. Rechtsnachfolger des Nutzers.** Da es sich bei Abs. 1 um die Wahrnehmung eines höchstpersönlich dem Nutzer zustehenden Rechts handelt, können sich seine Rechtsnachfolger nicht auf die rechtshemmende Einrede des Abs. 1 dem Grundstückseigentümer gegenüber berufen (arg. § 399 Alt. 1 BGB).[23]

15 **4. Laufzeit.** Der Nutzungsvertrag ist nach Abs. 1 längstens auf sechs Jahre nach Inkrafttreten des SachenRBerG zu befristen. Die Festlegung der Befristung erfolgt gegebenenfalls durch richterliche Entscheidung;[24] sie kann die Sechs-Jahres-Frist unterschreiten, beispielsweise um zu erwartenden Änderungen der wirtschaftlichen Situation des Nutzers Rechnung zu tragen. Dabei können aber auch Gesichtspunkte eine Rolle spielen, wie sie in § 29 (RdNr. 5) hinsichtlich der Nutzbarkeit des Gebäudes gesetzlich normiert sind.

[15] Anders dagegen *Eickmann* § 123 RdNr. 7 aE; vgl. auch *Vossius* RdNr. 6 aE.

[16] *Eickmann* § 123 RdNr. 7.

[17] Anders, aber abzulehnen, wohl *Eickmann* § 123 RdNr. 7.

[18] *Eickmann* § 123 RdNr. 8.

[19] *Vossius* RdNr. 11.

[20] Vgl. *v. Oefele* DtZ 1995, 158, 160.

[21] *Vossius* RdNr. 14.

[22] *Vossius* RdNr. 12.

[23] *Vossius* RdNr. 16.

[24] *Vossius* RdNr. 9.

IV. Rechtsverhältnisse zwischen Nutzer und Grundstückseigentümer nach Ablauf des Nutzungsvertrages

16 **1. Allgemeines.** Da die Einrede des Abs. 1 die Geltendmachung des aus § 61 Abs. 2 folgenden Rechtsanspruchs des Grundstückseigentümers auf Abschluß eines Ankaufsvertrages nur zeitlich befristet hemmt, kann der Nutzer dessen Verlangen nach Ablauf der Frist keine Einrede mehr entgegenhalten.

17 **2. Kaufpreis. Wertsteigerungen.** Der Kaufpreis, der vom Nutzer nach Ablauf der Frist des Abs. 1 zu entrichten ist, richtet sich in seiner Untergrenze nach den Werten, die gem. §§ 68 bis 74 zum Zeitpunkt des Ankaufsverlangens des Grundstückseigentümers ermittelt worden sind. Der Nutzer hat aber eine zwischenzeitlich eingetretene Werterhöhung zu tragen; sie ist bei Durchführung des Kaufvertrages bei der Berechnung des Kaufpreises zu berücksichtigen.

V. Abs. 2 S. 2

18 Im übrigen stellt Abs. 2 S. 2 klar, daß die Erhebung der Einrede des Abs. 1 die wechselseitigen Rechte und Pflichten von Grundstückseigentümer und Nutzer nach diesem Grundsatz unberührt läßt.

Gesetz zur Änderung schuldrechtlicher Bestimmungen im Beitrittsgebiet (Schuldrechtsänderungsgesetz – SchuldRÄndG)

Vom 21. September 1994 (BGBl. I S. 2538)

Artikel 1
Gesetz zur Anpassung schuldrechtlicher Nutzungsverhältnisse an Grundstücken im Beitrittsgebiet (Schuldrechtsanpassungsgesetz – SchuldRAnpG)

vom 21. September 1994 (BGBl. I S. 2538),
geändert durch Art. 3 des Gesetzes zur Überleitung preisgebundenen Wohnraums im Beitrittsgebiet in das allgemeine Miethöherecht (Mietenüberleitungsgesetz) vom 6. Juni 1995 (BGBl. I S. 748)

Inhaltsübersicht

Schrifttum: – s. auch das Schrifttumsverzeichnis zum SachenRBerG –: *Czub-Rövekamp,* Zum Regierungsentwurf des Schuldrechtsänderungsgesetzes, OV spezial 1994 Nr. 2 S. 2 und 1994 Nr. 3 S. 4; *Degenhart,* Neuordnung der Nutzungsverhältnisse an Grund und Boden im Beitrittsgebiet: Verfassungsfragen der Schuldrechtsanpassung, JZ 1994, 890; *Fieberg-Reichenbach-Messerschmidt-Neuhaus* Vermögensgesetz, Kommentar, Stand: März 1996; *Fruth,* Praktische mietrechtliche Probleme in der ehemaligen DDR, WuM 1991, 9; *Göhring,* Zum Begriff der Redlichkeit im Vermögensgesetz, DtZ 1991, 401; *ders.,* Überlassungsverträge wirksam – eine Erwiderung ZOV 1993, 78; *Göhring-Riecke,* Anm. zu LG Berlin NJ 1992, 555, 556; *Gößmann,* Das vertragliche Nutzungsrecht des ZGB, WM 1991, 1861; *Grüneberg-Wendtland,* Zur Beendigung von Nutzungsverträgen nach §§ 312 ff DDR-ZGB über Erholungs- und Freizeitgrundstücke außerhalb von Kleingartenanlagen, DtZ 1993, 101; *Hejhal-Janke,* Zur Rechtsprechung über Verträge zur Nutzung von Bodenflächen zur Erholung, NJ 1981, 452; *Heuer,* Grundzüge des Bodenrechts der DDR 1949–1990, München 1991; *Horn,* Das Zivil- und Wirtschaftsrecht im neuen Bundesgebiet, 2. Aufl. 1993; *Horst,* Zum Begriff der Redlichkeit im Vermögensgesetz – Erwiderung auf Göhring, DtZ 1992, 43; *ders.,* Eigentum contra Nutzungsrecht an Grundstücken in den neuen Ländern; Konfliktbewältigung und Rechtsanpassung – Teil II: Schuldrechtsänderung, ZOV 1994, 433; *ders.,* Schuldrechtsänderung – Neue Rechtsentwicklung bei Nutzungsverträgen an Grundstücken in den neuen Ländern, 1995; *Janke,* Nutzung von Bodenflächen zur Erholung, Rechtsprechung der ehem. DDR-Gerichte und Rechtsauffassungen zu §§ 312–315 ZGB, NJ 1991, 238; *Kärsten,* Rechtsstreitigkeiten im Kleingartenwesen der neuen Bundesländer, NJ 1994, 104; *Kayser,* Überlassungsverträge unwirksam?, ZOV 1993, 74; *Kiethe* (Hrsg.) Schuldrechtsanpassungsgesetz, Kommentar 1995; *Kimme* (Hrsg.) Offene Vermögensfragen, Kommentar, Stand Aug. 1996; *Kinne,* Mietrechtsfragen der östlichen Bundesländer, WuM 1992, 403; *ders.,* Nutzungsentgelte für Wochenendgrundstücke GE 1993, 123; *ders.,* Das Vorkaufsrecht nach der Neufassung des § 20 VermG und nach dem SchuldRÄndG, ZOV 1994, 449; *Klinkert-Oehler-Rohde* Eigentumsrecht, Nutzungsrecht von Grundstücken und Gebäuden zum Wohnen und zur Erholung, 2. Aufl., Berlin 1979; *Komm. zum LPG-G v. 2. 7. 1982,* Staatsverlag der DDR, 1985; *Krauß,* Sachenrechtsbereinigung und Schuldrechtsanpassung im Beitrittsgebiet, Kommentar 1. Aufl. 1995; *Kuhlmey-Wittmer,* Schuldrechtsänderungsgesetz, Text- und Dokumentationsband 1994; *Leutheusser-Schnarrenberger,* Zur Neuregelung der schuldrechtlichen Nutzungsverhältnisse an Grundstücken im Beitrittsgebiet, DtZ 1993, 322; *Lübchen,* Erholungsgrundstücke und Kleingärten in den neuen Bundesländern, 1. Aufl. 1994; *Mainczyk,* Bundeskleingartengesetz, Praktiker-Kommentar, 6. Aufl. 1994; *Matthiessen,* Praktische Probleme bei der Anwendung des SchuldRAnpG auf Verträge über Freizeit- und Garagengrundstücke, OV spezial 1995, 137; *Messerschmidt,* Das Schuldrechtsänderungsgesetz, NJW 1994, 2648; *Oetker,* Äquivalenzsicherung bei der Nutzungsüberlassung von Grundstücken zur Erholung (§§ 312ff ZGB-DDR), DtZ 1993, 325; *Purps,* Vertrags-Moratorium für Erholungsgrundstücke und § 314 IV ZGB/DDR, VIZ 1994, 223; *ders.,* Eigentum an Baulichkeiten bei der Aufhebung von Nutzungsverträgen, VIZ 1994, 390; *Rodenbach,* Schuldrechtliche Nutzungsverhältnisse und offene Vermögensfragen, ZOV 1991, 73; *Rövekamp,* Einfühung in die Schuldrechtsanpassung, NJ 1995, 15; *ders.,* Schuldrechtsanpassung, 1995; *Rohde,* Zum Entwurf des Schuldrechtsanpassungsgesetzes, NJ 1994, 289; *Schmidt-Räntsch,* Überlassungsverträge in der ehemaligen DDR, ZOV 1992, 2f; *ders.,* Zum Entwurf des Schuldrechtsänderungsgesetzes, DtZ 1994, 82; *ders.,* Zur Neuordnung der Nutzung fremden Grund und Bodens, DtZ 1994, 322; *Schnabel,* Zur Verkehrsfähigkeit von selbständigem Gebäudeeigentum. ZVO 1993, 151; *ders.,* Datschengrundstücke und andere Bodennutzungsverhältnisse, 2. Aufl. 1994; *ders.,* Datschen – Wann gilt das Bundeskleingartengesetz? GE 1994, 478, 480; *ders.,* Schuldrechtsänderungsgesetz Kommentar 1. Aufl. 1995; *Scholz,* Erklärung zum Gesetz zur Änderung schuldrechtlicher Bestimmungen im Beitrittsgebiet, ZOV 1994, 231; *Schubel,* Zur Eintragungsfähigkeit ehemaliger ZGB-Gemeinschaften in das Vereinsregister, DtZ 1994, 132; *Stang,* Bundeskleingartengesetz Kommentar, 2. Aufl. 1995; *Sternel,* Mietrecht, 3. Aufl. 1988; *ders.,* Mietrecht aktuell, 3. Aufl. 1995; *Thiele-Krajewski-Röske,* Schuldrechtsänderungsgesetz, Praktikerkommentar, 2. Aufl. 1995; *Trimbach-Matthiessen,* Einführung in die Schuldrechtsanpassung, VIZ 1994, 446; *Wardenbach,* ZGB-Erholungsgrundstücke in der neuen Nutzungsentgeltverordnung, MDR 1993, 710; *Wittmer,* Die Erweiterung der Ausschlußfrist des § 30 VermG durch das RegVBG, OV spezial 1994 Nr. 12 S. 2, *ders.,* Die Sicherung des Status quo für die Nutzer von Erholungsgrundstücken bis zum Inkrafttreten des Schuldrechtsänderungsgesetzes, OV spezial 1994 Nr. 20 S. 7; *ders.,* Neues Recht für Erholungsgrundstücke durch das Schuldrechtsänderungsgesetz, BuW 1995, 21.

Kapitel 1. Allgemeine Vorschriften

Abschnitt 1. Anwendungsbereich

§ 1 Betroffene Rechtsverhältnisse

(1) Dieses Gesetz regelt Rechtsverhältnisse an Grundstücken in dem in Artikel 3 des Einigungsvertrages genannten Gebiet (Beitrittsgebiet), die aufgrund

1. eines Vertrages zum Zwecke der kleingärtnerischen Nutzung, Erholung oder Freizeitgestaltung oder zur Errichtung von Garagen oder anderen persönlichen, jedoch nicht Wohnzwecken dienenden Bauwerken überlasssen,

2. eines Überlassungsvertrages im Sinne des Artikels 232 § 1a des Einführungsgesetzes zum Bürgerlichen Gesetzbuche zu Wohnzwecken oder zu gewerblichen Zwecken übergeben oder

3. eines Miet-, Pacht- oder sonstigen Nutzungsvertrages von einem anderen als dem Grundstückseigentümer bis zum Ablauf des 2. Oktober 1990 mit Billigung staatlicher Stellen mit einem Wohn- oder gewerblichen Zwecken dienenden Bauwerk bebaut

worden sind.

(2) Wurde das Grundstück einem anderen als dem unmittelbar Nutzungsberechtigten (Zwischenpächter) zum Zwecke der vertraglichen Überlassung an Dritte übergeben, sind die Bestimmungen dieses Gesetzes auch auf diesen Vertrag anzuwenden.

Übersicht

I. Normzweck

Gegenstand des Schuldrechtsanpassungsgesetzes (SchuldRAnpG) ist eine sozialverträgliche Überführung der in § 1 Abs. 1 genannten schuldrechtlichen Nutzungsverhältnisse in das BGB. Das Gesetz betrifft nur Rechtsverhältnisse an Grundstücken im Beitrittsgebiet. Die Verträge müssen bis zum Ablauf des 2. Oktober 1990 abgeschlossen worden sein (§ 3). Das SchuldRAnpG ist stets im Zusammenhang mit dem vorrangigen Sachenrechtsbereinigungsgesetz (SachenRBerG) zu sehen: Das SachenRBerG gewährt den Nutzern durch ein Ankaufsrecht oder ein Recht auf Bestellung eines Erbbaurechts einen dinglichen Zugriff auf das von ihnen genutzte Grundstück. Soweit ein Rechtsverhältnis iSv. § 1 Abs. 1 nicht in die Sachenrechtsbereinigung einbezogen wird, kann die Schuldrechtsanpassung zum Tragen kommen. § 1 umschreibt den Anwendungsbereich des SchuldRAnpG positiv, § 2 führt umgekehrt die Nutzungsverhältnisse an, auf die sich das SchuldRAnpG nicht bezieht, weil sie der Sachenrechtsbereinigung, dem Vertragsgesetz oder dem Bundeskleingartengesetz (BKleinG) unterfallen. Ein Wahlrecht des Nutzers zwischen der Sachenrechtsbereinigung und der Schuldrechtsanpassung besteht nicht. 1

Die Aufzählung der drei Fallgruppen schuldrechtlicher Nutzungsverhältnisse, auf die das SchuldRAnpG anzuwenden ist, ist abschließend. Zwischen den Fallgruppen des Abs. 1 besteht kein rechtssystematischer Zusammenhang. Der Gesetzgeber hat sie in der gemeinsamen Zielsetzung im SchuldRAnpG zusammengefaßt, ihre Überführung in das BGB und die soziale Marktwirtschaft sozialverträglich auszugestalten. In diesem Sinne ist das SchuldRAnpG als „Maßgabengesetz" zur Einführung des BGB zu verstehen. Die Überleitungsvorschriften regeln insbesondere den Bestandsschutz (Kündigungsschutz), den Investitionsschutz und die allmähliche Anpassung der Nutzungsentgelte (s. auch die gemeinsame Einführung zum SachenRBerG und SchuldRÄndG, vor § 1 SachenRBerG). 2

II. Rechtstatsachen

Die im SchuldRAnpG geregelten Vertragsarten betreffen nach Entstehungsgeschichte und sozialpolitischer Bedeutung sehr unterschiedliche Regelungsbereiche. Folgende Rechtsmaterien sind geregelt: 3

1. Erholungsgrundstücke, sozialpolitische Bedeutung. Den Schwerpunkt des SchuldRAnpG bilden die in § 1 Abs. 1 Nr. 1 genannten Nutzungsverhältnisse zum Zwecke der kleingärtnerischen Nutzung, Erholung oder Freizeitgestaltung (mit Ausnahme der Nutzungen innerhalb von Kleingartenanlagen, für die, wie § 2 Abs. 3 klarstellt, weiterhin das BKleinG gilt), sowie zur Errichtung von Garagen oder anderen nicht Wohnzwecken dienenden Bauwerken. Die Nutzungsverhältnisse zur Erholung hatten in der DDR eine erhebliche sozialpolitische Bedeutung. Sie boten angesichts der sozialistischen Lebens- und Arbeitsverhältnisse, besonders der Wohnverhältnisse, einen, wie die Staatsführung der DDR nie verkannt hatte, unerläßlichen Frei- und Freiheitsraum. Etwa 53% aller Haushalte in der DDR, vor allem die städtischen Haushalte, besaßen ein Erholungsgrundstück.[1] Hiervon wurden 785.000 Parzellen innerhalb von Kleingartenanlagen genutzt,[2] für die bereits mit dem Einigungsvertrag das BKleinG – mit Änderungen – in Kraft trat (Art. 232 § 4 Abs. 3 EGBGB). Unter das SchuldRAnpG fallen demnach rund 1 Mio. Vertragsverhältnisse.[3] Auf dieser vertraglichen Grundlage sind die Baulichkeiten (Gartenhäuser, Datschen, in der Praxis oft Bungalows genannt) häufig unter großen 4

[1] *Heuer* RdNr. 57.
[2] BT-Drucks 12/7135 S. 28.
[3] BT-Drucks 12/7135 S. 35.

Schwierigkeiten und Entbehrungen errichtet worden. Die sozialpolitische und auch die emotionale Bedeutung der Erholungsgrundstücke ist im Zuge der Wende mit ihren unvermeidlichen sozialen Umbrüchen nicht geringer geworden, sondern eher noch gewachsen. Dem hat der Gesetzgeber in letzter Lesung des Gesetzentwurfs durch die Einführung weitreichender Schutzbestimmungen zugunsten der Nutzer von Erholungsgrundstücken Rechnung getragen. Die Änderungen beziehen sich auf den Kündigungsschutz bei Erholungsgrundstücken, eine Verlängerung der Investitionsschutzfrist bei Vertragsbeendigung und ein gesetzliches Vorkaufsrecht.[4]

5 **2. Überlassungsverträge.** Unter das SchuldRAnpG fallen ferner die sog. Überlassungsverträge gem. Art. 232 § 1a EGBGB. Hierbei handelt es sich nicht um Grundstücksübertragungsverträge, sondern um schuldrechtliche Grundstücknutzungsverträge. Sie betreffen ausschließlich Grundstücke, deren Eigentümer in den alten Bundesländern und im ehemaligen West-Berlin lebten und die daher gem. § 6 der Verordnung vom 17. 7. 1952[5] „in den Schutz und die vorläufige Verwaltung der Organe der DDR übernommen" worden waren.[6] Diese Grundstücke wurden durch öffentliche Verwalter oder von diesen beauftragte Stellen zunächst vermietet oder verpachtet. Dies erwies sich jedoch wegen der nicht kostendeckenden Miet- oder Pachtzinsen alsbald als unrentabel. Da eine Überführung in Volkseigentum oder eine Veräußerung an die Nutzer politisch inopportun erschien, wurde 1963 im Ministerium der Finanzen der DDR der sog. Überlassungsvertrag entwickelt:[7] Das – bebaute oder unbebaute – Grundstück wurde dem Nutzer gegen Hinterlegung eines Geldbetrages in Höhe des Kaufpreises und gegen Übernahme der öffentlichen Lasten zur Nutzung übergeben. Den Aufwuchs und das bewegliche Vermögen hatte der Nutzer sogleich käuflich zu erwerben. Ein späterer Erwerb des Grundstücks, bei dem der Hinterlegungsbetrag auf den Kaufpreis anzurechnen war, wurde mittels eines Vorkaufsrechts in Aussicht gestellt. Damit wurden dem Nutzer die Pflichten eines Grundstückseigentümers übertragen, obwohl die Möglichkeit des Erwerbs letztlich vage blieb. Der Staat hatte den Erhaltungsaufwand von sich auf die Nutzer abgewälzt und zugleich deren Kaufkraft abgeschöpft und sich zugeführt. Auf diese Weise wurden in der Mehrzahl unbebaute, aber auch bebaute Grundstücke überlassen. Die Mehrzahl der unbebauten Grundstücke betraf solche zu Erholungs- und Freizeitzwecken.[8] Insgesamt sind in und um Berlin schätzungsweise 5000 bis 6000 solcher Überlassungsverträge geschlossen worden. Die Mehrzahl der Überlassungsverträge zu Wohnzwecken dürfte dem SachenRBerG unterfallen (s. dazu RdNr. 21). Der in den Anwendungsbereich des SchuldRAnpG fallende Teil betrifft überwiegend Grundstücke zur Erholung gem. § 1 Abs. 1 Nr. 1,[9] so daß von § 1 Abs. 1 Nr. 2 (Überlassungsverträge zu Wohn- und zu gewerblichen Zwecken) nur ein geringer Teil – von schätzungsweise wenigen hundert Fällen – erfaßt werden dürfte.[10]

6 **3. Miet-, Pacht- oder sonstige Nutzungsverträge.** Als dritte Gruppe regelt das SchuldRAnpG die Rechtsverhältnisse an Grundstücken, die aufgrund eines Miet-, Pacht- oder sonstigen Nutzungsvertrages von einem anderen als dem Grundstückseigentümer bis zum Ablauf des 2. Oktober 1990 mit einem wohn- oder gewerblichen Zwecken dienenden Bauwerk bebaut worden sind (§ 1 Abs. 1 Nr. 3). § 15 der VO über die Lenkung des Wohnraums vom 14. September 1967[11] sah bereits die Herrichtung von zweckentfremdeten oder für Wohnzwecke ungeeigneten Räumen durch Wohnungssuchende mit anschließender Vermietung vor. Diese VO wurde durch die Wohnraumlenkungsverordnung vom 16. Oktober 1985[12] ersetzt, nach deren § 23 Abs. 2 Wohnungssuchende, die aus zweckentfremdeten oder ungeeigneten Räumen Wohnraum schufen, Anspruch auf erstmalige Vergabe dieses Wohnraums hatten. Gem. § 9 der Gewerberaumlenkungsverordnung vom 6. Februar 1986[13] waren Maßnahmen der Instandhaltung und Instandsetzung sowie Um- und Ausbauten von Gewerberaum vorgesehen. Über den Wortlaut dieser Bestimmung hinaus wurden auch nicht bewohnbare Gebäude zur Rekonstruktion und im gewerblichen Bereich auch Freiflächen zur Bebauung zugewiesen.[14] Über die zugewiesenen Gebäude bzw. Flächen waren Mietverträge – Pachtverträge waren im ZGB nicht vorgesehen – abzuschließen. Auf der Grundlage dieser Verträge wurden von

[4] *Rövekamp* S. 2, *ders.* OV spezial 1994 Nr. 13 S. 22.
[5] GBl. I S 615.
[6] *Göhring-Riecke* Anm. zu LG Berlin NJ 1992, 556.
[7] BT-Drucks 12/7135 S. 35.
[8] Vertragsmuster bei *Rodenbach* ZOV 1991, 73f., 76 und *Thiele-Krajewski-Röske* Anhang C V 4.
[9] *Rövekamp* S. 165, 166.
[10] S. insbes. *Rövekamp* S. 166.
[11] GBl. II S. 733.
[12] Verordnung über die Lenkung des Wohnraumes – WLVO – v. 16. 10. 1985 (GBl. I S. 301).
[13] Verordnung über die Lenkung des Gewerberaumes v. 6. 2. 1986 (GBl. I S. 249).
[14] BT-Drucks 12/7135 S. 36.

den Nutzern oftmals erhebliche bauliche Investitionen vorgenommen. Diese waren nach dem Recht der DDR ungesichert. Zur Frage, ob in diesen Fällen ein *Grundstücks*nutzungsvertrag vorliegt, s. unten RdNr. 26 f.

7 Der Gesetzgeber hatte hier zu prüfen, ob diese Verträge in die Sachenrechtsbereinigung einzubeziehen waren. Dem stand jedoch bis auf wenige Ausnahmen (s. § 2 RdNr. 12) der Nachzeichnungsgesichtspunkt (s. § 2 RdNr. 4, 8) entgegen: Durch eine Beteiligung am Bodenwert würde der Nutzer mehr erhalten, als er nach dem Recht der DDR zu beanspruchen gehabt hätte.[15] Es kann nicht darüber hinweggesehen werden, daß diese Bebauungen nach dem Recht der DDR auf einer im Vergleich zum Nutzungsrecht schwächeren vertraglichen Grundlage erfolgten.[16]

III. Einzelerläuterung

8 **1. Erholungsgrundstücke (Abs. 1 Nr. 1). a) Nutzungszweck.** Die Rechtswirklichkeit in der DDR kannte eine Vielzahl von Vertragsgestaltungen, die in den Regelungsbereich von § 1 Abs. 1 Nr. 1 fallen. Das Gesetz stellt zutreffend auf den Nutzungszweck, nicht auf den Vertragstyp, ab. Entscheidend ist die nach dem Inhalt des Vertrages bezweckte Nutzung, nicht eine tatsächlich ausgeübte anderweitige Nutzung. Ob eine Nutzungsänderung durch den Nutzer vertragswidrig ist, ist eine Frage der Vertragsauslegung, berührt aber nicht die Einordnung des Vertrages.

9 Ein Vertrag nach Abs. 1 Nr. 1 liegt hiernach vor, wenn sein Zweck alternativ gerichtet ist auf
- kleingärtnerische Nutzung, Erholung oder Freizeitgestaltung oder
- die Errichtung von Garagen oder
- die Errichtung anderer persönlichen Zwecken, nicht Wohnzwecken, dienender Bauwerke (Begriff des Bauwerks: § 5).

10 Der Nutzungszweck kann im Vertrag ausdrücklich oder stillschweigend zum Ausdruck kommen. Die Verwendung eines bestimmten Vertragsformulars, etwa über Erholungsgrundstücke, ist nicht erforderlich; sie wäre auch nicht ausreichend, wenn der Vertrag tatsächlich keinem Zweck iSv. Nr. 1, zB einem gewerblichen Zweck, dient.

11 **b) Bauwerke iSv. Abs. 1 Nr. 1.** Zumeist – aber nicht notwendig – wird es sich um Baulichkeiten iSv. § 296 Abs. 1 ZGB (Begriff: § 5 RdNr. 3, 4) handeln. Als Bauwerke, die anderen persönlichen Zwecken als Wohnzwecken dienen, kommen – neben den ausdrücklich im Gesetz erwähnten Garagen – Bootsschuppen, Werkstattgebäude, Kleintierställe oder etwa Bienenhäuser in Betracht. Die Garagen oder sonstigen Bauwerke brauchen nicht errichtet zu sein, es genügt, daß der Zweck der Grundstücksüberlassung ihre Errichtung vorsah. Häufig sind solche Baulichkeiten auch gem. § 296 Abs. 2 ZGB vom Vornutzer übernommen worden.

12 **c) Keine Grundstücksnutzung bei bloßer Gebäudeüberlassung.** Für Garagen oder andere Bauwerke, die im Zusammenhang mit einer Wohnung vermietet wurden, galt – und gilt – Mietrecht. Mietrecht galt auch bei der Überlassung von Ferienhäusern (§ 129 ZGB). Gegenstand dieser Verträge ist die Nutzung von Räumlichkeiten, nicht, zumindest nicht vorrangig, die Grundstücksnutzung. Diese Verträge sind bereits durch den EVertr. als Mietverträge in das BGB übergeleitet worden (Art. 232 § 2 EGBGB). Das SchuldRAnpG gilt hier nicht.

13 **d) Vertragsarten.** Eine Nutzung iSv. Abs. 1 Nr. 1 kommt in folgenden Vertragsgestaltungen vor:

aa) Unter Nr. 1 Abs. 1 fallen in erster Linie die seit dem Inkrafttreten des ZGB (1. Januar 1976) abgeschlossenen Nutzungsverträge gem. **§§ 312 bis 315 ZGB;**[17] diese Vorschriften galten nach dem Beitritt gem. Art. 232 § 4 Abs. 1 EGBGB zunächst weiter. Die in Art. 232 § 4 Abs. 1 S. 2 EGBGB vorbehaltene Anpassung dieser Verträge wird nunmehr durch das vorliegende Gesetz vorgenommen. Das Fehlen der in § 312 Abs. 1 S. 2 ZGB vorgeschriebenen Schriftform sowie ggf. auch der in § 313 Abs. 2 ZGB vorgesehenen Zustimmung zur Bebauung ist nach Maßgabe des § 19 unbeachtlich.

14 **bb)** Bis zum 31. 12. 1975 sind Verträge über Erholungsgrundstücke auf der Grundlage des bis dahin geltenden BGB/DDR als **Miet- oder Pachtverträge** (§§ 535, 581 BGB) abgeschlossen worden. Auf sie waren gem. § 2 EGZGB ab dem 1. 1. 1976 die §§ 312ff. ZGB anzuwenden.[18] Diese zunächst bestrittene Auffassung[19] ist durch Art. 323 § 4 Abs. 4 EGBGB, eingefügt

[15] BT-Drucks 12/7135 S. 27, 36.
[16] *Czub* RdNr. 59 und 76.
[17] Vgl. dazu *Grüneberg-Wendtland* DtZ 1993, 101 ff.
[18] BGH NJ 1993, 243.
[19] BezGer. Frankfurt/Oder ZOV 1991, 91.

durch Art. 13 Nr. 2b RegVBG, in Kraft seit dem 25. 12. 1993, bestätigt worden. Die Anwendung der §§ 312ff. ZGB auf diese Verträge verstößt nicht gegen Art. 14 Abs. 1 S. 1 GG.[20]

15 **cc)** Unter Nr. 1 fallen auch die bis zum 1. 1. 1976 abgeschlossenen **Überlassungsverträge** (zum Begriff vgl. RdNr. 5), soweit sie Freizeit- bzw. Erholungsgrundstücke betreffen. Überlassungsverträge sind in Nr. 1 nicht ausdrücklich erwähnt, aber hier miterfaßt, da in Nr. 2 – nur – die zu wohn- und gewerblichen Zwecken geschlossenen Überlassungsverträge genannt sind. Auf diese Überlassungsverträge war mit seinem Inkrafttreten das ZGB anzuwenden (§ 2 Abs. 2 EGZGB), wie durch Art. 232 § 4 Abs. 4 EGBGB ebenfalls klargestellt wird. In Einzelfällen sind Überlassungsverträge auch noch nach Inkrafttreten des ZGB geschlossen worden, dh., der hierfür bereitgestellte Vertragstyp der §§ 312ff. ZGB ist nicht angewandt worden.[21]

16 **dd) Betriebliche Erholungsgrundstücke.** Bodenflächen konnten auch volkseigenen Betrieben und anderen Wirtschaftseinheiten zur Erholung und Freizeitgestaltung für Betriebsangehörige überlassen werden. Soweit diese Flächen Wirtschaftseinheiten iSv. § 2 des Vertragsgesetzes[22] (u.a.: LPGen) zur Verfügung gestellt wurden, geschah dies auf der Grundlage von § 71 Vertragsgesetz. Solche Fallgestaltungen liegen insbes. vor, wenn staatlichen Unternehmen einzelne Parzellen zur Bebauung mit Ferienhäusern und kleineren Bungalows zugewiesen wurden, in denen Betriebsangehörige ihre Ferien verbringen konnten.[23] Nach § 2 Abs. 1 S. 2 und 3 SachenRBerG sollen die Flächen, auf denen Betriebe Wochenendhäuser und Bungalows errichtet haben, einschließlich der Gemeinschaftsanlagen nicht der – ansonsten vorrangigen, s. § 2 RdNr. 1 – Sachenrechtsbereinigung unterfallen. Das bedeutet aber, daß diese Flächennutzungsverträge – entsprechend ihrem Nutzungszweck und der sozialen Bedeutung der Erholungsnutzung – nunmehr in das SchuldRAnpG einzubeziehen sind.[24] Zwar nimmt § 2 Abs. 2 die in § 71 Vertragsgesetz bezeichneten Wirtschaftsverträge ausdrücklich aus dem Anwendungsbereich des SchuldRAnpG heraus. Für Verträge der vorgenannten Art ist § 2 Abs. 2 SchuldRAnpG aber als durch § 2 Abs. 1 S. 2 und 3 SachenRBerG derogiert anzusehen. Dies gilt wiederum nicht für Ferienheime und Hotels, die nicht allein Betriebsangehörigen bestimmungsgemäß zur Verfügung standen. Die Verträge über solche Flächen fallen unter das SachenRBerG, wie im Gegenschluß aus § 2 Abs. 1 S. 2 iVm. § 7 Abs. 2 Nr. 4 SachenRBerG folgt.[25]

17 **e) Zwischenpachtverträge (§ 1 Abs. 2).** Die Bestimmungen des SchuldRAnpG sind auch auf alle – ggf. mehrstufigen – **Zwischenpachtverträge** (Verträge, durch die das Grundstück einem anderen als dem unmittelbar Nutzungsberechtigten zum Zwecke vertraglicher Weiterüberlassung übergeben worden ist) anzuwenden (Abs. 2). Diese Bestimmung bezieht sich nur auf Verträge gem. § 1 Nr. 1. Der Verband der Kleingärtner, Siedler und Kleintierzüchter (VKSK) war nach § 4 der VO über das Kleingarten- und Siedlungswesen und die Kleintierzucht[26] allein berechtigt, Grundstücke zum Zwecke der Weiterverpachtung an Kleingärtner zu pachten (Zwischenpachtprivileg). Die Grundstücke wurden dem VKSK entweder durch den Rat der Gemeinde (der Stadt, des Stadtbezirks) oder durch die LPGen nach § 18 Abs. 2 LPG-G durch Hauptnutzungsverträge zur Verfügung gestellt. Abs. 2 dient dem Schutz der unmittelbar Nutzungsberechtigten: An die Stelle des Überlassenden tritt der Grundstückseigentümer, der das Vertragsverhältnis mit dem unmittelbaren Nutzer (§ 8 Abs. 1) oder mit dem Zwischenpächter (§ 8 Abs. 2) fortgesetzt, wobei nur ein bösgläubiger Zwischenpächter ausscheidet (§ 8 Abs. 3, vgl. dort). Damit ist die Vertragskette geschlossen und das Besitzrecht des unmittelbaren Nutzers gesichert. Soweit LPGen hiernach Hauptnutzungsverträge über Erholungsgrundstücke auch mit sozialistischen Betrieben und Einrichtungen abschließen konnten (§ 18 Abs. 2 S. 1h LPG-G), geschah dies vermittels der in § 71 des Vertragsgesetzes bezeichneten Verträge. Diese Verträge sind – in korrigierender Auslegung von § 2 Abs. 2 – gerade nicht als aus dem SchuldRAnpG ausgenommen anzusehen (s. § 2 RdNr. 14).

18 **2. Überlassungsverträge (Abs. 1 Nr. 2). a) Allgemeines.** Unter das SchuldRAnpG fallen weiter diejenigen Überlassungsverträge, durch die ein Grundstück zu **wohn- oder gewerblichen Zwecken** übergeben worden ist. Zum Begriff und zur Rechtsnatur dieser Verträge vgl. zunächst RdNr. 5. Soweit Überlassungsverträge Flächen zur kleingärtnerischen Nutzung, Erholung oder Freizeitgestaltung betreffen, werden sie durch Abs. 1 Nr. 1 erfaßt (vgl. oben

[20] BVerfG NJ 1993, 458 = DtZ 1993, 309.
[21] *Göhring-Riecke* Anm. zu LG Berlin NJ 1992, 556.
[22] Gesetz über das Vertragssystem in der Sozialistischen Wirtschaft – Vertragsgesetz – v. 25. 3. 1982 (GBl. I S. 293).
[23] *Rövekamp* S. 61.
[24] So im Ergebnis auch *Rövekamp* S. 61.
[25] *Rövekamp* S. 61.
[26] GBl. 1960 I S. 1.

RdNr. 15). Es wurden ausschließlich die staatlichen Vertragsmuster verwandt.[27] Soweit die Überlassung zu Wohnzwecken erfolgte, wurde vorausgesetzt, daß der Nutzer auf dem Grundstück seinen Hauptwohnsitz nahm.[28]

19 Zu einer Erweiterung des Anwendungsbereiches des SchuldRAnpG bei Überlassungsverträgen führt § 42 Abs. 1. Dort sind vorsorglich Überlassungsverträge erfaßt, die zu **anderen als gewerblichen, Wohn- oder Erholungszwecken** geschlossen worden sind (s. § 42 RdNr. 1).

20 **b) Wirksame Überlassungsverträge.** Überlassungsverträge iS des SchuldRAnpG (RdNr. 5) sind **wirksam.**[29] Dies ist durch Einfügung von Art. 232 § 1a EGBGB[30] ausdrücklich klargestellt worden. Nach überwiegend vertretener und zutreffender Ansicht handelt es sich um Verträge eigener Art, auf die daher mit dem Beitritt nicht gem. Art. 232 §§ 2 und 3 EGBGB das Miet- und Pachtrecht des BGB, sondern gem. Art. 232 § 1 EGBGB weiterhin das Recht der DDR anzuwenden war.[31]

21 **c) Vorrang des SachenRBerG.** Durch Überlassungsverträge zu wohn- und gewerblichen Zwecken konnten bebaute und unbebaute Grundstücke zur Verfügung gestellt werden. Hat der Nutzer auf dem überlassenen Grundstück vertragsgemäß ein **Eigenheim errichtet** oder eine **Investition** iSv. § 12 Abs. 2 SachenRBerG vorgenommen, so stehen ihm die Ansprüche nach dem vorrangigen SachenRBerG zu (§ 2 Abs. 1 Nr. 2). Hierdurch entstehen besondere Abgrenzungsprobleme (vgl. § 2 RdNr. 12).

22 **3. Miet-, Pacht- und sonstige Nutzungsverträge (Abs. 1 Nr. 3). a) Allgemeines.** Das SchuldRAnpG regelt ferner die Rechtsverhältnisse an Grundstücken, die aufgrund eines Miet-, Pacht- oder sonstigen Nutzungsvertrages von einem anderen als dem Grundstückseigentümer bis zum Ablauf des 2. 10. 1990 mit einem wohn- oder gewerblichen Zwecken dienenden Bauwerk **bebaut** worden sind. Ein **Baubeginn** bis zum Ablauf des 2. 10. 1990 genügt (§ 43). Gleichgestellt wird der Fall, daß der Nutzer ein solches Bauwerk – bis zum Ablauf des 2. 10. 1990 – aufgrund einer vertraglichen Vereinbarung vom Vornutzer **übernommen** hat (§ 43 aE). Der Begriff des „sonstigen Nutzungsvertrages" ist entsprechend dem Zweck des Gesetzes, einen Auffangtatbestand für ansonsten nicht gesicherte Nutzungsverhältnisse zu bilden, weit auszulegen. Auch ein Vertrag einer LPG mit einem Mitglied über die Zuteilung einer Fläche zur persönlichen Hauswirtschaft ist ein sonstiger Nutzungsvertrag iSv § 1 Abs. 1 Nr. 3 (BGH, Urt. v. 8. 11. 1996, V ZR 7/96, zur Veröffentlichung bestimmt).

23 **b) Frühere Rechtsgrundlage.** Grundlage der Miet-, Pacht- und sonstigen Nutzungsverträge war bis zum 31. 12. 1975 das BGB/DDR, seit dem 1. 1. 1976 das ZGB. Hiernach konnten auch Vereinbarungen getroffen werden, die im ZGB nicht geregelt waren oder von seinen Bestimmungen abwichen, soweit deren Anwendung nicht verbindlich vorgeschrieben war (§ 45 Abs. 3 ZGB). So ließ das ZGB die Begründung eines vertragsrechtlichen (obligatorischen) Rechts zu, auf dem Grundstück eines Familienangehörigen ein Wohnhaus zu errichten und dieses auf Lebenszeit unentgeltlich zu nutzen. Auch wenn ein solches Vertragsverhältnis unter § 1 Abs. 1 Nr. 3 fallen sollte, kann es im Einzelfall – gem. § 6 Abs. 2, vgl. dort – von der pauschalen Umwandlung nach § 6 Abs. 1 ausgenommen bleiben.[32]

24 **c) Bauwerk.** Der **Begriff** des **Bauwerks** (§ 5) wird für die gewerbliche Nutzung in § 45 und für die Wohnnutzung in § 50 definiert und eingeschränkt (vgl. dort). Verträge zur Durchführung anderer als der in §§ 45 und 50 jeweils beschriebenen Baumaßnahmen werden nicht – auch nicht über Abs. 1 Nr. 3 – in das SchuldRAnpG einbezogen. Vielmehr wird der in Abs. 1 Nr. 3 nur allgemein umschriebene Anwendungsbereich erst durch die §§ 45 und 50 (evtl. iVm. § 43) – einschränkend – festgelegt. Die genannten Bestimmungen sind daher stets im Zusammenhang zu sehen.

25 **d) Bebauung mit Billigung staatlicher Stellen.** Die Bebauung muß mit Billigung staatlicher Stellen erfolgt sein. Das Gesetz greift damit einen Schlüsselbegriff des SachenRBerG auf, der dort in § 10 legal definiert ist. Danach ist Billigung staatlicher Stellen jede Handlung, die nach in der DDR üblicher Staats- oder Verwaltungspraxis die bauliche Nutzung fremder Grundstücke vor Klärung der Eigentumsverhältnisse oder ohne Bestellung eines Nutzungsrechts

[27] Vertragsmuster bei *Rodenbach* ZOV 1991, 73f., 76 und *Thiele-Krajewski-Röske* Anhang C V 4.

[28] *Thiele-Krajewski-Röske* RdNr. 56.

[29] So schon *Rodenbach* ZOV 1991, 73, 74.

[30] Durch das Registerverfahrensbeschleunigungsgesetz (RegVBG) vom 20. 12. 1993 (BGBl. I S. 2182).

[31] *Schmidt-Räntsch* ZOV 1992, 2f.; *Göhring-Riecke* Anm. zu LG Berlin JZ 1992, 555, 556f.

[32] BGH Urt. v. 3. 3. 1995 ZiP 1995, 961 = MDR 95; 565 = DtZ 95, 245 = ZOV 95, 282 = NJ 95, 487 = BGH R DDR – ZGB § 45 Abs. 3 Wohnrecht 1 = LM SchuldRAnpG Nr. 1.

– sinngemäß zu ergänzen ist für den Bereich des SchuldRAnpG: auf vertraglicher, wenn auch oft unzureichender Grundlage – ausdrücklich anordnete oder gestattete. Ist für die Baumaßnahme eine Bauzustimmung oder Baugenehmigung erteilt worden, so wird zu Gunsten des Nutzers das Vorliegen einer Billigung staatlicher Stellen vermutet. Das gleiche gilt, wenn in einem Zeitraum von fünf Jahren nach Fertigstellung keine Abrißverfügung ergangen ist. Auf die Erläuterungen zu § 10 SachenRBerG wird i. ü. verwiesen.[33]

26 **e) Grundstücksnutzung.** Die Miet-, Pacht- oder sonstige Nutzungsverträge müssen über ein **Grundstück** abgeschlossen sein. Auf Nutzungsverträge über Räume ist das SchuldRAnpG nicht anwendbar (s. den Wortlaut von § 1 Abs. 1).

27 Im Bereich der Wohnungsmiete sah § 15 der VO über die Lenkung des Wohnraumes vom 14. 9. 1967[34] die Herrichtung von zweckentfremdeten oder für Wohnzwecke ungeeigneten Räumen durch Wohnungssuchende mit anschließender Vermietung vor.[35] Grundlage für den Abschluß von Mietverträgen über neu geschaffenen oder wiederhergestellten Wohnraum war ab 1. 12. 1985 die WLVO,[36] über neugeschaffenen oder wiederhergestellten Gewerberaum seit dem 1. 7. 1986 die VO über die Lenkung des Gewerberaumes.[37] Auf der Grundlage dieser Vorschrift wurden – auch über ihren Wortlaut hinaus – von staatlichen Stellen auch nicht bewohnbare Gebäude zur Rekonstruktion und im gewerblichen Bereich Freiflächen zur Bebauung zugewiesen.[38] Im Regelfall wird sich der Vertrag mit dem Nutzer auf die – zuvor zugewiesene – Grundstücksfläche beziehen. Im gewerblichen Bereich bezogen sich Zuweisung und Nutzungsvertrag bereits nach § 1 Abs. 3 GewerberaumlenkungsVO auf die zur Ausübung des Gewerbes benötigten Freiflächen, sofern diese gem. § 3 Abs. 4 der genannten VO behördlich erfaßt waren.

28 Allerdings war nach § 12 WLVO nur der Wohnraum zuzuweisen und hierüber ein Mietvertrag abzuschließen. Auch dürften die Voraussetzungen von § 1 Abs. 3 der GewerberaumlenkungsVO häufig nicht vorgelegen haben. Gleichwohl muß die Auslegung in diesen Fällen zu dem Ergebnis führen, daß der Vertrag sich auch auf die **Nutzung des Grundstücks** bezieht. Die Inanspruchnahme des Grundstücks zu Bauzwecken ist zwangsläufig Grundstücksnutzung. Gerade für die Fälle der Bebauung fremder Grundstücke, die, weil auf vertraglicher Grundlage beruhend, nicht in das SachenRBerG einzubeziehen waren, soll das SchuldRAnpG die Auffangregelung darstellen.[39] Das wird auch aufgrund von § 44 (fingierter Vertragsschluß) deutlich: Kam es nach Gebäudeerrichtung nicht zum vorgeschriebenen Abschluß des Vertrages, so wird dieser – als Grundstücksnutzungsvertrag – fingiert. Die gleiche rechtliche Einordnung – als Grundstücksnutzungsverträge – müssen dann aber auch Verträge erfahren, die zwar abgeschlossen, aber unrichtig als Raummietverträge bezeichnet sind.

29 **f) Wirksamkeit der Verträge.** Die Verträge müssen **wirksam** sein. Liegt eine Zuweisung, aber kein Vertragsschluß vor, wird letzterer nach Maßgabe des § 44 fingiert (s. dort und RdNr. 27). Eine Kündigung nach dem 2. 10. 1990 ist ggf. nach § 7 unwirksam (vgl. dort).

30 **4. Rechtsfolgen.** Die Miet- und Pachtverträge sind bereits seit dem 3. Oktober 1990 auf das Miet- und Pachtrecht des BGB umgestellt (Art. 323 §§ 2 und 3 EGBGB). Soweit diese Verträge nicht ausnahmsweise in das vorrangige SachenRBerG einzubeziehen sind (s. § 2 RdNr. 8 und 12) und die Voraussetzungen gem. oben RdNr. 8 bis 29 vorliegen, gilt für sie nunmehr das SchuldRAnpG. Bei Geltung des SchuldRAnpG gehen dessen Bestimmungen – ebenso wie bei den erst zum 1. 1. 1995 auf das BGB umgestellten Rechtsverhältnissen gem. Abs. 1 Nr. 1 und 2 – den Vorschriften des BGB im Kollisionsfall vor.

§ 2 Nicht einbezogene Rechtsverhältnisse

(1) Die Bestimmungen dieses Gesetzes sind nicht auf Rechtsverhältnisse anzuwenden, deren Bereinigung im Sachenrechtsbereinigungsgesetz vorgesehen ist. Dies gilt insbesondere für

[33] S. § 10 SachenRBerG RdNr. 2 ff.; *Vossius* § 10 SachenRBerG RdNr. 2 ff.
[34] GBl. II S. 733.
[35] BT-Drucks 12/5992 S. 99.
[36] § 23 der Verordnung über die Lenkung des Wohnraumes, s. Fn. 12.
[37] Gewerberaumlenkungsverordnung (Fn. 13) §§ 8 Abs. 1, 9 Abs. 2, 10 Abs. 4.
[38] BT-Drucks 12/7135 S. 36.
[39] *Rövekamp* S. 181.

1. Nutzungsverträge nach § 1 Abs. 1 Nr. 1 und 3, wenn die in § 5 Abs. 1 Nr. 3 Satz 2 Buchstabe d und e des Sachenrechtsbereinigungsgesetzes bezeichneten Voraussetzungen des Eigenheimbaus vorliegen,
2. Überlassungsverträge nach § 1 Abs. 1 Nr. 2, wenn der Nutzer mit Billigung staatlicher Stellen ein Eigenheim errichtet oder bauliche Investitionen nach § 12 Abs. 2 des Sachenrechtsbereinigungsgesetzes in ein vorhandenes Gebäude vorgenommen hat, und
3. Miet-, Pacht- oder sonstige Nutzungsverträge nach § 1 Abs. 1 Nr. 3, wenn der Nutzer für seinen Handwerks- oder Gewerbebetrieb auf einem ehemals volkseigenen Grundstück einen Neubau errichtet oder eine bauliche Maßnahme nach § 12 Abs. 1 des Sachenrechtsbereinigungsgesetzes vorgenommen hat.

(2) Dieses Gesetz gilt ferner nicht für die in § 71 des Vertragsgesetzes der Deutschen Demokratischen Republik bezeichneten Verträge.

(3) Für Nutzungsverhältnisse innerhalb von Kleingartenanlagen bleibt die Anwendung des Bundeskleingartengesetzes vom 28. Februar 1983 (BGBl. I S. 210), zuletzt geändert durch Artikel 5 des Schuldrechtsänderungsgesetzes vom 21. September 1994 (BGBl. I S. 2538), unberührt. Ist das Grundstück nach Ablauf des 2. Oktober 1990 in eine Kleingartenanlage eingegliedert worden, sind vom Zeitpunkt der Eingliederung an die Bestimmungen des Bundeskleingartengesetzes anzuwenden.

Übersicht

I. Normzweck

1 § 2 Abs. 1 nimmt diejenigen Nutzungsverhältnisse von der Schuldrechtsanpassung aus, die der Sachenrechtsbereinigung unterfallen. Abs. 1 S. 1 ist im Sinne eines **Vorrangs der Sachenrechtsbereinigung** zu verstehen. § 2 Abs. 1 S. 2 nennt beispielhaft die wichtigsten Fallgruppen, die zur Anwendung des SachenRBerG führen. Es sind dies die Fälle des Eigenheimbaus auf Grund der Verträge nach § 1 Abs. 1 Nr. 1 und 3, die Investitionen auf Grund von Überlassungsverträgen[1] nach § 1 Abs. 1 Nr. 2 und die baulichen Maßnahmen der Handwerker und Gewerbetreibenden auf Grund von Verträgen nach § 1 Abs. 1 Nr. 3. Diesen Fällen ist gemeinsam, daß zwar nur eine vertragliche Nutzungsberechtigung bestand, daß aber die Bestellung eines dinglichen Nutzungsrechts oder eine vergleichbare dingliche Sicherung entweder vorgesehen war[2] oder – bei richtiger gesetzgeberischer Handhabung – hätte vorgesehen werden müssen.[3] – Abs. 1 regelt den **Ausschluß** der in den Nrn. 1 bis 3 aufgeführten Bodennutzungsverhältnisse aus der Schuldrechtsanpassung. Damit ist noch keine konstitutive Zuordnung zur

[1] Zum Begriff s. § 1 RdNr. 5.
[2] BT-Drucks. 12/7135 S. 37.
[3] Wie bei der Zurverfügungstellung von Bauland durch die Gemeinden: BT-Drucks. 12/5992 S. 103 und unten RdNr. 9.

Sachenrechtsbereinigung verbunden; diese wird ausschließlich durch die Vorschriften des SachenRBerG vorgenommen.

2 Abs. 2 nimmt die in § 71 des Vertragsgesetzes bezeichneten Grundstücksnutzungsverträge von der Anwendung des SchuldRAnpG aus. Abs. 3 stellt klar, daß das SchuldRAnpG für Nutzungsverhältnisse innerhalb von Kleingartenanlagen nicht gilt.

II. Abgrenzung zwischen Schuldrechtsanpassung und Sachenrechtsbereinigung

3 **1. Grundsätzliche Unterscheidung zwischen schuldrechtlichen und sachenrechtlichen Nutzungsverhältnissen. a) Dingliche Nutzungsrechte.** Bereits der EVertr. unterscheidet zwischen schuldrechtlichen und sachenrechtlichen Nutzungsverhältnissen. Er hat die Miet- und Pachtverträge sowie die Nutzungsverträge zur Erholung dem Schuldrecht, die verliehenen oder zugewiesenen Nutzungsrechte (§§ 287, 291 ZGB) dagegen dem Sachenrecht zugeordnet. Diese Unterscheidung entsprach dem Charakter der vorgefundenen Rechtsverhältnisse.[4] An ihr orientiert sich die Unterscheidung zwischen Schuldrechtsanpassung und Sachenrechtsbereinigung: Die sogenannten dinglichen Nutzungsrechte waren die Grundlage für ein selbständiges Gebäudeeigentum (§§ 288 Abs. 4, 292 Abs. 3 ZGB). Sie waren mit dem Gebäudeeigentum eng verknüpft, wurden mit ihm übertragen (§§ 289, 293 ZGB)[5] und waren im Regelfall unbefristet. Sie gelten nunmehr als wesentlicher Bestandteil des Gebäudes (Art. 231 § 5 Abs. 2 S. 1 EGBGB). Inhaltlich dem Erbbaurecht ähnlich,[6] stellen sie eine „Belastung“ des Stammeigentums dar.[7] Diese dinglichen Nutzungsrechte und die ihnen gleichgestellten Fallgestaltungen bilden den Gegenstand der Sachenrechtsbereinigung. Nach § 1 Abs. 1 Nr. 1 SachenRBerG sind dies im wesentlichen die Fälle
- der verliehenen oder zugewiesenen „dinglichen“ Nutzungsrechte,
- des selbständigen Gebäudeeigentums (gem. § 27 LPG-G oder § 459 ZGB),
- der Inanspruchnahme fremder Grundstücke durch Bebauung sowie
- systemwidrig – der sogenannten hängenden Gebäudekaufverträge.

In diesen Fällen erschien es gerechtfertigt, dem Nutzer über ein Ankaufsrecht zum halben Verkehrswert bzw. ein Erbbaurecht zum halben Erbbauzins den dinglichen Zugriff auf das Grundstück zu ermöglichen.

4 Zu einer Erweiterung des Anwendungsbereichs der Sachenrechtsbereinigung führt das **Prinzip der Nachzeichnung.**[8] In der DDR gab es zahlreiche Fallgestaltungen, in denen eine Bebauung fremder Grundstücke ohne die vorgeschriebene rechtliche Absicherung erfolgte. Dieser Mangel hatte unter den Verhältnissen der DDR keine Auswirkungen. Heute ist der Nutzer jedoch so zu stellen, wie er bei gesetzeskonformem Vorgehen der Behörden der DDR gestanden hätte. In diesen Fällen ist die rechtliche Einordnung eines Nutzungsverhältnisses daher nicht nach der (nur) erfolgten schuldrechtlichen Absicherung, sondern danach vorzunehmen, ob nach den Rechtsvorschriften der DDR eine dingliche Absicherung vorgesehen war (§ 3 Abs. 2 S. 2 SachenRBerG). Diese Fälle scheiden daher ebenfalls aus dem Anwendungsbereich des SchuldRAnpG aus. Hierzu gehören zB die in § 2 Abs. 1 Nr. 1 genannten Fälle des Eigenheimbaus (RdNr. 9–11).

5 **b) Schuldrechtliche Verträge.** Dagegen liegt bei den schuldrechtlichen Verträgen, auch soweit sie die Grundlage von Baumaßnahmen des Nutzers waren,[9] eine den dinglichen Nutzungsrechten vergleichbare Belastung der Grundstücke grundsätzlich nicht vor. Eine Beteiligung des Nutzers am Grundstückswert erscheint hier nicht gerechtfertigt: Die Befugnis zur Errichtung eines Gebäudes sollte nach dem Inhalt der schuldrechtlichen Verträge nicht zu einem selbständigen Gebäudeeigentum führen.[10]

6 **2. Abgrenzung bei den einzelnen Vertragsarten gem. § 1 Abs. 1. a)** Bei den **Nutzungsverhältnissen zur Erholung oder Freizeitgestaltung (§ 1 Abs. 1 Nr. 1)** entstand zwar selbständiges Eigentum an den Baulichkeiten (§ 296 ZGB), trotz der rechtlichen und tatsächlichen Bestandskraft dieser Verträge überwiegt aber ihr schuldrechtlicher Charakter: Die auf der Grundlage dieser Verträge errichteten Baulichkeiten waren im Rechtssinne bewegliche Sachen, deren Übertragung an die Begründung eines neuen Nutzungsvertrages gekoppelt war.[11]

[4] *Leutheusser-Schnarrenberger* DtZ 1993, 322, 323; *Czub* RdNr. 59; *ders.* NJ 1994, 556, 557.
[5] *Heuer* RdNr. 48.
[6] *v. Oefele* Ergbd. – Art. 233 § 4 EGBGB RdNr. 7.
[7] *Quack* Ergbd. – Art. 233 § 3 EGBGB RdNr. 1, 4.
[8] *Czub* NJ 1994, 556, 557.
[9] Wegen der Ausnahmen siehe unten RdNr. 9 bis 13.
[10] BT-Drucks. 12/5992 S. 58 f.
[11] § 296 Abs. 1 und 2 ZGB; *Leutheusser-Schnarrenberger* DtZ 1993, 322, 323.

Die idR unbefristeten Verträge konnten, wenn auch nur bei dringendem Eigenbedarf oder bei Vorliegen gesellschaftlich gerechtfertigter Gründe, gekündigt oder, wenn der Nutzer ein Wochenendhaus errichtet hatte, durch gerichtliche Entscheidung aufgehoben werden.[12] Diese Verträge waren daher in die Schuldrechtsanpassung einzubeziehen. Eine Verdinglichung, dh. Einbeziehung in das – vorrangige – SachenRBerG, war dagegen entspr. dem Nachzeichnungsprinzip in den Fällen des § 2 Abs. 1 Nr. 1 geboten, vgl. unten RdNr. 9–11.

7 **b) Überlassungsverträge.** Die Überlassungsverträge gem. Art. 232 § 1a EGBGB (§ 1 Abs. 1 Nr. 1 und 2) sind rein schuldrechtlicher Natur. Bei ihrer Einordnung stand der Gesichtspunkt des Investitionsschutzes besonders im Vordergrund.[13] Den Nutzern war im Vertrag das Recht zur Bebauung eingeräumt und die Möglichkeit des Erwerbs in Aussicht gestellt.[14] Für den Fall der Errichtung eines Neubaus war zudem die Enteignung des Grundstückseigentümers und die Verleihung eines Nutzungsrechts für den Nutzer vorgesehen.[15] Mit Rücksicht darauf haben die Nutzer oftmals erhebliche bauliche Investitionen vorgenommen. Bei den Überlassungsverträgen wird daher wie folgt unterschieden: Überlassungsverträge werden grundsätzlich in das SchuldRAnpG einbezogen. Wer jedoch als Nutzer eines Überlassungsvertrages mit Billigung staatlicher Stellen ein Eigenheim errichtet oder bauliche Investitionen im Umfang von § 12 Abs. 2 SachenRBerG vorgenommen hat, kommt in den Genuß der Sachenrechtsbereinigung (§ 2 Abs. 1 Nr. 1 und 2 iVm. § 5 Abs. 1 Nr. 3 S. 2d und e SachenRBerG, vgl. unten RdNr. 12).

8 **c) Miet-, Pacht- oder sonstige Nutzungsverträge.** Bei den Bebauungen auf der Grundlage von Miet-, Pacht- oder sonstigen Nutzungsverträgen (§ 1 Abs. 1 Nr. 3) war die Bestellung dinglicher Nutzungsrechte nach dem Recht der DDR nicht vorgesehen. Eine Gleichstellung mit den in die Sachenrechtsbereinigung einbezogenen Fallgruppen war nicht möglich: Durch eine Beteiligung am Bodenwert würde der Nutzer mehr erhalten, als er nach dem Recht der DDR zu beanspruchen gehabt hätte. Das Nachzeichnungsprinzip stand einer Einbeziehung dieser Fälle in die Sachenrechtsbereinigung somit entgegen. Ausnahmsweise waren diese Verträge in zwei Fällen in die Sachenrechtsbereinigung einzubeziehen: Dies sind die in § 2 Abs. 1 Nr. 1 genannten Fälle des Eigenheimbaus sowie die Fälle, in denen Handwerker und Gewerbetreibende auf ehemals volkseigenem Grund und Boden bauliche Maßnahmen durchgeführt haben (§ 2 Abs. 1 Nr. 3, vgl. unten RdNr. 11 und 13).

III. Nicht einbezogene Rechtsverhältnisse; Einzelerläuterung

9 **1. Eigenheimbau auf der Grundlage von Verträgen gem. § 1 Abs. 1 Nr. 1 und 3 (Abs. 1 Nr. 1).** Hierbei handelt es sich um Fälle des **Eigenheimbaus,** die nicht auf der Grundlage verliehener Nutzungsrechte abgewickelt wurden: Dies sind die Fälle des § 5 Abs. 1 Nr. 3 S. 2 Buchst. d und e SachenRBerG. Zum Begriff des **Eigenheims** s. § 5 Abs. 2 SachenRBerG.

10 **a) Von LPGen übertragenes Bauland.** Lit. d betrifft den Eigenheimbau auf Flächen, die Gemeinden oder anderen staatlichen Stellen von LPGen als Bauland übertragen worden sind (§ 18 Abs. 2 S. 1h LPG-G). Die Gemeinden waren nicht berechtigt, dingliche Nutzungsrechte zu bestellen – dies war den Räten der Kreise vorbehalten –, so daß die Bebauung im Rahmen von schuldrechtlichen Nutzungsverträgen erfolgte, obwohl dies nach dem ZGB nicht zulässig war. Eine Gleichstellung mit den gem. §§ 287, 291 ZGB bestellten dinglichen Nutzungsrechten war daher geboten.[16]

11 **b) Unechte Datschen.** Lit. e betrifft die sog. unechten Datschen. Hierbei handelt es sich um Eigenheime, die vertragswidrig auf der Grundlage eines Nutzungsvertrages zur Erholung errichtet worden sind. Geschah dies vor dem 3. 10. 1990 mit Billigung staatlicher Stellen, hätte bei korrekter Handhabung entsprechend § 4 Abs. 4 Nr. 3 der EigenheimVO[17] das Grundstück entweder an den Nutzer verkauft oder ein dingliches Nutzungsrecht bestellt werden müssen. Dies rechtfertigt die Einbeziehung in die Sachenrechtsbereinigung,[18] freilich mit der paradoxen Folge, daß ein Vertragsverstoß, die vertragswidrige Baumaßnahme, zur Grundlage für Ansprüche nach dem SachenRBerG werden konnte. Ob in diesen Fällen eine Billigung staatlicher

[12] *Grüneberg-Wendtland* DtZ 1993, 101, 104.
[13] *Czub* NJ 1994, 556, 557.
[14] *Czub* RdNr. 141.
[15] § 2 Abs. 2 des Baulandgesetzes vom 15. 6. 1984 (GBl. I S. 201); BT-Drucks. 12/7135 S. 36.
[16] BT-Drucks. 12/7135 S. 37.
[17] Verordnung über den Neubau, die Modernisierung und Instandsetzung von Eigenheimen – Eigenheimverordnung – vom 31. 8. 1978 (GBl. I S. 425).
[18] *Czub* RdNr. 83.

Stellen gem. § 10 Abs. 2 SachenRBerG auch bei bloßem Um- und Ausbau angenommen werden kann, ist streitig.[19]

12 **2. Baumaßnahmen auf der Grundlage von Überlassungsverträgen gem. § 1 Abs. 1 Nr. 2 (§ 2 Abs. 1 Nr. 2). Überlassungsverträge** iSv. §§ 2 Abs. 1 Nr. 2, 1 Abs. 1 Nr. 2 iVm. Art. 232 § 1 a EGBGB unterfallen der Sachenrechtsbereinigung, wenn der Nutzer mit Billigung staatlicher Stellen ein Eigenheim errichtet oder bauliche Investitionen im Umfang von § 12 Abs. 2 SachenRBerG vorgenommen hat. Zum Begriff des **Eigenheims** s. § 5 Abs. 2 SachenRBerG. Damit wird der Anwendungsbereich des SachenRBerG bei den Überlassungsverträgen auf Aus- und Umbaumaßnahmen in ein vorhandenes Gebäude erweitert; entsprechend wird der Anwendungsbereich des SchuldRAnpG eingeschränkt. Die Anwendung des SachenRBerG hängt hier, soweit kein Eigenheim errichtet worden ist, vom **Umfang der** auf dem Grundstück vorgenommenen **Investitionen** ab (Vergrößerung der Nutzfläche um mehr als 50% oder Investitionen in Höhe von mehr als 50% des Gebäudezeitwerts). Von diesem Umfang an hat der Gesetzgeber die Baumaßnahme des Überlassungsnehmers als ausreichend für eine Einbeziehung in die Sachenrechtsbereinigung angesehen. Wegen der Einzelheiten vgl. Vorbem. zu §§ 34ff. und § 39 RdNr. 1. Damit ist die – auf Bewertungsgesichtspunkte abstellende – Abgrenzung zwangsläufig unscharf.[20]

13 **3. Baumaßnahmen aufgrund von Miet-, Pacht- oder sonstigen Nutzungsverträgen gem. § 1 Abs. 1 Nr. 3 (§ 2 Abs. 1 Nr. 3). Miet-, Pacht- oder sonstige Nutzungsverträge** unterfallen der Sachenrechtsbereinigung, wenn der Nutzer für seinen Handwerks- oder Gewerbebetrieb an einem ehemals volkseigenen Grundstück einen Neubau errichtet oder eine bauliche Maßnahme nach § 12 Abs. 1 SachenRBerG vorgenommen hat. Letzteres ist der Fall, wenn der Nutzer schwere Bauschäden behoben oder die Nutzungsart des Gebäudes verändert hat und die Baumaßnahmen insgesamt ihrem Umfang nach einer Neuerrichtung entsprechen. Diese Verträge waren in die Sachenrechtsbereinigung einzubeziehen, weil die Nutzer nach § 1 des Gesetzes über den Verkauf volkseigener Gebäude vom 7. 3. 1990[21] ein Nutzungsrecht an dem volkseigenen Grundstück und zugleich das Eigentum an dem von ihnen errichteten Gebäude hätten erwerben können.[22]

14 **4. Ausschluß von Verträgen nach § 71 Vertragsgesetz (Abs. 2).** Wirtschaftseinheiten der DDR, die staatliche Aufgaben und staatliche Planauflagen zu erfüllen hatten, konnten den Inhalt der untereinander abgeschlossenen Nutzungsverträge nach Maßgabe des § 71 des Vertragsgesetzes[23] frei gestalten. Für diese Betriebe bestand kein Kontrahierungszwang.[24] Das Vertragsgesetz findet auf die vor dem 30. 6. 1990 abgeschlossenen Wirtschaftsverträge gem. Art. 232 § 1 EGBGB weiterhin Anwendung.[25] Diese Verträge sind daher von der Anwendung des SchuldRAnpG ausgenommen.[26]

15 Unter das Vertragsgesetz fallen auch die **Hauptnutzungsverträge** zwischen den LPGen einerseits und dem VKSK,[27] seinen Bezirks- und Kreisverbänden oder seinen Orts- und Betriebssparten andererseits. Der VKSK und seine Untergliederungen waren nach § 2 Abs. 1 der Verordnung über das Kleingarten- und Siedlungswesen und die Kleintierzucht[28] juristische Personen. Damit waren sie zugleich rechtsfähige sozialistische Gemeinschaften iSv. § 2 Abs. 1 Nr. 7 des Vertragsgesetzes und somit Wirtschaftseinheiten iS der §§ 1 und 2 dieses Gesetzes.[29] Da auch die LPGen Wirtschaftseinheiten waren, unterfielen die zwischen diesen und dem VKSK geschlossenen Grundstücksnutzungsverträge regelmäßig dem Vertragsgesetz. Es kann jedoch nicht angenommen werden, daß diese Verträge von der Anwendung des SchuldRAnpG ausgenommen werden sollten: Der Gesetzeszweck der §§ 1 Abs. 2, 8 Abs. 2 sowie des § 20b BKleinG, eingeführt durch Art. 5 SchuldRÄndG, besteht gerade in der Anwendung dieser Bestimmungen auf die Hauptnutzungsverträge mit dem VKSK bzw. dessen Rechtsnachfolgern. Abs. 2 ist

[19] Grundsätzlich zweifelnd *Rövekamp* S. 59, 60.

[20] *Trimbach-Matthiessen* VIZ 1994, 446, 447; vgl. iü. die Erläuterungen zu § 12 SachenRBerG (RdNr. 5ff.).

[21] Sog. Verkaufsgesetz (GBl. I S. 157).

[22] BT-Drucks. 12/5992 S. 99, 100.

[23] Gesetz über das Vertragssystem in der sozialistischen Wirtschaft – Vertragsgesetz – vom 25. 3. 1982 (GBl. I S. 293); das Vertragsgesetz wurde durch Gesetz über die Änderung und Aufhebung von Gesetzen der DDR vom 28. 6. 1990 (GBl. I S. 483) mit Wirkung vom 1. 7. 1990 aufgehoben.

[24] BT-Drucks. 12/7135 S. 37.

[25] BGH NJW 1993, 259.

[26] BT-Drucks. 12/7135 S. 27.

[27] Verband der Kleingärtner, Siedler und Kleintierzüchter.

[28] – KleingartenVO – vom 3. 12. 1959 (GBl. I 1960 Nr. 1 S. 1).

[29] *Kärsten* NJ 1994, 104, 106; vgl. auch BGH DtZ 1994, 176, 177.

daher korrigierend dahin auszulegen, daß diese Verträge nicht von der Anwendung des SchuldRAnpG ausgenommen sind.

16 **5. Nutzungsverhältnisse innerhalb von Kleingartenanlagen (Abs. 3).** Für Nutzungsverhältnisse innerhalb von **Kleingartenanlagen** verbleibt es bei der durch Art. 232 § 4 Abs. 3 EGBGB normierten Geltung des BKleinG v. 28. 2. 1983 (BGBl. I S. 210), wie Abs. 3 S. 1 noch einmal klarstellt. Damit gilt das SchuldRAnpG insoweit nicht. S. 2 regelt, daß das BKleinG auch vom Zeitpunkt einer nach dem 2. 10. 1990 an erfolgten Eingliederung des Grundstücks in eine Kleingartenanlage gilt. Maßgeblich für die Geltung des BKleinG ist gem. dessen § 1 Abs. 1, daß das Grundstück innerhalb einer Kleingartenanlage liegt und kleingärtnerisch genutzt wird (vgl. dazu § 29 RdNr. 2).

17 Aus Anlaß des Beitritts wurden die Maßgaben des § 20a BKleinG eingeführt. Die Vorschrift regelt ua. die Umwandlung der Nutzungsverhältnisse in Kleingartenpachtverträge über Dauerkleingärten. Das auf § 4 der KleingartenVO[30] beruhende Zwischenpachtprivileg des VKSK bleibt für seinen Rechtsnachfolger erhalten, wie sich aus § 20a Nr. 4 BKleinG ergibt. Art. 5 des SchuldRÄndG fügt dem BKleinG nunmehr einen § 20b an. Dieser bestimmt, daß auf **Zwischenpachtverträge** innerhalb von **Kleingartenanlagen** entgegen der allgemeinen Regel des § 2 Abs. 3 die §§ 8 bis 10 und 19 des SchuldRAnpG anzuwenden sind.

§ 3 Zeitliche Begrenzung

Die Bestimmungen dieses Gesetzes sind nur auf solche Verträge anzuwenden, die bis zum Ablauf des 2. Oktober 1990 abgeschlossen worden sind.

1 **1. Zeitlicher Anwendungsbereich: Verträge bis zum Ablauf des 3. 10. 1990. a) Allgemeines.** § 3 begrenzt die Anwendung des SchuldRAnpG auf **Verträge, die bis zum Ablauf des 2. 10. 1990 abgeschlossen worden sind.** Für diese Verträge bestimmte der EVertr., daß im Grundsatz das Recht der DDR maßgebend blieb (Art. 232 § 1 EGBGB); ausdrücklich war dies auch für die Verträge nach den §§ 312 bis 315 ZGB angeordnet (Art. 232 § 4 Abs. 1 EGBGB). Miet- und Pachtverträge richteten sich seit dem 3. 10. 1990 jedoch nach dem BGB, wobei für Mietverträge besondere Maßgaben gelten (Art. 232 §§ 2 und 3 EGBGB).

2 **b) Rechtsfolge.** Soweit Schuldverhältnisse nunmehr in den Anwendungsbereich des SchuldRAnpG fallen, richten sie sich mit Inkrafttreten dieses Gesetzes nach dem BGB, soweit das SchuldRAnpG nichts anderes bestimmt (§ 6 Abs. 1). – Soweit ein Vertragsschluß für den Tag des Inkrafttretens dieses Gesetzes vermutet wird (§ 44), gilt das SchuldRAnpG ebenfalls.

3 **2. Vereinbarungen seit dem 3. 10. 1990.** Aus § 3 folgt, daß die **seit dem 3. 10. 1990 abgeschlossenen Verträge** keiner Überleitung bedürfen: Diese Verträge unterliegen gem. Art. 8 des EVertr. ohnehin den Bestimmungen des BGB. Dieser Grundsatz wird von § 6 Abs. 2 S. 1 für Zusatzabreden zu einem bestehenden Vertrag nochmals betont.

4 Zu fragen ist aber, ob etwaige spätere Absprachen als Änderung eines bestehenbleibenden und damit gemäß § 3 weiterhin dem SchuldRAnpG unterfallenden Vertrages oder als **neuer Vertragsschluß** anzusehen sind. Das hängt davon ab, ob die Parteien mit dem Willen gehandelt haben, den alten Vertrag durch einen neuen Vertrag zu ersetzen (Ersetzungswille). Eine Ersetzung eines Vertrages durch einen neuen Vertrag darf wegen ihrer weitreichenden Folgen nur bejaht werden, wenn der auf Schuldumschaffung gerichtete Wille der Parteien deutlich hervortritt.[1] Dies gilt angesichts der den Nutzer schützenden Überleitungsvorschriften des SchuldRAnpG in besonderem Maße. Werden nur einzelne Punkte (zB das Entgelt) neu geregelt, spricht dies eher für eine Anpassung eines – bestehenbleibenden – Vertrages. Anders kann es sich bei einer Änderung von wesentlichen Vertragselementen, zB einer Neuregelung des Nutzungsumfangs oder der Vertragsdauer, verhalten.[2] Im Zweifel wird eine Novation nicht dem Interesse des Nutzers entsprechen.

[30] S. Fn. 28.
[1] BGH NJW 1986, 1490.
[2] BT-Drucks. 12/7135 S. 38; die gleiche Problematik besteht bei Mietverträgen, auch soweit sie nicht dem SchuldRAnpG unterfallen, Ergbd. – *Voelskow* Art. 232 § 2 EGBGB RdNr. 19.

Abschnitt 2. Begriffsbestimmungen

§ 4 Nutzer

(1) Nutzer im Sinne dieses Gesetzes sind natürliche oder juristische Personen des privaten oder öffentlichen Rechts, die aufgrund eines Überlassungs-, Miet-, Pacht- oder sonstigen Vertrages zur Nutzung eines Grundstücks berechtigt sind.

(2) Ist der Vertrag mit einer Personengemeinschaft nach den §§ 266 bis 273 des Zivilgesetzbuchs der Deutschen Demokratischen Republik geschlossen worden, sind deren Mitglieder gemeinschaftlich Nutzer. Soweit die Nutzer nichts anderes vereinbart haben, sind die Vorschriften des Bürgerlichen Gesetzbuchs über die Gesellschaft anzuwenden.

1 **1. Allgemeines.** § 4 definiert den zentralen **Begriff des Nutzers.** Nutzer ist derjenige, der auf der Grundlage der in Abs. 1 genannten Verträge zur Nutzung des Grundstücks **berechtigt** ist. Die Verträge müssen wirksam zustande gekommen sein und noch bestehen (s. auch § 7). Ob die Nutzung ausgeübt wird, ist nicht für den Begriff des Nutzers, wohl aber im Rahmen einzelner Bestimmungen (§ 7 Abs. 1 S. 1, § 15 Abs. 1 S. 3) von Bedeutung.

2 **2. Natürliche oder juristische Personen.** Nutzer können natürliche oder juristische Personen des privaten oder öffentlichen Rechts sein. Zwischenpächter sind als mittelbar Nutzungsberechtigte (§ 1 Abs. 2) ebenfalls Nutzer. Als Zwischenpächter tritt in den neuen Ländern regelmäßig der VKSK[1] (jetzt VGS[2]) in seinen rechtlichen Unterorganisationen auf (s. dazu § 1 RdNr. 17). Auch der Erbe des Nutzers ist – bis zu einer evtl. wirksamen Kündigung gem. § 16 Abs. 1 – Nutzer.

3 **3. Personengemeinschaften.** Verträge nach § 1 Abs. 1 Nr. 1 konnten auch mit **Personengemeinschaften nach den §§ 266 bis 273 ZGB** geschlossen werden (§ 268 Abs. 2 ZGB). Dies betrifft insbesondere Interessengemeinschaften zur Nutzung größerer Erholungsflächen, Garagen-, Bootsschuppen- und vergleichbare Gemeinschaften (§§ 29, 33).[3] Die Gemeinschaften nach §§ 266ff. ZGB besaßen keine Rechtsfähigkeit. Ob sie bereits mit dem 3. 10. 1990 zu BGB-Gesellschaften geworden sind, ist umstritten.[4]

4 Abs. 2 ordnet daher zur Klarstellung an, daß auf derartige Nutzergemeinschaften nach innen und außen die Vorschriften über die BGB-Gesellschaft (§§ 705 bis 740 BGB) anzuwenden sind. Die Mitglieder (Gesellschafter) sind **gemeinschaftlich Nutzer,** soweit nichts anderes vereinbart ist (Abs. 2 S. 1). Der Vertrag über die Bildung der Gemeinschaft nach § 267 ZGB stellt naturgemäß nicht schon eine abweichende Vereinbarung im Sinne dieser Bestimmung dar. Bei verbandsmäßiger Organisation kann die Rechtsform des nichtrechtsfähigen Vereins (§ 54 BGB) vereinbart sein.[5] Die Gemeinschaften treten idR als Zwischenpächter auf, soweit sie die Einzelparzellen ihren Mitgliedern nicht auf mitgliedschaftsrechtlicher Grundlage[6] überlassen. Soweit keine Kleingartenanlage im Sinne von § 1 BKleinG vorliegt (s. § 2 Abs. 3), gelten die besonderen Bestimmungen der §§ 29 bis 33, vgl. dort.

§ 5 Bauwerke

(1) Bauwerke sind Gebäude, Baulichkeiten nach § 296 Abs. 1 des Zivilgesetzbuchs der Deutschen Demokratischen Republik und Grundstückseinrichtungen.

(2) Grundstückseinrichtungen sind insbesondere die zur Einfriedung und Erschließung des Grundstücks erforderlichen Anlagen.

[1] Verband der Kleingärtner, Siedler und Kleintierzüchter.

[2] Verband der Garten- und Siedlerfreunde.

[3] BT-Drucks. 12/7135 S. 38; Kommentar zum ZGB, Staatsverlag 1983 § 266 Anm. 1.

[4] Bejahend: Ergbd. – *Karsten Schmidt* Art. 232 § 9 EGBGB RdNr. 16: BGB-Gesellschaft mit stillschweigend vereinbartem Inhalt der §§ 266 bis 273 ZGB.

[5] Wie Fn. 4 unter Hinweis auf *Schubel* ZGR 1993, 260, 280.

[6] *Mainczyk* BKleinG § 1 RdNr. 18.

I. Normzweck

1 Auf vielen Vertragsgrundstücken sind seitens der Nutzer Baumaßnahmen ausgeführt worden. Soweit diese Baumaßnahmen nicht zur Anwendung des SachenRBerG führen (§ 2 Abs. 1), sind die Rechtsfolgen im SchuldRAnpG geregelt. Dabei ist vorrangig zu klären, welche Baumaßnahmen durch das Gesetz erfaßt werden sollen. Das Gesetz verwendet an vielen Stellen den Begriff des Bauwerks, den § 5 definiert. Ein Bauwerk ist nicht identisch mit dem – weiteren – Begriff der Bebauung in § 12 SachenRBerG. Bei gewerblich und zu Wohnzwecken genutzten Grundstücken wird ein eigener an § 12 SachenRBerG angelehnter Begriff des Bauwerks eingeführt, (§§ 45 und 50, vgl. dort).

II. Einzelerläuterung

2 **1. Bauwerke (Abs. 1).** Bauwerke sind nach Abs. 1 Gebäude, Baulichkeiten iSv. § 296 Abs. 1 ZGB und Grundstückseinrichtungen. Das „Bauwerk" bildet damit den Oberbegriff. Ein Bauwerk ist nach der Definition des BGH[1] jede durch Verwendung von Arbeit und Material in Verbindung mit dem Erdboden hergestellte unbewegliche Sache. Ein Gebäude ist ein mit dem Grund und Boden fest verbundenes Bauwerk, das durch räumliche Umfriedung Schutz gewährt und den Eintritt von Menschen gestattet.[2] Ob an einem Gebäude vom Grundeigentum getrenntes Eigentum besteht, entscheidet das jeweils anzuwendende materielle Recht (zB § 295 Abs. 2 ZGB,[3] § 95 Abs. 1 BGB[4]). Die Baulichkeiten nehmen rechtlich eine Sonderstellung ein, s. nachstehend.

3 **2. Baulichkeiten.** Der Begriff der zu den Bauwerken zählenden **Baulichkeiten** ist dem ZGB entnommen. Baulichkeiten waren nach § 296 ZGB alle baulichen Objekte, die in Ausübung eines vertraglich vereinbarten Nutzungsrechts errichtet wurden und die der Erholung, Freizeitgestaltung oder ähnlichen persönlichen Bedürfnissen der Bürger dienten. Dazu zählten Wochenendhäuser, Lauben, Schuppen, Kleinviehställe, Bootshäuser, Garagen u. ä. Baulichkeiten waren im Gegensatz zu den in § 295 ZGB behandelten Gebäuden bewegliche Sachen. An ihnen entstand gemäß § 296 Abs. 1 S. 1 ZGB selbständiges Eigentum; dieses geht erst mit Vertragsbeendigung auf den Grundstückseigentümer über (§ 11).

4 Derartige Wochenendhäuser (Datschen) können auch in Massivbauweise errichtet und von Einfamilienhäusern äußerlich nicht zu unterscheiden sein. Auch dann sind sie im Rechtssinne Baulichkeiten. Sind sie, wenn auch vertragswidrig, vor dem 3. 10. 1990 als **Eigenheim** errichtet worden (sog. unechte Datschen), kann das Nutzungsverhältnis in die Sachenrechtsbereinigung einzubeziehen sein (s. § 2 Abs 1 Nr. 1 und dort RdNr. 11).

5 **3. Grundstückseinrichtungen.** Zu den Bauwerken zählt das Gesetz weiter die **Grundstückseinrichtungen,** die in Abs. 2 anhand der wichtigsten Beispiele – Einfriedungs- und Erschließungsanlagen – definiert sind. Zu den ersteren zählen Zäune, nicht aber Hecken, die Anpflanzungen sind, zu den letzteren Brunnen, Ver- und Entsorgungsanlagen und etwa Stege und Badeeinrichtungen.

Abschnitt 3. Grundsätze

Unterabschnitt 1. Durchführung der Schuldrechtsanpassung

§ 6 Gesetzliche Umwandlung

(1) Auf die in § 1 Abs. 1 bezeichneten Verträge sind die Bestimmungen des Bürgerlichen Gesetzbuchs über die Miete oder die Pacht anzuwenden, soweit dieses Gesetz nichts anderes bestimmt.

(2) Vereinbarungen, die die Beteiligten (Grundstückseigentümer und Nutzer) nach Ablauf des 2. Oktober 1990 getroffen haben, bleiben von den Bestimmungen dieses

[1] BGHZ 57, 60 = BGH NJW 1971, 2219.
[2] BGH DB 1972, 2298; BGH LM § 912 Nr. 1.
[3] *Göhring* in: *Kiethe,* SchuldRAnpG, § 5 RdNr. 3.
[4] Eine vor Entstehung der DDR begründete Scheinbestandteilseigenschaft eines Gebäudes ist erhalten geblieben, BGH Urt. v. 22. 12. 1995 EBE Ls 158/96 = OV spezial 1996, 92f = VIZ 1996, 275f.

Gesetzes unberührt. Dies gilt unabhängig von ihrer Vereinbarkeit mit Rechtsvorschriften der Deutschen Demokratischen Republik auch für bis zu diesem Zeitpunkt getroffene Abreden, die vom Inhalt eines Vertrages vergleichbarer Art abweichen, nicht zu einer unangemessenen Benachteiligung eines Beteiligten führen und von denen anzunehmen ist, daß die Beteiligten sie auch getroffen hätten, wenn sie die durch den Beitritt bedingte Änderung der wirtschaftlichen und sozialen Verhältnisse vorausgesehen hätten.

(3) In einem Überlassungsvertrag getroffene Abreden bleiben nur wirksam, soweit es in diesem Gesetz bestimmt ist.

I. Normzweck und Anwendungsbereich

1 Zweck des SchuldRAnpG ist die Umwandlung der von ihm erfaßten Rechtsverhältnisse in Miet- oder Pachtverträge entsprechend dem BGB bei gleichzeitiger Einführung angemessener Überleitungsvorschriften. Abs. 1 enthält die zentrale Anpassungsnorm: Auf die in § 1 Abs. 1 bezeichneten Verträge sind mit dem Inkrafttreten des SchuldRAnpG, am 1. 1. 1995, die Bestimmungen über die Miete und die Pacht anzuwenden, „soweit dieses Gesetz nichts anderes bestimmt". Abs. 1 ist dahin zu verstehen, daß bei den in § 1 Abs. 1 Nr. 1 und 2 genannten Verträgen zum Zwecke der kleingärtnerischen Nutzung, Erholung und Freizeitgestaltung (§§ 312 ff. ZGB) und den Überlassungsverträgen (Art. 232 § 1a EGBGB) das BGB insgesamt an die Stelle des ZGB tritt. In gleichem Sinne war bereits Art. 232 §§ 2 und 3 EGBGB zu verstehen, der die Miet- und Pachtverhältnisse mit dem Wirksamwerden des Beitritts insgesamt den Vorschriften des BGB unterstellte. Der Grundsatz, daß auf laufende Dauerschuldverhältnisse mit dem Beitritt neues Recht anzuwenden war,[1] war im Bereich der Nutzungsverhältnisse zur Erholung und bei den Überlassungsverträgen durchbrochen. Für die erstgenannten Verträge enthielt Art. 232 § 4 Abs. 1 S. 2 EGBGB einen ausdrücklichen Anpassungsvorbehalt, bezüglich der letzteren greift der Bereinigungsvorbehalt in Art. 233 § 2a Abs. 1 S. 2 EGBGB ein. Bei den Miet- und Pachtverträgen, die dem SchuldRAnpG unterfallen (§ 1 Abs. 1 Nr. 3), gilt nunmehr – ebenfalls – das BGB, „soweit dieses Gesetz nicht anderes bestimmt". Im Kollisionsfall geht das SchuldRAnpG bei allen von ihm erfaßten Rechtsverhältnissen dem BGB vor.

II. Einzelerläuterung

2 **1. Geltung des BGB (Abs. 1). a) Rechtsverhältnisse gem. § 1 Abs. 1.** Auf die in § 1 Abs. 1 bezeichneten Rechtsverhältnisse sind mit Inkrafttreten des Gesetzes die **Bestimmungen des BGB** anzuwenden (s. auch RdNr. 1). Da es sich um Grundstücksnutzungsverhältnisse handelt, gelten die Bestimmungen über die Miete oder die Pacht. Das SchuldRAnpG braucht eine Abgrenzung zwischen Miet- und Pachtverträgen nicht zu regeln: Diese richtet sich bereits nach den Vorschriften des BGB. Gemäß § 581 BGB liegt ein Pachtverhältnis vor, wenn der Nutzer auch zum Bezug der Früchte berechtigt ist;[2] im übrigen liegt Miete vor. – In einem Einzelfall wird die Unterscheidung vom Gesetz vorgenommen: Auf Überlassungsverträge zu Wohnzwekken sind nach § 34 die allgemeinen Bestimmungen über die Wohnraummiete anzuwenden.

3 **b) Miet- und Pachtrecht.** Das Miet- und Pachtrecht des BGB ist nur anzuwenden, soweit das SchuldRAnpG **nichts anderes bestimmt:** Solche Bestimmungen des SchuldRAnpG betreffen insbesondere

- den Kündigungsschutz (§§ 23, 24, 38, 39, 42, 49 und 52),
- die Sonderkündigungsrechte (§§ 16, 17, 25, 26, 30, 31, 40 und 53),
- das Nutzungsentgelt (§§ 20, 35, 42, 47, 54),
- die Entschädigung für werterhöhende Maßnahmen (§§12, 27, 41, 48) und Vermögensnachteile (§ 14),
- das Vorkaufsrecht (§ 57)

u. a. m. Diese Regelungen gehen denen des BGB vor.

4 **2. Vereinbarungen vor und nach Ablauf des 2. 10. 1990 (Abs. 2). a) Allgemeines.** Während Abs. 1 die Umstellung des gesetzlichen Rahmens vornimmt, stellt Abs. 2 Regeln für

[1] Zivilrecht im Einigungsvertrag – *Voelskow* RdNr. 69.

[2] Vgl. zur Abgrenzung im übrigen *Palandt-Putzo* vor § 535 RdNr. 10.

die Weitergeltung der individuellen Vertragsabreden auf. Eine gesetzliche Regelung war erforderlich, weil wegen des dispositiven Charakters des BGB (§ 305 BGB) ansonsten alle Individualabreden, auch soweit sie heute unangemessen sind, weitergelten würden.

5 **Individualabreden** sind Vertragsbestimmungen, die vom typischen Inhalt eines Vertrages vergleichbarer Art abweichen. Erforderlich sind individuelle Merkmale[3] eines Vertrages. Diese können – im Rahmen der gemäß § 45 Abs. 3 ZGB gegebenen Vertragsfreiheit –, zB die Laufzeit des Vertrages, Entschädigungsregelungen, die Streupflicht oder etwa die Pflicht zur Betreuung eines älteren Vertragspartners betreffen. Nur derartige (vor dem 3. 10. 1990 getroffene, RdNr. 8) Einzelabreden, nicht die in den staatlichen Vertragsmustern vorgegebenen typischen Vertragselemente, sollen einer Inhaltskontrolle auf ihre Angemessenheit unterworfen werden. An die Stelle des vorgegebenen, typischen Vertragsinhalts tritt von vornherein das Gesetz, nämlich das BGB, soweit das – vorrangige – SchuldRAnpG nichts anderes bestimmt (Abs. 1, s. RdNr. 1).

6 Die Regelung des Abs. 2 gilt nur für Individualabreden **zwischen Grundstückseigentümer und Nutzer.** Für Abreden, die LPGen oder andere staatliche Stellen (andere Vertragsschließende iSv. § 8 Abs. 1) mit dem Nutzer getroffen haben, gilt sie nicht: Da der Grundstückseigentümer beim Zustandekommen dieser Abreden nicht mitgewirkt hat, ist eine Prüfung seines hypothetischen Willens und dessen individuelle Anpassung ohnehin nicht möglich. Das Gesetz geht im Grundsatz von der Wirksamkeit der Abreden zwischen dem anderen Vertragsschließenden und dem Nutzer aus (Ausnahme: Abs. 3), ansonsten wäre die Regelung in § 9 nicht erforderlich.

7 **b) Vereinbarungen nach dem 2. 10. 1990 (Abs. 2 S. 1).** Nach Abs. 2 S. 1 bleiben Vereinbarungen, die die Beteiligten nach Ablauf des 2. 10. 1990 getroffen haben, von den Bestimmungen des SchuldRAnpG unberührt; sie bleiben somit **wirksam** und **gehen** den Bestimmungen des SchuldRAnpG **vor.** Hier entsteht allerdings häufig die Frage, ob spätere Zusatzabreden zu einem bestehenden Vertrag diesen modifizieren oder ersetzen (vgl. § 3 RdNr. 2).

8 **c) Vereinbarungen vor dem 3. 10. 1990 (Abs. 2 S. 2).** Anders verhält es sich bei den **vor dem 3. 10. 1990 abgeschlossenen Individualvereinbarungen.** Diese sind unter den rechtlichen und wirtschaftlichen Gegebenheiten einer sozialistischen Planwirtschaft zustande gekommen. Diese Rahmenbedingungen haben sich grundlegend geändert. Für die Weitergeltung solcher Individualabreden zieht das Gesetz daher enge Grenzen.

9 Sie dürfen zu **keiner unangemessenen Benachteiligung** eines Beteiligten führen und es muß anzunehmen sein, daß die Beteiligten sie auch getroffen hätten, wenn sie die durch den Beitritt bedingte Änderung der wirtschaftlichen und sozialen Verhältnisse **vorausgesehen** hätten. Liegen diese Voraussetzungen vor, sollen die Individualabreden auch dann weitergelten, wenn sie mit den Rechtsvorschriften der DDR nicht vereinbar waren. Das DDR-Recht soll daher nicht nachträglich einen Hinderungsgrund bilden, wenn eine Abrede heute noch angemessen ist; diese soll dagegen dann nicht gelten, wenn sie heute unangemessen ist und damals – bei Voraussicht der Entwicklung – so nicht getroffen worden wäre.

10 Diesen engen Kriterien werden vermutlich heute **nur wenige Abreden** standhalten können,[4] weil sie zumeist den durch die Wende und den Beitritt bedingten, nicht voraussehbaren Änderungen nicht Rechnung tragen konnten.

11 Der unbestimmte Rechtsbegriff „unangemessene Benachteiligung" räumt dem Gericht den erforderlichen Spielraum für eine **interessengerechte Abwägung** ein. Die Frage, ob eine unangemessene Benachteiligung vorliegt, kann nur anhand des Gesamtbildes des Vertrages beurteilt werden. So kann zB eine zulässigerweise vereinbarte Befristung eines Vertrages über ein Erholungsgrundstück (§ 312 Abs. 2 ZGB) heute unangemessen sein. Etwas anderes mag etwa gelten, wenn der Nutzer keinerlei Investitionen vorgenommen hat.[5] Abreden über eine bei Vertragsbeendigung zu entrichtende Entschädigung können, soweit sie von der Regelung des § 12 erheblich abweichen, heute ebenfalls nicht mehr angemessen sein. – Das Recht der DDR ließ die Begründung eines vertragsrechtlichen (obligatorischen) Rechts zu, auf dem Grundstück eines Familienangehörigen ein Wohnhaus zu errichten und dieses auf Lebenszeit unentgeltlich zu nutzen. Ein solches Nutzungsrecht soll nach Auffassung des BGH[6] nicht der „Umwandlung" nach dem SchuldRAnpG unterliegen. Im Ergebnis zutreffend nimmt der BGH jedoch an, daß

[3] *Rövekamp* S. 26.

[4] *Trimbach-Matthiessen* VIZ 1994, 446, 448; *Rövekamp* NJ 1995, 15, 21.

[5] BT-Drucks. 12/7135 S. 41.

[6] BGH Urt. v. 3. 3. 1995 DtZ 1995, 245, weitere Fundst. s. § 1 Fn. 32.

hier der individuell vereinbarte Kündigungsausschluß gem. § 6 Abs. 2 S. 2 wirksam geblieben ist (was eine Umstellung des Vertrages auf das BGB gem. § 6 Abs. 1 freilich nicht ausschließt).

12 **d) Ersetzung unwirksamer Abreden durch das Gesetz.** Soweit Einzelabreden nach den vorstehenden Kriterien nicht weitergelten, treten die für den betreffenden Vertragstyp vorgesehenen **gesetzlichen Regelungen** des SchuldRAnpG und des BGB an ihre Stelle. Eine geltungserhaltende Reduktion von Einzelabreden findet nicht statt.

13 **3. Individualabreden bei Überlassungsverträgen (Abs. 3).** Bei den Überlassungsverträgen sollen Individualabreden grundsätzlich nur wirksam bleiben, soweit dies im SchuldRAnpG bestimmt ist. Da diese Verträge nie mit dem Grundstückseigentümer, sondern ausschließlich mit dem staatlichen Verwalter geschlossen wurden (vgl. § 1 RdNr. 5), ist Abs. 2 auf sie ohnehin nicht anzuwenden (vgl. RdNr. 6). Das Gesetz spricht dies vorsorglich noch einmal aus. Damit enden auch die in den Überlassungsverträgen regelmäßig vereinbarten Befristungen, sofern eine Überleitung in unbefristete Vertragsverhältnisse nicht bereits gem. § 2 Abs. 2 EGZGB zum 1. 1. 1976 anzunehmen war.[7] Bestimmungen über die zum Teil modifizierte Weitergeltung einzelner Vertragsabreden betreffen zB die Verpflichtung zur Tragung der öffentlichen Lasten des Grundstücks, Ansprüche des Nutzers auf Auskehrung eines bei Vertragsabschluß hinterlegten Betrages und auf Erstattung vom Verwalter aufgewandter Beträge (§§ 28, 36, 37, 41).

§ 7 Kündigungsschutz durch Moratorium

(1) Eine vom Grundstückseigentümer oder einem anderen Vertragschließenden (§ 8 Abs. 1 Satz 1) nach Ablauf des 2. Oktober 1990 ausgesprochene Kündigung eines in § 1 Abs. 1 bezeichneten Vertrages ist unwirksam, wenn der Nutzer nach Artikel 233 § 2a Abs. 1 des Einführungsgesetzes zum Bürgerlichen Gesetzbuche gegenüber dem Grundstückseigentümer zum Besitz berechtigt war und den Besitz noch ausübt. Satz 1 ist auch anzuwenden, wenn dem Nutzer der Besitz durch verbotene Eigenmacht entzogen wurde. Abweichende rechtskräftige Entscheidungen bleiben unberührt.

(2) Absatz 1 ist nicht anzuwenden, wenn die Kündigung wegen vertragswidrigen Gebrauchs, Zahlungsverzugs des Nutzers oder aus einem anderen wichtigen Grund erfolgt ist.

(3) Artikel 232 § 4a des Einführungsgesetzes zum Bürgerlichen Gesetzbuche bleibt unberührt.

I. Normzweck

1 Durch das SchuldRAnpG sollen nur bestehende Nutzungsverhältnisse an das BGB angepaßt werden. Die bis zum Inkrafttreten dieses Gesetzes durch Kündigung oder Zeitablauf beendeten Verträge werden durch das SchuldRAnpG grundsätzlich nicht erfaßt. Hier erweitert § 7 den Anwendungsbereich des Gesetzes: Unter Umständen ist eine frühere, nach dem 2. 10. 1990 ausgesprochene Kündigung unwirksam, der Nutzungsvertrag mithin wirksam. Voraussetzung hierfür ist, daß der Nutzer nach Art. 233 § 2a Abs. 1 EGBGB gegenüber dem Grundstückseigentümer besitzberechtigt war und den Besitz noch ausübt. Durch die Vorschrift des Art. 233 § 2a EGBGB sollte eine vorläufige Sicherung der aus der Zeit der DDR weitergeltenden Grundstücksnutzungsverhältnisse bis zu ihrer gesetzlichen Neuordnung, längstens bis zum Ablauf des 31. 12. 1994, erreicht werden.[1] Dieses sog. Besitzmoratorium bezweckte allgemein den Schutz der vom Grundstücksnutzer vorgenommenen baulichen Investitionen, auch soweit sie im Rahmen eines schuldrechtlichen Nutzungsverhältnisses vorgenommen worden sind. Dadurch, daß ordentliche Kündigungen seitens des Grundstückseigentümers nach dem 2. 10. 1990 bei diesen Nutzungsverhältnissen nunmehr für unwirksam erklärt werden, gelangen diese in den Anwendungsbereich des SchuldRAnpG. Der den Nutzern im Rahmen dieses Gesetzes gewährte Bestandsschutz soll nicht von einem mehr zufälligen Eingreifen von Kündigungsvoraussetzungen in der Vergangenheit abhängig sein.[2]

[7] *Schnabel,* SchuldRÄndG § 28 RdNr. 3 und Vorbem. § 23 RdNr. 1 f.

[1] Ergbd. - *Wendtland* Art. 233 § 2a EGBGB RdNr. 1.

[2] BT-Drucks. 12/7135 S. 41.

II. Anwendungsbereich

1. Vertragsverhältnisse iSv. § 1 Abs. 1. Erfaßt werden **alle Vertragsverhältnisse nach § 1 Abs. 1.** Zwar unterfällt der wichtigste Teilbereich der dort aufgeführten Verträge, die Verträge zur Erholung, Freizeitgestaltung oder zu ähnlichen persönlichen Zwecken, gemäß Art. 233 § 2a Abs. 7 in der gemäß dem Registerverfahrensbeschleunigungsgesetz (RegVBG)[3] seit dem 25. 12. 1993 geltenden Fassung nicht mehr dem Besitzmoratorium. Für diese Verträge hat das RegVBG in Art. 232 § 4a EGBGB ein eigenes Moratorium, das Vertragsmoratorium, eingeführt. Der Kündigungsschutz des § 7 gilt jedoch auch für diese Verträge: Abs. 1 verweist nur auf Art. 233 § 2a Abs. 1 EGBGB, nicht auf dessen Abs. 7. § 7 Abs. 3 stellt zusätzlich klar, daß Art. 232 § 4a EGBGB unberührt bleibt. Dessen Kündigungsschutz ist zudem weitergehend als der des § 7, weil er eine Kündigung nur wegen Zahlungsverzuges (§ 554 BGB) zuläßt. 2

2. Wirksame Vertragsverhältnisse. Nach dem Wortlaut des Abs. 1 nehmen nur **wirksame Nutzungsverträge** an dem rückwirkenden Kündigungsschutz teil. Vor Wirksamkeitsmängeln nach dem Recht der DDR schützt die Vorschrift nicht. Im Gegensatz dazu werden bei den Nutzungsverträgen nach Art. 232 § 4a EGBGB Wirksamkeitshindernisse in zwei Fällen ausdrücklich für unerheblich erklärt: Gemäß dessen Abs. 3 gilt das Vertragsmoratorium auch dann, wenn der Vertrag mit einer staatlichen Stelle abgeschlossen wurde, die hierzu nicht ermächtigt war, es sei denn, dem Nutzer war die fehlende Ermächtigung bekannt; nach § 4a Abs. 4 gilt das Vertragsmoratorium ferner, wenn ein Vertrag mit einer staatlichen Stelle abgeschlossen wurde, die dabei nicht ausdrücklich in fremdem, sondern im eigenen Namen gehandelt hat, obwohl es sich nicht um ein volkseigenes, sondern um ein von ihr verwaltetes Grundstück handelte, es sei denn, daß der Nutzer hiervon Kenntnis hatte. Eine entsprechende Vorschrift findet sich – für die Vertragsarten des § 1 Abs. 1 Nr. 2 und 3 – in § 7 nicht, wohl aber in § 8 Abs. 3. § 8 betrifft jedoch – nur – den Eintritt des Grundstückseigentümers in bestehende Verträge. Gleichwohl ist anzunehmen, daß der Kündigungsschutz des § 7 sich auch auf alle Fallgestaltungen erstreckt, auf die § 8 Abs. 3 anwendbar ist: Der Bestandsschutz ist der Kern einer sozialverträglichen Vertragsanpassung. Durch § 7 sollte ein dem Vertragsmoratorium des Art. 232 § 4a EGBGB gleichwertiger Schutz geschaffen werden.[4] In der Tat kann nicht angenommen werden, daß der Schutz für Überlassungsverträge sowie Miet-, Pacht- und Nutzungsverträge zu Wohn- und Gewerbezwecken (§ 1 Abs. 1 Nr. 2 und 3) geringer sein soll als der Schutz der in Art. 232 § 4a EGBGB behandelten Nutzungsverträge über Erholungs- und sogar Garagengrundstücke. § 7 Abs. 1 ist daher dahin zu verstehen, daß sämtliche Verträge in den rückwirkenden Kündigungsschutz einzubeziehen sind, die nach § 8 Abs. 3 wirksam sein und auf den Grundstückseigentümer übergeleitet werden sollen, dh. sämtliche Vertragsverhältnisse des § 1 Abs. 1. Ein Mangel der Berechtigung des anderen Vertragsschließenden (§ 8 Abs. 1 S. 1) iSv. § 8 Abs. 3 steht daher auch der Anwendung von § 7 nicht entgegen. 3

III. Einzelerläuterung

1. Voraussetzungen. a) Kündigung durch den Grundstückseigentümer. § 7 betrifft nur Kündigungen, die durch den Grundstückseigentümer (oder einen anderen Vertragsschließenden im Sinne von § 8 Abs. 1 S. 1) ausgesprochen worden sind. Endete der Vertrag durch Zeitablauf, greift die Vorschrift nicht ein. Der Nutzer ist in diesem Fall nicht schutzwürdig, weil er sich auf den Endtermin einstellen konnte. Die Vorschrift greift ferner bei Kündigungen durch den Nutzer nicht ein. Lehnt dieser selbst die Fortsetzung des Vertrages ab, ist er ebenfalls nicht schutzwürdig. Wegen sonstiger Wirksamkeitshindernisse des Vertrages, insbes. gem. § 8 Abs. 3, s. RdNr. 3. 4

b) Besitzberechtigung. Der Nutzer muß auf Grund eines Vertrages im Sinne von § 1 Abs. 1 zum Besitz nach Art. 233 § 2a Abs. 1 EGBGB **berechtigt** gewesen sein. Grundlage des Rechts zum Besitz ist entweder eine Investition iS von Art. 233 § 2a Abs. 1a oder der Abschluß eines Überlassungsvertrages gemäß lit. c der genannten Bestimmung. Auf die Erläuterungen zu Art. 233 § 2a EGBGB wird verwiesen. 5

c) Ausüben des Besitzes. Der Nutzer muß den Besitz bei Inkrafttreten des SchuldRAnpG noch ausüben. Hat er den Besitz freiwillig aufgegeben, so soll ihm nicht nachträglich ein gesetz- 6

[3] Vom 20. 12. 1993 (BGBl. I S. 2182).

[4] BT-Drucks. 12/7135 S. 42.

licher Schutz zuteil werden, auf den er sich selbst nicht berufen hat.[5] Anders verhält es sich folgerichtig dann, wenn dem Nutzer der Besitz durch verbotene Eigenmacht (§ 858 BGB), seitens des Grundstückseigentümers oder Dritter, entzogen worden ist (Abs. 1 S. 2).

7 **d) Vertragstreue Nutzung (Abs. 2).** Den Schutz des § 7 verdient nur der vertragstreue Nutzer. Abs. 2 bestimmt daher, daß eine Kündigung dann nicht unwirksam ist, wenn sie wegen vertragswidrigen Gebrauchs, Zahlungsverzuges des Nutzers oder aus einem anderen wichtigen Grund ausgesprochen worden ist. Vertragswidriger Gebrauch kann bei Erholungsgrundstücken insbesondere in Gestalt nicht gestatteter Baumaßnahmen vorliegen (§ 313 Abs. 2 ZGB). Insoweit wird aber stets zu prüfen sein, ob diese nicht vom Grundstückseigentümer geduldet worden sind (§ 242 BGB). Vertragswidriger Gebrauch liegt insbes. dann nicht vor, wenn der Nutzer in die Sachenrechtsbereinigung einbezogen wird, weil der Baumaßnahme weder vom Staat (5 Jahre nach Fertigstellung, § 10 Abs. 2 SachenRBerG) noch seitens des Überlassenden (§ 5 Abs. 1 Nr. 3 e SachenRBerG) widersprochen worden ist. Zahlungsverzug ist iSv. § 554 BGB zu verstehen, obwohl diese Bestimmung hier nicht ausdrücklich genannt ist. Die Kündigung kann ferner, wie allgemein bei Dauerschuldverhältnissen, aus wichtigem Grund gemäß § 242 BGB begründet sein.[6]

8 **e) Entgegenstehende rechtskräftige Entscheidungen.** Gemäß Abs. 1 S. 3 dürfen keine rechtskräftigen Entscheidungen entgegenstehen; diese bleiben unberührt. Der Vorrang rechtskräftiger Entscheidungen entspricht einem durchgängig eingehaltenen Grundsatz (vgl. Art. 232 § 4a Abs. 7 EGBGB und § 8 Abs. 4). Solche Entscheidungen können insbesondere vor dem Inkrafttreten von Art. 233 § 2a EGBGB (am 22. 7. 1992) oder von Art. 232 § 4a EGBGB (am 25. 12. 1993) ergangen sein. Die abweichende rechtskräftige Entscheidung kann auch ein Feststellungsurteil über die Wirksamkeit der Kündigung oder des Vertragsverhältnisses insgesamt sein. Gemäß § 322 ZPO reicht die Rechtskraft aber nur soweit, als über den durch Klage der Widerklage erhobenen Anspruch entschieden worden ist. Die Entscheidung über vorgreifliche Rechtsverhältnisse erwächst nicht in Rechtskraft.[7]

9 **2. Rechtsfolgen.** Liegen die Voraussetzungen gem. vorstehend Nr. 1a bis c und keine Hinderungsgründe gem. vorstehend Nr. 1 d und e vor, ist die Kündigung unwirksam. Auch eine im Jahre 1991 ausgesprochene Kündigung ist unwirksam, wenn – bei fortbestehendem Besitz (s. RdNr. 6) – die Besitzberechtigung gem. Art. 233 § 2a Abs. 1 EGBGB (in Kraft ab 22. 7. 1992) später hinzukam. – Das Vertragsverhältnis ist nicht durch die Kündigung beendet und unterfällt – vorbehaltlich sonstiger Wirksamkeitsmängel (s. dazu RdNr. 3) – dem SchuldRAnpG.

Unterabschnitt 2. Rechtsgeschäfte mit anderen Vertragschließenden

§ 8 Vertragseintritt

(1) Der Grundstückseigentümer tritt in die sich ab dem 1. Januar 1995 ergebenden Rechte und Pflichten aus einem Vertragsverhältnis über den Gebrauch oder die Nutzung seines Grundstücks ein, das landwirtschaftliche Produktionsgenossenschaften bis zum Ablauf des 30. Juni 1990 oder staatliche Stellen im Sinne des § 10 Abs. 1 des Sachenrechtsbereinigungsgesetzes bis zum Ablauf des 2. Oktober 1990 im eigenen oder in seinem Namen mit dem Nutzer abgeschlossen haben. Die in § 46 des Gesetzes über die landwirtschaftlichen Produktionsgenossenschaften vom 2. Juli 1982 (GBl. I Nr. 25 S. 443) bezeichneten Genossenschaften und Kooperationsbeziehungen stehen landwirtschaftlichen Produktionsgenossenschaften gleich. Die Regelungen zum Vertragsübergang in § 17 des Vermögensgesetzes bleiben unberührt.

(2) Ist der Vertrag mit einem Zwischenpächter abgeschlossen worden, tritt der Grundstückseigentümer in dieses Vertragsverhältnis ein.

(3) Absatz 1 Satz 1 gilt nicht, wenn der andere Vertragschließende zur Überlassung des Grundstücks nicht berechtigt war und der Nutzer beim Vertragsabschluß den Mangel der Berechtigung des anderen Vertragschließenden kannte. Kannte nur der Zwischenpächter den Mangel der Berechtigung des anderen Vertragschließen-

[5] BT-Drucks. 12/7135 S. 41.

[6] Nach dem aus §§ 554a, 626, 723 BGB, 89b HGB von der Rspr. entwickelten allgemeinen Rechtsgrundsatz, vgl. *Palandt-Heinrichs* vor § 241 RdNr. 18 bis 20 m. weit. Nachw.

[7] *Thomas-Putzo* ZPO § 322 RdNr. 28, 29.

den, tritt der Grundstückseigentümer in den vom Zwischenpächter mit dem unmittelbar Nutzungsberechtigten geschlossenen Vertrag ein. Ein Verstoß gegen die in § 18 Abs. 2 Satz 2 des Gesetzes über die landwirtschaftlichen Produktionsgenossenschaften vom 2. Juli 1982 genannten Voraussetzungen ist nicht beachtlich.

(4) Abweichende rechtskräftige Entscheidungen bleiben unberührt.

Übersicht

I. Normzweck

Im Recht der DDR wurden Grundstücke oftmals nicht durch die Eigentümer, sondern ohne deren Mitwirkung durch LPGen oder staatliche Stellen Nutzern zur Verfügung gestellt. Die Rechtsgrundlage hierfür bestand für die LPGen in § 18 Abs. 2 S. 1 oder S. 2h LPG-Gesetz. Für die staatlichen Verwalter wurden als Rechtsgrundlage herangezogen[1] 1

- § 6 der VO vom 17. 7. 1952[2]
- die Anordnung Nr. 2 vom 20. 8. 1958,[3]
- § 6 Abs. 2 der Grundstücksverkehrsverordnung vom 15. 12. 1977[4] oder
- § 16 der VO vom 28. 4. 1960.[5]

In vielen Gemeinden und Kreisen entwickelte sich eine Praxis „wilder Verwaltungen", nach der nicht genutzte Grundstücke ohne oder ohne ausreichende Rechtsgrundlage Bürgern zur Nutzung überlassen wurden. Die Bindung der Grundstückseigentümer an solche Nutzungsverhältnisse war zweifelhaft. Die Vorschrift will diese ungeklärten Rechtszustände beenden. Sie regelt – wie § 51 LAG bei den Kreispachtverträgen über landwirtschaftlich genutzte Grundstücke – **den Eintritt des Grundstückseigentümers** in diese Nutzungsverhältnisse. In vielen Fällen, insbesondere in denen der „wilden Verwaltungen", bestand allerdings ein wirksames Nutzungsverhältnis, in das der Grundstückseigentümer eintreten könnte, von vornherein nicht. Durch den Wegfall des umfassenden Bodennutzungsrechts der LPGen mit Ablauf des 30. 6. 1990[6] hat auch der unmittelbar Nutzungsberechtigte sein Recht zum Besitz verloren (BGH NJW 1993, 859). In allen diesen Fällen stellt § 8 ein Vertragsverhältnis mit dem Grundstückseigentümer erstmals her. Das Fehlen oder die Überschreitung einer Rechtsgrundlage zur Grundstücksüberlassung ist in diesen Fällen nur beachtlich, wenn der Nutzer diese Mängel kannte (§ 8 Abs. 3). 2

II. Einzelerläuterung

1. Voraussetzungen des Vertragseintritts gem. Abs. 1. a) Grundstücksnutzungsverhältnis iSv. § 1 Abs. 1. Es muß ein Grundstücksnutzungsverhältnis iSv. § 1 Abs. 1 vorliegen. Das Vertragsverhältnis muß bei Inkrafttreten des Gesetzes, am 1. 1. 1995, grundsätzlich wirksam sein und noch bestehen. Mängel der Berechtigung des anderen Vertragsschließenden schaden bei vorhandenem guten Glauben des Nutzers nicht (Abs. 3, s. i. ü. RdNr. 16). 3

Eine **Kündigung durch den Grundstückseigentümer** ist in den in § 7 Abs. 1 und 3 iVm. Art. 233 § 2a Abs. 1, Art. 232 § 4a Abs. 1 EGBGB genannten Fällen unwirksam. Sie hat das Nutzungsverhältnis nicht beendet. Dieses wird somit in den Anwendungsbereich des SchuldRAnpG und damit auch des § 8 einbezogen (s. näher § 7 RdNr. 1 und 9). 4

[1] Vgl. BT-Drucks. 12/7134 S. 42.

[2] VO zur Sicherung von Vermögenswerten vom 17. 7. 1952 (GBl. I S. 615).

[3] GBl. I S. 664.

[4] GBl. I S. 73.

[5] Verordnung über die Finanzierung von Baumaßnahmen zur Schaffung und Erhaltung von privatem Wohnraum vom 28. 4. 1960 (GBl. I S. 351).

[6] Durch Gesetz vom 28. 6. 1990 (GBl. I S. 483).

5 **b) Vertragspartner.** Das Vertragsverhältnis muß von
- **LPGen** bis zum Ablauf des 30. 6. 1990 – gleichgestellt sind die in § 46 LPG-G bezeichneten Genossenschaften und Kooperationsbeziehungen (Abs. 1 S. 2) – oder
- **staatlichen Stellen** iSv. § 10 Abs. 1 SachenRBerG

im eigenen Namen oder im Namen des Grundstückseigentümers mit dem Nutzer abgeschlossen worden sein.

6 **aa)** Übergeleitet werden Verträge, die die **LPGen** und die ihnen gleichgestellten Genossenschaften und Kooperationsbeziehungen **bis zum Ablauf des 30. 6. 1990** abgeschlossen haben. An diesem Tage endete das gesetzliche Nutzungsrecht der LPGen. Soweit LPGen noch nach diesem Datum Nutzungsverträge abgeschlossen haben, war ein Vertrauen der Nutzer nicht schutzwürdig.

7 Bei einem Vertragsschluß der LPGen bis zum 30. 6. 1990 kommt es für die Frage der Überleitung des Vertragsverhältnisses im Grundsatz nicht darauf an, ob und auf welcher Grundlage die Flächen dem Nutzungsrecht der LPGen unterlagen, insbesondere, ob es sich um eingebrachte Flächen von LPG-Mitgliedern oder um Flächen handelte, die den LPGen von den Räten der Kreise zur Verfügung gestellt worden waren.[7] Damit ist es auch unerheblich, ob die LPGen gem. § 18 Abs. 2 LPG-G befugt waren, über die Bodenflächen Nutzungsverträge abzuschließen. Ein **Berechtigungsmangel** der LPGen ist nur insoweit von Bedeutung, als der Nutzer den Mangel kannte (Abs. 3 s. RdNr. 16).

8 Den **LPGen gleichgestellt** sind die in § 46 LPG-G genannten gärtnerischen Produktionsgenossenschaften, die Produktionsgenossenschaften der Binnenfischer und andere Produktionsgenossenschaften im Bereich der Landwirtschaft sowie deren Kooperationsbeziehungen (§§ 10 bis 16 LPG-G).

9 **bb)** Übergeleitet werden ferner Grundstücksnutzungsverhältnisse, die **staatliche Stellen** (Verwaltungsstellen, staatliche Organe, RdNr. 10) bis zum Ablauf des 2. 10. 1990 im eigenen oder im Namen des Grundstückseigentümers abgeschlossen haben. Auch hier kommt es darauf, ob die staatliche Stelle zum Abschluß des Vertrages **berechtigt** gewesen ist, nur insoweit an, als der Nutzer den Mangel kannte (Abs. 3 s. RdNr. 16). Der gute Glaube an die Rechtmäßigkeit des Handelns staatlicher Stellen wird hier bis zum Ende des Bestehens der DDR geschützt (Abs. 3).

10 Wegen des Begriffs der **staatlichen Stellen** verweist Abs. 1 S. 1 auf die Legaldefinition in § 10 Abs. 1 SachenRBerG. Dazu gehören insbesondere Verwaltungsstellen, Vorstände von LPGen oder sonstigen Organen, die nach der in der DDR üblichen Staats- oder Verwaltungspraxis „die bauliche Nutzung fremder Grundstücke vor Klärung der Eigentumsverhältnisse oder ohne Bestellung eines Nutzungsrechts anordneten oder gestatteten." Diese Definition ist an den Anwendungsbereich des SchuldRAnpG, das gem. § 1 Abs. 1 Nr. 1 und 2 nicht notwendig eine Vergabe zu Bebauungszwecken voraussetzt, sinngemäß anzupassen: Abzustellen ist damit auf die in der DDR übliche Vergabepraxis von Grundstücken zur Nutzung zu den in § 1 Abs. 1 genannten Zwecken.

11 Nicht zu den staatlichen Stellen iSv. Abs. 1 gehörte der **VKSK**[8] und seine Untergliederungen. Diese vergaben Grundstücke nur als Zwischenpächter,[9] sie gaben somit nur ein abgeleitetes Recht zum Besitz weiter.

12 **c) Zwischenpachtverträge (Abs. 2).** Dies sind Verträge, die mit einem anderen als dem unmittelbar Nutzungsberechtigten abgeschlossen wurden (§ 1 Abs. 2). Sie kommen nur bei den in § 1 Abs. 1 Nr. 1 genannten Nutzungsverhältnissen vor. Bedeutung erlangen die Zwischenpachtverträge bei Kleingartenanlagen und den sogenannten Wochenendhaussiedlungen.[10] Als Zwischenpächter traten aufgrund seines Zwischenpachtprivilegs nur der VKSK bzw seine Untergliederungen auf.[11] Zwar ist das SchuldRAnpG gem. § 2 Abs. 3 auf Nutzungsverhältnisse innerhalb von Kleingartenanlagen nicht anzuwenden. Kraft ausdrücklicher Bestimmung des § 20b BKleinG[12] sind die Vorschriften der §§ 8 bis 12 und 19 SchuldRAnpG aber auf Zwischenpachtverträge innerhalb von Kleingartenanlagen für anwendbar erklärt.[13]

[7] Durch die VO über die einheitliche Bewirtschaftung landwirtschaftlicher Nutzflächen durch die landwirtschaftlichen Produktionsgenossenschaften vom 20. 1. 1955 (GBl. I S. 97).

[8] Verband der Kleingärtner, Siedler und Kleintierzüchter

[9] Der VKSK war Inhaber des sog. Zwischenpachtprivilegs gem. § 4 der VO über das Kleingarten- und Siedlungswesen und die Kleintierzucht vom 3. 12. 1959 (GBl. 1960 S. 1); s. i. ü. RdNr. 12 und § 1 RdNr. 17.

[10] BT-Drucks. 12/7135 S. 43.

[11] S. Fn. 9.

[12] Eingefügt durch Art. 5 SchuldRÄndG.

[13] Unrichtig insoweit *Thiele-Krajewski-Röske* RdNr. 17.

13 Auch Zwischenpachtverträge werden auf den Grundstückseigentümer übergeleitet, der auch hier an die Stelle des anderen Vertragsschließenden tritt und sich damit nur *einem* (Zwischen-) Pächter, nicht der Vielzahl der Unterpächter, gegenübersieht. Wegen der Rechtsfolgen siehe im übrigen RdNr. 18.

14 **2. Rechtsfolgen. a) Vertragseintritt.** Der Grundstückseigentümer ist mit Inkrafttreten des Gesetzes, am 1. 1. 1995, anstelle des anderen Vertragsschließenden in den Vertrag, der gleichzeitig als Miet- oder Pachtvertrag fortgesetzt wird (§ 6), **eingetreten.** Wie in § 571 BGB gehen nur die nach Vertragseintritt fällig gewordenen Rechte und Pflichten auf den Grundstückseigentümer über. Die vor Vertragsübergang fällig gewordenen Rechte, insbesondere auf Zahlung des Nutzungsentgelts, verbleiben – sofern sie wirksam begründet waren – beim bisherigen Rechtsinhaber.

15 Unberührt bleibt die Vorschrift des Art. 232 § 4a Abs. 5 EGBGB: Bei den ehemaligen Nutzungsverträgen zur Erholung gem. §§ 312ff. ZGB hat danach der Grundstückseigentümer gegen den Vertragspartner des Nutzers in dem dort festgelegten Umfang einen Anspruch auf Auskehrung **gezogener Entgelte** oder auf Abtretung von Entgeltansprüchen.

16 **b) Ausnahme: Bösgläubigkeit des Nutzers (Abs. 3).** Der Grundstückseigentümer tritt in den Vertrag nicht ein, wenn der andere Vertragsschließende zur Überlassung des Grundstücks **nicht berechtigt** war und der Nutzer diesen Mangel bei Vertragsabschluß positiv **kannte** (Abs. 3 S. 1). In diesem Fall ist der Nutzer nicht schutzwürdig. Die Kenntnis der mangelnden Berechtigung ist von der Unredlichkeit iSv. §§ 4 VermG, 17 SchuldRAnpG zu unterscheiden. Im Rahmen des Abs. 3 schadet nur positive Kenntnis; diese muß sich auf den „Mangel der Berechtigung" des anderen Vertragsschließenden beziehen, was eine richtige Kenntnis der Rechtslage voraussetzt. Da der Vertragseintritt den Regeltatbestand bildet, muß der Grundstückseigentümer im Streitfall sowohl den Mangel der Berechtigung des Vertragschließenden als auch die Kenntnis des Nutzers von diesem Berechtigungsmangel beweisen.

17 Ein **Verstoß** der LPG gegen **§ 18 Abs. 2 S. 2 LPG-G** ist nach Abs. 3 S. 3 unbeachtlich. Insoweit kommt es auch auf eine positive Kenntnis nicht an. Allerdings konnten LPGen Boden auch nach § 18 Abs. 2 S. 1h an sozialistische Einrichtungen (insbesondere den VKSK) übertragen.[14] Diese – vom SchuldRAnpG wohl nicht beachtete – Vorschrift erlaubte eine unbefristete Übertragung auch größerer Flächen an den VKSK.[15] In diesen Fällen kann von einem Verstoß gegen § 18 Abs. 2 S. 2 LPG-G richtigerweise nicht gesprochen werden. Die rechtliche Bedeutung von Abs. 3 S. 3 ist daher gering.

18 **c) Zwischenpachtverträge.** Bei Zwischenpachtverträgen (RdNr. 12) tritt der Grundstückseigentümer ebenfalls an die Stelle des anderen Vertragsschließenden. Es bestehen somit nunmehr der Zwischenpachtvertrag (Hauptnutzungsvertrag) zwischen dem Grundstückseigentümer und dem Zwischenpächter und die Vielzahl der Verträge des Zwischenpächters mit den unmittelbaren Nutzern. Auf beide Vertragsverhältnisse sind die Vorschriften des SchuldRAnpG anzuwenden (vgl. auch § 1 RdNr. 17).

19 War nur der **Zwischenpächter bösgläubig** iSv. Abs. 3, weil er den Mangel der Berechtigung des anderen Vertragsschließenden kannte, tritt der Grundstückseigentümer ausnahmsweise in die mit den unmittelbaren Nutzern geschlossenen Verträge ein (Abs. 3 S. 2). Die gutgläubigen Nutzer bleiben so geschützt. Schließt der Grundstückseigentümer hier einen neuen Zwischenpachtvertrag mit einem anderen Zwischenpächter, tritt dieser in entsprechender Anwendung von § 30 Abs. 2 S. 2 an die Stelle des bisherigen Zwischenpächters.[16]

20 **d) Verhältnis zum VermG (Abs. 1 S. 3).** Soweit Grundstücke der Restitution nach dem VermG unterliegen, greift dessen § 17 ein. Diese Bestimmung stellt bereits einen Fall des gesetzlichen Vertragsübergangs dar; sie wird durch § 8 **nicht berührt:** Bei Rückübertragung des Grundstücks oder Aufhebung der staatlichen Verwaltung tritt der Berechtigte in die bestehenden Miet- oder Nutzungsverhältnisse ein (§§ 11a Abs. 4, 17 S. 1, 3 VermG). War der Nutzer unredlich, ist das Vertragsverhältnis durch Bescheid aufzuheben (§ 17 S. 2 VermG).

21 Erfolgt die Rückgabe des Grundstücks erst nach Inkrafttreten des SchuldRAnpG (1. 1. 1995), hindert dies den Eintritt der Rechtsfolge des § 8 Abs. 1 am 1. 1. 1995 nicht. An die Stelle des anderen Vertragsschließenden ist – als Grundstückseigentümer – zunächst der Verfügungsberechtigte getreten. Mit der Restitution des Grundstücks tritt alsdann der Berechtigte an die Stelle des Verfügungsberechtigten. – Liegt ein Rückerstattungsfall nicht vor, greift das VermG

[14] Der VKSK war eine sozialistische Einrichtung, BGH DtZ 1994, 176, 177 = NJ 1994, 317.

[15] *Kärsten* NJ 1994, 104, 106.

[16] *Rövekamp* S. 73.

nicht ein. Bei Unredlichkeit des Nutzers kann dem Grundstückseigentümer dann uU das Sonderkündigungsrecht gem. § 17 SchuldRAnpG zustehen (s. dort).

22 **e) Abweichende rechtskräftige Entscheidungen (Abs. 4).** Liegen bei Inkrafttreten des Gesetzes **abweichende rechtskräftige Entscheidungen** vor, hat es dabei im Interesse des Rechtsfriedens sein Bewenden. Die Rechtsfolge des Vertragseintritts des Grundstückseigentümers greift dann nicht ein. Vorrangig iSv. Abs. 4 sind solche Entscheidungen, deren Rechtskraft dem Regelungsgehalt von § 8 entgegensteht. Dies ist bei Urteilen gegen den unmittelbaren Nutzer auf Räumung und Herausgabe der Fall, ferner bei negativen Feststellungsurteilen über das (Nicht-)Bestehen eines Vertragsverhältnisses zwischen dem Grundstückseigentümer und dem Nutzer. Solche Urteile können insbesondere in der Zeit vor Inkrafttreten der Moratoriumsbestimmungen (Art. 233 § 2a und Art. 232 § 4a EGBGB) ergangen sein (vgl. § 7 RdNr. 8). Anders verhält es sich, wenn nur über einzelne Ansprüche, etwa auf Zahlung von Nutzungsentgelt, entscheiden worden ist.[17] Ein rechtskräftiges Urteil gegen den Zwischenpächter wirkt nicht gegen einen unmittelbaren Alt-Nutzer, da dessen Besitznachfolge (iSv. § 315 Abs. I ZPO) nicht erst nach Rechtshängigkeit eingetreten ist. § 8 Abs. 4 will die subjektiven Grenzen der Rechtskraft des § 315 ZPO nicht erweitern.

§ 9 Vertragliche Nebenpflichten

Grundstückseigentümer und Nutzer können die Erfüllung solcher Pflichten verweigern, die nicht unmittelbar die Nutzung des Grundstücks betreffen und nach ihrem Inhalt von oder gegenüber dem anderen Vertragschließenden zu erbringen waren. Dies gilt insbesondere für die Unterhaltung von Gemeinschaftsanlagen in Wochenendhaussiedlungen und die Verpflichtung des Nutzers zur Mitarbeit in einer landwirtschaftlichen Produktionsgenossenschaft.

1 **1. Allgemeines.** Bestimmte Pflichten, die von oder gegenüber dem anderen Vertragsschließenden (§ 8 Abs. 1 S. 1) zu erfüllen waren, die jedoch **nicht unmittelbar die Nutzung des Grundstücks** betreffen, braucht der Verpflichtete nicht mehr zu erfüllen. Das Gesetz gibt dem jeweils Verpflichteten (Grundstückseigentümer oder Nutzer) ein Leistungsverweigerungsrecht.

2 **2. Zwei Beispielsfälle (Satz 2).** Das Gesetz hält insbesondere zwei Beispielsfälle für regelungsbedürftig.

3 **a) Erschließung und Unterhaltung.** Dem VKSK[1] wurden vom Rat des Kreises und den LPGen durch Hauptnutzungsverträge (§ 1 Abs. 2) auch größere Flächen zur Verfügung gestellt, auf denen Ferienhaus- und Wochenendhaussiedlungen betrieben werden sollten. In den Verträgen waren für die anderen Vertragsschließenden (LPGen, Räte) Verpflichtungen zur Erschließung und Unterhaltung der Erholungsflächen vorgesehen. Mit dem Eintritt in das Vertragsverhältnis würden diese Pflichten nunmehr den Grundstückseigentümer treffen (§ 8 Abs. 1 und 2). Dies will die Regelung vermeiden, zumal für den Betrieb der Erholungsanlagen deren Betreiber verantwortlich sein muß.[2] Gegenüber einer entsprechenden Inanspruchnahme gewährt § 9 dem Grundstückseigentümer daher eine Einrede.

4 **b) Erntearbeiten.** Nutzungsverträge, die LPGen mit einzelnen Bürgern geschlossen haben, sahen vereinzelt vor, daß die Nutzer zu Erntearbeiten herangezogen werden konnten. Hieran ist der in den Vertrag eintretende Grundstückseigentümer nicht interessiert. Hier wird den Nutzern ein Leistungsverweigerungsrecht zugebilligt.

§ 10 Verantwortlichkeit für Fehler oder Schäden

(1) Der Grundstückseigentümer haftet dem Nutzer nicht für Fehler oder Schäden, die infolge eines Umstandes eingetreten sind, den der andere Vertragschließende zu vertreten hat.

[17] *Thiele-Krajewski-Röske* RdNr. 24.

[1] Verband der Kleingärtner, Siedler und Kleintierzüchter, vgl. auch § 1 RdNr. 17.

[2] BT-Drucks. 12/7135 S. 44.

(2) Soweit der Grundstückseigentümer nach Absatz 1 nicht haftet, kann der Nutzer unbeschadet des gesetzlichen Vertragseintritts Schadensersatz von dem anderen Vertragschließenden verlangen.

I. Ausschluß der Haftung des Grundstückseigentümers (Abs. 1)

1. Haftungsausschluß, wenn anderer Vertragsschließender verantwortlich. Als Folge des Vertragseintritts gemäß § 8 Abs. 1 treffen den Grundstückseigentümer die gesetzlichen und vertraglichen Pflichten aus dem Miet- oder Pachtvertrag. Er hat das Grundstück in einem zum vertragsgemäßen Gebrauch geeigneten Zustand zu erhalten (§ 536 BGB), fortbestehende Mängel zu beseitigen (§§ 535, 536 BGB) und ggf. Schadensersatz zu leisten (§ 538 BGB). § 10 schränkt die Haftung des Grundstückseigentümers ein: Für Fehler oder Schäden, die infolge eines Umstandes eingetreten sind, den der **andere Vertragsschließende zu vertreten** hatte, haftet der Grundstückseigentümer nicht. Insoweit erschiene eine Haftung des Grundstückseigentümers unbillig. Der Grundstückseigentümer ist hier weder zur Mängelbeseitigung noch zur Leistung von Schadensersatz verpflichtet. Auch das Recht zur Minderung (§ 537 BGB) der Miete oder Pacht entfällt, auf eine Äquivalenzstörung kann sich der Nutzer insoweit nicht berufen.[1] 1

Die Haftung des Grundstückseigentümers bezieht sich von vornherein nicht auf ein **vom Nutzer errichtetes Bauwerk,** da dieses nicht zur Nutzung überlassen worden ist. Insoweit lag auch keine Haftung des anderen Vertragsschließenden vor. 2

2. Haftung, soweit Mangel auch vom Grundstückseigentümer zu vertreten. Der Haftungsausschluß gemäß Abs. 1 greift nicht ein, wenn der Mangel oder Schaden auch vom Grundstückseigentümer zu vertreten ist. Dieser ist verpflichtet, einen bei Vertragseintritt vorhandenen Mangel zu beseitigen (§ 536 BGB). Kommt er dieser Verpflichtung nicht nach, trifft ihn im Außenverhältnis die volle, nicht etwa eine anteilige Haftung. Grundstückseigentümer und anderer Vertragsschließender haften dem Nutzer als Gesamtschuldner. Ein Ausgleich findet zwischen ihnen im Innenverhältnis gem. §§ 421, 426 BGB im Zweifel auf hälftiger Basis statt.[2] 3

II. Fortbestehende Haftung des anderen Vertragsschließenden (Abs. 2)

Der andere Vertragsschließende scheidet mit dem Eintritt des Grundstückseigentümers im Grundsatz vollständig aus dem Nutzungsverhältnis aus. Hiervon macht § 10 Abs. 2 eine notwendige Ausnahme: Soweit der Grundstückseigentümer nach Abs. 1 nicht haftet, kann der Nutzer weiterhin **Schadensersatz von dem anderen Vertragsschließenden** verlangen. Seine gegen diesen begründeten Ansprüche soll der Nutzer nicht verlieren, ist allerdings insoweit auf Schadensersatzansprüche beschränkt. 4

Das Gesetz regelt hier nicht, was bei einem **unwirksamen Vertrag** gilt, der erst in der Person des eintretenden Grundstückseigentümers wirksam wird (§ 8 Abs. 3, vgl. dort RdNr. 2). Hier bestand ein Vertragsverhältnis zwischen dem Nutzer und dem anderen Vertragsschließenden, der das Grundstück ohne oder in Überschreitung einer gesetzlichen Ermächtigung überlassen hatte, nicht. Der Nutzer war nur durch die Moratoriumsbestimmungen (Art. 232 § 4a Abs. 3 und 4, Art. 233 § 2a Abs. 1 EGBGB) geschützt. Da ein Vertrag aber jetzt (mit dem Grundstückseigentümer) zustande gekommen ist, ist es folgerichtig, im Umfang des Abs. 2 auch den anderen Vertragsschließenden vertraglich haften zu lassen. Die Fiktion eines wirksamen Vertrages (§ 8 Abs. 3) muß sich auch auf die „verbleibende" Haftung des anderen Vertragsschließenden auswirken. Zum gleichen Ergebnis führt auch eine – analoge – Anwendung von § 59 Abs. 2 ZGB (Haftung des falsus procurator). 5

Unterabschnitt 3. Beendigung des Vertragsverhältnisses

§ 11 Eigentumserwerb an Baulichkeiten

(1) Mit der Beendigung des Vertragsverhältnisses geht das nach dem Recht der Deutschen Demokratischen Republik begründete, fortbestehende Eigentum an Baulichkeiten auf den Grundstückseigentümer über. Eine mit dem Grund und Boden nicht nur zu einem vorübergehenden Zweck fest verbundene Baulichkeit wird wesentlicher Bestandteil des Grundstücks.

[1] BT-Drucks. 12/7135 S. 45.

[2] *Bultmann* in: *Kiethe* SchuldRAnpG RdNr. 20.

(2) Rechte Dritter an der Baulichkeit erlöschen. Sicherungsrechte setzen sich an der Entschädigung nach § 12 fort. Im übrigen kann der Dritte Wertersatz aus der Entschädigung nach § 12 verlangen.

I. Normzweck und Anwendungsbereich

1 § 11 bezweckt die Zusammenführung des Grundstückseigentums mit dem Eigentum an den Baulichkeiten und damit die Herstellung BGB-konformer Eigentumsverhältnisse. § 11 betrifft nur den Eigentumsübergang an Baulichkeiten (Begriff § 5 RdNr. 2), nicht an Bauwerken. Ein Regelungsbedarf für Gebäude bestand nicht, weil an diesen in den dem SchuldRAnpG unterliegenden Fällen im Regelfall[1] kein selbständiges Eigentum entstanden ist. An den Baulichkeiten bestand dagegen selbständiges Eigentum (§ 296 Abs. 1 S. 1 ZGB). Dieses ist durch Art. 231 § 5 Abs. 1 S. 1 EGBGB aufrecht erhalten worden. Auf Grund eines vor dem Beitritt begründeten Nutzungsverhältnisses gemäß §§ 312ff. ZGB konnte darüber hinaus bis zum Inkrafttreten des SchuldRAnpG selbständiges Baulichkeiteneigentum entstehen (Art. 231 § 5 Abs. 1 S. 2 EGBGB).

II. Einzelerläuterung

2 **1. Eigentumsübergang erst bei Vertragsbeendigung (Abs.1).** § 11 sieht vor, daß das selbständige Eigentum an der Baulichkeit bis zur **Beendigung des Vertragsverhältnisses** bestehen bleibt. Erst mit Beendigung des Vertragsverhältnisses – etwa infolge Bedingung, Befristung, Kündigung oder Aufhebung des Vertrages[2] – geht es auf den Grundstückseigentümer über.

3 Eine mit dem Grund und Boden nicht nur zu einem vorübergehenden Zweck (§ 95 BGB) fest verbundene Baulichkeit wird **wesentlicher Bestandteil** des Grundstücks (Abs. 1 S. 2). Damit werden die Eigentumsverhältnisse des BGB wiederhergestellt. Die Nutzungsverträge nach §§ 312ff. ZGB waren in aller Regel unbefristet und, wenn auch nicht de jure, wohl aber de facto weitgehend unkündbar. Die Baulichkeiten sind daher regelmäßig nicht nur zu einem vorübergehenden Zweck mit dem Grundstück verbunden worden, sie wären damit nicht als Scheinbestandteile iSv. § 95 BGB anzusehen.[3]

4 Sind Baulichkeiten ausnahmsweise, zB wegen Befristung des Vertrages gem. § 312 Abs. 2 ZGB, nur zu einem **vorübergehenden Zweck** mit dem Grund und Boden verbunden worden (Scheinbestandteile, § 95 Abs. 1 BGB), fallen sie zwar ebenfalls gem. Abs. 1 S. 1 in das Eigentum des Grundstückseigentümers,[4] bleiben aber rechtlich selbständig (Abs. 1 S. 2 e contrario).

5 **2. Wegnahmerecht des Nutzers. a) Allgemeines.** Der Nutzer hat gemäß §§ 6 Abs. 1, 547a Abs. 1 BGB grundsätzlich ein Wegnahmerecht, wie § 12 Abs. 4 S. 1 nur noch einmal klarstellt. § 15 hebt eine die Verpflichtung des Nutzers zur Wegnahme, die sich ansonsten aus § 556 BGB ergeben würde, auf. Macht der Nutzer bis zur Vertragsbeendigung von seinem Wegnahmerecht Gebrauch, greift Abs. 1 nicht ein. Auch innerhalb eines angemessenen Zeitraumes nach Vertragsbeendigung kann der Nutzer das Bauwerk wegnehmen und, da inzwischen das Eigentum auf den Grundstückseigentümer übergegangen ist, sich aneignen (§ 12 Abs. 4 S. 2).

6 **b) Entschädigung.** Macht der Nutzer von seinem Wegnahmerecht keinen Gebrauch, kann er gemäß § 12 Entschädigung für den Rechtsverlust am Bauwerk verlangen. Ansprüche auf Wertersatz wegen anderer werterhöhender Maßnahmen bleiben nach § 12 Abs. 4 ausdrücklich unberührt. Wegen der Abbruchkosten siehe § 15, wegen der Entschädigung für Anpflanzungen siehe § 27.

7 **3. Rechte Dritter an der Baulichkeit (Abs. 2).** Diese erlöschen. Auch dies dient der beabsichtigten Rechtsklarheit. Hiernach untergegangene **Sicherungsrechte** (Pfandrecht, Sicherungseigentum) setzen sich (entsprechend § 1247 S. 2 BGB) an dem Entschädigungsanspruch nach § 12 fort. Aus einer geleisteten Entschädigung kann der Dritte Wertersatz verlangen (Abs. 2 S. 3). Der Sicherungsnehmer ist zudem durch § 13 besonders geschützt, vgl. dort.

[1] Einen Ausnahmefall behandelt die BGH-Entscheidung v. 22. 12. 1995 EBE Ls 158/1996 = VIZ 1996, 275 = ZOV 1996, 258 = NJW 1996, 916. Eine vor Entstehung der DDR begründete Scheinbestandteilseigenschaft eines Gebäudes ist erhalten geblieben. Das weiterbestehende Gebäudeeigentum würde dem Nutzer bei Durchgreifen des Herausgabeanspruchs am Grundstück (vom BGH im concreto verneint) allerdings nicht weiterhelfen.

[2] Vgl. zu den Beendigungsgründen eingehend *Bultmann* in: *Kiethe* SchuldRAnpG § 11 RdNr. 6 bis 15.

[3] BT-Drucks. 12/7135 S. 46.

[4] *Thiele-Krajewski-Röske* § 11 RdNr. 25.

§ 12 Entschädigung für das Bauwerk

(1) Der Grundstückseigentümer hat dem Nutzer nach Beendigung des Vertragsverhältnisses eine Entschädigung für ein entsprechend den Rechtsvorschriften der Deutschen Demokratischen Republik errichtetes Bauwerk nach Maßgabe der folgenden Vorschriften zu leisten. Das Recht des Nutzers, für ein rechtswidrig errichtetes Bauwerk Ersatz nach Maßgabe der Vorschriften über die Herausgabe einer ungerechtfertigten Bereicherung zu verlangen, bleibt unberührt.

(2) Endet das Vertragsverhältnis durch Kündigung des Grundstückseigentümers, ist die Entschädigung nach dem Zeitwert des Bauwerks im Zeitpunkt der Rückgabe des Grundstücks zu bemessen. Satz 1 ist nicht anzuwenden, wenn der Nutzer durch sein Verhalten Anlaß zu einer Kündigung aus wichtigem Grund gegeben hat oder das Vertragsverhältnis zu einem Zeitpunkt endet, in dem die Frist, in der der Grundstückseigentümer nur unter den in diesem Gesetz genannten besonderen Voraussetzungen zur Kündigung berechtigt ist (Kündigungsschutzfrist), seit mindestens sieben Jahren verstrichen ist.

(3) In anderen als den in Absatz 2 genannten Fällen kann der Nutzer eine Entschädigung verlangen, soweit der Verkehrswert des Grundstücks durch das Bauwerk im Zeitpunkt der Rückgabe erhöht ist.

(4) Der Nutzer ist zur Wegnahme des Bauwerks berechtigt. Er kann das Bauwerk vom Grundstück abtrennen und sich aneignen. § 258 des Bürgerlichen Gesetzbuchs ist anzuwenden.

(5) Ansprüche des Nutzers auf Wertersatz wegen anderer werterhöhender Maßnahmen nach den allgemeinen Vorschriften bleiben von den Bestimmungen dieses Gesetzes unberührt.

Übersicht

I. Normzweck und Anwendungsbereich

1 **1. Normzweck.** § 12 regelt weitere Rechtsfolgen der Vertragsbeendigung. Für ein entsprechend den Rechtsvorschriften der DDR errichtetes Bauwerk hat der Grundstückseigentümer den Nutzer zu entschädigen. Eine besondere Entschädigungsregelung war erforderlich, weil die Rechtslage nach den allgemeinen Bestimmungen über Ansprüche auf Ersatz werterhöhender Maßnahmen bei Bauwerken unzureichend war: Die Errichtung eines Bauwerks ist im Zweifel nicht als notwendige Verwendung iSv. § 547 Abs. 1 BGB anzusehen. Für nützliche Verwendungen besteht ein Ersatzanspruch nur unter den Voraussetzungen der Geschäftsführung ohne Auftrag, die u.a. den Willen voraussetzt, für einen anderen tätig zu sein (Fremdgeschäftsführungswille). Dieser fehlte, zumal bei der Errichtung von Baulichkeiten, zumeist, weil der Nutzer das Grundstück auf Dauer selbst nutzen wollte.

2 Wegen **anderer werterhöhender Maßnahmen** als der Errichtung von Bauwerken stehen dem Nutzer die allgemeinen Vorschriften aus §§ 547, 581, 951 Abs. 1, 812 BGB, 356 Abs. 1 ZGB zur Verfügung, wie Abs. 5 klarstellt.

3 **2. Anwendungsbereich. a) Alle Bauwerke.** § 12 regelt die Folge eines Rechtsverlustes an der Baulichkeit (§ 11), greift aber über den Bereich des § 11 hinaus: Eine Entschädigung ist nicht nur für solche Bauwerke zu leisten, die im Sondereigentum des Nutzers standen (Baulichkeiten), sondern für alle Bauwerke (§ 5). Darunter fallen Gebäude, insbesondere aber auch solche Baulichkeiten, die – ausnahmsweise – kein Sondereigentum, sondern von Anfang an Grundstücksbestandteil nach § 295 ZGB geworden sind, weil die Voraussetzungen für die Entstehung von Sondereigentum gem. § 296 ZGB nicht vorlagen.

4 **b) Zeitlicher Anwendungsbereich.** Der zeitliche Anwendungsbereich der Vorschrift wird auf Grund ihres Wortlauts, wonach die Entschädigung für ein „entsprechend den Rechtsvorschriften der DDR errichtetes Bauwerk" zu leisten ist, nicht deutlich. Rechtsvorschriften der DDR können solche des Privatrechts, aber auch, wie Abs. 1 S. 2 zeigt, solche des öffentlichrechtlichen Baurechts sein. Letztere galten jedoch grundsätzlich nur bis zum 2. 10. 1990. Seitdem müssen die Bauwerke dem Bauordnungsrecht der neuen Länder entsprechen. Durch die Formulierung des Gesetzes sollten Entschädigungsansprüche für seit dem 3. 10. 1990 errichtete Bauwerke nicht ausgeschlossen werden.

5 **c) Anwendung bei den einzelnen Vertragsarten.** Bei den einzelnen Rechtsverhältnissen des § 1 Abs. 1 ist wie folgt zu unterscheiden:

aa) Für **Erholungsgrundstücke** galten die privatrechtlichen Vorschriften der §§ 312ff. ZGB über den 3. 10. 1990 hinaus weiter (Art. 232 § 4 Abs. 1 u. 4 EGBGB). Insoweit konnte auch noch nach diesem Zeitpunkt „entsprechend den – Zivil-Rechtsvorschriften der DDR" gebaut und Sondereigentum an Baulichkeiten begründet werden (Art. 231 § 5 Abs. 1 S. 2 EGBGB).

6 **bb)** Auch aufgrund von **Überlassungsverträgen zur Erholung** (§ 1 Abs. 1 Nr. 1) konnten Baulichkeiten errichtet werden. Diese mußten vor dem 3. 10. 1990 den Rechtsvorschriften der DDR entsprechen. Aber auch die nach dem 3. 10. 1990 bis zum 31. 12. 1994 auf der Grundlage dieser Verträge entsprechend den Vorschriften errichteten Baulichkeiten sind nach § 12 abzugelten. Auf die Frage, ob aufgrund dieser Verträge, die am 1. 1. 1976 gem. § 2 Abs. 2 EGZGB den Bestimmungen der §§ 312ff. ZGB unterfielen, (insoweit jetzt geregelt in Art. 232 § 4 Abs. 4 EGBGB), gem. Art. 231 § 5 Abs. 1 EGBGB selbständiges Baulichkeiteneigentum begründet werden konnte, kommt es dabei im Ergebnis nicht an (vgl. auch § 5 Abs. 1 EGZGB).

7 **cc)** Die Vorschrift gilt auch für **Miet-, Pacht- und sonstige Nutzungsverträge,** die unter das SchuldRAnpG fallen. Allerdings liegt diese Voraussetzung nur dann vor, wenn auf der Grundlage dieser Verträge bis zum 2. 10. 1990 ein Bauwerk errichtet oder begonnen worden ist (§§ 1 Abs. 1 Nr. 3, 43). Diese Bauwerke sind bei Vertragsbeendigung gem. § 12 zu entschädigen. Daß an ihnen kein Sondereigentum entstehen konnte, steht nicht entgegen. Zu entschädigen sind gem. § 12 auch Um- und Ausbauten, die der Nutzer an bestehenden Bauwerken bis zum 31. 12. 1994 vorgenommen hat, sowie weitere Bauwerke, die der Nutzer bis zu diesem Datum errichtet hat (§ 48 Abs. 2, vgl. dort RdNr. 8 bis 10).

8 **dd)** Bei **Überlassungsverträgen zu Wohn- und zu gewerblichen Zwecken** (§§ 34 bis 42) wird § 12 durch die Sondervorschrift des § 41 verdrängt. Zudem wird der Nutzer hier zumeist kein Gebäude errichtet haben. Hat der Nutzer aufgrund eines solchen Vertrages ein Eigenheim errichtet oder bauliche Maßnahmen iSv. § 12 Abs. 2 SachenRBerG vorgenommen, ist der Vertrag in das vorrangige SachenRBerG einzubeziehen (§ 2 Abs. 1 Nr. 2, vgl. dort RdNr. 12).

II. Einzelerläuterung

9 **1. Voraussetzungen gem. § 12 Abs. 1. a) Vertragsverhältnis iSv. § 1 Abs. 1 Nr. 1 oder 3.** Es muß ein Vertragsverhältnis iSv. § 1 Abs. 1 Nr. 1 oder 3 vorliegen (RdNr. 5 bis 8). Aufgrund des Vertrages muß der Nutzer ein Bauwerk (§ 5) „entsprechend den Rechtsvorschriften der DDR" errichtet haben (RdNr. 4 u. 10). Danach muß das Vertragsverhältnis – durch Kündigung oder Zeitablauf – beendet worden sein; der Umfang der Entschädigung hängt von der Art der Beendigung ab (Abs. 2 u. 3, s. RdNr. 13).

10 **b) Bauwerk „entsprechend den Vorschriften der DDR".** „Entsprechend den Rechtsvorschriften der DDR" muß das Bauwerk errichtet worden sein. Diese Voraussetzung ist nach

der Rechtslage der DDR, an die die Vorschrift anknüpft, gegeben, wenn eine Bauzustimmung und (die idR erforderliche) zivilrechtliche Zustimmung des Grundstückseigentümers oder des anderen Vertragsschließenden vorliegen. Die Notwendigkeit der Bauzustimmung richtete sich nach der Verordnung über Bevölkerungsbauwerke vom 8. 11. 1984 (GBl. I S. 433), geändert durch die 2. VO vom 13. 7. 1989 (GBl. I S. 191).

11 Für die Zeit **seit dem 3. 10. 1990** müssen Wochenendhäuser, Gartenlauben usw. in korrigierender Auslegung des Abs. 1 dem Bauordnungsrecht der neuen Länder entsprechen. Andernfalls greift insoweit die Rechtsfolge des Abs. 1 S. 2 ein (s. RdNr. 12). Die Bauzustimmung, die gem. § 5 Abs. 6 der VO über Bevölkerungsbauwerke unbeschadet der Rechte Dritter erging, ersetzte nicht die – zB gem. § 313 Abs. 2 ZGB – erforderliche Zustimmung des Grundstückseigentümers. Das Fehlen dieser Zustimmung ist ausnahmsweise unbeachtlich, wenn der Nutzungsvertrag von einer staatlichen Stelle abgeschlossen worden ist und eine Behörde dieser Körperschaft die Bauzustimmung erteilt hatte (§ 19 Abs. 2).

12 **c) Fehlen der Bauzustimmung.** Fehlt die Bauzustimmung, kann der Nutzer Ersatz nur nach Maßgabe der Vorschriften über die Herausgabe einer ungerechtfertigten Bereicherung verlangen (Abs. 1 S. 2). Die Bereicherung des Grundstückseigentümers ist schon mit der Bauerrichtung eingetreten, da insoweit selbständiges Baulichkeiteneigentum nicht entstehen konnte (§§ 295, 296 Abs. 1 S. 1 ZGB). Der Bereicherungsanspruch richtet sich dann nach § 356 ZGB. Eine Bereicherung des Grundstückseigentümers fehlt, wenn der Nutzer gegenüber der Baubehörde zur Beseitigung des Gebäudes verpflichtet ist. Die Baubehörde konnte eine Abbruchverfügung allerdings nicht mehr erlassen, wenn seit der Fertigstellung des Bauwerks 5 Jahre verstrichen waren (§ 11 Abs. 3 der VO über Bevölkerungsbauwerke). In allen Fällen bleibt dem Nutzer das Wegnahmerecht des Abs. 4.

13 **2. Unterschiedliche Rechtsfolgen je nach Art der Beendigung (Abs. 2 u. 3). a) Kündigung durch Grundstückseigentümer (Abs. 2 S. 1).** Der Nutzer hat seine Investitionen im Vertrauen auf den Fortbestand des Vertrages vorgenommen. Dieses Vertrauen soll geschützt werden.[1] Hat der **Grundstückseigentümer gekündigt,** ist die Entschädigung grundsätzlich nach dem Zeitwert des *Bauwerks* im Zeitpunkt der Rückgabe des Grundstücks zu bemessen. Auf die Frage, ob dadurch der Wert des *Grundstücks* erhöht ist, kommt es in diesem Fall nicht an. Die Ermittlung des Zeitwerts des Bauwerks erfolgt im Streitfall an Hand der WertV[2] und den dazu erlassenen Wertermittlungsrichtlinien.[3] Bei Bauwerken zu Erholungszwecken kommt in der Regel nicht das Ertragswertverfahren (§§ 15ff. WertV), sondern nur das Sachwertverfahren (§ 21ff. WertV) in Betracht.[4]

14 **b) Begrenzung auf den Wertzuwachs des Grundstücks nach Abs. 2 S. 2. aa)** In den nachstehenden Fällen ist der Nutzer nicht in gleichem Maße schutzwürdig; hier soll er eine Entschädigung nur insoweit verlangen können, als der Verkehrswert des Grundstücks durch das Bauwerk im Zeitpunkt der Rückgabe noch erhöht ist (Abs. 2 S. 2, Abs. 3). Dies gilt bei
- Kündigung durch den Nutzer, – wohl auch bei einvernehmlicher Vertragsaufhebung[5] –
- Kündigung durch den Grundstückseigentümer, wenn der Nutzer durch sein Verhalten hierzu einen wichtigen Grund gegeben hat, oder bei
- Beendigung des Vertragsverhältnisses zu einem Zeitpunkt, in dem die Kündigungsschutzfrist seit mindestens 7 Jahren verstrichen ist, dh. im Falle des § 23 ab dem 4. 10. 2022. Der Investitionsschutz reicht mithin noch 7 Jahre über den Bestandsschutz hinaus.

15 **bb)** Diese Einschränkung des Ersatzanspruchs bezieht sich nur auf die Entschädigung für Bauwerke, nicht auf **sonstige werterhöhende Maßnahmen** (Abs. 5). Da diese nicht durch Abs. 2 S. 1 privilegiert waren, sind sie auch nicht von der Einschränkung des Abs. 2 S. 2 betroffen. Insoweit gelten nach Abs. 5 die allgemeinen Vorschriften (RdNr. 3).

16 **cc)** Zu ersetzen ist in diesen Fällen, ähnlich wie bei der Landpacht (§ 591 Abs. 1 BGB), **die Werterhöhung des Grundstücks,** die nach Vertragsbeendigung verbleibt. Diese ist von der mit dem Grundstück zulässigerweise bezweckten Verwendung abhängig. Eine Werterhöhung ist für das Grundstück zB dann nicht vorhanden, wenn ein Wochenendhaus einer geplanten Wohn-

[1] BT-Drucks. 12/7135 S. 47.

[2] Verordnung über Grundsätze für die Ermittlung der Verkehrswerte von Grundstücken (Wertermittlungsverordnung – WertV) vom 6. 12. 1988 (BGBl. I S. 2209), erlassen auf Grund von §§ 192 bis 199 BauGB.

[3] Vom 11. 6. 1991, BAnz. Nr. 182a vom 27. 9. 1991 nebst ergänzenden Hinweisen für das Gebiet der neuen Länder vom 17. 3. 1992 BAnz. Nr. 86a vom 8. 5. 1992.

[4] BT-Drucks. 12/7135 S. 47.

[5] *Bultmann* in: *Kiethe,* SchuldRAnpG § 12 RdNr. 11.

oder gewerblichen Bebauung weichen muß. Ist eine Änderung der Nutzungsart dagegen unzulässig, wird der Grundstückswert durch das vorhandene Wochenendhaus erhöht.[6]

17 **3. Wegnahmerecht des Nutzers (Abs. 4).** In allen Fällen der Vertragsbeendigung hat der Nutzer das Wegnahmerecht (Abs. 4); dieses tritt an die Stelle des Entschädigungsanspruchs. Der Nutzer kann das Bauwerk vom Grundstück abtrennen und sich aneignen (Abs. 4 S. 2). Aneignung setzt voraus, daß das Bauwerk im Eigentum des Grundstückseigentümers steht. Bei Baulichkeiten ist dies der Fall, wenn – ausnahmsweise – kein Sondereigentum entstanden ist, oder wenn dieses mit Vertragsbeendigung bereits – gemäß § 11 Abs. 1 – an den Grundstückseigentümer gefallen ist. Gemäß § 258 S. 2 BGB, der anzuwenden ist, hat der Grundstückseigentümer auch nach der Rückgabe des Grundstücks die Wegnahme zu gestatten.[7] Im Falle der Wegnahme hat der Nutzer das Grundstück auf seine Kosten in den vorherigen Stand zu versetzen und dem Grundstückseigentümer insoweit ggf. Sicherheit zu leisten.

18 **4. Andere werterhöhende Maßnahmen (Abs. 5). a) Anwendungsbereich.** Abs. 5 erfaßt **alle übrigen werterhöhenden Maßnahmen,** die keine Bauwerke (Abs. 1, § 5) und keine Anpflanzungen (§ 27) sind. Werterhöhungsmaßnahmen an vom Nutzer errichteten Bauwerken sind jedoch allein nach den Abs. 1 bis 3 zu entschädigen: Sie erhöhen den Zeitwert des Bauwerks im Zeitpunkt der Rückgabe, auf den Abs. 2 ausdrücklich abstellt. Sie sind daher – insbes. im Fall des Abs. 3 – nicht etwa selbständig nach Abs. 5 abzugelten. Werterhöhungsmaßnahmen im Rahmen von Überlassungsverträgen scheiden hier ebenfalls aus, da § 12 insgesamt durch § 41 ersetzt wird (s. oben RdNr. 8 und § 41 RdNr. 2).

19 **b) Abgeltung nach den allgemeinen Vorschriften.** Andere werterhöhende Maßnahmen sind nach den **allgemeinen Vorschriften** abzugelten. Diese sind über § 6 Abs. 1 ohnehin anzuwenden. Die Vorschrift dient daher nur der Klarstellung.[8] Bei den allgemeinen Vorschriften handelt es sich um die Regelungen des Verwendungsersatzes (§ 547 Abs. 1 S. 1 BGB betr. notwendige Verwendungen, § 547 Abs. 2 iVm. §§ 677 bis 687 BGB betr. nützliche Verwendungen) und des Bereicherungsausgleichs (§ 356 ZGB, wenn die Bereicherung vor dem 3. 10. 1990 eingetreten ist[9] und §§ 951 Abs. 1 iVm. 812ff. BGB, wenn die Bereicherung nach diesem Zeitpunkt eingetreten ist). Die Absätze 2 (besonderer Investitionsschutz) und 3 (Beschränkung auf die bei Rückgabe vorhandene Verkehrswerterhöhung des Grundstücks) gelten hier nicht.

§ 13 Entschädigungsleistung bei Sicherungsrechten

Hat der Sicherungsnehmer dem Grundstückseigentümer das Bestehen eines Sicherungsrechts an der Baulichkeit angezeigt, kann der Grundstückseigentümer die Entschädigung nach § 12 nur an den Sicherungsnehmer und den Nutzer gemeinschaftlich leisten. § 1281 Satz 2 des Bürgerlichen Gesetzbuchs ist entsprechend anzuwenden.

1 **1. Normzweck.** Die Vorschrift dient dem Schutz der Kreditgeber (Sicherungsnehmer). Die auf Erholungsgrundstücken errichteten Baulichkeiten sind häufig von Kreditinstituten finanziert worden, wobei die Kredite regelmäßig durch (besitzlose) Pfandrechte an der Baulichkeit (§ 448 ZGB) gesichert worden sind. Diese Pfandrechte bestehen gem. Art. 233 § 3 Abs. 1 EGBGB fort. Soweit das Baulichkeiteneigentum bei Vertragsbeendigung erlischt, setzen sich die Pfandrechte gem. § 11 Abs. 2 S. 2 am Entschädigungsanspruch des Nutzers fort. In dieser Lage könnte der Grundstückseigentümer, dem das Bestehen des Pfandrechts nicht bekannt ist, mit befreiender Wirkung an den Nutzer leisten, wodurch auch das Pfandrecht erlöschen würde. Dies will die Vorschrift verhindern.[1]

2 **2. Regelungsinhalt.** Die Vorschrift ordnet daher an, daß der Grundstückseigentümer die Entschädigung an den Sicherungsnehmer und den Nutzer nur **gemeinschaftlich leisten** kann, wenn der Sicherungsnehmer ihm das Bestehen eines Sicherungsrechts an der Baulichkeit angezeigt hat. Alsdann ist § 1281 S. 2 BGB entsprechend anzuwenden. Danach können Sicherungs-

[6] BT-Drucks. 12/7135 S. 47.
[7] BGHZ 81, 150 und 101, 42.
[8] BT-Drucks. 12/8035 S. 26.
[9] BGH DtZ 1994, 339, 341; Ergbd. *Heinrichs* Art. 232 § 1 EGBGB RdNr. 7.
[1] BT-Drucks. 12/7135 S. 47, 48.

nehmer und Nutzer vom Grundstückseigentümer Leistung an beide gemeinschaftlich oder Hinterlegung für beide verlangen.

3 Eine solche **Anzeige** durch den Sicherungsnehmer ist nur zulässig, wenn der Nutzer hierzu sein Einverständnis gibt. In der Regel wird der Nutzer nach dem Kreditvertrag spätestens ab Fälligkeit der Kreditforderung zur Erklärung seines Einverständnisses verpflichtet sein.

§ 14 Entschädigung für Vermögensnachteile

Endet das Vertragsverhältnis durch Kündigung des Grundstückseigentümers vor Ablauf der Kündigungsschutzfrist, kann der Nutzer neben der Entschädigung für das Bauwerk nach § 12 eine Entschädigung für die Vermögensnachteile verlangen, die ihm durch die vorzeitige Beendigung des Vertragsverhältnisses entstanden sind. Der Anspruch nach Satz 1 besteht nicht, wenn der Nutzer durch sein Verhalten Anlaß zu einer Kündigung aus wichtigem Grund gegeben hat.

I. Normzweck und Anwendungsbereich

1 Die Vorschrift betrifft alle Nutzungsverhältnisse des § 1. Sie trägt der Tatsache Rechnung, daß diese Nutzungsverhältnisse in der DDR oft unbefristet und nur eingeschränkt kündbar waren. Dem entsprechen jetzt die zT großzügig bemessenen Kündigungsschutzfristen (§§ 23, 24, 38, 39, 49, 52). Soweit eine Kündigung des Grundstückseigentümers ausnahmsweise vor Ablauf einer Kündigungsschutzfrist zulässig ist, soll der Nutzer für solche Nachteile entschädigt werden, die ihm durch die vorzeitige Beendigung des Nutzungsverhältnisses entstehen. Das Miet- und Pachtrecht des BGB sieht hier keine Entschädigung vor. Der Gesetzgeber hat sich bei der vorliegenden Vorschrift an der Rechtsprechung des BGH zur vorzeitigen Auflösung von Miet- oder Pachtverhältnissen bei Enteignungen nach dem BauGB orientiert.[1]

II. Einzelerläuterung

2 **1. Voraussetzungen.** Voraussetzung ist eine **Kündigung** des Vertragsverhältnisses durch den Grundstückseigentümer **vor Ablauf der Kündigungsschutzfrist** (Begriff: § 12 Abs. 2 S. 2 aE). Auch eine nur geringfügig vor Fristablauf ausgesprochene Kündigung löst die Rechtsfolge des § 14 (bis zu der durch Treu und Glauben gezogenen Grenze) aus. Allerdings werden die hierdurch bedingten Vermögensnachteile entsprechend gering sein. Bei einvernehmlich vorzeitiger Vertragsbeendigung greift die Entschädigungsregelung nicht ein. Eine Übereinkunft über die Vertragsbeendigung sollte sich daher auch auf die Regelung eventueller Vermögensnachteile des Nutzers beziehen.

3 Der Nutzer darf nicht durch sein Verhalten Anlaß zu einer **Kündigung aus wichtigem Grund** gegeben haben (S. 2). Dem Nutzer nachteilig ist nicht jede Kündigung aus wichtigem Grund, sondern nur eine solche, zu der der Nutzer durch sein Verhalten Anlaß gegeben hat, zB gem. §§ 553, 554 oder 554a BGB. Wegen der Kündigungen aus wichtigem Grund s. auch § 23 RdNr. 3.

4 **2. Rechtsfolgen. a) Vermögensnachteile.** Nur die durch die vorzeitige Vertragsbeendigung entstandenen Vermögensnachteile sind zu erstatten. Ein Ersatz für ideelle Einbußen findet nicht statt.

5 **b) Zinsverluste.** Soweit Kosten, etwa für die Beschaffung eines Ersatzgrundstücks und für den Umzug, später ohnehin angefallen wären, kann ein Vermögensnachteil nur in einem Zinsverlust bestehen.[2]

6 **c) Mehraufwendungen** können sich für den Nutzer dadurch ergeben, daß sein bisher zu zahlendes Entgelt die Obergrenze bis zur Ortsüblichkeit (gem. § 3 NutzEV) noch nicht erreicht hatte, während er für das neue Grundstück nunmehr ein höheres Entgelt zahlen muß. Der Vermögensnachteil besteht dann in der Differenz der Nutzungsentgelte.

7 **d) Ertragseinbußen.** Ins Gewicht fallen können insbesondere Ertragseinbußen, die als Folge einer Gewerberaumverlegung eintreten. Auch insoweit wird ein Vergleich mit der Vermö-

[1] BT-Drucks. 12/7135 S. 48; BGH NW 1972, 528ff. und 1982, 2181ff.

[2] BGH NJW 1972, 528ff. und 1982, 2181ff.

genslage anzustellen sein, die bei einem normalen Auslaufen des Mietvertrages bestanden hätte. Wären die Einbußen bei einer späteren Geschäftsverlegung ebenfalls entstanden, ist nur der Zwischenzins zu erstatten.[3]

§ 15 Beseitigung des Bauwerks; Abbruchkosten

(1) Der Nutzer ist bei Vertragsbeendigung zur Beseitigung eines entsprechend den Rechtsvorschriften der Deutschen Demokratischen Republik errichteten Bauwerks nicht verpflichtet. Er hat jedoch die Hälfte der Kosten für den Abbruch des Bauwerks zu tragen, wenn

1. das Vertragsverhältnis von ihm oder nach Ablauf der in § 12 Abs. 2 bestimmten Frist vom Grundstückseigentümer gekündigt wird oder er durch sein Verhalten Anlaß zu einer Kündigung aus wichtigem Grund gegeben hat und

2. der Abbruch innerhalb eines Jahres nach Besitzübergang vorgenommen wird.

(2) Der Grundstückseigentümer hat dem Nutzer den beabsichtigten Abbruch des Bauwerks rechtzeitig anzuzeigen. Der Nutzer ist berechtigt, die Beseitigung selbst vorzunehmen oder vornehmen zu lassen.

(3) Die Absätze 1 und 2 sind nicht mehr anzuwenden, wenn das Vertragsverhältnis nach Ablauf des 31. Dezember 2022 endet.

I. Normzweck, Anwendungsbereich

1 In der DDR ist die Pflicht zur Beseitigung des Bauwerks bei Vertragsbeendigung sehr selten praktisch geworden. Bei Kündigung eines Erholungsgrundstücks kam regelmäßig die Ankaufsverpflichtung des Überlassenden (§ 314 Abs. 6 ZGB) zum Tragen. Das SchuldRAnpG hat den Nutzer daher von der aus § 556 BGB folgenden, ihn auch psychologisch belastenden Pflicht zur Beseitigung des Bauwerks befreit. Unter bestimmten Voraussetzungen hat er die Hälfte der Abbruchkosten zu tragen. Diese Verpflichtung kann wegen der in der DDR teilweise verwendeten gefährlichen Baustoffe erhebliche Bedeutung erlangen.

2 § 15 enthält eine von den Vorschriften des BGB abweichende Sonderregelung im Hinblick auf die Beseitigung des Bauwerks (§ 5). Darüber hinaus bleibt der Nutzer zur Rückgabe des Grundstücks in ordnungsgemäßem Zustand verpflichtet (§ 6, § 556 BGB). Er hat zB Verunreinigungen des Bodens auf seine Kosten zu beseitigen[1] oder von ihm entfernte Grenzmarkierungen wieder herzustellen.

II. Einzelerläuterung

3 **1. Keine Abbruchverpflichtung gem. Abs. 1 Satz 1.** Die Vorschrift bezieht sich auf alle Nutzungsverhältnisse und auf Bauwerke (§ 5). Der Nutzer ist bei Vertragsbeendigung zur Beseitigung „eines entsprechend den Rechtsvorschriften der DDR errichteten Bauwerks" nicht verpflichtet. Hierunter fällt (ebenso wie in § 12, vgl. dort RdNr. 4 bis 8) auch ein nach dem 3. 10. 1990 zulässigerweise errichtetes Bauwerk, auch wenn dieses nicht mehr entspr. den Rechtsvorschriften der DDR errichtet sein kann. Insoweit genügt es, daß die Errichtung den geltenden zivilrechtlichen und öffentlich-rechtlichen Bestimmungen entspricht.

4 Aus Abs. 1 folgt im Umkehrschluß, daß der Nutzer ein **baurechtswidrig** oder rechtswidrig gegen den Willen des Eigentümers errichtetes Bauwerk auf seine Kosten zu entfernen hat. Zwar konnte gem. § 11 Abs. 3 der Verordnung über Bevölkerungsbauwerke[2] nach Ablauf einer 5-Jahres-Frist eine Abrißverfügung nicht mehr ergehen. Indessen bleibt ein Gebäude auch nach Ablauf dieser Frist baurechtswidrig iSv. § 15 Abs. 1 mit der Folge, daß der Nutzer dieses nach Vertragsbeendigung auf seine Kosten zu entfernen hat.[3]

5 **2. Hälftige Teilung des Abbruchkosten gemäß Abs. 1 Satz 2.** Hat der Grundstückseigentümer dem Nutzer gem. § 12 Abs. 2 S. 1 den Zeitwert des Bauwerks zu ersetzen, trägt er auch die Abbruchkosten. Dagegen hat der Nutzer in den drei in § 12 Abs. 2 S. 2 genannten Fällen die Hälfte der Abbruchkosten zu tragen, nämlich bei

[3] BGH NJW 1972, 528, 530.
[1] BT-Drucks. 12/7135 S. 49.
[2] Vom 8. 11. 1984 (GBl. I S. 433).
[3] LG Berlin ZMR 1996, 39 (L).

– Kündigung durch den Nutzer selbst,
– Kündigung durch den Grundstückseigentümer, wenn der Nutzer durch sein Verhalten hierzu einen wichtigen Grund gegeben hat, oder
– bei Kündigung des Vertragsverhältnisses zu einem Zeitpunkt, in dem die „in § 12 Abs. 2 bestimmte Frist" verstrichen ist,

wenn der Abbruch alsdann innerhalb eines Jahres nach Besitzübergang vorgenommen wird (Abs. 1 S. 2 Nr. 2).

6 Nur eine solche **Kündigung aus wichtigem Grund** führt zu einer Beteiligung des Nutzers an den Abbruchkosten, zu der der Nutzer durch sein Verhalten Anlaß gegeben hat. Sonstige Gründe für eine außerordentliche Kündigung scheiden aus. Auf den Lauf der Investitionsschutzfrist (s. nachstehend) kommt es bei der außerordentlichen Kündigung nicht an.

7 Auch bei der **ordentlichen Kündigung** durch den Grundstückseigentümer wird ein Gleichklang mit der Regelung in § 12 Abs. 2 hergestellt. Unter der „in § 12 Abs. 2 bestimmte(n) Frist" ist daher die besondere **Investitionsschutzfrist** von sieben Jahren (s. § 12 RdNr. 14) zu verstehen. Diese Frist muß bei einer ordentlichen Kündigung durch den Grundstückseigentümer verstrichen sein.

8 **3. Selbstvornahme des Abbruchs durch den Nutzer (Abs. 2).** Soweit der Nutzer zur Tragung der hälftigen Abbruchkosten verpflichtet ist, kann es günstiger für ihn sein, den Abbruch selbst vorzunehmen, dh. auch selbst in Auftrag zu geben. Abs. 2 S. 2 räumt ihm diese Möglichkeit ausdrücklich ein. Allerdings umfaßt bereits das Wegnahmerecht des Nutzers gem. § 12 Abs. 4 den Abbruch. Die – klarstellende – Bedeutung des Abs. 2 liegt darin, daß bei einem Abbruch der Nutzer den Vortritt hat und daß er sein Wegnahmerecht jedenfalls solange ausüben kann, wie er zur Tragung der hälftigen Abbruchkosten verpflichtet ist (Abs. 1 S. 2 Nr. 2).

9 Um dem Nutzer die Durchführung des Abbruchs in eigener Regie zu ermöglichen, hat der Grundstückseigentümer diesem den beabsichtigten Abbruch **rechtzeitig anzuzeigen** (Abs. 2 S. 1). Eine rechtzeitige Anzeige muß eine angemessene Zeit der Überlegung und – je nach dem Umfang des Bauwerks – zur Organisation und Vorbereitung des Abbruchs – einschließen.[4] Verletzt der Grundstückseigentümer seine Anzeigepflicht, indem er eine Anzeige unterläßt oder eine für die Selbstvornahme zu kurze Frist setzt, macht er sich schadensersatzpflichtig. Sein Anspruch auf Erstattung der hälftigen Abbruchkosten kann sich dadurch im Ergebnis verringern: Hätte der Nutzer bei Selbstvornahme des Abbruchs insgesamt weniger als den hälftigen Betrag aufgewandt, braucht er dem Grundstückseigentümer nur diesen Betrag zu erstatten.[5]

10 **Beseitigt der Nutzer** das Bauwerk selbst, kann er nicht umgekehrt vom Grundstückseigentümer Ersatz der hälftigen aufgewandten Kosten verlangen.[6]

11 **4. Geltung bis längstens zum 31. Dezember 2022.** Das vom BGB abweichende Sonderrecht soll nur für eine Übergangszeit gelten.[7] Die Absätze 1 und 2 sind daher gem. Abs. 3 nicht mehr anzuwenden, wenn das Vertragsverhältnis nach Ablauf des 31. 12. 2022 endet.

§ 16 Kündigung bei Tod des Nutzers

(1) Stirbt der Nutzer, ist sowohl dessen Erbe als auch der Grundstückseigentümer zur Kündigung des Vertrages nach § 569 des Bürgerlichen Gesetzbuchs berechtigt.

(2) Ein Vertrag nach § 1 Abs. 1 Nr. 1 zur kleingärtnerischen Nutzung, Erholung oder Freizeitgestaltung wird beim Tod eines Ehegatten mit dem überlebenden Ehegatten fortgesetzt, wenn auch der überlebende Ehegatte Nutzer ist.

I. Normzweck

1 Der Überlassende will das Grundstück im Regelfall nur einer bestimmten Person zur Verfügung stellen. Nach deren Tod wird das Grundstück von dem gemäß § 1922 BGB in den Vertrag eintretenden Erben häufig nicht benötigt. Auch dienten die Kündigungsbeschränkungen gerade dem Schutz des vertraglichen Nutzers; der Erbe ist weniger schutzbedürftig. Die Vorschrift räumt daher beim Tod des Nutzers sowohl dessen Erben als auch dem Grundstücksei-

[4] So auch *Rövekamp* S. 157; *Thiele-Krajewski-Röske* § 15 RdNr. 22.
[5] *Thiele-Krajewski-Röske* § 15 RdNr. 23.
[6] *Thiele-Krajewski-Röske* § 15 RdNr. 20.
[7] BT-Drucks. 12/8035 S. 26.

gentümer ein außerordentliches Kündigungsrecht ein. Abs. 2 betr. nur Verträge nach § 1 Abs. 1 Nr. 1 und dient dem Schutz des überlebenden Ehegatten.

II. Einzelerläuterung

2 **1. Voraussetzungen des Sonderkündigungsrechts (Abs. 1). a) Natürliche Person als Nutzer.** Es muß ein Nutzungsverhältnis iSv. § 1 Abs. 1 mit einer natürlichen Person als Nutzer vorliegen. Die Vorschrift greift nicht ein, wenn der Vertrag zulässigerweise (s. § 6 Abs. 2 und 3) auf den Tod des Nutzers befristet war.[1] Das Sonderkündigungsrecht entsteht mit dem Tod des Nutzers. Eine entsprechende Anwendung auf eine juristische Person ist abzulehnen.

3 **b) Tod eines von mehreren Nutzern.** Auch der Tod eines von mehreren Nutzern löst im Regelfall das Sonderkündigungsrecht aus,[2] wovon auch Abs. 2 ausgeht. Es kann aber nur einheitlich von und gegenüber der Nutzerseite ausgeübt werden.

4 **2. Rechtsfolgen des Abs. 1. a) Außerordentliches Kündigungsrecht.** Abs. 1 schafft ein außerordentliches Kündigungsrecht, das beiden Seiten – dem Erben des Nutzers wie dem Grundstückseigentümer – zusteht. Die Kündigung hat für alle Nutzungsverhältnisse iSv. § 1 Abs. 1 nach Maßgabe des § 569 BGB zu erfolgen. Die Verweisung auf § 569 BGB hebt bei Pachtverträgen die Vorschrift des § 584a Abs. 2 BGB auf.

5 **b) Kündigungsfristen.** Gemäß §§ 569 Abs. 1 S. 1, 565 Abs. 5 BGB gelten bei Mietverhältnissen die dort genannten Kündigungsfristen, bei Pachtverträgen gilt § 584 BGB. Die Kündigung kann nur für den ersten Termin erfolgen, an dem sie zulässig ist (§ 569 Abs. 1 S. 2 BGB). Das ist der Termin, zu dem der Kündigende (Erbe oder Grundstückseigentümer) bei Anwendung der erforderlichen Sorgfalt frühestens kündigen kann.[3] Der Grundstückseigentümer muß alles ihm nach den Umständen Zumutbare tun, um sich Gewißheit über die Person des Erben zu verschaffen; andernfalls verliert er sein Kündigungsrecht.[4]

6 **c) Nutzungsverträge über Wohnraum.** Bei Nutzungsverträgen über Wohnraum (zB Überlassungsverträgen zu Wohnzwecken, § 34) gelten über §§ 6 Abs. 1, 569 Abs. 2 BGB die besonderen Schutzbestimmungen der §§ 569a, 569b BGB. Diese Vorschriften gehen § 16 Abs. 1 vor.[5] Sie regeln insbesondere den Eintritt von Familienangehörigen in das Mietverhältnis (§ 569a Abs. 1 und 2). Das Sonderkündigungsrecht steht dem Vermieter gemäß § 569a Abs. 5 BGB nur zu, wenn in der Person des Eintretenden ein wichtiger Grund vorliegt; im Falle des § 569b BGB hat der Vermieter kein Sonderkündigungsrecht. Im übrigen wird auf §§ 569a, 569b BGB und die Erläuterungen dazu verwiesen.

7 **d) Kündigung durch Grundstückseigentümer.** Endet das Nutzungsverhältnis durch Kündigung seitens des Grundstückseigentümers innerhalb der Frist des § 12 Abs. 2, stehen den Erben des Nutzers die Entschädigungsansprüche gemäß § 12 Abs. 2 und § 14 zu.

8 **3. Fortsetzung der Verträge über Erholungsgrundstücke (Abs. 2). a) Bei Nutzungsverträgen zur Erholung** iSv. § 1 Abs. 1 Nr. 1 ordnet Abs. 2 die Vertragsfortsetzung ähnlich wie bei § 569b BGB an. Der Vertrag wird – im Wege gesetzlich angeordneter **Sonderrechtsnachfolge** – mit dem überlebenden Ehegatten fortgesetzt, wenn dieser ebenfalls Vertragspartner ist. Auf seine Erbenstellung kommt es nicht an. Ein Sonderkündigungsrecht des Grundstückseigentümers besteht hier nicht.

9 **b) Überlebender Ehegatte als Nutzer** (§ 4). In der Regel waren beim Abschluß eines Vertrages gemäß §§ 312ff. ZGB beide Ehegatten Vertragspartner: Hat beim Vertragsabschluß nur ein Ehegatte mitgewirkt, so hat er den anderen **vertreten,** da es sich um eine Angelegenheit des gemeinsamen Lebens gemäß § 11 S. 1 FGB handelte. Mit der Eheschließung trat ein Ehegatte in einen vorhandenen Vertrag über ein Erholungsgrundstück des anderen Ehegatten in entsprechender Anwendung von § 100 Abs. 3 ZGB ein; die diesbezügliche Rechtsprechung des OG[6] ist weiterhin zugrunde zu legen.

[1] *Thiele-Krajewski-Röske* § 16 RdNr. 2.
[2] *Palandt-Putzo* § 569 RdNr. 5.
[3] *Voelskow* § 569 RdNr. 8.
[4] OLG Hamm ZMR 1981, 211.
[5] BT-Drucks. 12/7135 S. 49; *Thiele-Krajewski-Röske* § 16 RdNr. 5.
[6] OG NJ 1984, 164.

§ 17 Unredlicher Erwerb

(1) Der Grundstückseigentümer kann ein Vertragsverhältnis nach § 1 Abs. 1 kündigen, wenn der Nutzer beim Abschluß des Vertrages unredlich im Sinne des § 4 des Vermögensgesetzes gewesen ist. Die Kündigung ist spätestens am dritten Werktag eines Kalendermonats für den Ablauf des auf die Kündigung folgenden fünften Monats zulässig. Kündigungen gemäß Satz 1 sind nur wirksam, wenn sie bis zum 31. Dezember 1996 erklärt werden.

(2) Der Grundstückseigentümer ist zu einer Kündigung nach Absatz 1 nicht berechtigt, wenn er die Aufhebung des Nutzungsvertrages durch Bescheid des Amtes zur Regelung offener Vermögensfragen beantragen kann oder beantragen konnte.

(3) Für ein bis zum Ablauf des 2. Oktober 1990 errichtetes Bauwerk kann der Nutzer eine Entschädigung nach § 12 Abs. 2 verlangen. § 14 ist nicht anzuwenden.

I. Normzweck

1 Durch eine Restitution oder die Aufhebung der staatlichen Verwaltung nach dem Vermögensgesetz werden bestehende Miet- oder Nutzungsrechte grundsätzlich nicht berührt (§ 17 S. 1 VermG). Unredlich erworbene schuldrechtliche und dingliche Nutzungsrechte werden im Rahmen des Restitutionsverfahrens durch Bescheid aufgehoben (§§ 16 Abs. 3, 17 S. 2, 3 VermG). Die Vorschrift des § 17 schafft eine Gleichstellung mit der Rechtslage nach dem VermG: Wenn der enteignete Grundstückseigentümer und der Eigentümer eines verwalteten Grundstücks die Unredlichkeit eines Nutzungsberechtigten geltend machen können, muß dies auch und erst recht für den nicht enteigneten und den nicht von staatlicher Verwaltung betroffenen Grundstückseigentümer gelten. Die Vorschrift gibt dem Grundstückseigentümer daher gegen den unredlichen Nutzer ein befristetes Sonderkündigungsrecht. Eine entsprechende Vorschrift für dingliche Nutzungsrechte enthält § 30 SachenRBerG. Das Sonderkündigungsrecht ist ausgeschlossen, wenn der Grundstückseigentümer die Aufhebung des Nutzungsvertrages im Verfahren nach dem VermG beantragen kann oder beantragen konnte. Es konnte i. ü. nur bis zum 31. 12. 1996 ausgeübt werden. – Im Restitutionsverfahren wird die Unredlichkeit durch das Vermögensamt von Amts wegen ermittelt (§ 31 Abs. 1 VermG). Demgegenüber muß die Unredlichkeit im Zivilprozeß behauptet und ggf. bewiesen werden.

II. Einzelerläuterung

2 **1. Voraussetzungen des Sonderkündigungsrechts (Abs. 1). a) Vertragsverhältnis nach § 1.** Es muß ein Vertragsverhältnis nach § 1 vorliegen, bei dessen Abschluß der Nutzer unredlich iSv. § 4 VermG gewesen ist. Das Gesetz knüpft nicht an den in § 4 Abs. 2 VermG genannten Personenkreis an. Daraus folgt, daß vorliegend, anders als in § 4 Abs. 3 VermG, **jeder vertragliche Nutzer** iSv. § 4 – auch eine juristische Person – unter die Vorschrift des § 17 fallen kann.

3 **b) Unredlichkeit des Nutzers.** Der Nutzer ist unredlich, wenn eines der Regelbeispiele von § 4 Abs. 3 lit. a bis c VermG vorliegt, dh. wenn der Rechtserwerb, – hier: der Abschluß des Nutzungsvertrages –

- nicht im Einklang mit den zum Erwerbszeitpunkt in der DDR geltenden **allgemeinen Rechtsvorschriften,** Verfahrensgrundsätzen und einer ordnungsgemäßen Verwaltungspraxis stand und der Erwerber dies wußte oder hätte wissen müssen (lit. a), oder
- darauf beruhte, daß der Erwerber durch **Korruption** oder **Ausnutzung einer persönlichen Machtstellung** auf den Zeitpunkt oder die Bedingungen des Erwerbs oder die Auswahl des Erwerbsgegenstandes eingewirkt hat (lit. b) oder
- davon beeinflußt war, daß sich der Erwerber eine von ihm selbst oder von dritter Seite herbeigeführte **Zwangslage oder Täuschung** des ehemaligen Eigentümers zunutze gemacht hat (lit. c).

Die Aufzählung ist, da nur beispielhaft, nicht abschließend. Unredlichkeit ist nicht mit dem Fehlen des guten Glaubens iSv. § 932 Abs. 2 BGB gleichzusetzen. Der Tatbestand des § 4 Abs. 3 lit. a VermG setzt voraus, daß die Abweichung von den allgemeinen Rechtsvorschriften, Verfahrensgrundsätzen oder einer ordnungsgemäßen Verwaltungspraxis bei objektiver Betrachtung die Absicht erkennen läßt, den Erwerbsvorgang gezielt zu beeinflussen.[1] Auf die Erläuterungen zu § 4 Abs. 3 VermG wird i. ü. verwiesen.[2]

4 Darüber hinaus liegt Unredlichkeit des Nutzers bei jeder **sittlich anstößigen Manipulation** beim Erwerbsvorgang vor, an der der Erwerber subjektiv beteiligt war.[3] Die objektiven und subjektiven Kriterien der Unredlichkeit müssen im Zeitpunkt des Erwerbs des (schuldrechtlichen) Nutzungsrechts, dh. bei Abschluß des Nutzungsvertrages, vorliegen.

5 Die Prüfung der Unredlichkeit erfordert stets eine wertende **Betrachtung des Einzelfalles.**[4] Nicht jeder Verstoß gegen Rechtsvorschriften, Verfahrensgrundsätze oder eine ordnungsgemäße Verwaltungspraxis führt bei fahrlässiger Unkenntnis zur Annahme eines unredlichen Erwerbs, umgekehrt ist auch bei Einhaltung aller Rechts- und Verfahrensvorschriften der DDR Unredlichkeit denkbar.[5]

6 **c) Einschränkung des Sonderkündigungsrechts.** Eine Einschränkung des Sonderkündigungsrechts folgt aus § 8 Abs. 3: Während in § 4 Abs. 3a VermG ein Kennenmüssen der dort aufgeführten Gesetzes- und Verfahrensverstöße, mithin Fahrlässigkeit, ausreicht, steht einem Vertragseintritt des Grundstückseigentümers nach § 8 Abs. 3 nur die positive Kenntnis des Nutzers entgegen. Soweit der Nutzer die fehlende Berechtigung des anderen Vertragsschließenden zur Überlassung des Grundstücks nur fahrlässig nicht kannte, hindert dies den Vertragseintritt des Grundstückseigentümers nicht. Dann steht dem Grundstückseigentümer in diesem Fall auch ein Kündigungsrecht nicht zu.

7 **2. Vorrang der Aufhebung des Nutzungsrechts im Verfahren nach dem VermG (Abs. 2).** Der Grundstückseigentümer hat kein Sonderkündigungsrecht nach Abs. 1, wenn er die Aufhebung des Nutzungsverhältnisses durch Bescheid des Amtes zur Regelung offener Vermögensfragen beantragen kann oder beantragen konnte. Hat der Grundstückseigentümer durch Bescheid des Vermögensamtes nach § 34 Abs. 1 VermG sein Grundstückseigentum oder – bei staatlicher Verwaltung durch Bescheid oder kraft Gesetzes (§ 11a VermG) – die Verfügungsbefugnis zurückerlangt, konnte er gem. § 17 S. 2 VermG die **Aufhebung** eines unredlich erlangten schuldrechtlichen Nutzungsrechts **durch das Vermögensamt** verlangen. Eine zusätzliche privatrechtliche Kündigungsmöglichkeit ist hier nicht angebracht. Folgende Fallgestaltungen sind möglich:

8 **a) Noch kein bestandskräftiger Abschluß.** Soweit ein Restitutionsverfahren noch nicht bestandskräftig abgeschlossen ist, kann der Grundstückseigentümer noch auf eine Entscheidung nach § 17 S. 2 VermG hinwirken; um einen förmlichen Aufhebungsantrag handelt es sich hier nicht. Für ein zusätzliches Sonderkündigungsrecht ist in diesen Fällen kein Raum.

9 **b) Bestandskräftiger Bescheid.** Ein Antrag auf Aufhebung eines Nutzungsverhältnisses konnte im Restitutionsverfahren nach Vorliegen eines bestandskräftigen Bescheides über die Rückübertragung oder die Aufhebung der staatlichen Verwaltung (die letztgenannte Entscheidung war nur bis zum 31. 12 1992 möglich) nur noch bis zum Ablauf von 6 Monaten nach Inkrafttreten des RegVBG gestellt werden (§ 30a Abs. 4 S. 3, Abs. 3 und 2 VermG).[6] Da das RegVBG am 25. 12 1993 in Kraft getreten ist, war diese Frist am 24. 6. 1994 abgelaufen.[7] In diesen Fällen ist ein Aufhebungsantrag – es handelt sich hier um einen förmlichen Antrag – und damit nach Abs. 2 auch das Sonderkündigungsrecht ausgeschlossen.[8]

10 **c) Beendigung kraft Gesetzes.** Auch nach der gem. § 11a Abs. 1 S. 1 VermG kraft Gesetzes zum Ablauf des 31. 12. 1992 eingetretenen Beendigung der staatlichen Verwaltung konnte ein Antrag auf Aufhebung eines Nutzungsverhältnisses gem. § 17 S. 2 VermG noch bis zum Ablauf des 24. 6. 1994 gestellt werden (§ 30a Abs. 3 S. 1, Abs. 2 VermG). Damit ist das Sonderkündigungsrecht gem. § 17 Abs. 2 VermG auch in diesen Fällen ausgeschlossen.

11 **3. Rechtsfolgen (Abs. 1). a) Sonderkündigungsrecht.** Liegen die Voraussetzungen gem. oben RdNr. 3 bis 6 vor und ist kein Ausschluß gem. Abs. 2 (RdNr. 7 bis 10) gegeben, hat der Grundstückseigentümer ein Sonderkündigungsrecht. Dieses Recht zur Kündigung besteht auch während einer laufenden Kündigungsschutzfrist.

[1] BVerwG NJW 1995, 1506.

[2] *Fieberg-Reichenbach* § 4 RdNr. 84; *Rädler-Koch* § 4 RdNr. 65ff.

[3] BVerwG VIZ 1993, 250 = ZOV 1993, 193 = NJ 1993, 378.

[4] *Horst* DtZ 1992, 43ff.

[5] *Kimme* VermG § 4 RdNr. 98ff.

[6] In der Fassung des RegVBG vom 20. 12. 1993, BGBl. I S. 2181, in Kraft seit dem 25. 12. 1993.

[7] Zur Fristberechnung *Wittmer* OV spezial 1994 Nr. 12. S. 2f.

[8] BT-Drucks. 12/7135 S. 50.

Die Kündigung ist spätestens bis zum 3. Werktag eines Monats für den Ablauf des auf die Kündigung folgenden 5. Monats zu erklären (Abs. 1 S. 2). Durch diese **Kündigungsfrist** wird dem Nutzer ähnlich wie in §§ 16 Abs. 3 S. 5, 17 S. 4 VermG eine halbjährige Schutzfrist zugestanden. 12

Der Grundstückseigentümer mußte die Kündigung **bis zum 31. 12. 1996** erklären (Abs. 1 S. 3), sofern er das Recht zur Kündigung nicht schon vorher verloren hatte (Abs. 2, RdNr. 6 bis 10). Eine Kündigungserklärung gem. § 17, die nach dem 31. 12. 1996 zugeht, ist unwirksam. 13

b) Entschädigung für das Bauwerk (Abs. 3). Abs. 3 billigt dem (wegen Unredlichkeit gekündigten) Nutzer einen **Entschädigungsanspruch** für ein bis zum 2. 10. 1990 errichtetes Bauwerk zu. Die Vorschrift orientiert sich damit an § 7 Abs. 2 S. 2 VermG. Das Bauwerk muß – anders als in den Fällen des § 12 – bis zum 2. 10. 1990 errichtet sein, wobei unausgesprochen vorausgesetzt wird, daß die Errichtung entsprechend den Rechtsvorschriften der DDR erfolgt ist (§ 12 Abs. 1). Die Verweisung auf § 12 Abs. 2 ist wegen des Gleichklangs mit § 7 Abs. 2 S. 2 VermG als eine solche auf § 12 Abs. 2 S. 1 zu verstehen. Damit ist die Entschädigung nach dem Verkehrswert des Bauwerks zu bemessen. Für ein nach dem 2. 10. 1990 errichtetes Bauwerk und für sonstige Verwendungen gelten über § 6 Abs. 1 die Vorschriften der §§ 547 Abs. 1, 951 Abs. 1, 812 ff. BGB. Eine Entschädigung für sonstige Vermögensnachteile (§ 14) wird durch Abs. 3 S. 2 ausgeschlossen. 14

4. Beweislast. Ist die Unredlichkeit des Nutzers streitig und nicht aufklärbar, stellt sich die Frage nach der Beweislast. Diese wird bei § 4 VermG entsprechend dem Gesetzesaufbau nach überwiegender Ansicht dem Nutzer auferlegt.[9] Nach der Fassung des § 17 hat dagegen der Grundstückseigentümer die Voraussetzungen des Sonderkündigungsrechts darzulegen und zu beweisen.[10] Er trägt daher auch die Darlegungs- und Beweislast für eine Unredlichkeit des Nutzers. 15

Kapitel 2. Vertragliche Nutzungen zu anderen persönlichen Zwecken als Wohnzwecken

Abschnitt 1. Allgemeine Vorschriften

§ 18 Anwendbarkeit der nachfolgenden Bestimmungen

Auf Verträge über die Nutzung von Grundstücken zu anderen persönlichen Zwecken als Wohnzwecken nach § 1 Abs. 1 Nr. 1 sind die nachfolgenden Bestimmungen anzuwenden.

Die Vorschriften des 2. Kapitels (§§ 18 bis 33) enthalten die **besonderen Bestimmungen für Nutzungsverträge zu anderen persönlichen Zwecken als Wohnzwecken.** Hierunter fallen in erster Linie die sogenannten Erholungsgrundstücke, die das Kernstück der Schuldrechtsanpassung bilden. 1

Eine zweite große Gruppe bilden die sogenannten **Garagengrundstücke,** auf denen Bürger Garagen und andere persönlichen Zwecken dienende Baulichkeiten, wie zum Beispiel kleine Werkstattgebäude und Geräteschuppen, errichtet haben.[1] Wegen der insoweit in Betracht kommenden Vertragsarten vgl. § 1 RdNr. 8 ff.

Abschnitt 1 des 2. Kapitels (§§ 18 bis 28) enthält die allgemeinen Vorschriften, Abschnitt 2 enthält besondere Bestimmungen für Ferienhaus- und Wochenendhaussiedlungen sowie andere Gemeinschaften. 2

[9] *Fieberg-Reichenbach* § 4 RdNr. 97; *Rädler-Koch* § 4, RdNr. 83; differenzierend *Wasmuth,* RV I, B 100 VermG § 4 RdNr. 244.

[10] Ebenso: *Thiele-Krajewski-Röske* RdNr. 18.

[1] BT-Drucks. 12/7135 S. 51.

§ 19 Heilung von Mängeln

(1) Ein Vertrag nach § 1 Abs. 1 Nr. 1 ist nicht deshalb unwirksam, weil die nach § 312 Abs. 1 Satz 2 des Zivilgesetzbuchs der Deutschen Demokratischen Republik vorgesehene Schriftform nicht eingehalten worden ist.

(2) Das Fehlen der Zustimmung zur Bebauung nach § 313 Abs. 2 des Zivilgesetzbuchs ist unbeachtlich, wenn der Nutzungsvertrag von einer staatlichen Stelle abgeschlossen worden ist und eine Behörde dieser Körperschaft dem Nutzer eine Bauzustimmung erteilt hat.

(3) Abweichende rechtskräftige Entscheidungen bleiben unberührt.

I. Normzweck

1 § 19 regelt die Heilung von zwei häufig anzutreffenden Mängeln. Nutzungsverträge über Erholungsgrundstücke bedurften nach § 312 Abs. 1 S. 2 ZGB der Schriftform. Dieses Formerfordernis ist in der Rechtswirklichkeit der DDR oftmals nicht beachtet worden. Verschiedentlich ist in der Rechtsprechung daher angenommen worden, daß *nach* dem 2. 10. 1990 durch konkludentes Handeln ein neuer Pachtvertrag geschlossen worden sei. § 19 erklärt nunmehr das Fehlen der Schriftform für unschädlich.

2 Gemäß § 313 Abs. 2 ZGB war der Nutzer zur Errichtung eines Wochenendhauses nur berechtigt, wenn dies vereinbart war. Fehlte die Zustimmung des Überlassenden zur Bebauung, konnte kein selbständiges Eigentum an der Baulichkeit entstehen. Das Fehlen der Zustimmung zur Bebauung wird durch § 19 Abs. 2 in dem dort genannten Fall für unbeachtlich erklärt.

3 Gemäß § 296 Abs. 2 S. 2 ZGB bedurfte der Abschluß eines neuen Nutzungsvertrages außerdem der staatlichen Genehmigung, die ebenfalls häufig fehlte. Insoweit besteht heute jedoch kein Regelungsbedarf. Das Genehmigungserfordernis ist durch Gesetz vom 28. 6. 1990 (GBl. I Nr. 39 S. 524) entfallen. Damit sind die zuvor schwebend unwirksamen Verträge wirksam geworden. Diese Fallgestaltung ist daher im SchuldRAnpG mit Recht nicht geregelt.

II. Einzelerläuterung

4 **1. Voraussetzungen. a) Vertragsarten.** Erfaßt werden alle unter § 1 Abs. 1 Nr. 1 fallenden Vertragsarten, für die das Schriftformerfordernis des § 312 Abs. 1 S. 2 ZGB galt. Die bis zum 31. 12. 1975 geschlossenen Bodennutzungsverträge unterlagen, wenn sie für längere Zeit als ein Jahr geschlossen wurden, dem Schriftformerfordernis nach §§ 581, 566 BGB. Bei Nichteinhaltung galt der Vertrag als für unbestimmte Zeit geschlossen und wurde bereits nach § 2 Abs. 2 S. 1 EGZGB in einen – ohne Einhaltung der Schriftform wirksamen – Vertrag nach §§ 312ff. ZGB übergeleitet. § 19 Abs. 1 betrifft daher nur Vertragsschlüsse ab dem 1. 1. 1976.

5 **b) Wirksamer Vertragsschluß.** Die Verträge müssen – bis auf das Fehlen der Schriftform – wirksam geschlossen sein. Rein tatsächliche, vertragslose Nutzungen scheiden aus. Die Beweislast für das Vorliegen eines Vertrages trifft denjenigen Vertragspartner, der sich darauf beruft.

6 **2. Rechtsfolgen. a) Fehlen der Schriftform.** Nur das Fehlen der Schriftform ist nach § 19 Abs. 1 **unbeachtlich.** Andere Wirksamkeitshindernisse wie zB fehlende Handlungsfähigkeit (§ 52 ZGB), fehlende Vertretung (§ 53f ZGB) oder Nichtigkeit (nach § 68 ZGB) werden nicht geheilt. Ggf. kann für die Zeit ab dem 3. 10. 1990 ein stillschweigender – und somit ohne Schriftform wirksamer – Vertragsschluß angenommen werden. Ein solcher Vertrag fällt jedoch nicht unter das SchuldRAnpG (§ 3).

7 **b) Fehlen der Zustimmung zur Bebauung.** Das Fehlen der Zustimmung zur Bebauung nach § 313 Abs. 2 ZGB ist nach § 19 Abs. 2 in einem speziellen Fall unbeachtlich. Dies gilt dann, wenn der Nutzungsvertrag von einer staatlichen Stelle abgeschlossen worden ist und eine Behörde dieser Körperschaft dem Nutzer eine – öffentlich-rechtliche –Bauzustimmung erteilt hat. Dieser Fall konnte namentlich bei staatlich verwalteten Grundstücken auftreten. Zuständig für die Erteilung der Bauzustimmung war nach § 2 der VO über Bevölkerungsbauwerke vom 8. 11. 1984, (GBl. Nr. 36 S. 433) der Rat der Gemeinde, des Stadtbezirks oder der Stadt. Dieselbe Körperschaft war häufig für die Zustimmung nach § 313 Abs. 2 ZGB zuständig. Mit der Erteilung der Bauzustimmung durfte der Nutzer davon ausgehen, daß sein Vorhaben auch zivilrechtlich gebilligt worden ist.[1]

[1] BT-Drucks. 12/7135 S. 52.

c) Abweichende rechtskräftige Entscheidungen bleiben gemäß Abs. 3 unberührt. Im Sinne dieser Vorschrift sind dies solche Entscheidungen, in denen ein Vertrag wegen Fehlens der Formvorschriften nach den Abs. 1 und 2 für unwirksam gehalten worden ist. 8

§ 20 Nutzungsentgelt

(1) Der Grundstückseigentümer kann vom Nutzer die Zahlung eines Nutzungsentgelts verlangen. Die Höhe des Entgelts richtet sich nach der Nutzungsentgeltverordnung vom 22. Juli 1993 (BGBl. I S. 1339) in ihrer jeweils gültigen Fassung.

(2) Auf die bisher unentgeltlichen Nutzungsverträge sind die Bestimmungen der Nutzungsentgeltverordnung entsprechend anzuwenden. Der Grundstückseigentümer kann den Betrag verlangen, den der Nutzer im Falle einer entgeltlichen Nutzung nach den §§ 3 bis 5 der Nutzungsentgeltverordnung zu zahlen hätte.

(3) Hat das Nutzungsentgelt die ortsübliche Höhe erreicht, kann jede Partei bis zum Ablauf der Kündigungsschutzfrist eine Entgeltanpassung nach Maßgabe der folgenden Bestimmungen verlangen. Eine Anpassung ist zulässig, wenn das Nutzungsentgelt seit einem Jahr nicht geändert worden ist und das ortsübliche Entgelt sich seitdem um mehr als zehn vom Hundert verändert hat. Das Anpassungsverlangen ist gegenüber dem anderen Teil schriftlich geltend zu machen. Das angepaßte Nutzungsentgelt wird vom Beginn des dritten Kalendermonats an geschuldet, der auf den Zugang des Anpassungsverlangens folgt.

I. Normzweck

Übergang zur Entgeltlichkeit. Verträge über Erholungsgrundstücke (§ 18) waren in der DDR zumeist, aber nicht notwendig, entgeltlich (§ 313 Abs. 2 ZGB). Unentgeltliche Nutzungsverträge waren nicht unüblich. Soweit in den Verträgen ein Entgelt vorgesehen war, war dieses unangemessen niedrig. Durch Art. 232 § 4 Abs. 2 EGBGB ist die Bundesregierung daher ermächtigt worden, durch Rechtsverordnung mit Zustimmung des Bundesrates Vorschriften über eine angemessene Gestaltung der Nutzungsentgelte zu erlassen. Auf dieser Grundlage ist die NutzEV vom 22. 7. 1993 (BGBl. I S. 1399) erlassen worden. Diese VO galt aber mangels ausreichender Ermächtigungsgrundlage nicht für unentgeltliche Nutzungsverträge und für Überlassungsverträge zur Erholung (§ 1 Abs. 2 Nr. 2 und 3 NutzEV). § 20 führt nunmehr – in Umsetzung der dazu vorgestellten Eckwerte[1] – generell die Entgeltlichkeit der Verträge ein und legt gleichzeitig die Geltung der NutzEV fest. Die NutzEV regelt eine Anpassung der Nutzungsentgelte an das ortsübliche Preisniveau in Gestalt sozialverträglicher Erhöhungsschritte. 1

II. Einzelerläuterung

1. Voraussetzungen. Voraussetzung ist ein unter § 1 Abs. 1 Nr. 1 fallender wirksamer Vertrag. Vertragslose Nutzung reicht nicht, auf diese ist weder die NutzEV noch das SchuldRAnpG anzuwenden. Einbezogen sind durch Abs. 2 S. 1 auch die bisher unentgeltlichen Verträge, sowie – unausgesprochen – die Überlassungsverträge über Erholungsgrundstücke, die von der Anwendung der NutzEV bisher ausgenommen waren (§ 1 Abs. 2 Nr. 2 und 3 NutzEV).[2] Auch auf Zwischenpachtverträge über Erholungsgrundstücke (über Verträge von Grundstückseigentümern mit Räten der Kreise, LPGen, VKSK) ist das SchuldRAnpG und somit § 20 anzuwenden.[3] 2

2. Rechtsfolge: Geltung der NutzEV. a) Allgemein. Bei den entgeltlichen Verträgen und den jetzt einbezogenen Überlassungsverträgen richtet sich die Höhe des Entgelts nunmehr kraft Gesetzes nach der NutzEV. Bisher unentgeltliche Verträge werden entgeltlich, hier gilt die NutzEV entsprechend (Abs. 2 S. 1). Die NutzEV ist gemäß Abs. 1 S. 2 in ihrer jeweils gültigen Fassung anzuwenden (sog. dynamische Verweisung). 3

[1] *Leutheusser-Schnarrenberger* DtZ 1993, 322, 325; *Schmidt-Räntsch* DtZ 1994, 82f und 322, 330.

[2] Zur Frage, ob die Überlassungsverträge zur Erholung mit Rücksicht auf Art. 232 § 4 Abs. 4 EGBGB bereits seit dem Inkrafttreten des RegVBG (25. 12. 1993) der NutzEV unterfallen, mit Recht verneinend: *Matthiessen* in: *Kiethe,* SchuldRAnpG § 20 RdNr. 6, 7.

[3] § 1 RdNr. 17.

4 **b) Anpassungsstufe § 3 NutzEV.** Bei den nunmehr entgeltlich gestellten Verträgen kann der Grundstückseigentümer den Betrag verlangen, den der Nutzer im Falle einer entgeltlichen Nutzung nach §§ 3 bis 5 NutzEV zu zahlen hätte (Abs. 2 S. 2). Die nunmehr entgeltlichen Verträge fallen mithin heute in dieselbe Anpassungsstufe von § 3 NutzEV wie die von Anfang an der NutzEV unterliegenden Verträge (siehe nachstehend).

5 **c) Inhalt der NutzEV.** Die am 1. 8. 1993 in Kraft getretene NutzEV sieht in § 3 Abs. 1 Nr. 1 bis 4 eine schrittweise Erhöhung der Entgelte bis zur ortsüblichen Höhe vor, und zwar
- ab dem 1. 11. 1993 auf das Doppelte des am 2. 10. 1990 zulässigen Entgelts, mindestens auf 0,15 DM/m², bei baulich genutzten Grundstücken auf 0,30 DM/m². Eine gänzlich unbedeutende Baulichkeit begründet keine bauliche Nutzung.[4]
- ab dem 1. 11. 1994 auf das Doppelte des sich nach § 3 Abs. 1 Nr. 1 ergebenden Entgelts,
- ab dem 1. 11. 1995 auf das Doppelte des sich nach § 3 Abs. 1 Nr. 2 ergebenden Entgelts und
- ab dem 1. 11. 1997 jährlich um die Hälfte des sich nach § 3 Abs. 1 Nr. 3 ergebenden Entgelts.

Im Jahre 1996 findet keine Erhöhung statt. Neben diesem Entgelt dürfen öffentliche Lasten nur dann auf die Nutzer umgelegt werden, wenn der Vertrag dies ausdrücklich vorsieht.[5] Über die Ortsüblichkeit eines Entgelts (§ 3 Abs. 2 NutzEV) hat auf Antrag einer Partei der zuständige Gutachterausschuß ein Gutachten zu erstatten (§ 7 NutzEV).[6] Abweichend kann bei vertragswidriger Nutzung sogleich das ortsübliche Entgelt verlangt werden (§ 4 NutzEV). Bei Garagengrundstücken ist eine Anhebung auf das ortsübliche Entgelt in einem Schritt möglich (§ 5 NutzEV). Das – schriftlich zu erklärende – Erhöhungsverlangen hat gemäß § 6 Abs. 2 NutzEV die rechtsgestaltende Wirkung, daß das erhöhte Nutzungsentgelt vom Beginn des dritten auf die Erklärung folgenden Monats an die Stelle des bisher entrichteten Entgelts tritt. Der Nutzer kann das Nutzungsverhältnis bis zum Ablauf des auf den Zugang der Erklärung folgenden Monats kündigen (§ 8 NutzEV).

6 **3. Anpassungsanspruch nach § 20 Abs. 3. a) Anpassungsanspruch.** Hat das Nutzungsentgelt die ortsübliche Höhe erreicht, sind wegen späterer Änderungen Anpassungen nach der NutzEV nicht mehr zulässig. Da innerhalb der Kündigungsschutzfrist des § 23 (bis zum 3. 10. 2015) auch Änderungskündigungen nicht möglich sind, räumt § 20 Abs. 3 beiden Parteien einen Anpassungsanspruch ein.

7 **b) Voraussetzung einer Entgeltanpassung.** Eine Anpassung ist zulässig, wenn das Nutzungsentgelt seit einem Jahr nicht geändert worden ist und das ortsübliche Entgelt sich seitdem um mehr als 10 v. H. verändert hat.

8 **c) Anspruch auf Vertragsänderung.** Das erhöhte Entgelt tritt nicht (wie in § 6 NutzEV) automatisch an die Stelle des bisher geschuldeten. Es besteht – wie bei §§ 2 MHG, 31 Abs. 4 SachenRBerG – ein **Anspruch auf Vertragsänderung** in bezug auf die Höhe des Entgelts.[7] Der Anspruch muß durch ein schriftliches Anpassungsverlangen geltend gemacht werden. Notfalls muß auf Annahme des Vertragsantrags (über die Entgeltänderung, idR wird es sich um eine Erhöhung handeln) Klage erhoben werden.

9 **d) Beginn der geänderten Zahlungspflicht.** Materiell wird das geänderte Entgelt vom Beginn des dritten auf den Zugang des Anpassungsverlangens folgenden Monats geschuldet (Abs. 3 S. 4). Dieser Zeitpunkt ist unabhängig davon, wann der Änderungsvertrag abgeschlossen oder das dem Anpassungsverlangen stattgebende Urteil rechtskräftig wird.

§ 21 Gebrauchsüberlassung an Dritte

(1) Macht der Grundstückseigentümer innerhalb der Kündigungsschutzfrist seinen Anspruch auf Anpassung des Nutzungsentgelts geltend, kann der Nutzer bis zum Ablauf des zweiten auf die Erhöhungserklärung folgenden Monats vom Grundstückseigentümer die Erlaubnis zur entgeltlichen Überlassung des Grundstücks oder

[4] BR-Drucks. 344/13 S. 23; *Wardenbach* MDR 1993, 711.

[5] *Rädler-Schilling* § 3 NutzEV RdNr. 3f.

[6] Vgl. den Nachweis der landesrechtlichen Vorschriften der neuen Bundesländer über die Bildung von Gutachterausschüssen für Grundstückswerte bei *Rädler-Schilling* § 7 NutzEV RdNr. 3.

[7] *Rövekamp* S. 90, 91; aA *Matthiessen* in: *Kiethe* SchuldRAnpG § 20 RdNr. 22, 23: einseitig rechtsgestaltende Erklärung.

eines Grundstücksteils an einen Dritten verlangen. Ist dem Grundstückseigentümer die Überlassung nur bei einer angemessenen Erhöhung des Nutzungsentgelts zuzumuten, kann er die Erteilung der Erlaubnis davon abhängig machen, daß sich der Nutzer mit einer solchen Erhöhung einverstanden erklärt.

(2) Ist dem Grundstückseigentümer die Unterverpachtung unter Berücksichtigung der berechtigten Interessen des Nutzers nicht zuzumuten, kann er den Nutzer unter Hinweis, daß er das Vertragsverhältnis kündigen werde, zur Abgabe einer Erklärung darüber auffordern, ob der Nutzer den Vertrag zu den geänderten Bedingungen auch ohne Unterverpachtung fortsetzen will. Lehnt der Nutzer die Fortsetzung des Vertrages ab oder erklärt er sich innerhalb einer Frist von einem Monat nicht, kann der Grundstückseigentümer die Erteilung der Erlaubnis verweigern und das Vertragsverhältnis unter Einhaltung der sich aus den §§ 565 und 584 des Bürgerlichen Gesetzbuchs ergebenden Frist zum nächstmöglichen Termin kündigen. Bis zu diesem Zeitpunkt ist der Nutzer nur zur Zahlung des bisherigen Nutzungsentgelts verpflichtet.

I. Normzweck

1 § 21 trifft Vorsorge für den Fall, daß dem Nutzer die Fortsetzung des Vertrages auf Grund einer Erhöhungserklärung nach § 6 NutzEV oder eines Anpassungsverlangens nach § 20 Abs. 3 durch den Grundstückseigentümer zu kostspielig wird. Würde der Nutzer in diesem Fall aus wirtschaftlichen Gründen zur Kündigung gemäß § 8 NutzEV oder nach den allgemeinen Bestimmungen (§ 23 RdNr. 4, 30) gezwungen, erhielte er gemäß § 12 Abs. 3 für seine Baulichkeit nur eine eingeschränkte Entschädigung. Der Nutzer soll daher vom Grundstückseigentümer die – gemäß §§ 549 Abs. 1 S. 1, 589 Abs. 1 Nr. 1 BGB erforderliche – Zustimmung zur Untervermietung oder Unterverpachtung verlangen können. Sonderregelungen sind für die Fälle vorgesehen, in denen die Zustimmung dem Grundstückseigentümer nur bedingt oder überhaupt nicht zuzumuten ist.

II. Anspruch auf Zustimmung zur Unterverpachtung

2 **1. Voraussetzungen. a) Anspruch auf Anpassung des Nutzungsentgelts.** Der Grundstückseigentümer muß innerhalb der Kündigungsschutzfrist (s. RdNr. 3) einen Anspruch auf Anpassung des Nutzungsentgelts geltend machen. Das Anpassungsverlangen kann sich auf die NutzEV oder – nach Erreichen des ortsüblichen Entgelts – auf § 20 Abs. 3 stützen. Ausreichend ist bereits die Geltendmachung des Erhöhungsverlangens; daß das neue Entgelt – entsprechend der Automatik des § 6 Abs. 2 NutzEV oder auf Grund einer Erhöhungsvereinbarung gemäß § 20 Abs. 3 S. 4 – anstelle des bisherigen geschuldet wird, ist nicht erforderlich. Das Erhöhungsverlangen muß begründet sein. Eine unbegründete Erhöhungserklärung – zB zum 1. 11. 1996, zu dem nach § 3 Abs. 1 NutzEV keine Anpassung stattfindet – könnte keinen Anspruch auf Zustimmung zur Unterverpachtung auslösen.

3 **b) Zeitpunkt der Geltendmachung.** Das Anpassungsverlangen muß **innerhalb der Kündigungsschutzfrist** (§ 12 Abs. 2 S. 2 iVm. § 23 Abs. 4) ausgesprochen werden. Die noch sieben Jahre über die Kündigungsschutzfrist hinausreichende Investitionsschutzfrist (§ 12 Abs. 2 S. 2 aE) ist nach dem eindeutigen Wortlaut nicht mehr durch § 21 Abs. 1 S. 1 abgesichert.[1]

4 **2. Rechtsfolgen. a) Anspruch auf Zustimmung.** Die Unterverpachtung wird nicht schon kraft Gesetzes zulässig, der Nutzer erhält vielmehr einen Anspruch auf Zustimmung zur Unterverpachtung, der notfalls gerichtlich geltend gemacht werden muß. Der Anspruch kann sich auf die Unterverpachtung eines Teils des Grundstücks beschränken.

5 **b) Ausschlußfrist.** Der Anspruch muß bis zum Ablauf des zweiten auf die Erhöhungserklärung folgenden Monats geltend gemacht werden (Abs. 1 S. 1). Diese mit § 6 Abs. 2 NutzEV, § 20 Abs. 3 S. 4 korrespondierende Frist ist eine Ausschlußfrist, für deren Einhaltung der Nutzer zu sorgen hat.

6 Der Anspruch ist auf Zustimmung zur Überlassung des Grundstücks oder eines Teils an einen **bestimmten Dritten** zu richten. Nur dann kann der Grundstückseigentümer einschätzen, ob

[1] AA *Thiele-Krajewski-Röske* RdNr. 10, 11.

die Unterverpachtung für ihn zumutbar ist (s. RdNr. 8). Zur Wahrung der Ausschlußfrist braucht der Nutzer Einzelheiten des Pachtvertrages aber nicht mitzuteilen, andernfalls könnte er die – kurze – Ausschlußfrist oft nicht einhalten.[2]

7 **c) Befristung.** Der Anspruch auf Zustimmung zur Unterverpachtung besteht während des Laufes der Kündigungsschutzfrist. Nach deren Ablauf kann der Grundstückseigentümer das Pachtverhältnis unter Einhaltung der gesetzlichen Fristen kündigen. Daraus folgt, daß nach Ablauf der Kündigungsschutzfrist auch eine erteilte Zustimmung zur Unterverpachtung mangels anderweitiger Vereinbarung widerrufen werden kann.[3] Nach dem 3. 10. 2015 dürfte sich der Restwert der Baulichkeit weitgehend amortisiert[4] und auch die Einkommenssituation des Nutzers konsolidiert haben.

8 **d) Einreden des Grundstückseigentümers bei Unzumutbarkeit.** In zwei Fällen kann der Grundstückseigentümer geltend machen, daß die Überlassung an den Dritten unzumutbar sei:

9 **aa)** Ist dem Grundstückseigentümer die Überlassung nur bei einer **angemessenen Erhöhung** des Nutzungsentgelts zuzumuten, kann er seine Zustimmung von einer solchen zu vereinbarenden Erhöhung abhängig machen (Abs. 1 S. 2). Der Nutzer soll nach der amtlichen Begründung aus der Unterverpachtung des Grundstücks keinen nennenswert höheren Betrag erzielen, als er selbst nach der NutzEV schuldet.[5] Diese Zumutbarkeitsschwelle wird nur bei einer deutlichen Differenz überschritten sein, da stets auch die Konsequenz für den Nutzer, der das Grundstück ohne Unterverpachtung nicht halten kann, zu bedenken sein wird. Eine auf die Baulichkeit, die im Eigentum des Nutzers steht, entfallende Unterpacht ist herauszurechnen. Dies dürfte bei Anwendung der – in der Praxis streitträchtigen – Bestimmung häufig verkannt werden.

10 **bb)** Ist dem Grundstückseigentümer die Überlassung des Grundstücks an einen Dritten auch unter Berücksichtigung der berechtigten Interessen des Nutzers **nicht zuzumuten,** kann er den Nutzer zur Abgabe einer Erklärung darüber auffordern, ob er den Vertrag auch ohne Unterverpachtung (zu den geänderten Bedingungen) fortsetzen will, und zwar unter Hinweis darauf, daß er ansonsten kündigen werde (Abs. 2 S. 1). Die Frage der Zumutbarkeit gewinnt wegen der Länge der Kündigungsschutzfrist (im Regelfall bis zum 4. 10. 2015, § 23 Abs. 4) Bedeutung. Sie kann nur im konkreten Einzelfall unter Berücksichtigung der Person des Dritten und die von diesem geplante Nutzung und ggf. von der Nutzung ausgehende Gefahren beantwortet werden. Die Unzumutbarkeit darf nicht schon durch angemessene Erhöhung des Entgelts behebbar sein (arg. Abs. 1 S. 1).

11 Äußert sich der Nutzer hierauf binnen Monatsfrist nicht oder lehnt er ab, kann der Grundstückseigentümer das Vertragsverhältnis unter Einhaltung der Fristen der §§ 565, 584 BGB zum **nächstmöglichen Termin kündigen.** Durch Nichtausübung zu diesem Termin geht das Recht verloren. Es handelt sich um ein Sonderkündigungsrecht des Grundstückseigentümers, das die volle Entschädigungspflicht nach § 12 Abs. 2 S. 1 auslöst. Bis zum Vertragsende schuldet der Nutzer nur das bisherige Entgelt (Abs. 2 S. 3).

12 **cc) Rechtsfolgen der Kündigung:** Nach wirksamer Kündigung des Nutzungsverhältnisses kann der Grundstückseigentümer das Grundstück auch von einem etwaigen **Unternutzer** herausverlangen (§§ 985, 556 Abs. 3, 581 Abs. 2 BGB). Ein Vertragsverhältnis zwischen dem Grundstückseigentümer und dem Unternutzer besteht nicht. Mit Beendigung des Vertrages mit dem Hauptnutzer erlischt auch das Recht zum Besitz des Unternutzers. – Der Unternutzer hat sich mit dem Nutzer (ggf. nach § 541 BGB) auseinanderzusetzen; auf dieses Vertragsverhältnis ist nicht das SchuldRAnpG, sondern allein das BGB anzuwenden.

§ 22 Zustimmung zu baulichen Investitionen

(1) Die Neuerrichtung eines Bauwerks sowie Veränderungen an einem bestehenden Bauwerk, durch die dessen Nutzfläche vergrößert oder dessen Wert nicht nur unwesentlich erhöht wird, bedürfen der Zustimmung des Grundstückseigentümers.

[2] So zutreffend *Rövekamp* S. 95.
[3] AA *Thiele-Krajewski-Röske* RdNr. 10, 11.
[4] *Rövekamp* S. 93.
[5] BT-Drucks. 12/7135 S. 53.

(2) Absatz 1 gilt nicht, wenn der Nutzer die beabsichtigten baulichen Investitionen dem Grundstückseigentümer anzeigt, auf ihre Entschädigung nach § 12 verzichtet und sich zur Übernahme der Abbruchkosten verpflichtet.

I. Normzweck

1 Den Nutzern war im Vertrag gemäß § 313 Abs. 2 ZGB regelmäßig die Errichtung einer Baulichkeit gestattet. Mit diesem Inhalt galten die Verträge zunächst weiter (Art. 232 § 4 Abs. 1 und 4 EGBGB). Dieser Rechtszustand, der ansonsten gemäß § 6 Abs. 2 fortgelten würde, wird durch § 22 verändert. Mit Inkrafttreten des SchuldRAnpG bedürfen die **Neuerrichtung** eines Bauwerks und **wesentliche Veränderungen** an einem bestehenden Bauwerk (das weiterhin Eigentum des Nutzers bleibt, s. § 11 RdNr. 2) der **Zustimmung** des Grundstückseigentümers. Der Nutzer soll die ihm bei Vertragsbeendigung gemäß § 12 Abs. 2 zustehende Entschädigung nicht in die Höhe treiben und dem Grundstückseigentümer so die Kündigung erschweren können.[1] Die bisherigen Investitionen des Nutzers bleiben weiterhin durch § 12 Abs. 2 geschützt. – Von den Beschränkungen des Abs. 1 kann der Nutzer sich nach Maßgabe des Abs. 2 befreien.

II. Einzelerläuterung

2 **1. Erlöschen der bisherigen Bauzustimmung. a) Zustimmung zur Errichtung.** Die bisherige **Zustimmung** des Grundstückseigentümers zur **Errichtung** eines Bauwerks erlischt. Die Zustimmung wird in der Regel zur Errichtung einer **Baulichkeit** nach § 296 Abs. 1 ZGB erteilt – und zu diesem Zweck verbraucht – worden sein. Eine Neuerrichtung bedarf nunmehr gesonderter Zustimmung, zu der der Grundstückseigentümer nicht verpflichtet ist. Allerdings darf, da nur die Neuerrichtung untersagt ist, ein am 1. 1. 1995 im Bau befindliches Bauwerk fertiggestellt werden.

3 Der Zustimmung bedarf grundsätzlich auch die Neuerrichtung sonstiger Bauwerke iSv. § 5. Hiervon müssen allerdings gemäß § 242 BGB Einfriedungs- und Erschließungsanlagen, zu deren Anbringung der Nutzer auf Grund der Verkehrssicherungspflicht gehalten oder auf die er dringend angewiesen ist, ausgenommen werden.

4 **b) Zustimmung zur Veränderung.** Zustimmungsbedürftig ist auch eine **Veränderung** an einem bestehenden Bauwerk, durch die dessen Nutzfläche vergrößert oder Wert nicht nur unwesentlich erhöht werden. Unter der letzteren Voraussetzung ist eine nur **unwesentliche Vergrößerung** der Nutzfläche ebenfalls nicht als zustimmungsbedürftig anzusehen (§ 242 BGB). Bei lediglich substanzerhaltenden Maßnahmen liegt eine zustimmungsbedürftige Vertragsänderung nicht vor: Waren die bisherigen Investitionen bereits durch den vollen Entschädigungsanspruch des § 12 Abs. 2 geschützt, kann ihre Erhaltung nicht vertragswidrig sein.

5 **2. Rechtsfolgen bei Baumaßnahmen ohne Zustimmung. a) Rechte des Grundstückseigentümers.** Baumaßnahmen ohne die erforderliche Zustimmung des Grundstückseigentümers sind eine Vertragsverletzung in Form vertragswidrigen Gebrauches der Pachtsache. Sie geben dem Grundstückseigentümer das Recht, nach Abmahnung auf Unterlassung zu klagen (§ 550 BGB). Der Grundstückseigentümer kann ferner nach fruchtloser Abmahnung fristlos kündigen, wenn seine Rechte erheblich verletzt sind (§ 553 BGB).

6 Der Grundstückseigentümer darf sich allerdings zu seinem früheren Verhalten nicht **in Widerspruch setzen.** Dies wird dann anzunehmen sein, wenn er, gestützt auf die Vertragswidrigkeit der Nutzung, gemäß § 4 Abs. 1 NutzEV das volle Entgelt gewählt hat.[2] Anders verhält es sich nur bei Baumaßnahmen während der Geltung des Moratoriums nach Art. 232 § 4a EGBGB, da der Grundstückseigentümer während dieser Zeit wegen vertragswidriger Nutzung nicht kündigen konnte.[3]

7 **b) Entschädigung für das Bauwerk.** Ein **ohne** die erforderliche **Zustimmung errichtetes Bauwerk** ist rechtswidrig iSv. § 12 Abs. 1 S. 2 und bei Vertragsbeendigung nach Maßgabe der Vorschriften über die Herausgabe einer ungerechtfertigten Bereicherung zu entschädigen. Auch

[1] BT-Drucks. 12/7135 S. 53.

[2] *Rädler-Schilling* § 4 NutzEV RdNr. 17; *Wardenbach* „ZGB-Erholungsgrundstücke“ in der neuen Nutzungsentgeltverordnung MDR 1993, 710, 712.

[3] So zutreffend *Rövekamp* S. 83f.

hat der Nutzer, anders als im Falle des § 15 Abs. 1, das Bauwerk vor der Rückgabe des Grundstücks zu beseitigen und die vollen Abbruchkosten zu tragen.

8 **3. Verzicht auf Entschädigung und Abbruchkosten (Abs. 2).** Eine Baumaßnahme bedarf dann nicht der Zustimmung des Grundstückseigentümers, wenn der Nutzer
– sie dem Grundstückseigentümer anzeigt,
– auf die Entschädigung nach § 12 verzichtet und
– sich zur Übernahme der Abbruchkosten verpflichtet.

Erforderlich ist, daß der Nutzer auf jede Entschädigung verzichtet und sich über § 15 hinaus zur Tragung der vollen Abbruchkosten, beides bezogen auf die beabsichtigte Baumaßnahme,[4] verpflichtet. Eine dahingehende einseitige empfangsbedürftige Willenserklärung des Nutzers muß genügen, da der Grundstückseigentümer andernfalls durch seine Weigerung, beim Abschluß eines Vertrages mitzuwirken, die Baumaßnahme blockieren könnte. Die Rechtsfolge besteht darin, daß die betreffende Baumaßnahme nicht der Zustimmung des Grundstückseigentümers bedarf.

§ 23 Kündigungsschutzfrist

(1) Der Grundstückseigentümer kann den Vertrag bis zum Ablauf des 31. Dezember 1999 nicht kündigen.

(2) Vom 1. Januar 2000 an kann der Grundstückseigentümer den Vertrag nur kündigen, wenn er das Grundstück

1. zur Errichtung eines Ein- oder Zweifamilienhauses als Wohnung für sich, die zu seinem Hausstand gehörenden Personen oder seine Familienangehörigen benötigt und der Ausschluß des Kündigungsrechts dem Grundstückseigentümer angesichts seines Wohnbedarfs und seiner sonstigen berechtigten Interessen auch unter Würdigung der Interessen des Nutzers nicht zugemutet werden kann oder

2. alsbald der im Bebauungsplan festgesetzten anderen Nutzung zuführen oder alsbald für diese Nutzung vorbereiten will.

In den Fällen des Satzes 1 Nr. 2 ist die Kündigung auch vor Rechtsverbindlichkeit des Bebauungsplans zulässig, wenn die Gemeinde seine Aufstellung, Änderung oder Ergänzung beschlossen hat, nach dem Stand der Planungsarbeiten anzunehmen ist, daß die beabsichtigte andere Nutzung festgesetzt wird, und dringende Gründe des öffentlichen Interesses die Vorbereitung oder die Verwirklichung der anderen Nutzung vor Rechtsverbindlichkeiten des Bebauungsplans erfordern.

(3) Vom 1. Januar 2005 an kann der Grundstückseigentümer den Vertrag auch dann kündigen, wenn er das Grundstück

1. zur Errichtung eines Ein- oder Zweifamilienhauses als Wohnung für sich, die zu seinem Hausstand gehörenden Personen oder seine Familienangehörigen benötigt oder

2. selbst zu kleingärtnerischen Zwecken, zur Erholung oder Freizeitgestaltung benötigt und der Ausschluß des Kündigungsrechts dem Grundstückseigentümer angesichts seines Erholungsbedarfs und seiner sonstigen berechtigten Interessen auch unter Berücksichtigung der Interessen des Nutzers nicht zugemutet werden kann.

(4) Vom 4. Oktober 2015 an kann der Grundstückseigentümer den Vertrag nach Maßgabe der allgemeinen Bestimmungen kündigen.

(5) Hatte der Nutzer am 3. Oktober 1990 das 60. Lebensjahr vollendet, ist eine Kündigung durch den Grundstückseigentümer zu Lebzeiten dieses Nutzers nicht zulässig.

(6) Für Verträge im Sinne des § 1 Abs. 1 Nr. 1 über Grundstücke, die der Nutzer nicht bis zum Ablauf des 16. Juni 1994 bebaut hat, und für Nutzungsverträge über

[4] *Matthiessen* in: *Kiethe* SchuldRAnpG § 22 RdNr. 21.

Garagengrundstücke gilt der besondere Kündigungsschutz nach den Absätzen 1 und 2 nur bis zum 31. Dezember 2002. Absatz 5 ist nicht anzuwenden. Diese Verträge kann der Grundstückseigentümer auch dann kündigen, wenn er das Grundstück einem besonderen Investitionszweck im Sinne des § 3 Abs. 1 des Investitionsvorranggesetzes zuführen will.

(7) Handelt es sich um ein Grundstück oder den Teil eines Grundstücks, das aufgrund eines Vertrages zur Errichtung von Garagen überlassen wurde, kann der Grundstückseigentümer abweichend von den Absätzen 1 bis 6 den Vertrag auch kündigen, wenn

1. **er als Wohnungsunternehmen gemäß § 4 Abs. 5 Nr. 1 und § 5 Abs. 1 des Altschuldenhilfe-Gesetzes auf dem Grundstück gelegene Wohnungen an deren Mieter veräußern will und**
2. **der Nutzer der Garage nicht Mieter einer auf dem Grundstück gelegenen Wohnung ist.**

Der Nutzer kann der Kündigung widersprechen und die Fortsetzung des Vertragsverhältnisses verlangen, wenn dessen Beendigung für ihn eine Härte bedeuten würde, die auch unter Würdigung der berechtigten Interessen des Grundstückeigentümers nicht zu rechtfertigen ist.

Übersicht

I. Normzweck

1 Nutzungsverträge über Erholungsgrundstücke waren in der DDR meist unbefristet. Sie konnten gem. § 314 Abs. 3 ZGB nur aus „gesellschaftlich gerechtfertigten Gründen", insbesondere bei schwerwiegenden Vertragsverletzungen durch den Nutzer, gekündigt werden. Außerhalb von Kleingartenanlagen konnte auch bei dringendem Eigenbedarf gekündigt werden.

Hatte der Nutzer eine Baulichkeit errichtet, konnte das Nutzungsverhältnis nur durch gerichtliche Entscheidung aufgehoben werden. In der Rechtswirklichkeit hatten diese Nutzungsverhältnisse in der Regel auf Lebenszeit des Nutzers Bestand. Sie waren zudem vererblich. Die Nutzer hatten daher **auf den langfristigen Bestand** der Verträge **vertraut,** hierauf oftmals ihre Lebensplanung eingerichtet und erhebliche bauliche Investitionen vorgenommen.[1] Zu den Eckwerten der Schuldrechtsanpassung gehört es, dieses Vertrauen für eine Übergangszeit zu schützen.[2] Die Anpassung sollte sich über einen Zeitraum erstrecken, innerhalb dessen mit einer Angleichung der Lebensverhältnisse zwischen den alten und den neuen Bundesländern gerechnet werden kann. Diesem Zweck dienen die Kündigungsschutzfristen.

II. Entstehungsgeschichte

2 Bereits der Einigungsvertrag hatte zur Sicherung des Bestandsschutzes die einstweilige Weitergeltung der §§ 312ff. ZGB angeordnet. Durch das RegVBG wurde mit Wirkung vom 25. 12. 1993 Art. 232 § 4a EGBGB eingefügt, der Kündigungen des Grundstückseigentümers bis zum 31. 12. 1994 nur wegen Zahlungsverzuges des Nutzers zuließ. Während der Gesetzgebungsarbeiten am SchuldRAnpG stand die Frage des Bestandsschutzes im Mittelpunkt der politischen Diskussion.[3] Der Regierungsentwurf hatte zunächst eine Schutzfrist bis zum 31. 12. 2002 vorgesehen, innerhalb derer Kündigungen des Grundstückseigentümers nur unter bestimmten Voraussetzungen, die sich an der Regelung des § 314 ZGB orientierten, zulässig sein sollten. Der Bundesrat hat im ersten Durchgang eine Verlängerung der Kündigungsschutzfrist bis zum 31. 12. 2005 vorgeschlagen, was von der Bundesregierung als systemwidrig abgelehnt wurde.[4] Demgegenüber hat der Bundestag den Bestandsschutz in seiner 235. Sitzung am 23. 6. 1994 erheblich ausgeweitet.[5] Die Nutzungsbefugnis soll hiernach im Regelfall auf 25 Jahre, gerechnet von der Wiedervereinigung an, gesichert werden.

Dieser weitgehende Bestandsschutz führt zu verfassungsrechtlich bedenklichen Wertungswidersprüchen, insbesondere im Vergleich zum Mietrecht und den anderen Nutzungsverhältnissen des SchuldRAnpG (s. RdNr. 31ff.).

III. Anwendungsbereich

3 **1. Kein Ausschluß von Kündigungen aus wichtigem Grund.** § 23 beschränkt (ebenso wie §§ 38, 39, 49 und 52) die **ordentliche Kündigung durch den Grundstückseigentümer.** Nicht beschränkt ist durch diese Bestimmungen das Recht des Grundstückseigentümers zur außerordentlichen Kündigung; deren Zulässigkeit wird zB in den §§ 12 Abs. 2 S. 2, 14 S. 2 und 15 Abs. 1 S. 2 Nr. 1 vorausgesetzt. Möglich sind hiernach insbesondere fristlose Kündigungen seitens des Grundstückseigentümers

- bei vertragswidrigem Gebrauch trotz Abmahnung gemäß § 553 BGB, evtl. in Verbindung mit § 581 Abs. 2 BGB, – Nutzung zu Wohnzwecken unter den Voraussetzungen des § 24 Abs. 1 und 3 ist jedoch kein vertragswidriger Gebrauch in diesem Sinne –,
- wegen Zahlungsverzuges gemäß § 554 BGB, evtl. in Verbindung mit § 581 Abs. 2 BGB,
- wegen sonstiger erheblicher schuldhafter Pflichtverletzung gemäß § 554a BGB analog (anwendbar etwa bei Überlassung eines Grundstücks nebst aufstehender Baulichkeit),
- aus wichtigem Grund wegen nachhaltiger Störung des Vertrauensverhältnisses oder erheblicher Gefährdung des Vertragszwecks und Unzumutbarkeit der Vertragsfortsetzung gem. § 242 BGB.[6]

4 **2. Keine Kündigungsbeschränkung für den Nutzer.** Nicht beschränkt sind durch §§ 23, 24 Kündigungen seitens des Nutzers. Über dessen Kündigung enthält das SchuldRAnpG keine Regelungen. Der Nutzer kann nach den allgemeinen Bestimmungen fristgemäß (RdNr. 29, 30) oder fristlos (RdNr. 3) kündigen.

5 **3. Nicht berührt** von §§ 23, 24 werden die **Sonderkündigungsrechte** des Grundstückseigentümers gem. §§ 16 Abs. 1, 17 Abs. 1, 21 Abs. 2 S. 2, 25 Abs. 1, 30 und des Zwischenpächters gem. § 31.

[1] BT-Drucks. 12/7135 S. 54; vgl. auch § 1 RdNr. 4.
[2] *Schmidt-Räntsch* DtZ 1993, 82, 83ff.
[3] *Schmidt-Räntsch* DtZ 1993, 82, 83f.; Einzelheiten bei *Rövekamp* S. 114f.
[4] BT-Drucks. 12/7135 S. 84 und 90; BR-Drucks. 64/94.
[5] BT-Drucks. 12/8035 S. 26f.
[6] *Palandt-Heinrichs* Einleitung § 241 RdNr. 18f.; *Sternel,* Mietrecht, IV RdNr. 528f.

4. Verhältnis zu Kündigung und Aufhebung außerhalb des BGB. Kündigungsrechte außerhalb des BGB gehen dem Kündigungsschutz nach § 23 (gleiches gilt im Verhältnis zur Kündigung nach §§ 38, 39, 49 und 52) jedenfalls im Grundsatz vor. Im einzelnen gilt: 6

a) Sonderkündigungsrecht nach § 57 a ZVG. Es setzt sich gegenüber § 23 – ebenso wie gegenüber dem Kündigungsschutz nach dem BKleinG[7] – durch. Bei Mietverträgen über Wohnraum ist die Ausübung dieses Sonderkündigungsrechts aber nur unter Beachtung der Kündigungsschutzvorschriften des BGB möglich.[8] Liegt kein Mietvertrag über Wohnraum, sondern nur eine nach § 24 Abs. 1 und 3 geschützte Wohnnutzung vor, ist im Versteigerungsfall § 24 Abs. 2 (s. dort) entsprechend anzuwenden. 7

b) Gesamtvollstreckung. Bei der **Gesamtvollstreckung gegen den Nutzer** kann ein Miet- oder Pachtvertrag vom Verwalter, und zwar nur von diesem, nicht vom Grundstückseigentümer, mit gesetzlicher Frist gekündigt werden, § 9 Abs. 3 GesO. Bei der **Gesamtvollstreckung gegen den Grundstückseigentümer** steht dem Verwalter kein Kündigungsrecht zu.[9] 8

c) BauGB. Die **Befugnis der Gemeinde,** ein Miet- oder Pachtverhältnis **nach §§ 182, 183 BauGB** durch privatrechtsgestaltenden Verwaltungsakt aufzuheben, wird durch den Kündigungsschutz nicht berührt. 9

IV. Einzelerläuterung

Der Kündigungsschutz des § 23 folgt einem abgestuften System:

1. Ausschluß ordentlicher Kündigung bis zum 31. 12. 1999 (Abs. 1). Bis zum 31. 12. 1999 sind **ordentliche Kündigungen** durch den Grundstückseigentümer **ausgeschlossen,** Abs. 1. Diese Regelung betrifft auch Garagen- und unbebaute Grundstücke (vgl. dazu im übrigen Abs. 6 und unten RdNr. 22 bis 24). Eine Kündigungserklärung, die bis zum 31. 12. 1999 zugeht, ist damit gemäß § 134 BGB unwirksam. 10

2. Kündigung zwecks Eigenheimerrichtung oder Nutzung entspr. Bebauungsplan vom 1. 1. 2000 bis 31. 12. 2004 (Abs. 2). Vom 1. 1. 2000 bis zum 31. 12. 2004 kann der Grundstückseigentümer den Vertrag nach Abs. 2 wegen Eigenbedarfs a) zur Eigenheimerrichtung oder b) zwecks Nutzung entsprechend geändertem Bebauungsplan kündigen. 11

a) Eigenbedarf zu Wohnungsbauzwecken mit Abwägung (Nr. 1). Der Grundstückseigentümer kann den Nutzungsvertrag nur dann kündigen, wenn er das Grundstück zur Errichtung eines Ein- oder Zweifamilienhauses als Wohnung für sich, die zu seinem Hausstand gehörenden Personen oder seine Familienangehörigen benötigt und ihm der Ausschluß des Kündigungsrechts nach Abwägung der beiderseitigen Interessen nicht zugemutet werden kann. 12

aa) Die Definition des **Eigenbedarfs** in Abs. 2 Nr. 1 entspricht § 564 b Abs. 2 Nr. 2 S. 1 BGB.[10] Familienangehörigkeit wird durch Verwandtschaft oder Schwägerschaft – ohne vorgeschriebene Gradnähe – begründet; doch muß eine mindestens sittliche Verantwortlichkeit des Grundstückseigentümers für den Wohnbedarf des Angehörigen bestehen.[11] **Benötigen** setzt keine Notlage voraus,[12] doch müssen vernünftige, nachvollziehbare Gründe für die Inanspruchnahme des Grundstücks vorliegen.[13] Diese fehlen, wenn das Gebäude bauplanungsrechtlich nicht zulässig ist. 13

bb) Die **Abwägungsklausel** entspricht Art. 232 § 2 Abs. 3 S. 2 Nr. 3 EGBGB, so daß auf die dortigen Erläuterungen verwiesen werden kann.[14] Die generelle Höherwertigkeit der Wohnnutzung gegenüber der Freizeitnutzung kann nicht ausschlaggebend sein, da dieser Umstand gemäß Abs. 3 Nr. 1 erst vom 1. 1. 2005 an durchgreifen soll. Vielmehr muß dem Grundstückseigentümer die **Zurückstellung** seines Bauvorhabens bis zu diesem Zeitpunkt **unzumutbar** sein.[15] Die Interessen eins Grundstückserwerbers, der gemäß § 571 BGB in den Nutzungsvertrag eintritt, werden denen des Nutzers regelmäßig nicht vorgehen, wie schon das Vorkaufsrecht nach § 57 erkennen läßt. Der Grundstückserwerber wird nur in extremen Ausnahmefällen ein „besseres" Recht gegenüber dem Nutzer haben.[16] 14

[7] *Rövekamp* S. 108 f.; *Zeller-Stöber* ZVG, 14. Aufl. 1993, § 57 a RdNr. 6.7; *Dassler-Gerhardt* ZVG, 12. Aufl. 1991, § 57 a RdNr. 16.

[8] BGHZ 84, 90.

[9] *Haarmeyer-Wutzke-Förster* GesO § 9 RdNr. 43 und 54.

[10] Vgl. dazu *Palandt-Putzo* § 564 b RdNr. 43 ff.; *Voelskow* § 564 b RdNr. 50 bis 63.

[11] *Sternel,* Mietrecht, IV RdNr. 138 ff. zu § 564 b BGB.

[12] BVerfG NJW 1994, 309.

[13] Einzelheiten bei den in Fn. 10 und 11 Genannten.

[14] *Palandt-Putzo* Art. 232 § 2 RdNr. 15.

[15] So zutreffend *Rövekamp* S. 119 f.

[16] Vgl. im übrigen BT-Drucks. 12/7135 S. 90.

15 **b) Bebauungsplan (Nr. 2).** Die Vorschrift entspricht § 9 Abs. 1 Nr. 5 BKleinG, auf dessen Erläuterungen verwiesen wird.[17] Es muß ein Bebauungsplan vorliegen oder – unter den weiteren Voraussetzungen von Nr. 2 S. 2 – seine Aufstellung, Änderung oder Ergänzung beschlossen sein. Der Bebauungsplan muß eine andere, dh. nichtgärtnerische usw., Nutzung vorsehen. Ein Vorhaben – und Erschließungsplan nach § 7 BauGB-MaßnahmenG[18] ist nicht gleichgestellt. Auch reicht die Genehmigungsfähigkeit des Vorhabens nach § 34 Abs. 1 BauGB nicht. Eine Abwägung wie bei Nr. 1 (RdNr. 14) findet hier nicht statt.

16 **3. Erweiterte Kündigungsmöglichkeiten in der Zeit vom 1. 1. 2005 bis zum 3. 10. 2015 (Abs. 3).** In der Zeit vom **1.1. 2005 bis 3.10. 2015** sind die Kündigungsmöglichkeiten durch Abs. 3 **erweitert:**

a) Eigenbedarf zu Wohnungsbauzwecken ohne Abwägung (Nr. 1). Der Grundstückseigentümer kann nach Nr. 1 ohne Interessenabwägung kündigen, wenn er das Grundstück zur Errichtung eines Ein- oder Zweifamilienhauses als Wohnung für sich, die zu seinem Hausstand gehörenden Personen oder seine Familienangehörigen benötigt (vgl. zu den Begriffen Familienangehörige und benötigen RdNr. 13). Dies gilt grundsätzlich auch für einen in den Vertrag eintretenden Grundstückserwerber; eine Interessenabwägung wie bei Abs. 2 Nr. 1 und Abs. 3 Nr. 2 findet nicht mehr statt. Bei der Wohnnutzung ist die Kündigung gemäß § 24 Abs. 1 und 2 zusätzlich eingeschränkt (vgl. dort).

17 **b) Eigenbedarf zu Erholungszwecken mit Abwägung (Nr. 2).** Der Grundstückseigentümer kann ferner kündigen, wenn er das Grundstück **selbst zu kleingärtnerischen Zwecken, zur Erholung oder Freizeitgestaltung benötigt** und ihm der Ausschluß des Kündigungsrechts angesichts seines Erholungsbedarfs unter Abwägung der beiderseitigen Interessen **nicht zugemutet** werden kann. Nur der Eigenbedarf des Grundstückseigentümers, nicht derjenige seiner Familien- oder Hausstandsangehörigen, ist gegen die Interessen des Nutzers abzuwägen. Bei einer Mehrheit von Vertragspartnern auf der Eigentümer- oder der Nutzerseite kann die Abwägung zugunsten einer Person den Ausschlag geben. Bei der Abwägung sind der beiderseitige Gesundheitszustand und Erholungsbedarf, das Alter (s. aber Abs. 5, RdNr. 19) und etwaige andere Erholungsmöglichkeiten zu berücksichtigen.

18 **c) Bebauungsplan.** Der Kündigungsgrund des geänderten Bebauungsplans (Abs. 2 Nr. 2, s. RdNr. 15), der bereits seit dem 1. 1. 2000 gilt, gilt damit – auch weiterhin – ab dem 1. 1. 2005.

19 **4. Lebzeitiger Kündigungsausschluß (Abs. 5). a) Alter des Nutzers.** Hatte der **Nutzer** am 3. 10. 1990 das 60. Lebensjahr vollendet, ist eine Kündigung zu seinen **Lebzeiten** ausgeschlossen (Abs. 5). Geschützt sind alle vor dem 4. 10. 1930 geborenen vertraglichen Nutzer, aber auch nur diese. Den Schutz eines überlebenden Ehegatten regelt § 16 Abs. 2 und ggf. – ebenfalls – § 23 Abs. 5. Der Ausschluß greift gegenüber Grundstückseigentümern jeden Alters durch. Eine Härteklausel für ältere Grundstückseigentümer, die evtl. auf Lebenszeit von ihrem Grundstück ausgeschlossen sind, fehlt (siehe dazu auch RdNr. 33).

20 **b) Kündigung aus wichtigem Grund.** Auch dieser Schutz gilt **nicht bei Kündigung aus wichtigem Grund** (s. oben RdNr. 3) und **nicht im Falle des Abs. 6** (dazu RdNr. 22).

21 **5. Kündigung nach den allgemeinen Bestimmungen ab 4. 10. 2015 (Abs. 4).** Vom **4.10. 2015 an** kann der Grundstückseigentümer den Vertrag **nach Maßgabe der allgemeinen Bestimmungen** kündigen, Abs. 4. Zu Form und Frist der Kündigung s. unten RdNr. 28 bis 31.

22 **6. Kündigungserleichterung bei bis zum 16. 6. 1994 unbebauten Grundstücken und Garagengrundstücken (Abs. 6).** Hat der Nutzer das Grundstück **nicht bis zum 16. 6. 1994 bebaut** oder handelt es sich um ein **Garagengrundstück,** ist der Kündigungsschutz gemäß Abs. 6 **eingeschränkt. Bebaut** ist ein Grundstück nicht schon immer dann, wenn sich ein Bauwerk iSv. § 5, wozu auch Einfriedungs- und Erschließungsanlagen zählen, auf ihm befindet. Der Zweck der Norm, der Kündigungsschutz bis zum Jahre 2015, setzt bei verfassungskonformer Auslegung Bauwerke voraus, die über das Jahr 2002 hinaus (RdNr. 23) schutzwürdig sind. Das ist bei einem Zaun, einem kleinen Schuppen oder einen Verschlag nicht der Fall; in diesen Fällen ist das Grundstück iSv. Abs. 6 nicht „bebaut".

[17] *Mainczyk* § 9 BKleinG RdNr. 24 ff.

[18] Vgl. dazu *Ernst-Zinkahn-Bielenberg* BauGB Band III § 7 BauGB – MaßnahmenG RdNr. 13 ff.

a) Schutzfrist bis 31. 12. 2002. Der absolute Kündigungsschutz nach Abs. 1 bis zum 31. 12. 1999 gilt auch hier (Abs. 6 S. 1). Jedoch dauert der **Kündigungsschutz** des Abs. 2 **nur bis zum 31. 12. 2002.** Danach kann gem. den allg. Vorschriften gekündigt werden (RdNr. 30). Der lebzeitige Kündigungsschutz (Abs. 5) gilt nicht. 23

b) InVorG. Zu den Kündigungsgründen des Abs. 2 tritt ein weiterer Kündigungsgrund hinzu: Der Grundstückseigentümer kann nach Abs. 6 S. 3 auch dann kündigen, wenn er das Grundstück einem **besonderen Investitionszweck iS des § 3 Abs. 1 InVorG** zuführen will. Der Grundstückseigentümer muß die dort genannten Zwecke verfolgen, ein Verfahren nach dem InVorG ist nicht erforderlich. Der Zweck muß sich in konkreten Handlungen manifestieren und das Grundstück muß zu diesem Zweck benötigt werden. 24

7. Kündigungserleichterung für Wohnungsunternehmen bei Garagengrundstücken (Abs. 7). a) Zweck. Die Vorschrift ermöglicht Wohnungsgenossenschaften die Kündigung von Garagengrundstücken, um den Verkauf der Wohnungen zur Erfüllung der Privatisierungsauflagen nach dem Altschuldenhilfegesetz[19] zu erleichtern. 25

b) Voraussetzungen. Es muß sich um ein Wohnungsunternehmen handeln, das gem. §§ 4 Abs. 5 Nr. 1, 5 Abs. 1 des Altschuldenhilfegesetzes auf dem Grundstück gelegene Wohnungen an deren Mieter veräußern will (Nr. 1), wobei die Veräußerungsabsicht sich in konkreten Privatisierungsmaßnahmen manifestiert haben muß.[20] Der Nutzer darf nicht seinerseits Mieter einer auf dem Grundstück gelegenen Wohnung sein (Nr. 2). 26

c) Rechtsfolge. Die Wohnungsgenossenschaft kann abweichend von den Abs. 1 bis 6 mit gesetzlicher Frist kündigen. In Härtefällen hat der Nutzer ein Widerspruchsrecht (Abs. 7 S. 2). 27

V. Form und Frist der Kündigung

1. Form. Die Kündigung bedarf keiner Form. Schriftform ist über § 6 Abs. 1 nur bei der Kündigung eines Mietverhältnisses über Wohnraum erforderlich (§ 564a Abs. 1 S. 1 BGB), aber darüber hinaus grundsätzlich ratsam. 28

2. Fristen. a) Vertragliche Vereinbarungen über Kündigungsfristen bleiben maßgebend, soweit sie nach § 6 Abs. 2 Bestand haben. 29

b) Gesetzliche Kündigungsfristen. Liegt keine außerordentliche (fristlose) Kündigung vor, gelten in allen Fällen des § 23 über § 6 Abs. 1 **die gesetzlichen Kündigungsfristen des BGB:** Bei einem Mietverhältnis ist gem. § 565 BGB entscheidend, nach welchen Zeitabschnitten der Mietzins bemessen ist. Ein Pachtvertrag ist gem. § 584 BGB zum Schluß eines Pachtjahres zu kündigen. Das Pachtjahr beginnt im Zweifel mit dem Datum des Vertragsschlusses. 30

VI. Verfassungsrechtliche Bedenken

Der weitgehende Bestandsschutz ist unter verschiedenen Gesichtspunkten verfassungsrechtlich bedenklich: 31

1. Besitzstandswahrung. Der Rahmen einer gem. **Art. 14 Abs. 1 S. 2 GG** zulässigen **Inhalts- und Schrankenbestimmung**[21] dürfte überschritten sein. Zwar ist der Besitzstand der Nutzer nach den §§ 312ff. ZGB als Eigentum iSv. Art. 14 GG anzusehen.[22] Die Regelung der §§ 23 und 24, insbesondere der Kündigungsausschluß bis zum 31. 12. 1999, geht aber nicht unerheblich über die Schutzbestimmungen des ZGB[23] hinaus und ist damit unter dem Gesichtspunkt der Besitzstandswahrung nicht zu rechtfertigen.[24]

2. Vergleich mit Mieterschutz. Der Kündigungsschutz bei Erholungsgrundstücken und selbst Garagengrundstücken (Abs. 6 mit Abs. 1) **geht weiter als der Mieterschutz** (§ 564b Abs. 2 BGB; Art. 232 § 2 Abs. 3 S. 3 EGBGB; §§ 38 Abs. 1 und 2, 49, 52 SchuldRAnpG). Dies ist wertungswidersprüchlich, da die Wohnnutzung den größeren Schutz verdient. Ein sachlicher Grund für die Besserstellung der Nutzer fehlt (Art. 3 GG). 32

[19] Art. 39 § 5 des Gesetzes zur Umsetzung des Föderalen Konsolidierungsprogramms vom 23. Juni 1993 BGBl. I S. 944, 988.

[20] *Rövekamp* S. 126.

[21] Vgl. BVerfGE 50, 290, 341; 52, 1, 32 und 84, 382, 385; BGH ZOV 1993, 265, 266.

[22] *Degenhart* JZ 1994, 890, 892, 893.

[23] Dazu *Grüneberg-Wendtland* DtZ 1993, 101 ff.

[24] Kritisch auch *Voelskow* Art. 232 §§ 4, 4a RdNr. 7; ferner *Krajewski* in *Thiele-Krajewski-Röske* RdNr. 4; aA mit eing. Begründung *Matthiessen* in: *Kiethe* SchuldRAnpG § 23 RdNr. 49 bis 52.

33 **3. Fehlende Härteklausel.** Der **lebzeitige Kündigungsschutz** gem. § 23 Abs. 5 zugunsten älterer Grundstücksnutzer enthält **keine Härteklausel** für ältere Grundstückseigentümer. Eine solche Klausel wird andererseits selbst Garagennutzern (jeden Alters) gemäß Abs. 7 S. 2 zugebilligt.

34 **4. Vergleich mit dinglich berechtigtem Nutzer.** Der Inhaber eines *dinglichen* Nutzungsrechts muß zurücktreten, wenn der Grundstückseigentümer die in § 3 Abs. 1 Nr. 1 InVorG bezeichneten **investiven Zwecke verfolgt** (§ 81 Abs. 1 Nr. 4b SachenRBerG). Nach dem InVorG geht der Investor dem Rückerstattungsberechtigten vor. Dies wird dem *schuldrechtlichen* Nutzer lediglich im Fall des Abs. 6 zugemutet. Ein sachlicher Grund für die Bevorzugung der schuldrechtlichen Nutzer fehlt (Art. 3 GG).

§ 24 Sonderregelungen für bewohnte Gebäude

(1) Wohnt der Nutzer in einem zum dauernden Wohnen geeigneten Wochenendhaus, kann er auch nach Ablauf der in § 23 genannten Fristen der Kündigung des Grundstückseigentümers widersprechen und die Fortsetzung des Vertragsverhältnisses verlangen, wenn die Beendigung des Vertragsverhältnisses für ihn oder seine Familie eine Härte bedeuten würde, die auch unter Berücksichtigung der Interessen des Grundstückseigentümers nicht zu rechtfertigen ist. § 556a des Bürgerlichen Gesetzbuchs ist entsprechend anzuwenden.

(2) Ist das Grundstück veräußert worden, kann der Erwerber vor Ablauf von drei Jahren seit der Eintragung der Rechtsänderung in das Grundbuch nicht kündigen, wenn er das Grundstück einer in § 23 Abs. 2 Nr. 1 und Abs. 3 Nr. 1 und 2 genannten Verwendung zuführen will. Satz 1 ist nicht anzuwenden, wenn der auf die Veräußerung des Grundstücks gerichtete Vertrag vor dem 13. Januar 1994 abgeschlossen worden ist.

(3) Die Absätze 1 und 2 sind nicht anzuwenden, wenn der Grundstückseigentümer oder der andere Vertragschließende der Nutzung zu Wohnzwecken ausdrücklich widersprochen hatte.

(4) Die Absätze 1 bis 3 sind nicht anzuwenden, wenn der Nutzer nach dem 20. Juli 1993 seine Wohnung aufgibt und ein Wochenendhaus nunmehr dauernd als Wohnung nutzt.

I. Normzweck

1 Die Nutzung eines Erholungsgrundstücks zu Wohnzwecken war zwar nach §§ 312ff. ZGB vertragswidrig und damit ein Kündigungsgrund gem. § 314 ZGB. Tatsächlich wurden in der DDR Wochenendhäuser aber nicht selten zu Wohnzwecken genutzt. Oftmals geschah dies mit Billigung oder ohne Widerspruch staatlicher Stellen. Dem trägt das Gesetz in Würdigung der existentiellen Bedeutung einer Wohnung Rechnung. Einem – vertragswidrig handelnden – Wohnnutzer wird, auch nach Ablauf der Kündigungsschutzfristen des § 23, ein Recht zum Widerspruch gegen die Kündigung und auf Fortsetzung des Vertragsverhältnisses zugebilligt. Die Eigenbedarfskündigung eines Grundstückserwerbers wird eingeschränkt. Die Tragweite dieser Vorschrift ist nicht gering, weil in den neuen Bundesländern zahlreiche Bürger in ihre Wochenendhäuser umgezogen sind.

II. Abgrenzung zu sonstiger Wohnnutzung von Wochenendhäusern, Bungalows, Datschen u. a.

2 **1. Vorrang des SachenRBerG.** Liegen die Voraussetzungen des Eigenheimbaus nach **§ 5 Abs. 1 Nr. 3 S. 2e SachenRBerG** vor, geht dessen Regelung dem SchuldRAnpG vor.[1] Dem Nutzer stehen dann die Ansprüche nach dem SachenRBerG zu. Umstritten ist, ob der Um- und Ausbau eines Wochenendhauses und die bloße Nutzungsänderung zur Einbeziehung in die Sachenrechtsbereinigung ausreichen.[2]

[1] Vgl. § 2 RdNr. 6, 9 bis 11 und BT-Drucks. 12/7135 S. 57.

[2] *Rövekamp* S. 36 bis 38, 57 bis 60; *Czub* RdNr. 82, 83.

Liegen die Voraussetzungen nach § 5 Abs. 1 Nr. 3 S. 2e SachenRBerG nicht vor, etwa weil der Nutzer das Wohnhaus gegen den Widerspruch des Überlassenden, nach dem 2. 10. 1990 oder ohne Billigung staatlicher Stellen errichtet hatte, greift der **Schutz des § 24** ein. Ist der Nutzer aber erst nach dem 20. 7. 1993 dauernd in sein Wochenendhaus eingezogen, entfällt dieser Schutz (Abs. 4), der Kündigungsschutz des § 23 bleibt jedoch grundsätzlich, sofern kein Grund zur fristlosen Kündigung anzunehmen ist, erhalten. 3

2. Dingliches Nutzungsrecht. Ist dem Nutzer zur Errichtung eines Wochenendhauses, zB gem. §§ 287, 291 ZGB, ein **dingliches Nutzungsrecht** verliehen worden, gilt das ErholNutzG, vgl. dort. Hat der Nutzer ein solches Wochenendhaus vor dem 20. 7. 1993 dauernd zu Wohnzwecken genutzt, bleibt diese Nutzung zulässig (§ 7 Abs. 1 ErholNutzG). 4

3. Wohnlaube nach BKleinG. Eine vor dem 3. 10. 1990 bestehende Befugnis, innerhalb einer Kleingartenanlage eine **Laube** dauernd **zu Wohnzwecken** zu nutzen, bleibt nach § 20a BKleinG (das SchuldRAnpG gilt hier gem. § 2 Abs. 3 nicht) unberührt. 5

III. Einzelerläuterung

1. Voraussetzungen. a) Vertrag, Wochenendhaus. Es muß ein Vertrag gem. § 1 Abs. 1 Nr. 1 vorliegen und der Nutzer muß ein von ihm errichtetes oder übernommenes Wochenendhaus (Bungalow, Datsche) bis zum 20. 7. 1993 (Abs. 4) zur dauernden Wohnung genommen haben. Vertragslose Wohnungsnutzung reicht nicht. Hat der Nutzer vor dem 3. 10. 1990 sogleich ein Wohnhaus errichtet, können Ansprüche nach dem vorrangigen SachenRBerG in Betracht kommen (s. RdNr. 2 und § 5 SachenRBerG RdNr. 11). 6

Das Wochenendhaus muß bei Beginn der Wohnnutzung nach damaligem Standard **wohntauglich,** insbesondere winterfest, sein. Ein bauordnungswidrig errichtetes oder trotz Wohnuntauglichkeit als Wohnhaus genutztes Gebäude verdient keinen Schutz. Auch der Ablauf der 5-Jahres-Frist (§ 10 Abs. 2 S. 2 SachenRBerG) begründet keine Wohntauglichkeit. 7

Der Nutzer muß dort **Wohnung genommen**, dh. seinen Lebensmittelpunkt dorthin verlegt haben. Das ist fraglich, wenn er eine frühere Wohnung beibehalten hat. Als entscheidendes Indiz für die Wohnsitzverlegung kann – angesichts der sorgfältigen Handhabung des Meldewesens in der DDR – die polizeiliche Ummeldung gelten. 8

b) Kein ausdrücklicher Widerspruch. Der Grundstückseigentümer oder der andere Vertragsschließende dürfen der Wohnnutzung **nicht ausdrücklich widersprochen** haben (Abs. 3). Obwohl die eigenmächtige Nutzungsänderung vertragswidrig war, soll der Bewohner geschützt werden, der Schutz nur bei ausdrücklichem Widerspruch entfallen. Konkludent oder nur allgemein zum Ausdruck gebrachte Beanstandungen reichen damit nicht. Der – auch mündlich denkbare – Widerspruch muß jedenfalls deutlich gemacht haben, daß die vertragswidrige Wohnnutzung nicht hingenommen werde. Der Widerspruch muß in zeitlichem Zusammenhang mit dem Umzug des Nutzers stehen („widersprochen hatte"); ein nachträglicher Widerspruch kann die Rechtsposition des Nutzers nicht zerstören. Ist die Wohnnutzung der Verpächterseite nicht rechtzeitig bekannt geworden, konnte ihr auch nicht widersprochen werden. Da das Gesetz eine Billigung durch die Verpächterseite nicht verlangt, ist der Nutzer auch in diesem Fall geschützt. 9

c) Kündigung. Es muß eine **Kündigung seitens des Grundstückseigentümers** vorliegen. Diese ist zunächst nach § 23 zu beurteilen; ist sie bereits hiernach unzulässig, bedarf es keines Widerspruchs des Nutzers, zumal dann auch keine besondere Härte vorliegen kann. 10

Die Kündigung bedarf – ausnahmsweise – der **Schriftform,** wie die Verweisung in Abs. 1 S. 2 auf § 556a BGB, somit auch auf dessen Abs. 1 S. 3 und auf § 564a Abs. 1 S. 2 BGB, ergibt. Die Kündigung soll eine Begründung und den Hinweis auf das Widerspruchsrecht enthalten (§§ 556a Abs. 1 und 6, 564a Abs. 1 und 2 BGB). 11

d) Härte. Die Beendigung des Vertragsverhältnisses muß für den Nutzer oder seine Familie eine Härte bedeuten, die auch unter Berücksichtigung der Interessen des Grundstückseigentümers nicht zu rechtfertigen ist. Eine solche Härte liegt insbesondere vor, wenn angemessener Ersatzwohnraum zu zumutbaren Bedingungen nicht beschafft werden kann (Abs. 1 S. 2 iVm. § 556a Abs. 1 S. 2 BGB). Bei der Abwägung sind zugunsten des Grundstückseigentümers nur die im Kündigungsschreiben angegebenen Gründe zu berücksichtigen, soweit diese nicht nachträglich entstanden sind (§ 556a Abs. 1 S. 3 BGB). Das Interesse des Grundstückseigentümers an wirtschaftlicher Verwertung des Grundstücks wird die Härte eines Wohnungsverlustes für 12 den Nutzer in aller Regel nicht rechtfertigen. Auf die Erläuterungen zu § 556a BGB wird im übrigen verwiesen.[3]

13 **2. Rechtsfolgen. a) Kein Mietvertrag.** Durch die unberechtigte Wohnnutzung wird der Vertrag, der das Grundstück betrifft, nicht zum Mietvertrag. Der Grundstückseigentümer kann den Vertrag über das Erholungsgrundstück wegen der Wohnnutzung nicht aus wichtigem Grund kündigen, der Nutzer hat vielmehr umgekehrt, auch bei ordentlicher Kündigung, ein Widerspruchsrecht, vgl. nachstehend.

14 **b) Widerspruchsrecht.** Der Nutzer kann einer Kündigung durch den Grundstückseigentümer bei Vorliegen einer Härte (RdNr. 11) **widersprechen und die Fortsetzung des Vertrages verlangen.** Das Widersprechungsrecht besteht bei begründeter Kündigung während der Kündigungsschutzfrist (§ 23 Abs. 2 und 3) sowie nach deren Ablauf (vgl. Wortlaut).

15 **aa)** Widerspruch und Fortsetzungsverlangen bedürfen ebenfalls der **Schriftform** und sind auf Verlangen des Grundstückseigentümers unverzüglich zu begründen (§ 556a Abs. 5 BGB). Der Widerspruch ist spätestens zwei Monate vor Beendigung des Vertragsverhältnisses zu erklären, bei fehlendem Hinweis durch den Grundstückseigentümer auf die Möglichkeit des Widerspruchs sowie auf dessen Form und Frist auch noch im ersten Termin des Räumungsrechtsstreits (§ 556a Abs. 6 BGB).

16 **bb)** Inhaltlich richtet sich die **Fortsetzung** – entweder durch Vertrag oder durch Urteil – nach § 556a Abs. 2 und 3 BGB. In beiden Fällen bleibt die Identität des Vertrages gewahrt,[4] der damit nicht nach § 3 aus dem Anwendungsbereich des SchuldRAnpG herausfällt.

17 **c) Kündigungssperrfrist für den Grundstückserwerber (Abs. 2). aa)** Es liegt auf der Hand, daß Grundstückseigentümer, die selbst über keine Kündigungsgründe nach § 23 verfügen, das Grundstück durch Veräußerung verwerten wollen.[5] Diese Umgehung des Kündigungsschutzes soll die auf Vorschlag des Bundesrates auf drei Jahre verlängerte **Kündigungssperrfrist** verhindern. Die Kündigungssperrfrist gilt nur bei Wohnnutzung (Abs. 1), nicht bei Erholungsgrundstücken insgesamt.

18 **bb)** Der Grundstückserwerber tritt gem. § 571 BGB in den Vertrag mit dem Nutzer ein. Seine Eigenbedarfskündigung ist gem. Abs. 2 für drei Jahre ausgeschlossen. In aller Regel hätte sie auch ohnedies keinen Erfolg, weil der Erwerber seine Angewiesenheit auf das bestimmte Grundstück durch dessen Erwerb selbst herbeigeführt hat. Der **Kündigungsausschluß für drei Jahre** hat vielmehr den umgekehrten Effekt: Der Gesichtspunkt des selbst geschaffenen Eigenbedarfs kann dem Grundstückserwerber nach Ablauf von drei Jahren nicht mehr entgegengehalten werden. Ansonsten könnte ein Grundstückserwerber vor Ablauf der Kündigungsschutzfristen des § 23 nie mit Erfolg wegen Eigenbedarfs kündigen.

19 Zusätzlich bleibt einem Wohnnutzer das Widerspruchsrecht des § 24 Abs. 1 erhalten, das überhaupt erst zum Tragen kommt, wenn der Kündigungsschutz des § 23 nicht oder nicht mehr eingreift. Die praktische Auswirkung des Abs. 2 wird daher nur gering sein.

20 **cc)** Vor dem 13. 1. 1994, dem Datum der Verabschiedung des Regierungsentwurfs, brauchte ein Grundstückserwerber mit einer Beschränkung der Eigenbedarfskündigung nicht zu rechnen.[6] Die Kündigungssperrfrist gilt daher nicht, wenn der Erwerber den Vertrag **vor dem 13. 1. 1994 abgeschlossen hat.** Auch die Kündigungssperrfrist entfällt, wenn der Grundstückseigentümer oder der andere Vertragsschließende der Wohnnutzung ausdrücklich widersprochen hatten (Abs. 3 s. auch RdNr. 9) Abs. 4 gilt auch hier: Ein Nutzer, der seine Wohnung nach dem 20. Juli 1993 aufgegeben hat und in sein Wochenendhaus gezogen ist, ist daher auch nach Abs. 2 nicht geschützt.

§ 25 Nutzungsrechtsbestellung mit Nutzungsvertrag

(1) Wurde der Vertrag im Zusammenhang mit der Bestellung eines Nutzungsrechts zur Errichtung eines Eigenheimes abgeschlossen und bilden die genutzten Flächen eine räumliche Einheit, die die für den Eigenheimbau vorgesehene Regel-

[3] *Palandt-Putzo* § 556a RdNr. 14ff.; *Voelskow* § 556a RdNr. 12 bis 14; *Sternel,* Mietrecht, IV RdNr. 181ff.

[4] *Palandt-Putzo* § 556a RdNr. 23.

[5] BT-Drucks. 12/7135 S. 56, 84 und 12/8035 S. 27.

[6] BT-Drucks. 12/8035 S. 28.

größe von 500 Quadratmetern übersteigt, so kann der Grundstückseigentümer den Vertrag abweichend von § 23 ganz oder hinsichtlich einer Teilfläche kündigen, soweit die betroffene Fläche abtrennbar und selbständig baulich nutzbar ist und dem Nutzer mindestens eine Gesamtfläche von 500 Quadratmetern verbleibt. Die Kündigung ist ferner zulässig, soweit die betroffene Fläche abtrennbar und angemessen wirtschaftlich nutzbar ist und dem Nutzer mindestens eine Gesamtfläche von 1000 Quadratmetern verbleibt. § 13 des Sachenrechtsbereinigungsgesetzes ist entsprechend anzuwenden.

(2) Wird der Vertrag gemäß Absatz 1 hinsichtlich einer Teilfläche gekündigt, so wird er über die Restfläche fortgesetzt. Der Nutzer kann eine Anpassung des Nutzungsentgelts verlangen. Das angepaßte Entgelt wird vom Beginn des Kalendermonats an geschuldet, in dem die Kündigung wirksam wird.

(3) Die Kündigung ist spätestens am dritten Werktag eines Kalendermonats für den Ablauf des auf die Kündigung folgenden fünften Monats zulässig, wenn sich nicht aus § 584 Abs. 1 des Bürgerlichen Gesetzbuchs eine längere Frist ergibt.

(4) Der Nutzer kann einer Kündigung nach Absatz 1 widersprechen, wenn die Beendigung des Vertrages für ihn zu einer unzumutbaren Härte im Sinne des § 26 Abs. 3 des Sachenrechtsbereinigungsgesetzes führen würde. Der Grundstückseigentümer kann in diesem Fall vom Nutzer den Ankauf des Grundstücks zum ungeteilten Bodenwert nach Maßgabe der Bestimmungen des Sachenrechtsbereinigungsgesetzes verlangen.

I. Normzweck

1 Die in der DDR für den Eigenheimbau bereitgestellten Flächen, an denen Nutzungsrechte verliehen oder zugewiesen wurden, sollten 500 m² nicht überschreiten (§ 7 der EigenheimVO v. 31. 8. 1978, GBl. I S. 425; § 2 der BereitstellungsVO v. 9. 9. 1976, GBl. I S. 426). Tatsächlich wurde diese Größe in der Praxis aber oft überschritten. In § 26 SachenRBerG ist daher vorgesehen, daß Grundstückseigentümer und Nutzer eine Beschränkung der Fläche verlangen können, wenn eine über die Regelgröße von 500 m² bzw. 1000 m² hinausgehende Fläche selbständig nutzbar ist. – Teilweise wurde die Flächenbeschränkung in der DDR dadurch umgangen, daß die über das dingliche Nutzungsrecht von 500 m² hinausgehenden Flächen den Nutzern durch Verträge nach §§ 312ff. ZGB zur Verfügung gestellt wurden. Diese Nutzungsverträge unterliegen nunmehr dem SchuldRAnpG. Um einen Gleichklang mit der Sachenrechtsbereinigung herzustellen, erhält der Grundstückseigentümer das besondere Recht zur Kündigung a) einer über 500 m² hinausgehenden Fläche, wenn diese selbständig baulich nutzbar ist oder b) einer über 1000 m² hinausgehenden Fläche, wenn diese angemessen wirtschaftlich nutzbar ist.

II. Anwendungsbereich, Unterschied zu §§ 40, 53

2 Das Sonderkündigungsrecht betrifft nur den schuldrechtlichen Vertrag, durch den zusätzlich zu einer dinglichen Nutzungsrechtsbestellung (die zur Errichtung eines Eigenheims erfolgt sein muß), eine weitere Fläche zur Verfügung gestellt worden ist. Eine Flächenreduzierung von schuldrechtlichen Verträgen über Erholungsgrundstücke, die **nicht** in Verbindung mit der Bestellung eines dinglichen Nutzungsrechts abgeschlossen worden sind, ist nicht vorgesehen, obwohl solche Verträge nicht selten Flächen von mehreren 1000 m² betreffen. Im Gegensatz dazu ist bei den Überlassungsverträgen (§ 40) sowie den Miet-, Pacht- und sonstigen Nutzungsverträgen (§ 53) eine Teilkündigung dieser schuldrechtlichen Verträge zur Flächenbegrenzung auf 500 m² vorgesehen. Das ist inkonsequent und nur damit zu erklären, daß eine Teilflächenkündigung bei Erholungsgrundstücken wegen der nach dem RegE vorgesehenen kürzeren Kündigungsfristen (vgl. dazu § 23 RdNr. 2) nicht erforderlich schien.

III. Einzelerläuterung

3 **1. Voraussetzungen. a) Zusammenhang mit der Bestellung des Nutzungsrechts.** Der Nutzungsvertrag über das Erholungsgrundstück muß im Zusammenhang mit der Bestel-

lung des Nutzungsrechts zur Errichtung eines Eigenheimes[1] abgeschlossen worden sein. Ein Zusammenhang ist bei Identität des dinglichen und schuldrechtlichen Nutzers und der verfolgten Absicht der Flächenerweiterung regelmäßig gegeben; dabei schaden unterschiedliche Bestellungsdaten für das dingliche und schuldrechtliche Nutzungsrecht nicht.[2] Das dingliche Nutzungsrecht und der schuldrechtliche Vertrag können sich auch auf unterschiedliche Grundstükke im Rechtssinne beziehen.

4 **b) Räumliche Einheit.** Die Flächen müssen eine räumliche Einheit bilden, dh. – in der Regel – aneinandergrenzen. Auf Grund der räumlichen Einheit muß die Regelgröße von 500 m² überschritten sein.

5 **c) Abtrennbare Teilfläche.** Eine Teilfläche muß **abtrennbar** und **selbständig baulich nutzbar** sein, wenn dem Nutzer eine Gesamtfläche von mindestens 500 m² verbleibt; sie muß abtrennbar und **angemessen wirtschaftlich nutzbar** sein, wenn dem Nutzer eine Gesamtfläche von mindestens 1000 m² verbleibt. Diese Regelung entspricht § 26 Abs. 1 SachenRBerG, auf dessen Erläuterung Bezug genommen wird. Angemessene wirtschaftliche Nutzbarkeit setzt nicht voraus, daß die Erträge aus der Überlassung an den Nutzer übertroffen werden.[3] Die Begriffe Abtrennbarkeit und selbständige bauliche Nutzbarkeit sind in § 13 SachenRBerG definiert, auf den Abs. 1 S. 3 verweist und auf dessen Erläuterung im übrigen Bezug genommen wird.

6 **2. Rechtsfolgen. a) Sonderkündigungsrecht.** Der Grundstückseigentümer hat bezüglich der abtrennbaren und selbständig baulich oder sonst angemessenen wirtschaftlich nutzbaren Fläche ein Sonderkündigungsrecht, das nicht an die Voraussetzungen des § 23 gebunden ist. Die Fläche kann den gesamten Vertrag oder nur einen Teil davon betreffen, vgl. nachstehend b).

7 **b) Teilflächenkündigung.** Dem Nutzer müssen 500 m² verbleiben, auch wenn sich sein dingliches Nutzungsrecht über eine geringere Fläche verhält. Im Umfang einer Flächendifferenz bis 500 m² bleibt der schuldrechtliche Vertrag bestehen, darüber hinaus ist dieser durch **Teilflächenkündigung** kündbar. Über die nicht gekündigte **Restfläche** wird der Vertrag automatisch **fortgesetzt** (Abs. 2). Der Nutzer kann eine – der Flächenreduzierung entsprechende – Anpassung des Nutzungsentgelts verlangen; eine automatische Anpassung des Entgelts findet nicht statt. Der Grundstückseigentümer ist bei richtiger Berechnung des neuen Entgelts zur Abänderung des Vertrages verpflichtet, ggf. darauf zu verklagen. Materiell wird das angepaßte Entgelt von dem Monat an geschuldet, in dem die Kündigung wirksam wird (Abs. 2 S. 3).

8 **c) Teilfläche nicht abtrennbar oder selbständig nutzbar.** Ist die Teilfläche **nicht abtrennbar oder selbständig** wirtschaftlich **nutzbar,** ist sie nicht kündbar und teilt das rechtliche Schicksal des schuldrechtlichen Nutzungsvertrages.

9 Darüber hinaus erfaßt der Anspruch des – dinglichen – Nutzers nach dem SachenRBerG auch die **Restflächen.** Beispiel: Dingliches Nutzungsrecht über 400 m², Fläche auf 650 m² aufgestockt durch schuldrechtlichen Vertrag über 250 m²; Teilflächenkündigung durch Grundstückseigentümer über 150 m² nicht möglich, da diese Teilfläche nicht selbständig nutzbar. Hier kann ggf. jede Partei die Einbeziehung der Restfläche (in der Größe von 250 m²) in den Erbbaurechts- oder Grundstückskaufvertrag nach dem SachenRBerG verlangen, §§ 27 Abs. 1, 26 Abs. 5 SachenRBerG.

10 **d) Frist.** Die Kündigung hat mit einer Halbjahresfrist, bei bei einem Pachtvertrag jedoch nur zum Ende eines Pachtjahres zu erfolgen, s. den Wortlaut von Abs. 3 iVm. § 584 Abs. 1 BGB.

11 **e) Entschädigung, Abbruchkosten.** Da es sich bei der Sonderkündigung durch den Grundstückseigentümer um eine solche vor Ablauf der Kündigungsschutzfrist des § 23 handelt, hat der Nutzer für eine Baulichkeit den vollen Entschädigungsanspruch nach § 12 Abs. 2, den Entschädigungsanspruch nach § 14 und braucht sich an Abbruchkosten gem. § 15 nicht zu beteiligen.

12 **f) Unzumutbare Härte.** Der Nutzer kann der Kündigung nach Abs. 1 widersprechen, wenn die Beendigung des Vertrages für ihn eine unzumutbare Härte iSv. § 26 Abs. 3 Sa-

[1] Nach dem Nutzungsrechtsgesetz vom 14. 12. 1970 (GBl. I S. 372) idF des Gesetzes vom 19. 12. 1973 (GBl. I S. 578) und des Gesetzes vom 15. 6. 1984 (GBl. I S. 209) iVm. §§ 287 ff. ZGB sowie nach der VO vom 9. 9. 1976 über die Bereitstellung von genossenschaftlich genutzten Bodenflächen zur Errichtung von Eigenheimen auf dem Lande – BereitstellungsVO – (GBl. I S. 426 iVm. §§ 291 ff. ZGB).

[2] *Rövekamp* S. 132.

[3] *Rövekamp* S. 133.

chenRBerG darstellen würde (Abs. 4). Dies ist nach der genannten Bestimmung insbesondere dann der Fall, wenn die abzutrennende Teilfläche mit einem Bauwerk bebaut worden ist, das den Nutzwert des Eigenheims wesentlich erhöht oder für den vom Nutzer ausgeübten Beruf unentbehrlich und mit zumutbarem Aufwand nicht ersetzbar ist. Auf die Erläuterungen zu § 26 Abs. 3 SachenRBerG wird verwiesen.

13 Dem Grundstückseigentümer soll in diesem Fall aber der volle Verkehrswert der – an sich selbständig nutzbaren – Teilfläche zufließen. Er kann daher vom Nutzer den **Ankauf** der Teilfläche zum ungeteilten Bodenwert (vollen Verkehrswert) verlangen. Das Ankaufsrecht findet seine innere Rechtfertigung darin, daß der Grundstückseigentümer wegen vorrangiger Interesse des Nutzers an der Nutzung seiner eigenen (selbständig nutzbaren Teil-) Fläche gehindert wird. Das Ankaufsrecht kann (sinnvollerweise) nicht isoliert, sondern nur im Zusammenhang mit dem Anspruch auf Ankauf der Eigenheimfläche geltend gemacht werden. Es besteht nicht bei einem dinglichen Nutzungsrecht zu Erholungszwecken (s. dazu das ErholNutzG), da in diesem Fall bereits kein Teilflächenkündigungsrecht gegeben ist (vgl. den Wortlaut des Abs. 1).

14 Der Ankauf erfolgt nach Maßgabe der Bestimmungen des **SachenRBerG.** Die Ermittlung des Bodenwerts ist nach § 19 SachenRBerG vorzunehmen. Ferner gelten insbes. die §§ 62ff. und 87ff. SachenRBerG.

§ 26 Mehrere Grundstückseigentümer

(1) Erstreckt sich die dem Nutzer zugewiesene Fläche über mehrere Grundstücke, können die Grundstückseigentümer das Vertragsverhältnis nur gemeinsam kündigen.

(2) Im Falle der gemeinsamen Kündigung haften die Grundstückseigentümer dem Nutzer für die nach diesem Gesetz zu leistenden Entschädigungen als Gesamtschuldner. Befindet sich ein vom Nutzer errichtetes Bauwerk auf mehreren Grundstücken, sind die Grundstückseigentümer im Verhältnis zueinander im Zweifel zu gleichen Teilen verpflichtet. Entschädigungen nach den §§ 14 und 27 sind im Zweifel im Verhältnis der auf den jeweiligen Eigentümer entfallenden Fläche aufzuteilen.

(3) Das Recht zur Kündigung steht einem Grundstückseigentümer allein zu, wenn die auf seinem Grundstück befindliche Teilfläche selbständig nutzbar ist. Das Kündigungsrecht besteht auch, wenn die Teilfläche gemeinsam mit einer weiteren auf dem Grundstück zu Nutzung zugewiesenen Bodenfläche selbständig nutzbar ist. Der Grundstückseigentümer hat dem anderen Grundstückseigentümer seine Kündigungsabsicht rechtzeitig anzuzeigen.

(4) Wird der Vertrag nach Absatz 3 von einem Grundstückseigentümer gekündigt, kann der Nutzer vom Eigentümer des anderen Grundstücks die Fortsetzung des Vertrages über die auf dessen Grundstück befindliche Teilfläche verlangen. Das Fortsetzungsverlangen muß schriftlich bis zum Ablauf des zweiten auf den Zugang der Kündigung folgenden Monats erklärt werden. § 25 Abs. 2 Satz 2 und 3 ist entsprechend anzuwenden.

(5) Wird der Vertrag nicht nach Absatz 4 fortgesetzt, hat der kündigende Grundstückseigentümer dem anderen Grundstückseigentümer nach Maßgabe des § 14 die Vermögensnachteile auszugleichen, die diesem durch die vorzeitige Beendigung der Gemeinschaft entstehen. Der kündigende Grundstückseigentümer hat den anderen Grundstückseigentümer von einer Entschädigungspflicht nach § 12 Abs. 1 freizustellen.

I. Normzweck

1 § 26 trifft Vorsorge für den Fall, daß die dem Nutzer vertraglich überlassene Fläche mehrere Grundstücke verschiedener Eigentümer umfaßt. Insbesondere bei den komplex überplanten Gebieten der Wochenendhaus- und Feriensiedlungen sind bei der Zuweisung von ausge-

dehnten Bodenflächen die Grundstücksgrenzen nicht beachtet worden.[1] Einen wesentlichen Anwendungsbereich des § 26 bilden daher die Zwischenpachtverträge (§ 1 Abs. 2).

2 Ursprünglich bestand eine Rechtsbeziehung nur zwischen dem anderen Vertragsschließenden und dem Nutzer. Gem. § 8 sind mit Inkrafttreten des SchuldRAnpG alle Eigentümer der betroffenen Grundstücke an die Stelle des anderen Vertragsschließenden getreten und damit Vertragspartner geworden. Damit besteht nunmehr ein Vertrag zwischen dem Nutzer auf der einen und zwei oder mehreren Grundstückseigentümern auf der anderen Seite. Die Grundstückseigentümer bilden eine Gemeinschaft, und zwar, bedingt durch den Vertragsschluß eines Dritten, eine Zwangsgemeinschaft.

3 Grundsätzlich können die Grundstückseigentümer den Vertrag nur gemeinsam kündigen. In diesem Fall haften sie dem Nutzer für dessen Entschädigungsanspruch als Gesamtschuldner. Besondere Regeln gelten im Innenverhältnis (Abs. 2 S. 2 und 3). Ausnahmsweise kann ein Grundstückseigentümer den Vertrag im Ganzen allein kündigen (Abs. 3). In diesem Fall kann der Nutzer von den anderen Eigentümern die Fortsetzung des Vertrages über die restliche Fläche verlangen (Abs. 4). Wird der Vertrag nicht fortgesetzt, haftet der kündigende Grundstückseigentümer wegen der Ansprüche des Nutzers aus § 14 im Innenverhältnis allein und ist wegen des Entschädigungsanspruchs des Nutzers aus § 12 zur Freistellung verpflichtet.

II. Einzelerläuterung

4 **1. Voraussetzung: Ein Vertrag umfaßt mehrere Grundstücke (Abs. 1).** Ein solcher Vertrag ist in aller Regel nicht von den Grundstückseigentümern, sondern von einer staatlichen Stelle oder einer LPG (andere Vertragsschließende iSv. § 8 Abs. 1 S. 1) mit dem Nutzer oder den Nutzern geschlossen worden. Gem. § 8 sind die Eigentümer der von dem Vertrag erfaßten Flächen in den Vertrag eingetreten, s. RdNr. 1 und 2.

5 Nutzer iSv. § 26 Abs. 1 wird zumeist ein Zwischenpächter einer größeren Fläche sein, der sich nunmehr zahlreichen Grundstückseigentümern gegenübersieht. Nutzer kann aber auch ein unmittelbarer Nutzer sein, dem zwei oder mehrere Grundstückseigentümer gegenüberstehen.

6 **2. Rechtsfolgen nach Abs. 1 und 2: Gemeinsame Kündigung. a)** Grundsätzlich können die beteiligten Grundstückseigentümer die **Kündigung** nur **gemeinschaftlich** erklären. Abs. 1 stellt dies nur klar, da sich diese Rechtsfolge bereits aus der gesamtschuldnerischen Verbindung der Grundstückseigentümer ergibt.[2] Während der Kündigungsschutzfristen müssen die in § 23 Abs. 2, 3 und 6 genannten besonderen Kündigungsgründe grundsätzlich bei allen Grundstückseigentümern vorliegen.

7 **b) Rechtsfolgen bei gemeinschaftlicher Kündigung:** Die Grundstückseigentümer haften dem Nutzer, dh. im **Außenverhältnis,** für die nach diesem Gesetz zu leistenden Entschädigungen als Gesamtschuldner (§§ 421 ff. BGB). Diese Haftung betrifft die Ansprüche aus §§ 12, 14 und 27.

8 Für das **Innenverhältnis** bestimmt Abs. 2 S. 2 abweichend von § 426 Abs. 1 S. 1 BGB: Die Entschädigung für ein vom Nutzer errichtetes Bauwerk nach § 12 ist nur dann – und zwar im Zweifel zu gleichen Teilen – aufzuteilen, wenn es auf mehreren Grundstücken steht. Steht es dagegen auf dem Grundstück *eines* Eigentümers, in dessen Eigentum es spätestens bei Vertragsbeendigung fällt (§ 11), ist die Entschädigung nicht aufzuteilen, sondern von diesem Eigentümer allein zu zahlen.

9 Die **Entschädigungen** nach den §§ 14 (für sonstige Vermögensnachteile) und 27 (für Anpflanzungen) sind im Zweifel im Verhältnis der Flächenanteile aufzuteilen (Abs. 2 S. 3). Diese Aufteilung gilt nur im Zweifel; ein solcher Zweifel besteht zB nicht, wenn sich der Bestand an Ziergehölzen auf dem einen Grundstück und das Grabeland auf dem anderen Grundstück befindet.

10 **3. Kündigung durch *einen* Grundstückseigentümer (Abs. 3).** Das Gesetz will es einem Grundstückseigentümer ausnahmsweise ersparen, von den anderen Eigentümern zwecks gemeinsamer Kündigung die Aufhebung der Gemeinschaft nach § 749 BGB zu erstreiten.[3] Ein Grundstückseigentümer hat daher das Recht, den – gesamten – Vertrag allein zu kündigen, wenn die auf seinem Grundstück befindliche **Teilfläche selbständig nutzbar** ist (Abs. 3 S. 1). Bauliche Nutzbarkeit wird nicht vorausgesetzt, es genügt die Möglichkeit einer wirtschaftlich

[1] BT-Drucks. 12/7135 S. 58, 91; 12/8035 S. 28.
[2] *Palandt-Heinrichs* § 425 RdNr. 9.
[3] BT-Drucks. 12/7135 S. 91.

sinnvollen Nutzung. Eine solche setzt zumindest die Klärung eines Zugangs zu einem öffentlichen Weg voraus. Das Einzelkündigungsrecht besteht auch dann, wenn die Teilfläche nicht allein, sondern nur gemeinsam mit einer weiteren Grundstücksfläche nutzbar ist. Der Eigentümer dieser weiteren Fläche kann, um einem Fortsetzungsverlangen des Nutzers gem. Abs. 4 (vgl. nachstehend) zu begegnen, ebenfalls kündigen. Damit er sich diesbezüglich schlüssig werden kann, hat der Kündigende ihm seine Kündigungsabsicht rechtzeitig anzuzeigen (Abs. 3 S. 3). Schriftform ist für die Anzeige nicht vorgeschrieben, aber ratsam.

11 **4. Fortsetzungsverlangen nach Teilflächenkündigung (Abs. 4).** Die ausnahmsweise zulässige Kündigung eines Grundstückseigentümers beendet den Vertrag im Ganzen.[4] Der Nutzer kann jedoch vom Eigentümer des anderen Grundstücks die **Fortsetzung** des Vertrages über die restliche **Teilfläche** verlangen (Abs. 4 S. 1). Das Gesetz führt hier nur *einen* anderen Grundstückseigentümer auf, die Fortsetzung kann indessen nach der Natur der Sache auch gegenüber mehreren Grundstückseigentümern verlangt werden. Dies muß schriftlich bis zum Ablauf des zweiten Monats nach der Kündigung geschehen. Das Nutzungsentgelt ist entsprechend § 25 Abs. 2 S. 2 und 3 anzupassen, vgl. § 25 RdNr. 7.

12 Im übrigen ist der allein ausscheidende Eigentümer zur Leistung einer Entschädigung gem. §§ 12, 14, 17 verpflichtet, soweit seine Grundstücksfläche betroffen ist.

13 **5. Rechtsfolgen bei Beendigung des gesamten Vertrages (Abs. 5).** Wird der **Vertrag nicht nach Abs. 4 fortgesetzt,** können dem oder den nicht kündigenden Grundstückseigentümer(n) durch die Vertragsbeendigung Vermögensnachteile entstehen. Solche sind insbesondere dann denkbar, wenn die Fläche des nicht Kündigenden nicht mehr selbständig verpachtet werden kann. Gem. Abs. 5 S. 1 hat der kündigende Grundstückseigentümer dem anderen die **Vermögensnachteile nach § 14 zu ersetzen,** die durch die vorzeitige Beendigung entstanden sind. Dieser Fall kann insbesondere bei berechtigter Kündigung *eines* Eigentümers vor Ablauf der Kündigungsschutzfrist des § 23 eintreten: Führt ein Kündigungsgrund, der nur in der Person eines der Eigentümer vorliegt, ausnahmsweise zur Beendigung des gesamten Vertrages, hat dieser Eigentümer dem oder den anderen Eigentümer(n) wegen der daraus entstehenden Vermögensnachteile gem. § 14 Ersatz zu leisten. Nach Ablauf der Kündigungsschutzfrist gilt dies nicht mehr, da dann jeder Grundstückseigentümer die Auflösung der Gemeinschaft gem. § 749 Abs. 1 BGB verlangen könnte.[5]

14 Auch wenn sich die Baulichkeit auf dem Grundstück des nicht Kündigenden befindet, ist dieser nach Beendigung des Vertrages gem. § 12 dem Nutzer gegenüber zur Entschädigung verpflichtet. Da diese Rechtsfolge jedoch von dem Kündigenden ausgelöst worden ist, hat er den anderen Grundstückseigentümer hiervon **freizustellen** (Abs. 5 S. 2). Die Freistellungsverpflichtung betrifft nur das Außenverhältnis gegenüber dem Nutzer. Im Innenverhältnis der Grundstückseigentümer (§ 426 Abs. 1 BGB) ist zu berücksichtigen, daß dem nicht Kündigenden das Eigentum an der Baulichkeit spätestens mit dem Ende des Vertrages zugefallen ist (§ 11).

§ 27 Entschädigung für Anpflanzungen

Nach Beendigung des Vertrages hat der Grundstückseigentümer dem Nutzer neben der Entschädigung für das Bauwerk auch eine Entschädigung für die Anpflanzungen zu leisten. § 12 Abs. 2 bis 4 ist entsprechend anzuwenden.

I. Eigentum an den Anpflanzungen

1 Das Eigentum am Grundstück umfaßte gemäß § 295 Abs. 1 ZGB grundsätzlich die Anpflanzungen. Bei den Verträgen nach §§ 312 ff. ZGB wurde jedoch unausgesprochen vorausgesetzt, daß der Nutzer Eigentümer der von ihm angelegten Anpflanzungen wurde: Nach einer Eigenbedarfskündigung konnte er von dem Überlassenden nämlich den Ankauf auch der Anpflanzungen verlangen (§ 314 Abs. 6 ZGB). Diese Rechtslage bestand gemäß Art. 232 § 4 Abs. 1 EGBGB bis zum Inkrafttreten des SchuldRAnpG fort. Das SchuldRAnpG geht nunmehr – ebenfalls unausgesprochen – davon aus, daß sich das Anpflanzungseigentum am 1. 1. 1995 mit dem Grundstückseigentum vereinigt hat (§ 6 Abs. 1 iVm. § 94 Abs. 1 S. 2 BGB). Das vertragli-

[4] BT-Drucks. 12/7135 S. 92.

[5] BT-Drucks. 12/8935 S. 92.

che Nutzungsrecht, insbesondere das Recht auf Aneignung der Früchte (§§ 581 Abs. 1, 956 BGB), bleibt davon unberührt.

II. Entschädigung für die Anpflanzungen

2 **1. Begriff der Anpflanzung; zeitlicher Anwendungsbereich.** Anpflanzung iSv. § 27 ist jede aus einer Einbringung (Aussaat oder Einpflanzen) in den Boden hervorgegangene (Zier- oder Nutz-) Pflanze. Hierzu zählen zB Feldfrüchte, Obst- und Beerenkulturen, Blumen, Ziergehölze, Windschutzpflanzen u. a. m. Die Entschädigung für nach dem 1. 1. 1995 vorgenommene Anpflanzungen richtet sich über § 6 Abs. 1 nach den Vorschriften des Miet- oder Pachtrechts.[1]

3 **2. Entschädigung.** Für die Anpflanzungen hat der Grundstückseigentümer dem Nutzer wie für die Baulichkeit nach Beendigung des Vertrages eine **Entschädigung** zu leisten. Satz 2 verweist insoweit auf § 12 Abs. 2 bis 4. Die Höhe der Entschädigung hängt daher davon ab, ob der Grundstückseigentümer den Vertrag unter den Voraussetzungen des § 12 Abs. 2 gekündigt hat (dann ist der Verkehrswert der Anpflanzungen ohne Betrachtung des Grundstücks zu entschädigen) oder ob die Kündigung, wie in den Fällen des § 12 Abs. 3, außerhalb der Investitionsschutzfrist oder aus wichtigem Grund oder seitens des Nutzers erfolgt ist (dann ist eine Entschädigung nur insoweit zu leisten, als der Wert des Grundstücks durch die Anpflanzungen noch erhöht ist). I. ü. wird auf die Erl. zu § 12 verwiesen (dort RdNr. 13 f.).

4 **3. Wegnahmerecht.** Der Nutzer hat auch ein Wegnahmerecht, wobei er das Grundstück auf seine Kosten in den vorigen Stand zu versetzen hat, § 12 Abs. 4 S. 3 iVm. § 258 BGB. Soweit der Nutzer das Wegnahmerecht ausübt, tritt dieses an die Stelle des Entschädigungsanspruchs (s. § 12 RdNr. 17).

§ 28 Überlassungsverträge zu Erholungszwecken

Ist die Nutzungsbefugnis am Grundstück durch einen Überlassungsvertrag im Sinne des Artikels 232 § 1 a des Einführungsgesetzes zum Bürgerlichen Gesetzbuche eingeräumt worden, richtet sich die Verpflichtung des Nutzers zur Tragung der öffentlichen Lasten des Grundstücks nach § 36. Die Ansprüche des Nutzers auf Auskehr des bei Vertragsabschluß hinterlegten Betrages und auf Erstattung der Beträge, die vom staatlichen Verwalter zur Ablösung von Verbindlichkeiten des Grundstückseigentümers verwandt wurden, bestimmen sich nach § 37.

1 **1. Allgemeines.** Unter § 1 Abs. 1 Nr. 1 fallen auch Überlassungsverträge zu Erholungszwecken, vgl. § 1 RdNr. 15. Auf diese werden einige der Vorschriften, die für Überlassungsverträge zu Wohn- und gewerblichen Zwecken (§§ 34 bis 42) gelten, für anwendbar erklärt.

2 **2. Öffentliche Lasten (Satz 1).** Die staatlichen Vertragsmuster für Überlassungsverträge sahen regelmäßig vor, daß der Nutzer die auf dem Grundstück ruhenden **öffentlichen Lasten** trägt.[1*] An die Stelle des Nutzen- und Lastensystems tritt nunmehr das Entgeltsystem (s. § 36 RdNr. 3). § 20 ordnet die Geltung der NutzEV auch für Überlassungsverträge zu Erholungszwecken an (s. § 20 RdNr. 1 und 2). Da die nach der NutzEV zu zahlenden Beträge die Obergrenze des Entgelts bilden, können die öffentlichen Lasten nicht zusätzlich umgelegt werden. Soweit diese – wie zunächst häufig – durch die Nutzungsentgelte nicht abgedeckt werden können, soll der Grundstückseigentümer es nach § 36 wahlweise bei der bisherigen Regelung bewenden lassen können. Auf die Erläuterungen zu § 36 wird Bezug genommen.

3 **3. Abrechnung (Satz 2).** Der Überlassungsvertrag verpflichtete den Nutzer, einen Geldbetrag in Höhe des Objektwertes auf ein Hinterlegungskonto des staatlichen Verwalters zu zahlen. Aus diesem Betrag wurden zunächst Verbindlichkeiten des Nutzers beglichen, der Restbetrag wurde hinterlegt und sollte nach Vertragsbeendigung an den Nutzer zurückgezahlt werden. Die **Abrechnung** ist nunmehr nach § 37 vorzunehmen, auf den S. 2 verweist. Auf die dortigen Erläuterungen wird Bezug genommen.

[1] *Matthiessen* in: *Kiethe* SchuldRAnpG § 27 RdNr. 6.

[1*] BT-Drucks. 12/7135 S. 58.

Abschnitt 2. Besondere Bestimmungen für Ferienhaus- und Wochenendhaussiedlungen sowie andere Gemeinschaften

Normzweck des 2. Abschnitts

Die Nutzung von Grundstücken zur Erholung war in der DDR weitgehend durchorganisiert. Neben den Kleingartenanlagen, auf die seit dem Beitritt das BKleinG anzuwenden ist (Art. 232 § 4 Abs. 3 EGBGB), gab es Ferienhaus- und Wochenendhaussiedlungen sowie vergleichbare Gemeinschaften (§ 33). Das Gesetz vermeidet es, diese Anlagen den Kleingartenanlagen gleichzustellen und das BKleinG für anwendbar zu erklären. Vorhandene Siedlungsstrukturen sollen nicht verfestigt und der Planungshoheit der Gemeinden soll nicht vorgegriffen werden.[1] Der Abschnitt erklärt jedoch einige Regelungen, die dem BKleinG entlehnt sind, für anwendbar. Diese betreffen die Kündigung des Zwischenpachtvertrages durch den Grundstückseigentümer (§ 30), die Kündigung durch den Zwischenpächter gegenüber dem Nutzer (§ 31) sowie Vorschriften über die Benutzung gemeinschaftlicher Einrichtungen (§ 32). 1

§ 29 Begriffsbestimmung

Ferienhaus- und Wochenendhaussiedlungen sind Flächen, die

1. nach ihrer Zweckbestimmung und der Art der Nutzung zur Erholung dienen,
2. mit mehreren Ferien- oder Wochenendhäusern oder anderen, Erholungszwecken dienenden Bauwerken bebaut worden sind,
3. durch gemeinschaftliche Einrichtungen, insbesondere Wege, Spielflächen und Versorgungseinrichtungen, zu einer Anlage verbunden sind und
4. nicht Kleingartenanlagen im Sinne des § 1 des Bundeskleingartengesetzes sind.

1. Begriffsbestimmung. § 29 enthält die **Begriffsbestimmung** für die von den Sonderregelungen des zweiten Abschnitts betroffenen Anlagen. Die Voraussetzungen der Nrn. 1 bis 4 müssen kumulativ erfüllt sein: 1

Nr. 1: Die Siedlungen müssen nach ihrer Zweckbestimmung, die sich aus den Nutzungsverträgen ergibt, und der Art der ausgeübten Nutzung **der Erholung dienen.** Die Zweckbestimmung ist auf die Siedlung insgesamt zu beziehen, ein Leerstand oder eine Zweckentfremdung einzelner Parzellen ändert an der Zweckbestimmung der gesamten Siedlung als Erholungsanlage nichts. 2

Nr. 2: Die Flächen müssen entsprechend der Zweckbestimmung nach Nr. 1 mit mehreren Ferien- oder Wochenendhäusern oder sonstigen Bauwerken iSv. § 1 Abs. 1 Nr. 1, die Erholungszwecken dienen, **bebaut** sein. Es darf sich nicht um Wohngebäude handeln. Eine Wohnnutzung einzelner Gebäude ist unschädlich. 3

Nr. 3: Die Siedlungen müssen durch **gemeinschaftliche Einrichtungen** zu einer Anlage verbunden sein. Beispielhaft sind gemeinschaftliche Wege, Spielflächen und Versorgungseinrichtungen genannt. Auch Vereinsgebäude, Parkplätze, gemeinschaftliche Einfriedungsanlagen, Bootsstege, Brunnen oder Abwassergruben erfüllen diese Anforderung. Es muß eine Mehrzahl – von mindestens zwei – gemeinschaftlichen Anlagen vorhanden sein. 4

Nr. 4: Die Anlagen dürfen keine Kleingartenanlagen sein, dh. sie dürfen nicht unter die Begriffsbestimmung des § 1 Abs. 1 BKleinG fallen. Da auch bei den Kleingärten gemeinschaftliche Einrichtungen vorhanden sind, besteht das entscheidende Abgrenzungskriterium im **Fehlen einer kleingärtnerischen Nutzung** (§ 1 Abs. 1 Nr. 1 BKleinG). Kennzeichnend für eine kleingärtnerische Nutzung ist die nicht erwerbsmäßige Gewinnung von Gartenbauerzeugnissen.[1*] Eine solche darf somit hier nicht vorliegen, andernfalls ist bereits das SchuldRAnpG nicht anwendbar (§ 2 Abs. 3), da die Kleingartenanlagen gem. § 20a Nr. 1 BKleinG in das BKleinG 5

[1] BT-Drucks. 12/7135 S. 59; vgl. zur Abgrenzung § 29 RdNr. 6 und *Rövekamp* OV spezial Nr. 3/96 S. 38f.

[1*] *Mainczyk* § 1 RdNr. 5ff.

übergeleitet worden sind. Lagen die Voraussetzungen für die Einordnung in das BKleinG am 3. 10. 1990 vor, kann es darauf, wie die Nutzung dieser Gärten am 1. 1. 1995 ausgestaltet war, nicht mehr ankommen. Ein am 1. 1. 1995 fehlender Obstanbau kann dann allenfalls einen Verstoß gegen die Bewirtschaftungspflicht mit der Folge der Kündbarkeit nach Abmahnung gem. § 9 Abs. 1 Nr. 1 BKleinG darstellen.

6 Die **Abgrenzung zwischen Wochenendsiedlergärten und Kleingartenanlagen** kann im Einzelfall schwierig sein. Die Nutzer von Wochenendsiedlergärten waren nach §§ 1 und 3 des einheitlichen Vertragsmusters zur Nutzung der Parzellen entsprechend der „Ordnung für Wochenendsiedlungen" des VKSK, in dem sie seit 1982 ebenfalls organisiert waren, und gemäß dem bestätigten Gartenplan der Sparte verpflichtet. Nummer 1 dieser Nutzungsordnung, die Bestandteil des Nutzungsvertrages war, verpflichtete die Nutzer grundsätzlich zu einer dem Standort entsprechenden Bodennutzung. Danach waren auch die „Möglichkeiten zur Erzeugung von Obst und Gemüse . . . zu nutzen und zu fördern." Mithin waren auch die Nutzer von Wochenendsiedlergärten zur nicht erwerbsmäßigen Gewinnung von Gartenbauerzeugnissen verpflichtet.[2] Dem entsprachen die Gestaltungspläne der Sparten, die in der Regel Obst- und Gemüseanbau vorsahen.[3] Wurden die Gärten am 3. 10. 1990 entsprechend dieser Verpflichtung genutzt, so lagen damit die Voraussetzungen von § 1 Abs. 1 Nr. 1 BKleinG vor. Entscheidend war insoweit allerdings die tatsächlich am 3. 10. 1990 ausgeübte Art der Nutzung und nicht die Vertragssituation.[4] Dabei ist auf den Charakter der gesamten Anlage, nicht einzelner Gärten, abzustellen. Überwog die Rasen- und Zierbepflanzung, dürfte die Erholungsnutzung im Vordergrund gestanden haben. Wegen der erforderlichen Vielfalt von Gartenbauerzeugnissen reichen ausschließlich Dauerkulturen von Obstbäumen und Beerensträuchern auf Rasenflächen für eine kleingärtnerische Nutzung nicht aus.[5] Auch wenn die Gärten nur an den Wochenenden oder nur während der Ferien genutzt werden, ist die Erholungsnutzung das wesensbestimmende Merkmal.

7 **2. Rechtliche Bedeutung.** Liegen die Begriffsmerkmale des § 29 bei einer Ferienhaus- oder Wochenendhaussiedlung (kumulativ) vor, greifen in den dort geregelten Fällen die **Sonderregelungen** der §§ 30 bis 32 ein.

§ 30 Kündigung des Zwischenpachtvertrages

(1) Der Grundstückseigentümer ist berechtigt, die Kündigung des Zwischenpachtvertrages auf eine Teilfläche zu beschränken. Ist eine Interessenabwägung nach § 23 Abs. 2 Nr. 1 oder Abs. 3 Nr. 2 vorzunehmen, sind auch die Belange des unmittelbar Nutzungsberechtigten zu berücksichtigen. Im Falle einer Teilflächenkündigung wird der Zwischenpachtvertrag über die Restfläche fortgesetzt.

(2) Wird das Vertragsverhältnis aus einem in der Person des Zwischenpächters liegenden Grund gekündigt, tritt der Grundstückseigentümer in die Vertragsverhältnisse des Zwischenpächters mit den unmittelbar Nutzungsberechtigten ein. Schließt der Grundstückseigentümer mit einem anderen Zwischenpächter einen Vertrag ab, so tritt dieser anstelle des bisherigen Zwischenpächters in die Vertragsverhältnisse mit den unmittelbar Nutzungsberechtigten ein.

I. Normzweck

1 Der Eigentümer eines größeren für eine Siedlung in Anspruch genommenen Grundstücks benötigt für eigene Zwecke oft nur eine Teilfläche. Abs. 1 will eine Kündigung des gesamten Zwischenpachtvertrages durch den Grundstückseigentümer wegen Eigenbedarfs vermeiden, er ermöglicht es dem Grundstückseigentümer daher, die Kündigung auf eine Teilfläche zu beschränken. Die Vorschrift ist § 10 Abs. 2 BKleinG nachgebildet. Die Möglichkeit einer Teilflächenkündigung läßt in der Regel ein überwiegendes Interesse des Grundstückseigentümers für eine Kündigung des gesamten Vertrages (nach § 23 Abs. 2 und 3) entfallen.

[2] AA wohl insoweit *Rövekamp* S. 53, 54 und OV spezial 3/96 S. 38, 40.
[3] *Kärsten* NJ 1994, 104, 107.
[4] *Rövekamp* OV spezial 3/96 S. 38, 40.
[5] *Mainczyk* § 1 RdNr. 7; aA *Stang* § 1 RdNr. 6.

Abs. 2 betrifft die Kündigung des Zwischenpachtvertrages aus einem in der Person des Zwischenpächters liegenden wichtigen Grund. Grundsätzlich würde hier auch das Besitzrecht des unmittelbaren Nutzers entfallen. Dies wird durch den Vertragseintritt des Grundstückseigentümers in die vom Zwischenpächter mit den unmittelbar Nutzungsberechtigten geschlossenen Verträge vermieden, der vertragstreue unmittelbare Nutzer wird so geschützt. Die Vorschrift ist § 10 Abs. 3 BKleinG nachgebildet. 2

II. Einzelerläuterung

1. Teilflächenkündigung (Abs. 1). a) Voraussetzung ist ein Nutzungsverhältnis über ein Erholungsgrundstück, das in einer Anlage gem. § 29 liegt. Über das Grundstück muß ein Zwischenpachtvertrag (§ 1 Abs. 2) geschlossen sein. Zwischenpächter waren nach dem Recht der DDR gem. § 4 der VO vom 31. 12. 1959[1] die Kreisverbände oder örtlichen Sparten des VKSK.[2] Deren Rechtsnachfolger sind nunmehr die Kreisverbände oder Sparten des VGS.[3] 3

b) Rechtsfolgen: Der Grundstückseigentümer ist berechtigt, die Kündigung des Zwischenpachtvertrages auf eine **Teilfläche zu beschränken.** Teilfläche iS dieser Bestimmung ist derjenige Teil der dem Zwischenpachtvertrag unterliegende Gesamtfläche, der als Parzelle an einen unmittelbaren Nutzer weiterverpachtet ist. Die Kündigung ist gegenüber dem Zwischenpächter zu erklären. Die gesetzlichen Kündigungsfristen sind einzuhalten (§ 6 Abs. 1 iVm. § 584 BGB). 4

Erfolgt die Kündigung der Teilfläche innerhalb der Kündigungsschutzfrist des § 23, sind bei der notwendigen Interessenabwägung nach § 23 Abs. 2 Nr. 1 oder Abs. 3 Nr. 2 auch die Belange des unmittelbar Nutzungsberechtigten – der durch die Kündigung sein Recht zum Besitz verlieren würde – zu berücksichtigen (Abs. 1 S. 2). 5

Das Gesetz erwähnt hier nicht die **Lebensaltersklausel** des § 23 Abs. 5. Deren Schutz muß dem unmittelbaren Nutzer bei einer am Schutzzweck orientierten Auslegung der Norm verbleiben. War der unmittelbare Nutzer am 3. 10. 1990 60 Jahre alt, ist eine Teilflächenkündigung der betreffenden Parzelle, nicht aber evtl. des Zwischenpachtvertrages insgesamt, ausgeschlossen.[4] 6

Greift die Kündigung der Teilfläche durch, **erlischt** das **Besitzrecht** des Zwischenpächters und damit auch das Besitzrecht des unmittelbar Nutzungsberechtigten.[5] Der Zwischenpachtvertrag wird gem. Abs. 1 S. 3 über die Restfläche fortgesetzt. Die Anpassung des Nutzungsentgelts ist analog § 25 Abs. 2 S. 2 und 3 vorzunehmen. 7

2. Kündigung gegenüber dem vertragsuntreuen Zwischenpächter (Abs. 2). Kündigt der Grundstückseigentümer den Zwischenpachtvertrag aus einem in der Person des Zwischenpächters liegenden, dh. wichtigen Grund,[6] soll das Besitzrecht der unmittelbar Nutzungsberechtigten nicht entfallen. Der Grundstückseigentümer tritt daher bei berechtigter außerordentlicher Kündigung des Zwischenpachtvertrages in die einzelnen Vertragsverhältnisse des Zwischenpächters mit den unmittelbar Nutzungsberechtigten ein. Diese bleiben somit weiterhin durch das SchuldRAnpG geschützt. 8

Abs. 2 S. 2 schafft für den Grundstückseigentümer die Möglichkeit, **den bisherigen Zwischenpächter** durch Vertrag mit einem neuen Zwischenpächter **zu ersetzen.** Mit Vertragsbeginn tritt dieser in die Vertragsverhältnisse mit den unmittelbar Nutzungsberechtigten ein. Bereits vor dem 1. 1. 1995 sind häufig volkseigene Betriebe, die Träger von Ferienhaus- und Wochenendhaussiedlungen waren, vereinbarungsgemäß gegen andere Zwischenpächter ausgewechselt worden.[7] 9

[1] Verordnung über das Kleingarten- und Siedlungswesen und die Kleintierzucht v. 3. 12. 1959 (GBl. I 1960 S. 1).

[2] Verband der Kleingärtner, Siedler und Kleintierzüchter, dieser besaß gem. § 4 der VO v. 3. 12. 1959 das Zwischenpachtprivileg.

[3] Verband der Garten- und Siedlerfreunde; wegen der Überleitung des Zwischenpachtprivilegs s. auch § 20a Nr. 4 und 5 BKleinG und *Kärsten* NJ 1994, 104, 107f.

[4] *Rövekamp* S. 143.

[5] BGH NJW-RR 1994, 779f. zur Rechtslage nach dem BKleinG.

[6] Vgl. § 23 RdNr. 3.

[7] *Clausner-Landerer* in: *Kiethe* SchuldRAnpG § 30 RdNr. 20.

§ 31 Kündigung durch den Zwischenpächter

(1) Der Zwischenpächter kann den Vertrag mit dem unmittelbar Nutzungsberechtigten auch kündigen, wenn die Beendigung des Vertrages zur Neuordnung der Siedlung erforderlich ist.

(2) Die Entschädigung nach den §§ 12, 14 und 27 sowie die Abbruchkosten hat der Zwischenpächter zu tragen.

1 **1. Sonderkündigungsrecht des Zwischenpächters.** Die Vertragsverhältnisse des Zwischenpächters mit den unmittelbaren Nutzern unterliegen dem SchuldRAnpG und somit auch den Kündigungsbeschränkungen des § 23. Dies könnte einer ggf. erforderlichen Neuordnung der Siedlung entgegenstehen.[1] Die § 9 Abs. 1 Nr. 2 BKleinG entsprechende Vorschrift gibt dem Zwischenpächter daher die Möglichkeit, den Vertrag mit dem unmittelbaren Nutzungsberechtigten auch zu kündigen, wenn dies **zur Neuordnung der Siedlung erforderlich** ist (Abs. 1). Die Ausübung des Sonderkündigungsrechts setzt ein konkretes Planungsstadium der Neuordnung voraus. Die Kündigungsfristen des BGB sind einzuhalten.

2 **2. Entschädigung durch den Zwischenpächter. Abs. 2** legt fest, daß die **Entschädigungen** nach den §§ 12, 14 und 27 sowie die Abbruchkosten **vom Zwischenpächter zu tragen** sind. Obwohl dieser nicht (gem. § 11) Eigentümer des Bauwerks wird, hat der Zwischenpächter den Nutzer für das Bauwerk zu entschädigen. Dagegen kann der Grundstückseigentümer das auf ihn übergegangene Baulichkeiteneigentum nicht nutzen (der Hauptnutzungsvertrag besteht fort, die Baulichkeit wird wegen der Neuordnung zumeist abgerissen), weshalb er in diesem Fall keine Entschädigung zu tragen hat.[2] Die Entschädigung ist nach dem Zeitwert zu bemessen (§ 12 Abs. 2). Nicht einschlägig ist § 12 Abs. 3, der voraussetzt, daß die Entschädigung durch den Grundstückseigentümer geschuldet wird.

§ 32 Benutzung gemeinschaftlicher Einrichtungen

(1) Der Grundstückseigentümer, der das Grundstück zur Erholung oder Freizeitgestaltung nutzt, ist berechtigt, die in der Siedlung belegenen gemeinschaftlichen Einrichtungen zu nutzen.

(2) Die Nutzung der gemeinschaftlichen Einrichtungen eines Vereins erfolgt durch Ausübung der Rechte als Vereinsmitglied. Wird der Grundstückseigentümer nicht Mitglied, kann er die Nutzung dieser Einrichtungen gegen Zahlung eines angemessenen Entgelts verlangen.

(3) Eine Personengemeinschaft nach § 4 Abs. 2 kann für die Nutzung der Einrichtungen ein angemessenes Entgelt verlangen, wenn der Grundstückseigentümer nicht Mitglied der Gemeinschaft wird.

1 Hat der Grundstückseigentümer den Zwischenpachtvertrag wegen Eigenbedarfs hinsichtlich einer Teilfläche gem. § 30 – oder bei einstufiger Vertragsgestaltung einen von mehreren Nutzungsverträgen – gekündigt, wird er auf die **Mitbenutzung** der **gemeinschaftlichen Einrichtungen** (§ 29 Nr. 3) einer Siedlung angewiesen sein. Abs. 1 gibt ihm ein Recht dazu. Voraussetzung ist die Nutzung des Grundstücks zur Erholung oder Freizeitgestaltung.[1*]

2 Bildet die Siedlergemeinschaft einen **Verein,** soll die Nutzung der gemeinschaftlichen Einrichtungen im Rahmen der Vereinsmitgliedschaft erfolgen (Abs. 2 S. 1). Allerdings besteht grundsätzlich kein Anspruch auf Aufnahme. Abs. 2 S. 2 gibt dem Grundstückseigentümer daher das Recht, die Nutzung der gemeinschaftlichen Einrichtungen gegen Zahlung eines angemessenen Entgelts zu verlangen. Ein Entgelt das über dem Vereinsbeitrag liegt, wird nicht mehr als angemessen gelten können. Der Anspruch richtet sich gegen den Verein.

3 Bildet die Siedlergemeinschaft keinen Verein, sondern eine **Gemeinschaft** nach § 4 Abs. 2 (die Zwischenpächter sein kann; § 4 RdNr. 1, 3), besteht ein Anspruch auf Aufnahme ebenfalls

[1] BT-Drucks. 12/7135 S. 60.
[2] *Rövekamp* S. 144.
[1*] Nutzung zu Wohnzwecken (nach Kündigung gem. § 23 Abs. 2 Nr. 1) muß gleichstehen, *Clausner-Landerer* in: *Kiethe* SchuldRAnpG § 32 RdNr. 5, 6.

nicht. Abs. 3 gewährt hier gleichfalls einen Anspruch auf Benutzung gemeinschaftlicher Einrichtungen gegen angemessenes Entgelt. Dieser richtet sich hier gegen die Mitglieder der Gemeinschaft, dh. gegen alle BGB-Gesellschafter (§ 4 Abs. 2).

§ 33 Andere Gemeinschaften

Auf Rechtsverhältnisse in Garagen-, Bootsschuppen- und vergleichbaren Gemeinschaften sind die Bestimmungen der §§ 29 bis 32 entsprechend anzuwenden.

1 Die hier genannten **Garagen-, Bootsschuppen- und vergleichbaren Gemeinschaften,**[1] zB Steggemeinschaften, waren in der Regel Personengemeinschaften iSv. §§ 266 ff. ZGB. Hat der Grundstückseigentümer mit den unmittelbaren Nutzern keine Einzelverträge geschlossen, sind die Mitglieder der Gemeinschaft – als BGB-Gesellschafter – gemeinschaftlich Nutzer (s. § 4 RdNr. 2).

2 Als solche sind sie **Zwischenpächter,** die in ihrer Gesamtheit mit den unmittelbaren Nutzungsberechtigten Einzelnutzungsverträge abgeschlossen haben. Damit besteht die den §§ 29 bis 32 zugrundeliegende Konstellation; die genannten Vorschriften sind daher entsprechend anzuwenden.

Kapitel 3. Überlassungsverträge

Abschnitt 1. Überlassungsverträge zu Wohnzwecken

Vorbemerkung

1 Wegen des Begriffs und der Rechtsnatur der Überlassungsverträge vgl. zunächst § 1 RdNr. 5. Kapitel 3 behandelt die **Überlassungsverträge iSv. § 1 Abs. 1 Nr. 2,** und zwar in Abschnitt 1 die Überlassungsverträge zu Wohnzwecken und in Abschnitt 2 die Überlassungsverträge zu gewerblichen und anderen Zwecken. Überlassungsverträge zu Erholungs- und anderen persönlichen Zwecken, nicht jedoch Wohnzwecken, die in der Praxis die Mehrzahl bilden, fallen unter § 1 Abs. 1 Nr. 1 und sind in Kapitel 2 behandelt.

2 Auszuscheiden haben die Überlassungsverträge, auf die die Bestimmungen des SchuldRAnpG insgesamt nicht anwendbar sind, weil sie in die **Sachenrechtsbereinigung** einbezogen sind. Das sind nach § 2 Abs. 1 Nr. 2 diejenigen Überlassungsverträge, auf deren Grundlage der Nutzer mit Billigung staatlicher Stellen ein Eigenheim errichtet oder in einem vorhandenen Gebäude bauliche Investitionen im Umfang des § 12 Abs. 2 SachenRBerG vorgenommen hat. Wegen der durch die Pauschalsätze des § 12 Abs. 2 S. 1 2. HS SachenRBerG erleichterten Zugangsvoraussetzungen zur Sachenrechtsbereinigung werden bei den durch Überlassungsverträge übergebenen Eigenheimen nur wenige Fälle übrig bleiben, die nicht der Sachenrechtsbereinigung, sondern den §§ 34 ff. unterfallen.[1*]

3 Ist der **Umfang der Um- und Ausbaumaßnahmen** nicht unerheblich, reicht er aber gleichwohl zur Einbeziehung in die Sachenrechtsbereinigung nicht aus, so bewirkt er über § 39 eine Verlängerung der Kündigungsschutzfrist, vgl. dort.

§ 34 Anwendbarkeit des Mietrechts

Überlassungsverträge zu Wohnzwecken werden als auf unbestimmte Zeit geschlossene Mietverträge fortgesetzt. Auf sie sind die allgemeinen Bestimmungen über die Wohnraummiete anzuwenden, soweit nicht im folgenden etwas anderes bestimmt ist.

[1] Vgl. zum Gemeinschaftsrecht im ZGB allgemein: Lübchen-Brachmann NJ 1987, 477 f

[1*] Rövekamp S. 166 f.

I. Normzweck

1 Überlassungsverträge, mit denen bebaute Grundstücke zu Wohnzwecken übergeben worden sind, können der Sachenrechtsbereinigung unterfallen, s. Vorbemerkung RdNr. 2. Ist dies nicht der Fall, sind diese Verträge am ehesten Wohnraummietverhältnissen vergleichbar.[1] Das Gesetz erklärt daher insoweit grundsätzlich die Bestimmungen über die Wohnraummiete für anwendbar.

II. Überlassungsverträge zu Wohnzwecken

2 **1. Voraussetzungen.** Richtiger handelt es sich um Überlassungsverträge über **mit** einem **Wohnhaus bebaute Grundstücke,** vgl. allgemein zu den Überlassungsverträgen § 1 RdNr. 5. Gestattet der Vertrag die Nutzung zu Wohn- oder Erholungszwecken, entscheidet die tatsächlich ausgeübte Nutzung.[2] Der Vertrag muß am 1. 1. 1995 wirksam bestanden haben; ggf. ist eine Kündigung seitens des Grundstückseigentümers gem. § 7 unwirksam.

3 **2. Rechtsfolgen.** Die Überlassungsverträge zu Wohnzwecken werden als auf unbestimmte Zeit geschlossene **Mietverträge** fortgesetzt (S. 1). Damit entfällt die in den Formularverträgen eher willkürlich festgesetzte[3] Befristung auf 10, 20 oder 30 Jahre. Die Entfristung[4] ist mit einem Bestandsschutz gekoppelt (§§ 38, 39).

4 Es gelten die allgemeinen Bestimmungen über die **Wohnraummiete,** soweit in den §§ 35 bis 41 nichts anderes bestimmt ist (S. 2). Die Regelungen des Überlassungsvertrages sind insgesamt durch die Vorschriften des BGB über die Wohnraummiete einschließlich der Nebengesetze sowie die vorrangigen Vorschriften des SchuldRAnpG ersetzt; Nebenabreden gelten nur weiter, soweit dies im SchuldRAnpG ausdrücklich bestimmt ist (§ 6 Abs. 3). Dies ist insbesondere bedeutsam für Form (gemäß § 564a Abs. 1 S. 1 BGB: Schriftform) und Frist (§ 565 BGB) sowie sonstige Voraussetzungen (§ 564b BGB) und Hinderungsgründe (§ 556a BGB) einer Kündigung. Das SchuldRAnpG enthält Vorschriften über die Höhe des Mietzinses (§ 35), öffentliche Lasten (§ 36), die Abrechnung des hinterlegten Betrages (§ 37), den Kündigungsschutz (§§ 38, 39), ein Teilflächenkündigungsrecht des Grundstückseigentümers (§ 40) und Verwendungsersatzansprüche des Nutzers (§ 41).

§ 35 Mietzins

(1) Der Grundstückseigentümer kann vom Nutzer die Zahlung eines Mietzinses verlangen. Der Mietzins wird an dem ersten Tag des zweiten Monats fällig, der auf die schriftliche Anforderung des Mietzinses durch den Vermieter gegenüber dem Mieter folgt.

(2) Vom 1. Januar 1995 bis zum Ablauf des 10. Juni 1995 bestimmt sich der Mietzins nach der Ersten und der Zweiten Grundmietenverordnung sowie der Betriebskosten-Umlageverordnung in der zu diesem Zeitpunkt geltenden Fassung. Von dem 11. Juni 1995 an kann der Vermieter eine Erhöhung dieses Mietzinses und die Betriebskosten nach näherer Maßgabe des § 11 Abs. 2 des Gesetzes zur Regelung der Miethöhe und der dort angeführten Vorschriften verlangen. Für die Erhöhung nach § 12 jenes Gesetzes gilt dessen § 2 Abs. 1 Satz 1 Nr. 1 nicht.

I. Normzweck

1 **1. Übergang zur Entgeltlichkeit.** Nach den Musterverträgen hatte der Überlassungsnehmer für die Instandhaltung des Grundstücks und für die öffentlichen Lasten aufzukommen. Bei den Überlassungsverträgen zu Wohnzwecken war ein Nutzungsentgelt darüber hinaus nicht vorgesehen.[1*] Das SchuldRAnpG führt nunmehr die **Entgeltlichkeit** der Grundstücksnutzung

[1] BT-Drucks. 12/7135 S. 61.
[2] *Rövekamp* S. 49, 165.
[3] BT-Drucks. 12/7135 S. 61.
[4] Zur Entfristung, insbes. der Überlassungsverträge zur Erholung, vgl. auch § 6 RdNr. 13.

[1*] Vertragsmuster bei *Rodenbach* ZOV 1991, 73, 76 und *Thiele-Krajewski-Röske* Anhang C V 4.

ein, unabhängig davon, ob ein Entgelt bisher nicht bzw. nur in der Form der Tragung des Erhaltungsaufwandes und der öffentlichen Lasten geschuldet war. Entsprechend der Umwandlung der Überlassungsverträge in Mietverträge (§ 34) kann der Grundstückseigentümer vom Nutzer die Zahlung eines Mietzinses verlangen. Solange der Mietzins die öffentlichen Lasten noch nicht trägt, kann der Grundstückseigentümer es bei den bisherigen Verpflichtungen des Mieters bewenden lassen (§ 36).

2 Bis zum 10. 6. 1995 hatte § 35 folgenden Wortlaut: *Der Grundstückseigentümer kann vom Nutzer die Zahlung eines Mietzinses verlangen. Solange im Beitrittsgebiet mietpreisrechtliche Bestimmungen bestehen, gilt für den Mietzins § 11 Abs. 2 bis 7 des Gesetzes zur Regelung der Miethöhe.* Die jetzige Neufassung – Änderung von S. 2 und Anfügung von Abs. 2 – ist durch Art. 3 des Gesetzes zur Überleitung preisgebundenen Wohnraums im Beitrittsgebiet in das allgemeine Miethöherecht (Mietenüberleitungsgesetz) vom 6. 6. 1995 (BGBl. I S. 748) eingeführt worden.

II. Mietzins

3 **1. Zahlungsverlangen (Abs. 1).** Der Grundstückseigentümer kann die **Zahlung eines Mietzinses verlangen.** Der Anspruch auf den Mietzins entsteht nicht kraft Gesetzes. Der Grundstückseigentümer kann von der Geltendmachung des Mietzinses auch absehen. Dies hat zur Folge, daß der Nutzer verpflichtet bleibt, die auf dem Grundstück ruhenden öffentlichen Lasten zu tragen (§ 36, vgl. dort RdNr. 2).

4 **a) Schriftform.** Das Zahlungsverlangen ist **schriftlich** gegenüber dem Mieter zu erklären (Abs. 1 S. 2, ebenso § 35 S. 2 aF iVm. § 11 Abs. 4 MHG aF).

5 **b) Gestaltungsrecht.** Nach § 35 S. 2 aF iVm. § 11 Abs. 5 MHG aF hatte der Vermieter ein **einseitiges Gestaltungsrecht.**[2] Die Zahlungspflicht entstand am Ersten des auf die Erklärung folgenden übernächsten Monats. An dieser Rechtslage – anders als bei der Mieterhöhung nach dem MHG[3] – sollte durch die Neufassung des § 35 nichts geändert werden.[4] Der Mietzins ist am ersten Tage des übernächsten Monats fällig, der auf die schriftliche Anforderung durch den Vermieter folgt (Abs. 1 S. 2). Das bedeutet, daß der Mietzinsanspruch bereits durch das Zahlungsverlangen entsteht. Damit besteht weiterhin ein Unterschied zur Rechtslage nach § 47 (s. dort RdNr. 2) und nach § 2 Abs. 3 MHG, da in den dort genannten Fällen auf Zustimmung, dh. auf Abgabe einer Willenserklärung zur Vertragsänderung, geklagt werden muß.

6 Dies gilt auch bei erstmaliger Anforderung eines Mietzinses *nach* dem 10. Juni 1995, dessen Höhe sich dann nach Abs. 2 S. 2 iVm. §§ 11 Abs. 2, 12 bis 17 MHG nF richtet. Das einseitige Gestaltungsrecht des Vermieters bei der erstmaligen Anforderung eines Mietzinses sollte durch die Neufassung des § 35, dessen S. 1 unverändert geblieben ist, nicht abgeschafft werden. Die Klage auf Zustimmung gem. § 2 Abs. 3 MHG (aF und nF) ist nur bei einem *Erhöhungs*verlangen, nicht bei erstmaliger Anforderung vorgesehen.

7 **c) Höhe bei erstmaliger Anforderung (Abs.2 S.1 und 2). aa)** Nach S. 1 bestimmte sich der Mietzins in der Zeit vom 1. 1. bis zum Ablauf des 10. 6. 1995 nach der Ersten und der Zweiten Grundmietenverordnung[5] sowie der Betriebskosten-Umlageverordnung[6] in der jeweils geltenden Fassung. Dies entspricht der bisherigen Regelung des Satzes 2 aF, der pauschal auf § 11 Abs. 2 bis 7 aF MHG und damit auf die genannten Verordnungen verwies.

8 Die Erste und Zweite GrundmietenVO sahen die Erhöhung eines bisher geschuldeten Mietzinses vor. Ein solcher fehlt hier, da bei Überlassungsverträgen zu Wohnzwecken ein Nutzungsentgelt nicht vorgesehen war. Das kann nicht bedeuten, daß nur die Erhöhungsbeträge zu zahlen sind. Ziel ist gemäß §§ 11 Abs. 3 Nr. 1, 2 Abs. 1 Nr. 2 MHG aF §§ 11 Abs. 2, 12 bis 17 MHG nF die Erreichung der ortsüblichen Miete. Folglich ist § 35 so zu lesen, daß bei den aus einem Überlassungsvertrag hervorgegangenen Mietverhältnissen derselbe Mietzins zu zahlen ist wie bei allen anderen unter das MHG fallenden Mietverhältnissen. Dies kann nur dadurch erreicht werden, daß die Erhöhungsbeträge (vgl. nachstehend) auf einen – fiktiven – Ausgangsbetrag, der dem bisherigen Mietzins in der DDR entspricht, aufgeschlagen werden. Das kann

[2] *Palandt-Putzo* 54. Aufl. § 11 MHG RdNr. 13; *Kinne* in: *Kiethe* SchuldRAnpG § 35 RdNr. 23.

[3] BT-Drucks. 13/783 S. 10.

[4] AA *Rövekamp* Schuldrechtsanpassung, 2. Aufl. 1997, RdNr. 627: Der Eigentümer müsse auf Zustimmung zur Vertragsänderung klagen.

[5] 1. Grundmietenverordnung – 1. GrundMV vom 17. 6. 1991 (BGBl. I S. 1269) iVm. § 11 Abs. 3 Nr. 1 MHG. 2. VO über die Erhöhung der Grundmieten (2. Grundmietenverordnung – 2. GrundMV) vom 27. 7. 1992 (BGBl. I S. 1416) iVm. § 11 Abs. 3 Nr. 1, 3 und Abs. 4, 7 MHG.

[6] Betriebskosten-Umlageverordnung (BetrKostUV) vom 17. 6. 1991 (BGBl. I S. 1270) iVm. § 11 Abs. 3 Nr. 2 HMG.

nur der durchschnittliche Mietzins sein, der nach den Rechtsvorschriften der DDR am 2. Oktober 1990 zu zahlen gewesen wäre, wenn es sich um ein – entgeltliches – Mietverhältnis gehandelt hätte.[7] Die Altmieten (der höchstzulässige Mietzins iSv. § 11 Abs. 3 Nr. 1 MHG aF) ergaben sich

- für die vor dem 1. 1. 1967 errichteten Wohnungen aus der Preisanordnung Nr. 415 v. 6. 5. 1955,[8] nach der keine höheren Preise und Entgelte gefordert und gewährt werden konnten, als sie am Tage des Inkrafttretens der Preisanordnung – dem 1. 8. 1954 – zulässig waren und
- für die ab 1. 1. 1967 neu errichteten Wohnungen (die allerdings kaum Gegenstand von Überlassungsverträgen gewesen sein dürften) aus der VO vom 10. 5. 1972.[9]

Auf diese – fiktiven – Altmieten sind die Erhöhungsbeträge aufzuschlagen.

9 Nach der **Ersten GrundMV** konnte eine Erhöhung von 1,00 DM/m² Wohnfläche monatlich verlangt werden. Dieser Betrag erhöhte sich um Zuschläge von je 0,15 DM/m² bei Gemeinden mit mehr als 100.000 Einwohnern sowie bei Vorhandensein von Bad oder Zentralheizung. Er konnte sich um Beschaffenheitsabschläge von 0,15 DM/m² verringern.[10] Nach der **Zweiten GrundMV** war ein Erhöhungsbetrag von 1,20 DM/m² zu zahlen, der bei Einfamilienhäusern in Gemeinden mit mehr als 20.000 Einwohnern um 0,30 DM/m² aufgestockt werden konnte. Hinzu kam ein Beschaffenheitszuschlag von 0,90 DM/m², der bei Bauschäden wieder entfallen konnte.[11]

Hinzu kommen die Beträge nach der BetrKostUV.[12]

10 **bb)** An die Stelle der Ersten und Zweiten GrundMV und der BetrKostUV tritt gem. Abs. 2 S. 2 **mit Wirkung vom 11. 6. 1995 die Neufassung von § 11 Abs. 2 MHG** und damit die Regelung der §§ 12 bis 17 MHG. Danach kann der Vermieter auch bei erstmaliger Anforderung den nach Abs. 2 S. 2 iVm. S. 1 zu errechnenden Mietzins verlangen. Der nach Abs. 2 S. 1 zu bestimmende Mietzins erhöht sich pauschal um 20%, sofern drei von fünf Beschaffenheitsmerkmalen erfüllt sind. Bei Wohnungen ohne Bad und Zentralheizung ermäßigt sich der Erhöhungssatz um 5%. Bei Einfamilienhäusern und nach dem 30. 6. 1990 fertiggestellten Wohnungen (letztere scheiden als Objekte von Überlassungsverträgen aus) ist ein Zuschlag von weiteren 5% zulässig. 15% der Erhöhung können ab 1. 7. 1995, weitere 5% ab 1. 1. 1997 verlangt werden.[13]

11 Es gelten ferner die **§§ 1 bis 10a MHG,** soweit in den §§ 12 bis 17 nichts anderes bestimmt ist. Die Modernisierungsumlage nach § 3 MHG ist nach Maßgabe des § 13 MHG begrenzt. Besonderheiten gelten darüber hinaus für die Berechnung der Betriebskosten. Wegen der weiteren Einzelheiten wird auf den Wortlaut von §§ 12 bis 17 MHG verwiesen.[14]

12 **cc)** Häufig werden Gebäudeschäden gerade deshalb nicht vorliegen, weil der **Nutzer für** die **Instandhaltung** der Gebäude **gesorgt** hat. Dies wirkt sich jetzt dahin aus, daß keine Beschaffenheitsabschläge vorzunehmen sind. Eine Ausnahme zu Gunsten dieser Nutzer ist nicht angebracht.[15] Die Nutzer waren bisher zur Instandhaltung verpflichtet und haben dafür ohne Entgelt gewohnt; zukünftig ist es umgekehrt.

13 **2. Weitere Erhöhung (Abs. 2 S. 2 und 3).** Hatte der Vermieter bis zum 10. 6. 1995 bereits den nach der Ersten und Zweiten GrundMV und BetrKostUV zu bestimmenden Mietzins verlangt, richtet sich die **Erhöhung** dieses Mietzinses und der Betriebskosten nunmehr nach § 11 Abs. 2 MHG nF iVm. §§ 12 bis 17 MHG (Abs. 2 und 3). Der Anspruch ist vom Vermieter schriftlich geltend zu machen und zu erläutern. Wegen dieser Erhöhung (s. RdNr. 10) muß der Vermieter notfalls auf Zustimmung zur Vertragsänderung klagen (§§ 11 Abs. 2, 2 Abs. 3 MHG), wobei die Zustimmung des Mieters unter erleichterten Voraussetzungen vermutet wird (§ 12 Abs. 6 Nr. 2 MHG). Für eine Erhöhung nach § 12 MHG gilt die Jahresfrist des § 2 Abs. 2 Nr. 1 MHG nicht (Abs. 2 S. 3).

[7] *Schnabel* § 35 RdNr. 3; unausgesprochen wohl auch *Kinne* in: *Kiethe* SchuldRAnpG § 35 RdNr. 4ff.; aA wohl *Thiele-Krajewski-Röske* § 35 RdNr. 5f. und *Rövekamp,* Schuldrechtsanpassung, 2. Aufl. 1997, RdNr. 629.

[8] Preisanordnung Nr. 415 vom 6. 5. 1955 (GBl. I S. 330).

[9] VO vom 10. 5. 1972 zur Verbesserung der Wohnverhältnisse der Arbeiter, Angestellten und Genossenschaftsbauern (GBl. II S. 318), Einzelheiten bei *Kinne* WuM 1992 S. 403, 408.

[10] Einzelheiten bei *Schnabel* § 35 RdNr. 4ff. und *Kinne* in: *Kiethe* SchuldRAnpG § 35 RdNr. 10ff.

[11] Einzelheiten bei den in Fn. 10 Genannten.

[12] Einzelheiten bei den in Fn. 10 Genannten.

[13] Vgl. wegen der Einzelheiten *Palandt-Putzo* Nachtrag § 12 MHG RdNr. 5f.; *Schnabel* § 35 RdNr. 11ff.; *Kinne* in: *Kiethe* SchuldRAnpG § 35 RdNr. 26, 29.

[14] Und die in Fn. 13 Genannten.

[15] *Rövekamp* S. 172, 173.

§ 36 Öffentliche Lasten

(1) Hat sich der Nutzer vertraglich zur Übernahme der auf dem Grundstück ruhenden öffentlichen Lasten verpflichtet, ist er von dieser Verpflichtung freizustellen, sobald der Anspruch auf Zahlung eines Mietzinses nach diesem Gesetz erstmals geltend gemacht wird. Der Nutzer hat dem Grundstückseigentümer über die Höhe der von ihm getragenen Lasten Auskunft zu erteilen.

(2) Einmalig zu zahlende öffentliche Lasten hat der Nutzer nicht zu tragen.

I. Normzweck, Wahlmöglichkeit des Grundstückseigentümers

1 In den Überlassungsverträgen hatten sich die Nutzer zur Tragung der **öffentlichen Lasten** des Grundstücks verpflichtet.[1] Öffentliche Lasten ruhen kraft öffentlichen Rechts auf dem Grundstück. Dazu wurde nach § 3 des staatlichen Vertragsmusters auch die Gebäudeversicherung gerechnet, obwohl in der DDR nur die Feuerversicherung eine Pflichtversicherung war (s. RdNr. 4). Die Pflicht zur Tragung der öffentlichen Lasten soll nunmehr durch die Pflicht zur Zahlung eines Mietzinses ersetzt werden, also mit deren Beginn enden.

2 Die öffentlichen Lasten können aus den derzeit geschuldeten Mieten häufig noch nicht aufgebracht werden. Das Gesetz gibt dem Grundstückseigentümer daher die Möglichkeit, es bei der bisherigen Pflicht des Nutzers zur Tragung der öffentlichen Lasten bewenden zu lassen, indem er seinen Anspruch auf Zahlung des Mietzinses nicht geltend macht. Erst mit dem Zahlungsverlangen wird der Nutzer von seiner Verpflichtung zur Tragung der öffentlichen Lasten freigestellt. Damit sich der Grundstückseigentümer insoweit entscheiden kann, gewährt ihm das Gesetz einen Auskunftsanspruch gegen den Nutzer (Abs. 1 S. 2).

II. Einzelerläuterung

3 **1. Ersetzung des Kosten- und Lastensystems durch das Entgeltsystem. a) Zeitpunkt der Freistellung.** Von der Pflicht zur Tragung der öffentlichen Lasten ist der Nutzer freizustellen, sobald der Anspruch auf den Mietzins „erstmals geltend gemacht wird" (Abs. 1 S. 1). Dieser **Zeitpunkt der Freistellung** ist nicht wörtlich zu verstehen, da das Kosten- und Lastensystem zeitgleich durch das Entgeltsystem abgelöst werden soll: Die Freistellung von den öffentlichen Lasten soll – kraft Gesetzes – wie die Mietzahlungsverpflichtung und zusammen mit dieser wirksam werden. Die Pflicht des Nutzers zur Tragung der öffentlichen Lasten endet im Verhältnis der Vertragsparteien daher – in korrigierender Auslegung[2] – in dem Zeitpunkt, in dem das Zahlungsverlangen des Grundstückseigentümers gemäß § 11 Abs. 5 MHG aF bzw. § 11 Abs. 2, 12 bis 17 MHG nF *wirksam wird* (§ 35 RdNr. 5). Als Folge dieser Entpflichtung ist der Nutzer durch den Grundstückseigentümer von der Verpflichtung zur Tragung der öffentlichen Lasten auch im Außenverhältnis freizustellen.

4 **b) Bis zum Beginn der Entgeltlichkeit** verbleibt es bei der Pflicht des Nutzers zur Tragung der öffentlichen Lasten. Hierunter sind alle Grundabgaben wie Grundsteuern, Straßenreinigung, Streupflicht, Müllabfuhr, aber auch die gesamte Gebäudeversicherung zu verstehen. Zwar handelt es sich nur bei der Sparte der Feuerversicherung um eine – öffentlichrechtliche – Pflichtversicherung.[3] Doch hatte der Nutzer die gesamte Gebäudeversicherung im Zusammenhang mit den öffentlichen Lasten übernommen und das SchuldRAnpG wollte hieran bis zum Beginn der Entgeltlichkeit nichts ändern.

5 Entsprechend der gesetzlichen Wertung verbleibt es auch bei der im Überlassungsvertrag vorgesehenen Pflicht des Nutzers zur **Instandhaltung** des Gebäudes, bis der Grundstückseigentümer seinen Anspruch auf Zahlung des Mietzinses geltend macht.[4]

6 **2. Einmalig zu zahlende öffentliche Lasten.** Diese hat der Nutzer gemäß Abs. 2 nicht zu tragen. Hierbei handelt es sich um Erschließungs- und Anliegerbeiträge. Eine Rückwirkung ist dieser Bestimmung nicht beigelegt. Bis zum Inkrafttreten des SchuldRAnpG angefallene einmalige öffentlich Lasten waren daher entsprechend den gemäß Art. 232 §§ 1, 1a EGBGB fortgeltenden Vereinbarungen im Überlassungsvertrag vom Nutzer zu tragen.

[1] Vertragsmuster bei *Rodenbach* ZOV 1991, 73, 76 und *Thiele-Krajewski-Röske* Anhang C V 4.

[2] BT-Drucks. 12/7135 S. 61.

[3] VO über die Feuer-Pflichtversicherung von Gebäuden und Betriebseinrichtungen vom 27. 3. 1958 (GBl. I S. 361).

[4] *Rövekamp* S.161, 172.

§ 37 Sicherheitsleistung

(1) Die Ansprüche des Nutzers auf Erstattung der Beträge, die vom staatlichen Verwalter aus dem bei Vertragsabschluß vom Nutzer hinterlegten Betrag zur Ablösung von Verbindlichkeiten des Grundstückseigentümers verwandt wurden, bestimmen sich nach § 38 Abs. 2 und 3 des Sachenrechtsbereinigungsgesetzes.

(2) Der Nutzer kann vom Grundstückseigentümer die Zustimmung zur Auszahlung der bei Abschluß des Vertrages hinterlegten Beträge mit Ausnahme der aufgelaufenen Zinsen, der Grundstückseigentümer vom Nutzer die Zustimmung zur Auszahlung der Zinsen verlangen. Satz 1 ist auf die Zinsen nicht anzuwenden, die auf die Zeit entfallen, in der der Nutzer nach diesem Gesetz zur Zahlung von Miet- oder Pachtzinsen verpflichtet ist.

(3) Ein vertraglich vereinbartes Recht des Nutzers, den Anspruch nach Absatz 1 durch Eintragung einer Sicherungshypothek am Grundstück zu sichern, bleibt unberührt. Der Grundstückseigentümer ist berechtigt, eine andere in § 232 Abs. 1 des Bürgerlichen Gesetzbuchs bezeichnete Sicherheit zu leisten.

I. Normzweck

1 Aufgrund des Überlassungsvertrages hatte der Nutzer den Gegenwert des Grund und Bodens sowie eines aufstehenden Gebäudes auf ein Hinterlegungskonto des staatlichen Verwalters einzuzahlen. Aus dem hinterlegten Betrag hatte der staatliche Verwalter abzudecken bzw. abzulösen

- die dinglich nicht gesicherten Forderungen des Rates des Kreises gegen den Grundeigentümer,
- die eigenen Kosten der staatlichen Verwaltung und
- die Grundpfandrechte.

Der verbleibende Betrag sollte mit Ausnahme der Zinsen nach Vertragsende an den Nutzer zurückgezahlt oder bei einem – unverbindlich in Aussicht gestellten – Kauf des Grundstücks mit dem Kaufpreis verrechnet werden. Obwohl der Überlassungsvertrag – als Mietvertrag – weiterbesteht, ordnet das Gesetz nunmehr an, daß die Abrechnung bereits jetzt vorzunehmen ist. Durch ein weiteres Hinausschieben würde die Feststellung des Rückforderungsanspruchs zu sehr erschwert.[1]

II. Einzelerläuterung

2 **1. Erstattungsanspruch gemäß Abs. 1.** Soweit der staatliche Verwalter aus dem hinterlegten Betrag **Verbindlichkeiten** des Grundstückseigentümers **abgelöst** hat, steht dem Nutzer grundsätzlich ein Erstattungsanspruch zu. Abs. 1 verweist wegen der Voraussetzungen und der Höhe des Erstattungsanspruchs auf § 38 Abs. 2 und 3 SachenRBerG und greift damit auf die dort eingeführte Regelung zurück. Danach besteht ein Aufwendungsersatzanspruch insoweit nicht, als der staatliche Verwalter aus dem Hinterlegungsbetrag Verbindlichkeiten und Grundpfandrechte getilgt hat, die der Grundstückseigentümer (wenn sie nicht getilgt worden wären) bei Beendigung der staatlichen Verwaltung nicht hätte übernehmen müssen. Diese Voraussetzungen sind nach §§ 38 Abs. 2 SachenRBerG, 16 Abs. 2 S. 2, Abs. 5 bis 7, 18 Abs. 2 VermG in folgenden Fällen gegeben:[2]

- Zu berücksichtigender Tilgungsabschlag nach § 16 Abs. 5 S. 1, 18 Abs. 2 VermG,
- Abzug nachgewiesener Tilgungsleistungen nach § 16 Abs. 5 S. 2 VermG,
- Abzug, soweit die Baumaßnahme auf dem Grundstück nachweislich nicht durchgeführt wurden, §16 Abs. 5 S. 4 VermG sowie
- bei Vorliegen von Grundpfandrechten zur Sicherung sonstiger Forderungen diskriminierenden oder benachteiligenden Charakters gemäß § 16 Abs. 7 VermG.

3 Soweit nach dem Vorstehenden eine **Aufbauhypothek** oder ein **vergleichbares Grundpfandrecht** vom Grundstückseigentümer nicht zu übernehmen gewesen wäre, gilt es gemäß § 16 Abs. 9 S. 1 VermG als erloschen, was gemäß § 16 Abs. 9 S. 2 VermG auch für die zugrundeliegende Forderung gilt. Unter den Voraussetzungen von § 16 Abs. 9 S. 3 VermG (nicht

[1] BT-Drucks. 12/7135 S. 62.

[2] Nach *Vossius* § 38 RdNr. 11 ff.

subventionierte Darlehensforderung) steht dem Nutzer kein Erstattungsanspruch gegen den Grundstückseigentümer, sondern ein öffentlich-rechtlicher Ersatzanspruch gegen den Entschädigungsfonds zu.[3]

4 Der gemäß § 18 Abs. 2 VermG im Verhältnis 1 : 2 umgerechnete Erstattungsanspruch des Nutzers nach § 37 Abs. 1 ist mit Inkrafttreten des SchuldRAnpG **fällig.**

5 **2. Sicherungshypothek gemäß Abs. 3.** Die Überlassungsverträge sahen vor, daß der Nutzer für die zur Ablösung verwandten Beträge die Bestellung einer **Höchstbetragssicherungshypothek** verlangen konnte. Soweit eine solche Hypothek noch nicht bestellt worden ist, hält das Gesetz diesen Sicherungsanspruch des Nutzers im Umfang des Erstattungsanspruchs nach Abs. 1 aufrecht (Abs. 3 S. 1). Der Grundstückseigentümer erhält jedoch gemäß Abs. 3 S. 2 die Befugnis zur Bestellung einer anderen in § 232 Abs. 1 BGB bezeichneten Sicherheit.

6 **3. Auszahlung des Hinterlegungsbetrages gemäß Abs. 2.** Mit der Aufhebung der staatlichen Grundstücksverwaltung am 31. 12. 1992 ging die Verwaltung des Hinterlegungsbetrages auf den Grundstückseigentümer über (§§ 11a Abs. 1 und 4 VermG, 667 BGB). Abs. 2 regelt die **Auszahlung des Hinterlegungsbetrages.** Dieser steht grundsätzlich dem Nutzer zu. Der Nutzer kann daher vom Grundstückseigentümer die Zustimmung zur Auszahlung verlangen (Abs. 2 S. 1). Dies gilt jedoch nicht für die aufgelaufenen Zinsen des Hinterlegungsbetrages, die als „Miet"-Zinsen den Gegenwert für die Überlassung des Grundstücks bilden und daher dem Grundstückseigentümer gebühren, der insoweit vom Nutzer die Zustimmung zur Auszahlung verlangen kann. Folgerichtig stehen die Kapitalzinsen von dem Zeitpunkt an dem Nutzer zu, zu dem er nunmehr gemäß § 35 S. 2 echte Mietzinsen zu zahlen hat.

§ 38 Beendigung der Verträge

(1) Eine Kündigung des Mietvertrages durch den Grundstückseigentümer ist bis zum Ablauf des 31. Dezember 1995 ausgeschlossen.

(2) Bis zum Ablauf des 31. Dezember 2000 kann der Grundstückseigentümer den Mietvertrag nur kündigen, wenn er das auf dem Grundstück stehende Gebäude zu Wohnzwecken für sich, die zu seinem Hausstand gehörenden Personen oder seine Familienangehörigen benötigt und der Ausschluß des Kündigungsrechts dem Grundstückseigentümer angesichts seines Wohnbedarfs und seiner sonstigen berechtigten Interessen auch unter Würdigung der Interessen des Nutzers nicht zugemutet werden kann.

(3) Ist das Grundstück veräußert worden, kann sich der Erwerber nicht vor Ablauf von drei Jahren seit der Eintragung der Rechtsänderung in das Grundbuch auf Eigenbedarf zu Wohnzwecken berufen. Satz 1 ist nicht anzuwenden, wenn der auf die Veräußerung des Grundstücks gerichtete Vertrag vor dem 13. Januar 1994 abgeschlossen worden ist.

I. Normzweck und Anwendungsbereich

1 Die §§ 38 und 39 realisieren den Bestandsschutz der als Wohnraummietverträge fortgesetzten Überlassungsverträge. Die Vorschriften regeln nur das Recht des Vermieters zur ordentlichen Kündigung. Die Zulässigkeit der Kündigung aus wichtigem Grund, das Kündigungsrecht des Mieters und die gesetzlichen Sonderkündigungsrechte bleiben unberührt. Auf die entsprechend geltenden Erläuterungen zu § 23 RdNr. 3 bis 9 wird Bezug genommen.

2 Als Folge der Umwandlung der Überlassungsverträge in unbefristete Wohnraummietverhältnisse könnte der Vermieter ab dem 1. 1. 1995 grundsätzlich wegen berechtigten Interesses gemäß § 564b Abs. 1 BGB kündigen, wobei die Berufung auf Eigenbedarf iSv. § 564b Abs. 2 Nr. 2 S. 1 BGB gemäß Art. 232 § 2 Abs. 3 EGBGB bis zum 31. 12. 1995 ausgeschlossen gewesen wäre. Da dieser Kündigungsschutz hier jedoch als unzureichend angesehen wurde,[1] ist er durch das gestaffelte System der §§ 38 und 39 ersetzt worden.

[3] *Vossius* § 38 RdNr. 19, 20; anders *Fieberg-Impelmann* § 16 RdNr. 116, der in § 16 Abs. 9 S. 3 nicht eine justitiable Anspruchsgrundlage, sondern lediglich einen Programmsatz sieht.

[1] BT-Drucks. 12/7135 S. 62, 63.

II. Einzelerläuterung

3 **1. Ausschluß der ordentlichen Kündigung bis zum 31. 12. 1995 (Abs. 1a)** Abs. 1 **schließt** eine **ordentliche Kündigung** des Mietvertrages durch den Vermieter bis zum Ablauf des 31. 12. 1995 **aus.** Der Ausschluß erfaßt nicht die außerordentliche Kündigung, die Kündigung durch den Mieter und die Sonderkündigungsrechte, auch nach § 40, vgl. RdNr. 1 und § 23 RdNr. 3 bis 9.

4 Eine vor dem 31. 12. 1995 zugehende Kündigungserklärung ist damit nach § 134 BGB nichtig; sie wirkt nicht für den nächstzulässigen Termin.[2]

5 **b) Kritik.** Der absolute Kündigungsausschluß bis zum 31. 12. 1995 ist im Verhältnis zum absoluten Kündigungsausschluß bei Erholungs- einschließlich Garagengrundstücken, der bis zum 31. 12. 1999 reicht, unausgewogen (vgl. auch § 23 RdNr. 32). Die Benachteiligung der Überlassungsverträge wird durch §§ 38 Abs. 2 und 39 allerdings abgemildert, vgl. nachstehend. Gleichwohl besteht eine Diskrepanz, insbesondere auch im Hinblick auf § 23 Abs. 3.

6 **2. Kündigung wegen Eigenbedarfs vom 1. 1. 1996 bis zum 31. 12. 2000 (Abs. 2). a) Ausschluß sonstiger ordentlicher Kündigungsgründe.** In der Zeit vom 1. 1. 1996 bis zum 31. 12. 2000 kann der Vermieter den Mietvertrag **nur wegen Eigenbedarfs** zu Wohnzwecken für sich, die zu seinem Hausstand gehörenden Personen oder seine Familienangehörigen und nur dann kündigen, wenn ihm der Ausschluß des Kündigungsrechts auch unter Würdigung der Interessen des Nutzers **nicht zugemutet werden kann.**Damit schließt die Vorschrift alle sonstigen ordentlichen Kündigungsgründe des § 564b BGB aus und schränkt die Eigenbedarfskündigung gleichzeitig durch eine Härteregelung, die die des Art. 232 § 2 Abs. 3 S. 1, S. 2 Nr. 3 EGBGB fortführt, ein.

7 **b) Eigenbedarf; Personenkreis.** Der **Begriff des Eigenbedarfs** und der Kreis **der Wohnbedürftigen** entspricht, ebenso wie in § 23 Abs. 2 Nr. 1, Abs. 3 Nr. 1, der Vorschrift des § 564b Abs. 2 Nr. 2 S. 1 BGB. Auf § 23 RdNr. 13 und die Erläuterungen zu § 564b Abs. 2 Nr. 2 BGB[3] wird daher verwiesen. Allerdings muß sich der Bedarf hier auf das aufstehende Gebäude beziehen, ein Interesse am Grundstück zu Bauzwecken erfüllt die Voraussetzungen nicht.

8 Wegen der **Abwägungsklausel** wird auf die Erläuterungen zu Art. 232 § 2 Abs. 3 S. 2 Nr. 3 EGBGB verwiesen.[4] Anders als bei § 23 ist hier jedoch der beiderseitige Wohnbedarf gegeneinander abzuwägen. Dabei ist zu fragen, ob dem Grundstückseigentümer gerade der Ausschluß des Kündigungsrechts bis zum 31. 12. 2000 (im Falle des § 39: bis zum 31. 12. 2010) zugemutet werden kann.

9 **c) Form und Fristen.** Da § 38 Abs. 2 die ordentliche Kündigung regelt, gelten die **Kündigungsfristen** des § 565 Abs. 2 BGB. Zu beachten ist ferner die **Formvorschrift** des § 564a BGB (Schriftform).

10 Soweit eine Interessenabwägung bereits nach Abs. 2 stattfindet, ist die **Sozialklausel des § 556a BGB** unanwendbar; im übrigen sind die Regelungen des § 556a BGB nebst den prozeßrechtlichen Besonderheiten gemäß Art. 232 § 2 Abs. 4 S. 3 EGBGB, der über §§ 6 Abs. 1, 34 gilt, für anwendbar erklärt.[5]

11 **3. Kündigungsbeschränkungen für den Grundstückserwerber gemäß Abs. 3**

a) Keine Umgehung des Kündigungsschutzes. Es besteht die Gefahr, daß Grundstückseigentümer ohne Eigenbedarf dazu neigen werden, das Grundstück durch Veräußerung an Wohnbedürftige zu verwerten. Dem begegnet Abs. 3, indem er es Erwerbern für drei Jahre, gerechnet seit der Umschreibung im Grundbuch, verwehrt, sich auf Eigenbedarf zu Wohnzwecken zu berufen.

12 **b) Verhältnis der Absätze 2 und 3.** Bei der Interessenabwägung nach Abs. 2 wird zu Lasten des Erwerbers ohnehin zu berücksichtigen sein, daß er seine Angewiesenheit auf das bestimmte Grundstück durch dessen Erwerb **selbst herbeigeführt hat.** Des dreijährigen Kündigungsausschlusses bedarf es hiernach kaum. Die Vorschrift dürfte vielmehr den umgekehrten Effekt haben, daß der Gesichtspunkt des selbstgeschaffenen Eigenbedarfs dem Erwerber nach

[2] *Sternel* Mietrecht, RdNr. IV 23 m. weit. Nachw.; *ders.,* Mietrecht aktuell, 3. Aufl. 1996, RdNr. 922, 923; *Voelskow* § 564 RdNr. 9.

[3] *Palandt-Putzo* § 564b RdNr. 43ff.

[4] *Paland-Putzo* Art. 232 § 2 EGBGB RdNr. 15f.

[5] *Palandt-Putzo* § 556a RdNr. 1, 27 bis 30; Art. 232 § 2 EGBGB RdNr. 20 bis 24.

Ablauf von drei Jahren nicht mehr entgegengehalten werden kann. Ansonsten könnte ein Grundstückserwerber vor dem 31. 12. 2000 bzw. 2010 (§ 39) nie wegen Eigenbedarfs kündigen (vgl. auch § 24 RdNr, 18).

c) Verhältnis des Abs. 3 zu § 39. Unklar ist im übrigen, ob Abs. 3 nur innerhalb der Frist des Abs. 2 oder auch innerhalb der Frist des § 39 gilt. Da der Mieter gerade im Fall des § 39 besonders schutzwürdig ist, kann nicht angenommen werden, daß er gegenüber der Eigenbedarfskündigung eines Erwerbers hier weniger geschützt sein soll. Der Schutz muß daher auch im Rahmen des § 39 gelten. Er entfällt jeweils mit dem Auslaufen der Kündigungsschutzfrist nach Abs. 2 ab dem 1. 1. 2001 oder – nach § 39 – ab dem 1. 1. 2010. 13

d) Ausnahme: Veräußerung vor dem 13. 1. 1994. Die Einschränkung der Eigenbedarfskündigung eines Grundstückserwerbers gilt nicht, wenn der auf die Veräußerung des Grundstücks gerichtete Vertrag **vor dem 13. 1. 1994** abgeschlossen wurde (Abs. 3 S. 2), vgl. § 24 Abs. 2 S. 2. Vor dem genannten Datum (der Verabschiedung des Regierungsentwurfs) brauchte ein Erwerber mit einer Einschränkung der Eigenbedarfskündigung nicht zu rechnen.[6] 14

§ 39 Verlängerung der Kündigungsschutzfrist

Hat der Nutzer auf dem Grundstück in nicht unerheblichem Umfang Um- und Ausbauten oder wesentliche bauliche Maßnahmen zur Substanzerhaltung des Gebäudes unternommen, die nicht den in § 12 Abs. 2 des Sachenrechtsbereinigungsgesetzes bestimmten Umfang erreichen, verlängert sich die in § 38 Abs. 2 bestimmte Frist bis zum 31. Dezember 2010. Satz 1 ist nicht anzuwenden, wenn mit den Arbeiten nach dem 20. Juli 1993 begonnen wurde.

I. Normzweck

Die langfristig abgeschlossenen Überlassungsverträge mit vorgesehener dinglicher Absicherung für Wertverbesserungen und eingeräumtem Vorkaufsrecht vermittelten den Überlassungsnehmern oftmals den Eindruck einer eigentümerähnlichen Stellung, zumindest einer gesicherten Erwerbsposition. Die Verträge waren daher häufig die Grundlage für erhebliche Investitionen zur Instandhaltung und Instandsetzung. Aus der Sicht des Ministeriums der Finanzen der DDR bestand ihr Sinn gerade darin, den Staat von solchen Investitionen – bei gleichzeitiger Abschöpfung von Kaufkraft – zu entlasten.[1] Soweit die Investitionen nicht zur Einbeziehung des Vertrages in die Sachenrechtsbereinigung ausreichen,[2] sind sie gleichwohl in besonderem Maße zu schützen. Durch sie verlängert sich daher die Kündigungsschutzfrist pauschal bis zum 31. 12. 2010. Eine Verlängerung entsprechend der Restnutzungsdauer der Investitionen ist mit Recht als zu streitträchtig abgelehnt worden.[3] 1

II. Verlängerung der Kündigungsschutzfrist

1. Voraussetzungen. a) Baumaßnahmen. Der Nutzer eines im übrigen wirksamen Überlassungsvertrages muß in nicht unerheblichem Umfang **Um- und Ausbauten** oder **wesentliche bauliche Maßnahmen** zur Substanzerhaltung vorgenommen haben. Als derartige Maßnahmen kommen insbesondere die Trockenlegung des Mauerwerks, die Erneuerung der Fenster, der Heizungsanlage, des Dachstuhls, der Dacheindeckung, der Wasser- oder Elektrizitätsleitungen oder der Einbau eines Bades in Betracht. 2

b) Vorrang des SachenRBerG. Die Investitionen dürfen **nicht** den **in § 12 Abs. 2 SachenRBerG bestimmten Umfang** erreichen: In diesem Fall sind die Bestimmungen des SchuldRAnpG nicht anzuwenden (§ 2 Abs. 1 Nr. 2). Investitionen dürfen somit 50% des Gebäudewerts nicht übersteigen. Dabei ist zu beachten, daß dieser Wert gemäß § 12 Abs. 2 SachenRBerG sich zusammensetzt aus 3
- den nachgewiesenen Wertverbesserungen bis zum 2. 10. 1990,
- der Instandhaltungspauschale gemäß § 12 Abs. 2 SachenRBerG sowie

[6] BT-Drucks. 12/8035 S. 28.
[1] BT-Drucks. 12/7135 S. 35.
[2] Vgl. i. e. § 12 SachenRBerG RdNr. 5 ff.
[3] BT-Drucks. 12/7135 S. 63.

– den in der Zeit vom 3. 10. 1990 bis zum 20. 7. 1993 vorgenommenen notwendigen Verwendungen.[4]

4 **c) Substanzerhaltung.** Andererseits reichen **Arbeiten,** die einem **Mieter obliegen,** wie die malermäßige Instandhaltung, auch der Fenster, sowie Schönheitsreparaturen, nicht aus. Sie sind keine wesentlichen baulichen Maßnahmen zur Substanzerhaltung.

5 **d) Baubeginn bis 20. 7. 1993.** Mit den Baumaßnahmen muß **bis zum 20. 7. 1993,** dem Datum des Regierungsentwurfs des SachenRBerG, **begonnen** worden sein (S. 2). Nach diesem Datum getätigte Investitionen sind nicht mehr schutzwürdig.

6 **2. Rechtsfolgen.** Die Kündigungsschutzfrist des § 38 Abs. 2 verlängert sich pauschal bis zum 31. 12. 2010. Auf die Lebensdauer oder die Amortisation der einzelnen Investitionsmaßnahmen kommt es nicht an. Bis zu dem genannten Zeitpunkt kann der Grundstückseigentümer den Mietvertrag daher nur wegen Eigenbedarfs zu Wohnzwecken und bei Vorliegen einer unzumutbaren Härte kündigen. Bei einer Veräußerung des Grundstücks bis zu diesem Zeitpunkt trifft den Erwerber zusätzlich die dreijährige Kündigungssperre des § 38 Abs. 3 (vgl. § 38 RdNr. 13).

§ 40 Kündigung bei abtrennbaren Teilflächen

Der Grundstückseigentümer ist berechtigt, eine Kündigung des Mietvertrages für eine abtrennbare, nicht überbaute Teilfläche des Grundstücks zu erklären. Die Kündigung ist zulässig, wenn das Grundstück die für den Eigenheimbau vorgesehene Regelgröße von 500 Quadratmetern übersteigt und die über die Regelgröße hinausgehende Fläche abtrennbar und selbständig baulich nutzbar ist. Das Recht zur Kündigung steht dem Grundstückseigentümer auch hinsichtlich einer über 1000 Quadratmeter hinausgehenden Fläche zu, die abtrennbar und angemessen wirtschaftlich nutzbar ist. § 25 Abs. 2 bis 4 ist entsprechend anzuwenden.

I. Normzweck

1 Die Vorschrift ist wie §§ 25 und 53 sowie § 26 SachenRBerG Ausfluß der „Flächennormative" von 500 m², die bei Eigenheimen galt (vgl. § 25 RdNr. 1). Dementsprechend sollen auch die auf Grund eines schuldrechtlichen Vertrages genutzten Flächen auf die Regelgröße reduziert werden. Dies wird durch ein Sonderkündigungsrecht des Grundstückseigentümers erreicht, durch das der Vertrag hinsichtlich abtrennbarer, die Regelgröße überschreitender Teilflächen beendet werden kann. Anders als bei § 25 bezieht sich das Sonderkündigungsrecht aber nicht auf einen Zusatzvertrag im Zusammenhang mit einem dinglichen Nutzungsrecht, sondern auf einen Teil des alleinstehenden schuldrechtlichen Vertrages. Bei Nutzungsverträgen zur Erholung, die sich über zu große Flächen verhalten, besteht die Möglichkeit der Teilflächenkündigung nicht (vgl. § 25 RdNr. 1).

II. Sonderkündigungsrecht

2 **1. Voraussetzungen. a) Grundstücksgröße.** Das dem Nutzer zur Verfügung gestellte Grundstück muß die Regelgröße von **500 m² überschreiten.** Dies ist auf Grund der Größenangaben im Überlassungsvertrag idR unschwer feststellbar.

3 **b) Abtrennbare, selbständig baulich bzw. angemessen wirtschaftlich nutzbare Fläche.** Eine über 500 m² hinausgehende, nicht überbaute Teilfläche muß **abtrennbar** und **selbständig baulich nutzbar** sein. Eine über 1000 m² hinausgehende Teilfläche muß abtrennbar und **angemessen wirtschaftlich nutzbar** sein. Diese Voraussetzungen sind mit den in § 25 Abs. 1 genannten identisch. Wegen der Begriffe der Abtrennbarkeit und selbständigen baulichen Nutzbarkeit fehlt hier, anders bei § 25 Abs. 1, eine Verweisung auf § 13 SachenRBerG, was ein Redaktionsversehen sein dürfte. Auf die Erläuterungen zu § 25 Abs. 1 in Verbindung mit § 13 SachenRBerG kann daher Bezug genommen werden.

[4] Vgl. i. e. § 12 SachenRBerG RdNr. 7 ff. und *Vossius* § 12 RdNr. 13 ff.

2. Rechtsfolgen. a) Teilflächenkündigungsrecht. Der Grundstückseigentümer kann den Mietvertrag (§ 34) im Umfang der abtrennbaren, nicht überbauten sowie selbständig baulich (wenn 500 m² übersteigend) bzw. angemessen wirtschaftlich (wenn 1000 m² übersteigend) nutzbaren **Teilfläche kündigen.** 4

b) Frist, Form. Die **Kündigungsfrist** ist nach S. 4, § 25 Abs. 3 in Verbindung mit § 565 BGB stets § 584 Abs. 1 BGB zu entnehmen (längere Frist). Sie bedarf, da es sich gemäß § 34 um einen Wohnraummietvertrag handelt, nach § 564a BGB der **Schriftform.** 5

c) Widerspruchsrecht. Das **Widerspruchsrecht** des § 556a BGB ist gemäß S. 4 durch das des § 25 Abs. 4 in Verbindung mit § 26 Abs. 3 SachenRBerG ersetzt. Bei berechtigtem Widerspruch besteht der Vertrag zunächst in seinem bisherigen Umfang fort. Da die gekündigte Teilfläche selbständig nutzbar ist, das Nutzungsinteresse des Grundstückseigentümers aber (ausnahmsweise) zurückstehen muß, soll dieser jedenfalls nicht auf eine wirtschaftliche Verwertung der Teilfläche verzichten müssen. Er kann daher gem. §§ 25 Abs. 4 S. 2, 26 Abs. 3 SachenRBerG vom Nutzer den Ankauf der Teilfläche nach den Bestimmungen des SachenRBerG zum ungeteilten Bodenwert verlangen. Es gelten insbes. die §§ 62ff. und 87ff. SachenRBerG. Das Recht, den Ankauf zu verlangen, steht nur dem Grundstückseigentümer zu. Dem Nutzer steht hier mangels dinglicher Berechtigung, anders als im Fall von § 25 bezüglich der von dem dinglichen Recht erfaßten Fläche, kein Ankaufsanspruch zu. Auf die Erläuterungen zu § 25 Abs. 4 wird i. ü. verwiesen. 6

d) Fortsetzung des Vertrags über die Restfläche. Wegen der Rechtsfolgen der Kündigung verweist S. 4 auf § 25 Abs. 2. Danach wird der Vertrag über die **Restfläche fortgesetzt.** Das Entgelt ist auf Verlangen des Nutzers anzupassen (vgl. im übrigen § 25 Abs. 2 und die dortigen Erläuterungen RdNr. 7). 7

§ 41 Verwendungsersatz

(1) Der Nutzer kann bei Beendigung des Mietvertrages vom Grundstückseigentümer für alle werterhöhenden Aufwendungen, die er bis zum 1. Januar 1995 vorgenommen hat, Ersatz nach Maßgabe des mit dem staatlichen Verwalter abgeschlossenen Vertrages verlangen. Im Zweifel ist die Entschädigung nach dem Wert zu bestimmen, um den das Grundstück zum Zeitpunkt der Herausgabe durch die Aufwendungen des Nutzers noch erhöht ist.

(2) Ein vertraglicher Anspruch des Nutzers auf Sicherung des Ersatzanspruchs für die von ihm bis zum 1. Januar 1995 vorgenommenen werterhöhenden Aufwendungen bleibt unberührt.

I. Normzweck

Die Überlassungsverträge dienten aus der Sicht des Ministeriums der Finanzen der DDR u. a. dem Zweck, dringend notwendige Instandhaltungsmaßnahmen auf die Nutzer abzuwälzen. Die staatlichen Muster für Überlassungsverträge sahen eine Ausgleichspflicht des Eigentümers für die vom Nutzer vorgenommenen Werterhöhungen vor. Im Vertrauen hierauf sowie auf einen langfristigen Bestand der Verträge und nicht zuletzt mit Rücksicht auf eine (vage) Erwerbsaussicht haben viele Nutzer werterhöhende Maßnahmen an den Gebäuden vorgenommen. Dieses Vertrauen soll geschützt werden.[1] Bei Überlassungsverträgen ist Verwendungsersatz daher grundsätzlich nach den Bestimmungen des Vertrages zu leisten. 1

II. Anwendungsbereich

Die Entschädigungsregelung des § 12 ist bei Überlassungsverträgen durch § 41 ersetzt, der insoweit eine „besondere Bestimmung" iSv. § 6 Abs. 3 darstellt. Soweit ein Eigenheim errichtet oder Baumaßnahmen im Umfang von § 12 Abs. 2 SachenRBerG ausgeführt wurden, unterfallen die Verträge ohnehin nicht dem SchuldRAnpG (§ 2 Abs. 1 Nr. 2). Aber auch soweit diese 2

[1] BT-Drucks. 12/7135 S. 64.

Verträge dem SchuldRAnpG unterfallen, sind die Investitionsmaßnahmen nicht nach § 12, sondern über § 41 Abs. 1 S. 1 nach den jeweiligen Bestimmungen des Vertrages abzugelten. Dies gilt für **alle werterhöhenden Aufwendungen,** die bis zum Inkrafttreten des SchuldRAnpG am 1. 1. 1995 vorgenommen worden sind. Auch die Entschädigungsregelung des § 12 Abs. 5 (betreffend andere werterhöhende Maßnahmen – zu ergänzen: als solche gem. § 12 Abs. 1) ist nach dem eindeutigen Wortlaut des § 41 Abs. 1 durch die vertraglichen Entschädigungsbestimmungen ersetzt.

3 Für werterhöhende Aufwendungen in der Zeit ab dem 1. 1. 1995 gelten über § 6 Abs. 1 die Regelungen des Verwendungsersatzes (§ 547 BGB) und des Bereicherungsrechts (§§ 951, 812ff. BGB).

III. Einzelerläuterung

4 **1. Aufwendungen bis zum 1. 1. 1995. a) Sämtliche Aufwendungen.** Diese kann der Nutzer **nach Maßgabe des** mit dem staatlichen Verwalter **geschlossenen Vertrages** ersetzt verlangen. Auf die Art der Aufwendungen kommt es hierbei nicht an. Die staatlichen Vertragsmuster sahen insoweit – zum Teil wenig klar geregelt – vor, daß dem Nutzer für sämtliche getätigten Aufwendungen eine bei Vertragsbeendigung vorhandene Wertsteigerung zu vergüten war.[2]

5 **b) Höhe.** Die **Entschädigung** ist im Zweifel nach dem Wert zu bestimmen, um den das Grundstück im Zeitpunkt der Rückgabe noch erhöht ist (Abs. 1 S. 2). Das entspricht der Entschädigungsregelung in § 12 Abs. 3, dem die Regelung der Musterverträge nicht entgegensteht. Maßgebend ist daher nicht der oftmals erhebliche Wert der Aufwendungen, sondern die jetzt noch vorhandene Wertsteigerung für das Grundstück. Eine solche liegt nicht vor, wenn der Grundstückseigentümer das Gebäude nicht mehr benötigt, weil er – zulässigerweise – die Nutzungsart ändern oder neu bauen will.

6 **2. Aufwendungen nach dem 1. 1. 1995.** Sie sind ausschließlich nach mietrechtlichen (§ 547 BGB) und bereicherungsrechtlichen (§§ 951, 812ff. BGB) Vorschriften zu ersetzen. Die Bestimmungen des Überlassungsvertrages gelten nicht mehr (§ 6 Abs. 3). Der Ersatz notwendiger Verwendungen (Leistungen, die zur Erhaltung oder Wiederherstellung der Sache erforderlich sind[3]), bestimmt sich daher nach §§ 547 Abs. 1, 256, 257 BGB, der Ersatz sonstiger Verwendungen nach §§ 547 Abs. 2, 677 bis 687 BGB.

7 **3. Wegnahme von Einrichtungen.** Das Recht des Mieters auf **Wegnahme von Einrichtungen** (§ 547a BGB; vgl. auch § 113 ZGB) bleibt unberührt. Da gem. § 34 S. 2 die allgemeinen Bestimmungen über die Wohnraummiete anzuwenden sind, gelten auch die Sondervorschriften des § 547a Abs. 2 und 3 BGB. Danach kann der Vermieter die Ausübung des Wegnahmerechts durch Zahlung einer angemessenen Entschädigung abwenden, es sei denn, daß der Mieter ein berechtigtes Interesse an der Wegnahme hat. Eine Vereinbarung über den Ausschluß des Wegnahmerechts ist nur wirksam, wenn gleichzeitig ein angemessener Ausgleich vorgesehen wird. – Soweit das Wegnahmerecht ausgeübt wird, tritt dieses an die Stelle des Entschädigungsanspruchs.

8 Aus § 556 BGB ergibt sich die **Pflicht** des Mieters, Einrichtungen, mit denen er die Mietsache versehen hat, bei Beendigung des Mietverhältnisses **zu entfernen.**[4] Diese Pflicht ist hier jedoch als durch die gemäß § 41 aufrecht erhaltene Entschädigungsregelung des Überlassungsvertrages ersetzt anzusehen. Sofern der Mieter Einrichtungen nach dem 1. 1. 1995 angebracht hat, gilt bei Vertragsbeendigung § 556 BGB jedoch uneingeschränkt.

9 **4. Fälligkeit, Verjährung. Fällig** sind die Ansprüche gemäß vorstehend Ziffer 1 bis 3 bei Beendigung des Vertrages (Abs. 1). Ihre **Verjährung** richtet sich über §§ 6 Abs. 1, 34 nach § 558 BGB.

10 **5. Absicherung des Ersatzanspruchs (Abs. 2).** Die von den Nutzern während der Geltung des Überlassungsvertrages herbeigeführten Werterhöhungen waren durch eine Höchstbetragssicherungshypothek abzusichern. Dieser vertragliche Anspruch auf Sicherung bleibt für die bis zum 1. 1. 1995 vorgenommenen werterhöhenden Aufwendungen unberührt (Abs. 2), vgl. auch § 37 Abs. 3 S. 1. Für Aufwendungen nach diesem Zeitpunkt gilt reines Mietrecht, das keinen Anspruch auf Absicherung kennt.

[2] Vgl. §§ 10, 13 und 14 des staatlichen Vertragsmusters, abgedruckt in ZOV 1991, 76ff.

[3] BGH NJW-RR 1994, 847 m. weit. Nachw.

[4] *Palandt-Putzo* § 556 RdNr. 4 m. weit. Nachw.

Abschnitt 2. Andere Überlassungsverträge

§ 42 Überlassungsverträge für gewerbliche und andere Zwecke

(1) Überlassungsverträge über gewerblich oder zu anderen als den in den §§ 18 und 34 genannten Zwecken genutzte Grundstücke werden als unbefristete Miet- oder Pachtverträge fortgesetzt.

(2) Eine Kündigung des Vertrages durch den Grundstückseigentümer ist bis zum Ablauf des 31. Dezember 1995 ausgeschlossen.

(3) Der Grundstückseigentümer kann die Zahlung des für die Nutzung ortsüblichen Entgelts verlangen. Der Anspruch entsteht mit Beginn des dritten auf den Zugang des Zahlungsverlangens folgenden Monats. Die §§ 36, 37 und 41 sind entsprechend anzuwenden.

I. Normzweck

1 Nach § 42 werden Überlassungsverträge zu **gewerblichen** oder sonstigen, dh. **anderen als den in §§ 18 und 34 genannten Erholungs- oder Wohnzwecken,** als unbefristete Miet- oder Pachtverträge fortgesetzt. Mit der letzteren Alternative sollen vorsorglich Überlassungsverträge mit staatlichen Organen und staatlichen Einrichtungen erfaßt werden, über die Vertragsvordrucke, wenn auch noch keine entsprechenden Vertragsabschlüsse, bekannt geworden sind.[1] Insoweit erweitert § 42 den in § 1 Abs. 1 Nr. 3 umschriebenen Anwendungsbereich des SchuldRAnpG.

2 Überlassungsverträge zu gewerblichen Zwecken dürften äußerst selten sein. Bei ihrer Überleitung in das BGB werden soziale Härten in Kauf genommen. Ab dem 1. 1. 1996 sind diese Verträge frei kündbar, eine dem § 39 entsprechende Regelung fehlt. Der Miet- oder Pachtzins wird ohne Vorschaltphase auf das ortsübliche Niveau angehoben.

II. Einzelerläuterung

3 **1. Fortsetzung als Miet- oder Pachtverträge, Abs. 1.** Die unter I. genannten Überlassungsverträge werden als unbefristete Miet- oder Pachtverträge fortgesetzt. Die Abgrenzung zwischen Miet- und Pachtverträgen ist nach allgemeinen Grundsätzen vorzunehmen, s. § 6 RdNr. 3. Die Umstellung tritt ipso jure mit Inkrafttreten des Gesetzes ein.

4 **2. Kündigungsausschluß durch den Grundstückseigentümer bis zum 31. 12. 1995, Abs. 2.** Die **ordentliche Kündigung** durch den Grundstückseigentümer ist bis zum 31. 12. 1995 ausgeschlossen, eine gleichwohl erklärte Kündigung nichtig. Wegen des Anwendungsbereichs des Kündigungsausschlusses wird auf die entsprechend geltenden Erläuterungen zu § 23 (RdNr. 3 bis 9) verwiesen.

5 **Nach dem 31. 12. 1995** gelten die **allgemeinen Kündigungsbestimmungen** des BGB (§§ 565, 584 BGB). Art. 232 § 2 Abs. 5 EGBGB betrifft nur Kündigungen bis zum 31. 12. 1994 und kommt somit schon aus Zeitgründen nicht zur Anwendung. Schriftform ist für die Kündigung nicht vorgeschrieben (§ 564a Abs. 1 BGB e contr.).

6 **3. Entgelt, Abs. 3 S. 1 und 2.** Der Grundstückseigentümer kann die Zahlung des für die Nutzung **ortsüblichen Entgelts** verlangen. Wegen des Begriffs der Ortsüblichkeit kann auf die Legaldefinition in §§ 2 Abs. 1 Nr. 2 MHG und 3 Abs. 2 NutzEV zurückgegriffen werden.

7 Wie bei den §§ 20 Abs. 3, 47 Abs. 1 S. 1 und 51 Abs. 1 S. 1 hat der Grundstückseigentümer kein einseitiges Leistungsbestimmungsrecht, sondern nur einen **Anspruch auf Annahme** eines entsprechenden **Vertragsantrags.**

8 Unabhängig vom Zeitpunkt der Annahme des Vertragsantrags oder von der Rechtskraft eines dem Zahlungsverlangen stattgebenden Urteils **entsteht der Anspruch** auf das ortsübliche Entgelt (wie gem. §§ 6 Abs. 2 NutzEV, 11 Abs. 5 MHG aF, 20 Abs. 3, 47 Abs. 3) mit dem Beginn des dritten des auf den Zugang des Zahlungsverlangens folgenden Monats.

9 **4. Entsprechende Anwendung der §§ 36, 37 und 41 gem. Abs. 3 S. 3.** Die §§ 36, 37 und 41 sind gem. Abs. 3 S. 3 entsprechend anzuwenden. Auf die Erläuterungen zu den genannten Bestimmungen wird verwiesen.

[1] BT-Drucks. 12/7135 S. 64.

Kapitel 4. Errichtung von Gebäuden aufgrund eines Miet-, Pacht- oder sonstigen Nutzungsvertrages

Abschnitt 1. Grundsätze

§ 43 Erfaßte Verträge

Auf Miet-, Pacht- oder sonstige Nutzungsverträge über Grundstücke finden die nachstehenden Regelungen Anwendung, wenn der Nutzer auf dem Grundstück bis zum Ablauf des 2. Oktober 1990 mit Billigung staatlicher Stellen ein Wohn- oder gewerblichen Zwecken dienendes Bauwerk errichtet, mit dem Bau eines solchen Bauwerks begonnen oder ein solches Bauwerk aufgrund einer vertraglichen Vereinbarung vom vorherigen Nutzer übernommen hat (§ 1 Abs. 1 Nr. 3).

I. Normzweck

1 Die Bestimmung legt den **Anwendungsbereich** des SchuldRAnpG bei Miet-, Pacht- oder sonstigen Nutzungsverträgen fest. Sie greift den Inhalt von § 1 Abs. 1 Nr. 3 auf und erweitert diesen in zwei Richtungen: Zur Einbeziehung der genannten Verträge in das SchuldRAnpG genügt es, daß bis zum 2. 10. 1990 mit dem Bau eines Bauwerks **begonnen** worden ist oder, daß der Nutzer ein solches Bauwerk aufgrund eines Vertrages vom Vornutzer **übernommen** hat.

2 Der Begriff des **Bauwerks** (§ 5), das Wohn- oder gewerblichen Zwecken dienen muß, wird in den §§ 45 und 50 definiert und auf die dort genannten Bauwerke beschränkt. Dadurch wird auch der in § 1 Abs. 1 Nr. 3 zunächst allgemein umrissene Anwendungsbereich des SchuldRAnpG bei Miet-, Pacht- und sonstigen Nutzungsverträgen beschränkt: Nur Verträge, auf deren Grundlage Baumaßnahmen iSv. §§ 45 und 50 vorgenommen worden sind, werden in das SchuldRAnpG einbezogen. Erreichen die Baumaßnahmen nicht den in §§ 45 und 50 geforderten Umfang, bleibt die bisherige vertragliche Grundlage unverändert (vgl. auch RdNr. 13).

3 Das Vertragsverhältnis darf aufgrund der Baumaßnahmen andererseits nicht in die Sachenrechtsbereinigung einbezogen sein, siehe dazu § 2.

II. Voraussetzungen

4 **1. Miet-, Pacht- und sonstige Nutzungsverträge.** Diese sind in der DDR bis zum 31. 12. 1975 auf der Grundlage des BGB/DDR abgeschlossen worden. Seit dem 1. 1. 1976 bildete das ZGB die Grundlage für den Abschluß dieser Verträge. Vertragliche Grundstücksnutzungsverhältnisse, insbesondere pachtrechtlichen Inhalts, waren im ZGB außer in den Fällen der §§ 286 Abs. 1 Nr. 4, 312ff., 286 Abs. 4 nicht geregelt. Sie waren aber zulässig (§ 45 Abs. 3 ZGB) und üblich. In Ermangelung eines anderen Terminus wurden sie oftmals lediglich als Nutzungsverträge bezeichnet. Auf die Vermietung von Gewerberäumen waren die Vorschriften über die Wohnungsmiete ergänzend anzuwenden (§ 131 ZGB).

5 **2. Grundstücksnutzung.** Die Miet-, Pacht- oder sonstigen Nutzungsverträge müssen über ein Grundstück abgeschlossen sein. Auf Nutzungsverträge über Räume oder nur über Gebäude ist das SchuldRAnpG nicht anwendbar (§ 1 Abs. 1). Häufig sind dem Nutzer im Vertrag die Freiflächen, auf denen er alsdann die Baumaßnahmen (iSd. §§ 45 und 50) ausgeführt hat, ausdrücklich zur Verfügung gestellt. Aber auch dann, wenn dem Nutzer lediglich der von ihm gemäß § 23 der WLVO[1] (durch Um- und Ausbau) neu geschaffene Wohnraum zugewiesen und vermietet wurde, wird die Auslegung oft ergeben, daß sich die Zuweisung und der Mietvertrag auch auf das Grundstück beziehen (s. § 1 RdNr. 26). Bei der Schaffung oder Wiederherstellung von Gewerberaum bezog sich die vertragliche Überlassung bereits nach § 1 Abs. 3 der Gewerberaumlenkungsverordnung[2] auf die zur Ausübung des Gewerbes benötigten Freiflä-

[1] Verordnung über die Lenkung des Wohnraumes – Wohnraumlenkungsverordnung – WLVO vom 16. 10. 1985 (GBl. I S. 301).

[2] §§ 1 Abs. 3, 8 Abs. 1, 9 Abs. 2, 10 Abs. 4 der VO über die Lenkung des Gewerberaumes vom 6. 2. 1986 (GBl. I S. 249).

chen, sofern sie nach § 3 Abs. 4 dieser VO erfaßt waren. Aber auch wenn diese Voraussetzungen nicht vorlagen, wird die Auslegung hier meist ergeben, daß der Vertrag sich auch auf die Nutzung des Grundstücks erstreckt (s. § 1 RdNr. 26 u. 27).

3. Wirksame Verträge. Die Verträge müssen **wirksam** zustande gekommen sein. Liegt eine Zuweisung der Flächen oder der Räumlichkeiten nach der Gewerberaumlenkungsverordnung oder der WLVO vor, ohne daß es zum Abschluß eines Vertrages gekommen ist, so wird dieser gegebenenfalls gemäß § 44 fingiert (vgl. dort). 6

Die Verträge müssen bei Inkrafttreten des SchuldRAnpG noch bestehen. Dies ist trotz Kündigung durch den Grundstückseigentümer der Fall, wenn die Voraussetzungen des § 7 vorliegen (vgl. dort). 7

4. Errichtung des Bauwerks. a) Allgemeines. Der Nutzer muß auf dem Grundstück bis zum Ablauf des 2. 10. 1990 mit Billigung staatlicher Stellen ein Wohn- oder gewerblichen Zwecken dienendes **Bauwerk errichtet** haben. Da nur erhebliche bauliche Investitionen gesichert werden sollen, wird der Begriff des Bauwerks (§ 5) durch die §§ 45 und 50 auf Gebäude, Wohnhäuser sowie die dort genannten baulichen Maßnahmen beschränkt. Diese Beschränkung gilt über den Wortlaut der §§ 45 und 50 hinaus nicht nur für die Abschnitte 2 und 3 des Kapitels 4, sondern für alle Verträge iSv. § 1 Abs. 1 Nr. 3 (vgl. RdNr. 2). Bauliche Maßnahmen an einem vorhandenem Gebäude, reichen damit nicht aus. Auch die auf Überlassungsverträge zugeschnittene Bestimmung des § 12 Abs. 2 SachenRBerG ist hier nicht, auch nicht analog, anwendbar.[3] 8

b) Mit Billigung staatlicher Stellen. Die Errichtung des Bauwerks muß mit Billigung staatlicher Stellen geschehen sein. Oftmals wird die Baumaßnahme im Nutzungsvertrag ausreichend beschrieben sein, woraus dann ihre staatliche Billigung folgt. Daß diese Billigung im Vertrag erklärt wird, wird vom Gesetz jedoch nicht verlangt. Die Billigung einer Baumaßnahme kann auch zu einem späteren Zeitpunkt zum Ausdruck kommen. Wegen des Begriffs der Billigung durch staatliche Stellen ist auf die Legaldefinition in § 10 Abs. 1 SachenRBerG zurückzugreifen.[4] Die Billigung ist scharf von den Begriffen der Bauzustimmung und Baugenehmigung zu unterscheiden, doch wird bei deren Erteilung die Billigung vermutet (§ 10 Abs. 2 SachenRBerG, vgl. dort RdNr. 6f.). 9

c) Beginn. Es reicht aus, daß mit dem Bau des Bauwerks bis zum 2. 10. 1990 **begonnen** wurde. Damit wird der gemäß § 1 Nr. 3 festgelegte Anwendungsbereich des SchuldRAnpG erweitert. Hierbei ist auf den Beginn der Bauarbeiten, nicht der Planungsarbeiten, abzustellen. Ausschlaggebend ist der Beginn der Erdarbeiten.[5] 10

d) Bauwerksübernahme durch Vertrag. Gleichgestellt ist der Fall, daß der Nutzer ein **Gebäude** von einem Vornutzer **durch Vertrag übernommen** hat. Bei der „Ablösung" eines vom Vornutzer auf vertraglicher Grundlage errichteten Gebäudes ist regelmäßig der Zeitwert des Gebäudes bezahlt worden. Zwar konnte dadurch ein selbständiges Gebäudeeigentum nicht erworben werden, da das Gebäude wesentlicher Bestandteil des Grundstücks war und blieb (§ 295 ZGB). Doch ist der Vorgang wirtschaftlich einer Neuerrichtung vergleichbar und dieser daher rechtlich gleichgestellt.[6] 11

Dies gilt auch, wenn ein *vor* der Entstehung der DDR errichtetes Gebäude durch Vertrag übernommen worden ist, sofern die Nutzung des Grundstücks mit Billigung staatlicher Stellen der DDR erfolgt ist.[7] 12

e) Eigene finanzielle Mittel. Der Nutzer muß das Bauwerk **mit eigenen Mitteln finanziert** haben. Dies folgt unausgesprochen aus dem Schutzzweck der §§ 43ff., die auf die Sicherung der Investitionen des Nutzers abzielen.[8] Sofern das Gebäude mit eigenen Mitteln errichtet worden ist, reicht im Falle eines Nutzerwechsels auch eine schenkweise Übergabe aus (s. RdNr. 11). 13

III. Rechtsfolgen

Gemäß Art. 232 § 2 und 3 EGBGB war auf die Miet- und Pachtverträge bereits seit dem 3. 10. 1990 das Miet- bzw. das Pachtrecht des BGB anzuwenden. Liegen zusätzlich die Voraus- 14

[3] *Rövekamp* S. 184; *Schnabel* § 45 RdNr. 1.
[4] § 10 SachenRBerG RdNr. 2ff.
[5] Vgl. § 8 SachenRBerG RdNr. 4; *Vossius* § 8 RdNr. 8.
[6] BT-Drucks. 12/7135 S. 65.
[7] BGH OV spezial 1996, 92f. = VIZ 1996, 275f.; aA *Schnabel* RdNr. 6.
[8] BT-Drucks. 12/7135 S. 64ff.; *Rövekamp* S. 187.

setzungen gemäß vorstehend Nr. II vor, fallen diese Verträge in den **Anwendungsbereich des SchuldRAnpG.** Gemäß § 6 Abs. 1 gelten damit die Bestimmungen des BGB, soweit das SchuldRAnpG nichts anderes bestimmt (vgl. die Erl. zu § 6). Auf sonstige Nutzungsverträge über Grundstücke – dies sind Verträge, die nicht als Miet- oder Pachtverträge anzusehen sind und die auch nicht unter § 1 Abs. 1 Nr. 1 und 2 fallen – war nach Art. 232 § 1 EGBGB weiterhin das Recht der DDR anzuwenden. Sofern diese Verträge nunmehr in das SchuldRAnpG einzubeziehen sind, gilt für sie gemäß § 6 Abs. 1 ebenfalls das BGB, soweit das SchuldRAnpG nichts anderes bestimmt.

§ 44 Vermuteter Vertragsabschluß

Sind Flächen oder Räumlichkeiten nach der Gewerberaumlenkungsverordnung vom 6. Februar 1986 (GBl. I Nr. 16 S. 249) oder der Wohnraumlenkungsverordnung vom 16. Oktober 1985 (GBl. I Nr. 27 S. 301) zugewiesen worden, gilt mit dem 1. Januar 1995 ein Vertrag zwischen dem Grundstückseigentümer und dem Nutzer als zustande gekommen, wenn ein Vertrag nicht abgeschlossen wurde, der Nutzer mit Billigung staatlicher Stellen ein Gebäude errichtet hat und der Nutzer den Besitz in diesem Zeitpunkt noch ausübt. Auf den Vertrag sind die Bestimmungen dieses Gesetzes anzuwenden.

I. Normzweck

1 Nach der Wohnraum- und GewerberaumlenkungsVO waren die Beteiligten verpflichtet, auf der Grundlage der Zuweisung der Flächen oder Räumlichkeiten innerhalb von vier Wochen Nutzungs- oder Mietverträge abzuschließen. Kam es dazu nicht, konnte der Inhalt des Vertrages durch die Behörden verbindlich festgelegt werden.[1] In der Praxis unterblieb oft beides; die Grundstücke wurden aufgrund der bloßen Zuweisung genutzt.[2] Die oft erheblichen Investitionen der Nutzer blieben ohne vertragliche Absicherung. Hier **fingiert** das Gesetz die entsprechenden Verträge, zu denen es bei ordnungsgemäßem Vorgehen der Beteiligten gekommen wäre.[3]

II. Regelungsinhalt

2 **1. Voraussetzung.** Voraussetzung ist eine **Zuweisung** von Flächen oder Räumlichkeiten nach der Wohnraum- oder GewerberaumlenkungsVO, der kein Vertragsabschluß gefolgt ist (s. RdNr. 1). Der Nutzer muß weiter mit Billigung staatlicher Stellen ein **Bauwerk** errichtet (§§ 45, 50) haben (vgl. § 43 RdNr. 8, 9) und er muß den **Besitz** daran (und damit, wie vorausgesetzt wird, an dem Grundstück) am 1. 1. 1995 noch ausüben. Auch hier wird man den Fall einer vertraglichen Übernahme eines Bauwerks mit Billigung staatlicher Stellen (§ 43 aE, dort RdNr. 11) gleichzustellen haben.

3 **2. Fiktion.** Die **Rechtsfolge** ist die **Fiktion** (nicht, wie es in der Überschrift heißt, Vermutung) eines Vertragsabschlusses. Lag nur eine Zuweisung von Räumen vor, erstreckte sich die Billigung staatlicher Stellen aber auf die Inanspruchnahme des Grundstücks, muß folgerichtig angenommen werden, daß ein Nutzungsvertrag über das Grundstück fingiert wird (vgl. i.e. § 43 RdNr. 5 bis 7 und § 1 RdNr. 26). Dies wird bei der Errichtung und Rekonstruktion eines Gebäudes auf fremdem Grund und Boden regelmäßig anzunehmen sein. Auch insoweit ist ein ordnungsgemäßes Vorgehen der Behörden zu unterstellen.

4 Auf den fingierten Vertrag sind gemäß S. 2 die Bestimmungen des SchuldRAnpG – und damit gemäß § 6 Abs. 1 auch des BGB – anzuwenden.

[1] § 12 Abs. 4 WLVO; § 8 GewerberaumlenkungsVO.

[2] *Fruth* WuM 1991, 9.

[3] BT-Drucks. 12/7135 S. 65.

Abschnitt 2. Gewerblich genutzte Grundstücke

§ 45 Bauliche Maßnahmen des Nutzers

(1) Bauwerke im Sinne dieses Abschnitts sind nur Gebäude und die in § 12 Abs. 3 des Sachenrechtsbereinigungsgesetzes bezeichneten baulichen Anlagen.

(2) Der Errichtung eines Bauwerks stehen die in § 12 Abs. 1 des Sachenrechtsbereinigungsgesetzes bezeichneten baulichen Maßnahmen gleich.

1 **1. Normzweck.** Der besondere Bestandsschutz (§ 49) ist nur gerechtfertigt, um **erhebliche bauliche Investitionen** des Nutzers zu sichern.[1] Die Bestimmung grenzt daher den (in § 43 noch unbeschränkt verwendeten) Begriff des Bauwerks (§ 5) für den Abschnitt 2 auf Gebäude und die in § 12 Abs. 1 und 3 SachenRBerG bezeichneten erheblichen Baumaßnahmen ein.

2 **2. Rechtliche Bedeutung.** Die Eingrenzung des Bauwerksbegriffs in § 45 (s. RdNr. 1) betrifft – über Kap. 4 Abschn. 2 hinaus – § 1 Abs. 1 Nr. 3 und damit den **Anwendungsbereich des SchuldRAnpG** insgesamt: Dieses ist bei Miet-, Pacht- und sonstigen Nutzungsverträgen nur dann anwendbar, wenn – bei gewerblicher Nutzung (Abschn. 2) – ein Bauwerk iSv. § 45 errichtet worden ist. Für die Wohnnutzung enthält § 50 eine sinngemäße Eingrenzung des Bauwerksbegriffs und des Anwendungsbereichs des SchuldRAnpG.

3 **3. Bauwerke im Sinne des Abschnitts 2 (gewerblich genutzte Grundstücke).**

a) Gebäude: Unter Bauwerken sind gemäß Abs. 1 zunächst Gebäude zu verstehen. Zum Begriff des Gebäudes s. § 5 RdNr. 2.

4 **b) Anlagen.** Bauwerke im Sinne dieses Abschnitts sind weiter die in § 12 Abs. 3 SachenRBerG bezeichneten **Anlagen.** Bauliche Anlagen sind alle Bauwerke, die nicht Gebäude sind. Es handelt sich hier um solche baulichen Anlagen, die eine gleichzeitige Inanspruchnahme des Grundstücks durch den Eigentümer für andere Zwecke ausschließen.[2] Auf die Erläuterungen zu § 12 Abs. 3 SachenRBerG wird verwiesen.[3]

5 **c) Rekonstruktion; Änderung der Nutzungsart.** Einem Gebäude gleichgestellt sind gemäß Abs. 2 weiter die **in § 12 Abs. 1 SachenRBerG bezeichneten baulichen Maßnahmen.** Damit sind die Fälle einer Rekonstruktion oder einer Änderung der Nutzungsart eines Gebäudes erfaßt, sofern die baulichen Maßnahmen nach Umfang und Aufwand einer Neuerrichtung entsprechen. Auf die Erläuterungen zu § 12 Abs. 1 SachenRBerG wird verwiesen.[4] Dagegen reichen bauliche Maßnahmen iSv. § 12 Abs. 2 SachenRBerG, der auch nicht analog anwendbar ist,[5] nicht aus.

§ 46 Gebrauchsüberlassung an Dritte

Der Nutzer ist ohne Erlaubnis des Grundstückseigentümers berechtigt, Grundstück und aufstehendes Bauwerk einem Dritten zum Gebrauch zu überlassen, wenn nach dem Inhalt des Vertrages zwischen dem Nutzer und dem Dritten das vom Nutzer errichtete Bauwerk weiter genutzt werden soll.

1 **1. Normzweck.** Könnte der Nutzer das Grundstück aus persönlichen Gründen nicht mehr nutzen und wäre er deshalb zur Kündigung gezwungen, erhielte er eine Entschädigung für das von ihm errichtete Bauwerk nur im Umfang des § 12 Abs. 3, vgl. dort RdNr. 14f. Hätte der Grundstückseigentümer für das Bauwerk alsdann keine Verwendung, entfiele eine Entschädigung uU sogar ganz. Um den von ihm geschaffenen Gebäudewert weiterhin wirtschaftlich nutzen zu können, ist der Nutzer daher an einer Untervermietung oder -verpachtung interessiert, die gemäß §§ 549 Abs. 1, 581 BGB aber nur mit Zustimmung des Grundstückseigentü-

[1] BT-Drucks. 12/7135 S. 66.
[2] BT-Drucks. 12/7135 S. 66.
[3] § 12 SachenRBerG RdNr. 13f.; *Vossius* § 12 RdNr. 7 bis 9.
[4] § 12 SachenRBerG RdNr. 2, 3; *Vossius* § 12 RdNr. 10f.
[5] S. § 43 RdNr. 8.

mers zulässig ist. Hier schafft § 46 Abhilfe, indem er eine Überlassung des Grundstücks samt aufstehendem Gebäude an einen Dritten ohne Zustimmung des Grundstückseigentümers gestattet.[1]

2 **2. Voraussetzung** für die Zulassung der Unterverpachtung oder Untervermietung ist nur, daß das vom Nutzer errichtete **Bauwerk** (§ 45) von dem Dritten nach dem Inhalt des mit diesem abzuschließenden Vertrages **weiter genutzt** werden soll. Gleiches muß gelten, wenn der Nutzer ein vom Vornutzer übernommenes Bauwerk (§ 43 aE) untervermietet oder unterverpachtet. Allerdings muß sich jeweils der Schwerpunkt der Nutzung durch den Dritten gerade auf das Gebäude oder die bauliche Anlage beziehen.[2] Andernfalls – bei überwiegender Grundstücksnutzung – greift § 46 nach der ratio legis nicht ein. Dann erübrigt sich auch die problematische analoge Anwendung von § 21 Abs. 1 S. 2.[3]

§ 47 Entgelt

(1) Der Grundstückseigentümer kann vom Nutzer die Zahlung des für die Nutzung des Grundstücks ortsüblichen Entgelts verlangen. Im Zweifel sind sieben vom Hundert des Verkehrswertes des unbebauten Grundstücks jährlich in Ansatz zu bringen. Die Zahlungspflicht entsteht mit dem Beginn des dritten auf den Zugang des Zahlungsverlangens folgenden Monats.

(2) Das Entgelt ermäßigt sich

1. in den ersten zwei Jahren auf ein Viertel,
2. in den folgenden zwei Jahren auf die Hälfte und
3. in den darauf folgenden zwei Jahren auf drei Viertel

des sich aus Absatz 1 ergebenden Betrages (Eingangsphase). Die Eingangsphase beginnt mit dem Eintritt der Zahlungspflicht nach diesem Gesetz, spätestens am 1. Juli 1995. Satz 1 ist nicht anzuwenden, wenn die Beteiligten ein höheres Nutzungsentgelt vereinbart haben.

(3) Nach Ablauf der Eingangsphase kann jede Vertragspartei bis zum Ablauf der Kündigungsschutzfrist eine Anpassung des Nutzungsentgelts verlangen, wenn seit der letzten Zinsanpassung drei Jahre vergangen sind und der ortsübliche Zins sich seit der letzten Anpassung um mehr als zehn vom Hundert verändert hat. Das Anpassungsverlangen ist gegenüber dem anderen Teil schriftlich geltend zu machen und zu begründen. Das angepaßte Entgelt wird vom Beginn des dritten Kalendermonats an geschuldet, der auf den Zugang des Anpassungsverlangens folgt.

I. Normzweck

1 In den Nutzungsverträgen sind Entgelte entweder nicht oder in heute völlig unzureichender Höhe – die z. T. auch noch nicht nach Art. 232 § 2 Abs. 5 EGBGB an das ortsübliche Niveau angepaßt ist –, vereinbart. In beiden Fällen erhält der Grundstückseigentümer nunmehr einen **gesetzlichen Anspruch** auf das **ortsübliche Entgelt.** Dieser ist bei zu Wohnzwecken genutzten Grundstücken niedriger bemessen (§ 51). Weil die Grundstückspreise in den neuen Ländern die wirtschaftliche Entwicklung vorwegnehmen, ist eine Eingangsphase von sechs Jahren, ähnlich wie in § 52 Abs. 1 SachenRBerG (dort: von 9 bzw. 12 Jahren) vorgeschaltet.[1*] Da innerhalb der Kündigungsschutzfrist (§ 49) keine Änderungskündigung möglich ist, erhält jede Partei nach Maßgabe des Abs. 3 einen Anpassungsanspruch.

II. Einzelerläuterung

2 **1. Anspruch auf das ortsübliche Entgelt gemäß Abs. 1.** Der Grundstückseigentümer erhält einen gesetzlichen Anspruch auf das ortsübliche Entgelt. Dieser Anspruch besteht auch bei bisher unentgeltlichen Nutzungsverträgen. Er ist auf Zustimmung zur Vertragsänderung gerichtet, vgl. RdNr. 4.

[1] BT-Drucks. 12/7135 S. 66.
[2] BT-Drucks. 12/7135 S. 66.
[3] AA *Schnabel* § 46 RdNr. 3.
[1*] BT-Drucks. 12/7135 S. 66.

a) Ortsübliches Entgelt. Der Begriff des ortsüblichen Entgelts wird im SchuldRAnpG nicht definiert, sondern vorausgesetzt. Insoweit kann auf die Definition in §§ 3 Abs. 3 NutzEV, 2 Abs. 1 Nr. 2 MHG zurückgegriffen werden.[2] Ortsüblich sind danach Nutzungsentgelte, die in der Gemeinde oder in vergleichbaren Gemeinden für ein Grundstück vergleichbarer Art, Größe, Beschaffenheit und Lage vereinbart worden sind. **Im Zweifel** sind nach S. 2 **sieben Prozent** des – gegenwärtigen – **Verkehrswerts** des unbebauten Grundstücks anzusetzen. Da dem Nutzer ein unbebautes oder nicht mehr nutzbar bebautes Grundstück zur Verfügung gestellt worden ist, muß dieser Grundstückszustand auch die Basis für die Berechnung des Entgelts bilden.[3] Wegen der Eingangsphase s. RdNr. 6. 3

b) Anspruch auf Zustimmung. Rechtstechnisch hat der Grundstückseigentümer gegen den Nutzer einen Anspruch auf Zustimmung zur Entgeltzahlung bzw. -erhöhung, kein einseitiges Leistungsbestimmungsrecht (wie zB in den Fällen von §§ 6 Abs. 2 NutzEV und 35 Abs. 1). Er wird durch schriftliches Zahlungsverlangen geltend gemacht. Die Schriftform ist hier nicht wie in Abs. 3 ausdrücklich vorgeschrieben, ergibt sich aber daraus, daß Abs. 1 auf den Zugang abstellt.[4] 4

Verweigert der Nutzer sein Einverständnis, muß der Anspruch eingeklagt[5] werden (s. § 55). Unabhängig vom Zeitpunkt einer gerichtlichen Entscheidung entsteht die **materielle Zahlungspflicht** nach S. 3 mit dem Beginn des dritten auf den Zugang des Zahlungsverlangens folgenden Monats. 5

2. Eingangsphase, Abs. 2. Das Entgelt beträgt in den ersten sechs Jahren in zweijährigem Abstand ein Viertel, die Hälfte und drei Viertel des nach Abs. 1 zulässigen Betrages (Grund: s. RdNr. 1). Diese Eingangsphase beginnt mit dem Einsetzen der Zahlungspflicht gemäß Abs. 1 S. 3, spätestens ab 1. 7. 1995. Ein bereits vereinbartes höheres Entgelt bleibt nach S. 3 unberührt. 6

3. Entgeltanpassung nach Ablauf der Eingangsphase, Abs. 3. Nach Ablauf der Eingangsphase kann weiterer Anpassungsbedarf entstehen. Da eine Änderungskündigung während der Kündigungsschutzfrist (§ 49) ausgeschlossen ist, räumt das Gesetz jeder Vertragspartei einen (an § 20 Abs. 3 angelehnten) **Anpassungsanspruch** ein. 7

a) Voraussetzung ist ein Zeitablauf von drei Jahren seit der letzten Entgeltanpassung und eine Änderung des ortsüblichen Entgelts von mehr als zehn Prozent. 8

b) Anpassungsanspruch. Es besteht auch hier (wie bei § 20 Abs. 3) ein gesetzlicher Anpassungsanspruch. Dieser ist schriftlich geltend zu machen und zu begründen. Notfalls muß auf Zustimmung zur Anpassung geklagt werden.[6] Materiell wird das angepaßte Entgelt von Beginn des dritten auf den Zugang des Anpassungsverlangen folgenden Monats geschuldet. 9

§ 48 Zustimmung zu baulichen Investitionen

(1) Um- und Ausbauten an bestehenden Bauwerken durch den Nutzer bedürfen nicht der Zustimmung des Grundstückseigentümers.

(2) Der Nutzer kann bei Beendigung des Vertragsverhältnisses Ersatz für seine baulichen Maßnahmen, die er nach dem 1. Januar 1995 vorgenommen hat, nur dann verlangen, wenn der Grundstückseigentümer den baulichen Maßnahmen zugestimmt hat. In diesem Fall ist die Entschädigung nach dem Zeitwert des Bauwerks im Zeitpunkt der Rückgabe des Grundstücks zu bestimmen. Die Zustimmung des Grundstückseigentümers muß schriftlich erteilt werden und ein Anerkenntnis der Verpflichtung zum Wertersatz enthalten.

I. Normzweck

Der Nutzer soll das von ihm errichtete Gebäude nach eigenem Gutdünken um- und ausbauen dürfen (Abs. 1). Für nach dem 1. 1. 1995 getroffene Baumaßnahmen soll er aber nur dann 1

[2] *Rövekamp* S. 194.

[3] BT-Drucks. 12/7135 S. 66; zur Verkehrswertbestimmung s. auch *Gemmeke* in *Kiethe* SchuldRAnpG § 67 RdNr. 13f.

[4] Ein Unterschied zwischen Abs. 1 und Abs. 3 wäre auch nicht einzusehen, *Rövekamp* S. 195.

[5] AA *Schnabel* RdNr. 5 und 12 der sowohl bei erstmaliger Geltendmachung als auch bei der Anpassung nach Abs. 3 eine einseitige Gestaltungserklärung des Grundstückseigentümers ausreichen läßt.

[6] *Thiele-Krajewski-Röske* RdNr. 14.

Ersatz verlangen können, wenn der Grundstückseigentümer den Baumaßnahmen zugestimmt und sich zum Wertersatz verpflichtet hat (Abs. 2). Wegen der Ersatzansprüche für vorgenommene Baumaßnahmen s. auch nachstehende Übersicht RdNr. 8 ff.

II. Einzelerläuterung

2 **1. Baumaßnahmen an bestehenden Bauwerken (Abs. 1).** Um- und Ausbauten an **bestehenden Bauwerken** bedürfen nicht der Zustimmung des Grundstückseigentümers. Das Gesetz denkt in erster Linie an die **vom Nutzer errichteten Bauwerke** iSv. §§ 45 und 50.[1] Keiner Zustimmung bedürfen (erst recht) Baumaßnahmen an den vom Nutzer geschaffenen Grundstückseinrichtungen und Anlagen iSv. § 5 Abs. 2. – Das Gesetz schreibt hier nur fort, was im Zweifel schon als im Vertrag vereinbart anzusehen ist.

3 Ob auch **bei Vertragsabschluß** bereits **vorhandene Gebäude** ohne besondere Zustimmung des Grundstückseigentümers verändert werden dürfen, ist eine Frage der Vertragsauslegung im Einzelfall. Hier wollte das Gesetz die Befugnisse des Nutzers nicht erweitern. Ob mit Vertrag übernommene Bauwerke ohne besondere Zustimmung verändert werden dürfen, hängt von der Fortgeltung der dahingehenden Nebenabreden gem. § 6 Abs. 2 ab.

4 **2. Ersatz für bauliche Maßnahmen nach dem 1. 1. 1995 (Abs. 2). a) Grundsatz: Kein Ersatzanspruch.** Abs. 2 **beschränkt** den Ersatzanspruch für bauliche Maßnahmen nach dem 1. 1. 1995; für diese soll der Nutzer grundsätzlich keinen Ersatz verlangen können (Abs. 2). Wegen der Ausnahme s. nachstehend.

5 **b) Ausnahme: Schriftliche Zustimmung des Grundstückseigentümers mit Anerkenntnis der Ersatzpflicht.** Einen Anspruch auf Entschädigung hat der Nutzer hier nur dann, wenn der Grundstückseigentümer den baulichen Maßnahmen **schriftlich zugestimmt** hat. Die Zustimmung muß das Anerkenntnis der **Verpflichtung zum Wertersatz** enthalten, andernfalls ist sie unwirksam (§ 125 BGB). Wegen der weitreichenden Folgen der Zustimmung (s. nachstehend) wird man allerdings verlangen müssen, daß sich das Anerkenntnis auf die Verpflichtung zum Ersatz des Zeitwerts des gesamten Bauwerks im Zeitpunkt der Rückgabe bezieht. Fehlt eine wirksame Zustimmung, entfällt ein Ersatzanspruch für die bauliche Maßnahme des Abs. 2, jedoch bleibt ein bereits entstandener Entschädigungsanspruch für das Gebäude im übrigen (gemäß § 12 Abs. 2 oder 3) unberührt.

6 **c) Rechtsfolge: Zeitwertentschädigung für das gesamte Bauwerk.** Hat der Grundstückseigentümer seine Zustimmung iSv. Abs. 2 S. 3 für nach dem 1. 1. 1995 vorgenommene bauliche Maßnahmen erteilt, trifft ihn gemäß Abs. 2 S. 2 die Pflicht zur **Entschädigung nach dem Zeitwert des Bauwerks** im Zeitpunkt der Rückgabe, dh. im Umfang von § 12 Abs. 2 S. 1. Dies soll nach dem eindeutigen Wortlaut der Bestimmung wie nach der amtlichen Begründung auch dann gelten, wenn der Nutzer kündigt oder die Kündigungsschutzfrist verstrichen ist, dh. in den Fällen des § 12 Abs. 2 S. 2.[2] Der Grund für diese Regelung liegt darin, daß man kaum die einzelne (nachträgliche) Baumaßnahme zum Zeitwert, das Gebäude selbst dagegen nach § 12 Abs. 3 entschädigen kann.

7 Allerdings ist das Ergebnis ungereimt: Lagen die Voraussetzungen des § 12 Abs. 2 S. 2 bereits vor (vgl. dazu § 12 RdNr. 14), dann konnte der Nutzer eine Entschädigung nur insoweit verlangen, als der Verkehrswert des Grundstücks zum Zeitpunkt der Rückgabe noch erhöht war, im Einzelfall war eine Entschädigung hiernach ganz ausgeschlossen (s. § 12 RdNr. 16). Nur weil der Grundstückseigentümer einer kleineren Baumaßnahme nach dem 1. 1. 1995 zugestimmt hat, soll er dem Nutzer nunmehr das gesamte Gebäude zum vollen Zeitwert entschädigen. Abs. 2 S. 2 beschränkt diese Rechtsfolge ausdrücklich auf „diesen Fall" (der Zustimmung), ändert also § 12 Abs. 2 u. 3 im übrigen nicht. Um den Grundstückseigentümer vor diesen Konsequenzen zu schützen, wird man verlangen müssen, daß sich das gemäß Abs. 2 S. 3 erforderliche Anerkenntnis auf die Verpflichtung zur Entschädigung des *gesamten* Gebäudes zum Zeitwert bezieht.[3] Darüber hinaus ist zu verlangen, daß der Nutzer auch den Umfang der Baumaßnahmen so genau ermittelt, daß der daraus erwachsene Ersatzanspruch kalkuliert werden kann. Ein Anerkenntnis des Grundstückseigentümers wäre andernfalls ins Blaue hinein abgegeben, nicht ausreichend und damit nicht beachtlich.

[1] BT-Drucks. 12/7135 S. 67.
[2] BT-Drucks. 12/7135 S. 67.
[3] Vgl. – zur Vorsicht bei Abgabe des Anerkenntnisses ratend – auch *Schnabel* RdNr. 6.

III. Übersicht über die Ersatzansprüche des Nutzers bei Miet-, Pacht- oder sonstigen Nutzungsverträgen

8 **1. Ersatz für das vom Nutzer errichtete Gebäude oder Bauwerk.** Für das **Gebäude** oder das **Bauwerk iSv. §§ 45 und 50** hat der Nutzer bei Beendigung des Vertragsverhältnisses den Entschädigungsanspruch gemäß § 12 Abs. 1 bis 3. Voraussetzung ist die Errichtung entsprechend den Rechtsvorschriften der DDR. Der Anspruch ist von der dinglichen Zuordnung des Gebäudes zum Grundstück (gemäß § 295 ZGB) unabhängig. Die Höhe des Anspruchs hängt vom Vorliegen der Voraussetzungen des § 12 Abs. 2 S. 1 oder 2 ab (vgl. § 12 RdNr. 13 f.).

9 **2. Baumaßnahmen *an* einem vom Nutzer errichteten Gebäude bis zum 31. 12. 1994. a) Baumaßnahmen** an dem unter Nr. 1 genannten **Gebäude** in der Zeit vom 3. 10. 1990 bis zum 31. 12. 1994 sind entsprechend den Grundsätzen zu vorstehend Nr. 1 zu entschädigen. Diese Maßnahmen erhöhen den Wert des Gebäudes (des Bauwerks iSv. §§ 45 und 50) im Zeitpunkt der Rückgabe, auf den gemäß § 12 Abs. 2 oder 3 abzustellen ist. Dieses Ergebnis folgt auch im Umkehrschluß aus § 48 Abs. 2.

10 **b) Sonstige Grundstückseinrichtungen und Anlagen.** Gleiches muß für sonstige Grundstückseinrichtungen und Anlagen iSv. § 5 Abs. 1 und 2 gelten, wenn diese bis zum 31. 12. 1994 auf der Grundlage eines bestehenden Vertrages errichtet worden sind. Sie sind ebenfalls Bauwerke iSv. § 12 Abs. 1. Dies gilt allerdings nur dann, wenn ein aufgrund einer Gebäudeerrichtung (iSv. §§ 45, 50) dem SchuldRAnpG unterfallender Vertrag bereits besteht. Ist dies der Fall, sind auch solche Bauwerke zu entschädigen, die für sich allein nicht zur Einbeziehung des Vertrages in das SchuldRAnpG ausgereicht hätten. (Beispiele: Begrenzungsmauer, Brunnenanlage, Öltank im Rahmen eines Vertrages nach §§ 1 Abs. 1 Nr. 3, 43, 45, 50).

11 **3. Baumaßnahmen ab dem 1. 1. 1995.** Für sämtliche Baumaßnahmen ab dem 1. 1. 1995 kann der Nutzer Ersatz gem. § 48 Abs. 2 nur verlangen, wenn der Grundstückseigentümer den baulichen Maßnahmen zugestimmt und seine Verpflichtung zum Wertersatz anerkannt hat (s. o. RdNr. 5 f.).

12 **4. Sonstige werterhöhende Maßnahmen.** Für alle sonstigen werterhöhenden Maßnahmen, die keine Baumaßnahmen sind, kann Ersatz nach § 12 Abs. 5 verlangt werden (vgl. dort). Insoweit greift auch nicht die Sperre des § 48 Abs. 2 ein, der nur bauliche Maßnahmen betrifft.

13 Dies gilt insbesondere auch für den **Ersatz für Anpflanzungen.** Da eine dem § 27 entsprechende Vorschrift hier fehlt, sind die Anpflanzungen bei Miet-, Pacht- und sonstigen Nutzungsverträgen nach § 12 Abs. 5 zu ersetzen.

14 **5. Wegnahmerecht.** In allen Fällen kann der Nutzer anstelle des Entschädigungsanspruchs sein Wegnahmerecht geltend machen (§ 12 Abs. 4).

§ 49 Kündigungsschutzfristen

(1) Der Grundstückseigentümer kann den Vertrag bis zum Ablauf des 31. Dezember 2000 nur kündigen, wenn das vom Nutzer errichtete Bauwerk nicht mehr nutzbar und mit einer Wiederherstellung der Nutzbarkeit durch den Nutzer nicht mehr zu rechnen ist. Ist die Nutzung für mindestens ein Jahr aufgegeben worden, ist zu vermuten, daß eine Nutzung auch in Zukunft nicht stattfinden wird.

(2) In den darauf folgenden fünf Kalenderjahren kann der Grundstückseigentümer den Vertrag auch dann kündigen, wenn er

1. auf die eigene Nutzung des Grundstücks für Wohn- oder betriebliche Zwecke angewiesen ist oder
2. Inhaber eines Unternehmens ist und
   a) das Gebäude oder die bauliche Anlage auf dem Betriebsgrundstück steht und die betriebliche Nutzung des Grundstücks erheblich beeinträchtigt oder
   b) das Gebäude, die bauliche Anlage oder die Funktionsfläche für betriebliche Erweiterungen in Anspruch genommen werden soll und der Grundstückseigentümer die in § 3 Abs. 1 Nr. 1 des Investitionsvorranggesetzes vom 14. Juli 1992

(BGBl. I S. 1268) bezeichneten Zwecke verfolgt oder der Nutzer keine Gewähr für eine Fortsetzung der betrieblichen Nutzung des Wirtschaftsgebäudes bietet.

Satz 1 ist nicht anzuwenden, wenn den betrieblichen Belangen des Nutzers eine erheblich höhere Bedeutung zukommt als den betrieblichen Zwecken nach Nummer 1 oder den investiven Interessen des Grundstückseigentümers nach Nummer 2 Buchstabe b. Die in Satz 1 bestimmte Frist verlängert sich um die Restnutzungsdauer des vom Nutzer errichteten Gebäudes, längstens bis zum 31. Dezember 2020.

I. Normzweck

1 Der Gedanke des Investitionsschutzes hätte an sich eine Einbeziehung der Bebauungen aufgrund von Miet-, Pacht- und sonstigen Nutzungsverträgen in die Sachenrechtsbereinigung gefordert. Einer solchen Lösung stand jedoch das Nachzeichnungsprinzip entgegen. Für diese Verträge war der Investitionsschutz daher im Rahmen des SchuldRAnpG zu verwirklichen.[1] Der Gebrauch des von ihm errichteten oder rekonstruierten und noch werthaltigen Gebäudes soll dem Nutzer für eine Mindestzeit gesichert werden.[2] Dem dienen die Bestimmungen der §§ 49, 52 und 53, die den Kündigungsschutz für zu gewerblichen und Wohnzwecken genutzte Grundstücke unterschiedlich ausgestalten.

2 Gem. Abs. 1 soll der Grundstückseigentümer bis zum 31. 12. 2000 ausnahmsweise nur dann kündigen können, wenn das Gebäude nicht mehr nutzbar und mit seiner Wiederherstellung auch nicht zu rechnen ist. Hier besteht ein Schutzbedürfnis nicht. In einer zweiten Stufe – bis zum 31. 12. 2005 – kann der Grundstückseigentümer gem. Abs. 2 nur bei überwiegendem Interesse kündigen. Diese Frist verlängert sich um die Restnutzungsdauer des vom Nutzer errichteten Gebäudes, längstens bis zum 31. 12. 2020.

II. Anwendungsbereich

3 § 49 (ebenso: §§ 23, 38, 39, 52) schränkt nur das Recht des Grundstückseigentümers zur ordentlichen Kündigung ein. Nicht beschränkt werden das Recht zur außerordentlichen Kündigung, das Kündigungsrecht des Nutzers, die Sonderkündigungsrechte sowie Kündigungsrechte außerhalb des BGB. Wegen der Einzelheiten wird auf die Erläuterungen zu § 23 (RdNr. 3 bis 9) verwiesen.

III. Einzelerläuterung

4 **1. Grundsätzlicher Kündigungsausschluß bis zum 31. 12. 2000 (Abs. 1). a) Allgemeines.** Bis zum 31. 12. 2000 wird die Kündigung grundsätzlich ausgeschlossen; sie ist ausnahmsweise nur dann zulässig, wenn das vom Nutzer errichtete Bauwerk **nicht mehr nutzbar** und mit einer **Wiederherstellung** der Nutzbarkeit durch den Nutzer **nicht mehr zu rechnen** ist.

5 Damit wird der Kündigungsschutz an die Nutzbarkeit des Bauwerks gekoppelt. Die Vorschrift ist mit § 29 SachenRBerG vergleichbar, jedoch enger gefaßt als diese: Die Nichtausübung der Nutzung (eines ansonsten tauglichen Gebäudes) gibt dem Grundstückseigentümer kein Recht zur Kündigung, wohl aber – gem. § 29 Abs. 1 Nr. 2 SachenRBerG – eine Einrede gegenüber den Ansprüchen nach dem SachenRBerG. Denn der nur schuldrechtlich berechtigte Nutzer ist zur Nutzung aufgrund des Vertrages nicht verpflichtet. Dagegen soll ein errichtetes Gebäude nur dann die Grundlage für Ansprüche nach dem SachenRBerG bilden, wenn es auch tatsächlich genutzt wird.[3]

6 **b) Bauwerk.** Bei der Frage der Nutzbarkeit und ihrer Wiederherstellung geht es um das Bauwerk iSv. §§ 45, 50, das die Grundlage für die Einbeziehung des Vertrages in die Schuldrechtsanpassung bildet. Auf die Nutzbarkeit anderer Bauwerke, insbes. solcher iSv. § 5 Abs. 2, kommt es nicht an. Ein vom Vornutzer übernommenes Bauwerk (§ 43 aE) muß auch hier gleichstehen (vgl. § 46 RdNr. 2).

7 **c) Nicht mehr nutzbar** ist das Bauwerk, wenn es nach den objektiven Gegebenheiten, insbes. seinem Bauzustand, keiner wirtschaftlich sinnvollen Verwendung mehr zugeführt werden kann. Dabei kann nur eine solche Nutzung in Betracht kommen, die dazu bestimmt und

[1] *Czub* RdNr. 72f., 76; *Rövekamp* S. 196; *Frenz* DtZ 1995, 66.

[2] BT-Drucks. 12/7135 S. 67.

[3] *Rövekamp* S. 197.

grundsätzlich auch geeignet ist, den Gebäudewert zumindest bis zum 31. 12. 2005 (Abs. 2) zu erhalten. Nutzungszwecke, mit denen ein solcher Mindestertrag bereits nicht angestrebt wird, verdienen im Rahmen dieser Bestimmung keinen Schutz (zB: Champignonzucht im Keller; Nutzung als bloßer Lagerraum). – Ein Abstellen auf den ursprünglich verfolgten Verwendungszweck ist zu eng,[4] auch bei einem Wechsel der Nutzung, sofern diese sich im Rahmen des vertraglich Zulässigen hält, kann das Gebäude iSv. Abs. 1 noch nutzbar sein.

8 **d) Wiederherstellung der Nutzbarkeit.** Mit der Wiederherstellung der Nutzbarkeit darf nicht mehr zu rechnen sein: Dies erfordert eine Prognose, die neben dem Rekonstruktionsaufwand die persönlichen und wirtschaftlichen Verhältnisse des Nutzers in Betracht zieht. Von Bedeutung sind hier insbes. Alter, Ausbildung sowie Vermögenssituation des Nutzers und daneben die betriebswirtschaftlichen Gegebenheiten des Betriebes. Bei mindestens einjähriger Nichtnutzung wird – widerleglich – vermutet, daß eine Nutzung auch in Zukunft nicht stattfinden wird (Abs. 1 S. 2).

9 **e) Nichtausübung der Nutzung.** Stillschweigend vorausgesetzt wird hierbei, daß das Gebäude auch tatsächlich nicht genutzt wird.[5] Solange es noch genutzt wird, wird zu vermuten sein, daß es auch tatsächlich noch nutzbar ist (S. 2 im Umkehrschluß). Auch hier muß es sich aber um eine Nutzung handeln, deren wirtschaftliches Ergebnis dazu bestimmt ist, den Gebäudewert zu erhalten (vgl. RdNr. 7). Eine Nutzung durch einen Dritten reicht unter den Voraussetzungen des § 46 aus.

10 **2. Kündigung aufgrund überwiegenden Interesses (Abs. 2).** Vom 1. 1. 2001 bis zum 31. 12. 2005 kann der Grundstückseigentümer zusätzlich in drei Fällen kündigen, denen gemeinsam ist, daß **sein Interesse** an einer eigenen Nutzung im Vergleich zum Interesse des Nutzers am Fortbestand der bisherigen Nutzung **überwiegt.**[6] Die Kündigungsfrist verlängert sich dann um die Restnutzungsdauer des vom Nutzer errichteten Gebäudes, längstens bis zum 31. 12. 2020 (Abs. 2 S. 3).

11 **a) Angewiesenheit nach Nr. 1.** Der Grundstückseigentümer kann kündigen, wenn er auf die Nutzung des Grundstücks für eigene wohn- oder betriebliche Zwecke **angewiesen ist (Nr. 1).** Der Begriff der Angewiesenheit ist enger auszulegen als der ansonsten bei Eigenbedarf verwendete Begriff „benötigt".[7] Der Grundstückseigentümer ist auf sein Grundstück angewiesen, wenn er es für eigene Zwecke benötigt, weil er sich ein nach Lage, Qualität und Beschaffenheit vergleichbares Grundstück nicht zu zumutbaren Bedingungen beschaffen kann.[8] Dabei ist nicht nur ein Erwerb, sondern auch eine Anmietung oder Anpachtung eines Ausweichgrundstücks in Erwägung zu ziehen. – Ist der Grundstückseigentümer bereits Inhaber eines Unternehmens, werden seine Interessen durch Nr. 2a und b gewahrt. Für die Angewiesenheit nach Nr. 1 bleibt daher – neben der vorrangigen Angewiesenheit für Wohnzwecke, dazu RdNr. 13 – nur der Fall des Bedarfs für eine Betriebsneugründung.[9]

12 Will der Eigentümer sein Grundstück in diesem Sinne selbst betrieblich nutzen, ist nach Abs. 2 S. 2 zusätzlich eine **Abwägung** gegenüber den betrieblichen Belangen des Nutzers erforderlich: Das Kündigungsrecht des Eigentümers besteht nicht, wenn den betrieblichen **Belangen** des **Nutzers erheblich höhere Bedeutung** zukommt als dem Vorhaben des Eigentümers. Betriebliche Belange des Nutzers, denen nur eine gleich hohe oder unerheblich höhere Bedeutung als dem Vorhaben des Grundstückseigentümers zukommt, müssen somit zurückstehen. Bei der wertenden Abwägung ist die wirtschaftliche Bedeutung des geplanten Unternehmens mit dem „eingefahrenen" Unternehmen des Nutzers zu vergleichen. Die Prüfung der wirtschaftlichen Aussichten wird auch zu berücksichtigen haben, daß das Vorhaben des Grundstückseigentümers bei Durchgreifen der Kündigung mit Entschädigungsansprüchen aus §§ 12 Abs. 2 und 14 belastet wird. Bei der Bemessung der „Bedeutung" eines Unternehmens ist zwar in besonderem Maße, nicht jedoch ausschließlich auf die Zahl der Arbeitsplätze abzustellen.

13 Vorrangig nach Nr. 1 ist auch eine **Angewiesenheit zu Wohnzwecken.** Dieser kann jedoch entgegenstehen, daß die Herstellung der Bewohnbarkeit des bisher betrieblichen Zwecken dienenden Gebäudes erhebliche Umbaumaßnahmen erfordert, die die Anmietung anderen Wohnraums wirtschaftlich sinnvoller erscheinen lassen. Ist der Eigentümer auf das Gebäude für eigene Wohnzwecke angewiesen, findet eine Abwägung nach S. 2 nicht statt: Eine Wohnnutzung geht bei Angewiesenheit den betrieblichen Belangen stets vor.

[4] So aber *Rövekamp* S. 197.
[5] *Rövekamp* S. 197.
[6] BT-Drucks. 12/7135 S. 67.
[7] BT-Drucks. 12/7135 S. 67.
[8] BT-Drucks. 12/7135 S. 68.
[9] *Rövekamp* S. 198.

14 **b) Überwiegendes Interesse des Grundstückseigentümers nach Nr. 2.** Ist der Grundstückseigentümer bereits **Inhaber eines Unternehmens,** kann er nach Abs. 2 Nr. 2a oder b kündigen. Der Begriff des Unternehmens umfaßt die Ausübung des Gewerbes im weitesten Sinne. Dazu gehören alle Handwerks- und Gewerbebetriebe, die Minderkaufleute sowie Betriebe der Land- und Forstwirtschaft, nicht jedoch freiberufliche Tätigkeiten, die kein Gewerbe sind. Inhaber ist der wirtschaftliche Träger des Unternehmens. Dabei kann es genügen, wenn der Grundstückseigentümer Gesellschafter einer BGB-Gesellschaft, einer OHG oder geschäftsführender Gesellschafter einer KG ist.[10]

15 **aa)** Nach lit. a besteht ein Kündigungsrecht, wenn das Gebäude oder die bauliche Anlage des Nutzers auf dem Betriebsgrundstück des Eigentümers steht und dessen betriebliche Nutzung **erheblich beeinträchtigt.** Da dem Nutzer aufgrund des Vertrages eine Grundstücksfläche überlassen worden ist, kann der Fall nach lit. a nur vorliegen, wenn die überlassene Fläche die Teilfläche eines Grundstücks ist, auf dem der Eigentümer i. ü. sein Unternehmen betreibt. Ein solcher Fall mag zB vorliegen, wenn eine Hofstelle ganz oder zT überlassen worden ist und die vom Nutzer errichteten Gebäude nunmehr die landwirtschaftliche Nutzung der in der Bewirtschaftung des Eigentümers verbliebene Teilfläche erheblich stören. Erheblich ist eine Störung, die der Grundstückseigentümer nicht zu dulden braucht. Bei der Prüfung dieser Frage ist auch zu erwägen, ob der Eigentümer einer vom Unternehmen des Nutzers ausgehenden Störung zumutbarerweise mittels Unterlassungsklage (§ 1004 BGB) begegnen kann. Darüber hinaus sind die beiderseitigen Konsequenzen (Fortdauer einer anders nicht zu beseitigenden Störung des Betriebes des Grundstückseigentümers bzw. Aufgabe des Unternehmens des Nutzers) zu bedenken. Einer zusätzlichen Abwägung gem. Abs. 2 S. 2 bedarf es hier nicht (vgl. Wortlaut).

16 **bb)** Nach lit. b kann der Grundstückseigentümer kündigen, wenn er das Gebäude, die bauliche Anlage oder die „Funktionsfläche" für **betriebliche Erweiterungen** in Anspruch nehmen will. Funktionsfläche ist gem. § 12 Abs. 3 Nr. 2 SachenRBerG die zur bestimmungsgemäßen Nutzung der baulichen Anlage erforderliche Fläche. In diesem Sinne kann der Begriff hier jedoch nicht verstanden werden. Im SchuldRAnpG geht es ausschließlich um die vertraglich überlassene Nutzfläche. In letzterem Sinne ist der Begriff daher zu verstehen.

17 Bei beabsichtigter betrieblicher Erweiterung (nicht etwa: Veräußerung) des eigenen Gewerbebetriebes sollen die **Interessen des Grundstückseigentümers** in zwei Fällen **vorgehen:**

aaa) Der Grundstückseigentümer verfolgt die in **§ 3 Abs. 1 Nr. 1 InVorG** bezeichneten Zwecke der Schaffung oder Sicherung von Arbeitsplätzen. Der Erwirkung eines Investitionsvorrangbescheides bedarf es nicht, allerdings muß ein ernsthaft verfolgtes Betriebskonzept vorliegen und ggf. nachgewiesen werden. In diesem Fall muß zusätzlich die Abwägung nach S. 2 (dazu oben RdNr. 12) hinzukommen.

bbb) Der **Nutzer bietet keine Gewähr** für eine weitere betriebliche Nutzung des Wirtschaftsgebäudes. Dies ist an Hand einer Prognose, die sich auf die gesamten Umstände des Betriebes und die Person des Nutzers gründet, festzustellen. Einer zusätzlichen Interessenabwägung nach S. 2 bedarf es in diesem Fall nicht mehr.

18 **3. Verlängerung der Kündigungsschutzfrist um die Restnutzungsdauer, längstens bis zum 31. 12. 2020 (Abs. 2 S. 3).** Die Kündigungsschutzfrist gem. S. 1 (bis zum 31. 12. 2000) besteht in jedem Fall, auch wenn das Gebäude keine Restnutzungsdauer (in diesem Fall kann nur unter der weiteren Voraussetzung des Abs. 1 gekündigt werden) oder eine geringere Restnutzungsdauer hat. Das Gesetz unterstellt nämlich, daß die Nutzbarkeit eines Gebäudes in jedem Fall bis zum 31. 12. 2000 aufrechterhalten oder wiederhergestellt werden kann. Hat das Gebäude am 31. 12. 2000 jedoch noch eine **Restnutzungsdauer,** so wird diese der Frist gem. S. 1 **hinzugerechnet.**[11] Die Kündigungsschutzfrist endet allerdings in jedem Fall am 31. 12. 2020, auch wenn die Nutzungsdauer eines Gebäudes über dieses Datum hinausreicht. Reicht die Restnutzungsdauer im Einzelfall nicht nur über dieses Datum, sondern auch über die Investitionsschutzfrist (gem. § 12 Abs. 2: 31. 12. 2027) hinaus, so ist dies im Hinblick auf Art. 14 GG nicht unbedenklich.

[10] Zu beiden Begriffen eingehend *Thiele-Krajewski-Röske* RdNr. 6.

[11] AA *Schnabel* § 49 RdNr.15, der die Verlängerung der Kündigungsschutzfrist bei Kündigungen gem. Abs. 2 Nr. 1 1. Alt., Abs. 2 Nr. 2a und Abs. 2 Nr. 2b 2. Alt. nicht gelten lassen will. Dem ist nicht zuzustimmen, weil Abs. 3 S. 3 nicht auf S. 2, sondern nur auf S. 1 Bezug nimmt.

Die Restnutzungsdauer ist an Hand der Wertermittlungsrichtlinien[12] und notfalls durch Sachverständigengutachten festzustellen. Abzustellen ist hier auf den Gebäudezustand am 31. 12. 2000; denn die Frage, ob sich die Kündigungsschutzfrist um eine Restnutzungsdauer verlängert, kann erst von diesem Tage an auftreten. 19

Abschnitt 3. Zu Wohnzwecken genutzte Grundstücke

§ 50 Bauliche Maßnahmen des Nutzers

(1) Gebäude im Sinne dieses Abschnitts sind Wohnhäuser und die in § 5 Abs. 2 Satz 2 des Sachenrechtsbereinigungsgesetzes bezeichneten Nebengebäude.

(2) Der Errichtung eines Gebäudes stehen bauliche Maßnahmen im Sinne des § 12 Abs. 1 des Sachenrechtsbereinigungsgesetzes gleich.

1 **1. Normzweck und rechtliche Bedeutung.** Die Vorschrift definiert die im Rahmen des Abschnitts 3 schützenswerten Bauwerke. Es sollen – wie in § 45 für die gewerblich genutzten Grundstücke – auch bei den zu Wohnzwecken genutzten Grundstücken nur **erhebliche bauliche Investitionen** gesichert werden. Liegen die Merkmale des § 50 vor, ist der Tatbestand der §§ 1 Abs. 1 Nr. 3, 43, 50 erst vollständig: Der Miet-, Pacht- oder sonstige Nutzungsvertrag wird in das SchuldRAnpG einbezogen (soweit nicht, insbes. gem. § 2, die Voraussetzungen des SachenRBerG vorliegen).

2 **2. Gebäude iS des Abschnitts 3** (zu Wohnzwecken genutzte Grundstücke). Gebäude in diesem Sinne sind gem. Abs. 1 **Wohnhäuser,** dh. Eigenheime (§ 5 Abs. 2 SachenRBerG) und Mehrfamilienhäuser sowie die in § 5 Abs. 2 S. 2 SachenRBerG bezeichneten **Nebengebäude.** Solche Nebengebäude können nicht für sich allein, sondern nur im Zusammenhang mit einem Wohnhaus in die Schuldrechtsanpassung einbezogen werden. Fehlt ein Wohnhaus, können die „Nebengebäude" allenfalls nach § 45 Abs. 1 zur Anwendung des SchuldRAnpG führen. Dies setzt voraus, daß das „Nebengebäude" als bauliche Anlage iSv. § 12 Abs. 3 SachenRBerG angesehen werden kann.

3 Die vorgenannten Gebäude können **errichtet** oder aufgrund einer vertraglichen Vereinbarung vom vorherigen Nutzer **übernommen** worden sein (§ 43).

4 **3. Bauliche Maßnahmen gem. Abs. 2.** Gleichgestellt sind auch hier bauliche Maßnahmen iSv. § 12 Abs. 1 SachenRBerG. Diese baulichen Maßnahmen, dh. der Umbau, die Rekonstruktion, müssen sich auf ein Wohnhaus iSv. Abs. 1 (RdNr. 2) beziehen. Nicht gleichgestellt sind bauliche Maßnahmen iSv. § 12 Abs. 2 SachenRBerG; diese Vorschrift gilt nur bei Überlassungsverträgen im Rahmen des SachenRBerG; sie ist hier auch nicht analog anwendbar.[1] Ebenfalls nicht gleichgestellt sind bauliche Anlagen iSv. § 12 Abs. 3 SachenRBerG; diese Bebauungen beziehen sich auf Nutzungen zu gewerblichen Zwecken und sind daher nur in § 45 Abs. 1 genannt.

§ 51 Entgelt

(1) Der Grundstückseigentümer kann vom Nutzer die Zahlung des für die Nutzung des Grundstücks ortsüblichen Entgelts verlangen. Im Zweifel sind vier vom Hundert des Verkehrswertes des unbebauten Grundstücks jährlich in Ansatz zu bringen.

(2) Hat der Nutzer ein Eigenheim errichtet, darf das Entgelt nicht über den Betrag hinausgehen, der nach den im Beitrittsgebiet geltenden mietpreisrechtlichen Bestimmungen für die Nutzung eines vergleichbaren Gebäudes zu zahlen wäre.

(3) Im übrigen ist § 47 entsprechend anzuwenden.

[12] Bekanntmachung der Neufassung der Richtlinien für die Ermittlung der Verkehrswerte von Grundstücken vom 11. 6. 1991, Bundesanzeiger Nr. 182a vom 27. 9. 1991, Tab. Anlage 5.

[1] S. § 43 RdNr. 8; § 45 RdNr. 5; *Gemmeke* in: *Kiethe* SchuldRAnpG § 50 RdNr. 8.

I. Normzweck

1 Wegen des **Normzwecks** siehe zunächst § 47 RdNr. 1.

II. Einzelerläuterung

2 **1. Anspruch auf das ortsübliche Entgelt gem. Abs. 1. a) Allgemeines.** Der gesetzliche Anspruch besteht bei allen Verträgen dieses Abschnitts, auch soweit sie bisher unentgeltlich waren. Er ist auf **Zustimmung zur Vertragsänderung** gerichtet, vgl. § 47 RdNr. 2 und 4.[1]

3 **b) Ortsübliches Entgelt.** Der Grundstückseigentümer kann die Zahlung des ortsüblichen Entgelts verlangen. Wegen des Begriffs der Ortsüblichkeit ist auf §§ 3 Abs. 2 NutzEV, 2 Abs. 1 Nr. 2 MHG zurückzugreifen, vgl. § 47 RdNr. 3. Im Zweifel sind hier vier Prozent des Verkehrswerts des unbebauten Grundstücks jährlich in Ansatz zu bringen (S. 2). Das entspricht dem bei einer Nutzung zu Wohnzwecken im Bundesdurchschnitt üblichen Erbbauzins.[2] Jede Seite hat ihr günstige Abweichungen von dem nur im Zweifel geltenden Prozentsatz darzulegen und zu beweisen.

4 **c) Kappung des Entgelts bei Eigenheimerrichtung (Abs. 2).** Hat der Nutzer ein Eigenheim (Begriff: § 5 Abs. 2 SachenRBerG) errichtet, so geschah dies im Rahmen des Kap. 4 auf der vertraglichen Grundlage eines Grundstücksmietvertrages, die unverändert bleibt. Das nach dem Verkehrswert des Grundstücks zu bemessende Entgelt könnte hier die höchstzulässige Gebäudemiete übersteigen. Zum Schutz der Mieter soll das nach den mietpreisrechtlichen Bestimmungen zu zahlende Entgelt jedoch die Obergrenze bilden. Maßgebend ist hier der Betrag, der unter Berücksichtigung der zweiten GrundMV,[3] der BetrKostUV[4] und des Mietenüberleitungsgesetzes[5] für die Nutzung **eines vergleichbaren Gebäudes** zu zahlen wäre. Die Obergrenze wird somit aus einem – ggf. fiktiven – Sockelbetrag für ein vergleichbares Gebäude und den Zuschlägen nach den genannten VOen zu bilden sein (s. wegen der gleichliegenden Problematik bei § 35 dort RdNr. 8).

5 **2. Entsprechende Anwendung von § 47 i. ü.** Im übrigen ist gem. Abs. 3 § 47 entsprechend anzuwenden: Dies gilt insbes. für die Bestimmungen über
- den Beginn der Zahlungspflicht, § 47 Abs. 1 S. 3,
- die Eingangsphase gem. § 47 Abs. 2, vgl. dazu § 47 RdNr. 6 und
- den Anpassungsanspruch bei wesentlicher Veränderung der Verhältnisse gem. § 47 Abs. 3, vgl. dort RdNr. 9.

§ 52 Kündigung aus besonderen Gründen

(1) Der Grundstückseigentümer kann den Vertrag bis zum Ablauf des 31. Dezember 2000 nur kündigen, wenn das vom Nutzer errichtete Gebäude nicht mehr nutzbar und mit einer Wiederherstellung der Nutzbarkeit durch den Nutzer nicht mehr zu rechnen ist.

(2) In den darauf folgenden fünf Kalenderjahren kann der Grundstückseigentümer den Vertrag auch dann kündigen, wenn er das auf dem Grundstück stehende Gebäude zu Wohnzwecken für sich, die zu seinem Hausstand gehörenden Personen oder seine Familienangehörigen benötigt und ihm der Ausschluß des Kündigungsrechts angesichts seines Wohnbedarfs und seiner sonstigen berechtigten Interessen auch unter Würdigung der Interessen des Nutzers nicht zugemutet werden kann. Die in Satz 1 bestimmte Frist verlängert sich um die Restnutzungsdauer des vom Nutzer errichteten Gebäudes, längstens bis zum 31. Dezember 2020.

[1] *Rövekamp* S. 195, aA *Schnabel* § 47 SchuldRAnpG RdNr. 5.

[2] BT-Drucks. 12/7135 S. 66, 68.

[3] 2. Grundmietenverordnung vom 27. 7. 1992 BGBl. I S. 1416.

[4] Betriebskosten-Umlageverordnung vom 17. 6. 1991 BGBl. I S. 1270.

[5] Gesetz zur Überleitung preisgebundenen Wohnraums im Beitrittsgebiet in das allgemeine Miethöherecht (Mietenüberleitungsgesetz) vom 6. 6. 1995 (BGBl. I S. 748), s. auch § 35 RdNr. 2.

(3) Ist das Grundstück veräußert worden, kann sich der Erwerber nicht vor Ablauf von drei Jahren seit der Eintragung der Rechtsänderung in das Grundbuch auf Eigenbedarf zu Wohnzwecken berufen. Satz 1 ist nicht anzuwenden, wenn der auf die Veräußerung des Grundstücks gerichtete Vertrag vor dem 13. Januar 1994 abgeschlossen worden ist.

I. Normzweck, Anwendungsbereich

1 Die Vorschrift will dem Mieter den von ihm geschaffenen noch werthaltigen Wohnraum für eine Übergangszeit durch einen absoluten Bestandsschutz sichern. Vgl. wegen des Normzwecks i. ü. § 49 RdNr. 1. Nur das Recht des Grundstückseigentümers zur ordentlichen Kündigung wird durch die Vorschrift eingeschränkt. Vgl. wegen des Anwendungsbereichs § 49 RdNr. 3 und § 23 RdNr. 3 bis 9.

2 Abs. 1 entspricht der Regelung in § 49 Abs. 1, s. dort, auch wegen des Vergleichs mit § 29 SachenRBerG, RdNr. 4 und 5. Bis zum 31. 12. 2005, längstens bis zum 31. 12. 2020, ist eine Kündigung seitens des Grundstückseigentümers gem. Abs. 2 nur bei überwiegendem Eigeninteresse zulässig. Abs. 3 entspricht § 24 Abs. 2 und § 38 Abs. 3.

II. Einzelerläuterung

3 **1. Grundsätzlicher Kündigungsausschluß bis zum 31. 12. 2000 (Abs. 1). a) Kündigung nur bei fehlender Nutzbarkeit.** Nach Abs. 1, der § 49 Abs. 1 S. 1 entspricht, ist eine Kündigung durch den Grundstückseigentümer bis zum 31. 12. 2000 grundsätzlich ausgeschlossen. Ausnahmsweise ist sie dann zulässig, wenn das vom Nutzer errichtete (Wohn-)Gebäude **nicht mehr nutzbar** und mit einer **Wiederherstellung der Nutzbarkeit nicht** mehr **zu rechnen** ist. Zu diesen Begriffen s. § 49 RdNr. 6 bis 8. Diese Voraussetzungen können selbstverständlich auch bei einem vom Nutzer vertraglich übernommenen Bauwerk (§ 43) vorliegen. Bei einem Mehrfamilienhaus kann die Nutzbarkeit noch gegeben sein, solange einzelne Wohnungen noch bewohnbar sind.

4 **b) Unbewohntes Gebäude.** § 52 Abs. 1 setzt, ebenso wie § 49 Abs. 1 S. 1,[1] voraus, daß das (Wohn-)Gebäude tatsächlich nicht mehr als Wohnung genutzt wird. Solange es **bewohnt** wird, ist im Regelfall auch zu vermuten, daß es zu Wohnzwecken nutzbar ist, mindestens jedoch, daß die Bewohnbarkeit wiederhergestellt werden kann.

5 **c) Keine Vermutung bei Leerstand.** Anders als in § 49 Abs. 1 S. 2 **fehlt** die an die einjährige Nichtausübung der Nutzung geknüpfte **Vermutung,** daß eine Nutzung dann auch in Zukunft nicht stattfinden werde. Gleichwohl kann ein Leerstand – auch von weniger als einem Jahr – ein Indiz für eine endgültige Aufgabe des Gebäudes sein. Umgekehrt soll bei der Wohnnutzung aber ein – auch längerer – Leerstand keine dahingehende Vermutung begründen. Bei den Verträgen zu Wohnzwecken muß daher stets geprüft und festgestellt werden, ob ein leerstehendes Gebäude auch in Zukunft nicht genutzt werden wird.

6 **2. Kündigung aufgrund überwiegenden Interesses bis zum 31. 12. 2005,** längstens bis zum 31. 12. 2020, Abs. 2. Die Vorschrift ist die – auf den eigenen Wohnbedarf bezogene – Parallele zu § 49 Abs. 2.

7 **a) Eigenbedarf zu Wohnzwecken; Abwägung.** Der Begriff des **Eigenbedarfs zu Wohnzwecken,** der Kreis der geschützten Personen und die **Abwägungsklausel** entsprechen den Regelungen der §§ 23 Abs. 2 Nr. 1 und 38 Abs. 2. Auf die Erläuterungen zu § 23 (RdNr. 13) und zu § 38 (RdNr. 7, 8) wird verwiesen. Bei der Abwägung ist hier zu fragen, ob dem Grundstückseigentümer ein Ausschluß des Kündigungsrechts gerade bis zum Ablauf der Kündigungsschutzfrist, das ist die um die Restnutzungsdauer verlängerte weitere 5-Jahres-Frist, längstens bis zum 31. 12. 2020, zugemutet werden kann.

8 **b) Verlängerung der Kündigungsschutzfrist um die Restnutzungsdauer, längstens bis zum 31. 12. 2020.** Wegen der **Verlängerung der Kündigungsschutzfrist** gem. S. 1 um die **Restnutzungsdauer** des (Wohn-)Gebäudes vgl. i. ü. die Erläuterungen zu der gleichgelagerten Vorschrift des § 49 Abs. 3 S. 3 (§ 49 RdNr. 18, 19).

9 **3. Ausschluß der Eigenbedarfskündigung für den Grundstückserwerber (Abs. 3).** Die Bestimmung entspricht §§ 24 Abs. 2, 38 Abs. 3. Auf die Erläuterungen zu § 38 (RdNr. 11

[1] *Rövekamp* S. 197; vgl. § 49 RdNr. 9.

bis 14) wird verwiesen. Die Kündigungsbeschränkung für den Erwerber gilt während der gesamten Kündigungsschutzfrist des Abs. 2. Sie ist nicht auf den ersten Verkaufsfall beschränkt.[2] Ist der auf die Veräußerung des Grundstücks gerichtete Vertrag vor dem 13. 1. 1994 abgeschlossen worden, greift die Kündigungsbeschränkung nicht ein.

§ 53 Kündigung bei abtrennbaren Teilflächen

Auf die Kündigung abtrennbarer Teilflächen ist § 40 entsprechend anzuwenden.

1 Der Grundstückseigentümer hat bei einer übergroßen Fläche das Recht, den Vertrag im Umfang einer **abtrennbaren Teilfläche** zu kündigen. Die sog. Flächennormative von 500 m² galt nur beim Eigenheimbau.[1] Die Vorschrift, die § 40 für anwendbar erklärt, steht im Abschnitt 3, sie greift daher nur bei der Nutzung eines **Eigenheims** auf einem vertraglich überlassenen Grundstück ein. Das Teilflächenkündigungsrecht besteht somit nicht bei Gewerbegrundstücken. Über § 40 S. 4 gelten die Bestimmungen von § 25 Abs. 2 bis 4 entsprechend. Auf die Erläuterungen zu §§ 40 und 25 (dort RdNr. 1, 2, 4 und 5) wird i. ü. verwiesen.

§ 54 Anwendbarkeit des Abschnitts 2

Im übrigen sind die Bestimmungen der §§ 46 und 48 entsprechend anzuwenden.

1 Abschnitt 2 (§§ 45 bis 49) regelt die Rechtsverhältnisse der gewerblich bebauten Grundstücke, der vorliegende Abschnitt 3 (§§ 50 bis 54) behandelt die mit einem **Wohngebäude bebauten** Grundstücke. § 54 erklärt zwei Bestimmungen aus dem Abschnitt 2 auch im vorliegenden Abschnitt für entsprechend anwendbar:[1]

a) Gem. § 46 ist der Nutzer berechtigt, das Grundstück nebst aufstehendem Gebäude ohne Erlaubnis des Grundstückseigentümers einem Dritten zum Gebrauch zu überlassen. Diese Erlaubnis gilt auch bei einem zu Wohnzwecken genutzten Grundstück.

b) Die Regelung des § 48 über Um- und Ausbauten und deren Ersatz bei Beendigung des Vertragsverhältnisses gilt ebenfalls bei den zu Wohnzwecken genutzten Grundstücken.

Auf die Erläuterungen zu den genannten Bestimmungen wird Bezug genommen.

Kapitel 5. Verfahrensvorschriften

§ 55 Ausschließliche Zuständigkeit des Amtsgerichts

Das Amtsgericht, in dessen Bezirk das genutzte Grundstück ganz oder zum größten Teil belegen ist, ist ohne Rücksicht auf den Wert des Streitgegenstandes für alle Streitigkeiten zwischen Grundstückseigentümern und Nutzern über Ansprüche aus Vertragsverhältnissen nach § 1 Abs. 1 oder über das Bestehen solcher Verhältnisse ausschließlich zuständig.

I. Normzweck

1 Für Streitigkeiten über Ansprüche aus Wohnraummietverhältnissen sind die Amtsgerichte des belegenen Grundstücks sachlich (§ 23 Nr. 2 a GVG) und örtlich (§ 29 a ZPO) ausschließlich zuständig. Die Rechtsverhältnisse aus Verträgen gem. § 1 SchuldRAnpG sind für die Nutzer von vergleichbarer sozialer Bedeutung.[1] Das Gesetz sieht daher die gleiche Zuständigkeitsrege-

[2] Vgl. aber zu § 564 b Abs. 2 Nr. 2 S. 2 BGB BayObLG NJW 1982, 451; dagegen AG Spandau NJW-RR 1993, 584.

[1] § 7 S. 2 der EigenheimVO v. 31. 8. 1978 (GBl. I S. 425) und § 2 der BereitstellungsVO v. 9. 9. 1976 (GBl. I S. 426).

[1] Kritisch *Schnabel* § 54 SchuldRAnpG RdNr. 2, 3 der einen Wertungswiderspruch zu §§ 21, 34 f. und ein mögliches Redaktionsversehen sieht. Doch soll offenbar Leerstand und Verfall begegnet werden.

lung wie bei Raummiet- oder Pachtverhältnissen, insbesondere den Wohnraummietverhältnissen vor. Hinsichtlich der sachlichen Zuständigkeit der Amtsgerichte handelt es sich um eine Erweiterung des Zuständigkeitskatalogs des § 23 Nr. 2 GVG. – Wegen der grundsätzlichen Nichtanwendbarkeit von § 511 a Abs. 2 ZPO s. § 56 RdNr. 2.

II. Ausschließliche Zuständigkeit des Amtsgerichts

2 **1. Voraussetzungen.** Die Zuständigkeitsregelung gilt für **alle Streitigkeiten** zwischen Grundstückseigentümern und Nutzern (§ 4) über Ansprüche aus Vertragsverhältnissen nach **§ 1 Abs. 1** oder über das Bestehen solcher Verhältnisse.

3 § 55 gilt für alle **nach Inkrafttreten** des SchuldRAnpG (1. 1. 1995) anhängig gewordenen Rechtsstreitigkeiten. Für die vor dem 1. 1. 1995 rechtshängig gewesenen Streitigkeiten verbleibt es mangels besonderer Übergangsregelung bei der allgemeinen Regel des § 261 Abs. 3 Nr. 2 ZPO. Eine bisher begründete Zuständigkeit bleibt daher bestehen; sie wird auch durch Gesetzesänderungen nicht beseitigt.[2]

4 **a) Vertragsverhältnisse gem. § 1 Abs. 1.** Die Vertragsverhältnisse sind durch **§ 1 Abs. 1** klar definiert. Auch die Zwischenpachtverträge fallen darunter.[3] Nicht anwendbar ist das SchuldRAnpG auf Grundstücksnutzungsverträge, die seit dem 3. 10. 1990 abgeschlossen wurden. Ggf. hängt die Zuständigkeit des Amtsgerichts davon ab, ob ein Altvertrag nach dem 3. 10. 1990 nur ergänzt oder ob er durch einen neuen Vertrag ersetzt wurde (vgl. § 3 RdNr. 2). Die Zuständigkeitsregelung des § 55 gilt nicht für Ansprüche aus dem ErholNutzG, dem AnpflEigentG und dem MeAnlG. Sie gilt ferner nicht, soweit das SchuldRAnpG im Einzelfall bestimmt, daß Ansprüche nach dem SachenRBerG bestehen (vgl. §§ 25 Abs. 4 S. 2, 40 S. 4, 53); in diesen Fällen gelten auch die Verfahrensvorschriften des SachenRBerG (vgl. dort §§ 85 ff. 103 ff.).

5 **b) Ansprüche.** Erfaßt sind Streitigkeiten über **alle Ansprüche** aus Rechtsverhältnissen gem. § 1 Abs. 1, zB auf Entgeltzahlung oder -Anpassung, über den Umfang der Nutzungsbefugnis, auf Schadensersatz gem. §§ 280, 286, 325, 326 BGB oder aus positiver Vertragsverletzung, über Entschädigungsansprüche (§§ 12, 14, 15, 27, 41, 48, 54) oder Ansprüche auf Räumung und Herausgabe nach Beendigung des Nutzungsverhältnisses. Die Zuständigkeitsregelung setzt nicht voraus, daß das streitige Rechtsverhältnis tatsächlich besteht. Auch ein Rechtsstreit auf Feststellung des Bestehens oder Nichtbestehens eines Rechtsverhältnisses der genannten Art fällt darunter.

6 **c) Streitigkeiten zwischen Grundstückseigentümern und Nutzern.** Die Zuständigkeitsregelung gilt für alle Streitigkeiten **zwischen Grundstückseigentümern und Nutzern** (damit auch: Zwischenpächtern). Im SchuldRAnpG kommen indessen auch Dritte als Gläubiger oder Schuldner in Betracht (vgl. §§ 10 Abs. 2, 11 Abs. 2 S. 3, 26 Abs. 2 und 3, Abs. 5, 32). Hier trifft § 55 trotz vorhandener Sachnähe zur geregelten Materie keine Zuständigkeitsregelung.[4] Gegen eine analoge Anwendung von § 55 in diesen Fällen sprechen der eindeutige Wortlaut der Bestimmung wie auch der Umstand, daß die Ansprüche mit Drittbeteiligung nicht die gleiche soziale Bedeutung haben.

7 **2. Rechtsfolgen.** Zuständig ist das Amtsgericht, in dessen Bezirk das genutzte Grundstück – zumindest zum größeren Teil – belegen ist. Die Zuständigkeit besteht ohne Rücksicht auf den Streitwert[5] und ist **sachlich und örtlich ausschließlich.** Wegen der Bedeutung der ausschließlichen Zuständigkeit vgl. §§ 33 Abs. 2, 38, 40 Abs. 22 ZPO. Der Streitwert ist für die Zuständigkeitsbestimmung somit nicht mehr von Interesse, wohl aber für das Eingreifen von § 495 a ZPO: Übersteigt der Streitwert 1200,– DM nicht, ist das Amtsgericht nach dieser Bestimmung in seiner Verfahrensgestaltung weitgehend frei, vgl. die Erl. zu § 495 a ZPO.

[1] BT-Drucks. 12/7135 S. 69.

[2] *Baumbach-Hartmann* ZPO § 261 RdNr. 29; Brandenburgisches OLG OLG-Report 1996, 45.

[3] Dies schon deshalb, weil sich die Zwischenpachtverträge auf Nutzungsverhältnisse gem. § 1 Abs. 1 Nr. 1 beziehen. Vgl. auch – nur im Ergebnis wie hier – *Schnabel* RdNr. 10.

[4] So auch *Kinne* in: *Kiethe* SchuldRAnpG § 55 RdNr. 16.

[5] Vgl. zur Streitwertberechnung näher *Schnabel* § 55 RdNr. 11 bis 20.

§ 56 Rechtsentscheid

(1) Im Berufungsverfahren ist bei der Entscheidung einer Rechtsfrage, die sich aus einem Vertragsverhältnis nach § 1 Abs. 1 ergibt oder die den Bestand eines solchen Vertragsverhältnisses betrifft, § 541 Abs. 1 der Zivilprozeßordnung entsprechend anzuwenden.

(2) Sind in einem Land mehrere Oberlandesgerichte errichtet, können die Rechtssachen, für die nach Absatz 1 die Oberlandesgerichte zuständig sind, von den Landesregierungen durch Rechtsverordnung einem der Oberlandesgerichte zugewiesen werden, sofern dies der Rechtspflege in diesen Sachen, insbesondere der Sicherung einer einheitlichen Rechtsprechung, dienlich ist. Die Landesregierungen können die Ermächtigung auf die Landesjustizverwaltungen übertragen.

I. Normzweck

1 Um der Gefahr der Rechtszersplitterung vorzubeugen,[1] erklärt § 56 die für Mietverhältnisse über Wohnraum geschaffene Vorschrift des § 541 ZPO über den **Rechtsentscheid** für anwendbar.

2 Dagegen ist die bei Mietverhältnissen über Wohnraum geltende Vorschrift des § 511 a Abs. 2 ZPO (Zulässigkeit der Berufung ohne Berufungssumme bei Abweichung des AG von einer Entscheidung eines OLG oder des BGH in einer Rechtsfrage – Divergenzberufung) nicht für anwendbar erklärt. Bei Vertragsverhältnissen gem. § 1 Abs. 1 setzt die Berufung daher die Überschreitung einer **Berufungssumme** von 1500,– DM voraus (§ 511 a Abs. 1 ZPO). Bei Überlassungsverträgen, auf die gem. § 34 S. 2 die Bestimmungen über die Wohnraummiete anwendbar sind, gilt indessen auch § 511 a Abs. 2 ZPO.

II. Einzelerläuterung

3 **1. Rechtsentscheid gem. § 541 ZPO.** Will das **Landgericht als Berufungsgericht** bei der Entscheidung einer **Rechtsfrage,** die sich aus einem Vertragsverhältnis gem. § 1 Abs. 1 (s. § 55 RdNr. 3) ergibt, oder die den Bestand eines solchen Vertragsverhältnisses betrifft, von der Entscheidung des BGH oder eines OLG **abweichen,** so hat es nach § 541 Abs. 1 ZPO zu verfahren: Es hat vorab einen Rechtsentscheid des übergeordneten OLG über die Rechtsfrage einzuholen. Gleiches gilt – nur dieser Fall kann in den neuen Ländern zunächst auftreten –, wenn eine solche Rechtsfrage bisher durch Rechtsentscheid nicht entschieden und von grundsätzlicher Bedeutung ist. Die Entscheidung des OLG ist für das LG bindend (§ 541 Abs. 1 S. 5 ZPO). Das OLG hat die Rechtsfrage seinerseits dem BGH zur Entscheidung vorzulegen, wenn es von einer Entscheidung des BGH oder eines anderen OLG abweichen will. Wegen der Voraussetzungen und Rechtsfolgen des § 541 ZPO wird auf die Erläuterungen zu dieser Vorschrift verwiesen.

4 **2. Zuständigkeitskonzentration.** Abs. 2 ermächtigt den Landesgesetzgeber, durch RechtsVO eine **Zuständigkeitskonzentration** auf eines von mehreren OLG herbeizuführen. Bisher besteht in den neuen Ländern allerdings jeweils nur ein OLG. Die Vorschrift behält nach dem Nichtzustandekommen eines Landes Berlin-Brandenburg für den Fall einer späteren Länderneugliederung oder bei Einführung eines weiteren OLGs in einem der neuen Länder Bedeutung.

Kapitel 6. Vorkaufsrecht

§ 57 Vorkaufsrecht des Nutzers

(1) Der Nutzer ist zum Vorkauf berechtigt, wenn das Grundstück erstmals an einen Dritten verkauft wird.

(2) Das Vorkaufsrecht besteht nicht, wenn

1. der Nutzer das Grundstück nicht vertragsgemäß nutzt,

[1] BT-Drucks. 12/7135 S. 69.

2. der Nutzer die Bestellung eines Vorkaufsrechts nach § 20 des Vermögensgesetzes verlangen kann oder verlangen konnte,
3. das Grundstück an Abkömmlinge, den Ehegatten oder Geschwister des Grundstückseigentümers verkauft wird oder
4. der Erwerber das Grundstück einem besonderen Investitionszweck im Sinne des § 3 Abs. 1 des Investitionsvorranggesetzes zuführen will.

(3) Das Vorkaufsrecht besteht ferner nicht, wenn der Nutzer

1. eine Partei, eine mit ihr verbundene Massenorganisation oder eine juristische Person im Sinne der §§ 20a und 20b des Parteiengesetzes der Deutschen Demokratischen Republik ist oder
2. ein Unternehmen oder ein Rechtsnachfolger eines Unternehmens ist, das bis zum 31. März 1990 oder zu einem früheren Zeitpunkt zum Bereich „Kommerzielle Koordinierung" gehört hat.

(4) Die Mitteilung des Verkäufers oder des Dritten über den Inhalt des Kaufvertrages ist mit einer Unterrichtung des Nutzers über sein Vorkaufsrecht zu verbinden.

(5) Das Vorkaufsrecht erlischt mit der Beendigung des Vertragsverhältnisses. Stirbt der Nutzer, so geht das Vorkaufsrecht auf denjenigen über, der das Vertragsverhältnis mit dem Grundstückseigentümer gemäß den Bestimmungen dieses Gesetzes fortsetzt.

(6) Erstreckt sich die Nutzungsbefugnis auf eine Teilfläche eines Grundstücks, kann das Vorkaufsrecht nur ausgeübt werden, wenn die einem oder mehreren Nutzern überlassene Fläche die halbe Grundstücksgröße übersteigt. Mehreren Nutzern steht das Vorkaufsrecht in bezug auf ein Grundstück gemeinschaftlich zu. Im übrigen sind die §§ 504 bis 514 des Bürgerlichen Gesetzbuchs entsprechend anzuwenden.

I. Normzweck

1 Entschließt sich der Grundstückseigentümer, das Grundstück an einen Dritten zu verkaufen, soll dem Erwerbsinteresse des Nutzers, der oftmals die Hauptlast der Erhaltung getragen hat, durch ein schuldrechtliches Vorkaufsrecht der Vorrang eingeräumt werden.[1] Die gesetzliche Regelung entspricht im Kern einem Vorschlag des Bundesrates, der von der Bundesregierung aus beachtlichen Gründen abgelehnt worden war: Die Nutzer nach § 1 Abs. 1 Nr. 2 und 3 sind – oder waren – nämlich idR bereits durch das dingliche Vorkaufsrecht des § 20 VermG abgesichert.[2]

2 Nunmehr wird allen Nutzern iSv. § 1 Abs. 1 ein gesetzliches schuldrechtliches Vorkaufsrecht gewährt, das an § 570b BGB angelehnt ist. Es kommt auch den Nutzern nicht staatlich verwalteter Erholungsgrundstücke zugute, die damit – einmal mehr – gegenüber den Mietern nicht staatlich verwalteter Einfamilienhäuser bevorzugt werden.[3] Auch Nutzern innerhalb von Kleingartenanlagen steht kein Vorkaufsrecht zu (§ 2 Abs. 3). Das Gesetz sieht zahlreiche Ausnahmen für das Vorkaufsrecht und eine erweiterte Pflicht zur Unterrichtung des Nutzers vor. Ergänzend gelten die Bestimmungen der §§ 504 bis 514 BGB. Die Regelung ist auch in ihrer jetzigen Fassung streitträchtig, nicht zuletzt deshalb, weil viele Nutzer das Vorkaufsrecht mit dem Ankaufsrecht nach § 61 SachenRBerG verwechseln werden. – Systematisch hätte die für alle Nutzungsverhältnisse gem. § 1 Abs. 1 geltende Vorschrift in Kapitel 1 (Allgemeine Vorschriften) eingeordnet werden müssen.

II. Voraussetzungen

3 **1. Vertrag gem. § 1 Abs. 1.** Es muß en **Vertrag nach § 1 Abs. 1** vorliegen. Dieser muß bei Ausübung des Vorkaufsrechts noch bestehen. Eine Kündigung nach dem 2. 10. 1990 kann unter den Voraussetzungen des § 7 unwirksam sein (vgl. dort). Erst mit der Beendigung des Vertragsverhältnisses erlischt das Vorkaufsrecht (Abs. 5 S. 1). Der Erbe des Nutzers wird

[1] BT-Drucks. 12/7135 S. 87.
[2] BT-Drucks. 12/7135 S. 93 und 12/8035 S. 30; vgl. zur Entstehungsgeschichte *Rövekamp* S. 206.
[3] Sofern die Mieter das Wohnhaus nicht errichtet haben und deshalb nicht unter das SchuldRAnpG fallen: BT-Drucks. 12/7135 S. 93.

(vorbehaltlich einer Kündigung gem. § 16 Abs. 1) zwar Vertragspartner, aber nicht Inhaber des Vorkaufsrechts, da dieses iZw. nicht vererblich ist (Abs. 6 S. 3 iVm. § 514 S. 1 BGB; vgl. jedoch Abs. 5 S. 2 und unten RdNr. 20).

4 **2. Kaufvertrag über das genutzte Grundstück. a) Wirksamer Kaufvertrag nach dem 1. 1. 1995.** Das der Nutzung unterliegende Grundstück muß durch – wirksamen[4] – **Kaufvertrag** verkauft worden sein. Erfaßt werden nur Kaufverträge nach Inkrafttreten des SchuldRAnpG. Schenkungsverträge lösen kein Vorkaufsrecht aus. Verkauf im Wege der Zwangsvollstreckung oder durch den Gesamtvollstreckungsverwalter reicht nicht (Abs. 6 S. 3 iVm. § 512 BGB).

5 **b) Verkauf an einen Dritten.** Es muß an einen **Dritten** verkauft worden sein. Diese Voraussetzung liegt nicht vor, wenn ein Miteigentümer seinen Anteil an einen anderen Miteigentümer veräußert.[5] Wegen des Ausschlusses des Vorkaufsrechts bei Verkauf an bestimmte Erwerber s. Abs. 2 Nr. 3 und unten RdNr. 10.

6 **c) Erstmaliger Verkauf.** Das Vorkaufsrecht besteht nur bei **erstmaligem Verkauf** an einen Dritten. Wird es bei dieser Gelegenheit nicht rechtzeitig (§ 510 Abs. 2 BGB) ausgeübt, erlischt es (s. i. ü. RdNr. 18). Veräußerungen, die wie zB schenkweise Übertragungen das Vorkaufsrecht nicht auslösen, zählen nicht mit. Unschädlich ist auch eine vorangegangene Veräußerung an Erwerber iSv. Abs. 2 Nr. 3: Veräußert ein solcher Erwerber das Grundstück weiter, muß dem Nutzer das Vorkaufsrecht zustehen. Der Begriff des Dritten in Abs. 1 ist daher entsprechend dem Schutzzweck einschränkend auszulegen.[6]

7 **3. Ausschlußgründe nach Abs. 2.** Das Vorkaufsrecht **besteht nicht,** wenn

a) der Nutzer das Grundstück **nicht vertragsgemäß nutzt** (Abs. 2 Nr. 1). Wie bei §§ 20 Abs. 1 S. 2 VermG, 4 NutzEV wird derjenige Nutzer, der den Vertragszweck eigenmächtig ändert, nicht als schutzwürdig angesehen. Hauptanwendungsfall ist die im Vertrag nicht vorgesehene gewerbliche Nutzung eines Wohn- oder Erholungsgrundstücks.

8 Entscheidend ist letztlich, ob der Grundstückseigentümer die Nutzungsänderung **gestattet** hat. Ein unterlassener Widerspruch (vgl. § 24 Abs. 3) ist noch keine Gestattung. Ein dauernd im Wochenendhaus wohnender Nutzer kann bei fehlender Gestattung in seiner Wohnnutzung zwar gem. § 24 geschützt sein, ist aber nicht vorkaufsberechtigt.

9 **b)** der Nutzer die Bestellung eines **dinglichen Vorkaufsrechts nach § 20 VermG**[7] verlangen kann oder verlangen konnte (Abs. 2 Nr. 2). Mieter und Pächter von Ein- und Zweifamilienhäusern sowie von Erholungsgrundstücken, die der staatlichen Verwaltung unterlagen oder auf die ein Anspruch auf Rückübertragung besteht, hatten gemäß § 20 VermG das Recht, ein dingliches Vorkaufsrecht zu beantragen. Die Einräumung eines schuldrechtlichen Vorkaufsrechts ist daneben nicht mehr erforderlich.[8] Ein Antrag auf Einräumung des dinglichen Vorkaufsrechts konnte gem. § 30a Abs. 2, 3 und 4 VermG nur bis zur Bestandskraft der Entscheidung über den Anspruch auf Rückübertragung oder auf Aufhebung der staatlichen Verwaltung gestellt werden. Endete die staatliche Verwaltung mit Ablauf des 31. 12. 1992 kraft Gesetzes, konnte der Antrag noch bis zum 24. 6. 1994 gestellt werden.[9] Hat der Nutzer diese Frist versäumt, steht ihm auch das schuldrechtliche Vorkaufsrecht des Abs. 1 nicht mehr zu.

10 **c)** das Grundstück an **Abkömmlinge,** den **Ehegatten** oder **Geschwister** des Grundstückseigentümers verkauft wird (Abs. 2 Nr. 3). Zur Vermeidung von Umgehungsgeschäften ist der Kreis der Erwerber enger gefaßt als der Kreis der Begünstigten in § 23 Abs. 2 Nr. 1, Abs. 3 Nr. 1 oder in § 570b BGB. Ein späterer Weiterverkauf durch die in Nr. 3 Genannten an Dritte löst das Vorkaufsrecht aus.[10] § 511 BGB (kein Vorkaufsrechts bei Verkauf an gesetzliche Erben) ist durch die Spezialvorschrift des Abs. 2 Nr. 3 ersetzt.

11 **d)** der Erwerber das Grundstück einem **Investitionszweck** iSv. § 3 Abs. 1 InVorG zuführen will. In diesem Fall muß das Erwerbsinteresse des Nutzers zurückstehen. Ein Investitionsvorrangbescheid ist nicht erforderlich. Ob der alsdann gem. §§ 571, 581 BGB in den Vertrag eintretende Investor wegen des verfolgten Investitionszwecks vorzeitig kündigen kann, hängt

[4] *Palandt-Putzo* § 504 RdNr. 5.

[5] *Palandt-Putzo* § 504 RdNr. 6; *Rövekamp* S. 207; *Meyding* in: *Kiethe* SchuldRAnpG § 57 RdNr. 19.

[6] *Rövekamp* S. 210.

[7] Zum dinglichen Vorkaufsrecht gem. § 20 VermG s. eingehend *Schnabel* vor § 57 RdNr. 5 ff.

[8] BT-Drucks. 12/8035 S. 30.

[9] Vgl. i. e. *Fieberg-Reichenbach* § 20 VermG RdNr. 28, 31, vgl. auch § 17 RdNr. 7 ff.

[10] Vgl. RdNr. 5 und *Rövekamp* S. 210.

allerdings vom Vorliegen eines Kündigungsgrundes (nach §§ 23 Abs. 6 S. 3, 49 Abs. 2 Nr. 2b) ab.

4. Ausschlußgründe nach Abs. 3. Redlichkeit des Nutzers ist nicht Voraussetzung für das Vorkaufsrecht. War dieser beim Abschluß des Vertrages unredlich iSv. § 4 VermG, kann dem Grundstückseigentümer ein Sonderkündigungsrecht gem. § 17 zustehen (vgl. dort). Darüber hinaus verdient das Erwerbsinteresse gewisser Nutzer – wie gemäß § 2 Abs. 2 SachenRBerG – grundsätzlich keinen Schutz. Dies trifft auf Nutzer zu, die 12

a) unter §§ 20a und 20b des Parteiengesetzes der DDR vom 21. 2. 1990 (GBl. I S. 66) fallen, oder

b) die bis zum 31. 3. 1990 dem Bereich „Kommerzielle Koordinierung" zuzurechnen waren.

III. Rechtsfolgen

Bei Vorliegen der Voraussetzungen und Fehlen von Ausschlußgründen steht **dem Nutzer** ein gesetzliches schuldrechtliches Vorkaufsrecht zu, auf das §§ 504 bis 514 BGB ergänzend anzuwenden sind (Abs. 6 S. 3). Obwohl auch Zwischenpächter Nutzer iSv. § 4 sind, steht ihnen nach der ratio legis (vgl. RdNr. 1 und Fn. 1) kein Vorkaufsrecht zu. 13

1. Mitteilungspflicht (Abs. 4). a) Unterrichtungspflicht über das Vorkaufsrecht. Gem. § 510 Abs. 1 BGB hat der Grundstückseigentümer dem Nutzer den Inhalt des mit dem Dritten geschlossenen Vertrages **mitzuteilen;** eine Mitteilung des Dritten genügt. Diese Mitteilungspflicht wird durch Abs. 4 (wie in § 570b Abs. 2 BGB) dahin erweitert, daß der Nutzer über sein **Vorkaufsrecht zu unterrichten** ist. Die Unterrichtung hat so zu erfolgen, daß der Nutzer in die Lage versetzt wird, sein Vorkaufsrecht fristgemäß auszuüben. Zweckmäßig, wenn auch nicht vorgeschrieben, ist die Übersendung einer Abschrift des Vertrages mit dem Dritten, der Genehmigungserklärungen sowie des Gesetzestextes von § 57. 14

Der Nutzer ist über „sein" Vorkaufsrecht zu unterrichten, in den Fällen der Absätze 2 oder 3 braucht eine Unterrichtung daher nicht zu erfolgen. Da aber oft unklar sein wird, ob die Voraussetzungen der Absätze 2 und 3 vorliegen, d.h. ob dem Nutzer ein Vorkaufsrecht zusteht oder nicht, ist eine **vorsorgliche Unterrichtung** unbedingt ratsam. Durch eine Unterrichtung kann kein Vorkaufsrecht begründet werden, wenn sich nachträglich herausstellt, daß der Nutzer einem Ausschlußgrund nach Abs. 2 oder 3 unterfällt. Gerade in Zweifelsfällen ist ein Hinweis auf den (zweckmäßigerweise mit zu übersendenden) Gesetzestext empfehlenswert. 15

b) Folge bei Verletzung der Mitteilungspflicht. Ohne diese **Mitteilung** beginnt die Frist von zwei Monaten für die Ausübung des Vorkaufsrechts (§ 510 Abs. 2 BGB) nicht zu laufen. Das Vorkaufsrecht kann dann noch bis zur Eintragung des Dritten im Grundbuch ausgeübt werden. Danach bleibt dem Nutzer nur ein Schadensersatzanspruch gegen den Grundstückseigentümer wegen Verletzung der Hinweispflicht.[11] 16

2. Form und Frist für die Ausübung des Vorkaufsrechts. Für die **Ausübung** des Vorkaufsrechts gelten gem. Abs. 6 S. 3 die Vorschriften der §§ 504, 505 und 510 BGB. 17

a) Form. Die Erklärung über die Ausübung des Vorkaufsrechts ist eine empfangsbedürftige Willenserklärung, die gem. § 505 Abs. 1 S. 2 BGB **nicht formbedürftig** ist. Schriftliche Ausübung mit Vorsorge für einen (fristgerechten) Zustellungsnachweis ist dringend anzuraten.

b) Frist. Das Vorkaufsrecht kann gem. 510 Abs. 2 S. 1 BGB nur **binnen zwei Monaten** seit dem Empfang der vorgeschriebenen Mitteilung (§ 510 Abs. 1 BGB, § 57 Abs. 4) ausgeübt werden. Es handelt sich um eine Ausschlußfrist, nicht um eine Verjährungsfrist, eine Hemmung oder Unterbrechung ist daher nicht möglich. Versäumt der ausreichend unterrichtete Nutzer diese Frist, verliert er sein Vorkaufsrecht. 18

3. Wirkung. Mit der Ausübung des Vorkaufsrechts kommt der Kaufvertrag zwischen dem Nutzer und dem Grundstückseigentümer mit dem vereinbarten Inhalt zustande (§ 505 Abs. 2 BGB). Bis zur Umschreibung des Grundstücks ist der Nutzer nicht dinglich gesichert, er kann aber eine Auflassungsvormerkung beantragen. 19

4. Übergang des Vorkaufsrechts (Abs. 5 S. 2). Das Vorkaufsrecht geht grundsätzlich nicht auf den Erben des Nutzers über (§ 514 S. 1 BGB). Eine Ausnahme gilt nach S. 2 nur für denjenigen (zu ergänzen: Ehegatten), der nach dem Tod des Nutzers „das Vertragsverhältnis gem. den Bestimmungen dieses Gesetzes fortsetzt". Damit wird – wenig deutlich – auf § 16 20

[11] *Palandt-Putzo* § 510 RdNr. 1, 2; *Rövekamp* S. 212.

Abs. 2 Bezug genommen: Dort ist angeordnet, daß ein Vertrag gem. § 1 Abs. 1 Nr. 1 im Wege der Sonderrechtsnachfolge mit dem überlebenden Ehegatten fortgesetzt wird, wenn dieser ebenfalls Vertragspartner ist. Dem Ehegatten soll auch das Vorkaufsrecht erhalten bleiben. Die Regelung gilt damit nur bei der Grundstücksnutzung zur Erholung, nicht bei der Wohnraummiete (vgl. § 34), hier könnte über § 6 Abs. 1 allenfalls § 570b BGB eingreifen.

21 **5. Teilfläche (Abs. 6 S. 1).** Erstreckt sich der Nutzungsvertrag nur auf eine **Teilfläche** des Grundstücks, kann das Vorkaufsrecht nur ausgeübt werden, wenn die Vertragsfläche **die halbe Grundstücksgröße** überschreitet. Das Vorkaufsrecht erfaßt unter dieser Voraussetzung das gesamte verkaufte Grundstück (vgl. auch § 20 Abs. 3 VermG). Die Bestimmung über den Mindest-Flächenanteil gilt nach Sinn und Zweck der Norm dann nicht, wenn der Grundstückseigentümer die Teilfläche, auf die sich der Nutzungsanspruch bezieht, abgeschrieben und veräußert hat.[12]

22 **6. Mehrere Nutzer eines Grundstücks (Abs. 6 S. 2).** Mehrere Nutzer können ein Vorkaufsrecht in bezug auf ein Grundstück nur gemeinschaftlich ausüben (Abs. 6 S. 2). Das Vorkaufsrecht kann dann nur im ganzen, für das Gesamtgrundstück, ausgeübt werden (§ 513 S. 1 BGB). Wollen oder können einzelne Berechtigte das Vorkaufsrecht nicht ausüben, steht die Ausübung im ganzen den übrigen Berechtigten zu (§ 513 S. 2 BGB).

23 **7. Geltung der §§ 504 bis 514 BGB (Abs. 6 S. 3).** Im übrigen sind, soweit § 57 keine Regelungen enthält, die §§ 504 bis 514 BGB anzuwenden. Keine Anwendung finden dagegen die Vorschriften über das dingliche Verkaufsrecht (§§ 1094ff. BGB). Jedoch kann das schuldrechtliche Vorkaufsrecht durch eine Vormerkung gesichert werden.[13]

[12] *Rövekamp* S. 214.

[13] *Palandt-Putzo* vor §§ 504 ff. RdNr. 6.

Artikel 2
Gesetz zur Bereinigung der im Beitrittsgebiet zu Erholungszwecken verliehenen Nutzungsrechte (Erholungsnutzungsrechtsgesetz – ErholNutzG)

Schrifttum: Vergleiche auch die Literaturhinweise zum SchuldRAnpG. *Thiele-Krajewski-Röske,* Schuldrechtsänderungsgesetz, 2. Aufl. 1995; *Schnabel,* Schuldrechtsänderungsgesetz 2. Aufl. 1995; *Kiethe,* Schuldrechtsanpassungsgesetz 1. Aufl. 1995; *v. Oefele-Winkler,* Handbuch des Erbbaurechts, 1. Aufl. 1987; *Ingenstau,* Kommentar zum Erbbaurecht, 7. Aufl. 1994.

Vorbemerkung

1 Das Gesetz gilt wie das gesamte SchuldRÄndG nur in den neuen Länden. Dingliche Nutzungsrechte konnten gemäß § 2 des Nutzungsrechtsgesetzes[1] nicht nur zum Bau von Eigenheimen, sondern auch zur Errichtung von anderen persönlichen Zwecken dienenden Gebäuden, zB Wochenendhäusern oder Garagen, verliehen werden.[2] Mit Inkrafttreten des ZGB (1. 1. 1976) wurden über Erholungsgrundstücke idR nur noch schuldrechtliche Nutzungsverträge (§§ 312ff. ZGB) abgeschlossen. Teilweise wurden aber auch noch nach diesem Datum dingliche Nutzungsrechte, insbesondere zur Errichtung massiver Wochenendhäuser auf Einzelstandorten, vergeben. Insgesamt blieb die Vergabe von dinglichen Nutzungsrechten zur Errichtung von Wochenendhäusern und Garagen auf relativ wenige Fälle beschränkt,[3] so daß der Anwendungsbereich des ErholNutz entsprechend gering ist.

2 Der Einigungsvertrag (Art. 233 § 3 Abs. 1 und 2 aF EGBGB) hatte sämtliche dinglichen Rechte mit ihrem bisherigen Rang und Inhalt aufrechterhalten und mit einem Bereinigungs- und Anpassungsvorbehalt versehen. Das ErholNutzG nimmt diese Anpassung, bei der es sich inhaltlich um Sachenrechtsbereinigung handelt, nunmehr vor.

3 Hierzu war ein eigenes Gesetz erforderlich: Eine Behandlung in SchuldRAnpG war nicht möglich, da es einen anzupassenden schuldrechtlichen Vertrag nicht gab und die Umwandlung der dinglichen Rechte in einen schuldrechtlichen Vertrag konstruktiv nicht möglich erschien.[4] Einer Behandlung im SachenRBerG stand die geringere soziale und wirtschaftliche Bedeutung der Nutzung zur Erholung entgegen, die eine Gleichbehandlung mit den dort geregelten Materien ausschloß. Daher ist dieser Bereich aus dem SachenRBerG ausgenommen worden (§ 2 Abs. 1 S. 1 Nr. 1 SachenRBerG).

4 Anders als das SachenRBerG gewährt das ErholNutzG dem Nutzer **kein Ankaufsrecht**, sondern nur einen Anspruch auf Bestellung eines **Erbbaurechts.** Dieses ist auf 30 Jahre befristet. Der Erbbauzins ist in marktüblicher Höhe zu zahlen, wobei das Gesetz im Regelfall von 4% des ungeteilten Bodenwerts jährlich ausgeht. Dies schließt eine Beteiligung eines Nutzers am Bodenwert aus. Eine Nutzung zu Wohnzwecken, die bis zum 20. 7. 1993 begonnen hat, wird besonders geschützt. Im übrigen gelten die Bestimmungen des SachenRBerG, dessen Kleinausgabe das ErholNutzG gewissermaßen ist.

§ 1 Anwendungsbereich

Ist für die Errichtung eines Wochenendhauses oder eines anderen persönlichen Zwecken, jedoch nicht Wohn- oder betrieblichen Zwecken dienenden Gebäudes ein Nutzungsrecht an einem Grundstück verliehen worden (§ 287 des Zivilgesetzbuchs der Deutschen Demokratischen Republik) und kommt ein Anspruch nach dem Sachenrechtsbereinigungsgesetzes wegen § 2 Abs. 1 Satz 1 Nr. 1 des Sachenrechtsbereinigungsgesetzes nicht in Betracht, können Grundstückseigentümer und Nutzer Ansprüche auf Bestellung eines Erbbaurechts nach Maßgabe dieses Gesetzes geltend machen.

[1] Gesetz über die Verleihung von Nutzungsrechten vom 14. 12. 1970 (GBl. I S. 372, seit dem 1. 1. 1976 iVm. §§ 287ff. ZGB).

[2] BT-Drucks. 12/7135 S. 70.

[3] *Czub* § 2 RdNr. 7.

[4] BT-Drucks. 12/7135 S. 70.

1 Die Vorschrift legt den Anwendungsbereich des ErholNutzG fest.

1. Voraussetzungen für die Anwendung des ErholNutzG.[1]

- Dem Nutzer muß ein **dingliches Nutzungsrecht** gemäß § 287 ZGB (iVm. dem Nutzungsrechtsgesetz[2]) verliehen worden sein. Zugewiesene Nutzungsrechte (§§ 291 ff. ZGB) sind nicht erwähnt; eine Zuweisung von Nutzungsrechten zur Erholung war nicht vorgesehen und ist offenbar auch nicht erfolgt.
- Das Nutzungsrecht muß zur Errichtung eines Gebäudes, das **persönlichen,** nicht jedoch Wohn- oder betrieblichen **Zwecken** dient, verliehen worden sein. Im Regelfall handelte es sich um die Errichtung eines Wochenendhauses, das somit Erholungs- und Freizeitzwecken diente. Auch zu diesen Zwecken konnte nach den genannten Bestimmungen ein dingliches Nutzungsrecht verliehen werden.
- Ein Anspruch nach dem **SachenRBerG** muß gemäß § 2 Abs. 1 S. 1 Nr. 1 dieses Gesetzes **ausscheiden.** Das ist hiernach dann der Fall, wenn das Grundstück am 2. 10. 1990 auf Grund des verliehenen Nutzungsrechts zur Erholung, Freizeitgestaltung oder kleingärtnerischen Bewirtschaftung oder als Standort für das Freizeitgebäude genutzt wurde. Damit ist die **Errichtung des Erholungs- bzw. Freizeitzwecken dienenden Gebäudes nicht Voraussetzung** für die Anwendung des ErholNutzG.

2 Wurde das Erholungsgrundstück jedoch nicht zu Erholungs- und Freizeitzwecken, sondern bis zum 2. 10. 1990 zur **Errichtung eines Eigenheimes** genutzt, ist der Sachverhalt ggf. in das SachenRBerG einzubeziehen.[3] Zwar ist dieser Fall im Katalog von § 5 Abs. 1 Nr. 3 SachenRBerG nicht aufgeführt. Die Einbeziehung in die Sachenrechtsbereinigung ist indessen auf Grund des Nachzeichnungsprinzips des § 3 Abs. 2 SachenRBerG,[4] mindestens jedoch in analoger Anwendung von § 5 Abs. 1 Nr. 3 S. 2e SachenRBerG geboten.[5] Das SachenRBerG gewährt dem Nutzer weitergehende Rechte. Es geht daher nicht nur dem SchuldRAnpG,[6] sondern auch dem ErholNutzG vor.

3 **2. Rechtsfolgen.** Liegen die vorgenannten Voraussetzungen vor und stehen keine Ausschließungsgründe entgegen, ist der Weg zur Anwendung des ErholNutzG eröffnet. Dieses gewährt einen Anspruch auf Bestellung eines Erbbaurechts (§ 2). Das dingliche Nutzungsrecht erlischt mit der Bestellung des Erbbaurechts, das selbständige Gebäudeeigentum erlischt mit dessen Entstehung, §§ 8, 59 SachenRBerG.

§ 2 Anspruch auf Bestellung eines Erbbaurechts

Grundstückseigentümer und Nutzer können von dem jeweils anderen Teil die Annahme eines Angebots auf Bestellung eines Erbbaurechts verlangen, wenn der Inhalt des Angebots den Bestimmungen der §§ 3 bis 8 entspricht.

1 **1. Allgemeines.** Das ErholNutzG gewährt dem Nutzer keinen Ankaufsanspruch, sondern einen **Anspruch auf Bestellung eines Erbbaurechts.** Zu diesem Zweck können Grundstückseigentümer und Nutzer vom jeweils anderen Teil den Abschluß eines Erbbaurechtsvertrages verlangen, wenn das „Angebot“ (gemeint ist der Vertragsantrag iSv. § 145 BGB) die Voraussetzungen der §§ 3 bis 8 erfüllt. Damit entspricht die Situation derjenigen in § 32 S. 2 SachenRBerG, jedoch mit dem Unterschied, daß hier von vornherein nur die Möglichkeit der Erbbaurechtsbestellung besteht.

2 Wie sonst nach dem SachenRBerG (§ 3 Abs. 1 S. 2) können die Beteiligten eine Sachenrechtsbereinigung vornehmen; sie werden jedoch vom Gesetz nicht dazu gezwungen.[1*]

3 **2. Inhalt des Anspruchs gemäß § 2.** Der Anspruch richtet sich nicht lediglich auf die dingliche Bestellung des Erbbaurechts,[2*] sondern auf den Abschluß des Erbbaurechtsvertrages

[1] §§ ohne Gesetzesangabe sind solche des ErholNutzG.

[2] Gesetz über die Verleihung von Nutzungsrechten an volkseigenen Grundstücken vom 14. 12. 1970 (GBl I. S. 372).

[3] BT-Drucks. 12/7135 S. 70.

[4] *Czub* RdNr. 83.

[5] *Thiele-Krajewski-Röske* § 7 RdNr. 8; *Schnabel* vor § 1 ErholNutzG RdNr. 5; *Limmer* in: *Kiethe* SchuldRAnpG, § 1 ErholNutzG RdNr. 7.

[6] S. dort § 2 RdNr. 1.

[1*] § 3 SachenRBerG RdNr. 2; *Czub* NJ 1995 S. 10.

[2*] Vgl. dazu *von Oefele-Winkler* RdNr. 5.41 ff.

gemäß § 11 Abs. 2 ErbbauVO.[3] Der Anspruch auf Annahme eines entsprechenden Vertragsangebots (Vertragsantrags) setzt voraus, daß der Inhalt des Antrags den **Anforderungen der §§ 3 bis 8 entspricht.** Ist dies der Fall, so ist der andere Teil zur Annahme verpflichtet. Weigert er sich, ist der Anspruch gem. § 8 nach den Vorschriften des SachenRBerG zunächst im notariellen Vermittlungsverfahren (§§ 87 ff. SachenRBerG) und, wenn dieses nicht zu einer Einigung führt, im gerichtlichen Verfahren (§§ 103 ff. SachenRBerG) zu verfolgen.

§ 3 Erbbauzins

(1) Der Zinssatz beträgt jährlich vier vom Hundert des ungeteilten Bodenwerts eines entsprechenden unbebauten Grundstücks. Jeder Beteiligte kann verlangen, daß der Erbbauzins nach einem anderen Zinssatz berechnet wird, wenn der für die Nutzung übliche Zinssatz mehr oder weniger als vier vom Hundert jährlich beträgt. Der Bodenwert des Grundstücks ist nach § 19 des Sachenrechtsbereinigungsgesetzes zu ermitteln.

(2) Der Erbbauzins ist vierteljährlich nachträglich am 31. März, 30. Juni, 30. September und 31. Dezember eines Jahres zu zahlen. Die Zahlungspflicht beginnt mit

1. der Ladung des Nutzers zum Termin im notariellen Vermittlungsverfahren, wenn der Grundstückseigentümer dessen Durchführung beantragt hat oder sich auf eine Verhandlung über den Inhalt des Erbbaurechts einläßt, oder

2. einem § 2 entsprechenden Verlangen des Grundstückseigentümers oder mit der Annahme eines entsprechenden Angebots des Nutzers.

§ 44 Abs. 2 Satz 2 und 3 des Sachenrechtsbereinigungsgesetzes ist entsprechend anzuwenden.

I. Normzweck

1 § 3 enthält Vorgaben zur Höhe des Erbbauzinses und zum Beginn der Zahlungspflicht. Abs. 2 entspricht § 44 SachenRBerG. Der Vertragsantrag muß den gesetzlichen Vorgaben entsprechen, damit ein Anspruch auf Annahme besteht (§ 2 RdNr. 1). Maßgeblich ist der bei Eigenheimen ortsübliche Erbbauzins. Eine Halbteilung des Bodenwertes findet im Rahmen des ErholNutzG nicht statt.

II. Einzelerläuterung

2 **1. Höhe des Erbbauzinses (Abs. 1). a) Ortsüblicher Erbbauzins.** Grundsätzlich ist der ortsübliche Erbbauzins zu zahlen. Als ortsüblich nimmt das Gesetz im Normalfall einen Betrag von 4% des Verkehrswertes des unbebauten Grundstücks an, wie er üblicherweise bei Eigenheimen gezahlt wird. Weicht der ortsübliche Zinssatz hiervon nach oben oder nach unten ab, kann jeder Beteiligte verlangen, daß der abweichende Erbbauzins zugrundegelegt wird (Satz 2). Wer sich auf eine Abweichung beruft, hat diese zu beweisen.

3 **b) Verkehrswert.** Grundlage für die Berechnung des Erbbauzinses ist der Verkehrswert des unbebauten Grundstücks. Dieser ist nach § 19 SachenRBerG zu ermitteln. Maßgebend ist danach der um die Abzugsbeträge gemäß § 19 Abs. 2 und 3 SachenRBerG verminderte Wert eines baureifen Grundstücks. Auf die Erläuterungen zu § 19 SachenRBerG wird verwiesen.

4 **2. Fälligkeit (Abs. 2 S. 1).** Die Fälligkeit (S. 1) ist vom Beginn der Zahlungspflicht (S. 2) zu unterscheiden. Das Gesetz sieht, wie bei Erbbaurechtsverträgen üblich, die vierteljährliche nachträgliche Fälligkeit vor (ebenso § 44 Abs. 1 SachenRBerG[1]).

5 **3. Beginn der Zahlungspflicht (Abs. 2 S. 2).** Mit dem Beginn der Verzinsungspflicht endet der Zustand der Unentgeltlichkeit, der gemäß Art. 233 § 2a Abs. 1 Satz 4 und 5, Abs. 3

[3] Vgl. § 32 SachenRBerG RdNr. 5; *Herbig-Gaitzsch-Hügel-Weser* Sachenrechtsänderungsgesetz S. 71; *Thiele-Krajewski-Röske* § 2 ErholNutzG RdNr. 1; *Limmer* in: *Kiethe* SchuldRAnpG, § 2 ErholNutzG RdNr. 3; *ders.* eingehend zum Inhalt des Vertrages aaO RdNr. 11 ff.

[1] Vgl. dort RdNr. 12.

Satz 1 EGBGB bestand.[2] Der Beginn der Verzinsungspflicht ist ebenso wie in § 44 Abs. 2 SachenRBerG geregelt, auf dessen Erläuterung daher verwiesen wird.[3] Erst mit der Eintragung des Erbbaurechts im Grundbuch beginnt die Verpflichtung zur Zahlung des dinglichen Erbbauzinses. In Abs. 2 S. 2 ist die schuldrechtliche Vorverlegung des Beginns der Zahlungspflicht angeordnet.[4]

6 Der Anspruch auf den künftigen Erbbauzins kann auf Verlangen **dinglich abgesichert** und damit (gem. § 2 Nr. 8 ErbbauVO) veräußerungsfest[5] und (gem. §§ 9 Abs. 3 ErbbauVO nF, 52 Abs. 2 S. 2 ZVG nF) versteigerungsfest[6] gemacht werden.

7 **4. Anwendung von § 44 Abs. 2 S. 2 und 3 SachenRBerG (Abs. 2 S. 3).** Abs. 2 S. 3 erklärt § 44 Abs. 2 S. 3 und 4 SachenRBerG für anwendbar. **Geringfügige Abweichungen** des Vertragsantrags vom Inhalt des abzuschließenden Vertrages sind damit für den Beginn der Zahlungspflicht unschädlich.

8 Auch der Abschluß eines Vertrages über die Erbbaurechtsbestellung führt zum Einsetzen der Zahlungspflicht, sofern diese nicht bereits begonnen hat. Auch insoweit wird auf die Erläuterungen zum SachenRBerG verwiesen.[7]

§ 4 Zinsanpassungen

Nutzer und Grundstückseigentümer sind verpflichtet, in den Erbbaurechtsvertrag eine Bestimmung aufzunehmen, die eine Anpassung des Erbbauzinses an veränderte Verhältnisse vorsieht. § 46 des Sachenrechtsbereinigungsgesetzes ist entsprechend anzuwenden.

1 **1. Allgemeines.** Eine Zinsanpassung ist wegen der 30jährigen Laufzeit des Erbbaurechts notwendig. Die Vorschrift gewährt daher beiden Beteiligten einen Anspruch auf Aufnahme entsprechender Vereinbarungen in den schuldrechtlichen Teil des Erbbaurechtsvertrages.[1*] Gleichwohl ist die Vorschrift ebenso wie § 46 SachenRBerG dispositiv: Die Beteiligten können daher auch übereinstimmend von der Vereinbarung einer Wertsicherungsklausel absehen.[2*]

2 **2. Zinsanpassung an veränderte Verhältnisse.** Gemeint ist eine Veränderung der allgemeinen wirtschaftlichen Verhältnisse.[3*] Vereinbaren die Parteien eine Wertsicherungsklausel, so muß diese den gesetzlichen Vorgaben des § 46 SachenRBerG entsprechen. Auf Text und Erläuterungen von § 46 SachenRBerG wird verwiesen.[4*]

§ 5 Ermäßigung des Erbbauzinses

Der vom Nutzer zu entrichtende Erbbauzins ermäßigt sich

1. in den ersten zwei Jahren auf ein Viertel,

2. in den folgenden zwei Jahren auf die Hälfte und

3. in den darauf folgenden zwei Jahren auf drei Viertel

des sich aus § 3 Abs. 1 ergebenden Erbbauzinses (Eingangsphase). Die Eingangsphase beginnt mit dem Eintritt der Zahlungspflicht nach diesem Gesetz, spätestens am 1. Juli 1995.

1 **1. Normzweck.** Da die Grundstückspreise im Beitrittsgebiet die wirtschaftliche Entwicklung vorwegnehmen, sieht § 5 eine Eingangsphase von drei mal zwei Jahren vor. Diese ent-

[2] *Vossius* §§ 44 RdNr. 4.

[3] § 44 SachenRBerG RdNr. 3ff.; *Vossius* § 44 RdNr. 5ff.

[4] Vgl. näher *Limmer* in: *Kiethe* SchuldRAnpG § 3 ErholNutzG RdNr. 28.

[5] *Thiele-Krajewski-Röske* § 3 ErholNutz RdNr. 7.

[6] *Limmer* in: *Kiethe* SchuldRAnpG § 3 ErholNutzG RdNr. 35ff.

[7] § 44 SachenRBerG RdNr. 3f. 10; *Vossius* 44 RdNr. 4, 15f., 18f.

[1*] BT-Drucks. 12/5992 S. 80, 142.

[2*] *Czub* RdNr. 465; *Vossius* § 46 RdNr. 2.

[3*] § 46 SachenRBerG RdNr. 3.

[4*] Zum Inhalt der Anpassungsklausel nach § 4 iVm. § 46 SachenRBerG vgl. auch die eing. Darstellung von *Limmer* in: *Kiethe* SchuldRAnpG § 4 ErholNutzG RdNr. 16ff.

spricht § 47 Abs. 2 SchuldRAnpG (vgl. dort RdNr. 6). Die Eingangsphase ist nicht (wie in § 51 SachenRBerG) erst auf Verlangen des Nutzers zu vereinbaren, sie gehört vielmehr zu dem gem. § 2 kraft Gesetzes vorgeschriebenen Inhalt des Vertragsantrags.

2 **2. Ermäßigung des Erbbauzinses. a) Beginn.** Die Eingangsphase **beginnt** mit dem **Eintritt der Zahlungspflicht** (§ 3 Abs. 2 S. 2), spätestens jedoch am 1. 7. 1995. Beginnt die Zahlungspflicht erst nach diesem Datum, verkürzt sich die Eingangsphase um den seit dem 1. 7. 1995 verstrichenen Zeitraum.

3 **b) Staffelung.** Während der Eingangsphase ist der Erbbauzins in zweijährigem Abstand von einem Viertel bis drei Viertel des sich aus § 3 Abs. 1 ergebenden Betrages **gestaffelt** (s. Wortlaut). Eine weitere Streckung entsprechend § 51 Abs. 2 SachenRBerG bei gemäß § 7 Abs. 1 S. 2 zulässiger Wohnnutzung ist nicht vorgesehen. Das SachenRBerG gilt gemäß § 8 nur, soweit das ErholNutzG keine Regelung trifft; § 51 SachenRBerG ist jedoch insgesamt durch § 5 ersetzt.

§ 6 Dauer des Erbbaurechts

Die Dauer des Erbbaurechts beträgt vom Vertragsabschluß an 30 Jahre.

1 **1. Allgemeines.** Das idR unbefristete Nutzungsrecht wird in ein Erbbaurecht von 30jähriger Dauer umgewandelt. Das Erbbaurecht zu Erholungszwecken hat nicht die gleiche soziale Bedeutung wie die Erbbaurechte nach dem SachenRBerG (vgl. dort § 53). Es ist daher in Anlehnung an § 567 BGB auf 30 Jahre befristet. Die Befristung gilt nicht bereits kraft Gesetzes. Sie ist vielmehr Inhalt eines Antrags auf Bestellung des Erbbaurechtsvertrages, den der andere Teil annehmen muß (§ 2). Den Parteien bleibt es unbenommen, eine andere Dauer des Erbbaurechts oder anstelle des Erbbaurechts einen Pachtvertrag zu vereinbaren.

2 **2. Dauer des Erbbaurechts.** Die 30jährige Dauer ist vom Vorhandensein[1] und der Restnutzungsdauer eines Wochenendhauses oder sonstigen Gebäudes unabhängig. Sie beginnt mit dem Zeitpunkt des Vertragsabschlusses. Eine Verlängerung ist – auch bei vom Grundstückseigentümer zu duldender Wohnnutzung (vgl. § 7 Abs. 1 S. 2) – nicht vorgesehen.

§ 7 Zulässige Nutzung; Heimfallanspruch

(1) Der Grundstückseigentümer kann eine Vereinbarung im Erbbaurechtsvertrag verlangen, nach der der Nutzer das Gebäude nur zu persönlichen Zwecken im Sinne des § 1 Abs. 1 Nr. 1 des Schuldrechtsanpassungsgesetzes nutzen darf. Dies gilt nicht, wenn das aufstehende Gebäude bereits am 20. Juli 1993 dauernd zu Wohnzwecken genutzt worden ist.

(2) Der Grundstückseigentümer ist berechtigt, vom Nutzer zu verlangen, daß sich dieser ihm gegenüber verpflichtet, das Erbbaurecht auf ihn zu übertragen, wenn der Erbbauberechtigte die vertraglich zulässige Nutzung ändert und sie trotz einer mit Fristsetzung verbundenen Abmahnung fortsetzt.

I. Normzweck

1 Nach dem Nutzungsrechtsgesetz vom 14. 12. 1970 (GBl. I S. 372) durfte das Nutzungsrecht nur zu dem vereinbarten Zweck ausgeübt werden. Bei nicht bestimmungsgemäßer Nutzung konnte es gemäß § 6 des Nutzungsrechtsgesetzes entzogen werden. Der vereinbarte Verwendungszweck des Bauwerks soll daher zum vertraglichen Inhalt auch des Erbbaurechts gemacht werden. Dies gilt jedoch nicht, wenn der Nutzer das Gebäude bereits am 20. 7. 1993 dauernd bewohnt. In diesem Fall hat umgekehrt der Nutzer Anspruch auf dingliche Absicherung der Wohnnutzung (RdNr. 5).

[1] Die Errichtung eines Gebäudes ist nicht Voraussetzung für die Einbeziehung in das ErholNutzG, s. § 1 RdNr. 1.

II. Einzelerläuterung

2 **1. Ansprüche des Grundstückseigentümers. a) Anspruch auf Vereinbarung des Verwendungszwecks gemäß Abs. 1 Satz 1.** Der Anspruch des Grundstückseigentümers auf Feststellung des persönlichen, jedoch nicht Wohnzwecken dienenden Verwendungszwecks betrifft den vertragsmäßigen **Inhalt des Erbbaurechtsvertrages** gemäß § 2 Nr. 1 ErbbauVO.[1] Der Inhalt des Erbbaurechts wirkt alsdann absolut, dh. auch gegenüber den Sonderrechtsnachfolgern der Beteiligten.[2]

3 **b) Heimfallklausel gemäß Abs. 2.** Der Grundstückseigentümer kann verlangen, daß sein Anspruch auf Unterlassung vertragswidriger Verwendung des Gebäudes durch einen Heimfallanspruch (§ 2 Nr. 4 ErbbauVO) gesichert wird. Der Heimfallanspruch wirkt damit gegenüber jedem Rechtsnachfolger des Erbbaurechtsberechtigten. Bei Änderung der vereinbarten Nutzung und Fortsetzung trotz einer mit Fristsetzung verbundenen Abmahnung hat der Nutzer das Erbbaurecht auf den Grundstückseigentümer zu übertragen.

4 **2. Ausnahme bei Wohnnutzung (Abs. 1 Satz 2). a) Wohnnutzung.** Bei der Errichtung einer sog. unechten Datsche vor dem 3. 10. 1990 können dem Nutzer Ansprüche nach dem SachenRBerG zustehen (s. o. § 1 RdNr. 2). Liegen die Voraussetzungen für die Einbeziehung in das SachenRBerG nicht vor, wohnt der Nutzer aber zumindest seit dem 20. 7. 1993 in dem Wochenendhaus, kann der Grundstückseigentümer die Inhaltsbeschränkung gemäß S. 1 nicht verlangen. Das Gebäude muß zu Wohnzwecken geeignet sein und der Nutzer muß es dauernd bewohnen, dh. seinen Lebensmittelpunkt dorthin verlegt haben.[3]

5 **b) Weitere Rechtsfolgen.** Aus Abs. 1 S. 2 folgt über den Wortlaut hinaus weiter, daß die Wohnnutzung unter den dort genannten Voraussetzungen heute die „vertraglich zulässige bauliche Nutzung" iSv. § 54 Abs. 1 SachenRBerG ist. Eine Vereinbarung hierüber gehört über § 8 zum zwingenden Inhalt des Erbbaurechts iSv. § 42 Abs. 1 Nr. 2 SachenRBerG.[4] Auf eine entspr. **Vereinbarung im Erbbaurechtsvertrag** hat der Nutzer somit Anspruch.[5] Die zulässige Wohnnutzung wird damit verdinglicht und wirkt so während der Dauer des Erbbaurechts für und gegen jeden Rechtsnachfolger, insbesondere auch in der Zwangsvollstreckung. Diesem Ergebnis steht nicht entgegen, daß die Wohnnutzung ursprünglich gegen den Zweck des Nutzungsrechts (iSv. § 6 des Nutzungsrechtsgesetzes v. 14. 12. 1970) verstieß. Auch die Errichtung der unechten Datschen, die heute zu Ansprüchen nach dem SachenRBerG führt, geschah unter Verstoß gegen die vertragliche und gesetzliche (§ 313 Abs. 1 ZGB) Nutzungsberechtigung. Um Wertungswidersprüche zu § 24 SchuldRAnpG zu vermeiden (vgl. dort RdNr. 7, 9), wird man jedoch verlangen müssen, daß die Umnutzung zu Wohnzwecken ohne Widerspruch der verleihenden Stelle erfolgt ist und daß das Gebäude wohntauglich ist.[6]

6 Bei einer **Nutzung zu gewerblichen, land- oder forstwirtschaftlichen Zwecken,** die über den Umfang von § 54 Abs. 2 und 3 SachenRBerG hinausgeht, kann der Grundstückseigentümer die Heraufsetzung des Zinssatzes auf sieben Prozent des Bodenwerts jährlich verlangen (§ 8 iVm. §§ 47 Abs. 1, 54 Abs. 4 SachenRBerG).

§ 8 Anwendbarkeit des Sachenrechtsbereinigungsgesetzes

Auf die nach diesem Gesetz zu bestellenden Erbbaurechte finden im übrigen die für den Eigenheimbau geltenden Bestimmungen des Sachenrechtsbereinigungsgesetzes entsprechende Anwendung; § 57 des Sachenrechtsbereinigungsgesetzes ist nicht anzuwenden.

1 Soweit in den §§ 3 bis 7 nichts Abweichendes bestimmt ist, sind die für den Eigenheimbau geltenden Bestimmungen des SachenRBerG anzuwenden; § 57 SachenRBerG ist selbstverständlich nicht anzuwenden, da kein Ankaufsanspruch besteht.

[1] BT-Drucks. 12/7135 S. 71.
[2] *von Oefele-Winkler* Kap. 4 RdNr. 26 ff.
[3] *Thiele-Krajewski-Röske* RdNr. 10.
[4] § 42 SachenRBerG RdNr. 1 bis 3 und 7.
[5] Im Erg. ebenso *Limmer* in: *Kiethe* SchuldRAnpG § 7 ErholNutzG RdNr. 7.
[6] *Schnabel* RdNr. 3 und oben Fn. 3.

Damit sind aus dem SachenRBerG insbesondere anzuwenden:
- §§ 21 bis 27 (Regelung der vom Erbbaurecht erfaßten Flächen),
- §§ 28 bis 31, 55 (Einwendungen und Einreden des Grundstückseigentümers),
- §§ 33 bis 37 (Zusammentreffen mit dinglichen Rechten Dritter und Rangregelungen),
- §§ 50, 54, 47 (Zinsanpassung wegen veränderter Grundstücksgröße und bei Nutzungsänderung),
- § 52 (Sicherung des Erbbauzinses),
- § 58 (Tragung der öffentlichen Lasten durch den Erbbauberechtigten),
- §§ 59, 60 (Rechtsfolgen der Erbbaurechtsbestellung, die Anwendung der ErbbauVO und die Kosten),
- §§ 87 bis 102 (notarielles Vermittlungsverfahren) und
- §§ 103 bis 108 (gerichtliches Verfahren).

Hierzu wird auf Text und Erläuterungen des SachenRBerG verwiesen.

Artikel 3
Gesetz zur Regelung des Eigentums an von landwirtschaftlichen Produktionsgenossenschaften vorgenommenen Anpflanzungen (Anpflanzungseigentumsgesetz – AnpflEigentG)

Schrifttum: s. vor § 1 SchuldRAnpG.

Vorbemerkung

1 Das AnpflEigentG regelt (wie das ErholNutzG und das MeAnlG) eine **sachenrechtliche Materie,** hier: die Bereinigung des fortbestehenden Eigentums der LPGen und ihrer Rechtsnachfolger an den Anpflanzungen. Die LPGen hatten an den von ihren Mitgliedern eingebrachten und an den ihnen vom Staat übergebenen Bodenflächen ein umfassendes Nutzungsrecht (§ 10 Abs. 2 LPG-G 1959;[1] § 18 Abs. 1 LPG-G 1982[2]). Die auf Grund des Bodennutzungsrechts vorgenommenen Anpflanzungen wurden (ebenso wie die errichteten Gebäude und Anlagen) – losgelöst vom Grundstückseigentum – Eigentum der LPGen (§ 27 LPG-G). Zwar ist das umfassende Bodennutzungsrecht der LPGen zum 1. 7. 1990 aufgehoben worden; außerdem waren die schuldrechtlichen Rechtsverhältnisse zwischen den LPGen und den Räten der Kreise einerseits sowie den Räten der Kreise und den Grundstückseigentümern andererseits gemäß § 51 LAG[3] binnen Jahresfrist aufzulösen. Bestehengeblieben ist jedoch gemäß Art. 231 § 5 Abs. 1 S. 1 EGBGB das selbständige Anpflanzungseigentum (ebenso wie das Eigentum an Gebäuden und Anlagen).

2 Das AnpflEigentG will nunmehr einen **BGB-konformen Rechtszustand** herstellen und damit die bisherige Beeinträchtigung der Verkehrsfähigkeit des Grund und Bodens beseitigen. Das selbständige Anpflanzungseigentum ist mit Inkrafttreten des Gesetzes erloschen, die Anpflanzungen sind wesentlicher Grundstücksbestandteil geworden (§ 2[4]). Der Grundstückseigentümer hat den Nutzer für den Rechtsverlust zu entschädigen (§§ 3, 4). Die Entschädigungspflicht ist nach dem Wert der Anpflanzungen zu bemessen; für Bäume, Feldgehölze und Hekken ist sie jedoch eingeschränkt. Der Grundstückseigentümer kann den Entschädigungsanspruch durch ein Pachtangebot abwenden (§ 5). In Härtefällen kann umgekehrt der Nutzer vom Grundstückseigentümer den Abschluß eines Pachtvertrages verlangen (§ 6). Den Bestimmungen des AnpflEigentG gehen die Verfahren nach dem FlurbG sowie zur Neuordnung der Eigentumsverhältnisse nach dem LAG vor (§ 7).

§ 1 Anwendungsbereich

Dieses Gesetz regelt die Rechtsverhältnisse an Grundstücken, auf denen landwirtschaftliche Produktionsgenossenschaften Anpflanzungen vorgenommen haben, an denen nach dem Recht der Deutschen Demokratischen Republik selbständiges Eigentum entstanden ist. Den landwirtschaftlichen Produktionsgenossenschaften stehen die in § 46 des Gesetzes über die landwirtschaftlichen Produktionsgenossenschaften vom 2. Juli 1982 (GBl. I Nr. 25 S. 443) bezeichneten Genossenschaften und Kooperationsbeziehungen gleich. Dieses Gesetz ist nicht anzuwenden, wenn die Anpflanzungen dem Zweck eines Gebäudes, an dem selbständiges, vom Eigentum am Grundstück getrenntes Eigentum besteht, zu dienen bestimmt sind und in einem dieser Bestimmung entsprechenden räumlichen Verhältnis zum Gebäude stehen.

[1] Gesetz vom 3. 6. 1959 über die landwirtschaftlichen Produktionsgenossenschaften (GBl. I S. 577) in der Fassung des § 12 Ziff. 4 des Einführungsgesetzes vom 19. 6. 1975 zum Zivilgesetzbuch der DDR (GBl. I S. 517).

[2] Gesetz über die landwirtschaftlichen Produktionsgenossenschaften (LPG-G) vom 2. 7. 1982 (GBl. I S. 443). Die Abkürzung LPG-G ohne Jahreszahl bezieht sich auf das LPG-G 1982.

[3] Landwirtschaftsanpassungsgesetz (LAG) in der Fassung der Bekanntmachung vom 3. 7. 1991 (BGBl. I S. 1418).

[4] §§ ohne Angabe eines Gesetzes sind im Bereich des Artikels 3 solche des AnpflEigentG.

1. Anwendungsbereich. Die Vorschrift regelt den **Anwendungsbereich** des AnpflEigentG. **a) Selbständiges Anpflanzungseigentum der LPGen.** Betroffen sind nur Flächen, auf die sich das umfassende Bodennutzungsrecht der LPGen (gemäß §§ 10 Abs. 2 LPG-G 1959, 18 Abs. 1 LPG-G 1982) und der ihnen gleichgestellten Genossenschaften und Kooperationsbeziehungen bezog. LPGen oder die gleichgestellten Wirtschaftseinheiten müssen Anpflanzungen vorgenommen haben, an den denen dann kraft Gesetzes selbständiges Eigentum entstanden ist (§ 27 LPG-G). 1

Jede durch Einbringung – Aussaat oder Einpflanzung – in den Boden entstandene Pflanze ist **Anpflanzung** in diesem Sinne. Dazu zählen zB Feldfrüchte, Obst- und Beerenkulturen, Blumen, Ziergehölze, Windschutzpflanzungen und andere Gehölze. Das selbständige Anpflanzungseigentum der LPGen ist durch Art. 231 § 5 Abs. 1 S. 1 EGBGB aufrechterhalten worden. 2

b) Gleichgestellte Genossenschaften. Gleichgestellt sind den LPGen die in § 46 LPG-G bezeichneten **Genossenschaften und Kooperationsbeziehungen** (vgl. §§ 10 bis 16 und 46 LPG-G). Nicht gleichgestellt sind die volkseigenen Güter, auf deren volkseigenen Flächen kein selbständiges Anpflanzungseigentum bestand. 3

2. Ausnahmen. a) Anpflanzungen und Nutzungsrechte als Gebäudebestandteil. Selbständiges Anpflanzungseigentum iSd. AnpflEigentG besteht nicht, wenn und soweit die Anpflanzungen **Bestandteil** eines rechtlich selbständigen **Gebäudes** sind (Art. 231 § 5 Abs. 1 S. 1, Abs. 2 EGBGB). Sowohl das dingliche Nutzungsrecht (gemäß § 287 oder § 291 ZGB) als auch die Anlagen, Einrichtungen und Anpflanzungen gelten als wesentliche Bestandteile des Gebäudes, dessen rechtliches Schicksal sie somit teilen. Einer besonderen Regelung für dieses Anpflanzungseigentum bedarf es daher nicht.[1] 4

b) Anpflanzungen ohne dingliches Nutzungsrecht als Gebäudebestandteil. Soweit kein dingliches Nutzungsrecht, wohl aber selbständiges Gebäudeeigentum besteht, werden **die dem Gebäude zugeordneten Anpflanzungen** durch S. 3 von der Anwendung des AnpflEigentG ebenfalls ausgenommen.[2] Die Anpflanzungen müssen dem Zweck des Gebäudes zu dienen bestimmt sein und in einem entsprechenden räumlichen Verhältnis zu dem Gebäude stehen. Damit müssen sie die Begriffsmerkmale des Zubehörs (§ 97 BGB) erfüllen, die jedoch auf das Gebäude zu beziehen sind, dessen rechtliches Schicksal sie teilen sollen. Wegen des Begriffs des Zubehörs wird auf die Erläuterung zu § 97 BGB verwiesen.[3] 5

c) Waldbestände. Das Sondereigentum der LPGen an **Waldbeständen** ist bereits gemäß § 64a LAG[4] auf die Grundstückseigentümer der Waldflächen übergegangen. Dadurch ist eine dem BGB entsprechende Rechtslage hergestellt. Eine Bereinigung ist insoweit nicht notwendig. 6

§ 2 Eigentumsübergang

Das an Anpflanzungen im Sinne des § 1 Satz 1 entstandene Sondereigentum erlischt am 1. Januar 1995. Die Anpflanzungen werden wesentlicher Bestandteil des Grundstücks.

Mit Inkrafttreten dieses Gesetzes am 1. 1. 1995 ist die Eigentumszuordnung nach dem BGB wiederhergestellt worden. Das selbständige Anpflanzungseigentum ist erloschen. Die Anpflanzungen sind **wesentlicher** – und damit sonderrechtsunfähiger – **Bestandteil** des Grundstücks (§§ 93, 94 Abs. 1 S. 2 BGB) geworden. Das Gesetz folgt hier der Grundentscheidung, die bereits in § 64a LAG zum Ausdruck gekommen ist.[1*] 1

§ 3 Entschädigung für den Rechtsverlust; Wegnahmerecht

(1) Erleidet der Nutzer infolge des Eigentumsübergangs nach § 2 einen Rechtsverlust, kann er vom Grundstückseigentümer bei mehrjährigen fruchttragenden Kulturen, insbesondere Obstbäumen, Beerensträuchern, Reb- und Hopfenstöcken, eine angemessene Entschädigung in Geld verlangen.

[1] BT-Drucks. 12/7135 S. 72.

[2] *Thiele-Krajewski-Röske* RdNr. 3.

[3] *Palandt-Heinrichs* § 97 RdNr. 2ff.; *Holch* § 97 RdNr. 19f., 25ff.

[4] Landwirtschaftsanpassungsgesetz (LAG) in der Fassung vom 3. 7. 1991 (BGBl. I S. 1418).

[1*] BT-Drucks. 12/7135 S. 72 und oben § 1 RdNr. 6.

(2) Für Bäume, Feldgehölze und Hecken hat der Grundstückseigentümer dem Nutzer nur dann eine Entschädigung zu leisten, wenn die Anpflanzungen einen Vermögenswert haben. Die Entschädigung ist nach dem durch den Eigentumsübergang eingetretenen Vermögensnachteil, jedoch nicht über den beim Grundstückseigentümer eingetretenen Vermögenszuwachs hinaus, zu bemessen.

(3) Der Nutzer ist zur Wegnahme verpflanzbarer Holzpflanzen der in Absatz 1 bezeichneten Art berechtigt, soweit andere Rechtsvorschriften dem nicht entgegenstehen. Nimmt er diese weg, ist eine Entschädigung ausgeschlossen.

I. Normzweck

1 Für den gesetzlich angeordneten Rechtsverlust (§ 2) hat der Grundstückseigentümer den bisherigen Eigentümer der Anpflanzungen zu entschädigen. Für Gehölze iSv. § 3 Abs. 2 soll der Grundstückseigentümer nur dann zur Entschädigung verpflichtet sein, wenn diese einen selbständigen Vermögenswert haben (RdNr. 4). Anstelle eines Entschädigungsanspruchs kann der Nutzer verpflanzbare Obstgehölze wegnehmen (Abs. 1, 3).

II. Einzelerläuterung

2 **1. Mehrjährige fruchttragende Kulturen (Abs. 1).** Die Aufzählung der genannten Kulturen ist nur beispielhaft und schließt andere mehrjährige fruchttragende Kulturen nicht aus.

a) Angemessene Entschädigung. Für diese kann der Nutzer eine angemessene Entschädigung in Geld verlangen. Die Bestimmung folgt der in § 50 Abs. 2 des FlurbG[1] getroffenen Entschädigungsregelung. Abs. 1 legt nur den Grund der Entschädigungspflicht fest, ihre Höhe ist in § 4 geregelt.

3 **b) Anspruchsinhaber.** Der Anspruch steht dem **Nutzer** zu. Der Nutzer wird vom Gesetz mit dem (bisherigen) Eigentümer der Anpflanzungen gleichgesetzt. Dies dürfte in aller Regel unproblematisch sein. Auch wer die Flächen verpachtet hat, bleibt Eigentümer der Anpflanzungen und zugleich Nutzer, er erntet die Rechtsfrüchte (§ 99 Abs. 3 BGB). Aber auch wer die Flächen nicht mehr nutzt, bleibt Eigentümer der Anpflanzungen, die allein wegen fehlender Bewirtschaftung auch nicht jeden Wert verlieren. Dem früheren Nutzer, der das fortbestehende Eigentum an den Anpflanzungen erst gemäß § 2 verloren hat, müssen daher in korrigierender Auslegung ebenfalls Ansprüche auf Entschädigung zustehen.

4 **2. Bäume, Feldgehölze und Hecken (Abs. 2).** Für diese hat der Grundstückseigentümer nur dann eine Entschädigung zu leisten, wenn „sie einen Vermögenswert haben". Das ist freilich auch bei den Obstkulturen (Abs. 1) erforderlich. Gemeint ist, daß die Gehölze für den *Nutzer* einen **selbständigen Vermögenswert** haben müssen, womit ein Ersatz der durch die Gehölze, die häufig als Wind- oder Erosionsschutzhecken angelegt worden sind, für das Grundstück vermittelten Vorteile ausgeschlossen werden sollte.[2] Letzteres versteht sich indessen von selbst, da diese Vorteile ohnehin beim Grundstückseigentümer lagen und ihm auch verbleiben, zumal der Nutzer die Gehölze des Abs. 2 nicht entfernen darf (vgl. Wortlaut des Abs. 3 und RdNr. 6).

5 Die Entschädigung ist nach dem **Vermögensnachteil** des Nutzers zu bemessen (Abs. 2 S. 2). Sie wird jedoch anders als in § 4 durch einen beim Grundstückseigentümer eingetretenen **Vermögenszuwachs** begrenzt. Hiernach wird in der Regel ein Holzwert zu entschädigen sein, Voraussetzung ist insoweit aber, daß die Abholzung nicht durch öffentlich-rechtliche Vorschriften des Natur- und Landschaftsschutzes untersagt ist. Die Kosten des Holzeinschlags und des Transports sind abzusetzen.[3]

6 **3. Wegnahmerecht (Abs. 3).** Der Nutzer hat ein Wegnahmerecht, das sich auf **verpflanzbare Holzpflanzen** gemäß Abs. 1 (also auf Obst- und Beerengehölze wie Weinstöcke) beschränkt. Voraussetzung ist auch hier, daß landesrechtliche Vorschriften des Naturschutzes und der Landschaftspflege nicht entgegenstehen. Soweit der Nutzer sein Wegnahmerecht ausübt, ist der Entschädigungsanspruch ausgeschlossen (S. 2). Auf das Wegnahmerecht ist – der hier nicht ausdrücklich erwähnte – § 258 BGB ebenfalls anzuwenden (vgl. § 5 Abs. 2 S. 3).

[1] Flurbereinigungsgesetz in der Fassung der Bekanntmachung vom 16. 3. 1976 – FlurbG – (BGBl. I S. 546).

[2] BT-Drucks. 12/7135 S. 72, 73.

[3] Einzelheiten bei *Thiele-Krajewski-Röske* RdNr. 3 bis 5; zu Fragen der Bewertung nach dem AnpflEigentG vgl. auch *Zimmermann* OV spezial 1996, 22 f.

§ 4 Höhe der Entschädigung

Die Entschädigung ist nach dem Wert der Anpflanzung im Zeitpunkt des Eigentumsübergangs zu bemessen. Bei mehrjährigen fruchttragenden Kulturen ist der für die Restnutzungsdauer, längstenfalls für 15 Pachtjahre, zu erwartende Gewinn zu berücksichtigen. Statt des Anspruchs aus Satz 1 kann der Nutzer eine Entschädigung für die Nachteile verlangen, die ihm durch die vorzeitige Neuanlage einer gleichartigen Kultur entstehen, höchstens jedoch den sich aus Satz 1 ergebenden Betrag.

1 **1. Anwendungsbereich.** Die Vorschrift betrifft den Entschädigungsanspruch gemäß § 3 Abs. 1. Die Höhe des Anspruchs gem. § 3 Abs. 2 ist dort abschließend geregelt.

2 **2. Zwei Entschädigungsmodelle.** Der Nutzer kann zwischen zwei Entschädigungsarten wählen:

a) Wert der Anpflanzungen. Er kann den Wert der Anpflanzungen ersetzt verlangen, den dieser am 1. 1. 1995 hatte. Dabei ist der für die Restnutzungsdauer der mehrjährigen fruchttragenden Kulturen (§ 3 Abs. 1), längstens für 15 Pachtjahre, zu erwartende Gewinn zu berücksichtigen (S. 2).

3 **b) Kosten einer gleichartigen Kultur.** Der Nutzer kann stattdessen den Ersatz der Kosten geltend machen, die durch die vorzeitige Neuanlage einer gleichartigen Kultur entstehen (S. 3). Nur die durch die vorzeitige Neuanlage bedingten Kosten sind erstattungsfähig, nicht diejenigen Kosten, die später ohnehin anfallen (vgl. die ähnliche Problematik bei § 14 SchuldRAnpG, dort RdNr. 3). Die vorzeitige Neuanlage verursacht insoweit nur einen Zinsverlust. Zu ersetzen sind aber auch die im Vergleich zu den bisherigen Kulturen höheren Bewirtschaftungskosten; diese können für die Restnutzungsdauer der bisherigen Kultur ersetzt verlangt werden. Auch bei dieser Berechnung bildet der nach S. 1 zu ermittelnde Wert die Obergrenze.

4 **c) Beweislast.** Die Höhe des Entschädigungsanspruchs hat in beiden Alternativen der Nutzer darzulegen und zu beweisen. Im Falle von S. 3 obliegt es zusätzlich dem Grundstückseigentümer, die – nach seiner Ansicht niedrigere – Obergrenze des Anspruchs (den Wert der Anpflanzungen gemäß S. 1) darzulegen und zu beweisen. Im Streitfall werden die Beträge im Zweifel durch ein landwirtschaftliches oder gärtnerisches Gutachten festgestellt werden müssen.

§ 5 Abwendungsbefugnis des Grundstückseigentümers

(1) Der Grundstückseigentümer kann den Entschädigungsanspruch des Nutzers dadurch abwenden, daß er dem Nutzer den Abschluß eines Pachtvertrages für die Restnutzungsdauer der Kultur, längstens für 15 Jahre, zu den ortsüblichen Bedingungen anbietet.

(2) Lehnt der Nutzer den Vertragsabschluß ab, erlischt der Anspruch auf die Entschädigung. Der Nutzer ist berechtigt, die Anpflanzungen vom Boden zu trennen und sich anzueignen, soweit andere Rechtsvorschriften dem nicht entgegenstehen. Auf das in Satz 2 bestimmte Wegnahmerecht ist § 258 des Bürgerlichen Gesetzbuchs entsprechend anzuwenden.

I. Normzweck

1 Die für die Kulturen gem. § 3 Abs. 1 zu leistende Entschädigung kann den Grundstückseigentümer vor Finanzierungsprobleme stellen. Hinzu kommt, daß der Grundstückseigentümer die ihm zugefallenen Kulturen oft nicht bewirtschaften kann oder will. Das Gesetz gibt dem Grundstückseigentümer daher die Möglichkeit, den **Entschädigungsanspruch** des Nutzers durch ein Angebot auf Abschluß eines Pachtvertrages **abzuwenden.**[1] Diese Befugnis besteht nur gegenüber dem Anspruch aus §§ 3 Abs. 1, 4.

[1] BT-Drucks. 12/7135 S. 73.

II. Einzelerläuterung

2 **1. Angebot** zum Abschluß eines Pachtvertrages (Abs. 1). Der Pachtvertrag muß für die Restnutzungsdauer der Kultur (gem. § 3 Abs. 1), längstens für 15 Jahre, und zu den ortsüblichen Bedingungen angeboten werden. Dies setzt voraus, daß eine ökonomisch sinnvolle Bewirtschaftung der Kultur noch möglich ist. Ist dies nicht (mehr) der Fall, besteht keine Befugnis zur Abwendung des dann nur mehr auf den Holzwert beschränkten Entschädigungsanspruchs. Der ortsübliche Pachtzins ist nach dem unbestellten Grund und Boden zu bemessen.

3 Die auf 15 Jahre befristete Pachtdauer kann im Einzelfall bei Obstkulturen und beim Weinbau zu kurz bemessen sein. Die verbleibende Restnutzungsdauer fiele dann dem Grundstückseigentümer ohne Gegenleistung zu, was verfassungsrechtlich bedenklich ist.

4 **2. Rechtsfolgen. a) Erlöschen des Entschädigungsanspruchs.** Lehnt der Nutzer einen den Anforderungen des Abs. 1 entsprechenden Vertragsantrag ab, **erlischt** sein Entschädigungsanspruch (Abs. 2 S. 1). Entspricht der Vertragsantrag des Grundstückseigentümers den Anforderungen des Abs. 1 nicht, führt seine Ablehnung nicht zum Verlust des Entschädigungsanspruchs. Der Grundstückseigentümer kann seinen Vertragsantrag jedoch – in den Grenzen des § 242 BGB – nachbessern.[2]

5 **b) Erklärt** sich der Nutzer **nicht** oder nicht eindeutig, verbleibt es bis zum Ablauf einer, wie anzunehmen ist, zulässigerweise, durch den Grundstückseigentümer gesetzten angemessenen Frist bei dem bisherigen Rechtszustand. Der Entschädigungsanspruch des Nutzers bleibt mithin zwar (zunächst) erhalten, kann aber während des Schwebezustandes nicht geltend gemacht werden.[3] Allerdings wird in der Ausübung des Wegnahmerechts eine konkludente Ablehnung durch den Nutzer liegen. Besteht der Nutzer auf einer Geldentschädigung, erklärt er damit allenfalls (konkludent) die Ablehnung des Vertragsantrags (freilich mit der Folge, daß sein Entschädigungsanspruch dann erlischt).

6 **c) Wegnahmerecht.** Nach der Ablehnung eines Pachtvertrages kann der Nutzer das Wegnahmerecht des Abs. 2 S. 2 ausüben, sofern dem Bestimmungen des Naturschutzes und der Landschaftspflege nicht entgegenstehen. Die Anpflanzungen, die am 1. 1. 1995 in das Eigentum des Grundstückseigentümers gefallen sind, kann er sich wieder aneignen. Das Wegnahmerecht des Abs. 2 S. 2 bezieht sich, anders als das des § 3 Abs. 3, auch auf nicht verpflanzbare Gehölze.[4] § 258 BGB ist entsprechend anzuwenden: Der Nutzer muß das Grundstück in den vor der Anpflanzung bestehenden Zustand zurückversetzen. Er hat dem Grundstückseigentümer auf Verlangen für den mit der Wegnahme verbundenen Schaden Sicherheit zu leisten. Soweit der Nutzer sein Wegnahmerecht nicht ausübt, ist er nicht verpflichtet, den früheren Zustand wiederherzustellen. Diese Verpflichtung ist ausdrücklich nur an die Ausübung des Wegnahmerechts geknüpft.

7 **d) Rodungskosten.** Soweit der Nutzer von seinem Wegnahmerecht keinen Gebrauch gemacht hat, kann der Grundstückseigentümer nach Rückgabe der Flächen nicht die **Kosten** einer evtl. erforderlichen **Rodung** ersetzt verlangen. Insbesondere besteht – unbeschadet vertraglicher Ansprüche – keine dem § 11 MeAnlG entsprechende Regelung, wonach der Nutzer sich an den Kosten der Beseitigung der Anpflanzungen zu beteiligen hätte.

§ 6 Pacht bei Angewiesenheit

(1) Der Nutzer kann vom Grundstückseigentümer den Abschluß eines auf die Restnutzungsdauer der Kultur, längstens auf 15 Jahre, befristeten Pachtvertrages verlangen, wenn er auf das betroffene Grundstück zur Aufrechterhaltung seines Betriebes, der seine wirtschaftliche Lebensgrundlage bildet, angewiesen ist und der Wegfall der Nutzungsmöglichkeit für ihn oder seine Familie eine Härte bedeuten würde, die auch unter Würdigung der berechtigten Interessen des Eigentümers nicht zu rechtfertigen ist.

(2) Der Grundstückseigentümer kann vom Nutzer den ortsüblichen Pachtzins verlangen. Nach Beendigung des Pachtvertrages ist der Grundstückseigentümer zur Zahlung einer Entschädigung nicht verpflichtet.

[2] *Thiele-Krajewski-Röske* RdNr. 3.
[3] *Thiele-Krajewski-Röske* RdNr. 5.
[4] *Breier* in: *Kiethe* SchuldRAnpG § 5 AnpflEigentG RdNr. 11; aA *Thiele-Krajewski-Röske* RdNr. 6.

(3) Auf den Pachtvertrag sind die Bestimmungen des Bürgerlichen Gesetzbuchs über die Pacht anzuwenden. Die §§ 585 bis 597 des Bürgerlichen Gesetzbuchs sind nicht anzuwenden.

1 **1. Anspruch auf Abschluß eines Pachtvertrages (Abs. 1 und 2).** Der Nutzer muß Inhaber eines landwirtschaftlichen oder gärtnerischen Betriebes sein, der seine wirtschaftliche Lebensgrundlage bildet. Ein Nebenerwerbsbetrieb erfüllt diese Voraussetzung nicht.[1*] Der Nutzer muß auf die Nutzung des betroffenen Grundstücks, richtiger der darauf befindlichen Kulturen, **angewiesen** sein (vgl. zu diesem Begriff § 49 SchuldRAnpG und die Erl. RdNr. 11). Der Wegfall der Nutzungsmöglichkeit muß für den Nutzer oder seine Familie eine nicht zu rechtfertigende Härte bedeuten (vgl. Wortlaut). Die Härteklausel, die an §§ 556a Abs. 1 S. 1, 595 Abs. 1 BGB angelehnt ist, ist auf den Verlust der wirtschaftlichen Lebensgrundlage zu beziehen. Bei der Abwägung sind die Interessen des Eigentümers und des Nutzers gleichwertig zu berücksichtigen.[2*] Auch beim Grundstückseigentümer muß daher unabweisbarer (Nutzungs-) Bedarf an der Fläche vorliegen. Entscheidend wird es darauf ankommen, ob für eine Seite eine realistische Möglichkeit der Ersatzbeschaffung besteht. Darüber hinaus sind die Konsequenzen, die ein Verlust bzw. die Nichterlangung der Nutzungsmöglichkeit für beide Seiten hätten, gegeneinander abzuwägen.

2 Der Vertragsantrag muß sich auf den Abschluß eines auf die Restnutzungsdauer der Kultur, längstens auf 15 Jahre, befristeten Pachtvertrages zum ortsüblichen Pachtzins richten. Der Pachtzins ist auch hier (s. § 5 RdNr. 3) auf die unbestellte Fläche zu beziehen.

3 Einen Vertragsantrag, der den vorstehenden Bedingungen nicht entspricht, braucht der Grundstückseigentümer nicht anzunehmen. Weigert er sich jedoch zu Unrecht, besteht ein klagbarer Anspruch auf Abschluß des Pachtvertrages.

4 **2. Rechtsfolgen (Abs. 3, Abs. 2 S. 2). a) Pachtrecht des BGB.** Auf den Pachtvertrag sind die Bestimmungen des BGB über die Pacht anzuwenden. Die Vorschriften des Landpachtrechts (§§ 585 bis 597 BGB) gelten nicht. Sie werden der Natur des Vertrages als Übergangslösung bis zur Amortisation der Kulturen nicht gerecht. Das gilt insbesondere im Hinblick auf die Bestimmung über die Fortsetzung des Pachtverhältnisses (§ 595 BGB).[3*]

5 **b) Folgen nach Beendigung des Pachtvertrages.** Nach Beendigung des Pachtvertrages hat sich die Investition des Nutzers amortisiert. Ein Anspruch des Nutzers auf **Entschädigung** besteht dann **nicht** (Abs. 2 S. 2). Der Nutzer hat kein Wegnahmerecht, ist andererseits aber auch nicht zur Wiederinstandsetzung der Flächen oder zur Tragung der dafür anfallenden Kosten verpflichtet (vgl. § 5 RdNr. 7).

§ 7 Verhältnis zu anderen Bestimmungen

Ansprüche nach diesem Gesetz können nicht geltend gemacht werden, soweit ein Verfahren nach dem Flurbereinigungsgesetz oder ein Verfahren zur Feststellung und Neuordnung der Eigentumsverhältnisse nach Abschnitt 8 des Landwirtschaftsanpassungsgesetzes angeordnet ist.

1 Die Vorschrift stellt den Vorrang der Regelungen nach dem FlurbG[1] oder nach dem 8. Abschnitt des LwAnpG[2] klar. Die Neuordnungsverfahren dürfen nicht durch Ansprüche nach dem AnpflEigentG belastet werden.[3] Die Vorschrift entspricht insoweit § 86 SachenRBerG.

2 Nur *Ansprüche* nach dem AnpflEigentG können nicht geltend gemacht werden, der gesetzlich angeordnete Eigentumsübergang gem. § 2 bleibt durch die genannten Verfahren unberührt.[4]

[1*] *Thiele-Krajewski-Röske* RdNr. 1.

[2*] Vgl. zur Härteklausel *Palandt-Putzo* § 556a RdNr. 1.

[3*] BT-Drucks. 12/7135 S. 73, 74.

[1] Flurbereinigungsgesetz idF der Bekanntmachung vom 16. 3. 1976 – FlurbG – (BGBl. I S. 546); geänd. durch § 81 des Ges. v. 12. 2. 1991 (BGBl. I S. 405) und durch das Ges. zur Änderung des FlurbG v. 23. 8. 1994 (BGBl. I S. 2187).

[2] §§ 53 bis 64b des Landwirtschaftsanpassungsgesetzes idF der Bekanntmachung vom 3. 7. 1991 (BGBl. I S. 1418).

[3] BT-Drucks. 12/7135 S. 87.

[4] *Breier* in: *Kiethe* SchuldRAnpG § 7 AnpflEigentG RdNr. 3.

Artikel 4
Gesetz zur Regelung der Rechtsverhältnisse an Meliorationsanlagen (Meliorationsanlagengesetz – MeAnlG)

geändert durch Art. 1 des Eigentumsfristengesetzes (EFG) vom 20. Dezember 1996 (BGBl. I S. 2028).

Schrifttum: s. jeweils vor § 1 SachenRBerG und SchuldRAnpG, ferner: *Zimmermann* OV spezial 1996, 53 f.

Vorbemerkung

1 Das MeAnlG regelt (wie das ErholNutzG und das AnpflEigentG) eine **sachenrechtliche Materie**, hier: die Bereinigung des fortbestehenden Eigentums der LPGen und volkseigenen Güter an den sog. Meliorationsanlagen. Dies sind Anlagen zur Bodenverbesserung, nämlich Be- und Entwässerungsleitungen, die – über viele Grundstücksgrenzen hinweglaufend – von LPGen und volkseigenen Gütern entsprechend gesetzlicher Verpflichtung[1] errichtet worden sind. An diesen Anlagen haben die genannten Betriebe selbständiges, vom Eigentum am Grund und Boden getrenntes Eigentum erworben, und zwar

a) die LPGen nach § 27 LPG-G oder – nach dem 1. 7. 1990 – nach Art. 233 § 2b Abs. 1 EGBGB und

b) die volkseigenen Güter nach § 459 Abs. 1 S. 1 ZGB.

2 Das umfassende Bodennutzungsrecht der LPGen, das die Durchführung von Meliorationsmaßnahmen einschloß (§ 18 Abs. 2b LPG-G) ist zum 1. 7. 1990 aufgehoben worden.[2] Das selbständige Eigentum an den Meliorationsanlagen besteht jedoch fort (Art. 231 § 5 Abs. 1 S. 1 EGBGB). Die Berechtigung zur Nutzung des Grundstücks gem. Art. 233 § 2a Abs. 1 Nr. 1 EGBGB ist nach Ablauf des Moratoriums am 31. 12. 1994 erloschen.

3 Zweck des MeAnlG ist nunmehr die Zusammenführung des Eigentums am Grund und Boden mit dem Eigentum an den Meliorationsanlagen. Die Regelung dieser Rechtsverhältnisse ist nicht Gegenstand der Sachenrechtsbereinigung (§ 2 Abs. 1 Nr. 3 SachenRBerG). Deren Regelungsinstrumente (Anspruch auf Bestellung von Erbbaurechten, Ankaufsanspruch) sind hier ungeeignet. Bei einer Bestellung von Erbbaurechten an allen Grundstücken, über die Be- und Entwässerungsanlagen verlaufen, würde letztlich die Aufhebung des Nutzungsrechts der LPGen wieder rückgängig gemacht.[3]

4 Das Eigentum an den Bewässerungs- (§ 10[4]) und an den Entwässerungsanlagen (§ 12) geht auf den Grundstückseigentümer über. Die Rechtsverhältnisse an den Bewässerungs- und Entwässerungsanlagen sind unterschiedlich geregelt: Der Eigentümer einer **Bewässerungsanlage** kann vom Grundstückseigentümer die Bestellung einer beschränkten persönlichen Dienstbarkeit verlangen (§ 3), der Grundstückseigentümer hat Anspruch auf Zahlung eines üblichen Entgelts (§ 9). Ist die Anlage funktionsunfähig oder verwaist, kann der Grundstückseigentümer die Bestellung der Dienstbarkeit verweigern (§ 5) bzw. verlangen, daß der Nutzer auf eine bestellte Dienstbarkeit verzichtet (§ 7). Wird eine Dienstbarkeit nicht bestellt, hat der Eigentümer der Anlage ein Wegnahmerecht (§ 8). Die Kosten der Beseitigung der Anlage sind zu teilen (§ 11). – Dem Eigentümer einer **Entwässerungsanlage** ist deren Wert im Zeitpunkt der Eigentumsübergangs zu ersetzen (§ 13). Bei größeren Be- oder Entwässerungsanlagen hat deren Eigentümer einen Anspruch auf Ankauf des Grundstücks nach Maßgabe des SachenRBerG (§ 15).

[1] Vgl. §§ 18, 19 des Landeskulturgesetzes vom 14. 5. 1970 (GBl. I S. 67) sowie die Meliorationsordnung vom 29. 6. 1976 (GBl. II S. 412); zum Meliorationswesen in der DDR vgl. auch den Überblick bei *Knauber* in: *Kiethe* SchuldRAnpG RdNr. 16 f. vor § 1 MeAnlG.

[2] Durch Gesetz vom 28. 6. 1990 (GBl. I S. 483).

[3] BT-Drucks. 12/7135 S. 74.

[4] §§ ohne Angabe eines Gesetzes sind im Bereich des Art. 4 solche des MeAnlG.

Abschnitt 1. Allgemeine Bestimmungen

§ 1 Anwendungsbereich

(1) Dieses Gesetz regelt die Rechtsverhältnisse an Grundstücken und an Meliorationsanlagen in dem in Artikel 3 des Einigungsvertrages genannten Gebiet, wenn an den Meliorationsanlagen nach § 27 des Gesetzes über die landwirtschaftlichen Produktionsgenossenschaften vom 2. Juli 1982 (GBl. I Nr. 25 S. 443), nach § 459 Abs. 1 Satz 1 des Zivilgesetzbuchs der Deutschen Demokratischen Republik oder nach Artikel 233 § 2b Abs. 1 des Einführungsgesetzes zum Bürgerlichen Gesetzbuche selbständiges, vom Eigentum am Grundstück getrenntes Eigentum besteht.

(2) Dieses Gesetz ist nicht anzuwenden, soweit Anlagen oder Anlagenteile über oder in öffentlichen Verkehrswegen und Verkehrsflächen, einschließlich der zu den Wasserstraßen gehörenden Ufergrundstücke, verlegt sind.

1 **1. Anwendungsbereich.** Die Vorschrift legt den räumlichen und sachlichen Anwendungsbereich des Gesetzes fest. An den Meliorationsanlagen (Begriff: § 2) muß selbständiges, vom Eigentum am Grundstück getrenntes Eigentum entstanden sein
- der LPGen gem. § 27 LPG-G oder – nach Aufhebung des Nutzungsrechts der LPGen zum 1. 7. 1990[1] – gem. Art. 233 § 2b Abs. 1 EGBGB oder
- der volkseigenen Güter gem. § 459 ZGB.

Auch soweit die Meliorationsanlagen durch kooperative Einrichtungen (§ 13 LPG-G) errichtet worden sind, ist selbständiges Eigentum begründet worden (§ 27 S. 2 LPG-G).

2 Das selbständige **Anlageneigentum** ist durch Art. 231 § 5 Abs. 1 S. 1 EGBGB aufrechterhalten worden. Es steht nunmehr ggf. den Rechtsnachfolgern der LPGen oder volkseigenen Güter zu.

3 **2. Ausnahmen.** Soweit Meliorationsanlagen oder Teile davon über oder in **öffentlichen Verkehrswegen** oder -flächen verlegt sind, gilt dieses Gesetz nicht (Abs. 2). Die Inanspruchnahme der Straßen und der anderen Verkehrswege wird im allgemeinen aufgrund bürgerlichrechtlicher Gestattungs- oder Konzessionsverträge geregelt, vgl.
- § 8 Abs. 10 Bundesfernstraßengesetz idF der Bekanntmachung v. 8. 8. 1990 (BGBl. I S. 1714),
- § 23 Abs. 1 des Brandenburgischen Straßengesetzes vom 11. 6. 1992 (GVBl. I S. 186), geänd. durch BauO v. 1. 6. 1994 (GVBl. I S. 126) und durch 1. ÄndG v. 15. 12. 1995 (GVBl. I S. 288),
- § 30 Abs. 1 des Straßen- und Wegegesetzes des Landes Mecklenburg-Vorpommern vom 13. 1. 1993 (GVBl. S. 42).
- § 23 des Straßengesetzes für den Freistaat Sachsen (sächsisches Straßengesetz) v. 21. 1. 1993 (GVBl. S. 93), geänd. durch Art. 8 des sächsischen Aufbaugesetzes v. 4. 7. 1994 (GVBl. S. 1261),
- § 23 des Straßengesetzes für das Land Sachsen-Anhalt v. 6. 7. 1993 (GVBl. S. 767),
- § 23 des Thüringer Straßengesetzes v. 7. 5. 1993 (GVBl. S. 273).

4 **3. Rechtliche Bedeutung.** Die Zusammenführung des Anlageneigentums mit dem Eigentum am Grund und Boden erfolgt nach diesem Gesetz. Das SachenRBerG gilt, von § 15 abgesehen, nicht, vgl. Vorbem. RdNr. 3. Die Rechtsverhältnisse der Bewässerungsanlagen sind in Abschn. 2 (§§ 3 bis 11), die der Entwässerungsanlagen in Abschn. 3 (§§ 12 bis 14) geregelt.

§ 2 Begriffsbestimmung

Meliorationsanlagen sind mit dem Erdboden verbundene Beregnungs- und andere Bewässerungs- sowie Entwässerungsanlagen, die der Verbesserung der land- oder forstwirtschaftlichen Bodennutzung dienen.

[1] S. Vorbem. Anm. 2.

1 **Meliorationsanlagen** iS dieses Gesetzes sind:
- Bewässerungs-, insbesondere Beregnungsanlagen und
- Entwässerungsanlagen

zur Verbesserung der land- oder forstwirtschaftlichen Bodennutzung. Beregnungsanlagen dienen der Aufbringung von Wasser oder von Gülle. Die Anlagen müssen mit dem Erdboden (nicht notwendig fest) verbunden sein.

2 **Sonstige Anlagen** zur Bodenverbesserung, wie Flur- und Bodenmeliorationsanlagen (zB Erosionsschutzanlagen oder Windschutzhecken, vgl. zu den letzteren § 3 Abs. 2 AnpflEigentG), zählen nicht zu den Meliorationsanlagen iS dieses Gesetzes.

Abschnitt 2. Anlagen zur Bewässerung

§ 3 Bestellung einer Dienstbarkeit

(1) Der Eigentümer einer Anlage zur Bewässerung von Grundstücken oder zu deren Beregnung kann vom Grundstückseigentümer die Belastung des Grundstücks mit einer beschränkten persönlichen Dienstbarkeit verlangen, nach der er berechtigt ist, auf dem Grundstück eine Meliorationsanlage von der Art und in dem Umfang zu halten, wie sie zum Ablauf des 2. Oktober 1990 bestanden hat. Die nach Satz 1 bestellte Dienstbarkeit ist auf einen anderen Betreiber der Anlage übertragbar; § 1092 Abs. 1 S. 1 des Bürgerlichen Gesetzbuchs findet keine Anwendung.

(2) Der Anspruch des Eigentümers der Anlage auf Bestellung einer Dienstbarkeit verjährt mit dem Ablauf des 31. Dezember 1999.

1 **1. Allgemeines.** Der Eigentümer einer Bewässerungs-(Beregnungs-)Anlage hat einen gesetzlichen **Anspruch auf Bestellung** einer beschränkten persönlichen **Dienstbarkeit** (§ 1090 BGB). Diese tritt an die Stelle des selbständigen Anlageneigentums (§ 10) und dient der Sicherung des Weiterbetriebs der Anlage auf dem fremden Grundstück. Über die Gründe für die abweichende Regelung der Rechtsverhältnisse bei Entwässerungsanlagen s. Vorbem. zu § 12. Bis zum 27. 12. 1996 hatte Abs. 2 folgenden Wortlaut: *Der Anspruch des Eigentümers der Anlage auf Bestellung einer Dienstbarkeit verjährt in zwei Jahren nach dem 1. Januar 1995.* Die somit ursprünglich zum 31. 12. 1996 ablaufende **Verjährungsfrist** ist durch das Eigentumsfristengesetz (EFG) vom 20. Dezember 1996 (BGBl. I S. 2028) **bis zum 31. Dezember 1999 verlängert worden**.

2 **2. Anspruch auf Bestellung einer beschränkten persönlichen Dienstbarkeit (Abs. 1). a) Inhalt des Anspruchs.** Der Inhalt des Anspruchs geht dahin, auf dem Grundstück eine Bewässerungs- oder Beregnungsanlage in dem Umfang zu halten, wie sie zum Ablauf des 2. 10. 1990 bestanden hat. Es handelt sich nicht um einen Anspruch, auf den das SachenRBerG anzuwenden ist. Wegen funktionsunfähiger und nicht mehr nutzbarer Anlagen s. § 5. Wegen des vom Anlageneigentümer zu zahlenden Entgelts s. § 9.

3 **b) Anspruchsinhaber.** Der **Anspruch** steht dem **Eigentümer** der Anlage zu, auch dann, wenn er nicht (mehr) der Betreiber der Anlage ist.[1]

4 **c) Übertragbarkeit.** Die nach S. 1 bestellte Dienstbarkeit ist – im Unterschied zu § 1092 Abs. 1 S. 1 BGB,[2] der nach S. 2 nicht anzuwenden ist – auf einen anderen Betreiber der Anlage **übertragbar.** Damit wird der – von der Person des Berechtigten zu lösenden – Sachbezogenheit der Dienstbarkeit Rechnung getragen. In Betracht kommt insbesondere die Übertragung der Anlage auf einen Wasserverband.[3]

5 **3. Verjährung (Abs. 2).** Der Anspruch des Eigentümers der Anlage auf Bestellung der Dienstbarkeit verjährt nunmehr erst am 31. Dezember 1999. Die ursprünglich am 31. Dezember 1996 endende Frist ist durch das Eigentumsfristengesetz (EFG) vom 20. 12. 1996 (vgl. RdNr. 1) auf den 31. Dezember 1999 hinausgeschoben worden. Parallel dazu ist auch das Datum des Eigentumsübergangs auf spätestens den 31. Dezember 1999 verschoben worden (§ 10 Abs. 1 nF, vgl. dort).[4]

[1] BT-Drucks. 12/7135 S. 75.

[2] Vgl. dazu *Palandt-Bassenge* § 1092 RdNr. 1.

[3] BT-Drucks. 12/7135 S. 75. *Knauber* in: *Kiethe.* SchuldRAnpG § 3 MeAnlG RdNr. 10, 11.

[4] S. zum Eigentumsfristengesetz *Schmidt-Röntsch,* VIZ 1997 S. 2f.

§ 4 Haftung des Erwerbers

Der Erwerber der Anlage ist dem Grundstückseigentümer gegenüber nicht zur Beseitigung derjenigen Beeinträchtigungen des Grundstücks aus einem nicht ordnungsgemäßen Zustand der Anlage verpflichtet, die vor dem Übergang der Gefahr auf den Erwerber eingetreten sind.

1 Die Veräußerung einer Bewässerungsanlage ist bis zum 31. 12. 1999 möglich (§ 10 Abs. 1 S. 1). Bei Veräußerung einer mangelhaften Bewässerungsanlage ist die Haftung des Erwerbers für bereits bestehende Beeinträchtigungen aus § 1004 BGB umstritten, wird aber überwiegend bejaht.[1] Die Vorschrift schränkt diese Haftung des Erwerbers als Zustandsstörer (etwa bei Unterspülungen durch undichte Rohrleitungen) klarstellend ein: Der Erwerber soll nur für solche Beeinträchtigungen haften, die **nach Gefahrübergang eingetreten** sind oder eintreten, nicht jedoch für vorher eingetretene Beeinträchtigungen. Dadurch wird das sog. Altlastenrisiko für Anlagenerwerber – hauptsächlich Wasser- und Bodenverbände – eingegrenzt.[2]

2 Im übrigen bleibt der Geschädigte auf einen evtl. Schadensersatzanspruch gegen den früheren Eigentümer der Anlage angewiesen.

§ 5 Einreden des Grundstückseigentümers

Der Grundstückseigentümer kann die Bestellung einer Dienstbarkeit nach § 3 verweigern, wenn

1. die Anlage funktionsunfähig ist und eine Wiederherstellung nur mit unverhältnismäßigen Aufwendungen möglich wäre,

2. die Anlage nicht mehr genutzt wird und mit einem Gebrauch der Anlage nicht mehr zu rechnen ist oder

3. der Eigentümer der Anlage auf Aufforderung des Grundstückseigentümers die Bestellung der Dienstbarkeit abgelehnt oder sich in einem Zeitraum von sechs Monaten nach Zugang der Aufforderung nicht erklärt hat.

Wird die Anlage seit mindestens zwei Jahren nicht genutzt, so ist zu vermuten, daß eine Nutzung auch in Zukunft nicht stattfinden wird.

1 **1. Allgemeines.** Eine Belastung des Grundstücks für funktionsunfähige (Ziff. 1) oder wirtschaftlich nicht mehr genutzte (Ziff. 2) Anlagen ist nicht zu rechtfertigen. Gleiches gilt, wenn der Anlageneigentümer die Bestellung einer Dienstbarkeit ablehnt oder sich nicht äußert (Ziff. 3). Die an § 29 SachenRBerG angelehnte Vorschrift gibt dem Grundstückseigentümer daher unter den genannten Voraussetzungen ein Recht zur Verweigerung der Bestellung der Dienstbarkeit. – Unter der Voraussetzung der Ziff. 2 kann der Grundstückseigentümer vom Anlageneigentümer darüber hinaus den Verzicht auf eine eingetragene Dienstbarkeit verlangen (§ 7).

2 **2. Einzelerläuterung.** Der Grundstückseigentümer kann die Bestellung einer Dienstbarkeit in folgenden drei Fällen mittels Einrede verweigern.

3 **a) Funktionsunfähige Anlage.** Die Anlage ist **funktionsunfähig** und ihre Wiederherstellung ist nur mit unverhältnismäßigem Aufwand möglich (Nr. 1). Dies ist der Fall, wenn der Wiederherstellungsaufwand aus den Erträgen der Anlage nicht finanziert werden kann. Die Anlage hat dann **keinen Gebrauchswert** mehr.

4 **b) Nicht mehr genutzte Anlage.** Die Anlage wird nicht mehr genutzt und mit ihrer **Ingebrauchnahme** ist **nicht** mehr **zu rechnen** (Nr. 2). Hier stehen einer Wiederinbetriebnahme der – funktionsfähigen – Anlage wirtschaftliche Gründe entgegen. Der Nachweis wird i. w. von der Ertragslage der betreffenden Bodenfläche abhängen; er wird gem. S. 2 durch eine – widerlegliche – Vermutung erleichtert, wenn die Anlage seit mindestens zwei Jahren nicht genutzt wird. Nur vorübergehender Nichtgebrauch reicht nicht.[1*] Gegebenenfalls ist ein landwirtschaftliches Sachverständigengutachten einzuholen.

[1] *Palandt-Bassenge* § 1004 RdNr. 21; BT-Drucks. 12/7135 S. 75, 76.

[2] *Knauber* in: *Kiethe* SchuldRAnpG § 4 MeAnlG RdNr. 2, 5.

[1*] *Knauber* in: *Kiethe* SchuldRAnpG § 5 MeAnlG RdNr. 9.

5 **c) Anlageneigentümer lehnt ab oder äußert sich nicht.** Der vom Grundstückseigentümer aufgeforderte Anlageneigentümer hat die Bestellung der Dienstbarkeit **abgelehnt** oder **sich** innerhalb von 6 Monaten **nicht geäußert** (Nr. 3). Der Grundstückseigentümer soll auch in diesem Fall eine spätere Geltendmachung eines Anspruchs auf Bestellung der Dienstbarkeit zurückweisen können. Damit wird seinem Interesse an alsbaldiger Klarstellung der Rechtsverhältnisse Rechnung getragen. Die Aufforderung des Grundstückseigentümers darf nicht mit Bedingungen verknüpft sein, auf die sich der Anlageneigentümer nicht einzulassen braucht (etwa: überhöhte Entgeltforderungen).

§ 6 Bestehenbleiben in der Zwangsvollstreckung

Eine nach § 3 Abs. 1 bestellte Dienstbarkeit bleibt im Falle einer Zwangsversteigerung in das Grundstück auch dann bestehen, wenn sie bei der Feststellung des geringsten Gebots nicht berücksichtigt ist. Satz 1 ist auf Zwangsversteigerungsverfahren, die nach Ablauf des 31. Dezember 2005 beantragt werden, nicht anzuwenden.

1 Das rechtlich selbständige Anlageneigentum gehört in der Zwangsversteigerung nicht zum Haftungsverband gem. § 20 Abs. 2 ZVG.[1] Die zu bestellende Dienstbarkeit würde jedoch bei einer Zwangsversteigerung des Grundstücks erlöschen, wenn sie bei der Feststellung des geringsten Gebots nicht berücksichtigt worden wäre (§ 52 Abs. 1 ZVG). Um die Nutzbarkeit vorhandener Anlagen zu sichern, ordnet § 6 an, daß die in § 3 bezeichneten Dienstbarkeiten in der Zwangsversteigerung **bestehenbleiben** und vom Ersteher zu übernehmen sind. Die Dienstbarkeiten werden damit den gem. § 52 Abs. 2 ZVG bei der Zwangsversteigerung bestehenbleibenden Notwege- und Überbaurenten gleichgestellt.[2]

2 Diese Regelung ist gem. § 2 **befristet.** Wird ein Zwangsversteigerungsverfahren nach dem 31. 12. 2005 beantragt, gilt S. 1 nicht mehr.

§ 7 Anspruch auf Verzicht

Der Grundstückseigentümer kann vom Eigentümer der Anlage verlangen, daß dieser auf eine nach § 3 Abs. 1 eingetragene Dienstbarkeit verzichtet, wenn mit einem bestimmungsgemäßen Gebrauch der Anlage nicht mehr zu rechnen ist. Ist die Anlage seit mindestens zwei Jahren nicht mehr genutzt worden, so ist zu vermuten, daß auch in Zukunft ein bestimmungsgemäßer Gebrauch nicht stattfinden wird.

Die auf unbefristete Zeit bestellte Dienstbarkeit erlischt nicht bereits durch – auch längere – Nichtausübung, sondern erst dann, wenn der Berechtigte wegfällt oder der Ausübung ein dauerndes Hindernis entgegensteht.[1*] Die Vorschrift räumt dem Grundstückseigentümer darüber hinausgehend einen **Anspruch auf Verzicht** auf die Dienstbarkeit dann ein, wenn mit einem bestimmungsgemäßen Gebrauch der nicht mehr genutzten Anlage auch in Zukunft nicht zu rechnen ist. Dies wird, wie im Falle von § 5 S. 1 Nr. 2, S. 2, vgl. dort RdNr. 4, (widerlegbar) vermutet, wenn die Anlage seit mindestens zwei Jahren nicht mehr genutzt worden ist.

§ 8 Wegnahmerecht

(1) Der Eigentümer der Anlage ist berechtigt, die Anlage vom Grundstück zu trennen und sich anzueignen, wenn das Eigentum an der Anlage nach § 10 auf den Grundstückseigentümer übergegangen ist und eine Dienstbarkeit nicht bestellt wird. Auf das Wegnahmerecht nach Satz 1 ist § 258 des Bürgerlichen Gesetzbuchs anzuwenden.

[1] *Böttcher* ZVG, § 20 Anm. V 3 a bb.
[2] BT-Drucks. 12/7135 S. 76; zu den Notwege- und Überbaurenten s. *Zeller-Stöber* ZVG, 14. Aufl. 1993, § 52 RdNr. 4 (Anm. 4.2 h, o).

[1*] *Palandt-Bassenge* § 1090 RdNr. 8 und § 1018 RdNr. 35; BT-Drucks. 12/7135 S. 76/77.

(2) Das Wegnahmerecht nach Absatz 1 ist ausgeschlossen, wenn die Wegnahme für den Eigentümer der Anlage keinen Nutzen hat und diesem vom Grundstückseigentümer der Wert ersetzt wird, den die Anlage zum Zeitpunkt der Wegnahme hat.

1 **1. Allgemeines.** Der Substanzwert der Anlage steht dem Anlageneigentümer zu. Er kann ihn durch Ausübung eines Wegnahmerechts realisieren, wenn er von seinem Anspruch auf Bestellung der Dienstbarkeit keinen Gebrauch machen kann oder will. § 8 begründet ein besonderes Wegnahmerecht für die Zeit **nach** dem Eigentumsübergang an der Anlage. Solange das selbständige Anlageneigentum noch besteht, folgt das Wegnahmerecht unmittelbar aus dem Eigentum an der Anlage.[1]

2 **2. Voraussetzung des Wegnahmerechts.** Das Wegnahmerecht kann (gem. § 8: auch dann) ausgeübt werden, wenn
- das **Anlageneigentum** gem. § 10 Abs. 2, Abs. 1 auf den Grundstückseigentümer **übergegangen** ist, also spätestens nach dem 31. 12. 1999 (s. § 10 Abs. 1 nF) **und**
- eine Dienstbarkeit **nicht bestellt wird.**

Eine Dienstbarkeit „wird nicht bestellt", wenn der Anspruch auf Bestellung der Dienstbarkeit aufgrund eigener Entscheidung des Anlageneigentümers oder wegen einer Einrede des Grundstückseigentümers (gem. §§ 3 Abs. 2, 5) nicht geltend gemacht wird oder werden kann.

3 **3. Rechtsfolgen. a) Aneignungsrecht; Wiederherstellung des früheren Zustandes.** Da das Eigentum an der Anlage auf den Grundstückseigentümer übergegangen ist, kann der Nutzer sich diese wieder **aneignen.** Gem. § 258 BGB hat der wegnehmende Nutzer das Grundstück auf seine Kosten in den vorigen Stand zu setzen, dh. das Grundstück insbesondere von Schrott zu befreien und Schäden im Gelände auszubessern. Auf Verlangen des Grundstückseigentümers hat der Nutzer vorher für den mit der Wegnahme verbundenen Schaden Sicherheit zu leisten.

4 **b) Abbruchkosten.** Von der Verpflichtung zur Wiederherstellung des ursprünglichen Zustandes, die bei Unmöglichkeit der Wiederherstellung in eine Schadensersatzverpflichtung übergeht,[2] ist die Pflicht zur Tragung der **Abbruchkosten** zu unterscheiden. Die Abbruchkosten sind grundsätzlich zu teilen (§ 11). Der Anspruch des Anlageneigentümers auf Ersatz der hälftigen Abbruchkosten setzt nach dem eindeutigen Wortlaut von § 11 Abs. 2 S. 2 aber voraus, daß der Anlageneigentümer zuvor vom Grundstückseigentümer zur Beseitigung der Anlage aufgefordert worden ist. Macht er von seinem Wegnahmerecht daher Gebrauch, ohne zuvor gem. § 11 Abs. 2 S. 1 vom Grundstückseigentümer zur Beseitigung (dies schließt die Wegnahme ein), aufgefordert worden zu sein, besteht kein Anspruch auf die hälftigen Abbruchkosten.

5 **4. Ausschluß des Wegnahmerechts (Abs. 2).** Eine schikanöse Ausübung des Wegnahmerechts soll verhindert werden, eine noch brauchbare Anlage soll dem Grundstückseigentümer möglichst erhalten werden. Die Wegnahme ist daher ausgeschlossen, wenn
- die Wegnahme für den (ursprünglichen) Eigentümer der Anlage **keinen Nutzen** hat und
- der Grundstückseigentümer dem Nutzer den **Wert,** bezogen auf den Zeitpunkt der Trennung **ersetzt.** Zu ersetzen ist der Wert nach der Trennung der Anlage, nicht der Wert, den diese eventuell für das Grundstück noch hat.

§ 9 Entgelt

(1) Der Grundstückseigentümer kann von dem Eigentümer der Anlage für die künftige Nutzung ein Entgelt in der Höhe verlangen, wie es für die Bestellung einer Dienstbarkeit mit dem in § 3 Abs. 1 bezeichneten Inhalt üblich ist.

(2) Der Anspruch nach Absatz 1 wird fällig, wenn der Grundstückseigentümer der Belastung seines Grundstücks zugestimmt hat. Der Eigentümer der Anlage kann im Falle einer nach Absatz 1 geforderten einmaligen Zahlung eine zinslose Stundung der Hälfte des zu zahlenden Betrages auf zwei Jahre verlangen.

1 **1. Allgemeines.** Als Ausgleich für die Belastung des Grundstücks mit der Dienstbarkeit hat der Anlageneigentümer dem Grundstückseigentümer ein Entgelt zu zahlen. Für die Bewässe-

[1] *Knauber* in: *Kiethe* SchuldRAnpG § 8 MeAnlG RdNr. 3.

[2] *Keller* § 258 RdNr. 10.

rung oder Beregnung der angeschlossenen Grundstücke kann der Anlageneigentümer seinerseits von den Grundstückseigentümern – zu vereinbarende – ortsübliche Entgelte verlangen.[1]

2 **2. Anspruch des Grundstückseigentümers. a) Übliches Entgelt.** Der – schuldrechtliche – Anspruch richtet sich auf das für die Bestellung der Dienstbarkeit **übliche Entgelt.**[2] Er kann nicht zum dinglichen Rechtsinhalt der Dienstbarkeit gemacht werden.[3] Möglich ist eine einmalige oder eine fortlaufende Gegenleistung.

3 **b) Fälligkeit und Stundung.** Der Anspruch wird bereits **fällig,** sobald der Grundstückseigentümer der Belastung seines Grundstücks mit der Dienstbarkeit zugestimmt hat (Abs. 2 S. 1). Ist eine einmalige Zahlung vereinbart, so kann der Anlageneigentümer eine zinslose Stundung der Hälfte des Betrages auf zwei Jahre verlangen (Abs. 2 S. 2).

§ 10 Eigentumsübergang

(1) Das Eigentum an der Anlage geht mit dem Ablauf des 31. Dezember 1999 auf den Grundstückseigentümer über, es sei denn, daß vorher eine Dienstbarkeit für die Anlage eingetragen oder der Anspruch auf Bestellung einer solchen Dienstbarkeit in einer die Verjährung unterbrechenden Weise geltend gemacht worden ist. Die Anlage wird wesentlicher Bestandteil des Grundstücks. Mit dem Übergang des Eigentums erlöschen die daraus begründeten Rechte. Satz 3 ist auf das Wegnahmerecht nicht anzuwenden.

(2) Eine Vergütung in Geld kann für den Eigentumsverlust nicht verlangt werden. Satz 1 ist nicht anzuwenden, wenn der Eigentümer des Grundstücks die Anlage für eigene Zwecke nutzt. Im Falle des Satzes 2 hat der Grundstückseigentümer dem Eigentümer der Anlage deren Wert im Zeitpunkt des Eigentumsübergangs zu ersetzen.

1. Allgemeines:

1 **a)** Die **Neufassung** von § 10 beruht auf der Änderung durch das Eigentumsfristengesetz (EFG) vom 20. Dezember 1996 (BGBl. I S. 2028), in Kraft getreten am 28. Dezember 1996.[1*]

Die ursprüngliche Fassung lautete:

§ 10 Eigentumsübergang

(1) Das Eigentum an der Anlage geht spätestens mit Ablauf des 31. Dezember 1996 auf den Grundstückseigentümer über. Die Anlage wird wesentlicher Bestandteil des Grundstücks. Mit dem Übergang des Eigentums erlöschen die daraus begründeten Rechte. Satz 3 ist auf den Anspruch auf Bestellung einer Dienstbarkeit und das Wegnahmerecht nicht anzuwenden.

(2) Die in Absatz 1 bestimmte Rechtsfolge tritt auch ein, wenn

1. *eine Dienstbarkeit nach § 3 Abs. 1 in das Grundbuch eingetragen wird,*
2. *der Eigentümer der Anlage erklärt hat, daß er den Anspruch auf Bestellung einer Dienstbarkeit nicht geltend macht, oder sechs Monate nach Aufforderung des Grundstückseigentümers gem. § 5 Satz 1 Nr. 3 fruchtlos vestrichen sind oder*
3. *der Grundstückseigentümer gegenüber dem Anspruch auf Bestellung der Dienstbarkeit Einreden nach § 5 geltend gemacht und der Eigentümer der Anlage nicht binnen einer Frist von sechs Monaten nach schriftlicher Zurückweisung seines Begehrens Klage erhoben hat oder durch rechtskräftiges Urteil festgestellt worden ist, daß ein Anspruch auf Bestellung einer Dienstbarkeit nach § 3 Abs. 1 nicht besteht.*

(3) Eine Vergütung in Geld kann für den Eigentumsverlust nicht verlangt werden. Satz 1 ist nicht anzuwenden, wenn der Eigentümer des Grundstücks die Anlage für eigene Zwecke nutzt. Im Falle des Satzes 2 hat der Grundstückseigentümer dem Eigentümer der Anlage deren Wert im Zeitpunkt des Eigentumsübergangs zu ersetzen.

Die ursprüngliche Regelung sah einen früheren Eigentumsübergang an der Anlage vor, nämlich mit Bestellung der Dienstbarkeit, mit dem Verzicht auf ihre Bestellung, mit erfolgreicher

[1] BT-Drucks. 12/7135 S. 77 und *Knauber* in: *Kiethe* SchuldRAnpG § 9 MeAnlG RdNr. 4.

[2] Zu Bewertungsfragen nach dem MeAnlG vgl. *Zimmermann* OV spezial 1996, 53 ff.

[3] *Palandt-Bassenge* § 1090 RdNr. 4; *ders.* § 1018 RdNr. 12 u. 27.

[1*] Vgl. dazu *Schmidt-Räntsch,* Das Eigentumsfristengesetz, VIZ 1997, 2 f.

Geltendmachung der Einrede nach § 5 durch den Grundstückseigentümer und spätestens mit dem Ablauf des 31. Dezember 1996 (§ 10 Abs. 2 mit Abs. 1 S. 1 aF).

Der Eigentumsübergang zugleich mit dem Zeitpunkt der Bestellung der Dienstbarkeit widersprach dem Leitbild des § 95 Abs. 1 S. 2 BGB.[2] Nach dieser Vorschrift steht das Eigentum an Anlagen, die in Ausübung einer Dienstbarkeit bestehen, gerade nicht dem Grundstückseigentümer, sondern dem Inhaber der Dienstbarkeit zu. Ein früher Eigentumsübergang auf den Grundstückseigentümer hat zudem zur Folge, daß der Grundstückseigentümer sich alsbald der Haftung als Zustandsstörer für die oftmals verrotteten und gefahrdrohenden Anlagen ausgesetzt sieht.[3] Der Gesetzgeber hat daher in § 10 nF das Interesse an einer raschen Klärung der sachenrechtlichen Verhältnisse hintangestellt und § 10 Abs. 2 aF aufgehoben sowie den Zeitpunkt des Eigentumübergangs nach § 10 Abs. 1 nF – auch als Folgeänderung zu der Verlängerung der Verjährungsfrist in § 3 Abs. 2 nF – auf den 31. Dezember 1999 verlegt.

Der Wegfall des Eigentumsüberganges mit Bestellung der Grunddienstbarkeit führte ferner in Abs. 1 S. 4 aF zur Streichung des diesbezüglichen Satzteils *„den Anspruch auf Bestellung einer Dienstbarkeit und"* (vgl. Abs. 1 S. 4 nF.).

2 **b) Regelungsinhalt allgemein.** Mit dem Eigentumsübergang wurde bzw. wird die Anlage wesentlicher Bestandteil des Grundstücks (Abs. 1 S. 2). Aus dem bisher selbständigen Anlageneigentum begründete Rechte erlöschen (Abs. 1 S. 3), s.u. RdNr. 5; das Wegnahmerecht bleibt jedoch bestehen (Abs. 1 S. 4). Ein Anspruch auf Vegütung für den Eigentumsverlust besteht im Grundsatz nicht (Abs. 2 nF = Abs. 3 aF).

3 **c) Übergangsregelung.** Nach Abs. 2 aF kann das Eigentum an der Anlage schon vor dem 28. Dezember 1996 (Inkrafttreten der Neufassung) auf den Grundstückseigentümer übergegangen sein (RdNr. 1). Dabei verbleibt es (§ 18).

4 **2. Eigentumsübergang am 31. 12. 1999 (Abs. 1). a) Wesentlicher Grundstücksbestandteil.** Soweit das Eigentum an der Anlage nicht schon vorher (gemäß Abs. 2 aF, s. dazu RdNr. 1, 3, 7 und § 18) übergangen ist, geht es nunmehr mit Ablauf des 31. 12. 1999 auf den Grundstückseigentümer über. Mit dem Eigentumsübergang geht auch eine evtl. Haftung als Zustandsstörer auf den Grundstückseigentümer über. Bei einer nicht mehr nutzbaren oder genutzten Anlage kann der Grundstückseigentümer die Bestellung einer Dienstbarkeit verweigern (§ 5). – Die geänderte Fassung des Satzes 1 (*„es sei denn daß ..."*) nimmt im Ergebnis nur auf die §§ 10 Abs. 2 aF, 18 Bezug, erklärt also einen früheren gesetzlichen Eigentumsübergang für beständig.

Die Anlage wird mit dem Eigentumsübergang **wesentlicher Grundstücksbestandteil.** Damit ist die Rechtslage des § 93 BGB hergestellt und zugleich ein wesentliches Hemmnis für die Beleihung und die Verwertung der land- und forstwirtschaftlich genutzten Flächen im Beitrittsgebiet beseitigt.[4]

5 **b) Erlöschende Rechte.** Zugleich **erlöschen** die aus dem selbständigen Anlageneigentum begründeten **Rechte** (S. 3), wozu insbesondere auch das Vorkaufsrecht der Genossenschaften, ihrer Mitglieder und anderer Bürger gem. § 5 des Eigentumsübertragungsgesetzes[5] gehört.

6 **c) Bestehenbleibende Rechte.** Zu den erlöschenden Rechten gehört nicht das Wegnahmerecht; dieses bleibt gemäß S. 4 bestehen. In S. 4 nF ist der Anspruch auf Bestellung der Dienstbarkeit nicht mehr erwähnt. Da dieser Anspruch am 31. Dezember 1999 nur verjährt (§ 3 Abs. 2 nF), muß er bei rechtzeitiger Unterbrechung der Verjährungsfrist ebenfalls bestehen bleiben.

7 **3. Eigentumsübertragung bereits vor dem 31. 12. 1996 (Abs. 2 aF).** In den nachfolgend aufgeführten Fällen ist das Anlageneigentum (mit den Rechtsfolgen des Abs. 1) schon zu den genannten Zeitpunkten übergegangen:
- bei Eintragung der Dienstbarkeit gem. § 3 Abs. 1 in das Grundbuch,
- unter den Voraussetzungen des § 5 Nr. 3,
- wenn der Grundstückseigentümer der Bestellung der Dienstbarkeit Einreden gem. § 5 Nr. 1 oder 2 entgegengesetzt und der Anlageneigentümer nicht innerhalb von sechs Monaten Klage erhoben hat, oder

[2] BT-Drucks. 13/5586 S. 3.
[3] *Schmidt-Räntsch* (Fn.1) S. 4.
[4] BT-Drucks. 12/7135 S. 77.
[5] Gesetz über die Übertragung des Eigentums und die Verpachtung volkseigener landwirtschaftlich genutzter Grundstücke an Genossenschaften, Genossenschaftsmitglieder und andere Bürger – Eigentumsübertragungsgesetz – vom 22. 7. 1990 (BGBl. I S. 899); BT-Drucks. 12/7135 S. 78.

– wenn ein Anspruch auf Bestellung der Dienstbarkeit durch rechtskräftiges Urteil verneint worden ist.

Bei dieser Rechtsfolge soll es auch nach Streichung des Abs. 2 aF verbleiben (§ 18).

8 **4. Grundsätzlich kein Vergütungsanspruch des Anlageneigentümers (Abs. 2 nF = Abs. 3 aF).** Da der Gebrauchswert der Anlage durch den Anspruch auf Bestellung der Dienstbarkeit und der Substanzwert durch das Wegnahmerecht gesichert werden, kann der Anlageneigentümer für den Eigentumsverlust **grundsätzlich keine Entschädigung** verlangen (Abs. 3 Satz 1).

9 Etwas anderes gilt nur, wenn der Grundstückseigentümer die Anlage für **eigene Zwecke** nutzt; dann hat er dem Anlageneigentümer den Wert im Zeitpunkt des Eigentumsübergangs zu ersetzen (Abs. 3 S. 2 u. 3). In diesem Fall ist das Wegnahmerecht des früheren Anlageneigentümers ausgeschlossen (§ 8 Abs. 2).

§ 11 Ersatz der Kosten des Abbruchs der Anlage

(1) Wird eine Dienstbarkeit nach diesem Abschnitt nicht bestellt, so kann der Eigentümer des Grundstücks von dem Eigentümer der Anlage Ersatz der Hälfte der für die Beseitigung erforderlichen Aufwendungen der auf dem Grundstück stehenden Anlage oder Anlagenteile verlangen.

(2) Der Eigentümer des Grundstücks kann den Anspruch nach Absatz 1 erst geltend machen, nachdem er

1. dem Eigentümer der Anlage Gelegenheit gegeben hat, die Anlage zu beseitigen, und

2. eine hierfür gesetzte angemessene Frist fruchtlos verstrichen ist.

Der Eigentümer der Anlage kann vom Grundstückseigentümer Ersatz der Hälfte seiner für die Beseitigung der Anlage erforderlichen Aufwendungen verlangen, die ihm nach der Aufforderung zu deren Beseitigung entstanden sind.

(3) Derjenige, von dem Aufwendungsersatz verlangt wird, kann von dem anderen Teil verlangen, daß dieser über die Beseitigung der Anlage Rechenschaft ablegt.

(4) Die Ansprüche aus den Absätzen 1 und 2 verjähren mit dem Ablauf des 31. Dezember 2000. Die Verjährung wird unterbrochen, wenn ein Rechtsstreit über den Anspruch auf Bestellung der Dienstbarkeit rechtshängig wird.

1 **1. Allgemeines.** § 11 gewährt keinen Anspruch auf Abbruch[1] der (technisch oder wirtschaftlich) nicht mehr nutzbaren Anlage, zu deren Betrieb daher keine Dienstbarkeit bestellt wird, sondern nur auf die – hälftigen – Abbruchkosten. Die Verjährungsfrist für die Ansprüche aus den Absätzen 1 und 2 ist durch das Eigentumsfristengesetz (EFG) vom 20. Dezember 1996 (BGBl. I S. 2028) um drei Jahre bis zum Ablauf des 31. Dezember 2000 verlängert worden (s. näher RdNr.6).

2 **2. Anspruch auf Ersatz der hälftigen Abbruchkosten (Abs. 1, Abs. 2). a) Voraussetzung des Anspruchs des Grundstückseigentümers** (Abs. 2 S. 1) ist, daß eine Dienstbarkeit nicht bestellt wird (vgl. dazu § 8 RdNr. 2), der Grundstückseigentümer dem Anlageneigentümer Gelegenheit gegeben hat, die Anlage selbst zu beseitigen und eine hierfür gesetzte angemessene Frist verstrichen ist. Damit wird der Anlageneigentümer indirekt aufgefordert, die Anlage selbst zu beseitigen (Folge: Abs. 2 S. 2, siehe nachfolgend RdNr. 3). Nach fruchtlosem Fristablauf kann der Grundstückseigentümer die Anlage beseitigen und die **Hälfte der** angefallenen **Abbruchkosten,** soweit diese erforderlich waren, ersetzt verlangen. Es besteht kein Vorschußanspruch, dh. der Grundstückseigentümer muß den Abbruch tatsächlich vorgenommen haben (arg. Abs. 3).

3 **b) Rechte des Anlageneigentümers.** Hat der **Anlageneigentümer** die Anlage innerhalb der gesetzten Frist **beseitigt,** kann er seinerseits die Hälfte der für die Beseitigung erforderlichen Kosten ersetzt verlangen (Abs. 2 S. 2).

[1] Unklar BT-Drucks. 12/7135 S. 78 u. 79; vgl. zum Regelungszweck auch *Knauber* in: *Kiethe* SchuldRAnpG § 11 MeAnlG RdNr. 2 bis 6.

Mit dem Abbruch übt der Anlageneigentümer gleichzeitig sein **Wegnahmerecht** aus (§ 8 Abs. 1). Damit hat er das Grundstück auf seine Kosten in den vorigen Stand zu setzen (§ 8 RdNr. 3). Die hierauf entfallenden Kosten sind keine Abbruchkosten und unterliegen nicht der hälftigen Teilung. Macht der Anlageneigentümer von seinem Wegnahmerecht unaufgefordert Gebrauch, hat er nach dem Wortlaut des Abs. 2 S. 2 keinen Anspruch auf Ersatz der hälftigen Abbruchkosten (s. auch § 8 RdNr. 4). 4

c) Rechenschaftspflicht. Der jeweilige Anspruchsteller ist dem anderen Teil zur **Rechenschaft** über die entstandenen Beseitigungskosten verpflichtet (Abs. 3, § 259 BGB). 5

d) Verjährung. Die Ansprüche beider Beteiligter **verjähren** nunmehr mit dem Ablauf des 31. Dezember 2000. Die ursprünglich bis zum 31. Dezember 1997 bemessene Verjährungsfrist für die Ansprüche aus Abs. 1 und 2 ist durch das EFG (s.o. RdNr. 1) bis zum 31. Dezember 2000 verlängert worden. Damit endet diese Verjährungsfrist weiterhin ein Jahr nach Ablauf der Frist für die Bestellung der Dienstbarkeit, die durch das EFG bis zum 31. Dezember 1999 verlängert worden ist.[2] Die Verjährung wird (über §§ 208, 209 BGB hinaus) durch eine Klage auf Bestellung der Dienstbarkeit unterbrochen.[3] 6

Abschnitt 3. Anlagen zur Entwässerung

Vorbemerkung

Abschnitt 3 enthält eine von Abschnitt 2 abweichende Regelung der Rechtsverhältnisse an den **Entwässerungsanlagen.** Das Eigentum an diesen Anlagen geht am 1. 1. 1995 auf den Grundstückseigentümer über (§ 12). Für den Rechtsverlust hat der Grundstückseigentümer den Anlageneigentümer zu entschädigen (§ 13). Ein Anspruch auf Bestellung einer Dienstbarkeit besteht nicht. Der Grund für die unterschiedliche Regelung liegt darin, daß sich aus bereits vorhandenen Entwässerungsanlagen (Drainagen) kein Entgelt erwirtschaften läßt. Eine Dienstbarkeit wäre ungeeignet, weil sich Vorteile allein für das zu belastende Grundstück ergeben würden.[1] Die über mehrere Grundstücke hinweg verlegten Drainagen begünstigen alle im Einzugsgebiet der Entwässerung befindlichen Grundstückseigentümer; diese erhalten daher ein befristetes Durchleitungsrecht (§ 14).

§ 12 Eigentumsübergang

Das Eigentum an den sich auf dem Grundstück befindenden Entwässerungsanlagen geht mit dem 1. Januar 1995 auf den Grundstückseigentümer über. Die Anlage wird wesentlicher Bestandteil des Grundstücks.

S. zunächst die Vorbem. zu §§ 12 bis 14. Die gesetzliche Regelung stellt die **BGB-konforme Eigentumszuordnung** an den Entwässerungsanlagen bereits zum 1. 1. 1995 wieder her. Die Anlage wird wesentlicher und damit sonderrechtsunfähiger Bestandteil des Grundstücks.

§ 13 Entschädigung für den Rechtsverlust

Wer durch den in § 12 bestimmten Eigentumsübergang einen Rechtsverlust erleidet, kann vom Grundstückseigentümer eine Entschädigung nach § 951 Abs. 1 des Bürgerlichen Gesetzbuchs verlangen. Der Grundstückseigentümer hat nach Satz 1 den Wert zu ersetzen, den die Anlage im Zeitpunkt des Eigentumsübergangs hat.

1. Allgemeines. Die Vorschrift gewährt jedem, der durch den in § 12 angeordneten Eigentumsübergang einen Rechtsverlust erlitten hat, also in erster Linie dem Anlageneigentümer, einen **Anspruch auf Entschädigung** gegen den Grundstückseigentümer. 1

[2] BT-Drucks. 13/5586 S. 4.
[3] BT-Drucks. 12/7135 S. 79.
[1] BT-Drucks. 12/7135 S. 79.

2 **2. Umfang des Anspruchs.** Durch die Verweisung auf § 951 Abs. 1 BGB, der seinerseits eine Gesamtverweisung auf das **Bereicherungsrecht** enthält, sind auch hier Tatbestand und Rechtsfolgen der §§ 812ff. BGB in Bezug genommen.[1] Aus der Gesamtverweisung auf die Vorschriften über die Eingriffskondiktion folgt die Anwendbarkeit von §§ 818 Abs. 3 u. 4, 819 und 822 BGB sowie die Unanwendbarkeit der §§ 814 u. 815 BGB.[2]

3 Der Umfang des Bereicherungsanspruchs wird durch S. 2 präzisiert. Danach bestimmt sich der Anspruch nach dem **Zeitwert** der Anlage im Zeitpunkt des Eigentumsübergangs, dem 1. 1. 1995. Auf eine etwaige Wertsteigerung des Grundstücks oder der Anlage kommt es mithin nicht an.[3]

§ 14 Befristetes Durchleitungsrecht

Die Eigentümer benachbarter Grundstücke können vom Grundstückseigentümer verlangen, daß dieser die Entwässerung ihrer Grundstücke durch eine am 1. Januar 1995 vorhandene Drainage – oder andere Leitung über sein Grundstück bis zum Ablauf des 31. Dezember 1999 duldet.

1 **1. Allgemeines.** Die über mehrere Grundstücke hinweglaufenden Entwässerungsanlagen sind nur funktionsfähig, wenn die Entwässerung auch über alle an das System angeschlossenen Grundstücke stattfinden kann.

2 **2. Befristetes Durchleitungsrecht. a) Duldungspflicht.** Die Eigentümer benachbarter Grundstücke können daher vom jeweiligen Grundstücksnachbarn verlangen, daß dieser die **Entwässerung** durch eine am 1. 1. 1995 auf seinem Grundstück vorhandene Entwässerungsleitung **gestattet** (vgl. Wortlaut). Eine gesetzliche Regelung des Durchleitungsrechts war erforderlich, weil das allgemeine Nachbarrecht keine dementsprechende Duldungspflicht kennt.[1*] Die Duldungspflicht gem. § 14 besteht bereits kraft Gesetzes.[2*]

3 **b) Befristung.** Das zivilrechtliche Durchleitungsrecht ist **zeitlich** bis zum 31. 12. 1999 **befristet.** Für die Zeit danach ist die Entwässerung nicht zivilrechtlich, sondern öffentlichrechtlich durch Gründung eines Wasser- und Bodenverbandes nach dem WVG,[3*] dessen Vorschriften unberührt bleiben (§ 17 Abs. 2), zu regeln. Nach § 9 WVG können auch solche Beteiligte zur Mitgliedschaft in dem Verband herangezogen werden, die gegen die Errichtung des Verbandes gestimmt haben.[4] Ein Wasserverband kann auch von Amts wegen begründet werden (§ 10 Abs. 2 Nr. 1 WVG). Er hat nach § 33 WVG das Recht, die Grundstücke der dinglichen Verbandsmitglieder in dem zur Durchführung des Unternehmens erforderlichen Umfang zu nutzen.

Abschnitt 4. Bauliche Anlagen

§ 15 Ansprüche der Beteiligten

(1) Sind Meliorationsanlagen nach Art oder Größe so beschaffen, daß

1. sie den Grundstückseigentümer von Besitz und Nutzung seines Grundstücks ausschließen oder

2. die Fläche, die für die Nutzung der Anlage nicht erforderlich ist, für den Grundstückseigentümer baulich oder wirtschaftlich nicht nutzbar ist,

kann der Ankauf des Grundstücks durch den Eigentümer der Anlage nach Maßgabe des Sachenrechtsbereinigungsgesetzes verlangt werden. Jeder der Beteiligten (Grundstückseigentümer und Anlageneigentümer) ist zur Ausübung des Anspruchs berechtigt.

(2) Der Kaufpreis ist nach dem ungeteilten Bodenwert des Grundstücks zu bestimmen.

[1] *Thiele-Krajewski-Röske* § 12 RdNr. 1 bis 3; *Knauber* in: *Kiethe* SchuldRAnpG § 13 MeAnlG RdNr. 3, 4.

[2] *Palandt-Bassenge* § 951 RdNr. 3.

[3] BT-Drucks. 12/7135 S. 80.

[1*] BT-Drucks. 12/7135 S. 80.

[2*] So zutreffend *Knauber* in: *Kiethe* SchuldRAnpG § 14 MeAnlG RdNr. 4.

[3*] Wasserverbandsgesetz vom 12. 2. 1991 (BGBl. I S. 405).

[4] BT-Drucks. 12/7135 S. 80.

(3) Der Eigentümer der Anlage kann vom Grundstückseigentümer im Falle des Ankaufs des Grundstücks eine zinslose Stundung der Hälfte des Kaufpreises für fünf Jahre verlangen.

(4) Ist ein alsbaldiger Abbruch der Anlage zur ordnungsgemäßen Bewirtschaftung des Grundstücks erforderlich und zu erwarten, so kann der Eigentümer der Anlage, wenn er das Grundstück nach Absatz 1 ankauft, vom Kaufpreis die Hälfte der Abbruchkosten abziehen. Der Kaufpreis ist jedoch mindestens nach dem in § 82 Abs. 5 des Sachenrechtsbereinigungsgesetzes genannten Entschädigungswert zu bemessen. Verweigert der Grundstückseigentümer den Verkauf des Grundstücks an den Anlagenbesitzer aus den in § 29 Abs. 1 des Sachenrechtsbereinigungsgesetzes genannten Gründen, so stehen ihm die in § 11 bestimmten Ansprüche zu. Rechte aus dem Anlageneigentum können nicht mehr geltend gemacht werden. Mit dem Abbruch erlischt das selbständige Eigentum an der Anlage.

I. Normzweck

1 Die an § 38 WVG angelehnte Regelung des Abschnitts 4 gibt dem Nutzer größerer Pumpenstationen, Staubecken und sonstiger Be- oder Entwässerungsanlagen, die den Grundstückseigentümer, ähnlich wie in § 12 Abs. 3 SachenRBerG von der Nutzung seines Grundstücks ausschließen, einen **gesetzlichen Ankaufsanspruch.** Der Ankauf hat nach Maßgabe des SachenRBerG zu erfolgen. Es gelten auch die Vorschriften des notariellen Vermittlungsverfahrens (§§ 85ff. SachenRBerG) und des gerichtlichen Verfahrens (§§ 103ff. SachenRBerG).

II. Ankauf des Grundstücks durch den Anlageneigentümer (Abs. 1 bis 3)

2 **1. Voraussetzung (Abs. 1)** für den Ankaufsanspruch ist
- eine Meliorationsanlage (§ 2), die nach ihrer Beschaffenheit oder Größe den Grundstückseigentümer von Besitz und Nutzung des Grundstücks **ausschließt** (Nr. 1; s. RdNr. 1) oder
- eine für die Nutzung der Anlage nicht erforderliche Fläche, die für den Grundstückseigentümer baulich oder wirtschaftlich nicht nutzbar ist (**Restfläche,** vgl. § 27 SachenRBerG und dort RdNr. 2).

3 **2. Rechtsfolgen (Abs. 2 u. 3). a) Anspruch auf Abschluß eines Kaufvertrages.** Der Grundstückseigentümer und der Anlageneigentümer können den Abschluß eines Kaufvertrages verlangen, durch den der **Anlageneigentümer das Grundstück erwirbt.** Der Erwerb vollzieht sich nach den Bestimmungen des SachenRBerG (insbesondere nach §§ 61ff.).

4 **b) Kaufpreis; Stundung.** Der Kaufpreis bestimmt sich abweichend von § 68 SachenRBerG nach dem **ungeteilten Bodenwert** (Abs. 2) des unbebauten Grundstücks. Die Bestimmungen des § 19 SachenRBerG sind zur Bodenwertermittlung heranzuziehen.

5 Der Erwerber (Anlageneigentümer) kann vom Grundstückseigentümer eine zinslose **Stundung** der Hälfte des nach Abs. 2 geschuldeten Kaufpreises für fünf Jahre verlangen (Abs. 3). Die andere Hälfte wird durch eine Belastung des zu erwerbenden Grundstücks zu finanzieren sein.[1]

6 **3. Erforderlicher Abbruch der Anlage (Abs. 4). a) Allgemeines.** Abs. 4 regelt den Fall der **nicht mehr nutzbaren und alsbald abzubrechenden Anlage.** Dabei wird der Gedanke des § 11 (Halbteilung der Abbruchkosten) sinngemäß angewandt. Das Gesetz unterscheidet danach, ob der Anlageneigentümer das Grundstück ankauft oder den Ankauf verweigert.

7 **b) Ankauf des Grundstücks (S. 1 u. 2).** Kauft der Anlageneigentümer das Grundstück an, sind die Abbruchkosten der Anlage zu halbieren: Der Anlageneigentümer kann daher grundsätzlich die **Hälfte der Abbruchkosten** vom Kaufpreis abziehen (S. 1).

8 Dies darf jedoch nicht dazu führen, daß der Grundstückseigentümer nichts erhält oder möglicherweise zuzahlen muß. Ihm muß daher mindestens der Betrag verbleiben, den er im Falle entschädigungsloser Enteignung als Entschädigung verlangen könnte. Andernfalls würde er durch die Bebauung im Ergebnis schlechter gestellt als bei rechtsstaatswidriger Enteignung. Gemäß Abs. 4 S. 2 iVm. §§ 82 Abs. 5 SachenRBerG, 9 Abs. 3 VermG hat der Grundstückseigentümer mindestens Anspruch auf einen Kaufpreis in Höhe der Entschädigung für Grundvermögen nach dem EALG.[2]

[1] BT-Drucks. 12/7135 S. 80.
[2] Entschädigungs- und Ausgleichsleistungsgesetz vom 27. 9. 1994 (BGBl. I S. 2624 und S. 2628); BT-Drucks. 12/7135 S. 81.

9 **c) Verweigerung des Ankaufs (S. 3 bis 5).** Der Grundstückseigentümer kann, wenn die nicht mehr nutzbare Anlage alsbald abgebrochen werden soll, den **Ankauf** aus den Gründen von § 29 Abs. 1 SachenRBerG **verweigern.** Die Erhebung der Einrede setzt den vollen Tatbestand des § 29 Abs. 1 SachenRBerG voraus (vgl. die Erläuterungen zu § 29 SachenRBerG), der jedoch bei dem aus technischen oder wirtschaftlichen Gründen vorgesehenen alsbaldigen Abbruch der Anlage (Abs. 4 S. 1) regelmäßig vorliegen dürfte. In diesem Fall kann der Grundstückseigentümer vom Nutzer unter den Voraussetzungen des § 11 die Hälfte der Abbruchkosten verlangen (vgl. die Erläuterungen zu § 11). Rechte aus dem Anlageneigentum können nicht mehr geltend gemacht werden. Das selbständige Anlageneigentum erlischt mit dem Abbruch.

Abschnitt 5. Offene Gewässer

§ 16 Eigentumsbestimmung nach den Wassergesetzen

Die Bestimmungen der §§ 3 bis 15 sind auf offene Gewässer nicht anzuwenden. Die landesgesetzlichen Regelungen über das Eigentum an oberirdischen Gewässern bleiben unberührt.

Das Eigentum an **offenen Wasserläufen** wird durch die Wassergesetze der Länder geregelt. Die Vorschrift stellt klar, daß die Bestimmungen des MeAnlG auf offene Gewässer nicht anzuwenden sind. Damit findet das MeAnlG auch auf zu Bewässerungszwecken *in* den Wasserläufen errichtete Staue und Wehre keine Anwendung.[1]

Abschnitt 6. Schlußbestimmung

§ 17 Verhältnis zu anderen Bestimmungen

(1) Ansprüche nach diesem Gesetz können nicht geltend gemacht werden, soweit ein Verfahren nach dem Flurbereinigungsgesetz oder ein Verfahren zur Feststellung und Neuordnung der Eigentumsverhältnisse nach Abschnitt 8 des Landwirtschaftsanpassungsgesetzes angeordnet ist.

(2) Die Regelungen über die Begründung von Mitgliedschaften in Wasser- und Bodenverbänden und die sich daraus ergebenden Rechtsfolgen bleiben unberührt.

1 Verfahren nach dem **FlurbG**[1*] oder nach **Abschnitt 8 des LAG** haben auch gegenüber dem MeAnlG **Vorrang.** Die Vorschrift entspricht insoweit § 7 AnpflEigentG und § 86 SachenRBerG. Im Flurbereinigungsverfahren hat die Flurbereinigungsbehörde auch die Rechtsverhältnisse an den Meliorationsanlagen in einem Wege- und Gewässerplan neu zu regeln (§ 41 Abs. 1 FlurbG). Der gesetzlich angeordnete Eigentumsübergang (§ 12) bleibt von der Vorrangsregelung unberührt (vgl. auch § 7 AnpflEigentG und dort Fn. 4).

2 Ebenfalls unberührt bleiben die Vorschriften des **WVG**[2] über die Begründung von Mitgliedschaften in Wasser- und Bodenverbänden (Abs. 2, s. auch § 14 RdNr. 2).

§ 18 Überleitungsvorschrift

Ein Eigentumsübergang nach §10 Abs. 2 in der vor dem 28. Dezember 1996 geltenden Fassung bleibt unberührt.

Die Vorschrift ist durch das Eigentumsfristengesetz (EFG) vom 20. Dezember 1996[1**] angefügt worden. Die Übergangsregelung wurde erforderlich, weil das Eigentum an Bewässerungsanlagen (Abschnitt 2, §§ 3 bis 11) nach § 10 Abs. 2 aF möglicherweise schon vor dem 28. Dezember 1996, dem Datum des Inkrafttretens der Neufassung, auf den Grundstückseigentümer übergegangen ist (s. § 10 RdNr. 1, 3, 7). Dieser Eigentumsübergang bleibt bestehen.

[1] *Knauber* in: *Kiethe* SchuldRAnpG § 16 MeAnlG RdNr. 2.

[1*] Flurbereinigungsgesetz idF der Bekanntmachung v. 16. 6. 1976 (BGBl. I S. 546) geänd. durch § 81 des Gesetzes v. 12. 2. 1991 (BGBl. I S. 405) und durch das Gesetz zur Änderung des FlurbG v. 23. 8. 1994 (BGBl. I S. 2187).

[2] Wasserverbandsgesetz vom 12. 2. 1991 (BGBl. I S. 405).

[1**] BGBl. I S. 2028.

Teil 2

Gesetz zur Überleitung preisgebundenen Wohnraums im Beitrittsgebiet in das allgemeine Miethöherecht (Mietenüberleitungsgesetz)

Gesetz zur Überleitung preisgebundenen Wohnraums im Beitrittsgebiet in das allgemeine Miethöherecht (Mietenüberleitungsgesetz)

vom 6. Juni 1995 (BGBl. I S. 748), geändert durch Gesetz vom 15. Dezember 1995 (BGBl. I S. 1722)

Schrifttum: *Beuermann,* Mietenüberleitungsges. u. Miethöheges., 2. Aufl. 1997; *Blümmel,* Das Mietenüberleitungsges., GrundE 1995, 659 ff. u. 728 ff.; *Börstinghaus-Meyer,* Die Mietzinserhöhung bei Wohnraummietverträgen in den neuen Bundesländern, 1995; *Börstinghaus,* Aktuelle Probleme des Mietenübeleitungsges., WuM 1995, 467; *Eisenschmid,* Das Mietenüberleitungsges. (MÜG), WuM 1995, 363; *Horst,* Mietenüberleitungsges. in der Praxis – eine Jahresbilanz, DWW 1996, 231; *Kinne,* Mietfestsetzung zum 1. 8. 1995 in den neuen Ländern, 1995; *ders.,* Mieterhöhung für Altbauwohnraum in den neuen Ländern zum 1. 1. 1997, GrundE 1996, 1138; *Meyer,* Streitfragen bei der Auslegung des Mietenüberleitungsges., ZMR 1995, 565; *Pfeifer,* Mieterhöhung neue Länder, 1995, *ders.,* Mietenüberleitungsges. für die neuen Länder in Kraft getreten, DWW 1995, 213; *ders.,* Zweifelsfragen zu den neuen Vorschriften des Ges. zur Regelung der Miethöhe, DtZ 1995, 309; *Söfker,* Mietenüberleitungsges. für die neuen Bundesländer, 1995; *Sternel,* Die mietpreisrechtlichen Vorschriften des Mietenüberleitungsges. (MÜG), ZMR 1995, 437; *ders.,* Mietrecht aktuell, 3. Aufl. S. 128 ff.

Vorbemerkungen

1 **1. Entstehungsgeschichte und Normzweck:** Das Mietenüberleitungsges. (i. f. abgekürzt: MÜG) gilt nur im Gebiet der ehem. DDR. Die Wohnungsmieten waren dort zZ des Beitritts auf einem extrem niedrigen Niveau preisgebunden. Bereits im EVertr. war vorgesehen, diese Wohnungsmieten schrittweise in das Vergleichsmietensystem zu überführen; soziale Härten sollten dabei vermieden werden (s. die Erl. zu Abschn. II Nr. 7 der Anl. I Kap. XIV EVertr., BT-Drucks. 11/7817 S. 174). Die Anpassung erfolgte zunächst aufgrund der Ermächtigungen in § 11 Abs. 3 u. 7 aF MHG durch begrenzte Mieterhöhungen, die in der 1. u. 2. Grund MV zugelassen worden waren; gleichzeitig erlaubte die BetrKostUV die Umlage der Betriebskosten, die zuvor idR mit der Miete abgegolten waren. Die Erhöhungen u. die Umlage der Betriebskosten erfolgten entspr. den Regelungen für preisgebundene Wohnungen durch einseitige Erklärung des Vermieters (i. e. s. § 11 MHG RdNr. 15 ff.).

2 Die Bauminister der neuen Bundesländer hatten sich mit dem BMBau bereits in der **„Magdeburger Erklärung"** v. 27. 6. 1992 dahin geeinigt, daß diese Mieterhöhungsregelungen ab Mitte 1995 durch eine gesetzliche Regelung zur Überleitung in das Vergleichsmietensystem abgelöst werden sollten. Veranlassung für diese Entscheidung war auch das Auslaufen der Zinshilfe für die Altschulden der Wohnungsunternehmen nach § 7 AltschuldenhilfeG zum 1. 7. 1995 (auf die Unternehmen kam dadurch eine Zinsmehrbelastung von ca. 1 DM pro qm Wohnfläche zu).

3 Die wesentlichen Vorschriften des Ges. sind nach Art. 6 Abs. 2 MÜG am 11. 6. 1995 in Kraft getreten; gleichzeitig sind die 1. u. die 2. GrundMV sowie die BetrKostUV außer Kraft getreten. Das Ges. mußte bereits nach kurzer Zeit durch das Ges. zur Änderung des Ges. zur Regelung der Miethöhe v. 15. 12. 1995 (BGBl. I S. 1722) geändert werden, weil durch eine unklare Fassung des § 12 Abs. 1 S. 2 MHG erhebliche Rechtsunsicherheit entstanden war (i. e. s. § 12 MHG RdNr. 5).

4 **Gesetzesmaterialien:** GesE der Fraktionen der CDU/CSU u. der F. D. P. BT-Drucks. 13/783, inhaltsgleich der GesE der BReg. BT-Drucks. 13/1041 (der FraktionsE war zur Beschleunigung des Gesetzgebungsverfahrens im BTag während der Beratungen des RegE im BRat eingebracht worden); Stellungnahme des BRat u. Gegenäußerung der BReg. zum GesE, BT-Drucks. 13/1187; Beschlußempfehlung u. Bericht des Ausschusses für Raumordnung, Bauwesen u. Städtebau, BT-Drucks. 13/1386.

5 **2. Befristete Übergangsregelung:** Die gesetzlichen Regelungen des MÜG sind zeitlich befristet; zum 1. 1. 1998 soll der Übergang in das Vergleichsmietensystem erfolgt, die §§ 1 bis 10a MHG sollen dann ohne Einschränkung wie in den alten Bundesländern anwendbar sein. In der Übergangszeit bis 31. 12. 1997 sollen durch die Regelungen des Ges. „möglichst viele Elemente des Vergleichsmietensystems" übernommen, „aber die noch fehlenden Vergleichsmieten durch einen differenzierten wohnwertorientierten Einstieg ersetzt" werden (Begr. des GesE BT-Drucks. 13/783 unter IV.2 S. 9). Es wird erwartet, daß die Mieten in den neuen Ländern sich bis zum Ende der Übergangszeit in einer Höhe bewegen u. in einer Weise strukturiert sein werden, die einen nahtlosen Anschluß des Vergleichsmietensystems zulassen (Begr. des GesE s. o. unter IV.8 S. 10).

6 **3. Wesentlicher Inhalt:** Art. 1 MÜG faßt § 11 MHG neu u. fügt die §§ 12 bis 17 MHG als weitere Übergangsregelungen an.

§ 11 nF MHG enthält die Abgrenzung zwischen preisfreien und noch preisgebundenen Wohnungen.

§ 12 MHG erlaubt Mieterhöhungen um bestimmte Prozentsätze; die Erhöhungen erfolgen i. w. im Verfahren nach § 2 MHG.

§ 13 MHG führt für die bisher bereits nach § 3 MHG zulässigen Mieterhöhungen nach Modernisierungen eine Kappungsgrenze ein.

§ 14 MHG erlaubt weiter die Umlage der Betriebskosten auf die Mieter u. die Bestimmung von Vorauszahlungen, soweit dies noch nicht nach der BetrKostUV erfolgt war.

§ 15 MHG schränkt die Umlage von Kapitalkostenerhöhungen ein.

Nach § 16 MHG können Beschaffenheitszuschläge entspr. § 2 der 2. GrundMV nachgeholt werden.

§ 17 MHG erlaubt erstmals freie Vereinbarungen über die Mietzinshöhe während des Bestehens des Mietverhältnisses.

Art. 2 MÜG enthält in § 2 eine Kappungsgrenze bei Neuvermietungen u. in § 1 eine Sonderregelung für die Anwendung des § 5 WiStG bei Modernisierungen.

Art. 3 bis 5 MÜG enthalten Anpassungen des SchuldRAnpG, des WoGSoG u. des WoGG an die mietpreisrechtlichen Neuregelungen.

Artikel 1
Änderung des Gesetzes zur Regelung der Miethöhe

Das Gesetz zur Regelung der Miethöhe vom 18. Dezember 1974 (BGBl. I S. 3603, 3604), zuletzt geändert durch Artikel 1 des Gesetzes vom 21. Juli 1993 (BGBl. I S. 1257), wird wie folgt geändert:

1. § 11 wird wie folgt gefaßt:

§ 11 [Übergangsvorschrift für das Gebiet der ehem. DDR]*

(1) In dem in Artikel 3 des Einigungsvertrages genannten Gebiet sind die §§ 1 bis 10a auf Wohnraum anzuwenden, der nicht mit Mitteln auf öffentlichen Haushalten gefördert wurde und seit dem 3. Oktober 1990

1. in neu errichteten Gebäuden fertiggestellt wurde oder

2. aus Räumen wiederhergestellt wurde, die auf Dauer zu Wohnzwecken nicht mehr benutzbar waren, oder aus Räumen geschaffen wurde, die nach ihrer baulichen Anlage und Ausstattung anderen als Wohnzwecken dienten.

Bei der Vermietung dieses Wohnraums sind Preisvorschriften nicht anzuwenden. Die §§ 1 bis 10a sind auch auf Wohnraum anzuwenden, dessen Errichtung mit Mitteln der

* Die Überschriften der §§ 11 bis 17 sind nicht amtlich.

vereinbarten Förderung im Sinne des § 88d des Zweiten Wohnungsbaugesetzes gefördert wurde.

(2) Auf anderen als den in Absatz 1 bezeichneten Wohnraum in dem in Artikel 3 des Einigungsvertrages genannten Gebiet sind die §§ 1 bis 10a ab 11. Juni 1995 anzuwenden, soweit sich aus den §§ 12 bis 17 nichts anderes ergibt.“

1. Anwendungsbereich: Abs. 1 bestimmt wie bisher § 11 Abs. 1 aF MHG, welcher Wohnraum im Gebiet der ehem. DDR **nicht preisgebunden** ist, auf diesen Wohnraum sind die §§ 1 bis 10a MHG ohne Einschränkungen anzuwenden. Die Voraussetzungen muß im Streitfall der Vermieter beweisen.[1] Für alle anderen (noch) preisgebundenen Wohnungen gelten für eine Übergangszeit die sich aus den §§ 12 bis 17 MHG, sowie Art. 2 MÜG ergebenden Einschränkungen des MHG u. des § 5 WiStG. **1**

Der **Zeitpunkt des Vertragsabschlusses** ist **unerheblich:** die Abgrenzung gilt gleichermaßen für vor und für nach dem Beitritt bis zum Ende der Übergangsfrist abgeschlossenen Verträge. **2**

2. Preisfreie Wohnungen: Abs. 1 übernimmt im Grundsatz die Abgrenzung zwischen preisfreien und (noch) preisgebundenen Wohnungen des § 11 Abs. 1 aF MHG. Preisfrei sind nach Abs. 1 Wohnungen, die nicht mit öffentlichen Mitteln gefördert und nach dem 2. 10. 1990 **3**
- als Neubauten fertiggestellt oder
- aus vorher auf Dauer nicht mehr bewohnbarem Wohnraum wiederhergestellt oder
- durch Umbau aus Räumen geschaffen worden sind, die vorher nach ihrer baulichen Anlage u. Ausstattung anderen als Wohnzwecken dienten.

Zur Erl. wird auf § 11 aF MHG RdNr. 3ff. verwiesen. Auf Dauer zu Wohnzwecken nicht mehr benutzbar war Wohnraum, der Mindestanforderungen an erträgliche Wohnverhältnisse nicht entsprach.[2] Zur Klarstellung bestimmt Abs. 1 S. 2, daß das MHG ohne Einschränkungen auch anwendbar ist auf die mit Mitteln der vereinbarten Förderung iSv. § 88d des 2. WoBauG geförderten Sozialwohnungen (sog. 3. Förderungsweg); diese Wohnungen gelten nach § 88d Abs. 3 S. 2 des 2. WoBauG nicht als preisgebundener Wohnraum. Gleiches gilt für die im Wege der einkommensorientierten Förderung nach § 88e des 2. WoBauG errichteten Wohnungen (s. vor § 535 RdNr. 77); diese Förderung ist ein Unterfall der vereinbarten Förderung.[3]

3. Preisgebundene Altbauwohnungen: Die nach dem Beitritt mit öffentlichen Mitteln geförderten u. errichteten Wohnungen fallen nicht unter das Ges.; für sie gilt wie in den alten Bundesländern das WoBindG nebst der NMV u. der II. BV (s. § 11 aF MHG RdNr. 9). Abs. 2 erfaßt allen anderen zZ des Beitritts vorhandenen bewohnbaren Wohnraum. § 11 Abs. 2 aF MHG hatte demgegenüber auf dem Wohnraum abgestellt, auf den zZ des Beitritts Preisvorschriften anzuwenden waren. Nach der Begr. des GesE des MÜG sollen Abs. 2 alter u. neuer Fassung den gleichen Wohnraumbestand abdecken, da der gesamte Wohnraum in den neuen Ländern zZ des Beitritts iSd. Preisvorschriften der ehem. DDR „prinzipiell preisgebunden“ war (Begr. des GesE BT-Drucks. 13/783 zu Art. 1 Nr. 1 S. 12). Das ist nicht zweifelsfrei für Eigenheime, die vom Eigentümer selbst bewohnt waren u. nach dem Beitritt vermietet wurden, sowie für die gegen West-Devisen an Ausländer vermieteten Wohnungen.[4] Nach der Neufassung des Abs. 2 fallen auch diese Wohnungen unter die Regelungen des MÜG (allgM). **4**

Das **MHG** u. die Sonderregelungen des **MÜG gelten**, da § 10 Abs. 3 MHG anzuwenden ist, **nicht:** **5**

[1] *Erbarth* WuM 1996, 192.
[2] LG Zwickau WuM 1995, 543.
[3] *Söfker* unter IV.1 S. 32.
[4] *Beuermann* RdNr. 3; s. § 11 aF MHG RdNr. 7 m. Nachw.

- für preisgebundene Sozialwohnungen (s. RdNr. 4),
- für Wohnraum, der nur zu vorübergehendem Gebrauch vermietet ist (s. § 564b RdNr. 27f.),
- für Wohnraum, der Teil der vom Vermieter selbst bewohnten Wohnung ist u. den der Vermieter ganz od. überwiegend mit Einrichtungsgegenständen auszustatten hat, sofern der Wohnraum nicht zum dauernden Gebrauch für eine Familie überlassen ist (s. § 564b RdNr. 20ff.),
- für Wohnraum, der Teil eines Studenten- od. Jugendwohnheims ist (s. § 564b RdNr. 29).

6 Soweit das MHG auf Wohnraum iSd. § 11 Abs. 2 nF MHG anwendbar ist, gelten folgende §§ des **MHG ohne Einschränkungen**: § 1 S. 1 (Verbot der Änderungskündigung) u. S. 3 (vereinbarter Ausschluß der Mieterhöhung), § 4 (Erhöhung der Betriebskosten), § 8 (Ausnahme von der Schriftform), § 9 (Sonderkündigungsrecht, Kündigungsschutz des Mieters), § 10 Abs. 2 (Staffelmiete) u. Abs. 3 (Anwendungsbereich), § 10a (Mietanpassungsvereinbarung).

Ergänzt werden: § 1 S. 2 (Recht der Mieterhöhung) durch §§ 11 Abs. 2, 12 bis 17,
§ 3 (Mieterhöhung bei Modernisierung) durch § 13,
§ 5 (Erhöhung der Kapitalkosten) durch § 14,
§ 10 Abs. 1 (Unabdingbarkeit) durch § 17,
An die Stelle der Mieterhöhung bis zur ortsüblichen Vergleichsmiete nach § 2 treten die Mieterhöhungsmöglichkeiten nach §§ 12, 16.

2. Nach § 11 werden folgende §§ 12 bis 17 angefügt:

§ 12 [Mieterhöhung nach Beschaffenheit]

(1) Abweichend von § 2 Abs. 1 Satz 1 Nr. 2 kann bis zum 31. Dezember 1997 die Zustimmung zu einer Erhöhung des am 11. Juni 1995 ohne Erhöhungen nach Modernisierung oder Instandsetzungsvereinbarung geschuldeten Mietzinses um 20 vom Hundert verlangt werden, wenn an dem Gebäude mindestens drei der fünf folgenden Bestandteile keine erheblichen Schäden aufweisen:

1. Dach,
2. Fenster,
3. Außenwände,
4. Hausflure oder Treppenräume oder
5. Elektro-, Gas- oder Wasser- und Sanitärinstallationen.

Der Erhöhungssatz ermäßigt sich auf 15 vom Hundert bei Wohnraum, bei dem die Zentralheizung oder das Bad oder beide Ausstattungsmerkmale fehlen.

(1a) Absatz 1 Satz 2 gilt auch für Ansprüche, die der Vermieter vor dem 1. Januar 1996 geltend gemacht hat. Hat der Mieter einem nicht ermäßigten Erhöhungssatz zugestimmt oder ist er zur Zustimmung verurteilt worden, obwohl die Zentralheizung oder das Bad fehlte, kann er seine Zustimmung insoweit widerrufen. Der Widerruf ist dem Vermieter bis zum 31. März 1996 schriftlich zu erklären. Er wirkt ab dem Zeitpunkt, zu dem das Mieterhöhungsverlangen wirksam geworden ist. Soweit die Zustimmung widerrufen ist, hat der Vermieter den Mietzins zurückzuzahlen. Auf diese Änderung des Mietzinses ist § 2 Abs. 1 Satz 1 Nr. 1 nicht anzuwenden.

(2) Von dem in Absatz 1 genannten Erhöhungssatz können 5 vom Hundert erst zum 1. Januar 1997 und nur für Wohnraum verlangt werden, der in einer Gemeinde mit mindestens 20000 Einwohnern oder in einer Gemeinde liegt, die an eine Gemeinde mit mindestens 100000 Einwohnern angrenzt.

(3) Die Erhöhung nach Absatz 1 darf jeweils weitere 5 vom Hundert betragen bei

1. Wohnraum in einem Einfamilienhaus,

2. Wohnraum, der im komplexen Wohnungsbau geplant war und der nach dem 30. Juni 1990 fertiggestellt worden ist, sofern seine Ausstattung über den im komplexen Wohnungsbau üblichen Standard erheblich hinausgeht.

(4) Die Vom-Hundert-Sätze des § 2 Abs. 1 Satz 1 Nr. 3 sind aus dem drei Jahre zuvor geschuldeten Mietzins zuzüglich der Mieterhöhungen nach der Ersten und nach den §§ 1, 2 und 4 der Zweiten Grundmietenverordnung zu berechnen. Im übrigen bleiben dies Erhöhungen bei der Anwendung des § 2 Abs. 1 Satz 1 Nr. 1 und 3 außer Betracht.

(5) Der Mieter kann die Zustimmung zu dem Erhöhungsverlangen verweigern, wenn der verlangte Mietzins die üblichen Entgelte übersteigt, die in der Gemeinde oder in vergleichbaren Gemeinden für Wohnraum vergleichbarer Art, Größe, Ausstattung, Beschaffenheit und Lage seit dem 11. Juni 1995 vereinbart werden. Dann schuldet er die Zustimmung zu einer Erhöhung bis zur Höhe der in Satz 1 vezeichneten Entgelte, höchstens jedoch bis zu der sich aus den Absätzen 1 bis 4 ergebenden Höhe.

(6) Abweichend von § 2 Abs. 2 und 4 gilt:

1. Der Anspruch ist gegenüber dem Mieter schriftlich geltend zu machen und zu erläutern.
2. Die zweimalige Entrichtung eines erhöhten Mietzinses oder die zweimalige Duldung des Einzugs des Mietzinses im Lastschriftverfahren gilt in dieser Höhe als Zustimmung.
3. Ist das Mieterhöhungsverlangen dem Mieter vor dem 1. Juli 1995 zugegangen, so schuldet er den erhöhten Mietzins ab 1. August 1995.

(7) Abweichend von § 3 Abs. 5 Satz 2 dürfen bei der Erstellung eines Mietspiegels, der nicht über den 30. Juni 1999 hinaus gilt, auch die nach den Absätzen 1 bis 4 zulässigen Entgelte zugrunde gelegt werden.

Übersicht

1 **1. Normzweck.** Die Vorschrift regelt für die nach § 11 Abs. 2 MHG noch nicht preisfreien Wohnungen die Möglichkeiten für Mieterhöhungen während des laufenden Mietverhältnisses. Sie tritt für die **Übergangszeit bis zum 31. 12. 1997 an die Stelle des § 2 MHG,** dessen Anwendung der Gesetzgeber noch nicht für vertretbar ansah, weil sich Vergleichsmieten in den neuen Ländern kaum bilden konnten: Mieten, die keiner Preisbindung unterlagen, konnten sich nur bei den freifinanzierten Neu- und Wiederaufbauten entwickeln (§ 11 Abs. 1 aF MHG), die aber nicht einmal 4% des Wohnungsbestands ausmachen. Die Übergangsregelung soll möglichst viele Elemente des Vergleichsmietensystems übernehmen, aber die noch fehlenden Vergleichsmieten durch einen „differenzierten wohnwertorientierten Einstieg" ersetzen (Begr. des GesE BT-Drucks. 13/783 unter IV. 1 S. 9). Die gewählte Differenzierung soll die bestehenden preisgebundenen Mieten an Mietstrukturen annähern, die sich unter Marktverhältnissen bilden. Die Regelungen

sollen den Kostendeckungsgrad der Mieten verbessern u. zu einer Mietendifferenzierung beitragen, die sich stärker an den Wohnwerten orientiert (Begr. des GesE s. o. zu § 12 MHG S. 12). Anerkannt wird in der Begr. aaO jedoch, daß Mieten, die die Wohnwertvorstellungen der Mieter widerspiegeln, sich erst nach einer Reihe von Jahren nach Auslaufen der Übergangsregelung herausbilden werden. Im Grundsatz bedeuten die Regelungen des § 12 MHG eine Fortführung der in der 2. GrundMV zugelassenen prozentualen Mieterhöhungen unter Berücksichtigung bestimmter Beschaffenheitsmerkmale. Eine Annäherung des Mietenniveaus an Marktverhältnisse wird am ehesten durch die nach § 17 iVm. § 10 Abs. 1 MHG zugelassenen Vereinbarungen über Mieterhöhungen während des Bestehens des Mietverhältnisses erfolgen können. Neuvermietungen werden sich erst nach Auslaufen der Kappungsgrenze des Art. 2 § 2 MÜG zum 30. 6. 1997 auswirken.

2 **2. Ausgangsmiete für Mieterhöhungen.** Ausgangspunkt der zugelassenen Mieterhöhungen ist nicht der am 11. 6. 1995 (Inkrafttreten des Ges.) preisrechtlich zulässige Mietzins (wie nach der 1. u. der 2. GrundMV), sondern nach Abs. 1 S. 1 der an diesem Tag **geschuldete Mietzins.** Hatte der Vermieter Mieterhöhungen nach der 2. GrundMV nicht od. erst so spät geltend gemacht, daß sie nach § 11 Abs. 5 aF MHG erst nach dem 11. 6. 1996 wirksam wurden,[1] bleiben sie bei der Erhöhung nach Abs. 1 unberücksichtigt. Nach § 16 Abs. 1 MHG können jene Erhöhungen nachgeholt werden. Handelt es sich um Inklusiv- od. Teilinklusivmieten, dann wird der Betriebskostenanteil nicht herausgerechnet.[2] Hinzuzurechnen ist ein besonderes Entgelt für die Überlassung einer Garage od. eines Einstellplatzes (vgl. § 4 der 2. GrundMV), wenn die Überlassung Bestandteil des Wohnungsmietvertrags ist. Im Ausgangsmietzins nicht zu berücksichtigen sind Mieterhöhungen nach Modernisierungen, die nach § 3 iVm. § 11 Abs. 2 aF MHG zulässig waren, sowie Mieterhöhungen nach Instandsetzungsvereinbarungen nach § 3 der 2. GrundMV. Nach der Legaldefinition des § 3 Abs. 1 S. 1 MHG sind bauliche Änderungen aufgrund von Umständen, die der Vermieter nicht zu vertreten hat, keine Modernisierung. Nach dem Sinn der Regelung in Abs. 1 S. 1 kann eine Differenzierung insoweit nicht gemeint sein. Beabsichtigt ist ersichtlich zu verhindern, daß Mieterhöhungen nach § 3 MHG, die vor Inkrafttreten des MÜG nach § 11 Abs. 2 aF MHG in voller Höhe geltend gemacht werden konnten u. weiter verlangt werden können, nochmals gesteigert werden. Denn dann hätten die Mieter im Beitrittsgebiet für bauliche Maßnahmen nach § 3 MHG höhere Mieterhöhungen zu entrichten als die Mieter in den alten Bundesländern. Statt „ohne Erhöhungen nach Modernisierung" muß es daher richtig heißen: „ohne Erhöhung nach § 3".[3] Ist der Mietzins wegen **Mängeln** nach § 537 **gemindert,** dann ist der ohne Minderung geschuldete Mietzins Ausgangsbasis für die Berechnungen, die Minderung ist vom erhöhten Mietzins abzuziehen.[4]

3 **2. Umfang der Mieterhöhungen. a) Grundsatz, 1. Erhöhungsschritt.** Wie schon die 2. GrundMV erlaubt § 12 MHG Mieterhöhungen in zwei zeitlichen Schritten.[5] Nach Inkraftreten des Ges., frühestens zum 1. 8. 1995 (s. Abs. 6 Nr. 3), konnte in einem **1. Schritt** (u. kann noch) eine Erhöhung des am 11. 6. 1995 geschuldeten Mietzinses um **15%** verlangt werden, wenn

– das Gebäude keine erheblichen Schäden an mindestens drei der fünf Bauteile Dach, Fenster, Außenwände, Hausflure od. Treppenräume, Elektro-, Gas- od. Wasser- u. Sani-

[1] *Beuermann* RdNr. 13, 14.

[2] *Eisenschmid* WuM 1995, 363, 267; *Sternel* ZMR 1995, 437, 443.

[3] *Börstinghaus-Meyer* RdNr. 224; *Eisenschmid* WuM 1995, 363, 367 unter 6.; *Meyer* ZMR 1995, 565, 566; *Sternel* ZMR 1995, 437, 444; aA *Pfeifer* DtZ 1995, 309, 311.

[4] *Börstinghaus-Meyer* RdNr. 223; *Meyer* ZMR 1995, 565, 566; *Pfeifer* DtZ 1995, 309, 312; *Sternel* ZMR 1995, 437, 443; aA *Eisenschmid* WuM 1995, 363, 367; wird die Minderung in einem Prozentsatz berechnet, ist das Ergebnis gleich.

[5] Die Annahme von *Sternel* ZMR 1995, 437, 447, daß die Mieterhöhung nur für Wohnungen in den in Abs. 2 genannten Gemeinden „gestreckt" sei, in kleineren Gemeinden abseits von Großstädten der volle Erhöhungssatz nach Abs. 1 u. 3 in einem Schritt verlangt werden könne, beruht wohl auf einem Versehen; der in Abs. 1 zunächst irreführende Text ist in Abs. 2 eindeutig: „. . . und nur . . .".

tärinstallationen aufweist (hierzu i.e. unter 3. Beschaffenheitsmerkmale RdNr. 10ff.) und
- die Wohnung mit Bad und Zentralheizung ausgestattet ist (Abs. 1 S. 2, i.e.s. RdNr. 5ff.). **Fehlen** bei der Wohnung **Bad od. Zentralheizung** od. beides, kann die Miete bei entspr. Beschaffenheit zunächst nur um **10%** erhöht werden.

§ 12 MHG läßt damit Mieterhöhungen für Wohnungen in Gebäuden zu, die erhebliche Schäden an zwei Bauteilen, zB Dach u. Fenster aufweisen. Das erscheint auf den ersten Blick befremdlich. Von den erheblichen Schäden können aber einzelne Wohnungen nicht od. nur unerheblich betroffen sein, da es auf erhebliche Schäden am Gebäude, nicht an der einzelnen Wohnung ankommt (s. RdNr. 10, 11). Für die von den Schäden betroffenen Wohnungen ist der Mietzins nach § 537 gemindert. Für alle Wohnungen ist der Ausgangsmietzins (RdNr. 2) geringer als bei Wohnungen ohne Schäden, da sich die höchstzulässigen Mietzinsen nach § 2 der 2. GrundMV wegen der erheblichen Schäden entspr. verringert hatten.

4 Die Erhöhungssätze nach Abs. 1 erhöhen sich um 5 Prozentpunkte für die in Abs. 3 genannten Wohnungen, nämlich für Wohnungen in **Einfamilienhäusern** (Nr. 1, s. dazu RdNr. 7) u. für sog. **Wendewohnungen,** die dem Weststandard mindestens nahekommen (Nr. 2, s. dazu RdNr. 8). Die Erhöhung beträgt also im 1. Erhöhungsschritt bei einer Wohnung mit Bad u. Zentralheizung 20%, fehlt eines dieser Ausstattungsmerkmale (das kann nur bei Einfamilienhäusern in Betracht kommen): 15%.

5 **b) Ausstattung mit Bad u. Zentralheizung.** Abs. 1 S. 2 hat die geltende Fassung erst durch das am 1. 1. 1996 in Kraft getretene Ges. zur Änderung des Ges. zur Regelung der Miethöhe v. 15. 12. 1995 (BGBl. I S. 1722) erhalten. Vorher lautete die Vorschrift: „Der Erhöhungssatz ermäßigt sich um 5 vom Hundert bei Wohnraum, der nicht mit einer Zentralheizung und einem Bad ausgestattet ist." Diese Fassung war verbreitet dahin verstanden worden, daß die Ermäßigung von 5% nur eintreten sollte, wenn die Wohnung weder Bad noch Zentralheizung aufweist; zT hatten Gerichte entspr. entschieden.[6] Die aufgetretene Rechtsunsicherheit führte zu einer unvertretbaren Prozeßflut und mußte daher durch das Ges. v. 15. 12. 1995 beseitigt werden. Im Interesse der Gleichbehandlung der Mieter wurde den Mietern, die einer Mieterhöhung um 15% zugestimmt hatten od. dazu verurteilt worden waren, obwohl in der Wohnung Bad od. Zentralheizung fehlte, in dem durch das Ges. eingefügten Abs. 1a ein bis zum 31. 3. 1996 befristetes Widerrufsrecht eingeräumt. Das BVerfG hat eine hiergegen gerichtete Verfassungsbeschwerde nicht zur Entscheidung angenommen.[7]

6 Bad u. Zentralheizung müssen **nicht vor dem Beitritt** installiert worden sein (anders nach § 1 Abs. 2 der 1. GrundMV). Sind sie danach eingebaut worden, u. ist deswegen die Miete wegen Modernisierung nach § 3 iVm. § 11 Abs. 2 aF MHG erhöht worden, dann bleibt diese Erhöhung bei der Bestimmung des Ausgangsmietzinses nach Abs. 1 S. 1 unberücksichtigt. Wird die fehlende Ausstattung (Bad od. Zentralheizung od. beides) nachträglich eingebaut, kann die Mieterhöhung von 5% nachgeholt werden.[8] Dabei ist aber die einjährige Wartefrist nach § 2 Abs. 1 S. 1 Nr. 1 MHG zu beachten. Umgekehrt kann die nachgeholte Erhöhung die Wartefrist für die zum 1. 1. 1997 an sich mögliche Mieterhöhung auslösen. Sind Bad od. Zentralheizung vom Mieter auf eigene Kosten eingerichtet worden, ist der Mietzins nach Abs. 1 S. 2 zu ermäßigen, außer der Vermieter hat dem Mieter dessen Aufwendungen od. die entstandene Wertsteigerung erstattet od. die Aufwendungen sind als abgewohnt anzusehen (allgM; s. § 1 der 1. GrundMV, Anh. I nach § 11 MHG RdNr. 7).

[6] Zum Streitstand s.i.e. *Meyer-Börstinghaus* WuM 1996, 5 Fn. 1–3.

[7] WuM 1996, 137; s. hingegen *Huber* ZMR 1996, 175. – Zum „Reparatur"Ges. s.i.ü. *Meyer-Börstinghaus* WuM 1996, 5; *Beuermann* GrundE 1996, 352; *Maciejewski* MM 1996, 47.

[8] *Schilling* BuW 1995, 653, 654f.; die Zweifel von *Börstinghaus-Meyer* RdNr. 234 sind nicht berechtigt.

7 Bad u. Zentralheizung müssen **funktionstüchtig** sein; kleinere Mängel sind unschädlich. Das **Bad** muß sich innerhalb der Wohnung befinden, auch wenn die Neufassung des Abs. 1 S. 2 nicht mehr die Formulierung „mit Bad ausgestattet" enthält, und zwar in einem besonderen Raum mit Wanne od. Dusche. Warmwasserbereitung muß möglich sein; ein Kohlebadeofen genügt (außer bei Wendewohnungen iSv. Abs. 3 Nr. 2). Der Begriff **„Zentralheizung"** ist ungenau u. hat zu Streitfragen geführt, zu denen der Gesetzgeber sich nur im Schriftl. Bericht des Wohnungsbauausschusses geäußert hat (BT-Drucks. 13/1386 zu Art. 1 Nr. 2 § 12 Abs. 1 MHG). Dort wird ausgeführt: „Zentralheizungen ... sind Sammelheizungen, bei denen – unabhängig von der Energieart – an einer Stelle des Gebäudes od. der Wohnung ein Wärmeträger erwärmt wird, und an die die Wohn- od. Schlafräume angeschlossen sind. Wohnungen mit Etagenheizung werden danach wie Wohnungen mit Zentralheizung od. Fernheizung behandelt." Begünstigt sollte der gegenüber Einzelöfen **höhere Heizkomfort** werden. Deshalb sollte auch eine in allen wichtigen Räumen mit Elektronachtspeichern ausgestattete Wohnung einer zentralbeheizten Wohnung gleichgestellt werden; der Bedienungskomfort ist höher als bei einer Kohle- od. Koks-Zentralheizung.[9] Eine Wohnung ist auch dann mit einer Zentralheizung ausgestattet, wenn Nebenräume (zB Flur, Toilette, Abstellkammer) nicht od. extra beheizt werden.[10]

8 **c)** Als **Einfamilienhaus** sind Doppelhaushälften und Reihenhäuser anzusehen, wenn sie **von einem Haushalt bewohnt** werden; Untervermietung ist unschädlich. Einfamilienhäuser mit an Dritte vermieteten Einliegerwohnungen fallen nicht darunter.[11]

9 **d) Komplexer Wohnungsbau** ist ein schwammiger Rechtsbegriff aus dem DDR-Recht; er ist für das SachenRBerG in § 11 definiert. Gemeint sind einheitlich geplante staatliche od. genossenschaftliche Großbauanlagen in großflächigen Wohngebieten. In seltenen Fällen sollen auch Einfamilienhäuser im komplexen Wohnungsbau errichtet worden sein; in solchen Fällen kann eine Kumulierung der Erhöhungen nach Abs. 3 in Betracht kommen.[12] Die Wohnungen müssen nach dem 30. 6. 1990 (Inkrafttreten der Währungs- u. Wirtschaftsunion) fertiggestellt (vorher also geplant u. begonnen) worden sein. Sind sie nachträglich mit öffentlichen Mitteln im sozialen Wohnungsbau finanziert worden (§§ 6, 116a Nr. 1 des 2. WoBauG), fallen sie nicht darunter (§ 10 Abs. 3 Nr. 1 MHG). Der im komplexen Wohnungsbau übliche Standard soll sich aus der Anl. zur Anordnung üb. die Ausstattung der Wohnungen im volkseigenen u. genossenschaftlichen Wohnungsbau v. 10. 7. 1973 (GBl. DDR S. 389) ergeben.[13] Die Ausstattung der Wohnungen muß nach Abs. 3 Nr. 2 über den üblichen Standard des komplexen Wohnungsbaus erheblich hinausgehen. Dazu genügt es nicht, daß einzelne Ausstattungsmerkmale von der üblichen Grundausstattung deutlich abweichen; maßgebend ist der Gesamteindruck, eine Gesamtbewertung muß einen dem Weststandard mindestens weitgehend angenäherten Standard ergeben.[14] An keinem der in Abs. 1 S. 1 aufgezählten Bestandteile des Gebäudes dürfen Schäden, geschweige erhebliche Schäden vorhanden sein, die Wohnungen müssen Bad (kein Kohlebadeofen, s. RdNr. 7) u. Zentralheizung haben. Der verbesserte Standard muß

[9] *Meyer* ZMR 1995, 565, 568; *Pfeifer* DtZ 1995, 309, 313 m. Nachw.; *Schilling* BuW 1995, 653, 654; aA AG Bad Liebenwerda DWW 1995, 352; *Beuermann* RdNr. 62; *Eisenschmid* WuM 1995, 363, 367; wohl auch *Börstinghaus-Meyer* RdNr. 232; *Kinne* unter IV.2.1.4 S. 24.

[10] *Sternel* ZMR 1995, 437, 445.

[11] *Beuermann* RdNr. 72f.; *Börstinghaus-Meyer* RdNr. 240ff.; *Kinne* unter IV.1.2.6.1; *Sternel* ZMR 1995, 437, 446.

[12] *Börstinghaus-Meyer* RdNr. 237; *Horst* DWW 1995, 231, 239; aA *Beuermann* RdNr. 75.

[13] So *Börstinghaus-Meyer* RdNr. 248 u. *Söfker* unter IV.2.3, die deshalb die Anordnung mit Anh. im Wortlaut abdrucken, s. RdNr. 597, 598 bzw. Teil 2 Nr. 8 S. 94ff. Nach *Beuermann* RdNr. 79f. waren maßgebend die Komplexrichtlinien, die nicht veröffentlicht, sondern den Beteiligten unmittelbar mitgeteilt wurden.

[14] *Beuermann* RdNr. 87; *Kinne* unter IV.1.2.6.2 S. 27; *Söfker* unter IV.2.3 S. 37; *Sternel* ZMR 1995, 437, 446; weiter wohl *Börstinghaus-Meyer* RdNr. 249, die einen verbesserten Standard bei mehreren Ausstattungsmerkmalen genügen lassen wollen.

im Zug der Baumaßnahme hergestellt worden sein, nicht durch eine spätere Modernisierung od. Instandsetzung (anders grundlegender Um- od. Ausbau).

3. Beschaffenheitsmerkmale. Der Begriff „erhebliche Schäden" und die aufgezählten fünf Beschaffenheitsmerkmale sind aus § 2 der 2. GrundMV übernommen worden (s. dort RdNr. 5 bis 7, Anh. II nach § 11 MHG). Maßgebender Zeitpunkt für das Fehlen erheblicher Schäden ist der Zugang des Mieterhöhungsverlangens beim Mieter. Werden erhebliche Schäden nachträglich behoben, und weist das Gebäude nunmehr an drei der in Abs. 1 S. 1 aufgezählten Bauteile keine erheblichen Schäden mehr auf, dann kann von diesem Zeitpunkt an die Mieterhöhung nach Abs. 1 verlangt werden. Das Fehlen erheblicher Schäden muß der Vermieter beweisen.[15] **10**

a) Gebäude ist in Abgrenzung zur Wirtschaftseinheit ein Haus, das über einen eigenen Eingang mit eigener Hausnummer u. ein Treppenhaus verfügt, von dem aus alle Wohnungen zu erreichen sind, und das unabhängig von den anschließenden Häusern ist. Ein Wohnblock mit mehreren eigenen Hauseingängen u. Treppenhäusern besteht aus mehreren solcher Gebäude; diese sind nach den Schadenskriterien selbständig zu beurteilen,[16] zB wenn die Gebäude eines Wohnblocks nacheinander instand gesetzt werden. Ebenso haben Schäden am Hinterhaus idR keinen Einfluß auf die Beschaffenheit des Vorderhauses.[17] **11**

b) Ein **Schaden** ist dann **erheblich,** wenn dadurch der **Wohnwert** der Wohnungen **beeinträchtigt** wird. In Betracht kommt aber auch eine ästhetische Beeinträchtigung, wenn das Gebäude insgesamt einen verwahrlosten Eindruck macht. Es muß sich um erhebliche Schäden des Gebäudes handeln. Weist nur eine Wohnung eines Mehrfamilienhauses erhebliche Schäden auf, steht dies einem Beschaffenheitszuschlag nicht entgegen, wenn die anderen Wohnungen dadurch auch nicht mittelbar beeinträchtigt werden; so können erhebliche Putzschäden an der Rückfront des Gebäudes die nur zur Vorderfront gelegenen Wohnungen dadurch beeinträchtigen, daß eine höhere Heizleistung erforderlich wird. Ist eine mittelbare Beeinträchtigung anderer Wohnungen nicht gegeben, dann ist für die durch erhebliche Schäden betroffene Wohnung die Miete nach § 537 gemindert. **12**

Erhebliche Schäden sind nach den vom BMBau zu § 2 der 2. GrundMV herausgegebenen **Beschaffenheitskriterien** (veröffentlicht u. a. in DWW 1992, 290 u. bei *Börstinghaus-Meyer* RdNr. 603; *Kinne* Anh. 2.3 S. 127) anzunehmen: **13**

- am **Dach,** wenn kein ausreichender Schutz gegen Witterungseinflüsse od. Feuchtigkeit infolge großflächiger Ablösung der Dachhaut, wegen fehlender Dachziegel, mangelhafter Abdichtung am Schornstein od. mangelhafter Dachentwässerung besteht;
- bei **Fenstern,** wenn sie undicht, Scheiben gesprungen od. blind sind u. deshalb ausreichender Nässe-, Wärme- od. Lichtschutz nicht mehr gegeben ist od. sie sich nicht mehr ordentlich schließen lassen; solche Schäden müssen mindestens den überwiegenden Teil einer Hausseite betreffen, da es auf Schäden am Gebäude, nicht einer einzelnen Wohnung ankommt; Schäden an Flurfenstern fallen idR unter Schäden an Hausfluren;
- bei **Außenwänden,** wenn sie breite Risse haben, die Fugen durchlässig sind od. der Putz großflächig abgeplatzt ist u. dadurch Feuchtigkeit eindringen kann od. die Wärmeisolierung beeinträchtigt ist, od. wenn Balkone od. Brüstungen verrottet sind;
- bei **Hausfluren od. Treppenräumen,** wenn der Trittbereich mangelhaft od. die normale Begehbarkeit beeinträchtigt ist (nicht bei abgetretenen Holzstufen), wenn ausreichende Beleuchtung od. eine Haustür nicht vorhanden ist od. die Haustür sich nicht verschließen läßt, od. wenn langjährig unterlassene Pflege u. Instandhaltung einen insgesamt verwahrlosten Eindruck hinterlassen; zum Treppenhaus gehört auch ein Aufzug;

[15] Schriftl. Bericht des Wohnungsbauausschusses BT-Drucks. 13/1386 S. 19f.; *Erbarth* WuM 1996, 192, 196; *Meyer* ZMR 1995, 565, 566; hM; aA *Beuermann* RdNr. 59; *Horst* DWW 1996, 231, 244.

[16] *Börstinghaus-Meyer* RdNr. 212; *Kinne* unter IV.1.2.2 S. 19.

[17] Im Ergebnis wohl ebenso *Beuermann* RdNr. 29, der allerdings ein um einen Innenhof gebautes Haus mit Vorderhaus, Quergebäude u. Seitenflügeln als ein Gebäude ansieht; für einen weiteren Gebäudesbegriff *Sternel* ZMR 1995, 437, 444: Gebäude mit 2–3 Hauseingängen.

da Abs. 1 S. 2 Hausflure oder Treppenräume erwähnt, kommt ein Zuschlag auch bei einem Haus ohne Treppenhaus (eingeschossiger Bungalow) in Betracht, wenn der Hausflur u. mindestens zwei weitere Bestandteile des Gebäudes keine erheblichen Schäden aufweisen (s. auch § 16 RdNr. 2);

- bei **Elektro-, Gas- od. Wasser- u. Sanitärinstallationen,** wenn die Funktionsfähigkeit beeinträchtigt (zB durch Korrosionsschäden) od. das Leitungsnetz nicht funktionssicher ist, u. deshalb zB Abflüsse dauernd verstopfen; ferner rechnet dazu dauerhaft braunes Wasser, bedingt durch die Hausinstallation. Keine erheblichen Schäden sind zu schwache elektrische Steigeleitungen, kein Gasanschluß des Gebäudes, Bleirohre u. die verbreitet nicht vorhandenen Regulierungsventile an Zentralheizungskörpern bei den Einrohrheizungen, bei denen die an sich ab 1. 1. 1996 auch im Beitrittsgebiet bestehende Pflicht zur Verbrauchserfassung nicht möglich ist.[18]

14 **4. Zweiter Erhöhungsschritt.** Nach Abs. 2 kann frühestens zum **1. 1. 1997** eine **weitere Mieterhöhung von 5%** der am 11. 6. 1995 geschuldeten Miete verlangt werden, wenn die Beschaffenheitskriterien nach Abs. 1 S. 1 (keine erheblichen Schäden an mindestens drei der aufgezählten fünf Bauteile) erfüllt sind; das gilt jedoch **nur** für Wohnungen **in größeren Städten** od. in **Nachbargemeinden** von Großstädten (näher s. RdNr. 15). Die Erhöhung kann auch zu einem späteren Termin verlangt werden, zB wenn erhebliche Schäden an einem Ausstattungsmerkmal inzwischen behoben worden sind. Sollte die Erhöhung zum 1. 1. 1997 wirksam werden, mußte die Erklärung des Vermieters dem Mieter zur Wahrung der Überlegungsfrist nach § 2 Abs. 3 MHG spätestens am 31. 10. 1996 zugegangen sein. Die Formulierung des Abs. 2 ist ungenau: gemeint sind nicht 5%, sondern 5 Prozentpunkte des in Abs. 1 genannten Erhöhungssatzes. Beträgt die am 11. 6. 1995 geschuldete Miete 500 DM, dann beläuft sich der Erhöhungssatz nach Abs. 1 S. 1 auf (20% =) 100 DM; hiervon können nach Abs. 2 zum 1. 1. 1997 nicht 5% = 5 DM, sondern 5 Prozentpunkte = 25 DM verlangt werden; frühestens zum 1. 8. 1995 konnten 15 Prozentpunkte = 75 DM gefordert werden. Fällt die genannte Wohnung unter die Ausstattungskriterien des Abs. 1 S. 2, dann beläuft sich der Erhöhungssatz auf 15% = 75 DM, hiervon können 5 Prozentpunkte = 25 DM (nicht 5% = 3,75 DM!) zum 1. 1. 1997, 10 Prozentpunkte = 50 DM konnten zum 1. 8. 1995 verlangt werden. Ein Auslegungsstreit sollte insoweit nicht entstehen, da das Ergebnis bei mathematisch korrekter Anwendung unsinnig wäre.

15 Die weitere Mieterhöhung um 5 Prozentpunkte nach Abs. 2 betrifft nur einen begrenzten Kreis von Wohnungen, nämlich nur Wohnraum in **Gemeinden mit mindestens 20000 Einwohnern** od. in **Gemeinden, die an Großstädte mit mindestens 100000 Einwohnern angrenzen.** Mit dieser Regelung ist der vom BRat geforderten Regionalisierung der Mieterhöhungen, die zu einer Differenzierung der Mieten nach Gemeindegrößen führen soll, Rechnung getragen worden. Maßgebend ist die Einwohnerzahl bei Zugang des Erhöhungsverlangens.[19] Die angrenzende Gemeinde muß nach der Gesetzesfassung eine mindestens kurze gemeinsame Grenze mit der Großstadt haben (allgM). Der Mietenentwicklung in Ballungsräumen, die sich oft noch auf nicht unmittelbar angrenzende Gemeinden auswirkt, wird damit nicht genügend Rechnung getragen.

16 5. Die **Kappungsgrenzen** nach § 2 Abs. 1 S. 1 Nr. 3 MHG gelten im Grundsatz auch für Mieterhöhungen nach § 12 MHG; im praktischen Ergebnis haben sie nach den Sonderregelungen in Abs. 4 nur in Ausnahmefällen Bedeutung, nämlich nur in den seltenen Fällen von Mieterhöhungen in den letzten drei Jahren aufgrund von Instandsetzungsvereinbarungen nach § 3 der 2. GrundMV, ferner für die Mieterhöhungen im 2. Erhöhungsschritt nach Abs. 2. Hatte der Vermieter mit öffentlichen Mitteln modernisiert u. den Mietzins

[18] S. dazu *Kinne* GrundE 1995, 1232.

[19] *Beuermann* RdNr. 70; *Börstinghaus-Meyer* RdNr. 251; *Söfker* unter IV.2.2 S. 36; aA offenbar *Kinne* unter IV.1.2.5: Zeitpunkt des Wirksamwerdens der Mieterhöhung.

nach § 3 iVm. § 11 Abs. 2 aF MHG erhöht, sind die Kürzungsbeträge nach § 3 Abs. 1 S. 3 bis 7 MHG nicht von der Mieterhöhung nach § 12 MHG abzuziehen, da hierbei eine Kompensierung der öffentlichen Mittel, anders als bei Mieterhöhungen nach § 2 MHG, nicht möglich ist.[20] Zu den Kappungsgrenzen nach § 2 MHG s. dort RdNr. 25ff.

17 **6. Verfahren.** Die Mieterhöhungen sind nicht – wie bisher nach der 1. u. der 2. GrundMV– gesetzlich bestimmte Erhöhungen der bisher preisrechtlich zulässigen Miete, die vom Vermieter durch einseitige Erklärung geltend zu machen sind (§ 11 Abs. 5 aF MHG). § 12 MHG gewährt vielmehr wie § 2 MHG dem Vermieter einen Anspruch, vom Mieter die Zustimmung zu der zugelassenen Mieterhöhung zu verlangen. Gegenüber den Verfahrensregeln des § 2 MHG bestimmt allerdings § 12 Abs. 4 u. 6 MHG einige bedeutsame Ausnahmen.

18 **a)** Die **Wartefrist** nach § 2 Abs. 1 S. 1 Nr. 1 MHG gilt nicht für Mieterhöhungen nach der 1. GrundMV u. nach §§ 1,2 und 4 der 2. GrundMV. Das bedeutet in der Praxis: nur in den sicher seltenen Fällen von Instandsetzungensvereinbarungen nach § 3 der 2. GrundMV (s. dazu § 3 der 2. GrundMV, Anh. II nach § 11 MHG RdNr. 2, 4) hat die einjährige Wartefrist praktische Bedeutung, ferner bei Neuvermietungen innerhalb der Jahresfrist,[21] bei Mieterhöhungen im 2. Erhöhungsschritt nach Abs. 2 wegen Mieterhöhungen im 1. Erhöhungsschritt, die erst ein Jahr zuvor erfolgt sind, zB weil erst durch spätere bauliche Maßnahmen die Voraussetzungen des Abs. 1 erfüllt worden sind (s. RdNr. 6) od. bei Mieterhöhungen nach § 16 MHG[22] od. aufgrund freier Vereinbarungen nach § 17 iVm. § 10 Abs. 1 MHG. Eine unnötige Reglementierung, wenn man bedenkt, daß Mieterhöhungen im 2. Erhöhungsschritt nur für ein Jahr (1997) Bedeutung haben. Zur Wartefrist s. i. ü. § 2 MHG RdNr. 35ff.

19 **b) Form des Erhöhungsverlangens.** Es gilt § 2 Abs. 2 S. 1 MHG nach Maßgabe des § 12 Abs. 6 Nr. 1 u. 3 MHG: Der Vermieter muß seinen Anspruch schriftlich geltend machen; die Schriftform ist in den Fällen des § 8 MHG ohne eigenhändige Unterschrift gewahrt. Zur Abgabe der Erklärung durch einen Vertreter, gegenüber einer Mehrheit von Mietern s. § 2 MHG RdNr. 41 sowie gegenüber Ehegatten s. §§ 535, 536 RdNr. 15a. Der Anspruch auf Mieterhöhung muß **erläutert** werden. Darin wird ein Unterschied zum Begründen der Mieterhöhung nach § 2 Abs. 2 S. 1 MHG gesehen, weil die Erhöhungssätze gesetzlich bestimmt sind. Der Unterschied wird allenfalls graduelle Bedeutung haben und für die Praxis bedeutungslos sein. Im Grund bedeutet das Wort „begründen" in § 2 Abs. 2 S. 1 MHG nichts anderes als „erläutern";[23] zur Begründung des Erhöhungsverlangens s. i. ü. § 2 MHG RdNr. 39ff.. Zur Erläuterung muß der Vermieter die (mindestens drei) Bestandteile benennen, die keine erheblichen Schäden aufweisen, die Berechnungsgrundlagen anführen u. die Mieterhöhung berechnen. Bei einer Mieterhöhung nach Abs. 3 Nr. 2 sind vergleichende Angaben zu dem im komplexen Wohnungsbau üblichen Standard notwendig. Eine fehlerhafte Erläuterung macht das Erhöhungsverlangen nicht unwirksam (vgl. § 2 MHG RdNr. 40).

20 **c)** Für die **Überlegungsfrist** u. die **Klagefrist** nach § 2 Abs. 3 MHG gelten keine Besonderheiten; auf § 2 MHG RdNr. 66 bis 69 wird verwiesen. Gleiches gilt für das Wirksamwerden der Mieterhöhung nach § 2 Abs. 4 MHG mit einer Einschränkung: War das Mieterhöhungsverlangen dem Mieter nach Inkrafttreten des Ges. (11. 6. 1995), aber noch vor dem 1. 7. 1995 zugegangen, dann wurde der erhöhte Mietzins bereits ab 1. 8. 1995, also nach einem Monat geschuldet. Die Zustimmungsfrist von zwei Monaten (§ 2 Abs. 3 MHG) ist für diese Fälle nicht geändert worden mit der skurrilen Folge: wurde die

[20] *Beuermann* RdNr. 100ff.; *Sternel* ZMR 1995, 437, 450; aA *Maciejewski* MM 1995, 267, 268.

[21] S. § 2 MHG RdNr. 36; *Beuermann* GrundE 1995, 968; *Meyer* ZMR 1995, 565, 570; *Schilling* BuW 1995, 653, 655 unter IV).

[22] *Börstinghaus-Meyer* RdNr. 202; *Meyer* ZMR 1995, 565, 570; *Pfeifer* DtZ 1995, 309, 311; aA *Beuermann* § 16 RdNr. 7.

[23] *Beuermann* RdNr. 129; *Sternel* ZMR 1995, 437, 449; zur Begründung des Erhöhungsverlangens s. i. ü. § 2 MHG RdNR. 39ff.

Zustimmung erst im August 1995 verweigert, muß der Vermieter eine für diesen Monat erhaltene Mieterhöhung ggf. zurückerstatten.[24]

21 **d) Zustimmung durch schlüssiges Verhalten.** Abs. 6 S. 2 enthält zT eine begrüßenswerte Klarstellung gegenüber der bisher insoweit unterschiedlichen Rspr: als Zustimmung des Mieters gilt die zweimalige Zahlung des erhöhten Mietzinses (vgl. § 2 MHG RdNr. 60). Problematisch ist die Zustimmungsfiktion durch **Duldung des zweimaligen Einzugs der Mieterhöhung im Lastschriftverfahren,** da hier ein zurechenbares Verhalten des Mieters, das objektiv als Zustimmung gewertet werden könnte, nicht vorliegt. Die gesetzliche Regelung betrifft das Verfahren der Einzugsermächtigung, bei dem der Kontoinhaber die Kontobelastung innerhalb einer Frist von 6 Wochen widerrufen kann (nicht das Abbuchungsverfahren, bei dem das nicht möglich ist). Voraussetzung ist die Ermächtigung des Vermieters durch den Mieter, den Mietzins in der jeweils geschuldeten Höhe einzuziehen. Die Zustimmungsfiktion wird an eine allgemeine Zustimmung des Mieters zu einem Zeitpunkt geknüpft, in dem ein Mieterhöhungsverlangen noch nicht vorliegt u. daher das Ausmaß der Erhöhung noch nicht bekannt ist, sowie an den Umstand, daß der Mieter einer an sich teilweise unrechtmäßigen Abbuchung – eine Zustimmung des Mieters liegt ja noch nicht vor! – nicht widerspricht.[25] Probleme ergeben sich daraus, daß die Widerrufsfrist nach dem 2. Mietzinseinzug von 6 Wochen länger ist als die Klagefrist nach § 2 Abs. 3 MHG. Ein Widerruf des Mieters nach Ablauf der Klagefrist wird nur dann als rechtsmißbräuchlich u. damit unbeachtlich angesehen werden können, wenn der Mieter bewußt den Ablauf der Klagefrist abgewartet hat.[26] Ob sich aus der Ermächtigung zum Einzug einer veränderlichen Miete eine Rechtspflicht des Mieters ableiten läßt, die Kontoauszüge unverzüglich zu überprüfen u. ggf. zu widersprechen,[27] erscheint zweifelhaft. Das Risiko trägt in jedem Fall der Vermieter.[28] Als unbeachtlich wird allerdings ein Zurückfordern der eingezogenen Beträge durch das Kreditinstitut wegen Überschuldung des Mieters anzusehen sein.[29] Unbeachtlich soll auch sein, ob der Mieter (alleiniger) Kontoinhaber ist, sofern er die Einzugsermächtigung erteilt hat.[30] Aus der Leistung vom Konto eines Mieters kann auf die Zustimmung eines anderen Mieters nur im Weg einer widerlegbaren Vermutung geschlossen werden; an der Fiktionswirkung des Abs. 6 Nr. 2 nimmt er nicht teil.[31]

22 **7. Widerrufsrecht des Mieters.** Abs. 5 gewährt dem Mieter ein Widerrufsrecht, falls durch Mieterhöhungen nach Abs. 1 bis 3 die ortsübliche Vergleichsmiete überschritten wird. Für den Widerruf ist weder eine Form noch eine Begründung vorgeschrieben. In der Regelung wird ein „marktorientiertes Korrektiv" gesehen, falls in strukturschwachen Gebieten bei Neuvermietungen die Mieten, die sich nach Mieterhöhungen aufgrund der Abs. 1 bis 3 ergeben, nicht erreicht werden.[32] Ob Abs. 5 S. 1 nur auf Neuvertragsmieten abstellt, erscheint zweifelhaft. Zwar fehlen wie in § 2 Abs. 1 S. 1 Nr. 2 MHG die Wörter „oder geändert worden sind". Vereinbarte Mieten sind aber, da Mieterhöhungen nach § 12 Abs. 1 bis 3 MHG nicht auf einseitiger Erklärung des Vermieters, sondern auf Vereinbarung beruhen, auch die nach Abs. 1 bis 3 gebildeten Bestandsmieten.[33] Der Mieter muß beweisen, daß der verlangte Mietzins über der ortsüblichen Vergleichsmiete liegt

[24] Zu Wirksamkeitszeitpunkt u. Klagefrist im Mieterhöhungsverfahren nach §§ 2 u. 12 MHG s. *Beuermann* GrundE 1995, 848.

[25] *Börstinghaus-Meyer* RdNr. 181f., 292f.; *Eisenschmid* WuM 1995, 363, 369f.; *Sternel* ZMR 1995, 437, 452.

[26] AA *Söfker* unter IV.2.6.2 S. 40f.

[27] So wohl *Börstinghaus-Meyer* RdNr. 292, 293.

[28] So auch *Börstinghaus* WuM 1995, 467, 472; *Börstinghaus-Meyer* RdNr. 293.

[29] *Söfker* unter IV.2.6.2 S. 40f.

[30] So der Schriftl. Bericht des Wohnungsbauausschusses BT-Drucks. 13/1386 S. 30; *Beuermann* RdNr. 143; *Kinne* unter IV.1.2.19 S. 30f.; dagegen mit überzeugender Begr. *Sternel* ZMR 1995, 437, 452.

[31] *Sternel* (Fn. 30).

[32] *Börstinghaus-Meyer* RdNr. 277; *Söfker* unter IV:2.5 S. 39.

[33] So wohl auch *Eisenschmid* WuM 1995, 363, 368; *Sternel* ZMR 1995, 437, 453; aA *Börstinghaus-Meyer* RdNr. 279: nur Neuvertragsmieten u. Mieten aufgrund von Vereinbarungen nach §§ 17, 10 Abs. 1 MHG.

(allgM). Der Beweis wird nicht leicht zu erbringen sein, da sich ortsübliche Vergleichsmieten während der Geltung der Regelung kaum bilden können.

8. Mietspiegel. Nach Abs. 7 dürfen in Mietspiegeln bis 30. 6. 1999 auch die nach Abs. 1 bis 4 an Höchstbeträge gebundenen Entgelte (vgl. § 2 Abs. 5 S. 2 MHG) zugrunde gelegt werden, also auch quasi preisgebundene Entgelte, die sich nicht marktorientiert entwikkelt haben.[34] Diese Mietspiegel werden dadurch von vornherein entwertet. Denn die Vermieter werden sich nach Ablauf der Übergangsfrist zur Begründung von Mieterhöhungsverlangen nicht auf solche Mietspiegel, die i. w. nur auf zuvor preisgebundenen Mieten beruhen, sondern auf Vergleichswohnungen od. auf Sachverständigengutachten berufen. 23

§ 13 [Kappungsgrenze für Mieterhöhungen bei Modernisierung]

(1) Bei der Anwendung des § 3 auf Wohnraum im Sinne des § 11 Abs. 2 dürfen Mieterhöhungen, die bis zum 31. Dezember 1997 erklärt werden, insgesamt drei Deutsche Mark je Quadratmeter Wohnfläche monatlich nicht übersteigen, es sei denn, der Mieter stimmt im Rahmen einer Vereinbarung nach § 17 einer weitergehenden Mieterhöhung zu.

(2) Absatz 1 ist nicht anzuwenden,

1. **soweit der Vermieter bauliche Änderungen auf Grund von Umständen durchgeführt hat, die er nicht zu vertreten hat,**
2. **wenn mit der baulichen Maßnahme vor dem 1. Juli 1995 begonnen worden ist oder**
3. **wenn die bauliche Änderung mit Mitteln der einkommensorientierten Förderung im Sinne des § 88e des Zweiten Wohnungsbaugesetzes gefördert wurde.**

1. Kappungsgrenze für Mieterhöhungen nach § 3 MHG. Neben der Instandsetzung war eine Modernisierung eines erheblichen Teils des Wohnungsbestands in der ehem. DDR zZ des Beitritts dringend erwünscht. § 11 Abs. 2 aF MHG erlaubte deshalb die unbeschränkte Anwendung des § 3 MHG auch für den Wohnraum, für den die Preisbindung noch beibehalten wurde, u. zwar selbst für vor dem Beitritt begonnene aber noch nicht beendete Maßnahmen (§ 11 Abs. 2 S. 2 aF MHG). Diese Regelung wird entgegen der sonstigen Tendenz des MÜG, die noch bestehenden Bindungen im Interesse der Überleitung in das Vergleichsmietensystem zu lockern, eingeschränkt: Die Mieterhöhung für Modernisierungen wird auf 3 DM pro qm und Monat begrenzt; das entspricht einem Modernisierungsaufwand von ca. 325 DM pro qm. Dieser Betrag kann bei umfassender Modernisierung leicht überschritten werden.[1] Den Mieterinteressen ist insoweit der Vorrang vor einer möglichst umfassenden Modernisierung eingeräumt worden. 1

Voraussetzung einer Mieterhöhung nach § 3 MHG ist entgegen teilweise noch immer vertretener Ansicht[2] **nicht** die ordnungsgemäße vorherige **Mitteilung des Vermieters an den Mieter nach § 541b Abs. 2 S. 1.** Seit Änderung der beiden Vorschriften durch das 4. MietRÄndG ist einzige Sanktion der unterlassenen Mitteilung die Verlängerung der Wirkungsfrist um 6 Monate nach § 3 Abs. 4 S. 2 MHG; i. ü. bleibt die unterlassene Mitteilung folgenlos (näher dazu § 3 MHG RdNr. 7ff.). 2

Die Kappungsgrenze wird eine **„Ausstrahlwirkung" auf § 541b Abs. 1** haben (Begr. des GesE BT-Drucks. 13/783 zu Art. 1 Nr. 2 zu § 13 MHG): der Mieter wird sich nicht darauf berufen können, daß die zu erwartende Erhöhung des Mietzinses für ihn eine ungerechtfertigte Härte bedeuten würde.[3] Bis zum 31. 12. 1997 ist die Anwendung des § 5 3

[34] Vorschläge zur Baujahreseinteilung bei Mietspiegeln im Beitrittsgebiet macht *Isenmann* in DWW 1993, 291.

[1] *Börstinghaus-Meyer* RdNr. 340ff.

[2] So *Beuermann* RdNr. 2; *Sternel* ZMR 1995, 437, 456.

[3] AA *Eisenschmid* WuM 1995, 363, 373; *Sternel* ZMR 1995, 437, 456; s. dagegen § 541b RdNr. 14.

WiStG auf Mieterhöhungen nach § 3 iVm. § 13 MHG ausgeschlossen (s. i. e. Art. 2 § 1 MÜG). Mieterhöhungen nach § 3 iVm. § 13 MHG sind neben Mieterhöhungen nach § 12 MHG zulässig. Die Erklärung kann gemeinsam od. in kurzem zeitlichen Abstand nacheinander erfolgen, da Mieterhöhungen nach § 3 MHG für die Berechnung der Kappungsgrenze u. der Wartefrist nach § 2 Abs. 1 S. 1 Nr. 1 u. 3 MHG außer Betracht bleiben.

4 **2. Zeitliche Begrenzung.** Die Begrenzung gilt im Interesse des Bestandschutzes **nicht** für Baumaßnahmen, mit denen **vor dem 1. 7. 1995** begonnen worden ist. Als Beginn werden nicht planerische Vorarbeiten u. Vorbereitungsmaßnahmen (zB Aufstellen eines Bauschildes) anzusehen sein, sondern erst der tatsächliche Baubeginn („erster Hammerschlag"), wenn danach die Arbeiten zügig fortgesetzt werden.[4] Bei Gesamtmaßnahmen (zB Einbau einer Zentralheizung in einem Gebäude) genügt der Beginn der Arbeiten im Gebäude u. wirkt für alle Wohnungen, auch wenn in ihnen mit den Arbeiten erst später begonnen wird.[5] Unerheblich ist, ob der Vermieter den Mieter vor Beginn der Arbeiten eine Mitteilung nach § 541b Abs. 2 S. 1 hat zukommen lassen, wenn der Mieter die baulichen Maßnahmen geduldet hat.[6] Dadurch verlängert sich nur der Wirkungszeitpunkt nach § 3 Abs. 4 S. 2 MHG: die Mieterhöhung kann erst 6 Monate später verlangt werden (s. o. RdNr. 2). Nur wenn der Mieter widersprochen u. sich seine Rechte vorbehalten hat, kann der Vermieter sich nicht darauf berufen, daß mit den Arbeiten schon vor dem 1. 7. 1995 begonnen worden ist, wenn dies bei Beachtung der Fristen des § 541b Abs. 2 S. 1 u. 2 nicht möglich gewesen wäre.

5 Die Begrenzung für Mieterhöhungen auf 3 DM pro qm ist zeitlich begrenzt: sie gilt nur für Mieterhöhungen, die **bis zum 31. 12. 1997** erklärt werden. Auf das Ende der Baumaßnahmen kommt es nicht an. Zulässig ist es, die Mieterhöhung erst ab dem 1. 1. 1998 ohne Begrenzung in der vollen nach § 3 MHG zulässigen Höhe geltend zu machen, auch wenn die Arbeiten vorher beendet worden sind. § 5 WiStG ist dann nach dem RE des OLG Karlsruhe RES § 5 WiStG Nr. 8 = NJW 1984, 62 zu beachten (s. § 3 MHG RdNr. 4). Darüber hinaus wird es als zulässig angesehen, vor dem 1. 1. 1998 den auf 3 DM gekappten und danach den vollen Betrag zu verlangen, wenn in der Mieterhöhungserklärung ein entspr. Vorbehalt gemacht worden ist (bestr.).[7] Zulässig wird es jedenfalls sein, die Modernisierungsmaßnahmen aufzuteilen u. nur einen Teil vor dem 1. 1. 1998 geltend zu machen.[8]

6 **3. Ausnahmen. a) Freie Vereinbarungen.** Der Nachsatz von Abs. 1 läßt erfreulicherweise Vereinbarungen über Mieterhöhungen nach einer Modernisierung während des Mietverhältnisses nach § 17 iVm. § 10 Abs. 1 HS. 2 MHG zu (s. dazu auch Art. 2 § 1 MÜG). In dieser Weise werden wohl wie in den alten Bundesländern häufig Mieterhöhungen nach Modernisierungen zustande kommen. Die **Vereinbarung** kann **schon vor Beginn der baulichen Maßnahmen** erfolgen; Mieterhöhungen nach § 3 MHG sind dagegen erst nach Abschluß der Arbeiten zulässig (zur Frage, unter welchen Voraussetzungen Vereinbarungen nach § 17 MHG durch konkludentes Verhalten zustande kommen können, s. § 17 MHG RdNr. 2). Bei Vereinbarungen nach § 17 MHG ist der umstr. RE des OLG Koblenz RES § 10 MHG Nr. 10 = NJW 1994, 1418 zur Anwendung des HausTWG (s. dazu § 10 MHG RdNr. 4 mit Fn. 8) zu beachten, auf den die Begr. des GesE hinweist (BT-Drucks. 13/783 zu § 17 MHG S. 15).[9]

[4] *Börstinghaus-Meyer* RdNr. 347; *Kinne* unter IV.2.5.1 S. 45; enger *Sternel* ZMR 1995, 437, 456.

[5] *Börstinghaus-Meyer* RdNr. 348.

[6] AA *Beuermann* RdNr. 24; *Sternel* ZMR 1995, 437, 456.

[7] *Beuermann* RdNr. 6; *Kinne* unter IV.2.5.1 S. 45; *Pfeifer* DtZ 1995, 309, 314; s. dazu *Horst* DWW 1996, 231, 233 unter 5.; aA *Eisenschmid* WuM 195, 363, 372; *Meyer* ZMR 1995, 565, 571; *Palandt-Putzo* RdNr. 3; *Söfker* unter IV.3.2.2 S. 43; *Sternel* ZMR 1995, 437, 455.

[8] *Börstinghaus-Meyer* RdNr. 351, 352; *Meyer* ZMR 1995, 565, 571.

[9] Zur Problematik dieser Entscheidung auf die Ausschlußfrist nach § 2 Abs. 1 S. 4 HausTWG bei Mietverträgen s. *Börstinghaus-Meyer* RdNr. 193.

Nach einer Modernisierungsvereinbarung nach §§ 13, 17 MHG kann der Vermieter bis 31. 12. 1997 **keine Mieterhöhung wegen einer weiteren Modernisierung** nach § 3 iVm. § 13 MHG verlangen, da die Kappungsgrenze von 3 DM für alle Mieterhöhungen wegen Modernisierungen bis 31. 12. 1997 gilt.[10] 7

b) Für **bauliche Maßnahmen aufgrund von Umständen, die der Vermieter nicht zu vertreten hat,** gilt nach Abs. 2 Nr. 1 die Kappungsgrenze des Abs. 1 nicht (zu solchen baulichen Maßnahmen s. i. e. § 3 MHG RdNr. 11). Entspr. einer Forderung des BRat ist die Kappungsgrenze nach Abs. 1 auch anzuwenden, wenn der Vermieter bauliche Maßnahmen aus eigenem Entschluß begonnen hat, deren Umfang aber durch Rechtsvorschriften, zB die WärmeschutzVO bestimmt wird (s. Schriftl. Bericht BT-Drucks. 13/1386 unter III.4 u. IV. zu Art. 1 Nr. 2). 8

c) **Bestandschutz.** Vor dem 1. 7. 1995 begonnene bauliche Maßnahmen sind aus Gründen des Bestandschutzes von der Kappungsgrenze ausgenommen (s. o. RdNr. 4). 9

d) **Einkommensorientierte Wohnungsbauförderung.** Die Kappungsgrenze ist nach Abs. 2 Nr. 3 nicht anzuwenden auf bauliche Maßnahmen, die mit Mitteln der einkommensorientierten Förderung nach § 88e des 2. WoBauG (s. § 11 MHG RdNr. 3 u. vor § 535 RdNr. 77) gefördert wurden. In diesen Fällen kann durch Auflagen bei der Mittelbewilligung eine „sozialverträgliche“ Miete bestimmt werden. 10

§ 14 [Umlegung und Vorauszahlung von Betriebskosten]

(1) Betriebskosten im Sinne des § 27 der Zweiten Berechnungsverordnung dürfen bei Mietverhältnissen auf Grund von Verträgen, die vor dem 11. Juni 1995 abgeschlossen worden sind, auch nach diesem Zeitpunkt bis zum 31. Dezember 1997 durch schriftliche Erklärung auf die Mieter umgelegt und hierfür Vorauszahlungen in angemessener Höhe verlangt werden. Sind bis zu diesem Zeitpunkt Betriebskosten umgelegt oder angemessene Vorauszahlungen verlangt worden, so gilt dies als vertraglich vereinbart. § 8 ist entsprechend anzuwenden.

(2) Betriebskosten, die auf Zeiträume vor dem 11. Juni 1995 entfallen, sind nach den bisherigen Vorschriften abzurechnen. Später angefallene Betriebskosten aus einem Abrechnungszeitraum, der vor dem 11. Juni 1995 begonnen hat, können nach den bisherigen Vorschriften abgerechnet werden.

Nach dem **Mietrecht der DDR** waren die **Mieten idR Inklusivmieten.** Der Vermieter war nicht berechtigt, Betriebskosten, die durch die extrem niedrigen Mieten oft nicht gedeckt waren, auf die Mieter umzulegen (Ausnahme Heizungskosten bei Zentralheizungen) u. dafür Vorauszahlungen zu verlangen. Die Möglichkeit dazu wurde durch die BetrKostUV eröffnet (s. Anh. III nach § 11 aF MHG). Diese VO ist durch Art. 6 Abs. 2 Nr. 3 MÜG aufgehoben worden. § 14 MHG erhält den Vermietern die Möglichkeit, Betriebskosten durch einseitige Erklärung auf die Mieter umzulegen u. entspr. Vorauszahlungen zu verlangen, allerdings nur für Verträge, die noch vor Inkrafttreten des Ges. (11. 6. 1995), auch vor Inkrafttreten der BetrKostUV,[1] abgeschlossen worden sind; bei diesen Verträgen können die Erklärungen noch bis zum 31. 12. 1997 abgegeben werden; zur Klarstellung bestimmt Abs. 1 S. 2: nach diesem Zeitpunkt gelten Umlage der Betriebskosten u. Anforderung von Vorschüssen als vertraglich vereinbart, wenn die entspr. Erklärung vorher dem Mieter zugegangen ist. Die Erklärung muß schriftlich erfolgen; die Unterschrift ist in den Fällen des § 8 MHG entbehrlich (Abs. 1 S. 3). Der Wirkungszeitpunkt wird in der Vorschrift nicht bestimmt. Da es sich im Grund nur um die befristete 1

[10] *Börstinghaus-Meyer* RdNr. 359; aA *Pfeifer* DtZ 1995, 309, 316.

[1] *Sternel* ZMR 1995, 437, 456.

Fortgeltung des § 1 Abs. 1 u. 2 BetrKostUV handelt, wird entspr. der bisher maßgebenden Regelung des § 11 Abs. 5 aF MHG davon auszugehen sein, daß die Rechtswirkungen von dem Ersten des Monats an eintreten, der auf die Erklärung des Vermieters folgt.[2]

2 Die **umlegungsfähigen Betriebskosten** ergeben sich aus Anl. 3 zu § 27 der II.BV (nach § 4 MHG), die mit der Anl. zu § 1 Abs. 5 BetrKostUV identisch ist. Aus der Bezugnahme auf § 27 der II.BV folgt, daß auch selbsterbrachte Sach- u. Eigenleistungen des Vermieters umlegbar sind (§ 27 Abs. 2 der II.BV).

3 Bei den **nach dem 11. 6. 1995 abgeschlossenen Verträgen** muß die Umlage von Betriebskosten u. die Pflicht zur Leistung von Vorauszahlungen vereinbart sein; eine Umlegung durch einseitige Erklärung des Vermieters ist nicht mehr möglich.

4 Bei der Umlegung der Betriebskosten ist der **Maßstab für die Umlegung** zu bestimmen. Der Vermieter ist insoweit, anders als nach §§ 3ff. BetrKostUV frei; die Bestimmung muß nach billigem Ermessen (§ 316) erfolgen. Eine Änderung des Umlegungsmaßstabs wie nach § 2 Abs. 3 BetrKostUV ist nicht mehr vorgesehen. Sie ist nur noch bei den Heizkosten nach § 6 Abs. 4 HeizkostenV u. bei den Kosten der Wasserversorgung u. Entwässerung nach § 4 Abs. 5 MHG, i.ü. nur ausnahmsweise nach § 242 möglich (§§ 535, 536 RdNr. 92). Bei der Bestimmung von Vorauszahlungen sollte deren jährliche Anpassung an die sich aus der Abrechnung ergebenden Beträge vorgesehen werden (§ 1 BetrKostUV RdNr. 8).

5 Gegenüber der BetrKostUV enthält § 14 MHG eine bedeutsame Änderung: die **Kappungsgrenze für Heiz- u. Warmwasserkosten** nach § 4 Abs. 3 BetrKostUV ist **entfallen.** Abs. 2 S. 1 bestimmt daher, daß diese Kappungsgrenze bei der Abrechnung für Zeiträume vor dem 11. 6. 1995 noch beachtet werden muß. Im Interesse eines einheitlichen Abrechnungsschlüssels können danach angefallene Betriebskosten dieses Abrechnungszeitraums noch in gleicher Weise abgerechnet werden (Abs. 2 S. 2); die Entscheidung darüber liegt beim Vermieter (so auch Begr. des GesE BT-Drucks. 13/783 zu Art. 1 Nr. 2 zu § 14 MHG). Zu beachten ist, daß die **Übergangsfrist für die Verbrauchserfassung der Heizkosten seit dem 31. 12. 1995 ausgelaufen** ist (§ 4 HeizkostenV RdNr. 5; näher dazu *Kinne* GrundE 1995, 1232). Das gilt auch für das Anbringen von Thermostatventilen an Zentralheizungskörpern (s. § 4 HeizkostenV RdNr. 9). Wegen der Ausnahmen s. § 11 HeizkostenV RdNr. 5.

§ 15 [Erhöhung von Kapitalkosten]

Auf Erhöhungen der Kapitalkosten für Altverbindlichkeiten im Sinne des § 3 des Altschuldenhilfegesetzes ist § 5 nicht anzuwenden.

1 Nach § 11 Abs. 2 MHG ist seit Inkrafttreten des MÜG am 11. 6. 1995 die **Umlegung von Kapitalkostenerhöhungen nach § 5 MHG zulässig,** soweit sich aus § 15 MHG keine Einschränkungen ergeben. Eine Beschränkung der Geltung des § 5 MHG auf neu abgeschlossene Verträge[1] ergibt sich daraus nicht. Problematisch ist die Stichtagsregelung des § 5 Abs. 1 Nr. 1 MHG:[2*] Insoweit macht nur der 3. 10. 1990 (Wirksamwerden des Beitritts), allenfalls der Tag des Inkrafttretens der Währungs- u. Wirtschaftsunion am 1. 7. 1990 einen Sinn.

2 Die Wohnungsunternehmen im Gebiet der ehem. DDR mußten nach dem Altschuldenhilfeges. v. 23. 6. 1993 (BGBl. I S. 944, 986) einen Teil der **Altschulden** als Verbindlichkeiten übernehmen. Nach § 7 dieses Ges. waren darauf bis zum 30. 6. 1995 keine Zinsen

[2] *Sternel* ZMR 1995, 437, 456; aA *Eisenschmid* WuM 1995, 363, 372: entspr. Anwendung des § 4 Abs. 3 MHG, in dem aber der Wirkungszeitpunkt für die Umlage von Betriebskostenerhöhungen geregelt ist.

[1] So *Kinne* unter IV.4. S. 62.

[2*] *Beuermann* RdNr. 3.

zu zahlen. § 15 MHG bestimmt, daß der **Wegfall dieser Zinshilfe nicht als Kapitalkostenerhöhung** iSv. § 5 MHG anzusehen ist; diese Zinsmehrbelastung kann nicht auf die Mieter umgelegt werden.

§ 16 [Nachholung von Beschaffenheitszuschlägen]

(1) Bis zum 31. Dezember 1997 kann der Vermieter durch schriftliche Erklärung eine Erhöhung des Mietzinses entsprechend § 2 der Zweiten Grundmietenverordnung um 0,30 Deutsche Mark je Quadratmeter Wohnfläche monatlich für jeden Bestandteil im Sinne des § 12 Abs. 1 zum Ersten des auf die Erklärung folgenden übernächsten Monats verlangen, wenn an dem Bestandteil erhebliche Schäden nicht vorhanden sind und dafür eine Erhöhung bisher nicht vorgenommen wurde. § 8 ist entsprechend anzuwenden.

(2) Vor dem 11. Juni 1995 getroffene Vereinbarungen über Mieterhöhungen nach Instandsetzung im Sinne des § 3 der Zweiten Grundmietenverordnung bleiben wirksam.

1 Die 2. GrundMV ist mit Inkrafttreten des MÜG nach Art. 6 Abs. 2 Nr. 2 MÜG außer Kraft getreten. § 16 Abs. 1 erlaubt noch Mieterhöhungen entspr. § 2 der 2. GrundMV bis 31. 12. 1997, wenn die Voraussetzungen für eine Erhöhung nach dieser Vorschrift gegeben sind, eine **Erhöhung bisher** aber **nicht erfolgt** ist. Dabei ist in erster Linie an die Fälle gedacht, in denen erhebliche Mängel an den in § 2 Abs. 2 u. 3 der 2. GrundMV erwähnten Bauteilen (die identisch mit den Beschaffenheitsmerkmalen des § 12 Abs. 1 S. 1 MHG sind) nachträglich beseitigt werden. Die Gesetzesfassung erfaßt aber auch die Fälle, in denen eine nach § 2 der 2. GrundMV zulässige Mieterhöhung bisher schlicht unterblieben ist.[1] Die Höhe der zulässigen Mieterhöhung von 0,30 DM pro qm Wohnfläche für jeden Bestandteil, der keine erheblichen Schäden (mehr) aufweist, entspricht der Regelung des § 2 der 2. GrundMV. Gleich geblieben sind auch das Verfahren u. das Wirksamwerden der Mieterhöhung; es entspricht § 11 Abs. 4 u. 5 aF MHG (s. dort RdNr. 15, 16). Es ist weder eine Wartefrist noch eine Kappungsgrenze zu beachten. Umgekehrt lösen jedoch Mieterhöhungen nach § 16 Abs. 1 MHG die Wartefrist u. die Kappungsgrenze für Mieterhöhungen nach § 12 iVm. § 2 Abs. 1 Nr. 1 u. 3 MHG aus.[2] Mieterhöhungen nach § 16 Abs. 1 MHG sollten daher nicht vor, sondern nach Mieterhöhungen nach § 12 MHG od. gleichzeitig mit diesen erklärt werden.[3]

2 Zum **Beschaffenheitsmerkmal „Hausflure oder Treppenräume"** hat die Rspr. zu § 2 der 2. GrundMV teilweise entschieden, daß dieses Merkmal nur Mehrfamilienhäuser betreffe u. daher eine Mieterhöhung bei einem Einfamilienhaus ausscheide.[4] Das trifft schon nach dem Wortlaut der Regelung nicht zu. Außerdem war nach §§ 1, 2 der 2. GrundMV nicht von einem Beschaffenheitszuschlag (wie jetzt nach § 12 MHG) auszugehen, sondern von einem Abschlag von der gesetzlich bestimmten Mieterhöhung, der nur vorzunehmen war, wenn bestimmte Mängel vorlagen.[5] Entsprechendes gilt für (nachgeholte) Mieterhöhungen nach § 16 Abs. 1 MHG.

[1] *Beuermann* RdNr. 1; *Sternel* ZMR 1995, 437, 457.

[2] *Kinne* unter IV.5 S. 65; *Söfker* unter IV.6.1 S. 46; *Sternel* ZMR 1995, 437, 448; aA *Beuermann* RdNr. 7: § 16 MHG enthalte lediglich die eingeschränkte Fortdauer der Mieterhöhungsmöglichkeit nach der 2. GrundMV, die grundsätzlich bei der Wartefrist „außer Betracht" bleiben solle.

[3] *Börstinghaus-Meyer* RdNr. 375; aA *Pfeifer* DtZ 1995, 309, 311, der eine gleichzeitige Erhöhung für unzulässig hält.

[4] AG Aschersleben WuM 1995, 44; AG Potsdam WuM 1995, 189; AG Görlitz WuM 1995, 398; *Eisenschmid* WuM 1995, 363, 365.

[5] §§ 1, 2 der 2. GrundMV RdNr. 5; *Beuermann* § 12 MHG RdNr. 50 m. Nachw.; *Börstinghaus-Meyer* RdNr. 217; *Meyer* ZMR 1995, 565; *Pfeifer* DtZ 1995, 309, 313; *Sternel* ZMR 1995, 437, 445.

2 Eine Mieterhöhung nach Abs. 1 löst sowohl das außerordentliche Kündigungsrecht des Mieters nach **§ 9 Abs. 1 MHG** als auch die Rechtsfolgen des **§ 9 Abs. 2 MHG** aus.[6]

3 **Abs. 2** stellt klar, daß Vereinbarungen über **Mieterhöhungen nach Instandsetzungen** nach § 3 der 2. GrundMV **wirksam** bleiben, auch wenn die Instandsetzungsmaßnahmen erst nach dem Inkrafttreten des MÜG (11. 6. 1995) abgeschlossen werden. Nach § 3 Abs. 1 der 2. GrundMV konnten solche Vereinbarungen bis 1. 1. 1996 abgeschlossen werden. Da die 2. GrundMV mit Inkrafttreten des MÜG am 11. 6. 1995 nach Art. 6 Abs. 2 Nr. 2 MÜG außer Kraft getreten ist, ist diese Möglichkeit seither entfallen. § 17 MHG bietet aber die Möglichkeit für Vereinbarungen über Mieterhöhungen wegen Instandsetzungen, bei denen nur die Grenze des § 5 WiStG zu beachten ist. Die zT vertretene Ansicht, Abs. 2 finde nur Anwendung, wenn das Widerrufsrecht des Mieters nach § 3 Abs. 1 S. 4 der 2. GrundMV vor Außerkrafttreten dieser VO abgelaufen ist,[7] findet im Ges. keine Stütze.[8]

§ 17 [Abweichende Vereinbarungen]

§ 10 Abs. 1 gilt mit der Maßgabe, daß Vereinbarungen, die zum Nachteil des Mieters von den Vorschriften der §§ 1 bis 9, § 10 Abs. 2, §§ 10a bis 16 abweichen, unwirksam sind, es sei denn, daß der Mieter während des Bestehens des Mietverhältnisses einer Mieterhöhung um einen bestimmten Betrag zugestimmt hat.

1 Die Vorschrift schließt eine bisher bestehende Lücke und stellt klar, daß §§ 10 Abs. 2, 10a, 11ff. MHG im Grundsatz zwingend sind. Die wesentliche Bedeutung der Regelung liegt jedoch in der **Zulassung freier abweichender Vereinbarungen während des Bestehens des Mietverhältnisses.** Solche Vereinbarungen waren bisher nicht zulässig. Mit der Zulassung freier Vereinbarungen ist die bisher bestehende strikte Preisbindung entscheidend aufgebrochen. Es kann davon ausgegangen werden, daß auch im Beitrittsgebiet wie in den alten Bundesländern die meisten Mieterhöhungen durch freie Vereinbarung erfolgen. Die Anwendung des § 5 WiStG wird für Modernisierungsvereinbarungen durch Art. 2 § 1 MÜG ausgeschlossen. In anderen Fällen wird die Anwendung des § 5 WiStG erschwert, weil idR eine ortsübliche Vergleichsmiete nicht wird festgestellt werden können. Der Vermieter muß allerdings darauf achten, daß er nicht in die Falle des HausTWG läuft (s. den RE des OLG Koblenz RES § 10 MHG Nr. 10 = NJW 1994, 1418).

2 Vereinbarungen nach § 17 MHG können **auch konkludent,** insbes. durch laufende vorbehaltlose Zahlung eines geforderten höheren Mietzinses erfolgen (§ 10 MHG RdNr. 5). Die Zustimmungsfiktion des § 12 Abs. 6 Nr. 2 MHG wird nur bei zweimaliger vorbehaltloser Zahlung des Mietzinses entspr. angewandt werden können; insoweit konkretisiert das Ges. nur einen allgemeinen, von der Rspr. entwickelten Rechtsgedanken. Die an die Duldung des Einzugs des Mietzinses im Lastschriftverfahren geknüpfte Zustimmungsfiktion bedeutet demgegenüber eine Durchbrechung anerkannter Rechtsgrundsätze (§ 12 RdNr. 21); eine analoge Anwendung auf andere, gesetzlich nicht geregelte Fälle kann nicht in Betracht kommen.[1]

3 I. ü. gilt das zu § 10 Abs. 1 MHG in RdNr. 2 bis 9 Ausgeführte sinngemäß.

[6] *Sternel* ZMR 1995, 437, 457.
[7] So *Eisenschmid* WuM 1995, 363, 371.
[8] Ebenso *Sternel* ZMR 1995, 437, 458.
[1] *Sternel* ZMR 1995, 437, 455.

Artikel 2
Gesetz über die Angemessenheit von Entgelten beim Übergang in das Vergleichsmietensystem

§ 1 Angemessenheit von Entgelten

Nicht unangemessen hoch im Sinne des § 5 des Wirtschaftsstrafgesetzes 1954 sind Entgelte für Wohnraum im Sinne des § 11 Abs. 2 des Gesetzes zur Regelung der Miethöhe, die

1. bis zum 31. Dezember 1997 nach § 3 oder § 13 des Gesetzes zur Regelung der Miethöhe geändert oder nach § 13 in Verbindung mit § 17 jenes Gesetzes vereinbart oder
2. bei der Wiedervermietung in einer der Nummer 1 entsprechenden Höhe vereinbart

worden sind.

1 Art. 2 § 1 **begünstigt Modernisierungen** u. bestimmt dazu: **§ 5 WiStG** findet nach Nr. 1 **keine Anwendung** auf Mieterhöhungen, die
- vor Inkrafttreten des MÜG (11. 6. 1995) nach § 3 MHG iVm. § 11 Abs. 2 aF MHG erfolgt sind oder
- seit 11. 6. 995 nach § 3 iVm. § 13 MHG od. aufgrund freier Vereinbarung nach §§ 13, 17 MHG erfolgt sind od. bis zum 31. 12. 1997 erfolgen.

Damit ist die Bindungswirkung des RE des OLG Karlsruhe (RES § 3 MHG Nr. 8 = NJW 1984, 62; s. § 3 MHG RdNr. 4) für die Wohnungen iSd. § 11 Abs. 2 MHG im Beitrittsgebiet aufgehoben. Mieterhöhungen wegen Modernisierungen können danach nicht als Mietpreisüberhöhung geahndet, sie können vor allem nicht nach § 812 zurückgefordert werden.

2 Nach § 1 Nr. 2 ist **§ 5 WiStG auch unanwendbar,** wenn bei einer **Wiedervermietung** ein Mietzins gefordert wird, der vom Vormieter aufgrund von Mieterhöhungen wegen Modernisierung nach § 3 iVm. § 11 Abs. 2 aF MHG, nach § 3 iVm. § 13 MHG od. nach §§ 13, 17 MHG gezahlt worden war. Das gilt ausdrücklich auch für Wiedervermietungen nach dem 1. 1. 1998; insoweit hat eine Vorschrift des MÜG nicht nur Übergangscharakter.

§ 2 Übergangsvorschrift für Neuvertragsmieten

Beim Abschluß eines Mietvertrages über Wohnraum im Sinne des § 11 Abs. 2 des Gesetzes zur Regelung der Miethöhe darf der Mietzins den nach den §§ 3, 12, 13, 16 oder 17 des Gesetzes zur Regelung der Miethöhe zulässigen Mietzins bis zum 30. Juni 1997 nicht um mehr als 15 vom Hundert übersteigen.

1 Der GesE der BReg. u. der inhaltlich identische Koalitionsentwurf hatten keine Kappungsgrenze bei Neuvermietungen vorgesehen (BT-Drucks. 13/873 zu Art. 2 S. 15). Im Gesetzgebungsverfahren hat sich die **Forderung des BRat** nach einer solchen Kappungsgrenze durchgesetzt (BT-Drucks. 13/1187 unter 11. Zu Art. 1 Nr. 2).

2 Nach Art. 2 § 2 darf bei **Neuvermietungen** für eine Übergangszeit **bis 30. 6. 1997 höchstens** eine Miete gefordert werden, die **15%** über der nach §§ 3, 12, 13, 16 od. 17 MHG zulässigen Miete liegt. Zu beachten ist, daß zur Errechnung der Höchstmiete von dem zulässigen, nicht wie in § 12 Abs. 1 MHG vom geschuldeten, Mietzins auszugehen ist. Auf eine Vereinbarung über eine Mieterhöhung kommt es daher nur in den Fällen des § 17 MHG an; in allen anderen Fällen ist allein auf die gesetzliche Zulässigkeit der Mieterhöhung abzustellen, auch wenn der Vermieter von den gesetzlichen Möglichkeiten keinen Gebrauch gemacht hatte.[1] Hat der Vermieter nach Beendigung eines Mietverhältnisses,

[1] *Sternel* ZMR 1995, 437, 459.

aber vor Neuvermietung **Modernisierungen** durchgeführt od. erhebliche **Schäden** an Bauteilen iSv. § 12 Abs. 1 S. 1 MHG **beseitigt,** können bei einer Neuvermietung fiktive Mieterhöhungen nach §§ 3, 13, 16 od. 17 MHG, ggf. auch nach § 12 MHG der Errechnung der Kappungsgrenze zugrunde gelegt werden.[2] Die Berechnungsgrundlage kann sich im Lauf der Zeit erhöhen, zB durch den 2. Erhöhungsschritt von 5% zum 1. 1. 1997 nach § 12 Abs. 2 MHG.[3] Unberücksichtigt bleiben **Betriebskostenerhöhungen.** Soweit die Betriebskosten (noch) nicht gesondert umgelegt werden, sind sie vor Errechnung der Kappungsgrenze aus dem Mietzins herauszurechnen.[4] Das Gleiche gilt für Kapitalkostenerhöhungen nach § 5 MHG, die in der Aufzählung nicht erwähnt werden.[5]

3 Soweit bei Neuvermietungen ein höherer als der nach Art. 2 § 2 zulässige Mietzins vereinbart wird, ist der Vertrag unwirksam; die Zuvielforderung kann als ungerechtfertigte Bereicherung zurückverlangt werden. Soweit die Mieterhöhung sich in dem zulässigen Rahmen hält, kommt eine Anwendung des **§ 5 WiStG nicht in Betracht;** ein gesetzlich zugelassenes Entgelt kann nicht unangemessen sein (davon geht schon der Schriftl. Bericht des Wohnungsbauausschusses aus, s. BT-Drucks. 13/1386 zu Art. 2 zu § 2).

4 Bei Vereinbarung einer **Staffelmiete** nach § 10 Abs. 2 MHG gilt die Kappungsgrenze nur für die 1. Stufe, bei Vereinbarung einer **Wertsicherungsklausel** nach § 10a MHG gilt sie nur für den Ausgangsmietzins.[6] Die weiteren Erhöhungsschritte können allerdings gegen § 5 WiStG verstoßen.

5 Bei **mehrfacher Wiedervermietung** vor dem 30. 6. 1997 kann der zulässige Mietzins nicht ein 2. Mal um 15% erhöht werden. Eine Erhöhung ist bei der 2. Wiedervermietung nur zulässig, wenn sich seit der vorherigen Vermietung die Berechnungsgrundlage geändert hat, zB nach dem 2. Erhöhungsschritt nach § 12 Abs. 2 MHG od. wegen zwischenzeitlich durchgeführter Modernisierung od. Beseitigung erheblicher Schäden.[7]

6 Der Mieter hat gegen den Vermieter nach allgemeinen Grundsätzen (§ 260 RdNr. 10ff.) einen **Auskunftsanspruch** hinsichtlich des nach §§ 3, 12, 13, 16 od. 17 MHG zulässigen Mietzinses.[8]

Artikel 3
Änderung des Schuldrechtsanpassungsgesetzes

§ 35 des Schuldrechtsanpassungsgesetzes vom 21. September 1994 (BGBl. I S. 2538) wird wie folgt gefaßt:

§ 35 Mietzins

(1) Der Grundstückseigentümer kann vom Nutzer die Zahlung eines Mietzinses verlangen. Der Mietzins wird an dem ersten Tag des zweiten Monats fällig, der auf die schriftliche Anforderung des Mietzinses durch den Vermieter gegenüber dem Mieter folgt.

(2) Vom 1. Januar 1995 bis zum Ablauf des 10. Juni 1995 bestimmt sich der Mietzins nach der Ersten und der Zweiten Grundmietenverordnung sowie der Betriebskosten-Umlageverordnung in der zu diesem Zeitpunkt geltenden Fassung. Von dem 11. Juni 1995 an kann der Vermieter eine Erhöhung dieses Mietzinses und die Betriebskosten nach näherer Maßgabe des § 11 Abs. 2 des Gesetzes zur Regelung der Miethöhe und der

[2] *Eisenschmid* WuM 1995, 363; 375; *Sternel* ZMR 1995, 437, 460.

[3] *Söfker* unter V.3.1 S. 55.

[4] *Kinne* unter VII.2 S. 98.

[5] *Sternel* ZMR 1995, 437, 459.

[6] *Beuermann* RdNr. 19; *Kinne* unter VII.2 S. 99; *Sternel* ZMR 1995, 437, 443.

[7] Ebenso *Pfeifer* unter 15.b S. 49; *Sternel* ZMR 1995, 437, 459.

[8] *Eisenschmid* WuM 1995, 363, 375; *Kinne* unter VII.2 S. 98f.; *Sternel* ZMR 1995, 437, 459.

dort angeführten Vorschriften verlangen. Für die Erhöung nach § 12 jenes Gesetzes gilt dessen § 2 Abs. 1 Satz 1 Nr. 1 nicht.

Art. 3 paßt § 35 SchuldRAnpG an die Änderungen des MHG durch das MÜG an (s. Erg. Art. 232 § 1a EGBGB RdNr. 5).

Artikel 4
Änderung des Wohngeldsondergesetzes

Das Wohngeldsondergesetz in der Fassung der Bekanntmachung vom 16. Dezember 1992 (BGBl. I S. 2406), zuletzt geändert durch Artikel 1 des Gesetzes vom 7. Oktober 1994 (BGBl. I S. 2844) sowie durch die Verordnung vom 9. November 1994 (BGBl. I S. 3419), wird wie folgt geändert:

1. In § 1 Satz 1 werden die Wörter „vom 1. Oktober 1991 bis einschließlich 31. Dezember 1995" durch die Wörter „vom 1. Oktober 1991 bis einschließlich 31. Dezember 1996" ersetzt.

2. Folgender neuer § 11b wird eingefügt:

„§ 11b. Freibetrag bei der Überleitung ins Vergleichsmietensystem

Von dem nach den §§ 8 bis 11 a ermittelten monatlichen Einkommen wird im Fall einer Erhöhung der Miete nach dem 30. Juni 1995 bei der Berechnung eines Mietzuschusses vor Anwendung der Anlagen 1 bis 5 bei Alleinstehenden ein Freibetrag von 100 Deutsche Mark abgesetzt, wenn das monatliche Einkommen 1000 Deutsche Mark nicht übersteigt. Für das zweite und jedes weitere Familienmitglied erhöhen sich der Freibetrag um 25 Deutsche Mark und die Einkommensgrenze um 400 Deutsche Mark. Bei Überschreitung der in den Sätzen 1 und 2 bestimmten Einkommensgrenzen wird der Freibetrag für jeweils volle 100 Deutsche Mark der Überschreitung um 25 Deutsche Mark gekürzt."

3. In § 18 Abs. 1 Nr. 2 werden nach den Wörtern „vom Hundert" die Wörter „oder um mindestens 30 Deutsche Mark" eingefügt.

4. In § 21 Abs. 1 Satz 1 werden in der Tabelle die Wörter „bis 31. Dezember 1995" durch die Wörter „bis 30. Juni 1996" ersetzt.

5. § 23 wird wie folgt geändert:

In Absatz 1 werden die Wörter „bis einschließlich 31. Dezember 1995" durch die Wörter „bis einschließlich 31. Dezember 1996" ersetzt.

6. § 28 Abs. 1 wird wie folgt gefaßt:

„(1) Empfänger von Wohngeld, deren Bewilligung in den Monaten Oktober bis Dezember 1996 endet und die im Zeitraum vom 1. September bis 31. Dezember 1996, bei im Monat Dezember endender Bewilligung bis 31. Januar 1997, einen Antrag auf erneute Bewilligung stellen, können für die Monate Januar 1997 bis einschließlich März 1997 einen Vorschuß auf das nach dem Wohngeldgesetz zustehende Wohngeld erhalten. In diesem Fall ist als Vorschuß ein auf volle Deutsche Mark aufgerundeter Betrag in Höhe von 80 vom Hundert der nach diesem Gesetz für den Monat Dezember 1996 bewilligten Wohngeldes zu gewähren. Die Sätze 1 und 2 gelten entsprechend, wenn auf einen im Zeitraum vom 1. September bis 31. Dezember 1996 gestellten Antrag erstmals Wohngeld nach diesem Gesetz bewilligt wird. Im Zeitraum vom 1. September bis 31. Dezember 1996 gestellte Anträge nach diesem Gesetz gelten für den Zeitraum ab 1. Januar 1997 zugleich als an diesem Tag gestellte Anträge nach dem Wohngeldgesetz."

Artikel 5
Änderung des Wohngeldgesetzes

Das Wohngeldgesetz in der Fassung der Bekanntmachung vom 1. Februar 1993 (BGBl. I S. 183) mit den Anlagen 1 bis 8 in der Fassung der Bekanntmachung vom 11. März 1992 (BGBl. I S. 545), zuletzt geändert durch Artikel 2 § 6 des Gesetzes vom 19. Oktober 1994 (BGBl. I S. 2978), wird wie folgt geändert:

1. In § 16 Abs. 2 Satz 1 Nr. 1 Buchstabe b werden die Wörter „des § 69 Abs. 3 Satz 1 des Bundessozialhilfegesetzes" durch die Wörter „des § 14 des Elften Buches Sozialgesetzbuch" ersetzt.

2. § 42 Abs. 1 wird wie folgt geändert:

a) In Nummer 3 (§ 32 Abs. 1 Satz 3) wird in der Tabelle die Angabe „31. Dezember 1995" durch die Angabe „30. Juni 1996" ersetzt.

b) In Nummer 4 Buchstabe b werden

aa) in Satz 1 die Wörter „bis 31. Dezember 1995" durch die Wörter „bis 31. Dezember 1996" ersetzt,

bb) in Doppelbuchstabe bb (Erhebungsmerkmal f) der Klammerausdruck „(§ 42 Abs. 3)" gestrichen.

Die Änderungen des WoGSoG durch Art. 4 und des WoGG durch Art. 5 passen die Leistungen nach diesen Gesetzen an die mietpreisrechtlichen Änderungen der Art. 1 und 2 des MÜG an, um Härten durch diese Regelungen zu vermeiden. Die Änderung des WoGG erfolgte ferner zur Bereinigung eines Redaktionsversehens, das bei Einführung der Pflegeversicherung entstanden war.

Artikel 6
Inkrafttreten, Außerkrafttreten von Vorschriften

(1) Artikel 5 Nr. 1 tritt mit Wirkung vom 1. Januar 1995, die Artikel 4 und 5 treten im übrigen am 1. Juli 1995 in Kraft.

(2) Im übrigen tritt dieses Gesetz am Tage nach der Verkündung in Kraft. Gleichzeitig treten außer Kraft

1. die Erste Grundmietenverordnung vom 17. Juni 1991 (BGBl. I S. 1269),

2. die Zweite Grundmietenverordnung vom 27. Juli 1992 (BGBl. I S. 1416),

3. Die Betriebskosten-Umlageverordnung vom 17. Juni 1991 (BGBl. I S. 1270), zuletzt geändert durch die Verordnung vom 27. Juli 1992 (BGBl. I S. 1415).

1 Abs. 1 enthält besondere Inkrafttretensregelungen für die Änderungen des WoGSoG u. des WoGG. Die mietpreisrechtlichen Änderungen des MÜG sind nach Abs. 1 S. 2 am Tag nach der Verkündung, das war am 11. 6. 1995, in Kraft getreten.

2 Die nach Abs. 2 S. 2 außer Kraft getretenen 1. u. 2. GrundMV sowie BetrKostUV behalten praktische Bedeutung für die Bestimmung des Mietzinses für Überlassungsverträge nach dem durch Art. 3 geänderten § 35 SchuldRAnpG, für die Errechnung der Ausgangsmiete nach § 12 Abs. 1 MHG, der Wartefrist u. der Kappungsgrenze nach § 12 Abs. 4 sowie der Kappungsgrenze für Neuvertragsmieten nach Art. 2 § 2, für Betriebskostenabrechnungen nach § 14 Abs. 2 MHG u. für die Nachholung von Beschaffenheitszuschlägen nach § 16 MHG.

Teil 3

Bürgerliches Gesetzbuch

Drittes Buch. Sachenrecht
Sechster Abschnitt. Vorkaufsrecht
(§§ 1094–1104)

Sechster Abschnitt. Vorkaufsrecht

§ 1094 [Begriff; subjektiv-dingliches Vorkaufsrecht]

(1) Ein Grundstück kann in der Weise belastet werden, daß derjenige, zu dessen Gunsten die Belastung erfolgt, dem Eigentümer gegenüber zum Vorkaufe berechtigt ist.

(2) Das Vorkaufsrecht kann auch zugunsten des jeweiligen Eigentümers eines anderen Grundstücks bestellt werden.

Schrifttum: *Andrae,* Zur Wirksamkeit vereinbarter Vorkaufsrechte in nach dem Gesetz vom 7. 3. 1990 abgeschlossenen Grundstückskaufverträgen, NJ 1994, 251; *Bielenberg,* Die Vorkaufsrechte der Gemeinden nach der Novelle zum Bundesbaugesetz, DNotZ 1976, 710; *Dressel,* Zur Ausübung des dinglichen Vorkaufsrechts an land- und forstwirtschaftlichen Grundstücken, AgrarR 1974, 38; *Ehrenforth,* Das Vorkaufsrecht des Reichssiedlungsgesetzes, AcP 150 (1949), 420; *Flik,* Zum Vorkaufsrecht in den neuen Bundesländern aus § 20 des Vermögensgesetzes, BWNotZ 1993, 83; *Immerwahr,* Das dingliche Vorkaufsrecht des BGB, JherJb 40 (1899), 279; *Kinne,* Das Vorkaufsrecht nach der Neufassung des § 20 VermG und nach dem SchuldRÄndG, ZOV 1994, 449, *ders.,* Probleme des Vorkaufsrechts, ZOV 1992, 352; *Leikam,* Die Ausübung des dinglichen Vorkaufsrechts, BWNotZ 1986, 139; *Mattern,* Zur neueren BGH-Rechtsprechung zum Vorkaufsrecht, WM 1973, 1258; *Schnabel,* Schuldrechtsänderungsgesetz, 1995; *Schmidt,* Der Verzicht auf das gesetzliche Vorkaufsrecht, Rpfleger 1979, 121; *Schmidt-Aßmann,* Die Novelle zum Bundesbaugesetz, NJW 1976, 1913; *Schurig,* Das Vorkaufsrecht im Privatrecht 1975; *E. Schwerdtner,* Verwendungsersatzansprüche des Erstkäufers gegen den Vorkaufsberechtigten bei Ausübung eines gesetzlichen Vorkaufsrechts, BWNotZ 1972, 145; *Sichtermann,* Bewertung von Vorkaufsrechten, BB 1953, 543; *Stöber,* Vorkaufsrechte in der Zwangsversteigerung, NJW 1988, 3121; *Weimar,* Grundsatzfragen zum Nießbrauch und dinglichen Vorkaufsrecht, MDR 1974, 462; *ders.,* Fragen zum dinglichen Vorkaufsrecht und zu den Dienstbarkeiten, MDR 1977, 903. S. auch die Nachweise vor § 504.

Übersicht

I. Wirtschaftliche Bedeutung und rechtliche Konstruktion des dinglichen Vorkaufsrechts

1. Zwecke privatrechtlicher und gesetzlicher Vorkaufsrechte. Das dingliche Vorkaufsrecht dient in anderer rechtssystematischer Konstruktion ähnlichen wirtschaftlichen Zielen wie das schuldrechtliche Vorkaufsrecht. Wie das letztere (§ 504 RdNr. 1) schafft es kein vom Entschluß allein des Berechtigten abhängiges Erwerbsrecht, sondern lediglich 1 eine **Bindung des Grundstückseigentümers,** die sich erst aktualisiert, wenn er sich von der Sache trennen will. Wirtschaftlich geht es daher zumeist darum, die Interessen eines Mieters oder Pächters eines Grundstücks daran abzusichern, Besitz und Nutzung der Sache nicht zu verlieren, solange er bereit und in der Lage wäre, notfalls auch die Substanz zu erwerben. Es kann auch beabsichtigt sein, einem bestimmten Berechtigten oder auch mehreren Nachbarn die Möglichkeit einzuräumen, im Falle der Verkaufsabsicht des gegenwärtigen Eigentümers die unliebsame Nutzung des Raums durch neu hinzukommende Dritte zu verhindern oder durch Abrundung des eigenen Besitzes bestimmte Nutzungspläne zu verwirklichen.[1] Insbesondere im Hinblick auf den letzteren Anwendungsfall ist es von Bedeutung, daß das Vorkaufsrecht nach Abs. 2 auch subjektiv-dinglich (RdNr. 10) und nach § 1097 auch für mehrere Verkaufsfälle bestellt werden kann. Der Zweck, außenstehende Dritte fernzuhalten, steht auch im Vordergrund, wenn an einem ideellen Grundstücksbruchteil zugunsten eines oder mehrerer Miteigentümer ein Vorkaufsrecht bestellt wird (§ 1095). Zur Abgrenzung des Vorkaufsrechts von anderen Erwerbsvorrechten siehe § 504 RdNr. 4, 5.

2 In bezug auf Grundstückseigentum spielen **gesetzliche Vorkaufsrechte** eine überragende praktische Rolle, siehe dazu bereits § 504 RdNr. 11 bis 13. Sie dienen der Erhaltung einer bestimmten Nutzungsart des Grundstücks im Interesse des allgemeinen Wohls oder (so das Vorkaufsrecht der Siedlungsunternehmen, § 504 RdNr. 12) bestimmten ebenfalls öffentlich geförderten Erwerbsinteressen. Doch kommt auch in den für das **deutsche Beitrittsgebiet** geschaffenen gesetzlichen Vorkaufsrechten von Nutzern und Mietern eines Grundstücks (§§ 20 VermG, 57 SchuldRAnpG, dazu im einzelnen RdNr. 17 ff.; 22 ff) der Gedanke zum Tragen, das Erwerbsinteresse von Personen zu schützen, die ein Grundstück seit längerem nutzen und möglicherweise auch die Hauptlast seiner Erhaltung getragen haben, ein Interesse, das jedenfalls höher zu bewerten sei, als das Erwerbsinteresse eines außenstehenden Dritten;[2] zum abweichenden Zweck des § 20 a VermG s. RdNr. 17. Dies ist unabhängig davon, ob es sich – wie im Fall des § 20 VermG – um eine Regelung im Zuge der Beendigung staatlicher Verwaltung handelt, oder ob – etwa bei zu DDR-Zeiten als Kleingärten oder zur Freizeitgestaltung genutztem Gelände – das Nutzungsverhältnis inzwischen bereits zu einem privaten (Rück)Erwerber besteht. In jedem Fall wird aber **kein Ankaufsrecht** begründet,[3] sondern nur die Möglichkeit des bisherigen Nutzers, bei einer Entscheidung des Eigentümers, sich von dem Grundstück zu trennen, in den Vertrag zu den mit dem Dritten vereinbarten Bedingungen einzutreten. Die sogen. **Modrow-Vorkaufsrechte,** die bei Verkäufen volkseigener Gebäude nach dem inzwischen außer Kraft gesetzten „Verkaufsgesetz" vertraglich vereinbart wurden (näher dazu RdNr. 27), hatten dagegen den Zweck, die öffentliche Kritik an den Verkäufen volkseigener Grundstücke durch ein preisgebundenes Vorkaufsrecht des verkaufenden staatlichen Rechtsträgers zu entkräften.[4] Gesetzliche Vorkaufsrechte, auch diejenigen nach §§ 20 VermG, 57 SchuldRAnpG, werfen die Frage nach dem **Enteignungscharakter** auf, die jedoch allgemein verneint wird, weil niemand hierdurch gezwungen wird, sein Grundstück überhaupt zu veräußern.[5] Ob allerdings – etwa im Fall der für das deutsche Beitrittsgebiet eingeführ-

[1] *H. Westermann-Pinger,* Sachenrecht, Bd. 2, 6. Aufl. 1988, § 141 I 1; *Baur-Stürner,* Sachenrecht, 16. Aufl. 1992, § 21 B I 2; *Staudinger/Mayer-Maly/Mader* Einl. § 1094 RdNr. 9.

[2] So zu § 57 SchuldRAnpG die Begründung des Bundesrats, BT-Drucks. 12/7135 S. 86 f., siehe dann aber auch den Bundestag in BT-Drucks. 12/7135 S. 93. Ähnlich für § 20 VermG, der allerdings den Interessenausgleich zwischen Mietern und Nutzern und dem Restitutionsberechtigten betrifft, *Kinne,* in: *Rädler-Raupach-Bezzenberger,* Vermögen in der ehemaligen DDR, 10. Lieferung Oktober 1994, § 20 VermG RdNr. 1; siehe auch die Unterrichtung durch die BReg zum VermG, BT-Drucks. 11/7831 S. 12 zu § 20.

[3] Dazu *Rövekamp,* Schuldrechtsanpassung, 1995, S. 27.

[4] Dazu die Bemerkungen des KG DtZ 1994, 285 = NJ 1994, 372.

[5] BGHZ 32, 225 = NJW 1960, 1334; BGH WM 1964, 298; 1977, 550 f.; RGRK-*Rothe* vor § 1094 RdNr. 5; zu den verfassungsrechtlichen Aspekten des siedlungsrechtlichen Vorkaufsrechts *Rapsch* AgrarR 1985, 38; zu den Vorkaufsrechten gemäß dem BauGB *Mössle* MittBayNotV 1988, 213; zum Vorkaufsrecht nach § 20 VermG ebenso

ten Vorkaufsrechte – der begünstigte Personenkreis sachgemäß und unter gerechter Abwägung von Bedürfnissen und Privilegien bestimmt worden ist,[6] ist hiermit nicht entschieden. Die Tatsache der **Begründung durch Gesetz** legt die Annahme nahe, die Wirkung des Vorkaufsrechts gegen den dritten Erwerber könne auch ohne die auf einer Grundbucheintragung beruhende Vormerkungswirkung (§ 1098 Abs. 2) eintreten. Diese Konstruktion als öffentliche Last[7] ist heute überholt. Seit der Neuregelung des gemeindlichen Vorkaufsrechts durch die Novellierung des BBauG im Jahre 1976 wird die Wirkung des gesetzlichen Vorkaufsrechts gegen den Käufer nicht mehr durch die entsprechende Anwendung des § 1098 Abs. 2 erreicht, sondern dadurch, daß § 28 Abs. 2 S. 1 BauGB (früher § 24 Abs. 5 S. 2 BBauG) das Grundbuchamt verpflichtet, das Eigentum auf den Erwerber nur bei Nachweis der Nichtausübung des Vorkaufsrechts umzuschreiben. Diese, auch in § 17 StädtebauförderungsG befolgte Konzeption, die als **Entdinglichung der gesetzlichen Vorkaufsrechte** bezeichnet wird,[8] beseitigt gewisse zivilrechts-dogmatische Bedenken gegen die Vormerkungswirkung zum Nachteil eines gutgläubigen Erwerbers, hat aber die rechtliche Stellung des Vorkaufsberechtigten nicht verschlechtert, da namentlich die Gemeinden durch das Erfordernis des von ihnen auszustellenden Negativattests geschützt sind. Die Vorkaufsrechte der Gemeinden behaupten sich auch gegen dingliche Vorkaufsrechte Privater (§ 28 Abs. 2 Satz 5 BauGB), so daß bei Ausübung des gesetzlichen Vorkaufsrechts eine Entschädigung des Inhabers des erloschenen privaten Rechts in Betracht kommt (OLG Oldenburg NVwZ 1994, 308 f.). Andere Besonderheiten weist das gesetzliche Vorkaufsrecht der **Stockwerkseigentümer untereinander** nach Art. 228 des Württ. AGBGB[9] auf, das bei Verkauf von Stockwerseigentum (auch bei Zwangsvollstrekkung oder durch Konkursverwalter) innerhalb von drei Wochen ausgeübt werden muß und auf die Rechtsnachfolger im Stockwerkseigentum übergeht.[10] Ein Vorkaufsrecht besteht nicht bei Verkauf an Ehegatten, Abkömmlinge, angenommene Kinder oder Mitstockwerkseigentümer; es geht also um den Schutz einer Personengemeinschaft vor Überfremdung, wozu es paßt, daß dann, wenn das Stockwerkseigentum einer Gemeinschaft gehört, das Vorkaufsrecht ihren Teilhabern nach Bruchteilen zusteht, wenn ein Anteil an der Gemeinschaft veräußert werden soll. Auf das Vorkaufsrecht finden im übrigen die §§ 1096, 1098 bis 1102 und damit auch die §§ 504 bis 510, 513 Anwendung. Aus § 513 folgt, daß im Fall, daß an einem Haus mehrere Stockwerksrechte bestehen, die verbleibenden Stockwerkseigentümer das Vorkaufsrecht nur gemeinschaftlich ausüben können, wenn keiner auf das Recht verzichtet; die Verbleibenden müssen dann die Aufteilung vertraglich vornehmen.[11]

3 Zur Ausübung des Vorkaufsrechts durch **Verwaltungsakt** s. § 504 RdNr. 11 und in Bezug auf § 20 VermG RdNr. 18. Damit ist für den Adressaten der Rechtsausübung die Möglichkeit eröffnet, im Verfahren vor den Verwaltungsgerichten geltend zu machen, daß im Einzelfall der Vorkaufsberechtigte keine öffentlichen Aufgaben, sondern etwa Erwerbsinteressen verfolge. In der Praxis wird allerdings ein solcher Nachweis kaum je gelingen.[12]

Schnabel, Schuldrechtsänderungsgesetz, 1995, Vorbem. § 57 RdNr. 7.

[6] Siehe die Überlegungen von *Kinne* ZOV 1994, 449, 452; *Thiele-Krajewski-Röske,* SchuldrechtsänderungsG 1995, § 57 RdNr. 3.

[7] S. BGHZ 58, 78, 82 = NJW 1972, 488: Zeitpunkt der Begründung des gesetzlichen Vorkaufsrechts trete an die Stelle des Zeitpunkts der Eintragung des Rechts.

[8] *Bielenberg* DNotZ 1976, 710, 714; *Engelken* NJW 1977, 413; *Staudinger/Mayer-Maly/Mader* Einl. § 1094 RdNr. 21.

[9] Gesetz vom 26. 11. 1974 (GBl. S. 498), zul. geändert durch Gesetz v. 19. 11. 1991 (GBl. S. 681) abgedruckt bei *Dürig,* Gesetze des Landes Baden-Württemberg, Stand April 1996 Nr. 21; auszugsweise auch bei *Thümmel* BWNotZ 1980, 97, 113 ff.

[10] Hierzu und zum folgenden *Thümmel* (Fn. 9).

[11] Auch dazu *Thümmel* (Fn. 9) S. 108.

[12] BGH WM 1962, 147, 149 f.; 1965, 718, 720; RGRK-*Rothe* (Fn. 5) RdNr. 5, 7. Zurückhaltend noch BGHZ 29, 113 = NJW 1959, 478. S. dann aber immerhin die Anforderungen, die BGHZ 67, 330 = NJW 1977, 673 einem ein Grundstück beanspruchenden Siedlungsunternehmen in Abweichung von BGH RdL 1967, 97 auferlegt. Zum Rechtsschutz gegen die Ausübung des gemeindlichen Vorkaufsrechts *Martens-Horn* DVBl. 1979, 146, des siedlungsrechtlichen Vorkaufsrechts *Steffen* RdL 1979, 199.

Zur Konstruktion des Eigentumsübergangs nach Ausübung des Vorkaufsrechts § 504 RdNr. 11, zur Preisbildung ebenda. Mit dem Eigentumsübergang auf den Vorkaufsberechtigten erlöschen die Pflichten des Verkäufers aus dem Kaufvertrag mit Ausnahme des § 444.

4 **2. Dingliches und schuldrechtliches Vorkaufsrecht.** Das dingliche Vorkaufsrecht ist dingliches Recht an einem fremden Grundstück mit dem Inhalt, daß der Berechtigte bei Eintreten eines Verkaufsfalls kraft seiner einseitigen Erklärung einen Kauf zwischen ihm und dem Vorkaufsverpflichteten zustande bringen kann. Die **Dinglichkeit** des Rechts, die dazu nötigt, es dem geschlossenen Kreis der Sachenrechte zuzuordnen,[13] besteht darin, daß Verpflichteter der Eigentümer des Grundstücks als solcher ist, ferner darin, daß gutgläubig lastenfreier Erwerb möglich ist, weniger in der vormerkungsähnlichen Wirkung.[14] Das dingliche Recht wirkt wie der schuldrechtliche Anspruch, der sich aus einem schuldrechtlichen Vorkaufsrecht ergibt. Ein solches Recht kann also, muß aber der dinglichen Position nicht zugrunde liegen.[15] Dies Verhältnis wird durch die Verweisung auf die Vormerkungsfolgen (§ 1098 Abs. 2) im übrigen ein wenig unklar,[16] da das Vorkaufsrecht auf diese Weise an der Zwischenstellung der Vormerkung zwischen schuldrechtlichem Anspruch und dinglicher Sicherung teilnehmen könnte. Diese Vorstellung der Sicherung eines schuldrechtlichen Erwerbsvorrechts durch ein dingliches Recht wäre aber verfehlt: Das dingliche Vorkaufsrecht, zu dessen Bestellung der Eigentümer auf Grund irgendeines schuldrechtlichen Kausalgeschäfts verpflichtet gewesen sein kann (etwa Zusatz zu einem Mietvertrag, Schenkung), aber auch durch ein Vermächtnis,[17] trägt vielmehr die durch Vorkaufsfall und Ausführung des Rechts verbindlich gemachte Übereignungspflicht bereits in sich. Die Bestellung ist ein abstraktes Rechtsgeschäft, kann selbständig angefochten und kondiziert werden und dergl. Freilich ist es auch möglich, daß der durch ein schuldrechtliches Vorkaufsrecht Verpflichtete noch ein dingliches Recht bestellt, wozu es dann freilich noch eines zusätzlichen Rechtsgrundes bedarf, der in der Entstehung mit der Vereinbarung des schuldrechtlichen Vorkaufsrechts verbunden werden kann.[18]

5 Damit ist im Streit um die **Rechtsnatur** des Vorkaufsrechts noch nichts Entscheidendes gesagt. Die verschiedenen Theorien zur Konstruktion des schuldrechtlichen Vorkaufsrechts konnten, da dort die Auslegung des Gewollten den Inhalt des Rechts maßgeblich bestimmt, weitgehend dahingestellt bleiben (§ 504 RdNr. 7). Beim dinglichen Recht einen doppelt bedingten Kauf anzunehmen,[19] stößt wiederum auf das Bedenken, daß der Inhalt der Verpflichtung des Eigentümers (und der des beim subjektiv dinglichen Recht möglicherweise noch unbekannten Vorkaufsberechtigten) erst aus dem Kaufvertrag, der als erste Potestativbedingung darzustellen wäre, hervorgeht. Die Annahme einer dinglichen **Anwartschaft**[20] stößt auf das Bedenken, daß schon das Vorkaufsrecht als solches ein perfektes dingliches Recht darstellt. Deshalb verdient die Auffassung als ein als Inhalt der dinglichen Position darstellbares **Gestaltungsrecht**[21] (trotz ihrer weitgehenden Austauschbarkeit mit der Bedingungskonstruktion) den Vorzug.

[13] *H. Westermann-Pinger* § 141 I 3; *Staudinger/Mayer-Maly/Mader* Einl. § 1094 RdNr. 5; *Soergel-Stürner* vor § 1094 RdNr. 1; RGRK-*Rothe* RdNr. 2; zurückhaltend früher RGZ 110, 333; 167; 300 f.: Grundstücksbelastung; überholt *Immerwahr* JhrJb 40 (1899), 279, 287: gemischtes Rechtsinstitut.

[14] Im einzelnen ausgeführt bei *Schurig*, Das Vorkaufsrecht, S. 99 ff.

[15] S. dazu die – allerdings nicht völlig klaren – Bemerkungen BGHZ 35, 146 = NJW 1961, 1669. AM *Immerwahr* (Fn. 13) S. 293; *Lewandowski* Gruchot 53 (1909), 565, 593.

[16] S. Die Bemerkungen bei *Staudinger/Mayer-Maly/Mader* Einl. § 1094 RdNr. 5 unter f.

[17] Dazu im einzelnen *Schurig* (Fn. 14) S. 120.

[18] *Schurig* (Fn. 14) S. 104 f.; RGRK-*Rothe* RdNr. 2; ähnlich *Staudinger/Mayer-Maly/Mader* Einl. § 1094 RdNr. 12.

[19] RGZ 110, 327, 333; RGRK-*Rothe* § 1094 RdNr. 1.

[20] *Soergel-Stürner* vor § 1094 RdNr. 2; dagegen *Schurig* (Fn. 14) S. 105.

[21] *Schurig* (Fn. 14) S. 106; ihm folgend *Staudinger/Mayer-Maly/Mader* Einl. § 1094 RdNr. 8; *Erman-Küchenhoff* RdNr. 1; so auch OLG Karlsruhe NJW-RR 1990, 935.

6 Der **Unterschied** zum **schuldrechtlichen Vorkaufsrecht** liegt praktisch hauptsächlich darin, daß das dingliche Recht nur an Grundstücken und Erbbaurechten,[22] nicht an beweglichen Sachen bestellt werden kann. Auch verpflichtet es den jeweiligen Eigentümer des Grundstücks,[23] nicht nur den Besteller, wozu paßt, daß es nach § 1097 auch für mehrere oder für alle Verkaufsfälle bestellt werden kann (zum schuldrechtlichen Vorkaufsrecht § 504 RdNr. 30). Auf der anderen Seite ist die Vereinbarung eines festen Preises oder sonstiger Konditionen des Vertragsverhältnisses zwischen dem Vorkaufsberechtigten und -verpflichteten nach Ausübung des Vorkaufsrechts, wie sie beim schuldrechtlichen Vorkaufsrecht infolge der Abdingbarkeit des § 505 Abs. 2 möglich ist (§ 505 RdNr. 5), beim dinglichen Recht ausgeschlossen.[24] Wenn also ein preislich limitiertes Vorkaufsrecht eingetragen werden soll, so ist zu prüfen und gegebenenfalls im Rahmen eines Verfahrens nach § 18 GBO zu klären, ob ein – unzulässiges – dingliches Vorkaufsrecht oder die – zulässige[25] – Vormerkung eines wirksam limitierten schuldrechtlichen Vorkaufsrechts gewollt ist. In solchen Fällen wird auch eine Umdeutung in Betracht kommen, was aus der Sicht des Grundbuchamts bezüglich der ihm gegenüber abgegebenen Erklärungen möglich, bezüglich der Eintragung als solcher aber bedenklich ist.[26] Soll dagegen das Recht zugunsten des jeweiligen Eigentümers eines anderen Grundstücks bestellt werden, so müssen sämtliche Voraussetzungen des dinglichen Vorkaufsrechts vorliegen. Zu den Verhältnissen bei den sogen. **Modrow-Vorkaufsrechten** s. § 1098 RdNr. 2 a.

II. Entstehung und Inhalt des dinglichen Vorkaufsrechts

7 **1. Bestellung einzelner und mehrerer Vorkaufsrechte.** Bestellung und Aufhebung des dinglichen Vorkaufsrechts als eines dinglichen Grundstücksrechts richten sich nach §§ 873 ff. Der Eigentümer muß sich also mit dem Berechtigten **einigen,** vorher kann das Vorkaufsrecht nicht ausgeübt werden (RG JW 1927, 1415). Streitig ist, wieweit das Formerfordernis gem. § 313 Satz 1 greift. Die bisher hM[27] lehnte dies ab, das Urteil BGH NJW-RR 1991, 205 nimmt es für das Verpflichtungs- wie für das Bestellungsgeschäft an, wofür zu sprechen scheint, daß immerhin der Eigentümer sich gegenüber dem Berechtigten bindet. Da es aber dazu noch des Verkaufsgeschäfts bedarf, spricht mehr dafür, es nach einem formgerechten Verpflichtungsgeschäft hinsichtlich der eigentlichen Bestellung des Vorkaufsrechts bei der Formfreiheit zu belassen; die Streitfrage dürfte angesichts des § 29 GBO nicht bedeutend sein.[28] Ein formnichtiger Verpflichtungsvertrag zur Bestellung eines Vorkaufsrechts wird dann durch die Grundbucheintragung geheilt, wenn in diesem Zeitpunkt noch Einigkeit über die Bestellung des Vorkaufsrechts besteht,[29] nicht aber durch die Eintragung einer Vormerkung (RG HRR 1934 Nr. 1098). Das ist insofern ungenau, als die Eintragung des Vorkaufsrechts nicht derjenigen des Eigentumswechsels entspricht. Wenn aber schon § 313 S. 1 auf den Vertrag über die Bestellung eines Vorkaufsrechts Anwendung findet, muß auch § 313 S. 2 entsprechend gelten. Die **Eintragung** erfolgt im

[22] Zum Wohnungseigentum OLG Celle NJW 1955, 953; BayObLG NJW 1975, 59.

[23] BGHZ 60, 275, 294 (insoweit in NJW 1973, 1278 nicht abgedruckt); *Staudinger/Mayer-Maly/Mader* Einl. § 1094 RdNr. 8.

[24] RGZ 104, 123; 110, 327, 334; 154, 355, 358; *Soergel-Stürner* RdNr. 2. KGJ 43 (1913), 223 läßt jedoch die Löschung der Preislimitierung zu, um die Begründung des dinglichen Rechts als solchen aufrechtzuerhalten.

[25] RGZ 67, 42, 48; 69, 281, 283; *Staudinger/Mayer-Maly/Mader* Einl. § 1094 RdNr. 12; zur Zwischenverfügung KG OLGE 43, 219.

[26] Großzügig RGZ 104, 122, 123; BGH WM 1966, 891; *Soergel-Stürner* RdNr. 2; Bedenken gegen die Umdeutung der Eintragungen aber bei *H. P. Westermann* NJW 1970, 1023, 1027; *Staudinger/Mayer-Maly/Mader* Einl. § 1094 RdNr. 14.

[27] *Schurig* (Fn. 7) S. 116; *Staudinger/Mayer-Maly/Mader* Einl. § 1094 RdNr. 16. Jedoch ist im Grundbuchverfahren § 29 GBO zu beachten.

[28] Wie hier *Staudinger-Wufka* § 313 RdNr. 24; zur Formbedürftigkeit des Verpflichtungsgeschäfts RGZ 110, 327, 333; 125, 261; BGH WM 1967, 935 f.; RGRK-*Rothe* RdNr. 13.

[29] BGH WM 1967, 935; RGZ 125, 261, 264; LG Verden NJW 1955, 1607; BGH DNotZ 1969, 93, *Immerwahr* (Fn. 13) S. 294; RGRK-*Rothe* RdNr. 13; *Schurig* (Fn. 7) S. 119 f.

Grundbuch des belasteten Grundstücks, nur beim subjektiv-dinglichen Vorkaufsrecht auch auf dem Grundbuchblatt des herrschenden Grundstücks. Liegt einmal eine dingliche Einigung vor, so hat das Grundbuchamt nicht zu prüfen, ob das Kausalgeschäft wirksam ist.[30] Die Bestellung eines Vorkaufsrechts ist bedingungsfreundlich.[31] Deshalb kann ein dingliches Vorkaufsrecht auch in der Weise bestellt werden, daß es erlöschen soll, wenn das in bezug auf das Grundstück bestehende Mietverhältnis endet (BayObLG NJW-RR 1990, 1169 f.). Es bestehen auch keine Bedenken dagegen, daß der Bestand eines subjektiv-dinglichen Vorkaufsrechts von der Existenz eines ihm zugrundeliegenden Pachtvertrages abhängt, soweit die Voraussetzungen der Beendigung des Pachtvertrages vertraglich genau geregelt sind, OLG Zweibrücken OLGZ 1989, 399. Zur Begründung des Rechts bei Preislimitierung s. RdNr. 6.

8 Da das Vorkaufsrecht ein dingliches Recht ist, können an ein und demselben Grundstück **mehrere Vorkaufsrechte** bestellt werden, unter denen sich dann im Verkaufsfall das rangbessere durchsetzt,[32] das rangschlechtere aber etwa dann zum Zuge kommen kann, wenn der Inhaber des ersteren sein Recht nicht ausübt. Das rangschlechtere Recht erlischt, es sei denn, es war für mehrere Vorkaufsfälle bestellt, da dann die aus ihm abzuleitende Pflicht des Eigentümers noch nicht erfüllt ist. Anders demgemäß, wenn der zu kurz gekommene Vorkaufsberechtigte Schadensersatz erhalten hat.[33] Streitig ist die Möglichkeit, an einem Grundstück mehrere gleichrangige Vorkaufsrechte zu bestellen; die unhandlichen praktischen Konsequenzen des Gleichrangs, die sich notfalls in einem Erwerb von Bruchteilseigentum mehrerer Vorkaufsberechtigter niederschlagen würden, legen es nahe, die Zulässigkeit zu verneinen.[34] Die Begründung eines **„Gesamtvorkaufsrechts"** an mehreren Grundstücken wird allgemein[35] abgelehnt, soweit der Verkauf eines Grundstücks der Vorkaufsfall für alle anderen sein soll, und zwar auch dann, wenn die „mehrheitliche" Belastung sich durch eine Teilung des belasteten Grundstücks ergeben hat.[36] Das ist als Folge des Typenzwangs dinglicher Rechte gutzuheißen, doch schließt dies nicht aus, auf Grund ein und derselben, mehrere Grundstücke betreffenden Bestellung alle mit je einem Vorkaufsrecht zu belasten.[37] Anders zu beurteilen ist eine Gesamtberechtigung, die sich beim subjektiv-dinglichen Vorkaufsrecht aus der Teilung des herrschenden Grundstücks unter mehrere Eigentümer ergibt; das Recht kann dann auch nur noch von allen Einzel-Eigentümern gemeinsam wirksam ausgeübt werden,[38] s. auch § 1102 RdNr. 3. An **ideellen Teilen** eines Grundstücks kann ein Vorkaufsrecht nur nach Maßgabe des § 1095 bestellt werden. Möglich ist auch die Bestellung eines Vorkaufsrechts für mehrere Berechtigte, das sich auf Erwerb von Bruchteilseigentum richtet.[39]

[30] LG Verden (Fn. 29); aM OLG Celle NJW 1949, 548.

[31] RGRK-*Rothe* RdNr. 14.

[32] BGHZ 35, 146 = NJW 1961, 1669; OLG Braunschweig Rpfleger 1992, 193; *H. Westermann-Pinger* § 141 I 3; *Staudinger/Mayer-Maly/Mader* RdNr. 11. Gesetzliche Vorkaufsrechte können einen Vorrang vor vertraglichen haben, s. § 4 Nr. 2 Satz 2 NdsAufbauG und dazu BGH WM 1977, 550.

[33] BGHZ 35, 146 = NJW 1961, 1669.

[34] Dafür allerdings OLG Hamm OLGZ 89, 257, 258 ff. = NJW-RR 1989, 912 mit zust. Kurzkomm. *Bokelmann* EWiR § 1098 BGB 1/89; OLG Düsseldorf Rpfleger 1981, 479 m. abl. Anm. *Zimmermann;* s. auch dens. Rpfleger 1980, 326; abl. auch LG Darmstadt MDR 1958, 35. Gegen Gleichrang *Staudinger/Mayer-Maly/Mader* RdNr. 12; *Soergel-Stürner* RdNr. 4; dafür wiederum *Lüdtke-Handjery* DB 1974, 517 ff. (Bruchteilseigentum); *Erman-Hagen* § 883 RdNr. 8; *Holderbaum* JZ 1965, 712, 714. S. auch § 883 RdNr. 59.

[35] BayObLGZ 1958, 204; 1974, 365; *Böhringer* BWNotZ 1988, 97, 101; *Staudinger/Mayer-Maly/Mader* RdNr. 8.

[36] Dazu näher *Böttcher* MittBayNotK 1993, 129, 131. Der von *Staudinger/Mayer-Maly/Mader*-RdNr. 7 aufgegriffene Vorschlag von *Erman-Küchenhoff* RdNr. 8, § 1026 entsprechend anzuwenden, paßt nur, wenn einzelne Teile des ehemals mit dem Vorkaufsrecht belasteten Grundstücks „außerhalb des Bereichs der Ausübung" bleiben können.

[37] S. dazu *Bratfisch* und *Haegele* Rpfleger 1961, 40.

[38] RGZ 73, 316, 320; BayObLG MDR 1973, 480 f.; LG Köln MittRhNotK 1977, 192, *Soergel-Stürner* RdNr. 3; *Staudinger/Mayer-Maly/Mader* RdNr. 14.

[39] LG Mönchengladbach MittRhNotK 1992, 273.

9 **2. Der Inhalt der Berechtigung im einzelnen.** Der Inhalt des dinglichen Vorkaufsrechts ergibt sich hauptsächlich aus §§ 504 bis 514, siehe § 1098 Abs. 1. Da es sich um ein dingliches Recht handelt, besteht nur wenig inhaltliche Gestaltungsfreiheit, so daß Abwandlungen der Rechte und Pflichten aus §§ 504 bis 514 kaum in Betracht kommen; zum Vorkaufsrecht mit limitiertem Preis siehe RdNr. 6. Ein dingliches **Wiederkaufsrecht** ist vom Gesetz nicht vorgesehen, seine Bestellung kann also wiederum nur auf dem Wege der Umdeutung des Bestellungsakts in den für ein schuldrechtliches Wiederkaufsrecht aufrechterhalten werden, das durch Vormerkung gesichert werden soll (RdNr. 6).[40] Ein dingliches Wiederkaufsrecht, das sogar für alle Wiederkaufsfälle gilt, kennt aber § 20 RSG. Ist es eingetragen, besteht auch die Vormerkungswirkung.[41] Zur Behandlung nachrangiger Belastungen bei Ausübung des Wiederkaufsrechts siehe § 499 RdNr. 3. Der Sache nach ähnlich wirkt das **Heimfallrecht** nach den Vorschriften der ErbbauVO. Ein dingliches Vorkaufsrecht gibt dem Berechtigten nicht bereits eine eigentümerähnliche **nachbarrechtlich** schutzfähige Abwehrposition.[42] Ein vermögenswertes Rechtsgut im Sinne des **verfassungsrechtlichen** Eigentumsschutzes (Art. 14 Abs. 1 Satz 1 GG) stellt das dingliche Vorkaufsrecht aber dar (BVerfG NJW 1991, 1807: jedenfalls dann, wenn der Vorkaufsfall eingetreten ist).

10 Im Fall des § 1094 Abs. 1 ist **Berechtigter** eine bestimmte Person. Nach Abs. 2 kann aber auch ein **subjektiv-dingliches** Recht bestellt werden, das dann vom jeweiligen Eigentümer des herrschenden Grundstücks ausgeübt wird (ausreichend auch eine Bestellung „zugunsten des jeweiligen Miteigentümers", BayObLG DNotZ 1983, 617). Ein solches Vorkaufsrecht kann nicht mehr vom Eigentum an diesem Grundstück getrennt werden, siehe dazu § 1103, aus dem auch folgt, daß subjektiv-persönliches und subjektiv-dingliches Recht einander ausschließen. Ob ein subjektiv-persönliches oder ein subjektiv-dingliches Recht gemeint ist, hängt von der Auslegung des Antrags und der Eintragungsbewilligung ab,[43] wobei das gesetzliche Regel-Ausnahmeverhältnis im Zweifel für ein subjektiv-persönliches Recht spricht. Wenn als Berechtigter einer Post auch die Rechtsnachfolger des ersten Inhabers bezeichnet werden, so kann damit eine Vereinbarung der Übertragbarkeit oder Vererblichkeit des Vorkaufsrechts gewollt sein, die nach §§ 1098 Abs. 1, 514 S. 1 ohne Vereinbarung sonst nicht gegeben ist; eine subjektiv-dingliche Berechtigung wird dann aber nicht begründet.[44] Ist ein subjektiv-persönliches Recht bewilligt worden, wird aber ein subjektiv-dingliches eingetragen, so entsteht das erste als das „mindere" Recht, nicht aber im umgekehrten Fall.[45] Zugunsten des Berechtigten eines subjektiv-dinglichen Vorkaufsrechts kann auch eine Lösungsvormerkung eingetragen werden, BayObLG NJW 1981, 2582 zu § 1179 Nr. 2.

11 **3. Verfügungsbeschränkung des Eigentümers.** Das Vorkaufsrecht führt auf Grund der Vormerkungswirkung (§ 1098 Abs. 2) zu einer **relativen** Verfügungsbeschränkung des Eigentümers. Sie wirkt sich zwar rechtlich nicht als Grundbuchsperre aus, verhindert aber, da sie im Grundbuch eingetragen ist (zur Behandlung gesetzlicher Vorkaufsrechte RdNr. 2), vom Eintritt der Vormerkungswirkung (§ 1098 RdNr. 5) an praktisch die Durchführung von Geschäften über das Grundstück. Das Vorkaufsrecht steht daher auch der Eintragung von Belastungen nach diesem Zeitpunkt nicht entgegen,[46] die aber, wenn

[40] BGHZ 58, 78, 82 = NJW 1972, 488 mit Ausführungen zum Rang einer solchen Vormerkung gegenüber einem gemeindlichen Vorkaufsrecht; s. a. den Fall BGHZ 75, 288 = NJW 1980, 833.

[41] BGHZ 57, 356 = NJW 1972, 537; BGHZ 59, 94 = NJW 1972, 1758; OLG Celle RdL 1970, 187. S. zum Ganzen auch *Hoche* NJW 1968, 1661.

[42] VGH Mannheim NJW 1995, 1308.

[43] BGHZ 37, 147, 152 = LM § 1094 Nr. 5 m. Anm. von *Rothe* = NJW 1962, 1344; RGRK-*Rothe* RdNr. 8;

[44] BGH (Fn. 41); *Soergel-Stürner* RdNr. 3; *Erman-Küchenhoff* RdNr. 6.

[45] BayObLG NJW 1961, 1265; RGZ 104, 317. Unentschieden hinsichtlich des Entstehens des vereinbarten subjektiv-persönlichen Rechts BayObLG DNotZ 1983, 617.

[46] RGZ 154, 377; *H. Westermann-Pinger* § 141 II 5 b.

das Vorkaufsrecht realisiert und das Grundstück auf den Berechtigten umgeschrieben ist, als vormerkungswidrig nach § 888 beseitigt werden müssen. Zur näheren Bestimmung der Geschäfte, die als „Verkauf" das Vorkaufsrecht auslösen, s. § 1097 RdNr. 3, § 504 RdNr. 14 ff. Über die Ausübung des Vorkaufsrechts s. § 1098 RdNr. 2.

III. Übertragung und Erlöschen des Vorkaufsrechts

12 **1. Zur Übertragbarkeit des Rechts.** Eine rechtsgeschäftliche Übertragung allein des Vorkaufsrechts kommt nur beim subjektiv-persönlichen Vorkaufsrecht in Betracht. Beim subjektiv-dinglichen Recht geschieht sie durch Veräußerung des herrschenden Grundstücks, die der Eigentümer des belasteten nicht verhindern kann. Dasselbe gilt bei Vererbung. Im übrigen ist auch das subjektiv-persönliche Vorkaufsrecht nach § 1098 Abs. 1 iVm. § 514 im Zweifel unveräußerlich und unvererblich, da es dem Eigentümer, der sich zum Verkauf des Grundstücks noch nicht entschlossen hat, nicht gleichgültig sein wird, wer das Grundstück möglicherweise erwirbt. Wie das schuldrechtliche, so kann aber auch das dingliche Vorkaufsrecht durch Vereinbarung übertragbar gemacht werden,[47] was dann, da die Übertragbarkeit zum Inhalt des dinglichen Rechts gehört, ins Grundbuch eingetragen werden muß und kann.[48] Siehe dazu auch § 1098 RdNr. 10. Dies gilt nicht im Hinblick auf die Vererblichkeit eines auf bestimmte Zeit begründeten Rechts, siehe §§ 1098, 514 S. 2.[49] Zu den Fällen der Einräumung eines Vorkaufsrechts an **juristische Personen oder Handelsgesellschaften,** in deren Gesellschafterkreis sich dann Änderungen ergeben, siehe § 514 RdNr. 3. Verstößt die Übertragung eines Vorkaufsrechts gegen den Inhalt des Rechts, so ist sie nicht nach § 135 absolut nichtig, da die grundsätzliche Unübertragbarkeit nur den Eigentümer als den Verpflichteten schützt, sondern sie wird gemäß § 135 durch sein formfrei erklärtes Einverständnis wirksam.[50] Die aus der Ausübung des Vorkaufsrechts erwachsenen Rechte werden als unbeschränkt übertragbar und vererblich anerkannt,[51] was zwar nicht ganz zu der grundsätzlichen Unübertragbarkeit des Vorkaufsrechts als solchen paßt, sich aber daraus rechtfertigt, daß die Ausübung eines Vorkaufsrechts die belastende Sache nicht zur res extra commercium machen kann. Zur Vormerkungswirkung nach dem Tode des Berechtigten, der das Vorkaufsrecht ausgeübt hatte, siehe § 1098 Fn. 25. Ein Wiederkaufsrecht ist dagegen übertragbar und vererblich, zur Diskussion s. die Nachw. § 497 RdNr. 9. Inwieweit die Vereinbarung eines Übergangs des Rechts auf „Rechtsnachfolger" sich auf Einzel- oder Gesamtrechtsnachfolger erstreckt, ist Auslegungsfrage; der allgemeine Sprachgebrauch erfaßt jedenfalls beides.[52]

13 Nach der Bestellung des Vorkaufsrechts sind durch Einigung und Eintragung **Inhaltsänderungen** des Rechts möglich, jedoch nur in dem durch die gesetzliche Inhaltsbestimmung (RdNr. 7 ff.) gezogenen Rahmen; auch ist wieder § 1103 zu beachten. Die Übertragung eines subjektiv-persönlichen Rechts, soweit zulässig (RdNr. 12), geschieht ebenfalls nach §§ 873 ff. Zur Anwendung des § 313 auf das einer Übertragung zugrunde liegende Kausalgeschäft siehe § 514 RdNr. 4.

14 **2. Erlöschen des Vorkaufsrechts und Verzicht auf das Vorkaufsrecht.** Das nur für einen Vorkaufsfall bestellte Vorkaufsrecht erlischt durch Ausübung, aber auch durch

[47] BGHZ 37, 147, 153 = NJW 1962, 1344; RGRK-*Rothe* RdNr. 15; *Soergel-Stürner* RdNr. 3.

[48] LG Würzburg DNotZ 1992, 319 f. in bezug auf Vererblichkeit; RGRK-*Rothe* RdNr. 15; *Erman-Küchenhoff* RdNr. 6.

[49] Hinsichtlich der Beschränkung läßt OLG Düsseldorf Rechtspfleger 1967, 13 eine bloße Bezugnahme genügen. S. a. den Fall BayObLG MDR 1984, 145.

[50] RGZ 148, 105, 109; BGH WM 1963, 617; RGRK-*Rothe* RdNr. 15.

[51] BayObLG NJW 1971, 809; RG HRR 1932 Nr. 1208; OLG Zweibrücken OLGZ 1990, 11; zust. RGRK-*Rothe* (Fn. 49). Jedoch ist die Übertragung nicht eintragungsfähig, BayObLG aaO; zu den Voraussetzungen der Löschung nach dem Tode des eingetragenen Berechtigten OLG Zweibrücken aaO; im gleichen Sinne (Vorlage einer Sterbeurkunde ohne Bewilligung der Rechtsnachfolger genüge) OLG Hamm OLGZ 1989, 9.

[52] BGH NJW-RR 1991, 526 = LM Nr. 8 zu §§ 497, 1094 und dazu Kurzkomm-*Mayer-Maly* EWiR § 497 BGB 1/91.

Nichtausübung.[53] Da über § 1098 auch § 510 Abs. 2 angewendet wird, ist für die Ausübung die Zweimonatsfrist nach Empfang der Mitteilung vom Kaufabschluß zu beachten. Die schuldrechtliche Abrede, während des Bestehens bestimmter tatsächlicher Gegebenheiten vom Vorkaufsrecht keinen Gebrauch zu machen, führt nach der Rechtsprechung nicht zu einem Erlöschen des dinglichen Rechts, sondern zur Pflicht des Vorkaufsberechtigten, von dem durch Ausübung des Rechts entstandenen zweiten Kaufvertrag, „ein für allemal Abstand" zu nehmen.[54] War das Recht freilich für mehrere Verkaufsfälle bestellt, so kann es bei einem künftigen Verkauf, sonst auch zu einem späteren Zeitpunkt immer dann, wenn die Gründe für seine Nichtausübung nicht mehr bestehen, erneut ausgeübt werden. Auch ein subjektiv-persönliches Vorkaufsrecht erlischt nicht durch Übergang (im Erbgang) auf den Eigentümer des belasteten Grundstücks, sondern besteht als Eigentümer-Recht fort;[55] anders das nur für einen Vorkaufsfall bestellte Recht. Das dingliche Vorkaufsrecht erlischt durch Eintritt einer wirksam zum Rechtsinhalt gemachten **auflösenden Bedingung** oder eines Endtermins, ferner durch **Ersitzung** unter den Voraussetzungen des § 901, ebenso durch Ausschlußurteil nach § 1104. Zur **Zwangsversteigerung** siehe § 1097 RdNr. 4, 5.

15 Konstruktionsschwierigkeiten bestehen bezüglich der einseitigen Aufgabe der Rechtsposition. In Betracht kommt ein einseitiger dinglicher **Verzicht** gemäß § 875.[56] Umstritten ist dagegen das Verständnis des Ausübungsverzichts, der uU ohne Vollzug eines nach § 875 zu beurteilenden Rechtsgeschäfts ausgesprochen oder schlüssig dargetan sein kann. Häufig wird hier ein Erlaßvertrag bezüglich der aus dem Vorkaufsrecht fließenden schuldrechtlichen Ansprüche verlangt,[57] der aber nicht vorzuliegen braucht, da auch ein einseitiger Ausübungsverzicht zur Unwirksamkeit der Rechtsausübung führt (§ 505 RdNr. 3, § 504 RdNr. 27). Nach Erlöschen des Rechts kann der Eigentümer Berichtigung des Grundbuchs verlangen.[58]

IV. Sonderprobleme im Recht der neuen Bundesländer

16 **1. Bedeutung der Fragen.** Die **gesetzlichen Vorkaufsrechte** nach Maßgabe der Regeln der §§ 20 VermG, 57 SchuldRAnpG (siehe dazu bereits RdNr. 2) sind im Zuge der deutschen Wiedervereinigung nach z. T. kontroversen Auseinandersetzungen (auch zwischen Gesetzgebungsorganen), durchweg aber in kurzfristig durchzuführenden politischen Kompromissen zustandegekommen, so daß die Regeln des Vermögensgesetzes inzwischen schon verschiedentlich weiter- und auch wieder zurückentwickelt werden mußten (RdNr. 17) und das Verhältnis der Vorkaufsrechte zueinander nicht ganz klar ist (RdNr. 24). In beiden Fällen kann aber auf eine verhältnismäßig eingehende gesetzliche Normierung verwiesen werden, so daß hier nur die Grundzüge darzustellen sind und die übrige Problematik der im bisherigen bundesdeutschen Recht weitgehend unbekannten Formen selbständigen Gebäudeeigentums nicht behandelt werden kann. Bei der Einschätzung der Verkehrsfähigkeit sowohl von Gebäudeeigentum[59] als auch von restituiertem oder früher staatlich verwaltetem Grundeigentum spielen die gesetzlichen Vorkaufsrechte

[53] RG HRR 1932 Nr. 1208; *Staudinger/Mayer-Maly/Mader* RdNr. 36; *Soergel-Stürner* RdNr. 9; *Erman-Küchenhoff* RdNr. 7.

[54] BGHZ 37, 147 = NJW 1962; 1344. *Staudinger/Mayer-Maly/Mader* RdNr. 37 verstehen dieses Urteil so, daß vom Vorkaufsrecht kein Gebrauch gemacht werden dürfe; mit § 242 operieren hier *Soergel-Stürner* § 1098 RdNr. 2 a.

[55] BayObLG NJW 1984, 145.

[56] *Staudinger/Mayer-Maly/Mader* RdNr. 37; *Erman-Küchenhoff* RdNr. 7; *Soergel-Stürner* RdNr. 8; zum Verzicht auf gesetzliche Vorkaufsrechte *Schmidt* Rpfleger 1979, 121.

[57] BGH JZ 1957, 307; BGHZ 35, 146, 149 (in NJW 1961, 1669 insoweit nicht abgedruckt); RG LZ 1925, 546; RGRK-*Rothe* RdNr. 18; *Soergel-Stürner* RdNr. 8. AM *Schurig* (Fn. 14 S. 175 f., dem sich *Staudinger/Mayer-Maly/Mader* RdNr. 37 angeschlossen haben.

[58] Zur Löschung eines subjektiv-persönlichen Rechts nach dem Tode des Inhabers vgl. LG Bochum NJW 1971, 289; allgemein zu den Löschungsvoraussetzungen beim subjektiv-persönlichen Vorkaufsrecht BayObLG Rpfleger 1984, 142.

[59] Näher *Schnabel* ZOV 1993, 151 ff.

der bisherigen Nutzer eine erhebliche Rolle, obwohl es sein könnte, daß die Vorkaufsberechtigten, die grundsätzlich zu dem Preis erwerben können, den der dritte Kaufinteressent zu zahlen verspricht, nur selten von ihrem Recht Gebrauch machen werden. Auch sind die Interessen gutgläubiger Erwerber eines restitutionsbefangenen Grundstücks zu beachten. Die **notarielle Praxis** hat zu bedenken, daß das Vorkaufsrecht nach § 20 VermG nach der früheren Fassung des Gesetzes außerhalb des Grundbuchs durch Verwaltungsakt entstanden, im Grundbuch aber noch nicht eingetragen sein konnte, was die Beteiligten überraschen kann.[60]

17 **2. Das Vorkaufsrecht nach dem VermG.** Die gesetzlichen Grundlagen des Vorkaufsrechts gem. **§ 20 VermG** sind mehrfach modifiziert worden. Bis zum 21. 7. 1992 galt die ursprüngliche Fassung,[61] die eine ab 22. 7. 1992 geltende erste Änderung durch das 2. VermRÄndG erfahren hat, wobei u. a. das Entstehen des Vorkaufsrechts bereits bei Bestandskraft des behördlichen Bescheids eingefügt wurde,[62] was eben die Gefahr einer Entstehung des Vorkaufsrechts außerhalb des Grundbuchs begründete. Eine gründliche Neuordnung erfolgte durch das Registerverfahrensbeschleunigungsgesetz (RegVBG), was wiederum den Entstehungszeitpunkt des Vorkaufsrechts betraf und durch Einführung des § 20a VermG für verschiedene Berechtigte unterschiedliche Regelungen schuf, insbesondere dem Restitutionsberechtigten selber im Hinblick auf solche Grundstücke ein Vorkaufsrecht einräumte, die nicht zurückübertragen werden müssen, weil an ihnen Dritte Eigentum oder dingliche Nutzungsrechte erworben haben.[63] Gegenüber der ursprünglichen Regelung neu sind auch das Erlöschen des Vorkaufsrechts mit Beendigung des Miet- oder Nutzungsverhältnisses (§ 20 Abs. 7 Satz 2), die Unzulässigkeit einer Einräumung des Vorkaufsrechts, wenn das Grundstück bestandskräftig zurückübertragen worden ist, sowie die Voraussetzung eines Vorkaufsrechts, daß die vom möglichen Berechtigten genutzte Fläche mindestens 50% des Gesamtgrundstücks umfaßt, § 20 Abs. 3.[64]

18 Das Vorkaufsrecht **entsteht** nicht automatisch, sondern durch **Verwaltungsakt** des Amts zur Regelung offener Vermögensfragen auf **Antrag eines Berechtigten.** Den Kreis der Antragsberechtigten bilden **Mieter** und **Nutzer** von **Ein- und Zweifamilien-Häusern** sowie von Grundstücken für **Erholungszwecke,** § 20 Abs. 1. Ein Vorkaufsrecht kommt also nicht in Betracht für gewerblich genutzte Objekte. Die Überlassung für Erholungszwecke geschah durch Begründung eines Nutzungsrechtsverhältnisses nach §§ 312 ff. ZGB-DDR, auch hier scheiden verpachtete land- und forstwirtschaftliche Grundstücke aus.[65] Für die Bestimmung des Erholungscharakters ist aber nicht auf den ursprünglich verwendeten Vertragstyp, sondern auf das Gesamtbild des Gebrauchs abzustellen.[66] Das Miet- oder Nutzungsverhältnis muß aber am 20. September 1990 bestanden haben und im Zeitpunkt der Entscheidung über den Antrag auf Einräumung des Vorkaufsrechts noch fortbestehen, und die Nutzung durch den Antragsteller muß vertragsgemäß sein. Abgesehen davon muß – ohne daß sich dies aus dem Text des § 20 VermG ergibt – nach den allgemeinen Regeln des Interessenschutzes (§ 4 Abs. 3 VermG) der Antragsteller **redlich** gewesen sein.[67] Insgesamt soll durch diese Erfordernisse sichergestellt werden, daß ein

[60] So auch *Flik* BWNotZ 1993, 83.

[61] Gesetz vom 18. 4. 1991 (BGBl. I S. 957 ff.).

[62] Gesetz vom 21. 7. 1992 (BGBl. I S. 1257 ff.), dort § 34; zu der Regelung näher *Schnabel,* SchuldRÄndG, 1995, § 57 RdNr. 21.

[63] Dazu *Säcker-Busche* Vermögensgesetz § 20 RdNr. 2, § 20 a RdNr. 1.

[64] Vor dieser Regelung war das Problem der Nutzung an bloßen Grundstücksteilen kaum zu entscheiden, s. dazu *L. Claussen* NJ 1993, 404.

[65] VG Frankfurt/O. VIZ 1994, 358 f. Die Verwendung bestimmter Ausdrücke für den Überlassungsvertrag ist allerdings nicht entscheidend, LG Berlin ZOV 1993, 107; *Kinne* (Fn. 2) § 20 RdNr. 4.

[66] Näher *Säcker-Busche* (Fn. 63) RdNr. 6.

[67] VG Meiningen VIZ 1993, 509, *Flik* BWNotZ 1993, 83; *Kinne* (Fn. 2) RdNr. 2; *Säcker-Busche* RdNr. 3; eingehend begründet bei *Schnabel* (Fn. 62) RdNr. 12 in Auseinandersetzung mit VG Berlin ZOV 1994, 218, 220f., das bei Einräumung eines Vorkaufsrechts an einen unredlichen Nutzer den Eigentümer auf sein – allerdings kurzfristig verjährendes – Recht verweisen will, einen Aufhebungsantrag gem. § 17 Satz 2 VermG zu stellen.

tatsächliches Nutzungsinteresse und ein berechtigtes Vertrauen auf den Bestand des Nutzungsrechts vorhanden ist. Dies ist als Voraussetzung der Einräumung des Vorkaufsrechts von der Behörde zu prüfen. Ein Anspruch auf Einräumung eines Vorkaufsrechts steht u. U. auch in Bezug auf einzelne **Miteigentumsanteile,** wenn auch die übrigen Anteile der staatlichen Verwaltung unterlagen, § 20 Abs. 2. Eine Erweiterung der ursprünglichen Konzeption (RdNr. 2) bewirkt **§ 20 a,** indem den Antrag auf Einräumung eines Vorkaufsrechts auch der ursprünglich **Restitutionsberechtigte** stellen kann, der das Recht nicht mehr zurückbekommen kann, weil Dritte – die ihrerseits redlich gewesen sein müssen[68] – daran Eigentum oder dingliche Nutzungsrechte erworben haben. Geschah allerdings dieser Erwerb nach den Vorschriften des **Investitionsvorranggesetzes,** so soll der Erwerber auch in der Verwertung des Objekts frei sein, ein Vorkaufsrecht kann nicht eingeräumt werden § 20 a Satz 2. Seine Interessen haben auch dann zurückzutreten, wenn ein dinglich Nutzungsberechtigter das Grundstück zu Eigentum erwirbt.

19 Die Objekte müssen unter **staatlicher Verwaltung** gestanden haben, und es muß ein **Verfahren** auf **Rückübertragung** nach dem Vermögensgesetz **eingeleitet** sein.[69] Das bedeutet auch, daß bei staatlicher Verwaltung nur eines von mehreren Miteigentumsanteilen ein Anspruch auf Einräumung eines Vorkaufsrechts nicht besteht.[70] Daß die staatliche Verwaltung, wenn sie nicht vorher aufgehoben wurde, gem. § 11 a Abs. 1 Satz 1 VermG jedenfalls am 31. 12. 1992 geendet hat, ändert an einem bestehenden Recht auf Beantragung eines Vorkaufsrechts nichts, wohl aber muß bis zu dem genannten Zeitpunkt (§ 30a VermG) ein Antrag auf Rückübertragung gestellt worden sein; mit Beendigung der staatlichen Verwaltung (31. 12. 1992) können nach § 30 a Abs. 3 VermG auch Entscheidungen nach § 20 VermG nicht mehr ergehen, wenn sie nicht bis dahin beantragt worden sind.[71] Wenn keine Restitution mehr stattfinden kann, kommt auch ein Schutz Nutzungsberechtigter durch Einräumung eines Vorkaufsrechts nicht mehr in Betracht, ebenso, wenn der Restitutionsberechtigte eine Entschädigung nach § 8 VermG gewählt hat.[72] Ein vertragliches Vorkaufsrecht konnte vom früheren Eigentümer nach DDR-Recht nur mit staatlicher Genehmigung eingeräumt werden.[73]

20 Die Regelungen bezüglich der **Entstehung des Vorkaufsrechts** haben in den verschiedenen Fassungen des § 20 VermG gewechselt, so daß Übergangsprobleme aufgetreten sind.[74] Nachdem aufgrund der Formulierungen im 2. VermRÄndG die bloße Bestandskraft des dem Antrag stattgebenden Bescheids für die Entstehung genügte, bedarf es seit der Änderung durch das RegVBG zusätzlich noch der **Eintragung ins Grundbuch** (§ 20 Abs. 1 Satz 1), was aufgrund der ursprünglichen, bis zum 21. 7. 1992 geltenden Fassung ebenfalls angenommen worden war.[75] Die Eintragung ist also konstitutiv, während es sich nach der vorhergehenden Gesetzesfassung um eine berichtigende Eintragung handelte. War ein Vorkaufsfall danach am 24. 12. 1993 entstanden, kann eine nachträgliche Beseitigung auch wegen Unzulässigkeit (nach § 30 a Abs. 4 VermG) nicht mehr erfolgen.[76] Von den Entsehungsvoraussetzungen des Vorkaufsrechts ist auch die Rechtsposition derjenigen Personen berührt, die einen Antrag auf Rückerstattung gestellt oder ihren Rückübertragungsanspruch wirksam abgetreten[77] haben. Bestand des Vorkaufsrecht allein aufgrund der

[68] *Säcker-Busche* (Fn. 63) § 20 a RdNr. 2.

[69] *Kinne* (Fn. 2) RdNr. 5; *Säcker-Busche* (Fn. 63) RdNr. 2; näher zum Begriff der „Staatlichen Verwaltung" *Schnabel* (Fn. 62) RdNr. 15.

[70] *Kinne* (Fn. 2) RdNr. 17.

[71] *Schnalbel* ZOV 1994, 169; *Kinne* (Fn. 2) RdNr. 6; diese Autoren weisen darauf hin, daß der Fristablauf endgültig erst am 24. 6. 1994 erfolgte.

[72] *Kinne* (Fn. 2) RdNr. 5; str. dagegen, ob der Anspruch auf Rückübertragung begründet sein muß; dies halten *Säcker-Busche* (Fn. 63) RdNr. 11 (gegen *Kinne* (Fn. 2) -RdNr. 5) nicht für erforderlich.

[73] Dennoch soll auch bei wirksamer Entstehung eines vertraglichen Vorkaufsrechts noch das gesetzliche Recht gem. § 20 VermG gewährt werden können, *Kinne* (Fn. 2) RdNr. 7.

[74] Dazu im einzelnen *Kinne* (Fn. 2) RdNr. 26 ff.; *Flik* (Fn. 60) S. 84 ff.; *Säcker-Busche* (Fn. 63) RdNr. 28 ff.

[75] Dazu näher *Schnabel* (Fn. 62) RdNr. 21.

[76] *Schnabel* (Fn. 62) RdNr. 22.

[77] Zur Ausdehnung der Wirkung des Vorkaufsrechts auf den Zessionar eines Restitutionsanspruchs *Flik* (Fn. 60) S. 84.

Bestandskraft des Bescheids, und konnte der Berechtigte gegen die Einräumung nicht mehr mit einem Widerspruch vorgehen,[78] so konnte der Begünstigte das Vorkaufsrecht bei einem Verkauf durch einen noch nicht im Grundbuch eingetragenen Verfügungsberechtigten, aber auch nach Rückübertragung auf diesen, ausüben;[79] zur Geltung des Vorkaufsrechts für weitere Verkaufsfälle RdNr. 21. Seit Geltung des Eintragungserfordernisses sind Dritte gegen das Eingreifen des Vorkaufsrechts nach den allgemeinen Regeln geschützt. Nicht selten haben der Restitutionsberechtigte oder ein Käufer die Sicherung des wirksam begründeten Übereignungsanspruchs durch die Eintragung einer Auflassungsvormerkung zu erreichen gesucht, die grundsätzlich eingetragen werden konnte, wenn zu diesem Zeitpunkt die staatliche Verwaltung beendet war.[80] In diesem Fall kann das Vorkaufsrecht nicht mehr gegen den Vormerkungsbegünstigten geltend gemacht werden; anders, wenn die Vormerkung zu Unrecht vor dem Ende der staatlichen Verwaltung eingetragen worden war.[81] Der Käufer ist dem Vorkaufsrecht auch dann nicht ausgesetzt, wenn bei Erlaß des Bescheids der Rückerstattungsberechtigte bereits als Eigentümer im Grundbuch eingetragen war.[82]

21 Die **Wirkung** des Vorkaufsrechts erstreckt sich auf § 20 Abs. 6 Satz 2 auf den **ersten Verkauf.** Was unter einem „Verkauf" zu verstehen ist, bestimmt sich nach den allgemeinen Regeln, siehe § 504 RdNr. 10 ff.; bei Verkauf im Wege der Zwangsvollstreckung geht man davon aus, daß das Vorkaufsrecht nicht greift.[83] Vor seiner Ausübung ist das Vorkaufsrecht nicht übertragbar und nicht vererblich, § 20 Abs. 7 Satz 1. Auf einen vor Entstehung des Vorkaufsrechts geschlossenen Kaufvertrag bezieht sich das Vorkaufsrecht, wenn nicht zugunsten des Käufers eine Vormerkung eingetragen wurde (dazu RdNr. 20), nicht direkt, es gilt aber, wenn bei Abschluß des Kaufvertrages der Antrag auf Einräumung gestellt war, ohne daß über ihn schon positiv entschieden war, für den nächsten Verkaufsfall, § 20 Abs. 6 Satz 3.[84] Ob sich Inhaber von **Grundpfandrechten** die Ausübung des Vorkaufsrechts entgegenhalten lassen müssen, hängt von den Rangverhältnissen ab, so daß bei Begründung des Vorkaufsrechts außerhalb des Grundbuchs auch Gläubiger enttäuscht werden konnten.[85] Das Vorkaufsrecht **erlischt** bei Beendigung des Miet- oder Nutzungsverhältnisses (siehe schon RdNr. 18), die aber nicht schon gegeben ist, wenn ein Ehegatte oder Familienangehöriger, der mit dem Vorkaufsberechtigten in einem gemeinsamen Haushalt gelebt hat, gem. § 569 a Abs. 1 und 2 in das Nutzungsverhältnis eingetreten ist, § 20 Abs. 7 Satz 4 VermG.

22 **3. § 57 SchuldRAnpG.** Das Vorkaufsrecht gemäß § 57 SchuldRAnpG enthält einen die sonstigen Regeln zum Schutz von Grundstücksnutzern gewissermaßen flankierenden Schutz des Inhabers von Rechten aus Nutzungsverträgen über Erholungsgrundstücke, aus Überlassungsverträgen und aus Miet-, Pacht- und sonstigen Nutzungsverträgen. Diese Rechte gaben dem Nutzer die Möglichkeit zur Errichtung von Gebäuden, so daß das Vorkaufsrecht materiell der Erhaltung der vom Nutzer mit staatlicher Genehmigung errichten Wohn- und Gewerbebauwerke dient.[86] Es handelt sich um ein **schuldrechtliches** Recht, das mit dem Nutzungsrecht steht und fällt[87] und nicht ins Grundbuch eingetragen

[78] Zu den Möglichkeiten des Rückerstattungsberechtigten, gegen die – nicht selten für sofort vollziehbar erklärten – Bescheide vorzugehen, näher *Schnabel* (Fn. 62) RdNr. 23.

[79] *Säcker-Busche* (Fn. 63) RdNr. 16.

[80] Über Widerstand der Verwaltung gegen eine solche Eintragung berichtet *Schnabel* (Fn. 62) RdNr. 23.

[81] *Flik* (Fn. 60) S. 84 f; *Kinne* (Fn. 2) RdNr. 30; *Schnabel* (Fn. 62) RdNr. 23, 24.

[82] *Flik* (Fn. 60) mit Hinweis auf das von der zuständigen Behörde einzuhaltende Verfahren.

[83] *Schnabel* ZOV 1994, 170; *Kinne* (Fn. 2) RdNr. 33.

[84] Zu den Mängeln dieser Regelung, die durch die mehrfachen Veränderungen des maßgeblichen Entscheidungszeitpunkts verursacht sind, siehe *Säcker-Busche* RdNr. 16; zur Duldung des Vorkaufsrechts durch den Grundstückserwerber für künftige Verkaufsfälle auch *Flik* (Fn. 60) S. 85 r. Sp.

[85] Auch dazu *Flik* (Fn. 60).

[86] Überblick bei *Trimbach-Matthiessen* VIZ 1994, 446, 447; *Messerschmidt* NJW 1994, 2648, zum Ergebnis auch *Rövekamp* (Fn. 3) S. 207.

[87] *Rövekamp* (Fn. 3) S. 207; *Thiele-Krajewski-Röske* (Fn. 6) § 57 RdNr. 3.

wird, wobei es auch an den Heilungsmöglichkeiten bei Vorliegen von Begründungsmängel des Nutzungsvermächtnisses (§ 19 SchuldRAnpG) teilnimmt. Die Regelung betrifft Grundstücke, die nicht im Volkseigentum standen, aber von DDR-Behörden Privatpersonen zur Nutzung überlassen waren, ohne daß besondere dingliche Rechte des Nutzers begründet wurden.[88] Angesichts der erheblichen Kündigungserschwerungen, die den Eigentümer eines zur langfristigen Nutzung überlassenen Grundstücke treffen, kann er sein Recht im wesentlichen nur durch die Ansprüche auf Miet- und Pachtzahlung nutzen, so daß ein Verkauf ihm oft sinnvoller erscheinen wird. Das Vorkaufsrecht, das sich nur auf den **ersten Verkauf** erstreckt (§ 57 Abs. 1), war vor diesem Hintergrund notwendig, ist allerdings als sehr eingreifende Beschränkung der verbliebenen Rechte des Eigentümers rechtspolitisch problematisch, wenn auch bei den Vorarbeiten weitgehende Lösungen wie die Einführung eines Ankaufs- oder eines Erbbaurechts erwogen wurden.[89] Anders als das Vorkaufsrecht gem. § 20 VermG (RdNr. 18) begünstigt die Regelung **nicht nur** den **redlichen** Nutzer, so daß gegenüber dem Unredlichen dem Eigentümer nur die Möglichkeit bleibt, gem. § 17 SchuldRAnpG das Nutzungsverhältnis zu kündigen.[90] Ob dies in den Fällen, in denen das Nutzungsverhältnis Parteifreunden oder sonst den damaligen Machthabern nahestehenden Personen eingeräumt wurde, praktisch greifen wird, mag man bezweifeln. Groben Mißständen begegnet § 57 Abs. 3, der das Vorkaufsrecht ausschließt, wenn Nutzer eine **Partei** oder eine mit ihr verbundene Massenorganisation ist oder die Rechtsnachfolge eines Unternehmens der „Kommerziellen Koordinierung" angetreten hat.

23 Der **Kreis der Vorkaufsberechtigten** besteht nach der allgemeinen Regelung des SchuldRAnpG aus Personen, die das Grundstück aufgrund eines Vertrages zur kleingärtnerischen Nutzung, Erholung oder Freizeitgestaltung oder zur Errichtung von Garagen oder anderen persönlichen, jedoch nicht Wohnzwecken dienenden Bauwerken innehatten, ferner aus den Vertragspartnern eines Überlassungsvertrages iS des Art. 232 § 1 a EGBGB, die hiermit Wohn- oder gewerbliche Zwecke verfolgen konnten, schließlich aus Mietern oder Pächtern, denen das Nutzungsrecht von einem anderen als dem Grundstückseigentümer mit Billigung staatlicher Stellen eingeräumt worden ist. Das Vertragsverhältnis muß am 2. 10. 1990 bestanden haben, muß aber nicht schon aufgrund der Bestimmungen des ZGB, das im Jahr 1976 in Kraft getreten war, geschlossen worden sein;[91] nicht aus dem Gesetzestext ersichtlich, aber zumindest seinem Zweck entsprechend ist die Voraussetzung, daß der Mieter, Pächter oder sonstige Nutzungsberechtigte auf dem Grundstück wohnt,[92] was aber bei bloß kleingärtnerischer Nutzung oder nicht zur Wohnzwecken dienenden Gebäuden nur heißen kann, daß das Grundstück tatsächlich vom Berechtigten genutzt werden muß. Nach § 57 Abs. 2 Nr. 1 besteht ein Vorkaufsrecht jedenfalls nicht, wenn der Nutzer das Grundstück **nicht vertragsgemäß nutzt,** also etwa bei einem zur kleingärtnerischen Nutzung überlassenen Grundstück alle Erträge zu verkaufen pflegt, ein zu Wohnzwecken überlassenes Hausgrundstück gewerblich weitervermietet und dergleichen.[93] Wie im Geltungsbereich des § 20 VermG (RdNr. 17) muß sich die Nutzungsbefugnis auf eine Teilfläche von mehr als der halben Grundstücksgröße erstrecken,[94] wofür es allerdings genügt, daß das Recht **mehreren Nutzern** zusteht, die dann auch das Vorkaufsrecht gemeinschaftlich haben, § 57 Abs. 6. Da § 57 Abs. 6 Satz 3 auf die §§ 504 bis 514 BGB verweist, gilt bei mehreren Nutzern im übrigen § 513 Satz 2.

[88] An Baulichkeiten, die auf der Grundlage eines Überlassungsvertrages errichtet wurden, konnte Gebäude- oder Sondereigentum nicht begründet werden, *Schnabel* ZOV 1993, 151, 154 m. w. Nachw.

[89] Dazu *Rohde* NJ 1994, 298, 294; zur Kritik am Vorkaufsrecht *Kinne* ZOV 1994, 449, 452.

[90] *Thiele-Krajewski-Röske* (Fn. 6) § 57 RdNr. 3.

[91] *Kinne* ZOV 1994, 449, 451.

[92] *Kinne* (Fn. 91).

[93] Weitere Beispiele bei *Kinne* (Fn. 91) S. 451 f.

[94] Der Eigentümer kann danach das Grundstück zum Verkauf neu parzellieren; dem Nutzer steht ein Vorkaufsrecht auch zu, wenn die ihm ursprünglich zugewiesene Fläche die Hälfte des neu gebildeten Flurstücks übersteigt (*Rövekamp* (Fn. 3) S. 214).

24 Das Verhältnis des schuldrechtlichen Vorkaufsrechts zu dem nach **§ 20 VermG** wollte § 57 Abs. 2 Nr. 2 SchuldRAnpG wohl im Sinne eines Vorrangs des zuletzt genannten bestimmen. Das ist allerdings unklar ausgedrückt, indem das schuldrechtliche Vorkaufsrecht nicht bestehen soll, wenn der Nutzer die Bestellung eines Vorkaufsrechts nach § 20 VermG „verlangen kann oder verlangen konnte". Gemeint ist wohl,[95] daß der Nutzer, dem durch Verwaltungsakt (und möglicherweise Grundbucheintragung, s. RdNr. 20) ein dingliches Vorkaufsrecht eingeräumt wurde, das gegen den Restitutionsberechtigten oder dessen möglichen Abkäufer wirkt, das Recht gem. § 57 SchuldRAnpG nicht benötigt, und daß derjenige, der es versäumt hat, fristgemäß (RdNr. 19) einen Antrag auf Bestellung eines Vorkaufsrechts zu stellen, der Ausschlußwirkung einer Frist nicht durch das unabhängig von Anträgen und ihrer Bescheidung bestehende gesetzliche Recht entgehen kann. Auf den Abschluß des Begründungs- oder des Restitutionsverfahrens kommt es nicht an, anscheinend („verlangen konnte") aber wohl darauf, ob die im einzelnen nicht immer leicht zu überblickenden Voraussetzungen des § 20 VermG vorlagen. Dies begründet auch aus der Sicht dritter Kaufinteressenten eine Unklarheit, ganz abgesehen von der Tatsache, daß u. U. nebeneinander herlaufende Verfahren vor dem Vermögensamt und vor dem Grundbuchamt abgewartet werden müssen,[96] ohne daß man weiß, ob der Nutzer von dem Vorkaufsrecht, wenn es ihm gewährt wird, überhaupt Gebrauch machen kann oder will. Rechtspolitisch fragwürdig ist auch das Verhältnis des Vorkaufsrechts zu den Regeln über den **Investitionsvorrang;** wie im Fall des § 20 VermG (RdNr. 18) besteht ein Vorkaufsrecht nicht in Bezug auf ein Grundstück, das von seinem Erwerber einem besonderen Investitionszweck i. S. des § 3 Abs. 1 InvestitionsvorrangG zugeführt werden soll.[97]

25 Hinsichtlich des **Vorkaufsfalls** gelten die in der Verweisung in Abs. 6 erwähnten Regeln des schuldrechtlichen Vorkaufsrechts. Allerdings muß der erstmalige Verkauf nach Inkrafttreten des Gesetzes, also nach dem 1. 1. 1995, geschlossen sein;[98] frühere Verträge sind auch dann nicht erfaßt, wenn sie erst nach dem Stichtag genehmigt werden.[99] § 57 Abs. 2 Nr. 3 stellt klar, daß ein Vorkaufsfall nicht vorliegt, wenn das Grundstück an **Abkömmlinge, Ehegatten** oder **Geschwister** des Eigentümers verkauft wird; das ist unabhängig vom Verkauf „mit Rücksicht auf ein künftiges Erbrecht" (§ 511), geht der letztgenannten Regelung also vor[100] und ist auch enger formuliert als die sonst wohl zum Vorbild genommenen Bestimmung des § 570 b, die auch den Verkauf an Personen privilegiert, die zum Hausstand des Verkäufers gehören. Daß ein Erwerb durch bestimmte Personen keinen Vorkaufsfall darstellt, führt zu der Frage, wie der Weiterverkauf durch einen dieser Angehörigen zu beurteilen ist. Obwohl das Vorkaufsrecht grundsätzlich nur den ersten Verkaufsfall erfaßt (RdNr. 23), kann nicht angenommen werden, daß es durch eine Veräußerung im Familienkreis erlischt, die Auslegung des § 511 in diesem Sinne wird als problematisch empfunden (§ 511 RdNr. 1), zumal ein Erwerb im Erbgang am Vorkaufsrecht des Nutzers nichts ändert, soweit das Nutzungsverhältnis fortbesteht. Deshalb ist für den Bereich der Schuldrechtsanpassung die Auslegung vorzuziehen, daß nicht nur in quasideliktischen Umgehungsfällen[101] mit der Fortdauer des Nutzungsverhältnisses, das schließlich auch nicht unbefristet besteht, das Vorkaufsrecht auch gegenüber dem in Abs. 2 Nr. 3 genannten Personenkreis besteht. Dasselbe ist für eine unentgeltliche Übertragung angenommen worden.[102] Die Verweisung auf §§ 504 bis 514 und damit auf § 512 bedeutet ferner, daß **Zwangsvollstreckung** oder Verkauf durch den Konkursverwalter (anders eine Teilungsversteigerung, siehe § 512 RdNr. 4) keinen Vorkaufsfall darstellt.

[95] *Rövekamp* (Fn. 3) S. 209.

[96] Kritisch zu der Regelung daher *Kinne* (Fn. 91) S. 452.

[97] Auch dazu kritisch *Kinne* (Fn. 91)

[98] *Rövekamp* (Fn. 3) S. 208.

[99] *Kinne* (Fn. 91) S. 452 unter Hinweis auf BGHZ 32, 383 für andere gesetzliche Vorkaufsrechte.

[100] *Rövekamp* (Fn. 3) S. 209.

[101] Enger zeitlicher Zusammenhang der beiden Verkaufsgeschäfte, siehe *Rövekamp* (Fn. 3) S. 210.

[102] *Rövekamp* (Fn. 3) S. 208.

26 Bezüglich der **Ausübung** des Vorkaufsrechts enhält § 57 eine Besonderheit nur insofern, als die nach § 510 Abs. 1 Satz 1 nötige Mitteilung über den Inhalt des Vertrages mit einer **Unterrichtung** des Nutzers über sein **Vorkaufsrecht** zu verbinden ist, Abs. 4. Das wird – in Anlehnung an § 570 b Abs. 2 – weit ansgelegt; der Nutzer muß danach auch über die Art der Ausübung des Vorkaufsrechts und die Wirkungen der Ausübungserklärung informiert werden.[103] Das ist praktisch bedeutsam besonders im Hinblick auf die zweimonatige Ausübungsfrist (§ 510 Abs. 2), die der Verkäufer nicht durch einseitige Erklärung abkürzen kann,[104] die aber auch erst mit vollständiger Unterrichtung des Nutzers zu laufen beginnt. Endet das Nutzungsverhältnis vor Ablauf des Ausübungsfrist, kann das Vorkaufsrecht nicht mehr ausgeübt werden.[105] Bei Fristversäumung oder Verzicht des Nutzers **erlischt** das Vorkaufsrecht. Beim **Tode des Nutzers** geht das Vorkaufsrecht nach Abs. 5 Satz 2 auf denjenigen über, der das Vertragsverhältnis mit dem Eigentümer fortsetzt. Dies hängt nicht von der allgemeinen Rechtsnachfolge, sondern vom Inhalt des Rechtsverhältnisses ab;[106] so tritt bei Verträgen zur kleingärtnerischen Nutzung, Erholung oder Freizeitgestaltung der Ehegatte, wenn er ebenfalls Nutzer ist, in das Rechtsverhältnis ein (§ 16 Abs. 2 SchuldRAnpG), bei Mietverhältnissen sind nach § 34 SchuldRAnpG die §§ 569, 569 a maßgeblich. Im übrigen umfaßt die Verweisung auch das Kündigungsrecht des Eigentümers und der Erben des Nutzers nach § 569. Wie ein vertragliches Vorkaufsrecht ist auch das Vorkaufsrecht des Nutzers **nicht übertragbar;** das folgt aus der Verweisung auf § 514. Hinsichtlich der **Rechtsfolgen** der Ausübung trifft das SchuldRAnpG keine besonderen Bestimmungen.

27 **4. Sogen. Modrow-Vorkaufsrecht.** Bei den vertraglichen Vorkaufsrechten, die in Verträgen auf der Grundlage des Verkaufsgesetzes[107] vereinbart waren, also nicht gesetzlicher Natur sind, hat sich aus der Praxis der Fixierung des für den Vorkaufsberechtigten maßgeblichen Preises bereits im Vertrag mit dem Verkäufer[108] des volkseigenen Guts eine Sonderproblematik der Anwendung des ZGB-DDR ergeben, siehe dazu § 1098 RdNr. 2 a. Das Verkaufsgesetz ist inzwischen durch den Einigungsvertrag am 2. 10. 1990 außer Kraft getreten.

§ 1095 [Belastung eines Bruchteils]

Ein Bruchteil eines Grundstücks kann mit dem Vorkaufsrecht nur belastet werden, wenn er in dem Anteil eines Miteigentümers besteht.

1 **1. Normzweck.** Die Vorschrift dient wie die vergleichbaren §§ 1106 und 1114 dem Zweck, zu verhindern, daß der Alleineigentümer an einem **ideellen Bruchteil** des Eigentums ein Vorkaufsrecht bestellt. Er soll also nicht eine Quote neu bilden, um in bezug auf den Bruchteil ein wirksames Vorkaufsrecht bestellen zu können.[1] Dieselben Überlegungen gelten, wenn ein Miteigentümer nur einen Bruchteil seines Anteils mit einem dinglichen Vorkaufsrecht belasten will. Die Vorschrift ist freilich schwach begründet, so daß es nicht wundernimmt, daß die Belastung eines **realen Teils** eines gesamten Grundstücks zugelas-

[103] *Rövekamp* (Fn. 3) S. 211.

[104] Eine abweichende vertragliche Abrede im Nutzungsrechtsverhältnis, wie sie auch § 510 Abs. 2 zuläßt, soll anders als im Bereich des § 570 b (dort Absatz 4) zulässig sein, *Thiele-Krajewski-Röske* (Fn. 6) § 57 RdNr. 13.

[105] *Rövekamp* (Fn. 3) S. 212.

[106] Zum folgenden *Kinne* (Fn. 91) S. 512; zur Anwendung des § 16 Abs. 2 auch *Rövekamp* (Fn. 3) S. 214.

[107] Gesetz über den Verkauf volkseigener Gebäude vom 7. 3. 1990 (GBl. I S. 157) – sogenanntes „Modrow-Gesetz", dazu näher *Göhring* NJ 1994, 64.

[108] Der Preis für den ursprünglichen Verkauf war in § 6 der DVO vom 15. 3. 1990 (GBl. I 1990, S. 158) geregelt, die Preisbindung in der Klausel über das Vorkaufsrecht des ursprünglichen Rechtsträgers war nicht besonders gesetzlich geregelt.

[1] LG Nürnberg/Fürth NJW 1957, 1521 unter Hinweis auf Motive III S. 454.

sen wird und bei gesetzlichen Vorkaufsrechten in bezug auf ein Grundstück, das nur zum Teil in dem relevanten Raum liegt, auch nicht dazu führt, daß etwa die von dem Recht nicht betroffene Grundstücksfläche bei einem Verkauf ebenfalls erworben werden könnte.[2] Wenn bei der rechtsgeschäftlichen Belastung eines realen Grundstücksteils dieser nach § 7 GBO durch Abschreibung zu einem selbständigen Grundstück gemacht werden soll, so handelt es sich hierbei doch nur um eine Ordnungsvorschrift, und ein Verstoß gegen sie beeinträchtigt nicht die Wirksamkeit eines eingetragenen Vorkaufsrechts.[3] Während hier und im eigentlichen Anwendungsbereich des § 1095 die Handhabung des Begriffs des „Grundstücks" im Rahmen des § 1094 näher bestimmt wird,[4] steht es den Parteien im übrigen frei, als Vorkaufsfall bezüglich des gesamten Grundstücks den Verkauf nur einer Teilfläche zu bestimmen (RG Recht 1924 Nr. 824). Zum Verkauf eines ideellen Bruchteils eines insgesamt mit einem Vorkaufsrecht belasteten Grundstücks unter Miteigentümern und zu den Folgen bei Teilungsversteigerung s. § 504 RdNr. 23. Zum gesetzlichen Vorkaufsrecht bezüglich einer Teilfläche s. § 504 RdNr. 13. Das Vorkaufsrecht betrifft dann das ganze Grundstück mit der Folge, daß etwa in der Zwangsversteigerung ein aus § 92 ZVG sich ergebender Wertersatzanspruch auf den gesamten Erlös gerichtet ist.[5] Wird das belastete Grundstück später geteilt, so werden die Teile, deren Verkauf den Vorkaufsfall nicht auslösen soll, frei.[6]

2 Die schwache Begründung der Vorschrift führt dazu, daß ein Vorkaufsrecht, das am Anteil eines Miteigentümers bestellt worden war, auch bei Vereinigung der Bruchteile in einer Hand bestehenbleibt.[7] Dasselbe gilt, wenn die vorhandenen Miteigentümer die Bruchteile neu verteilen. Anders liegt es auf Grund der rechtstechnischen Behandlung des Beteiligungsrechts bei **Gesamthandsgemeinschaften.** § 1095, der nur vom „Bruchteil eines Grundstücks" spricht, ist hier nicht anwendbar, doch kann daraus nicht pauschal geschlossen werden, am Anteil eines Gesamthänders könne kein Vorkaufsrecht eingeräumt werden.[8] Wenn zu einem Gesamthandsvermögen ein Grundstück gehört, bestehen keine verfügbaren Rechte des einzelnen Gesamthänders an diesem Gegenstand, so daß auch kein dingliches Vorkaufsrecht bestellt werden kann; das schließt aber ein schuldrechtliches Vorkaufsrecht bezüglich der Beteiligung am Gesamthandsvermögen, soweit sie übertragbar ist, keineswegs aus (s. dazu auch § 504 RdNr. 1).

3 **2. Subjektiv-dingliches Vorkaufsrecht zugunsten des jeweiligen Miteigentümers.** Die eigentliche Anordnung des § 1095 geht dahin, daß der ideelle Eigentumsbruchteil eines der Miteigentümer mit einem Vorkaufsrecht belastet werden kann. Berechtigter kann, muß aber kein Miteigentümer sein.[9] Freilich ist gerade unter Miteigentümern die Bestellung von Vorkaufsrechten bezüglich der Bruchteile in hohem Grade sinnvoll, um das Eintreten unerwünschter Dritter in die Miteigentümergemeinschaft zu verhindern (LG Nürnberg/Fürth NJW 1957, 1521). Diese wertende Überlegung führt letztlich auch zur Zulassung eines subjektiv-dinglichen Vorkaufsrechts zugunsten des jeweiligen Miteigentümers eines bestimmten, im Grundbuch durch Erwähnung des derzeitigen Inhabers zu konkretisierenden Miteigentumsanteils.[10] Da § 1095 nur den Begriff des „Grundstücks" in § 1094 näher festlegt und im allgemeinen für Miteigentumsanteile die Vorschriften über das Alleineigentum gelten, ist § 1094 Abs. 2 so zu verstehen, daß das Recht zugunsten des

[2] BGH NJW 1971, 560 verweist die Gemeinde diesbezüglich auf das Mittel der Enteignung.

[3] RG HRR 1935 Nr. 724; BGH (Fn. 2).

[4] *Staudinger/Mayer-Maly/Mader* RdNr. 1.

[5] *Staudinger/Mayer-Maly/Mader* RdNr. 3 in eingehender Gegenüberstellung zum Fall der Belastung nur eines realen Grundstücksteils.

[6] *Erman-Küchenhoff* § 1094 RdNr. 8; dem folgen *Staudinger/Mayer-Maly/Mader* RdNr. 3.

[7] RGRK-*Rothe* RdNr. 2; s. a. *Staudinger/Mayer-Maly/Mader* RdNr. 4.

[8] So aber BayObLG 1952, 231, 246; 1958, 196, 203; *Staudinger/Mayer-Maly/Mader* RdNr. 5, *Erman-Küchenhoff* RdNr. 2.

[9] *Soergel-Stürner* RdNr. 1; RGRK-*Rothe* RdNr. 3.

[10] Sorgfältige Begründung durch LG Nürnberg/Fürth NJW 1957, 1521, der sich die hM (BayObLG Rpfleger 1982, 274; *Soergel-Stürner* § 1094 RdNr. 3) anschließt. S. a. den Nachw. in § 1094 RdNr. 10.

jeweiligen Inhabers eines anderen Miteigentumsanteils bestellt wird. Zweckmäßig kann aber auch sein, daß sich alle Miteigentümer wechselseitig Vorkaufsrechte an ihren Anteilen bestellen.

4 Zur Frage, ob bei einer geplanten Veräußerung eines Anteils innerhalb einer Gemeinschaft der vorgesehene Erwerber **„Dritter"** ist mit der Folge, daß der Verkauf an ihn das Vorkaufsrecht auslöst, siehe § 504 RdNr. 23; dort auch zur Behandlung der Teilungszwangsversteigerung nach Belastung eines ideellen Bruchteils mit einem Vorkaufsrecht. Schließlich besagt § 1095 nichts Besonderes darüber, wann ein Rechtsgeschäft als „Verkauf" im Sinne des bestellten Vorkaufsrechts anzusehen ist, so daß insoweit die allgemeinen Regeln gelten (§ 504 RdNr. 17 bis 22). Soweit sich Miteigentümer wechselseitig Vorkaufsrechte hinsichtlich ihres ideellen Teils eingeräumt haben, wird man die dabei abgegebenen Erklärungen nicht ohne besondere Anhaltspunkte so verstehen können, daß auch ein Verkauf des ganzen Grundstücks einen Vorkaufsfall darstellen soll, da beim Verkauf des ganzen Grundstücks das Interesse, Dritte aus der Miteigentümergemeinschaft herauszuhalten, nicht besteht.[11]

§ 1096 [Erstreckung auf Zubehör]

Das Vorkaufsrecht kann auf das Zubehör erstreckt werden, das mit dem Grundstücke verkauft wird. Im Zweifel ist anzunehmen, daß sich das Vorkaufsrecht auf dieses Zubehör erstrecken soll.

1 **1. Aufrechterhaltung der wirtschaftlichen Einheit.** Wie in §§ 314, 926 erkennt das Gesetz auch die Zweckmäßigkeit an, beim Eigentumswechsel an einer Sache die wirtschaftliche Einheit zwischen Zubehör und Hauptsache aufrechtzuerhalten. Die Parteien können das Vorkaufsrecht so ausgestalten, daß auch mitverkaufte Zubehörstücke vom Berechtigten nach den Regeln des Vorkaufsrechts erworben werden können. Die in S. 1 zugelassene Erstreckung des Vorkaufsrechts erklärt S. 2 für im Zweifel gewollt. Da im übrigen nach der Regel des § 314 der Verkauf des Grundstücks vom Eigentümer an den Dritten wiederum im Zweifel das Zubehör erfaßt, ergeben §§ 314, 1096 im Zusammenwirken, daß in Ermangelung besonderer Vereinbarungen der Vorkaufsberechtigte bei einem Verkauf des Grundstücks auch das Recht hat, das Zubehör mit zu übernehmen.

2 **2. Entstehung.** Das Vorkaufsrecht bezüglich solcher Zubehörstücke, auf die es sich nach § 1096 S. 2 erstrecken soll, entsteht mit der Eintragung des Rechts im Grundbuch. Einer gesonderten Eintragung, die wegen der weiterbestehenden Möglichkeit getrennter Veräußerung des Zubehörs durchaus unpraktisch wäre, bedarf es nicht, sie ist nicht einmal zulässig.[1] Das Vorkaufsrecht erstreckt sich auf Zubehörstücke auch dann, wenn sie nicht dem Grundstückseigentümer gehören, was angesichts der nur schuldrechtlichen Wirkung der „Erstreckung" systematisch folgerichtig ist. Freilich kommt es zur Erfüllung der Pflicht nur, wenn der Vorkaufsberechtigte gutgläubig war oder wegen § 185 wirksam erwerben konnte;[2] s. auch RdNr. 5.

3 **3. Kein Vorkaufsrecht an Zubehör.** Wenn dagegen **Zubehör selbständig verkauft** und damit der wirtschaftliche Zusammenhang mit dem Grundstück gelöst werden soll, so

[11] Für einen Ausschluß der Ausübung des Vorkaufsrechts in solchen Fällen soll freilich nach BGH WM 1964, 913, 915 f. (ebenso *Pikart* WM 1975, 405; RGRK-*Rothe* RdNr. 3) kein Regelsatz sprechen.

[1] *Staudinger/Mayer-Maly/Mader* RdNr. 2; *Soergel-Stürner* RdNr. 1.

[2] Ebenso *Immerwahr* JherJb 40 (1899), 279, 314; vgl. auch Prot. III S. 762.

besteht insoweit kein Vorkaufsrecht.[3] Das Ergebnis mag nicht ganz befriedigen, da der Vorkaufsberechtigte danach die Zerstörung der Wirtschaftseinheit hinnehmen muß. Doch bleibt es ihm unbenommen, bei der Begründung des dinglichen Vorkaufsrechts zugleich ein schuldrechtliches bezüglich wichtiger Zubehörstücke zu vereinbaren. Besteht, was vorkommen kann (§ 1094 RdNr. 4), neben dem dinglichen ein persönliches Vorkaufsrecht, so erstreckt sich dieses schon nach § 314 auch auf das Zubehör.[4] Da sich aber der Eigentümer nicht ohne Grund der Freiheit begeben wird, über Zubehör im Rahmen des wirtschaftlich Notwendigen zu verfügen,[5] kann auf Grund der bloßen Einräumung eines dinglichen Vorkaufsrechts nicht ohne weiteres eine konkludente Vereinbarung eines entsprechenden schuldrechtlichen Vorkaufsrechts angenommen werden.

4 **4. Keine gesetzliche Pflicht zum Erwerb des Zubehörs.** § 1096 klärt nicht, ob der Vorkaufsberechtigte den Erwerb des Zubehörs ablehnen und die **Ausübung** des Vorkaufsrechts **auf das Grundstück beschränken** kann. Dies könnte etwa für den Erwerber eines bisher landwirtschaftlich oder gärtnerisch genutzten Grundstücks mit dem Ziel der Bebauung praktisch werden. Daß der Vorkaufsberechtigte nicht automatisch in den Kaufvertrag eintritt, sondern sein Recht eigens ausüben muß (§ 504 RdNr. 26, § 505 RdNr. 5), und daß ferner die Abwicklung des Vorkaufsrechts bei beweglichen Sachen und Immobilien nicht in gleicher Weise erfolgt (RdNr. 5), scheint dafür zu sprechen, daß der Vorkaufsberechtigte sein Recht nur teilweise ausüben kann. Das stößt jedoch auf das Bedenken, daß der Kauf zwischen dem Vorkaufsverpflichteten und dem Dritten, der sich nach § 314 auf das Zubehör erstreckt, ein einheitlicher Vertrag ist. Auch der Verpflichtete hat uU ein in § 505 Abs. 2 anerkanntes Interesse daran, die wirtschaftliche Einheit als ganze und zu den Bedingungen, die sich bei ihrer Fortführung erzielen lassen, zu veräußern. Deshalb spricht im Ergebnis mehr für eine Pflicht des Vorkaufsberechtigten, **auf Verlangen** der Vertragsparteien und bei Einverständnis des Verpflichteten bis zur Grenze einer Umgehung des Vorkaufsrechts (§ 504 RdNr. 17 ff.) auch das wirtschaftliche Zubehör zu **übernehmen.**[6]

5 **5. Wirkung beim Grundstück.** Bezüglich des Grundstücks wirkt das Vorkaufsrecht nach § 1098 Abs. 2. Die Zubehörstücke muß der Eigentümer des Grundstücks übereignen. Hat der Dritte durch Auflassung und Eintragung am Grundstück bereits (vormerkungswidriges) Eigentum erworben, so ging damit auch das Eigentum am Zubehör auf ihn über, und zwar nach § 926 Abs. 1 S. 1, wenn die Zubehörstücke dem Verpflichteten gehörten, sonst unter den Voraussetzungen des § 926 Abs. 2. Ein solcher Erwerb kann aber, da das Grundstück kraft der Vormerkungswirkung noch einmal an den Vorkaufsberechtigten aufgelassen werden kann, und der Dritte dem nach § 888 zustimmen muß, nicht bestandskräftig bleiben. Der Dritte muß daher in entsprechender Anwendung der §§ 1098 Abs. 2, 888 die Sachen herausgeben und ihrer Übereignung an den Vorkaufsberechtigten zustimmen. Dies gilt auch dann, wenn er selber nach § 926 Abs. 2 nur gutgläubig erworben hat, doch muß in diesem Fall auch der Vorkaufsberechtigte im Zeitpunkt der Zustimmung zur Übereignung an ihn noch gutgläubig sein.[7]

[3] Ebenso *Staudinger/Mayer-Maly/Mader* RdNr. 1; RGRK-*Rothe* RdNr. 2 mit der konstruktiven Erwägung, das Zubehör-Vorkaufsrecht sei ein bedingtes Recht. Zur Bedingungskonstruktion beim Vorkaufsrecht s. § 504 RdNr. 7; § 1094 RdNr. 5.

[4] Dazu *Immerwahr* (Fn. 2) S. 313.

[5] S. a. dazu *Immerwahr* (Fn. 2).

[6] Zust. *Staudinger/Mayer-Maly/Mader-* RdNr. 4.

[7] Zu dieser Lösung RGRK-*Rothe* RdNr. 3 und *Immerwahr* (Fn. 2), *Staudinger/Mayer-Maly/Mader* RdNr. 3.

§ 1097 [Bestellung für einen oder mehrere Verkaufsfälle]

Das Vorkaufsrecht beschränkt sich auf den Fall des Verkaufs durch den Eigentümer, welchem das Grundstück zur Zeit der Bestellung gehört, oder durch dessen Erben; es kann jedoch auch für mehrere oder für alle Verkaufsfälle bestellt werden.

1 **1. Normzweck.** Der Zweck der Vorschrift erklärt sich aus dem Umstand, daß das schuldrechtliche Vorkaufsrecht nur für einen Verkaufsfall gilt (§ 504 RdNr. 30), was beim dinglichen Recht angesichts seiner Offenkundigkeit für jeden Erwerber der Sache anders gehandhabt werden kann. Allerdings muß die Ausdehnung auf mehrere Verkaufsfälle im Grundbuch eingetragen werden.[1] Durch eine einmalige Nichtausübung erlischt ein solches Vorkaufsrecht also nicht, wohl aber durch seine Ausübung, wenn der Berechtigte in Vollzug seines Rechts Eigentümer wird (s. auch § 1094 RdNr. 14). Daneben stellt § 1097 klar, daß die Verpflichtungen aus dem dinglichen Vorkaufsrecht auch vom Erben des Grundstückseigentümers, somit auch vom Erbeserben[2] erfüllt werden müssen. Diese Haftung kann abbedungen werden, wozu es wiederum der Einigung und Eintragung bedarf.[3] Auf **gesetzliche Vorkaufsrechte** ist § 1097 nach allgemeiner Meinung nicht anzuwenden; sie müssen also beim ersten Verkaufsfall ausgeübt werden, sonst erlöschen sie.[4] Zu dem auch für den oder die Rechtsnachfolger des Berechtigten bestellten Vorkaufsrecht siehe § 1094 RdNr. 10.

2 Die Alternative zwischen einmaliger und mehrmaliger Ausübung des Vorkaufsrechts erschöpft die **Gestaltungsmöglichkeiten** trotz des sachenrechtlichen Typenzwangs nicht ganz. Zugelassen wird etwa eine Vereinbarung dahin, daß das Vorkaufsrecht zwar nur für einen Verkauf gelten soll, aber unabhängig davon, ob noch der Besteller der Verkäufer ist oder ein Sonderrechtsnachfolger, der das Grundstück anders als durch rechtsgeschäftliche Veräußerung oder im Erbgang erworben hat.[5] Das kann etwa praktisch werden, wenn der Eigentümer eine Veräußerung an gesetzliche Erben im Zuge vorweggenommener Erbfolge (§ 511) ins Auge faßt und hierdurch das Vorkaufsrecht nicht erlöschen lassen will. Es kann auch zweckmäßig sein, die Ausübung eines an sich für mehrere oder für alle Fälle geltenden Vorkaufsrechts von einer **Bedingung** oder **Zeitbestimmung,** möglicherweise auch vom Fortbestand bestimmter tatsächlicher Verhältnisse abhängig zu machen. Gefahren für den Rechtsverkehr treten wegen des Eintragungserfordernisses nicht auf; soweit eine Eintragung fehlt, erwirbt der Gutgläubige nach allgemeinen Regeln ein vom Vorkaufsrecht freies Recht.

3 **2. „Verkaufsfall“.** Was unter einem „Verkaufsfall“ zu verstehen ist, ergibt sich grundsätzlich aus der Verweisung des § 1098 Abs. 1 auf § 504. Das bedeutet also, daß es auf die Wirksamkeit des Vertrages zwischen dem Eigentümer und einem Dritten (§ 504 RdNr. 14 bis 16) sowie innerhalb der Grenzen, die das Umgehungsverbot (§ 504 RdNr. 18 bis 22) zieht, auf die Einordnung des Geschäfts unter den Typus „Kauf“ ankommt (§ 504 RdNr. 14). Auch hier gehört die Zwangsversteigerung auf Betreiben des Konkursverwalters gem § 126 KO (bzw. § 165 InsO) nicht zu den Verkaufsfällen, § 512; anders, wenn der Konkursverwalter das Grundstück „aus freier Hand verkauft“, § 1098 Abs. 1 S. 2. Bei einer **Teilungsversteigerung** ist hinsichtlich der Beurteilung als Verkaufsfall danach zu differenzieren, ob der Vorkaufsverpflichtete oder ein anderer Mitberechtigter die Versteigerung betreibt und ob der Zuschlag an einen Mitberechtigten erfolgt

[1] Eine Bezugnahme auf die Eintragungsbewilligung genügt OLG Köln Rpfleger 1982, 16; *Staudinger/Mayer-Maly/Mader* RdNr. 11.

[2] BGH LM § 1097 Nr. 1.

[3] RGRK-*Rothe* RdNr. 2.

[4] BGH DVBl. 1962, 62; BGH WM 1963, 215; BayObLGZ 1965, 153, 158; *Soergel-Stürner* RdNr. 6; zT finden sich in den entsprechenden Gesetzen aber ähnliche Regeln.

[5] KG OLGE 41, 21; *Soergel-Stürner* RdNr. 4; ablehnend *Staudinger/Mayer-Maly/Mader* RdNr. 10.

(näher § 512 RdNr. 4). Das Recht geht also nicht durch den Zuschlag unter (LG Berlin NJ 1989, 1151). Rangfragen stellen sich nicht, weil das Eigentumsrecht eines betreibenden Miteigentümers (oder seines die Versteigerung betreibenden Gläubigers) keinen Rang hat.

4 Wurde das Vorkaufsrecht vor **Konkurseröffnung** ausgeübt, so wird für den Kaufvertrag zwischen dem Gemeinschuldner und dem Berechtigten aus § 17 KO die Folge gezogen, daß der Konkursverwalter die Erfüllung ablehnen könne. Dem scheint § 24 KO wegen der in § 1098 Abs. 2 angeordneten Vormerkungswirkung zu widersprechen, doch läßt § 1098 Abs. 2 die Vormerkungswirkung ausdrücklich nur gegenüber „Dritten" eintreten. Daraus wird geschlossen, daß der an die Stelle des Verpflichteten getretene Konkursverwalter durch § 24 KO nicht gebunden sei.[6] Außer diesem aus dem Wortlaut des § 1098 Abs. 2 abgeleiteten Argument spricht für die wohl hM noch, daß der Vorkaufsberechtigte nach § 512 Entscheidungen des Konkursverwalters auch sonst gegen sich gelten lassen muß. Lehnt der Konkursverwalter die Erfüllung ab, so liegt kein Verkaufsfall vor, so daß auch ein nur für einen Verkauf bestelltes Vorkaufsrecht weiter gilt und ausgeübt werden kann, wenn der Konkursverwalter freihändig verkaufen will. Dasselbe gilt, wenn zwar der Verkauf, aber nicht die Ausübung des Vorkaufsrechts vor der Konkurseröffnung lag.[7]

5 **3. Erlöschen.** Das für einen Vorkaufsfall bestellte Vorkaufsrecht erlischt durch eine Veräußerung, die sich nicht als Vorkaufsfall darstellt, ferner durch Nichtausübung oder – wenn eine entsprechende Abrede besteht – Fristversäumnis. Hiervon für den Fall abzugehen, daß Bruchteilseigentümer, deren Anteile je mit einem Vorkaufsrecht zugunsten derselben Person belastet waren, sich durch Bildung von Alleineigentum an Teilflächen auseinandersetzen, besteht kein Anlaß,[8] s. hierzu auch § 504 RdNr. 23. Das Recht lebt vorbehaltlich eines Umgehungsgeschäfts nicht wieder auf, wenn das Grundstück nach der Abwicklung des Geschäfts mit dem Dritten wieder an den zunächst verpflichteten Eigentümer zurückgelangt.[9] Kann in der **Zwangsversteigerung** ein für einen Vorkaufsfall bestelltes Vorkaufsrecht nicht ausgeübt werden, weil die Vorschrift des § 512 nicht durch Sonderregeln durchbrochen wird, so geht das Recht durch den Zuschlag unter.[10] Anderes gilt für ein für mehrere oder alle Verkaufsfälle bestimmtes Vorkaufsrecht. Bei Ausübung des Vorkaufsrechts stellt sich also eine spätere Erteilung des Zuschlags als iS des § 1098 Abs. 2 vormerkungswidrige Verfügung dar.[11] Ein nachrangiges Vorkaufsrecht wird, da es nach § 91 ZVG durch den Zuschlag erloschen ist, aus dem Versteigerungserlös, soweit möglich, abgegolten.[12] Dies bedeutet freilich, daß das Vollstreckungsgericht bei einem dem betreibenden Gläubiger vorgehenden Recht prüfen muß, ob es für einen oder für mehrere Vorkaufsfälle bestellt ist,[13] dies ist aber angesichts der Inhaltsbestimmung durch Grundbucheintragung auch möglich. Zum Rangverhältnis mehrerer Vorkaufsrechte s. § 1094 RdNr. 8. Zum Erlöschen durch **Verzicht** oder Erlaßvertrag s. § 1094 RdNr. 14; dabei sind Unterschiede zwischen dem für einen oder dem für mehrere Verkaufsfälle bestellten Recht im Grundsatz nicht anzuerkennen.

6 Zur Bedeutung **schuldrechtlicher Abreden** über die **Nichtausübung des Vorkaufsrechts** siehe § 1094 RdNr. 14. Bleibt ein für mehrere Verkaufsfälle bestelltes Vorkaufsrecht danach oder auf Grund einer freiwilligen Nichtausübung bestehen, so kann es gegen

[6] RGRK-*Rothe* RdNr. 8 unter Berufung auf das konkursrechtliche Schrifttum: *Jaeger-Henkel,* Konkursordnung, 9. Aufl. 1982, § 24 KO RdNr. 5; *Kilger-K. Schmidt,* Konkursordnung, 16. Aufl. 1993, § 24 KO RdNr. 5; *Kuhn-Uhlenbruck,* Konkursordnung, 11. Aufl. 1994, § 24 KO RdNr. 3; aM *Immerwahr* JherJB 40 (1899), 279, 335.

[7] RGRK-*Rothe* RdNr. 8; zust. *Staudinger/Mayer-Maly/Mader* RdNr. 8.

[8] *Waldner* MDR 1986, 110f. in Auseinandersetzung mit BayObLG JurBüro 1981, 752.

[9] *Staudinger/Mayer-Maly/Mader* RdNr. 9; RGRK-*Rothe* RdNr. 2.

[10] RGRK-*Rothe* RdNr. 8; *Soergel-Stürner* § 1097 RdNr. 3. Zum Verfahren bezüglich eines Vorkaufsrechts in der Teilungsversteigerung *Schiffhauer* ZIP 1982, 660, 664.

[11] Näher *Stöber* NJW 1988, 3121 f. mit weiteren Ausführungen zum Schicksal der gesetzlichen Vorkaufsrechte in der Zwangsversteigerung.

[12] Die Bewertung ist freilich schwierig, vgl. dazu allgemein *Sichertmann* BB 1953, 543.

[13] Nach *Zeller-Stöber,* ZVG, 14. Aufl. 1993, § 44 RdNr. 5.27 darf das Vorkaufsrecht in der Versteigerung nur übergangen werden, wenn sein Erlöschen sicher feststeht.

den neuen Eigentümer, wenn er einen Vorkaufsfall schafft, uneingeschränkt geltend gemacht werden. Da dies allein auf der dinglichen Wirkung beruht, erstreckt sich die Verpflichtung des neuen Eigentümers allerdings nur auf die Grundstücksübereignung und die mit dem Vorkaufsrecht unlösbar verbundene Anzeigepflicht (§§ 1098, 510). Sonstige persönliche Pflichten des früheren Eigentümers treffen seinen Sonderrechtsnachfolger nicht. Zu den übrigen Folgen der Ausübung des Vorkaufsrechts siehe die Erläuterungen zu § 1098.

§ 1098 [Wirkung des Vorkaufsrechts]

(1) Das Rechtsverhältnis zwischen dem Berechtigten und dem Verpflichteten bestimmt sich nach den Vorschriften der §§ 504 bis 514. Das Vorkaufsrecht kann auch dann ausgeübt werden, wenn das Grundstück von dem Konkursverwalter aus freier Hand verkauft wird.

(2) Dritten gegenüber hat das Vorkaufsrecht die Wirkung einer Vormerkung zur Sicherung des durch die Ausübung des Rechtes entstehenden Anspruchs auf Übertragung des Eigentums.

(3) Steht ein nach § 1094 Abs. 1 begründetes Vorkaufsrecht einer juristischen Person oder einer rechtsfähigen Personengesellschaft zu, so gelten, wenn seine Übertragbarkeit nicht vereinbart ist, für die Übertragung des Rechts die Vorschriften der §§ 1059 a bis 1059 d entsprechend.

Übersicht

I. Normzweck

1 Die Vorschrift regelt in ihren Absätzen 1 und 2 die Folgen der Ausübung eines dinglichen Vorkaufsrechts. Dies geschieht durch Verweisung auf die **§§ 504 bis 514,** die allerdings hier kraft Typenzwang dinglicher Rechte grundsätzlich **zwingendes Recht** darstellen und für die Rechtsverhältnisse zwischen den drei Beteiligten gelten, soweit sich nicht aus §§ 1094 ff. etwas anderes ergibt.[1] Zum Vorkaufsrecht mit Preislimitierung siehe § 1094 RdNr. 6. Die Rechtsfolgen treten in verschiedenen Rechtsverhältnissen ein: Einmal ergeben sich Pflichten für den vorkaufsverpflichteten Eigentümer bzw. seine entsprechend gebundenen (siehe dazu § 1097 RdNr. 1) Gesamtrechtsnachfolger gegenüber dem Vorkaufsberechtigten (RdNr. 2 ff.), zum anderen Pflichten des Dritten gegenüber dem Vorkaufsberechtigten (RdNr. 6 ff.), schließlich ist im Verhältnis zwischen dem Vorkaufsverpflichteten und dem dritten Käufer der Einfluß der Ausübung des Vorkaufsrechts zu

[1] RGZ 72, 385, 388; BGHZ 13, 133, 139 = NJW 1954, 1035; RGRK-*Rothe* RdNr. 2; *Soergel-Stürner* RdNr. 1. Zur Verbindung des Vorkaufsrechts mit einem Ankaufsrecht siehe BGH WM 1968, 1087 (ablehnend).

bestimmen (RdNr. 13). Die Grundregeln für die Beurteilung der Rechtslage enthalten allenthalben die §§ 504 ff.,[2] doch ergeben sich aus der Dinglichkeit der ausgeübten Position und der Tatsache, daß nicht notwendig ein schuldrechtliches Vorkaufsrecht besteht, einige Besonderheiten.

II. Das Verhältnis zwischen dem Eigentümer und dem Vorkaufsberechtigten

2 **1. Inhalt der Verpflichtungen des Eigentümers.** Für das Verhältnis zwischen dem Berechtigten und dem Eigentümer ist nach § 505 Abs. 2 der zwischen dem Eigentümer und dem Dritten geschlossene **Kaufvertrag inhaltlich maßgebend,** ohne daß gesagt werden könnte, der Berechtigte trete in diesen Vertrag ein (§ 505 RdNr. 5).[3] Der Vorkaufsberechtigte ist an alle Bestimmungen des Kaufs zwischen dem Verpflichteten und dem Dritten gebunden, jedoch mit Ausnahme solcher Abreden, die völlig außerhalb des Abhängigkeitsverhältnisses von Leistung und Gegenleistung stehen (sog. „Fremdkörper", s. die Nachw. § 505 RdNr. 6). Der Erstvertrag muß freilich wirksam, also auch formgültig sein. Zum Genehmigungserfordernis s. § 504 RdNr. 16.

2 a Bei den Vorkaufsrechten, die im Zusammenhang mit Verkäufen volkseigenen Vermögens nach dem **Verkaufsgesetz der DDR** vereinbart worden sind (§ 1094 RdNr. 2, 27), haben die Gerichte die im Vertrag ebenfalls vereinbarte Eintragung im Grundbuch abgelehnt und darüber hinaus den Kaufvertrag als nichtig beurteilt, so daß auch der dingliche Eigentumswechsel auf den Käufer nicht stattgefunden habe.[3a] Dem lagen Vereinbarungen zugrunde, die den Verkauf volkseigenen Geländes gegen politischen Argwohn sichern wollten, indem dem Verkäufer ein praktisch als Wiederkaufsrecht wirkendes Vorkaufsrecht eingeräumt wurde, das den betreffenden Hoheitsträger in die Lage versetzte, das Grundstück zurückzubekommen, wenn der Käufer die nach der Wiedervereinigung angenommene Wertsteigerung durch Verkauf realisieren wollte. Deshalb wurde der Preis, der bei Ausübung des Vorkaufsrechts für das Grundstück zu zahlen sein sollte, auf die Höhe des ursprünglichen Kaufpreises fixiert. Für das Vorkaufsrecht galt, da die Eintragungsanträge vor dem 3. 10. 1990 gestellt sind, das materielle wie das Verfahrensrecht der DDR,[3b] so daß argumentiert wurde, § 306 ZGB sehe ein preisgebundenes Vorkaufsrecht nicht vor, und ein vom gesetzlichen Inhalt abweichendes Vorkaufsrecht sei nach DDR-Recht nicht eintragungsfähig gewesen.[3c] Das führte zur Nichtigkeit des gesamten Vertrages und der dinglichen Vollzugsgeschäfte (letzteres, weil im DDR-Recht das Abstraktionsprinzip nicht galt), weil die verkaufende Behörde angesichts der Vorgeschichte ohne dingliche Sicherung eines Rückerwerbsrechts die Verträge nicht abgeschlossen haben würde. Daran scheiterte auch eine **Umdeutung** in die Einräumung eines schuldrechtlichen Vorkaufsrechts, das durch eine Auflassungsvormerkung gesichert werden könnte,[3d] zumal das ZGB die Vormerkung als Rechtsinstitut nicht kannte. Da es den verkaufenden Behörden vielleicht mit den Kaufverträgen, aber offensichtlich gerade nicht mit dem Vorkaufsrecht darum ging, den bisherigen Nutzern von volkseigenem Boden das Eigentum zu günstigen Konditionen zu gewähren, sondern Spekulationen zu verhindern, ist das Vorkaufsrecht wohl in der Tat nur bei Eintragungsfähigkeit der Rückauflassungsvormerkung als schuldrechtliches aufrechtzuerhalten. Die Regelung der Umdeutung in § 68 Abs. 2 ZGB weicht von der in § 140 nicht entscheidend ab, und im Hinblick darauf erscheint es höchst zwei-

[2] S. BGH WM 1957, 1162, 1164; *Staudinger/Mayer-Maly/Mader* RdNr. 4.

[3] S. dazu mit besonderem Blick auf das dingliche Vorkaufsrecht *Weimar* MDR 1977, 903 f.

[3a] LG Berlin NJ 1994, 128 mit abl. Anm. *Hartkopf;* KG NJ 1994, 372 (Beschwerdeentscheidung zum erstgenannten Beschluß); KG NJ 1995, 93; siehe auch KG NJ 1995, 112 (nur mit der Notiz, die Revision gegen das Urteil sie zugelassen).

[3b] Näher LG Berlin NJ 1994, 372.

[3c] Insoweit übereinstimmend *Göhring* NJ 1994, 64, 67; *Hartkopf* (Fn. 3 a); dagegen aber *Andrae* NJ 1994, 251, 253.

[3d] Hierfür aber *Hartkopf* (Fn. 3 a) und *Andrae* (Fn. 3 c).

felhaft, ob die Behörden tatsächlich unter dem Druck eines faktischen Kontrahierungszwangs auch ohne Einräumung eines gesicherten Rückerwerbsrechts zum Verkauf bereit gewesen wären.[3e] Nicht ausgeräumt ist auch der Einwand, daß das DDR-Recht eine Sicherung durch Auflassungsvormerkung nicht zugelassen habe. So erscheint das Ergebnis unausweichlich, obwohl die Rechtsfolge der Rückabwicklung aller Rechtsgeschäfte, die wegen des Außerkrafttretens des Verkaufsgesetzes (RdNr. 27) so auch nicht mehr abgeschlossen werden können, unbefriedigend ist.[3f]

3 Die **Ausübung** ist auch hier eine einseitige, empfangsbedürftige und formlose Willenserklärung gegenüber dem Eigentümer, § 505 Abs. 1 Satz 2, s. auch § 497 Abs. 1 Satz 2 zur Ausübung des Wiederkaufsrechts. Der Grund für das fehlende Formbedürfnis, die Formgebundenheit des Verpflichtungsgeschäfts, greift auch hier (§ 1094 RdNr. 7), woran es nichts ändert, daß § 313 jetzt auch die Erklärung eines Erwerbsinteressenten der Form unterwirft.[4] Die Ausübung des Rechts kann in einem Vertrag zwischen dem Berechtigten und dem Verpflichteten enthalten sein, dessen Abschluß das Informationsbedürfnis des Eigentümers ebenso erfüllt wie die ihm zugehende Ausübungserklärung.[5] Voraussetzung für die Wirksamkeit der Ausübung ist, daß der Berechtigte das Recht bereits erworben hat; BGH WM 1962, 747, 751 hat es abgelehnt, bei nachträglicher Vollendung des Bestellungsakts § 185 Abs. 2 anzuwenden. Allerdings tritt die Vormerkungswirkung schon mit der dinglichen Übertragung, auch vor Abschluß des Kaufvertrages, ein, s. RdNr. 6. Zur Frage, inwieweit die Unmöglichkeit, die eigenen Verpflichtungen zu erfüllen, bereits die Ausübung des Vorkaufsrechts unwirksam macht, s. § 505 RdNr. 5.[6] Zur Ausübung der gesetzlichen Vorkaufsrechte § 504 RdNr. 12.

4 **2. Erfüllung der Verpflichtungen.** Die Verpflichtung des **Eigentümers** kann durch **Auflassung** an den Berechtigten erfüllt werden, und der **Dritte,** sofern er bereits als Eigentümer eingetragen ist, muß gemäß §§ 1098 Abs. 2, 888 der Umschreibung des Eigentums auf den Vorkaufsberechtigten **zustimmen,**[7] s. aber auch RdNr. 6. Das dingliche Vorkaufsrecht wirkt also nicht dinglich insofern, als erst durch Auflassung und Eintragung das Eigentum auf den Berechtigten übergeht. **Genehmigungserfordernisse** gelten für den Rechtsübergang auf den Berechtigten in vollem Umfang, so daß trotz einer möglicherweise für den ersten Kaufvertrag vorhandene Genehmigung eine neue erteilt werden muß; dies ist wegen der Bedeutung der Person des Erwerbers für das Genehmigungsverfahren einleuchtend.[8] Weigert sich der Verpflichtete, das Grundstück aufzulassen, so kann der Berechtigte nach § 326 vorgehen; die allgemeine Meinung nimmt hierbei keinen Vorrang des Erfüllungsanspruchs an, und auch für die gelegentlich behauptete „Haftung" des Verpflichteten nur mit dem Grundstück ist bei Weigerung, den Anspruch zu erfüllen, kein Raum.[9] Zur Gegenleistungspflicht des Berechtigten s. § 505 RdNr. 5, 6; s. aber auch die Einschränkung des Grundsatzes durch § 506.

5 Im Falle des Freihandverkaufs des belasteten Grundstücks durch den **Konkursverwalter** richtet sich der Auflassungsanspruch ohne Einschränkung durch § 17 KO gegen diesen; aus der Sicht der Masse ist es gleichgültig, wer den Kaufpreis zu zahlen hat, so daß die in

[3e] So *Andrae* (Fn. 3 c) S. 255; die Gerichte sind dem nicht gefolgt.

[3f] Für eine Regelung durch den Bundesgesetzgeber *Andrae* (Fn. 3 c) S. 255.

[4] AM *Wufka* DNotZ 1990, 339, 350 f., dem *Staudinger/Mayer-Maly/Mader* § 1094 RdNr. 33 folgen.

[5] BGH WM 1971, 46; *Staudinger/Mayer-Maly/Mader* RdNr. 8; RGRK-*Rothe* RdNr. 4.

[6] Wenn der Berechtigte sich später darauf beruft, er habe die Verpflichtungen nicht erfüllen können und habe deshalb das Vorkaufsrecht nicht gültig ausgeübt, so ist dies gegenüber dem Eigentümer, der sich auf die Ausübungserklärung eingestellt hatte, ein Treueverstoß, BGH WM 1964, 487.

[7] RGZ 108, 350, 356; RG WarnR 1922 Nr. 71; *Soergel-Stürner* RdNr. 4. Zum Auflassungsanspruch BayObLG OLGZ 1971, 809.

[8] *Dressel* AgrarR 1974, 38 ff.; RGRK-*Rothe* RdNr. 5.

[9] Zum Schadensersatzanspruch RG JW 1922, 1576; *Staudinger/Mayer-Maly/Mader* RdNr. 10; RGRK-*Rothe* RdNr. 5. Gegen die Haftung des Verkäufers „nur mit dem Grundstück" RGRK-*Rothe* (Fn. 8).

§ 1098 Abs. 1 S. 2 vorgesehene Abweichung von § 512 (dazu auch § 1097 RdNr. 3) einleuchtet.

III. Das Verhältnis zwischen dem Dritten und dem Vorkaufsberechtigten

6 **1. Die Vormerkungswirkung.** Das Verhältnis zwischen dem Dritten und dem Vorkaufsberechtigten ist durch die Vormerkungswirkung des Vorkaufsrechts gem. §§ 883 Abs. 2, 888 bestimmt, s. dazu bereits RdNr. 3 und § 1094 RdNr. 11. Für die Einschätzung der rechtlichen Tragweite der dinglichen Position ist weniger der Vergleich mit einer Fiktion des Vorhandenseins einer Vormerkung[10] als die Tatsache von Bedeutung, daß die Vormerkungswirkung nur gegenüber **„Dritten"** bestehen soll. Dh., daß der Schutz gerade durch das dingliche Recht gegenüber jedem anderen als dem Vorkaufsberechtigten und dem -verpflichteten besteht,[11] also gegenüber jedem, der vom Verpflichteten Eigentum oder ein anderes, bei Ausübung des Vorkaufsrechts störendes Recht erlangt hat, auch wenn der Kaufvertrag noch nicht geschlossen ist:[12] solche Rechte fallen zumindest von dem maßgeblichen Zeitpunkt an (dazu RdNr. 8) unter die zugunsten des Vorkaufsberechtigten angeordnete relative Unwirksamkeit, s. dazu § 1094 RdNr. 11. Zur Bedeutung der Definition des „Dritten" bei Ausübung des Rechts im Konkurs des Eigentümers s. § 1097 RdNr. 4.

7 Der Vorkaufsberechtigte kann freilich **nur Verfügungen** über das Grundstück, nicht **schuldrechtliche Verträge** wie Vermietung und Verpachtung und nach der Rechtsprechung auch nicht bloß **tatsächliche Einwirkungen** verbieten.[13] Diese hM ist allerdings zweifelhaft: Aus § 1100 ergibt sich dem Grunde nach ein Herausgabeanspruch des Vorkaufsberechtigten gegen den Dritten (RdNr. 11), der in Verbindung mit den sonstigen aus dem Vorkaufsrecht folgenden Ansprüchen das Grundstück dem Vorkaufsberechtigten schon so weit zuordnet, daß er Unterlassungsansprüche aus §§ 823 Abs. 1, 1004 hat und auf dieser Grundlage gem. § 940 ZPO einstweilige Schutzmaßnahmen gegen Beschädigungen des Grundstücks verlangen kann.[14] Schuldrechtliche Verträge, die der **Dritte** über das Grundstück geschlossen hat, können dem Vorkaufsberechtigten auch nach § 571 nicht entgegengehalten werden, weil für ihn die Identität zwischen Veräußerer des Grundstücks und Vermieter bzw. Verpächter fehlt.

8 **2. Maßgeblicher Zeitpunkt.** Der **Schutz** des Vorkaufsberechtigten **beginnt** nicht an einem für alle denkbaren Fälle gleichen Zeitpunkt. Vielmehr ist zwischen Eigentumsübertragung und anderen Verfügungen des Vorkaufsverpflichteten zu unterscheiden. Was die **Eigentumsübertragung** angeht, so liegt es auf der Hand, daß der Schutz durch das dingliche Vorkaufsrecht gerade darauf zielt, zu gewährleisten, daß der Vorkaufsberechtigte bei der Veräußerung an einen Dritten eingreifen kann. Wenn also, was freilich nur in Ausnahmefällen gesehen wird, die Übertragung an einen Dritten dem Abschluß des Kaufvertrages vorausgeht, so kann der Berechtigte sein Recht ausüben.[15] Die Begründung hierfür

[10] So ohne Entscheidungserheblichkeit BGHZ 60, 275, 293 = NJW 1973, 1278; s. aber auch BayObLG Rpfleger 1982, 337; kritisch *Staudinger/Mayer-Maly* RdNr. 12; anders aber RGRK-*Rothe* RdNr. 10.

[11] Zu diesem Begriff des „Dritten" übereinstimmend *Staudinger/Mayer-Maly* RdNr. 13; RGRK-*Rothe* (Fn. 8); näher dazu im Zusammenhang mit der Bestellung von Vorkaufsrechten im Gleichrang *Zimmermann* Rpfleger 1980, 326, 327.

[12] BGHZ 60, 275, 294 = NJW 1973, 1278; *Soergel-Stürner* RdNr. 4.

[13] BGHZ 13, 1, 3 = NJW 1954, 1035; OLG München NJW 1963, 301; RGRK-*Rothe* RdNr. 10.

[14] So *Hoche* NJW 1963, 302 in eingehender Auseinandersetzung mit OLG München (Fn. 13); zustimmend *Soergel-Stürner* RdNr. 4 mit Hinweis auf § 1004 als materiellrechtliche Anspruchsgrundlage; zust. wohl auch *Staudinger/Mayer-Maly/Mader* RdNr. 13.

[15] So BGHZ 60, 275, 294 = NJW 1973, 1278, 1281 mit zusätzlichen Ausführungen zu dem Sonderfall, daß das belastete Grundstück zweimal verkauft wird und der erste, durch eine Auflassungsvormerkung gesicherte Käufer seine Rechte an den Zweitkäufer abtritt; s. zum Ganzen auch die Anmerkung *Mattern* LM BBauG § 24 Nr. 5, 6, 7; *Staudinger/Mayer-Maly/Mader* RdNr. 15.

ergibt sich nicht nur aus dem Umstand, daß sonst das Vorkaufsrecht schwerwiegende Lücken aufwiese, sondern läßt sich schon durch eine zweckgerechte Interpretation des Begriffs des „Verkaufsfalls" gewinnen. Bei anderen Verfügungen, etwa **Belastungen,** kann man streiten: Auf der einen Seite kann das Vorkaufsrecht dem Berechtigten leicht verleidet werden, wenn vor dem Eintritt des Vorkaufsfalls erhebliche Grundstücksbelastungen aufgenommen werden; auf der anderen Seite kann die bloße Vorkaufsberechtigung den Eigentümer nicht dauernd daran hindern, sein Grundstück wie bisher auch rechtlich zu nutzen und etwa zur Kreditsicherung einzusetzen. Es kommt hinzu, daß bestehende Grundpfandrechte bei einem etwaigen Verkauf sich im Preis niederzuschlagen pflegen und infolgedessen auch vom Vorkaufsberechtigten übernommen werden können. Deshalb läßt die hM[16] den Schutz gegen Belastungen erst vom Zeitpunkt der Möglichkeit der Ausübung des Vorkaufsrechts an beginnen, so daß nur eine zwischen wirksamem Abschluß eines Kaufvertrages und der Übertragung an den Berechtigten vorgenommene Belastung dem letzteren gegenüber unwirksam ist. Bei der Belastung mit Dienstbarkeiten zögert man, dieselben Regeln anzuwenden, da sie sich nicht ohne weiteres auf den Kaufpreis auswirken muß; doch ist eine Vorverlegung des Zeitpunkts der Vormerkungswirkung nur bei ausgesprochenen Umgehungsfällen zu bejahen.

9 Bedenklich ist allerdings die weitere Einschränkung des Schutzes des Vormerkungsberechtigten dahin, daß die Vormerkungswirkung bei einem **genehmigungsbedürftigen** Vertrag erst mit der behördlichen Genehmigung beginne, weil erst jetzt ein Vorkaufsfall vorliege,[17] dies würde am Verpflichteten nämlich eine Belastung zwischen dem Abschluß des Kaufvertrages und der Ausübungserklärung erlauben, die sich im Kaufvertrag und seinen Bedingungen, die dann auch den Berechtigten binden, nicht niederschlägt. Auch die Richtigkeit der hM zum Beginn der Ausübungsfrist gem. § 510 Abs. 2 Satz 1 im Fall der Genehmigungsbedürftigkeit (§ 510 RdNr. 6) wird im Hinblick auf baden-württembergische Sonderregelungen in Zweifel gezogen.[18]

10 **3. Abwicklung der Verpflichtungen.** Im Kern realisiert sich der **Schutz des Vorkaufsberechtigten** dadurch, daß der Verpflichtete das Grundstück nach der Ausübung des Vorkaufsrechts an ihn auflassen und der Dritte dem zustimmen muß (RdNr. 4). Dieser Schutz wird dadurch abgerundet, daß auch der Verpflichtete, der das Grundstück in Kenntnis des bestehenden Vorkaufsrechts unter der Bedingung seiner Nichtausübung verkauft und veräußert hatte, vom Dritten die Zustimmung zur Übertragung an den Vorkaufsberechtigten fordern kann.[19] Wenn der Dritte bereits im Grundbuch als Eigentümer eingetragen ist, was infolge der nur relativen Unwirksamkeit vormerkungswidriger Verfügungen nicht ausgeschlossen ist, so kann die Abwicklung der **verschiedenen Rechtsverhältnisse** auch so geschehen, daß der Dritte direkt an den Berechtigten aufläßt und damit die Pflicht des früheren Eigentümers erfüllt.[20] **Prozessual** kann der Berechtigte die Klagen auf Auflassung und auf Zustimmung miteinander verbinden (§§ 59, 60 ZPO). Gegen die Inhaber dinglicher Rechte, die dem Vorkaufsberechtigten gegenüber relativ unwirksam sind, hat er den Anspruch auf Löschung. Ehe nicht alle vormerkungswidrigen Verfügungen beseitigt sind, ist der Anspruch auf Auflassung nicht durch Erfüllung erledigt.[21]

11 Schließlich ergibt sich aus § 1100 schlüssig ein Anspruch des Vorkaufsberechtigten gegen den Dritten auf **Herausgabe des Grundstücks.** Materiellrechtliche Grundlage kann zwar nicht § 985 sein, da das Eigentum dem Vorkaufsberechtigten erst mit wirksamer

[16] BGH (Fn. 15); *Soergel-Stürner* RdNr. 4; *Staudinger/Mayer-Maly/Mader* RdNr. 16; *H. Westermann-Pinger* § 141 II 5 b.

[17] So – allerdings mehr beiläufig – das Urteil BGHZ 60, 275, 293 = NJW 1973, 1278, 1281.

[18] *Leikam* BWNotZ 1986, 139, 142.

[19] RG JW 1922, 576; *Soergel-Stürner* RdNr. 4; anders BayObLGZ 1982, 222, 230.

[20] KGJ 51 (1919), 192, 196; RGRK-*Rothe* RdNr. 12 unter Hinweis auf § 267; ebenso *Baur-Stürner* RdNr. 4 unter der mißverständlichen Bezeichnung als „Rückauflassung".

[21] BayObLG NJW 1971, 809 im Zusammenhang mit der Abtretung der Ansprüche aus der Ausübung eines Vorkaufsrechts.

Umschreibung auf ihn zusteht. Aber § 1100 zeigt, daß die beiderseitigen Ansprüche des Vorkaufsberechtigten und des dritten Käufers, die sich durch den Eigentumswechsel ergeben, möglichst schon vor der Umschreibung des Grundstücks ausgetragen werden sollen. Auch dies spricht dafür, den auf Eigentumsverschaffung gerichteten Anspruch des Vorkaufsberechtigten und den damit verbundenen Herausgabeanspruch zusammen den **obliegatorischen Ansprüchen** zuzurechnen.[22] Rechtsfolgen hat diese Unterscheidung hauptsächlich im Zusammenhang mit den Verwendungsersatzansprüchen des Dritten (dazu § 1100 RdNr. 4). Es ist dann auch möglich, daß der Vorkaufsberechtigte im Wege des **einstweiligen Rechtsschutzes** die Herausgabe des Grundstücks an einen Sequester (§ 938 ZPO) verlangt.[23] Wie Auflassungs- und Zustimmungsanspruch, so können auch die Klage auf Auflassung gegen den Verpflichteten und auf Herausgabe gegen den Dritten in einem Rechtsstreit verbunden werden.[24] Wegen des Zubehörs s. § 1096 RdNr. 5. Nach dem Tode des Berechtigten, der von seinem Recht bereits Gebrauch gemacht hatte, besteht die Vormerkungswirkung zugunsten der Erben fort, wenn nicht vereinbart ist, daß die Wirkung mit dem Tode des Berechtigten enden solle.[25]

12 **4. Rechte des Dritten.** Der Dritte, der in der oben RdNr. 6, 7 geschilderten Weise in Anspruch genommen wird, kann seinerseits geltend machen, das Vorkaufsrecht sei nicht gültig bestellt oder in Ermangelung eines Vorkaufsfalls nicht wirksam ausgeübt worden. Er hat aber möglicherweise auch **Einwände** aus eigenem Recht, etwa aus einem ihm gegenüber erklärten Ausübungsverzicht. Schließlich stehen ihm alle die Einwände zu, die der Vorkaufsverpflichtete dem Anspruch auf Auflassung entgegenhalten könnte.[26] S. aber auch die Bemerkungen zu § 504 RdNr. 26 zur Verteidigung gegen die Ausübung gesetzlicher Vorkaufsrechte. Wegen der von ihm ebenfalls geltend zu machenden **Gegenansprüche** auf Kaufpreiserstattung und Verwendungsersatz, desgleichen zu den Ansprüchen des Vorkaufsberechtigten wegen Beschädigung des Grundstücks, s. die Bemerkungen zu § 1100.

IV. Das Verhältnis zwischen dem Käufer und dem Vorkaufsverpflichteten

13 Das Rechtsverhältnis zwischen dem Käufer und Vorkaufsberechtigten wird durch die Ausübung des Vorkaufsrechts in dem Sinne beeinflußt, daß der Eigentümer/Verkäufer sich nunmehr **zwei gültigen schuldrechtlichen Verpflichtungen** gegenübersieht, s. dazu auch § 505 RdNr. 10. Eine automatische Auflösung des Vertrages zwischen dem Dritten und dem Vorkaufsverpflichteten findet nur statt, wenn die Ausübung des Vorkaufsrechts als auflösende Bedingung für den Bestand der Verkäuferpflichten vereinbart war.[27] Die Rechte des Vorkaufsberechtigten werden hierdurch übrigens wegen § 506 nicht berührt. Die an sich gegebene **Rechtsmängelhaftung** des Verpflichteten gegenüber dem Käufer wird in der Regel an der Kenntnis des Käufers von dem im Grundbuch eingetragenen Vorkaufsrecht scheitern,[28] wenn man nicht überhaupt einen in Kenntnis des Vorkaufs-

[22] BGHZ 115, 335 = NJW 1992, 236, 238; RGZ 84, 100, 107; BayObLG (Fn. 19); *Meyer* NJW 1971, 1318; *E. Schwerdtner* BWNotZ 1972, 145, 148; *Kern* JuS 1990, 116, 119; *Soergel-Stürner* § 1100 RdNr. 2; *Staudinger/Mayer-Maly/Mader* RdNr. 17; *Erman-Küchenhoff* RdNr. 8; aM RGRK-*Rothe* § 1100 RdNr. 3 unter Berufung auf *Hoche* NJW 1963, 302.

[23] *Hoche* (Fn. 22) mit eingehender Begründung; im wesentlichen ebenso RGZ 84, 100, 107 f.; BGH WM 1964, 298 ff., RGRK-*Rothe* Anm. 12.

[24] *Immerwahr* JherJb 40 (1899); 279, 308 f.; ihm folgend *Hoche* (Fn. 22).

[25] Näher *Streuer* Rpfleger 1986, 245, 247 f. mit daraus folgender Kritik an der oben (§ 1094 Fn. 41) angeführten Rechtsprechung zu den Voraussetzungen der Löschung des Vorkaufsrechts nach dem Tode des Berechtigten.

[26] RGRK-*Rothe* (Fn. 22); *Staudinger/Mayer-Maly/Mader* RdNr. 17.

[27] Gegen die automatische Auflösung BGH DNotZ 1979, 561, 563; zur Bedingung RG JW 1922, 576.

[28] In den seltenen Fällen zu Unrecht gelöschter und auch dem Verkäufer nicht mehr bekannter Eintragungen eines Vorkaufsrechts ist mit der Annahme nicht zu vertretender nachträglicher Unmöglichkeit zu helfen, *H. Westermann-Pinger* § 141 II 5 a. Zur Bedeutung der Kenntnis s. im übrigen RG JW 1922 576; *Staudinger/Mayer-Maly/Mader* RdNr. 19.

rechts geschlossenen Vertrag als schlüssig bedingt ansehen will.[29] Wenn der Käufer noch nicht gezahlt hatte, wird er durch die Ausübung des Vorkaufsrechts automatisch von der Zahlungspflicht frei, s. näher § 1102.

V. Die Vorschrift des Abs. 3

14 § 1098 Abs. 3 trifft eine Anordnung, die in den systematischen Zusammenhang der Vorschrift nicht ohne weiteres paßt.[30] Sie knüpft an bei der nicht ausdrücklich geregelten **Nichtübertragbarkeit** des **Rechts auf Ausübung des Vorkaufsrechts,** s. § 1094 RdNr. 12. Da diese damit gerechtfertigt wird, daß dem Eigentümer die Person des eventuellen Erwerbers nicht gleichgültig sein wird, leuchtet es ein, daß bei einer Bestellung des subjektiv-persönlichen Vorkaufsrechts für eine **juristische Person** ein solches Interesse nicht mehr im gewöhnlichen Maß vorhanden ist. Daher wird der Eigentümer den in §§ 1059 a bis 1059 d (für den Nießbrauch) im einzelnen genannten Vorgängen des Rechtsformwandels und der Rechtsnachfolge keine Einwände entgegenzusetzen haben. Wie sich aus § 1059 a Ziff. 1 ergibt, kann allerdings der Rechtsübergang ausgeschlossen werden. Zu den diesbezüglichen Folgen der Übernahme eines bis dahin als OHG geführten Handelsgeschäfts durch einen Mitgesellschafter s. § 514 RdNr. 3.[31] Die Ausdehnung der Regelung auf eine „rechtsfähige Personengesellschaft" durch das Gesetz vom 17. 7. 1996 (BGBl. I S. 222), die sich an diejenige des §1059a Abs. 2 anschließt, ist vom Grundgedanken her folgerichtig; die Gleichstellung der Personengesellschaft mit „juristischen Personen" hinsichtlich ihrer „Rechtsfähigkeit" ist ein gesellschaftsrechtliches Problem.[32]

§ 1099 [Mitteilungen]

(1) Gelangt das Grundstück in das Eigentum eines Dritten, so kann dieser in gleicher Weise wie der Verpflichtete dem Berechtigten den Inhalt des Kaufvertrags mit der im § 510 Abs. 2 bestimmten Wirkung mitteilen.

(2) Der Verpflichtete hat den neuen Eigentümer zu benachrichtigen, sobald die Ausübung des Vorkaufsrechts erfolgt oder ausgeschlossen ist.

1 **1. Rechtsstellung des Dritten.** Die Vorschrift betrifft die Rechtsstellung des Dritten, der das mit dem Vorkaufsrecht belastete Grundstück zu **Eigentum** erworben hat. In bezug auf ihn wird die über § 1098 Abs. 1 anwendbare Bestimmung des § 510, die allerdings auch eine Mitteilung vom Verkaufsfall durch den Dritten gelten läßt (Abs. 1 S. 2), im Interesse des Erwerbers des belasteten Grundstücks ergänzt. Damit ist nicht nur der Vertragspartner in dem Vertrag gemeint, der den Vorkaufsfall darstellt, sondern auch andere Personen, die inzwischen das Eigentum am Grundstück erlangt haben und ein Interesse daran haben, durch die Mitteilung vom Vorkaufsfall die Frist des § 510 Abs. 2 in Lauf zu setzen.[1] Ferner gibt Abs. 2 eine zusätzliche Anordnung zum **Verhältnis zwischen dem Vorkaufsverpflichteten und dem neuen Eigentümer,** die mit Rücksicht auf die Abwicklung des zwischen ihnen regelmäßig bestehenden Kaufvertrages eine gewisse Rolle spielen kann.

2 **2. Anzeige vom Inhalt des Kaufvertrages.** Abs. 1 bestimmt, daß der Eigentümer des belasteten Grundstücks, gleichgültig ob er vom Vorkaufsverpflichteten gekauft hat, eine

[29] RG (Fn. 18); *Soergel-Stürner* RdNr. 5.

[30] Sie ist auch erst durch das Rechtseinheitsgesetz vom 5. 3. 1953 (BGBl. I S. 33) ins Gesetz eingefügt worden.

[31] S. das dort (in Fn. 1) zustimmend zitierte Urteil BGHZ 50, 307 = NJW 1968, 1964; zust. *Soergel-Stürner* RdNr. 6; zweifelnd anscheinend *Staudinger/Mayer-Maly/Mader* RdNr. 20.

[32] Siehe dazu näher *Timm* ZGR 1996, 247, 251 f., der besonders auf die Herkunft des Gedankens aus dem Umwandlungsrecht eingeht; dazu auch *Timm* NJW 1995, 3209 ff; *Seibert,* JZ 1996, 785.

[1] *Soergel-Stürner* RdNr. 1; *Staudinger/Mayer-Maly/Mader* RdNr. 1.

Anzeige vom Inhalt des Kaufvertrages an den Vorkaufsberechtigten erstatten kann (nicht muß). Die Abweichung gegenüber § 510 Abs. 1 S. 2, der nur den Käufer meint, ist in der Praxis unerheblich. Die Mitteilung unterliegt keiner Form, zu ihrem Inhalt s. § 510 RdNr. 4. Adressat ist der Vorkaufsberechtigte. Die Mitteilung setzt vor allem die Ausschlußfrist nach § 510 Abs. 2 in Lauf, wobei auch eine Mitteilung durch den Käufer oder einen anderen Eigentümer des Grundstücks, der hierbei die Mitteilung des Verpflichteten „ersetzt" (§ 510 Abs. 1 S. 2), nichts daran ändert, daß die Ausübung des Vorkaufsrechts durch Erklärung gegenüber dem Verpflichteten zu geschehen hat.[2]

3 Daher ist nicht unbedingt davon auszugehen, daß der Eigentümer der Sache bzw. der Käufer, auch wenn er vom Verkaufsfall Anzeige gemacht hat, von der Ausübung des Vorkaufsrechts erfährt. Daran hat er aber ein Interesse, weil er ein Zurückbehaltungsrecht am Kaufpreis erhält (§ 1102) und sein Rechtsverhältnis zum Vorkaufsverpflichteten sich nachhaltig ändern kann. **Abs. 2** gibt ihm daher ein **Recht auf Mitteilung** von der Ausübung des Vorkaufsrechts gegen den Verpflichteten. Das Recht ergibt sich, wie der Wortlaut schließen läßt, aus dem Eigentum an der Sache und nicht unmittelbar aus dem Vertrag, der aber zumindest über § 242 in der Regel ähnliche Pflichten des Verkäufers begründen wird.[3] Die Versäumung der Mitteilungspflicht kann den Vorkaufsverpflichteten zu Schadensersatz verpflichten,[4] wenn aus der verspäteten Kenntnis dem Eigentümer Nachteile entstehen. Zu den Verhältnissen bei Ausübung eines Vorkaufsrechts gem. § 57 SchuldRAnpG s. § 1094 RdNr. 26.

§ 1100 [Rechte des Käufers]

Der neue Eigentümer kann, wenn er der Käufer oder ein Rechtsnachfolger des Käufers ist, die Zustimmung zur Eintragung des Berechtigten als Eigentümer und die Herausgabe des Grundstücks verweigern, bis ihm der zwischen dem Verpflichteten und dem Käufer vereinbarte Kaufpreis, soweit er berechtigt ist, erstattet wird. Erlangt der Berechtigte die Eintragung als Eigentümer, so kann der bisherige Eigentümer von ihm die Erstattung des berichtigten Kaufpreises gegen Herausgabe des Grundstücks fordern.

I. Normzweck

1 §§ 1100 bis 1102 bilden eine **systematische Einheit** im Anschluß an die aus § 1098 iVm. §§ 504 bis 510 folgenden Regeln über den Einfluß der Ausübung des Vorkaufsrechts auf das Verhältnis zwischen dem Vorkaufsberechtigten und dem Dritten (§ 1098 RdNr. 6 bis 12) sowie zwischen dem Vorkaufsverpflichteten und dem Käufer (§ 1098 RdNr. 13). Dabei regelt aber insbesondere §1100 die Rechte des neuen (relativ unwirksam zu seinem Recht gekommenen) Eigentümers nicht vollständig; in wesentlichen Punkten muß auf die Normierung zum schuldrechtlichen Vorkaufsrecht zurückgegriffen werden. Einer **praktikablen Abwicklung** dient es, wenn der Vorkaufsberechtigte den Kaufpreis, den letztlich er schuldet, an den Dritten zahlt, wenn dieser seinerseits schon geleistet hatte, andernfalls an den Vorkaufsverpflichteten. Im Verhältnis zwischen Vorkaufsberechtigtem und Drittem sollen auch sonstige Ansprüche wegen des Grundstücks abgerechnet werden; der Dritte soll tunlichst an den Vorkaufsverpflichteten nicht mehr zahlen (§ 1102). Auf diese Weise werden Risiken vermieden, daß einer der Beteiligten seine Leistung erbringt, aber auf die ihm geschuldete warten muß.[1] Das alles gilt freilich nur, wenn der am Verkaufsfall betei-

[2] *Staudinger/Mayer-Maly/Mader* RdNr. 3; RGRK-*Rothe* RdNr. 3; *Soergel-Stürner* RdNr. 1.

[3] Enger insoweit – besondere Abrede erforderlich, wenn der Käufer noch nicht Eigentümer ist – *Staudinger/Mayer-Maly/Mader* RdNr. 4; RGRK-*Rothe* RdNr. 4.

[4] *Soergel-Stürner* RdNr. 1; *Staudinger/Mayer-Maly/Mader* RdNr. 4.

[1] Zu diesem Gleichgewicht der Kräfte RGZ 116, 187, 191; *Schurig,* Das Vorkaufsrecht S. 104; RGRK-*Rothe* RdNr. 1; *Erman-Küchenhoff* RdNr. 2.

ligte Dritte oder sein Rechtsnachfolger bereits als Eigentümer im Grundbuch eingetragen ist.[2] Fehlt es daran, etwa bei jemandem, der seinerseits seine Rechtsstellung vom Verpflichteten auf Grund eines neuen Veräußerungsgeschäfts ableitet, so bleibt es ausschließlich bei dem durch § 1098 Abs. 1 angeordneten Rückgriff auf die Vorschriften des § 505, die im Verhältnis zwischen dem Verpflichteten und dem Dritten (§ 1098 RdNr. 13, § 505 RdNr. 10) einen Fall der Nichterfüllung auslösen und zur Rückabwicklung im Dreiecksverhältnis nach §§ 320 ff., 434 ff. zwingen.

II. Das Zurückbehaltungsrecht des neuen Eigentümers wegen seiner Ansprüche.

2 **1. Herausgabepflicht.** § 1100 gewährt dem neuen Eigentümer ein Zurückbehaltungsrecht. Damit ist, wie schon zu § 1098 RdNr. 11 ausgeführt, unterstellt, daß der Vorkaufsberechtigte gegen den Dritten neben dem Anspruch auf Zustimmung zur Übereignung des Grundstücks einen Herausgabeanspruch hat. Die korrespondierende Pflicht sowie die Pflicht zur Zustimmung (§ 1098 RdNr. 10) brauchen bis zur Erfüllung der Pflichten des Vorkaufsberechtigten nicht erfüllt zu werden. Die Pflichten des Vorkaufsberechtigten, aus dem Gesichtspunkt der ungerechtfertigten Bereicherung Verwendungen oder sogar Vertragskosten zu ersetzen (RdNr. 4), sollen dagegen nicht in entsprechender Anwendung des § 1101 S. 1, sondern unmittelbar über § 273 Gegenstand eines Zurückbehaltungsrechts werden.[3]

3 **2. Erstattungsanspruch.** Das Zurückbehaltungsrecht sichert folgende Ansprüche des Dritten: Erstattungsanspruch bezüglich des Kaufpreises, den er – wie regelmäßig vor seiner Eintragung als Eigentümer – an den Verkäufer (den Vorkaufsverpflichteten) gezahlt haben wird. Der Anspruch ergibt sich aus § 1100 S. 2,[4] ist also gerade dann von Bedeutung, wenn der Dritte das Grundstück bereits herausgegeben oder nie besessen hat; die nahezu gleichlautende Formulierung in S. 1 2. Halbs. betrifft nur das Zurückbehaltungsrecht. Ist noch nicht gezahlt, so bleibt es bei der Abwicklung der geschlossenen Verträge zwischen den an ihnen Beteiligten. Die **Höhe** des zu erstattenden Kaufpreises richtet sich nach den Vereinbarungen zwischen dem Vorkaufsverpflichteten und dem Käufer, als nach dem Inhalt des den Vorkaufsfall bildenden Geschäfts, nicht nach den Vereinbarungen, deren Abwicklung am Ende dem jetzt auf Zustimmung und Herausgabe in Anspruch Genommenen das Eigentum gebracht hat;[5] zu den Vertragskosten s. RdNr. 6. Da dieser Anspruch nur dem „Eigentümer" zusteht, der Käufer oder Rechtsnachfolger des Käufers ist, gehen den Vorkaufsberechtigten die Leistungen und Erstattungswünsche dessen nichts an, der vom Verpflichteten selber (etwa durch ein nach Ausübung des Vorkaufsrechts geschlossenes neues Veräußerungsgeschäft) das Eigentum erlangt hat;[6] dieser Vertragspartner des Verpflichteten ist auf Grund des § 1098 zur Zustimmung zur Eigentumsumschreibung verpflichtet, hat aber einen Erstattungsanspruch nur gegen seinen Kontrahenten (s. dazu auch § 1002 RdNr. 3).

4 Der dem Eigentümer zustehende Erstattungsanspruch kann nicht nur als Grund eines Zurückbehaltungsrechts geltend gemacht werden, sondern ist **selbständig einklagbar,**[7] allerdings erst von dem Augenblick an, in dem der Vorkaufsberechtigte (durch Auflassung und Zustimmung) das Eigentum am Grundstück erlangt hat, § 1100 S. 2. Dies kann also im wesentlichen nur praktisch werden, wenn der Berechtigte zwar schon Eigentümer geworden ist, seinen Herausgabeanspruch aber nicht geltend gemacht hat.

[2] BGHZ 115, 335 = NJW 1992, 236, 238; *Erman-Küchenhoff* RdNr. 1; *Sorgel-Baur* RdNr. 1; *Staudinger/Mayer-Maly/Mader* RdNr. 3.

[3] BGH WM 1964, 298; RGRK-*Rothe* RdNr. 6; eingehend BGHZ 75, 288 = NJW 1980, 833.

[4] *Staudinger/Mayer-Maly/Mader* RdNr. 7; RGRK-*Rothe* RdNr. 3; *Soergel-Stürner* RdNr. 1.

[5] *Staudinger/Mayer-Maly/Mader* RdNr. 6.

[6] Eingehend dazu RGRK-*Rothe* RdNr. 4.

[7] *Staudinger/Mayer-Maly/Mader* RdNr. 7; *Soergel-Stürner* RdNr. 1 unter b); anders (nur verteidigungsweise Geltendmachung) RGRK-*Rothe* RdNr. 3.

III. Ansprüche auf Ersatz von Verwendungen, Nutzungen und Schäden

5 **1. Verwendungsersatzanspruch.** Ein Verwendungsersatzanspruch des zur Zustimmung und Herausgabe verpflichteten Dritten ist gesetzlich nicht geregelt. §§ 994 ff. kommen als Grundlage nicht in Frage, da zwischen dem Vorkaufsberechtigten und dem Dritten kein Eigentümer-Besitzer-Verhältnis besteht. §§ 994 ff. passen also direkt nur, wenn das Eigentum auf den Berechtigten übergegangen ist, dieser aber noch Herausgabe fordern kann.[8] Statt dessen wird die Verweisung auf die Regeln des Eigentümer-Besitzer-Verhältnisses in **§ 292** herangezogen, die allerdings erst nach Rechtshängigkeit gilt und einen Anspruch nur auf Ersatz notwendiger Verwendungen gibt.[9] Auch leuchtet die Abhängigkeit der Verwendungsersatzansprüche von einer Klage des Vorkaufsberechtigten auf Herausgabe – oder möglicherweise nur auf Zustimmung – nicht recht ein, daß der Anspruch auf Erstattung des Kaufpreises nach S. 2 auch direkt erhoben werden kann und es bei eindeutiger dinglicher Rechtslage sachwidrig wäre, die Abrechnung nur im Rahmen eines Prozesses um die Herausgabe durchzuführen. Deshalb vertritt die jetzt wohl hM eine entsprechende Anwendung der §§ 994 ff. schon vor Rechtshängigkeit, was zum Teil auch mit dem dinglichen Charakter des Herausgabeanspruchs begründet wird (dazu § 1098 RdNr. 7).[10] Das hat, zunächst für den gleichliegenden Fall der Ausübung eines durch Vormerkung gesicherten Wiederkaufsrechts, auch der BGH angenommen,[11] s. dazu auch die Bemerkungen § 500 RdNr. 1. Damit setzt man sich aber über den Wortlaut des Gesetzes insofern ohne Not hinweg, als hier regelmäßig die Voraussetzungen eines **Bereicherungsanspruchs** vorliegen werden. Die sonst problematische Wirkung der §§ 987 ff. als Sonderregelung, die einer Verwendungskondiktion entgegenstehen könnte,[12] ist hier nicht zu besorgen, da vor Übereignung des Grundstücks an den Vorkaufsberechtigten eine Vindikationslage nicht vorliegt. Notwendige sowie werterhöhende nützliche Verwendungen erfüllen den Tatbestand der Bereicherung „in sonstiger Weise" und sind, da nach dem Gesamtinhalt der §§ 1100 bis 1102 diese Opfer nicht dem Dritten auferlegt werden dürfen, auch rechtsgrundlos.[13]

6 Hinsichtlich der **Vertragskosten,** die der Dritte übernommen hat, fehlt es für einen direkten Bereicherungsanspruch gegen den Vorkaufsberechtigten an der Unmittelbarkeit, so daß insoweit eine Erstattung durch den Eigentümer aus dem Gesichtspunkt der Nichterfüllung sowie ein Vertragsanspruch des Eigentümers gegen den Vorkaufsberechtigten zur Abwicklung führen.[14]

7 **2. Nutzungsersatzanspruch.** Ein Anspruch auf Ersatz der Nutzungen kann dem Berechtigten in unmittelbarer Anwendung der §§ 987 ff. ebenfalls erst zugebilligt werden, wenn das Eigentum auf den Vorkaufsberechtigten übergegangen ist; die Bösgläubigkeit kann von der Ausübung des Vorkaufsrechts an, wenn sie dem Dritten mitgeteilt wird,

[8] Für diesen Anspruch ist nicht Voraussetzung, daß der Dritte unrechtmäßiger Besitzer im Zeitpunkt der Verwendungen war; nachträglicher Verlust der Besitzberechtigung genügt, BGHZ 34, 122, 131 = NJW 1961, 499; *E. Schwerdtner* BWNotZ 1972, 145, 147.

[9] *Meyer* NJW 1971, 1318 und die dort angegebenen älteren Kommentare.

[10] *Hartmann* NJW 1956, 899 f.; *Hoche* NJW 1963, 301 f.; *E. Schwerdtner* (Fn. 8) S. 147 ff.; *Gursky* JR 1984, 3; *H. Westermann-Pinger* § 141 II 5 b; *Staudinger/Mayer-Maly/Mader* RdNr. 10; *Soergel-Stürner* RdNr. 3.

[11] BGHZ 75, 288 = NJW 1980, 833; hinsichtlich der Bestimmung der Bösgläubigkeit, die danach schon durch Kenntnis vom Vorkaufsrecht begründet sein soll, abweichend BGHZ 87, 296 = NJW 1983, 2024 = LM § 1098 Nr. 9 mit Anm. *Vogt;* gegen Gleichstellung der Kenntnis vom Vorkaufsrecht mit Bösgläubigkeit *Gursky* (Fn. 10); *Staudinger/Mayer-Maly/Mader* RdNr. 10.

[12] Siehe *Pinger,* Funktion und dogmatische Einordnung des Eigentümer-Besitzerverhältnisses, 1973, S. 88 ff.; *Köbl,* Das Eigentümer-Besitzerverhältnis im Anspruchssystem des BGB, 1971, S. 200 ff., 279 ff.; *Erman-H.P. Westermann* vor § 812 RdNr. 13 f.

[13] Für einen Bereicherungsanspruch im Ergebnis OLG Hamburg NJW 1971, 1317; *Walter* NJW 1971, 1846 mit genauer Konstruktion als Nichtleistungskondiktion; s. a. *Schwerdtner* (Fn. 8) S. 145 ff.; ablehnend *Meyer* NJW 1971, 1318.

[14] S. § 505 RdNr. 7, 10; für eine direkte Kondiktion auch hier RGRK-*Rothe* RdNr. RdNr. 6.

angenommen werden.[15] Für die Zeit seines Eigentums und vor Rechtshängigkeit des Herausgabeanspruchs kann der Dritte auch nicht über § 292 haften, so daß sich wiederum nur die Vorlegung des Eigentümerschutzes auf die Zeit von der Ausübung des Vorkaufsrechts an oder der Anspruch aus ungerechtfertigter Bereicherung (RdNr. 5),[16] seltener ein Anspruch aus Geschäftsführung ohne Auftrag anbieten. Die Voraussetzungen einer Eingriffskondiktion sind hier tatbestandlich nicht gegeben, da der Vorkaufsberechtigte noch keine geschützte Rechtsposition hat. Es liegt daher am nächsten, in Vorverlegung des Schutzes gem. §§ 987 ff. Nutzungsherausgabeansprüche auch betreffend die Zeit vor der Klageerhebung zuzusprechen.

8 **3. Schadensersatzansprüche.** Wegen der vom Dritten am Grundstück vorgenommenen Veränderungen können Schadensersatzansprüche des Vorkaufsberechtigten wirtschaftlich interessant sein, zumal die Neigung besteht, auf diese Weise dem Berechtigten die Ausübung des Vorkaufsrechts zu verleiden (s. den Fall OLG München NJW 1963, 301). Die Anwendung der §§ 989, 990 ist in denselben Grenzen möglich wie die der §§ 987 ff. (RdNr. 7) und §§ 994 ff. (RdNr. 5), wobei Bösgläubigkeit wiederum erst von dem Augenblick an bejaht werden sollte, an dem der Käufer weiß, daß der Vor- oder Wiederkaufsberechtigte seinen Anspruch ausgeübt hat.[17] Aber auch wenn man den Herausgabe- und Zustimmungsanspruch des Vorkaufsberechtigten den obligatorischen Rechten zuordnet (§ 1098 RdNr. 11), bietet sich eine Analogie zu § 1004 und zu §§ 989, 990 jedenfalls für die Zeit nach der dem Dritten bekannten Ausübung des Vorkaufsrechts an. Ihr gegenüber sind die rechtstechnischen Besonderheiten der relativen Unwirksamkeit des Eigentums des Dritten, die der unmittelbaren Anwendung der genannten Vorschriften entgegenstehen, mehr zufällig; der vom OLG München als Ausweg gesehene Anspruch aus § 826 ist in den Voraussetzungen zu restriktiv. Ein **Unterlassunganspruch** folgt aus der Analogie zu § 1004 (s. dazu auch § 1098 RdNr. 11).

§ 1101 [Befreiung des Berechtigten]

Soweit der Berechtigte nach § 1100 dem Käufer oder dessen Rechtsnachfolger den Kaufpreis zu erstatten hat, wird er von der Verpflichtung zur Zahlung des aus dem Vorkaufe geschuldeten Kaufpreises frei.

1 **1. Verhindern des Hin- und Herzahlens des Kaufpreises.** Die Vorschrift rundet die Regelung des Erstattungsanspruchs in § 1100 (s. dort RdNr. 3) ab. Sie soll dazu beitragen, ein Hin- und Herzahlen des Kaufpreises unter den Beteiligten zu verhindern, wenn der Käufer einmal an den Vorkaufsverpflichteten geleistet hat. Dies wird meist zutreffen, da sonst die in § 1100 normierte Voraussetzung einer Erstattungspflicht des Berechtigten gegenüber dem Käufer, nämlich die Eigentümerstellung des Dritten (§ 1100 RdNr. 1), regelmäßig nicht vorliegen wird. Wenn aber der Dritte das Grundstück zu Eigentum erworben und bezahlt hat und demzufolge der Berechtigte an ihn leisten muß, wäre es sinnwidrig, ihn zusätzlich an der Verpflichtung aus dem Kaufvertrag zwischen ihm und dem Vorkaufsverpflichteten festzuhalten. Die in § 1101 vorgeschriebene Befreiung von der Kaufpreiszahlungspflicht nimmt allerdings bewußt[1] in Kauf, daß es im Einzelfall für

[15] BGH WM 1994, 301; OLG München OLGE 29, 353; RGRK-*Rothe* RdNr. 5; weitergehend BGHZ 87, 296, 298 = NJW 1983, 2024, der Bösgläubigkeit schon mit Kenntnis vom Vorkaufsrecht annimmt (zust. *Soergel-Stürner* RdNr. 3; abl. aber auch *Gursky* (Fn. 10).

[16] Zu den Möglichkeiten eines Bereicherungsanspruchs wegen der Nutzungen siehe die Übersicht bei *Erman-H. P. Westermann* vor § 812 RdNr. 12.

[17] BGHZ 75, 288 = NJW 1980, 833; OLG Rostock OLGZ 1929, 353, 354; s. aber die Nachweise in Fn. 15.

[1] Prot. III S. 759 f.; zustimmend *Staudinger/Mayer-Maly/Mader* RdNr. 4; RGRK-*Grothe* RdNr. 1.

den Vorkaufsberechtigten von Vorteil sein könnte, anders als in §§ 1100, 1101 vorgesehen nicht an den Dritten, sondern nur an den Verpflichteten zahlen zu müssen, um diesem gegenüber aufrechnen zu können. Der Schutz des Erstattungsanspruchs des Dritten, der sonst geopfert werden müßte, schien dem Gesetzgeber vorrangig.

2 **2. Die Schuldbefreiung** hängt im einzelnen davon ab, daß der Kaufpreis vom Dritten an den vorkaufsverpflichteten Eigentümer gezahlt worden ist (dies ist der Sinn der ausdrücklichen Verweisung auf § 1100), und daß weiterhin das Eigentum vom Dritten auf den Berechtigten übergegangen ist (sonst besteht der Erstattungsanspruch nicht, § 1100 RdNr. 3). Ist der letztere Rechtsübergang infolge des dem Dritten nach § 1100 S. 1 zustehenden Zurückbehaltungsrechts Zug um Zug gegen Erstattung des Kaufpreises abgewickelt worden, so greift die Rechtsfolge des § 1102 ebenfalls ein; nach dem klaren Wortlaut kommt es allgemein nicht darauf an, ob die Kaufpreiserstattung schon stattgefunden hat oder nicht.[2] Wenn der Vorkaufsberechtigte den Kaufpreis erst teilweise erstattet hat, wird er auch nur in dieser Höhe von seiner Pflicht gegenüber dem Vorkaufsverpflichteten frei; dies folgt aus dem einleitenden Wort „soweit".

3 Das System der §§ 1100 bis 1102 weist eine Lücke auf, da es den Fall nicht einbezieht, daß der Dritte das Eigentum am Grundstück zwar erworben hat, aber die **Weiterübertragung** an den Vorkaufsberechtigten **noch nicht stattgefunden hat.** In diesem Stadium müßte der Berechtigte einerseits auf das Vertragsverhältnis zwischen ihm und dem Verpflichteten zahlen, der seinerseits dem dritten Käufer zur Rückgewähr des Erlangten oder zum Schadensersatz verpflichtet wäre. Demgegenüber liegt es im Sinne der in §§ 1100, 1101 angestrebten abgekürzten Abwicklung, schon vom Entstehen des in § 1100 S. 1 geregelten Zurückbehaltungsrechts an die mehrfache Zahlung der Kaufpreissumme zu verhindern. Dies geschieht am besten, indem der Berechtigte, wenn und soweit er – zur Durchsetzung seines Anspruchs auf Zustimmung und Herausgabe – dem Dritten den aufgewendeten Kaufpreis erstattet, seinerseits dem Vorkaufsverpflichteten gegenüber in entsprechender Anwendung des § 1101 von der Zahlungspflicht befreit wird.[3]

§ 1102 [Befreiung des Käufers]

Verliert der Käufer oder sein Rechtsnachfolger infolge der Geltendmachung des Vorkaufsrechts das Eigentum, so wird der Käufer, soweit der von ihm geschuldete Kaufpreis noch nicht berichtigt ist, von seiner Verpflichtung frei; den berichtigten Kaufpreis kann er nicht zurückfordern.

1 **1. Eigentumserlangung am Grundstück durch Dritten ohne „Berichtigung" des Kaufpreises.** Die Vorschrift betrifft den praktisch wenig wahrscheinlichen Fall, daß der Dritte zwar das Eigentum am Grundstück erlangt, aber den Kaufpreis an den Vorkaufsverpflichteten noch nicht „berichtigt" hat. Er kann dann nach § 1100 weder das erworbene Eigentum durch ein Zurückbehaltungsrecht schützen noch vom Vorkaufsberechtigten Erstattung fordern. Der Berechtigte könnte die Übereignung des Grundstücks an sich durchsetzen, schuldete aber wie der erste Käufer dem Verpflichteten den Kaufpreis; die Forderung des Verpflichteten gegenüber seinem ersten Vertragspartner würde allerdings je nach dem Inhalt dieses Vertrages entweder durch Eintreten einer Bedingung oder durch Unvermögen zur Eigentumsverschaffung erlöschen. Diese Rechtslage wäre wenig praktikabel; zweckmäßig erscheint es dagegen, vom Zeitpunkt der Ausübung des Vorkaufsrechts

[2] RGRK-*Rothe* RdNr. 2; *Staudinger/Mayer-Maly/Mader* RdNr. 2.

[3] So übereinstimmend RGRK-*Rothe* RdNr. 3; *Staudinger/Mayer-Maly/Mader* RdNr. 3.

an Zahlungen zwischen den Partnern des den Vorkaufsfall bildenden Vertrages überhaupt zu verhindern.[1] In dieser Lage bestimmt § 1102, daß mit dem – vom Käufer nicht zu verhindernden – Eigentumsübergang auf den Vorkaufsberechtigten die **Kaufpreisschuld** des ersten berechtigten Käufers **automatisch erlischt;** ohnehin wird der Vorkaufsverpflichtete dem Berechtigten die Auflassung nicht erteilt haben, ohne daß dieser seinerseits den Kaufpreis entrichtet hat.

2 **2. Ausstehen von Teilen des Kaufpreises.** Während es zu dieser Alternative kaum kommen wird, weil der Verkäufer seiner Auflassungspflicht in der Regel nicht ohne Zahlung des Kaufpreises nachkommen wird, ist es eher denkbar, wenn auch nicht eben häufig, daß vom Kaufpreis noch Teile ausstehen. Dann hat der dritte Käufer insoweit einen Erstattunganspruch, den er den gegen ihn gerichteten Ansprüchen des Vorkaufsberechtigten nach § 1100 entgegensetzen kann. Zum Ausgleich wird der Berechtigte nach § 1101 insoweit dem Vorkaufsverpflichteten gegenüber von seiner Schuld frei. Geht jetzt das Eigentum auf den Vorkaufsberechtigten über, so muß, um wiederum Zahlungen im Verhältnis zwischen den Partnern des ersten Kaufvertrages verhindern zu können, die Pflicht des ersten Käufers untergehen, was aus § 1102 dann auch folgt. Das würde aber zu Erstattungsansprüchen des Dritten gegen den Vorkaufsverpflichteten führen. Indem Halbs. 2 diese am Entstehen hindert, wird erreicht, daß sich der Verpflichtete insoweit nur mehr an den Vorkaufsberechtigten halten kann und hält.[2]

3 Die Schuldbefreiung begünstigt nur den **„Käufer“**, nicht **seinen Rechtsnachfolger,** der also auch seine Rückgriffsansprüche behält.[3] Das weicht von der sonstigen Regelung in den §§ 1100 bis 1101 ab, die einheitlich auf die Situation des Käufers oder seines Rechtsnachfolgers abstellen. Wenn also der erste Käufer das mit dem Vorkaufsrecht belastete Grundstück weiterveräußert hat, so kann dieser als „Eigentümer“ Erstattung des gezahlten Kaufpreises fordern, bzw. die Zustimmung zur Eigentumsumschreibung und zur Herausgabe bis zur Erstattung verweigern.[4] Dies beeinflußt die wegen des Eigentumsverlusts notwendige Abrechnung mit seinem Verkäufer, der dann seinerseits mit dem Vorkaufsverpflichteten abzurechnen hat. Dieses Verfahren kann praktisch besonders dann wichtig sein, wenn die vereinbarten Kaufpreise voneinander abweichen, da die Höhe des Erstattungsanspruchs aus § 1100 sich allein nach dem Inhalt des ersten, den Vorkaufsfall bildenden Kaufvertrages richtet (§ 1100 RdNr. 3).

§ 1103 [Subjektiv-dingliches und subjektiv-persönliches Vorkaufsrecht]

(1) Ein zugunsten des jeweiligen Eigentümers eines Grundstücks bestehendes Vorkaufsrecht kann nicht von dem Eigentum an diesem Grundstücke getrennt werden.

(2) Ein zugunsten einer bestimmten Person bestehendes Vorkaufsrecht kann nicht mit dem Eigentum an einem Grundstücke verbunden werden.

1 **1. Begründung eines subjektiv-persönlichen oder dinglichen Vorkaufsrechts.** Die Möglichkeit, ein subjektiv-persönliches oder ein subjektiv-dingliches Vorkaufsrecht zu begründen, dient wirtschaftlich unterschiedlichen Zwecken (s. § 1094 RdNr. 1). Wie aber insbesondere das Beispiel der Begründung eines Vorkaufsrechts für den Berechtigten und seine Rechtsnachfolger (§ 1094 RdNr. 10) zeigt, liegen die beiden Alternativen bisweilen nahe beieinander. Es ist daher praktisch nicht ohne Bedeutung, wenn auch rechtspolitisch

[1] Zu diesem Zweck der Vorschrift s. *Staudinger/Mayer-Maly/Mader* RdNr. 2.

[2] S. dazu RGZ 116, 187, 191; RGRK-*Rothe* RdNr. 1.

[3] *Staudinger/Mayer-Maly/Mader* RdNr. 3; s. a. die Folgerungen bei RGRK-*Rothe* RdNr. 2.

[4] *Staudinger/Mayer-Maly/Mader* RdNr. 3; RGRK-*Rothe* RdNr. 2; *Soergel-Stürner* RdNr. 2.

nicht ganz befriedigend, wenn in folgerichtiger Durchführung des sachenrechtlichen Typenzwangs in den beiden Absätzen des § 1103 bestimmt wird, daß das subjektiv-dingliche Recht vom Eigentum am herrschenden Grundstück nicht getrennt, das subjektiv-persönliche Recht mit einer Eigentümerstellung an einem Grundstück dagegen nicht verbunden werden kann. Wie hieraus wohl zwingend gefolgert wird,[1] schließen sich die beiden Alternativen damit gegenseitig aus.

2 § 1103 erlaubt ferner Folgerungen für die **Übertragbarkeit** und Inhaltsänderung des Vorkaufsrechts. Das subjektiv-dingliche Recht kann nur durch Veräußerung des herrschenden Grundstücks übertragen werden, das subjektiv-persönliche muß durch besondere Abrede entgegen der Regel der §§ 1098 Abs. 1, 514 übertragbar gemacht werden (§ 1094 RdNr. 12). Zweifelhaft ist, ob eine **Inhaltsänderung** des subjektiv-dinglichen Vorkaufsrechts nach der allgemeinen Vorschrift des § 877 durch Einigung und Eintragung in dem Sinne möglich ist, daß die **Bindung an ein herrschendes Grundstück gelöst** wird. Die ganz hM lehnt dies ab und fordert die Aufhebung (nach § 875) und eine anschließende Neubegründung des gewollten Rechts, was dem neuen Recht insbesondere den Rang des alten nicht zu erhalten vermag.[2] Dies leuchtet angesichts der wirtschaftlichen Nähe der beiden Formen, die insbesondere das Erfordernis der Zustimmung nachrangiger Berechtigter überflüssig erscheinen ließe, nicht ein. Auch bei der Umwandlungsvereinbarung wäre sichergesetellt, daß der Vermerk im Grundbuch des herrschenden Grundstücks gelöscht werden müßte, § 9 Abs. 2 GBO. Umgekehrt liegt auf der Hand, daß die Änderung der Berechtigung aus dem subjektiv-persönlichen Vorkaufsrecht im dem Sinne, daß **hinfort** das **Eigentum an einem bestimmten Grundstück zuständigkeitsbestimmend** sein soll, der konstitutiven Eintragung im Grundbuch des herrschenden Grundstücks bedarf. Das kommt einer Neubegründung praktisch gleich; es unterbleibt dann nur die rangvernichtende Löschung und Wiedereintragung im Grundbuch des belasteten Grundstücks.

3 **2. Subjektiv-dingliches Recht als wesentlicher Bestandteil des Grundstücks.** Das subjektiv-dingliche Recht, durch Abs. 1 dermaßen eng mit dem Grundstückseigentum verbunden, muß darum nach §§ 96, 93 als dessen wesentlicher Bestandteil angesehen werden.[3] Dies gilt auch dann, wenn mit dem Erbbaurecht im Sinne subjektiver Dinglichkeit ein Vorkaufsrecht verbunden wird.[4] Die Bestandteilseigenschaft des Vorkaufsrechts hat zur Folge, daß es von der Veräußerung, aber auch von der Belastung und gegebenenfalls von der Verwertung des herrschenden Grundstücks erfaßt wird. Zu den Folgen der **Teilung** des herrschenden und des belasteten Grundstücks siehe § 1094 RdNr. 8. Die dort erläuterten Regeln schließen die analoge Anwendung von Vorschriften wie §§ 1025, 1026, an die man sonst hätte denken können, aus.[5]

[1] BGHZ 37, 147, 152 = NJW 1962, 1344, 1345 (allerdings beiläufig); *Staudinger/Mayer-Maly/Mader* RdNr. 2; RGRK-*Rothe* RdNr. 1.

[2] KG JW 1923, 760 (zur Umwandlung von Dienstbarkeiten); *Immerwahr* JherJb 40 (1899), 279, 302; RGRK-*Rothe* RdNr. 1; *Staudinger/Mayer-Maly/Mader* RdNr. 3.

[3] RGZ 93, 71, 73; RGRK-*Rothe* RdNr. 2; s. a. die Formulierungen BGHZ 37, 147, 152 = NJW 1962, 1344, 1345.

[4] BGH NJW 1954, 1445; *Staudinger/Mayer-Maly-Mader* RdNr. 4.

[5] BayObLG MDR 1973, 408 f.; *Staudinger/Mayer-Maly/Mader* RdNr. 6. Das spricht auch gegen das Abstellen auf den „wirtschaftlichen Mittelpunkt" des herrschenden Grundstücks, wie es *H. Westermann-Pinger* § 141 II 1 vorschlagen.

§ 1104 [Ausschluß unbekannter Berechtigter]

(1) Ist der Berechtigte unbekannt, so kann er im Wege des Aufgebotsverfahrens mit seinem Rechte ausgeschlossen werden, wenn die im § 1170 für die Ausschließung eines Hypothekengläubigers bestimmten Voraussetzungen vorliegen. Mit der Erlassung des Ausschlußurteils erlischt das Vorkaufsrecht.

(2) Auf ein Vorkaufsrecht, das zugunsten des jeweiligen Eigentümers eines Grundstücks besteht, finden diese Vorschriften keine Anwendung.

1 **1. Aufgebotsverfahren.** Ein Aufgebotsverfahren zum Ausschluß eines **unbekannten Berechtigten** kommt, wie Abs. 2 überflüssigerweise ausdrücklich hervorhebt, nicht für ein subjektiv-dingliches Vorkaufsrecht in Betracht. Beim **subjektiv-persönlichen Vorkaufsrecht** ist es aber praktisch notwendig wegen der faktischen Behinderung, die im Grundbuchverkehr mit Rücksicht auf die Vormerkungswirkung (§ 1098 Abs. 2) durch ein eingetragenes Vorkaufsrecht aufzutreten pflegt. Einfacher ist der Weg einer **Löschung** des Vorkaufsrechts durch den in der Form des § 29 GBO zu erbringenden Nachweis, daß es keinen Vorkaufsberechtigten mehr gibt, etwa weil der Inhaber eines unvererblichen (§ 1094 RdNr. 12) Rechts verstorben ist. Dieser Nachweis (s. dazu § 1094 Fn. 41) wird jedoch oft nicht geführt werden können, so daß nur das Aufgebotsverfahren übrigbleibt.

2 **2. Voraussetzungen des Aufgebotsverfahrens.** Hinsichtlich der Voraussetzungen des Aufgebots und des einzuhaltenden Verfahrens verweist § 1104 auf § 1170. Danach muß der Vorkaufsberechtigte unbekannt sein, und es muß seit der Eintragung des Vorkaufsrechts oder einer späteren auf dieses Recht bezüglichen Eintragung ein Zeitraum von 10 Jahren verstrichen sein. Ein Hindernis für das Aufgebotsverfahren entsteht, wenn der Eigentümer den Anspruch des Berechtigten während der Zehnjahresfrist in einer Weise **anerkannt** hat, die nach § 208 die Verjährung unterbrechen würde.[1] Das Aufgebotsverfahren richtet sich nach §§ 946 ff., 988, 1024 Abs. 1 ZPO.

3 **3. Erlöschen.** Das Vorkaufsrecht erlischt mit dem Erlaß des **Ausschlußurteils.** Da nun die eingetretene Unrichtigkeit des Grundbuchs durch Urteil, also in einer dem § 29 GBO genügenden Form, nachgewiesen werden kann, steht der **Löschung** des Vorkaufsrechts im Grundbuch nichts mehr im Wege.

4 Etwas anderes gilt, wenn nach § 953 ZPO zugunsten dessen, der im Verfahren einen Gegenanspruch angemeldet hat, ein **Vorbehalt** in das Ausschlußurteil aufgenommen worden ist. Um diesen Vorbehalt zu beseitigen, bedarf es dann eines freiwilligen oder durch rechtskräftiges Urteil erzwungenen Verzicht des Dritten auf den Vorbehalt.[2]

[1] Hierbei handelt es sich also nicht um eine Verjährung des Vorkaufsrechts nach dessen Ausübung, RGRK-*Rothe* RdNr. 2.

[2] KGJ 30 (1905), 269; RGZ 67, 95; *Staudinger/Mayer-Maly/Mader* RdNr. 4.

Teil 4

Einführungsgesetz zum Bürgerlichen Gesetzbuche

Sechster Teil. Inkrafttreten und Übergangsrecht aus Anlaß der Einführung des Bürgerlichen Gesetzbuchs und dieses Einführungsgesetzes in dem in Artikel 3 des Einigungsvertrages genannten Gebiet (Art. 230–236)

Sechster Teil. Inkrafttreten und Übergangsrecht aus Anlaß der Einführung des Bürgerlichen Gesetzbuchs und dieses Einführungsgesetzes in dem in Art. 3 des Einigungsvertrages genannten Gebiet

Artikel 230
Umfang der Geltung, Inkrafttreten

(1) Für das in Artikel 3 des Einigungsvertrages genannte Gebiet gelten die §§ 1706 bis 1710 des Bürgerlichen Gesetzbuchs nicht.

(2) Das Bürgerliche Gesetzbuch und dieses Einführungsgesetz treten im übrigen in diesem Gebiet am Tag des Wirksamwerdens des Beitritts nach Maßgabe der folgenden Übergangsvorschriften in Kraft.

Schrifttum: *Adlerstein-Wagenitz,* Das Verwandtschaftsrecht in den neuen Bundesländern, FamRZ 1990, 1169; *Maurer,* Zum Unterhaltsrecht im Beitrittsgebiet, DtZ 1993, 130; *Lück,* Beginn und Ende der gesetzlichen Amtspflegschaft nach dem Einigungsvertrag, FamRZ 1992, 886; *Oetker,* Rechtsvorschriften der ehem. DDR als Problem methodengerechter Rechtsanwendung, JZ 1992, 608; *Rauscher,* Gespaltenes Kindschaftsrecht im vereinten Deutschland, StAZ 1991, 1; *Udke,* Verfahren und Methoden der Auslegung und deutsch-deutsche Rechtsangleichung, DtZ 1992, 52.

I. Normzweck; Inkrafttreten (Abs. 2)

1 Nach Art. 8 EVertr. ist mit dem Wirksamwerden des Beitritts – also am 3. 10. 1990 – in dem in Art. 3 des Vertrages genannten Gebiet – also den Ländern Brandenburg, Mecklenburg-Vorpommern, Sachsen, Sachsen-Anhalt und Thüringen sowie in dem Teil Berlins, in dem das GG bisher nicht galt – Bundesrecht in Kraft getreten, soweit es nicht in seinem Geltungsbereich beschränkt ist und soweit durch den Vertrag, insbes. dessen Anlage I, nichts anderes bestimmt wird. Sämtliche Vorschriften im Zusammenhang mit der Überleitung des BGB und des EGBGB auf das Beitrittsgebiet sind in einem neuen Sechsten Teil des EGBGB zusammengefaßt (BT-Drucks. 11/7817 S. 36), der in Anlage I Kap. III Sachgebiet B Abschn. II normiert ist (BGBl. 1990 II S. 885, 941 ff.). Die Einleitungsvorschrift des Art. 230 EGBGB setzt in Abs. 2 das Datum des Inkrafttretens von BGB und EGBGB im Beitrittsgebiet nach Maßgabe der folgenden Übergangsvorschriften auf den Zeitpunkt des Wirksamwerdens des Beitritts fest (BT-Drucks. aaO S. 37), der in Art. 1 Abs. 1 S. 1 EVertr. mit dem 3. 10. 1990 bestimmt worden ist. In Abs. 1 werden eine Reihe von Vorschriften von der Geltung in diesem Gebiet ausgeschlossen. Die Normen der Art. 230 ff. EGBGB gelten als Teil des EGBGB im gesamten Bundesgebiet, nicht nur im Beitrittsgebiet.[1]

II. Nicht übergeleitete Vorschriften (Abs. 1); Übergangsrecht

2 **1. Amtspflegschaft. a) Unanwendbarkeit im Beitrittsgebiet.** Von der Geltung im Gebiet gem. Art. 3 EVertr. ausgenommen bleiben die **§§ 1706 bis 1710 BGB** über die Amtspflegschaft für nichteheliche Kinder. Die Begr. dafür, daß diese Normen im Gebiet gem. Art. 3 EVertr. nicht in Kraft gesetzt worden sind, ist rechtspolitischer Natur (BT-Drucks. 11/7817 S. 36 f.): „Das bisher geltende Recht in der Deutschen Demokratischen Republik kennt keine Amtspflegschaft. Das Erziehungsrecht für ein Kind, dessen Eltern bei seiner Geburt nicht miteinander verheiratet sind, steht vielmehr der Mutter uneingeschränkt und allein zu. Es erscheint nicht angängig, die Mütter solcher Kinder nunmehr

[1] *Erman-Hohloch* Art. 236 EGBGB RdNr. 1; *Palandt-Heinrichs* RdNr. 1.

mit dem Inkrafttreten des BGB durch eine Amtspflegschaft in ihrem bislang uneingeschränkten Erziehungsrecht zu beschränken. Die §§ 1706 bis 1710 BGB werden deshalb in das in Art. 3 des Einigungsvertrags genannte Gebiet nicht übergeleitet; dies gilt auch in Ansehung solcher Kinder, die erst nach dem Wirksamwerden des Beitritts ... geboren werden. Bei den Verhandlungen über den Einigungsvertrag bestand Übereinstimmung, daß die Bundesregierung dem künftigen Gesetzgeber eine Novellierung des Nichtehelichenrechts vorschlagen wird; im Zuge dieser Novellierung soll die Amtspflegschaft für nichteheliche Kinder überprüft werden. In diesen Bereichen werden sich daher die Rechtsordnung im bisherigen Gebiet der Bundesrepublik Deutschland und im Beitrittsgebiet auch nach dem Beitritt auf unbestimmte Zeit unterscheiden." Für die Rechtsanwendung, so heißt es weiter, folge daraus die Notwendigkeit, „jeweils zu ermitteln, welche Teilrechtsordnung im Einzelfall anzuwenden ist"; bei den Verhandlungen über den EVertr. seien bes. interlokale Kollisionsregeln als entbehrlich angesehen worden und man sei davon ausgegangen, daß die Praxis die Vorschriften des im gesamten Staatsgebiet einheitlichen IPR entsprechend anwenden werde, so daß es für die Amtspflegschaft über ein nichteheliches Kind auf dessen gewöhnlichen Aufenthalt ankomme (BT-Drucks. aaO S. 37).

3 **b) Aufenthaltswechsel.** Da nach der Wertentscheidung des Abs. 1 die elterliche Sorge der Mutter eines nichtehelichen Kindes in einem Teil Deutschlands unbeschränkt sein soll, ist § 1709 Abs. 2 BGB nicht anzuwenden, wenn der gewöhnliche Aufenthalt des Kindes in die alten Bundesländer oder in den Westteil Berlins verlegt wird; bei einer solchen Übersiedlung von Ost nach West tritt also anders als beim Zuzug aus dem Ausland keine Amtspflegschaft ein.[2] Das folgt auch aus der Notwendigkeit, das Vertrauen der Mütter auf einen ungekürzten Fortbestand ihres Sorgerechts zu schützen; dieses Vertrauen ist in einem einheitlichen Staatsgebiet nicht teilbar.[3] Verlegt umgekehrt ein (west)deutsches nichteheliches Kind zusammen mit der Mutter seinen gewöhnlichen Aufenthalt in das Beitrittsgebiet, so ist festzustellen, daß die Amtspflegschaft nicht mehr besteht.[4] Die Einleitung einer Ergänzungspflegschaft mit dem in § 1706 Nr. 1 BGB umschriebenen Wirkungskreis für ein im Gebiet der ehemaligen DDR lebendes nichteheliches Kind kommt nur dann in Betracht, wenn im Einzelfall die tatsächliche oder rechtliche Verhinderung der Sorgeberechtigten feststeht; eine gegebenenfalls erforderliche Unterstützung erhält die Mutter auf Antrag durch Anordnung einer Beistandschaft gem. § 1685 BGB.[5]

4 **2. Vom Inkrafttreten am 3. 10. 1990 ausgenommen waren nach der ursprünglichen Fassung des Abs. 1 zunächst auch § 616 Abs. 2 und 3 BGB und § 622 BGB aF.**[6] Dies beruhte auf verfassungsrechtlichen Bedenken gegen die unterschiedliche Behandlung von Angestellten und Arbeitern in den genannten Normen.[7] Die Lohnfortzahlung im Krankheitsfalle richtete sich in den in Art. 3 EVertr. genannten Gebieten deshalb zunächst nach den fortgeltenden §§ 115a bis g des Arbeitsgesetzbuchs der DDR; die Kündigungsfristen bestimmten sich dort nach dem fortgeltenden § 55 des Arbeitsgesetzbuchs. Die Angabe „622 sowie" ist durch Art. 2 Nr. 2 KündFG[8] gestrichen worden, nachdem die Vorschrift des § 622 BGB durch Art. 1 eben dieses Gesetzes mit Wirkung vom 15. 10. 1993 neu gefaßt worden war. Seitdem gilt § 622 BGB auch in den neuen Bundesländern und im ehemaligen Ostteil Berlins. Die Worte „der § 616 Abs. 2 und 3 und" sind durch Art. 63

[2] Str., wie hier *Siehr,* Zivilrecht im Einigungsvertrag, RdNr. 785; aA *Lück* FamRZ 1992, 886, 887ff.; *Adlerstein-Wagenitz* FamRZ 1990, 1169, 1175; *Rauscher* StAZ 1991, 1, 4ff.; *Staudinger-Rauscher* RdNr. 32 m. weit. Nachw.

[3] *Maurer* DtZ 1993, 130, 133; *Palandt-Diederichsen* RdNr. 3.

[4] LG Lüneburg FamRZ 1992, 1101; aA *Maurer* DtZ 1993, 130, 133: Beim Wechsel von West nach Ost bleibt die Amtspflegschaft bestehen.

[5] LG Berlin FamRZ 1991, 1097.

[6] Abs. 1 lautete nach dem Wort „gelten" wie folgt: „... der § 616 Abs. 2 und 3 und die §§ 622 sowie 1706 bis 1710 ...".

[7] Vgl. dazu BT-Drucks. 11/7817 S. 36 sowie – zu § 622 BGB aF – BVerfG NJW 1990, 2246.

[8] Gesetz zur Vereinheitlichung der Kündigungsfristen von Arbeitern und Angestellten (Kündigungsfristengesetz – KündFG) vom 7. 10. 1993, BGBl. I S. 1668.

PflegeVG[9] mit Wirkung vom 1. 6. 1994 (Art. 68 Abs. 4 PflegeVG) gestrichen worden, nachdem im Zuge der Neuordnung der Fortzahlung des Arbeitsentgelts an Feiertagen und im Krankheitsfall[10] durch Art. 56 PflegeVG zum selben Tage die Absätze 2 und 3 des § 616 ebenso aufgehoben worden sind wie die Absatzbezeichnung „(1)" vor Abs. 1. Überleitungsnormen für im Zeitpunkt des Inkrafttretens laufende Heilbehandlungen oder anhängige gerichtliche Verfahren sind in Art. 67 PflegeVG vorgesehen. Die §§ 115a bis 115e des Arbeitsgesetzbuchs der DDR wurden durch Art. 54 PflegeVG aufgehoben.

5 **3. Nicht übergeleitet** worden sind ferner gem. Anlage I zu Art. 8 EVertr. Kap. III Sachgebiet B Abschn. I (BGBl. II S. 885, 941) das **Gesetz über die richterliche Vertragshilfe** und die **Regelunterhalt-Verordnung.** Von einer Übernahme des Vertragshilfegesetzes wurde abgesehen, weil das Gesetz Regelungen für den Bereich des Kriegsfolgenrechts enthält, die durch Zeitablauf ihre praktische Bedeutung verloren haben (BT-Drucks. 11/7817 S. 36). Wegen des Regelunterhalts ne. Kinder (Regelbedarf) vgl. Art. 234 § 9.

6 **4. Übergangsvorschriften für die Anwendung solcher Gesetze, die das BGB ergänzen** – zB Grundbuchrecht, ProdHaftG, VerschG usw. – sind in Anlage I Kap. III Sachgebiet B Abschn. III enthalten (BGBl. 1990 II S. 885, 951 ff.).

III. Auslegung fortgeltender DDR-Vorschriften

7 Die Fortgeltung von DDR-Recht setzt nach Art. 9 Abs. 1 bis 3 EVertr. voraus, daß es mit dem Grundgesetz, mit dem im Beitrittsgebiet durch Art. 8 EVertr. in Kraft gesetzten Bundesrecht sowie mit dem unmittelbar geltenden Recht der Europäischen Gemeinschaften vereinbar ist und im EVertr. nichts anderes bestimmt wird. Ob weiterhin anwendbares Recht als Bundes- oder als Landesrecht fortgilt, richtet sich nach Art. 9 Abs. 1, 4 und 5 EVertr. Dies beeinflußt die Gesetzgebungszuständigkeit zur Änderung dieser Vorschriften und wirkt sich auf ihre Auslegung aus: „Sie sind durch den Einigungsvertrag fiktiv in den Willen des Bundes- bzw. Landesgesetzgebers aufgenommen und haben hierdurch ihren Charakter als ‚Recht der DDR' verloren", so daß sie einer neuen und eigenständigen Auslegung bedürfen und eine unreflektierte Übernahme der in Judikatur und Doktrin der ehemaligen DDR vertretenen Interpretationen zwingend ausscheidet.[11] Fortgeltendes Recht ist mithin auf seine Vereinbarkeit mit der Verfassung zu prüfen.[12] Die Richtlinien des Plenums des früheren Obersten Gerichts der DDR sind Makulatur.[13] Bei der Anwendung und Auslegung in Kraft gebliebener Gesetze der DDR ist vielmehr nach den in der BRepD unter Beachtung der in Art. 20 Abs. 3 GG vorgeschriebenen Bindung an Gesetz und Recht anerkannten Auslegungsgrundsätzen zu verfahren und demzufolge auch das veränderte Normengefüge zu berücksichtigen.[14] Revisionsrechtlich sind die Vorschriften des EVertr. ebenso wie die anderen noch anwendbaren Bestimmungen wie partielles Bundesrecht bzw. sonstiges Recht zu behandeln, dessen Geltung sich über den Bezirk eines OLG erstreckt.[15]

[9] Gesetz zur sozialen Absicherung des Risikos der Pflegeversicherung (Pflegeversicherungsgesetz – PflegeVG) vom 26. 5. 1994, BGBl. I S. 1014, 1069.

[10] Art. 53 des PflegeVG (vgl. Fn. 4): Gesetz über die Zahlung des Arbeitsentgelts an Feiertagen und im Krankheitsfall (Entgeltfortzahlungsgesetz).

[11] *Oetker* JZ 1992, 608 f.

[12] BGHZ 117, 37, 39.

[13] *Palandt-Heinrichs* RdNr. 4; vgl. dazu BGHZ 117, 37, 38.

[14] LAG Berlin BB 1992, 638 in Anlehnung an *Udke* DtZ 1991, 52, 53, 55.

[15] BGHZ 120, 10, 15; *Oetker* JZ 1992, 608, 613 f.

Artikel 231

Erstes Buch. Allgemeiner Teil des Bürgerlichen Gesetzbuchs

§ 1 Entmündigung

Rechtskräftig ausgesprochene Entmündigungen bleiben wirksam. Entmündigungen wegen krankhafter Störung der Geistestätigkeit gelten als Entmündigungen wegen Geistesschwäche, Entmündigungen wegen Mißbrauchs von Alkohol gelten als Entmündigungen wegen Trunksucht, Entmündigungen wegen anderer rauscherzeugender Mittel oder Drogen gelten als Entmündigungen wegen Rauschgiftsucht im Sinn des Bürgerlichen Gesetzbuchs.

Über das Betreuungsgesetz, das am 1. 1. 1992 in Kraft getreten ist, sind die zu diesem Zeitpunkt bestehenden Vormundschaften über Volljährige sowie die Gebrechlichkeitspflegschaften zu **Betreuungen** geworden (Art. 9 § 1 Abs. 1 BtG). Von der Überleitung sind auch die in § 460 ZGB DDR angeordneten Entmündigungen betroffen (vgl. dazu im einzelnen vor § 1896 RdNr. 22ff.), und zwar die Entmündigung wegen krankhafter Störung der Geistestätigkeit (§ 460 Abs. 2 ZGB = § 6 Abs. 1 Nr. 1 BGB), wegen Mißbrauchs von Alkohol (§ 460 Abs. 2 ZGB = § 6 Abs. 1 Nr. 3 BGB) und wegen anderer rauscherzeugender Mittel oder Drogen (§ 460 Abs. 2 ZGB = § 6 Abs. 1 Nr. 3 BGB).

§ 2 Vereine

(1) Rechtsfähige Vereinigungen, die nach dem Gesetz über Vereinigungen – Vereinigungsgesetz – vom 21. Februar 1990 (GBl. I Nr. 10 S. 75), geändert durch das Gesetz vom 22. Juni 1990 (GBl. I Nr. 37 S. 470, Nr. 39 S. 546), vor dem Wirksamwerden des Beitritts entstanden sind, bestehen fort.

(2) Auf sie sind ab dem Tag des Wirksamwerdens des Beitritts die §§ 21 bis 79 des Bürgerlichen Gesetzbuchs anzuwenden.

(3) Die in Absatz 1 genannten Vereinigungen führen ab dem Wirksamwerden des Beitritts die Bezeichnung „eingetragener Verein".

(4) Auf nicht rechtsfähige Vereinigungen im Sinn des Gesetzes über Vereinigungen – Vereinigungsgesetz – vom 21. Februar 1990 findet ab dem Tag des Wirksamwerdens des Beitritts § 54 des Bürgerlichen Gesetzbuchs Anwendung.

Schrifttum: *Christoph,* Vereine im Vereinigungsprozeß, DtZ 1991, 234ff.; *Nissel,* Zum Fortbestand rechtsfähiger Vereinigungen nach dem Einigungsvertrag, DtZ 1991, 239ff.; *Schubel,* Zur Rechtslage der Bürgergemeinschaften nach dem Wiederinkrafttreten des BGB in den neuen Bundesländern, ZGR 1993, 245ff.; *ders.,* Zur Eintragungsfähigkeit ehemaliger ZGB-Gemeinschaften in das Vereinsregister, DtZ 1994, 132ff.; *Tietje,* Die Löschung eingetragener Vereine im Vereinsregister der ehemaligen DDR, DtZ 1994, 138ff.; *Woltz,* Zum Registerrecht vor und nach der deutschen Vereinigung, Wirtschaftsrecht 1991, 25ff.; *ders.,* Zur Rechtsfähigkeit der Vereine in den neuen Bundesländern, NJ 1991, 115ff.

I. Die Entwicklung des Vereinsrechts in der ehemaligen DDR bis zum 3. Oktober 1990

1 Vereine im Sinne der §§ 21, 22 BGB haben in der ehemaligen DDR eine sehr untergeordnete Rolle gespielt. Nachdem zahlreiche Vereine schon durch Einzelmaßnahmen der sowjetischen Besatzungsmacht aufgelöst worden waren, überführte die „Verordnung zur Überführung von Volkskunstgruppen und Volksbildenden Vereinen in die bestehenden

demokratischen Massenorganisationen“ vom 12. 1. 1949[1] die meisten der noch verbliebenen Vereine in sog. gesellschaftliche Organisationen. Zwar sah Art. 12 der Verfassung der DDR wieder Vereinigungsfreiheit vor. Doch galt ihre Ausübung als inopportun. Es bestehe – so hieß es – für sie praktisch kaum ein Bedürfnis, da die demokratischen Massenorganisationen den mannigfaltigsten Interessengebieten der Werktätigen Rechnung trügen.

2 In der Folgezeit änderten zunächst die §§ 38ff. der Verordnung über die Übertragung der Angelegenheiten der Freiwilligen Gerichtsbarkeit vom 15. 10. 1952[2] die §§ 21ff. BGB dadurch ab, daß sie die Zuständigkeit für die Führung des Vereinsregisters auf die Volkspolizeiämter übertrugen. Die Verordnung zur Registrierung von Vereinigungen vom 9. 11. 1967[3] machte 15 Jahre später die Zulässigkeit der Vereinsbetätigung von staatlicher Registrierung abhängig, die ihrerseits an die Voraussetzung geknüpft war, daß der „Charakter der Vereinigungen und ihre Zielstellung den Grundsätzen der sozialistischen Gesellschaftsordnung“ entsprachen, „zur Befriedigung geistig-kultureller und anderer gesellschaftlicher Bedürfnisse“ beitrugen „und nicht den gesetzlichen Bestimmungen“ zuwiderliefen (§ 2). Ausgenommen von der Registrierungspflicht waren allerdings die schon zuvor im Vereinsregister eingetragenen Vereinigungen (§ 7 Abs. 2). Den vorläufigen Schlußstrich unter die Entwicklung zog die an die Stelle der durch das Zivilgesetzbuch der DDR aufgehobenen §§ 21ff. BGB tretende Verordnung über die Gründung und Tätigkeit von Vereinigungen vom 6. 11. 1975.[4] Fortan bedurfte die Tätigkeit von Vereinigungen der sog. staatlichen Anerkennung, die zugleich den Erwerb der Rechtsfähigkeit nach sich zog. Die Voraussetzungen der staatlichen Anerkennung deckten sich mit denen der Registrierungsfähigkeit nach der Verordnung vom 9. 11. 1967[5] (§ 1 Abs. 2). Die zuvor ins Vereinsregister eingetragenen und die nach der Verordnung von 1967 registrierten Vereinigungen wurden staatlich anerkannt, sofern sie den Anforderungen des § 1 Abs. 2 genügten (§ 15 Abs. 1). Im übrigen verloren – wie § 15 Abs. 3 sich ausdrückte – die „Beschlüsse über die Eintragung in das Vereinsregister bzw. Registrierbescheinigungen ... ihre Gültigkeit“. Mit anderen Worten: Die betroffenen Vereine verloren die Rechtsfähigkeit, unterlagen einem Tätigkeitsverbot und wurden demgemäß aufgelöst.

3 Die politischen Umwälzungen im Herbst 1989 haben auch für das Vereinsrecht der ehemaligen DDR noch kurz vor ihrem Ende neue Grundlagen erbracht. Das „Gesetz über Vereinigungen“ vom 21. 2. 1990[6] stellte die Vereinsfreiheit grundsätzlich wieder her, indem es die positive Verpflichtung auf die sozialistische Gesellschaftsordnung durch in der Sache auch dem bundesdeutschen Vereinsrecht geläufige Zweckverbote ersetzte. An die Stelle des Erwerbs der Rechtsfähigkeit durch staatliche Anerkennung trat wieder derjenige durch Eintragung in das von Gerichten geführte Vereinsregister (§§ 4ff.). Als Voraussetzung erlaubter Vereinstätigkeit entfiel die staatliche Anerkennung ersatzlos, so daß neben den rechtsfähigen Vereinen auch wieder nichtrechtsfähige Vereine möglich wurden (§§ 16ff.). Die kraft staatlicher Anerkennung erlaubten und rechtsfähigen existierenden Vereine erhielten eine Frist von 6 Monaten, sich registrieren zu lassen. Vereine, die sich nicht innerhalb dieser Frist registrieren ließen, sollten die Rechtsfähigkeit verlieren. Der Einigungsvertrag ging folgerichtig davon aus, bei Wirksamwerden des Beitritts werde es auf dem Gebiet der ehemaligen DDR nur noch rechtsfähige und nichtrechtsfähige Vereine im Sinne des Gesetzes über Vereinigungen vom 21. Februar 1990 geben. Dieser Ausgangspunkt ist dadurch zweifelhaft geworden, daß offenbar zahlreiche Vereine ihre Registrierung im Sinne des Gesetzes vom 21. Februar 1990 zwar fristgerecht beantragt, aber nicht mehr vor dem Wirksamwerden des Beitritts erreicht haben.[7] Beibehalten werden könnte er nur dann, wenn die Vorschrift des Gesetzes vom 21. Februar 1990 über das

[1] ZVOBl. Nr. 7 S. 67.
[2] GBl. I Nr. 146 S. 1057.
[3] GBl. II Nr. 122 S. 861.
[4] GBl. I Nr. 44 S. 723.
[5] GBl. II Nr. 122 S. 861.
[6] GBl. I Nr. 10 S. 75.
[7] Vgl. *Christoph* DtZ 1991, 234, 235; *Nissel* DtZ 1991, 239f.; *Woltz* NJ 1991, 115ff.

Erlöschen der Rechtsfähigkeit (§ 22 Abs. 2) dahin zu verstehen wäre, daß die Registrierung innerhalb der 6-Monats-Frist nicht nur hat beantragt, sondern erreicht werden müssen. Der Wortlaut („registrieren lassen") ist offen. Die Interessenlage spricht dagegen eindeutig für die Auslegungshypothese, daß schon der fristgerechte Antrag den Verlust der Rechtsfähigkeit vermieden hat. Denn im Zweifel ist nicht anzunehmen, daß ein Gesetz Rechtsnachteile an einen Vorgang knüpfen will, auf den die Betroffenen – wie das für den Zeitpunkt der gerichtlichen Registrierung nach dem DDR-Gesetz vom 21. Februar 1990 zutrifft – keinen Einfluß haben.[8] Das gilt um so mehr, als der Verlust der Rechtsfähigkeit nach der Konzeption des Gesetzes vom 21. Februar 1990 zwar nicht mit einem Zwang zur Liquidation, wegen der Rechtsfolge des nichtrechtsfähigen Vereins (§§ 16 bis 18) jedoch durchaus mit erheblichen Folgen für den Verein und seine Mitglieder (Ausschluß der Drittorganschaft, keine Haftungsbeschränkung) verbunden gewesen ist. Im Ergebnis heißt das, daß es am 3. Oktober 1990 im Gebiet der ehemaligen DDR nicht nur rechtsfähige Vereine gegeben hat, die nach dem Gesetz vom 21. Februar 1990 entstanden sind.

II. Die Rechtslage aufgrund des Einigungsvertrags

4 **1. Rechtsfähige Vereine.** Vor diesem Hintergrund stellt sich erstens die Frage, welche „rechtsfähigen Vereinigungen" gemäß Art. 231 § 2 Abs. 1 EGBGB fortbestehen. Im Schrifttum wird zT behauptet, sämtliche nach DDR-Recht entstandenen rechtsfähigen Vereine hätten als solche den Untergang der DDR überlebt.[9] Aber dabei wird nicht beachtet, daß die auf staatlicher Anerkennung beruhende Rechtspersönlichkeit mit dem Untergang des anerkennenden Staates ihre Grundlage verliert und deshalb für ihren Fortbestand der Bestätigung durch den Nachfolgestaat bedarf. Eine solche Bestätigung enthält Art. 231 § 2 Abs. 1 EGBGB nämlich allein für die aufgrund des Gesetzes vom 21. Februar 1990 entstandenen rechtsfähigen Vereinigungen, nicht auch für diejenigen, die die Rechtsfähigkeit nach dem zuvor geltenden DDR-Recht erworben und durch fristgerechten Antrag auf Registrierung behalten haben. Zwar haben die Verfasser des Einigungsvertrags offenbar die Möglichkeit des Vorhandenseins rechtsfähiger Vereine der letzteren Art nicht bedacht und damit in Art 231 § 2 Abs. 1 EGBGB eine **Lücke** gelassen. Doch bedeutet das nicht zwingend, daß Art. 231 § 2 EGBGB rechtsfortbildend ausgedehnt werden muß oder auch nur darf. Denn erstens kann man nicht ohne weiteres unterstellen, daß die den Einigungsvertrag ratifizierenden Gesetzgebungsgremien in Ost und West die Rechtsfähigkeit aufgrund des DDR-Rechts der Vorwendezeit genauso positiv beurteilt haben wie die aufgrund des Gesetzes vom 21. Februar 1990. Zweitens und vor allem sind die Folgen des Verlustes der Rechtsfähigkeit nach dem ab 3. Oktober 1990 maßgebenden BGB-Vereinsrecht durchaus nicht so, daß sich ein Bedarf nach Rechtsfortbildung zugunsten der betroffenen Vereine unabweisbar aufdrängt. § 54 BGB, der die nichtrechtsfähigen Vereine – wie die §§ 16 bis 18 des DDR-Gesetzes vom 21. Februar 1990 – personengesellschaftsrechtlichen Grundsätzen unterwirft, ist jedenfalls für den nichtwirtschaftlichen Verein durch die Rechtsentwicklung überholt.[10] Der einzige Punkt, durch den sich die Rechtslage des nichtrechtsfähigen Vereins **unstreitig** auch heute noch von der des rechtsfähigen unterscheidet, ist die Handelndenhaftung nach § 54 S. 2 BGB.[11] Die Rechtsprechung nimmt zwar darüber hinaus an, daß der nichtrechtsfähige Verein nicht unter seinem Gesamtnamen klagen[12] und ins Grundbuch eingetragen werden[13] kann. Wie die zahlreichen (Groß-)Vereine belegen, die freiwillig auf die Rechtsfähigkeit verzichten, empfindet die Praxis aber auch das als ein tragbares Handicap. Zumindest fällt es nicht so ins Gewicht, daß es nicht einmal für die kurze Übergangszeit vom 3. Oktober 1990 bis zum (damals bereits beantragten!) Erwerb der Rechtsfähigkeit nach neuem Recht zumutbar (gewesen) wäre.[14]

[8] *Christoph* DtZ 1991, 234, 237.
[9] *Christoph* DtZ 1991, 234, 237.
[10] Vgl. dazu ausführlich § 54 RdNr. 2.
[11] Vgl. § 54 RdNr. 8ff.
[12] BGHZ 109, 115.
[13] OLG Zweibrücken NJW-RR 1986, 181.
[14] Vgl. § 54 RdNr. 12, 16f.

Wegen des bloß transitorischen Charakters der Existenz ohne Rechtsfähigkeit ist darüber hinaus zu erwägen, ob nicht statt der Rechtsprechung zum normalen nichtrechtsfähigen Verein diejenige zur Vor-GmbH entsprechend heranzuziehen ist, die die Partei- und Grundbuchfähigkeit uneingeschränkt bejaht.[15]

5 Vor dem Hintergrund der registergerichtlichen Praxis in der ehemaligen DDR vor dem 3. Oktober 1990 ist zweitens zweifelhaft geworden, was dazu gehört, damit ein Verein als nach dem Gesetz vom 21. Februar 1990 entstanden gelten kann. In vielen Fällen sind den Vereinen nämlich Urkunden über die beantragte Rechtsfähigkeit ausgehändigt worden, ohne daß die Vereine auch ins Vereinsregister eingetragen worden wären.[16] Im Schrifttum ist versucht worden, die nach dem Gesetz vom 21. Februar 1990 zum Erwerb der Rechtsfähigkeit erforderliche Registrierung von der Eintragung ins Vereinsregister zu unterscheiden. Die Registrierung soll die durch die Registrierungsurkunde verbriefte Anerkennung der Rechtsfähigkeit durch den Registerrichter sein, der gegenüber die Eintragung in das Vereinsregister durch den Justizsekretär lediglich deklaratorische Bedeutung zukommt.[17] Durch den Text des Gesetzes vom 21. Februar 1990 ist diese Unterscheidung indessen nicht gedeckt. Der für sie herangezogene § 12 Abs. 2 spricht von der Registrierung und „jeder weiteren Eintragung", was eindeutig impliziert, daß die Registrierung zwar eine besondere, nämlich die erstmalige, aber eben doch eine Registereintragung ist. Und der ebenfalls berufene § 14 beschreibt in Abs. 1 den Inhalt der Eintragung ins Vereinsregister, um dann in Abs. 2 die Aushändigung einer Urkunde über die „Registrierung", dh. für den unbefangenen Leser: über den in Abs. 1 geschilderten Vorgang, anzuordnen. Erst recht besagt es nichts für einen Unterschied von (konstitutiver) Registrierung und (deklaratorischer) Registereintragung, daß die DurchführungsVO vom 8. März 1990[18] zu dem Gesetz vom 21. Februar 1990 zwischen Eintragungsverfügung des Registerrichters und ihrem Vollzug durch den Justizsekretär differenziert. Auch die Eintragung nach BGB-Vereinsrecht wird aufgrund einer Eintragungsverfügung des Registerrichters (= Rechtspflegers) vom Urkundsbeamten der Geschäftsstelle vorgenommen.[19] Was schließlich die Urkunde über die Registrierung betrifft, die der Vereinigung auszuhändigen ist (§ 14 Abs. 2), so markiert dies zwar in der Tat einen Unterschied zum BGB-Vereinsrecht, das stattdessen die öffentliche Bekanntmachung vorschreibt (§ 66 Abs. 1 BGB). Aber die Rechtsfähigkeit ist nach dem Gesetz vom 21. Februar 1990 durch Registrierung erworben worden (§ 4 Abs. 1), nicht durch Aushändigung der Urkunde über die (nicht erfolgte) Registrierung. Insgesamt kann deshalb mE kein Zweifel daran bestehen, daß die nicht bzw nicht ordnungsgemäß in das Vereinigungsregister eingetragenen Vereine auf der Grundlage des DDR-Vereinsrechts nicht rechtsfähig geworden sind. Damit scheidet zugleich die Fortdauer der Rechtsfähigkeit nach Art. 231 § 2 EGBGB aus.

6 Offen bleibt, wie gegenüber den Altvereinen und Neugründungen, die vor dem 3. Oktober 1990 ordnungsgemäß (und im Fall der Altvereine auch fristgemäß, § 22 des Gesetzes vom 21. Februar 1990) ihre Registrierung beantragt haben, ohne noch vor dem 3. Oktober 1990 registriert worden zu sein, weiter zu verfahren ist. Art. 231 § 2 Abs. 2 EGBGB ordnet zwar ab dem Tag des Wirksamwerdens des Beitritts die Anwendung der §§ 21 bis 79 BGB an, dies jedoch nur gegenüber den Vereinen, die im Sinne des Art. 231 § 2 Abs. 1 EGBGB aufgrund des Gesetzes vom 21. Februar 1990 rechtsfähig geworden sind. Im Schrifttum wird zT auf die allgemeinen Grundsätze des intertemporalen Sachrechts verwiesen, nach denen auf ein Rechtsverhältnis einheitlich das Recht anzuwenden ist, das bei seiner Begründung gegolten hat. Ein solches Rechtsverhältnis soll auch das verfahrensrechtliche Verhältnis zwischen dem Registergericht und dem (Vor-)Verein sein, der vor

[15] BGHZ 45, 338, 348 = NJW 1966, 1311; vgl. auch §§ 21, 22 RdNr. 67f.

[16] *Christoph* DtZ 1991, 234, 235; *Woltz* NJ 1991, 115, 116.

[17] *Nissel* DtZ 1991, 239f.; *Woltz* NJ 1991, 115, 116.

[18] GBl. I Nr. 18 S. 159.

[19] *Reichert-Dannecker-Kühr* RdNr. 83.

dem 3. Oktober 1990 seine Registrierung beantragt hat.[20] Die dafür zitierte Entscheidung des RG aus dem Jahre 1902[21] paßt indessen nicht. Hinzu kommt, daß die Grundsätze des intertemporalen Sachrechts sich auf den Fall der konstitutiven Ablösung alten Rechts durch neues Recht beziehen. Das Recht der DDR ist aber mit dem Ende des Staates DDR untergegangen, so daß seine Bestimmungen nur noch angewendet werden können, soweit sie kraft Rezeption zu Recht der (neuen) Bundesrepublik geworden sind. Der Einigungsvertrag müßte also eine Regelung enthalten, daß für den Erwerb der Rechtsfähigkeit durch Vereine, die diese vor dem 3. Oktober 1990 nach DDR-Vereinsrecht beantragt haben, die (materiellrechtlichen) Voraussetzungen des DDR-Vereinsrechts gelten. Eine solche Regelung gibt es nicht. Im übrigen ist auch nicht recht erkennbar, was sie nützen könnte. Denn die materiellrechtlichen Voraussetzungen einer wirksamen Vereinsgründung nach dem DDR-Gesetz vom 21. Februar 1990 stimmen praktisch mit denen nach BGB-Vereinsrecht überein. Die Abweichungen betreffen registerrechtliche Fragen (Form und Inhalt der Anmeldung).[22] Insoweit ist aber nach dem Einigungsvertrag eindeutig die Anwendung des neuen Rechts, nämlich des FGG auf die anhängigen Verfahren angeordnet.[23]

7 Art. 231 § 2 Abs. 1 EGBGB soll nach der Erläuterung durch die Bundesregierung[24] einen Bestandsschutz für die nach dem Recht der DDR entstandenen, in ihren Grundzügen den Vereinen im Sinne der §§ 21ff. BGB entsprechenden Vereinigungen schaffen, Art. 231 § 2 Abs. 2 EGBGB diese Vereinigungen in die Rechtsform der rechtsfähigen Vereine im Sinne des BGB überführen. Dabei sind die Parteien des Einigungsvertrages offenbar davon ausgegangen, Bestandsschutz und Überführung in die Rechtsform des rechtsfähigen Vereins seien dadurch zu erreichen, daß vom 3. Oktober 1990 an uneingeschränkt BGB-Vereinsrecht angewendet wird, gleichgültig, ob die zu beurteilenden Vorgänge nach oder vor dem Termin des Beitritts der DDR zur Bundesrepublik stattgefunden haben. Denn anders ist die Verweisung auf die §§ 21ff. BGB **insgesamt** (einschließlich der Vereinsgründungsvorschriften) nicht zu erklären; zur bloßen Anwendung auf Vorgänge nach dem Beitrittstermin hätte lediglich auf die BGB-Vorschriften für **bestehende** Vereine verwiesen werden dürfen. Der Gegenschluß zu Art. 231 § 4 EGBGB bestätigt ebenfalls, daß es sich nicht etwa nur um eine ungenaue Formulierung handelt. Zu Art. 231 § 4 EGBGB ist nämlich für die Anwendbarkeit der §§ 31, 89 BGB ausdrücklich zwischen Vorgängen vor und nach dem Beitrittstermin unterschieden worden. Gleichwohl ist anzunehmen, daß die nach DDR-Recht entstandenen rechtsfähigen Vereine sich in Rechtsstreitigkeiten über Vorgänge vor dem 3. Oktober 1990 nicht rückwirkend an den Anforderungen des BGB-Vereinsrechts messen lassen müssen.[25] Was den Erwerb der Rechtsfähigkeit betrifft, so scheidet die Anwendung von BGB-Vereinsrecht für nach DDR-Recht rechtsfähig gewordene Vereine schon definitionsgemäß aus. Soweit Art. 231 § 2 Abs. 2 EGBGB auf die §§ 21 bis 23 BGB verweist, ordnet er logisch Unmögliches an. Aber auch die Wirksamkeit von Beschlüssen der Mitgliederversammlung oder die Wirksamkeit von Beitritten Jugendlicher können nicht rückwirkend nach den strengeren Vorschriften des BGB-Vereinsrechts beurteilt werden, wenn ein Konflikt mit den verfassungsrechtlichen Grenzen der Rückwirkung von Gesetzen vermieden werden soll.[26] Trotz der andersartigen Regelung ist Art. 231 § 2 EGBGB also verfassungskonform genauso zu verstehen wie Art. 231 § 4 EGBGB: Das BGB-Vereinsrecht gilt **für das Vereinsleben** erst

[20] *Nissel* DtZ 1991, 239, 240.

[21] RGZ 51, 160, 161 (Die Entscheidung betrifft die Frage, ob eine nach preußischem Recht entstandene sog. erlaubte Privatgesellschaft dem § 54 BGB unterliegt).

[22] Vgl. dazu *Woltz*, Wirtschaftsrecht 1991, 25, 28f.

[23] So auch *Nissel* DtZ 1991, 239, 240.

[24] BT-Drucks. 11/7817 v. 10. 9. 1990 – Erläuterungen zu den Anlagen zum Vertrag zwischen der Bundesrepublik Deutschland und der Deutschen Demokratischen Republik über die Herstellung der Einheit Deutschlands vom 31. August 1990 – Einigungsvertrag –, St. 37.

[25] Die abweichende Darstellung der Vorauflage gebe ich auf.

[26] Vgl. dazu BVerfGE 13, 261, 272.

ab 3. Oktober 1990, so daß die Gerichte für Rechtsstreitigkeiten über Vorgänge vor diesem Zeitpunkt DDR-Vereinsrecht zugrunde legen müssen, und zwar ggf. auch das DDR-Vereinsrecht der Vorwendezeit.

8 Fraglich ist, wie das rechtliche Schicksal von DDR-Vereinen zu beurteilen ist, die schon vor dem Inkrafttreten des DDR-Vereinigungsgesetzes von Amts wegen gelöscht worden sind. Im Schrifttum ist dazu die Ansicht entwickelt worden, diese Amtslöschungen seien unter engen Voraussetzungen durch erneute Amtslöschungen nach den §§ 159, 142 FGG rückgängig zu machen mit der Folge, daß die betroffenen Vereine als Rechtssubjekte, insbesondere als Inhaber ihres früheren Vermögens wiedererstünden. Zwar soll nicht schon ausreichen, daß die seinerzeitigen Löschungen unzulässig gewesen sind. Vielmehr soll für die Zeit bis zum 15. 10. 1952, in der die Registergerichte zuständig waren, an Art. 18 EinigungsV und für die Zeit bis zum 9. 11. 1967, während der an die Stelle der Registergerichte die Volkspolizeiämter getreten sind (RdNr. 2), an Art. 19 EinigungsV anzuknüpfen sein. Praktisch läuft das auf die Wiederherstellung derjenigen Vereine hinaus, die seinerzeit von den Registergerichten bzw. Volkspolizeiämtern der ehemaligen DDR im Widerspruch zu rechtsstaatlichen Grundsätzen aufgelöst und gelöscht worden sind.[27] Bei der Entwicklung dieses Gedankengangs dürfte indessen einmal übersehen worden sein, daß nach den §§ 1 Abs. 2, 15 Abs. 3 der Verordnung über die Gründung und Tätigkeit von Vereinigungen vom 6. 11. 1975[28] alle Vereine aufgelöst und liquidiert worden sind, die nach ihrem Charakter und ihrer Zielstellung nicht „den Grundsätzen der sozialistischen Gesellschaftsordnung" entsprachen. Auch wenn man darin keine Heilung der zuvor (nach DDR-Recht!) unzulässigen Amtslöschungen sieht, ist doch jedenfalls davon auszugehen, daß ihr Ergebnis – die Beseitigung der betroffenen Vereine – von Ende 1975 an durch das DDR-Recht gedeckt gewesen ist. Daran hat das DDR-Vereinigungsgesetz vom 21. 2. 1990 nichts geändert, und auch Art. 231 § 2 EinigungsV sichert ausdrücklich allein den nach dem Gesetz vom 21. 2. 1990 entstandenen Vereinigungen den Fortbestand nach gesamtdeutschem Recht zu. Vor diesem Hintergrund gibt es schwerlich noch Raum für einen Rückgriff auf die §§ 159, 142 FGG iVm. Art. 18, 19 EinigungsV. Hinzu kommt, daß der Fortbestand eines Vereins trotz rechtswidriger Auflösung und rechtswidriger Vernichtung seiner Organisation grundsätzlich ein andauerndes aktives Bekenntnis wenigstens eines Mitglieds zum Verein voraussetzt, das in absehbarer Zukunft die Wiederherstellung der Vereinsorganisation erwarten läßt. Andernfalls erlischt der Verein zumindest wegen – ex ante betrachtet – dauerhaften Wegfalls des Vereinslebens.[29] Zwar hat der BGH eine Ausnahme für den Fall anerkannt, daß die unrechtmäßige Auflösung unter einem äußeren Zwang erfolgt, der zugleich für die Mitglieder die Möglichkeit des Festhaltens an der Mitgliedschaft ausschließt. Und es mag im Grundsatz vertretbar sein, die auf in den Jahren 1933 bis 1945 zwangsaufgelöste Vereine gemünzte Judikatur entsprechend auf die zwangsweisen Vereinsauflösungen in der früheren DDR zu übertragen. Doch hat der BGH die identitätswahrende Wiedererrichtung von Vereinen in diesem Sinne stets davon abhängig gemacht, daß nach Ende der Zwangslage noch eine repräsentative Anzahl der früheren Mitglieder die Wiederbelebung des Vereins betreibt.[30] Die Vorstellung, ein aus der Realität verschwundener Verein könne durch eine bloße Registereintragung von Amts wegen entstehen, wird weder in der Rechtsprechung noch im repräsentativen Schrifttum geteilt. Ein tatsächliches Nichts kann nicht Rechtssubjekt sein.[31]

9 Art. 231 § 2 Abs. 2 S. 2 EGBGB, in dem eine Sonderregelung für die Zuständigkeit im Vereinsregisterverfahren enthalten war, ist inzwischen gestrichen worden, weil alle neuen Bundesländer die westdeutsche Gerichtsverfassung übernommen haben(Brandenburg: Gesetz zur Neuordnung der ordentlichen Gerichtsbarkeit und zur Ausführung des GVG im Land Brandenburg v. 14. 6. 1993, GVBl. I 93, S. 198; Mecklenburg-Vorpommern:

[27] *Tietje* DtZ 1994, 138ff.
[28] GBl. II Nr. 122, S. 861.
[29] BGH WM 1965, 1132.
[30] BGHZ 19, 51; BGH WM 1976, 686; ebenso neuestens OLG Jena NJW-RR 1994, 698.
[31] Vgl. ausführlich *Reuter* DZWiR 1994, 265, 268 bis 272.

Gerichtsstrukturgesetz v. 19. 3. 1991 GVBl. 1991, S. 103 iVm. (für Vereinsregister) § 23 II Nr. 8a Gesetz zur Ausführung des Gerichtsstrukturgesetzes und zur Änderung von Rechtsvorschriften – Gerichtsorganisationsgesetz (GOrgG) vom 10. 6. 1992, GVBl. 1992, S. 314, 363; Sachsen: Gesetz über die Organisation der Gerichte im Freistaat Sachsen (Sächsisches Gerichtsorganisationsgesetz – SächsGerOrgG) v. 30. 6. 1992 GVBl. 1992, S. 287; Sachsen-Anhalt: Ausführungsgesetz des Landes Sachsen-Anhalt zum GVG (AGGVG LSA) v. 24. 8. 1992 GVBl. 1992, S. 648; Thüringen: Thüringer Gesetz zur Überleitung der ordentlichen Gerichtsbarkeit, zur Ausführung des Gerichtsstandortgesetzes, zur Änderung des Gesetzes zur Ausführung des GVG und zur Änderung des Untersuchungsausschußgesetzes v. 16. 8. 1993 (für Vereinsregister: Art. 1 § 3 II Nr. 8a) GVBl. 1993, S. 554; Neubekanntmachung am 12. 10. 1993, GVBl. 1993, S. 612)

10 Das Vereinsregister wird also wie in den alten Bundesländern nunmehr bei den Amtsgerichten geführt.

11 **2. Nichtrechtsfähige Vereine.** Art. 231 § 2 Abs. 4 EGBGB macht die nichtrechtsfähigen Vereine nach den §§ 16 bis 18 des Gesetzes über Vereinigungen vom 21. Februar 1990[32] vom 3. Oktober 1990 an zu nichtrechtsfähigen Vereinen im Sinne des § 54 BGB. Da das DDR-Vereinsrecht hinsichtlich der Behandlung des nichtrechtsfähigen Vereins erheblich vom heutigen BGB-Vereinsrecht abgewichen ist, kommt eine rückwirkende Anwendung auf Vorgänge vor dem 3. Oktober 1990 insoweit noch weniger in Betracht als hinsichtlich des rechtsfähigen Vereins (RdNr. 137). Problematisch ist die Verweisung auf § 54 insofern, als die nichtrechtsfähigen Vereinigungen im Sinne des Gesetzes über Vereinigungen vom 21. Februar 1990[33] offenbar auch Vereinigungen umfassen, die nicht als nichtrechtsfähige Vereine, sondern als BGB-Gesellschaften einzuordnen sind. Soweit das der Fall ist, muß Art. 231 § 2 Abs. 4 EGBGB teleologisch eingeschränkt werden. Denn die Verfasser des Einigungsvertrages wollen die Angleichung der Rechtslage der ostdeutschen Vereinigungen an die der westdeutschen erreichen, nicht ein Sonderrecht schaffen.

12 Zu den nichtrechtsfähigen Vereinigungen, die über § 2 Abs. 4 EinigungsV zu nichtrechtsfähigen Vereinen im Sinne des § 54 BGB geworden sein sollen, werden zT auch die sog. Gemeinschaften von Bürgern nach den §§ 266ff. ZGB gezählt.[34] Dabei handelt es sich um vertraglich begründete Gemeinschaften zur Verbesserung der Arbeits- und Lebensbedingungen durch gemeinsame Arbeitsleistung und durch kollektive und individuelle Nutzung von Anlagen, die in der ehemaligen DDR eine große Rolle gespielt haben.[35] Umstritten ist, ob diese Gemeinschaften, soweit sie die notwendige körperschaftliche Struktur aufweisen, durch Eintragung ins Vereinsregister zu juristischen Personen werden können. Unterinstanzliche Gerichte haben dies unter Berufung auf den wirtschaftlichen Charakter der Gemeinschaften verneint;[36] das Schrifttum entscheidet überwiegend anders.[37] Die Stellungnahme hängt davon ab, ob man die Sperrwirkung des § 22 BGB lediglich als Flankenschutz für die Gläubigerschutzbestimmungen des Kapitalgesellschafts- und Genossenschaftsrechts versteht oder ob man auch den Mitgliederschutz einbezieht. Als Vertreter der ersten Auffassung weist zB K. Schmidt die vereinsförmigen Gemeinschaftseinrichtungen von Nichtunternehmen dem § 21 BGB zu. Anders muß folgerichtig urteilen, wer dem § 22 BGB auch die Aufgabe zuordnet, für Mitgliederschutz zu sorgen, läuft doch das zentrale Mitgliederschutzrecht, nämlich das kurzfristige Austrittsrecht nach § 39 BGB leer, wenn seine Ausübung mit dem ersatzlosen Verlust beachtlicher Vermögenswerte verbunden ist.[38]

[32] GBl. I Nr. 10 S. 75.

[33] GBl. I Nr. 18 S. 159.

[34] *Schubel* ZGR 1993, 245, 264ff.; vgl. auch K. *Schmidt* RdNr. 218.

[35] *Schubel* DtZ 1994, 132.

[36] BezG Chemnitz DtZ 1994, 158; LG Chemnitz DtZ 1994, 412.

[37] *Pettes* Rpfleger 1993, 163; *Schubel* DtZ 1994, 132, 134ff.

[38] MK-*Reuter*, BGB, 3. Aufl. 1993, §§ 21, 22 RdNrn. 11 bis 13, 34f., 42; ausführlich auch *Schubel* DtZ 1994, 132ff. mit Nachweisen.

§ 3 Stiftungen

(1) Die in dem in Artikel 3 des Einigungsvertrages genannten Gebiet bestehenden rechtsfähigen Stiftungen bestehen fort.

(2) Auf Stiftungen des Privaten Rechts sind ab dem Tag des Wirksamwerdens des Beitritts die §§ 80 bis 88 des Bürgerlichen Gesetzbuchs anzuwenden.

I. Die Entwicklung der Stiftungen in der ehemaligen DDR

1 Ebenso wie die Vereine haben die Stiftungen in der ehemaligen DDR eine sehr untergeordnete Rolle gespielt. Zwar blieb das Stiftungsrecht bis zum Inkrafttreten des Zivilgesetzbuchs der DDR am 1. 1. 1976 gegenüber der Rechtslage vor Gründung der DDR formell unverändert: Wie das gesamte BGB galten auch die §§ 80 bis 88 BGB; das Landesstiftungsrecht ergab sich aus den Ausführungsgesetzen zum BGB, die die auf dem Gebiet der ehemaligen DDR um 1900 bestehenden Einzelstaaten erlassen hatten. Neugründungen gab es jedoch praktisch nicht mehr. Das Zivilgesetzbuch der DDR strich die §§ 80 bis 88 BGB folgerichtig ersatzlos. Für die bei Inkrafttreten des Zivilgesetzbuchs **bestehenden** Stiftungen ordnete § 9 Abs. 1 des Einführungsgesetzes zum Zivilgesetzbuch die Weitergeltung des bisherigen Rechts an. Da die auf die bestehenden Stiftungen bezogenen Regelungsgegenstände des Landesstiftungsrechts – Aufsicht, Änderung und Aufhebung – in § 9 Abs. 2 bis 4 neu geregelt wurden, beschränkte sich diese Fortgeltungsanordnung indessen praktisch auf die §§ 80ff. BGB (mit Modifikationen bei § 87 BGB). Inhaltlich war die Neuregelung dadurch gekennzeichnet, daß sie die Staatsaufsicht nicht nur als Rechtsaufsicht, sondern als Zweckmäßigkeitsaufsicht ausgestaltete, einschließlich der Befugnis zu Weisungen hinsichtlich der laufenden Geschäftsführung und zur Bestellung (und Auswechslung) des Vorstands. Der Rat des Bezirkes als Träger der Stiftungsaufsicht konnte die Zweckbestimmung der Stiftung ändern oder die Stiftung auflösen, wenn der Zweck nicht zu verwirklichen war oder wenn er im Widerspruch zu den gesellschaftlichen Bedürfnissen stand. Im Ergebnis war so die Möglichkeit eröffnet, die Stiftungen der sozialistischen Staatsraison dienstbar zu machen.

2 Schon vor dem Wirksamwerden des Beitritts der DDR zur Bundesrepublik hat sich diese Rechtslage geändert. Mit dem Gesetz über die Bildung und Tätigkeit von Stiftungen vom 13. September 1990, verkündet am 19. September 1990 (GBl. I Nr. 61 S. 1483) hat die DDR noch kurz vor ihrem Ende ein neues Stiftungsgesetz geschaffen, das im Gegensatz zu § 9 des Einführungsgesetzes zum Zivilgesetzbuch sowohl die Neugründung von Stiftungen vorsah als auch die Regelung von Zweckänderung, Aufhebung und Vermögensanfall wieder an die §§ 87, 88 BGB anpaßte. § 9 des Einführungsgesetzes zum Zivilgesetzbuch wurde aufgehoben. Durch Zusatzvereinbarung zum Einigungsvertrag vom 18. September 1990 (BGBl. II S. 1240) wurde bestimmt, das Stiftungsgesetz solle, soweit es bundesrechtlich nicht geregelte Gegenstände betrifft, nach dem Wirksamwerden des Beitritts als Landesrecht fortgelten. Im Ergebnis heißt das, daß die Vorschriften des Stiftungsgesetzes der DDR vom 13. September 1990 in den Ländern Brandenburg, Sachsen-Anhalt, Sachsen und Thüringen mit Ausnahme der §§ 4 bis 11, 22 Abs. 1 bis 3, 23 Abs. 3 (die aber sachlich, überwiegend sogar wörtlich mit den §§ 80ff. BGB übereinstimmen) nach wie vor geltendes Recht sind. Inhaltlich lehnt sich dieses Recht eng an die Landesstiftungsgesetze der alten Bundesländer, insbesondere an diejenigen von Baden-Württemberg, Niedersachsen und Rheinland-Pfalz an. Mecklenburg-Vorpommern hat seit dem 26. Februar 1993 ein eigenes Landesstiftungsgesetz, das das DDR-Stiftungsgesetz abgelöst hat (GVBl. 1993 S. 104).

II. Die heutige Rechtslage der auf dem Gebiet der ehemaligen DDR bestehenden Altstiftungen

3 Auf dieser Grundlage stellt sich die Rechtslage der auf dem Gebiet der ehemaligen DDR bestehenden (Alt-) Stiftungen im Prinzip ebenso dar wie diejenige der Stiftungen im übrigen Bundesgebiet: Soweit sie zwischen dem 19. September und dem 3. Oktober gegründet worden sind, lassen sie sich deswegen auch im Hinblick auf Vorgänge vor dem 3. Oktober 1990 problemlos nach den §§ 80ff. BGB beurteilen, weil die formell abgelösten Vorschriften des Stiftungsgesetzes der DDR vom 13. September 1990 lediglich die Geltung der §§ 80ff. BGB vorweggenommen haben. Das rechtsstaatliche Verbot der Rückwirkung belastender Gesetze (vgl. § 2 RdNr. 4) ist insoweit von vornherein gegenstandslos. Für die echten Altstiftungen, die wegen des Wegfalls der Rechtsgrundlage am 1. 1. 1976 schon theoretisch unter der zu diesem Zeitpunkt **beendeten** Herrschaft der §§ 80ff. BGB oder vor 1900 entstanden sein müssen, bedeutet die angeordnete Anwendung der §§ 80 bis 88 BGB seit dem 3. 10. 1990 ohnehin nur Fortsetzung des Status quo, hat doch § 9 Abs. 1 des Einführungsgesetzes zum Zivilgesetzbuch der DDR für die bestehenden Stiftungen das zuvor geltende Recht, dh. die §§ 80ff. BGB, ausdrücklich aufrechterhalten. Zwar standen die Regelung der Stiftungsaufsicht durch § 9 Abs. 2 und der Konkretisierung der Gemeinwohlschranke des § 87 BGB durch § 9 Abs. 4 des Einführungsgesetzes zum Zivilgesetzbuch im Widerspruch zu den Vorgaben, die aus der verfassungsrechtlich geschützten Privatautonomie von Stiftung und Stifter erwachsen (vor § 80 RdNr. 28; § 87 RdNr. 4, 5). Doch hat es prinzipiell ähnliche Abweichungen auch in den Alt-Bundesländern gegeben, solange die neuen Stiftungsgesetze noch nicht erlassen waren (vgl. für die Regelung der Stiftungsaufsicht noch heute § 8 Abs. 1 hamb. AG BGB idF v. 1. 7. 1958). Die darauf gestützten Maßnahmen der Stiftungsbehörde sind hier wie dort ihrer Natur nach der **rückwirkenden** Beurteilung anhand verfassungskonformen Stiftungsrechts entzogen: die Maßnahmen der Stiftungsaufsicht, weil sie abgeschlossene Vorgänge betreffen (Bestandskraft von Verwaltungsakten), Aufhebung der Stiftung und Änderung ihres Zwecks, weil privatrechtsgestaltende Verwaltungsakte nach den Grundsätzen des Verwaltungsrechts generell nicht widerrufen, sondern allenfalls mit Wirkung ex nunc durch auf Wiederherstellung des Status quo gerichtete Verwaltungsakte korrigiert werden können. Für letzteres bietet jedenfalls der Einigungsvertrag keine Rechtsgrundlage. Er erschöpft sich in einer Bestandsgarantie für die bestehenden Stiftungen; die Wiederherstellung der nach den Maßstäben des bundesdeutschen Rechts zu Unrecht aufgehobenen Stiftungen ist nicht vorgesehen (vgl. zur parallelen Rechtslage bei Vereinen RdNr. 37). Der Bestandsschutz für die bestehenden Stiftungen dürfte es auch ausschließen, etwaige Zweckänderungen wegen Widerspruchs zu den gesellschaftlichen Bedürfnissen nach § 9 Abs. 4 des Einführungsgesetzes zum Zivilgesetzbuch rückgängig zu machen. Denn eine Wiederherstellung des früheren Zwecks würde die Identität der betroffenen Stiftung, wie sie sich am 3. 10. 1990 dargestellt hat, durch eine neue ersetzen. Soweit die Stiftung aufgrund der seinerzeitigen Zweckänderung einen nach bundesdeutschen Maßstäben gesetzwidrigen Zweck verfolgt, hilft § 87 BGB, der es ggf. ermöglicht, die ursprüngliche, vom Stifter getroffene Zweckbestimmung wiederzubeleben.

§ 4 Haftung juristischer Personen für ihre Organe

Die §§ 31 und 89 des Bürgerlichen Gesetzbuchs sind nur auf solche Handlungen anzuwenden, die am Tag des Wirksamwerdens des Beitritts oder danach begangen werden.

1 Nach der Erläuterung der Bundesregierung (BT-Drucks. 11/7817 vom 10. 9. 1990 – Erläuterungen zu den Anlagen zwischen der BRD und der DDR über die Herstellung der Einheit Deutschlands vom 31. August 1990 – Einigungsvertrag –, S. 37) stellt die Vor-

schrift klar, daß die §§ 31, 89 BGB nur auf Handlungen seit dem Wirksamwerden des Beitritts, dh. seit 3. 10. 1990, 0 Uhr, angewendet werden können. Sie trägt damit den rechtsstaatlichen Grenzen zulässiger Rückwirkung von Gesetzen Rechnung (vgl. § 2 RdNr. 4).

2 Für die rechtsfähigen Vereine im Gebiet der ehemaligen DDR gilt im Hinblick auf schädigende Handlungen im Rahmen von Vereinsstätigkeit aus der Zeit vor dem 3. 10. 1990 statt der Zurechnungsnorm des § 31 BGB die des § 8 II des Gesetzes über Vereinigungen vom 21. 2. 1990 (GBl. I Nr. 10 S. 76). Zugerechnet wird danach das Handeln der „Organe oder Vertreter". Organe sind die Mitglieder- bzw. Delegiertenversammlung (§ 6 Abs. 1 des Gesetzes über Vereinigungen) und der Vorstand (§ 7 Abs. 1 des Gesetzes über Vereinigungen); Vertreter sind die aufgrund statutarischer Ermächtigung berufenen „bevollmächtigten Vertreter" im Sinne von § 7 Abs. 3 Satz 2 bis 4 des Gesetzes über Vereinigungen. Eine Ausdehnung der Haftung für die aufgrund des Statuts berufenen Vertreter auf die „aufgrund allgemeiner Betriebsregelung und Handhabung" zur selbständigen eigenverantwortlichen Erfüllung bedeutsamer Aufgaben des Vereins bestellten Personen nach bundesdeutschem Vorbild (vgl. § 31 RdNr. 3, 14) kommt für § 8 Abs. 2 des Gesetzes über Vereinigungen nicht in Betracht, weil nach dem Zivilrecht der ehemaligen DDR die Haftung der Vereine für schädigende Handlungen ihrer Mitarbeiter eine Gefährdungshaftung gewesen ist (§§ 331, 334 iVm. § 11 Abs. 3 Zivilgesetzbuch vom 19. 6. 1975). Es fehlt also die für die bundesdeutsche Entwicklung ausschlaggebende Zurechnungslücke (zwischen der Organhaftung nach den §§ 30, 31 BGB und der Gehilfenhaftung nach § 831 BGB, vgl. § 31 RdNr. 4). Unter welchen Voraussetzungen und in welchem Umfang das schädigende Handeln der „Organe oder Vertreter" Schadensersatzansprüche ausgelöst hat, ergibt sich aus den §§ 323ff. des Zivilgesetzbuchs der ehemaligen DDR.

3 Für die nichtrechtsfähigen Vereine im Gebiet der ehemaligen DDR gibt es im Hinblick auf schädigende Handlungen im Rahmen von Vereinstätigkeit aus der Zeit vor dem 3. 10. 1990 keine Organ- oder Repräsentantenhaftung (vgl. zum bundesdeutschen Rechtszustand § 31 RdNr. 8). Denn die §§ 16 bis 18 des Gesetzes über Vereinigungen enthalten keine Verweisung auf § 8 Abs. 2. Stattdessen sieht § 17 Abs. 5 eine persönliche Haftung der für den nichtrechtsfähigen Verein handelnden Mitglieder nach Maßgabe der §§ 330ff. des Zivilgesetzbuchs der ehemaligen DDR vor. Die gleiche Haftung trifft unmittelbar aufgrund der §§ 330ff. des ZGB der ehemaligen DDR Nichtmitglieder, die bei der Wahrnehmung von Vereinsaufgaben vor dem 3. 10. 1990 rechtswidrig schädigende Handlungen begangen haben. Da die nichtrechtsfähigen Vereinigungen im Gegensatz zu den rechtsfähigen an der Betriebsfiktion nach § 11 Abs. 3 des Zivilgesetzbuchs der ehemaligen DDR nicht beteiligt sind, greift die Haftungsfreistellung für Betriebsmitarbeiter nach § 331 S. 2 des Zivilgesetzbuchs nicht ein.

§ 5 Sachen[1]

(1) Nicht zu den Bestandteilen eines Grundstücks gehören Gebäude, Baulichkeiten, Anlagen, Anpflanzungen oder Einrichtungen, die gemäß dem am Tag vor dem Wirksamwerden des Beitritts geltenden Recht vom Grundstückseigentum unabhängiges Eigentum sind. Das gleiche gilt, wenn solche Gegenstände am Tag des Wirksamwerdens des Beitritts oder danach errichtet oder angebracht werden, soweit dies aufgrund

[1] IdF der Anl. I Kap. III Sachgeb. B Abschnitt II des Einigungsvertrags vom 31. 8. 1990 (BGBl. II S. 889, 942), § 5 Abs. 2 Satz 2 eingefügt durch Art. 8 Nr. 1 Buchst. a des Zweiten Vermögensrechtsänderungsgesetzes vom 14. 7. 1992 (BGBl. I S. 1257, 1275), § 5 Abs. 3 bis 5 angefügt durch Art. 13 Nr. 1 Buchst. a des Registerverfahrensbeschleunigungsgesetzes vom 20. 12. 1993 (BGBl. I S. 2182, 2211). Vgl. jetzt die Neufassung des EGBGB in der Bekanntmachung vom 21. 9. 1994 (BGBl. I S. 2494, 2515).

eines vor dem Wirksamwerden des Beitritts begründeten Nutzungsrechts an dem Grundstück oder Nutzungsrechts nach den §§ 312 bis 315 des Zivilgesetzbuchs der Deutschen Demokratischen Republik zulässig ist.

(2) Das Nutzungsrecht an dem Grundstück und die erwähnten Anlagen, Anpflanzungen oder Einrichtungen gelten als wesentliche Bestandteile des Gebäudes. Artikel 233 § 4 Abs. 3 und 5 bleibt unberührt.

(3) Das Gebäudeeigentum nach den Absätzen 1 und 2 erlischt, wenn nach dem 31. Dezember 1996 das Eigentum am Grundstück übertragen wird, es sei denn, daß das Nutzungsrecht oder das selbständige Gebäudeeigentum nach Artikel 233 § 2b Abs. 2 Satz 3 im Grundbuch des veräußerten Grundstücks eingetragen ist oder dem Erwerber das nicht eingetragene Recht bekannt war. Dem Inhaber des Gebäudeeigentums steht gegen den Veräußerer ein Anspruch auf Ersatz des Wertes zu, den das Gebäudeeigentum im Zeitpunkt seines Erlöschens hatte; an dem Gebäudeeigentum begründete Grundpfandrechte werden Pfandrechte an diesem Anspruch.

(4) Wird nach dem 31. Dezember 1996 das Grundstück mit einem dinglichen Recht belastet oder ein solches Recht erworben, so gilt für den Inhaber des Rechts das Gebäude als Bestandteil des Grundstücks. Absatz 3 Satz 1 ist entsprechend anzuwenden.

(5) Ist ein Gebäude auf mehreren Grundstücken errichtet, gelten die Absätze 3 und 4 nur in Ansehung des Grundstücks, auf dem sich der überwiegende Teil des Gebäudes befindet. Für den Erwerber des Grundstücks gelten in Ansehung des auf dem anderen Grundstück befindlichen Teils des Gebäudes die Vorschriften über den zu duldenden Überbau sinngemäß.

Schrifttum: *Böhringer,* Der Grundbesitz in den neuen Bundesländern als Kreditunterlage, BWNotZ 1991, 129; *v. Craushaar,* Grundstückseigentum in den neuen Bundesländern, DtZ 1991, 359, 360f.; *Gößmann,* Das vertragliche Nutzungsrecht des ZGB, WM 1991, 1861; *Grün,* Das Sachenrechtsänderungsgesetz, NJW 1994, 2641; *Horst,* Gebäudeeigentum und Nutzungsrechte an Grundstücken in der ehemaligen DDR, BRAK-Mitt. 1991, 183; *Janke,* Zum rechtlichen Charakter von Baulichkeiten, die gem. § 313 II DDR-ZGB auf vertraglich genutzten Bodenflächen errichtet wurden, DtZ 1992, 115; *Kassebohm,* Das Eigentum an Gebäuden im Gebiet der neuen Bundesländer, VIZ 1993, 425; *Keller,* Gebäudeeigentum und Grundstücksversteigerung, Rpfleger 1994, 194; *Lehmann-Zisowski,* Die Verkehrsfähigkeit von Gebäudeeigentum und sonstigem Sondereigentum in den neuen Bundesländern, DtZ 1992, 375; *Leutheusser-Schnarrenberger,* Die Bereinigung des Sachenrechts in den neuen Bundesländern, DtZ 1993, 34; *dies.,* Zur Neuregelung der schuldrechtlichen Nutzungsverhältnisse an Grundstücken im Beitrittsgebiet, DtZ 1993, 322; *Purps,* Eigentum an Baulichkeiten bei der Aufhebung von Nutzungsverträgen, VIZ 1994, 390; *Schmidt-Räntsch,* Einführung in die Sachenrechtsbereinigung, VIZ 1994, 441; *ders.,* Zur Neuordnung der Nutzung fremden Grund und Bodens – Sachenrechts- und Schuldrechtsbereinigung, DtZ 1994, 322; *Schmidt-Räntsch/Sternal,* Zur Gebäudegrundbuchverfügung, DtZ 1994, 262; *Weimar,* Probleme der Kreditsicherung an Grund und Boden in den neuen Bundesländern, DtZ 1991, 50; *Wilhelms,* Eigentum an Gebäuden im Gebiet der neuen Bundesländer, VIZ 1994, 332; *Zirker,* LPG-Gebäudesondereigentum und Feldinventar in den neuen Bundesländern, VIZ 1993, 338.

Übersicht

I. Normzweck

1 Die Bestimmung soll die Vorschrift des § 94 Abs. 1 BGB über die wesentlichen Bestandteile eines Grundstücks mit dem Eigentum an Gebäuden und anderen mit dem Grund und Boden fest verbundenen Sachen harmonisieren, das im Gebiet der **ehemaligen DDR** unabhängig vom Eigentum am Grundstück begründet werden konnte; dadurch soll im Interesse der Erhaltung des Rechtsfriedens sowie redlich erworbener Besitzstände sichergestellt werden, daß das **Gebäudeeigentum** weiterhin **selbständiges Eigentum** bleibt (Abs. 1 und 2). Um den **öffentlichen Glauben** des **Grundbuchs** uneingeschränkt wiederherzustellen, sollen dessen Wirkungen auch das Gebäudeeigentum erfassen: für den Erwerber des Grundstücks (Abs. 3) und für den Inhaber eines beschränkten dinglichen Rechts an dem Grundstück (Abs. 4), in beiden Fällen jedoch nicht hinsichtlich eines Überbaus des Gebäudes auf ein anderes Grundstück (Abs. 5).

II. Allgemeines

2 In der ehemaligen DDR wurden **Gebäude** weithin **auf fremdem Grund und Boden** errichtet.[2] Die Befugnis, fremde Grundstücke zu bebauen, beruhte zT auf **Nutzungsrechten,** die durch staatliche Stellen verliehen, durch die Vorstände landwirtschaftlicher Produktionsgenossenschaften oder anderer „sozialistischer" Genossenschaften zugewiesen, vertraglich überlassen oder gesetzlich begründet wurden, aber auch auf Musterstatuten für die landwirtschaftlichen Produktionsgenossenschaften oder nur auf schlichtem, teilweise rechtswidrigem, jedoch üblichem Verwaltungshandeln. An den Gebäuden entstand überwiegend selbständiges **Gebäudeeigentum,** während die Eigentumsverhältnisse am Grundstück unverändert blieben (vgl. dazu im einzelnen die RdNr. 5 bis 17).

3 Zwar umfaßte – entsprechend der Regelung in § 94 Abs. 1 BGB – auch nach § 295 Abs. 1 ZGB DDR[3] das Eigentum am Grundstück den Boden und die mit dem Boden fest verbundenen Gebäude und Anlagen sowie Anpflanzungen. Angesichts der Überführung großer Flächen in sog. „Volkseigentum" wären die auf solchen Flächen errichteten Gebäude danach Bestandteile des Grundstücks und damit gleichfalls Volkseigentum, dh. letztlich staatliches Eigentum geworden. Damit wäre jeder Anreiz zum Hausbau durch Bürger und Genossenschaften entfallen. Der Ausweg bestand in der Einführung eines vom Grund und Boden getrennten **Gebäudeeigentums,** das Bürger als persönliches, die Genossenschaften als sozialistisches, genossenschaftliches Eigentum erwerben konnten.

4 Als Voraussetzung mußten die **Sachen** – im Gegensatz zum dualistischen System des BGB[4] – in der Legaldefinition des § 467 Abs. 1 ZGB DDR (vgl. RdNr. 40) in bewegliche Sachen, Grundstücke und **Gebäude** unterteilt werden. Abweichend vom Grundsatz des § 295 Abs. 1 ZGB DDR mußte außerdem in **§ 295 Abs. 2 Satz 1 ZGB DDR** (vgl.

[2] Vgl. dazu die Allgemeine Begründung zum Entwurf eines Gesetzes zur Änderung sachenrechtlicher Bestimmungen (Sachenrechtsänderungsgesetz) vom 13. 8. 1993, BR-Drucks. 515/93, S. 50ff., sowie *Leutheusser-Schnarrenberger* DtZ 1993, 34.

[3] Vom 19. 6. 1975 (GBl. DDR I Nr. 27 S. 465); vgl. unten RdNr. 36.

[4] Vgl. § 90 BGB RdNr. 8ff.

RdNr. 36) die Möglichkeit eröffnet werden, durch Rechtsvorschriften festzulegen, daß **selbständiges Eigentum an Gebäuden** und Anlagen unabhängig vom Eigentum am Boden bestehen kann. Dieses Gebäudeeigentum konnte zur Sicherung einer Geldforderung mit einer Hypothek belastet werden (§ 452 Abs. 1 Satz 2 ZGB DDR; vgl. RdNr. 38). Die Anlegung und Führung von Gebäudegrundbuchblättern nach Art. 231 § 5 und nach Art. 233 §§ 2b, 4 und 8 EGBGB sowie die Eintragung eines Nutzungsrechts (vgl. RdNr. 5 bis 9) und eines Gebäudeeigentums ohne Nutzungsrecht (vgl. RdNr. 12 bis 17) im Grundbuchblatt des betroffenen Grundstücks regelt jetzt die Verordnung über die Anlegung und Führung von Gebäudegrundbüchern (Gebäudegrundbuchverfügung – GGV).[5]

III. Entstehung des Gebäudeeigentums

5 **1. Gebäudeeigentum auf Grund dinglicher Nutzungsrechte.** Soweit gemäß § 295 Abs. 2 Satz 1 ZGB DDR durch Rechtsvorschriften festgelegt wurde, daß **selbständiges Eigentum an Gebäuden** und Anlagen unabhängig vom Eigentum am Boden besteht, waren nach **§ 295 Abs. 2 Satz 2 ZGB DDR** (vgl. RdNr. 36) für die Rechte an solchen Gebäuden und Anlagen die **Bestimmungen über Grundstücke** entsprechend anzuwenden. Für die Gebäude war demgemäß ein besonderes Gebäudegrundbuchblatt anzulegen;[6] dies war im Grundbuchblatt des Grundstücks zu vermerken, auf dem das Gebäude errichtet war oder errichtet wurde.[7] Diese Eintragungen hatten allerdings nur deklaratorische Bedeutung. § 295 Abs. 2 ZGB DDR galt insbesondere in den **folgenden Fällen:**

6 **a) §§ 287 bis 290 ZGB DDR.** Bis zum Wirksamwerden des Beitritts am 3. 10. 1990 konnte im Gebiet der früheren DDR nach § 286 Abs. 1 Nr. 1 iVm. §§ 287 bis 290 ZGB DDR (vgl. RdNr. 33f.) **Bürgern** zur Errichtung und persönlichen Nutzung eines Eigenheimes oder eines anderen, persönlichen Bedürfnissen dienenden Gebäudes **an volkseigenen Grundstücken** ein **Nutzungsrecht** verliehen werden (§ 287 Abs. 1 ZGB DDR); das Nutzungsrecht entstand mit dem in der Verleihungsurkunde festgelegten Zeitpunkt (§ 287 Abs. 2 Satz 2 ZGB DDR). Die auf dem Grundstück errichteten Gebäude, Anlagen und Anpflanzungen wurden – unabhängig vom Eigentum am Grund und Boden – persönliches **Eigentum des Nutzungsberechtigten** (§ 288 Abs. 4 ZGB DDR). Die Gebäude konnten veräußert und vererbt werden (§ 289 Abs. 1 ZGB DDR); das Nutzungsrecht ging auf den Erwerber mit staatlicher Genehmigung, auf den Erben nach den dafür geltenden Rechtsvorschriften über (§ 289 Abs. 2 ZGB DDR). Gemäß § 286 Abs. 4 ZGB DDR galten diese Bestimmungen auch für **Betriebe** bei der Übertragung und Nutzung von Grundstücken und Gebäuden, soweit dafür besondere Rechtsvorschriften nicht bestanden.

7 **b) §§ 291 bis 294 ZGB DDR.** Nach § 286 Abs. 1 Nr. 2 iVm. §§ 291 bis 294 ZGB DDR (vgl. RdNr. 33, 35) konnten außerdem **landwirtschaftliche Produktionsgenossenschaften** und andere sozialistische Genossenschaften, soweit Rechtsvorschriften dies vorsahen, **Bürgern genossenschaftlich genutzten Boden** zum Bau von Eigenheimen oder anderen, persönlichen Bedürfnissen dienenden Gebäuden **zuweisen** (§ 291 ZGB DDR); der Nutzungsberechtigte erhielt ein **Nutzungsrecht** an der zugewiesenen Bodenfläche (§ 292 Abs. 1 und 2 ZGB DDR). Die auf der zugewiesenen Bodenfläche errichteten Gebäude, Anlagen und Anpflanzungen wurden – unabhängig vom Eigentum an der Bodenfläche –

[5] Art. 1 der Verordnung über Gebäudegrundbücher und andere Fragen des Grundbuchrechts vom 15. 7. 1994 (BGBl. I S. 1606); vgl. dazu *Schmidt-Räntsch/Sternal* DtZ 1994, 262, sowie *Schmidt-Räntsch* VIZ 1995, 1 unter III 1.

[6] Vgl. etwa § 4 Abs. 4 Satz 3 des Gesetzes über die Verleihung von Nutzungsrechten an volkseigenen Grundstücken vom 14. 12. 1970 (GBl. DDR I Nr. 24 S. 372).

[7] § 36 der Grundbuchverfahrensordnung vom 30. 12. 1975 (GBl. DDR I 1976 S. 42). Zur weiteren Anwendung dieser Vorschriften vgl. Anl. I Kap. III Sachgeb. B Abschnitt III Nr. 1 Buchst. d des Einigungsvertrags vom 31. 8. 1990 (BGBl. II S. 889, 951f.).

persönliches **Eigentum des Nutzungsberechtigten** (§ 292 Abs. 3 ZGB DDR). Die Gebäude konnten – mit gewissen Einschränkungen – veräußert sowie vererbt werden (§ 293 Abs. 1 und 2 ZGB DDR); mit dem Übergang des Eigentums an dem Gebäude ging auch das Nutzungsrecht auf den neuen Eigentümer über (§ 293 Abs. 3 ZGB DDR).

8 **c) Nutzungsrechtsgesetz.** Schon vor dem Inkrafttreten des Zivilgesetzbuches konnte **Bürgern der DDR** nach den §§ 2ff. des **Gesetzes über die Verleihung von Nutzungsrechten an volkseigenen Grundstücken** (NutzRG) vom 14. 12. 1970[8] ein Nutzungsrecht an einem solchen Grundstück zur Errichtung und persönlichen Nutzung eines Eigenheimes oder eines anderen, persönlichen Zwecken dienenden Gebäudes verliehen werden (§ 2 Abs. 1 NutzRG). Die Regelung entsprach weitgehend den §§ 287 bis 290 ZGB DDR (vgl. dazu RdNr. 6): Das Nutzungsrecht entstand mit dem in der Verleihungsurkunde genannten Zeitpunkt (§ 4 Abs. 2 NutzRG). Die auf dem Grundstück errichteten Gebäude wurden **Eigentum des Nutzungsberechtigten** (§ 4 Abs. 4 NutzRG). Die Gebäude konnten veräußert und vererbt werden; das Nutzungsrecht ging auf den Erwerber mit staatlicher Genehmigung, auf den Erben unter bestimmten Voraussetzungen über (§ 5 NutzRG). Außerdem konnten nach diesen Regelungen Nutzungsrechte an volkseigenen Grundstücken **an „gesellschaftliche Organisationen** und sozialistische **Genossenschaften"** sowie an ihre Einrichtungen und Betriebe, die juristische Personen waren, verliehen werden, wenn sie diese Grundstücke bebaut hatten oder bebauen wollten (§ 1 NutzRG).

9 **d) Verkaufsgesetz.** Nach dem **Gesetz über den Verkauf volkseigener Gebäude** (VerkaufsG) vom 7. 3. 1990[9] konnten **volkseigene Gebäude** für Gewerbezwecke an private Handwerker und Gewerbetreibende (§ 1 VerkaufsG), **volkseigene Ein- und Zweifamilienhäuser** und für persönliche Erholungszwecke genutzte volkseigene Gebäude an Bürger (§ 2 VerkaufsG) verkauft werden. Für die verkauften Gebäude war ein Gebäudegrundbuchblatt anzulegen. Mit der Eintragung des Käufers als Eigentümer des Gebäudes ging das Gebäude in das Eigentum des Käufers über (§ 4 Abs. 1 VerkaufsG); er erhielt damit **selbständiges,** vom Eigentum am Grund und Boden unabhängiges **Gebäudeeigentum.** Für das zum Gebäude gehörende volkseigene Grundstück war dem Käufer grundsätzlich ein **Nutzungsrecht** zu verleihen (§ 4 Abs. 2 Satz 1 VerkaufsG). Das Gebäude konnte veräußert und vererbt werden; für den Übergang des Nutzungsrechts in diesen Fällen galten die Rechtsvorschriften über die Verleihung des Nutzungsrechts an volkseigenen Grundstücken (§ 6 VerkaufsG; vgl. RdNr. 6). Das Gesetz, das seinerseits das Gesetz über den Verkauf volkseigener Eigenheime, Miteigentumsanteile und Gebäude für Erholungszwecke vom 19. 12. 1973[10] ersetzt hatte, ist mit Wirkung vom **2. 10. 1990 außer Kraft** getreten.[11]

10 **2. Eigentum an Baulichkeiten auf Grund obligatorischer Nutzungsrechte.** Nach § 286 Abs. 1 Nr. 4 iVm. **§§ 312 bis 315 ZGB DDR** (vgl. RdNr. 33, 37) konnten im Gebiet der ehemaligen DDR bis zum 2. 10. 1990 land- und forstwirtschaftlich nicht genutzte **Bodenflächen** Bürgern durch **vertragliche** Vereinbarung eines **Nutzungsrechts** zum Zwecke der **kleingärtnerischen Nutzung, Erholung** und **Freizeitgestaltung** überlassen werden (§ 312 Abs. 1 ZGB DDR); dabei konnte vereinbart werden, daß der Nutzungsberechtigte auf der Bodenfläche ein **Wochenendhaus** oder **andere Baulichkeiten** errichtet, die der Erholung, Freizeitgestaltung oder ähnlichen persönlichen Bedürfnissen dienen (§ 313 Abs. 2 ZGB DDR). Diese sog. „Datschen" und die anderen Baulichkeiten, die in Ausübung eines solchen vertraglich vereinbarten Nutzungsrechts errichtet wurden, waren –

[8] GBl. DDR I Nr. 24 S. 372, abgedruckt nach Art. 233 § 4 EGBGB, auf Grund von Art. 8 des Einigungsvertrags vom 31. 8. 1990 (BGBl. II S. 889) mit Wirkung vom 2. 10. 1990 außer Kraft getreten.

[9] GBl. DDR I Nr. 18 S. 157; vgl. auch die zu dem Gesetz erlassene Durchführungsverordnung vom 15. 3. 1990 (GBl. DDR I Nr. 18 S. 158), geändert durch die Verordnung vom 5. 7. 1990 (GBl. DDR I S. 1076).

[10] GBl. DDR I Nr. 58 S. 578.

[11] Vgl. Art. 8 des Einigungsvertrags vom 31. 8. 1990 (BGBl. II S. 889).

unabhängig vom Eigentum am Boden – gemäß § 296 Abs. 1 Satz 1 ZGB DDR (vgl. RdNr. 36) grundsätzlich **Eigentum des Nutzungsberechtigten.**[12]

11 Für das Eigentum an diesen Baulichkeiten gelten die **Bestimmungen über** das Eigentum an **beweglichen Sachen** entsprechend (§ 296 Abs. 1 Satz 2 ZGB DDR); dies entspricht der Regelung des § 95 Abs. 1 Satz 1 BGB über die sog. „Scheinbestandteile".[13] Demgemäß wurden für diese Baulichkeiten Gebäudegrundbücher nicht angelegt. Die „Baulichkeiten" iS des § 296 ZGB DDR sind daher von den „Gebäuden" iS des § 295 Abs. 2 ZGB DDR zu unterscheiden,[14] für die das Grundstücksrecht gilt (vgl. RdNr. 5). Das Eigentum an den Baulichkeiten konnte auf einen nachfolgenden Nutzungsberechtigten übertragen werden (§ 296 Abs. 2 Satz 1 ZGB DDR). Wegen der **Fortgeltung** der nach den §§ 312 bis 315 ZGB DDR vertraglich vereinbarten Nutzungsverhältnisse nach dem 2. 10. 1990 vgl. **Art. 232 § 4 EGBGB.**

12 **3. Gebäudeeigentum ohne Nutzungsrecht.** In den folgenden Fällen war in der ehemaligen DDR Gebäudeeigentum entstanden, das nicht mit einem Nutzungsrecht an dem bebauten Grundstück verknüpft war:

13 **a) Fälle des Art. 233 § 2b EGBGB.** Nach **§ 27 Satz 1** des inzwischen ausgelaufenen **LPG-Gesetzes**[15] wurden die von den **landwirtschaftlichen Produktionsgenossenschaften** (LPG) auf dem von ihnen genutzten Boden errichteten **Gebäude** und Anlagen – unabhängig vom Eigentum am Boden – kraft Gesetzes **selbständiges Eigentum** der LPG; hierzu gehörten nicht nur Wirtschaftsgebäude, Stallungen und ähnliche Anlagen, sondern auch Verwaltungsgebäude sowie Miethäuser und vermietete Eigenheime. Dasselbe galt nach **§ 27 Satz 2 LPG-Gesetz** für Gebäude, Anlagen und Anpflanzungen, die im Rahmen der Kooperation errichtet bezw. vorgenommen wurden, sowie für fest mit dem Boden verbundene Produktionsmittel, die LPG-Mitglieder als Inventarbeitrag in die LPG einbrachten.[16] Dieses **Gebäudeeigentum** beruhte auf dem der LPG nach § 18 LPG-Gesetz zustehenden gesetzlichen Nutzungsrecht am Boden.

14 Nachdem § 18 LPG-Gesetz als rechtliche Grundlage des Gebäudeeigentums durch das Gesetz vom 28. 6. 1990[17] ersatzlos aufgehoben worden war, bestimmt nunmehr **Art. 233 § 2b Abs. 1 Satz 1 und 3 EGBGB,**[18] daß die Gebäude und Anlagen landwirtschaftlicher Produktionsgenossenschaften, auch soweit dies nicht gesetzlich bestimmt ist, unabhängig vom Eigentum am Grundstück **Eigentum des Nutzers** sind. Ein Nutzungsrecht am Grund und Boden soll damit nicht entstehen; dies stellt Art. 233 § 2b Abs. 1 Satz 2 EGBGB klar. Für Gebäudeeigentum, das nach Art. 233 § 2b Abs. 1 EGBGB oder nach § 27 LPG-Gesetz entstanden ist, ist nach Art. 233 § 2b Abs. 2 EGBGB auf Antrag des Nutzers ein **Gebäudegrundbuchblatt** anzulegen; nach Art. 233 § 2c Abs. 1 EGBGB ist dieses Gebäudeeigentum auf Antrag im Grundbuch wie eine Belastung des betroffenen Grundstücks einzutragen. Damit wurde die Regelung übernommen, die die Rechtsprechung bereits im Wege der Auslegung des geltenden Rechts festgestellt hatte.[19]

15 Dieselbe Regelung trifft **Art. 233 § 2b Abs. 1 und 2 EGBGB** für **Gebäude** und Anlagen, die von Arbeiter-Wohnungsbaugenossenschaften auf ehemals volkseigenen Grundstücken errichtet worden sind. Auch diese **Gebäude** und Anlagen sind – unabhängig vom Eigentum am Grundstück – kraft Gesetzes **selbständiges Eigentum** des Nutzers, auch soweit

[12] Vgl. für ein Wochenendhaus, das auf der von einer LPG zu Erholungszwecken überlassenen Bodenfläche errichtet worden war, BGH DtZ 1994, 68.

[13] Vgl. insoweit insbesondere § 95 BGB RdNr. 6f.

[14] Vgl. *Gößmann* WM 1991, 1861; *Janke* DtZ 1992, 115; *Purps* VIZ 1994, 390.

[15] Gesetz über die landwirtschaftlichen Produktionsgenossenschaften vom 2. 7. 1982 (GBl. DDR I Nr. 25 S. 443), zuletzt geändert durch das Gesetz vom 28. 6. 1990 (GBl. DDR I Nr. 38 S. 483).

[16] Vgl. BGH NJW 1993, 860 für eine als Inventarbeitrag eingebrachte Gastwirtschaft mit Nebengebäuden.

[17] GBl. DDR I Nr. 38 S. 483; vgl. § 7 Nr. 6 des Gesetzes.

[18] Eingefügt durch Art. 8 Nr. 2 Buchst. b des Zweiten Vermögensrechtsänderungsgesetzes vom 14. 7. 1992 (BGBl. I S. 1257, 1276).

[19] Vgl. BezG Dresden ZIP 1991, 1634 = Rpfleger 1991, 493 = NJ 1992, 84, bestätigt in ZIP 1992, 1031.

dies nicht gesetzlich bestimmt ist. Auf Antrag des Nutzers ist auch für dieses Gebäudeeigentum ein Gebäudegrundbuchblatt anzulegen und das Gebäudeeigentum im Grundbuch wie eine Belastung des betroffenen Grundstücks einzutragen.

16 **b) Fall des Art. 233 § 8 EGBGB.** Errichteten **volkseigene Betriebe, staatliche Organe** oder Einrichtungen **auf** vertraglich genutzten **nichtvolkseigenen,** privaten **Grundstücken** Gebäude und Anlagen, so wurden diese nach **§ 459 Abs. 1 Satz 1 ZGB DDR** (vgl. RdNr. 39) und der dazu erlassenen Verordnung über die Sicherung des Volkseigentums bei Baumaßnahmen von Betrieben auf vertraglich genutzten nicht volkseigenen Grundstücken vom 7. 4. 1983[20] unabhängig vom Eigentum am Boden Volkseigentum. Damit entstand auch in diesen Fällen **selbständiges,** und zwar volkseigenes **Gebäudeeigentum.**

17 Dieses **Gebäudeeigentum** beruhte nicht auf einem im Grundbuch eingetragenen oder eintragbaren Nutzungsrecht; es **entstand kraft Gesetzes** unmittelbar mit der Errichtung des Gebäudes oder der Anlage. Jedoch konnte jeder Vertragspartner verlangen, daß die Rechtsänderung im Grundbuch eingetragen wird (§ 459 Abs. 2 ZGB DDR). War der Verfügende nicht vertraglich zur Nutzung des Grundstücks berechtigt, konnte selbständiges Anlageneigentum gem. Art. 231 § 5 Abs. 1 Satz 1 EGBGB, § 459 Abs. 1 ZGB DDR nicht entstehen.[21] Als vertragliche Grundlage kann jedoch auch ein fehlgeschlagener Grundstückskaufvertrag genügen, der in einen Nutzungsvertrag umgedeutet werden kann.[22] § 459 ZGB DDR wurde durch das 2. Zivilrechtsänderungsgesetz vom 22. 7. 1990[23] aufgehoben. Die auf Grund des früheren § 459 ZGB DDR entstandenen Rechtsverhältnisse bestehen nach dem 2. 10. 1990 nach Maßgabe des **Art. 233 § 8 EGBGB** fort.

IV. Einordnung des Gebäudeeigentums (Abs. 1 und 2)

18 **1. Auflösung der Zuordnung zu dem Grundstück (Abs. 1). a) Errichtung oder Anbringung vor dem 3. 10. 1990 (Satz 1).** Nach § 94 Abs. 1 BGB gehören zu den wesentlichen Bestandteilen eines Grundstücks insbesondere Gebäude sowie andere mit dem Grund und Boden verbundene Sachen.[24] Sollen solche Sachen auch unter dem Regime des Bürgerlichen Gesetzbuchs unabhängig vom Eigentum am Grundstück persönliches Eigentum desjenigen bleiben, dem ein solches Eigentum vor dem Beitritt am 3. 10. 1990 zugestanden hatte (vgl. dazu RdNr. 5 bis 17), so mußte die Zuordnung des Gebäudes und der anderen Sachen zu dem Grundstück als dessen wesentliche Bestandteile gelöst werden. **Abs. 1 Satz 1** bestimmt demgemäß, daß **Gebäude,** Baulichkeiten, Anlagen Anpflanzungen oder Einrichtungen, die nach dem bis 3. 10. 1990 geltenden Recht der DDR vom Grundstückseigentum unabhängiges Eigentum waren, **nicht** zu den **Bestandteilen des Grundstücks** gehören.

19 Die **Abweichung von** der Systematik der **§§ 93 ff. BGB** wurde hingenommen, um bei diesen alten, in Zukunft nicht mehr begründbaren Rechtsverhältnissen nicht allzu weit von der im Gebiet der ehemaligen DDR bestehenden Rechtslage abzuweichen. Die Regelung ist der Bestimmung des § 95 Abs. 1 Satz 2 BGB vergleichbar, wonach Gebäude und andere Werke, die in Ausübung eines Rechts an einem fremden Grundstück von dem Berechtigten mit dem Grundstück verbunden worden sind, nicht zu den Bestandteilen des Grundstücks gehören.[25]

20 **b) Errichtung oder Anbringung nach dem 2. 10. 1990 (Satz 2).** Wurden die in Satz 1 bezeichneten Sachen **am 3. 10. 1990 oder danach** errichtet oder angebracht, so gehören sie nach **Absatz 1 Satz 2** gleichfalls nicht zu den Bestandteilen des Grundstücks. **Voraussetzung** ist, daß die Errichtung des Gebäudes oder die Anbringung der anderen Sachen auf

[20] GBl. DDR I Nr. 12 S. 129.
[21] Vgl. LG Neubrandenburg VIZ 1993, 81 = NJ 1983, 182.
[22] Vgl. LG Frankfurt (Oder) VIZ 1994, 367 = NJ 1994, 275.
[23] GBl. DDR I Nr. 49 S. 903.
[24] Vgl. § 94 BGB RdNr. 5 und 9 ff.
[25] Vgl. § 95 BGB RdNr. 15 ff.

Grund eines Nutzungsrechts an dem Grundstück, also eines dinglichen Nutzungsrechts (vgl. RdNr. 5 bis 9), oder auf Grund eines obligatorischen Nutzungsrechts nach den §§ 312 bis 315 ZGB DDR (vgl. RdNr. 10f.) zulässig ist. Die Vorschrift soll das Vertrauen der Nutzungsberechtigten darauf schützen, ein vor dem 3. 10. 1990 erworbenes Nutzungsrecht ausüben zu können.

21 **2. Zuordnung zu dem Gebäude (Abs. 2).** Nach Absatz 2 Satz 1 gelten das **Nutzungsrecht** an dem Grundstück und **die anderen** mit dem Grund und Boden fest verbundenen Sachen als **wesentliche Bestandteile des Gebäudes.** Damit weicht die Regelung zB von § 12 ErbbauVO ab. Sie trägt dem Umstand Rechnung, daß nach dem Verständnis des ZGB DDR das Gebäude im Vordergrund stand: Mit seiner Veräußerung geht auch das Nutzungsrecht an dem Grundstück auf den Erwerber über (§ 289 Abs. 2, § 293 Abs. 3 ZGB DDR); auch das besondere Grundbuchblatt wird für das Gebäude, nicht für das Nutzungsrecht angelegt. Hauptsache ist damit das Gebäude, nicht das Nutzungsrecht.[26] Die Regelung soll im Interesse der Erhaltung wirtschaftlicher Werte und der Sicherheit des Rechtsverkehrs gewährleisten, daß das Gebäude und seine in Absatz 2 Satz 1 bezeichneten Bestandteile ein einheitliches rechtliches Schicksal haben.

22 **Absatz 2 Satz 2** stellt klar, daß die **Bestandteilsregelung** des Satzes 1 folgenden Bestimmungen des Art. 233 § 4 EGBGB[27] nicht entgegensteht: Einmal der Bestimmung des § 4 Abs. 3, wonach der **Untergang des Gebäudes** den Bestand des Nutzungsrechts unberührt läßt; zum andern der Bestimmung des § 4 Abs. 5 über die **Aufhebung des Nutzungsrechts** und ihre Folgen, nämlich das Erlöschen des Gebäudeeigentums und – in Anlehnung an § 12 Abs. 3 ErbbauVO – die Zuordnung des Gebäudes als Bestandteil des Grundstücks, dh. gem. § 94 Abs. 1 Satz 1 in den meisten Fällen als dessen wesentlicher Bestandteil.

23 **3. Weitere Regelungen zum Gebäudeeigentum.** Neben den allgemeinen Regelungen des **Art. 233 § 2 Abs. 1 EGBGB** über den **Inhalt des Eigentums,** wonach auf das am 3. 10. 1990 bestehende Eigentum an Sachen, also auch das Gebäudeeigentum, von diesem Zeitpunkt an grundsätzlich die Vorschriften des BGB Anwendung finden, und des **Art. 233 § 3 EGBGB** über **Inhalt und Rang beschränkter dinglicher Rechte,** zu denen hinsichtlich des betroffenen Grundstücks auch das Gebäudeeigentum gerechnet werden kann, finden sich weitere bundesrechtliche Regelungen zum Gebäudeeigentum insbesondere in den folgenden Bestimmungen:

24 Für **dingliche Nutzungsrechte** und darauf beruhendes **Gebäudeeigentum** (vgl. RdNr. 5 bis 9) enthält **Art. 233 § 4 EGBGB** Sondervorschriften über den Inhalt des Gebäudeeigentums, über die Anlegung des Gebäudegrundbuchblattes, über die Reichweite des öffentlichen Glaubens des Grundbuchs, über die Auswirkungen eines Untergangs des Gebäudes und einer Zwangsversteigerung des Grundstücks auf den Bestand des Nutzungsrechts sowie über die Aufhebung des Nutzungsrechts. Für **obligatorische Nutzungsverhältnisse** (vgl. RdNr. 10f.) ordnet **Art. 232 § 4 EGBGB** grundsätzlich die vorläufige Weitergeltung der §§ 312 bis 315 ZGB DDR an, ermöglicht aber Vorschriften über angemessene Nutzungsentgelte.[28] Regelungen über selbständiges **Gebäudeeigentum ohne dingliches Nutzungsrecht** (vgl. RdNr. 12 bis 17), über die Anlegung eines Gebäudegrundbuchblattes sowie die Eintragung des Gebäudeeigentums als Belastung des betroffenen Grundstücks enthält **Art. 233 §§ 2b, 2c und 8 EGBGB.**

25 Das **Sachenrechtsänderungsgesetz**[29] läßt die Vorschrift des Art. 231 § 5 EGBGB unberührt. Während dieser den derzeitigen sachenrechtlichen Zustand regelt, hat das Sachenrechtsänderungsgesetz die Neugestaltung für die Zukunft zum Ziel; es begründet Ansprüche, die durchgesetzt werden müssen. Bis dahin bestehen die gegenwärtigen dinglichen

[26] Vgl. *Palandt-Heinrichs* Art. 231 § 5 EGBGB RdNr. 3.

[27] IdF des Art. 8 Nr. 2 Buchst. c des Zweiten Vermögensrechtsänderungsgesetzes vom 14. 7. 1992 (BGBl. I S. 1257, 1277).

[28] Vgl. dazu die Nutzungsentgeltverordnung vom 22. 7. 1993 (BGBl. I S. 1339), abgedruckt im Anhang zu Art. 232 § 2 EGBGB.

[29] Gesetz zur Änderung sachenrechtlicher Bestimmungen (Sachenrechtsänderungsgesetz – SachenRÄndG) vom 21. 9. 1994 (BGBl. I S. 2457).

Rechtsverhältnisse fort. Mit der Bestellung eines Erbbaurechts zugunsten des Nutzers erlischt das selbständige Gebäudeeigentum; das Gebäude wird Bestandteil des Erbbaurechts; zugleich erlöschen nach bisherigem Recht begründete Nutzungsrechte und etwaige vertragliche oder gesetzliche Besitzrechte des Nutzers (§ 59 SachenRÄndG). Vereinigen sich auf Grund des gesetzlichen Ankaufsrechts Grundstücks- und Gebäudeeigentum in einer Person, so ist der Eigentümer verpflichtet, das Eigentum am Gebäude aufzugeben (§ 78 SachenRÄndG).[30]

V. Öffentlicher Glaube des Grundbuchs (Abs. 3 bis 5)

26 **1. Einschränkung des öffentlichen Glaubens bis zum 31. 12. 1996.** Der **öffentliche Glaube des Grundbuchs** ist derzeit zugunsten der dinglichen Nutzungsrechte **eingeschränkt.** Nach **Art. 233 § 4 Abs. 2 Satz 1 EGBGB** wird ein solches Nutzungsrecht, das nicht im Grundbuch des belasteten Grundstücks eingetragen ist, durch die Vorschriften über den öffentlichen Glauben des Grundbuchs (§§ 891, 892 BGB) nicht beeinträchtigt; das Nutzungsrecht und ein auf ihm beruhendes Gebäudeeigentum bleiben auch gegenüber einem gutgläubigen Erwerber des Grundstücks oder Gläubiger eines neu eingetragenen Grundpfandrechts wirksam. Da das Nutzungsrecht in der ehemaligen DDR vielfach nicht in das Grundstücksgrundbuch eingetragen worden ist, dies für die Entstehung des Rechts auch nicht konstitutiv war, und da der Nutzungsberechtigte die Eintragung nicht selbst hatte beantragen können, soll die Regelung vermeiden, daß dieser bei einem gutgläubigen Erwerb des Grundstücks sein Nutzungsrecht verliert.

27 **2. Unbeschränkter öffentlicher Glaube ab 1. 1. 1997 (Abs. 3 bis 5).** Nach Ablauf einer angemessenen Übergangsfrist soll der **öffentliche Glaube des Grundbuchs** ab 1. 1. 1997 auch im Beitrittsgebiet **voll wiederhergestellt** werden.[31] Ein bloßes Auslaufen der Einschränkung nach Art. 233 § 4 Abs. 2 Satz 1 EGBGB zu diesem Zeitpunkt führte zwar dazu, daß dingliche Nutzungsrechte, die nicht im Grundbuch des Grundstücks eingetragen sind, nach Maßgabe der Vorschriften über den öffentlichen Glauben erlöschen. Davon würde jedoch das auf der Grundlage der Nutzungsrechte entstandene Gebäudeeigentum nicht erfaßt. Der Gebäudeeigentümer behielte sein Gebäudeeigentum und könnte sich zudem auf das Recht zum Besitz nach Art. 233 § 2a EGBGB berufen. Der öffentliche Glaube des Grundbuchs kann daher nur dann voll wiederhergestellt werden, wenn seine Wirkungen auch das Gebäudeeigentum erfassen.

28 **a) Bei der Übertragung des Grundstücks (Abs. 3).** Nach **Absatz 3 Satz 1 erlischt** das **Gebäudeeigentum,** wenn das Eigentum am **Grundstück nach dem 31. 12. 1996 übertragen** wird und wenn das Nutzungsrecht (vgl. RdNr. 5 bis 9) oder das selbständige Gebäudeeigentum iSd. Art. 233 §§ 2b und 8 EGBGB, dh. ein Gebäudeeigentum ohne dingliches Nutzungsrecht (vgl. RdNr. 12 bis 17), im Grundbuch des veräußerten Grundstücks nicht eingetragen ist und dem Erwerber das nicht eingetragene Recht nicht bekannt war. Entsprechendes gilt nach § 9a EGZVG,[32] wenn das Grundstück versteigert wird und das selbständige Gebäudeeigentum nicht aus dem Grundbuch ersichtlich ist oder im Zwangsversteigerungsverfahren nicht angemeldet wurde.[33]

29 Soweit das **Gebäudeeigentum,** das nach Absatz 3 Satz 1 erlischt, mit **Grundpfandrechten** belastet ist, muß dem Gläubiger des Grundpfandrechts für den Verlust des Haftungsobjekts ein Ausgleich gewährt werden. Diese **Absicherung** regelt **Absatz 3 Satz 2.** Danach setzen sich an dem Gebäudeeigentum begründete Grundpfandrechte als Pfandrechte an dem Anspruch fort **(Satz 2 Hs. 2),** der dem Inhaber des Gebäudeeigentums gegen den

[30] Vgl. *Schmidt-Räntsch* VIZ 1994, 441, 446 und DtZ 1994, 322, sowie *Grün* NJW 1994, 2641.

[31] Vgl. dazu *Böhringer* DtZ 1994, 50 unter I, sowie Rpfleger 1995, 51, 53 unter III.

[32] IdF des Art. 12 Abs. 1 des Registerverfahrensbeschleunigungsgesetzes vom 20. 12. 1993 (BGBl. I S. 2182, 2210f.).

[33] Zum Gebäudeeigentum in der Grundstücksversteigerung vgl. Keller Rpfleger 1994. 194.

Veräußerer des Grundstücks zusteht; dieser Anspruch richtet sich auf Ersatz des Wertes, den das Gebäudeeigentum im Zeitpunkt seines Erlöschens hatte **(Satz 2 Hs. 1).**

30 **b) Bei der Belastung des Grundstücks (Abs. 4).** Wird **nach dem 31. 12. 1996 das Grundstück** mit einem **dinglichen Recht belastet** oder ein solches Recht erworben, so gilt das Gebäude nach **Absatz 4 Satz 1** für den Inhaber des Rechts entsprechend der Regelung in § 94 Abs. 1 BGB als – wesentlicher – **Bestandteil des Grundstücks;** das Gebäudeeigentum wird damit mitbelastet. Voraussetzung ist nach **Absatz 4 Satz 2** iVm. Absatz 3 Satz 1 auch in diesem Fall, daß der Inhaber des Rechts bei der Belastung des Grundstücks oder beim Erwerb des Rechts iS des § 932 Abs. 2 BGB gutgläubig war: Weder durfte das Nutzungsrecht an dem Grundstück oder das selbständige Gebäudeeigentum im Grundbuch des belasteten Grundstücks eingetragen, noch dem Berechtigten das nicht eingetragene Recht bekannt gewesen sein.

31 Weil die **Mitbelastung des Gebäudeeigentums** jedenfalls zunächst nicht aus dem Gebäudegrundbuchblatt ersichtlich ist, könnte sie mit dem Erwerb des Gebäudeeigentums oder eines beschränkten dinglichen Rechts daran durch einen gutgläubigen Dritten wieder erlöschen. Nach **Art. 233 § 2c Abs. 3 EGBGB** ist der gutgläubige Erwerb selbständigen Gebäudeeigentums sowie dinglicher Rechte daran deshalb nur möglich, wenn das Gebäudeeigentum auch im Grundbuch des belasteten Grundstücks eingetragen ist. Aus diesem kann der Erwerber aber erkennen, daß das Gebäude von dem Eigentum oder beschränkten dinglichen Rechten am Grundstück erfaßt wird, so daß er darüber nicht mehr gutgläubig ist.

32 **c) Bei Überbau des Gebäudes (Abs. 5).** Absatz 5 enthält eine Sonderregelung für den Fall, daß ein **Gebäudeeigentum auf mehreren Grundstücken** „lastet". Wer mit dem Grundstück gutgläubig ein Gebäudeeigentum gem. Absatz 3 miterwirbt oder gemäß Absatz 4 wie einen wesentlichen Bestandteil des Grundstücks mitbelastet, erwürbe bzw. belastete damit ein Gebäudeeigentum, das teilweise auf einem anderen Grundstück steht. **Satz 1 beschränkt** in diesen Fällen die Wirkung des **Gutglaubensschutzes** auf das Grundstück, auf dem sich der überwiegende Teil des Gebäudes befindet. Hinsichtlich des auf dem benachbarten Grundstück befindlichen Teil des Gebäudes ordnet **Satz 2** die sinngemäße Geltung der **Vorschriften** über den genehmigten **Überbau** (§ 912 Abs. 1 BGB) an; der andere Grundstückseigentümer hat den „Überbau" zwar zu dulden, ist dafür aber durch eine Geldrente zu entschädigen (§ 912 Abs. 2 BGB).

VI. Zugrundeliegendes Recht der ehemaligen DDR

1. Auszüge aus dem Zivilgesetzbuch (ZGB DDR)[34]

33

Allgemeine Bestimmungen

§ 286 Formen der Nutzung von Grundstücken durch Bürger

(1) Bürger können Grundstücke nutzen

1. auf Grund der Verleihung des Nutzungsrechts an einem volkseigenen Grundstück für den Bau und die persönliche Nutzung von Eigenheimen (§§ 287 bis 290);
2. auf Grund der Zuweisung genossenschaftlich genutzten Bodens durch eine sozialistische Genossenschaft für den Bau und die persönliche Nutzung von Eigenheimen (§§ 291 bis 294);
3. als Eigentümer eines Grundstücks (§ 295);
4. auf Grund eines Vertrages über die Nutzung von Bodenflächen zur Erholung (§§ 312 bis 315).

[34] Vom 19. 6. 1975 (GBl. DDR I Nr. 27 S. 465), geändert durch die Gesetze vom 28. 6. 1990 (GBl. DDR I S. 524) und vom 22. 7. 1990 (GBl. DDR I S. 903).

(2) Der Inhalt der Nutzungsbefugnisse ergibt sich aus diesem Gesetz, anderen Rechtsvorschriften und den auf ihrer Grundlage getroffenen Vereinbarungen.

(3) Bürgern kann auch ein Mitbenutzungsrecht an Grundstücken eingeräumt werden (§§ 321 und 322).

(4) Die Bestimmungen dieses Teils gelten auch für Betriebe bei der Übertragung und Nutzung von Grundstücken und Gebäuden, soweit dafür besondere Rechtsvorschriften nicht bestehen.

Verleihung von Nutzungsrechten an volkseigenen Grundstücken

§ 287 Entstehen des Nutzungsrechts

34 (1) Bürgern kann zur Errichtung und persönlichen Nutzung eines Eigenheimes oder eines anderen persönlichen Bedürfnissen dienenden Gebäudes an volkseigenen Grundstücken ein Nutzungsrecht verliehen werden.

(2) Über die Verleihung des Nutzungsrechts wird dem Berechtigten durch das zuständige staatliche Organ eine auf seinen Namen lautende Urkunde ausgestellt. Das Nutzungsrecht entsteht mit dem in der Urkunde festgelegten Zeitpunkt.

§ 288 Inhalt des Nutzungsrechts

(1) Der Nutzungsberechtigte ist berechtigt und verpflichtet, das volkseigene Grundstück bestimmungsgemäß zu nutzen.

(2) Das Nutzungsrecht ist unbefristet. In Ausnahmefällen kann das Nutzungsrecht befristet verliehen werden.

(3) Für das Nutzungsrecht ist ein Entgelt zu entrichten. Durch Rechtsvorschriften kann festgelegt werden, daß die Nutzung unentgeltlich erfolgt.

(4) Die auf dem volkseigenen Grundstück errichteten Gebäude, Anlagen und Anpflanzungen sind persönliches Eigentum des Nutzungsberechtigten.

§ 289 Übergang des Nutzungsrechts

(1) Gebäude auf volkseigenen Grundstücken, für die ein Nutzungsrecht verliehen wurde, können veräußert und vererbt werden.

(2) Mit der staatlichen Genehmigung des Vertrages über die Veräußerung geht das Nutzungsrecht auf den Erwerber über. Der Übergang des Nutzungsrechts auf den Erben bestimmt sich nach den dafür geltenden Rechtsvorschriften.

(3) Dem Erwerber oder dem Erben ist durch das zuständige staatliche Organ eine auf seinen Namen lautende Urkunde auszustellen, aus der sich der Übergang des Nutzungsrechts ergibt.

§ 290 Entzug des Nutzungsrechts

(1) Wird das volkseigene Grundstück nicht bestimmungsgemäß genutzt, kann das zuständige staatliche Organ das Nutzungsrecht entziehen.

(2) Bei Entzug des Nutzungsrechts gehen Gebäude, Anlagen und Anpflanzungen in Volkseigentum über. Die Entschädigung erfolgt nach den dafür geltenden Rechtsvorschriften. Für Gebäude wird eine Entschädigung gewährt, wenn sie mit staatlicher Genehmigung auf dem volkseigenen Grundstück errichtet wurden.

Persönliche Nutzung genossenschaftlich genutzten Bodens

§ 291 Entstehen des Nutzungsrechts

35 Landwirtschaftliche Produktionsgenossenschaften und andere sozialistische Genossenschaften können, soweit Rechtsvorschriften das vorsehen, Bürgern genossenschaftlich genutzten Boden zum Bau von Eigenheimen oder anderen persönlichen Bedürfnissen dienenden Gebäuden zuweisen.

§ 292 Inhalt des Nutzungsrechts

(1) Der Nutzungsberechtigte ist berechtigt und verpflichtet, die zugewiesene Bodenfläche bestimmungsgemäß zu nutzen.

(2) Das Nutzungsrecht an der zugewiesenen Bodenfläche ist unbefristet. In Ausnahmefällen kann das Nutzungsrecht befristet werden.

(3) Die auf der zugewiesenen Bodenfläche errichteten Gebäude, Anlagen und Anpflanzungen sind unabhängig vom Eigentum an der Bodenfläche persönliches Eigentum des Nutzungsberechtigten.

§ 293 Übergang des Nutzungsrechts

(1) Die errichteten Gebäude können an Bürger, denen nach § 291 Boden zugewiesen werden kann, veräußert werden. Mit Zustimmung der Genossenschaft ist die Veräußerung an andere Bürger zulässig, wenn das Gebäude persönlichen Wohnbedürfnissen dienen soll.

(2) Die errichteten Gebäude können vererbt werden.

(3) Mit dem Übergang des Eigentums am Gebäude geht auch das Nutzungsrecht an der zugewiesenen Bodenfläche auf den neuen Eigentümer über.

§ 294 Entzug des Nutzungsrechts

(1) Wird die zugewiesene Bodenfläche nicht bestimmungsgemäß genutzt, kann das zuständige staatliche Organ das Nutzungsrecht entziehen.

(2) Nach Entzug des Nutzungsrechts ist der Gebäudeeigentümer verpflichtet, das Gebäude nach § 293 Abs. 1 zu veräußern.

Eigentums- und Nutzungsrechte

§ 295 Umfang der Eigentums- und Nutzungsrechte

(1) Das Eigentum am Grundstück umfaßt den Boden und die mit dem Boden fest verbundenen Gebäude und Anlagen sowie die Anpflanzungen. **36**

(2) Durch Rechtsvorschriften kann festgelegt werden, daß selbständiges Eigentum an Gebäuden und Anlagen unabhängig vom Eigentum am Boden bestehen kann. Für die Rechte an solchen Gebäuden und Anlagen sind die Bestimmungen über Grundstücke entsprechend anzuwenden, soweit nichts anderes festgelegt ist.

(3) Das Recht zur Nutzung eines Grundstücks umfaßt das Recht, Anpflanzungen vorzunehmen und sich den Ertrag anzueignen, soweit sich aus dem Zweck der Nutzung nichts anderes ergibt oder nichts anderes vereinbart wurde.

(4) Die in besonderen Rechtsvorschriften getroffenen Regelungen über die Ausübung der Eigentums- und Nutzungsrechte an Grundstücken bleiben unberührt.

§ 296 Eigentum an Wochenendhäusern und anderen Baulichkeiten auf vertraglich genutzten Bodenflächen[35]

(1) Wochenendhäuser sowie andere Baulichkeiten, die der Erholung, Freizeitgestaltung oder ähnlichen persönlichen Bedürfnissen der Bürger dienen und in Ausübung eines vertraglich vereinbarten Nutzungsrechts errichtet werden, sind unabhängig vom Eigentum am Boden, Eigentum des Nutzungsberechtigten, soweit nichts anderes vereinbart ist. Für das Eigentum an diesen Baulichkeiten gelten die Bestimmungen über das Eigentum an beweglichen Sachen entsprechend.

(2) Endet das Nutzungsverhältnis und wird ein neues Nutzungsverhältnis vertraglich vereinbart, kann das Eigentum an der Baulichkeit durch schriftlichen Vertrag auf den

[35] § 296 Abs. 2 Satz 2 ZGB DDR neu gefaßt durch Gesetz vom 28. 6. 1990 (GBl. DDR I S. 524).

nachfolgenden Nutzungsberechtigten übertragen werden. Der Vertrag über die Begründung des neuen Nutzungsverhältnisses bedarf der Schriftform.

Nutzung von Bodenflächen zur Erholung

§ 312 Abschluß des Vertrages

37 (1) Land- und forstwirtschaftlich nicht genutzte Bodenflächen können Bürgern zum Zwecke der kleingärtnerischen Nutzung, Erholung und Freizeitgestaltung überlassen werden. Der Vertrag über die Nutzung ist schriftlich abzuschließen und bedarf der staatlichen Genehmigung, soweit das in Rechtsvorschriften vorgesehen ist.

(2) Der Vertrag kann unbefristet oder befristet abgeschlossen werden. Ein Vertrag darf nur befristet abgeschlossen werden, wenn dafür gesellschaftlich gerechtfertigte Gründe vorliegen. Sie sind im Vertrag anzugeben.

§ 313 Rechte und Pflichten des Nutzungsberechtigten

(1) Der Nutzungsberechtigte ist berechtigt und verpflichtet, die ihm überlassene Bodenfläche bestimmungsgemäß zu nutzen. Er kann insbesondere Anpflanzungen vornehmen und sich den Ertrag aneignen.

(2) Zwischen den Vertragspartnern kann vereinbart werden, daß der Nutzungsberechtigte auf der Bodenfläche ein Wochenendhaus oder andere Baulichkeiten errichtet, die der Erholung, Freizeitgestaltung oder ähnlichen persönlichen Bedürfnissen dienen.

(3) Der Nutzungsberechtigte ist verpflichtet, das Entgelt für die Nutzung termingemäß zu zahlen. Die Übertragung der Nutzung an andere Bürger ist nicht zulässig.

§ 314 Beendigung des Nutzungsverhältnisses

(1) Das Nutzungsverhältnis kann durch Vereinbarung der Vertragspartner beendet werden.

(2) Der Nutzungsberechtigte kann unter Einhaltung einer Frist von 3 Monaten zum 31. Oktober des laufenden Jahres kündigen. Aus gesellschaftlich gerechtfertigten Gründen kann zum Ende eines Quartals mit einer Frist von einem Monat gekündigt werden.

(3) Der Überlassende kann mit einer Frist von 3 Monaten zum 31. Oktober des laufenden Jahres kündigen, wenn dafür gesellschaftlich gerechtfertigte Gründe vorliegen, insbesondere dann, wenn der Nutzungsberechtigte seine Pflichten wiederholt gröblich verletzt, andere Nutzungsberechtigte erheblich belästigt oder sich auf andere Weise gemeinschaftsstörend verhält. Bei besonders schwerwiegendem vertragswidrigem Verhalten kann auch zum Ende des Quartals mit einer Frist von einem Monat gekündigt werden. Erfolgt die Nutzung außerhalb einer Kleingartenanlage, kann das Nutzungsverhältnis auch bei Vorliegen von dringendem Eigenbedarf gekündigt werden.

(4) Die Kündigung des Nutzungsverhältnisses durch einen Vertragspartner bedarf der Schriftform. Hat der Nutzungsberechtigte in Ausübung des Nutzungsrechts auf der Bodenfläche ein Wochenendhaus oder eine Garage errichtet, kann das Nutzungsverhältnis gegen seinen Willen nur durch gerichtliche Entscheidung aufgehoben werden.

(5) Endet das Nutzungsverhältnis, hat der Nutzungsberechtigte die Bodenfläche in einem ordnungsgemäßen Zustand zurückzugeben. Wertverbesserungen sind dem Nutzungsberechtigten zu entschädigen.

(6) Im Falle der Kündigung nach Abs. 3 aus dringendem Eigenbedarf ist der Überlassende verpflichtet, auf Verlangen des Nutzungsberechtigten von ihm errichtete Baulichkeiten oder Anpflanzungen durch Kauf zu erwerben.

§ 315 Besonderheiten bei der Nutzung von Bodenflächen in einer Kleingartenanlage

(1) Erfolgt die Nutzung innerhalb einer Kleingartenanlage, ist der Nutzungsberechtigte berechtigt, die gemeinschaftlichen Einrichtungen zu nutzen. Er hat die sich daraus ergebenden Pflichten zu erfüllen.

(2) Endet das Nutzungsverhältnis, ist der Nutzungsberechtigte auf Verlangen des Vorstandes verpflichtet, die von ihm errichteten Gebäude, Anlagen und Anpflanzungen auf dem Grundstück zu belassen, soweit das zur weiteren kleingärtnerischen Nutzung des Grundstücks erforderlich ist. Die auf dem Grundstück verbleibenden Gebäude, Anlagen und Anpflanzungen sind dem Nutzungsberechtigten von dem nachfolgenden Nutzer zu vergüten, soweit nichts anderes vereinbart ist.

Hypothek

§ 452 Inhalt der Hypothek[36]

(1) Ein Grundstück kann zur Sicherung einer Geldforderung mit einer Hypothek belastet werden. Das gleiche gilt für Gebäude, an denen auf Grund von Rechtsvorschriften unabhängig vom Eigentum am Boden selbständiges Eigentum besteht. Eine Hypothek kann auch zur Sicherung einer künftigen Forderung bestellt werden. Für eine Forderung können mehrere Grundstücke mit einer Hypothek belastet werden (Gesamthypothek). **38**

(2) Die Hypothek erstreckt sich auch auf das Grundstückszubehör, soweit es Eigentum des Grundstückseigentümers ist, auf die Mieteinnahmen, Nutzungsentgelte sowie auf Forderungen aus Versicherungen des Grundstücks.

(3) *(aufgehoben)*

Sicherung des sozialistischen Eigentums bei Baumaßnahmen auf vertraglich genutzten Grundstücken

§ 459 *(aufgehoben)*[37]

(1) Die von volkseigenen Betrieben, staatlichen Organen oder Einrichtungen auf vertraglich genutzten Grundstücken errichteten Gebäude und Anlagen sind unabhängig vom Eigentum am Boden Volkseigentum. Sind bedeutende Erweiterungs- und Erhaltungsmaßnahmen an vertraglich genutzten Grundstücken durchgeführt worden, besteht entsprechend der Werterhöhung ein volkseigener Miteigentumsanteil. **39**

(2) Jeder Vertragspartner kann verlangen, daß die Rechte und Pflichten festgelegt werden, die sich aus den baulichen Maßnahmen ergeben, und daß die Rechtsänderung im Grundbuch eingetragen wird.

(3) Bestehende und künftige Belastungen des Grundstücks erstrecken sich nicht auf das nach Abs. 1 entstandene Volkseigentum.

(4) Sind von sozialistischen Genossenschaften oder gesellschaftlichen Organisationen bedeutende Erweiterungs- und Erhaltungsmaßnahmen an vertraglich genutzten Grundstücken durchgeführt worden, besteht entsprechend der Werterhöhung ein Miteigentumsanteil zugunsten der sozialistischen Genossenschaft oder gesellschaftlichen Organisation. Die Bestimmungen der Absätze 2 und 3 gelten entsprechend.

(5) Für landwirtschaftliche Produktionsgenossenschaften gelten die genossenschaftlichen Bestimmungen.

Begriffsbestimmungen

§ 467 Sachen und wesentliche Bestandteile

(1) Sachen im Sinne des Gesetzes sind bewegliche Gegenstände, Grundstücke und Gebäude. **40**

[36] § 452 Abs. 1 ZGB DDR geändert durch Gesetz vom 22. 7. 1990 (GBl. DDR I S. 903), Abs. 3 aufgehoben durch Gesetz vom 28. 6. 1990 (GBl. DDR I S. 524).

[37] § 459 ZGB DDR aufgehoben durch das Gesetz vom 22. 7. 1990 (GBl. DDR I S. 903).

(2) Westentliche Bestandteile einer Sache sind Teile, die so miteinander verbunden sind, daß sie nicht getrennt werden können, ohne die Sache zu zerstören oder ihren wirtschaftlichen Zweck erheblich zu beeinträchtigen. Zu den wesentlichen Bestandteilen eines Gebäudes gehören auch die Sachen, die zu seiner Errichtung, Erhaltung und Erweiterung eingefügt worden sind.

(3) Wesentliche Bestandteile können nicht Gegenstand besonderer Rechte sein.

41 **2. § 27 LPG-Gesetz**[38]

§ 27 Selbständiges Eigentum an Gebäuden, Anlagen und Anpflanzungen

Die von LPG auf dem von ihnen genutzten Boden errichteten Gebäude und Anlagen sowie die von ihnen vorgenommenen Anpflanzungen sind unabhängig vom Eigentum am Boden Eigentum der LPG. Selbständiges Eigentum, unabhängig vom Eigentum am Boden, besteht auch an im Rahmen der Kooperation errichteten Gebäuden, Anlagen und vorgenommenen Anpflanzungen sowie an eingebrachten, fest mit dem Boden verbundenen Produktionsmitteln.

§ 6 Verjährung

(1) Die Vorschriften des Bürgerlichen Gesetzbuchs über die Verjährung finden auf die am Tag des Wirksamwerdens des Beitritts bestehenden und noch nicht verjährten Ansprüche Anwendung. Der Beginn, die Hemmung und die Unterbrechung der Verjährung bestimmen sich jedoch für den Zeitraum vor dem Wirksamwerden des Beitritts nach den bislang für das in Artikel 3 des Einigungsvertrages genannte Gebiet geltenden Rechtsvorschriften.

(2) Ist die Verjährungsfrist nach dem Bürgerlichen Gesetzbuch kürzer als nach den Rechtsvorschriften, die bislang für das in Artikel 3 des Einigungsvertrages genannte Gebiet galten, so wird die kürzere Frist von dem Tag des Wirksamwerdens des Beitritts an berechnet. Läuft jedoch die in den Rechtsvorschriften, die bislang für das in Artikel 3 des Einigungsvertrages genannte Gebiet galten, bestimmte längere Frist früher als die im Bürgerlichen Gesetzbuch bestimmte kürzere Frist ab, so ist die Verjährung mit dem Ablauf der längeren Frist vollendet.

(3) Die Absätze 1 und 2 sind entsprechend auf Fristen anzuwenden, die für die Geltendmachung, den Erwerb oder den Verlust eines Rechts maßgebend sind.

Schrifttum: *Deutsch,* Qualifikation und Rechtsanwendung im intertemporalen Recht – dargestellt am Haftungs- und Schadensrecht des Einigungsvertrages, IPRax 1992, 284; *Rädler,* Wer haftet für Altansprüche aus dem DDR-Staatshaftungsgesetz?, DtZ 1993, 296.

1 Diese Vorschrift entspricht in den **Abs. 1 und 2** weitgehend dem Art. 169 EGBGB, dessentwegen auf die Erläuterungen zu dieser Vorschrift in Band 7 der 2. Auflage verwiesen wird. Statt auf das Inkrafttreten des BGB wird hier auf das Wirksamwerden des Beitritts der DDR zur Bundesrepublik Deutschland, also den 3. 10. 1990, abgestellt; statt auf die bisherigen Gesetze wird hier auf die „Rechtsvorschriften" abgestellt, die bislang für das Gebiet der ehem. DDR galten. Die Vorschriften des für die DDR maßgebenden ZGB lauten:

[38] Gesetz über die landwirtschaftlichen Produktionsgenossenschaften vom 2. 7. 1982 (GBl. DDR I Nr. 25 S. 443), zuletzt geändert durch das Gesetz vom 28. 6. 1990 (GBl. DDR I Nr. 38 S. 483).

Sechstes Kapitel. Verjährung

§ 472 Grundsatz

(1) Ansprüche, die Bürgern oder Betrieben nach diesem Gesetz zustehen, unterliegen der Verjährung. Sie können nach Ablauf der in diesem Gesetz oder in anderen Rechtsvorschriften bestimmten Fristen nicht mehr mit Hilfe des Gerichts durchgesetzt werden. Nebenansprüche verjähren spätestens mit dem Hauptanspruch.

(2) Das Gericht kann auch nach eingetretener Verjährung für einen geltend gemachten Anspruch Rechtsschutz gewähren, wenn dafür schwerwiegende Gründe vorliegen und es im Interesse des Gläubigers dringend geboten erscheint und dem Schuldner zuzumuten ist.

§ 473 Erfüllung verjährter Ansprüche

Eine nach Ablauf der Verjährungsfrist erbrachte Leistung kann nicht mit der Begründung zurückgefordert werden, daß der Anspruch verjährt sei.

§ 474[1] Verjährungsfristen

(1) Die Verjährungsfrist beträgt, soweit in Rechtsvorschriften nichts anderes bestimmt ist,

1. für Garantieansprüche 6 Monate;
2. für Ansprüche aus Verträgen 2 Jahre;
3. für Schadensersatzansprüche aus Verträgen sowie für außervertragliche Ansprüche 4 Jahre;
4. für Zahlungsverpflichtungen aus einem schriftlichen Schuldanerkenntnis 10 Jahre;
5. für Ansprüche auf Herausgabe von Sachen 10 Jahre.

(2) Kürzere Verjährungsfristen können schriftlich vereinbart werden, soweit das nicht durch dieses Gesetz oder andere Rechtsvorschriften ausgeschlossen ist.

(3) Vereinbarungen über eine Verlängerung der gesetzlichen Verjährungsfristen sind nicht zulässig.

§ 475 Beginn der Verjährung

Die Verjährung beginnt

1. bei Garantieansprüchen mit dem 1. Tag des auf ihre Geltendmachung beim Garantieverpflichteten folgenden Monats;
2. bei Ansprüchen außerhalb von Verträgen mit dem Zeitpunkt, in welchem der Berechtigte vom Entstehen des Anspruchs und von der Person des Verpflichteten Kenntnis erlangt hat. Die Verjährung tritt spätestens mit Ablauf von 10 Jahren nach Vollendung der schädigenden Handlung ein;
3. bei allen übrigen Ansprüchen mit dem 1. Tag des Monats, der auf den Tag folgt, an dem der Anspruch geltend gemacht werden kann.

§ 476 Unterbrechung der Verjährung

(1) Die Verjährung wird unterbrochen durch

1. schriftliches Anerkenntnis des Anspruchs;
2. Einigung der Partner vor einem gesellschaftlichen Gericht über einen Anspruch;
3. Teil- oder Zinszahlung auf die Geldforderung.

(2) Wird die Verjährung unterbrochen, beginnt am 1. Tag des folgenden Monats die Verjährungsfrist erneut.

[1] § 474 Abs. 1 Ziff. 5 letzter Halbsatz aufgehoben durch Gesetz vom 28. 6. 1990 (GBl. I S. 524). Diese Vorschrift lautete: „Ansprüche auf Herausgabe von Sachen, die sozialistisches Eigentum sind, verjähren nicht."

§ 477 Hemmung der Verjährung

(1) Die Verjährung ist gehemmt für die Zeit

1. einer Stundung des Anspruchs;
2. von der Geltendmachung des Anspruchs vor einem Gericht bis zur rechtskräftigen Entscheidung; die Verjährung gilt als nicht gehemmt, wenn die Klage oder der Antrag aus anderen als aus Zuständigkeitsgründen zurückgenommen wird;
3. zwischen der Anmeldung der Forderung im Verfahren zur Gesamtvollstreckung und der Beendigung dieses Verfahrens;
4. in der eine Rechtsverfolgung nicht möglich ist;
5. von der Geltendmachung eines Garantieanspruchs bis zu seiner Erfüllung oder bis zur Erklärung des Verpflichteten, daß er die Erfüllung des Anspruchs verweigert;
6. von der Anzeige eines Versicherungsfalles bis zur Erklärung der Versicherungseinrichtung über ihre Leistungspflicht;
7. in welcher der Anspruch durch Pfandrecht, Bürgschaft oder auf sonstige Weise gesichert ist, mit Ausnahme des Anspruchs auf Zinsen.

(2) Die Zeit, in der die Verjährung gehemmt ist, wird in die Verjährungsfrist nicht eingerechnet.

Sonderfälle der Verjährung

§ 478 [Handlungsunfähigkeit; Nachlaß]

(1) Ein Anspruch gegen einen handlungsunfähigen oder einen in seiner Handlungsfähigkeit beschränkten Bürger, der ohne gesetzlichen Vertreter ist, verjährt frühestens 6 Monate nach dem Zeitpunkt, in welchem der Bürger die Handlungsfähigkeit erlangt hat oder gesetzlich vertreten wird.

(2) Ein Anspruch, der zu einem Nachlaß gehört oder sich gegen einen Nachlaß richtet, verjährt frühestens 1 Jahr nach dem Zeitpunkt, in welchem die Erbschaft von den Erben angenommen oder die Nachlaßverwaltung angeordnet wurde.

§ 479 [Eingetragene und gelöschte Grundstücksrechte]

(1) Ansprüche aus eingetragenen Rechten an Grundstücken verjähren nicht. Das gilt nicht für Ansprüche auf Zinsen.

(2) Auf Ansprüche aus gelöschten Grundstücksrechten ist Abs. 1 entsprechend anzuwenden, wenn gegen die Löschung ein Widerspruch im Grundbuch eingetragen ist.

§ 480[1] [Vollstreckungsverjährung]

(1) Die Frist, in der die Vollstreckung wegen eines vollstreckbaren Anspruchs beantragt werden kann, beträgt 10 Jahre (Vollstreckungsverjährung). Bei Ansprüchen auf regelmäßig wiederkehrende Leistungen beträgt die Frist 4 Jahre.

(2) Die Frist beginnt mit dem Tag, an dem die Vollstreckbarkeit des Vollstreckungstitels eintritt, jedoch nicht vor der Fälligkeit des Anspruchs. Bei Ansprüchen auf regelmäßig

[1] § 480 neu gefaßt durch Gesetz vom 28. 6. 1990 (GBl. I S. 524). § 480 a. F. lautete:
„*§ 480 Vollstreckungsverjährung*. (1) Die Frist, in der eine Vollstreckung wegen eines gerichtlich festgestellten oder für vollstreckbar erklärten Anspruchs beantragt werden kann, beträgt 10 Jahre. Bei Ansprüchen auf regelmäßig wiederkehrende Leistungen beträgt die Frist 4 Jahre.

(2) Die Frist beginnt mit dem Tag der Rechtskraft der Entscheidung des Gerichts, jedoch nicht vor Fälligkeit des Anspruchs. Bei Ansprüchen auf regelmäßig wiederkehrende Leistungen beginnt die Frist für jede Teilleistung gesondert am 1. Tag des Monats, der auf die Fälligkeit der Teilleistung folgt.

(3) Die Frist wird durch den Antrag auf Vollstreckung unterbrochen. Sie beginnt erneut mit dem 1. Tag des Monats, der auf die Beendigung der Vollstreckung folgt. Das Gericht kann auf Antrag auch nach Ablauf der Frist vollstrecken, wenn dafür schwerwiegende Gründe vorliegen und es im Interesse des Gläubigers dringend geboten erscheint und dem Schuldner zuzumuten ist.

(4) Die Vollstreckungsverjährung ist für die Zeit gehemmt, während der der Anspruch gestundet oder die Vollstreckung vorläufig eingestellt ist."

wiederkehrende Leistungen beginnt die Frist für jede Teilleistung gesondert am 1. Tag des Monats, der auf die Fälligkeit der Teilleistung folgt.

(3) Die Frist wird durch den Antrag auf Vollstreckung unterbrochen. Sie beginnt erneut mit dem 1. Tag des Monats, der auf die endgültige Einstellung der Vollstreckung folgt.

(4) Die Vollstreckungsverjährung ist für die Zeit gehemmt, während der der Anspruch gestundet ist.

(5) Nach Ablauf von 30 Jahren nach Beginn der Frist gemäß Abs. 2 ist ein Antrag auf Vollstreckung nicht mehr zulässig.

1. Auslegung und Anwendung. Die Auslegung und Anwendung der Vorschriften der ehemaligen DDR muß die Rechtspraxis der ehemaligen DDR berücksichtigen, allerdings ohne spezifisch sozialistische Wertungen und Rechtsmaximen.[1] Zumindest entsprechend anwendbar sind die Verjährungsvorschriften, wenn ein nach dem Recht der DDR zu beurteilender Anspruch erst nach dem Beitritt entstanden ist.[2] Die Verjährung war in der DDR von Amts wegen zu berücksichtigen; doch gilt dies als verfahrensrechtliche Norm seit dem 3. 10. 1990 nicht mehr.[3] Die Vorschrift des § 473 ZGB enthält eine ähnliche Regelung wie § 222 Abs. 2 Satz 1, rückt also die Verjährung in die Nähe einer Naturalobligation (so schon § 194 RdNr. 20c). Im Gegensatz zur dort vertretenen Ansicht ist es allerdings nicht gerechtfertigt, von einem Erlöschen des Anspruchs infolge der Verjährung zu sprechen.[4] Da die Verjährungsfristen nach dem Recht der DDR durchweg kürzer waren als nach dem BGB, wird der Fall des Absatzes 2 nur selten vorkommen. Zu denken ist an Ansprüche, die zu einem Nachlaß gehören oder sich gegen einen Nachlaß richten, für die nach § 478 Abs. 2 ZGB statt der Sechsmonatsfrist des § 207 Satz 1 BGB eine Jahresfrist gilt. Länger ist auch die Frist für die Verjährung von Ansprüchen auf Arbeitseinkommen, die nach § 128 Abs. 1 Satz 2 AGB drei Jahre beträgt. 2

2. Die Ermessensvorschrift des § 472 Abs. 2 ZGB. Diese Vorschrift ist ein Fremdkörper im bundesdeutschen Verjährungsrecht und sollte daher nicht mehr angewendet werden, auch wenn man sie nicht als prozessuale,[5] sondern, wie es richtig erscheint, als materiellrechtliche Regelung[6] ansieht.[7] 3

3. Weitere Verjährungsfristen. Weitere Verjährungsfristen außer den oben genannten enthalten das FGB in den §§ 8 bis 10, die SVO in den §§ 102 bis 103 sowie die Kindergeld-VO im § 9. 4

4. Ausschlußfristen, Garantiefristen. Im Unterschied zu Art. 169 EGBGB ordnet **Abs. 3** die entsprechende Anwendung auf andere Fristen als Verjährungsfristen an. Dazu gehören zum einen die Ausschlußfristen, deren Aufzählung aus den gleichen Gründen wie in § 194 RdNr. 7 genannt hier unterbleibt. Eine Besonderheit sind die in den §§ 151ff. und 177ff. aufgeführten **Garantiefristen.** Die Garantiezeit beträgt nach den §§ 149 Abs. 1 Satz 1, 178 Abs. 1 Satz 1 ZGB 6 Monate. Verlängerung durch Vertrag oder durch Rechtsvorschriften ist möglich (§§ 149 Abs. 1 Satz 3, 178 Abs. 1 Satz 3 ZGB). Garantie- und Verjährungsfristen werden miteinander kombiniert. 5

§ 7 Beurkundungen und Beglaubigungen

(1) Eine vor dem Wirksamwerden des Beitritts erfolgte notarielle Beurkundung oder Beglaubigung ist nicht deshalb unwirksam, weil die erforderliche Beurkundung

[1] BGHZ 123, 65, 68 = NJW 1993, 2531.
[2] BGH ZIP 1995, 949, 951.
[3] BGHZ 122, 308, 313 = NJW 1993, 2178; aM *Eckert* JR 1994, 333, 334.
[4] BGH (Fn. 3).
[5] So BGHZ 126, 87, 102 = NJW 1994, 1792; *Deutsch* IPRax 1992, 284, 290.
[6] So *Palandt-Heinrichs* RdNr. 2.
[7] Für Anwendbarkeit: BGH (Fn. 5); *Palandt-Heinrichs* (Fn. 6); für Unanwendbarkeit: *Deutsch* (Fn. 5); *Rädler* DtZ 1993, 296, 301; unentschieden KG OLGZ 1993, 241, 244.

oder Beglaubigung von einem Notar vorgenommen wurde, der nicht in dem in Artikel 3 des Einigungsvertrages genannten Gebiet berufen oder bestellt war, sofern dieser im Geltungsbereich des Grundgesetzes bestellt war.

(2) Absatz 1 gilt nicht, soweit eine rechtskräftige Entscheidung entgegensteht.

(3) Ein Vertrag, durch den sich der Beteiligte eines nach Absatz 1 wirksamen Rechtsgeschäfts vor Inkrafttreten des Zweiten Vermögensrechtsänderungsgesetzes gegenüber einem anderen Beteiligten zu weitergehenden Leistungen verpflichtet oder auf Rechte verzichtet hat, weil dieser die Nichtigkeit dieses Rechtsgeschäfts geltend gemacht hat, ist insoweit unwirksam, als die durch den Vertrag begründeten Rechte und Pflichten der Beteiligten von den Vereinbarungen in dem nach Absatz 1 wirksamen Rechtsgeschäft abweichen.

(4) Eine Veräußerung nach den §§ 17 bis 19 des Gesetzes über die Gründung und Tätigkeit privater Unternehmen und über Unternehmensbeteiligungen vom 7. März 1990 (GBl. I Nr. 17 S. 141), die ohne die in § 19 Abs. 5 Satz 2 dieses Gesetzes geforderte notarielle Beurkundung der Umwandlungserklärung erfolgt ist, wird ihrem ganzen Inhalt nach gültig, wenn die gegründete Gesellschaft in das Register eingetragen ist.

I. Entstehungsgeschichte

1 Die durch Art. 7 Nr. 1 Buchst. b des 2. VermRÄndG[1] in das EGBGB inkorporierten **Absätze 1 bis 3** des § 7 reagieren auf die Tatsache, daß Notare aus den alten Bundesländern und aus Berlin (West) im Zeitraum zwischen der sog. politischen Wende vom Herbst 1989 und dem 3. 10. 1990 in zahlreichen Fällen Beurkundungen mit Bezug auf das spätere Beitrittsgebiet vorgenommen haben. Die nach DDR-Recht regelmäßig zur Beurkundung berufenen Staatlichen Notariate (§ 67 Abs. 1 S. 3 ZGB-DDR iVm. § 1 Abs. 2 Nr. 1 NotG[2]) bzw. Einzelnotare (§ 67 Abs. 1 S. 3 ZGB-DDR iVm. § 45 NotG, §§ 1, 2 Abs. 1 Erste Durchführungsbestimmung z. Notariatsgesetz v. 5. 2. 1976[3]) waren seinerzeit infolge der Vielzahl beurkundungsbedürftiger Rechtsgeschäfte, insbesondere auf den Gebieten des Grundstücks- und Unternehmensrechts, vollständig überlastet, aus Sicht der Beteiligten häufig aber auch nicht mit der notwendigen Erfahrung ausgestattet. Aus diesem Grunde griffen die Beteiligten auf **„West-Notare“** zurück, die im späteren Beitrittsgebiet weder berufen noch bestellt waren. Die Formwirksamkeit der von diesen Notaren beurkundeten Rechtsgeschäfte ist nach dem Wirksamwerden des Beitritts in Zweifel gezogen worden.[4]

2 Der durch Art. 13 Nr. 1 Buchst. b RegVBG[5] hinzugefügte **Absatz 4** betrifft die seinerzeit in §§ 17ff. UnternehmensG[6] vorgesehene Möglichkeit der Umwandlung ehemaliger Betriebe mit staatlicher Beteiligung und anderer Betriebe, die auf der Grundlage des DDR-Ministerratsbeschlusses vom 9. 2. 1972[7] und damit in Zusammenhang stehender Regelungen in Volkseigentum übergeleitet worden waren.[8] Diese konnten auf Antrag

[1] Gesetz zur Änderung des Vermögensgesetzes und anderer Vorschriften (2. VermRÄndG) v. 14. 7. 1992, BGBl. I S. 1257; ber. BGBl. I 1993, S. 1811.

[2] Gesetz über das staatliche Notariat – Notariatsgesetz – v. 5. 2. 1976, GBl. I Nr. 6 S. 93.

[3] GBl. I Nr. 6 S. 99.

[4] Vgl. BezG Erfurt VIZ 1992, 206; BezG Leipzig ZOV 1992, 49, 50; KreisG Leipzig-Stadt DtZ 1991, 306, 306f.; *Heldrich,* Das Interlokale Privatrecht Deutschlands nach dem Einigungsvertrag, 1992, S. 8f.; *Schäfer-Gölz/Lange* DtZ 1991, 292, 292f.; dagegen die Formwirksamkeit bejahend OLG Schleswig VIZ 1993, 34, 36f.; BezG Erfurt VIZ 1992, 488; *Steiner,* DtZ 1991, 372, 372f.; *Schotten* DNotZ 1991, 771ff.; *Trunk* MittBayNot 1990, 215, 224 (zum Gesellschaftsrecht).

[5] Gesetz zur Vereinfachung und Beschleunigung registerrechtlicher und anderer Verfahren – Registerverfahrenbeschleunigungsgesetz (RegVBG) – v. 20. 12. 1993, BGBl. I S. 2182.

[6] Gesetz über die Gründung und Tätigkeit privater Unternehmen und über Unternehmensbeteiligungen v. 7. 3. 1990, GBl. I Nr. 17 S. 141, geänd. GBl. I Nr. 38 S. 482, aufgeh. dch. § 39 Nr. 10 VermG.

[7] Abgedruckt in *Säcker* (Hrsg.) Vermögensrecht, 1995, Anh. III/31.

[8] Dazu *Säcker-Busche,* in: Säcker (Fn. 7) § 1 RdNr. 59ff.

ihrer ehemaligen privaten Gesellschafter oder Inhaber oder deren Erben gegen Rückzahlung des seinerzeit gewährten Ablösebetrages oder Kaufpreises an die Antragsteller zurückübertragen werden und damit wieder in Personengesellschaften oder Einzelunternehmen, fakultativ auch in Kapitalgesellschaften umgewandelt werden (§ 17 Abs. 1 S. 1, 2 UnternehmensG); entsprechendes galt für ehemalige Produktionsgenossenschaften des Handwerks (§ 18 UnternehmensG).[9] Die §§ 17ff. Unternehmensgesetz enthielten damit erstmals eine Rechtsgrundlage für die Reprivatisierung verstaatlichter Unternehmen; die Vorschriften sind inhaltlich durch die am 29. 9. 1990 in Kraft getretenen Regelungen über die Übernehmensrestitution in § 6 VermG und die später eingefügten §§ 6a und 6b VermG abgelöst worden.[10] Zur Durchführung der Reprivatisierung nach §§ 17ff. Unternehmensgesetz war vor dem 1. 7. 1990 zwingend eine Umwandlung der bis dahin als volkseigene Wirtschaftseinheiten verfaßten Unternehmen erforderlich. Alle bis zum 1. 7. 1990 noch nicht wirksam umgewandelten Wirtschaftseinheiten unterlagen zu diesem Zeitpunkt der gesetzlichen Umwandlung nach § 11 Abs. 1, 2 TreuhG.[11] Dazu zählen auch Wirtschaftseinheiten, für die eine Umwandlungserklärung vor dem 1. 7. 1990 abgegeben wurde, deren Umwandlung aber bis zu diesem Zeitpunkt nicht mehr eingetragen wurde.[12] Die Anwendung der umwandlungsrechtlichen Vorschriften des Unternehmensgesetzes war seit dem Inkrafttreten des Treuhandgesetzes am 1. 7. 1990 nicht mehr möglich (lex posterior derogat legi priori), so daß die Heilungsvorschrift des Art. 231 § 7 Abs. 4 EGBGB nur für solche Umwandlungen nach dem Unternehmensgesetz von Bedeutung ist, die vor dem 1. 7. 1990 durch die konstitutive Eintragung des neuen Unternehmensträgers im Handelsregister wirksam vollzogen waren. Die Grundlage für die Eintragung bildete eine Umwandlungserklärung (§ 19 Abs. 5 S. 1 UnternehmensG), die der notariellen Beurkundung bedurfte (§ 19 Abs. 5 S. 2 UnternehmensG). In der Praxis ist die notarielle **Beurkundung der Umwandlungserklärung** jedoch vielfach unterblieben oder anstelle dessen nur eine notarielle Beglaubigung vorgenommen worden. Es entstand daher Rechtsunsicherheit, ob die aus der Umwandlung hervorgegangenen Unternehmensträger das Vermögen der vormaligen volkseigenen Wirtschaftseinheiten wirksam erworben haben.

II. Normzweck

3 Die Vorschrift des Art. 231 § 7 EGBGB dient der **Beseitigung von Rechtsunsicherheit,** die in den Fällen der Absätze 1 bis 3 und des Absatzes 4 durch die Nichtbeachtung seinerzeit in der DDR geltender Formvorschriften entstanden ist. Sie schützt zugleich das Vertrauen der Beteiligten auf die Wirksamkeit der getätigten Rechtsgeschäfte. Der Normzweck verklammert insoweit die unterschiedlichen Ausgangssachverhalte und führt sie einer gemeinsamen Lösung zu, indem etwaige Formmängel geheilt werden. Die Notwendigkeit zum Erlaß der in den Absätzen 1 bis 3 enthaltenen Regelung, die sich an § 1 BeurkÄndG[13] anlehnt, sah der Gesetzgeber in entstandenen Investitionshemmnissen,[14] während mit Abs. 4 den Betroffenen die Sicherheit gegeben werden soll, daß die Reprivatisierung nach dem Unternehmensgesetz Bestand hat und nicht nach dem Vermögensgesetz wiederholt werden muß.[15]

[9] Dazu *Hebing* BB-Beil. 18 zu H. 13/1990, S. 1, 5ff.; *Weinhardt-Wolters* EWS 1990, 47ff.; *Thietz-Bartram/Pfeifer* WM-Sonderbeil. 4 zu H. 22/1990, S. 3, 8; *Busche,* in: Clemm u. a. (Hrsg.), Rechtshandbuch Vermögen und Investitionen in der ehemaligen DDR, Std. 20. Erg.-Lief. 1996, B 200, Vor § 1 RdNr. 3.

[10] Dazu *Säcker-Busche,* in: Säcker (Fn. 7) Vor § 6 RdNr. 3ff., § 6 RdNr. 144ff.

[11] Dazu *Busche* (Fn. 9) § 11 RdNr. 1ff.

[12] Zur Parallelproblematik bei Umwandlungen nach der UmwVO vgl. *Busche* (Fn. 9) § 23 RdNr. 2.

[13] Gesetz zur Änderung und Ergänzung beurkundungsrechtlicher Vorschriften v. 20. 2. 1980, BGBl. I S. 157.

[14] Entwurf eines 2. VermRÄndG, BT-Drucks. 12/2480, S. 76f.

[15] Beschlußempfehlung und Bericht des BT-Rechtsausschusses z. RegVBG, BT-Drucks. 12/6228, zu Art. 13 Nr. 1 Buchst. b.

III. Beurkundungen und Beglaubigungen durch im Beitrittsgebiet nicht berufene oder bestellte Notare (Abs. 1 bis 3)

4 **1. Anwendungsbereich.** Die Absätze 1 bis 3 betreffen – unabhängig von ihrem Gegenstand – alle **Rechtsgeschäfte** aus der Zeit vor dem 3. 10. 1990, die nach DDR-Recht der notariellen Beurkundung oder Beglaubigung bedurften. Die Bedeutung der Regelung dürfte sich auf den Grundstücksverkehr konzentrieren. Notwendig ist stets, daß ein Rechtsgeschäft gerade infolge der Beurkundung oder Beglaubigung durch einen im Beitrittsgebiet nicht berufenen oder bestellten Notar formunwirksam ist. Das ist im Einzelfall anhand der einschlägigen Vorschriften des DDR-Rechts zu prüfen. Es kommt also darauf an, ob die Beurkundung oder Beglaubigung durch eine aus Sicht der DDR ausländische Urkundsperson substituierbar war. Das trifft etwa auf Erbausschlagungen zu (§ 403 Abs. 2 S. 2 ZGB-DDR iVm. § 16 S. 2 RAG-DDR[16]).[17]

5 Auf **Verträge über das Eigentum und andere Rechte an Grundstücken und Gebäuden in der DDR** war dagegen nach § 12 Abs. 3 RAG-DDR ausschließlich das Recht der DDR anwendbar, das zwingend die Beurkundung durch einen DDR-Notar (§§ 297 Abs. 1 S. 2, 67 Abs. 1 S. 3 ZGB-DDR iVm. § 1 Abs. 2 NotG-DDR/§ 2 Abs. 1 Erste Durchführungsbestimmung z. NotG) oder ein sonst zuständiges staatliches Organ vorsah. Zur Beurkundung von Rechtsgeschäften über die auf dem Gebiet des jeweiligen Bezirks gelegenen Grundstücke war insoweit auch der örtlich zuständige Liegenschaftsdienst befugt (§ 67 Abs. 1 S. 3 ZGB-DDR iVm. § 6 Abs. 1 GDO[18]). Die Beurkundung durch andere Urkundspersonen führte zur Nichtigkeit der Verträge (§ 66 Abs. 2 ZGB-DDR). Das DDR-Recht enthielt keine § 313 S. 2 BGB vergleichbare Vorschrift, so daß eine Heilung etwaiger Formmängel infolge Grundbucheintragung nicht eintrat.

6 Die Absätze 1 bis 3 sind nach dem eindeutigen Wortlaut von Absatz 1 nur anwendbar, wenn die Beurkundung oder Beglaubigung durch einen vor dem 3. 10. 1990 im Geltungsbereich des Grundgesetzes bestellten Notar vorgenommen wurde. **Handlungen ausländischer Urkundspersonen** werden von Art. 231 § 7 Abs. 1 bis 3 nicht erfaßt.[19]

7 **2. Rechtsfolge.** Rechtsgeschäfte, die nach DDR-Recht infolge Einschaltung einer nicht zugelassenen Urkundsperson unter einem Formmangel leiden, sind dennoch wirksam (Absatz 1), wenn die für das Rechtsgeschäft erforderliche Form vor einem Notar aus den alten Bundesländern oder Berlin (West) eingehalten wurde. Die **Heilung** wirkt ex tunc.[20] Sie ist verfassungsrechtlich unbedenklich.[21] Geheilt werden jedoch nur Formmängel, die auf Beurkundungen oder Beglaubigungen im Beitrittsgebiet nicht berufener oder bestellter Notare zurückgehen. Andere Unwirksamkeitsgründe bleiben unberührt;[22] eine Berufung auf diese Unwirksamkeitsgründe kann jedoch im Einzelfall treuwidrig sein.[23] Zu den nicht der Heilung nach Art. 231 § 7 Abs. 1 zugänglichen Mängeln gehört insbesondere das Fehlen einer unbedingten und unbefristeten Erklärung zum Eigentumsübergang nach § 297 Abs. 1 S. 1 ZGB-DDR.[24]

[16] Gesetz über die Anwendung des Rechts auf internationale zivil-, familien- und arbeitsrechtliche Beziehungen sowie auf internationale Wirtschaftsverträge – Rechtsanwendungsgesetz – v. 5. 12. 1975, GBl. I Nr. 46 S. 748.

[17] OLG Karlsruhe DtZ 1995, 338; *Bestelmeyer* Rpfleger 1995, 113; *Brakebusch* Rpfleger 1994, 234, 235; aA KG DtZ 1993, 89, 90; LG München II Rpfleger 1994, 466, 466f.

[18] Verordnung über die staatliche Dokumentation der Grundstücke und Grundstücksrechte in der Deutschen Demokratischen Republik – Grundstücksdokumentationsordnung – v. 6. 11. 1975, GBl. I Nr. 43 S. 697.

[19] *Staudinger-Rauscher,* RdNr. 8.

[20] BGH DtZ 1993, 210; *Staudinger-Rauscher* RdNr. 9; *Palandt-Heinrichts* RdNr. 3.

[21] BGH DtZ 1993, 210 unter Hinweis auf BVerfG NJW 1986, 2817, 2818f. (zu § 1 Abs. 1 S. 1 BeurkÄndG).

[22] BGH DtZ 1993, 210; *Böhringer* VIZ 1995, 624, 626; *Heldrich* (Fn. 5) S. 9; *Staudinger-Rauscher* RdNr. 9; *Palandt-Heinrichs* RdNr. 3.

[23] BGH DtZ 1993, 210, 210f.

[24] Zur Gleichstellung wirksam abgeschlossener Vereinbarungen nach § 297 Abs. 1 ZGB-DDR mit der Auflassung iSv. § 925 BGB bei „hängen gebliebenen" Verträgen vgl. Art. 233 § 7 Abs. 1 S. 3 EGBGB.

3. Rechtskräftige Entscheidung (Abs. 2). a) Bedeutung. Nach Absatz 2 tritt die Heilung nicht ein, wenn die Rechtskraft einer vor dem Inkrafttreten der Vorschrift am 22. 7. 1992 ergangenen gerichtlichen Entscheidung entgegensteht. Die Vorschrift stellt lediglich klar, was sich bereits aus dem Grundsatz der materiellen Rechtskraft (§ 322 ZPO) ergibt. Ihre Wirkung wird daher durch den Umfang der Rechtskraft begrenzt, die nur so weit reicht, als über einen prozessualen Anspruch entschieden wurde. Eine Heilung nach Absatz 1 scheidet daher aus, wenn in einer rechtskräftigen Entscheidung die Nichtigkeit des Rechtsgeschäfts infolge Hinzuziehung einer nach DDR-Recht nicht zulässigen Urkundsperson festgestellt ist. Tatsächliche Feststellungen und die Beurteilung vorgreiflicher Rechtsverhältnisse sind dagegen der Rechtskraft nicht zugänglich.[25] 8

b) Beispiele. Wegen des nur begrenzten Umfangs der materiellen Rechtskraft kann sich etwa der Erwerber gegenüber der Herausgabeklage des Veräußerers auf Heilung des Formmangels nach Absatz 1 berufen, wenn die Auflassungsklage des Erwerbers zuvor wegen des Formmangels rechtskräftig abgewiesen wurde. Im Falle rechtskräftiger Abweisung der Zahlungsklage des Veräußerers steht Absatz 2 dem Anspruch des Erwerbers auf Lieferung ebenfalls nicht entgegen. Der Erwerber kann wegen des Verbots widersprüchlichen Verhaltens (§ 242 BGB) jedoch nur dann die Heilung des Formmangels nach Absatz 1 geltend machen, wenn er selbst die vereinbarte Gegenleistung erbringt. 9

4. Weitergehende Leistungen/Rechtsverzicht (Abs. 3). Die Regelung des Absatzes 3 betrifft Verträge, die von den Parteien **vor Inkrafttreten des 2. VermRÄndG** am 22. 7. 1992 angesichts der Ungewißheit über die Wirksamkeit eines nach Absatz 1 geheilten Vertrages geschlossen worden sind. Erfaßt werden Verträge, in denen sich die eine Partei gegenüber der anderen wegen der von ihr geltend gemachten Formunwirksamkeit zu weitergehenden Leistungen als im Ursprungsvertrag verpflichtet oder auf Rechte verzichtet hat. Die Vorschrift beinhaltet einen gesetzlich normierten Fall des Wegfalls der Geschäftsgrundlage. Der Bundesrat hat in seiner Stellungnahme zum Gesetzgebungsvorhaben insoweit Zweifel an der Befriedungswirkung der Vorschrift geäußert und gemeint, die Gerichte könnten individuell angemessenere Lösungen herbeiführen.[26] Die Bundesregierung hielt die gesetzliche Regelung jedoch unter Hinweis auf die Parallelvorschrift in § 2 BeurkÄndG auch zur Entlastung der Gerichte im Beitrittsgebiet für erforderlich.[27] 10

Absatz 3 führt nur solche Verträge einer gesetzlichen Regelung zu, die geschlossen wurden, weil eine Partei die Nichtigkeit eines nach Absatz 1 wirksamen Rechtsgeschäfts geltend gemacht hat. Die **Geltendmachung der Nichtigkeit** iSv. Absatz 3 erfordert nicht notwendig die Durchführung eines gerichtlichen Verfahrens; dem Sinn nach reicht eine außergerichtliche Berufung auf die Nichtigkeit des Rechtsgeschäfts.[28] Zu den Verträgen iSv. Absatz 3 zählen alle Vereinbarungen, die auf die Regelung der rechtlichen Ungewißheit abzielen, also auch gerichtliche Vergleiche.[29] Sind die Vereinbarungen Teil eines größeren Vertrages, kommt § 139 BGB zur Anwendung. Die vertraglichen Vereinbarungen sind, soweit sie vom ursprünglichen Vertrag zu Lasten einer Partei abweichen, mit Wirkung ex tunc unwirksam. Aufgrund des abändernden Vertrages erbrachte Leistungen können nach § 812 BGB zurückgefordert werden. Die Kosten des überflüssigen Zweitvertrages haben die Parteien als Gesamtschuldner in jedem Fall je zur Hälfte zu tragen (§ 426 Abs. 1 S. 1 BGB).[30] Sinn des Absatzes 3 ist es, jene Abreden des Zweitvertrages zu eliminieren, die den Vertragsbeteiligten im wirtschaftlichen Ergebnis Lasten auferlegen, die sie allein aufgrund des Erstvertrages nicht gehabt hätten.[31] 11

[25] Vgl. nur BGHZ 123, 137, 140 = NJW 1993, 2684, 2685; *Zöller-Vollkommer* ZPO Vor § 322 RdNr. 32ff.

[26] Stellungnahme des Bundesrates z. Entwurf e. 2. VermRÄndG, BT-Drucks. 12/2695, S. 6, 22.

[27] Gegenäußerung der Bundesregierung, BT-Drucks. 12/2695, S. 28, 32.

[28] *Staudinger-Rauscher* RdNr. 13.

[29] *Staudinger-Rauscher* RdNr. 14.

[30] *Palandt-Heinrichs* RdNr. 5.

[31] Vgl. zur Parallelvorschrift des § 2 BeurkÄndG *Dietlein* DNotZ 1980, 195, 221.

IV. Umwandlungserklärungen (Abs. 4)

12 **1. Anwendungsbereich.** Der Absatz 4 betrifft Verträge zur Reprivatisierung verstaatlichter Unternehmen nach §§ 17ff. UnternehmensG, bei denen in bezug auf die Umwandlungserklärung das Formerfordernis der notariellen Beurkundung (§ 19 Abs. 5 S. 2 UnternehmensG) nicht eingehalten wurde. Erfaßt werden sowohl Fälle, in denen eine **notarielle Beurkundung** überhaupt **fehlt,** als auch solche, in denen die Beteiligten, häufig in Unkenntnis des Unterschiedes, anstelle der Beurkundung eine öffentliche Beglaubigung vornehmen ließen. Trotz fehlender Beurkundung der Umwandlungserklärung sind die aus der Umwandlung hervorgegangenen Unternehmensträger in der Praxis dennoch in das Handels- oder Genossenschaftsregister eingetragen worden. Gegebenenfalls wurden im Anschluß auch Grundbucheintragungen vorgenommen, wenn Grundstücke zum Vermögen der zu reprivatisierenden Unternehmen gehörten. Anders als nach bundesdeutschem Umwandlungsrecht, wonach Mängel der Umwandlung, also auch Formmängel, durch die Registereintragung geheilt werden (vgl. §352a AktG aF, §§ 20 Abs. 1 Nr. 4, 131 Abs. 1 Nr. 4 UmwG), war nach DDR-Recht nicht klar, welche **Auswirkungen** der Formmangel für die eingetragenen Unternehmen hatte. Diese Rechtsunsicherheit galt es zu beseitigen, da die Anwendung der bundesdeutschen Rechtsgrundsätze auf die DDR-Umwandlungspraxis methodischen Zweifeln ausgesetzt ist. Die zur Beseitigung der Rechtsunsicherheit geschaffene Vorschrift des Absatzes 4 ist in ihrer Diktion allerdings ungenau, da die Heilung des Formmangels von der Eintragung der „Gesellschaft" abhängig gemacht wird, während nach dem Unternehmensgesetz auch Umwandlungen in Einzelunternehmen und Genossenschaften möglich waren.

13 Die Vorschrift des Absatzes 4 beinhaltet eine eng gefaßte **Ausnahmebestimmung,** die das Ziel hat, formunwirksame Umwandlungen im Zuge der Reprivatisierung ehedem verstaatlichter Unternehmen zu heilen. Eine analoge Anwendung der Norm auf formwidrige Umwandlungen nach der UmwVO,[32] die ohne Beachtung des Erfordernisses der notariellen Beurkundung der Umwandlungserklärung (§ 4 Abs. 1 S. 3 UmwVO) erfolgten, ist daher ausgeschlossen.

14 **2. Voraussetzungen.** Notwendige Voraussetzung für die Eröffnung des Anwendungsbereichs von Absatz 4 ist, daß ein neuer Unternehmensträger aufgrund einer zwar nicht beurkundeten aber ansonsten wirksamen **Umwandlungserklärung** in das jeweilige Handels- oder Genossenschaftsregister eingetragen wurde. Mit Absatz 4 soll der praktisch vorgenommene **Registervollzug** rechtlich sanktioniert werden,[33] da die notarielle Beurkundung nur den Zweck hatte, die gesellschaftsrechtlichen Gründungsvoraussetzungen für die Registereintragung nachzuweisen und den Beteiligten Beweis für den Umfang der Privatisierung zu erbringen. Im Falle der Registereintragung ohne Beachtung des Formerfordernisses sind die Beteiligten offenbar davon ausgegangen, daß dem Formzweck in anderer Weise Genüge getan war. Wurde die Eintragung der Umwandlung wegen des Formmangels oder aus anderen Gründen abgelehnt, konnte sich der Formzweck nicht erfüllen. Damit besteht auch kein Anlaß für eine nachträgliche Heilung des bei der Umwandlung unterlaufenen Formfehlers.

15 **2. Rechtsfolge.** Das Gesetz sieht eine ohne Beachtung des Formerfordernisses vollzogene **„Veräußerung"** nach §§ 17 bis 19 UnternehmensG ihrem ganzen Inhalt nach als gültig an, wenn – abgesehen von dem Formmangel – eine wirksame Umwandlungserklärung und die jeweilige Registereintragung vorliegt. Die Veräußerung wird also infolge Heilung des Formmangels wirksam. Mit dem Begriff der „Veräußerung" ist der durch die Umwandlung zu bewirkende Übergang von Sachen und Rechten von der ehemaligen volksei-

[32] Verordnung zur Umwandlung von volkseigenen Kombinaten, Betrieben und Einrichtungen in Kapitalgesellschaften v. 1. 3. 1990, GBl. I Nr. 14 S. 107.

[33] *Böhringer* VIZ 1995, 624, 629.

genen Wirtschaftseinheit auf den aus der Umwandlung hervorgehenden Unternehmensträger gemeint. Die Heilung wirkt auf den Zeitpunkt der Registereintragung zurück („wird gültig, wenn ... eingetragen ist"). Geheilt wird nur der Formmangel; andere Unwirksamkeitsgründe bleiben unberührt.

16 **3. Entsprechende Anwendung von Absatz 2 und 3.** Die Absätze 2 und 3 enthalten über die Fälle des Absatzes 1 hinaus allgemeine Rechtsgedanken (vgl. dazu RdNr. 8ff.), die auch im Anwendungsbereich des Absatzes 4 eine – sachlich eingeschränkte – Bedeutung erlangen können. Sie sind daher, obwohl sie in Absatz 4 nicht ausdrücklich in Bezug genommen werden, auf die Sachverhalte des Absatzes 4 entsprechend anzuwenden.[34]

§ 8 Vollmachtsurkunden staatlicher Organe

Eine von den in den §§ 2 und 3 der Siegelordnung der Deutschen Demokratischen Republik vom 29. November 1966 (GBl. 1967 II Nr. 9 S. 49) und in § 1 der Siegelordnung der Deutschen Demokratischen Republik vom 16. Juli 1981 (GBl. I Nr. 25 S. 309) bezeichneten staatlichen Organen erteilte Vollmachtsurkunde ist wirksam, wenn die Urkunde vom vertretungsberechtigten Leiter des Organs oder einer von diesem nach den genannten Bestimmungen ermächtigten Person unterzeichnet und mit einem ordnungsgemäßen Dienstsiegel versehen worden ist. Die Beglaubigung der Vollmacht nach § 57 Abs. 2 Satz 2 des Zivilgesetzbuchs der Deutschen Demokratischen Republik wird durch die Unterzeichnung und Siegelung der Urkunde ersetzt.

I. Entstehungsgeschichte/Normzweck

1 Die durch Art. 2 § 5 Nr. 1 SachenRÄndG v. 21. 9. 1994[1] in das EGBGB inkorporierte Bestimmung des Art. 231 § 8 EGBGB steht im Sachzusammenhang mit der bereits durch Art. 8 Nr. 1 lit. b des 2. VermRÄndG v. 14. 7. 1992[2] geschaffenen Vorschrift des Art. 231 § 7 Abs. 1 bis 3 EGBGB. Beide Vorschriften sollen **Rechtsunsicherheiten** beseitigen, die im Gefolge des Umbruchs der Rechtsordnung im Beitrittsgebiet entstanden sind. Rechtstatsächlich sind hauptsächlich Veräußerungen im **Grundstücksverkehr** betroffen.

2 Im Gegensatz zu Art. 231 § 7 EGBGB handelt es sich bei Art. 231 § 8 EGBGB jedoch nicht um eine Vorschrift zur Heilung von Formmängeln,[2a] sondern lediglich um eine deklaratorische und damit verfassungsrechtlich unbedenkliche **Klarstellung** der seinerzeitigen Rechtslage in der DDR, die für die Wirksamkeit vor dem Beitritt geschlossener Schuldverhältnisse weiterhin maßgebend ist (Art. 232 § 1 EGBGB). Die Klarstellung wurde notwendig, da das KG in einem Urteil v. 10. 12. 1991[3] den Verkauf eines volkseigenen Grundstückes und Gebäudes durch einen lediglich mit gesiegelter Vollmachtsurkunde legitimierten Vertreter staatlicher Organe für rechtsunwirksam hielt.[4] Die vom KG für erforderlich gehaltene notarielle Beglaubigung der Vollmacht beruhte jedoch auf einer unzutreffenden Würdigung der Rechtslage in der ehem. DDR.

3 Das **Formerfordernis für die Erteilung von Vollmachten** korrespondierte nach § 57 Abs. 2 S. 1 ZGB-DDR grundsätzlich mit dem vorzunehmenden Rechtsgeschäft. Sofern für dieses allerdings wie bei Grundstücksübertragungsverträgen (§ 297 Abs. 1 S. 2 ZGB-DDR) eine Beurkundung vorgesehen war, reichte auch eine Beglaubigung der Vollmacht aus § 57 Abs. 2 S. 2 ZGB-DDR). Entgegen der Annahme des KG[5] konnte diese jedoch

[34] *Palandt-Heinrichs* RdNr. 8.

[1] BGBl. I S. 2457, 2490.

[2] BGBl. I S. 1257, 1275.

[2a] So aber *Heinrichs* Art. 232 § 1 RdNr. 15; *Palandt-Heinrichs* RdNr. 2; *Böhringer* DtZ 1994, 301, 302.

[3] 13 U 5485/91 = DtZ 1993, 30 = NJ 1992, 410 m. abl. Anm. *Göring*; ohne nähere Begründung wie das KG auch BGB NJW 1995, 2707, 2709.

[4] So in der Grundkonzeption auch noch Art. 13 Nr. 1b Gesetzentwurf der Bundesregierung zum RegVBG, BT-Drucks. 12/5553, S. 25f., 126ff., der in den Ausschlußberatungen scheiterte (vgl. Beschlußempfehlung und Bericht des BT-Rechtsausschusses, BT-Drucks. 12/6228 (Umdruck), S. 286f.).

[5] DtZ 1993, 30, 31 ; dem KG zustimmend *Palandt-Heinrichs* RdNr. 1.

nicht nur durch das Staatliche Notariat erfolgen (§ 67 Abs. 1 S. 3 1. Alt. ZGB-DDR), sondern auch durch „das sonst zuständige staatliche Organ" (§ 67 Abs. 1 S. 3 2. Alt. ZGB-DDR). Die das ZGB auch materiellrechtlich ergänzende Grundbuchverfahrensordnung[6] sah insoweit in § 2 Abs. 2 S. 2 iVm. S. 1 vor, daß „einseitige Erklärungen" staatlicher Organe im Rahmen von Grundstücksangelegenheiten abweichend von der für Bürger und juristische Personen geltenden Regelung (§ 2 Abs. 3 Grundbuchverfahrensordnung) zu ihrer Formwirksamkeit lediglich vom Leiter des staatlichen Organs unterschrieben und mit einem Dienstsiegel versehen zu sein brauchten. Zu den sogenannten einseitigen Erklärungen gehört auch die Erteilung von Vollmachten,[7] so daß für den Grundstücksverkehr aus § 2 Abs. 2 S. 2 Grundbuchverfahrensordnung die Wirksamkeit der in der dort beschriebenen Form erteilten Vollmachten folgt.[8] Einer notariellen Beglaubigung der Vollmachten bedurfte es nicht. Diese wäre auch mit dem Staatsverständnis der DDR nicht vereinbar gewesen, da ansonsten entgegen dem „Prinzip des arbeitsteiligen Wirkens" die Wirksamkeit des Handelns einzelner Staatsorgane von anderen – gegebenenfalls sogar nachgeordneten – Staatsorganen abhängig gewesen wäre.[9] In jedem Fall sind Formmängel unschädlich, wenn der Mangel Bestandteil des vermögensrechtlichen Übertragungstatbestandes ist.[9a]

II. Anwendungsbereich

4 Die Vorschrift des Art. 231 § 8 EGBGB knüpft an die dargestellte Rechtslage und gängige Rechtspraxis in der DDR an und bestätigt die Formwirksamkeit der von staatlichen Organen der DDR im Rahmen ihrer Zuständigkeit nach den seinerzeit geltenden Vorschriften erteilten Vollmachten. **Unterzeichnung und Siegelung** der Urkunden bekundeten deren Gültigkeit und Echtheit (§ 3 Abs. 1 Siegelordnung 1981[10]) und ersetzten damit funktional die Beglaubigung nach § 57 Abs. 2 S. 2 ZGB-DDR. Zum Führen eines Dienstsiegels berechtigt waren allein die in §§ 2, 3 Siegelordnung 1966[11] bzw. § 1 Siegelordnung 1981 genannten Organe, ggfls. weitere durch schriftliche Weisung bzw. Festlegung bestimmte Mitarbeiter dieser Organe oder unterstellter Einrichtungen. Die Urkunde war durch eine vertretungsberechtigte Person zu unterschreiben und ordnungsgemäß zu siegeln. Dafür mußte ein kreisförmiges, mit dem Staatswappen der DDR versehenes Dienstsiegel zur Verwendung gelangen (vgl. § 1 Abs. 2, 3 Siegelordnung 1966; § 2 Abs. 1 Siegelordnung 1981). Davon zu unterscheiden sind einfache Dienststempel, die zwar auch kreisförmig sein konnten, aber nicht das Staatswappen der DDR enthielten (§ 1 Abs. 4 Siegelordnung 1966; § 2 Abs. 6 Siegelordnung 1981). Die gesetzlichen Vertreter der staatlichen Organe wie auch die Möglichkeit der Bestellung weiterer vertretungsberechtigter Personen ergeben sich aus den für das jeweilige Organ geltenden gesetzlichen Bestimmungen und Statuten.[12]

5 Die vom Gesetzgeber bezweckte Klarstellung bezieht sich ausweislich der Gesetzesmaterialien,[13] in denen ausdrücklich auf die Entscheidung des KG vom 10. 12. 1991 Bezug genommen wird, auf **Grundstücksangelegenheiten,** bei denen staatliche Organe auf Veräußererseite gehandelt haben. Gegenstand dieser Rechtsgeschäfte war die Veräußerung

[6] Anordnung über das Verfahren in Grundbuchsachen – Grundbuchverfahrensordnung – v. 30. 12. 1975, GBl. I 1976 Nr. 3, S. 42.

[7] *Schramm* § 167 RdNr. 4.

[8] Vgl. auch Beschlußempfehlung und Bericht des BT-Rechtsausschusses, BT-Drucks. 12/7425, S. 91; *Göhring* NJ 1992, 411, 412.

[9] *Göhring* NJ 1992, 411, 412; vgl. auch *Petzold*, in: Verwaltungsrecht, Lehrbuch, 2. Aufl. 1988, S. 50f.

[9a] Vgl. dazu LG Neuruppin NJW 1996, 1761.

[10] Verordnung über das Dienstsiegel der staatlichen Organe – Siegelordnung – vom 16. 7. 1981, GBl. I Nr. 25 S. 309.

[11] Verordnung über die Führung des Dienstsiegels der staatlichen Organe – Siegelordnung – vom 29. 11. 1966, GBl. 1967 II Nr. 9 S. 49.

[12] Vgl. für die örtlichen Räte etwa § 81 Gesetz über die örtlichen Volksvertretungen in der Deutschen Demokratischen Republik v. 4. 7. 1985, GBl. I Nr. 18 S. 213.

[13] Beschlußempfehlung und Bericht des BT-Rechtsausschusses, BT-Drucks. 12/7425, S. 90f.

von volkseigenen Grundstücken und Gebäuden an Bürger der DDR (vgl. § 2 Gesetz über den Verkauf volkseigener Eigenheime und Siedlungshäuser v. 15. 9. 1954;[14] § 1 Abs. 1 Gesetz über den Verkauf volkseigener Eigenheime, Miteigentumsanteile und Gebäude für Erholungszwecke v. 19. 12. 1973;[15] § 5 Abs. 1 S. 1 Gesetz über die Gründung und Tätigkeit privater Unternehmen und über Unternehmensbeteiligungen v. 7. 3. 1990;[16] §§ 1, 2 Gesetz über den Verkauf volkseigener Gebäude v. 7. 3. 1990).[17] Da Art. 231 § 8 EGBGB nach der Entstehungsgeschichte nur Klarstellungsfunktion in Grundstücksangelegenheiten zukommt, kann aus der Vorschrift nicht abgeleitet werden, daß die Ersetzung der Beglaubigung iSv. § 57 Abs. 2 S. 2 ZGB-DDR auch bei Erteilung von Vollmachten staatlicher Organe außerhalb von Grundstücksgeschäften zulässig war. Dies ist wegen des begrenzten Regelungszwecks von Art. 231 § 8 EGBGB vielmehr im Einzelfall anhand der einschlägigen Formvorschriften zu prüfen.

6 Die Aussage des Art. 231 § 8 EGBGB bezieht sich allein auf die zivilrechtlichen Voraussetzungen des Eigentumserwerbs. Davon unberührt bleiben etwaige öffentlich-rechtliche **Restitutionsansprüche** ehedem geschädigter Eigentümer. Die Rechtsbeständigkeit des Eigentumserwerbs beurteilt sich in diesen Fällen nach §§ 4, 5 VermG; der Vermögensgesetzgeber sieht insoweit Erwerbstatbestände, die nach dem 18. 10. 1989 erfolgt sind, als per se unredlich an.[18]

§ 9 Heilung unwirksamer Vermögensübertragungen

(1) Sollte das ehemals volkseigene Vermögen oder ein Teil des ehemals volkseigenen Vermögens, das einem Betrieb der kommunalen Wohnungswirtschaft zur selbständigen Nutzung und Bewirtschaftung übertragen war, im Wege der Umwandlung nach den in Absatz 2 Nr. 2 genannten Umwandlungsvorschriften oder im Zusammenhang mit einer Sachgründung auf eine neue Kapitalgesellschaft übergehen und ist der Übergang deswegen nicht wirksam geworden, weil für einen solchen Vermögensübergang eine rechtliche Voraussetzung fehlte, kann der Vermögensübergang durch Zuordnungsbescheid nachgeholt werden. Eine aus dem Zuordnungsbescheid nach dieser Vorschrift begünstigte Kapitalgesellschaft kann ungeachtet von Fehlern bei der Umwandlung oder Sachgründung als Inhaberin eines Rechts an einem Grundstück oder an einem solchen Recht in das Grundbuch eingetragen werden, wenn sie im Handelsregister eingetragen ist.

(2) Im Sinne des Absatzes 1 Satz 1 sind:

1. Betriebe der kommunalen Wohnungswirtschaft:
  a) ehemals volkseigene Betriebe Kommunale Wohnungsverwaltung,
  b) ehemals volkseigene Betriebe Gebäudewirtschaft oder
  c) aus solchen Betrieben hervorgegangene kommunale Regie- oder Eigenbetriebe;

2. Umwandlungsvorschriften:
  a) die Verordnung zur Umwandlung von volkseigenen Kombinaten, Betrieben und Einrichtungen in Kapitalgesellschaften vom 1. März 1990 (GBl. I Nr. 14 S. 107),
  b) das Treuhandgesetz,
  c) das Gesetz über die Umwandlung volkseigener Wohnungswirtschaftsbetriebe in

[14] GBl. I Nr. 81 S. 784, geänd. GBl. 1959 I Nr. 21 S. 77, aufgeh. GBl. 1973 I Nr. 58 S. 578; nebst Durchführungsbestimmungen v. 11. 2. 1955, GBl. I Nr. 16 S. 154, v. 22. 8. 1955, GBl. I Nr. 83 S. 657, v. 3. 2. 1956, GBl. I Nr. 18 S. 162, v. 17. 11. 1958, GBl. I Nr. 70 S. 862, v. 20. 9. 1968, GBl. II Nr. 101 S. 813, aufgeh. GBl. 1973 I Nr. 58 S. 578.

[15] GBl. I Nr. 58 S. 578.

[16] GBl. I Nr. 17 S. 141.

[17] GBl. I Nr. 18 S. 157.

[18] Zu Einzelheiten vgl. *Säcker-Busche,* in: *Säcker* (Hrsg.) Vermögensrecht, 1995, § 4 VermG RdNr. 67ff.

gemeinnützige Wohnungsbaugesellschaften und zur Übertragung des Grundeigentums an die Wohnungsgenossenschaften vom 22. Juli 1990 (GBl. I Nr. 49 S. 901) oder

d) das Umwandlungsgesetz in der Fassung der Bekanntmachung vom 6. November 1969 (BGBl. I S. 2081).

(3) Durch einen solchen Bescheid kann auch ein durch die Umwandlung eines der in Absatz 1 bezeichneten Unternehmen eingetretener Übergang ehemals volkseigenen Vermögens geändert werden.

(4) Ein Bescheid nach den Absätzen 1 und 3 bedarf des Einvernehmens der Beteiligten. Das Einvernehmen kann durch den Zuordnungsbescheid ersetzt werden, wenn es rechtsmißbräuchlich verweigert wird. Die Ersetzung des Einvernehmens kann nur zusammen mit dem Zuordnungsbescheid vor dem Verwaltungsgericht angefochten werden. § 6 des Vermögenszuordnungsgesetzes gilt sinngemäß.

(5) Die in Absatz 1 bezeichneten Kapitalgesellschaften gelten auch schon vor Erteilung der Zuordnungsbescheide als ermächtigt, alle Rechte aus dem ehemals volkseigenen Vermögen, das auf sie übergehen sollte, oder aus Rechtsgeschäften in bezug auf dieses Vermögen unter Einschluß von Kündigungs- und anderen Gestaltungsrechten im eigenen Namen und auf eigene Rechnung geltend zu machen. Sollte ein ehemals volkseigener Vermögenswert auf mehrere Gesellschaften der in Absatz 1 bezeichneten Art übergehen, gelten die betreffenden Gesellschaften als Gesamtgläubiger. Wird eine Zuordnung nach Maßgabe der Absätze 3 und 4 geändert, gilt Satz 2 sinngemäß. Die Gesellschaft, die den Vermögenswert auf Grund der Umwandlung oder Sachgründung in Besitz hat, gilt als zur Verwaltung beauftragt. Im übrigen gilt § 8 Abs. 3 des Vermögenszuordnungsgesetzes entsprechend. Ansprüche nach dem Vermögensgesetz und rechtskräftige Urteile bleiben unberührt.

I. Entstehungsgeschichte/Normzweck

1 Die durch Art. 3 Nr. 1 VermRAnpG[1] in Art. 231 eingefügte Vorschrift des § 9 regelt die vielschichtigen Rechtsprobleme, die sich bei der Übertragung des ehemals volkseigenen Wohnungsvermögens auf kommunale Kapitalgesellschaften ergeben haben. Das **volkseigene Wohnungsvermögen** war in der DDR regelmäßig den jeweiligen „örtlichen Organen der Staatsmacht" (Rat des Bezirkes, des Kreises, der Stadt, Gemeinde) unterstellt.[2] Es befand sich in der Rechtsträgerschaft volkseigener Betriebe der Wohnungswirtschaft, die kraft des Unterstellungsverhältnisses von den örtlichen Organen angeleitet und kontrolliert wurden.[3] Vor Inkrafttreten des Einigungsvertrages am 3. 10. 1990 hatten die Kommunen lediglich einen schuldrechtlichen Anspruch auf **Übertragung** des Wohnungsvermögens gem. §§ 1, 2 Abs. 1 lit. d. iVm. § 7 KVG.[4] Mit dem 3. 10. 1990 wurde das ehemals volkseigene Wohnungsvermögen, soweit es noch nicht schuldrechtlich übertragen war, kraft Gesetzes in das Eigentum der Kommunen überführt (Art. 22 Abs. 4 S. 1, 3 EVertr. iVm. § 1a Abs. 4 VZOG). Die Kommunen, denen ebenfalls das für „konkrete Ausführungsplanungen für Objekte der Wohnungsversorgung" bestimmte Vermögen zufiel (Art. 22 Abs. 4 S. 2 EVertr), wurden zugleich verpflichtet, „ihren Wohnungsbestand unter Berücksichtigung sozialer Belange schrittweise in eine marktwirtschaftliche Wohnungswirtschaft" zu überführen (Art. 22 Abs. 4 S. 4 EVertr). Zuvor hatte bereits § 59

[1] Gesetz zur Anpassung vermögensrechtlicher und anderer Vorschriften (Vermögensrechtsanpassungsgesetz – VermRAnpG) v. 4. 7. 1995, BGBl. I S. 895.

[2] Vgl. Erlaß des Staatsrates v. 2. 7. 1965, GBl. I Nr. 12 S. 161.

[3] Dazu *Busche*, in: Clemm u. a. (Hrsg.), Rechtshandbuch Vermögen und Investitionen in der ehemaligen DDR, Std. 20. Erg.Lief. 1996, B 200 § 1 RdNr. 48.

[4] Gesetz über das Vermögen der Gemeinden, Städte und Landkreise (Kommunalvermögensgesetz – KVG) v. 6. 7. 1990, GBl. I Nr. 42 S. 660.

Abs. 2 KommunalV[5] bestimmt, daß Betriebe der kommunalen Wohnungswirtschaft in gemeinnützige Wohnungsgesellschaften umgewandelt werden sollen. Die Kommunen übertrugen das ihnen zugefallene Wohnungsvermögen vielfach auf kommunale Eigengesellschaften. Dies geschah entweder durch Umwandlung kommunaler Wohnungswirtschaftsbetriebe in Kapitalgesellschaften oder im Zusammenhang mit der Sachgründung neuer Kapitalgesellschaften.

2 Die Umwandlung der kommunalen Wohnungswirtschaftsbetriebe in Kapitalgesellschaften bzw. die Sachgründung solcher Gesellschaften erfolgte häufig fehlerhaft. Die auf fehlerhafter Grundlage entstandenen Kapitalgesellschaften genießen mit der Eintragung im Handelsregister zwar Bestandsschutz; fraglich ist jedoch, ob die mit der Umwandlung oder Sachgründung beabsichtigten Vermögensübergänge rechtswirksam erfolgt sind. Bei Sachgründungen stellt sich insbesondere das Problem der Verfügungsbefugnis der Kommunen (vgl. § 8 Abs. 1 S. 1 lit. a VZOG);[6] bei Umwandlungen ist vielfach unklar, welche Vermögenswerte erfaßt wurden.[7] Fehlgeschlagene Vermögensübergänge müßten im Einzelfall nachgeholt werden, etwa durch Auflassung betroffener Grundstücke. Wegen der unübersichtlichen Eigentumslage im Beitrittsgebiet wäre dazu aber häufig zunächst die Durchführung eines Vermögenszuordnungsverfahrens erforderlich. Der Gesetzgeber hat sich daher ähnlich der Regelung in § 12 SpTrUG zu einer **Heilung etwaiger Mängel des Vermögensübergangs** entschlossen und diese mit dem Verfahren der Vermögenszuordnung verkoppelt **(Absatz 1).**[8] Mit dem beschrittenen Weg der Heilung sachen- und gesellschaftsrechtlicher Mängel der Umwandlung oder Sachgründung und damit auch des Vermögensübergangs durch Erlaß eines Zuordnungsbescheids verlagert der Gesetzgeber eine zivilrechtliche Rechtsmaterie systemwidrig in das öffentliche Recht.

3 Aufgrund der Umwandlung und Sachgründung gelangten zuweilen Grundstücke in das Vermögen der kommunalen Eigengesellschaften, die nicht der Wohnungsversorgung dienten. Die Ursache dafür ist in dem rechtlichen Anknüpfungspunkt für den Vermögensübergang zu sehen:[9] Häufig wurde formal darauf abgestellt, ob das Vermögen in der Rechtsträgerschaft der volkseigenen Wohnungswirtschaftsbetriebe stand (vgl. etwa Art. 22 Abs. 4 S. 1 EVertr). Mit dem Begriff der Rechtsträgerschaft wurde in der DDR die Ausübung vermögensrechtlicher Befugnisse an volkseigenen Grundstücken und Gebäuden bezeichnet. Zu den Befugnissen gehörte das Recht und die Pflicht, volkseigene Grundstücke auf der Grundlage der Rechtsvorschriften zu besitzen, zu nutzen und darüber zu verfügen.[10] Das DDR-Recht sah zwar für den Fall eines Nutzerwechsels einen Rechtsträgerwechsel vor (vgl. §§ 3ff. RechtsträgerAO);[11] dieser ist jedoch angesichts des in der DDR wenig gewissenhaften Umgangs mit dem Grundstücksrecht nicht immer vollzogen worden. Die formale Rechtsträgerschaft an einem Grundstück oder Gebäude stand daher nicht notwendig in Übereinstimmung mit der materiellen Zweckbestimmung der Immobilie. Das gilt ebenso für jene Fälle, in denen Wohnungsbauvorhaben, insbesondere im „komplexen Wohnungs- oder Siedlungsbau",[12] ohne Rücksicht auf Grundstücksgrenzen und die Rechtsträgerschaft an Grundstücken durchgeführt wurden. Die regelmäßig gegebene Anknüpfung des Vermögensübergangs an das Institut der Rechtsträgerschaft hat insoweit den bezweckten Übergang des ehedem volkseigenen Wohnungsvermögens auf die Kommunen bzw. deren Eigengesellschaften nur unvollkommen bewirkt. Darauf rea-

[5] Gesetz über die Selbstverwaltung der Gemeinden und Landkreise in der DDR (Kommunalverfassung) vom 17. 5. 1990, GBl. I Nr. 28 S. 255.

[6] Dazu *Keller* VIZ 1996, 16, 18 mwN.

[7] Dazu *Messerschmidt* VIZ 1993, 373, 376f.

[8] Beschlußempfehlung und Bericht des Rechtsausschusses zu d. Entwurf eines Gesetzes zur Änderung des Vermögensgesetzes, BT-Drucks. 13/1593, S. 14.

[9] Vgl. auch *Schmidt-Räntsch/Hiestand,* in: Clemm (ua.) Hrsg. (Fn. 3) B 170 § 1a RdNr. 15ff.

[10] *Rohde,* in: Rohde u. a., Bodenrecht, 1989, S. 80.

[11] Anordnung über die Rechtsträgerschaft an volkseigenen Grundstücken v. 7. 7. 1969, GBl. II Nr. 68 S. 433 idF d. AO v. 11. 10. 1974, GBl. I Nr. 53 S. 489.

[12] Dazu *Säcker-Busche,* in: Säcker (Hrsg.), Vermögensrecht, 1995, § 5 RdNr. 14ff.

giert **Absatz 3,** der im Wege der Vermögenszuordnung nachträgliche **Korrekturen der Vermögensausstattung** zuläßt. Die Vorschrift lehnt sich spiegelbildlich an die durch Art. 16 Nr. 10 lit. e RegVBG geschaffene Regelung des § 7 Abs. 5 VZOG an.[13] Danach ist es möglich, Vermögenswerte einer Kommune am Sachenrecht vorbei durch konstitutiven Zuordnungsbescheid auf eine Kapitalgesellschaft zu übertragen,[14] wenn sich sämtliche Aktien oder Geschäftsanteile unmittelbar oder mittelbar in der Hand der Kommune befinden. Das ist ua. bedeutsam für Grundstücke oder Gebäude mit wohnungswirtschaftlicher Nutzung, die von der Vermögensübertragung nicht erfaßt oder „vergessen" wurden. Absatz 3 ermöglicht dagegen die Rückübertragung von Vermögenswerten auf die Kommune oder die Zuordnung zu einer anderen Gesellschaft, falls keine wohnungswirtschaftliche Nutzung vorliegt.

II. Heilung unwirksamer Vermögensübertragungen (Abs. 1, 2, 4)

4 **1. Voraussetzungen. a) Fehlen einer rechtlichen Voraussetzung für den Vermögensübergang.** Der Heilung unterliegen Vermögensübergänge, die sich auf ehemals volkseigenes Wohnungsvermögen beziehen, sofern diese wegen Fehlens einer rechtlichen Voraussetzung nicht wirksam erfolgt sind. Die Vorschrift betrifft alle rechtlichen Mängel, die bei der Umwandlung der kommunalen Wohnungswirtschaftsbetriebe in Kapitalgesellschaften oder bei deren Sachgründung aufgetreten sind, etwa widersprüchliche Umwandlungserklärungen, Formmängel, Vertretungsmängel oder auch das Fehlen des Gründungsberichts oder der Gründungsprüfung.

5 **b) Ehemals volkseigenes Wohnungsvermögen.** Der Heilung unterliegen nur fehlgeschlagene Vermögensübergänge, die sich auf ehemals volkseigenes Wohnungsvermögen beziehen, welches vor Umwandlung in eine Kapitalgesellschaft oder deren Sachgründung einem Betrieb der kommunalen Wohnungswirtschaft zur selbständigen Nutzung oder Bewirtschaftung übertragen war. Zu dem ehemals volkseigenen Wohnungsvermögen gehören alle nach Art. 22 Abs. 4 S. 1, 3 EVertr iVm. § 1a Abs. 4 VZOG erfaßten Vermögenswerte, unabhängig davon, ob sie tatsächlich für Zwecke der Wohnungsversorgung genutzt wurden. Eine feststellende Vermögenszuordnung iSd. VZOG ist nicht erforderlich.[15]

6 Problematisch ist, ob sich die Heilung auf solche Vermögenswerte erstrecken kann, die von den Kommunen zusätzlich in die Umwandlung oder Sachgründung einbezogen wurden, ohne daß es sich um ehemaliges volkseigenes Wohnungsvermögen handelt. Gesellschaftsrechtlich waren die Kommunen nicht gehindert, im Zuge der Umwandlung oder Sachgründung neben dem Wohnungsvermögen **andere Vermögenswerte** auf die Zielgesellschaften zu übertragen (vgl. §§ 57, 58 iVm. § 52 Abs. 4 Nr. 1 UmwG aF; § 22 AktG; § 5 Abs. 4 GmbHG). Davon wurde auch Gebrauch gemacht. Derartige Fälle hat der Gesetzgeber in Absatz 1 nicht bedacht. Nach dem Wortlaut der Vorschrift scheidet eine Heilung der bei Umwandlung oder Sachgründung unterlaufenen Fehler aus. Andererseits bildeten die damit beabsichtigten Vermögensübergänge eine rechtliche und wirtschaftliche Einheit. Da es nicht ohne weiteres erkennbar ist, ob einzelne Vermögenswerte dem ehemals volkseigenen Wohnungsvermögen zuzurechnen sind, entstünde neuerliche Rechtsunsicherheit, wenn nicht zugehörige Vermögenswerte von der Heilung etwaiger Mängel ausgenommen wären. Wegen der Ähnlichkeit der Interessenlage ist insoweit eine entsprechende Anwendung von Absatz 1 auf diese Fälle geboten.[16] Dafür spricht außerdem, daß eine konstitutive Übertragung der betroffenen Vermögenswerte auf die Kapitalgesellschaften ohne Rücksicht auf das Zivilrecht auch durch Zuordnungsbescheid nach der rechtsähnlichen Regelung des § 7 Abs. 5 VZOG möglich wäre.

[13] Vgl. dazu auch Beschlußempfehlung und Bericht des BT-Rechtsausschusses z. Entwurf e. RegVBG, BT-Drucks. 12/6228, S.316.

[14] Dazu auch *Keller* VIZ 1996, 16, 19.

[15] *Keller* VIZ 1996, 16, 20.

[16] Im Ergebnis ebenso *Keller* VIZ 1996, 16, 20.

c) Nutzung oder Bewirtschaftung durch Betriebe der kommunalen Wohnungswirtschaft. Erforderlich ist die Übertragung des Wohnungsvermögens auf Betriebe der kommunalen Wohnungswirtschaft zur selbständigen Nutzung und Bewirtschaftung. Den kommunalen Wohnungswirtschaftsbetrieben muß also die alleinige Verwaltung des Wohnungsvermögens zugewiesen gewesen sein. Auf die Eigentumslage kommt es nicht an. 7

Zu den **Betrieben der kommunalen Wohnungswirtschaft** gehören nach der Legaldefinition des Absatzes 2 Nr. 1 ehemalige VEB Kommunale Wohnungsverwaltung und VEB Gebäudewirtschaft und aus solchen hervorgegangene kommunale Regie- oder Eigenbetriebe. Das Gesetz berücksichtigt insoweit, daß das volkseigene Wohnungsvermögen regelmäßig in volkseigenen Betrieben zusammengefaßt und den „örtlichen Organen der Staatsmacht" unterstellt war.[17] Die den Gemeinden unterstellten volkseigenen Betriebe der Wohnungswirtschaft unterlagen nicht der Umwandlung nach dem Treuhandgesetz (§ 11 Abs. 1 iVm. Abs. 3 TreuhG). Sie sollten nach Maßgabe des § 59 Abs. 2 KommunalV-DDR iVm. §§ 2ff. WohnwirtschUmwG[18] auf der Grundlage von § 58 UmwG aF in kommunale Eigengesellschaften in der Rechtsform der GmbH umgewandelt werden. Soweit das nicht geschehen ist, existierten die kommunalen Wohnungswirtschaftsbetriebe in ihrer bisherigen Rechtsform bis zum Inkrafttreten des Einigungsvertrages fort. Mit dem 3. 10. 1990 entfiel die Rechtsgrundlage für die Organisationsform der volkseigenen Wirtschaftseinheit. Die kommunalen Wohnungswirtschaftsbetriebe bildeten fortan unselbständige Teile der jeweiligen kommunalen Gebietskörperschaft, die organisationsrechtlich als Eigen- oder Regiebetriebe zu bezeichnen sind. Absatz 1 erfaßt Umwandlungen und Sachgründungen, die ihren rechtlichen Ausgangspunkt in einer der in Absatz 2 Nr. 1 genannten Organisationsformen haben; Umwandlungen allerdings nur, wenn sie aufgrund der in Absatz 2 Nr. 2 genannten Vorschriften erfolgt sind. 8

d) Rechtsgrundlagen für Umwandlung und Sachgründung. aa) Umwandlung. Eine Heilung etwaiger Umwandlungsmängel tritt nur ein, wenn die Umwandlung auf einer der in Absatz 2 Nr. 2 genannten Vorschriften beruht. Diese betreffen sowohl rechtsgeschäftliche als auch gesetzliche Umwandlungen. Die Heilung ist ferner daran gebunden, daß die Umwandlung **auf eine Kapitalgesellschaft** (GmbH, AG) erfolgt ist. Nicht erfaßt werden Umwandlungen auf andere Rechtsformen, die nach der in Absatz 2 Nr. 2 lit. a genannten UmwVO ebenfalls möglich waren. 9

Die in Absatz 2 genannten Gesetze sind für die Umwandlung kommunaler Wohnungswirtschaftsbetriebe von unterschiedlicher **Relevanz:** Umwandlungen nach der UmwVO (Absatz 2 Nr. 2 lit. a) scheinen in der Rechtswirklichkeit kaum vorgekommen zu sein.[19] Von vornherein bedeutungslos ist das in Absatz 2 Nr. 2 lit. b genannte Treuhandgesetz, da die gesetzliche Umwandlung der den Gemeinden unterstellten Wohnungswirtschaftsbetriebe nach § 11 Abs. 3 TreuhG ausgeschlossen war.[20] Bedeutung für die Rechtspraxis haben die in Absatz 2 Nr. 2 lit. c und d genannten Gesetze: Das am 9. 8. 1990 in Kraft getretene Gesetz über die Umwandlung volkseigener Wohnungswirtschaftsbetriebe in gemeinnützige Wohnungsbaugesellschaften sah in Umsetzung von § 59 Abs. 2 KommunalV eine Umwandlung der Wohnungswirtschaftsbetriebe gem. § 58 UmwG aF vor (§ 3 Abs. 1, 2 WohnwirtschUmwG). Das UmwG aF war in der DDR zum 1. 7. 1990 mit den Maßgaben nach § 22 InkraftsetzungsG[21] in Geltung gesetzt worden. 10

Soweit in Absatz 2 Nr. 2 Umwandlungsvorschriften Erwähnung finden, deren praktische Bedeutung für den zu regelnden Sachverhalt nicht erkennbar ist, erklärt sich das aus dem Bestreben des Gesetzgebers nach einer lückenlosen Erfassung aller denkbaren Sachverhalte. Die **Aufzählung** hat andererseits **abschließenden Charakter,** so daß eine Erstreckung der Norm auf andere Umwandlungsvorschriften ausscheidet.[22] 11

[17] Dazu *Busche* (Fn. 3) § 1 RdNr. 49.

[18] Gesetz über die Umwandlung volkseigener Wohnungswirtschaftsbetriebe (...) v. 22. 7. 1990, GBl. I Nr. 49 S. 901.

[19] Dazu *Keller* VIZ 1996, 16, 20.

[20] Dazu *Busche* (Fn. 3) § 11 RdNr. 18, § 1 RdNr. 48ff.

[21] Gesetz über die Inkraftsetzung von Rechtsvorschriften v. 21. 6. 1990, GBl. I Nr. 34 S. 357.

[22] *Palandt-Heinrichs* RdNr.3.

12 **bb) Sachgründung.** Die Heilungsvorschrift greift auch bei Vermögensübertragungen im Zusammenhang mit Sachgründungen ein. Diese können nach § 5 Abs. 4 GmbHG oder § 27 AktG erfolgt sein. Vor dem 1. 7. 1990 galten diese Vorschriften im späteren Beitrittsgebiet in der Fassung des GmbH-Gesetzes 1892 und des Aktiengesetzes 1937 mit den jeweils bis 1945 in Kraft getretenen Änderungen.[23] Seit dem 1. 7. 1990 waren das GmbHG und das AktG mit den Maßgaben nach § 18 bzw. § 19 InkraftsetzungsG anzuwenden.

13 **e) Handelsregistereintragung.** Voraussetzung der Heilung ist weiterhin, daß die aus der Umwandlung oder Sachgründung hervorgegangene GmbH oder AG trotz des Fehlens einer rechtlichen Voraussetzung im Handelsregister eingetragen ist (Absatz 1 S. 2). Anlaß für die Heilung etwaiger Mängel der Gründung oder Umwandlung besteht nur, wenn die Gesellschaften kraft Registereintragung wirksam entstanden sind. Die Eintragung ist von der Zuordnungsbehörde vor Erlaß eines Zuordnungsbescheides zu prüfen.

14 **f) Zuordnungsbescheid.** Die Heilung setzt schließlich voraus, daß der fehlgeschlagene Vermögensübergang durch einen Zuordnungsbescheid iSv. §2 VZOG nachgeholt wird (Absatz 1 S. 1). In dem Bescheid ist das übergehende Vermögen genau zu bezeichnen (§ 2 Abs. 2, 2a, 2b VZOG).[24] **Zuständig** für den Erlaß des Bescheides ist der Präsident der Oberfinanzdirektion (§ 1 Abs. 1 S. 1 Nr. 2 VZOG), in deren Bezirk der jeweilige Vermögensgegenstand ganz oder überwiegend belegen ist (§ 1 Abs. 3 S. 1 VZOG). Das Verfahren richtet sich nach den Vorschriften des VZOG, soweit sich aus § 9 nichts Abweichendes ergibt.

15 Der Bescheid ist ein mitwirkungsbedürftiger Verwaltungakt. Er darf nur auf Antrag und – abweichend vom VZOG-Verfahren – nur im **Einvernehmen** der Beteiligten ergehen (Absatz 4 S. 1). Beteiligte sind der bisherige Unternehmensträger, idR also die Gemeinde (Art. 22 Abs. 4 EVertr; §§ 1a Abs. 4, 8 Abs. 1 lit. a VZOG), und die aus der Umwandlung oder Sachgründung hervorgegangene Kapitalgesellschaft. Zu den Beteiligten können ferner andere Personen gehören, die Rechte in bezug auf den Vermögenswert geltend machen können. Für den Fall der rechtsmißbräuchlichen Verweigerung des Einvernehmens durch einen oder mehrere Beteiligte sieht Absatz 4 S. 2 die **Ersetzung** des Einvernehmens durch den Zuordnungsbescheid vor. Eine rechtsmißbräuchliche Verweigerung liegt im Regelfall vor, wenn das beanspruchte Recht offensichtlich nicht besteht, die Interessen des Beteiligten durch den Vermögensübergang nicht nachteilig berührt werden oder das Einvernehmen aus sachfremden Gründen verweigert wird.[25]

16 **2. Rechtsfolgen, a) Heilung (Abs. 1 S. 1, 2).** Mit Bestandskraft des Zuordnungsbescheides werden sowohl etwaige Mängel der Umwandlung und Sachgründung geheilt (vgl. Absatz 1 S. 2) als auch solche des Vermögensübergangs (Absatz 1 S. 1). Die Vermögensübertragung wird hinsichtlich der Aktiva und Passiva mit Wirkung ex nunc wirksam. Geheilt werden alle bestehenden rechtlichen Mängel; der Gesetzeswortlaut, der sich nur auf das Fehlen „einer" rechtlichen Voraussetzung bezieht, ist insoweit ungenau.

17 **b) Grundbucheintragung (Abs. 1 S. 2).** Ist Gegenstand des Zuordnungsbescheides ein Grundstück oder Gebäude oder ein Recht an einem Grundstück oder Gebäude, hat der Oberfianzpräsident das Grundbuchamt bei Bestandskraft des Bescheides um Eintragung der in dem Bescheid getroffenen Feststellungen zu ersuchen (§ 3 Abs. 1 VZOG iVm. § 38 GBO). Die grundbuchführende Stelle hat die Rechtmäßigkeit des Zuordnungsbescheides grundsätzlich nicht zu prüfen (§ 3 Abs. 2 S. 1 VZOG); das gilt trotz der mißverständlichen Gesetzesformulierung auch für das Erfordernis der Handelsregistereintragung in Art. 231 § 9 Abs. 1 S. 2. Die Handelsregistereintragung ist Voraussetzung für den Erlaß des Zuordnungsbescheides (dazu RdNr. 13), aber nicht für die Durchführung des Grundbuchverfah-

[23] Dazu *Thietz-Bartram/Pfeifer* WM-Sonderbeil. 4 zu H. 22/1990, S. 3, 9ff.; *Niederleithinger* GmbH-Rdsch. 1992, 220, 220f.

[24] Dazu *Schmidt-Räntsch/Hiestand* (Fn. 6) § 2 RdNr. 40ff.

[25] Vgl. *Keller* VIZ 1996, 16, 21; *Palandt-Heinrichs* RdNr. 5; Beschlußempfehlung und Bericht des BT-Rechtsausschusses (Fn. 14) S. 15.

rens.[26] Wegen der mit Bestandskraft des Zuordnungsbescheides eingetretenen Heilung etwaiger Mängel der Umwandlung und Sachgründung kann das Grundbuchamt eine Grundbucheintragung der im Handelsregister eingetragenen Gesellschaft nicht unter Hinweis auf die ursprünglichen Mängel verweigern.

III. Änderung der Vermögenszuordnung (Abs. 3)

18 **1. Allgemeines.** In Absatz 3 ist vorgesehen, daß ein Übergang ehemals volkseigenen Vermögens, der durch Umwandlung eines Betriebes der kommunalen Wohnungswirtschaft iSv. Absatz 1 S. 1 eingetreten ist, geändert werden kann. Die Vorschrift ermöglicht es, einen Vermögenswert, der infolge der Umwandlung auf die Kapitalgesellschaft übergegangen ist, durch ändernden Bescheid wieder auf die Kommune oder eine andere Gesellschaft zu übertragen.[27] Die Vorschrift soll ergänzend zur spiegelbildlichen Regelung in § 7 Abs. 5 VZOG die unter RdNr. 3 angesprochenen Defizite der materiellen Vermögenszuordnung korrigieren.

19 **2. Voraussetzungen.** Voraussetzung für den Erlaß des ändernden Bescheides ist nach dem Wortlaut der Vorschrift, daß der **Vermögensübergang** auf die Gesellschaft zunächst **wirksam** erfolgt ist. Das trifft auf von vornherein wirksame Vermögensübergänge zu, aber auch auf solche, die zunächst fehlerhaft iSv. Absatz 1 S. 1 waren und dann durch einen Zuordnungsbescheid geheilt wurden. Im letztgenannten Fall wäre es an sich erforderlich, den ursprünglich fehlgeschlagenen Vermögensübergang zunächst durch einen Zuordnungsbescheid zu heilen, um die darin vorgenommene Vermögenszuordnung sodann in einem zweiten Bescheid wieder zu ändern. Dieses Verfahren erscheint unnötig formalistisch. Eine Änderung der Vermögenszuordnung ist daher über den Wortlaut des Absatzes 3 hinaus auch für ursprünglich beabsichtigte, jedoch fehlgeschlagene Vermögensübertragungen zuzulassen, so daß die Heilung der Vermögensübertragung und die Änderung der ursprünglich beabsichtigten Zuordnung in einem Bescheid zusammenfallen.[28]

20 Nach dem Wortlaut des Absatzes 3 ist eine Änderung der Vermögenszuordnung nur im Falle der vorgängigen Umwandlung eines kommunalen Wohnungswirtschaftsbetriebs möglich. Die in Absatz 1 erfaßte Alternative der **Sachgründung** wird in Absatz 3 nicht erwähnt. Das erscheint wenig sachgerecht. Hierbei handelt es sich offenbar um ein Redaktionsversehen, da in den Gesetzesmaterialien der Fall der vorgängigen Sachgründung als Anwendungsbeispiel für Absatz 3 ausdrücklich genannt wird.[29] Eine Änderung der Vermögenszuordnung ist daher auch bei den aus einer Sachgründung hervorgegangenen kommunalen Eigengesellschaften zulässig.[30] Dort treten die gleichen Vermögenszuordnungsprobleme auf wie bei den aus einer Umwandlung entstandenen Gesellschaften.

21 **3. Verfahren und Rechtsfolge.** Das Verfahren der Vermögenszuordnung durch Erlaß eines Änderungsbescheides iSv. Absatz 3 entspricht demjenigen des Absatzes 1 (vgl. RdNr. 14). Der Bescheid bedarf des Einvernehmens der Beteiligten (Absatz 4 S. 1). Mit Bestandskraft des Änderungsbescheides wird die in dem Bescheid bezeichnete Vermögenszuordnung wirksam.

IV. Verwaltungsbefugnisse (Abs. 5)

22 **1. Allgemeines.** Angesichts der oft langwierigen Zuordnungsverfahren hat der Gesetzgeber in Absatz 5 die vorläufige Verwaltung des früheren volkseigenen Wohnungsvermögens geregelt, das infolge der beabsichtigten, zunächst aber fehlgeschlagenen Vermögensübertragung auf die aus einer Umwandlung oder Sachgründung entstandenen kommuna-

[26] *Keller* VIZ 1996, 16, 21.
[27] *Keller* VIZ 1996, 16, 21.
[28] Ebenso *Palandt-Heinrichs* Rdnr. 5.
[29] Beschlußempfehlung und Bericht des BT-Rechtsausschusses (Fn. 14), S. 14.
[30] Im Ergebnis ebenso *Keller* VIZ 1996, 16, 21.

len Eigengesellschaften übergehen sollte. Das Gesetz vollzieht damit die tatsächliche Handhabung der Verwaltung vor Inkrafttreten der Norm nach.[31]

23 **2. Voraussetzungen.** Das Recht zur Ausübung der in Absatz 5 genannten Verwaltungsbefugnisse knüpft an den Besitz (§ 854 BGB) an. Nur die Gesellschaft, die das Wohnungsvermögen auf Grund der Umwandlung oder Sachgründung in Besitz hat, gilt gem. Absatz 5 S. 4 als zur Verwaltung beauftragt. Das ist auch dann der Fall, wenn das Wohnungsvermögen ursprünglich auf mehrere Gesellschaften aufgeteilt werden sollte oder wenn eine Änderung der Vermögenszuordnung gem. Absatz 3 beabsichtigt ist.

24 **3. Inhalt.** Die in Absatz 1 bezeichneten Kapitalgesellschaften gelten gem. Absatz 5 S. 1 schon vor Erteilung – gemeint ist: vor Bestandskraft – der Zuordnungsbescheide als ermächtigt, alle Rechte aus dem ehemals volkseigenen Wohnungsvermögen oder aus Rechtsgeschäften in bezug auf dieses Vermögen im eigenen Namen und auf eigene Rechnung geltend zu machen. Der Gesetzeswortlaut ist, insbesondere auch wegen der Verweisung auf § 8 Abs. 3 VZOG in Absatz 5 S. 5, mißverständlich, da der Eindruck entsteht, daß die Gesellschaften auch zur Verfügung über das Wohnungsvermögen berechtigt sind. Durch Absatz 5 werden jedoch lediglich **Verwaltungsbefugnisse** eingeräumt.[32] Die Gesellschaften dürfen zu diesem Zweck auch Kündigungs- und andere Gestaltungsrechte, die sich auf das zuzuordnende Vermögen beziehen, ausüben. Soweit das Wohnungsvermögen auf mehrere Gesellschaften übergehen sollte oder eine Änderung der Vermögenszuordnung iSv. Absatz 3 beabsichtigt ist, gelten die beteiligten Gesellschaften gem. Absatz 5 S. 2 und 3 als Gesamtgläubiger (§ 428 BGB). Tatsächlich dürfte in diesen Fällen keine Gesamtgläubigerschaft gewollt sein, da nach Absatz 1 und 3 regelmäßig die Aufteilung des Wohnungsvermögens unter mehreren Zielgesellschaften bezweckt sein wird.

25 **Beschränkungen** der Rechtsstellung der verwaltungsbefugten Gesellschaft können sich, wie Absatz 5 S. 6 klarstellt, aus rechtskräftigen Urteilen und aus dem Vermögensgesetz ergeben. Nach § 3 Abs. 3 S. 1 VermG ist die Eingehung langfristiger vertraglicher Verpflichtungen in Bezug auf einen rückgabepflichtigen Vermögenswert grundsätzlich zu unterlassen, es sei denn, der Rückgabeberechtigte stimmt zu oder es liegt ein Fall der Notgeschäftsführung vor;[33] entsprechendes wird bei Rechtshandlungen angenommen, die den Restitutionszweck vereiteln.[34] Die vorläufige **Verwaltungsbefugnis endet** mit Bestandskraft der nach den Absätzen 1 bzw. 3 ergangenen Zuordnungsbescheide.

V. Rechtsmittel

26 Für Klagen gegen den Zuordnungsbescheid oder dessen Ablehnung steht der **Verwaltungsrechtsweg** offen (Absatz 4 S. 4 iVm. § 6 VZOG). Die Ersetzung des Einvernehmens nach Absatz 4 S. 2 ist nicht isoliert anfechtbar sondern nur zusammen mit dem Zuordnungsbescheid (Absatz 4 S. 3). Eine Überprüfung des privatrechtsgestaltenden Zuordnungsbescheids durch die Zivilgerichte ist ausgeschlossen. Die Zivilgerichte sind, sofern keine Nichtigkeit vorliegt, an den Zuordnungsbescheid gebunden.[35]

[31] Beschlußempfehlung und Bericht des BT-Rechtsausschusses (Fn. 14) S. 15.

[32] *Keller* VIZ 1996, 16, 21; *Palandt-Heinrichs* RdNr. 8.

[33] Zum Umfang der Unterlassungsverpflichtung *Säcker-Busche* (Fn. 9) § 3 RdNr. 90ff.

[34] *Säcker-Busche* (Fn. 9) § 3 RdNr. 122ff.

[35] *Wilhelms VIZ 1994, 465, 466ff.; Schmidt-Räntsch/Hiestand* (Fn. 6) § 2 RdNr. 37; *Palandt-Heinrichs* RdNr. 9; aA OLG Dresden ZIP 1994, 399, 400, 401.

Artikel 232

Zweites Buch. Recht der Schuldverhältnisse

§ 1 Allgemeine Bestimmungen für Schuldverhältnisse

Für ein Schuldverhältnis, das vor dem Wirksamwerden des Beitritts entstanden ist, bleibt das bisherige für das in Artikel 3 des Einigungsvertrages genannte Gebiet geltende Recht maßgebend.

I. Normzweck

1 Die Vorschrift enthält die intertemporale Grundregel für die Einführung des BGB-Schuldrechts im Gebiet der ehemaligen DDR. Sie legt fest, daß für Schuldverhältnisse, die vor dem 3. 10. 1990 entstanden sind, das **bisherige Recht maßgebend** bleibt. Sie übernimmt damit die Regelung, die Art. 170 für das Inkrafttreten des BGB getroffen hat und die als Ausdruck eines allgemeinen Rechtsgedankens[1] anerkannt ist. Der Grundsatz des Art. 232 § 1, der dem verfassungsrechtlichen Rückwirkungsverbot Rechnung trägt,[2] wird durch die Art. 232 §§ 2 bis 10 modifiziert und eingeschränkt. Die wichtigsten Dauerverträge werden durch Art. 232 §§ 2ff. ab dem 3. 10. 1990 im wesentlichen dem Recht des BGB unterstellt. Für die von §§ 2ff. nicht erfaßten Dauerrechtsverhältnisse hat es aber bei dem Grundsatz des § 1 sein Bewenden; aus §§ 2ff. kann kein allgemeines Prinzip des Inhalts abgeleitet werden, daß auf alle Dauerschuldverhältnisse seit dem 3. 10. 1990 das Recht der (alten) Bundesrepublik anzuwenden ist.[3]

II. Anwendungsbereich, abweichende Vereinbarungen

2 **1. Interlokaler Anwendungsbereich.** Die intertemporale Kollisionsnorm des Art. 232 § 1 gilt, vorbehaltlich der Sondervorschriften des Art. 232 §§ 2ff., für alle Schuldverhältnisse, die vor dem 3. 10. 1990 nach innerdeutschem Kollisionsrecht dem Recht der DDR unterstanden haben.[4] Rückverweisungen sind zu beachten;[5] sie können sich vor allem aus § 12 RAG, aber auch aus § 16 RAG ergeben.

3 **2. Sachlicher Anwendungsbereich.** § 1 erfaßt, wiederum vorbehaltlich der Sonderregelungen des Art. 232 §§ 2ff., alle privatrechtlichen Schuldverhältnisse, gleichgültig ob sie auf Vertrag oder Gesetz beruhen. Einbezogen sind auch Verträge zwischen „Wirtschaftseinheiten", für die bis zum 30. 6. 1990 das Vertragsgesetz gegolten hat (vgl. unten RdNr. 9). § 1 ist auch auf die Überleitung von Schuldverhältnissen anzuwenden, die im HGB, im Versicherungsvertragsgesetz oder in anderen Sondergesetzen geregelt sind.[6]

4 **3. Abweichende Vereinbarungen.** Art. 232 § 1 enthält dispositives Recht. Die Parteien können für Altschuldverhältnisse ausdrücklich oder stillschweigend die Geltung des BGB vereinbaren. Eine entsprechende konkludente Vereinbarung ist in der Regel anzunehmen, wenn ein durch Zeitablauf, Kündigung oder aus sonstigem Grund aufgelöster Vertrag einverständlich fortgesetzt wird; die Fortsetzung des beendeten Vertrages steht insoweit einer Neubegründung gleich.[7] Entsprechendes gilt, wenn der sachliche oder zeitliche Anwendungsbereich des Vertrages durch eine Vereinbarung der Parteien wesentlich ver-

[1] BGHZ 10, 391, 394 = NJW 1954, 231; BGHZ 44, 192, 194 = NJW 1966, 155, 156; allgM. Weitere Nachweise Art. 170 Fn. 5.

[2] Art. 170 RdNr. 6ff.

[3] BezG. Dresden DtZ 1992, 189; *Staudinger-Rauscher* RdNr. 2; aA *Lübchen/Lübchen* RdNr. 41.

[4] *Staudinger-Rauscher* RdNr. 3.

[5] *Staudinger-Rauscher* RdNr. 3.

[6] Amtliche Begründung BT-Drs. 11/7817 S. 38; *Lübchen/Lübchen* RdNr. 41; *Staudinger-Rauscher* RdNr. 5.

[7] OLG Frankfurt NJW 1987, 1650 zu § 28 AGBG.

ändert wird.[8] Dagegen wird das Recht des BGB nicht schon dadurch anwendbar, daß sich der Vertrag infolge Nichtausübung des Kündigungsrechts um eine Periode verlängert oder daß das Entgelt aufgrund einer Vertragsklausel an die veränderten Verhältnisse angepaßt wird.[9]

III. Voraussetzungen

5 Die Anwendung des bisherigen Rechts setzt voraus, daß sich der **gesamte Entstehungstatbestand** des Schuldverhältnisses unter seiner Geltung verwirklicht hat.[10] Dabei ist je nach der Art des Schuldverhältnisses zu unterscheiden:

6 **1. Verträge.** Bei Verträgen kommt es auf das Wirksamwerden der Annahme an.[11] Entscheidend ist grundsätzlich der Zugang, wenn dieser nach der § 151 BGB entsprechenden Regelung des § 65 ZGB nicht erforderlich ist, der Zeitpunkt der Abgabe der Erklärung. Problematisch sind die Fälle, in denen ein vor dem Stichtag gemachtes Vertragsangebot nach dem 2. 10. 1990 angenommen wird. Die amtliche Begründung vertritt die Ansicht, die Annahmeerklärung sei hier in der Regel dahin auszulegen, daß für den Vertrag das dem Angebot zugrunde gelegte bisherige Recht gelten solle.[12] Gegen diese Auffassung spricht, daß das Vertragsverhältnis erst nach dem Stichtag begründet wird und daß das Abstellen auf den Parteiwillen fiktiv ist und es gerade bei den Verhältnissen in der ehemaligen DDR näher liegt, einen auf Geltung des neuen Rechts gerichteten Parteiwillen zu vermuten. Auf Verträge, bei denen das Angebot vor und die Annahmeerklärung nach dem Stichtag abgegeben worden ist, findet daher entsprechend dem Wortlaut des § 1 grundsätzlich neues Recht Anwendung;[13] anders ist es nur, wenn sich ein ausdrücklich oder konkludent geäußerter Wille der Parteien feststellen läßt, daß das bisherige Recht Anwendung finden soll. Für **bedingte oder befristete** Verträge bleibt das bisherige Recht auch dann maßgebend, wenn die Bedingung oder Befristung erst nach dem Stichtag eintritt.[14] Das gilt ebenso für Verträge, die nach dem Recht der DDR schwebend unwirksam waren und am 3. 10. 1990 durch Wegfall des Genehmigungserfordernisses wirksam geworden sind.[15]

7 **2. Gesetzliche Schuldverhältnisse.** Entscheidend ist, wann das gesetzliche Schuldverhältnis begründet worden ist (vgl. oben RdNr. 5); die Handlung oder das Ereignis, auf dem der konkrete Anspruch beruht, kann in die Zeit nach dem Stichtag fallen. Beim Handeln ohne Auftrag (§ 276 ZGB) kommt es daher auf den Beginn des Handelns an, beim Bereicherungsanspruch (§ 356 ZGB) auf den Zeitpunkt, in dem der Schuldner den Vorteil ohne Rechtsgrund erlangt hat,[16] für die Rechte des Finders (§§ 359ff. ZGB) auf den Zeitpunkt des Fundes. Für Ansprüche aus unerlaubter Handlung enthält Art. 232 § 10 eine auf den Begehungszeitpunkt abstellende Sonderregelung. Bei Ansprüchen aus culpa in contrahendo kommen zwei Anknüpfungstatbestände in Betracht, die Begründung des „Schuldverhältnisses der Vertragsverhandlung“ oder in Analogie zu Art. 232 § 10 die Vornahme der pflichtwidrigen Handlung. Im Interesse der Klarheit und Einfachheit verdient das Abstellen auf die pflichtwidrige Handlung den Vorzug.[17] In der Regel kann aber offen bleiben, ob noch das ZGB (§ 92 Abs. 2) oder schon das BGB anwendbar ist, da die für die culpa in contrahendo maßgebenden Rechtsgrundsätze weitgehend übereinstimmen.

[8] BGH NJW 1985, 971 zu § 28 AGBG; RGZ 145, 289, 291 zu Art. 170.

[9] OLG Frankfurt NJW 1987, 1650.

[10] RGZ 76, 394, 396 zu Art. 170. Weitere Nachweise Art. 170 Fn. 7.

[11] BGHZ 96, 111 = NJW 1986, 711.

[12] BT-Drs. 11/7817 S. 38.

[13] *Staudinger-Rauscher* RdNr. 21; aA *Staudinger-Kanzleiter-Höhne* zu Art. 170 RdNr. 8.

[14] *Staudinger-Rauscher* RdNr. 22; *Staudinger-Kanzleiter-Höhne* zu Art. 170 RdNr. 8.

[15] AA *Staudinger-Rauscher* RdNr. 23, der hier – anders als in RdNr. 22 – den Unterschied zwischen Entstehen und Wirksamwerden des Schuldverhältnisses verkennt.

[16] BGH DtZ 1994, 339, 341; *Staudinger-Rauscher* RdNr. 23; ebenso RG JW 1911, 485 zu Art. 170.

[17] Zustimmend *Staudinger-Rauscher* RdNr. 24, anders aber RdNr. 8.

IV. Rechtsfolgen

1. Maßgeblichkeit des bisherigen Rechts. a) Allgemeines. Das nach § 1 weiter anzuwendende Recht sind in der Regel das ZGB und seine Nebengesetze. Nach § 2 EGZGB gilt das ZGB grundsätzlich auch für Zivilrechtsverhältnisse, die vor seinem Inkrafttreten am 1. 1. 1976 entstanden sind, allerdings bleibt für die vor dem 1. 1. 1976 begründeten Rechte und Pflichten das frühere Recht, in der Regel also das BGB, maßgebend. Diese wenig präzise Überleitung spielt aber im Anwendungsbereich des Art. 231 § 1 praktisch keine Rolle mehr. Soweit noch Schuldverhältnisse aus der Zeit vor dem 1. 1. 1976 bestehen, handelt es sich durchweg um Dauerrechtsverhältnisse, auf die eine der Sondervorschriften des Art. 231 §§ 2ff. anzuwenden ist. **8**

b) Wirtschaftsverträge. Bei Verträgen zwischen „Wirtschaftseinheiten" (§ 2 VertrG) ist zu unterscheiden: **aa)** Auf Verträge aus der Zeit **vor dem 30. 6. 1990** ist weiterhin das Vertragsgesetz anzuwenden. Im Gesetz vom 28. 6. 1990 (GBl. DDR I S. 484), durch das das Vertragsgesetz aufgehoben worden ist, fehlt zwar eine entsprechende ausdrückliche Überleitungsvorschrift. Daraus kann aber nicht hergeleitet werden, daß das Vertragsgesetz mit Wirkung *ex tunc* außer Kraft getreten ist.[18] Es gilt vielmehr auch ohne ausdrückliche Normierung der allgemeine Rechtsgrundsatz, daß Inhalt und Wirkung eines Schuldverhältnisses nach dem Recht zu beurteilen sind, das zur Zeit der Verwirklichung seines Entstehungstatbestandes maßgebend war.[19] Das Vertragsgesetz ist aber nur noch insoweit anzuwenden, als es mit den Prinzipien der sozialen Marktwirtschaft zu vereinbaren ist. Die auf der Verletzung planwirtschaftlicher Regelungen beruhenden Vertragsstrafansprüche sind nicht mehr durchsetzbar.[20] Für die vielfach notwendige Anpassung der Verträge an die veränderten Rahmenbedingungen sind das DM-Bilanzgesetz und die Grundsätze über den Wegfall der Geschäftsgrundlage maßgebend (vgl. RdNr. 16). **9**

bb) Anders ist die Rechtslage für Verträge, die **zwischen dem 1. 7. und 2. 10. 1990** geschlossen worden sind. Bei Schaffung der Wirtschafts-, Währungs- und Sozialunion ist der Anwendungsbereich des Gesetzes über internationale Wirtschaftsverträge auf nationale Wirtschaftsverträge ausgedehnt und der Name des Gesetzes in „Gesetz über Wirtschaftsverträge (GW)" geändert worden.[21] Für Verträge aus der Zeit vom 1. 7.–2. 10. 1990 ist daher das Gesetz über Wirtschaftsverträge das weiterhin anzuwendende Recht. **10**

2. Reichweite. Ist das bisherige Recht anzuwenden, so gilt es grundsätzlich für das Schuldverhältnis im ganzen.[22] **11**

a) Wirksamkeit von Rechtsgeschäften. Der Entwurf der Anlagen zum Einigungsvertrag enthielt in Art. 231 § 6 EGBGB folgende Vorschrift:

„Für die Wirksamkeit von Rechtsgeschäften sind die bislang für die in Artikel 3 des Einigungsvertrags genannten Gebiete geltenden Bestimmungen anzuwenden, wenn das Rechtsgeschäft vor dem ... (Stichtag) vorgenommen wurde; bei empfangsbedürftigen Willenserklärungen ist der Zeitpunkt des Zugangs maßgebend. Artikel 232 § 1 bleibt unberührt."

Diese Regelung ist nicht Gesetz geworden, weil man sie als selbstverständlich und daher überflüssig angesehen hat. Diese Beurteilung trifft zu. Daß sich die Wirksamkeit von Rechtsgeschäften, die vor dem 3. 10. 1990 vorgenommen worden sind, nach dem zur Zeit ihrer Vornahme geltenden Recht beurteilt, ergibt sich aus allgemeinen Rechtsgrundsätzen, zugleich aber auch aus Art. 232 § 1. Bei Rechtsgeschäften aus der Zeit vor dem Stichtag beurteilt sich daher nach ZGB die Handlungsfähigkeit (§§ 49ff. ZGB), die ordnungsgemäße Vertretung (§§ 53ff. ZGB), Dissens (§ 63 Abs. 2 und 3 ZGB), Gesetz- und Sitten- **12**

[18] So aber van *Dorp* DB-DDR-Report 1990, 138.
[19] BGHZ 120, 10, 16 = NJW 1993, 259; BGHZ 121, 378, 385 = NJW 1993, 1856; BGH LM Nr. 4 = DtZ 1993, 57; BGH DtZ 1994, 340, stRspr.
[20] BGH LM Nr. 2 = DtZ 1992, 329; BGH LM Nr. 4 = DtZ 1993, 57.
[21] Gesetz über die Änderung und Aufhebung von Gesetzen der Deutschen Demokratischen Republik vom 28. 6. 1990 (GBl. I S. 61).
[22] *Staudinger-Rauscher* RdNr. 25; RGZ 52, 261, 262 zu Art. 170.

widrigkeit (§ 68 Abs. 1 Nr. 1 und 2 ZGB), das Erfordernis behördlicher Genehmigung (§ 68 Abs. 1 Nr. 4 ZGB)[23] und Willensmängel (§ 70 ZGB). Soweit behördliche Genehmigungserfordernisse am 3. 10. 1990 weggefallen sind, ist zu unterscheiden: Es bleibt bei der Nichtigkeit, wenn das Geschäft nach dem Recht der DDR nicht genehmigungsfähig war oder die Genehmigung vor dem Stichtag rechtskräftig abgelehnt worden ist.[24] Dem stand es gleich, wenn die oberste Genehmigungsbehörde öffentlich bekannt gemacht hatte, daß Genehmigungen der betreffenden Art nicht mehr erteilt werden.[25] War das nicht der Fall, wurde das schwebend unwirksame Rechtsgeschäft dagegen wirksam.[26]

13 **b) Inhalt des Schuldverhältnisses.** Auch für den Inhalt und Umfang der Verpflichtung,[27] den Ort und die Zeit der Leistung, die Voraussetzungen und Rechtsfolgen von Leistungsstörungen,[28] die Gründe für das Erlöschen des Schuldverhältnisses, die Regeln über Gläubiger- und Schuldnermehrheit und das Bestehen von Einwendungen und Einreden[29] ist das bisherige Recht maßgebend. Es entscheidet auch über die Abtretbarkeit der Forderung.[30]

14 **3. Schranken.** Für die Maßgeblichkeit des bisherigen Rechts gelten aber vier Schranken: **a) Auslegung.** Für die Auslegung des weitergeltenden Rechts der DDR sind nicht mehr die Grundsätze sozialistischer Gesetzlichkeit und Parteilichkeit, sondern die Auslegungsgrundsätze des sozialen Rechtsstaates maßgebend.[31] Das bisherige Recht ist auch nur noch im Rahmen der Wertentscheidungen des Grundgesetzes verbindlich. Das ergibt sich sowohl aus Art. 4 und 2 des Staatsvertrages vom 18. 5. 1990 (GBl. DDR S. 537)[32] als auch aus dem Verfassungsgrundsätzegesetz vom 17. 6. 1990 (GBl. DDR S. 299).[33] § 68 Abs. 1 Nr. 2 ZGB ist daher ebenso auszulegen wie § 138 BGB.[34] Nicht der Verstoß gegen die Grundsätze der sozialistischen Moral begründet Nichtigkeit, sondern der gegen die guten Sitten, verstanden im Sinn einer freiheitlichen Rechts- und Wirtschaftsordnung.[35] Verträge über die Veräußerung von volkseigenen Liegenschaften kurz vor der Wende können sittenwidrig sein, so vor allem bei einem Verkauf erheblich unter Wert[36] oder bei einem Verkauf an einen verdienten Funktionär des DDR-Systems.[37]

15 **b) Neuregelungen.** Die Anwendung des bisherigen Rechts der DDR wird zum Teil auch durch gesetzliche Neuregelungen verdrängt. Soweit die **Restitutionsregelungen des Vermögensgesetzes** anwendbar sind, können aus einer vor dem 3. 10. 1990 begangenen Drohung oder Täuschung (§ 70 Abs. 1 S. 2 ZGB) keine Rechte mehr hergeleitet werden.[38] Leidet der unter staatlichem Druck zustande gekommene Vertrag an einem zusätzlichen Mangel, der nicht in einer Wechselbeziehung mit der sittlich anstößigen Manipulation des Erwerbsvorganges steht, bleiben die privatrechtlichen Rückforderungsansprüche und die Zuständigkeit der ordentlichen Gerichte dagegen unberührt.[39] Beispiele sind etwa Beurkundungsmängel,[40] die Nichtmitwirkung des zuständigen Treuhänders,[41] die Veräußerung eines unter staatlicher Treuhandverwaltung stehenden Grundstücks,[42] die fehlende

[23] BGH DtZ 1994, 247.
[24] BGH DtZ 1994, 247; RGZ 55, 36, 40 und BGHZ 60, 28, 30 zu Art. 170.
[25] BGH NJW 1995, 318, 320. Der Vertrag bedurfte nach dem Gesetz Nr. 53 der Militärregierung einer Devisengenehmigung, die nach § 38 DDR-GIW Voraussetzung für die Wirksamkeit des Vertrages war, nach einer Änderungsmitteilung vom 7. 2. 1990 aber nicht mehr erteilt wurde.
[26] BGHZ 37, 233, 236 = NJW 1962, 1715, 1716. Zur schwebenden Unwirksamkeit nach ZGB vgl. Kommentar zum ZGB, herausgegeben vom Ministerium der Justiz § 68 Anm. 1.2.4.
[27] BGHZ 123, 65, 68 = NJW 1993, 2531 zum Schmerzensgeldanspruch.
[28] RGZ 52, 261, 262 zu Art. 170.
[29] *Staudinger-Rauscher* RdNr. 25.
[30] BGHZ 44, 192, 194 = NJW 1966, 155, 156.
[31] BGHZ 124, 269, 277 = NJW 1994, 582; LAG Berlin BB 1992, 638; *Oetker* JZ 1992, 608.
[32] BGHZ 118, 34, 42 = NJW 1992, 1757.
[33] BGHZ 123, 65, 68 = NJW 1993, 2351; *Oetker* JZ 1992, 608, 612.
[34] BGHZ 118, 34, 42 = NJW 1992, 1757.
[35] KG DtZ 1991, 246.
[36] OLG Rostock OLGNL 1994, 175, 177.
[37] BezG Potsdam DtZ 1994, 33.
[38] BGHZ 118, 34, 37 = NJW 1992, 1757; BGHZ 122, 204, 207 = NJW 1993, 2050; BGH NJW 1993, 2530, st.Rspr. str.
[39] BGHZ 120, 198, 201 = NJW 1993, 388; BGHZ 120, 204, 207 = NJW 1993, 389.
[40] BGHZ 120, 198, 201 = NJW 1993, 388.
[41] BGHZ 120, 204, 207 = NJW 1993, 389.

Verfügungsbefugnis des nach der sogenannten „Anordnung Nr. 2" eingesetzten Verwalters,[43] die Veräußerung durch eine unzuständige Stelle,[44] die Nichtigkeit der Pflegerbestellung,[45] oder die Mitwirkung eines ausgeschlossenen Notars.[46] Wenn bei einem Grundstückskaufvertrag für eine Partei ein Vertreter ohne eine öffentlich beurkundete oder beglaubigte Vollmacht aufgetreten ist, war der Vertrag nach §§ 66 Abs. 2, 57 Abs. 2, 297 Abs. 1 S. 2 ZGB nichtig.[47] Die schon bei Beratung des Registerverfahrensbeschleunigungsgesetzes erwogene Möglichkeit, insoweit eine Heilungsvorschrift zu schaffen, hat inzwischen das Sachenrechtsänderungsgesetz durch Einfügung des neuen § 8 in den Art. 231 EGBGB realisiert (vgl. dort).[48] Unberührt bleibt der Vorrang des Vermögensgesetzes, wenn der zusätzliche Mangel in einem inneren Zusammenhang mit dem staatlichen Teilungsunrecht steht.[49] Das ist etwa der Fall, wenn ein Kaufvertrag mit einem Übersiedler in seinem Interesse zum Schein als Schenkung beurkundet worden ist.[50]

16 c) **Grundsatz von Treu und Glauben.** § 242 BGB und die aus ihm abgeleiteten Rechtsinstitute sind auch auf Altverträge aus der Zeit vor dem 3. 10. 1990 anzuwenden.[51] Der BGH rechtfertigt das mit der Erwägung, der Grundsatz von Treu und Glauben sei als übergesetzliches Prinzip allen Rechtsordnungen immanent.[52] Folgt man dieser für das Recht der DDR schwerlich zutreffenden Erwägung nicht, ist § 242 BGB jedenfalls wegen seines „reformatorischen Charakters" am 3. 10. 1990 auch mit Wirkung für Altverträge in Kraft getreten.[53] Dafür spricht auch, daß der Grundsatz von Treu und Glauben in dem Gemeinsamen Protokoll über Leitsätze zum Staatsvertrag zwischen der DDR und der Bundesrepublik Deutschland über die Schaffung einer Währungs-, Wirtschafts- und Sozialunion vom 18. 5. 1990, der durch das Verfassungsgesetz der DDR vom 21. 6. 1990 von der Volkskammer bestätigt wurde (GBl. DDR I S. 331), unter A. I Nr. 2 Satz 2 ausdrücklich aufgeführt ist.[54] Aus § 242 BGB kann sich ergeben, daß bei einem vor dem 3. 10. 1990 geschlossenen Vertrag ein Formmangel unschädlich ist, so etwa, wenn ein Grundstückskaufvertrag, der nicht in den Anwendungsbereich des Vermögensgesetzes fällt, zum Schein als Schenkung beurkundet worden ist.[55] Auf Altverträge aus der Zeit vor dem 3. 10. 1990 findet auch das aus § 242 BGB abgeleitete Rechtsinstitut des **Wegfalls der Geschäftsgrundlage** Anwendung.[56] Dabei gehen spezielle Anpassungsregelungen dem § 242 BGB vor. Das gilt vor allem für die in § 32 DMBilG vorgesehene Möglichkeit der Preisanpassung.[57] Ergeben sich aus der grundlegenden Änderung des Rechts- und Wirtschaftssystems schwerwiegende Äquivalenzstörungen, die nicht von sondergesetzlichen Anpassungsregelungen erfaßt werden, sind die Grundsätze über den Wegfall der Geschäftsgrundlage heranzuziehen. Beispiele sind etwa: der Wegfall von staatlichen Zuschüssen oder Finanzierungsmitteln,[58] die Vervielfältigung der Selbstkosten bei einer Festpreisvereinbarung,[59] die Unverkäuflichkeit des bestellten RGW-Produkts,[60] jedoch nur, wenn

[42] BGHZ 123, 58 = NJW 1993, 2525.
[43] BGH NJW 1994, 1283; BGH DtZ 1994, 346.
[44] BezG Potsdam DtZ 1994, 33.
[45] BezG Erfurt DtZ 1993, 92.
[46] KG DtZ 1992, 98.
[47] BezG Cottbus ZIP 1992, 813; KG DtZ 1993, 30.
[48] Art. 231 § 8 EGBGB ist entgegen der amtlichen Begründung (BT-Drs. 12/7425 S. 90) und der oben in Art. 231 § 8 RdNr. 2 vertretenen Ansicht nicht eine lediglich klarstellende Regelung, sondern eine Heilungsvorschrift (vgl. *Palandt-Heinrichs* Art. 231 § 8 RdNr. 2).
[49] BGHZ 122, 204, 207 = NJW 1993, 2050; BGH NJW 1993, 2530.
[50] BGHZ 122, 204, 207 = NJW 1993, 2050; BGH NJW 1993, 2530.
[51] BGHZ 120, 10, 22 = NJW 1993, 259, 261; BGHZ 121, 378, 391 = NJW 1993, 1856.
[52] BGHZ 120, 10, 22 = NJW 1993, 259, 261.
[53] KG DtZ 1993, 359; *Staudinger-Rauscher* RdNr. 27; RGZ 144, 380 zu Art. 170.
[54] BGHZ 121, 378, 391 = NJW 1993, 1856.
[55] BGHZ 124, 321, 324 = NJW 1994, 655. Vgl. auch BGH DtZ 1994, 339: Es verstößt nicht gegen Treu und Glauben, wenn sich ein Kreis gegenüber einem Architekten auf die Formunwirksamkeit des geschlossenen Architektenvertrages beruft.
[56] BGHZ 120, 10, 22 = NJW 1993, 259, 261; BGHZ 121, 378, 391 = NJW 1993, 1856; BGHZ 124, 1, 3 = NJW 1994, 260. *Grün* JZ 1994, 763.
[57] Vgl. dazu BGHZ 120, 10, 21 = NJW 1993, 259, 261; BGHZ 122, 32, 38 = NJW 1993, 1387; *Palandt-Heinrichs* § 242 BGB RdNr. 152b mit weiteren Nachweisen.
[58] BGHZ 120, 10, 23 = NJW 1993, 259, 261.
[59] LG Berlin ZIP 1992, 1661.
[60] BezG Magdeburg DtZ 1992, 291.

die Wiederherstellung der Verwertbarkeit ausgeschlossen ist.[61] Angemessen ist vielfach die hälftige Teilung des entstandenen Nachteils,[62] je nach den Umständen das Falles kann aber auch die Einräumung eines Rücktrittsrechts die sachgerechte Lösung sein.[63] Eine Anpassung scheidet aus, wenn der entstandene Nachteil durch eigenes Verschulden oder durch Verzug verursacht worden ist.[64] Auch Altlasten aus der schuldnerfeindlichen Umstellung 2:1 rechtfertigen die Anwendung des § 242 BGB nicht.[65] Die nicht an den Kreditgeber, sondern an die DDR abgeführten Gewinnabgaben können nicht mit den umgestellten Krediten verrechnet werden.[66] Auch die Tatsache, daß der Kredit zur Anschaffung einer nach der Umstellung im Verhältnis 2:1 viel zu teuren Anlage verwandt worden ist, rechtfertigt im Verhältnis zum Kreditgeber nicht die Anwendung des § 242.[67] Für Wohnungsgesellschaften gilt aber jetzt das Altschuldenhilfegesetz vom 23. 6. 1993 (BGBl. I S. 986ff.).[68]

17 **d) Veränderungen des Schuldverhältnisses.** Nicht das bisherige Recht, sondern das BGB ist anzuwenden, soweit es sich um Umstände handelt, die sich nicht aus seiner inneren Entwicklung ergeben, sondern von außen neu an das Schuldverhältnis herangetragen werden.[69] Das gilt etwa für die Voraussetzungen und Wirkung eines Schuldanerkenntnisses,[70] die Folgen der Aufhebung eines Treuhandverhältnisses,[71] die Voraussetzungen und Rechtsfolgen des Erfüllungsgeschäfts[72] sowie die Form und die Wirkung von Gläubiger- oder Schuldnerwechsel. Auch die Frage, ob Schulden nach den Grundsätzen der Vermögensübernahme (§ 419 BGB) übergegangen sind, beurteilt sich nach neuem Recht.[73] § 419 BGB findet aber auf Vermögensübertragungen mit öffentlich-rechtlicher Grundlage keine Anwendung.[74] Eine Haftung der neuen Bundesländer oder Kreise für Verbindlichkeiten aus Pachtverträgen, die nach früherem Recht mit dem Rat eines Kreises abgeschlossen worden sind, kann daher nicht aus § 419 BGB hergeleitet werden;[75] sie ergibt sich auch nicht aus dem Gesichtspunkt der Funktionsnachfolge, da die Funktion des Rats des Kreises, die landwirtschaftliche Bodennutzung zu lenken und sicherzustellen, weder auf die neuen Bundesländer noch auf die Kreise übergegangen ist.[76] – Sind beide Parteien nach der Wende Kaufleute geworden, stehen ihnen auch für Ansprüche aus Altverträgen, die nach neuem Recht beiderseitige Handelsgeschäfte sind, gemäß §§ 353, 352 Fälligkeitszinsen zu.[77]

§ 1a Überlassungsverträge

Ein vor dem 3. Oktober 1990 geschlossener Vertrag, durch den ein bisher staatlich verwaltetes (§ 1 Abs. 4 des Vermögensgesetzes) Grundstück durch den staatlichen Verwalter oder die von ihm beauftragte Stelle gegen Leistung eines Geldbetrages für das Grundstück sowie etwa aufstehende Gebäude und gegen Übernahme der öffentlichen Lasten einem anderen zur Nutzung überlassen wurde (Überlassungsvertrag), ist wirksam.

[61] OLG Dresden DtZ 1995, 22; vgl. auch KG DtZ 1992, 359.

[62] BGHZ 120, 10, 23 = NJW 1993, 259, 261; BezG Magdeburg DtZ 1992, 291.

[63] LG Berlin ZIP 1992, 1661.

[64] BGH ZIP 1993, 234; KG ZIP 1994, 1641.

[65] BGHZ 124, 1, 7 = NJW 1994, 260.

[66] BGHZ 124, 1, 7 = NJW 1994, 260; OLG Bremen ZIP 1994, 1418; *Hommelhoff-Habighorst-Schubel-Spoerr* ZIP 1993, 1353; aA *Scholz* BB 1993, 1953, 1959, 1961; *Lorenz-Braun* DtZ 1994, 164.

[67] BGH NJW 1995, 48.

[68] *Köhler* DtZ 1994, 390.

[69] BGHZ 123, 58, 63 = NJW 1993, 2525, 2526.

[70] OLG Dresden DtZ 1994, 32.

[71] BGHZ 123, 58, 63 = NJW 1993, 2525, 2526.

[72] BezG Gotha DtZ 1992, 91; RGZ 66, 409, 412 zu Art. 170.

[73] *Kühn* DtZ 1992, 200.

[74] BGH DtZ 1995, 88, 89; BGH DtZ 1995, 93, 96.

[75] BGH DtZ 1995, 88, 89; BGH DtZ 1995, 93, 96.

[76] BGH DtZ 1995, 88, 89; BGH DtZ 1995, 93, 96. Das Verwaltungsrechtliche Rehabilitierungsgesetz vom 23. 6. 1994 (BGBl. I, 1311) bestätigt diese Rechtslage; vgl. BGH aaO S. 94.

[77] BGH DtZ 1993, 57, 59; BGH DtZ 1993, 211.

§ 1 Abs. 4 des Vermögensgesetzes lautet:

(4) Dieses Gesetz regelt ferner die Aufhebung der
- staatlichen Treuhandverwaltung über Vermögenswerte von Bürgern, die das Gebiet der Deutschen Demokratischen Republik ohne die zum damaligen Zeitpunkt erforderliche Genehmigung verlassen haben;
- vorläufigen Verwaltung über Vermögenswerte von Bürgern der Bundesrepublik Deutschland und Berlin (West) sowie von juristischen Personen mit Sitz in der Bundesrepublik Deutschland oder Berlin (West), die Staatsorganen der Deutschen Demokratischen Republik durch Rechtsvorschrift übertragen wurde;
- Verwaltung des ausländischen Vermögens, die der Regierung der Deutschen Demokratischen Republik übertragen wurde

(im folgenden staatliche Verwaltung genannt) und die damit im Zusammenhang stehenden Ansprüche der Eigentümer und Berechtigten.

Schrifttum: *Schmidt-Räntsch,* Überlassungsverträge in der ehem. DDR, ZOV 1992, 2; *Kayser,* Überlassungsverträge unwirksam? ZOV 1993, 74; *Göhring,* Überlassungsverträge wirksam – eine Erwiderung, ZOV 1993, 78; *Schnabel,* Datschengrundstücke und andere Bodennutzungsverhältnisse, 2. Aufl. 1994.

1. Entstehungsgeschichte und Normzweck. § 1a ist durch Art. 13 Nr. 1 RegVBG in Art. 232 EGBGB zur **Klarstellung** der Streitfrage eingefügt worden, ob die gesetzlich nicht geregelten Überlassungsverträge grundsätzlich als wirksam anzusehen sind.[1] Es handelt sich um eine Übergangsregelung, die inzwischen durch Überleitung dieser Verträge in das BGB gegenstandslos geworden ist (s. RdNr. 3ff.). 1

2. Wesen des Überlassungsvertrags. Im Zug der politischen Entwicklung waren in der ehem. DDR zahlreiche bebaute und unbebaute Grundstücke in staatliche oder quasistaatliche Verwaltung genommen worden, wenn sie sog. Republikflüchtlingen, natürlichen oder juristischen Personen mit Wohnsitz bzw. Sitz in der Bundesrepublik Deutschland oder in West-Berlin oder Ausländern gehörten.[2] Die Unterhaltung dieses umfangreichen Grundbesitzes belastete den Staatshaushalt der DDR. Im Bestreben, diese Lasten abzuwälzen, wurde vom Ministerium der Finanzen noch während der Geltung des BGB der Vertragstyp des Überlassungsvertrags entwickelt. Auf der Grundlage der herausgegebenen Vertragsmuster[3] wurden seit 1960 bis zum Inkrafttreten des ZGB am 1. 1. 1976 zahlreiche Überlassungsverträge, vornehmlich am Stadtrand von Berlin und im Zonengrenzgebiet, abgeschlossen. Durch den Vertrag erlangte der Nutzer eine **eigentümerähnliche Stellung:** Der Vertrag wurde auf 10, meist 20 oder 30 Jahre, gelegentlich auf Lebenszeit des Nutzers, abgeschlossen. Dieser verpflichtete sich, Aufwuchs und Mobiliar käuflich zu übernehmen und für Grundstück, Grundstückseinrichtungen und etwa vorhandene Gebäude ein Entgelt in Höhe der nach den Stoppreisen von 1936 errechneten Werte zu entrichten, das hinterlegt, zT zur Ablösung von Verbindlichkeiten des Grundstückeigentümers verwendet wurde. Der Erwerb des Grundstücks wurde unverbindlich in Aussicht gestellt; das hinterlegte Entgelt sollte in diesem Fall auf den Kaufpreis angerechnet werden. Der Nutzer mußte die öffentliche Lasten tragen und die Pflicht zur Instandhaltung des Grundstücks und des Gebäudes übernehmen. Ein Entgelt war daneben nicht zu entrichten. 2

3. Überleitung in das Recht des BGB. Die Überleitung ist inzwischen erfolgt durch das Sachenrechtsbereinigungsges. (SachenRBerG), Art. 1 des Sachenrechtsänderungsges. v. 21. 9. 1994 (BGBl. I S. 2457), in Kraft seit 1. 10. 1994, und durch das Schuldrechtsanpassungsges. (SchuldRAnpG), Art. 1 des Schuldrechtsänderungsges. v. 21. 9. 1994 (BGBl. I 3

[1] Begr. des E des RegVBG, BT-Drucks. 12/5553 zu Art. 13 Nr. 2 S. 128; *Kayser* ZOV 1993, 74; *Göhring* ZOV 1993, 78; *Schnabel* (Schrifttum) Teil 5 unter II S. 62f.

[2] Zu den „Rechtsgrundlagen" der Überlassungsverträge s. *Kayser* ZOV 1993, 74 u. *Göhring* ZOV 1993, 78.

[3] S. das Vertragsmuster 9 bei *Schnabel* (Fn. 1) Anl. S. 246ff.

S. 2538), in Kraft seit 1. 1. 1995. § 1a hat nicht die Unwirksamkeit aufgrund von Willensmängeln oder wegen fehlender Vollmacht geheilt.[4]

4 Unter das **SachenRBerG** fallen nach § 2 Abs. 1 Nr. 2 SchuldRAnpG die Überlassungsverträge, bei denen der Nutzer auf dem überlassenen Grundstück mit Billigung staatlicher Stellen ein Eigenheim errichtet oder bauliche Investitionen nach § 12 Abs. 2 SachenRBerG in ein vorhandenes Gebäude vorgenommen hat; bauliche Investitionen idS sind Aus- oder Umbauten, durch die die Wohn- oder Nutzfläche des Gebäudes um mehr als 50% vergrößert wurde, oder Aufwendungen für das Gebäude, durch die dessen Wert um mehr als die Hälfte erhöht wurde. In diesen Fällen kann der Nutzer nach § 15 SachenRBerG wählen, ob er die **Bestellung eines Erbbaurechts** verlangen (§§ 32ff. SachenRBerG) **oder das Grundstück ankaufen** will (§§ 61ff. SachenRBerG); unter bestimmten Voraussetzungen kommt nur der Ankauf oder die Bestellung eines Erbbaurechts in Betracht. Wählt er die Bestellung eines Erbbaurechts, kann er die hinterlegten Beträge (s. RdNr. 2) ohne Zinsen zurückverlangen; soweit mit den eingezahlten Beträgen Verbindlichkeiten des Grundstückseigentümers abgelöst wurden, kann er Erstattung verlangen (§ 38 SachenRBerG). Wählt der Nutzer den Ankauf, sind die jeweiligen Beträge auf den Kaufpreis anzurechnen (§ 74 SachenRBerG).

5 Für alle Überlassungsverträge, die nicht unter das SachenRBerG fallen, gilt seit Inkrafttreten des **SchuldRAnpG** am 1. 1. 1995 das **Miet- oder Pachtrecht** des BGB (§ 6 Abs. 1 SchuldRAnpG); auf Überlassungsverträge zu Wohnzwecken ist das Wohnraummietrecht anzuwenden (§ 34 SchuldRAnpG). Die Verträge gelten als auf unbestimmte Zeit geschlossen. Ab 1. 1. 1995 kann der Grundstückseigentümer Miet- bzw. Pachtzins verlangen: bei Überlassungsverträgen zu Wohnzwecken nach Maßgabe des § 11 Abs. 2 bis 7 (aF) MHG iVm. der 1. und der 2. GrundMV und der BetrKostUV (Anh. I bis III nach § 11 MHG), seit Inkrafttreten des Mietenüberleitungsgesetzes (s. § 2 RdNr. 3) am 11. 6. 1995 nach Maßgabe der §§ 11 Abs. 2, 12 bis 17 MHG (§ 35 SchuldRAnpG idF des Mietenüberleitungsgesetzes), bei Überlassungsverträgen zu anderen persönlichen Zwecken als Wohnzwecken nach Maßgabe der NutzEV (Anh. nach §§ 4, 4a) und des § 20 Abs. 3 SchuldRAnpG (§ 20 Abs. 1, 2 SchuldRAnpG, i. e. s. §§ 3 bis 6 NutzEV RdNr. 1ff.); bei Überlassungsverträgen zu gewerblichen oder anderen nicht persönlichen Zwecken kann das ortsübliche Entgelt verlangt werden (§ 42 Abs. 3 SchuldRAnpG).[5] Bei Überlassungsverträgen zu Wohnzwecken muß zur Berechnung des zulässigen Mietzinses der am 3. 10. 1990 für vergleichbare Wohnungen preisrechtlich zulässige Mietzins zugrunde gelegt werden, da die 1. GrundMV – anders als § 1 Abs. 1 Nr. 1 NutzEV – kein Mindestentgelt bestimmt. Hinsichtlich der Zahlungen des Nutzers, die hinterlegt oder zur Tilgung von Verbindlichkeiten des Grundstückseigentümers verwendet worden sind, gilt nach §§ 28 S. 2, 37 SchuldRAnpG die gleiche Regelung wie für Nutzer, die die Bestellung eines Erbbaurechts verlangt haben (s. RdNr. 4). Sobald der Miet- bzw. Pachtzins erstmals geltend gemacht wird, kann der Mieter (Pächter) die Freistellung von der Pflicht zur Tragung der laufenden öffentlichen Lasten verlangen (§ 36 Abs. 1 SchuldRAnpG). Über die Höhe dieser Lasten muß er dem Grundstückseigentümer Auskunft erteilen (§ 36 Abs. 1 S. 2 SchuldRAnpG), damit dieser beurteilen kann, ob diese Lasten noch höher sind als das zulässige Entgelt; das wird vor allem bei den Erholungsgrundstücken oft der Fall sein (§§ 3 bis 6 NutzEV RdNr. 8). Die Verpflichtung des Nutzers zur Instandhaltung ist mit Inkrafttreten des SchuldRAnpG erloschen (§ 6 Abs. 3 SchuldRAnpG), ebenso die Pflicht zur Tragung einmalig zu zahlender öffentlicher Lasten (§ 36 Abs. 2 SchuldRAnpG).

6 Die **ordentliche Kündigung** von Überlassungsverträgen, die unter das SchuldRAnpG fallen, ist **zeitweise** gänzlich **ausgeschlossen,** danach – außer bei Überlassungsverträgen

[4] Näher *Schnabel* (Fn. 1) Teil 5 unter III S. 63ff.

[5] Es handelt sich insoweit um eine „Angstklausel"; entspr. Verträge sind nicht bekannt geworden. es existiert aber ein Vertragsmuster, s. Begr. des E des SchuldRAnpG, BT-Drucks. 12/7135 zu § 42 S. 64.

zu gewerblichen Zwecken – **stark eingeschränkt.** Die Regelungen sind untereinander zT völlig unausgewogen; das gilt auch für Überlassungsverträge zu Wohnzwecken im Verhältnis zu anderen Wohnraummietverträgen nach Art. 232 § 2 Abs. 2 bis 4. Verfassungsrechtlich dürften die Unterschiede nicht haltbar sein. Zugelassen ist zunächst lediglich die außerordentliche Kündigung wegen vertragswidrigen Gebrauchs, Zahlungsverzugs oder aus einem anderen wichtigen Grund (§ 7 Abs. 2 SchuldRAnpG), sowie eine Kündigung mit ca. halbjähriger Kündigungsfrist, wenn der Nutzer bei Vertragsabschluß unredlich iSd. § 4 VermG war (§ 17 SchuldRAnpG; i. e. s. §§ 4, 4a RdNr. 4). Die ordentliche Kündigung ist bei Überlassungsverträgen zu Wohnzwecken und solchen zu gewerblichen Zwecken bis zum Ablauf des 31. 12. 1995 ausgeschlossen (§§ 38 Abs. 1, 42 Abs. 2 SchuldRAnpG); bei Überlassungsverträgen zu anderen persönlichen Zwecken als Wohnzwekken gilt der Kündigungsausschluß vier Jahre länger bis zum Ablauf des 31. 12. 1999 (§ 23 Abs. 1 SchuldRAnpG), bei Nutzern von bebauten Grundstücken, die am 3. 10. 1990 das 60. Lebensjahr vollendet hatten, auf Lebenszeit des Nutzers (§ 23 Abs. 5 SchuldRAnpG)! Für Überlassungsverträge zu gewerblichen Zwecken gelten nach Ablauf des Kündigungsausschlusses ab 1. 1. 1996 keine Kündigungsbeschränkungen mehr. Überlassungsverträge zu Wohnzwecken kann der Grundstückseigentümer ab 1. 1. 1996 bis zum Ablauf des 31. 12. 2000 nur kündigen, wenn er das auf dem Grundstück stehende Gebäude für sich oder für Familien- oder Hausstandsangehörige benötigt und ihm der Ausschluß des Kündigungsrechts angesichts seines Wohnbedarfs und seiner sonstigen berechtigten Interessen auch unter Würdigung der Interessen des Mieters nicht zugemutet werden kann (§ 38 Abs. 2 SchuldRAnpG). Diese Frist verlängert sich nach § 39 SchuldRAnpG bis zum 31. 12. 2010, wenn der Mieter vor dem 21. 6. 1993 Um- und Ausbauten in nicht unerheblichem Umfang oder wesentliche Maßnahmen zur Substanzerhaltung des Gebäudes unternommen hat, die den Umfang des § 12 Abs. 2 SachenRBerG nicht erreichen (s. RdNr. 4). Bei Veräußerung des Grundstücks gilt für den Erwerber nach § 38 Abs. 3 SchuldRAnpG eine dreijährige Kündigungssperrfrist. Ist das Grundstück größer als 500 qm, kann der Grundstückseigentümer eine Teilkündigung für abtrennbare und selbständig nutzbare Teilflächen aussprechen; bei über 1000 qm großen Grundstücken genügt die Möglichkeit einer angemessenen wirtschaftlichen Nutzbarkeit der abgetrennten Teilfläche (§ 40 SchuldRAnpG). Zu den sehr eingeschränkten Möglichkeiten einer ordentlichen Kündigung von Überlassungsverträgen zu anderen Zwecken als Wohnzwecken ab 1. 1. 2000 s. Art. 232 §§ 4, 4a RdNr. 5ff.

§ 2 Miete

(1) Mietverhältnisse aufgrund von Verträgen, die vor dem Wirksamwerden des Beitritts geschlossen worden sind, richten sich von diesem Zeitpunkt an nach den Vorschriften des Bürgerlichen Gesetzbuchs, soweit nicht in den folgenden Absätzen etwas anderes bestimmt ist.

(2) Auf berechtigte Interessen im Sinne des § 564b Abs. 2 Nr. 3 des Bürgerlichen Gesetzbuchs kann der Vermieter sich nicht berufen.

(3) Auf berechtigte Interessen im Sinne des § 564b Abs. 2 Nr. 2 Satz 1 des Bürgerlichen Gesetzbuchs (Eigenbedarf) kann der Vermieter sich erst nach dem 31. Dezember 1995 berufen. Dies gilt nicht,

1. **wenn die Räume dem Vermieter durch nicht zu rechtfertigende Zwangsmaßnahmen oder durch Machtmißbrauch, Korruption, Nötigung oder Täuschung seitens staatlicher Stellen oder Dritter entzogen worden sind,**
2. **wenn der Mieter bei Abschluß des Vertrages nicht redlich im Sinne des § 4 Abs. 3 des Vermögensgesetzes gewesen ist oder**
3. **wenn der Ausschluß des Kündigungsrechts dem Vermieter angesichts seines Wohn-**

bedarfs und seiner sonstigen berechtigten Interessen auch unter Würdigung der Interessen des Mieters nicht zugemutet werden kann.

Vor dem 1. Januar 1996 kann der Vermieter ein Mietverhältnis nach § 564b Abs. 4 Satz 1 des Bürgerlichen Gesetzbuchs nur in den Fällen des Satzes 2 Nr. 1 oder 2 oder dann kündigen, wenn ihm die Fortsetzung des Mietverhältnisses wegen seines Wohn- oder Instandsetzungsbedarfs oder sonstiger Interessen nicht zugemutet werden kann.

(4) In den Fällen des Absatzes 3 kann der Mieter der Kündigung widersprechen und vom Vermieter die Fortsetzung des Mietverhältnisses verlangen, wenn die vertragsmäßige Beendigung des Mietverhältnisses für den Mieter oder seine Familie eine Härte bedeuten würde, die auch unter Würdigung der berechtigten Interessen des Vermieters nicht zu rechtfertigen ist. Eine Härte liegt auch vor, wenn angemessener Ersatzwohnraum zu zumutbaren Bedingungen nicht beschafft werden kann. § 556a Abs. 1 Satz 3, Abs. 2, 3, 5 bis 7 und § 564a Abs. 2 des Bürgerlichen Gesetzbuchs sowie § 93b Abs. 1 bis 3, § 308a Abs. 1 Satz 1 und § 708 Nr. 7 der Zivilprozeßordnung, § 16 Abs. 3 und 4 des Gerichtskostengesetzes sind anzuwenden.

(5) Der Mieter kann einer bis zum 31. Dezember 1994 erklärten Kündigung eines Mietverhältnisses über Geschäftsräume oder gewerblich genutzte unbebaute Grundstücke widersprechen und vom Vermieter die Fortsetzung des Mietverhältnisses verlangen, wenn die Kündigung für ihn eine erhebliche Gefährdung seiner wirtschaftlichen Lebensgrundlage mit sich bringt. Dies gilt nicht,

1. **wenn ein Grund vorliegt, aus dem der Vermieter zur Kündigung ohne Einhaltung einer Kündigungsfrist berechtigt ist, oder**
2. **wenn der Vermieter bei anderweitiger Vermietung eine höhere als die bisherige Miete erzielen könnte und der Mieter sich weigert, in eine angemessene Mieterhöhung von dem Zeitpunkt an einzuwilligen, zu dem die Kündigung wirksam war, oder**
3. **wenn der Mieter sich weigert, in eine Umlegung der Betriebskosten einzuwilligen, oder**
4. **wenn dem Vermieter die Fortsetzung des Mietverhältnisses aus anderen Gründen nicht zugemutet werden kann.**

Eine Mieterhöhung ist angemessen im Sinne des Satzes 2 Nr. 2, soweit die geforderte Miete die ortsübliche Miete, die sich für Geschäftsräume oder Grundstücke gleicher Art und Lage nach Wegfall der Preisbindungen bildet, nicht übersteigt. Willigt der Mieter in eine angemessene Mieterhöhung ein, so kann sich der Vermieter nicht darauf berufen, daß er bei anderweitiger Vermietung eine höhere als die ortsübliche Miete erzielen könnte.

(6) Bei der Kündigung nach Absatz 5 werden nur die im Kündigungsschreiben angegebenen Gründe berücksichtigt, soweit nicht die Gründe nachträglich entstanden sind. Im übrigen gelten § 556a Abs. 2, 3, 5 bis 7 und § 564a Abs. 2 des Bürgerlichen Gesetzbuchs, § 93b Abs. 1 bis 3, § 308a Abs. 1 Satz 1 und § 708 Nr. 7 der Zivilprozeßordnung sowie § 16 Abs. 3 und 4 des Gerichtskostengesetzes entsprechend.

(7) *(aufgehoben)*

§ 4 Abs. 3 des Vermögensgesetzes lautet:

(3) Als unredlich ist der Rechtserwerb in der Regel dann anzusehen, wenn er

a) nicht in Einklang mit den zum Zeitpunkt des Erwerbs in der Deutschen Demokratischen Republik geltenden allgemeinen Rechtsvorschriften, Verfahrensgrundsätzen und einer ordnungsgemäßen Verwaltungspraxis stand, und der Erwerber dies wußte oder hätte wissen müssen, oder

b) darauf beruhte, daß der Erwerber durch Korruption oder Ausnutzung einer persönlichen Machtstellung auf den Zeitpunkt oder die Bedingungen des Erwerbs oder auf die Auswahl des Erwerbsgegenstandes eingewirkt hat, oder

c) davon beeinflußt war, daß sich der Erwerber eine von ihm selbst oder von dritter Seite herbeigeführte Zwangslage oder Täuschung des ehemaligen Eigentümers zu Nutze gemacht hat.

Schrifttum: *Franke* in *Fischer-Dieskau/Pergande/Schwender* Art. 232 §§ 1ff. EGBGB; *Fruth*, Praktische mietrechtliche Probleme in der ehem. DDR, WuM 1991, 9; *Gramlich*, Wohnraummietrecht nach dem EVertr., 1991; *Harke*, Wohnungsbau u. Mietrecht in den neuen Bundesländern, WuM 1991, 1; *Hartmann*, Die Kündigung von Wohnraum in den neuen Bundesländern, ZMR 1992, 279ff. u. 317ff.; *Kinne*, Der Einigungsvertrag, Das neue Mietrecht für den beigetretenen Teil, GrundE 1990, 951; *ders.*, Mietrechtsfragen der östlichen Bundesländer, WuM 1992, 403; *Marko*, Rechtsstellung des Wohnungsmieters in den neuen Bundesländern, NJ 1991, 18ff. u. 59ff.; *Pfeifer*, Das Übergangsmietrecht für die ehem. DDR, Taschenbuch für Hauseigentümer Nr. 18 S. 30ff.; *ders.*, Das Übergangsmietrecht in der ehem. DDR, ZAP-DDR 1990, 441; *Schilling-Heerde*, Mietrecht in den neuen Bundesländern von A–Z, 2. Aufl. 1994; *M. Schultz*, Das Mietrecht in den neuen Bundesländern unter Berücksichtigung der Regelungen im Einigungsvertrag, ZMR 1990, 441 u. 1991, 1; *Sternel*, Mietrecht aktuell, 2. Aufl., Rdnr. 37 bis 74 – Schrifttum zum ZGB, herausgegeben vom Staatsverlag der DDR; *Mühlmann*, Miete, Grundriß Zivilrecht Heft 4, 1977; Lehrbuch des Zivilrechts, Teil 1, hrsg. v. *Göhring* u. *Posch*, Kap. 4 Miete bearb. v. *Mühlmann* u. *Beck*, 1981.

Übersicht

1. Grundsatz, Abs. 1. Seit Wirksamwerden des Beitritts gilt im Gebiet der ehem. DDR für Mietverhältnisse aufgrund von Verträgen das **Mietrecht des BGB** und zwar grundsätzlich auch für Verträge, die vorher, noch unter der Geltung des ZGB geschlossen worden sind; befristete Sonderregelungen gelten nach Abs. 2 bis 4 für Wohnraummietverhältnisse (s. RdNr. 19 bis 29). Diese Regelung entspricht dem Rechtsgrundsatz, daß auf laufende Dauerschuldverhältnisse neues Recht auch bei Änderung der entspr. Rechtsinstitute mit Wirkung für die Zukunft anzuwenden ist (s. Art. 171, 219 u. die Überleitungsvorschriften der vor § 535 RdNr. 55ff. erwähnten Änderungsgesetze). Andernfalls würden solche Schuldverhältnisse zT auf Jahrzehnte hinaus nach unterschiedlichen Rechtsordnungen zu beurteilen sein. Die Anwendung des Mietrechts des BGB auf laufende Mietverträge war darüber hinaus dringend. Entgegen der Darstellung in den Erl. zu den Anl. des EVertr. (BT-Drucks. 11/7817 S. 38) unterschied sich das Mietrecht des ZGB grundlegend vom Mietrecht des BGB: Das ZGB enthielt nur Regelungen über die Wohnungsmiete (§§ 94 bis 130). Die Vorschriften waren auf Mietverhältnisse über Garagen (§ 129 ZGB) und auf die Nutzung von Gewerberäumen (§ 131 ZGB) entspr. anzuwenden. Mietverträge über Grundstücke oder Sachen waren (entgegen der Voraufl.) aufgrund der allg. Ermächtigungsnorm des § 45 Abs. 3 ZGB möglich; es galten die allg. Vorschriften des ZGB über Verträge.[1] Die Miete von Wohnräumen war nach dem ZGB nicht nur durch Zwangswirt-

[1] Für internat. Wirtschaftsverträge u. damit zusammenhängende Rechtsverhältnisse enthielten die §§ 169 bis 175 des Ges. über internat. Wirtschaftsverträge (GIW) v. 5. 2. 1976 (GBl. I S. 61) Vorschriften über die Miete von Grundstücken und Sachen. Der Anwendungsbereich dieses Ges. war wenige Monate vor dem Beitritt durch § 3 des Ges. über die Änderung u. Aufhebung von Ges. der DDR v. 28. 6. 1990 (GBl. I S. 483), in Kraft getreten am 1. 7. 1990, auf Wirtschaftsverträge zwischen inländischen Kaufleuten, Unternehmen, Betrieben u. den diesen gleichgestellten Wirtschaftssubjekten ausgedehnt worden (s. § 1 RdNr. 10).

schaft in der extremsten Form geprägt, sondern außerdem an den Prinzipien der „sozialistischen Gesetzlichkeit" ausgerichtet (s. i. e. die Darstellung des Mietrechts der DDR in der 1. Aufl. vor § 535 RdNr. 69 bis 86, 133 u. in der 2. Aufl. Einl. vor § 1 BGB RdNr. 182, 183). Miet- oder Pachtrecht des BGB ist seit 1. 1. 1995 grundsätzlich auf Nutzungsverhältnisse iSv. § 1 Abs. 1 SchuldRAnpG anzuwenden (§ 6 SchuldRAnpG). Zum Sonderkündigungsrecht des Grundstückseigentümers nach § 17 SchuldRAnpG s. §§ 4, 4a RdNr. 4.

2 **2. Wohnraummietverhältnisse.** Seit dem Wirksamwerden des Beitritts unterliegen Mietverhältnisse über Wohnraum, und zwar grundsätzlich auch die vor dem 3. 10. 1990 abgeschlossenen, den Vorschriften des sozialen Mietrechts des BGB. Sie können vom Vermieter gekündigt werden. Nach dem ZGB war dies grundsätzlich nicht möglich; Wohnraummietverhältnisse konnten nur auf Antrag des Vermieters aus im Ges. bestimmten Gründen durch gerichtliche Entscheidung aufgehoben werden (vgl. §§ 120ff. ZGB); lediglich bei Werkwohnungen konnte der Vermieter kündigen, wenn das Arbeitsverhältnis beendet war (vgl. § 130 Abs. 3 ZGB). Für eine Übergangszeit ist die Vermieterkündigung für vor dem 3. 10. 1990 geschlossene Verträge über die Regelungen des § 564b hinaus eingeschränkt (i. e. s. RdNr. 19 bis 29). Im Ergebnis ist dadurch der Mieterschutz für Altverträge kaum verändert worden. Verbessert hat sich die Rechtsstellung der Mieter von Werkwohnungen: sie können (außer bei funktionsgebundenen Werkmietwohnungen) der Kündigung widersprechen und die Fortsetzung des Mietverhältnisses verlangen (s. i. e. §§ 565b bis 565e); beim Tod des Mieters entscheidet nicht mehr der Betrieb (!) darüber, ob das Mietverhältnis mit den im Haushalt lebenden Familienangehörigen fortzusetzen ist (vgl. § 130 Abs. 3 S. 2 ZGB), diese treten vielmehr nach § 569b kraft Gesetzes in das Mietverhältnis ein und genießen dann Kündigungsschutz nach § 564b und den Schutz der Sozialklausel nach §§ 556a bis 556c, 565d. Zur Mitwirkung des Betriebsrats bei der Kündigung von Werkmietwohnungen s. § 565c RdNr. 6. Die **Wohnraumbewirtschaftung** war noch von der DDR durch das Ges. über die Gewährleistung von Belegungsrechten im kommunalen und genossenschaftlichen Wohnungswesen v. 22. 7. 1990 (GBl. I S. 894) gelockert worden. Dieses Ges., das sich bereits am WoBindG orientiert hatte, bleibt nach Anl. II Kap. XIV Abschn. III des EVertr. bis zum Ablauf des 31. 12. 1995 in Kraft. Es besteht danach noch ein Belegungsrecht der zust. Stellen für Genossenschaftswohnungen, Wohnungen im kommunalen Eigentum, Werkwohnungen und andere zweckgebundene Wohnungen, die mit öffentlichen Mitteln gefördert worden sind, sowie für die am 1. 9. 1990 noch als volkseigen bestehenden Wohnungen, soweit und solange sie nicht auf private Eigentümer zurückzuübertragen sind. Das zur Wohnungsversorgung genutzte oder vorgesehene volkseigene Vermögen war nach Art. 22 Abs. 4 EVertr. mit dem Wirksamwerden des Beitritts mit gleichzeitiger Übernahme der anteiligen Schulden in das Eigentum der Kommunen übergegangen; die Kommunen müssen ihren Wohnungsbestand unter Berücksichtigung sozialer Belange schrittweise in eine marktwirtschaftliche Wohnungswirtschaft überführen.

3 Die **Preisbindung für Wohnraummieten** war für eine Übergangszeit i. w. aufrecht erhalten worden. Durch RechtsVOen der Bundesregierung sollte eine schrittweise Anpassung der Mietzinsen bis zur ortsüblichen Vergleichsmiete erreicht, Instandsetzung und Modernisierung sollten besonders gefördert werden (i. e. s. die Sonderregelung des § 11 MHG, die 1. u. die 2. GrundMV und die BetrKostUV, Anh. nach § 580a.) Die **Überleitung in das Vergleichsmietensystem** soll nunmehr durch das Ges. zur Überleitung preisgebundenen Wohnraums im Beitrittsgebiet in das allgemeine Miethöherecht **(Mietenüberleitungsgesetz)** v. 6. 6. 1995 (BGBl. I S. 748)[2] erreicht werden. Das Ges. enthält anstelle der aufgehobenen Abs. 2 bis 7 des § 11 MHG befristete Übergangsregelungen in den neuen §§ 12 bis 17 MHG. Da sich ortsübliche Vergleichsmieten mangels frei verein-

[2] Materialien: GesE der Bundesreg. BT-Drucks. 13/1041 (inhaltsgleich GesE der Fraktionen der CDU/CSU und der F.D.P. BT-Drucks. 13/783), Stellungnahme des BRat u. Gegenäußerung der Bundesreg. BT-Drucks. 13/1187, Schriftl. Bericht des Bauausschusses BT-Drucks. 13/1386.

barter Mieten noch nicht bilden konnten – die nach § 11 Abs. 1 MHG preisfreien Wohnungen machen nur knapp 4% des Wohnungsbestands aus –, können nach § 12 MHG für eine Übergangszeit bis 31. 12. 1997 Mieterhöhungen nach § 2 MHG nur um bestimmte Prozentsätze verlangt werden:

- In einer **1. Erhöhungsstufe** kann frühestens **ab 1. 8. 1995** eine Erhöhung des bisher geschuldeten (nicht des gesetzlich zulässigen) Mietzinses ohne Erhöhungen nach Modernisierung oder Instandsetzungsvereinbarung um **15%** für Wohnungen in Gebäuden mit ordentlichem Bauzustand verlangt werden; der Prozentsatz erhöht sich um jeweils 5% für Einfamilienhäuser und für sog. Wendewohnungen, die einen dem Weststandard vergleichbaren Wohnwert haben und nicht in den Sozialwohnungsbestand übernommen worden sind (§ 12 Abs. 3 MHG); der Prozentsatz ermäßigt sich um 5%, wenn die Wohnung nicht mit Zentralheizung und Bad (s. dazu §§ 1, 2 der 1. GrundMV RdNr. 7, Anh. I nach § 11 MHG) ausgestattet ist (§ 12 Abs. 1 S. 2 MHG); als ordentlicher Bauzustand gilt, wenn am Gebäude keine erheblichen Schäden bei mindestens drei der fünf Beschaffenheitsmerkmale iSd. § 2 der 2. GrundMV (Dach, Fenster, Außenwände, Hausflure od. Treppenräume, Elektro-, Gas- od. Wasser- u. Sanitärinstallationen) vorliegen (s. dazu §§ 1, 2 der 2. GrundMV RdNr. 4ff., Anh. II nach § 11 MHG).
- In einer **2. Erhöhungsstufe** kann zum **1. 1. 1997** der bei Inkrafttreten des Ges. iSv. § 12 Abs. 1 MHG geschuldete Mietzins um weitere **5%** erhöht werden, aber nur für Wohnungen in Gemeinden mit mindestens 20000 Einwohnern oder in Gemeinden, die an Großstädte angrenzen (§ 12 Abs.2 MHG).

4 Die Erhöhungen erfolgen nicht wie nach der 1. u. 2. GrundMV durch einseitige Erklärung des Vermieters, sondern im Verfahren nach § 2 MHG (s. dazu i. e. § 2 MHG RdNr. 39ff., 58ff.). Dabei wird gesetzlich klargestellt, daß als Zustimmung des Mieters die zweimalige vorbehaltlose Zahlung des erhöhten Mietzinses oder zweimalige Duldung des Lastschrifteinzugs gilt (§ 12 Abs. 6 Nr. 2 MHG). Bei Zugang des Erhöhungsverlangens beim Mieter vor dem 1. 7. 1995 schuldet er den erhöhten Mietzins ab 1. 8. 1995 (§ 12 Abs. 6 Nr. 3 MHG). Für Mieterhöhungen nach Modernisierungen nach **§ 3 MHG** führt § 13 MHG eine **Kappungsgrenze von 3 DM pro qm** Wohnfläche ein; sie gilt nicht, soweit der Vermieter bauliche Änderungen aufgrund von Umständen durchgeführt hat, die er nicht zu vertreten hat (vgl. § 3 MHG RdNr. 11), oder wenn er mit den baulichen Änderungen vor dem 1. 7. 1995 begonnen hat, oder wenn die baulichen Maßnahmen mit Mitteln der einkommensorientierten Förderungen iSv. § 88e des 2. WoBauG gefördert wurden (vgl. vor § 535 RdNr. 77). Die Geltung des **§ 5 WiStG** ist für Mieterhöhungen nach dieser Regelung ausgeschlossen, auch bei den nach § 17 MHG (s. u.) zugelassenen, auf freier Vereinbarung beruhenden Mieterhöhungen über der Kappungsgrenze (Art. 2 § 1 Nr. 1 des Mietenüberleitungsges.; s. demgegenüber zur abw. Rechtslage in den alten Bundesländern § 3 MHG RdNr. 4). Mieterhöhungen nach § 5 MHG sind für Kapitalkostenerhöhungen von Altverbindlichkeiten iSd. § 3 Altschuldenhilfeges. ausgeschlossen (§ 15 MHG). Die 1. u. die 2. GrundMV und die BetrKostUV hat das Mietenüberleitungsges. aufgehoben (Art. 5 Abs. 2 des Ges.). Der Vermieter kann aber nach § 14 MHG bis zum 31. 12. 1997 Betriebskosten iSd. § 27 der II. BV auf die Mieter umlegen und dafür angemessene Vorauszahlungen verlangen, wenn er dies bisher noch nicht nach der BetrKostUV getan hat (vgl. dazu § 1 BetrKostUV RdNr. 2, 4ff., Anh. III nach § 11 MHG). Die Vorschrift enthält keine Regelungen über Umlegungsmaßstäbe; die §§ 2 bis 9 BetrKostUV werden zweckmäßig sinngemäß angewandt. Der Vermieter kann Mieterhöhungen entspr. § 2 der 2. GrundMV bis 31. 12. 1997 um 0,30 DM je qm Wohnfläche für jeden Bestandteil iSv. § 12 Abs. 1 MHG (s. RdNr. 3) verlangen, wenn an diesem erhebliche Schäden nicht (mehr) vorhanden sind und dafür der Mietzins bisher nicht erhöht worden ist (§ 16 MHG); i. ü. können Mieterhöhungen, die nach der 1. u. 2. GrundMV zulässig waren, aber bis zum Inkrafttreten des Mitenüberleitungsges. nicht verlangt worden sind, nicht nachgeholt werden. Für die Praxis wird **§ 17 MHG** von besonderer Bedeutung sein: Danach wird der Anwendungsbereich des § 10 Abs. 1 MHG auf die §§ 10a bis

16 MHG ausgedehnt und dabei klargestellt: auch von den Neuregelungen der §§ 12 bis 16 MHG kann durch Vereinbarung während des Bestehens des Mietverhältnisses abgewichen werden. Dadurch werden ua. Vereinbarungen von Mieterhöhungen wegen Modernisierungen unter Überschreiten der Kappungsgrenze des § 13 MHG oder wegen Instandsetzungen möglich, ferner wegen Altschulden, die seit dem Auslaufen des Altschuldenhilfeges. seit 1. 7. 1995 von den meisten Wohnungsunternehmen bedient werden müssen (die Zinslasten von ca. 1 DM pro qm im Monat werden durch die nach § 12 MHG zugelassenen Mieterhöhungen nur teilweise ausgeglichen). Bei **Neuvermietungen** gilt nach Art. 2 § 2 des Mietenüberleitungsges. bis 30. 6. 1997 eine **Kappungsgrenze von 15%** über dem nach §§ 3, 12, 13, 16 od. 17 MHG zulässigen Mietzins.

5 **3. Folgen des Rechtswandels. a)** Eine verbindliche **Festsetzung der Vertragsbestimmungen** durch das für die Wohnraumlenkung zuständige Organ (vgl. § 100 Abs. 2 ZGB) ist nicht mehr möglich. Mietverhältnisse, die vor dem Beitritt in dieser Weise zustande gekommen sind, bleiben grundsätzlich wirksam, soweit sie nicht zwingendem Recht oder den guten Sitten widersprechen.[3] Auch die Rückübertragung des Eigentums oder die Aufhebung der staatlichen Verwaltung aufgrund des VermG läßt Miet- und Nutzungsrechtsverhältnisse grundsätzlich unberührt (§§ 16, 17 S. 1 VermG). Das gilt nicht in Fällen von unlauteren Machenschaften iSd. § 1 Abs. 3 VermG, wenn der Mieter oder Nutzer nicht redlich iSd. § 4 Abs. 3 VermG gewesen ist (§ 17 S. 2 VermG); solche Verträge sind vom zust. Amt zur Regelung offener Vermögensfragen durch Bescheid aufzuheben (zur Rechtslage vor Inkrafttretren des 2. VermRÄndG am 25. 6. 1992 s. Zivilrecht im EVertr. RdNr. 1368f.). Der Eigentümer kann Herausgabe nach § 985 verlangen, wenn sich das Mietverhältnis nicht nach § 568 fortgesetzt hat. Zur Kündigungsmöglichkeit wegen Zwangsmaßnahmen oder unredlichem Verhalten nach Abs. 3 Nr. 1, 2 s. RdNr. 22.[4] Lag Unredlichkeit nicht vor oder ist sie nicht nachzuweisen, sind aber die beiderseitigen Leistungen durch die Rechtsentwicklung in ein so auffälliges Mißverhältnis geraten, daß ein Festhalten am Vertrag gegen Treu und Glauben verstößt, kann der Benachteiligte eine Anpassung des Vertrags wegen wesentlicher Änderung der Geschäftsgrundlage infolge der Gesetzesänderung verlangen.[5]

6 Im Gebiet der ehem. DDR sind (anders als in den alten Bundesländern) verbreitet keine schriftlichen Mietverträge abgeschlossen worden. Zur Klarstellung der Rechtsverhältnisse, bsonders wegen der neuen Rechtslage, erscheint es im Interesse beider Vertragsteile wünschenswert, die bestehenden Mietverhältnisse durch schriftliche Mietverträge zu bestätigen. Als Vertragsmuster bietet der Mustermietvertrag (MMV, s. vor § 535 RdNr. 48) einen angemessenen Interessenausgleich.[6] Ein Anspruch auf Abschluß eines schriftlichen Mietvertrags besteht grundsätzlich nicht, ausgenommen bei lediglich **faktischen Vertragsbeziehungen,** die auf eine vertragliche Basis gestellt werden sollen. Von faktischen Vertragsbeziehungen wird in den nicht seltenen Fällen auszugehen sein, in denen leer stehende Wohnungen ohne (nicht gegen!) den Willen des Vermieters bezogen worden sind, wenn vom Zustandekommen eines mündlichen Mietvertrags durch längere Duldung nicht ausgegangen werden kann, weil eine Verwaltung der Wohnung praktisch nicht mehr existierte. Zu faktischen Vertragsverhältnissen s. i. ü. §§ 535, 536 RdNr. 8.

7 **b) Mietvertrag mit Ehegatten.** Nach § 100 Abs. 3 ZGB waren beide Ehegatten Mieter einer Wohnung, auch wenn nur einer den Vertrag abgeschlossen hatte. Diese Regelung entsprach dem gesetzlichen Güterstand der Eigentums- und Vermögensgemeinschaft des FGB. Bei **Altverträgen** (= Verträgen, die vor dem 3. 10. 1990 abgeschlossen worden sind) bleiben die Verträge mit beiden Ehegatten geschlossen, beide sind weiterhin aus den

[3] Das Eigentumsgrundrecht wird dadurch nicht verletzt, BVerfG (Kammerbeschluß) ZMR 1992, 482.

[4] Nach dieser ausdrücklichen Regelung durch das Ges. v. 21. 12. 1992 (s. RdNr. 21) wird in diesen Fällen die in Zivilrecht im EVertr. RdNr. 73 angenommene Möglichkeit zur Kündigung aus wichtigem Grund ohne Einhaltung einer Kündigungsfrist nicht mehr in Betracht kommen, es sei denn, daß die Voraussetzungen des § 554a vorliegen.

[5] S. § 242 RdNr. 614, 626ff.

[6] Der MMV ist unter Berücksichtigung zwischenzeitlicher Gesetzesänderungen überarbeitet und abgedruckt bei *Schilling-Heerde,* Anh. XII.

Verträgen berechtigt und verpflichtet. Das kann zu Problemen führen bei Mieterhöhungen und bei Kündigungen des Vermieters, denn sie müssen an beide Ehegatten gerichtet werden (s. § 564 RdNr. 24): den Namen des Ehegatten, der den Vertrag nicht abgeschlossen hat, wird der Vermieter oft nicht kennen, er wird nicht selten nicht einmal wissen, ob der Mieter (noch) verheiratet ist. Die Annahme, der Ehegatte brauche nicht mit seinem vollen Namen bezeichnet zu werden,[7] ist problematisch; spätestens im Prozeß (Zwangsvollstreckung!) wird der Name genau anzugeben sein. Beachtlich sind daher die Erwägungen von *Quarch,*[8] der in § 100 Abs. 3 ZGB keine Vertragserstreckung, sondern ein bloße gesetzliche Inhaltsbestimmung des Mietvertrags sieht. Folgt man dieser Ansicht nicht, muß dem Vermieter ein Auskunftsanspruch gegen den Mieter zugebilligt werden,[9] ferner der Einwand des Rechtsmißbrauchs, wenn der Mieter, der einem Auskunftsverlangen nicht nachgekommen ist, sich auf die Unwirksamkeit von Erklärungen des Vermieters beruft, weil die Mieter nicht ordnungsgemäß bezeichnet seien.

8 Bei **Neuverträgen** (= Verträgen, die seit dem 3. 10. 1990 abgeschlossen wurden) ist nur derjenige Ehegatte Mieter, mit dem der Vertrag abgeschlossen worden ist, sofern nicht der andere mitunterzeichnet. Ehegatten, die nicht Vertragspartner sind, sind allerdings in den Schutzbereich des Mietvertrags einbezogen (s. §§ 535, 536 RdNr. 79f.); der Vermieter haftet diesen Ehegatten gegenüber bei Vertragsverletzungen in gleicher Weise wie gegenüber dem Vertragspartner. Sollen beide Ehegatten aus dem Vertrag auch verpflichtet sein, dann muß der Vertrag mit beiden abgeschlossen werden. Diese Regelung gilt bei Neuverträgen auch für Ehegatten, für die der bisherige gesetzliche Güterstand aufgrund Erklärung eines Ehegatten nach Art. 234 § 4 Abs. 2, 3 fortgilt.

9 **c) Fälligkeit des Mietzinses.** Nach § 102 Abs. 1 S. 3 ZGB war der Mietpreis bis zum 15. des laufenden Monats zu zahlen, wenn nichts anderes vereinbart war. In schriftlichen Mietverträgen war jedoch idR Zahlung bis zum 3. Werktag des laufenden Monats vereinbart.[10] Maßgebend ist seit dem Beitritt die vertragliche Vereinbarung. Fehlt eine Vereinbarung, die auch mündlich erfolgt sein kann, gilt für Alt- wie für Neuverträge § 551 Abs. 1, 2: der Mietzins wird zum Monatsende fällig. Fälligkeit zum Monatsanfang ist zwar allgemein üblich, muß aber vereinbart sein. Die Regelung des § 102 Abs. 2 ZGB, nach der die Betriebe der Gebäude- und Wohnungswirtschaft bei unpünktlicher Mietzahlung eine Gebühr von 10 % des rückständigen Mietpreises erheben konnten, ist ersatzlos entfallen. Zur Vereinbarung von Mahngebühren und Pauschalabgeltungsklauseln s. § 550a RdNr. 2, 3.

10 **d) Untervermietung** eines Teils der Wohnung ist nicht mehr schlechthin zulässig (vgl. § 128 Abs. 1 ZGB), sondern bedarf grundsätzlich der Erlaubnis des Vermieters, die der Wohnraummieter unter bestimmten Voraussetzungen verlangen kann, s. i. e. § 549 RdNr. 25ff. Unberechtigte Untervermietung berechtigt den Vermieter zur fristlosen Kündigung nach § 553. Die Zuweisung eines Untermieters (vgl. § 128 Abs. 2 ZGB) kommt nicht mehr in Betracht. Vor dem Beitritt begründete Untermietverhältnisse bleiben wirksam. Für die Kündigung gelten die allgemeinen Vorschriften. In Fällen von Zwangsmaßnahmen oder unredlichem Verhalten kommt eine Kündigung nach Abs. 3 Nr. 1, 2 (s. RdNr. 22) in Betracht, bei möbliertem Wohnraum, der nicht einer Familie zum dauernden Gebrauch überlassen ist, nach § 565 Abs. 3 ohne Kündigungsschutz (s. § 564b Abs. 7 Nr. 2).

11 **e)** Für eine **Mitwirkung der Mietergemeinschaft** (vgl. §§ 114 bis 119 ZGB)[11] ist seit

[7] So *Schilling-Heerde* „Grundmiete" unter 5. e S. 30; aA *Mittag* WuM 1993, 169, 171.

[8] WuM 1993, 224; aA *Kinne* WuM 1992, 403, 404; *Schilling-Heerde* „Eheleute als Mieter" S. 16 m. Nachw.

[9] So *Mittag* (Fn. 7).

[10] So im Muster eines Wohnungsmietvertrags unter III.2, Anl. 1 zu § 11 der DB zur Wohnraumlenkungs VO v. 16. 10. 1985 (GBl. I S. 310).

[11] Zur Mietergemeinschaft s. Art. 232 § 9 RdNr. 13, 14; *Mühlmann* (Schrifttum) unter 4 S. 55ff.; *Mühlmann-Beck* (Schrifttum) unter 4.4 S. 309ff.; *Schilling-Heerde* „Mietergemeinschaft" S. 70.

dem Beitritt die Rechtsgrundlage entfallen. Sofern die Beteiligten sie nicht ausdrücklich oder stillschweigend fortgeführt haben, endeten sie mit dem Beitritt als Teil der Regelungen über die Wohnungsmiete nach Art. 232 § 2 mangels entspr. Regelungen im Mietrecht des BGB.[12] Soweit noch gemeinschaftliches Eigentum der Mieter besteht (vgl. § 118 ZGB), erfolgt die Auseinandersetzung nicht nach den Regeln des Gemeinschaftsrechts (so noch Zivilrecht im EVertr. RdNr. 78), sondern des Gesellschaftsrechts (§§ 730ff.), da das gemeinschaftliche Eigentum nicht Bruchteilseigentum, sondern Gesamteigentum aller Mieter war (§ 118 Abs. 2 S. 1 ZGB). Bei der Auseinandersetzung des Vermögens ist zu beachten, daß es nicht allein auf Beiträgen der Mieter beruhte; der Vermieter hatte der Mietergemeinschaft für die von ihr geleisteten Werterhaltungs- und Pflegearbeiten bestimmte Beträge auf einem Hauskonto gutzuschreiben.[13] Haben die Mieter die Gemeinschaft nach dem Beitritt fortgeführt, sollte durch entspr. Vereinbarung klargestellt werden, ob dies nach den Regeln des Gesellschaftsrechts oder als nichtrechtsfähiger Verein oder nach Gemeinschaftsrecht geschehen soll. Das empfiehlt sich schon deshalb, weil entgegen der hier vertretenen Ansicht zT angenommen wird, daß für das Innenverhältnis nach Art. 232 § 1 die Vorschriften des ZGB fortgelten (s. Fn. 12). Solange eine solche Vereinbarung nicht getroffen worden ist, wird in der Fortführung iZw. der stillschweigende Abschluß eines Gesellschaftsvertrags zu sehen sein (i. e. s. Art. 232 § 9 RdNr. 14, 16; vgl. auch § 4 Abs. 2 S. 2 SchuldRAnpG). Eine Mieterbeteiligung auf freiwilliger Basis ist möglich, irgendwelche Mitwirkungsrechte stehen den Mietervertretungen aber nicht zu; näher dazu vor § 535 RdNr. 67. Neben den dort erwähnten Bereichen, in denen eine Beratung und Vermittlung sinnvoll sein kann, kommen hier Vorschläge über die Reihenfolge, in der Instandsetzungs- und Instandhaltungsmaßnahmen durchzuführen sind, in Betracht.

12 **f)** Die Pflicht des Vermieters zur **Erhaltung der Wohnungen** in einem zum vertragsgemäßen Gebrauch geeigneten Zustand war durch das Ges. (§ 101 S. 1 bis 3 ZGB) und noch mehr durch die tatsächlichen Verhältnisse – extrem niedrige Mieten und Mangel an Baumaterialien – stark eingeschränkt: Nach § 101 S. 4 ZGB war der Vermieter bei Wohnungsmängeln, die in angemessener Zeit nicht beseitigt werden konnten, nur verpflichtet, „durch vorläufige Maßnahmen die Auswirkungen des Mangels einzuschränken". Diese Regelung war in der Rechtswirklichkeit durch die staatlichen Pläne überlagert, die den Einsatz von Baumaterialien und -handwerkern regelten. Der (an sich einklagbare) Anspruch des Mieters gegenüber dem Vermieter auf Herstellung eines zum vertragsgemäßen Gebrauch geeigneten Zustands mußte deshalb „inhaltlich mit den staatlich hierfür vorgesehenen Voraussetzungen übereinstimmen".[14] Diese Einschränkungen sind mit dem Beitritt entfallen; den Vermieter trifft nunmehr grundsätzlich die Pflicht zur Erhaltung der Mietsache und damit zu ihrer Instandsetzung, sofern eine solche nach dem Grad der Zerstörungen noch zuzumuten ist (s. §§ 535, 536 RdNr. 65). Allerdings können für eine Übergangszeit bis zur Herstellung annähernd gleicher Verhältnisse nicht die gleichen Anforderungen an die Erhaltungspflicht des Vermieters wie in den alten Bundesländern gestellt werden. Maßstab kann nur der Standard vergleichbarer Wohnungen sein.[15] Dabei sind an den Standard von volkseigenen, kommunalen und Genossenschafts-Wohnungen höhere Anforderungen als an Wohnungen privater Vermieter zu stellen; denn diese erhielten keine staatlichen Subventionen und wurden in der staatlichen Planung über den Einsatz von Baukolonnen und die Vergabe von Baumaterialien nicht berücksichtigt. Auch bei Berücksichtigung dieser Standards können die Mieter idR nach Treu und Glauben notwendige Instandsetzungen wegen des Mißverhältnisses zwischen den noch gebundenen

[12] Art. 232 § 9 RdNr. 13, 14; aA *Schilling-Heerde* (Fn. 11).

[13] *Mühlmann* (Fn. 11) unter 4.4 S. 60; *Mühlmann-Beck* (Fn. 11) unter 4.4.4 S. 314.

[14] So *Mühlmann,* Miete unter 3.1 S. 29; ähnlich *Mühlmann-Beck,* Lehrbuch unter 4.3.1.2 S. 285f.

[15] BezG Erfurt DtZ 1994, 80; *Geldmacher* DWW 1991, 298; *Gramlich* S. 61.

Mieten und den Reparaturkosten nur nach Maßgabe eines Instandsetzungsplans entspr. den jeweils zugelassenen Mieterhöhungen verlangen, es sei denn, der Mieter stimmt einer nunmehr nach § 17 MHG zulässigen Mieterhöhung zu, die es dem Vermieter ermöglicht, die Durchführung der Instandsetzungen aus den laufenden Mieteinnahmen zu finanzieren (s. RdNr. 4). Zur eingeschränkten Möglichkeit der Vereinbarung von Mieterhöhungen bei erheblichen Instandsetzungsmaßnahmen des Vermieters vor Inkrafttreten des Mietenüberleitungsges. (RdNr. 3) s. § 3 der 2. GrundMV, Anh. II nach § 11 MHG.

13 **g)** Die Regelungen über die **Gewährleistung wegen Mängeln der Mietsache** (§§ 108, 109 ZGB) sind seit dem Beitritt außer Kraft; es gelten neben den allgemeinen Vorschriften über die Gewährleistung (§§ 284ff., 320ff.) die §§ 537ff. Die Unterschiede zwischen den Gewährleistungsregelungen sind schon nach dem Wortlaut nicht unwesentlich: Nach § 108 Abs. 1 ZGB konnte der Mieter den Mietpreis im Fall einer Beeinträchtigung des vertragsgemäßen Gebrauchs entspr. der Gebrauchsbeeinträchtigung mindern. Die Minderung trat aber nicht von Gesetzes wegen ein, sondern setzte die Geltendmachung des Anspruchs durch den Mieter voraus; die Minderung konnte nur ab der Anzeige des Mangels bis zu dessen Beseitigung verlangt werden. Der Vermieter war für Verletzungen seiner Instandhaltungspflicht nach § 108 Abs. 2 ZGB schadensersatzpflichtig; Voraussetzung war ein pflichtwidriges Verhalten (also Verschulden) des Vermieters. § 109 Abs. 1 ZGB gewährte dem Mieter ein Selbsthilferecht. Es fehlte eine dem § 539 entspr. Regelung. In der Rechtswirklichkeit waren die Unterschiede krasser, weil die staatlichen Pläne über Bauvorhaben und Reparaturen Vorrang vor den gesetzlichen Regelungen hatten (s. RdNr. 12). In der Praxis werden daher die Gewährleistungsregelungen des ZGB kaum eine Rolle gespielt haben.

14 Nach den Maßstäben in den alten Bundesländern war zZ des Beitritts ein Großteil der Wohnungen in der ehem. DDR mangelhaft. **Maßstab** kann indes nur der **Standard vergleichbarer Wohnungen** sein (RdNr. 12). Die mit dem Beitritt eingetretene wesentliche Veränderung der tatsächlichen und wirtschaftlichen Verhältnisse durch die Gesetzesänderung erfordert nach Treu und Glauben eine Anpassung der beiderseitigen Vertragspflichten (s. § 242 RdNr. 614, 626ff.). Dabei sind die durch die 1. u. 2 GrundMV (Anh. I u. II nach § 11 MHG) erfolgten Mieterhöhungen sowie die durch die BetrKostUV (Anh. III nach § 11 MHG) ab 1. 10. 1991 zugelassene gesonderte Geltendmachung und Umlage der Betriebskosten zu berücksichtigen. Trotz der erheblichen Mieterhöhungen, die durch diese Regelungen ermöglicht wurden, sind die Vergleichsmieten in den alten Bundesländern idR noch nicht erreicht. Die Mieten können daher nur begrenzt für die Mängelbeseitigung eingesetzt werden. Die Mieterhöhungsmöglichkeiten nach § 12 MHG (s. RdNr. 3) decken nicht einmal die Zinslasten der Altschulden voll ab, die die meisten Wohnungsunternehmen durch den Wegfall der Zinshilfen nach dem Altschuldenhilfeges. seit 1. 7. 1995 zu tragen haben; sie belaufen sich im Durchschnitt auf eine DM pro qm im Monat. Würde man eine Mietminderung wegen noch bestehender Gebrauchsbeeinträchtigung zulassen, würde man den Vermietern die Möglichkeit zur Mängelbeseitigung noch mehr erschweren. Ein befriedigender Ausgleich wird nur nach § 242 unter Berücksichtigung der örtlichen und tatsächlichen Verhältnisse möglich sein (s. § 242 RdNr. 496ff., 582).

15 **h)** Die **Erhaltung** und auch die **Modernisierung** der Wohnungen ist in der DDR **verbreitet durch die Mieter** erfolgt. Die Vermieter waren dazu wegen der extrem niedrigen Mieten und des Mangels an Baumaterial meist nicht in der Lage. Das ZGB hatte dieser Situation durch die §§ 111, 112 ZGB Rechnung getragen: Der Mieter benötigte zu **baulichen Veränderungen** zwar die Zustimmung des Vermieters (§ 111 S. 1 ZGB); die Zustimmung mußte aber nach § 111 S. 2 ZGB erteilt werden, wenn die baulichen Veränderungen zu einer „im gesellschaftlichen Interesse liegenden Verbesserung" der Wohnung führten; nach § 111 S. 3 ZGB konnte die Zustimmung durch das Gericht ersetzt werden. Bei Beendigung des Mietverhältnisses hatte der Mieter nach § 112 Abs. 3 ZGB Anspruch

auf angemessene Entschädigung für durchgeführte Baumaßnahmen, deren Beseitigung der Vermieter nicht verlangen konnte, soweit er durch die baulichen Veränderungen Vorteile erlangt hatte. Diese Vorschriften sind mit dem Wirksamwerden des Beitritts der DDR außer Kraft getreten. Der Mieter kann eine Zustimmung des Vermieters zu baulichen Veränderungen grundsätzlich nicht mehr verlangen. In Ausnahmefällen wird ein entspr. Anspruch des Mieters nach § 242 in Betracht kommen, soweit und solange der Vermieter zur Instandsetzung nicht in der Lage ist, wenn die Maßnahmen vom Mieter fachgerecht ausgeführt werden und sich mit den vom Vermieter geplanten Maßnahmen vereinbaren lassen. Waren Baumaßnahmen des Mieters vor dem 3. 10. 1990 abgeschlossen, ist aber über die Kostenerstattung noch nicht entschieden, dann ist hierfür nicht § 111 Abs. 3 ZGB maßgebend, sondern § 547, außer wenn das Mietverhältnis noch vor dem 3. 10. 1990 geendet hat. Entspr. gilt für das Wegnahmerecht: es richtet sich seit dem 3. 10. 1990 nicht mehr nach § 113 Abs. 1 ZGB, sondern nach § 547a. Ansprüche auf Verwendungsersatz nach § 547 können, anders als nach §§ 111, 112 ZGB, nicht erst nach Ende des Mietverhältnisses geltend gemacht werden.

16 **i) Schönheitsreparaturen.** Nach § 104 Abs. 1 S. 2 ZGB oblagen dem Mieter die Malerarbeiten, die während der Mietzeit infolge der vertragsgemäßen Nutzung notwendig wurden. Abweichende Vereinbarungen waren nach § 104 Abs. 2 ZGB zulässig, werden in der Praxis aber selten gewesen sein. Diese Pflicht zur **malermäßigen Instandhaltung,** die i. w. den Schönheitsreparaturen iSd. § 28 Abs. 4 S. 5 der II.BV entsprach, ist mit dem Außerkrafttreten des ZGB und der Einführung des Mietrechts des BGB entfallen. Soweit Mietverträge aus der Zeit vor dem 3. 10. 1990 Vereinbarungen über die malermäßige Instandhaltung enthalten, sind diese Vereinbarungen wirksam geblieben, auch wenn sie die gesetzliche Regelung nur bestätigen. Fehlt eine Vereinbarung, hätten die Mieter bei einem ersatzlosen Wegfall der gesetzlichen Pflicht zur malermäßigen Instandhaltung angesichts der sehr niedrigen Mieten eine nicht unerhebliche Herabsetzung ihrer insgesamt geschuldeten Gegenleistung erlangt. Der Vermieter wird daher in solchen Fällen wegen einer wesentlichen Veränderung der Geschäftsgrundlage infolge der Gesetzesänderung (s. § 242 RdNr. 614, 626ff.) eine Anpassung der Vertragsbestimmungen dahin verlangen können, daß der Mieter die Schönheitsreparaturen auf eigene Kosten übernimmt. Der Mieter darf durch die Vertragsanpassung nicht schlechter gestellt werden als nach dem früheren Recht, das zB keinen Fristenplan kannte.[16]

17 **j) Kündigung.** In den Regelungen über die Beendigung von Wohnungsmietverträgen (§§ 120ff. ZGB) lag der grundlegende Unterschied zu den Regelungen des BGB: Das Kündigungsrecht des Vermieters war ausgeschlossen (Ausnahme § 130 Abs. 3 S. 1 ZGB: Kündigung einer Werkwohnung bei Ende des Arbeitsverhältnisses, s. RdNr. 2). Auf Verlangen des Vermieters konnte das Mietverhältnis nur durch gerichtliche Entscheidung aus im Ges. aufgeführten Gründen (die denen des früheren Mieterschutzgesetzes ähnelten, s. vor § 535 RdNr. 54) aufgehoben werden (§§ 121, 122 ZGB). Die Vorschriften sind seit dem 3. 10. 1990 außer Kraft. Wohnraummietverträge, auch die vor dem Beitritt abgeschlossenen, können vom Vermieter gekündigt werden. Für eine Übergangszeit ist die Vermieterkündigung über die Regelungen des § 564b hinaus eingeschränkt (näher dazu RdNr. 19ff.).

18 Der **Mieter** konnte das Mietverhältnis nach § 120 Abs. 2 ZGB „jederzeit mit einer Frist von 2 Wochen kündigen"; die Kündigung mußte schriftlich erfolgen. Die Vorschrift war

[16] I. e. s. *Geldmacher* DWW 1991, 298, 299; im Ergebnis wie hier: *Gramlich* unter II.7.a) S. 46, der eine Fortgeltung der Pflicht zur malermäßigen Instandhaltung aufgrund stillschweigend vereinbarten Vertragsinhalts annimmt; *Franke* (Schrifttum) § 1 Anm. 3; *Kinne* WuM 1992, 403, 405: die Regelungslücke sei im Weg ergänzender Vertragsauslegung durch Heranziehung des mutmaßlichen Parteiwillens zu schließen; aA *Schilling-Heerde* „Schönheitsreparaturen" unter II S. 99; *Staudinger-Sonnenschein* RdNr. 41, 49.

zwingend. Soweit Mietverträge aus der Zeit vor dem 3. 10. 1990 eine entspr. Kündigungsvereinbarung enthielten,[17] wiederholten sie nur den zwingenden Gesetzestext. Sie haben daher keine eigenständige vertragliche Bedeutung und sind mit der gesetzlichen Regelung seit dem Beitritt gegenstandslos geworden. Bei einer anderen Auslegung wäre das Sonderkündigungsrecht des Mieters bei Mieterhöhungen nach dem früheren § 11 Abs. 6 MHG sinnwidrig. Für die Kündigung des Mieters gelten seit dem Beitritt unbeschadet abweichender Bestimmungen in Altverträgen die Kündigungsfristen des § 565,[18] sofern nicht nach dem Beitritt eine abweichende Vereinbarung erfolgt ist.

4. Kündigungsbeschränkungen für Altverträge. Die Einschränkung des Kündigungsrechts durch die Abs. 2 bis 4 gelten nur für Mietverhältnisse, die vor dem 3. 10. 1990 geschlossen worden sind (Altverträge). Die Vorschriften sind ebenso wie § 564b zwingend. Bei Wohnraummietverträgen, die seit dem 3. 10. 1990 schriftlich vereinbart worden sind, muß darauf geachtet werden, ob es sich um Neuverträge handelt, für die § 564b auch im Gebiet der ehem. DDR ohne die Einschränkungen der Abs. 2 bis 4 anzuwenden ist, oder ob damit lediglich Altverträge schriftlich fixiert oder an die neue Rechtslage angepaßt werden sollten. In den letztgenannten Fällen behalten die Verträge ihren Charakter als Altvertrag und genießen den besonderen Schutz nach Abs. 2 bis 4, auch wenn wegen Benutzung eines Vertragsformulars nach Text und Datum ein Neuvertrag vorzuliegen scheint. **Keinen Beschränkungen** unterliegen Kündigungen aufgrund der Generalklausel des **§ 564b Abs. 1**, zB wegen Betriebsbedarfs oder einer nach Tod des Partners oder nach Scheidung zu groß gewordenen Wohnung (s. § 564b RdNr. 67f.). 19

a) Nach Abs. 2 ist eine **Kündigung wegen Hinderung an einer angemessenen wirtschaftlichen Verwertung** nach § 564b Abs. 2 Nr. 3 nicht statthaft. Die Erl. dieser Vorschrift (BT-Drucks. 11/7817 S. 38) sind nicht überzeugend: Ein entsprechender Kündigungstatbestand sei im ZGB nicht enthalten gewesen; seine Einführung erscheine weder zur Herstellung der Rechtseinheit noch aus wohnungswirtschaftlichen oder rechtspolitischen Gründen geboten. Die Regelung ist nicht befristet. Der Ausschluß kann nicht auf Dauer erfolgen; das wäre verfassungswidrig: Die Möglichkeit zur Verwertung des Grundstücks, insbes. durch Verkauf, darf dem Eigentümer nicht unmöglich gemacht oder so erschwert werden, daß eine Verwertung wirtschaftlich sinnlos wäre.[19] 20

b) Das Recht zur **Kündigung wegen Eigenbedarfs** ist nach Abs. 3 S. 1 u. 2 **eingeschränkt.** Die Regelung gilt nur für Altverträge und für Kündigungen vor dem 1. 1. 1996 (Zugang beim Mieter, s. § 564b RdNr. 61). Die Kündigungsbeschränkung galt nach dem EVertr. nur für Kündigungen vor dem 1. 1. 1993. Mit der Verlängerung der Wartefrist durch das Ges. v. 21. 12. 1992 (BGBl. I S. 2117) ist die Kündigungsbeschränkung gelokkert worden: eine Eigenbedarfskündigung ist nicht erst dann möglich, wenn der Kündigungsausschluß eine Härte bedeuten würde; es genügt, daß dem Vermieter der Ausschluß nicht zugemutet werden kann.[20] Eine Eigenbedarfskündigung wurde ferner zugelassen in 21

[17] So im Muster für einen Wohnungsmietvertrag (Fn. 10) unter IX.1.b,2.

[18] Ebenso *Beuermann* HuW 1992, 58, 59; GrundE 1993, 1298; *Hartmann* ZMR 1992, 317, 324; *Kinne* WuM 1992, 403, 406; aA LG Mühlhausen NJ 1994, 321; *Staudinger-Sonnenschein* RdNr. 62; *Franke* (Schrifttum) Anm. 2.

[19] BVerfGE 79, 283, 290f. = NJW 1989, 972, 973. Das BezG Cottbus (DtZ 1992, 361) hat die Berufung auf den „ausnahmslosen u. andauernden" Kündigungsschutz unter besonderen Umständen als gegen Treu u. Glauben verstoßend angesehen. Gegen Ausschluß der Verwertungskündigung auf Dauer *Staudinger-Sonnenschein* RdNr. 9. Die Expertenkommission Wohnungspolitik schlägt in ihrem Gutachten „Wohnungspolitik auf dem Prüfstand" die Aufhebung des Abs. 2 gleichzeitig mit dem Auslaufen der Beschränkungen der Eigenbedarfskündigungen zum 1. 1. 1996 vor, s. den Bericht der Expertenkommission BT-Drucks. 13/159 unter 5703 S. 135.

[20] Ob die Praxis darin eine entscheidende Lockerung der früheren Beschränkungen sieht (so *Schilling,* Neues Mietrecht 1993 unter C.III.5 S. 123), bleibt abzuwarten; s. *Beuermann* GrundE 1993, 172, 177 unter 21; *Franke* Anm. 4.3 („etwas zugunsten des Vermieters verschoben"); *ders.* DWW 1993, 33, 34 u. 36.

den in Abs. 3 S. 2 Nr. 1 u. 2 aufgeführten Fällen von Zwangsmaßnahmen, Machtmißbrauch, Korruption, Nötigung oder Täuschung sowie des unredlichen Erwerbs. Die Begrenzung der Kündigungsbeschränkung auf Altverträge mit der Folge, daß für Eigenbedarfskündigungen im Gebiet der ehem. DDR zweierlei Recht gilt, konnte für die zunächst vorgesehene kurze Übergangszeit bis 31. 12. 1992 hingenommen werden. Sie wird unter dem Gesichtspunkt des Gleichheitssatzes mit zunehmendem Zeitablauf problematisch: die Mieter von Neuverträgen müssen sich in gleicher Weise mit den Schutzvorschriften des sozialen Mietrechts vertraut machen; ihre Zahl nimmt laufend zu, die der Mieter von Altverträgen nimmt ab.

22 In Fällen von nicht zu rechtfertigenden **Zwangsmaßnahmen** oder von **Machtmißbrauch, Korruption, Nötigung oder Täuschung** (Abs. 3 S. 2 Nr. 1) oder des **unredlichen Erwerbs** (Abs. 3 S. 2 Nr. 2) war schon vor der zuvor (RdNr. 21) erwähnten Gesetzesänderung angenommen worden, daß solche Fälle zur Kündigung wegen eines sonstigen berechtigten Interesses, ggf. sogar zur Kündigung ohne Einhaltung einer Kündigungsfrist berechtigten (s. Zivilrecht im EVertr. RdNr. 73, 84). Für das Vorliegen dieser Tatbestände ist der Vermieter beweispflichtig. Als nicht zu rechtfertigende Zwangsmaßnahmen kommen die in § 1 Abs. 1, 6 u. 7 VermG aufgeführten Maßnahmen in Betracht;[21] Machtmißbrauch, Korruption, Nötigung oder Täuschung sind Beispiele unlauterer Machenschaften iSv. § 1 Abs. 3 VermG. Die Tatbestände überschneiden sich. So werden nicht zu rechtfertigende Zwangsmaßnahmen idR gleichzeitig Machtmißbrauch sein. In Betracht kommen Zwangseinweisungen von Mietern ohne Rechtsgrundlage oder in krassem Widerspruch zu rechtsstaatlichen Grundsätzen, zB im Zusammenhang mit der Zwangsumsiedlung von politisch unzuverlässigen Personen aus grenznahen Gebieten. Einweisung von Mietern (Untermietern), ggf. unter Abschluß eines Zwangsmietvertrags nach § 100 Abs. 2 ZGB, genügt für sich allein nicht.[22] Zwangsmaßnahmen oder unlautere Machenschaften iSv. Abs. 3 S. 2 Nr. 1 setzen (anders als Unredlichkeit bei Vertragsabschluß iSv. Abs. 3 S. 2 Nr. 2) keine Mitwirkung und kein Verschulden des Mieters voraus; er muß davon nicht einmal Kenntnis gehabt haben.[23] Mit der Regelung werden in erster Linie die Fälle erfaßt, in denen ausreisewillige Hauseigentümer im Zusammenhang mit Ausreiseanträgen veranlaßt wurden, ihr Eigentum zu Bedingungen zu veräußern, die auch unter den in der DDR bestehenden Voraussetzungen besonders ungünstig waren.

23 **Unredlichkeit** iSv. Abs. 3 S. 2 Nr. 2 ist nicht mit Bösgläubigkeit iSv. § 932 Abs. 2 gleichzusetzen. Es muß zu Vorsatz oder grober Fahrlässigkeit der Vorwurf einer sittlich anstößigen Manipulation hinzukommen.[24] In Fällen von Unredlichkeit des Mieters bei Vertragsabschluß ist das Mietverhältnis grundsätzlich im Verfahren der Rückübertragung nach § 17 S. 2 VermG aufzuheben. Dem Vermieter ist daneben und für die Fälle, in denen eine Rückübertragung nicht in Betracht kommt, das Kündigungsrecht eingeräumt worden.[25] Beispiele für Unredlichkeit erwähnt § 4 Abs. 3 VermG. In Betracht kommen danach die Zuweisung einer Wohnung außerhalb des Vergabeplans nach der Wohnraumlenkungs-VO (§ 4 Abs. 3 Buchst. a VermG; der Mieter muß dabei nicht mitgewirkt haben, Kenntnis od. fahrlässige Unkenntnis genügt), ferner die Beeinflussung des für die Wohnraumlenkung zust. Organs durch unlautere Vorteile oder durch Ausnutzen der Machtstellung als Parteifunktionär (§ 4 Abs. 3 Buchst. b VermG). Das Ausnutzen einer Zwangslage, zB eines ausreisewilligen Bürgers, oder die Täuschung des Vermieters oder seines Rechtsvorgängers (§ 4 Abs. 3 Buchst. c VermG) wird idR schon als Nötigung bzw. Täuschung nach Abs. 3 S. 2 Nr. 1 zur Kündigung berechtigen. Unredlichkeit kann auch bei einer Bevorzugung bei einer Wohnungszuweisung gegeben sein, die im Einklang mit der damaligen Rechtslage erfolgt ist, zB an „verdiente" hohe Staats- oder Parteifunktionäre.

[21] *Schilling*, Neues Mietrecht 1993 unter C.III.3.a S. 121.

[22] *Hartmann* ZMR 1992, 317, 318; *Schilling* (Fn. 21).

[23] *Beuermann* GrundE 1993, 172, 176 unter 16.

[24] BGHZ 120, 198, 201ff. = NJW 1993, 388, 389.

[25] Begr. des E des 4. MietRÄndG, BT-Drucks. 12/3254 zu Art. 5 unter 3.b S. 20f.

Wohnbedarf iSv. Abs. 3 S. 2 Nr. 3 ist gleichbedeutend mit Eigenbedarf[26] (s. dazu i. e. § 564b RdNr. 50ff.). Wohnbedarf genügt als berechtigtes Interesse nicht; wegen des Wohnbedarfs muß der Kündigungsausschluß unter Würdigung der Mieterinteressen unzumutbar sein. Unzumutbarkeit wird als ein höherer Grad der Anforderungen an die Eigenbedarfskündigung angesehen (der nächsthöhere Grad ist die Härte).[27] Für die Praxis dürfte das eine zu fein gesponnene und damit kaum brauchbare Unterscheidung sein. Wohnbedarf kann auch der Bedarf der nach § 564b Abs. 2 Nr. 2 S. 1 privilegierten Angehörigen sein.[28] Die fehlende Erwähnung in Abs. 3 S. 2 Nr. 3 erlaubt keinen Umkehrschluß; bei den Mieterinteressen sind ebenfalls die Interessen der Familie des Mieters (wie nach § 556a Abs. 1 S. 1) trotz fehlender ausdrücklicher Erwähnung zu berücksichtigen. Bei der Interessenabwägung nach Abs. 3 S. 2 Nr. 3 werden nach § 564b Abs. 3 nur die im Kündigungsschreiben angegebenen Gründe berücksichtigt, sofern sie nicht nachträglich entstanden sind. **24**

Als **sonstiges berechtigtes Interesse** kommt der in Abs. 3 S. 3 ausdrücklich erwähnte Instandsetzungsbedarf in Betracht, wenn der Duldungsanspruch des Vermieters nach § 541a zur Durchführung der Maßnahmen nicht ausreicht. Auch eine umfassende Modernisierung ist als sonstiges Interesse anzuerkennen, falls sie sinnvoll nur durchgeführt werden kann, wenn der Vermieter oder ein Angehöriger die Wohnung bezieht. Eine Nutzung zu gewerblichen Zwecken kommt in Betracht, wenn kein Zweckentfremdungsverbot besteht oder eine Zweckentfremdungsgenehmigung vorliegt. **25**

Eine Kündigung wegen Wohnbedarfs oder[29] wegen eines sonstigen berechtigten Interesses ist nur wirksam, wenn das Interesse des Vermieters (oder seiner Angehörigen, s. RdNr. 24) ein stärkeres Gewicht als das des Mieters (oder seiner Familie) hat; nur dann ist der **Kündigungsausschluß** für den Vermieter **unzumutbar.** Bereits bei der Prüfung der Kündigungsvoraussetzungen hat eine Interessenabwägung stattzufinden. Die Interessen des Mieters müssen berechtigt sein, aber nicht so gewichtig, daß die Kündigung eine nicht zu rechtfertigende Härte wäre. **26**

Das Ges. zur Verlängerung der Wartefristen (s. o. RdNr. 21) hat die Regelungen der **Sozialklausel** des § 556a Abs. 1 i. w. wörtlich in den neuen Abs. 4 übernommen. Die Anwendung der §§ 556a bis 556c war für die Fälle der Kündigung nach § 564b Abs. 4 S. 1 iVm. Abs. 3 S. 3 (früher Abs. 4) nicht zweifelhaft. Zur Kündigung wegen Wohnbedarfs oder wegen sonstiger berechtigter Interessen war die Ansicht vertreten worden, die Anwendung der Sozialklausel komme insoweit nicht in Betracht, weil die Mieterinteressen bereits bei der Prüfung der Kündigungsvoraussetzungen zu berücksichtigen sind (so in Zivilrecht im EVertr. RdNr. 85). Durch die ausdrückliche Übernahme der Regelungen der Sozialklausel in Abs. 4 soll klargestellt werden, daß die Sozialklausel auch in den genannten Fällen anzuwenden ist, die Mieterinteressen also zweimal zu würdigen und mit den Vermieterinteressen abzuwägen sind! Das ist nicht einmal gedanklich nachvollziehbar: Sind die Mieterinteressen so gewichtig, daß ihre Nichtberücksichtigung bei der Interessenabwägung im Rahmen der Sozialklausel eine nicht zu rechtfertigende Härte wäre, dann können sie denknotwendig bei der Interessenabwägung im Rahmen der Prüfung der Kündigungsvoraussetzungen nicht ein geringeres Gewicht als die Interessen des Vermieters haben. Ist aber die Kündigung bereits unwirksam, wozu schon ein Gleichgewicht der Interessen genügt, kann es nicht mehr zur Anwendung der Sozialklausel kommen. Für Kündigungen nach Abs. 3 S. 2 Nr. 3 ist daher die Sozialklausel des Abs. 4 bedeutungs- **27**

[26] *Beuermann* GrundE 1993, 172, 178 unter 23; aA *Franke* DWW 1993, 33, 36.

[27] *Beuermann* GrundE 1993, 172, 177 unter 21.

[28] *Beuermann* GrundE 1993, 172, 176 unter 14; *Hartmann* ZMR 1992, 279, 285 u. 317, 318; *Schilling-Heerde* „Kündigung, Kündigungsbeschränkungen" unter IV.1.b S. 43; *Staudinger-Sonnenschein* RdNr. 77; aA *Franke* (Schrifttum) Anm. 4.3; *Sternel* (Schrifttum) RdNr. A 92, der sich auf die Regelung des § 122 ZGB stützt.

[29] Entgegen dem Wortlaut können die Kündigungsvoraussetzungen nicht kumulativ sondern nur alternativ gemeint sein; es muß „oder" statt „und" heißen.

los.[30] Sie kann jedoch bei Kündigungen wegen Machtmißbrauchs oder Unredlichkeit iSv. Abs. 3 S. 2 Nr. 1 u. 2 Bedeutung erlangen, da die Mieterinteressen bei der Prüfung der Kündigungsvoraussetzungen nicht zu berücksichtigen sind. In den Fällen von Zwangsmaßnahmen oder unlauteren Machenschaften iSv. Abs. 3 S. 2 Nr. 1 braucht der Mieter an den Maßnahmen nicht beteiligt gewesen zu sein (s. RdNr. 22). I. ü. kommen, auch bei Unredlichkeit, Härtegründe auf Seiten der Familie des Mieters, uU schwere Erkrankung des Mieters, in Betracht. In Abs. 4 S. 3 wird § 556a Abs. 4 nicht in Bezug genommen. Ein sachlicher Unterschied ergibt sich daraus nicht, da die Sozialklausel des Abs. 4 nach den Eingangsworten in S. 1 („In den Fällen des Absatzes 3 ...") auf Kündigungen des Mieters und bei Kündigungen ohne Einhaltung einer Kündigungsfrist keine Anwendung finden kann.[31]

28 **c)** Das **Sonderkündigungsrecht** des Vermieters eines von ihm selbst bewohnten **Zwei- oder Dreifamilienwohnhauses** nach § 564b Abs. 4 S. 1 ist für Kündigungen vor dem 1. 1. 1996 bei Alt-Verträgen nach Maßgabe des Abs. 3 S. 3 eingeschränkt. Die Sonderregelung galt nach dem EVertr. nur für Kündigungen vor dem 1. 1. 1993. Bei Verlängerung der Wartefrist um weitere drei Jahre durch das Ges. v. 21. 12. 1992 (s. RdNr. 21) wurde die Möglichkeit zur Kündigung auf die in Abs. 3 S. 2 Nr. 1 u. 2 geregelten Fälle (s. RdNr. 22, 23) erweitert. Gegen die Verlängerung der Wartefrist bestehen ebenfalls die in RdNr. 21 ausgeführten Bedenken. Abs. 3 S. 3 erwähnt ausdrücklich nur die Mietverhältnisse nach § 564b Abs. 4 S. 1. Die Sonderregelung gilt daher nicht für die in § 564b Abs. 4 S. 3 erwähnten Mietverhältnisse über Wohnraum innerhalb der vom Vermieter selbst bewohnten Wohnung, die nicht nach § 564b Abs. 7 vom Kündigungsschutz ausgenommen sind; das sind unmöblierte Wohnräume innerhalb der Vermieterwohnung sowie möblierte Wohnräume, die an eine Familie nicht nur zu vorübergehendem Gebrauch überlassen worden sind (i. e. s. § 564b RdNr. 31ff.). Insoweit ist für Neu- wie für Altverträge die in den alten Bundesländern geltende Regelung ohne Einschränkungen anzuwenden. Solche Mietverhältnisse werden im Gebiet der ehem. DDR häufiger sein als Mietverhältnisse in Zwei- oder Dreifamilienhäusern. Da der Gesetzgeber im Zusammenhang mit der Verlängerung der Wartefrist Unklarheiten der früheren Regelung beseitigt, in Abs. 3 S. 3 die Bezugnahme auf § 564b Abs. 4 S. 1 aber unverändert gelassen hat, muß davon ausgegangen werden, daß die Differenzierung gewollt ist; eine entspr. Anwendung des Abs. 3 S. 3 auf die Mietverhältnisse iSv. § 564b Abs. 4 S. 3 ist daher nicht statthaft.

29 Die Sonderregelung des Abs. 3 S. 3 erlaubt dem Vermieter keine Kündigung ohne Vorliegen eines berechtigten Interesses, aber eine **Kündigung unter etwas erleichterten Voraussetzungen** als für die Eigenbedarfskündigung nach Abs. 3 S. 2 Nr. 3. Die Unterschiede sind jedoch so gering, daß sie für die Praxis kaum Bedeutung haben werden. Die Kündigungsgründe unterscheiden sich nur dem Wortlaut nach, nicht inhaltlich. Unterschiede bestehen jedoch bei den förmlichen Voraussetzungen: Der Vermieter, der nach Abs. 3 S. 3 kündigt, wird nicht mit Kündigungsgründen ausgeschlossen, die er im Kündigungsschreiben nicht erwähnt hat; § 564b Abs. 3 gilt für Kündigungen nach § 564b Abs. 4 nicht.[32] Der Vermieter riskiert allerdings, daß seine Kündigungsgründe bei einer Interessenabwägung nicht berücksichtigt werden, wenn der Mieter Widerspruch einlegt (s. Abs. 4 S. 3 iVm. § 556a Abs. 1 S. 3). Außerdem sind die Interessen des Mieters nicht unabhängig von einem Widerspruch als Voraussetzung für die Zulässigkeit der Kündigung, sondern erst auf Widerspruch des Mieters hin nach Abs. 4 zu würdigen; der Mieter muß der Kündigung form- und fristgerecht widersprechen (Abs. 4 S. 3 iVm. § 556a Abs. 5 u. 6), der Vermieter den Mieter auf sein Widerspruchsrecht hinweisen (Abs. 4 S. 3 iVm. § 564a Abs. 2). Voraussetzung für eine Fortsetzung des Mietverhältnisses ist eine

[30] Ebenso *Palandt-Putzo* RdNr. 20 (widersprüchlich RdNr. 16 aE); *Staudinger-Sonnenschein* RdNr. 96, s. auch RdNr. 118; nach *Schilling-Heerde,* Neues Mietrecht 1993 unter C.V. S. 124 ist Abs. 4 überflüssig.

[31] *Beuermann* GrundE 1993, 172, 178 unter 26.

[32] Die in Zivilrecht im EVertr. RdNr. 86 vertretene aA wird nicht mehr aufrecht erhalten.

nicht zu rechtfertigende Härte für den Mieter oder seine Familie; bei der Interessenabwägung nach Abs. 3 S. 2 Nr. 3 sind demgegenüber die Interessen des Mieters zu würdigen, eine nicht zu rechtfertigende Härte braucht nicht vorzuliegen. Für die Praxis wird diese feine Differenzierung keine Bedeutung erlangen. Die Kündigungsfrist verlängert sich bei einer Kündigung nach Abs. 3 S. 3 iVm. § 564b Abs. 4 S. 1 nicht, denn § 564b Abs. 4 S. 2 ist nicht für anwendbar erklärt worden. Eine entspr. Klarstellung ist nicht im Zusammenhang mit der Verlängerung der Wartefristen erfolgt, dem Gesetzgeber mußte das Problem bei den Beratungen des Ges. bekannt gewesen sein.[33] Eine Verlängerung der Kündigungsfrist ist auch nicht gerechtfertigt, da eine Erleichterung der Kündigungsmöglichkeit praktisch nicht gegeben ist.

30 **5. Geschäftsräume.** Abs. 5 und 6 enthielten eine besondere Sozialklausel für Mieter von Geschäftsräumen und gewerblich genutzten unbebauten Grundstücken. Die Vorschriften sind durch **Zeitablauf gegenstandslos** geworden. Sie haben nur noch Bedeutung für Kündigungen, die dem Mieter vor dem 31. 12. 1994 zugegangen sind. Die Regelung war nach dem EVertr. auf Kündigungen bis zum 31. 12. 1992 begrenzt; die Wartefrist war bis 31. 12. 1994 verlängert worden. Wegen Einzelheiten der Regelung wird auf Zivilrecht im EVertr. RdNr. 101 ff. verwiesen.

31 Abs. 7 enthielt eine Verlängerung der Kündigungsfrist um drei Monate. Da die **Kündigungsfrist für Geschäftsräume** inzwischen durch das Ges. v. 29. 10. 1993 (BGBl. I S. 1838) allgemein durch § 565 Abs. 1a auf sechs Monate verlängert worden ist, konnte Abs. 7 gleichzeitig aufgehoben werden.

32 Die **Preisvorschriften für Miete oder Pacht von Geschäftsräumen** sind seit 1. 1. 1991 außer Kraft (Anl. II Kap. V Sachgebiet A Abschn. III Nr. 1a dd des EVertr.).

§ 3 Pacht

(1) Pachtverhältnisse aufgrund von Verträgen, die vor dem Wirksamwerden des Beitritts geschlossen worden sind, richten sich von diesem Zeitpunkt an nach den §§ 581 bis 597 des Bürgerlichen Gesetzbuchs.

(2) Die §§ 51 und 52 des Landwirtschaftsanpassungsgesetzes vom 29. Juni 1990 (GBl. Teil I Nr. 42 S. 642) bleiben unberührt.

1 Nach Abs. 1 richten sich seit dem Beitritt Pachtverhältnisse aufgrund von Verträgen, auch von den vor dem Beitritt (3. 10. 1990) geschlossenen Altverträgen, nach den **allg. Pachtvorschriften des BGB.** Für Pachtverhältnisse über land- und forstwirtschaftliche Grundstücke war dies bereits durch § 52 Abs. 1 des Landwirtschaftsanpassungsges. bestimmt worden. Das ZGB und das Ges. über Wirtschaftsverträge v. 5. 2. 1976 (GBl. I S. 61), idF des Ges. v. 28. 6. 1990 (GBl. I S. 483) hatten die Pacht nicht als besonderes Rechtsinstitut geregelt. Abgesehen von fortgeltenden Pachtverträgen aus der Zeit vor Inkrafttreten des ZGB waren Verträge über die Überlassung von Grundstücken zur land- oder forstwirtschaftlichen Nutzung (einschließlich Erwerbsobstgartenbau, Fischereiwirtschaft, Torfgewinnung) und von Räumen zur gewerblichen Nutzung, zB durch Handwerksbetriebe, nicht selten. Die Verträge wurden auf der Grundlage der Generalklausel des § 45 Abs. 3 ZGB geschlossen; sie erlaubte Vereinbarungen, die im ZGB nicht geregelt waren, soweit sie nicht gegen Inhalt und Zweck des ZGB verstießen. Der Abschluß und die Änderung solcher Verträge bedurften nach § 2 Abs. 1 Buchst. e und Abs. 2 der Grundstücksverkehrs-VO der Genehmigung des zust. staatlichen Organs. Die Verträge sind als Pachtverträge zu beurteilen, wenn Fruchtziehung Zweck der Überlassung zur Nutzung war.

[33] Die in Zivilrecht im EVertr. RdNr. 86 vertretene aA wird aufgegeben. Gegen eine Verlängerung der Kündigungsfrist: *Hartmann* ZMR 1992, 317, 320f.; *Pfeifer* in Taschenbuch für Hauseigentümer Bd. 18 S. 36; aA *Beuermann* GrundE 1993, 172, 178; *Franke* (Schrifttum) Anm. 6.2; *Grapentin* in *Bub-Treier* RdNr. 103e; *Schilling*, Neues Mietrecht 1993 unter C.IV.5 S. 124; *Staudinger-Sonnenschein* RdNr. 115.

2 Nach § 51 des Landwirtschaftsanpassungsges. waren die bestehenden Rechtsverhältnisse am Boden zwischen den landwirtschaftlichen Produktionsgenossenschaften (LPG) und dem Rat des Kreises sowie zwischen diesem und den Eigentümern im Verlauf eines Jahres nach Inkrafttreten des Ges. am 1. 7. 1990, also bis zum Ablauf des 30. 6. 1991 aufzulösen. Die Vorschrift ist daher durch Zeitablauf gegenstandslos geworden. § 52 regelte die Rechtsüberleitung.

§ 4 Nutzung von Bodenflächen zur Erholung

(1) Nutzungsverhältnisse nach den §§ 312 bis 315 des Zivilgesetzbuchs der Deutschen Demokratischen Republik aufgrund von Verträgen, die vor dem Wirksamwerden des Beitritts geschlossen worden sind, richten sich weiterhin nach den genannten Vorschriften des Zivilgesetzbuchs. Abweichende Regelungen bleiben einem besonderen Gesetz vorbehalten.

(2) Die Bundesregierung wird ermächtigt, durch Rechtsverordnung mit Zustimmung des Bundesrates Vorschriften über eine angemessene Gestaltung der Nutzungsentgelte zu erlassen. Angemessen sind Entgelte bis zur Höhe des ortsüblichen Pachtzinses für Grundstücke, die auch hinsichtlich der Art und des Umfangs der Bebauung in vergleichbarer Weise genutzt werden. In der Rechtsverordnung können Bestimmungen über die Ermittlung des ortsüblichen Pachtzinses, über das Verfahren der Entgelterhöhung sowie über die Kündigung im Fall der Erhöhung getroffen werden.

(3) Für Nutzungsverhältnisse innerhalb von Kleingartenanlagen bleibt die Anwendung des Bundeskleingartengesetzes vom 28. Februar 1983 (BGBl. I S. 210) mit den in Anlage I Kapitel XIV Abschnitt II Nr. 4 zum Einigungsvertrag enthaltenen Ergänzungen unberührt.

(4) Die Absätze 1 bis 3 gelten auch für vor dem 1. Januar 1976 geschlossene Verträge, durch die land- oder forstwirtschaftlich nicht genutzte Bodenflächen Bürgern zum Zwecke der nicht gewerblichen kleingärtnerischen Nutzung, Erholung und Freizeitgestaltung überlassen wurden.

§ 4a Vertrags-Moratorium

(1) Verträge nach § 4 können, auch soweit sie Garagen betreffen, gegenüber dem Nutzer bis zum Ablauf des 31. Dezember 1994 nur aus den in § 554 des Bürgerlichen Gesetzbuchs bezeichneten Gründen gekündigt oder sonst beendet werden. Sie verlängern sich, wenn nicht der Nutzer etwas Gegenteiliges mitteilt, bis zu diesem Zeitpunkt, wenn sie nach ihrem Inhalt vorher enden würden.

(2) Hat der Nutzer einen Vertrag nach § 4 nicht mit dem Eigentümer des betreffenden Grundstücks, sondern aufgrund des § 18 oder § 46 in Verbindung mit § 18 des Gesetzes über die landwirtschaftlichen Produktionsgenossenschaften – LPG-Gesetz – vom 2. Juli 1982 (GBl. I Nr. 25 S. 443) in der vor dem 1. Juli 1990 geltenden Fassung mit einer der dort genannten Genossenschaften oder Stellen geschlossen, so ist er nach Maßgabe des Vertrages und des Absatzes 1 bis zum Ablauf des 31. Dezember 1994 auch dem Grundstückseigentümer gegenüber zum Besitz berechtigt.

(3) Die Absätze 1 und 2 gelten ferner, wenn ein Vertrag nach § 4 mit einer staatlichen Stelle abgeschlossen wurde, auch wenn diese hierzu nicht ermächtigt war. Dies gilt jedoch nicht, wenn der Nutzer Kenntnis von dem Fehlen einer entsprechenden Ermächtigung hatte.

(4) Die Absätze 1 und 2 gelten ferner auch, wenn ein Vertrag nach § 4 mit einer staatlichen Stelle abgeschlossen wurde und diese bei Vertragsschluß nicht ausdrücklich in fremdem Namen, sondern im eigenen Namen handelte, obwohl es sich nicht um ein volkseigenes, sondern ein von ihr verwaltetes Grundstück handelte, es sei denn, daß der Nutzer hiervon Kenntnis hatte.

(5) In den Fällen der Absätze 2 bis 4 ist der Vertragspartner des Nutzers unbeschadet des § 51 des Landwirtschaftsanpassungsgesetzes verpflichtet, die gezogenen Entgelte unter Abzug der mit ihrer Erzielung verbundenen Kosten an den Grundstückseigentümer abzuführen. Entgelte, die in der Zeit von dem 1. Januar 1992 an bis zum Inkrafttreten dieser Vorschrift erzielt wurden, sind um 20 vom Hundert gemindert an den Grundstückseigentümer auszukehren; ein weitergehender Ausgleich für gezogene Entgelte und Aufwendungen findet nicht statt. Ist ein Entgelt nicht vereinbart, so ist das Entgelt, das für Verträge der betreffenden Art gewöhnlich zu erzielen ist, unter Abzug der mit seiner Erzielung verbundenen Kosten an den Grundstückseigentümer auszukehren. Der Grundstückseigentümer kann von dem Vertragspartner des Nutzers die Abtretung der Entgeltansprüche verlangen.

(6) Die Absätze 1 bis 5 gelten auch, wenn der unmittelbare Nutzer Verträge mit einer Vereinigung von Kleingärtnern und diese mit einer der dort genannten Stellen den Hauptnutzungsvertrag geschlossen hat. Ist Gegenstand des Vertrages die Nutzung des Grundstücks für eine Garage, so kann der Eigentümer die Verlegung der Nutzung auf eine andere Stelle des Grundstücks oder ein anderes Grundstück verlangen, wenn die Nutzung ihn besonders beeinträchtigt, die andere Stelle für den Nutzer gleichwertig ist und die rechtlichen Voraussetzungen für die Nutzung geschaffen worden sind; die Kosten der Verlegung hat der Eigentümer zu tragen und vorzuschießen.

(7) Die Absätze 1 bis 6 finden keine Anwendung, wenn die Betroffenen nach dem 2. Oktober 1990 etwas Abweichendes vereinbart haben oder zwischen ihnen abweichende rechtskräftige Urteile ergangen sind.

1 **1. Datschengrundstücke.**[1] Die §§ 312 bis 315 ZGB waren für Nutzungsverhältnisse, die beim Wirksamwerden des Beitritts am 3. 10. 1990 bestanden, bis auf weiteres in Geltung geblieben, weil es ein vergleichbares Rechtsinstitut im Recht der Bundesrepublik Deutschland nicht gibt, abgesehen vom Kleingartenrecht, das deshalb nach Abs. 3 für Nutzungsverhältnisse innerhalb von Kleingartenanlagen mit gewissen Maßgaben eingeführt wurde. Für alle anderen Nutzungsverhältnisse hätte die Überleitung in das Miet- und Pachtrecht des BGB zu Härten für die betroffenen Nutzungsberechtigten geführt. Die „Datschen" spielten im Leben der Bewohner der ehem. DDR eine große Rolle (und spielen es noch). Sie waren für viele erschwinglich und gewährten ihnen einen begrenzten Freiraum zur individuellen Lebensgestaltung, der ihnen sonst versagt war. Nach Schätzungen verfügten mehr als die Hälfte der Haushalte in der DDR über ein solches Grundstück.[2] Nach dem in § 4 durch Art. 13 Nr. 2a des RegVBG angefügten Abs. 4 gelten die Übergangsregelungen auch für Verträge über die Überlassung von Grundstücken zur nicht gewerblichen kleingärtnerischen Nutzung außerhalb von Kleingartenanlagen oder zur Erholung und Freizeitgestaltung, die vor Inkrafttreten des ZGB (1. 1. 1976) abgeschlossen worden waren. Mit dieser Klarstellung sollten Überlassungsverträge iSv. Art. 232 § 1a EGBGB sowie Miet- oder Pachtverträge, die noch unter der Geltung des BGB vereinbart worden waren, erfaßt werden.[3]

2 **2. Beendigung der Nutzungsverhältnisse.** § 314 ZGB erlaubte eine Kündigung durch den Überlassenden nur unter sehr eingeschränkten Voraussetzungen; bei bebauten Grundstücken war die Kündigung ausgeschlossen, es bedurfte einer Aufhebungsklage.[4] Die Fortgeltung dieser Regelungen war mit Rücksicht auf Art. 14 Abs. 1 S. 1 GG nur für eine

[1] Schrifttum: *Schnabel,* Datschengrundstücke und andere Bodennutzungsverhältnisse, 2. Aufl. 1994; *Janke,* Nutzung von Bodenflächen zur Erholung, Rspr. der ehem. DDR-Gerichte und Rechtsauffassungen zu §§ 312 bis 315 ZGB, NJ 1991, 238.

[2] S. Begr. des E des SchuldRÄndG, BT-Drucks. 12/7135 S. 28 unter B. 1. a).

[3] Zu alten Pachtverträgen s. BGH DtZ 1993, 243 = DWW 1993, 227 m. Anm. *Horst.*

[4] S. dazu *Grüneberg-Wendtland* DtZ 1993, 101; *Janke* NJ 1991, 238, 242f.; *Schnabel* (Fn. 1) S. 21ff., 55.

Übergangszeit vertretbar.[5] Der durch Art. 13 Nr. 2b des RegVBG eingefügte § 4a hatte diese Kündigungsmöglichkeiten für die Dauer von über einem Jahr noch weiter eingeschränkt: zugelassen war nur die Kündigung wegen Zahlungsverzugs nach § 554; befristete Verträge endeten gegen den Willen des Nutzers nicht vor dem 31. 12. 1994.

3 **3. Überleitung in das Recht des BGB.** Die in § 4 Abs. 1 S. 2 vorbehaltene gesetzliche Regelung ist durch das am 1. 1. 1995 in Kraft getretene SchuldRAnpG, Art. 1 des SchuldRÄndG, erfolgt. Auf die Nutzungsverträge sind nach § 6 Abs. 1 des SchuldRAnpG grundsätzlich die Vorschriften des BGB über Miete oder Pacht anzuwenden. § 4 Abs. 1 und § 4a sind seit 1. 1. 1995 durch Zeitablauf gegenstandslos; §§ 312 bis 315 ZGB sind nicht mehr anzuwenden. Ausgleichsansprüche der Grundstückseigentümer für die Zeit bis zum 31. 12. 1994 nach § 4a Abs. 5 können noch geltend gemacht werden. Dient das Grundstück überwiegend zur Erholung oder Freizeitgestaltung, gilt fortan Mietrecht, bei überwiegender kleingärtnerischer Nutzung, zB durch Anbau von Gemüse, Obst, Feldfrüchten, Schnittblumen zum Verkauf, wird idR Pacht anzunehmen sein. Auf Garagen ist Pachtrecht nur anzuwenden, wenn sie (zulässigerweise) gewerblich genutzt werden, zB als Werkstatt. Die Unterscheidung ist meist ohne Bedeutung (s. § 581 Abs. 2; zu den unterschiedlichen Rechtsfolgen s. vor § 535 RdNr. 2).[6] Soweit im folgenden Vermieter oder Mieter erwähnt werden, gelten die Ausführungen entspr. für Verpächter bzw. Pächter. Verträge, die nach § 66 Abs. 2 ZGB wegen Nichtbeachtung der Schriftform (§ 312 Abs. 1 S. 2 ZGB) nichtig waren, gelten nach § 19 Abs. 1 SchuldRAnpG als wirksam, weil in der Rechtswirklichkeit das Schriftformerfordernis verbreitet nicht beachtet worden ist und dadurch faktische Vertragsverhältnisse entstanden waren.

4 **4. Kündigungsschutz.** Das **Kündigungsrecht des Vermieters** bleibt trotz Überleitung in die Vorschriften des BGB für lange Übergangszeiten **stark eingeschränkt.** Zulässig ist die **außerordentliche Kündigung** wegen vertragswidrigen Gebrauchs (§ 553), Zahlungsverzugs (§ 554 Abs. 1) oder aus einem anderen wichtigen Grund. Ein besonderes außerordentliches Kündigungsrecht wird nach § 17 Abs. 1 SchuldRAnpG dem Grundstückseigentümer mit rd. halbjähriger Kündigungsfrist gewährt, wenn der Mieter bei Vertragsabschluß unredlich iSv. § 4 VermG gewesen ist. Solche Kündigungen können nur bis zum 31. 12. 1996 erklärt werden (Zugang beim Mieter) und sind nach § 17 Abs. 2 SchuldRAnpG nicht zulässig, wenn der Grundstückseigentümer die Aufhebung des Nutzungsvertrags durch Bescheid des Amts zur Regelung offener Vermögensfragen beantragen kann oder beantragen konnte. Bei **Tod des Mieters** sind nach § 16 Abs. 1 SchuldRAnpG sowohl der Erbe als auch der Grundstückseigentümer zur Kündigung des Vertrags nach § 565 berechtigt. Für Pachtverträge bedeutet das eine von § 584a Abs. 2 abweichende Regelung, die sachlich gerechtfertigt ist (s. § 584a RdNr. 3).

5 Die **ordentliche Kündigung** ist bis zum Ablauf des **31. 12. 1999 ausgeschlossen.** Einzige Ausnahme besteht nach § 23 Abs. 7 SchuldRAnpG für **Garagengrundstücke:** Wohnungsunternehmen als Grundstückseigentümer können den Vertrag kündigen, wenn sie im Rahmen der Privatisierung ihres Bestands nach § 4 Abs. 5 Nr. 1 und § 5 Abs. 1 des Altschuldenhilfe-Ges. auf dem Grundstück gelegene Wohnungen an deren Mieter veräußern wollen, und wenn der Garagenmieter nicht Mieter einer dieser Wohnungen ist. Der Garagenmieter kann der Kündigung widersprechen und Fortsetzung des Mietverhältnisses verlangen, wenn dessen Beendigung für ihn eine nicht zu rechtfertigende Härte bedeuten würde. Eine solche Härte ist angesichts von Millionen von Autobesitzern ohne Garage nur ausnahmsweise vorstellbar, etwa bei einem behinderten Mieter, der auf eine Garage angewiesen ist und einen Einstellplatz oder eine Garage in zumutbarer Nähe zur Wohnung

[5] Darauf wurde schon in den Erl. zu den Anl. des EVertr. (BT-Drucks. 11/7817 S. 39f.) hingewiesen; s. auch BGH (Fn. 3); *Grüneberg-Wendtland* DtZ 1993, 101, 106.

[6] Ist im Vertrag keine Kündigungsfrist vereinbart, gilt bei Miete § 565, bei Pacht § 584; unzutr. insoweit die Begr. des GesE zu § 23 Abs. 2, BT-Drucks. 12/7135 S. 55: „Die Kündigungsfrist richtet sich nach § 565 Abs. 2 BGB (§ 6 Abs. 1).“ *Schnabel* (Fn. 1) Teil 13 unter II.3.a bb S. 172 beruft sich darauf zu Unrecht.

nicht finden kann. Eine Regelung über Voraussetzungen, Form, Frist und Folgen des Widerspruchs, etwa durch Verweisung auf § 556a wie in § 24 Abs. 1 SchuldRAnpG, fehlt. **Ab 1. 1. 2000** sind ordentliche **Kündigungen** nach § 23 Abs. 2 SchuldRAnpG nur **sehr eingeschränkt möglich,** nämlich wenn der Grundstückseigentümer das Grundstück

- zur Errichtung eines Ein- oder Zweifamilienhauses als Wohnung für sich oder Familien- oder Hausstandsangehörige benötigt und ihm der Ausschluß des Kündigungsrechts angesichts seines Wohnbedarfs und seiner sonstigen Interessen auch unter Würdigung der Interessen des Mieters nicht zugemutet werden kann, oder
- alsbald entspr. dem Bebauungsplan anders nutzen oder für eine solche Nutzung vorbereiten will; der Bebauungsplan muß noch nicht bestandskräftig sein, s. § 9 Abs. 1 Nr. 5 BKleingG, dem die Regelung nachgebildet ist.

Handelt es sich um ein unbebautes oder nicht vom Nutzer bebautes oder um ein Garagengrundstück, kann der Grundstückseigentümer auch kündigen, wenn er das Grundstück einem besonderen Investitionszweck iSd. § 3 Abs. 1 des Investitionsvorrangges. zuführen will (§ 23 Abs. 6 S. 3 SchuldRAnpG). Für solche Verträge endet der Kündigungsschutz mit Ablauf des 31. 12. 2002 (§ 23 Abs. 6 S. 1 SchuldRAnpG).

6 Ist das **Grundstück vom Mieter** vor dem 17. 6. 1994 **bebaut** worden,[7] gilt die eingeschränkte Kündigungsmöglichkeit nach § 23 Abs. 2 SchuldRAnpG bis Ende 2004 und wird danach durch eine andere, weniger einschneidende ersetzt, die erst mit Ablauf des 3. 10. 2015 außer Kraft tritt. Selbst diese eingeschränkten Kündigungsmöglichkeiten sind ausgeschlossen (Ausnahme bei Garagengrundstücken unter den Voraussetzungen des § 23 Abs. 7 SchuldRAnpG, s. RdNr. 5), wenn der Nutzer am 3. 10. 1990 das 60. Lebensjahr vollendet hatte, und zwar auf Lebenszeit des Nutzers (§ 23 Abs. 5 u. 6 S. 2 SchuldRAnpG); das Lebensalter des Grundstückseigentümers ist unbeachtlich! Gilt dieser Kündigungsausschluß nicht, kann der Grundstückseigentümer bei vom Mieter bebauten Grundstücken nach § 23 Abs. 3 SchuldRAnpG ab 1. 1. 2005 kündigen, wenn er das Grundstück

- zur Errichtung eines Ein- oder Zweifamilienhauses als Wohnung für sich oder Familien- oder Hausstandsangehörige benötigt; es ist nicht mehr erforderlich, daß der Kündigungsausschluß für ihn unzumutbar ist, oder
- zu kleingärtnerischen Zwecken, zur Erholung oder Freizeitgestaltung benötigt und ihm der Ausschluß des Kündigungsrechts „angesichts seines Erholungsbedarfs" (!) und seiner sonstigen berechtigten Interessen auch unter Berücksichtigung der Interessen des Mieters nicht zugemutet werden kann.

Mit dem „Erholungsbedarf" ist im bürgerlichen Recht ein wohl einmaliger Rechtsbegriff geprägt worden.[8] Diese Kündigungsbeschränkungen gelten, wie erwähnt, noch bis zum Ablauf des 3. 10. 2015. Wohnt der Mieter in einem zum dauernden Wohnen geeigneten Wochenendhaus, kann er auch nach Ablauf der Kündigungssperrfrist (bei einem nicht von ihm errichteten Wochenendhaus ab 1. 1. 2003, sonst ab 4. 10. 2015) der Kündigung widersprechen und die Fortsetzung des Mietverhältnisses entspr. § 556a verlangen (§ 24 SchuldRAnpG).

7 Dieser **starre Kündigungsschutz,** über Jahre ohne Rücksicht auf berechtigte, selbst dringende Interessen des Grundstückseigentümers und ohne daß auf seiten des Mieters Härtegründe vorliegen müssen, ist mit der **Eigentumsgarantie** des Art. 14 Abs. 1 S. 1 GG unvereinbar; auch die begrenzten Kündigungsmöglichkeiten ab dem Jahr 2000 verletzen den Verhältnismäßigkeitsgrundsatz, sie gehen über die Beschränkungen für Wohnraummietverhältnisse hinaus und sind daher **verfassungswidrig.**[9] Viele Grundstückseigentümer, die ihr Grundstück erst durch Rückübertragung zurückerhalten haben, werden eine Nutzungsmöglichkeit nicht mehr erleben. Die stringenten Regelungen gefährden auch

[7] Die Bebauung muß vertragsgemäß erfolgt sein, so zutr. *Schnabel* (Fn. 1) Teil 13 unter II.3.b S. 173f.

[8] Nach der Begr. des GesE ist an den Fall gedacht, daß das Grundstück als Refugium für den Lebensabend des Grundstückseigentümers dienen soll, s. BT-Drucks. 12/7135 zu Art. 1 § 23 Abs. 3 Nr. 2 S. 55.

[9] Ebenso *Schnabel* (Fn. 1) Teil 13 unter I.5 S. 165f.

den Rechtsfrieden, da Grundstückseigentümer vermehrt bestrebt sein werden, dem Nutzer Unredlichkeit bei Vertragsabschluß anzulasten, um nach § 17 Abs. 1 SchuldRAnpG kündigen oder eine Aufhebung des Nutzungsrechtsverhältnisses nach § 17 S. 2 VermG erreichen zu können.

8 **5. Mehrheit von Nutzern.** Grundstücke (nach der Terminologie des ZGB: Bodenflächen) konnten nach §§ 312ff. ZGB von mehreren Personen genutzt werden. Diese schlossen sich meist zu einer Gemeinschaft von Bürgern iSd. §§ 266ff. ZGB zusammen. So wurden zT größere Flächen zur Errichtung von Wochenendhaussiedlungen überlassen. Außerdem gab es Garagengemeinschaften, die kleine Reparaturwerkstätten und Autowaschplätze unterhielten. Die Verträge mußten nach § 267 Abs. 2 ZGB dem zust. staatlichen Organ zur Registrierung vorgelegt werden. Sie wurden häufig als Globalnutzungsvertrag mit der Gemeinschaft abgeschlossen, die dann mit den einzelnen Nutzern selbständige Nutzungsverträge vereinbarte.

9 Die **Gemeinschaft von Bürgern** iSd. §§ 266ff. ZGB ist mit der Bruchteilsgemeinschaft nach §§ 741ff. BGB nur begrenzt vergleichbar; die Mitglieder erlangten kein Bruchteilseigentum sondern Gesamteigentum (§ 269 Abs. 2 ZGB). Sie ähnelt daher eher der Gesellschaft bürgerlichen Rechts. Es ist umstr., ob diese Gemeinschaften mit dem Beitritt zu Gesellschaften iSd. §§ 705ff. BGB geworden sind (so Art. 232 § 9 RdNr. 16), oder ob auf sie nach Art. 232 § 1 weiter die §§ 266ff. ZGB anzuwenden sind;[10] der EVertr. enthält insoweit keine Regelung. Zur **Klarstellung** ist daher in § 4 Abs. 2 S. 2 SchuldRAnpG für den Anwendungsbereich des Ges. die Überleitung in das Recht der **Gesellschaft nach §§ 705ff.** bestimmt worden, wenn die Parteien nichts anderes vereinbart haben.

10 **6. Vorkaufsrecht.** Nach § 20 VermG ist Nutzern von Grundstücken für Erholungszwecke, die der staatlichen Verwaltung iSd. § 1 Abs. 4 VermG (abgedruckt bei Art. 232 § 1a) unterlagen oder auf die ein Anspruch auf Rückübertragung besteht, auf Antrag vom zust. Amt zur Regelung offener Vermögensfragen ein dingliches Vorkaufsrecht am Grundstück einzuräumen, wenn das Nutzungsverhältnis am 29. 9. 1990 bestanden hat und zZ der Entscheidung über den Antrag fortbesteht. Ein Anspruch auf Einräumung eines Vorkaufsrechts besteht nicht, wenn der Nutzer das Grundstück nicht vertragsgemäß nutzt oder wenn er bei Überlassung des Grundstücks unredlich iSv. § 4 Abs. 3 VermG gewesen ist.[11]

11 **7. Nutzungsentgelte.** Aufgrund der Ermächtigung in § 4 Abs. 2 ist die am 1. 8. 1993 in Kraft getretene Nutzungsentgeltverordnung (NutzEV) v. 22. 7. 1993 (BGBl. I S. 1339) ergangen; s. die Kommentierung im Anh.

Anhang

Verordnung über eine angemessene Gestaltung von Nutzungsentgelten (Nutzungsentgeltverordnung – NutzEV)

Vom 22. Juli 1993 (BGBl. I S. 1339)

Auf Grund des Artikels 232 § 4 Abs. 2 des Einführungsgesetzes zum Bürgerlichen Gesetzbuche, der durch Anlage I Kapitel III Sachgebiet B Abschnitt II Nr. 1 des Einigungsvertrages vom 31. August 1990 in Verbindung mit Artikel 1 des Gesetzes vom 23. September 1990 (BGBl. 1990 II S. 885, 944) eingefügt worden ist, verordnet die Bundesregierung:

[10] So *Schilling* BuW 1994, 273, 274 unter III; *Schnabel* (Fn. 1) Teil 2 unter IX.3.c S. 39; weit. Nachw. bei Art. 232 § 9 Fn. 9. S. auch die Begr. des GesE BT-Drucks. 12/7135 zu § 4 Abs. 2 S. 38.

[11] Zur Redlichkeit als ungeschriebenes Tatbestandserfordernis s. *Schnabel* (Fn. 1) Teil 8 unter III.2 S. 93f. m. weit. Nachw.

§ 1 Anwendungsbereich*

(1) Die Entgelte für die Nutzung von Bodenflächen auf Grund von Verträgen nach § 312 des Zivilgesetzbuchs der Deutschen Demokratischen Republik vom 19. Juni 1975 (GBl. I Nr. 27 S. 465) dürfen nach Maßgabe dieser Verordnung angemessen gestaltet werden.

(2) Diese Verordnung gilt nicht

1. für Entgelte, die sich nach dem Bundeskleingartengesetz richten,
2. für vor dem 3. Oktober 1990 abgeschlossene unentgeltliche Nutzungsverhältnisse nach § 312 des Zivilgesetzbuchs der Deutschen Demokratischen Republik und
3. für Überlassungsverträge.

§ 2 Abweichende Entgeltvereinbarungen

(1) Die Vorschriften dieser Verordnung gehen Entgeltvereinbarungen vor, die vor dem 3. Oktober 1990 getroffen worden sind.

(2) Nach dem 2. Oktober 1990 getroffene Vereinbarungen

1. über Nutzungsentgelte oder
2. über den Ausschluß der Erhöhung des Nutzungsentgelts

bleiben unberührt. Solche Vereinbarungen sind auch weiterhin zulässig.

(3) Eine einseitige Erhöhung des Nutzungsentgelts nach dieser Verordnung ist nicht zulässig, soweit und solange eine Erhöhung nach dem 2. Oktober 1990 durch Vereinbarung ausgeschlossen worden ist oder der Ausschluß sich aus den Umständen ergibt.

Schrifttum: *Beuermann,* Pachterhöhung für Datschengrundstücke, GrundE 1993, 670; *Oetker,* Äquivalenzsicherung bei der Nutzungsüberlassung von Grundstücken zur Erholung (§§ 312ff. ZGB-DDR), DtZ 1993, 325; *Schilling,* Höhere Nutzungsentgelte für Freizeitgrundstücke – Zur neuen NutzungsentgeltVO, BuW 1993, 512; *ders.,* Erhöhung der Nutzungsentgelte – Fragen u. Antworten BuW 1993, 737 u. 1994, 273; *ders.,* Komm. zur NutzEV in *Rädler-Raupach-Bezzenberger,* Vermögen in der ehem. DDR Bd. II; *Wardenbach,* „ZGB-Erholungsgrundstücke" in der neuen Nutzungsentgeltverordnung, MDR 1993, 710.

1 **1. Normzweck und Entstehungsgeschichte der NutzEV.**[1] Die für Erholungsgrundstücke iSv. §§ 312ff. ZGB zu zahlenden Entgelte waren extrem niedrig: für unbebaute Grundstücke betrugen sie zwischen 0,03 und 0,10 Mark, für bebaute 0,08 bis 0,20 Mark pro qm und Jahr.[2] Nicht selten erfolgte die Überlassung unentgeltlich. Nach dem Beitritt der DDR war eine Anpassung der Entgelte an die grundsätzlich gewandelten wirtschaftlichen Verhältnisse wegen des fortgeltenden Bestandschutzes nicht möglich (s. den zunächst fortgeltenden § 314 ZGB iVm. Art. 232 § 4 Abs. 1 EGBGB, ab 25. 12. 1993 das Vertragsmoratorium des Art. 232 § 4a EGBGB). Diese Rechtslage, die dem Eigentümer eine angemessene Nutzung verwehrte, war nur für eine Übergangszeit vertretbar.[3] Art. 232 § 4 Abs. 2 EGBGB enthält daher die Ermächtigung zum Erlaß einer RechtsVO über eine angemessene Gestaltung der Nutzungsentgelte für die Erholungsgrundstücke. Aufgrund dieser Ermächtigung ist die NutzEV ergangen und am 1. 8. 1993 in Kraft getreten (§ 9). Da der Bestandschutz auch nach Überleitung der Verträge in das Miet- und Pachtrecht des BGB durch das SchuldRAnpG für längere Zeit fortgilt (s. Art. 232 §§ 4, 4a EGBGB RdNr. 4ff.), ist die Fortgeltung der NutzEV bestimmt worden (§ 20 Abs. 1 SchuldRAnpG).

2 **2. Anwendungsbereich.** Die NutzEV gilt nur für Verträge, die vor dem Beitritt geschlossen worden sind. Seither abgeschlossene Verträge richten sich nach den allgemeinen Vorschriften des BGB über Miete oder Pacht, ggf. nach dem BKleingG.

* Die §§-Überschriften sind amtlich.

[1] Materialien: BR-Drucks. 344/93 u. BR-Drucks. 344/93 (Beschluß). §§ 1 bis 9 ohne nähere Bezeichnung sind solche der NutzEV.

[2] Begr. der NutzEV, BR-Drucks. 344/93 zu § 3 S. 20.

[3] So schon die Erl. zum EVertr., BT-Drucks. 11/7817 S. 39f.

3 Der **sachliche Anwendungsbereich** wird nicht mehr durch § 1 umschrieben; die Vorschrift wird durch das SchuldRAnpG überlagert und ist damit gegenstandslos. Die NutzEV gilt nicht nur für Nutzungsverträge, die vor dem Beitritt nach §§ 312ff. ZGB abgeschlossen worden sind, sondern für alle Verträge iSv. § 1 Abs. 1 Nr. 1 SchuldRAnpG (§ 20 Abs. 1 SchuldRAnpG). Sie gilt ferner für unentgeltliche Nutzungsverträge (§ 20 Abs. 2 SchuldRAnpG), die in den Anwendungsbereich der NutzEV nicht einbezogen worden waren, weil es als zweifelhaft angesehen wurde, ob die Ermächtigungsnorm des Art. 232 § 4 Abs. 2 EGBGB dies gedeckt hätte.[4] § 1 Abs. 1 Nr. 1 SchuldRAnpG umfaßt auch die Überlassungsverträge iSd. Art. 232 § 1a EGBGB, wenn die Überlassung zum Zweck der Erholung oder Freizeitgestaltung oder zur Errichtung von Garagen oder anderen persönlichen, jedoch nicht Wohnzwecken dienenden Bauwerken erfolgt war; für solche Verträge gilt seit Inkrafttreten des SchuldRAnpG (1. 1. 1995) die NutzEV – entgegen ihrem § 1 Abs. 2 Nr. 3.[5] Die NutzEV ist schließlich anwendbar auf Nutzungsverträge, die an sich wegen Verstoßes gegen das Schriftformerfordernis des § 312 Abs. 1 S. 2 ZGB nach § 66 Abs. 2 ZGB nichtig waren. Die Wirksamkeit solcher Verträge wird in § 19 Abs. 1 SchuldRAnpG fingiert, weil das Schriftformerfordernis in der DDR weitgehend nicht beachtet worden ist.

4 **Nicht anwendbar** ist die NutzEV auf **Verträge zur kleingärtnerischen Nutzung,** wenn sich das Grundstück zZ des Beitritts **innerhalb einer Kleingartenanlage** befand; für diese Verträge regelt sich das Entgelt nach dem BKleinG (§ 2 Abs. 3 SchuldRAnpG; s. ferner Art. 232 § 4 Abs. 3 EGBGB, § 20a BKleingG). Auf Verträge zur kleingärtnerischen Nutzung außerhalb von Kleingartenanlagen ist die NutzEV anzuwenden.

5 **3. Rechtsgeschäftliche Abreden. a) Vereinbarungen vor dem Beitritt.** Die NutzEV geht rechtsgeschäftlichen Vereinbarungen vor, die vor dem Beitritt getroffen worden sind (§ 2 Abs. 1). Vermieter oder Verpächter können die Entgelte nach Maßgabe der NutzEV erhöhen, wenn der (vor dem Beitritt abgeschlossene) Vertrag auf bestimmte Zeit und zu festem Mietzins abgeschlossen oder (was kaum vorgekommen sein wird) das Erhöhungsrecht ausgeschlossen worden ist.[6]

6 **b) Vereinbarungen nach dem Beitritt.** Bei rechtsgeschäftlichen Abreden, die nach dem Beitritt erfolgt sind, ist die Rechtslage umgekehrt (§ 2 Abs. 2): sie gehen den Vorschriften der NutzEV vor. Die Parteien sind nicht gehindert, über die Höhe des Nutzungsentgelts (Miet- oder Pachtzins) von den Regelungen der NutzEV abweichende Vereinbarungen zu treffen; auch Vereinbarungen, die vor Inkrafttreten der NutzEV erfolgt sind, bleiben wirksam. Eine Preisbindung besteht spätestens seit dem Beitritt nicht mehr.[7] § 5 WiStG ist nicht anwendbar, da etwa vorhandene Bauwerke nicht zum Wohnen bestimmt sein dürfen (§ 1 Abs. 1 Nr. 1 u. §§ 18ff. SchuldRAnpG: „nicht zu Wohnzwecken"). Obergrenze für Vereinbarungen ist der Wucher (s. § 302a Abs. 1 Nr. 3 StGB: „sonstige Leistung"). Die Rspr. zum Wohnraummietrecht, die den Wuchertatbestand idR bei einem Überschreiten der ortsüblichen Vergleichsmiete um 50% annimmt, kann auf Vereinbarungen über Nutzungsentgelte nicht übertragen werden, da bei der Bildung der ortsüblichen Entgelte für längere Zeit stärkere Schwankungen auftreten werden und daher bei

[4] Begr. des SchuldRÄndG, BT-Drucks. 12/7135 zu § 20 Abs. 2 S. 52.

[5] Dem Verordnungsgeber erschien auch für die Einbeziehung dieser Überlassungsverträge die Ermächtigungsgrundlage nicht sicher, s. Fn. 2.

[6] Zu dem letztgenannten Fall aA *Beuermann* GrundE 1993, 670, 672 unter 20 aE, 21. Selbst wenn dieser Ansicht wegen der Formulierung „Entgeltvereinbarungen" in § 2 Abs. 1 gefolgt wird, wird sich der Vermieter (Verpächter) idR auf eine wesentliche Veränderung der Geschäftsgrundlage seit dem Beitritt berufen können, s. § 242 RdNr. 626ff.

[7] Ebenso *Oetker* DtZ 1993, 325, 326. In der Anl. der noch von der DDR erlassenen VO über die Aufhebung bzw. Beibehaltung von Rechtsvorschriften auf dem Gebiet der Preise v. 25. 6. 1990 (GBl. I S. 472) waren Nutzungsentgelte nach § 313 Abs. 3 ZGB nicht mehr unter den beibehaltenen Preisvorschriften aufgeführt. *Beuermann* nimmt in GrundE 1993, 670, 671ff. unter 15 bzw. 23 einen Wegfall der Preisbindung spätestens mit Ablauf des 31. 12. 1990 aufgrund der Regelung in Anl. II des EVertr. an (s. Kap. V Sachgebiet A Abschn. III Nr. 1a dd: Aufhebung der Preisvorschriften für Mieten und Pachten, soweit sie sich auf andere als Wohnräume beziehen), ebenso *Schilling* (Schrifttum) RdNr. 4; *Schnabel* Teil 9 unter II.3.a S. 121f.

dem im Vergleich zu den Wohnungsmieten sehr geringen Nutzungsentgelten eine 50%-Grenze oft überschritten werden dürfte.

7 **Zulässig** und wirksam sind auch Vereinbarungen, die von der NutzEV **abweichende Anpassungen** des Entgelts enthalten, zB Staffelmieten (-pachten), Anpassungsklauseln (bei Wertsicherungsklauseln ist § 3 WährG mit den dazu von der Deutschen Bundesbank erlassenen Grundsätzen zu beachten, s. dazu die Kommentierung des § 10a MHG). § 2 Abs. 2 Nr. 1 läßt Vereinbarungen über Nutzungsentgelte, nicht nur über die Höhe der Nutzungsentgelte zu.[8]

8 Der Verordnungsgeber hielt eine „Anpassung" der nach dem Beitritt, aber **vor Inkrafttreten der NutzEV** getroffenen Abreden über die Höhe des Nutzungsentgelts für entbehrlich; das BGB biete mit den §§ 119, 123, 138, 242 ein „ausreichendes Korrektiv".[9] Im Fall einer Täuschung kommt außer der Anfechtung ein Schadensersatzanspruch wegen c.i.c. in Betracht, der noch nach Ablauf der Anfechtungsfrist (§ 124) geltend gemacht werden kann. Der Anspruch geht auf Schuldbefreiung, dh. der Getäuschte ist so zu stellen, als wäre die durch Täuschung erreichte Abrede nicht getroffen worden.[10] Nutzer, die sich in der ersten Zeit nach dem Beitritt aus Unerfahrenheit durch unzutr. Hinweis auf eine vermeintliche Rechtslage auf benachteiligende Entgeltvereinbarungen eingelassen haben, sind daher ausreichend geschützt.

9 **c) Ausschluß des Erhöhungsrechts.** § 2 Abs. 3 ist § 1 S. 3 MHG nachgebildet. Allerdings fehlt die beispielhafte Erwähnung, daß der Ausschluß des Erhöhungsrechts sich insbes. aus der Vereinbarung eines Mietverhältnisses auf bestimmte Zeit mit festem Mietzins ergibt. Diese Regelung im Wohnraummietrecht kann auf die Vertragsverhältnisse, für die die NutzEV gilt, nicht sinngemäß angewandt werden. Ist nach dem Beitritt ein bisher unbefristeter Nutzungsvertrag in einen befristeten umgewandelt worden, kann daraus nicht ohne weiteres auf den Ausschluß des Erhöhungsrechts geschlossen werden. Haben die Parteien nach dem Beitritt ein Entgelt abweichend von der NutzEV vereinbart, bedeutet das nicht gleichzeitig die Vereinbarung des Ausschlusses künftiger Erhöhungen iSv. § 2 Abs. 2 Nr. 2, Abs. 3, wenn nicht andere Umstände hinzukommen, zB die begrenzte Laufzeit eines befristeten Vertrags.[11]

10 Ist nach dem Beitritt, aber **vor Rückübertragung eines Erholungsgrundstücks** auf den Eigentümer zwischen Überlassendem und Nutzer der Ausschluß der Erhöhung des Nutzungsentgelts (s. § 2 Abs. 2 Nr. 2, Abs. 3) vereinbart worden, kann der Grundstückseigentümer, wenn ihm gegenüber der Vertrag nach § 17 S. 1 VermG wirksam ist, Rechtsmißbrauch einwenden und das Entgelt nach Maßgabe der NutzEV erhöhen.

11 **4. Entgelt, Nebenkosten.** Das Entgelt iSd. NutzEV umfaßt, wenn nichts anderes vereinbart ist, die Nebenkosten. Der Vermieter (Verpächter) kann nicht einseitig eine gesonderte Zahlung von Nebenkosten verlangen; eine Regelung wie der für Wohnraummietverhältnisse geltende § 14 MHG (s. Art. 232 § 2 EGBGB RdNr. 4) fehlt. Vereinbarungen über eine gesonderte Zahlung von Nebenkosten sind seit dem 3. 10. 1990 nach § 2 Abs. 2 Nr. 1 zulässig. Aber auch vor dem 3. 10. 1990 getroffene Vereinbarungen, zB über die gesonderte Zahlung der Kosten für Wasser, Straßenreinigung, Müllabfuhr, bleiben wirksam; sie stehen den Vorschriften der NutzEV nicht entgegen (s. § 2 Abs. 1). Soweit vor dem 3. 10. 1990 die gesonderte Zahlung von Nebenkosten vereinbart worden ist, kann das daneben geschuldete Entgelt nach Maßgabe der §§ 3ff. erhöht werden; eine Anrechnung der Nebenkosten erfolgt nicht (zur Sonderregelung für Überlassungsverträge s. §§ 3 bis 5 RdNr. 8). Erhöhungen der Nebenkosten können jedoch nicht gesondert verlangt werden, wenn es nicht vereinbart ist. Bei Vereinbarung der gesonderten Zahlung von Nebenkosten ab dem 3. 10. 1990 gilt das Gleiche, außer wenn gleichzeitig das Entgelt erhöht und

[8] So ersichtlich auch *Oetker* DtZ 1993, 325, 327 unter 3.

[9] Begr. der NutzEV, BR-Drucks. 344/93 zu § 2 S. 17.

[10] BGH NJW 1979, 1983; *Wardenbach* MDR 1993, 710, 711.

[11] Ebenso *Oetker* DtZ 1993, 325, 327; *Schilling* BuW 1993, 512, 513; enger *Wardenbach* MDR 1993, 710, 711.

dabei keine künftige Anpassung vereinbart worden ist. Im letzteren Fall muß durch Auslegung ermittelt werden, ob durch die Vereinbarung des erhöhten Entgelts künftige Erhöhungsmöglichkeiten ausgeschlossen sein sollten; bei Vereinbarungen seit Bekanntwerden der NutzEV (= Verkündung am 22. 7. 1993) wird das idR zu bejahen sein. Bei Vereinbarungen vor diesem Zeitpunkt wird iZw. anzunehmen sein, daß eine Erhöhung solange ausgeschlossen sein soll, bis zugelassene Entgelterhöhungen das vereinbarte Entgelt erreicht haben.

§ 3 Schrittweise Erhöhung der Entgelte

(1) Die Entgelte dürfen, soweit sich nicht aus §§ 4 und 5 etwas anderes ergibt, bis zur Höhe der ortsüblichen Entgelte in folgenden Schritten erhöht werden:

1. ab dem 1. November 1993 auf das Doppelte der am 2. Oktober 1990 zulässigen Entgelte, jedoch mindestens auf 0,15 Deutsche Mark, bei baulich genutzten Grundstücken auf 0,30 Deutsche Mark je Quadratmeter Bodenfläche im Jahr,

2. ab dem 1. November 1994 auf das Doppelte der sich nach Nummer 1 ergebenden Entgelte,

3. ab dem 1. November 1995 auf das Doppelte der sich nach Nummer 2 ergebenden Entgelte,

4. ab dem 1. November 1997 jährlich um die Hälfte der sich nach Nummer 3 ergebenden Entgelte.

(2) Ortsüblich sind die Entgelte, die nach dem 2. Oktober 1990 in der Gemeinde oder in vergleichbaren Gemeinden für vergleichbar genutzte Grundstücke vereinbart worden sind. Für die Vergleichbarkeit ist die tatsächliche Nutzung unter Berücksichtigung der Art und des Umfangs der Bebauung der Grundstücke maßgebend.

§ 4 Entgelterhöhung bei vertragswidriger Nutzung

(1) Im Falle einer vertragswidrigen Nutzung des Grundstücks dürfen die Entgelte ohne die Beschränkung des § 3 Abs. 1 bis zur Höhe der ortsüblichen Entgelte erhöht werden.

(2) Vertragswidrig ist eine Nutzung, die nach §§ 312 und 313 des Zivilgesetzbuchs der Deutschen Demokratischen Republik nicht zulässig ist. Hat der Eigentümer die Nutzung genehmigt oder wurde die Nutzung von staatlichen Stellen der Deutschen Demokratischen Republik genehmigt oder gebilligt, so gilt die Nutzung nicht als vertragswidrig.

§ 5 Entgelterhöhung bei Garagenflächen

(1) Die Nutzungsentgelte für Garagengrundstücke sind ab dem 1. November 1993 nach der Anzahl der Stellplätze zu bemessen. Die Entgelte dürfen bis zur Höhe der ortsüblichen Entgelte erhöht werden, jedoch auf mindestens 60 Deutsche Mark je Stellplatz im Jahr.

(2) Garagengrundstücke sind Grundstücke oder Teile von Grundstücken, die mit einer oder mehreren Garagen oder ähnlichen Einstellplätzen für Kraftfahrzeuge bebaut sind und deren wesentlicher Nutzungszweck das Einstellen von Kraftfahrzeugen ist.

1 **1. Schrittweise Erhöhung nach § 3.** Eine Erhöhung der Nutzungsentgelte konnte zunächst in zwei Schritten zum 1. 11. 1993 und 1. 11. 1994 erfolgen und zwar jeweils durch Verdoppelung des am 2. 10. 1990 zulässigen Betrags, nicht des in der Zwischenzeit etwa (zulässigerweise, s. §§1, 2 RdNr. 6) erhöhten Betrags. In der 1. Stufe zum 1. 11. 1993 konnte das Entgelt auf mindestens 0,15 DM, bei baulich genutzten Grundstücken auf

0,30 DM pro qm (des gesamten Grundstücks, nicht nur des baulich genutzten Teils) im Jahr erhöht werden, wenn sich bei Verdoppelung des zulässigen Entgelts ein geringerer Betrag ergab.[1] Das Mindestentgelt betrug daher nach der 2. Erhöhung zum 1. 11. 1994 0,30 DM bzw. 0,60 DM pro qm im Jahr. Zum 1. 11. 1995 ist eine weitere Verdoppelung des bisher zulässigen Betrags zugelassen. Danach tritt auf Verlangen des BRat eine Pause von zwei Jahren ein, „um der Bundesregierung Gelegenheit für eine Überprüfung der Systematik der NutzEV zu geben ... und die mit der Anhebung der Nutzungsentgelte verbundene soziale Brisanz in einem vertretbaren Maße zu mildern".[2] Ab 1. 11. 1997 kann, wenn die Überprüfung nicht zu einem anderen Ergebnis kommt, der sich ab 1. 11. 1995 ergebende Betrag jährlich jeweils um die Hälfte erhöht werden, bis das ortsübliche Entgelt (Definition in § 3 Abs. 2 S. 1) erreicht ist. Das ortsübliche Entgelt ist in jedem Fall die Obergrenze, die bei den einzelnen Erhöhungsschritten nach § 3 Abs. 1 Nr. 1 bis 4 nicht überschritten werden darf.

2 Die jeweiligen **Erhöhungen** erfolgen **nicht automatisch,** sondern nur auf **Verlangen des Vermieters** (Verpächters) jeweils zu den in § 3 Abs. 1 Nr. 1 bis 4 angegebenen Terminen. Es kann natürlich auch eine geringere als die zugelassene Erhöhung oder eine Erhöhung zu späteren als den zugelassenen Terminen verlangt werden. Ein Vermieter (Verpächter), der (oder dessen Rechtsvorgänger)[3] von den zugelassenen Erhöhungsmöglichkeiten nicht oder nur eingeschränkt Gebrauch gemacht hat, kann das für die Zukunft nachholen. Maßgebend ist der rechnerisch ermittelte Maximalbetrag; für die 1. Erhöhungsstufe (zum 1. 11. 1993) ist an das am 2. 10. 1990 zulässige Entgelt anzuknüpfen, sofern nicht für diese Erhöhung der Mindestbetrag von 0,15 DM bzw. 0,30 DM zugrunde zu legen war.[4]

3 Als **bauliche Nutzung** ist anzusehen, wenn das Grundstück mit einem Wochenendhaus, einer Jagdhütte, einem Bootshaus, einer Garage o. ä. bebaut ist; als Bebauung gelten nicht kleinere Verschläge oder Holzschuppen zur Aufbewahrung von Gartengeräten oder -möbeln, kleine Kaninchenställe oder Bienenhäuser. Es ist unerheblich, wer die baulichen Anlagen errichtet hat; meist war es der Nutzer. Maßgebend ist nicht eine vereinbarte, sondern die tatsächliche Nutzung (§ 3 Abs. 2 S. 2).

4 **2. Erhöhung bei vertragswidriger Nutzung.** Die Erhöhungsmöglichkeit nach § 4 wird nur selten gegeben sein (allgM). Abzustellen ist nicht auf das geschriebene DDR-Recht, sondern auf die Rechtswirklichkeit (§ 4 Abs. 2 S. 2): eine Nutzung, die gegen geschriebenes DDR-Recht verstieß, gilt nicht als vertragswidrig, wenn sie von staatlichen Stellen genehmigt oder geduldet worden ist, oder wenn der Eigentümer ihr zugestimmt hatte (zB einer nach § 313 Abs. 3 S. 2 ZGB an sich nicht zulässigen Übertragung der Nutzung auf einen Dritten). Für die Duldung oder Genehmigung einer staatlichen Stelle ist der Nutzer darlegungs- und beweispflichtig. Ist ein Ausnahmefall einer vertragswidrigen Nutzung gegeben – in Betracht kommt in erster Linie eine nicht genehmigte oder nicht geduldete gewerbliche Nutzung oder eine Nutzung zu Wohnzwecken –, wird der Vermieter (Verpächter) idR von seinem Recht zur außerordentlichen Kündigung wegen vertragswidriger Nutzung Gebrauch machen, weil er bei Neuvermietung die Marktmiete (-pacht) verlangen kann. Macht er von seinem Erhöhungsrecht Gebrauch, begibt er sich dieses Kündigungsrechts (allgM).[5] Eine Erhöhung nach § 4 wird nur in Betracht kom-

[1] Die Annahme von *Beuermann* (in GrundE 1993, 670, 673 unter 24), diese Beträge seien bereits in der 1. Stufe zu verdoppeln, beruhte auf einem Versehen, das in GrundE 1993, 777, 778 richtig gestellt worden ist. – Die Mindestbeträge bedeuten keine Kappungsgrenze, zutr. *Oetker* DtZ 1993, 325, 328.

[2] BR-Drucks. 344/93 (Beschluß) zu § 3 Abs. 1 Nr. 4 S. 2, s. auch die Entschließung des BRat aaO unter 2. S.3. Die Jahreszahl „1997" beruht nicht auf einem Redaktionsversehen, wie *Oetker* in DtZ 1993, 325, 328 in Fn. 30 irrtümlich annimmt.

[3] *Oetker* weist in DtZ 1993, 325, 326 zutr. darauf hin, daß die Überlassenden häufig Personen sind, denen das Grundstück nach Maßgabe des VermG rückübertragen worden ist, die aber nach § 17 S. 1 VermG grundsätzlich an die Nutzungsverhältnisse gebunden bleiben.

[4] *Oetker* DtZ 1993, 325, 328.

[5] Die Vorschrift ist daher als „Eigentümerfalle" bezeichnet worden, s. GrundE 1993, 777, 778.

men, wenn der Vermieter (Verpächter) durch langes Hinnehmen des vertragswidrigen Zustands einen Vertrauenstatbestand geschaffen und dadurch sein außerordentliches Kündigungsrecht verwirkt hat (s. § 242 RdNr. 360ff., 365ff.). Eine Erhöhung nach § 4 ist nicht mehr zulässig, wenn der Nutzer die vertragswidrige Nutzung aufgibt. Die nach § 4 erfolgte Erhöhung bleibt jedoch wirksam, wenn die vertragswidrige Nutzung erst nach Wirksamwerden der Erhöhung eingestellt wird.[6]

5 **3. Garagen.** Bei Garagengrundstücken (Definition in § 5 Abs. 2) durfte das Entgelt nach § 5 Abs. 1 ab 1. 11. 1993 bis zum ortsüblichen Entgelt, mindestens auf 60 DM im Jahr pro Einstellplatz, erhöht werden (und darf dies noch, wenn es noch nicht geschehen ist). Das Entgelt ist nicht nach qm, sondern nach der Anzahl der Stellplätze, unabhängig von ihrer Größe zu berechnen. Als Einstellplatz ist ein zum Abstellen hergerichteter Platz anzusehen, der für einen bestimmten Nutzer, zB durch ein Nummernschild ausgewiesen ist. Maßgebend ist die objektive Eignung als Garage oder Stellplatz. Eine abweichende tatsächliche Nutzung ist unbeachtlich.[7] Grundstücke oder Grundstücksteile mit Hilfseinrichtungen oder Nebenanlagen, zB Wasch- oder Reparaturplätze, Zu- und Abfahrten, sind keine gesonderten Garagengrundstücke und erlauben kein einseitig bestimmtes besonderes Entgelt; i. a. werden solche Einrichtungen im Entgelt der einzelnen Garagen mitberücksichtigt werden. Vereinbarungen über ein gesondertes Entgelt sind nach dem Grundgedanken des § 2 Abs. 2 zulässig.[8] § 5 gilt nicht für Garagen, die im Zusammenhang mit einer Wohnung überlassen oder auf einem Erholungsgrundstück errichtet worden sind.[9]

6 **4. Erhöhung des ortsüblichen Entgelts.** Für die nach § 6 SchuldRAnpG in Miet- oder Pachtverhältnisse umgewandelten Nutzungsverhältnisse besteht noch für längere Zeit Bestandschutz (§ 23 SchuldRAnpG); eine Änderungskündigung zur Durchsetzung einer Erhöhung des Miet-(Pacht-)Zinses ist in dieser Zeit ausgeschlossen (i. e. s. Art. 232 §§ 4, 4a EGBGB RdNr. 4ff.). Für diese Zeit mußte den Vermietern (Verpächtern) die Möglichkeit zur Miet- (Pacht-)Erhöhung eingeräumt werden, wenn das Entgelt nach Maßgabe der NutzEV die ortsübliche Höhe erreicht hat und der ortsübliche Miet-(Pacht-)Zins weiter steigt. Nach § 20 Abs. 3 SchuldRAnpG kann daher jede Partei (auch der Mieter oder Pächter, obwohl für diese eine Änderungskündigung nicht ausgeschlossen ist) bis zum Ablauf der Kündigungsschutzfristen eine Anpassung des Miet-(Pacht-)Zinses verlangen, wenn dieser sich um mehr als 10% verändert hat und seit einem Jahr nicht geändert worden ist. Der Kündigungsausschluß verbunden mit den begrenzten Möglichkeiten zur Erhöhung des Miet-(Pacht-)Zinses kann Grundstückseigentümer in erhebliche Schwierigkeiten bringen, wenn das Grundstück im ausgewiesenen Bau- oder Bauerwartungsland liegt und Erschließungskosten in erheblicher Höhe anfallen.[10]

7 **5. Nutzungsentgelt bei bisher unentgeltlichen Nutzungs- und bei Überlassungsverträgen.** Für bisher unentgeltliche Nutzungsverträge kann nach § 20 Abs. 2 SchuldRAnpG ein Entgelt nach Maßgabe der NutzEV verlangt werden und zwar so, als wäre bereits am 3. 10. 1990 Entgeltlichkeit vereinbart gewesen. Der Vermieter (Verpächter) kann somit seit 1. 1. 1995 das nach § 3 Abs. 1 Nr. 2 verdoppelte Mindestentgelt iSd. § 3 Abs. 1 Nr. 1 als Miet-(Pacht-)Zins verlangen, also 0,30 DM, bei baulich genutzten Grundstücken 0,60 DM, pro qm im Jahr. Für Garagen kann ab 1. 1. 1995 nach § 5 Abs. 1 S. 2 das ortsübliche Entgelt, mindestens 60 DM je Stellplatz im Jahr verlangt werden. Der Miet-(Pacht-)Zins kann in der Folgezeit nach Maßgabe der NutzEV und des § 20 Abs. 3 SchuldRAnpG erhöht werden. § 20 Abs. 2 SchuldRAnpG ist nicht anzuwenden auf echte Leihverträge (s. vor § 535 RdNr. 15), in denen unentgeltliche Überlassung wegen der besonderen persönlichen Beziehungen vereinbart war. Diese Verträge fallen nicht unter das

[6] *Oetker* DtZ 1993, 325, 329.
[7] *Oetker* DtZ 1993, 325, 330.
[8] *Oetker* DtZ 1993, 325, 331.
[9] S. Begr. der NutzEV, BR-Drucks. 334/93 zu § 5 S. 26.
[10] *Schmidt-Räntsch* (DtZ 1994, 322, 330f.) bemerkt dazu sarkastisch: „Derzeit bleibt dem Eigentümer oft nur der Abandon seines Grundstücks."

SchuldRAnpG; es gilt nach Art. 232 § 1 EGBGB die Vorschrift des § 280 ZGB über die Leihe fort,[11] solange die Vertragspartner nicht anderes vereinbaren.

8 **Überlassungsverträge** iSd. Art. 232 § 1a EGBGB sind nach Sinn und Zweck der Vorschrift trotz der Leistungen, die der Nutzer nach dem Vertrag zu erbringen hatte (Art. 232 § 1a EGBGB RdNr. 2), als unentgeltliche Nutzungsverträge iSv. § 20 Abs. 2 SchuldRAnpG anzusehen, soweit sie unter § 1 Abs. 1 Nr. 1 SchuldRAnpG fallen.[12] Der Vermieter (Verpächter) kann ab 1. 1. 1995 das in RdNr. 7 errechnete Mindestentgelt als Miet-(Pacht-)Zins verlangen. Der Mieter (Pächter) ist nach § 28 iVm. § 36 Abs. 1 SchuldRAnpG von der Pflicht zur Tragung der auf dem Grundstück ruhenden öffentlichen Lasten freizustellen, sobald der Anspruch auf Zahlung eines Mietzinses nach dem SchuldRAnpG geltend gemacht wird; einmalig zu zahlende öffentliche Lasten hat der Nutzer nicht zu tragen (§ 28 S. 1 iVm. § 36 Abs. 2 SchuldRAnpG); alle anderen Zahlungsverpflichtungen des Nutzers, insbes. hinsichtlich von Instandhaltungskosten, sind nach § 6 Abs. 3 SchuldRAnpG mit dessen Inkrafttreten unwirksam geworden. Mit diesen Regelungen wird dem Umstand Rechnung getragen, daß das nach § 20 Abs. 2 SchuldRAnpG iVm. der NutzEV zulässige Nutzungsentgelt meist noch niedriger als die laufenden öffentlichen Lasten sein wird.[13] Ein Nutzungsentgelt nach § 20 Abs. 2 SchuldRAnpG wird daher zweckmäßig erst dann verlangt, wenn es höher als die laufenden öffentlichen Lasten ist. Um dies beurteilen zu können, muß der Mieter (Pächter) dem Grundstückseigentümer nach § 28 iVm. § 36 Abs. 1 S. 2 SchuldRAnpG Auskunft über die Höhe der von ihm getragenen öffentlichen Lasten erteilen.

§ 6 Erklärung über die Entgelterhöhung

(1) Will der Überlassende das Nutzungsentgelt nach dieser Verordnung erhöhen, so hat er dies dem Nutzer für jede Erhöhung schriftlich zu erklären.

(2) Die Erklärung hat die Wirkung, daß von dem Beginn des dritten auf die Erklärung folgenden Monats das erhöhte Nutzungsentgelt an die Stelle des bisher entrichteten Entgelts tritt. Vom Nutzer im voraus entrichtete Zahlungen sind anzurechnen.

§ 7 Gutachten über die ortsüblichen Entgelte

Auf Antrag einer Vertragspartei hat der nach § 192 des Baugesetzbuchs eingerichtete und örtlich zuständige Gutachterausschuß ein Gutachten über die ortsüblichen Nutzungsentgelte für vergleichbar genutzte Grundstücke zu erstatten.

§ 8 Kündigung des Nutzers

Der Nutzer ist berechtigt, das Nutzungsverhältnis bis zum Ablauf des Monats, der auf den Zugang der Erklärung über die Entgelterhöhung folgt, für den Ablauf des letzten Monats, bevor die Erhöhung wirksam wird, zu kündigen.

§ 9 Inkrafttreten

Diese Verordnung tritt am 1. August 1993 in Kraft.

1 **1. Form der Erhöhung.** Die Erhöhung des Nutzungsgelts erfolgt nicht automatisch, sondern nur auf Verlangen des Überlassenden (Vermieters, Verpächters), im Fall von Erhöhungen nach § 20 Abs. 3 S. 3 SchuldRAnpG desjenigen, der die Anpassung verlangt (s. §§ 3 bis 5 RdNr. 6). Für die Erhöhungserklärung ist Schriftform vorgeschrieben. Eine § 8 MHG entspr. Vorschrift fehlt (ebenso in § 20 Abs. 3 S. 3 SchuldRAnpG); die Erklärung muß daher auch unterschrieben werden, wenn sie mit Hilfe automatischer Einrichtungen gefertigt worden ist. Die Erklärung ist an den Vertragspartner zu richten. § 100 Abs. 3 ZGB, nach dem in Wohnraummietverträgen Ehegatten kraft Ges. Vertragspartner waren (s. Art. 232 § 2 EGBGB RdNr. 7), ist vom OG der DDR entspr. auf Bodennut-

[11] Art. 232 § 1 EGBGB RdNr. 1; *Staudinger-Rauscher* Art. 232 § 1 EGBGB RdNr. 2

[12] Davon geht ersichtlich auch die Begr. des GesE aus, BT-Drucks. 12/7135 zu § 20 Abs. 2 SchuldRAnpG S. 52.

[13] Begr. des GesE (Fn. 12) zu § 36 Abs. 1 S. 61.

zungsverträge iSv. §§ 312ff. ZGB angewandt worden. Diese Auslegung kann nicht mehr maßgebend sein, der EVertr. hat nur die §§ 312 bis 315 ZGB für eine Übergangszeit für Altverträge als weitergeltend erklärt, nicht die Rechtsauslegung durch die Gerichte der DDR, für die allein Zweckmäßigkeitserwägungen maßgebend waren. Auch die vorübergehend weitergeltenden Rechtsvorschriften der DDR sind nach den in der Bundesrepublik Deutschland verbindlichen Auslegungsgrundsätzen auszulegen (Art. 232 § 1 EGBGB RdNr. 14). Da die Bodennutzungsverträge wie die Wohnungsmiete in demselben Ges., dem ZGB, geregelt waren, ist im Umkehrschluß aus dem Fehlen einer dem § 100 Abs. 3 ZGB entspr. Regelung bei den §§ 312ff. ZGB die Unanwendbarkeit jener Regelung auf Bodennutzungsverhältnisse zu folgern.[1]

2 Eine **Begründung** der Erklärung ist **nicht vorgeschrieben;** sie ergibt sich für die Erhöhungsschritte nach § 3 Abs. 1 aus der Vorschrift selbst. Wird das ortsübliche Entgelt erreicht oder dieses nach § 20 Abs. 3 SchuldRAnpG angepaßt, wird in der Erklärung anzugeben sein, daß die verlangte Erhöhung (Anpassung) dem ortsüblichen Miet-(Pacht-)Zins entspricht.[2]

3 Entspricht die **Erhöhungserklärung inhaltlich nicht der NutzEV,** wird also ein höheres als das zugelassene Entgelt oder eine Erhöhung zu einem früheren als dem zulässigen Zeitpunkt verlangt, bleibt die Erklärung nach dem Schutzzweck der Norm nach dem bei Preisregelungen geltenden Grundsatz bis zu dem zulässigen Betrag bzw. zum zulässigen Termin wirksam.[3] Der Vermieter (Verpächter) ist für die materielle und formelle Wirksamkeit der Erhöhungserklärung und für den Zeitpunkt ihres Zugangs darlegungs- und beweispflichtig.

4 **2. Wirkung des Erhöhungsverlangens.** Die Erklärung des Überlassenden (Vermieters, Verpächters) bewirkt die Erhöhung des Nutzungsentgelts (Miet-, Pachtzinses) vom Beginn des 3. auf den Zugang der Erklärung folgenden Monats (§ 6 Abs. 2). Dies gilt entspr. für die Anpassung des ortsüblichen Miet-(Pacht-)Zinses nach § 20 Abs. 3 S. 4 SchuldRAnpG. Zwischen Erhöhungsverlangen und Wirksamwerden der Erhöhung liegen immer mindestens zwei Monate. Diese Frist ist damit länger als bei vergleichbaren Regelungen im Wohnraummietrecht (s. § 3 Abs. 4 S. 1 MHG). Der Nutzer (Mieter, Pächter) soll eine entspr. Überlegungsfrist erhalten, in der er sich entscheiden kann, ob er den Vertrag mit dem erhöhten Entgelt fortsetzen oder von seinem Kündigungsrecht Gebrauch machen will.

5 **3. Gutachten.** § 7 entspricht § 5 Abs. 2 BKleingG. Die Vorschrift soll helfen, Streitigkeiten zu vermeiden. Das Gutachten ist nicht bindend. In einem Rechtsstreit kann es als Parteigutachten verwertet werden. Die Gutachterausschüsse in den neuen Bundesländern und in Berlin müssen sich über die ursprüngliche Aufgabe nach dem BauGB hinaus Kenntnisse über die Höhe ortsüblicher Nutzungsentgelte (Mieten, Pachten) für Freizeitgrundstücke verschaffen.[4]

6 **4. Kündigung des Nutzers.** Das Kündigungsrecht ist § 9 Abs. 1 MHG nachgebildet, allerdings mit anderen Fristen. Die Kündigungsfrist ist eine Ausschlußfrist. Das Vertragsverhältnis wird durch die Kündigung immer vor dem Wirksamwerden der Entgelterhöhung beendet. Es brauchte daher nicht bestimmt zu werden, daß die Erhöhung im Fall einer Kündigung nicht eintritt (wie in § 9 Abs. 1 S. 3 MHG). Die Kündigung setzt keine wirksame Erhöhungserklärung voraus (s. § 9 MHG RdNr. 4 m. Nachw.).

7 Erfolgt nach **§ 20 Abs. 3 SchuldRAnpG** eine **Anpassung** des Miet-(Pacht-)Zinses, besteht kein Kündigungsrecht. Der Mieter (Pächter) kann nach § 21 SchuldRAnpG die

[1] AA offenbar *Schnabel* (Schrifttum) Teil 9 unter IV. S. 118. Zur Rspr. des OG s. *Janke* NJ 1991, 238, 241.

[2] *Beuermann* GrundE 1993, 670, 676 unter 41.

[3] AA *Oetker* DtZ 1993, 325, 330, der vollständige Unwirksamkeit annimmt, aber eine Umdeutung in eine inhaltlich zulässige Erklärung befürwortet.

[4] *Oetker* weist in DtZ 1993, 325, 329 darauf hin, daß der durch §§ 195, 197 BauGB ermöglichte Kenntnisstand über Bodenwerte die Gutachterausschüsse kaum zu Angaben über ortsübliche Nutzungsentgelte befähige. Zu den in Berlin u. in den neuen Bundesländern erlassenen VOen über die Bildung von Gutachterausschüssen s. *Schnabel* Teil 9 unter III. 1. c S. 115f.

Erlaubnis zur Untervermietung (-verpachtung)[5] des Grundstücks oder eines Grundstücksteils verlangen; der Vermieter (Verpächter) kann die Erlaubnis verweigern, wenn ihm die Untervermietung (-verpachtung) unter Berücksichtigung der berechtigten Interessen des Mieters (Pächters) nicht zuzumuten ist.

8 Ansprüche des Mieters (Pächters) auf **Verwendungsersatz** nach Kündigung nach § 8 regeln sich seit 1. 1. 1995 nach § 12 Abs. 3 bis 5 SchuldRAnpG. Der Mieter (Pächter) hat ein Wegnahmerecht an von ihm errichteten Bauwerken, muß aber den ursprünglichen Zustand wiederherstellen (§ 12 Abs. 4 SchuldRAnpG). Übt er dieses Recht nicht aus, zB weil die Wegnahme ohne wesentliche Beeinträchtigung der Substanz nicht möglich oder unwirtschaftlich ist, hat er Anspruch auf Entschädigung, soweit durch das Bauwerk der Wert des Grundstücks zZ der Rückgabe erhöht ist (§ 12 Abs. 3 SchuldRAnpG). Für ein rechtswidrig errichtetes Bauwerk richtet sich der Wertersatz nach Bereicherungsrecht (§ 12 Abs. 1 S. 2 SchuldRAnpG). Wegen anderer werterhöhender Maßnahmen verweist § 12 Abs. 5 SchuldRAnpG für Wertersatzansprüche des Mieters (Pächters) auf die allgemeinen Vorschriften: es gilt somit § 547 (für Pachtverhältnisse iVm. § 581 Abs. 2, bei Verpachtung des Grundstücks mit Inventar sind §§ 582, 582a zu beachten). Auf Wertersatzansprüche für die Zeit vor Inkrafttreten des SchuldRAnpG (1. 1. 1995) ist noch § 314 Abs. 5 S. 2 ZGB (iVm. Art. 232 § 4 Abs. 1 EGBGB) anzuwenden: danach waren Wertverbesserungen dem Nutzungsberechtigten im Fall einer Kündigung des Vertragsverhältnisses zu entschädigen.[6]

§ 5 Arbeitsverhältnisse

(1) Für am Tag des Wirksamwerdens des Beitritts bestehende Arbeitsverhältnisse gelten unbeschadet des Artikels 230 von dieser Zeit an die Vorschriften des Bürgerlichen Gesetzbuchs.

(2) § 613a des Bürgerlichen Gesetzbuchs ist in dem in Artikel 3 des Einigungsvertrages vom 31. August 1990 (BGBl. 1990 II S. 885) genannten Gebiet vom Tage des Inkrafttretens dieses Gesetzes bis zum 31. Dezember 1998 mit folgenden Maßgaben anzuwenden:

1. **Innerhalb des bezeichneten Zeitraums ist auf eine Betriebsübertragung im Gesamtvollstreckungsverfahren § 613a des Bürgerlichen Gesetzbuchs nicht anzuwenden.**
2. **Anstelle des Absatzes 4 Satz 2 gilt folgende Vorschrift:**
   „Satz 1 läßt das Recht zur Kündigung aus wirtschaftlichen, technischen oder organisatorischen Gründen, die Änderungen im Bereich der Beschäftigung mit sich bringen, unberührt."

Schrifttum: *Ascheid,* Aktuelle Rechtsprechung zum Einigungsvertrag, NZA 1993, 97ff.; *Däubler,* Einigungsvertrag und Arbeitsrecht, AiB 1990, 346ff.; *Dörner-Widlak,* Das Arbeitsrecht im Einigungsvertrag, NZA 1991, Beil. Nr. 1, S. 43ff.; *Hanau-Preis,* Das Arbeitsrecht in den neuen Bundesländern nach dem 3. 10. 1990, in: *Hanau-Langanke-Preis-Widlak* (Hrsg.), Das Arbeitsrecht der neuen Bundesländer, 1991, I. 2.; *Kissel,* Ein Jahr gesamtdeutsches Arbeitsrecht, NZA 1992, 1ff.; *ders.,* Die Einwirkung der Wiedervereinigung auf das Arbeitsrecht, Festschrift für Gnade, 1992, S. 505ff.; *Korinth,* Zur Entwicklung des Arbeitsrechts in den neuen Bundesländern, NZA 1992, 350ff.; *ders.,* Zur Konsolidierung des Arbeitsrechts im Beitrittsgebiet, NJ 1993, 532ff.; *Pfeiffer-Birkenfeld/Pfeiffer,* Arbeitsrecht nach dem Einigungsvertrag, DtZ 1990, 325ff.; *Schwedes,* Arbeitsrecht in den neuen Bundesländern, betrieb + personal 1991, 354ff.; *Wagner,* Die arbeitsgerichtliche Rechtsprechung in den neuen Bundesländern im Jahre 1991, ArbRGeg. Bd. 29 (Dok. 1991), 1992, S. 117ff.; *ders.,* Die neuen Bundesländer in der arbeitsgerichtlichen Rechtsprechung im Jahr 1992, ArbRGeg. Bd. 30 (Dok. 1992), 1993, S. 47ff.; *ders.,* Die Entwicklung der Arbeitsrechtsprechung in den neuen Bundesländern im Jahre 1993, ArbRGeg. Bd. 34 (Dok. 1993), 1994, S. 37ff.; *Wank,* Das Arbeits- und Sozialrecht nach dem Einigungsvertrag, RdA 1991, 1ff.; *Wlotzke,* Das Arbeitsrecht im Rahmen der deutsch-deutschen Einigung, RdA 1994, 73ff.; *Wlotzke-Lorenz,* Arbeitsrecht und Arbeitsschutzrecht im deutsch-deutschen Einigungsprozeß, BB 1990, Beil. Nr. 35, S. 1ff.; *Wolter,* Der Prozeß der deutsch-deutschen Einigung am Beispiel des Arbeitsrechts, BB 1990, Beil. Nr. 40, S. 37ff.; *Worzalla,* Arbeitsrecht in den neuen Bundesländern – Sonderregelungen und ausgewählte Probleme, DtZ 1992, 306ff.

[5] § 21 Abs. 2 SchuldRAnpG erwähnt nur die Unterverpachtung. Das muß ein Versehen sein, da für die Kündigung in S. 2 auch auf die gesetzlichen Kündigungsfristen für die Miete (§ 565) verwiesen wird.

[6] So *Oetker* DtZ 1993, 325, 331; aA *Wardenbach* MDR 1993, 710, 713f., der eine Regelungslücke annimmt, die durch entspr. Anwendung der §§ 590b, 591 Abs. 1, 591a zu schließen sei.

Übersicht

A. Normzweck und allgemeine Lehren für die Rechtsanwendung bei Arbeitsverhältnissen

I. Neuabschlüsse

1 Arbeitsverträge, die nach dem Stichtag abgeschlossen wurden, unterliegen in der Regel uneingeschränkt den seit dem 3. Oktober 1990 im Beitrittsgebiet geltenden Rechtsvorschriften der Bundesrepublik Deutschland. Dies gilt auch für das Bürgerliche Gesetzbuch, so daß – abweichend von der früheren, prinzipiell eigenständigen kodifikatorischen Behandlung durch das Arbeitsgesetzbuch vom 16. Juni 1977 (AGB)[1] – seit dem Wirksamwerden des Beitritts neben den §§ 611 bis 630 BGB auch die Vorschriften des Allgemeinen Teils und des Allgemeinen Schuldrechts für das Arbeitsverhältnis gelten.

2 Die ursprünglich in Art. 230 EGBGB angeordnete Ausnahme für die Geltung des Bürgerlichen Gesetzbuchs hinsichtlich der §§ 616 Abs. 2 und 3, 622 BGB ist wegen den Streichungen in dieser Norm durch Art. 2 Nr. 2 Kündigungsfristengesetz[2] sowie Art. 63 Pflege-Versicherungsgesetz[3] gegenstandslos geworden. Den in Art. 230 EGBGB zum Ausdruck gelangten allgemeinen Grundsatz durchbricht lediglich die in Art. 232 § 5 Abs. 2 EGBGB enthaltene und durch § 16 Abs. 2 SpTrUG[4] eingefügte Einschränkung von § 613a BGB für das Beitrittsgebiet, die die Anwendung von § 613a BGB im Gesamtvollstreckungsverfahren ausschließt (Abs. 2 Nr. 1) und die kündigungsrechtliche Sonderregelung in § 613a Abs. 4 BGB konkretisiert (Abs. 2 Nr. 2). Die Regelung war ursprünglich bis zum 31. Dezember 1992 befristet und wurde erstmals durch das Änderungsgesetz zum EGBGB bis zum 31. Dezember 1994 verlängert.[5] Der nunmehr geltende Endtermin (31. Dezember 1998) geht zurück auf Art. 32 Nr. 3 des Einführungsgesetzes zur Insolvenzordnung (EGInsO) vom 5. Oktober 1994.[6]

3 Gesetzesrecht der ehem. DDR ist auf nach dem Wirksamwerden des Beitritts abgeschlossene Arbeitsverträge nach Art. 9 EVertr. nur anzuwenden, wenn es in Anl. II des Einigungsvertrages ausdrücklich als fortgeltendes Recht der ehem. DDR aufgeführt ist. Die Vielgestaltigkeit der das Arbeitsverhältnis prägenden Rechtsquellen[7] erforderte jedoch einige Durchbrechungen von diesem Grundsatz. Da der Inhalt der arbeitsvertraglichen Rechtsbeziehungen in erheblichem Umfang durch die Normsetzung der Tarifvertragsparteien strukturiert wird, galten zur Verhinderung eines „tariflosen" Zustandes und in Anlehnung an die in § 10 TVG bzw. § 9 TVG aF getroffene Regelung die vor dem Stichtag abgeschlossenen **Rahmenkollektivverträge** und **Tarifverträge alten Rechts** zunächst fort, bis neues Tarifrecht sie ersetzte oder aufhob.[8] Eine trotz geringer Abweichungen entsprechende Regelung normiert der Einigungsvertrag für die in der **öffentlichen Verwaltung** der ehem. DDR beschäftigten Arbeitnehmer. Bei ihnen waren die vor dem Stichtag geltenden Arbeitsbedingungen grundsätzlich zunächst weiter anzuwenden.[9] Darüber hinaus galt als Surrogat für noch fehlende tarifvertragliche Regelungen vereinzelt das früher geltende Gesetzesrecht als Vertragsrecht fort.[10]

[1] GBl. I Nr. 18 S. 185; siehe hierzu mit zahlreichen Nachweisen den Überblick bei Säcker Einleitung Bd. I, 2. Aufl. 1984, RdNr. 210ff.

[2] BGBl. I 1993 S. 1669.

[3] BGBl. I 1994 S. 1069.

[4] Gesetz über die Spaltung der von der Treuhandanstalt verwalteten Unternehmen vom 11. April 1991 (BGBl. I S. 853).

[5] Art. 1 Nr. 2 des Gesetzes zur Änderung des Einführungsgesetzes zum Bürgerlichen Gesetzbuch vom 21. Dezember 1992, BGBl. I S. 2116.

[6] BGBl. I S. 2911; zum Inkrafttreten siehe Art. 110 Abs. 3 EGInsO (Tag nach der Verkündung, die Verkündung erfolgte am 18. Oktober 1994).

[7] Siehe § 611 RdNr. 174ff.

[8] Anl. I Kap. VIII Sachgeb. A Abschnitt III Nr. 14 EVertr.; näher hierzu unten RdNr. 44ff.

[9] Siehe Anl. I Kap. XIX Sachgeb. A Abschnitt III Nr. 1 Abs. 1 EVertr.; näher zur Dogmatik der Rechtsanwendungsklausel *Säcker-Oetker* MünchKomm., Zivilrecht im Einigungsvertrag, 1991, RdNr. 968ff.

[10] So im Urlaubsrecht (Anl. I Kap. VIII Sachgeb. A Abschnitt III Nr. 5 lit. b EVertr.) und für die Länge der Arbeitszeit sowie Zuschläge bei Sonn- und Feiertagsarbeit, Nachtarbeit und Überstundenarbeit (Anl. I Kap. VIII Sachgeb. C Abschnitt III Nr. 7 lit. d EVertr.); näher zum Inhalt dieser Übergangsregelungen und zu ihrer Dogmatik *Oetker* MünchKomm., Zivilrecht im Einigungsvertrag, 1991, RdNr. 889ff. (Urlaubsrecht), RdNr. 947ff. (Arbeitszeit und Zuschläge).

II. Kollisionsrechtliche Grundsätze für Altverträge

4 Im Interesse der Praktikabilität, die einheitliche Regularien für alle im Betrieb beschäftigten Arbeitnehmer erfordert, war eine Ausdehnung der für Neuabschlüsse geltenden Grundsätze auf die am Stichtag bereits bestehenden Arbeitsverhältnisse (Altverträge) zwingend notwendig. Die von der in Art. 232 § 1 EGBGB für Schuldverträge normierten kollisionsrechtlichen Grundnorm abweichende Sonderregelung für Arbeitsverhältnisse wird prinzipiell bereits durch die Art. 8 und 9 EVertr. sowie die arbeitsrechtlichen Vorschriften in den Anlagen (vgl. vor allem Anl. I Kap. VIII Sachgeb. A bis C; Anl. II Kap. VIII Sachgeb. A bis C) realisiert. Ergänzend schreibt der Einigungsvertrag für die Arbeitsverhältnisse von **Kapitänen** und **Besatzungsmitgliedern** die Anwendung des **Seemannsgesetzes** auch für Altverträge vor.[11] Hinsichtlich der Geltung des **Bürgerlichen Gesetzbuchs** für Altverträge wurde ebenfalls auf diese Regelungstechnik zurückgegriffen und damit bewußt von der anders strukturierten, den Bestand des Arbeitsverhältnisses gefährdenden Regelung in Art. 171 EGBGB abgewichen. Art. 232 § 5 Abs. 1 EGBGB ordnet die Geltung des Bürgerlichen Gesetzbuchs auch für die am Stichtag bestehenden Arbeitsverhältnisse an.

5 **Berufsausbildungsverhältnisse** unterliegen prinzipiell ebenfalls den vorstehend skizzierten Grundsätzen. Lediglich hinsichtlich der für die Ausbildungsinhalte maßgeblichen Vorschriften sah der Einigungsvertrag eine differenzierende Übergangsregelung vor. Wurde das Berufsausbildungsverhältnis von der **Handwerksordnung** erfaßt, dann blieben die **bisherigen** Vorschriften maßgebend, sofern die Vertragsparteien **nicht** die Fortsetzung der Berufsausbildung in einem Handwerk der Anlage A der Handwerksordnung **vereinbarten.**[12] Eine umgekehrte Regelungstechnik normierte der Einigungsvertrag für die dem **Berufsbildungsgesetz** unterliegenden Berufsausbildungsverhältnisse.[13] Bei ihnen galten sofort die **neuen** Vorschriften, es sei **denn,** daß eine derartige Ausbildung für den Ausbildenden **nicht möglich** war **oder** der **Auszubildende** eine Fortsetzung der Ausbildung nach den **bisherigen** Vorschriften **wünschte.**[14] Dem Auszubildenden wurde somit durch den Einigungsvertrag ein Vereinbarungs- bzw. Gestaltungsrecht hinsichtlich der Ausbildungsinhalte eingeräumt. Bei minderjährigen Auszubildenden war für die rechtswirksame Ausübung dieser Rechtsposition die Zustimmung der gesetzlichen Vertreter erforderlich, da § 113 BGB Berufsausbildungsverhältnisse nicht erfaßt[15] und die inhaltliche Umgestaltung der Ausbildung kein lediglich rechtlich vorteilhaftes Rechtsgeschäft im Sinne von § 107 BGB ist.

B. Geltung des BGB für am 3. Oktober 1990 bestehende Arbeitsverhältnisse

I. Erfaßte Arbeitsverhältnisse

6 **1. Grundsätze.** Die Ausnahme von dem in Art. 232 § 1 EGBGB niedergelegten intertemporalen kollisionsrechtlichen Grundsatz, daß das bei Entstehung des Schuldverhältnisses geltende Recht auch nach dem Stichtag anzuwenden ist, ordnet Art. 232 § 5 Abs. 1 EGBGB nur für „Arbeitsverhältnisse" an. Bei der inhaltlichen Konturierung dieses Rechtsbegriffs kann nicht unreflektiert auf die in der arbeitsrechtlichen Judikatur und Doktrin der Bundesrepublik für den Arbeitnehmerbegriff herausgearbeiteten Abgrenzungskriterien[16] zurückgegriffen werden.[17] Sämtliche Vorschriften, die Art. 232 EGBGB

[11] Anl. I Kap. VIII Sachgeb. A Abschnitt III Nr. 7 lit. b) EVetr.; zur früheren Rechtslage für die Mitglieder der Schiffsbesatzungen vgl. die „Verordnung über die Arbeit und das Verhalten an Bord von Seeschiffen – Seemannsordnung –" vom 2. Juli 1969, GBl. II Nr. 58 S. 381.

[12] Anl. I Kap. V Sachgeb. B Abschnitt III Nr. 1 lit. g) EVertr.

[13] Hierzu § 611 RdNr. 458ff.

[14] Anl. I Kap. XVI Sachgeb. C Abschnitt III Nr. 1 lit. d) EVertr.

[15] § 113 RdNr. 7; sowie ausführlich *Oetker* JuS 1990, 740f.

[16] Hierzu § 611 RdNr. 129ff.

[17] Ebenso *Staudinger-Rauscher* RdNr. 5.

zusammenfaßt, strukturieren die unter der Rechtsordnung der ehem. DDR entstandenen Rechtsbeziehungen, so daß zur inhaltlichen Konkretisierung der in Art. 232 EGBGB genannten Vertragstypen an die Rechtsterminologie der ehem. DDR anzuknüpfen ist.

2. Arbeitsverträge. Bis zum Inkrafttreten des „Gesetzes zur Änderung und Ergänzung des Arbeitsgesetzbuches" vom 22. Juni 1990[18] war das „Arbeitsverhältnis" als eigenständiger Ordnungsbegriff der arbeitsrechtlichen Gesetzgebung der ehem. DDR unbekannt.[19] Das Arbeitsgesetzbuch griff, um den Charakter der Arbeit als Ausübung von Eigentümerbefugnissen sprachlich zu kennzeichnen, vielmehr auf den Terminus des „Arbeitsrechtsverhältnisses" zurück. Dieses war im weitesten Sinne zu verstehen und umfaßte nach § 15 Abs. 1 S. 2 AGB aF sowohl die durch **Vertrag** als auch die durch **Berufung** oder **Wahl** begründeten Rechtsbeziehungen. Erst die umfassende Novellierung des Arbeitsgesetzbuches im Juni 1990 bewirkte eine Abkehr von dieser Terminologie und führte dazu, daß das Arbeitsrechtsverhältnis in sprachlicher Hinsicht generell durch das Arbeitsverhältnis abgelöst wurde.[20] Gegenstand des „Arbeitsverhältnisses" waren seitdem nicht mehr – wie es der früheren Lehre entsprach – die konkreten Beziehungen, die die Menschen bei der Leistung gesellschaftlich notwendiger Arbeit eingehen und ihr hierbei notwendiges Zusammenwirken,[21] sondern die individualrechtlichen Beziehungen zwischen Arbeitgeber und Arbeitnehmer im Sinne eines **schuldrechtlichen Leistungsaustausches**. 7

Im Sinne dieser gewandelten dogmatischen Grundkonzeption kennzeichnete § 15 Abs. 1 AGB nF ausschließlich die Rechtsbeziehungen zwischen **Arbeitgebern** und **Arbeitnehmern** als **Arbeitsverhältnis** und definierte in § 15 Abs. 2 AGB nF als Arbeitnehmer die **Arbeiter** und **Angestellten**, einschließlich der **Heimarbeiter** und **Lehrlinge**. Diese begriffliche Umschreibung ist für den Anwendungsbereich des Arbeitsgesetzbuches **abschließend** und auch dem personellen Anwendungsbereich von Art. 232 § 5 Abs. 1 EGBGB zugrundezulegen.[22] Aufgrund des gewandelten dogmatischen Fundaments für das „Arbeitsverhältnis" scheiden mit Ausnahme der **Heimarbeiter** nicht nur die Vertragsbeziehungen mit Personen, die nach der tradierten arbeitsrechtlichen Doktrin in der Bundesrepublik als arbeitnehmerähnlich klassifiziert werden,[23] sondern auch die mit den gesetzlichen Vertretern juristischer Personen abgeschlossenen **Anstellungsverträge,** die rechtsdogmatisch **freie Dienstverträge** sind,[24] aus dem Anwendungsbereich von Art. 232 § 5 Abs. 1 EGBGB aus.[25] In kollisionsrechtlicher Hinsicht gelten für diese Vertragsbeziehungen wegen Art. 232 § 6 EGBGB jedoch ähnliche Grundsätze.[26] Dies gilt entsprechend, wenn die Arbeitsleistung nicht auf der Basis eines separaten, nach dem Arbeitsgesetzbuch abgeschlossenen Arbeitsvertrages, sondern – wie z. B. bei den Genossenschaftsbauern – auf einer anderen (mitgliedschaftlichen) Rechtsgrundlage erbracht wurde.[27] 8

3. Durch Berufung begründete Arbeitsverhältnisse. Die durch Berufung begründeten Rechtsbeziehungen wurden nicht nur in der Vergangenheit, sondern auch noch nach der 9

[18] GBl. I Nr. 35 S. 371.

[19] Zum ideologisch-dogmatischen Hintergrund *Rüthers,* Arbeitsrecht und politisches System, 1973 S. 50f.; zum Verständnis des „Arbeitsverhältnisses" in der Arbeitsrechtsdogmatik der ehem. DDR siehe *Pawelzig-Thiel* StuR 1977, 1138ff.; *Thiel-Sander,* in: Arbeitsrecht-Lehrbuch, 3. Aufl. 1986, S. 38. Der Begriff des „Arbeitsverhältnisses" war – soweit ersichtlich – lediglich in § 30 Abs. 2 LPG-G anzutreffen, dort aber in einem völlig anderen, vom schuldvertraglichen Leistungsaustausch zu abstrahierenden Sinn zu verstehen (vgl. hierzu *Oetker* BB 1991, 1560).

[20] Siehe Nr. 173 der Anlage zu § 1 des „Gesetzes zur Änderung und Ergänzung des Arbeitsgesetzbuches" vom 22. Juni 1990, GBl. I Nr. 35 S. 371.

[21] So für die Arbeitsrechtsdogmatik in der ehem. DDR *Thiel-Sander* (Fn. 19) S. 38.

[22] So auch *Staudinger-Rauscher* RdNr. 5.

[23] Zum Begriff § 12a Abs. 1 Nr. 1 TVG sowie näher § 611 RdNr. 148ff.

[24] § 611 RdNr. 113ff.

[25] Ebenso *Staudinger-Rauscher* RdNr. 6.

[26] Siehe die Erläuterungen zu Art. 232 § 6 EGBGB RdNr. 11ff.

[27] Zum „Arbeitsverhältnis" in der LPG und seiner rechtlichen Behandlung siehe *Oetker* BB 1991, 1559ff.; wie hier auch *Staudinger-Rauscher* RdNr. 7; sowie BAG EzA BGB § 611 Arbeitnehmerstatus Nr. 2, das jedoch mit dem Inkrafttreten der Novelle zum Landwirtschaftsanpassungsgesetz am 7. 7. 1991 ein kraft Gesetz entstandenes Arbeitsverhältnis im Sinne des Arbeitsrechts annimmt. Diese Rechtsprechung betrifft jedoch nur die Mitglieder landwirtschaftlicher Produktionsgenossenschaften.

Novelle des Arbeitsgesetzbuches im Juni 1990 dem Arbeitsrecht zugeordnet. Nach § 38 Abs. 2 AGB war dieser Begründungsakt für diejenigen Personen vorgesehen, die besonders verantwortliche staatliche oder gesellschaftliche Funktionen wahrnehmen sollten. Im Bereich der **Wirtschaft** zählten hierzu vor allem der Generaldirektor des Kombinats,[28] die von ihm berufenen Fachdirektoren,[29] die vom Generaldirektor des Kombinats berufenen Direktoren der Kombinatsbetriebe[30] und die von diesen für die Ebene der Kombinatsbetriebe berufenen Fachdirektoren.[31] Dies galt entsprechend für den Direktor und die Fachdirektoren der volkseigenen Betriebe[32] sowie den Generaldirektor und die Fachdirektoren der Vereinigung Volkseigener Betriebe (VVB).[33] Auch die Arbeits(rechts)verhältnisse der Hauptbuchhalter und der Leiter der Technischen Kontrollorganisation (TKO) bei den volkseigenen Kombinaten und den volkseigenen Betrieben sowie der Kapitäne von Seeschiffen wurden nicht durch Vertrag, sondern durch Berufung begründet.[34] Im **Öffentlichen Dienst** fand diese Konzeption ua bei den Mitgliedern der Räte sowie den vom Rat berufenen Leitern der Fachorgane,[35] den Direktoren und Leitern von Einrichtungen der Volksbildung und Berufsbildung,[36] den Leitern künstlerischer Einrichtungen[37] sowie den Hochschullehrern[38] eine Parallele.

10 Die vormals in § 15 Abs. 1 S. 2 AGB aF für diesen Personenkreis normierte Klarstellung, daß zu den Arbeitsrechtsverhältnissen auch die durch Berufung oder Wahl begründeten Rechtsbeziehungen gehören, entfiel zwar durch die Novellierung des Arbeitsgesetzbuches im Juni 1990, jedoch erstreckte sich die durch die Novelle umgesetzte terminologische Hinwendung zum Arbeitsverhältnis auch auf die §§ 61 bis 66 AGB, die die Berufung bzw. Abberufung normativ strukturierten. Darüber hinaus wurde § 38 Abs. 2 AGB, der die Begründung von Arbeitsrechtsverhältnissen durch Berufung oder Wahl vorsieht, trotz zahlreicher Modifikationen durch das Änderungsgesetz vom 22. Juni 1990[39] weitgehend unverändert aufrechterhalten und lediglich der Terminus des „Arbeitsrechtsverhältnisses" durch den des „Arbeitsverhältnisses" ersetzt. Diese Regelungstechnik war allerdings in der Regel nicht mit der tradierten Konzeption eines privatrechtlich strukturierten Arbeitsverhältnisses vereinbar, da sie das spezifische rechtsdogmatische Fundament für die durch Berufung oder Wahl begründeten Arbeitsverhältnisse negierte. Diese waren in das „Rechtsinstitut des sozialistischen Staatsdienstes"[40] integriert und – in der Seh- und Wertungsweise der bundesdeutschen Rechtsordnung – von genuin öffentlich-rechtlichen Strukturprinzipien beherrscht.[41] Dementsprechend wurde die Berufung in der Doktrin

[28] § 24 Abs. 1 S. 2 der „Verordnung über die volkseigenen Kombinate, Kombinatsbetriebe und volkseigenen Betriebe" (Kombinats-VO) vom 8. November 1979, GBl. I Nr. 38 S. 355.

[29] § 25 Abs. 3 Kombinats-VO.

[30] § 25 Abs. 1 Kombinats-VO.

[31] § 28 Abs. 1 S. 2 Kombinats-VO.

[32] § 32 Abs. 2 S. 1 Kombinats-VO für die Direktoren und § 33 Abs. 2 S. 2 Kombinats-VO für die Fachdirektoren.

[33] § 46 Abs. 3 S. 1 und 2 der „Verordnung über die Aufgaben, Rechte und Pflichten der volkseigenen Betriebe, Kombinate und VVB" vom 28. März 1973, GBl. I Nr. 15 S. 129.

[34] § 2 der „Verordnung über die gesellschaftliche Verantwortung, die Vollmachten und Pflichten des Hauptbuchhalters in den volkseigenen Kombinaten und volkseigenen Betrieben – Hauptbuchhalterverordnung –" vom 7. Juni 1979, GBl. I Nr. 18 S. 213; § 12 der „Anordnung über die Technischen Kontrollorganisationen in den Kombinaten und Betrieben" vom 21. März 1986, GBl. I Nr. 12 S. 159; § 7 Abs. 3 der „Verordnung über die Arbeit und das Verhalten an Bord von Seeschiffen – Seemannsordnung –" vom 2. Juli 1969, GBl. II Nr. 58 S. 381.

[35] § 8 Abs. 1 lit. f bzw. § 11 Abs. 1 S. 3 des „Gesetzes über die örtlichen Volksvertretungen in der Deutschen Demokratischen Republik" vom 4. Juli 1985, GBl. I Nr. 18 S. 213.

[36] § 10 der „Verordnung über die Pflichten und Rechte der Lehrkräfte und Erzieher der Volksbildung und Berufsbildung – Arbeitsordnung für pädagogische Kräfte –" vom 29. November 1979, GBl. I Nr. 44 S. 444.

[37] § 12 der „Verordnung über Theater, Orchester und andere künstlerische Einrichtungen" vom 24. August 1989, GBl. I Nr. 17 S. 205; sowie § 2 der 1. Durchführungsbestimmung vom 24. August 1989, GBl. I Nr. 17 S. 208.

[38] § 12 der „Verordnung über die Berufung und die Stellung der Hochschullehrer an den wissenschaftlichen Hochschulen – Hochschullehrerberufungsverordnung (HBVO) –" vom 6. November 1968, GBl. II Nr. 127 S. 997.

[39] GBl. I Nr. 35 S. 371.

[40] *Hösel,* in: Staatsrecht der DDR-Lehrbuch, 2. Aufl. 1984, S. 276.

[41] Ausführlich zur Dogmatik der durch Berufung begründeten Arbeits(rechts)verhältnisse *Oetker* (Fn. 10) RdNr. 1529ff.

der ehem. DDR nicht mittels vertragstheoretischer Erklärungsmuster dogmatisch fundiert, sondern – entsprechend der spezifisch öffentlich-rechtlichen Struktur der „Berufungsverhältnisse" – als Verwaltungsakt qualifiziert.[42] Die gemeinsame rechtliche Ordnung der durch Berufung begründeten Arbeitsrechtsverhältnisse mit den privatautonom entstandenen Arbeitsverhältnissen wird nur durch das ideologisch geprägte Bestreben verständlich, den tradierten Dualismus von öffentlichem Recht und Privatrecht[43] zu nivellieren.[44] Darüber hinaus wären die durch Berufung oder Wahl begründeten Rechtsbeziehungen angesichts der erfaßten Leitungsfunktionen bei einer konsequenten Rückbesinnung auf die Arbeit als Bestandteil einer schuldrechtlichen Austauschbeziehung rechtsdogmatisch zumeist als freie Dienstverhältnisse zu klassifizieren.

11 Trotz der dogmatisch mißglückten terminologischen Korrektur des Arbeitsgesetzbuches muß sich die im Arbeitsgesetzbuch nach der Novellierung im Juni 1990 etablierte Terminologie mit seiner nur historisch verständlichen und über vertraglich begründete Rechtsbeziehungen hinausgehenden Ausdehnung im Rahmen von Art. 232 § 5 Abs. 1 EGBGB durchsetzen.[45] Anderenfalls würde der im Gesetz enthaltene konzeptionelle Ansatz, die in der ehem. DDR übliche Rechtsterminologie für den Anwendungsbereich der intertemporalen Kollisionsnormen heranzuziehen, unterlaufen. Die vormals spezifische Einbettung dieser Rechtsbeziehungen in den funktionalen Staatsaufbau und ihre Integration in das „Rechtsinstitut des sozialistischen Staatsdienstes"[46] steht der Geltung des BGB nicht zwingend entgegen, soweit die entsprechenden Vorschriften die inhaltliche Ausgestaltung dieser Rechtsbeziehungen ordnen. Die Dogmatik des Verwaltungsprivatrechts zeigt, daß zwischen Privatrecht und öffentlich-rechtlich strukturierter Aufgabenerfüllung keine Antinomie bestehen muß. Die genuin öffentlich-rechtlichen Strukturprinzipien, die das durch Berufung begründete Arbeitsverhältnis in erheblichem Umfange prägen, zwingen indessen zu partiellen Korrekturen der privatrechtlichen Vorschriften, wenn ihre Anwendung dem spezifischen Begründungstatbestand oder der besonderen Pflichtenbeziehung widerspricht.

II. Kollisionsnorm und Vertragsfreiheit

12 Die in Art. 232 § 5 Abs. 1 EGBGB verankerte intertemporale Kollisionsnorm ist Bestandteil des öffentlichen Rechts. Ihre Rechtswirkungen sind angesichts der von Art. 232 § 7 S. 1 EGBGB abweichenden Regelungstechnik einer Disposition durch die Vertragsparteien entzogen. Eine privatautonome Vereinbarung, nach der das Arbeitsverhältnis auch zukünftig dem alten Recht unterworfen bleiben soll, ist den beteiligten Personen nicht gestattet.[47] Gegen eine freie, auf eine entsprechende Anwendung von Art. 30 EGBGB gestützte Rechtswahl[48] spricht, daß einer kollisionsrechtlichen Verweisung durch den Untergang der ehem. DDR und ihrer Rechtsordnung die Grundlage entzogen ist.[49] Darüber hinaus besitzt Art. 232 § 5 Abs. 1 EGBGB gegenüber Art. 30 EGBGB den Charakter einer lex specialis.[50] Aufgrund ihrer Vertragsfreiheit steht den Vertragsparteien

[42] So *Michas* NJ 1990, 67; ähnlich *Michas-Hultsch-Langanke,* in: Arbeitsrecht-Lehrbuch, 3. Aufl. 1986, S. 147, „staatsrechtlicher Akt"; ebenso *Hösel* (Fn. 40) S. 273f.

[43] Zu der spezifisch auf das Arbeitsrecht bezogenen Problematik *Adomeit,* Rechtsquellenfragen im Arbeitsrecht, 1969, S. 7ff.

[44] Vgl. *Posch* StuR 1957, 612, 616f.

[45] Zugunsten einer Einbeziehung der durch Berufung oder Wahl begründeten „Arbeitsverhältnisse" in den Anwendungsbereich von Art. 232 § 5 Abs. 1 EGBGB auch *Palandt-Putzo* RdNr. 3; *Staudinger-Rauscher* RdNr. 5; *Michas,* in: Lübchen (Hrsg.), Kommentar zum Sechsten Teil des EGBGB, 1991, Art. 232 § 5 EGBGB Anm. 1.2.

[46] *Hösel* (Fn. 40) S. 270ff.; hierzu auch *Unverhau* ZBR 1987, 33ff.; sowie *Bernet* ZBR 1991, 40ff.; *Oetker* (Fn. 10) RdNr. 1529f.

[47] *Soergel-Hartmann* Art. 171 EGBGB RdNr. 4; aA für Art. 232 § 5 EGBGB *Staudinger-Rauscher* RdNr. 4; sowie bis zur 51. Aufl. 1992 *Palandt-Putzo* RdNr. 6.

[48] So *Palandt-Putzo,* 51. Aufl. 1992, RdNr. 6.

[49] Dies konstatiert insoweit auch *Staudinger-Rauscher* RdNr. 4.

[50] AA der Sache nach *Staudinger-Rauscher* RdNr. 4.

lediglich die Befugnis zu, einzelne Bestimmungen des früheren Rechts durch Abschluß eines Änderungsvertrages zum Vertragsbestandteil zu erheben (materiell rechtliche Verweisung). Diese Vorschriften wirken nunmehr aber nicht als objektive Rechtssätze auf die Vertragsbeziehungen ein, sondern gestalten diese als lex contractus.[51] Die Rechtswirksamkeit entsprechender Abreden steht deshalb unter dem Vorbehalt, daß sie mit dem ab dem Stichtag anzuwendenden zwingenden Gesetzesrecht harmonieren.

III. Bestand des Arbeitsverhältnisses am Stichtag

13 Art. 232 § 5 Abs. 1 EGBGB gilt nur für Arbeitsverhältnisse, die am Stichtag (3. 10. 1990) bestanden. Umgekehrt scheidet die Anwendung von Art. 232 § 5 Abs. 1 EGBGB bei denjenigen Arbeitsverhältnissen aus, die bereits vor dem Stichtag rechtswirksam beendet wurden.[52] Der vor dem 3. Oktober 1990 liegende Beendigungstatbestand ist uneingeschränkt nach dem Recht der ehem. DDR zu beurteilen.[53] Dementsprechend bedurfte ein Aufhebungsvertrag zu seiner Rechtswirksamkeit nicht der Schriftform.[54]

14 Da das Gesetz mit Art. 232 § 5 Abs. 1 EGBGB von dem allgemeinen und in Art. 232 § 1 EGBGB zum Ausdruck gelangten Rechtsgedanken abweicht, daß Inhalt und Wirkung der Schuldverhältnisse nach dem Recht zu beurteilen sind, das zur Zeit der Verwirklichung des Entstehungstatbestandes galt,[55] ist für das Bestehen eines Arbeitsverhältnisses am Stichtag (3. 10. 1990) der Zeitpunkt maßgebend, zu dem **alle Tatbestandsvoraussetzungen** für die Entstehung eines rechtswirksamen Schuldverhältnisses vorliegen.[56] Grundsätzlich reichen die für den Vertragsabschluß erforderlichen Willenserklärungen aus.[57] Maßgebend ist daher der Zeitpunkt des Wirksamwerdens der **Annahmeerklärung,** der in der Regel durch ihren **Zugang** beim Erklärungsempfänger bestimmt wird.[58]

15 Soweit für das Entstehen des Schuldverhältnisses **weitere Wirksamkeitsvoraussetzungen** erforderlich sind, müssen sie bis zum Stichtag (3. 10. 1990) vorliegen. Ist die Zustimmung Dritter Wirksamkeitsvoraussetzung und kann sie auch noch nachträglich erteilt werden, so muß die Zustimmungserklärung vor dem Stichtag zugegangen sein. Das Arbeitsverhältnis muß jedoch nicht vor dem Stichtag, sondern kann auch erst zu einem späteren Zeitpunkt vollzogen worden sein, da für das Entstehen eines Arbeitsverhältnisses die Aufnahme der Tätigkeit nicht zwingend erforderlich ist. Wurde eine Vertragsurkunde erst nach dem Stichtag unterzeichnet, nahm der Arbeitnehmer seine Tätigkeit jedoch schon vorher mit Wissen und Wollen des Arbeitgebers auf, dann ist auf dieses Arbeitsverhältnis die Kollisionsnorm in Art. 232 § 5 Abs. 1 EGBGB anzuwenden, da die für die Entstehung des Schuldverhältnisses erforderliche Willensübereinstimmung bereits vor dem Stichtag rechtswirksam vorlag.

16 Liegt der Stichtag (3. 10. 1990) zwischen Angebot und Annahme, dann ist Art. 232 § 5 Abs. 1 EGBGB grundsätzlich nicht einschlägig, da das Arbeitsverhältnis erst nach dem Stichtag zur Entstehung gelangte.[59] Eine Auslegung der Willenserklärungen, nach der der

[51] Vgl. allg. *Habicht,* Die Einwirkungen des Bürgerlichen Gesetzbuchs auf zuvor entstandene Rechtsverhältnisse, 3. Aufl. 1901, S. 280 Fn. 2.

[52] *Staudinger-Rauscher* RdNr. 9.

[53] So auch BAG EzA BGB § 611 Arbeitnehmerstatus – DDR Nr. 1; *Michas* (Fn. 45) Art. 232 § 5 EGBGB Anm. 1.3.

[54] LAG Berlin LAGE AGB-DDR 1977 § 52 Nr. 1.

[55] Erl. BReg., BT-Drucks. 11/7817, S. 38, zu Art. 232 § 1 EGBGB; siehe ferner bereits die Motive zu Art. 170 EGBGB bei *Mugdan,* Die gesamten Materialien zum BGB Bd. I, Neudruck 1979, S. 78.

[56] Allg. Ansicht vgl. RGZ 76, 394, 397; Art. 170 EGBGB RdNr. 4; *Soergel-Hartmann* Art. 170 EGBGB RdNr. 3; *Staudinger-Kanzleiter-Hönle* Art. 170 EGBGB RdNr. 7. Zu Art. 232 § 1 EGBGB siehe *Heinrichs,* MünchKomm., Zivilrecht im Einigungsvertrag, 1991, RdNr. 63; *Erman-H. P. Westermann* BGB, 9. Aufl. 1993, Einleitung RdNr. 24.

[57] Art. 170 EGBGB RdNr. 4.

[58] Art. 170 EGBGB RdNr. 4; sowie allg. Vor § 145 RdNr. 48.

[59] So auch *Staudinger-Rauscher* RdNr. 10. Wie hier allg. *Heinrichs* (Fn. 56) RdNr. 64; *Palandt-Heinrichs* RdNr. 2; ausführlich *Oetker* NJ 1993, 257f.; ferner Art. 170 EGBGB RdNr. 4; sowie bereits *K. Lehmann* ZHR Bd. 48 (1899), 1, 85f.; *Niedner,* Einführungsgesetz, 2. Aufl. 1901, S. 324; vgl. auch RG *Soergel* Rspr. 1910, Art. 170 EGBGB Nr. 1, wonach sich das Zustandekommen des Vertrages in dieser Konstellation nach dem neuen Recht richtet.

Vertrag noch zu den zur Zeit des Angebots gültigen rechtlichen Rahmenbedingungen abgeschlossen werden sollte, ist in dieser Konstellation grundsätzlich entbehrlich und rechtlich irrelevant,[60] da Art. 232 § 5 Abs. 1 EGBGB an den **objektiven** Entstehungstatbestand, nicht hingegen an die von den Vertragsparteien getroffenen Dispositionen oder ihre Vorstellungen anknüpft und das Angebot noch kein vertragliches Schuldverhältnis begründet. Möglich ist in konstruktiver Hinsicht allenfalls der Weg über eine zeitliche Rückwirkung. Eine der nachträglichen Genehmigung vergleichbare zeitliche Rückwirkung (§ 184 Abs. 1 BGB) ist für die Annahmeerklärung im Gesetz zwar nicht vorgesehen, jedoch kann diese Rechtswirkung mittels eines privatautonomen Willensaktes herbeigeführt werden.[61] Aus einer durch positive Anhaltspunkte vermittelten Auslegung der Annahmeerklärung kann somit im Einzelfall eine **zeitliche Rückwirkung der Annahme** auf den Zeitpunkt des vor dem Stichtag abgegebenen Angebots bejaht werden, so daß auf das Arbeitsverhältnis Art. 232 § 5 Abs. 1 EGBGB anzuwenden ist. Regelmäßig kann der Annahmeerklärung dieser Inhalt aber nicht beigemessen werden.

IV. Reichweite der Kollisionsnorm

17 **1. Inhalt und Beendigung des Arbeitsverhältnisses.** Die in Art. 232 § 5 Abs. 1 EGBGB normierte intertemporale Kollisionsnorm gilt vor allem für den **Inhalt** der arbeitsvertraglichen Rechtsbeziehungen. Ab dem Stichtag sind mit Ausnahme der Einschränkungen durch Art. 232 § 5 Abs. 2 EGBGB hinsichtlich aller formellen und materiellen Arbeitsbedingungen die Vorschriften des Bürgerlichen Gesetzbuchs anzuwenden. Insbesondere die Regelung über den Annahmeverzug (§ 615 BGB) sowie die spezielle Ausprägung der sog. Fürsorgepflicht des Arbeitgebers in § 616 und § 618 BGB gelten damit auch für die vor dem Stichtag entstandenen Arbeitsverhältnisse. Dies gilt entsprechend für die **Beendigung** des Arbeitsverhältnisses, so daß sowohl das in § 626 BGB normierte Recht zur außerordentlichen Kündigung als auch der in § 630 BGB verankerte Zeugnisanspruch auf Altverträge anzuwenden ist.

18 **2. Altforderungen und Gestaltungserklärungen.** Die vor dem Stichtag aus dem Arbeitsverhältnis **entstandenen Forderungen** werden von der Kollisionsnorm in Art. 232 § 5 Abs. 1 EGBGB nicht berührt. Für ihre rechtliche Beurteilung sind ausschließlich die zur Zeit ihrer Entstehung maßgeblichen Rechtsvorschriften heranzuziehen.[62] Auf Vergütungsansprüche und Schadensersatzverpflichtungen des Arbeitnehmers, die vor dem Stichtag zur Entstehung gelangten, ist allein das bis dahin in der ehem. DDR geltende Recht anzuwenden. Hinsichtlich der Verjährung dieser Ansprüche ist jedoch die intertemporale Kollisionsnorm in Art. 231 § 6 EGBGB zu beachten.

19 Diese Grundsätze gelten entsprechend für die vor dem Stichtag ausgeübten **Gestaltungsrechte**, die auf eine Beendigung des Arbeitsverhältnisses abzielen. Insbesondere auf vor dem Wirksamwerden des Beitritts ausgesprochene und zugegangene **Kündigungserklärungen** bleibt das bei ihrem Zugang geltende Recht der ehem. DDR anzuwenden.[63] Dies gilt unabhängig von dem Zeitpunkt, zu dem das Arbeitsverhältnis enden soll. Auch eine vor dem Stichtag zugegangene Kündigung, die das Arbeitsverhältnis zu einem nach dem Stichtag liegenden Zeitpunkt beenden sollte, ist ausschließlich nach denjenigen Vorschriften zu beurteilen, die bis zum Stichtag in der ehem. DDR galten. Dies gilt jedoch nur, wenn die Kündigungserklärung vor dem Stichtag wirksam wurde, also dem Arbeit-

[60] Anders aber Erl. BReg., BT-Drucks. 11/7817, S. 38, zu Art. 232 § 1 EGBGB; *Avenarius* NJ 1993, 63; sowie bereits *Habicht* (Fn. 51) S. 172ff.; *Planck*, 3. Aufl. 1905, Art. 170 EGBGB Anm. 3b; *Staudinger-Kanzleiter-Hönle* Art. 170 EGBGB RdNr. 8; *Staudinger-Dittmann*, 11. Aufl. 1973, Art. 170 EGBGB RdNr. 9.

[61] Vgl. Vor § 145 RdNr. 48; sowie allg. *U. H. Schneider* AcP 175 (1975), 279ff.

[62] Vgl. *Habicht* (Fn. 51) S. 281.

[63] Zu den ab dem 1. 7. 1990 zu beachtenden Besonderheiten siehe *Stahlhacke-Preis*, Kündigung und Kündigungsschutz im Arbeitsverhältnis, 5. Aufl. 1991, RdNr. 1327ff.

nehmer zuging.[64] Tritt der Zugang erst nach dem Stichtag ein, dann unterliegt die Kündigung ausschließlich den zu diesem Zeitpunkt gültigen Regularien, also den Vorschriften des Bürgerlichen Gesetzbuchs. Ihre Rechtswirksamkeit beurteilt sich wegen Art. 232 § 5 Abs. 1 EGBGB auch nach den in den §§ 104ff. BGB enthaltenen allgemeinen Vorschriften über Willenserklärungen.

20 Dementsprechend ist bei einer Kündigung exakt zu differenzieren, ob sie vor dem 3. Oktober 1990 oder vor dem 1. Juli 1990 zugegangen ist. Trat der Zugang vor dem 1. Juli 1990 ein, so beurteilt sich die Rechtswirksamkeit der Kündigung ausschließlich nach der bis zu diesem Tag geltenden Fassung des Arbeitsgesetzbuches der ehem. DDR.[65] Dies gilt selbst dann, wenn die Kündigung gegen die völkerrechtlichen Bindungen an die Menschenrechte verstieß, der Arbeitnehmer aber die in § 60 Abs. 1 AGB aF geregelte Einspruchsfrist versäumte.[66] Das Berufliche Rehabilitierungsgesetz vom 23. Juni 1994 (BGBl. I S. 1311) stellt insoweit eine gesetzliche Sonderregelung dar, die abschließend verfolgungsbedingte berufliche Nachteile ausgleicht.[66a]

21 **3. Begründung des Arbeitsverhältnisses. a) Grundsätze.** Hinsichtlich der Begründung des Vertragsverhältnisses und damit der Rechtswirksamkeit des Vertragsabschlusses muß ebenfalls das vor dem Stichtag für Arbeitsverträge maßgebliche Recht angewendet werden.[67] Dies ist bei der insoweit parallelen Regelung in Art. 171 EGBGB für Formvorschriften und die Anfechtung wegen Irrtums höchstrichterlich anerkannt.[68]

22 Die Rechtswirksamkeit des Vertragsabschlusses ist **primär** anhand des **Arbeitsgesetzbuches** zu beurteilen; liegt der Vertragsschluß nach dem 30. Juni 1990 sind zusätzlich die durch das „Gesetz zur Änderung und Ergänzung des Arbeitsgesetzbuches" vom 22. Juni 1990[69] inkorporierten Modifikationen zu beachten. Trotz des Charakters des Arbeitsgesetzbuches als einer abschließenden Kodifikation, können die verbleibenden Lücken durch einen Rückgriff auf das **Zivilgesetzbuch** geschlossen werden. Da das Einführungsgesetz zum Arbeitsgesetzbuch keine mit Art. 2 EGHGB vergleichbare Bestimmung enthält, sind die Vorschriften des Zivilgesetzbuches **nicht subsidiär**, sondern nur beim Vorliegen der methodologischen Voraussetzungen für einen Analogieschluß anzuwenden.[70] Es ist stets zu prüfen, ob die zivilrechtlichen Normen des Zivilgesetzbuches den Besonderheiten des Arbeitsverhältnisses ausreichend Rechnung tragen, gegebenenfalls sind teleologisch notwendige Korrekturen vorzunehmen.

23 Ist das Arbeitsverhältnis nach Maßgabe des Rechts der ehem. DDR rechtswirksam entstanden, dann **bleibt** dieses selbst dann **wirksam,** wenn die seit dem 3. Oktober 1990 für Neuabschlüsse gültigen Wirksamkeitsvoraussetzungen nicht erfüllt sind. Eine **Ausnahme** gilt nur, wenn die nach dem Stichtag im Beitrittsgebiet geltende Vorschrift **reformatorischen** oder **prohibitorischen Charakter** besitzt.[71] Liegt ein nach dem Recht der ehem. DDR zu beurteilender **Abschlußmangel** vor, so richten sich auch die Rechtsfolgen

[64] Siehe *Michas-Hultsch-Langanke* (Fn. 42) S. 141f., ohne allerdings eine entsprechende Anwendung von § 81 ZGB auf die Kündigungserklärung auch nur zu erwägen.

[65] LAG Brandenburg LAGE AGB-DDR 1977 § 54 Nr. 3; BezG Rostock LAGE AGB-DDR 1977 § 54 Nr. 2. Für den Zugang der Kündigung nach dem 30. Juni 1990 siehe BezG Rostock LAGE AGB-DDR 1977 § 56 Nr. 1.

[66] AA LAG Berlin LAGE AGB-DDR 1977 § 54 Nr. 4; ArbG Berlin EzA AGB-DDR 1977 § 54 Nr. 3.

[66a] Vgl. näher BAG v. 9. 11. 1994 – 7 AZR 19/94.

[67] RGZ 55, 36, 40; 110, 19, 33; für die einhellige Ansicht in der Literatur *Staudinger-Dittmann,* 11. Aufl. 1973, Art. 171 EGBGB RdNr. 6; *Soergel-Hartmann* Art. 171 EGBGB RdNr. 3; *Planck* (Fn. 60) Art. 171 EGBGB Anm. 3; *Niedner* (Fn. 59) S. 341.

[68] Vgl. RGZ 55, 36, 40, für Formvorschriften; RGZ 110, 19, 33, für die Irrtumsanfechtung.

[69] GBl. I Nr. 35 S. 371.

[70] Dies war im methodischen Ansatz auch in der Arbeitsrechtsdogmatik der ehem. DDR anerkannt, vgl. *Thiel-Sander* (Fn. 19) S. 48f., m. weit. Nachw.; sowie *Göhring* StuR 1975, 289ff.; *Kirschner* AuA 1980, 334f.; exemplarisch OG AuA 1990, 203, für § 82 Abs. 2 ZGB.

[71] RGZ 66, 216, 217f.; *Staudinger-Kanzleiter-Hönle* Art. 170 EGBGB RdNr. 10; *Staudinger-Dittmann,* 11. Aufl. 1973, Art. 170 EGBGB RdNr. 29ff.; *Soergel-Hartmann* Art. 170 EGBGB RdNr. 5.

nach **altem Recht.** Dies gilt entsprechend, wenn der Vertrag vor der Novelle zum Arbeitsgesetzbuch im Juni 1990 abgeschlossen wurde. Die Parteien können jedoch den **Vertragsschluß** nach dem Stichtag ggf. konkludent **erneuern.** Dies ist insbesondere anzunehmen, wenn die Parteien das fehlerhafte Arbeitsverhältnis in Kenntnis des Abschlußmangels über den Stichtag hinaus fortsetzen.

24 **b) Sonderregelungen bei Abschlußmängeln. aa) Rechtsfolgensystematik.** Hinsichtlich des trotz Art. 232 § 5 Abs. 1 EGBGB zu befürwortenden begrenzten Anwendungsbereichs des Rechts der ehem. DDR für vor dem Stichtag entstandene Arbeitsverhältnisse ist primär die differenzierte Rechtsfolgentechnik des DDR-Arbeitsrechts bei Abschlußmängeln hervorzuheben. Soweit nicht die Einhaltung einzelner Vorschriften Wirksamkeitsvoraussetzung für die vertragliche Begründung des Arbeitsverhältnisses ist, greift das in § 45 AGB verankerte Prinzip vorrangiger Mängelbeseitigung ein. Trotz des Abschlußmangels bleibt der Arbeitsvertrag wirksam und ist lediglich dann nach Maßgabe der kündigungsrechtlichen Vorschriften aufzulösen, wenn eine Beseitigung des Mangels nicht möglich ist. Flankiert wird diese Regelungstechnik durch das in § 44 AGB normierte „obligatorische Surrogationsprinzip".[72] Im einzelnen resultieren hieraus folgende vom BGB abweichende Regelungen hinsichtlich des Vertragsabschlusses:

25 **bb) Formvorschriften.** Die Vorschriften des BGB etablieren für den Arbeitsvertrag keine Formerfordernisse. Er kann – vorbehaltlich tariflicher Sonderregelungen – schriftlich oder mündlich abgeschlossen werden.[73] Dieser Grundsatz galt auch im Recht der ehem. DDR. Die in § 42 AGB für den Arbeitgeber normierte Verpflichtung zur Aufnahme der wesentlichen Vereinbarungen in einen **schriftlichen Arbeitsvertrag,** der dem Arbeitnehmer unverzüglich, spätestens jedoch am Tag der Arbeitsaufnahme auszuhändigen war, gehörte nicht zu den Voraussetzungen für die Wirksamkeit des Arbeitsvertrages.[74] Dem Arbeitnehmer steht aber ein auf diese Vorschrift zu stützender Anspruch auf Aushändigung eines schriftlichen Arbeitsvertrages zu. Ist dieser Anspruch vor dem Stichtag entstanden, dann kann der Arbeitnehmer ihn auch noch danach geltend machen.

26 Die in § 136 Abs. 1 AGB für den **Lehrvertrag** zwingend vorgeschriebene Schriftform[75] wurde durch Art. 5 Abs. 2 Nr. 1 des „Gesetzes über die Inkraftsetzung des Berufsbildungsgesetzes der Bundesrepublik Deutschland in der Deutschen Demokratischen Republik" – IGBBiG – vom 19. 7. 1990[76] aufgehoben. Seitdem gilt für **Berufsausbildungsverhältnisse** das in § 4 BBiG festgelegte Erfordernis einer Vertragsniederschrift, dessen Nichtbeachtung der Rechtswirksamkeit eines Berufsausbildungsverhältnisses nicht entgegensteht.[77]

27 **cc) Arbeitsverträge mit Minderjährigen.**[78] Der Abschluß von Arbeitsverträgen mit Minderjährigen, die im Zeitpunkt des Vertragsabschlusses das 16. Lebensjahr vollendet hatten, war abweichend von § 113 BGB nach dem Recht der ehem. DDR nur zulässig, wenn sie ihre Pflicht zum Besuch der zehnklassigen allgemeinbildenden polytechnischen Oberschule erfüllt hatten (§ 39 Abs. 1 AGB). Im Unterschied zu § 113 BGB konnte ein Arbeitsvertrag in Ausnahmefällen auch mit Jugendlichen abgeschlossen werden, die erst das 14. Lebensjahr vollendet hatten (§ 39 Abs. 2 AGB). Verstößt der Arbeitsvertrag gegen diese Vorschriften, so sind die Grundsätze über das fehlerhafte Arbeitsverhältnis[79] anzu-

[72] Hierzu Einleitung Bd. I, 2. Aufl. 1984, RdNr. 218ff.

[73] Siehe § 611 RdNr. 297.

[74] Ebenso *Staudinger-Rauscher* RdNr. 12; sowie bereits *Neumann* NJ 1982, 390, 391; *ders.* AuA 1982, 516, 518; *Sander* AuA 1989, 37. Dies folgt inzident aus § 45 AGB, der den Verstoß gegen § 42 AGB nicht als einen zur Auflösung des Vertrages berechtigenden Abschlußmangel aufführt.

[75] Deren Einhaltung war Wirksamkeitsvoraussetzung, vgl. *Sander* AuA 1989, 37.

[76] GBl. I Nr. 50 S. 907.

[77] BAG AP BBiG § 15 Nr. 1; § 611 RdNr. 297; *Natzel* Berufsbildungsrecht, 3. Aufl. 1982, S. 153.

[78] Sog. Arbeitsrechtsfähigkeit; hierzu *Sander,* Zur arbeitsrechtlichen Stellung jugendlicher Werktätiger und daraus resultierende Probleme für die Weiterentwicklung des sozialistischen Arbeitsrechts, Diss. (A) Berlin (Ost) 1975; *ders.* Wiss. Zschr. Humboldt-Universität Ges.-Sprachw. Reihe Bd. 31 (1982), 683ff.

[79] Hierzu § 142 RdNr. 16.

wenden. Wurde das Arbeitsverhältnis nach dem Stichtag fortgesetzt, so beurteilt sich die Rechtswirksamkeit des spätestens mit Kenntnis des Mangels konkludent abgeschlossenen neuen Arbeitsvertrages ab diesem Zeitpunkt nach § 113 BGB.

28 Während nach § 113 BGB die Zustimmung der gesetzlichen Vertreter zur Aufnahme der **Erwerbstätigkeit** ausreicht, schrieb § 41 Abs. 3 AGB die vorherige **schriftliche Zustimmung** der Erziehungsberechtigten für **jeden Arbeitsvertrag** vor. Trotz fehlender Zustimmung blieb der Arbeitsvertrag zunächst wirksam, da der Abschlußmangel nach § 45 AGB nachträglich zu beseitigen war. Erteilten die Erziehungsberechtigten die Zustimmung nachträglich nicht, so mußte der Vertrag aufgelöst werden. Die Auflösung trat weder ex lege ein, noch kreierte § 45 AGB einen eigenständigen Beendigungstatbestand. Das Arbeitsverhältnis war vielmehr, wie sich inzident aus § 45 AGB aF ableiten läßt, unter Einhaltung der einschlägigen Schutzbestimmungen vom Arbeitgeber zu kündigen. Der vormals in § 54 Abs. 2 lit. c AGB aF vorgesehene eigenständige Kündigungsgrund, der dieser besonderen Regelungstechnik für den Abschluß des Arbeitsvertrages mit Minderjährigen Rechnung trug, wurde mit der Novellierung des Arbeitsgesetzbuches im Juni 1990 aufgehoben und durch die Verweisung auf das Kündigungsschutzgesetz ersetzt (vgl. § 54 Abs. 2 AGB nF). Der Zwang des Arbeitgebers zur Auflösung des Arbeitsverhältnisses blieb gleichwohl erhalten.

29 Das Gesetz verzichtet auf eine ausdrückliche Sanktion, wenn der Arbeitgeber seiner Kündigungspflicht nicht nachkommt. Das vormals in den §§ 291f. AGB aF normierte außergerichtliche System zur Einhaltung der „sozialistischen Gesetzlichkeit" (zB durch die Allgemeine Gesetzlichkeitsaufsicht der Staatsanwaltschaft)[80] wurde mit der Novellierung des Arbeitsgesetzbuches im Juni 1990 ersatzlos aufgehoben.[81] Da das Zustimmungserfordernis der gesetzlichen Vertreter des Minderjährigen eine Ausprägung des verfassungsrechtlich über Art. 6 GG abgesicherten Erziehungsrechts ist,[82] bleibt ein Anspruch der Erziehungsberechtigten gegen den Arbeitgeber auf Ausspruch einer Kündigung zu erwägen. Sofern bereits der durch das Kündigungsschutzgesetz etablierte Bestandsschutz eingreift, ist die fehlende Zustimmung der Erziehungsberechtigten ein personenbedingter Kündigungsgrund, der eine ordentliche Kündigung sozial rechtfertigt.[83] Diese Grundsätze gelten, da sie sich auf den Abschluß des Arbeitsvertrages beziehen, nach dem Stichtag fort, wenn der Entstehungstatbestand bereits vor dem Stichtag vollendet war.

30 **dd) Gesetzesverstoß.** Verstößt der Arbeitsvertrag oder einzelne seiner Vorschriften gegen **zwingendes Arbeitnehmerschutzrecht**, ist nicht § 139 BGB, sondern das in § 44 AGB normierte „obligatorische Surrogationsprinzip" anzuwenden. An die Stelle der unwirksamen vertraglichen Bestimmungen treten die zwingenden Vorschriften.

31 **ee) Vertretungsmacht.** Fehlte auf seiten des Arbeitgebers die Vertretungsmacht zum Abschluß des Arbeitsvertrages, so ist zu differenzieren, ob der Arbeitsvertrag vor oder nach dem 1. Juli 1990 abgeschlossen wurde. Auf Vertragsabschlüsse vor dem 1. Juli 1990 ist § 45 AGB aF anzuwenden. Schloß ein nichtbefugter Mitarbeiter des Betriebs den Arbeitsvertrag ab, dann ist der Arbeitgeber grundsätzlich zur Beseitigung des Mangels verpflichtet.[84] Die Prävalenz der Mängelbeseitigung ist für diesen Abschlußmangel mit

[80] Vgl. die §§ 24ff. des „Gesetzes über die Staatsanwaltschaft der Deutschen Demokratischen Republik" vom 7. April 1977, GBI. I Nr. 10 S. 93; aufgehoben durch Nr. 22 des „Verfassungsgesetzes zur Änderung und Ergänzung des Gesetzes über die Staatsanwaltschaft der Deutschen Demokratischen Republik" vom 5. Juli 1990, GBI. I Nr. 42 S. 635.

[81] Siehe Nr. 169 der Anlage zu § 1 des „Gesetzes zur Änderung und Ergänzung des Arbeitsgesetzbuches" vom 22. Juni 1990, GBl. I Nr. 35 S. 371.

[82] *Pawlowski*, Rechtsgeschäftliche Folgen nichtiger Willenserklärungen, 1966, S. 56ff.; Vor § 104 RdNr. 3; anders aber im Ansatz *Moritz*, Die (zivil-) rechtliche Stellung der Minderjährigen und Heranwachsenden innerhalb und außerhalb der Familie, 1989, S. 342ff.

[83] Zur parallelen kündigungsrechtlichen Bewertung fehlender Arbeits- und Berufsausübungserlaubnisse siehe BAG EzA KSchG § 1 Personenbedingte Kündigung Nr. 8; *Becker* KR, 3. Aufl. 1989, § 1 KSchG RdNr. 196f.

[84] Hierzu *Frey* AuA 1988, 233f.; einschränkend *Thieme-Leifert-Pawelzig*, in: Arbeitsrecht-Lehrbuch, 3. Aufl. 1986, S. 131.

der Novellierung des Arbeitsgesetzbuches im Juni 1990 entfallen. Für Vertragsabschlüsse nach Inkrafttreten der Novellierung ist die hierdurch entstandene Lücke durch eine entsprechende Anwendung der §§ 53 bis 59 ZGB zu schließen. Der Vertrag wird nur mit Genehmigung des Arbeitgebers wirksam (§ 59 Abs. 1 ZGB), sofern nicht die in § 55 Abs. 2 ZGB gesetzlich normierte Anscheinsvollmacht (sog. Funktionsvollmacht)[85] eingreift. Der Arbeitgeber ist nicht verpflichtet, die Genehmigung zu erteilen. Ihn trifft aber eine Schadensersatzpflicht (§ 59 Abs. 3 ZGB), wenn der Arbeitsvertrag infolge der verweigerten Genehmigung unwirksam wird, der falsus procurator Mitarbeiter des Betriebs war und der Abschluß des Arbeitsvertrages im Zusammenhang mit der Erfüllung seiner Arbeitspflichten stand. Die Schadensersatzpflicht des Arbeitgebers entfällt, wenn der Arbeitnehmer die fehlende Vertretungsmacht kannte oder kennen mußte (§ 59 Abs. 4 ZGB).

32 **ff) Anfechtung des Arbeitsvertrages.** Keine Regelung enthielt das Arbeitsgesetzbuch für die Anfechtung des Arbeitsvertrages beim Vorliegen der in den §§ 119ff. BGB genannten Willensmängel.[86] Die hierdurch entstandene bzw. verbliebene Lücke ist durch eine analoge Anwendung der zivilrechtlichen Vorschrift (§ 70 ZGB) zu schließen,[87] die hinsichtlich der Anfechtungstatbestände im wesentlichen der Regelung in den §§ 119ff. BGB entspricht. Die bei Arbeitsverhältnissen in Ausnahmekonstellationen relevante Anfechtung wegen Fehlens einer verkehrswesentlichen Eigenschaft (§ 119 Abs. 2 BGB)[88] ist in § 70 Abs. 1 ZGB nicht ausdrücklich vorgesehen, wurde jedoch als Irrtum über den Erklärungsinhalt bewertet.[89] Wenn der Arbeitsvertrag nach § 70 ZGB angefochten wird, sind die in Judikatur und Doktrin der Bundesrepublik herausgearbeiteten Grundsätze über die Rückabwicklung fehlerhafter Arbeitsverträge[90] aufgrund des Gebots einer die Besonderheiten des Arbeitsvertrages berücksichtigenden Analogie anzuwenden.[91]

33 **gg) Befristete Arbeitsverträge.** Befristete Arbeitsverträge, die nach dem 30. Juni 1990, aber vor dem 3. Oktober 1990 abgeschlossen wurden und nach diesem Zeitpunkt enden sollten, waren ausschließlich nach Maßgabe der in § 47f. nF AGB normierten Beschränkungen[92] zulässig, da diese Vorschriften die Zulässigkeit des Vertragsabschlusses regeln. Die kontroverse Diskussion über die Klassifizierung tariflicher Befristungsregelungen als Abschluß- oder Beendigungsnormen[93] hat gezeigt, daß eine generelle Beurteilung dieser Frage nicht möglich ist, sondern im Anschluß an eine Auslegung der entsprechenden Vorschriften einer differenzierten Beurteilung unterliegt.[94] Da § 47 AGB nF mehrfach ausdrücklich auf den **Abschluß** des Arbeitsvertrages abstellt und die Vertragsparteien hierzu nur berechtigt, wenn die in § 47 AGB genannten Voraussetzungen vorliegen, sprechen die besseren Gründe dafür, die Zulässigkeit der Befristung bei den vor dem Stichtag abgeschlossenen befristeten Arbeitsverträgen ausschließlich nach den §§ 47f. AGB nF zu beurteilen.[95] Wurde der befristete Arbeitsvertrag hingegen vor dem 1. Juli 1990 abgeschlossen, so beurteilt sich seine Rechtswirksamkeit ausschließlich nach den §§ 47f. AGB aF.

[85] Hierzu *Posch*, in: Zivilrecht-Lehrbuch Bd. I, 1981, S. 201.

[86] Siehe jedoch KrG Grimma AuA 1987, 236, für die unzulässige Willensbeeinflussung bei Abschluß eines Änderungsvertrages, das eine Unwirksamkeitserklärung nach § 60 AGB aF befürwortete; hierzu bereits der Beschluß des 11. Plenums des Obersten Gerichts OGA 5, 34, 36; sowie zuletzt OG NJ 1990, 260.

[87] Anders im konzeptionellen Ansatz früher das Oberste Gericht, das eine Anwendung von § 119 BGB bei Arbeitsverträgen generell ablehnte; vgl. OG OGA 3, 40, 43; OG OGA 3, 107, 113f. Zur ausschließlich kündigungsrechtlichen Behandlung der von § 119 Abs. 2 BGB erfaßten Sachverhalte siehe OG OGA 5, 204ff. Wie hier im dogmatischen Ansatz BAGE 11, 270, 272.

[88] Siehe § 119 RdNr. 109ff.

[89] So *Posch* (Fn. 85) S. 217.

[90] Siehe § 142 RdNr. 16.

[91] Ebenso *Staudinger-Rauscher* RdNr. 16.

[92] Hierzu *Oetker-Haedrich* NJ 1990, 425, 426f.

[93] Für den Charakter als Beendigungsnorm die einhellige Ansicht im Schrifttum, siehe zB *Wiedemann-Stumpf* TVG, 5. Aufl. 1977, § 4 RdNr. 227; *Hueck-Nipperdey* Lehrbuch des Arbeitsrechts Bd. II/1, 7. Aufl. 1966, S. 281; *Hagemeier-Kempen-Zachert-Zilius* TVG, 2. Aufl. 1990, § 1 RdNr. 31.

[94] BAG AP BeschFG 1985 § 1 Nr. 4.

[95] So auch *Staudinger-Rauscher* RdNr. 17.

34 Einer Anwendung von Art. 1 § 1 BeschFG 1985[96] auf Altverträge steht der Wortlaut dieser Vorschrift entgegen, der ausdrücklich auf die „Vereinbarung" der Befristung abstellt, so daß bereits vor Inkrafttreten des Gesetzes abgeschlossene und unwirksam befristete Arbeitsverträge nicht durch das spätere Inkrafttreten von Art. 1 § 1 BeschFG 1985 geheilt wurden.[97] Die in Art. 1 § 1 BeschFG 1985 normierten Erleichterungen für den Abschluß befristeter Arbeitsverträge entfalten für die vor dem Stichtag abgeschlossenen befristeten Arbeitsverträge mithin keine Wirkungen. Eine **Aufhebung** des bisherigen (unzulässig) befristeten Arbeitsvertrages ist den Vertragsparteien gestattet, der Abschluß eines **neuen,** nunmehr auf Art. 1 § 1 BeschFG 1985 gestützten befristeten Arbeitsvertrages scheidet regelmäßig aus, weil die Voraussetzungen einer „Neueinstellung" im Sinne von Art. 1 § 1 Abs. 1 Satz 1 Nr. 1 BeschFG 1985[98] nicht vorliegen.[99]

35 Im Bereich der **Hochschulen** war abweichend von den in den §§ 47f. AGB genannten Voraussetzungen ursprünglich der Abschluß befristeter Arbeitsverträge mit wissenschaftlichen Assistenten mit einer Höchstfrist von vier bzw. maximal fünf Jahren gestattet.[100] Diese Regelung wurde erst durch die „Verordnung über Hochschulen" vom 18. 9. 1990[101] ersetzt, die die Befristung der Arbeitsverhältnisse mit wissenschaftlichen oder künstlerischen Assistenten bzw. Oberassistenten sowie den wissenschaftlichen Mitarbeitern in Anlehnung an die entsprechenden Bestimmungen des Hochschulrahmengesetzes (vorläufig) neu regelte (vgl. die §§ 60 bis 64 der Verordnung über Hochschulen) und vorübergehend bis zum Inkrafttreten entsprechender Landesgesetze das Hochschulrecht im Beitrittsgebiet strukturierte.

C. Arbeitsrechtliche Übergangsregelungen des Einigungsvertrages

I. Überblick zu den arbeitsrechtlichen Übergangsregelungen

36 **1. Maßgaben zum Inkrafttreten des Bundesrechts.** Entsprechend der dem Einigungsvertrag zugrundeliegenden Grundkonzeption gilt seit dem 3. Oktober 1990 für die Arbeitsverhältnisse im Beitrittsgebiet das bundesdeutsche Arbeitsrecht. Hinsichtlich einzelner arbeitsrechtlicher Gesetze enthält Anl. I Kap. VIII Sachgeb. A EVertr. einige Maßgaben für deren Geltung im Beitrittsgebiet. Zumeist sind diese jedoch infolge Zeitablaufs überholt, so daß auf ihre detaillierte Darstellung verzichtet werden kann.[102] Unverändert von praktischer Bedeutung sind folgende Maßgaben des Einigungsvertrages zum Inkrafttreten der arbeitsrechtlichen Bestimmungen des Bundesrechts:

37 Im Beitrittsgebiet sind die §§ 62 Abs. 2 bis 4, 64, 73, 75 Abs. 3, 75b Satz 2, 82a und 83 des **Handelsgesetzbuches** nicht anzuwenden.[103] Der Anwendungsausschluß von § 63 HGB im Beitrittsgebiet, ist mit Aufhebung dieser Vorschrift durch Art. 59 Pflege-Versicherungsgesetz[104] gegenstandslos geworden.

38 Die in Anl. I Kap. VIII Sachgeb. A Abschnitt III Nr. 3 EVertr. enthaltenen Maßgaben zum Inkrafttreten der **Gewerbeordnung** sind infolge der Rechtsvereinheitlichung für die

[96] Zur Verlängerung von Art. 1 § 1 Abs. 1 BeschFG 1985 siehe zuletzt Art. 2 BeschFG 1994, durch den die Erleichterung zum Abschluß befristeter Arbeitsverträge bis zum 31. Dezember 2000 verlängert wurde.

[97] So auch *Weller* KR, 3. Aufl. 1989, § 1 BeschFG 1985 RdNr. 6. Zu weitgehend BAG AP BeschFG 1985 § 2 Nr. 4, das sich ausschließlich auf Art. 16 Abs. 2 BeschFG 1985 stützt, hierbei aber den Wortlaut von Art. 1 § 1 BeschFG 1985 nicht näher würdigt.

[98] Hierzu § 620 RdNr. 102; sowie BAG AP BeschFG 1985 § 1 Nr. 4, 5, 6 und 13; *Oetker-Kiel* DB 1989, 578ff.

[99] So auch *Stahlhacke-Preis* (Fn. 63) RdNr. 1331; zustimmend *Staudinger-Rauscher* RdNr. 18.

[100] § 3 der „Verordnung über die wissenschaftlichen Mitarbeiter an den wissenschaftlichen Hochschulen – Mitarbeiterverordnung (MVO)" – vom 6. November 1968, GBl. II Nr. 127 S. 1007.

[101] GBl. I Nr. 63 S. 1585; zur vorübergehenden Fortgeltung siehe Art. 4 Nr. 33c der ergänzenden Vereinbarung zum Einigungsvertrag vom 18. September 1990, BGBl. II S. 1239.

[102] Vgl. statt dessen *Oetker* (Fn. 10) RdNr. 862ff.

[103] Vgl. Anl. I Kap. VIII Sachgeb. A Abschnitt III Nr. 2; näher hierzu *Oetker* (Fn. 10) RdNr. 868ff.

[104] BGBl. 1994 I S. 1069.

Entgeltfortzahlung im Krankheitsfall ebenfalls nur noch von eingeschränkter Bedeutung, da Art. 58 Pflege-Versicherungsgesetz[105] § 133c GewO aufhob. Unverändert sind im Beitrittsgebiet jedoch die in den §§ 105, 113 bis 114d, 115a, 119a, 133d bis f GewO enthaltenen Bestimmungen nicht anzuwenden.

39 Durch die Rechtsvereinheitlichung auf dem Gebiet der Entgeltfortzahlung im Krankheitsfall wurden die in Anl. I Kap. VIII Sachgeb. A Abschnitt III Nr. 4 EVertr. enthaltenen Maßgaben zum Inkrafttreten des **Lohnfortzahlungsgesetzes** gegenstandslos. Art. 66 Pflege-Versicherungsgesetz[106] sieht dementsprechend ausdrücklich vor, daß die entsprechenden Maßgaben des Einigungsvertrages nicht mehr anzuwenden sind.

40 Die Maßgaben zum Inkrafttreten des **Bundesurlaubsgesetzes** sind ebenfalls inzwischen gegenstandslos geworden. Infolge der Änderungen des Bundesurlaubsgesetzes durch Art. 2 Arbeitszeitrechtsgesetz[107] wurde die Maßgabe in Anl. I Kap. VIII Sachgeb. A Abschnitt III Nr. 5 lit. a EVertr.[108] obsolet. Sie ist nach Art. 20 Arbeitszeitrechtsgesetz nicht mehr anzuwenden. Die in Anl. I Kap. VIII Sachgeb. A Abschnitt III Nr. 5 lit. b EVertr. enthaltene Maßgabe für einen über 20 Arbeitstage hinausgehenden Erholungsurlaub[109] war bis zum 30. Juni 1991 befristet.

41 Die Maßgaben des Einigungsvertrages zum Inkrafttreten des **Kündigungsschutzgesetzes** sind durch das Inkrafttreten des Sechsten Buches des Sozialgesetzbuches[110] gegenstandslos geworden. Dies gilt entsprechend für die verwaltungsbehördlichen Sonderbestimmungen, da mittlerweile im Beitrittsgebiet die entsprechenden Landesarbeitsämter gebildet wurden.

42 Die Maßgaben des Einigungsvertrages zum **öffentlich-rechtlichen Arbeitszeitrecht**[111] sind durch das inzwischen in Kraft getretene Arbeitszeitrechtsgesetz vom 6. Juni 1994[112] abgelöst worden.

43 **2. Fortgeltendes Recht der ehem. DDR.** Die in Anl. II Kap. VIII Sachgeb. A EVertr. angeordnete Fortgeltung einzelner Bestimmungen des Arbeitsgesetzbuches der ehem. DDR verlor ebenfalls weitgehend infolge Zeitablaufs ihre praktische Relevanz. Die Fortgeltung von § 55 AGB nF[113] wurde durch Art. 5 Kündigungsfristengesetz vom 7. Oktober 1993 aufgehoben.[114] Der besondere Kündigungsschutz in § 58 Abs. 1 lit. b AGB nF für Mütter bzw. Väter, deren Kind vor dem 1. Januar 1991 geboren wurde,[115] ist spätestens mit Ablauf des Jahres 1994 zeitlich überholt. Die Fortgeltung der §§ 62 bis 66 AGB nF, die die Abberufung der durch Berufung begründeten Arbeits(rechts)verhältnisse regelten,[116] lief aufgrund der bereits im Einigungsvertrag vorgesehenen Befristung bereits am 31. Dezember 1991 ab. Die Bestimmungen des Arbeitsgesetzbuches der ehem. DDR zur Entgeltfortzahlung im Krankheitsfall (§§ 115a bis e AGB nF)[117] wurden durch Art. 54 Pflege-Versicherungsgesetz[118] aufgehoben. Infolge Zeitablaufs endete am 31. Dezember 1991 die

[105] BGBl. 1994 I S. 1068.

[106] BGBl. 1994 I S. 1070.

[107] BGBl. 1994 I S. 1170

[108] Näher hierzu *Oetker* (Fn. 10) RdNr. 887f.

[109] Zu ihr siehe *Oetker* (Fn. 10) RdNr. 889ff.

[110] BGBl. 1989 I S. 2261.

[111] Siehe Anl. I Kap. VIII Sachgeb. C Abschnitt III Nr. 7 EVertr.; näher hierzu *Oetker* (Fn. 10) RdNr. 942ff.

[112] BGBl. 1994 I S. 1170.

[113] Näher hierzu *Oetker* (Fn. 10) RdNr. 1492ff.

[114] BGBl. I S. 1670. Aufgrund des entsprechenden Vorbehalts in Art. 5 Kündigungsfristengesetz behielt die Norm vorübergehend bis zum 31. Dezember 1993 noch ihre Bedeutung für die auf Anl. I Kap. XIX Sachgeb. A Abschnitt III Nr. 1 Abs. 4 EVertr. gestützten ordentlichen Kündigungen; vgl. *Adomeit-Thau* NJW 1994, 11, 15; *Langanke-Hanau* NJ 1993, 437, 440.

[115] Hierzu BAG EzA AGB-DDR 1990 § 58 Nr. 1; sowie *Oetker* (Fn. 10) RdNr. 1509ff.

[116] Vgl. näher *Oetker* (Fn. 10) RdNr. 1527ff. Zur Problematik, ob die durch Berufung begründeten Arbeits(rechts)verhältnisse seit dem 3. Oktober 1990 auch durch Ausspruch einer Kündigung beendet werden konnten, vgl. (bejahend) BAG EzA Einigungsvertrag Art. 20 Nr. 26; aA LAG Brandenburg LAGE AGB-DDR 1977 § 62 Nr. 1; LAG Berlin LAGE AGB-DDR 1977 § 62 Nr. 2. Die Abberufung bedurfte bei schwerbehinderten Arbeitnehmern zu ihrer Rechtswirksamkeit nicht der Zustimmung durch die Hauptfürsorgestelle, so LAG Berlin LAGE AGB-DDR 1977 § 62 Nr. 3.

[117] Hierzu *Oetker* (Fn. 10) RdNr. 1577ff.

[118] BGBl. 1994 I S. 1014.

Fortgeltung der Bestimmungen zur schadensersatzrechtlichen Haftung der Arbeitnehmer (§§ 260 bis 265a AGB nF).[119] Die Fortgeltung des § 168 Abs. 1, 3 und 4 AGB nF[120] endete mit Fristablauf am 31. Dezember 1992 und die Fortgeltung von § 168 Abs. 2 AGB nF endete durch das Inkrafttreten landesrechtlicher Regelungen zur Sonn- und Feiertagsruhe. Durch Fristablauf (31. Dezember 1991) endete auch die Fortgeltung von § 185 AGB, der die Gewährung eines monatlichen Hausarbeitstages vorsah.[121] Ebenfalls infolge Zeitablaufs endete die Fortgeltung der §§ 244, 245 und 246 AGB nF.[122] Von den Bestimmungen des Arbeitsgesetzbuches der ehem. DDR gilt nur noch die kündigungsrechtliche Sonderbestimmung in § 58 Abs. 1 lit. a, Abs. 2 AGB nF sowie die ergänzende Verfahrensbestimmung in § 59 Abs. 2 AGB nF fort, die eine fristgemäße Kündigung gegenüber „Kämpfern gegen den Faschismus und Verfolgten des Faschismus" ausschließt und eine außerordentliche Kündigung unter den Vorbehalt einer behördlichen Zustimmung stellt.[123]

II. Übergangsregelungen zu Kollektivverträgen[124]

44 **1. Anwendungsbereich der Maßgabe des Einigungsvertrages zum Inkrafttreten des Tarifvertragsgesetzes.** In der kurzen Übergangsphase zwischen dem Abschluß des Vertrages über die Schaffung einer Währungs-, Wirtschafts- und Sozialunion bis zum Wirksamwerden des Beitritts konnte sich das für das bundesdeutsche Arbeitsrecht charakteristische Normengefüge zur inhaltlichen Gestaltung des Arbeitsverhältnisses nicht ausreichend entfalten. Zur Verhinderung eines anderenfalls eintretenden tariflosen Zustandes[125] sieht die Maßgabe des Einigungsvertrages zum Inkrafttreten des Tarifvertragsgesetzes (Anl. I Kap. VIII Sachgeb. A Abschnitt III Nr. 14 Abs. 1 EVertr.) eine zeitlich unbegrenzte Fortgeltung der nach dem alten Recht abgeschlossenen Rahmenkollektivverträge und Tarifverträge alten Rechts vor.[126] Da die Maßgabe des Einigungsvertrages auf die Registrierung nach dem Arbeitsgesetzbuch der ehem. DDR abstellt, sind hiermit einerseits die in § 14 AGB aF geregelten Rahmenkollektivverträge und andererseits die nach der „Verordnung über die Anwendung des Arbeitsgesetzbuches in Handwerks- und Gewerbebetrieben und Einrichtungen nichtsozialistischer Eigentumsformen" abgeschlossenen Tarifverträge gemeint.

45 Nicht unter den Anwendungsbereich der Maßgabe des Einigungsvertrages zum Inkrafttreten des Tarifvertragsgesetzes fallen hingegen diejenigen Tarifverträge, die ab dem 1. Juli 1990 unter der Geltung des in der ehem. DDR zu diesem Zeitpunkt in Kraft getretenen Tarifvertragsgesetzes[127] abgeschlossen wurden.[128] Ihre Fortgeltung wird durch eine entsprechende Anwendung von § 13 Abs. 2 TVG vermittelt.[129] Da die Maßgabe des Einigungsvertrages zum Inkrafttreten des Tarifvertragsgesetzes auf die nach den Bestimmungen des Arbeitsgesetzbuches registrierten Rahmenkollektivverträge und Tarifverträ-

[119] Ausführlich zum Inhalt dieser Normen *Oetker* (Fn. 10) RdNr. 1602ff.

[120] Hierzu *Oetker* (Fn. 10) RdNr. 1715.

[121] Zum Inhalt dieser Norm siehe *Oetker* (Fn. 10) RdNr. 1730ff.

[122] Vgl. Anl. II Kap. X Sachgeb. A Abschnitt III Nr. 4 EVertr. sowie Anl. II Kap. X Sachgeb. H Abschnitt III Nr. 1 EVertr.; näher zum Inhalt dieser Bestimmungen *Oetker* (Fn. 10) RdNr. 1763ff.

[123] Vgl. näher zu diesen Normen *Oetker* (Fn. 10) RdNr. 1500ff., 1521ff.

[124] Vgl. zu dieser Problematik vor allem *Däubler* BB 1993, 427ff.; *ders.* Tarifvertragsrecht, 3. Aufl. 1993, RdNr. 1767ff.; *Kohte* JuS 1993, 545ff.; *Merz-Gintschel* BB 1991, 1479ff.; *Schaub* BB 1991, 685ff.; *Schindele* BB 1992, 1211ff.

[125] So auch die Zweckbestimmung durch BAG EzA ArbGG 1979 § 72a Nr. 61.

[126] Ebenso bereits § 31 Nr. 3 InkrG, der jedoch nicht die Sonderbestimmung für Rationalisierungsschutzabkommen enthielt.

[127] Siehe § 31 InkrG.

[128] Problematisch war bei diesen, nach welchen Vorschriften sich das Zustandekommen des Vertragsschlusses richtete. Das *Bundesarbeitsgericht* ließ diese Frage in dem Urteil vom 13. 7. 1994 – 4 AZR 699/93 (EzA AGB-DDR 1977 § 10 Nr. 1) offen. Die von dem Gericht getroffene Feststellung, daß das Zivilgesetzbuch (ZGB) auf den Abschluß von Tarifverträgen keine Anwendung findet, trifft im Grundsatz zwar zu, jedoch bleibt zu erwägen, die entsprechenden Bestimmungen entsprechend anzuwenden.

[129] *Wlotzke-Lorenz* BB 1990, Beil. Nr. 35, S. 1, 5; iE auch *Däubler* (Fn. 124) RdNr. 1803; *Löwisch-Rieble* TVG, 1992, § 13 RdNr. 3; *Wank* RdA 1991, 1, 13.

ge alten Rechts abstellt, werden zudem diejenigen Vereinbarungen zwischen Gewerkschaften und einzelnen Arbeitgebern oder Arbeitgeberverbänden nicht erfaßt, die nach Inkrafttreten des Gewerkschaftsgesetzes vom 6. März 1990,[130] aber vor dem 1. Juli 1990 abgeschlossen, aber nicht nach den damals noch geltenden Bestimmungen des Arbeitsgesetzbuches der ehem. DDR registriert wurden.

2. Rechtswirkungen fortgeltender Rahmenkollektivverträge bzw. Tarifverträge alten Rechts. Hinsichtlich der Rechtswirkungen der von der Übergangsvorschrift des Einigungsvertrages zum Inkrafttreten des Tarifvertragsgesetzes erfaßten Rahmenkollektivverträge und Tarifverträge alten Rechts kann weitgehend auf die zu § 10 TVG bzw. § 9 aF TVG in Judikatur und Doktrin entwickelten Grundsätze zurückgegriffen werden. Den Bestimmungen des Rahmenkollektivvertrages bzw. Tarifvertrages alten Rechts unterliegen ohne Rücksicht auf die Organisationszugehörigkeit[131] alle Arbeitsverhältnisse, die von dem fachlichen, persönlichen und regionalen Geltungsbereich des Rahmenkollektivvertrages bzw. Tarifvertrages alten Rechts erfaßt sind.[132] 46

Der Rahmenkollektivvertrag bzw. Tarifvertrag alten Rechts begründet während seiner Fortgeltung nur noch **Mindestarbeitsbedingungen**. Sein früherer Charakter als zweiseitig zwingendes Recht[133] steht weder mit der Funktion des Rahmenkollektivvertrages in einer freiheitlich verfaßten Wirtschaftsordnung noch mit der verfassungsrechtlichen Garantie der Vertragsfreiheit im Einklang. Die kontroversen Diskussionen über die rechtsdogmatische Fundierung des Günstigkeitsprinzips für Tarifverträge dürfen nicht darüber hinwegtäuschen, daß die Übergangsregelung des Einigungsvertrages lediglich einen tariflosen Zustand verhindern soll, so daß die fortgeltenden Rahmenkollektivverträge bzw. Tarifverträge alten Rechts nach Sinn und Zweck lediglich den Charakter einseitig zwingenden Rechts besitzen dürfen. Dies rechtfertigt die analoge Anwendung des in § 4 Abs. 3 TVG normierten Günstigkeitsprinzips auf fortgeltende Rahmenkollektivverträge und Tarifverträge alten Rechts.[134] 47

Die in § 77 Abs. 3 BetrVG bzw. § 87 Abs. 1 Einleitungssatz BetrVG normierte **Sperrwirkung** eines Tarifvertrages für **Betriebsvereinbarungen** wird durch fortgeltende Rahmenkollektivverträge und Tarifverträge alten Rechts nicht ausgelöst.[135] In Anlehnung an die Grundsätze, die das *Bundesarbeitsgericht* für die nach § 9 TVG aF fortgeltenden Tarifordnungen herausarbeitete, konnten die Rahmenkollektivverträge bzw. die Tarifverträge alten Rechts die grundlegend anders konzeptionierte Gestaltung des Betriebsverfassungsrechts nicht berücksichtigen. Dieses Resultat entspricht zudem dem Normzweck des Tarifvorbehalts bzw. des Tarifvorranges. Sowohl Rahmenkollektivverträge als auch Tarifverträge alten Rechts sind nicht das Ergebnis eines koalitionsautonomen Einigungsprozesses und partizipieren deshalb nicht an dem verfassungsrechtlichen und einfachgesetzlichen Schutz der Tarifautonomie.[136] 48

Beim **Betriebsübergang** ist § 613a Abs. 1 S. 2 bis 4 BGB auf die nach der Maßgabe des Einigungsvertrages zum Inkrafttreten des Tarifvertragsgesetzes fortgeltenden Rahmenkollektivverträge bzw. Tarifverträge alten Rechts entsprechend anzuwenden.[137] Durch § 613a Abs. 1 S. 2 bis 4 BGB soll der durch Kollektivverträge strukturierte Inhalt des Arbeitsverhältnisses für eine Übergangsphase aufrechterhalten bleiben. Die hiermit intendierte Absicherung des status quo erfolgt nicht zum Schutz der Tarifautonomie, sondern im Interesse des Arbeitnehmerschutzes. Er trägt der auch für Rahmenkollektivverträge und Tarifverträge alten Rechts geltenden rechtsdogmatischen Besonderheit Rechnung, 49

[130] GBl. I Nr. 15 S. 110.
[131] Vgl. BAG AP TOA § 3 Nr. 19.
[132] *Däubler* (Fn. 124) RdNr. 1780.
[133] OG OGA 3, 181, 184f.
[134] Ebenso *Hanau-Preis,* in: Das Arbeitsrecht der neuen Bundesländer, 1991, I. 2, S. 1, 16; *Däubler* (Fn. 124) RdNr. 1781; iE *Löwisch-Rieble* (Fn. 129) § 10 RdNr. 8.
[135] AA für § 77 Abs. 3 BetrVG *Däubler* (Fn. 124) RdNr. 1781.
[136] Zu diesem Schutzzweck des Tarifvorranges vgl. BAG (GS) EzA BetrVG 1972 § 87 Betriebliche Lohngestaltung Nr. 30.
[137] Ebenso *Däubler* (Fn. 124) RdNr. 1784.

daß die kollektivvertraglichen Regelungen kein Bestandteil des Arbeitsvertrages sind, sondern als Rechtsnormen von außen auf diesen einwirken.[138] Dieser mit der Maßgabe des Einigungsvertrages zum Inkrafttreten des Tarifvertragsgesetzes kongruente Normzweck rechtfertigt die entsprechende Anwendung von § 613a Abs. 1 S. 2 bis 4 BGB. Die Regelungen des Rahmenkollektivvertrages bzw. Tarifvertrages alten Rechts entfalten bei einer analogen Anwendung von § 613a Abs. 1 S. 2 bis 4 BGB keine normative Wirkung mehr, sondern sind integraler Bestandteil des Einzelarbeitsverhältnisses. Nach Ablauf der Ein-Jahres-Frist können sie auch zum Nachteil des Arbeitnehmers verändert werden. Zu einem früheren Zeitpunkt ist dies erst zulässig, wenn der Rahmenkollektivvertrag bzw. Tarifvertrag alten Rechts durch einen neu abgeschlossenen Tarifvertrag außer Kraft tritt.

50 Da Rahmenkollektivverträge bzw. Tarifverträge alten Rechts während ihrer durch die Maßgabe des Einigungsvertrages zum Inkrafttreten des Tarifvertragsgesetzes bewirkten Fortgeltung die Funktion noch nicht vorhandener Tarifverträge übernehmen,[139] sind sie als „Tarifverträge" im Sinne von § 72a ArbGG zu bewerten.[140]

51 **3. Außerkrafttreten des Rahmenkollektivvertrages bzw. Tarifvertrages alten Rechts.** Die Fortgeltung der Rahmenkollektivverträge und Tarifverträge alten Rechts ist nach Anl. I Kap. VIII Sachgeb. A Abschnitt III Nr. 14 Abs. 1 EVertr. unter die auflösende Bedingung gestellt, daß für denselben Geltungsbereich oder Teile desselben ein neuer Tarifvertrag in Kraft tritt. Lediglich soweit der neue Tarifvertrag die zuvor geltenden Bestimmungen nicht ersetzte, gelten diese fort. Ist der fachliche, personelle oder regionale Geltungsbereich des neuen Tarifvertrages enger als der des Rahmenkollektivvertrages bzw. des Tarifvertrages alten Rechts, so sind die letztgenannten Rechtsquellen für die von dem Geltungsbereich des neuen Tarifvertrages nicht erfaßten Arbeitsverhältnisse unverändert anzuwenden.

52 Die Übergangsregelung verlangt eine eigenständige tarifliche Regelung. Die Tarifvertragsparteien können sich nicht auf die Aufhebung des Rahmenkollektivvertrages beschränken,[141] sondern müssen hinsichtlich des jeweiligen Sachgebiets ein eigenes Regelwerk etablieren, das den Schutzzweck des fortgeltenden Rahmenkollektivvertrages bzw. des Tarifvertrages alten Rechts verwirklicht.[142] Nur in diesem Rahmen besitzen die Tarifvertragsparteien die Befugnis, einzelne Bestimmungen dieser Kollektivverträge aufzuheben, ohne daß für die konkrete Vorschrift eine ersetzende tarifliche Regelung vereinbart wird. Ansonsten ist der Rahmenkollektivvertrag bzw. der Tarifvertrag alten Rechts der Disposition durch die Tarifvertragsparteien entzogen. Sie können diesen weder aufheben, noch steht ihnen das Recht zu, das durch den Rahmenkollektivvertrag geschaffene Regelwerk inhaltlich zu verändern.

53 Da der Tarifvertrag die bisherigen Regelungen im Rahmenkollektivvertrag bzw. Tarifvertrag alten Rechts ersetzt, tritt das Außerkrafttreten des Rahmenkollektivvertrages bzw. Tarifvertrages alten Rechts hinsichtlich aller von seinem Geltungsbereich zuvor erfaßten Arbeitsverhältnisse ein, die von dem fachlichen und regionalen Geltungsbereich des neuen Tarifvertrages erfaßt werden.[143] Problematisch ist die Rechtslage bei denjenigen Arbeitsverhältnissen, die aufgrund fehlender Tarifgebundenheit des Arbeitgebers oder des Arbeitnehmers nicht dem Schutz des neuen Tarifvertrages unterfallen. Da das Bundesarbeitsgericht den Normzweck des § 4 Abs. 5 TVG generell in der Verhinderung eines tariflosen Zustandes erblickt[144] und die Norm auch dann entsprechend anwendet, wenn

[138] So mit Recht BAG EzA AGB-DDR 1977 § 14 Nr. 1 und 2; sowie BAG AP Einigungsvertrag Anlage I Kap. VIII Nr. 4.

[139] BAG EzA ArbGG 1979 § 72a Nr. 61.

[140] BAG EzA ArbGG 1979 § 72a Nr. 61.

[141] BAG AP TVG § 9 Nr. 3.

[142] AA *Löwisch-Rieble* (Fn. 129) § 10 RdNr. 9, die auch eine ersatzlose Aufhebung für zulässig erachten.

[143] Ebenso *Löwisch-Rieble* (Fn. 129) § 10 RdNr. 8; sowie zu § 9 TVG aF BAG AP TVG § 9 Nr. 8; *Hueck-Nipperdey* (Fn. 93) S. 411f. mit Fn. 189; aA *Maus* TVG, 1956, § 9 RdNr. 15.

[144] BAG EzA TVG § 4 Nachwirkung Nr. 14

die fingierte Tarifgebundenheit nach § 3 Abs. 3 TVG oder die Allgemeinverbindlichkeit eines Tarifvertrages endet,[145] sprechen die besseren Gründe dafür, die Regelung des § 4 Abs. 5 TVG auch in der Konstellation entsprechend anzuwenden, da der bisherige Rahmenkollektivvertrag bzw. Tarifvertrag alten Rechts außer Kraft tritt, ohne daß der ersetzende (neue) Tarifvertrag seine Schutzwirkung für das Arbeitsverhältnis entfaltet.[146] Bestätigt wird eine derartige Analogie durch die Maßgabe des Einigungsvertrages zur Fortgeltung von Rationalisierungsschutzabkommen.[147] Für sie ordnet Anl. I Kap. VIII Sachgeb. A Abschnitt III Nr. 14 Abs. 2 EVertr. eine befristete Fortgeltung an und schließt eine Nachwirkung des Rationalisierungsschutzabkommens explizite aus. Aus dem Fehlen einer vergleichbaren Regelung für die in dem vorangehenden Absatz genannten Rahmenkollektivverträge und Tarifverträge alten Rechts läßt sich ableiten, daß die Parteien des Einigungsvertrages erstens das Problem der Nachwirkung gesehen hatten, sie aber für Rahmenkollektivverträge und Tarifverträge alten Rechts nicht ausschließen wollten. Zweitens ist aus dem ausdrücklichen Ausschluß einer Nachwirkung bei Rationalisierungsschutzabkommen zu folgern, daß die Parteien des Einigungsvertrages davon ausgingen, daß die nach dem Arbeitsgesetzbuch registrierten Abkommen prinzipiell einer Nachwirkung fähig sind, da anderenfalls ein Ausschluß ihrer Nachwirkung nicht notwendig gewesen wäre.

54 Dieser Ansatz, den das Bundesarbeitsgericht auch für die Parallelproblematik der nach § 9 TVG aF fortgeltenden Tarifordnungen befürwortete,[148] wurde in der jüngsten Judikatur des Bundesarbeitsgerichts zu der wörtlich mit der Maßgabe des Einigungsvertrages übereinstimmenden Regelung in § 31 Nr. 3 InkrG verworfen. In einem Urteil vom *13. Juli 1994*[149] sprach der *4. Senat* zwar zu Recht aus, daß die Übereinstimmung des Geltungsbereichs des neuen Tarifvertrages mit dem Rahmenkollektivvertrag für sein Außerkrafttreten ausreicht, jedoch soll der Rahmenkollektivvertrag für das Arbeitsverhältnis keine Nachwirkung entfalten.[150] Zu überzeugen vermag diese Judikatur nicht. Mit dem unterstellten Willen des DDR-Gesetzgebers, mit § 31 Nr. 3 InkrG eine abschließende Regelung für die Rechtswirkungen der Rahmenkollektivverträge und Tarifverträge alten Rechts zu etablieren, und die hieraus abgeleitete Schlußfolgerung, es handele sich um eine planvolle Regelungslücke, begibt sich das Gericht in Widerspruch zu der späteren Rechtsentwicklung. Auf der Grundlage seiner Judikatur bleibt unverständlich, warum die Maßgabe des Einigungsvertrages zum Inkrafttreten des Tarifvertragsgesetzes für Rationalisierungsschutzabkommen die Nachwirkung ausdrücklich ausschließt. Diese Regelung ist nur sinnvoll, wenn die Parteien des Einigungsvertrages davon ausgingen, daß auch ein Rahmenkollektivvertrag oder Tarifvertrag alten Rechts grundsätzlich eine Nachwirkung entfalten konnte. Diese Nachwirkung konnte sich, da § 4 Abs. 5 TVG – wie das Bundesarbeitsgericht treffend hervorhebt – nicht unmittelbar anwendbar ist, nur aus einer entsprechenden Anwendung von § 4 Abs. 5 TVG ergeben. Dies spricht dafür, daß die Maßgabe des Einigungsvertrages (und auch § 31 Nr. 3 InkrG) ausschließlich die Fortgeltung des Rahmenkollektivvertrages bzw. Tarifvertrages alten Rechts als eigene Rechtsquelle regelt und keine Aussage zugunsten eines generellen Ausschlusses einer Nachwirkung enthält.

55 **4. Sonderbestimmungen für Rationalisierungsschutzabkommen.** Die in Anl. I Kap. VIII Sachgeb. A Abschnitt III Nr. 14 Abs. 2 EVertr. vorgesehene Sonderregelung, die lediglich solche Rationalisierungsschutzabkommen erfaßt, die vor dem 1. Juli 1990 abgeschlossen und entsprechend den Bestimmungen des Arbeitsgesetzbuches (§ 14 AGB aF) registriert wurden, ist inzwischen infolge Zeitablaufs überholt. Sie begrenzte die Fortgeltung für die Zeit bis zum 31. Dezember 1990 und ordnete unabhängig von der Existenz

[145] BAG EzA TVG § 4 Nachwirkung Nr. 14 und 15.

[146] Ebenso *Däubler* (Fn. 124) RdNr. 1787; aA *Dörner-Widlak* NZA 1991, Beil. Nr. 1, S. 43, 49; *Wolter* DB 1991, 43, 46.

[147] So auch *Hanau-Preis* (Fn. 134) S. 1, 16; *Däubler* (Fn. 124) RdNr. 1786.

[148] Vgl. BAG AP TOA § 3 Nr. 30; sowie *Hueck-Nipperdey* (Fn. 93) S. 413 mwN.

[149] BAG EzA AGB-DDR 1977 § 14 Nr. 3.

[150] BAG EzA AGB-DDR 1977 § 14 Nr. 3.

eines ersetzenden Tarifvertrages ein Außerkrafttreten des Rationalisierungsschutzabkommens an.[151] Eine Nachwirkung der entsprechenden Bestimmungen des Rationalisierungsschutzabkommens schlossen die Parteien des Einigungsvertrages ausdrücklich aus.

56 Da die Sonderregelung in der Maßgabe des Einigungsvertrages zum Inkrafttreten des Tarifvertragsgesetzes durch die Beschränkung auf vor dem 1. Juli 1990 abgeschlossene Abkommen ausdrücklich auf die nach § 14 AGB aF registrierten Rationalisierungsschutzabkommen abstellt, erfaßt sie nicht diejenigen Tarifverträge, die nach dem 30. Juni 1990 auf der Grundlage des am 1. Juli 1990 in der ehem. DDR in Kraft getretenen Tarifvertragsgesetzes[152] abgeschlossen wurden und die zT umfangreiche Schutzvorschriften bei Rationalisierungsmaßnahmen enthalten. Bei ihnen war die von § 14 Abs. 2 AGB aF vorgeschriebene Registrierung rechtlich nicht mehr möglich, da die entsprechende Vorschrift des Arbeitsgesetzbuches mit seiner Novellierung im Juni 1990 aufgehoben wurde.

57 Aus dem Erfordernis einer Registrierung für die von der Maßgabe des Einigungsvertrages erfaßten Rationalisierungsschutzabkommen folgt zudem, daß sie nur die befristete Fortgeltung von überbetrieblichen Rationalisierungsschutzabkommen anordnet. Nur für diese sah § 14 AGB aF eine Registrierung vor. Für betriebliche und deshalb nicht nach § 14 AGB aF registrierungsfähige Sozialprogramme zum Schutz vor rationalisierungsbedingten Entlassungen entfaltet die Maßgabe des Einigungsvertrages zum Inkraftreten des Tarifvertragsgesetzes keine Geltung.[153] Angesichts des ausdrücklichen Rückgriffs auf die Registrierung des Rationalisierungsschutzabkommens ist für eine entsprechende Anwendung der einigungsvertraglichen Maßgabe kein Raum.[154]

58 **5. Nicht registrierte Tarifverträge aus der Zeit vor dem 1. Juli 1990.** Keine ausdrückliche legislative Behandlung erfuhren diejenigen Tarifverträge und sonstigen Abkommen, die in der Zeit vor dem 1. Juli 1990 abgeschlossen wurden, bei denen aber die nach § 14 AGB aF erforderliche Registrierung unterblieb, weil diese entweder nicht beantragt oder aber von der zuständigen Behörde[155] unter der Geltung von § 14 AGB aF nicht mehr vorgenommen wurde. Das *Bundesarbeitsgericht* lehnte es in seiner Grundsatzentscheidung vom *13. Februar 1992* ab, derartige Tarifverträge als rechtswirksam anzuerkennen.[156] Für diese Ansicht stützte sich das Bundesarbeitsgericht vor allem auf die bis zum 1. Juli 1990 geltende Bestimmung in § 14 AGB aF, die die Registrierung zur Wirksamkeitsvoraussetzung erhob. Da die Vorschrift bis zum 1. Juli 1990 geltendes Recht gewesen sei, könne auch nur ein registrierter Tarifvertrag verbindliche Wirkungen entfalten. Eine abweichende Bewertung nimmt der *3. Senat* des *Bundesarbeitsgerichts* jedoch vor, wenn der Tarifvertrag zwar vor dem 1. Juli 1990 abgeschlossen wurde, er aber auch erst zu diesem Tag in Kraft treten sollte. In dieser Konstellation bedurfte es für die Rechtswirksamkeit des Tarifvertrages keiner Registrierung.[157]

59 Ungeachtet der Einwände gegenüber dieser Rechtsprechung[158] steht durch sie lediglich fest, daß vor dem 1. Juli 1990 abgeschlossene, aber nicht registrierte überbetriebliche Kollektivverträge keine kollektivrechtlichen Ansprüche zugunsten der Arbeitnehmer be-

[151] Näher zum Inhalt dieser Maßgabe *Oetker* (Fn. 10) RdNr. 926ff.

[152] Siehe § 31 InkrG.

[153] So auch *Däubler* (Fn. 124) RdNr. 1792.

[154] Hierfür aber *Schlachter* RdA 1993, 313, 325.

[155] Näher zur Zuständigkeit, insbesondere in der Zeit nach dem 9. November 1989 *Oetker* VIZ 1992, 371f.

[156] BAG EzA AGB-DDR 1977 § 14 Nr. 1 und 2; bestätigt durch BAG EzA Einigungsvertrag Art. 20 Nr. 38; ebenso im Anschluß *Löwisch-Rieble* (Fn. 129) § 13 RdNr. 5; *Ascheid* NZA 1993, 97, 99; sowie bereits BezG Leipzig AuA 1991 Sonderheft Rechtsprechung, S. 33ff.; ArbG Berlin ZTR 1991, 334f.; *Schaub* BB 1991, 685f.

[157] BAG EzA AGB-DDR 1977 § 14 Nr. 4.

[158] AA zuvor namentlich BezG Rostock LAGE AGB-DDR 1977 § 14 Nr. 1 und 2; sowie im Schrifttum für die Wirksamkeit der nicht registrierten Tarifverträge *Däubler* AiB 1990, 364, 365; *ders.* (Fn. 124) RdNr. 1798ff.; *Wolter* BB 1990, Beil Nr. 40, S. 37, 44; *ders.* DB 1991, 43, 46; *Wank* RdA 1991, 1, 13; zur Kritik an der Rechtsprechung des Bundesarbeitsgerichts vgl. *Däubler* BB 1993, 427, 428f.; *Oetker* VIZ 1992, 371f.; *Steffan*, Arbeitsrecht und Unternehmenssanierung in den neuen Bundesländern, 1995, 277ff.; kritisch nunmehr auch der 3. Senat des Bundesarbeitsgerichts, vgl. BAG EzA AGB-DDR 1977 § 14 Nr. 4.

gründen konnten. Eine andere Rechtslage gilt jedoch, wenn der unwirksame Tarifvertrag nach dem 30. Juni 1990 von den vertragsschließenden Parteien im Rahmen eines neuen Tarifvertrages bestätigt wurde.[159] Darüber hinaus bleibt auch auf dem Boden der höchstrichterlichen Rechtsprechung zu prüfen, ob Ansprüche von Arbeitnehmern aus individualarbeitsrechtlichen Gesichtspunkten heraus begründet sind, wenn der Arbeitgeber in Kenntnis der Rechtsunwirksamkeit des „Tarifvertrages" Leistungen erbracht hatte. Als Anspruchsgrundlage kommt neben einer Gesamtzusage oder einer betrieblichen Übung auch der arbeitsrechtliche Gleichbehandlungsgrundsatz in Betracht.[160]

6. Betriebliche Vereinbarungen vor dem 1. Juli 1990. Für die vor dem 1. Juli 1990 abgeschlossenen Vereinbarungen auf betrieblicher Ebene trifft der Einigungsvertrag keine Sonderregelung. Als normativ verbindliche Regelungen konnten nach Maßgabe der früheren Rechtsordnung auf der betrieblichen Ebene lediglich Betriebskollektivverträge abgeschlossen werden. Normative (arbeitsrechtliche) Regelungen, die unmittelbare Ansprüche zugunsten des Arbeitnehmers begründen konnten, ermöglichte § 28 Abs. 2 Satz 3 AGB aF indes nur, wenn eine Regelung durch Betriebskollektivvertrag in den Rechtsvorschriften ausdrücklich vorgesehen war. Diese fehlte zB für eine auf die Zahlung von Abfindungen gerichtete Abrede zwischen einer damals gegebenenfalls noch amtierenden betrieblichen Gewerkschaftsleitung (BGL) und dem Betrieb, da das Arbeitsgesetzbuch der ehem. DDR in seiner damaligen Fassung keine Abfindungen in den Fällen rationalisierungsbedingter Entlassungen kannte und diese auch nicht durch Abschluß eines normativ wirkenden Betriebskollektivvertrages ermöglichen wollte.[161] **60**

Sofern andere Bestimmungen die Betriebsgewerkschaftsleitung zum Abschluß von Vereinbarungen (§ 28 Abs. 2 S. 1 AGB aF) ermächtigten, handelte es sich nicht um normative Regelungen, die das Arbeitsverhältnis unmittelbar gestalteten, sondern um Verpflichtungen des Betriebes gegenüber der Betriebsgewerkschaftsleitung.[162] In der Dogmatik des Betriebsverfassungsrechts entsprechen derartige Vereinbarungen am ehesten dem Institut der Regelungsabrede, die ebenfalls nicht normativ auf das Arbeitsverhältnis einwirkt und damit nicht in der Lage ist, unmittelbare Ansprüche zugunsten der Arbeitnehmer zu begründen. Deshalb vermag der gegen das Bundesarbeitsgericht erhobene Vorwurf, das Gericht habe die Richtlinie zwischen DDR-Ministerrat und FDGB vom 23. Mai 1985,[163] die die Regelungsbefugnis für den Betriebskollektivvertrag konkretisierte, zu Unrecht nicht angewandt, nicht zu überzeugen. Zwar konnten Festlegungen im „Zusammenhang mit Rationalisierungsmaßnahmen" Bestandteil des Betriebskollektivvertrages sein, jedoch differenziert die Richtlinie selbst bereits zwischen „Verpflichtungen" und „Festlegungen" und zum anderen läßt sich aus ihr nicht ableiten, daß entsprechende Ansprüche zugunsten der Arbeitnehmer – wie dies in dem vom Bundesarbeitsgericht beurteilten „Sozialprogramm" der Fall war – im Betriebskollektivvertrag begründet werden konnten. **61**

Dies gilt entsprechend, wenn sich vor dem 1. Juli 1990 außerhalb der gesetzlichen Grundlagen, zB im Vorgriff auf die zu erwartenden Rechtsänderungen frei gewählte Betriebsräte bildeten und bereits vor dem 1. Juli 1990 entsprechende Abreden (zB Sozial- **62**

[159] Vgl. exemplarisch mit ausführlicher Begründung BAG EzA TVG § 1 Bestätigung Nr. 1.

[160] Ebenso *Schaub* BB 1991, 685, 686; *Däubler* BB 1993, 427, 432; *ders.* (Fn. 124) RdNr. 1802; sowie exemplarisch BezG Chemnitz AuA 1992, 379.

[161] So auch BAG EzA AGB-DDR 1977 § 28 Nr. 1; bestätigt durch BAG v. 14. 9. 1994 – 10 AZR 621/92; sowie zuvor *Schaub* BB 1991, 685, 686; zustimmend *Ascheid* NZA 1993, 97, 100f.; *Oetker* VIZ 1992, 439ff.; ablehnend gegenüber diesem Ansatz und für die Rechswirksamkeit derartiger Abkommen plädierend *Däubler* (Fn. 124) RdNr. 1791; *ders.* BB 1993, 427, 429f.; *Kohte* JuS 1993, 545ff.; *Schindele* BB 1992, 1211ff.; *Schlachter* RdA 1993, 313, 325; *Steffan* (Fn. 158) S. 202ff.; *Trümner* in Däubler-Kittner-Klebe-Schneider, BetrVG, 4. Aufl. 1994, § 132 RdNr. 18f.; sowie ArbG Berlin AiB 1991, 327.

[162] Deutlich hervorgehoben wird diese Unterscheidung auch von BAG EzA AGB-DDR 1977 § 28 Nr. 1.

[163] GBl. I Nr. 14 S. 173.

pläne) abschlossen.[164] An der durch das Inkrafttreten des Betriebsverfassungsgesetzes etablierten Normsetzungsbefugnis partizipierten derartige „Betriebsräte" erst ab dem 1. Juli 1990.[165] Die Anerkennung vorläufiger Betriebsräte durch die Verordnung vom 11. Juli 1990[166] sanktionierte nur die Bildung der Betriebsräte, nicht aber zugleich auch die von diesen vor dem 1. Juli 1990 abgeschlossenen Vereinbarungen.[167] Zweck der Verordnung vom 11. Juli 1990 war es, möglichst rasch eine funktionsfähige Betriebsverfassung zu etablieren, ohne hierfür stets eine dem Betriebsverfassungsgesetz entsprechende Wahl einleiten zu müssen. Ab dem 1. Juli 1990 konnten indes auch die bereits vor diesem Tag gebildeten „Betriebsräte" im Rahmen ihrer durch das Betriebsverfassungsgesetz begrenzten Rechtsmacht die frühere (rechtsunwirksame) Vereinbarung bestätigen und damit ihre Rechtswirksamkeit ab dem 1. Juli 1990 herbeiführen.[168]

63 Ungeregelt blieben auch die nach dem 30. Juni 1990 anzuerkennenden Rechtswirkungen von **Betriebskollektivverträgen**, die vor dem 1. Juli 1990 rechtswirksam auf der Grundlage des Arbeitsgesetzbuches der ehem. DDR abgeschlossen wurden. Das *Bundesarbeitsgericht* befürwortet für diese eine differenzierende Konzeption. Der 1. Senat lehnte zwar ein mit der Aufhebung der entsprechenden Bestimmungen des Arbeitsgesetzbuches eintretendes Außerkrafttreten des Betriebskollektivvertrages ab,[169] zog aber – unter Hinweis auf das Fehlen einer mit Anl. I Kap. VIII Sachgeb. A Abschnitt III Nr. 14 Abs. 1 EVertr. vergleichbaren Fortgeltungsanordnung – das Wirksamwerden des Beitritts (3. 10. 1990) als maßgeblichen Zeitpunkt für ein Außerkrafttreten des Betriebskollektivvertrages heran.[170] Eine entsprechende Anwendung der für Rahmenkollektivverträge und Tarifverträge alten Rechts angeordneten Übergangsregelung komme nicht in Betracht.[171] Mit Wirksamwerden des Beitritts sollten Betriebskollektivverträge indes nicht generell ihren Einfluß auf die inhaltliche Gestaltung des Arbeitsverhältnisses verlieren. Soweit eine Betriebsvereinbarung nach § 77 Abs. 6 BetrVG Nachwirkung entfalten kann, soll dies auch für die am 3. Oktober 1990 außer Kraft getretenen Betriebskollektivverträge gelten.[172]

III. Außerordentliche Kündigung im Öffentlichen Dienst der ehem. DDR

64 **1. Sonderregelungen des Einigungsvertrages für den Öffentlichen Dienst.** Für die Rechtsverhältnisse der Arbeitnehmer im Öffentlichen Dienst der ehem. DDR schufen die Parteien des Einigungsvertrages eine detaillierte Sonderregelung, die während der Verhandlungen des Einigungsvertrages zu den am meisten kontrovers diskutierten Sachkomplexen zählte. Der Zwang, die notwendige Reduzierung eines personell überbesetzten öffentlichen Dienstes und die unerläßliche Bewältigung politischer „Altlasten" mit dem Gebot der Sicherung der Funktionen der öffentlichen Verwaltung zu versöhnen, erforderte eine differenzierende, durch die allgemeinen Vorschriften des Einigungsvertrages einschließlich seiner Maßgaben nicht befriedigend lösbare legislative Regelung, die jedoch nur bedingt als geglückt bewertet werden kann; sie wirft aufgrund ihrer teilweisen Unabgestimmtheit mit den allgemeinen arbeitsrechtlichen Bestimmungen auf zahlreichen Pro-

[164] LAG Berlin LAGE BetrVG 1972 § 112 Nr. 19; *Gaul* BB 1990, Beil. Nr. 37, S. 29; aA *Däubler* AuA 1991, 196, 198.
[165] BAG EzA AGB-DDR 1977 § 28 Nr. 2.
[166] GBl. DDR I Nr. 44 S. 715.
[167] So auch BAG EzA AGB-DDR 1977 § 28 Nr. 1; BAG v. 14. 9. 1994 – 10 AZR 621/92; aA jedoch *Däubler* AuA 1991, 196, 198; *ders.* BB 1993, 427, 430; *Trümner* (Fn. 161) § 132 RdNr. 12.
[168] Ebenso *Schlachter* RdA 1993, 313, 325; sowie nunmehr BAG v. 14. 9. 1994 – 10 AZR 621/92.
[169] BAG EzA AGB-DDR 1977 § 28 Nr. 2; aA *Oetker* (Fn. 10) RdNr. 913; *ders.* VIZ 1992, 439ff.
[170] BAG EzA AGB-DDR 1977 § 28 Nr. 2; kritisch zu dieser Differenzierung *Oetker* VIZ 1992, 439ff.; *Trümner* (Fn. 161) § 132 RdNr. 16.
[171] BAG EzA AGB-DDR 1977 § 28 Nr. 2; *Oetker* (Fn. 10) RdNr. 913; aA *Däubler* AiB 1990, 364.
[172] BAG EzA AGB-DDR 1977 § 28 Nr. 2; ebenso zuvor *Hanau-Preis* (Fn. 134) S. 1, 17; *Oetker* (Fn. 10) RdNr. 913; *Schaub* BB 1991, 685, 687; gegen eine Nachwirkung *Wank* RdA 1991, 1, 13; sowie *Däubler* (Fn. 124) RdNr. 1793, der von einer zeitlich unbegrenzten Weitergeltung ausgeht, bis der Betriebskollektivvertrag durch Betriebsvereinbarung oder Tarifvertrag abgelöst wird.

blemfeldern mehr Fragen auf, als sie Antworten gibt. Im Zentrum der bisherigen Diskussionen in Doktrin und Judikatur standen vor allem drei Fragenkomplexe.

65 Erstens war zu klären, ob das Arbeitsverhältnis nach dem Wirksamwerden des Beitritts überhaupt fortbestand. Der Einigungsvertrag sah zwar generell den Fortbestand der Arbeitsverhältnisse der im Öffentlichen Dienst beschäftigten Arbeitnehmer vor,[173] überließ jedoch den Trägern der öffentlichen Einrichtungen die freie Entscheidung darüber, ob sie die Einrichtung fortführen wollten. Entschied sich der Träger einer Einrichtung nicht für ihre Fortführung,[174] so trat die sog. Abwicklung und damit das Ruhen des Arbeitsverhältnisses ein. Diese Arbeitsverhältnisse endeten nach Ablauf von sechs bzw. neun Monaten. Lediglich bei denjenigen Arbeitsverhältnissen, die einen besonderen, durch Art. 6 Abs. 4 GG verfassungsrechtlich fundierten, Kündigungsschutz genossen, trat diese Rechtsfolge wegen der Entscheidung des *Bundesverfassungsgerichts* vom *24. April 1991* nicht ein.[175]

66 Zweitens stand lange Zeit die in Anl. I Kap. XIX Sachgeb. A Abschnitt III Nr. 1 Abs. 4 EVertr. enthaltene Sonderregelung zur ordentlichen Kündigung im Öffentlichen Dienst im Mittelpunkt der Diskussion.[176] Die entsprechenden Bestimmungen waren zunächst bis zum *2. Oktober 1992* befristet, wurden jedoch durch Gesetz vom *20. August 1992*[177] bis zum *31. Dezember 1993* verlängert.[178] Bestrebungen zu einer nochmaligen Verlängerung bis zum 31. Dezember 1994 fanden zwar eine Mehrheit im Deutschen Bundestag,[179] scheiterten jedoch am Widerstand des Deutschen Bundesrates.[180] Die vom Deutschen Bundesrat als Alternative vorgeschlagene Änderung des Kündigungsschutzgesetzes, die eine Vermutung für ein betriebliches Interesse an der Weiterbeschäftigung derjenigen Arbeitnehmer begründen sollte, deren Arbeitsverhältnisse nach dem 6. Mai 1990 in der öffentlichen Verwaltung im Beitrittsgebiet begründet wurden,[181] erlangten keine Gesetzeskraft. Seit dem 1. Januar 1994 unterliegt die ordentliche Kündigung im Öffentlichen Dienst des Beitrittsgebiets uneingeschränkt dem durch das Kündigungsschutzgesetz etablierten Bestandsschutz. Praktische Bedeutung besitzt die Regelung des Einigungsvertrages zur ordentlichen Kündigung im Öffentlichen Dienst heute nur noch für die rechtliche Würdigung solcher Kündigungen, die vor dem 31. Dezember 1993 dem Arbeitnehmer zugegan-

[173] So ausdrücklich BVerfG EzA Einigungsvertrag Art. 13 Nr. 1; hierzu auch *Dieterich* RdA 1992, 330ff.

[174] Zum Erfordernis einer positiven Überführungsentscheidung sowie ihre rechtsdogmatische Einordnung BVerwG ZIP 1992, 1275, 1276f.; BAG EzA Einigungsvertrag Art. 13 Nr. 10; sowie im Schrifttum einerseits *Günther* DöD 1991, 221ff.; andererseits *Germelmann* NZA 1991, 629ff.; *ders.* NZA 1992, 207ff.; speziell zur Problematik der Überführung von Teileinrichtungen siehe BAG EzA Einigungsvertrag Art. 13 Nr. 11 bis 13.

[175] Vgl. BVerfG EzA Einigungsvertrag Art. 13 Nr. 1; sowie (konkretisierend) BAG EzA AGB-DDR 1990 § 58 Nr. 2; *Dieterich* RdA 1992, 330, 333.

[176] Speziell hierzu aus der höchstrichterlichen Rechtsprechung siehe vor allem BAG EzA Einigungsvertrag Art. 20 Nr. 17; sowie BAG EzA Einigungsvertrag Art. 20 Nr. 21, 23, 28, 29 und 43; aus dem umfangreichen Schrifttum siehe statt aller *Fenski-Linck* NZA 1992, 337ff.; *Hanau* WissR 1992, 437ff.; *Künzl* AuR 1992, 204ff.; *Langanke-Hanau* NJ 1993, 437ff.; *Meyer,* Die ordentliche Kündigung von Arbeitsverhältnissen im öffentlichen Dienst der neuen Bundesländer, Diss. (Freie Universität) Berlin 1993; *Oetker,* in: Säcker (Hrsg.), Kommentar zum Vermögensrecht, 1995, § 16 VermG Anh. I RdNr. 207ff.; *Preis* PersR 1991, 201ff.; *Weiß* PersV 1991, 97ff.; *Weiss-Kreuder* AuR 1994, 12ff.

[177] BGBl. I S. 1546; hierzu auch BT-Drucks. 12/2794; BT-Drucks. 12/2915.

[178] Zu den verfassungsrechtlichen Einwänden hinsichtlich der Verlängerung *Däubler* PersR 1992, 288ff.; *Battis/Schulte-Trux* ZTR 1993, 179ff.; offengelassen von BAG AP BAT-O § 53 Nr. 1; allg. zur Abänderbarkeit von Bestimmungen des Einigungsvertrages *Wagner,* Der Einigungsvertrag nach dem Beitritt, 1994, S. 244ff., 267ff.; zur Nichtannahme der gegen die gesetzliche Verlängerung eingelegten Verfassungsbeschwerde BVerfG EzA Einigungsvertrag Art. 20 Nr. 19.

[179] Vgl. Plenarprotokoll 12/196 des Deutsche Bundestages, Stenographischer Bericht, S. 17038 B ff.; sowie die Beschlußempfehlung und den Bericht des Innenausschusses, BT-Drucks. 12/6308; weitergehend noch der Entwurf der Fraktionen von CDU/CSU und F. D. P., der noch eine Verlängerungsmöglichkeit bis zum 31. 12. 1995 vorsah; vgl. BT-Drucks. 12/6120, S. 2.

[180] BR-Drucks. 876/93 (Beschluß); BR-Drucks. 876/1/93 (Empfehlung der Ausschüsse).

[181] BR-Drucks 923/93 (Beschluß). Ebenso bereits der Änderungsantrag der SPD-Fraktion, der im Verlauf der Beratungen des Innenausschusses abgelehnt wurde; vgl. BT-Drucks. 12/6308, S. 5 sowie BT-Drucks. 12/6310 (zu dessen Ablehnung im Bundestag, vgl. das Plenarprotokoll 12/196, S. 17043 [D]).

gen sind; auf eine vertiefte Darstellung der einigungsvertraglichen Sonderregelung soll deshalb hier verzichtet werden.[182]

67 Einen dritten Schwerpunkt bildet die Sonderbestimmung des Einigungsvertrages zur außerordentlichen Kündigung (Anl. I Kap. XIX Sachgeb. A Abschnitt III Nr. 1 Abs. 5 EVertr.).[183] Sie soll ein politisches Signal setzen,[184] das von der allgemeinen Erwägung getragen und zugleich legitimiert ist, bei den Bürgern auf Dauer Vertrauen in eine rechtsstaatliche Verwaltung zu erzeugen.[185] Das außerordentliche Kündigungsrecht, das tatbestandlich an Verstöße des Arbeitnehmers gegen die Grundsätze der Menschlichkeit oder der Rechtsstaatlichkeit bzw. an eine Tätigkeit für das Ministerium für Staatssicherheit/ Amt für nationale Sicherheit anknüpft, besitzt keinen Sanktionscharakter.[186] Es knüpft an ein in der Vergangenheit liegendes Verhalten an, das die zukünftige Durchführung des Arbeitsverhältnisses belastet. Die außerordentliche Kündigung erfolgt nicht wegen des Verhaltens in der Vergangenheit, sondern wegen der Ausstrahlungen dieses Verhaltens in die Zukunft und den damit verbundenen Rückwirkungen auf das aktuelle Arbeitsverhältnis; es handelt sich – wie das Bundesarbeitsgericht treffend formulierte – um einen nachwirkenden Kündigungssachverhalt.[187] Im Unterschied zu der befristeten Sonderregelung für die ordentliche Kündigung verzichteten die Parteien des Einigungsvertrages für die Bestimmung zur außerordentlichen Kündigung auf eine zeitliche Begrenzung. Die Regelung gilt unbefristet und besitzt deshalb auch heute noch aktuelle Bedeutung.

68 **2. Erfaßte Arbeitsverhältnisse.** Hinsichtlich des konkreten Personenkreises, den die Sonderregelung des Einigungsvertrages zur außerordentlichen Kündigung erfaßt, war zunächst umstritten, ob sich diese auch auf diejenigen Arbeitsverhältnisse erstreckt, die nicht durch Abschluß eines Arbeitsvertrages, sondern durch **Berufung** begründet wurden. Obwohl die Bestimmungen des Arbeitsgesetzbuches zur Abberufung bis zum 31. Dezember 1991 fortgalten[188] und allein die Abberufung das dogmatisch mit der Berufung harmonierende Beendigungsinstrument war,[189] sprach sich das Bundesarbeitsgericht in seiner Grundsatzentscheidung vom *23. September 1993* dafür aus, daß auch die durch Berufung begründeten Arbeitsverhältnisse bereits seit dem 3. Oktober 1990 den kündigungsrechtlichen Sonderbestimmungen des Einigungsvertrages für den Öffentlichen Dienst unterlagen und sowohl durch Abberufung als auch durch Ausspruch einer Kündigung beendet werden konnten.[190] Die in der Rechtsprechung der Instanzgerichte und im Schrifttum vertretene Gegenposition[191] gelangte hingegen erst für die Zeit ab dem 1. Januar 1992 zur Anwendbarkeit der Kündigung als Beendigungsinstrument.[192] Diese Kontroverse darf indes nicht darüber hinwegtäuschen, daß dem Wertungshaushalt der Sonderbestimmung in Anl. I Kap. XIX Sachgeb. A Abschnitt III Nr. 1 Abs. 5 EVertr. über das

[182] Siehe statt dessen zusammenfassend *Oetker* (Fn. 176) § 16 VermG Anh. I RdNr. 207ff.

[183] Speziell zu ihr siehe BAG EzA Einigungsvertrag Art. 20 Nr. 16, 22, 24, 25, 26 und 31; sowie BVerfG EzA Einigungsvertrag Art. 20 Nr. 32; aus dem Schrifttum *Lansnicker-Schwirtzek* MDR 1991, 202ff.; *dies.* MDR 1992, 529ff.; *dies.* DtZ 1993, 106ff.; *Oetker* (Fn. 176) § 16 VermG Anh. I RdNr. 240ff.; *U. Scholz* BB 1991, 2515ff.; *Weiß* PersV 1991, 97ff.; *Zeuner,* Festschrift für Thieme, 1993, S. 377ff.

[184] Erl. BReg. BT-Drucks. 11/7817, S. 179; *Staudinger-Rauscher* RdNr. 56.

[185] So die Denkschrift der Bundesregierung zum Einigungsvertrag, BT-Drucks. 11/7760, S. 364 (zu Art. 20 EVetr.); vgl. ferner *Staudinger-Rauscher* RdNr. 56; *Weiß* PersV 1991, 97, 118.

[186] So mit Recht *Weiß* PersV 1991, 97, 120.

[187] BAG EzA Einigungsvertrag Art. 20 Nr. 16.

[188] Siehe Anl. II Kap. VIII Sachgeb. A Abschnitt III Nr. 1 lit. c EVertr.

[189] Siehe statt aller LAG Berlin LAGE AGB-DDR 1977 § 62 Nr. 2; *Oetker* (Fn. 10) RdNr. 1536.

[190] BAG EzA Einigungsvertrag Art. 20 Nr. 26; ebenso zuvor LAG Berlin (6. Kammer) NJ 1992, 597, 600f.; *Korinth* NJ 1992, 350f.

[191] Siehe LAG Berlin (9. Kammer) LAGE AGB-DDR 1977 § 62 Nr. 2; LAG Brandenburg (2. Kammer) LAGE AGB-DDR 1990 § 62 Nr. 1; aus dem Schrifttum *Fenski-Linck* NZA 1992, 337, 348; *Künzl* AuR 1992, 204, 206; *Lansnicker-Schwirtzek* MDR 1991, 202, 205; *dies.* MDR 1992, 529, 531f.; *Oetker* (Fn. 10) RdNr. 994, 1536; *ders.* Anm. zu LAG Berlin LAGE Einigungsvertrag Art. 20 Nr. 1; *Staudinger-Rauscher* RdNr. 58.

[192] So zB *Fenski-Linck* NZA 1992, 337, 348; *Hanau* WissR 1992, 213, 239; *Künzl* AuR 1992, 204, 206; iE auch *Ascheid* Kündigungsschutzrecht, 1993, RdNr. 854.

Institut der fristlosen Abberufung (§ 62 Abs. 3 AGB nF) ggf. durch eine entsprechende Anwendung Rechnung getragen werden konnte.[193]

69 Aus der Regelung des Einigungsvertrages läßt sich ferner nicht ohne weiteres entnehmen, ob die Sonderbestimmung zur außerordentlichen Kündigung alle Arbeitsverhältnisse im öffentlichen Dienst des Beitrittsgebiets unabhängig von dem **Zeitpunkt ihrer Begründung** erfaßt. Während Anl. I Kap. XIX Sachgeb. A Abschnitt III Nr. 1 Abs. 5 EVertr. bei isolierter Betrachtung darauf hindeutet, daß sie generell, also auch für solche Arbeitsverhältnisse gilt, die erst nach dem 3. Oktober 1990 erstmals zu dem Träger einer öffentlichen Einrichtung begründet wurden, ergibt sich aus dem Gesamtkontext, daß sich die Bestimmung zur außerordentlichen Kündigung auf diejenigen Arbeitsverhältnisse beschränkt, die bereits vor dem 3. Oktober 1990 zu dem Träger einer Einrichtung der öffentlichen Verwaltung bestanden.[194] Nur auf diese Arbeitsverhältnisse ist die einigungsvertragliche Sonderregelung konzeptionell zugeschnitten, und nur bei ihnen war es notwendig, sowohl den Übergang des Arbeitsverhältnisses auf den neuen Rechtsträger anzuordnen und zugleich das arbeitsrechtliche Instrumentarium zu schaffen, um die personellen Rahmenbedingungen für eine Personalausstattung im Öffentlichen Dienst zu gewährleisten, die rechtsstaatlichen Anforderungen genügt.

70 Aus Anl. I Kap. XIX Sachgeb. A Abschnitt III Nr. 1 Eingangssatz EVertr. ergibt sich, daß das Arbeitsverhältnis vor dem Wirksamwerden des Beitritts zu einer **Einrichtung des „Öffentlichen Dienstes“** der ehem. DDR bestanden haben muß.[195] Allerdings greift die Bestimmung des Einigungsvertrages auf den Begriff des „Öffentlichen Dienstes“ zurück, ohne diesen zugleich mit einer Legaldefinition zu versehen. Die Vorschrift weicht damit von der in arbeitsrechtlichen Vorschriften verbreitet anzutreffenden Regelungstechnik ab, den Sektor des „Öffentlichen Dienstes“ per Gesetz zu konkretisieren (vgl. zB § 23 KSchG, § 130 BetrVG, § 16 ArbSichG, § 15 Abs. 2 ArbPlSchG). Da die Arbeitsrechtsordnung keine einheitliche Abgrenzung für den „Öffentlichen Dienst“ kennt, verbietet sich eine teleologisch unreflektierte Übernahme einzelner Begriffsbestimmungen. Der im Einigungsvertrag herangezogene Begriff erfordert eine eigenständige, dem spezifischen Telos der jeweiligen Normen Rechnung tragende Auslegung.[196]

71 Hierbei steht zunächst fest, daß zur begrifflichen Präzisierung des „Öffentlichen Dienstes“ nicht auf die in der Staats- und Verwaltungsrechtswissenschaft der ehem. DDR entwickelten Konzeptionen zurückgegriffen werden kann. Die von ihr befürwortete extensive Definition der Staatsorgane, die sich entsprechend der planwirtschaftlichen Wirtschaftsverfassung auch auf die Organe der Wirtschaftsleitung erstreckte,[197] ist mit den gewandelten wirtschaftsverfassungsrechtlichen Grundlagen, die untrennbar auch den Umfang staatlicher Verwaltungstätigkeit determinieren,[198] unvereinbar.[199] Ob jemand nach früher maßgeblichem Staats- und Rechtsverständnis als Mitarbeiter eines Staatsorgans anzusehen war,[200] ist für die Interpretation der für den Öffentlichen Dienst normierten Übergangsregelung des Einigungsvertrages unbeachtlich. Die Figur des Öffentlichen

[193] Vgl. *Oetker* (Fn. 10) RdNr. 1557.

[194] BAG EzA Einigungsvertrag Art. 20 Nr. 30; BAG EzA Einigungsvertrag Art. 20 Nr. 31.

[195] So iE auch BAG EzA Einigungsvertrag Art. 20 Nr. 16, das jedoch ohne nähere Problematisierung den in Anl. I Kap. XIX Sachgeb. A Abschnitt III Nr. 1 Abs. 5 EVertr. umschriebenen Kündigungstatbestand auf den „Öffentlichen Dienst“ erstreckt; aA aber wohl *Fenski-Linck* NZA 1992, 337, 343, die den Anwendungsbereich von Anl. I Kap. XIX Sachgeb. A Abschnitt III Nr. 1 Abs. 5 EVertr. auf die „öffentliche Verwaltung“ beziehen. Zur Beschränkung auf den „öffentlichen Dienst“ der ehem. DDR vgl. LAG Berlin LAGE BGB § 626 Nr. 77.

[196] So im Grundsatz auch BAG DZWir. 1993, 416, 417, mit Anm. *Oetker*.

[197] *Hösel* (Fn. 40) S. 275ff.

[198] Als Paradigma ist auf die extensiven Leitungsbefugnisse der zentralen und örtlichen Staatsorgane bei der Versorgung der Bevölkerung mit hauswirtschaftlichen Dienstleistungen hinzuweisen, vgl. *Göhring*, in: Zivilrecht – Lehrbuch Bd. II, 1981, S. 17ff.; *Klinkert* NJ 1973, 595f.

[199] Siehe auch *Wolff-Bachof* Verwaltungsrecht Bd. I, 9. Aufl. 1974, S. 12.

[200] Hierzu *Hösel* (Fn. 40) S. 275; sowie § 1 Abs. 2 der „Verordnung über die Pflichten, die Rechte und Verantwortlichkeit der Mitarbeiter in den Staatsorganen“ vom 19. 2. 1969, GBl. DDR II Nr. 26 S. 163.

Dienstes ist nicht kongruent mit dem „Rechtsinstitut des sozialistischen Staatsdienstes“,[201] wenngleich in weiten Bereichen eine Teilidentität der erfaßten Einrichtungen und ihrer Mitarbeiter besteht.

72 Da der Einigungsvertrag auf eine Legaldefinition des „Öffentlichen Dienstes“ verzichtet, und ein einheitliches und subsidiär für alle Rechtsnormen geltendes Begriffsverständnis mit der Notwendigkeit einer dem Sinngehalt der Vorschrift Rechnung tragenden Begriffsbildung methodisch nicht vereinbar ist, muß die Reichweite des „Öffentlichen Dienstes“ aus dem Zweck der jeweiligen Regelung heraus ermittelt werden, die den Begriff in ihr Normprogramm aufnimmt. Das *Bundesverwaltungsgericht* favorisierte in seinem Urteil vom *27. Juni 1968* zwar noch einen formell zu verstehenden Regelbegriff des „Öffentlichen Dienstes“;[202] das Bundesverfassungsgericht hob jedoch schon in seinem Beschluß vom *21. Januar 1975* mit Recht hervor, daß es „keinen für alle Rechtsbereiche gleichen Begriff des Angestellten des öffentlichen Dienstes“ gibt, und seine Bedeutung erst durch eine Auslegung der jeweiligen Vorschrift gewonnen werden kann.[203] Die Notwendigkeit einer teleologischen Begriffsbildung besitzt vor allem für die kündigungsrechtlichen Sonderbestimmungen des Einigungsvertrages herausragende Bedeutung, weil nur so die bei Eigenbetrieben und Eigengesellschaften beschäftigten Arbeitnehmer im Einklang mit dem Normzweck zugeordnet werden können.

73 Die Notwendigkeit einer teleologischen Begriffsbildung schließt es nicht aus, als Ausgangspunkt auf die Rechtsform des Arbeitgebers im Sinne einer formalen Betrachtungsweise abzustellen, da die hiervon erfaßten Arbeitnehmer auch nach dem Zweck der kündigungsrechtlichen Sonderbestimmung im Sinne eines Mindestinhalts in ihren Anwendungsbereich einzubeziehen sind. Zu den Arbeitnehmern des „Öffentlichen Dienstes“ gehören deshalb stets diejenigen Arbeitnehmer, deren Arbeitsverhältnis zu einer Gebietskörperschaft (Bund, Länder, Kommunen) oder einer juristischen Person des öffentlichen Rechts (Körperschaften, Stiftungen, Anstalten) besteht. Aus diesem Grunde sind auch die bei Eigenbetrieben beschäftigten Arbeitnehmer in den Anwendungsbereich der kündigungsrechtlichen Sonderbestimmung einbezogen. Dies gilt indessen nicht für Arbeitnehmer öffentlich-rechtlicher Religionsgesellschaften, da die kündigungsrechtlichen Sonderbestimmungen auf die besonderen Rahmenbedingungen öffentlicher Verwaltungstätigkeit in dem Beitrittsgebiet reagieren.[204]

74 Die Behandlung privatrechtlich verfaßter Einrichtungen, insbesondere die Erstreckung der kündigungsrechtlichen Sonderregelungen auf Eigengesellschaften (ggf. auch Gemeinschaftsgesellschaften), ist dem Einigungsvertrag nicht zweifelsfrei zu entnehmen. Der Sinn der Regelung zur außerordentlichen Kündigung deutet auf ein extensives Verständnis hin. Soll das Vertrauen der Bürger in die öffentliche Verwaltung erzeugt bzw. gesichert werden, so muß nicht die formale rechtliche Verfassung der Einrichtung, sondern vielmehr die Erfüllung öffentlicher Aufgaben im Vordergrund stehen,[205] obwohl die mit dem Rückgriff auf das „öffentliche Interesse“[206] und den schillernden Begriff der Daseinsvorsorge verbundenen Abgrenzungsschwierigkeiten[207] nicht zu verkennen sind.[208] Deshalb ist es im Hinblick auf den Normzweck grundsätzlich gerechtfertigt, auch die mit privatrechtlich verfaßten Rechtsträgern arbeitsvertraglich verbundenen Arbeitnehmer in

[201] Hierzu *Hösel* (Fn. 40) S. 276.

[202] Vgl. BVerwGE 30, 81, 87f.

[203] BVerfGE 38, 326, 338; ebenso BVerfGE 48, 64, 84; vgl. auch *Wolff-Bachof-Stober* Verwaltungsrecht Bd. II, 5. Aufl. 1987, S. 455f.

[204] Ebenso bereits zu Art. 131 GG BGHZ 18, 373, 375.

[205] Insoweit auch BAG DZWir. 1993, 416, 418, mit Anm. *Oetker*.

[206] BVerfGE 30, 292, 323f.; 38, 258, 270f.; BVerfG NJW 1984, 1872, 1873; NJW 1990, 1783; siehe auch *v. Münch-Ehlers,* in: Erichsen-Martens (Hrsg.), Allgemeines Verwaltungsrecht, 9. Aufl. 1992, S. 6ff.

[207] Plastisch für die Daseinsvorsorge BAGE 8, 84, 90: „Bei der Vielfalt der Erscheinungsformen, in denen die Gemeinden ihre Aufgaben unmittelbar oder mittelbar erfüllen, bietet der Gesichtspunkt der Daseinsvorsorge keinerlei sichere Abgrenzung.“ Auf die Daseinsvorsorge jedoch abstellen BAG DZWir. 1993, 416, 418, mit Anm. *Oetker*.

[208] Vgl. exemplarisch *Wolff-Bachof* (Fn. 199) S. 10f.; sowie ausführlich *Martens,* Öffentlich als Rechtsbegriff, 1969.

den Anwendungsbereich der kündigungsrechtlichen Sonderbestimmungen einzubeziehen, wenn diese Aufgaben erledigen, deren Erfüllung im öffentlichen Interesse liegt und diese von einer Gebietskörperschaft oder einer juristischen Person des öffentlichen Rechts geführt werden.[209]

75 **3. Verhältnis zum allgemeinen Kündigungsschutz.** Äußerst kontrovers wurde lange das Verhältnis der Sonderbestimmung zur außerordentlichen Kündigung zu den allgemeinen kündigungsrechtlichen Regelungen für die außerordentliche Kündigung diskutiert. Im Zentrum der Überlegungen stand zunächst die Frage, ob die Regelung in Anl. I Kap. XIX Sachgeb. A Abschnitt III Nr. 1 Abs. 5 EVertr. ein eigenständiges Kündigungsrecht begründet oder lediglich den im Rahmen von § 626 Abs. 1 BGB zu prüfenden „wichtigen Grund" konkretisiert. Bedeutsam ist dies für die Geltung der zweiwöchigen **Kündigungserklärungsfrist** (§ 626 Abs. 2 BGB). Während der Ansatz eines eigenständigen Kündigungsrechts die Geltung von § 626 Abs. 2 BGB verneinen muß, gelangte das gegenteilige konzeptionelle Verständnis zwangsläufig zu dem Resultat, daß auch bei einer auf die Tatbestände der Sonderregelung gestützten außerordentlichen Kündigung die zweiwöchige Kündigungserklärungsfrist in § 626 Abs. 2 BGB einzuhalten ist. Während im Schrifttum eine starke Strömung für die Anwendbarkeit von § 626 Abs. 2 BGB plädierte,[210] schloß sich das *Bundesarbeitsgericht* in seiner Grundsatzentscheidung vom *11. Juni 1992* der gegenteiligen Position an;[211] es bewertete Anl. I Kap. XIX Sachgeb. A Abschnitt III Nr. 1 Abs. 5 EVertr. als ein eigenständiges Kündigungsrecht und unterwarf die außerordentliche Kündigung nicht der zweiwöchigen Kündigungserklärungsfrist.

76 Die dogmatische Bewertung der Sonderregelung zur außerordentlichen Kündigung im Öffentlichen Dienst als eigenständiges und neben § 626 BGB stehendes Kündigungsrecht, die hier nicht nochmals vertieft werden soll, beantwortet indessen nicht die schwierige Frage, ob die in anderen Gesetzen, die ebenfalls mittels des Einigungsvertrages in Kraft gesetzt wurden, enthaltenen kündigungsrechtlichen Schranken bei einer auf Anl. I Kap. XIX Sachgeb. A Abschnitt III Nr. 1 Abs. 5 EVertr. gestützten Kündigung anwendbar sind. Bereits in seiner Grundsatzentscheidung vom *11. Juni 1992* deutete der *8. Senat* des *Bundesarbeitsgerichts* an, daß er insoweit die kündigungsrechtlichen Bestimmungen anderer Gesetze uneingeschränkt zur Anwendung gelangen lassen wollte. Im konkreten Fall vertrat das Gericht die Auffassung, daß auch bei einer auf Anl. I Kap. XIX Sachgeb. A Abschnitt III Nr. 1 Abs. 5 EVertr. gestützten außerordentlichen Kündigung die **Beteiligungsrechte des Personalrats** (§ 79 BPersVG sowie die korresspondierenden landesrechtlichen Normen) zur Anwendung gelangen.[212] Entsprechend der hierin zum Ausdruck gelangten Grundkonzeption sind auch die im **Schwerbehindertengesetz** normierten behördlichen Zustimmungserfordernisse vor Ausspruch einer auf Anl. I Kap. XIX Sachgeb. A Abschnitt III Nr. 1 Abs. 5 EVertr. gestützten Kündigung zu beachten.[213] Ebenfalls anzuwenden sind die Bestimmungen, die einen **Sonderkündigungsschutz für Personalräte** etablieren.[214] Diese können zwar unter Rückgriff auf Anl. I Kap. XIX Sachgeb. A

[209] In diesem Sinne ausdrücklich für die Sonderregelung zum außerordentlichen Kündigungsrecht ArbG Berlin ZTR 1991, 341, 342.

[210] So zB *Däubler* PersR 1991, 193, 199; *Dörner-Widlak* NZA 1991, Beil. Nr. 1, S. 43, 52; *Fenski-Linck* NZA 1992, 337, 343f.; *Hanau-Preis* (Fn. 133) S. 1, 35; *Koch-Pasinski* AuA 1992, 230, 231f.; *Künzl* AuR 1992, 204, 209; *Lansnicker-Schwirtzek* MDR 1992, 529, 531; *Oetker* Anm. zu LAG Berlin LAGE Einigungsvertrag Art. 20 Nr. 1; *Preis* PersR 1991, 201, 203; *Staudinger-Rauscher* RdNr. 56; *Säcker-Oetker* (Fn. 9) RdNr. 1008; *Seidel* PersR 1991, 404, 405; *Stahlhacke-Preis* (Fn. 63) RdNr. 1380; *Vohs* PersR 1991, 257, 260; MünchArbR/*Wank* § 117 RdNr. 47; ebenso in der Rechtsprechung der Instanzgerichte LAG Brandenburg LAGE Einigungsvertrag Art. 20 Nr. 3; ArbG Berlin (63. Kammer) DB 1992, 480 (LS); ArbG Berlin (62. Kammer) AuA 1991, 88; KrG Schwerin-Stadt (3. KfArbR) DB 1991, 869.

[211] BAG EzA Einigungsvertrag Art. 20 Nr. 16; bestätigt durch BAG Einigungsvertrag Art. 20 Nr. 31; ebenso zuvor im Schrifttum vor allem *U. Scholz* BB 1991, 2515, 2518f.; zustimmend *Ascheid* (Fn. 192) RdNr. 858; *Palandt-Putzo* RdNr. 10.

[212] BAG EzA Einigungsvertrag Art. 20 Nr. 16; sowie BAG EzA Einigungsvertrag Art. 20 Nr. 20 und 25.

[213] BAG EzA Einigungsvertrag Art. 20 Nr. 34.

[214] BAG EzA Einigungsvertrag Art. 20 Nr. 36.

Abschnitt III Nr. 1 Abs. 5 EVertr. während der Amtszeit bzw. während des nachwirkenden Kündigungsschutzes außerordentlich gekündigt werden, jedoch ist hierfür die Zustimmung des Personalrats nach § 47 BPersVG bzw. den entsprechenden landesgesetzlichen Bestimmungen einzuholen. Mit dieser Grundkonzeption harmoniert es, wenn der 8. Senat des Bundesarbeitsgerichts ebenfalls bereits in seiner Grundsatzentscheidung vom *11. Juni 1992* erkannte, daß der Arbeitnehmer bei einer **Kündigungsschutzklage** die dreiwöchige Klagefrist in § 4 Satz 1 KSchG (§ 13 Abs. 1 S. 2 KSchG) einhalten muß, wenn er geltend machen will, daß die Kündigung nicht die in Anl. I Kap. XIX Sachgeb. A Abschnitt III Nr. 1 Abs. 5 EVertr. genannten Voraussetzungen erfüllt.[215]

77 **4. Kündigungssachverhalte. a) Verstoß gegen Grundsätze der Menschlichkeit oder der Rechtsstaatlichkeit. aa) Grundsätze.** Mit dem in Anl. I Kap. XIX Sachgeb. A Abschnitt III Nr. 1 Abs. 5 EVertr. umschriebenen Kündigungssachverhalt greift das Gesetz auf einen Tatbestand zurück, der in Gestalt eines Ausschlußtatbestandes in vergleichbarer Weise in § 3 S. 1 Nr. 3a G 131, § 1 Abs. 1 HHG und § 3 Abs. 1 BVFG enthalten ist und zu dessen Konkretisierung auf die zu diesen Vorschriften vorliegende Judikatur des Bundesverwaltungsgerichts zurückgegriffen werden kann.[216] Hiernach weist der Tatbestand eine objektive und eine subjektive Komponente auf. Ebenso wie die angeführten Vorschriften besitzt auch der in Anl. I Kap. XIX Sachgeb. A Abschnitt III Nr. 1 Abs. 5 Nr. 1 EVertr. genannte „wichtige Grund" keinen Sanktionscharakter.[217]

78 **bb) Objektiver Verstoß.** In objektiver Hinsicht muß das Verhalten des Arbeitnehmers gegen die Grundsätze der Menschlichkeit oder der Rechtsstaatlichkeit verstoßen haben, wobei das Gesetz zur Konkretisierung auf die Allgemeine Erklärung der Menschenrechte sowie das in der Vorschrift genannte völkerrechtliche Abkommen verweist und damit die Rechtsprechung des Bundesverwaltungsgerichts zu den in RdNr. 77 genannten Vorschriften adaptiert.[218] Während die völkerrechtliche Verbindlichkeit der Allgemeinen Erklärung der Menschenrechte für die ehem. DDR insbesondere im Hinblick auf Art. 8 der Verfassung der ehem. DDR problematisch ist,[219] ratifizierte auch die ehem. DDR die „Internationale Konvention über zivile und politische Rechte".[220] Trotz ihres förmlich festgestellten Inkrafttretens am 23. März 1976[221] hatte sich in der ehem. DDR allerdings keine einheitliche Auffassung hinsichtlich der innerstaatlichen Rechtswirkungen dieses Abkommens herausgebildet.[222]

79 Die in Anl. I Kap. XIX Sachgeb. A Abschnitt III Nr. 1 Abs. 5 Nr. 1 EVertr. der Übergangsregelung genannten „Grundsätze" ergeben sich vor allem aus den jeder Rechtsordnung vorgegebenen Rechten der Einzelpersonen.[223] Hierzu gehört vor allem das Recht auf Achtung der physischen und psychischen Integrität, Ein- und Ausreisefreiheit,[224] Glaubens-, Meinungs-, Versammlungs-, Vereinigungs-, Religions- und Koalitionsfreiheit. Auch die Einschüchterung politisch Andersdenkender unter dem Deckmantel formaler Gesetzmäßigkeit ist mit Recht und Gerechtigkeit unvereinbar.[225] Der Verstoß gegen die Menschlichkeit oder die Rechtsstaatlichkeit muß nicht eigenhändig ausgeführt worden sein. Es reicht, wenn durch eine Denunziation hoheitliche Maßnahmen ausgelöst wurden,

[215] Vgl. BAG EzA Einigungsvertrag Art. 20 Nr. 16.

[216] So nunmehr auch BAG NJ 1994, 430, 431.

[217] Zum fehlenden Sanktionscharakter von § 3 S. 1 Nr. 3a G 131 vgl. vor allem BVerfGE 12, 264, 271; BVerwG ZBR 1970, 191ff.

[218] Vgl. BVerwGE 15, 336, 338f.; 19, 1, 5; allg. zum Rückgriff auf das Völkerrecht als Tatbestandsmerkmal des autonomen deutschen Rechts vgl. *Engel,* Völkerrecht als Tatbestandsmerkmal deutscher Normen, 1989, S. 192ff.

[219] Vgl. zu dieser Problematik allg. *Dahm* Völkerrecht Bd. I, 1958, S. 429f.; *Verdross-Simma,* Universelles Völkerrecht, 3. Aufl. 1984, S. 822f.; *Wengler* Völkerrecht Bd. II, 1964, S. 1025ff.; speziell für Art. 8 der Verfassung der ehem. DDR *Mampel,* Die sozialistische Verfassung der DDR, 2. Aufl. 1982, Art. 8 RdNr. 2.

[220] GBl. 1974 II Nr. 6 S. 57.

[221] GBl. II Nr. 4 S. 108.

[222] Vgl. *Mampel* (Fn. 219) Art. 19 RdNr. 43; sowie BGH NJW 1993, 141, 145; BGH NJW 1994, 2708, 2709f.

[223] BVerwGE 15, 336, 338; 19, 1, 4f.; 31, 337, 341.

[224] Vgl. hierzu BGH NJW 1993, 141, 145f.; BGH NJW 1994, 2708, 2709f.

[225] BVerwGE 25, 128, 134.

die den Grundsätzen der Menschlichkeit oder der Rechtsstaatlichkeit widersprechen.[226] Erfaßt wird jedoch nicht jede unter dem Schutz der damaligen staatlichen und politischen Ordnung begangene Unrechtstat, sondern nur eine erhebliche Zuwiderhandlung gegen die Grundsätze der Menschlichkeit oder der Rechtsstaatlichkeit.[227] Bei verantwortlichen Leitungstätigkeiten im Zusammenhang mit der Entscheidung über Ausreiseanträge ist dies zu bejahen.[228]

80 **cc) Vorwerfbarkeit des Verstoßes.** Ungeachtet der erheblichen Schwierigkeiten, einen konkreten objektiven Verstoß gegen die Grundsätze der Menschlichkeit oder der Rechtsstaatlichkeit nachzuweisen, ist vor allem die subjektive Komponente des Tatbestandes von praktischer Relevanz, da ein „Verstoß" des Arbeitnehmers nur bei der Feststellung eines konkreten schuldhaften Verhaltens zu bejahen ist.[229] Maßgeblich ist hierbei nicht der straf- oder zivilrechtliche Verschuldensbegriff, sondern es genügt wegen des fehlenden Sanktionscharakters der außerordentlichen Kündigung ein zurechenbares und vorwerfbares Verhalten.[230] Diese Voraussetzung ist erfüllt, wenn dem Arbeitnehmer die Tatsachen bekannt waren, aus denen sich die Unmenschlichkeit oder Rechtsstaatswidrigkeit ergibt, und ihm dies bewußt war oder bei der ihm zumutbaren Gewissensanspannung hätte bewußt sein müssen, und nicht besondere Gründe seine Schuld ausschließen.[231] Eine darüber hinausgehende verwerfliche Gesinnung ist nicht erforderlich.[232]

81 Der Arbeitnehmer kann sich nicht erfolgreich damit verteidigen, daß sein Verhalten nach den in der ehem. DDR geltenden Gesetzen oder sonstigen Anordnungen der staatlichen Organe formal erlaubt oder aufgrund der politischen Umstände von der Strafverfolgung ausgenommen war.[233] Nicht die formale Gesetzmäßigkeit, sondern der materielle Unrechtsgehalt des Verhaltens steht im Vordergrund des subjektiven Vorwurfs.[234] Der Arbeitnehmer kann sich auch nicht darauf berufen, daß sein Verhalten der damals gültigen Staats- und Rechtsauffassung oder den von Parteitagen oder auf Sitzungen des Zentralkomitees der SED verabschiedeten Beschlüssen entsprach. Die subjektive Vorwerfbarkeit ist zudem zu bejahen, wenn der Arbeitnehmer durch Versetzung, Krankmeldung etc. eine Mitwirkung an dem Verstoß gegen die Grundsätze der Menschlichkeit oder Rechtsstaatlichkeit vermeiden konnte.[235] Eine gleichwohl erfolgte Mitwirkung schließt die Vorwerfbarkeit nur aus, wenn der Arbeitnehmer ansonsten alles zur Vermeidung eines Verstoßes gegen die Grundsätze unternommen hat.[236] Zudem entlastet die Berufung auf ein Pflichtgefühl den Arbeitnehmer ebensowenig,[237] wie er sich auf seine arbeitsrechtliche Pflicht zur Befolgung von Weisungen (§ 83 Abs. 1 AGB) berufen kann. Auch nach dem Recht der ehem. DDR war der Arbeitnehmer verpflichtet, Weisungen nicht zu befolgen, wenn deren Durchführung eine Straftat darstellte (§ 83 Abs. 2 S. 3 AGB).[238] Demjenigen, der einen Befehl zu einer Unmenschlichkeitstat in blindem Gehorsam befolgte, muß zum Vorwurf gemacht werden, daß er „blind", also ohne sein Gewissen zu prüfen, gehorchte.[239] Weder Befehle noch Ideale können jemals einen Verstoß gegen die Grundsätze der

[226] BVerwGE 15, 336, 340.

[227] So bereits BVerwGE 19, 1, 3; sowie im Anschluß BAG NJ 1994, 430, 431; LAG Berlin AuA 1994, 27f.; sowie die Erläuterungen der BReg. BT-Drucks. 11/7871, S. 180, die einen Verstoß gegen elementare Grundsätze fordern; in diesem Sinne auch *Pieroth* NJ 1992, 89, 92.

[228] ArbG Berlin NJ 1992, 133 (134); anders hingegen für Adoptionsentscheidungen BAG NJ 1994, 430, 431.

[229] BVerfGE 12, 264, 271; BGH ZBR 1958, 55, 56; BVerwGE 15, 337, 338; 25, 128, 135; 26, 82, 83; 31, 337, 342; 35, 209, 215; 36, 268, 274; BVerwG ZBR 1970, 191, 193.

[230] So insbesondere BVerwGE 26, 82, 86; BVerwG ZBR 1970, 191, 192f.

[231] BVerwGE 26, 82, 86.

[232] Ebenso BAG NJ 1994, 430, 431; sowie bereits BVerwGE 19, 1, 3.

[233] BVerwGE 15, 336, 338; 19, 1, 4; 31, 337, 341; sowie im Anschluß BAG NJ 1994, 430, 431.

[234] Ebenso BAG NJ 1994, 430, 431; LAG Berlin AuA 1994, 27f., jeweils im Anschluß an BVerwGE 19, 1, 4.

[235] BVerwGE 35, 209, 216; sowie BVerwGE 25, 128, 136f.

[236] BVerwGE 35, 209, 216.

[237] BVerwGE 25, 128, 136f.

[238] Vgl. zu diesem Aspekt BVerwGE 35, 209, 216; 36, 268, 274f.; sowie OG OGA 5, 47, 49.

[239] BVerwGE 31, 337, 343f.

Menschlichkeit legitimieren.[240] Dies gilt entsprechend für ein weltanschaulich motiviertes Verhalten.[241]

82 Die subjektive Vorwerfbarkeit ist zu verneinen, wenn bei Anlegung strafrechtlicher Maximen ein Schuldausschließungsgrund vorliegt.[242] Eine unmittelbare Gefahr für Leib oder Leben entschuldigt den Arbeitnehmer aber nur, wenn er sich nach allen Kräften gewissenhaft bemüht hat, den wirklichen oder vermeintlichen Gefahren auf eine die Unrechtstat vermeidende Weise zu entgehen.[243]

83 **dd) Beweislast.** Der Verstoß gegen die Grundsätze der Menschlichkeit oder der Rechtsstaatlichkeit ist entsprechend den allgemeinen Grundsätzen für die Beweislast hinsichtlich der Rechtmäßigkeit von Kündigungen vom Arbeitgeber zu beweisen. Vermutungen, die aus der früheren Tätigkeit oder der beruflichen Stellung des Arbeitnehmers abgeleitet werden, genügen nicht und begründen keinen prima-facie-Beweis.[244] Ein auch nach Anhörung des Arbeitnehmers verbleibender Verdacht kann allenfalls in extremen Ausnahmefällen unter Rückgriff auf die allgemeinen Grundsätze zur Verdachtskündigung[245] den Ausspruch einer nunmehr jedoch ausschließlich auf § 626 BGB gestützten außerordentlichen Kündigung rechtfertigen.

84 **b) Tätigkeit für das MfS/ANS. aa) Das Merkmal der Tätigkeit.** Der in Anl. I Kap. XIX Sachgeb. A Abschnitt III Nr. 1 Abs. 5 Nr. 2 EVertr. genannte Sachverhalt knüpft an eine im formalen Sinne zu verstehende Tätigkeit für das Ministerium für Staatssicherheit (MfS) bzw. die Nachfolgeeinrichtung, das Amt für Nationale Sicherheit (ANS), an. Anders als § 3 S. 1 Nr. 4 G 131 verlangt Anl. I Kap. XIX Sachgeb. A Abschnitt III Nr. 1 Abs. 5 Nr. 2 EVertr. kein Dienst- oder Arbeitsverhältnis mit dem MfS/ANS, sondern greift auf den vagen und einem extensiven Normverständnis zugänglichen Begriff der „Tätigkeit" zurück. Einen normativen Anhaltspunkt zur Konkretisierung liefert die Begriffsbestimmung, die § 6 Abs. 4 StUG für die „Mitarbeiter des Staatssicherheitsdienstes" aufstellt.[246] Die dort normierten Legaldefinitionen für „hauptamtliche und inoffizielle Mitarbeiter" sind für die kündigungsrechtliche Sonderregelung in Anl. I Kap. XIX Sachgeb. A Abschnitt III Nr. 1 Abs. 5 Nr. 2 EVertr. jedoch nicht nur wegen der völlig unterschiedlichen Normzwecke, sondern auch deshalb nicht verbindlich, weil § 6 Abs. 4 StUG an die Person und Anl. I Kap. XIX Sachgeb. A Abschnitt III Nr. 1 Abs. 5 EVertr. an die Tätigkeit anknüpft. Es ist deshalb allenfalls die Schlußfolgerung gerechtfertigt, daß bei Personen, die in § 6 Abs. 4 StUG als „Mitarbeiter des Staatssicherheitsdienstes" genannt sind, regelmäßig ein kündigungsrelevanter Sachverhalt im Sinne von Anl. I Kap. XIX Sachgeb. A Abschnitt III Nr. 1 Abs. 5 Nr. 2 EVertr. vorliegt. Der Anwendungsbereich der letztgenannten Vorschrift wird hierdurch aber nicht abschließend umschrieben.

85 Eine Tätigkeit für das MfS/ANS liegt regelmäßig vor, wenn der Arbeitnehmer „hauptberuflich" aufgrund eines vertraglich oder durch Berufung begründeten **Arbeits(rechts-)verhältnisses** beim MfS beschäftigt war (ebenso § 6 Abs. 4 Nr. 1 StUG). Wegen des in Anl. I Kap. XIX Sachgeb. A Abschnitt III Nr. 1 Abs. 5 Nr. 2 EVertr. durch die Formulierung „für" zum Ausdruck gelangten Erfordernisses einer finalen Ausrichtung der Mitarbeit[247] kann aus dem Bestehen eines Arbeits(rechts)verhältnisses zum MfS/ANS indes nicht stets auf eine Tätigkeit für diese Einrichtung geschlossen werden. Erforderlich ist vielmehr, daß die geschuldete Arbeitsleistung für den gesetzlichen Aufgabenbereich des MfS erbracht wurde. Insbesondere aus dem Bereich der Sportförderung sind Sachverhalte bekannt, bei denen das Arbeitsverhältnis mit dem MfS/ANS den Charakter eines Sponsoring besaß und eine Arbeitsleistung für die von den Parteien des Einigungsvertrages

[240] VG Schleswig DRiZ 1975, 54.
[241] BVerwG ZBR 1970, 191, 193.
[242] BVerwGE 15, 336, 339; 31, 337, 342f.
[243] BVerwGE 36, 268, 277.
[244] So bereits OVG Hamburg ZBR 1959, 30.
[245] Vgl. hierzu BAG AP BGB § 626 Verdacht strafbarer Handlung Nr. 13; § 626 RdNr. 147ff.
[246] Ebenso *Lansnicker-Schwirtzek* DtZ 1993, 106, 107.
[247] Zum Erfordernis einer finalen Tätigkeit BAG EzA Einigungsvertrag Art. 20 Nr. 16; sowie BAG EzA Einigungsvertrag Art. 20 Nr. 24.

inkriminierte Tätigkeit des MfS/ANS nicht vorlag. Derartige Sachverhalte dürften aus dem Kündigungstatbestand auszugrenzen sein.

86 Bestand zwischen dem Arbeitnehmer und dem MfS/ANS ein Arbeits(rechts)verhältnis, und wurde eine dem Aufgabenbereich dieser Einrichtung zuzurechnende Tätigkeit erbracht, so ist der **Ort der Arbeitsleistung** ohne Bedeutung. Es werden auch solche Tätigkeiten erfaßt, die der Arbeitnehmer nicht in Einrichtungen des MfS/ANS, sondern in anderen Einrichtungen des Staatsdienstes (zB Post, Paßkontrolleinheiten der Grenztruppen)[248] oder der Wirtschaft erbrachte. Dies gilt insbesondere auch, wenn der Arbeitnehmer aufgrund eines Delegierungsvertrages bei einer anderen Einrichtung tätig war, oder er – wie bei den Offizieren im besonderen Einsatz (OibE)[249] – zusätzlich in einem weiteren Arbeits(rechts)verhältnis zu einem Dritten stand.

87 Schwierige Abgrenzungsfragen löst die **nebenamtliche Tätigkeit** für das MfS/ANS aus. Aus dem einschränkungslosen Wortlaut von Anl. I Kap. XIX Sachgeb. A Abschnitt III Nr. 1 Abs. 5 Nr. 2 EVertr. folgt zunächst deren generelle Einbeziehung in den Anwendungsbereich der Vorschrift.[250] Zweifelhaft ist jedoch im Einzelfall, ob der Kontakt zwischen dem Arbeitnehmer und dem MfS/ANS bereits als eine Tätigkeit für diese Einrichtung zu qualifizieren ist und zudem vom Normzweck des Kündigungstatbestandes erfaßt ist.

88 Erforderlich ist jedenfalls stets ein **bewußtes und gewolltes Zusammenwirken** mit dem MfS/ANS.[251] Eine ohne Wissen des Arbeitnehmers erfolgte „Abschöpfung" genügt diesen Anforderungen nicht.[252] Keine ausschlaggebende Bedeutung besitzt aufgrund des Normzwecks die rechtliche Verknüpfung zwischen dem Arbeitnehmer und dem MfS/ANS.[253] Eine ausdrückliche **Verpflichtungserklärung,**[254] wie sie bei geheimen bzw. informellen Mitarbeitern (GMS bzw. IM)[255] regelmäßig in schriftlicher Form vorliegt, indiziert zwar, daß der Arbeitnehmer für das MfS/ANS tätig gewesen ist, eine „Tätigkeit" für das MfS/ANS setzt jedoch zusätzlich voraus, daß der Arbeitnehmer entsprechend seiner Verpflichtungserklärung tatsächlich tätig wurde.[256] Umgekehrt kann eine Tätigkeit für das MfS/ANS auch dann vorliegen, wenn sich der Arbeitnehmer nicht ausdrücklich schriftlich oder uU nur mündlich zu einer Tätigkeit für das MfS/ANS verpflichtete. Im Hinblick auf den Normzweck ist allein entscheidend, ob der Arbeitnehmer aktiv für das MfS/ANS tätig wurde. Der Anwendungsbereich der Norm beschränkt sich nach seinem Wortlaut nicht nur auf konspirative Tätigkeiten.

89 Der Wortlaut von Anl. I Kap. XIX Sachgeb. A Abschnitt III Nr. 1 Abs. 5 Nr. 2 EVertr. verlangt keine bestimmte Quantität der Tätigkeit. Ein **punktueller Gelegenheitskontakt**

[248] Zur Postkontrolle durch das MfS vgl. *Gill-Schröter,* Das Ministerium für Staatssicherheit, 1991, S. 140ff., 403ff.

[249] Zu dieser Personengruppe vgl. *Gill-Schröter* (Fn. 248) S. 118ff.

[250] So auch die Erl. BReg. BT-Drucks. 11/7817, S. 180; für die insoweit einhellige Ansicht zB BAG EzA Einigungsvertrag Art. 20 Nr. 22; BAG EzA Einigungsvertrag Art. 20 Nr. 24 und 26; ArbG Berlin ZTR 1991, 340, 341; *Säcker-Oetker* (Fn. 9) RdNr. 1017; *Wank* RdA 1991, 1, 6; *Weiß* PersV 1991, 97, 119f.

[251] Ebenso BAG EzA Einigungsvertrag Art. 20 Nr. 16 und 31; sowie zuvor ArbG Berlin NZA 1992, 593, 595; *U. Scholz* BB 1991, 2515, 2519, und zuletzt LAG Berlin BB 1993, 728 (LS); *Lansnicker-Schwiertzek* DtZ 1993, 106, 107.

[252] Ebenso *Künzl* AuR 1993, 204, 209; *Lansnicker-Schwirtzek* MDR 1992, 529, 532.

[253] Ebenso § 6 Abs. 4 Nr. 2 StUG, der zu den inoffiziellen Mitarbeitern alle Personen rechnet, die sich zur Lieferung von Informationen bereit erklärt haben; im hiesigen Sinne auch *Weiß* PersV 1991, 97, 120; näher zu § 6 Abs. 4 Nr. 2 StUG VG Berlin NJ 1995, 159f.; *v. Lindheim* DtZ 1993, 358ff.

[254] Vgl. exemplarisch die bei *Gill-Schröter* (Fn. 248) S. 111f., abgedruckte Verpflichtungserklärung.

[255] Zu dieser Personengruppe und den unterschiedlichen Kategorien *Gill-Schröter* (Fn. 248) S. 95ff.; sowie insbesondere die „Richtlinie Nr. 21/79 für die Arbeit mit inoffiziellen Mitarbeitern für Sicherheit (GMS)", abgedruckt bei *Gill-Schröter* (Fn. 248) S. 414ff.

[256] So mit Recht hervorgehoben von BAG EzA Einigungsvertrag Art. 20 Nr. 24; sowie *U. Scholz* BB 1991, 2515, 2520, der jedoch aus dem Vorhandensein einer Verpflichtungserklärung eine Umkehr der Darlegungs- und Beweislast ableitet, vgl. S. 2525; hiergegen aber BAG EzA Einigungsvertrag Art. 20 Nr. 26, das auch eine Beweiserleichterung nach den Grundsätzen des Anscheinsbeweises ablehnt.

mit dem MfS/ANS wäre zwar noch vom Wortlaut der Norm erfaßt, dürfte im Hinblick auf den Normzweck aber nicht einzubeziehen sein.[257] Erforderlich ist vielmehr eine kontinuierliche Mitarbeit; eine wiederholte gelegentliche Information reicht hierfür nicht aus.

90 Da Anl. I Kap. XIX Sachgeb. A Abschnitt III Nr. 1 Abs. 5 Nr. 2 EVertr. ausschließlich auf die Tätigkeit abstellt und das Ansehen des öffentlichen Dienstes bereits beeinträchtigt wird, wenn der Arbeitnehmer weiterhin im öffentlichen Dienst beschäftigt ist, besitzen etwaige **Gegenleistungen des MfS/ANS** keine Bedeutung für die Frage, ob der Arbeitnehmer für das MfS/ANS tätig wurde. Für eine Restriktion des Kündigungstatbestandes auf entgeltliche Tätigkeiten fehlen in der Norm jegliche Anhaltspunkte.[258]

91 Eine Tätigkeit für das MfS/ANS liegt zudem nur bei einem **freiwilligen Verhalten** des Arbeitnehmers vor.[259] Die **passive und erzwungene Information** gegenüber dem MfS/ANS reicht deshalb nicht aus.[260] Keine Tätigkeit liegt auch dann vor, wenn ein bei anderen Einrichtungen beschäftigter Arbeitnehmer in Ausübung seiner beruflichen Tätigkeit **Meldepflichten** gegenüber dem MfS/ANS (zB im Bereich der Militärforschung) erfüllen mußte.[261] Dies gilt entsprechend für **Berichtspflichten** sog. Reisekader, sofern hierbei überhaupt ein direkter Kontakt des Arbeitnehmers zum MfS/ANS bestand.

92 **bb) Einrichtungen des MfS/ANS.** Die von Anl. I Kap. XIX Sachgeb. A Abschnitt III Nr. 1 Abs. 5 Nr. 2 EVertr. erfaßte Tätigkeit muß zielgerichtet für das MfS/ANS geschehen sein. Dies ist nicht nur zu bejahen, wenn sie für eine Einrichtung erfolgte, die formeller und nach außen erkennbarer Bestandteil des MfS/ANS und in das Ministerium organisatorisch eingegliedert war (Zentrale, Bezirksverwaltungen, Kreisdienststellen, Gefängnisse).[262] Der Normzweck gebietet es, auch solche Tätigkeiten für Einrichtungen einzubeziehen, deren organisatorische Zugehörigkeit zum MfS/ANS für Außenstehende nicht ohne weiteres erkennbar war bzw. die formell als rechtlich vom MfS/ANS verselbständigte Einrichtungen existierten. Obwohl hinsichtlich der organisatorischen Verflechtung des MfS/ANS mit anderen Einrichtungen im unmittelbar hoheitlichen oder wirtschaftlichen Bereich noch zahlreiche unbeantwortete Fragen vorliegen, sind zumindest solche Tätigkeiten für staatliche Einrichtungen oder Betriebe einzubeziehen, die unabhängig von ihrer rechtlichen Selbständigkeit Aufgaben des MfS/ANS als eigene erfüllen. Zu diesen Einrichtungen gehören neben dem Wachregiment Feliks Dzerzynski, der Juristischen Hochschule Potsdam-Eiche[263] auch Erholungsobjekte, Bibliotheken, Sanatorien, Weiterbildungs- und Versorgungseinrichtungen sowie Wohnheime. Selbst bei Firmen im In- und Ausland kann nicht ausgeschlossen werden, daß sie teilweise Einrichtungen des MfS/ANS waren. Wenn eine Einrichtung gemischte Aufgaben erfüllte und die Tätigkeit für das MfS/ANS von den übrigen Funktionen klar getrennt war (zB die bei den größeren Postämtern eingerichteten Kontrollstellen zur Postüberwachung oder die Paßkontrolleinheiten bei den Grenztruppen),[264] ist nur die Tätigkeit in dem entsprechenden Teilbereich der Einrichtung erfaßt.[265]

93 **cc) Art der Tätigkeit und subjektive Aspekte.** Ähnlich wie § 3 S. 1 Nr. 4 G 131 knüpft Anl. I Kap. XIX Sachgeb. A Abschnitt Nr. 1 Abs. 5 Nr. 2 EVertr. ausschließlich an den formellen Tatbestand einer Tätigkeit für das MfS/ANS an. Das Gesetz geht im Ausgangspunkt von einer kollektiven Erfassung der für das MfS/ANS tätig gewordenen Arbeitnehmer aus.

[257] So auch ArbG Berlin NZA 1992, 597, 601; *Lansnicker-Schwirtzek* DtZ 1993, 106, 107.

[258] Wie hier *Künzl* AuR 1992, 204, 209.

[259] BAG EzA Einigungsvertrag Art. 20 Nr. 24; *U. Scholz* BB 1991, 2515, 2518.

[260] Vgl. LAG Berlin BB 1993, 728 (LS).

[261] So auch *Lansnicker-Schwirtzek* MDR 1992, 529, 530; *dies.* DtZ 1993, 106, 107.

[262] Zur Struktur des MfS *Gill-Schröter* (Fn. 248) S. 31 ff.

[263] Zu dieser siehe auch *Gill-Schröter* (Fn. 248) S. 66 f.

[264] Siehe *Gill-Schröter* (Fn. 248) S. 140 ff.

[265] Vgl. zu dieser Problematik bereits BVerwGE 7, 340, 342 f.

94 Auf die Art der von dem Arbeitnehmer in der Vergangenheit ausgeübten Tätigkeit kommt es zunächst nicht an.[266] Deshalb ist es unerheblich, ob die Art der Tätigkeit eine Teilnahme an rechtsstaatswidrigen Betätigungen des MfS/ANS ausschloß. In den Kündigungstatbestand sind nicht nur nachrichtendienstliche Tätigkeiten einbezogen, sondern dem Normzweck wird nur eine Interpretation hinreichend gerecht, die zunächst jede Tätigkeit unabhängig von ihrer Qualität als kündigungsrelevanten Sachverhalt erfaßt. Dementsprechend ist kein individuelles Fehlverhalten des Arbeitnehmers erforderlich.[267] Ferner muß sich der Arbeitnehmer nicht des Unrechtscharakters des MfS/ANS oder seiner konkreten Tätigkeit bewußt gewesen sein.[268] Zu berücksichtigen sind diese Aspekte jedoch bei der Einzelfallprüfung, ob die Fortsetzung des Arbeitsverhältnisses für den jetzigen Träger der Einrichtung unzumutbar ist.[269]

95 Die einschränkungslose Anknüpfung an die „Tätigkeit" ist fragwürdig, wenn der Arbeitnehmer nicht in einem hauptberuflichen Arbeitsverhältnis zum MfS/ANS stand. Wenn lediglich an die bewußte und final auf das MfS/ANS ausgerichtete Tätigkeit angeknüpft wird, so ist an sich jedwede, also auch die rein wirtschaftliche Zusammenarbeit mit dem MfS/ANS als kündigungsrelevanter Sachverhalt zu qualifizieren. Dies liefe indessen den Intentionen des Einigungsvertrages zuwider. Der Rückgriff auf die weite Formulierung der „Tätigkeit" dient vor allem dazu, auch die Sachverhalte einer „nebenamtlichen" Tätigkeit für das MfS/ANS in den Kündigungstatbestand einzubeziehen.[270] Der Bereich der „nebenamtlichen" Tätigkeit umfaßt jedoch auch nach dem bei Schaffung des Einigungsvertrages bereits vorliegenden Material über Aufbau und Struktur des MfS/ANS diejenigen Personen, die sich als inoffizielle oder geheime Mitarbeiter zur Lieferung von Informationen an das MfS/ANS bereit erklärt hatten. Deshalb sprechen gewichtige Gründe dafür, daß bei Arbeitnehmern, die nicht in einem Arbeits(rechts)verhältnis zum MfS/ANS standen, nur solche Tätigkeiten als kündigungsrelevanter Sachverhalt herangezogen werden, die auf die Lieferung von Informationen an das MfS/ANS gerichtet waren.

96 **dd) Beweislast.** Der Arbeitgeber trägt die Beweislast für den mit der außerordentlichen Kündigung erhobenen Vorwurf einer Tätigkeit für das MfS/ANS.[271] Bloße Vermutungen oder Verdächtigungen reichen hierfür ebensowenig aus, wie die Weigerung des Arbeitnehmers, auf freiwilliger Grundlage einer Überprüfung auf Mitarbeit im ehem. MfS/ANS einschließlich der damit verbundenen Akteneinsicht durch den Arbeitgeber oder andere Beauftragte zuzustimmen.[272] Es ist vielmehr ein konkreter Nachweis erforderlich.

97 Der für eine außerordentliche Kündigung erforderliche Nachweis einer Tätigkeit kann zB durch eine Auskunft des „Bundesbeauftragten für die Unterlagen des Staatssicherheitsdienstes" erbracht werden, für die eine Zustimmung des Arbeitnehmers nicht erforderlich ist.[273] Schriftliche Mitteilungen des Bundesbeauftragten sind allerdings kein Beweismittel hinsichtlich der für das MfS/ANS erfolgten Tätigkeit des Arbeitnehmers.[274] Gegebenenfalls sind die entsprechenden Mitarbeiter des MfS/ANS als Zeugen zu vernehmen bzw.

[266] So auch KrG Schwerin-Stadt BB 1991, 2193 (LS); *U. Scholz* BB 1991, 2515, 2520. Ebenso zu § 3 S. 1 Nr. 4 G 131 BVerwGE 7, 221, 224f.; 7, 340, 342.

[267] LAG Berlin LAGE Einigungsvertrag Art. 20 Nr. 6; LAG Berlin LAGE Einigungsvertrag Art. 20 Nr. 1; ArbG Berlin NZA 1992, 597, 605; ArbG Berlin ZTR 1991, 341, 342; ArbG Berlin BB 1991, 2528f. (LS).

[268] Ebenso *U. Scholz* BB 1991, 2515, 2522; vgl. bereits BVerwGE 7, 221, 224.

[269] So mit Recht *Weiß* PersV 1991, 97, 120.

[270] Vgl. Erl. BReg. BT-Drucks. 11/7817, S. 180.

[271] Ebenso BAG Einigungsvertrag Art. 20 Nr. 24; ArbG Berlin BB 1991, 2528; *Lansnicker-Schwirtzek* MDR 1991, 202, 204; *dies.* DtZ 1993, 106, 107; *U. Scholz* BB 1991, 2515, 2525; *Weiss-Kreuder* AuR 1994, 12, 20.

[272] So bereits *Säcker-Oetker* (Fn. 9) RdNr. 1021; ebenso *Braunert* AuA 1993, 15, 16f.; nach der Rechtsprechung des Bundesarbeitsgerichts kann auf die Weigerung des Arbeitnehmers jedoch eine ordentliche Kündigung wegen „mangelnder Eignung" (Anl. I Kap. XIX Sachgeb. A Abschnitt III Nr. 1 Abs. 4 Nr. 1 EVertr.) gestützt werden, vgl. BAG EzA Einigungsvertrag Art. 20 Nr. 24.

[273] Zur Mitteilung des Bundesbeauftragten und der Verwendung der Unterlagen siehe die §§ 20 Abs. 1 Nr. 6d, 21 Abs. 1 Nr. 6d StUG.

[274] ArbG Berlin NZA 1992, 593, 595f.; ArbG Berlin NZA 1992, 597, 601; *Weiss-Kreuder* ArbuR 1994, 12, 20; sowie allg. *Braunert* AuA 1993, 15ff.

entsprechende schriftliche Unterlagen des MfS/ANS im Wege des Urkundsbeweises in den Prozeß einzuführen.[275]

98 Verbleiben nach Ausschöpfung aller Beweismittel Zweifel, so ist in Ausnahmefällen der Rückgriff auf die allgemeinen Grundsätze einer Verdachtskündigung rechtlich zulässig.[276] Diese ist durch Anl. I Kap. XIX Sachgeb. A Abschnitt III Nr. 1 Abs. 5 Nr. 2 EVertr. nicht ausgeschlossen, muß jedoch die allgemeinen Voraussetzungen des § 626 BGB erfüllen. Der hierfür erforderliche dringende Verdacht kann nach allgemeinen Grundsätzen auch durch die mangelnde Bereitschaft des Arbeitnehmers begründet sein, sich um die Aufklärung des ihm zur Last gelegten Verhaltens zu bemühen.[277] Angesichts der Informationsmöglichkeit des Trägers der Einrichtung beim Sonderbeauftragten der Bundesregierung[278] ist diese indirekte Pflicht zur Mitwirkung an der Aufklärung regelmäßig aber nicht zu bejahen,[279] so daß die fehlende Mitwirkung des Arbeitnehmers nur in extremen Ausnahmefällen einen dringenden Verdacht begründet.

99 **5. Unzumutbarkeit.** Anl. I Kap. XIX Sachgeb. A Abschnitt III Nr. 1 Abs. 5 EVertr. statuiert keine absoluten Kündigungsgründe, sondern verlangt, daß ein Festhalten am Arbeitsverhältnis unzumutbar erscheinen muß. Hieraus folgt, daß die einigungsvertragliche Übergangsregelung bei keiner der dort genannten Alternativen einen absoluten Kündigungsgrund begründet.[280] Erforderlich ist stets eine Einzelfallprüfung,[281] die nicht mit der aus § 626 Abs. 1 BGB bekannten Interessenabwägung verwechselt werden darf. Die Dauer der Beschäftigung oder etwaige Unterhaltsverpflichtungen des gekündigten Arbeitnehmers müssen bei der Einzelfallprüfung außer Betracht bleiben.[282] Das *Bundesarbeitsgericht* betonte in seiner Grundsatzentscheidung vom *11. Juni 1992* zu Recht, daß das Maß der individuellen Verstrickung über die außerordentliche Auflösbarkeit des Arbeitsverhältnisses entscheidet.[283]

100 Der in Anl. I Kap. XIX Sachgeb. A Abschnitt III Nr. 1 Abs. 5 EVertr. normierte „wichtige Grund" erfordert zwar nicht wie § 626 Abs. 1 BGB eine Abwägung der Interessen beider Vertragsteile, jedoch kann auch die Feststellung, ob das weitere Festhalten am Arbeitsvertrag „unzumutbar erscheint", nicht getroffen werden, ohne dem durch die Kündigung geschützten Rechtsgut die Tätigkeit des Arbeitnehmers gegenüberzustellen, so daß letztlich eine Abwägung zwischen dem durch die Kündigung geschützten Rechtsgut und der individuellen Verstrickung des Arbeitnehmers unerläßlich ist.[284] Die Entscheidung des Arbeitgebers zur Unzumutbarkeit ist uneingeschränkt justitiabel.[285]

[275] Siehe auch BAG EzA Einigungsvertrag Art. 20 Nr. 22.

[276] So auch ArbG Berlin NZA 1992, 597, 604; ebenso *Korinth* NZA 1992, 350, 355; *Künzl* AuR 1992, 204, 209; *Oetker* Anm. zu LAG Berlin LAGE Einigungsvertrag Art. 20 Nr. 1; aA LAG Berlin BB 1993, 728 (LS); ArbG Berlin NZA 1992, 593, 596f.; *Lansnicker-Schwirtzek* DtZ 1993, 106, 108; *Weiss-Kreuder* AuR 1994, 12, 20.

[277] BAG AP BGB § 626 Verdacht strafbarer Handlung Nr. 13.

[278] Siehe Fn. 273.

[279] Anders aber BAG EzA Einigungsvertrag Art. 20 Nr. 24; LAG Berlin NZA 1992, 1131, das im Hinblick auf die besonderen Kündigungsgründe ein generelles Fragerecht und eine hiermit korrespondierende Pflicht des Arbeitnehmers bejaht, die Frage vollständig und wahrheitsgemäß zu beantworten; wie hier jedoch *Weiss-Kreuder* AuR 1994, 16, 21. Zur Praxis der schriftlichen Befragung vgl. *Weichert* KJ 1991, 457, 467ff.

[280] LAG Berlin LAGE Einigungsvertrag Art. 20 Nr. 1; LAG Berlin NJ 1992, 131; *Däubler* PersR 1990, 313, 315; *Staudinger-Rauscher* RdNr. 56; mißverständlich *Preis* PersR 1991, 201, 203.

[281] So auch BAG EzA Einigungsvertrag Art. 20 Nr. 16, 26 und 31; ebenso bereits Erl. BReg. BT-Drucks. 11/7817, S. 180; aus dem Schrifttum zB mit überzeugenden Gründen *Fenski-Linck* NZA 1992, 337, 343; ebenso auch *Ascheid* (Fn. 192) RdNr. 858; *Künzl* AuR 1992, 204, 209; *Lansnicker-Schwirtzek* DtZ 1993, 106, 109; *Oetker* Anm. zu LAG Berlin LAGE Einigungsvertrag Art. 20 Nr. 1; *Staudinger-Rauscher* RdNr. 56; *U. Scholz* BB 1991, 2515, 2520; *Weiß* PersV 1991, 97, 120; exemplarisch zur Überprüfungspraxis *Majer* KJ 1992, 147, 157ff.

[282] Ebenso zu Anl. I Kap. XIX Sachgeb. A Abschnitt III Nr. 1 Abs. 4 Nr. 1 EVertr. BAG EzA Einigungsvertrag Art. 20 Nr. 24.

[283] BAG EzA Einigungsvertrag Art. 20 Nr. 16; sowie zuletzt BAG EzA Einigungsvertrag Art. 20 Nr. 31.

[284] ArbG Berlin BB 1991, 2528 (LS); so auch *Weiß* PersV 1991, 97, 120, der ausdrücklich eine Abwägung verlangt; enger wohl BAG EzA Einigungsvertrag Art. 20 Nr. 16; zu weitgehend indes *Lansnicker-Schwirtzek* MDR 1991, 202, 203, die ohne Einschränkung die zu § 626 BGB entwickelten Grundsätze heranziehen; hiergegen mit Recht ArbG Berlin ZTR 1991, 341, 342.

[285] Ebenso zB *Künzl* ArbuR 1992, 204, 209; aA *Holzhauser* NJ 1991, 494, 495, der einen Beurteilungsspielraum des Arbeitgebers befürwortet.

101 Die auf Anl. I Kap. XIX Sachgeb. A Abschnitt III Nr. 1 Abs. 5 EVertr. gestützte außerordentliche Kündigung dient nicht der Sanktionierung eines früheren Verhaltens,[286] sondern soll aus dem früheren Verhalten folgende Belastungen für die zukünftige Tätigkeit der öffentlichen Verwaltung abwehren. Es handelt sich in den Worten des Bundesarbeitsgerichts um einen „nachwirkenden" Kündigungssachverhalt.[287] Insoweit betont das Gericht mit Recht, daß die Unzumutbarkeit nur aus den in der Vergangenheit liegenden Tätigkeiten hergeleitet werden kann.[288] Die Unzumutbarkeitsprüfung kann sich hierauf gleichwohl nicht beschränken, da ermittelt werden muß, ob das Festhalten an dem Arbeitsverhältnis gegenwärtig unzumutbar erscheint. Deshalb muß hinzutreten, daß die in Anl. I Kap. XIX Sachgeb. A Abschnitt III Nr. 1 Abs. 5 EVertr. umschriebenen Sachverhalte auch auf die zukünftige Durchführung des Arbeitsverhältnisses in der Dienststelle negativ ausstrahlen. Dies kann nicht nur durch Schwierigkeiten im innerbetrieblichen Arbeitsablauf, sondern auch durch Reaktionen von Dritten im Hinblick auf eine Zusammenarbeit mit dem betroffenen Arbeitnehmer als Repräsentanten des öffentlichen Dienstes bedingt sein.[289] Im Unterschied zu § 626 Abs. 1 BGB läßt Anl. I Kap. XIX Sachgeb. A Abschnitt III Nr. 1 Abs. 5 EVertr. ein „Erscheinen" der Unzumutbarkeit ausreichen. Hieraus folgt, daß das äußere Erscheinungsbild des öffentlichen Dienstes bei der Unzumutbarkeitsprüfung in den Vordergrund tritt.[290] Dieses wird wiederum von der gegenwärtigen Stellung und der Funktion des Arbeitnehmers beeinflußt, die deshalb ebenfalls im Rahmen der Unzumutbarkeitsprüfung zu berücksichtigen ist.[291]

102 Dem Zweck der Sonderregelung zur außerordentlichen Kündigung ist die dem Arbeitnehmer zur Last gelegte Tätigkeit gegenüberzustellen. Bei einem Verstoß des Arbeitnehmers gegen die **Grundsätze der Menschlichkeit oder der Rechtsstaatlichkeit**, die im Vergleich zu einer Tätigkeit für das MfS/ANS im Regelfall ungleich schwerer wiegt, wird die Unzumutbarkeit wegen des gravierenden Unrechtsgehalts des dem Arbeitnehmer zur Last gelegten Verhaltens zumeist nicht widerlegt werden können; der Kündigungssachverhalt indiziert in diesen Fallgestaltungen die Unzumutbarkeit.[292] Allenfalls in extrem gelagerten Ausnahmefällen kann es gerechtfertigt sein, trotz eines Verstoßes des Arbeitnehmers gegen die Grundsätze der Menschlichkeit oder der Rechtsstaatlichkeit die Zumutbarkeit der Beschäftigung zu bejahen.

103 Eine indizielle Wirkung des Kündigungssachverhalts tritt bei einer **Tätigkeit für das MfS/ANS** regelmäßig nicht ein,[293] da insbesondere die unterschiedliche Quantität und Qualität der Tätigkeiten eine differenzierte und umfassende Würdigung erfordern. Dies gilt sowohl bei einer hauptamtlichen als aber auch vor allem bei einer nebenamtlichen Tätigkeit für das MfS/ANS und bei dieser insbesondere dann, wenn die hiervon erfaßten Tätigkeiten – entgegen den obigen Ausführungen (RdNr. 95) – nicht auf den Bereich der Informationsbeschaffung für das MfS/ANS begrenzt werden. Auch im Regelfall ist eine gesonderte Unzumutbarkeitsprüfung nicht entbehrlich. Eine gegenteilige Aussage ist lediglich bei einzelnen Fallgruppen gerechtfertigt, die sich dadurch auszeichnen, daß die

[286] So treffend *Weiß* PersV 1991, 97, 120.

[287] BAG EzA Einigungsvertrag Art. 20 Nr. 16.

[288] BAG EzA Einigungsvertrag Art. 20 Nr. 16; ebenso LAG Brandenburg DB 1993, 176, 177; sowie bereits zuvor LAG Berlin NZA 1992, 264, 265.

[289] ArbG Berlin BB 1991, 2528f. (LS).

[290] BAG EzA Einigungsvertrag Art. 20 Nr. 16; ebenso auch *Künzl* AuR 1992, 204, 209; *Oetker* Anm. zu LAG Berlin LAGE Einigungsvertrag Art. 20 Nr. 1; so auch schon LAG Berlin NZA 1992, 264, 265; LAG Berlin NJ 1992, 131, 132.

[291] LAG Berlin LAGE Einigungsvertrag Art. 20 Nr. 6; LAG Berlin NJ 1992, 131, 132; LAG Brandenburg DB 1993, 176, 178; KrG Neubrandenburg AuA 1992, 28; ArbG Berlin BB 1991, 2528 (LS); vgl. insoweit auch *Oetker* Anm. zu LAG Berlin LAGE Einigungsvertrag Art. 20 Nr. 1; sowie *Lansnikker-Schwirtzek* DtZ 1993, 106, 110.

[292] Ebenso *Weiß* PersV 1991, 97, 120; in der Sache auch BAG NJ 1994, 430, 431, das mit Recht den deutlich höheren Unwertgehalt hervorhebt.

[293] Gegen jegliche Indizwirkung oder Vermutung KrG Neubrandenburg AuA 1992, 28; *Künzl* AuR 1992, 204, 209; *Lansnicker-Schwirtzek* MDR 1992, 529, 530; *dies.* DtZ 1993, 106, 109; mit Bedenken auch *Staudinger-Rauscher* RdNr. 56; aA KrG Schwerin-Stadt BB 1991, 2193 (LS); *U. Scholz* BB 1991, 2515, 2521, der hieraus zugleich eine Umkehr der Beweislast ableitet, vgl. S. 2526; in diesem Sinne auch LAG Berlin NZA 1992, 264, 266, das ein Regel-Ausnahme-Verhältnis postuliert.

frühere Tätigkeit für das MfS/ANS in besonderer Weise geeignet ist, das Vertrauen in eine rechtsstaatliche Verwaltung zu erschüttern.[294] Dies ist z. B. für die Personengruppe der Offiziere im besonderen Einsatz[295] zu bejahen,[296] da ihre in der Vergangenheit gezeigte Bereitschaft, verdeckt und mit geheimdienstlichen Methoden für andere Einrichtungen zu arbeiten, in besonderem Maße das Entstehen einer Vertrauensbeziehung der Bürger zu der konkreten Einrichtung des öffentlichen Dienstes erschwert.

104 Bei der Unzumutbarkeitsprüfung ist die Art der Tätigkeit von ausschlaggebender Bedeutung,[297] da die Mitarbeit im Verwaltungsdienst einschließlich der technischen Dienste einen ungleich geringeren Unwertgehalt aufweist, als die zielgerichtete Ausspähung der Privatsphäre oder die konspirative Unterwanderung und Zersetzung gesellschaftlicher Organisationen, kirchlicher Einrichtungen oder oppositioneller Gruppierungen.[298] Hierbei ist auch der durch die Tätigkeit für andere Personen entstandene materielle und immaterielle Schaden zu berücksichtigen.[299] Hieraus folgt eine Proportionalität zwischen dem durch die Art der Tätigkeit und die Stellung bei dem MfS/ANS geprägten Maß der individuellen Verstrickung und der Notwendigkeit einer außerordentlichen Kündigung.[300] Je größer dieses ist, umso eher ist die Annahme gerechtfertigt, daß der Arbeitnehmer als Angehöriger des Öffentlichen Dienstes für die Bevölkerung nicht zumutbar ist.[301]

105 Von Bedeutung für die Unzumutbarkeit ist ferner, wann und für welchen Zeitraum der Arbeitnehmer für das MfS/ANS tätig war.[302] Deshalb ist auch zu berücksichtigen, ob der Arbeitnehmer seine Tätigkeit für das MfS/ANS bereits vor dem Oktober 1989 aus eigener Initiative eingestellt hat.[303] Gegebenenfalls ist auch das Verhalten des Arbeitnehmers nach der offiziellen Auflösung des MfS/ANS in die Einzelfallprüfung einzubeziehen.[304]

106 Des weiteren sind die besonderen Umstände von Bedeutung, die den Arbeitnehmer zu einer Tätigkeit für das MfS/ANS bewogen.[305] Die auf Druck und Androhung empfindlicher Übel gegenüber dem Arbeitnehmer oder nahen Angehörigen[306] erfolgte nebenamtliche Tätigkeit ist milder zu bewerten, als das aus eigener Initiative aufgenommene Engagement. Das Ziel, durch die Tätigkeit für das MfS/ANS materielle Zuwendungen oder sonstige Leistungen (zB Wohnraum, bevorzugte Zuteilung eines PKW, Auslandsaufenthalte, Studienplätze) zu erlangen, auf deren Gewährung kein Anspruch bestand, oder diese auch zukünftig zu erhalten, ist demgegenüber regelmäßig zu Lasten des Arbeitnehmers zu berücksichtigen.

107 **6. Kündigungserklärungsfrist.** Kontroverse Diskussionen in Doktrin und Judikatur löste von Beginn an die Frage aus, ob bei einer auf Anl. I Kap. XIX Sachgeb. A Abschnitt

[294] Ähnlich *Weiß* PersV 1991, 97, 120.
[295] Zu ihrer Tätigkeit vgl. *Gill-Schröter* (Fn. 246), S. 118ff.
[296] So im Ergebnis auch ArbG Berlin AuA 1991, 88, 89; vgl. insofern auch ArbG Berlin ZTR 1991, 340, 341.
[297] BAG EzA Einigungsvertrag Art. 20 Nr. 16; ebenso zB LAG Berlin LAGE Einigungsvertrag Art. 20 Nr. 6; LAG Brandenburg BB 1993, 142, 143; ArbG Berlin NZA 1992, 597, 605; KrG Neubrandenburg AuA 1992, 28; *Ascheid* (Fn. 190) RdNr. 858.
[298] So mit Nachdruck auch LAG Berlin NJ 1992, 131, 132; LAG Brandenburg DB 1993, 176, 177; KrG Neubrandenburg AuA 1992, 28; *Lansnicker-Schwirtzek* MDR 1992, 529, 532; *dies.* DtZ 1993, 106, 110; sowie bereits *Säcker-Oetker* (Fn. 9) RdNr. 1023.
[299] Gegen die Berücksichtigung einer fehlenden Schädigung *U. Scholz* BB 1991, 2515, 2522; wohl auch BAG EzA Einigungsvertrag Art. 20 Nr. 16, das etwaige Begünstigungen einzelner Verfolgter nicht besonders ins Gewicht fallen lassen will.
[300] In diesem Sinne auch BAG EzA Einigungsvertrag Art. 20 Nr. 16.
[301] Vgl. BAG EzA Einigungsvertrag Art. 20 Nr. 16.
[302] Ebenso BAG EzA Einigungsvertrag Art. 20 Nr. 16; LAG Berlin LAGE Einigungsvertrag Art. 20 Nr. 6; LAG Brandenburg DB 1993, 176, 177; *Ascheid* (Fn. 190) RdNr. 858.
[303] Vgl. exemplarisch LAG Brandenburg DB 1993, 176, 178.
[304] Widersprüchlich *U. Scholz* BB 1991, 2515ff., der einerseits „Leistungen für den Rechtsstaat seit dem 3. 10. 1990" nicht berücksichtigen will (S. 2522), andererseits aber in „Fällen einer Art tätigen Reue" eine Zumutbarkeit der Weiterbeschäftigung bejaht (S. 2523). Wie hier für die ordentliche Kündigung nach Abs. 4 Nr. 1 BVerfG EzA Einigungsvertrag Art. 20 Nr. 44.
[305] So auch BAG EzA Einigungsvertrag Art. 20 Nr. 16; LAG Berlin NZA 1992, 264, 266.
[306] Insbesondere bei der Gewinnung informeller Mitarbeiter, vgl. *Gill-Schröter* (Fn. 248) S. 108ff.

III Nr. 1 Abs. 5 EVertr. gestützten außerordentlichen Kündigung die in § 626 Abs. 2 BGB normierte zweiwöchige Kündigungserklärungsfrist zu beachten ist. Diejenigen Stimmen in der Rechtsprechung der Instanzgerichte und im Schrifttum, die dies bejahten,[307] konnten sich nicht durchsetzen. Im Anschluß an die Stellungnahme von *Weiß* vertrat vor allem die *9. Kammer* des *Landesarbeitsgerichts Berlin* die gegenteilige, zur Nichtanwendung von § 626 Abs. 2 BGB führende Position.[308] Diesem konzeptionellen Verständnis schloß sich auch das *Bundesarbeitsgericht* in seiner Grundsatzentscheidung vom *11. Juni 1992* an.[309]

108 Das *Bundesverfassungsgericht* billigte in seinem Beschluß vom *21. April 1994* zwar grundsätzlich diese Judikatur, verlangte jedoch, daß der in Anl. I Kap. XIX Sachgeb. A Abschnitt III Nr. 1 Abs. 5 EVertr. normierte Kündigungsgrund nicht beliebig lange zurückgehalten werden kann.[310] Das *Bundesarbeitsgericht* bestätigte in seinem Urteil vom *20. Januar 1994*[311] zwar nochmals seinen grundsätzlichen konzeptionellen Ansatz, rückte jedoch partiell von seiner bisherigen Haltung ab. Auch ohne die Anerkennung einer aus § 626 Abs. 2 BGB abzuleitenden Kündigungserklärungsfrist von zwei Wochen ist der Zeitablauf zwischen Kenntniserlangung und Zugang der Kündigung nach dieser Entscheidung nicht völlig bedeutungslos. Ebenso wie dies zB für § 89a HGB anerkannt ist,[312] betont die höchstrichterliche Rechtsprechung nunmehr, daß der wichtige Grund durch Zeitablauf entfallen kann.[313] Diese Klarstellung ist vor allem deshalb bemerkenswert, weil der *8. Senat* in seiner Grundsatzentscheidung vom *11. Juni 1992* noch hervorhob, daß die „Unzumutbarkeit" nicht auf zwei Wochen befristet sei, und als Schranke lediglich das Verbot des venire contra factum prorium und das Institut der Verwirkung anerkannte.[314]

D. Anwendungsausschluß und Modifizierung von § 613a BGB im Beitrittsgebiet

I. Entstehungsgeschichte

109 Durch § 16 des am 12. April 1991 in Kraft getretenen „Gesetzes über die Spaltung der von der Treuhandanstalt verwalteten Unternehmen" (SpTrUG)[315] wurde Art. 232 § 5 EGBGB im Hinblick auf die Anwendung von § 613a BGB in dem Gebiet der ehem. DDR ergänzt. Im Hinblick auf das Inkrafttreten der Insolvenzordnung (InsO) am 1. Januar 1999 gilt die Sonderregelung für das Beitrittsgebiet bis zum 31. Dezember 1998.[316] Die Befristung gilt nicht nur für Art. 232 § 5 Abs. 2 Nr. 1 EGBGB, der unmittelbar mit der befristeten Fortgeltung der Gesamtvollstreckungsordnung (GesO) verknüpft ist, sondern auch für die hiermit in keinem Sachzusammenhang stehende kündigungsrechtliche Bestimmung in Art. 232 § 5 Abs. 2 Nr. 2 EGBGB.

110 Die durch § 16 Abs. 2 SpTrUG eingefügte Änderung von Art. 232 § 5 EGBGB war im Regierungsentwurf des Spaltungsgesetzes noch nicht enthalten und beruht auf einer Empfehlung des Rechtsausschusses des Deutschen Bundestages.[317] Sie beendete eine rechtspolitische Diskussion über die Anwendung von § 613a BGB für das Gebiet der ehem. DDR. Obwohl dies aufgrund des 1. Staatsvertrages nicht gefordert war, galt ursprünglich seit

[307] So in der Rechtsprechung der Instanzgerichte zB LAG Brandenburg LAGE Einigungsvertrag Art. 20 Nr. 3; sowie im Schrifttum *Dörner-Widlak* NZA 1991, Beil. Nr. 1, S. 43, 52; *Fenski-Linck* NZA 1992, 337, 343f.; *Oetker* Anm. zu LAG Berlin LAGE Einigungsvertrag Art. 20 Nr. 1; *Preis* PersR 1991, 201, 203; *Staudinger-Rauscher* RdNr. 56; *Stahlhacke-Preis* (Fn. 63) RdNr. 1380; MünchArbR/*Wank* § 117 RdNr. 47.

[308] So LAG Berlin LAGE Einigungsvertrag Art. 20 Nr. 1; sowie im Schrifttum *Weiß* PersV 1991, 97, 120; *U. Scholz* BB 1991, 2515, 2518f.

[309] BAG EzA Einigungsvertrag Art. 20 Nr. 16; sowie zuletzt BAG EzA Einigungsvertrag Art. 20 Nr. 31; zustimmend im Schrifttum *Ascheid* (Fn. 192) RdNr. 858; *Palandt-Putzo* RdNr. 10.

[310] BVerfG EzA Einigungsvertrag Art. 20 Nr. 32.

[311] BAG EzA Einigungsvertrag Art. 20 Nr. 31.

[312] Siehe zuletzt BGH WR 1992, 419ff.

[313] BAG DB 1994, 1881ff.

[314] BAG EzA Einigungsvertrag Art. 20 Nr. 16.

[315] BGBl. I S. 853ff.

[316] Siehe oben RdNr. 3.

[317] BT-Drucks. 12/254, S. 12, 16f.

dem 1. Juli 1990 die mit § 613a BGB identische Regelung in § 59a AGB[318] in dem Gebiet der ehem. DDR ohne Einschränkungen.[319] Durch die mit dem Einigungsvertrag erfolgte Inkraftsetzung des Bürgerlichen Gesetzbuches (vgl. Art. 230 Abs. 1 EGBGB; Anl. I Kap. VIII Sachgeb. A Abschnitt III Nr. 1 EVertr.) wurde diese Regelung von § 613a BGB abgelöst, der zunächst ebenfalls ohne Einschränkungen in dem Gebiet der ehem. DDR anzuwenden war. Diese Rechtslage galt bis zum Inkrafttreten des „Gesetzes über die Spaltung der von der Treuhandanstalt verwalteten Unternehmen". Seit diesem Zeitpunkt ist § 613a BGB in dem Gebiet der ehem. DDR nur noch mit den in Art. 232 § 5 Abs. 2 EGBGB genannten Maßgaben anzuwenden. Zugleich wurde hierdurch der vereinzelt geäußerten These, die Anwendung von § 613a BGB sei bei der Privatisierung von Unternehmen durch die Treuhandanstalt nach der Rechtsregel „cessante ratione legis cessat lex ipsa" generell zu verneinen,[320] die methodische Grundlage entzogen.[321]

II. Normzweck

111 Nach der Rechtsprechung des Bundesarbeitsgerichts, die von weiten Teilen des Schrifttums gebilligt wird, ist § 613a BGB grundsätzlich auch im Konkursverfahren bei der Veräußerung von Betrieben durch den Konkursverwalter anwendbar.[322] Trotz der seitens des Bundesarbeitsgerichts befürworteten haftungsrechtlichen Modifikationen[323] belegen empirische Untersuchungen, daß der in § 613a Abs. 1 BGB normierte Übergang der Arbeitsverhältnisse auf den Betriebserwerber die Veräußerung von Betrieben im Konkursverfahren erschwert oder scheitern läßt.[324] In dem Gebiet der ehem. DDR mußte mit vergleichbaren Erfahrungen gerechnet werden, da die statt der Konkurs- bzw. Vergleichsordnung[325] modifiziert fortgeltende Gesamtvollstreckungsordnung vom 6. Juni 1990 (GesO) keine veränderten normativen Rahmenbedingungen für die Veräußerung von Betrieben und Betriebsteilen durch den Verwalter etabliert. Der Anwendungsausschluß von § 613a BGB im Gesamtvollstreckungsverfahren dient daher der Erleichterung von Betriebsveräußerungen. Dies galt insbesondere für die im Eigentum der Treuhandanstalt stehenden Unternehmen und ihre Privatisierung, wenn für sie ein Gesamtvollstreckungsverfahren eingeleitet werden mußte. Zugleich bestätigt der Gesetzgeber durch Art. 232 § 5 Abs. 2 Nr. 1 EGBGB indirekt die grundsätzliche Anwendbarkeit von § 613a BGB im Konkurs- und Vergleichsverfahren. Die in Art. 232 § 5 Abs. 2 Nr. 2 EGBGB enthaltene Modifikation von § 613a Abs. 4 Satz 2 BGB besitzt demgegenüber lediglich klarstellende Bedeutung (näher unten RdNr. 129ff.).

III. Vereinbarkeit mit EG-Recht

112 Art. 232 § 5 Abs. 2 EGBGB verstößt nicht gegen höherrangiges Recht der Europäischen Gemeinschaften.[326] Dies gilt insbesondere für Art. 232 § 5 Abs. 2 Nr. 1 EGBGB. Obwohl Art. 1 Abs. 1 der EG-Richtlinie 77/187/EWG vom 14. Februar 1977[327] ähnlich

[318] Eingefügt durch das „Gesetz zur Änderung und Ergänzung des Arbeitsgesetzbuches" vom 22. 6. 1990 (GBl. I Nr. 35 S. 371).

[319] Zur inhaltlichen Kongruenz von § 613a BGB und § 59a AGB vgl. LAG Berlin NZA 1992, 762, 763; ebenso *Staudinger-Rauscher* RdNr. 19; sowie in der Sache nunmehr auch BAG v. 13. 7. 1994 – 4 AZR 699/93.

[320] So *Adomeit-Eiden-Schack* AuA 1991, 5.

[321] Ebenso *Commandeur* NZA 1991, 705, 710; *Richardi* NZA 1991, 289f.; *Staudinger-Rauscher* RdNr. 20; *Weimar-Alfes* BB 1991, Beil. Nr. 9, S. 16, 18f.; sowie näher *Oetker,* Rechtshandbuch Vermögen und Investitionen in der ehemaligen DDR, Stand: Juni 1994, SystDarst III RdNr. 6ff.; *Oetker-Busche* NZA 1991 Beil. Nr. 1, S. 18, 19.

[322] BAG AP BGB § 613a Nr. 18, 22 und 34; sowie näher § 613a RdNr. 28.

[323] Vgl. vor allem BAG AP BGB § 613a Nr. 18, 22, 34, 43 und 71; BAG ZIP 1992, 1247ff.

[324] Siehe *Keller-Stoltenhoff,* Auswirkungen des § 613a BGB im Konkurs, 1986.

[325] Anl. I Kap. III Sachgeb. A Abschnitt I Nr. 1 und 4 EVertr.

[326] *Commandeur* NZA 1991, 705, 706; *Landfermann* ZIP 1991, 826, 832; *Langer-Stein* EuZW 1992, 205, 206; *Scheifele* BB 1991, 629, 634; *Smid* AuA 1991, 360, 361; *Staudinger-Rauscher* RdNr. 21; *Weimar-Alfes* DB 1991, 1830, 1832.

[327] ABl. EG Nr. L 61 vom 5. 3. 1977 S. 26ff. = Europäisches Arbeits- und Sozialrecht (EAS) Teil A 3040.

wie § 613a Abs. 1 Satz 1 BGB generell die „vertragliche Übertragung" von Betrieben und Betriebsteilen erfaßt, entspricht es der überzeugenden Judikatur des Europäischen Gerichtshofes, daß die vorgenannte EG-Richtlinie nicht auf den Übergang von Betrieben oder Betriebsteilen anwendbar ist, wenn über das Vermögen des Veräußerers der Konkurs eröffnet wurde und der betreffende Betrieb zur Konkursmasse gehört.[328] Den Mitgliedstaaten bleibt zwar eine Ausdehnung der in der EG-Richtlinie enthaltenen Grundsätze gemeinschaftsrechtlich gestattet,[329] sie sind hierzu jedoch nicht gemäß Art. 189 Abs. 3 EG-Vertrag verpflichtet, so daß der Gesetzgeber die gegenteilige Rechtsprechung des Bundesarbeitsgerichts korrigieren durfte.[330] Diese Grundsätze gelten auch für die Vermögensauseinandersetzung nach der Gesamtvollstreckungsordnung, da dieses Verfahren ebenfalls einen Ausgleich der verschiedenen Interessen, insbesondere zwischen denen der unterschiedlichen Gläubigergruppen bezweckt. Die in § 16 GesO vorgesehene Verfahrensbeendigung durch Vergleich führt nicht dazu, daß das Gesamtvollstreckungsverfahren mit dem vom Europäischen Gerichtshof in den Anwendungsbereich der EG-Richtlinie einbezogenen Verfahren zur Erzielung eines Zahlungsaufschubes[331] vergleichbar ist, da sich der Vergleich auf die nicht bevorrechtigten Gläubiger beschränkt (§ 16 Abs. 2 GesO) und deshalb dem Zwangsvergleich nach den §§ 173ff. KO entspricht. Die Vereinbarkeit von Art. 232 § 5 Abs. 2 Nr. 2 EGBGB mit der EG-Richtlinie 77/187/EWG ist demgegenüber unproblematisch, da der Norminhalt nahezu wörtlich mit der Regelung in Art. 4 Abs. 1 Satz 2 der Richtlinie übereinstimmt.

IV. Anwendungsausschluß von § 613a BGB

113 **1. Reichweite von Art. 232 § 5 Abs. 2 Nr. 1 EGBGB.** Trotz der in Art. 232 § 5 Abs. 2 Nr. 1 EGBGB normierten Einschränkungen bleibt § 613a BGB bei allen nicht von dieser Vorschrift erfaßten Betriebsübergängen auch in dem Gebiet der ehem. DDR anwendbar. Dies gilt vor allem für alle Betriebsübergänge außerhalb eines Gesamtvollstreckungsverfahrens, also auch bei Betriebsübergängen im Rahmen einer Zwangsverwaltung,[332] da Art. 232 § 5 Abs. 2 Nr. 1 EGBGB die Anwendung von § 613a BGB nur für das Gesamtvollstreckungsverfahren ausschließt.[333]

114 **2. Zeitlicher Geltungsbereich.** In zeitlicher Hinsicht erfaßt Art. 232 § 5 Abs. 2 Nr. 1 EGBGB nur diejenigen Betriebsübergänge seit dem Tag des Inkrafttretens des „Gesetzes über die Spaltung der von der Treuhandanstalt verwalteten Unternehmen", also dem 12. April 1991. Zwar deutet die Formulierung in Art. 232 § 5 Abs. 2 EGBGB („Inkrafttreten dieses Gesetzes") auf das Inkrafttreten des EGBGB hin, jedoch widerspricht eine derartige Auslegung dem entstehungsgeschichtlichen Zusammenhang, da die Änderung von Art. 232 § 5 EGBGB auf § 16 SpTrUG beruht, und deshalb nur das Inkrafttreten des letztgenannten Gesetzes gemeint sein kann.[334] Bei Betriebsübergängen vor diesem Stichtag bleibt § 613a BGB auch dann anwendbar, wenn der Betriebsübergang im Rahmen eines Gesamtvollstreckungsverfahrens eintrat. In dieser Konstellation bleiben allerdings die von der Rechtsprechung des Bundesarbeitsgerichts herausgearbeiteten haftungsrechtlichen Modifikationen[335] zu beachten.

115 Aufgrund des Gesetzeswortlauts ist für den zeitlichen Geltungsbereich grundsätzlich der Zeitpunkt des Betriebsüberganges und nicht der Beginn des Gesamtvollstreckungsverfah-

[328] EuGH Europäisches Arbeits- und Sozialrecht (EAS) Teil C RL 77/187/EWG Art. 3 Nr. 2.

[329] EuGH Europäisches Arbeits- und Sozialrecht (EAS) Teil C RL 77/187/EWG Art. 3 Nr. 2.

[330] So im Ergebnis auch *Erman-Hanau* BGB, 9. Aufl. 1993, § 613a RdNr. 30; sowie *Staudinger-Rauscher* RdNr. 21.

[331] EuGH Europäisches Arbeits- und Sozialrecht (EAS) Teil C RL 77/187/EWG Art. 3 Nr. 2.

[332] Vgl. BAG AP BGB § 613a Nr. 19.

[333] Zur Reichweite von § 613a BGB im Rahmen einer Unternehmensrestitution vgl. ausführlich *Oetker* (Fn. 176) § 16 VermG Anh. I RdNr. 1ff.; *Steffan* (Fn. 158) S. 60ff.

[334] Ebenso *Neye*, in: Rädler-Raupach-Bezzenberger (Hrsg.), Vermögen in der ehem. DDR, Teil 3 B I § 16 SpTrUG RdNr. 7; sowie im Ergebnis auch *Palandt-Putzo* RdNr. 12.

[335] Siehe BAG AP BGB § 613a Nr. 19.

rens maßgebend.[336] Die Anwendung von Art. 232 § 5 Abs. 2 Nr. 1 EGBGB ist deshalb nicht dadurch ausgeschlossen, daß die Verfahrenseröffnung (§§ 5, 6 GesO) bereits vor Inkrafttreten des „Gesetzes über die Spaltung der von der Treuhandanstalt verwalteten Unternehmen" am 12. April 1991 beschlossen wurde.[337] Lag die Eröffnung des Gesamtvollstreckungsverfahrens bereits vor dem 12. April 1991 und trat der Betriebsübergang ebenfalls vor diesem Tag ein, so greift Art. 232 § 5 Abs. 2 Nr. 1 EGBGB indes nicht ein.[338] Dies gilt aufgrund des Normzwecks auch, wenn der Betrieb erst nach Inkrafttreten des Gesetzes übergeht, das schuldrechtliche Verpflichtungsgeschäft aber bereits vorher abgeschlossen wurde. In dieser Konstellation wurde die Betriebsveräußerung durch die Geltung von § 613a BGB nicht beeinträchtigt, so daß Art. 232 § 5 Abs. 2 Nr. 1 EGBGB seinen Zweck noch nicht entfalten konnte.[339]

116 Für das Ende des Anwendungsausschlusses (31. Dezember 1998) gelten vergleichbare Grundsätze. Maßgeblich ist auch hier der Zeitpunkt des Betriebsüberganges und nicht der Einstellungsbeschluß nach § 19 GesO. Der Normzweck erfordert jedoch eine Ausdehnung, wenn das schuldrechtliche Verpflichtungsgeschäft noch vor dem 31. 12. 1998 von dem Verwalter abgeschlossen wird, der Betriebsübergang aber erst danach eintritt. Aufgrund des Normzwecks ist in dieser Konstellation auf den Zeitpunkt des Verpflichtungsgeschäfts abzustellen.[340]

117 **3. Personeller Geltungsbereich.** Hinsichtlich des personellen Anwendungsbereichs stellt der Wortlaut von Art. 232 § 5 Abs. 2 Nr. 1 EGBGB ausschließlich darauf ab, daß der Betrieb im Gesamtvollstreckungsverfahren veräußert wird. Es genügt deshalb, daß über das Vermögen des Betriebsinhabers das Gesamtvollstreckungsverfahren eröffnet wurde. Ausschlaggebend ist, ob der Sitz des Betriebsinhabers in den neuen Bundesländern liegt.[341] Der Sitz des Erwerbers ist demgegenüber unbeachtlich. Da über das Vermögen des Betriebsinhabers das Gesamtvollstreckungsverfahren eröffnet sein muß, reicht es nicht aus, wenn zwar der Betrieb, nicht aber der Sitz seines Inhabers im Beitrittsgebiet liegt. Umgekehrt erfaßt der Ausschlußtatbestand auch Betriebsübertragungen außerhalb des Beitrittsgebiets, wenn sich der Sitz des Betriebsinhabers in den neuen Bundesländern befindet.[342] Das Gesamtvollstreckungsverfahren erstreckt sich auch auf das im Geltungsbereich der Konkursordnung befindliche Vermögen.[343] Für eine Beschränkung des Anwendungsausschlusses auf solche Betriebsstätten, die im Betrittsgebiet liegen,[344] lassen sich Art. 232 § 5 Abs. 2 Nr. 1 EGBGB keine ausreichenden Anhaltspunkte entnehmen. Der Gesetzeswortlaut stellt nicht darauf ab, daß der Betriebsübergang im Beitrittsgebiet erfolgt, sondern verlangt lediglich eine Betriebsübertragung im Gesamtvollstreckungsverfahren und schließt beim Vorliegen dieser Voraussetzung die Anwendung von § 613a BGB aus. Eine Betriebsübertragung im Gesamtvollstreckungsverfahren liegt jedoch auch dann vor, wenn ein Betrieb oder Betriebsteil im Geltungsbereich der Konkursordnung liegt und über das Vermögen des jeweiligen Inhabers ein Gesamtvollstreckungsverfahren eröffnet wird.

118 Aufgrund des einschränkungslosen Wortlauts erfaßt Art. 232 § 5 Abs. 2 Nr. 1 EGBGB jeden Betriebsinhaber, gleichgültig, ob es sich um eine natürliche oder juristische Person handelt. Eine Restriktion des Ausschlußtatbestandes auf die unter der Verwaltung der Treuhandanstalt stehenden Unternehmen kommt nicht in Betracht.[345] Für die gegenteilige

[336] Ebenso *Staudinger-Rauscher* RdNr. 27.

[337] *Staudinger-Rauscher* RdNr. 27.

[338] So auch *Staudinger-Rauscher* RdNr. 27.

[339] Zustimmend *Staudinger-Rauscher* RdNr. 27.

[340] AA *Staudinger-Rauscher* RdNr. 27, der stets auf den Zeitpunkt des Betriebsüberganges abstellt.

[341] *Commandeur* AuA 1992, 169; *M. Zeuner* BB 1991, Beil. Nr. 14, S. 10, 12; *Arnold* BB 1992, 2227, 2232f.; *Steffan* (Fn. 158) S. 66.

[342] AA *Staudinger-Rauscher* RdNr. 24, der verlangt, daß die Betriebsstätte stets im Beitrittsgebiet liegt.

[343] Anl. II Kap. III Sachgeb. A Abschnitt II Nr. 1 lit. d EVertr.

[344] Hierfür *Staudinger-Rauscher* RdNr. 24; *Steffan* (Fn. 158) S. 66.

[345] *Korinth* NZA 1992, 350, 356; *Smid* WR 1991, 270, 271f.; *ders.* WM 1991, 1621, 1627; *ders.* AuA 1991, 360, 361; *Steffan* (Fn. 158) S. 65f.

Position, die nur Treuhandunternehmen in den Ausschlußtatbestand einbezieht,[346] kann zwar darauf verwiesen werden, daß der Anwendungsausschluß von § 613a BGB im Spaltungsgesetz enthalten ist,[347] jedoch beließ es der Gesetzgeber nicht bei einer isolierten, nur für Treuhandunternehmen geltenden Korrektur, sondern änderte die allgemeine Vorschrift in Art. 232 § 5 EGBGB. Aus dieser regelungstechnischen Umsetzung ist zu schließen, daß der Gesetzgeber die Anwendung von § 613a BGB in personeller Hinsicht nicht beschränken wollte.

4. Betriebsübergang. a) Betriebsbegriff. Art. 232 § 5 Abs. 2 Nr. 1 EGBGB weicht mit der ausschließlichen Bezugnahme auf den „Betrieb" von der in § 613a Abs. 1 S. 1 BGB enthaltenen Ausdehnung auf Betriebsteile ab. Ein aus dieser Diskrepanz abgeleiteter formallogischer Umkehrschluß, durch den die Übertragung von „Betriebsteilen" von Art. 232 § 5 Abs. 2 Nr. 1 EGBGB ausgenommen würde und während des Gesamtvollstreckungsverfahrens uneingeschränkt § 613a BGB unterläge, ist nicht gerechtfertigt. Die Entstehungsgeschichte der Vorschrift bestätigt, daß die Anwendung von § 613a BGB während des Gesamtvollstreckungsverfahrens ohne Einschränkungen ausgeschlossen werden sollte. Für eine Ausnahme bei der Übertragung von Betriebsteilen sind den Materialien keine Anhaltspunkte zu entnehmen. Die Formulierung „Betriebsübertragung" ist vielmehr so zu verstehen, daß hiervon alle in § 613a Abs. 1 S. 1 BGB genannten Betriebsübergänge umfaßt sind, also auch die Übertragung von Betriebsteilen. 119

b) Übergang des Betriebes. Die in Art. 232 § 5 Abs. 2 Nr. 1 EGBGB normierte Bezugnahme auf den Betriebsübergang ist nicht zwingend mit dem schuldrechtlichen Verpflichtungsgeschäft oder dem dinglichen Verfügungsgeschäft identisch. Ein Betriebsübergang liegt vielmehr vor, wenn der Erwerber die Organisations- und Leitungsgewalt über den funktionsfähigen Betrieb oder Betriebsteil erhält und diese ausüben kann (Funktionsnachfolge) sowie die zur Wahrung des Betriebscharakters erforderlichen Betriebsmittel übergehen.[348] Für die Funktionsnachfolge ist es ausreichend, aber auch erforderlich, daß die zur Leitung erforderlichen Nutzungs-, Verfügungs- und Entscheidungsbefugnisse auf den Erwerber übergehen. 120

c) Rechtsgeschäft. Im Unterschied zu § 613a Abs. 1 S. 1 BGB, der den Anwendungsbereich der Vorschrift mit den Worten „geht . . . durch Rechtsgeschäft . . . über" konkretisiert, erfaßt Art. 232 § 5 Abs. 2 Nr. 1 EGBGB die „Übertragung". Aus dieser terminologischen Divergenz ist kein abweichendes Normverständnis abzuleiten, weil sie auf der Absicht des Gesetzgebers beruht, den Bindungen der EG-Richtlinie 77/187/EWG zu entsprechen. Da Art. 1 Abs. 1 der EG-Richtlinie auf die „vertragliche Übertragung" abstellt, und der hierdurch umschriebene Anwendungsbereich in § 613a Abs. 1 S. 1 BGB aufgeht, erfaßt Art. 232 § 5 Abs. 2 Nr. 1 EGBGB auch den Übergang „durch Rechtsgeschäft". Diese Kongruenz entspricht ferner dem Normzweck. Da die Anwendung von § 613a BGB ausgeschlossen werden soll, würde eine Interpretation, die die „Übertragung" enger oder weiter als den Tatbestand in § 613a Abs. 1 S. 1 BGB auslegt, den Normzweck von Art. 232 § 5 Abs. 2 Nr. 1 EGBGB verfehlen. 121

5. Gesamtvollstreckungsverfahren. Da Art. 232 § 5 Abs. 2 Nr. 1 EGBGB Betriebsübertragungen außerhalb des Gesamtvollstreckungsverfahrens nicht erfassen soll, kann der Anwendungsausschluß von § 613a BGB frühestens mit dem Antrag auf Einleitung der Gesamtvollstreckung eingreifen. Für diese Sichtweise sprechen zumindest die §§ 1 und 2 Gesamtvollstreckungs-Unterbrechungsgesetz (GUG), die ausweislich ihres Wortlauts die „Unterbrechung des Verfahrens der Gesamtvollstreckung" ermöglichen und den Verfahrensbeginn implizite voraussetzen. Ein Verfahren, das nicht begonnen hat, kann denklogisch nicht unterbrochen werden. Diese Auffassung hat insbesondere zur Konse- 122

[346] So *Weimar-Alfes* DB 1991, 1830; *Staudinger-Rauscher* RdNr. 23; ebenso bis zur 52. Aufl. *Palandt-Putzo* RdNr. 12.

[347] Siehe *Staudinger-Rauscher* RdNr. 23.

[348] Näher *M. Wolf* KR, 3. Aufl. 1989, § 613a BGB RdNr. 23ff.

quenz, daß Betriebe und Betriebsteile bei der Sanierung eines Unternehmens (§ 2 Nr. 2 GUG) ohne die mit § 613a BGB verbundenen Beschränkungen übertragen werden können.[349] Andererseits ist auch eine Interpretation denkbar, die hinsichtlich des Anwendungsbereichs von Art. 232 § 5 Abs. 2 Nr. 1 EGBGB nicht auf den Antrag (§ 2 Abs. 1 GesO), sondern auf den Eröffnungsbeschluß (§§ 5, 6 GesO) abstellt. Hieraus folgt wiederum, daß § 613a BGB bei der Übertragung von Betrieben und Betriebsteilen während einer Unterbrechung des Verfahrens nach § 2 Nr. 2 GUG anwendbar bleibt.[350]

123 Der Gesetzeswortlaut gestattet wegen der vagen Formulierung „im" beide Auslegungen. Für ein extensives Normverständnis, das bereits die Antragstellung nach § 2 Abs. 1 GesO ausreichen läßt, spricht vor allem, daß es den mit dem Ausschluß von § 613a BGB verfolgten Zweck, die Privatisierung von Betrieben und Unternehmen zu erleichtern, besser realisiert als eine restriktive, auf den Eröffnungsbeschluß abstellende Auslegung. Neben der Gefahr einer mißbräuchlichen Antragstellung muß jedoch die Einfügung von Art. 232 § 5 Abs. 1 Nr. 1 EGBGB in die gemeinschaftsrechtlichen Vorgaben den Ausschlag geben. Angesichts des mehrdeutigen Wortlauts besitzt das Gebot einer richtlinienkonformen Auslegung auch für Art. 232 § 5 Abs. 2 Nr. 1 EGBGB autoritative Bedeutung.[351] Die Ausführungen des Europäischen Gerichtshofes in dem Urteil vom *7. Februar 1985*[352] prägen deshalb auch die sachlich-gegenständliche Reichweite des Ausschlußtatbestandes.

124 In diesem Judikat stellte der Europäische Gerichtshof für die Reichweite von Art. 1 Abs. 1 EG-Richtlinie 77/187/EWG ausdrücklich auf die Eröffnung des Konkurses und die Zugehörigkeit des Betriebes zur Konkursmasse ab. Nach dem im Beitrittsgebiet geltenden Gesamtvollstreckungsrecht liegt eine vergleichbare Situation erst mit dem Eröffnungsbeschluß nach den §§ 5, 6 GesO vor, da mit diesem Zeitpunkt die Pfändung des Schuldnervermögens eintritt (§ 7 Abs. 1 GesO), durch die der Betrieb zu dem Vermögen gehört, das der Verwalter unter Beachtung der Rangfolge in § 17 GesO verteilt. Der Unterbrechungsbeschluß nach § 3 GUG löst diese Rechtswirkungen nicht aus; während der Unterbrechung tritt vielmehr ein Zustand ein, der einem Zahlungsaufschub ähnelt. Betriebsübertragungen während eines derartigen Verfahrens hat der Europäische Gerichtshof indessen ausdrücklich in den Anwendungsbereich von Art. 1 Abs. 1 EG-Richtlinie 77/187/EWG einbezogen.

125 Die Entscheidung des Europäischen Gerichtshofes vom *25. Juli 1991*[353] bestätigt dieses Verständnis. Dort stellt der Gerichtshof hinsichtlich der Reichweite der EG-Richtlinie 77/187/EWG ausdrücklich klar, daß ein Unternehmen dann nicht von ihrem Anwendungsbereich ausgenommen sei, wenn das Unternehmen seine Aktivitäten fortführe. Dies ist jedoch gerade dann der Fall, wenn die Gesamtvollstreckung mit dem Ziel der Betriebsfortführung unterbrochen wird.[354] Nach der Rechtsprechung des Europäischen Gerichtshofes ist § 613a BGB „im Gesamtvollstreckungsverfahren" durch Art. 232 § 5 Abs. 2 Nr. 1 EGBGB daher erst ausgeschlossen, wenn der Betrieb oder der Betriebsteil nach dem Beschluß zur Eröffnung des Verfahrens (§§ 5, 6 GesO) übertragen wird. Diese Auslegung stimmt auch mit der Rechtsprechung des Bundesarbeitsgerichts überein, die die haftungsrechtlichen Modifikationen ebenfalls erst mit Eröffnung des Konkursverfahrens und nicht bereits mit der Antragstellung eingreifen läßt.[355]

126 Umgekehrt ist § 613a BGB anzuwenden, nachdem das Gesamtvollstreckungsverfahren durch Vergleich (§ 16 Abs. 1 GesO) oder Einstellung (§ 19 GesO) endet. Dies gilt entspre-

[349] So im Ergebnis *Commandeur* NZA 1991, 705, 706; *ders.* AuA 1992, 169; *Smid* WM 1991, 1621, 1627 Fn. 38; *ders.* AuA 1991, 360, 363.

[350] So iE *Berscheid,* Handwörterbuch-Arbeitsrecht, Gesamtvollstreckungsordnung Ziff. 4.2.; *Langer-Stein* EuZW 1992, 505, 506; *Rodegra-Gogrewe* DtZ 1991, 353, 359; *Staudinger-Rauscher* RdNr. 25; *Steffan* (Fn. 158) S. 70ff.; *Trümner* BetrR 1992, 8, 9f.; *Weimar-Alfes* DB 1991, 1830, 1832.

[351] So auch *Weimar-Alfes* DB 1991, 1830, 1832 Fn. 30; hiergegen aber *Smid* AuA 1991, 360, 363.

[352] Europäisches Arbeits- und Sozialrecht (EAS) Teil C RL 77/187/EWG Art. 3 Nr. 2.

[353] Europäisches Arbeits- und Sozialrecht (EAS) Teil C RL 77/187/EWG Art. 3 Nr. 6.

[354] Ebenso *Langer-Stein* EuZW 1992, 505, 506.

[355] Vgl. BAG ZIP 1992, 1247, 1249.

chend bei einer Ablehnung des Antrags auf Eröffnung der Gesamtvollstreckung (§ 4 Abs. 2 GesO).[356] Die den Eröffnungs- bzw. Einstellungsbeschluß in den Mittelpunkt rückende formale Interpretation führt allerdings in Grenzfällen zu teleologischen Friktionen, wenn Betriebsübergang und schuldrechtliches Verpflichtungsgeschäft zeitlich auseinanderfallen. So ist zB denkbar, daß das schuldrechtliche Verpflichtungsgeschäft noch vor dem Eröffnungsbeschluß abgeschlossen wurde, der Betriebsübergang aber erst nach diesem Zeitpunkt eintritt. In dieser Konstellation wird die Veräußerung des Betriebes nicht durch § 613a BGB beeinträchtigt; der in Art. 232 § 5 Abs. 2 Nr. 1 EGBGB normierte Anwendungsausschluß von § 613a BGB entfaltet eine durch den Normzweck nicht gerechtfertigte überschießende Wirkung. Diese ist mittels einer teleologischen Reduktion von Art. 232 § 5 Abs. 2 Nr. 1 EGBGB zu korrigieren.[357] Deshalb greift Art. 232 § 5 Abs. 2 Nr. 1 EGBGB nur ein, wenn auch das schuldrechtliche Verpflichtungsgeschäft nach dem Eröffnungsbeschluß abgeschlossen wurde. Eine entsprechende Korrektur von Art. 232 § 5 Abs. 2 Nr. 1 EGBGB ist im Wege einer teleologischen Extension erforderlich, wenn der Betriebsübergang erst nach dem Einstellungsbeschluß eintritt, das schuldrechtliche Verpflichtungsgeschäft aber bereits vor diesem Zeitpunkt von dem Verwalter abgeschlossen wurde.[358]

127 **6. Anwendbarkeit allgemeiner Vorschriften. a) Haftungsvorschriften.** Durch Art. 232 § 5 Abs. 2 Nr. 1 EGBGB wird nur die Anwendung von § 613a BGB ausgeschlossen. Die Vorschriften in § 419 BGB und §§ 25ff. HGB bleiben hiervon unberührt und sind uneingeschränkt anwendbar. Bei einer Betriebsveräußerung können zwar die tatbestandlichen Voraussetzungen dieser Vorschrift erfüllt sein, es bleibt aber zu beachten, daß diese Vorschriften auf Veräußerungen im Konkursverfahren nach verbreiteter Auffassung nicht anzuwenden sind.[359] Diese Grundsätze gelten für das Verfahren nach der Gesamtvollstreckungsordnung entsprechend.

128 **b) Übergang des Arbeitsverhältnisses.** Da die Arbeitsverhältnisse im Anwendungsbereich von Art. 232 § 5 Abs. 2 Nr. 1 EGBGB nicht gemäß § 613a Abs. 1 BGB auf den Erwerber übergehen, kann diese Rechtswirkung nur mittels rechtsgeschäftlicher Konstruktionen eintreten.[360] Insoweit sind die vor Inkrafttreten von § 613a BGB in Judikatur und Doktrin entwickelten allgemeinen Grundsätze anzuwenden.[361] Für den Übergang des Arbeitsverhältnisses auf den Erwerber ist abweichend von den zu § 613a BGB entwickelten Maximen, nach denen nur der Widerspruch des Arbeitnehmers den Übergang des Arbeitsverhältnisses verhindert,[362] die positive Zustimmung des Arbeitnehmers erforderlich.[363] Diese kann sowohl ausdrücklich als auch konkludent erteilt werden. Eine konkludente Zustimmung ist insbesondere anzunehmen, wenn der Arbeitnehmer in Kenntnis des Betriebsüberganges seine Arbeitsleistung auch noch nach dem Betriebsübergang erbringt.[364] Den von einer verbreiteten Mindermeinung vor Inkrafttreten von § 613a BGB entwickelten Überlegungen zu einem gesetzlichen Übergang des Arbeitsverhältnisses[365] fehlt aufgrund der ausdrücklichen Regelung in Art. 232 § 5 Abs. 2 Nr. 1 EGBGB die methodische Grundlage.

V. Betriebsübergang und Kündigung

129 Die in Art. 232 § 5 Abs. 2 Nr. 2 EGBGB angeordnete Maßgabe für § 613a Abs. 4 Satz 2 BGB, die in ihrem Kern der in Art. 4 Abs. 1 Satz 2 der EG-Richtlinie 77/187/EWG

[356] Ebenso *Commandeur* NZA 1991, 705, 706.
[357] Zustimmend *Staudinger-Rauscher* RdNr. 25.
[358] Hiergegen jedoch *Staudinger-Rauscher* RdNr. 25.
[359] RGZ 58, 166, 167ff.; sowie *Jaeger-Henckel* KO, 9. Aufl. 1977, § 1 RdNr. 16, m. weit. Nachw.
[360] Ebenso *Staudinger-Rauscher* RdNr. 28.
[361] Vgl. hierzu *Hueck-Nipperdey*, Lehrbuch des Arbeitsrechts, Bd. I, 7. Aufl. 1963, S. 515ff., m. weit. Nachw.; sowie § 613a RdNr. 11f.
[362] Vgl. § 613a RdNr. 41.
[363] *Staudinger-Rauscher* RdNr. 28.
[364] Zustimmend *Staudinger-Rauscher* RdNr. 28.
[365] So vor allem *Nikisch*, Arbeitsrecht, Bd. I, 3. Aufl. 1961, S. 659ff.

getroffenen Regelung entspricht, gilt in dem Gebiet der ehem. DDR nur, wenn § 613a BGB anwendbar ist. Innerhalb des Anwendungsbereichs von Art. 232 § 5 Abs. 2 Nr. 1 EGBGB besitzt die Vorschrift deshalb keine Bedeutung.

130 Der Sinn dieser Sonderregelung ist auch unter Berücksichtigung seiner Entstehungsgeschichte zweifelhaft, da es bislang schon anerkannt war, daß zu den Kündigungen „aus anderen Gründen" auch Kündigungen aus dringenden betrieblichen Gründen und hierzu insbesondere auch die Stillegung von Betrieben gehört.[366] Im Hinblick auf die wortgleiche Bestimmung in Art. 4 Abs. 1 S. 2 EG-Richtlinie 77/187/EWG bewirkt die Regelung daher lediglich eine Klarstellung.[367]

131 Versuche im Schrifttum, die teilweise auch in der Rechtsprechung der Instanzgerichte Gefolgschaft fanden, der Sonderregelung einen weiterreichenden, rechtsändernden Inhalt beizulegen,[368] stehen im Widerspruch zu der unverändert gebliebenen Regelung in § 613a Abs. 4 S. 1 BGB. Da wegen dieser Vorschrift Satz 2 schon nach bisherigem Recht lediglich eine klarstellende Funktion besaß, kann für die im Beitrittsgebiet anzuwendende Regelung in § 613a Abs. 4 S. 2 BGB keine abweichende Beurteilung gelten.

132 Die Sonderregelung durch Art. 232 § 5 Abs. 2 Nr. 2 EGBGB darf nicht zu dem Mißverständnis führen, daß hieraus ein Kündigungsverbot aus anderen als den in dieser Vorschrift genannten Gründen folgt. Eine ordentliche Kündigung aus personen- oder verhaltensbedingten Gründen bleibt nach Maßgabe der allgemeinen Vorschriften unverändert zulässig.

§ 6 Verträge über wiederkehrende Dienstleistungen

Für am Tag des Wirksamwerdens des Beitritts bestehende Pflege- und Wartungsverträge und Verträge über wiederkehrende persönliche Dienstleistungen gelten von dieser Zeit an die Vorschriften des Bürgerlichen Gesetzbuchs.

Übersicht

[366] Vgl. BAG AP BGB § 613a Nr. 39, 47 und 74; BAG NZA 1991, 891, 893; BAG EzA KSchG § 1 Betriebsbedingte Kündigung Nr. 10.

[367] So auch *Ascheid* NZA 1991, 873, 878; *Fitting-Auffarth-Kaiser-Heither* BetrVG, 17. Aufl. 1992, § 1 RdNr. 67a; *Hanau-Adomeit* Arbeitsrecht, 10. Aufl. 1992, S. 29; *Hanau-Preis* (Fn. 133) S. 1, 21f.; *Schwedes* betrieb + personal 1991, 353, 358; *Steffan* (Fn. 158) S. 73ff.; *Trümner* BetrR 1991, 313, 318; hierzu neigend auch *Schaub,* Arbeitsrechts-Handbuch, 7. Aufl. 1992, S. 913.

[368] So *Weimar-Alfes* DB 1991, 1830, 1831, die aufgrund der Neuregelung die Mitursächlichkeit des Betriebsübergangs für unschädlich erachten; ähnlich *Commandeur* NZA 1991, 705, 707f.; *ders.* AuA 1992, 169f.; *Heinze* ArbRGeg. Bd. 28 (Dok. 1990), 1991, S. 79, 87 mit Fn. 25; sowie *Staudinger-Rauscher* RdNr. 34, der es wegen der geänderten Fassung von § 613a Abs. 4 S. 2 BGB für unschädlich erachtet, wenn die Kündigung auf ein Sanierungskonzept des Erwerbers zurückgeht; siehe auch LAG Berlin DB 1994, 586, wonach es unschädlich sein soll, wenn die Kündigung ausgesprochen wird, um die Veräußerung des Betriebes überhaupt erst zu ermöglichen.

I. Grundsätze

1 Neben den von Art. 232 § 5 EGBGB erfaßten Arbeitsverhältnissen sieht das Gesetz in Art. 232 § 6 EGBGB auch für Pflege- und Wartungsverträge sowie für Verträge über wiederkehrende persönliche Dienstleistungen eine Ausnahme von dem in Art. 232 § 1 EGBGB niedergelegten allgemeinen kollisionsrechtlichen Grundsatz vor. Sie ist der Regelung in Art. 232 § 5 Abs. 1 EGBGB nachgebildet, deren kollisionsrechtlicher Regelungsgehalt hierdurch auch für die von Art. 232 § 6 EGBGB erfaßten Vertragstypen gilt. Die für Arbeitsverhältnisse gültigen kollisionsrechtlichen Grundsätze sind bei Pflege- und Wartungsverträgen und bei Verträgen über wiederkehrende persönliche Dienstleistungen entsprechend anzuwenden. Dies gilt insbesondere für die Form und das wirksame Zustandekommen der von Art. 232 § 6 EGBGB erfaßten Verträge.[1] Hinsichtlich der Behandlung von **Abschlußmängeln** gelten deshalb ausschließlich die allgemeinen Vorschriften des Zivilgesetzbuches. Dementsprechend hielt der *Bundesgerichtshof* in seinem Urteil vom *6. Mai 1994* zu Recht fest, daß ein Vertrag über persönliche Dienstleistungen (§ 197 ZGB) formfrei abgeschlossen werden konnte.[2] Die Anwendung des Bürgerlichen Gesetzbuches erstreckt sich demgegenüber – entsprechend der für Arbeitsverhältnisse geltenden Grundsätze – auf die rechtliche Strukturierung des Leistungsaustausches nach dem Wirksamwerden des Beitritts sowie auf die Beendigung der Art. 232 § 6 EGBGB unterliegenden Verträge.

2 Eigenständige Überlegungen sind für die **tatbestandliche Reichweite** der Kollisionsnorm notwendig, da das Gesetz mit den in Art. 232 § 6 EGBGB genannten **Vertragstypen** an die im Zivilgesetzbuch verankerte Terminologie anknüpft.[3] Aufgrund des zu Art. 232 § 5 EGBGB herausgearbeiteten konzeptionellen Ansatzes, der dieser begrifflichen Adaption zugrundeliegt,[4] wird hierdurch der Anwendungsbereich von Art. 232 § 6 EGBGB abschließend konkretisiert. Für eine erweiternde, sich auf den natürlichen Sprachgebrauch stützende Auslegung, fehlt wegen der im Gesetz zum Ausdruck gelangten Übernahme der in der ehem. DDR gebräuchlichen Rechtsterminologie, die durch die Gesetzesmaterialien bestätigt wird,[5] eine ausreichende methodologische Basis.[6]

II. Pflege- und Wartungsverträge

3 **1. Vertragsgegenstand.** Die in Art. 232 § 6 EGBGB genannten Pflege- und Wartungsverträge fanden in § 176 ZGB positivrechtliche Erwähnung. Sie waren als eigenständiger Vertragstyp neben anderen, gleichfalls im Vierten Kapitel des Dritten Teils des Zivilgesetzbuches der ehem. DDR aufgeführten Verträgen über Dienstleistungen, ein spezifischer Typus der Dienstleistungsverhältnisse.[7] Gemeinsam mit den auf Reinigung, Repara-

[1] So auch die Erl. BReg., BTDrucks. 11/7817, S. 40, zu Art. 232 § 6 EGBGB; sowie *Göhring,* in: Lübchen, Kommentar zum Sechsten Teil des EGBGB, 1991, Art. 232 § 6 Anm. 1; *Staudinger-Rauscher* RdNr. 10; *Palandt-Thomas* RdNr. 4; *Erman-H. P. Westermann* Einleitung RdNr. 32; zu Art. 232 § 5 EGBGB siehe oben Art. 232 § 5 EGBGB RdNr. 21 ff.

[2] BGH NJ 1994, 466.

[3] Vgl. die Erl. BReg., BTDrucks. 11/7817, S. 40, zu Art. 232 § 6 EGBGB, die ausdrücklich auf § 176 bzw. die §§ 197 ff. ZGB Bezug nimmt; dies konzediert im Grundsatz auch *Staudinger-Rauscher* RdNr. 3.

[4] Siehe oben Art. 232 § 5 EGBGB RdNr. 6.

[5] Siehe Fn. 3.

[6] AA hinsichtlich des personellen Anwendungsbereichs *Staudinger-Rauscher* RdNr. 4.

[7] Die dem BGB bekannte Differenzierung zwischen Dienst- und Werkverträgen ist im ZGB in dieser Schärfe nicht anzutreffen. Die Dienstleistungsverträge umfassen in dem Verständnis des BGB sowohl Dienst- als auch Werkverträge. Zu dem ideologischen Hintergrund dieser auf *K. Marx* (Marx-Engels-Werke Bd. 26, 379 f.) zurückgeführten Konzeption siehe *Göhring,* in: Zivilrecht-Lehrbuch, Bd. II, 1981, S. 13 ff. Im Ergebnis wurde jedoch der dogmatische Unterschied bei der rechtlichen Ausgestaltung der verschiedenen Dienstleistungsverhältnisse beibehalten. Während bei den Verträgen über hauswirtschaftliche Dienstleistungen der Erfolg der Leistung das Haftungsregime beeinflußt, entfällt dieser Aspekt bei Verträgen über persönliche Dienstleistungen; siehe *Göhring* (Fn. 7) S. 54.

turen sowie den auf Umarbeitung und Einzelanfertigung von Sachen auf Bestellung ausgerichteten Verträgen wurden die Pflege- und Wartungsverträge im Zweiten Abschnitt zu den Verträgen über hauswirtschaftliche Dienstleistungen und Reparaturen zusammengefaßt.[8] Im Unterschied zu anderen Vertragstypen läßt sich dem Zivilgesetzbuch allerdings keine eigenständige Definition für die Pflege- und Wartungsverträge entnehmen. Aufgrund der vielfältigen gemeinsamen Regelungen für alle im Zweiten Abschnitt zusammengefaßten Verträge, konnte hierauf in der Vergangenheit bei der Anwendung des Zivilgesetzbuches verzichtet werden. Durch das mit der Regelung in Art. 232 § 6 EGBGB gewandelte normative Fundament ist indessen eine inhaltliche Konturierung der Pflege- und Wartungsverträge notwendig.

4 Pflege- und Wartungsverträge bilden einen eigenständigen Vertragstyp, der zwischen den Reinigungsverträgen und den Reparaturverträgen anzusiedeln ist und der seine inhaltliche Präzisierung vor allem aus einer Abgrenzung zu den vertragstypischen Hauptleistungen dieser Verträge erfährt. Der Pflege- und Wartungsvertrag besitzt aufgrund seiner in § 164 ZGB zum Ausdruck gelangten systematischen Zwischenstellung die Gestalt eines gemischten Vertrages. Er umfaßt primär die Pflicht zur Instandhaltung,[9] wobei für Reparaturen eine gesonderte Vereinbarung erforderlich ist (vgl. § 176 Satz 2 ZGB), die allerdings auch antezipiert innerhalb eines Rahmenvertrages enthalten sein kann. Die ausdrückliche Bezugnahme in § 176 ZGB auf **technische Geräte und Anlagen** stellt klar, daß es sich um sog. **materielle Dienstleistungen** handeln muß.[10]

5 Ihre spezifische und die Herausnahme aus dem kollisionsrechtlichen Grundsatz in Art. 232 § 1 EGBGB legitimierende Gestalt erlangen Pflege- und Wartungsverträge dadurch, daß sich Pflege und Wartung typischerweise nicht auf einen einmaligen Leistungsaustausch erstrecken, sondern die Vertragsbeziehungen auf eine **längere Dauer** angelegt sind.[11] Pflege und Wartung können regelmäßig nicht auf einen punktuellen Leistungsaustausch reduziert werden, sondern die vertragstypischen Hauptleistungen werden miteinander zu einer eigenständigen, komplexen und langfristig angelegten Vertragsbeziehung kombiniert (sog. Typenkombinationsvertrag[12]). Die Amtliche Überschrift zu Art. 232 § 6 EGBGB bestätigt die eigenständige, aus dem Zivilgesetzbuch abzuleitende inhaltliche Konturierung und die diesem Vertragstyp immanente spezifische zeitliche Dimension. Die dortige Bezugnahme auf „wiederkehrende Dienstleistungen", die dem Zivilgesetzbuch fremd ist, kreiert einen eigenständigen Ordnungsbegriff, der die Pflege- und Wartungsverträge sowie die Verträge auf persönliche Dienstleistungen zu einer Einheit verbindet. Das damit auch für Pflege- und Wartungsverträge bedeutsame Merkmal „wiederkehrend" stellt die besondere zeitliche Dimension der Pflege- und Wartungsverträge klar, die zudem durch die Gesetzesmaterialien bekräftigt wird. Danach sollen sich die Ausnahmen, die von dem in Art. 232 § 1 EGBGB normierten kollisionsrechtlichen Grundsatz abweichen, auf Dauerschuldverhältnisse beziehen,[13] wodurch gleichfalls die charakteristische zeitliche Dimension der Pflege- und Wartungsverträge hervorgehoben wird.[14] Einmalige Reparaturaufträge sind deshalb nicht von Art. 232 § 6 EGBGB erfaßt,[15] kollisionsrechtlich unterliegen sie Art. 232 § 1 EGBGB.

[8] Vor Inkrafttreten des ZGB wurden diese Vertragstypen nach den §§ 631 ff. BGB behandelt, vgl. *Klinkert* NJ 1973, 595, 596; sowie *Fiedler-Winckler* NJ 1965, 610.

[9] Ebenso *Staudinger-Rauscher* RdNr. 4; zum Inhalt des Wartungsvertrages siehe auch § 631 RdNr. 104 ff.

[10] Siehe *Göhring,* Grundriß Zivilrecht-Heft 6, 2. Aufl. 1979, S. 26 f.; *ders.* (Fn. 7) S. 28; *Autorenkollektiv,* Zivilrecht-Kommentar, 1983, § 164 ZGB.

[11] So auch Erl. BReg., BTDrucks. 11/7817, S. 40, zu Art. 232 § 6 EGBGB; siehe auch § 631 RdNr. 105.

[12] Hierzu § 305 RdNr. 44 ff.

[13] Erl. BReg., BTDrucks. 11/7817, S. 39, zu Art. 232 § 1 EGBGB.

[14] Wie hier *Staudinger-Rauscher* RdNr. 5.

[15] Ebenso *Staudinger-Rauscher* RdNr. 5. Dies folgt zusätzlich aus der gesonderten Nennung der Reparaturen in § 164 ZGB. Aus ihr wird deutlich, daß die auf Reparaturen gerichteten Verträge zwar ebenfalls Dienstleistungsverträge, aber keine Pflege- und Wartungsverträge waren.

6 **2. Vertragsparteien.** Von der in Art. 232 § 6 EGBGB verankerten intertemporalen Kollisionsnorm werden nur diejenigen Pflege- und Wartungsverträge erfaßt, die zwischen einem **Dienstleistungsbetrieb** und einem **Bürger** abgeschlossen wurden. Die vom allgemeinen Sprachgebrauch abweichende Restriktion des personellen Anwendungsbereichs der Kollisionsnorm ist nicht nur aus dem Gesetzeswortlaut in § 176 ZGB und aus der übergeordneten Kapitelüberschrift („Hauswirtschaftliche Dienstleistungen und Reparaturen") abzuleiten.

7 Die auch in den Gesetzesmaterialien bestätigte Orientierung des Gesetzgebers an der im Zivilgesetzbuch gebräuchlichen Rechtsterminologie[16] schließt es aus, Art. 232 § 6 EGBGB auf Verträge auszudehnen, die sich nach dem Gegenstand des vertragstypischen Leistungsaustausches zwar ebenfalls auf „Pflege und Wartung" beziehen, bei denen jedoch nicht wenigstens **eine** Vertragspartei eine **natürliche Person** ist.[17] Verträge zwischen juristischen Personen werden von § 176 ZGB nicht erfaßt. Um der in § 176 ZGB intendierten Strukturierung einer Betrieb-Bürger-(Versorgungs-)Beziehung zur „Organisierung und Gestaltung der gesellschaftlichen Beziehungen im Bereich der individuellen Konsumtion"[18] gerecht zu werden (vgl. § 1 Abs. 2 Satz 2 ZGB aF), muß der von Art. 232 § 6 EGBGB erfaßte „Pflege- und Wartungsvertrag" der **Privat- bzw. Konsumtionssphäre** zuzuordnen sein. Dies ist zu bejahen, wenn eine Vertragspartei als **Verbraucher** anzusehen ist, wobei zur Konkretisierung auf die Umschreibung in Art. 29 Abs. 1 EGBGB bzw. § 1 Abs. 1 VerbrKrG und die hierzu in Judikatur und Doktrin vorliegenden Erkenntnisse zurückgegriffen werden kann. Bei Kaufleuten ermöglicht die Vermutung in § 344 HGB eine praktikable und mit dem Telos der in den §§ 164ff. ZGB strukturierten Rechtsbeziehungen harmonierende operationable Konkretisierung des in Art. 232 § 6 EGBGB enthaltenen Normbefehls.[19] Die konzeptionelle Ausrichtung des Zivilgesetzbuches auf die Sphäre der individuellen Konsumtion mag rechtsdogmatisch zwar Anlaß für Kritik liefern, sie darf indessen nicht dazu führen, die vom EGBGB gewollte Adaption der im Zivilgesetzbuch strukturierten Vertragstypen generell zu negieren.

8 Bei **Handelsgeschäften,** die vor dem Stichtag abgeschlossen wurden und inhaltlich die Leistung von „Pflege und Wartung" zum Inhalt haben, ist ausschließlich die kollisionsrechtliche Grundsatznorm in Art. 232 § 1 EGBGB anzuwenden.[20] Die Abwicklung und Beendigung dieser Verträge richtet sich unverändert nach den Bestimmungen des Vertragsgesetzes (VG) oder des Gesetzes über Wirtschaftsverträge (GW). Die Vertragsparteien sind jedoch nicht in das Prokrustesbett des in der ehem. DDR früher maßgeblichen Rechts gezwungen. Die Vertragsfreiheit gestattet ihnen die jederzeitige einvernehmliche Aufhebung des Vertrages sowie den anschließenden Neuabschluß des Vertrages, der nunmehr ausschließlich dem Bürgerlichen Gesetzbuch unterliegt. Dieser Vorgang – Aufhebung und Neuabschluß (Novation) – kann auch aufgrund eines konkludenten Verhaltens der Parteien zu bejahen sein.[21]

9 Vertragsbeziehungen können wegen dieses konzeptionellen Ansatzes auch dann nicht als Pflege- und Wartungsverträge im Sinne von § 176 ZGB und Art. 232 § 6 EGBGB bewertet werden, wenn sich bei ihnen **zwei natürliche Personen** als Vertragspartner gegenüberstehen, für die der Vertragsabschluß jeweils kein Handelsgeschäft ist. Vertrags-

[16] Siehe Erl. BReg., BTDrucks. 11/7817, S. 40, zu Art. 232 § 6 EGBGB, die ausdrücklich auf § 176 ZGB Bezug nimmt.

[17] AA *Staudinger-Rauscher* RdNr. 3, der auch die Vertragsbeziehungen zwischen Bürgern und zwischen Betrieben in den Anwendungsbereich von Art. 232 § 6 EGBGB einbezieht.

[18] Allg. *Lübchen* NJ 1975, 467, 468; *Lübchen-Posch* NJ 1979, 239ff.; *Göhring* (Fn. 6) S. 28ff.; sowie zur dogmatischen Konzeption des Zivilrechts in der ehem. DDR und seiner Entstehungsgeschichte *Säkker* Einleitung Bd. I, 2. Aufl. 1984, RdNr. 164ff.; zuletzt *Westen* DtZ 1990, 1, 2f., 4; aus der Sicht der ehem. DDR *Kosewähr,* in: Zivilrecht-Lehrbuch, Bd. I, 1981, S. 56ff.; grundlegend für das dogmatische Fundament des ZGB und das in ihm verwirklichte Adressatenprinzip waren die Ausführungen von *Posch* StuR 1957, 612ff.

[19] So auch für § 1 Abs. 1 VerbrKrG zB *Scholz* DB 1991, 215.

[20] AA *Staudinger-Rauscher* RdNr. 3, der auch diese Verträge in den Anwendungsbereich von Art. 232 § 6 EGBGB einbezieht.

[21] Siehe oben Art. 232 § 1 RdNr. 4.

partner einer auf hauswirtschaftliche Dienstleistungen und Reparaturen gerichteten Vertragsbeziehung konnten nur Dienstleistungsbetrieb und Bürger sein. Auf die Beziehungen zwischen Bürgern waren die §§ 164ff. ZGB nicht anwendbar. Gegebenenfalls unterliegen Verträge zwischen Bürgern, die „Pflege und Wartung" zum Inhalt haben, den §§ 197ff. ZGB (hierzu unten RdNr. 13), wenn die dort genannten Voraussetzungen erfüllt sind.

10 **3. Anzuwendende Vorschriften.** Die Parteien des Einigungsvertrages verzichteten darauf, die für die Durchführung und Beendigung von Pflege- und Wartungsverträgen anzuwendenden Vorschriften des Bürgerlichen Gesetzbuches festzulegen. Es ist deshalb eigenständig anhand der tradierten Abgrenzungskriterien zu entscheiden, ob Pflege- und Wartungsverträge den Dienst- oder Werkverträgen zuzuordnen sind. Gegen eine Anwendung der §§ 631 bis 651 BGB auf Pflege- und Wartungsverträge lassen sich allenfalls die Materialien zum Einigungsvertrag anführen, da sich hiernach die Ausnahmen von Art. 232 § 1 EGBGB auf „Dauerschuldverhältnisse" beziehen sollen,[22] und der Werkvertrag nach ganz überwiegender Auffassung kein Dauerschuldverhältnis ist.[23] Zugunsten einer werkvertraglichen Typisierung spricht jedoch nicht nur die Behandlung der Pflege- und Wartungsverträge vor Inkrafttreten des Zivilgesetzbuches,[24] sondern auch die rechtliche Ausgestaltung dieser Verträge im Zivilgesetzbuch. Insbesondere die Vorschriften über die Garantie (§§ 177ff. ZGB) lassen den erfolgsorientierten Charakter der Pflege- und Wartungsverträge in den Vordergrund treten. Auf Pflege- und Wartungsverträge sind deshalb ab dem Stichtag die **§§ 631 bis 651 BGB anzuwenden.**[25] Für die **Kündigung** des Pflege- und Wartungsvertrages hat dies zur Konsequenz, daß das früher nach § 186 Abs. 1 ZGB nur dem Bürger zustehende **jederzeitige Kündigungsrecht** seit Wirksamwerden des Beitritts ausschließlich der Besteller besitzt (§ 649 BGB). Wegen des Dauercharakters der Pflege- und Wartungsverträge steht darüber hinaus jeder Vertragspartei ein **Recht zur außerordentlichen** Kündigung zu, wenn ein Grund vorliegt, aufgrund dessen die Fortsetzung des Vertrages unzumutbar ist.

III. Wiederkehrende persönliche Dienstleistungen

11 **1. Vertragsgegenstand. a) Norminhalt und Kasuistik.** Bei der inhaltlichen Konkretisierung der Verträge über wiederkehrende persönliche Dienstleistungen ist von der Vertragstypenumschreibung in § 197 ZGB auszugehen, so daß Art. 232 § 6 EGBGB alle Verträge zur Besorgung von Vermögens- und anderen Angelegenheiten, zur Vermittlung von Kenntnissen, Fähigkeiten oder Fertigkeiten, zur Erbringung von kulturell-künstlerischen Leistungen sowie zur persönlichen Pflege und Betreuung erfaßt.

12 Die zivilrechtsdogmatische Diskussion in der ehem. DDR beschränkte sich weitgehend auf eine kasuistische Aufzählung der von § 197 ZGB erfaßten Vertragsbeziehungen. Zu den persönlichen Dienstleistungen gehörten vor allem Arbeitsleistungen, die **an Personen** erbracht wurden (zB Friseur, Kosmetikerin, Masseur,[26] Unterrichtsverträge[27] und Kin-

[22] Erl. BReg., BTDrucks. 11/7817 S. 39, zu Art. 232 § 1 EGBGB.

[23] ZB *Beitzke,* Nichtigkeit, Auflösung und Umgestaltung von Dauerrechtsverhältnissen, 1948, S. 35; *Blomeyer,* Allgemeines Schuldrecht, 4. Aufl. 1969, S. 42; *Kreß,* Lehrbuch des allgemeinen Schuldrechts, 1929, S. 33 Fn. 50; *Siber* JherJb. Bd. 70 (1921), 223, 282 Fn. 4; sowie ausführlich *Oetker,* Das Dauerschuldverhältnis und seine Beendigung, 1994, S. 156ff.; aA vor allem *O. v. Gierke* JherJb. Bd. 64 (1914), 355, 396f.

[24] Siehe oben Fn. 8.

[25] So auch *Palandt-Thomas* RdNr. 4; *Staudinger-Rauscher* RdNr. 11; *Erman-H. P. Westermann* Einleitung RdNr. 32.

[26] *Persike* NJ 1974, 706; weitere Beispiele bei *Göhring* (Fn. 10) S. 55; *ders.* (Fn. 7) S. 50; zu nennen sind ferner Verträge über die Aufführung von Tanz- und Unterhaltungsmusik, hierzu die Vertragsbedingungen der Tanzmusikanordnung vom 29. September 1989, GBl. I Nr. 18 S. 218.

[27] *Persike* NJ 1974, 706, für Sprach- und Tanzunterricht; sowie *Göhring* (Fn. 10) S. 56; *ders.* (Fn. 7) S. 51; zum Ausbildungsvertrag bei Fahrschulen siehe die „Anordnung über die Zulassung von Fahrschulen und Fahrlehrern und die Ausbildung von Kraftfahrzeugführern" vom 11. Mai 1977, GBl. I Nr 24 S. 301. Von § 197 ZGB wurden jedoch solche Unterrichtsleistungen nicht erfaßt, die auf die Erfüllung der Schulpflicht bzw. die Ausbildung an Hoch- und Fachschulen, die Berufsausbildung oder die Qualifizierung im Rahmen eines Arbeits(rechts-)verhältnisses gerichtet waren; vgl. BAG EzA BGB § 611 Arbeitnehmerstatus – DDR Nr. 1.

derbetreuungsverträge[28]). Darüber hinaus sollten persönliche Dienstleistungen typische Geschäftsbesorgungsverträge umfassen (zB Steuerberaterverträge,[29] Rechtsanwaltsverträge,[30] Notarverträge,[31] Beratungsverträge,[32] Anzeigenverträge,[33] Verträge über Grundstücks- und Hausverwaltungen,[34] Verträge zur Übernahme der Anliegerpflichten und Bauberaterverträge[35]). Zu den Verträgen über persönliche Dienstleistungen gehört auch ein Vertrag, durch den sich eine Vertragspartei zum Erwerb eines Einfamilienhauses verpflichtet, um dieses zu einem späteren Zeitpunkt an die andere Vertragspartei weiterzuveräußern.[36] Für **Besucherverträge** (Theater, Kino, Museum, Sportveranstaltungen) wurde die Zuordnung zu § 197 ZGB **kontrovers diskutiert.**[37] Einigkeit bestand indessen hinsichtlich der Herausnahme medizinischer Betreuungsverhältnisse, wie zB des Arztvertrages.[38]

b) Personale Dimension der Dienstleistung. Hintergrund für die gesonderte normative Erfassung der Verträge über persönliche Dienstleistungen war die dem Zivilgesetzbuch zugrundeliegende Vorstellung einer Trennung der Dienstleistungen in solche **materieller** und **immaterieller** Art.[39] Während sich materielle Dienstleistungen dadurch auszeichnen sollten, daß sich „die Dienstleistung **in Sachen vergegenständlicht**",[40] war für immaterielle Dienstleistungen ihr durch das in § 197 ZGB enthaltene Adjektiv „persönlich" fixierter **personaler Bezug** prägend. Die Dienstleistung muß „einerseits in besonderem Maße an die Person des Leistenden gebunden, von seinen Eigenschaften, Fähigkeiten und Fertigkeiten abhängig, und andererseits spezifisch auf die Person des Leistungsempfängers und dessen Interessen gerichtet"[41] sein. Bereits aufgrund der nicht kongruenten Adressaten der Vertragsbeziehungen ist diese Differenzierung dogmatisch fragwürdig, da die Erbringung materieller Dienstleistungen im Verhältnis Bürger-Bürger konzeptionell nicht erfaßt wird. Erforderlich ist deshalb ein extensiveres Verständnis der von den §§ 197ff. ZGB erfaßten Vertragsbeziehungen, das ausschließlich auf die besondere personale Dimension der „persönlichen Dienstleistung" abstellt. Diese wird entweder durch die Ausrichtung der Dienstleistung **auf eine Person** oder die nach dem Vertragsinhalt geschuldete **höchstpersönliche Erbringung** der Dienstleistung vermittelt. Dieser korrigierte Anwendungsbereich der §§ 197ff. ZGB ermöglicht nicht nur eine dogmatisch befriedigende Erfassung der zwischen Bürgern erbrachten materiellen Dienstleistungen, sondern öffnet den Vertragstyp zugleich für alle durch das gewandelte und restriktivere Verständnis des Arbeitsverhältnisses[42] nicht erfaßten Vertragsbeziehungen. 13

c) Entgeltlichkeit. Aus den §§ 274, 279 ZGB ist abzuleiten, daß nur **entgeltliche Vertragsbeziehungen** „wiederkehrende persönliche Dienstleistungen" im Sinne von 14

[28] *Marko-Stolpe-Peissker* NJ 1989, 491ff.

[29] *Persike* NJ 1974, 706.

[30] *Persike* NJ 1974, 706; *Göhring* NJ 1978, 300ff.; *Baatz* NJ 1980, 38f.; *Horn* NJ 1980, 39f.; aA *Luther-Wolff* StuR 1978, 144ff.; *dies.* NJ 1979, 308f. Durch das „Musterstatut der Kollegien der Rechtsanwälte der Deutschen Demokratischen Republik" vom 17. Dezember 1980, GBl. 1981 I Nr. 1 S. 4, wurde die Kontroverse bedeutungslos, da die Rechtsbeziehung in den §§ 14ff. eine umfassende Regelung erfuhr.

[31] *Göhring* (Fn. 10) S. 57.

[32] *Göhring* (Fn. 10), S. 57; *ders.* (Fn. 7) S. 52.

[33] *Persike* NJ 1974, 706; siehe hierzu auch die „Anordnung über Allgemeine Bedingungen für die Veröffentlichung von Anzeigen in Zeitungen, Zeitschriften und anderen Druckerzeugnissen sowie Anzeigenaushängen" vom 24. November 1987, GBl. I Nr. 29 S. 280.

[34] *Persike* NJ 1974, 706.

[35] § 25 der „Durchführungsbestimmung zur Verordnung über den Neubau, die Modernisierung und Instandsetzung von Eigenheimen" vom 18. August 1987, GBl. I Nr. 21 S. 215.

[36] BGH NJ 1994, 466. Ein derartiger Vertrag unterlag nicht dem Beurkundungserfordernis in § 297 Abs. 1 Satz 2 ZGB; so auch BGH NJ 1994, 466, 467.

[37] Für § 197 ZGB *Persike* NJ 1974, 706; aA *Göhring* (Fn. 7) S. 52.

[38] *Persike* NJ 1974, 706; *Göhring* (Fn. 10) S. 55f.; *ders.* (Fn. 7) S. 50f.; *Gläß-Mühlmann* StuR 1976, 705ff.

[39] *Göhring* (Fn. 10) S. 26f.; *ders.* (Fn. 7) S. 14f., 25; sowie grdl. *Solodkow-Poljakowa-Owsjannikow*, Nichtproduktive Sphäre im Sozialismus, 1975, S. 112ff., 117ff.

[40] *Autorenkollektiv* (Fn. 10) § 164 ZGB; *Göhring* (Fn. 7), S. 15.

[41] *Autorenkollektiv* (Fn. 10) § 197 ZGB Anm. 1.

[42] Siehe oben Art. 232 § 5 EGBGB RdNr. 8.

§ 197 ZGB sind. Anderenfalls, also bei unentgeltlichen Tätigkeiten, liegt eine sog. Gegenseitige Hilfe (§§ 274ff. ZGB) vor,[43] für die es bei dem in Art. 232 § 1 EGBGB niedergelegten allgemeinen kollisionsrechtlichen Grundsatz bleibt.[44]

15 **d) Wiederkehrende Dienstleistung.** Durch den Rückgriff auf die Formulierung **„wiederkehrend"** schließt das Gesetz **einmalige** Dienstleistungen aus dem Anwendungsbereich von Art. 232 § 6 EGBGB aus, wobei durch diesen Terminus eine mit dem „dauernden Dienstverhältnis" in den §§ 617 Abs. 1 Satz 1, 627 Abs. 1, 629, 630 Abs. 1 BGB vergleichbare Abgrenzungsproblematik auftritt. Die Parteien des Einigungsvertrages sind durch diese Terminologie deutlich von der auf diese Einschränkung verzichtenden Formulierung in § 197 ZGB abgewichen. Angesichts des ansonsten für die von Art. 232 EGBGB erfaßten Vertragstypen strikt umgesetzten konzeptionellen Ansatzes einer engen sprachlichen Anlehnung an die im Zivilgesetzbuch verankerte Rechtsterminologie besitzt diese Modifikation autoritative Bedeutung für die interpretative Konkretisierung des Normbereichs von Art. 232 § 6 EGBGB. Erschöpft sich das Vertragsverhältnis auf eine **einmalige Einzelleistung,** so ist Art. 232 § 6 EGBGB nicht anwendbar; es verbleibt bei der kollisionsrechtlichen Grundnorm in Art. 232 § 1 EGBGB.[45]

16 Da durch Art. 232 § 6 EGBGB „wiederkehrende" Dienstleistungen erfaßt werden und diese Vorschrift für entgeltliche Verträge über Dienstleistungen im Hinblick auf Art. 232 § 5 EGBGB eine auch in § 197 ZGB zum Ausdruck kommende suppletorische Funktion zu den Arbeitsverhältnissen besitzt, unterliegen per argumentum a minore ad majus **dauernde persönliche Dienstleistungen** ebenfalls dem Anwendungsbereich der Kollisionsnorm. Bei diesem Interpretationsansatz sind auch alle auf Leistung von Arbeit gerichteten Vertragsbeziehungen in den Anwendungsbereich von Art. 232 § 6 EGBGB einbezogen, die auf der Grundlage des hiesigen Interpretationsansatzes nicht von Art. 232 § 5 EGBGB erfaßt werden (zB Vertragsbeziehungen mit arbeitnehmerähnlichen Personen, Anstellungsverträge). Die vormals befürwortete Abgrenzung zwischen Arbeitsverhältnissen und persönlichen Dienstleistungen, die primär auf die Einordnung in ein Arbeitskollektiv und die Unterordnung im Rahmen der Arbeitsdisziplin abstellte,[46] besitzt im dogmatischen Ansatz unverändert ihre grundsätzliche Berechtigung.[47]

17 **2. Vertragsparteien.** Auch bei Verträgen über „wiederkehrende persönliche Dienstleistungen" muß mindestens eine Vertragspartei eine **natürliche Person** sein, die das Vertragsverhältnis als Verbraucher begründet, wobei zur Konkretisierung – ebenso wie bei den Pflege- und Wartungsverträgen (siehe oben RdNr. 7) – auf Art. 29 Abs. 1 EGBGB und § 1 Abs. 1 VerbrKrG zurückzugreifen ist. Dieser Restriktion der Kollisionsnorm auf die dem Zivilgesetzbuch entlehnte Konzeption einer privaten Konsumtionsbeziehung steht das „Gesetz über Wirtschaftsverträge" (GW, früher: GIW) in der seit dem 1. Juli 1990 gültigen Fassung[48] nicht entgegen. Diese Kodifikation kannte in § 98 GW zwar den **Dienstleistungsvertrag**, durch das in Art. 232 § 6 EGBGB inkorporierte Adjektiv „persönlich" scheidet eine Einbeziehung dieser im Rahmen und auf der Grundlage dieses

[43] So in der Abgrenzung auch *Göhring-Marko* NJ 1985, 247; sowie bereits *Göhring* (Fn. 7) S. 159; anders aber OG NJ 1985, 33, wonach auch die Gegenseitige Hilfe gegen Entgelt von den §§ 274ff. ZGB erfaßt wird. Wegen § 279 ZGB kann diese Judikatur nicht überzeugen.

[44] AA *Palandt-Thomas* RdNr. 4, der auch unentgeltliche persönliche Dienstleistungen in den Anwendungsbereich von Art. 232 § 6 EGBGB einbezieht und diese den Vorschriften der §§ 662 bis 674 BGB unterwirft; so auch *Göhring* (Fn. 1) Anm. 3; *Erman-H. P. Westermann* Einleitung RdNr. 32; ebenso iE *Staudinger-Rauscher* RdNr. 7, der für eine entsprechende Anwendung von Art. 232 § 6 EGBGB plädiert.

[45] Ebenso *Staudinger-Rauscher* RdNr. 8.

[46] Hierzu vor allem Stadtgericht Berlin AuA 1973, 373, 375; Stadtgericht Berlin NJ 1976, 524; *Autorenkollektiv* (Fn. 10) § 197 ZGB Anm. 2; *Göhring* (Fn. 10) S. 58; *ders.* (Fn. 7) S. 53; *Stelter* NJ 1965, 643ff.; *Barthel-Wandtke* NJ 1973, 604ff.; *Krause* NJ 1974, 265ff.

[47] So nunmehr auch BAG EzA BGB § 611 Arbeitnehmerstatus – DDR Nr. 1.

[48] Gesetz zur Aufhebung von Gesetzen der Deutschen Demokratischen Republik vom 28. Juni 1990, GBl. I Nr. 38 S. 483.

Gesetzes abgeschlossenen Verträge in den Anwendungsbereich von Art. 232 § 6 EGBGB jedoch aus. Über die von § 176 ZGB erfaßte Vertragsbeziehung zwischen Betrieb und Bürger hinausgehend ist auch der zwischen Privatpersonen begründete Vertrag von § 197 ZGB erfaßt.

18 **3. Anzuwendende Vorschriften.** Da der Auftragnehmer bei den Verträgen über persönliche Dienstleistungen lediglich verpflichtet war, alles Erforderliche zur Erbringung der Leistung zu unternehmen,[49] und deshalb eine **erfolgsabhängige Einstandspflicht** in den §§ 197ff. ZGB **nicht** vorgesehen war, sind auf die Verträge über wiederkehrende persönliche Dienstleistungen nicht die Vorschriften des Werkvertragsrechts,[50] sondern grundsätzlich die **§§ 611 bis 630 BGB** anzuwenden.[51] Gegebenenfalls können die Vorschriften über den Maklervertrag (§§ 652ff. BGB) zur Anwendung gelangen.[52] Im Einzelfall ist auch § **675 BGB** in Erwägung zu ziehen.[53] Die Anwendung der §§ **662 bis 674 BGB** auf die von Art. 232 § 6 EGBGB erfaßten Verträge ist zwar an sich **ausgeschlossen,**[54] weil zu den Verträgen über persönliche Dienstleistungen **nur** die **entgeltlichen** Vertragsbeziehungen zu zählen sind (siehe oben RdNr. 14). Sofern jedoch für diese eine entsprechende Anwendung der §§ 662ff. BGB (vor allem der §§ 667, 670 BGB) erwogen wird, gilt dies für die vormals den §§ 164ff., 197ff. ZGB unterliegenden Verträge entsprechend.

§ 7 Kontoverträge und Sparkontoverträge

Das Kreditinstitut kann durch Erklärung gegenüber dem Kontoinhaber bestimmen, daß auf einen am Tag des Wirksamwerdens des Beitritts bestehenden Kontovertrag oder Sparkontovertrag die Vorschriften des Bürgerlichen Gesetzbuchs einschließlich der im bisherigen Geltungsbereich dieses Gesetzes für solche Verträge allgemein verwendeten, näher zu bezeichnenden allgemeinen Geschäftsbedingungen anzuwenden sind. Der Kontoinhaber kann den Vertrag innerhalb eines Monats von dem Zugang der Erklärung an kündigen.

Übersicht

[49] *Göhring* (Fn. 7) S. 54.

[50] Siehe aber *Staudinger-Rauscher* RdNr. 11, der dies für möglich hält; ebenso *Erman-H. P. Westermann* Einleitung RdNr. 32.

[51] So auch *Palandt-Thomas* RdNr. 4; *Göhring* (Fn. 1) Anm. 3; *Erman-H. P. Westermann* Einleitung RdNr. 32; *Staudinger-Rauscher* RdNr. 11.

[52] So auch *Staudinger-Rauscher* RdNr. 11; *Göhring* (Fn. 1) Anm. 3; *Palandt-Thomas* RdNr. 4; *Erman-H. P. Westermann* Einleitung RdNr. 32.

[53] *Palandt-Thomas* RdNr. 4; *Göhring* (Fn. 1) Anm. 3; *Staudinger-Rauscher* RdNr. 11; *Erman-H. P. Westermann* Einleitung RdNr. 32.

[54] AA *Palandt-Thomas* RdNr. 4; *Staudinger-Rauscher* RdNr. 11; *Erman-H. P. Westermann* Einleitung RdNr. 32; *Göhring* (Fn. 1) Anm. 3, die auf den unentgeltlichen Auftrag die §§ 662–674 BGB anwenden wollen.

I. Normzweck und Grundlagen

1 **1. Regelungsgegenstand und -zweck.** Art. 232 § 7 betrifft das für Konto- und Sparkontoverträge geltende Recht, soweit solche Verträge am Stichtag des 3. 10. 1990 schon bestanden haben, also sog. **Altverträge** (vgl. noch RdNr. 5, 10). Ob ein Vertrag iSd. Art. 232 § 7 vorliegt, bestimmt sich deshalb nach den Umschreibungen in §§ 234, 238 ZGB (dazu RdNr. 2f.).[1] Bezweckt ist, dem **Dauercharakter** solcher Verträge Rechnung zu tragen.[2] Nach Art. 232 § 1 würden nämlich für Altverträge mangels besonderer Regelung die §§ 233 bis 240 ZGB weitergelten, so daß alte und neue Verträge unterschiedlichen Regelungen unterständen. Das ist der Rechtseinheit abträglich und auch nicht zweckmäßig. Deshalb erlaubt Art. 232 § 7 den Kreditinstituten (KI), durch einseitige Erklärung zu bestimmen, daß das BGB und die schon bislang in seinem Geltungsbereich verwandten AGB anzuwenden sind. Etwa entgegenstehenden Interessen des Kontoinhabers wird durch das Kündigungsrecht des Art. 232 § 7 S. 2 Rechnung getragen (RdNr. 3).

2 **2. Frühere und jetzige Rechtslage im Überblick. a) Rechtslage im Bereich der ehemaligen DDR.** Einschlägig sind §§ 233 bis 240 ZGB idF des 2. ZivilrechtsÄndG vom 22. 7. 1990 (GBl. DDR I S. 903). § 234 ZGB umschreibt den Kontovertrag. Konten iSd. Norm dienen der Durchführung des Zahlungsverkehrs und können auch debitorisch geführt werden; sie entsprechen also den Girokonten.[3] Zu Besonderheiten der §§ 234, 236 ZGB vgl. noch Zivilrecht im Einigungsvertrag RdNr. 185.

3 Den Inhalt des **Sparkontovertrags** gibt § 238 ZGB an.[4] **Buchsparkonten** entsprechen im wesentlichen den Sparkonten iSd. § 808 BGB.[5] Wesentliche Abweichung: Abtretung der Kontoforderung war nur durch schriftliche Erklärung und Umschreibung des Sparbuchs sowie seine Übergabe durch das KI an den neuen Berechtigten möglich (§ 240 Abs. 3 ZGB). Frühere **Spargirokonten,** die auch zur Abwicklung des bargeldlosen Zahlungsverkehrs benutzt werden durften (§ 238 Abs. 2 ZGB), sind durch Anlage 1 Nr. 7 zu Art. 1 des 2. ZivilrechtsÄndG (RdNr. 2) entfallen.

4 **b) Bürgerliches Recht.** Kontoverträge und Sparkontoverträge sind als solche weder im BGB noch anderweitig gesetzlich geregelt. Hierzu gilt: Bei Girokonten sind die Einlagen nach hM Gegenstände unregelmäßiger Verwahrung gem. § 700, weil die jederzeitige Abrufbarkeit der eingelegten Beträge den Charakter dieser Konten prägt.[6] Anders bei Sparkonten; die Einlage des Sparers ist Darlehen an das KI iSd. § 607.[7] Das Sparbuch ist qualifiziertes Legitimationspapier gem. § 808.[8] Die über das bloße Einlagengeschäft hinaus bestehende Vertragsbeziehung ist schließlich Geschäftsbesorgungsvertrag iSd. § 675. Die normative Basis der Kontobeziehungen ist danach schmal. Die Einzelfragen sind vertraglich geregelt, und zwar in den AGB der verschiedenen Institutsgruppen (dazu RdNr. 1, Fn. 12). Deshalb war es auch notwendig, das Bestimmungsrecht der KI auf die AGB auszudehnen.

II. Voraussetzungen und Ausübung des Bestimmungsrechts

5 **1. Voraussetzungen.** Das KI kann eine Erklärung gem. Art. 232 § 7 wirksam abgeben, wenn ein **Kontovertrag** oder **Sparkontovertrag** am Tag des Wirksamwerdens des Bei-

[1] *Maskow,* Wirtschaftsrecht, 1992, 162, 165.

[2] Amtl. Erläuterungen, BR-Drucks. 605/90 S. 40 = BT-Drucks. 11/7817 S. 40.

[3] *Staudinger-Rauscher* Art. 232 § 7 RdNr. 5.

[4] Einzelheiten bei *Westen* (Hrsg.), Das neue Zivilrecht der DDR nach dem ZGB von 1975, S. 203f.

[5] Die früher einschlägigen aufsichtsrechtlichen Bestimmungen der §§ 21, 22 KWG sind mit Wirkung vom 1. 7. 1993 aufgehoben durch Gesetz zur Änderung des Gesetzes über das Kreditwesen vom 21. 12. 1992 (BGBl. I S. 2211, 2219).

[6] BGHZ 84, 371 373 = LM HGB § 357 Nr. 3 = NJW 1982, 2193; OLG Celle WM 1981, 780, 781.

[7] HM; anders aber *Palandt-Thomas* Art. 232 § 7 Rdnr. 3.

[8] BGHZ 28, 368, 370 = LM BGB § 808 Nr. 1 m.Anm. *Rietschel* = NJW 1959, 622; BGHZ 46, 198, 202 = LM BGB § 331 Nr. 3 m.Anm. *Mormann* = NJW 1967, 101.

tritts bestanden hat. Kontovertrag ist iSd. § 234 ZGB (näher RdNr. 2), Sparkontovertrag iSd. § 238 ZGB zu verstehen. Stichtag ist der 3. 10. 1990. Der Vertrag muß **am Stichtag bestanden** haben. Das ist der Fall, wenn er zuvor, spätestens also am 2. 10. 1990, durch Angebot und Annahme formwirksam abgeschlossen worden ist. Zur Vermeidung von Mißverständnissen ist schon hier festzuhalten: Verträge, die nicht Altverträge im definierten Sinne sind, unterliegen nicht etwa ferner den §§ 233 bis 240 ZGB. Vielmehr gilt ohne weiteres, nämlich nach Art. 230 Abs. 2, das Recht der Bundesrepublik, weil der Ausnahmetatbestand des Art. 232 § 1 nicht verwirklicht ist. Die Einzelheiten sind unten nach Fallgruppen geordnet dargestellt (RdNr. 8ff.).

6 **2. Ausübung. a) Einseitige Gestaltungserklärung.** Das KI macht von seinem Bestimmungsrecht durch Erklärung gegenüber dem Kontoinhaber Gebrauch. Die Erklärung erfolgt einseitig, ist empfangsbedürftig und auf Rechtsgestaltung gerichtet, weil sie die §§ 233 bis 240 ZGB durch BGB und AGB ersetzt. Besondere Anforderungen an **Form und Frist** bestehen nicht. Schriftliche Erklärungen sind schon aus Nachweisgründen anzuraten; dabei genügt auch die Versendung von Drucktexten ohne Unterschrift. Hinsichtlich der Rechtsnatur der Bestimmungserklärung ist zwischen der Anwendung des BGB und derjenigen der AGB zu unterscheiden. Was die Anwendung des BGB anbetrifft, so handelt es sich um ein einseitiges kollisionsrechtliches (interlokales) Verweisungsgeschäft (in Anlehnung an die vertragliche Rechtswahl des Art. 27 EGBGB), dessen Zustandekommen und Wirksamkeit analog Art. 27 Abs. 4 iVm. Art. 31 Abs. 1 EGBGB nach dem Recht der Bundesrepublik zu beurteilen sind. Soweit es um die AGB geht, liegt in Art. 232 § 7 eine gesetzliche Ausnahme von dem prinzipiellen Erfordernis einer Einbeziehungsvereinbarung gem. § 2 AGBG.

7 **b) Zugang und Inhalt der Erklärung.** Weil die Erklärung empfangsbedürftig ist (RdNr. 6), wird sie erst wirksam, wenn sie dem Kontoinhaber zugeht (§ 130 Abs. 1); vom Zugangserfordernis geht auch Art. 232 § 7 S. 2 aus. Besondere Anforderungen an den Inhalt stellt das Gesetz nur insofern auf, als die AGB näher zu bezeichnen sind. Als genügend sind ein Hinweis auf die AGB und die jeweils in Betracht kommenden Sonderbedingungen für spezielle Geschäftsarten anzusehen; dies jedenfalls dann, wenn die Bedingungstexte zur Einsichtnahme des Kunden in der Schalterhalle ausgelegt oder ausgehängt sind. Weitere Anforderungen als an eine Einbeziehungsofferte iSd. § 2 Abs. 1 AGBG können nicht gestellt werden.

III. Rechtsfolgen

8 **1. Geltung von BGB und AGB. a) Fallgruppen. aa) Vertragsschluß am Stichtag oder später.** Konto- oder Sparkontoverträge, die im Bereich der ehemaligen DDR am 3. 10. 1990 oder später geschlossen worden sind, unterliegen ohne weiteres dem Bundesrecht (Art. 230 Abs. 2; vgl. schon RdNr. 5). Eine Bestimmungserklärung des KI ist nicht erforderlich und, weil die Voraussetzungen des Art. 232 § 7 nicht vorliegen, auch nicht möglich. Daraus folgt für die AGB, daß sie in dieser Fallgruppe nur durch Einbeziehungsvereinbarung gem. § 2 AGBG anwendbar werden.

9 **bb) Angebot vor, Annahme am Stichtag oder später.** Entscheidend ist für zeitlich derart gestreckte Vertragstatbestände die Auslegung des Art. 232 § 1. Danach sind die §§ 233 bis 240 ZGB nur maßgebend, wenn das Schuldverhältnis vor dem 3. 10. 1990 entstanden ist. Vertragliche Schuldverhältnisse entstehen erst mit der Annahmeerklärung und ihrem Zugang, nicht mit dem bloßen Angebot. Deshalb liegen die Voraussetzungen für eine Weitergeltung des ZGB nicht vor, verbleibt es demnach bei dem in RdNr. 8 dargestellten Grundsatz.[9] Die Auslegung des Vertrags kann einen entgegenstehenden gemeinsamen Willen ergeben, der als vertragliche Rechtswahl kraft Parteiautonomie maß-

[9] Ebenso *Palandt-Heinrichs* Art. 232 § 1 RdNr. 2.

geblich ist (vgl. auch RdNr. 6). Darin liegt jedoch nicht die Regel,[10] sondern die Ausnahme.

10 **cc) Vertragsschluß vor dem Stichtag und Bestimmungserklärung.** Das BGB und die AGB (letztere in dem durch die Bezeichnung abgedeckten Umfang) gelten schließlich, wenn der Vertragstatbestand (Angebot und Annahme) zwar spätestens am 2. 10. 1990 verwirklicht war, aber das KI einen solchen Altvertrag durch eine Bestimmungserklärung auf Bundesrecht übergeleitet hat. Nur das ist der Fall des Art. 232 § 7 (vgl. schon RdNr. 6).

11 **b) Geltungsumfang.** Es gelten die Vorschriften des **BGB,** und zwar sämtlich, soweit sie im konkreten Fall einschlägig sind, und in der Ausformung, die sie durch Rechtsprechung und Lehre erfahren haben. Im übrigen ist der umfassende Gesetzesbegriff des Art. 2 EGBGB zugrunde zu legen. Es gelten auch ungeschriebene, durch Gewohnheitsrecht, Analogie, Umkehrschluß oder vergleichbar entstandene Rechtsnormen.[11] Die **AGB** sind in dem Umfang Vertragsinhalt geworden und damit anwendbar, in dem sie in der Bestimmungserklärung bezeichnet worden sind (dazu RdNr. 7). Seither bestehende neue AGB[12] gelten, soweit sie für den jeweiligen Vertrag wirksam geworden sind. Die Geltung der für Kontoverträge wesentlichen **Kontokorrentvorschriften** (§§ 355 bis 357 HGB) folgt schon aus der Kontokorrentabrede und den entsprechenden AGB-Klauseln (vgl. etwa Nr. 7 Abs. 1 AGB-Banken nF, Nr. 7 Abs. 1 AGB-Sparkassen nF).

12 **2. Weitergeltung des ZGB.** Aus den Erläuterungen in RdNr. 8 bis 10 folgt, daß das ZGB nur in zwei Fallgruppen weiter gilt. Erstens: Kontoverträge und Sparkontoverträge, die vor dem Stichtag, also spätestens am 2. 10. 1990, wirksam (Zugang) gekündigt waren, sind keine „bestehenden" Verträge iSd. Art. 232 § 7 S. 1. Insoweit gibt es kein Bestimmungsrecht des KI. Also richtet sich die Abwicklung solcher Konten nach dem fortgeltenden Recht der ehemaligen DDR. Zweitens: Die Voraussetzungen des Art. 232 § 7 sind zwar erfüllt, das KI macht aber von seinem Bestimmungsrecht keinen Gebrauch. Das widerspricht zumindest den nachvollziehbaren Interessen der Kreditwirtschaft und ist eher fernliegend, so daß sich die Weitergeltung des ZGB praktisch auf Abwicklungssachverhalte beschränkt.

IV. Kündigungsrecht

13 Nach Art. 232 § 7 S. 2 hat der Kontoinhaber ein **außerordentliches fristgebundenes Recht** zur Kündigung des Vertrags, wenn das KI von seinem Bestimmungsrecht Gebrauch macht. Die Frist beträgt einen Monat, vom Zugang der Bestimmungserklärung an gerechnet; Fristbeginn bzw. -ende: §§ 187 Abs. 1, 188 Abs. 2. Besonderen Formanforderungen braucht die Kündigung nicht zu genügen. Bezweckt ist, die Interessen des Kontoinhabers gegenüber der einseitigen Gestaltung des Vertrags durch das KI durch ein ebenso einseitiges Lösungsrecht zu schützen.[13] Das ist vordergründig ausgewogen, aber **praktisch folgenlos,** weil ein neuer Kontovertrag seit dem 3. 10. 1990 nur auf der Basis des Bundesrechts geschlossen werden kann (RdNr. 8). Aus der Kündigungsbefugnis darf also nicht gefolgert werden, daß noch Konten auf der Grundlage der §§ 233ff. ZGB eingerichtet werden könnten. Die Alternative für den Kontoinhaber liegt nicht hier, sondern in dem Verzicht auf jegliche Kontoverbindung. Auch angesichts der Kündigungsklauseln in Nr. 18 AGB-Banken nF, Nr. 26 AGB-Sparkassen nF hätte es der Regelung nicht bedurft.[14]

[10] So allerdings Amtl. Erläuterungen, BR-Drucks. 605/90 S. 38 = BT-Drucks. 11/7817 S. 38; wie hier *Palandt-Heinrichs* Art. 232 § 7 RdNr. 2.

[11] *Palandt-Heinrichs* Art. 230 Rdnr. 1.

[12] AGB-Banken (Fassung Januar 1993) bei *Baumbach-Hefermehl,* WG und ScheckG, 18. Aufl. 1993, Vierter Teil I 1; AGB-Sparkassen (Fassung Januar 1993) ebenda. II 6. Erläuterung zu AGB-Banken: *Gößmann/Wagner-Wieduwilt/Weber,* Allgemeine Geschäftsbedingungen der Banken (Sonderdruck aus BuB), 1993.

[13] Amtl. Erläuterungen, BR-Drucks. 605/90 S. 40 = BT-Drucks. 11/7817 S. 40.

[14] Darin aA *Staudinger-Rauscher* Art. 232 § 7 RdNr. 3, 11; Fragestellung ist wegen Frist des § 7 S. 2 überholt.

§ 8 Kreditverträge

Auf Kreditverträge, die nach dem 30. Juni 1990 abgeschlossen worden sind, ist § 609a des Bürgerlichen Gesetzbuchs anzuwenden.

I. Grundlagen

1 Vor dem Hintergrund des § 1, wonach vor dem Wirksamwerden des Beitritts bereits entstandene Schuldverhältnisse weiterhin dem bisherigen DDR-Recht unterliegen, wäre auch die Kündigung von Darlehensverträgen und ihre Rückabwicklung nach dem (alten) DDR-Recht zu beurteilen. Da schon mit dem Inkrafttreten der Wirtschafts-, Währungs- und Sozialunion westdeutsche Kreditinstitute in nicht unerheblichem Umfang auf DDR-Gebiet aktiv wurden und zum Aufbau privater Betriebe im gesamten Bereich wirtschaftlicher Aktivitäten Kredit benötigt (und auch gewährt) wurde, stellte sich die Frage, ob diese Geschäfte in vollem Umfang dem bisherigen Recht unterliegen sollten, während nach dem Beitritt abgeschlossene Verträge dem BGB unterfallen. § 8 stellt insoweit eine Kompromißlösung dar. Für die vor dem Beitritt geschlossenen Kreditverträge bleibt es bei der Unterwerfung unter das bisherige Recht; nur sollte verhindert werden, daß die Kreditnehmer anders als die Schuldner aus den zur selben Zeit im bisherigen Bundesgebiet geschlossenen Verträgen nur unter erschwerten Bedingungen den Vertrag kündigen und bei Veränderungen des Zinsniveaus umschulden können (Begründung zu § 8). Daher sollte der Schuldner unabhängig von dem auf den Kreditvertrag im übrigen anzuwendenden Recht bei Verträgen, die zwischen dem 1. 7. und dem 3. 10. 1990 abgeschlossen sind, in den Genuß der gesetzlichen Kündigungsrechte nach § 609a BGB kommen. Dasselbe gilt im Verhältnis zu denjenigen Schuldnern, die nur kurze Zeit später unter voller Geltung der §§ 607ff. ein Darlehen aufgenommen haben. Eine andere Regelung, diejenige des Gesetzes über die Anpassung von Kreditverträgen an Marktbedingungen sowie über Ausgleichsleistungen an Kreditnehmer (sog. **Zinsanpassungsgesetz** BGBl. I 1991 S. 1314ff.),[1] betrifft die befristete Möglichkeit einer Anpassung der laufenden Kreditverträge an die am 3. 10. 1990 marktüblichen Zinssätze, die durch eine bis zum 30. 9. 1991 befristete mögliche einseitige Erklärung des Kreditinstituts bewirkt werden kann. Nach Ablauf der Frist ist jetzt eine einseitige Änderung der Konditionen nicht mehr möglich.[2] Das Kündigungsrecht des Schuldners greift bei einer einseitigen oder vertraglichen Zinsanpassung, die die Voraussetzungen des § 609a BGB erfüllt.

II. Anwendungsbereich der Vorschrift

2 **1. Die Grundsätze des bisher geltenden Rechts.** Die Durchführung dieser Bestimmung macht bereits Schwierigkeiten für die Unterscheidung von **Kreditverträgen,** die nur zwischen einem sozialistischen Kreditinstitut und einem Bürger als Mittel staatlicher Finanz- und Geldpolitik gewährt werden konnten (§ 241 ZGB), und dem **Darlehensvertrag,** der nur zwischen Bürgern geschlossen werden durfte (§§ 244ff. ZGB). Beim Kreditvertrag war die Bestimmung des Verwendungszwecks nach § 241 Abs. 1 S. 2 ZGB verbindlich, die Kredite wurden im Zuge eines zielgerichteten Einsatzes staatlicher Mittel etwa zur Förderung von Initiativen bei der Schaffung und Modernisierung von Wohnraum, zur Verbesserung der Arbeits- und Lohnbedingungen oder zur Finanzierung von Konsumgütern für die Freizeitgestaltung gewährt.[3] Nach der Einführung der Wirtschafts- und Währungsunion wird man davon auszugehen haben, daß die privaten Verträge zwischen Banken und Bürgern dem Darlehensrecht und nicht dem von der Zweckgebundenheit staatlicher Mittelgewährung gekennzeichneten Recht des Kreditvertrages zuzuordnen sind. Die Rechtslage wurde aber ferner beeinflußt durch die Kreditverordnung vom Jahre 1982 und ihre Nachfolgebestimmungen, die AO über die Kreditgewährung an private

[1] Dazu *Schubert* WM 1992, 45ff.

[2] *Schubert* (Fn. 1) S. 47.

[3] Kommentar zum ZGB, herausg. vom Ministerium der Justiz, Berlin 1983, § 241 Anm. 1a.

Handwerks- und Gewerbebetriebe sowie durch die AO vom Jahre 1964 über Teilzahlungskredite sowie durch das in RdNr. 1 erwähnte Zinsanpassungsgesetz.

3 Dann aber ist zu beachten, daß nach § 244 Abs. 3 ZGB **Darlehenszinsen** nur gefordert werden dürfen bei entsprechender Vereinbarung und – was praktisch wichtiger ist – bis zu einer Höhe, in der die Kreditinstitute für entsprechende Spareinlagen Zinsen geben. Auch war eine gewerbsmäßige Vergabe von Darlehen nach § 233 Abs. 2 S. 2 ZGB unzulässig. Diese Rechtslage war durch § 14 der Änderungs- und AufhebungsVO vom 28. 6. 1990 (GBl. I Nr. 38 S. 512) dahin angepaßt worden, daß die Kreditinstitute berechtigt werden, den Zinssatz für Kredite durch einseitige Erklärung gegenüber dem Schuldner in marktüblicher Höhe festzulegen; inzwischen gilt insoweit das ZinsanpassungsG. Diese Regelung galt zwar nicht für die zT zinslosen Wohnungsbaukredite nach der EigenheimVO sowie die zinssubventionierten Ehestandskredite, doch haben die Kreditinstitute hier angesichts des gewöhnlichen Auseinanderklaffens von Guthaben- und Kreditzinsen die Anpassung ebenfalls vollzogen. Gegen diese Anpassung stand dem Kreditnehmer ein Kündigungsrecht zu.[4] Hierdurch dürfte insgesamt auch die Regelung des ZGB über die Unzulässigkeit privater gewerblicher Darlehensvergabe erledigt sein, die durch die Einführung der Wirtschafts- und Währungsunion und durch die Vorstellung des Einigungsvertrages, nach diesem Zeitpunkt und vor dem endgültigen Beitritt ein privates Bank- und Kreditgeschäft regulieren zu können, überholt ist. Das ZinsanpassungsG (RdNr. 1) betrifft nur das „Kreditsystem", das nach marktwirtschaftlichen Prinzipien umgestaltet werden sollte; daher ist sein Anwendungsbereich auf Kreditverträge iS des DDR-Rechts beschränkt.[5] Ob diese Beschränkung des Anwendungsbereichs auf gewerbliche Verträge, wie sie dem Wortlaut („Kreditverträge") entnommen werden könnte, wirklich gewollt ist,[6] ist eher zweifelhaft, weil das Schutzbedürfnis, um das es geht, beim Vertrag unter Bürgern auch besteht, doch werden natürlich Vereinbarungen, bei denen § 609a eingreifen kann, praktisch nur im gewerblichen Kreditgeschäft getroffen. Zum Bedürfnis für die Anwendung der Norm s. RdNr. 4, 5.

4 **2. Bedürfnis für die Anwendung des § 609a BGB.** § 245 Abs. 1 S. 2 ZGB geht von einer jederzeitigen Rückzahlbarkeit des Darlehens durch den Darlehensnehmer aus, eine **Kündigung** des Vertrages ist überhaupt nur für den Darlehensgeber vorgesehen. Auch für den Kreditvertrag war die Möglichkeit einer Kündigung durch den Kreditnehmer nicht geregelt, was mit der Vorstellung zusammenhängen dürfte, daß ein Interesse an einer solchen Möglichkeit nicht bestehe. Daher nahm man aber an, der Kreditnehmer sei ohne Einhaltung einer Kündigungsfrist zur Rückzahlung berechtigt.[7] Auf dieses vorzeitige Darlehenskündigungsrecht kann der Darlehensnehmer nicht verzichten, da der Vertrag nicht als Geldanlage für den Darlehensgeber fungieren sollte. Wenn man von der Weitergeltung dieser Regeln ausgeht, so besteht also für eine Anwendung des § 609a BGB kein Bedürfnis.[8] Die seit dem 1. 1. 1991 durch das VerbraucherkreditG eingeführte Bestimmung des § 609a Abs. 3, wonach eine Kündigung des Schuldners nach den Absätzen 1 und 2 der Vorschrift als nicht erfolgt gilt, wenn der Schuldner den geschuldeten Betrag nicht binnen zweier Wochen nach Wirksamwerden der Kündigung zurückzahlt, ist mit dem grundsätzlich für den Vertrag weitergeltenden bisherigen Recht vereinbar, weil dieses dem Schuldner ein Recht zur vorzeitigen Rückzahlung, nicht aber ein Kündigungsrecht zubilligte.

5 Soweit die Bestimmung überhaupt Anwendung findet, ist gerade für den Bereich der neuen Bundesländer darauf hinzuweisen, daß § 609a Abs. 1 Nr. 2 Hs. 2 das erleichterte Kündigungsrecht nicht gelten lassen will, wenn das Darlehen ganz oder vorübergehend für Zwecke einer gewerblichen oder beruflichen Tätigkeit bestimmt war. Davon sind also auch Geschäfte zur Vorbereitung der Berufsaufnahme oder zur Einrichtung des Gewerbes

[4] Näher *Horn,* Das Zivil- und Wirtschaftsrecht im neuen Bundesgebiet, 2. Aufl. 1993, S. 253ff.

[5] *Schubert* (Fn. 1) S. 47.

[6] So *Palandt-Thomas* RdNr. 2; anders wohl *Horn* (Fn. 4) S. 148.

[7] *Westen-Schleider,* Zivilrecht im Systemvergleich, 1984, S. 525f.

[8] Zust. *Horn* (Fn. 4) S. 148.

erfaßt.[9] Somit steht das Sonderkündigungsrecht solchen Schuldnern nicht zu, die mit dem Darlehen die Gründung einer Existenz als wirtschaftlich Selbständige anstrebten. Probleme daraus dürften sich nicht ergeben, da für die Verträge, die noch nach bisherigem Recht zu beurteilen waren, die jederzeitige Rückzahlungsmöglichkeit bestand.

§ 9 Bruchteilsgemeinschaften

Auf eine am Tag des Wirksamwerdens des Beitritts bestehende Gemeinschaft nach Bruchteilen finden von dieser Zeit an die Vorschriften des Bürgerlichen Gesetzbuchs Anwendung.

Übersicht

I. Grundlagen

1 1. Normzweck. Die Bestimmung klärt den Anwendungsbereich der §§ 741 ff., 1008 ff. BGB im Gebiet der ehem. DDR. Sie gilt nur für Bruchteilsgemeinschaften (RdNr. 3 ff.), nicht für Gesamthandsgemeinschaften (RdNr. 10 ff.). Entgegen der Überschrift des Art. 232 geht es bei § 9 neben schuldrechtlichen auch um sachenrechtliche Regelungen, die hier nur wegen der Systematik des BGB als Bestandteil des „Rechts der Schuldverhältnisse" bezeichnet sind.

2 2. Der Begriff Bruchteilsgemeinschaft. Der für die Abgrenzung entscheidende Begriff der Bruchteilsgemeinschaft kommt im ZGB so nicht vor. Der Grund hierfür liegt ausschließlich in der unterschiedlichen Systematik der beiden Gesetze. Während im BGB das Miteigentum nur als eine Variante der Bruchteilsgemeinschaft geregelt ist (§§ 1008 ff.), geht das ZGB vom Typus des Miteigentums aus und verweist für die Bruchteilsgemeinschaft an Rechten auf die Regelungen über das Miteigentum (§ 34 Abs. 2 S. 2 und Abs. 3 ZGB). Dies sind die nach § 9 überzuleitenden Bruchteilsgemeinschaften (zu dem nach § 459 ZGB entstandenen Miteigentum vgl. Art. 233 § 8 sowie RdNr. 9).

[9] Dazu vor § 609a RdNr. 24.

II. Miteigentum und sonstige Bruchteilsgemeinschaft

3 **1. Voraussetzungen. a) Miteigentum** ist nach § 34 Abs. 2 S. 2 ZGB anteiliges Eigentum zu gleichen oder unterschiedlichen Teilen. Der Begriff stimmt mit der Darstellung bei § 1008 RdNr. 1ff. überein. Ist die Größe der Anteile nicht bestimmt, so stehen den Miteigentümern gleiche Anteile zu (§ 34 Abs. 2 S. 3 ZGB). Die **Bruchteilsgemeinschaft an einem Recht** ist die anteilige Berechtigung mehrerer zu gleichen oder unterschiedlichen Teilen (vgl. sinngemäß § 34 Abs. 2 S. 2 iVm. Abs. 3 ZGB). Ist die Größe der Anteile nicht bestimmt, so stehen diese auch hier den Bruchteilsberechtigten zu gleichen Teilen zu (vgl. sinngemäß § 34 Abs. 2 S. 3 iVm. Abs. 3 ZGB).

4 **b) Bestehende Gemeinschaft.** Nur für **die am Tag des Wirksamwerdens des Beitritts bestehenden Gemeinschaften** verweist Art. 232 § 9 auf das BGB. Für die seit dem 3. 10. 1990 entstandenen Bruchteilsgemeinschaften gelten die BGB-Regeln ohne weiteres. Damit finden auf alle „bestehenden" Gemeinschaften nur noch die Vorschriften des BGB Anwendung und nicht mehr die §§ 35 bis 41 ZGB. Zweifelhaft ist, ob sich auch die Durchführung einer bereits in die Wege geleiteten Teilung nach §§ 752ff. BGB oder nach § 41 Abs. 2 ZGB richtet. Die Frage ist dahin zu stellen, ob auch eine am 3. 10. 1990 bereits vor der Aufhebung stehende oder in Teilung begriffene Bruchteilsgemeinschaft eine „bestehende" war. Nach § 41 Abs. 1 ZGB konnte der Miteigentümer jederzeit die Aufhebung der Eigentumsgemeinschaft verlangen, wenn der Zeitpunkt nicht mit berechtigten Interessen anderer Miteigentümer unvereinbar war. Nach § 41 Abs. 2 ZGB erfolgte die Teilung in erster Linie nach Vereinbarung, bei fehlender Einigung durch Naturalteilung bzw. Veräußerung und Teilung des Erlöses, bei Immobilien nur durch Veräußerung und Teilung des Erlöses. Während der Teilung besteht die Bruchteilsgemeinschaft noch (vgl. § 749 RdNr. 18ff.), so daß nach dem Wortlaut von § 9 eine nach § 41 ZGB begonnene Teilung nach §§ 752ff. BGB fortgesetzt werden müßte. Diese Lösung liefe dem praktischen Bedürfnis nach Kontinuität und Einheitlichkeit des Teilungsverfahrens zuwider. Eine dem Normzweck entsprechende Auslegung (teleologische Reduktion) wird zu folgender Abgrenzung führen: War erst der Anspruch auf Aufhebung der Bruchteilsgemeinschaft geltend gemacht (§ 41 Abs. 1 ZGB), so folgt die Teilung nunmehr dem BGB.[1] Diese Auffassung ist zwar als unpraktikabel bezeichnet worden,[2] indes wohl zu Unrecht, denn sie verhindert, daß ein Bruchteilsberechtigter mit der Begründung auf die Anwendung des ZGB pocht, jemand habe schon vor dem 3. 10. 1990 die Aufhebung verlangt. War dagegen bereits eine Teilung nach § 41 Abs. 2 ZGB in die Wege geleitet, wofür eine Vereinbarung über die Teilung nach § 41 Abs. 2 S. 1 ZGB genügt, so wird sie nach diesen Regeln zu Ende geführt. Das schließt nicht aus, daß einzelne bei der nach dem ZGB erfolgenden Teilung zu vollziehende Rechtsakte (Abtretung, Übereignung etc.) ihrerseits wieder dem BGB folgen (dazu Zivilrecht im Einigungsvertrag Art. 233 § 2).

5 **2. Rechtsfolge. a) Anwendung des BGB.** Anwendung finden die Vorschriften des BGB (vgl. Wortlaut § 9). Das sind nicht nur die **§§ 741ff.**, sondern auch die **§§ 1008ff.**[3] Insbesondere gelten statt § 35 ZGB nunmehr § 743 BGB, statt § 36 ZGB nunmehr §§ 744 bis 746, 748, 1010 BGB, statt § 37 ZGB nunmehr §§ 747, 1009 BGB, statt § 40 ZGB nunmehr §§ 432, 1011 BGB, statt § 41 ZGB nunmehr §§ 749 bis 758 BGB. Das gesetzliche **Vorkaufsrecht** nach §§ 38f. ZGB fällt fort (vgl. § 747 RdNr. 11) und kann durch eine Vorkaufsvereinbarung oder durch Bestellung eines dinglichen Vorkaufsrechts ersetzt werden (RdNr. 8). Die **Klagebefugnis** jedes Bruchteilsberechtigten (§§ 40, 34 Abs. 3 ZGB) ist nach dem BGB nur für Miteigentümer besonders geregelt (§ 1011 BGB). Um so bedeutsamer ist die Anwendung des § 432 BGB bei Bruchteilsgemeinschaften sowie die

[1] Anders *Palandt-Thomas* RdNr. 1; *Staudinger-Rauscher* RdNr. 5, weil nur eine noch über die Liquidation hinaus am Rechtsverkehr teilnehmende (?) Gemeinschaft der Überleitung bedürfe.

[2] *Staudinger-Rauscher* RdNr. 5.

[3] Zustimmend *Staudinger-Rauscher* RdNr. 5.

aus § 744 Abs. 2 BGB abzuleitende Prozeßführungsbefugnis (vgl. § 741 RdNr. 43, § 744 RdNr. 39, § 747 RdNr. 30). Im übrigen sind die sachlichen Veränderungen, die durch die Geltung des BGB eintreten, wenig gravierend. Die **Bruchteile** der Berechtigten verändern sich durch die Anwendung des BGB nicht. Die Bestimmung der Bruchteile gehört noch zu dem Entstehungstatbestand der Bruchteilsgemeinschaft, nicht zu dessen Folgen.

b) Vorschriften außerhalb des BGB. Nicht ausdrücklich geregelt ist die Frage, ob auch Vorschriften außerhalb des BGB, insbesondere Vorschriften des PatG, des GebrMG, des UrhG, des DepotG, des HGB und der OLSchVO anzuwenden sind, soweit sie Bruchteilsgemeinschaften betreffen (vgl. dazu § 741 RdNr. 54ff., § 1008 RdNr. 24ff.). Die Frage kann vor allem beim Sammeldepot und bei der Sammellagerung praktisch werden (§§ 6ff. DepotG, §§ 413, 419 HGB). Es wird in diesen Fällen darauf ankommen, ob das Depotverhältnis bzw. der Lagervertrag bundesdeutschem Recht folgt. 6

c) Schuldrechtliche Vereinbarungen unter den Bruchteilsberechtigten (vgl. § 741 RdNr. 37, § 747 RdNr. 7, § 748 RdNr. 5, § 749 RdNr. 8, 9, § 750, § 751, § 753 RdNr. 3, § 754 RdNr. 2) bleiben, soweit mit dem BGB vereinbar, wirksam. Soweit die BGB-Vorschriften dispositiv sind, kann auch die ausdrückliche oder konkludente Vereinbarung, die bisherigen Rechtsverhältnisse sollten fortbestehen, für den Fortbestand schuldrechtlich wirkender ZGB-Regeln sorgen. Insbesondere folgt dann aus § 37 S. 2 ZGB ein schuldrechtlich wirksames (§ 137 BGB) Verbot einer die Interessen der anderen Mitberechtigten unzumutbar beeinträchtigenden Bruchteilsveräußerung. Auch ein schuldrechtlich wirkendes Vorkaufsrecht (§§ 504ff. BGB) ist dann, soweit formlos wirksam, vereinbart. 7

d) Der **Fortfall des gesetzlichen Vorkaufsrechts** (RdNr. 5) stellt die **Vertragsgestaltungspraxis** vor die Frage, ob ein Vorkaufsrecht nach §§ 504ff. BGB vereinbart bzw. bei Grundstücken ein dingliches Vorkaufsrecht (§ 1095 BGB) zugunsten der jeweiligen Inhaber der anderen Bruchteile (§ 1094 Abs. 2 BGB) für alle Verkaufsfälle (§ 1097 BGB) bestellt werden soll. Das wird sich im Regelfall empfehlen. Zweifelhaft, aber im Regelfall zu bejahen, ist die Frage, ob sich aus der Sonderrechtsbeziehung unter den Bruchteilsberechtigten sogar eine Verpflichtung ergeben kann, eine Fortgeltung des wechselseitigen Schutzes zu verabreden. Die Beteiligten sind für eine angemessene Übergangszeit (§ 242 BGB) als verpflichtet anzusehen, bei der Vereinbarung bzw. Bestellung eines solchen Vorkaufsrechts mitzuwirken, um ihre wechselseitige Sicherung im Vorkaufsfall nicht einzubüßen. Ist die Übergangszeit verstrichen, so kann immer noch die konkludente Vereinbarung eines schuldrechtlichen Veräußerungsverbots oder Vorkaufsrechts erwogen werden (RdNr. 7). 8

e) Volkseigene Miteigentumsanteile. Nach dem durch Gesetz vom 22. 7. 1990 (GBl. I S. 903) aufgehobenen **§ 459 ZGB** konnten **volkseigene Miteigentumsanteile an Grundstücken, Gebäuden und Anlagen** durch Erweiterungs- und Erhaltungsmaßnahmen entstehen. Die Überleitung dieses Miteigentums ergibt sich aus Art. 233 § 8 iVm. §§ 2 und 4 (dazu Art. 233 § 8 RdNr. 3, 8, 17). Das SachenRÄndG vom 21. 9. 1994 (BGBl. I S. 2454) erfaßt auch das auf diese Weise entstandene Miteigentum an Grundstücken (§ 1 Abs. 1 Nr. 3 SachenRÄndG). Die Miteigentümer können voneinander verlangen, daß der Miteigentumsanteil in das Grundbuch eingetragen wird (§ 113 SachenRÄndG). Wird nicht binnen fünf Jahren die Eintragung in das Grundbuch beantragt, so kann ein Miteigentümer im Wege des Aufgebotsverfahrens ausgeschlossen werden (§ 114 SachenRÄndG). Für das Miteigentum gelten grundsätzlich die §§ 1008ff., 741ff. BGB (dazu RdNr. 5), jedoch steht im Fall der Auflösung der Gemeinschaft dem besitzberechtigten Miteigentümer ein Ankaufsrecht zu, wenn hierfür ein dringendes öffentliches oder betriebliches Bedürfnis besteht (§ 115 SachenRÄndG).[4] 9

[4] Dazu *Dornberger-Dornberger* DB 1994, 2533, 2536f.

III. Gesamteigentum nach §§ 34 Abs. 2 S. 4, 42 ZGB

10 **1. Maßgeblichkeit der für das gesamthänderische Rechtsverhältnis geltenden Regeln. a) Kein Fall des § 9.** Keine Bruchteilsgemeinschaft und deshalb nicht von § 9 erfaßt ist das Gesamteigentum nach §§ 34 Abs. 2 S. 4, 42, 118 Abs. 2, 269, 400 ZGB.[5] Als Gesamteigentum bezeichnet § 34 Abs. 2 S. 4 ZGB das allen Eigentümern „gemeinschaftlich" zustehende Eigentum im Gegensatz zum Miteigentum als einem bloß „anteiligen" Eigentum. Nach § 42 Abs. 1 ZGB ergeben sich die Rechte und Pflichten der Gesamteigentümer aus den für das Gesamteigentum geltenden Rechtsvorschriften oder aus den von den Gesamteigentümern getroffenen Vereinbarungen. Besonders hervorgehoben sind in § 42 Abs. 2 ZGB: das Gesamteigentum einer Mietergemeinschaft (§ 118 ZGB), das Gesamteigentum einer Gemeinschaft der Bürger (§ 269 ZGB) und das Gesamteigentum der Erbengemeinschaft (§ 400 ZGB).

11 **b) Kein Fall des Art. 233 § 2 Abs. 1.** Diese Regelungen fallen auch nicht unter Art. 233 § 2 Abs. 1, wonach auf das am Tag des Wirksamwerdens des Beitritts bestehende Eigentum an Sachen die Vorschriften des BGB Anwendung finden (dazu Zivilrecht im Einigungsvertrag Art. 233 § 2).[6] Art. 233 § 2 befaßt sich mit dem sachenrechtlichen Inhalt des Eigentums, § 42 ZGB dagegen mit der Rechtszuordnung bei einer Mehrheit von Berechtigten.

12 **c) Maßgebliche Regelungen.** Das Gesamteigentum **folgt stattdessen den für das zugrundeliegende Rechtsverhältnis geltenden Grundsätzen.** Diese Grundsätze sind allerdings durch den Einigungsvertrag und durch das Einigungsvertragsgesetz nicht vollständig geklärt. Daraus ergeben sich Zweifelsfragen.

13 **2. Das Gesamteigentum der Mietergemeinschaft. a) Rechtsnatur der Mietergemeinschaft.** Nach § 118 Abs. 2 ZGB wurden die Mittel und Sachen der **Mietergemeinschaft** Gesamteigentum aller Mieter mit der Befugnis, diese Sachen in gleicher Weise zu nutzen. Schied ein Mieter aus der Mietergemeinschaft aus, so hatte er nach § 118 Abs. 3 ZGB keinen Anspruch auf Teilung oder auf Abfindung. Die Mietergemeinschaft wurde als eine besondere Rechtsform des Zusammenschlusses angesehen, deren Voraussetzung darin bestand, daß das Kollektiv der Hausbewohner in der in §§ 114ff. ZGB bestimmten Weise tätig wurde. Die rechtsgeschäftliche oder gesetzliche Grundlage des Rechtsverhältnisses unter den Mietern blieb nach dem ZGB undeutlich (als Grundlage wurde die Generalklausel des § 9 ZGB angesehen). Ebenso undeutlich ist, ob die Mietergemeinschaft (Innenverhältnis) als ein vom Mietvertrag zu unterscheidendes besonderes, nur unter den Mietern bestehendes Rechtsverhältnis (ähnlich einer Gemeinschaft der Bürger) anzusehen war (in dieser Richtung wohl § 116 ZGB) oder ob sie als Ergänzung des mit dem Vermieter zu schließenden Mietvertrags aufgefaßt werden mußte (vgl. § 114 ZGB) und als mehrstufiger Verbund mit lediglich unterschiedlichen Pflichten zu einem Einheitsrechtsverhältnis zwischen dem Vermieter und den gemeinschaftlichen Mietern verschmolz. Wie sich aus § 114 ZGB ergibt, beruhten die Rechte und Pflichten der Mietergemeinschaft nicht auf einem unter den Mietern geschlossenen, sondern auf einem zwischen der Mietergemeinschaft und dem VEB als Vermieter geschlossenen sog. Mitwirkungsvertrag, also auf einem Annex zum Mietvertrag. Da das ZGB die §§ 118ff. als Bestandteil des Mietrechts geregelt hat, wird man aufgrund von Art. 232 § 2 davon auszugehen haben, daß die Mietergemeinschaft als besondere Rechtsform ersatzlos fortgefallen ist (vgl. auch Art. 232 § 2 RdNr. 11).

14 **b) Rechtslage nach BGB bei Fortsetzung.** Die vermögensrechtliche Rechtslage bei Fortsetzung einer Mietergemeinschaft ist damit zweifelhaft. Für die nach den Vorschriften des Bürgerlichen Gesetzbuchs weiterlaufenden Mietverträge mit mehreren Mietern gelten die bei §§ 535, 536 RdNr. 12ff., 2. Aufl. § 741 RdNr. 20 dargestellten Regeln. Altverträge, die sich unter der Geltung des ZGB auf das Gesamteigentum der Mietergemeinschaft

[5] Zustimmend *Staudinger-Rauscher* RdNr. 3.

[6] Wie hier *Palandt-Bassenge* Art. 233 § 2 RdNr. 1; aM *Staudinger-Rauscher* Art. 233 § 2 RdNr. 7.

bezogen, haben insoweit grundsätzlich ihre Gültigkeit verloren.[7] In der Fortsetzung vorhandener Mietergemeinschaften kann allerdings nach Lage des Falls ein stillschweigender Abschluß eines Gesellschaftsvertrags gesehen werden (dazu § 705 RdNr. 24, § 741 RdNr. 20), der das gemeinsame Halten und Verwalten der von § 118 Abs. 2 ZGB erfaßten Gegenstände einschließt (vgl. zum Halten und Verwalten als Gesellschaftszweck 2. Aufl. § 705 RdNr. 112, § 741 RdNr. 5) und insofern Abfindungsansprüche ausscheidender Mieter abbedingt (vgl. sinngemäß § 118 Abs. 3 ZGB), was bei diesem auf genossenschaftliche Nutzung begrenzten Gesellschaftszweck zulässig scheint (vgl. zum Problem der Abfindungsbeschränkungen im allgemeinen 2. Aufl. § 738 RdNr. 31ff.). In diesem Fall werden die unter § 118 Abs. 2 ZGB fallenden Gegenstände Gesamthandsvermögen (dazu 2. Aufl. § 718 RdNr. 12ff.). Auch nach dem Wirksamwerden des Beitritts hinzuerworbene Gegenstände können aufgrund einer gesellschaftsrechtlichen Zweckvereinbarung Gesamthandsvermögen werden. Wo es an einem ausdrücklichen oder stillschweigenden Gesellschaftsvertrag fehlt, wird ein Hinzuerwerb nur in Bruchteilsgemeinschaft nach §§ 741ff., 1008ff. anzunehmen sein (vgl. 2. Aufl. § 741 RdNr. 29, § 1008 RdNr. 12f.).

15 **3. Das Gesamteigentum der Gemeinschaft von Bürgern. a) Zweck und Organisation.** Die Gemeinschaft von Bürgern (§§ 266ff. ZGB) wurde **durch Vertrag** begründet und diente der Verbesserung der Arbeits- und Lebensbedingungen durch gemeinsame Arbeitsleistung und durch kollektive und individuelle Nutzung von Anlagen (§ 266 ZGB).[8] Der schriftlich abzufassende und zu registrierende Vertrag (§ 267 Abs. 2 ZGB) sollte Festlegungen über den Zweck, über die Beteiligung an den Aufwendungen, über das Ausscheiden von Vertragspartnern und über die Beendigung und Liquidation enthalten (§ 267 Abs. 1 ZGB). Die Vertragspartner waren zur Einbringung ihrer Beitragsleistungen verpflichtet (§ 268 ZGB). Die von den Vertragspartnern eingezahlten Beiträge und die gemeinschaftlich geschaffenen Sachen wurden gemeinschaftliches Eigentum (§ 269 Abs. 1 S. 1 ZGB) in der Form von Gesamteigentum (§ 269 Abs. 2 S. 1 ZGB), über das die Vertragspartner nur gemeinschaftlich verfügen konnten (§ 269 Abs. 2 S. 2 ZGB). Die Vertretung der Gemeinschaft stand allen Partnern grundsätzlich gemeinschaftlich zu (§ 271 ZGB). Ein ausscheidender Partner wurde durch Auszahlung seines Anteils am gemeinschaftlichen Eigentum abgefunden (§ 272 Abs. 2 ZGB). Die Gemeinschaft endete mit Erreichung des im Vertrag festgelegten Zwecks, ferner durch Ablauf der vereinbarten Dauer oder durch Aufhebung des Gesellschaftsvertrags (§ 273 Abs. 1 ZGB). Das gemeinschaftliche Eigentum war in diesem Fall an die Vertragspartner zu verteilen, und zwar grundsätzlich zu wertmäßig gleichen Teilen (§ 273 Abs. 2).

16 **b) Rechtslage bei Fortsetzung.** Ob Gemeinschaften von Bürgern aufgrund von Art. 232 § 1 nach dem ZGB fortbestehen, ist zweifelhaft. Ein erheblicher Teil der Literatur bejaht diese Frage.[9] Folgt man dem, so besteht auch das Gesamteigentum nach §§ 42, 269 ZGB fort.[10] **Gegen die Anwendung von Art. 232 § 1** spricht aber, daß es nicht um ein reines Schuldverhältnis, sondern um eine Organisationsform mit gesamthänderisch gebundenem Gesellschaftsvermögen geht.[11] Die §§ 42, 269 betrafen nicht nur ein Schuldverhältnis, sondern auch und ganz wesentlich eine Form kollektiver Vermögenszuordnung.[12] Weiter spricht gegen die Anwendung des Art. 232 § 1, daß prinzipielle Homogenität zwischen der Gemeinschaft von Bürgern und der Gesamthandsgesellschaft bürgerlichen Rechts (nicht der rein obligatorischen Innengesellschaft) besteht.[13] Damit ist auch Art. 232 § 9 ausgeschlossen.[14] Da die Gemeinschaft von Bürgern nicht nach Art. 232 § 1 fortbeste-

[7] *Staudinger-Sonnenschein* Art. 232 § 3 RdNr. 56.

[8] Dazu eingehend *Schubel* ZGR 1993, 245ff.; *Uebeler-Albrecht* DtZ 1991, 400f.

[9] *Lübchen-Lübchen* Anm. 2; *Palandt-Heinrichs* Art. 232 § 1 RdNr. 1; *Staudinger-Rauscher* Art. 232 § 1 RdNr. 40; dagegen aber *Schubel* ZGR 1993, 278.

[10] Vgl. nur *Staudinger-Rauscher* Art. 232 § 1 RdNr. 40.

[11] Vgl. auch *Schubel* ZGR 1993, 278.

[12] Das verkennt *Staudinger-Rauscher* Art. 232 § 1 RdNr. 40.

[13] Teilweise anders *Uebeler-Albrecht* DtZ 1991, 401.

[14] Insoweit wie hier *Staudinger-Rauscher* RdNr. 3.

hen kann, geht es aber auch nicht an, mit ihrer Einordnung unter das BGB zu warten, bis sie sich Gesellschaftsform nach § 705 BGB oder Vereinsform nach §§ 54, 57ff. BGB gegeben hat.[15] Das könnte zu langdauernder Ungewißheit führen. Vielmehr ist eine automatische Überleitung sicherzustellen. Den Vorzug verdient für den Regelfall die Auffassung, daß die Gemeinschaft von Bürgern seit dem Wirksamwerden des Beitritts als eine **Variante der Gesellschaft bürgerlichen Rechts mit Gesamthandsvermögen** fortbesteht, wobei die Regeln der §§ 266 bis 273 ZGB mangels entgegenstehenden Parteiwillens regelmäßig als stillschweigend vereinbart zu gelten haben. Dieser in der Vorauflage herausgearbeiteten Auffassung hat sich nunmehr auch der Gesetzgeber bei der Schaffung des § 4 Abs. 2 S. 2 SchRAnpG angeschlossen;[15a] die Vorschrift bestimmt, daß auf die aus einer Bürgergemeinschaft nach §§ 266ff. ZGB hervorgegangene Nutzungsgemeinschaft das Recht der Gesellschaft bürgerlichen Rechts anzuwenden ist. Soweit es sich um verbandsmäßig organisierte Gemeinschaften mit Vorstand und Mitgliederversammlung handelt,[16] kann statt auf §§ 705ff. BGB auf die **Rechtsform des nichtrechtsfähigen Vereins** nach § 54 BGB zurückgegriffen werden.[17] Es bedarf aber hierfür einer eindeutig vereinsmäßigen Struktur (die bloße Verwendung des Wortes „Vorstand" genügt nicht). Die Unterschiede sind zunächst nicht groß. Soll die **Eintragung als e.V.** angestrebt werden, so müssen die förmlichen und sachlichen Eintragungsvoraussetzungen der §§ 21, 56ff. BGB hergestellt werden. Dazu gehört neben einer Satzung auch die Zuordnung des Vereins zu den nichtwirtschaftlichen Vereinen nach § 21 BGB.[19] Diese zweite Voraussetzung ist verschiedentlich von Gerichten verneint worden,[20] und zwar mit angreifbaren Begründungen,[21] jedoch wohl am Ende mit Recht, da ein solcher Verein die Rechtsfähigkeit als Genossenschaft erlangen kann und diese Form wählen sollte, wenn er sich nicht mit dem Status als nichtrechtsfähiger Verein begnügen will (§ 21 BGB RdNr. 29; zweifelhaft).

17 **4. Das Gesamteigentum von Miterben. a) Vorschriften des ZGB.** Nach § 400 Abs. 1 ZGB steht mehreren **Miterben** die Erbschaft gemeinschaftlich zu. Bis zur Aufhebung der Erbengemeinschaft können die Miterben über die Erbschaft und über die einzelnen Nachlaßgegenstände nur gemeinschaftlich verfügen. Dagegen ist die notariell zu beurkundende Verfügung über den Erbteil zugelassen (§ 401 Abs. 1 ZGB). Den Miterben steht ein Vorkaufsrecht zu (§ 401 Abs. 3 ZGB). Verpflichtungen aus der Verwaltung des Nachlasses können die Erben nur gemeinschaftlich eingehen (§ 400 Abs. 2 S. 1 ZGB). Notwendige Maßnahmen zur Erhaltung der Erbschaft oder einzelner Nachlaßgegenstände kann jeder Erbe selbständig treffen (§ 400 Abs. 2 S. 2 ZGB). Er ist insbesondere berechtigt, zur Erhaltung von Grundstücken und Gebäuden Kredite aufzunehmen und Hypotheken zu bestellen (§ 400 Abs. 2 S. 3 ZGB).

18 **b) Überleitung nach Art. 235 § 1 Abs. 1.** Nach Art. 235 § 1 Abs. 1 bleibt für die erbrechtlichen Verhältnisse das bisherige Recht maßgebend, wenn der Erblasser vor dem Wirksamwerden des Beitritts gestorben ist. Das gilt auch für die §§ 42, 400ff. ZGB (vgl. Art. 235 § 1 RdNr. 1ff.).[22] Für die seit dem 3. 10. 1990 eingetretenen Erbfälle gelten die §§ 2032ff. BGB. Der sachliche Unterschied ist gering.

19 **5. Das Gemeinschaftseigentum der Ehegatten. a) Rechtslage nach dem FamGB.** Für das gemeinschaftliche Eigentum der Ehegatten gelten nach § 42 Abs. 3 ZGB die Bestimmungen des Familiengesetzbuchs. Nach § 13 Abs. 1 FamGB gehören die während der Ehe hinzuerworbenen Sachen, Vermögensrechte und Ersparnisse den Ehegatten gemeinsam. Jedem Ehegatten allein gehören die vor der Eheschließung erworbenen, die ihm als Ge-

[15] So aber *Uebeler-Albrecht* DtZ 1991, 401.

[15a] BGBl. 1994 I S. 2538; Bezugnahme auf die hier vertretene Ansicht in der Begründung BT-Drucks. 12/7135 S. 38.

[16] Dazu *Schubel* ZGR 1993, 260.

[17] Vgl. *Schubel* ZGR 1993, 280f. mit wohl überflüssiger Analogie zu Art. 231 § 2 Abs. 4.

[18] *Uebeler-Albrecht* DtZ 1993, 401.

[19] Eingehend *Schubel* DtZ 1994, 132.

[20] Insbes. BezG Chemnitz DtZ 1994, 158 = Rpfleger 1994, 162.

[21] Eingehend *Schubel* DtZ 1994, 132ff.

[22] Vgl. *Adlerstein-Desch* DtZ 1991, 196.

schenk oder Auszeichnung zugefallenen, die ihm als Erbschaft zugefallenen Sachen und Rechte sowie die zur Befriedigung persönlicher Bedürfnisse oder zur Berufsausübung genutzten Sachen, soweit nicht ihr Wert, gemessen am gemeinschaftlichen Einkommen und Vermögen, unverhältnismäßig groß ist (§ 13 Abs. 2 FamGB). Verfügungen über Sachen und Vermögensrechte des gemeinschaftlichen Eigentums und Vermögens treffen die Ehegatten im beiderseitigen Einverständnis (§ 15 Abs. 1 S. 1 ZGB). Gegenüber Außenstehenden kann jeder Ehegatte die Gemeinschaft allein vertreten; die Verfügung ist jedoch unwirksam, wenn dem Dritten bei Vornahme des Rechtsgeschäfts ein entgegenstehender Wille des anderen Ehegatten bekannt ist (§ 15 Abs. 1 S. 2 ZGB). Über Häuser und Grundstücke können die Ehegatten nur gemeinsam verfügen (§ 15 Abs. 2 S. 1 ZGB). Für Verfügungen über Einlagen bei Sparkassen oder Banken gelten die Vorschriften des Sparkassen- und Bankverkehres (§ 15 Abs. 2 S. 2 ZGB).

20 **b) Überleitung nach Art. 234 §§ 4, 4a.** Grundlage des Gemeinschaftseigentums von Ehegatten war der **gesetzliche Güterstand der Eigentums- und Vermögensgemeinschaft** der Ehegatten. Nach Art. 234 § 4 Abs. 1 wird dieser Güterstand grundsätzlich durch den der Zugewinngemeinschaft nach §§ 1363ff. BGB abgelöst (näher Art. 234 § 4 RdNr. 11ff.).[23] Nach Art. 234 § 4 Abs. 2, 3 konnte durch Erklärung gegenüber dem Kreisgericht binnen zwei Jahren der bisherige Güterstand und damit auch das Gemeinschaftseigentum fortgesetzt werden (dazu näher Erl. zu Art. 234 § 4).[24] Nach Art. 234 § 4a Abs. 2 unterliegt die Vermögensverwaltung den Regeln der Gütergemeinschaft.[25] Wurde die Erklärung nicht abgegeben, so gilt nach Art. 234 § 4 Abs. 4 das Güterstandsrecht des Familiengesetzbuchs nur noch für die Auseinandersetzung.[26] Seit dem 25. 12. 1993 gilt aber aufgrund des Registerverfahrensbeschleunigungsgesetzes vom 20. 12. 1993 (BGBl. I S. 2182) **Art. 234 § 4a Abs. 1:** Das bisherige Gemeinschaftseigentum wird automatisch Miteigentum zu Bruchteilen iS der §§ 1008ff., 741ff. BGB. In diesem Fall findet also eine Überleitung in Miteigentum außerhalb von § 9 statt.

§ 10 Unerlaubte Handlungen

Die Bestimmungen der §§ 823 bis 853 des Bürgerlichen Gesetzbuchs sind nur auf Handlungen anzuwenden, die am Tag des Wirksamwerdens des Beitritts oder danach begangen werden.

I. Normzweck

1 Die Vorschrift ist eine Ausprägung des in Art. 232 § 1 normierten Grundsatzes, daß sich Inhalt und Wirkung eines Schuldverhältnisses nach dem Recht beurteilen, das zur Zeit der Verwirklichung seines Entstehungstatbestandes gegolten hat.[1] Dieses für das gesamte Privatrecht geltende Prinzip[2] lag bereits der Regelung des Art. 170 zugrunde. Soweit er rechtsgeschäftlich begründete Schuldverhältnisse betrifft, soll der Grundsatz der fehlenden Rückwirkung von Gesetzen vor allem die Erwartungen der Parteien in den Eintritt der Rechtsfolgen schützen, die das zur Zeit der Vornahme des Rechtsgeschäfts geltende Recht mit der Transaktion verbindet.[3] Auf Schuldverhältnisse aus unerlaubter Handlung trifft dieser Gedanke zwar nicht in gleichem Maße zu. Die Gesetzesbegründung geht dementsprechend auf den Zweck der Vorschrift nicht ein und auch die Motive zu Art. 170 verweisen hinsichtlich der Übergangsregelung für unerlaubte Handlungen nur auf den

[23] Vgl. *Otto,* Das Ehegüterrecht nach dem Einigungsvertrag, 1993, S. 93ff.
[24] Dazu *Münch,* Die Eigentums- und Vermögensgemeinschaft, 1993, S. 101ff.
[25] Dazu *Peters* FamRZ 1994, 674.
[26] Dazu *Münch* (Fn. 24) S. 131ff.

[1] BT-Drucks. 11/7817 S. 38,40.
[2] Vgl. BGHZ 10, 391, 394; 44, 192, 194; VersR 1971, 180.
[3] Mot. I S. 256 zu Art. 103 des Entwurfs zum EGBGB.

engen Zusammenhang eines Schuldverhältnisses mit seinem Entstehungsgrund.[4] Immerhin ist aber auch bei Schuldverhältnissen aus unerlaubter Handlung denkbar, daß der Verletzte oder der Schuldner im Hinblick auf die zu erwartende Ersatzleistung schutzwürdige Dispositionen getroffen hat.[5] Zudem könnte eine nachträgliche Verschärfung der Haftung auch die Interessen Dritter, insbesondere die von Versicherern beeinträchtigen, die sich auf den bisher geltenden Rechtszustand eingestellt hatten. Schließlich könnte eine Differenzierung nach dem Verpflichtungsgrund dort zu unbilligen Ergebnissen führen, wo die Begründung einer Schadensersatzpflicht als quasivertragliche oder deliktische letztlich nur von Zufälligkeiten der dogmatischen Entwicklung abhängt, wie zB im Bereich des Vermögensschutzes (vgl. 2. Aufl. § 823 RdNr. 472), aber auch da, wo ein an sich bestehender deliktischer Anspruch im Einzelfall aufgrund der Konkurrenz mit Vorschriften des Vertragsrechts nicht zum Tragen kommt, wie dies zB im Hinblick auf die kurze Verjährungsfrist des § 556 (vgl. 2. Aufl. § 852 RdNr. 41 ff.) der Fall ist.

II. Die Regelung im einzelnen

2 **1. Begriff der Handlung.** Entsprechend diesem Normzweck ist der Begriff der Handlung im weitesten Sinne zu verstehen. Er umfaßt nicht nur Rechtsguts- oder Schutzgesetzverletzungen aufgrund eines schuldhaften Tuns oder Unterlassens,[6] die Verbreitung von kreditgefährdenden Tatsachen (§ 824 BGB) und die vorsätzliche sittenwidrige Herbeiführung sonstiger Schäden (§ 826 BGB) als (Mit)Täter, Anstifer oder Gehilfe (§ 830 Abs. 1 Satz 1, Abs. 2 BGB), sondern auch die Verantwortlichkeit nach § 833 BGB für Verletzungen durch ein Tier. Darüber hinaus fallen bei alternativer Kausalität nach § 830 Abs. 1 Satz 2 BGB auch solche Verhaltensweisen unter die Vorschrift, die nur möglicherweise für einen eingetretenen Schaden ursächlich geworden sind.

3 **2. Der maßgebliche Zeitpunkt.** Die Frage, wann eine unerlaubte Handlung begangen worden ist, gewinnt vor allem dort praktische Bedeutung, wo **Handlung und Erfolg** zeitlich auseinanderfallen. Die Gesetzesbegründung[7] äußert sich nicht zu der Frage, welcher Zeitpunkt maßgeblich ist, wenn Verletzungshandlung, Eintritt der Rechtsgutsverletzung und Schadenseintritt teils vor und teils nach dem Wirksamwerden des Beitritts erfolgen. Sie ist in Übereinstimmung mit der herrschenden Meinung zu Art. 170 dahingehend zu beantworten, daß es auf den Zeitpunkt ankommt, in dem der Entstehungstatbestand der jeweiligen Deliktsnorm vollständig erfüllt ist.[8] Bei Vorschriften, die eine Rechtsgutsverletzung voraussetzen, ist dies mit dem Eintritt des Verletzungserfolges der Fall. Ob der Schaden nach dem Stichtag eintritt oder sich vergrößert, spielt für das anwendbare Recht keine Rolle.[9] § 824 BGB ist bereits dann unanwendbar, wenn die kreditgefährdende Tatsache vor dem Wirksamwerden des Beitritts verbreitet worden ist. Oder der Schaden ebenfalls vor diesem Zeitpunkt oder erst danach eintritt, ist insoweit ohne Belang. Der Tatbestand des § 826 BGB ist dagegen erst mit der Zufügung eines Schadens erfüllt. Tritt dieser nach dem Wirksamwerden des Beitritts ein, ist § 826 BGB folglich auch dann anwendbar, wenn die Schädigungshandlung vor diesem Zeitpunkt abgeschlossen war.[10] Auf Dauerhandlungen, wie zB fortdauernde Emissionen finden die §§ 823 ff. BGB nur dann Anwendung, wenn sie über den Stichtag hinaus andauern.[11] Bei wiederholten Handlungen kommt es auf den Zeitpunkt an, in dem der jeweilige Einzelakt beendet ist. Eine Zusammenfassung nach den strafrechtlichen Grundsätzen der Hand-

[4] Mot. I S. 255 zu Art. 103 des Entwurfs zum EGBGB.

[5] Zustimmend *Staudinger-Rauscher* RdNr. 1.

[6] Vgl. dazu im vorliegenden Zusammenhang BGH NJW 1994, 1792, 1793.

[7] BT-Drucks. 11/7817 S. 40.

[8] RGZ 76, 394, 397; Art. 170 RdNr. 4; *Staudinger-Rauscher* RdNr. 6; *Staudinger-Kanzleiter-Hönle* Art. 170 RdNr. 7.

[9] BGH VersR 1971, 180; Art. 170 RdNr. 4; *Staudinger-Rauscher* RdNr. 6.

[10] *Staudinger-Rauscher* RdNr. 6.

[11] *Palandt-Thomas* RdNr. 1.

lungseinheit oder des Fortsetzungszusammenhangs findet nicht statt.[12] Pflichtwidrige Unterlassungen schließlich sind nach §§ 823ff. BGB zu beurteilen, wenn die unterlassene Handlung auch noch nach dem Stichtag hätte vorgenommen werden können. Läßt sich der Begehungszeitpunkt nicht mit Sicherheit feststellen, ist altes Recht anzuwenden.[13]

4 § 10 legt danach in zeitlicher Hinsicht selbständig fest, wann ein Schuldverhältnis nach §§ 823 bis 853 BGB zu beurteilen ist. Demgegenüber will *Stoll*[14] den zeitlichen Anwendungsbereich dieser Vorschriften grundsätzlich nach § 1 bestimmen.[15] § 10 greift nach seiner Auffassung nur unter der Voraussetzung ein, daß §§ 823 bis 853 BGB gem. § 1 überhaupt anwendbar sind. § 10 lasse sich nicht entnehmen, daß der Zeitpunkt der schädigenden Handlung intertemporal der maßgebliche Anknüpfungspunkt sei. Das neue Recht sei vielmehr schon dann anzuwenden, wenn der Schädigungserfolg nach dem 3. 10. 1990 eingetreten sei. Sofern die schadensverursachende Handlung jedoch vor diesem Zeitpunkt begangen worden sei, könne die Haftung allerdings nicht auf §§ 823 bis 853 BGB gestützt werden. Es entstehe damit ein rechtlich gemischtes Haftungsverhältnis, bei dem sich die Haftung im allgemeinen nach Bundesrecht, in einzelnen Beziehungen aber nach dem Recht der ehemaligen DDR richte. Das Anliegen dieser Auffassung besteht offenbar darin, die haftungsrechtliche Beurteilung dem Recht zu unterstellen, das zur Zeit der haftungsbegründenden Handlung die maßgeblichen Verhaltensanforderungen statuierte. Ein Warenhersteller, der vor dem 3. 10. 1990 in der ehemaligen DDR ein fehlerhaftes Produkt in Verkehr gebracht hat, das nach diesem Zeitpunkt eine Rechtsgutsverletzung verursacht hat, soll danach – soweit es die Haftungsbegründung angeht – allein nach den zur Zeit des Inverkehrbringens des Produktes geltenden Vorschriften des ZGB[16] und nicht nach den einschlägigen deliktsrechtlichen Grundsätzen des Bundesrechts[17] beurteilt werden, während sich der Ausgleich des eingetretenen Schadens nach dem gemäß § 1 auf das Schuldverhältnis grundsätzlich anzuwendenden Bundesrecht bemessen soll. Abgesehen davon, daß eine solche gespaltene Beurteilung von Schädigungshandlung einerseits, Rechtsgutsverletzung, Schaden und den daran anknüpfenden Rechtsfolgen andererseits wenig praktikabel wäre, spricht gegen die geschilderte Auffassung vor allem, daß sie bei konsequenter Anwendung in Fällen wie dem hier erörterten Beispiel nicht zu einer Erhaltung des haftungsrechtlichen status quo zur Zeit der Schädigungshandlung, sondern statt dessen zu einer vollständigen Haftungsfreistellung des Schädigers führen würde: Die §§ 823 bis 853 BGB fänden gemäß § 10 keine Anwendung. Damit würden aber nicht automatisch die entsprechenden Vorschriften des ZGB an ihre Stelle treten. Da Rechtsgutsverletzung und Schaden nach dem 3. 10. 1990 eingetreten sind, unterstünde das Schuldverhältnis nach der Regel des § 1 dem Bundesrecht. Die Anwendung der §§ 327ff. ZGB käme aus diesem Grunde nicht in Betracht, so daß dem Geschädigten weder nach altem noch nach neuem Recht ein deliktischer Ersatzanspruch zustünde.

5 **3. Sachlicher Anwendungsbereich.** Die Vorschrift schließt die Anwendung der deliktsrechtlichen Vorschriften des BGB auch insoweit aus, als diese nicht Haftungstatbestände enthalten, sondern die persönlichen **Voraussetzungen der Ersatzpflicht** (§§ 827 bis 829 BGB), die Haftungsmodalitäten, den Innenausgleich zwischen mehreren Schädigern (§§ 840, 841 BGB) und den **Haftungsumfang** (§§ 842 bis 852 BGB) regeln. Darüber hinaus kann sich der Verletzte gegenüber einer Forderung, die der Schädiger durch eine vor dem Wirksamwerden des Beitritts begangene unerlaubte Handlung erlangt hat, nicht

[12] Vgl. RGZ 134, 335, 338f.; BGHZ 71, 86, 94 = NJW 1978, 1377, 1378.

[13] *Palandt-Thomas* RdNr. 1; aA *Staudinger-Rauscher* RdNr. 8, 10, der das für den Geschädigten günstigere Recht anwenden will.

[14] Festschr. für Lorenz, 1991, S. 577, 581f.

[15] IdS offenbar auch *Wasmuth* DtZ 1991, 46, der § 10 als Ausnahme von § 1 ansieht.

[16] Zur Produkthaftung nach dem Recht der DDR vgl. *Ann* DtZ 1990, 232, 234ff.

[17] Die Vorschriften des ProdHaftG sind gemäß Anlage I zu Art. 8 und Art. 11, Kap. III Sachgebiet B Abschnitt III Nr. 8 Einigungsvertrag (BGBl. II 1990, 889, 953) ohnehin nur auf Produkte anwendbar, die am Tage des Beitritts oder danach in Verkehr gebracht worden sind.

auf die **Arglisteinrede** nach § 853 BGB berufen. Ordre publicwidrige Ergebnisse[18] werden sich insoweit aber auch bei Anwendung der Vorschriften des ZGB nicht ergeben, denn der § 853 BGB zugrunde liegende Rechtsgedanke läßt sich auch aus §§ 48 Abs. 2, 44 ZGB herleiten.

6 **4. Staatshaftung.** Auf Amtspflichtsverletzungen, die seit dem 3. 10. 1990 begangen worden sind, finden § 839 BGB, Art. 34 GG Anwendung. Daneben gilt in den Ländern der früheren DDR für den Ersatz von Schäden, die Mitarbeiter oder Beauftragte staatlicher oder kommunaler Organe in Ausübung staatlicher Tätigkeit verursachen, das DDR-StaatsHaftG vom 12. 5. 1969,[19] geändert durch das Gesetz vom 14. 12. 1988[20] idF der Anlage II Kapitel III Sachgebiet B Abschnitt III Nr. 1 zum Einigungsvertrag[21] als Landesrecht fort.[22] Soweit beide Regelungen sich überschneiden, besteht Anspruchskonkurrenz zwischen Amts- und Staatshaftungsanspruch.[23] Schäden, die durch vor dem Stichtag begangene rechtswidrige Handlungen staatlicher und kommunaler Mitarbeiter oder Beauftrager der ehemaligen DDR verursacht wurden, sind allein nach Maßgabe des DDR-StaatsHaftG zu ersetzen.

III. Weiterhin anwendbares Recht

7 Sind die §§ 823 bis 853 BGB danach nicht anwendbar, gelten statt dessen die nachstehend abgedruckten Vorschriften der ersten drei Abschnitte des Ersten Kapitels „Schadensverhütung" des Fünften Teils des ZGB „Schutz des Lebens, der Gesundheit und das Eigentum" nämlich die **§§ 323 bis 351 ZGB,**[24] sowie das DDR-StaatsHaftG (abgedruckt Zivilrecht im Einigungsvertrag, RdNr. 1490).

Erster Abschnitt. Allgemeine Pflichten zur Verhütung von Schäden und zur Abwehr von Gefahren

§ 323 Grundsatz

Bürger und Betriebe sind in Übereinstimmung mit den Grundsätzen der sozialistischen Moral zum aktiven Handeln bei der Verhütung von Schäden und der Abwehr von Gefahren verpflichtet, um die sozialistische Gesellschaft, ihre Bürger und Betriebe vor Schäden zu bewahren. Die in den folgenden Bestimmungen festgelegten Rechte und Pflichten dienen der Erziehung aller Bürger zur Achtung des Lebens, der Gesundheit und des Eigentums.

§ 324 Pflicht zur Vermeidung von Schäden und Gefahren

Bürger und Betriebe sind verpflichtet, sich so zu verhalten, daß das Leben und die Gesundheit der Bürger nicht verletzt werden und dem sozialistischen Eigentum sowie dem persönlichen Eigentum der Bürger kein Schaden entsteht.

§ 325 Pflicht zur Abwehr von Schäden und Gefahren

Bürger und Betriebe sind verpflichtet, die erforderlichen Maßnahmen zu treffen, um unmittelbar drohende Schäden und Gefahren für das Leben, die Gesundheit, das sozialisti-

[18] Zur Anwendung des ordre public im deutschen interlokalen Privatrecht vgl. Art. 6 RdNr. 41f.

[19] GBl. I Nr. 5 S. 34.

[20] GBl. I Nr. 28 S. 329.

[21] BGBl. 1990 II S. 1168.

[22] Teilweise aA *Ossenbühl* NJW 1991, 1201, 1202, der Zweifel an der bundesgesetzlichen Überleitung äußert, soweit die dabei vorgenommenen Änderungen nicht nur redaktionelle oder marginale Bedeutung haben; gegen ihn *Sträßer* NJW 1991, 2467f.; *Staudinger-Rauscher* RdNr. 22. Zur Auslegung des StaatsHaftG nF *Ossenbühl* NJW 1991, 1201, 1202ff.; *Lörler* DtZ 1992, 135ff.

[23] Vgl. die Erl. zu Anlage II Kap. III Sachgebiet B Abschnitt III Nr. 1 zum Einigungsvertrag, BT-Drucks. 11/7817, S. 63 v. 10. 9. 1990.

[24] Zur Qualifikation der in diesen Vorschriften enthaltenen beweisrechtlichen Regelungen und zu ihrer Abgrenzung von prozeßrechtlich zu qualifizierenden Beweiserleichterungen *Deutsch* IPRax 1992, 284, 286ff.

sche Eigentum und das persönliche Eigentum der Bürger abzuwenden. Diese Verpflichtung besteht nicht, wenn dadurch Leben oder Gesundheit des Handelnden oder anderer Bürger gefährdet würden oder wenn andere wichtige Gründe vorliegen.

§ 326 Ansprüche bei der Abwehr von Schäden und Gefahren

(1) Handelt ein Bürger oder Betrieb aus gesellschaftlicher Verantwortung, um Schäden zu verhüten oder zu mindern oder Gefahren abzuwenden, kann er Erstattung der Aufwendungen verlangen, die er den Umständen nach für erforderlich halten konnte, sowie Entschädigung für eingetretene Nachteile. Dieser Anspruch besteht gegenüber demjenigen, der für den Gefahrenzustand verantwortlich ist oder in dessen Interesse er gehandelt hat.

(2) Bürger, die bei Unglücksfällen oder Katastrophen Hilfe leisten oder die zur Abwehr von Gefahren für Leben und Gesundheit von Bürgern oder im Interesse der öffentlichen Ordnung und Sicherheit gehandelt haben, können die Ansprüche nach Abs. 1 entsprechend den dafür bestehenden Rechtsvorschriften auch bei der Staatlichen Versicherung geltend machen. Soweit diese Ersatz leistet, gehen die Ansprüche auf sie über.

(3) Ist ein Bürger aus dienstlichen oder beruflichen Gründen zum Eingreifen verpflichtet, stehen ihm die Ansprüche nur insoweit zu, als ihm durch staatliche oder gesellschaftliche Leistungen kein Ersatz gewährt wird.

Zweiter Abschnitt. Ansprüche bei Störungen und Beeinträchtigungen

§ 327 Ansprüche bei Verletzung von Persönlichkeitsrechten

Werden Rechte eines Bürgers auf Achtung seiner Persönlichkeit, insbesondere seiner Ehre und seines Ansehens, seines Namens, seines Bildes, seiner Urheberrechte sowie anderer gleichartig geschützter Rechte aus schöpferischer Tätigkeit verletzt, kann der in seinem Recht Verletzte verlangen:

1. Beseitigung des rechtswidrigen Zustandes, insbesondere durch den Widerruf von unrichtigen Behauptungen und ihre öffentliche Richtigstellung;
2. Unterlassung gegenwärtiger und künftiger Verletzungen, soweit diese vorauszusehen sind;
3. Ersatz des entstandenen Schadens, soweit die gesetzlichen Voraussetzungen gegeben sind;
4. gerichtliche Feststellung der rechtswidrigen Verletzung des Rechts auf Achtung seiner Persönlichkeit.

(2) Die Ansprüche nach Abs. 1 stehen Betrieben entsprechend zu.

§ 328 Ansprüche auf Beseitigung und Unterlassung von Störungen

(1) Werden Rechte eines Bürgers oder eines Betriebes durch das rechtswidrige Verhalten eines anderen beeinträchtigt oder gefährdet, kann der Bürger oder Betrieb von dem anderen verlangen, daß die Störung oder der Gefahrenzustand beseitigt wird.

(2) Die Unterlassung künftiger Störungen kann verlangt werden, wenn weitere Störungen oder eine erhebliche Gefährdung durch rechtswidriges Verhalten des anderen vorauszusehen sind.

§ 329 Ansprüche bei Immissionen

(1) Die sozialistische Gesellschaft gestaltet planmäßig solche Umweltbedingungen, die einen fördernden Einfluß auf die Gesundheit, das Wohlbefinden und die Leistungsfähigkeit der Bürger ausüben und gesundheitsschädigende Faktoren weitgehend ausschalten. Die Betriebe sind auf der Grundlage der für den Umweltschutz geltenden Rechtsvorschriften verpflichtet, die erforderlichen Maßnahmen zu treffen, um störende Einwirkun-

gen auf die Umwelt, wie Verureinigung der Luft, des Wassers und des Bodens, Lärm und Erschütterungen, so gering wie möglich zu halten.

(2) Störende Einwirkungen von Betrieben oder Anlagen begründen keinen Anspruch auf Unterlassung und Schadenersatz, wenn sie das unvermeidliche oder in Rechtsvorschriften festgesetzte Maß nicht übersteigen oder wenn entsprechende technische Vorkehrungen gegenwärtig nicht möglich oder volkswirtschaftlich nicht vertretbar sind. Bürgern, denen unzumutbare Nachteile entstehen, kann eine angemessene Entschädigung gewährt werden, soweit nicht durch andere Maßnahmen ein Ausgleich erfolgt.

(3) Soweit besondere Rechtsvorschriften nicht bestehen, bestimmt sich die Verantwortlichkeit für Schäden, die durch Immissionen verursacht werden, nach diesem Gesetz.

Zweites Kapitel. Wiedergutmachung von Schäden

Erster Abschnitt. Verantwortlichkeit für Schadenszufügung

§ 330 Verpflichtung zum Schadenersatz

Ein Bürger oder Betrieb, der unter Verletzung ihm obliegender Pflichten rechtswidrig einen Schaden verursacht, ist zum Ersatz dieses Schadens verpflichtet.

§ 331 Verantwortlichkeit der Betriebe für ihre Mitarbeiter

Verursacht ein Mitarbeiter eines Betriebes in Erfüllung ihm obliegender betrieblicher Aufgaben einen Schaden, hat der Betrieb den Schaden zu ersetzen. Eine Ersatzpflicht des Mitarbeiters gegenüber dem Geschädigten besteht nicht. Die Verantwortlichkeit des Mitarbeiters gegenüber dem Betrieb nach arbeitsrechtlichen oder anderen Vorschriften wird dadurch nicht berührt.

§ 332 Ansprüche mittelbar Geschädigter

Ein Bürger oder Betrieb, der als Folge der Schädigung eines anderen Schaden erleidet, hat als mittelbar Geschädigter Anspruch auf Schadenersatz, soweit das in diesem Gesetz oder in anderen Rechtsvorschriften bestimmt ist. Wird durch Rechtsvorschriften ein solcher Anspruch nicht gewährt, kann das Gericht einem Bürger Schadenersatz zuerkennen, wenn das unter Berücksichtigung der wirtschaftlichen Lage der Beteiligten und aller Umstände des Einzelfalles gerechtfertigt ist.

§ 333 Befreiung von der Verpflichtung zum Schadenersatz

(1) Die Verpflichtung eines Bürgers zum Schadenersatz entfällt, wenn er den Schaden nicht schuldhaft (vorsätzlich oder fahrlässig) verursacht hat.

(2) Vorsätzlich handelt ein Bürger, der den Schaden bewußt herbeiführt oder sich bewußt damit abfindet, daß als mögliche Folge seines Handelns ein Schaden eintritt.

(3) Fahrlässig handelt ein Bürger, der den Schaden dadurch verursacht, daß er sich aus mangelnder Sorgfalt, aus Leichtfertigkeit, Gleichgültigkeit oder aus ähnlichen Gründen nicht so verhält, wie es in der gegebenen Lage entsprechend den allgemein an ihn zu stellenden Anforderungen zur Vermeidung des Schadens notwendig ist.

(4) Soweit nach den Bestimmungen dieses Gesetzes eine Schadenersatzpflicht für grobe Fahrlässigkeit vorgesehen ist, tritt diese ein, wenn durch den Bürger grundlegende Regeln des sozialistischen Zusammenlebens in verantwortungsloser Weise verletzt worden sind.

§ 334

Die Verpflichtung eines Betriebes zum Schadenersatz entfällt, wenn er die Umstände, die zum Schaden geführt haben, trotz Ausnutzung aller ihm durch die sozialistischen Produktionsverhältnisse gegebenen Möglichkeiten nicht abwenden konnte.

§ 335

Durch Rechtsvorschriften kann festgelegt werden, daß eine Befreiung von der Verpflichtung zum Schadenersatz nicht zulässig ist.

§ 336 Umfang und Art des Schadenersatzes

(1) Schaden ist der materielle Nachteil, der dem Geschädigten durch die Pflichtverletzung eines anderen entsteht. Hierzu zählen Folgen von Gesundheitsschäden, Verlust oder Beschädigung des Eigentums, Aufwendungen zur Verringerung oder Beseitigung des Schadens sowie die dem Geschädigten entgangenen Einkünfte.

(2) Ist die Höhe des Schadens nur mit einem nicht vertretbaren Aufwand festzustellen, kann das Gericht die Höhe des Schadens unter Würdigung aller Umstände schätzen.

§ 337

(1) Durch den Schadenersatz ist der Geschädigte materiell so zu stellen, als wäre das schädigende Ereignis nicht eingetreten.

(2) Schadenersatz ist in Geld zu leisten. Die Beteiligten können eine andere Art des Ersatzes vereinbaren, insbesondere eine Wiederherstellung des ursprünglichen Zustandes durch Arbeitsleistungen.

§ 338 Ersatzpflicht bei Gesundheitsschäden

(1) Bei Gesundheitsschäden umfaßt die Ersatzpflicht die für die Heilung erforderlichen Aufwendungen, das entgangene und noch entgehende Arbeitseinkommen oder eine sonstige entsprechende Einkommensminderung. Die Ersatzpflicht umfaßt auch erhöhte Aufwendungen, die durch vorübergehende oder dauernde Behinderung des Geschädigten entstehen, und weitere Nachteile, die durch das schädigende Ereignis im Zusammenhang mit dem Gesundheitsschaden verursacht worden sind.

(2) Führt der Gesundheitsschaden zur ständigen Einkommensminderung oder zu dauernden erhöhten Aufwendungen, ist dem Geschädigten eine Geldrente zu zahlen. Anstelle einer Geldrente kann durch schriftlichen Vertrag die Zahlung einer einmaligen Abfindung vereinbart werden.

(3) Kann der Geschädigte wegen des Gesundheitsschadens nur im beschränkten Umfang am gesellschaftlichen Leben teilnehmen, ist ihm ein angemessener Ausgleich zu zahlen. Ein solcher Ausgleich ist auch dann zu zahlen, wenn durch den Gesundheitsschaden das Wohlbefinden des Geschädigten erheblich oder längere Zeit beeinträchtigt wird.

§ 339 Ersatzpflicht beim Tod eines Bürgers

(1) Führt die Pflichtverletzung zum Tod des Geschädigten, umfaßt die Ersatzpflicht auch die Kosten einer vorangegangenen ärztlichen Behandlung und der Bestattung.

(2) War der Verstorbene anderen Bürgern gesetzlich zum Unterhalt verpflichtet oder wäre eine solche Verpflichtung in absehbarer Zeit eingetreten, hat der Verpflichtete den durch Verlust des Unterhaltsanspruchs entstandenen Schaden zu ersetzen.

(3) Hat der Verstorbene ohne gesetzliche Pflicht anderen Bürgern Unterhalt gewährt, hat der zum Schadenersatz Verpflichtete für eine Übergangszeit von höchstens 2 Jahren eine Unterstützung zu zahlen, soweit die betroffenen Bürger in dieser Zeit ihren Unterhalt aus eigenen Einkünften und sonstigen Mitteln nicht bestreiten können.

§ 340 Herabsetzung des Schadenersatzes

Das Gericht kann in Ausnahmefällen den Schadenersatz herabsetzen. Das ist nur möglich, wenn der Schaden fahrlässig verursacht wurde und so hoch ist, daß in Anbetracht der wirtschaftlichen Lage und des Einkommens des Schädigers sowie ihre voraussichtlichen Entwicklung ein voller Ausgleich des Schadens nicht zu erwarten ist.

§ 341 Mitverantwortlichkeit des Geschädigten

Die Verpflichtung zum Schadenersatz ist in dem Umfang ausgeschlossen, in dem der Geschädigte für den Schaden mitverantwortlich ist oder es unterlassen hat, den Schaden abzuwenden oder zu mindern.

§ 342 Verantwortlichkeit mehrerer Schadensverursacher

(1) Sind mehrere gemeinschaftlich oder nebeneinander für einen Schaden verantwortlich, sind sie dem Geschädigten als Gesamtschuldner verpflichtet. Sie sind untereinander nach dem Umfang der Verursachung und ihres pflichtwidrigen Verhaltens zum Ausgleich verpflichtet.

(2) In Ausnahmefällen kann das Gericht festlegen, daß jeder Schadensverursacher dem Geschädigten nur in Höhe des eigenen Anteils verpflichtet ist.

Zweiter Abschnitt. Erweiterte Verantwortlichkeit für Schadenszufügung

§ 343 Inhalt der erweiterten Verantwortlichkeit

(1) In den Fällen der erweiterten Verantwortlichkeit (§§ 344 bis 347) ist eine Befreiung von der Verpflichtung zum Schadenersatz nach den §§ 333 und 334 ausgeschlossen.

(2) Die Verpflichtung zum Schadenersatz entfällt nur, soweit der Schaden auf ein unabwendbares Ereignis zurückzuführen ist, das nicht auf einem Fehler in der Beschaffenheit der Sache oder ihrem technischen Versagen beruht. Ein Ereignis gilt dann als unabwendbar, wenn es nicht vorauszusehen war und von einem Betrieb trotz aller Maßnahmen, die den gegenwärtigen Möglichkeiten und Erfahrungen entsprechen, oder von einem Bürger trotz aller ihm zumutbaren Bemühungen nicht verhindert werden konnte.

(3) Eine Befreiung von der Verpflichtung zum Schadenersatz nach Abs. 2 ist ausgeschlossen, wenn der Schaden beim Betrieb von Luftfahrzeugen entsteht.

§ 344 Verantwortlichkeit aus Quellen erhöhter Gefahr

(1) Betriebe, deren Tätigkeit zu einer erhöhten Gefahr für andere führt, sind für den aus dieser Tätigkeit verursachten Schaden verantwortlich. Das gleiche gilt für einen Schaden, der auf das Unterhalten und Betreiben von Anlagen sowie den Besitz von Sachen oder Stoffen zurückzuführen ist, bei denen eine erhöhte Gefahr für Leben, Gesundheit oder Eigentum anderer nicht oder nicht vollständig auszuschließen ist.

(2) Ist die Verantwortlichkeit aus Quellen erhöhter Gefahr in besonderen Rechtsvorschriften geregelt, sind diese anzuwenden.

§ 345 Verantwortlichkeit der Verkehrsbetriebe und Halter von Fahrzeugen

(1) Für einen Schaden, der beim Betrieb von Bahnen, Luftfahrzeugen, Kraftfahrzeugen und Wasserfahrzeugen entsteht, die nur mit Zulassung oder Befähigungsnachweis geführt werden dürfen, ist der Betrieb oder Halter verantwortlich.

(2) Neben dem Halter ist der Fahrer verantwortlich, wenn er den Schaden schuldhaft verursacht hat. Ist der Fahrer Mitarbeiter eines Betriebes, bestimmt sich die Verantwortlichkeit nach § 331.

(3) Benutzt jemand ein im Abs. 1 genanntes Fahrzeug unbefugt, ist er neben dem Betrieb oder Halter zum Schadenersatz nach Abs. 1 verpflichtet.

§ 346 Verantwortlichkeit für Schäden durch Tiere

(1) Für einen Schaden, den ein Tier verursacht, ist der Halter des Tieres verantwortlich.

(2) Für einen Schaden, den ein jagdbares Tier verursacht, ist der zuständige staatliche Forstwirtschaftsbetrieb entsprechend den dafür geltenen Rechtsvorschriften verantwortlich.

§ 347 Verantwortlichkeit des Gebäudeeigentümers oder Nutzungsberechtigten

(1) Für einen Schaden, der durch Einsturz eines Gebäudes, Versagen seiner Einrichtung oder durch Ablösung von Mauerwerk, Dachziegeln oder anderer Bestandteile des Gebäudes oder Grundstücks verursacht wird, ist der Eigentümer des Grundstücks oder des Gebäudes verantwortlich.

(2) Ist auf Grund eines Nutzungsrechts ein anderer verpflichtet, das Gebäude oder Grundstück zu unterhalten, ist er anstelle des Eigentümers verantwortlich.

(3) Hat sich eine Mietergemeinschaft zur Mitwirkung bei der Pflege eines Gebäudes oder Grundstücks verpflichtet, befreit das den Eigentümer nicht von seiner Verantwortlichkeit gegenüber dem Geschädigten.

Dritter Abschnitt. Verantwortlichkeit von Kindern, Jugendlichen und Aufsichtspflichtigen

§ 348 Verantwortlichkeit von Kindern und Jugendlichen

(1) Kinder, die das 6. Lebensjahr noch nicht vollendet haben, sind für von ihnen verursachten Schäden nicht verantwortlich.

(2) Kinder, die das 6. Lebensjahr vollendet haben, und Jugendliche bis zu 18 Jahren sind für von ihnen verursachte Schäden verantwortlich, wenn sie zur Zeit der schädigenden Handlung auf Grund des Entwicklungsstandes ihrer Persönlichkeit fähig waren, sich pflichtgemäß zu verhalten.

§ 349 Verantwortlichkeit bei Bewußtseinsstörungen

(1) Fehlt einem Bürger infolge zeitweiliger oder dauernder krankhafter Störungen seiner Geistestätigkeit oder wegen Bewußtseinsstörungen zur Zeit der schädigenden Handlung die Fähigkeit, sich pflichtgemäß zu verhalten, ist er für den von ihm verursachten Schaden nicht verantwortlich.

(2) Ein Bürger, der sich durch Alkohol oder andere rauscherzeugende Mittel oder Drogen in einen Zustand versetzt, der die Fähigkeit zum pflichtgemäßen Verhalten ausschließt und in diesem Zustand einem anderen Schaden zufügt, ist für diesen Schaden verantwortlich. Der Bürger ist nicht verantwortlich, wenn er unverschuldet in diesen Zustand geraten ist.

§ 350 Schadenersatzpflicht bei besonderen Umständen

Bürger, die nach den §§ 348 und 349 nicht verantwortlich sind, können zum Ersatz des von ihnen verursachten Schadens ganz oder teilweise herangezogen werden, wenn das unter Berücksichtigung aller Umstände des Einzelfalles und der wirtschaftlichen Lage der Beteiligten gerechtfertigt ist.

§ 351 Verantwortlichkeit Aufsichtspflichtiger

(1) Eltern und andere Bürger, die auf Grund von Rechtsvorschriften, staatlicher Anordnung oder aus einem anderen Grunde Kinder oder Jugendliche zu erziehen oder zu beaufsichtigen haben, sind zum Ersatz des Schadens verpflichtet, den diese Kinder oder Jugend-

lichen rechtswidrig verursachen. Für Bürger, die die Aufsichtspflicht in Ausübung ihres Berufes wahrnehmen, gelten die entsprechenden Rechtsvorschriften.

(2) Das gleiche gilt, wenn Personen, die wegen geistiger Gebrechen unter Aufsicht stehen, rechtswidrig einen Schaden verursachen.

(3) Die Verantwortlichkeit entfällt, wenn der Erziehungsberechtigte oder Aufsichtspflichtige seine Pflichten nicht schuldhaft verletzt hat oder der Schaden auch bei ordnungsgemäßer Erfüllung dieser Pflichten entstanden wäre.

Artikel 233

Drittes Buch. Sachenrecht

Erster Abschnitt. Allgemeine Vorschriften

§ 1 Besitz

Auf ein am Tag des Wirksamwerdens des Beitritts bestehendes Besitzverhältnis finden von dieser Zeit an die Vorschriften des Bürgerlichen Gesetzbuchs Anwendung.

Übersicht

I. Normzweck

1 Die Bestimmung legt den Anwendungsbereich der besitzrechtlichen Regelungen des BGB fest. Ihr Grundgedanke entspricht Art. 180 EGBGB, wonach zum Stichtag eine **zeitliche Zäsur** eintritt. Die früher entstandenen und weiter bestehenden Verhältnisse richten sich ab dem Stichtag nach den Bestimmungen des BGB. Die früheren Regelungen gelten nicht fort. Andererseits wird die Anwendung des BGB nicht auf in der Vergangenheit liegende Vorgänge erstreckt. Die Bestimmung gilt insbesondere nicht für die Beurteilung der Entstehungsvoraussetzungen früherer Besitzverhältnisse (unten RdNr. 4, 6f.).

II. Bisherige Besitzverhältnisse

2 **1. Begriff des Besitzverhältnisses.** Die Bestimmung bezieht sich auf am Tag des Wirksamwerdens des Beitritts bestehende Besitzverhältnisse. Damit sind Verhältnisse gemeint, die sich nach dem Besitzbegriff des BGB als Besitzverhältnisse darstellen. Für das Verständnis der Bestimmung ist es wichtig, zwischen der rechtlichen Beurteilung eines Verhältnisses als Besitzverhältnis und der Feststellung des Bestehens eines Verhältnisses und seines Inhalts zu unterscheiden:

3 **a)** Ob das bestehende Verhältnis ein Besitzverhältnis ist, richtet sich allein nach den **Bestimmungen des BGB.** Auf ein Verhältnis, das nach dem BGB kein Besitz ist, können die Besitzvorschriften des BGB nicht sinnvoll angewandt werden. So setzt zB die Beendigung des Besitzes gem. § 856 Abs. 1 BGB den Verlust der tatsächlichen Sachherrschaft voraus, was nur möglich ist, wenn der Besitz als tatsächliche Sachherrschaft verstanden wird und dementsprechend der Besitz gem. § 854 Abs. 1 BGB durch die Erlangung der tatsächlichen Gewalt über die Sache erworben wird. Das zum Stichtag bestehende Verhältnis muß also seinem gegebenen Inhalt nach unter Anwendung der §§ 854ff. BGB als Besitzverhältnis anzusehen sein. Die frühere Bezeichnung ist bedeutungslos.

4 **b)** Welches Verhältnis mit welchem Inhalt zum Stichtag bestanden hat, ist nach den **bisherigen Regelungen** (unten RdNr. 6f.) zu beurteilen. Art. 233 § 1 EGBGB gibt für diese Beurteilung keine Bestimmungen, sondern erschöpft sich insoweit in der Aussage, daß die bestehenden Besitzverhältnisse ab dem Stichtag als Besitzverhältnisse im Sinne des BGB anerkannt werden.

5 c) Der **maßgebliche Zeitpunkt** ist der Tag des Wirksamwerdens des Beitritts, also der 3. 10. 1990 (Art. 1 des Einigungsvertrages; Beschluß der Volkskammer der Deutschen Demokratischen Republik vom 23. 8. 1990, BGBl. I S. 2058). Das Besitzverhältnis muß also an diesem Tag um 0 Uhr (noch) bestanden haben.

6 **2. Besitzarten.** Art. 233 § 1 EGBGB bezieht sich auf alle Besitzarten des BGB. Die bisherige Regelung enthielt davon jedoch nur einen Teil. Im ZGB DDR ist aus ideologischen Gründen[1] auf eine allgemeine Regelung des Besitzes verzichtet worden. Das ZGB DDR ging gleichwohl davon aus, daß an einer Sache Besitz bestehen kann (vgl. §§ 19, 24, 26 Abs. 1 Satz 3, 32 Abs. 1 Satz 2, 33 Abs. 3 ZGB DDR). Infolge des Fehlens einer allgemeinen Regelung ist unklar, nach welcher Grundlage sich das Bestehen eines Besitzverhältnisses richten sollte. Im wesentlichen wurden unter der früheren Regelung der Besitzbegriff und die Erwerbsvoraussetzungen nach den Grundsätzen des BGB beurteilt.[2]

7 Die Unterscheidung von rechtmäßigem und unrechtmäßigem Besitz war in § 33 Abs. 3 ZGB DDR enthalten. Das **Besitzdienerverhältnis** (§ 855 BGB) und der Erbenbesitz (§ 857 BGB) waren dagegen im ZGB DDR ebensowenig geregelt wie der mittelbare Besitz.[3] Der Eigenbesitz war in § 32 Abs. 2 ZGB DDR insofern anerkannt, als danach eine Ersitzung für denjenigen vorgesehen war, der gutgläubig wie ein Eigentümer besessen hat. Mitbesitz und Teilbesitz waren wiederum ungeregelt geblieben.

8 **3. Gegenstand.** Art. 233 § 1 EGBGB bezieht sich auf alle Gegenstände, an denen Besitz bestehen kann, also gleichermaßen bewegliche Sachen und Grundstücke. Eine besondere Überleitungsregelung für den sog. Rechtsbesitz (s. dazu vor § 854 BGB RdNr. 7) fehlt. Sofern zum Stichtag beschränkte persönliche Dienstbarkeiten und Grunddienstbarkeiten, welche im ZGB DDR nicht geregelt waren, bestehen,[4] findet auf sie der Besitzschutz nach §§ 1029, 1090 Abs. 2 BGB Anwendung.

9 **4. Rechtsfolgen.** Soweit nach den dargestellten Grundsätzen von einem bestehenden Besitzverhältnis auszugehen ist, richtet sich dessen Qualifizierung und Inhalt ab dem maßgeblichen Zeitpunkt nach dem BGB. Ein Verhältnis, das nach der bisherigen Regelung ein Besitzverhältnis gewesen, nach § 855 BGB aber ein bloßes Besitzdienerverhältnis ist, wird ab dem maßgeblichen Zeitpunkt als Besitzdienerverhältnis behandelt. Etwa bestehende Grunddienstbarkeiten und beschränkte persönliche Dienstbarkeiten (s. oben RdNr. 8) genießen Besitzschutz gem. §§ 1029, 1090 Abs. 2 BGB. In Fällen des Fremdbesitzes entsteht unter den Voraussetzungen des § 868 BGB mittelbarer Besitz unabhängig davon, ob mittelbarer Besitz der bisherigen Regelung entsprach.

10 **a) Neue Vorgänge.** Die rechtliche Beurteilung von Vorgängen, die ab dem maßgeblichen Zeitpunkt eintreten, richtet sich allein nach dem BGB. Ein bisheriger Eigenbesitzer kann Besitzmittler werden und unter den Voraussetzungen des § 868 BGB mittelbaren Besitz unabhängig davon begründen, ob dies nach der bisherigen Regelung möglich gewesen wäre. Nach dem BGB richten sich ferner die Beendigung des Besitzes und der Besitzschutz. Wird zB ab dem Stichtag verbotene Eigenmacht begangen, so sind §§ 858 ff. BGB anzuwenden,[5] obwohl das ZGB DDR eine entsprechende eigenständige besitzrechtliche Regelung nicht enthielt.[6]

11 **b) Alte Vorgänge.** Soweit rechtlich relevante Vorgänge bis zum Stichtag eingetreten und **abgeschlossen** waren, werden sie und die aus ihnen erwachsenen Ansprüche von

[1] Vgl. *Brunner,* Einführung in das Recht der DDR, 2. Aufl. 1979, S. 154.

[2] Vgl. zB *Westen-Schleider,* Zivilrecht im Systemvergleich, 1984, S. 292 ff.; *Klinkert* bei *Göhring–Posch,* Zivilrecht, Lehrbuch, Teil 1, Ost-Berlin 1981, S. 147 ff.; Kommentar zum ZGB DDR, hrsg. vom Ministerium der Justiz, Ostberlin 1983, § 24 Anm. 1.

[3] *Brunner* (Fn. 1) S. 156 entnimmt § 26 ZGB DDR die Möglichkeit eines Besitzmittlungsverhältnisses; *Roggemann* NJW 1976, 397 und *Westen-Schleider* (Fn. 2) S. 293 lassen die Frage offen.

[4] Vgl. § 6 Abs. 1 EGZGB DDR vom 19. Juni 1975, GBl. I S. 517.

[5] LG Berlin ZMR 1991, 109, 110 (Unterlassungsanspruch nach § 862 Abs. 1 Satz 2 BGB).

[6] § 354 ZGB DDR regelte eine allgemeine Selbsthilfe, §§ 33 Abs. 3, 328 ZGB DDR sahen bestimmte Ansprüche des rechtmäßigen Besitzers vor.

Art. 233 § 1 EGBGB nicht erfaßt. Insbesondere ist Art. 233 § 1 EGBGB auf Besitzschutzansprüche nicht rückwirkend anzuwenden. Gleiches gilt für das Entstehen des Erbenbesitzes gem. § 857 BGB. Der Erbenbesitz ist kein Besitz iSd. § 854 BGB, sondern eine bloße Rechtsfolgenzuordnung (s. § 857 BGB RdNr. 4). Die bisherige Regelung sah ein derartiges Verhältnis nicht vor, so daß es zum Stichtag nicht bestehen konnte. Im übrigen beläßt es Art. 235 § 1 Abs. 1 EGBGB für die erbrechtlichen Verhältnisse bei den bisherigen Regelungen, wenn der Erblasser vor dem Wirksamwerden des Beitritts gestorben ist.

12 Soweit bis zum Stichtag eingetretene Vorgänge über den maßgeblichen Zeitpunkt hinaus **andauernde Wirkungen** haben, gilt nach Art. 233 § 1 EGBGB wiederum das BGB. Die Bestimmung erfaßt zum Stichtag bestehende Besitzverhältnisse unabhängig davon, ob der zu beurteilende Vorgang bereits vor dem Stichtag begonnen hat. Wenn zB vor dem Stichtag eine Besitzstörung stattgefunden hat und sie nach dem maßgeblichen Zeitpunkt noch andauert, so stehen dem Besitzer die Besitzschutzansprüche gem. §§ 862ff. BGB ab dem maßgeblichen Zeitpunkt zu. Vor dem Stichtag wirksam gewordene Rechtsverhältnisse können gem. § 986 Abs. 1 BGB das Recht zur Verweigerung der Herausgabe gegenüber einem Anspruch aus § 985 BGB geben.[7]

III. Neue Besitzverhältnisse

13 Auf Besitzverhältnisse, die ab dem maßgeblichen Zeitpunkt in dem in Art. 3 des Einigungsvertrages genannten Gebiet entstehen, gilt das BGB gem. Art. 8 des Einigungsvertrages. Im Ergebnis bedeutet dies keinen Unterschied zu Art. 233 § 1 EGBGB. Für die Rechtsanwendung ist es deshalb bedeutungslos, ob zB der Übergang des Besitzes als Begründung eines neuen Besitzverhältnisses verstanden wird oder als Änderung eines bestehenden Besitzverhältnisses; zur Anwendung gelangen in jedem Falle die Bestimmungen des BGB über den Erwerb des Besitzes. Für einen nach dem maßgeblichen Zeitpunkt eintretenden **Erbfall** gilt § 857 BGB.

§ 2 Inhalt des Eigentums

(1) Auf das am Tag des Wirksamwerdens des Beitritts bestehende Eigentum an Sachen finden von dieser Zeit an die Vorschriften des Bürgerlichen Gesetzbuchs Anwendung, soweit nicht in den nachstehenden Vorschriften etwas anderes bestimmt ist.

(2) Wem bisheriges Volkseigentum zufällt oder wer die Verfügungsbefugnis über bisheriges Volkseigentum erlangt, richtet sich nach den besonderen Vorschriften über die Abwicklung des Volkseigentums.

(3) Ist der Eigentümer eines Grundstücks oder sein Aufenthalt nicht festzustellen und besteht ein Bedürfnis, die Vertretung des Eigentümers sicherzustellen, so bestellt der Landkreis oder die kreisfreie Stadt, in dessen oder deren Gebiet sich das Grundstück befindet, auf Antrag der Gemeinde oder eines anderen, der ein berechtigtes Interesse daran hat, einen gesetzlichen Vertreter. Im Falle einer Gemeinschaft wird ein Mitglied der Gemeinschaft zum gesetzlichen Vertreter bestellt. Der Vertreter ist von den Beschränkungen des § 181 des Bürgerlichen Gesetzbuchs befreit. § 16 Abs. 3 und 4 des Verwaltungsverfahrensgesetzes findet entsprechende Anwendung. Der Vertreter wird auf Antrag des Eigentümers abberufen. Diese Vorschrift tritt in ihrem räumlichen Anwendungsbereich und für die Dauer ihrer Geltung an die Stelle des § 119 des Flurbereinigungsgesetzes auch, soweit auf diese Bestimmung in anderen Gesetzen verwiesen wird. § 11b des Vermögensgesetzes bleibt unberührt.

[7] BGH ZMR 1993, 460, 461; BezG Dresden VIZ 1993, 115, 118.

Übersicht

1 **1. Normzweck.** Die Vorschrift will – in inhaltlicher Übereinstimmung mit ihrem Vorbild Art. 181 EGBGB – das am Tag des Wirksamwerdens des Beitritts, dh. am 3. 10. 1990 bestehende Sacheigentum für die Zukunft dem Recht des BGB unterstellen; dh. vom 3.10. 1990 an sollen keine unterschiedlichen Eigentumsarten im Geltungsbereich der Privatrechtsordnung fortbestehen. Die Norm folgt damit dem intertemporalen Rechtsgrundsatz, der auch in Art. 232 EGBGB §§ 2 Abs. 1, 3 Abs. 1, 5 Abs. 1, 6, 9 und 10 zum Ausdruck kommt, wonach für die Beurteilung bestehender Dauerrechtsverhältnisse mit Wirksamwerden des Beitritts sofort das BGB maßgeblich sein soll, weil sich nur so die auch für die Privatrechtsordnung gewollte Rechtseinheit alsbald verwirklichen ließ.

2 **2. Eigentumsbegriff.** Welche in der ehemaligen DDR bestehenden Rechtsverhältnisse an einer Sache eine umfassende Herrschaftsbefugnis vermitteln und damit als Eigentum im Sinne des BGB zu qualifizieren sind (vgl. dazu § 903 RdNr. 4ff.), läßt sich nur anhand des Inhalts der durch das frühere DDR-Recht festgelegten Rechtspositionen ermitteln. Die im Recht der DDR anerkannten Eigentumsarten des sozialistischen Eigentums, des persönlichen Eigentums und des Privateigentums (§§ 17ff., 22ff. ZGB; Art. 2 der DDR-Verfassung)[1] lassen sich, da sie gemäß §§ 19, 24 ZGB – allerdings eingeschränkt durch die Maxime der Gesellschaftsgemäßheit der Ausübung[2] – eine Besitz-, Nutzungs- und Verfügungsbefugnis vermitteln und dem Ziel der umfassenden Zuordnung der betreffenden Sache bzw. Sachgesamtheit zu der betreffenden Person dienen, dem Begriff des Eigentums im Sinne des § 903 BGB zuordnen.

3 Das „Arbeits- oder Siedlungseigentum", das durch eine Zuweisung von **Bodenreformland** in der Zeit zwischen 1945 und 1949 entstanden war, ist dagegen erst und nur nach Maßgabe des Bodenreformgesetzes vom 6. 3. 1990 (GBl. I S. 134, in Kraft getreten am 16. 3. 1990) zu (überleitungsfähigem) Volleigentum erstarkt; denn das „Arbeits- und Siedlungseigentum" war zuvor vielfältigen Verfügungsbeschränkungen unterworfen. Die Verkehrsfähigkeit fehlte, da das Bodenreformland weder verkauft, verpachtet, geteilt noch belastet werden konnte, die Siedler waren zur persönlichen Nutzung verpflichtet, und eine Aufgabe der Bewirtschaftung führte zum Rückfall des Bodenreformlandes in den staatlichen Bodenfonds und zur Vergabe an einen neuen Bewerber. Die Vererblichkeit war eingeschränkt, weil das Bodenreformland zunächst in den staatlichen Bodenfonds zurückgeführt wurde und dem Erben nur dann nach freiem Ermessen zugewiesen werden konnte, wenn er Mitglied oder Arbeiter in der LPG war. Die Verfügungsbeschränkungen wurden durch die Verordnungen über die Durchführung des Besitzwechsels bei Bodenre-

[1] Zur Sachenrechtsordnung der früheren DDR: *Eickmann*, Grundstücksrecht in den neuen Bundesländern, 2. Aufl. 1992, S. 1ff.; *Grün*, Das Sachenrechtsänderungsgesetz, NJW 1994, 2641, 2642f., spricht von „Sachenrechtsordnung und faktischem DDR-Sachenrechtschaos", *Stürner*, Sachenrechtsbereinigung zwischen Restitution, Bestandsschutz und Rechtssicherheit, JZ 1993, 1074, 1075f., von „Rechtsordnung, Unrechtsordnung und schlichter Unordnung."

[2] Vgl. § 19 Abs. 1 ZGB: „... zur Durchführung der ihnen übertragenen staatlichen Aufgaben und zur Wahrnehmung der ihnen übertragenen Befugnisse ..." und § 22 Abs. 2 „... dient der Befriedigung der materiellen und kulturellen Bedürfnisse der Bürger und ihrer Entwicklung zu sozialistischen Persönlichkeiten."

formgrundstücken vom 7. 8. 1975 (GBl. I S. 629) und vom 7. 1. 1988 (GBl. I S. 25) näher ausgestaltet. Die Siedler wurden mit einem amtlichen Vermerk über die Verfügungsbeschränkung in das Grundbuch eingetragen. Das „Arbeits- oder Siedlungseigentum" war dogmatisch lediglich ein mit einer Bewirtschaftungspflicht verbundenes Nutzungsrecht, dessen wesentlicher Inhalt in dem Recht auf Aneignung der Früchte bestand. Die „Siedlungseigentümer" und diejenigen ihrer Erben, die bis zum 16. 3. 1990 das Bodenreformland neu zugewiesen erhalten hatten und aufgrund der Zuweisung im Grundbuch eingetragen worden waren, erlangten erst später aufgrund des Bodenreformgesetzes Volleigentum. Das Bodenreformgesetz gestaltete die bestehenden Rechte aus und hob die bisherigen Beschränkungen des Bodenreformrechts ersatzlos auf mit der Folge, daß über Bodenreformland wie über andere Grundstücke frei verfügt werden konnte, und zwar auch erbrechtlich. Da das Gesetz lediglich Regelungen zugunsten der am 16. 3. 1990 bereits zugewiesenen Grundstücke aufwies, erwarben diejenigen Erben, denen bis zum 16. 3. 1990 das Bodenreformland nicht neu zugewiesen worden war, aufgrund des Bodenreformgesetzes kein überleitungsfähiges Volleigentum; ihre endgültige Rechtsstellung wird durch die Art. 233 EGBGB § 11 Abs. 2 und Abs. 3 und § 12 geregelt.[3]

4 **3. Wesentliche Bestandteile.** Ohne Sonderregelung ist vor dem 3. 10. 1990 bestehendes isoliertes Eigentum an einer Sache erloschen, wenn diese nach dem BGB nicht Gegenstand einer selbständigen Eigentumszuordnung sein kann, weil sie wesentlicher Bestandteil einer anderen Sache ist (vgl. §§ 93ff. BGB). Nach Art. 231 EGBGB § 5 Abs. 1 Satz 1 wird indes in Durchbrechung von § 94 BGB angeordnet, daß Gebäude, Baulichkeiten, Anlagen, Anpflanzungen oder Einrichtungen, die gemäß dem früheren DDR-Recht vom Grundstückseigentum unabhängiges Eigentum gewesen sind (§ 295 Abs. 2 iVm. §§ 288 Abs. 4, 292 Abs. 3, 296 Abs. 1 ZGB), nicht zu den Bestandteilen eines Grundstücks gehören.[4] Da Anpflanzungen aber keine Scheinbestandteile iSd. § 95 Abs. 1 Satz 2 BGB sein können, besteht das selbständige Eigentum an ihnen (§§ 288 Abs. 4, 292 Abs. 3 ZGB) trotz der Regelung des Art. 231 EGBGB § 5 Abs. 1 Satz 1 nicht fort. Soweit ein Nut-

[3] BVerwG ZIP 1996, 1633, 1636; LG Chemnitz ZOV 1994, 190, 190f. mit Anm. *Jesch* ZOV 1994, 191, 191ff.; BezG Rostock VIZ 1992, 193, 193f., mit Anm. *Gollasch* VIZ 1992, 196, 196f.; BezG Dresden VIZ 1992, 198f.; OLG Dresden ZOV 1994, 313, 313; VG Dessau VIZ 1994, 82; VG Chemnitz ZOV 1996, 145, 146f.; anderer Ansicht: BezG Dresden VIZ 1992, 278, 284ff., wonach auch der im Zeitpunkt des Inkrafttretens des Bodenreformgesetzes nicht eingetragene Erbe des Neubauern aufgrund dieses Gesetzes Eigentümer geworden und deshalb im Grundbuch als Volleigentümer einzutragen seien, mit Anm. *Steding* EWiR 1/92 zu Art. 233 EGBGB; KreisG Rostock-Stadt VIZ 1992, 195, 195f., wonach sich die Rechtsnachfolge in den noch nicht abgewickelten Erbfällen – Bodenreformgrundstück weder auf den Erben übertragen noch in den Bodenfonds zurückgeführt – nach den allgemeinen Vorschriften des Erbrechts (§ 362 Abs. 2 ZGB) gerichtet habe, mit Anm. *Gollasch* VIZ 1992, 196, 197f.; BezG Neubbg NJ 1992, 317, 318f., wonach der Erbe eines Neubauern, der am 16. 3. 1990 „Genossenschaftsmitglied oder Arbeiter und willens und in der Lage war, das Grundstück zweckentsprechend zu nutzen", mit Wirkung vom 16. 3. 1990 persönliches Eigentum erlangt, habe, das mit Inkrafttreten des BGB in Eigentum iSd. § 903 BGB umgewandelt worden sei; VG Dessau ZOV 1994, 75, 76f., wonach diejenigen, die durch unlautere Machenschaften ihre Rechtsposition verloren haben, denjenigen gleichzustellen seien, die nach dem Bodenreformgesetz von 1990 Volleigentum erworben hätten; vgl. dazu auch *Rodenbach* ZOV 1994, 77; *Kahlke,* Abwicklung der Bodenreform, NJ 1992, 481, 481ff.; *Siewert,* Zum Eigentum an den Bodenreform-Grundstücken, NJ 1992, 155, 156ff.

[4] Bbg. OLG VIZ 1996, 101, 102; Bbg. OLG NJ 1994, 522, 522ff.; KG KG-Rsp. Berlin 1996, 49, 50f.; *Eickmann* (Fn. 1) S. 57ff.; zu den vielfältigen Erscheinungsformen des „Baulichkeiteneigentums" und zur Überführung in BGB-konforme Rechtsverhältnisse aufgrund des Sachenrechtsbereinigungsgesetzes (Art. 1 des Sachenrechtsänderungsgesetzes, BGBl. 1994 I S. 2457ff.): Art. 231 RdNr. 5ff.; *Grün,* Das Sachenrechtsänderungsgesetz, NJW 1994, 2641, 2642f., 2644ff., und *Stürner* (Fn. 1) JZ 1993, 1074, 1077ff.; zum Inhalt des Gebäude- und Anlagensondereigentums und zur Zusammenführung von Gebäude- und Bodeneigentum im Bodenordnungsverfahren nach dem Landwirtschaftsanpassungsgesetz (vom 29. 6. 1990, GBl. I Nr. 42 S. 642, zuletzt geändert durch das 2. Vermögensrechtsänderungsgesetz vom 14. 7. 1992, BGBl. I S. 1257): *Nies,* Rechtsfragen im Zusammenhang mit landwirtschaftlichen Gebäudesondereigentum und sich daraus ergebender Probleme im Bodenordnungsverfahren, VIZ 1993, 369, 369ff., 372f., und *Eickmann* (Fn. 1) S. 59f.

zungsrecht an einem Grundstück nebst Gebäude, Anlagen, Anpflanzungen oder sonstigen Einrichtungen im Sinne der §§ 312ff. ZGB bestanden hat, gelten das Nutzungsrecht und die Anlagen, Anpflanzungen oder Einrichtungen als wesentliche Bestandteile des Gebäudes; sie bleiben nach Art. 231 EGBGB § 5 Abs. 2 Satz 1 als untrennbare Einheit erhalten.

5 **4. Beurteilungszeitraum.** Die Frage, wer am 3. 10. 1990 Eigentümer einer Sache ist, beurteilt sich nach dem früheren Recht der DDR.[5] Waren am 3. 10. 1990 noch nicht alle Voraussetzungen für den Erwerb des Eigentums erfüllt, so beurteilt sich die Vollendung des Rechtserwerbs vom 3. 10. 1990 an ausschließlich nach den Vorschriften des BGB.[6] Bei zeitlich gestreckten Erwerbsvorgängen bedeutet dies, daß unter Umständen der gesamte Erwerbstatbestand nach Maßgabe des BGB erneut vollzogen werden muß. Grundsätzlich beurteilt sich der Inhalt der Rechtsposition des Eigentümers vom 3. 10. 1990 an nach dem Bürgerlichen Gesetzbuch; dh. es gelten zukunftsbezogen ausschließlich die §§ 903 bis 1011 BGB.[7] Die dinglichen Ansprüche (insbes. §§ 894, 915, 985, 1004 BGB) sowie die Duldungspflichten (insbes. §§ 904, 906, 912ff.) bestehen auch dann, wenn die zugrundeliegenden tatsächlichen Umstände bereits vor dem 3. 10. 1990 eingetreten waren.[8] Dagegen

[5] Vgl. BGHZ 120, 198; 125, 125; BGH NJW 1995, 2707; BGH DtZ 1994, 345; DtZ 1996, 138; KG, DtZ 1992, 298. Bei der Beurteilung von Vertragsmängeln werden zivilrechtliche Ansprüche nicht durch das Vermögensgesetz verdrängt. Vgl. BGH ZIP 1993, 70, 71; BVerwG ZIP 1993, 1908, 1909, mit Anm. *Sauthoff* EWiR 1/94 zu § 4 VermG; Bbg. OLG VIZ 1995, 371, 372f.; Bbg. OLG VIZ 1995, 667, 668ff.; Bbg. OLG NJ 1994, 522, 522ff.; LG Stadel DtZ 1993, 254, 254f.; OLG Rostock AgrarR 1993, 311, 312; KG, KG-Rsp. Berlin 1996, 61.

[6] *Dörner,* Das deutsche Interlokale Privatrecht nach dem Einigungsvertrag, Festschrift für Werner Lorenz, 1991, S. 321, 323, weist zutreffend daraufhin, daß ein Vertrauen darauf, bis zum Rechtswechsel unvollständig gebliebene Tatbestände unter der Herrschaft des neuen Rechts komplettieren zu können, nicht geschützt wird; LG Berlin VIZ 1993, 29: Eine nach dem Beitritt beantragte Eigentumsumschreibung aufgrund eines vor dem Beitritt geschlossenen notariellen Übertragungsvertrages iVm. Auflassung und Löschungsbewilligung müsse abgelehnt werden, weil die Grundbuchordnung anzuwenden sei und die für die Eigentumsumschreibung erforderliche Auflassungserklärung und Eintragungsbewilligung unwirksam seien, da sie der nach DDR-Recht unzuständige Rechtsträger abgegeben habe; *Böhringer,* Besonderheiten des Liegenschaftsrechts nach dem Einigungsvertrag, Rpfleger 1991, 89, 91 spricht von „schwebenden Rechtsänderungen". Die Übertragung des Eigentums richte sich nach den früher geltenden Rechtsvorschriften, wenn der Antrag auf Eintragung in das Grundbuch vor dem Beitritt gestellt worden sei; BezG Potsdam ZOV 1993, 268, 268: In dem bereits vor dem Beitritt eingeleiteten Antragsverfahren sei das Ersuchen auf „Eintragung des Grundstücks als Eigentum des Volkes in Rechtsträgerschaft des Beschwerdeführers" und damit auf eine Eintragung gerichtet, die nicht mehr erfolgen könne, weil nach dem Beitritt zwar die Grundbuchverfahrensordnung der DDR anwendbar sei, aber auch das BGB, und dieses gestatte eine Zuordnung von Eigentum an das „Volk", das keine eigene Rechtspersönlichkeit besitze, nicht.

[7] *Dörner* (Fn. 6) S. 321, 322f., 337ff., unterscheidet abgeschlossene, dauerwirkende und neue Tatbestände, die nur nach altem, vor dem Beitritt nach altem und vom Beitritt an nach neuem bzw. nur nach neuem Recht zu behandeln sind; *Nies,* Rechtsfragen im Zusammenhang mit landwirtschaftlichen Gebäudesondereigentum und sich daraus ergebender Probleme im Bodenordnungsverfahren, VIZ 1993, 369, 369; *Böhringer,* Besonderheiten des Liegenschaftsrechts nach dem Einigungsvertrag, Rpfleger 1991, 89, 89; OLG Rostock AgrarR 1993, 311, 312; BezG Potsdam ZOV 1993, 268, 268; BezG Cottbus ZIP 1992, 737, 737; LG Stadel DtZ 1993, 254, 254.

[8] *Dörner* (Fn. 6) S. 321, 322f., 338, spricht von „Dauerwirkungen von Besitz und Eigentum, ... die vom Beitritt an den Bestimmungen des BGB" unterworfen seien;
für § 894 BGB: AgrarR 1993, 311, 312: „Diese Vorschrift ist gemäß Art. 233 § 2 EGBGB mit dem Wirksamwerden des Beitritts auch auf solche Fälle anzuwenden, in denen die Unrichtigkeit des Grundbuchs schon vor dem Beitritt eingetreten ist."; Bbg. OLG VIZ 1995, 371, 372 mit Anm. *Schäfer-Gölz,* Die „Abgabe" konsumgenossenschaftlicher Liegenschaften in der DDR 1956/57 und 1959/60, VIZ 1995, 326, 327f.; BGH ZIP 1995, 1048, 1050f.; KG VIZ 1994, 675, 676f.; Bbg. OLG VIZ 1995, 667, 668ff.; LG Stadel DtZ 1993, 254, 254f.; BezG Rostock VersR 1993, 323, 324f.; KG ZIP 1992, 879, 880f.; BezG Cottbus ZIP 1992, 737, 737ff.; LG Berlin ZOV 1993, 268, 268f.: Wenn der Übergang in Volkseigentum schon vor dem Beitritt vollendet gewesen und die ... Berichtigung bereits vor dem Beitritt beantragt worden und beim Grundbuchamt eingegangen sei, müsse das Grundbuchamt auch nach dem Beitritt nach der Grundbuchverfahrensordnung der früheren DDR verfahren und die Eintragung „ehemaliges Eigentum des Volkes" vornehmen; LG Berlin ZOV 1993, 108, 108; „... materiellen Rechtslage, wonach die bisherigen Eigentümer durch den genannten Enteignungsbeschluß ihr Eigentum verloren haben. Die noch ausstehende am 22. 3. 1988 beantragte Grundbuchumschreibung hätte nämlich nur den Charakter einer Grundbuchberichtigung, weil der Eigentumswechsel bereits

gilt für schuldrechtliche Ansprüche (insbes. §§ 906 Abs. 2 Satz 2, 987ff. BGB) nach Art. 232 EGBGB § 1 das frühere DDR-Recht, soweit die anspruchsbegründenden Tatsachen bereits vor dem 3. 10. 1990 verwirklicht waren; dagegen gilt das BGB, soweit die Tatsachen über den 3. 10. 1990 hinaus fortwirken oder erst nach dem 3. 10. 1990 eingetreten sind.[9] Zu prüfen bleibt daher in jedem Einzelfall, inwieweit ausdrückliche oder konkludente schuldvertragliche Absprachen oder wirkungsgleiche Vertrauenstatbestände vorlagen, die gemäß Art. 232 EGBGB § 1 nach Maßgabe des früheren DDR-Rechts zu beachten sind.

6 **5. Volkseigentum.** Die durch die alte DDR-Verfassung konstituierte Eigentumsordnung ist durch die Art. 10ff. näher ausgestaltet worden. Nach Art. 10 der früheren DDR-Verfassung war das Volkseigentum als wichtigster Unterfall des sozialistischen Eigentums unantastbar und genoß den besonderen Schutz des Staates (§§ 18ff. ZGB). Im Volkseigentum standen vor allem die Produktionsmittel (Art. 12 der DDR-Verfassung). Rechtsinhaber war der Staat; die Verwaltungs-, Nutzungs- und Verfügungsbefugnis war dem Rechtsträger zugewiesen. Der Erwerb eines Grundstücks als Volkseigentum setzte voraus, daß ein Rechtsträger für das Grundstückseigentum eingesetzt wurde (§ 19 ZGB; Anordnung über die Rechtsträgerschaft an volkseigenen Grundstücken vom 7. 7. 1969, GBl. II S. 433, geändert 1974, GBl. I S. 489).[10] Der Staat war kein mittelbarer, der Rechtsträger kein unmittelbarer Eigenbesitzer iSd. §§ 872, 868 BGB, eine Ersitzung war mithin ausgeschlossen.[11] Am 2. 10. 1990 ist die Verfügungsbefugnis des Rechtsträgers erloschen; das Volkseigentum und damit die Rechtsinhaberschaft sind auf die Rechtsnachfolger der früheren DDR übergegangen. Die Frage, wer in welchem Umfang Eigentümer der volkseigenen Vermögensgegenstände geworden ist (Verteilungsproblematik), richtet sich nach den Art. 21 und 22 des Einigungsvertrages, dem Kommunalvermögensgesetz vom 6. 7.

mit Rechtskraft des Enteignungsbeschlusses eingetreten ist";
vgl. auch: LG Magdeburg VIZ 1994, 678, 678f.; BezG Dresden VIZ 1993, 313, 313f.; BezG Dresden VIZ 1992, 198, 198f.; LG Magdeburg VIZ 1995, 544, 544;
für § 985 BGB: Bbg. Berlin ZOV 1992, 219, 220ff.;
für § 1004 BGB: BGH ZIP 1993, 793, 794f., mit Anm. *Thomas* EWiR 1/93 zu Art. 233 EGBGB; BGH ZIP 1995, 1220, 1223, mit Anm. *Preu* EWiR 1/95 zu § 8 VZOG; KG, KG-Rsp. Berlin 1996, 49, 50.

[9] **Für die §§ 987ff.:** BGH ZIP 1993, 70, 73: „Das auf die vor dem Beitritt entstandenen Sachschäden anzuwendende Recht der DDR (Art. 232, 233 EGBGB) sah den §§ 987ff. BGB vergleichbare Sondervorschriften für das Verhältnis des Eigentümers zum dem zur Herausgabe verpflichteten Besitzer nicht vor ... Die Beklagten haben den Klägern jedoch für die während der Zeit des Besitzes (ab Übergabe am 18. 2. 1982) gezogenen Nutzungen, nämlich die erlangten Gebrauchsvorteile, Wertersatz zu leisten. Dies ergibt sich bis zum Beitritt aus Art. 232 § 1 EGBGB in Verbindung mit den Vorschriften über die Pflicht zur Rückgabe von unberechtigt erlangten Leistungen (§ 356 Abs. 1 und Abs. 2 § 33 ZGB), danach gemäß Art. 233 § 2 EGBGB aus § 988 BGB mit Anm. *Briesemeister* EWiR 1/93 zu § 3 VermG; *Dörner* (Fn. 6) 1991, S. 321, 322f., 337ff.

[10] LG Berlin VIZ 1993, 29, 29; Bbg. OLG VIZ 1995, 667, 668f.; BezG Dresden VIZ 1993, 313, 314.

[11] KG VIZ 1994, 675, 677: „Ersitzung setzt Eigenbesitz (§ 872 BGB) eines Rechtsobjektes voraus, das im Verhältnis zu einem nicht besitzenden anderen Rechtsobjekt besteht. Bei Eigentum des Volkes, welches die Aufhebung von Privateigentum bedeutet, kann gegen niemand anderen besessen werden."; BezG Dresden VIZ 1993, 313, 314; anderer Ansicht: Bbg. OLG VIZ 1995, 371, 372, 373, das die Möglichkeit einer Ersitzung durch den Staat bejaht, da es nur habe verhindert werden sollen, „daß sozialistisches Eigentum von Dritten ersessen werden konnte", aber den Ablauf der Frist bis zum Außerkrafttreten des BGB entsprechend § 900 Abs. 1 Satz 2 iVm. §§ 939, 202, 203 BGB als gehemmt ansieht, da es in diesem Zeitraum praktisch nicht möglich gewesen sei, einen Anspruch auf Grundbuchberichtigung, verbunden mit der Geltendmachung der Nichtigkeit der mit der Eigentumsübertragung zusammenhängenden Verträge, einzufordern oder gar durchzusetzen, mit Anm. *Schäfer-Gölz,* Die „Abgabe" konsumgenossenschaftlicher Liegenschaften in der DDR 1956/57 und 1959/60, VIZ 1995, 326, 327f., und OLG Naumburg DZWir 1996, 31, 32; mit Anm. *Gruber* DZWir 1996, 32, 33; *ders.* MDR 1993, 811, die mittelbaren Eigenbesitz des Staates bejahen und deshalb eine Ersitzung annehmen. Vgl. auch LG Magdeburg VIZ 1995, 544, 544f., das jedenfalls bei genossenschaftlichem Eigentum eine Ersitzung nicht für möglich hält, mit ablehnender Anm. *Gruber* VIZ 1995, 545, 546.

1990 (GBl. I S. 660, geändert durch Gesetz vom 13. 9. 1990, GBl. I S. 1537, geändert durch Vermögenszuordnungsgesetz vom 22. 3. 1991, BGBl. I S. 786) mit Eigentumsüberführungsverfahrensverordnung vom 25. 7. 1990 (GBl. I S. 781) und dem Vermögenszuordnungsgesetz vom 22. 3. 1991 (BGBl. I S. 766, 784) in der Fassung der Bekanntmachung vom 28. 3. 1994 (BGBl. I S. 709) mit Registerverfahrensbeschleunigungsgesetz vom 20. 12. 1993 (BGBl. I S. 2182) und Zuordnungsergänzungsgesetz vom 20. 12. 1993 (BGBl. I S. 2182, geändert durch Gesetz vom 9. 8. 1994, BGBl. I S. 2062).[12] Im Rahmen dieser Gesetze ist zu entscheiden, ob dem Reprivatisierungsinteresse des Alteigentümers Vorrang gebührt vor dem Investitionsinteresse des Erwerbsinteressenten. Die Frage, ob Vermögenswerte, die in Volkseigentum überführt worden sind, zurückzuübertragen oder zu entschädigen sind, bemißt sich nach Art. 41 des Einigungsvertrages iVm. dem Vermögensgesetz in der Fassung vom 2. 12. 1994 (BGBl. I S. 3610, geändert durch Art. 1 Vermögensrechtsanpassungsgesetz vom 4. 7. 1995 (BGBl. I S. 895) sowie dem Investitionsvorranggesetz vom 14. 7. 1992 (BGBl. I S. 1268, berichtigt 1993, BGBl. I S. 1811).

7 **6. Vertreterbestellung.** Die Verfügungen über Grundstücke im Beitrittsgebiet werden dadurch erschwert, daß die Eigentümer oder ihr Aufenthalt unbekannt sind. Natürliche Personen sind ausgereist und haben sich um ihr Vermögen nicht mehr gekümmert, juristische Personen sind im Grundbuch eingetragen, von denen niemand weiß, ob sie aufgelöst worden sind, fortbestehen oder Rechtsnachfolger haben. Deshalb hat der Gesetzgeber – unter anderem – den besonderen gesetzlichen Vertreter des Art. 233 EGBGB § 2 Abs. 3 geschaffen.[13] Danach bestellt der Landkreis oder die kreisfreie Stadt, in dessen oder deren Gebiet sich das Grundstück befindet, auf Antrag der Gemeinde oder eines anderen, der ein berechtigtes Interesse daran hat, einen gesetzlichen Vertreter, wenn der Eigentümer eines Grundstücks oder sein Aufenthalt nicht festzustellen ist und ein Bedürfnis besteht, die Vertretung des Eigentümers sicherzustellen. Das Grundstück muß im Beitrittsgebiet belegen sein. Ist die Bestellung vorgenommen, so ist sie bindend, ihre Voraussetzungen werden von Gerichten und Verwaltungen nicht geprüft; eine Abberufung kann nur durch die bestellende Gebietskörperschaft erfolgen. Die Verfügungsbefugnis des Eigentümers bleibt entsprechend Art. 233 EGBGB § 10 Abs. 3 unberührt, so daß nach allgemeinen Grundsätzen widersprüchliche Verpflichtungsgeschäfte wirksam sind, während von zwei widersprüchlichen Verfügungsgeschäften nur das zeitlich frühere Gültigkeit erlangt.

8 **7. Umfang der Vertretungsmacht.** § 2 Abs. 3 Satz 3 gewährt zunächst eine generelle Befreiung vom Verbot des Selbstkontrahierens und der Doppelvertretung nach § 181 BGB. Die Verweisung des § 2 Abs. 3 Satz 4 auf die §§ 16 Abs. 3 und Abs. 4 VwVfG bedeutet nicht nur, daß der Vertreter Ansprüche auf Vergütung und Auslagenerstattung gegen die bestellende Gebietskörperschaft hat, sondern vor allem, daß über § 1915 BGB die Vorschriften des Vormundschaftsrechts (§§ 1773ff. BGB) und hier insbesondere die Regelungen über den Ausschluß der Vertretungsmacht (§ 1795 BGB) und über die Erforderlichkeit einer Genehmigung für die Vornahme bestimmter Grundstücksgeschäfte (§ 1821 BGB) zur Anwendung gelangen. Dies wirft die Frage auf, ob die Genehmigung durch das Vormundschaftsgericht oder die bestellende Gebietskörperschaft zu erteilen ist. Aus der Verweisung auf § 16 Abs. 4 VwVfG wird vielfach der Schluß gezogen, das Vormundschaftsgericht sei zuständig. Dabei wird aber übersehen, daß in den Fällen des § 16 Abs. 4 VwVfG das Vormundschaftsgericht auch die Bestellung vorzunehmen hat. In gleicher Weise liegt nach § 17 SachenRBerG die Zuständigkeit für die Bestellung wie für

[12] LG Berlin ZOV 1993, 268, 269; KG DtZ 1992, 243, 243ff.; vgl. *Weise,* Die Zuordnungen ehemaligen Volkseigentums und die Restitutionen nach Art. 21 Abs. 3 EV, ZIP 1992, 1357ff.; *Eickmann* (Fn. 1) S. 7ff., 21ff., 25ff.

[13] Übersicht über die Sonderregeln bei: *Eickmann,* Besonderheiten der gesetzlichen Vertretung bei Grundsücksgeschäften im Beitrittsgebiet, RpflStud. 1995, 20, 21ff.

die Genehmigung beim Vormundschaftsgericht. Weist § 2 Abs. 2 Satz 1 jedoch die Bestellung anderen Stellen zu, um die Vormundschaftsgerichte zu entlasten, so kann die Zuständigkeit für die Genehmigungserteilung nur bei der bestellenden Gebietskörperschaft liegen.[14]

8. Verhältnis zu den besonderen gesetzlichen Vertretern nach den §§ 11 b VermG, 17 SachenRBerG. Wenn bereits ein Vertreter nach § 11b Abs. 1 VermG bestellt worden ist, weil der Eigentümer eines ehemals staatlich verwalteten Grundstücks oder sein Aufenthalt nicht festgestellt werden kann, so stellt § 2 Abs. 3 Satz 7 klar, daß es dabei bleibt. Ist nach einer der beiden Vorschriften ein Verfahren anhängig oder abgeschlossen worden, schließt dies ein Verfahren nach der anderen aus. Dies ist von geringer praktischer Bedeutung, da sich Aufgabenkreis und Vertretungsmacht der Vertreter nach § 11b Abs. 1 VermG und nach § 2 Abs. 3 Satz 7 decken.[15] Im Falle des § 11b Abs. 2 VermG ist die Staatsbank Berlin kraft Gesetzes zum gesetzlichen Vertreter eingesetzt, wenn der Gläubiger einer ehemals staatlich verwalteten Forderung oder sein Aufenthalt unbekannt ist. Damit scheidet jede andere Vertreterbestellung von vornherein wegen Fehlens eines Bedürfnisses aus;[16] § 2 Abs. 3 Satz 7 hat insoweit lediglich klarstellenden Charakter. **9**

Nach § 17 SachenRBerG kann zur Verfolgung der Ansprüche eines Nutzers aus der Sachenrechtsbereinigung für einen Grundstückseigentümer oder einer dinglich Berechtigten ein **Pfleger** bestellt werden, wenn die sachenrechtliche Berechtigung, die Person des Berechtigten oder der Aufenthaltsort nicht feststellbar oder das Grundstück herrenlos ist. Allerdings nimmt der nach § 2 Abs. 3 Satz 1 bestellte Vertreter auch die Aufgaben des Pflegers in der Sachenrechtsbereinigung wahr (§ 17 Abs. 3 Satz 1 SachenRBerG), so daß eine Pflegerbestellung nicht mehr in Betracht kommt, wenn bereits ein Vertreter bestellt oder ein entsprechendes Verfahren anhängig ist. Der Vertreter unterliegt aber, soweit er Rechtsgeschäfte vornimmt, die zur Verfolgung der Ansprüche des Nutzers erforderlich sind, weitergehenden Einschränkungen (§ 17 Abs. 3 Satz 2 und Satz 3 SachRBerG): Die Vertretungsmacht ist ausgeschlossen für Verträge mit einer Gebietskörperschaft oder einer von ihr beherrschten juristischen Person, wenn der Vertreter bei dieser als Organ oder gegen Entgelt beschäftigt ist, und für Verträge mit einer anderen juristischen Person des öffentlichen oder privaten Rechts, wenn der Vertreter bei dieser als Mitglied des Vorstandes, Aufsichtsrats oder eines gleichartigen Organs tätig oder gegen Entgelt beschäftigt ist. Die generelle Befreiung von § 181 BGB gilt nicht für den Abschluß von Verträgen im Wege des Selbstkontrahierens und nicht für den Abschluß von Erbbaurechts- und Grundstückskaufverträgen im Wege der Doppelvertretung. Wird es erforderlich, gemäß § 1909 BGB einen Ergänzungspfleger zu bestellen, ist das Vormundschaftsgericht zuständig, da ihm auch die Bestellung und die Erteilung erforderlicher Genehmigungen obliegt (§ 17 Abs. 2 Satz 2, Abs. 3 Satz 4 SachRBerG). Im umgekehrten Fall, daß bereits ein Pfleger nach § 17 SachR BerG bestellt worden ist, kann es erforderlich werden, eine Vertretung nach § 2 Abs. 3 Satz 1 anzuordnen und – wegen § 17 Abs. 3 Satz 1 SachRBerG – die Pflegschaft nach § 17 SachRBerG aufzuheben. Denn die Verfolgung der Ansprüche des Nutzers kann dazu führen, daß im Zusammenhang damit andere Rechtsgeschäfte vorgenommen werden sollen.[17] **10**

[14] OLG Jena DtZ 1996, 318; ebenso *Eickmann* (Fn. 13) RpflStud. 1995, 20, 21 f., 24, und *Schmidt-Räntsch,* Das neue Grundbuchrecht, 1. Aufl. 1994, S. 17 f.

[15] *Eickmann* (Fn. 13) RpflStud. 1995, 20, 23, 24.

[16] *Eickmann* (Fn. 13) RpflStud. 1995, 20, 24.

[17] *Eickmann* (Fn. 13) RpflStud. 1995, 20, 23 f.

§ 2a Moratorium

(1) Als zum Besitz eines in dem in Artikel 3 des Einigungsvertrages genannten Gebiet belegenen Grundstücks berechtigt gelten unbeschadet bestehender Nutzungsrechte und günstigerer Vereinbarungen und Regelungen:

a) wer das Grundstück bis zum Ablauf des 2. Oktober 1990 aufgrund einer bestandskräftigen Baugenehmigung oder sonst entsprechend den Rechtsvorschriften mit Billigung staatlicher oder gesellschaftlicher Organe mit Gebäuden oder Anlagen bebaut oder zu bebauen begonnen hat und bei Inkrafttreten dieser Vorschrift selbst nutzt,

b) Genossenschaften und ehemals volkseigene Betriebe der Wohnungswirtschaft, denen vor dem 3. Oktober 1990 aufgrund einer bestandskräftigen Baugenehmigung oder sonst entsprechend den Rechtsvorschriften mit Billigung staatlicher oder gesellschaftlicher Organe errichtete Gebäude und dazugehörige Grundstücksflächen und -teilflächen zur Nutzung sowie selbständigen Bewirtschaftung und Verwaltung übertragen worden waren und von diesen oder ihren Rechtsnachfolgern ge nutzt werden,

c) wer über ein bei Abschluß des Vertrages bereits mit einem Wohnhaus bebautes Grundstück, das bis dahin unter staatlicher oder treuhänderischer Verwaltung gestanden hat, einen Überlassungsvertrag geschlossen hat, sowie diejenigen, die mit diesem einen gemeinsamen Hausstand führen,

d) wer ein auf einem Grundstück errichtetes Gebäude gekauft oder den Kauf beantragt hat.

Das Recht nach Satz 1 besteht bis zur Bereinigung der genannten Rechtsverhältnisse durch besonderes Gesetz längstens bis zum Ablauf des 31. Dezember 1994; die Frist kann durch Rechtsverordnung des Bundesministers der Justiz einmal verlängert werden. In den in § 3 Abs. 3 und den §§ 4 und 121 des Sachenrechtsbereinigungsgesetzes bezeichneten Fällen besteht das in Satz 1 bezeichnete Recht zum Besitz bis zur Bereinigung dieser Rechtsverhältnisse nach jenem Gesetz fort. Erfolgte die Nutzung bisher unentgeltlich, kann der Grundstückseigentümer vom 1. Januar 1995 an vom Nutzer ein Entgelt bis zur Höhe des nach dem Sachenrechtsbereinigungsgesetz zu zahlenden Erbbauzinses verlangen, wenn ein Verfahren zur Bodenneuordnung nach dem Bodensonderungsgesetz eingeleitet wird, er ein notarielles Vermittlungsverfahren nach den §§ 87 bis 102 des Sachenrechtsbereinigungsgesetzes oder ein Bodenordnungsverfahren nach dem Achten Abschnitt des Landwirtschaftsanpassungsgesetzes beantragt oder sich in den Verfahren auf eine Verhandlung zur Begründung dinglicher Rechte oder eine Übereignung eingelassen hat. Vertragliche oder gesetzliche Regelungen, die ein abweichendes Nutzungsentgelt oder einen früheren Beginn der Zahlungspflicht begründen, bleiben unberührt. Umfang und Inhalt des Rechts bestimmen sich im übrigen nach der bisherigen Ausübung. In den Fällen der in der Anlage II Kapitel II Sachgebiet A Abschnitt III des Einigungsvertrages vom 31. August 1990 (BGBl. 1990 II S. 885, 1150) aufgeführten Maßgaben kann das Recht nach Satz 1 allein von der Treuhandanstalt geltend gemacht werden.

(2) Das Recht zum Besitz nach Absatz 1 wird durch eine Übertragung oder einen Übergang des Eigentums oder eine sonstige Verfügung über das Grundstück nicht berührt. Das Recht kann übertragen werden; die Übertragung ist gegenüber dem Grundstückseigentümer nur wirksam, wenn sie diesem vom Veräußerer angezeigt wird.

(3) Während des in Absatz 1 Satz 2 genannten Zeitraums kann Ersatz für gezogene Nutzungen oder vorgenommene Verwendungen nur auf einvernehmlicher Grundlage verlangt werden. Der Eigentümer eines Grundstücks ist während der Dauer des Rechts zum Besitz nach Absatz 1 verpflichtet, das Grundstück nicht mit Rechten zu belasten,

es sei denn, er ist zu deren Bestellung gesetzlich oder aufgrund der Entscheidung einer Behörde verpflichtet.

(4) Bis zu dem in Absatz 1 Satz 2 genannten Zeitpunkt findet auf Überlassungsverträge unbeschadet des Artikels 232 § 1 der § 78 des Zivilgesetzbuchs der Deutschen Demokratischen Republik keine Anwendung.

(5) Das Vermögensgesetz, die in der Anlage II Kapitel II Sachgebiet A Abschnitt III des Einigungsvertrages aufgeführten Maßgaben sowie Verfahren nach dem Achten Abschnitt des Landwirtschaftsanpassungsgesetzes bleiben unberührt. Ein Verfahren nach Abschnitt II des Vermögensgesetzes ist auszusetzen, wenn außer dem Recht zum Besitz nach Absatz 1 dingliche oder schuldrechtliche Rechte, die zum Besitz berechtigen, nicht bestehen oder dieses zweifelhaft ist, es sei denn, daß der Nutzer im Sinne des § 4 Abs. 3 des Vermögensgesetzes unredlich ist.

(6) Bestehende Rechte des gemäß Absatz 1 Berechtigten werden nicht berührt. In Ansehung der Nutzung des Grundstücks getroffene Vereinbarungen bleiben außer in den Fällen des Absatzes 1 Satz 1 Buchstabe c unberührt. Sie sind in allen Fällen auch weiterhin möglich. Das Recht nach Absatz 1 kann ohne Einhaltung einer Frist durch einseitige Erklärung des Grundeigentümers beendet werden, wenn

a) der Nutzer

aa) im Sinne der §§ 20a und 20b des Parteiengesetzes der Deutschen Demokratischen Republik eine Massenorganisation, eine Partei, eine ihr verbundene Organisation oder eine juristische Person ist und die treuhänderische Verwaltung über den betreffenden Vermögenswert beendet worden ist oder

bb) dem Bereich der Kommerziellen Koordinierung zuzuordnen ist oder

b) die Rechtsverhältnisse des Nutzers an dem fraglichen Grund und Boden Gegenstand eines gerichtlichen Strafverfahrens gegen den Nutzer sind oder

c) es sich um ein ehemals volkseigenes Grundstück handelt und seine Nutzung am 2. Oktober 1990 auf einer Rechtsträgerschaft beruhte, es sei denn, der Nutzer ist eine landwirtschaftliche Produktionsgenossenschaft, ein ehemals volkseigener Betrieb der Wohnungswirtschaft, eine Arbeiter-Wohnungsbaugenossenschaft oder eine gemeinnützige Wohnungsgenossenschaft oder deren jeweiliger Rechtsnachfolger.

In den Fällen des Satzes 4 Buchstabe a und c ist § 1000 des Bürgerlichen Gesetzbuchs nicht anzuwenden. Das Recht zum Besitz nach dieser Vorschrift erlischt, wenn eine Vereinbarung nach den Sätzen 2 und 3 durch den Nutzer gekündigt wird.

(7) Die vorstehenden Regelungen gelten nicht für Nutzungen zur Erholung, Freizeitgestaltung oder zu ähnlichen persönlichen Bedürfnissen einschließlich der Nutzung innerhalb von Kleingartenanlagen. Ein Miet- oder Pachtvertrag ist nicht als Überlassungsvertrag anzusehen.

(8) Für die Zeit bis zum Ablauf des 31. Dezember 1994 ist der nach Absatz 1 Berechtigte gegenüber dem Grundstückseigentümer sowie sonstigen dinglichen Berechtigten zur Herausgabe von Nutzungen nicht verpflichtet, es sei denn, daß die Beteiligten andere Abreden getroffen haben. Ist ein in Absatz 1 Satz 1 Buchstabe d bezeichneter Kaufvertrag unwirksam oder sind die Verhandlungen auf Abschluß des beantragten Kaufvertrages gescheitert, so ist der Nutzer von der Erlangung der Kenntnis der Unwirksamkeit des Vertrages oder der Ablehnung des Vertragsschlusses an nach § 987 des Bürgerlichen Gesetzbuchs zur Herausgabe von Nutzungen verpflichtet.

(9) Für die Zeit vom 1. Januar 1995 bis zum 31. Dezember 1998 kann der Grundstückseigentümer von der öffentlichen Körperschaft, die das Grundstück zur Erfüllung ihrer öffentlichen Aufgaben nutzt oder im Falle der Widmung zum Gemeingebrauch für das Gebäude oder die Anlage unterhaltungspflichtig ist, nur ein Entgelt in Höhe von jährlich 0,8 vom Hundert des Bodenwerts eines in gleicher Lage belegenen unbebauten Grundstücks sowie die Freistellung von den Lasten des Grundstücks verlangen. Der Bodenwert ist nach den Bodenrichtwerten zu bestimmen; § 19 Abs. 5 des

Sachenrechtsbereinigungsgesetzes gilt entsprechend. Der Anspruch aus Satz 1 entsteht von dem Zeitpunkt an, in dem der Grundstückseigentümer ihn gegenüber der Körperschaft schriftlich geltend macht. Abweichende vertragliche Vereinbarungen bleiben unberührt.

Schrifttum: *Horn*, Das zweite Vermögensrechtsänderungsgesetz und die Verfügbarkeit von Grundeigentum im neuen Bundesgebiet, DZWiR 1992, 309; *Kayser*, Überlassungsverträge unwirksam?, GE 1993, 284; *Kimme*, Offene Vermögensfragen – Kommentar, Stand: Oktober 1994; *Leutheusser-Schnarrenberger*, Die Bereinigung des Sachenrechts in den neuen Bundesländern, DtZ 1993, 34; *Rodenbach*, Schuldrechtliche Nutzungsverhältnisse und offene Vermögensfragen, ZOV 1991, 73; *Schmidt-Räntsch*, Überlassungsverträge in der ehemaligen DDR, ZOV 1992, 2; *ders.*, Einführung in die Sachenrechtsbereinigung, VIZ 1994, 441.

Übersicht

I. Normzweck und Anwendungsbereich

1 Die Rechtsverhältnisse zwischen den in Abs. 1 bezeichneten Nutzern und den Grundstückseigentümern sind derzeit noch weitgehend ungeklärt.[1] Das durch das 2. VermRÄndG[2] eingeführte Moratorium bezweckt eine **vorläufige Sicherung** dieser Rechtsverhältnisse bis zu ihrer Neuordnung durch besonderes Gesetz, längstens bis zum Ablauf des 31. 12. 1994 (Abs. 1 S. 2). Hierdurch soll verhindert werden, daß vor Verwirklichung der Sachenrechtsbereinigung Fakten geschaffen werden, die ihre Durchführung erschweren könnten (BT-Drucks. 12/2480 S. 77).

2 Das am 1. 10. 1994 in Kraft getretene **SachenRBerG** ordnet eine Bereinigung dieser Rechtsverhältnisse nicht bereits kraft Gesetzes an. Das SachenRBerG gibt den Beteiligten lediglich Ansprüche, aus denen sie eine solche Veränderung jederzeit herbeiführen können, aber nicht müssen (BT-Drucks. 12/5992 S. 184). Angesichts der damit gegebenen Ungewißheit über die Zeit bis zum Abschluß dieser Verfahren ist die Geltungsdauer des Moratoriums für die in Abs. 1 S. 3[3] genannten Fallgruppen über den 31. 12. 1994 hinaus bis zur endgültigen Bereinigung dieser Rechtsverhältnisse verlängert worden (BT-Drucks. 12/7425 S. 56). In den nicht von Abs. 1 S. 3 erfaßten Fällen endet das Besitzrecht gem. Abs. 1 S. 2 mit Ablauf des 31. 12. 1994 (vgl. RdNr. 22).

II. Voraussetzungen

3 **1. Bebauung (Abs. 1 S. 1a).** Erfaßt werden diejenigen Fälle, in denen natürliche oder juristische Personen ein fremdes Grundstück bis zum Ablauf des 2. 10. 1990 selbst oder durch von ihnen beauftragte Dritte[4] bebaut oder zu bebauen begonnen haben. Bis zu

[1] Vgl. *Schmidt-Räntsch* VIZ 1994, 441; *Leutheusser-Schnarrenberger* DtZ 1993, 34; *Horn* DZWiR 1992, 309, 314.

[2] Zweites Vermögensrechtsänderungsgesetz – 2. VermRÄndG v. 14. 7. 1992 (BGBl. I S. 1257), in Kraft getreten am 22. 7. 1992.

[3] Abs. 1 S. 3 mit Wirkung v. 1. 10. 1994 eingefügt durch Art. 2 § 5 Nr. 2 a aa Sachenrechtsänderungsgesetz – SachenRÄndG v. 21. 9. 1994 (BGBl. I S. 2457).

[4] OLG Rostock RNL 70/93, 14.

diesem Zeitpunkt begonnene Maßnahmen, die nur der Bauvorbereitung dienen, genügen nicht.[5] Erforderlich ist zumindest der Beginn der Erdarbeiten.[6]

4 **Gegenstand der Bebauung** muß ein Gebäude oder eine Anlage iSd. BauO DDR[7] sein.[8] Nicht erfaßt werden Baulichkeiten iSv. §§ 313 Abs. 2, 296 Abs. 1 ZGB DDR, die lediglich der Erholung, Freizeitgestaltung oder ähnlichen persönlichen Bedürfnissen dienen (Abs. 7 S. 1).

5 Die Bebauung muß nach dem Recht der früheren DDR **baurechtlich zulässig** gewesen sein. Erforderlich ist das Vorliegen einer Baugenehmigung. Fehlt diese, genügt auch eine sonstige Billigung staatlicher oder gesellschaftlicher Organe,[9] wenn die Bebauung entsprechend den Rechtsvorschriften erfolgt ist. Durch diese weite Fassung wird den tatsächlichen Verhältnissen in der früheren DDR Rechnung getragen (BT-Drucks. 12/2480 S. 77).

6 Der Bebauer muß das Grundstück bei Inkrafttreten der Vorschrift am 22. 7. 1992 **selbst genutzt** haben. Die Ziehung mittelbarer Sachfrüchte (§§ 99 Abs. 3, 100 BGB) durch Vermietung[10] oder Verpachtung genügt.

7 **2. Übertragung zur Nutzung und selbständigen Bewirtschaftung (Abs. 1 S. 1b).** Erfaßt werden die Fälle, in denen rechtmäßig (vgl. RdNr. 5) errichtete Gebäude und dazugehörige Grundstücksflächen vor dem 3. 10. 1990 auf Genossenschaften und ehemals volkseigene Betriebe der Wohnungswirtschaft zur Nutzung sowie selbständigen Bewirtschaftung und Verwaltung übertragen worden sind. Das Gebäudeeigentum der LPGen und volkseigenen Betriebe beruhte auf gesetzlichen Grundlagen, die teilweise ersatzlos aufgehoben worden sind.[11] Auch diese Fälle des sog. **vagabundierenden Gebäudeeigentums** werden von Abs. 1 S. 1b erfaßt (BT-Drucks. 12/2480 S. 77, 78).

8 Erforderlich ist, daß die übertragenen Gebäude und Grundstücksflächen von den genannten juristischen Personen bzw. deren Rechtsnachfolgern bei Inkrafttreten dieser Vorschrift am 22. 7. 1992 genutzt worden sind und **auch weiterhin noch genutzt werden.**

9 **3. Überlassungsverträge (Abs. 1 S. 1c).** Hierbei handelt es sich um Verträge, die nach im Ministerium der Finanzen der früheren DDR entwickelten Formularen[12] von den damaligen staatlichen Verwaltern über die Nutzung von Grundstücken abgeschlossen wurden, deren Eigentümer ihren Wohnsitz nicht im Beitrittsgebiet hatten. Eine gesetzliche Regelung hat dieser Vertragstyp in den Rechtsvorschriften der früheren DDR nicht gefunden. Gleichwohl entsprach er als **Vertrag sui generis** der Rechtsordnung der ehemaligen DDR.[13] Dies ist nunmehr durch die Einfügung von Art. 232 § 1a[14] ausdrücklich klargestellt.[15]

10 Der Überlassungsvertrag muß über ein bereits vor Vertragsschluß mit einem **Wohnhaus** bebautes Grundstück geschlossen worden sein. Überlassungsverträge über Freizeit- und Erholungsgrundstücke werden nicht erfaßt (Abs. 7 S. 1).

[5] *Palandt-Bassenge* RdNr. 3; *Staudinger-Rauscher* RdNr. 14.

[6] *Palandt-Bassenge* RdNr. 3.

[7] Gesetz über die Bauordnung – BauO v. 20. 7. 1990 (GBl. DDR I S. 929).

[8] BGH DtZ 1994, 68, 69; OLG Rostock RNL 70/93, 13; *Palandt-Bassenge* RdNr. 3.

[9] OLG Naumburg OLG-NL 1994, 84, 85f. = VIZ 1993, 364; OLG Rostock RNL 70/93, 14; LG Neubrandenburg VIZ 1993, 81, 82; *Palandt-Bassenge* RdNr. 3; aA *Staudinger-Rauscher* RdNr. 8ff.

[10] OLG Naumburg DtZ 1993, 252, 253; OLG Dresden VIZ 1994, 489, 492; LG Frankfurt (Oder) NJ 1994, 275, 276 = VIZ 1994, 367; *Palandt-Bassenge* RdNr. 3.

[11] § 18 LPG-G aufgehoben durch Gesetz v. 28. 6. 1990 (GBl. DDR I S. 483); § 459 ZGB DDR aufgehoben durch Gesetz v. 22. 7. 1990 (GBl. DDR I S. 903).

[12] Abgedruckt in ZOV 1991, 76f.

[13] *Rodenbach* ZOV 1991, 73, 74; *Göhring-Riecke* Anm. zu LG Berlin NJ 1992, 555, 556ff.; *Schmidt-Räntsch* ZOV 1992, 2, 3, 6; *Leutheusser-Schnarrenberger* DtZ 1993, 34, 36; aA KG ZOV 1994, 52, 53; *Kayser* GE 1993, 284, 288.

[14] Eingefügt durch Art. 13 Nr. 2a Registerverfahrenbeschleunigungsgesetz – RegVBG v. 20. 12. 1993 (BGBl. I S. 2182).

[15] *Kimme-Thomas* Art. 232 § 1a RdNr. 1.

11 **4. Gebäudekaufverträge (Abs. 1 S. 1d).** Erfaßt werden Kaufverträge über Eigenheime aus Volkseigentum[16] (BT-Drucks. 12/2480 S. 78). Auf die Wirksamkeit des Vertrages kommt es nicht an (BT-Drucks. 12/7425 S. 91). Es genügt, daß der Käufer den Besitz am Grundstück aufgrund des Kaufvertrags ausübt.

12 Erfaßt werden auch die Fälle, in denen der Kauf eines volkseigenen Eigenheims zwar beantragt, der Antrag aber wegen Untätigkeit der zuständigen Behörde nicht beschieden worden ist (BT-Drucks. 12/2480 S. 78). Hier genügt es, wenn der Antragsteller alles seinerseits zum Erwerb Erforderliche getan hat und den Besitz am Grundstück aufgrund des **Kaufantrags** ausübt.

III. Rechtsfolgen

13 **1. Gesetzliches Besitzrecht.** Liegen die Voraussetzungen von Abs. 1 S. 1 vor, begründet die Vorschrift ein gesetzliches Besitzrecht iSv. § 986 BGB. Inhalt und Umfang dieses Rechts bestimmen sich vorbehaltlich der Regelung des Abs. 1 S. 4 nach der bisherigen Nutzung (Abs. 1 S. 6). Diese ist auf die vorhandene Bebauung zu beziehen (BT-Drucks. 12/2480 S. 78). Im Falle von Abs. 1 S. 1a dürfen bis zum Ablauf des 2. 10. 1990 begonnene Bebauungen (vgl. RdNr. 3) grundsätzlich fertiggestellt werden.[17] Das Besitzrecht erstreckt sich nicht auf Grundstücke, die zur Erholung, Freizeitgestaltung oder zu ähnlichen persönlichen Bedürfnissen genutzt werden (Abs. 7 S. 1).

14 **a) Schutz des Besitzrechts.** Durch eine Übertragung des Eigentums oder eine sonstige **Verfügung über das Grundstück** wird das Besitzrecht nicht berührt (Abs. 2 S. 1). Ein in bezug auf das Besitzrecht gutgläubig lastenfreier Eigentumserwerb scheidet aus. Das gilt für alle Fälle des rechtsgeschäftlichen oder gesetzlichen Erwerbs.[18]

15 Durch das grundsätzliche **Belastungsverbot** nach Abs. 3 S. 2 soll die wirtschaftliche Entwertung des Grundstücks vor Abschluß der Sachrechtsbereinigung verhindert werden. Dennoch vorgenommene Verfügungen des Eigentümers sind grundsätzlich wirksam (BT-Drucks. 12/2480 S. 78). In diesen Fällen kommt ein Schadensersatzanspruch (§ 823 Abs. 2 S. 1 BGB) des Besitzberechtigten gegen den Grundstückseigentümer in Betracht.[19] Kauft der Besitzberechtigte ein unter **vorsätzlichem Verstoß** gegen das Belastungsverbot mit einem dinglichen Recht belastetes Grundstück an (§§ 61 ff. SachenRBerG), kommt zudem ein Anspruch auf Bewilligung der Löschung gegen den Inhaber eines solchen Rechts in Betracht (§§ 62 Abs. 2, 63 Abs. 1 SachenRBerG).

16 **b) Übertragbarkeit.** Die Übertragung des Besitzrechts bedarf ab dem 1. 10. 1994 nach § 14 Abs. 2 und 3 SachenRBerG grundsätzlich der notariellen Beurkundung. Gegenüber dem Grundstückseigentümer wirkt die Übertragung erst mit ihrer Anzeige (Abs. 2 S. 2). Vor der Anzeige ist die Übertragung dem Eigentümer gegenüber relativ unwirksam iSv. § 135 Abs. 1 S. 1 BGB.[20]

17 **c) Verhältnis zu anderen Nutzungsrechten.** Am 22. 7. 1992 bestehende gesetzliche Nutzungsrechte bestehen neben dem Moratorium fort (Abs. 6 S. 1). Nutzungsvereinbarungen, die im Verhältnis zwischen Nutzer und Grundstückseigentümer wirken, werden durch das Moratorium nicht berührt; dies gilt nicht für die Überlassungsverträge iSv. Abs. 1 S. 1c (Abs. 6 S. 2). In diesen Fällen folgt das Besitzrecht allein aus dem Moratorium.[21] **Künftige Nutzungsvereinbarungen** sind in allen Fällen von Abs. 1 S. 1 möglich (Abs. 6 S. 3).

18 **Soweit bestehende Nutzungsvereinbarungen** unberührt bleiben, soll hierdurch einerseits verhindert werden, daß sich der Grundstückseigentümer nicht mehr an einen dem

[16] Vgl. insbes. Gesetze der DDR über den Verkauf volkseigener Gebäude v. 15. 9. 1954 (GBl. DDR I S. 784), v. 19. 12. 1973 (GBl. DDR I S. 578), v. 7. 3. 1990 (GBl. DDR I S. 157).

[17] BGH NJW 1993, 1706, 1708; BGH NJW 1993, 859, 860 = LM H. 7/1993 § 51 LwAnpG Nr. 1.

[18] *Palandt-Bassenge* RdNr. 9; *Staudinger-Rauscher* RdNr. 36.

[19] *Palandt-Bassenge* RdNr. 8; *Staudinger-Rauscher* RdNr. 41.

[20] *Staudinger-Rauscher* RdNr. 37.

[21] *Staudinger-Rauscher* RdNr. 32.

Nutzer günstigeren Vertrag halten will (BT-Drucks. 12/2480 S. 78). Andererseits stellt Abs. 6 S. 6 sicher, daß sich der Nutzer nicht durch Kündigung einer weniger weitreichenden Vereinbarung nach Abs. 6 S. 2 oder 3 in den Genuß des Besitzrechts nach Abs. 1 setzen kann.[22]

19 **d) Lösungsrecht.** Zweifelhaften Nutzern soll durch das Moratorium kein Vorteil verschafft werden (BT-Drucks. 12/2944 S. 46). Abs. 6 S. 4 gibt dem Grundstückseigentümer in den dort bezeichneten Fällen die Möglichkeit, ein Besitzrecht aus Abs. 1 durch einseitige empfangsbedürftige Willenserklärung gegenüber dem Nutzer mit sofortiger Wirkung zu beenden. Die Fallgruppen von Abs. 6 S. 4a verlieren am 1. 1. 1995 an Bedeutung, da sie nicht von Abs. 1 S. 3 erfaßt werden (vgl. RdNr. 22). Das Lösungsrecht besteht nicht gegenüber den in Abs. 6 S. 4c ausdrücklich genannten Nutzern. Diese Aufzählung ist abschließend (BT-Drucks. 12/2695 S. 32). Im Fall von Abs. 6 S. 4b genügt die Einleitung eines staatsanwaltschaftlichen Ermittlungsverfahrens nicht (BT-Drucks. 12/2944 S. 63). Ein Zurückbehaltungsrecht wegen gemachter Verwendungen steht dem Nutzer in den Fällen von Abs. 6 S. 4a und c nicht zu (Abs. 6 S. 5). Im Fall von Abs. 6 S. 4b kommt ein Ausschluß des Zurückbehaltungsrechts nach § 1000 S. 2 BGB in Betracht.[23]

20 **2. Besitzberechtigte.** Zum Besitz berechtigt sind die in Abs. 1 S. 1a bis d genannten Nutzer fremder Grundstücke. Im Falle von Abs. 1 S. 1c erstreckt sich das Besitzrecht auch auf die Personen, die einen gemeinsamen Hausstand mit dem Überlassungsnehmer führen. Hierzu gehören nicht nur Familienangehörige, sondern insbes. auch Partner einer nichtehelichen Lebensgemeinschaft (BT-Drucks. 12/2695 S. 22).

IV. Rechtslage nach dem 31. 12. 1994

21 **1. Fortgeltung des Besitzrechts. a) Erfaßte Fallgruppen.** In den Fallgruppen des Abs. 1 S. 1, in denen zugleich einer der Tatbestände von § 3 Abs. 3, §§ 4 oder 121 SachenRBerG erfüllt ist, besteht das Besitzrecht über den 31. 12. 1994 hinaus fort (vgl. RdNr. 1f.). Das Besitzrecht nach Abs. 1 S. 1 erlischt hier erst mit wirksamer Erfüllung der aus dem SachenRBerG folgenden Ansprüche (vgl. insbes. §§ 32, 61, 81, 82 SachenRBerG) bzw. mit rechtskräftigem Abschluß des nach dem SachenRBerG (vgl. §§ 87ff., 103ff. SachenRBerG) zur Bereinigung jener Rechtsverhältnisse vorgesehenen Verfahrens (Abs. 1 S. 3).

22 **b) Nicht erfaßte Fallgruppen.** In den Fallgruppen des Abs. 1 S. 1, die nicht der Sachenrechtsbereinigung unterliegen und damit auch keinen der Tatbestände von § 3 Abs. 3, §§ 4 oder 121 SachenRBerG erfüllen, endet das Besitzrecht mit Ablauf des 31. 12. 1994 (Abs. 1 S. 3 iVm. Abs. 1 S. 2). Hierzu gehören **beispielsweise** die Fälle, in denen der nach Abs. 1 S. 1 zum Besitz berechtigte Nutzer

- eine Partei, Massenorganisation oder juristische Person iSv. Abs. 6 S. 4a ist (§ 2 Abs. 2 SachenRBerG);
- das Grundstück mit einer Anlage iSv. Abs. 1 S. 1a bebaut hat, die lediglich der Verbesserung der land- oder forstwirtschaftlichen Bodennutzung dient (§ 2 Abs. 1 Nr. 3 SachenRBerG);
- den Kauf eines Gebäudes iSv. Abs. 1 S. 1d beantragt hat, der Vertrag aber wegen der Versagung einer erforderlichen Genehmigung iSv. § 3 Abs. 3 S. 2 Nr. 2 SachenRBerG nicht durchgeführt werden konnte;
- das Grundstück iSv. Abs. 1 S. 1a mit einem Wohnhaus bebaut und zu Wohnzwecken genutzt hat, obwohl es ihm nur aufgrund eines Vertrages zur Nutzung von Bodenflächen zur Erholung (§§ 312ff. ZGB DDR) überlassen wurde und der Eigentümer dieser vertragswidrigen Nutzung widersprochen hatte (§ 5 Abs. 1 Nr. 3e SachenRBerG).

23 **2. Nutzungs- und Verwendungsersatz.** Abs. 3 S. 1 stellt in Ansehung der Ersatzansprüche für gezogene Nutzungen und gemachte Verwendungen eine von den allgemeinen

[22] *Kimme-Thomas* RdNr. 21.

[23] *Palandt-Bassenge* RdNr. 13.

Vorschriften über das Eigentümer-Besitzer-Verhältnis (§§ 985ff. BGB) abweichende Regelung dar.[24] Soweit ein Besitzrecht iSv. Abs. 1 besteht, fehlt es an einer Vindikationslage. Gleichwohl folgt aus Abs. 3 S. 1, daß grundsätzlich auch für die Zeit des Bestehens dieses Besitzrechts Nutzungs- und Verwendungsersatz geschuldet wird (BT-Drucks. 12/2695 S. 23); allerdings ist die Geltendmachung dieser Ansprüche während der Dauer des Besitzrechts ausgeschlossen, soweit die Beteiligten hierüber keine anderweitige Vereinbarung getroffen haben (Abs. 3 S. 1). Hieraus folgt, daß die Geltendmachung von Nutzungs- und Verwendungsersatzansprüchen in den Fällen, in denen das Besitzrecht nach Abs. 1 S. 3 über den 31. 12. 1994 hinaus fortdauert (vgl. RdNr. 2, 21) auch weiterhin grundsätzlich ausgeschlossen bleibt. Der insoweit gebotene Interessenausgleich zwischen den Beteiligten erfolgt hier ausschließlich nach Maßgabe der durch das SachenRBerG **für die Zukunft begründeten Ansprüche** (BT-Drucks. 12/7425 S. 91).

24 In den nicht von Abs. 1 S. 3 umfaßten Fallgruppen endet das Besitzrecht am 1. 1. 1995 (Abs. 1 S. 2). Mit Ablauf des 31. 12. 1994 entfällt damit auch der Ausschlußtatbestand des Abs. 3 S. 1. Das bedeutet, daß in diesen Fällen ab dem 1. 1. 1995 Nutzungs- und Verwendungsersatzansprüche grundsätzlich geltend gemacht werden können. Soweit die Beteiligten keine abweichende Vereinbarung getroffen haben, bleibt jedoch ein Ersatz für die in der Zeit **bis zum 31. 12. 1994 gezogenen Nutzungen** ausgeschlossen (Abs. 8 S. 1).

25 Abs. 8 S. 1 stellt den für die Zeit vor dem 1. 1. 1995 Besitzberechtigten dem **gutgläubigen unverklagten Besitzer** iSv. § 993 Abs. 1 BGB gleich (BT-Drucks. 12/7425 S. 91). Hinsichtlich der bis zu diesem Zeitpunkt gemachten Verwendungen stehen ihm deshalb nach den allgemeinen Vorschriften (§§ 994ff. BGB) dieselben Rechte zu wie dem redlichen Besitzer vor Rechtshängigkeit. Die nach dem 31. 12. 1994 erfolgten Verwendungen hat der Grundstückseigentümer nur in dem Umfang zu erstatten, in welchem der **bösgläubige oder verklagte Besitzer** Verwendungsersatz nach den allgmeinen Vorschriften verlangen kann (§§ 994 Abs. 2, 996 BGB). Der bis zu diesem Zeitpunkt Besitzberechtigte steht auch hinsichtlich der von ihm nach dem 31. 12. 1994 gezogenen oder schuldhaft nicht gezogenen Nutzungen dem unrechtmäßigen verklagten oder bösgläubigen Besitzer iSd. allgemeinen Vorschriften (§§ 987 Abs. 1, 990 Abs. 1 S. 2 BGB) gleich.

26 Abweichendes gilt nach Abs. 8 S. 2 für denjenigen Besitzberechtigten nach Abs. 1 S. 1d, der von dem endgültigen Scheitern oder der Unwirksamkeit des von ihm beabsichtigten Kaufvertrages Kenntnis erlangt hat. Das Vertrauen darauf, einen solchen Kaufvertrag noch abschließen oder das Grundstück aufgrund des Kaufvertrages erwerben zu können, ist dann nicht mehr schutzwürdig (BT-Drucks. 12/7425 S. 92). In diesem Fall hat der Nutzer die Nutzungen nach § 987 BGB herauszugeben, die er **ab Kenntniserlangung** gezogen oder schuldhaft zu ziehen unterlassen hat (§§ 990 Abs. 1 S. 2, 987 Abs. 1 BGB). In Ansehung der von ihm gemachten Verwendungen steht der Nutzer bis zur Kenntniserlangung dem redlichen, ab diesem Zeitpunkt dem **bösgläubigen bzw. verklagten Besitzer** gleich.

27 Nach Abs. 3 S. 1, Abs. 8 S. 1 gelten die vorstehend (RdNr. 23ff.) bezeichneten Regelungen nicht, soweit die Beteiligten eine hiervon **abweichende Vereinbarung** getroffen haben. Ist eine solche schon weitgehend vorbereitete Vereinbarung unmittelbar vor ihrem Abschluß infolge Verschuldens einer der Beteiligten gescheitert, kann ein Schadensersatzanspruch des anderen aus c. i. c. in Betracht kommen.[25]

28 **3. Nutzungsentgelt.** Soweit das Besitzrecht nach Abs. 1 S. 3 über den 31. 12. 1994 hinaus fortdauert (vgl. RdNr. 2, 21), hat der Grundstückseigentümer gegen den Nutzer ab dem 1. 1. 1995 in den in Abs. 1 S. 4 genannten Fällen einen gesetzlichen Anspruch auf Zahlung eines Entgelts für die **künftige Nutzung** in Höhe des nach dem SachenRBerG (vgl. §§ 43ff. SachenRBerG) zu zahlenden Erbbauzinses, soweit die Nutzung mangels abweichender Vereinbarung bis zu diesem Zeitpunkt unentgeltlich erfolgte. Abs. 1 S. 5

[24] *Staudinger-Rauscher* RdNr. 38.

[25] LG Berlin DtZ 1993, 284, 286; *Palandt-Bassenge* RdNr. 12.

stellt klar, daß Abs. 1 S. 4 keine Anwendung findet, wenn durch Gesetz (vgl. insbes. Abs. 9) oder Vertrag ein abweichendes Nutzungsentgelt oder ein früherer Beginn der Zahlungspflicht begründet ist.

29 Ist das Grundstück mit Gebäuden oder Anlagen bebaut worden, die unmittelbar Verwaltungsaufgaben dienen oder dem Gemeingebrauch gewidmet sind, bestimmt sich die Zahlung eines ab dem 1. 1. 1995 zu entrichtenden Nutzungsentgelts vorbehaltlich abweichender vertraglicher Vereinbarungen (Abs. 9 S. 4) ausschließlich nach Maßgabe von Abs. 9. Soweit diese Fallgruppen vom Regelungsbereich des SachenRBerG ausgenommen sind (vgl. § 2 Abs. 1 Nr. 4 SachenRBerG), folgt das Besitzrecht der öffentlichen Körperschaft für die Zeit nach dem 31. 12. 1994 (Abs. 1 S. 2) allein aus der das Privateigentum überlagernden öffentlichen Widmung. Die endgültige Bereinigung dieser Rechtsverhältnisse bleibt einer besonderen gesetzlichen Regelung vorbehalten (BT-Drucks. 12/7425 S. 92). Solange solche Vorschriften fehlen, enthält Abs. 9 eine **zeitlich bis zum 31. 12. 1998 befristete vorläufige Notordnung** zur Entschädigung des Eigentümers für die Nutzung seines Grundstücks (BT-Drucks. 12/7425 S. 92).

§ 2b Gebäudeeigentum ohne dingliches Nutzungsrecht

(1) In den Fällen des § 2a Abs. 1 Satz 1 Buchstabe a und b sind Gebäude und Anlagen landwirtschaftlicher Produktionsgenossenschaften sowie Gebäude und Anlagen von Arbeiter-Wohnungsbaugenossenschaften und von gemeinnützigen Wohnungsgenossenschaften auf ehemals volkseigenen Grundstücken, auch soweit dies nicht gesetzlich bestimmt ist, unabhängig vom Eigentum am Grundstück Eigentum des Nutzers. Ein beschränkt dingliches Recht am Grundstück besteht nur, wenn dies besonders begründet worden ist. Dies gilt auch für Rechtsnachfolger der in Satz 1 bezeichneten Genossenschaften.

(2) Für Gebäudeeigentum, das nach Absatz 1 entsteht oder nach § 27 des Gesetzes über die landwirtschaftlichen Produktionsgenossenschaften vom 2. Juli 1982 (GBl. I Nr. 25 S. 443), das zuletzt durch das Gesetz über die Änderung oder Aufhebung von Gesetzen der Deutschen Demokratischen Republik vom 28. Juni 1990 (GBl. I Nr. 38 S. 483) geändert worden ist, entstanden ist, ist auf Antrag des Nutzers ein Gebäudegrundbuchblatt anzulegen. Für die Anlegung und Führung des Gebäudegrundbuchblatts sind die vor dem Wirksamwerden des Beitritts geltenden sowie später erlassene Vorschriften entsprechend anzuwenden. Ist das Gebäudeeigentum nicht gemäß § 2c Abs. 1 wie eine Belastung im Grundbuch des betroffenen Grundstücks eingetragen, so ist diese Eintragung vor Anlegung des Gebäudegrundbuchblatts von Amts wegen vorzunehmen.

(3) Ob Gebäudeeigentum entstanden ist und wem es zusteht, wird durch Bescheid des Präsidenten der Oberfinanzdirektion festgestellt, in dessen Bezirk das Gebäude liegt. Das Vermögenszuordnungsgesetz ist anzuwenden. Den Grundbuchämtern bleibt es unbenommen, Gebäudeeigentum und seinen Inhaber nach Maßgabe der Bestimmungen des Grundbuchrechts festzustellen; ein Antrag nach den Sätzen 1 und 2 darf nicht von der vorherigen Befassung der Grundbuchämter abhängig gemacht werden. Im Antrag an den Präsidenten der Oberfinanzdirektion oder an das Grundbuchamt hat der Antragsteller zu versichern, daß bei keiner anderen Stelle ein vergleichbarer Antrag anhängig oder ein Antrag nach Satz 1 abschlägig beschieden worden ist.

(4) § 4 Abs. 1, 3 Satz 1 bis 3 und Abs. 6 ist entsprechend anzuwenden.

(5) Ist ein Gebäude nach Absatz 1 vor Inkrafttreten dieser Vorschrift zur Sicherung übereignet worden, so kann der Sicherungsgeber die Rückübertragung Zug um Zug gegen Bestellung eines Grundpfandrechts an dem Gebäudeeigentum verlangen. Be-

stellte Pfandrechte sind in Grundpfandrechte an dem Gebäudeeigentum zu überführen.

(6) Eine bis zum Ablauf des 21. Juli 1992 vorgenommene Übereignung des nach § 27 des Gesetzes über die landwirtschaftlichen Produktionsgenossenschaften oder nach § 459 Abs. 1 Satz 1 des Zivilgesetzbuchs der Deutschen Demokratischen Republik entstandenen selbständigen Gebäudeeigentums ist nicht deshalb unwirksam, weil sie nicht nach den für die Übereignung von Grundstücken geltenden Vorschriften des Bürgerlichen Gesetzbuchs vorgenommen worden ist. Gleiches gilt für das Rechtsgeschäft, mit dem die Verpflichtung zur Übertragung und zum Erwerb begründet worden ist. Die Sätze 1 und 2 sind nicht anzuwenden, soweit eine rechtskräftige Entscheidung entgegensteht.

Übersicht

I. Normzweck, Anwendungsbereich

1 **1. Normzweck.** Die durch das zweite Vermögensrechtsänderungsgesetz eingefügte Vorschrift (geändert durch Registerverfahrensbeschleunigungsgesetz vom 24. 12. 1993, BGBl. I S. 2113, SachenRÄndG vom 21. 9. 1994, BGBl. I S. 2490) erweitert den Besitzschutz nach § 2a durch den Eigentumsschutz und schafft für zwei besonders abgehobene, wichtige Fallgruppen ein Provisorium: Durch die Entstehung von **Gebäudeeigentum ohne** (quasi-dingliches) **Nutzungsrecht,** sog. **„vagabundierendes Gebäudeeigentum“** soll hier eine (wenigstens vorläufige) Beleihungsgrundlage entstehen. Andererseits wurde kein dingliches Nutzungsrecht eingeführt, um nicht die Sachenrechtsbereinigung vorwegzunehmen.[1]

2 2. Zum **Anwendungsbereich** gehören nur Gebäude und (bauliche) Anlagen:

a) Von LPG's errichtete, gleichgültig, ob auf **volkseigenen oder privaten Grundstükken.** Nach dem gesetzlichen unentgeltlichen Nutzungsrecht nach § 18 LPGG konnte die LPG Neubauten errichten, ändern und abbrechen, nicht nur landwirtschaftliche Wirtschaftsgebäude aller Art, sondern auch Verwaltungsgebäude, Mietshäuser oder vermietete Eigenheime. Durch die Aufhebung von § 18 LPGG durch Gesetz vom 28. 6. 1990 (DDR-GBl. I S. 493) entfiel das gesetzliche Nutzungsrecht zum 30. 6. 1990, spätestens seit 30. 12. 1991, wofür nun § 2a das Recht zum Besitz einräumt. Gemäß § 27 LPGG entstand zwar hier Gebäudeeigentum, das gem. Art. 231 § 5 Abs. 1 S. 1 fortbesteht. Da kein Gebäudegrundbuch anzulegen war, konnte Art. 233 § 4 Abs. 1 nicht unmittelbar angewandt wer-

[1] Vgl. BT-Drucks. 12/2480 S. 79, 12/2944 S. 63.

den. Wie über das Gebäudeeigentum verfügt werden soll, war daher strittig.[2] Die Vorschrift gilt dagegen nicht für die durch LPG's an Bürger zugewiesenen Nutzungsrechte mit Gebäudeeigentum iS Art. 233 § 4, §§ 291 ff. ZGB.

3 **b)** Von **Arbeiter-Wohnungsbaugenossenschaften** und **gemeinnützigen Wohnungsgenossenschaften** auf **ehemals volkseigenen Grundstücken:** Diese Fallgruppe war wegen der Häufigkeit und wegen der wirtschaftlichen Last der Erhaltung des Wohnungsbestands und der daraus folgenden Notwendigkeit der Beleihung mit zu regeln.[3] Hierunter fallen **nicht** durch derartige Genossenschaften auf **Privatgrundstücken** errichtete Gebäude: Soweit hier eine vertragliche Nutzung zugrunde lag, gilt Art. 233 § 8, § 459 ZGB, ohne derartigen Vertrag kann allenfalls § 2a vorliegen.

4 Nicht unter die Vorschrift fallen Bauwerke von sonstigen Genossenschaften (zB Konsumgenossenschaften, vgl. BT-Drucks. 12/2944 S. 63), staatlichen Stellen, volkseigenen Betrieben oder Privatpersonen; eine Analogie ist unzulässig.

5 **3. Sachenrechtsbereinigung.** Dieses Provisorium soll durch das inzwischen in Kraft getretene Sachenrechtsbereinigungsgesetz über die Ankaufs- oder Erbbaurechtslösung in eine dauerhafte Rechtsform überführt werden (vgl. § 9 Abs. 1 Nr. 1 und 3 SachenRBerG).

II. Entstehung des Gebäudeeigentums

6 **1. Entstehung.** Gemäß Abs. 1 S. 1 entsteht das Gebäudeeigentum **kraft Gesetzes mit Inkrafttreten von § 2b,** wenn folgende Voraussetzungen vorliegen:

a) **Berechtigter, Grundstück.** Es muß sich um Gebäude bzw. Anlagen einer **LPG** (gleich ob auf volkseigenem oder privatem Grundstück) handeln oder einer Arbeiter-**Wohnungsbaugenossenschaft** oder gemeinnützigen Wohnungsgenossenschaft (nur auf volkseigenem Grundstück) sowie deren Rechtsnachfolger (Abs. 1 S. 3), vgl. RdNr. 2ff.

b) Dem Berechtigten muß ein **Recht zum Besitz nach § 2a Abs. 1 S. 1** lit. a) oder b) zustehen; zu den Voraussetzungen hierzu vgl. § 2a RdNr. 3ff.

Soweit diese Voraussetzungen vorliegen, gilt grundsätzlich § 2b, und zwar unabhängig davon, ob schon bisher Gebäudeeigentum bestanden hatte (zB nach § 27 LPGG) oder nicht. Dies ergibt sich aus dem vorgenannten Normzweck, aber auch aus dem Gesetzeswortlaut (Gebäudeeigentum, „auch soweit dies nicht gesetzlich bestimmt ist" und aus der Formulierung von Abs. 2 S. 1).

7 **2. Gebäudegrundbuch (Abs. 2, 3).** Die Eintragung stellt nur eine Grundbuchberichtigung dar und wirkt **nicht konstitutiv.**[4] Nach Abs. 2 ist sowohl für das gemäß Abs. 1 neu entstandene, als auch für das gemäß § 27 LPGG schon bestehende Gebäudeeigentum ein Gebäudegrundbuch anzulegen.[5]

8 Nach Abs. 2 S. 2 gelten für die Anlegung und Führung die dort genannten bzw. später erlassenen Vorschriften, nunmehr laut ausdrücklicher Bezugnahme in § 1 Abs. 1 die Verordnung über Gebäudegrundbücher und andere Fragen des Grundbuchrechts vom 15. 7. 1994 (BGBl. I S. 1606). Für die Anlage genügt der **Antrag des Nutzers** sowie ein **Nachweis des bestehenden Gebäudeeigentums** in der Form des § 29 GBO. Dieses festzustellen, ist grundsätzlich Aufgabe des Grundbuchamts (vgl. Abs. 3 S. 3). Nach OLG Rostock[6] gilt dafür der Amtsermittlungsgrundsatz des § 12 FGG und für die Beweiserhebung §§ 7 bis 17 AVOGBO, nunmehr §§ 116ff. GBO, str.[7] Geeignete Nachweismittel sind zB

[2] Für Grundstücksvorschriften BezG Dresden Rpfleger 1991, 493; dagegen LG Magdeburg Rpfleger 1992, 194.

[3] Vgl. BT-Drucks. 12/2944 S. 63.

[4] BezG Dresden ZIP 1992, 1031.

[5] Nach LG Neubrandenburg VIZ 1992, 455, kann dies nicht mehr abgelehnt werden, weil das LPGG ein Gebäudegrundbuch nicht vorsah.

[6] VIZ 1994, 142, ebenso BezG Meiningen MittBayNot 1993, 294.

[7] Hierzu u. zu den Einzelheiten *Böhringer* MittBayNot 1992, 112ff.; *ders.* OV Spezial Nr. 4/93 v. 18. 2. 1993; *Kassebohm* VIZ 1993, 425.

genehmigte Baupläne, ggf. ergänzt um eine behördliche Abnahmebescheinigung, für den Nachweis des jetzigen Rechtssubjekts (zB Rechtsnachfolger nach LPG) § 12 Grundbuchbereinigungsgesetz. Da es sich um ein Berichtigungsverfahren handelt, ist **keine Zustimmung** des **Grundstückseigentümers** nötig. Soweit mehrere Gebäude betroffen sind, ist idR die Anlage einzelner Gebäudegrundbuchblätter anzuraten.[8]

9 **3. Feststellungsverfahren (Abs. 3).** Wenn das Grundbuchamt dennoch Zweifel über die Entstehung des Gebäudeeigentums oder den Berechtigten hat, können diese durch ein Feststellungsverfahren nach dem Vermögenszuordnungsgesetz vom 22. 3. 1991 (BGBl. I S. 766, 784) geklärt werden. Zum Nachweis für das Grundbuchamt genügt ein danach ergangener bestandskräftiger Bescheid des Präsidenten der Oberfinanzdirektion, den das Grundbuchamt nicht zu prüfen hat (§ 3 Abs. 2 VZOG, § 4 Abs. 2 Verordnung über Gebäudegrundbücher u. a.). Gegen eine Abweisung kann eine Klage vor dem Verwaltungsgericht erhoben werden (§ 8 VZOG), ein Widerspruchsverfahren findet nicht statt (§ 2 Abs. 5, 6 VZOG). Die räumliche Situation des Gebäudes kann nach § 22 Abs. 2 Bodensonderungsgesetz geklärt werden.

10 **4. Verhältnis Grundbuchverfahren zu Feststellungs-/Zuordnungsverfahren (Abs. 3 S. 3, 4).** Das Verhältnis beider Verfahren war bisher strittig, sodaß die Gefahr bestand, daß jede Stelle auf die andere verwies.[9] Durch die neu eingeführten Sätze 3 und 4 ist nun das Nebeneinander beider Verfahren klargestellt: einerseits kann das Grundbuchamt die Feststellung selbst durchführen (also ohne Feststellungsverfahren), andererseits darf das Feststellungsverfahren nicht von einem vorgängigen Grundbuchverfahren abhängig gemacht werden. Der Nutzer hat also das **Wahlrecht** bezüglich des Verfahrens: wenn er meint, daß er den Nachweis führen kann, wird er sich wohl unmittelbar an das Grundbuchamt wenden, bei komplizierteren Fällen dagegen das Feststellungsverfahren sofort durchführen. Sowohl um eine Doppelbelastung, als auch um sich widersprechende Ergebnisse zu verhindern, muß der Nutzer in jedem der beiden Verfahren nach S. 4 **versichern,** daß er nicht das jeweils andere Verfahren gewählt hat oder ein derartiges Verfahren negativ beendet wurde.

11 **5. Grundstücksgrundbuch (Abs. 2 S. 3).** Das Gebäudeeigentum ist gem. § 2c Abs. 1 wie eine Belastung in das Grundstücksgrundbuch einzutragen. Abs. 2 S. 3 schreibt vor, daß eine derartige Eintragung in das Grundstücksgrundbuch vor Anlegung des Gebäudegrundbuchs von **Amts wegen** durchzuführen ist. Die Eintragung im Grundstücksgrundbuch ist Voraussetzung für den gutgläubigen Erwerb des Gebäudeeigentums (§ 2c Abs. 3).

III. Inhalt, Erlöschen

12 **1. Grundstücksnutzung (Abs. 1 S. 2, Abs. 4, § 4 Abs. 3 S. 3).** Nach der ausdrücklichen Vorschrift von Abs. 1 S. 2 entsteht hier kein dingliches Nutzungsrecht, es sei denn es hätte schon vorher bestanden. Es besteht jedoch das Recht zum Besitz gemäß § 2a, das durch Abs. 4 über den anwendbaren § 4 Abs. 3 S. 3 erweitert wird: Wie bei einem dinglichen Nutzungsrecht, das sich nur auf die Gebäudefläche bezieht, entsteht hier ein **schuldrechtliches Nutzungsrecht** im dort genannten zweckentsprechenden ortsüblichen Umfang und bei Eigenheimen mit der Obergrenze von 500 qm. Daß dieses Recht nur schuldrechtlichen Charakter hat ergibt sich auch daraus, daß auf § 4 Abs. 3 S. 4 und 5 nicht Bezug genommen wird, wonach dort eine Grundbucheintragung möglich ist.[10] Der Gebäudeeigentümer darf Grund und Boden nicht gegen die Interessen des Grundstückseigentümers umgestalten.[11]

[8] Vgl. *Kassebohm* VIZ 1993, 432.

[9] Vgl. OLG Rostock VIZ 1994, 142; BezG Meiningen MittBayNot 1993, 294, für sofortige Prüfung durch Grundbuchamt.

[10] *Staudinger-Rauscher* RdNr. 16.

[11] BezG Frankfurt/Oder VIZ 1993, 396.

2. Grundstücksvorschriften, Verfügungen (Abs. 4, § 4 Abs. 1). Für das Gebäudeeigentum ohne dingliches Nutzungsrecht gelten hiernach genau wie beim Gebäudeeigentum mit dinglichem Nutzungsrecht die Grundstücksvorschriften des BGB, vgl. unten § 4 RdNr. 49ff.; im Hinblick auf die entsprechende Anwendbarkeit gilt dies jedoch nur, soweit kein dingliches Nutzungsrecht vorausgesetzt wird. Insbesondere erfolgen Verfügungen über das Gebäudeeigentum, zB Übertragung, Belastung nach §§ 873, 925 und 925a BGB durch Einigung und Eintragung in das Gebäudegrundbuch, das also vorher angelegt werden muß. **13**

3. Untergang des Gebäudes (Abs. 4, § 4 Abs. 3 S. 1, 2). Es gilt grundsätzlich das gleiche, wie beim dinglichen Nutzungsrecht mit Gebäudeeigentum; während dort jedoch bei Untergang des Gebäudes das dingliche Nutzungsrecht weiterbesteht und die Rechtsgrundlage zum Eigentumserwerb am wiederaufgebautem Gebäude bildet, ist dies hier nicht möglich; es verbleibt jedoch hier das Recht zur Bauerrichtung eines neuen (gleichartigen) Gebäudes, das zunächst eher den Charakter eines Anwartschaftsrechts hat und mit Errichtung zu Gebäudeeigentum erstarkt; wegen der Identität des Rechts setzen sich die Belastungen des Gebäudeeigentums daran fort.[12] **14**

4. Aufhebung (Abs. 4, § 4 Abs. 6). Durch die Gesetzesänderung im SachenRBerG gilt nun hier genau das gleiche, wie beim Gebäudeeigentum mit dinglichem Nutzungsrecht (§ 4 Abs. 6). Es sind nun alle Komplettierungsfälle im vereinfachten Aufhebungsverfahren möglich: Hinzuerwerb des Grundstücks oder Hinzuerwerb des Gebäudeeigentums; Aufhebungserklärung eines Dritten gegen Abfindung. Die früher erheblichen Probleme hat der Gesetzgeber nun hoffentlich gelöst. **15**

5. Entgelt. Die Vorschrift enthält keinerlei Bestimmung über ein etwa zu zahlendes Entgelt; entsprechend der Zielsetzung – Bestandsschutz und Schaffung eines beleihbaren Provisoriums bis zur Durchführung der Sachenrechtsbereinigung – kann daraus nur geschlossen werden, daß der Eigentümer für das kraft Gesetz entstehende Gebäudeeigentum und die dementsprechende Grundstücksnutzung kein Entgelt verlangen kann, es sei denn, es wäre eine einzelvertragliche Vereinbarung getroffen worden (vgl. § 2a Abs. 3). Der Grundstückseigentümer kann sich dagegen durch Geltendmachung seiner Rechte nach dem Sachenrechtsbereinigungsgesetz und Schaffung einer endgültigen Rechtslage wehren. **16**

IV. Folgen für bisherige Verfügungen

1. Normzweck. Nach Bezirksgericht Dresden[13] war das Gebäudeeigentum nach § 27 LPGG verkehrsfähig; es hat die Anwendung grundstücksbezogener Vorschriften des BGB vorgeschlagen und die Anlegung eines Gebäudegrundbuchs. Nach verbreiteter anderer Ansicht wurden bei „vagabundierendem Gebäudeeigentum" die Vorschriften über bewegliche Sachen angewandt. Da für dieses Gebäudeeigentum künftig Immobiliarsachenrecht gilt (Abs. 4, § 4 Abs. 1) wurden die Absätze 5 und 6 neu eingefügt, um in den betroffenen Fällen Bestandsschutz zu gewähren, wenn nach den Vorschriften über bewegliche Sachen verfahren worden war.[14] **17**

2. Umwandlung von Mobiliarsicherheiten (Abs. 5). Durch die Bestimmung sollen bestehende Mobiliarsicherungsrechte in Grundpfandrechte überführt werden. Die Umwandlung tritt nicht kraft Gesetzes ein, sondern es besteht ein **schuldrechtlicher Anspruch** hierzu; war die bisherige Mobiliarsicherheit wirksam gewesen, erlischt sie folglich nicht automatisch, sondern gilt zunächst weiter. **18**

Im Fall der **Sicherungsübereignung** muß daher die Rückübertragung (wegen Abs. 4, § 4 Abs. 1) in der Form der Auflassung erfolgen, Zug um Zug gegen Grundpfandrechtsbestellung. Über Art und Ausmaß dieses Rechtes muß zwischen den Beteiligten eine **19**

[12] Vgl. *Palandt-Bassenge* RdNr. 4.
[13] Rpfleger 1991, 493.
[14] Vgl. BT-Drucks. 12/2944 S. 63.

Einigung erzielt werden, wobei die gewählte Art des Grundpfandrechts dem bisherigen Sicherungsrecht möglichst nahe entsprechen soll.

20 Das **Mobiliarpfandrecht** ist gleichfalls Zug um Zug gegen ein Grundpfandrecht zu tauschen. Kommt über die Art des Grundpfandrechts keine Einigung zustande, so wird wohl im Regelfall von einer Hypothek auszugehen sein, da sie dem Mobiliarpfandrecht näher entspricht.[15] Da dem Grundbuchamt das Bestehen derartiger Mobiliarsicherheiten idR nicht bekannt sein wird, sollte der Gläubiger in derartigen Fällen selbst seinen Umwandlungsanspruch geltend machen.

21 **3. Bisherige Veräußerungen (Abs. 6).** Die Bestimmung gilt nur für Gebäudeeigentum nach § 27 LPGG und § 459 ZGB. Die Bestimmung gilt sowohl für die Übereignung selbst, als auch für das schuldrechtliche Grundgeschäft. Entsprechende Vereinbarungen bzw. Übertragungen nach dem Recht über bewegliche Sachen bleiben also gültig; der Nachweis des Eigentumsübergangs muß jedoch dem Grundbuchamt gegenüber in der Form des § 29 GBO geführt werden (also privatschriftliche Einigung mit der Unterzeichnung durch Veräußerer und Erwerber und notarieller Unterschriftsbeglaubigung, sowie Nachweis der erfolgten Übergabe).

§ 2c Grundbucheintragung

(1) Selbständiges Gebäudeeigentum nach § 2b ist auf Antrag (§ 13 Abs. 2 der Grundbuchordnung) im Grundbuch wie eine Belastung des betroffenen Grundstücks einzutragen. Ist für das Gebäudeeigentum ein Gebäudegrundbuchblatt nicht vorhanden, so wird es bei der Eintragung in das Grundbuch von Amts wegen angelegt.

(2) Zur Sicherung etwaiger Ansprüche aus dem Sachenrechtsbereinigungsgesetz ist auf Antrag des Nutzers ein Vermerk in der Zweiten Abteilung des Grundbuchs für das betroffene Grundstück einzutragen, wenn ein Besitzrecht nach § 2a besteht. In den in § 121 Abs. 1 und 2 des Sachenrechtsbereinigungsgesetzes genannten Fällen kann die Eintragung des Vermerks auch gegenüber dem Verfügungsberechtigten mit Wirkung gegenüber dem Berechtigten erfolgen, solange das Rückübertragungsverfahren nach dem Vermögensgesetz nicht unanfechtbar abgeschlossen ist. Der Vermerk hat die Wirkung einer Vormerkung zur Sicherung dieser Ansprüche. § 885 des Bürgerlichen Gesetzbuchs ist entsprechend anzuwenden.

(3) Der Erwerb selbständigen Gebäudeeigentums sowie dinglicher Rechte am Gebäude der in § 2b bezeichneten Art aufgrund der Vorschriften über den öffentlichen Glauben des Grundbuchs ist nur möglich, wenn das Gebäudeeigentum auch bei dem belasteten Grundstück eingetragen ist.

I. Normzweck

1 Die Bestimmung wurde eingefügt durch Registerverfahrensbeschleunigungsgesetz vom 24. 12. 1993, BGBl. I S. 2213. Die Bestimmung enthält in Abs. 1 und 3 eine Ergänzung zu § 2b für das Grundstücksgrundbuch und dessen Bedeutung für den gutgläubigen Erwerb des Gebäudeeigentums. Abs. 2 schafft jedoch ein vorläufiges Sicherungsmittel für alle Besitzrechte nach § 2a hinsichtlich von Ansprüchen aus dem SachenRBerG.

II. Bedeutung des Grundstücksgrundbuchs für Gebäudeeigentum nach § 2b

2 **1. Eintragung ins Grundstücksgrundbuch (Abs. 1).** In § 2b Abs. 2 Satz 3 ist bereits festgelegt, daß das Gebäudeeigentum vor Anlegung des Gebäudegrundbuchs in das Grundstücksgrundbuch **von Amts wegen** einzutragen ist. § 2c Abs. 1 regelt nun diese

[15] AA *Staudinger-Rauscher* RdNr. 19, für Wahlrecht des Gläubigers nach § 262 BGB.

Eintragung. Die Eintragung hat zu erfolgen nach § 6, § 5 Abs. 2 der Verordnung über Gebäudegrundbücher u. a. vom 15. 7. 1994 (BGBl. I S. 1606). Danach ist in Abt. II des Grundstücksgrundbuchs der Vermerk einzutragen „Gebäudeeigentum gem. Art. 233 § 2b EGBGB" oder „Gebäudeeigentum gem. Art. 233 § 8 EGBGB". Wenn nur die Eintragung im Grundstücksgrundbuch beantragt ist, ist das Gebäudegrundbuch von Amts wegen anzulegen. Ist dagegen nur die Eintragung im Gebäudegrundbuch beantragt, ist die Eintragung im Grundstücksgrundbuch von Amts wegen durchzuführen. Diese ausdrücklichen gesetzlichen Bestimmungen sollen die **Doppeleintragung** des Gebäudeeigentums sichern. Für den Nachweis des Bestehens des Gebäudeeigentums muß im Grundstücksgrundbuch – mangels anderweitiger Vorschriften – das gleiche gelten wie im Gebäudegrundbuch (vgl. § 2b RdNr. 7ff.).

3 **2. Gutgläubiger Erwerb (Abs. 3).** Durch die neuen Absätze 3–5 in Art. 231 § 5 soll der öffentliche Glaube des Grundbuchs ab 1. 1. 1997 auch gegenüber selbständigem Gebäudeeigentum wiederhergestellt werden. Danach erlischt das Gebäudeeigentum, wenn nach diesem Zeitpunkt das Eigentum am Grundstück übertragen wird, es sei denn, daß das Gebäudeeigentum im Grundstücksgrundbuch eingetragen ist. Andererseits ist durch den neu eingefügten Abs. 3 (wie im Fall von § 4 Abs. 1 S. 2) schon jetzt der gutgläubige Erwerb eines selbständigen Gebäudeeigentums nur noch möglich, wenn es auch bei dem belasteten Grundstück eingetragen ist. Das gleiche gilt für dingliche Rechte am Gebäudeeigentum. Für jeden, zu dessen Gunsten künftig eine Verfügung im Gebäudegrundbuch erfolgt, ist daher die Überprüfung des Grundstücksgrundbuchs wesentlich.

III. Grundbuchmäßige Sicherung der Ansprüche aus der Sachenrechtsbereinigung (Abs. 2)

4 **1. Voraussetzung** ist hier, daß ein Besitzrecht nach § 2a besteht; die Bestimmung hat also einen wesentlich weiteren Anwendungsbereich als § 2b. Erforderlich ist gem. § 7 Abs. 2, § 4 Abs. 4 der Verordnung über Gebäudegrundbücher ein **Nachweis der Ansprüche aus der Sachenrechtsbereinigung** in der dort aufgelisteten Form, zB Nachweis des Gebäudeeigentums oder Prüfbescheid der staatlichen Bauaufsicht usw. oder Eintragungsbewilligung (§ 19 GBO) des Grundstückseigentümers. Liegt ein solcher Nachweis nicht vor, so kann mangels Nachweis oder Bewilligung die Eintragung nur aufgrund einer einstweiligen Verfügung erfolgen, wofür das Besitzrecht nach § 2a glaubhaft gemacht werden muß (Verweisung auf § 885 BGB in Abs. 2 S. 3). Antragsberechtigt ist der Nutzer (wohl gem. § 13 Abs. 2 GBO auch der Grundstückseigentümer). Dinglich Berechtigte haben kein eigenes Antragsrecht, es kommt allenfalls eine Verpfändung der gesetzlichen Ansprüche aus der Sachenrechtsbereinigung in Betracht, mit dem entsprechenden Pfändungsvermerk, wie bei einer Vormerkung.

5 **2.** Die **Eintragung** hat gem. § 7 Abs. 2 der Verordnung über Gebäudegrundbücher in Abt. II zu erfolgen mit dem Vermerk „Recht zum Besitz gem. Art. 233 § 2a EGBGB", wobei die Eintragungsgrundlage anzugeben ist. Nach der ausdrücklichen Bezugnahme auf § 121 Abs. 1 und 2 des SachenRBerG ist bei den dort genannten Ansprüchen aus einem Kaufvertrag der Vermerk auch gegenüber dem Verfügungsberechtigten mit Wirkung gegenüber dem Berechtigten eintragbar.

6 Der Vermerk hat die **Wirkung einer Vormerkung.** Dies ist sowohl wichtig, um nach dem 1. 1. 1997 einen gutgläubig lastenfreien Erwerb zu vermeiden, als auch um bereits geltend gemachte Ansprüche auf Eigentumserwerb bzw. Erbbaurechtserwerb nach dem Sachenrechtsbereinigungsgesetz nicht umgehen zu können.

§ 3 Inhalt und Rang beschränkter dinglicher Rechte

(1) Rechte, mit denen eine Sache oder ein Recht am Ende des Tages vor dem Wirksamwerden des Beitritts belastet ist, bleiben mit dem sich aus dem bisherigen Recht ergebenden Inhalt und Rang bestehen, soweit sich nicht aus den nachstehenden Vorschriften ein anderes ergibt. § 5 Abs. 2 Satz 2 und Abs. 3 des Gesetzes über die Verleihung von Nutzungsrechten an volkseigenen Grundstücken vom 14. Dezember 1970 (GBl. I Nr. 24 S. 372 – Nutzungsrechtsgesetz) sowie § 289 Abs. 2 und 3 und § 293 Abs. 1 Satz 2 des Zivilgesetzbuchs der Deutschen Demokratischen Republik sind nicht mehr anzuwenden. Satz 2 gilt entsprechend für die Bestimmungen des Nutzungsrechtsgesetzes und des Zivilgesetzbuchs über den Entzug eines Nutzungsrechts.[1]

(2) Die Aufhebung eines Rechts, mit dem ein Grundstück oder ein Recht an einem Grundstück belastet ist, richtet sich nach den bisherigen Vorschriften, wenn das Recht der Eintragung in das Grundbuch nicht bedurfte und nicht eingetragen ist.

(3) Die Anpassung des vom Grundstückseigentum unabhängigen Eigentums am Gebäude und des in § 4 Abs. 2 bezeichneten Nutzungsrechts an das Bürgerliche Gesetzbuch und seine Nebengesetze und an die veränderten Verhältnisse sowie die Begründung von Rechten zur Absicherung der in § 2a bezeichneten Bebauungen erfolgen nach Maßgabe des Sachenrechtsbereinigungsgesetzes. Eine Anpassung im übrigen bleibt vorbehalten.

(4) Auf Vorkaufsrechte, die nach den Vorschriften des Zivilgesetzbuchs der Deutschen Demokratischen Republik bestellt wurden, sind vom 1. Oktober 1994 an die Bestimmungen des Bürgerlichen Gesetzbuchs nach den §§ 1094 bis 1104 anzuwenden.

Übersicht

I. Normzweck und Anwendungsbereich

1 **1. Normzweck.** Die Vorschrift ist Ausdruck des Grundsatzes der wohlerworbenen – und damit auch der wohlverlorenen – Rechte. Die vorhandenen Belastungen werden in ihrem Bestand unverändert weitergeführt. Damit nimmt die Norm im Interesse der Kontinuität und wohl auch, weil in der Kürze der zur Verfügung stehenden Zeit eine hinreichende Übersicht nicht zu gewinnen war, eine Fülle von Unsicherheiten und auch Ungereimtheiten in Kauf. Anders als das Eigentum gemäß der Regelung des § 2, wurden also die Belastungen nicht in die entsprechenden BGB-Institute transformiert. Damit hat sich

[1] Abs. 2 bis 4 in der Fassung des Sachenrechtsbereinigungsgesetzes; ursprünglich war Abs. 2 Abs. 3, ursprüngliche Fassung von Abs. 2 alt vgl. RdNr. 14.

der numerus clausus der Sachenrechte um eine Vielfalt von Berechtigungen erweitert,[2] die sich als reichlich bunt und unsystematisch darstellt.

2. Anwendungsbereich. Die Regelung betrifft ohne Vorbehalte und Einschränkungen die Mobiliarsicherheiten an beweglichen Sachen, Wertpapieren und Forderungen[3] (s. zu Einzelheiten insoweit unter RdNr. 18f.). Ferner gilt sie, soweit keine Sonderregelungen bestehen, für Grundstücksbelastungen. Zu den letzteren gehören Altrechte (RdNr. 3), Grundstücksbelastungen im engeren Sinne (RdNr. 4) sowie die möglichen dinglichen Belastungen dieser Rechte (RdNr. 5). 2

a) Altrechte in dem hier verwendeten Sinne sind die vor Einführung des ZGB (1. 1. 1976) bestehenden und durch § 6 EGZGB übergeleiteten dinglichen Rechte. Das sind im wesentlichen die Belastungen im Sinne des seinerzeit geltenden BGB sowie seinerzeit noch bestehende altrechtliche Belastungen im Sinne der BGB-Terminologie.[4] Ob dazu auch die gem. § 5 EGZGB übergeleiteten Belastungen gehören, die als vertragliche Nutzungsrechte außerhalb des BGB bereits seinerzeit aufgrund von Vereinbarungen bestanden[5] erscheint zweifelhaft, weil § 5 EGZGB auf die nicht als dingliche Belastung ausgestalteten „Baulichkeiten" des § 296 ZGB Bezug nimmt. 3

b) Grundstücksbelastungen nach DDR-Recht. Insoweit ist zunächst der Vorrang der Sonderbestimmungen zu beachten (u. a. Art. 233 §§ 4 bis 8). Zu dem umfangreichen Katalog der möglichen Belastungen gehören Nutzungsrechte unterschiedlichster Art, Vorkaufsrecht (s. hierzu RdNr. 17), Mitbenutzungsrecht und Hypothek, ferner die Belastungen des Stammeigentums durch Formen des Nutzungseigentums,[6] also die dinglichen Nutzungsrechte zur Errichtung eines Eigenheims, §§ 288, 292 ZGB, und das mit der Errichtung in Ausübung des Nutzungsrechts entstehende besondere Gebäudeeigentum, ferner das Gebäudeeigentum aufgrund von Baumaßnahmen von volkseigenen Betrieben und Genossenschaften nach § 459 ZGB. Soweit allerdings Gebäudeeigentum ohne Verleihung eines Nutzungsrecht entstanden ist, gilt es nicht als Grundstücksbelastung (Art. 233 § 2b EGBGB; zu Einzelheiten s. dort). 4

c) Belastungen von Grundstücksbelastungen. Insoweit kommen die Möglichkeiten, Gebäudeeigentum mit einem Vorkaufsrecht (vgl. aber RdNr. 17) oder einer Hypothek nach dem ZGB in den Formen der gewöhnlichen (Sicherungs)Hypothek und der Aufbauhypothek zu belasten, infrage.[7] Die Regelungen finden sich in § 288 Abs. 4, § 292 Abs. 3, § 295 Abs. 2 ZGB iVm. § 1 Abs. 3 GVollstreckVO. 5

3. Bedeutung. Die umfassenden Sonderregelungen für zahlreiche der genannten Grundstücksbelastungen beschränken die Bedeutung der Norm für diese auf eine Auffangregelung. Sie stellt ferner, soweit sich sonst keine entsprechenden Bestimmungen finden, eine Regelung des Rangs von Grundstücksrechten (s. insoweit RdNr. 7, 8) dar. 6

II. Tatbestand (Allgemeine Regelungen)

1. Inhalt bisheriger dinglicher Rechte. a) Allgemeines: Der Inhalt eines zum Stichtag bestehenden beschränkten dinglichen Rechts bestimmt sich vorbehaltlich bestehender Sonderregelungen weiterhin nach DDR-Recht. Rechtsinhalt ist die Gesamtheit der Rechte und Pflichten im Verhältnis zwischen dem Berechtigten und dem Eigentümer bzw. Sicherungsgeber.[8] Was in diesem Sinne Inhalt ist, muß aus den einzelnen Vorschriften selbst erschlossen werden. Dabei besteht für die Auslegung keine Bindung an die methodischen 7

[2] So auch *Horn*, Das Zivil- und Wirtschaftsrecht im neuen Bundesgebiet, 2. Aufl., § 6 RdNr. 78; *Staudinger-Rauscher* RdNr. 27; *Palandt-Bassenge* RdNr. 2.

[3] *Horn* (Fn. 2) § 6 RdNr. 77; *Palandt-Bassenge* RdNr. 1.

[4] Einzelheiten hierzu bei *Wobst* MDR 1991, 697; *Bultmann* NJ 1993, 203; *Welter* WM 1991, 1189, 1192f.

[5] So *Horn* (Fn. 2) § 6 RdNr. 77.

[6] So auch *Horn* (Fn. 2) § 6 RdNr. 77.

[7] So auch *Horn* (Fn. 2) § 6 RdNr. 77.

[8] *Staudinger-Rauscher* RdNr. 27.

Grundsätze oder Beschränkungen der DDR, vielmehr ist der aktuelle methodische Stand der deutschen Rechtswissenschaft maßgebend. Um die damit angesprochenen Rechtsinstitute und subjektiven Sachenrechte ist der numerus clausus der Sachenrechte[9] erweitert. Das gilt auch für die Berechtigungen, bei denen Inhalt und Bezeichnung Verwandtschaft mit entsprechenden Instituten des BGB aufweisen, wie das etwa bei der Hypothek der Fall ist. Es ist also nicht korrekt, diese als „Sicherungshypothek" zu bezeichnen, auch wenn damit ihre spezifische Akzessorietät einigermaßen zutreffend gekennzeichnet ist.

8 **b) Einzelheiten.** Zum Inhalt eines Rechtes gehören auch die Verwendungsbefugnisse. Deshalb kann der Inhaber eines wirksam erworbenen Nutzungsrechtes auch nach dem Stichtag in dessen Ausübung selbständiges Gebäudeeigentum entstehen lassen.[10] Zum Inhalt gehört auch das Erlöschen des Rechts,[11] nicht aber seine Aufhebung.[12]

9 **2. Rang bestehender dinglicher Rechte. a)** Die Sondervorschriften (Art. 233 §§ 4 bis 8 EGBGB) enthalten zum Rang keine Regelungen. Rangfragen bestimmten sich bis zum Inkrafttreten von § 9 nF somit ausschließlich nach Art. 233 § 3 EGBGB. Rangfähig sind nicht nur die eingetragenen Rechte. Dies hat angesichts der zahlreichen nicht eingetragenen oder nicht eintragungsbedürftigen dinglichen Berechtigungen zu nicht unerheblichen Komplikationen geführt. Da das System des ZGB keine geschlossene Rangregelung für alle dinglichen Rechte enthält,[13] ist die Vorschrift in teleologischer Extension dahin zu verstehen, daß der nach DDR-Recht nicht geregelte Rang unter Heranziehung allgemeiner Grundsätze zu bestimmen ist.[14] Seit Inkrafttreten von § 9 hat die Vorschrift hinsichtlich des Rangs lediglich Interims- und Subsidiärbedeutung.

10 **b)** Für den Rang von Rechten, für deren Entstehung die Eintragung nicht konstitutiv war, kommt nur das Prioritätsprinzip infrage.[15] Auch soweit dem die Eintragungen nicht entsprechen, ist dabei – anders als nach BGB – für alle nicht eintragungsbedürftigen Rechte allein der nach dem Prioritätsprinzip zu bestimmende materielle Rang maßgebend. Soweit Eintragungen dem nicht entsprechen besteht ein Berichtigungsanspruch nach § 894 BGB.[16] Wegen der rangmäßigen Behandlung nicht eintragungsbedürftiger Rechte im übrigen vgl. § 879 BGB RdNr. 8.[17] Aufbauhypotheken haben untereinander den gleichen und soweit sie bis zum 30. 6. 1990 entstanden sind, gemäß § 456 Abs. 3 ZGB aF notwendig den ersten Rang.[18] Dadurch entstehen uU außerordentlich komplizierte relative Rangverhältnisse.[19] Das läßt sich nicht auf die Weise lösen, daß man den Aufbauhypotheken allgemein den ersten Rang auch im Verhältnis zu sonstigen beschränkten dinglichen Rechten sichert.[20] Für eine solche Begünstigung der Aufbauhypothek aus systematischen Erwägungen, besteht angesichts des ideologischen Hintergrunds der Rangregelung für die Aufbauhypothek weder Anlaß noch Möglichkeit.

11 **3. Aufhebung nicht eingetragener Rechte.** Die Aufhebung von Rechten richtet sich seit dem Stichtag grundsätzlich nach BGB, weil die Aufhebung nicht zum übergeleiteten Inhalt der Rechte gehört.[21] Absatz 3 enthält dazu eine Ausnahmeregelung. Von dieser betroffen sind alle Rechte, für deren Entstehen die Eintragung nicht konstitutiv war. Nicht eingetragen ist somit wörtlich in dem Sinne zu verstehen, daß ein Grundbucheintrag tatsächlich nicht vorliegt, auch wenn er – nicht konstitutiv – vorgeschrieben war.[22] Zweck der Vorschrift ist es zu vermeiden, daß ein Recht nur zum Zweck der Löschung ins Grundbuch eingetragen werden muß. Wegen der Rechtsfolgen s. unter RdNr. 15.

[9] Vgl. hierzu Einl. Band 4 2. Aufl. RdNr. 29.

[10] BezG Cottbus, Urt. vom 11. 6. 1992 – 4 S 20/92 = ZOV 1992, 304.

[11] *Staudinger-Rauscher* RdNr. 31; *Palandt-Bassenge* RdNr. 4; *Lübchen-Wüstneck* S. 82.

[12] Vgl. hierzu RdNr. 11 und RdNr. 15.

[13] *Lübchen-Wüstneck* (Fn. 11) S. 82.

[14] So im Ergebnis auch *Staudinger-Rauscher* RdNr. 33.

[15] Vgl. hierzu Band 4 2. Aufl. § 879 BGB RdNr. 10 bis 13.

[16] So auch *Staudinger-Rauscher* RdNr. 33.

[17] 2. Aufl. Band 4.

[18] So jetzt auch Art. 233 § 9 Abs. 3 S. 1.

[19] Vgl. hierzu Band 4 2. Aufl. § 892 BGB RdNr. 76.

[20] AA *Staudinger-Rauscher* RdNr. 34.

[21] *Staudinger-Rauscher* RdNr. 36; *Palandt-Bassenge* RdNr. 4; *Lübchen-Wüstneck* (Fn. 11) S. 82.

[22] So auch *Staudinger-Rauscher* RdNr. 37.

III. Rechtsfolgen (Allgemeine Regelung)

1. Bestandswahrung. a) Regelmäßig wird der Bestand an Rechtstellungen gewahrt, soweit nicht Sonderregelungen (zB Art. 233 §§ 4 bis 8 EGBGB) eingreifen. Bestandwahrung betrifft das Bestehen, die Ausübung, die Belastung und die Übertragung der Berechtigungen, die Änderung nur in dem Rahmen, in dem das übergeleitete Recht änderbar war.[23] Die Bestandswahrung gilt grundsätzlich bis zu einer etwaigen Neuregelung durch den Gesetzgeber (Ausnahmen RdNr. 13, Neuregelung RdNr. 14). Neubestellung dieser Rechte ist nicht möglich.[24] **12**

b) Der **unredliche Erwerb** von volkseigenem oder sonst öffentlichem Eigentum (vgl. insoweit bei Art. 233 § 2 EGBGB) ist allerdings nicht beständig, vielmehr Rückgewähransprüchen ausgesetzt. Einzelheiten ergeben sich aus dem Vermögensgesetz (s. dort). Erwerb nach dem 18. 10. 1989 ist nicht beständig, wenn er nach der Anmeldeverordnung nicht hätte genehmigt werden dürfen. Vor dem Stichtag erlangter Erwerb ist nur bei Erfüllung bestimmter Tatbestände gemäß einer widerleglichen Vermutung unredlich. Im einzelnen sind das Verfahrensverstöße, die dem Erwerber mindestens hätten bekannt sein müssen (a), Korruption (b), Ausnutzung von Täuschung und Zwangslagen gegenüber dem Eigentümer (c). Bei a schadet Fahrlässigkeit, bei b und c ist mindestens bedingter Vorsatz erforderlich. **13**

2. Verringerter Vertrauensschutz. In der ursprünglichen Fassung lautete Abs. 2 wie folgt: **14**

(2) Eine spätere Bereinigung solcher Rechtsverhältnisse oder ihre Anpassung an das Bürgerliche Gesetzbuch und seine Nebengesetze oder an veränderte Verhältnisse bleibt vorbehalten.

Der Vorbehalt ist durch die Sachenrechtsbereinigung weitgehend erledigt (vgl. Abs. 3 Neufassung). Auch gegenüber weiteren Anpassungen an das BGB besteht kein Vertrauensschutz (Abs. 3 letzter Satz Neufassung). Weitere Anpassungen an die Regelungen des BGB sind deshalb keine Enteignung und ohne Entschädigung auch dann möglich, wenn sie nur typischerweise äquivalent sind (weites gesetzgeberisches Ermessen), also im Einzelfall zu einer Rechtsbeeinträchtigung führen können. Den verfassungsrechtlichen Rahmen liefern damit die Inhalts- und Schrankenbestimmungen des Eigentums. Im Ergebnis ist damit jede Überleitung möglich, die den Grundsatz der Verhältnismäßigkeit wahrt und sachgerecht ist.

3. Erleichterte Aufhebung ohne Löschung. Auch wenn ihre – nicht konstitutive – Eintragung vorgeschrieben war, können nicht eingetragene Rechte nach den bisherigen Vorschriften aufgehoben werden; vgl. insoweit zu Mitbenutzungsrechten § 321 ZGB, Nutzungsrechte und Gebäudeeigentum §§ 287ff., 291ff. und 459ff. ZGB (wegen Einzelheiten s. bei § 4 und § 8). Für eingetragene Rechte, gleichgültig ob die Eintragung konstitutiv oder deklaratorisch wirkte, gilt Grundbuchverfahrensrecht und materiellrechtlich BGB. **15**

4. Sachenrechtsbereinigung. a) Abs. 3 der Neufassung hat bis auf die Aufrechterhaltung des Vorbehalts (letzter Satz) lediglich Hinweischarakter. **16**

b) Vorkaufsrecht: Mit dem Inkrafttreten des Sachenrechtsbereinigungsgesetzes sind Vorkaufsrechte nach ZGB in Vorkaufsrechte nach BGB **transformiert** (Abs. 4). Sie richten sich also nunmehr nach Inhalt und Umfang ausschließlich nach BGB. Die dadurch nicht beseitigte Rangproblematik ist weiterhin nach RdNr. 7 und 8 zu behandeln. **17**

[23] *Staudinger-Rauscher* RdNr. 29; *Palandt-Bassenge* RdNr. 3.

[24] *Staudinger-Rauscher* RdNr. 28.

IV. Übersicht über die übergeleiteten Mobiliarsicherheiten

18 Mobiliarpfandrechte, die bis zum 2. 10. 1990 entstanden sind, bleiben mit dem sich aus dem bisherigen Recht ergebenden Inhalt und Rang bestehen. Die **praktische Bedeutung** der Überleitung von Mobiliarsicherheiten ist seit dem 2. 10. 1990 natürlich ganz erheblich geringer geworden. Aber da die Verjährung sich seit dem 2. 10. 1990 gemäß Art. 231 § 6 nach dem BGB richtet und damit § 223 BGB anwendbar ist, gibt es trotz der sichtbar kurzen Verjährung noch übergeleitete Pfandrechte. Wegen der Überleitung von Inmobiliarsicherheiten an Gebäuden vgl. § 2a.

19 **1. Vertragspfandrechte. a) Übersicht.** Das „Zivilgesetzbuch der Deutschen Demokratischen Republik" (ZGB) vom 19. 6. 1965 – GBl. 1975 I S. 465 – kennt einmal vertragliche Besitzpfandrechte **(Faustfand)** (§ 443 ZGB) an beweglichen Sachen sowie **besitzlose Pfandrechte** (§ 448 ZGB), die die nicht zugelassene Sicherungsübereignung (teilweise) ersetzten. Daneben existiert ein Pfandrecht an **Wertpapieren** (§ 447 ZGB) und ein solches an **Forderungen** (§ 449 ZGB). Zu beachten ist, daß das ZGB in bezug auf das Pfandrecht geändert wurde durch „Gesetz zur Änderung und Ergänzung des Zivilgesetzbuches der DDR (1. Zivilrechtsänderungsgesetz)" vom 28. 6. 1990 – GBl. 1990 I S. 524 – (betrifft § 448 Abs. 1) und durch „Gesetz zur Änderung und Ergänzung des Zivilgesetzbuches der DDR (2. Zivilrechtsänderungsgesetz)" vom 22. 7. 1990 – GBl. 1990 I S. 903 – (betrifft §§ 442, 443, 444, 449, und Einfügung von § 449a ZGB).

20 **b)** Das **Faustpfand** (§ 443 ZGB; s. o.) ist im ZGB knapper geregelt als nach den Vorschriften des BGB, entspricht aber in den Grundzügen dem Faustpfand des BGB. Eine größere praktische Abweichung findet sich bei der Verwertung: nach dem ZGB geschieht die Verwertung nicht durch Versteigerung, sondern durch freihändigen Verkauf (§ 445 ZGB).

21 **c)** Das **besitzlose Pfand** (§ 448 ZGB; s. o.) ist als Sicherheit nur zugelassen für Forderungen von Kreditinstituten, volkseigenen Betrieben, staatlichen Organen und Einrichtungen sowie sozialistischen Genossenschaften. Der Schuldner darf während der Zeit des Bestehens des Pfandrechts die Sache weiter nutzen, sie aber nur mit Einwilligung des Gläubigers veräußern oder wesentlich verändern. Das Pfandrecht entstand durch eine schriftliche Vereinbarung. Bei Fälligkeit der Forderung kann der Gläubiger die Herausgabe der Sache verlangen, wenn der Schuldner nicht leistet; sodann kann er die Sache entweder verkaufen oder in sonstiger Weise verwerten und sich aus dem Erlös befriedigen.

22 Durch die „Vierte Verordnung über die Kreditgewährung und die Bankkontrolle der sozialistischen Wirtschaft – 4. Kreditverordnung" vom 2. 3. 1990 – GBl. 1990 I S. 114 – wurde die Möglichkeit, besitzlose Pfandrechte zu bestellen, erweitert für kurz- und mittelfristige Kredite der Banken an volkseigene Betriebe, sozialistische Genossenschaften und deren kooperative Einrichtungen, andere sozialistische Einrichtungen, die nach der wirtschaftlichen Rechnungsführung arbeiten, volkseigene Kombinate und wirtschaftsleitende Organe (§ 1 „Verordnung über die Kreditgewährung und die Bankkontrolle der sozialistischen Wirtschaft – Kreditverordnung" vom 28. 1. 1982 – GBl. 1982 I S. 126).

23 **d)** Das Pfandrecht an **Wertpapieren** (§ 447 ZGB) richtet sich nach der Bestellung von Pfandrechten an beweglichen Sachen, weil es sich um Inhaberpapiere handeln mußte; Forderungen, die in anderen Urkunden verbrieft sind, konnten als solche verpfändet werden.

24 **e)** Das Pfandrecht an **Forderungen** (§ 449 ZGB; s. o.) wurde begründet durch Vertrag, wobei die Erklärung des Schuldners der Schriftform bedurfte, nebst schriftlicher Mitteilung davon an den Dritten. Wurde eine Geldforderung verpfändet, so mußte ihre Höhe im Verpfändungsvertrag genannt werden. Zur Einziehung der Forderung ist nur der Pfandgläubiger berechtigt. **Sparguthaben** durften nicht verpfändet werden (§ 9 Abs. 2 und § 16

Abs. 2 „Anordnung über den Sparverkehr bei den Geld- und Kreditinstituten der DDR" vom 28. 10. 1975 – GBl. 1975 I S. 705).

2. Gesetzliche Pfandrechte. a) Das ZGB kennt nur ein gesetzliches (besitzloses) Pfandrecht: beim Kauf auf Teilzahlung konnten die Kreditinstitute **Teilzahlungskredite** gewähren; in einem solchen Fall erhält das Kreditinstitut kraft Gesetzes ein Pfandrecht sobald das Eigentum an der gekauften Ware mit der Aushändigung an den Käufer auf diesen übergeht (§ 141 ZGB). Die daneben erforderliche schriftliche Vereinbarung des Pfandrechts (§ 448 ZGB; s. o.) dient der Kreditisierung des Pfandrechts (Kommentar zum ZGB, hsgg. v. Min. der Justiz 1983, § 448 Anm. 2.2). 25

b) Weitere gesetzliche Pfandrechte können nach § 40 **„Seehandelsschiffahrtsgesetz** (SHSG)" vom 5. 2. 1976 – GBl. 1976 I S. 109 – entstanden sein; danach hatte der Verfrachter wegen der Fracht, der Kosten, des Liegegeldes und des Schadensersatzes ein Pfandrecht an den transportierten Gütern, die noch nicht abgeliefert und zurückgehalten oder eingelagert sind. Gem. § 93 Abs. 4 SHSG kann ein gesetzliches Pfandrecht für den Beförderer von Schiffsfahrgästen an deren **Reisegepäck** und hinterlegten Sachen entstanden sein, wenn diese noch nicht zurückgegeben sind; das Pfand sichert die Ansprüche aus dem Beförderungsvertrag. Gem. § 132 SHSG kann zugunsten des Reeders wegen dessen Rettungslohn ein gesetzliches Pfandrecht an den **geretteten Gegenständen** entstanden sein, solange diese nicht abgeliefert sind. 26

c) Nach § 25 „Anordnung über die Leistungsbedingungen der Speditionsbetriebe der DDR im grenzüberschreitenden Güterverkehr" vom 30. 11. 1976 – GBl. Sonderdruck Nr. 893; berichtigt GBl. 1977 I S. 168 – haben die **Spediteure** ein gesetzliches Pfandrecht. 27

d) Die Verwertung gesetzlicher Pfandrechte erfolgt ebenso wie die der Mobiliarpfandrechte (§ 447 ZGB). 28

3. Pfandrechte nach dem Gesetz über internationale Wirtschaftsverträge. a) Das „Gesetz über internationale Wirtschaftsverträge – GIW" vom 5. 2. 1976 – GBl. 1976 I S. 61 – kennt sowohl ein vertragliches als auch ein gesetzliches Pfandrecht, die etwas eingehender geregelt sind als das Pfandrecht des ZGB (§§ 234 bis 244 GIW), und von diesem teilweise ergänzt wird (§ 2 Abs. 2 GIW). 29

b) Das nach dem GIW mögliche **Vertragspfandrecht** konnte als Besitzpfandrecht an beweglichen Sachen und Forderungen begründet werden; daneben war die Einräumung eines besitzlosen Pfandrechts durch schriftlichen Verpfändungsvertrag nebst Kennzeichnung des Pfandgegenstandes möglich (§ 234 GIW). Auch der gutgläubige Erwerb eines vertraglichen Besitzpfandrechtes war hier – anders als nach dem ZGB – vorgesehen. 30

c) Das **gesetzliche Pfandrecht** entstand als Besitzpfandrecht zugunsten eines Vertragspartners eines internationalen Wirtschaftsvertrags an den beweglichen Sachen und den in Urkunden ausgewiesenen Rechten, die als Eigentum des Schuldners in den Besitz des Vertragspartners gelangt waren (§ 236 GIW). Als solche internationalen Wirtschaftsverträge kamen in Betracht: Werkverträge, Montageverträge, Verträge über die Errichtung von Anlagen, Dienstverträge, Handelsvertretungen, Kundendienstverträge, Speditions- und Lagerungsverträge, Kreditverträge, Mietverträge, Lizenzverträge, Versicherungsverträge und Gesellschaften. 31

d) Jedes Besitzpfandrecht hat **Vorrang** vor einem besitzlosen Pfandrecht (§ 238 GIW). Die Verwertung des Pfandrechts geschieht durch Verkauf zu handelsüblichen Preisen (§ 241 Abs. 2 GIW). 32

e) Mit Wirkung ab 1. 7. 1990 wurde das Gesetz über internationale Wirtschaftsverträge – GIW – (s. RdNr. 273) dahingehend geändert, daß es auch auf Kaufleute, Unternehmen, Betriebe und diesen gleichgestellte Wirtschaftssubjekte in der DDR anwendbar wurde, daß also die Internationalität des Vertrags nicht mehr erforderlich war (§ 3 Nr. 3 „Gesetz zur Änderung oder zur Aufhebung von Gesetzen der Deutschen Demokratischen Republik" vom 28. 6. 1990 – GBl. 1990 I S. 483). Die nach dem jetzt **„Gesetz über** 33

Wirtschaftsverträge – GW“ vorgesehenen Pfandrechte können in der Zeit vom 1. 7. bis 2. 10. 1990 entstanden sein. Das GW wurde durch „Gesetz zur Änderung und Ergänzung des Zivilgesetzbuches der DDR (2. Zivilrechtsänderungsgesetz)“ vom 22. 7. 1990 – GBl. 1990 I S. 903 – geändert (§§ 234, 239 geändert; § 238 Abs. 1 aufgehoben).

34 **4. Gesetzliche Pfandrechte nach dem HGB.** Mit Wirkung zum 1. 7. 1990 wurde das HGB vom 10. 5. 1897 für das Gebiet der DDR in Kraft gesetzt (§ 16 „Gesetz über die Inkraftsetzung von Rechtsvorschriften der Bundesrepublik Deutschland in der Deutschen Demokratischen Republik“ vom 21. 6. 1990 – GBl. 1990 I S. 357). Wegen der nach dem HGB möglichen gesetzlichen Pfandrechte wird auf § 1257 RdNr. 1 verwiesen.

35 **5. Aufhebung der Vorschriften.** Da alle in RdNr. 19 bis 34 genannten Gesetze in dem hier relevanten Teil durch den Einigungsvertrag aufgehoben sind, konnten ab 3. 10. 1990 nach diesen Gesetzen weder Vertragspfandrechte bestellt werden noch gesetzliche Pfandrechte entstehen.

§ 4 Sondervorschriften für dingliche Nutzungsrechte und Gebäudeeigentum

(1) Für das Gebäudeeigentum nach § 288 Abs. 4 oder § 292 Abs. 3 des Zivilgesetzbuchs der Deutschen Demokratischen Republik gelten von dem Wirksamwerden des Beitritts an die sich auf Grundstücke beziehenden Vorschriften des Bürgerlichen Gesetzbuchs mit Ausnahme der §§ 927 und 928 entsprechend. Vor der Anlegung eines Gebäudegrundbuchblatts ist das dem Gebäudeeigentum zugrundeliegende Nutzungsrecht von Amts wegen im Grundbuch des belasteten Grundstücks einzutragen. Der Erwerb eines selbständigen Gebäudeeigentums oder eines dinglichen Rechts am Gebäude der in Satz 1 genannten Art aufgrund der Vorschriften über den öffentlichen Glauben des Grundbuchs ist nur möglich, wenn auch das zugrundeliegende Nutzungsrecht bei dem belasteten Grundstück eingetragen ist.

(2) Ein Nutzungsrecht nach den §§ 287 bis 294 des Zivilgesetzbuchs der Deutschen Demokratischen Republik, das nicht im Grundbuch des belasteten Grundstücks eingetragen ist, wird durch die Vorschriften des Bürgerlichen Gesetzbuchs über den öffentlichen Glauben des Grundbuchs nicht beeinträchtigt, wenn ein aufgrund des Nutzungsrechts zulässiges Eigenheim oder sonstiges Gebäude in dem für den öffentlichen Glauben maßgebenden Zeitpunkt ganz oder teilweise errichtet ist und der dem Erwerb zugrundeliegende Eintragungsantrag vor dem 1. Januar 1997 gestellt worden ist. Der Erwerber des Eigentums oder eines sonstigen Rechts an dem belasteten Grundstück kann in diesem Fall die Aufhebung oder Änderung des Nutzungsrechts gegen Ausgleich der dem Nutzungsberechtigten dadurch entstehenden Vermögensnachteile verlangen, wenn das Nutzungsrecht für ihn mit Nachteilen verbunden ist, welche erheblich größer sind als der dem Nutzungsberechtigten durch die Aufhebung oder Änderung seines Rechts entstehende Schaden; dies gilt nicht, wenn er beim Erwerb des Eigentums oder sonstigen Rechts in dem für den öffentlichen Glauben des Grundbuchs maßgeblichen Zeitpunkt das Vorhandensein des Nutzungsrechts kannte.

(3) Der Untergang des Gebäudes läßt den Bestand des Nutzungsrechts unberührt. Aufgrund des Nutzungsrechts kann ein neues Gebäude errichtet werden; Belastungen des Gebäudeeigentums setzen sich an dem Nutzungsrecht und dem errichteten Gebäude fort. Ist ein Nutzungsrecht nur auf die Gebäudegrundfläche verliehen worden, so umfaßt das Nutzungsrecht auch die Nutzung des Grundstücks in dem für Gebäude der errichteten Art zweckentsprechenden ortsüblichen Umfang, bei Eigenheimen nicht mehr als eine Fläche von 500 qm. Auf Antrag ist das Grundbuch entsprechend zu berichtigen. Absatz 2 gilt entsprechend.

(4) Besteht am Gebäude selbständiges Eigentum nach § 288 Abs. 4 und § 292 Abs. 3 des Zivilgesetzbuchs der Deutschen Demokratischen Republik, so bleibt bei bis zum

Ablauf des 31. Dezember 1996 angeordneten Zwangsversteigerungen ein nach jenem Recht begründetes Nutzungsrecht am Grundstück bei dessen Versteigerung auch dann bestehen, wenn es bei der Feststellung des geringsten Gebots nicht berücksichtigt ist.

(5) War der Nutzer beim Erwerb des Nutzungsrechts unredlich im Sinne des § 4 des Vermögensgesetzes, kann der Grundstückseigentümer die Aufhebung des Nutzungsrechts durch gerichtliche Entscheidung verlangen. Der Anspruch nach Satz 1 ist ausgeschlossen, wenn er nicht bis zum 31. Dezember 1996 rechtshängig geworden ist. Ein Klageantrag auf Aufhebung ist unzulässig, wenn der Grundstückseigentümer zu einem Antrag auf Aufhebung des Nutzungsrechts durch Bescheid des Amtes zur Regelung offener Vermögensfragen berechtigt oder berechtigt gewesen ist. Mit der Aufhebung des Nutzungsrechts erlischt das Eigentum am Gebäude nach § 288 Abs. 4 und § 292 Abs. 3 des Zivilgesetzbuchs der Deutschen Demokratischen Republik. Das Gebäude wird Bestandteil des Grundstücks. Der Nutzer kann für Gebäude, Anlagen und Anpflanzungen, mit denen er das Grundstück ausgestattet hat, Ersatz verlangen, soweit der Wert des Grundstücks hierdurch noch zu dem Zeitpunkt der Aufhebung des Nutzungsrechts erhöht ist. Grundpfandrechte an einem aufgrund des Nutzungsrechts errichteten Gebäude setzen sich am Wertersatzanspruch des Nutzers gegen den Grundstückseigentümer fort. § 16 Abs. 3 Satz 5 des Vermögensgesetzes ist entsprechend anzuwenden.

(6) Auf die Aufhebung eines Nutzungsrechts nach § 287 oder § 291 des Zivilgesetzbuchs der Deutschen Demokratischen Republik finden die §§ 875 und 876 des Bürgerlichen Gesetzbuchs Anwendung. Ist das Nutzungsrecht nicht im Grundbuch eingetragen, so reicht die notariell beurkundete Erklärung des Berechtigten, daß er das Recht aufgebe, aus, wenn die Erklärung bei dem Grundbuchamt eingereicht wird. Mit der Aufhebung des Nutzungsrechts erlischt das Gebäudeeigentum nach § 288 Abs. 4 oder § 292 Abs. 3 des Zivilgesetzbuchs der Deutschen Demokratischen Republik; das Gebäude wird Bestandteil des Grundstücks.

(7) Die Absätze 1 bis 5 gelten entsprechend, soweit aufgrund anderer Rechtsvorschriften Gebäudeeigentum, für das ein Gebäudegrundbuchblatt anzulegen ist, in Verbindung mit einem Nutzungsrecht an dem betroffenen Grundstück besteht.

In Bezug genommene Vorschriften des bisherigen Rechts:

ZGB
Zweites Kapitel. Verleihung von Nutzungsrechten an volkseigenen Grundstücken

Die §§ 287 bis 294 sind in Art. 231 § 5 RdNr. 33ff. abgedruckt.

Gesetz über die Verleihung von Nutzungsrechten an volkseigenen Grundstücken (NutzRG)

Vom 14. Dezember 1970 (GBl. I S. 372)

§ 1 [Nutzungsrechte für gesellschaftliche Organisationen und sozialistische Genossenschaften]

Gesellschaftlichen Organisationen und sozialistischen Genossenschaften sowie ihren Einrichtungen und Betrieben, die juristische Personen sind, kann auf Antrag ein Nutzungsrecht an volkseigenen Grundstücken verliehen werden, wenn sie volkseigene Grundstücke bebaut haben oder bebauen wollen. Die Verleihung eines Nutzungsrechtes ist auch zulässig, wenn Erbbaurechte oder Erbpachtverträge an volkseigenen Grundstükken zugunsten gesellschaftlicher Organisationen oder sozialistischer Genossenschaften bestehen.

§ 2 [Nutzungsrechte für Bürger der DDR]

(1) Bürgern der DDR kann auf Antrag ein Nutzungsrecht an einem volkseigenen Grundstück zur Errichtung und persönlichen Nutzung eines Eigenheimes oder eines anderen, persönlichen Zwecken dienenden Gebäudes verliehen werden.

(2) Die Verleihung eines Nutzungsrechtes ist auch zulässig, wenn Bürger der DDR ein Eigenheim auf einem volkseigenen Grundstück auf Grund eines Erbbaurechtes, eines Erbpachtvertrages oder eines Pachtvertrages errichtet haben.

(3) Die Verleihung eines Nutzungsrechtes setzt voraus, daß der Bürger nicht bereits Eigentümer anderer Eigenheime ist.

(4) Das Recht der landwirtschaftlichen Produktionsgenossenschaften, in Ausübung des Nutzungsrechtes an volkseigenem Boden den Mitgliedern gemäß § 10 Abs. 1 Buchst. f des Gesetzes vom 3. Juni 1959 über die landwirtschaftlichen Produktionsgenossenschaften (GBl. I S. 577) Boden zur Errichtung einer LPG-Hauswirtschaft zuzuteilen, wird nicht berührt.

§ 3 [Umfang der Nutzungsrechte]

(1) Mit der Verleihung des Nutzungsrechtes entsteht für den Nutzungsberechtigten das Recht und die Pflicht, das volkseigene Grundstück bestimmungsgemäß zu nutzen. Er ist befugt, die sich aus der Ausübung des Nutzungsrechtes ergebenden Rechte und Pflichten wahrzunehmen.

(2) Das Nutzungsrecht ist unbefristet. In Ausnahmefällen kann das Nutzungsrecht befristet verliehen werden.

(3) Die auf dem volkseigenen Grundstück ruhenden öffentlichen Lasten und Abgaben trägt der Nutzungsberechtigte.

(4) Für Nutzungsrechte an volkseigenen Grundstücken gemäß § 2 Absätze 1 und 2 ist ein Nutzungsentgelt zu entrichten. Auf der Grundlage bisheriger Rechtsvorschriften verliehene unentgeltliche Nutzungsrechte bleiben gegenüber den bisher nutzungsberechtigten Bürgern und ihren Ehegatten als unentgeltliches Nutzungsrecht bestehen. Der Ministerrat legt die Grundsätze zur Festsetzung von Entgelten für die Nutzung volkseigener Grundstücke fest. Er kann bestimmen, daß auch in anderen Fällen als denen des § 2 Nutzungsentgelte zu entrichten sind.

§ 4 [Verleihung]

(1) Die Verleihung des Nutzungsrechts erfolgt durch den zuständigen Rat des Kreises.

(2) Das Nutzungsrecht entsteht mit dem in der Urkunde über die Verleihung des Nutzungsrechtes genannten Zeitpunkt.

(3) Die Verleihung des Nutzungsrechtes ist auf dem Grundbuchblatt des volkseigenen Grundstückes einzutragen.

(4) Die auf dem zur Nutzung überlassenen volkseigenen Grundstück errichteten bzw. die erworbenen Gebäude sind Eigentum des Nutzungsberechtigten. Auf das Eigentumsrecht des Nutzungsberechtigten an den Gebäuden finden die Bestimmungen des Zivilrechtes über Grundstücke entsprechende Anwendung. Für die Gebäude ist ein besonderes Gebäudegrundbuchblatt anzulegen.

(5) Bestehende Rechte an volkseigenen Grundstücken gemäß § 1 und gemäß § 2 Abs. 2 erlöschen mit der Verleihung des Nutzungsrechtes.

§ 5 [Gebäude]

(1) Gebäude, die auf Grund eines Nutzungsrechtes errichtet wurden, können veräußert werden. Mit der staatlichen Genehmigung über die Veräußerung geht das Nutzungsrecht auf den Erwerber über.

(2) Auf Grund eines Nutzungsrechtes errichtete Eigenheime bzw. andere, persönlichen Zwecken dienende Gebäude, können vererbt werden. Das Nutzungsrecht geht auf den Erben über, wenn dieser Bürger der DDR und nicht Eigentümer anderer Eigenheime ist und wenn das Eigenheim seinen persönlichen Wohnbedürfnissen dienen soll.

(3) Dem Erwerber oder dem Erben ist durch den Rat des Kreises eine auf seinen Namen lautende Urkunde auszustellen, aus der sich der Übergang des Nutzungsrechtes ergibt.

§ 6 [Entzug]

(1) Der Entzug des Nutzungsrechtes ist nur für gemeinnützige Zwecke auf gesetzlicher Grundlage zulässig oder wenn der Nutzungsberechtigte das volkseigene Grundstück nicht bestimmungsgemäß nutzt.

(2) Erfolgt ein Entzug des Nutzungsrechtes oder geht das Nutzungsrecht nicht auf den Erben über, gelten die allgemeinen Rechtsvorschriften des Zivilrechtes über das Eigentum an Grundstücken und Gebäuden. Die Entschädigung erfolgt nach dem Entschädigungsgesetz vom 25. April 1960 (GBl. I S. 257). Gebäude werden entschädigt, soweit diese mit staatlicher Genehmigung auf dem volkseigenen Grundstück errichtet wurden.

§ 7 [Durchführungsvorschriften]

Der Ministerrat und der Minister der Finanzen erlassen Rechtsvorschriften zur Durchführung dieses Gesetzes.

§ 8 [Inkrafttreten]

(1) Dieses Gesetz tritt am 1. Januar 1971 in Kraft.

(2) (3) (*Betrifft Änderungen anderer Gesetze*).

(4) Gleichzeitig treten außer Kraft:

a) Gesetz vom 21. April 1954 über die Verleihung von Nutzungsrechten von volkseigenen Grundstücken (GBl. S. 445),
b) Zweites Gesetz vom 3. April 1959 über die Verleihung von Nutzungsrechten an volkseigenen Grundstücken (GBl. I S. 277),
c) Gesetz vom 15. September 1954 über die Aufnahme des Bausparens (GBl. S. 783).

Schrifttum: *Böhringer,* Beseitigung dinglicher Rechtslagen b. Grundstücken i. d. neuen Ländern, Rpfleger 1995, 51; *ders.,* Zusammenführung v. Gebäude- u. Grundeigentum, DtZ/1994, 266; *Heuer,* Grundzüge des Bodenrechts der DDR 1949–1990, 1991; *Horst,* Einführung u. Erhöhung v. Entgelten bei Nutzungsrechten an Grundstücken in den neuen Ländern, DWW 1994, 14; *Hügel,* Umgang mit Gebäudeeigentum, MittBayNot 1993, 196; *Rohde,* Bodenrecht, 1989; *Rohde,* Grundstückseigentums- u. Bodennutzungsrechtsverhältnisse in den neuen Bundesländern n. d. Einigungsvertrag, DNotZ 1991, 186; *Wobst,* Kein Gebäudeeigentum auf Trümmer- oder Althypothekengrundstücken, MDR 1991, 697.

Übersicht*

I. Überblick, Anwendungsbereich und Normzweck

1 **1. Motive des DDR-Rechts.** Das „dingliche" Nutzungsrecht an volkseigenen Grundstücken und das daraus folgende selbständige Gebäudeeigentum ist ein **typisches Rechtsinstitut der DDR.** Die erste Regelung bezüglich volkseigener Grundstücke erfolgte schon mit Gesetz vom 21. 4. 1954 (GBl. S. 445), wurde danach mehrfach geändert und schließlich in das ZGB aufgenommen. Die gesetzgeberischen Motive waren prinzipiell ideologischer Natur. Einerseits sollte das Volksvermögen an Grund und Boden, dessen Vergesellschaftung ein wichtiges staatliches Ziel war,[1] erhalten bleiben, also nicht veräußert werden. Andererseits entsprach es praktischer Zweckmäßigkeit durch Errichtung von Eigenheimen mehr Wohnraum zu schaffen und durch Wochenendhäuser und dergl. die „Erholungsbedürfnisse der Werktätigen zu befriedigen".[2] Der Bürger erhielt hier zwar eine sichere Gebäudeeigentümerstellung und konnte finanzieren. Der Staat behielt aber die

* Für die Anregungen und die Durchsicht des Manuskripts wird Herrn Notar *Manfred Ulbrich,* Dresden, herzlich gedankt.

[1] Vgl. Art. 12, 15 der Verfassung der DDR, *Rohde* Bodenrecht, 1989, S. 21.

[2] Vgl. Kommentar zum ZGB vom 19. 6. 1975, herausgegeben vom Ministerium der Justiz, Vor § 287.

volle Kontrolle über die persönliche und bestimmungsgemäße Nutzung, insbesondere auch bei Verkauf und Vererbung.

2 **2. Anwendungsbereich.** Der Anwendungsbereich von § 4 umfaßt drei Fallgruppen:

a) Nutzungsrechte/Gebäudeeigentum von Bürgern an **volkseigenen Grundstücken** (§§ 287ff. ZGB), vgl. RdNr. 13ff.

b) Nutzungsrechte/Gebäudeeigentum von Bürgern an **genossenschaftlich genutzten Flächen** (§§ 291ff. ZGB), vgl. RdNr. 69ff.

c) **sonstiges Gebäudeeigentum aufgrund Nutzungsrechts** iS § 4 Abs. 7, vgl. RdNr. 74ff.

Der Unterschied zwischen a) und b) liegt darin, daß bei a) ein volkseigenes Grundstück, bei b) dagegen eine genossenschaftlich genutzte Bodenfläche betroffen wird, Berechtigter jeweils aber ein Bürger ist, während c) einen Auffangtatbestand für gleichkonstruierte Rechte bildet. Die **tatsächliche Zahl** der aufgrund von Nutzungsrechten errichteten Gebäude dürfte sehr hoch sein, da wohl die meisten Einfamilienhäuser nach dem Krieg auf dieser Basis errichtet wurden und auch eine Vielzahl von aus früherer Zeit stammenden Gebäuden in diese Rechtsform übertragen wurde.

3 **3. Abgrenzung.** Das DDR-Recht kann entsprechend seiner Ideologie noch eine Reihe anderer Fälle des Eigentums an „Baulichkeiten", die jedoch nicht unter § 4 Abs. 6 fallen, insbesondere:

4 **a)** Die **vertraglich vereinbarten Nutzungsrechte** gemäß §§ 312ff. ZGB (zur kleingärtnerischen Nutzung, Erholung, Freizeitgestaltung). Hier entstehen zwar schuldrechtliche Nutzungsrechte (vgl. § 313 ZGB) und Gebäudeeigentum (bzw. nach DDR-Terminologie Eigentum an „Baulichkeiten"), für das jedoch die Vorschriften über das Eigentum an beweglichen Sachen gelten (§ 296 Abs. 1 S. 2 ZGB). Da es sonach hier kein Gebäudegrundbuch gibt, ist § 4 Abs. 7 nicht anwendbar, dafür Art. 232 § 4 EGBGB.[3]

5 **b)** Bei **Bauwerkserrichtung durch volkseigene Betriebe oder staatliche Organe gem. § 459 ZGB** auf nicht volkseigenen Grundstücken ist zwar für das Gebäudeeigentum ein eigenes Grundbuch anzulegen, jedoch besteht kein damit verbundenes quasi-dingliches Nutzungsrecht, sondern nur ein schuldrechtlicher Nutzungsvertrag (vgl. hierzu die Erläuterungen zu Art. 233 § 8 EGBGB).

6 **4. Begriff. a)** Das hier gegenständliche Rechtsinstitut besteht aus zwei Elementen, nämlich

- dem **„quasi-dinglichen Nutzungsrecht"**, das zwar durch staatlichen Akt (Verleihung/Zuweisung), also nicht durch Rechtsgeschäft entsteht, zumindest durch seine Eintragungsfähigkeit in das Grundstücksgrundbuch aber dingliche Wirkung entfaltet; es gilt als dingliches Recht iS § 95 BGB, da es die Trennung von Grundstück und Gebäudeeigentum ermöglicht;[4] sein Inhalt bezieht sich auf die **Bebauung** und bestimmungsgemäße Benutzung;
- das **Gebäudeeigentum** des Nutzungsberechtigten, das als „persönliches Eigentum" verstanden wurde.

7 **b)** Diese Elemente entsprechen grundsätzlich denen des Erbbaurechts – Recht am Grundstück verbunden mit Sondereigentum am Bauwerk (vgl. 2. Aufl. § 1 ErbbauVO RdNr. 5) –. Während aber die ErbbauVO diese Elemente als rechtliche Einheit behandelt, nämlich als Erbbaurecht, blieben bisher diese Elemente rechtlich und begrifflich getrennt. Sie waren teilweise verknüpft, zB bei der Veräußerung (§ 289 Abs. 2 ZGB) und dem Entzug (§ 290 ZGB), konnten jedoch bei der Vererbung vorübergehend auseinanderfallen.[5] Gemäß Art. **231 § 5 Abs. 2** gilt jedoch nun das **Nutzungsrecht als wesentlicher Bestandteil des Gebäudeeigentums,** so daß jetzt auch beide Elemente zu einem **einheitli-**

[3] Vgl. BGH DtZ 1994, 68; zur Abgrenzung vgl. *Wobst* MDR 1991, 697.

[4] Vgl. § 6 Abs. 2 iV § 2 NutzRG, *Heuer* S. 41, *Leutheusser-Schnarrenberger* DtZ 1993, 322, 323.

[5] *Heuer* S. 45.

chen Recht zusammengefaßt sind. Im Unterschied zum Erbbaurecht ist jedoch hier das Gebäudeeigentum die maßgebende Komponente. Diese Systemabweichung wurde hingenommen, um bei diesen alten nicht mehr begründbaren Rechtsverhältnissen nicht zu sehr von der bisherigen Rechtslage abzuweichen, da ja nur ein Gebäudegrundbuch bestand.[6]

8 **c)** Auch sonst bestehen bei aller Rechtsähnlichkeit gewichtige **Unterschiede zum Erbbaurecht,** das vom Nutzungsrecht systemkonform ersetzt werden sollte:

- **Konstitutiv** ist hier der Staatsakt, dort die Eintragung in das Grundstücksgrundbuch;
- hier spielt (wie im ganzen DDR-System) das **Grundbuch** eine Nebenrolle, während für die Entstehung, die Sicherheit (erste Rangstelle) und die gesamte Ausgestaltung sowie das rechtliche Schicksal beim Erbbaurecht das Grundbuch die zentrale Rolle spielt;
- hier besteht ein geringer (durch Staatsakt festzulegender) **Gestaltungsspielraum** (Bestimmung des Gebäudes, der Nutzung, Dauer, Entgelt), dort der im Sachenrecht weiteste Bereich dinglicher Inhaltsregelungen;
- auch der gesetzlich geregelte Bereich ist hier wesentlicher kürzer und unpräziser.

9 **5. Normzweck der Regelung.** Die Vorschrift dient dazu, das Gebäudeeigentum und die hierzu gehörenden Nutzungsrechte als Sachenrechte in das System des deutschen bürgerlichen Rechts zu integrieren. Sie gewährt weitgehend Bestandsschutz für bestimmungsgemäß entstandene Rechte dieser Art. Wegen der geringen Verläßlichkeit der Grundbuchführung durch die Behörden der ehem. DDR schützt das Gesetz für eine festgelegte Übergangszeit den durch tatsächliche Ausübung des Rechts dokumentierten Bestand gegen einen anders lautenden Grundbuchstand.

II. Umfang der Geltung von altem/neuem Recht

10 **1. Gesetzliche Systematik. a)** Art. 231 § 5 Abs. 1 EGBGB bestimmt, daß bisheriges Gebäudeeigentum auch künftig ein vom Grundstück getrenntes selbständiges Eigentum bleibt (vgl. hierzu auch § 95 BGB), ferner in Abs. 2, daß das Nutzungsrecht als Bestandteil des Gebäudeeigentums gilt. Nach Art. 233 § 2 und § 4 Abs. 1 EGBGB gelten für bestehendes Gebäudeeigentum grundsätzlich die BGB-Vorschriften, und zwar die sich auf Grundstücke beziehenden. Andererseits gelten gemäß Art. 233 § 3 Abs. 1 bestehende dingliche Rechte grundsätzlich weiter mit dem bisherigen Inhalt und Rang, allerdings sind für das Nutzungsrecht nun in S. 2 u. 3 Einschränkungen enthalten. Art. 233 § 4 Abs. 2 mit 5 bringt nun eine Vielzahl von neuen Regelungen.

11 **b)** Nach der ursprünglichen Fassung der Bestimmung war problematisch, ob durch die Bestandteilszuordnung des Nutzungsrechts zum Gebäudeeigentum auf dieses einheitliche Institut nur noch die Grundstücksvorschriften anwendbar sind (Art. 233 §§ 2 Abs. 1, 4 Abs. 1) oder wegen des darin enthaltenen Nutzungsrechts dessen bisherige Vorschriften (Art. 233 § 3 Abs. 1) mit den bisherigen Auswirkungen auf das Gebäudeeigentum und umgekehrt.

12 **2. Auslegung.** Aus den Motiven[7] sowie aus den 3 umfangreichen Gesetzesänderungen ist ersichtlich, daß nach neuem Recht das Erbbaurecht weitgehend als Leitbild verwendet wurde. Soweit konkrete neue Vorschriften fehlen, ergibt sich daraus, daß nur für das Gebäudeeigentum selbst die BGB-Grundstücksvorschriften gelten sollen, jedoch nur soweit sich aus seiner schon bisherigen Bindung an das Nutzungsrecht nichts anderes ergibt, und daß für das Nutzungsrecht die bisherigen Bestimmungen weiter gelten, soweit sich aus der nun untrennbaren Zuordnung zum Gebäudeeigentum nichts anderes ergibt. Es entsteht also weitgehend eine dem Erbbaurecht ähnliche Situation insofern, als Nutzungsrecht/Gebäudeeigentum hinsichtlich der Entstehung, Veränderung und des Erlöschens als Recht zu behandeln sind, im übrigen als Grundstück.

[6] BT-Drs. 11/7817 vom 10. 9. 1990 S. 38.
[7] BT-Drs. 11/7817 S. 41.

III. Fortgeltende Vorschriften für Nutzungsrechte/Gebäudeeigentum an volkseigenen Grundstücken

13 Für Nutzungsrechte von Bürgern an volkseigenen Grundstücken galten bisher §§ 287 bis 290 ZGB und §§ 2ff. des oben abgedruckten Gesetzes über die Verleihung von Nutzungsrechten an volkseigenen Grundstücken (NutzRG). Nach § 2 Abs. 2 DDR-EGZGB gelten ausschließlich die entsprechenden Bestimmungen des ZGB, auch wenn die Rechte vor dessen Inkrafttreten (1. 1. 1976) schon bestanden haben; dies ist mit dem GG vereinbar.[8] Es gilt im wesentlichen fort:

14 **1. Gegenstand des Nutzungsrechts. a)** Ein Nutzungsrecht konnte in folgenden Fällen verliehen werden:

- Zur **Errichtung eines Eigenheims** (§ 287 Abs. 1 ZGB, § 2 Abs. 1 NutzRG) zur persönlichen Nutzung oder eines anderen, persönlichen Bedürfnissen dienenden Gebäudes, zB Garage, Wochenendhaus (wobei für letztere die Nutzungsvereinbarungen gem. §§ 312ff. ZGB bedeutender waren), neuerdings auch für Produktionsstätten von Handwerkern und Gewerbetreibenden;
- an **schon errichteten Eigenheimen** (§ 2 Abs. 2 NutzRG) eines DDR-Bürgers aufgrund Erbbaurecht, Erbpachtvertrag oder Pachtvertrag (Umwandlung in Nutzungsrecht);
- durch rechtsgeschäftlichen **Erwerb volkseigener Eigenheime,** Miteigentumsanteile oder Gebäude auf der Grundlage des Gesetzes über den Verkauf volkseigener Eigenheime, Miteigentumsanteile und Gebäude für Wohnungszwecke v. 19. 12. 1973 (GBl. I Nr. 58 S. 578);
- in jüngster Zeit auch durch den Kauf volkseigener **für Gewerbezwecke geeigneter Gebäude** durch Handwerker und Gewerbetreibende gemäß § 1 des Gesetzes über den Verkauf volkseigener Gebäude vom 7. 3. 1990 (GBl. I S. 157, DDR-Schönfelder Nr. 16), das der Ersatz für das vorgenannte Gesetz ist.

15 **b)** Was unter **Eigenheim** zu verstehen ist, bestimmt sich nach § 1 der Durchführungsbestimmungen zur Verordnung über den Neubau, die Modernisierung und Instandsetzung von Eigenheimen vom 18. 8. 1987 (GBl. I S. 215, DDR-Sartorius, Nr. 151a: DB EigenheimVO). Danach fallen hierunter das selbstgenutzte Einfamilienhaus, Einfamilienhaus mit Einliegerwohnung, welche nach ihrer Beschaffenheit besonders für nahe Familienangehörige geeignet ist, sowie ein Zweifamilienhaus, soweit beide Wohnungen von zwei Familien als Miteigentümer genutzt werden. Als Neubau gelten auch Umgestaltungen bisher nicht zu Wohnzwecken dienender Gebäude, Rekonstruktion und Anbau. Unzulässig war dagegen der Neubau von Häusern mit einer zweiten Wohnung zur Vermietung. Die Meinung von *Wobst,*[9] daß an Ruinengrundstücken kein Gebäudeeigentum möglich ist, ist abzulehnen, da die Rechtseinräumung die Befugnis zum Abbruch umfassen kann.

16 **c) Belastungsgegenstand** ist **nur ein volkseigenes Grundstück,** nicht dagegen ein nur unter vorläufiger Verwaltung gestelltes.[10] Es sollte ein Grundstück iS § 295 Abs. 1 ZGB ausgewiesen sein, also ein Grundstück im Rechtssinne.[11] Demgemäß sollte zuerst die Vermessung erfolgen, wobei als Orientierungsgröße 500 qm nicht überstiegen werden sollten (§ 7 EigenheimVO).

17 **2. Entstehung des Nutzungsrechts.** Es war folgender Regelablauf vorgesehen:

- **Vermessung** des volkseigenen Grundstücks (RdNr. 16),
- **Verleihung** des Nutzungsrechts (RdNr. 19),
- Eintragung des Nutzungsrechts im **Grundstücksgrundbuch,**
- **Anlegung eines Gebäudegrundbuchs.**

[8] So BVerfG WM 1993, 1936; BGH DtZ 1993, 243 je zu §§ 312ff. ZGB.
[9] MDR 1991, 697.
[10] BGH LM H. 8/1993, 287 DDR-ZGB Nr. 1 = NJW 1993, 1706.
[11] Kommentar zum ZGB (Fn. 2) § 287 Anm. 1.1.

18 **a)** Das Nutzungsrecht war Gegenstand der staatlichen Dokumentation gemäß § 3 Abs. 1a), § 2 Abs. 1c) der Grundstücksdokumentationsordnung (DDR-Schönf.: GDO, Nr. 270). Deswegen und wegen § 4 Abs. 3 NutzRG, § 36 Grundbuchverfahrensordnung (= DDR-Schönf.: GVO, Nr. 271) ist es in das **Grundstücksgrundbuch** einzutragen. Der Nutzungsberechtigte hatte dabei kein eigenes Antragsrecht,[12] das ihm aber nach jetzigem Recht zustehen muß. Eine Eintragung ist daher vielfach nicht erfolgt. Für das Gebäude war ein besonderes **Gebäudegrundbuchblatt** anzulegen (§ 4 Abs. 4 S. 3 NutzRVO, § 36 GVO). Vgl. für die jetzigen Grundbuchvorschriften RdNr. 33ff.

19 **b)** Die **Verleihung des Nutzungsrechts** erfolgte auf Antrag des Bürgers durch den zuständigen Rat des Kreises (§ 287 Abs. 1 ZGB, § 4 Abs. 1 NutzRG), wobei bei einem anderen Rechtsträger zuerst ein Rechtsträgerwechsel stattzufinden hatte,[13] weil die Wirksamkeit von einer (gesetzlichen) Verfügungsbefugnis abhing.[14] Sie war eine staatliche Entscheidung, nach BRD-Recht ein Verwaltungsakt.[15]

Voraussetzung war:
- Ein **Nutzungsrechts-Tatbestand** (RdNr. 14),
- der Bewerber durfte **nicht bereits Eigentümer eines anderen Eigenheimes** sein (§ 2 Abs. 3 NutzRVO); er mußte DDR-Bürger sein; Ziel durfte nur die persönliche Nutzung sein,
- Bei Neuerrichtung mußte die **Zustimmung zur Bauerrichtung** vorliegen.[16]

20 IdR erfolgte die Verleihung zusammen mit einem Paket anderer Entscheidungen und Förderungsmaßnahmen.[17] Über die Verleihung war eine **Urkunde** auszustellen, in der der für die Entstehung maßgebende Zeitpunkt anzugeben war (§ 287 Abs. 2 ZGB, § 4 Abs. 2 NutzRG). Das Nutzungsrecht konnte dagegen nicht bei bloßer staatlicher Bewilligung, zB Baugenehmigung, entsprechend der sozialen Wirklichkeit der ehemaligen DDR entstehen; für derartige **„hängende Fälle"** verbleibt es beim Moratorium nach Art. 233 § 2a.[18] Wenn eine „einstweilige Nutzungsberechtigung" (soweit überhaupt möglich) eingeräumt wurde, wäre sie mit dem Beitritt erloschen, weil gem. Art. 8, 9 EinigungsV keine Nutzungsrechte mehr bestellt werden können.[18]

21 **c)** Die Verleihung hatte also gemäß § 287 Abs. 2 ZGB, § 4 Abs. 2 NutzRG **konstitutive Wirkung,** das Nutzungsrecht entstand nach dem Gesetzeswortlaut mit dem in der Urkunde festgelegten Zeitpunkt. Nur hieran knüpft auch die Fortgeltungsvorschrift des Art. 233 § 3 an. Die Eintragung im Grundstücks- und Gebäudegrundbuch war schon bisher nur deklaratorisch – „zur Dokumentation".[19]

22 **d)** Die **heutige Wirksamkeit** des Nutzungsrechts knüpft daher nur an die Verleihungsurkunde an. Nur aus ihr kann sich eine etwaige Unwirksamkeit des Nutzungsrechts ergeben, zB weil sie sich auf die Errichtung eines Mehrfamilienhauses bezieht oder eine juristische Person Berechtigter ist. Auf die übrigen Verfahrensschritte, insbesondere Vermessung, Grundbuchvollzug kommt es dagegen nicht an.

23 **3. Entstehung des Gebäudeeigentums. a)** Die der Bestandteilsregelung von § 94 BGB entsprechender Vorschrift des § 295 Abs. 1 ZGB war in § 295 Abs. 2 ZGB für das Gebäudeeigentum durchbrochen, das hier gemäß § 288 Abs. 4 ZGB, § 4 Abs. 4 NutzRG entstand. Das Gebäudeeigentum entstand somit **kraft Gesetzes** mit seiner Errichtung bzw. beim Erwerber volkseigener Gebäude mit diesem. Dies gilt gemäß Art. 231 § 5 Abs. 1 EGBGB fort, so daß also auch jetzt noch Gebäudeeigentum an **künftig zu errichtenden Gebäuden** entstehen kann, aber nur soweit dies „aufgrund eines (wirksamen) Nutzungs-

[12] Vgl. §§ 4ff. GVO, BT-Drucks. 11/7817 S. 41.
[13] *Rohde* S. 92.
[14] So Thüringer OLG OLG-NL 1994, 60, zur Bestellung eines Erbbaurechts.
[15] *Heuer* RdNr. 50.
[16] Kommentar zum ZGB § 287 Anm. 1.2, *Rohde* S. 91.
[17] Vgl. §§ 3, 4 Abs. 4 Nr. 3 EigenheimVO, *Rohde* S. 91.
[18] BGH LM H. 8/1993, 287 DDR-ZGB Nr. 1 m. Anm. Weber.
[19] Vgl. Kommentar zum ZGB § 287 Anm. 2, *Heuer* RdNr. 50.

rechts" erfolgt. Da die Formulierung in § 12 Abs. 1 S. 1 ErbbauVO fast gleich ist, ist hierunter die bestimmungsgemäße Bebauung zu verstehen (beim Erbbaurecht strittig, vgl. 2. Aufl. § 12 ErbbauVO RdNr. 5). Die Eintragung in das Gebäudegrundbuch ist weiter nur deklaratorisch (vgl. RdNr. 21).

24 **b)** Der Eigentumserwerb bezieht sich auch auf vom Berechtigten errichtete **sonstige Baulichkeiten, Anlagen** und **Anpflanzungen** (§ 288 Abs. 4 ZGB, Art. 231 § 5 Abs. 1 EGBGB), auch sie gelten als Bestandteil des Gebäudes (Art. 231 § 5 Abs. 2 EGBGB).

25 **4. Besonderheiten beim Kauf volkseigener Gebäude.** Nach dem vorgenannten Gesetz über den Verkauf volkseigener Gebäude vom 7. 3. 1990 samt DVO ergeben sich folgende Besonderheiten: Eigentumserwerb am Gebäude und Verleihung des Nutzungsrechts sind unmittelbar miteinander gekoppelt. Gemäß § 4 Abs. 1 geht mit der Eintragung des Käufers in das Gebäudegrundbuch das Eigentum über, mit diesem Zeitpunkt soll gleichzeitig das Nutzungsrecht entstehen.[20] Die Fortgeltung müßte daher an diesen Zeitpunkt anknüpfen, da in Art. 231 § 5 Abs. 1 und Art. 233 §§ 2, 3, 4 EGBGB jeweils an ein bestehendes Gebäudeeigentum bzw. Nutzungsrecht angeknüpft wird.

26 **5. Weiterer Inhalt des Nutzungsrechts/Gebäudeeigentums. a) „Persönliches Eigentum", „persönliche Nutzung".** Aufgrund des sozialistischen Eigentumsbegriffs sollte nur „persönliches Eigentum" und nur „persönliche Nutzung" entstehen, dh. die Gebäude waren **nur für die Eigennutzung bestimmt.** Dem entsprachen Bestimmungen über die Berechtigung, zB bei Ehepaaren und bei Miteigentümern,[21] die Veräußerung, Vererbung und den Entzug bei nicht persönlicher Nutzung. Eine **Fortgeltung** dieser Bestimmungen ist durch § 3 Abs. 1 S. 2 und 3 ausdrücklich **ausgeschlossen.**

27 **b)** Gemäß § 288 Abs. 1 ZGB, § 3 Abs. 1 NutzRG besteht das Recht und die Pflicht, das betroffene Grundstück **„bestimmungsgemäß zu nutzen".** Da das Erfordernis der persönlichen Nutzung nun entfallen ist, fällt hierunter nur noch die Errichtung des festgelegten Gebäudes bzw. der Anlagen, wozu der Berechtigte auch heute noch verpflichtet ist, und die Nutzung des Gebäudes entsprechend dem Bestimmungszweck laut Verleihungsurkunde, also zu Wohnzwecken etc. Bei Wohngebäuden mußte die Wohnnutzung überwiegen, wobei eine begrenzte gewerbliche Nutzung in dem vorhandenen Gebäude oder der Anbau einer kleinen Werkstatt oder eines kleinen Gewerberaumes für zulässig gehalten wurden.[22]

28 Eine Errichtung zusätzlicher weiterer Gebäude oder eine Nutzung zu anderen Zwecken dürfte auch heute unzulässig sein, wie beim Erbbaurecht.

29 **c) Lastentragung.** Der Berechtigte trägt als Gebäudeeigentümer nicht nur alle Kosten, Lasten und Gefahren des Gebäudes, sondern auch gemäß § 3 Abs. 3 NutzRG die öffentlichen Lasten und Abgaben des betroffenen Grundstücks, also insbesondere Grundsteuer und Erschließungskosten.

30 **d) Dauer.** Das Nutzungsrecht ist grundsätzlich **unbefristet,** also ewig, kann aber in Ausnahmefällen befristet werden (§ 288 Abs. 2 ZGB, § 3 Abs. 2 NutzRG), zB in Fällen, in denen der Bebauungsplan später eine andere Nutzung bzw. Bebauung vorsieht.[23] Daß eine bestehende Frist weiter gilt, dürfte unstrittig sein. Soweit ersichtlich, waren bisher die Rechtsfolgen des Fristablaufs nicht geregelt. Rechtsähnlich ist jedoch der Zeitablauf beim Erbbaurecht, so daß mit dem Nutzungsrecht auch das Gebäudeeigentum erlischt, jedoch gegen Entschädigung des Gebäudes.

31 **e) Nutzungsentgelt.** Nach § 288 Abs. 3 ZGB, § 3 Abs. 4 NutzRG ist grundsätzlich für das Nutzungsrecht ein Nutzungsentgelt zu entrichten, besteht aber unter den dort genannten Voraussetzungen die Möglichkeit der Unentgeltlichkeit. In der Praxis ist aber die Ausnahme der Unentgeltlichkeit zur Regel geworden.[24] Soweit die Unentgeltlichkeit

[20] Vgl. *Heuer* RdNr. 50.
[21] Vgl. *Rohde* S. 93.
[22] Kommentar zum ZGB § 288 Anm. 1.1.
[23] Kommentar zum ZGB § 288 Anm. 2.
[24] *Heuer* RdNr. 48, *Horst* DWW 1994, 14, 20.

nicht nach damaligem Recht rechtswidrig gewesen sein sollte, gilt insoweit das bisherige Recht fort.[25] Allerdings ist die Rechtsnatur des bisherigen Nutzungsentgelts fraglich: Handelt es sich um eine Belastung des Nutzungsrechts oder um dessen Inhalt? Für letzteres spricht, daß es jeweils im Gesetz in § 288 ZGB, § 3 NutzRG mit der Überschrift „Inhalt" bzw. „Umfang des Nutzungsrechts" abgehandelt ist. Die Einordnung als Teil des Inhalts des dinglichen Nutzungsrechts ist zwar die dem Erbbauzins entgegengesetzte Lösung. Hier wird aber damit mehr Rechtssicherheit und Klarheit geschaffen, als bei einem außergrundbuchlichen Recht an einem in der Regel ebenfalls nicht gebuchten Nutzungsrecht. Die dem Erbbauzins entsprechende Wertsicherungsproblematik wurde anscheinend bisher noch nicht geregelt.

32 **6. Entzug des Nutzungsrechts (§ 290 ZGB, § 6 NutzRG).** Schon in der Vorauflage wurde hierzu nur eine eingeschränkte Weitergeltung – ähnlich wie beim Heimfall des Erbbaurechts – bei groben Verstößen gegen die bestimmungsgemäße Nutzung vorgeschlagen. Durch den nun eingefügten § 3 Abs. 1 S. 3 sind die Entzugsvorschriften **aufgehoben.**

IV. Grundbuch, öffentlicher Glaube

33 **1. Grundbuchvorschriften. a) Gebäudegrundbuch.** Bestehende Gebäudegrundbücher (vgl. RdNr. 18) gelten weiter. Für die Neuanlage und die Führung von Gebäudegrundbüchern gilt nun die Verordnung über Gebäudegrundbücher und andere Fragen des Grundbuchrechts vom 15. 7. 1994 (BGBl. I. S. 1606, **„GebäudeGB-VO"**).

34 Nach § 144 Abs. 1 Nr. 4 GBO (neu) muß das Grundbuchamt das Vorhandensein des Gebäudes nicht prüfen. Der Nachweis wird nach § 4 Abs. 1 GebäudeGB-VO durch Vorlage der Nutzungsurkunde und der Baugenehmigung bzw. der sonst dort genannten Unterlagen erbracht.

35 **b) Grundstücksgrundbuch.** Nach dem neu eingefügten § 4 Abs. 1 S. 2 muß nun vor Anlegung eines Gebäudegrundbuchblattes das zugrundeliegende Nutzungsrecht **von Amts wegen** im Grundstücksgrundbuch eingetragen werden; vgl. hierzu § 1 Abs. 2, § 5 GebäudeGB-VO. Soweit nach dem **Sachenrechtsbereinigungsgesetz** ein Vermittlungsverfahren eröffnet wird, hat der Notar das Grundbuchamt um Eintragung eines entsprechenden Vermerks im Grundstücksgrundbuch und im Gebäudegrundbuch zu ersuchen (vgl. § 92 Abs. 5 SachenRBerG); dieser Vermerk hat die Wirkung einer Vormerkung, § 92 Abs. 6 SachenRBerG; dagegen ist § 2c Abs. 2 nicht anwendbar.

36 **2. Gutgläubiger Erwerb des Gebäudeeigentums.** Der gutgläubige Erwerb eines selbständigen Gebäudeeigentums oder eines dinglichen Rechts am Gebäude ist nach dem neu eingefügten § 4 Abs. 1 S. 3 nur möglich, wenn auch das zugrundeliegende Nutzungsrecht bei dem belasteten Grundstück eingetragen ist. Jeder Erwerber und jeder neue Berechtigte an einem Gebäudeeigentum müssen daher künftig das entsprechende Grundstücksgrundbuch einsehen und überprüfen.

37 **3. Wiederherstellung des öffentlichen Glaubens des Grundstücksgrundbuchs.** Durch Einfügung der neuen Absätze 3 bis 5 in Art. 231 § 5 soll der öffentliche Glaube des Grundbuchs ab 1. 1. 1997 auch gegenüber dem selbständigen Gebäudeeigentum wieder hergestellt werden. Danach erlischt das Gebäudeeigentum, wenn nach dem 31. 12. 1996 das Eigentum am Grundstück übertragen wird, es sei denn, daß das Nutzungsrecht (mit Gebäudeeigentum) im Grundbuch des veräußerten Grundstücks eingetragen ist oder dem Erwerber bekannt war. Parallel dazu gilt die Einschränkung des öffentlichen Glaubens zugunsten des nicht im Grundbuch eingetragenen Nutzungsrechts nach Abs. 2 S. 1 nur noch, wenn der dem Erwerb zugrundeliegende Eintragungsantrag vor dem 1. 1. 1997 gestellt worden ist.

[25] *Horst* DWW 1993, 14, 20.

Liegt sonach ein gutgläubiger Erwerb nach dem 1. 1. 1997 vor, so wird auch ein bereits angelegtes Gebäudegrundbuchblatt unrichtig und ist im Wege der Grundbuchberichtigung nach §§ 22, 19, 29 GBO zu schließen;[26] das gleiche gilt, wenn nach dem 1. 1. 1997 das Grundstück mit einem dinglichen Recht belastet oder ein solches Recht erworben wird; für den gutgläubigen Inhaber des Rechts gilt das Gebäude als Bestandteil des Grundstücks. Es liegt daher im Interesse eines jeden Gebäudeeigentümers, dessen Rechtsnachfolgers und Berechtigten daran, für eine ordnungsgemäße Eintragung nicht in das Gebäudegrundbuch, sondern in das Grundstücksgrundbuch rechtzeitig zu sorgen. **38**

4. Einschränkung des öffentlichen Glaubens vor dem 1. 1. 1997 (§ 4 Abs. 2 S. 1). a) Ziel. Da nach DDR-Recht die Eintragung ins Grundstückgrundbuch nicht konstitutiv war, will der Gesetzgeber bis zur Wiederherstellung des öffentlichen Glaubens zum 1. 1. 1997 vermeiden, daß beim gutgläubigen Erwerb des Grundstücks das Nutzungsrecht und damit letztlich das Gebäudeeigentum verloren geht.[27] **39**

b) Voraussetzungen sind: **40**
- ein **Nutzungsrecht** hier gegenständlicher Art muß **wirksam** bestehen, vgl. RdNr. 22;
- dieses ist **nicht in das Grundstücksgrundbuch** eingetragen (die bloße Anlegung eines Gebäudegrundbuchs ist also hier nicht maßgebend);
- ein Eigenheim oder sonstiges Gebäude muß in dem für den öffentlichen Glauben maßgebenden Zeitpunkt **ganz oder teilweise errichtet** sein, wobei die Bauwerkserrichtung gemäß Art. 231 § 5 Abs. 1 S. 2 EGBGB auch jetzt noch erfolgen kann (vgl. RdNr. 23). Der fragliche Zeitpunkt ist nach § 892 BGB zu ermitteln. Da dann der Bau zumindest teilweise errichtet sein muß, hat der Grundstückserwerber oder Erwerber eines dinglichen Rechts nach den Motiven einen gewissen Anhalt für das Bestehen des Nutzungsrechts, wodurch den Interessen des Rechtsverkehrs Rechnung getragen werden soll.[28] Hier stellen sich jedoch **praktische Probleme:** Der Erwerber des Grundstücks oder eine finanzierende Bank kann zwar sehen, ob auf dem Grundstück ein Gebäude vorhanden ist. Wenn aber keinerlei Grundbucheintragung besteht und das Nutzungsrecht/Gebäudeeigentum nur durch die Verleihungsurkunde dokumentiert wird, wird der Erwerber nur selten die Möglichkeit haben, diese Urkunde einzusehen. In allen anderen Fällen kann er sich keine Rechtssicherheit verschaffen, sondern muß sich vielmehr auf Angaben des Eigentümers verlassen. Allerdings wird der Gebäudeeigentümer wegen der Wiederherstellung des öffentlichen Glaubens schnellstmöglich eine Eintragung ins Grundstücksgrundbuch herbeiführen.
- Das Gebäude muß **aufgrund des Nutzungsrechts zulässig sein,** so daß die Vorschrift bei bestimmungswidriger Bebauung nicht gilt.

c) Rechtsfolgen. Wenn die genannten Voraussetzungen vorliegen, wird das Nutzungsrecht (einschließlich Gebäudeeigentum) durch den öffentlichen Glauben iS §§ 891, 892 BGB nicht beeinträchtigt. Daraus ergibt sich, daß das Nutzungsrecht/Gebäudeeigentum auch gegenüber einem gutgläubigen Grundstückserwerber oder einem neu eingetragenen Berechtigten, zB einer finanzierenden Bank wirksam bleibt und zwar im bisherigen Rang. **41**

5. Aufhebungs-, Änderungsrecht bei Erwerb vor dem 1. 1. 1997 (§ 4 Abs. 2 S. 2). a) Normzweck ist, daß sehr viel wertvollere Investitionen gegenüber dem Nutzungsrecht Bestand haben (BT-Drucks. 11/7817 S. 41). **42**

b) Voraussetzungen des Aufhebungs-/Änderungsrechts sind **43**
- **Ausschluß des öffentlichen Glaubens** gemäß § 4 Abs. 2 S. 1,
- **Unkenntnis des Vorhandenseins des Nutzungsrechts** (§ 4 Abs. 2 S. 2 Ende) des Grundstückserwerbers bzw. Rechtserwerbers am Grundstück in dem für den öffentlichen Glauben maßgeblichen Zeitpunkt (bei Kenntnis würde auch der Gutglaubensschutz des § 892 BGB entfallen), grob fahrlässige Unkenntnis schadet nicht,
- **Interessenabwägung.**

[26] Vgl. *Böhringer* DtZ 1994, 50 u. Rpfleger 1995, 51, 53.

[27] BT-Drucks. 11/7817 S. 41.

[28] BT-Drucks. 11/7817 S. 41.

44 Letztere muß ergeben, daß die Nachteile durch das Nutzungsrecht für den Grundstücks-/oder Grundstücksrechtserwerber erheblich größer sind als der durch Aufhebung oder Änderung seines Rechts dem Nutzungsberechtigten entstehende Schaden. Da der Gesetzgeber hier zwischen „Vermögensnachteile", „Nachteile" und „Schaden" differenziert, hat er offensichtlich auch verschiedene Begriffe gemeint. Aus dem Vergleich Vermögensnachteile/Nachteile ergibt sich, daß für den Erwerber eben nicht nur die Vermögensnachteile, sondern auch sonstige praktische Nachteile zu berücksichtigen sind, also zB, daß der durch einen Umbau ermöglichte Betrieb wieder eingestellt werden müßte. Fraglich ist weiter, ob der Nachteil nur auf bereits gutgläubig erfolgte Investionen zu beziehen ist oder allgemein zu verstehen ist, wofür der Gesetzeswortlaut spricht; dann könnte auch der Verlust einer geplanten Investitionsmöglichkeit zu berücksichtigen sein.

45 Für den Wertvergleich ist bei einem Nutzungsberechtigten dessen Schaden zu ermitteln, worunter wohl am ehesten das negative Interesse zu verstehen ist.

46 **c)** Eine **Änderung** des Nutzungsrechts kommt dann in Betracht, wenn zB vom Erwerber ein zusätzliches Gebäude errichtet wurde oder geplant ist. Dann kann das Nutzungsrecht dahingehend eingeschränkt werden, daß es sich nicht mehr auf diese Fläche bezieht. Wenn also den Interessen des Erwerbers auch durch eine Einschränkung der Rechtsmacht des Nutzungsberechtigten genügt werden kann, kommt nur die Änderung, aber nicht die Aufhebung in Betracht. Die Änderung soll aber nur die Nutzungsinteressen der Beteiligten abstimmen; da ein Wertausgleich zu erfolgen hat, kann die Bestimmung nicht als allgemeine Verpflichtung zur Vertragsanpassung wegen Äquivalenzstörungen, zB wegen zu geringer Entschädigung ausgelegt werden.

47 **d) Durchführung.** Aus dem Gesetzeswortlaut ergibt sich, daß bei Vorliegen der Voraussetzungen nur ein gesetzliches Recht auf Aufhebung/Änderung besteht. Nach der Ausübungserklärung muß daher wie beim Heimfall des Erbbaurechts (vgl. 2. Aufl. § 2 ErbbauVO RdNr. 29) die Aufhebung/Änderung dinglich vollzogen werden, wobei sie sich auch auf das Gebäudeeigentum bezieht; dies ergibt sich aus den Motiven (S. 41) sowie aus dem Gesetzeszweck. Zur Durchführung vgl. RdNr. 53, 62.

48 **e)** Die dem Nutzungsberechtigten durch Aufhebung/Änderung seines Rechts **entstehenden Vermögensnachteile** sind auszugleichen, also entweder in Natur oder durch Zahlung. Er kann hierbei die Erfüllung der Aufhebung bzw. Änderung Zug um Zug gegen diesen Ausgleich verlangen. Wie festgestellt, ist zwar beim Wertvergleich der Schaden des Nutzungsberechtigten einzusetzen, auszugleichen sind aber nur „Vermögensnachteile", worunter am ehesten die reine Vermögensminderung = Verlust bzw. bei Änderung Minderung des Verkehrswerts des Nutzungsrechts samt Gebäudeeigentum zu verstehen ist, aber nicht etwaige Umzugskosten, Nutzungsausfall und dergl.

V. Weiteres neues Recht zu Nutzungsrechten/Gebäudeeigentum an volkseigenen Grundstücken

49 **1. Anwendbarkeit der Grundstücksvorschriften des BGB (§ 4 Abs. 1).** Zum Umfang der Anwendung der Grundstücksvorschriften des BGB auf Gebäudeeigentum einschließlich Nutzungsrecht vgl. oben RdNr. 12. Im einzelnen ergibt sich:

50 **a) Übertragung.** Für das schuldrechtliche Grundgeschäft gilt der Formzwang des § 313 BGB, für die dingliche Übertragung §§ 873, 925, 925a BGB, also **Auflassung und Eintragung** in das **Gebäudegrundbuch,** das also vorher angelegt werden muß (vgl. RdNr. 33). Zwar ist das Gebäudegrundbuch hier konstitutiv. Da nach Abs. 1 S. 3 nur dann ein gutgläubiger Erwerb möglich ist, sollte der Gebäudeerwerber unbedingt auch die Eintragung seines Nutzungsrechts in das Grundstücksgrundbuch herbeiführen. Mit Übergang des Gebäudeeigentums geht auch das Nutzungsrecht mit über, da es nach Art. 231 § 5 Abs. 2 EGBGB dessen Bestandteil ist. Die Genehmigung nach §§ 2, 23 der Grundstücksverkehrsverordnung ist erforderlich.

b) Vererbung. Für die Vererbung gilt das gleiche wie bei einem Grundstück, die bisherigen aus dem persönlichen Eigentumsbegriff folgende Beschränkungen sind entfallen; § 3 Abs. 1 S. 2 hebt die einschränkenden Bestimmungen von § 289 Abs. 2 ZGB, § 5 Abs. 2 NutzRG ausdrücklich auf. 51

c) Belastungen. Hier gilt das gleiche wie beim Erbbaurecht, so daß das Gebäudeeigentum wie ein Grundstück (nur) mit Grundstücksrechten des BGB belastbar ist, insbesondere mit Grundpfandrechten. Dienstbarkeiten sind aber auch hier nur insoweit zulässig, als sie sich aus dem Rechtsinhalt des Gebäudeeigentums/Nutzungsrechts ergeben. Ein Erbbaurecht ist begrifflich nicht möglich. Zu bestimmten Rechten besteht die Genehmigungspflicht nach §§ 2, 23 Grundstücksverkehrsordnung. 52

d) Inhaltsänderung. Diese kann sich begrifflich nur auf das Nutzungsrecht beziehen, im Ergebnis jedoch auch auf das Gebäudeeigentum. Hierunter fallen Änderung der Baubefugnis oder Nutzungsbefugnis an Freiflächen, Änderung der Befristung, Änderung des Nutzungsentgelts. Dingliche Inhaltsvereinbarungen wie beim Erbbaurecht (§§ 2ff. ErbbauVO) gab es bei diesem Rechtsinstitut nicht. Für die dingliche Durchführung gelten §§ 877, 873, 874, 876 BGB; soweit das Gebäudeeigentum betroffen wird, ist § 313 BGB anwendbar. Zur lastenfreien Abschreibung und Teilung vgl. *Böhringer* Rpfleger 1995, 51, 53. 53

e) Sonst anwendbare Grundstücksvorschriften. Im übrigen sind alle Grundstücksvorschriften des BGB anwendbar, soweit sie nicht begrifflich hier ausgeschlossen sein sollten (vgl. i.e. die Auflistung beim Erbbaurecht, 2. Aufl. § 11 ErbbauVO RdNr. 37). Anders als bei § 11 Abs. 1 S. 1 ErbbauVO sind die Ansprüche aus Eigentum hier nicht gesondert genannt, da es sich hier ohnehin begrifflich um Eigentum handelt. Eine **Begründung von Wohnungseigentum** ist nicht möglich, da kein Miteigentumsanteil am Grundstück besteht. Nach den Motiven (S. 41) konnte nicht übersehen werden, wie weit in **anderen Rechtsgebieten** eine Gleichstellung mit Grundstückseigentum angezeigt ist. Dies sollte der Rechtsanwendung überlassen bleiben. Wegen der Rechtsähnlichkeit dürfte die Situation beim Erbbaurecht als grobe Richtschnur dienen,[29] insbesondere muß das ZVG anwendbar sein. 54

f) Nach § 4 Abs. 2 S. 1 **VermG** erwirbt der ehemalige Eigentümer das Grundstück nicht zurück, wenn ein Dritter ein dingliches Nutzungsrecht hieran nebst Gebäude redlich erworben hat. 55

2. Untergang des Gebäudes (§ 4 Abs. 3 S. 1, 2). Durch die neu eingefügte Bestimmung wird die Rechtslage für den Fall geklärt, daß das Gebäude untergeht. Der Untergang (gleich welcher Art und Ursache) bleibt ohne Wirkung auf das Nutzungsrecht, dieses besteht fort (Abs. 3 S. 1). Es kann ein neues Gebäude errichtet werden (Abs. 3 S. 2), jedoch innerhalb der Grenzen (inhaltlicher und räumlicher Art) des fortbestehenden Nutzungsrechts.[30] Das neue Gebäude wird wieder Eigentum des Nutzungsberechtigten; Belastungen des Gebäudeeigentums setzen sich am Nutzungsrecht und dem neu errichteten Gebäude fort. 56

3. Nutzungsrecht nur an Gebäudegrundfläche (§ 4 Abs. 3 S. 3–5). Häufig, vor allem im LPG-Bereich, wurden Nutzungsrechte nur auf die Gebäudegrundfläche verliehen, zB wenn keine Vermessungskapazitäten frei waren oder die Fläche nicht exakt bestimmbar war.[31] Durch diese Bestimmung wird das Nutzungsrecht nun **kraft Gesetzes** auf die entsprechende (nicht bebaute) **Freifläche erweitert;** deren Umfang muß zweckentsprechend und ortsüblich sein, für Eigenheime ist eine Höchstgrenze von 500 qm festgelegt. 57

Da die Änderung kraft Gesetzes eintritt, ist nach S. 4 nur die **Grundbuchberichtigung** nötig auf Antrag des Nutzungsberechtigten, allerdings muß der Nachweis des konkreten Umfangs gemäß § 29 GBO erfolgen. Zur Bestimmung im Wege der Bodensonderung 58

[29] Vgl. 2. Aufl. § 11 ErbbauVO RdNr. 38.

[30] Vgl. *Palandt-Bassenge* RdNr. 7; *Böhringer* Rpfleger 1995, 51, 53.

[31] So Nr. 75 der Colido-Anweisung, Abdruck in *Fieberg-Reichenbach,* Enteignung und offene Vermögensfragen Bd. III, 2. Aufl. Nr. 4.14.1.

vgl. § 8. Diese außerhalb des Grundbuchs eingetretene Rechtsänderung soll durch die Bezugnahme in Abs. 3 S. 5 auf Abs. 2 BoSoG gegen gutgläubigen Erwerb Dritter geschützt werden. Durch diese Flächenerweiterung wird kein zusätzliches Baurecht geschaffen.[32]

59 **4. Zwangsversteigerung des Grundstücks (Abs. 4).** Da das Nutzungsrecht nach Art. 231 § 5 Abs. 2 als wesentlicher Bestandteil des Gebäudeeigentums gilt, es aber andererseits nach Art. 233 § 4 Abs. 2 hinsichtlich des Verkehrsschutzes wie eine Belastung des Grundstücks behandelt wird, bestanden Zweifel, ob es in der Zwangsversteigerung des Grundstücks erlischt. Die neu eingefügte Bestimmung enthält einen § 25 ErbbauVO entsprechenden Rechtssatz.[33] Das Nutzungsrecht bleibt also auch bestehen, wenn es zwar eingetragen, aber nicht vorrangig ist oder wenn es aus dem Grundbuch nicht ersichtlich ist oder wenn es angemeldet ist. Die Vorschrift setzt aber ein **bestehendes Gebäudeeigentum** (§§ 288 Abs. 4, 292 Abs. 3 ZGB) voraus, gilt also nicht, wenn das Gebäudeeigentum nach Untergang des Gebäudes ohne Neuerrichtung erloschen ist.

60 Dies gilt nur – parallel zur Wiederherstellung des öffentlichen Glaubens –, wenn die Zwangsversteigerung bis zum Ablauf des **31. 12. 1996** angeordnet wurde.

61 **5. Aufhebung unredlich erworbener Nutzungsrechte (Abs. 5).** Die Bestimmung ist eine notwendige Folge der Regelungen im Vermögensgesetz; es wäre ein Wertungswiderspruch, wenn der Alteigentümer die Aufhebung solcher Nutzungsrechte durch das Amt zur Regelung offener Vermögensfragen verlangen könnte, der grundbuchmäßige Eigentümer diese aber hinnehmen müßte.[34] Wenn also der Nutzer beim Erwerb des Nutzungsrechts unredlich im Sinne des § 4 VermG war, kann der Grundstückseigentümer die Aufhebung des Nutzungsrechts über ein gerichtliches Verfahren verlangen; die Rechtsfolge der gerichtlichen Aufhebung des Nutzungsrechts ist genauso konstruiert, wie bei der freiwilligen Aufhebung (S. 4, 5); der Nutzer kann jedoch Ersatz seiner Verwendung verlangen (S. 6), wobei die Grundpfandrechte sich an diesem Wertersatzanspruch des Nutzers als Surrogat fortsetzen (S. 7).

62 **6. Rechtsgeschäftliche Aufhebung (Abs. 6).** Die neu eingefügte Bestimmung soll die bisherige Unsicherheit beseitigen: Da das Nutzungsrecht gemäß Art. 231 § 5 Abs. 2 als Bestandteil des Gebäudeeigentums gilt, war seine selbständige Aufhebung nicht möglich. Es wird klargestellt, daß das Nutzungsrecht nach §§ 875, 876 BGB aufgehoben werden kann und zwar unter Anlehnung an die Erbbaurechtsvorschriften.[35] Damit dürften die bisher oft problematischen **„Komplettierungsfälle"** geklärt und vereinfacht sein.

63 **Erforderlich ist:**

a) Aufgabeerklärung des Nutzungsberechtigten (Abs. 6, § 875): Grundsätzlich materiellrechtlich nicht formbedürftig – außer wenn das Nutzungsrecht nicht im Grundbuch eingetragen war –, aber grundbuchrechtlich nach § 29 GBO, mit Erklärung nach §§ 19, 13 GBO. Dies ist auch nötig, wenn der Nutzungsberechtigte das Eigentum am Grundstück erwirbt.[36] Die gegenteilige Ansicht des LG Schwerin[36a] ist abzulehnen, wonach das Nutzungsrecht durch Konfusion kraft Gesetzes erlischt; sie widerspricht dem Gesetzeswortlaut, verkennt die Möglichkeit von Eigentümerrechten bei beschränkten dinglichen Rechten sowie, daß hier das Nutzungsrecht als Bestandteil des Gebäudeeigentums gilt.[37] Die schuldrechtliche Verpflichtung zur Aufhebung bedarf der Beurkundungsform des § 313 BGB.

64 **b) Zustimmung des Grundstückseigentümers** (soweit nicht Berechtigter) ist **nicht nötig,** eine § 26 ErbbauVO entsprechende Bestimmung fehlt. Bei einer vereinbarten Ablösung ist jedoch die Mitwirkung des Grundstückseigentümers zweckmäßig.

[32] *Palandt-Bassenge* RdNr. 6.

[33] BT-Drucks. 12/2480 S. 79.

[34] Vgl. BT-Drucks. 12/5992 S. 93; vgl. *Böhringer* Rpfleger 1995, 51, 52.

[35] Vgl. BT-Drucks. 12/2480 S. 80; *Albrecht* MittBayNot 1993, 217; *Böhringer* DtZ 1994, 266; *Faßbender* DNotZ 1993, 512, 514; *Hügel* MittBayNot 1993, 196 u. DtZ 1994, 144.

[36] So LG Magdeburg DtZ 1994, 159; *Faßbender* DNotZ 1993, 513; *Schmidt-Räntsch* DtZ 1992, 315.

[36a] DNotZ 1993, 513.

[37] Vgl. *Hügel* MittBayNot 1993, 196.

c) **Zustimmung dinglich Berechtigter am Gebäudeeigentum** (§ 876 BGB): Diese ist nach dem Gesetzeswortlaut nötig, ebenso wirtschaftlich, da die Belastung des Gebäudeeigentums mit der Aufhebung erlischt. Sie kann nicht durch eine rechtsgeschäftliche Wiedereintragung der Belastung am Grundstück ohne Zustimmung des Gläubigers ersetzt werden, da hier die Einigung nach § 873 fehlt; erfolgt die Löschung dennoch, besteht das Nutzungsrecht weiter und ist das Grundbuch unrichtig.[38] Neben der Zustimmung ist keine besondere Löschung erforderlich. **65**

d) **Eintragung der Löschung des Nutzungsrechts** (§ 875 BGB); eine Genehmigung nach GVO ist nicht erforderlich, aber die steuerliche Unbedenklichkeitsbescheinigung gem. § 2 Abs. 2 GrEStG.[38a] Soweit das Nutzungsrecht nicht eingetragen war, genügt nach Satz 1 die Einreichung der notariell beurkundeten Aufhebungserklärung beim Grundbuchamt. Diese Abweichung von § 39 GBO soll einerseits eine unnötige Zwischeneintragung des Nutzungsrechts vermeiden und andererseits Rechtssicherheit schaffen.[39] Allerdings ist damit aus dem Grundbuch auch nicht ersichtlich, ob die Aufhebung wirksam ist oder nicht; es sollte deswegen hier ein Feststellungsbescheid analog § 2b Abs. 3 mitvorgelegt werden. **66**

Nach § 4 Abs. 6 S. 3 sind die **Rechtswirkungen: Das Gebäudeeigentum erlischt kraft Gesetzes,** ein etwaiges Gebäudegrundbuch ist zu schließen (nur deklaratorisch, insoweit wohl entsprechend § 16 ErbbauVO), das Gebäude wird Bestandteil des Grundstücks; insoweit besteht die gleiche Konstruktion wie nach § 12 Abs. 3 ErbbauVO.[39] Damit scheidet das Gebäude aus der Haftung für bisherige (nun erlöschende) Rechte aus und haftet kraft Gesetzes für Belastungen des Grundstücks. Eine Aufgabe ist jedoch abzuraten, wenn zB für das Grundstück die Gefahr besteht, daß eine Rückübertragung nach dem Vermögensgesetz an Dritte erfolgt, oder wenn das Grundstück von einer Gemeinde mit Rückfallklausel erworben wurde; in diesen Fällen würde das erloschene Gebäudeeigentum mit an den Dritten bzw. die Gemeinde fallen. **67**

Nach *Hügel*[40] ist neben der Aufhebung auch die Zuschreibung des Grundstücks zum Gebäudeeigentum oder deren Vereinigung zulässig; dies wird aus der analogen Anwendbarkeit der Grundstücksvorschriften gefolgert, sollte aber aus den gleichen Gründen wie beim Erbbaurecht abgelehnt werden,[41] wofür auch § 78 Abs. 1, 2 SachenRBerG spricht. **68**

VI. Nutzungsrecht/Gebäudeeigentum an genossenschaftlich genutzten Böden

1. Grundsätzliche Übereinstimmung mit der Rechtslage bei volkseigenen Grundstücken. Sowohl begrifflich, als auch von den Rechtswirkungen her ist das Nutzungsrecht an genossenschaftlich genutzten Bodenflächen dem an volkseigenen Grundstücken weitergehend gleich, einschließlich des daraus folgenden Gebäudeeigentums, so daß im folgenden nur die (bestehen bleibenden) Unterschiede zum fortgeltenden Recht dargestellt werden, während das neue Recht ohnehin völlig gleich ist. Gesetzliche Grundlage sind §§ 291 bis 294 ZGB und die „Verordnung über die Bereitstellung von genossenschaftlich genutzten Bodenflächen zur Errichtung von Eigenheimen auf dem Lande" vom 9. 9. 1976, GBl. I Nr. 35 S. 426 („BereitstVO"). **69**

2. Gegenstand des Nutzungsrechts, Entstehung. a) Der wichtigste Unterschied besteht darin, daß das Nutzungsrecht nach §§ 287ff. ZGB nur an **volkseigenem** Grundbesitz zulässig ist, während es sich hier nur auf **genossenschaftlich genutzten Boden** bezieht (§ 291 Abs. 1 ZGB). **Grundstückseigentümer** kann hier also ein **Dritter,** insbesondere der Staat (Volkseigentum), die Genossenschaft selbst, ein Genossenschaftsmitglied (zur Nutzung eingebrachter Boden, vgl. § 19 LPG-G) oder ein Privateigentümer sein. Der jeweilige Eigentümer hatte keinerlei Möglichkeit, auf die Auswahl der Bodenflächen oder **70**

[38] LG Magdeburg DtZ 1994, 159; aA *Böhringer* DtZ 1994, 266, 268.

[38a] *Böhringer* Rpfleger 1995, 51, 52; vgl. BFH BB 1982, 1226 u. 1908 z. ErbbR.

[39] Vgl. BT-Drucks. 12/2480 S. 80.

[40] MittBayNot 1993, 196, 197.

[41] Str., vgl. 2. Aufl. *v. Oefele* § 11 ErbbauVO RdNr. 33.

des Nutzungsberechtigten Einfluß zu nehmen. Die Zuweisung des Nutzungsrechts ergab sich **allein und ausschließlich aus dem allgemeinen genossenschaftlichen Nutzungsrecht** gemäß § 18 LPG-G.[42] Konstruktiv handelt es sich also um eine teilweise Weiterübertragung einzelner Nutzungsbefugnisse; dies kommt auch im Begriff „Zuweisung" statt „Verleihung" zum Ausdruck. Zuweisende Genossenschaft konnte eine LPG oder eine andere sozialistische Genossenschaft, vor allem eine gärtnerische Produktionsgenossenschaft (GPG) sein, auch ein VEG (volkseigenes Gut) in den Fällen des § 5 BereitstVO. Durch die Aufhebung des genossenschaftlichen Nutzungsrechts nach § 18 LPGG mit Wirkung zum 1. 7. 1990 wurde – im Unterschied zu vertraglichen Nutzungsrechten nach §§ 312ff. ZGB – das dingliche Nutzungsrecht nach § 291 ZGB nicht aufgehoben.

71 **b)** Die **Zuweisung** erfolgte hier zur Errichtung und persönlichen Nutzung von Eigenheimen oder anderen persönlichen Bedürfnissen dienenden Gebäuden, nicht dagegen von Wochenendhäusern.[43] Der Bewerber konnte Genossenschaftsbauer, Arbeiter oder Angestellter in einem sozialistischen Betrieb der Land-, Forst-, oder Nahrungsgüterwirtschaft oder ein anderer auf dem Land wohnender Bürger sein (§ 1 BereitstVO). Die Mitgliedschaft in der Genossenschaft war also nicht Voraussetzung. Die Zuweisung erfolgte durch den Vorstand der Genossenschaft, worüber eine Urkunde auszustellen war, welche jedoch vom Rat der Stadt bzw. Gemeinde zu bestätigen war (Kommentar zum ZGB § 291 Anm. 3). Das **Nutzungsrecht entstand** mit dem in der Urkunde angegebenen Zeitpunkt. Ein Nutzungstausch i. S. § 20 LPGG beinhaltet keine Zuweisung.[44] Wegen des Entgelts verweist § 4 Abs. 1 BereitstVO auf §§ 291 bis 294 ZGB; die Anlage 1 der BereitstVO enthielt eine Zuweisungs-Musterurkunde, in der kein Entgelt vorgesehen war. Es ist daher im Regelfall von Unentgeltlichkeit auszugehen.[45]

72 **c)** Wieder nur deklaratorisch war gemäß § 4 Abs. 2 BereitstVO, § 36 GVO ein **Gebäudegrundbuch** anzulegen, wofür der Rat der Stadt/Gemeinde den Antrag zu stellen hatte.[46] Für den Eintrag im **Grundstücksgrundbuch** gilt im Grunde das gleiche wie bei Nutzungsrechten an volkseigenen Grundstücken. Angeblich ist hier in besonders hohem Maße kein Grundbuchvollzug erfolgt. Häufig unterblieb schon die Vermessung, auch konnte sich die Bauparzelle des Nutzungsberechtigten über verschiedene Grundstücke verschiedener Eigentümer erstrecken.

73 **3. Sonstige Unterschiede.** Mit dem Übergang des Gebäudeeigentums ging schon bisher das Nutzungsrecht über (§ 293 Abs. 3 ZGB), wie nach neuer Rechtslage. Auch waren hier die Gebäude frei vererblich (§ 293 Abs. 2 ZGB). Bei **Entzug** des Nutzungsrechts konnte das Gebäudeeigentum nicht in Volkseigentum übergehen, da das Grundstück ja verschiedensten Eigentümern gehören konnte. Gemäß § 294 Abs. 2 ZGB mußte der Gebäudeeigentümer es daher veräußern. Die Entzugsvorschriften sind nun gemäß § 3 Abs. 1 S. 2 nicht mehr anzuwenden.

VII. Nutzungsrecht/Gebäudeeigentum in sonstigen Fällen (§ 4 Abs. 7)

74 **1. Voraussetzungen.** Voraussetzungen der entsprechenden Anwendung von § 4 Abs. 1 mit 5 ist gemäß Abs. 7:

- **Gebäudeeigentum,** für das ein Gebäudegrundbuchblatt anzulegen ist, in Verbindung mit
- **Nutzungsrecht** an dem betroffenen Grundstück.

75 **2. Anwendungsbereich.** Daraus ergibt sich folgender Anwendungsbereich: **a)** Gemäß § 1 NutzRG kann an **volkseigenen Grundstücken** für gesellschaftliche Organisationen, sozialistische Genossenschaften sowie deren Betriebe, die juristische Personen sind, ein Nutzungsrecht verliehen werden, wenn sie

[42] Vgl. *Heuer* RdNr. 54.
[43] BGH DtZ 1994, 68, 69.
[44] BGH DtZ 1994, 69, 69.
[45] *Horst* DWW 1994, 14, 19.
[46] Kommentar zum ZGB § 291 Anm. 3.

– das volkseigene Grundstück bebaut haben oder
– bebauen wollen
– oder Erbbaurechte oder Erbpachtverträge bestehen.

Hauptanwendungsgebiet sind **Arbeiterwohnungsbaugenossenschaften** gemäß § 7 der Verordnung vom 21. 11. 1963 über Arbeiterwohnungsbaugenossenschaften (GBl. II S. 17 = DDR-Sartorius 175) und **gemeinnützige Wohnungsbaugenossenschaften** gemäß §§ 3, 15 Verordnung über die Umbildung gemeinnütziger und sonstiger Wohnungsbaugenossenschaften vom 14. 3. 1957, jeweils für Wohngebäude. Wenn kein Nutzungsrecht verliehen wurde, entsteht bloßes Gebäudeeigentum gemäß § 2b.

Die Verleihung derartiger Nutzungsrechte konnte auch für produktive Zwecke erfolgen, wobei dies jedoch tatsächlich zurückgegangen war.[47]

Für das fortgeltende Recht gilt das Nutzungsrechtsgesetz bzw. die vorgenannten Vorschriften, im wesentlichen also das gleiche wie bei Abschn. III.

b) Gemäß § 18 LPGG schloß das einheitliche Nutzungsrecht der **LPG** das Recht ein, Gebäude auf den von ihr genutzten Flächen zu errichten, die gemäß § 27 LPGG ihr Eigentum wurden. Ein Gebäudegrundbuch war nicht anzulegen, ein Vermerk im Grundstücksgrundbuch erfolgte nicht. Im Hinblick auf die Aufhebung von § 18 LPGG besteht hier ein bloßes Gebäudeeigentum nach § 2b.[48] **76**

c) Nutzungsrechte an volkseigenen Grundstücken konnten auch an **andere Staaten** verliehen werden gemäß Verordnung über Verleihung von Nutzungsrechten an volkseigenen Grundstücken, Verkauf von Gebäuden an andere Staaten vom 26. 9. 1974 (GBl. I Nr. 59 S. 555). **77**

d) Zur **Abgrenzung** vgl. RdNr. 3ff. **78**

3. Fortgeltung. Neue Rechtslage. Für das neue Recht gilt § 4 Abs. 1 mit 5 in gleicher Weise, vgl. oben RdNr. 33ff. **79**

VIII. Sachenrechtsbereinigung, Änderungsvorbehalt

1. Sachenrechtsbereinigungsgesetz. Durch das SachenRÄndG vom 21. 9. 1994 (BGBl. I S. 2457) wurde in Art. 233 § 3 der Abs. 3 neu eingefügt; danach erfolgt die Anpassung des Gebäudeeigentums und des in § 4 Abs. 2 bezeichneten Nutzungsrechts nach dem Sachenrechtsbereinigungsgesetz. Gemäß § 9 Abs. 1 Nr. 1, 2 ist der Inhaber eines Gebäudeeigentums sowie der Inhaber eines ihm zugewiesenen Nutzungsrechts Nutzer iS dieses Gesetzes. Gemäß § 15 des Gesetzes kann der Nutzer wählen, ob er die Bestellung eines Erbbaurechts verlangt oder das Grundstück ankaufen will; übt der Nutzer sein Wahlrecht nicht aus, kann nach § 16 Abs. 3 der Grundstückseigentümer eine Nachfrist setzen. Soweit der Nutzer auch innerhalb der Nachfrist das Wahlrecht nicht ausübt, kann der Grundstückseigentümer das Wahlrecht ausüben. Damit kann primär der Nutzer, sekundär der Grundstückseigentümer eine Umwandlung in Erbbaurecht oder Grundstückseigentum verlangen. Die Umwandlung erfolgt nicht automatisch, sondern nur durch Erfüllung der entsprechenden, im Sachenrechtsbereinigungsgesetz begründeten gesetzlichen Ansprüche. **80**

2. Änderungsvorbehalt. Im vorgenannten § 3 Abs. 3 ist trotz der Bezugnahme auf das Sachenrechtsbereinigungsgesetz ausdrücklich eine „Anpassung im übrigen" vorbehalten. Diese kann sowohl den Inhalt des fortgeltenden, als auch des neuen Rechts betreffen, als auch eine Frist für die Umwandlung einführen. **81**

3. Hängende Fälle. Wenn ein Nutzungsrecht/Gebäudeeigentum nicht wirksam zustande gekommen ist, gibt jeweils unter den dort genannten Voraussetzungen § 2a (Moratorium) ein vorläufiges Recht zum Besitz, ferner können derartige „hängende Fälle" gleichfalls der Sachenrechtsbereinigung unterliegen. **82**

[47] *Rohde* S. 89.

[48] BezG Dresden ZIP 1992, 1031.

§ 5 Mitbenutzungsrechte

(1) Mitbenutzungsrechte im Sinn des § 321 Abs. 1 bis 3 und des § 322 des Zivilgesetzbuchs der Deutschen Demokratischen Republik gelten als Rechte an dem belasteten Grundstück, soweit ihre Begründung der Zustimmung des Eigentümers dieses Grundstücks bedurfte.

(2) Soweit die in Absatz 1 bezeichneten Rechte nach den am Tag vor dem Wirksamwerden des Beitritts geltenden Rechtsvorschriften gegenüber einem Erwerber des belasteten Grundstücks oder eines Rechts an diesem Grundstück auch dann wirksam bleiben, wenn sie nicht im Grundbuch eingetragen sind, behalten sie ihre Wirksamkeit auch gegenüber den Vorschriften des Bürgerlichen Gesetzbuchs über den öffentlichen Glauben des Grundbuchs, wenn der dem Erwerb zugrundeliegende Eintragungsantrag vor dem 1. Januar 1997 gestellt worden ist. Der Erwerber des Eigentums oder eines sonstigen Rechts an dem belasteten Grundstück kann in diesem Fall jedoch die Aufhebung oder Änderung des Mitbenutzungsrechts gegen Ausgleich der dem Berechtigten dadurch entstehenden Vermögensnachteile verlangen, wenn das Mitbenutzungsrecht für ihn mit Nachteilen verbunden ist, welche erheblich größer sind als der durch die Aufhebung oder Änderung dieses Rechts dem Berechtigten entstehende Schaden; dies gilt nicht, wenn derjenige, der die Aufhebung oder Änderung des Mitbenutzungsrechts verlangt, beim Erwerb des Eigentums oder sonstigen Rechts an dem belasteten Grundstück in dem für den öffentlichen Glauben des Grundbuchs maßgeblichen Zeitpunkt das Vorhandensein des Mitbenutzungsrechts kannte. In der Zwangsversteigerung des Grundstücks ist bei bis zum Ablauf des 31. Dezember 1996 angeordneten Zwangsversteigerungen auf die in Absatz 1 bezeichneten Rechte § 9 des Einführungsgesetzes zu dem Gesetz über die Zwangsversteigerung und die Zwangsverwaltung in der im Bundesgesetzblatt Teil III, Gliederungsnummer 310–13, veröffentlichten bereinigten Fassung, zuletzt geändert durch Artikel 7 Abs. 24 des Gesetzes vom 17. Dezember 1990 (BGBl. I S. 2847) entsprechend anzuwenden.

(3) Ein nach Absatz 1 als Recht an einem Grundstück geltendes Mitbenutzungsrecht kann in das Grundbuch auch dann eingetragen werden, wenn es nach den am Tag vor dem Wirksamwerden des Beitritts geltenden Vorschriften nicht eintragungsfähig war. Bei Eintragung eines solchen Rechts ist der Zeitpunkt der Entstehung des Rechts zu vermerken, wenn der Antragsteller diesen in der nach der Grundbuchordnung für die Eintragung vorgesehenen Form nachweist. Kann der Entstehungszeitpunkt nicht nachgewiesen werden, so ist der Vorrang vor anderen Rechten zu vermerken, wenn dieser von den Betroffenen bewilligt wird.

(4) Durch Landesgesetz kann bestimmt werden, daß ein Mitbenutzungsrecht der in Absatz 1 bezeichneten Art mit dem Inhalt in das Grundbuch einzutragen ist, der dem seit dem 3. Oktober 1990 geltenden Recht entspricht oder am ehesten entspricht. Ist die Verpflichtung zur Eintragung durch rechtskräftige Entscheidung festgestellt, so kann das Recht auch in den Fällen des Satzes 1 mit seinem festgestellten Inhalt eingetragen werden.

Die für den Inhalt der Mitbenutzungsrechte maßgeblichen Vorschriften des ZGB lauten wie folgt:

Mitbenutzungsrecht an Grundstücken

§ 321 [Vereinbarung]

(1) Die Begründung eines Rechts zur vorübergehenden oder dauernden Mitbenutzung eines Grundstücks in bestimmter Weise (wie Lagerung von Baumaterial, Aufstellen von Gerüsten, Einräumen von Wegerechten und Überfahrtrechten) bedarf der Vereinbarung

zwischen den Nutzungsberechtigten. Die Mitbenutzung kann auch das Unterlassen bestimmter Handlungen durch den Nutzungsberechtigten des Grundstücks zum Inhalt haben. Dauernde Mitbenutzung bedarf eines schriftlichen Vertrages und der Zustimmung des Eigentümers des betroffenen Grundstücks. Vorübergehende Mitbenutzung bedarf der Zustimmung des Eigentümers des betroffenen Grundstücks nur dann, wenn dessen Rechte durch die Mitbenutzung beeinträchtigt würden.

(2) Kommt eine Vereinbarung über die Mitbenutzung nicht zustande, kann die Einräumung des Rechts auf Mitbenutzung gefordert werden, wenn das im Interesse der ordnungsgemäßen Nutzung benachbarter Grundstücke erforderlich ist. Der Anspruch ist gegen den Nutzungsberechtigten und, soweit die Zustimmung des Eigentümers des betroffenen Grundstücks erforderlich ist, auch gegen diesen geltend zu machen.

(3) Der Eigentümer oder der Nutzungsberechtigte kann eine angemessene Entschädigung verlangen, soweit seine Rechte durch die Mitbenutzung wesentlich beeinträchtigt werden. Weitere Ansprüche bleiben unberührt.

(4) Für die Mitbenutzung von Grundstücken zum Zwecke der Durchführung staatlicher oder wirtschaftlicher Maßnahmen, insbesondere der Nachrichtenübermittlung sowie der Energie- und Wasserwirtschaft, gelten die dafür bestehenden besonderen Rechtsvorschriften.

§ 322 [Wege- und Überfahrtsrecht]

(1) Wird ein Wege- oder Überfahrtrecht eingeräumt, kann mit dem Eigentümer des betroffenen Grundstücks vereinbart werden, daß das Recht im Grundbuch eingetragen wird. Der Vertrag bedarf der Beglaubigung und der staatlichen Genehmigung. Durch Rechtsvorschriften kann die Eintragung weiterer Mitbenutzungsrechte im Grundbuch vorgesehen werden.

(2) Das Recht auf Mitbenutzung geht auf den jeweiligen Rechtsnachfolger des berechtigten Nachbars über, wenn es im Grundbuch eingetragen ist oder wenn der Übergang zwischen den beteiligten Eigentümern oder mit Zustimmung des Eigentümers des betroffenen Grundstücks vereinbart wurde.

(3) Das Recht auf Mitbenutzung erlischt, wenn die Voraussetzungen für seine Begründung weggefallen sind oder wenn es länger als 4 Jahre nicht ausgeübt wurde, soweit nichts anderes vereinbart ist. Das gilt auch, wenn das Mitbenutzungsrecht im Grundbuch eingetragen ist.

Übersicht

I. Normzweck

1 Das ZGB DDR enthielt keine Regelungen über Grunddienstbarkeiten und beschränkte persönliche Dienstbarkeiten.[1] Statt dessen ermöglichte § 321 ZGB DDR allgemein die vertragliche Vereinbarung von Nutzungsberechtigungen.[2] Diese entsprachen inhaltlich weitgehend den Grunddienstbarkeiten und beschränkten persönlichen Dienstbarkeiten. Der Gesetzgeber hat jedoch gleichwohl davon abgesehen, sie als Dienstbarkeiten anzuerkennen, weil die genaue Tragweite der Mitbenutzungsrechte im Zeitpunkt des Abschlusses des Einigungsvertrages nicht bekannt war. Sie werden statt dessen, soweit es sich um dauernde Rechte handelt, zunächst als arteigene, nicht von vornherein eintragungsbedürftige Grundstücksrechte aufrecht erhalten. Es tritt damit ein **Bestandsschutz** für die Berechtigten ein. Für Mitbenutzungsrechte im Beitrittsgebiet, die nicht nach §§ 321, 322 ZGB DDR begründet worden sind, gewährt § 116 SachenRBerG einen Anspruch auf Bestellung einer Grunddienstbarkeit oder einer beschränkten persönlichen Dienstbarkeit.

2 Die Aufrechterhaltung der Mitbenutzungsrechte ohne deren Eintragung im Grundbuch erschwert die Beleihung der Grundstücke[3] und führt darüber hinaus zu einem Konflikt mit den Bestimmungen über den gutgläubigen Erwerb. Um die daraus entstehenden Probleme zu lösen, wird auf den Mitbenutzungsberechtigten ein **mittelbarer Eintragungszwang** ausgeübt. Sein Recht erlischt, wenn er nicht bis zum Ablauf des Jahres 1995 mindestens eine Eintragungsbewilligung des Grundstückeigentümers verlangt (RdNr. 15). Außerdem wird die Bestandskraft gegenüber dem öffentlichen Glauben mit Beginn des Jahres 1997 beseitigt (RdNr. 22). Dem Berechtigten ist dringend anzuraten, die Eintragung seines Rechts zügig zu betreiben.

II. Mitbenutzungsrechte der früheren Regelung

3 **1. Inhalt.** Als Inhalt eines Mitbenutzungsrechts regelte § 321 Abs. 1 ZGB DDR das Recht zur vorübergehenden oder dauernden Mitbenutzung eines Grundstücks in bestimmter Weise wie zB zur Lagerung von Baumaterial, zum Aufstellen von Gerüsten oder als Wege- und Überfahrtsrecht. Das Mitbenutzungsrecht konnte auch zum Inhalt haben, daß der Nutzungsberechtigte des Grundstücks bestimmte Handlungen zu unterlassen hatte (zB Unterlassung bestimmter Anpflanzungen). Als Mitbenutzungsrechte in diesem Sinne waren, wie sich aus der systematischen Stellung des § 321 ZGB DDR im Kapitel über „Beziehungen zwischen benachbarten Grundstücksnutzern" ergab, nur die Verhältnisse von Nutzungsberechtigten in Nachbarschaft zu verstehen.[4] Der Begriff der Nachbarschaft setzte allerdings nicht voraus, daß die Grundstücke unmittelbar aneinander grenzten; es genügte eine räumliche Nähe. Die Bestimmung galt gleichermaßen für Grundstücke in persönlichem wie in sog. sozialistischem Eigentum.

[1] Für die bei Schaffung des ZGB DDR bereits vorhandenen Grunddienstbarkeiten und beschränkten persönlichen Dienstbarkeiten sah § 6 Abs. 1 EGZGB DDR die weitere Anwendung des davor geltenden Rechts vor, also des BGB. Vgl. dazu *Janke-Menzke* NJ 1989, 102f.

[2] Dazu *Eickmann,* Grundstücksrecht in den neuen Bundesländern, RWS-Skript 224, 2. Aufl. 1991, RdNr. 121ff., 154ff.; *Heuer,* Grundzüge des Bodenrechts der DDR 1949–1990, 1991, S. 98f.; *Beckers* DNotZ 1993, 364, 367ff.

[3] Dazu *Welter* WM 1991, 1189, 1190.

[4] Anders Kommentar zum ZGB DDR, hrsg. vom Ministerium der Justiz, Ostberlin 1983, § 321 Anm. 1.1.

2. Entstehung. Die Begründung des Mitbenutzungsrechts erfolgte durch eine vertragliche Vereinbarung der Nutzungsberechtigten der Grundstücke. Diese Nutzungsberechtigten waren in § 286 ZGB DDR näher bestimmt. Die dauernde Mitbenutzung sollte eines schriftlichen[5] Vertrages und allgemein der **Zustimmung des Grundstückseigentümers** (wenn er nicht selbst der Nutzungsberechtigte war) bedürfen, § 321 Abs. 1 Satz 3 ZGB DDR. Für eine nur vorübergehende Mitbenutzung war die Entstehung des Mitbenutzungsrechts an die Zustimmung des Grundstückseigentümers gebunden, wenn dessen Rechte durch die Mitbenutzung beeinträchtigt wurden, § 321 Abs. 1 Satz 4 ZGB DDR. Für den Fall, daß der Nutzungsberechtigte des Grundstücks oder der Grundstückseigentümer zum Vertragsabschluß bzw. zur Zustimmung nicht bereit waren, sah § 321 Abs. 2 ZGB DDR einen gerichtlich durchsetzbaren **Anspruch auf Einräumung** des Mitbenutzungsrechts vor, wenn es im Interesse der ordnungsgemäßen Nutzung benachbarter Grundstücke erforderlich war. 4

3. Entschädigung. Der Nutzungsberechtigte des Grundstücks oder der Grundstückseigentümer konnten nach § 321 Abs. 3 ZGB DDR eine angemessene Entschädigung verlangen, soweit ihre Rechte durch die Mitbenutzung wesentlich beeinträchtigt wurden. Dies galt unabhängig davon, ob das Mitbenutzungsrecht durch Vertrag begründet oder durch gerichtliche Entscheidung festgestellt wurde. 5

4. Eintragung im Grundbuch. Die Eintragung im Grundbuch sollte für die Entstehung des Mitbenutzungsrechts nicht notwendig sein. § 322 Abs. 1 Satz 1 ZGB DDR sah aber vor, daß ein Wege- oder Überfahrtsrecht bei entsprechender Vereinbarung mit dem Grundstückseigentümer in das Grundbuch eingetragen werden konnte. Diese Möglichkeit sollte aufgrund anderer Regelungen auch für weitere Mitbenutzungsrechte bestehen, § 322 Abs. 1 Satz 3 ZGB DDR. Ein bloßer Nutzungsberechtigter des Grundstücks konnte die Eintragung im Grundbuch nicht bewilligen. 6

Die Eintragung im Grundbuch hatte eine doppelte **Wirkung,** nämlich den Rechtsübergang auf einen Rechtsnachfolger des berechtigten Mitbenutzers (RdNr. 8) und das Entstehen einer Vermutung für das Bestehen des eingetragenen Rechts nach §§ 7, 9 GDO. Über die Beglaubigung des Vertrages s. § 67 ZGB DDR und § 2 Abs. 3 Grundbuchverfahrensordnung v. 30. 12. 1975 (GBl. 1976 I S. 42); zum Erfordernis der staatlichen Genehmigung s. § 2 Abs. 1 lit. f) und g) der VO über den Verkehr mit Grundstücken v. 15. 12. 1977, GBl. 1978 I S. 73. 7

5. Rechtsnachfolger. Auf den Rechtsnachfolger des berechtigten Mitbenutzers sollte das Recht auf Mitbenutzung (und die damit verbundenen Pflichten) übergehen, wenn es im Grundbuch eingetragen war oder wenn der Übergang zwischen den beteiligten Eigentümern oder mit Zustimmung des Eigentümers des betroffenen Grundstücks vereinbart worden war, § 322 Abs. 2 ZGB DDR. Der Eintritt des Grundstückserwerbers in die Verpflichtungen aus dem Mitbenutzungsrecht ergab sich aus § 297 Abs. 2 Satz 2 ZGB DDR.[6] 8

6. Beendigung. Der Vertrag über die Mitbenutzung war gem. § 81 ZGB DDR nur kündbar, wenn dies besonders vereinbart war. Eine vertragliche Aufhebung war jederzeit möglich. Im übrigen konnte das Mitbenutzungsrecht erlöschen, wenn die tatsächlichen Voraussetzungen für seine Begründung entfallen waren. Dies galt auch im Falle der Eintragung des Rechts im Grundbuch. 9

III. Aufrechterhaltung, Abs. 1

1. Erfaßte Rechte. Die in Art. 233 § 5 Abs. 1 bestimmte weitere Aufrechterhaltung der bisherigen Mitbenutzungsrechte ist auf solche Mitbenutzungsrechte beschränkt, deren Begründung der Zustimmung des Grundstückseigentümers bedurfte. Das sind zunächst 10

[5] Vor dem 1. 1. 1976 genügte eine mündliche Vereinbarung: OG NJ 1989, 80, 81.

[6] OG NJ 1989, 80, 81; BezG Potsdam VersR 1993, 617.

alle Rechte auf dauernde Mitbenutzung. Darüber hinaus bedurfte aber auch die nur vorübergehende Mitbenutzung der Zustimmung des Grundstückseigentümers, wenn dessen Rechte durch die Mitbenutzung beeinträchtigt wurden (oben RdNr. 4). Die Rechte auf vorübergehende Mitbenutzung werden daher von Art. 233 § 5 EGBGB ebenfalls erfaßt. Demgegenüber heißt es in den Erläuterungen der Bundesregierung zum Einigungsvertrag, daß sich für rein vorübergehende Vereinbarungen zwischen Nutzungsberechtigten die Rechtsfigur des dinglichen Rechts nicht eigne.[7] Eine derartige Beschränkung ihres Anwendungsbereiches gelangt jedoch im Wortlaut der Bestimmung nicht zum Ausdruck. Eine entsprechende teleologische Reduktion der Bestimmung erscheint nicht angebracht, da auch eine vorübergehende Mitbenutzung eine langfristige Mitbenutzung sein kann und hierfür der Schutzzweck der Bestimmung gegeben ist. Nicht nötig ist, daß der Grundstückseigentümer seine Zustimmung tatsächlich freiwillig erteilt hat. Die Bestimmung gilt, wie der Verweis auf § 321 Abs. 2 ZGB DDR zeigt, auch dann, wenn der Mitbenutzungsberechtigte seinen Anspruch auf Erteilung der Zustimmung gegen den Eigentümer gerichtlich durchgesetzt hat.

11 Aufrechterhalten werden gleichermaßen an die Person des Berechtigten gebundene Mitbenutzungsrechte und diejenigen Rechte, die nach Art eines subjektiv-dinglichen Rechts gem. § 322 Abs. 2 ZGB DDR auf den jeweiligen Rechtsnachfolger des Berechtigten übergehen sollten. Auf eine **Eintragung** im Grundbuch kommt es ebensowenig an wie auf die Eintragungsfähigkeit bzw. Eintragungsbedürftigkeit des Rechts. Mitbenutzungsrechte zum Zwecke der Durchführung staatlicher oder wirtschaftlicher Maßnahmen gem. § 321 Abs. 4 ZGB DDR sind vom Anwendungsbereich der Bestimmung ausgenommen.

12 **2. Wirkung.** Obwohl die Mitbenutzungsrechte inhaltlich den Dienstbarkeiten des BGB zumindest nahestehen, werden sie durch Art. 233 § 5 Abs. 1 EGBGB nicht in Dienstbarkeiten überführt. Sie bleiben vielmehr als **arteigene beschränkte dingliche Rechte** an dem belasteten Grundstück bestehen. Damit findet eine Erweiterung des numerus clausus der Sachenrechte statt. Rechtspolitisch ist dies insofern unbedenklich, als der Inhalt der Mitbenutzungsrechte regelmäßig auch Inhalt einer Dienstbarkeit sein könnte.

13 Das auf die bestehenbleibenden Mitbenutzungsrechte **anwendbare Recht** ergibt sich aus Art. 233 § 3 Abs. 1 u. 2, § 9 EGBGB, weil sie als am Ende des Tages vor dem Wirksamwerden des Beitritts bestehende Rechte erhalten bleiben. Für Inhalt und Rang der Mitbenutzungsrechte sind daher die früheren Regelungen maßgeblich[8] (vgl. aber RdNr. 30).

14 **Andere Mitbenutzungsrechte,** die nicht unter Art. 233 § 5 Abs. 1 EGBGB fallen, bleiben jedenfalls nicht als dingliche Rechte am Grundstück bestehen. Ihr Weiterbestehen als schuldrechtliche Beziehungen und das auf sie anwendbare Recht richten sich nach Art. 232 EGBGB.

IV. Erlöschen

15 Die Aufrechterhaltung nicht eingetragener Mitbenutzungsrechte ist **befristet.** Nach § 8 Abs. 1 Satz 1 GBBerG[9] erlöschen die Mitbenutzungsrechte mit dem Ablauf des 31. 12. 1995, wenn nicht der Eigentümer des Grundstücks vorher das Bestehen des Rechts in der Form des § 29 GBO anerkennt und die entsprechende Grundbuchberichtigung bewilligt oder der jeweilige Berechtigte von dem Eigentümer vorher die Abgabe dieser Erklärungen in einer zur Unterbrechung der Verjährung nach § 209 BGB geeigneten Weise verlangt hat. Die Frist kann durch Rechtsverordnung des Bundesministeriums der Justiz mit Zustimmung des Bundesrates einmal verlängert werden, § 8 Abs. 1 Satz 2 GBBerG. Die

[7] Erläuterungen zu den Anlagen zum Vertrag zwischen der Bundesrepublik Deutschland und der Deutschen Demokratischen Republik über die Herstellung der Einheit Deutschlands vom 31. 8. 1990, BT-Drs. 11/7817 S. 42.

[8] S. *Eickmann,* Grundstücksrecht in den neuen Bundesländern, RWS-Skript 224, 2. Aufl. 1991, RdNr. 154ff.

[9] Art. 2 RegVBG vom 20. 12. 1993, BGBl. I S. 2182.

Eintragung im Grundbuch ist für die Vermeidung des Erlöschens nicht nötig, aber für die Vermeidung eines gutgläubigen lastenfreien Erwerbs (RdNr. 22) bedeutsam. Im Falle der Klage kann ein Rechtshängigkeitsvermerk im Grundbuch eingetragen werden, § 8 Abs. 4 GBBerG. Die in der verkündeten Gesetzesfassung enthaltene Jahresangabe 1995 beruht möglicherweise auf einem Redaktionsversehen. Sie entspricht zwar der Fassung des Regierungsentwurfs.[10] In der Begründung des Entwurfs wird jedoch zweimal ausgeführt, daß ein Erlöschen mit Ablauf des 31. 12. 1996 geregelt werde.[11] Der Mitbenutzungsberechtigte ist jedenfalls gehalten, entweder das Bestehen seines Rechts durch den Eigentümer fristgemäß anerkennen und die Eintragung in das Grundbuch bewilligen zu lassen oder von ihm die Anerkenntnis- und Bewilligungserklärung im Wege der Klage oder einer nach § 209 Abs. 2 BGB der Klage gleichstehenden Maßnahme zu verlangen und zumindest die Eintragung eines Rechtshängigkeitsvermerks gem. § 8 Abs. 4 GBBerG herbeizuführen.

16 Der **Zweck dieser Regelung** besteht darin, die Beleihungsfähigkeit des Grundstücks zu verbessern. Nach dem Stichtag hat der Grundstückseigentümer (und damit mittelbar der Kreditgeber) Gewißheit darüber, ob sein Grundstück mit Rechten belastet ist bzw. welche Rechte geltend gemacht werden. Auf den Mitbenutzungsberechtigten wirkt sich die Regelung als mittelbarer Eintragungszwang aus.

V. Gutgläubiger lastenfreier Erwerb, Abs. 2 Sätze 1 und 2

17 **1. Anlaß der Regelung.** Mit der Anerkennung der weiterbestehenden Mitbenutzungsrechte als arteigene Rechte an dem belasteten Grundstück ohne Eintragung im Grundbuch wurde die Frage regelungsbedürftig, wie sich bei einer rechtsgeschäftlichen Veräußerung der **öffentliche Glaube des Grundbuchs** nach den Regelungen des BGB auf diese Rechte auswirkt. Hierzu trifft Art. 233 § 5 Abs. 2 Satz 1 EGBGB die Bestimmung, daß die Rechte für einen beschränkten Zeitraum (RdNr. 19ff.) ihre Wirksamkeit auch gegenüber dem öffentlichen Glauben des Grundbuchs behalten. Dies gilt allerdings nur, wenn sie nach den früheren Regelungen ebenfalls gegenüber einem Erwerber des belasteten Grundstücks oder eines Rechts an diesem Grundstück bestehen blieben. Der Schutz des Mitbenutzungsrechts wird insoweit also weder erweitert noch abgeschwächt.

18 **2. Frühere Regelung.** Die frühere Regelung hatte im wesentlichen folgenden Inhalt. Nach § 297 Abs. 2 Satz 2 ZGB DDR sollten mit dem Eigentumswechsel an einem Grundstück auch die Verpflichtungen aus zur Nutzung berechtigenden Verträgen auf den Erwerber übergehen, soweit nichts anderes vereinbart war; auf die Eintragung des Nutzungsrechts im Grundbuch sollte es dabei nicht ankommen. Nach § 13 Abs. 2 Satz 1 der Grundstücksvollstreckungsverordnung vom 6. 6. 1990[12] sollten Mitbenutzungsrechte gem. §§ 321 und 322 ZGB DDR ebenfalls unabhängig von ihrer Eintragung im Grundbuch bestehen bleiben.

19 **3. Ausschluß des öffentlichen Glaubens.** In der durch Art. 13 Nr. 3 lit. g) RegVBG vom 20. 12. 1993 (BGBl. I S. 2182) geänderten Fassung von Art. 233 § 5 Abs. 2 Satz 1 EGBGB besteht ein **zeitlich begrenzter Ausschluß des öffentlichen Glaubens** gegenüber dem Erwerber des Grundstücks oder eines Rechts an dem Grundstück. Zu unterscheiden ist danach, ob der dem Grundstückserwerb zugrundeliegende Eintragungsantrag vor dem 1. 1. 1997 oder später gestellt wird. Zu beachten ist dabei, daß der Stichtag dieser Regelung ohne praktische Bedeutung ist, wenn das Mitbestimmungsrecht gem. § 8 GBBerG mit dem Ablauf des 31. 12. 1995 bereits erloschen ist (RdNr. 15).

20 **a) Antrag auf Umschreibung des Eigentums vor dem 1. 1. 1997.** Soweit die Voraussetzungen nach oben RdNr. 17f. gegeben sind, behalten die Mitbenutzungsrechte auch ohne

[10] BT-Drs. 12/5553 S. 16.

[11] BT-Drs. 12/5553 S. 94. Diesen Zeitpunkt nimmt *Böhringer* DtZ 1994, 130 als maßgeblich an.

[12] GBl. I S. 288.

Eintragung im Grundbuch ihre Wirksamkeit gegenüber einem gutgläubigen Erwerber, wenn dieser seinen Eintragungsantrag vor dem 1. 1. 1997 gestellt hat. § 892 BGB ist also nicht anwendbar.[13] Es ist grundsätzlich Sache des Erwerbers, sich zu informieren. Die Wirksamkeit nicht eingetragener, aber eintragungsfähiger Rechte gegenüber dem öffentlichen Glauben des Grundbuchs hat ein Vorbild in Art. 187 EGBGB und ist darüber hinaus insofern kein Novum, als auch sonst eintragungsfähige, aber nicht eintragungsbedürftige Rechte bestehen bleiben können, zB Vorkaufsrechte gem. §§ 24ff., 235 BauGB.

21 Art. 233 § 5 Abs. 2 Satz 1 EGBGB ordnet die Wirksamkeit nicht eingetragener Mitbenutzungsrechte nur insoweit an, als diese bereits nach den früheren Regelungen gegeben gewesen wäre. Die Bestimmung bezweckt also keine darüber hinausgehende Verstärkung der Mitbenutzungsrechte. Nach § 297 Abs. 2 Satz 2 ZGB DDR sollten mit dem Eigentumswechsel auch die Verpflichtungen aus den im Grundbuch eingetragenen Rechten und anderen zur Nutzung berechtigenden Verträgen auf den Erwerber übergehen, „soweit nichts anderes vereinbart ist". Die **anderweitige Vereinbarung** war nach dem Regelungszusammenhang zwischen dem Grundstücksveräußerer und dem Grundstückserwerber zu treffen.[14] Sie bedurfte damals gem. § 297 Abs. 1 Satz 2 ZGB DDR der Beurkundung.[15] Dementsprechend ist auch heute von der Möglichkeit auszugehen, daß der Erwerber und der Veräußerer des Grundstücks vereinbaren, daß die Verpflichtung aus dem Nutzungsvertrag nicht auf den Erwerber übergeht.

22 **b) Antrag auf Umschreibung des Eigentums ab 1. 1. 1997.** Der Schutz nicht eingetragener Mitbenutzungsrechte gegenüber dem öffentlichen Glauben läuft mit Ende des Jahres 1996 aus. Stellt der Erwerber des Grundstücks oder eines Rechts am Grundstück seinen Eintragungsantrag ab dem 1. 1. 1997, gelten die allgemeinen Bestimmungen über den gutgläubigen lastenfreien Erwerb (§ 892 BGB). Das Mitbenutzungsrecht kann daher ab diesem Zeitpunkt durch gutgläubigen Erwerb erlöschen. Der Nutzungsberechtigte ist davor geschützt, wenn er gem. Abs. 3 die Eintragung seines Rechts herbeiführt oder für ihn ein Rechtshängigkeitsvermerk (§ 325 ZPO) nach § 8 Abs. 4 GBBerG eingetragen ist. Die gesetzliche Regelung stellt auf den Zeitpunkt des Eintragungsantrags ab, um sicherzustellen, daß der Nutzungsberechtigte die Eintragung seines Rechts noch bis zum Ablauf des 31. 12. 1996 beantragen kann, ohne einen Rechtsverlust befürchten zu müssen. Denn gem. § 17 GBO muß sein entscheidungsreifer Antrag vor jedem späteren, dasselbe Recht betreffenden Antrag erledigt werden, so daß bei erfolgreichem Antrag und ordnungsgemäßem Verfahren ein gutgläubiger lastenfreier Erwerb aufgrund eines späteren Antrags ausscheidet.

23 **4. Haftung.** Im Falle des Verkaufs eines Grundstücks nach dem maßgeblichen Zeitpunkt ist gemäß Art. 8 des Einigungsvertrages § 434 BGB anzuwenden, so daß der Verkäufer schuldrechtlich verpflichtet ist, dem Käufer das Grundstück frei von Rechten Dritter zu verschaffen. Dazu gehören auch die nach Art. 233 § 5 EGBGB bestehengebliebenen Mitbenutzungsrechte.

24 **5. Aufhebung und Änderung.** Der Erwerber des Grundstückseigentums oder eines sonstigen Rechts an dem belasteten Grundstück kann, wenn ein nichteingetragenes Mitbenutzungsrecht ihm gegenüber nach Art. 233 § 5 Abs. 2 Satz 1 EGBGB bestehenbleibt, gem. Satz 2 der Bestimmung die Aufhebung oder Änderung des Mitbenutzungsrechts gegen Ausgleich der dadurch entstehenden Vermögensnachteile verlangen, wenn die ihn treffenden Nachteile des Mitbenutzungsrechtes erheblich größer sind als der durch die Aufhebung oder Änderung dieses Rechts dem Nutzungsberechtigten entstehende Scha-

[13] Zum grundsätzlichen Streit über die Anwendbarkeit von § 892 BGB auf nicht eintragungsbedürftige Rechte s. § 892 BGB RdNr. 15.

[14] Zust. BezG Potsdam VersR 1993, 617; früher bereits *Oehler-England* NJ 1974, 721, 724. AA Kommentar zum ZGB, DDR, hrsg. vom Ministerium der Justiz, Ostberlin 1983, § 297 Anm. 2.2 und *Palandt-Bassenge* RdNr. 5: Vereinbarung mit dem Berechtigten nötig. Zweifelnd *Eickmann*, Grundstücksrecht in den neuen Bundesländern, RWS-Skript 224, 2. Aufl. 1991, RdNr. 128.

[15] BezG Potsdam VersR 1993, 617.

den. Die Bestimmung ist Art. 233 § 4 Abs. 2 Satz 2 EGBGB nachgebildet; siehe die Erläuterungen zu dieser Bestimmung.

VI. Zwangsversteigerung, Abs. 2 Satz 3

25 In der Zwangsversteigerung bleiben Mitbenutzungsrechte, die ohne Eintragung im Grundbuch gegenüber Dritten wirksam sind, gem. § 9 EGZVG auch dann gegenüber dem Erwerber bestehen, wenn sie nicht in das geringste Gebot aufgenommen worden sind. Das Landesrecht kann davon abweichen. Auf Verlangen des Inhabers eines vorrangigen oder gleichrangigen Rechts, das bei Fortbestehen des Mitbenutzungsrechts beeinträchtigt würde, ist das Erlöschen des Mitbenutzungsrechts aber als Versteigerungsbedingung anzuordnen. Der **Schutz** in der Zwangsversteigerung ist **befristet** für Versteigerungen, die bis zum Ablauf des 31. 12. 1996 angeordnet werden. Durch später angeordnete Zwangsversteigerungen erlöschen gem. §§ 52, 91 ZVG Rechte, die nicht in das geringste Gebot aufgenommen worden sind.[16]

VII. Eintragung, Abs. 3 und 4

26 **1. Grundsatz, Abs. 3.** Die nach Art. 233 § 5 Abs. 1 EGBGB weiterbestehenden Mitbenutzungsrechte sind zwar der Eintragung im Grundbuch nicht bedürftig, aber nach Abs. 3 Satz 1 der Bestimmung der Eintragung fähig. Die Regelung ist an Art. 187 Abs. 1 Satz 2 EGBGB angelehnt. Der **Zweck der Eintragung** liegt im wesentlichen in einer Klarstellung der Rechtsverhältnisse (siehe näher Art. 187 EGBGB RdNr. 1 und 4). Die Eintragung kann aber darüber hinaus zu einer Änderung der Rechtslage führen (s. unten RdNr. 28, 35). Wegen der Möglichkeit des Erlöschens des Rechts und dem nur befristeten Ausschluß des öffentlichen Glaubens des Grundbuchs (RdNr. 15, 22) ist dem Berechtigten die zügige Durchsetzung der Eintragung dringend zu empfehlen.

27 Die Eintragung ist unabhängig davon möglich, ob nach der **früheren Regelung** eine Eintragungsfähigkeit bestand. Nach § 322 ZGB DDR sollte die Eintragung eines Wege- oder Überfahrtsrechts mit dem Eigentümer des betroffenen Grundstücks vereinbart und durch besondere Vorschriften die Eintragung weiterer Mitbenutzungsrechte im Grundbuch vorgesehen werden können.

28 **2. Inhalt des Rechts, Abs. 4.** Das Recht ist als arteigenes dingliches Recht mit dem Inhalt einzutragen, den es nach der früheren Regelung hat (RdNr. 3). Durch Landesgesetzgebung kann jedoch bestimmt werden, daß das Recht mit dem Inhalt einzutragen ist, der dem seit dem 3. 10. 1990 geltenden Recht entspricht oder zumindest am ehesten entspricht. In der Regel werden dies die beschränkte persönliche Dienstbarkeit oder die Grunddienstbarkeit sein, je nachdem, ob das Mitbenutzungsrecht subjektiv-persönlich oder subjektiv-dinglich ausgestaltet ist. Auf diese Weise verliert das Mitbenutzungsrecht seine bisherige arteigene Rechtsnatur und wird zu einem Sachenrecht iSd. BGB. Ab dem Zeitpunkt einer solchen Eintragung sind auf das eingetragene Recht die Regelungen anzuwenden, die allgemein für Rechte der eingetragenen Art gelten, also idR §§ 1018ff., 1090ff. BGB. Sind vor der Eintragung im Grundbuch die Verpflichtung des Grundstückseigentümers zur Eintragungsbewilligung und der Inhalt des Rechts rechtskräftig festgestellt worden, so kann die Umwandlung nach Landesrecht nicht mehr erfolgen. Das Recht ist mit dem festgestellten Inhalt einzutragen, **Abs. 3 Satz 2.** Ein Ermessen besteht insoweit entgegen dem mißverständlichen Gesetzeswortlaut nicht.

29 **3. Entstehungszeitpunkt des Rechts.** Bei der Eintragung des Mitbenutzungsrechts kann es zu Unsicherheiten über den genauen Zeitpunkt seiner Entstehung kommen, der für den Rang des Rechts wichtig ist (vgl. hierzu auch Art. 233 § 3 RdNr. 9ff.). Die Eintragung des Entstehungszeitpunkts setzt voraus, daß der Antragsteller ihn gem. § 29 GBO durch öffentliche oder öffentlich beglaubigte Urkunden nachweist, Abs. 3 Satz 2.

[16] Näher dazu *Keller* Rpfleger 1992, 501, 506.

Gelingt dies nicht, so ist auf Bewilligung der Betroffenen der Vorrang vor anderen Rechten zu vermerken, Abs. 3 Satz 3. Diese Eintragungen können in analoger Anwendung der Bestimmungen auch noch nach der Eintragung des Mitbenutzungsrechts erfolgen.

30 Hat der Eigentümer gem. § 8 Abs. 1 GBBerG ein **Anerkenntnis** über das Bestehen des Mitbenutzungsrechts abgegeben und die Grundbuchberichtigung bewilligt, ohne daß eine der Urkunden den Zeitpunkt für die Entstehung des Rechts angibt, wird als Entstehungszeitpunkt gem. § 8 Abs. 2 GBBerG der 25. 12. 1993 fingiert. Rechte, die zwischen dem 3. 10. 1990 und dem 24. 12. 1993 eingetragen worden sind, genießen den Vorrang. Es ist zweifelhaft, ob diese wenig sinnvolle Regelung dem Willen des Gesetzgebers entspricht. In der Begründung des Regierungsentwurfs, der textlich mit der Gesetzesfassung übereinstimmt, heißt es, als Entstehungszeitpunkt werde der 2. 10. 1990 bestimmt.[17] Das wäre zweckmäßig, weil ein Mitbenutzungsrecht letztmalig an diesem Tage hätte entstehen können. Später eingetragene Rechte würden danach keinen Vorrang genießen.

31 Enthält das Anerkenntnis bzw. die Eintragungsbewilligung den Entstehungszeitpunkt, so ist von dieser Angabe auszugehen. Der Mitbenutzungsberechtigte hat grundsätzlich einen **Anspruch** darauf, daß der Eigentümer den Entstehungszeitpunkt in diesen Urkunden angibt. Dessen Eintragung bedarf gem. § 19 GBO auch der Bewilligung der nachrangig Berechtigten oder gem. § 22 GBO des Nachweises der Unrichtigkeit des Grundbuchs, so daß die nachrangig Berechtigten vor einem durch kollusives Zusammenwirken von Mitbenutzungsberechtigtem und Grundstückeigentümer herbeigeführten ungerechtfertigten Vorrang geschützt sind.

32 **4. Eintragungsverfahren.** Das Verfahren wird in Art. 233 § 5 Abs. 3 EGBGB nicht näher geregelt. Die Grundsätze des Art. 187 EGBGB sind entsprechend heranzuziehen (siehe im einzelnen Art. 187 EGBGB RdNr. 4). Es genügt das einseitige Verlangen der Eintragung durch den Berechtigten oder den Eigentümer des belasteten Grundstücks. Die Eintragung erfolgt im Antragsverfahren entweder aufgrund einer Bewilligung nach § 19 GBO oder aufgrund eines Nachweises gem. § 22 GBO. Es handelt sich, da das Mitbenutzungsrecht bereits besteht, um eine Grundbuchberichtigung gem. § 894 BGB. Der Berechtigte hat gegen den Eigentümer des belasteten Grundstücks einen Anspruch auf Bewilligung der Eintragung, der im Wege der Klage durchgesetzt wird. Die Kosten der Eintragung sind von dem Antragsteller zu tragen und vorzuschießen, Art. 187 Abs. 1 Satz 2 EGBGB analog.

33 **5. Schlußtermin.** Die Möglichkeit der Eintragung des Mitbenutzungsrechts im Grundbuch gem. Art. 233 § 5 Abs. 3 EGBGB besteht zunächst **unbefristet.** Die Festsetzung eines Schlußtermins bleibt der künftigen Gesetzgebung überlassen. Zu beachten sind aber bei fehlender Eintragung das Erlöschen nach § 8 Abs. 1 GBBerG (RdNr. 15) und die Möglichkeit eines gutgläubigen lastenfreien Erwerbs ab 1997 (RdNr. 22).

VIII. Beseitigung

34 **1. Gesetzliche Bereinigung.** Die Mitbenutzungsrechte waren in Art. 233 § 5 Abs. 1 EGBGB zunächst nur vorläufig anerkannt und ihre Bereinigung in Art. 233 § 3 Abs. 2 aF EGBGB vorbehalten worden. Dieser Vorbehalt ist durch Art. 2 § 5 lit. d) bb) SachRÄndG erledigt.

35 **2. Rechtsgeschäftliche Aufhebung.** Das Erlöschen eines Mitbenutzungsrechts durch einseitige rechtsgeschäftliche Aufgabeerklärung des Berechtigten richtet sich danach, ob das Mitbenutzungsrecht im Grundbuch eingetragen ist oder nicht. Ist das Mitbenutzungsrecht im Grundbuch nicht eingetragen worden, so gelten gem. Art. 233 § 3 Abs. 2 EGBGB für die Aufhebung die früheren Regelungen. Ist das Mitbenutzungsrecht dagegen im Grundbuch eingetragen, so sind die §§ 874f. BGB anzuwenden (vgl. Art. 189 Abs. 3 EGBGB).

[17] BT-Drs. 12/5553 S. 95.

IX. Neubegründung

36 Art. 233 § 5 Abs. 1 EGBGB erweitert den numerus clausus der Sachenrechte durch die Anerkennung der Mitbenutzungsrechte nur für die zum Stichtag bereits bestehenden Rechte. Eine Neubegründung solcher Rechte ist weder in dem in Art. 3 des Einigungsvertrages genannten Gebiet noch in den sonstigen Gebieten Deutschlands möglich. Es stehen statt dessen die Institute der beschränkten persönlichen **Dienstbarkeit** und der Grunddienstbarkeit zur Verfügung.

§ 6 Hypotheken

(1) Für die Übertragung von Hypothekenforderungen nach dem Zivilgesetzbuch der Deutschen Demokratischen Republik, die am Tag des Wirksamwerdens des Beitritts bestehen, gelten die Vorschriften des Bürgerlichen Gesetzbuchs, welche bei der Übertragung von Sicherungshypotheken anzuwenden sind, entsprechend. Das gleiche gilt für die Aufhebung solcher Hypotheken mit der Maßgabe, daß § 1183 des Bürgerlichen Gesetzbuchs und § 27 der Grundbuchordnung nicht anzuwenden ist. Die Regelungen des Bürgerlichen Gesetzbuchs über den Verzicht auf eine Hypothek sind bei solchen Hypotheken nicht anzuwenden.

(2) Die Übertragung der Hypotheken, Grundschulden und Rentenschulden aus der Zeit vor Inkrafttreten des Zivilgesetzbuchs der Deutschen Demokratischen Republik und die sonstigen Verfügungen über solche Rechte richten sich nach den entsprechenden Vorschriften des Bürgerlichen Gesetzbuchs.

Die für den Inhalt der Hypothek nach dem ZGB maßgeblichen Bestimmungen lauten wie folgt:

Dritter Abschnitt. Hypothek

§ 452 Inhalt der Hypothek

(1) Ein Grundstück kann zur Sicherung einer Geldforderung mit einer Hypothek belastet werden. Das gleiche gilt für Gebäude, an denen auf Grund von Rechtsvorschriften unabhängig vom Eigentum am Boden selbständiges Eigentum besteht. Eine Hypothek kann auch zur Sicherung einer künftigen Forderung bestellt werden. Für eine Forderung können mehrere Grundstücke mit einer Hypothek belastet werden (Gesamthypothek).

(2) Die Hypothek erstreckt sich auch auf das Grundstückszubehör, soweit des Eigentum des Grundstückseigentümers ist, auf die Mieteinnahmen, Nutzungsentgelte sowie auf Forderungen aus Versicherungen des Grundstücks.

(3) *(aufgehoben)*

§ 453 Entstehen der Hypothek

(1) Die Hypothek wird durch schriftlichen Vertrag zwischen Grundstückseigentümer und Gläubiger vereinbart. Der Vertrag bedarf der Beglaubigung, soweit es sich nicht um eine Hypothek zugunsten eines Kreditinstituts handelt; in diesen Fällen genügt die Beglaubigung oder Beurkundung der Erklärungen des Grundstückseigentümers. Die Hypothek entsteht mit der Eintragung im Grundbuch.

(2) Der Rang einer Hypothek bestimmt sich nach dem Zeitpunkt ihres Entstehens.

§ 454[1] Abhängigkeit der Hypothek von der Forderung

(1) Die Hypothek ist mit der gesicherten Forderung untrennbar verbunden. Sie besteht nur in der jeweiligen Höhe der Forderung einschließlich Zinsen und Nebenforderungen. Als Inhalt der Hypothek kann auch vereinbart werden, daß diese einen veränderten Zinssatz bis zu einem bestimmten Höchstsatz sichert; die Vereinbarung bedarf der Eintragung in das Grundbuch.

(2) Erlischt die Forderung, erlischt auch die Hypothek. Die Bestimmung des § 454a bleibt unberührt.

(3) Wird die Forderung durch Vertrag an einen neuen Gläubiger abgetreten, geht auch die Hypothek auf ihn über. Die Abtretung der Forderung und der Übergang der Hypothek werden mit der Eintragung des neuen Gläubigers im Grundbuch wirksam.

§ 454a[2] [Höchstbetraghypothek; Übertragung der Forderung]

(1) Eine Hypothek kann in der Weise bestellt werden, daß nur der Höchstbetrag, bis zu dem das Grundstück haften soll, bestimmt, im übrigen die Feststellung der Forderung vorbehalten wird. Der Höchstbetrag muß in das Grundbuch eingetragen werden.

(2) Ist die Forderung verzinslich, so werden die Zinsen in den Höchstbetrag eingerechnet.

(3) Die Forderung kann nach den für die Übertragung von Forderungen geltenden allgemeinen Vorschriften übertragen werden. Wird sie nach diesen Vorschriften übertragen, so ist der Übergang der Hypothek ausgeschlossen.

§ 455 Rechtswirkung der Hypothek

(1) Erfüllt der Grundstückseigentümer die Forderung nicht, ist der Gläubiger der Hypothek berechtigt, wegen der Forderung sowie der Kosten der Rechtsverfolgung die Vollstreckung in das Grundstück und in die Gegenstände zu betreiben, auf die sich die Hypothek erstreckt. Der Gläubiger einer Gesamthypothek hat die Wahl, in jedes der Grundstücke ganz oder zu einem Teil zu vollstrecken.

(2) Für die Vollstreckung gelten besondere Rechtsvorschriften.

§ 456[3] Aufbauhypothek

(1) Ein Grundstück kann zur Sicherung von Krediten, die von Kreditinstituten für Baumaßnahmen gegeben werden, mit einer Aufbauhypothek belastet werden.

(2) Für die Aufbauhypothek gelten die Bestimmungen über die Hypothek entsprechend, soweit im folgenden nichts anderes bestimmt ist.

(3) *(aufgehoben)*

[1] § 452 Abs. 3 aufgehoben, § 453 Abs. 1 und § 454 neu gefaßt durch Gesetz vom 28. 6. 1990 (GBl. I S. 524).

[2] § 454a eingefügt durch Gesetz vom 28. 6. 1990 (GBl. I S. 524).

[3] § 456 Abs. 3 aufgehoben durch Gesetz vom 28. 6. 1990 (GBl. I S. 524).

§ 3 des Gesetzes vom 28. 6. (GBl. I S. 524) bestimmt: Für Aufbauhypotheken, die vor dem Inkrafttreten dieses Gesetzes begründet wurden, sind die Bestimmungen der §§ 456 Abs. 3 und 458 weiterhin anzuwenden. Diese lauten:

***§ 456** (3) Eine Aufbauhypothek hat Vorrang vor anderen Hypotheken. Mehrere Aufbauhypotheken haben gleichen Rang.*

***§ 458** Stundung von Hypotheken. Ist ein Grundstück mit einer Aufbauhypothek belastet und deshalb eine Zinszahlung und Tilgung bereits bestehender Hypothekenforderungen nur teilweise oder nicht möglich, sind diese einschließlich der Zinsen insoweit gestundet. Während der Stundung dürfen die Hypothekenforderungen nicht gekündigt werden.*

Vgl. dazu unter RdNr. 4.

§ 457 Aufbauhypothek durch staatliche Anordnung

Für staatlich angeordnete Baumaßnahmen kann die Aufnahme eines Kredites und die Belastung des Grundstücks mit einer Aufbauhypothek auf Antrag des zuständigen staatlichen Organs veranlaßt werden. Hierfür gelten besondere Rechtsvorschriften.

I. Normzweck

Die Vorschrift befaßt sich mit Verfügungen über Grundpfandrechte, die entweder vor dem Beitrittstage bereits bestanden, oder die nach diesem Tage noch nach Maßgabe des bisherigen Rechts begründet werden konnten. Sie gilt nur für Verfügungen, deren Eintragung nach dem 2. 10. 1990 beantragt wurde, vgl. Art. 233 § 7 Abs. 2 S. 3 EGBGB. **1**

II. Von der Norm erfaßte Rechte

An einem Grundstück (Miteigentumsanteil, rechtlich selbständigem Gebäude) können bestehen **2**
- Rechte, die vor dem 1. 1. 1976 (= Inkrafttreten des ZGB) nach den Regeln des BGB begründet wurden und gem. § 6 Abs. 1 EGZGB sowie Art. 233 § 3 Abs. 1 EGBGB bestehen blieben (dazu unten RdNr. 1);
- Rechte, die unter der Geltung des ZGB, also bis zum 2. 10. 1990, begründet wurden und gem. Art. 233 § 3 Abs. 1 EGBGB bestehen blieben (dazu unten RdNr. 4–13);
- Rechte, die auf Grund eines vor dem 3. 10. 1990 gestellten Eintragungsantrages gem. Art. 233 § 7 Abs. 2 S. 1 EGBGB noch nach dem bisherigen Recht begründet werden konnten (dazu unten RdNr. 14).

Nicht angesprochen sind die nach dem 2. 10. 1990 neu begründeten Rechte iS des BGB; für sie gilt selbstverständlich ausschließlich das BGB.

III. Vor dem 1. 1. 1976 begründete Rechte

Für diese Rechte gilt uneingeschränkt das BGB; eine Unterscheidung nach der Art der Verfügung findet nicht statt. Art. 233 § 6 Abs. 2 EGBGB. Soweit solche Rechte **wertbeständig** bestellt wurden (Anknüpfung an den Goldwert, Roggen- oder Weizenpreis) so sind sie ab 21. 12. 1993 nach Maßgabe der §§ 1 bis 3 GBBerG **umgestellt**. Das Grundbuch kann auf Antrag oder von Amts wegen entsprechend berichtigt werden; ein künftiger gutgläubiger Erwerb solcher Rechte über den nicht eingetragenen Umstellungsbetrag hinaus ist ausgeschlossen, § 4 GBBerG. **3**

IV. Zwischen dem 1. 1. 1976 und dem 2. 10. 1990 begründete Rechte

1. Betroffene Rechte. Hierbei kann es sich handeln um die (gewöhnliche) Hypothek des § 452 ZGB, um die Höchstbetragshypothek des § 454a ZGB, um die Aufbauhypothek nach §§ 456, 457 ZGB sowie um die Zwangshypothek nach § 5 der GrundstücksvollstreckungsVO. Der Vorrang, der den vor dem 1. 7. 1990 begründeten Aufbauhypotheken nach wie vor zusteht (vgl. Art. 233 § 9 Abs. 3 S. 1 EGBGB), kann auch für Zinsänderungen bis zu einem Gesamtumfang von 13% in Anspruch genommen werden, § 9 Abs. 3 S. 2. Die Stundungswirkung des § 458 ZGB, deren Fortgeltung ohnehin sehr zweifelhaft war[4], ist mit dem durch das 2. VermRÄndG eingefügten § 9 Abs. 3 S. 3 weggefallen. **4**

2. Übertragung der Rechte. a) Nach Art. 233 § 6 Abs. 1 S. 1 EGBGB gelten für die Übertragung der Forderung – die nach § 1153 BGB wie auch nach § 454 Abs. 3 S. 1 ZGB den Mitübergang des dinglichen Rechts bewirkt – die Regeln des BGB über die Übertra- **5**

[4] Vgl. *Eickmann*, Grundstücksrecht in den neuen Bundesländern, RdNr. 196; *Welter* WM 1991, 1189, 1194.

gung von Sicherungshypotheken entsprechend. Die Hypothekenforderung wird somit gem. § 1154 Abs. 3 BGB durch Einigung und Eintragung übertragen.

6 **b)** Rückständige Zinsen und Nebenleistungen werden nach § 1159 BGB nur nach Zessionsregeln, also durch formlosen Abtretungsvertrag, übertragen. Vgl. dazu 2. Aufl. § 1159 RdNr. 5.

7 **c)** Der Wortlaut von Art. 233 § 6 Abs. 1 EGBGB spricht nur von Hypothekenforderungen „nach dem Zivilgesetzbuch"; er gilt also unmittelbar für die Rechte nach §§ 452, 454a, 456, 457 ZGB. Verbal nicht angesprochen ist die in der GrundstücksvollstreckungsVO gesondert geregelte Zwangshypothek. Diese ist jedoch nach ihrer inhaltlichen Ausgestaltung gleichfalls ein streng akzessorisches Recht und auch hinsichtlich ihrer fehlenden Eigentümerfähigkeit den Hypotheken des ZGB gleich. Es bestehen somit keine Bedenken dagegen, sie denselben Regeln zu unterwerfen.

8 **d)** Besonderheiten gelten für die Höchstbetragshypothek. Nach § 1190 Abs. 4 BGB kann hier – neben der Übertragung nach § 1154 Abs. 3 BGB – auch die Forderung alleine übertragen werden. Dies geschieht nach den allgemeinen Vorschriften (§§ 398ff. BGB) und führt zum Übergang nur der Forderung, nicht aber der Hypothek, § 1190 Abs. 4 S. 2 BGB. Die Hypothek verbleibt dem Gläubiger; das Grundstück haftet weiter bis zum Höchstbetrag für andere, schon entstandene oder noch entstehende Forderungen des eingetragenen Gläubigers. Dies gilt jedoch nicht, wenn der gesamte gesicherte Forderungskreis („... alle Ansprüche aus der Geschäftsverbindung ...", „... alle Forderungen aus dem Bierbezug...“), soweit zulässig, abgetreten wird. In einem solchen Falle geht nach dem BGB die Hypothek entgültig auf den Eigentümer über (vgl. 2. Aufl. § 1190 RdNr. 21 m. weit. Nachw.). Da die bestehen gebliebenen ZGB-Rechte jedoch, als weitergeltender Inhalt (vgl. Art. 233 § 3 Abs. 1 EGBGB), vom Prinzip des Erlöschens anstelle eines Überganges auf den Eigentümer geprägt sind, muß dieses Erlöschen auch hier die Folge sein.

9 **3. Aufhebung der Rechte.** Nach Art. 233 § 6 Abs. 1 S. 2 EGBGB gelten für die Aufhebung der Rechte die Regeln des BGB, also die §§ 875, 876 BGB, jedoch mit der Maßgabe, daß § 1183 BGB nicht anwendbar ist. Dies folgt aus der fehlenden Eigentümerfähigkeit der Rechte des ZGB; eine Eigentümerzustimmung ist bei ihrer Aufhebung deshalb zu Recht überflüssig. Daß der den Rechtsgedanken des § 1183 BGB lediglich ins Verfahrensrecht transformierende § 27 GBO dann gleichfalls nicht anwendbar sein kann, hätte sich wohl von selbst verstanden, wird aber noch ausdrücklich klargestellt.

10 **4. Verzicht.** Der Verzicht auf ein Grundpfandrecht hat nach § 1168 BGB zwingend den Übergang des Rechts auf den Eigentümer zur Folge. Da die ZGB-Rechte jedoch auch in anderen Fällen nie auf den Eigentümer übergehen, sondern erlöschen, sind die Regelungen über den Verzicht gem. Art. 233 § 6 Abs. 1 S. 3 EGBGB nicht anwendbar. Ein „Verzicht" des Gläubigers ist in diesen Fällen in eine Aufhebung umzudeuten.

11 **5. Andere Verfügungen.** Bezüglich anderer Verfügungen ist keine besondere Regelung getroffen. Insoweit gelten nach den allgemeinen Grundsätzen die Regelungen des BGB.

12 Fraglich ist, ob beim Rangrücktritt (§ 880 BGB) eines ZGB-Rechtes hinter ein anderes Grundstücksrecht die in § 880 Abs. 2 S. 2 BGB vorgeschriebene Eigentümerzustimmung erforderlich ist. Das BGB verlangt sie ja lediglich im Hinblick auf die Wahrung der Interessen des Eigentümers am künftigen Erwerb des Rechts mit dessen bisherigem Rang. Da ein solcher Rechtserwerb jedoch bei den ZGB-Rechten nicht möglich ist, kann im Wege der teleologischen Reduktion auf die Eigentümerzustimmung verzichtet werden.

13 **6. Ablösung.** Ein vor dem 1. 7. 1990 bestelltes Grundpfandrecht mit einem (im Verhältnis 2:1) umgerechneten Nennbetrag von nicht mehr als 10000.– DM **erlischt** nach Maßgabe des **§ 10 GBBerG**, wenn der umgerechnete Nennbetrag und eine Zinspauschale in Höhe eines Drittels dieses Betrages hinterlegt werden. Bei Höchstbetragshypotheken entfällt die Zinspauschale wegen § 1190 Abs. 2 BGB. Mit dem Erlöschen des Rechts wird ein für das Grundpfandrecht erteilter Brief kraftlos; § 26 Abs. 3 S. 2 GBMaßnG gilt dann entsprechend.

V. Nach dem 2. 10. 1990 begründete Übergangsrechte

14 Bei den auf Grund eines vor dem 3. 10. 1990 gestellten Antrages nach diesem Tage eingetragenen und noch gemäß den Regelungen des ZGB entstandenen Rechten (vgl. oben II) ist Art. 233 § 6 Abs. 1 EGBGB unmittelbar nicht anzuwenden, denn es handelt sich nicht um „Hypothekenforderungen... die am Tage des Wirksamwerdens des Beitritts bestehen...". Da jedoch für solche Rechte nach Art. 233 § 7 Abs. 2 S. 2 EGBGB die Vorschriften des Art. 233 § 3 Abs. 1 und 2 EGBGB entsprechend anzuwenden sind, werden sie den vorher begründeten, bestehen bleibenden und inhaltsgleichen Rechten übergangsrechtlich gleichgestellt. Für sie müssen somit ebenfalls die oben IV dargestellten Regelungen entsprechende Anwendung finden. Das ist nicht nur aus der Systematik, sondern auch aus dem Telos der Regelungen geboten, denn die uneingeschränkte Unterstellung der hier angesprochenen Rechte unter das BGB wäre hier ebenso sinnwidrig wie bei den von Art. 233 § 6 Abs. 1 EGBGB ausdrücklich angesprochenen gleichartigen Rechten.

§ 7 Am Tag des Wirksamwerdens des Beitritts schwebende Rechtsänderungen

(1) Die Übertragung des Eigentums an einem Grundstück richtet sich statt nach den Vorschriften des Bürgerlichen Gesetzbuchs nach den am Tag vor dem Wirksamwerden des Beitritts geltenden Rechtsvorschriften, wenn der Antrag auf Eintragung in das Grundbuch vor dem Wirksamwerden des Beitritts gestellt worden ist. Dies gilt entsprechend für das Gebäudeeigentum. Wurde bei einem Vertrag, der vor dem 3. Oktober 1990 beurkundet worden ist, der Antrag nach diesem Zeitpunkt gestellt, so ist eine gesonderte Auflassung nicht erforderlich, wenn die am 2. Oktober 1990 geltenden Vorschriften des Zivilgesetzbuchs der Deutschen Demokratischen Republik über den Eigentumsübergang eingehalten worden sind.

(2) Ein Recht nach den am Tag vor dem Wirksamwerden des Beitritts geltenden Vorschriften kann nach diesem Tage gemäß diesen Vorschriften noch begründet werden, wenn hierzu die Eintragung in das Grundbuch erforderlich ist und diese beim Grundbuchamt vor dem Wirksamwerden des Beitritts beantragt worden ist. Auf ein solches Recht ist § 3 Abs. 1 und 2 entsprechend anzuwenden. Ist die Eintragung einer Verfügung über ein Recht der in Satz 1 bezeichneten Art vor dem Wirksamwerden des Beitritts beim Grundbuchamt beantragt worden, so sind auf die Verfügung die am Tag vor dem Wirksamwerden des Beitritts geltenden Vorschriften anzuwenden.

I. Normzweck

1 Die Übergangsvorschrift des Art. 233 § 7 regelt, welches materielle Recht (für das formelle vgl. Anlage I zum Einigungsvertragsgesetz, Kapitel III Sachgebiet B Abschnitt III Nr. 1 bis 5 sowie dazu BT-Drucks. 11/7817 S. 49) für die am Tag des Beitritts, also am 3. 10. 1990, schwebenden Rechtsänderungen gelten soll. Indem klargestellt wird, daß das bisherige materielle Recht für die bereits schwebenden Verfahren fortgilt, soll nicht nur verhindert werden, daß schwebende Eintragungsverfahren beim Grundbuchamt durch den Übergang auf das neue Recht beeinträchtigt werden (vgl. BT-Drucks. 11/7817 S. 42). Es soll auch materiellrechtlich Klarheit der möglichen Arten und des zulässigen Inhalts der schließlich eingetragenen Rechte gewährleistet werden. Eine darüber hinausgehende Schutzfunktion hat die Vorschrift nicht. Vor allem soll sie nicht vor allgemeinen Risiken schützen, wie sie sich beispielsweise aus verfahrenfehlerhaften Voreintragungen ergeben können.[1]

II. Regelungsgegenstand

2 Der Anwendungsbereich der Norm erstreckt sich auf die in § 873 BGB genannten Rechte (s. dort RdNr. 5), erweitert um das dem BGB unbekannte Gebäudeeigentum (vgl.

[1] BGH Urt. vom 25. 11. 1994 – V ZR 24/93, WM 1995, 442.

insbes. die Regelungen in den §§ 26 Abs. 2, 288 Abs. 4, 292 Abs. 3, 295 Abs. 2 Satz 1 ZGB sowie die Überleitungsvorschrift des Art. 233 § 4 EGBGB). Im Gegensatz zu § 873 BGB, der eine zusammenfassende Regelung für alle Rechte enthält, wurde bei der Überleitungsvorschrift eine Aufteilung vorgenommen:

3 Absatz 1 behandelt nur die **Übertragung** des **Eigentums,** und zwar an Grundstücken in Satz 1 und an Gebäuden in Satz 2. Absatz 2 Satz 1 behandelt die **Begründung** von sonstigen **Rechten,** die eine **Eintragung voraussetzen** (zB das Vorkaufsrecht nach § 306 ZGB sowie die Hypothek gemäß § 453 ZGB). Für nicht eintragungspflichtige, aber **eintragungsfähige** Rechte (zB Mitbenutzungsrechte gemäß § 322) gilt die Vorschrift nicht (s. dazu Art. 233 § 5 EGBGB). In Absatz 2 Satz 2 wird für die neu begründeten Rechte § 3 Absatz 1 und 2 (Inhalt und Rang beschränkter dinglicher Rechte; Vorbehalt der Anpassung; s. oben) für entsprechend anwendbar erklärt; „entsprechend" deshalb, weil § 3 Absatz 1 und 2 sich nur auf bestehende Rechte und nicht auf erst neu zu begründende Rechte bezieht. Absatz 2 Satz 3 erstreckt schließlich die Anwendbarkeit des § 7 über die Begründung von Rechten hinaus auf alle **Verfügungen** über **Rechte.**

III. Regelungsinhalt

4 **1. Grundsatz.** Unproblematisch ist der Grundfall, daß außer der Eintragung ins Grundbuch alle Voraussetzungen des Eigentumswechsels bzw. der sonstigen Rechtsänderung erfüllt sind; hier gilt das bisherige materielle Rechte der ehemaligen DDR. Sinn und Zweck des § 7 ist nämlich ebenso wie bei § 878 BGB, daß die Beteiligten durch ein nach dem gestellten Antrag eintretendes Ereignis – hier den Beitritt – weder schlechter noch besser gestellt werden sollen, als wäre das Ereignis nicht eingetreten.

5 **2. Antragsunabhängige Erwerbshindernisse.** Dieser Gemeinsamkeit im Normwzeck entspricht es, daß trotz eines unterschiedlichen Regelungsgegenstandes von § 878 BGB und der vorliegenden Vorschrift alle im Einflußbereich der Parteien liegenden Voraussetzungen im Zeitpunkt des Beitritts erfüllt sein müssen (siehe § 878 RdNr. 12).[2] Dagegen spricht die auf die Antragstellung beschränkte Textfassung nicht entscheidend,[3] denn eine solche findet sich auch in § 878 BGB, und dennoch verlangt die hM auch dort das Fehlen weiterer Erwerbshindernisse. Die schlichte Antragstellung ist folglich nicht ausreichend, wenn weitere Erwerbshindernisse bestehen. Solchenfalls findet § 7 keine Anwendung, und nach dem Recht der eheamligen DDR kann kein Rechtserwerb mehr stattfinden. Vielmehr sind erforderlichenfalls die Voraussetzungen für die Rechtsänderung nach bundesdeutschem Recht nachzuholen. Das gilt insbesondere auch, wenn nach bisherigem DDR-Recht **Genehmigungen** nötig waren, diese jedoch nicht vor dem 3. 10. 1990 beantragt wurden.

6 **3. Schwebende Genehmigungen.** War ein Antrag auf Erteilung einer vor dem 3. 10. 1990 nach DDR-Recht erforderlichen staatlichen Genehmigung (insbes. nach der GrundstücksverkehrsVO vom 15. 12. 1977) gestellt, aber bisher noch nicht beschieden, so ist § 7 anwendbar mit der Folge, daß der Fall nach dem Recht der ehemaligen DDR zu behandeln ist. Eine Rechtsänderung nach diesem Recht scheitert allerdings trotz Erfüllung aller im Privatbereich der Beteiligten liegenden Erfordernisse, wenn abgesehen von der Grundbucheintragung noch sonstige staatliche bzw. behördliche Erwerbsvoraussetzungen nicht erfüllt sind, insbesondere Genehmigungen fehlen, und diese nach „neuem" Recht entfallen sind, also auch nicht mehr beigebracht werden können. Würde man hier trotz Fehlens der staatlichen Genehmigung einen Eigentumserwerb bzw. eine Rechtsänderung annehmen, so hätte sich dieser bzw. diese auf eine Weise vollzogen, die weder dem Recht der ehemaligen DDR noch dem geltenden bundesdeutschen Recht entspräche. Heraus könnten sich Zweifels- und Streitfragen ergeben. Zudem könnte die Annahme einer Konvaleszenz durch Wegfall des Genehmigungserfordernisses nur mit einer paradoxen dogmatischen

[2] AA *Palandt-Bassenge* RdNr. 1.

[3] So aber *Palandt-Bassenge* RdNr. 1.

Konstruktion begründet werden: Bei Anwendbarkeit des § 7 würde auf das Recht der ehemaligen DDR verwiesen. Dieses enthielt das Genehmigungserfordernis. Die Genehmigung kann jedoch jetzt nicht mehr erteilt werden, weil das Erfordernis und/oder die Genehmigungsbehörde nach dem Beitritt entfallen sind. Man müßte also wiederum „neues" Recht anwenden, obwohl § 7 gerade auf das „alte" DDR-Recht verweist. Ferner stünden sich die Beteiligten (oder zumindest einer von ihnen) möglicherweise besser, wenn nach dem Recht der ehemaligen DDR die Genehmigung nicht hätte erteilt werden können. Ein solches Ergebnis wäre wiederum nur zu vermeiden, wenn geprüft werden würde, ob nach dem Recht der ehemaligen DDR die Genehmigung hätte erteilt werden können. Eine derartige Vorgehensweise ist aber gerade im Hinblick auf die Genehmigungskriterien nicht nur rechtspolitisch unerwünscht, sondern vor allem mangels Existenz einer Behörde, die jetzt zur Prüfung des aufgehobenen Erfordernisses berufen ist, nicht praktikabel.

7 **4. Ergebnis.** § 7 ist daher nur in den Fällen anwendbar und führt auch zu einem Eigentumserwerb bzw. einer Rechtsänderung, in denen die Beteiligten alle erforderlichen Genehmigungen beantragt haben, diese – soweit nicht bereits vor dem 3. 10. 1990 geschehen – auch noch erteilt werden können und der Eintragungsantrag beim Grundbuchamt gestellt worden ist. Dabei schadet nicht, wenn der Antrag zurückgewiesen wird, der zurückweisende Beschluß aber auf Beschwerde wieder aufgehoben wird.[4] Ebenso ist es unschädlich, wenn ein Eintragungshindernis auf Zwischenverfügung behoben wird.[5] Bei ausstehenden Genehmigungen führt dies allerdings nur dann zu einem Rechtserwerb nach dem Recht der ehemaligen DDR, wenn diese Genehmigungen bereits beantragt waren und noch erteilt werden können.

8 Praktisch dürfte damit der Anwendungsbereich des § 7 auf die Fälle reduziert sein, in denen bereits alle Voraussetzungen bis auf die Eintragung erfüllt sind.

§ 8 Rechtsverhältnisse nach § 459 des Zivilgesetzbuchs

Soweit Rechtsverhältnisse und Ansprüche aufgrund des früheren § 459 des Zivilgesetzbuchs der Deutschen Demokratischen Republik und der dazu ergangenen Ausführungsvorschriften am Ende des Tages vor dem Wirksamwerden des Beitritts bestehen, bleiben sie vorbehaltlich des § 2 und der im Sachenrechtsbereinigungsgesetz getroffenen Bestimmungen unberührt. Soweit Gebäudeeigentum besteht, sind die §§ 2b und 2c entsprechend anzuwenden.

Die in Bezug genommene, durch Gesetz vom 22. 7. 1990 (GBl. I S. 903) aufgehobene Vorschrift lautet:

§ 459 [Rechtsverhältnisse an Gebäuden und Anlagen]

(1) Die von volkseigenen Betrieben, staatlichen Organen oder Einrichtungen auf vertraglich genutzten Grundstücken errichteten Gebäuden und Anlagen sind unabhängig vom Eigentum am Boden Volkseigentum. Sind bedeutende Erweiterungs- und Erhaltungsmaßnahmen an vertraglich genutzten Grundstücken durchgeführt worden, besteht entsprechend der Werterhöhung ein volkseigener Miteigentumsanteil.

(2) Jeder Vertragspartner kann verlangen, daß die Rechte und Pflichten festgelegt werden, die sich aus den baulichen Maßnahmen ergeben, und daß die Rechtsänderung im Grundbuch eingetragen wird.

[4] So auch *Palandt-Bassenge* RdNr. 1.

[5] BGH ZIP 1995, 324

(3) Bestehende und künftige Belastungen des Grundstücks erstrecken sich nicht auf das nach Abs. 1 entstandene Volkseigentum.

(4) Sind von sozialistischen Genossenschaften oder gesellschaftlichen Organisationen bedeutende Erweiterungs- und Erhaltungsmaßnahmen an vertraglich genutzten Grundstücken durchgeführt worden, besteht entsprechend der Werterhöhung ein Miteigentumsanteil zugunsten der sozialistischen Genossenschaft oder gesellschaftlichen Organisation. Die Bestimmungen der Absätze 2 und 3 gelten entsprechend.

(5) Für landwirtschaftliche Produktionsgenossenschaften gelten die genossenschaftsrechtlichen Bestimmungen.

Schrifttum: Siehe Art. 233 § 4.

Übersicht*

I. Normzweck

1 **1. Zweck von § 459 ZGB.** Der bisherige Normzweck von § 459 ZGB (aufgehoben durch das 2. Zivilrechtsänderungsgesetz vom 22. 7. 1990, GBl. I. Nr. 49 S. 903) und der hierzu ergangenen Verordnung über die Sicherung des Volkseigentums bei Baumaßnahmen von Betrieben auf vertraglich genutzten nicht volkseigenen Grundstücken vom 7. 4. 1983 (GBl. I. Nr. 12 S. 129, nachstehend VO genannt) und der DB vom gleichen Tage (S. 130) war die Sicherung von Volkseigentum bei Baumaßnahmen an vertraglich genutzten **privaten Grundstücken.** Wertverbesserungen durch Einsatz von Volkseigentum sollten diesem auch nicht verlorengehen. Die Sicherung erfolgte auf radikalste Weise und unter deutlicher Privilegierung des Volkseigentums. Hier entstand volkseigenes Gebäudeeigentum oder Miteigentum am Grundstück, während ein privater Mieter gemäß § 112 Abs. 3 ZGB grundsätzlich nur Entschädigungsansprüche hat, soweit dem Vermieter „wirtschaftliche Vorteile" entstanden sind.[1]

2 **2. Normzweck von § 8** ist demgegenüber nur zu verhindern, daß in die bestehende Rechtslage durch den Übergang auf neues Recht eingegriffen wird[2] sowie die Klarstellung, daß bestehendes Gebäudeeigentum trotz der Aufhebung des § 459 ZGB vor Beitritt weitergilt.[3] Da es sich um sog. **„vagabundierendes Gebäudeeigentum"** ohne dingliches Nutzungsrecht handelt, wurde inzwischen die Bezugnahme auf § 4 Abs. 1 durch die auf § 2b und § 2c ersetzt.

§ 459 enthält zwei konstruktiv völlig verschiedene Varianten: Gebäudeeigentum bei selbständigen Gebäuden bzw. Anlagen, Miteigentumsanteil am Grundstück bei bedeutenden Erweiterungs- oder Erhaltungsmaßnahmen.

* Für die Anregungen und die Durchsicht des Manuskripts wird Herrn Notar *Manfred Ulbrich*, Dresden herzlich gedankt.

[1] Vgl. *Heuer* RdNr. 133.

[2] BT-Drucks. 11/7817 S. 42.

[3] So aber *Barkam* in *Rädler-Raupach-Bezzenberger*, Vermögen in der ehem. DDR, Teil 3 § 16 RdNr. 5.

3. Fortgeltung. § 459 ZGB wurde zwar durch das 2. ZivilrechtsÄndG v. 22. 7. 1990 (GBl. DDR I S. 903 Nr. 7) aufgehoben, weil die Bestimmung untrennbar mit der sozialistischen Wirtschaftsordnung verbunden war. Deshalb bezieht sich § 8 auch auf den „früheren" § 459 BGB. Es wurden daher Zweifel geäußert, ob Gebäudeeigentum nach § 459 ZGB weiter besteht (*Welter* WM 1991, 1997) oder ob die Bestimmung schlicht rechtsstaatswidrig ist. Eine rückwirkende Beseitigung des § 459 ZGB widerspreche aber dem aus Art. 233 ersichtlichen Grundsatz des Bestandsschutzes, wäre also wiederum rechtsstaatlich nicht vertretbar (*Staudinger-Rauscher* RdNr. 3). Durch die mehrfachen gesetzlichen Korrekturen von § 8 ist ferner der gesetzgeberische Wille zur Weitergeltung dieses Rechtsinstituts erkennbar. 3

II. Gebäudeeigentum

1. Nutzungsvertrag als Grundlage. Der Unterschied zum Gebäudeeigentum aufgrund Nutzungsrechten an volkseigenem bzw. genossenschaftlichem Boden besteht darin, daß das Gebäudeeigentum hier nicht auf einem im Grundbuch eingetragenen bzw. eintragbaren, also quasi-dinglichen Nutzungsrecht beruht, sondern ein vertragliches Nutzungsrecht genügt. Während dort das dingliche Nutzungsrecht und das Gebäudeeigentum in ihrem Bestand miteinander verknüpft sind (vgl. Art. 233 § 4 RdNr. 7), fehlt hier nach dem Entstehen des Gebäudeeigentums jede rechtliche Verknüpfung mit dem schuldrechtlichen Nutzungsvertrag. Als schuldrechtlicher Nutzungsvertrag iS § 459 ZGB kommen Mietverträge oder andere den Grundstücksgebrauch ermöglichende Vereinbarungen in Betracht;[4] letzteres ist auch der Fall, wenn staatliche Land- oder Forstwirtschaftsbetriebe nicht volkseigene Bodenflächen vom Rat des Kreises zur Bewirtschaftung oder von der LPG für Investitionszwecke übernommen haben. Für die rechtspolitische Würdigung ist darauf hinzuweisen, daß derartige Mietverträge iR aufgrund Zuweisung durch das staatliche Organ gemäß §§ 131, 99 ZGB zustandegekommen sein dürften; die Zuweisung ergab sich auch aus der Gewerberaumlenkungsverordnung. Ohne die Zuweisung war der Mietvertrag gemäß § 68 ZGB nichtig. 4

Allerdings muß der Nutzungsvertrag die Baumaßnahme gestatten.[5] Der Nutzungsvertrag muß wirksam zustande gekommen sein; eine bloße Absichtserklärung hierzu oder Billigung staatlicher Stellen zum Bau genügt nicht, dann kommt nur ein Recht zum Besitz nach Art. 233 § 2a in Betracht.[6] Allerdings kann ein formungültiger Kaufvertrag in eine nach DDR-Recht gültige Nutzungsvereinbarung umgedeutet werden.[7] 5

2. Selbständige Gebäude, bauliche Anlagen. Gegenstand des Gebäudeeigentums sind einerseits selbständige Gebäude, worunter auch bautechnisch abgrenzbare und mit dem Boden fest verbundene Anbauten an Gebäude zu verstehen sind (§ 1 Abs. 2 der DB zur Verordnung). Neben Gebäuden entsteht auch an „baulichen Anlagen" Volkseigentum. Nach der Legaldefinition des § 1 Abs. 3 der DB zur Verordnung sind hierunter zu verstehen „unbewegliche, mit dem Grund und Boden fest verbundene Grundmittel, deren normative Nutzungsdauer fünf Jahre überschreitet und deren Bruttowert mindestens 15000,– Mark beträgt"; hierunter müßte der Verkehrswert der Anlage zum Zeitpunkt der Errichtung zu verstehen sein, da auf spätere Wertschwankungen nicht abgestellt werden kann. Das vorgenannte Gebäude bzw. die Anlage muß von „volkseigenen Betrieben, staatlichen Organen oder Einrichtungen" errichtet worden sein (nicht von Genossenschaften, vgl. § 459 Abs. 4 ZGB). 6

3. Eigentumserwerb, Grundbuch nach früherem Recht. Mit der Errichtung des Gebäudes bzw. der baulichen Anlage (RdNr. 6) aufgrund des Nutzungsrechts (RdNr. 4, 5) 7

[4] LG Frankfurt/Oder VIZ 1994, 368; *Volhard* VIZ 1993, 481 (483); *Kassebohm* VIZ 1993, 425f.

[5] Vgl. § 459 Abs. 2 ZGB, deutlicher § 4 der VO, ebenso *Heuer* RdNr. 134.

[6] OLG Naumburg OLG-NL 1994, 84.

[7] LG Frankfurt/Oder VIZ 1994, 368.

entsteht unmittelbar und **kraft Gesetzes** ein **selbständiges Gebäudeeigentum.** Der Ausweis des Volkseigentums in der Liegenschaftsdokumentation, also die Eintragung im Grundbuch, hat dagegen nur deklaratorischen Charakter.[8] Für das Gebäudeeigentum sah die VO keine Eintragung in das Grundstücksgrundbuch vor (gem. § 8 Abs. 1 Ziff. 2 nur bei „baulichen Anlagen"). Gemäß § 8 der VO ist ein besonderes Gebäudegrundbuchblatt anzulegen, wobei dies durch den Rat des Kreises auf Antrag des Betriebes, der Rechtsträger ist, veranlaßt wurde. Mit Entstehen des Gebäudeeigentums konnte auch jeder Vertragspartner verlangen, daß die Rechte und Pflichten festgelegt werden, die sich aus den baulichen Maßnahmen ergeben (§ 459 Abs. 2 ZGB, § 4 VO), worunter wohl eine **Anpassung des schuldrechtlichen Nutzungsvertrages** zu verstehen war. Bei einer **„baulichen Anlage"** im Sinne der Vorschrift war gemäß § 8 Abs. 1 Ziff. 2 der Verordnung nur ein Vermerk in das Grundstücksgrundbuch einzutragen „es besteht unbelastetes Volkseigentum an baulichen Anlagen", dagegen kein Gebäudegrundbuch anzulegen.

8 **4. Fortgeltung.** Gemäß Art. 233 § 8 S. 1 EGBGB bleiben alle Rechtsverhältnisse und Ansprüche nach § 459 ZGB samt Ausführungsvorschriften bestehen, soweit sie „am Ende des Tages vor dem Wirksamwerden des Beitritts bestehen". Damit soll die Rechtslage am Gebäudeeigentum bzw. den Anlagen, aber auch sonstige nach § 459 ZGB bestehenden Rechte und Pflichten fortgelten.

Sonach gilt das zum fraglichen Zeitpunkt wirksam entstandene Gebäudeeigentum fort, ebenso die Anpassungsverpflichtung gemäß § 459 Abs. 2 ZGB und die Enthaftung gemäß § 459 Abs. 3 ZGB.

9 **5. Anwendbares neues Recht. a)** Soweit sonach ein Gebäudeeigentum wirksam entstanden ist, hat der nunmehrige Satz 2 die Rechtslage erheblich vereinfacht und dadurch geklärt, daß nun die entsprechende **Anwendung von §§ 2b und 2c** festgelegt wurde. Es gilt also nunmehr für das Gebäudegrundbuch § 2b Abs. 2 und 3, wobei für Neuanlegung und die Führung bestehender Gebäudegrundbücher nun die VO über Gebäudegrundbücher u. a. vom 5. 7. 1994 (BGBl. I. S. 1606) gilt; der nötige Nachweis des Gebäudeeigentums ist dort in § 4 Abs. 3 geregelt. Auch das Feststellungsverfahren nach dem Vermögenszuordnungsgesetz gem. § 2b Abs. 3 gilt, sowie für das Grundstücksgrundbuch § 2b Abs. 2 S. 3 und § 2c Abs. 1 und Abs. 3. Ferner gilt das gleiche für die anwendbaren Grundstücksvorschriften, für Verfügungen über das Gebäudeeigentum (§ 2b Abs. 4), für den Untergang des Gebäudes und die Aufhebung des Gebäudeeigentums, sowie für bisherige Mobiliarsicherheiten und bisherige Erwerbe. Auch für den öffentlichen Glauben und dessen Wiederherstellung gilt das gleiche.

10 **b)** Für das schuldrechtliche Nutzungsverhältnis ist die Rechtsgrundlage aufgehoben worden durch Gesetz vom 22. 7. 1990 (BGBl. I. S. 93). Damit ist hier gleichfalls ein nutzungsrechtsloses Gebäudeeigentum entstanden. Für dieses „vagabundierende Gebäudeeigentum" wurde unter den Voraussetzungen des § 2a Abs. 1 für den dort genannten Zeitraum ein gesetzliches **Recht zum Besitz** geschaffen.

11 Über § 2b Abs. 1 S. 2, 4 und § 4 Abs. 3 S. 3 wird das Recht zum Besitz gem. § 2a auch durch ein schuldrechtliches Nutzungsrecht in dem in § 4 Abs. 3 Satz 3 genannten Umfang ergänzt.

III. Miteigentumsanteil am Grundstück

12 **1. Bedeutende Erweiterungs- und Erhaltungsmaßnahmen.** Voraussetzung ist hier, daß bedeutende Erweiterungs- und Erhaltungsmaßnahmen durchgeführt wurden, wobei wie beim Gebäudeeigentum aus der schuldrechtlichen Nutzungsvereinbarung sich das Recht auf Durchführung der betreffenden Maßnahme ergeben mußte[9] bzw. einer Verein-

[8] Kommentar zum ZGB vom 19. 6. 1975, herausgegeben vom Ministerium der Justiz § 459 Anm. 1.1.

[9] Vgl. Kommentar zum ZGB § 459 Anm. 1.2.

barung nach § 4 VO. Als Erweiterungs- und Erhaltungsmaßnahmen iS § 459 Abs. 1 S. 2 ZGB sind An-, Um- und Ausbauten sowie Instandsetzungen, Modernisierungen und Rekonstruktionen anzusehen (§ 1 Abs. 1 DB/VO). Als „bedeutend" gelten diese Maßnahmen dann, wenn sie den Wert des nicht volkseigenen Grundstücks um mindestens 30000,– Mark erhöht haben, (§ 2 Ziff. 2 VO) wobei die Werterhöhung zum Zeitpunkt der Beendigung der Maßnahme entscheidend ist, nicht der jetzige DM-Wert. Bei Werterhöhungen unter 30000,– Mark entstand gemäß § 9 der VO kein Miteigentum, sondern lediglich eine volkseigene Forderung, die hypothekarisch sicherbar war.

13 **2. Entstehung des Miteigentumsanteils, Höhe, Grundbuch.** Nach dem bisherigen Rechtsverständnis handelt es sich bei der Entstehung des Miteigentumsanteils um einen Fall von Vermischung (§ 30 ZGB).

14 **a)** Mit Durchführung der den vorgenannten Vorschriften entsprechenden Baumaßnahme entstand **kraft Gesetzes** ein Miteigentumsanteil in Höhe der Werterhöhung. Der Miteigentumsanteil bezieht sich auf **das Grundstück,** eine Loslösung des Gebäudeeigentums erfolgt hier also nicht.[10]

15 **b)** Die **Ermittlung der Werterhöhung** erfolgt nach Baudurchführung durch einen staatlich zugelassenen Sachverständigen und ist vom Rat des Kreises zu bestätigen. Die Maßnahmen sollen auf einer Preisbasis bewertet werden, die mit der Preisbasis, die dem Grundstückswert zugrundeliegt, vergleichbar ist.[11] Der Miteigentumsanteil ergibt sich als Prozentsatz aus dem Verhältnis der ermittelten Werterhöhung zum ermittelten Wert des Grundstücks nach den Baumaßnahmen (§§ 6, 7 Abs. 1 VO). Danach ist der so ermittelte Miteigentumsanteil des Volkseigentums zwischen dem Rechtsträger des Volkseigentums und dem Grundstückseigentümer in notarieller Urkunde zu vereinbaren (§ 7 VO). Kommt eine Vereinbarung nicht zustande, kann der Rechtsträger durch gerichtliche Klage die Abgabe der Willenserklärung durch den Eigentümer entsprechend dem Wertgutachten erzwingen (§ 7 Abs. 3 VO). Bei diesen Bestimmungen handelt es sich um fortgeltende Vorschriften im Sinne von § 8, soweit das Miteigentum schon vor dem Wirksamwerden des Beitritts entstanden ist, also kraft Gesetzes durch die tatsächliche Errichtung.

16 **c)** Danach ist der Miteigentumsanteil in das Grundstücksgrundbuch des vertraglich genutzten Grundstücks einzutragen. Der vertraglich Nutzungsberechtigte hatte beim Rat des Kreises die Eintragung zu beantragen (§ 10 Abs. 2 VO). Eintragungsgrundlage ist die Vereinbarung bzw. das gerichtliche Urteil, wobei der volkseigene Anteil als Bruchteil, nicht als Prozentsatz einzutragen war.[11] Diese nur deklaratorisch erfolgte Grundbucheintragung dürfte praktisch häufig unterblieben sein.

17 **3. Fortgeltung.** § 8 Satz 2 nimmt nur auf bestehendes Gebäudeeigentum Bezug, nicht dagegen auf dem Miteigentumsanteil; die Rechtsfolgeverweisung auf §§ 2b und 2c gilt daher nicht für den Miteigentumsanteil. Wie festgestellt hat es sich schon bei dem bisherigen Miteigentum um Bruchteilseigentum gehandelt, für das nun über den ausdrücklich vorbehaltenen § 2 die Bestimmungen über **Miteigentum nach Bruchteilen** gemäß §§ 1008ff. BGB gelten mit allen sonst hierfür nach Bundesrecht maßgebenden Bestimmungen. Wegen § 8 muß dies auch gelten, soweit bisher keine Grundbucheintragung erfolgt ist. Über § 8 gelten aber auch alle sonst noch maßgebende Rechte und Ansprüche aus § 459 ZGB samt Ausführungsvorschriften. Dies gilt insbesondere für die Verpflichtung zur schuldrechtlichen **Anpassung** der Rechte und Pflichten gemäß § 459 Abs. 2 ZGB sowie für die Enthaftung nach § 459 Abs. 3 ZGB. Danach erstrecken sich alle bisherigen Belastungen des Grundstücks nicht auf den volkseigenen Miteigentumsanteil, ebenso nicht alle künftigen Belastungen des Miteigentumsanteils des früheren Grundstückseigentümers, der seinen nicht staatlichen Miteigentumsanteil wie bisher weiter belasten kann.[12]

[10] *Heuer* RdNr. 135, *Rohde* S. 240.
[11] *Heuer* RdNr. 135.
[12] Kommentar zum ZGB § 459 Anm. 3.

Für die Weitergeltung des schuldrechtlichen Nutzungsverhältnisses kommt es auf die hierfür maßgeblichen Bestimmungen an.

18 **4. Öffentlicher Glaube des Grundbuchs.** Da für den volkseigenen Miteigentumsanteil nun, auch wenn er nicht im Grundbuch eingetragen wurde, das Recht des Miteigentums nach Bruchteilen gemäß §§ 1008ff. BGB gilt, gelten hier für einen außerhalb des Grundbuches entstandenen, nicht gebuchten Miteigentumsanteil die allgemeinen gesetzlichen Bestimmungen über den guten Glauben gemäß §§ 891, 892 BGB. Eine Durchbrechung des öffentlichen Glaubens wie in Art. 233 § 4 Abs. 2 EGBGB, auf den nicht Bezug genommen wurde, fehlt. Deswegen ist der gutgläubige Erwerb gemäß § 892 BGB – nach den dortigen Voraussetzungen – bei einem ungebuchten volkseigenem Miteigentumsanteil möglich.[13]

19 **5. Anwendbarkeit für Genossenschaften.** Gemäß § 459 Abs. 4 ZGB gelten die Bestimmungen über Miteigentumsanteile auch bei von Genossenschaften oder gesellschaftlichen Organisationen durchgeführten „bedeutenden Erweiterungs- und Erhaltungsmaßnahmen an vertraglich genutzten Grundstücken". Von praktischer Bedeutung waren die Konsumgenossenschaften, die in großem Umfang Läden und Gaststätten gemietet haben. Für die Voraussetzungen und das Verfahren gilt das selbe, wie bei Rechtsträgern von Volkseigentum, wohl auch für die vorgenannte Wertgrenze von 30000,– Mark.[14] Gemäß § 459 Abs. 5 ZGB gilt die Regelung dagegen nicht für derartige Baumaßnahmen einer LPG, wofür es bei den dort maßgebenden Bestimmungen bleibt.[15]

IV. Änderungsvorbehalt, Sachenrechtsbereinigung

20 § 8 steht ausdrücklich unter dem Vorbehalt gemäß Art. 233 § 2 Abs. 2 EGBGB über die Abwicklung des Volkseigentums sowie der im Sachenrechtsbereinigungsgesetz getroffenen Bestimmungen.

21 Soweit ein Gebäudeeigentum nach § 459 ZGB besteht, ist es ein betroffenes Rechtsverhältnis im Sinne von § 1 Abs. 1 Nr. 1b SachenRberG, wobei allerdings nach § 7 verschiedene bauliche Nutzungen ausgeschlossen sind.

22 Für den Miteigentumsanteil (betroffenes Rechtsverhältnis nach § 1 Abs. 1 Nr. 3, wobei wiederum die baulichen Nutzung zu beachten ist) gelten dann die Bestimmungen gem. §§ 113 mit 115: So ist in § 113 der Anspruch beider Vertragsteile auf Eintragung der Miteigentumsanteile im Grundbuch festgelegt, in Abs. 2 die Klärung der Frage, ob eine bedeutende Werterhöhung vorliegt und in Abs. 3 der Ausschluß des Berichtigungsanspruchs und damit die **Wiederherstellung des öffentlichen Glaubens,** wenn nach dem **Ablauf des 31. 12. 1996** die Berichtigung des Grundbuchs noch nicht beantragt wurde oder kein Widerspruch eingetragen wurde oder dem Erwerber das Bestehen eines Miteigentumsanteils nicht bekannt war. In § 114 ist ein Aufgebotsverfahren zum Ausschluß des Rechts des Miteigentümers eingeführt worden und in § 115 ein Ankaufsrecht bei Auflösung der Gemeinschaft.

§ 9 Rangbestimmung

(1) Das Rangverhältnis der in § 3 Abs. 1 bezeichneten Rechte an Grundstücken bestimmt sich nach dem Zeitpunkt der Eintragung in das Grundbuch, soweit sich nicht im folgenden etwas anderes ergibt.

(2) Bei Rechten an Grundstücken, die nicht der Eintragung in das Grundbuch bedürfen und nicht eingetragen sind, bestimmt sich der Rang nach dem Zeitpunkt der

[13] So auch *Staudinger-Rauscher* RdNr. 23.

[14] Vgl. *Heuer* RdNr. 136, *Rohde* S. 240.

[15] Nur hypothekarische Sicherung gemäß § 44 Abs. 3 LPG-G.

Entstehung des Rechts, im Falle des § 5 Abs. 3 Satz 2 und 3 nach dem eingetragenen Vermerk.

(3) Der Vorrang von Aufbauhypotheken gemäß § 456 Abs. 3 des Zivilgesetzbuchs der Deutschen Demokratischen Republik in Verbindung mit § 3 des Gesetzes zur Änderung und Ergänzung des Zivilgesetzbuchs der Deutschen Demokratischen Republik vom 28. Juni 1990 (GBI. 1 Nr. 39 S. 524) bleibt unberührt. Der Vorrang kann für Zinsänderungen bis zu einem Gesamtumfang von 13 vom Hundert in Anspruch genommen werden. Die Stundungswirkung der Aufbauhypotheken gemäß § 458 des Zivilgesetzbuchs der Deutschen Demokratischen Republik in Verbindung mit § 3 des Gesetzes zur Änderung und Ergänzung des Zivilgesetzbuchs der Deutschen Demokratischen Republik vom 28. Juni 1990 (GBl. Nr. 39 S. 524) entfällt. Diese Bestimmungen gelten für Aufbaugrundschulden entsprechend.

I. Normzweck

1 Die durch das Zweite Vermögensrechtsänderungsgesetz (2. VermRÄndG)[1] eingefügte Vorschrift bestimmt den **Rang** der aus dem DDR-Recht überkommenen **beschränkt dinglichen Rechte** an Grundstücken, die nach Art. 233 § 3 Abs. 1 EGBGB mit ihrem bisherigen Inhalt und Rang übernommen worden sind. Der Rang solcher Rechte war im ZGB nur für Hypotheken geregelt (§§ 453 Abs. 2, 456 Abs. 3). Dagegen fehlten entsprechende Regelungen für andere beschränkt dingliche Rechte und für die Rechte der verschiedenen Abteilungen des Grundbuchs untereinander.[2] Diese Regelung holt § 9 nach. Er stellt daher eine abweichende Bestimmung im Sinne des § 3 Abs. 1 dar. Abs. 3 verfolgt zudem das Ziel, im Interesse der Förderung der Investitionstätigkeit in den neuen Bundesländern die Beleihbarkeit von Grundstücken zu erleichtern, die durch den Vorrang (§ 456 Abs. 3 ZGB) und die Stundungswirkung (§ 458 ZGB) von **Aufbauhypotheken** beeinträchtigt wurde. Abs. 3 behält den **Vorrang** der Aufbauhypotheken vor anderen Hypotheken bei, weil neue Grundpfandrechte nach den allgemeinen Regeln ohnehin nachrangig wären.[3] Die Bestimmung läßt auch eine Inanspruchnahme des Vorrangs für **Zinserhöhungen** weiterhin zu, begrenzt aber deren Höhe auf 13%. Die **Stundungswirkung** der Aufbauhypothek zu Lasten der Bedienung früherer Hypotheken nach § 458 ZGB wurde dagegen beseitigt, da sie sich auf künftige Beleihungen hemmend auswirken würde. § 458 ZGB würde dazu führen, daß das Zwangsversteigerungsverfahren eines der Aufbauhypothek nachrangigen Grundpfandrechtsgläubigers allein deshalb unzulässig wäre, weil die Grundstückserträge zur Bedienung seiner Hypothek nicht ausreichen, selbst wenn der Eigentümer zahlungsfähig wäre.[4]

II. Eintragungszeitpunkt

2 Gemäß Abs. 1 bestimmt sich das Rangverhältnis grundsätzlich nach dem **Zeitpunkt der Eintragung** in das Grundbuch. Diese Regelung entspricht der des § 453 Abs. 2 ZGB. Sie stimmt aber auch mit § 879 Abs. 1 BGB überein, bei dem nach hM ebenfalls die zeitliche Reihenfolge der Eintragungen über das Rangverhältnis entscheidet.[5] Dieser Eintragungsgrundsatz gilt im Interesse der Rechtssicherheit und des Verkehrsschutzes für alle **eingetragenen Rechte**, auch wenn die Eintragung gesetzlich nicht vorgeschrieben war (zB § 322 Abs. 1 ZGB).[6]

[1] BGBl. 1992 I S. 1257; Schönfelder II Nr. 79.
[2] BT-Drucks. 12/2480 S. 37; vgl. auch Art. 233 § 3 RdNr. 9f.
[3] BT-Drucks. 12/2480 S. 82; *Welter* WM 1991, 1189, 1194.
[4] BT-Drucks. 12/2480 S. 82; *Welter* WM 1991, 1189, 1194.
[5] *Baur-Stürner* § 17 B I 4; *Horn*, Zivil- und Wirtschaftsrecht, S. 177.
[6] *Palandt-Bassenge* RdNr. 2.

III. Entstehungszeitpunkt

3 Abs. 2 enthält eine wichtige Ausnahme vom Eintragungsgrundsatz. Bei **nicht eingetragenen Rechten**, die zu ihrer Entstehung nicht der Grundbucheintragung bedurften, bestimmt sich der Rang nach dem Entstehungszeitpunkt des Rechts. Diese Ausnahme ist eine notwendige Folge aus § 3 Abs. 1, wonach die alten Rechte mit ihrem bisherigen Inhalt und Rang bestehenbleiben. Keiner Grundbucheintragung bedurften zB die Nutzungsrechte nach §§ 287ff. und §§ 291ff. ZGB sowie die Mitbenutzungsrechte nach §§ 321, 322 ZGB.

4 Die **Mitbenutzungsrechte** wurden grundsätzlich durch schriftliche Vereinbarung gem. § 321 ZGB begründet und konnten nur im Falle von Wege- oder Überfahrtrechten gem. § 322 ZGB auf Grund einer Vereinbarung der Parteien im Grundbuch eingetragen werden.[7] Werden solche Rechte nunmehr nach § 5 Abs. 3 ins Grundbuch eingetragen, so bestimmt sich der Rang der Mitbenutzungsrechte weder nach dem Zeitpunkt ihrer Eintragung (Abs. 1) noch nach ihrem wahren Entstehungszeitpunkt (Abs. 2 HS. 1), sondern allein nach dem Inhalt des Grundbuchs. Entscheidend sind ausschließlich die nach § 5 Abs. 3 S. 2 und 3 eingetragenen **Rangfeststellungsvermerke** über den Zeitpunkt der Entstehung des Rechts bzw. über den durch Bewilligung eingeräumten Vorrang. Sind solche Grundbuchvermerke trotz Eintragung nicht vorhanden, so bleibt nach dem Grundsatz des Abs. 1 der Eintragungszeitpunkt maßgeblich.[8]

IV. Aufbauhypotheken

5 Aufbauhypotheken hatten nach § 456 Abs. 3 ZGB **Vorrang** vor anderen Hypotheken, auch soweit diese früher eingetragen worden waren.[9] Dieser Vorrang, der nach § 3 des 1. Zivilrechtsänderungsgesetzes[10] für vor dem 1. Juni 1990 begründete Aufbauhypotheken weiter gilt, bleibt nach S. 1 grundsätzlich bestehen. Dagegen gelten für das Rangverhältnis zu anderen beschränkt dinglichen Rechten einschließlich der Aufbauhypotheken die Abs. 1 und 2, weil § 456 Abs. 3 ZGB insoweit keinen Vorrang begründete. Der Vorrang kann aber für **Zinsänderungen** nur noch bis zu einem Gesamtumfang von maximal 13% in Anspruch genommen werden (S. 2). Dieser Prozentsatz begrenzt nicht die Summe der Zinserhöhungen, sondern die Höhe des Zinsanspruchs insgesamt. Zinserhöhungen genießen daher nur dann den Vorrang von Aufbauhypotheken, solange sie zusammen mit dem ursprünglichen Zinssatz den Umfang von 13% nicht überschreiten.[11] Hierfür spricht insbesondere die Entstehungsgeschichte. Der Gesetzentwurf hatte entsprechend § 1119 BGB eine absolute Begrenzung des Zinssatzes auf 5% vorgesehen. Die Änderung der Vorschrift sollte die Grenze allein marktgerechter fassen, nicht aber Zinserhöhungen um 13% ermöglichen.[12] Der Vorrang von Aufbauhypotheken kann allein für Zinsen, nicht für andere Nebenleistungen in Anspruch genommen werden. Die **Stundungswirkung** der Aufbauhypotheken zu Lasten anderer Hypothekenforderungen nach § 458 ZGB iVm. § 3 1. ZivilRÄndG ist entfallen (S. 3). **Aufbaugrundschulden** sind nach S. 4 entsprechend den Aufbauhypotheken zu behandeln.

[7] *Welter* WM 1991, 1189, 1190.
[8] BT-Drucks. 12/2480 S. 81f.
[9] *Welter* WM 1991, 1189, 1194.
[10] Gesetz zur Änderung und Ergänzung des Zivilgesetzbuches der DDR (Erstes Zivilrechtsänderungsgesetz – 1. ZivilRÄndG vom 28. 6. 1990, GBl. DDR I S. 524).
[11] *Staudinger-Rauscher* RdNr. 10.
[12] BT-Drucks. 12/2695 S. 24.

§ 10 Vertretungsbefugnisse für Personenzusammenschlüsse alten Rechts

(1) Steht ein dingliches Recht an einem Grundstück einem Personenzusammenschluß zu, dessen Mitglieder nicht namentlich im Grundbuch aufgeführt sind, ist die Gemeinde, in der das Grundstück liegt, vorbehaltlich einer anderweitigen landesgesetzlichen Regelung gesetzliche Vertreterin des Personenzusammenschlusses und dessen Mitglieder in Ansehung des Gemeinschaftsgegenstandes. Erstreckt sich das Grundstück auf verschiedene Gemeindebezirke, ermächtigt die Flurneuordnungsbehörde (§ 53 Abs. 4 des Landwirtschaftsanpassungsgesetzes) eine der Gemeinden zur Vertretung des Personenzusammenschlusses.

(2) Im Rahmen der gesetzlichen Vertretung des Personenzusammenschlusses ist die Gemeinde zur Verfügung über das Grundstück befugt. Verfügungsbeschränkungen, die sich aus den Bestimmungen ergeben, denen der Personenzusammenschluß unterliegt, stehen einer Verfügung durch die Gemeinde nicht entgegen. Die Gemeinde übt die Vertretung des Personenzusammenschlusses so aus, wie es dem mutmaßlichen Willen der Mitglieder unter Berücksichtigung der Interessen der Allgemeinheit entspricht. Hinsichtlich eines Veräußerungserlöses gelten die §§ 666 und 667 des Bürgerlichen Gesetzbuchs entsprechend.

(3) Die Rechte der Organe des Personenzusammenschlusses bleiben unberührt.

(4) Die Vertretungsbefugnis der Gemeinde endet, wenn sie durch Bescheid der Flurneuordnungsbehörde aufgehoben wird und eine Ausfertigung hiervon zu den Grundakten des betroffenen Grundstücks gelangt. Die Aufhebung der Vertretungsbefugnis kann von jedem Mitglied des Personenzusammenschlusses beantragt werden. Die Flurneuordnungsbehörde hat dem Antrag zu entsprechen, wenn die anderweitige Vertretung des Personenzusammenschlusses sichergestellt ist.

(5) Die Absätze 1 bis 4 gelten entsprechend, wenn im Grundbuch das Grundstück ohne Angabe eines Eigentümers als öffentliches bezeichnet wird.

Schrifttum: *Böhringer,* Finanzwirtschaft 1994, 38; *ders.,* DtZ 1994, 194.

I. Normzweck und Anwendungsbereich

1 Die Vorschrift soll die rechtliche Handlungsfähigkeit von nicht rechtsfähigen Personenzusammenschlüssen im Beitrittsgebiet sicherstellen. Solche altrechtlichen Zusammenschlüsse wurden von der ehemaligen DDR zwar häufig als obsolet behandelt aber nicht formell aufgehoben. Sie bestehen daher fort, obwohl ihre Mitglieder meist unbekannt und die gesetzlichen Vertreter längst verstorben sind. Die Vorschrift regelt eine Art Notgeschäftsführung durch die Gemeinde in Verbindung mit einer gesetzlichen Vertretungsmacht. Sie enthält keine Vermögenszuweisung an die betreffende Gemeinde. Das gilt auch für die Fälle des Abs. 5, in denen die Gemeinde für einen nicht näher ausgewiesenen Inhaber eines öffentlichen Grundstücks zu handeln berechtigt ist.

II. Gesetzliche Vertretung durch die Gemeinde

2 **1. Tatbestand. a) Dingliches Recht an einem Grundstück.** Zu den genannten Rechten gehören neben dem Eigentum beschränkte dingliche Rechte, vor allem Dienstbarkeiten und andere dingliche Nutzungsberechtigungen aus der Zeit vor Inkrafttreten des BGB.

3 **b) Personenzusammenschlüsse** in diesem Sinne sind die altrechtlichen „Gemeinheiten" und ähnliche Gesamthandsgemeinschaften, zum Beispiel Weidegerechtigkeiten, Holzungen, Hiebrechte, Plaggen- und Bültenhaurechte etc. Es handelt sich dabei um materielle Berechtigungen, die den Inhabern (Eigentümern, Nutzungsberechtigten) zur gesamten Hand zustehen. Verbände mit Rechtspersönlichkeit, etwa altrechtliche Wasserverbände oder Genossenschaften gehören nicht hierher.

4 **c) Nicht namentlich aufgeführte Mitglieder.** Soweit die Mitglieder (Berechtigten) im Grundbuch namentlich aufgefürt sind, scheidet die Anwendung der Vorschrift aus.

5 **2. Rechtsfolgen. a) Gesetzliche Vertretung.** Die Gemeinde der Belegenheit ist nicht an die Verfügungsbeschränkungen gebunden, die für den Zusammenschluß selbst gelten. Das bedeutet vor allem, daß sie auch Grundstücke veräußern kann, bei denen der Zusammenschluß dazu nicht oder nur beschränkt in der Lage ist. Für Ausübung und Nachweis der Vertretungsmacht gelten die allgemeinen gesetzlichen Vorschriften des Gemeinde- und des Grundbuchrechts. Die Vertretungsmacht der Organe bleibt neben der gesetzlichen Vertretung bestehen. Bei widersprüchlichen Verfügungen gilt das frühere Verfügungsgeschäft. Verpflichtungsgeschäfte sind beide wirksam. Für Rechtsgeschäfte gegen den Willen des zuständigen Organs fehlt der Gemeinde die Geschäftsführungsbefugnis (RdNr. 6) zur Haftung vgl. RdNr. 7.

6 **b) Geschäftsführungsbefugnis.** Die umfassende Vertretungsmacht der Gemeinde ist im Innenverhältnis an den mutmaßlichen Willen der materiell Berechtigten gebunden, also ähnlich wie bei der Geschäftsführung ohne Auftrag konstruiert. Dabei tritt an die Stelle des individuellen Interesses der Mitglieder wegen der Natur der fraglichen Zusammenschlüsse das Interesse der Allgemeinheit.

7 **c) Rechnungslegung. Herausgabe. Haftung.** Die Gemeinde ist den Organen des Zusammenschlusses zur Rechnungslegung nach § 666 und zur Herausgabe des Erlangten nach § 667 verpflichtet. Sie haftet auf Schadensersatz, wenn sie ihre Geschäftsführungsbefugnis schuldhaft überschreitet. Dabei ist § 678 entsprechend anzuwenden.

8 **d) Vorbehalt landesrechtlicher Regelungen.** Der Landesgesetzgeber kann abweichende Zuständigkeitsregelungen treffen, also zB anstelle der Gemeinden andere Personen oder Körperschaften als gesetzliche Vertreter benennen. Nicht hingegen kann er Geschäftsführungsbefugnis (RdNr. 6) und Rechnungslegung usw. (RdNr. 7) abweichend regeln.

III. Aufhebungsverfahren

9 **1. Tatbestand.** Für das Aufhebungsverfahren ist die Flurneuordnungsbehörde der belegenen Sache zuständig. Das Verfahren ist auf Antrag eines Mitgliedes des Personenzusammenschlusses einzuleiten. Dem Antrag ist stattzugeben, wenn die anderweitige Vertretung sichergestellt ist, m.a.W. wenn die Organe des Zusammenschlusses neu gebildet worden sind.

10 **2. Rechtsfolgen.** Die Vertretungsmacht der Gemeinde endet, wenn eine Ausfertigung des Beschlusses der Flurneuordnungsbehörde über die Aufhebung zu den Grundakten des Grundstücks gelangt. Diese merkwürdige, vom allgemeinen Grundbuchverfahren abweichende Regelung gewährleistet zwar zuverlässige Kenntnis davon, ab wann Verfügungen über das Grundstück nicht mehr wirksam sind. Sie kann aber bei wirksamen Verpflichtungsgeschäften durchaus zu Mißhelligkeiten führen.

IV. Entsprechende Anwendung

11 Es handelt sich bei den hier infrage kommenden Grundstücken um solche, die in Abteilung I ohne Eigentümerangabe zum Beispiel als „öffentlicher Weg", „öffentlicher Graben", „öffentliches Gewässer" bezeichnet sind. Auch hier gilt, daß die Regelung weder eine dingliche Zuordnung zum Vermögen der Gemeinde noch eine unbeschränkte Geschäftsführungsbefugnis (RdNr. 6) enthält.

Zweiter Abschnitt. Abwicklung der Bodenreform

Vorbemerkungen

Übersicht

I. Bodenreformeigentum

1 Die **Bodenreform** wurde ab August 1945 auf Veranlassung der Sowjetischen Militäradministration in Deutschland (SMAD) in der Sowjetischen Besatzungszone (SBZ) durchgeführt.[1] Auf der Grundlage nahezu gleichlautender landesrechtlicher Bodenreformverordnungen und -gesetze[2] wurde land- und forstwirtschaftlicher Grundbesitz mit einer Größe von über 100 ha. entschädigungslos enteignet. Die Enteignung erstreckte sich auch auf landwirtschaftlichen Grundbesitz aller Größengruppen unter 100 ha., sofern es sich hierbei um Grundbesitz von „Kriegsverbrechern und Kriegsschuldigen" oder „Naziführern und aktiven Verfechtern der Nazipartei" handelte. Der durch die genannten Maßnahmen enteignete Boden wurde den **Neubauern** nicht unmittelbar übertragen, sondern bildete einen **staatlichen Bodenfonds**. Aus diesem erfolgten durch Hoheitsakt Zuteilungen einzelner Grundstücke an Neubauern. Diese wurden als Eigentümer ins Grundbuch eingetragen, doch wurde durch Eintragung eines Bodenreformvermerks in Abt. II des Grundbuchs sichergestellt, daß die Neubauernwirtschaften weder ganz noch teilweise geteilt, verkauft, verpachtet oder verpfändet werden durften (Art. VI Ziff. 1 BodRefVO Meckl.-Vorp.).

2 **1. Rechtsnatur.** Die Rechtsnatur des den Neubauern aus dem staatlichen Bodenfonds zugeteilten Bodenreformeigentums ist umstritten. Teilweise wird es als volles, wenngleich mit gewissen Verfügungsbeschränkungen versehenes Privateigentum aufgefaßt.[3] Die hM lehnt dies indessen ab und betrachtet das Bodenreformeigentum entweder als bloßes **persönliches Nutzungsrecht**[4] oder aber als dingliches Recht sui generis.[5]

3 Zwar wurden die Grundstücke aus der Bodenreform den Neubauern als „Privateigentum ihrer Besitzer" (Art. I Ziff. 1 S. 5 BodRefVO Meckl.-Vorp.) übertragen, doch unter-

[1] Vgl. ausführlich *Gollasch-Kroeger* VIZ 1992, 421 ff.; *Horn*, Zivil- und Wirtschaftsrecht, S. 421 f.; *Jesch* VIZ 1994, 451, 452 ff.; *Krüger* DtZ 1991, 385 ff.

[2] Brandenburg: VO vom 6. 9. 1945 über die Bodenreform in der Provinz Mark Brandenburg, VOBl. der Provinzverwaltung Mark Brandenburg Nr. 1, S. 8; Mecklenburg-Vorpommern: VO Nr. 19 vom 5. 9. 1945 über die Bodenreform im Lande Mecklenburg-Vorpommern, ABl. Mecklenburg-Vorpommern 1946, S. 14; Sachsen: VO vom 10. 9. 1945 über die landwirtschaftliche Bodenreform, Amtl. Nachr. der Landesverwaltung Sachsen 1945, S. 27; Sachsen-Anhalt: VO vom 3. 9. 1945 über die Bodenreform, VOBl. für die Provinz Sachsen-Anhalt, S. 28; Thüringen: G vom 10. 9. 1945 über die Bodenreform im Lande Thüringen, Rbl. für das Land Thüringen I 1945, S. 13.

[3] KreisG Rostock-Stadt VIZ 1992, 195 m. zust. Anm. *Gollasch-Kroeger* VIZ 1992, 196; *Barkam* ZAP/ DDR 1991, 371, 373; *Siewert* NJ 1992, 155 f.

[4] BVerwG ZOV 1994, 316, 317; OLG Naumburg OLG-NL 1995, 172, 175; 255, 256; *Horn*, Zivil- und Wirtschaftsrecht, S. 422; *Krüger* DtZ 1991, 385, 391; *Jesch* VIZ 1994, 451, 457; *Rohde-Puls-Zänker* NJ 1985, 353, 354; so bereits OG NJ 1953, 498.

[5] BezG Dresden VIZ 1992, 278 ff.; BezG Rostock VIZ 1992, 193; LG Chemnitz VIZ 1994, 360; LG Rostock OLG-NL 1995, 109, 111; VG Greifswald VIZ 1995, 465 f.

lag das Bodenreformeigentum entsprechend den bodenpolitischen Zielsetzungen der DDR wesentlichen **Verfügungsbeschränkungen** und öffentlich-rechtlichen Bindungen. Für die Übertragung der Grundstücke aus der Bodenreform galten nicht die Vorschriften des allgemeinen Zivilrechts, sondern von Anfang an besondere Vorschriften über den Besitzwechsel.[6] Ursprünglich konnten Bodenreformgrundstücke überhaupt nicht geteilt, verkauft, verpachtet oder verpfändet werden (Art. VI Ziff. 1 BodRefVO Meckl.-Vorp.). Eine Veräußerung war nicht gestattet (Abs. 1 S. 2 der Präambel der BesitzwechselVO 1951). Durch dieses umfassende **Verfügungsverbot**[7] wurde eine rechtsgeschäftliche Veräußerung ausgeschlossen. Allein die zuständigen staatlichen Organe hatten das Recht, über einen Besitzwechsel zu entscheiden und diesen unter Ausschluß einer rechtsgeschäftlichen Abwicklung durchzuführen.[8] Diese Entscheidung der allein zuständigen staatlichen Organe hatte konstitutive Bedeutung,[9] so daß private Rechtsgeschäfte über ein Bodenreformgrundstück selbst dann unwirksam waren, wenn die zuständige Verwaltungsbehörde ihnen zugestimmt hatte.[10] Das Bodenreformeigentum wurde zusätzlich durch öffentlich-rechtliche Bindungen und vielfältige Konfiskationsmöglichkeiten eingeschränkt. Der Neubauer war einer **Bewirtschaftungspflicht** unterworfen. Das Bodenreformeigentum konnte Besitzern entzogen werden, die es nicht entsprechend den Grundsätzen der sozialistischen Bodenpolitik nutzten oder die Werterhaltung gröblich vernachlässigten.[11] Wollte der Neubauer sein Bodenreformeigentum aufgeben, bedurfte er hierzu der staatlichen Genehmigung. Eine unzulässige Aufgabe der Neubauernwirtschaft aus persönlichen Interessen war bis zum Jahre 1975 strafbar.[12] Gab der Neubauer die Bodenreformwirtschaft wegen Krankheit, Alter oder Tod auf, so fiel das Bodenreformeigentum an den staatlichen Bodenfonds zurück und wurde aus diesem einem neuen Besitzer zugeteilt.[13]

4 Dieses umfassende Verfügungsverbot über Bodenreformgrundstücke wurde auch durch die BesitzwechselVO 1975 nur wenig liberalisiert. Nach § 1 dieser VO konnten nun zwar Bodenreformgrundstücke von den bisherigen Eigentümern durch **Besitzwechsel** an Mitglieder Landwirtschaftlicher Produktionsgenossenschaften und Arbeiter der Land-, Forst- und Nahrungsgüterwirtschaft übertragen werden, doch bedurfte der Besitzwechsel nach § 2 Abs. 1 S. 1 der VO der Genehmigung des Rates des Kreises, der auch einen anderen Bewerber bestimmen konnte (§ 2 Abs. 3). Es handelte sich folglich entgegen dem Wortlaut nicht um eine Genehmigung durch die staatliche Behörde, sondern wie bereits vor dem Inkrafttreten der BesitzwechselVO 1975 um eine hoheitliche Zuweisungsentscheidung des Rates des Kreises.[14] Angesichts dieser wesentlichen Einschränkungen war das Bodenreformeigentum kein Privateigentum im Sinne von § 903 BGB.[15] Den Neubauern war die nach ständiger Rechtsprechung des Bundesverfassungsgerichts[16] zum Wesensgehalt des Privateigentums an Grund und Boden gehörende grundsätzliche privatautonome Verfügungsbefugnis von Anfang an und auf Dauer genommen.[17] Der Frage, ob

[6] VO über die Auseinandersetzung bei Besitzwechsel von Bauernwirtschaften aus der Bodenreform vom 21. 6. 1951, GBl. DDR I S. 629; Änderungsverordnung vom 23. 8. 1956, GBl. DDR I S. 685; VO über die Durchführung des Besitzwechsels bei Bodenreformgrundstücken vom 7. 8. 1975, GBl. DDR I S. 629 (Schönfelder II Nr. 23a); 2. VO über die Durchführung des Besitzwechsels bei Bodenreformgrundstücken vom 7. 1. 1988, GBl. DDR I S. 25.

[7] *Schietsch,* in: Lehrbuch Bodenrecht, S. 150.

[8] BGH DtZ 1994, 347, 348; OLG Naumburg OLG-NL 1995, 255, 256; *Radloff* NJ 1947, 85, 86.

[9] OG NJ 1970, 249, 250.

[10] OG NJ 1954, 704, 705.

[11] § 9 BesitzwechselVO 1951; BVerwG ZOV 1994, 316.

[12] Präambel und §§ 1, 16 der BesitzwechselVO 1951.

[13] Vgl. §§ 1 Abs. 1, 13 Abs. 1 BesitzwechselVO 1951.

[14] BGH DtZ 1994, 347, 348; OLG Naumburg OLG-NL 1995, 255, 256.

[15] BVerwG ZOV 1994, 316, 317; OLG Naumburg OLG-NL 1995, 172, 174; 255, 256; BezG Dresden VIZ 1992, 198; BezG Neubrandenburg DtZ 1992, 217, 218; OLG Celle VIZ 1996, 104; BezG Rostock VIZ 1992, 193; LG Rostock OLG-NL 1995, 109, 111; *Horn,* Zivil- und Wirtschaftsrecht, S. 422; *Krüger* DtZ 1991, 385, 388ff.; *Jesch* VIZ 1994, 451, 457; *Schildt* DtZ 1992, 97, 99.

[16] BVerfGE 24, 367, 390; 26, 115, 222; 31, 229, 240; 42, 263, 394; 52, 1, 30.

[17] LG Rostock OLG-NL 1995, 109, 111; VG Greifswald VIZ 1995, 465, 466.

man dieses auf eine unentgeltliche Nutzung des Bodens durch den Neubauern reduzierte **„Arbeitseigentum“** als dingliches Recht sui generis oder aber als persönliches Nutzungsrecht bezeichnen will, kommt demgegenüber keine praktische Bedeutung zu.

5 **2. Vererblichkeit.** Ähnlich streitig wie die Rechtsnatur des Bodenreformeigentums ist die Frage seiner Vererblichkeit. Hier wird teilweise angenommen, daß die Erben beim Tod des Neubauern automatisch in dessen Rechtsstellung eintraten, bis durch Hoheitsakt eine Rückführung in den staatlichen Bodenfonds oder aber eine Übertragung auf eine andere Person erfolgte.[18] Die überwiegende Auffassung geht demgegenüber davon aus, daß das Bodenreformeigentum beim Tod des Neubauern an den **Bodenfonds** zurückfiel und durch konstitutiven Hoheitsakt auf den Erben oder einen Dritten neu übertragen werden mußte.[19] Auszugehen ist davon, daß die Vorschriften des Erbrechts des ZGB in Ansehung der Bodenreformgrundstücke durch die speziellen Bestimmungen der BesitzwechselVOen 1975 und 1988 überlagert wurden (vgl. § 424 S. 2 ZGB).[20] Das Bodenreformeigentum war daher kein freivererbliches Eigentum, das in den allgemeinen Nachlaß fiel.[21] Nach § 4 Abs. 1 der BesitzwechselVO 1975 konnte der Erbe nur dann in die mit dem Bodenreformgrundstück verbundenen Rechte und Pflichten eintreten, wenn er Mitglied einer Landwirtschaftlichen Produktionsgenossenschaft oder Arbeiter der Land-, Forst- und Nahrungsgüterwirtschaft und in der Lage war, das Grundstück zweckentsprechend zu nutzen. Lagen diese Voraussetzungen für die Übertragung des Nutzungsrechts am Bodenreformgrundstück nicht vor, so war dieses in den staatlichen Bodenfonds zurückzuführen (§ 4 Abs. 3 BesitzwechselVO 1975). Danach setzte der Besitzwechsel die **neue Zuteilung** des Bodenreformgrundstücks voraus. Dies stellte die BesitzwechselVO 1988 mit der Änderung des § 4 Abs. 1 ausdrücklich klar.[22] Bei der Neuzuteilung konnte der Bodenfonds geeignete Erben, aber auch Dritte berücksichtigen.[23]

6 Der Eigentumsübergang erfolgte daher nicht automatisch, sondern erst dann, wenn der Rat des Kreises den Erben als Erwerber des Bodenreformgrundstücks bestätigte. Die Erben hatten somit bei Eintritt des Erbfalls lediglich eine **tatsächliche Chance** auf Übertragung des Bodenreformeigentums, da ihnen bei Erfüllung der persönlichen Voraussetzungen die Bodenreformgrundstücke vorrangig vor anderen Interessenten übertragen wurden.[24] Daraus ergibt sich, daß die Bodenreformgrundstücke nicht in den Nachlaß, sondern an den staatlichen Bodenfonds zurückfielen, der es an den Erben oder einen Dritten neu vergeben mußte. Es bedurfte also eines neuen konstitutiven **Übertragungsaktes** des Rates des Kreises, um als Erbe des Bodenreformgrundstücks dieses Erbe antreten zu können.[25] Am Bodenreformeigentum erfolgte daher mit dem Tod des Neubauern eine **Sonderrechtsnachfolge** zugunsten des staatlichen Bodenfonds.[26]

[18] BezG Dresden VIZ 1992, 278, 281f.; KreisG Rostock-Stadt VIZ 1992, 195; LG Neubrandenburg Rpfleger 1994, 57 und 161.

[19] BVerwG ZOV 1994, 316, 317; BezG Dresden VIZ 1992, 198; BezG Neubrandenburg DtZ 1992, 217; BezG Rostock VIZ 1992, 193; OLG Naumburg OLG-NL 1995, 172; *Horn*, Zivil- und Wirtschaftsrecht, S. 422; *Rohde-Puls-Zänker* NJ 1985, 353, 354.

[20] BT-Drucks. 12/2480 S. 83; BVerfG DtZ 1996, 14; OLG Celle VIZ 1996, 104; *Jesch* VIZ 1994, 454; Min. d. Justiz (Hrsg.), Kommentar zum ZGB und EGZGB, § 424 ZGB Anm. 2.

[21] BVerfG DtZ 1996, 14; BVerwG ZOV 1994, 316, 317; BezG Dresden VIZ 1992, 198; BezG Neubrandenburg DtZ 1992, 217; BezG Rostock VIZ 1992, 93; *Krüger* DtZ 1991, 285; aA BezG Dresden VIZ 1992, 278; KreisG Rostock-Stadt VIZ 1992, 195.

[22] BVerfG DtZ 1996, 14.

[23] *Arlt* Bodenrecht, 1967, S. 354ff.

[24] BVerwG ZOV 1994, 316, 317.

[25] BVerwG ZOV 1994, 316, 317; BezG Rostock VIZ 1992, 193ff.; BezG Dresden VIZ 1992, 198ff.; LG Chemnitz VIZ 1994, 360; LG Rostock OLG-NJ 1995, 109, 111; *Horn*, Zivil- und Wirtschaftsrecht S. 422; auch schon OGZ 2, 115, 118; *Arlt*, Rechte und Pflichten der Genossenschaftsbauern, S. 47 *ders*. Bodenrecht, 1967, S. 354ff.; aA BezG Neubrandenburg DtZ 1992, 217, 219.

[26] BezG Dresden VIZ 1992, 198, 199; ZIP 1992, 358f.; BezG Rostock VIZ 1992, 193; *Horn*, Zivil- und Wirtschaftsrecht, S. 422; aA BezG Dresden VIZ 1992, 278, 281.

II. Bodenreformgesetz von 1990

7 Das Bodenreformgesetz vom 6. März 1990[27] setzte die BesitzwechselVOen von 1975 und 1988 mit Wirkung vom 16. 3. 1990 außer Kraft (§ 3 BodRefG). Zugleich wurde bestimmt, daß für das Recht zum Besitz, zur Nutzung und zur Verfügung von Grundstücken aus der Bodenreform die Bestimmungen des **ZGB** gelten und in Rechtsvorschriften enthaltene entgegenstehende **Verfügungsbeschränkungen** ersatzlos aufgehoben sind (§ 1 BodRefG). Die Bodenreformgrundstücke wurden folglich in vollem Umfang veräußerbar, belastbar und auch vererblich.[28] Die Bodenreformeigentümer erhielten damit das Recht zur Grundstücksveräußerung. Auf diese war die Grundstücksverkehrsordnung anzuwenden (§ 2 BodRefG). Das Gesetz verfolgte dabei ein doppeltes Ziel. Hinsichtlich der in den staatlichen Bodenfonds oder in das Volkseigentum zurückgeführten Flächen sollte das bisherige Staatseigentum in **Genossenschaftseigentum** im Sinne des DDR-Rechts umgewandelt werden, um es so weiter für die Nutzung durch die LPGs zu sichern.[29] Andererseits ging es hinsichtlich desjenigen Bodenreformeigentums, das nach DDR-Recht bereits einem Neubauern oder Erben zugewiesen worden war, darum, die rechtliche **Gleichstellung** des Bodenreformeigentums mit anderen Formen des bäuerlichen Eigentums, des sog. Alteigentums der Bauern zu bewirken.[30]

8 Das BodRefG erreichte diese Gleichstellung, indem es den Neubauern mit Wirkung vom 16. 3. 1990 die **vollen Eigentumsrechte** nach ZGB verschaffte, die diese bis zum 15. 3. 1990 nicht hatten.[31] Dabei wirkte dieses Erstarken des Bodenreformeigentums zu persönlichem Eigentum im Sinne der §§ 22ff. ZGB, 3 EGZGB nur für die Zukunft, korrigierte also die bis zum 15. 3. 1990 bestehende Rechtslage nicht.[32] Daraus folgt, daß nur diejenigen Eigentümer, denen der Staat bereits bis zum Ablauf des 15. 3. 1990 aus dem Bodenfonds ein Bodenreformgrundstück ordnungsgemäß zugeteilt hatte, volles Eigentum daran erhielten. Dagegen konnten die allgemein berechtigten Erben der vor diesem Zeitpunkt verstorbenen oder aus der Bewirtschaftung ausgeschiedenen Neubauern, denen das Grundstück noch nicht förmlich zugewiesen worden war, zB weil sie nicht die erforderlichen persönlichen, fachlichen und politischen Voraussetzungen erfüllten, kein Eigentum an Bodenreformgrundstücken erwerben.[33] Die Einsetzung von Erben, die unter der Geltung der BesitzwechselVOen kein Recht an dem oder auf das Bodenreformland hatten, widerspräche dem Ziel des BodRefG, allein die rechtliche Gleichstellung des bestehenden Bodenreformeigentums mit anderen Formen des bäuerlichen Eigentums zu bewirken.[34] Auch die Nichtigkeit früherer privatrechtlicher Vereinbarungen zur Übertragung des Eigentums an Bodenreformgrundstücken konnte folglich durch das BodRefG nicht rückwirkend geheilt werden.[35]

9 **Verfassungsrechtliche Bedenken** gegen die Wirksamkeit des BodRefG wegen Verstoßes gegen die boden- und eigentumsrechtlichen Wertentscheidungen der sozialistischen Verfassung der DDR greifen im Ergebnis nicht durch.[36] Sie werden der bei Erlaß des BodRefGes bestehenden Verfassungswirklichkeit in der DDR nicht gerecht. Damals war

[27] Gesetz über die Rechte der Eigentümer von Grundstücken aus der Bodenreform v. 6. 3. 1990 (BodRefG), GBl. DDR I S. 134 = Schönfelder II Nr. 23.

[28] OLG Naumburg OLG-NL 1995, 255, 256; *Böhringer* VIZ 1992, 179f.; *Jesch* VIZ 1994, 451, 458.

[29] BezG Dresden VIZ 1992, 198; *Horn,* Zivil- und Wirtschaftsrecht, S. 423.

[30] Prot. d. 18. Tagung d. Volkskammer d. DDR, 9. Wahlperiode, S. 532; BezG Dresden VIZ 1992, 198; *Krüger* DtZ 1991, 385, 393.

[31] BezG Dresden VIZ 1992, 198, 199; 278, 284; BezG Rostock VIZ 1992, 193f.; *Horn,* Zivil- und Wirtschaftsrecht, S. 423f.; *Koerner,* Offene Vermögensfragen, S. 89; aA *Krüger* DtZ 1991, 352f. Vgl. bereits oben RdNr. 4.

[32] BezG Dresden VIZ 1992, 198, 199.; LG Rostock OLG-NL 1995, 109, 112.

[33] BezG Dresden VIZ 1992, 198, 199; BezG Rostock VIZ 1992, 193, 194; LG Rostock OLG-NL 1995, 109, 112.

[34] LG Rostock OLG-NL 1995, 109, 112.

[35] BGH DtZ 1994, 347, 348.

[36] So aber *Krüger* DtZ 1991, 385, 393; *Böhringer* VIZ 1992, 179f.; aA BezG Dresden VIZ 1992, 278, 285; *Horn,* Zivil- und Wirtschaftsrecht, S. 423f.; *Siewert* NJ 1992, 155, 158.

die demokratische Umgestaltung der Rechtsordnung bereits soweit in Gang gekommen, daß die Loslösung von der sozialistischen Rechtsideologie erkennbar war und die rechtsstaatswidrigen Elemente der Verfassung bereits obsolet geworden waren.[37]

10 Die von den ordnungsgemäß eingesetzten Inhabern der Bodenreformgrundstücke erworbenen Eigentumsrechte gelten nach Art. 233 § 2 Abs. 1 EGBGB auch für die Zeit ab dem 3. 10. 1990 fort.[38] Dies ist u. a. die Konsequenz daraus, daß die Enteignungen im Zuge der **Bodenreform** in der SBZ zu den Enteignungen auf besatzungsrechtlicher Grundlage gehören, die nach Art. 41 Abs. 1 EinigungsV iVm. Nr. 1 der „Gemeinsamen Erklärung" (Anl. III des Vertrages) nicht mehr rückgängig zu machen sind. Diese Regelung ist in Art. 143 Abs. 3 GG für bestandskräftig erklärt worden. Das BVerfG hat sie für **verfassungsgemäß** erklärt.[39] Gleichwohl ließ auch das BodRefG viele Regelungsprobleme offen. Insbesondere enthielt das BodRefG **keine Übergangsbestimmungen**. Dies erwies sich in den zahlreichen Fällen, in denen die Besitzwechselvorschriften für die Bodenreformgrundstücke nicht beachtet und die Besitzwechsel bzw. die Rückführungen in den Bodenfonds nur faktisch oder aber gar nicht vollzogen worden waren, als grundlegender Mangel. Insbesondere in Erbfällen ergaben sich erhebliche Schwierigkeiten, weil nicht erkennbar war, welche Bodenreformgrundstücke den Erben des Neubauern zugefallen und welche in den staatlichen Bodenfonds zurückgeführt worden waren. Diese unklare Rechtslage veranlaßte die Grundbuchämter, Umschreibungs- und Beleihungsanträge von Nutzern von Bodenreformgrundstücken abzulehnen und häufig auch Amtswidersprüche gegen die Richtigkeit des Grundbuchs einzutragen.[40]

III. Zielsetzung und Lösungswege

11 Die durch das 2. VermRÄndG mit Wirkung vom 22. Juli 1992 neu eingefügten §§ 11 bis 16 des Art. 233 EGBGB, die durch Art. 13 Registerverfahrensbeschleunigungsgesetz (RegVBG)[41] punktuell geändert wurden, sollen diesen investitionshemmenden Zustand beenden, indem sie die **Eigentumslage** an denjenigen Bodenreformgrundstücken endgültig **klären**, die an Neubauern ausgegeben sind oder waren.

12 **1. Nachzeichnungslösung.** Dem Gesetzgeber standen für eine gesetzliche Regelung der Abwicklung der Bodenreform zwei grundsätzlich unterschiedliche **Lösungskonzepte** zur Verfügung:[42] eine reine Erbrechtslösung und die sog. Nachzeichnungslösung. Nach der reinen **Erbrechtslösung** würden die Bodenreformgrundstücke, die nicht als ehemals volkseigen der Treuhandanstalt zugefallen oder als Eigentum von Bürgern eingetragen sind, kraft Gesetzes in das Eigentum der Erben des zuletzt eingetragenen Neubauern übertragen werden. Die **Nachzeichnungslösung** bestimmt hingegen den Eigentümer, indem sie die Zuteilung entsprechend den Bestimmungen des Bodenreformrechts der DDR nachzeichnet. Der Gesetzgeber hat sich aus Wertungsgesichtspunkten und praktischen Erwägungen für eine pauschalisierende Nachzeichnung entschieden und damit an die Rechtsverhältnisse in der DDR angeknüpft.[43]

13 **2. Anspruchslösung.** Für die praktische Umsetzung dieser Lösung, die den Zuteilungsgrundsätzen nach den BodRefVOen und den BesitzwechselVOen folgt, standen ebenfalls zwei grundsätzlich unterschiedliche Lösungswege zur Verfügung: ein öffentlich-rechtliches Verwaltungsverfahren in Anlehnung an das Vermögenszuordnungsgesetz oder eine

[37] BezG Dresden VIZ 1992, 278, 285; *Horn*, Zivil- und Wirtschaftsrecht, S. 424.

[38] BezG Dresden VIZ 1992, 198, 199; 278f., 284; *Horn*, Zivil- und Wirtschaftsrecht, S. 424.

[39] BVerfGE 84, 90, 118ff., 125ff.; DtZ 1993, 275; vgl. *Horn*, Zivil- und Wirtschaftsrecht, S. 477ff.

[40] BT-Drucks. 12/2480 S. 83; *Heitmann* NJW 1992, 2181, 2183; *Jesch* VIZ 1994, 451, 455.

[41] Gesetz zur Vereinfachung und Beschleunigung registerrechtlicher und anderer Verfahren (Registerverfahrensbeschleunigungsgesetz – RegVBG) v. 20. 12. 1993, BGBl. I, 1282 = Schönfelder II Nr. 282.

[42] Vgl. BT-Drucks. 12/2480 S. 83.

[43] Vgl. im einzelnen BT-Drucks. 12/2480 S. 84; *Staudinger-Rauscher* RdNr. 3.

privatrechtliche Anspruchslösung. Der Gesetzgeber hat sich wegen der Masse der noch nicht abgewickelten Bodenreformfälle und der Schwierigkeit der Bestimmung der zuständigen Verwaltungsbehörde gegen ein öffentlich-rechtliches Zuteilungsverfahren und für eine rein privatrechtliche **Anspruchslösung** entschieden.[44]

14 Dieser Anspruchslösung liegt eine dreistufige **Systematik** zugrunde. Zunächst erfolgte am 22. Juli 1992 kraft Gesetzes eine provisorische[45] **Zuweisung** des Eigentums an den Bodenreformgrundstücken (§ 11 Abs. 2), die das Grundvermögen sofort verkehrsfähig machte. In einem zweiten Schritt erhält der eigentlich Berechtigte einen schuldrechtlichen **Anspruch** auf Übertragung des Eigentums an dem ehemaligen Bodenreformgrundstück im Wege der Auflassung gegenüber dem zunächst eingetragenen Eigentümer (§ 11 Abs. 3). Staatliche Stellen bekommen schließlich ein verfallbares **Widerspruchsrecht** (§ 13), das den Anspruch des Berechtigten und die Zuteilung sichern soll.[46]

§ 11 Grundsatz

(1) Eigentümer eines Grundstücks, das im Grundbuch als Grundstück aus der Bodenreform gekennzeichnet ist oder war, ist der aus einem bestätigten Übergabe-Ubernahme-Protokoll oder einer Entscheidung über einen Besitzwechsel nach der (Ersten) Verordnung über die Durchführung des Besitzwechsels bei Bodenreformgrundstükken vom 7. August 1975 (GBl. I Nr. 35 S. 629) in der Fassung der Zweiten Verordnung über die Durchführung des Besitzwechsels bei Bodenreformgrundstücken vom 7. Januar 1988 (GBl. I Nr. 3 S. 25) Begünstigte, wenn vor dem Ablauf des 2. Oktober 1990 bei dem Grundbuchamt ein nicht erledigtes Ersuchen oder ein nicht erledigter Antrag auf Vornahme der Eintragung eingegangen ist. Grundstücke aus der Bodenreform, die in Volkseigentum überführt worden sind, sind nach der Dritten Durchführungsverordnung zum Treuhandgesetz vom 29. August 1990 (GBl. I Nr. 57 S. 1333) zu behandeln, wenn vor dem Ablauf des 2. Oktober 1990 ein Ersuchen oder ein Antrag auf Eintragung als Eigentum des Volkes bei dem Grundbuchamt eingegangen ist.

(2) Das Eigentum an einem anderen als den in Absatz 1 bezeichneten Grundstücken, das im Grundbuch als Grundstück aus der Bodenreform gekennzeichnet ist oder war, wird mit dem Inkrafttreten dieser Vorschriften übertragen,

1. **wenn bei Ablauf des 15. März 1990 eine noch lebende natürliche Person als Eigentümer eingetragen war, dieser Person,**
2. **wenn bei Ablauf des 15. März 1990 eine verstorbene natürliche Person als Eigentümer eingetragen war oder die in Nummer 1 genannte Person nach dem 15. März 1990 verstorben ist, derjenigen Person, die sein Erbe ist, oder einer Gemeinschaft, die aus den Erben des zuletzt im Grundbuch eingetragenen Eigentümers gebildet wird.**

Auf die Gemeinschaft sind die Vorschriften des Fünfzehnten Titels des Zweiten Buchs des Bürgerlichen Gesetzbuchs anzuwenden, die Bruchteile bestimmen sich jedoch nach den Erbteilen, sofern nicht die Teilhaber übereinstimmend eine andere Aufteilung der Bruchteile bewilligen.

(3) Der nach § 12 Berechtigte kann von demjenigen, dem das Eigentum an einem Grundstück aus der Bodenreform nach Absatz 2 übertragen worden ist, Zug um Zug gegen Übernahme der Verbindlichkeiten nach § 15 Abs. 1 Satz 2 die unentgeltliche Auflassung des Grundstücks verlangen. Die Übertragung ist gebührenfrei. Jeder Beteiligte trägt seine Auslagen selbst; die Kosten einer Beurkundung von Rechtsgeschäften, zu denen der Eigentümer nach Satz 1 verpflichtet ist, trägt der Berechtigte. Als

[44] BT-Drucks. 12/2480 S. 85.
[45] BT-Drucks. 12/2944 S. 46.
[46] BT-Drucks. 12/2480 S. 85.

Ersatz für die Auflassung kann der Berechtigte auch Zahlung des Verkehrswertes des Grundstücks verlangen; maßgeblich ist der Zeitpunkt des Verlangens. Der Eigentümer nach Absatz 2 kann seine Verpflichtung zur Zahlung des Verkehrswertes durch das Angebot zur Auflassung des Grundstücks erfüllen.

(4) Auf den Anspruch nach Absatz 3 sind die Vorschriften des Bürgerlichen Gesetzbuchs über Schuldverhältnisse anzuwenden. Der Eigentümer nach Absatz 2 gilt bis zum Zeitpunkt der Übereignung aufgrund eines Anspruchs nach Absatz 3 dem Berechtigten gegenüber als mit der Verwaltung des Grundstücks beauftragt.

(5) Ist die in Absatz 1 Satz 1 oder in Absatz 2 Satz 1 bezeichnete Person in dem maßgeblichen Zeitpunkt verheiratet und unterlag die Ehe vor dem Wirksamwerden des Beitritts dem gesetzlichen Güterstand der Eigentums- und Vermögensgemeinschaft des Familiengesetzbuchs der Deutschen Demokratischen Republik, so sind diese Person und ihr Ehegatte zu gleichen Bruchteilen Eigentümer, wenn der Ehegatte den 22. Juli 1992 erlebt hat. Maßgeblich ist

1. in den Fällen des Absatzes 1 Satz 1 der Zeitpunkt der Bestätigung des Übergabe-Übernahme-Protokolls oder der Entscheidung,
2. in den Fällen des Absatzes 2 Satz 1 Nr. 1 und 2 Fall 2 der Ablauf des 15. März 1990 und
3. in den Fällen des Absatzes 2 Nr. 2 Fall 1 der Tod der als Eigentümer eingetragenen Person.

Übersicht

I. Normzweck

§ 11 stellt in Abs. 1 und 2 zunächst fest, wer **Eigentümer** der Bodenreformgrundstücke ist. Bei dieser Regelung der Eigentumsverhältnisse unterscheidet das Gesetz den seltenen Fall, in dem ein förmlicher Besitzwechsel stattgefunden hat und vor dem 2. 10. 1990 ein Eintragungsantrag gestellt worden ist (Abs. 1 S. 1) von dem weit häufigeren Fall, in dem keine förmlichen Besitzwechselprotokolle ausgefertigt worden sind, aber eine am 15. 3. 1990 noch lebende oder verstorbene natürliche Person als Eigentümer im Grundbuch eingetragen ist (Abs. 2). Dabei gewährt das Gesetz demjenigen, dem das Grundstück als Neubauer übertragen ist, volles und endgültiges Eigentum, während der als Eigentümer Eingetragene und seine Erben nur vorläufiges Eigentum erwerben. Auch geht die in Abs. 1 geregelte Rechtsstellung der in Abs. 2 geregelten vor.[1] Abs. 5 regelt die Besonderheiten der Eigentumszuteilung, wenn der nach Abs. 1 oder 2 Begünstigte im maßgeblichen Zeitpunkt **verheiratet** war und im Güterstand der Eigentums- und Vermögensgemeinschaft lebte. Abs. 3 regelt den schuldrechtlichen **Anspruch** des in § 12 bestimmten Berechtigten gegen den Eigentümer nach Abs. 2 auf unentgeltliche Auflassung, also die wichtige Frage, ob die zunächst nur vorläufige Stellung des Eigentümers nach Abs. 2 1

[1] BT-Drucks. 12/2480 S. 85; BT-Drucks. 12/2944 S. 46; *Horn*, Zivil- und Wirtschaftsrecht, S. 425; *Staudinger-Rauscher* RdNr. 1.

endgültig Bestand hat oder nicht. Nach Abs. 4 sind auf diesen Anspruch die **§§ 241 bis 432 BGB** anzuwenden.

2 Die Vorschrift bezieht sich insgesamt nur auf diejenigen Grundstücke, die im Grundbuch als Grundstück aus der Bodenreform gekennzeichnet sind oder waren. Diese Kennzeichnung erfolgte durch **Bodenreformvermerke**, die in Abt. II des Grundbuchs eingetragen wurden. Sie sind spätestens mit dem Inkrafttreten des 2. VermRÄndG zum 22. 7. 1992 **gegenstandslos** geworden.[2] Ihre Löschung unterliegt grundsätzlich den allgemeinen Regeln der §§ 13, 22 Abs. 1 bzw. 84ff. GBO.[3] Aus Gründen der Klarstellung enthält § 16 Abs. 3 eine ausdrückliche gesetzliche Regelung der **Amtslöschung**.

II. Gültigkeit durchgeführter Besitzwechsel und Rückführungen (Abs. 1)

3 Abs. 1 knüpft an § 7 Abs. 1 an, wonach sich die Übertragung von Eigentum nach den bisherigen Vorschriften richtet, wenn der **Antrag** vor dem 3. 10. 1990 bei dem Grundbuchamt gestellt worden ist. Der Übergang von Bodenreformgrundstücken richtet sich somit nach den Vorschriften der BesitzwechselVOen (Vorbem. RdNr. 4). Abs. 1 läßt diejenigen Besitzwechsel und Rückführungen in den staatlichen Bodenfonds unmittelbar weiterwirken, die zwar nach den Regeln der BesitzwechselVOen vollzogen, deren Eintragung im Grundbuch aber noch nicht erfolgt ist. Sie sind weiterhin gültig, sofern vor Ablauf des 2. 10. 1990 ein Ersuchen oder ein Antrag auf Eintragung des Besitzwechsels oder der Rückführung bei dem Grundbuchamt eingegangen ist. Dies stellt S. 1 für Besitzwechsel unter Bürgern fest, während S. 2 für Rückführungen in den Bodenfonds die entsprechende Anordnung trifft.[4]

4 **1. Besitzwechsel unter Bürgern.** S. 1 setzt voraus, daß die betreffende Person Begünstigter eines freiwilligen Besitzwechsels durch **Übergabe-Übernahmeprotokoll** (§ 2 Abs. 1 BesitzwechselVO 1975/88) oder eines zwangsweisen Besitzwechsels durch hoheitliche **Entscheidung** (§§ 2 Abs. 3 und 9 BesitzwechselVO 1975/88) ist. Weiter muß vor Ablauf des 2. 10. 1990 bei dem Grundbuchamt ein Ersuchen oder ein **Antrag** auf Eintragung des Besitzwechsels eingegangen sein. Ist die **Eintragung** aufgrund eines solchen Antrags bereits vor dem 16. 3. 1990 erfolgt, so gilt gleichwohl Abs. 1 und nicht Abs. 2.[5] Dies folgt aus dem unterschiedlichen Zweck beider Absätze. Während Abs. 1 das Eigentum des Begünstigten endgültig feststellt, weil hier bereits eine Zuteilung an den richtigen Bodenreformnehmer erfolgt, aber nur noch nicht ins Grundbuch eingetragen worden ist, ordnet Abs. 2 nur eine vorläufige Zuteilung des Eigentums an. Daher muß das Eigentum desjenigen, bei dem der Besitzwechsel sogar bereits im Grundbuch eingetragen worden ist, erst recht nach Abs. 1 endgültig sein.

5 Als **Rechtsfolge** stellt S. 1 den Begünstigten als Eigentümer am zugewiesenen Grundstück ohne jede Beschränkung fest. Die nach dem 3. 10. 1990 erfolgende Grundbucheintragung bewirkt also keinen Eigentumsübergang, sondern stellt lediglich eine Grundbuchberichtigung dar.[6] Das Eigentum des Begünstigten ist vererblich. Nach seinem Tod findet in Ansehung des zugeteilten Grundstücks die gewöhnliche Erbfolge nach BGB statt.[7] Der Eigentümer ist auch keinem schuldrechtlichen Eigentumsübertragungsanspruch nach Abs. 3 ausgesetzt, sein Eigentum folglich endgültig.

6 **2. Rückführung in Volkseigentum.** S. 2 ordnet die entsprechende Rechtsfolge für noch nicht im Grundbuch eingetragene Rückführungen von Bodenreformgrundstücken in den staatlichen Bodenfonds, also in Volkseigentum an. **Voraussetzung** ist eine wirksame Entscheidung über eine freiwillige (§ 6 Abs. 3 BesitzwechselVO 1975/88) oder erzwungene (§§ 4 Abs. 3, 9 BesitzwechselVO 1975/88) Rückführung des Grundstücks in Volksei-

[2] BT-Drucks. 12/2695 S. 24.
[3] BT-Drucks. 12/2695 S. 24; *Böhringer* VIZ 1992, 179ff.
[4] BT-Drucks. 12/2480, S. 85.
[5] *Horn,* Zivil- und Wirtschaftsrecht, S. 425; aA LG Neuruppin NJ 1994, 468; *Palandt-Bassenge* RdNr. 4.
[6] *Staudinger-Rauscher* RdNr. 6.
[7] *Keller* VIZ 1993, 191.

gentum. Auch hier muß bis zum Ablauf des 2. 10. 1990 ein Ersuchen oder ein **Antrag** auf Eintragung als Volkseigentum beim Grundbuchamt eingegangen sein. **Rechtsfolge** ist, daß diese Grundstücke nach der 3. DVO zum Treuhandgesetz[8] von der Treuhandanstalt verwaltet und verwertet, als bei Nichtübertragung in das Eigentum der Länder und Kommunen privatisiert werden.

III. Vorläufige Eigentumszuweisung (Abs. 2)

7 Abs. 2 ordnet für die übrigen Fälle, in denen die Voraussetzungen des Abs. 1 nicht vorliegen, eine gesetzliche **Zuweisung** des Eigentums am Bodenreformgrundstück an. Als grundbuchklares Kriterium für diese Zuweisung knüpft die Vorschrift allein an die formale **Eintragung** des Eigentümers im Grundbuch an, unabhängig davon, ob diese der wahren Rechtslage entspricht.[9] **Stichtag** der Eintragung ist der 15. 3. 1990, der Tag vor dem Inkrafttreten des BodRefG vom 6. 3. 1990.

8 **1. Bestimmung des Eigentümers.** Bei der Bestimmung des Eigentümers unterscheidet Abs. 2 zwei Grundsituationen: **Nr. 1** regelt den Fall, daß der eingetragene Eigentümer am 16. 3. 1990 noch **lebte**. Dieser wird mit dem Inkrafttreten des 2. VermRÄndG am 22.7. 1992 uneingeschränkter Volleigentümer. Dies gilt indessen nur, wenn der eingetragene Eigentümer auch am 22. 7. 1992 noch lebte, da anderenfalls ein Fall der Nr. 2 vorläge.[10] Dagegen regelt **Nr. 2** den Fall, daß der bei Ablauf des 15. 3. 1990 eingetragene Eigentümer vor dem 22. 7. 1992 verstorben ist. Hier werden zwei Fallgruppen unterschieden, die allerdings gleich behandelt werden: Der Fall, daß am 16. 3. 1990 als Eigentümer eine nicht mehr lebende Person eingetragen war (**Alterbfälle**, Nr. 2 1. Alt.) und der Fall, daß der in Nr. 1 genannte Eigentümer zwischen dem 16. 3. 1990 und dem 22. 7. 1992 verstorben ist (**Neuerbfälle**, Nr. 2 2. Alt.). Nach Nr. 2 wird das Eigentum an dem Bodenreformgrundstück den Erben des im Grundbuch eingetragenen verstorbenen Eigentümers übertragen. Mit Erben sind dabei die **tatsächlichen Erben**, nicht hingegen die möglichen gesetzlichen Erben gemeint.[11]

9 Mehrere Erben bilden in Bezug auf das Bodenreformgrundstück eine **Bruchteilsgemeinschaft** nach §§ 741 ff. BGB (S. 2), nicht hingegen eine Erbengemeinschaft im Sinne von §§ 2032 ff. BGB. Dabei kommen den Teilhabern entgegen der Zweifelsregelung des § 742 BGB keine gleichen Anteile, sondern Bruchteile entsprechend ihren Erbteilen zu.[12] Die Teilhaber haben es indessen in der Hand, übereinstimmend eine andere Aufteilung der Bruchteile zu bewilligen. Wegen dieser von § 742 BGB abweichenden Regelung ist die wichtigste Konsequenz aus der Anwendung der §§ 741 ff. BGB, daß die einzelnen Teilhaber über ihren jeweiligen Anteil am zugeteilten Bodenreformgrundstück gesondert verfügen können (§ 747 S. 1 BGB), was sie als Mitglieder einer Erbengemeinschaft nicht könnten.

10 **2. Rechtsfolge.** Als Rechtsfolge ordnet Abs. 2 einen gesetzlichen **Eigentumsübergang** am Bodenreformgrundstück mit dem 22. 7. 1992 an. Anders als im Falle des Abs. 1 geht das Gesetz also davon aus, daß die im Grundbuch eingetragenen Eigentümer bzw. ihre Erben bis zum Inkrafttreten des 2. VermRÄndG kein Recht an dem oder auf das Grundstück hatten, sondern ihnen das Eigentum erst durch Abs. 2 zugewiesen wurde.[13] Die in Nr. 1 und 2 genannten Personen erwerben dieses Eigentum unabhängig von der wahren materiellen Rechtslage hinsichtlich des Grundstücks allein aufgrund des formalen Kriteriums der Grundbucheintragung. Es ist daher unerheblich, ob der eingetragene Eigentümer dieses Eigentum nach DDR-Recht wirksam erworben hatte, ob er im Zeitpunkt der Eintragung noch Eigentümer war oder ob ihm sein Eigentum wieder hätte entzogen

[8] 3. DVO zum Treuhandgesetz v. 29. 8. 1990, GBl. DDR I S. 1333 = Schönfelder II Nr. 96d.
[9] BT-Drucks. 12/2480 S. 86.
[10] *Staudinger-Rauscher* RdNr. 16.
[11] BT-Drucks. 12/2480, S. 86.
[12] OLG Jena OLG-NL 1995, 79f.
[13] BVerfG VIZ 1996, 81; *Horn*, Zivil- und Wirtschaftsrecht, S. 427.

werden können.[14] Der Eigentümer nach Abs. 2 gilt mit dem 22. 7. 1992 als uneingeschränkt verfügungsbefugt und kann daher seine Eintragung im Grundbuch verlangen.[15] Allerdings ist die Zuweisung des Eigentums nur **vorläufig**, weil der Eigentümer schuldrechtlich den Ansprüchen des Berechtigten nach § 12 ausgesetzt ist (Abs. 3). Ob ein nach Abs. 2 eingetragener Eigentümer bzw. seine Erben ihre Rechtsposition auf Dauer behalten können, hängt also letztlich davon ab, ob ein Berechtigter nach § 12 vorhanden ist.[16]

IV. Zuteilungs- und Zahlungsanspruch (Abs. 3 und 4)

11 Abs. 3 dient der endgültigen Bereinigung der Rechtsverhältnisse entsprechend der tatsächlich am Bodenreformgrundstück bestehenden materiellen Rechtslage. Diese Nachzeichnung der Bodenreform erfolgt privatrechtlich durch die Gewährung schuldrechtlicher **Ansprüche** zugunsten des nach § 12 eigentlich Berechtigten (Vorbem. RdNr. 13). Dieser kann von demjenigen, der das Eigentum im Wege des Abs. 2 erworben hat, die unentgeltliche **Auflassung** des Grundstücks (S. 1) oder die **Zahlung** eines Geldbetrages in Höhe des Verkehrswertes des Grundstücks (S. 4) verlangen.

12 Beide Ansprüche richten sich ausschließlich gegen den **Eigentümer nach Abs. 2**. Bei dem Eigentümer nach Abs. 1 ist eine Nachzeichnung der Bodenreform überflüssig, weil das Gesetz davon ausgeht, daß er letzter Zuteilungsberechtigter aus der Bodenreform ist, also bereits vor dem 22. 7. 1992 Eigentümer war. Dagegen vollzieht sich die gesetzliche Eigentumszuweisung nach Abs. 2 unabhängig von der materiellen Rechtslage allein nach dem formalen Kriterium der Grundbucheintragung. Der Eigentumserwerb nach Abs. 2 ist daher nur **vorläufig**. Er steht unter dem Vorbehalt einer Übereinstimmung der Eintragung im Grundbuch mit der materiellen Rechtslage am Grundstück und wird nur dann endgültig, wenn kein Anspruch eines Berechtigten auf Übertragung des Eigentums nach S. 1 geltend gemacht wird. Der Eigentümer nach Abs. 2 ist insoweit nur **Zuteilungstreuhänder**.[17]

13 Die Ansprüche gem. Abs. 3 setzen folglich voraus, daß eine Zuweisung des Eigentums nach Abs. 2 erfolgte. Sie sind aber **analog** anwendbar auf Fälle, in denen jemand ohne Rechtsgrundlage zwischen dem 15. 3. 1990 und dem 22. 7. 1992 als Eigentümer eines Bodenreformgrundstücks im Grundbuch eingetragen wurde.[18] Der Gesetzgeber hat diesen Fall nicht gesehen und geregelt. Die Schließung dieser Regelungslücke mit einer Analogie zu §§ 11ff. erscheint angesichts des Regelungszwecks dieser Normen, eine endgültige sachenrechtliche Abwicklung der Bodenreform zu erreichen, sachgerecht.

14 Die Verpflichtung des Eigentümers nach Abs. 2 zur unentgeltlichen Auflassung des Grundstücks bzw. zur Zahlung des Verkehrswertes an den Berechtigten nach § 12 ist **verfassungsgemäß**.[19] Sie verstößt nicht gegen die **Eigentumsgarantie** des Art. 14 Abs. 1 GG, weil die Rechtsstellung des Neubauern eines Bodenreformgrundstücks nur als unentgeltliche Nutzungsbefugnis ausgestaltet war und deshalb bereits in der DDR niemals dem durch Art. 14 Abs. 1 GG geschützten Eigentum so nahe kam, daß diese Vorschrift anwendbar wäre.[20] Dabei ist zu berücksichtigen, daß sich die Ansprüche aus Abs. 3 allein gegen den Eigentümer nach Abs. 2 richten. Der als **Eigentümer** im Grundbuch Eingetragene (Abs. 2 Nr. 1) war aber anders als die Neubauern nach Abs. 1 nicht schon vor dem 22. 7. 1992 Eigentümer des Bodenreformgrundstücks, sondern erwarb diese Rechtsstel-

[14] LG Neuruppin NJ 1994, 468; VG Meiningen VIZ 1996, 108f.; *Staudinger-Rauscher* RdNr. 13.

[15] LG Neubrandenburg VIZ 1992, 456; VG Leipzig VIZ 1996, 103f.; *Horn,* Zivil- und Wirtschaftsrecht, S. 427; *Palandt-Bassenge* RdNr. 7.

[16] OLG Naumburg OLG-NL 1995, 2, 3; 1995, 255; OLG Rostock OLG-NL 1995, 268; 1969, 31, 32.

[17] BT-Drucks. 12/2480, S. 87; LG Neuruppin NJ 1994, 468; *Keller* VIZ 1993, 190, 193.

[18] OLG Naumburg OLG-NL 1995, 172, 173; *Palandt-Bassenge* RdNr. 7.

[19] BVerfG VIZ 1996, 81; OLG Naumburg DtZ 1992, 217; OLG-NL 1995, 2, 3; 172, 175; 255, 256; OLG Celle VIZ 1996, 104; OLG Rostock OLG-NL 1995, 268; LG Rostock OLG-NL 1995, 109, 111; *Jesch* VIZ 1994, 451, 461f.

[20] OLG Naumburg OLG-NL 1995, 2, 3; 172, 175; 255, 256; LG Rostock OLG-NL 1995, 109, 111; vgl. bereits Vorbem. RdNr. 4.

lung erst nach Abs. 2 mit dem Inkrafttreten des 2. VermRÄndG. Dasselbe gilt für die Berechtigten nach Abs. 2 Nr. 2. Die **Erben** von Bucheigentümern hatten bis zum 22. 7. 1992 in Bezug auf die Bodenreformgrundstücke keinerlei durchsetzbare Rechtsposition. Eine solche Rechtsposition wurde ihnen vielmehr erst durch Abs. 2 gesetzlich zugewiesen. Diese Zuweisung erfolgte allerdings in beiden Fällen von vornherein unter dem Vorbehalt einer unentgeltlichen Auflassung an den Berechtigten nach § 12.[21] Auch ein Verstoß gegen die **Erbrechtsgarantie** gem. Art. 14 Abs. 1 GG liegt nicht vor. Die §§ 11ff. greifen weder in die Testierfreiheit ein, noch beschränken sie die Privaterbfolge. Die Erben hatten kein subjektives Erbrecht am Bodenreformeigentum. Die Bodenreformgrundstücke fielen vielmehr mit dem Erbfall in den staatlichen Bodenfonds zurück, so daß die Erben des Neubauern nur eine tatsächliche Chance auf Zuteilung der Grundstücke hatten (vgl. dazu Vorbem. § 11 RdNr. 5).[22] Schließlich liegt auch kein Verstoß gegen das **Rückwirkungsverbot** vor, wie es sich aus dem in Art. 20 Abs. 3 GG enthaltenen Rechtsstaatsprinzip ergibt.[23] Dabei kann dahingestellt bleiben, ob es sich bei den §§ 11ff. um einen Fall der echten Rückwirkung handelt, weil das BodRefG dem Bucheigentümer bzw. seinen Erben volles Eigentum an dem Bodenreformgrundstück verschafft haben könnte. Dieses Gesetz enthielt erkennbar derart viele Regelungslücken und war gerade hinsichtlich der Abwicklung der Bodenreform so unklar und verworren, daß ein Vertrauenstatbestand für die Zeit zwischen dem 3.10. 1990 und dem 21. 7. 1992 nicht entstehen konnte. Es war daher verfassungsrechtlich zulässig, daß der Gesetzgeber die Rechtslage hinsichtlich der Bodenreformgrundstücke in den Fällen des Abs. 2 rückwirkend regelte.[24]

15 **1. Zuteilungsanspruch.** Der Zuteilungsanspruch des in § 12 näher bestimmten Berechtigten richtet sich auf die unentgeltliche Auflassung des Grundstücks, womit die **Eigentumsübertragung** nach §§ 873, 925 BGB gemeint ist.[25] Der Anspruch ist schuldrechtlicher Natur, führt also nur zu einer **schuldrechtlichen Bindung** des Eigentümers im Verhältnis zum Berechtigten. Seine dingliche Verfügungsbefugnis bleibt hingegen unbeschränkt. Der **Sicherung** des Anspruchs dient das Widerspruchsverfahren nach § 13.[26]

16 **a) Zurückbehaltungsrecht.** Andererseits ist der Eigentümer nur **Zug um Zug** gegen Übernahme der Verbindlichkeiten des Eigentümers aus Verwendungen auf das Grundstück zur unentgeltlichen Auflassung verpflichtet (Abs. 3 S. 1). Übernahmepflicht und Auflassungsanspruch stehen in einem Gegenseitigkeitsverhältnis. Der Eigentümer hat bis zur Übernahme ein **Zurückbehaltungsrecht** nach § 273 BGB.[27] Entgegen der Verweisung in Abs. 3 S. 1 ist die Übernahme der grundstücksbezogenen Verbindlichkeiten nicht in S. 2, sondern in S. 3 des § 15 Abs. 1 geregelt. Der **Umfang** der Verweisung ist daher nicht ganz eindeutig. Fraglich erscheint insbesondere, ob sie sich nur auf eine Übernahme der Verbindlichkeiten (§ 15 Abs. 1 S. 1) oder darüberhinaus auch auf eine Übernahme der Ersatzverpflichtungen gegenüber Dritten (§ 15 Abs. 1 S. 2) erstreckt. Letzteres erscheint allein sinnvoll, da der Zweck der Verweisung, den Eigentümer wegen des treuhänderischen Charakters seiner Rechtsstellung von den im Zusammenhang mit dem Grundstück bestehenden Verbindlichkeiten zu befreien, nur dann zu erreichen ist, wenn neben den selbst eingegangenen Verbindlichkeiten auch die Verpflichtungen des bisherigen Eigentümers gegenüber Dritten übernommen werden. Es wäre in höchstem Maße ungerecht, ihn mit der unentgeltlichen Auflassung zu belasten, ohne ihn von dieser Ersatzpflicht zu befreien.[28]

[21] BVerfG VIZ 1996, 81.

[22] BVerwG ZOV 1994, 316f.

[23] BVerfG VIZ 1996, 81; OLG Naumburg OLG-NL 1995, 172, 175; *Jesch* VIZ 1994, 451, 461f.; aA *Witzmann-Muhm* VIZ 1994, 361f.

[24] OLG Naumburg OLG-NL 1995, 172, 175; *Jesch* VIZ 1994, 451, 461f.

[25] *Palandt-Bassenge* RdNr. 9.

[26] BT-Drucks. 12/2480 S. 87.

[27] BT-Drucks. 12/2480 S. 90; *Palandt-Bassenge* RdNr. 10; *Staudinger-Rauscher* § 15 RdNr. 11.

[28] *Palandt-Bassenge* RdNr. 10.

17 **b) Kosten.** Die Grundbucheintragung des Berechtigten ist **gebührenfrei** (Abs. 3 S. 2). Seine eigenen **Auslagen** trägt hingegen jeder selbst (Abs. 3 S. 3 HS 1). Der Berechtigte hat die Kosten einer **Beurkundung** von Rechtsgeschäften des Eigentümers nach Abs. 3 S. 1 zu tragen (Abs. 3 S. 3 HS 2). Dies gilt namentlich für die Kosten einer Beurkundung der Auflassung an den Berechtigten.[29]

18 **c) Schuldverhältnis (Abs. 4).** Auf den Anspruch aus Abs. 3 S. 1 sind die Vorschriften über Schuldverhältnisse (§§ 241–432 BGB) anwendbar (Abs. 4 S. 1). Damit wird einerseits deutlich gemacht, daß der Übertragungsanspruch nur **schuldrechtlicher Natur** ist, der noch nicht im Grundbuch eingetragene Berechtigte also beispielsweise nicht über das Grundstück verfügen kann.[30] Andererseits greifen damit ohne weiteres die allgemeinen Vorschriften über **Leistungsstörungen** ein.[31] Aus dem allgemeinen Schuldrecht anwendbar sind insbesondere die Regeln über die Nichterfüllung, den Verzug, die Abtretung, das Zurückbehaltungsrecht und § 242 BGB.[32]

19 Abs. 4 S. 2 erklärt den Eigentümer im Verhältnis zum Berechtigten hinsichtlich der Verwaltung des Grundstücks zu dessen Beauftragten. Die umfassende Verweisung auf das **Auftragsrecht** (§§ 662–676 BGB) gilt dabei nur, wenn der Berechtigte mit seinem Anspruch nach Abs. 3 S. 1 durchdringt, da sich erst jetzt nachträglich herausstellt, daß der Eigentümer die Stellung eines Treuhänders innehatte.[33] Der Eigentümer ist damit verpflichtet, das Grundstück für den Berechtigten zu verwalten und dessen Interessen zu wahren.[34] Andererseits hat er auch Anspruch auf **Aufwendungsersatz**, der ihm aus gesetzlichen Ansprüchen in aller Regel nicht zustünde.[35]

20 **2. Zahlungsanspruch.** Der Übereignungsanspruch nach Abs. 3 S. 1 kann einerseits insbesondere für den Eigentümer, der sein Grundstück selbst bewohnt und bewirtschaftet, zu schweren Härten führen, während andererseits der Berechtigte oftmals ein Interesse am Wert des Grundstücks, nicht aber an diesem selbst hat. Daher hat der Berechtigte nach Abs. 3 S. 4 wahlweise einen Anspruch auf **Zahlung des Verkehrswertes** des Grundstücks. Dabei ist für den Verkehrswert der Zeitpunkt der Geltendmachung des Zahlungsanspruchs maßgeblich. Die Wahl zwischen Übereignung und Geldleistung erfolgt durch formfreie Erklärung gegenüber dem Gegner nach § 263 BGB.

21 Dieses **Wahlrecht** zwischen Übereignung und Geldleistung wollte der Gesetzgeber zur Vermeidung von Härten für den Eigentümer nicht allein dem Berechtigten überlassen. Deshalb gibt Abs. 3 S. 5 dem Eigentümer die Möglichkeit, einem Zahlungsverlangen des Berechtigten dadurch zuvorzukommen, daß er selbst die Auflassung des Grundstücks in der Form des § 313 BGB anbietet.[36] Damit kann der Eigentümer einem Berechtigten, der die Wahl zwischen Übereignung und Geldleistung nicht trifft, das Wahlrecht ähnlich der Regelung des § 264 Abs. 2 BGB entziehen.[37] Entscheidet sich der Berechtigte für den Zahlungsanspruch, so kann der Eigentümer diesen Anspruch durch das Übereignungsangebot **erfüllen**. Die Annahme dieses Angebots steht dem Berechtigten zwar frei, doch droht ihm im Falle einer Ablehnung ein endgültiger Rechtsverlust: Der Auflassungsanspruch ist durch die von ihm getroffene Wahl des Zahlungsanspruchs entfallen und der Zahlungsanspruch durch das Angebot der Grundstücksauflassung erfüllt.[38]

V. Miteigentum der Ehegatten (Abs. 5)

22 Abs. 5 berücksichtigt, daß auch Bodenreformland grundsätzlich gemeinsames Eigentum der Ehegatten wurde, wenn sie im gesetzlichen Güterstand der Eigentums- und Vermögensgemeinschaft nach § 13 FGB der DDR gelebt haben. Da im Grundbuch meist

[29] *Staudinger-Rauscher* RdNr. 26.
[30] *Horn*, Zivil- und Wirtschaftsrecht, S. 431.
[31] BT-Drucks. 12/2480 S. 87.
[32] Vgl. *v. u. z. Franckenstein* VIZ 1995, 629 f.
[33] BT-Drucks. 12/2480 S. 87.
[34] *Horn*, Zivil- und Wirtschaftsrecht, S. 431.
[35] BT-Drucks. 12/2480 S. 87; *Staudinger-Rauscher* RdNr. 28.
[36] BT-Drucks. 12/5553 S. 198.
[37] *Keller* NJ 1994, 161, 164.
[38] *Palandt-Bassenge* RdNr. 11.

entgegen den Richtlinien des Obersten Gerichts der DDR nur der Ehemann als Eigentümer eingetragen war und der Gesetzgeber es für zu aufwendig hielt, die korrekten Anteile der Ehegatten zu ermitteln, ist die gesetzliche Lösung bewußt **vereinfachend**: Sie nimmt keine Rücksicht darauf, ob das Bodenreformgrundstück während der Ehe erworben wurde und daher überhaupt zur Eigentums- und Vermögensgemeinschaft gehörte; auch sieht sie zur Vereinfachung Miteigentum der Ehegatten je zu einem Halb vor.[39]

23 **Voraussetzung** des Miteigentums der Ehegatten ist nach Abs. 5 S. 1, daß der Eigentümer im maßgeblichen Zeitpunkt verheiratet war und die Ehe dem gesetzlichen Güterstand der Eigentums- und Vermögensgemeinschaft des § 13 FGB der DDR unterlag. Der Ehegatte muß zudem in jedem Fall den 22. 7. 1992 erlebt haben, ein Miteigentum seiner Erben ist nicht möglich.[40] Der **maßgebliche Zeitpunkt** wird in Abs. 5 S. 2 für die einzelnen Fälle des Eigentums nach Abs. 1, 2 bestimmt. Für denjenigen, der als Begünstigter eines Übergabe-Übernahme-Protokolls oder einer Entscheidung nach Abs. 1 S. 1 Eigentum erworben hat, entscheidet der Zeitpunkt der **Bestätigung** des Übergabe-Übernahme-Protokolls oder der **Entscheidung** (Abs. 5 S. 2 Nr. 1). Bei dem Eigentümer nach Abs. 2 Nr. 1, der im Grundbuch eingetragen ist und am 22. 7. 1992 noch lebte, entscheidet ebenso wie bei dem Eigentümer nach Abs. 2 Nr. 2 Fall 2, der zwischen dem 15. 3. 1990 und dem 22. 7. 1992 verstorben ist (Neuerbfall), der Ablauf des **15. 3. 1990** (Abs. 5 S. 2 Nr. 2). Im Fall des Abs. 2 Nr. 2 Fall 1, in dem der eingetragene Eigentümer bereits vor dem 15. 3. 1990 verstorben war (Alterbfall), ist der Zeitpunkt des **Todes** des eingetragenen Eigentümers maßgebend (Abs. 5 S. 2 Nr. 3). Der Zeitpunkt ist in jeder Richtung maßgebend, so daß es keine Rolle spielt, ob die Ehe nach dem Zeitpunkt fortbestand.

24 Als **Rechtsfolge** tritt **Miteigentum** der Ehegatten zu gleichen Bruchteilen an dem Grundstück ein. Auch diese Regelung ist wegen des eingeschränkten Inhalts des Bodenreformeigentums **verfassungsgemäß**.[41] Das **Grundbuchamt** hat aus Abs. 5 keine eigene Prüfungspflicht hinsichtlich eines eventuellen Miteigentums des Ehegatten, solange im Grundbuch nur ein Alleineigentümer eingetragen ist. Diese Buchberechtigung reicht wegen der Vermutung des § 891 BGB in der Regel aus.[42] Etwas anderes gilt nur dann, wenn das Grundbuchamt bei einer Verfügung des Eigentümers positive Kenntnis vom Miteigentum hat. Dann müßte es die insoweit fehlende Verfügungsbefugnis des eingetragenen Eigentümers beanstanden. Zur Anstellung eigener Ermittlungen ist das Grundbuchamt aber nur bei konkreten Zweifeln an der Richtigkeit des Grundbuchs verpflichtet. Bloße Vermutungen und Möglichkeiten reichen insoweit nicht.[43] Die **Eintragung** des Ehegatten hat dieser selbst zu betreiben. Die Eintragung ist eine Grundbuchberichtigung nach § 22 GBO. Da ein Nachweis des Bestandes der Ehe – nicht der Eheschließung – durch öffentliche Urkunden in der Form des § 29 GBO nur sehr schwer möglich ist, bedarf es regelmäßig einer Berichtigungsbewilligung des Eigentümers bzw. bei dessen Tode seiner Erben.[44]

§ 12 Berechtigter

(1) Berechtigter ist in den Fällen des § 11 Abs. 2 Satz 1 Nr. 1 und Nr. 2 Fall 2 in nachfolgender Reihenfolge:

1. diejenige Person, der das Grundstück oder der Grundstücksteil nach den Vorschriften über die Bodenreform oder den Besitzwechsel bei Grundstücken aus der Bodenreform förmlich zugewiesen oder übergeben worden ist, auch wenn der Besitzwechsel nicht im Grundbuch eingetragen worden ist,

[39] BT-Drucks. 12/2480 S. 87.
[40] *Keller* MittBayNot 1993, 70.
[41] AA *Staudinger-Rauscher* RdNr. 34.
[42] LG Neubrandenburg MDR 1993, 1251; 1994, 374; aA OLG Rostock EWiR 1994, 659.
[43] LG Neubrandenburg MDR 1994, 374.
[44] *Keller* MittBayNot 1993, 70; *ders.* OLG-NL 1994, 161, 163f.

2. diejenige Person, die das Grundstück oder den Grundstücksteil auf Veranlassung einer staatlichen Stelle oder mit deren ausdrücklicher Billigung wie ein Eigentümer in Besitz genommen, den Besitzwechsel beantragt hat und zuteilungsfähig ist, sofern es sich um Häuser und die dazu gehörenden Gärten handelt.

(2) Berechtigter ist in den Fällen des § 11 Abs. 2 Satz 1 Nr. 2 Fall 1 in nachfolgender Reihenfolge:

1. bei nicht im wesentlichen gewerblich genutzten, zum Ablauf des 15. März 1990 noch vorhandenen Häusern und den dazugehörenden Gärten

a) diejenige Person, der das Grundstück oder der Grundstücksteil, auf dem sie sich befinden, nach den Vorschriften über die Bodenreform oder den Besitzwechsel bei Grundstücken aus der Bodenreform förmlich zugewiesen oder übergeben worden ist, auch wenn der Besitzwechsel nicht im Grundbuch eingetragen worden ist,

b) diejenige Person, die das Grundstück oder den Grundstücksteil, auf dem sie sich befinden, auf Veranlassung einer staatlichen Stelle oder mit deren ausdrücklicher Billigung wie ein Eigentümer in Besitz genommen, den Besitzwechsel beantragt hat und zuteilungsfähig ist,

c) der Erbe des zuletzt im Grundbuch aufgrund einer Entscheidung nach den Vorschriften über die Bodenreform oder über die Durchführung des Besitzwechsels eingetragenen Eigentümers, der das Haus am Ende des 15. März 1990 bewohnte,

d) abweichend von den Vorschriften der Dritten Durchführungsverordnung zum Treuhandgesetz vom 29. August 1990 (GBl. I Nr. 57 S. 1333) der Fiskus des Landes, in dem das Hausgrundstück liegt, wenn dieses am 15. März 1990 weder zu Wohnzwecken noch zu gewerblichen Zwecken genutzt wurde;

2. bei für die Land- oder Forstwirtschaft genutzten Grundstücken (Schlägen)

a) diejenige Person, der das Grundstück oder der Grundstücksteil nach den Vorschriften über die Bodenreform oder den Besitzwechsel bei Grundstücken aus der Bodenreform förmlich zugewiesen oder übergeben worden ist, auch wenn der Besitzwechsel nicht im Grundbuch eingetragen worden ist,

b) der Erbe des zuletzt im Grundbuch aufgrund einer Entscheidung nach den Vorschriften über die Bodenreform oder über die Durchführung des Besitzwechsels eingetragenen Eigentümers, der zuteilungsfähig ist,

c) abweichend von den Vorschriften der Dritten Durchftihrungsverordnung zum Treuhandgesetz der Fiskus des Landes, in dem das Grundstück liegt.

(3) Zuteilungsfähig im Sinne der Absätze 1 und 2 ist, wer bei Ablauf des 15. März 1990 in dem in Artikel 3 des Einigungsvertrages genannten Gebiet in der Land-, Forst- oder Nahrungsgüterwirtschaft tätig war oder wer vor Ablauf des 15. März 1990 in dem in Artikel 3 des Einigungsvertrages genannten Gebiet in der Land-, Forst- oder Nahrungsgüterwirtschaft insgesamt mindestens zehn Jahre lang tätig war und im Anschluß an diese Tätigkeit keiner anderen Erwerbstätigkeit nachgegangen ist und einer solchen voraussichtlich auf Dauer nicht nachgehen wird.

(4) Erfüllen mehrere Personen die in den Absätzen 1 und 2 genannten Voraussetzungen, so sind sie zu gleichen Teilen berechtigt. Ist der nach Absatz 1 Nr. 1 oder Absatz 2 Nr. 1 Buchstaben a und b oder Nr. 2 Buchstabe a Berechtigte verheiratet und unterlag die Ehe vor dem Wirksamwerden des Beitritts dem gesetzlichen Güterstand der Eigentums- und Vermögensgemeinschaft des Familiengesetzbuchs der Deutschen Demokratischen Republik, so ist der Ehegatte zu einem gleichen Anteil berechtigt.

(5) Wenn Ansprüche nach den Absätzen 1 und 2 nicht bestehen, ist der Eigentümer nach § 11 verpflichtet, einem Mitnutzer im Umfang seiner Mitnutzung Miteigentum einzuräumen. Mitnutzer ist, wem in einem Wohnzwecken dienenden Gebäude auf einem Grundstück aus der Bodenreform Wohnraum zur selbständigen, gleichberech-

tigten und nicht nur vorübergehenden Nutzung zugewiesen wurde. Für den Mitnutzer gilt Absatz 4 sinngemäß. Der Anspruch besteht nicht, wenn die Einräumung von Miteigentum für den Eigentümer eine insbesondere unter Berücksichtigung der räumlichen Verhältnisse und dem Umfang der bisherigen Nutzung unbillige Härte bedeuten würde.

Übersicht

I. Normzweck

1 § 12 enthält die eigentliche **Zuteilungsregelung**. Die Vorschrift bestimmt denjenigen, der gegen den Eigentümer nach § 11 Abs. 2 – nicht gegen den Eigentümer nach § 11 Abs. 1, gegenüber dem es keinen Berechtigten gibt – den schuldrechtlichen Übereignungsanspruch hat. Dabei unterscheidet sie nach den Fallvarianten des § 11 Abs. 2. Für den noch lebenden Bucheigentümer und für Neuerbfälle gelten andere Bedingungen als für Alterbfälle. Die Berechtigten stehen in einer **Rangfolge**, die sich aus der Reihenfolge ihrer Aufzählung in der Vorschrift ergibt.[1]

II. Berechtigter gegenüber Eigentümern nach § 11 Abs. 2 S. 1 Nr. 1 und Nr. 2 Fall 2 (Abs. 1)

2 Abs. 1 regelt die Berechtigung, die Übertragung des Eigentums an dem Grundstück zu verlangen, wenn der bei Ablauf des 15. 3. 1990 im Grundbuch eingetragene **Eigentümer** noch **lebt** (§ 11 Abs. 2 S. 1 Nr. 1) oder nach dem 15. März 1990 verstorben ist (**Neuerbfall** § 11 Abs. 2 S. 1 Nr. 2 Fall 2).

3 **1. Förmliche Zuweisung (Nr. 1).** In diesen Fällen der Eigentumszuteilung ist erstrangig Berechtigter nach Abs. 1 Nr. 1 derjenige, dem das Grundstück oder der Grundstücksteil förmlich zugewiesen oder übergeben worden ist. Ein **förmlicher Zuteilungs- oder Übergabeakt** wird bei allen Arten von Bodenreformgrundstücken, seien es Hauswirtschaften oder land- bzw. forstwirtschaftlich genutzte Grundstücke, anerkannt. Eine förmliche Zuteilung setzt voraus, daß nach den Vorschriften über die Bodenreform oder den Besitzwechsel entweder ein bestätigtes **Besitzwechselprotokoll** oder eine **Zuweisungsentscheidung** des Rates des Kreises vorliegt. Auf die Eintragung des Besitzwechsels oder der Zuweisung im Grundbuch kommt es hingegen für die Berechtigung nicht an.[2]

4 **2. Faktische Zuweisung (Nr. 2).** In zweiter Linie berechtigt ist nach Abs. 1 Nr. 2 derjenige, dem das Grundstück oder der Grundstücksteil faktisch zugewiesen worden ist. Eine faktische Zuweisung genügt allerdings nur bei **Hauswirtschaften**, d. h. bei Häusern und zugehörenden Gärten, nicht hingegen bei Feldern und anderen land- und forstwirtschaftlichen Nutzflächen. Im Wege des Umkehrschlusses zu Abs. 2 Nr. 1 ergibt sich, daß die fehlende gewerbliche Nutzung des Hauses oder Gartens bei Abs. 1 Nr. 2 nicht zum Begriff der Hauswirtschaft gehört. Voraussetzung ist, daß der Begünstigte die Hauswirtschaft in **Eigenbesitz** (§ 872 BGB) genommen hat. Dieses Merkmal soll gewährleisten,

[1] BT-Drucks. 12/2480 S. 87.

[2] BT-Drucks. 12/2480 S. 88.

daß die Inbesitznahme als Zuweisungsempfänger und nicht als Mieter oder vertraglicher Besitzberechtigter erfolgte.[3] Weiter muß diese Inbesitznahme auf **Veranlassung** einer staatlichen Stelle oder mit deren ausdrücklicher **Billigung** erfolgt sein. Diese staatliche Stelle braucht zwar nicht zuständig gewesen zu sein, doch muß es sich überhaupt um eine staatliche Instanz handeln, so daß Entscheidungen zB der SED oder einer LPG nicht genügen. Form und Gestalt der Maßnahme ist unbeachtlich, solange es sich sachlich um eine Bodenreformzuweisung handelte.[4] Der Begünstigte muß darüber hinaus einen **Antrag** auf Besitzwechsel gestellt haben und schließlich **zuteilungsfähig** im Sinne von Abs. 3 sein.

III. Berechtigter gegenüber Eigentümern nach § 11 Abs. 2 S. 1 Nr. 2 Fall 1 (Abs. 2)

5 In den **Alterbfällen** des § 11 Abs. 2 S. 1 Nr. 2 Fall 1 erscheint der Eigentümer dem Gesetzgeber weniger schutzwürdig als der Bucheigentümer selbst. Abs. 2 enthält daher eine umfangreichere Liste von Berechtigten. Zudem wird weiter danach unterschieden, ob es sich um **Häuser** nebst **Gärten** (Nr. 1) oder für die Land- oder Forstwirtschaft genutzte Grundstücke (**Schläge**) handelt (Nr. 2).

6 **1. Hauswirtschaften.** Nr. 1 regelt die Berechtigung hinsichtlich nicht im wesentlichen gewerblich genutzter, bei Ablauf des 15.3 1990 noch vorhandener Häuser und den dazugehörenden Gärten, sog. Hauswirtschaften. Nr. 1 gilt nicht nur dann, wenn das Hausgrundstück **und** der dazugehörige Garten ehemaliges Bodenreformland sind, sondern auch dann, wenn es nur auf das Haus **oder** den Garten zutrifft.[5] Waren diese Häuser am 15.3. 1990 nicht mehr vorhanden oder aber im wesentlichen gewerblich genutzt, so gilt weder Nr. 1 noch Nr. 2 (vgl. dazu RdNr. 8).[6]

7 Erstrangig Berechtigter ist auch hier der Begünstigte einer **förmlichen Zuweisung** (Nr. 1 a). Nächstberechtigter ist der Eigentümer aufgrund einer **faktischen Zuweisung**, sofern er den Besitzwechsel beantragt hat und zuteilungsfähig ist (Nr. 1 b). Liegt weder eine förmliche noch eine faktische Zuweisung vor, so kann die Hauswirtschaft derjenige **Erbe** des zuletzt eingetragenen privaten Eigentümers verlangen, der das Haus am 15. 3. 1990 bewohnte (Nr. 1 c). Als **Erblasser** zählt insoweit nur derjenige Eigentümer, der aufgrund einer Entscheidung nach den Bodenreform- bzw. Besitzwechselvorschriften im Grundbuch eingetragen gewesen ist, nicht hingegen ein Eigentümer, der selbst nur aufgrund eines Erbscheins eingetragen worden war.[7] Da die Erbenstellung nur tatsächlicher Anknüpfungspunkt für die Nachzeichnung der Bodenreformrechte ist, sind die **anderen Erben** nicht am Grundstück berechtigt. Der Anspruch des berechtigten Erben gegen seine Miterben aus § 11 Abs. 3 S. 1 steht somit außerhalb des Erbrechts, so daß die Erben keinen **Ausgleich** verlangen können.[8] Letztrangiger Berechtigter ist schließlich der jeweilige **Fiskus** des Landes, in dem das Hausgrundstück liegt (Nr. 1 d). Voraussetzung ist hier, daß es sich bei dem betreffenden Grundstück am Stichtag um ein Haus gehandelt hat, das weder zu Wohnzwecken noch zu gewerblichen Zwecken genutzt worden ist. Gemeint sind hiermit insbesondere Hausgrundstücke, die für öffentliche Dienststellen genutzt wurden und werden.[9]

8 **2. Schläge.** Nr. 2 regelt die Berechtigung bei land- und forstwirtschaftlich genutzten Grundstücken (Schlägen). Streitig ist, ob unter Nr. 2 auch alle übrigen Grundstücke fallen, bei denen die Voraussetzungen von Nr. 1 nicht vorliegen, also insbesondere Hauswirtschaften, bei denen das Gebäude am Stichtag nicht mehr vorhanden war oder aber gewerblich genutzt wurde. Nach verbreiteter Auffassung soll Nr. 2 eine **Auffangvorschrift** sein, die alle Grundstücke umfaßt, die nicht unter Nr. 1 fallen.[10] Diese Auffassung

[3] BT-Drucks. 12/2480 S. 88; BGH DtZ 1994, 347, 349.
[4] BT-Drucks. 12/2480 S. 88.
[5] OLG Naumburg OLG-NL 1996, 31, 32.
[6] VG Meiningen VIZ 1996, 108, 109; aA LG Chemnitz VIZ 1995, 475, 476; LG Rostock OLG-NL 1995, 109, 111; *Palandt-Bassenge* RdNr. 4; *Staudinger-Rauscher* RdNr. 16.
[7] BT-Drucks. 12/2480 S. 88.
[8] BT-Drucksache 12/2480 S. 88.
[9] BT-Drucks. 12/5553 S. 199.
[10] LG Chemnitz VIZ 1995, 475, 476; LG Rostock OLG-NL 1995, 109, 111; LG Potsdam VIZ 1996, 297; *Palandt-Bassenge* RdNr. 4; *Staudinger-Rauscher* RdNr. 16.

ist mit dem Wortlaut von Nr. 2 unvereinbar, der ausdrücklich nur die Berechtigung hinsichtlich land- und forstwirtschaftlich, nicht aber auch hinsichtlich gewerblich genutzter Grundstücke regelt. Die Nrn. 1 und 2 sind nicht in dem Sinne abschließend und lückenlos, daß sie alle ehemaligen Bodenreformgrundstücke erfassen.[11] Wie bereits die Regelung in Nr. 1 zeigt, hat der Gesetzgeber das Problem gewerblich genutzter Grundstücke durchaus gesehen. Wenn er diese Grundstücke nicht allgemein in Nr. 2 aufgenommen hat, kann dies nur so verstanden werden, daß er mit Nr. 2 gewerblich genutzte Hauswirtschaften nur insoweit erfassen wollte, als es sich um land- und forstwirtschaftlich genutzte Grundstücke handelt.

9 **a) Stichtag.** Streitig ist auch, ob für die Art der **Grundstücksnutzung** auf einen bestimmten Zeitpunkt abzustellen ist und wenn ja, auf welchen. Nr. 2 enthält anders als Nr. 1 keine **Stichtagsregelung**. Gleichwohl will eine verbreitete Auffassung auch insoweit auf den nach §§ 11 Abs. 2 S. 1 Nrn. 1 und 2, 12 Abs. 2 Nr. 1c, Abs. 3 maßgeblichen **15. 3. 1990** abstellen.[12] Es sei inkonsequent, für die Art der Grundstücksnutzung auf einen anderen Zeitpunkt abzustellen als für die persönlichen Voraussetzungen einer Eigentumsübertragung. Dies zeige insbesondere die Ergänzung von Nr. 1 durch das Registerverfahrensbeschleunigungsgesetz gerade um diesen Stichtag.[13] Eine andere Auffassung lehnt hingegen im Rahmen der Nr. 2 jede Stichtagsregelung ab, weil sie zu zufälligen und damit unsachgemäßen Unterscheidungen führe. Maßgeblich sei allein, ob ein Bodenreformgrundstück **ehemals** land- und forstwirtschaftlich genutzt worden sei.[14] Beide Auffassungen lassen sich mit dem Wortlaut von Nr. 2 nicht vereinbaren und sind deshalb abzulehnen.[15] Gegen die Einbeziehung auch solcher Bodenreformgrundstücke, die allein in der Vergangenheit land- und forstwirtschaftlich genutzt worden sind, spricht die Formulierung in Nr. 2, wo von „genutzten“ und nicht von „ehemals genutzten“ Grundstücken die Rede ist. Nr. 2 stellt folglich nicht darauf ab, daß das Grundstück zu einem früheren Zeitpunkt einmal land- oder forstwirtschaftlich genutzt wurde.[16]

10 Aber auch die Auffassung, die auf den 15. 3. 1990 als den für die Nutzung der Grundstücke maßgeblichen Zeitpunkt abstellt, widerspricht dem Wortlaut des Gesetzes, das in Nr. 2 gerade keine ausdrückliche Regelung dieses Stichtages enthält. Das Argument der Übereinstimmung mit §§ 11 Abs. 2 S. 1 Nrn. 1 und 2 und 12 Abs. 2 Nr. 1 und Abs. 3 trägt die Übernahme des **15. 3. 1990 als Stichtag** nicht. Insbesondere erscheint die Parallele zu § 11 Abs. 2 schon deshalb fraglich, weil diese Vorschrift allein die provisorische gesetzliche Eigentumszuweisung regelt, die ihrerseits erst Voraussetzung der Anwendbarkeit des § 12 Abs. 2 ist. Die Vorschriften regeln somit ganz unterschiedliche Rechtsfragen, die keinen einheitlichen Stichtag erfordern. Auch der Hinweis auf die Ergänzung von Nr. 1 durch das Registerverfahrensbeschleunigungsgesetz gerade um diesen Stichtag spricht eher gegen als für die Übernahme dieses Zeitpunkts. Für den Gesetzgeber des Registerverfahrensbeschleunigungsgesetzes hätte es gerade angesichts der in Nr. 1 vorgenommenen Ergänzung nahegelegen, auch in Nr. 2 eine identische Stichtagsregelung aufzunehmen. Die Tatsache, daß er hiervon abgesehen hat, spricht dafür, daß der 15.3. 1990 bei land- oder forstwirtschaftlich genutzten Grundstücken nicht maßgeblich seien sollte.[17]

11 Als **Stichtag** kommt nach dem Wortlaut der Nr. 2 nur der **22. 7. 1992** in Betracht.[18] Erst mit dem Inkrafttreten des 2. VermRÄndG an diesem Tage wurde die gesetzliche Eigentumszuweisung nach § 11 Abs. 2 wirksam. Damit stellte sich auch erst in diesem Zeitpunkt die Frage einer Berechtigung im Sinne des § 12, so daß für die Art der Grundstücksnutzung als Voraussetzung dieser Berechtigung ebenfalls allein auf diesen Zeitpunkt abzu-

[11] So aber *Staudinger-Rauscher* RdNr. 16; dagegen VG Meiningen VIZ 1996, 108, 109.
[12] OLG Naumburg OLG-NL 1995, 1, 2; 159, 160; OLG Rostock OLG-NL 1995, 268, 269; *Palandt-Bassenge* RdNr. 5.
[13] OLG Naumburg OLG-NL 1995, 1, 2.
[14] LG Potsdam VIZ 1996, 107, 108.
[15] VG Meiningen VIZ 1996, 108, 109.
[16] VG Meiningen VIZ 1996, 108, 109.
[17] VG Meiningen VIZ 1996, 108, 109.
[18] Ebenso VG Meiningen VIZ 1996, 108, 109.

stellen ist. Der Gesetzgeber hätte allerdings die Möglichkeit gehabt, durch ausdrückliche Anordnung einen anderen Zeitpunkt für maßgeblich zu erklären. Da er in Nr. 2 von dieser Möglichkeit keinen Gebrauch gemacht hat, bleibt es bei der Maßgeblichkeit des 22. 7. 1992. Dies bringt das Gesetz durch die Verwendung des Ausdrucks „genutzten" unmißverständlich zum Ausdruck. **Nutzungsänderungen** nach diesem Stichtag, zB die Ausweisung des Grundstücks als Bauland, sind demgegenüber unschädlich.[19] Auch ein vorübergehendes **Brachliegen** des Grundstücks ist unbeachtlich, wenn es generell für die Land- oder Forstwirtschaft zur Verfügung steht.[20] Etwas anderes hat nur dann zu gelten, wenn die land- oder forstwirtschaftliche Nutzung endgültig aufgegeben wird.[21]

12 **b) Rangfolge.** Nach Nr. 2 gilt für die land- oder forstwirtschaftlich genutzten Grundstücke eine abweichende Rangfolge. Erstrangig kommt wiederum derjenige als Berechtigter in Betracht, dem das Grundstück nach den maßgebenden bodenreformrechtlichen Vorschriften durch bestätigtes Besitzwechselprotokoll oder durch Entscheidung **förmlich zugewiesen** worden ist (Nr. 2a). Dieser muß am 22. 7. 1992 gelebt haben.[22] In zweiter Linie ist der **Erbe** des zuletzt im Grundbuch aufgrund einer förmlichen Zuweisung eingetragenen Eigentümers berechtigt, sofern er selbst zuteilungsfähig ist (Nr. 2b). Nach Nr. 2c fallen schließlich alle land- oder forstwirtschaftlich genutzten Grundstücke, bei denen keine förmliche Zuweisung vorliegt und bei denen ein zuteilungsfähiger Erbe nicht vorhanden ist, abweichend von den Vorschriften der 3. DVO zum Treuhandgesetz dem **Fiskus** des Landes zu, in dem das Grundstück liegt.

IV. Zuteilungsfähigkeit (Abs. 3)

13 Abs. 3 enthält eine selbständige **Definition** der Zuteilungsfähigkeit iS von Abs. 1 Nr. 2, Abs. 2 Nrn. 1b und 2b in Anlehnung an die Besitzwechelvorschriften (§ 2 BesitzwechselVO 1975/88). Zuteilungsfähig ist zunächst, wer bei Ablauf des 15.3. 1990 in der Land-, Forst- und Nahrungsgüterwirtschaft der ehemaligen DDR tätig war. Die Tätigkeit muß also am **Stichtag** auf dem **Gebiet** der ehemaligen DDR ausgeübt worden sein. Eine Tätigkeit in den alten Bundesländern reicht nicht.[23] Unerheblich ist auch, ob die Person aus der ehemaligen DDR stammt und aus welchen Motiven sie vor dem Stichtag in die alten Bundesländer übergesiedelt ist.[24] Etwas anderes gilt jedoch dann, wenn eine Tätigkeit in der Landwirtschaft usw. durch rechtsstaatswidrige Intervention der Staatsorgane der DDR unter- oder abgebrochen wurde. Dies ist der Fall, wenn eine entsprechend tätig gewesene Person nach einer rechtsstaatswidrigen Verurteilung in der DDR von der Bundesrepublik „freigekauft" und später rehabilitiert wurde. Hier wäre es unbillig, wenn der Landesfiskus seinen Anspruch gem. § 11 Abs. 3 auch nur indirekt auf totalitäres Staatsunrecht stützte. Es ist daher zu Gunsten des Verurteilten davon auszugehen, daß er die bis dahin ausgeübte Tätigkeit weiter ausgeübt und das Gebiet der ehemaligen DDR nicht verlassen hätte.[24a] Die **Art der Tätigkeit**, zB als Angestellter oder Arbeiter, ist grundsätzlich unerheblich, da es allein auf den formalen Gesichtspunkt ankommt, ob die Person tatsächlich auf einem dieser Gebiete tätig war.[25] Auch braucht die Tätigkeit nicht in örtlichem Zusammenhang mit dem übereigneten Grundstück ausgeübt worden zu sein.[26]

14 Maßgeblich ist allein, ob die Person mit dem Boden bis zum 15.3. 1990 durch ihre persönliche **Erwerbstätigkeit** verbunden war, also zum maßgebenden Zeitpunkt die Gewähr dafür bot, das Bodenreformland weiterhin land- oder forstwirtschaftlich zu nutzen.

[19] OLG Naumburg OLG-NL 1995, 159, 160.
[20] OLG Naumburg OLG-NL 1995, 1, 2; 255, 256.
[21] VG Meiningen VIZ 1996, 108, 109f.
[22] OLG Naumburg OLG-NL 1995, 172, 174; *Keller* VIZ 1993, 190f.; *Böhringer* VIZ 1993, 195f.
[23] BT-Drucks. 12/2480, S. 89.
[24] OLG Naumburg OLG-NL 1995, 2, 3.
[24a] OLG Jena OLG-NL 1996, 80, 81.
[25] LG Leipzig VIZ 1995, 470f.; aA LG Chemnitz AgrarR 1994, 196.
[26] OLG Rostock OLG-NL 1995, 207, 208; *Palandt-Bassenge* RdNr. 6; *Staudinger-Rauscher* RdNr. 21f.

Sie mußte folglich eine Tätigkeit ausüben, die der Bewirtschaftung der Flächen, deren Erhaltung, Pflege und Nutzung diente.[27] Eine Tätigkeit in der Nahrungs- und Genußmittelindustrie, zB als Hochseefischer, genügt demgemäß nicht.[28] Dasselbe gilt für eine Tätigkeit als Dachdecker, selbst wenn diese in einer Genossenschaft ausgeübt wurde, deren überwiegendes Betätigungsfeld im Bereich der Landwirtschaft liegt.[29] Hingegen reicht eine Tätigkeit als Arbeiter in einer zwischenbetrieblichen Bauorganisation als Gemeinschaftseinrichtung von LPGs und volkseigenen Gütern aus, da diese Hilfsbetriebe der LPGs waren und stets zur Landwirtschaft gerechnet wurden.[30]

15 Zuteilungsfähig ist darüber hinaus, wer vor Ablauf des 15. 3. 1990 insgesamt mindestens **10 Jahre** lang auf dem Gebiet der ehemaligen DDR in der Land-, Forst- und Nahrungsgüterwirtschaft tätig war und im Anschluß an diese Tätigkeit keiner anderen Erwerbstätigkeit nachgegangen ist und einer solchen voraussichtlich auf Dauer nicht nachgehen wird. Nicht erforderlich ist, daß die zehnjährige Tätigkeit ohne Unterbrechung zusammenhängend ausgeübt worden ist. Mit dieser Regelung sollten Rentner, die jahrzehntelang in der Landwirtschaft tätig gewesen sind, diese Tätigkeit aber bereits vor dem Stichtag aufgegeben hatten, die Möglichkeit eines Eigentumserwerbs an ihrem Bodenreformland behalten.[31]

V. Mitberechtigung (Abs. 4)

16 Abs. 4 regelt die Mitberechtigung mehrerer sowie von Ehegatten. Erfüllen **mehrere Berechtigte** die in Abs. 1 und 2 genannten Voraussetzungen für die Zuteilung, so haben sie gem. § 11 Abs. 3 S. 1 Anspruch auf Eigentumsübertragung als Miteigentümer zu gleichen Teilen (Abs. 4 S. 1). Dies gilt allerdings nur, soweit sie Berechtigte gleichen Ranges sind.[32] Im Innenverhältnis unterliegt das Miteigentum den Regeln über die **Gemeinschaft**. Die Auseinandersetzung erfolgt dementsprechend nach §§ 749–758 BGB.[33]

17 Abs. 4 S. 2 regelt die Mitberechtigung des **Ehegatten** eines Berechtigten, der vor dem 3. 10. 1990 im gesetzlichen Güterstand der Eigentums- und Vermögensgemeinschaft nach § 13 FGB der DDR lebte. Die Bestimmung gilt nur für Berechtigte, denen das Bodenreformgrundstück **förmlich zugewiesen** worden ist. Allein im Fall des Abs. 2 Nr. 1b gilt sie auch für den Begünstigten einer **faktischen** Zuweisung. Die Ehe muß am Ende des 2. 10. 1990 bestanden haben. Auf den Zeitpunkt des Eintritts der Berechtigung am 22. 7. 1992, kommt es demgegenüber nicht an, da es sich hier allein um eine Nachzeichnung abgeschlossener Vorgänge handelt.[34] Die Ehe muß bei Ablauf des 2. 10. 1990 dem gesetzlichen Güterstand nach § 13 FGB der DDR unterlegen haben. Die spätere Entwicklung ist dagegen unerheblich. **Rechtsfolge** des Abs. 4 S. 2 ist, daß der Ehegatte hälftig an dem Übereignungsanspruch nach § 11 Abs. 3 S. 1 und an möglichen Folgeansprüchen als Gesamtgläubiger mitberechtigt ist.[35]

VI. Mitnutzer (Abs. 5)

18 Abs. 5 soll **Mitnutzer** begünstigen, denen ohne Beachtung der rechtlichen Grundlagen Teile eines Wohngebäudes als Wohnraum zur selbständigen Nutzung zugewiesen wurden.[36] Der Mitnutzer erhält einen Anspruch auf Einräumung von **Miteigentum** (Abs. 5 S. 1). **Voraussetzung** ist, daß kein Auflassungsanspruch eines nach Abs. 1 und 2 Berechtigten gemäß § 11 Abs. 3 S. 1 besteht. Berechtigt ist der Mitnutzer. Dies ist, wem in einem

[27] OLG Rostock OLG-NL 1995, 207, 208.
[28] OLG Rostock OLG-NL 1995, 207, 208.
[29] LG Rostock OLG-NL 1995, 109, 111.
[30] LG Leipzig VIZ 1995, 470, 471.
[31] BT-Drucks. 12/5553 S. 199.
[32] *Staudinger-Rauscher* RdNr. 23f.
[33] BT-Drucks. 12/2480 S. 90.
[34] *Staudinger-Rauscher* RdNr. 28; aA *Palandt-Bassenge* RdNr. 7.
[35] *Staudinger-Rauscher* RdNr. 31.
[36] BT-Drucks. 12/2695 S. 24.

Wohnzwecken dienenden Gebäude auf einem Bodenreformgrundstück Wohnraum zu selbständiger, gleichberechtigter und nicht nur vorübergehender Nutzung zugewiesen wurde (Abs. 5 S. 2). Diese **Zuweisung** muß förmlich oder faktisch im Sinne des Abs. 2 Nr. 1a oder b erfolgt sein.[37] Eine Wohnraumzuweisung, die im Rahmen der Wohnraumlenkung festlegt, welcher Ehegatte nach Scheidung der Ehe die Wohnung weiter nutzen darf, ist keine derartige Zuweisung.[38] Der Mitnutzer muß den Wohnraum selbst nutzen, so daß eine Vermietung nicht ausreicht. Die Zuteilungsfähigkeit nach Abs. 3 ist demgegenüber nicht erforderlich.[39] Bei mehreren Mitnutzern desselben Wohnraums und verheirateten Mitnutzern gilt Abs. 4 sinngemäß (Abs. 5 S. 3).

19 Als **Rechtsfolge** ordnet Abs. 5 S. 1 einen Anspruch des Mitnutzers gegen den Eigentümer auf Einräumung von **Miteigentum** an. Dieser Anspruch entspricht dem des Berechtigten nach § 11 Abs. 3 S. 1, ist aber diesem gegenüber selbständig. § 13 Abs. 3 S. 2, 3, Abs. 4 ist daher auf ihn nicht anwendbar.[40] Der **Umfang** richtet sich nach dem Umfang der Mitnutzung, also nach dem Verhältnis der beiderseits genutzten Flächen.[41] Verpflichtet ist der **Eigentümer** nach § 11. Dies ist in dem Sinne zu verstehen, daß sowohl der Eigentümer nach § 11 Abs. 1 als auch der nach Abs. 2 dem Anspruch des Mitnutzers ausgesetzt ist. Diese Rechtsfolge ist nicht stimmig, weil der Eigentümer im Falle des § 11 Abs. 1 von einem Berechtigten nicht auf Übertragung des Eigentums in Anspruch genommen werden kann. Hinzu kommt, daß der Berechtigte seinerseits nach dem Wortlaut von Abs. 5 nicht vom Mitnutzer in Anspruch genommen werden kann. Der Berechtigte nach Abs. 1 Nr. 1 hätte also im Ergebnis eine stärkere Rechtsposition gegenüber dem Mitnutzer als der Eigentümer nach § 11 Abs. 1, obwohl Letzterer wesentlich strengere Voraussetzungen erfüllen muß.[42] Zudem liefe der Anspruch des Mitnutzers in den Fällen des § 11 Abs. 2 häufig leer, da er gegenüber dem Berechtigten nicht durchgesetzt werden könnte. Diese Unstimmigkeiten lassen sich nur durch eine analoge Anwendung von Abs. 5 auch gegenüber dem Berechtigten wirkungsvoll ausschließen.[43]

20 Der Anspruch ist **ausgeschlossen**, wenn die Einräumung von Miteigentum für den Verpflichteten eine **unbillige Härte** bedeuten würde. Dafür sind die räumlichen Verhältnisse und der Umfang der bisherigen Nutzung ausschlaggebend. Ausgeschlossen sein dürfte der Anspruch insbesondere bei beengten Wohnverhältnissen, einer ganz untergeordneten Mitnutzung sowie sehr hohen Investitionen des Eigentümers.[44]

§ 13 Verfügungen des Eigentümers

(1) Wird vor dem 31. Dezember 1996 die Eintragung einer Verfügung desjenigen beantragt, der nach § 11 Abs. 2 Eigentümer ist, so übersendet das Grundbuchamt der Gemeinde, in der das Grundstück belegen ist, und dem Fiskus des Landes, in dem das Grundstück liegt, jeweils eine Abschrift dieser Verfügung. Teilt eine dieser Stellen innerhalb eines Monats ab Zugang der Mitteilung des Grundbuchamts mit, daß der Verfügung widersprochen werde, so erfolgt die Eintragung unter Eintragung einer Vormerkung im Rang vor der beantragten Verfügung zugunsten des Berechtigten; seiner genauen Bezeichnung bedarf es nicht.

(2) Die Unterrichtung nach Absatz 1 unterbleibt, wenn

1. **eine Freigabe nach Absatz 6 durch eine schriftliche Bescheinigung der Gemeinde, des Landesfiskus oder des Notars nachgewiesen wird,**
2. **das Eigentum an dem Grundstück bereits auf einen anderen als den in § 11 Abs. 2 bezeichneten Eigentümer übergegangen ist,**
3. **bereits eine Vormerkung auf einen Widerspruch der widersprechenden Stelle hin eingetragen worden ist.**

[39] BGH DtZ 1994, 347, 348; *Palandt-Bassenge* RdNr. 9.
[40] *Palandt-Bassenge* RdNr. 11.
[41] *Palandt-Bassenge* RdNr. 11.
[42] *Staudinger-Rauscher* RdNr. 36ff.
[43] *Staudinger-Rauscher* RdNr. 36ff.
[44] *Palandt-Bassenge* RdNr. 12; *Staudinger-Rauscher* RdNr. 40.

(3) Die Gemeinde, in der das Grundstück belegen ist, darf der Eintragung nur widersprechen, wenn einer der in § 12 Abs. 1 oder Abs. 2 Nr. 1 Buchstabe a oder b oder Nr. 2 Buchstabe a genannten Berechtigten vorhanden ist, sofern dieser nicht mit der Verfügung einverstanden ist. Der Widerspruch ist nur zu berücksichtigen, wenn er den Berechtigten bezeichnet. Der Fiskus des Landes, in dem das Grundstück liegt, darf nur in den Fällen des § 12 Abs. 2 Nr. 2 Buchstabe c widersprechen.

(4) Die auf den Widerspruch der Gemeinde, in der das Grundstück belegen ist, oder des Fiskus des Landes, in dem das Grundstück liegt, hin eingetragene Vormerkung wird, sofern sie nicht erloschen ist (Absatz 5), von Amts wegen gelöscht, wenn die betreffende Stelle ihren Widerspruch zurücknimmt oder der Widerspruch durch das zuständige Verwaltungsgericht aufgehoben wird. Das gleiche gilt, wenn sich der in dem Widerspruch der Gemeinde, in der das Grundstück belegen ist, bezeichnete Berechtigte einverstanden erklärt. Das Einverständnis ist in der in § 29 der Grundbuchordnung vorgeschriebenen Form nachzuweisen.

(5) Die Vormerkung erlischt nach Ablauf von vier Monaten von der Eintragung an, wenn nicht der Berechtigte vor Ablauf dieser Frist Klage auf Erfüllung seines Anspruchs aus § 11 Abs. 3 erhoben hat und dies dem Grundbucharnt nachweist; auf den Nachweis findet § 29 der Grundbuchordnung keine Anwendung. Die Löschung der Vormerkung erfolgt auf Antrag des Eigentümers oder des aus der beantragten Verfügung Begünstigten.

(6) Die Gemeinde, in der das Grundstück liegt, und der Landesfiskus können vor der Stellung des Antrags auf Eintragung oder vor Abschluß des Rechtsgeschäfts durch den Notar zur Freigabe des Grundstücks aufgefordert werden. Die Freigabe hat zu erfolgen, wenn die Voraussetzungen für einen Widerspruch nach Absatz 3 nicht vorliegen. Sie gilt als erteilt, wenn weder die Gemeinde noch der Landesfiskus innerhalb von vier Monaten ab Zugang der Aufforderung gegenüber dem Notar widerspricht; dies wird dem Grundbuchamt durch eine Bescheinigung des Notars nachgewiesen.

(7) Die Gemeinde, in der das Grundstück belegen ist, unterrichtet den in ihrem Widerspruch bezeichneten Berechtigten von dem Widerspruch. Daneben bleibt jedem Berechtigten (§ 12) die selbständige Sicherung seiner Ansprüche (§ 11 Abs. 3) unbenommen.

Übersicht

I. Normzweck

1 § 13 enthält ein besonderes System zur Sicherung der Ansprüche des Berechtigten aus § 11 Abs. 3 S. 1. Dieser kann sich daneben selbst schützen, indem er eine einstweilige Verfügung beantragt und sich aufgrund seines Anspruchs ein Verfügungsverbot (§ 888 Abs. 2 BGB) gegen den Eigentümer verschafft, das im Grundbuch eingetragen werden kann. Diese Möglichkeit bleibt ihm nach Abs. 7 S. 2 unbenommen. Zur Entlastung der Gerichte und zur Verstärkung des Schutzes führt § 13 ein eigenständiges Widerspruchssystem ein.[1]

[1] BT-Drucks. 12/2480 S. 89.

II. Widerspruchssystem (Abs. 1)

2 Das Widerspruchsverfahren wird durch jeden **Eintragungsantrag** ausgelöst, der auf einer rechtsgeschäftlichen Verfügung des Eigentümers nach § 11 Abs. 2 beruht und vor dem 31. 12. 1996 gestellt wurde. Dieser Antrag muß entsprechend der Funktion des § 13 auf die Vornahme einer Eintragung gerichtet sein, deren Vollzug den Anspruch des nach § 12 Berechtigten aus § 11 Abs. 3 S. 1 gefährden würde, also zB eine Übereignung oder Belastung.[2] Ist der Antrag zulässig und begründet, so **übersendet** das Grundbuchamt vor dieser Eintragung der Gemeinde, in der das Grundstück liegt, und dem entsprechenden Landesfiskus als Berechtigtem jeweils eine Abschrift dieser Verfügung (S. 1). Diese Stellen haben dann die Möglichkeit, innerhalb eines Monats ab Zugang der Mitteilung **Widerspruch** gegen die Verfügung einzulegen. Geht der Widerspruch verspätet ein, so wird die beantragte Verfügung ohne gleichzeitige Vormerkung eingetragen.[3] Geht ein Widerspruch rechtzeitig ein, so wird eine **Vormerkung** des Berechtigten zur Sicherung seines Anspruchs aus § 11 Abs. 3 S. 1 im **Rang** vor der beantragten Verfügung eingetragen (S. 2). Wird die Rechtsänderung ohne Vormerkung eingetragen, so ist sie gegenüber dem Berechtigten gleichwohl wirksam.[4] Die Eintragung der Vormerkung setzt keine genaue **Bezeichnung** des Berechtigten voraus (S. 2 aE). Andererseits ist aber eine Bezeichnung des Berechtigten im Widerspruch erforderlich (Abs. 3 S. 2). Der Verzicht auf die genaue Bezeichnung des Berechtigten in Abs. 2 S. 2 dürfte daher nur als Ausnahme vom allgemeinen Grundbuchrecht und dem Bestimmtheitsgrundsatz aufzufassen sein, so daß der Berechtigte jedenfalls **bestimmbar** bezeichnet sein muß.[5]

III. Befreiung vom Widerspruchsverfahren (Abs. 2)

3 Abs. 2 enthält drei Ausnahmefälle, in denen ein Widerspruchsverfahren nicht notwendig ist und daher bereits die Unterrichtung nach Abs. 1 unterbleibt. Dies gilt für den Fall, daß durch schriftliche Bescheinigung der Ortsgemeinde oder des Landesfiskus eine tatsächliche **Freigabe** des Grundstücks (Abs. 6 S. 1) oder durch schriftliche Bescheinigung des Notars eine fiktive Freigabe (Abs. 6 S. 3) nachgewiesen wird (Nr. 1). Die Unterrichtung unterbleibt ferner, wenn das Bodenreformgrundstück bereits einmal rechtsgeschäftlich **veräußert** worden ist (Nr. 2). Dies ergibt sich bereits daraus, daß § 13 überhaupt nur auf Verfügungen des Eigentümers nach § 11 Abs. 2 anwendbar ist. Da derjenige, der von einem Eigentümer nach § 11 Abs. 2 ein Bodenreformgrundstück erworben hat, aber kein Eigentümer nach dieser Vorschrift ist, ist § 13 ohnehin nicht auf ihn anwendbar.[6] Schließlich ist die Durchführung des Widerspruchsverfahrens sinnlos, wenn bereits eine **Vormerkung** zum Schutz des Berechtigten im Grundbuch eingetragen ist (Nr. 3), weil hier bereits eine ausreichende Sicherung besteht.

IV. Widerspruchsgründe (Abs. 3)

4 Die **Gemeinde**, in der das Grundstück liegt, darf nach Abs. 3 S. 1 den Widerspruch nur zugunsten eines Bürgers erheben, der aufgrund einer förmlichen oder faktischen Zuweisung berechtigt nach § 12 Abs. 1, Abs. 2 Nr. 1a, b Nr. 2a ist.[7] Der Widerspruch ist ein Eintragungsersuchen im Sinne von § 38 GBO und bedarf der **Form** des § 29 Abs. 3 GBO. Er muß den **Berechtigten** bestimmbar bezeichnen (S. 2). Fehlt diese Bezeichnung, so wird die beantragte Verfügung ohne Vormerkung eingetragen. Die Ortsgemeinde hat den in ihrem Widerspruch bezeichneten Berechtigten von dem Widerspruch zu unterrichten (Abs. 7 S. 1). Dies ist bedeutsam wegen Abs. 5 und § 14. Der **Landesfiskus** kann nur für sich selbst in den Fällen des § 12 Abs. 2 Nr. 2c Widerspruch einlegen (S. 3). In diesen

[2] *Palandt-Bassenge* RdNr. 2.
[3] *Palandt-Bassenge* RdNr. 5; aA *Staudinger-Rauscher* RdNr. 7.
[4] *Palandt-Bassenge* RdNr. 5.
[5] *Palandt-Bassenge* RdNr. 6.
[6] *Keller* NJ 1994, 161, 165.
[7] BT-Drucks. 12/2480 S. 89.

Fällen wird der Fiskus als Vormerkungsberechtigter eingetragen. Der Widerspruch der Gemeinde bzw. des Landesfiskus ist **kein anfechtbarer Verwaltungsakt,** da er keine hoheitliche Maßnahme darstellt.[7a] Dies ergibt sich für den **Landesfiskus** bereits daraus, daß er den Widerspruch nur für sich selbst als Berechtigten einlegen kann. Als Berechtigter tritt der Landesfiskus aber in § 12 gleichberechtigt und gleichrangig neben die dort genannten Privatrechtssubjekte. Er macht also mit seinem Widerspruch nur ein Aneignungsrecht geltend, das ihm wie anderen Privatpersonen zusteht. Dieses Tätigwerden des Landesfiskus als **Privatrechtssubjekt** entspricht vollkommen der Entscheidung des Gesetzgebers für eine privatrechtliche Anspruchslösung und gegen eine Regelung im öffentlich-rechtlichen Verwaltungsverfahren. Für den Widerspruch der **Gemeinde** gilt insoweit nichts anderes. Auch sie handelt bei der Einlegung des Widerspruchs nicht hoheitlich, sondern im Rahmen der privatrechtlichen Anspruchslösung zur Wahrung eines privatrechtlichen Aneignungsrechts, allerdings nicht ihres eigenen, sondern das ihrer Bürger. Es handelt sich daher bei dem Widerspruch der Gemeinde bzw. des Landesfiskus um **schlichtes Verwaltungshandeln,** dessen Aufhebung im Wege der **allgemeinen Gestaltungsklage** bei den Verwaltungsgerichten begehrt werden kann.[7b] Dies wirkt sich insbesondere dahin aus, daß weder ein Vorverfahren durchgeführt noch eine Klagefrist eingehalten werden muß.

V. Löschung der Vormerkung (Abs. 4)

5 Abs. 4 enthält ein vereinfachtes Verfahren, die eingetragene Vormerkung wieder zu löschen. Sie ist vom Grundbuchamt **von Amts wegen** zu löschen, wenn die widersprechende Stelle ihren Widerspruch in der Form des § 29 Abs. 3 GBO zurücknimmt oder der Widerspruch durch das zuständige Verwaltungsgericht aufgehoben wird (S. 1). Entsprechendes gilt, wenn der Begünstigte sein Einverständnis mit der Löschung in der Form des § 29 Abs. 1 GBO erklärt (S. 2, 3).

VI. Erlöschen der Vormerkung (Abs. 5)

6 Abs. 5 ordnet das **Erlöschen** der Vormerkung nach Ablauf von 4 Monaten seit der Eintragung in das Grundbuch an, wenn nicht der Berechtigte Klage auf Erfüllung seines Anspruchs aus § 11 Abs. 3 S. 1 erhoben hat und dies dem Grundbuchamt nachweist (S. 1 HS 1). Dieser Nachweis unterliegt nicht der Form des § 29 GBO (S. 1 HS 2), so daß zB eine Kopie der Klageschrift reicht.[8] Andernfalls erlischt nach Ablauf von 4 Monaten von der Eintragung an die Vormerkung. Der Eigentümer oder der durch die Verfügung Begünstigte kann ihre **Löschung** beantragen (S. 2), die ohne weiteren Nachweis zu erfolgen hat.

VII. Freigabe (Abs. 6)

7 Abs. 6 regelt ein eigenes Verfahren durch den beurkundenen Notar, um den Grundbuchvollzug nicht durch das Widerspruchsverfahren zu verzögern. Der Notar hat nach S. 1 die Möglichkeit, vor Stellung des Eintragungsantrags oder vor Abschluß des zugrundeliegenden Rechtsgeschäfts die Ortsgemeinde bzw. den Landesfiskus zur Freigabe des Grundstücks **aufzufordern**. Diese Freigabe hat zu erfolgen, wenn keine Widerspruchsgründe nach Abs. 3 vorliegen (S. 2). Erklären die Behörden keine **tatsächliche Freigabe** nach S. 1, so wird nach S. 3 eine Freigabe **fingiert**, wenn die Behörden nicht innerhalb von 4 Monaten ab Zugang der Aufforderung gegenüber dem Notar widersprechen. Der Notar hat in diesem Fall dem Grundbuchamt zu bescheinigen, daß das Freigabeverfahren von ihm durchgeführt worden ist. Für diese Bescheinigung gilt § 39 BeurkG.

[7a] VG Meiningen VIZ 1996, 108.
[7b] VG Meiningen VIZ 1996, 108.
[8] *Keller* NJ 1994, 161, 165.

§ 13a Vormerkung zugunsten des Fiskus

Auf Ersuchen des Fiskus trägt das Grundbuchamt eine Vormerkung zur Sicherung von dessen Anspruch nach § 11 Abs. 3 ein. Die Vormerkung ist von Amts wegen zu löschen, wenn das Ersuchen durch das zuständige Verwaltungsgericht aufgehoben wird.

1 Nach diesem durch das Registerverfahrensbeschleunigungsgesetz eingefügten Art. kann der Fiskus die Eintragung einer **Vormerkung** zur Sicherung seines Anspruchs nach § 11 Abs. 3 auch dann erreichen, wenn keine Verfügung des Eigentümers im Sinne des § 13 Abs. 1 vorliegt. Damit wird der Fiskus gegenüber anderen nach § 12 Berechtigten entscheidend privilegiert. Er kann jederzeit selbst eine Eintragung herbeiführen, ohne einstweilige Verfügungen beantragen zu müssen. Nach S. 2 ist die Vormerkung von Amts wegen zu **löschen**, wenn das Ersuchen durch das zuständige Verwaltungsgericht aufgehoben wird. Das Ersuchen des Fiskus ist ein Eintragungsersuchen im Sinne von § 38 GBO und bedarf der Form des § 29 Abs. 3 GBO.[1] Die Eintragung der Vormerkung hat im Falle des Nachweises einer Grundstücksfreigabe nach § 13 Abs. 6 zu unterbleiben.

§ 14 Verjährung

Der Anspruch nach § 11 Abs. 3 Satz 1 verjährt innerhalb von sechs Monaten ab dem Zeitpunkt der Eintragung der Vormerkung, spätestens am 2. Oktober 2000.

I. Normzweck

1 Der Anspruch aus § 11 Abs. 3 S. 1 unterliegt der **Verjährung**, um die Rechtsverhältnisse nicht auf Dauer in der Schwebe zu belassen.[1]

II. Anwendungsbereich

2 Die Verjährungsregelung ist nach ihrem Wortlaut nur auf den **Auflassungsanspruch** nach § 11 Abs. 3 S. 1 anwendbar. Sie gilt aber analog für den **Zahlungsanspruch** nach § 11 Abs. 3 S. 4. Der Gesetzgeber hat bei der Einfügung des Zahlungsanspruchs durch das Registerverfahrensbeschleunigungsgesetz die Ergänzung der Verjährungsregelung erkennbar übersehen. Die Gleichbehandlung von Auflassungs- und Zahlungsanspruch auch hinsichtlich der Verjährung erscheint aber wegen der gleichen Funktion beider Ansprüche sachlich geboten.[2] Dagegen werden **Sekundärleistungsansprüche** wegen Nichterfüllung des Auflassungsanspruchs von der Verjährungsregelung nicht erfaßt. Dies gilt für Ansprüche aus § 16 Abs. 2,[3] hat aber auch für die über § 11 Abs. 4 S. 1 anwendbaren Sekundärleistungsansprüche des allgemeinen Schuldrechts zu gelten.[4] Auch für den Anspruch des Mitnutzers aus § 12 Abs. 5 gilt § 14 nicht.[5]

III. Eintritt der Verjährung

3 Ist eine **Vormerkung** nach §§ 13, 13a eingetragen, so verjähren die Ansprüche aus § 11 Abs. 3 S. 1 und 4 innerhalb von 6 Monaten von dem Zeitpunkt der Eintragung der Vormerkung an. Die Ansprüche verjähren **spätestens** am 2. Oktober 2000.

[1] *Keller* NJ 1994, 161, 165.
[1] BT-Drucks. 12/2480 S. 90.
[2] LG Chemnitz VIZ 1995, 475, 476; *Palandt-Bassenge* RdNr. 1.
[3] OLG Naumburg OLG-NL 1995, 159, 160.
[4] AA für den Anspruch aus § 281 BGB OLG Celle VIZ 1996, 104, 108.
[5] *Palandt-Bassenge* RdNr. 1.

§ 15 Verbindlichkeiten

(1) Auf den Eigentümer nach § 11 Abs. 2 gehen mit Inkrafttreten dieser Vorschriften Verbindlichkeiten über, soweit sie für Maßnahmen an dem Grundstück begründet worden sind. Sind solche Verbindlichkeiten von einem anderen als dem Eigentümer getilgt worden, so ist der Eigentümer diesem zum Ersatz verpflichtet, soweit die Mittel aus der Verbindlichkeit für das Grundstück verwendet worden sind. Der Berechtigte hat die in Satz 1 bezeichneten Verbindlichkeiten und Verpflichtungen zu übernehmen.

(2) Der Eigentümer nach § 11 Abs. 2 ist zur Aufgabe des Eigentums nach Maßgabe des § 928 Abs. 1 des Bürgerlichen Gesetzbuchs berechtigt. Er kann die Erfüllung auf ihn gemäß Absatz 1 übergegangener Verbindlichkeiten von dem Wirksamwerden des Verzichts an bis zu ihrem Übergang nach Absatz 3 verweigern. Die Erklärung des Eigentümers bedarf der Zustimmung der Gemeinde, in der das Grundstück belegen ist, die sie nur zu erteilen hat, wenn ihr ein nach § 12 Berechtigter nicht bekannt ist.

(3) Das Recht zur Aneignung steht im Fall des Absatzes 2 in dieser Reihenfolge dem nach § 12 Berechtigten, dem Fiskus des Landes, in dem das Grundstück liegt, und dem Gläubiger von Verbindlichkeiten nach Absatz 1 zu. Die Verbindlichkeiten gehen auf den nach § 12 Berechtigten oder den Fiskus des Landes, in dem das Grundstück liegt, über, wenn sie von ihren Aneignungsrechten Gebrauch machen. Der Gläubiger kann den nach § 12 Berechtigten und den Fiskus des Landes, in dem das Grundstück liegt, zum Verzicht auf ihr Aneignungsrecht auffordern. Der Verzicht gilt als erklärt, wenn innerhalb von drei Monaten ab Zugang eine Äußerung nicht erfolgt. Ist er wirksam, entfallen Ansprüche nach § 12. Ist der Verzicht erklärt oder gilt er als erklärt, so können andere Aneignungsberechtigte mit ihren Rechten im Wege des Aufgebotsverfahrens ausgeschlossen werden, wenn ein Jahr seit dem Verzicht verstrichen ist. Mit dem Erlaß des Ausschlußurteils wird der beantragende Aneignungsberechtigte Eigentümer. Mehrere Gläubiger können ihre Rechte nur gemeinsam ausüben.

Übersicht

I. Normzweck

1 Bodenreformgrundstücke konnten nicht belastet werden. Die Eigentümer konnten daher die zur Herrichtung ihrer Anwesen benötigten Mittel nur durch Aufnahme von Personalkrediten aufbringen. Abs. 1 regelt das Schicksal dieser grundstücksbezogenen **Verbindlichkeiten**. Diese gingen am 22. 7. 1992 auf den Eigentümer nach § 11 Abs. 2 über, sind aber von einem Berechtigten nach § 12 zu übernehmen. Die Verbindlichkeiten folgen also stets dem Eigentum am Grundstück, so daß derjenige, der das Eigentum erhält, auch die Lasten zu tragen hat. Da der Übergang der Verbindlichkeiten für den Eigentümer wirtschaftlich nachteilig sein kann, ist er nach Abs. 2 berechtigt, sich durch **Dereliktion** gem. § 928 Abs. 1 BGB von dem Anwesen und den an ihm haftenden Verbindlichkeiten zu befreien. Abs. 3 regelt insoweit die **Aneignungsberechtigung** abweichend von § 928 Abs. 2 BGB.[1]

[1] BT-Drucks. 12/2480 S. 90.

II. Übergang und Übernahme von Verbindlichkeiten (Abs. 1)

2 **1. Übergang (S. 1).** Abs. 1 ordnet den gesetzlichen Übergang von Verbindlichkeiten, die für Maßnahmen an dem Grundstück begründet worden sind, auf denjenigen an, der mit Beginn des 22. 7. 1992 **Eigentümer nach § 11 Abs. 2** geworden ist (S. 1). Die Vorschrift gilt damit nicht für den Eigentümer nach § 11 Abs. 1, der auch insoweit bessergestellt wird, weil der Gesetzgeber davon ausging, daß hier bereits eine Schuldenregelung erfolgt ist.[2] Die Verbindlichkeiten müssen für **Maßnahmen an dem Grundstück** begründet worden sein. Maßgeblich ist dafür stets, ob die Verbindlichkeit wirtschaftlich mit dem Grundstück zusammenhängt. Dazu gehören Kredite für Baumaßnahmen auf dem Grundstück, zB zur Bodenverbesserung, Wegebefestigung, Gebäudeerrichtung und -erhaltung, Entwässerung, Einzäunung, aber auch Erschließungsmaßnahmen, die unmittelbar dem Grundstück zugute gekommen sind wie Zuwegungen und Zuleitungen. Dabei spielt es keine Rolle, ob die Mittel tatsächlich für diesen Zweck verwendet wurden, da S. 1 im Gegensatz zu S. 2 nicht auf die Verwendung der Mittel, sondern nur auf die **Begründung** der Verbindlichkeit abstellt.[3]

3 **2. Ersatzpflicht (S. 2).** Ist eine Verbindlichkeit im Sinne von S. 1 bereits vor dem 22. 7. 1992 durch einen **Dritten** getilgt worden, so trifft den Eigentümer nach § 11 Abs. 2 eine gesetzliche Ersatzpflicht gegenüber dem Dritten. Diese geht aber nur so weit, wie die Mittel aus der Verbindlichkeit auch tatsächlich für das Grundstück verwendet worden sind.

4 **3. Übernahmepflicht (S. 3).** Der Berechtigte nach § 12 hat diese Verbindlichkeiten und Verpflichtungen zu übernehmen (S. 3), wenn er die unentgeltliche Auflassung des Grundstücks nach § 11 Abs. 3 S. 1 verlangt. Die Übernahmepflicht des Berechtigten steht im **Gegenseitigkeitsverhältnis** zur Auflassungspflicht des Eigentümers (§ 11 Abs. 3 S. 1). Der **Umfang** dieser Übernahmepflicht ist nicht eindeutig, weil S. 3 mißverständlich nur auf S. 1 verweist. Gleichwohl richtet sich die Übernahmepflicht auch auf die Ersatzpflicht nach S. 2, weil anderenfalls die in S. 3 ausdrücklich angeordnete Übernahme hinsichtlich der „Verpflichtungen" ins Leere ginge.[4] Der Berechtigte hat daher sowohl die Verbindlichkeiten (S. 1) als auch die Verpflichtungen (S. 2) des Eigentümers nach § 11 Abs. 2 zu übernehmen (vgl. § 11 RdNr. 16).

III. Eigentumsaufgabe (Abs. 2)

5 Der Eigentümer nach § 11 Abs. 2 kann das Eigentum gemäß § 928 Abs. 1 BGB durch Erklärung gegenüber dem Grundbuchamt aufgeben (S. 1). Die **Dereliktion** bedarf jedoch der **Zustimmung der Gemeinde**, die sie nur zu erteilen hat, wenn ihr ein nach § 12 Berechtigter nicht bekannt ist (S. 3). Wird die Eigentumsaufgabe ohne vorherige Zustimmung der Gemeinde im Grundbuch eingetragen, so wird das Grundbuch unrichtig. Die Dereliktion wird gem. § 928 Abs. 1 BGB erst mit der Eintragung in das Grundbuch wirksam. Da die auf den Eigentümer übergegangenen Verbindlichkeiten und Verpflichtungen aber erst mit der Aneignung auf den Aneignungsberechtigten übergehen (Abs. 3 S. 2), steht dem Eigentümer in der Zeit zwischen dem Wirksamwerden seines Verzichts und dem Übergang der Verbindlichkeiten und Verpflichtungen ein durch Einrede geltend zu machendes **Leistungsverweigerungsrecht** zu (S. 2). Auch dies gilt nach dem Wortlaut der Vorschrift nur für übergegangene Verbindlichkeiten, nicht dagegen für Verpflichtungen i. S. von Abs. 1 S. 2, doch erscheint insoweit ebenfalls eine Gleichbehandlung durch analoge Anwendung geboten, da eine Differenzierung zwischen Verbindlichkeiten und Verpflichtungen dem Zweck des Abs. 1 widerspricht und auch in Abs. 1 S. 3 Verbindlichkeiten und Verpflichtungen gleichgestellt werden (vgl. RdNr. 4).[5]

[2] BT-Drucks. 12/2480 S. 90.

[3] *Horn,* Zivil- und Wirtschaftsrecht, S. 430.

[4] *Palandt-Bassenge* RdNr. 4.

[5] *Palandt-Bassenge* RdNr. 5.

IV. Aneignungsrecht (Abs. 3)

6 Nach Abs. 3 S. 1 steht das **Aneignungsrecht** bezüglich des nach Abs. 2 aufgegebenen Eigentums in Abweichung von § 928 Abs. 2 BGB zunächst dem nach § 12 Berechtigten, dann dem jeweiligen Landesfiskus und zuletzt dem Gläubiger von Verbindlichkeiten nach Abs. 1 zu. Machen der Berechtigte oder der Landesfiskus von ihrem Aneignungsrecht Gebrauch, so gehen die **Verbindlichkeiten** auf sie über (S. 2). Auch dieser Übergang erstreckt sich neben den Verbindlichkeiten auch auf die Verpflichtungen nach Abs. 1 S. 2 (vgl. RdNr. 4). Der Übergang der Verbindlichkeiten und Verpflichtungen tritt erst mit dem **Eigentumserwerb** durch Ausübung des Aneignungsrechts ein. Dieser Eigentumserwerb erfolgt mit der Eintragung als Eigentümer im Grundbuch, die neben dem Antrag eine Aneignungserklärung in der Form des § 29 GBO erfordert.[6]

7 Der Gläubiger der Verbindlichkeiten und Verpflichtungen hat die Möglichkeit, in einem **Aufforderungsverfahren** den Untergang vorrangiger Aneignungsrechte herbeizuführen. Dazu kann er die vorrangigen Aneignungsberechtigten zum Verzicht auf ihr Aneignungsrecht auffordern (S. 3). Erfolgt eine Äußerung innerhalb von drei Monaten ab Zugang der Aufforderung nicht, so wird ein Verzicht fingiert. Mit Wirksamkeit des erklärten oder fingierten Verzichts entfallen „Ansprüche nach § 12" (S. 4). Da § 12 keine Anspruchsgrundlage ist, sondern nur den Berechtigten der Ansprüche aus § 11 Abs. 3 bestimmt, ist S. 4 so zu verstehen, daß mit dem Wirksamwerden des Verzichts die Ansprüche des Berechtigten aus § 11 Abs. 3 S. 1 und 4 ausscheiden. Diese Regelung ist erforderlich, weil der Gläubiger durch den Verzicht der vorrangig Aneignungsberechtigten noch nicht Eigentümer wird. Dies wird er vielmehr erst nach Durchführung des in S. 6 vorgesehenen **Aufgebotsverfahrens**, das in erster Linie dazu dient, den Ausschluß des Verzichtenden grundbuchförmig nachweisbar zu machen.[7] Ist seit dem Verzicht ein Jahr verstrichen, können andere Aneignungsberechtigte im Wege des Aufgebotsverfahrens ausgeschlossen werden. Dieses ist entsprechend § 927 durchzuführen. Mit dem Erlaß des Ausschlußurteils wird der betreibende Gläubiger Eigentümer. **Mehrere Gläubiger** können ihre Rechte nur gemeinsam geltend machen (S. 8).

§ 16 Verhältnis zu anderen Vorschriften, Übergangsvorschriften

(1) Die Vorschriften dieses Abschnitts lassen die Bestimmungen des Vermögensgesetzes sowie andere Vorschriften unberührt, nach denen die Aufhebung staatlicher Entscheidungen oder von Verzichtserklärungen oder die Rückübertragung von Vermögenswerten verlangt werden kann. Durch die Vorschriften dieses Abschnitts, insbesondere § 12 Abs. 2 Nr. 2 Buchstabe c, werden ferner nicht berührt die Vorschriften der Dritten Durchführungsverordnung zum Treuhandgesetz sowie Ansprüche nach Artikel 21 Abs. 3 und nach Artikel 22 Abs. 1 Satz 7 des Einigungsvertrages. Über die endgültige Aufteilung des Vermögens nach § 12 Abs. 2 Nr. 2 Buchstabe c wird durch besonderes Bundesgesetz entschieden.

(2) Der durch Erbschein oder durch eine andere öffentliche oder öffentlich beglaubigte Urkunde ausgewiesene Erbe des zuletzt eingetragenen Eigentümers eines Grundstücks aus der Bodenreform, das als solches im Grundbuch gekennzeichnet ist, gilt als zur Vornahme von Verfügungen befugt, zu deren Vornahme er sich vor dem Inkrafttreten dieses Abschnitts verpflichtet hat, wenn vor diesem Zeitpunkt die Eintragung der Verfügung erfolgt oder die Eintragung einer Vormerkung zur Sicherung dieses Anspruchs oder die Eintragung dieser Verfügung beantragt worden ist. Der in § 11 bestimmte Anspruch richtet sich in diesem Falle gegen den Erben; dessen Haftung beschränkt sich auf die in dem Vertrag zu seinen Gunsten vereinbarten Leistungen.

[6] *Palandt-Bassenge* RdNr. 7.
[7] BT-Drucks. 12/2480 S. 90; *Staudinger-Rauscher* RdNr. 19.

Die Bestimmungen dieses Absatzes gelten sinngemäß, wenn der Erwerber im Grundbuch eingetragen ist oder wenn der Erwerb von der in § 11 Abs. 2 Satz 1 Nr. 1 bezeichneten Person erfolgt.

(3) Ein Vermerk über die Beschränkungen des Eigentümers nach den Vorschriften über die Bodenreform kann von Amts wegen gelöscht werden.

I. Verhältnis zu anderen Vorschriften (Abs. 1)

1 Abs. 1 stellt zunächst klar, daß **Restitutionsansprüche** nicht Gegenstand der rein sachenrechtlichen Abwicklungsregelung der §§ 11 bis 16 sein können. Deswegen bleiben die Bestimmungen des Vermögensgesetzes (S. 1), der 3. DVO zum Treuhandgesetz (S. 2) sowie die anderen in Abs. 1 genannten Vorschriften unberührt. Schließlich wird klargestellt, daß die Bestimmungen der §§ 11–16 nicht über die endgültige Aufteilung des Vermögens nach § 12 Abs. 2 Nr. 2c entscheiden. Diese Entscheidung bleibt vielmehr einem Bundesgesetz vorbehalten.

II. Verfügungsbefugnis des Erben des Bucheigentümers (Abs. 2)

2 Nach S. 1 gilt der durch Erbschein oder durch eine andere öffentliche oder öffentlich beglaubigte Urkunde ausgewiesene **Erbe** des zuletzt eingetragenen Eigentümers eines Bodenreformgrundstücks zur Vornahme von Verfügungen befugt, zu deren Vornahme er sich vor dem 22. 7. 1992 verpflichtet hat, wenn vor diesem Zeitpunkt entweder die Eintragung der Verfügung im Grundbuch erfolgte oder die Eintragung einer Vormerkung zur Sicherung dieses Anspruchs oder die Eintragung dieser Verfügung selbst beantragt worden ist. S. 1 fingiert somit die **Verfügungsbefugnis** des Erben, so daß die von ihm vorgenommenen Veräußerungen wirksam erfolgt und damit beständig gegenüber dem Anspruch des nach § 12 Berechtigten gem. § 11 Abs. 3 sind.[1]

3 Der Anspruch des nach § 12 Berechtigten aus § 11 Abs. 3 richtet sich in diesem Fall gegen den verfügungsbefugten Erben (S. 2 HS 1). Dessen Haftung ist jedoch auf den vertraglich vereinbarten Veräußerungserlös beschränkt (S. 2 HS 2), weil der Gesetzgeber davon ausging, daß auch die Erben die Rechtslage häufig nicht überblickt haben dürften.[2] Dieser **Zahlungsanspruch**, dem der Erbe ausgesetzt ist, wenn er seine Verpflichtung gegenüber dem nach § 12 Berechtigten aus § 11 Abs. 3 S. 1 nicht erfüllen kann, ist seiner Rechtsnatur nach ein **Schadensersatzanspruch** wegen Nichterfüllung, der sich auf das erlangte Surrogat richtet. Er ist nach dem Wortlaut der Vorschrift und ihrem Zweck **verschuldensunabhängig.**[3] Aus dem Wortlaut von S. 2 HS 2, der von „Haftung" spricht und diese auf die „in dem Vertrag ... vereinbarten Leistungen" beschränkt, geht hervor, daß der Erbe nicht nur bereicherungsrechtlich verpflichtet ist, sich also insbesondere auf keinen Wegfall der Bereicherung berufen kann.[4] S. 3 erweitert den Anwendungsbereich dieser Regelung auf Fälle, in denen der Erwerber bereits im Grundbuch eingetragen ist oder der Erwerb von einer Person erfolgt, die als Eigentümer eingetragen war und selbst verfügt hat.

III. Löschung des Bodenreformvermerks (Abs. 3)

4 Abs. 4 stellt lediglich **deklaratorisch** klar, daß ein im Grundbuch eingetragener Bodenreformvermerk von Amts wegen gelöscht werden kann. Diese Rechtsfolge ergibt sich bereits aus dem BodRefG vom 6. 3. 1990 und ist auch in der Praxis so gehandhabt worden.[5] Das **Amtslöschungsverfahren** ist gem. § 70 KostO kostenfrei.

[1] LG Rostock OLG-NL 1995, 109, 110.
[2] BT-Drucks. 12/2480, S. 90.
[3] LG Rostock OLG-NL 1995, 109, 110; aA OLG Rostock OLG-NL 1995, 112.
[4] Offengelassen von OLG Rostock OLG-NL 1995, 112.
[5] *Böhringer* VIZ 1992, 179.

Artikel 234

Viertes Buch. Familienrecht

Vorbemerkungen

1 Durch Art. 8 des Einigungsvertrages v. 31. 8. 1990,[1] der nach Wirksamwerden des Beitritts der DDR zum Grundgesetz, also ab 3. 10. 1990, geltendes Bundesrecht ist,[2] wird die **gesamtdeutsche Rechtseinheit** auch auf dem **Gebiet des Familienrechts grundsätzlich wieder hergestellt.** Dies erfolgt durch Inkraftsetzung des **Vierten Teils des BGB,** des **EGBGB** und des **EheG** im Gebiet der ehemaligen DDR nach Maßgabe der Überleitungsbestimmungen in Anlage I Kap. III Sachgebiet B Abschnitt II Nr. 1 – Art. 234 §§ 1 bis 15 EGBGB – und durch Abschnitt III Nr. 11 – EheG –.[3] Davon sind allerdings gem. Abschnitt II Nr. 1 Art. 230 Abs. 1 EGBGB die §§ 1706 bis 1710 BGB ausgenommen.[4]

2 Übergeleitet sind gem. Anlage I Kap. III Sachgebiet B Abschnitt III Nr. 12 und 13 auch die **Barwert-Verordnung** und das Gesetz zur Regelung von Härten im Versorgungsausgleich-**VAHRG,** wenn auch mit einer Maßgabe.[5]

3 Die HausratsVO, für die es keine ausdrückliche Überleitungsbestimmung gibt, gilt gem. der Grundvorschrift des Art. 8 des Einigungsvertrages ab 3. 10. 1990 auch im Beitrittsgebiet.[6]

4 Die Überleitungsbestimmungen des Art. 234 §§ 1 bis 15 EGBGB haben nach ihrem Inkrafttreten wesentliche Modifikationen erfahren: Durch das Gesetz zur Änderung adoptionsrechtlicher Fristen – **AdoptFristG** – v. 30. 9. 1991[7] wurden die adoptionsrechtlichen Bestimmungen des **Art. 234 § 13 EGBGB geändert bzw. ergänzt.**[8]

Mit der **Einfügung des § 4a in Art. 234 EGBGB** durch Art. 13 Nr. 4 des Gesetzes zur Vereinfachung und Beschleunigung registerrechtlicher und anderer Verfahren (**Registerverfahrensbeschleunigungsgesetz-RegVBG**) v. 20. 12. 1993[9] haben die güterrechtlichen Bestimmungen des Art. 234 § 4 EGBGB eine wesentliche Ergänzung erfahren.[10]

§ 1 Grundsatz

Das Vierte Buch des Bürgerlichen Gesetzbuchs gilt für alle familienrechtlichen Verhältnisse, die am Tag des Wirksamwerdens des Beitritts bestehen, soweit im folgenden nichts anderes bestimmt ist.

Schrifttum: *Adlerstein-Wagenitz,* Das Verwandtschaftsrecht in den neuen Bundesländern, FamRZ 1990, 1169; *dies.,* Nachehelicher Unterhalt und Versorgungsausgleich in den neuen Bundesländern, FamRZ 1990, 1300; *Böhmer,* Das Ehe- und Familienrecht im Einigungsvertrag mit IPR und Übergangsvorschriften, StAZ 1990, 357; *Bosch,* Familien- und Erbrecht als Themen der Rechtsangleichung nach dem Beitritt der DDR zur Bundesrepublik Deutschland, FamRZ 1991, 749, FamRZ 1991, 878, FamRZ 1991, 1001, FamRZ 1991, 1370, FamRZ 1992, 869, FamRZ 1992, 993; *Brudermüller-Wagenitz,* Das Ehe- und Ehegüterrecht in den neuen Bundesländern, FamRZ 1991, 14; *Dieckmann,* Zum Unterhalt der in der DDR geschiedenen Ehegatten, FamRZ 1994, 1073; *Graba,* Zur Abänderung eines DDR-Urteils über Geschiedenenunterhalt, DtZ 1993, 39; *Grandke,* Familienrecht in der ehemaligen DDR nach dem Einigungsvertrag, DtZ 1990, 320;

[1] BGBl. II S. 889, 892.
[2] Vgl. Art. 45 Abs. 2 des Vertrages.
[3] BGBl. II S. 946ff., 954.
[4] BGBl. II S. 941.
[5] BGBl. II S. 954, s. dazu Art. 234 § 1 RdNr. 12 und Art. 234 § 6 RdNr. 21.
[6] S. dazu Art. 234 § 1 RdNr. 13; vgl. auch *Staudinger-Rauscher* Art. 234 § 1 RdNr. 16; *Palandt-Diederichsen* Art. 234 § 4 RdNr. 39.
[7] BGBl. I S. 1930.
[8] S. dazu Art. 234 § 13 RdNr. 1; vgl. auch *Weber* DtZ 1992, 10.
[9] BGBl. I S. 2182, 2215.
[10] S. dazu Art. 234 §§ 4, 4a RdNr. 1, 21f., 30f., 34f.; vgl. auch *Böhringer* DtZ 1994, 130ff., 131, 132; *Peters* FamRZ 1994, 673.

Henrich, Probleme der deutschen Rechtseinheit im Familienrecht, FamRZ 1991, 873; *Jayme-Stankewitsch,* Nochmals: Scheidungsfolgen und innerdeutsches Kollisionsrecht, IPRax 1993, 162; *Maurer,* Zum Unterhaltsrecht im Beitrittsgebiet, DtZ 1993, 130; *ders.,* Kindesunterhalt im Beitrittsgebiet, FamRZ 1994, 337; *Peters,* Registerverfahrensbeschleunigungsgesetz und Familienrecht, FamRZ 1994, 673; *Rauscher,* Gespaltenes Kindschaftsrecht im vereinten Deutschland, StAZ 1991, 1; *Scholz,* Novelle zum Unterhaltsvorschußgesetz – ein weiterer Schritt zur Rechtseinheit in Deutschland, DtZ 1992, 177; *Schwab-Reichel,* Familienrecht und Deutsche Einigung; *Siehr,* Das Kindschaftsrecht im Einigungsvertrag, IPRax 1991, 20; *ders.,* Nachehelicher Unterhalt im innderdeutschen Kollisionsrecht, IPRax 1994, 360; *Stankewitsch,* Kollisionsrechtliche Probleme bei der Abänderung von DDR-Urteilen auf Geschiedenenunterhalt, IPRax 1994, 103; *Wassermann,* Die güterrechtliche Auseinandersetzung nach der Überleitung – Zur Interpretation des Art. 234 § 4 Abs. 4 EGBGB, IPRax 1992, 237; *Weber,* Gesetz zur Änderung adoptionsrechtlicher Fristen, DtZ 1992, 10; *Wolf,* Überpfüfung von in der DDR ausgesprochenen Adoptionen – Zu Artikel 234 § 13 EGBGB und zum Adoptionsfristengesetz vom 30. 9. 1991 –, FamRZ 1992, 12.

Übersicht

I. Normzweck

1 Die Überleitungsregelung des § 1 stellt im **Grundsatz** die **Rechtseinheit auf dem Gebiet des Familienrechts** in der Weise wieder her, daß alle am Tage des Wirksamwerdens des Beitritts – also am 3. 10. 1990 – bestehenden familienrechtlichen Verhältnisse der früheren DDR dem **Vierten Buch des BGB** unterstellt werden.[1] Ergänzt wird die Regelung durch die Einführung des EheG,[2] der Barwert-Verordnung und des VAHRG.[3]

2 Die Einführung des Familienrechts des BGB und des EheG erfolgt allerdings nicht unbeschränkt, sondern nur mit den einschränkenden **Maßgaben** des Art. 230 Abs. 1 EGBGB,[4] der §§ 2 bis 15 des Art. 234 EGBGB[5] sowie der Anlage I Kap. III Sachgebiet B Abschnitt III Nr. 11 des Einigungsvertrages in bezug auf das EheG.[6] Auch die Überleitung der Barwert-Verordnung und des VAHRG geschieht lediglich nach Maßgabe des Art. 234 § 6 EGBGB.[7]

3 Die **Gründe für die Einschränkungen** sind zT rechtspolitischer Natur – so insbesondere hinsichtlich der §§ 1706 bis 1710 BGB[8] –, zT fehlt es an den wirtschaftlichen Voraussetzungen – so insbesondere hinsichtlich der Regelunterhalt-Verordnung[9] –, zT sind auch die rechtsinstitutionellen Voraussetzungen nicht gegeben gewesen – so hinsichtlich des Versorgungsausgleichs.[10] Die Einschränkungen führen insgesamt dazu, daß die Herstellung der vollen Rechtseinheit noch einiger Zeit bedarf.[11]

[1] BT-Drucks. 11/7817 S. 42; *Palandt-Diederichsen* Art. 234 Einf. RdNr. 2.
[2] S. dazu RdNr. 11 und Anh. Art. 234 § 15.
[3] S. dazu RdNr. 12 und Art. 234 § 6 RdNr. 21.
[4] BGBl. 1990 II S. 941; vgl. auch vor Art. 234 RdNr. 1 und Art. 230 RdNr. 2f.
[5] BGBl. 1990 II S. 946ff.; vgl. auch vor Art. 234 RdNr. 1.
[6] BGBl. 1990 II S. 954; vgl. auch vor Art. 234 RdNr. 1 und RdNr. 11.
[7] BGBl. 1990 II S. 954; vgl. auch vor Art. 234 RdNr. 2 und RdNr. 12.
[8] BT-Drucks. 11/7817 S. 36f.
[9] S. dazu RdNr. 15.
[10] Vgl. *Adlerstein-Wagenitz* FamRZ 1990, 1300, 1304f.
[11] Vgl. *Magnus* JuS 1992, 456, 461.

4 Die Änderung des anzuwendenden Rechts stellt sich in Ansehung der Begründung bzw. Erweiterung gesetzlicher Ansprüche als **unechte Rückwirkung** auf bestehende Rechtsverhältnisse dar,[12] bringt aber insbesondere im Bereich des Ehegattenunterhaltsrechts – nicht zuletzt durch erheblich weiter gefaßte Einsatzzeitpunkte für Unterhaltsansprüche und deren zeitlich nicht beschränkte Dauer – zT gravierende Belastungen. Ob in Ansehung solcher Belastungen allein die intendierte Rechtseinheit eine hinreichende Rechtfertigung für die Wahl des Stichtags (s. RdNr. 8) bietet,[13] erscheint fraglich, kann aber dahinstehen, denn es finden sich in der Struktur der bisher und der nunmehr geltenden Unterhaltstatbestände nicht so große Unterschiede, daß sie nicht in Verbindung mit den sich ändernden wirtschaftlichen und sozialen Verhältnissen eine sachlich vertretbare Anknüpfung für die Wahl des Stichtags der Rechtsänderung ergeben.[14]

II. Überleitung im einzelnen

5 **1. Vorrang des interlokalen Kollisionsrechts.** Das interlokale Kollisionsrecht ist für den Grundsatz des § 1 unmaßgeblich. Soweit der Grundsatz greift, gilt ab dem 3. 10. 1990 das BGB. Bedeutsam ist das Kollisionsrecht für die in den §§ 2 bis 15 genannten Ausnahmen; nur Sachverhalte, die zum Zeitpunkt des Wirksamwerdens des Beitritts nach bisherigem innderdeutschen Kollisionsrecht dem Recht der früheren DDR unterlegen hätten, werden von den Überleitungsbestimmungen der §§ 12 bis 15 erfaßt.[15] Fälle hingegen, die sich zum Zeitpunkt des Wirksamwerdens des Beitritts nach bisherigem Bundesrecht beurteilt haben, bleiben diesem auch weiter unterstellt.[16]

6 **2. Geltung für alle familienrechtlichen Verhältnisse.** Nach dem in § 1 festgelegten Grundsatz gilt das Vierte Buch des BGB für **alle familienrechtlichen Verhältnisse** ohne Rücksicht darauf, ob sie auf Abstammung, Eheschließung oder sonst auf **Vertrag** oder **Gesetz** beruhen. Damit gilt seit dem 3. 10. 1990 insbesondere die das ganze Kindschaftsrecht des BGB durchziehende **Unterscheidung zwischen ehelichen und nichtehelichen Kindern** auch wieder im Gebiet der früheren DDR, die insoweit die Rechtsfolgen weitgehend angeglichen hatte.[17] Die §§ 1706 bis 1710 BGB gelten gem. Art. 230 Abs. 1 EGBGB aber nicht im Beitrittsgebiet.[18]

7 **3. Geltung in allen Rechtsgebieten.** Das Übergangsrecht der §§ 1 bis 15 gilt in allen Rechtsgebieten, in denen es auf familienrechtliche Verhältnisse ankommt, also auch im öffentlichen Recht, insbesondere im Sozialrecht und im Strafrecht.[19]

8 **4. Stichtag.** Die Grundsatzbestimmung unterstellt alle **bis zum Ende des 2. 10. 1990 begründeten** und **mit Beginn des 3. 10. 1990 fortbestehenden** familienrechtlichen Verhältnisse den Vorschriften des Vierten Buchs des BGB;[20] diese gelten also insbesondere für in der DDR geschlossene Ehen, die über den 2. 10. 1990 hinaus bestehen und erst danach – etwa durch Tod oder Scheidung – aufgelöst werden. Allerdings gilt der genannte Stichtag nur, **soweit nichts anderes bestimmt** ist; abweichende Bestimmungen finden sich in den §§ 2 bis 15 und in den unter RdNr. 11 und 12 genannten Überleitungsbestimmungen zum EheG, zur Barwert-Verordnung und zum VAHRG.

[12] Vgl. *Staudinger-Rauscher* RdNr. 6.

[13] So wohl *Staudinger-Rauscher* RdNr. 6.

[14] So auch *Adlerstein-Wagenitz* FamRZ 1990, 1300, 1302; vgl. auch BVerfG NJW 1978, 629 = FamRZ 1978, 173 zur vergleichsweisen Regelung des Art. 12 Nr. 3 Abs. 2 des 1. EheRG.

[15] Vgl. u. a. BGH NJW-RR 1992, 1474 = FamRZ 1993, 43 zum nachehelichen Unterhaltsanspruch nach dem FGB mit Anm. *Graba* DtZ 1993, 39; BGH DtZ 1993, 281 = FamRZ 1993, 1048 zum Ausgleichsanspruch geschiedener Eheleute nach § 40 FGB; vgl. auch *Palandt-Diederichsen* RdNr. 1; *Staudinger-Rauscher* RdNr. 3.

[16] Vgl. u. a. BGH NJW 1994, 382 = FamRZ 1994, 160 zum nachehelichen Unterhalt nach BGB mit Anm. *Siehr* IPRax 1994, 360 und *Dieckmann* FamRZ 1994, 1073; BGH FamRZ 1994, 562 – die Verfassungsbeschwerde gegen diese Entscheidung ist nicht angenommen worden, vgl. BVerfG FamRZ 1994, 1453; BGH FamRZ 1994, 1582.

[17] Vgl. *Staudinger-Rauscher* RdNr. 4; *Palandt-Diederichsen* RdNr. 2.

[18] S. vor Art. 234 RdNr. 1 und Art. 230 RdNr. 2f.

[19] *Staudinger-Rauscher* RdNr. 9; *Palandt-Diederichsen* RdNr. 4.

[20] BT-Drucks. 11/7817 S. 42.

9 Der Einigungsvertrag bezeichnet den Stichtag des 3. 10. 1990 durchgängig als **Tag des Wirksamwerdens des Beitritts.** Soweit an diesen Tag der **Lauf von Jahresfristen** geknüpft ist (vgl. u. a. Art. 234 § 3 Abs. 1 S. 1, § 4 Abs. 2 S. 1, § 13 Abs. 6 EGBGB), endet die Frist gem. den §§ 187 Abs. 2 S. 1, 188 Abs. 2, 2. Alternative jeweils am 2. 10.; § 193 BGB ist aber zu beachten.[21]

10 **5. Keine Rückwirkung des neuen Rechts.** Eine Rückwirkung des neuen Rechts ist nicht vorgesehen,[22] so daß **abgeschlossene familienrechtliche Verhältnisse** nicht von der Einführung des BGB berührt werden. Insbesondere beurteilen sich Entstehung und Fortbestand familienrechtlicher Verhältnisse bis zum 2. 10. 1990 nach dem Recht der früheren DDR;[23] so sind zB die in der DDR rechtskräftig ausgesprochenen Ehescheidungen gem. Art. 18 des Einigungsvertrages – unbeschadet der Überprüfung nach Abs. 1 S. 2 der genannten Vorschrift im Einzelfall – wirksam.[24]

III. Nebengesetze und -bestimmungen

11 **1. EheG.** Art. 234 § 1 EGBGB beschränkt die Überleitung auf das Vierte Buch des BGB. Übergeleitet ist aber auch das EheG, und zwar nach Maßgabe der Anlage 1 Kap. III Sachgebiet B Abschnitt III Nr. 11.[25]

12 **2. Barwert-Verordnung und VAHRG.** Übergeleitet sind gem. Anlage 1 Kap. III Sachgebiet B Abschnitt III Nr. 12 und 13 auch die Barwert-Verordnung und das Gesetz zur Regelung von Härten im Versorgungsausgleich – VAHRG;[26] diese Bestimmungen gelten mit der Maßgabe entsprechender Anwendung des § 6 auch in den neuen Bundesländern.[27]

13 **3. Hausratsverordnung.** Hinsichtlich der HausratsVO gibt es keine ausdrückliche Überleitungsbestimmung. Die HausratsVO gilt aber gem. der Grundvorschrift des Art. 8 des Einigungsvertrages ab 3. 10. 1990 auch im Beitrittsgebiet.[28] Soweit allerdings die §§ 39 und 39a FGB anzuwenden sind, kann es sachlich zu Kollisionen mit der Hausratsverteilung nach der HausratsVO kommen.[29]

14 **4. Unterhaltsvorschußgesetz und Unterhaltssicherungsverordnung.** Das Unterhaltsvorschußgesetz v. 23. 7. 1979[30] war gem. Einigungsvertrag Anlage I Kap. X Sachgebiet H Abschnitt I Nr. 1[31] zunächst nicht übergeleitet worden. Es galt vielmehr im Beitrittsgebiet die **Unterhaltssicherungsverordnung** v. 19. 5. 1988[32] weiter.[33] Durch das Gesetz zur Änderung des Unterhaltsvorschußgesetzes und der Unterhaltssicherungsverordnung v. 20. 12. 1991[34] ist das Unterhaltsvorschußgesetz unter entsprechender Außerkraftsetzung der Unterhaltssicherungsverordnung mit der Maßgabe im Beitrittsgebiet in Kraft gesetzt worden, daß bis zum 31. 12. 1992 eine begrenzte Besitzstandswahrung vorgesehen war.[35] Zu beachten ist aber, daß gem. § 12 des Unterhaltsvorschußgesetzes im Beitrittsgebiet nur die in den Landesverordnungen festgelegten niedrigeren Regelbedarfssätze maßgeblich sind, da dort die Regelunterhalt-Verordnung v. 27. 6. 1970 noch nicht gilt;[36] in den alten

[21] So auch *Palandt-Diederichsen* RdNr. 6.

[22] BT-Drucks. 11/7817 S. 42; *Staudinger-Rauscher* RdNr. 7.

[23] LG Berlin FamRZ 1992, 223 zu einer vor dem 3. 10. 1990 angeordneten und wieder aufgehobenen Abwesenheitspflegschaft.

[24] Vgl. BGH DtZ 1992, 95; *Böhmer* StAZ 1990, 357; *Staudinger-Rauscher* RdNr. 8; anders wohl *Bosch* FamRZ 1991, 1370, 1383.

[25] BGBl. 1990 II S. 954; s. dazu vor Art. 234 RdNr. 1 und Anh. Art. 234 § 15.

[26] BGBl. 1990 II S. 954.

[27] S. dazu Art. 234 § 6 RdNr. 21.

[28] Vgl. *Staudinger-Rauscher* RdNr. 16; *Palandt-Diederichsen* Art. 234 § 4 RdNr. 39.

[29] S. auch *Staudinger-Rauscher* Art. 234 § 4 RdNr. 88f.; *Palandt-Diederichsen* Art. 234 § 4 RdNr. 39.

[30] BGBl. I S. 1184; nunmehr geltend in der Fassung der Bekanntmachung v. 19. 1. 1994 – BGBl. I S. 166.

[31] BGBl. 1990 II S. 1093.

[32] GBl. DDR I S. 129, geändert durch die Zweite Unterhaltssicherungsverordnung v. 31. 8. 1990 – GBl. DDR I S. 1432.

[33] BGBl. 1990 II S. 1244.

[34] BGBl. I S. 2322.

[35] Vgl. auch *Scholz* DtZ 1992, 177 und FuR 1992, 150; *Staudinger-Rauscher* RdNr. 18.

[36] S. dazu RdNr. 15.

Bundesländern werden daher zunächst noch wesentlich höhere Leistungen gewährt als in den neuen.[37]

15 5. Die **Regelunterhalt-Verordnung** v. 27. 6. 1970[38] ist gem. Anlage I Kap. III Sachgebiet B Abschnitt I Nr. 2 des Einigungsvertrages[39] nicht übergeleitet worden. Insofern findet Art. 234 § 9 EGBGB Anwendung, der eine **Ermächtigung der Landesregierungen** des Beitrittsgebiets zur Festsetzung des Regelbedarfs nach § 1615f. Abs. 1 S. 2 BGB enthält.[40] Die Regelung will der im Vergleich zu den alten Bundesländern unterschiedlichen wirtschaftlichen Entwicklung im Beitrittsgebiet Rechnung tragen. Von der Ermächtigung haben inzwischen alle neuen Länder – und Berlin für den beigetretenen Teil – durch Erlaß entsprechender **Regelbedarf-Verordnungen** Gebrauch gemacht.[41]

16 **6. Anpassungsverordnungen nach § 1612a Abs. 2 S. 1 BGB.** Die Landesregierungen im Beitrittsgebiet sind nach Art. 234 § 8 EGBGB auch zuständig für den Erlaß von **Anpassungsverordnungen** für das **Vereinfachte Verfahren zur Abänderung von Unterhaltsrenten** nach § 1612a BGB, § 6411 ZPO; zur Anpassung der niedrigen Unterhaltsrenten der ehemaligen DDR an das gestiegene Einkommens- und Preisniveau haben die Landesregierungen inzwischen von der Ermächtigung Gebrauch gemacht.[42]

IV. Gerichtliche Zuständigkeit und Rechtsmittelzug

17 Für die **gerichtliche Zuständigkeit** und den **Rechtsmittelzug in Familien- und Vormundschaftssachen** im Beitrittsgebiet sah der Einigungsvertrag bis zum Aufbau einer dem GVG entsprechenden Gerichtsbarkeit eine Übergangsregelung vor;[43] eine Ausnahme wurde allerdings bezüglich des Teils des Landes Berlin gemacht, in dem das GG bisher nicht galt; die Gerichtsorganisation des Westteils von Berlin wurde hierauf erstreckt.[44]

18 Inzwischen bestehen aufgrund des **Rechtspflege-Anpassungsgesetzes** (RpflAnpG) vom 26. 6. 1992[45] in Verbindung mit den entsprechenden **Gerichtsorganisationsgesetzen der neuen Bundesländer**[46] keine zuständigkeitsrechtlichen Besonderheiten mehr.[47]

19 Die Revision gegen Entscheidungen der Bezirksgerichte in Ehe- und Familiensachen zum BGH fand gem. den Bestimmungen des GVG und der ZPO statt.[48]

§ 2 Verlöbnis

Die Vorschriften über das Verlöbnis gelten nicht für Verlöbnisse, die vor dem Wirksamwerden des Beitritts geschlossen worden sind.

Schrifttum: *Bosch,* Familien- und Erbrecht als Themen der Rechtsangleichung nach dem Beitritt der DDR, FamRZ 1991, 749ff., 753ff.

[37] *Scholz* DtZ 1992, 177, 178.

[38] BGBl. I S. 1010, zuletzt geändert durch Verordnung v. 19. 3. 1992 – BGBl. I S. 535.

[39] BGBl. 1990 II S. 941.

[40] BT-Drucks. 11/7817 S. 45.

[41] S. dazu Art. 234 § 9 RdNr. 6; vgl. auch *Palandt-Diederichsen* Art. 234 § 8 RdNr. 2 bis 5, § 9 RdNr. 2 und § 1610 BGB RdNr. 19; *Rahm-Künkel-Stollenwerk* IV RdNr. 850; *Maurer* DtZ 1993, 130, 133.

[42] S. dazu Art. 234 § 8 RdNr. 7f.; vgl. auch *Palandt-Diederichsen* Art. 234 § 8 RdNr. 2ff.; *Rahm-Künkel-Stollenwerk* IV RdNr. 833 und 851; *Maurer* DtZ 1993, 130, 134.

[43] Anlage I Kap. III Sachgebiet A Abschnitt III Nr. 1 Buchst. a, b, e, h und k (BGBl. 1990 II S. 922ff.); siehe dazu Vorauflage RdNr. 425ff. und 567; *Staudinger-Rauscher* RdNr. 30ff.; *Gottwald* FamRZ 1990, 1177; *Brachmann* DtZ 1990, 298, 300.

[44] Anlage I Kap. III Sachgebiet A Abschnitt IV, BGBl. 1990 II S. 938.

[45] BGBl. I S. 1147.

[46] Brandenburg: Gesetz v. 14. 6. 1993, BrandbgGVBl. I S. 198; Mecklenburg-Vorpommern: Gesetz v. 19. 3. 1991, MecklV GVBl. S. 103, iVm. Gesetz v. 10. 6. 1992, MecklV GVBl. 1992 S. 314; Sachsen: Gesetz v. 30. 6. 1992, SächsGVBl. 1992 S. 287; Sachsen-Anhalt: Gesetze v. 24. 8. 1992, SachsAnhGVBl. 1992 S. 648 und 652; Thüringen Gesetze v. 16. 8. 1993, ThürGVBl. 1993 S. 553 und 554.

[47] Vgl. auch *Rieß* DtZ 1992, 226 und *Schäfer-Gölz/Lange* DtZ 1994, 169.

[48] Anlage I Kap. III Sachgebiet A Abschnitt IV des Einigungsvertrages, BGBl. 1990 II S. 938.

I. Normzweck

1 Nach § 1297 BGB kann aus einem Verlöbnis zwar nicht auf Eingehung der Ehe geklagt werden; dennoch besteht nach hM eine Rechtspflicht zur Heirat, da ein unbegründeter Rücktritt gemäß §§ 1298ff. BGB Ersatzpflichten auslöst (s. § 1297 RdNr. 15). Das BGB-Verlöbnis ist darum ein Vertrag, für dessen Gültigkeit die allgemeinen Vorschriften über Rechtsgeschäfte maßgebend sind (s. § 1297 RdNr. 4 bis 13). Demgegenüber regelte das FGB der DDR das Verlöbnis nicht, sondern erwähnte es nur beiläufig in einer Kann-Vorschrift, § 5 Abs. 3 Satz 2:

„(3) Vor der Eheschließung sollen die Partner ernsthaft prüfen, ob von ihren Charaktereigenschaften, Auffassungen und Interessen sowie ihren gemeinsamen Lebensumständen her die Voraussetzungen gegeben sind, einen Bund fürs Leben zu schließen und eine Familie zu gründen. Der Wille zu dieser Prüfung kann durch ein Verlöbnis zum Ausdruck gebracht werden."

2 Danach war das Verlöbnis eine fakultative Vorstufe zur Ehe ohne rechtliche Folgen. Dieser Bewertung des Verlöbnisses als bloßer Erscheinung im gesellschaftlichen Leben stand die vor dem Kriege vertretene Tatsächlichkeitstheorie nahe (s. § 1297 RdNr. 4). Da sich an ein DDR-Verlöbnis und seine Auflösung keine Rechtsfolgen knüpften, sollen nach der amtlichen Begründung den vor dem Stichtag des 3. 10. 1990 begründeten Verlöbnissen nicht die Bedeutung und die Rechtsfolgen eines bundesrepublikanischen Verlöbnisses iSd. §§ 1297ff. beigelegt werden.[1] Zur postmortalen Legitimation sogenannter Brautkinder s. jedoch Art. 234 § 12.

II. Regelungsinhalt

3 **1. Ausschluß der §§ 1298f.** Ausgeschlossen sind damit für vor dem Stichtag eingegangene Verlöbnisse die Ansprüche der §§ 1298f. BGB auf **Schadensersatz** wegen Verlöbnisbruchs sowie des § 1300 auf Kranzgeld. Anstelle des ausgeschlossenen Anspruchs aus § 1301 auf Rückgabe der **Geschenke** kommt nur eine Rückforderung wegen groben Undanks unter den Voraussetzungen des § 530 BGB in Betracht (s. § 1301 RdNr. 10). Der zum Zeichen des Verlöbnisses übergebene **Verlobungsring** ist im Falle einer Entlobung jedoch wegen Gegenstandslosigkeit zurückzugeben nach § 812 Abs. 1 S. 1 Fall 1 (Zweckfortfall). **Briefe** sind ebenfalls zurückzugeben, da durch ihren Fortbesitz das Urheber- und Persönlichkeitsrecht des Absenders tangiert wird (vgl. § 1301 RdNr. 3 aE).

4 **2. Zeugnisverweigerungsrechte** von Verlobten hatte die DDR wegen der Folgenlosigkeit des Verlöbnisses abgeschafft (vgl. zB § 56 DDR-ZPO idF vom 19. 6. 1975, GBl. S. 533). Entgegen dem Wortlaut von Art. 234 § 2 darf man die Weigerungsrechte den nach früherem DDR-Recht Verlobten jedoch jetzt nicht aberkennen. Art. 234 § 2 EGBGB beschränkt sich seiner systematischen Stellung entsprechend auf die Unanwendbarkeit der BGB-Vorschriften. Die Prozeßordnungen der Bundesrepublik gelten jedoch nach dem Einigungsvertrag seit dem 3. 10. 1990 auch im Gebiet der ehem. DDR,[2] damit auch die darin enthaltenen Zeugnisverweigerungsrechte der §§ 383ff. ZPO und § 52 StPO.[3] Verschonen will Art. 234 § 2 die nach früherem Recht Verlobten somit nur vor den Ersatzpflichten der §§ 1298ff. BGB. Ihre Besserstellung durch die für anwendbar erklärten bundesrepublikanischen Verfahrensordnungen ist hingegen nicht verboten. In der Berufung auf ein Weigerungsrecht kann überdies eine Bestätigung der nach früherem Recht Verlobten liegen,[4] welche gemäß § 141 BGB die Anwendbarkeit Verlöbnisrechts des BGB eröffnet.

[1] BT-Drucks. 11/17817 S. 42.

[2] Nach Maßgabe der Anl. 1 Kapitel III Sachgebiet A Abschnitt III Nr. 5, 6, 7 und 14 und Abschnitt IV Nr. 3 Buchst. c und e; BGBl. 1990 II S. 940.

[3] Zust. *Palandt-Diederichsen* RdNr. 1.

[4] Vgl. dazu § 1297 RdNr. 7; *Bosch* FamRZ 1991, 753f.

§ 3 Wirkungen der Ehe im allgemeinen

(1) Ehegatten, die vor dem Wirksamwerden des Beitritts die Ehe geschlossen haben und nach dem zur Zeit der Eheschließung geltenden Recht eine dem § 1355 Abs. 2 Satz 1 des Bürgerlichen Gesetzbuchs entsprechende Wahl nicht treffen konnten, können bis zum Ablauf eines Jahres nach Wirksamwerden des Beitritts erklären, daß sie den Geburtsnamen des Mannes oder der Frau als Ehenamen führen wollen. Dies gilt nicht, wenn die Ehe aufgelöst oder für nichtig erklärt ist. Hat ein Ehegatte vor dem Wirksamwerden des Beitritts seinen zur Zeit der Eheschließung geführten Namen dem Ehenamen hinzugefügt, so

1. entfällt der hinzugefügte Name, wenn die Ehegatten gemäß Satz 1 erklären, den Geburtsnamen dieses Ehegatten als Ehenamen führen zu wollen;

2. kann der Ehegatte bis zum Ablauf von zwei Jahren nach Wirksamwerden des Beitritts erklären, anstelle des hinzugefügten Namens nunmehr seinen Geburtsnamen voranstellen zu wollen. § 1355 Abs. 3 des Bürgerlichen Gesetzbuchs gilt nicht für einen Ehegatten, dessen zur Zeit der Eheschließung geführter Name Ehename geworden ist.

(2) Eine Namensänderung nach Absatz 1 Satz 1 erstreckt sich auf den Geburtsnamen eines Abkömmlings, welcher das 14. Lebensjahr vollendet hat, nur dann, wenn er sich der Namensänderung seiner Eltern durch Erklärung anschließt. Ein in der Geschäftsfähigkeit beschränkter Abkömmling kann die Erklärung nur selbst abgeben; er bedarf hierzu der Zustimmung seines gesetzlichen Vertreters. Ist der frühere Geburtsname zum Ehenamen eines Abkömmlings geworden, so erstreckt sich die Namensänderung nach Absatz 1 Satz 1 auf den Ehenamen nur dann, wenn die Ehegatten die Erklärung nach Absatz 2 Satz 1 gemeinsam abgeben. Die Erklärungen nach Absatz 2 Satz 1 und 3 sind innerhalb eines Jahres abzugeben; die Frist beginnt mit der Abgabe der Erklärung nach Absatz 1.

(3) Die Erklärungen nach Absatz 1 und 2 bedürfen der öffentlichen Beglaubigung. Sie sind dem für ihre Entgegennahme zuständigen Standesbeamten zu übersenden. Die Erklärungen können auch von den Standesbeamten beglaubigt oder beurkundet werden.

(4) Zur Entgegennahme der Erklärung über die Änderung des Ehenamens ist der Standesbeamte zuständig, der das Familienbuch der Ehegatten führt; wird ein Familienbuch nicht geführt, so ist der Standesbeamte zuständig, der das Heiratsbuch führt. Der Standesbeamte nimmt aufgrund der Erklärung die Eintragung in das von ihm geführte Personenstandsbuch vor.

(5) Zur Entgegennahme der Erklärung über die Änderung des Geburtsnamens ist der Standesbeamte zuständig, der das Geburtenbuch führt; er nimmt aufgrund der Erklärung die Eintragung in das Geburtenbuch vor.

(6) Haben die Ehegatten die Ehe außerhalb des Geltungsbereichs dieses Gesetzes geschlossen und wird ein Familienbuch nicht geführt, so ist der Standesbeamte des Standesamts I in Berlin zuständig. Er erteilt, falls er kein Personenstandsbuch führt, in das aufgrund der Erklärung eine Eintragung vorzunehmen wäre, dem Erklärenden und den weiter von der Erklärung Betroffenen eine Bescheinigung über die Entgegennahme und die Wirkungen der Erklärung. Gleiches gilt, wenn die Geburt des Abkömmlings nicht im Geltungsbereich dieses Gesetzes beurkundet ist.

(7) Der Bundesminister des Innern wird ermächtigt, im Benehmen mit dem Bundesminister der Justiz und mit Zustimmung des Bundesrates zur Durchführung dieses Gesetzes Verwaltungsvorschriften über die nähere Behandlung der Erklärungen und die Mitteilungspflichten der Standesbeamten zu erlassen.

Übersicht

I. Normzweck

1 **1. Namenseinheit und Wahlrecht.** Entgegen der zu weit gefaßten Überschrift enthält Art. 234 § 3 Überleitungsvorschriften nur über den Ehenamen.[1] Sie wurden inzwischen durch Fristablauf obsolet (vgl. unten RdNr. 15). Am Prinzip des einheitlichen, gemeinsamen Familiennamens hielt § 7 des FGB der DDR fest (Satz 1 gleichlautend mit § 1355 Abs. 1 BGB). Das Recht, dabei zwischen dem Namen des Mannnes und dem Namen der Frau zu wählen, trat in der DDR mit dem FGB am 1. 4. 1966 in Kraft; es ist damit ein Jahrzehnt älter als die entsprechende Neufassung des § 1355 Abs. 2 bis 4 BGB in der Bundesrepublik (in Kraft seit 1. 7. 1976; s. 3. Aufl. § 1355 RdNr. 6). Die DDR-Regelung war jedoch knapper und weniger kompliziert (oder gar perfektionistisch) ausgestaltet als die bundesrepublikanische; zu Einzelheiten s. *Bosch* FamRZ 1991, 757ff.

2 **2. Geltungsbereich.** Auf den Namen bereits verheirateter Pesonen wirkte sich die Einführung der BGB-Regelung im Gebiet der ehemaligen DDR nicht unmittelbar aus; sie führten ihren nach DDR-Recht erworbenen Familiennamen fort.[2] Die FGB-Regelung entsprach allerdings „nicht in vollem Umfang den vom BGB eröffneten Wahlmöglichkeiten". Die Übergangsvorschrift des § 3 wollte deshalb „sicherstellen, daß auch Ehegatten, die vor dem Stichtag die Ehe geschlossen haben, mit Wirkung für die Zukunft jeden nach dem BGB zulässigen Namen führen können".[3] Praktisch bedeutsam wurde dies für 3 Fallgruppen: erstens für ältere Paare, die vor dem Inkrafttreten des FGB (1. 4. 1966) geheiratet und deshalb das Wahlrecht noch nicht hatten; zweitens für nach dem 1. 4. 1966 geschlossenen **Zweitehen,** weil § 7 FGB nicht so eindeutig wie § 1355 Abs. 2 BGB auf den „Geburtsnamen" abstellte, sondern schlicht vom „Namen des Mannes" (bzw. der Frau) sprach und die Praxis dies als den vorehelichen (durch die Erstheirat erworbenen) Namen interpretierte.[4] Drittens war eine **Voranstellung** des nicht zum gemeinsamen Ehenamen gewählten vorehelichen Namens (abweichend von § 1355 Abs. 3 BGB) nach § 7 FGB nicht zulässig. Dort konnten die übergeordneten Fachorgane des Personenstandswesens nur bei nachgewiesenem berechtigten Interesse auf Antrag die **Anfügung** des nichtgewählten Namens einem Ehegatten gestatten, der zB unter diesem in der Öffentlichkeit besonders bekannt geworden war.[5] Der entsprechende Antrag mußte zusammen mit dem

[1] Andere Fragen aus dem Komplex der Allgemeinen Ehewirkungen, die sich aus dem Beitritt der DDR ergeben, erörtert *Bosch* FamRZ 1991, 794ff., 878ff.

[2] Amtliche Begründung, BT-Drucks. 11/7817 S. 43.

[3] Amtliche Begründung (Fn. 2).

[4] Vgl. Amtl. Kommentar zum FGB, 4. Aufl. 1973, RdNr. 2; die kürzere 5. Aufl. 1982 schweigt hierüber.

[5] § 25 Abs. 2 PStG v. 13. 10. 1966, DDR-GBl. I S. 87; gleichlautend § 11 Abs. 2 PStG v. 4. 12. 1981, GBl. I S. 421, DDR-Schönfelder Nr. 265; vgl. Amtl. Kommentar (Fn. 2), RdNr. 3.2.1.

Antrag auf Eheschließung (regelmäßig 4 Wochen vor der beabsichtigten Trauung: § 10 Abs. 2 PStG) gestellt und begründet werden (§ 11 Abs. 2 PStG v. 1981). Personen, die vor dem 13. 10. 1966 geheiratet hatten, konnten ihn längstens bis zum 13. 4. 1967 stellen (§ 25 Abs. 3 PStG v. 1966). Eine nachträgliche Einigung auf den Namen der Frau als Ehenamen war für die am 1. 4. 1966 bereits Verheirateten nicht vorgesehen.

3 **3. Vorläufer für die nachträgliche Namenswahl.** Vorbild für die Übergangsregelung in § 3 war das Ehenamensänderungsgesetz (EheNÄndG) vom 27. 3. 1979 (BGBl. I S. 401). Es war aufgrund von BVerfGE 48, 327 = NJW 1978, 2289 nötig geworden und berechtigte Ehepaare, die vor dem Inkrafttreten der Neuregelung von § 1355 (1. 7. 1976) geheiratet hatten, bis zum 30. 6. 1980 nachträglich den Namen der Frau zum Ehenamen zu bestimmen.[6] Diesem Gesetz sind insbesondere die Absätze 2 bis 7 von Art. 234 § 3 EGBGB nachgebildet.[7]

II. Die nachträgliche Einigung auf den anfänglich nicht wählbaren Geburtsnamen (Abs. 1)

4 **1. „Altehen".** Nach der amtlichen Begründung (Fn. 2) wurde „Ehegatten, die bei ihrer Eheschließung nicht oder (im Vergleich zu den Regelungen des BGB) nur unter eingeschränkten Voraussetzungen wählen konnten, ob sie den Geburtsnamen des Mannes oder den Geburtsnamen der Frau als Ehenamen führen wollten, in Absatz 1 Satz 1 die Möglichkeit eröffnet, diese Wahl binnen eines Jahres nachzuholen". Danach sind 2 Fallgruppen zu unterscheiden: Gar nicht wählen konnten die vor dem 1. 4. 1966 Verheirateten („Altehen"). Sie konnten sich nach dem Beitritt bis zum 3. 10. 1991 für den Namen der Frau als Ehenamen entscheiden. Insofern entspricht die Übergangsvorschrift des § 3 der Zielrichtung des EheNÄndG. Die Zahl derer, die nach 25 Ehejahren ihren Namen zu ändern wünschten, dürfte allerdings nicht groß gewesen sein.

5 **2. Bei „Neuehen": Divergenz zwischen Geburtsnamen und vorehelichem Namen.** Für die Mehrzahl der nach dem 1. 4. 1966 Verheirateten („Neuehen") hatte die Übergangsvorschrift bei Identität von Geburtsnamen und vorehelichem Namen (also regelmäßig bei Erstehen) keine Bedeutung. Keineswegs konnten etwa alle Paare, die unter der Geltung des § 7 FGB geheiratet und den Namen des Mannes gewählt hatten, sich neu für den Namen der Frau entscheiden; denn diese Wahl hätten sie bereits nach DDR-Recht treffen können. Dadurch unterscheidet sich die Übergangsregelung des Art. 234 § 3 von der Situation der Bundesrepublik nach dem EheNÄndG, weil hier ein solches Wahlrecht für die vor dem 1. 7. 1976 geschlossenen Altehen nicht bestand. Ein nachträgliches Wahlrecht kam vielmehr nur für die wenigen Ehepaare in Betracht, bei denen ein Partner bei der Heirat eine von **seinem Geburtsnamen abweichenden Familiennamen** geführt hatte und der Geburtsname deswegen nicht schon nach § 7 FGB zum Ehenamen gewählt werden konnte; praktisch vor allem bei **Wiederheirat** nach einer aufgelösten Ehe. Die Wahl eines früheren Ehenamens zum gemeinsamen neuen Ehenamen bei einer Wiederheirat läßt das BGB im Interesse klarer Abstammungsverhältnisse gar nicht zu. Wählbar ist nämlich nur der **Geburtsname,** das ist nach § 1355 Abs. 2 Satz 3 BGB der zur Zeit der Heirat in die Geburtsurkunde einzutragende Zuname, also der ohne jede Ehe geführte, regelmäßig der „angestammte" Familienname („Mädchen-" oder „Jungen-"Name).[8] Daß nach DDR-Recht Wiederverheiratete tatsächlich den früheren Ehenamen eines Partners zum neuen gemeinsamen Ehenamen gewählt hatten, wird von Art. 234 § 3 Abs. 1 Satz 1 allerdings

[6] Einzelheiten bei *Wacke* NJW 1979, 1439ff.; Wortlaut und Kommentar im Loseblatt-Ergänzungsband zur 1. Aufl., § 1355 RdNr. 6a bis 6i; ferner *Reichard* StAZ 1978, 299ff., und *Schultz* MDR 1979, 638ff.

[7] Amtl. Begr., BT-Drucks. 11/7817 S. 43.

[8] Siehe § 1355 RdNr. 9. Das Gesetz zur Neuordnung des Familiennamensrechts (FamNamRG) vom 16. 12. 1993 (BGBl. I S. 2054) hält daran fest: § 1355 Abs. 2 BGB nF; dazu Ergänzungsband 3. Aufl. RdNr. 6.

nicht vorausgesetzt. Nötig war vielmehr ihre Erklärung, daß sie nach dem Beitritt den Geburtsnamen eines Partners wählen wollten, den sie nachweislich nach DDR-Recht nicht wählen konnten (Wortlaut von § 3 Abs. 1 S. 1). Vielleicht hatten sie sich auf den Namen des Mannes nur deshalb geeinigt, weil sie den Geburtsnamen der verwitweten Frau nicht wählen konnten, oder weil die geschiedene Frau von ihrem Recht, nach § 28 FGB ihren vorehelichen Namen wieder anzunehmen, bis zur Zweitheirat keinen Gebrauch gemacht hatte.

6 **3. Bestehende Ehe.** Weitere Voraussetzung für die nachträgliche Namenswahl ist nach Satz 2, daß die Ehe zur Zeit der Antragstellung noch bestand. Die Vorschrift entspricht dem § 1 Abs. 2 EheNÄndG. Geschiedene Ehegatten konnten nach § 28 FGB ihren Geburtsnamen wieder annehmen und können dies weiterhin nach § 1355 Abs. 5 BGB (idF v. 16. 12. 1993). Außerdem können dies nach dem Beitritt auch Verwitwete, auch wenn der Partner vor dem Stichtag verstarb. Verwitwete können aber nicht mehr den nach früherem Recht nicht wählbaren Geburtsnamen des verstorbenen Partners annehmen, obschon dafür (zumal bei vorhandenen Kindern) ein Bedürfnis bestehen kann; der Fall wurde augenscheinlich (wie bei der früheren Regelung in § 1 Abs. 2 EheNÄndG) nicht mitbedacht.[9]

7 **4. Wirkungen.** Der gewählte, aber früher nicht wählbare Geburtsname wurde neuer Ehename mit allen üblicherweise an ihn geknüpften Rechtsfolgen (dazu § 1355 BGB RdNr. 44ff.). Dies hebt das Gesetz als selbstverständlich nicht besonders hervor. Eine Vorschrift enthält Abs. 1 Satz 3 Nr. 1 nur für den (nach DDR-Recht selteneren) Fall, daß ein Ehegatte gemäß § 25 Abs. 2 PStG mit besonderer Bewilligung seinen zur Zeit der Heirat geführten Namen dem Ehenamen **hinzugefügt** hatte (vgl. o. RdNr. 2 aE): Der hinzugefügte Name entfällt mit der Wahl des Geburtsnamens dieses Ehegatten. Die Vorschrift soll verhindern, daß ein Ehegatte seinen Geburtsnamen und seinen zur Zeit der Heirat geführten Namen nebeneinander als Ehe- und als Begleitname führt.[10] Hierbei sind wiederum Altehen von Neuehen zu unterscheiden: Ist die Geborene A seit mindestens 31. 3. 1966 mit B in erster Ehe verheiratet und hat sie ihren Geburtsnamen A dem Ehenamen B hinzugefügt, so entfällt ihr angefügter Geburtsname A naturgemäß schon deshalb, weil er nun Ehename geworden ist; statt ihrer könnte nun B seinen Geburtsnamen B voranstellen (RdNr. 8ff.). Bei nach dem 1. 4. 1966 Verheirateten (Neuehen) kommt § 3 Satz 3 Nr. 1 wegen der erforderlichen Divergenz zwischen Geburts- und vorehelichem Namen nur bei einer Zweitehe in Betracht. Beispiel: Fräulein A hatte zunächst Herrn B geheiratet und dessen Namen angenommen. Später heiratete sie C, nahm den Namen C an und fügte B hinzu. Einigten sich beide nach dem Beitritt auf A, so entfällt mit dem alten Ehenamen C auch der hinzugefügte Begleitname B.

III. Die Voranstellung des Geburtsnamens (Abs. 1 Satz 3 Nr. 2 und Satz 4)

8 **1. Wechsel vom angefügten Begleitnamen zum vorangestellten Geburtsnamen.** Erklärten sich die Ehegatten nicht für den früher nicht wählbaren Geburtsnamen eines Partners, sondern beließen sie es beim bisherigen Ehenamen (vgl. RdNr. 2), hatte aber ein Partner seinen vorehelichen Namen angefügt, so konnte er gemäß Abs. 1 Satz 3 Nr. 2 binnen zwei Jahren anstelle des Begleitnamens seinen Geburtsnamen voranstellen. Die in § 1355 Abs. 3 BGB vorgesehene Möglichkeit, anstelle des Geburtsnamens auch einen davon abweichenden erstehelichen Namen voranzustellen,[11] erwähnt der Text von Satz 3 Nr. 2 nicht. Das beruht offenbar auf einem (bei der erforderlichen Eile entschuldbaren) Redaktionsversehen. Wenn aber sogar der Wechsel vom angefügten erstehelichen Begleitnamen zum vorangestellten Geburtsnamen für zulässig erklärt wird, muß erst recht auch die bloße Umstellung des angehängten Begleitnamens gestattet sein.[12]

[9] Siehe *Wacke* NJW 1979, 1440 [links].
[10] Amtl. Begr. (Fn. 2).
[11] Siehe § 1355 RdNr. 21.
[12] Anders, wegen des engen Wortlauts, *Palandt-Diederichsen* RdNr. 11 aE.

2. Fehlender Begleitname. Keine Überleitungsvorschrift (insbesondere auch keine Ausschlußfrist) gibt es für den Fall, daß kein Begleitname angefügt war. Nach der Amtl. Begr. soll das Voranstellungsrecht aus § 1355 Abs. 3 BGB auch Ehepaaren zustehen, die vor dem Stichtag geheiratet hatten.[13] Dieses Voranstellungsrecht ist nach BGB ebenfalls unbefristet, s. § 1355 RdNr. 19 (krit. aber 3. Aufl. RdNr. 20). Die Amtl. Begr. wird dahingehend zu deuten sein, daß das Voranstellungsrecht allen älteren Ehepaaren zusteht, auch erstehelich Verheirateten. Es folgt dann eben aus der Grundnorm des § 1355 Abs. 3 BGB, die gemäß § 1 von Art. 234 EGBGB auf alle vor dem Beitritt geschlossenen Ehen anzuwenden ist (s. dort RdNr. 8). 9

3. Unzulässige Voranstellung. Nach Abs. 1 Satz 4 entfällt das Voranstellungsrecht jedoch für denjenigen Ehegatten, dessen vorehelicher Name zum Ehenamen gewählt worden war (scil. wenn die Ehegatten diesen beibehalten). Hatten also die Geschiedene B und ihr zweiter Ehemann C den Namen B angenommen, so kann zwar der Mann seinen Geburtsnamen C voranstellen, nicht aber die Frau ihren Geburtsnamen A. Nur bei **einem** Partner wird die Voranstellung geduldet. Denn auch nach § 1355 Abs. 3 BGB hat stets nur **ein** Partner das Voranstellungsrecht. Satz 4 soll also verhindern, daß miteinander Verheiratete zwei verschiedene Geburtsnamen voranstellen können (Frau A-B und Herr C-B). Die Amtl. Begr. bringt diesen Gesetzeszweck allerdings nicht klar zum Ausdruck. Ob der Mann tatsächlich seinen Geburtsnamen C voranstellt, ist einerlei (er könnte es nach § 1355 Abs. 3 BGB jederzeit). Einigen sich die Eheleute (statt der für die Frau unstatthaften Kombination A-B) auf den Geburtsnamen A als neuen Ehenamen, so hat die Frau ebenfalls kein Voranstellungsrecht nach § 1355 Abs. 3 BGB, weil ihr Geburtsname dann Ehename wird. 10

IV. Erstreckung auf Abkömmlinge (Abs. 2)

1. Grundsatz. Die Regelung der Absätze 2 bis 7 folgt den gleichlautenden Vorschriften der §§ 2 bis 4 des EheNÄndG, s. dazu die Lit. o. RdNr. 3. Die Erstreckung der Namensänderung auf die Abkömmlinge (Abs. 2) entspricht der Regelung in § 13a Abs. 3 EheG (dazu dort 3. Aufl. RdNr. 11ff.). Kinder unter 14 Jahren folgen der Namensänderung ihrer Eltern gemäß § 1616 BGB im Interesse der Einheit des Familiennnamens automatisch. Älteren Kindern soll die Namensänderung nicht aufgezwungen werden, da viele mit 14 Jahren in das Berufsleben eintreten (entsprechendes gilt gemäß §§ 1617 für nichteheliche, 1720 für legitimierte, 1757 Abs. 1 Satz 4 für adoptierte Kinder). Auf über 14jährige Abkömmlinge erstreckt sich die Namensänderung ihrer Eltern darum nur, wenn sie sich ihr binnen Jahresfrist anschließen (Abs. 2 Satz 1); die Jahresfrist beginnt in diesem Fall erst mit der von den Eltern abgegebenen Änderungserklärung (Abs. 2 Satz 4). Wünschen Eltern eine Erstreckung der Änderung auf über 14jährige Kinder, müssen sie sich folglich mit ihnen verständigen. Eine Ersetzung der Anschlußerklärung durch das Vormundschaftsgericht ist nicht vorgesehen; auch beschränkt geschäftsfähige Kinder können sie nur persönlich (mit Zustimmung ihrer gesetzlichen Vertreter) abgeben (Abs. 2 Satz 2). Wollen die Eltern den Ehenamen nicht ändern, können die Kinder (auch volljährige) die Änderung ihres Namens nicht erzwingen. 11

2. Einschränkungen. Da sich ein Abkömmling nur der Erklärung **„seiner Eltern“** anschließen kann, gilt Abs. 2 Satz 1 nur für die **gemeinschaftlichen** Kinder der Eheleute, nicht für nichteheliche (vgl. § 1617 Abs. 2 BGB) oder einer früheren Ehe entstammende. Für einbenannte Kinder gilt nach § 1618 Abs. 4 BGB jedoch im Ergebnis das gleiche wie nach Abs. 2 der Überleitungsvorschrift. Wegen des Begriffs „Abkömmling“ ist Abs. 2 in jeder nachfolgenden Generation erneut anwendbar, allerdings nur schrittweise von Generation zu Generation. Enkel können sich folglich nicht ohne Namensänderung ihrer Eltern einer Änderungserklärung ihrer Großeltern anschließen. Wenn die Eltern nicht mehr 12

[13] BT-Drucks. 11/7817 S. 43.

leben (ein vom Gesetzgeber nicht bedachter Fall), sollte eine Erstreckung der Namensänderung auf die Enkel jedoch bei wohlwollender Gesetzesinterpretation möglich sein. Denn der Zusatz „seiner Eltern" soll nur verhindern, daß die Enkel über den Kopf ihrer Eltern hinweg den Namen ändern können. Diese Gefahr ist beim Ausfall der mittleren Generation durch Tod jedoch nicht gegeben.

13 **3. Verheiratete Kinder.** Ein verheirateter Abkömmling kann sich der Namensänderung seiner Eltern auch dann anschließen, wenn der neu gewählte Name nicht sein Ehename wird; die Änderung beschränkt sich dann auf seinen Geburtsnamen. Soll der Ehename im gleichen Sinne geändert werden, so müssen dies die Ehegatten der jüngeren Generation gemeinsam erklären; dies meint Abs. 2 Satz 3. Lebt ein Ehegatte in dieser zweiten Generation nicht mehr (ein vom Gesetz wiederum nicht bedachter Fall), so darf die Änderung des Ehenamens jedoch ebenfalls nicht scheitern (vgl. RdNr. 12). Eine verwitwete Schwiegertochter muß den von den Schwiegereltern nachträglich zum Ehenamen gewählten Mädchennamen der Schwiegermutter mit übernehmen dürfen; dies liegt im Interesse etwaiger Kinder aus ihrer Ehe mit dem verstorbenen Mann.[14]

14 **4. Wahlmöglichkeiten.** Für Ehegatten der zweiten Generation ergeben sich hieraus folgende vier Wahlmöglichkeiten: 1. Sie behalten ihren bisherigen Ehenamen bei, obschon er in der älteren Generation geändert ist. 2. Ein Ehegatte stimmt nur der Änderung seines Geburtsnamens zu. 3. Die Ehegatten bestimmen den geänderten Geburtsnamen dieses Partners zum neuen Ehenamen. 4. Sie wählen den ursprünglichen, nicht geänderten, aber ursprünglich nicht wählbaren Geburtsnamen eines Partners zum neuen Ehenamen.

V. Form und Fristen

15 **Die Erklärungen der Ehegatten** mußten inhaltlich übereinstimmen; eine zeitliche und örtliche Identität der Abgabe war (trotz des Wortes „gemeinsam" in Abs. 2 Satz 3) nicht nötig.[15] Die Erklärungen waren öffentlich zu beglaubigen und dem zuständigen Standesbeamten zu übersenden (Abs. 3). Zur Erleichterung der Interessenten konnten sie die Beglaubigung oder Beurkundung von jedem deutschen Standesbeamten vornehmen lassen (Abs. 3 Satz 3). Dieser übersendet sie dem zuständigen Standesbeamten von Amts wegen. Wirksam wurde die Erklärung erst mit der Entgegennahme durch den örtlich zuständigen Standesbeamten.[16] Die dabei einzuhaltende **Frist** lief bis zum 2. 10. 1991 für Erklärungen nach Abs. 1 Satz 1, bis zum 2. 10. 1992 für Erklärungen nach Abs. 1 Satz 3 Nr. 2; für die Anschlußerklärung eines Abkömmlings und seines etwaigen Ehepartners betrug sie gemäß Abs. 2 Satz 4 ein Jahr nach dem Abgabetermin der Erklärung der Voreltern. Das Übergangsrecht ist damit inzwischen durch Zeitablauf obsolet geworden.

16 **Nach dem FamNamRG** vom 16. 12. 1993 (o. Fn. 8), Übergangsregelung Art. 7, besteht jedoch bis zum 1. 4. 1995 eine erneute Wahlmöglichkeit.[17] Die Position ihres Begleitnamens können Ehegatten auch bis zu diesem Zeitpunkt umstellen (§ 4). Die Voranstellung oder Anfügung eines bisher nicht geführten vorehelichen Namens zum Ehenamen ist unbefristet (o. RdNr. 9).

§ 4 Eheliches Güterrecht

(1) Haben die Ehegatten am Tag des Wirksamwerdens des Beitritts im gesetzlichen Güterstand der Eigentums- und Vermögensgemeinschaft des Familiengesetzbuchs der Deutschen Demokratischen Republik gelebt, so gelten, soweit die Ehegatten nichts anderes vereinbart haben, von diesem Zeitpunkt an die Vorschriften über den gesetzlichen Güterstand der Zugewinngemeinschaft.

[14] Vgl. Ergänzungslieferung zur 1. Aufl. § 1355 RdNr. 6g; *Wacke* NJW 1979, 1440.

[15] Vgl. *Wacke* NJW 1979, 1441.

[16] *Wacke* (Fn. 15).

[17] Dazu Ergänzungsband 3. Aufl., FamNamRG Art. 7 RdNr. 3 (S. 36f.).

(2) Jeder Ehegatte kann, sofern nicht vorher ein Ehevertrag geschlossen oder die Ehe geschieden worden ist, bis zum Ablauf von zwei Jahren nach Wirksamwerden des Beitritts dem Kreisgericht gegenüber erklären, daß für die Ehe der bisherige gesetzliche Güterstand fortgelten solle. § 1411 des Bürgerlichen Gesetzbuchs gilt entsprechend. Wird die Erklärung abgegeben, so gilt die Überleitung als nicht erfolgt. Aus der Wiederherstellung des ursprünglichen Güterstandes können die Ehegatten untereinander und gegenüber einem Dritten Einwendungen gegen ein Rechtsgeschäft, das nach der Überleitung zwischen den Ehegatten oder zwischen einem von ihnen und dem Dritten vorgenommen worden ist, nicht herleiten.

(3) Für die Entgegennahme der Erklärung nach Absatz 2 ist jedes Kreisgericht zuständig. Die Erklärung muß notariell beurkundet werden. Haben die Ehegatten die Erklärung nicht gemeinsam abgegeben, so hat das Kreisgericht sie dem anderen Ehegatten nach den für Zustellungen von Amts wegen geltenden Vorschriften der Zivilprozeßordnung bekanntzumachen. Für die Zustellung werden Auslagen nach § 137 Nr. 2 der Kostenordnung nicht erhoben. Wird mit der Erklärung ein Antrag auf Eintragung in das Güterrechtsregister verbunden, so hat das Kreisgericht den Antrag mit der Erklärung an das Registergericht weiterzuleiten. Der aufgrund der Erklärung fortgeltende gesetzliche Güterstand ist, wenn einer der Ehegatten dies beantragt, in das Güterrechtsregister einzutragen. Wird der Antrag nur von einem der Ehegatten gestellt, so soll das Registergericht vor der Eintragung den anderen Ehegatten hören. Für das gerichtliche Verfahren gelten die Vorschriften des Gesetzes über die Angelegenheiten der freiwilligen Gerichtsbarkeit.

(4) In den Fällen des Absatzes 1 gilt für die Auseinandersetzung des bis zum Wirksamwerden des Beitritts erworbenen gemeinschaftlichen Eigentums und Vermögens § 39 des Familiengesetzbuchs der Deutschen Demokratischen Republik sinngemäß.

(5) Für Ehegatten, die vor dem Wirksamwerden des Beitritts geschieden worden sind, bleibt für die Auseinandersetzung des gemeinschaftlichen Eigentums und Vermögens und für die Entscheidung über die Ehewohnung das bisherige Recht maßgebend.

(6) Für die Beurkundung der Erklärung nach Absatz 2 und der Anmeldung zum Güterrechtsregister sowie für die Eintragung in das Güterrechtsregister beträgt der Geschäftswert 5000 Deutsche Mark.

§ 4a Gemeinschaftliches Eigentum

(1) Haben die Ehegatten keine Erklärung nach § 4 Abs. 2 Satz 1 abgegeben, so wird gemeinschaftliches Eigentum von Ehegatten Eigentum zu gleichen Bruchteilen. Für Grundstücke und grundstücksgleiche Rechte können die Ehegatten andere Anteile bestimmen. Die Bestimmung ist binnen sechs Monaten nach Inkrafttreten dieser Vorschrift möglich und erfolgt mit dem Antrag auf Berichtigung des Grundbuchs. Dieser und die Bestimmung bedürfen nicht der in § 29 der Grundbuchordnung bestimmten Form. Das Wahlrecht nach Satz 2 erlischt, unbeschadet des Satzes 3 im übrigen, wenn die Zwangsversteigerung oder Zwangsverwaltung des Grundstücks oder grundstücksgleichen Rechts angeordnet oder wenn bei dem Grundbuchamt die Eintragung einer Zwangshypothek beantragt wird.

(2) Haben die Ehegatten eine Erklärung nach § 4 Abs. 2 Satz 1 abgegeben, so finden auf das bestehende und künftige gemeinschaftliche Eigentum die Vorschriften über das durch beide Ehegatten verwaltete Gesamtgut einer Gütergemeinschaft entsprechende Anwendung. Für die Auflösung dieser Gemeinschaft im Falle der Scheidung sind jedoch die Vorschriften des Familiengesetzbuchs der Deutschen Demokratischen Republik nach Maßgabe des § 4 anzuwenden.

(3) Es wird widerleglich vermutet, daß gemeinschaftliches Eigentum von Ehegatten nach dem Familiengesetzbuch der Deutschen Demokratischen Republik Bruchteilsei-

gentum zu ein halb Anteilen ist, sofern sich nicht aus dem Grundbuch andere Bruchteile ergeben oder aus dem Güterrechtsregister ergibt, daß eine Erklärung nach § 4 Abs. 2 und 3 abgegeben oder Gütergemeinschaft vereinbart worden ist.

Schrifttum zu § 4: *Arnold,* Zwangsvollstreckung bei fortgeltendem Güterstand der Eigentums- und Vermögensgemeinschaft (§ 744a ZPO), DtZ 1991, 80; *Böhringer,* Die Güterstands-Optionserklärung nach Art. 234 § 4 EGBGB, DNotZ 1991, 223; *Bosch,* Familien- und Erbrecht als Themen der Rechtsangleichung nach dem Beitritt der DDR zur Bundesrepublik Deutschland, FamRZ 1991, 1001; *Brudermüller* und *Wagenitz,* Das Ehe- und Ehegüterrecht in den neuen Bundesländern, FamRZ 1990, 1294 (textgleich auch in: *Schwab,* Familienrecht und deutsche Einigung, 1991, S. 69); *Coester-Waltjen,* Ausgewählte zivilrechtliche Fragen im Einigungsvertrag: Interlokale und intertemporale Probleme, Ehegüterrecht und nachehelicher Unterhalt, Jura 1991, 516; *Grandke,* Familienrecht in der ehemaligen DDR und im Einigungsvertrag, DtZ 1990, 321; *Henrich,* Probleme des interlokalen und des internationalen Ehegüter- und Erbrechts nach dem Eignungsvertrag, IPRax 1991, 14; *Horn,* Das Zivil- und Wirtschaftsrecht im neuen Bundesgebiet, 2. Aufl. 1993 (S. 183ff.); *Lübchen* (Hrsg.), Kommentar zum Sechsten Teil des EGBGB, 1991 (S. 103ff.); *Münch,* Die Eigentums- und Vermögensgemeinschaft, 1993; *Otto,* Das Ehegüterrecht nach dem Einigungsvertrag, 1994; *Pawlowski* und *Lipp,* Überlegungen zur Option für die Zugewinn- oder die Errungenschaftsgemeinschaft, FamRZ 1992, 377; *Lipp,* Zur Überleitung der ehelichen Eigentums- und Vermögensgemeinschaft in das Recht der Zugewinngemeinschaft, FamRZ 1995, 65; *Peters,* Zum Optionsrecht nach Art. 234 § 4 EGBGB, FamRZ 1993, 877; *Rauscher,* Die Überleitung des Ehegüterrechts im Einigungsvertrag (Art. 234 § 4 EGBGB), DNotZ 1991, 209; *Reichel,* Ergänzende Bemerkungen zur Überleitung nach Art. 234 § 4 EGBGB – Insbesondere zur Ermittlung des Anfangsvermögens (§ 1374 BGB), in: *Schwab,* Familienrecht und deutsche Einigung, 1991, 86; *Smid,* Vinkulierung des Hausrats an die Ehe gemäß § 1369 BGB im Güterstand der Eigentums- und Vermögensgemeinschaft?, FamRZ 1991, 512; *Smid* und *Schöpf,* Auswirkungen des Einigungsvertrages auf das eheliche Güterrecht, NJ 1991, 21; *Stankewitsch,* Vollstreckung in eheliches Eigentum und Vermögen, das dem FGB-Güterstand unterliegt, NJ 1991, 534; *Wassermann,* Ehegüterrechtliche Übergangsprobleme nach dem Einigungsvertrag, in: *Jayme-Furtak,* S. 275; *ders.,* Die Zwangsvollstreckung gegen Ehegatten nach § 744a ZPO, FamRZ 1991, 507.

Schrifttum zu § 4a: *Böhringer,* Zweifelhafte Rechtslagen beim neuen Grundbuchbereinigungsgesetz, DtZ 1994, 130; *ders.,* Problemfälle bei der Grundbuchbereinigung in den neuen Bundesländern, DtZ 1994, 194; *Grandke,* Zur Erweiterung der Maßgaben des Einigungsvertrages im Bereich des ehelichen Güterrechts, NJ 1994, 256; *Peters,* Registerverfahrensbeschleunigungsgesetz und Familienrecht, FamRZ 1994, 673.

Übersicht

I. Allgemeines

1 **1. Die Normen.** § 4 gehört zum Anfangsbestand des Art. 234. § 4a wurde dagegen erst durch Art. 13 Registerverfahrensbeschleunigungsgesetz (RegVBG) vom 20. 12. 1993 (BGBl. I S. 2182) eingefügt; er trat am 25. 12. 1993 in Kraft. Obwohl er (auch) Meinungs-

verschiedenheiten zu beenden wünscht, die sich bei der Anwendung des § 4 ergaben, wurde ihm keine Rückwirkung beigelegt.[1] Das RegVBG sieht Geltung in Konkordanz mit § 4 nicht vor. Mit dem Normtext ist rückwirkende Geltung schon vom 3. 10. 1990 an nicht zu vereinbaren, weil gem. § 4a Abs. 1 gemeinschaftliches Eigentum zu Bruchteilseigentum wird (und nicht: wurde), wenn „die Ehegatten keine Erklärung nach § 4 Abs. 2 Satz 1 abgegeben (haben)", mithin bei Eintritt eines negativen Tatbestandselements, das im kaum von Ausnahmen (vorzeitiger Verzicht) durchbrochenen Regelfall erst mit Ablauf des 2. 10. 1992 festgestellt werden konnte. Symptomatisch ist auch, daß (anders als in § 4 Abs. 2 S. 4) kein Bestandsschutz vorgesehen ist für zwischenzeitliche Rechtsgeschäfte und zwischenzeitliche Auseinandersetzungen, denen von den Parteien Fortbestand der Gesamthandsgemeinschaft der Ehegatten zugrundegelegt wurde, obwohl er als Folge rückwirkender Geltung des § 4a notwendig gewesen wäre, um verfassungsrechtlichen Bedenken (Rechtsstaatsprinzip) begegnen zu können. Umgekehrt sollte § 4a aber auch nicht als Norm verstanden werden, die § 4 Abs. 1 implizit authentisch interpretiert und deshalb rückwirkend feststellt, daß alle Ehegatten, die am Stichtag in die Zugewinngemeinschaft eingewiesen wurden und mangels einer gegenteiligen Option in ihr verblieben, am gemeinschaftlichen Gut gesamthänderisch beteiligt blieben und eben deshalb die Rechtslage verfehlten, wenn sie zwischenzeitlich ihren Rechtsgeschäften und ihrer Auseinandersetzung Bruchteilseigentum zugrundelegten.[1a] So richtig es ist, daß Normen, die eine Änderung anordnen, normlogisch einen anderen Zustand voraussetzen, so sicher ist auch, daß der (ohnehin nicht sonderlich durchdachte) § 4a nicht bezweckt, für die Vergangenheit Rechtsfolgen auszuschließen, die er für die Zukunft gerade will. Weit richtiger ist es deshalb, davon auszugehen, daß er eine einheitliche Rechtsauffassung für die Zukunft sicherstellen will, für die Vergangenheit aber im Streit der Meinungen (vgl. zu ihm RdNr. 15) keine Stellung bezieht.

2 **2. Der Grundsatz.** Alle Ehepaare, die am 3. 10. 1990 im gesetzlichen Güterstand des FGB/DDR lebten,[2] wurden an diesem Tage in den Güterstand der Zugewinngemeinschaft gewiesen, vorbehaltlich einer anderen Vereinbarung und vorbehaltlich einer späteren Korrektur nach beid- oder einseitiger Option mit rückwirkender Rückkehr in den Güterstand des FGB/DDR. Gegen den alten (von Art. 200 EGBGB bei Einführung des BGB noch gewahrten) Grundsatz der Bewahrung bestehender Güterstände hat sich damit (den Vorbildern von Art. 8 I Nr. 3 GleichBerG und § 2 VFGüterstandsG folgend) der Grundsatz der Güterstandsänderung mit Optionsvorbehalt durchgesetzt. Er wahrt zwar die güterrechtliche Autonomie der Ehegatten insoweit, als niemand gezwungen ist, in einen Güterstand einzutreten, mit dem er nicht zu rechnen brauchte. Er impliziert aber auch den praktischen Niedergang des alten Rechts angesichts der (kaum zu überschätzenden) Rechtsunkenntnis und Lässigkeit fast aller Ehepaare gerade in güterrechtlichen Fragen. Aus der mehr oder minder großen Zahl der jeweils Optierenden ist deshalb auch niemals auf eine mehr oder minder große Akzeptanz des neuen Güterstands zu schließen.

3 Der Vorrang, den § 4 Abs. 1 der Zugewinngemeinschaft vor der Eigentums- und Vermögensgemeinschaft des FGB/DDR einräumt, ist deshalb auch nicht durch die periphere Relevanz des Optionsvorbehalts (vgl. dazu RdNr. 26) nachträglich gerechtfertigt worden. Er findet seine Rechtfertigung auch nicht in Hinweisen auf tatsächliche oder angebliche Vorteile der Zugewinngemeinschaft, schon gar nicht im Hinweis auf § 1371 Abs. 1, den die amtl. Begr. (BTDrucks. 11/7817 S. 43) besonders hervorhebt. Ob dieser oder jener

[1] AA *Böhringer* DtZ 1994, 194, 199. Wie der Text LG Stendal NJ 1994, 322; *Grandke* NJ 1994, 256, 258ff.; *Peters* DtZ 1994, 399; *Lipp* FamRZ 1995, 65, 66.

[1a] Dafür aber *Peters* FamRZ 1994, 673. Vgl. ferner LG Stendal NJ 1994, 322.

[2] In zweifelhaften Fällen ist eine Kollision zwischen dem Recht der ehemaligen DDR und dem Recht der Bundesrepublik Deutschland nach den Grundsätzen des innerdeutschen interlokalen Privatrechts aufzulösen. Die viel verhandelte Problematik (vgl. insbes. *Rauscher* DNotZ 1991, 209, 210ff.; *Bosch* FamRZ 1991, 1001, 1002f.; *Henrich* IPRax 1991, 14; *Otto* S. 99ff.) scheint im Rahmen des § 4 keine praktische Bedeutung erlangt zu haben.

Güterstand vorteilhafter ist, hat nicht die (wenn auch wohlmeinende) Legislative zu entscheiden; dazu berufen sind allein die Ehegatten mit ihrer umfassenden Kenntnis aller im jeweiligen Einzelfall zu berücksichtigenden Daten. § 1371 Abs. 1 aber ist der wohl untauglichste Kronzeuge für die Überlegenheit der Zugewinngemeinschaft.[3] Seine „erbrechtliche Lösung" ist güterrechtlich überhaupt nicht zu rechtfertigen, ja ein klarer Verrat an der Idee der Zugewinngemeinschaft, der sich in die Absurdität eines Zugewinnausgleichs auch ohne Zugewinn versteigt. Erbrechtlich aber bleibt die Norm in der Regel hinter den Wünschen der Ehegatten weit zurück und erübrigt deshalb letztwillige Verfügungen nicht. Längst wird die Szene beherrscht von der Alleinerbschaft des überlebenden Ehegatten, nach dessen Tod die gemeinschaftlichen Kinder „Schlußerben" werden.

4 So bleibt als **Rechtfertigung** allein der Wunsch (schon nicht mehr: die Notwendigkeit), im vereinten Deutschland soweit als vertretbar auch das Ehegüterrecht zu vereinheitlichen. Daß dieser Wunsch auf Widerstand im GG traf, ist nicht zuzugeben. Daß die Eigentums- und Vermögensgemeinschaft des FGB/DDR Ehe und Familie stärker stabilisiere als die Zugewinngemeinschaft und eben deshalb von Art. 6 GG konserviert werde,[4] ist gewiß unrichtig;[5] es gibt kein Korrespondenzverhältnis zwischen Güterstand und Stabilität der Ehen und Familien. Die entscheidenden Akzente werden in anderen Zusammenhängen gesetzt. Auch sonst bietet das GG keine Möglichkeit, die Entscheidung des § 4 anzugreifen. Da die Zugewinngemeinschaft nur die Zukunft für sich in Anspruch nimmt und der alte Güterstand nach dessen Grundsätzen abgewickelt werden sollte, ergibt sich eine exakte Zäsur zwischen zwei Phasen in den betroffenen Ehen, die jeweils so zwischen den Ehegatten ausgeglichen werden, wie sie es erwarten mußten (Zeit des FGB/DDR) oder nicht vermieden haben, obwohl sie es vermeiden konnten (Zeit des BGB). Wenn überhaupt, so sind allein die Zwangseingriffe kritisch zu betrachten, die § 4a (mit Geltung vom 25. 12. 1993 an) in den alten Güterstand eingekreuzt hat.

5 **3. Ausnahmen.** Keinem Güterstandswechsel unterworfen sind alle Ehegatten, die vor dem 3. 10. 1990 „geschieden worden sind" (§ 4 Abs. 5). Str. ist, ob insoweit nur Ehegatten gemeint sind, die am Stichtag nicht mehr verheiratet waren, weil ein **rechtskräftiges Scheidungsurteil** die Ehe beendete,[6] oder auch alle anderen, die zwar bereits ein Scheidungsurteil vorweisen konnten, jedoch nur eines, das Rechtskraft erst nach dem Stichtag erlangte.[7] Die engere Ans. entspricht dem Regelsprachgebrauch des Juristen. Die weitere beruft sich letztlich auf die (den Versorgungsausgleich betreffende) Entscheidung BGH FamRZ 1979, 906, deren erklärtes Ziel es war, nach der Neuordnung des Scheidungsrechts durch das 1. EheRG Scheidungsstatut und Scheidungsfolgenstatut aufeinander abzustimmen. Zu folgen ist der engeren Ansicht. Das, was für Scheidungsfolgen richtig sein mag, muß nicht richtig sein, wenn Fragen eines Güterstandswechsels zu beantworten sind, mit dem keine Rückwirkung verbunden ist, und der zudem ohne jede Bindung an den Partner von jedem Ehegatten durch eine nicht eben komplizierte Option für die alte Rechtslage vermieden werden konnte. Die praktische Bedeutung der Kontroverse ist übrigens weitaus begrenzter als vielfach behauptet (sie wird – in den Grenzen des § 1933 – wegen des § 1371 Abs. 1 vornehmlich relevant nach dem zwischenzeitlichen Tod eines Ehegatten). Ein rechnerischer Zugewinnausgleich kommt jedenfalls wegen der für die Berechnung des Zugewinns geltenden Rückdatierung des § 1384 von vornherein nicht in Betracht.

6 Praktisch bedeutungslos ist die zweite Ausnahme des § 4, die allen Ehepaaren den Güterstandswechsel erspart, die „ein anderes vereinbart haben" (Abs. 1). Da nur **Verträge**

[3] Krit. schon *Staudinger-Rauscher* § 4 RdNr. 1 („Angesichts der verbreiteten Kritik an diesem Unikum des BGB-Güterstandes erscheint diese Euphorie des Gesetzgebers kaum verständlich").

[4] Vgl. dazu *Grandke* DtZ 1990, 321, 324.

[5] Ebenso i. Erg. *Bosch* FamRZ 1991, 1001, 1004; *Staudinger-Rauscher* § 4 RdNr. 3.

[6] Dafür BGH FamRZ 1993, 1048, 1049; BezG Erfurt FamRZ 1994, 703; *Bosch* FamRZ 1991, 1001, 1003; *Otto* S. 176.

[7] Dafür im Anschluß an *Adlerstein* und *Wagenitz* FamRZ 1990, 1300, 1303 (zum nachehelichen Unterhalt) *Staudinger-Rauscher* § 4 RdNr. 24 (anders noch DNotZ 1991, 209, 212); *Lübchen-Eberhardt* S. 118; *Münch* S. 21.

bedeutsam sein können, die vor dem 3. 10. 1990 geschlossen wurden (daß spätere Eheverträge in der Folgezeit jederzeit an die Stelle der Zugewinngemeinschaft einen anderen Güterstand setzen konnten, ist ebenso selbstverständlich wie bedeutungslos für den Übergang), das FGB/DDR aber generelle Eheverträge erst ab 1. 10. 1990 gestattete (erst an diesem Tag trat in Kraft § 14 Abs. 2 idF des 1. FamRÄndG vom 20. 7. 1990; GBl. DDR I S. 1038), standen für vorbeugende Verträge nur zwei Tage zur Verfügung, die allenfalls eine verschwindende Minderheit (niemand?) genutzt hat.

II. Der Optionsvorbehalt

7 **1. Die Ausschlußfrist.** Die Option für den Fortbestand des gesetzlichen Güterstands des FGB war befristet „bis zum Ablauf von zwei Jahren nach Wirksamwerden des Beitritts" (§ 4 Abs. 2 S. 1), also bis zum Ablauf des 2. 10. 1992. Seit diesem Tag ist die Regelung, die Tatbestandselemente und Wirksamkeitsvoraussetzungen der Option erfahren haben, von praktischer Bedeutung nur noch insoweit, als über Optionen zu befinden ist, deren Wirksamkeit bestritten wird.

8 **2. Vorzeitiger Ausschluß.** Vorzeitig war die Optionsfrist für alle Ehegatten beendet, die nach Eintritt der Zugewinngemeinschaft einen **Ehevertrag** abschlossen. Spezielle und generelle Eheverträge hatten die nämliche Wirkung,[8] auch Ehegatten, die lediglich modifizierend in das Recht der Zugewinngemeinschaft eingriffen, betätigten rechtsgeschäftlich ihren Willen, den neuen Güterstand zu akzeptieren.

9 Vorzeitig lief die Optionsfrist ferner für alle Ehepaare ab, die nach dem Stichtag **rechtskräftig geschieden** wurden.[9] Mit der Beendigung der Ehe endet auch der Güterstand; Auseinandersetzungen und Abrechnungen dienen nur noch der abschließenden Liquidation der güterrechtlichen Beziehungen. Daß die Ehegatten einvernehmlich auch dann noch disponieren konnten, ist eine einzige Selbstverständlichkeit. Dagegen bestand keinerlei Anlaß mehr, einen Güterstandswechsel kraft einseitigen Aktes zuzulassen. Ehegatten, die sich in der besonderen Situation eines laufenden Scheidungsverfahrens nicht zur Option entschließen konnten, begründeten einen Vertrauenstatbestand für den Partner, an den sie gebunden blieben (mit Sicherung auch und vornehmlich der Geschäftsgrundlage von Scheidungsverträgen).

Ungeregelt blieb die Frage nach einer Option des überlebenden Ehegatten nach dem Tode des Partners vor der Auseinandersetzung mit den Erben (die ihrerseits gewiß nicht optieren konnten, sondern lediglich in die vermögensrechtlichen Positionen des verstorbenen Ehegatten aus beendetem Güterstand einrückten). Die Meinungen blieben geteilt;[10] praktische Bedeutung erlangte der Streit nie.

10 **3. Die Erklärung.** Das Recht, sich für den Fortbestand der Eigentums- und Vermögensgemeinschaft zu entscheiden, war ein Gestaltungsrecht, das durch einseitige amtsempfangsbedürftige Willenserklärung auszuüben war mit irgendeinem Kreisgericht (in Ostberlin: irgendeinem Amtsgericht) in der Rolle des Adressaten.[11] Die Erklärung war unwiderruflich;[12] sie bedurfte der notariellen Beurkundung (§ 4 Abs. 3 S. 2). Auch Ehe-

[8] Ebenso *Böhringer* DNotZ 1991, 223, 226; *Johannsen-Henrich-Jaeger* § 4 RdNr. 7; *Otto* S. 175.

[9] Rechtskraft des Scheidungsurteils fordern auch *Rauscher* DNotZ 1991, 209, 218; *Staudinger-Rauscher* § 4 RdNr. 62 (anders aber zu Abs. 5; vgl. o. Fn. 7); *Böhringer* DNotZ 1991, 223, 226; *Johannsen-Henrich-Jaeger* § 4 RdNr. 7.

[10] Für die Möglichkeit einer postmortalen Option sind eingetreten *Bosch* FamRZ 1991, 1001, 1003; *Böhringer* DNotZ 1991, 223, 226; *Staudinger-Rauscher* § 4 RdNr. 63; *Lübchen-Eberhardt* S. 119; *Otto* S. 177. Ablehnend haben sich geäußert *Brudermüller* und *Wagenitz* FamRZ 1990, 1294, 1298.

[11] Für Zuständigkeit auch aller Amtsgerichte in den alten Bundesländern sind eingetreten *Rauscher* DNotZ 1991, 209, 219 und *Staudinger-Rauscher* § 4 RdNr. 64; *Böhringer* DNotZ 1991, 223, 227; *Otto* S. 180f.; *Peters* DtZ 1994, 399. Dagegen nur für Zuständigkeit des jeweils örtlich zuständigen Kreis- oder Amtsgerichts *Lübchen-Eberhardt* S. 118.

[12] Vgl. *Böhringer* DNotZ 1991, 223, 228; *Bosch* FamRZ 1991, 1001, 1006; *Staudinger-Rauscher* § 4 RdNr. 76.

gatten, die zusammen optierten, schlossen keinen Vertrag. Sie äußerten ihren Willen vielmehr in inhaltsgleichen Parallelerklärungen, von denen jede die erwünschte Rechtswirkung auch allein herbeigeführt hätte.

11 Persönliches Erscheinen war nicht notwendig, **Stellvertretung** mithin zulässig. Um das (bei der gewillkürten Stellvertretung gewahrte) Prinzip der Selbstbestimmung im ehelichen Güterrecht so weit als irgend möglich zur Geltung zu bringen, galt § 1411 BGB entsprechend (§ 4 Abs. 2 S. 2). Für einen Geschäftsunfähigen konnte demnach der gesetzliche Vertreter handeln, wenn auch nur unter Bindung an die Zustimmung des VormG (das sich allein an den ökonomischen Interessen des Geschäftsfähigen zu orientieren hatte). Minderjährige Ehegatten und Ehegatten mit einem Betreuer, für den ein Einwilligungsvorbehalt bestand, hatten sich selbst zu erklären; sie bedurften jedoch der Zustimmung ihres gesetzlichen Vertreters (der damit das Verbleiben im alten Güterstand zwar hindern, nicht aber selbständig bewirken konnte). Eine Zustimmung auch des VormG war nicht erforderlich. Alle etwa erforderlichen Zustimmungen mußten bis zum Ablauf der Optionsfrist vorliegen; es gab keine schwebend unwirksamen Optionen, die noch nach Ablauf der Frist Wirksamkeit erlangen konnten.

12 **4. Verlautbarung.** Die Option war im Regelfall des voll geschäftsfähigen Ehegatten vollendet mit dem Zugang der formgerechten Erklärung bei einem zuständigen Gericht. Eine wie immer auch geartete Mitwirkung des anderen Ehegatten war weder Tatbestandselement noch Wirksamkeitsvoraussetzung der Option. Zwar hatte das Gericht dem nicht beteiligten Ehegatten das Geschehen mittels **Zustellung einer beglaubigten Abschrift** von Amts wegen nach den Vorschriften der §§ 208ff. ZPO mitzuteilen (§ 4 Abs. 3 S. 3); rechtliche Folgen verbanden sich indessen mit Versäumnissen und Mängeln nicht.

13 Entbehrlich war eine **Eintragung im Güterrechtsregister,** doch war sie auf Antrag eines oder auch beider Ehegatten vorzunehmen (zur Relevanz im Rahmen des § 4a Abs. 3 vgl. RdNr. 37). Vor der Eintragung war nach Antrag nur eines Ehegatten der andere zu hören (§ 4 Abs. 3 S. 7). Zwar konnte er der Eintragung nach wirksamer Option nie erfolgreich begegnen, doch sicherte ihm das Recht auf Anhörung wenigstens die Möglichkeit, Bedenken gegen die Wirksamkeit der Option vorzutragen. Die Mißachtung des Rechts bleibt freilich ohne Folgen; um mehr als eine Sollvorschrift hat es sich nicht gehandelt.

III. Die Regel: Beendigung und Beginn (einer Zugewinngemeinschaft)

14 **1. Keine Rückwirkung.** Ehegatten, die am 3. 10. 1990 in eine Zugewinngemeinschaft eintraten, begannen ihren neuen Güterstand stets nur mit Wirkung für die Zukunft, mochten sie nun kürzere oder längere Zeit im alten Güterstand gelebt haben und mochten sie nun mit großem oder geringem Erfolg gewirtschaftet haben.[13] Der Stichtag ist damit auch bestimmend für den Umfang und die Bewertung der beiderseitigen Anfangsvermögen. Zu ihnen gehört das gemeinschaftliche Gut aus der Zeit des beendeten Güterstands, das quotenentsprechend (grds. also hälftig) aufzuteilen ist. Folgerichtig wird es damit als Gut, das den bisherigen Erfolg der Ehe repräsentiert und nach bisherigem Recht ausgeglichen wird, vor einem weiteren Ausgleich in güterrechtlicher Form bewahrt (dagegen nicht mehr vor dem „Zugewinnausgleich" in erbrechtlicher Form des § 1371 Abs. 1). Falsch ist dagegen der naheliegende Gedanke, das alte gemeinschaftliche Gut im Regelfall der hälftigen Teilung überhaupt nicht bedenken zu müssen, weil sich die Werte ohnehin neutralisieren. Differenzen ergeben sich stets dann, wenn ein Ehegatte ohne Berücksichtigung seiner Quote ein defizitäres Anfangsvermögen hätte, mit Berücksichtigung dagegen nicht (vgl. § 1374 Abs. 1).

[13] Zu den erstragsteuerlichen Folgen vgl. den Erlaß des BFinM BStBl. 1992 I S. 542 (zugänglich auch in der DtZ 1992, 383).

15 **2. Fortbestand der Gesamthand.** Gem. § 4 Abs. 4 „gilt für die Auseinandersetzung des bis zum Wirksamwerden des Beitritts erworbenen gemeinschaftlichen Eigentums und Vermögens § 39 des Familiengesetzbuchs sinngemäß"; eine Norm, die eine sofortige oder doch alsbaldige Auseinandersetzung gebietet, gibt es nicht. Dieser Befund entspricht einem der lex lata in mancherlei Zusammenhängen (auch im Recht der Gütergemeinschaft) geläufigen Ablauf. Mit dem Ende einer Gemeinschaft wandelt sich diese unter Wahrung ihrer rechtlichen Struktur (hier: als Gesamthand) von einer „werbenden" Gemeinschaft zu einer Liquidationsgmeinschaft, deren tatsächliche Liquidation von den Beteiligten alsbald, aber auch erst nach geraumer Zeit betrieben werden kann (und bei der sofort als Liquidationsgemeinschaft beginnenden Miterbengemeinschaft zuweilen gar über mehrere Generationen hinweg unterbleibt). Dennoch haben sich Rspr. und Schrifttum nicht in dieser Ebene auf eine wenn schon nicht allgemein, so doch wenigstens überwiegend für richtig gehaltene Betrachtung der Rechtslage einigen können. Früh schon bildeten sich zwei numerisch etwa gleich starke Meinungsgruppen, deren zweite sofortige Beendigung aller gesamthänderischen Bindungen der Ehegatten zugunsten hälftigen Miteigentums nach Bruchteilen behauptet.[14] Da eine Gesamthand (an einem ganzen Vermögen) jederzeit in Bruchteilsgemeinschaften (an den einzelnen zum ehemaligen Gesamthandsvermögen gehörenden Gegenständen) auseinandergesetzt werden kann, impliziert die zweite Meinungsgruppe (obwohl sie es nie zugestand) nichts anderes als eine Auseinandersetzung der Gesamthand ex lege (der irgendwann einmal die weitere Auseinandersetzung der Bruchteilsgemeinschaft nach Gutdünken der Ehegatten folgen sollte).

16 Überzeugend ist nicht ein einziger der für die Bruchteilsgemeinschaft angeführten Gründe, schon gar nicht die Berufung auf die Vorstellungen oder auch Absichten der Legislative. Deutlich genug betont die amtliche Begründung (BTDrucks. 11/7817 S. 43f.) umgekehrt gerade, daß eine vorzeitige Aufhebung der Eigentums- und Vermögensgemeinschaft tunlichst vermieden werden sollte. Auch daß § 4 den § 39 des FGB nur zu „sinngemäßer Anwendung" beruft, will gar nichts besagen. Dem Sinn der Norm entspricht eine sofortige Zwangsauseinandersetzung ex lege ganz gewiß nicht. Und daß eine direkte Anwendung der Norm nicht in Betracht kam, erklärt sich zwanglos aus deren Anwendungsbereich (der Auseinandersetzung der Ehegatten nach vorzeitiger Beendigung der Ehe), zu dem der neue Fall (die Auseinandersetzung der Ehegatten bei Beendigung des Güterstandes unter Fortbestand der Ehe) eben nicht gehört.

17 Was schließlich die immer wieder beschworenen praktischen Schwierigkeiten anbelangt, die sich aus dem Fortbestand einer Gesamthand generell und speziell im Hinblick auf die fortan bestehende Zugewinngemeinschaft ergeben sollen, so handelt es sich zT um reine Chimären (so insbesondere beim Hinweis auf die zusätzliche Vermögensmasse, deren Fortentwicklung zu verfolgen wäre, da doch auch Bruchteilseigentum der Ehegatten von ihrem sonstigen Vermögen zu sondern ist),[15] zT aber auch um durchaus lösbare Aufgaben. Gesamthandsgemeinschaften von Ehegatten, die in einer Zugewinngemeinschaft (also in einem System der Gütertrennung) leben, schließt das Gesetz nirgendwo aus;

[14] Für eine gesamthänderische Liquidationsgemeinschaft haben sich ausgesprochen KG FamRZ 1991, 1442; LG Dresden EWiR 1993, 1191 (mit Kurzkommentar *Gernhuber*); *Brudermüller* und *Wagenitz* FamRZ 1990, 1294, 1299f.; *Lübchen-Eberhardt* S. 116; *Smid* und *Schöpf* NJ 1991, 21, 22; *Arnold* DtZ 1991, 80 und MünchKommZPO – *Arnold* § 744a RdNr. 2; *Wassermann* S. 278ff.; *Pawlowski* und *Lipp* FamRZ 1992, 337 (allerdings mit Anwendung des Gesellschaftsrechts); *Peters* FamRZ 1993, 877, 879; *Lipp* FamRZ 1995, 65, 67f. Vgl. ferner den in Fn. 13 genannten Erlaß unter der RdNr. 19 des Abdrucks in der DtZ. Für sofortiges Miteigentum sind eingetreten LG Chemnitz DtZ 1994, 288; BezG Frankfurt/Oder FamRZ 1993, 1205; BezG Erfurt FamRZ 1994, 703; LG Halle DtZ 1994, 415; *Henrich* IPRax 1991, 14, 17; *Rauscher* DNotZ 1991, 209, 216ff. und *Staudinger-Rauscher* § 4 RdNr. 43ff.; *Bosch* FamRZ 1991, 1001, 1005; *Coester-Waltjen* Jura 1991, 516, 518; *Johannsen-Henrich-Jaeger* § 4 RdNr. 5; *Münch* S. 108ff.; *Horn* S. 184; *Otto* S. 152ff. Beeindruckt auch *Soergel-Lange* Nachtrag zur Einl. vor § 1363 RdNr. 18 (jedoch als „kühne Auslegung" bezeichnet).

[15] Vgl. ferner *Staudinger-Rauscher* § 4 RdNr. 43 mit Hinweis auf die „äußerst mißliche Lage für den Rechtsverkehr". Doch ist zu bedenken, daß die meisten Rechtsgeschäfte, die gemeinschaftliches Vermögen nach den Regeln des FGB/DDR betrafen, im Beitrittsgebiet abgeschlossen wurden. Dort waren die Regeln des FGB besser bekannt als die des BGB.

es fordert auch nirgendwo die sofortige Auseinandersetzung etwa bestehender Gesamthandsgemeinschaften vor Eintritt in eine Zugewinngemeinschaft. Der Praxis sind derlei Gesamthandsgemeinschaften als Personengesellschaften der Ehegatten und als Miterbengemeinschaften jederzeit geläufig; vor unlösbare Probleme haben sie noch keinen Richter gestellt.

18 **3. Die Liquidationsgemeinschaft.** Auseinandersetzung konnte jeder Ehegatte zu jeder Zeit vom Partner fordern; mißlang der Versuch einer einvernehmlich durchgeführten Liquidation der Gesamthand, konnte richterliche Verteilung gem. § 39 FGB gefordert werden. Hier wie dort bestand nicht nur die Möglichkeit, Alleineigentum des einen oder des anderen Ehegatten zu begründen; auch Miteigentum nach Bruchteilen konnte gebildet werden. Rechtsgeschäftliche Auseinandersetzungen zeigten das gewohnte Bild einer obligatorischen Basis und dinglicher Vollzugsgeschäfte: dem schuldrechtlichen Auseinandersetzungsvertrag folgte die Zuordnung der einzelnen Gegenstände mit der Gesamthand der Ehegatten als Veräußerer. Ehegatten, die anders verfuhren, weil sie von einer Zwangsauseinandersetzung der Gesamthand (vgl. RdNr. 15) ausgingen, sollte soweit möglich mit einer Umdeutung ihrer Geschäfte (§ 140 BGB) das von ihnen schließlich gewünschte praktische Ergebnis gesichert werden.[16]

19 Bis zur Auseinandersetzung wurde das Gesamthandsvermögen allein durch **Surrogationserwerb** gemehrt.[17] Mit § 1370 BGB steuerte auch das Recht der Zugewinngemeinschaft einen Tatbestand bei. An die Stelle nicht mehr vorhandenen oder wertlos gewordenen Hausrats in Gesamthandseigentum der Ehegatten trat die Ersatzbeschaffung ohne Rücksicht auf den im Erwerbsgeschäft (der dinglichen Einigung des § 929 BGB) bezeichneten Erwerber.

20 Mangels einer besonderen Regelung der **Verwaltung** des gemeinschaftlichen Gutes hatten die Ehegatten weiterhin den für die „werbende" Gesamthand geltenden Regeln des FGB/DDR zu folgen. Die vereinzelt gebliebene Überzeugung von der Notwendigkeit, das Gesellschaftsrecht des BGB (§§ 705ff.) anzuwenden, weil nach Eintritt der Ehegatten in eine Zugewinngemeinschaft nicht mehr von einer Gesamthand mit güterrechtlicher Prägung gesprochen werden könne,[18] hat zu Recht nicht Schule gemacht. Liquidationsgemeinschaften bewahren die rechtliche Struktur der „werbenden" Gemeinschaft, die sie unter Beschränkung auf den Liquidationszweck fortsetzen. So, wie noch niemals zweifelhaft war, daß Ehegatten, die vertraglich eine Gütergemeinschaft beenden, um in Zukunft in Zugewinngemeinschaft zu leben, bis zur Auseinandersetzung des Gesamtguts in einer güterrechtlichen Gesamthand verbunden bleiben, sollte auch nicht zweifelhaft sein, daß die Liquidationsgemeinschaft nach beendeter Eigentums- und Vermögensgemeinschaft ein güterrechtliches Phänomen blieb.

21 **4. Die Zwangsauseinandersetzung (§ 4a Abs. 1).** Abrupt, jedoch ohne Rückwirkung (vgl. RdNr. 1), beendete § 4a am 25. 12. 1993 alle zu diesem Zeitpunkt noch bestehenden Liquidationsgemeinschaften zugunsten fortan bestehender Bruchteilsgemeinschaften (§§ 741ff., 1008ff. BGB) der Ehegatten an den einzelnen (zuvor zum gemeinschaftlichen Gut gehörenden) Gegenständen mit grundsätzlich gleichen Anteilen. Zwar erwähnt die Norm lediglich das gemeinschaftliche Eigentum der Ehegatten und erweckt damit den Anschein einer auf Sachen beschränkten Regelung, doch sollten ihr alle vermögenswerten gemeinschaftlichen Rechte der Ehegatten (insbesondere auch Forderungen) unterworfen sein. Der Begriff des Eigentums ist deshalb so auszulegen, wie es auch in Art. 14 GG geschieht.[18a] Den Ehegatten wurde damit eine Gesamtauseinandersetzung oktroyiert, die sie zwar rechtsgeschäftlich hätten vornehmen können, jedoch keineswegs so und nicht

[16] Vgl. dazu LG Dresden EWiR 1993, 1191 mit Kurzkommentar *Gernhuber.* Das LG trat Ehegatten entgegen, die Miteigentümer eines Grundstücks zu sein meinten und Alleineigentum eines Ehegatten durch Erwerb des Anteils des Partners erreichen wollten. § 140 BGB wurde leider übersehen.

[17] Vgl. zu ihm *Lübchen-Eberhardt* S. 109; *Wassermann* S. 284; *Otto* S. 62f.

[18] Vgl. *Pawlowski und Lipp* FamRZ 1991, 377, 379.

[18a] AA *Lipp* FamRZ 1995, 65, 66f. mit der (eher grotesken) Folge des Fortbestands gesamthänderischer Mitberechtigung im übrigen trotz Bruchteilseigentums an Sachen.

anders vornehmen mußten. Der Zwangseingriff in private Rechtsverhältnisse, insbesondere aber in die Eigentumsverhältnisse, bedeutet damit mehr als eine zeitliche Beschleunigung ohnehin in der Zukunft notwendiger Änderungen; die Legislative setzte sich bewußt auch über das Recht der Ehegatten hinweg, sich nach ihrem eigenen Gutdünken auseinanderzusetzen.

22 Mag sein, daß der Oktroy vor Art. 14 GG zu rechtfertigen ist, weil er den Ehegatten keine Werte entzieht und rechtsgeschäftlicher sowie richterlicher Korrektur zugänglich bleibt (vgl. RdNr. 23 bis 25); suspekt bleibt er gleichwohl, weil er sich in ungewohnter Manier[19] über güterrechtliche Traditionen hinwegsetzt und den Willen der Ehegatten nicht respektiert. Wenig überzeugend führt die amtliche Begründung (BT-Drucks. 12/5553 S. 135) rechtfertigend an, daß Bruchteilseigentum „bei Ehegatten im gesetzlichen Güterstand der Zugewinngemeinschaft die am meisten verbreitete Eigentumsform" sei und daß es „den Verhältnissen dieses Güterstands auch am ehesten gerecht" werde. Die Zugewinngemeinschaft des geltenden Rechts ist nun einmal ein System der Gütertrennung mit Alleineigentum als Regelfall. Gesamthandseigentum und Bruchteilseigentum sind ihr gleicherweise zu integrieren; irgendein Vorzug des einen vor dem anderen besteht dagegen nicht.

23 **5. Änderung der Anteile.** Sofern nicht zuvor Zwangsversteigerung oder Zwangsverwaltung angeordnet wurde, ermächtigte § 4a Abs. 1 S. 2 bis 5 die Ehegatten befristet bis zum 24. 6. 1994, für Grundstücke und grundstücksgleiche Rechte die Zeit des hälftigen Miteigentums mittels formloser Einigung auf eine andere Bestimmung der Anteile (zu der auch die Überführung in Alleineigentum eines Ehegatten gehören sollte[20]) zu beenden und die Berichtigung des Grundbuchs unter Befreiung vom Formerfordernis des § 29 GBO zu betreiben. Da niemand die Ehegatten daran hindern konnte, Anteilsveränderungen durch rechtsgeschäftliche Anteilsübertragungen von beliebigem Umfang unter Beachtung der für sie vorgesehenen Regeln vorzunehmen (weshalb die bewußte Beschränkung der Ermächtigung auf Grundstücke und grundstücksgleiche Rechte letztlich belanglos ist), begründet die Ermächtigung nicht etwa eine gegenständlich beschränkte Sonderstellung bestimmter Objekte in Fragen der Anteilsbestimmung überhaupt. Ihr Entgegenkommen liegt allein in der Vereinfachung des Übertragungstatbestandes. Daß Miteigentum an Grundstücken ganz oder teilweise rechtsgeschäftlich auf einen anderen Miteigentümer übertragen werden kann, bedurfte – weil viel zu selbstverständlich – noch nicht einmal der Erwähnung. Daß die Ehegatten berechtigt waren, den gewünschten Effekt mit einer formlosen Einigung herbeizuführen mit anschließender (nicht mehr zum Erwerbstatbestand gehörender) Berichtigung des Grundbuchs in vereinfachter Form, war dagegen eine einzige Anomalie.

24 Nutzten die Ehegatten die ihnen eingeräumte Möglichkeit einer abweichenden Anteilsbestimmung, so hatte die Bestimmung „mit dem Antrag auf Berichtigung des Grundbuchs" zu erfolgen (§ 4a Abs. 1 Satz 3). Konkordanz von wahrer Rechtslage und Grundbuchstand war damit nicht gewährleistet (unwirksame Einigung der Ehegatten), jedoch weithin sichergestellt. Beruhigten sich die Ehegatten dagegen bei jeweils hälftigem Miteigentum, so regelt § 14 GBBerG (das Art. 2 des RegVBG entspricht) vom 20. 12. 1993 (BGBl. I S. 2192) die **Berichtigung des Grundbuchs.** Ihm zufolge sind die §§ 82 und 82a GBO (Grundbuchberichtigungszwang) anzuwenden, doch soll ein Verfahren erst eingeleitet werden, wenn die Voraussetzungen des § 14 GBO vorliegen, also ein vollstreckbarer Titel gegen einen der beiden Ehegatten, auf Grund dessen der Inhaber eine Eintragung im Grundbuch verlangen kann, die von der Voreintragung des betroffenen Ehegatten abhängig ist. Der für die Berichtigung des Grundbuchs erforderliche Nachweis, daß keine Option für den alten Güterstand erfolgte (und deshalb § 4a Abs. 1 anzuwenden ist), kann auch durch eine (dem Formgebot des § 29 GBO entzogene) Versicherung beider Ehegat-

[19] Voran ging allerdings das 2. VermRÄndG vom 14. 7. 1992 (BGBl. I S. 1257) mit der Miteigentumslösung im Rahmen der Abwicklung der Bodenreform in Art. 233 § 11 Abs. 5 EGBGB.

[20] Dafür auch *Böhringer* DtZ 1993, 130, 131.

ten erbracht werden; nach dem Tod eines Ehegatten genügt die Versicherung des anderen und nach dem Tod beider die Versicherung der Erben.

25 § 39 FGB/DDR wird von § 4a nicht mehr erwähnt. Dennoch muß es jedem Ehegatten unbenommen sein, eine **richterliche Verteilung des gemeinschaftlichen Vermögens** nach dessen Regeln zu fordern. Wäre es anders, hälftiges Miteigentum also der Weisheit letzter Schluß für Ehegatten, die sich nicht anderweit einigen können, so wäre auch die Entrechtung aller Ehegatten evident, denen ein richterlicher Akt mehr hätte zubilligen müssen als § 4a, und mit ihr die Notwendigkeit, die Regelung unter dem Aspekt der Eigentumsgarantie des Art. 14 GG kritisch zu betrachten. Der Normtext steht der Anwendung des § 39 FGB/DDR nicht entgegen. Es ist möglich und geboten, die von ihm angeordnete Zwangsauseinandersetzung der Ehegatten zwar als endgültiges Ende der Gesamthand zu verstehen, mit diesem aber nicht den weiteren Gedanken einer endgültigen Auseinandersetzung der Ehegatten zu verbinden.[20a] In derselben Manier wurde auch die Lehre vom sofortigen hälftigen Miteigentums mit Eintritt in die Zugewinngemeinschaft (vgl. RdNr. 15) nicht mit einer Absage an § 39 FGB/DDR verbunden.[21]

IV. Die Ausnahme: Fortbestand der Eigentums- und Vermögensgemeinschaft

26 **1. Eine Rarität.** Von vornherein war nicht zu erwarten, daß eine Vielzahl von Ehegatten für den Fortbestand der Eigentums- und Vermögensgemeinschaft optieren würden; daß schließlich nicht viel mehr als rd. 1 Promille der Ehepaare Kontinuität wünschten, dürfte dennoch viele überrascht haben. Zwar fehlt bislang eine exakte Statistik, doch hat eine Umfrage, die von 142 Kreisgerichten (deren Gesamtzahl 202 betrug) beantwortet wurde, ergeben, daß nur 3179 Optionen erfolgten bei einer Gesamtzahl von 4,2 Millionen Ehen im Beitrittsgebiet,[22] die sämtlich kraft zwingenden Rechts im Güterstand des FGB/DDR lebten.

27 **2. Rückwirkung.** Wirksame Optionen schlossen den Übergang in das Recht der Zugewinngemeinschaft ex tunc aus (§ 4 Abs. 2 S. 3); zwischen den Ehegatten haben die §§ 1363 ff. BGB zu keiner Zeit gegolten. Freilich war es notwendig, allen Rechtsgeschäften Bestandsschutz zu gewähren, die zwischen dem 3. 10. 1990 und der Vollendung der Option getätigt wurden. Sie blieben wirksam auch dann, wenn sie nicht den Regeln des FGB/DDR entsprachen (als Recht des rückwirkend wieder geltenden Güterstands), falls sie dem Recht der Zugewinngemeinschaft gerecht wurden (als Recht, das zwar am Tag der Vornahme des Rechtsgeschäfts galt, jedoch später rückwirkend entfiel). Größere praktische Bedeutung konnte der Bestandsschutz freilich nicht erlangen. Minimiert bereits die geringe Zahl der Optionen, so setzen die geringen Differenzen der beiden Güterstände in den entscheidenden Fragen noch weitere Grenzen, die wesentlich von den späteren Eingriffen in § 15 FGB/DDR mitbestimmt wurden, die erst das 1. FamRÄndG vornahm.

28 **3. Das FGB/DDR und das GG.** Fortbestand des Güterstands bedeutet ungeschmälerte Geltung aller güterrechtlichen Normen des FGB/DDR und ungeschmälerte Irrelevanz des gesamten Rechts der Zugewinngemeinschaft,[23] einschließlich aller Verwerfungen, die güterrechtlich nicht mehr zu verstehen sind, insbesondere des § 1371 Abs. 1. Freilich ist Fortgeltung der Normen des FGB/DDR nicht einer Garantie unveränderter Normanwendung gleichzusetzen. Schließlich sind auch die Normen des FGB/DDR nunmehr innerhalb einer Rechtsordnung anzuwenden, die eine grundsätzlich andere Gesellschaftsordnung widerspiegelt. Zweierlei ist damit konkret festgestellt: Geltung des GG und Inter-

[20a] Ebenso *Peters* FamRZ 1994, 673, 674 (er empfiehlt dem Gesetzgeber, § 4 Abs. 4 nach drei Jahren aufzuheben).

[21] Vgl. *Rauscher* DNotZ 1991, 209, 217 f. und *Staudinger-Rauscher* § 4 RdNr. 46; *Coester-Waltjen,* Jura 1991, 516, 518; *Otto* S. 152 ff.

[22] Die Zahl übernommen von *Grandke* NJ 1994, 256.

[23] Illegitim war deshalb der Versuch von *Smid* FamRZ 1991, 512 ff., dem Güterstand der Eigentums- und Vermögensgemeinschaft § 1369 zu integrieren. Nach den Änderungen des § 15 FGB/DDR durch das 1. FamRÄndG war er allerdings gegenstandslos.

pretation zweifelhaften Rechts nach den Regeln, die uns auch sonst bei der Interpretation zweifelhaften Rechts leiten.

29 Der Praxis ist die Problematik vornehmlich bei der Anwendung des § 39 FGB/DDR geläufig, die sich verfassungskonform in den Grenzen der Eigentumsgarantie des Art. 14 GG zu halten hat.[24] Der BGH hat sich mehrfach bereit erklärt, § 39 FGB/DDR als Ausdruck der Sozialbindung des Eigentums und damit als zulässige Bestimmung des Inhalts und der Schranken des Eigentums (Art. 14 Abs. 1 S. 2 GG) anzuerkennen, wenn dem richterlichen Ermessen Grenzen gesetzt werden, die relativ bestimmt und eben deshalb kalkulierbar und kontrollierbar sind. Gefordert wird grds. Naturalteilung teilbarer Gegenstände und Begründung von Bruchteilsgemeinschaften an unteilbaren (beides jedenfalls sehr schonende Eingriffe in die vor der Auseinandersetzung bestehenden Eigentumsverhältnisse). Alleineigentum an Grundstücken und (dem Wert nach) vergleichbaren Objekten darf nur begründet werden, wenn triftige, der Bedeutung der Eigentumsgarantie entsprechende Gründe Bruchteilseigentum ausschließen und der begünstigte Ehegatte in der Lage ist, seiner Verpflichtung zur Erstattung des anteiligen Werts zu entsprechen und den Anspruch des Partners vor der Erfüllung zu sichern.[25]

30 **4. Die neue Ordnung (§ 4a Abs. 2; Recht der Gütergemeinschaft).** Gem. § 4a Abs. 2 S. 1 finden „auf das bestehende und künftige gemeinschaftliche Eigentum die Vorschriften über das durch beide Ehegatten verwaltete Gesamtgut einer Gütergemeinschaft entsprechende Anwendung". Wie die Ehegatten, die sich gegen den Eintritt in eine Zugewinngemeinschaft nicht zur Wehr setzten, jedoch das gemeinschaftliche Vermögen aus dem alten Güterstand jedenfalls vorerst noch zu bewahren wünschten, werden damit auch die anderen, die für den Fortbestand der Eigentums- und Vermögensgemeinschaft optierten, seit dem 25. 12. 1993 ohne jede Möglichkeit der Abwehr Regeln des BGB unterworfen, mit denen sie nicht zu rechnen brauchten. Freilich ist die Einweisung in das Recht der Gütergemeinschaft der Zwangsauseinandersetzung des gemeinschaftlichen Vermögens qualitativ nicht gleichzusetzen, weil sie das Organisationsmodell für das gemeinschaftliche Gut nicht berührt: die Ehegatten bleiben Gesamthänder. Praktische Gründe sprachen zudem eher hier als dort für den Eingriff (obwohl die geringe Zahl der Optionen nicht gerade äußerste Dringlichkeit beweist), weil das FGB/DDR von einer ausgeführten Regelung der Gesamthand nach innen und nach außen weit entfernt ist, während das Recht der Gütergemeinschaft sich mit der den Gesetzgeber am Ende des 19. Jahrhunderts auszeichnenden Sorgfalt detailliert der Problematik stellt. Das Ergebnis ist dennoch aus zwei Gründen als fragwürdig zu bezeichnen.[25a] Zum ersten ist die Gesamtregelung der Gesamthand nunmehr ein mixtum compositum, zu dem FGB/DDR und BGB einiges beitragen. Zum zweiten sind die Probleme, die man zu bewältigen wünschte, begrenzt virulent geblieben, weil nun auch hier Altfälle (aus der Zeit vor dem 25. 12. 1993) und Neufälle zu unterscheiden sind.

31 **5. BGB oder FGB/DDR?** Ausdrücklich vorbehalten ist in § 4a Abs. 2 S. 2 die Fortgeltung des § 39 FGB/DDR für den Fall der vorzeitigen Beendigung der Ehe durch Scheidung (und damit gem. § 26 Abs. 1 und 37 Abs. 1 EheG auch durch Vernichtung und Aufhebung). Implizit ist § 4a Abs. 2 S. 1 zu entnehmen, daß das FGB/DDR für die Frage entscheidend bleibt, ob künftiger Erwerb der Ehegatten gemeinschaftliches Vermögen wird oder aber zum Individualvermögen des erwerbenden Ehegatten (das nicht wie bei der Gütergemeinschaft in Vorbehaltsgut und Sondergut zerfällt) gehört. Umgekehrt ist unzweifelhaft dem BGB zugewiesen die gesamte Vermögensverwaltung. Es gelten mithin die §§ 1450ff. BGB mit besonderer Bedeutung des § 1450 Abs. 1 mit dem Grundsatz der

[24] Krit. dazu *Münch* S. 61ff.

[25] Vgl. BGHZ 117, 35 und 61; BGH FamRZ 1992, 531 und 923. Für die Bewertung ist der Zeitpunkt der letzten mündlichen Verhandlung in der letzten Tatsacheninstanz entscheidend. Vgl. BGHZ 117, 61 (68f.); KG FamRZ 1992, 563.

[25a] Krit. auch *Peters* FamRZ 1994, 673, 676 (allerdings mit der irrigen Annahme rückwirkender Geltung der §§ 1450ff. BGB, als deren Folge die Ehegatten nun auch für die vorehelichen Verbindlichkeiten ihres Partners haften sollen).

gemeinschaftlichen Verwaltung und des § 1459 Abs. 2 mit dem Grundsatz der persönlichen gesamtschuldnerischen Haftung beider Ehegatten für die Gesamtgutsverbindlichkeiten. Nicht bedacht wurden in § 4a die Frage der vorzeitigen Beendigung des Güterstands unter Fortbestand der Ehe und die Frage nach der Auseinandersetzung nach dem Tod eines Ehegatten. Hier wie dort indiziert die Geltung der §§ 1450ff. gewiß nichts. Und da die Änderung der Rechtslage des Beweises bedarf und nicht deren Fortbestand, spricht alles für die Anwendung der Normen des FGB/DDR, konkret des § 41 im ersten Fall und des § 39 im zweiten.[26] Da erst mit der güterrechtlichen Auseinandersetzung der verteilbare Nachlaß gegenständlich bestimmt ist, hat sie den Vorrang vor der erbrechtlichen. Ist der überlebende Ehegatte Alleinerbe, so kann in der Regel eine Auseinandersetzung unterbleiben. Ein anderes gilt jedoch, wenn die Haftung für Nachlaßverbindlichkeiten auf den Nachlaß beschränkt werden soll.

32 **6. Einzelvollstreckung in das gemeinschaftliche Vermögen.** Die Anwendung der §§ 1450ff. BGB führt über § 744a ZPO zur Geltung des § 740 Abs. 2 ZPO für sie Zwangsvollstreckung in das Vermögen der Gesamthand. Die damit erforderlichen Titel gegen den einen und den anderen Ehegatten sind angesichts der persönlichen Haftung beider (Grundsatz der doppelt angelehnten Gesamthandsschuld) kein Problem. Für die Zukunft und ohne Restbestand für ältere Titel (es gilt stets das z. Zt. der jeweiligen Vollstreckungsmaßnahmen geltende Recht) hat das Gesetz damit einen alten Streit erledigt, in welchem die Anhänger einer analogen Anwendung des § 740 Abs. 2 ZPO auf den Widerstand jener trafen, die für eine entsprechende Anwendung des § 740 Abs. 1 ZPO eintraten, und beide Meinungsgruppen für sich in Anspruch nahmen, der eigentümlichen (und deshalb der Alternative des § 740 ZPO so oder so nicht ohne Restbestand einordenbaren) Regelung der Haftung der Ehegatten in den §§ 15 und 16 FGB/DDR besser zu entsprechen.[27]

33 **7. Unpfändbarkeit der Anteile am gemeinschaftlichen Vermögen.** Zu den Normen, die § 744a ZPO zur entsprechenden Anwendung beruft, gehört auch § 860 Abs. 1 S. 1 ZPO, demzufolge „der Anteil eines Ehegatten an dem Gesamtgut und an den einzelnen dazu gehörenden Gegenständen der Pfändung nicht unterworfen (ist)". Bezüglich der Anteile an den einzelnen Gegenständen handelt es sich um eine alle Gesamthandsgemeinschaften verbindende Aussage, die lediglich ausspricht, was bereits aus der Struktur der Gesamthand folgt. Mangels eines gegenständlich abgegrenzten und mangels eines wenigstens (wie bei der Bruchteilsgemeinschaft) ideellen Anteils an dem gesamthänderisch zugeordneten Gegenstand kann als „Anteil", wenn überhaupt, so nur die Teilhabe an der Rechtsausübung begriffen werden – sicherlich kein pfändbares Objekt. Bezüglich des Anteils am Gesamthandsvermögen in seiner Gesamthand wirken dagegen Besonderheiten nun gerade einer güterrechtlichen Gemeinschaft. Pfändenden Gläubigern kann sie weder in dieser noch in jener Gestalt (etwa mit einer Befugnis zur einseitigen Beendigung) ausgeliefert werden. Da § 860 ZPO praktische Bedeutung nur für Verbindlichkeiten erlangen kann, die nur von einem der beiden Ehegatten zu erfüllen sind (beiderseitige Schulden berechtigen immer zur Vollstreckung in das Gesamtgut), werden nur wenige Gläubiger behindert. Den Rechtsverkehr mit Ehegatten in Gütergemeinschaft hat die Norm noch nie ernsthaft gestört; sie wird auch den Rechtsverkehr mit Ehegatten in Eigentums- und Vermögensgemeinschaft nicht sonderlich beeinträchtigen.

[26] Ebenso für den Fall des Todes *Grandke* NJ 1994, 256, 260.

[27] Für Anwendung des § 740 Abs. 2 waren *Rauscher* DNotZ 1991, 209, 221ff. und *Staudinger-Rauscher* § 4 RdNr. 80ff.; *Arnold* DtZ 1991, 80, 83 und MünchKommZPO-*Arnold* § 744a RdNr. 18ff.; *Schuschke*, Vollstreckung und vorläufiger Rechtsschutz, 1992, § 744a ZPO RdNr. 2; *Münch* S. 137. Für Anwendung des § 740 Abs. 1 dagegen *Lübchen-Eberhardt* S. 113; *Wassermann* FamRZ 1991, 507, 509; *Stankewitsch* NJ 1991, 534ff.; *Otto* S. 250ff. Die Anwendung des § 740 Abs. 2 war jedenfalls dann vorzuziehen, wenn Bereitschaft bestand, in dessen Rahmen auch Duldungstitel anzuerkennen. Dafür etwa *Tiedtke* FamRZ 1975, 538, 539 Fn. 8 (m. weit. Nachw. zum Streitstand); *Gernhuber/Coester-Waltjen* § 38 VIII 5; MünchKomm-*Kanzleiter* § 1459 RdNr. 10; *Stein-Jonas-Münzberg* § 740 ZPO RdNr. 6.

V. Die Miteigentumsvermutung des § 4a Abs. 3

1. Persönlicher Geltungsbereich. Unabhängig von dem Güterstand, in dem sie gegenwärtig leben, gilt seit dem 25. 12. 1993 die Vermutung hälftigen Miteigentums für alle Ehegatten, die von der güterrechtlichen Übergangsregelung betroffen wurden, weil sie bis zum 3. 10. 1993 im gesetzlichen Güterstand des FGB/DDR lebten. Sie wirkt im Verhältnis der Ehegatten untereinander ebenso wie im Verhältnis zu Dritten, insbesondere zu Gläubigern, und zugunsten der Ehegatten ebenso wie zu ihren Ungunsten. **34**

2. Gegenständlicher Geltungsbereich. Eigentum iS des Privatrechts besteht nur an (beweglichen oder unbeweglichen) Sachen. Andere Rechte werden nicht zu Eigentum zugeordnet (man ist Gläubiger eines Schuldners, Inhaber einer Grundschuld usw.); auch Urheberrechte begründen keine Ausnahme, obwohl insoweit gern von „geistigem Eigentum" gesprochen wird. Gegenständlich ist deshalb die Miteigentumsvermutung auf (bewegliche und unbewegliche) Sachen beschränkt; ihr Objekt sind alle Sachen, die irgendwann (auch kraft Surrogation nach dem 2. 10. 1990) gemeinschaftliches Eigentum wurden. In ungewohnter Manier knüpft die Vermutung damit nicht an ein faktisches Geschehen an oder doch an eines, in dem Faktisches prävaliert (wie beim Besitz), sondern an eine Rechtslage, die zu beweisen demjenigen obliegt, der sich auf sie zu berufen wünscht. **35**

3. Sachlicher Geltungsbereich. § 4a Abs. 3 kennt keine Beschränkung auf bestimmte rechtliche Vorgänge, nimmt also Geltung in Anspruch in allen Zusammenhängen, für die überhaupt Sacheigentum von Bedeutung sein kann. Größere praktische Bedeutung ist zu erwarten im Mobiliarsachenrecht und im Recht der Zwangsvollstreckung. **36**

4. Verhältnis zu anderen Vermutungen. Ihre innere Rechtfertigung findet die Miteigentumsvermutung in der Zwangsauseinandersetzung zu hälftigem Miteigentum jener Ehegatten, die trotz Eintritts in eine Zugewinngemeinschaft bis zum 25. 12. 1993 gemeinschaftliches Eigentum als Gesamthandseigentum bewahrten. Folgerichtig nimmt § 4a Abs. 3 keine Geltung in Anspruch, wenn das Güterrechtsregister Ausübung der Option und damit Fortbestand des alten Güterstands verlautbart oder auch zwischenzeitlichen Übergang in eine Gütergemeinschaft. In beiden Fällen ist nicht Bruchteilseigentum indiziert, sondern eine Gesamthand der Ehegatten. **37**

Hälftiges Miteigentum (an Grundstücken) wird ferner nicht vermutet, sofern sich „aus dem Grundbuch andere Bruchteile ergeben". Folgerichtig wird damit der Anteilsbestimmung gem. Abs. 1 S. 2 Rechnung getragen, doch war die Erwähnung dieser Geltungsgrenze jedenfalls entbehrlich. Die Richtigkeitsvermutung des § 891 BGB geht mit ihrem speziellen gegenständlichen Bezug ohnehin der Miteigentumsvermutung des § 4a vor. Sie muß sich dementsprechend auch dann behaupten, wenn im Grundbuch ein Ehegatte als Alleineigentümer eingetragen ist. **38**

Im Verhältnis zur Vermutung des § 1006 BGB und derjenigen des § 1362 BGB (mit § 739 ZPO als prozessualer Folgenorm) kommt der spezielleren güterrechtlichen Vermutung der Vorrang zu, doch bleibt zu bedenken, daß § 4a Abs. 3 zu einem Beweisantritt nötigt. Bei einer Einzelvollstreckung in bewegliche Sachen hat deshalb der pfändende Gerichtsvollzieher zunächst von § 1362 BGB und § 739 ZPO auszugehen. Will der andere Ehegatte intervenieren (§ 771 ZPO), so hat er das seine bereits getan, wenn er den Nachweis führt, daß die gepfändeten Sachen gemeinschaftliches Eigentum als Folge einer Eigentums- und Vermögensgemeinschaft geworden sind, also den Tatbestand dargelegt und bewiesen hat, der den Zugang zur Miteigentumsvermutung eröffnet. Sache des betreibenden Gläubigers ist es dann, diese Vermutung zu widerlegen, also Alleineigentum seines Schuldners (als Folge rechtsgeschäftlicher Veränderung der Rechtslage) zu beweisen. Mißlingt der Beweis, so bleibt dem Gläubiger immer noch die Möglichkeit einer Pfändung des Miteigentumsanteils seines Schuldners (nach den Regeln des § 857 ZPO). **39**

§ 5 Unterhalt des geschiedenen Ehegatten

Für den Unterhaltsanspruch eines Ehegatten, dessen Ehe vor dem Wirksamwerden des Beitritts geschieden worden ist, bleibt das bisherige Recht maßgebend. Unterhaltsvereinbarungen bleiben unberührt.

Schrifttum: *Adlerstein-Wagenitz,* Unterhalt und Versorgungsausgleich in den neuen Bundesländern, FamRZ 1990, 1300; *Bosch,* Familien- und Erbrecht als Themen der Rechtsangleichung nach dem Beitritt der DDR zur Bundesrepublik Deutschland Teil IV, FamRZ 1991, 1370; *Brudermüller,* Zum maßgebenden Unterhaltsrecht nach der in der DDR geschiedenen Ehe und zur Abänderbarkeit von Unterhaltstiteln der DDR, FamRZ 1994, 1022; *Dieckmann,* Zum Unterhalt der in der DDR geschiedenen Ehegatten, FamRZ 1990, 917; *Graba,* Zur Abänderung eines DDR-Urteils über Geschiedenenunterhalt, DtZ 1993, 39; *Henrich,* Probleme der deutschen Rechtseinheit im Familienrecht, FamRZ 1991, 873; *ders.,* Kollisionsrechtliche Fragen zum Geschiedenenunterhalt, IPRax 1992, 84; *Maurer,* Zum Unterhaltsrecht im Beitrittsgebiet, DtZ 1993, 130; *Siehr,* Nachehelicher Unterhalt im innerdeutschen Kollisionsrecht, IPRax 1994, 360.

Übersicht

I. Allgemeines

1 **1. Die Regelung im Einigungsvertrag. a) Inhalt der gesetzlichen Regelung.** Nach dem in Art. 234 EGBGB § 1 formulierten Grundsatz gilt das Familienrecht des BGB für alle familienrechtlichen Rechtsverhältnisse, die am **3. 10. 1990** bestehen. Art. 234 EGBGB § 5 S. 1 schränkt diesen Grundsatz allerdings in einem wichtigen Punkt ein: Für den Unterhaltsanspruch eines Ehegatten, dessen Ehe vor dem 3. 10. 1990 geschieden worden ist, bleibt das **bisherige Recht** maßgebend. Art. 234 EGBGB § 5 S. 2 bestimmt, daß Unterhaltsvereinbarungen unberührt bleiben.

2 **b) Normzweck.** Die Regelung beruht auf dem sog. **Stichtagsprinzip.** Sie hat ihr Vorbild in Art. 12 Nr. 3 Abs. 2 1. EheRG. Gesetzgeberisches Motiv war auch hier, daß der Rechtsfrieden gestört werden würde, wenn Eheleute ihre Lebensverhältnisse nach der Scheidung entsprechend dem bisherigen Recht eingerichtet hätten und sich nunmehr nicht ohne Schwierigkeiten einer Änderung der Unterhaltsregelung anpassen könnten, mit der keiner von beiden gerechnet hatte.[1] Sinn von Art. 234 § 5 S. 2 sollte es sein, daß sich ein Ehegatte von einer früheren Unterhaltsvereinbarung nicht mit der Begründung lösen können sollte, durch die Rechtsänderung sei die Geschäftsgrundlage entfallen.[2]

3 **2. Verfassungsrechtliche Zweifel?** Das Stichtagsprinzip kann in den neuen Ländern zu Härten führen. Es kann vor allem Frauen benachteiligen, die in den neuen Ländern überdurchschnittlich von Arbeitslosigkeit bedroht sind. Im Schrifttum ist daher vor allem von *Bosch*[3] die Auffassung vertreten worden, Art. 234 EGBGB § 5 S. 1 verstoße gegen **Art. 3**

[1] Vgl. BT-Drucks. 11/7817 S. 44 u. dazu *Adlerstein-Wagenitz* FamRZ 1990, 1300, 1302 unter Hinweis auf BT-Drucks. 7/650 S. 232.

[2] Vgl. *Palandt-Diederichsen* Art. 234 EGBGB § 5 RdNr. 4ff.

[3] FamRZ 1991, 1370, 1384.

Abs. 1 GG und sei daher verfassungswidrig. Diese Auffassung kann nicht überzeugen. Richtig ist zwar, wie auch bei der Vorbereitung des Einigungsvertrags gesehen wurde, daß die Regelung für den wirtschaftlich schwächeren Ehegatten im Einzelfall eine Härte bedeuten kann. Abgesehen davon, daß eine andere Regelung auch politisch kaum zu erreichen gewesen wäre,[4] weil die Vertreter der DDR bei den Verhandlungen über den Einigungsvertrag bestrebt waren, gerade im Bereich des Familienrechts möglichst viele Regelungen des FGB in die Zeit nach der Wiedervereinigung hinüberzuretten, gab es für die Gesetz gewordene Regelung auch gewichtige Sachgründe. Wie der Rspr. des BVerfG zu entnehmen ist, ergibt sich aus dem Rechtsstaatsprinzip, daß bei Gesetzen mit auch nur unechter Rückwirkung dem **Vertrauensschutz**[5] erhebliches Gewicht zukommt. Mit Recht ist daher auf die wirtschaftliche Entwicklung in den neuen Ländern hingeweisen worden, die auch in der Regel für den Unterhaltsverpflichteten zusätzliche Belastungen zur Folge hatte oder mindestens haben konnte.[6] Auch bei der Änderung des nachehelichen Unterhaltsrechts durch das 1. EheRG brachte der Stichtag des 1. 7. 1977 Härten mit sich, die die Verfassungsmäßigkeit der Neuregelung nicht in Frage stellen konnten.[7] Für die Verfassungsmäßigkeit kann auch angeführt werden, daß die Regelung des FGB von der Bevölkerung akzeptiert wurde; dies gilt auch für die Zeit nach der Wiedervereinigung bis zur Gegenwart.[8] Die geäußerten verfassungsrechtlichen **Bedenken** sind daher im Ergebnis **nicht begründet.**[9] Auch die bisher bekannte Rspr. geht von der Verfassungsmäßigkeit der Regelung aus.[10] Vor einer Vorlage nach Art. 100 GG wäre im übrigen zu prüfen, ob die generalklauselartigen Regelungen des FGB (vgl. RdNr. 5) nicht verfassungskonform ausgelegt werden können. Eine andere Frage ist, ob auch die eingeschränkte Abänderbarkeit von Unterhaltsentscheidungen nach § 33 FGB verfassungsrechtlich unbedenklich ist (vgl. RdNr. 12).

4 **3. Kollisionsrechtliche Fragen.** Bei dem Abschluß des Eingungsvertrages wurde die Frage nicht ausdrücklich geregelt, in welchen Fällen das „bisherige Recht" das Recht der DDR sein sollte. Diese Frage wird nach den Grundsätzen des innerdeutschen Kollisionsrechts beantwortet. Über dessen Inhalt herrscht freilich Streit.[11] Da es vor dem Beitritt der neuen Länder kein einheitliches innerdeutsches Kollisionsrecht gab, wurde von einem Teil der Lehre im Hinblick auf Art. 236 § 1 EGBGB die territoriale Spaltung des interlokalen Rechts für notwendig gehalten. Nach richtiger Ansicht ist jedoch jedenfalls beim nachehelichen Unterhaltsrecht von einem **einheitlichen Kollisionsrecht** auszugehen. Die Gegenansicht hätte auf lange Zeit zu einem schwer erträglichen Nebeneinander bei der Beurteilung des gleichen Falls innerhalb der Bundesrepublik geführt und die Manipulation der gerichtlichen Zuständigkeit ermöglicht.[12] Seit dem Inkrafttreten des IPR-Neuregelungsgesetzes am 1. 9. 1986 ist **Art. 18 Abs. 5 EGBGB nF** im innerdeutschen Recht **analog anzuwenden.** Dies bedeutet, daß das BGB, nicht das FGB, zur Anwendung kommt, wenn in der früheren DDR geschiedene Ehegatten oder wenn wenigstens der Verpflichtete vor dem 3. 10. 1990 in die (alte) Bundesrepublik übergesiedelt sind.[13] Art. 18 Abs. 5

[4] Dazu *Adlerstein-Wagenitz* FamRZ 1990, 1300, 1303.

[5] Vgl. BVerfG FamRZ 1978, 173ff. u. BVerfGE 57, 361 = 1981, 1771.

[6] Vgl. *Adlerstein-Wagenitz* (Fn. 4).

[7] Vgl. *Adlerstein-Wagenitz* (Fn. 4).

[8] So zutreffend *Maurer* DtZ 1993, 130, 135; ebenso wohl OLG Dresden FamRZ 1994, 708, 710.

[9] Ebenso die ganz hM; vgl. *Adlerstein-Wagenitz* (Fn. 4); *Jayme* IPRax 1991, 11, 14; *Henrich* FamRZ 1991, 873ff.; kritisch dagegen auch *Palandt-Diederichsen* Art. 234 EGBGB § 5 RdNr. 2.

[10] Vgl. zB BGH FamRZ 1993, 43, 44 u. BGH (Fn. 12); OLG Dresden (Fn. 8); KG FamRZ 1992, 329, 330.

[11] Zum Sach- und Streitstand vgl. *Brudermüller* FamRZ 1994, 1022, 1023ff.; *Göppinger-Wax-Linke* RdNr. 3408ff.

[12] BGH NJW 1994, 382 = FamRZ 1994, 160; BGH FamRZ 1994, 562, 1582f. u. dazu *Brudermüller* (Fn. 11).

[13] BGH (Fn. 12). Es handelt sich um die Fortentwicklung der vor dem IPR-Neuregelungsgesetz entwickelten Rspr. des BGH; vgl. BGHZ 85, 16, 25 = NJW 1983, 279, 280 = FamRZ 1984, 1189; BGHZ 91, 186 = NJW 1984, 2361 = FamRZ 1984, 674, wonach ein Wandel des Unterhaltsstatuts nur angenommen wurde, wenn beide geschiedene Ehegatten in die (alte) Bundesrepublik übergesiedelt sind.

EGBGB wird nur analog, nicht unmittelbar angewandt, weil diese Vorschrift nur dort unmittelbare Anwendung findet, wo das Verhältnis zu einer ausländischen Rechtsordnung zu beurteilen ist; die frühere DDR war aus der Sicht der Bundesrepublik jedoch nie Ausland.[14] Die Auffassung, daß Art. 18 Abs. 5 EGBGB entsprechend anzuwenden ist, hat sich mit Recht gegen eine Mindermeinung[15] durchgesetzt, die hier ausschließlich Art. 18 Abs. 4 EGBGB anwenden wollte mit der Folge, daß in allen erörterten Fällen, in denen die Ehe vor dem Stichtag in der früheren DDR nach dem dortigen Recht geschieden war, das FGB maßgeblich bliebe. Die Rechtsprechung ist dieser Auffassung mit Recht nicht gefolgt;[16] nicht nur Gesichtspunkte der Praktikabilität sprechen gegen die ausschließliche Anwendung des Art. 18 Abs. 4 EGBGB. Art. 18 Abs. 5 EGBGB ist mit dem Haager Übereinkommen über das auf Unterhaltspflichten anzuwendende Recht aus dem Jahr 1973 vereinbar; die Bundesrepublik hat nämlich von einem entsprechenden Vorbehalt, der sich aus Art. 15 des Übereinkommens ergibt, Gebrauch gemacht. Es ist daher auch rechtsdogmatisch kaum begründbar, zwar Art. 18 Abs. 4 EGBGB, nicht aber Abs. 5 anzuwenden. Soweit ein Unterhaltsverpflichteter geltend macht, er habe auf die bisherige Rspr. vertraut, die eine Anwendung des BGB davon abhängig machte, daß beide Ehegatten in die alte Bundesrepublik übergesiedelt sind, kann diesem Gesichtspunkt auch bei der Anwendung der Härteklauseln des BGB, insbesondere bei § 1579 Nr. 7 BGB, in angemessenem Umfang Rechnung getragen werden. Hat sich nach diesen Grundsätzen das Unterhaltsstatut geändert, so ist dieser Statutenwechsel durch den Einigungsvertrag nicht mehr berührt worden;[17] ein Aufenthaltswechsel nach dem Stichtag verändert das Unterhaltsstatut nicht mehr.[18]

II. Die Fortgeltung des DDR-Unterhaltsrechts

5 **1. Maßgeblicher Gesetzestext.** §§ 29 bis 33 FGB haben in der ab 1. 10. 1990 geltenden Fassung folgenden Wortlaut:

Unterhalt der geschiedenen Ehegatten

§ 29 (Befristete Unterhaltszahlung)

(1) Ist ein geschiedener Ehegatte wegen

1. Krankheit,
2. Alters,
3. häuslicher Betreuung und Erziehung der Kinder, soweit diese von den Eltern vereinbart wurde oder wegen in der Person eines Kindes liegender Gründe notwendig ist, oder
4. anderer sich aus der Entwicklung oder Scheidung der Ehe ergebende Gründe

nicht oder nicht vollständig in der Lage, seinen Unterhalt durch eine angemessene Erwerbstätigkeit oder aus sonstigen Mitteln zu bestreiten, hat das Gericht den anderen geschiedenen Ehegatten für eine Übergangszeit, höchstens für die Dauer von zwei Jahren

[14] Vgl. *Brudermüller* FamRZ 1994, 1022, 1023.

[15] So vor allem *Henrich* FamRZ 1991, 883, 884, 1361; *Johannsen-Henrich* Art. 234 EGBGB § 5 RdNr. 3ff., Art. 236 EGBGB §§ 1 bis 3 RdNr. 10; neuerdings vor allem *Dieckmann* FamRZ 1994, 1073ff. und *Siehr* IPRax 1994, 360ff. Der BGH hält jedoch auch gegenüber diesen kritischen Stimmen an seiner Rspr. fest (vgl. FamRZ 1994, 1582f.).

[16] BGH (Fn. 12). Soweit vor dem Stichtag beide geschiedene Ehegatten in die Bundesrepublik übergesiedelt sind, konnte der BGH sich für seine Auffassung auf die Erwartungen der Vertragsparteien berufen, vgl. BT-Drucks. 11/7817 S. 37; insoweit zustimmend auch *Göppinger-Wax-Linke* RdNr. 3421. Auch im übrigen erscheint es vertretbar, bei der Übersiedlung nur des Verpflichteten von einem überwiegenden Inlandsbezug auszugehen. AM *Henrich,* der in diesen Fällen das gemeinsame Personalstatut vermißt, vgl. FamRZ 1991, 873, 875. Wie der BGH zuletzt auch OLG Hamm FamRZ 1994, 706.

[17] Jetzt allgemeine Auffassung. Vgl. BGH (Fn. 12) u. dazu *Brudermüller* (Fn. 14).

[18] Vgl. *Brudermüller* (Fn. 14).

nach Rechtskraft der Scheidung zur Zahlung eines nach den beiderseitigen Verhältnissen angemessenen Unterhalts oder Unterhaltszuschusses zu verpflichten.

(2) Die Unterhaltsverpflichtung kann auch unbefristet ausgesprochen werden, wenn vorauszusehen ist, daß sich der Unterhaltsberechtigte keinen eigenen Erwerb schaffen kann und wenn unter Berücksichtigung aller Umstände die unbefristete Zahlung zumutbar ist.

(3) Der Antrag auf Unterhalt kann nur im Scheidungsverfahren gestellt werden. Unterhalt kann ausnahmsweise noch danach, jedoch nicht später als zwei Jahre nach Rechtskraft der Scheidung geltend gemacht werden, wenn die ihn rechtfertigenden Gründe erst nach Rechtskraft der Scheidung auftraten oder erkennbar wurden und unter Berücksichtigung aller Umstände dem Unterhaltsverpflichteten die Zahlung des Unterhalts oder des Unterhaltszuschusses zugemutet werden kann. In diesen Fällen kann der Unterhalt nur ab dem Zeitpunkt der Aufforderung des Unterhaltsverpflichteten und nicht höher bestimmt werden, als die Lebensverhältnisse des Unterhaltsverpflichteten zum Zeitpunkt der Scheidung es zugelassen hätten.

(4) Die Ehegatten können über die Unterhaltspflicht für die Zeit nach der Scheidung Vereinbarungen treffen.

§ 30 (Entstehung des Anspruchs)

(1) Ein Unterhaltsanspruch besteht nur, wenn die Eheleute vor der Erhebung der Klage mindestens ein Jahr verheiratet waren und zusammengelebt haben oder ein Kind geboren wurde oder besondere Umstände vorliegen.

(2) Hat der Unterhaltsverpflichtete zum Zeitpunkt der Scheidung vorübergehend kein Einkommen, so wird die Unterhaltsverpflichtung dem Grunde nach ausgesprochen. Tritt die Leistungsunfähigkeit in der im Scheidungsurteil festgesetzten Zeit ein, so sind Höhe und Beginn der Unterhaltszahlung auf Antrag eines der geschiedenen Ehegatten durch das Gericht festzusetzen. Der Unterhalt ist der Höhe und der Zeit nach schon im Scheidungsurteil zu bestimmen, wenn der Zeitpunkt des Wiedereintritts der Leistungsfähigkeit und ihr Umfang feststeht oder das Verhalten des Unterhaltsverpflichteten zeigt, daß er sich der Unterhaltspflicht entziehen will.

(3) Vereinbarungen über die Zahlung von Unterhalt an einen Ehegatten, die im Zusammenhang mit der Scheidung stehen, können rechtswirksam nur im Scheidungsverfahren getroffen werden.

§ 31 (Fortdauer der Unterhaltszahlung)

Stellt sich heraus, daß die Fortdauer einer befristeten Unterhaltszahlung aus den Gründen des § 29 Abs. 1 erforderlich ist, kann die befristete oder unbefristete Fortdauer der Unterhaltszahlung verlangt werden, wenn sie unter Berücksichtigung aller Umstände dem Unterhaltsverpflichteten zugemutet werden kann. Die Fortdauer ist innerhalb von sechs Monaten nach Ablauf der Frist, für die der Unterhaltsanspruch festgelegt worden war, oder, falls die Unterhaltszahlung über diese Frist hinaus fortgesetzt wurde, nach Einstellung der Zahlungen geltend zu machen. Zu einem späteren Zeitpunkt kann nur die Wiederaufnahme der Unterhaltszahlungen, nicht jedoch die ununterbrochene Fortdauer verlangt werden. Die Wiederaufnahme kann jedoch nur verlangt werden, wenn dafür schwerwiegende Gründe vorliegen und ihre Versagung grob unbillig wäre.

§ 32 (Erlöschen des Unterhaltsanspruchs)

(1) Auf den Unterhalt der geschiedenen Ehegatten finden die Bestimmungen des § 20 Abs. 1 Satz 2 und 3 und des § 21 Abs. 2 Anwendung.

(2) Der Unterhaltsanspruch erlischt mit der Wiederverheiratung des Unterhaltsberechtigten.

§ 33 (Herabsetzung, Erhöhung)

Ändern sich die Umstände, die zur Festsetzung des Unterhalts geführt haben, wesentlich, so hat das Gericht auf Klage den Wegfall der Unterhaltszahlung oder ihre Herabsetzung zu bestimmen. Eine Erhöhung des Unterhaltsbetrages ist nur zulässig, wenn der Unterhaltsverpflichtete im Zeitpunkt der Scheidung ein sein normales Einkommen wesentlich unterschreitendes Einkommen gehabt hat. Die Bestimmungen des § 22 sind entsprechend anzuwenden.

6 **2. Rückwirkung der ab 1. 10. 1990 geltenden Fassung?** Das nacheheliche Unterhaltsrecht ist im Gebiet der ehemaligen DDR verschiedentlich geändert worden. Die Rechtseinheit wurde durch die Verordnung vom 24. 11. 1955 (GBl. DDR I S. 849) beseitigt. Der Unterhalt nach der Scheidung war in den §§ 13, 14, 18 geregelt. Diese Vorschriften wurden durch die im wesentlichen übereinstimmenden Bestimmungen der §§ 29 bis 33 FGB ersetzt. Kurz vor Inkrafttreten des Einigungsvertrags hat die Volkskammer der DDR das FGB novelliert; das 1. Familienrechtsänderungsgesetz vom 20. 7. 1990 (GBl. DDR I Nr. 52 S. 1038) hat auch die §§ 29ff. FGB in einigen Punkten geändert.[19] Die Neufassung der §§ 29 bis 33 FGB bedeutete gegenüber dem zuvor geltenden Rechtszustand keine grundlegende Reform des nachehelichen Unterhaltsrechts, sondern im wesentlichen nur eine **Präzisierung** der Anspruchsvoraussetzungen.[20] Ist eine Ehe vor dem 1. 10. 1990 in der früheren DDR geschieden worden, so stellt sich die Frage, ob das FGB in der alten oder in der neuen Fassung anzuwenden ist.[21] Man muß hier unterscheiden: Soweit Unterhaltsansprüche am 1. 10. 1990 oder danach fällig geworden sind, ist das neue Recht anzuwenden; Gesichtspunkte des Vertrauensschutzes stehen nicht entgegen, weil es sich, wie ausgeführt, bei der Novellierung um keine grundlegende Reform handelte.[22] Trotzdem erscheint es nicht vertretbar, die Neufassung auch auf Unterhaltsansprüche anzuwenden, die vor dem 1. 10. 1990 fällig geworden sind.[23]

7 **3. Maßgeblicher Zeitpunkt.** Art. 234 EGBGB § 5 S. 1 stellt für die Frage, welches Recht für den nachehelichen Unterhalt maßgeblich ist, auf den Zeitpunkt der Scheidung ab. Maßgeblich ist das **Datum des Scheidungsurteils,** nicht etwa der Eintritt der Rechtskraft. Damit ist die Möglichkeit ausgeschlossen, durch Einlegung von Rechtsmitteln das maßgebliche Scheidungsrecht zu wählen.[24]

8 **4. Zur Auslegung der fortgeltenden Bestimmungen. a) Ausnahmecharakter der gesetzlichen Regelung.** In der Regelbegrenzung des nachehelichen Unterhalts auf 2 Jahre nach der Scheidung in § 29 Abs. 1 FGB kam der Wille des Gesetzgebers zum Ausdruck, Unterhalt nur ganz ausnahmsweise zuzubilligen. Entsprechendes gilt auch für den gesetzlichen Unterhaltsausschluß für Kurzehen unter einem Jahr (§ 30 Abs. 1 FGB), die Beschränkung auf Unterhaltstatbestände im Zeitpunkt der Scheidung ohne Anerkennung von Anschlußtatbeständen, für die Gewährung eines nur eingeschränkten Anspruchs bei der Betreuung von Kindern und die Versagung eines besonders benannten Unterhaltsanspruch bei Erwerbslosigkeit. Das **Liquidationsprinzip** kommt auch in § 29 Abs. 3 FGB besonders deutlich zum Ausdruck, wonach ein Antrag auf Unterhalt grundsätzlich nur im Scheidungsverfahren gestellt werden kann; nur unter engen Voraussetzungen kann danach innerhalb von 2 Jahren nach Rechtskraft des Scheidungsurteils ein Unterhaltsanspruch ausnahmsweise geltend gemacht werden.[25] Die Regelung des § 29 FGB dürfte dahin zu

[19] Dazu näher *Eberhardt* FamRZ 1990, 917.

[20] Die Texte der alten und der neuen Fassung sind einander gegenübergestellt bei *Erman-Dieckmann* vor § 1569 BGB RdNr. 40.

[21] Für die grundsätzliche Anwendung des neuen Rechts die hM; vgl. zB *Palandt-Diederichsen* RdNr. 3; *Soergel-Häberle* 12. Aufl. Nachträge vor § 1569 BGB RdNr. 52; aM *Erman-Dieckmann* vor § 1569 BGB RdNr. 40.

[22] Im Ergebnis wie hier BGH FamRZ 1993, 43f.

[23] Ebenso schon Zivilrecht im Einigungsvertrag RdNr. 468.

[24] Wie hier *Adlerstein-Wagenitz* FamRZ 1990, 1300, 1303; *Palandt-Diederichsen* Art. 234 § 5 RdNr. 1 EGBGB; *Bergerfurth* RdNr. 264a und die hM.

[25] Vgl. *Eberhardt* FamRZ 1990, 917, 919; *Adlerstein-Wagenitz* (Fn. 24).

verstehen sein, daß nachehelicher Unterhalt nur dann gewährt werden soll, wenn die Bedürftigkeit durch die Ehe begründet ist.[26]

9 **b) Die Unterhaltstatbestände im einzelnen.** Dem BGB nicht unähnlich[27] geht das FGB auch in der Neufassung vom Enumerationsprinzip aus.[28] § 29 FGB nF sieht die Gewährung eines Unterhaltsanspruchs wegen **Krankheit** (Nr. 1; vgl. § 1572 BGB), wegen **Alters** (Nr. 2; vgl. § 1571 BGB), wegen der häuslichen **Betreuung und Erziehung der Kindern, soweit diese von den Eltern vereinbart wurde oder wegen in der Person eines Kindes liegender Gründe notwendig ist** (Nr. 3, vgl. § 1570 BGB), oder wegen anderer sich aus der Entwicklung oder Scheidung der Ehe ergebenden Gründe (Nr. 4; vgl. §§ 1573, 1575, 1576 BGB) vor. Weitere Voraussetzung für alle Unterhaltstatbestände ist, daß der Anspruchsteller nicht oder nicht vollständig in der Lage ist, seinen Unterhalt durch eine angemessene Erwerbstätigkeit oder aus sonstigen Mitteln zu bestreiten. Die Erörterung der Frage, inwieweit bei der Auslegung der Tatbestände des FGB ergänzend auf die Vorschriften des BGB zurückgegriffen werden kann, steht erst am Anfang. Der Tatbestand der Krankheit scheint in der Praxis bisher kaum eine Rolle zu spielen. Mehr Bedeutung hat offenbar der Tatbestand des Alters.[29] Auch bei der Geltendmachung von **Betreuungsunterhalt scheint die in der früheren DDR herrschende Auffassung noch fortzuwirken, daß die Betreuung von Kindern regelmäßig keinen Unterhaltsanspruch auslöst.** Dementsprechend wurde auch im Schrifttum[30] die Auffassung vertreten, daß im Hinblick auf die Neufassung des § 29 FGB ab 1. 10. 1990 Betreuungsunterhalt mangels der nunmehr geforderten Betreuungsabsprache und mangels personenbedingter Umstände regelmäßig nicht mehr verlangt werden könnte. Dieser Auffassung ist entgegenzuhalten, daß sich die Auslegung des § 29 FGB, soweit diese Vorschrift auf Grund des Einigungsvertrags noch fortgilt, an der Wertentscheidung von **Art. 6 GG** orientieren muß; Betreuungsunterhalt wird (auch) um des Kindes willen geschuldet. Ist die Mutter deshalb nicht erwerbsfähig, weil sie für das Kind keinen Krippenplatz oder Kindergartenplatz bekommen kann, so ist ein Unterhaltsanspruch dem Grunde nach gegeben. Jedenfalls ist eine Auslegung von § 29 Abs. 1 Nr. 3 FGB abzulehnen, die einen Unterhaltsanspruch nur dann zubilligt, wenn es sich um ein sog. Problemkind[31] handelt. Dagegen dürfte im Falle der Erbwerbslosigkeit aus anderen Gründen ein Unterhaltsanspruch regelmäßig nicht gegeben sein, weil Erwerbslosigkeit unter den besonderen Verhältnissen der neuen Bundesländer regelmäßig nicht ehebedingt sein wird.[32]

10 **c) Bedürftigkeit und Leistungsfähigkeit.** Auch nach § 29 FGB ist nur der geschiedene Ehegatte unterhaltsberechtigt, der bedürftig ist. Ein Unterhaltsanspruch ist auch nur gegeben, wenn der in Anspruch genommene geschiedene Ehegatte leistungsfähig ist.[33] § 1582 BGB findet keine Anwendung; vielmehr sind Kinder, Ehegatte und geschiedener Ehegatte im Unterhaltsrecht stets **gleichrangig** (§ 86 Abs. 2 FGB).[34] Bei der Bestimmung des Selbstbehalts werden die von der Praxis entwickelten **Unterhaltstabellen**[35] herangezogen; dies hat der BGH auch für einen Anspruch aus § 29 FGB ausdrücklich gebilligt.[36]

11 **d) Befristung des Unterhalts.** Entsprechend dem Ausnahmecharakter der gesetzlichen Regelung (vgl. RdNr. 8) wird im Regelfall Unterhalt höchstens für die Dauer von zwei Jahren geschuldet (§ 29 Abs. 1 FGB). § 29 Abs. 2 FGB sieht jedoch vor, daß Unterhalt auch unbefristet zugesprochen werden kann, wenn vorauszusehen ist, daß sich der Unterhaltsberechtigte keinen eigenen Erwerb schaffen kann und wenn unter Berücksichtigung

[26] Vgl. KG FamRZ 1992, 329.
[27] Wie hier *Maurer* DtZ 1993, 130, 131.
[28] Vgl. § 1569 RdNr. 2.
[29] Vgl. BGH FamRZ 1993, 43, 44.
[30] Vgl. *Adlerstein-Wagenitz* FamRZ 1990, 1300, 1303.
[31] Vgl. § 1570 RdNr. 7a.
[32] Ebenso im Ergebnis *Adlerstein-Wagenitz* FamRZ 1990, 1300, 1303.
[33] Vgl. BGH FamRZ 1993, 43, 44.
[34] Vgl. BGH (Fn. 33).
[35] Vgl. hierzu § 1578 RdNr. 21 u. *Maurer* FamRZ 1994, 337, 339, ferner zuletzt Berliner Tabelle als Vortabelle zur Düsseldorfer Tabelle FamRZ 1994, 877 und OLG Brandenburg FamRZ 1994, 1513.
[36] Vgl. BGH (Fn. 33).

aller Umstände die unbefristete Zahlung zumutbar ist. Solche unbefristete Zahlung kam und kommt vor allem in Betracht, wenn **Alter** oder nicht mehr zu beseitigende **Krankheit** vorliegen.[37]

12 **e) Die Abänderbarkeit einer gerichtlichen Entscheidung.** Hat in einem Fall, in dem nach dem innerdeutschen Kollisionsrecht (vgl. RdNr. 4) das FGB auch weiter anzuwenden ist, ein Gericht der DDR den Unterhalt festgesetzt und wird nunmehr Abänderung verlangt, so gilt verfahrensrechtlich § 323 ZPO.[38] § 323 ZPO hat insoweit rein verfahrensrechtlichen Charakter, als (vornehmlich in Abs. 1 und Abs. 2) Voraussetzungen für die Durchbrechung der Rechtskraft der abzuändernden Entscheidung aufgestellt sind.[39] In diesen Fällen ist auch die **Rückwirkungssperre** des § 323 ZPO anzuwenden, da auch die Regelung des § 323 Abs. 3 ZPO verfahrensrechtlich zu qualifizieren ist.[40] Die bisherige Regelung in der DDR (vgl. § 33 FGB iVm. § 22 FGB), wonach der Anspruch auf Erhöhung oder Herabsetzung des Unterhalts ab dem Zeitpunkt besteht, in dem die Änderung der Verhältnisse dem Gegner zur Kenntnis gelangt ist, rückwirkend grundsätzlich auf ein Jahr, wird damit verdrängt. In einem Fall, in dem auch auf das Abänderungsverlangen DDR-Recht anzuwenden ist, kommt jedoch im Hinblick auf § 33 S. 2 FGB eine Erhöhung nur dann in Betracht, wenn der Verpflichtete im Zeitpunkt der Scheidung ein sein normales Einkommen wesentlich unterschreitendes Einkommen gehabt hat, also nur in verhältnismäßig seltenen Ausnahmefällen.[41] Umstritten ist, ob diese Vorschrift in ihrer Härte gegen das Gleichbehandlungsgebot des Grundgesetzes verstößt[42] und ob eine verfassungskonforme Auslegung geboten ist.[43] Geltend gemacht wurde vor allem, daß die Vorschrift des § 33 S. 2 FGB in ihrer Einseitigkeit eine unverhältnismäßige und daher nicht zu rechtfertigende Benachteiligung des Unterhaltsberechtigten darstelle.[44] Die Frage ist jedoch in Übereinstimmung mit dem OLG Dresden[45] dahin zu beantworten, daß durchgreifende verfassungsrechtliche Bedenken nicht bestehen. Auch in diesem Zusammenhang ist zu bedenken, daß diese Regelung Ausfluß der gesetzgeberischen Entscheidung in der ehemaligen DDR war, Unterhalt grundsätzlich nur befristet für eine Übergangszeit zuzusprechen; diese gesetzgeberische Entscheidung war von der Bevölkerung akzeptiert und ist auch (vgl. RdNr. 3) verfassungsrechtlich nicht zu beanstanden.[46]

III. Unterhaltsvereinbarungen

13 **1. Allgemeines.** Nach Art. 234 EGBGB § 5 S. 2 bleiben Unterhaltsvereinbarungen unberührt. Diese Regelung besagt zunächst nur, daß sich ein Ehegatte von einer früher nach DDR-Recht geschlossenen Vereinbarung nicht schon mit der Begründung lösen kann, durch die als Folge des Beitritts eingetretene Rechtsänderung sei die Geschäftsgrundlage

[37] Vgl. *Maurer* DtZ 1993, 130, 131.

[38] BGH FamRZ 1993, 43. Wie der BGH zutreffend ausgeführt hat, ist diese Frage im Einigungsvertrag positivrechtlich geregelt (vgl. Anlage I Kapitel III Sachgebiet A Abschn. III Nr. 5 Buchst. i, BGBl. 1990 II S. 928).

[39] Vgl. BGH (Fn. 38) u. dazu *Brudermüller* FamRZ 1994, 1022, 1024.

[40] In der Entscheidung (Fn. 38) hat der BGH diese Frage ausdrücklich offengelassen; mit *Brudermüller* (Fn. 39) ist jedoch auf der Linie der bisherigen Rspr. (vgl. BGH FamRZ 1983, 22; FamRZ 1990, 269) eine verfahrensrechtliche Qualifikation unvermeidlich. AM mit beachtlichen Argumenten *Gottwald* FamRZ 1992, 1374, 1375.

[41] Vgl. *Brudermüller* (Fn. 39).

[42] So *Bosch* FamRZ 1991, 1370, 1386, 1387.

[43] Vgl. *Maurer* DtZ 1993, 130, 135, u. dazu *Brudermüller* (Fn. 39).

[44] Vgl. KG DtZ 1992, 396l, 397f.; *Maurer* DtZ 1993, 130, 135; *Brudermüller* FamRZ 1994, 1022, 1026.

[45] FamRZ 1994, 708 unter ausdrücklicher Ablehnung von KG (Fn. 44). Das KG hätte unter Zugrundelegung der Rspr. des BGH (vgl. RdNr. 4), die dem Gericht zu diesem Zeitpunkt allderdings noch nicht bekannt sein konnte, über eine entsprechende Anwendung von Art. 18 Abs. 5 EGBGB zur Anwendung des Rechts des BGB und zur Nichtanwendung von § 33 FGB kommen müssen.

[46] In diesem Zusammenhang sei daran erinnert, daß bei der Reform des Scheidungs- und Scheidungsfolgenrecht der damalige Bundesjustizminister Jahn in seinem Diskussionsentwurf vom August 1970 eine Konzeption vorlegte, die mit den Grundlinien der Regelung des FGB weitgehend übereinstimmte, vgl. 1. Aufl. vor § 1569 BGB RdNr. 8.

der Vereinbarung entfallen.[47] Eine solche Vereinbarung konnte nach DDR-Recht rechtswirksam nur im Scheidungsverfahren getroffen werden.[48] Eine entsprechende Einigung mußte gemäß § 46 Abs. 4 S. 1 ZPO/DDR gerichtlich bestätigt werden; sie wurde damit nach § 83 Abs. 4 ZPO/DDR verbindlich mit der Folge, daß aus ihr **vollstreckt** werden konnte (§ 88 Abs. 1 Nr. 1 ZPO/DDR). Auch ein **Unterhaltsverzicht** war vor dem 1. 10. 1990 grundsätzlich wirksam. Er war unter den Verhältnissen der ehemaligen DDR regelmäßig auch nicht sittenwidrig. Ein Unterhaltsverzicht nach Inkraftreten des Einigungsvertrags kann im Einzelfall freilich sittenwidrig sein, wenn der Verzicht zur Folge hat, daß der bedürftige Ehegatte zwangsläufig der Sozialhilfe anheimfallen muß.[49] Im Einzelfall kann die Berufung auf einen Unterhaltsverzicht gemäß § 242 BGB zeitweise ausgeschlossen sein.[50] Im übrigen ist seit 1. 10. 1990 § 29 Abs. 4 FGB zu beachten, in dem unter Übernahme des Texts des § 1585c BGB klargestellt ist, daß Ehegatten über die Unterhaltspflicht für die Zeit nach der Scheidung Vereinbarungen treffen können.

14 **2. Abänderung von Unterhaltsvergleichen.** Wird die Abänderung eines Unterhaltsvergleichs nach Inkrafttreten des Einigungsvertrags verlangt, so stellt sich zunächst die Frage, ob auf dieses Abänderungsbegehren das FGB oder das BGB anzuwenden sind. Auch hier ist seit Inkrafttreten des IPR-Neuregelungsgesetzes **Art. 18 Abs. 5 EGBGB** entsprechend anzuwenden.[51] Dies hat zur Folge, daß das Unterhaltsrecht des BGB zur Anwendung kommt, wenn der Verpflichtete vor dem Beitritt in das Gebiet der Bundesrepublik übergesiedelt ist. Auch in einem solchen Fall ist § 323 Abs. 1 ZPO anzuwenden. Inhaltlich bestimmt sich das Abänderungsbegehren nach den aus § 242 BGB abgeleiteten Grundsätzen über die Veränderung oder den Wegfall der Geschäftsgrundlage. Nach Maßgabe des Parteiwillens bei dem Abschluß der Vereinbarung wird dann zu prüfen sein, ob die Parteien den Unterhaltsanspruch gemäß den §§ 29ff. FGB konkretisieren und ob sie auch die Einschränkung des § 33 S. 2 FGB auch weiterhin wollten.[52]

§ 6 Versorgungsausgleich

Für Ehegatten, die vor dem grundsätzlichen Inkrafttreten der versicherungs- und rentenrechtlichen Vorschriften des Sechsten Buches Sozialgesetzbuch – Gesetzliche Rentenversicherung – in dem in Artikel 3 des Einigungsvertrages genannten Gebiet geschieden worden sind oder geschieden werden, gilt das Recht des Versorgungsausgleichs nicht. Wird die Ehe nach diesem Zeitpunkt geschieden, findet der Versorgungsausgleich insoweit nicht statt, als das auszugleichende Anrecht Gegenstand oder Grundlage einer vor dem Wirksamwerden des Beitritts geschlossenen wirksamen Vereinbarung oder gerichtlichen Entscheidung über die Vermögensverteilung war.

Schrifttum: *Adlerstein-Wagenitz,* Nachehelicher Unterhalt und Versorgungsausgleich in den neuen Bundesländern, FamRZ 1990, 1300; *Bäcker-Steffen,* Sozialunion: Das Beispiel Rentenversicherung, Sozialer Fortschritt 1990, 157; *BfA-aktuell,* Staatsvertrag mit der DDR und gesetzliche Rentenversicherung, 1990; *Bosch,* Familien- und Erbrecht als Themen der Rechtsangleichung nach dem Beitritt der DDR zur Bundesrepublik Deutschland, FamRZ 1991, 749, 1370; *Bürgel-Klattenhoff,* Zur rentenrechtlichen Stellung vor 1992 geschiedener Frauen aus den neuen Bundesländern, FuR 1993, 137; *Dörner/Meyer-Sparenberg,* Rechtsanwendungsprobleme im Privatrecht des vereinten Deutschlands, DtZ 1991, 1; *Eberhardt,* Die Novellierung des Familiengesetzbuchs der DDR, FamRZ 1990, 917; *Eichenhofer,* Intertemporalrechtliche Fragen des interlokalen Versorgungsausgleichsrechts, FuR 1991, 281; *ders.,* Interlokalrechtliche Fragen der Geschiedenenwitwenrente, SGb. 1992, 193; *Henrich,* Internationales Familienrecht, 1989; *ders.,* Probleme der deutschen Rechtseinheit im Familienrecht, FamRZ 1991, 873; *Jayme,* Allgemeine Ehewirkungen und Ehescheidung nach dem

[47] Vgl. BGH FamRZ 1994, 562 u. dazu *Brudermüller* FamRZ 1994, 1022, 1026.
[48] § 30 Abs. 3 FGB.
[49] Vgl. *Palandt-Diederichsen* Art. 234 EGBGB RdNr. 5 u. § 1585c RdNr. 46.
[50] Vgl. § 1585c RdNr. 46 aE.
[51] BGH FamRZ 1994, 562, 563.
[52] Vgl. BGH (Fn. 51) u. hierzu *Brudermüller* FamRZ 1994, 1022, 1026.

Einigungsvertrag – Innerdeutsches Kollisionsrecht und Internationales Privatrecht, IPRax 1991, 11; *ders.*, Einigungsvertrag und innerdeutsches Kollisionsrecht des Versorgungsausgleichs, IPRax 1991, 230; *Jayme-Stankewitsch,* Nochmals: Scheidungsfolgen und innerdeutsches Kollisionsrecht, IPRax 1993, 162; *Klattenhoff,* Versorgungsausgleich und Einigungsvertrag, DAngVers. 1990, 435; *ders.*, Der Versorgungsausgleich nach der Rechtseinheit in der gesetzlichen Rentenversicherung, DAngVers. 1991, 352; *Lemke,* Familienrecht nach dem Einigungsvertrag, FuR 1991, 29; *Mansel,* Perspektiven eines deutschen interlokalen Privat- und Verfahrensrechts nach der Wiedervereinigung, IPRax 1990, 283; *ders.*, Innerdeutsche Rechtsanwendung: (Noch) geltendes Kollisionsrecht, DtZ 1990, 225; *ders.*, Zum Anwendungsbereich der Art. 230 bis 235 EGBGB, DtZ 1991, 124; *Michaelis-Reimann,* Die gesetzliche Rentenversicherung im Staatsvertrag, DAngVers. 1990, 293; *dies.*, Die gesetzliche Rentenversicherung im Einigungsvertrag, DAngVers. 1990, 417; *Polster,* Änderungen des Fremdrenten- und Auslandsrentenrechts durch das Gesetz zum Staatsvertrag, DRV 1990, 508; *Radtke-Malze,* Die Lebensversicherung in der DDR, Versicherungswirtschaft 1990, 492; *Ruland,* Auswirkungen des Staatsvertrages auf die gesetzliche Rentenversicherung, DtZ 1990, 159; *Soßala,* Neuregelungen des Fremdrentenrechts, DAngVers. 1990, 121; *Stephan,* Staatsvertrag bringt Änderungen im bundesdeutschen Versicherungs- und Rentenrecht, DAngVers. 1990, 303.

Übersicht

I. Normzweck

1 Die Vorschrift regelt – wie auch die anderen Bestimmungen des Art. 234 für ihren jeweiligen Sachbereich – die **temporale** Frage, **wann das** bisherige **bundesdeutsche Recht** im Zusammenhang mit dem Beitritt der DDR **im Beitrittsgebiet in Kraft tritt.** Nach Satz 1 der Vorschrift gilt das Recht des Versorgungsausgleichs nicht für Ehen, die vor dem grundsätzlichen Inkrafttreten der versicherungs- und rentenrechtlichen Vorschriften des SGB VI, d. i. der 1. 1. 1992, in den neuen Bundesländern geschieden worden sind. Demgegenüber sind die Bestimmungen über den Versorgungsausgleich grundsätzlich für alle Ehen anzuwenden, die ab diesem Zeitpunkt geschieden werden; ausgenommen sind hiervon aus Gründen des Bestandsschutzes lediglich Fälle, in denen das auszugleichende Anrecht Gegenstand oder Grundlage einer vor dem Beitritt geschlossenen wirksamen Vereinbarung oder gerichtlichen Entscheidung über die Vermögensverteilung gewesen ist (Satz 2).

2 Die Geltung des Versorgungsausgleichs in den neuen Bundesländern ist damit bis zum Inkrafttreten der Rentenreform im gesamten Bundesgebiet aufgeschoben, so daß bis zu diesem Zeitpunkt in Deutschland zwei Teilrechtsordnungen bestanden. Welche dieser Teilrechtsordnungen in einem Fall heranzuziehen ist, der Berührungen zur DDR aufweist, ist nicht Gegenstand dieser intertemporalen Übergangsregelung, sondern richtet sich nach dem **interlokalen Privatrecht,** das der Einigungsvertrag unberührt gelassen hat.[1] Ehegat-

[1] Vgl. BGH LM EVertr. Art. 8 Nr. 3 = DtZ 1991, 93, 94 = FamRZ 1991, 421, 422; OLG Celle DtZ 1992, 54 = FamRZ 1991, 714, 715; AG Charlottenburg DtZ 1991, 61, 62 = FamRZ 1991, 335; AG Charlottenburg FamRZ 1991, 713, 714; AG Charlottenburg DtZ 1991, 382 = FamRZ 1991, 1069; Erl. zum EVertr. BT-Drucks. 11/7817 S. 36f.; *Klattenhoff* DAngVers. 1990, 435, 438; *Henrich* FamRZ 1991, 873, 874; krit. hierzu *Jayme-Stankewitsch* IPRax 1993, 162, 163; vgl. auch allgemeiner *Bosch* FamRZ 1991, 749, 752f., 1370, 1391.

ten, denen nach dem bisherigen interlokalen Recht der Versorgungsausgleich zugute kam, sollten durch den Einigungsvertrag nicht um diese Teilhabe gebracht werden.[2] Wegen des engen Zusammenhangs sollen die interlokalen Bezüge des Versorgungsausgleichs hier ebenfalls erläutert werden (vgl. RdNr. 6ff.).

II. Geschichtlicher Hintergrund

3 Das **Familiengesetzbuch der DDR kannte** den **Versorungsausgleich nicht.** Die gesetzlich normierte soziale Sicherung Geschiedener war in der DDR wenig bedeutsam: Frauen nahmen am Erwerbsleben in größerem Umfang als in der Bundesrepublik teil. Zwar waren auch in der DDR die Frauen – verstärkt mit zunehmender Kinderzahl – mehr als die Männer mit der Hausarbeit belastet und überdurchschnittlich in Berufen und Wirtschaftszweigen tätig, die nur unterdurchschnittlich an der Einkommensentwicklung beteiligt waren; familienbedingte Erwerbsnachteile wurde jedoch durch besondere Regelungen im DDR-Rentenrecht weitgehend ausgeglichen.[3] Aufgrund der Gewährung versicherungszeitbestimmter Festbeträge nach §§ 19, 20 der 4. RentenVO vom 8. 6. 1989,[4] der versicherungszeitabhängigen Mindestbeträge der Formelrente gem. § 2 dieser RentenVO und einer versicherungszeitunabhängigen Mindestrente (§§ 1, 3 der 4. RentenVO) war mit Rücksicht auf die allgemeinen Subventionierungen der Güter des Grundbedarfs, der Mieten und der öffentlichen Verkehrsmittel eine versorgungsrechtliche Sicherung als Scheidungsfolge weitgehend entbehrlich.[5] War ein geschiedener Ehegatte gleichwohl unversorgt, begnügte man sich mit einer über den Tod des unterhaltspflichtigen Ehegatten hinaus verlängerten Unterhaltsrente (§ 49 der RentenVO vom 23. 11. 1979[6] und § 15 der 4. RentenVO). Das Leistungsrecht der DDR-Rentenversicherung galt bis zum 31. 12. 1991 im Gebiet der ehem. DDR weiter.

4 Der Einigungsprozeß kam zu einer Zeit in Gang, in der für das Gebiet der alten Bundesländer bereits das Gesetz zur Reform der gesetzlichen Rentenversicherung (Rentenreformgesetz 1992 – RRG 1992) vom 18. 12. 1989[7] verabschiedet war, welches das bisher in drei Versicherungszweige gegliederte Recht der gesetzlichen Rentenversicherung mit Wirkung zum 1. 1. 1992 in einem einheitlichen Gesetz, dem SGB VI, zusammenfaßte. Der Vertrag vom 18. 5. 1990 über die Schaffung einer Währungs-, Wirtschafts- und Sozialunion (im folgenden: Staatsvertrag)[8] sah für die DDR die Übernahme eines der Organisationsstruktur in der Bundesrepublik entsprechenden gegliederten Systems der Sozialversicherung mit dem Ziel vor, auch im Gebiet der DDR ein auf dem Grundsatz der Lohn- und Beitragsbezogenheit beruhendes Rentensystem einzuführen.[9] Zudem verfügte das Rentenrecht der DDR nicht über das für die Durchführung des Versorgungsausgleichs erforderliche sozialversicherungsrechtliche Instrumentarium. Im Zeitpunkt des Beitritts waren die Modalitäten der inhaltlichen Übernahme des bundesdeutschen Rentenrechts noch nicht geschaffen, sondern sollten nach Art. 30 Abs. 5 EVertr. durch ein künftiges gesamtdeutsches Bundesgesetz geregelt werden. Aus diesem Grund wurde das für die alten Bundesländer reformierte Rentenrecht des SGB VI durch das Gesetz zur Herstellung der Rechtseinheit in der gesetzlichen Renten- und Unfallversicherung (Renten-Überleitungsgesetz – RÜG) vom 25. 7. 1991[10] erst zum 1. 1. 1992 zeitgleich mit dem Inkraftteten des SGB VI auf das Beitrittsgebiet übergeleitet. Das RÜG enthält zugleich die erforderlichen

[2] Vgl. *Adlerstein-Wagenitz* FamRZ 1990, 1300, 1305; BT-Drucks. 11/7817 S. 37 unter Hinweis auf Art. 236 § 1.

[3] Vgl. hierzu im einzelnen *Bürgel-Klattenhoff* FuR 1993, 127–130.

[4] GBl. DDR I S. 229.

[5] Vgl. u. a. *Bäcker-Steffen* Soz. Fortschritt 1990, 157ff.

[6] GBl. DDR I S. 401.

[7] BGBl. 1989 I S. 2261.

[8] BGBl. 1990 II S. 537; dem Vertrag ist durch Art. 1 des Gesetzes vom 25. 6. 1990 (BGBl. 1990 II S. 518) zugestimmt worden.

[9] Vgl. Art. 18, 20 Abs. 1 des Staatsvertrages, s. hierzu *Michaelis-Reimann* DAngVers. 1990, 293; *Ruland* DtZ 1990, 159; *BfA-aktuell,* Staatsvertrag mit der DDR und gesetzliche Rentenversicherung, S. 15f.

[10] BGBl. 1991 I S. 1606.

Regelungen, um den Versorgungsausgleich bezogen auf das Beitrittsgebiet durchführen zu können.[11] Die aufgeschobene Geltung in Art. 234 § 6 ist in diesen vorwiegend praktischen Schwierigkeiten der Angleichung des Rentenrechts und der Übernahme des eng mit ihm zusammenhängenden Versorgungsausgleichs begründet.[12]

III. Ehescheidungen bis 31. 12. 1991 (Satz 1)

5 **1. Regelungsinhalt.** Der in §§ 1587 bis 1587p geregelte Versorgungsausgleich ist generell auf Ehen, die vor dem grundsätzlichen Inkraftreten der versicherungs- und rentenrechtlichen Vorschriften der in das SGB VI eingestellten Rentenreform 1992 im Beitrittsgebiet, dh. vor dem 1. 1. 1992, geschieden worden sind oder geschieden werden, nicht anzuwenden, und zwar auch nicht nachträglich.[13] Das gilt gleichermaßen für Fälle der Nichtigerklärung (§ 26 Abs. 1 EheG) oder Aufhebung der Ehe nach § 39 Abs. 2 S. 2 EheG bis zu diesem Zeitpunkt; für sonstige Fälle der nach dem DDR-FGB nicht bekannten Eheaufhebung vor dem 1. 1. 1992 gilt entsprechendes, soweit die Ehe nach dem Beitritt unter der Geltung des EheG geschlossen worden ist (vgl. Maßgaben zum Inkrafttreten des Ehegesetzes im Beitrittsgebiet in Anl. I Kap. III Sachgebiet B Abschn. III Nr. 11 zum Einigungsvertrag, BGBl. 1990 II S. 954).

6 **2. Beitrittsgebiet und interlokales Recht.** Der Hinweis auf das Beitrittsgebiet bezieht sich auf das Inkrafttreten des SGB VI, nicht jedoch auf den Ort der Scheidung.[14] Ob ein Versorgungsausgleich bei einer Scheidung vor dem 1. 1. 1992 durchzuführen ist, hängt daher nicht davon ab, ob die Scheidung in einem Ort der alten oder neuen Bundesländer ausgesprochen worden ist, sondern richtet sich nach den Grundsätzen des interlokalen Rechts.[15] Die Übergangsvorschrift will nicht – ändernd – die Sachverhalte erfassen, in denen nach dem interlokalen Recht ein Versorgungsausgleich durchzuführen ist; hierbei soll es bleiben.[16] Vielmehr hat sie nur die Fälle im Auge, in denen nach den Grundsätzen des interlokalen Rechts das Recht der früheren DDR berufen ist. Sie enthält zugleich mittelbar die Aussage, daß das Scheidungsfolgenrecht des Beitrittsgebiets für abgeschlossene Fälle aufrechterhalten wird.[17] Im einzelnen gilt hierzu folgendes:

7 **a) Vor der Reform des IPR.** Die Frage, nach welchem Recht ein Fall zu entscheiden ist, der Berührungen zur DDR aufweist, richtet sich nach dem gesetzlich nicht geregelten interlokalen Privatrecht der alten Bundesländer.[18] Vor der Reform des IPR lehnte der BGH hierfür eine direkte oder auch nur entsprechende Anwendung des Art. 17 EGBGB ab, weil sie den Besonderheiten des Verhältnisses zwischen den beiden deutschen Staaten

[11] Gesetz zur Überleitung des Versorgungsausgleichs auf das Beitrittsgebiet (Versorgungsausgleichs-Überleitungsgesetz – VAÜG) in Art. 31 des RÜG (BGBl. 1991 I S. 1606, 1702); vgl. Anh. II zu §§ 1587 bis 1587p BGB.

[12] Vgl. Erl. zum EVertr. BT-Drucks. 11/7817 S. 44.

[13] Vgl. Erl. zum EVertr. BT-Drucks. 11/7817 S. 44; BGH LM EGBGB 1986 Art. 234 Nr. 6 = DtZ 1994, 279 = FamRZ 1994, 884, 885; OLG Frankfurt FamRZ 1993, 1096, 1097; *Bosch* FamRZ 1991, 1370, 1390.

[14] Vgl. AG Charlottenburg FamRZ 1991, 713, 714; *Adlerstein-Wagenitz* FamRZ 1990, 1300, 1305; *Soergel-Vorwerk-Lipp* Nachträge 5. Lfg. August 1993 Vor § 1587 BGB RdNr. 22c; aA *Jayme* IPRax 1991, 11, 14 und IPRax 1991, 230, 231.

[15] Vgl. BGH LM EVertr. Art. 8 Nr. 3 = DtZ 1991, 93, 94 = FamRZ 1991, 421, 422; OLG Celle DtZ 1992, 54 = FamRZ 1991, 714, 715; AG Charlottenburg DtZ 1991, 61, 62 = FamRZ 1991, 335; FamRZ 1991, 713, 714; DtZ 1991, 382 = FamRZ 1991, 1069; *Henrich* FamRZ 1991, 873, 874; allgemein hierzu *Mansel* DtZ 1990, 225.

[16] Vgl. Erl. zum EVertr. BT-Drucks. 11/7817 S. 37; *Adlerstein-Wagenitz* FamRZ 1990, 1300, 1305; *Klattenhoff* DAngVers. 1990, 435, 438; *Soergel-Vorwerk-Lipp* Nachträge 5. Lfg. August 1993 Vor § 1587 BGB RdNr. 22b.

[17] Vgl. Erl. zum EVertr. BT-Drucks. 11/7817 S. 44; BGH LM EGBGB 1986 Art. 234 Nr. 6 = DtZ 1994, 279 = FamRZ 1994, 884, 885; *Eichenhofer* SGb. 1992, 193, 197; *Bürgel-Klattenhoff* FuR 1993, 127, 131.

[18] Nicht nach dem Rechtsanwendungsgesetz der DDR; vgl. BGH LM EVertr. Art. 8 Nr. 14 = NJW 1994, 582 = FamRZ 1994, 304, 305; BGH LM EGBGB 1986 Art. 234 Nr. 6 = DtZ 1994, 279 = FamRZ 1994, 884; aA *Dörner/Meyer-Sparenberg* DtZ 1991, 1, 2, die für vor dem Beitritt abgeschlossene Vorgänge von einer Spaltung des innerdeutschen Kollisionsrechts ausgehen.

nicht hinreichend Rechnung trage.[19] Da die Staatsangehörigkeit im innerdeutschen Kollisionsrecht kein geeignetes Anknüpfungskriterium ist, hat er stattdessen den durch den fortdauernden gewöhnlichen Aufenthalt begründeten Gegenwartsbezug zu demjenigen der beiden deutschen Staaten herangezogen, in dem beide Ehegatten früher gelebt haben. Nach dieser Rechtsprechung bestimmten sich daher die Scheidungsfolgen, zu denen auch der Versorgungsausgleich zu rechnen ist, nach dem Recht der DDR, wenn die deutschen Ehegatten während der Ehe ihren gewöhnlichen Aufenthalt zuletzt beide dort hatten; dies galt auch, wenn ein Ehegatte in die Bundesrepublik übersiedelte, der andere aber in der DDR verblieb.[20] Der BGH sah jedoch ein Bedürfnis, das Statut zu wandeln, wenn später auch der andere Ehegatte in die Bundesrepublik übersiedelte. Insoweit wandte er für künftig eintretende Scheidungsfolgen das Recht der Bundesrepublik an und führte dementsprechend den Versorgungsausgleich mit Wirkung für die Zukunft durch.[21] Dies betrifft jedoch nur Übersiedlungen vor dem 3. 10. 1990, wovon nach Herstellung der Rechtseinheit bei einem Umzug in das Gebiet der alten Bundesländer nicht mehr gesprochen werden kann.[22] War der letzte gemeinsame gewöhnliche Aufenthalt der Eheleute in der alten Bundesrepublik, findet der Versorgungsausgleich statt, selbst wenn einer[23] oder beide später in die DDR übersiedelten. Diese Grundsätze gelten entsprechend Art. 220 Abs. 1 EGBGB für Scheidungsverfahren, die vor dem Inkrafttreten des IPRG, also bis zum 31. 8. 1986, rechtshängig geworden sind.[24]

b) Nach dem Inkrafttreten des IPRG. An diesen Grundsätzen ist für die Zeit nach dem Inkrafttreten des IPRG insoweit unverändert festzuhalten, als es um die Bestimmung des Scheidungsfolgenstatuts geht, an das für die Regelung des Versorgungsausgleichs primär anzuknüpfen ist (vgl. Art. 17 Abs. 3 S. 1 EGBGB).[25] Durch die Neuregelung in Art. 17 Abs. 3 S. 2 EGBGB ist jedoch abweichend zum früheren Recht die Möglichkeit eröffnet worden, auch bei ausländischem Scheidungsstatut unter den Voraussetzungen dieser Bestimmung den Versorgungsausgleich durchzuführen. Diese Lösung, die an das im Zeitpunkt des Eintritts der Rechtshängigkeit des Scheidungsantrags geltende Recht anknüpft und daher unwandelbar ist,[26] ist auch im deutsch-deutschen Verhältnis sachgerecht. Ein Bedürfnis für eine Sonderbehandlung dieser Ehen beim Versorgungsausgleich ist damit entfallen, weshalb gegen eine entsprechende Anwendung des Art. 17 Abs. 3 EGBGB keine Bedenken mehr bestehen.[27] Als inländische Versorgungsanwartschaft iS von Art. 17 Abs. 3 S. 2 Nr. 1 EGBGB, die die Durchführung des Versorgungsausgleichs rechtfertigt,

8

[19] Vgl. BGHZ 85, 16, 22 = NJW 1983, 279f. = FamRZ 1982, 1189, 1190 zum nachehelichen Unterhalt; BGHZ 91, 186, 191f. = NJW 1984, 2361, 2362 = FamRZ 1985, 674, 675 und BGH DtZ 1992, 150, 151 = FamRZ 1992, 295 zum Versorgungsausgleich.

[20] BGHZ 91, 186, 196 = NJW 1984, 2361, 2363 = FamRZ 1984, 674, 677; BGH DtZ 1992, 150, 151 = FamRZ 1992, 295; BGH LM EGBGB 1986 Art. 234 Nr. 6 = DtZ 1994, 279 = FamRZ 1994, 884.

[21] BGHZ 91, 186, 197 = NJW 1984, 2361, 2363f. = FamRZ 1984, 674, 677; BGH DtZ 1992, 150, 151 = FamRZ 1992, 295.

[22] Vgl. *Adlerstein-Wagenitz* FamRZ 1990, 1300, 1301; *Jayme* IPRax 1991, 230, 231; *Bosch* FamRZ 1991, 1370, 1391; *Jayme-Stankewitsch* IPRax 1993, 162, 163; *Soergel-Vorwerk* Nachträge 3. Lfg. März 1992 Vor § 1587 BGB RdNr. 22f.

[23] Vgl. BGH LM EVertr. Art. 8 Nr. 3 = DtZ 1991, 93 = FamRZ 1991, 421.

[24] BGH LM EGBGB 1986 Art. 234 Nr. 6 = DtZ 1994, 279 = FamRZ 1994, 884; BGH DtZ 1992, 150, 151 = FamRZ 1992, 295; BGH LM EVertr. Art. 8 Nr. 3 = DtZ 1991, 93 = FamRZ 1991, 421; BGH NJW-RR 1989, 902 = FamRZ 1989, 1060; BGH LM EGBGB 1986 Art. 17 Nr. 3 = NJW 1990, 638f. = FamRZ 1990, 142; BGH LM EGBGB Art. 17 Nr. 23 = NJW-RR 1990, 322 = FamRZ 1990, 386.

[25] Offengelassen von BGH LM EVertr. Art. 8 Nr. 3 = DtZ 1991, 93 = FamRZ 1991, 421 und BGH DtZ 1992, 150, 151 = FamRZ 1992, 295.

[26] Gegen eine Wandelbarkeit des Statuts OLG Celle, DtZ 1992, 54 = FamRZ 1991, 714, 715; *Adlerstein-Wagenitz* FamRZ 1990, 1300, 1305; *Klattenhoff* DAngVers. 1990, 435, 437; vgl. auch *Johannsen-Henrich* Art. 234 § 6 EGBGB RdNr. 3.

[27] Vgl. OLG Celle DtZ 1992, 54 = FamRZ 1991, 714, 715; AG Charlottenburg DtZ 1991, 61, 62 = FamRZ 1991, 335; FamRZ 1991, 713, 714; DtZ 1991, 382 = FamRZ 1991, 1069; *Henrich* Internationales Familienrecht § 4 III 1d und FamRZ 1991, 873, 875; *Johannsen-Henrich* Art. 234 § 6 EGBGB RdNr. 3; andeutungsweise in diese Richtung BGH LM EGBGB 1986 Art. 234 Nr. 6 = DtZ 1994, 279 = FamRZ 1994, 884.

ist eine solche zu verstehen, die vor dem Beitritt in einem Versorgungssystem der alten Bundesländer erworben worden ist;[28] hierzu gehören auch nach dem Fremdrentenrecht zu bewertende Anwartschaften für rentenrechtliche Zeiten, die bis zum 18. 5. 1990[29] in der ges. Rentenversicherung der DDR zurückgelegt worden sind, sofern der Berechtigte bis zu diesem Zeitpunkt in den alten Bundesländern oder Berlin (West) seinen Aufenthalt genommen hatte.[30] Es liegt nahe, bei entsprechender Anwendung des Art. 17 Abs. 3 S. 2 EGBGB den Versorgungsausgleich nur auf Antrag[31] und nicht von Amts wegen[32] vorzunehmen.

9 **c) Nach dem Beitritt.** Für ein nach dem Beitritt rechtshängig gewordenes Scheidungsverfahren würde eine unbesehene entsprechende Anwendung des Art. 17 Abs. 3 EGBGB in dem zuvor erörterten Sinn zu Ergebnissen führen, die mit Art. 234 § 6 nicht zu vereinbaren wären: Denn das primär maßgebende Scheidungsfolgenstatut ist – wegen der allgemeinen Überleitung des BGB – immer bundesdeutsches Recht, ein interlokales Recht ist wegen des einheitlich geltenden Scheidungsrechts obsolet. Auch kann dem bis zum 31. 12. 1991 fortgeltenden Recht der DDR in bezug auf das Rentenrecht nicht der Charakter inländischen Rechts abgesprochen werden. Die Folge einer uneingeschränkten Anwendung des Rechts des Versorgungsausgleichs zieht jedoch Art. 234 § 6 gerade nicht; vielmehr hat es der Gesetzgeber des Einigungsvertrags abgelehnt, Ehen, die vor dem grundsätzlichen Inkrafttreten des SGB VI in den neuen Bundesländern geschieden worden sind, dem Versorgungsausgleich zu unterstellen.[33] Für eine sinnvolle interlokale Anknüpfung, die von Art. 234 § 6 vorausgesetzt wird, ist es daher erforderlich, auf die tatsächlichen und rechtlichen Gegebenheiten unmittelbar vor dem Beitritt abzustellen.[34] Werden daher Eheleute geschieden, die unmittelbar vor dem Beitritt ihren gewöhnlichen Aufenthalt in der DDR hatten oder deren letzter gemeinsamer – und von einem noch beibehaltener – Aufenthalt in der DDR war, findet in entsprechender Anwendung des Art. 17 Abs. 3 S. 1 EGBGB ein Versorgungsausgleich nicht statt, weil ihn das DDR-Recht nicht kannte. Als inländische Anwartschaft iS von Art. 17 Abs. 3 S. 2 EGBGB kann nur eine solche angesehen werden, die nach dem bis zum 31. 12. 1991 geltenden Rentenrecht der alten Bundesrepublik besteht.

10 Dies gilt etwa für eine Anwartschaft, die ein Ehegatte als Pendler oder nach einem Umzug in den alten Bundesländern erworben hat.[35] Demgegenüber führt eine Übersiedlung nach dem 18. 5. 1990 in das Gebiet der alten Bundesländer nicht mehr zu der Folge, daß die in der DDR begründete Anwartschaft so behandelt wird, als ob sie in der früheren Bundesrepublik erworben worden wäre. So erhalten nach Art. 20 Abs. 7 des Staatsvertrages vom 18. 5. 1990 Personen, die nach dem 18. 5. 1990 ihren gewöhnlichen Aufenthalt aus dem Gebiet des einen deutschen Staates in das Gebiet des anderen verlegt haben, ihre Rente von dem bisher zuständigen Rentenversicherungsträger nach den für ihn geltenden Rechtsvorschriften für die dort zurückgelegten Zeiten (sog. Leistungsexport). Maßgebend für die rentenrechtliche Umsetzung dieser Grundsatzbestimmung sind sowohl Art. 23 des Gesetzes vom 25. 6. 1990 zum Staatsvertrag[36] als auch der fünfte Abschnitt (§§ 20, 21) des

[28] Vgl. *Adlerstein-Wagenitz* FamRZ 1990, 1300, 1306.

[29] Vgl. Art. 23 § 1 des Gesetzes zu dem Vertrag vom 18. 5. 1990 über die Schaffung einer Währungs-, Wirtschafts- und Sozialunion (BGBl. II S. 518, 527).

[30] Vgl. BGH LM EVertr. Art. 8 Nr. 3 = DtZ 1991, 93, 94 = FamRZ 1991, 421, 422; OLG Celle DtZ 1992, 54f. = FamRZ 1991, 714, 715; AG Charlottenburg DtZ 1991, 61f. = FamRZ 1991, 335f.; *Klattenhoff* DAngVers. 1990, 435, 437.

[31] So OLG Celle DtZ 1992, 54f. = FamRZ 1991, 714, 715; AG Charlottenburg (Abt. 126) FamRZ 1991, 713, 714; *Adlerstein-Wagenitz* FamRZ 1990, 1300, 1306; *Johannsen-Henrich* Art. 234 § 6 EGBGB RdNr. 3; gegen eine entsprechende Anwendung der Bestimmung überhaupt OLG Frankfurt FamRZ 1991, 1323.

[32] So AG Charlottenburg (Abt. 142) DtZ 1991, 382f. = FamRZ 1991, 1069f. wegen der Besonderheit des deutsch-deutschen Verhältnisses.

[33] Vgl. Erl. zum EVertr. BT-Drucks. 11/7817 S. 44 unter dem Gesichtspunkt einer andernfalls bedenklichen Rückwirkung; BGH LM EGBGB 1986 Art. 234 Nr. 6 = DtZ 1994, 279 = FamRZ 1994, 884, 885; OLG Frankfurt FamRZ 1993, 1096f.

[34] Vgl. *Mansel* IPRax 1990, 283, 287; *ders.* DtZ 1991, 124, 126; ähnlich *Soergel-Lipp* Nachträge 4. Lfg. Oktober 1992 Einl. VAÜG RdNr. 27.

[35] Vgl. *Eichenhofer* FuR 1991, 281, 283.

[36] BGBl. II S. 518, 527.

Rentenangleichungsgesetzes (RAnglG) der DDR vom 28. 6. 1990.[37] Danach ist sowohl die Eingliederung von Berechtigten mit bis zum 18. 5. 1990 nach DDR-Recht zurückgelegten Beitragszeiten in die gesetzliche Rentenversicherung der Bundesrepublik nach den Vorschriften des FRG als auch die Abgeltung der in diesem Gebiet zurückgelegten Rentenversicherungszeiten unter der Voraussetzung, daß der Berechtigte am 18. 5. 1990 seinen gewöhnlichen Aufenthalt außerhalb des Bundesgebietes einschließlich Berlin (West) hatte, zugunsten des im zwischenstaatlichen Recht gängigen Leistungsexports aufgegeben worden.[38] Ausgenommen hiervon bleiben weiterhin Berechtigte, die sich am 18. 5. 1990 im Ausland aufgehalten und bereits zuvor ihren gewöhnlichen Aufenthalt in der Bundesrepublik begründet hatten (Art. 23 § 1 Abs. 2 des Ges. vom 25. 6. 1990 zum Staatsvertrag vom 18. 5. 1990; vgl. RdNr. 8). Wurden rentenrechtliche Zeiten nach dem 18. 5. 1990 im Gebiet der ehem. DDR nach den dort geltenden Rechtsnormen zurückgelegt, so ist nach Art. 23 § 1 Abs. 1 des Ges. zum Staatsvertrag das Fremdrentenrecht ausnahmslos nicht anzuwenden.[39] Im übrigen sind in dem im Beitrittsgebiet bis zum 31. 12. 1991 grundsätzlich weitergeltenden bisherigen Rentenversicherungsrecht in Ergänzung der Regelungen des § 21 RAnglG korrespondierende Beschränkungen mit Inkrafttreten des Einigungsvertrages wirksam geworden (vgl. Anl. II Kap. VIII Sachgebiet F Abschn. III Nr. 6 Buchst. b[40]).

11 **3. Maßgebender Zeitpunkt der Scheidung.** Art. 234 § 6 stellt für die Frage, ob das Recht des Versorgungsausgleichs anzuwenden ist, auf den Zeitpunkt der Scheidung ab. Für die Auffassung, daß damit der Zeitpunkt des Ausspruchs der Scheidung und nicht deren Rechtskraft gemeint ist, wird zum einen angeführt, daß der Einigungsvertrag dort, wo er auf die Rechtskraft einer Entscheidung abstellt, dies besonders zum Ausdruck gebracht habe (vgl. etwa Art. 234 § 7 Abs. 3), während dies bei anderen Bestimmungen nicht der Fall ist (vgl. etwa Art. 234 § 5 S. 1 zum nachehelichen Unterhalt).[41] Zum anderen wird für diese Auslegung erwogen, eine Partei solle es – bei unverändertem materiellen Scheidungsrecht vor und nach dem 1. 1. 1992 – nicht in der Hand haben, durch Einlegung eines Rechtsmittels die Scheidungsfolge Versorgungsausgleich wählen zu können.[42] Die Frage läßt sich nicht eindeutig in dem einen oder anderen Sinn beantworten. Vielmehr kommt es auf die jeweilige prozessuale Situation an, wobei zu berücksichtigen ist, daß der Geltungsaufschub für den Versorgungsausgleich in erster Linie darauf beruht, daß das technische und sozialversicherungsrechtliche Instrumentarium für seine Durchführung erst ab dem 1. 1. 1992 für das Beitrittsgebiet zur Verfügung steht. Daraus folgt: Findet das Verfahren mit einem vor dem 1. 1. 1992 verkündeten Scheidungsurteil seinen Abschluß, ist der Versorgungsausgleich nach Satz 1 nicht durchzuführen, auch wenn die Scheidung erst nach dem 31. 12. 1991 rechtskräftig wird. Ist jedoch hinsichtlich des Scheidungsausspruchs nach dem 31. 12. 1991 über ein zulässiges Rechtsmittel zu befinden, hat das Gericht das bei Erlaß der Entscheidung geltende Recht anzuwenden, also auch den ab 1. 1. 1992 möglichen Versorgungsausgleich durchzuführen.[43] Für die Übergangsregelung des Art. 12 Nr. 3 Abs. 3 S. 1 des 1. EheRG[44] wurde ebenfalls nicht auf den Eintritt der

[37] GBl. DDR I S. 495; s. hierzu auch *BfA-aktuell,* Staatsvertrag mit der DDR und gesetzliche Rentenversicherung, S. 93, 108ff.; *Michaelis-Reimann* DAngVers. 1990, 293, 301.

[38] Zur Neuregelung des Fremdrentenrechts durch das RRG 1992 vgl. *Soßala* DAngVers. 1990, 121.

[39] Vgl. hierzu auch *Stephan* DAngVers. 1990, 303, 307f.; *Polster* DRV 1990, 508.

[40] BGBl. 1990 II S. 889, 1212.

[41] Vor § 1 VAÜG RdNr. 1, 20, *Adlerstein-Wagenitz* FamRZ 1990, 1300, 1304; *Klattenhoff* DAngVers. 1991, 352 unter Hinweis auf die Begründung des Gesetzentwurfs der Fraktionen der CDU/CSU und FDP zum VAÜG BT-Drucks. 12/405 S. 174, auf den der RegE BT-Drucks. 12/630 S. 7 vollinhaltlich Bezug genommen hat; *Johannsen-Henrich* Art. 234 § 5 EGBGB RdNr. 3; *Palandt-Diederichsen* Art. 234 § 6 RdNr. 9; *Soergel-Vorwerk* Nachträge 3. Lfg. März 1992 Vor § 1587 BGB RdNr. 22d; den Zeitpunkt des Rechtskrafteintritts hält *Bosch* FamRZ 1991, 1370, 1383 für maßgeblich.

[42] So *Adlerstein-Wagenitz* FamRZ 1990, 1300, 1303; Zivilrecht im EVertr. RdNr. 489.

[43] Vgl. *Soergel-Lipp* Nachträge 4. Lfg. Oktober 1992 Einl. VAÜG RdNr. 6.

[44] Vom 14. 6. 1976 (BGBl. I S. 1421).

Rechtskraft des Scheidungsausspruchs, sondern darauf abgestellt, ob der Entscheidung das bis zum 30. 6. 1977 geltende Recht zugrunde lag.[45]

12 **4. Sozialrechtliche Auswirkungen.** Mit der Einführung des Versorgungsausgleichs im früheren Bundesgebiet zum 1. 7. 1977 wurde die Hinterbliebenenrente für den geschiedenen Ehegatten abgeschafft. Sie wird nur noch – unter den Voraussetzungen des § 243 SGB VI – für geschiedene Ehegatten gewährt, deren Ehen vor dem 1. 7. 1977 geschieden worden sind. An die Stelle der Hinterbliebenenrente für den geschiedenen Ehegatten ist die jetzt in § 47 SGB VI geregelte Erziehungsrente getreten.[46] Im Beitrittsgebiet, in dem bis zum 31. 12. 1991 das Leistungsrecht der DDR-Rentenversicherung fortgalt, sah § 49 RentenVO vom 23. 11. 1979 beim Tod des zur Unterhaltszahlung verurteilten Ehegatten unter näheren Voraussetzungen die Gewährung einer Unterhaltsrente an den geschiedenen Ehegatten für die Dauer der gerichtlich festgelegten Unterhaltszahlung vor. Für Berechtigte, die am 18. 5. 1990 ihren gewöhnlichen Aufenthalt im Beitrittsgebiet hatten und deren Rente bis zum 31. 12. 1996 beginnt (vgl. Art. 2 § 1 RÜG), ist die Aussicht auf eine solche Rente durch Art. 2 § 14 RÜG aufrechterhalten worden.[47] Die in § 243 SGB VI vorgesehene Hinterbliebenenrente für Ehegatten, die vor dem 1. 7. 1977 geschieden worden sind, gilt nicht für die Ehegatten, deren Unterhaltsanspruch sich nach dem Recht des Beitrittsgebiets bestimmt hat (§ 243a SGB VI); dieser Personenkreis kann vielmehr unter den Voraussetzungen des § 47 SGB VI Erziehungsrente erhalten, und zwar – abweichend von § 47 Abs. 1 Nr. 1 SGB VI – auch dann, wenn die Ehe vor dem 1. 7. 1977 geschieden worden ist. Da es sich insoweit um eine Rente aus den eigenen Anwartschaften des Versicherten handelt, fehlt es mangels Versorgungsausgleichs in den hier erörterten Fällen an einem Ausgleich für ehebedingte Versorgungsnachteile.[48]

IV. Ehescheidungen ab 1. 1. 1992 (Satz 2)

13 **1. Grundsatz.** Für Ehescheidungen ab 1. 1. 1992 findet der Versorgungsausgleich grundsätzlich statt; insoweit kommt es nicht mehr darauf an, ob sich die Eheleute zuletzt im Gebiet der früheren DDR oder im bisherigen Bundesgebiet aufgehalten haben. Das interlokale Recht hat für Ehescheidungen ab dem 1. 1. 1992 daher keine Bedeutung mehr.[49] Der Versorgungsausgleich gilt auch für Ehen, die vor dem Wirksamwerden des Beitritts geschlossen worden sind. Die vergleichbare Übergangsregelung des Art. 12 Nr. 3 Abs. 1 des 1. EheRG, mit der das neue Scheidungs- und Scheidungsfolgenrecht, also auch das Recht des Versorgungsausgleichs, auf bereits geschlossene Ehen für anwendbar erklärt wurde, hat das BVerfG für verfassungsrechtlich unbedenklich gehalten.[50] Die Vorschrift erfaßt – wie Satz 1 – nur solche Ehen, für die nach bisherigem Recht ein Versorgungsausgleich nicht in Betracht kam (vgl. RdNr. 6) und die nach dem 31. 12. 1991 geschieden werden.

14 **2. Ausnahme von Durchführung des Versorgungsausgleichs.** Ausnahmsweise findet der Versorgungsausgleich insoweit nicht statt, als das auszugleichende Anrecht Gegenstand oder Grundlage einer vor dem Wirksamwerden des Beitritts geschlossenen wirksamen Vereinbarung oder gerichtlichen Entscheidung über die Vermögensverteilung war. Die Vorschrift lehnt sich an die Übergangsregelung des Art. 12 Nr. 3 Abs. 3 S. 2 des 1. EheRG[51] an und schützt das Vertrauen der Eheleute in die Bestandskraft eines zwischen

[45] Vgl. BGH FamRZ 1979, 906f.; BGH LM 1. EheRG Nr. 23 = NJW 1985, 2716 LS = FamRZ 1985, 270.

[46] Vgl. hierzu Vor § 1587 BGB RdNr. 2, 17.

[47] Vgl. krit. *Bürgel-Klattenhoff* FuR 1993, 127, 134, die diese Regelung für unzureichend halten.

[48] Krit. zu dieser Rechtslage auch unter verfassungsrechtlichen Aspekten *Eichenhofer* SGb. 1992, 193, 199; *Bürgel-Klattenhoff* FuR 1993, 127, 133.

[49] AA offenbar *Hohloch,* Anm. zu LM EGBGB 1986 Art. 234 Nr. 6, der die nach dem Gesetzestext nicht begründete, aber interlokalrechtlich geprägte Einschränkung machen will, die Rechtshängigkeit des Scheidungsverfahrens müsse nach dem 31. 12. 1991 eingetreten sein.

[50] BVerfGE 53, 257, 309f. = NJW 1980, 692, 697 = FamRZ 1980, 326, 336.

[51] Zu dieser Übergangsregelung s. Vor § 1587 BGB RdNr. 39.

ihnen gefundenen Interessenausgleichs. Sie erfaßt nur die Anrechte („insoweit“), die in diesen Interessenausgleich einbezogen sind. Hinsichtlich der einzelnen Elemente der Vorschrift gilt folgendes:

15 **a) Vereinbarung vor dem 3. 10. 1990.** Das Vertrauen in den Bestand einer Vereinbarung wird nur insoweit geschützt, als sie vor dem 3. 10. 1990, dem Tag des Wirksamwerdens des Beitritts,[52] geschlossen wurde. Ab diesem Tag, an dem das BGB im wesentlichen für das Beitrittsgebiet in Kraft gesetzt wurde, konnten sich die Eheleute auf die neue Rechtslage einstellen und bedurften eines Vertrauensschutzes nicht mehr.[53] Mit dem Wirksamwerden des Beitritts konnten sie nach Maßgabe der zum 3. 10. 1990 im Beitrittsgebiet in Kraft gesetzten §§ 1408 Abs. 2, 1414 S. 2 BGB den Versorgungsausgleich ausschließen oder beschränken.[54] Haben Eheleute für den bisherigen Güterstand der Eigentums- und Vermögensgemeinschaft nach Art. 234 § 4 Abs. 2 optiert oder nach Überleitung des Güterstands in die Zugewinngemeinschaft einen vorzeitigen Zugewinnausgleich vorgenommen, unterliegen diese Vorgänge nicht der Regelung des Art. 234 § 6 S. 2, weil sie nicht vor dem Wirksamwerden des Beitritts geschehen sein können.[55] Es ist jedoch nicht ausgeschlossen, eine Vereinbarung mit diesem Hintergrund nach § 1587o BGB zu würdigen, wenn sie in der hierfür erforderlichen Form geschlossen wurde und genehmigungsfähig ist.

16 **b) Gegenstand oder Grund.** Die Vereinbarung oder gerichtliche Entscheidung muß sich auf ein Anrecht beziehen, das nach § 1587 BGB dem Versorgungsausgleich unterliegt.[56] Unerheblich ist dabei, ob das Anrecht Gegenstand oder Grund der Vereinbarung oder Entscheidung gewesen ist. Gegenstand einer Vereinbarung dürfte es nur in seltenen Fällen gewesen sein, weil dies voraussetzt, daß den Eheleuten insoweit eine Verfügungsbefugnis zustand. Dies galt etwa für Gegenstände des alleinigen Eigentums oder des gemeinsamen Eigentums der Eigentums- und Vermögensgemeinschaft, über die die Eheleute nach § 14 DDR-FGB einen Interessenausgleich vereinbaren konnten, der von der gesetzlichen Regel des § 13 DDR-FGB abwich, oder hinsichtlich derer schon vor der Scheidung, etwa nach der Trennung, nach § 41 DDR-FGB ein gerichtliches Auseinandersetzungsverfahren betrieben werden konnte. Versorgungsanrechte aus der Sozialversicherung der DDR fielen hierunter jedoch ebensowenig wie in der Bundesrepublik. Soweit es um nach § 1587 BGB zu berücksichtigende Anrechte geht, dürften im wesentlichen Anrechte aus sparwirksamen Lebensversicherungsverträgen in Betracht kommen, die mit ihrem auf die Ehezeit entfallenden Rückkaufswert als gemeinsames Vermögen der Ehegatten bei Scheidung hälftig aufzuteilen waren.[57] Für die Anwendung der Vorschrift genügt jedoch, daß das dem Versorgungsausgleich unterliegende Anrecht Grundlage für die Vereinbarung oder Entscheidung geworden ist. Dabei ist an Fälle zu denken, in denen dem einen Ehegatten zum Ausgleich Vermögensvorteile zugewendet wurden, weil dem anderen Ehegatten Anrechte ausschließlich zugeordnet waren, die der Disposition der Eheleute entzogen waren.[58]

17 **c) Unterhaltsrechtliche Regelungen** dürften – im Gegensatz zu der Übergangsregelung des Art. 12 Nr. 3 Abs. 3 S. 2 des 1. EheRG – im allgemeinen nicht von Bedeutung sein, da Vereinbarungen über den nachehelichen Unterhalt bis unmittelbar vor Wirksam-

[52] Vgl. Art. 1, 3, 8 EVertr. – BGBl. 1990 II S. 889.

[53] Vgl. *Adlerstein-Wagenitz* FamRZ 1990, 1300, 1306.

[54] Zust. *Klattenhoff* DAngVers. 1990, 435, 439; *Soegel-Vorwerk* Nachträge 3. Lfg. März 1992 Vor § 1587 BGB RdNr. 22i.

[55] Vgl. *Soergel-Vorwerk* Nachträge 3. Lfg. März 1992 Vor § 1587 BGB RdNr. 22i; aA noch Zivilrecht im EVertr. RdNr. 506; *Palandt-Diederichsen* RdNr. 21, soweit es sich um gerichtliche Entscheidungen handelt.

[56] Vgl. hierzu § 1587 BGB RdNr. 8 bis 28.

[57] Vgl. Erl. zum EVertr. BT-Drucks. 11/7817 S. 44; *Klattenhoff* DAngVers. 1990, 435, 439; *Lemke* FuR 1991, 29, 30; *Palandt-Diederichsen* RdNr. 18; *Soergel-Vorwerk* Nachträge 3. Lfg. März 1992 Vor § 1587 BGB RdNr. 22j; zur geringen Bedeutung der Lebensversicherung in der DDR vgl. *Radtke-Malze* Versicherungswirtschaft 1990, 492, 496ff.

[58] Vgl. *Adlerstein-Wagenitz* FamRZ 1990, 1300, 1307; *Klattenhoff* DAngVers. 1990, 435, 439; *Soergel-Vorwerk* Nachträge 3. Lfg. März 1992 Vor § 1587 BGB RdNr. 22j.

werden des Beitritts wirksam nur in Verbindung mit der Scheidung getroffen werden konnten (§ 30 Abs. 3 DDR-FGB in der bis zum 30. 9. 1990 geltenden Fassung), Art. 234 § 6 S. 2 jedoch erst Ehescheidungen ab dem 1. 1. 1992 betrifft.[59] Allerdings ist § 30 Abs. 3 DDR-FGB durch das 1. Familienrechtsänderungsgesetz der DDR[60] mit Wirkung vom 1. 10. 1990 aufgehoben worden; die zugleich vorgenommene Neufassung des § 29 Abs. 4 DDR-FGB sah eine Erweiterung der Dispositionsmöglichkeiten der Ehegatten auch außerhalb des Scheidungsverfahrens vor. Da Art. 234 § 6 S. 2 jedoch nur Vereinbarungen und Regelungen betrifft, die vor dem 3. 10. 1990 getroffen wurden (vgl. RdNr. 15), kann die praktische Bedeutung dieser Neufassung nur äußerst gering sein, zumal das Familienrechtsänderungsgesetz der DDR[61] die restriktive Tendenz des nachehelichen Unterhaltsrechts beibehielt. Auf nach dem Beitritt bis zum Inkrafttreten des Rechts des Versorgungsausgleichs in dem beigetretenen Teil Deutschlands getroffene Unterhaltsvereinbarungen hat der Gesetzgeber übergangsrechtlich keine Rücksicht genommen. Es besteht kein besonderer Vertrauensschutz, weil die Beteiligten sich auf die bekanntgegebene, sich wandelnde Rechtslage einrichten konnten (vgl. RdNr. 15).

18 **d) Interessenausgleich.** Da der Versorgungsausgleich in der DDR als eigenständiges Rechtsinstitut noch nicht bekannt war, verlangt Art. 234 § 6 S. 2 nicht, daß mit der Vereinbarung oder Entscheidung eine gleichmäßige Verteilung von Versorgungsanrechten bewirkt wurde. Dies ergibt sich auch daraus, daß es genügt, wenn ein auszugleichendes Anrecht lediglich den Hintergrund für die Vereinbarung oder Regelung bildete (vgl. RdNr. 16). Es ist vielmehr ausreichend, wenn die Eheleute einen Interessenausgleich hinsichtlich eines dem Versorgungsausgleich unterliegenden Anrechts für die Zeit nach der Trennung bezweckt oder bewirkt haben.[62]

19 **e) Wirksamkeit.** Art. 234 § 6 S. 2 hebt besonders hervor, daß die von den Eheleuten geschlossene Vereinbarung wirksam sein muß. Damit ist nicht nur ihre Vereinbarkeit mit den Wirksamkeitsvoraussetzungen nach dem Recht der DDR gemeint, was selbstverständlich wäre; sie muß auch einer Inhaltskontrolle standhalten. Daß die Übergangsregelung in der beschriebenen Weise an Vereinbarungen anknüpft, die vor dem Beitritt geschlossen wurden, steht zwar einer Anwendung der Grundsätze über den Wegfall der Geschäftsgrundlage insoweit entgegen, als es um die Überleitung bundesdeutschen Rechtes geht.[63] Das schließt jedoch eine von diesem Gesichtspunkt unabhängige Überprüfung und Inhaltskontrolle nach den §§ 242, 138 BGB oder – aus der Sicht des Ausgleichspflichtigen – nach den §§ 1587c, 1587h BGB nicht aus. Allerdings sind an die Annahme einer Unbilligkeit strenge Maßstäbe anzulegen, da die Vorschrift zum Ausdruck bringt, daß es im allgemeinen bei der vor dem Beitritt getroffenen Regelung bleiben soll.

20 **f) Gerichtliche Entscheidungen.** Gerichtliche Entscheidungen über auszugleichende Versorgungsrechte werden nur selten vorgekommen sein, da Art. 234 § 6 S. 2 nur solche Ehen betrifft, die nach dem 31. 12. 1991 geschieden werden. In Betracht kommen vorwiegend Fälle einer vorzeitigen Aufhebung der Eigentums- und Vermögensgemeinschaft, die zB nach Trennung der Eheleute möglich war (vgl. § 41 Abs. 1 S. 2 DDR-FGB). Raum für nach Art. 234 § 6 S. 2 zulässige gerichtliche Entscheidungen dürfte insbes. bei Vermögensauseinandersetzungen mit Versorgungsrechten, wie Lebensversicherungen oder Leibrenten aus einer Veräußerung von Grundstücken, gegeben sein. Werden solche Vermögenswerte von der gerichtlichen Eigentums- und Vermögensverteilung erfaßt, findet insoweit ein Versorgungsausgleich nicht mehr statt.

[59] Vgl. Erl. zum EVertr. BT-Drucks. 11/7817 S. 44; *Adlerstein-Wagenitz* FamRZ 1990, 1300, 1307; *Klattenhoff* DAngVers. 1990, 435, 439; *Soergel-Vorwerk* Nachträge 3. Lfg. März 1992 Vor § 1587 BGB RdNr. 22j.

[60] Vom 20. 7. 1990 (GBl. DDR I S. 1038).

[61] Vgl. hierzu *Eberhardt* FamRZ 1990, 917.

[62] Vgl. Erl. zum EVertr. BT-Drucks. 11/7817 S. 44; *Klattenhoff* DAngVers. 1990, 435, 439; *Lemke* FuR 1991, 29f.; *Soergel-Vorwerk* Nachträge 3. Lfg. März 1992 Vor § 1587 BGB RdNr. 22k.

[63] Vgl. *Klattenhoff* DAngVers. 1990, 435, 440; *Adlerstein-Wagenitz* FamRZ 1990, 1300, 1306; *Soergel-Vorwerk* Nachträge 3. Lfg. März 1992 Vor § 1587 BGB RdNr. 22l.

V. Entsprechende Anwendung

21 Für die Überleitung der **BarwertVO**,[64] die für die Umrechnung nicht dynamischer Anrechte erforderlich ist, und des **VAHRG**[65] verweist der Einigungsvertrag in Anl. I Kap. III Sachgebiet B Abschn. III Nr. 12 und 13 auf eine entsprechende Anwendung des Art. 234 § 6 (s. BGBl. 1990 II S. 954).

Anhang nach Art. 234 § 6

Weitere Überleitungsvorschriften zum Versorgungsausgleich im Einigungsvertrag Anl. I Kapitel III Sachgebiet B

Abschnitt II

2. Für den Versorgungsausgleich im Zusammenhang mit Anrechten, die auf Grund der in dem in Artikel 3 des Einigungsvertrages genannten Gebiet geltenden Rechtsvorschriften der gesetzlichen Rentenversicherung oder der dort geltenden Regelungen eines vergleichbaren Sicherungssystems erworben worden sind, gelten die folgenden besonderen Bestimmungen:

§ 1

(1) Hat ein Ehegatte ein Anrecht im Sinne des § 1587 Abs. 1 des Bürgerlichen Gesetzbuchs auf Grund der in dem in Artikel 3 des Einigungsvertrages genannten Gebiet geltenden Rechtsvorschriften der gesetzlichen Rentenversicherung oder der dort geltenden Regelungen eines vergleichbaren Sicherungssystems erworben und ist auf dieses Anrecht das Fremdrentenrecht nicht anzuwenden, so ist der Versorgungsausgleich auszusetzen. § 628 Abs. 1 der Zivilprozeßordnung gilt entsprechend. Dies gilt nicht,

1. soweit über den Versorgungsausgleich ohne Einbeziehung dieses Anrechts eine Teilentscheidung getroffen werden kann;

2. wenn die Voraussetzungen des Absatzes 2 Satz 1 vorliegen; in diesem Falle ist ein vorläufiger Versorgungsausgleich im Sinne von Absatz 2 Satz 2 durchzuführen.

(2) Ein nach Absatz 1 ausgesetzter Versorgungsausgleich ist auf Antrag wieder aufzunehmen, wenn die Voraussetzungen des § 1587g Abs. 1 Satz 2 des Bürgerlichen Gesetzbuchs oder des § 3a Abs. 1 des Gesetzes zur Regelung von Härten im Versorgungsausgleich vorliegen. In diesem Falle ist ein vorläufiger Versorgungsausgleich durchzuführen. Der vorläufige Versorgungsausgleich bestimmt sich nach den Vorschriften über den schuldrechtlichen Versorgungsausgleich, die mit folgender Maßgabe Anwendung finden:

1. Das in Absatz 1 genannte Anrecht ist unter Berücksichtigung der Grundsätze des § 1587a BGB zu bewerten und angemessen auszugleichen.

2. § 1587 l des Bürgerlichen Gesetzbuchs gilt nicht.

3. § 3a Abs. 2 des Gesetzes zur Regelung von Härten im Versorgungsausgleich gilt nicht. Eine Hinterbliebenenversorgung zugunsten Geschiedener ist auf die Ausgleichsrente nach § 3a Abs. 1 des Gesetzes zur Regelung von Härten im Versorgungsausgleich anzurechnen; die Anrechnung unterbleibt, soweit dem Berechtigten neben der Ausgleichsrente nach § 1587g des Bürgerlichen Gesetzbuchs Unterhalt zustand.

[64] Vom 24. 6. 1977 (BGBl. I S. 1014), geändert durch VO vom 22. 5. 1984 (BGBl. I S. 692) und Art. 61 RRG 1992 vom 18. 12. 1989 (BGBl. I S. 2261); vgl. § 1587a BGB RdNr. 456.

[65] Vom 21. 2. 1983 (BGBl. I S. 105), zuletzt geändert durch Art. 30 Nr. 2 Buchst. b RÜG vom 25. 7. 1991 (BGBl. I S. 1606); vgl. Anh. I zu §§ 1587 bis 1587p BGB.

(3) Für den vorläufigen Versorgungsausgleich findet § 53b Abs. 2 des Gesetzes über Angelegenheiten der freiwilligen Gerichtsbarkeit entsprechend Anwendung.

(4) Ist der Versorgungsausgleich ausgesetzt oder ein vorläufiger Versorgungsausgleich durchgeführt worden, so ist der Versorgungsausgleich wieder aufzunehmen, wenn die versicherungs- und rentenrechtlichen Vorschriften des Sechsten Buches Sozialgesetzbuch in dem in Artikel 3 des Einigungsvertrages genannten Gebiet grundsätzlich in Kraft treten.

§ 2

Liegen die Voraussetzungen für eine Aussetzung des Versorgungsausgleichs oder für die Durchführung eines vorläufigen Versorgungsausgleichs nach § 1 nicht vor und ist für die Versicherung des Berechtigten ein Träger der gesetzlichen Rentenversicherung zuständig, der seinen Sitz in einem der in Artikel 3 des Einigungsvertrages genannten Gebiete hat, so gilt der Berechtigte in Ansehung des Versorgungsausgleichs als bei dem Rentenversicherungsträger des Verpflichteten, wenn dieser seinen Sitz im bisherigen Geltungsbereich des Grundgesetzes hat, andernfalls bei der Bundesversicherungsanstalt für Angestellte versichert. Der Rentenversicherungsträger, bei dem der Berechtigte danach als versichert gilt, führt die Versicherung nach den im bisherigen Geltungsbereich des Grundgesetzes geltenden Vorschriften der gesetzlichen Rentenversicherung, jedoch ohne Berücksichtigung knappschaftlicher Besonderheiten, durch.

1 **1. Übergangsregelung bis 31. 12. 1991.** Die Bestimmungen regeln für die Dauer der Übergangszeit bis 31. 12. 1991 die Handhabung von Fällen, in denen nach den Grundsätzen des interlokalen Rechts (vgl. Art. 234 § 6 EGBGB RdNr. 6 bis 10) ein Versorgungsausgleich durchzuführen ist und einer der Ehegatten aufgrund der im Gebiet der ehem. DDR geltenden Rechtsvorschriften bestimmte Anrechte erworben hat, die nicht nach dem Fremdrentenrecht abzugelten sind. Für solche Anrechte aus der Sozialversicherung der DDR, die von § 1587a Abs. 2 Nr. 2 BGB nicht erfaßt wurden, fehlte bis zum 31. 12. 1991 eine Bewertungsvorschrift. Darüberhinaus stand im Gebiet der ehem. DDR bis zum 31. 12. 1991 das notwendige sozialversicherungspflichtige Instrumentarium für die Durchführung des Versorgungsausgleichs nicht zur Verfügung.[1]

2 **2. Verhältnis zu Art. 234 § 6 EGBGB.** Das Verhältnis dieser Bestimmungen zu Art. 234 § 6 EGBGB läßt sich dahin kennzeichnen, daß Art. 234 § 6 EGBGB anzuwenden ist, wenn das interlokale Recht auf die in der ehem. DDR fortgeltende Teilrechtsordnung verweist, die einen Versorgungsausgleich bei Scheidungen vor dem 1. 1. 1992 ausschließt; demgegenüber setzen die hier in Rede stehenden Bestimmungen voraus, daß vor dem 1. 1. 1992 ein Versorgungsausgleich unter Einbeziehung eines dem Recht der ehem. DDR unterliegenden Versorgungsanrechts durchzuführen ist, weil das interlokale Recht auf die in den alten Bundesländern geltende Teilrechtsordnung verweist.

3 Die besonderen Bestimmungen haben seit **dem 1. 1. 1992** für die Rechtsanwendung **keine Bedeutung** mehr, weil jetzt durch das Versorgungsausgleichs-Überleitungsgesetz (VAÜG)[2] im einzelnen geregelt ist, wie Anrechte aus dem Beitrittsgebiet hinsichtlich der Wertermittlung und der Durchführung des Versorgungsausgleichs bis zur Einkommensangleichung zu behandeln sind.[3] Von einer Erläuterung der nicht mehr anzuwendenden Bestimmungen wird abgesehen. Insoweit wird auf die Kommentierung im Ergänzungsband zur 2. Aufl. oder im Sonderband Zivilrecht im Einigungsvertrag (RdNr. 810 bis 846) Bezug genommen.

[1] Vgl. Erl. zum EVertr. BT-Drucks. 11/7817 S. 48 und Art. 234 § 6 EGBGB RdNr. 4.

[2] Art. 31 des Gesetzes zur Herstellung der Rechtseinheit in der gesetzlichen Renten- und Unfallversicherung (Renten-Überleitungsgesetz – RÜG) vom 25. 7. 1991 (BGBl. I S. 1606, 1702).

[3] Vgl. hierzu Anh. II zu §§ 1587 bis 1587p BGB.

Abschnitt III

12. Barwert-Verordnung vom 24. Juni 1977 (BGBl. I S. 1014), zuletzt geändert durch Artikel 61 des Gesetzes vom 18. Dezember 1989 (BGBl. I S. 2261)

mit folgender Maßgabe:
Artikel 234 § 6 des Einführungsgesetzes zum Bürgerlichen Gesetzbuche gilt entsprechend.

Hinsichtlich der Barwert-Verordnung wird auf die Erl. zu § 1587a RdNr. 456ff. verwiesen. 1

13. Gesetz zur Regelung von Härten im Versorgungsausgleich vom 21. Februar 1983 (BGBl. I S. 105), zuletzt geändert durch Artikel 62 des Gesetzes vom 18. Dezember 1989 (BGBl. I S. 2261[1]),

mit folgender Maßgabe:
Artikel 234 § 6 des Einführungsgesetzes zum Bürgerlichen Gesetzbuche gilt entsprechend.

Hinsichtlich des Gesetzes zur Regelung von Härten im Versorgungsausgleich, das inzwischen weiter durch Art. 30 des Gesetzes zur Herstellung der Rechtseinheit in der gesetzlichen Renten- und Unfallversicherung (Renten-Überleitungsgesetz-RÜG) vom 25. 7. 1991 (BGBl. I S. 1606, 1702) geändert worden ist, wird auf die Erl. im Anh. I nach §§ 1587 bis 1587p BGB Bezug genommen. 1

§ 7 Abstammung

(1) Entscheidungen, die vor dem Wirksamwerden des Beitritts ergangen sind und feststellen, daß der Ehemann der Mutter nicht der Vater des Kindes ist, wer der Vater des Kindes ist oder daß eine Anerkennung der Vaterschaft unwirksam ist, bleiben unberührt. Dasselbe gilt für eine Anerkennung der Vaterschaft, die nach dem 31. März 1966 und vor dem Wirksamwerden des Beitritts wirksam geworden ist.

(2) Die Fristen für Klagen, durch welche die Ehelichkeit eines Kindes oder die Anerkennung der Vaterschaft angefochten wird, beginnen nicht vor dem Wirksamwerden des Beitritts, wenn der Anfechtungsberechtigte nach dem bisher geltenden Recht nicht klageberechtigt war.

(3) Ist vor dem Wirksamwerden des Beitritts die Vaterschaft angefochten oder Klage auf Feststellung der Unwirksamkeit einer Anerkennung der Vaterschaft erhoben und über die Klagen nicht vor dem Wirksamwerden des Beitritts rechtskräftig entschieden worden, so wird der Zeitraum von der Klageerhebung bis zum Wirksamwerden des Beitritts in die in Absatz 2 genannten Fristen nicht eingerechnet, wenn die Klage aufgrund des Inkrafttretens des Bürgerlichen Gesetzbuchs nicht mehr von dem Kläger erhoben oder nicht mehr gegen den Beklagten gerichtet werden kann.

(4) Andere als die in Absatz 1 genannten Entscheidungen und Erklärungen, die nach dem bisherigen Recht die Wirkung einer Vaterschaftsfeststellung haben, stehen einer Anerkennung der Vaterschaft im Sinne des Absatzes 1 Satz 2 gleich.

Schrifttum: *Adlerstein-Wagenitz,* Das Verwandtschaftsrecht in den neuen Bundesländern, FamRZ 1990, 1169; *Böhmer,* Das Ehe- und Familienrecht im Einigungsvertrag mit IPR und Übergangsvorschriften, StAZ 1990, 357; *Bosch,* Familien- und Erbrecht als Themen der Rechtsangleichung nach dem Beitritt der DDR zur Bundesrepublik Deutschland, FamRZ 1991, 749, 878, 1001; *Grandke u. a.* Lehrbuch, Staatsverlag der DDR, 3. Aufl. 1981; *dies.,* Familienrecht in der ehemaligen DDR nach dem Einigungsvertrag, DtZ 1990, 321; *Henrich,* Probleme der deutschen Rechtseinheit im Familienrecht, FamRZ 1991, 873; *Rauscher,* Gespaltenes Kindschaftsrecht im vereinten Deutschland, StAZ 1991, 1; *Schwab-Reichel,* Familienrecht und Deutsche Einigung (1991); *Siehr,* Das Kindschaftsrecht im Einigungsvertrag, IPRax 1991, 20.

[1] Das BGBl. enthält versehentlich die Angabe der S. 1261.

Übersicht

1 **1. Der Grundsatz und die Ausnahmeregelungen.** Als **Grundsatz** gilt (vgl. auch Art. 18 EVertr.):

a) Alle vor dem Wirksamwerden des Beitritts (3. 10. 1990) ergangenen (dazu RdNr. 8) gerichtlichen Entscheidungen über Abstammungsverhältnisse bleiben wirksam, mögen sie von Gerichten der DDR oder von Gerichten der BRepD unter Anwendung des Rechts der ehemaligen DDR erlassen worden sein.[1] Ebenso bleiben vor dem 3. 10. 1990 wirksam gewordene Vaterschaftsanerkennungen vor Behörden der DDR bestehen **(Abs. 1).** Ob ein vor dem 3. 10. 1990 abgeschlossener Anerkennungsvorgang wirksam geworden ist, bestimmt sich nach dem FGB (s. RdNr. 12). Auch ist die Begründung der gesetzlichen Vaterschaft des Ehemannes einer Mutter durch eine vor dem 3. 10. 1990 erfolgte Geburt nach § 54 FGB, nicht nach §§ 1591, 1592, 1600 BGB zu beurteilen, vorausgesetzt, daß auf die statusrechtlichen Wirkungen dieser Geburt auch nach Kollisionsrecht (vgl. Art. 220 Abs. 1, 236 § 1 EGBGB, § 21 RAnwG, Art. 19 Abs. 1 EGBGB) das Recht der DDR anzuwenden ist. Wegen der weitgehenden Inhaltsgleichheit der Vorschriften des FGB und des BGB über die gesetzliche Vaterschaft des Ehemannes der Mutter ergeben sich hieraus jedoch praktisch keine Schwierigkeiten.[2]

2 **b)** Vom 3. 10. 1990 an bestimmen sich Inhalt und Änderung der Abstammungsverhältnisse nach dem 4. Buch des BGB, also nach §§ 1589 bis 1600 o BGB (Art. 234 § 1 EGBGB).[3]

3 **c)** Daraus ergibt sich: Auch für die vor dem 3. 10. 1990 im Beitrittsgebiet geborenen Kinder gilt jetzt die – reformbedürftige – gesetzliche Unterscheidung zwischen ehelicher und ne. Abstammung.[4] Die das Personensorgerecht der Mutter eines ne. Kindes beschränkende ges. Amtspflegschaft des Jugendamtes (§§ 1706 bis 1710 BGB) ist jedoch im Beitrittsgebiet nicht eingeführt worden (Art. 230 Abs. 1 EGBGB).[5] Für die Vaterschaftsklage des volljährigen Kindes ist die Befristung nach § 56 Abs. 2 FGB entfallen. Seit dem 3. 10. 1990 kann somit ein ne. Kind jederzeit gem. § 1600 n Abs. 1 BGB iVm. §§ 640ff. ZPO Klage erheben.[6] Dies gilt selbst dann, wenn eine frühere Vaterschaftsklage allein wegen Versäumung der Jahresfrist des § 56 Abs. 2 FGB rechtskräftig abgewiesen worden ist. Da rechtskräftig nur über den Verlust des Klagerechts wegen Versäumung einer Ausschlußfrist entschieden ist, nicht über die Vaterschaft selbst, bedarf es hier weiterer rechtlicher Schritte nicht. Das Klagerecht ist nach Art. 234 § 1 EGBGB wieder aufgelebt. Art. 231 § 6 Abs. 3 EGBGB ist nicht einschlägig, da Art. 234 § 1 EGBGB als lex specialis vorgeht.[7]

4 **d)** Die übergangsrechtlichen **Ausnahmen** von dieser grundsätzlichen Regelung bestimmt Art. 234 § 7 EGBGB. Anfechtungsberechtigte, die zum Stichtag erstmals (durch § 1) ein Anfechtungsrecht erhalten haben, werden hinsichtlich des Beginns der Anfech-

[1] Dazu *Siehr* Art. 236 § 2 RdNr. 41.

[2] So auch *Staudinger-Rauscher* RdNr. 9. – Zur weiteren kollisionsrechtlichen Einordnung s. *Siehr* Art. 236 § 2 RdNr. 25 bis 27; vgl. zum folgenden Text ferner *Siehr* aaO RnNr. 40 bis 43.

[3] BGH DtZ 1992, 149, 387; OLG Celle DtZ 1991, 350.

[4] Kritisch hierzu *Staudinger-Rauscher* RdNr. 4 und *Gernhuber/Coester-Waltjen* FamR § 50 I, § 5 V 2 m. weit. Nachw.

[5] Vgl. *Hinz* Art. 230 RdNr. 2.

[6] OLG Celle (Fn. 3); allgM.

[7] Im Ergebnis übereinstimmend OLG Celle (Fn. 3).

tungsfrist begünstigt **(Abs. 2)**. Ferner werden Fristnachteile ausgeschlossen, die Anfechtungsberechtigten daraus entstehen könnten, daß in einem am Stichtag laufenden Verfahren, in welchem DDR-Recht anzuwenden war,[8] ein Kläger durch Inkrafttreten des BGB seine bisherige Klagebefugnis verliert oder ein Beklagter aus demselben Grund nicht mehr der richtige Prozeßgegner ist **(Abs. 3)**.

5 **e)** Über die Zeitbestimmung in Abs. 1 S. 2 hinausgehend soll nach **Abs. 4** auch bestehen bleiben die Feststellungswirkung der unter § 8 Abs. 1 EGBGB fallenden Entscheidungen und Erklärungen aus der Zeit vor dem 1. 4. 1966, die durch das frühere Übergangsrecht der DDR statusbegründenden Rang erhielten.

6 **2. Bestandsschutz für statusrechtliche Titel (Abs. 1). Satz 1** verleiht den vor dem 3. 10. 1990 ergangenen **Entscheidungen** in Abstammungssachen[9] Bestandsschutz, soweit sie betreffen

a) die Anfechtung der Vaterschaft (§§ 61 bis 63 FGB),

b) die Feststellung, daß der Ehemann der Mutter nicht der Vater des Kindes ist (§ 63 Abs. 1 FGB),

c) die Feststellung, wer der Vater des Kindes ist (§§ 54, 56ff., 58 FGB) und

d) die Feststellung, daß eine Anerkennung der Vaterschaft (§§ 55, 57 FGB) unwirksam ist (§ 59 FGB).

7 **e)** Unberührt bleiben auch Entscheidungen, die ein Klagebegehren der unter a) bis d) bezeichneten Art **abweisen,**[10] sofern sie das Bestehen des Abstammungsverhältnisses selbst zum Gegenstand haben. Insoweit ist Abs. 1 extensiv auszulegen. Auch stattgebende oder abweisende Urteile, die auf eine Klage des Staatsanwalts nach §§ 59 Abs. 3, 60, 62 Abs. 2 FGB ergangen sind, nehmen am Bestandsschutz des Abs. 1 teil.[11]

8 **f) Nicht** unter Abs. 1 fallen dagegen alte klageabweisende Unterhaltsurteile iSv. § 8 Abs. 2 EGFGB.[12]

9 Bei allen in ihrem Bestand geschützten Entscheidungen (oben Buchst. a bis e) bedeutet **„ergangen"**, daß die Entscheidung spätestens am 2. 10. 1990 von Amts wegen zugestellt sein muß (§ 81 Abs. 4 ZPO der DDR).[13] Unschädlich ist es dann, daß die – weiterhin nach bisherigem Recht zu bestimmende –[14] Rechtsmittelfrist (vgl. § 150 ZPO der DDR) erst nach dem Stichtag ablief. Die Entscheidungen **bleiben unberührt,** sie erlangen also die volle Rechtskraftwirkung nach neuem Recht (s. §§ 640h, 641k ZPO). Auch wenn das Verfahren bereits in der Rechtsmittelinstanz schwebte, war im übrigen mit dem 3. 10. 1990 sofort das **Prozeßrecht der BRepD** anzuwenden,[15] insbes. die Sondervorschriften der §§ 640 bis 641k ZPO.

10 **Materiellrechtlich** war und ist seit dem 3. 10. 1990 gleichfalls in allen Instanzen nach dem Abstammungsrecht des BGB zu entscheiden (Art. 234 § 1 EGBGB): Die Meinung, in über den Stichtag hinaus laufenden Rechtsmittelverfahren, die ein vor dem 3. 10. 1990 ergangenes Urteil in einer Kindschaftssache betreffen, sei weiterhin nach ehemaligem DDR-Recht zu judizieren,[16] ist abzulehnen. Es ist auch in diesen Fällen legitim, den streitigen Sachverhalt nach dem neu in Kraft getretenen materiellen Recht überprüfen zu lassen. Dies sollte man nicht abwertend als Manipulation verstehen.[17]

11 **3. Nach Abs. 1 S. 2** erstreckt sich der Bestandsschutz auch auf **Anerkennungen der Vaterschaft** (§§ 55, 57 FGB), die nach dem Inkrafttreten des FGB (1. 4. 1966, § 1

[8] Vgl. Fn. 1.

[9] Vgl. Fn. 1.

[10] Ebenso *Staudinger-Rauscher* RdNr. 12, *Palandt-Diederichsen* RdNr. 4; OLG Brandenburg FamRZ 1995, 503.

[11] *Staudinger-Rauscher* RdNr. 12.

[12] OLG Celle (Fn. 3); s. auch RdNr. 35.

[13] Str., s. *Staudinger-Rauscher* RdNr. 15.

[14] Näheres bei *Zöller-Vollkommer* ZPO, 18. Aufl. 1993, Einl. RdNr. 105.

[15] *Gottwald* FamRZ 1990, 1177, 1179.

[16] *Staudinger-Rauscher* RdNr. 19.

[17] Davon geht wohl auch *Siehr* (Fn. 1) RdNr. 43 aus; zur vergleichbaren Handhabung im Überleitungsrecht des NEhelG s. *Odersky*, Komm. zum NEhelG, 4. Aufl. 1978, Art. 12 § 12 II 4, S. 828.

EGFGB), aber vor dem 3. 10. 1990 wirksam geworden sind. Diese unterliegen ab 3. 10. 1990 der Anfechtung mit der Begründung, daß der Anerkennende nicht der Vater des Kindes ist (§ 1600f Abs. 1, Fall 2, §§ 1600g ff. BGB).

12 Bei der Vaterschaftsanerkennung mußten als **Wirksamkeitserfordernisse** nach dem FGB spätestens am 2. 10. 1990 vorliegen:

13 **a)** Die Geburt des Kindes **vor** Abgabe der Anerkennungserklärung (§ 55 Abs. 1 FGB); eine pränatale Anerkennung (§ 1600b Abs. 2 BGB) war nach dem FGB nicht zulässig;

14 **b)** eine durch das Jugendamt/Organ der Jugendhilfe[18] oder das Staatliche Notariat oder den Leiter des Standesamts gem. § 55 Abs. 3 FGB ordnungsgemäß beurkundete oder im Vaterschaftsfeststellungsverfahren zu Protokoll des Gerichts abgegebene (§ 57 FGB) Anerkennungserklärung des Vaters, wobei der nicht voll geschäftsfähige Vater der Zustimmung seines ges. Vertreters bedurfte (§ 50 Abs. 2 S. 2 ZGB) und die Anerkennung durch einen Bevollmächtigten des geschäftsfähigen Vaters unwirksam war;[19]

15 **c)** die ordnungsgemäß von den unter b) genannten Stellen beurkundete Zustimmungserklärung der Mutter, ferner ihres ges. Vertreters, wenn sie nicht voll geschäftsfähig war, sowie eines etwaigen Vormundes des Kindes (§ 55 Abs. 1 FGB).

16 **Keine** Voraussetzung der Wirksamkeit der Vaterschaftsanerkennung nach früherem Recht war dagegen nach allgM, daß zugleich die Unterhaltsverpflichtung des Vaters in vollstreckbarer Form erfolgte (§ 55 Abs. 2 FGB) und daß die Eintragung eines Randvermerks im Geburtenbuch vorgenommen wurde (§ 17 Abs. 2 PStG der DDR).

17 **4. Fristenprivileg (Abs. 2).** Nach der Grundregel des Art. 234 § 1 EGBGB würden mit Wirksamwerden des Beitritts (3. 10. 1990) Beginn und Länge der Fristen für die Anfechtung der Ehelichkeit und der Vaterschaftsanerkennung sich wie alle anderen persönlichen und sonstigen Voraussetzungen der Anfechtung nach den Vorschriften des BGB richten. Für Anfechtungsberechtigte, die nach bisherigem DDR-Recht kein Klage- oder Antragsrecht (s. §§ 1599, 16001 BGB) hatten, sieht indessen Abs. 2 vor, daß deren Klage- oder Antragsfristen frühestens am 3. 10. 1990 beginnen. Diesen erstmals zur Anfechtung berechtigten Personen kommt die ungekürzte Frist auch dann zugute, wenn die Tatsachen, die an sich die Frist in Lauf setzen, schon vor dem Stichtag vorlagen. Zur Vermeidung von Härten soll jedem erstmals Anfechtungsberechtigten die volle ges. Überlegungsfrist von dem Tag an erhalten bleiben, an dem er sich auf die Neuregelung spätestens einstellen mußte – Gedanke des **Vertrauensschutzes.**[20]

18 **a) Gegenüberstellung** der wichtigsten **Anfechtungsfristen** nach **BGB und FGB** (0 = kein Anfechtungsrecht):

19 **aa) Anfechtung der Ehelichkeit** (der Vaterschaft des Ehemannes der Mutter iSd. FGB)
- durch den Ehemann 2 Jahre (§ 1594 Abs. 1 BGB); 1 Jahr (§ 62 Abs. 1 FGB);
- durch dessen Eltern 1 Jahr (§ 1595a Abs. 1 S. 4 BGB); 0 nach FGB;
- durch die Mutter 0 nach BGB; 1 Jahr (§ 62 Abs. 1 FGB);
- durch das minderjährige Kind 2 Jahre (§ 1596 Abs. 2 S. 1, Abs. 1 Nr. 1 bis 3 BGB) oder unbefristet (§ 1596 Abs. 2 S. 1, Abs. 1 Nr. 4 und 5 BGB); 0 nach FGB;
- durch das volljährige Kind 2 Jahre (§ 1598 BGB) oder unbefristet (§ 1596 Abs. 2, Abs. 1 Nr. 4 und 5 BGB); 0 nach FGB;
- durch den Staatsanwalt 0 nach BGB; unbefristet (§ 62 Abs. 2 FGB).

Das Übergangsrecht nimmt den am Stichtag bereits anfechtungsberechtigten Müttern eine wichtige Rechtsposition.[21] Die Gesetzeslage nach dem BGB wird im Schrifttum überwiegend als verfassungswidrig angesehen.[22] Beides spricht dafür, de lege ferenda der

[18] Zur Umbenennung s. Anl. 1 Nr. 33 zum 1. Familienrechtsänderungsges. der DDR vom 20. 7. 1990, GBl. DDR I S. 1038, 1042.

[19] *Strunk* FamRZ 1991, 653, 654f.; dazu auch LG Kiel DAVorm. 1990, 377 (Heilung nach § 1600f Abs. 2 BGB möglich).

[20] *Palandt-Diederichsen* RdNr. 13; s. auch BT-Drucks. 11/7817, S. 44.

[21] *Beitzke-Lüderitz* § 22 II 1.

[22] *Gernhuber/Coester-Waltjen* FamR § 51 II 2 Fn. 3 m. weit. Nachw.

Mutter ein eigenständiges Anfechtsungsrecht zu geben.[23] § 1598 Halbsatz 2 BGB ist nach dem Beschluß des BVerfG vom 26. 4. 1994 (FamRZ 1994, 881) insoweit mit dem GG unvereinbar, als für das **volljährige Kind** die Zweijahresfrist unabhängig von der Kenntnis der für seine Nichtehelichkeit sprechenden Umstände mit dem Eintritt des Volljährigkeit zu laufen beginnt. Gerichtliche Verfahren, in denen die Entscheidung von dem verfassungswidrigen Teil der Vorschrift abhängt, sind bis zu einer ges. Neuregelung auszusetzen. Bereits am 31. 1. 1989 hat das BVerfG entschieden (BVerGE 79, 296 = NJW 1989, 891 = JZ 1989, 335 m. Anm. *Starck*), daß §§ 1593, 1598 iVm. § 1596 Abs. 1 Nr. 2 BGB gegen das allgemeine Persönlichkeitsrecht (Art. 2 Abs. 1 iVm. Art. 1 Abs. 1 GG) verstoßen, soweit sie dem volljährigen Kind – abgesehen von den Sonderfällen des § 1596 Abs. 1 Nr. 1 und Nr. 3 bis 6 BGB – die Klärung seiner Abstammung ausnahmslos nur dann ermöglichen, wenn die Ehe seiner Mutter geschieden, aufgehoben oder für nichtig erklärt ist oder wenn die Ehegatten seit drei Jahren getrennt leben und nicht zu erwarten ist, daß sie die eheliche Gemeinschaft wiederherstellen. Die rechtliche Tragweite dieser Entscheidung des BVerfG dürfte in einigen Punkten noch nicht ganz geklärt sein. Eine ihr entsprechende ges. Neuregelung steht aus.

20 **bb) Anfechtung der Vaterschaftsanerkennung** (Feststellung der Unwirksamkeit der Vaterschaftsanerkennung iSd. FGB)
- durch den Mann, der anerkannt hat, 1 Jahr (§ 1600h Abs. 1 BGB); 1 Jahr (§ 59 Abs. 2 FGB);
- durch die Eltern 1 Jahr (§ 1600h Abs. 1 BGB); 0 nach FGB;
- durch die Mutter 1 Jahr (§ 1600h Abs. 1 BGB); 1 Jahr (§ 59 Abs. 1 und 2 FGB);
- durch das Kind 2 Jahre (§ 1600i Abs. 1 und 3 BGB) oder unbefristet (§ 1600i Abs. 5 BGB); 0 nach FGB;
- durch den Vormund des Kindes im eigenen Namen 0 nach BGB; 1 Jahr (§ 59 Abs. 1 iVm. §§ Abs. 2 S. 1, 100 FGB);
- durch den Staatsanwalt 0 nach BGB; unbefristet (§ 59 Abs. 3 FGB).

21 **b) Keine** nach dem bisherigen Recht nicht klageberechtigte **anfechtungsberechtigte** Person iSv. Abs. 2 ist der ges. Vertreter des minderjährigen Kindes (vgl. § 1597 BGB). Der erstmalig Anfechtungsberechtigte ist vielmehr das Kind selbst, da dem ges. Vertreter ein selbständiges Anfechtungsrecht nicht zusteht.[24]

22 **c) Anwendungsbeispiele; Fristberechnung.** Die Eltern eines verstorbenen Ehemannes und ges. Vaters konnten binnen Jahresfrist, dh. bis zum Ablauf des 2. 10. 1991 (§ 188 Abs. 2 Fall 2 BGB) gem. § 1595a BGB Anfechtungsklage erheben, selbst wenn sie vom Tode ihres Sohnes und der Geburt des Kindes schon vor dem 3. 10. 1990 Kenntnis hatten. Abs. 2 verdrängt hier § 1595a Abs. 1 Satz 5 BGB. Bei der Berechnung der Frist ist der 3. 10. 1990 mitzurechnen, weil das Wirksamwerden des Beitritts wie die Verkündung einer Rechtsnorm nach § 187 Abs. 2 BGB zu behandeln ist.[25] Dem minderjährigen oder volljährigen Kind, das nach dem FGB die Vaterschaft des Ehemannes seiner Mutter nicht anfechten konnte, kommt, soweit sie gilt (vgl. § 1596 Abs. 2 BGB), die 2-Jahres-Frist, gerechnet vom 3. 10. 1990 an, ohne Rücksicht auf die Erlangung der Kenntnis von den in § 1596 Abs. 2 S. 2 BGB genannten Tatsachen in jedem Fall voll zugut.

23 **d) Wegfall von Fristen und Fristverlängerungen** nach Übergangsrecht. Die Einführung des BGB-Rechts im Beitrittsgebiet bringt für bereits nach FGB Anfechtungsberechtigte **keine Fristverkürzungen** mit sich. Die Fristbindung für Vaterschaftsfeststellungsklagen des volljährigen Kindes (§ 56 Abs. 2 FGB) ist ersatzlos weggefallen (Art. 234 § 1 EGBGB iVm. § 1600n BGB).[26] **Nicht geregelt** ist in Abs. 2 der nur bei der Ehelichkeits-

[23] Vgl. auch § 1593 BGB RdNr. 13 und *Mutschler* FamRZ 1994, 65, 68f.

[24] Mißverständlich *Palandt-Diederichsen* RdNr. 14 und *Staudinger-Rauscher* RdNr. 32. Aus der Rspr.: OLG Hamm FamRZ 1995, 505 (zu § 1600 i BGB).

[25] *Palandt-Diederichsen* Art. 234 § 1 EGBGB RdNr. 6.

[26] OLG Celle (Fn. 3).

anfechtung eintretende Fall, daß für ein bereits nach FGB bestehendes Anfechtungsrecht vom Stichtag an eine **längere Frist** gilt. Hier ist nicht Art. 231 § 6 EGBGB anzuwenden, vielmehr geht Art. 234 § 1 EGBGB als Sonderregelung für familienrechtliche Verhältnisse vor. War die einjährige Frist zur Anfechtung der Vaterschaft durch den Ehemann der Mutter gem. § 62 Abs. 1 S. 1 FGB schon vor dem 3. 10. 1990 in Lauf gesetzt, aber noch nicht verstrichen, so richtet sich das Anfechtungsrecht nun nach § 1594 BGB. Dessen Abs. 2 dürfte, was die Voraussetzungen des Fristbeginns betrifft, mit § 62 Abs. 1 S. 2 FGB übereinstimmen. Folglich geht der vor dem 3. 10. 1990 abgelaufene Teil der jetzt zweijährigen Frist in dieser auf.[27] Solange die 2-Jahres-Frist nach BGB in der Zeit nach dem Stichtag noch nicht beendet war, konnte eine nach FGB bereits abgelaufene Frist wieder aufleben. War jedoch der fristauslösende Kenntnisstand (1594 Abs. 2 BGB) beim anfechtenden Mann schon am 2. 10. 1988 oder früher gegeben, so hat er auch nach dem Recht des BGB sein Anfechtungsrecht verloren.[28] Die Möglichkeit, eine Anfechtungsklage nach Fristablauf wegen unverschuldeter Verhinderung des Anfechtenden zuzulassen (§ 62 Abs. 1 S. 3 FGB), ist durch die Regelung in § 1594 Abs. 3 BGB ersetzt worden (s. auch § 59 Abs. 3 S. 2 FGB und § 1600h Abs. 6 BGB).[29]

24 **5. Fristverlängerung bei Wegfall der Aktiv- oder Passivlegitimation (Abs. 3).**

a) Die Vorschrift erfaßt Übergangsfälle, in denen

aa) Verfahren wegen Anfechtung der Vaterschaft (§§ 61 bis 63 FGB) oder wegen Feststellung der Unwirksamkeit der Vaterschaftsanerkennung (§ 59 FGB) vor dem Wirksamwerden des Beitritts (3. 10. 1990) anhängig gemacht wurden, ohne vor dem Stichtag rechtskräftig entschieden worden zu sein, und

bb) in dem anhängigen Verfahren infolge Einführung des BGB-Rechts mit dem 3. 10. 1990 die Aktiv- oder Passivlegitimation – oder beide – entfallen sind (BT-Drucks. 11/7817 S. 44f.).

25 **b)** Die Regelung betrifft, im Gegensatz zu Abs. 2, nur Anfechtungsberechtigte, die schon nach dem FGB anfechtungsberechtigt waren und nach dem BGB weiterhin anfechtungsberechtigt bleiben. Für diesen Personenkreis ergeben sich ab 3. 10. 1990 Fristbeginn und Fristablauf grundsätzlich aus dem BGB (Art. 234 § 1 EGBGB).[30] Anfechtungsfristen, die sich jetzt nach dem BGB richten, können bereits vor dem Stichtag zu laufen begonnen haben. Daraus könnten **Fristnachteile** entstehen, wenn sich im anhängigen Prozeß das Anfechtungsbegehren nicht mehr durchsetzen läßt, weil nach neuem Recht die Anfechtung gegen eine andere Person als bisher zu richten ist, oder wenn der Berechtigte, ohne selbst an dem anhängigen Verfahren beteiligt zu sein, mit Rücksicht auf das anhängige Verfahren von einer eigenen Anfechtung abgesehen hatte, dieses schwebende Verfahren aber nach neuem Recht von der falschen Partei in Gang gesetzt oder gegen die falsche Partei betrieben worden ist. In solchen Fällen droht dem gutgläubigen Anfechtungsberechtigten eine unzumutbare Verkürzung der ges. Überlegungsfrist. Davor soll ihn Abs. 3 schützen, der in gewissem Umfang das **Vertrauen** Anfechtungsberechtigter in die Fortgeltung des bisherigen Rechts bei der Fristberechnung berücksichtigt.

26 **c)** Im wesentlichen handelt es sich um drei Fallgruppen, nämlich

- den übergangsrechtlich bedingten Wegfall der Passivlegitimation des Gegners in einem vom Anfechtungsberechtigten selbst vor dem Stichtag angestrengten Verfahren;
- den Wegfall der Aktivlegitimation des Klägers in einem Verfahren, an dem der Anfechtungsberechtigte bis zum Stichtag als Partei nicht beteiligt war;
- den Wegfall der Passivlegitimation des Beklagten in einem ebensolchen Prozeß.

[27] War am Stichtag bereits Klage gegen die Mutter erhoben, so wird das Ergebnis durch die Regelung des Abs. 3 überlagert, s. RdNr. 24ff.

[28] Ebenso *Palandt-Diederichsen* RdNr. 12 und *Staudinger-Rauscher* RdNr. 35. Die zT abweichenden Ausführungen unter RdNr. 518 der Voraufl. werden nicht aufrecht erhalten.

[29] Weitere Einzelheiten zur Berechnung und Hemmung des Fristablaufs s. § 1594 BGB RdNr. 8ff. und §§ 1600h, 1600i BGB RdNr. 3ff.

[30] *Staudinger-Rauscher* RdNr. 48.

27 Denkbar ist auch ein Fall, in dem sowohl der Anfechtungskläger als auch ein Anfechtungsbeklagter durch das neue Recht ihre Parteistellung verloren haben. Beispiel: Der Staatsanwalt hatte gegen die Mutter des Kindes und deren Ehemann geklagt (vgl. § 11 Abs. 3 ZPO der DDR).

28 **d)** Das bisherige Recht unterscheidet sich, was Anfechtungsberechtigte und Anfechtungsgegner betrifft, erheblich von dem Recht des BGB. In der folgenden **Gegenüberstellung,** die nicht vollständig ist, sind die wichtigsten Fälle einer durch die Einführung des BGB weggefallenen Aktiv- oder Passivlegitimation nach FGB und ZPO der DDR hervorgehoben:

29 **aa)** Zur Anfechtung der Vaterschaft waren berechtigt der Ehemann der Mutter, die **Mutter des Kindes** und der **Staatsanwalt** (§ 61 Abs. 1 FGB). Die Feststellung der Unwirksamkeit der Anerkennung der Vaterschaft konnten beantragen der als Vater festgestellte Mann, die Mutter sowie der **Vormund des Kindes** und der **Staatsanwalt** (§ 59 Abs. 1, 3 FGB). Nach neuem Recht klagen im Verfahren der Ehelichkeitsanfechtung der ges. Vater und dessen Eltern gegen das Kind, das Kind gegen den ges. Vater (§ 1599 Abs. 1 BGB). Die ges. Vertretung des minderjährigen Kindes (§ 1597 BGB) ändert nichts an seiner Parteistellung, auf die es hier allein ankommt. Im Verfahren der Anfechtung der Vaterschaftsanerkennung klagt der Mann, der anerkannt hat, gegen das Kind, das Kind und die Mutter klagen gegen den Mann (§ 1600l Abs. 1 BGB).

30 **bb)** Passiv legitimiert waren bei der Anfechtung der Vaterschaft durch einen Ehegatten der **andere Gatte,** nach dessen Tod das Kind (§ 11 Abs. 3 ZPO der DDR), bei der Vaterschaftsanfechtung durch den Staatsanwalt **beide Ehegatten,** der überlebende Ehegatte oder nach dem Tod beider Gatten das Kind (§ 11 Abs. 3 ZPO der DDR). Bei der Feststellung der Unwirksamkeit der Vaterschaftsanerkennung war die Klage eines Elternteils gegen den **anderen Elternteil,** nach dessen Tod gegen das Kind zu richten, Anfechtungs- und Aufhebungsklagen des Staatsanwalts gegen beide Elternteile, den überlebenden Elternteil oder nach dem Tod beider ges. Eltern gegen das Kind (§ 11 Abs. 3 ZPO der DDR). Zur Passivlegitimation bei der Anfechtung der Vaterschaftsanerkennung nach neuem Recht s. § 1600l Abs. 1 BGB.

31 **e) Anwendungsbeispiele:** Die **Passivlegitimation** ist entfallen, wenn im Verfahren der Vaterschaftsanfechtung (Ehelichkeitsanfechtung iSd. BGB) der Ehemann die Mutter des Kindes verklagt hatte; nach dem Stichtag ist die Klage gegen das Kind zu richten. Hatte die Mutter vor dem Stichtag auf Anfechtung der Vaterschaft geklagt, so verlor sie, da sie nach neuem Recht (noch) nicht klagebefugt ist, ihre **Aktivlegitimation.** Im Verfahren der Feststellung der Unwirksamkeit der Vaterschaftsfeststellung (Anfechtung der Vaterschaftsanerkennung nach BGB) entfiel die **Passivlegitimation,** wenn der als Vater festgestellte Mann gegen die Mutter geklagt hatte; seit dem Stichtag ist das Kind der richtige Verfahrensgegner. In diesem Verfahren ging die **Aktivlegitimation** verloren, falls der Staatsanwalt geklagt hatte. Soweit der Staatsanwalt die Mutter verklagt hatte, ist nach neuem Recht auch die **Passivlegitimation** nicht mehr gegeben.

32 **f) Stellung von Staatsanwalt, Vormund und Pfleger nach DDR-Recht.** Die Sonderstellung des Staatsanwalts, Vormundes und Pflegers nach dem Abstammungsrecht der DDR rechtfertigen es, alle Fälle, in denen sie als Partei im Anfechtungsverfahren aufgetreten sind, nach Abs. 3 zu behandeln. Der **Staatsanwalt** handelte selbständig und im eigenen Namen, auch wenn er „im Interesse des Kindes" klagte (vgl. §§ 59 Abs. 3, 62 Abs. 2 FGB). Seine Stellung kann man als die eines Vertreters des öffentlichen Interesses[31] oder einer Partei kraft Amtes bezeichnen. Der **Vormund des Kindes** bedurfte zwar zur Geltendmachung der Unwirksamkeit der Vaterschaftsanerkennung der Zustimmung des Jugendamtes/Organs der Jugendhilfe (§ 59 Abs. 1 S. 2 FGB). Doch konnte auch er den Anfechtungsprozeß im eigenen Namen führen (vgl. § 91 Abs. 2 S. 1 iVm. § 43 Abs. 2

[31] So *Brüggemann* FamRZ 1977, 1, 5 zum vergleichbaren Fall des § 24 EheG iVm. §§ 632, 634 ZPO.

FGB), wenn auch regelmäßig mit dem Zusatz „als Vormund des/der Minderjährigen ..." Man kann hier von einer gesetzlichen Prozeßstandschaft sprechen. Für den **Pfleger** gilt im Rahmen seines Aufgabenbereichs dasselbe (§ 107 FGB). Indessen scheinen Pfleger in Anfechtungsverfahren kaum aufgetreten zu sein, was daraus zu entnehmen ist, daß die Erwähnung des Pflegers in der (durch § 205 Abs. 2 Nr. 9 ZPO der DDR aufgehobenen) Vorschrift des § 31 Abs. 2 FVerfO in § 11 Abs. 3 ZPO der DDR nicht wiederholt worden ist. Daß Staatsanwalt, Vormund und Pfleger nach DDR-Recht gleichermaßen die Prozeßführungsbefugnis im eigenen Namen zustand, dürfte genügen, sie in gleicher Weise als „Kläger" oder „Beklagte" des nach früherem Recht angelaufenen Verfahrens iSv. Abs. 3 anzusehen.

33 **g) Fristberechnung nach Abs. 3; Verfahrensfragen.** Der Zeitraum von der Klageerhebung (Klagezustellung) in dem durch Wegfall der Prozeßführungsbefugnis betroffenen Verfahren „bis zum Wirksamwerden des Beitritts", dh. bis zum Ablauf des 2. 10. 1990, wird in die Überlegungsfrist, die dem nunmehr Anfechtenden nach dem BGB zusteht, nicht eingerechnet. Klagte also der Ehemann der Mutter gegen diese auf Anfechtung der Vaterschaft und wurde die Klage am 1. 4. 1990 zugestellt, so wird im weiteren Verfahren gegen das Kind die Zeit vom 2. 4. 1990 (§ 187 Abs. 1 BGB) bis zum 2. 10. 1990 – je einschließlich – in die jetzt geltende 2-Jahres-Frist (§ 1594 Abs. 1 BGB) nicht einbezogen. Hatte die Anfechtungsfrist für den Begünstigten schon vor der ursprünglichen Klageerhebung begonnen, (zB am 2. 2. 1990 im angegebenen Fall), so lief die Frist bis zur Klageerhebung und dann mit dem 3. 10. 1990 weiter. Fiel der Beginn der Anfechtungsfrist in die Zeit zwischen Klageerhebung und dem 3. 10. 1990, so verschob sich der Fristbeginn auf den 3. 10. 1990, weil erst von diesem Tag an der Vertrauensschutz des Abs. 3 (RdNr. 25) endet. Wer erst nach dem 3. 10. 1990 die für den Fristbeginn erforderliche Kenntnis erlangt, bedarf nicht des Schutzes dieser Vorschrift. Hier läuft die Frist ausschließlich nach BGB-Recht. – Die praktische Bedeutung von Abs. 3 dürfte sich schon jetzt (1994) stark reduziert haben. Für einzelne Fälle mag es aber weiterhin nützlich sein, auch auf **verfahrensrechtliche** Möglichkeiten einer erleichterten Überleitung bei Änderung der Prozeßführungsbefugnis hinzuweisen. In einer Anzahl von Fällen ließ sich in Anfechtungssachen eine Klageabweisung oder Erledigungserklärung durch einen **gewillkürten Parteiwechsel** abwenden. Die Rspr. läßt auch noch in der Berufungsinstanz (§§ 263, 523 ZPO) eine solche Parteiänderung auf der Beklagtenseite zu, wenn der Beklagte zustimmt oder eine Verweigerung der Zustimmung rechtsmißbräuchlich wäre.[32] Beispiel: Die Mutter hatte nach bisherigem Recht ihren Ehemann auf Anfechtung der Vaterschaft verklagt. Sie verlor nach BGB die Klagebefugnis. Klagen könnte jedoch nach neuem Recht weiterhin der Ehemann, wenn er anfechten will. Er kann auch im bisherigen Verfahren Widerklage erheben und diese gegen das Kind richten (Parteiwechsel). Es empfiehlt sich ganz allgemein, in Übergangsfällen das materielle Recht und das Verfahrensrecht **großzügig zu handhaben,** um zu brauchbaren Ergebnissen zu kommen. In Ausnahmefällen wird an die Anwendung von § 203 BGB zu denken sein (vgl. §§ 1594 Abs. 3, 1595a Abs. 1 S. 6, 1596 Abs. 2 S. 3, 1600h Abs. 6 BGB). Zur Verfahrensüberleitung vgl. auch Anl. I zum EVertr. Kap. III Sachgebiet A Abschn. III Nr. 28 Buchst. g, h, i, k, BGBl. 1990 II S. 937); zur **Zuständigkeit** ebd. Nr. 1 Buchst. e, h (BGBl. 1990 II S. 923); für Berlin ist aaO Abschn. IV (S. 938ff.) zu beachten.[33]

34 **6. Weitere Einzelfragen.** Urteile, in denen Statusklagen, die Kindschaftssachen iSv. § 640 Abs. 2 ZPO sind, **abgewiesen** wurden, können, falls sie vor dem Stichtag formell **rechtskräftig** geworden sind, ebenso wie der Klage **stattgebende** Urteile dieser Art, nur noch im **Wiederaufnahmeverfahren** (§§ 578ff., 641i ZPO) korrigiert werden. Auf die Erl. zu diesen Verfahrensvorschriften wird verwiesen. § 60 FGB gilt nicht mehr. Waren

[32] BGH FamRZ 1986, 254, 255 (zu § 323 ZPO); s. auch *Zöller-Greger* § 263 ZPO RdNr. 3f., 9, 14.

[33] Zur Zuständigkeit nach § 641a Abs. 1 S. 1 ZPO in einem Übergangsfall s. BGH DtZ 1992, 149.

Anfechtungsklagen nur wegen Versäumung der Anfechtungsfrist abgewiesen worden, so kann allerdings noch ein anderer Anfechtungsberechtigter in der für ihn offenen Frist oder unbefristet klagen. Denn hier wirkt die Rechtskraft der klageabweisenden Entscheidung nicht gegen den neuen Kläger (vgl. § 1599 BGB RdNr. 17, § 1600l BGB RdNr. 13). Einer Anfechtung der Ehelichkeit bedarf es – wie nach bisherigem Recht (§ 61 Abs. 2 FGB) – nicht, wenn der Ehemann der Mutter **für tot erklärt** wurde und das Kind später als 302 Tage nach dem in der Todeserklärung festgesetzten Todeszeitpunkt geboren worden ist (s. § 1593 BGB RdNr. 5). Weggefallen ist die in § 63 Abs. 3 FGB vorgesehene Möglichkeit der Geltendmachung der Nichtvaterschaft des verstorbenen Ehemannes der Mutter in Unterhalts- und Erbstreitigkeiten ohne vorherige Vaterschaftsanfechtung. Sie widerspricht § 1593 BGB.

35 **7. Bestandsschutz für statusrechtliche Alttitel (Abs. 4).** Die in Abs. 1 geregelte Fortgeltung von Statustiteln, die nach dem FGB geschaffen worden sind, wird in Abs. 4 zeitlich und gegenständlich erweitert. Vaterschaftstitel aus der Zeit vor dem Inkrafttreten des FGB (1. 4. 1966), die nach § 8 Abs. 1 EGFB die Wirkung einer Vaterschaftsfeststellung erlangt haben, sollen diese Wirkung weiterhin behalten. Dabei handelt es sich um alte **Vaterschaftsanerkennungen** in öffentlicher Urkunde, aber auch um alte **Unterhaltstitel** zugunsten des außerehelichen Kindes im Verhältnis zum unterhaltspflichtigen Vater, die den die Vaterschaft feststellenden (statusrechtlichen) Titeln iSv. §§ 55 Abs. 1, 56 Abs. 1, 57 FGB gleichgestellt wurden. Die Erl. zum EVertr. gehen davon aus, daß diese zu Vaterschaftstiteln nach dem FGB erstarkten Titel nach neuem Recht wie die Anerkennung einer Vaterschaft angefochten werden können (BT-Drucks. 11/7817 S. 44). Nach bisherigem Recht war die Anfechtbarkeit solcher Titel in **§ 8 Abs. 3 EGFGB** so geregelt, daß sie gem. §§ 59, 60 FGB angefochten werden konnten, wobei die einjährige Anfechtungsfrist frühestens am 1. 4. 1966 begann. Für die Überleitung liegt es nahe, anzunehmen, daß nunmehr die Anfechtungsfristen der §§ 1600h Abs. 1, 1600i Abs. 1 BGB, beginnend frühestens am 3. 10. 1990, gelten sollen. Hiergegen bestehen jedoch Bedenken. Vielmehr ist eine Lösung angebracht, die sich an die Übergangsregelung in **Art. 12 § 3 Abs. 2 NEhelG** anschließt, die einen vergleichbaren Tatbestand betrifft (vgl. § 1600l BGB RdNr. 20). Dort ist für dieselben Alttitel wie die in § 8 EGFGB behandelten für die Zeit nach Inkrafttreten des NEhelG (1. 7. 1970) eine **unbefristete** Anfechtbarkeit vorgesehen. Diese Regelung trägt dem Umstand Rechnung, daß die Richtigkeitsgewähr dieser alten Titel, was die Abstammungsfrage betrifft, allgemein erheblich geringer ist als die der Vaterschaftsfeststellungen in späterer Zeit, weil der Vaterschaftsnachweis mit Hilfe naturwissenschaftlicher Abstammungsgutachten im Zuge der Entwicklung neuer Untersuchungsmethoden gerade in den vergangenen zwei Jahrzehnten wesentlich zuverlässiger geworden ist, ebenso auch der Gegenbeweis durch Gutachten. Es würde wohl gegen den allgemeinen Gleichheitssatz des Art. 3 Abs. 1 GG verstoßen, wenn nicht auch die **unbefristete Anfechtbarkeit** der Statustitel des § 8 Abs. 1 EGFGB zugelassen würde. Denn ein vernünftiger, sich aus der Natur der Sache ergebender oder sonstwie sachlich einleuchtender Grund für eine Regelung, die von derjenigen des Art. 12 § 3 Abs. 2 NEhelG abweicht, ist nicht erkennbar.[34] Ebenso muß das Verbot der Vaterschaftsfeststellung nach § 8 Abs. 2 EGFGB entfallen. Ein solches Verbot gibt es im Übergangsrecht des NEhelG nicht, es wäre auch, vor allem für das Kind, mit unannehmbaren Härten verbunden.[35]

[34] BVerfGE 17, 122, 130; 19, 1, 8; 29, 402; 42, 374, 388; 75, 108, 157. – Der im Text vertretenen Auffassung ist die 1. Kammer des Ersten Senats des BVerfG im Beschl. v. 16. 1. 1995 (FamRZ 1995, 411) nicht gefolgt. Die Verfassungsbeschwerde einer im Jahr 1938 geborenen Frau, deren Klage auf Feststellung (richtig wäre gewesen: Antrag beim VormG, s. *Odersky* (Fn. 17) Art. 12 § 3 NEhelG Anm. IV 6, S. 806f.), daß der 1956 verstorbene Mann, der 1938 in einer gerichtlichen Urkunde seine Vaterschaft anerkannt hatte, nicht ihr Vater sei, vom AG abgewiesen wurde, richtete sich gegen das die amtsgerichtliche Entscheidung bestätigende Berufungsurteil des OLG. Die 1. Kammer hat die Verfassungsbeschwerde gegen dieses Urteil nicht zur Entscheidung angenommen, da ihr grundsätzliche Bedeutung nicht zukomme. Ernsthafte Zweifel an der Verfassungsmäßigkeit der Übergangsvorschrift in Art. 234 § 7 Abs. 4 EGBGB bestünden nicht.

[35] Im Ergebnis ebenso OLG Celle (Fn. 3).

36 **8. Ordre public.** Die Geltendmachung der **Unwirksamkeit** einer unter die Abs. 1 und 4 fallenden Entscheidung mit der Begründung, sie sei unter Verletzung wesentlicher Grundsätze des deutschen Rechts zustandegekommen, insbes. seien im zugrundeliegenden Verfahren Grundrechte mißachtet worden (Verstoß gegen den ordre public), ist durch Art. 234 § 7 EGBGB nicht ausgeschlossen.[36] Sie hat durch Feststellungsklage zu erfolgen (§ 328 Abs. 1 Nr. 4 ZPO analog). Eine **Widerklage** des Beklagten mit dem Antrag, die entgegengesetzte, geltendem Recht entsprechende Statuswirkung auszusprechen, ist jedoch zulässig.

37 **9. Verfahrenskosten.** Kosten und notwendige Auslagen der Parteien, die dadurch entstanden sind, daß Abstammungsklagen vor dem 3. 10. 1990 vom nach DDR-Recht richtigen Kläger gegen einen nach diesem Recht richtigen Beklagten erhoben, aber nach den in Kraft gesetzten Vorschriften infolge des Verlusts der Prozeßführungsbefugnis einer Partei erfolglos waren, fallen der Staatskasse zur Last (Anl. I zum EVertr., Kap. III Sachgebiet A Abschn. III Nr. 28 Buchst. j S. 2, BGBl. 1990 II S. 937). Nach dem Zweck der Vorschrift fallen darunter nicht nur die bei Verfahrensbeendigung entstehenden Kosten, sondern auch die Kosten des ausscheidenden Beklagten bei Parteiwechsel im fortgesetzten Prozeß (vgl. §§ 263, 269 Abs. 3 ZPO).[37]

§ 8 Anpassung von Unterhaltsrenten für Minderjährige

(1) Der Vomhundertsatz nach § 1612a Abs. 2 Satz 1 des Bürgerlichen Gesetzbuchs kann für das in Artikel 3 des Einigungsvertrages genannte Gebiet von der Landesregierung durch Rechtsverordnung (Anpassungsverordnung) bestimmt werden. Vor einer Bestimmung soll die Landesregierung die übrigen Landesregierungen in dem in Satz 1 genannten Gebiet und die Bundesregierung unterrichten.

(2) Die Landesregierung kann die Ermächtigung weiter übertragen.

(3) Die Absätze 1 und 2 gelten nicht, wenn die Bundesregierung den Vomhundertsatz gemäß § 1612a Abs. 2 Satz 1 des Bürgerlichen Gesetzbuchs in diesem Gebiet bestimmt.

(4) Eine Anpassung nach § 1612a Abs. 1 Satz 1 des Bürgerlichen Gesetzbuchs kann nicht für einen früheren Zeitpunkt als den Beginn des zweiten auf das Inkrafttreten der Anpassungsverordnung folgenden Kalendermonats verlangt werden.

Schrifttum: *Adlerstein-Wagenitz,* Das Verwandtschaftsrecht in den neuen Bundesländern, FamRZ 1990, 1169; *Grandke,* Zur Anwendung des Kindesunterhaltsrechts im Beitrittsgebiet, NJ 1993, 298; *Maurer,* Zum Unterhaltsrecht im Beitrittsgebiet, DtZ 1993, 130; *ders.,* Kindesunterhalt im Beitrittsgebiet, FamRZ 1994, 337; *Rauscher,* Gespaltenes Kindschaftsrecht im vereinten Deutschland, StAZ 1991, 1; *Siehr,* Das Kindschaftsrecht im Einigungsvertrag, IPRax 1991, 20.

Übersicht

[36] AG Hamburg-Wandsbek DtZ 1991, 307; s. auch OLG Brandenburg FamRZ 1995, 503 (unterlassene Einholung eines Blutgruppengutachtens).

[37] *Staudinger-Rauscher* RdNr. 54.

1. Vorbemerkung. Eine Dynamisierung von Unterhaltsrenten hat es in der DDR nicht gegeben.[1] Die Bestimmungen des FGB zum Unterhalt für minderjährige Kinder wurden durch die Unterhaltsrichtlinie des Obersten Gerichts ausgefüllt, zuletzt vom 16. 1. 1986.[2] Diese war nach § 39 Abs. 1 S. 3 DDR-GVG für alle Gerichte bindend. Die DDR hat zum Schluß durch den im Rahmen der FGB-Novellierung eingefügten § 22a FGB noch eine Dynamisierungsermächtigung eingeführt. Sie ist jedoch erst zum 1. 10. 1990 in Kraft getreten und – ohne daß von dieser Ermächtigung Gebrauch gemacht worden war – mit dem Beginn der Geltung des BGB im Beitrittsgebiet zum 3. 10. 1990 (Art. 230 Abs. 2, Art. 234 § 1 EGBGB) hinfällig geworden. Das eheliche Kind kann seither Unterhalt gemäß §§ 1601 ff. BGB verlangen, das nichteheliche Kind zwischen Individualunterhalt (§ 1615a iVm. §§ 1601 ff. BGB) und – für die Dauer der Minderjährigkeit – Regelunterhalt (§ 1615f BGB) wählen. Eine solche Differenzierung war dem DDR-Recht unbekannt.[3] Jedoch gilt das BGB (noch) nicht uneingeschränkt. Die Regelunterhalt-Verordnung ist von der Übernahme des Bundesrechts in der früheren DDR ausgenommen (Anlage I Kapitel III Sachgebiet B Abschnitt I Nr. 2 des Einigungsvertrages). Darüberhinaus sehen Art. 234 §§ 8 und 9 EGBGB für die neuen Länder wichtige Sonderregelungen vor. 1

2. Zweck der Norm. Der Zweck der Norm (§ 8) ist darin zu sehen, den neuen Ländern eine Ermächtigung zu geben, schneller als die Bundesregierung Vomhundertsätze für die Anpassung von Unterhaltsrenten an veränderte wirtschaftliche Verhältnisse festzulegen. Zum anderen soll durch Übertragung der Ermächtigung auf die jeweils einzelne Landesregierung regional unterschiedlichen wirtschaftlichen Lebensverhältnissen und deren Entwicklung besser Rechnung getragen werden können als durch eine bundeseinheitliche Regelung. Im übrigen sind die neuen Länder aber an die gesetzlichen Vorgaben in § 1612a BGB gebunden, insbesondere daran, daß der festzusetzende Vomhundertsatz der Entwicklung der allgemeinen wirtschaftlichen Verhältnisse entsprechen muß. 2

3. Rascheres Umsetzen. Das raschere Umsetzen der Anpassung soll dadurch erreicht werden, daß – anders als die Bundesregierung nach § 1612a Abs. 2 S. 2 BGB – die jeweilige Regierung die Verordnung ohne Bundesratsbeteiligung erlassen kann. Ferner ist gegenüber § 1612a Abs. 2 S. 3 BGB die Vorlaufzeit abgekürzt (§ 8 Abs. 4): Eine Anpassung des Unterhalts kann ab dem Beginn des zweiten (nicht erst des vierten) auf das Inkrafttreten der Anpassungsverordnung folgenden Kalendermonats verlangt werden. 3

4. Koordination. Dadurch, daß nach § 8 Abs. 1 S. 2 vor Erlaß einer Anpassungsverordnung die Landesregierung die übrigen Regierungen der neuen Bundesländer und die Bundesregierung unterrichten soll, sollen eine Abstimmung und gegenseitige Beratung sowie eine – zeitliche und inhaltliche – Koordination ermöglicht werden. 4

5. Verordnungskompetenz der Bundesregierung. Nach Abs. 3 der Vorschrift kann die Bundesregierung gemäß § 1612a Abs. 2 S. 1 BGB vorgehen, also für die neuen Länder oder einzelne von ihnen die Verordnungskompetenz wieder an sich ziehen. Damit verliert auch eine landesrechtliche Verordnung ihre Wirksamkeit. Von dieser Möglichkeit hat die Bundesregierung jedoch bisher keinen Gebrauch gemacht. 5

6. Weiterübertragung. Von der nach § 8 Abs. 2 gegebenen Möglichkeit, die Ermächtigung weiter zu übertragen, haben Sachsen und Thüringen[4] Gebrauch gemacht (Übertragung auf das jeweilige Justizministerium, das dann entsprechende Verordnungen erlassen hat). 6

[1] *Adlerstein-Wagenitz* FamRZ 1990, 1169, 1173.

[2] Richtlinie des Plenums des Obersten Gerichts über die Bemessung des Unterhalts für Kinder – Unterhaltsrichtlinie – vom 16. 1. 1986 (DDR-GBl. 1986 I S. 41), abgedruckt im FamRZ 1990, 477.

[3] *Maurer* DtZ 1993, 130, 133.

[4] *Thüringer* VO zur Übertragung der Ermächtigung vom 14. 7. 1992; siehe DAVorm. 1992, 1053. Entsprechende *Sächsische* VO vom 20. 5. 1992 (Sächs. GVBl. S. 232).

7 **7. Gebrauchmachen von der Ermächtigung.** Die neuen Länder einschließlich Berlins (für seinen durch die Vereinigung hinzugekommenen Teil) haben erstmals zum 1. 7. 1992 (= Beginn des Anpassungszeitraums) von der Ermächtigung Gebrauch gemacht.[5] Die Verordnungen sehen übereinstimmend eine Erhöhungsmöglichkeit um 32% vor, während die Bundesregierung zum gleichen Zeitpunkt für die alten Bundesländer (einschließlich Berlins nach dem Stand bis zum 3. 10. 1990) 16% vorgegeben hat.[6] Berlin hat inzwischen erneut angepaßt: Mit Wirkung ab 1. 10. 1994 können die Unterhaltsrenten für minderjährige Kinder um 20% erhöht werden.[7] Brandenburg, Mecklenburg-Vorpommern, Sachsen und Thüringen sind dem inzwischen gefolgt (bei gleichem Erhöhungssatz, aber zu unterschiedlichen Zeitpunkten).

8 **8. Sachsen-Anhalt** hat bisher keine Anpassungsverordnung erlassen. Damit ist dort eine vereinfachte Anpassung entsprechend §§ 1612a BGB, 641l ff. ZPO nicht möglich. Die Anpassungsverordnung der Bundesregierung (1992) nimmt in § 2 das Beitrittsgebiet ausdrücklich aus.[8] Das hat zur Folge, daß in Sachsen-Anhalt nur die umständlichere, aber den individuellen Veränderungen Rechnung tragende Abänderung nach § 323 ZPO möglich ist.[9]

9 **9. Räumlicher und gegenständlicher Geltungsbereich.** Art. 234 § 8 iVm. § 1612a BGB erfaßt titulierte Ansprüche auf **Individualunterhalt für eheliche und nichteheliche Kinder**[10] (nicht dagegen deren Regelbedarf). Es muß sich jedoch um Kinder handeln, die ihren **gewöhnlichen Aufenthalt** im Gebiet der ehemaligen **DDR** haben.[11] Das folgt bereits daraus, daß die Anpassungsverordnungen den Bedarf des Kindes im Auge haben und dieser in erster Linie von den Lebensumständen des Kindes vor Ort abhängt. **DDR-Titel** (also Titel aus der Zeit vor dem 3. 10. 1990) können nicht im vereinfachten Verfahren angepaßt werden.[12] Bei ihnen bleibt nur die Abänderungsklage nach § 323 ZPO (diese Vorschrift gilt im Beitrittsgebiet ab 3. 10. 1990; vgl. Einigungsvertrag Anlage I Kapitel III Sachgebiet A Abschnitt III Nr. 5 Buchst. i, BGBl. 1990 II S. 928).

10 **10. Kritik und Ausblick.** Das vereinfachte Anpassungsverfahren hat im Bereich der alten Bundesländer erkennbar keine große Bedeutung erlangt,[13] in den neuen Bundesländern noch geringere.[14] Was die Zuständigkeiten betrifft, so wird angesichts der zu erwartenden weiteren Angleichung der wirtschaftlichen Verhältnisse der Betroffenen wie der Entwicklung der Lebenshaltungskosten zwischen alten und neuen Bundesländern in Zukunft eine bundeseinheitliche Regelung durch Anpassungsverordnung der Bundesregierung sinnvoll sein. Für eine weitere Übergangszeit wäre auch daran zu denken, daß die Bundesregierung einen abweichenden, aber (wie schon jetzt) im Verhältnis zueinander einheitlichen Anpassungssatz für die neuen Länder vorsieht. Wenn diese – nach Abstim-

[5] Siehe für *Berlin:* FamRZ 1992, 766; für *Brandenburg, Mecklenburg-Vorpommern* und *Sachsen* FamRZ 1992, 1026; für *Thüringen* DAVorm. 1992, 1053. Die Fundstellen in den jeweiligen Gesetzesblättern sind aufgeführt bei *Maurer* DtZ 1993, 130, 134 mit Fn. 66 iVm. S. 133 Fn. 39; *ders.* FamRZ 1994, 337, 338 mit Fn. 14.

[6] BGBl. 1992 I S. 535.

[7] AnpassungsVO vom 2. 5. 1994 (GVBl. für Berlin 1994, S. 134); siehe die Anm. d. Red. in FamRZ 1994, 878 (im Anschluß an die Wiedergabe der 3. RegelbedarfVO).

[8] S. Fn. 6.

[9] Zu temporären Rechtsproblemen bei der Abänderung früherer DDR-Unterhaltstitel siehe *Vogel* DtZ 1991, 338; ferner: *Linke* in *Göppinger-Wax* Unterhaltsrecht 6. Aufl. RdNr. 3443ff.

[10] Vgl. *Maurer* in *Göppinger-Wax* (Fn. 9) RdNr. 2466; *ders.* DtZ 1993, 130, 134 und FamRZ 1994, 337, 338.

[11] Im Ergebnis derselben Auffassung: *Linke* in *Göppinger-Wax* (Fn. 9) RdNr. 3429; *Maurer* FamRZ 1994, 337, 340 (dort auch ausführlicher zu verschiedenen Gesichtspunkten „gemischt-deutscher" Fälle); *Rauscher* StAZ 1991, 1, 9; *Siehr* IPRax 1991, 20, 23.

[12] So auch *Maurer* FamRZ 1994, 337, 345 unter Hinweis darauf, daß Kindesbedarf und Leistungsfähigkeit des Pflichtigen nach ganz anderen als den jetzt herrschenden Lebensverhältnissen beurteilt wurden. Siehe auch BVerfG (Kammerbeschluß) FamRZ 1994, 751. AA ersichtlich *Grandke* NJ 1993, 298, 300.

[13] Vgl. dazu schon *Klauser* DAVorm. 1982, 125, 132.

[14] Wenn man Berichten wie dem von *Grandke* NJ 1993, 298, 300 folgt.

mung auf Verwaltungsebene – kein Bedürfnis für unterschiedliche Regelungen sehen, sondern einheitliche Vomhundertsätze festlegen, so kann das auch durch die Bundesregierung (mit Zustimmung des Länderinteressen wahrenden Bundesrats) geschehen. Der Gesichtspunkt der Beschleunigung (RdNr. 2, 3) hat – wenn er denn in diesem Zusammenhang überhaupt hinreichend zum Tragen kam – inzwischen an Gewicht verloren.

§ 9 Regelbedarf des nichtehelichen Kindes

(1) Der Regelbedarf nach § 1615f Abs. 1 Satz 2 des Bürgerlichen Gesetzbuchs kann in dem in Artikel 3 des Einigungsvertrages genannten Gebiet von der jeweiligen Landesregierung durch Rechtsverordnung festgesetzt werden. Vor einer Festsetzung soll die Landesregierung die übrigen Landesregierungen in dem in Satz 1 genannten Gebiet und die Bundesregierung unterrichten. Der Regelbedarf ist in gleicher Weise nach dem Alter abzustufen wie der von der Bundesregierung mit Zustimmung des Bundesrates festgesetzte Regelbedarf. Eine Abstufung nach den örtlichen Unterschieden in den Lebenshaltungskosten finden nicht statt.

(2) Die Landesregierung kann die Ermächtigung weiter übertragen.

(3) Die Absätze 1 und 2 gelten nicht, wenn die Bundesregierung den Regelbedarf gemäß § 1615f Abs. 2 des Bürgerlichen Gesetzbuchs in diesem Gebiet festsetzt.

1 **1. Vorbemerkung.** Regelbedarf ist der zum Unterhalt eines Kindes, das sich in der Pflege seiner Mutter befindet, bei einfacher Lebenshaltung im Regelfall erforderliche Betrag, vermindert um die nach § 1615g BGB anzurechnenden Beträge wie Kindergeld u. a. (§ 1615f Abs. 1 S. 2 BGB). Dieser Pauschalunterhalt für nichteheliche Kinder stellt gleichzeitig den Mindestunterhalt für eheliche Kinder dar (§ 1610 Abs. 3 BGB). Eine Differenzierung zwischen Individualunterhalt (§§ 1601ff., bei nichtehelichen Kindern iVm. § 1615a BGB) und Regelunterhalt war dem DDR-Recht unbekannt.[1]

2 **2. Zweck der Norm** ist es, den besonderen wirtschaftlichen Verhältnissen in den neuen Bundesländern und ihrer Entwicklung besser und schneller Rechnung tragen zu können als bei einer bundeseinheitlichen Regelung durch Verordnung der Bundesregierung mit notwendiger Zustimmung des Bundesrats.

3 **3. Gleiche Altersstufen.** Die jeweilige Landesregierung muß in der Rechtsverordnung die gleichen Altersstufen vorsehen (Abs. 1 S. 3) wie die Bundesregierung bei ihrer Festsetzung des Regelbedarfs (bis 6 Jahre, 7 bis 12 Jahre, 13 bis 18 Jahre). Nach örtlichen Unterschieden in den Lebenshaltungskosten darf (anders als gemäß § 1615f Abs. 2 S. 2 BGB) nicht abgestuft werden. Damit soll einer zu großen Bandbreite der Regelbedarfssätze vorgebeugt werden.

4 **4. Koordination.** Vor einer Festsetzung soll die betreffende Landesregierung die Regierungen der übrigen neuen Bundesländer und die Bundesregierung unterrichten. Dadurch sollen – wie bei der Anpassungsverordnung (§ 8) – eine Abstimmung und gegenseitige Beratung sowie eine zeitliche und inhaltliche Koordination ermöglicht werden.

5 **5. Weiterübertragung der Ermächtigung.** Nach Abs. 2 der Vorschrift kann die Landesregierung die Ermächtigung weiter übertragen. Das ist teilweise geschehen, so in Sachsen und Thüringen durch Übertragung auf das jeweilige Justizministerium, das dann entsprechende Verordnungen erlassen hat (dazu näher unter RdNr. 6). Wie bei der Anpassungsverordnung (§ 8) kann die **Bundesregierung** die Verordnungskompetenz – hier nach § 1615f Abs. 2 S. 1 BGB – wieder an sich ziehen (§ 9 Abs. 3). Das ist bisher nicht geschehen, sollte aber für die Zukunft überlegt werden.[2]

[1] Vgl. dazu und allgemeiner zum früheren Rechtszustand § 8 RdNr. 1.

[2] Siehe dazu § 8 RdNr. 10.

6 **6. Regelbedarfsverordnungen der neuen Länder.** Inzwischen haben die neuen Länder von der Ermächtigung **Gebrauch gemacht** und Regelbedarfsverordnungen erlassen.[3] Die Sätze liegen – einheitlich für alle neuen Länder – bei 219 DM bis zum vollendeten 6. Lebensjahr, bei 264 DM vom 7. bis zum vollendeten 12. Lebensjahr, bei 315 DM vom 13. bis zum vollendeten 18. Lebensjahr. Berlin hat für seinen Beitrittsteil erneut angehoben: auf 262, 317, 376 DM ab 1. 10. 1994.[4] Dem haben sich die übrigen neuen Länder inzwischen angeschlossen (ab 1. 1. 1995).

7 **7. Gewöhnlicher Aufenthalt im Gebiet der ehem. DDR.** Da an den – pauschalierten – Bedarf des Kindes angeknüpft wird, beziehen sich die nach § 9 erlassenen Verordnungen und deren Sätze nur auf Kinder mit gewöhnlichem Aufenthalt im Gebiet der ehemaligen DDR.[5]

8 **8. Höhe der Regelbedarfssätze.** Die Regelbedarfssätze für den Beitrittsteil Berlins ab 1. 10. 1994 und für die übrigen neuen Länder ab 1. 1. 1995 machen etwa 90% der Sätze in den alten Bundesländern aus (291, 353, 418 DM), kommen also zu einer weitgehenden Angleichung.[6]

§ 10 Rechtsverhältnis zwischen den Eltern und dem Kind im allgemeinen

Der Familienname eines vor dem Wirksamwerden des Beitritts geborenen Kindes bestimmt sich in Ansehung der bis zum Wirksamwerden des Beitritts eingetretenen namensrechtlichen Folgen nach dem bisherigen Recht.

1 **1. Familienname des vor dem Stichtag geborenen Kindes.** Die Vorschrift enthält eine Überleitungsnorm zu §§ 1616 bis 1618 BGB und sonstigen BGB-Vorschriften über den Familiennamen des Kindes (§§ 1720, 1737, 1740f, 1757, 1765). Nach § 10 bestimmt sich der Familienname eines vor dem Wirksamwerden des Beitritts am 3. 10. 1990 in den Gebieten gem. Art. 3 EVertr. geborenen Kindes hinsichtlich der bis zu diesem Tage eingetretenen namensrechtlichen Folgen nach dem bisherigen Recht. Die BGB-Normen über den Kindesnamen erlangen für die vor dem Stichtag geborenen Kinder also nur insoweit Bedeutung, als namensrechtlich relevante Umstände nach dem 3. 10. 1990 eintreten.[1] Damit verwirklicht das Gesetz den in Art. 234 EGBGB § 1 niedergelegten Grundsatz mangelnder Rückwirkung des BGB-Familienrechts für den Familiennamen ehelicher und nichtehelicher Kinder, wobei freilich das Recht der DDR diese letzteren Termini nicht gebrauchte, sondern zwischen Kindern unterschied, deren Eltern bei der Geburt miteinander verheiratet oder nicht miteinander verheiratet waren. Für die Zeit von der Geburt eines Kindes vor dem 3. 10. 1990 bis zu diesem Zeitpunkt bleibt es also bei den namensrechtlichen Regeln des FGB. Danach erhielten eheliche Kinder gem. § 64 Abs. 1 iVm. § 7 Abs. 1 S. 3 FGB den von den Eltern geführten gemeinsamen Familiennamen. Nichteheliche Kinder erhielten nach § 64 Abs. 2 FGB den Familiennamen der Mutter und bei Eheschließung der Eltern deren Familiennamen. Ferner sah § 65 FGB eine Angleichung des Kindesnamens an den abweichenden Namen des Erziehungsberechtigten durch dessen Erklärung gegenüber dem Leiter des Standesamtes vor; zu dieser Annahme eines anderen Familiennamens war nach Vollendung des 14. Lebensjahres die Einwilligung des Kindes erforderlich und bei Kindern aus geschiedenen Ehen auch die Einwilligung des nicht

[3] Siehe FamRZ 1992, 766 (Berlin) und 1026 (übrige neue Länder).

[4] Siehe FamRZ 1994, 878 mit Berichtigung des Einleitungssatzes in FamRZ 1994 Heft 17, Umschlagseite II.

[5] So auch *Maurer* FamRZ 1994, 337, 340; dort auch Hinweise zu weiteren Problemen „gemischtdeutscher" Fälle.

[6] Damit, wie nahe die vor allem am Lohnniveau ausgerichteten Regelbedarfssätze der neuen Bundesländer dem Lebenshaltungsbedarf kommen, setzt sich ausführlich und kritisch *Maurer* FamRZ 1994, 337, 338f. auseinander.

[1] Vgl. BT-Drucks. 11/7817 S. 45.

erziehungsberechtigten Elternteils, die freilich durch rechtskräftige Entscheidung des Organs der Jugendhilfe (vgl. dazu Art. 234 EGBGB § 11 RdNr. 9) ersetzt werden konnte, wenn es dem Wohl des Kindes entsprach. Bei der Annahme an Kindes Statt erhielt das Kind nach § 71 Abs. 1 FGB den Familiennamen des Annehmenden bzw. der annehmenden Ehegatten; in bes. Fällen konnte das Organ der Jugendhilfe gem. Abs. 2 bewilligen, daß das Kind seinen bisherigen Familiennamen behielt. Bei Aufhebung der Annahme an Kindes Statt erlangte das Kind nach § 78 Abs. 2 FGB seinen früheren Familiennamen zurück.

2 **2. Vor dem Stichtag geborene Kinder mit Namensänderung nach § 65 FGB.** Nach § 65 FGB konnte der erziehungsberechtigte Elternteil, der einen anderen Familiennamen als das Kind trug, insbes. nach der Scheidung gegenüber dem Leiter des Standesamts erreichen, daß das Kind seinen Familiennamen annahm. Nach Vollendung des 14. Lebensjahres war die Zustimmung des Kindes erforderlich; in Scheidungsfällen auch die – freilich durch das Organ der Jugendhilfe ersetzbare – Zustimmung des nicht erziehenden Elternteils. Daraus hat das LG Schwerin[2] folgende Konsequenz gezogen: Hatte ein Kind nach Scheidung seiner Eltern und Eheschließung der Mutter mit einem anderen Mann gem. § 65 FGB den neuen Namen der Mutter als Familiennamen erhalten, so erlangt es im Fall der Wiederheirat von Vater und Mutter nicht deren Ehenamen als Familiennamen. Die Begr. dafür lautet: „Zwar bestimmt § 1616 BGB, daß das eheliche Kind den Ehenamen seiner Eltern erhält. Den Regelungen des § 13a Abs. 3 EheG und des Art. 234 EGBGB § 3 Abs. 2 ist außerdem zu entnehmen, daß eheliche Kinder unter gewissen Umständen an einer Änderung des Ehenamens ihrer Eltern teilnehmen sollen. Folgeänderungen beim Kindesnamen können aber grundsätzlich nur dann eintreten, wenn das Kind (noch) einen vom Ehenamen seiner Eltern abgeleiteten Familiennamen trägt. Das Kind folgt Änderungen des Ehenamens seiner Eltern aber nicht, wenn an die Stelle seines nach § 1616 BGB erworbenen Namens inzwischen zum Beispiel ein im Namensänderungsverfahren nach §§ 1 bis 3 NamensÄndG erteilter Name getreten ist .... Entsprechendes muß gelten, wenn dem Kind – wie hier – anstelle des nach § 64 Abs. 2 FGB erworbenen Familiennamens inzwischen der nach dem Namen des Stiefvaters gebildete Familienname der Mutter in zweiter Ehe erteilt wurde. Eine Namensänderung erfolgt dann nicht kraft Gesetzes oder aufgrund Anschließung nach den Vorschriften des bürgerlichen Rechts, sondern nur nach den Vorschriften des NamensÄndG, wobei der Umstand, daß das Kind bereits seit über 10 Jahren den Familiennamen ... trägt, in diesem Verfahren ebenso zu berücksichtigen sein wird wie sein Interesse an einer Namensgleichheit mit den leiblichen Eltern."

3 **3. Familienname eines nach dem Stichtag geborenen Kindes.** Der Familienname eines nach dem Stichtag im Beitrittsgebiet geborenen Kindes richtet sich ausschließlich nach dem BGB.[3] Dabei ist freilich zu unterscheiden: Bis zur Veröffentlichung der Entscheidungsformel des BVerfG-Beschlusses vom 5. 3. 1991,[4] also bis zum 28. 3. 1991,[5] erhielt das eheliche Kind stets den Ehenamen seiner Eltern als Familiennamen. Danach gilt die bei § 1616 RdNr. 1a BGB und in diesem Ergänzungsband zu Art. 1 Nr. 2 RdNr. 6 FamNamRG dargestellte Übergangslösung des BVerfG. Seit dem 1. 4. 1994 ist die Neufassung des § 1616 BGB in Kraft, die im Ergänzungsband unter Art. 1 Nr. 2 FamNamRG erläutert worden ist.

4 **4. Namensänderungen. a) Vor dem Inkrafttreten des FamNamRG.** Für Namensänderungen solcher Kinder, die vor oder nach dem Stichtag im Beitrittsgebiet geboren worden sind, gelten seit diesem Tag die Vorschriften des BGB – also sowohl die Normen über die dem FGB unbekannten Institute der Einbenennung als auch der Ehelicherklärung, ebenso die BGB-Regeln über die Adoption und die Vorschriften über eine Namensänderung nach dem NamensÄndG.

[2] StAZ 1994, 152.
[3] Vgl. nur *Staudinger-Rauscher* RdNr. 16.
[4] BVerfGE 84, 9 = FamRZ 1991, 535.
[5] BGBl. I S. 807.

5 **b) Seit dem Inkrafttreten des FamNamRG** ist bei der Namensänderung des ehelichen Kindes die neue Vorschrift des § 1616a BGB zu beachten; für das nichteheliche Kind gelten Änderungen der §§ 1617 und 1618 BGB. Wegen dieser und weiterer Gesetzesänderungen wird auf die Kommentierung von Art. 1 Abs. 2 bis 8 FamNamRG in diesem Ergänzungsband verwiesen.

§ 11 Elterliche Sorge

(1) Die elterliche Sorge für ein Kind steht demjenigen zu, dem das Erziehungsrecht am Tag vor dem Wirksamwerden des Beitritts nach dem bisherigen Recht zustand. Stand das Erziehungsrecht am Tag vor dem Wirksamwerden des Beitritts dem Vater eines nichtehelichen Kindes oder einem anderen als der Mutter oder dem Vater des Kindes zu, so hat dieser lediglich die Rechtsstellung eines Vormunds.

(2) Entscheidungen, Feststellungen oder Maßnahmen, die das Gericht oder eine Verwaltungsbehörde vor dem Wirksamwerden des Beitritts in Angelegenheiten der elterlichen Sorge getroffen hat, bleiben unberührt. Für die Änderung solcher Entscheidungen, Feststellungen oder Maßnahmen gelten § 1674 Abs. 2 und § 1696 des Bürgerlichen Gesetzbuchs entsprechend.

(3) Hat das Gericht vor dem Wirksamwerden des Beitritts im Scheidungsurteil über das elterliche Erziehungsrecht nicht entschieden oder angeordnet, daß die Ehegatten das elterliche Erziehungsrecht bis zur Dauer eines Jahres nicht ausüben dürfen, gilt § 1671 des Bürgerlichen Gesetzbuchs entsprechend.

(4) Ist ein Kind durch seine Eltern oder mit deren Einverständnis in einer Weise untergebracht, die mit Freiheitsentziehung verbunden ist, so gelten für die Unterbringung vom Wirksamwerden des Beitritts an die Vorschriften des Bürgerlichen Gesetzbuchs. Die Eltern haben alsbald nach dem Wirksamwerden des Beitritts um die gerichtliche Genehmigung der Unterbringung nachzusuchen. Die Unterbringung ist spätestens nach Ablauf von 6 Monaten nach dem Wirksamwerden des Beitritts zu beenden, wenn das Gericht sie nicht vorher genehmigt hat.

Schrifttum: *Adlerstein-Wagenitz,* Das Verwandtschaftsrecht in den neuen Bundesländern, FamRZ 1990, 1169; *Brachmann,* Die Gerichtsverfassung im Übergang – Zur Regelung auf dem Gebiet der ehem. DDR nach dem Einigungsvertrag, DtZ 1990, 298; *Eberhardt,* Die Novellierung des Familiengesetzbuchs der DDR, FamRZ 1990, 917; *Grandke,* Familienrecht in der ehemaligen DDR nach dem Einigungsvertrag, DtZ 1990, 321; *Reichel,* Zum Unterbringungsrecht in den neuen Bundesländern, FamRZ 1990, 1318; *Zimmermann,* Das neue Verfahren in Unterbringungssachen, FamRZ 1990, 1308.

Übersicht

I. Normzweck: Erziehungskontinuität mit Einschränkungen, Anpassung von Entscheidungen und Kindesschutz in Unterbringungsfällen

1 In §§ 42ff. FGB wurde die Rechts- und Pflichtenstellung, die in §§ 1626ff. BGB als elterliche Sorge umschrieben wird, im wesentlichen gleichbedeutend als Erziehungsrecht bezeichnet; der Kreis möglicher Inhaber des Erziehungsrechts war jedoch weiter gezogen als der Kreis der potentiell Sorgeberechtigten. Die Vorschrift des Abs. 1 soll bewirken, daß die Einführung des BGB keine unmittelbare Änderung der Sorge- und Erziehungszuständigkeit mit sich bringt, die Rechtsstellung von Erziehungsberechtigten aber teilweise in eine Vormundschaft übergeleitet wird.[1] Auch die weiteren Bestimmungen dienen teils einer Aufrechterhaltung von Kontinuität und teils einer Angleichung der Rechtslage im Beitrittsgebiet an die des übrigen Bundesgebiets. So soll Abs. 2 einerseits die Fortgeltung von früher getroffenen Entscheidungen gewährleisten und andererseits deren Änderung ermöglichen. Abs. 3 zielt auf eine Annäherung früherer Entscheidungen an § 1671 BGB und § 623 Abs. 3 ZPO, und Abs. 4 soll den durch § 1631b BGB gewährleisteten Schutz des Kindes gegen eine mit Freiheitsentziehung verbundene Unterbringung auch im Beitrittsgebiet herstellen.

II. Vom Erziehungs- zum Sorgerecht oder zur Vormundschaft (Abs. 1)

2 **1. Grundsatz: Erziehungsrecht wird Sorgerecht.** Kontinuität wird dadurch gesichert, daß die elterliche Sorge nach Abs. 1 S. 1 demjenigen zusteht, dem das Erziehungsrecht am Tag vor dem Wirksamwerden des Beitritts – also am 2. 10. 1990 – zustand. Das entspricht Art. 234 EGBGB § 1; diese letztere Vorschrift gewährleistet, daß das Familienrecht des BGB zum Tag des Wirksamwerdens des Beitritts als Stichtag im Beitrittsgebiet in Kraft getreten ist, das neue Recht also keine Rückwirkung entfaltet.[2] Stand den Eltern eines ehelichen Kindes (zur Terminologie vgl. Art. 234 EGBGB § 10 RdNr. 1) das Erziehungsrecht an jenem Tage gemeinsam zu (§ 45 Abs. 1 S. 1 FGB), so haben sie vom Beitrittstage an die elterliche Sorge entspr. §§ 1626, 1627 BGB gemeinsam inne. Bei Verhinderung eines Elternteils an der Ausübung des Erziehungsrechts war der andere berechtigt, das Erziehungsrecht allein auszuüben; bei einer Verhinderung für voraussichtlich nur kurze Zeit beschränkte sich die Berechtigung auf die Wahrnehmung nicht aufschiebbarer Angelegenheiten (§ 45 Abs. 1 S. 2, 3 FGB). Seit dem Stichtag kann in diesen Fällen eine Feststellung des VormG nach § 1674 Abs. 1 BGB oder eine Maßnahme nach § 1666 BGB erforderlich werden;[3] dies freilich nur, soweit nicht bei einer Verhinderung von kürzerer Dauer die Anwendung von § 1678 Abs. 1 BGB ausreicht (vgl. § 1678 BGB RdNr. 5). Beim Tod eines Elternteils oder beim Verlust seines Erziehungsrechts stand dieses Recht dem anderen Elternteil allein zu (§ 45 Abs. 2 S. 1 FGB), was den §§ 1681, 1680 BGB entspricht. Ähnliche Übereinstimmungen bestanden hinsichtlich der Übertragung des Erziehungsrechts auf einen Elternteil bei Scheidung und Trennung (§ 45 Abs. 3 S. 1, Abs. 4 FGB) und der Alleinsorgeregelung bei Scheidung und Trennung (§§ 1671f. BGB) und auch hin-

[1] BT-Drucks. 11/7817 S. 45.
[2] BT-Drucks. 11/7817 S. 42.
[3] *Palandt-Diederichsen* RdNr. 3.

sichtlich der Folgen, die Tod oder Rechtsverlust in der Person des allein zuständigen geschiedenen Elternteils auslösten (§ 45 Abs. 3 S. 2 FGB; §§ 1681, 1680 Abs. 2 BGB). Schließlich stand nach § 46 Abs. 1 FGB der Mutter eines Kindes, dessen Eltern bei seiner Geburt nicht miteinander verheiratet waren, das Erziehungsrecht – jedenfalls bis zum 30. 9. 1990, vgl. RdNr. 5 – ebenso allein zu wie das Sorgerecht für ein ne. Kind der Mutter gem. § 1705 BGB. Die Amtspflegschaft nach §§ 1706 bis 1710 ist nach Art. 230 Abs. 1 EGBGB von der Überleitung in das Beitrittsgebiet ausgenommen worden, vgl. dazu Art. 230 EGBGB RdNr. 2, 3. Die Überleitung vom Erziehungsrecht zur elterlichen Sorge ist nach dem Wortlaut des Abs. 1 am Beitrittstag – 3. 10. 1990 – kraft Gesetzes eingetreten.

3 **2. Vormundschaft statt Sorgerecht für Großeltern ehelicher Kinder, für Väter und Großeltern nichtehelicher Kinder sowie für Stiefelternteile; Vereinbarkeit mit dem GG. a) Fallgruppen.** Die Überleitung vom Erziehungsrecht zur elterlichen Sorge gilt nach Art. 234 EGBGB § 11 Abs. 1 S. 2 freilich mit folgender Beschränkung: Stand das Erziehungsrecht am Stichtag dem Vater eines ne. Kindes oder einem anderen als der Mutter oder dem Vater des Kindes zu, so soll dieser – von Gesetzes wegen, vgl. RdNr. 2 – lediglich die Rechtsstellung eines Vormunds haben. Diesen Einschränkungen lagen folgende Regelungen des FGB zu Grunde: Waren beide Elternteile des ehelichen Kindes (zur Terminologie vgl. Art. 234 EGBGB § 10 RdNr. 1) tot oder hatten beide das Erziehungsrecht verloren, so konnte das Erziehungsrecht durch das Organ der Jugendhilfe (vgl. RdNr. 9) den Großeltern oder einem Großelternteil übertragen werden (§ 45 Abs. 2 S. 2 FGB). Im Falle des Todes der erziehungsberechtigten Mutter des ne. Kindes oder ihres Rechtsverlustes konnte das Erziehungsrecht den genannten Verwandten oder dem Vater übertragen werden (§ 46 Abs. 2 FGB). Nach § 47 Abs. 1 FGB sollte sich jeder Ehegatte für die Erziehung und Pflege auch derjenigen minderjährigen Kinder des anderen verantwortlich fühlen, die nicht von ihm abstammten, aber im gemeinsamen Haushalt der Ehegatten lebten. Nach Abs. 3 S. 1, 2 dieser Vorschrift konnte dem Stiefelternteil auf Antrag das Erziehungsrecht durch das Organ der Jugendhilfe übertragen werden, wenn der Erziehungsberechtigte verstorben oder ihm das Erziehungsrecht entzogen worden war. Bei Kindern aus geschiedenen Ehen setzte eine solche Übertragung des Erziehungsrechts gem. S. 3 aaO die Zustimmung des nicht erziehungsberechtigten Elternteils voraus; wurde diese verweigert, so konnte das Gericht gem. S. 4 aaO auf Klage des Organs der Jugendhilfe das Erziehungsrecht auf den Stiefelternteil übertragen, wenn sich aus dem bisherigen Verhalten des nicht erziehungsberechtigten Elternteils ergab, „daß ihm das Kind und seine Entwicklung gleichgültig sind oder die Verweigerung der Erziehung und Entwicklung des Kindes entgegensteht". Das Familienrecht des BGB kennt indes keine elterliche Sorge durch Großeltern, Großelternteile oder Stiefelternteile; diese können nur Vormünder oder Vormund werden und sind bei der Auswahl gem. § 1779 Abs. 2 S. 3 BGB „zunächst zu berücksichtigen". Der Vater des ne. Kindes kann auch beim Tode der Mutter nicht die elterliche Sorge erhalten, sondern nur die Vormundschaft (§§ 1705, 1779 Abs. 2 S. 3 BGB). Allen diesen Fällen soll die Norm dadurch Rechnung tragen, daß die Rechtsstellung des Inhabers des Erziehungsrechts nicht in die eines Sorgerechtsinhabers umgewandelt wird, sondern – „lediglich" – in diejenige eines Vormunds. Waren Großelternpaare erziehungsberechtigt, so sind sie nach dem Wortlaut des Abs. 1 S. 2 auch ohne das Vorliegen der von § 1775 BGB geforderten bes. Gründe Mitvormünder iSd. Vorschrift geworden; dem Normziel entspr. führen sie die Vormundschaft gemeinschaftlich (§ 1797 Abs. 1 S. 1 BGB). Bei dieser gemeinschaftlichen Führung der Vormundschaft dürfen die Großelternpaare aber nicht schlechter gestellt werden als Ehegatten, die nach § 90 FGB gemeinsam zum Vormund bestellt worden sind und für die Art. 234 EGBGB § 14 Abs. 2 S. 2 eine dem § 90 Abs. 2 FGB vergleichbare Sonderregelung vorsieht: Bei Verhinderung eines Mitvormunds findet § 1678 Abs. 1 Halbs. 1 BGB entspr. Anwendung, so daß der andere die Vormundschaft allein ausübt. Diese aus Gründen der Praktikabilität[4] für bisherige

[4] BT-Drucks. 11/7817 S. 46.

Vormünder geschaffene Regelung darf bisherigen Inhabern des Erziehungsrechts nicht vorenthalten werden.

4 **b) Verfassungsrechtliche Bedenken.** Hinsichtlich des Vaters eines ne. Kindes, der die tatsächliche Fürsorge für sein Kind wahrgenommen hat und dem das Elternrecht aus Art. 6 Abs. 2 GG daher nicht abgesprochen werden kann,[5] erscheint diese „Zurückstufung“ auf eine Vormundschaft mit Art. 6 Abs. 2 GG unvereinbar: Die Stellung des Sorgeberechtigten ist im Verhältnis zum Vormund durch mehr Rechte und weniger Pflichten geprägt, so daß Abs. 1 S. 2 eine „Teilentziehung“ des Elternrechts durch Gesetz bei gleichzeitiger Unterstellung unter die Aufsicht des VormG (§§ 1837ff. BGB) bedeutet. Auch die Vormundschaft des FGB war stärker als das Erziehungsrecht durch Pflichten gekennzeichnet, vgl. §§ 93, 96 FGB. Ferner hatten die Väter von ne. Kindern (zur Terminologie Art. 234 EGBGB § 10 RdNr. 1) im Beitrittsgebiet nicht die Möglichkeit, ihr Erziehungsrecht (= elterliche Sorge) durch einen Statuswechsel – Legitimation auf Antrag des Vaters, §§ 1723ff. BGB – herbeizuführen. Auch deshalb spricht alles dafür, die Position der mit dem Erziehungsrecht ausgestatteten Väter ne. Kinder in ihrer Bestandskraft zu erhalten. Das Argument, daß nunmehr auch im Beitrittsgebiet ne. Kinder auf Antrag ihrer Väter legitimiert werden können, steht diesem Bestandsschutz hinsichtlich des väterlichen Erziehungsrechts nicht entgegen, da es wenig Sinn ergibt, jemandem eine Rechtsposition zunächst durch Gesetz zu entziehen, die er später auf Antrag jederzeit wiedererlangen kann. Diese verfassungsrechtlichen Bedenken werden durch den Beschluß des BVerfG – 1 BvL 32/88 – vom 7. 5. 1991 zu § 1738 Abs. 1 BGB bestärkt.[6] Nach dieser Vorschrift verliert die Mutter mit der Ehelicherklärung des Kindes gem. §§ 1723ff. BGB das Recht und die Pflicht, die elterliche Sorge auszuüben. Wenn diese Rechtsfolge auch in den Fällen eintritt, in denen Vater und Mutter mit dem Kind zusammenleben, beide die Ehelicherklärung mit der Maßgabe anstreben, daß das Sorgerecht ihnen gemeinsam zustehen soll, und diese Sorgerechtsregelung dem Kindeswohl entspricht, dann ist das nach dem genannten Beschluß des BVerfG mit Art. 6 Abs. 2 und 5 GG unvereinbar. Ist nach dieser Entscheidung der Gesetzgeber verpflichtet, die Rechtslage hinsichtlich eines gemeinsamen Sorgerechts der mit dem Kind unverheiratet zusammenlebenden Eltern unverzüglich mit dem GG in Einklang zu bringen (aaO zu D II), also jedenfalls *auch* eine Sorgeberechtigung des Vaters zu schaffen, so besteht um so weniger Anlaß, die mit dem Erziehungsrecht ausgestatteten Väter ne. Kinder im Ostteil Berlins und in der ehem. DDR pauschal auf eine Vormundschaft herabzustufen – ohne Rücksicht auf die tatsächlich gelebte Vater-Kind-Beziehung. Schließlich bleibt noch auf die Ungleichbehandlung im Verhältnis zur Bevorzugung der Mütter in Art. 230 Abs. 1 EGBGB hinzuweisen: Dort wird der Tatsache Rechnung getragen, daß die Mütter ne. Kinder im Beitrittsgebiet ein uneingeschränktes Erziehungsrecht innehatten, das jetzt nicht beschränkt werden dürfe (vgl. Art. 230 EGBGB RdNr. 2, 3); dies muß dann aber auch für diejenigen Väter ne. Kinder gelten, denen ein ebenso uneingeschränktes Erziehungsrecht zustand. Ein ähnliches verfassungsrechtliches Problem ergibt sich daraus, daß das den Vätern ne. Kinder durch das 1. Familienrechtsänderungsgesetz[7] am 1. 10. 1990 eingeräumte volle Einwilligungsrecht zur Adoption am 3. 10. 1990 wieder entfallen ist (§ 1747 Abs. 2 BGB; vgl. dazu Art. 234 EGBGB § 13 RdNr. 8). Die verfassungsrechtlichen Bedenken gelten nicht für die Überleitung der Erziehungsrechte von Großeltern oder Stiefelternteilen in bloße Vormundschaften: Diese Erziehungsberechtigten können nicht in einer den Vätern ne. Kinder vergleichbaren Weise den Schutz des Art. 6 Abs. 2 GG für sich beanspruchen, müssen also die Überleitung in Vormundschaften hinnehmen. Für Großelternpaare gilt aber das in der vorigen RdNr. erläuterte Verbot der Schlechterstellung gegenüber Ehegatten als Mitvormündern.

[5] Vgl. BVerfGE 56, 263ff. zu C I 2 b, c.

[6] BVerfG NJW 1991, 1944.

[7] Gesetz zur Änderung des Familiengesetzbuches der DDR (1. Familienrechtsänderungsgesetz) vom 20. 7. 1990 (GBl. DDR I S. 1038).

5 **3. Überleitung in Fällen des § 46 FGB idF des 1. Familienrechtsänderungsgesetzes v. 20. 7. 1990.**[8] Dieses Gesetz, das vom 1. bis zum 2. 10. 1990 galt, sah überdies in § 46 Abs. 4 FGB nF die Möglichkeit vor, das Erziehungsrecht für ne. Kinder den Eltern auf deren übereinstimmenden Antrag gemeinsam oder auch dem Vater allein zuzuweisen. Die Entscheidung hierüber hatte das Gericht nach Anhörung des Jugendamtes zu treffen. Sollte von diesen Möglichkeiten noch Gebrauch gemacht worden sein, so bestünden gegen eine Rückstufung des väterlichen Erziehungsrechts in eine bloße Vormundschaft wiederum die in der vorigen RdNr. dargelegten verfassungsrechtlichen Bedenken. Im Falle eines gemeinsamen Erziehungsrechts von Mutter und Vater entspricht die Beibehaltung als gemeinsame elterliche Sorge der in der vorigen RdNr. erwähnten Entscheidung des BVerfG vom 7. 5. 1991. Für diese Fälle kommen systematische bürgerlichrechtliche Hinderungsgründe gegen eine Umwandlung der väterlichen Rechtsstellung in eine Vormundschaft hinzu: Vormundschaft neben elterlicher Sorge ist mit dem Familienrecht des BGB nur vereinbar, wenn die Rechtsmacht des Sorgeberechtigten Beschränkungen unterliegt (§ 1773 Abs. 1 BGB), was in den Situationen des § 46 Abs. 4 FGB nF allenfalls bei Minderjährigkeit der Mutter vorgekommen sein dürfte (§ 1673 Abs. 2 BGB); der Vormund wäre in diesem Falle gesetzlicher Vertreter des Kindes, hätte also eine rechtlich stärkere Position als die Mutter inne – ein Ergebnis, das den Zielen des Abs. 1 S. 2 kaum gerecht werden dürfte. In allen übrigen Fällen eines gemeinsamen Erziehungsrechts kommt auch aus bürgerlichrechtlichen Gründen keine andere Lösung als die gemeinsame Sorge beider Elternteile für ihr ne. Kind in Betracht.

III. Fortbestand von Entscheidungen und Änderungsentscheidungen (Abs. 2 S. 1)

6 **1. Allgemeines.** Unberührt bleiben nach Abs. 2 S. 1 Entscheidungen, Feststellungen oder Maßnahmen, die das Gericht oder eine Verwaltungsbehörde vor dem Wirksamwerden des Beitritts in Angelegenheiten der elterlichen Sorge getroffen hat. Diese Aufzählung macht deutlich, daß alle in Sorgerechtsangelegenheiten ergangenen gerichtlichen oder behördlichen Anordnungen zunächst bestehen bleiben sollen; auf die Qualifikation als Entscheidung, Feststellung oder Maßnahme kommt es mithin nicht entscheidend an. Hinsichtlich der Fortgeltung gerichtlicher Entscheidungen stellt die Norm eine Konkretisierung von Art. 18 EVertr. dar; hinsichtlich der Fortdauer von Verwaltungsakten konkretisiert sie Art. 19 EVertr.[9] Für den Fortbestand von Vormundschaften wird Art. 234 EGBGB § 11 durch die speziellere Norm des § 14 ergänzt; sie soll gewährleisten, daß die Bestellung eines Vormunds auch dann wirksam bleibt, wenn sie nach dem BGB nicht möglich gewesen wäre.[10] Die Abänderbarkeit aller dieser fortbestehenden Anordnungen wird durch Abs. 2 S. 2 gewährleistet (u. RdNr. 10, vgl. aber auch u. RdNr. 13).

7 **2. Entscheidungen** sind dabei insbes. solche des Gerichts über eine Entziehung des Erziehungsrechts auf Grund einer Klage des Organs der Jugendhilfe bei schwerer schuldhafter Verletzung der elterlichen Pflichten durch den Erziehungsberechtigten und Gefährdung der Entwicklung des Kindes (§ 51 FGB). Die o. RdNr. 3 erwähnten Zuweisungen des Erziehungsrechts durch das Organ der Jugendhilfe nach §§ 45 Abs. 2 S. 2, 46 Abs. 2, 47 Abs. 3 FGB und die entspr. Regelungen bei der Scheidung (§§ 25, 45 Abs. 3 FGB aF und idF des 1. Familienrechtsänderungsgesetzes), beim Getrenntleben (§ 45 Abs. 4 FGB) und Änderungsentscheidungen nach § 48 FGB aF und nach § 48 idF des 1. Familienrechtsänderungsgesetzes gehören ebenfalls hierher.

8 **3.** Zu den **Feststellungen** zählt etwa die gerichtliche Feststellung der Unfähigkeit zur Ausübung des elterlichen Erziehungsrechts wegen krankhafter Störung der Geistestätigkeit oder wegen einer schwerwiegenden abnormen Entwicklung der Persönlichkeit mit

[8] Vgl. die vorige Fn. und zum 1. Familienrechtsänderungsgesetz i. e. *Eberhardt* FamRZ 1990, 917ff.

[9] Vgl. BT-Drucks. 11/7817 S. 45.

[10] BT-Drucks. 11/7817 S. 46.

Krankheitswert, welche die Fähigkeit zur Wahrnehmung des elterlichen Erziehungsrechts beseitigt oder erheblich beeinträchtigt (§ 52 Abs. 2, 3 FamGB).

9 **4. Maßnahmen von Verwaltungsbehörden** sind vor allem solche der Organe der Jugendhilfe nach § 50 FGB iVm. §§ 13, 23 bis 27 der Jugendhilfeverordnung.[11] Organe der Jugendhilfe waren nach § 4 Abs. 1 dieser VO u. a. die Vormundschaftsräte bei den Referaten Jugendhilfe der Räte der Kreise, Stadtkreise und Stadtbezirke. Das Organ der Jugendhilfe hatte gem. § 50 FGB Maßnahmen zu treffen, wenn Erziehung, Entwicklung oder Gesundheit des Kindes gefährdet und auch bei gesellschaftlicher Unterstützung der Eltern nicht gesichert waren; das Organ der Jugendhilfe konnte den Eltern oder dem Kind Pflichten auferlegen oder Maßnahmen zu seiner Erziehung – zeitweilig auch außerhalb des Elternhauses – treffen. Auch bei Gefährdung wirtschaftlicher Interessen konnten Maßnahmen getroffen werden. Das Organ der Jugendhilfe konnte aber gem. § 27 FGB aF zB auch nach der Scheidung die Befugnis zum Umgang des nicht erziehungsberechtigten Elternteils mit dem Kind für bestimmte oder unbestimmte Zeit ausschließen, wenn durch die Ausübung der Befugnis die Erziehung des Kindes gestört oder seine Entwicklung gefährdet wurde. Das 1. Familienrechtsänderungsgesetz (vgl. Fn. 7) wies diese Regelungszuständigkeit dem Gericht zu (§ 27 FGB nF).

IV. Änderung fortbestehender Entscheidungen, Feststellungen oder Maßnahmen (Abs. 2 S. 2)

10 Für die Änderung von fortbestehenden Entscheidungen, Feststellungen oder Maßnahmen gelten nach Abs. 2 S. 2 die §§ 1674 Abs. 2 und 1696 BGB entsprechend. Die Vorschrift des § 1674 BGB handelt vom Ruhen der elterlichen Sorge bei vormundschaftsgerichtlicher Feststellung einer längeren tatsächlichen Verhinderung an der Ausübung der Sorge; die elterliche Sorge lebt nach Abs. 2 aaO wieder auf, wenn das VormG feststellt, daß der Grund des Ruhens nicht mehr besteht. Eine Änderungsentscheidung nach dieser Norm bietet sich für die Fälle früherer Feststellung der Erziehungsunfähigkeit nach § 52 FGB an. Die in vollem Umfang für anwendbar erklärte Bestimmung des § 1696 BGB sieht in Abs. 1 vor, daß das VormG und das FamG während der Dauer der elterlichen Sorge ihre Anordnungen jederzeit ändern können, wenn sie dies im Interesse des Kindes für angezeigt halten; diese Änderungsbefugnis wird in Abs. 2 um eine Verpflichtung zur Aufhebung von Gefahrenabwehrmaßnahmen nach §§ 1666 bis 1667 und nach § 1671 Abs. 5 BGB für diejenigen Fälle ergänzt, in denen eine Gefahr für das Wohl des Kindes nicht mehr besteht, und nach Abs. 3 hat das Gericht schließlich solche Maßnahmen bei längerer Dauer in angemessenen Zeitabständen zu überprüfen. Wie § 1674 Abs. 2 BGB regelt auch § 1696 BGB ausschließlich eine Änderung gerichtlicher Entscheidungen; die vom Gesetz betonte Anwendbarkeit der Änderungskompetenz der Gerichte auch auf Entscheidungen früherer Verwaltungsbehörden beruht darauf, daß den Organen der Jugendhilfe zB in §§ 27 Abs. 2 S. 2, 45 Abs. 2 S. 2, Abs. 3 S. 2, 46 Abs. 2, 47 Abs. 2, 50 FGB Aufgaben übertragen waren, die nach dem Familienrecht des BGB in die Zuständigkeit des FamG oder des VormG fallen (vgl. §§ 1634, 1666 bis 1667, 1680f., 1773ff. BGB). Die Vorschrift des Abs. 2 S. 2 soll sicherstellen, daß im Beitrittsgebiet ergangene verwaltungsbehördliche Entscheidungen oder Maßnahmen in solchen nach dem BGB den Gerichten vorbehaltenen Sorgerechtsangelegenheiten mit der Überleitung des BGB nach den für die Abänderung gerichtlicher Entscheidungen geltenden Grundsätzen aufgehoben oder abgeändert werden können.[12] Die Verweisung auf § 1696 Abs. 1 BGB, wonach Anordnungen des FamG abänderbar sind, bedeutet angesichts des in § 23b Abs. 1 GVG, § 621 Abs. 1 ZPO normierten Aufgabenkatalogs des FamG eine Abänderungszuständigkeit der Ge-

[11] Verordnung über die Aufgaben und die Arbeitsweise der Organe der Jugendhilfe (Jugendhilfeverordnung) v. 3. 3. 1966 (GBl. DDR II S. 215).

[12] BT-Drucks. 11/7817 S. 45.

richte für alle im Beitrittsgebiet bis zum 2. 10. 1990 ergangenen Vorentscheidungen zum Erziehungsrecht beim Getrenntleben und nach der Scheidung sowie zum Umgangsrecht. Materiellrechtliche Maßstäbe für die Abänderungsentscheidungen sind danach die §§ 1671, 1672 BGB hinsichtlich der elterlichen Sorge bei der Scheidung und beim Getrenntleben und § 1634 BGB beim Streit um das Umgangsrecht. Im Beitrittsgebiet getroffene Gefahrenabwehrmaßnahmen richten sich nunmehr vornehmlich nach §§ 1666ff. BGB und sind entspr. Abs. 2 S. 2 iVm. § 1696 BGB aufzuheben, wenn eine Gefahr für das Kindeswohl nicht mehr besteht; das Gebot zur Überprüfung solcher länger dauernder Maßnahmen in angemessenen Zeitabständen ist dabei zu beachten.

V. Entspr. Anwendung des § 1671 BGB (Abs. 3)

11 **1. Allgemeines.** Hat das Gericht vor dem Wirksamwerden des Beitritts im Scheidungsurteil über das elterliche Erziehungsrecht nicht entschieden oder angeordnet, daß die Ehegatten das eheliche Erziehungsrecht bis zur Dauer eines Jahres nicht ausüben dürfen, so gilt nach Abs. 3 die Vorschrift des § 1671 BGB entsprechend.

12 **2. Scheidungsurteile ohne Entscheidung über das Erziehungsrecht.** Diese erste Alternative zielt auf die Norm des § 25 FGB idF des 1. Familienrechtsänderungsgesetzes vom 20. 7. 1990, die am 1. 10. 1990 in Kraft trat und bis zum 2. 10. 1990 galt (vgl. dazu o. RdNr. 5 und Fn. 7). Diese von mir gelegentlich zweier Anhörungen im Rechtsausschuß der Volkskammer am 11. und 18. 7. 1990 angeregte Vorschrift sah die Möglichkeit vor, das Erziehungsrecht bei der Scheidung ganz oder teilweise beiden Elternteilen zu belassen, und sie bestimmte in Abs. 1, daß das Gericht eine Entscheidung über das Erziehungsrecht für die minderjährigen Kinder **nur auf Antrag eines Elternteils** treffen solle. Sollte danach am 1. oder 2. 10. 1990 in einem Scheidungsurteil von einer Entscheidung über das Erziehungsrecht abgesehen worden sein, so ist nunmehr eine Entscheidung über die elterliche Sorge in entspr. Anwendung des § 1671 BGB nachzuholen, ohne daß es eines Antrages bedarf. Damit wird der Grundsatz gewahrt, daß bei der Scheidung stets von Amts wegen die elterliche Sorge für ein gemeinschaftliches Kind geregelt werden muß (§ 623 Abs. 3 S. 1 ZPO iVm. § 1671 Abs. 1 BGB).[13]

13 **3. Scheidungsurteile mit der Anordnung, daß die Ehegatten bis zur Dauer eines Jahres das Erziehungsrecht nicht ausüben dürfen.** Die zweite Alternative zielt auf § 26 FGB. Nach Abs. 1 dieser Vorschrift hatte das Gericht im Scheidungsurteil den Entzug des Sorgerechts nach § 51 FGB auszusprechen, wenn es keinem der Ehegatten das Erziehungsrecht übertragen konnte, weil durch schwere schuldhafte Versäumnisse der Eltern die Entwicklung des Kindes gefährdet war. In Abs. 2 wurde Vorsorge für diejenigen Fälle getroffen, in denen zwar keine schweren schuldhaften Versäumnisse vorlagen, jedoch infolge der mit dem Ehestreit zusammenhängenden Umstände aus anderen Gründen zunächst keinem Ehegatten das elterliche Erziehungsrecht übertragen werden konnte: Dann war gem. S. 1 im Urteil anzuordnen, daß die Ehegatten bis zur Dauer eines Jahres das elterliche Erziehungsrecht nicht ausüben dürfen, und gem. S. 2 eine Vormundschaft nach § 88 FGB anzuordnen. Auch diese Fälle erfordern nach dem Stichtag entgegen § 26 Abs. 2 S. 3 FGB unabhängig vom Ablauf der Jahresfrist die Nachholung einer Sorgerechtsregelung entspr. § 1671 BGB. Wegen dieses amtswegigen Nachholungsverfahrens hat eine nach § 26 Abs. 2 S. 2 FGB angeordnete Vormundschaft nicht die Bestandswirkung des Art. 234 EGBGB § 14; sie unterliegt nicht der Abänderung nach § 11 Abs. 2 S. 2 iVm. § 1696 BGB, sondern ist zunächst von Amts wegen aufzuheben und ggf. neuerlich vorläu-

[13] Vgl. zu dieser Zielsetzung der Norm BT-Drucks. 11/7817 S. 45 und – als Mitautorin des Entwurfs zu § 25 FGB idF des 1. Familienrechtsänderungsgesetzes – *Grandke* DtZ 1990, 321, 323.

fig anzuordnen.[14] Entgegen § 26 Abs. 3 FGB darf die Sorgerechtsregelung nicht mehr ohne Antrag mit einer Entscheidung über den Unterhaltsanspruch des Kindes verbunden werden; diese letztere Entscheidung setzt vielmehr eine bes. Klage nach § 621 Abs. 1 Nr. 4 ZPO iVm. §§ 1601ff. BGB voraus.[15]

VI. Mit Freiheitsentziehung verbundene Unterbringung (Abs. 4)

14 Abs. 4 hat nichts mit den Gesetzen der Länder über die Unterbringung psychisch Kranker zu tun. Die Vorschrift schützt vielmehr Kinder, welche durch die Eltern oder mit deren Einverständnis in einer Weise untergebracht sind, die mit Freiheitsentziehung verbunden ist. Für solche Fälle gelten vom Wirksamwerden des Beitritts – 3. 10. 1990 – an nach Abs. 4 S. 1 die Vorschriften des BGB. Maßgebend ist § 1631b BGB, wonach eine derartige Unterbringung des Kindes nur mit Genehmigung des VormG zulässig ist und ohne Genehmigung nur vorgenommen werden darf, wenn mit dem Aufschub Gefahr verbunden ist. Im letzteren Fall ist die Genehmigung unverzüglich nachzuholen; generell ist sie zurückzunehmen, wenn das Wohl des Kindes die Unterbringung nicht mehr erfordert. Die Vorschrift des § 1631b BGB gilt entspr. in den Fällen der §§ 1705 S. 2, 1800 und 1915 Abs. 1 BGB. Ergänzend zu § 1631b BGB bestimmt Abs. 4 S. 2, daß die Eltern alsbald nach Wirksamwerden des Beitritts um die gerichtliche Genehmigung der Unterbringung nachzusuchen haben. Dabei mußte den Gerichten eine angemessene Zeit zur Bearbeitung der Übergangsfälle gelassen werden.[16] Gleichwohl war die Unterbringung gem. Abs. 4 S. 3 spätestens nach Ablauf von sechs Monaten nach dem Wirksamwerden des Beitritts – also am 3. 4. 1991 – zu beenden, wenn sie das Gericht nicht vorher genehmigt hatte. Bei der Unterbringung eines Mündels durch den Vormund oder Pfleger gilt Abs. 4 entspr., vgl. Art. 234 EGBGB § 14 Abs. 6 und § 15 Abs. 2. Eine Heimerziehung nach § 34 SGB VIII – Kinder- und Jugendhilfe – schließt nicht automatisch die Befugnis zu freiheitsentziehenden Maßnahmen ein; dafür bedarf es vielmehr ebenfalls einer richterlichen Genehmigung nach § 1631b BGB.[17] Wegen der gerichtlichen Zuständigkeit für Unterbringungssachen vgl. u. RdNr. 15ff., wegen des Verfahrens u. RdNr. 21.

VII. Gerichtliche Zuständigkeiten und Verfahren

15 **1. Gegenwärtige gerichtliche Zuständigkeiten, gegenwärtig geltendes Verfahrensrecht.** In allen neuen Bundesländern gilt inzwischen auch in Familiensachen und in Vormundschaftssachen der im GVG bestimmte Gerichtsaufbau und der darin festgelegte Rechtszug.[18] Für das Verfahren gelten ZPO und FGG nach Maßgabe der Sonderregelungen in §§ 15 bis 25 RpflAnpG.[19]

16 **2. Das während der Übergangszeit geltende Zuständigkeits- und Verfahrensrecht** wird hier gleichwohl noch dargestellt, weil diese Übergangszeit noch nicht so lange zurückliegt, daß es für die Rechtsanwendung darauf nicht mehr ankäme. Die Unterschiede zwischen der Rechtslage in Berlin und in den fünf neuen Bundesländern rechtfertigen es, die einigermaßen komplizierten Regelungen des EVertr. hier noch einmal zu erläutern. Damit soll insbes. denjenigen Benutzern der 3. Aufl. eine Orientierungshilfe zur Beurteilung des korrekten oder inkorrekten Ablaufs früherer Verfahren geboten werden, welche die Sonderausgabe „Zivilrecht im Einigungsvertrag“ als Ergänzungsband zur 2. Aufl. nicht zur Verfügung haben.

[14] *Palandt-Diederichsen* RdNr. 11.
[15] *Palandt-Diederichsen* RdNr. 11.
[16] BT-Drucks. 11/7817 S. 45, 47.
[17] BT-Drucks. 11/5948 S. 72.
[18] ErgBd. Einleitung Familienrecht RdNr. 154b, 204.
[19] Rechtspflege-Anpassungsgesetz v. 26. 6. 1992, BGBl. I S. 1147; vgl. dazu ErgBd. Einleitung Familienrecht RdNr. 204.

17 **a) Gerichtliche Zuständigkeiten in dem Teil Berlins, in dem das GG erst seit dem 3. 10. 1990 gilt.**[20] Die in Abs. 2 S. 2 erwähnten Änderungsentscheidungen nach § 1674 Abs. 2 BGB obliegen dem VormG, diejenigen nach § 1696 BGB sind teils vom VormG zu treffen und teils vom FamG (vgl. o. RdNr. 10). Für die entspr. Anwendung des § 1671 BGB in den Fällen des Abs. 3 ist nach § 1671 Abs. 1 BGB das FamG zuständig. Die von Abs. 4 geforderte Genehmigung für eine mit Freiheitsentziehung verbundene Kindesunterbringung erteilt das VormG. FamG und VormG sind Abteilungen des Amtsgerichts und fungieren in den Angelegenheiten des § 11 als Organe der freiwilligen Gerichtsbarkeit; die Amtsgerichte gehören zur ordentlichen Gerichtsbarkeit (§ 12 GVG). Nach der Anlage I zu Art. 8 EVertr. – Kap. III Sachgebiet A Abschn. IV Einl. – ist in Berlin der „im bisherigen Geltungsbereich des GG bestehende Gerichtsaufbau der ordentlichen Gerichtsbarkeit . . . auf den Teil des Landes Berlin erstreckt [worden], in dem das GG bisher nicht galt".[21] Nach dem Gesetz über die Zuständigkeit der Berliner Gerichte[22] erstreckte sich die Zuständigkeit des Kammergerichts, des LG Berlin und der Amtsgerichte auch auf den Teil Berlins, in dem das GG bisher nicht galt. In Angelegenheiten, die dem FamG zugewiesen sind, war danach das AG Charlottenburg zuständig, da das Land Berlin auf Grund der Ermächtigung des § 23c GVG die Zuständigkeit für die Entscheidung des Amtsgerichts in Familiensachen iSv. § 23b GVG im Bezirk des LG Berlin dem AG Charlottenburg zugewiesen hatte.[23] Soweit das VormG zuständig war, kam es auf die allgemeine Erweiterung der Berliner Amtsgerichtsbezirke durch das Gesetz über die Zuständigkeit der Berliner Gerichte an. Danach war das AG Charlottenburg zusätzlich zuständig für die Bezirke Pankow und Weißensee, das AG Schöneberg für die Bezirke Hohenschönhausen, Marzahn und Hellersdorf, das AG Wedding für die Bezirke Berlin-Mitte und Prenzlauer Berg, das AG Tempelhof-Kreuzberg für die Bezirke Friedrichshain und Lichtenberg und das AG Neukölln für die Bezirke Treptow und Köpenick. Die örtliche Zuständigkeit bestimmte sich wie folgt: Für Änderungsentscheidungen (Abs. 2, vgl. o. RdNr. 10), die dem VormG obliegen, galten §§ 43, 36 FGG; diese Vorschriften galten iVm. § 621 Abs. 2 S. 2 ZPO auch für Änderungsentscheidungen des FamG und für nachzuholende Sorgerechtsentscheidungen iSv. Abs. 3 (o. RdNr. 11 bis 13). Die §§ 43, 36 FGG galten ferner für die örtliche Zuständigkeit in Unterbringungssachen nach Abs. 4. Die Rechtsmittelzuständigkeit richtete sich nach den allgemeinen Vorschriften von GVG, ZPO und FGG.[24] Diejenigen Verfahren, die bei Gerichten in dem in Art. 3 EVertr. bezeichneten Teil Berlins anhängig waren, sind am Tage des Beitritts auf die nach dem im bisherigen Geltungsbereich des GG geltenden Recht zuständigen Gerichte übergegangen; die Zuständigkeit für Rechtsmittel und Rechtsbehelfe richtet sich nach dem neuen Recht.[25]

18 **b) Gerichtliche Zuständigkeiten in den fünf neuen Bundesländern während der Übergangszeit.** Hier galt nach Anlage I zu Art. 8 EVertr.[26] das GVG mit folgenden Maßgaben: Die Kreisgerichte und die Bezirksgerichte übten die ordentliche streitige Gerichtsbarkeit aus und waren zuständig für die Angelegenheiten der freiwilligen Gerichtsbarkeit, die den Gerichten übertragen sind, bis die Länder die im GVG vorgesehenen Gerichte eingerichtet hatten. Wo das GVG oder andere Rechtsvorschriften die Zuständigkeit der Gerichte regeln, ihnen Aufgaben zuweisen oder Gerichte bezeichnen, traten die

[20] Vgl. dazu ErgBd. Einl. FamR RdNr. 154b, 204 sowie *Brachmann* DtZ 1990, 298.

[21] BGBl. 1990 II S. 885, 938.

[22] Berl. GVBl. 1990 S. 2076.

[23] Vgl. VO v. 23. 11. 1976, Berl. GVBl. S. 2609; inzwischen ergänzt durch die Verlagerung vom AG Charlottenburg zum AG Tempelhof-Kreuzberg und die Einrichtung eines zweiten FamG beim AG Pankow/Weißensee, vgl. VO v. 21. 10. 1991, Berl. GVOBl. S. 233, und VO v. 13. 7. 1993, Berl. GVOBl. S. 346.

[24] Zur Anwendbarkeit dieser Gesetze in dem in Art. 3 EVertr. bezeichneten Teil Berlins vgl. Anlage I zu Art. 8 EVertr. Kap. III Sachgebiet A Abschnitt IV Nr. 3 Buchst. a, c und d (BGBl. 1990 II S. 885, 938ff.).

[25] Anlage I aaO Fn. 24 Abschn. IV Nr. 3 Buchst. j.

[26] Anlage I Kap. III Sachgebiet A Abschn. III Nr. 1 Buchst. a Abs. 1, 2; BGBl. 1990 II S. 889, 922.

Kreisgerichte an die Stelle der Amtsgerichte und die Bezirksgerichte an die Stelle der Land- und Oberlandesgerichte, soweit nichts anderes bestimmt war (Anlage I aaO Buchst. b Abs. 1).[27] In bürgerlichen Rechtsstreitigkeiten einschließlich von Ehe- und Familiensachen und in Angelegenheiten der freiwilligen Gerichtsbarkeit waren die Kreisgerichte zuständig, soweit die Zuständigkeit der Amtsgerichte oder der Landgerichte im ersten Rechtszug besteht (Anlage I aaO Buchst. e Abs. 1).[28] In Familiensachen und in Angelegenheiten der freiwilligen Gerichtsbarkeit entschieden die Zivilsenate der Bezirksgerichte über Beschwerden gegen die Entscheidungen der Kreisgerichte, soweit nicht die besonderen Senate zuständig waren (Anlage I aaO Buchst. h Abs. 1).[29] Die besonderen Senate wurden bei den Bezirksgerichten gebildet, in deren Bezirk die Landesregierung ihren Sitz hat; diese Senate traten im Rahmen ihrer Zuständigkeit an die Stelle der Oberlandesgerichte (Anlage I aaO Buchst. k Abs. 1).[30] Diese besonderen Senate entschieden über weitere Beschwerden in den Fällen der §§ 27, 28 FGG (Anlage I aaO Buchst. l Abs. 3 Nr. 2).[31]

c) Für die **freiwillige Gerichtsbarkeit** – also insbes. für Änderungsentscheidungen iSv. Abs. 2 S. 2 iVm. §§ 1666 bis 1667 BGB – ergab sich daraus vorbehaltlich von Sonderregeln folgender **Instanzenzug:** Kreisgericht (1. Instanz), Zivilsenat des Bezirksgerichts (2. Instanz), besonderer Senat des Bezirksgerichts (3. Instanz) und BGH (Divergenzentscheidung, § 28 FGG). In **Familiensachen** – also insbes. bei Änderungsentscheidungen iSv. Abs. 2 iVm. §§ 1634, 1671f. BGB – verlief der Instanzenzug vom Kreisgericht (1. Instanz) zum Zivilsenat des Bezirksgerichts (2. Instanz) und weiter zum BGH (3. Instanz). 19

d) Die **örtliche Zuständigkeit der Kreisgerichte** richtete sich in den fünf neuen Bundesländern nach den in RdNr. 17 angeführten Vorschriften; für die Genehmigung einer mit Freiheitsentziehung verbundenen Kindesunterbringung (Abs. 4) ergab sich die örtliche Zuständigkeit jedoch gem. Kap. III Sachgebiet A Abschn. 13 Buchst. a der Anlage I zu Art. 8 EVertr.[32] aus §§ 70, 65, 65a FGG idF des Art. 5 des Gesetzes zur Reform des Rechts der Vormundschaft und Pflegschaft über Volljährige.[33] 20

e) Verfahren. Für die hier interessierenden Angelegenheiten galten GVG, ZPO und FGG in den fünf neuen Bundesländern mit den in RdNr. 18 dargestellten Modifikationen. Für das Verfahren bei einer mit Freiheitsentziehung verbundenen Kindesunterbringung (o. RdNr. 14) galten in diesen Ländern nach Anlage I zu Art. 8 des Einigungsvertrages – Kap. III Sachgebiet A, Abschn. III Nr. 13 Buchst. a[34] – die §§ 70ff. FGG idF des Art. 5 BtG, vgl. o. RdNr. 20; diese Vorschriften, die nach Art. 11 BtG im übrigen Bundesgebiet erst am 1. 1. 1992 in Kraft getreten sind, sind hier vorzeitig mit dem Beitritt wirksam geworden.[35] In dem in Art. 3 EVertr. bezeichneten Teil Berlins richtete sich das Verfahren bei der Genehmigung von mit Freiheitsentziehung verbundenen Kindesunterbringungen dagegen sogleich nach §§ 64a ff. FGG, weil hier die Vorschriften des BtG über das gerichtliche Verfahren in Unterbringungssachen nicht anzuwenden waren.[36] 21

[27] Vgl. Fn. 26.
[28] Vgl. Fn. 26.
[29] Vgl. Fn. 26.
[30] Vgl. Fn. 26.
[31] Vgl. Fn. 26.
[32] BGBl. 1990 II S. 885, 932.
[33] Betreuungsgesetz – BtG – v. 12. 9. 1990 (BGBl. I S. 2002).
[34] BGBl. 1990 II S. 885, 932.
[35] BT-Drucks. 11/7817 S. 25f.; vgl. zum Verfahren nach dem BtG *Reichel* FamRZ 1990, 1318; *Zimmermann* FamRZ 1990, 1308.
[36] Anlage I aaO Abschn. IV Nr. 3 Buchst. d aa), BGBl. 1990 II S. 885, 940.

§ 12 Legitimation nichtehelicher Kinder

Die Frist nach § 1740e Abs. 1 Satz 1 des Bürgerlichen Gesetzbuchs beginnt nicht vor dem Wirksamwerden des Beitritts.

Schrifttum: *Lübchen-Rohde,* Kommentar zum 6. Teil des EGBGB, 1991.

Die Vorschrift regelt die **Ehelicherklärung auf Antrag des Kindes** (§§ 1740a ff. BGB) für die Gebiete gem. Art. 3 EVertr., in denen es diese Legitimation mangels des Nichtehelichen-Status bisher nicht gegeben hat. Sie gilt für ne. Kinder, dh. für Kinder, deren Mutter bei der Geburt nicht verheiratet war, oder für Kinder, deren Ehelichkeit angefochten worden ist (§§ 1593ff. BGB). Darüber, daß das FGB diese Unterscheidung so nicht traf, vgl. Art. 234 EGBGB § 10 RdNr. 1. Die Ehelicherklärung wird nach § 1740a Abs. 1 BGB auf Antrag des Kindes vom VormG ausgesprochen, wenn die Eltern verlobt waren und das Verlöbnis durch Tod eines Elternteils aufgelöst worden ist; sie ist zu versagen, wenn sie nicht dem Wohle des Kindes entspricht. Wegen Art. 234 EGBGB § 2 muß für die Zeit vor dem Beitritt das rechtlich irrelevante Verlöbnis iSv. § 5 Abs. 3 FGB ausreichen, weil die Norm des § 12 sonst weitgehend leer liefe.[1] Das auf seinen Antrag für ehelich erklärte Kind steht nach § 1740f Abs. 1 BGB einem Kinde gleich, das durch Eheschließung seiner Eltern ehelich geworden ist (vgl. § 1719 BGB). Nach dem Tode des Vaters kann das Kind gem. § 1740e Abs. 1 S. 1 BGB den Antrag auf Ehelicherklärung nur binnen Jahresfrist stellen. Die Frist beginnt nach S. 2 aaO nicht vor der Geburt des Kindes und, falls die Vaterschaft nicht anerkannt ist, nicht vor ihrer rechtskräftigen Feststellung; nach S. 3 finden die §§ 203, 206 BGB entspr. Anwendung. Die Norm des § 12 bestimmte, daß diese Frist nicht vor dem Wirksamwerden des Beitritts – 3. 10. 1990 – begann. Damit wurde Kindern im Beitrittsgebiet die Möglichkeit offengehalten, einen Antrag auf Ehelicherklärung auch dann zu stellen, wenn der Tod des Vaters schon länger zurücklag[2] und die sonstigen Voraussetzungen schon früher erfüllt waren.[3] Nachdem die Jahresfrist nach dem Beitritt längst abgelaufen ist, hat die Übergangsregelung keine praktische Bedeutung mehr; die eingangs dargestellte BGB-Regelung gilt uneingeschränkt auch im Beitrittsgebiet.

§ 13 Annahme als Kind

(1) Für Annahmeverhältnisse, die vor dem Wirksamwerden des Beitritts begründet worden sind, gelten § 1755 Abs. 1 Satz 2, §§ 1756, 1760 Abs. 2 Buchstabe e, § 1762 Abs. 2 und die §§ 1767 bis 1772 des Bürgerlichen Gesetzbuchs nicht. § 1766 des Bürgerlichen Gesetzbuchs gilt nicht, wenn die Ehe vor dem Wirksamwerden des Beitritts geschlossen worden ist.

(2) Vor dem Wirksamwerden des Beitritts ergangene Entscheidungen des Gerichts, durch die ein Annahmeverhältnis aufgehoben worden ist, bleiben unberührt. Dasselbe gilt für Entscheidungen eines staatlichen Organs, durch die ein Annahmeverhältnis aufgehoben worden ist und die vor dem Wirksamwerden des Beitritts wirksam geworden sind.

(3) Ist ein Annahmeverhältnis vor dem Wirksamwerden des Beitritts ohne die Einwilligung des Kindes oder eines Elternteils begründet worden, so kann es aus diesem Grund nur aufgehoben werden, wenn die Einwilligung nach dem bisherigen Recht erforderlich war.

[1] *Staudinger-Rauscher* RdNr. 6; aA *Rohde-Lübchen* S. 146.

[2] Vgl. BT-Drucks. 11/7817 S. 45f.

[3] *Palandt-Diederichsen* RdNr. 5.

(4) Ist ein Annahmeverhältnis vor dem Wirksamwerden des Beitritts begründet worden und war die Einwilligung eines Elternteils nach dem bisherigen Recht nicht erforderlich, weil

1. dieser Elternteil zur Abgabe einer Erklärung für eine nicht absehbare Zeit außerstande war,
2. diesem Elternteil das Erziehungsrecht entzogen war oder
3. der Aufenthalt dieses Elternteils nicht ermittelt werden konnte,

so kann das Annahmeverhältnis gleichwohl auf Antrag dieses Elternteils aufgehoben werden. § 1761 des Bürgerlichen Gesetzbuchs gilt entsprechend.

(5) Ist ein Annahmeverhältnis vor dem Wirksamwerden des Beitritts begründet worden und ist die Einwilligung eines Elternteils ersetzt worden, so gilt Absatz 4 entsprechend.

(6) Ein Antrag auf Aufhebung eines vor dem Wirksamwerden des Beitritts begründeten Annahmeverhältnisses kann nur bis zum Ablauf von drei Jahren nach dem Wirksamwerden des Beitritts gestellt werden. Für die Entgegennahme des Antrags ist jedes Vormundschaftsgericht zuständig.

(7) Ist über die Klage eines leiblichen Elternteils auf Aufhebung eines Annahmeverhältnisses am Tag des Wirksamwerdens des Beitritts noch nicht rechtskräftig entschieden worden, so gilt die Klage als Antrag auf Aufhebung des Annahmeverhältnisses. § 1762 Abs. 3 des Bürgerlichen Gesetzbuchs gilt nicht.

Schrifttum: *Adlerstein-Wagenitz,* Das Verwandtschaftsrecht in den neuen Bundesländern, FamRZ 1990, 1169 bis 1177 (1176f.); *Grandke,* Familienrecht in der ehemaligen DDR nach dem Einigungsvertrag, DtZ 1990, 321 bis 325 (323); *Raack,* Der Einigungsvertrag und die sog. Zwangsadoptionen in der ehemaligen DDR, ZfJ 1991, 449 bis 451; *Weber,* Gesetz zur Änderung adoptionsrechtlicher Fristen, DtZ 1992, 10 bis 13; *Wolf,* Überprüfung von in der DDR ausgesprochenen Adoptionen, FamRZ 1991, 12 bis 16.

Übersicht

1. Normzweck: § 13 erkennt implizit im Beitrittsgebiet ausgesprochene Adoptionen an, leitet sie grundsätzlich in das Recht des BGB über und regelt insbesondere die Aufhebung besonders. Letzteres erschien erforderlich, um durch sog. „Zwangsadoptionen" den Eltern möglicherweise angetanes Unrecht – unter Berücksichtigung der Kindesinteressen – zu beseitigen (unten RdNr. 21 bis 27). Die gegenwärtige Fassung beruht auf dem Gesetz zur Änderung adoptionsrechtlicher Fristen vom 30. 9. 1991[1] (vgl. RdNr. 4 vor Art. 234). 1

[1] BGBl. I S. 1930. Dazu ausführlich *Weber* DtZ 1992, 12f.; *Wolf* FamRZ 1992, 14 bis 16.

2 **2. Vorausgehender Rechtszustand. a) Bis 30. 9. 1990 (FGB).** Art. 234 EGBGB § 13 nimmt auf das bis zum 30. 9. 1990 in der früheren DDR in Kraft befindliche Kindschafts- und Adoptionsrecht Bezug (für die Zeit zwischen 1. und 3. 10. 1990 s. unten RdNr. 8). Dieses war in §§ 66 bis 78 FGB[2] geregelt; die Vorschriften gehen auf die VO über die Annahme an Kindes Statt vom 29. 11. 1956[3] zurück.

3 **Angenommen werden konnten nur Minderjährige** (§ 67 Abs. 1 Satz 2 FGB). Der Annehmende mußte volljährig sein; er durfte nicht entmündigt sein oder unter vorläufiger Vormundschaft oder Pflegschaft stehen (§ 67 Abs. 1 Satz 1, Abs. 2 FGB); ein die Entscheidungsfähigkeit ausschließender Zustand machte nach allgemeinem Zivilrecht handlungsunfähig (§ 52 Abs. 3 Satz 2 ZGB). Ehegatten „sollten" Kinder nur gemeinschaftlich annehmen (§ 67 Abs. 1 Satz 3 FGB).

4 **In die Adoption einwilligen** mußten das über 14 Jahre alte Kind, grundsätzlich die Eltern sowie Personen, die statt ihrer das Erziehungsrecht ausübten. Die einschlägigen Vorschriften lauteten:

§ 69 Einwilligung der Eltern

(1) Zu einer Annahme an Kindes Statt ist die Einwilligung der Eltern des Kindes und, sofern es das 14. Lebensjahr vollendet hat, auch des Kindes erforderlich. Die Einwilligung des Vaters eines außerhalb der Ehe geborenen Kindes ist nur erforderlich, wenn ihm das elterliche Erziehungsrecht übertragen wurde. Hat das Kind einen anderen gesetzlichen Vertreter, ist auch dessen Einwilligung notwendig.[4]

(2) Die Einwilligung ist vor dem Organ der Jugendhilfe oder in notariell beurkundeter Form zu erklären. Sie ist unwiderruflich.

(3) Die Einwilligung kann erteilt werden, ohne daß die Eltern des Kindes die Person und den Namen des Annehmenden erfahren.

§ 70

(1) Verweigert ein Elternteil die Einwilligung und steht die Verweigerung dem Wohle des Kindes entgegen oder ergibt sich aus seinem bisherigen Verhalten, daß ihm das Kind und seine Entwicklung gleichgültig sind, kann die Einwilligung dieses Elternteils auf Klage des Organs der Jugendhilfe durch das Gericht ersetzt werden.

(2) Dem Antrag kann auch ohne Einwilligung eines Elternteils entsprochen werden, wenn dieser Elternteil zur Abgabe einer Erklärung für eine nicht absehbare Zeit außerstande ist, ihm das Erziehungsrecht entzogen wurde oder sein Aufenthalt nicht ermittelt werden kann.

5 Die Annahme wurde durch das **Organ der Jugendhilfe** (Vormundschaftsrat bei den Referaten Jugendhilfe der Räte, der Kreise, Stadtkreise und Stadtbezirke, VO über die Aufgaben und die Arbeitsweise der Organe der Jugendhilfe – JugendhilfeVO – vom 3. 3. 1966[5] § 4) ausgesprochen (§ 68 Abs. 1 FGB). Die Annahme mußte dem Wohl des Kindes entsprechen und der Annehmende mußte in der Lage sein, sein Erziehungsrecht (elterliche Sorge) in vollem Umfang wahrzunehmen (§ 68 Abs. 2 FGB).

6 Die Entscheidung führte zu einer **Volladoption** ohne Einschränkungen (§§ 72, 73 Abs. 1 FGB). Daß bei Annahme eines Kindes eines Ehegatten die Beziehungen zu diesem und seinen Verwandten nicht erlöschen (§ 73 Abs. 2 FGB), entspricht im Ergebnis § 1754 (vgl. §§ 1754, 1755 RdNr. 14). Sondervorschriften für die Adoption von Stiefkindern und Kindern von Verwandten fehlten. Das eigene nichteheliche Kind konnte nicht angenommen werden, da das FGB einen besonderen Status des ehelichen Kindes nicht kannte.

[2] GBl. DDR 1966 I S. 1, GBl. DDR 1975 I S. 517.

[3] GBl. DDR 1956 I S. 1326.

[4] § 69 Abs. 1 Satz 2 ist mit Wirkung vom 1. 10. 1990 außer Kraft getreten (s. RdNr. 8).

[5] GBl. DDR 1966 II S. 215, mehrfach geändert, zuletzt durch VO vom 14. 12. 1988, GBl. DDR 1988 I S. 330.

Die Adoption konnte auf Antrag der leiblichen Eltern **durch Gerichtsbeschluß aufgehoben** werden, wenn eine erforderliche Einwilligung nicht eingeholt wurde (oben RdNr. 4) oder aus den in § 70 Abs. 2 Alt. 1, 3 FGB genannten Gründen nicht eingeholt zu werden brauchte und die Aufhebung dem Wohl des Kindes entsprach (§ 74 FGB). Aufhebung auf Antrag des Organs der Jugendhilfe war zulässig, wenn die Entwicklung des Kindes durch die Annehmenden oder einen von ihnen gefährdet wurde (§ 75 FGB). Auf Antrag des Annehmenden konnte die Adoption aufgehoben werden bei einer Krankheit des Kindes, welche die Entstehung der Eltern-Kind-Beziehung unmöglich machte, oder bei schweren Verfehlungen des Kindes (§ 76 FGB). Die Stiefkinderadoption konnte das **Organ der Jugendhilfe** auf Antrag des Annehmenden nach Beendigung der Ehe aufheben, wenn ein Eltern-Kind-Verhältnis nicht mehr bestand (§ 73 Abs. 2 FGB). Schließlich konnte die Adoption nach Eintritt der Volljährigkeit auf gemeinsamen Antrag von Annehmendem und Angenommenem durch **Entscheidung des staatlichen Notariats** aufgehoben werden (§ 77 FGB). 7

b) Vom 1. bis 3. 10. 1990 (1. FamRÄndG). Durch Gesetz zur Änderung des Familiengesetzbuches der DDR **(1. Familienrechtsänderungsgesetz)** vom 20. 7. 1990,[6] in Kraft getreten am 1. 10. 1990 (§ 5), ist das Recht der Annahme an Kindes Statt kaum berührt worden. Jedoch wurde § 69 Abs. 1 Satz 2 FGB (Text vgl. oben RdNr. 4) aufgehoben; dies bedeutet, daß bei Adoptionen, die am 1. oder 2. 10. 1990 vorgenommen worden sind, der nichteheliche Vater unabhängig von dem Umstand zustimmen mußte, ob ihm das Erziehungsrecht übertragen worden war oder nicht. An die Stelle des entscheidenden Organs der Jugendhilfe trat das Jugendamt. § 53 FGB sah nunmehr (entsprechend §§ 55c, 50b FGG) vor, daß ein Kind, welches das 14. Lebensjahr vollendet hatte, stets persönlich anzuhören war. Bei einem jüngeren Kind konnte das Gericht das Kind persönlich anhören oder sich sonst einen unmittelbaren Eindruck verschaffen. Für Entscheidungen der Jugendämter, denen der Ausspruch der Adoption auch weiterhin oblag, galt nach § 53 Abs. 4 FGB diese Regelung entsprechend. Etwaige Verfahrensmängel dieser Art sind jedoch folgenlos (vgl. RdNr. 20, 28). 8

3. § 13 Abs. 1. Absatz 1 stellt implizit klar, daß Entscheidungen des Jugendhilfeorgans, ab 1. 10. 1990 des Jugendamtes, über die Annahme an Kindes Statt grundsätzlich wirksam sind.[7] Wegen der Inkraftsetzung des BGB am 3. 10. 1990 haben die altrechtlichen Adoptionen grundsätzlich die Wirkungen des BGB. Da in beiden Systemen die Volladoption herrscht, entstehen in der Mehrzahl der Fälle keine Überleitungsprobleme. Dort, wo jedoch das Recht der früheren DDR vom BGB in den Rechtsfolgen der Adoption abwich, bleiben diese altrechtlichen Adoptionen in ihren Wirkungen im Ergebnis früherem Recht unterworfen: 9

a) Nichtgeltung von §§ 1755 Abs. 1 Satz 2, 1756. § 1755 Abs. 1 Satz 2, § 1756 gelten nicht. Dh.: Die **Vollwirkung der Adoption** wird radikal durchgeführt (s. o. RdNr. 6) und **aufrechterhalten.** Daher hat das Kind etwaige Rentenansprüche (auf Dauer) verloren. Auch das im 2. und 3. Grad mit dem Annehmenden verwandte oder verschwägerte Kind bleibt ganz aus der natürlichen Familie herausgenommen. Sinn dieser Regel ist, nicht automatisch Verwandtschaftsbeziehungen wiederaufleben zu lassen, die nach früherem Recht abgebrochen waren[8] – mag auch die rechtspolitische Legitimation für diesen Abbruch zweifelhaft erscheinen. 10

Ebenso wirkt der Ausschluß des **§ 1756 Abs. 2.** Nach § 73 Abs. 2 Satz 1 FGG blieb dann, wenn ein Ehegatte das Kind des anderen Ehegatten annahm, die Beziehung zu diesem und *dessen* Verwandten bestehen – nicht aber zu den Verwandten des anderen Elternteils. 11

[6] GBl. DDR 1990 I S. 1038.

[7] Vgl. Einigungsvertrag Art. 19 Satz 1, BGBl. 1990 II S. 895; BT-Drucks. 11/7817 S. 48; *Staudinger-Rauscher* RdNr. 1, 13.

[8] BT-Drucks. 11/7817 S. 48; *Staudinger-Rauscher* RdNr. 14.

12 **b) Nichtgeltung von § 1747 Abs. 3 Satz 1.** Die Einwilligungsschutzfrist für Eltern (**§ 1747 Abs. 3 Satz 1:** acht Wochen nach Geburt) gilt für Altadoptionen nicht; ein hierauf gestützter Einwilligungsmangel ist kein Aufhebungsgrund (1760 Abs. 2 Buchst. e). Im übrigen gelten jedoch für die Aufhebung die im BGB genannten Einwilligungsmängel als erheblich (näher unten RdNr. 20). **§ 1762 Abs. 2** ist – durch das Änderungsgesetz vom 30. 9. 1991 (oben RdNr. 1) – für nicht anwendbar erklärt worden, um die zur Sicherung der Rechtsstaatlichkeit verlängerte Aufhebungsfrist (unten RdNr. 27) nicht auszuhöhlen.

13 **c) §§ 1767 bis 1772,** welche die Erwachsenenadoption und ihre Rechtsfolgen regeln, sind für Adoptionen, die *nach* Inkrafttreten der Verordnung über die Annahme an Kindes Statt vom 29. 11. 1956 (oben RdNr. 2) begründet wurden, ohne Bedeutung; denn seit dieser Zeit gab es in der früheren DDR nur die Minderjährigenadoption. Jedoch unterwarf das Einführungsgesetz zum FGB vom 20. 12. 1965[9] in § 2 die seinerzeit bestehenden „familienrechtlichen Verhältnisse", zu denen auch vor 1956 begründete Erwachsenenadoptionen gehörten, den Rechtsfolgen des FGB; damit **erlosch die Beziehung zu den natürlichen Verwandten,** und zwar über den in § 1770 geregelten Kreis hinaus. Hieran soll nichts geändert werden.[10] Andererseits wurde ein Erbrecht nach Adoptiv-Seitenverwandten begründet.[11]

14 **d) Satz 2** (Ausschluß von § 1766) zielt teils auf eine irreale Situation und führt in Ausnahmefällen zu einem unannehmbaren Status. § 8 Nr. 3 FGB verbot die Ehe des Annehmenden mit dem Angenommenen; § 77 FGB sah jedoch in „Ausnahmefällen" eine Aufhebung der Adoption nach Volljährigkeit vor. Auf diese Weise war auch eine Eheschließung zwischen den Adoptionspartnern möglich. Ist so früher verfahren worden, so bestand keine Adoption, auf die § 1766 hätte einwirken können. Wurde regelwidrig *nicht* so verfahren (also Eheschließung ohne vorherige Aufhebung der Adoption vorgenommen), so ist es verfehlt, § 1766 nicht anzuwenden; denn die Möglichkeit der Aufhebung der Adoption besteht nicht mehr (unten RdNr. 17, 29). Die Adoption aber fortbestehen zu lassen, ist anstößig – gleichgültig, ob die nach §§ 8, 35 FGB nichtige Ehe gemäß Art. 234 § 1 EGBGB (oben § 1 RdNr. 11) § 24 EheG nun beseitigt wird oder nicht.[12]

15 **e) Geltung des BGB.** Soweit nichts besonderes bestimmt ist, gelten für die nach dem Recht der früheren DDR begründeten Adoptionen die Rechtsfolgen des BGB (vgl. oben RdNr. 9).

16 **4. § 13 Abs. 2.** Absatz 2 Satz 1 ist im Grundsatz selbstverständlich und entspricht Einigungsvertrag Art. 18 Abs. 1.[13] Aufhebung durch Gerichtsbeschluß kam nach §§ 74 bis 76 FGB in Betracht (s. oben RdNr. 7). Satz 2 bezieht sich auf Entscheidungen des Organs der Jugendhilfe nach § 73 Abs. 2 FGG (oben RdNr. 7) und des staatlichen Notariats nach § 77 FGB. Dessen Entscheidung ist wirksam, wenn gegen sie fristgebundene Beschwerde nicht eingelegt worden war oder über diese das Kreisgericht entschieden hatte (Notariatsgesetz vom 5. 12. 1976[14] §§ 16, 17, 38). Der maßgebliche Zeitpunkt ist somit – entsprechend dem differenzierenden Gesetzestext – in Satz 1 der Erlaß der gerichtlichen Entscheidung,[15] in Satz 2 die formelle Wirksamkeit (Unanfechtbarkeit). Für Aufhebungen durch das Organ der Jugendhilfe (§ 73 Abs. 2 FGB) trat diese freilich (wie nach Satz 1 erheblich) mit der Entscheidung ein, weil die hiergegen gerichtliche Beschwerde keine aufschiebende Wir-

[9] GBl. DDR 1966 I S. 19.

[10] BT-Drucks. 11/7817 S. 48; *Adlerstein-Wagenitz* FamRZ 1990, 1177.

[11] DIV DAVorm. 1991, 744; *Staudinger-Rauscher* RdNr. 19.

[12] Dahin zielte bereits die Kritik der Voraufl. (Einigungsvertrag RdNr. 584), in der freilich zu Unrecht Rückwirkung des EheG behauptet wurde. Dagegen richtig *Staudinger-Rauscher* RdNr. 21, der jedoch seinerseits den Fortbestand der Adoption entsprechend dem bisherigen (DDR-)Recht nicht für unangemessen hält.

[13] *Staudinger-Rauscher* RdNr. 23.

[14] GBl. DDR 1976 I S. 93.

[15] *Adlerstein-Wagenitz* FamRZ 1990, 1177; *Staudinger-Rauscher* RdNr. 24.

kung hatte.[16] Ob sich die Wirkungen der Aufhebung ab 3. 10. 1990 nach § 78 FGB oder § 1764 BGB richten, ist streitig.[17] Die Unterscheidung wird nur da praktisch, wo trotz Aufhebung noch kein Beschluß über das Erziehungsrecht der leiblichen Eltern gefaßt wurde. Hier eröffnete § 78 FGB ein Ermessen des Gerichts, während § 1764 Abs. 4 einen Regelanspruch auf (Rück)übertragung des Erziehungs(Sorge)rechts gewährt. Letztere Vorschrift verdient nach den Grundgedanken des Art. 234 §§ 11, 13 EGBGB den Vorrang.[18]

17 **5. § 13 Abs. 3 bis 6.** Absatz 3 bis 6 tragen dem Umstand Rechnung, daß auf ein nach altem Recht begründetes Annahmeverhältnis hinsichtlich der Aufhebung grundsätzlich das BGB anzuwenden ist (vgl. oben RdNr. 9, 15). Abs. 3 bildet dabei die allgemeine Regel, die in Abs. 4 bis 6 durchbrochen wird, um rechtsstaatlichen Bedenken Rechnung zu tragen und selbst eine nur entfernte Gefährdung des in Art. 6 Abs. 2 GG gewährleisteten Elternrechts auszuschließen.[19] Durch das Änderungsgesetz vom 30. 9. 1991 (oben RdNr. 1) ist die ursprüngliche einjährige Ausschlußfrist heraufgesetzt, sind konkurrierende kürzere Fristen nach § 1762 Abs. 2 ausgeschaltet (oben RdNr. 12), ist der Text von Abs. 4 bis 6 vereinfacht und sind die Zuständigkeiten erweitert worden (unten RdNr. 20 bis 29).

18 **a) Abs. 3: Nichterforderlichkeit von Einwilligungen.** Einwilligungserfordernisse werden grundsätzlich allein nach altem Recht beurteilt **(Abs. 3).** „Ohne **Einwilligung des Kindes**" konnte eine Adoption begründet werden, wenn das Kind noch nicht 14 Jahre alt war (§ 69 Abs. 1 Satz 1 FGB, RdNr. 4). Die Vorschrift entspricht nicht in der Konstruktion, aber im Ergebnis § 1746 Abs. 1 Satz 2, wo insoweit allein dem gesetzlichen Vertreter das Einwilligungsrecht gegeben wird. Dessen Einwilligung schrieb jedoch § 69 Abs. 2 Satz 3 FGB ohnehin vor.[20]

19 **Einwilligung beider Elternteile** war nach bisherigem Recht grundsätzlich stets erforderlich (oben RdNr. 4). Wurde daher eine Adoption ohne die erforderliche Einwilligung vorgenommen, so ist eine Aufhebung nach §§ 1760ff. möglich. *Nicht erforderlich* war bis zum 30. 9. 1990 (vgl. oben RdNr. 8) die Einwilligung des nichtehelichen Vaters, dem nicht das Sorgerecht übertragen worden war (§ 69 Abs. 1 Satz 2 FGB); dies entspricht § 1747 Abs. 2. Nicht erforderlich war ferner die Einwilligung eines Elternteils, wenn ihm das Erziehungsrecht entzogen war, seien Aufenthalt nicht ermittelt werden konnte oder er zur Abgabe einer Erklärung für eine nicht absehbare Zeit außerstande war (§ 70 Abs. 2 FGB, RdNr. 4). Für diese Fälle trifft Abs. 4 eine besondere Regelung. Hinsichtlich der elterlichen Einwilligung läuft Abs. 3 daher grundsätzlich leer. Lediglich für eine am 1. oder 2. 10. 1990 ausgesprochene Adoption, in welcher der nichteheliche Vater nicht eingewilligt hat, wird die Vorschrift (in einer nicht beabsichtigten Weise) anwendbar; § 1760 Abs. 1 ist dann anzuwenden.

20 War die (erforderliche) **Einwilligung** erteilt, aber **fehlerhaft,** so gilt § 1760 Abs. 2 Buchst. c und d.[21] Anwendbar sind die Einschränkungen aus § 1760 Abs. 3, 4, § 1761. Nicht anwendbar ist dagegen die zeitliche Beschränkung aus § 1760 Abs. 2 (vgl. Abs. 1, RdNr. 12 aE).[22] Jedoch gilt sie auf Grund der ursprünglichen Fassung des Art. 234 § 13 EGBGB bis zum 3. 10. 1991, dem Tag des Inkrafttretens des Änderungsgesetzes vom 30. 9. 1991 (RdNr. 1), das sich Rückwirkung nicht beilegt. Soweit daher bis zu diesem

[16] Vgl. KG ZfJ 1993, 508, 509.

[17] Für Anwendung von § 1764 *Palandt-Diederichsen* RdNr. 11, für Geltung von § 78 FGB, da kein „anerkennungsfähiges Substrat ‚Annahmeverhältnis'" bestanden habe, *Staudinger-Rauscher* RdNr. 25.

[18] AM offenbar *Staudinger-Rauscher* RdNr. 25, 26.

[19] Zu den Motiven und den nachträglichen Erkenntnissen (nur Einzelfälle) vgl. *Wolf* FamRZ 1992, 12f.; Antwort der Bundesregierung auf parlamentarische Anfrage ZfJ 1992, 603.

[20] Vgl. *Staudinger-Rauscher* RdNr. 35.

[21] *Weber* DtZ 1992, 12; *Staudinger-Rauscher* RdNr. 31 (arg. e contrario aus Abs. 1, der nur Buchst. e nennt); aM *Palandt-Diederichsen* RdNr. 14.

[22] *Staudinger-Rauscher* RdNr. 17.

Zeitpunkt ein Jahr seit Entdeckung von Irrtum oder Täuschung verflossen ist, ist Aufhebung ausgeschlossen. Im übrigen gewinnt § 1761 Abs. 2 erhöhte Bedeutung.

21 **b) Abs. 4: Übergehen von Eltern. Absatz 4 Satz 1** trifft aus rechtsstaatlichen Gründen eine besondere Regelung für die Fälle des § 70 Abs. 2 FGB (RdNr. 4), dh. für den Fall, daß Eltern übergangen wurden, weil sie zur Abgabe einer Erklärung außerstande waren (Nr. 1), ihnen das Erziehungsrecht entzogen war (Nr. 2) oder ihr Aufenthalt nicht ermittelt werden konnte (Nr. 3).

22 **Nr. 1** nimmt Bezug auf § 70 Abs. 2 1. Alt. FGB, die im wesentlichen § 1747 Abs. 4 1. Alt. entspricht („nicht absehbare Zeit" – „Dauer"; zur Interpretation des letzteren Begriffs vgl. § 1747 RdNr. 18). Handelte es sich inhaltlich um beschränkte Geschäftsfähigkeit, so muß nach § 1750 Abs. 3 Satz 2 der gesetzliche Vertreter des Elternteils zustimmen; eine entsprechende Vorschrift fehlte im FGB. Daraus resultiert eine (schmale) Legitimation für Nr. 1. Jedoch kommt es auf die konkreten Umstände nicht an; Abs. 4 eröffnet eine Aufhebungsmöglichkeit bereits in dem Falle, in dem eine Einwilligung aus den genannten Gründen – zu Recht oder zu Unrecht – für nicht erforderlich gehalten wurde.[23] Ungeklärt ist die bisherige Behandlung der Erziehungsunfähigkeit (§ 52 FGB), mit der das FGB auf die im allgemeinen Zivilrecht nicht mehr bekannte Geschäftsunfähigkeit reagierte. War ein Elternteil weder entmündigt noch in eine Einrichtung für psychisch Kranke auf Dauer eingewiesen, so „wurde" auf Antrag des Organs der Jugendhilfe die Erziehungsunfähigkeit durch das Gericht festgestellt, wenn der Elternteil wegen krankhafter Störung der Geistestätigkeit oder wegen einer schwerwiegenden abnormen Entwicklung der Persönlichkeit die elterliche Verantwortung nicht voll wahrnehmen konnte (§ 52 Abs. 2, 3 FGB). Auch in diesem Fall dürfte der Tatbestand des § 70 Abs. 2 1. Alt. FGB[24] und damit auch von Art. 234 EGBGB § 13 Abs. 4 Satz 1 Nr. 1 erfüllt sein, ohne daß es im konkreten Fall auf die Unfähigkeit zur Abgabe von Erklärungen ankommen könnte.[25]

23 **Nr. 2** trifft den Fall der Entziehung des Elternrechts (§ 70 Abs. 2 2. Alt. FGB). § 51 FGB ließ diese durch Gerichtsbeschluß als „äußerste Maßnahme" zu, wenn der Erziehungsberechtigte die elterlichen Pflichten schwer und schuldhaft verletzt hatte. Durch Richtlinie Nr. 25 des OG DDR vom 25. 9. 1968[26] in der Fassung des Änderungsbeschlusses vom 17. 12. 1975[27] wurde die gesetzliche Bestimmung in einer Weise konkretisiert (Nr. 29 bis 34), die als solche rechtsstaatliche Bedenken nicht rechtfertigten und über die Voraussetzungen des § 1666 eher noch hinausgeht.[28] Indem das Gesetz (Art. 234 § 13 Abs. 4 Satz 1 Nr. 2) gleichwohl einen Aufhebungsantrag zuläßt, trägt es zum einen dem Verdacht von ideologischen Motiven oder Mißachtung der abstrakten Richtlinien in einzelnen Entziehungsentscheidungen[29] Rechnung, zum anderen dem Umstand, daß wegen der Unaufhebbarkeit der Adoption die über § 1666 teilweise hinausgehenden Voraussetzungen des § 1748 inhaltlich erfüllt sein müssen, um die Einwilligung der leiblichen Eltern als Träger des Grundrechts aus Art. 6 Abs. 2 GG ersetzen zu können (vgl. § 1748 RdNr. 4 bis 9).[30]

24 **Nr. 3** bezieht sich auf § 70 Abs. 2 2. Alt. FGB, die teilweise mit § 1747 Abs. 4 2. Alt. übereinstimmt. Letztere Vorschrift ist dahin zu verstehen, daß dann, wenn der Elternteil namentlich bekannt ist, er durch ordnungsbehördliche Maßnahmen zu suchen ist (§ 1747 RdNr. 19). Nichts anderes besagt, rechtsstaatlich interpretiert, § 70 Abs. 2 2. Alt. FGB.[31]

[23] Übereinstimmend *Staudinger-Rauscher* RdNr. 39.

[24] Widersprüchlich *Conrad* in: Ministerium der Justiz [DDR] (Hrsg.), Kommentar zum FGB, 5. Aufl. 1982, § 70 Erl. 1.4, 2.1.

[25] *Staudinger-Rauscher* RdNr. 41.

[26] GBl. DDR 1968 II S. 847.

[27] GBl. DDR 1976 I S. 182.

[28] *Brümmer,* Die Entwicklung des elterlichen Sorge- und Erziehungsrechts in der DDR (Annales Universitatis Saraviensis 91), 1980, S. 82 bis 85. Vgl. schon *Conrad* (Fn. 24) § 70 Erl. 1.1 gegen *Grandke* NJ 1979, 349, sowie die von AG Kerpen ZfJ 1990, 475 mitgeteilten Entscheidungsgründe.

[29] Vgl. die Hinweise von *Raack* ZfJ 1991, 449 bis 451.

[30] So im Ergebnis auch *Staudinger-Rauscher* RdNr. 45.

[31] *Conrad* (Fn. 24) Erl. 2.3.

Freilich war eine solche rechtsstaatliche Interpretation nicht gewährleistet, dh. vorschnelles Übergehen des Erfordernisses elterlicher Einwilligung nicht auszuschließen. Deshalb eröffnet Abs. 4 allgemein eine Aufhebungsmöglichkeit.

25 **c) Entsprechende Anwendung von § 1761.** § 1761 ist entsprechend anzuwenden. § 1761 Abs. 1 gilt *unmittelbar* für Einwilligungen, die zu Unrecht für nicht erforderlich gehalten wurden (dh. § 1747 Abs. 4 wurde bejaht, obwohl er objektiv nicht gegeben war) oder die mit Willensmängeln behaftet waren (§ 1760 Abs. 2); hier wird Aufhebung versagt, wenn Ersetzung der Einwilligung gerade zu dem Ergebnis geführt hätte (Adoption), dessen Beseitigung mit der Aufhebung angestrebt wird. Im Unterschied zu § 1760 erklärt § 13 Abs. 4 jedoch auch solche Adoptionen für aufhebbar, in denen *zu Recht* die Einwilligung für nicht erforderlich gehalten oder *zu Recht* das Erziehungsrecht entzogen wurde (oben RdNr. 23); die (abstrakte) Möglichkeit sachfremder (politischer) Einflüsse eröffnet die Aufhebung. Damit ist zweifelhaft, ob die entsprechende Anwendung des § 1761 Abs. 1 (nur) zur Prüfung einer Ersetzbarkeit nach § 1748 führt oder auch dann Aufhebung ausschließt, wenn sich bei Beobachtung eines rechtsstaatlichen Verfahrens die Würdigung unter §§ 52, 70 FGB durch die DDR-Behörden als zutreffend erweist.[32] Die Frage ist wegen der Identität der Maßstäbe (oben RdNr. 23) für Nr. 2 ohne Bedeutung. Die Ersetzungsvoraussetzungen liegen ferner dann unstreitig vor, wenn der Elternteil (im Falle von § 13 Abs. 4 Satz 1 Abs. 1) das Kind verlassen hat, ohne durch Gefahr für Leib und Leben hierzu veranlaßt zu sein und, soweit dies nach den Umständen möglich und zumutbar war, für eine Betreuung durch Verwandte oder Freunde gesorgt zu haben. Jedoch ist es verfehlt, auf einer hypothetischen Ersetzung nach § 1748, vermittelt durch „entsprechende" Anwendung von § 1761, zu beharren, wenn das Recht der Alt-Bundesrepublik wie in § 1747 Abs. 4 dem FGB gleichartige Ausnahmen vom Einwilligungserfordernis vorsah; rechtsstaatliche Überprüfung der entsprechenden, mit Westrecht weitgehend übereinstimmenden Voraussetzungen (oben RdNr. 24) genügt daher.[33] Zur Auslegung des gleichfalls anwendbaren § 1761 Abs. 2[34] s. dort RdNr. 7 bis 10.

26 **d) Abs. 5: Ersetzung der elterlichen Einwilligung:** Ersetzungsentscheidungen, die gemäß § 70 Abs. 1 FGB (RdNr. 4) in Verbindung mit der Richtlinie Nr. 25 des OG DDR (vgl. RdNr. 25) Nr. 37 bis 42 unter ähnlichen Voraussetzungen wie nach § 1748 ergehen konnten, begegnen dem gleichen rechtsstaatlichen Mißtrauen wie die Entziehung elterlicher Sorge. Daher ordnet **Abs. 5** eine entsprechende Anwendung des Abs. 4 an. Im Rahmen des § 1761 findet eine nachträgliche Überprüfung nach den Kriterien des § 1748 statt.

27 **e) Abs. 6: Ausschlußfrist.** Für alle besonderen Aufhebungsanträge (Abs. 4, 5) lief eine **Frist** bis 2. 10. 1993 einschließlich **(Abs. 6 Satz 1** iVm. § 187 Abs. 2).[35] Diese Frist gilt auch für die Aufhebungsanträge nach § 1760 Abs. 2 (oben RdNr. 20), soweit der Aufhebungsgrund nicht bereits vor dem 3. 10. 1991 aus Gründen des § 1762 Abs. 2 erloschen ist.[36] Zur Entgegennahme des Antrags war jedes Vormundschaftsgericht zuständig **(Abs. 6 Satz 2);** damit sollten den übergangenen Eltern schwierige Ermittlungen, die zugleich die Fristwahrung in Frage stellen, erspart werden.[37] Die Zuständigkeit für das Aufhebungsverfahren selbst richtet sich nach den allgemeinen Vorschriften (RdNr. 29).

28 **f) Fehlende Einwilligung von sonstigen gesetzlichen Vertretern. Keine erneute Überprüfung** wird eröffnet in den Fällen, in denen nicht die Einwilligung eines Elternteils, sondern eines sonstigen gesetzlichen Vertreters für nicht erforderlich gehalten oder

[32] So *Wolf* FamRZ 1992, 15; eingeschränkt *Staudinger-Rauscher* RdNr. 48, 49 (soll nicht für Nr. 2 gelten; dazu folgender Satz im Text).

[33] Im Ergebnis übereinstimmend *Wolf* FamRZ 1992, 15; *Staudinger-Rauscher* RdNr. 48.

[34] *Palandt-Diederichsen* RdNr. 19. Zur „Zurückhaltung" mahnt *Staudinger-Rauscher* RdNr. 50. Umgekehrt erscheint eher Behutsamkeit bei der Störung langjähriger Adoptivfamilien geboten (vgl. *Wolf* FamRZ 1992, 16).

[35] Vgl. *Palandt-Diederichsen* Art. 234 § 1 RdNr. 6, § 13 RdNr. 21; *Staudinger-Rauscher* RdNr. 53.

[36] AM vielleicht *Staudinger-Rauscher* RdNr. 55.

[37] Vgl. *Wolf* FamRZ 1992, 14.

ersetzt wurde. Entsprechende Anwendung von § 70 FGB in diesen Fällen war anerkannt.[38] Diese gesetzlichen Vertreter werden nicht durch Art. 6 Abs. 2 GG privilegiert. Weitere Aufhebungsgründe früheren Rechts (RdNr. 7) sind abgeschafft.

29 **g) Zuständig** für das Aufhebungsverfahren ist – wie sonst – das Gericht am Wohnsitz des Annehmenden (§ 1759 RdNr. 6);[39] dies ergibt zudem ein Umkehrschluß aus Abs. 6 Satz 2.

30 **6. § 13 Abs. 7: Überleitung von Aufhebungsklagen. Abs. 7** besagt Selbstverständliches: Da ab 3. 10. 1990 auch das FGG gilt, ist eine Aufhebungsklage nach § 74 FGB (wegen Verletzung des Einwilligungsrechts) notwendig ein Antrag im Sinne von § 1760 BGB, § 56f FGG.[40] Daß dieser Antrag nicht nachträglich (!) einem Beurkundungszwang unterworfen wird (Satz 2), ist evident. Materiellrechtlich wird das Verfahren durch § 13 Abs. 3 bis 6 bestimmt; dh. geltend gemacht werden können die Verletzung von § 69 Abs. 1 FGB sowie erneute Überprüfung unter den Voraussetzungen von Art. 234 § 13 Abs. 4 bis 6 EGBGB.

31 **7. Überleitung von Adoptionsverfahren, Fortwirkung von Maßnahmen.** Keine besondere Übergangsregelung getroffen wird für **anhängige Adoptionsverfahren.** Damit gilt für materielle Voraussetzungen und Verfahren das BGB. Die Entscheidungszuständigkeit des Jugendamts ist erloschen. Überleitungsregeln sind nicht getroffen. Es erscheint jedoch vertretbar, beim Organ der Jugendhilfe/Jugendamt, welches Funktionen der freiwilligen Gerichtsbarkeit wahrgenommen hat, anhängige Verfahren nach der allgemeinen Überleitungsregel im Einigungsvertrag Anlage I Kap. III Sachgebiet A Abschnitt III Nr. 13, Nr. 28 Buchst. g[41] ihre Fortsetzung im Verfahren vor dem Vormundschaftsgericht nach FGG finden zu lassen.[42] Die Sonderregeln für Registersachen einerseits (in Nr. 13) und die ausdrückliche Vorschrift für Aufhebungsverfahren in Abs. 2, 7 (oben RdNr. 16, 30) sprechen freilich gegen eine solche Überleitung. Die Frage dürfte sich im übrigen erledigt haben. Unabhängig davon sind jedoch Einwilligungserklärungen, die vor dem 3. 10. 1990 nach früherem Recht wirksam abgegeben wurden, weiterhin wirksam; denn § 1750 legt sich keine Rückwirkung bei und Art. 234 § 13 Abs. 7 Satz 2 ist lediglich als Klarstellung zu verstehen (s. oben RdNr. 30).[43] Ist auf Grund solcher allenfalls formunwirksamer Einwilligungen die Adoption ausgesprochen worden, so ist sie wirksam (§ 1750 RdNr. 15).

32 Nach Art. 234 § 11 Abs. 2 EGBGB (siehe dort RdNr. 6 bis 9) bleiben Maßnahmen, die eine Verwaltungsbehörde vor dem 3. 10. 1990 in Angelegenheiten der elterlichen Sorge getroffen hat, unberührt. Damit sind auch Maßnahmen zur Vorbereitung der Adoption, insbesondere die **Unterbringung in einer Pflegefamilie** mit dem Ziel der Adoption, gedeckt. Hier tritt der Schutz des § 1632 Abs. 4 ein.

33 Das dem **nichtehelichen Vater** am 1. 10. 1990 (oben RdNr. 7) eingeräumte volle Einwilligungsrecht ist wieder entfallen (§ 1747 Abs. 2). Diese Entziehung eines konkretisierten Elternrechts ist jedenfalls für den Fall, daß der Vater seine tatsächliche Fürsorge wahrnahm, mit Art. 6 Abs. 2 GG nicht vereinbar (vgl. § 1747 RdNr. 5).[44]

[38] Richtlinie Nr. 25 OG DDR (RdNr. 23) Nr. 42 für Ersetzung, im übrigen: Ministerium der Justiz (Hrsg.), Das Familienrecht der DDR, Lehrkommentar, 1967, § 70 Bem. 3.

[39] *Weber* DtZ 1992, 13; *Wolf* FamRZ 1992, 14; *Staudinger-Rauscher* RdNr. 52. AM AG Kerpen ZfJ 1991, 475.

[40] *Staudinger-Rauscher* RdNr. 56 meint mE zu Unrecht, ohne Satz 1 wäre die nach § 74 FGB erhobene Klage unzulässig geworden.

[41] BGBl. 1990 II S. 889, 932, 937.

[42] So DIV DAVorm. 1992, 581; implizit KG ZfJ 1993, 508, freilich in einem Aufhebungsverfahren, in dem bereits eine Entscheidung des Organs der Jugendhilfe vorlag (vgl. oben RdNr. 16).

[43] DIV DAVorm. 1992, 581. Die entgegenstehende Auffassung in Voraufl. und vor § 1741 RdNr. 109, der *Staudinger-Rauscher* RdNr. 58 gefolgt ist, wird aufgegeben.

[44] Im Ergebnis ebenso Art. 234 § 11 RdNr. 4, *Staudinger-Rauscher* RdNr. 38; für das gesamte Bundesgebiet jetzt BVerfG v. 7. 3. 1995 (1 BvR 790/91 u. a.).

§ 14 Vormundschaft

(1) Ab dem Wirksamwerden des Beitritts gelten für die bestehenden Vormundschaften und vorläufigen Vormundschaften die Vorschriften des Bürgerlichen Gesetzbuchs.

(2) Bisherige Bestellungen von Vormündern bleiben wirksam. Sind Ehegatten nach § 90 Abs. 1 des Familiengesetzbuchs der Deutschen Demokratischen Republik gemeinsam zu Vormündern bestellt, so gilt bei Verhinderung eines Mitvormunds § 1678 Abs. 1, 1. Halbsatz des Bürgerlichen Gesetzbuchs entsprechend.

(3) Führt das Jugendamt oder das Staatliche Notariat selbst eine Vormundschaft, so wird diese als bestellte Amtsvormundschaft fortgeführt (§§ 1791 b, 1897 Satz 1 des Bürgerlichen Gesetzbuchs).

(4) Die Vorschriften des Bürgerlichen Gesetzbuchs über die Anlegung von Mündelgeld sind erst ab 1. Januar 1992 anzuwenden.

(5) Für Ansprüche des Vormunds auf Vergütungen für die Zeit bis zum Wirksamwerden des Beitritts sowie auf Ersatz für Aufwendungen, die er in dieser Zeit gemacht hat, gilt das bisherige Recht.

(6) § 11 Abs. 4 gilt entsprechend.

Übersicht

I. Normzweck

1 §§ 14, 15 des Art. 234 EGBGB konkretisieren das Grundprinzip, wonach in den neuen Bundesländern mit Wirkung ab 3. 10. 1990 das Bundesrecht der Bundesrepublik Deutschland gilt (Art. 8 Einigungsvertrag), für die Bereiche der Vormundschaft und Pflegschaft. Die Regelung erstrebt eine Kontinuität der bestehenden Vormundschaften und Pflegschaften unter Wechsel des auf sie anzuwendenden Rechts (§ 14 Abs. 1, Abs. 6); vormaliges DDR-Recht blieb im Sinne einer Übergangsregelung für einige Fragen relevant (§ 14 Abs. 4, Mündelgeldvorschriften betreffend die Zeit bis 31. 12. 1991; § 14 Abs. 5, Vergütung und Aufwendungsersatz für die Zeit vor dem 3. 10. 1990).

II. Der Fortbestand der Vormundschaften (§ 14 Abs. 1)

2 **1. Grundsatz.** Abs. 1 trifft erstens die klare Aussage, daß die nach ehemaligem DDR-Recht begründeten und am 3. 10. 1990 noch bestehenden Vormundschaften (einschließlich der vorläufigen) von diesem Tage an nach dem Vormundschaftsrecht des BGB zu behandeln sind. Das setzt zweitens logischerweise voraus, daß sie fortbestehen, dh., daß sowohl die von den seinerzeit zuständigen Organen vorgenommenen Anordnungen einer Vormundschaft als auch die Bestellung der Vormünder (Art. 234 § 14 Abs. 2, 3 EGBGB) wirksam bleiben. Der Fortbestand der Vormundschaften läßt sich auch aus Art. 19 des Einigungsvertrages herleiten (Fortbestand von Entscheidungen der öffentlichen Verwaltung); dieser Artikel (und nicht Art. 18 betreffend die Fortgeltung gerichtlicher Entscheidungen) ist einschlägig, da für die Anordnung der Vormundschaft und die Bestellung des Vormundes nach DDR-Recht nicht Gerichte, sondern die Organe der Jugendhilfe/Jugendamt (§ 88 Abs. 2 FGB DDR) bzw. das Staatliche Notariat (Art. 98 Abs. 3 FGB DDR) zuständig waren. Die Vormundschaften bleiben auch dann bestehen, wenn ihre Anordnung oder die Bestellung des Vormunds nach Bundesrecht nicht statthaft gewesen wären (vgl. BT-Drucks. 11/7817 S. 46).

3 **2. Vormundschaft über Minderjährige. a) Vormundschaft über Minderjährige im allgemeinen** (§§ 88 bis 97 FGB DDR idF des 1. Familienrechtsänderungsgesetzes v. 20. 7. 1990, GBl. DDR I S. 1038). Die Anordnung setzte voraus, daß für einen Minderjährigen niemand das elterliche Erziehungsrecht innehatte (§ 88 Abs. 1 S. 1 FGB DDR). Unter dieser Voraussetzung sollten Ehegatten, die ein Kind in ihrer Familie aufgenommen hatten, gemeinsam als Vormund bestellt sein (§ 90 Abs. 1 FGB DDR). Ferner kannte das Recht der DDR die Amtsvormundschaft (§ 89 Abs. 3 FGB DDR), die vom Jugendamt (Organ der Jugendhilfe) geführt wird. Zur Terminologie ist anzumerken, daß durch die in letzter Minute durchgeführte Reform des FGB (1. FamilienrechtsänderungsG vom 20. 7. 1990, in Kraft seit 1. 10. 1990) der Begriff „Organ der Jugendhilfe" durch „Jugendamt" ersetzt wurde (Anlage 1 Nr. 33; vgl. auch das JugendhilfeorganisationsG v. 20. 7. 1990, GBl. DDR I S. 891). Die Amtsvormundschaft beruhte auf einer Entscheidung des Amtes,[1] eine gesetzliche Amtsvormundschaft gab es in der DDR nicht. Die Überleitung einer Vormundschaft setzt voraus, daß sie am 3. 10. 1990 noch bestand; hierbei ist zu beachten, daß die Minderjährigenvormundschaft nach § 97 Abs. 1 FGB DDR mit dem Wegfall ihrer Voraussetzungen ipso iure endete, also zB wenn das Kind volljährig wurde oder das Erziehungsrecht (wieder) auf einen Elternteil oder beide Elternteile übertragen wurde (§ 51 Abs. 3 FGB DDR) oder sonst die Gründe für die Nichtausübung des Erziehungsrechts entfallen sind (vgl. § 52 FGB).

4 **b) Die Vormundschaft über Minderjährige im Fall der Scheidung. aa)** Ähnlich wie nach § 1671 Abs. 5 BGB konnte auch nach DDR-Recht bei Ehescheidung aus Gründen des Kindeswohls das Sorgerecht den Eltern vorenthalten („entzogen") und auf einen Vormund übertragen werden (§§ 26 Abs. 1, 51, 88 FGB DDR). Voraussetzung war, daß durch schwere schuldhafte Versäumnisse der Eltern die Entwicklung des Kindes gefährdet wurde (§ 26 Abs. 1 FGB DDR). Auch die in diesem Fall angeordneten Vormundschaften bleiben über den 3. 10. 1990 hinaus bestehen.

5 **bb)** Darüberhinaus konnte jedoch auch, ohne daß schwere schuldhafte Versäumnisse vorlagen, im Scheidungsurteil angeordnet werden, daß die Ehegatten bis zur Dauer eines Jahres das elterliche Erziehungsrecht nicht ausüben durften. Voraussetzung war, daß „infolge der mit dem Ehestreit zusammenhängenden Umstände aus anderen Gründen zunächst keinem Ehegatten das elterliche Erziehungsrecht übertragen werden" konnte (§ 26 Abs. 2 S. 1 FGB DDR). Auch in diesem Fall war Vormundschaft anzuordnen (§ 26 Abs. 2 S. 2, § 88 FGB DDR). Auch derartige Vormundschaften sind nach Art. 234 § 14 EGBGB

[1] Kommentar zum FGB, hrsg. vom Ministerium der Justiz, 5. Aufl. 1982, § 89 Anm. 3.

übergeleitet; freilich ergibt sich die Frage, ob sie nach dem 3. 10. 1990 aufzuheben sind, soweit sie nach Bundesrecht (§ 1671 Abs. 5 BGB) nicht gerechtfertigt wären; das ist zu bejahen (unten RdNr. 15); auch kommt eine Änderungsentscheidung in Betracht, welche die Vormundschaft durch eine Pflegschaft ersetzt.

6 **3. Vormundschaft über Volljährige. a) DDR-Recht.** Die Anordnung der Vormundschaft über Volljährige setzte nach dem Recht der DDR die Entmündigung voraus (§ 98 Abs. 2 FGB DDR), die nur durch gerichtliche Entscheidung erfolgen konnte (§ 460 ZGB DDR; §§ 140 bis 143 ZPO DDR). Die Anordnung der Vormundschaft und die Bestellung des Vormunds erfolgten durch das Staatliche Notariat (§ 98 Abs. 3 FGB DDR). Das Staatliche Notariat konnte die Vormundschaft auch selbst führen (§ 100 iVm. § 89 Abs. 3 FGB DDR).[2] Rechtskräftig ausgesprochene Entmündigungen blieben gemäß Einigungsvertrag über den 3. 10. 1990 hinaus wirksam (Art. 231 § 1 S. 1 EGBGB). In Fällen willkürlicher Entmündigung ist aber an eine Nichtigkeit des Entmündigungsakts zu denken.[3]

7 **b)** Das **weitere rechtliche Schicksal** der nach DDR-Recht bestehenden Vormundschaften über Volljährige betreffend sind zwei Zeitabschnitte zu unterscheiden:

aa) Zunächst erfolgte die Überleitung in das am 3. 10. 1990 gültige Bundesrecht, das das Rechtsinstitut der Vormundschaft über Volljährige noch kannte. Demzufolge wurden die Vormundschaften zunächst als Vormundschaften nach den Regeln des BGB fortgeführt. Die Stellung des Mündels betreffend ist zu beachten, daß die wegen „krankhafter Störung der Geistestätigkeit" Entmündigten (§ 460 Abs. 2 S. 1 ZGB DDR) die Rechtsstellung von Personen erhielten, die nach damaligem BGB-Recht wegen Geistesschwäche (§ 6 Abs. 1 Nr. 1; § 114 BGB) entmündigt waren (Art. 231 § 1 S. 2 EGBGB). Sie waren daher beschränkt geschäftsfähig, soweit nicht die Voraussetzungen der völligen Geschäftsunfähigkeit nach § 104 Nr. 2 BGB vorlagen. Gleiches war für die nach DDR-Recht ausgesprochenen Entmündigungen wegen Mißbrauchs von Alkohol bzw. anderer rauscherzeugender Mittel oder Drogen (§ 460 Abs. 2 S. 2 ZGB DDR) festgelegt; sie galten vom Einigungsstichtag an als Entmündigungen wegen Trunksucht bzw. Rauschgift im Sinne des BGB (§ 6 Abs. 1 Nr. 1; § 114 BGB; Art. 231 § 1 S. 2 EGBGB). Folglich gab es bei den nach DDR-Recht Entmündigten vom 3. 10. 1990 an keine konstitutive Geschäftsunfähigkeit mehr. Übergeleitet wurden logischerweise nur die Vormundschaften, die am Einigungsstichtag noch bestanden; nach DDR-Recht endete die Volljährigen-Vormundschaft mit Tod oder Todeserklärung des Mündels oder mit rechtskräftiger Aufhebung der Entmündigung (§ 103 Abs. 1 FGB DDR).

8 **bb)** Mit dem Inkrafttreten des Betreuungsgesetzes (BGBl. 1990 I S. 2002 ff.) zum 1. 1. 1992 wurden auch die nach DDR-Recht begründeten Vormundschaften über Volljährige in Betreuungen umgewandelt (Art. 9 § 1 Abs. 1 S. 1 BtG), und zwar mit dem Aufgabenkreis „alle Angelegenheiten des Betreuten" (ausgenommen Entscheidung über die Sterilisation); für den gesamten Aufgabenkreis gilt ein Einwilligungsvorbehalt als angeordnet (Art. 9 § 1 Abs. 3 S. 1 und 2 BtG); der bisherige Vormund fungiert als Betreuer (Art. 9 § 1 Abs. 2 BtG). Das Vormundschaftsgericht hat diese Betreuungen und Einwilligungsvorbehalte innerhalb bestimmter Fristen zu überprüfen, und zwar bei Vormundschaften, die bis zum 1. 1. 1992 schon seit mindestens 10 Jahren ununterbrochen bestanden, spätestens innerhalb von fünf Jahren, die übrigen spätestens innerhalb von 10 Jahren ab Inkrafttreten des BtG (Art. 9 § 2 BtG).

[2] Familienrecht, Lehrbuch, Autorenkollektiv unter Leitung von *A. Grandke*, 3. Aufl. 1976, S. 329.

[3] Die Pflegschaft betreffend BezG Erfurt DtZ 1993, 92: „wenn die Anordnungsbehörde nicht einmal im Ansatz bemüht war, den damaligen gesetzlichen Erfordernissen zu entsprechen". In ähnlicher Richtung LG Berlin FamRZ 1992, 223: Nichtigkeit „allenfalls", wenn „es an jeder gesetzlichen Grundlage für die Verfügung fehlt oder wenn die Verfügung eine der Rechtsordnung unbekannte Rechtsfolge ausspricht oder wenn sie ohne eine im Gesetz ausdrücklich als notwendig bezeichnete Einwilligung ergeht ..." (In beiden Fällen wurde Nichtigkeit bzw. rückwirkende Aufhebung verneint).

9 **4. Die vorläufige Vormundschaft für Volljährige (§ 99 FGB DDR).** Die Anordnung der vorläufigen Vormundschaft geschah durch das Staatliche Notariat. Voraussetzung war, daß Entmündigung beantragt und die vorläufige Vormundschaft zur Abwendung einer erheblichen Gefährdung der Person oder des Vermögens des Volljährigen oder seiner Familie nötig war. Über Ausländer konnte eine vorläufige Vormundschaft gemäß § 24 Abs. 2 Rechtsanwendungsgesetz angeordnet werden, wenn er Wohnsitz oder Vermögen in der DDR hatte.[4] Art. 234 § 14 Abs. 1 EGBGB sah den Fortbestand auch der vorläufigen Vormundschaften vor, die folglich ab 3. 10. 1990 dem damals geltenden BGB-Recht unterlagen (§§ 1906 bis 1908 BGB aF). Mit Inkrafttreten des BtG wurden mit Wirkung zum 1. 1. 1992 auch die vorläufigen Vormundschaften in Betreuungen umgewandelt, der Betreuer galt als durch einstweilige Anordnung bestellt (Art. 9 § 1 Abs. 1 S. 2 BtG; vgl. § 69f FGG). Auch hier umfaßt die Betreuung alle Angelegenheiten außer der Entscheidung über die Sterilisation; ferner gilt auch hier für den gesamten Aufgabenkreis der Einwilligungsvorbehalt als angeordnet (Art. 9 § 1 Abs. 3 BtG). Zu Übergangsfällen vgl. Art. 9 § 5 BtG.

III. Die Fortführung des Vormundamtes (§ 14 Abs. 2, 3)

10 **1. Grundsatz.** Die vor dem 3. 10. 1990 bestellten Vormünder blieben im Amt, die Bestellungsakte waren weiterhin wirksam (Art. 234 § 14 Abs. 2 S. 1 EGBGB). Das gilt auch, wenn die Bestellung nach Bundesrecht nicht möglich gewesen wäre (Unterrichtung BT-Drucks. 11/7817 S. 463). Die Frage der Entlassung des Vormunds ist nunmehr nach Bundesrecht (§§ 1886ff. BGB) zu beurteilen. Die vor dem 3. 10. 1990 bestellten Vormünder über Volljährige amtierten ebenfalls weiter, wurden mit Inkrafttreten des BtG jedoch zum 1. 1. 1992 in Betreuer umgewandelt (oben RdNr. 8).

11 **2. Ehegatten als gemeinsame Vormünder.** Gemäß § 90 FGB DDR konnten Ehegatten gemeinsam als Vormund bestellt werden und übten das Sorgerecht gemeinschaftlich aus. War ein Ehegatte an der Ausübung des Vormundamtes verhindert, so war der andere berechtigt, die Vormundschaft allein auszuüben; bei voraussichtlich kurzer Verhinderung beschränkte sich diese Berechtigung auf die Vornahme unaufschiebbarer Angelegenheiten (§ 90 Abs. 2 FGB DDR). Anstelle dieser Regelung über die Verhinderung gilt ab 3. 10. 1990 der § 1678 Abs. 1 HS 1 BGB sinngemäß (Art. 234 § 14 Abs. 2 S. 2 EGBGB). Danach übt ein Ehegatte das Vormundamt allein aus, wenn der andere tatsächlich verhindert ist. Eine Unterscheidung zwischen voraussichtlich längeren oder voraussichtlich kürzeren Verhinderungen kennt das BGB nicht; doch ist bei kurzfristigen Auslandsaufenthalten etc. zu fragen, ob überhaupt eine Verhinderung iSd. § 1678 Abs. 1 BGB vorliegt (vgl. *Hinz* § 1678 RdNr. 5).

12 **3. Das Jugendamt als Amtsvormund.** Gemäß § 89 Abs. 3 FGB DDR[5] konnte das Jugendamt (Organ der Jugendhilfe) die Vormundschaft selbst führen. Auch diese Vormundschaften der Jugendämter wurden nach dem Einigungsstichtag als bestellte Amtsvormundschaften weitergeführt (Art. 234 § 14 Abs. 3 EGBGB). Auf diese finden für die Zeit ab 3. 10. 1990 die Vorschriften des Bundesrechts Anwendung, insbesondere § 1791b BGB. Dabei ist zu beachten, daß nach dem Einigungsvertrag (Anlage I Kap. X Sachgebiet B Abschnitt III Nr. 1, BGBl. 1990 II S. 1072ff.) das KJHG in den neuen Bundesländern mit gewissen Maßgaben schon zum 3. 10. 1990 in Kraft getreten ist (siehe unten RdNr. 25). Nach Anlage I Kap. X Sachgebiet B Abschnitt III Nr. 1 Maßgabe h Einigungsvertrag waren die Jugendämter verpflichtet, dem Vormundschaftsgericht nach dessen Errichtung alle noch geführten oder beantragten Vormundschaften oder Pflegschaften anzuzeigen und bisher geführte Akte dem Vormundschaftsgericht zu übergeben.

[4] *Lübchen-Eberhardt,* Kommentar zum Sechsten Teil des EGBGB, 1991, Art. 234 § 14 Anm. 1.3.

[5] Näheres zu den Rechtsgrundlagen der DDR *Lübchen-Eberhardt,* Kommentar zum Sechsten Teil des EGBGB, 1991, Art. 234 § 14 Anm. 3.1.

4. Die Amtsvormundschaften der Staatlichen Notariate. Als Vormund oder Pfleger für Volljährige konnte nach dem Recht der DDR das für die Anordnung zuständige Notariat auch selbst fungieren (§ 100 iVm. § 89 Abs. 3 FGB DDR). Auch diese Vormundschaften waren gemäß Einigungsvertrag als bestellte Amtsvormundschaften fortzuführen. Da der Einigungsvertrag eine Fortführung des „Staatlichen Notariats" als Rechtseinrichtung nicht vorsah, waren die Jugendämter zuständig.[6] Nach Inkrafttreten des Betreuungsgesetzes und der Umwandlung in Behörden-Betreuungen (vgl. § 1900 Abs. 4 BGB; Art. 9 § 3 BtG) ergibt sich die Zuständigkeit nunmehr aus den Ausführungsgesetzen der Länder zum Betreuungsgesetz.[7] Die Verweisung des Art. 234 § 14 Abs. 3 EGBGB auf § 1897 S. 1 BGB ist seit Inkrafttreten des BtG obsolet. 13

IV. Vormünder kraft Umwandlung

Für den Anwendungsbereich des Vormundschaftsrechts im Gebiet der ehem. DDR ist bedeutsam, daß gemäß Art. 234 § 11 Abs. 1 S. 2 EGBGB sich einige bisherige „Erziehungsrechte" in Vormundschaften verwandelt haben. Es handelt sich um das Erziehungsrecht des nichtehelichen Vaters (§ 46 Abs. 2 FGB DDR) und der Großeltern (§ 45 Abs. 2, § 46 Abs. 2 FGB DDR). Das Sorgerecht des nichtehelichen Vaters betreffend ist die Regelung des Einigungsvertrages mE als nicht gerechtfertigter Eingriff in ein bestehendes elterliches Sorgerecht verfassungswidrig (Art. 6 Abs. 1, Abs. 2 GG). 14

V. Das anzuwendende Recht (§ 14 Abs. 1, 4, 5, 6)

1. Grundsatz. Ab dem Wirksamwerden des Beitritts gelten die Vorschriften des BGB mit Wirkung ex nunc,[7a] eine Rückwirkung der BGB-Vorschriften ist nicht vorgesehen. Jedoch ist der Grundsatz, daß nunmehr das gesamte BGB-Recht maßgeblich ist, folgerichtig nicht nur auf die Rechtsfolgen der Vormundschaft, sondern auch auf ihre Voraussetzungen zu erstrecken. Das bedeutet: Eine Vormundschaft ist aufzuheben, wenn es nach BGB-Recht an den Voraussetzungen hierfür fehlt. 15

2. Rechtsstellung von Vormund und Mündel. a) Anwendbares Recht. Rechte und Pflichten des Vormunds und Rechtsstellung des Mündels ergeben sich ab 3. 10. 1990 aus den Vorschriften des BGB. Das gilt insbesondere auch für die Bestimmungen über die Vermögensverwaltung (§§ 1802ff. BGB) und den Umfang der gesetzlichen Vertretung (siehe Erl. zu § 1793 und § 1795). Ab dem Stichtag sind auch die vormundschaftsgerichtlichen Genehmigungsvorbehalte der §§ 1812, 1821, 1822 BGB maßgebend; bei der Anwendung des § 1812 ist zu bedenken, daß das DDR-Recht keine Gegenvormundschaft kennt, sodaß es stets auf die Genehmigung des Vormundschaftsgerichts ankommt (§ 1812 Abs. 3), sofern nicht mehrere Vormünder bestellt sind. Die Anwendung der §§ 1812, 1821, 1822 bedeutet für die Vormünder eine erhebliche Veränderung ihrer Rechtslage, da das Recht der DDR keine Einschränkung der gesetzlichen Vertretungsmacht durch präventive Genehmigungsvorbehalte kannte. Vielmehr konnten die Organe der Jugendhilfe aus gegebenem Anlaß besondere Anordnungen über die Vermögensverwaltung und Beschränkungen der Vertretungsmacht erlassen (§ 94 Abs. 2 FGB DDR; § 27 Jugendhilfe-Verordnung DDR); sie konnten sogar die Vertretung des Mündels in bestimmten Angelegenheiten selbst wahrnehmen oder einen Pfleger dafür bestellen (§ 27 Buchst. c Jugendhilfe-Verordnung DDR). ME blieben auch diese Anordnungen über den 3. 10. 1990 hinaus wirksam (Art. 19 Einigungsvertrag); soweit sie hinter den Vorschriften des BGB über Vermögensverwaltung und Beschränkung der vormundschaftlichen Vertretungsmacht zurückbleiben, geht das BGB allerdings vor. Die Maßgeblichkeit des Bundesrechts ab 3. 10. 1990 gilt auch für die Aufsicht des Vormundschaftsgerichts (§§ 1837ff. BGB), die 16

[6] So auch *Lübchen-Eberhardt*, Kommentar zum Sechsten Teil des EGBGB, 1991, Art. 234 § 14 Anm. 3.3.

[7] Vollständiger Abdruck bei: *Bienwald*, Betreuungsrecht, 2. Aufl. 1994, S. 1065ff.

[7a] OLG Brandenburg OLG-NL 1994, 253.

Haftung des Vormunds (§ 1833 BGB), die Beendigung der Vormundschaft (§§ 1882ff. BGB) und grundsätzlich auch für Aufwendungsersatz und Vergütung (Näheres unten RdNr. 20, 21).

17 **b) Änderungen durch das BtG.** Zu beachten ist, daß die Regeln über die Führung der Vormundschaft durch das Betreuungsgesetz auch für die Minderjährigenvormundschaft für die Zeit ab 1. 1. 1992 in wichtigen Punkten verändert wurden.[8] Soweit es sich um Vormundschaften über Volljährige handelte, die zum 1. 1. 1992 in Betreuungen umgewandelt wurden, gilt von diesem Zeitpunkt an das Betreuungsrecht (§§ 1896ff. BGB neuer Fassung mit den zugehörigen Verfahrensvorschriften).

18 **c) Keine Rückwirkung.** Rechtsgeschäfte, die der Vormund vor dem 3. 10. 1990 als gesetzlicher Vertreter nach DDR-Recht wirksam abgeschlossen hat, bleiben wirksam, auch wenn nach Bundesrecht eine Pflegerbestellung oder vormundschaftsgerichtliche Genehmigung erforderlich wäre.

19 **3. Anlage von Mündelgeld, Art. 234 § 14 Abs. 4 EGBGB.** Die Vorschriften des BGB über die Anlegung von Mündelgeld (§§ 1806 bis 1811 BGB) sind gemäß Art. 234 § 14 Abs. 4 EGBGB erst ab 1. 1. 1992 anzuwenden. Zweck dieser Hinausschiebung war es, den Vormündern angemessene Zeit zur Umstellung von Geldanlagen zu geben, die den Mündelgeldvorschriften nicht genügten.[9] Daraus ist zu folgern, daß auch für die vor dem 3. 10. 1990 angelegten Gelder ab dem 1. 1. 1992 die Mündelgeldvorschriften des BGB maßgeblich sind, sodaß die Vormünder gegebenenfalls spätestens zu diesem Termin die Anlageform wechseln oder die Erlaubnis zu andersartiger Anlegung (§ 1811 BGB) einholen mußten.[10] Glücklicherweise wurden die Vorschriften über die Anlegung von Mündelgeld durch das BtG exakt zum 1. 1. 1992 im Sinne der Erweiterung des vormundlichen Handlungsspielraums verändert, sodaß von vorneherein die neue Rechtslage maßgeblich war (insbesondere Erweiterung des § 1807; Streichung des § 1808 BGB).

20 **4. Vergütung und Aufwendungsersatz, Art. 234 § 14 Abs. 5 EGBGB. a) Grundsatz.** Ansprüche des Vormunds auf Ersatz seiner Aufwendungen und auf eine Vergütung für seine Tätigkeit richten sich für die Zeit ab 3. 10. 1990 nach §§ 1835, 1836 BGB. Für die Zeit ab 1. 1. 1992 gelten diese Vorschriften in der Neufassung, die sie durch das BtG erhalten haben.[11]

21 **b) Tätigkeiten vor dem 3. 10. 1990.** Art. 234 § 14 Abs. 5 stellt klar, daß Ansprüche auf Vergütung für eine Tätigkeit vor dem 3. 10. 1990 und auf Ersatz der vor diesen Tagen gemachten Aufwendungen nur aus dem bisherigen DDR-Recht begründet sein können (siehe § 94 Abs. 3, 4 FGB DDR). Hatte das Jugendamt einen Vergütungsanspruch gemäß § 94 Abs. 3 FGB DDR bewilligt, so gilt die Bewilligung auch für die nachfolgende Zeit fort, bis sie durch das jetzt zuständige Vormundschaftsgericht aufgehoben oder abgeändert wird (vgl. Art. 19 des Einigungsvertrages).

22 **5. Freiheitsentziehende Unterbringung, Art. 234 § 14 Abs. 6 EGBGB. a) Genehmigungsvorbehalt.** Freiheitsentziehende Unterbringung durch den Vormund oder Pfleger bedürfen seit 3. 10. 1990 in jedem Falle der gerichtlichen Genehmigung. Dies ergibt sich aus § 1800 iVm. § 1631b BGB; für volljährige Personen, die unter Betreuung stehen, ist seit Inkrafttreten des BtG § 1906 Abs. 1 BGB nF maßgeblich; bei betreuten Personen sind

[8] S. MünchKomm-*Schwab* Vor § 1773 RdNr. 12.

[9] Unterrichtung BT-Drucks. 11/7817 S. 46; *Lübchen-Eberhardt,* Kommentar zum Sechsten Teil des EGBGB, 1991, Art. 234 § 14 Anm. 4.

[10] *Palandt-Diederichsen* Art. 234 § 14 EGBGB RdNr. 6.

[11] Wichtig insbesondere für Aufwendungsersatz und Vergütung der Berufsvormünder, siehe im einzelnen MünchKomm-*Schwab* § 1835 RdNr. 18ff.; § 1836 RdNr. 22ff. Beachte auch den neu eingeführten § 1836a BGB; dazu *Bienwald* BtPrax 1993, 126f. Nach LG Stendal FamRZ 1994, 1202 soll die Vergütung des Vereinsbetreuers nach § 1836 Abs. 2 BGB in den neuen Bundesländern grundsätzlich um 20% zu kürzen sein; krit. hierzu *Bienwald* BtPrax 1993, 126f.

ferner kraft ausdrücklicher Gesetzesbestimmung auch „unterbringungsähnliche Maßnahmen" (§ 1906 Abs. 4 BGB nF) genehmigungspflichtig.[12]

b) Altfälle. Für Personen, die vor dem 3. 10. 1990 von ihren Vormündern oder Pflegern freiheitsentziehend untergebracht worden sind und es über den Stichtag hinaus noch waren, mußte die richterliche Genehmigung auf der Basis des Bundesrechts nachgeholt werden, da nur so unabdingbaren rechtsstaatlichen Postulaten (BVerfGE 10, 302) entsprochen werden konnte. Art. 234 § 14 Abs. 6 iVm. § 11 Abs. 4 EGBGB verpflichtete den Vormund, alsbald nach dem Einigungsstichtag um die gerichtliche Genehmigung nachzusuchen. Die Unterbringung war spätestens nach Ablauf von 6 Monaten, gerechnet vom 3. 10. 1990 an, zu beenden, wenn sie das Gericht nicht vorher genehmigt hatte.[13] Betroffen von dieser Regelung sind die Fälle, in denen gemäß § 3 Abs. 2 S. 2 des Gesetzes über die Einweisung in stationäre Einrichtungen für psychisch Kranke (GBl. DDR 1968 I Nr. 13 S. 273) eine Person mit Einverständnis des gesetzlichen Vertreters, aber ohne gerichtliche Entscheidung untergebracht werden konnte (Unterrichtung BT-Drucks. 11/7817 S. 47).[14] 23

c) Verfahren. Gemäß Anlage I Kap. III Sachgebiet A Abschnitt III Nr. 13 Buchst. a) des Einigungsvertrages (BGBl. 1990 II S. 932) sind die Vorschriften des Betreuungsgesetzes über das Verfahren in Unterbringungssachen im Beitrittsgebiet bereits *mit dem Wirksamwerden des Beitritts* in Kraft getreten (im übrigen Bundesgebiet erst zum 1. 1. 1992). Das bezieht sich auf die §§ 70 bis 70n FGG sowie auf diejenigen sonstigen Verfahrensvorschriften, auf die in §§ 70ff. FGG Bezug genommen wird.[15] Die zeitliche Vorwegnahme der Vorschriften über das Unterbringungsverfahren galt allerdings nicht für Berlin; Einigungsvertrag Anlage I Kap. III Sachgebiet A Abschnitt IV Nr. 3 Buchst. d) aa), BGBl. 1990 II S. 940; hier blieb es wie im übrigen Bundesgebiet beim 1. 1. 1992. Andererseits war von der Vordatierung des Verfahrensrechts in Unterbringungssachen auch die öffentlichrechtliche Unterbringung betroffen.[16] 24

6. Aufgaben des Jugendamts. Zum 3. 10. 1990 ist in den neuen Bundesländern das Kinder- und Jugendhilfegesetz vom 26. 6. 1990 (BGBl. I S. 1163) in Kraft getreten, welches das JWG durch das SGB VIII ersetzt hat. Das betrifft auch die Vorschriften über die Aufgaben, die den Jugendämtern im Zusammenhang mit Vormundschaft und Pflegschaft obliegen (§§ 53 bis 58 SGB VIII anstelle §§ 37 bis 54a JWG). Auch die Einführung des KJHG in den neuen Ländern geschah unter Maßgaben. In unserem Zusammenhang ist die Regelung in Anlage I Kapitel X Sachgebiet B Abschnitt III Ziff. 1h) des Einigungsvertrages einschlägig: Die Jugendämter sind verpflichtet, dem Vormundschaftsgericht oder dem Familiengericht nach deren Errichtung a) noch geführte oder beantragte Vormundschaften oder Pflegschaften, b) noch wirksame Anordnungen von Heimerziehung und über den persönlichen Umgang sowie c) andere wirksame Maßnahmen, die das elterliche Erziehungsrecht einschränken, unverzüglich anzuzeigen. Das Jugendamt hat dafür zu sorgen, daß die im Rahmen dieser Entscheidungen geführten Akten dem zuständigen Gericht übergeben werden. Die Regelung versteht sich aufgrund der Tatsache, daß nach 25

[12] Ob unterbringungsähnliche Maßnahmen schon vor Inkrafttreten des § 1906 Abs. 4 BGB nF genehmigungspflichtig waren bzw. ob sie es bei der Minderjährigenvormundschaft gemäß § 1631b sind, ist streitig, dazu *Rink-Bauer* FamRZ 1988, 1229ff.; *Reichel* FamRZ 1990, 1318, 1320 mit weiteren Nachweisen; MünchKomm-*Hinz* § 1631b RdNr. 2.

[13] Dazu auch *Reichel* FamRZ 1990, 1318, 1319.

[14] S. auch *Lübchen-Eberhardt,* Kommentar zum Sechsten Teil des EGBGB, 1991, Art. 234 § 14 Anm. 6.2.

[15] S. *Reichel* FamRZ 1990, 1318, 1319.

[16] S. dazu das DDR-Gesetz über die Einweisung in stationäre Einrichtungen für psychisch Kranke vom 11. Juni 1968, GBl. DDR I S. 273. Zu den Übergangsproblemen bei der öffentlich-rechtlichen Unterbringung s. *Reichel* FamRZ 1990, 1318ff. Das Einweisungsgesetz, das gemäß Art. 9 Abs. 1 des Einigungsvertrages als Landesrecht weitergalt, ist zT durch neue landesrechtliche Gesetze abgelöst worden, vgl. Gesetz über Hilfen und Schutzmaßnahmen für psychisch Kranke (PsychKG) des Landes Mecklenburg-Vorpommern vom 1. Juni 1993 (GOVBl. 1993 S. 528); Gesetz über Hilfen und Schutzmaßnahmen für psychisch Kranke des Landes Sachsen-Anhalt vom 30. Januar 1992 (GVBl. 1992 S. 88).

DDR-Recht – Minderjährige betreffend – für Anordnung der Vormundschaft und Pflegschaft, Bestellung von Vormund und Pfleger sowie Anordnungen über deren Tätigkeit die Organe der Jugendhilfe/Jugendämter zuständig waren.

§ 15 Pflegschaft

(1) Am Tag des Wirksamwerdens des Beitritts werden die bestehenden Pflegschaften zu den entsprechenden Pflegschaften nach dem Bürgerlichen Gesetzbuch. Der Wirkungskreis entspricht dem bisher festgelegten Wirkungskreis.

(2) § 14 Abs. 2 bis 6 gilt entsprechend.

Übersicht

I. Normzweck

1 **1. Grundsatz.** Die Vorschrift bestimmt für die am 3. 10. 1990 bestehenden Pflegschaften das gleiche wie der vorstehende Art. 234 § 14 EGBGB für die Vormundschaften: Diese Pflegschaften wurden fortgeführt, ab dem Stichtag als Pflegschaften nach dem BGB, wo sie sämtlich eine Entsprechung haben.[1] Gebrechlichkeitspflegschaften nach § 1910 BGB wurden sodann zum 1. 1. 1992 in Betreuungen umgewandelt. Zwar sagt § 15 – anders als § 14 Abs. 1 – nicht ausdrücklich, daß ab Wirksamwerden des Beitritts die Vorschriften des BGB gelten, doch ergibt sich dies sowohl aus der Formulierung („Pflegschaften nach dem Bürgerlichen Gesetzbuch") als auch der Sachlogik.[1a] Auch Pflegschaftsanordnungen durch Organe der DDR können im Einzelfall nichtig sein, wenn sie sich als Willkürakte darstellen, die von den damals gültigen Gesetzesvorschriften nicht getragen werden[2] (zum Problem Erl. § 14 RdNr. 6).

2 **2. Wirkungskreise.** Abs. 1 S. 2 stellt klar, daß auch die Umschreibung der Wirkungskreise fortgeführt wird. Die Geltung des Pflegschaftsrechts des BGB erleidet Modifikationen nach dem Vorbild des Vormundschaftsrechts; insoweit verweist Art. 234 § 15 Abs. 2 auf § 14 Abs. 2 bis 6 EGBGB.

II. Fortbestand der Pflegschaften

3 **1. Grundsatz.** Die Fortführung der Pflegschaften gilt für alle nach §§ 104 bis 107 FGB DDR begründeten und am 3. 10. 1990 noch bestehenden Pflegschaften. Zur rechtspolitischen Begründung siehe Art. 234 § 14 EGBGB RdNr. 1.

[1] *Palandt-Diederichsen* Art. 234 § 15 EGBGB RdNr. 1.

[1a] OLG Brandenburg OLG-NL 1994, 253.

[2] Vgl. BezG Erfurt DtZ 1993, 92; LG Berlin FamRZ 1992, 223; vgl. auch BezG Erfurt Rpfleger 1993, 348.

2. Pflegschaft über Minderjährige. a) Nach § 104 Abs. 1 FGB DDR erhielt ein Minderjähriger einen Pfleger, wenn er zwar erziehungsberechtigte Eltern oder einen Vormund hatte, die Eltern oder der Vormund aber an der Ausübung des Erziehungsrechts oder an der Erledigung bestimmter Pflichten tatsächlich gehindert waren; ferner wenn der Minderjährige bei einem Rechtsgeschäft oder Rechtsstreit zwischen ihm einerseits, dem Erziehungsberechtigten, dessen Ehegatten oder dessen Verwandten andererseits vertreten werden mußte. Bei Verhinderung der Eltern an der Ausübung des Erziehungsrechts konnte, wenn die Voraussetzungen der Anordnung einer Vormundschaft nicht gegeben waren, der Aufgabenkreis des Pflegers „die Wahrnehmung des elterlichen Erziehungsrechts" umfassen.[3] Zuständig für die Anordnung der Pflegschaft und die Bestellung des Pflegers war das Organ der Jugendhilfe/Jugendamt (siehe Art. 234 § 14 RdNr. 2). Für die Frage, ob die Pflegschaft am 3. 10. 1990 noch bestand, ist zu beachten: Die Pflegschaft endete – außer durch Tod des Minderjährigen – nicht ipso iure, sondern kraft Verfügung des Jugendamts (Referat Jugendhilfe), wenn der für ihre Anordnung maßgebliche Grund weggefallen war.[4] Bestand die Pflegschaft am Tag des Wirksamwerdens des Beitritts, so wird sie nunmehr nach § 1909 BGB behandelt. **4**

b) Zu beachten ist, daß das Recht der DDR keine gesetzliche Amtspflegschaft über nichteheliche Kinder kannte. Eine solche trat auch nicht am 3. 10. 1990 ein, da die einschlägigen §§ 1706 bis 1710 BGB in den neuen Bundesländern nicht in Kraft gesetzt wurden (Art. 230 Abs. 1 EGBGB idF des Einigungsvertrages).[5] Diese Entscheidung des Gesetzgebers darf nicht dadurch in Frage gestellt werden, daß ohne zwingenden Grund Ergänzungspflegschaften mit dem Aufgabenkreis des § 1706 BGB angeordnet werden (LG Berlin DtZ 1991, 383). **5**

3. Pflegschaft für die Leibesfrucht. Gemäß § 104 Abs. 2 FGB DDR konnte das Jugendamt dem Kind schon vor der Geburt einen Pfleger bestellen, wenn die Eltern an der Wahrung seiner künftigen Rechte tatsächlich oder rechtlich verhindert waren. Zu denken ist insbesondere an die Fälle der §§ 363 Abs. 2 und 339 Abs. 2 ZGB DDR. Eine derartige Pflegschaft wurde nach Maßgabe des § 1912 BGB fortgeführt. **6**

4. Gebrechlichkeitspflegschaft. a) Lage bis zum Inkrafttreten des BtG. Für einen Volljährigen konnte nach DDR-Recht im Falle des Fürsorgebedürfnisses ein Pfleger bestellt werden, wenn ein Bürger infolge körperlicher Gebrechen nicht imstande war, seine Angelegenheiten zu besorgen (§ 105 Abs. 2 S. 1 FGB DDR). Bei geistigen Gebrechen war die Bestellung eines Pflegers für einzelne Angelegenheiten oder einen bestimmten Kreis von Angelegenheiten möglich (§ 105 Abs. 2 S. 2 FGB DDR). Soweit eine Verständigung mit dem Betroffenen möglich war, bedurfte die Anordnung der Pflegschaft seiner Einwilligung (§ 105 Abs. 2 S. 3 FGB DDR). Zuständig für die Anordnung der Pflegschaft und Bestellung des Pflegers war das Staatliche Notariat, dessen Maßnahmen auch über den 3. 10. 1990 hinaus grundsätzlich wirksam blieben (OLG Brandenburg OLG-NL 1994, 253). In der Sache war die Regelung der des § 1910 BGB recht ähnlich, so daß die Fortführung keine unüberwindlichen Schwierigkeiten bereitet haben dürfte. Auch die Frage, was man unter „Möglichkeit der Verständigung" zu verstehen hat, wurde ähnlich beantwortet wie bei § 1910 Abs. 3 BGB, in dem Sinne nämlich, daß der Betroffene in der Lage sein müsse, die Bedeutung einer Einwilligung in die Pflegschaft zu erkennen.[6] Im Unterschied zum Pflegschaftsrecht der Bundesrepublik wurde der Pflegling aber – auch wenn er nur körperlich behindert war – im Rahmen des festgelegten Wirkungskreises als geschäftsunfähig angesehen (§ 105 Abs. 3 FGB DDR, der für alle Pflegschaften über Voll- **7**

[3] Familienrecht, Lehrbuch, Autorenkollektiv unter Leitung von *A. Grandke,* 3. Aufl. 1976, S. 332.

[4] Familienrecht (Fn. 3) S. 333.

[5] Zu den umstrittenen interlokalrechtlichen Problemen vgl. *Lück* FamRZ 1992, 886ff.; *Richter* FamRZ 1994, 5, 6.

[6] Kommentar zum FGB, hrsg. vom Ministerium der Justiz, 5. Aufl. 1982, § 105 Anm. 2.2.

jährige galt). Bei der Fortführung der Gebrechlichkeitspflegschaften trat an die Stelle dieser Regelung die Rechtslage nach dem BGB: Der Pflegebefohlene war als geschäftsfähig anzusehen, sofern nicht seine Geschäftsunfähigkeit aus den Gründen des § 104 Nr. 2 BGB festgestellt werden konnte.

8 **b) Umstellung auf Betreuungen.** Auch die durch den Einigungsvertrag übergeleiteten Gebrechlichkeitspflegschaften wurden zum 1. 1. 1992 in Betreuungen verwandelt (Art. 9 § 1 Abs. 1 S. 1 BtG). Der Aufgabenkreis entspricht dem bisherigen Wirkungskreis mit Ausnahme der Entscheidung über die Einwilligung in eine Sterilisation (Art. 9 § 1 Abs. 4 BtG). Der bisherige Pfleger wird Betreuer (Art. 9 Abs. 2 BtG); das gilt auch bei Amtspflegschaften (siehe unten RdNr. 12). Zu den Fällen, in denen das Staatliche Notariat eine Pflegschaft über einen Volljährigen selbst übernommen hatte, gilt das bei der Vormundschaft Gesagte sinngemäß (Erl. § 14 RdNr. 13).

9 **5. Ergänzungspflegschaft für Volljährige.** Das Staatliche Notariat konnte nach DDR-Recht „bei Vorliegen eines persönlichen oder gesellschaftlichen Fürsorgebedürfnisses" einen Pfleger für eine Person bestellen, deren Vormund an der Erledigung bestimmter Angelegenheiten tatsächlich oder rechtlich verhindert war (§ 105 Abs. 1 Buchst. a FGB DDR). Derartige Pflegschaften waren, sofern sie am Einigungsstichtag bestanden, als Pflegschaften gemäß § 1909 BGB fortzuführen.

10 **6. Abwesenheitspflegschaft.** Die Anordnung der Pflegschaft war nach DDR-Recht auch möglich, wenn der Aufenthalt eines Bürgers unbekannt war und er dadurch seine Vermögensangelegenheiten nicht wahrnehmen konnte oder wenn zwar sein Aufenthalt bekannt, er aber an der Erledigung seiner Angelegenheiten verhindert war (§ 105 Abs. 1 Buchst. b FGB DDR). Diese Pflegschaften bestehen nach Maßgabe des § 1911 BGB fort.

11 **7. Pflegschaft für unbekannte oder ungewisse Beteiligte.** Beschränkt auf Vermögensangelegenheiten kam eine Pflegerbestellung in Betracht, wenn unbekannt oder ungewiß war, wer daran beteiligt war (§ 105 Abs. 1 Buchst. c FGB DDR). Solche Pflegschaften werden nach § 1913 BGB fortgeführt.

III. Fortführung des Amtes; das anzuwendende Recht

12 **1. Grundsätze.** Es gilt das zu den Vormundschaften Gesagte (Erl. § 14) entsprechend. Die bisherigen Pflegschaften blieben – bis zu einer anderweitigen gerichtlichen Entscheidung – wirksam (Art. 234 § 15 Abs. 2 iVm. § 14 Abs. 2 S. 1 EGBGB), auch die Amtspflegschaften, die als bestellte Amtspflegschaften fortgeführt wurden (Art. 234 § 15 Abs. 2 iVm. § 14 Abs. 3 EGBGB). Das Rechtsverhältnis zwischen Pfleger und Pflegebefohlenem, Befugnisse und Haftung des Pflegers sowie die Kontrolle des Vormundschaftsgerichts richten sich für die Zeit ab 3. 10. 1990 nach Bundesrecht (§ 1915 Abs. 1 iVm. den einschlägigen Vorschriften des Vormundschaftsrechts); ab 1. 1. 1992 ist die Fassung des Betreuungsgesetzes maßgebend. Für Gebrechlichkeitspflegschaften, die zum 1. 1. 1992 in Betreuungen umgewandelt wurden, gilt von diesem Tage an das Betreuungsrecht. Wie bei der Vormundschaft muß angenommen werden, daß auch für die Frage, ob eine Pflegschaft bzw. Betreuung aufgehoben werden muß, seit 3. 10. 1990 ausschließlich das Bundesrecht gilt; doch ist es nicht als ausreichender Aufhebungsgrund anzusehen, daß die Anordnung der Pflegschaft und die Bestellung des Pflegers durch die nach DDR-Recht zuständigen Behörden und nicht durch ein Gericht erfolgten (Erl. zu Art. 234 § 14 RdNr. 2).

13 **2. Besonderheiten, Art. 234 § 14 Abs. 3 bis 6.** Gemäß Art. 234 § 15 Abs. 2 gelten die im Einigungsvertrag für die Vormundschaften vorgesehenen Besonderheiten bei den Pflegschaften entsprechend (siehe Erl. zu § 234 § 14 RdNr. 19 bis 24). Das gilt insbesondere auch für das Recht der freiheitsentziehenden Unterbringung (Art. 234 § 14 Abs. 6 iVm. § 11 Abs. 4 EGBGB, dazu Erl. zu Art. 234 § 14 RdNr. 22 bis 24).

Anhang

Weitere Überleitungsvorschriften im Einigungsvertrag Anl. I Kapitel III Sachgebiet B Nr. 11

11. Ehegesetz in der im Bundesgesetzblatt Teil III, Gliederungsnummer 404-1, veröffentlichten bereinigten Fassung, zuletzt geändert durch Artikel 6 § 1 des Gesetzes vom 25. Juli 1986 (BGBl. I S. 1142)

mit folgenden Maßgaben:

a) §§ 1 bis 21 und §§ 28 bis 37 des Ehegesetzes gelten nicht für Ehen, die vor dem Wirksamwerden des Beitritts geschlossen worden sind. Die Wirksamkeit solcher Ehen bestimmt sich nach dem bisherigen Recht.

b) Ist nach dem bisherigen Recht eine Ehe nichtig, so bestimmen sich die Folgen der Nichtigkeit nach den §§ 23 bis 26 des Ehegesetzes. Dies gilt nicht, wenn eine Ehe vor dem Wirksamwerden des Beitritts für nichtig erklärt worden ist.

c) Ist eine Ehe vor dem Wirksamwerden des Beitritts für nichtig erklärt worden, so bestimmen sich die Folgen der Nichtigkeit nach dem bisherigen Recht. Für den Anspruch auf Unterhalt gelten die Vorschriften über den Unterhalt von Ehegatten, deren Ehe vor dem Wirksamwerden des Beitritts geschieden worden ist, entsprechend. Ein Unterhaltsanspruch besteht nicht, wenn der Berechtigte die Nichtigkeit der Ehe bei der Eheschließung gekannt hat.

d) Ist ein Ehegatte vor dem Wirksamwerden des Beitritts für tot erklärt worden, so bestimmt sich die Beendigung der Ehe nach dem bisherigen Recht. Ist der andere Ehegatte eine neue Ehe eingegangen und ist diese vor dem Wirksamwerden des Beitritts geschieden worden, weil der für tot erklärte Ehegatte noch lebte, so bestimmt sich ein Wiederaufleben der durch die Todeserklärung beendeten Ehe nach dem bisherigen Recht.

1. Grundsatz. Für Eheschließungen seit dem Wirksamwerden des Beitritts (3. 10. 1990) gilt allein das Eheschließungsrecht des EheG (§§ 1 bis 39) einschließlich der 1. DVOEheG. Die Wirksamkeit von Ehen, die vor dem 3. 10. 1990 geschlossen worden sind und die nach innerdeutschem Kollisionsrecht der Bundesrepublik Deutschland[1] bisher (auch) dem Recht der DDR unterlagen, bestimmt sich dagegen im Grundsatz auch weiterhin nach diesem Recht; die §§ 1 bis 21, 28 bis 37 EheG gelten nicht **(Nr. 11 Buchst. a).** Zur Geltung der §§ 23ff. EheG s. unten RdNr. 3, der §§ 38, 39 EheG unten RdNr. 5f. Das bedeutet: Ob überhaupt eine Ehe vorliegt, ist nach § 6 FGB zu beantworten.[2] Ob eine Ehe nichtig ist (einschließlich der Möglichkeit rückwirkender Heilung), richtet sich nicht nach §§ 16ff. EheG, sondern nach § 35 Abs. 1 FGB iVm. § 8 FGB. Ehenichtigkeit wegen Doppelehe (§ 8 Nr. 1 FGB) ist zu bejahen, wenn durch Urteil eines Gerichts der Bundesrepublik Deutschland festgestellt worden ist,[2a] daß die in der DDR geschiedene Vorehe noch besteht.[2b] Eine Aufhebung vor dem Wirksamwerden des Beitritts geschlossener Ehen ist nicht möglich, weil die §§ 28ff. EheG nicht anwendbar sind und das FGB eine Aufhebung oder Anfechtung der Ehe nicht kennt. 1

2. Nichtige Ehe. Für nach dem bisher geltenden Recht der DDR nichtige Ehen wird der unter RdNr. 1 dargestellte Grundsatz modifiziert, soweit es um die Berufung auf die Nichtigkeit und die Folgen der Nichtigkeit geht. Es kommt darauf an, ob die Ehe bereits 2

[1] Vgl. BGHZ 124, 270, 272ff. = JZ 1994, 468 m. Anm. *Thode.*

[2] AA *Soergel-Heintzmann* Nachtrag Einl. EheG RdNr. 18 (auch nach dem EheG muß es sich um eine Nichtehe handeln).

[2a] Vgl. BGHZ 34, 134, 147ff.

[2b] Hierzu *Bosch* FamRZ 1994, 1391; aA AG Bautzen FamRZ 1994, 1366f. unter Berufung auf Art. 18 EVertr.

vor dem 3. 10. 1990 für nichtig erklärt worden ist – dem ist gleichzustellen, daß ein vor dem Beitritt erlassenes Urteil nach dem Beitritt infolge ungenutzten Ablaufs der Berufungsfrist oder Rechtsmittelverzichts rechtskräftig geworden ist[3] – oder nicht.

3 **a)** Ist die Ehe noch **nicht** für nichtig erklärt, so unterliegt nur die Frage, ob die Ehe nichtig ist, also ein Nichtigkeitsgrund vorliegt, dem bisher geltenden Recht der DDR (§ 35 Abs. 1 FGB iVm. § 8 FGB); die Geltendmachung der Nichtigkeit und die Folgen der Nichtigkeit richten sich hingegen nach den §§ 23ff. EheG **(Nr. 11 Buchst. b).** Insoweit ist zu beachten, daß das EheG, nachdem § 25 außer Wirksamkeit gesetzt worden ist, in § 26 nur noch die vermögensrechtlichen Folgen der Nichtigkeit behandelt. Für die bisher in § 36 FGB mitgeregelten nichtvermögensrechtlichen Folgen (Rechtsstellung der Kinder, Familienname der Ehegatten) gilt indes nach Art. 230 Abs. 2, 234 § 1 EGBGB gleichfalls Bundesrecht (s. hierzu für den Namen § 26 EheG RdNr. 19, für die Rechtstellung der Kinder § 26 EheG RdNr. 20). Bei der Anwendung von § 26 Abs. 3 EheG[4] ist hinsichtlich des Versorgungsausgleichs Art. 234 § 6 EGBGB zu berücksichtigen. Für anhängige Nichtigkeitsklagen gilt Kap. III Sachgebiet A Abschnitt III Nr. 5h.

4 **b)** Ist die Ehe bereits **vor** dem Wirksamwerden des Beitritts für nichtig erklärt worden, so bestimmen sich die Folgen der Nichtigkeit gemäß **Nr. 11 Buchst. c** auch künftig nach dem bisher geltenden Recht der DDR. Es gilt – auch hinsichtlich der nichtvermögensrechtlichen Folgen – § 36 FGB, ausgenommen die in seinem Abs. 2 für den künftigen Unterhalt der Ehegatten getroffene Regelung. Für den Unterhalt gelten die Vorschriften über den Unterhalt von Ehegatten, deren Ehe vor dem Wirksamwerden des Beitritts geschieden worden ist, entsprechend. Insoweit verweist Art. 234 § 5 EGBGB, auf dessen Erläuterung verwiesen wird, gleichfalls auf das im Gebiet der ehem. DDR geltende Recht. Ein Unterhaltsanspruch besteht jedoch nicht, wenn der Berechtigte die Nichtigkeit der Ehe bei der Eheschließung gekannt hat. Beides entspricht § 36 Abs. 2 FGB. Hinsichtlich des Namens (§ 36 Abs. 4 FGB) ist zu beachten, daß das in Art. 234 § 3 Abs. 1 EGBGB eröffnete Wahlrecht nach dessen S. 2 nicht besteht, wenn die Ehe für nichtig erklärt worden ist.

5 **3. Todeserklärung. a)** Nach § 37 FGB endete die Ehe kraft Gesetzes mit der Rechtskraft der Todeserklärung, und zwar auch dann, wenn der für tot erklärte Ehegatte im Zeitpunkt der Todeserklärung noch lebte. Diese Wirkung der Todeserklärung wird durch **Nr. 11 Buchst. d S. 1** aufrechterhalten, wenn der Ehegatte **vor** dem Wirksamwerden des Beitritts für tot erklärt worden ist. Die Regelung soll im Interesse des Vertrauensschutzes der Beteiligten ein mögliches Wiederaufleben der alten Ehe infolge Inkraftsetzung des Bundesrechts vermeiden, das hier allein den Tod des verschollenen Ehegatten und die Wiederverheiratung nach (unrichtiger) Todeserklärung als Eheauflösungsgründe kennt (vgl. § 38 EheG RdNr. 1 sowie BT-Drucks. 11/7817 S. 50 zu Nr. 11). Ungeachtet dieses Zwecks ist nicht zu verlangen, daß die Todeserklärung stets vor dem Beitritt rechtskräftig geworden sein muß. Es genügt, daß sie vor diesem Zeitpunkt ausgesprochen und erst danach infolge ungenutzten Ablaufs der Beschwerdefrist rechtskräftig geworden ist. Für diese Auslegung spricht die – das Verschollenheitsgesetz betreffende – Nr. 9 Abs. b des Abschnitts, wonach sich die Wirkung einer vor dem Wirksamwerden des Beitritts erfolgten Todeserklärung nach dem bislang geltenden DDR-Recht bestimmt (vgl. hierzu BT-Drucks. 11/7817 S. 50 zu Nr. 9, die erläuternd auf den „Ausspruch" der Todeserklärung abstellt). Ist der Ehegatte erst **nach** Wirksamwerden des Beitritts für tot erklärt worden, so gilt für die Wirkungen der Todeserklärung Bundesrecht, und zwar auch dann, wenn ein bereits eingeleitetes Verfahren gemäß Nr. 9 Abs. a nach DDR-Recht abgeschlossen wird.

[3] Vgl. *Staudinger-Rauscher* Anh. zu Art. 234 § 2 EGBGB RdNr. 14 (auch im Fall der Rechtsmitteleinlegung); *Rahm-Künkel-Stollenwerk* IV RdNr. 831 (zu Art. 234 § 5 EGBGB); *Münch,* Die Eigentums- und Vermögensgemeinschaft, 1993, S. 21; aA BezG Erfurt FamRZ 1994, 703 (zu Art. 234 § 4 EGBGB); *Rahm-Künkel-Paetzold* VIII RdNr. 1018.5 (zu Art. 234 § 6 EGBGB).

[4] Vgl. *Staudinger-Rauscher* Anh. zu Art. 234 § 2 EGBGB RdNr. 16.

b) Nach § 38 Abs. 1 FGB entstand die alte Ehe, wenn der für tot erklärte Ehegatte noch lebte und die vom anderen Ehegatten eingegangene neue Ehe auf gemeinsame Klage der Ehegatten der früheren Ehe geschieden worden war, mit der Rechtskraft des Scheidungsurteils erneut. Diese Wirkung des Scheidungsurteils bleibt – wiederum im Interesse des Vertrauensschutzes – nach **Nr. 11 Buchst. d S. 2** bestehen, wenn die von dem anderen Ehegatten eingegangene neue Ehe **vor** dem Wirksamwerden des Beitritts geschieden worden ist. Auch hier ist einem vor dem 3. 10. 1990 rechtskräftig gewordenen Urteil ein vor diesem Zeitpunkt erlassenes Urteil, das nach dem 2. 10. 1990 infolge ungenutzten Ablaufs der Berufungsfrist oder Rechtsmittelverzichts rechtskräftig geworden ist, gleichzustellen. Von diesem Fall abgesehen führt eine bei Wirksamwerden des Beitritts noch nicht rechtskräftig abgeschlossene gemeinsame Scheidungsklage der Ehegatten der früheren Ehe nicht zum Wiederaufleben ihrer Ehe kraft Gesetzes (zur prozessualen Behandlung anhängiger Ehesachen s. Kap. III Sachgebiet A Abschnitt III Nr. 5h und Nr. 28g bis j). Die Scheidungsklage ist von dem nach § 39 EheG aufhebungsberechtigten Ehegatten als Aufhebungsklage fortzuführen, der zu Unrecht für tot erklärte Ehegatte muß auf Klägerseite aus dem Verfahren ausscheiden. 6

4. HausratsVO (6. DVO EheG). a) Ehescheidung nach Beitritt. Für am 3. 10. 1990 noch nicht geschiedenen Ehegatten gelten aufgrund von Art. 8 EVertr. die güterstandsunabhängigen Vorschriften der HausratsVO auch dann uneingeschränkt, wenn gemäß Art. 234 § 4 Abs. 2 EGBGB infolge Option eines oder beider Ehegatten mit der Maßgabe des Art. 234 § 4a Abs. 2 EGBGB der bisherige Güterstand fortgilt oder wenn gemäß Art. 234 § 4 Abs. 4 EGBGB auf die Auseinandersetzung des bis zum Wirksamwerden des Beitritts erworbenen gemeinschaftlichen Eigentums und Vermögens – beachte hierzu Art. 234 § 4a Abs. 1 EGBGB – § 39 FGB sinngemäß anzuwenden ist.[5] Wegen der Vergleichbarkeit der Regelungen entstehen im übrigen keine beachtlichen Widersprüche. Auf die Auseinandersetzung des nicht in Hausrat bestehenden gemeinschaftlichen Eigentums und Vermögens sind die Verfahrensvorschriften der HausratsVO nicht anzuwenden (vgl. RdNr. 9). 7

b) Ehescheidung vor Beitritt. Sind die Ehegatten vor dem 3. 10. 1990 geschieden worden, bleibt für die Auseinandersetzung des gemeinschaftlichen Eigentums und Vermögens und für die Entscheidung über die Ehewohnung das bisherige Recht maßgebend (Art. 234 § 4 Abs. 5 EGBGB), also insbesondere § 39 und § 34 FGB.[6] Eine Zuweisung von Hausratsgegenständen, die im Alleineigentum eines Ehegatten stehen, nach § 9 HausratsVO ist auch bei vor dem Wirksamwerden des Beitritts geschiedenen Ehegatten möglich, wesentliche Unterschiede zu § 39a FGB bestehen nicht.[7] Ist die Ehe vor dem 3. 10. 1990 für nichtig erklärt worden, gilt das gleiche (Nr. 11 Buchst. c iVm. § 36 Abs. 2 FGB). 8

Ansprüche aus § 39 FGB sind Ansprüche aus dem ehelichen Güterrecht iSv. § 621 Abs. 1 Nr. 8 ZPO.[8] Daß das Gericht gegenüber Anträgen der Parteien keine andere Stellung hat als im Hausratsteilungsverfahren,[9] steht nicht entgegen. Streitigkeiten über die frühere Ehewohnung (§ 34 FGB) sind ebenso wie Ansprüche auf Herausgabe von angeblich im Alleineigentum eines Ehegatten stehenden Hausratsgegenständen Hausratssachen iSv. § 621 Abs. 1 Nr. 7 ZPO.[10] 9

[5] Vgl. *Smid-Schöpf* NJ 1991, 21, 23; *Pawlowski-Lipp* FamRZ 1992, 377, 380f.; *Soergel-Heintzmann* Nachtrag vor § 1 HausratsVO RdNr. 7c; *Erman-Dieckmann* vor § 1 HausratsVO RdNr. 15; aA *Münch* (Fn. 3) S. 126f., 138; *Rahm-Künkel-Paetzold* VIII RdNr. 733f.

[6] Zur Anwendung von § 40 FGB s. BGH DtZ 1993, 281 = FamRZ 1993, 1048; KG FamRZ 1992, 566, 567 (Vorinstanz).

[7] Für eine Anwendbarkeit auch des § 39a FGB *Rahm-Künkel-Paetzold* VIII RdNr. 736; *Staudinger-Rauscher* Art. 234 § 4 EGBGB RdNr. 21, 23.

[8] Vgl. BGH FamRZ 1991, 794, 795 = DtZ 1991, 243; FamRZ 1991, 928, 929; KG FamRZ 1992, 566, 567; OLG Naumburg FamRZ 1994, 916 (§ 63 Abs. 3 BRAGO nicht anwendbar); aA AG Charlottenburg FamRZ 1991, 848, 849; *Münch* (Fn. 3) S. 125f., 136f., 138; *Erman-Dieckmann* vor § 1 HausratsVO RdNr. 15.

[9] Vgl. BGHZ 117, 35, 53 = NJW 1992, 821, 824; BGH FamRZ 1992, 531, 532.

[10] Vgl. BGH (Fn. 8).

Artikel 235
Fünftes Buch. Erbrecht

§ 1 Erbrechtliche Verhältnisse

(1) Für die erbrechtlichen Verhältnisse bleibt das bisherige Recht maßgebend, wenn der Erblasser vor dem Wirksamwerden des Beitritts gestorben ist.

(2) Anstelle der §§ 1934a bis 1934e und 2338a des Bürgerlichen Gesetzbuchs gelten auch sonst, wenn das nichteheliche Kind vor dem Wirksamwerden des Beitritts geboren ist, die Vorschriften über das Erbrecht des ehelichen Kindes.

Schrifttum: *Adlerstein-Desch*, Das Erbrecht in den neuen Bundesländern, DtZ 1991, 193; *Bader*, Anwendbares Erbrecht bei Restitutionsansprüchen auf Grundbesitz in der früheren DDR, DtZ 1994, 22; *Barth-Wagenitz*, Der Entwurf eines Gesetzes zur erbrechtlichen Gleichstellung nichtehelicher Kinder, ZEV 1994, 79; *Bestelmeyer*, Erbfälle mit Nachlaßgegenständen in der ehemaligen DDR, Besonderheiten im Erbscheinsverfahren sowie bei Nacherbfolge und Testamentsvollstreckung, Rpfleger 1992, 229; *ders.*, Aktuelle erbrechtliche Fragestellungen nach dem Einigungsvertrag, Rpfleger 1993, 381; *ders.*, Zum gespaltenen Anfechtungsstatut bei der Anfechtung von Testamenten und Ausschlagungserklärungen im Anwendungsbereich des DDR-ZGB, DtZ 1994, 99; *ders.*, Stellungnahme zu den Beiträgen von de Leve und Brakebusch, Rpfleger 1994, 235; *ders.*, Testamentsanfechtung nach vollzogener Wiedervereinigung bei deutsch-deutschen Erbfällen – Anfechtungserklärung oder Anfechtungsklage?, FamRZ 1994, 1444; *Bosch*, Familien- und Erbrecht als Themen der Rechtsangleichung nach dem Beitritt der DDR zur Bundesrepublik Deutschland, FamRZ 1992, 869 und 993; *Brakebusch*, Der Erbnachweis im Grundbuchberichtigungsverfahren hinsichtlich Grundeigentums im Beitrittsgebiet von Erblassern aus den alten Bundesländern, DtZ 1994, 61; *ders.*, Heilung formunwirksamer Ausschlagungserklärungen? Rpfleger 1994, 234; *Bultmann*, Rückabwicklung innerdeutscher Erbteilsübertragungsverträge, NJ 1994, 5; *Casimir*, Zur Erhöhung des Pflichtteils wegen Ansprüchen nach dem Vermögensgesetz – Verjährung am 3. 10. 1993? DtZ 1993, 234; *ders.*, Welches Erbrecht gilt für Ansprüche aus dem Vermögensgesetz? DtZ 1993, 362; *Dieckmann*, Teilhabe des Pflichtteilsberechtigten an Vorteilen des Erben nach dem Vermögensgesetz, ZEV 1994, 198; *Dörner*, Interlokales Erb- und Erbscheinsrecht nach dem Einigungsvertrag, IPRax 1991, 392; *ders.*, Das deutsche Interlokale Privatrecht nach dem Einigungsvertrag, Festschr. f. W. Lorenz, 1991, S. 321; *ders.*, Interlokales Erbrecht nach der Wiedervereinigung – ein schwacher Schlußstrich, IPrax 1995, 89; *Dressler*, Grundbesitz in der ehemaligen DDR als Grundlage für nachträgliche Pflichtteilsansprüche aus BGB-Erbfällen, DtZ 1993, 229; *Drobnig*, Innerdeutsches und interlokales Kollisionsrecht nach der Einigung Deutschlands, RabelsZ Bd. 55 (1991), 268; *Eberhardt-Lübchen*, Zum Erbrecht des nichtehelichen Kindes nach Art. 235 § 1 II EGBGB, DtZ 1992, 206; *Fahrenhorst*, Die Bestandskraft von Testamenten und Erbausschlagungen im Hinblick auf die deutsche Vereinigung, JR 1992, 265; *Frieser*, Innerdeutsches Erbrecht nach dem Einigungsvertrag, AnwBl. 1992, 293; *Heldrich*, Das interlokale Privatrecht Deutschlands nach dem Einigungsvertrag, 1992; *ders.*, Interlokales Privatrecht im vereinten Deutschland, Festschr. f. Lerche, 1993, S. 913; *Henrich*, Probleme des interlokalen und des internationalen Ehegüter- und Erbrechts nach dem Einigungsvertrag, IPRax 1991, 14; *Heß*, Noch einmal: Kollisionsrecht oder (?) Auslegung, JR 1994, 273; *Horn*, Das Zivil- und Wirtschaftsrecht im neuen Bundesgebiet, 2. Aufl., 1993, § 6 VI; *Janke*, Die Anwendung des Zivilgesetzbuchs der DDR in der Rechtsprechung seit der deutschen Einheit, NJ 1994, 437, 440; *ders.*, Zur rechtlichen Stellung des Testamentsvollstreckers bei DDR-Erbfällen vor dem 1. 1. 1976, DtZ 1994, 364; *Kettel*, Nochmals: Erbrecht nach Erbausschlagung und Restitutionsanspruch – ein Kollisionsproblem? DtZ 1994, 20; *Köster*, Erbrechtliche Fragestellungen nach dem Einigungsvertrag, Nachlaßspaltung bei BRD-Erbfällen mit Nachlaßgegenständen in der ehem. DDR, Rpfleger 1991, 97; *de Leve*, Deutsch-deutscher Erbfall: Nachträgliche Pflichtteilsausgleichung bei Rückgabe enteigneten Vermögens nach dem Vermögensgesetz, DtZ 1994, 270; *ders.*, Anfechtungsausschlußfristen (berichtigter Titel), Rpfleger 1994, 233; *Limmer*, Die Bindungswirkung von in der DDR errichteten gemeinschaftlichen Testamenten, ZEV 1994, 290; *Lorenz*, Rechtsnachfolge in enteignetes Vermögen – zum Begriff des „Rechtsnachfolgers" in § 2 Abs. 1 VermG, DStR 1993, 1224; *ders.*, Erbausschlagung im deusch-deutschen Verhältnis, DStR 1994, 584; *ders.*, Internationale und interlokale Zuständigkeit deutscher Nachlaßgerichte zur Entgegennahme von Erbausschlagungserklärungen, ZEV 1994, 146; *Lück*, Kollisionsrecht oder Auslegung? Zum Geltungsbereich des Art. 235 § 1 EGBGB, JR 1994, 45; *von Morgen-Götting*, „Gespaltene" Testamentsvollstreckung bei gesamtdeutschen Nachlässen, DtZ 1994, 199; *v. Olshausen*, Erwerb aufgrund des Vermögensgesetzes in der Pflichtteilsberechnung – oder Rätselhaftes vom IV. Zivilsenat des BGH, DtZ 1993, 331; *Rauscher*, Pflichtteilsausgleich für restituierten DDR-Grundbesitz, JR 1994, 485; *Sandweg*, Deutsch-deutsches Erbrecht, BWNotZ 1992, 45; *Schotten-Johnen*, Erbrecht im deutsch-deutschen Verhältnis – die Rechtslage vor der Vereinigung und die Regelungen im Einigungsvertrag, DtZ 1991, 225; *dies.*, Probleme hinsichtlich der Anerkennung, der Erteilung und des Inhalts von Erbscheinen zum deutsch-deutschen Verhältnis, DtZ 1991, 257; *Schurig*, Ein Kollisionsrecht für das Kollisionsrecht im vereinigten Deutschland, Festschr. f. W. Lorenz, 1991, S. 513, 520; *Schwedhelm-Olbing,* Erb- und Erbschaftsteuerrecht in den neuen Bundesländern, ZEV 1995, 17; *Solomon,* Nachlaßspaltung, Qualifikation, Pflichtteil und der Rückübertragungsanspruch nach dem Vermögensgesetz, IPrax 1995, 24; *Stoll,* Kollisionsprivatrechtliche Aspekte des Vertrages über die deutsche Einigung, Festschr. f. W. Lorenz, 1991, S. 577; *Vogt-Kobold,* Erbrecht nach Erbausschlagung und Restitutionsanspruch – ein Kollisionsproblem, DtZ 1993, 226; *Wähler,* Intertemporale, interlokale und materiellrechtliche Probleme des Erbrechts nach der Wiedervereinigung, ROW 1992, 103; *Wasmuth,* Zur Korrektur abgeschlossener erbrechtlicher Sachverhalte im Bereich der ehemaligen DDR, DNotZ 1992, 3.

Übersicht

A. Erbfälle vor dem 3. Oktober 1990 (Abs. 1)

I. Normzweck

1 Aufgrund des Art. 230 Abs. 2 EGBGB gelten in dem in Art. 3 des Einigungsvertrages genannten Gebiet, dh. im Gebiet der ehemaligen DDR, seit dem 3. Oktober 1990 grundsätzlich die erbrechtlichen Bestimmungen des BGB. Die bisher dort geltenden erbrechtlichen Vorschriften, insbesondere des ZGB der DDR (dazu näher s. Bd. 6, 2. Aufl., Einl.

zum Erbrecht, RdNr. 214ff.),[1] sind damit außer Kraft getreten. Eine wichtige Ausnahme hiervon macht § 1 Abs. 1, der für Erbfälle, die sich vor dem 3. Oktober 1990 ereigneten, das **bisherige Recht** für anwendbar erklärt. – Zum **Erbschaftsteuerrecht** s. RdNr. 68.

2 Diese Übergangsvorschrift (intertemporale Norm) läßt sich auf Gesichtspunkte des **Vertrauens-** und des **Bestandsschutzes** gründen. Der Erblasser konnte bei seinen Überlegungen zur Gestaltung der Erbfolge nur das zu seinen Lebzeiten geltende Recht berücksichtigten. Das gilt sowohl bei der Errichtung von Verfügungen von Todes wegen wie auch bei der Unterlassung solcher Anordnungen; denn auch hinsichtlich des gesetzlichen Erbrechts mußte der Erblasser die seinerzeit geltende Rechtslage zugrundelegen. Auch die beim Erbfall rechtlich Beteiligten, insbesondere die Erben, konnten davon ausgehen, daß sich ihre Rechte und Pflichten nach dem zu diesem Zeitpunkt geltenden Recht richteten. Dies spielt zB bei der Vornahme oder Unterlassung von Rechtsgeschäften im Zusammenhang mit dem Erbfall eine wesentliche Rolle, etwa bei Ausschlagung oder Annahme der Erbschaft oder bei der Durchführung einer Erbauseinandersetzung.

3 Daß das Übergangsrecht generell auf den **Zeitpunkt des Erbfalls** abstellt und nicht danach differenziert, ob die Rechtsfolgen des Erbfalls bereits abgewickelt sind, hat überdies den Vorzug der Rechtsklarheit. In früheren, vergleichbaren Übergangsfällen wurde ebenfalls der Zeitpunkt des Erbfalls als Anknüpfungsmerkmal gewählt, so vor allem in Art. 213 S. 1 EGBGB für das Inkrafttreten des BGB zum 1. Januar 1900, aber auch etwa in § 51 Abs. 1 TestG, Art. 12 § 10 Abs. 1 S. 1 NEhelG, Art. 12 § 1 Abs. 4 AdoptG; es kann daher von einem allgemeinen erbrechtlichen Grundsatz gesprochen werden.[2] Bei der Auslegung des Art. 235 § 1 Abs. 1 kann auf die zu den früheren Übergangsregeln, insbesondere zu Art. 213 S. 1 EGBGB, entwickelte Betrachtungsweise zurückgegriffen werden, wobei allerdings der Zusammenhang des § 1 Abs. 1 mit den anderen in den Anlagen zum Einigungsvertrag enthaltenen Übergangsregeln beachtet werden muß.

II. Interlokale Voraussetzungen

4 **1. Maßgebendes Recht.** § 1 Abs. 1 sagt als Übergangsvorschrift (intertemporale Norm) iS des Art. 230 Abs. 2 EGBGB nur darüber etwas aus, ob das bisherige Recht der DDR oder das BGB (mit dem in Art. 230 Abs. 1 EGBGB bestimmten Inhalt) anzuwenden ist. Voraussetzung für die Geltung dieser Übergangsregelung ist, daß überhaupt das Recht des in Art. 3 des Einigungsvertrages genannten Gebiets (also des Gebiets der ehemaligen DDR) zur Anwendung berufen ist. Diese Frage ist nach den Regeln des **interlokalen Rechts** zu beurteilen.

5 Wie in den Erläuterungen zu den Anlagen zum Einigungsvertrag[3] ausdrücklich hervorgehoben wird, hat man bewußt darauf verzichtet, im Einigungsvertrag besondere interlokale Kollisionsregeln aufzustellen; man ging davon aus, insoweit seien die Regeln des **internationalen Privatrechts** grundsätzlich **entsprechend anzuwenden.** Diese Auffassung ist zutreffend; sie deckt sich auch mit der bisherigen Betrachtungsweise in der Bundesrepublik Deutschland, wonach es sich bei der Abgrenzung des Geltungsbereichs der Rechtsordnungen im Verhältnis zur ehemaligen DDR um eine Frage des interlokalen, nicht des internationalen Privatrechts handelte.

6 Allerdings ergibt sich nun die Frage, **welches interlokale Privatrecht** (bzw. welches internationale Privatrecht in entsprechender Anwendung) heranzuziehen ist: das der Bun-

[1] Neuere Lit. hierzu: *Herrmann,* Erbrecht und Nachlaßverfahren in der DDR, 1989; *Hetmeier* Grundlagen der Privaterbfolge in der Bundesrepublik Deutschland und in der DDR, 1990; *Stübe,* Die gesetzliche Erbfolge nach BGB und ZGB, 1994; *Janke* NJ 1994, 437, 440. Im übrigen s. die Literaturangaben in Bd. 6, 2. Aufl., Einl. zum Erbrecht vor RdNr. 214; *Bosch* FamRZ 1992, 869 (auch zu den verschiedenen Entwicklungsperioden des DDR-Erbrechts).

[2] Darauf und auf die Übereinstimmung mit den im Text genannten früheren Übergangsregeln wird in den Erläuterungen zu den Anlagen zum Einigungsvertrag, BT-Drucks. 11/7817 (= BR-Drucks. 605/90) S. 47, ausdrücklich hingewiesen.

[3] BT-Drucks. 11/7817 S. 36f.

desrepublik oder das der ehemaligen DDR.[4] Wenn in den Erläuterungen zu den Anlagen zum Einigungsvertrag[5] für die sog. Altfälle Art. 236 § 1 EGBGB entsprechend herangezogen und daraus gefolgert wird, es solle für abgeschlossene Fälle (und um solche handelt es sich bei Art. 235 § 1 Abs. 1)[6] „grundsätzlich beim bisherigen deutsch-deutschen Kollisionsrecht bleiben", so ist damit die Frage noch nicht gelöst, wenn man davon ausgehen muß, daß es in der ehemaligen DDR ein vom Recht der bisherigen Bundesrepublik verschiedenes interlokales Recht gab, und wenn dieses Recht weiterhin über Art. 236 § 1 EGBGB zur Anwendung zu bringen wäre.

7 Die Frage ist gerade im gegebenen Zusammenhang von erheblicher Bedeutung. Nach dem interlokalen Recht der **Bundesrepublik Deutschland** war für das Erbrecht im deutsch-deutschen Verhältnis in erster Linie an den letzten gewöhnlichen Aufenthaltsort des Erblassers anzuknüpfen. Dies war sowohl unter dem 1986 reformierten internationalen Privatrecht der Bundesrepublik wie auch zuvor der zutreffende Standpunkt der Rechtsprechung und der überwiegenden Meinung, die es ablehnte, insoweit auf die Staatsangehörigkeit der DDR abzustellen.[7] Dagegen kam es nach dem internationalen Privatrecht der ehemaligen **DDR** auch im Verhältnis zum Recht der Bundesrepublik auf die Staatsangehörigkeit des Erblassers zum Zeitpunkt des Erbfalls an, § 25 Abs. 1 RAnwG der DDR. Deutsche, die von der damaligen DDR weiterhin als deren Staatsangehörige betrachtet wurden, wurden nach dem internationalen Privatrecht der DDR auch dann nach DDR-Erbrecht beerbt, wenn sie die DDR verlassen und ihren ständigen Aufenthalt in der Bundesrepublik Deutschland begründet hatten.

8 Da aber eine eigene Staatsangehörigkeit der DDR aus der Sicht der Bundesrepublik Deutschland bis zum Ende der DDR niemals anerkannt wurde,[8] wäre es ein nicht erträgliches Ergebnis, gerade jetzt innerhalb des Rechts der erweiterten Bundesrepublik diese Staatsangehörigkeit noch zum Anknüpfungsmerkmal für interlokale Regeln zu machen.[9]

9 Wollte man überdies die Geltung des einen oder des anderen Kollisionsrechts (entsprechend der für das *internationale* Privatrecht geltenden lex-fori-Regel) davon abhängig machen, ob ein Gericht im Gebiet der alten Bundesrepublik oder in den neuen Bundesländern angerufen wird,[10] so würde gegebenenfalls ein und derselbe Erbfall nach verschiedenem Erbrecht beurteilt.

10 Vielmehr ist, worauf auch die Ausführungen in den Erläuterungen zum Einigungsvertrag hindeuten,[11] von einem **einheitlichen deutsch-deutschen Kollisionsrecht** auch für die Altfälle auszugehen.

[4] Dasselbe Problem ergibt sich auch im Bereich des internationalen Privatrechts, und es wird auch dort durch Art. 236 § 1 EGBGB nicht gelöst, vgl. *Mansel* JR 1990, 441, 448.

[5] BT-Drucks. 11/7817 S. 37.

[6] Daß der Erbfall einen abgeschlossenen Vorgang darstellt, wurde auch zu Art. 220 EGBGB allgemein anerkannt; Begr. zur IPR-Novelle, BT-Drucks. 10/504, S. 85; Bd. 7, Art. 220 EGBGB RdNr. 10; *Palandt-Heldrich* Art. 220 EGBGB RdNr. 4.

[7] BGH FamRZ 1977, 786, 787; KG OLGZ 1966, 592, 593; 1985, 179, 180; s. auch (zum Scheidungsfolgenstatut) BGHZ 85, 16, 22f.; 91, 186, 196 (Staatsangehörigkeit im Verhältnis zur DDR kein geeigneter Anknüpfungspunkt). Näher s. Bd. 6, 2. Aufl., Einl. zum Erbrecht, RdNr. 55; Bd. 7, 2. Aufl., Art. 25 RdNr. 361; zur Gegenmeinung (Anknüpfung an die „effektive Staatsangehörigkeit") s. dort RdNr. 362.

[8] Vgl. aus kollisionsrechtlicher Sicht BGHZ 85, 16, 22.

[9] Ebenso BGHZ 124, 270, 273 = NJW 1994, 582 (Fn. 12) unter Hinweis auf BVerfGE 36, 1; 37, 57 (DDR durfte nicht als Ausland behandelt werden). Auch BayObLGZ 1993, 382 = DtZ 1994, 154 = FamRZ 1994, 466 = ZEV 1994, 310 (*Lorenz*) lehnt es ab, bei Personen, die aus der Sicht der ehemaligen DDR „illegal" in die Bundesrepublik übergesiedelt sind, auf die Staatsangehörigkeit der DDR abzustellen. – AM *Dörner* IPRax 1995, 89, 90.

[10] So *Dörner/Meyer-Sparenberg* DtZ 1991, 1, 2; *Dörner,* Festschr. f. W. Lorenz, S. 321, 331ff.; *v. Hoffmann* IPRax 1991, 1, 4.

[11] Dafür spricht auch der in der Erläuterung (BT-Drucks. 11/7817 S. 37) enthaltene Hinweis für die bisherige Beurteilung des Scheidungsfolgenstatuts in der Rechtsprechung des BGH (BGHZ 85, 16; 91, 186), bei der es weiterhin bleiben soll. Wollte man insoweit über Art. 236 § 1 das Kollisionsrecht der ehemaligen DDR anwenden, so käme man zu einem ganz anderen Ergebnis: es wäre dann gemäß § 20 Abs. 1 Satz 1 RAnwG – unwandelbar – das Recht des Staates maßgebend, dem die Ehegatten zur Zeit der Erhebung der Scheidungsklage angehören.

11 Zu diesem Ergebnis ist auch der **BGH**[12] gelangt. Er läßt für das interlokale Privatrecht Art. 236 § 1 EGBGB beiseite und greift auf Art. 8 des Einigungsvertrages zurück. Danach gilt im Beitrittsgebiet das Bundesrecht, soweit nichts anderes bestimmt ist, und somit auch das in Anlehnung an das internationale Privatrecht entwickelte interlokale Privatrecht der Bundesrepublik. Für das Erbrecht ergibt sich damit die einheitlich im gesamten jetzigen Bundesgebiet geltende Regel, daß bei einem deutschen Erblasser diejenige Teilrechtsordnung maßgeblich ist, in deren Geltungsbereich der Erblasser seinen **gewöhnlichen Aufenthalt** hatte.

12 Diese Ansicht verdient volle Zustimmung. Nach dem Wortlaut betrifft Art. 236 § 1 EGBGB nur das *internationale* Privatrecht, und gegen eine analoge Anwendung auf die interlokalrechtliche Frage spricht entscheidend, daß man dadurch zu unerwünschten, vom Einigungsvertrag nicht beabsichtigten Ergebnissen gelangen würde.

13 **2. Letzter gewöhnlicher Aufenthaltsort des Erblassers in der ehemaligen DDR.** Wie dargelegt, ist nach dem interlokalen Privatrecht grundsätzlich dasjenige Recht als maßgeblich anzusehen, in dessen Gebiet der Erblasser beim Erbfall seinen **gewöhnlichen Aufenthaltsort** hatte. Allerdings muß ergänzend bzw. korrigierend neben dem Kriterium des letzten gewöhnlichen Auftenthalts auch eine in sonstigen Umständen zum Ausdruck kommende **enge Verbindung** mit der einen oder anderen Rechtsordnung berücksichtigt werden, insbesondere wenn der Erblasser seinen letzten gewöhnlichen Aufenthalt in einem Drittstaat hatte.

14 Für § 1 Abs. 1 bedeutet dies, daß es für diejenigen vor dem 3. Oktober 1990 liegenden Erbfälle bei der Anwendung des bisherigen Rechts der DDR verbleibt, bei denen der Erblasser seinen **letzten gewöhnlichen Aufenthaltsort im Gebiet der ehemaligen DDR** hatte. Wenn der Erblasser dagegen zwar früher einmal seinen gewöhnlichen Aufenthalt in der DDR hatte, aber zum Zeitpunkt des Todes in das damalige Gebiet der Bundesrepublik (einschließlich Westberlin) übergesiedelt war (ohne daß nach den Umständen von einer weiterbestehenden engeren Verbindung zur Rechtsordnung der DDR gesprochen werden könnte), so greift § 1 Abs. 1 nicht ein, auch wenn der Erblasser aus der Sicht der ehemaligen DDR noch zum Zeitpunkt seines Todes deren Staatsbürgerschaft innehatte. Vielmehr ist in solchen Fällen (und zwar durch **alle** deutschen Gerichte) das Recht des bisherigen Bundesgebietes, also das Erbrecht des BGB, anzuwenden. Hatte der Erblasser seinen letzten gewöhnlichen Aufenthaltsort in einem Drittstaat, so ist entscheidend, zu welcher Rechtsordnung (derjenigen der Bundesrepublik Deutschland oder der ehemaligen DDR) der Erblasser engere Verbindungen hatte.[13]

15 **3. Unbewegliches Vermögen. a) Im Gebiet der ehemaligen DDR (bei letztem gewöhnlichen Aufenthalt in der Bundesrepublik).** Nach § 25 Abs. 2 RAnwG der DDR bestimmten sich die erbrechtlichen Verhältnisse in bezug auf das Eigentum und andere Rechte an Grundstücken und Gebäuden, die sich in der DDR befinden, nach dem **Erbrecht der DDR,** auch wenn der Erblasser Angehöriger eines anderen Staates war. Diese Regelung ist gemäß Art. 3 Abs. 3 EGBGB (in entsprechender Anwendung auf die interlo-

[12] BGHZ 124, 270 = NJW 1994, 582 = JZ 1994, 468 (zust. *Thode*) = ZEV 1994, 101 (zust. *Otte*). Ebenso zB *Adlerstein-Desch* DtZ 1991, 193, 195; *Rauscher* StAZ 1991, 1, 3; *Schotten-Johnen* DtZ 1991, 225, 233; *Schurig*, Festschr. f. W. Lorenz, S. 513, 520; *Bosch* FamRZ 1992, 993, 996; *Leipold*, Erbrecht, 10. Aufl., 1993, RdNr. 19e; *v. Bar* IPR II RdNr. 363; *Kropholler* IPR, 2. Aufl., 1994, § 29 III 3; *Palandt-Heldrich* Art. 25 EGBGB RdNr. 23; Art. 236 EGBGB RdNr. 4; *Heldrich*, Das interlokale Privatrecht Deutschlands nach dem Einigungsvertrag, 1992, S. 9ff.; *Wähler* ROW 1992, 103, 106; im Ausgangspunkt auch *Staudinger-Rauscher* Art. 235 § 1 EGBGB (aber Zurückverweisung durch das Kollisionsrecht der DDR möglich). – AM zB *Dörner/Meyer-Sparenberg* DtZ 1991, 1, 2, 4; *Dörner* IPRax 1991, 392, 393; *ders.*, IPRax 1995, 89; *v. Hoffmann* IPRax 1991, 1, 4; differenzierend *Stoll*, Festschr. f. W. Lorenz, S. 577, 584ff.

[13] Vgl. dazu *Dörner* NotZ 1977, 324, 325, der im Anschluß an *Drobnig* RabelsZ 37 (1973), 485, 495ff. insoweit auf eine „Zugehörigkeit" zur Bundesrepublik Deutschland bzw. zur DDR abstellt, sowie – allerdings von der Anknüpfung an die „effektive Staatsangehörigkeit" ausgehend – Bd. 7, 2. Aufl., Art. 25 RdNr. 372f.

kale Fragestellung) anzuwenden, wenn nach den dargelegten interlokalen Regeln für den vor dem 3. Oktober 1990 liegenden Erbfall das Recht der Bundesrepublik berufen ist (Vorrang des Einzelstatuts vor dem Gesamtstatut).[14] Art. 3 Abs. 3 EGBGB ist bei abgeschlossenen Vorgängen als Verweisung auf das zum damaligen Zeitpunkt geltende Recht des Lageortes aufzufassen, also auf den damals geltenden Art. 25 Abs. 2 RAnwG in analoger Anwendung auf die interlokale Frage. Vor der IPR-Reform 1986 ergab sich dasselbe aus Art. 28 EGBGB. – Für **Erbfälle vor dem 1. Januar 1976** (Inkrafttreten des ZGB[15] und des RAnwG[16]) tritt dagegen keine Nachlaßspaltung ein.[17] Die Ausschlagung gegenüber einem Nachlaßgericht in der alten Bundesrepublik erfaßt in diesen Fällen auch den in der ehemaligen DDR belegenen Immobiliennachlaß.[18]

16 Für Erbfälle **ab** (einschließlich) **1. Januar 1976** kommt es demnach zu einer **Nachlaßspaltung:** Die Beerbung des vor dem 3. Oktober 1990 verstorbenen Erblassers mit letztem gewöhnlichen Aufenthalt in der Bundesrepublik Deutschland richtet sich im allgemeinen nach dem Erbrecht des BGB, hinsichtlich des im Gebiet der ehemaligen DDR belegenen Grundstücksvermögens jedoch nach dem insoweit weitergeltenden bisherigen Recht der DDR, also nach dem Erbrecht des ZGB.[19] Dieses Ergebnis entspricht der bisherigen Betrachtungsweise nach dem Kollisionsrecht der (alten) Bundesrepublik.[20] Wollte man davon jetzt aufgrund des Einigungsvertrags abweichen, so ergäbe sich für die Altfälle eine nicht überzeugende Ungleichbehandlung. Erfolgte Vorlagen im Normenkontrollverfahren (Art. 100 Abs. 1 GG) hat das **BVerfG**[21] mangels hinreichender Begründung der Verfassungswidrigkeit für unzulässig erklärt. Zur Zuständigkeit des Nachlaßgerichts s. RdNr. 32f.

17 Die Nachlaßspaltung erfaßt nach § 25 Abs. 2 RAnwG sowohl das **Eigentum** als auch **andere Rechte an Grundstücken und Gebäuden** in der ehemaligen DDR, wobei nach dem Recht der DDR zu qualifizieren ist. Hierher gehören daher auch das Gebäudeeigentum (§ 288 Abs. 4, § 292 Abs. 3 ZGB) sowie dingliche Nutzungsrechte an Grundstücken (§§ 287ff., §§ 291ff. ZGB),[22] wohl auch Nutzungsverhältnisse nach §§ 312ff. ZGB.[23] Die

[14] Vgl. *Palandt-Heldrich* Art. 3 EGBGB RdNr. 14; *Dörner* DNotZ 1977, 324, 335 (auf der Grundlage des Art. 28 EGBGB aF). – Art. 3 Abs. 3 EGBGB bezieht sich auch auf besondere Kollisionsnormen des Belegenheitsstaates, näher s. Bd. 7, 2. Aufl., Art. 3 RdNr. 22.

[15] Dazu Bd. 6, 2. Aufl., Einl. zum Erbrecht, RdNr. 272.

[16] Zum temporalen Geltungsbereich des § 25 Abs. 2 RAnwG s. *Dörner* DNotZ 1977, 324, 335.

[17] BayObLGZ 1992, 64 = DtZ 1992, 284 = FamRZ 1992, 1106; BayObLGZ 1993, 382, 385 (daher kein Erbrecht nichtehelicher Abkömmlinge nach dem Vater); BayObLGZ 1994, 40, 47 = NJW-RR 1994, 967 (Erblasser mit griechischer Staatsangehörigkeit); OLG Koblenz DtZ 1993, 253; s. auch Bd. 7, 2. Aufl., Art. 25 EGBGB RdNr. 371.

[18] BayObLGZ 1992, 64 (Fn. 17).

[19] Ebenso BGH ZEV 1995, 32 (in Anm. der Redaktion mitgeteilter Nichtannahmebeschluß zu OLG Koblenz ZEV 1995, 31); BayObLG NJW 1991, 1237 = BayObLGZ 1991, 103; BayObLG FamRZ 1994, 723 (*Gottwald*) = ZEV 1994, 47; KG DtZ 1992, 187; OLG Köln DtZ 1994, 216 = FamRZ 1994, 591; OLG Zweibrücken DtZ 1992, 360 = FamRZ 1992, 1474; OLG Oldenburg MDR 1992, 879; LG Berlin NJW 1991, 1238; Notariat 1 Müllheim BWNotZ 1991, 55; Notariat 3 Baden-Baden Rpfleger 1991, 252; *Rau* DtZ 1991, 19; *Henrich* IPRax 1991, 15, 19; *Köster* Rpfleger 1991, 97, 98; *Wandel* BWNotZ 1991, 1, 23; *Böhringer* BWNotZ 1991, 30, 35; *Palandt-Heldrich* Art. 25 EGBGB RdNr. 23; *Staudinger-Rauscher* Art. 235 § 1 EGBGB RdNr. 8; *Soergel-Stein,* Einl. zum Erbrecht (Bd. 9), RdNr. 86; *Leipold,* Erbrecht, 10. Aufl., 1993, RdNr. 19f.

[20] Davon geht auch BVerfGE 88, 70, 71f. = DtZ 1993, 209 aus.

[21] BVerfGE 88, 70 (Fn. 20).

[22] *Staudinger-Rauscher* Art. 235 § 1 EGBGB RdNr. 9.

[23] AM *Staudinger-Rauscher* Art. 235 § 1 EGBGB RdNr. 9. – Nach dem Rechtsverständnis der DDR wurden aber Nutzungsrechte nach § 312 ZGB als eigentumsgleiche Rechte betrachtet, so *OG* NJ 1982, 379; *Hejkal-Janke* NJ 1981, 452, 454; *Gößmann* WM 1991, 1861, 1865. – AM (Nutzungsrechte nach §§ 312ff. ZGB sind schuldrechtliche Rechte) *Horst* DWW 1991, 273, 274; *Stürner* JZ 1993, 1074, 1976. – Von dem Problem, ob nach dem ZGB begründete Rechte an Grundstücken und Nutzungsrechte Rechte iSv. § 25 Abs. 2 RAnwG sind, ist die Frage getrennt zu behandeln, wie diese Rechte nach der Wiedervereinigung ins bundesdeutsche Recht übergeleitet werden. Der Einigungsvertrag sieht die nach den §§ 288 Abs. 4, 292 Abs. 3, 287 bis 294 ZGB begründeten Rechte als dem BGB-Sachenrecht angehörig an, Art. 233 § 4 EGBGB, und qualifiziert die Nutzungsrechte nach den §§ 312ff. ZGB als schuldrechtliche Rechte, Art. 232 § 4 EGBGB. Dieser Einteilung folgen das SachRÄndG vom 21. 9. 1994 (BGBl. 1994 I S. 2457) und das

Zugehörigkeit von sog. grundstücksgebundenen Forderungen sowie objektgebundenen Guthaben aus Haus- und Grundstückserträgnissen[24] erscheint zweifelhaft.

18 Ob Ansprüche auf **Rückübertragung** von Eigentum an Grundstücken (oder auf Entschädigung) nach **§ 3 Abs. 1 VermG** unter § 25 Abs. 2 RAnwG fallen, ist umstritten.[25] Man sollte die Frage verneinen und dem Grundsatz der Nachlaßeinheit den Vorrang einräumen, da § 25 Abs. 2 RAnwG dem Wortlaut nach nicht paßt, die Ansprüche gerade nicht dem Sachenrecht der ehemaligen DDR entstammen und auch nicht von einem Vertrauen darauf gesprochen werden kann, daß für die Zuordnung dieser, erst aufgrund des Zusammenbruchs des DDR-Systems möglich gewordenen Ansprüche Rechtsvorschriften der ehemaligen DDR maßgeblich sind. Die erwähnten Ansprüche nach dem VermG können also nach § 2313 Abs. 2 S. 1 oder analog § 2313 Abs. 1 S. 3 zu Pflichtteilsansprüchen führen, wenn auf den Erbfall das BGB anzuwenden ist;[26] es ist insoweit nicht über § 25 Abs. 2 RAnwG das Recht der ehemaligen DDR anzuwenden. Untersteht der Erbfall aber allgemein dem Recht der DDR, so gilt dieses Recht auch für solche Pflichtteilsansprüche.[27]

19 Das Erbrecht der ehemaligen DDR gilt grundsätzlich in dem bei RdNr. 23ff., 27ff. erläuterten Umfang, also zB auch für die Auslegung eines Testaments,[28] für die Testamentsvollstreckung,[29] ebenso für Ausschlagung oder Annahme der Erbschaft.[30] Dabei ist zu beachten, daß die Ausschlagung bis einschließlich 2. Oktober 1990 nur gegenüber einem (jedem, § 403 Abs. 2 S. 1 ZGB) Staatlichen Notariat der DDR wirksam erklärt werden konnte,[31] während sie seit dem 3. Oktober 1990 gegenüber dem nunmehr örtlich

SchuldRÄndG vom 2. 9. 1994 (BGBl. 1994 I S. 2538), die nach dem ZGB begründete Rechte an Grundstücken in Institute des bundesdeutschen Schuld- und Sachenrechts umwandeln. Zu den Einzelheiten s. die Kommentierung zu Art. 232 § 4 und Art. 233 § 4 EGBGB.

[24] So OLG Zweibrücken DtZ 1992, 360; Ministerium der Justiz (Hrsg.), Kommentar zum IPR, 1989, § 25 RAnwG Anm. 2.2 (S. 88); *Herrmann*, Erbrecht und Nachlaßverfahren in der DDR, 1989, S. 56 (RdNr. 1.69); *Köster* Rpfleger 1991, 97, 98; *Schotten-Johnen* DtZ 1991, 257, 260; *Staudinger-Rauscher* Art. 235 § 1 EGBGB RdNr. 9; jedoch alle mit recht knapper, teils auf die (hier aber kaum maßgebliche) devisenrechtliche Beurteilung verweisender Begründung.

[25] Gegen eine Anwendung des § 25 Abs. 2 RAnwG OLG Celle DtZ 1992, 355; OLG Oldenburg MDR 1992, 879, 880; OLG Zweibrücken DtZ 1992, 360 (referierend); *Schotten-Johnen* DtZ 1991, 257; *Palandt-Heldrich* Art. 25 EGBGB RdNr. 23; *Heldrich*, Das interlokale Privatrecht Deutschlands nach dem Einigungsvertrag, 1992, S. 22ff.; *Bader* DtZ 1994, 22; *Staudinger-Rauscher* Art. 235 § 1 EGBGB RdNr. 9 (anders aber *Rauscher* JR 1994, 485, 487). – AM *Trittel* DNotZ 1992, 452; *Casimir* DtZ 1993, 362, 364; *Dieckmann* ZEV 1994, 198, 199; *Soergel-Dieckmann* § 2311 RdNr. 48; *Lorenz*, DStR 1993, 1224, 1227.

[26] BGH NJW 1993, 2176 = BGHZ 123, 76; OLG Koblenz DtZ 1993, 253; *Wasmuth* DNotZ 1992, 3, 17; *Dressler* DtZ 1993, 229. In beiden entschiedenen Fällen handelte es sich um westdeutsche Erblasser, und die Erbfälle lagen vor dem 1. Januar 1976, so daß eine Nachlaßspaltung ohnehin nicht in Betracht kam, s. RdNr. 15. Gegen die vom BGH aaO angewandte Berechnungsmethode mit Recht *v. Olshausen* DtZ 1993, 331, 333f.; *Rauscher* JR 1994, 485, 488.

[27] *Casimir* DtZ 1993, 361 (zust. *de Leve* DtZ 1994, 270); *Rauscher* JR 1994, 485, 486 gegen BGH NJW 1993, 2176, 2177, dessen Argumentation (das frühere Kollisionsrecht der DDR sei nicht anwendbar, da es sich nicht um einen abgeschlossenen Vorgang nach Art. 236 § 1 EGBGB handle) in der Tat nicht einleuchtet; krit. hierzu auch *Dieckmann* ZEV 1994, 198; *Solomon* IPRax 1995, 24, 30. Nach der inzwischen auch vom BGH vertretenen Lehre vom einheitlichen interlokalen Kollisionsrecht (s. RdNr. 10ff.) hat Art. 236 § 1 EGBGB in diesem Zusammenhang überhaupt außer Betracht zu bleiben.

[28] OLG Köln DtZ 1994, 216 = FamRZ 1994, 591 (jedoch keine inhaltliche Abweichung von den Auslegungsgrundsätzen des BGB); Notariat Stuttgart-Botnang FamRZ 1994, 658, 660 (ergänzende Auslegung möglich).

[29] Zur „gespaltenen" (teils nach BGB, teils nach ZGB zu beurteilenden) Testamentsvollstreckung *v. Morgen-Götting* DtZ 1994, 199.

[30] KG DtZ 1992, 187 = DNotZ 1992, 445 (zust. *Trittel*).

[31] BayObLG NJW 1991, 1237 = BayObLGZ 1991, 103; KG DtZ 1992, 187 (Fn. 30); LG Bonn DtZ 1992, 56, 57; Notariat 3 Baden-Baden Rpfleger 1991, 252. Für analoge Anwendung von § 7 FGG dagegen *Lorenz* ZEV 1994, 146, 148. – Die Beglaubigung der Ausschlagungserklärung konnte durch einen westdeutschen Notar erfolgen, LG Stralsund Rpfleger 1994, 66; *Brakebusch* Rpfleger 1994, 234, 235. – Zur Anfechtung der Ausschlagung KG aaO sowie LG Berlin NJW 1991, 1238 (Vorinstanz zu KG aaO).

zuständigen Nachlaßgericht (s. RdNr. 31ff.) zu erklären ist.[32] Auch Pflichtteilsansprüche sind bei Nachlaßspaltung hinsichtlich des unbeweglichen Vermögens in der ehemaligen DDR nach dem Recht der DDR zu beurteilen.[33] Zu beachten ist, daß § 26 RAnwG hinsichtlich der Errichtung und Wirksamkeit testamentarischer Verfügungen in weitem Umfang auf das Recht des Staates verweist, in dem der Erblasser zum Zeitpunkt der Errichtung seines Testaments seinen Wohnsitz hatte. Da man in den Fällen der Nachlaßspaltung über § 25 RAnwG zum Recht der ehemaligen DDR gelangt, wird man hier auch § 26 RAnwG anzuwenden haben, der die Rechtsfolgenanordnung des § 25 Abs. 2 RAnwG modifiziert. Das Recht des Wohnsitzes zur Zeit der Testamentserrichtung gilt nach § 26 RAnwG für die Fähigkeit zur Errichtung oder Aufhebung eines Testaments sowie für die zulässigen Arten testamentarischer Verfügungen, für die Anfechtung und für Erklärungsmängel bei der Errichtung. Wurde also von einem Erblasser mit Wohnsitz in der Bundesrepublik ein Testament errichtet, so ist die Anfechtung auch insoweit nach dem BGB zu beurteilen, als es um Immobiliennachlaß im Gebiet der ehemaligen DDR geht.[34] Hinsichtlich der Form des Testaments und des Widerrufs ist das von der DDR ratifizierte Haager Übereinkommen über das auf die Form letztwilliger Verfügungen anwendbare Recht vom 5. 10. 1961 zu beachten, s. § 2 RdNr. 6.

20 **b) Im Gebiet der Bundesrepublik (einschließlich Westberlin) (bei letztem gewöhnlichen Aufenthalt in der ehemaligen DDR).** Ist nach den zu RdNr. 13f. dargestellten Regeln für den Erbfall vor dem 3. Oktober 1990 das Erbrecht der DDR anzuwenden, so gilt dies auch insoweit, als der Erblasser unbewegliches Vermögen im Gebiet der Bundesrepublik (einschließlich Westberlins) oder in einem Drittstaat hatte. Eine nach Art. 4 Abs. 1 EGBGB (in analoger Anwendung, soweit es um die interlokale Betrachtung geht) anzuerkennende Rück- oder Weiterverweisung auf das Erbrecht des Belegenheitsstaates ist nämlich aus § 25 Abs. 2 RAnwG nicht zu entnehmen.[35] Diese Vorschrift erklärt lediglich das Recht der DDR für dort belegenes, unbewegliches Vermögen für anwendbar. Wie der Wortlaut ergibt, ist die Bestimmung nur eine **einseitige Kollisionsnorm;** sie wurde auch in der Literatur der ehemaligen DDR so verstanden.[36]

III. Bisheriges Recht

21 Das bisherige Recht nach § 1 Abs. 1 stellen die in der ehemaligen DDR geltenden Vorschriften dar. Es handelt sich dabei vor allem um den 6. Teil „Erbrecht" des **ZGB** (§§ 362 bis 427). S. hierzu näher Bd. 6, 2. Aufl., Einl. zum Erbrecht, RdNr. 214ff. Besonderes landwirtschaftliches Erbrecht bestand seit Inkrafttreten des ZGB nicht mehr.[37] Soweit (vor dem 3. Oktober 1990) Änderungen des Erbrechts der DDR erfolgt sind, ist nach den intertemporalen Regeln des DDR-Rechts zu beurteilen, welche Vorschriften auf den (vor dem Beitrittszeitpunkt liegenden) Erbfall anzuwenden sind. Für Erbfälle, die sich **vor dem Inkrafttreten des ZGB** (1. Januar 1976) ereigneten, blieb es gemäß § 8 Abs. 1 EGZGB bei der Anwendung des bisherigen Rechts, insbesondere des BGB,[38] jedoch unter

[32] BayObLG FamRZ 1994, 723, 726. – Eine vor dem 3. Oktober 1990 gegenüber dem Nachlaßgericht in der alten Bundesrepublik erklärte Ausschlagung wird nicht dadurch wirksam, daß die Ausschlagungsfrist erst nach dem 3. Oktober 1990 ablief, LG Berlin DtZ 1995, 60.

[33] OLG Hamburg DtZ 1993, 28; LG Karlsruhe DtZ 1994, 318 (kein Pflichtteilsanspruch von Kindern, die beim Erbfall gegenüber dem Erblasser nicht unterhaltsberechtigt waren, § 396 Abs. 1 Nr. 2 ZGB).

[34] Notariat Stuttgart-Botnang FamRZ 1994, 658, 660; *Bestelmeyer* Rpfleger 1993, 381, 385 (auch zur Hemmung der Anfechtungsfrist).

[35] KG OLGZ 1985, 179; *Dörner* DNotZ 1977, 324, 331; *Henrich* IPRax 1991, 14, 19; *Staudinger-Rauscher* Art. 235 § 1 EGBGB RdNr. 7. – AM Bd. 7, 2. Aufl., Art. 25 RdNr. 367 (*Birk*) (dagegen s. KG aaO).

[36] Ministerium der Justiz (Hrsg.), Internationales Privatrecht, Kommentar zum Rechtsanwendungsgesetz, 1989, Vorbem. 2 zu §§ 25, 26 (S. 84).

[37] KrG Chemnitz AgrarR 1993, 312; AG Pinneberg DtZ 1992, 300 (auch zur Aufhebung des Anerbenrechts in Mecklenburg-Vorpommern).

[38] OLG Frankfurt FamRZ 1993, 858, 859 = OLGZ 1993, 461; BezG Erfurt NJ 1993, 372, 373; LG Hamburg DtZ 1994, 316, 317. Hierzu auch

Beachtung des schon damals zum Teil abweichenden Rechts der DDR. So besaßen nichteheliche Kinder schon bei Erbfällen ab 1. April 1966 (Inkrafttreten des FGB und EGFGB DDR) nach § 9 EGFGB unter bestimmten Voraussetzungen ein gesetzliches Erbrecht nach dem Vater (s. auch Bd. 6, 2. Aufl., Einl. zum Erbrecht, RdNr. 229), während vorher auch aus der Verfassung der DDR kein solches Recht abzuleiten war.[39] Näher zu den intertemporalen Regeln, die für das Inkrafttreten des ZGB gelten, s. Bd. 6, 2. Aufl., Einl. zum Erbrecht, RdNr. 272.

22 In der **Übergangsphase vor dem Beitritt** wurde das Erbrecht des ZGB (anders als sonstige Bestimmungen dieses Gesetzes) nicht mehr geändert. Jedoch ist im **Gemeinsamen Protokoll** über Leitsätze in Ergänzung des Vertrages über die Schaffung einer Währungs-, Wirtschafts- und Sozialunion (BGBl. 1990 II S. 545) unter A I 2 bestimmt, daß Vorschriften, die den Einzelnen oder die staatlichen Organe auf die „sozialistische Gesetzlichkeit", die „sozialistische Moral" o. ä. verpflichten, nicht mehr angewendet werden. Statt dessen ist insoweit auf Treu und Glauben und die guten Sitten abzustellen.[40] Im Erbrecht ist dies insbesondere bei der Anwendung des Art. 373 Abs. 1 ZGB (Nichtigkeit eines Testaments) zu beachten, s. hierzu auch Bd. 6, 2. Aufl., Einl. zum Erbrecht, RdNr. 243. Eine **Auslegung,** die auf spezifisch sozialistischen Wertungen beruht, kann ebensowenig mehr gelten wie eine grundgesetzwidrige Auslegung, während grundsätzlich das Recht der ehemaligen DDR so anzuwenden ist, wie es in der DDR ausgelegt wurde.[41]

IV. Erbrechtliche Verhältnisse

23 Bei der Auslegung des Begriffs „erbrechtliche Verhältnisse" kann auf Rechtsprechung und Literatur zu Art. 213 S. 1 EGBGB zurückgegriffen werden. Danach ist der **Begriff in weitestem Sinne zu verstehen** und umfaßt alle Verhältnisse, die mit dem Anfall und dem Erwerb einer Erbschaft in Zusammenhang stehen.[42] Soweit nach § 1 Abs. 1 weiterhin das Recht der (ehemaligen) DDR anzuwenden ist, gilt dies u. a. für die gesetzliche Erbfolge, für Errichtung, Wirksamkeit (s. aber zu § 373 Abs. 1 ZGB oben RdNr. 22) und Inhalt von Verfügungen von Todes wegen, für die Ausschlagung oder Annahme der Erbschaft, für die Pflichtteilsansprüche, für die Haftung für Nachlaßverbindlichkeiten, die Erbauseinandersetzung[43] und für Erbteilübertragungsverträge.[44]

24 Das gilt auch, wenn sich der nach diesen Regeln maßgebliche **Sachverhalt nach dem 3. Oktober 1990** ereignet. Beispielsweise ist die Ausschlagung oder Annahme einer Erbschaft auch nach dem Beitrittstermin nach §§ 402ff. ZGB zu beurteilen.[45] Besonderheiten ergeben sich jedoch aus Art. 231 § 6 Abs. 3 iVm. Abs. 1 u. 2 EGBGB für die **Ausschlagungsfrist**:[46] es gilt die kürzere Frist des BGB (§ 1944 Abs. 1: 6 Wochen, gegenüber 2 Monaten nach § 402 Abs. 1 S. 1 ZGB), aber (frühestens) gerechnet ab 3. Oktober 1990,

BezG Gera DtZ 1993, 374 (zum Erfordernis vormundschaftsgerichtlicher Genehmigung für Erbausschlagung). Für Anwendung der Anfechtungsausschlußfristen des BGB *Bestelmeyer* Rpfleger 1994, 235, aM *de Leve* Rpfleger 1994, 233. – Auch für Testamentsvollstreckungen blieb es bei der Geltung des BGB, *Janke* DtZ 1994, 364.

[39] BezG Erfurt DtZ 1993, 344 = FamRZ 1994, 465.

[40] Dazu allg. *Drobnig* DtZ 1994, 86, 87; *Horn* AcP 194 (1994), 177, 194.

[41] BGH NJW 1994, 582, 583 (Fn. 12); BGH NJW 1995, 1087 = ZEV 1995, 221 (*Leipold*).

[42] So – unter Hinweis auf die Gesetzesmotive – RGZ 46, 70, 73; 50, 181, 186; 73, 291, 292. Zum Übergangsrecht bei Novellierung der HöfeO ebenso BGHZ 69, 89, 92.

[43] Ist die Erbauseinandersetzung erst nach dem 3. Oktober 1990 durchzuführen, so werden allerdings die zum Zeitpunkt der Erbauseinandersetzung geltenden verfahrensrechtlichen (s. auch RdNr. 39f.) und nichterbrechtlichen Vorschriften anzuwenden sein. Daher erscheint eine Anordnung nach § 13 GrdstVG (Zuweisung eines landwirtschaftlichen Betriebs an einen der Miterben) zulässig, wenn der Nachlaß noch ungeteilt ist, vgl. *Bendel* AgrarR 1993, 313 gegen KrG Chemnitz AgrarR 1993, 312.

[44] Dazu *Bultmann* NJW 1994, 5, 7.

[45] KG DtZ 1992, 187 (Fn. 30).

[46] Dazu *Wandel* BWNotZ 1991, 1, 29; *Trittel* DNotZ 1991, 237, 240.

und nicht, wenn die Frist nach ZGB früher abläuft als die BGB-Frist. Für einen Erben mit Wohnsitz in der ursprünglichen Bundesrepublik oder in Westberlin wird es, wenn die Frist vor dem 3. Oktober 1990 zu laufen begann, wohl bei der nach § 402 Abs. 1 S. 2 ZGB und ebenso im umgekehrten Fall nach § 1944 Abs. 3 (s. § 1944 RdNr. 22, also kein Fall einer kürzeren BGB-Frist iSv. Art. 231 § 6 Abs. 2 EGBGB) geltenden 6-Monatsfrist zu bleiben haben.[47] – Wird die angefallene Erbschaft wirksam ausgeschlagen, so ist die weitere Erbenberufung wiederum nach den erbrechtlichen Bestimmungen des ZGB zu beurteilen. Ist hiernach der Staat, also nach dem ZGB (§ 369, s. dazu Bd. 6, 2. Aufl., Einl. zum Erbrecht, RdNr. 231) die ehemalige DDR, als Erbe berufen, so unterliegt dieses Vermögen nach Art. 22 des Einigungsvertrages der Treuhandverwaltung des Bundes.

25 Zum **Inhalt des Erbrechts der ehemaligen DDR** und zu den wichtigsten Unterschieden vom Erbrecht des BGB ist auf Bd. 6, 2. Aufl., Einl. zum Erbrecht, RdNr. 225ff. zu verweisen. Soweit das Erbrecht des ZGB bestimmte im BGB enthaltene Rechtsinstitute nicht kennt (so etwa den Erbvertrag und die Vor- und Nacherbfolge, dazu s. bei Fn. 51), hat es dabei für die vor dem 3. Oktober 1990 liegenden Erbfälle sein Bewenden. Einem von einem Erblasser mit gewöhnlichem Aufenthalt in der ehemaligen DDR gleichwohl (zB in der Bundesrepublik) abgeschlossenen **Erbvertrag** können also nicht die bindenden Wirkungen eines Erbvertrags nach BGB zugesprochen werden. Eine Umdeutung in ein Testament (bzw. ein gemeinschaftliches Testament) ist dagegen möglich.[48] Die Form von Verfügungen von Todes wegen richtet sich nach dem ZGB, aber auch nach dem Haager Übereinkommen über das auf die Form letztwilliger Verfügungen anwendbare Recht,[49] s. § 2 RdNr. 6. Zu Schwierigkeiten kann die zum Teil sehr knappe Regelung des ZGB führen. Insoweit ist es nicht ausgeschlossen, im Rahmen der Auslegung weiterhin auch Bestimmungen des BGB zu berücksichtigen, allerdings nur, soweit davon ausgegangen werden kann, daß bei der Schaffung des ZGB keine grundsätzliche Abkehr von den bis 1976 auch in der damaligen DDR geltenden Regeln des BGB beabsichtigt war. In dieser Weise wird man sich zB im Recht des Vermächtnisses behelfen können, dem im ZGB nur zwei Bestimmungen gewidmet sind (§§ 380f. ZGB). Mit den hier dargelegten Grundsätzen übereinstimmend, hat der **BGH**[50] eine Testamentsanfechtung wegen Motivirrtums (§ 2078 Abs. 2) auch bei Anwendung des Rechts der ehemaligen DDR für zulässig erachtet, obwohl sie in § 374 ZGB nicht ausdrücklich angesprochen ist.

26 **Beispiele zu Anwendung des ZGB** (neben den bereits zu RdNr. 19 – Nachlaßspaltung – und zu RdNr. 23f. – Reichweite der Anwendung von DDR-Recht – erwähnten Entscheidungen).

Eine nach dem Recht der DDR als solche unwirksame Anordnung der **Vor- und Nacherbfolge** kann nach dem Grundsatz der wohlwollenden Auslegung (§ 372 ZGB) dahingehend auszulegen sein, daß die Vorerbeneinsetzung als Vollerbeneinsetzung aufrechterhalten bleibt und ein aufschiebend bedingtes Vermächtnis zugunsten des Nacherben angenommen wird.[51] Eine testamentarische Zuwendung des **Lastenausgleichsbetrages** ist nicht als Zuwendung der in der ehemaligen DDR gelegenen Immobilien auszulegen.[52] Wurden bei einer Erbeinsetzung allein die in der (alten) Bundesrepublik belegenen

[47] Vgl. *Trittel* DNotZ 1991, 237, 240.

[48] OLG Jena FamRZ 1994, 786. Die in dieser Entscheidung vertretene Ansicht, das Erbrecht der DDR habe eine Bindung zu Lebzeiten an eine Verfügung von Todes wegen nicht abgelehnt, erscheint zweifelhaft (s. zur Abschaffung des Erbvertrags im ZGB Bd. 6, 2. Aufl., Einl. zum Erbrecht, RdNr. 251), doch kommt es für die Umdeutung in ein Testament hierauf nicht an.

[49] Die Formwahrung nach Maßgabe dieses Übereinkommens gilt auch bei Umdeutung eines Erbvertrags in ein Testament, OLG Jena FamRZ 1994, 786, 788.

[50] BGH NJW 1994, 582, 583 (Fn. 12); ebenso *Wasmuth* DNotZ 1992, 3, 11; *Staudinger-Rauscher* Art. 235 § 1 EGBGB RdNr. 66; nur im Ergebnis übereinstimmend Notariat 1 Müllheim DtZ 1992, 157, 159; *Sandweg* BWNotZ 1992, 45, 55ff.

[51] OLG Zweibrücken DtZ 1992, 360 = FamRZ 1992, 1474.

[52] OLG Köln DtZ 1994, 216 = FamRZ 1994, 591; ebenso (bei Anwendung des BGB) OLG Frankfurt FamRZ 1993, 613.

Vermögensgegenstände benannt, so wird man bei Nachlaßspaltung (s. RdNr. 16) ohne sonstige Anhaltspunkte nicht annehmen können, daß die Erbeinsetzung auch den **Immobiliennachlaß** in der ehemaligen DDR umfaßt.[53] Die **Anfechtung einer Erbausschlagung,** die auf Druck staatlicher Stellen erklärt wurde, um die Ausreisegenehmigung zu erhalten, ist nicht durch das VermG ausgeschlossen; die Anfechtungsfrist (§ 405 Abs. 2 S. 1 ZGB) beginnt mit der Beendigung der Zwangslage und daher jedenfalls mit der Grenzöffnung am 9. November 1989.[54] Für die **Anfechtung der Ausschlagung** gilt ferner die vierjährige Ausschlußfrist nach § 405 Abs. 2 S. 2 ZGB, deren Ablauf durch die besonderen politischen Verhältnisse im geteilten Deutschland allein nicht gehemmt wurde.[55] Die **Ausschlagung einer Erbschaft** richtete sich vor dem Inkrafttreten des ZGB (1. Januar 1976) nach dem BGB, wobei bei Ausschlagung durch einen Erben mit ständigem Aufenthalt in der Bundesrepublik die sechsmonatige Ausschlagungsfrist des § 1944 Abs. 3 als maßgebend anzusehen ist,[56] s. § 1944 RdNr. 22. Zur Ausschlagung nach dem ZGB s. RdNr. 19. Zur **Testamentsanfechtung** nach ZGB s. RdNr. 27. Das **Staatserbrecht** trat nach § 369 ZGB bereits ein, wenn keine testamentarischen Erben und keine gesetzlichen Erben bis zur dritten Ordnung vorhanden waren; dies widerspricht nicht rechtsstaatlichen Grundsätzen.[57]

V. Verfahrensrecht

27 **1. Allgemeines.** Mit dem für erbrechtliche Verhältnisse geltenden Recht sind in erster Linie die materiell-rechtlichen Bestimmungen angesprochen. Jedoch ist gerade auf dem Gebiet des Erbrechts die Trennung des materiellen Rechts und des Verfahrensrechts nicht strikt durchgeführt. Sowohl im ZGB wie im BGB sind Vorschriften enthalten, die systematisch als Verfahrensrecht zu qualifizieren sind, aber wegen des engen Sachzusammenhangs in die jeweilige zivilrechtliche Kodifikation aufgenommen wurden. Ob solches **Annex-Verfahrensrecht** mit zu den Bestimmungen über die erbrechtlichen Verhältnisse zu rechnen ist, bedarf näherer Prüfung (s. RdNr. 37ff.). Die zu Art. 213 S. 1 EGBGB anzutreffende Formulierung, unter dem Begriff „erbrechtliche Verhältnisse" fielen alle Verhältnisse, die mit dem Anfall und dem Erwerb einer Erbschaft in Zusammenhang stehen, „ohne daß ein Unterschied zwischen sachlichem Recht und Verfahrensrecht zu machen ist",[58] dürfte auf solche ergänzenden Verfahrensbestimmungen abzielen, wie sie etwa das BGB im 5. Buch „Erbrecht" in Verbindung mit den materiell-rechtlichen Regeln enthält.[59] Zum Recht der erbrechtlichen Verhältnisse gehört auch, ob eine materiellrechtliche Erklärung oder eine Klage erforderlich ist. Es bleibt daher, wenn der Erbfall nach ZGB zu beurteilen ist, für eine ab 3. Oktober 1990 vorgenommene Anfechtung dabei, daß eine **Testamentsanfechtung** nach § 374 Abs. 2 ZGB **durch Klage** zu erfolgen

[53] BayObLG FamRZ 1994, 723 (mit krit. Anm. *Gottwald*) = ZEV 1994, 47.

[54] KG DtZ 1993, 87 = FamRZ 1993, 486 = OLGZ 1993, 278.

[55] KG DtZ 1993, 89 = FamRZ 1993, 611.

[56] Ebenso OLG Hamm ZEV 1994, 246 (für Ausschlagung im Jahre 1964); aM (Sechswochenfrist nach § 1944 Abs. 1) OLG Frankfurt ZEV 1994, 247 (Ausschlagung im Jahre 1961); dazu (dem OLG Hamm zustimmend) *Kummer* ZEV 1994, 248.

[57] KrG Potsdam VIZ 1993, 212, 213.

[58] So zB *Staudinger-Winkler* Art. 213 EGBGB RdNr. 3; inhaltlich übereinstimmend *Soergel-Hartmann* 11. Aufl., Art. 213 RdNr. 1.

[59] So bezieht sich etwa die in diesem Zusammenhang vielfach zitierte Entscheidung RGZ 46, 70, 73 auf die Befugnis des Nachlaßgerichts zur Entlassung eines Testamentsvollstreckers; das RG verneinte diese Befugnis, wenn das anzuwendende bisherige Recht sie nicht kennt, und lehnte es ab, dann § 2227 BGB anzuwenden. BGHZ 69, 89, 92 rechnet zu den Bestimmungen über erbrechtliche Verhältnisse (im Rahmen des Übergangsrechts zur HöfeO) solche Vorschriften, die mittelbare Rückwirkungen auf die Beurteilung der materiellen Rechtslage haben, weil hier materielles Recht und Verfahrensrecht eine untrennbare Einheit bildeten. Weitergehend allerdings KG JFG 1, 362, 364, das bei einem Erbfall vor dem 1. 1. 1900 für die Vermittlung der Erbauseinandersetzung das bisherige Verfahrensrecht (und nicht das FGG) für anwendbar hielt.

hat,[60] und für die Fristwahrung ist nach dem Recht der ehemaligen DDR die Klageeinreichung, nicht erst die Zustellung maßgebend.[61]

28 Im übrigen ist dagegen das Verfahrensrecht nach den dafür geltenden besonderen Übergangsbestimmungen zu beurteilen. Das bedeutet, daß für **streitige Verfahren** (Zivilprozesse) über erbrechtliche Angelegenheiten nunmehr die im ehemaligen Gebiet der DDR mit besonderen Maßgaben in Kraft gesetzten[62] Rechtspflegegesetze der Bundesrepublik (insbesondere GVG und ZPO) anzuwenden sind, auch wenn sich der Streitgegenstand auf einen dem § 1 Abs. 1 unterstehenden Erbfall vor dem 3. Oktober 1990 bezieht. Eine (dem Nachlaßkonkurs entsprechende) **Nachlaßgesamtvollstreckung** ist auch bezüglich des Nachlasses aus einem Erbfall vor dem 3. Oktober 1990 möglich (zu den hierfür geltenden Bestimmungen s. RdNr. 66); denn auch das Insolvenzrecht ist nicht zum Recht der erbrechtlichen Verhältnisse nach § 1 Abs. 1 zu rechnen.

29 **2. Nachlaßgerichtliches Verfahren, Erbschein. a) Zuständigkeit, Erbscheinsfragen.** Zahlreiche Regeln im Erbrecht des ZGB weisen dem **Staatlichen Notariat** bestimmte Befugnisse zu. Das Notariatsgesetz der ehemaligen DDR (GBl. der DDR 1976 I S. 93) hat mit dem Beitritt seine Geltung verloren. Die Staatlichen Notariate existieren demnach nicht mehr. Zugleich ist gemäß Anlage I, Kapitel III, Sachgebiet A, Abschnitt III Nr. 13 des Einigungsvertrages das **Gesetz über die Angelegenheiten der freiwilligen Gerichtsbarkeit** (mit den dort genannten, hier nicht einschlägigen Maßgaben) auch im Gebiet der ehemaligen DDR in Kraft getreten. Damit sind, wie auch in der Erläuterung[63] hervorgehoben wird, die bisher dem Staatlichen Notariat zugewiesenen Aufgaben auf die **Gerichte** zurückübertragen worden.

30 Nach den in Zusammenhang mit der Einführung des Gerichtsverfassungsgesetzes der Bundesrepublik getroffenen Regeln (Anlage I, Kapitel III, Sachgebiet A, Abschnitt III Nr. 1e) Abs. 1, und h) Abs. 1) des Einigungsvertrages waren in Angelegenheiten der freiwilligen Gerichtsbarkeit in erster Instanz die Kreisgerichte, in zweiter Instanz die Bezirksgerichte zuständig. An die Stelle der Staatlichen Notariate waren daher als erste Instanz in Nachlaßangelegenheiten die Kreisgerichte getreten. Eine Besonderheit bestand für die weitere Beschwerde gegen Entscheidungen der Bezirksgerichte: hierfür war nach Anlage I, Kapitel III, Sachgebiet A, Abschnitt III Nr. 1k) u. l) (3) Nr. 2 des Einigungsvertrages ein besonderer Senat des Bezirksgerichts zuständig, in dessen Bezirk die jeweilige Landesregierung ihren Sitz hat.[64]

31 Mittlerweile wurde auch in den neuen Bundesländern (zu unterschiedlichen Zeitpunkten) das **Gerichtssystem der Bundesrepublik eingeführt.** Als Nachlaßgericht ist seither auch hier das Amtsgericht (§ 72 FGG) sachlich zuständig, während als Beschwerdegericht das Landgericht (§ 19 Abs. 2 FGG) und für die weitere Beschwerde das Oberlandesgericht (§ 28 Abs. 1 FGG) zuständig ist. Die im Text erwähnten Regelungen des Einigungsvertrages sind nicht mehr anzuwenden, § 17 Nr. 1a Rechtspflege-AnpassungsG vom 26. 6. 1992, BGBl. I S. 1147. Anhängige Verfahren wurden nach Maßgabe der landesrechtlichen Vorschriften zur Einführung der neuen Gerichtsstruktur auf die jetzt zuständigen Gerichte übergeleitet.

32 Die **örtliche Zuständigkeit** richtet sich nach dem FGG. Ein **gegenständlich beschränkter Erbschein** hinsichtlich des in der alten Bundesrepublik belegenen Nachlasses gemäß § 2369 kann seit dem 3. Oktober 1990 nicht mehr erteilt werden;[65] zu den Besonderheiten

[60] BGH NJW 1994, 582, 583 (Fn. 12); OLG Dresden DtZ 1993, 311 = FamRZ 1994, 268. – AM Notariat 1 Müllheim DtZ 1992, 157, 159; *Bestelmeyer* DtZ 1994, 99; *ders.* FamRZ 1994, 1444.

[61] BGH NJW 1994, 582, 583 (Fn. 12). Bei der Bemessung der Frist sind die zu RdNr. 24 genannten Bestimmungen des Art. 231 § 6 Abs. 3 iVm. Abs. 1 u. 2 EGBGB zu beachten.

[62] Dazu *Gottwald* FamRZ 1990, 1177.

[63] BT-Drucks. 11/7817 S. 25.

[64] Dazu *Gottwald* FamRZ 1990, 1177, 1178.

[65] BayObLGZ 1992, 54 = DtZ 1992, 250 = FamRZ 1992, 989.

bei Nachlaßspaltung s. RdNr. 33. Soweit ein Gericht in der alten Bundesrepublik aufgrund einer Notzuständigkeit einen Erbschein bezüglich des Nachlasses eines in der DDR verstorbenen Erblassers erteilt hat, dauert diese Zuständigkeit nicht mehr an (keine Anwendung des Kontinuitätsgrundsatzes), sondern es ist das Gericht des letzten Wohnsitzes in der ehemaligen DDR zuständig;[66] dies gilt auch für die Einziehung des Erbscheins.[67] Für die Erteilung weiterer Erbscheinsausfertigungen bleibt jedoch das seinerzeit tätig gewordene Gericht in der alten Bundesrepublik zuständig.[68]
Das Nachlaßgericht am westdeutschen Wohnsitz des Erblassers ist nunmehr für die Erbscheinserteilung auch dann zuständig, wenn es für unbewegliches Vermögen in der ehemaligen DDR zu einer **Nachlaßspaltung** (s. RdNr. 16 kommt).[69]

33 Für die in der ehemaligen DDR belegenen Immobilien ist auf Antrag ein **Erbschein** zu erteilen, der sich nur auf diesen Immobiliennachlaß bezieht.[70] Wurde von einem Nachlaßgericht in der alten Bundesrepublik bereits ein auf den hier befindlichen Nachlaß bezogener Erbschein erteilt, so ist nunmehr ein auf die Nachlaßgegenstände im Sinne von § 25 Abs. 2 RAnwG beschränkter Erbschein zu erteilen, ohne daß es einer Einziehung des bereits erteilten Erbscheins bedarf.[71]

34 **b) Verfahren.** Das **Verfahren in Nachlaßsachen** richtet sich nach dem **FGG.** Dies war schon aufgrund des Einigungsvertrags für das Verfahren vor den Kreis- und Bezirksgerichten anzunehmen (s. Zivilrecht im Einigungsvertrag, 1. Aufl., RdNr. 665) und gilt erst recht nach Einführung der allgemein in der Bundesrepublik geltenden Gerichtsstruktur.

35 Zur entgegengesetzten Auffassung könnte man nur gelangen, wenn man zu dem „bisherigen Recht“, das in den Altfällen nach § 1 Abs. 1 für die erbrechtlichen Verhältnisse maßgebend bleibt, auch das gesamte bisherige Verfahrensrecht für erbrechtliche Angelegenheiten rechnen und insoweit eine Sonderregelung gegenüber den soeben dargelegten, für das Inkrafttreten des Gerichtsverfassungs- und Verfahrensrechts geltenden Grundsätzen annehmen würde. Der **Standort** und der **Zweck** der in § 1 Abs. 1 enthaltenen Übergangsregelung sprechen aber nicht für eine solche Interpretation. Vielmehr genügt es grundsätzlich, das bisherige Recht in seinem materiellen Inhalt weiterhin zur Geltung zu bringen. Damit lassen sich auch die sonst unvermeidlichen praktischen Schwierigkeiten vermeiden, die für die Gerichte mit der Anwendung unterschiedlicher Verfahrensrechte (für alte und neue Erbfälle) einhergehen würden.

36 Demnach sind die im ZGB den Staatlichen Notariaten zugewiesenen Aufgaben von den Amtsgerichten nach Maßgabe der Vorschriften des **FGG** über die **Nachlaßgerichte** wahrzunehmen.[72] Dies gilt sowohl für die Zuständigkeitsregeln als auch für das anzuwendende Verfahren. Die Bestimmungen des Notariatsgesetzes der DDR sind dadurch ersetzt.

[66] KG DtZ 1992, 151. – Die Zuständigkeit bezüglich eines nicht deutschen Erblassers ohne deutschen Wohnsitz bleibt bestehen, auch wenn es darum geht, den damals erteilten Erbschein auf Immobilienvermögen in den neuen Bundesländern zu erweitern, KG DtZ 1992, 363.

[67] KG DtZ 1992, 333.

[68] KG DtZ 1993, 92 (LS).

[69] BayObLG NJW 1991, 1237, 1238; BezG Dresden (Bes. Senat für Zivilsachen) DtZ 1991, 216; LG Berlin NJW 1991, 1238; LG München I FamRZ 1991, 1489; Notariat 1 Müllheim BWNotZ 1991, 55, 56; *Rau* DtZ 1991, 19; *Wandel* BWNotZ 1991, 1, 24; *Böhringer* BWNotZ 1991, 30, 35; *Köster* Rpfleger 1991, 97, 100. Allgemein zu den interlokalen Erbscheinsfragen s. § 2353 RdNr. 62ff. sowie die vorstehend genannten Beiträge.

[70] OLG Zweibrücken DtZ 1992, 360 = FamRZ 1992, 1474; KG DtZ 1992, 187 = DNotZ 1992, 445 (zust. *Trittel);* OLG Oldenburg MDR 1992, 879; LG Berlin DtZ 1991, 444 = FamRZ 1991, 1361 (zust. *Henrich);* LG Aachen Rpfleger 1991, 460; LG München I FamRZ 1991, 1489; Notariat Stuttgart-Botnang FamRZ 1994, 658 (Zusammenfassung der beiden Erbscheine in einem „Sammelerbschein“ möglich). Anders LG Hamburg FamRZ 1992, 1475 (gesonderter Erbschein nur, wenn die Nachlaßspaltung zu unterschiedlicher Erbfolge führt). – Zum Vorgehen des Grundbuchamtes, wenn der in der alten Bundesrepublik erteilte allgemeine Erbschein keine Aussage über das Immobilienvermögen in der DDR enthält, BezG Erfurt DtZ 1994, 77, dazu *Brakebusch* DtZ 1994, 61.

[71] BayObLG FamRZ 1994, 723 (*Gottwald)* = ZEV 1994, 47; LG Berlin DtZ 1992, 30 = FamRZ 1992, 230.

[72] BayObLG FamRZ 1994, 723, 726.

37 **c) Anwendung des ZGB.** Soweit allerdings **verfahrensrechtliche Vorschriften** (oder Bestimmungen, die jedenfalls **auch** verfahrensrechtlichen Charakter aufweisen) wegen des engen Sachzusammenhangs **im ZGB** geregelt sind und soweit deren Anwendung im Rahmen eines Verfahrens, das sich nach dem FGG richtet, nicht systemwidrig erscheint, sind sie auf die von § 1 Abs. 1 erfaßten Erbfälle weiterhin anzuwenden. Dies dürfte jedenfalls für die in § 415 ZGB vorgesehenen Maßnahmen zur Sicherung und Verwaltung des Nachlasses gelten. Hierzu gehören insbesondere die Bestellung eines Nachlaßpflegers (§ 415 Abs. 2 ZGB), die Verpflichtung zur Aufstellung eines Nachlaßverzeichnisses (§§ 416 bis 419 ZGB) und die Anordnung der Nachlaßverwaltung (§§ 420ff. ZGB).

38 Zuweilen können sich hierbei **Lücken** ergeben. So ist im ZGB (§§ 413f.) zwar ebenso wie im BGB die Erteilung des Erbscheins geregelt, aber nichts über die Erfordernisse des Erbscheinsantrags gesagt. Die hierfür maßgebenden Bestimmungen waren vielmehr in § 27 NotariatsG enthalten. Da sich nunmehr das Verfahren nach dem FGG richtet, wird man in solchen Fällen in erster Linie die auf das FGG zugeschnittenen Verfahrensregeln des Rechts der Bundesrepublik anzuwenden haben, mögen sie auch – wie hinsichtlich des Erbscheinantrags §§ 2354ff. BGB – im BGB zu finden sein. Erst wenn dabei inhaltliche Unzuträglichkeiten auftreten, wird man – im Wege der Lückenfüllung – nach abweichenden Regeln suchen und sich dabei u. U. auch an den Bestimmungen des Notariatsgesetzes orientieren dürfen.

39 **d) Aufteilung des Nachlasses.** Auch die für die **vermittelnde Tätigkeit** des Staatlichen Notariats bei der **Aufteilung** des Nachlasses geltenden Vorschriften (§§ 425ff. ZGB) können – bei Zuständigkeit des Amtsgerichts – weiter angewendet werden, da auch nach dem FGG entsprechende Kompetenzen des Nachlaßgerichts bestehen. Auf das Verfahren sind die §§ 86ff. FGG anzuwenden.[73]

40 Sehr zweifelhaft erscheint dagegen, ob an Stelle des Staatlichen Notariats nunmehr das Amtsgericht als Nachlaßgericht nach Maßgabe des § 427 ZGB über die Teilung des Nachlasses **entscheiden** kann, wenn es nicht gelingt, eine Einigung der Erben herbeizuführen. Nach dem Rechtspflegerecht der Bundesrepublik ist eine derartige Kompetenz des Nachlaßgerichts nicht vorgesehen, vielmehr haben die Beteiligten den Streit gegebenenfalls im Zivilprozeß (mit den vollen verfahrensrechtlichen Garantien der ZPO) auszutragen. Eine Erledigung echter Streitsachen ist dem Verfahren der freiwilligen Gerichtsbarkeit zwar keineswegs fremd (man denke etwa an Verfahren zur Hausratsteilung und an Wohnungseigentumssachen), aber es handelt sich um andersartige Materien, und es sind dann auch jeweils besondere Verfahrensregeln vorgesehen. Die besseren Gründe dürften somit dafür sprechen, **§ 427 ZGB** aufgrund des geänderten Rechtspflegerechts auch für die von § 1 Abs. 1 erfaßten Alt-Erbfälle **nicht mehr anzuwenden.**[74]

B. Erbfälle ab 3. Oktober 1990

I. Geltung des BGB und Ausnahmen

41 **1. Grundsatz.** Wenn der Erblasser am 3. Oktober 1990 oder nach diesem Zeitpunkt verstorben ist, richtet sich die Beerbung grundsätzlich in vollem Umfang nach dem **Erbrecht der Bundesrepublik,** also insbesondere nach dem 5. Buch des BGB, ohne Rücksicht darauf, ob der Erblasser seinen letzten gewöhnlichen Aufenthalt im Gebiet der

[73] Abweichend von KG JFG 1, 362, 364 (zum Übergangsrecht bei Inkrafttreten des BGB), s. dazu Fn. 59.

[74] Gegen eine Entscheidung mit bindender Wirkung auch *Soergel-Stein,* Einl. zum Erbrecht (Bd. 9), RdNr. 113. – *Staudinger-Rauscher* Art. 235 § 1 EGBGB RdNr. 39 erwägt eine Anwendung unter Schließung verfahrensrechtlicher Lücken durch Analogie zu Streitverfahren der freiwilligen Gerichtsbarkeit.

ursprünglichen Bundesrepublik oder der ehemaligen DDR hatte. Es gelten keine höferechtlichen Gesetze.[75]

2. Ausnahmen. Ausnahmen von der Anwendung des BGB auf Erbfälle nach dem Beitritt ergeben sich aus § 2 S. 1 für die Beurteilung der **Errichtung und Aufhebung von Verfügungen von Todes wegen,** die vor dem 3. Oktober 1990 errichtet wurden, sowie nach § 2 S. 2 für die **Bindung des Erblassers** bei vor dem 3. Oktober 1990 errichteten gemeinschaftlichen Testamenten. S. hierzu die nachfolgende Kommentierung zu § 2. Ferner gilt für **nichteheliche Kinder,** die vor dem 3. Oktober 1990 geboren wurden, nach § 1 Abs. 2 das Erbrecht des ehelichen Kindes, s. dazu sogleich. 42

II. Sonderregelung für vor dem 3. Oktober 1990 geborene nichteheliche Kinder (Abs. 2)

1. Normzweck. Die Vorschrift zielt darauf ab, den vor dem Beitrittstermin geborenen nichtehelichen Kindern, für die das Erbrecht der ehemaligen DDR gegolten hätte, die **Gleichbehandlung mit den ehelichen Kindern** zu erhalten. Die Bestimmung dient also dem **Bestandsschutz.** Das Erbrecht des ZGB (zur früheren Rechtslage in der DDR s. RdNr. 21) machte nämlich keinen Unterschied zwischen ehelichen und nichtehelichen Kindern; s. auch Bd. 6, 2. Aufl., Einl. zum Erbrecht, RdNr. 229. Das nichteheliche Kind beerbte seinen Vater als gesetzlicher Erbe nach denselben Regeln wie ein eheliches Kind, § 365 ZGB. Ebenso hatte der Vater beim Tod des nichtehelichen Kindes das volle Erbrecht innerhalb der zweiten Ordnung, § 367 ZGB. Nach dem Erbrecht der Bundesrepublik steht dem nichtehelichen Kind dagegen unter den Voraussetzungen des § 1934a Abs. 1 BGB statt des echten Erbrechts ein **Erbersatzanspruch** zu. Dasselbe gilt umgekehrt für den Vater und für väterliche Verwandte beim Tod des nichtehelichen Kindes nach Maßgabe des § 1934a Abs. 2 und 3 BGB. Zu den Einzelheiten s. die Kommentierung zu § 1934a bis c, zur verfassungsrechtlichen Problematik s. § 1934a RdNr. 6 bis 11. Andererseits hat das nichteheliche Kind gemäß § 1934d das Recht, von seinem Vater einen **vorzeitigen Erbausgleich** zu verlangen, während ehelichen Kindern dieser Anspruch nicht zusteht. Näher s. die Kommentierung zu § 1934d und e, zur verfassungsrechtlichen Beurteilung s. § 1934d RdNr. 4 bis 8. 43

Die durch den Einigungsvertrag geschaffene unterschiedliche erbrechtliche Stellung nichtehelicher Kinder in der (erweiterten) Bundesrepublik ist ihrerseits unter **verfassungsrechtlichen Gesichtspunkten** (Art. 3 iVm. Art. 6 Abs. 5 GG) nicht unproblematisch. Das gilt einerseits für die Besserstellung der von § 1 Abs. 2 erfaßten nichtehelichen Kinder (volles Erbrecht, nicht bloß Erbersatzanspruch; Erbberechtigung auch der vor dem 1. Juli 1949 geborenen Kinder, s. RdNr. 60, andererseits für deren Benachteiligung (kein Anspruch auf vorzeitigen Erbausgleich). Jedenfalls sollte die entstandene gespaltene Rechtslage Anlaß zu Reformüberlegungen geben. Dabei spricht vieles dafür, generell die volle erbrechtliche Gleichstellung ehelicher und unehelicher Kinder einzuführen. Dieses Ziel strebt der **Regierungsentwurf** eines Gesetzes zur erbrechtlichen Gleichstellung nichtehelicher Kinder[76] an, der 1994 in die parlamentarische Beratung eingebracht wurde. Sollte der Entwurf zum Gesetz werden, so behält die in Art. 235 § 1 Abs. 2 EGBGB getroffene Sonderregelung für vor dem 3. Oktober 1990 geborene nichteheliche Kinder Bedeutung einerseits für Erbfälle zwischen dem 3. Oktober 1990 und dem Inkrafttreten des Erbrechtsgleichstellungsgesetzes, andererseits für vor dem 1. Juli 1949 geborene Kinder, näher hierzu s. RdNr. 60. 44

2. Rechtsnatur. Die Rechtsfolge des § 1 Abs. 2 unterscheidet sich dem Wesen nach von der des Abs. 1. Während nämlich Abs. 1 die Weitergeltung des bisherigen Rechts der 45

[75] *Adlerstein-Desch* DtZ 1991, 193, 200. S. auch Fn. 37.

[76] BT-Drucks. 12/7819. – Dazu *Barth-Wagenitz* ZEV 1994, 79; *dies.* ZfJ 1994, 61; *Böhm* ZRP 1994, 292; ablehnend *Bosch* FamRZ 1993, 1257; *ders.* ZfJ 1994, 224.

DDR anordnet, ist dies nach Abs. 2 nicht der Fall. Unter den Voraussetzungen des Abs. 2 gelten für das Erbrecht des nichtehelichen Kindes (und für dessen Beerbung) nicht die bisherigen Bestimmungen des ZGB weiter, sondern es wird die Geltung der **Vorschriften des BGB für das Erbrecht der ehelichen Kinder** angeordnet. Daß die Vorschrift in diesem Sinne gemeint ist, geht schon aus dem Wortlaut hervor (es gelten „die Vorschriften über das Erbrecht des ehelichen Kindes"); auch die Erläuterung der Bundesregierung bestätigt dieses Verständnis des Textes.[77] Allerdings erscheint die Wendung „auch sonst" als mißverständlich; sie soll aber nicht bedeuten, daß auch nach Abs. 2 (wie nach Abs. 1) das bisherige Recht weitergilt, sondern bezieht sich darauf, daß Abs. 1 nur Erbfälle vor dem 3. Oktober 1990 erfaßt, während Abs. 2 die Erbfälle nach diesem Zeitpunkt betrifft.

46 Abs. 2 gibt, indem er die Vorschriften über das Erbrecht des ehelichen Kindes an Stelle der §§ 1934a bis e, 2238a BGB auch auf das Erbrecht des nichtehelichen Kindes erstreckt, dem ab 3. Oktober 1990 in Kraft gesetzten **BGB** für dieses Gebiet einen **anderen Inhalt.** Durch § 1 Abs. 2 wird also partiell geltendes Bundesrecht geschaffen. Insoweit hat die Bestimmung dieselbe Rechtsnatur wie Art. 230 Abs. 1 EGBGB, wonach das BGB für das Gebiet der ehemaligen DDR ebenfalls einen teilweise anderen Inhalt erhält, als ihn das in der bisherigen Bundesrepublik weitergeltende BGB aufweist.

47 Mit dieser Modifizierung des Erbrechts des BGB verbunden ist eine **intertemporale Norm,** die die Geltung dieses partiellen Bundesrechts auf solche nichteheliche Kinder beschränkt, die vor dem 3. Oktober 1990 geboren wurden (s. RdNr. 56).

48 **3. Interlokale Voraussetzungen. a) Geltung nach Maßgabe des interlokalen Rechts.** Ebenso wie zu Abs. 1 hat der Gesetzgeber auch zu Abs. 2 darauf verzichtet, den interlokalen Geltungsbereich durch besondere Bestimmungen zu regeln. Jedoch ist aufgrund der Funktion und des Standorts der Bestimmung klar, daß sie nur nach Maßgabe des interlokalen Rechts gelten soll. Es ist nicht etwa der Sinn und Zweck der Vorschrift, für **alle** vor dem 3. Oktober 1990 geborenen Kinder die Geltung des Erbrechts des BGB für eheliche Kinder anzuordnen, auch wenn kein Bezug zu der im Gebiet der ehemaligen DDR geltenden Rechtsordnung gegeben ist.

49 **b) Gewöhnlicher Aufenthalt des Erblassers.** Für den interlokalen Anwendungsbereich sind die Regeln des internationalen Privatrechts analog heranzuziehen, und zwar die ab 3. Oktober 1990 im erweiterten Gebiet der Bundesrepublik in Kraft gesetzten Normen des EGBGB.[78] Nach Art. 25 Abs. 1 EGBGB richtet sich das Erbstatut nach dem Recht des Staates, dem der Erblasser zum Zeitpunkt seines Todes angehört. An die Staatsangehörigkeit kann bei der interlokalen Beurteilung für Erbfälle ab 3. Oktober 1990 schon deshalb nicht angeknüpft werden, weil es vom Beitrittszeitpunkt an auch nach dem im Gebiet der bisherigen DDR geltenden Recht nur eine einheitliche deutsche Staatsangehörigkeit gibt. Es ist daher auch in diesem Zusammenhang grundsätzlich auf den **gewöhnlichen Aufenthalt des Erblassers** abzustellen, sowie (ergänzend) auf sonstige Umstände, die eine enge Verbindung zu einer der beiden Teilrechtsordnungen ergeben, vgl. hierzu RdNr. 13f.

50 **c) Beitrittstermin als maßgeblicher Zeitpunkt.** Im allgemeinen ist bei der interlokalen Beurteilung der **letzte** gewöhnliche Aufenthalt des Erblassers maßgebend. Dies würde im Rahmen des § 1 Abs. 2 jedoch zu Ergebnissen führen, die nicht mit dem mit dieser Bestimmung verfolgten Zweck des Bestandsschutzes harmonieren. Würde nämlich der Erblasser nach dem Wirksamwerden des Beitritts am 3. Oktober 1990 seinen gewöhnlichen Aufenthalt aus dem Gebiet der ehemaligen DDR in das Gebiet der ursprünglichen Bundesrepublik (einschließlich Westberlin) verlegen und hier versterben, so wäre das Erbrecht eines vor dem 3. Oktober 1990 geborenen nichtehelichen Kindes nach den

[77] BT-Drucks. 11/7817 S. 47: „Für nichteheliche Kinder, die vor dem Stichtag geboren worden sind, gelten die Vorschriften des BGB über das Erbrecht des ehelichen Kindes (Absatz 2)."

[78] S. (allgemein) die Erläuterung der Bundesregierung, BT-Drucks. 11/7817 S. 37.

§§ 1934a bis e, 2338a BGB zu beurteilen.[79] Andererseits erhielten vor dem 3. Oktober 1990 geborene nichteheliche Kinder eines Erblassers, der erst nach dem 3. Oktober 1990 in das Gebiet der ehemaligen DDR übersiedelt, die erbrechtliche Stellung ehelicher Kinder, ohne daß für diese Abweichung vom Recht des BGB in der „Normalfassung" eine innere Rechtfertigung erkennbar wäre.[80] Die Wandelbarkeit[81] des Erbstatuts gerät also mit dem Zweck des § 1 Abs. 2 in Widerspruch. Bei dieser Situation erscheint es notwendig, die interlokale Anknüpfungsregel zu modifizieren und – entsprechend der „Garantiefunktion" des § 1 Abs. 2 – auf die Lage zum Zeitpunkt des Beitritts abzustellen: § 1 Abs. 2 sollte demnach nur angewendet werden, wenn der **Vater** des vor dem 3. Oktober 1990 geborenen nichtehelichen Kindes beim Wirksamwerden des Beitritts **am 3. Oktober 1990 seinen gewöhnlichen Aufenthalt im Gebiet der ehemaligen DDR** hatte,[82] während es auf den Aufenthalt des Kindes nicht ankommt, s. RdNr. 54.

51 Diese Abwandlung der interlokalen Norm erscheint auch unter **methodischen Gesichtspunkten** zulässig. Im allgemeinen wird man zwar bei der Beurteilung international- oder interlokal-privatrechtlicher Normen nicht auf den Zweck derjenigen Regeln abstellen dürfen, deren Anwendbarkeit von der fraglichen Bestimmung des internationalen und interlokalen Privatrechts abhängt. Hier besteht jedoch die Besonderheit, daß sowohl die gesuchte Regel des interlokalen Privatrechts als auch die dabei zu berücksichtigende Norm des Sachrechts derselben Rechtsordnung, nämlich dem Recht der Bundesrepublik Deutschland angehören.

52 **d) Beerbung des nichtehelichen Kindes.** Soweit es um die **Beerbung des nichtehelichen Kindes** geht (dazu s. RdNr. 58), ergibt sich die Frage, ob auf den gewöhnlichen Aufenthalt des Kindes am 3. Oktober 1990 abgestellt werden muß, weil das Kind Erblasser ist. Jedoch wird man auch hier den Zweck des § 1 Abs. 2 nicht außer acht lassen dürfen. Im Vordergrund steht die Rechtsstellung des Kindes, während die damit verbundene Rechtsfolge, daß dann auch das Erbrecht des Vaters bzw. väterlicher Verwandter nach dem für eheliche Kinder geltenden Recht zu beurteilen ist, eher als Nebenprodukt dieser Regelung, gewissermaßen aus Gründen der Symmetrie, anzusehen ist. Diese Erwägung rechtfertigt es, insoweit ebenfalls an den gewöhnlichen Aufenthalt des Vaters am 3. Oktober 1990 anzuknüpfen. Dadurch wird dann auch erreicht, daß sich das Erbrecht des nichtehelichen Kindes und dessen Beerbung nach demselben Statut richten.[83]

53 **e) Anspruch auf vorzeitigen Erbausgleich.** Die hier entwickelte interlokale Anwendungsvoraussetzung – gewöhnlicher Aufenthaltsort des Vaters am 3. 10. 1990 im Gebiet

[79] So LG Berlin DtZ 1993, 121, 122 = FamRZ 1992, 1105; *Dörner/Meyer-Sparenberg* DtZ 1991, 1, 6; *Henrich* IPRax 1991, 14, 19; *Adlerstein-Desch* DtZ 1991, 193, 197.

[80] Dagegen im Ergebnis auch *Dörner/Meyer-Sparenberg* DtZ 1991, 1, 6; *Adlerstein-Desch* DtZ 1991, 193, 197; *Trittel* DNotZ 1991, 237, 242; – AM *Lück* JR 1994, 45, 50.

[81] Bedenken gegen einen künftigen Statutenwechsel im interlokalen Erbrecht äußerte – vor Abschluß des Einigungsvertrages – bereits *Mansel* IPRax 1990, 283, 287. Er schlug vor, grundsätzlich auf den gewöhnlichen Aufenthalt am 1. Juli 1990 (Inkrafttreten der Währungs-, Wirtschafts- und Sozialunion) abzustellen. – Dagegen bejahen *Dörner/Meyer-Sparenberg* DtZ 1991, 1, 6f. grundsätzlich den Statutenwechsel bei Veränderung des gewöhnlichen Aufenthalts des Erblassers nach dem 3. Oktober 1990; sie wollen aber bei einer Übersiedlung des Vaters in das Gebiet der ehemaligen DDR durch teleologische Reduktion die Anwendung des Art. 235 § 1 Abs. 2 EGBGB ausschließen.

[82] Ebenso *OLG Köln* DtZ 1993, 125 = FamRZ 1993, 484 (zust. *Bosch); Wandel* BWNotZ 1991, 1, 27; *Rauscher* StAZ 1991, 1, 8; *Schotten-Johnen* DtZ 1991, 225, 233; *Bosch* FamRZ 1992, 993, 994; *Frieser* AnwBl 1992, 293, 297, 298; *Heß* JR 1994, 273, 274; *Soergel-Stein* Einl. zum Erbrecht (Bd. 9), RdNR. 93ff.; *Palandt-Edenhofer* Art. 235 § 1 EGBGB RdNr. 2; *Jauernig-Stürner* vor § 1922 Anm. 4b; *Leipold* Erbrecht, 10. Aufl., 1993, RdNr. 19l; *Ebenroth,* Erbrecht, 1992, RdNr. 84 (S. 46f.). – AM *Henrich* IPRax 1991, 14, 19. – *Köster* Rpfleger 1991, 97, 102 erwägt die Anwendung des Kindesstatuts, s. dagegen RdNr. 54. Teils abw. auch *Trittel* DNotZ 1991, 237, 242; *Lück* JR 1994, 45, 50. – *Stoll* Festschr. f. W. Lorenz, S. 577, 594 u. *Staudinger-Rauscher* Art. 235 § 1 EGBGB RdNr. 54 halten zusätzlich die damalige DDR-Staatsbürgerschaft des Erblassers für erforderlich.

[83] Zust. *Palandt-Edenhofer* Art. 235 § 1 EGBGB RdNr. 3; *Staudinger-Rauscher* Art. 235 § 1 EGBGB RdNr. 59. – AM *Eberhard-Lübchen* DtZ 1992, 206, 208.

der ehemaligen DDR – gilt nicht nur für die Beerbung, sondern auch für den **Anspruch auf vorzeitigen Erbausgleich** nach § 1934d. Dieser Anspruch ist nämlich seiner Rechtsnatur nach als erbrechtliche Rechtsfolge zu qualifizieren, s. § 1934d RdNr. 2. Dies ist jedenfalls hinsichtlich der international-privatrechtlichen Betrachtung bereits in der bisherigen Rechtsprechung anerkannt worden;[84] für die interlokale Beurteilung kann dann nichts anderes gelten.

54 **f)** Der **gewöhnliche Aufenthaltsort des Kindes** ist dagegen nicht maßgebend.[85] Es ist auch nicht Voraussetzung des § 1 Abs. 2, daß sich der Status des Kindes (eheliche oder nichteheliche Abstammung) nach dem Recht der ehemaligen DDR beurteilt. Auch nichteheliche Kinder, deren Mutter im Gebiet der ehemaligen Bundesrepublik lebte und die hier (vor dem 3. Oktober 1990) geboren wurden, haben im Verhältnis zu ihrem Vater gemäß § 1 Abs. 2 die erbrechtliche Stellung ehelicher Kinder, wenn der Vater am 3. Oktober 1990 seinen gewöhnlichen Aufenthalt im Gebiet der ehemaligen DDR hatte.

55 **g) Immobilienvermögen.** Hatte der Vater am 3. Oktober 1990 seinen gewöhnlichen Aufenthalt nicht in der ehemaligen DDR, so gilt § 1 Abs. 2 auch insoweit nicht, als es um die Vererbung von **Grundstücken** in der ehemaligen DDR geht, die schon am 3. Oktober 1990 im Eigentum des Erblassers standen.[86] Eine Nachlaßspaltung über § 25 Abs. 2 RAnwG tritt nur für Erbfälle vor dem 3. Oktober 1990 ein (s. RdNr. 15f.), und der Schutzzweck des § 1 Abs. 2 bezieht sich nicht auf diesen von der Zusammensetzung des Nachlasses abhängigen und nicht speziell mit dem Status des nichtehelichen Kindes verknüpften Aspekt des Erbrechtswandels.

56 **4. Geburt des Kindes vor dem 3. Oktober 1990.** Alle bis zum 2. Oktober 1990, 24.00 Uhr, geborenen nichtehelichen Kinder werden durch § 1 Abs. 2 erbrechtlich den ehelichen Kindern gleichgestellt. Vor dem 3. Oktober 1990 erst gezeugte Kinder sind dem nicht gleichzustellen; § 1923 Abs. 2 betrifft eine nicht vergleichbare Frage.[87] Die Regelung gilt auch für nichteheliche Kinder, die vor dem Inkrafttreten des ZGB (1. Januar 1976) geboren wurden, und zwar auch bei Geburt vor dem 1. Juli 1949, s. RdNr. 60.

57 **5. Erbfall ab 3. Oktober 1990.** § 1 Abs. 2 gilt nicht, wenn der Vater oder das nichteheliche Kind bereits vor dem 3. 10. 1990, 0 Uhr, verstorben sind. Die früheren Erbfälle sind vielmehr – unter den zu RdNr. 13f. dargelegten Voraussetzungen – gemäß § 1 Abs. 1 nach dem Erbrecht des ZGB zu beurteilen.

58 **6. Geltung der Regeln des BGB über das Erbrecht ehelicher Kinder.** § 1 Abs. 2 erklärt in vollem Umfang die für eheliche Kinder geltenden erbrechtlichen Regeln des BGB, nicht etwa diejenigen des ZGB, für anwendbar, s. RdNr. 45. Dies gilt sowohl beim **Tod des Vaters** des nichtehelichen Kindes als auch, wenn es um die **Beerbung des nichtehelichen Kindes** geht.[88] Für den letzteren Fall könnte man zwar aufgrund der Formulierung „Vorschriften über das Erbrecht des ehelichen Kindes" Bedenken anmelden, doch ist § 1934a in vollem Umfang für nicht anwendbar erklärt, also auch Abs. 2 und 3, die sich auf die Beerbung des nichtehelichen Kindes durch den Vater oder väterliche Verwandte beziehen. Es wäre auch sachlich nicht zu rechtfertigen, zwischen der Beerbung des Kindes und der Beerbung des Vaters zu differenzieren. Voraussetzung ist auch hier, daß der Vater am 3. Oktober 1990 seinen gewöhnlichen Aufenthalt im Gebiet der ehemaligen DDR hatte, s. RdNr. 52.

[84] BGHZ 96, 262 = NJW 1986, 2190. Näher s. § 1934d RdNr. 3.

[85] Ebenso LG Berlin DtZ 1993, 121, 122 (Fn. 79).

[86] *Schotten-Johnen* DtZ 1991, 225, 233; *Lück* JR 1994, 45, 47; *Palandt-Edenhofer* Art. 235 § 1 EGBGB RdNr. 2. – AM *Eberhardt-Lübchen* DtZ 1992, 206, 209; *Heß* JR 1994, 273, 274; *Staudinger-Rauscher* Art. 235 § 1 EGBGB RdNr. 56.

[87] Wie hier *Schotten-Johnen* DtZ 1991, 225, 233 (dort Fn. 91); *Soergel-Stein* Einl. zum Erbrecht (Bd. 9), RdNr. 90; *Palandt-Edenhofer* Art. 235 § 1 EGBGB RdNr. 2. – AM *Adlerstein-Desch* DtZ 1991, 193, 197; *Heß* JR 1994, 273, 274 (dort Fn. 14); *Staudinger-Rauscher* Art. 235 § 1 EGBGB RdNr. 53.

[88] Ebenso *Wandel* BWNotZ 1991, 1, 27; *Adlerstein-Desch* DtZ 1991, 193, 197; *Palandt-Edenhofer* Art. 235 § 1 EGBGB RdNr. 3; *Staudinger-Rauscher* Art. 235 § 1 EGBGB RdNr. 61. – AM *Soergel-Stein*, Einl. zum Erbrecht (Bd. 9), RdNr. 91.

Nach den allgemeinen Regeln des BGB richten sich also insbesondere die **gesetzlichen Erbquoten** (auch neben dem Ehegatten und ehelichen Kindern des Erblassers), §§ 1924ff., 1931 BGB, sowie die Pflichtteilsansprüche, §§ 2305ff. BGB. In beiden Hinsichten bestehen wesentliche Abweichungen vom Erbrecht des ZGB (zu diesem vgl. Bd. 6, 2. Aufl., Einl. zum Erbrecht, RdNr. 223, 228, 252ff.). Sind als gesetzliche Erben auch der überlebende Ehegatte des Erblassers und (bzw. oder) eheliche Abkömmlinge berufen, so ist das nichteheliche Kind Mitglied der Erbengemeinschaft. Ebenso ist der Vater Mitglied der Erbengemeinschaft, wenn er beim Tode des nichtehelichen Kindes neben dessen Ehegatten als gesetzlicher Erbe berufen ist. Einen Anspruch auf vorzeitigen Erbausgleich nach §§ 1934d, e BGB können die von § 1 Abs. 2 erfaßten nichtehelichen Kinder nicht geltend machen. **59**

Nach der Übergangsregelung zum NEhelG (Art. 12 § 10 Abs. 2 NEhelG, s. Bd. 6, 2. Aufl., Einl. zum Erbrecht, RdNR. 60ff.; § 1934a RdNr. 5) steht den vor dem 1. Juli 1949 geborenen nichtehelichen Kindern kein gesetzliches Erbrecht nach dem Vater und den väterlichen Verwandten zu; ebensowenig sind in diesen Fällen der Vater bzw. die väterlichen Verwandten nach dem nichtehelichen Kind erbberechtigt. Aus der in Art. 235 § 1 Abs. 2 EGBGB angeordneten Geltung der „Vorschriften über das Erbrecht des ehelichen Kindes" ist, obwohl die Regelung insoweit nicht völlig klar erscheint, zu entnehmen, daß diese Begrenzung des Erbrechts in den von der Vorschrift erfaßten Fällen (s. RdNr. 49ff.) nicht eingreift, so daß also auch die **vor dem 1. Juli 1949 geborenen nichtehelichen Kinder genauso erbberechtigt** sind wie eheliche Kinder.[89] Dafür spricht auch der mit der Übergangsregelung verfolgte Zweck des Bestandsschutzes (s. RdNr. 43), da das Erbrecht der ehemaligen DDR den nichtehelichen Kindern das gesetzliche Erbrecht nach dem Vater und väterlichen Verwandten ohne Rücksicht auf das Geburtsdatum des Kindes einräumte.[90] Der Entwurf eines Erbrechtsgleichstellungsgesetzes (s. RdNr. 44) sieht in Art. 2 vor, die Rechtslage durch Neufassung des Art. 235 § 1 Abs. 2 EGBGB im hier vertretenen Sinne klarzustellen.[91] **60**

III. Erbrecht und Güterrecht

1. Bei Übergang in den gesetzlichen Güterstand der Zugewinngemeinschaft. Nach Art. 234 § 4 Abs. 1 EGBGB tritt an die Stelle des in der ehemaligen DDR geltenden Güterstands der Eigentums- und Vermögensgemeinschaft vom Zeitpunkt des Beitritts an grundsätzlich der gesetzliche Güterstand der Zugewinngemeinschaft nach dem BGB. Gemäß Art. 234 § 4a Abs. 1 S. 1 EGBGB (eingefügt durch Art. 13 Registerverfahrensbeschleunigungsgesetz vom 20. 12. 1993, BGBl. I S. 2182) wird das bis zum 3. Oktober 1990 gemäß § 13 FGB DDR gebildete gemeinschaftliche Vermögen der Eheleute Eigentum zu (im Regelfall) gleichen Bruchteilen. In erbrechtlicher Hinsicht gelten uneingeschränkt die Bestimmungen des BGB für den Güterstand der **Zugewinngemeinschaft.** Das gesetzliche Erbrecht des überlebenden Ehegatten ist nach § 1931 Abs. 1 und 3 in Verbindung mit § 1371 BGB zu beurteilen, so daß sich der Erbteil des überlebenden Ehegatten neben Abkömmlingen auf ½ beläuft. Zu den Einzelheiten s. die Kommentierung zu § 1371 und § 1931 BGB. **61**

2. Bei Fortgeltung des bisherigen Güterstandes der Eigentums- und Vermögensgemeinschaft. Durch eine **Erklärung** nach Maßgabe des Art. 234 § 4 Abs. 2 EGBGB konnte jeder Ehegatte innerhalb von zwei Jahren nach dem 3. Oktober 1990 bewirken, daß der bisher in der DDR geltende gesetzliche **Güterstand der Eigentums- und Vermögensgemeinschaft** weiterbesteht. **62**

[89] So auch *Wandel* BWNotZ 1991, 1, 26; *Köster* Rpfleger 1991, 97, 102; *Rauscher* StAZ 1991, 1, 8; *Bosch* FamRZ 1992, 993, 994; *Leipold,* Erbrecht, 10. Aufl., RdNr. 19k; *Soergel-Stein,* Einl. zum Erbrecht (Bd. 9), RdNr. 95.

[90] Dazu *Wandel* BWNotZ 1991, 1, 26.

[91] Dazu *Barth-Wagenitz* ZEV 1994, 79, 82.

63 Eine entsprechende Erklärung hat auch erbrechtliche Konsequenzen. Der Einigungsvertrag enthält keine besonderen Übergangsvorschriften über die erbrechtlichen Wirkungen des Güterstands. Anders als nach der bei Inkrafttreten des BGB geschaffenen Übergangsregelung in Art. 200 Abs. 1 S. 2 EGBGB kann nicht davon ausgegangen werden, daß bei Fortgeltung des bisherigen Güterstands nach dem Beitrittszeitpunkt auch die erbrechtlichen Wirkungen des Güterstands nach Maßgabe des Erbrechts des ZGB erhalten bleiben.

64 Gemäß Art. 234 § 4a Abs. 2 S. 1 EGBGB finden bei Option der Ehegatten für den bisherigen Güterstand der Eigentums- und Vermögensgemeinschaft auf das bestehende und künftige gemeinschaftliche Eigentum die Vorschriften über das durch beide Ehegatten verwaltete Gesamtgut einer Gütergemeinschaft entsprechende Anwendung. Danach gehört gemäß § 1482 der Anteil des verstorbenen Ehegatten am Gesamtgut zum Nachlaß, und die Beerbung richtet sich nach den allgemeinen Vorschriften. Der **gesetzliche Erbteil des überlebenden Ehegatten** ist also ausschließlich nach § 1931 Abs. 1 u. 2 zu beurteilen,[92] während die besonderen Regeln der § 1931 Abs. 3 und § 1371 BGB (für die Zugewinngemeinschaft) und des § 1931 Abs. 4 (für die Gütertrennung) nicht zur Anwendung kommen.

Hieraus ergeben sich zum Teil andere Erbquoten, als dies nach dem ZGB der Fall gewesen wäre. So erhält der überlebende Ehegatte nach § 1931 Abs. 1 S. 1 BGB neben Abkömmlingen ¼, während ihm § 365 Abs. 1 S. 2 ZGB den gleichen Erbteil wie den Abkömmlingen, mindestens aber ¼ zusprach. Auch der Anspruch auf den Voraus ist nach dem BGB (§ 1932) zu beurteilen.

IV. Nachlaßgerichtliches Verfahren

65 Seit die ordentliche Gerichtsbarkeit genauso aufgebaut ist wie in den alten Bundesländern, gelten für das nachlaßgerichtliche Verfahren in den neuen Bundesländern **keine Besonderheiten mehr,** s. RdNr. 31. Das Verfahren sowie die sachliche und örtliche Zuständigkeit des Nachlaßgerichts, insbesondere für die Erbscheinserteilung, richten sich nach den Regeln des BGB und des FGG.

V. Nachlaßgesamtvollstreckung

66 Das Insolvenzrecht wurde durch den Einigungsvertrag nicht vereinheitlicht. Die 1994 verabschiedete neue Insolvenzordnung, die in der gesamten Bundesrepublik gelten wird, tritt erst zum 1. Januar 1999 in Kraft. Derzeit gilt im Gebiet der ehemaligen DDR weiterhin die durch den Einigungsvertrag geänderte **Gesamtvollstreckungsordnung** (GesO),[93] s. Anlage II, Kapitel III, Sachgebiet A, Abschnitt II Nr. 1 des Einigungsvertrages. Die Gesamtvollstreckung kann nunmehr auch über einen Nachlaß eröffnet werden, und zwar sowohl bei Überschuldung als auch bei Zahlungsunfähigkeit, § 1 Abs. 1 Satz 1 GesO. Da für die Nachlaßgesamtvollstreckung im einzelnen (abgesehen von Zulässigkeit und Eröffnungsgrund) in der GesO keine näheren Bestimmungen enthalten sind, gelten insoweit nach Anlage II, Kapitel III, Sachgebiet A, Abschnitt II Nr. 3 mit Anlage I, Kapitel III, Sachgebiet A, Abschnitt III, Nr. 28 a) Satz 2 und d) des Einigungsvertrages die Vorschriften der KO (§§ 241 ff.) entsprechend.[94] Die Nachlaßgesamtvollstreckung ist auch für Erbfälle zulässig, die vor dem 3. Oktober 1990 eingetreten sind und von Art. 235 § 1 Abs. 1 EGBGB erfaßt werden, s. RdNr. 28.

[92] Ebenso *Bosch* FamRZ 1991, 1001, 1007.

[93] Dazu *Schmidt-Räntsch* DtZ 1990, 344. Zur Gesamtvollstreckungsverordnung (so die Bezeichnung bis zum Einigungsvertrag) *Lübchen-Landfermann* ZIP 1990, 829 sowie NJ 1990, 396; *Uhlenbruck* BB 1990, Beilage 26 zu Heft 21. Zur GesO s. die Kommentare von *Smid-Zeuner* (Hrsg.), 2. Aufl., 1994; *Haarmeyer-Wutzke-Förster,* 2. Aufl., 1992; *Hess-Binz-Wienberg,* 2. Aufl., 1993 sowie *Gottwald* (Hrsg.), Nachtrag „Gesamtvollstreckungsordnung" zum Insolvenzrechtshandbuch, 1993.

[94] Erläuterungen zu den Anlagen zum Einigungsvertrag, BT-Drucks. 11/7817 S. 60; *Schmidt-Räntsch* DtZ 1990, 344, 346.

VI. Notare

67 Die Staatlichen Notariate bestehen nicht mehr. Für die Notare im Gebiet der ehemaligen DDR ist die Verordnung über die Tätigkeit von Notaren in eigener Praxis vom 20. 6. 1990 (GBl. I Nr. 37 S. 475), geändert durch Verordnung zur Änderung und Ergänzung der Verordnung über die Tätigkeit von Notaren in eigener Praxis vom 22. 8. 1990 (GBl. I Nr. 57 S. 1328) mit Modifizierungen in Kraft geblieben, s. Einigungsvertrag Anlage II, Kapitel III, Sachgebiet A, Abschnitt III Nr. 2. Gemäß § 2 Abs. 2 S. 1 der genannten Verordnung in der Fassung des Einigungsvertrages sind die Notare für Beurkundungen jeder Art, also auch für die **Beurkundung von Testamenten und Erbverträgen,** zuständig. Ob die Notare zur Vermittlung von Nachlaßauseinandersetzungen, zur Aufnahme von Nachlaßverzeichnissen und Nachlaßinventaren sowie zur Anlegung und Abnahme von Siegeln im Rahmen eines Nachlaßsicherungsverfahrens zuständig sind, bestimmt sich gemäß § 2 Abs. 5 der genannten Verordnung in der Fassung des Einigungsvertrages nach den landesrechtlichen Vorschriften. Bisher sind solche landesrechtlichen Regelungen nicht bekannt.

VII. Erbschaftsteuerrecht

68 Das anwendbare Erbschaftsteuerrecht ist nach § 37a ErbStG zu bestimmen. Danach gilt das ErbStG der Bundesrepublik für Erwerbe, für die die Steuer nach dem 1. Dezember 1990 entstanden ist oder entsteht, während es bei früherer Entstehung der Steuer bei der Anwendbarkeit des ErbStG-DDR verbleibt.[95]

§ 2 Verfügungen von Todes wegen

Die Errichtung oder Aufhebung einer Verfügung von Todes wegen vor dem Wirksamwerden des Beitritts wird nach dem bisherigen Recht beurteilt, auch wenn der Erblasser nach dem Wirksamwerden des Beitritts stirbt. Dies gilt auch für die Bindung des Erblassers bei einem gemeinschaftlichen Testament, sofern das Testament vor dem Wirksamwerden des Beitritts errichtet worden ist.

Schrifttum s. oben zu § 1.

Übersicht

I. Normzweck

1 Die Vorschrift entspricht ihrem Inhalt nach der in Art. 214 Abs. 1 u. 2 EGBGB bei Inkrafttreten des BGB getroffenen Übergangsregelung.[1] § 2 S. 1 schützt das **Vertrauen,** das der Erblasser bei **Errichtung oder Aufhebung einer Verfügung von Todes wegen** in

[95] Näher s. *Schwedhelm-Olbing* ZEV 1995, 17; *Kapp-Ebeling* ErbStG, 11. Aufl., § 37a; *Troll* ErbStG, 5. Aufl. (Stand 31. 7. 1993), § 37a.

[1] Ähnlich auch § 51 Abs. 2 u. 3 TestG, allerdings mit der ergänzenden Regelung, daß an die Gültigkeit keine höheren Anforderungen zu stellen sind als nach dem neuen Recht.

die zu diesem Zeitpunkt geltende Rechtsordnung setzt; er geht davon aus, daß seine Verfügungen Wirksamkeit erlangen, wenn er die für Errichtung und Aufhebung geltenden Vorschriften beachtet. Durch § 2 S. 2 wird, soweit es um die **Bindung an gemeinschaftliche Testamente** geht, auch hinsichtlich dieser Testamentswirkung darauf Rücksicht genommen, daß die testierenden Erblasser ihren Entschluß zur Errichtung des gemeinschaftlichen Testaments im Hinblick auf diejenigen Rechtsfolgen gefaßt haben, die in der damals geltenden Rechtsordnung vorgesehen waren. Der **Erbvertrag** wird in § 2 S. 2 nicht genannt, weil ihn das ZGB nicht mehr zuließ, s. Bd. 6, 2. Aufl., Einl. zum Erbrecht, RdNr. 251, 272 sowie unten RdNr. 12; zur Umdeutung in ein Testament s. § 1 RdNr. 25.

2 In dem von § 2 umschriebenen Umfang bleiben weiterhin die **Bestimmungen des ZGB maßgebend.** Da sowohl das BGB als auch das ZGB die Errichtung und den Widerruf von Testamenten in eigenhändiger und notarieller Form zulassen und auch beide Gesetze das gemeinschaftliche Testament mit bindenden Wirkungen kennen, zeigen sich die Rechtsfolgen mehr in den Einzelheiten, bei denen einige Unterschiede zwischen den Regelungen in beiden Gesetzen bestehen. Die intertemporale Regelung muß aber im Kontext der interlokalen Rechtsnormen gesehen werden. Aus diesen (Art. 26 EGBGB analog, s. RdNr. 6) ergibt sich eine Mehrzahl von Anknüpfungen, die dem Zweck dienen, möglichst zur Formgültigkeit eines Testaments zu gelangen, um dem Erblasserwillen zum Erfolg zu verhelfen. Aufgrund dieser Regelung verliert die Übergangsvorschrift des § 2 einiges an Bedeutung.

II. Erfaßte Erbfälle

3 § 2 gilt für Erbfälle, die sich **am 3. Oktober 1990 und nach diesem Datum** ereignen; für die Erbfälle vor dem 3. Oktober 1990 bleibt gemäß § 1 Abs. 1 in vollem Umfang das bisherige Recht der ehemaligen DDR maßgebend, also auch hinsichtlich der in § 2 besonders angesprochenen Fragen.

III. Interlokale Voraussetzungen

4 **1. Maßgebliche Regeln.** Als Übergangsregelung (intertemporale Norm) setzt § 2 voraus, daß überhaupt das im Gebiet der ehemaligen DDR geltende Erbrecht zur Anwendung berufen ist. Diese Frage ist nach den Regeln des interlokalen Rechts zu beurteilen; der Einigungsvertrag enthält insoweit keine besonderen Bestimmungen, s. hierzu § 1 RdNr. 5. Das interlokale Recht ergibt sich aus einer analogen Anwendung des internationalen Privatrechts, und zwar (da es sich hier nicht um abgeschlossene Fälle handelt) des ab 3. Oktober 1990 in der gesamten Bundesrepublik geltenden internationalen Privatrechts. Soweit dabei im internationalen Privatrecht an die Staatsangehörigkeit angeknüpft wird, tritt bei der interlokalen Betrachtung an deren Stelle der **gewöhnliche Aufenthaltsort** (soweit erforderlich – insbesondere bei gewöhnlichem Aufenthaltsort in einem anderen Staat – ergänzt durch weitere Merkmale, die eine besondere Verbindung zu einer der beiden Teilrechtsordnungen ergeben).

5 Das **Erbstatut** richtet sich aufgrund der allgemeinen Regel des Art. 25 Abs. 1 EGBGB (analog) grundsätzlich nach dem **letzten** gewöhnlichen Aufenthaltsort des Erblassers. Wollte man diese Regel auch als interlokale Voraussetzung des § 2 anwenden, so müßte gefragt werden, ob es in diesem Zusammenhang zu sinnvollen Ergebnissen führt, allein auf den Zeitpunkt des Erbfalls abzustellen.

6 Jedoch ist zu beachten, daß Art. 26 EGBGB **für letztwillige Verfügungen Sonderregeln** enthält. Als Bestandteil des für die erweiterte Bundesrepublik geltenden internationalen Privatrechts ist diese Vorschrift auch für die interlokale Betrachtung analog anzuwenden. Art. 26 Abs. 1 bis 3 EGBGB entsprechen weitgehend dem Haager Übereinkommen über das auf die Form letztwilliger Verfügungen anzuwendende Recht vom 5. 10. 1961. Diesem Abkommen sind sowohl die Bundesrepublik als auch die ehemalige DDR beigetreten, s. Bd. 6, 2. Aufl., Einl. zum Erbrecht, RdNr. 275; Bd. 7, 2. Aufl., Art. 25 EGBGB

RdNr. 376; Art. 26 EGBGB RdNr. 37ff. Nach der Vereinigung beider Staaten[2] kann aber im interlokalen Verhältnis das Abkommen nicht mehr (unmittelbar) zur Anwendung kommen.[3] Jedoch zeigt gerade der Umstand, daß die Regeln des Abkommens von beiden Staaten akzeptiert worden waren, daß es unbedenklich ist, nun auch im interlokalen Zusammenhang die Vorschriften des Art. 26 EGBGB (analog) anzuwenden.

7 Es ist sonach aufgrund des Art. 26 EGBGB (analog) zu beurteilen, in welchen Fällen es zur Beantwortung der von § 2 erfaßten Sachfragen auf das Recht des Gebiets der ehemaligen DDR ankommt.[4] Insoweit ist dann nach § 2 jeweils das bisherige Recht der DDR anzuwenden. Unberührt bleiben davon aber die anderen in Art. 26 EGBGB enthaltenen Anknüpfungen, die ebenfalls zur Wirksamkeit der Verfügung von Todes wegen bzw. des Widerrufs einer Verfügung von Todes wegen führen können.

8 **2. Form einer Verfügung von Todes wegen.** Im einzelnen gelangt man über Art. 26 EGBGB (analog) hinsichtlich der **Form einer vor dem 3. Oktober 1990 errichteten letztwilligen Verfügung** (und zwar auch hinsichtlich der Form eines **gemeinschaftlichen Testaments)** in folgenden Fällen zum Recht der ehemaligen DDR (und zwar nach § 2 S. 1 zum bisherigen Recht, also insbesondere zum ZGB):

- nach Abs. 1 Nr. 2, wenn der Erblasser an einem Ort im Gebiet der ehemaligen DDR letztwillig verfügt hat;
- nach Abs. 1 Nr. 3, wenn der Erblasser zum Zeitpunkt seiner Verfügung oder zum Zeitpunkt seines Todes seinen Wohnsitz oder seinen gewöhnlichen Aufenthaltsort an einem Ort im Gebiet der ehemaligen DDR hatte;
- nach Abs. 1 Nr. 4, wenn sich (beim Erbfall) unbewegliches Vermögen des Erblasser an einem Ort innerhalb des Gebietes der ehemaligen DDR befindet, jedoch nur hinsichtlich des unbeweglichen Vermögens;
- nach Abs. 1 Nr. 5, wenn das Recht der ehemaligen DDR auf die Rechtsnachfolge von Todes wegen anzuwenden ist oder im Zeitpunkt der Verfügung anzuwenden gewesen wäre. Da sich dies gemäß Art. 25 Abs. 1 EGBGB analog wiederum nach dem gewöhnlichen Aufenthalt des Erblassers richtet, ergibt sich daraus im allgemeinen gegenüber Nr. 3 nichts Zusätzliches (wohl aber dann, wenn der Erblasser zwar nicht kraft Wohnsitzes oder gewöhnlichen Aufenthalts, aber aufgrund anderer Verknüpfungsmerkmale zum Zeitpunkt der Errichtung der Verfügung enge Verbindungen zum Recht der ehemaligen DDR hatte).

Eine analoge Anwendung von Art. 26 Abs. 1 Nr. 1 EGBGB auf die interlokale Frage (unter Ersetzung der Staatsangehörigkeit durch den gewöhnlichen Aufenthaltsort) wäre an sich ebenfalls möglich; sie erübrigt sich aber, weil der gewöhnliche Aufenthaltsort ohnehin nach Nr. 3 ein Anknüpfungsmerkmal darstellt.

9 **3. Widerruf.** Für den **Widerruf** einer letztwilligen Verfügung durch eine erneute Verfügung gelten nach Art. 26 Abs. 2 S. 1 EGBGB (analog) dieselben Anknüpfungsvarianten. Darüber hinaus ist der Widerruf gem. Art. 26 Abs. 2 S. 2 EGBGB (analog) auch dann formgültig, wenn er einer der Rechtsordnungen entspricht, nach denen die widerrufene letztwillige Verfügung gültig war. Wenn man also hinsichtlich der Errichtung der letztwilligen Verfügung über Art. 26 Abs. 1 EGBGB zum Recht der ehemaligen DDR gelangt, so gilt dies auch für die Form des Widerrufs. Man sollte Art. 26 Abs. 2 S. 1 u. 2 EGBGB auch auf den Widerruf durch Vernichtung oder Veränderung der Testamentsurkunde oder durch Rücknahme des Testaments aus der amtlichen Verwahrung anwenden,[5] da es sich dabei der Wirkung und damit der Rechtsnatur nach ebenfalls um letztwillige Verfügungen (wenn auch nicht um einen Widerruf durch Testament) handelt.[6]

[2] Zur Anwendbarkeit vor der Vereinigung vgl. Bd. 7, 2. Aufl., Art. 25 EGBGB RdNr. 376.

[3] Vgl. (allg.) *Mansel* JR 1990, 441, 445 (für noch nicht abgeschlossene Vorgänge).

[4] Ebenso *Staudinger-Rauscher* Art. 235 § 2 EGBGB RdNr. 4ff.; *Limmer* ZEV 1994, 290, 293.

[5] AM *Palandt-Heldrich* Art. 26 EGBGB RdNr. 5, der diese Widerrufsfälle nach dem Erbstatut beurteilen will, also nach dem gemäß Art. 25 Abs. 1 EGBGB anzuwendenden Recht.

[6] S. § 2255 RdNr. 2, § 2256 RdNr. 8, 10; *Leipold*, Erbrecht, 10. Aufl., RdNr. 252, 253 (dort Fn. 39).

10 **4. Zur Form zu rechnende Vorschriften.** Nach Art. 26 Abs. 3 S. 1 EGBGB (analog) werden Vorschriften, die mit Beziehung auf das Alter, die Staatsangehörigkeit oder andere persönliche Eigenschaften des Erblassers die zugelassenen **Formen beschränken,** mit zur Form gerechnet. Dasselbe gilt für Eigenschaften, welche die für die Gültigkeit einer letztwilligen Verfügung erforderlichen Zeugen besitzen müssen, Art. 26 Abs. 3 S. 2 EGBGB.

11 **5. Sonstige Errichtungsvoraussetzungen, insbesondere Testierfähigkeit.** Abgesehen von der Form ist nach Art. 26 Abs. 5 S. 1 EGBGB (analog) auf die Gültigkeit der Errichtung einer Verfügung von Todes wegen das Recht anzuwenden, das **im Zeitpunkt der Verfügung** auf die Rechtsnachfolge von Todes wegen anzuwenden wäre. Hieraus ergibt sich, daß für diese Fragen (analog Art. 25 Abs. 1 EGBGB) das Recht der ehemaligen DDR dann berufen ist, wenn der Erblasser **bei Errichtung der Verfügung seinen gewöhnlichen Aufenthalt in der ehemaligen DDR** hatte (oder wenn aufgrund sonstiger Umstände für diesen Zeitpunkt engere Beziehungen zu dieser Rechtsordnung anzunehmen waren). Dies gilt insbesondere für die Beurteilung der **Testierfähigkeit.** – Wo die Verfügung errichtet wurde, spielt insoweit keine Rolle.

12 **6. Bindung beim gemeinschaftlichen Testament und beim Erbvertrag.** Dasselbe gilt für die **Bindung an Verfügungen von Todes wegen** und damit für die in § 2 S. 2 besonders angesprochene Bindung an ein gemeinschaftliches Testament, dh. auch insoweit ist gemäß Art. 26 Abs. 5 S. 1 EGBGB (analog) das Recht der ehemaligen DDR dann anzunehmen, wenn der Erblasser bei Errichtung der Verfügung seinen gewöhnlichen Aufenthalt in der DDR hatte. Dies hat auch für vor dem 1. Januar 1976 (Inkrafttreten des ZGB) errichtete **Erbverträge** zu gelten, die nach dem damaligen Übergangsrecht der DDR bindend geblieben sind, s. Bd. 6, 2. Aufl., Einl. zum Erbrecht, RdNr. 272. Zur Umdeutung eines später errichteten Erbvertrags in ein Testament s. § 1 RdNr. 25.

IV. Von § 2 erfaßte Rechtsfolgen

13 **1. Errichtung und Aufhebung einer Verfügung von Todes wegen.** Hierzu gehören zunächst die **Form** des Testaments und des Widerrufs eines Testaments. Das ZGB läßt das notarielle Testament, das eigenhändige Testament und unter besonderen Voraussetzungen Nottestamente zu, §§ 383ff. ZGB, dazu s. Bd. 6, 2. Aufl., Einl. zum Erbrecht, RdNr. 234. Der Widerruf erfolgt nach § 387 ZGB durch Testament, Rücknahme aus der Verwahrung oder durch Vernichtung oder Veränderung eines eigenhändigen Testaments in Widerrufsabsicht. Die **Testierfähigkeit** wird ebenfalls von § 2 erfaßt. Sie ist im ZGB nicht besonders geregelt, sondern nach den allgemeinen Bestimmungen über die Handlungsfähigkeit, §§ 49ff. ZGB, zu beurteilen. Danach kann nur eine volljährige Person ein Testament errichten, s. Bd. 6, 2. Aufl., Einl. zum Erbrecht, RdNr. 233.

14 **Inhalt** und **Wirkungen** der Verfügungen von Todes wegen werden dagegen nicht von § 2 erfaßt. Sie sind also nach dem ab 3. Oktober 1990 auch in der DDR geltenden Erbrecht des BGB zu beurteilen. Das sollte auch für Fragen wie die Sittenwidrigkeit eines Testaments und für Willensmängel, insbesondere für die Testamentsanfechtung[7] gelten.

15 **2. Bindung beim gemeinschaftlichen Testament.** Das gemeinschaftliche Testament kann, ebenso wie nach § 2265 BGB, gemäß § 388 ZGB nur von **Ehegatten** errichtet werden. Die Form bestimmt sich nach § 391 ZGB; es ist sowohl die notarielle als auch die eigenhändige Form zulässig. Das gemeinschaftliche Testament ist gemäß § 390 ZGB bindend, s. Bd. 6, 2. Aufl., Einl. zum Erbrecht, RdNR. 248. Unter der Bindung gemäß § 2 S. 2 wird man sowohl die **zu Lebzeiten beider Ehegatten** als auch die **nach dem Tod des**

[7] So auch *Bestelmeyer* Rpfleger 1994, 235, 236; ebenso zu Art. 213, 214 EGBGB *Staudinger-Winkler* Art. 214 EGBGB RdNr. 34. Dagegen will *de Leve* Rpfleger 1994, 233, 234 hinsichtlich der Willensmängel als Anfechtungsgründe das zum Zeitpunkt der Testamentserrichtung geltende Recht der DDR anwenden.

ersten Ehegatten eintretenden Beschränkungen beider bzw. eines der Ehegatten zu verstehen haben. Es gehören also hierher die Regeln über den Widerruf des gemeinschaftlichen Testaments zu Lebzeiten beider Ehegatten, § 392 Abs. 1 bis 3 ZGB, ebenso wie die Bestimmungen über den Widerruf durch den überlebenden Ehegatten, § 392 Abs. 4 ZGB, und über die Aufhebung des gemeinschaftlichen Testaments durch den überlebenden Ehegatten nach Annahme der Erbschaft, § 393 ZGB.[8] S. hierzu Bd. 6, 2. Aufl., Einl. zum Erbrecht, RdNr. 248 bis 251. Für nicht anwendbar wird man auch die §§ 2287f. (beeinträchtigende Schenkungen usw.) halten müssen,[9] da sie (obgleich die Verfügungen als solche nicht unwirksam sind) in der Wirkung auf eine Beschränkung des Erblassers hinauslaufen und auch im Sinne des Art. 214 Abs. 2 EGBGB (dem Art. 235 § 2 nachgebildet ist) zu den Regeln über die Bindung des Erblassers gerechnet wurden.[10] Nach § 390 Abs. 2 Satz 1 ZGB kann der überlebende Ehegatte unter Lebenden frei über den Nachlaß verfügen.[11] – Dagegen ist die Anfechtung eines gemeinschaftlichen Testaments wegen Willensmängeln nicht zur Bindung zu rechnen,[12] und daher nach dem Erbrecht des BGB zu beurteilen, auch wenn das Testament vor dem 3. Oktober 1990 errichtet wurde.

[8] Dazu *Limmer* ZEV 1994, 290.

[9] Ebenso BGH NJW 1995, 1087 = ZEV 1995, 221 (*Leipold*); OLG Naumburg OLG-NL 1995, 10, 11; OLG Dresden NJ 1994, 577 = DtZ 1995, 140; *Limmer* ZEV 1994, 290, 294; *Soergel-Stein* Einl. zum Erbrecht (Bd. 9), RdNr. 100; *Staudinger-Rauscher* Art. 235 § 2 EGBGB RdNr. 9.

[10] RGZ 78, 268, 270; 87, 120, 123; RG JW 1912, 799, 800; RG WarnR 1915 Nr. 147; *Staudinger-Winkler* Art. 214 EGBGB RdNr. 29; *Soergel-Hartmann* Art. 214 EGBGB RdNr. 3.

[11] Hierzu ausführlich BGH NJW 1995, 1087 = ZEV 1995, 221 (*Leipold*). – Die Verfügung kann aber wegen Sittenwidrigkeit, uU auch wegen Umgehung der eingetretenen Bindung, nichtig sein, vgl. *Leipold* aaO.

[12] So auch *Staudinger-Rauscher* Art. 235 § 2 EGBGB RdNr. 10; *Limmer* ZEV 1994, 290, 294. Ebenso zu Art. 214 Abs. 2 EGBGB RGZ 77, 165, 172f.; *Staudinger-Winkler* Art. 214 EGBGB RdNr. 30; *Soergel-Hartmann* Art. 214 EGBGB RdNr. 3.

Artikel 236
Einführungsgesetz: Internationales Privatrecht

Schrifttum: Die Abhandlungen haben 1991 ihren Höhepunkt erreicht und sind seither deutlich zurückgegangen. Eine umfassende Zusammenstellung geben *Staudinger-Dörner* Art. 236 vor RdNr. 1, ferner *Staudinger-Rauscher* Art. 230 vor RdNr. 1. Besonders zu nennen sind: *Jayme-Furtak*, Hrsg., Der Weg zur deutschen Rechtseinheit, 1991 mit Beiträgen ua. zum Kollisionsrecht von *Böhmer, Mansel, Müller;* RabelsZ 55 (1991) Heft 2 mit Beiträgen von *Pirrung, Siehr, Drobnig.* Weitere Abhandlungen: *Coester-Waltjen*, Ausgewählte zivilrechtliche Fragen im Einigungsvertrag: Interlokale und intertemporale Probleme, Ehegüterrecht und nachehelicher Unterhalt, Jura 1991, 516; *Dörner*, Das deutsche interlokale Privatrecht nach dem Einigungsvertrag, Festschr. f. *Lorenz*, 1991, S. 321; *Dörner/Meyer-Sparenberg*, Rechtsanwendungsprobleme im Privatrecht des vereinten Deutschland, DtZ 1991, 1; *Heldrich*, Das interlokale Privatrecht Deutschlands nach dem Einigungsvertrag, 1992; *ders.*, Interlokales Privatrecht im vereinten Deutschland, Festschr. f. Lerche, 1993, S. 913; *Henrich*, Probleme des interlokalen und des intertemporalen Ehegüter- und Erbrechts nach dem Einigungsvertrag, IPRax 1991, 14; *ders.*, Probleme der deutschen Rechtseinheit im Familienrecht, FamRZ 1991, 873; *von Hoffmann*, Internationales Privatrecht im Einigungsvertrag, IPRax 1991, 1; *Horn*, Die Rolle des Zivilrechts im Prozeß der Wiedervereinigung, AcP 194 (1994), 179 (190); *Jayme*, Allgemeine Ehewirkungen und Ehescheidung nach dem Einigungsvertrag – Innerdeutsches Kollisionsrecht und Internationales Privatrecht, IPRax 1991, 11; *Jayme-Stankewitsch*, Nochmals: Scheidungsfolgen und innerdeutsches Kollisionsrecht, IPRax 1993, 162; *Mansel*, Staatsverträge und autonomes internationales Privat- und Verfahrensrecht nach der Wiedervereinigung, JR 1990, 441; *Schurig*, Ein Kollisionsrecht für das Kollisionsrecht, Festschr. f. Lorenz, 1991, S. 513; *Stoll*, Kollisionsprivatrechtliche Aspekte des Vertrages über die deutsche Einigung, Festschr. f. Lorenz, 1991, S. 577.

Vorbemerkung

Die folgende Kommentierung ergänzt die Ausführungen zur Behandlung innerdeutscher Rechtskonflikte Bd. 7 Einl. IPR RdNr. 131 bis 149, s. unten RdNr. 1 bis 4, sowie zur Behandlung der Staatsverträge als Quellen des deutschen IPR, Bd. 7 Einl. IPR RdNr. 175 bis 203, s. unten RdNr. 5 bis 10. Ferner behandelt sie die weitere Anwendbarkeit des autonomen IPR der untergegangenen DDR allgemein, § 1 RdNr. 1 bis 31, und in Bezug auf familienrechtliche Rechtsverhältnisse und das eheliche Güterrecht, § 2 RdNr. 1 bis 60 und § 3 RdNr. 1 bis 12.

Übersicht

I. Rechtsanwendung nach der Herstellung der Einheit Deutschlands ab 3. 10. 1990

1 Mit dem Wirksamwerden des Beitritts der DDR zur Bundesrepublik Deutschland und der damit erfolgten Erstreckung der Souveränität der Bundesrepublik auf das Staatsgebiet der untergegangenen DDR ändert sich die Bd. 7 Einl. IPR RdNr. 113 bis 149 dargestellte Lage sowohl sachrechtlich als auch kollisionsrechtlich grundlegend. Zur sachrechtlichen Rechtslage ist hier an sich nicht Stellung zu nehmen. Soweit sich daraus aber Auswirkungen für das Kollisionsrecht ergeben, sind folgende Feststellungen erforderlich. Sachrechtlich bedeutet die Herstellung der Einheit Deutschlands, daß nunmehr das im gesamten Gebiet der Bundesrepublik geltende Recht, auch soweit es sich um Partikularrecht in den neuen Bundesländern handelt, unter dem GG als einheitlicher Verfassung steht; ferner, daß die hier von allem interessierende zivilrechtliche Rechtszersplitterung mit der grundsätzlich nicht rückwirkenden Inkraftsetzung des BGB und des EGBGB am 3. 10. 1990

(EVertr. Art. 230 Abs. 2 EGBGB) weitgehend beseitigt ist. Die nach 1949 eingetretene Rechtszersplitterung wirkt sich lediglich insoweit noch aus, als das Recht der untergegangenen DDR als solches nach den Überleitungsnormen des deutschen Rechts (grundsätzlicher Rückwirkungsausschluß, soweit nicht anderes geboten; ausdrückliche Übergangsvorschriften des EGBGB) weiterhin auf Altfälle und Altwirkungen von Rechtsverhältnissen, die nach dem Beitritt andauern (vgl. Art. 236 § 1 RdNr. 15, 27) anzuwenden ist. Sie besteht in sehr beschränktem Umfang weiterhin insoweit fort, als Normen dieses Rechts nicht mehr als DDR-Recht, sondern als partikulares Bundesrecht, evtl. auch entsprechend den Kompetenznormen des GG als Landesrecht übernommen worden sind und als solche weiterhin in Kraft bleiben.

2 Für das **Internationale Kollisionsrecht** ergibt sich daraus, daß das einschlägige Rechtsanwendungsgesetz, RAG, der untergegangenen DDR[1] am 3. 10. 1990 außer Kraft getreten ist, folglich nicht mehr gilt und nur noch nach Maßgabe des Art. 236 anzuwenden ist. Soweit dies nicht der Fall ist, wird in ganz Deutschland zur Lösung internationaler Konfliktfälle deutsches IPR angewendet. Für das Bd. 7 Einl. IPR RdNr. 131 ff. behandelte **interdeutsche Kollisionsrecht,** das von der deutschen Rechtsprechung aus Anlaß der Spaltung und wegen des Fehlens eines gemeinsamen Verfassungsdaches teilweise abweichend vom traditionellen interlokalen Recht entwickelt worden war, folgt daraus, daß es **mit dem 3. 10. 1990 seine Funktion insoweit verloren** hat, **als es nicht** mehr zur Bestimmung der Anwendbarkeit des Rechts der untergegangenen DDR als solchen auf **Altfälle** oder auf **Altwirkungen noch andauernder Rechtsverhältnisse** aus der Zeit vor dem 3. Oktober 1990 benötigt wird. Dazu nachfolgend RdNr. 3. Soweit es sich um die **Aufrechterhaltung von DDR-Normen als partikulares Bundesrecht** bzw. als Landesrecht über den 3. 10. 1990 hinaus handelt, stehen sie nunmehr mit anderem deutschen Recht unter dem Dach der gleichen Verfassung, so daß es sich um den Normalfall des Nebeneinanders von Partikularrechten in einem Staat handelt, vgl. Bd. 7 Einl. IPR RdNr. 132, das im Kollisionsfall **nach** den Kollisionsnormen des **allgemeinen interlokalen Rechts zu behandeln** ist,[2] die man in Deutschland schon immer zur Lösung derartiger Konflikte benötigt hat, vgl. Bd. 7 Einl. IPR RdNr. 122 ff. Die Unterschiede zwischen dem interdeutschen Kollisionsrecht aus Anlaß der Spaltung Deutschlands und dem allgemeinen deutschen interlokalen Kollisionsrecht sind freilich gering. Im allgemeinen decken sich die Regeln.

3 Die **intertemporalen Fragen,** die sich **aus der Ablösung des Kollisionsrechts der untergegangenen DDR durch das deutsche Kollisionsrecht** ergeben, hat der Gesetzgeber in Art. 236 EGBGB **nur teilweise geregelt.** Dies gilt erstens **gegenständlich.** Geregelt sind die sog. **Altfälle,** dh. Vorgänge, die bis zum Wirksamwerden des Beitritts abgeschlossen waren (so Art. 236 § 1), aus allen Bereichen des bürgerlichen Rechts.[3] Für die **Rechtsverhältnisse,** die **vor dem Beitritt begründet** waren, jedoch **weiter andauern** und Rechtswirkungen äußern, gibt es eine Regelung nur, soweit es sich um Familienrechtsverhältnisse und ehegüterrechtliche Rechtsbeziehungen handelt (Art. 236 § 2 und § 3),[4] nicht dagegen für andere Rechtsverhältnisse.[5] Die **Rechtsverhältnisse bzw. Rechtslagen,** die **nach dem Beitritt entstanden** sind, erfaßt Art. 236 nicht.[6]

4 Für die erfaßten Vorgänge normiert Art. 236 nur die aus der Wiederherstellung der deutschen Rechtseinheit resultierenden **intertemporalen Probleme der internationalpri-**

[1] Bd. 7, Einl. IPR RdNr. 150. Schrifttum zum RAG ebendort RdNr. 203 b (Sub. 7). Text des RAG auch bei *Staudinger-Dörner* Art. 236 RdNr. 34.

[2] Vgl. *Dörner* DtZ 1991, 6; *Heldrich,* Festschr. f. Lerche, S. 926; *Staudinger-Rauscher* Art. 230 RdNr. 7; *Stoll,* Festschr. f. Lorenz, S. 578, dagegen nicht eindeutig S. 592 f. Für Schuldverhältnisse vgl. MünchKomm-*Martiny* vor Art. 27 RdNr. 35 b, 1. Nachtrag. Dazu, daß der Zweck der Fortgeltung des DDR-Rechts als partikulares Bundesrecht ausnahmsweise eine modifizierte Handhabung des interlokalen Kollisionsrechts erfordern kann s. Art. 236 § 1 RdNr. 31. Der geschilderte Grundsatz wird davon nicht berührt.

[3] Vgl. Art. 236 § 1 RdNr. 15 ff.

[4] Vgl. Art. 236 § 2 RdNr. 11 ff.; § 3 RdNr. 4 ff.

[5] Vgl. Art. 236 § 1 RdNr. 27 ff.

[6] Vgl. Art. 236 § 1 RdNr. 31.

vatrechtlichen Behandlung. Hier regelt er, ob bei Bestehen einer **internationalen Kollisionslage** (Sachverhalte mit einer Verbindung zum Recht eines ausländischen Staates, Art. 3 Abs. 1 vgl. unten Art. 236 § 1 RdNr. 6) die deutschen Kollisionsnormen oder diejenigen der untergegangenen DDR das anzuwendende Recht bestimmen. Art. 236 regelt nicht,[7] wie bei Bestehen einer **innerdeutchen Kollisionslage** (Sachverhalte mit einer Verbindung entweder zum Recht der Bundesrepublik Deutschland oder zur untergegangenen DDR) das maßgebliche Recht zu bestimmen ist: anhand des deutschen interdeutschen Kollisionsrechts oder anhand der Kollisionsnormen der untergegangenen DDR. Das Problem wird wegen des Sachzusammenhangs ebenfalls in der Kommentierung des Art. 236 § 1 mitbehandelt,[8] soweit es um die grundsätzliche Weichenstellung geht.

II. Einfluß der Herstellung der Einheit Deutschlands auf deutsche IPR-Staatsverträge und auf IPR-Normen in Staatsverträgen der untergegangenen DDR

5 Zu dem Normenbestand, der sich mit **internationalprivatrechtlichen Konflikten** beschäftigt, gehören auch die **völkervertragsrechtlichen Kollisionsnormen,** die am 3. 10. 1990 in der Bundesrepublik Deutschland und in der untergegangenen DDR in Kraft waren.

6 Wie sich aus Art. 11 des Einigungsvertrages ergibt, ist grundsätzlich davon auszugehen, daß eine ex nunc ab 3. 10. 1990 wirkende **Erstreckung des Anwendungsgebietes der IPR-Abkommen der Bundesrepublik** auf die neuen Bundesländer stattgefunden hat.[9] Die Vorschrift macht sich offensichtlich Art. 15 Buchst. a der Wiener Konvention über die Staatennachfolge in Verträge von 1978 zu eigen, die zwar noch nicht in Kraft getreten ist, insoweit aber wohl nur den völkerrechtlichen Satz von der Beweglichkeit der Vertragsgrenzen ausdrückt.[10] Die Vorschrift befaßt sich mit dem Fall, daß ein Staat Gebiete an einen anderen abtritt.

7 Weniger offenkundig ist das Schicksal der **IPR-Abkommen der untergegangenen DDR und der IPR-Normen in den sonstigen von dieser abgeschlossenen Verträgen,**[11] deren Fortgeltung, Anpassung oder Erlöschen nach Art. 12 des Einigungsvertrags mit den Vertragspartnern „erörtert" werden soll, um ihr Schicksal „zu regeln beziehungweise festzustellen". Dabei geht es im hier interessierenden Rahmen im wesentlichen um die bilateralen Rechtshilfeverträge der untergegangenen DDR, die Kollisionsnormen enthalten.[12] Die Vorschrift des Einigungsvertrages hängt offenbar mit Art. 31 der Wiener Konvention von 1978 zusammen, der für Fusionen von Staaten von der grundsätzlichen Fortgeltung der jeweiligen Staatsverträge der fusionierenden Staaten ausgeht, aber zugleich eine Erstreckung der Verträge eines bisherigen Staates auf das Gesamtgebiet des neuen Staates nicht ausschließt.[13] Für Kollisionen, die daraus mit den gleichzeitig fortbestehenden Staatsverträgen des anderen bisherigen Staates entstehen, wurde eine einvernehmliche Regelung mit den Vertragspartnern dieser Verträge vorgesehen.[14] Eine solche Handhabung erübrigt sich bei Abtretungen nach Art. 15 der Wiener Konvention von 1978, vgl. dort Buchst. b: die Verträge des abtretenden Staates erlöschen im abgetretenen Gebiet. Es läßt sich durchaus vertreten, daß der Beitritt zur Bundesrepublik Deutschland

[7] Vgl. Art. 236 § 1 RdNr. 6, Fn. 6 mwN.

[8] Vgl. Art. 236 § 1 RdNr. 5 bis 11.

[9] Ebenso *Palandt-Heldrich* Art. 236 RdNr. 3; *Mansel* JR 1990, 443; *Dörner* DtZ 1991, 5. Für die Zustimmungs- und Ausführungsgesetze ergibt sich Entsprechendes aus Art. 8 des Einigungsvertrages.

[10] Vgl. *Horn* NJW 1990, 2173.

[11] Auf die internationalverfahrensrechtlichen Normen dieser Verträge beziehen sich die folgenden Ausführungen nicht.

[12] Vgl. Internationales Privatrecht, Kommentar zum Rechtsanwendungsgesetz, Berlin 1989, Einl. Nr. 5 § 2.1 sowie die Übersicht über die am Stichtag betehenden Verträge im Anhang.

[13] *Müller* in *Jayme-Furtak* S. 45 hält Art. 31 auf die deutsche Wiedervereinigung von Haus aus für unanwendbar.

[14] Diese ergibt sich zwar nicht aus dem Text der Konvention, aber aus einer anläßlich der Formulierung des Art. 31 beschlossenen Resolution, vgl. *Treviranus* ZaöRV 39 (1979), 272.

einen Fall der Zession iS des Art. 15 Buchst. b darstellt.[15] Demnach wären die Rechtsanwendungsverträge mit dem Wirksamwerden des Beitritts erloschen. Da die Konvention nicht in Kraft getreten ist, wäre allerdings weiterhin Voraussetzung, daß die in Art. 15 Buchst. b enthaltene Regelung dem Völkergewohnheitsrecht entspricht. Diese Frage ist nicht abschließend geklärt[16] und entzieht sich im Rahmen eines dem IPR gewidmeten Kommentars einer abschließenden Stellungnahme.

8 Geht man davon aus, daß ein Art. 5 Buchst. b entsprechender völkergewohnheitsrechtlicher Satz nicht besteht oder daß die Herstellung der Einheit Deutschlands nicht der von Art. 15, sondern von Art. 31 der Wiener Konvention von 1978 erfaßten Fallgruppe entspricht[17] oder nahekommt, so bedeutet Art. 12 des Einigungsvertrages gleichwohl nicht, daß bis zur dort vorgesehenen Vereinbarung von einer automatischen Fortgeltung der Rechtsanwendungsverträge der untergegangenen DDR auszugehen ist. Die Vorschrift ist ganz offenkundig vom Zweifel darüber geprägt, ob es etwas zu regeln oder nur festzustellen gibt. Man wird nicht fehlgehen, wenn man davon ausgeht, daß sie die Beseitigung von Rechtsunklarheiten bezweckt. Was sachlich richtig ist, muß dem Völkerrecht und dem internen deutschen Recht entnommen werden. Dabei sind zwei Maximen zu beachten: einerseits gilt der Grundsatz pacta sunt servanda, andererseits wird der clausula rebus sic stantibus eine Korrekturfunktion zugestanden, falls sich aus der Auslegung des Vertrages ergibt, daß dieser unter den neuen Umständen nicht ohne wesentliche Veränderung fortgeführt werden kann.[18] Dies gilt auch, wenn man aufgrund Art. 31 der Wiener Konvention von 1978 argumentiert.[19] Wie die nachfolgende Kommentierung zu § 2 ergibt, ist eine wesentliche Veränderung bei den Kollisionsnormen anzunehmen, die auf die DDR-Staatsbürgerschaft als Anknüpfungsgrund Bezug nehmen, da es eine solche nicht mehr gibt.[20] Darüber hinaus verliert ein Rechtshilfevertrag, der den Schutz der Staatsbürger beider Vertragsparteien zum Gegenstand hat, ganz generell eine wesentliche Grundlage, wenn infolge Untergangs eines Vertragspartners die Gegenseitigkeit der Wahrnehmung des Schutzes entfallen ist. Dies gilt auch für die vereinbarte kollisionsrechtliche Behandlung der Staatsbürger der Vertragsstaaten. Da die Anwendung der clausula rebus sic stantibus am 3. 10. 1990 zum Erlöschen der Rechtshilfeverträge[21] und folglich der in diesen enthaltenen Kollisionsnormen geführt hat, ist dies auch ohne die in Art. 12 des Einigungsvertrages vorgesehene Vereinbarung zu beachten, da diese wegen ihrer oben erwähnten, auf Beseitigung von Rechtsunklarheiten beschränkten Funktion nur deklaratorischen Charakter haben kann.

[15] Eindeutig befürwortend *Horn* NJW 1990, 2173; *Müller* in *Jayme-Furtak* S. 44. Jedenfalls Sympathie für diese Lösung äußert *Heintschel von Heinegg*, RIW – DDR-Rechtsentwicklungen Beilage 12 zu Heft 7/1990 S.12, 14f. *Mansel* JR 1990, 442 und in *Jayme-Furtak* S. 57 hält diese Regelung für entsprechend anwendbar.

[16] Dafür *Horn* (Fn. 5), zweifelnd *Heintschel von Heinegg* (Fn. 5) S. 13f. *Hailbronner* JZ 1990, 449ff., 450 geht von einem allgemeinen völkerrechtlichen Grundsatz aus, wonach ein Anschluß eines Teilgebiets an einen anderen Staat, der dessen Identität zum Erlöschen bringt, die von ihm abgeschlossenen Staatsverträge ebenfalls erlöschen läßt.

[17] Zur Diskussion s. Nachweise vorige Fn.

[18] Vgl. *Heintschel von Heinegg* (Fn. 15) S. 14f. Dazu s. auch Art. 61, 62 der Wiener Konvention über das Recht der Verträge vom 23. 5. 1969, Einl. IPR RdNr. 175, die sich mit nachträglicher Unmöglichkeit der Erfüllung und grundlegender Änderung der Umstände befassen.

[19] Vgl. Art. 13 Abs. 1 Buchst. b der Wiener Konvention von 1978, der auch in den Fusionsfällen ein Erlöschen der Staatsverträge dann vorsieht, wenn die weitere Anwendung mit Gegenstand und Ziel des Vertrages unvereinbar ist oder die Bedingungen seiner Durchführung grundlegend verändert würden.

[20] Ebenso *Henrich* in *Jayme-Furtak* S. 53.

[21] Ebenso *Palandt-Heldrich* Art. 236 RdNr. 2. Für Suspendierung *Mansel* JR 1990, 443f.; *Staudinger-Dörner* Art. 236 RdNr. 42 (dort auch Nachweise des gesamten Diskussionsstandes RdNr. 38ff.). Vgl. auch *Müller* in *Jayme-Furtak* S. 45, 48: Schwebende Unwirksamkeit oder Suspendierung bis zur Feststellung des Erlöschens; *v. Hoffmann* IPRax 1991, 9. Wohl auch *Siehr* IPRax 1991, 24. Soweit unter Berufung auf BT-Drucks. 11/7760 S.V bzw. BR-Drucks. 600/90 S. 20 von einer Aussetzung der DDR-Staatsverträge ausgegangen wird, ist das sachliche Ergebnis wie hier Nichtanwendbarkeit, so daß die Unterschiede zur hier vertretenen Auffassung eher verbaler Art sind. AA dagen *Dörner* DtZ 1991, der sich lediglich de lege ferenda für eine Aufhebung der Verträge durch Vereinbarung mit den Vertragspartnern der ehemaligen DDR ausspricht.

9 Dieses Ergebnis wird verfassungsrechtlich als durch das Rechtsstaatsprinzip bestätigt angesehen, da sich bei Aufrechterhalten der IPR-Teile der Verträge der untergegangenen DDR ein Normenwirrwarr ergeben hätte, der mit dem Gebot der Rechtssicherheit unvereinbar gewesen wäre.[22] Inzwischen ist die Problematik im wesentlichen dadurch erledigt, daß die Bundesrepublik Deutschland aufgrund des Art. 12 EVertrag die Feststellung des Erlöschens der Verträge erklärt hat.[23] Die vorstehenden Erläuterungen können daher nur noch für die Zeit vom 3. 10. 1990 bis zur Erlöschenserklärung Bedeutung erlangen. Rechtstatsächlich haben sich offenbar einschlägige Situationen nicht ergeben. Daher ist es auch nicht erforderlich, näher zu erläutern, daß sich keine zusätzlichen Probleme der Umsetzung des Wegfalls der Verträge ins innerstaatliche Recht ergeben. Das Erlöschen der IPR-Normen der Verträge der untergegangenen DDR am 3. 10. 1990 ist ex nunc erfolgt, bezieht sich also nicht auf Altvorgänge, die zu diesem Zeitpunkt abgeschlossen waren.[24] Zur Aufrechterhaltung geschaffener Rechtslagen kann auf Art. 70 der Wiener Konvention verwiesen werden. Mit einer Anwendung des Art. 236 § 1 EGBGB hat das nicht zu tun. Die weitere Anwendung der staatsvertraglichen Kollisionsnormen auf Altvorgänge ist auch unabhängig davon, ob man – wie hier – vom Erlöschen, von schwebender Unwirksamkeit oder von Suspendierung ab dem 3. 10. 1990 ausgeht. Nach allen drei Auffassungen kann man aber die staatsvertraglichen Kollisionsnormen auf Vorgänge nach dem 3. 10. 1990 nicht mehr anwenden.

10 Die für die IPR-Normen der zweiseitigen Verträge der untergegangenen DDR maßgeblichen Überlegungen sind bezüglich der mehrseitigen Abkommen zu ergänzen. Es handelt sich um Haager Abkommen, die mit den in der Bundesrep. Deutschland geltenden identisch sind. Daher ergeben sich nach den Erläuterungen RdNr. 6 keine Probleme: sie sind als deutsches Recht weiterhin anzuwenden. Auf die Sonderproblematik des am 3. 10. 1990 in der untergegangenen DDR in Kraft gewesenen Wiener UN-Kaufrechtsübereinkommens und des ergänzenden UN-Verjährungsübereinkommens, die in der Bundesrep. Deutschland zu diesem Zeitpunkt nicht galten, ist hier nur hinzuweisen,[25] da es sich um Sachnormenvereinheitlichung, nicht um völkervertragliches IPR handelt.

[22] So *Böhmer* in *Jayme-Furtak* S. 40; *Siehr* IPRax 1991, 24.

[23] Vgl. die Übersicht bei *Staudinger-Dörner* Art. 236 RdNr. 46. Zu den dort zitierten Rechtshilfeverträgen gehört auch derjenige mit der UdSSR, der allerdings lt gemeinsamer Erklärung der zuständigen Ministerien im Verhältnis der Bundesrepublik Deutschland zur Republik Belarus vorerst weiter angewendet werden soll, vgl. IPRax 1995, 61. Da diese Erklärung nach Vorstehendem nur deklaratorischen Charakter hat, ändert sie nichts daran, daß die Kollisionsnormen des Vertrages auch im Verhältnis zur Republik Belarus auf Grund der materiell-rechtlichen Grundsätze fortgefallen sind.

[24] Ebenso *Henrich* in *Jayme-Furtak* S. 53; *Mansel*, ebendort S. 58.

[25] Vgl. MünchKomm-*Martiny* Art. 28 Anh. II RdNr. 3a, 52a Nachtrag I; *Staudinger-Dörner* Art. 236 RdNr. 44f.

§ 1 Abgeschlossene Vorgänge

Auf vor dem Wirksamwerden des Beitritts abgeschlossene Vorgänge bleibt das bisherige Internationale Privatrecht anwendbar.

Übersicht

A. Normzweck

I. Grundlegung

1 Art. 236 hat sich als eine Vorschrift erwiesen, die dunkel und unvollkommen ist und in besonderem Maße die dem Gesetzgeber aufgezwungene Eile der Herstellung der deutschen Einheit widerspiegelt. Sie hat daher in einem Ausmaß zu wissenschaftlichen Stellungnahmen geführt, das nicht im Verhältnis zur praktischen Bedeutung der Norm steht. Diese geringe Bedeutung hängt damit zusammen, daß der kommunistische Staat Rechtsbeziehungen seiner Bürger mit Partnern im Ausland weitgehend unterband. Internationalprivatrechtliche Fragen ergaben sich mithin idR gar nicht erst und folglich stellen sich auch Überleitungsfragen selten. Dies mag zugleich erklären, wieso ein Thema in den Mittelpunkt der Erörterung rückte, das mit dem Internationalen Privatrecht und mit Art. 236 unmittelbar gar nichts zu tun hat: die Behandlung innerdeutscher Konfliktsfälle.

2 Die Vorschrift steht in dem Kapitel des EGBGB, in dem festgelegt wird, unter welchen Voraussetzungen einerseits DDR-Recht weiter gilt und andererseits es trotz seiner Aufhebung und Inkrafttreten des deutschen Bundesrechts noch zur Anwendung des DDR-Rechts kommt. Da das RAG der DDR nicht zum weitergeltenden Recht gehört, vgl. Vorbem. RdNr. 2, ist **Art. 236** folglich eine **intertemporalrechtliche Vorschrift.** So wie Art. 231 bis 235 EGBGB für das Sachrecht sagen, in welchen Fällen es intertemporal trotz Inkrafttreten des BGB beim bisherigen DDR-Recht verbleibt oder dieses sogar weiter gilt, so regelt für die internationalprivatrechtlichen Vorschriften der Art. 236, in welchen Fällen das IPR der DDR noch anzuwenden ist, obgleich es nicht weiter gilt. Eine andere Funktion hat diese Vorschrift nicht.[1] Deshalb ist bei ihrer Anwendung zu beachten, daß sich ein **intertemporales Rechtsanwendungsproblem** von vornherein **nur** ergibt, **soweit** es zu einer **Rechtsänderung** gekommen ist. Das ist nur in dem Teil Deutschlands der Fall, in dem bis zum 3. 10. 1990 das IPR der ehemaligen DDR galt und als lex fori von den dortigen Rechtspflegeorganen anzuwenden war.[2] Das hat zur Folge, daß Art. 236, obgleich er allgemeines und nicht lediglich partikulares Bundesrecht ist,[3] wegen der unterschiedlichen kollisionsrechtlichen Ausgangslage von den Rechtspflegeorganen im bisheri-

[1] So für den gesamten Normenbereich der Art. 231 bis 236: BGH, JZ 1994, 469.

[2] Auf die Bedeutung dieses Umstandes für das Verständnis des Art. 236 macht *Staudinger-Dörner* Art. 236 RdNr. 4 aufmerksam.

[3] Vgl. *Wasmuth* DtZ 1990, 298; *Dörner* DtZ 1991, 3; *Siehr* IPRax 1991, 20.

gen Bundesgebiet und im Beitrittsgebiet unterschiedliche gedankliche Operationen verlangt, vgl. unten RdNr. 12f.[4]

3 Seiner **intertemporalrechtlichen Aufgabe wird Art. 236 nur teilweise gerecht.** Obgleich sich § 1 nur mit den am 3. 10. 1990 abgeschlossenen Vorgängen befaßt, ist es erforderlich, die Kommentierung ebenso, wie dies bei der intertemporalrechtlichen Norm des Art. 220 aus Anlaß der deutschen IPR-Reform geschehen ist, auf Rechtsverhältnisse bzw. Rechtslagen zu erstrecken, die zwar vor dem 3. 10. 1990 entstanden sind, aber über diesen Zeitpunkt hinaus Rechtswirkungen äußern. Das betrifft jedoch nicht den Teilbereich der familienrechtlichen Verhältnisse, die bei Art.236 § 2 erläutert werden. Ferner ist kurz auf die Rechtsverhältnisse bzw. Rechtslagen einzugehen, die nach dem 3. 10. 1990 neu entstanden sind.

4 Auf der anderen Seite **schießt der Wortlaut des Art. 236 § 1 über die intertemporalrechtliche Aufgabe** der Norm insoweit **hinaus,** als der Anschein erweckt wird, daß sich die Norm auf das gesamte IPR der ehemaligen DDR bezieht. Das trifft aber nicht zu. Die Vorschrift besagt nur, in welchen Fällen es intertemporal bei der Anwendung des autonomen IPR der ehemaligen DDR verbleibt. In welchen Fällen die weggefallenen völkervertraglichen Kollisionsnormen der ehemaligen DDR noch anzuwenden sind, ist hier nicht geregelt, vgl. dazu oben Vorbem. RdNr. 7ff.

5 Als ausschließlich intertemporalrechtliche Norm **regelt Art. 236 nicht die räumlichen Anwendungsvoraussetzungen des IPR der untergegangenen DDR.** Das bedeutet, daß nach der Klärung der weiteren Anwendbarkeit dieses IPR noch beantwortet werden muß, ob seine räumliche Anwendbarkeit davon abhängt, daß der Sachverhalt bestimmte Bezüge zum Beitrittsgebiet aufweist und bejahendenfalls, welche das sind. Dieser Punkt ist unabhängig von Art. 236 zu klären (vgl. RdNr. 13). Die Vorschrift hält dafür wegen ihres ausschließlich intertemporalrechtlichen Gehalts keine Lösungen bereit.[5]

6 Art. 236 regelt in § 1 ausschließlich dieAnwendung des bisherigen **internationalen Privatrechts der ehemaligen DDR** und sagt außerdem in §§ 2 und 3 von welchem Zeitpunkt an bei den dort erfaßten andauernden Rechtslagen das deutsche internationale Privatrecht anzuwenden ist. Da es sich um eine Norm des deutschen EGBGB und nicht des DDR-Rechts handelt, ist grundsätzlich davon auszugehen, daß der Begriff des IPR im gleichen Sinn wie auch sonst im EGBGB verwendet wird. Eine Ausnahme davon ist nur zu rechtfertigen, wenn besondere Gründe für einen abweichenden Sinngehalt sprechen. Die Definition des Art. 3 Abs. 1 EGBGB, vgl. näher dort RdNr. 5, ist vorbehaltlich solcher besonderer Gründe auch für Art. 236 § 1 maßgeblich.[6] Das hat, falls solche Gründe nicht vorhanden sind, die Konsequenz, daß Art. 236 die Normen nicht berührt, die die innerdeutschen Rechtskonflikte regelten, dh. für die Zeit der deutschen Spaltung das **interdeutsche Privatrecht.** Wie innerdeutsche Konflikte zu behandeln sind, ist klärungsbedürftig, weil die Konzepte des deutschen Rechts und des Rechts der untergegangenen DDR sich nicht deckten.

7 Wegen des politischen Abgrenzungsinteresses betrachtete die untergegangene DDR die Bundesrep. Deutschland als Ausland (vgl. Bd. 7 Einl. IPR RdNr. 150), so daß die Anwendung deutschen Rechts nur in Betracht kam, wenn das **IPR** dieses Staates seine Anwendung anordnete. Aus der Sicht des Rechts der Bundesrep. Deutschland verhielt es sich anders. Da auch die ehemalige DDR ein deutscher Teilstaat war, schied die Anwendung des IPR zur Regelung innerdeutscher Rechtsanwendungskonflikte aus. Hieraus erklärt sich die besondere Rolle des interdeutschen Kollisionsrechts.

[4] Hier liegt der zutreffende Kern der Lehre vom gespaltenen Kollisionsrecht, vgl. unten RdNr. 13 Fn. 17, wenn dieser auch hinsichtlich ihres normativen Verständnisses nicht zu folgen ist.

[5] Vgl. *Staudinger-Dörner* Art. 236 RdNr. 6 (erster Satz). AA etwa *Jayme-Stankewitsch* IPRax 1993, 163, die sich aber zur Begründung ihrer Auffassung sowohl vom Text als auch vom systematischen Gesamtzusammenhang völlig lösen müssen, in dem Art. 236 steht.

[6] Das wird zutreffend von *Heldrich,* Festschr. f. Lerche, S. 921 hervorgehoben.

8 Wegen der unterschiedlichen Sichtweise gingen die Gerichte beider deutschen Teilstaaten unterschiedlich vor. Da das allmählich verblaßt, ist es für das Verständnis der Reichweite des Art. 236, insbesondere seines § 1, zweckmäßig, die unterschiedliche Handhabung in Erinnerung zu behalten. Die deutschen Gerichte prüften zunächst die internationalprivatrechtliche Anwendbarkeit des deutschen Rechts. War dieses anwendbar und enthielt der zu beurteilende Vorgang Bezüge zum Recht der ehemaligen DDR, so prüften sie nach durchwegs richterrechtlichen Kollisionsnormen des interdeutschen Rechts, ob deutsches Recht oder das Recht der untergegangenen DDR anzuwenden ist. Soweit es sich um eine Gesamtverweisung handelt, wurde sodann anhand des DDR-IPR geprüft, ob eine Rückverweisung oder eine Verweisung auf das Recht eines anderen Staates eingriff. Die Gerichte der untergegangenen DDR verfuhren anders. Sie prüften ausschließlich anhand des DDR-IPR, ob ihr eigenes DDR-Recht oder das Recht eines aus ihrer Sicht ausländischen Staates, auch dasjenige der Bundesrep. Deutschland, anwendbar ist. Aus deutscher Sichtweise bedeutete dies im Ergebnis, daß das DDR-IPR zugleich die Funktion internationalen und interdeutschen Kollisionsrechts wahrnahm, weil die Besonderheit des interdeutschen Konflikts aus politischen Gründen unterdrückt wurde.

9 Es wäre angesichts der großen Bedeutung des interdeutschen Kollisionsrechts für die Lösung innerdeutscher Konfliktsfälle während der Spaltung erstaunlich, wenn sich der Gesetzgeber anläßlich einer intertemporalrechtlichen Regelung für das internationale Privatrecht sozusagen en passant den Standpunkt der ehemaligen DDR zu eigen gemacht hätte, daß sie internationaler Natur sind und das anzuwendende Recht mit Hilfe des IPR zu bestimmen ist. Wenn man dem Gesetzgeber dies unterstellt, so erhält Art. 236 § 1 eine ganz andere Funktion. Das hätte dann aber im Hinblick auf die IPR-Definition des Art. 3 Abs. 1 gesagt werden können und müssen und zwar umso mehr als der Gesetzgeber damit zugleich zwei wichtige politische Aussagen gemacht hätte: einerseits hätte er ausgerechnet nach Herstellung der Einheit den alten DDR-Standpunkt anerkannt, wonach beide Staaten im Verhältnis zueinander Ausland waren; andererseits hätte er im Nachhinein die bisherige interdeutsch-kollisionsrechtliche Behandlung der innerdeutschen Konfliktsfälle durch die deutsche Rechtsprechung desavouiert. Der historische Hintergrund und die Stellung des Art. 236 im EGBGB sind der Grund dafür, § 1 dahin auszulegen, daß die weitere Anwendbarkeit des **IPR der untergegangenen DDR nur seine internationalprivatrechtliche Funktion iS des Art. 3 Abs. 1 EGBGB betrifft. Innerdeutsche Konfliktslagen** und ihre Behandlung durch das **interdeutsche Kollisionsrecht berührt die Vorschrift von vornherein nicht.**[7] Da die Anwendbarkeit namentlich des RAG auf innerdeutsche Konfliktslagen nicht aufrechterhalten wurde, sind die betroffenen Altfälle nach den Normen des interdeutschen Kollisionsrechts zu behandeln[8] und zwar von allen deutschen Rechtspflegeorganen. Die Anwendung der Normen des interdeutschen Kollisionsrechts bedarf nicht der Anwendungslegitimation durch Art. 236 § 1.[9]

[7] Ebenso BGH JZ 1994, 469 mit zust. Anm. *Thode*. Das Urteil schließt die durch BGH FamRZ 1991, 421 f. und BGH NJW-RR 1992, 1474 eingeleitete Entwicklung einheitlich für das gesamte Privatrecht ab. Im gleichen Sinn schon *Schurig*, Festschr. f. Lorenz, S. 520; *Stoll*, Festschr. f. Lorenz, S. 587 f.; *Palandt-Heldrich* Art. 236 RdNr. 4; *Horn* AcP 194 (1994), 193. Die Gegenmeinung, die Art. 236 Abs. 1 entsprechend anwendete und damit erreichte, daß es zu einer innerdeutschen Kollisionsrechtsspaltung kam, vgl. *Staudinger-Dörner* Art. 236 RdNr. 4 dürfte mit der Klärung der ganzen Frage durch den BGH überholt sein.

[8] So BGH vorige Fn. und die ihm vorangegangenen Stellungnahmen. Daher erübrigt es sich ein neues Kollisionsrecht etwa aus den Überleitungsvorschriften der Art. 231 bis 235 zu erschaffen, vgl. etwa *Jayme* IPRax 1991, 12 (kritisch *Staudinger-Rauscher* Art. 230 RdNr. 51) oder aus Art. 4 Abs. 3 EGBGB zu entwickeln, dazu *Staudinger-Rauscher* Art. 230 RdNr. 57.

[9] Dies ist eigentlich wegen der rein intertemporalrechtlichen Funktion des Art. 236 § 1 im Rahmen der Rechtsänderungen im Beitrittsgebiet (vgl. oben RdNr. 2) eine Selbstverständlichkeit, muß aber doch betont werden, da die Gerichte wiederholt Art. 236 § 1 herangezogen haben, um zu begründen, weshalb innerdeutsche Erbrechtskonflikte bei Erbfällen aus der Zeit vor dem 3. 10. 1990 in Anwendung des interdeutschen Kollisionsrechts zu lösen sind (Art. 25, 3 Abs. 3 EGBGB analog): zB KG DtZ 1992, 187 f.; BayObLG DtZ 1992, 284. Zutref-

10 Diesem Ergebnis läßt sich nicht mit dem Prinzip rechtsstaatlich gebotenen Vertrauensschutzes entgegentreten.[10] Zwar ist es nicht auszuschließen, daß nach Vorstehendem im Einzelfall die Rechtspflegeorgane im Beitrittsgebiet heute einen Sachverhalt kollisionsrechtlich anders behandeln müssen als vor dem 3. 10. 1990. Sollten sich daraus nicht vertretbare Eingriffe in eine erworbene Rechtsposition ergeben, so kann eine Einzelkorrektur erfolgen.[11] Dies bleibt der jeweiligen Entscheidung des konkreten Sachverhalts vorbehalten, rechtfertigt aber keine generell von Art. 3 Abs. 1 EGBGB abweichende Auslegung des Begriffes „internationales Privatrecht" in Art. 236 EGBGB.[12] Ein konkretes Korrekturbedürfnis hat sich bisher offenbar noch nicht ergeben.[13]

11 Da sich Art. 236 mit der intertemporalrechtlichen Behandlung innerdeutscher Konfliktsfälle aus der Zeit der Spaltung nicht befaßt, ist dieser Problemkreis im folgenden nicht zu erörtern, sondern auf Bd. 7, Einl. IPR RdNr. 131 ff. und die Kommentierungen der Art. 231 bis 235 zu verweisen.

II. Praktische Auswirkungen

12 Aus der Präzisierung des Zweckes des Art. 236 ergibt sich **für die Rechtspflegeorgane im bisherigen Bundesgebiet:** (1) Eine Änderung des IPR ist am 3. 10. 1990 nicht eingetreten. Die Rechtsanwendung bei Sachverhalten mit Auslandsbezug beurteilt sich ohne Rücksicht auf dieses Datum nach dem IPR des EGBGB.[14] (2) Für innerdeutsche Konfliktsfälle, die bis zum Inkrafttreten des BGB abgeschlossen waren und für bis zu diesem Zeitpunkt eingetretenen Rechtswirkungen andauernder Rechtsverhältnisse erfolgt die Bestimmung des anwendbaren Rechts mit Hilfe des interdeutschen Kollisionsrechts, das während der deutschen Spaltung von der deutschen Rechtsprechung entwickelt worden war. Ein irgendwie gearteter Schwerpunkt des Sachverhalts im Geltungsgebiet des DDR-Rechts, der nach diesem interdeutschen Kollisionsrecht kein dahin zielender Anknüpfungsgrund war, rechtfertigt auch nach der Herstellung der deutschen Einheit dessen Anwendung nicht.[15] Das betrifft nicht nur das Sachrecht, sondern ebenso das RAG. – (3) Für Neuvorgänge und für Neuwirkungen von andauernden Rechtsverhältnissen nach dem 3. 10. 1990 ergeben sich infolge der Herstellung der Rechtseinheit im allgemeinen keine innerdeutschen Konfliktslagen mehr. Soweit ausnahmsweise DDR-Recht als partikulares Bundesrecht fortgilt, ist für die Bestimmung seiner Anwendbarkeit auf die Ausführungen zum interlokalen Recht zu verweisen, vgl. Vorbem. RdNr. 2, unten RdNr. 31.

fend dagegen BezG Erfurt DtZ 1993, 344; *Bader* DtZ 1994, 22; in einem den Versorgungsausgleich betreffenden Fall OLG Celle DtZ 1992, 54; zum scheidungsbedingten Unterhalt BSG DtZ 1992, 95.

[10] Dies ist aber das Hauptargument der Gegner der vorstehend vertretenen Auffassung vgl. *Staudinger-Dörner* Art. 236 RdNr. 81. Ganz vom Vertrauensschutzprinzip sind die Ausführungen von *Jayme-Stankewitsch* IPRax 1993, 165 f. bestimmt.

[11] Vgl. *Kropholler* IPR S. 187. *Heldrich* Festschr. f. Lerche, S. 923 ff.; *Horn* AcP 194 (1994), 194. Offenbar auch *Stoll,* Festschr. f. Lorenz, S. 588; *Schurig,* Festschr. f. Lorenz, S. 520.

[12] So aber die Gegenmeinung, vgl. statt aller *Jayme-Stankewitsch* IPRax 1993, 166.

[13] Die Frage, ob der Vertrauensschutz großzügig zu erfolgen hat oder nur in engen Grenzen, vgl. *Kropholler* IPR S. 187 Fn. 32, erscheint daher müßig. Ob die Behandlung der Scheidungsfolgen, die *Jayme-Stankewitsch* (Fn. 12) zu ihrer Lösung bestimmten, eine Korrektur erfordern, erscheint zweifelhaft, müßte aber jedenfalls richterlicher Einzelfallentscheidung vorbehalten bleiben.

[14] AA die oben RdNr. 10 abgelehnte Auffassung etwa von *Jayme-Stankewitsch* IPRax 1993, 164, wonach Art. 236 nicht nur intertemporale Funktion hat, sondern für alle deutschen Rechtspflegeorgane eine Anweisung enthält, ob sie deutsches oder DDR-IPR anzuwenden haben.

[15] Ebenso *Palandt-Heldrich* Art. 236 RdNr. 7; *Schurig,* Festschr. f. Lorenz, S. 522; anders *Mansel* JR 1990, 448; *Staudinger-Rauscher* Art. 230 RdNr. 57; *Jayme-Stankewitsch* IPRax 1993, 165. Anscheinend auch *Stoll,* Festschr. f. Lorenz, S. 591. Der dogmatische Unterschied mag sich in der praktischen Handhabung abschwächen, wenn man die Anknüpfungen des interdeutschen Rechts als Präzisierungen des Schwerpunkts versteht.

– (4) Führt in den sub (2) genannten Fällen die Verweisung des interdeutschen Kollisionsrechts zum DDR-Recht, so ist im Rahmen der Renvoiprüfung das IPR der ehemaligen DDR zu befragen, ob es zurück- oder weiterverweist oder es beim DDR-Recht beläßt. Das ist aber weiter davon abhängig, daß dieses IPR nach Art. 236 weiterhin anzuwenden ist, was in den betroffenen Sachlagen allerdings zutrifft. – (5) Ein Sonderproblem ergibt sich bei Anwendung von Art. 3 Abs. 3 EGBGB (vor 1986: Art. 28) auf in der ehemaligen DDR belegene Gegenstände, insbesondere Immobilien. Vorausgesetzt ist dabei, daß man diese Norm nicht nur auf Sachnormen, sondern auch auf Kollisionsnormen des Belegenheitsstaates (hier: Art. 25 Abs. 2 RAG) bezieht (vgl. Art. 3 RdNr. 21f.) und nicht nur als besondere internationalprivatrechtliche, sondern auch als besondere interdeutsche Kollisionsnorm versteht.[16]

13 Die **Rechtspflegeorgane im Beitrittsgebiet** haben folgende Prüfungen vorzunehmen: (1) Da im Beitrittsgebiet am 3. 10. 1990 eine Änderung des IPR erfolgt ist, muß zuerst geprüft werden, ob wegen des Auslandsbezugs des Vorganges nach Art. 236 die Bestimmung des anwendbaren Rechts anhand des EGBGB oder des Kollisionsrechts der untergegangenen DDR zu erfolgen hat. Diese erste Prüfung ist ausschließlich intertemporaler Natur und befaßt sich nur mit der Datierung des Vorganges oder der in Frage stehenden Rechtswirkung vor oder nach dem 3. 10. 1990. – (2) Wird intertemporal zugunsten der Anwendung des IPR der DDR entschieden, so sind im zweiten Prüfschritt die räumlichen Voraussetzungen seiner weiteren Anwendbarkeit zu prüfen. Art. 236 ist dafür unergiebig. Nach einer Auffassung haben die Rechtspflegeorgane im Beitrittsgebiet ohne weiteres das IPR der ehemaligen DDR anzuwenden, sog. Lehre vom gespaltenen Kollisionsrecht.[17] Führt dieses zum DDR-Sachrecht, so bleibt es dabei, selbst wenn dieses nach deutschem interdeutschem Kollisionsrecht nicht anwendbar wäre. Führt es zum ausländischen Recht und spricht dieses einen Renvoi aus, so soll dieser ebenfalls zum ehemaligen DDR-Recht führen, also wiederum ohne Rücksicht auf das deutsche interdeutsche Recht. Eine andere Auffassung will der Anwendbarkeit des IPR der ehemaligen DDR nach Art. 236 zusätzlich das deutsche interdeutsche Kollisionsrecht vorschalten, sog. Lehre vom einheitlichen Kollisionsrecht.[18] Danach haben auch die Rechtspflegeorgane im Beitrittsgebiet dieses IPR nur anzuwenden, wenn die Kollisionsnormen des deutschen interdeutschen Rechts darauf verweisen. Beide Auffassungen sind vertretbar. Nach Zögern in der Vorauflage ist jedoch der zweiten Auffassung, der sog. Vorschalttheorie, der Vorzug zu geben.[19] Erstens trägt sie dem Umstand Rechnung, daß das IPR der untergegangenen DDR seine Anwendung nicht mehr originärer Geltung im Beitrittsgebiet, sondern seiner Berufung durch das deutsche Recht verdankt. Dieses muß folglich auch seine räumlichen Anwendungsvoraussetzungen festlegen und da das nicht gesondert geschehen ist, bietet sich dafür das interdeutsche Kollisionsrecht an. Zweitens ist das auch sachlich vernünftig, weil auf diese Weise mögliche Disharmonien mit der Behandlung innerdeutscher Konfliktsfälle vermieden werden. Als **Ergebnis** ist folglich festzustellen: Ist intertemporalrechtlich über Art. 236 die Anwendung des IPR der ehemaligen DDR eröffnet und ergibt sich aus interdeutschem Kollisionsrecht auch räumlich dessen Anwendbarkeit, so ist der Fall mit Auslandsbezug kollisionsrechtlich nach diesem zu beurteilen. – (3) Trifft Letzteres nicht zu, weil das deutsche interdeutsche Kollisionsrecht nicht zum RAG der DDR führt, so

[16] Vgl. *Leipold* Art. 235 § 1 RdNr. 15 m. weit. Nachw. S. auch *Heldrich*, Festschr. f. Lerche, S. 926 m. weit. Nachw. insbes. der Rspr. Fn. 46.

[17] *Dörner* IPRax 1991, 393; *ders.*, Festschr. f. Lorenz, S. 331; *Staudinger-Dörner* Art. 236 RdNr. 12 m. weit. Nachw.

[18] *Palandt-Heldrich* Art. 236 RdNr. 7; *Kropholler* IPR S. 185; *Staudinger-Rauscher* Art. 230 RdNr. 61, 73ff., 83. Grundsätzlich auch *Schurig*, Festschr. f. Lorenz, S. 521f., der aber die Vorschaltprüfung nicht anhand des interdeutschen Kollisionsrechts, sondern eines neuen Kollisionsrechts „höheren Ranges" vornehmen will. Ähnlich etwa *Jayme-Stankewitsch* (vgl. oben Fn. 5, 10).

[19] Hierauf ist besonders hinzuweisen, da die Ausführungen in der Voraufl. im Schrifttum, vgl. *Staudinger-Rauscher* Art. 230 RdNr. 58, *Staudinger-Dörner* Art. 236 RdNr. 12 zugunsten der unmittelbaren Anwendbarkeit des Art. 236 angeführt wird.

haben die Rechtspflegeorgane auch im Beitrittsgebiet deutsches IPR anzuwenden. Sollte dabei in eine erworbene Rechtsposition eingegriffen werden, so kann in gleicher Weise wie bei rein innerdeutschen Konfliktslagen eine Einzelfallkorrektur unter Beachtung des rechtsstaatlichen Vertrauensschutzgebotes (oben RdNr. 10) erfolgen.[20] – (4) Ist intertemporalrechtlich nach Art. 236 gegen die Anwendung des IPR der untergegangenen DDR entschieden, so wenden die Rechtspflegeorgane deutsches IPR zwecks Bestimmung des auf den Sachverhalt mit Auslandsbezug anwendbaren Rechts an.

III. Schlußbemerkung

14 Aus den Erläuterungen RdNr. 13 ergibt sich, daß von den Rechtspflegeorganen in den neuen Bundesländern iprechtliche Rechtsanwendungskonflikte (iS des EGBGB) weiterhin in einem gewissen Umfang nach DDR-IPR zu lösen sind und dies zu einem anderen Ergegnis führen kann, als sich aus der iprechtlichen Anknüpfung durch die Rechtspflegeorgane im bisherigen Bundesgebiet ergeben würde, die nach dem EGBGB verfahren. Das ist eine Folge der begrenzten Nachwirkung der durch die politische Spaltung Deutschlands entstandenen kollisionsrechtlichen Rechtsspaltung, deren sachliche Auswirkungen hinzunehmen sind.

B. Die Regelung im einzelnen

I. Abgeschlossene Vorgänge

15 Zum **Begriff des** bei Wirksamwerden des Beitritts **abgeschlossenen Vorgangs** ist auf Art. 220 RdNr. 10ff. zu verweisen. Danach ist ein Vorgang abgeschlossen, wenn die aus ihm abgeleitete Rechtsfolge am Tage des Wirksamwerdens des Beitritts, der zugleich der Tag des Inkrafttretens des BGB nach Art. 230 Abs. 2 ist, eingetreten war.[21] Soweit es sich um eine aus ausländischem Recht abgeleitete Rechtsfolge handelt, kommt es folglich ausschließlich darauf an, ob dieses von dem nach den vorstehend erläuterten Regeln anzuwendenden DDR-IPR berufen war. Dabei ist nicht nur das RAG[22] selbst zu beachten. Es ist vielmehr so anzuwenden, wie es tatsächlich angewendet wurde. Es sind folglich die Rechtsfiguren des allgemeinen Teils, zB Qualifikation, Vorfragen, Renvoi, Unteranknüpfungen usw., genau so zu handhaben, wie es in der untergegangenen DDR geschah. Eine Einschränkung ist jedoch in Auswirkung des vom BGH gemachten materiellen Wertungsvorbehalts (nachfolgend RdNr. 18) zu machen: Soweit bei der Anwendung ausländischen Rechts der ordre-public-Vorbehalt aus Gründen des sozialistischen Rechtsverständnisses nach Art. 4 RAG zur Anwendung des DDR-Rechts führen würde, ist das insoweit

[20] Auch hier gilt wiederum, daß der Vertrauensschutz keine generelle anderweitige Regelung erfordert, wie es die Gegenmeinung annimmt, vgl. *Staudinger-Dörner* Art. 236 RdNr. 14, 18f.; *v. Hoffmann* IPrax 1991, 3f.

[21] HM, vgl. statt aller *Staudinger-Dörner* Art. 236 RdNr. 25, 57; *Mansel* in *Jayme-Furtak* S. 155. Implizit BGH NJW 1993, 2177. AA wie bereits bei Art. 220: *Palandt-Heldrich* Art. 236 RdNr. 8.

[22] Nachweise oben RdNr. 714 Fn. 1. Zur kollisionsrechtlichen Behandlung von Rechtsverhältnissen, die bei Inkrafttreten des RAG am 1. 1. 1976 bereits vorlagen, vgl. *Staudinger-Dörner* Art. 236 RdNr. 33. Wegen der Seltenheit der Fälle wird auf eine Kommentierung verzichtet.

nicht mehr zu beachten, als es mit den Grundsätzen der Verweisungsgerechtigkeit nicht zu vereinbaren ist.

16 Anwendung des RAG in der gleichen Weise, wie es in der untergegangenen DDR angewendet wurde, bedeutet zugleich, daß Staatsverträge vorgehen, soweit sie ihrerseits auf Altfälle weiterhin anzuwenden sind, vgl. dazu Vorbem. RdNr. 9.

17 Die Bestimmung des international maßgeblichen Statuts mit Hilfe des intertemporal und interdeutsch noch anzuwendenden IPR der untergegangenen DDR betrifft grundsätzlich alle abgeschlossenen Vorgänge. Eine Ausnahme hiervon ist aber insoweit zu machen, als das seit dem 3. 10. 1990 auch im Beitrittsgebiet geltende EGBGB eine nachträgliche Abänderung der Anknüpfung zuläßt. Das ist bei Schuldverträgen nach Art. 27 Abs. 2 der Fall. Danach haben die Partner seit dem 3. 10. 1990 die Möglichkeit, das sich nach dem RAG ergebende Vertragsstatut durch die Wahl eines anderen Rechts zu ersetzen. Diese Wahl muß den Anforderungen des EGBGB entsprechen. Vgl. zur entsprechenden Situation nach der IPR-Reform vom 1986 Art. 220 RdNr. 13.

18 War in einem Fall trotz Auslandsbezug das nach dem anzuwendenden RAG maßgebliche Sachstatut das Recht der untergegangenen DDR und ist dieses intertemporal noch anzuwenden, so ist zu berücksichtigen, daß es nur in der Weise über den Vorgang befinden kann, als es mit den **Grundwertungen des deutschen Rechts** vereinbar ist. Dies ist auf den ersten Blick überraschend, da normalerweise das berufene Recht so anzuwenden ist, wie es selbst lautet.[23] Dazu gehören auch die **ihm zugrundeliegenden Wertungen.** Führen diese im Anwendungsstaat zu einem nicht tragbaren Ergebnis, so kann nur der ordre-public-Vorbehalt herangezogen werden. Vor der Herstellung der deutschen Einheit wurde das auch gegenüber der Anwendung von DDR-Recht so gehandhabt.[24] Hinsichtlich des übergangsweise noch anwendbaren Sachrechts der DDR wird dagegen davon ausgegangen, daß es von vornherein nach den Grundwerten und ethischen Maßstäben des deutschen Rechts anzuwenden ist.[25] So ist zu erklären, daß der BGH das aus dem Prinzip von Treu und Glauben abgeleitete Rechtsinstitut des Fortfalls der Geschäftsgrundlage, das bisher wohl nicht als Bestandteil des ordre public gegenüber der Anwendung ausländischen Rechts eingesetzt wurde, dem es unbekannt war, in das auf einen Vertrag aus der Zeit vor dem 3. 10. 1990 anzuwendende DDR-Recht hineinprojeziert hat.[26] Daß dies möglich ist, ergibt sich daraus, daß es sich hier nicht um ein Thema des IPR, sondern des sachrechtlichen intertemporalen Rechts handelt.[27] In gleicher Weise wie mit der Projezierung des § 242 BGB in das übergangsweise noch anzuwendende DDR-Recht verhält es sich mit Verfassungsgrundsätzen des deutschen Rechts.[28] Im übrigen ist abschließend darauf hinzweisen, daß die sich aus Vorstehendem ergebenden Transformationen im DDR-Recht nicht dazu führen sollen, abgewickelte Vorgänge wiederaufzurollen. Vielmehr handelt es sich nur um seine Anwendung auf abgeschlossene Vorgänge, aus denen jetzt noch Rechte hergeleitet werden können.[29]

19 Bei den nach RdNr. 12f. von den Rechtspflegeorganen im bisherigen Bundesgebiet und im Beitrittsgebiet zu vollziehenden unterschiedlichen gedanklichen Operationen der Anwendung des Art. 236 § 1 ist vorbehaltlich einer Einzelfallkorrektur wegen des rechtsstaatlichen Vertrauensschutzgebotes beispielsweise folgendermaßen zu verfahren:

[23] Vgl. Bd. 7 Einl. IPR RdNr. 456.

[24] Vgl. Art. 6 RdNr. 42.

[25] Vgl. dazu *Horn* DZWir 1992, 45f.; *ders.*, AcP 194 (1994), 195; *Palandt-Heldrich* Art. 6 RdNr. 12; *Oetker* JZ 1992, 608, 613; *Thode* JZ 1994, 473.

[26] BGH NJW 1993, 261, allerdings mit der erstaunlichen Überlegung, dieses Institut sei allen Rechtsordnungen bekannt. Schon ein Blick ins französische Recht lehrt anderes. Vgl. auch BGH JZ 1994, 471.

[27] Damit erklärt sich auch, daß sich die gleiche Lösung bei Anwendung des DDR-Sachrechts in einem rein innerdeutschen Konfliktsfall ergibt und für diese Vorgänge sogar ursprünglich entwickelt wurde.

[28] Vgl. BGH NJW 1993, 2532.

[29] Das ist wohl auch die Auffassung von *Horn* AcP 194 (1994) 196, obgleich er etwas irreführend feststellt, es gehe nur um die Behandlung nicht abgeschlossener Altfälle, aus denen am 3. 10. 1990 sich noch Ansprüche ergeben: also zB nicht um Verträge, wenn alle aus ihnen resultierenden Haupt-, Neben- und Ersatzforderungen am 3. 10. 1990 erloschen waren.

- **Erstes Beispiel:** Erwerb des Familiennamens eines am 1. 1. 1990 geborenen Kindes. **20**
  Rechtspflegeorgan im bisherigen Bundesgebiet: Ist Auslandsbezug gegeben, so wird das anwendbare Namenserwerbsstatut ohne weiteres nach dem EGBGB beurteilt, Art. 236 § 1 EGBGB spielt wegen seiner rein intertemporalrechtlichen Funktion keine Rolle. Ist kein Auslandsbezug gegeben oder kommt es trotz desselben zur Anwendung deutschen Rechts, so ist bei Bezug zur untergegangenen DDR nach interdeutschem Recht zu entscheiden, ob deren Recht oder das deutsche Recht anzuwenden ist. Ist Letzteres der Fall, so ist die kollisionsrechtliche Prüfung abgeschlossen und der Namenserwerb des Kindes nach deutschem Recht zu beurteilen. Ist Ersteres der Fall, so ist zu bedenken, daß es sich um eine Gesamtverweisung handelt. Folglich ist auch auf das Namenskollisionsrecht der ehemaligen DDR zu verweisen, also § 22 RAG. Dieses ist jedoch nur noch anzuwenden, soweit seine Anwendung intertemporalrechtlich aufrechterhalten wurde, so daß **an dieser Stelle Art. 236 § 1 EGBGB heranzuziehen** ist. Im Beispiel ist er einschlägig, da der Namenserwerbsgrund (Abstammung) vor dem 3. 10. 1990 abgeschlossen war. Demgemäß beurteilt sich nach der Staatsbürgerschaft des Kindes, ob eine Weiter- oder Rückverweisung stattfindet. Es spielt keine Rolle, daß hier die fortgefallene DDR-Staatsbürgerschaft ins Spiel kommt, denn dies geschieht erst, nachdem das deutsche interdeutsche Kollisionsrecht den Weg zur Anwendung des DDR-IPR eröffnet hat und es ausschließlich um die Annahme oder Ablehnung dieser Verweisung geht. Verweist das nach Art. 236 § 1 EGBGB anzuwendende RAG auf deutsches Recht zurück, so ist die kollisionsrechtliche Prüfung beendet und deutsches Sachrecht anzuwenden. Nimmt das RAG die Verweisung des interdeutschen Rechts an, so ist nunmehr über das maßgebliche Sachrecht intertemporalrechtlich nach Art. 234 § 10 EGBGB zu entscheiden, so daß es im Beispiel bei der Anwendung des Sachrechts der untergegangenen DDR verbleibt. **Ergebnis:** Die intertemporalrechtliche Regel des **Art. 236 § 1 EGBGB spielt** für die Rechtspflegeorgane im bisherigen Bundesgebiet **erst** an der Stelle **eine Rolle,** wo das DDR-IPR Bedeutung für die Lösung des Falles erlangt, dh. **bei der Renvoiprüfung.**

  Rechtspflegeorgane im Beitrittsgebiet: Wie im bisherigen Bundesgebiet wird mit der Prüfung begonnen, ob ein Auslandsbezug gegeben ist. Ist dies der Fall, so ist festzustellen, ob Art. 236 § 1 EGBGB intertemporalrechtlich noch zur Anwendung des DDR-IPR führt. Im Beispiel trifft das zu. Nunmehr ist zu prüfen, ob dieses auch nach dem interdeutschen Kollisionsrecht anzuwenden ist. Ist das nicht der Fall, so ist nach dem EGBGB zu entscheiden, ob deutsches oder ausländisches Recht anzuwenden ist. Die weitere Prüfung verläuft dann ebenso wie durch die Rechtspflegeorgane im bisherigen Bundesgebiet. Ist dagegen nach dem interdeutschen Kollisionsrecht DDR-IPR anzuwenden, so ist diesem zu entnehmen, ob deutsches oder ausländisches Recht anzuwenden ist. Im Beispiel ist folglich Art. 22 RAG anzuwenden. Führt die internationalprivatrechtliche Prüfung dazu, daß keine Verweisung auf ausländisches Recht stattfindet, so ist die Funktion des RAG beendet. Da es nur in seiner internationalprivatrechtlichen Bedeutung iS des Art. 3 Abs. 1 EGBGB weiter anwendbar ist, kann es zur interdeutschen Rechtsanwendung nichts beitragen. Ob es insoweit zur Anwendung des deutschen Sachrechts des Namenserwerbs oder des entsprechenden Sachrechts der untergegangenen DDR kommt, müssen auch die Rechtspflegeorgane im Beitrittsgebiet nach interdeutschem Recht entscheiden. Führt dieses zum DDR-Recht, so ist nach Art. 234 § 10 EGBGB festzustellen, ob es intertemporalrechtlich noch anzuwenden ist. Ist auch das zu bejahen, so entscheidet das DDR-Sachrecht über den Namenserwerb des Kindes. **Ergebnis:** Die intertemporalrechtliche Regel des **Art. 236 § 1 EGBGB spielt** für die Rechtspflegeorgane im Beitrittsgebiet **bereits bei der Prüfung der internationalprivatrechtlichen Verweisung eine Rolle,** nicht erst bei der Renvoiprüfung. **21**

- **Zweites Beispiel:** Erbfall am 1. 1. 1990 mit Nachlaßgrundstücken in der ehemaligen DDR. **22**

Rechtspflegeorgane im bisherigen Bundesgebiet: Ist Auslandsbezug gegeben, so wird das anwendbare Erbstatut ohne weiteres nach den erbrechtlichen Kollisionsnormen des EGBGB beurteilt und zwar unter Einbeziehung von Art. 3 Abs. 3, der bereits in diesem Prüfungsstadium seine internationalprivatrechtliche und interdeutschprivatrechtliche Doppelrolle spielt: Ergibt sich ein ausländisches Erbstatut, so behält Art. 3 internationalprivatrechtlich dem Vermögensbelegenheitsstatut seine Anwendbarkeit vor, soweit es das begehrt; als interdeutsche Kollisionsnorm wirkt er, indem er diese Anwendbarkeitsentscheidung dem DDR-IPR überläßt, soweit es sich um Nachlaß handelt, der im Gebiet der ehemaligen DDR belegen ist. Da § 25 Abs. 2 RAG von dem Vorrangangebot des Art. 3 Abs. 2 EGBGB Gebrauch macht, ist er anzuwenden, vorausgesetzt er ist intertemporalrechtlich trotz Wegfall des RAG noch anwendbar. Hierzu ist Art. 236 § 1 zu befragen, so daß es wegen des Zeitpunktes des Erbfalls neben dem ausländischen Erbstatut hinsichtlich der Immobilien zur Anwendung des Erbrechts der ehemaligen DDR kommt. Die intertemporalrechtliche Anwendbarkeit des dortigen Sachrechts erfolgt entsprechend Art. 235 § 1. Soweit Art. 3 Abs. 3 zum DDR-Erbrecht führt, ist die kollisionsrechtliche Prüfung abgeschlossen, im übrigen ist sie entsprechend dem EGBGB fortzusetzen.

23 Ergibt sich dagegen internationalprivatrechtlich nach dem EGBGB ein deutsches Erbstatut, so muß die Prüfungsfolge teilweise anders stattfinden. Die Bestimmung des allgemeinen Erbstatus erfolgt, so wie es auch im ersten Beispiel geschah, mittels der interdeutschen Kollisionsnormen. Führen diese zum deutschen Recht, so bleibt es dabei, es ist das Erbrecht des BGB anzuwenden. Wegen der Vorranganknüpfung des Art. 3 Abs. 3 als interdeutsche Kollisionsregel gilt dies aber wiederum nicht für die in der ehemaligen DDR belegenen Immobilien und zwar wiederum nach der intertemporalrechtlichen Regel des Art. 235 § 1. Ist dagegen nach der interdeutschen Kollisionsnorm das Recht der ehemaligen DDR anzuwenden, so ist im Rahmen der Renvoiprüfung das RAG zu befragen, das im Beispiel nach Art. 236 § 1 intertemporalrechtlich anwendbar ist. Des Art. 3 Abs. 3 EGBGB bedarf es hier nicht. Bezüglich des Sachrechts kommt es zum DDR-Erbrecht nach Maßgabe des Art. 235 § 1.

24 **Ergebnis: Grundsätzlich** bleibt es zwar in gleicher Weise wie beim Namenserwerb dabei, daß für die Rechtspflegeorgane im bisherigen Bundesgebiet die intertemporalrechtliche Regel des **Art. 236 § 1 erst bei der Renvoiprüfung bedeutsam** ist. **Dies wird aber durch die** sowohl international- wie interdeutsche **Vorranganknüpfung nach Art. 3 Abs. 3 durchbrochen,** die die allgemeine kollisionsrechtliche Behandlung des Erbfalls verdrängt: Soweit diese Norm eingreift und zum Recht der ehemaligen DDR führt, **muß bereits bei dieser Verweisung intertemporalrechtlich geprüft werden,** ob § 25 Abs. 2 RAG nach Sachverhaltslage noch anzuwenden ist. Der Grund hierfür liegt in der Sonderstellung des Art. 3 Abs. 3 EGBGB.

25 **Rechtspflegeorgane im Beitrittsgebiet:** Wie im bisherigen Bundesgebiet wird mit der Prüfung begonnen, ob der Erbfall Auslandsbezug hat. Ist dies der Fall, so ist zuerst zu bestimmen, ob Art. 236 § 1 EGBGB intertemporalrechtlich zur Anwendung des DDR-IPR führt. Im Beispiel trifft das zu. Sodann ist zu prüfen, ob die Anwendbarkeit des DDR-IPR auch nach interdeutschem Kollisionsrecht gegeben ist. Hinsichtlich des § 25 Abs. 2 RAG ist das wegen der nicht nur internationalen, sondern auch interdeutschen kollisionsrechtlichen Funktion des Art. 3 Abs. 3 EGBGB zu bejahen, insoweit steht damit die Anwendung des Sachrechts der ehemaligen DDR nach Maßgabe des Art. 235 § 1 fest, die kollisionsrechtliche Prüfung ist beendet. Im übrigen kommt es auf die allgemeine interdeutsche erbrechtliche Kollisionsregel an. Führt diese zum deutschen Recht, so ist der Erbfall internationalprivatrechtlich in gleicher Weise zu behandeln, wie von den Rechtspflegeorganen im bisherigen Bundesgebiet. Führt die interdeutsche Kollisionsnorm dagegen zum Recht der ehemaligen DDR, so ist das RAG anzuwenden und zwar entsprechend seiner intertemporalrechtlichen Anwendbarkeit nach Art. 236 § 1, die allerdings nicht erneut geprüft werden muß, soweit das bereit auf der Ebene der internationalprivatrechtlichen Prüfung geschehen ist. Im Beispiel ist folglich Art. 25 Abs. 1 RAG anzuwenden. Führt diese Vorschrift dazu, daß keine Verweisung auf ein ausländisches Erbrecht stattfindet, so ist die Funktion des RAG beendet. Ob das nunmehr anzuwendende Erbrecht das deutsche oder dasjenige der ehemaligen DDR ist, müssen auch die Rechtspflegeorgane im Beitrittsgebiet nach interdeutschem Recht entscheiden. Führt dies zum DDR-Erbrecht, so ist dessen intertemporalrechtliche Anwendbarkeit nach **Art. 235 § 1** zu entscheiden.

26 **Ergebnis:** Wie schon im ersten Beispiel spielt **Art. 236 § 1** für die Rechtspflegeorgane im Beitrittsgebiet **bereits bei der Prüfung der internationalprivatrechtlichen Verweisung** eine Rolle **und zwar generell** und nicht lediglich beschränkt auf die Vorrangsanknüpfung des Art. 3 Abs. 3 und nicht erst bei der Renvoiprüfung.

II. Vor dem Beitritt entstandene, weiter andauernde und neue Rechtswirkungen äußernde Rechtsverhältnisse bzw. Rechtslagen

27 Wie bei Art. 220 Abs. 2 geht es hier nur um die kollisionsrechtliche Behandlung der nach dem 3. 10. 1990 eintretenden bzw. **weiter andauernden Wirkungen** von Rechtsverhältnissen und Rechtslagen, die vor der Herstellung der deutschen Einheit begründet worden waren. Damit dürfen nicht Wirkungen verwechselt werden, die bereits vor dem 3. 10. 1990 entstanden, aber mangels Fälligkeit oder aus einem sonstigen Grund noch nicht erfüllt worden waren. Bei diesen handelt es sich um Altwirkungen, die kollisionsrechtlich unter Beachtung des § 1 zu beurteilen sind.[30] Die für die hier interessierenden Rechtswirkungen einschlägige Regelung des § 2 knüpft bei familienrechtlichen Verhältnissen fast wortgleich an Art. 220 Abs. 2 an. Daher kann davon ausgegangen werden, daß sich der Gesetzgeber von den gleichen Überlegungen leiten ließ. Für die von § 2 nicht erfaßten Rechtsverhältnisse und Rechtslagen mit andauernden bzw. neu eintretenden Wirkungen kann aus diesem Grund auf die Ausführungen bei Art. 220 RdNr. 16ff. verwiesen werden.

28 Angewendet auf Art. 236 bedeutet die Parallelität zu Art. 220, daß die Begründung des Rechtsverhältnisses bzw. die Entstehung der Rechtslage als ein am 3. 10. 1990 abgeschlossener Vorgang zu behandeln ist.[31] Hinsichtlich der Rechtswirkungen muß unterschieden werden, ob sie sich zeitlich aufgliedern lassen. Ist das nicht der Fall, so wird man es grundsätzlich insgesamt bei der kollisionsrechtlichen Behandlung als abgeschlossener Vorgang belassen müssen. Im Normalfall, vgl. die Beispiele bei Art. 220 RdNr. 17, sind die Rechtswirkungen zeitlich aufspaltbar, so daß es auch kollisionsrechtlich zur Aufspaltung kommt. Das auf die Altwirkungen bis zum 3. 10. 1990 anwendbare Recht ist so zu bestimmen, wie es auch sonst für abgeschlossene Vorgänge geschieht. Für Rechtswirkungen, die nach dem 3. 10. 1990 eintreten, ist in entsprechender Heranziehung des Grundgedankens des § 2 bei Auslandsbezug des Sachverhalts das anwendbare Recht anhand des EGBGB zu ermitteln.[32] Es werden auf dieser Prüfungsebene keine unterschiedlichen Gedankenoperationen der Rechtspflegeorgane im bisherigen Bundesgebiet und im Beitrittsgebiet erforderlich. Kommt deutsches Recht zur Anwendung, so sind infolge Beseitigung der Rechtsspaltung ab 3. 10. 1990 grundsätzlich keine weiteren kollisionsrechtlichen Überlegungen anzustellen. Ausnahmen davon ergeben sich nur, soweit ehemaliges DDR-Recht auch bezüglich der erst nach dem 3. 10. 1990 entstehenden Rechtswirkungen aufrechterhalten wurde. Hier beruht dessen weitere Anwendung nicht auf bloßer Nachwirkung, wie bei den abgeschlossenen Vorgängen, sondern auf seiner Fortgeltung als partikulares Bundesrecht, vgl. Vorbem. vor Art. 236 RdNr. 1f. Daher vereinfachen sich die

[30] Vgl. *Staudinger-Dörner* Art. 236 RdNr. 64. Vorausgesetzt in BGH NJW 1993, 259; DtZ 1993, 60. Dies stimmt überein mit der intertemporalrechtlichen Regelung der Sachrechtsanwendung. Vgl. dazu auch *Horn* AcP 194 (1994), 191.

[31] Ebenso *Staudinger-Dörner* Art. 236 RdNr. 30.

[32] Ebenso *Mansel* in: *Jayme-Furtak* S. 161f.; *Staudinger-Dörner* Art. 236 RdNr. 30.

kollisionsrechtlichen Überlegungen. Die Anwendbarkeit dieses Rechts ergibt sich aus den allgemeinen Regeln des interlokalen Rechts, das von allen deutschen Rechtspflegeorganen anzuwenden ist. Die teilweisen Sonderregeln des interdeutschen Kollisionsrechts, die während der Spaltung Deutschlands zur Lösung der besonderen Problemlagen entwickelt worden waren, kommen hier nicht mehr zur Anwendung.

29 In gleicher Weise, wie bei Anwendung des Art. 220 kann sich aus Vorstehendem ergeben, daß auf die nach dem 3. 10. 1990 sich ergebenden Rechtswirkungen des Rechtsverhältnisses ein anderes Recht anzuwenden ist, als das bisher der Fall war. Dies ist entweder dann der Fall, wenn sich aus dem EGBGB anders als aus der Anwendung des RAG ergibt, daß gar nicht deutsches Recht, sondern ein ausländisches Recht anwendbar ist; ferner, wenn zwar deutsches Recht anwendbar ist, aber nicht mehr fortgeltendes DDR-Recht als partikulares Bundesrecht, sondern das deutsche Einheitsrecht entscheidet. Letzteres ist als bewußte Entscheidung des Gesetzgebers hinzunehmen.[33] Der erstgenannte Fall ist bei Art. 220 RdNr. 17 ausführlich erörtert. Wie dort klargestellt, können die Parteien einer Änderung der kollisionsrechtlichen Lage teilweise durch nachträgliche Rechtswahl und den ihnen nachteiligen Änderungen der sachrechtlichen Rechtslage durch Einräumung einer Kündigungsmöglichkeit entgehen.[34] Weiterer Vertrauensschutz dürfte kaum geboten sein. Im übrigen ist die praktische Bedeutung des Vertrauensschutzes aufgrund der bisherigen Erfahrungen offenbar als sehr gering einzuschätzen. Infolge Zeitablaufs ist sie inzwischen wohl gegenstandslos geworden.[35]

30 Zur kollisionsrechtlichen Behandlung familienrechtlicher Rechtsverhältnisse, die vor dem 3. 10. 1990 begründet worden sind und danach fortbestehen, ist auf die Kommentierung des Art. 236 § 2 RdNr. 11ff. zu verweisen.

III. Nach dem Beitritt entstehende Rechtsverhältnisse bzw. Rechtslagen

31 Die internationalprivatrechtliche Rechtsanwendung kann sich nur aus dem IPR des EGBGB ergeben. Dieses Ergebnis wird durch Umkehrschluß aus Art. 236 § 1 zusätzlich bekräftigt. Ist danach deutsches Recht anzuwenden, so muß die kollisionsrechtliche Lösung gegebenenfalls durch interlokale Präzisierung entsprechend den allgemeinen Regeln des interlokalen Rechts ergänzt werden, soweit Sonderrecht im Beitrittsgebiet fortgilt. Wie die Rechtsprechung zu Art. 235 § 1 Abs. 2 bezüglich der DDR-Vorschriften über das Erbrecht nichtehelicher Kinder lehrt, kann allerdings der sachrechtliche Anlaß der Fortgeltung es notwendig machen, die interlokalen Kollisionsnormen ausnahmsweise zu modifizieren, um eine Umgehung des materiellen Rechts auszuschließen.[36]

[33] Ebenso *Staudinger-Dörner* Art. 236 RdNr. 30 (kein Schutz des Vertrauens in weitere Anwendbarkeit des bisherigen Sachrechts); offenbar auch *Horn* AcP 194 (1994), 191.

[34] Ebenso *Staudinger-Dörner* Art. 236 RdNr. 65.

[35] Für eine Aufrechterhaltung der alten kollisions- oder sachrechtlichen Behandlung der nach dem 3. 10. 1990 eingetretenen Rechtswirkungen aus dem Blickwinkel von „Kontinuitätsinteressen", vgl. *Staudinger-Dörner* Art. 36 RdNr. 30, ist kein Anlaß zu erkennen.

[36] Diese Frage ist hier nicht zu erläutern. Vgl. dazu bezüglich des Erbrechts nichtehelicher Kinder *Leipold* bei Art. 235 sowie *Heldrich,* Festschr. f. Lerche, S. 926.

§ 2 Wirkungen familienrechtlicher Rechtsverhältnisse

Die Wirkungen familienrechtlicher Rechtsverhältnisse unterliegen von dem Wirksamwerden des Beitritts an den Vorschriften des Zweiten Kapitels des Ersten Teils.

Übersicht

I. Bedeutung des § 2

1 Art. 236 § 2 EGBGB steht in engem Zusammenhang mit Art. 236 § 1 EGBGB. Alle Rechtsfragen, die nicht gemäß Art. 236 § 1 dem bisher in der DDR geltenden IPR unterworfen bleiben (s. dort RdNr. 9) sollen nach Wirksamwerden des Beitritts der DDR zur BRepD am 3. 10. 1990 den Art. 3ff. EGBGB unterstehen.

2 Deshalb sind bei Art. 236 § 2 EGBGB zum Teil dieselben Fragen zu beantworten wie bei § 1. Das gilt insbesondere für zwei Probleme: (1) Zum einen regelt Art. 236 EGBGB nur intertemporales **IPR,** und zwar primär nur für ostdeutsche Gerichte; denn für westdeutsche Gerichte hat sich durch den Einigungsvertrag das IPR selbst nicht geändert.[1]

[1] Zu dieser kontroversen Frage vgl. zusammenfassend und ebenso wie hier *Staudinger-Dörner* Art. 236 §§ 1–3 EGBGB RdNr. 5 bis 19, 75ff.; *Dörner/Meyer-Sparenberg* DtZ 1991, 1, 2f.

Lediglich dann, wenn bei einem internationalen Fall die Kollisionsnormen des deutschen IPR auf deutsches Recht verweisen und nach deutschem interlokalen Privatrecht ostdeutsches Recht maßgebend ist, haben auch westdeutsche Gerichte die intertemporalen Vorschriften des Art. 236 EGBGB zu beachten. (2) Zum anderen ist zu entscheiden, nach welchen Maßstäben zu beurteilen ist, ob ein abgeschlossener Vorgang iSd. § 1 vorliegt oder ein noch nicht abgeschlossener Vorgang gemäß § 2 und 3. Diese Frage ist nach ostdeutschen Maßstäben zu beurteilen, da der Art. 236 EGBGB nur für die von den ostdeutschen Gerichten nach ostdeutschem IPR zu beurteilenden Rechtsverhältnisse gilt (s. Art. 236 § 1 RdNr. 12, 13). Ginge man, wie verschiedentlich argumentiert wird,[2] anders vor, brächte man entgegen dem Sinn der intertemporalen Vorschriften rückwirkend westdeutsches Recht zur Anwendung.

3 Bei den §§ 2 und 3 spielte ferner die Frage eine Rolle, ob die internationalprivatrechtlichen Staatsverträge der DDR fortgelten und den autonomen Vorschriften des EGBGB gemäß Art. 3 Abs. 2 EGBGB (s. Art. 3 RdNr. 9ff.) vorgehen.

II. Staatsverträge

4 **1. Problem.** In der BRepD gelten zahlreiche, das Kollisionsrecht auf dem Gebiet des Personen- und Familienrechts betreffende Staatsverträge, die nach Art. 3 Abs. 2 S. 1 EGBGB dem autonomen IPR vorgehen (s. Art. 3 EGBGB RdNr. 9ff.). Ebenfalls die DDR hatte nicht weniger als 35 hier einschlägige bilaterale Rechtshilfeverträge mit sozialistischen und nicht sozialistischen Staaten geschlossen,[3] die gemäß § 2 Abs. 2 Rechtsanwendungsgesetz (RAG) vom 5. 12. 1975[4] ebenfalls Vorrang vor dem in der DDR bis zum 2. 10. 1990 geltenden autonomen IPR hatten. Für die Staatsverträge beider deutscher Staaten ist getrennt nach dem Schicksal der personen- und familienrechtlichen Kollisionsnormen dieser Verträge zu fragen.

5 **2. Staatsverträge der BRepD.** Diejenigen Staatsverträge, die am 2. 3. 1990 in der BRepD in Kraft waren, gelten seit dem 3. 10. 1990 auch in den ostdeutschen Bundesländern und in Berlin, vgl. dazu Vorbem. vor Art. 236 RdNr. 6.

6 **3. Staatsverträge der DDR.** Im internationalen Personen- und Familienrecht spielten hauptsächlich die bilateralen Rechtshilfeverträge mit ihren Kollisionsnormen eine Rolle.[5] Im übrigen waren nur zwei multilaterale Übereinkommen über Fragen des Familienrechts in Kraft, die auch in der BRepD gelten: das Haager Eheschließungsabkommen von 1902[6] und das New Yorker Übereinkommen vom 10. 12. 1962 über die Erklärung des Ehewillens, das Heiratsmindestalter und die Registrierung von Eheschließungen.[7] Lediglich bei den bilateralen Rechtshilfeverträgen stellte sich also die Frage, ob sie – beschränkt auf den Geltungsbereich der fünf ostdeutschen Bundesländer und auf Ost-Berlin[8] – noch auf nicht abgeschlossene personen- und familienrechtliche Beziehungen iS von § 2 weiterhin anzuwenden waren (zu den abgeschlossenen Beziehungen vgl. Art. 236 § 1 RdNr. 15 bis 26). Für diese bilateralen Rechtshilfeverträge hat die Bundesregierung nach vorherigen Konsultationen mit den ausländischen Vertragspartnern durch Verbalnoten festgestellt, daß diese Rechtshilfeverträge am 3. 10. 1990 erloschen sind.[9] Damit steht fest, daß diese Verträge nur noch dann zu berücksichtigen sind, wenn ein vor dem 3. 10. 1990 eingetretener

[2] *Palandt-Heldrich* RdNr. 1; *Drobnig* RabelsZ 59 (1991), 268, 282f. Wie hier *v. Hoffmann* IPRax 1991, 1, 3f., und ausführlicher *Siehr* RabelsZ 55 (1991), 240, 256ff.

[3] Vgl. die Aufzählung dieser Verträge in: Internationales Privatrecht. Kommentar zum Rechtsanwendungsgesetz (Berlin 1989) S. 114f. (Nr. 10).

[4] Vgl. den Text dieses Gesetzes bei *Makarov*, Quellen des Internationalen Privatrechts[3] (Tübingen 1978) S. 76; *Staudinger-Dörner* Art. 236 §§ 1–3 EGBGB RdNr. 34.

[5] Siehe Fn. 3.

[6] GBl. DDR 1959 I S. 505 (Nr. 10); BGBl. 1976 II S. 1349.

[7] GBl. DDR 1975 II S. 22; BGBl. 1969 II S. 162; 1975 II S. 1463.

[8] Hierzu vgl. *Dannemenn* DtZ 1991, 130; *Drobnig* DtZ 1991, 76.

[9] Vgl. zB BGBl. 1991 II S. 1019 (Bulgarien), 1991 II S. 957 (Ungarn).

Vorgang zu beurteilen ist, auf den räumlich-persönlich sowie sachlich ein Rechtshilfevertrag anwendbar war (vgl. Art. 236 vor § 1 RdNr. 8).

III. Gegenstand und Maßstab der Überleitung

7 Bei der Auslegung von Art. 236 EGBGB ergeben sich verschiedene Fragen, bei denen zweifelhaft ist, wie und nach welchen Maßstäben sie zu beantworten sind.

8 **1. Qualifikation.** Art. 236 § 2 spricht von „Wirkungen familienrechtlicher Verhältnisse". Dabei fragt sich, ob ein Sachverhalt (zB der Ehename, s. RdNr. 14) gemäß § 19 RAG als ein familienrechtlicher Tatbestand zu qualifizieren ist (Name der Eheleute als eine Wirkung der Ehe im allgemeinen) oder ob er gemäß Art. 10 EGBGB als ein personenrechtliches Problem angesehen werden muß. Diese Frage stellt sich bei jedem Übergangsrecht: Sind Begriffe der Übergangsvorschriften nach den Maßstäben des alten oder des neuen Rechts auszulegen? Im intertemporalen IPR reduziert sich dieses Problem auf zwei Bereiche: (1) Wohin gehört eine Frage (hier z. B. ins Personen- oder ins Familienrecht)? (2) Ist sie abgeschlossen in dem Sinne, daß sie bereits unwandelbar angeknüpft und damit ihr Statut fixiert wurde, oder unterliegt sie einer wandelbaren Anknüpfung? Richtig scheint mir zu sein, daß die erste Frage nach dem neuen Recht des intertemporalen IPR zu beantworten ist; denn es bestimmt die Zuordnung seiner Vorschriften. Bei der anderen Frage nach der Abgeschlossenheit eines Sachverhalts ist auf das vor dem 3. 10. 1990 geltende IPR des Beitrittsgebiets abzustellen,[10] sofern bereits vor diesem Zeitpunkt Beziehungen zur DDR bestanden.[11] Eine an Art. 17 EGBGB entwickelte sachrechtliche Interpretation[12] ist abzulehnen; denn bei dieser Kollisionsnorm müssen wir häufig die Ehe nach einem Recht scheiden, das nicht oder nicht immer für das Verhalten der Eheleute während der Ehe maßgebend war. Wieso soll Art. 17 EGBGB nur im intertemporalen IPR korrigiert werden?

9 **2. Auslandsbeziehung.** Art. 236 EGBGB sagt nicht, welche Beziehung ein Sachverhalt zu einem DDR-fremden Territorium haben muß, damit überhaupt eine kollisionsrechtliche Frage gemäß Art. 236 EGBGB zu beantworten ist. Diese Frage mag aus ostdeutscher Sicht anders zu beurteilen sein als aus westdeutscher Perspektive, weil deutsch-deutsche Beziehungen im Osten normale Auslandsbeziehungen waren, während im Westen besondere Regeln hierfür galten (hierzu s. RdNr. 2). Diese Frage braucht hier nicht vertieft zu werden, weil, wie immer man sie beantwortet, für Dauerbeziehungen (s. RdNr. 10) grundsätzlich deutsches Recht gilt (Art. 8 Einigungsvertrag). Trotzdem kann ein deutscher interlokaler Konflikt vorliegen; denn nach dem Einigungsvertrag (Anlage I, Kapitel III, Sachgebiet B, Abschnitt I Nr. 2) und gemäß Art. 230, 234 EGBGB gelten gewisse Spezialregelungen und intertemporale Vorschriften für bestimmte Sachverhalte, die in ihrer Ausgestaltung auch interlokale Komponenten aufweisen (s. RdNr. 29ff.).

10 **3. Dauerbeziehung.** Art. 236 § 2 EGBGB gilt für Dauerbeziehungen, wie sie schon bei Art. 220 Abs. 2 EGBGB umschrieben worden sind (s. dort RdNr. 16ff.). Hier taucht die bereits erwähnte Frage auf, nach welchen Maßstäben das Vorliegen einer Dauerbeziehung zu bestimmen ist. Richtiger Auffassung nach muß diese Frage nach ostdeutschen Maßstäben beurteilt werden (s. RdNr. 2). Hier jedoch braucht auch dieser Frage nicht näher nachgegangen zu werden; denn alles, was kein abgeschlossener Sachverhalt iSd. Art. 236 § 1 EGBGB ist, wirkt fort und unterliegt grundsätzlich dem für den Osten neuen IPR (s. RdNr. 11ff.).

[10] *Palandt-Heldrich* RdNr. 8; *Siehr* IPRax 1991, 20, 23f.

[11] Zu dieser Einschränkung vgl. *Siehr* RabelsZ 55 (1991), 240, 259f., unter Hinweis auf *F. Kahn* JherJb. 43 (1901), 299, 312 = Abhandlungen I S. 363, 374, und *Joppe*, Overgangsrecht in het i. p. r. en het fait accompli (Arnhem 1987) S. 88f.

[12] *Staudinger-Dörner* Art. 236 §§ 1–3 EGBGB RdNr. 25; *Dörner-Kötters* IPRax 1991, 39, 40f. (für intertemporales innerdeutsches Kollisionsrecht); *Mansel* bei: *Jayme-Furtak* S. 141, 155.

IV. Intertemporales Kollisionsrecht

11 **1. Begriff der Wirkungen familienrechtlicher Verhältnisse.** Die Wirkungen von Rechtsverhältnissen werden normalerweise den Voraussetzungen für die Entstehung von Rechtsverhältnissen gegenübergestellt. Mit diesem präzisen Begriff der Wirkungen erfaßt Art. 236 § 2 EGBGB seine wichtigsten Anwendungsfälle. Trotzdem ist dieser präzise Begriff ebenso wie bei dem fast wörtlich übereinstimmenden Art. 220 Abs. 2 EGBGB (s. Art. 220 EGBGB RdNr. 16) für die Zwecke des § 2 zu eng. Das Wort „Wirkungen" darf wie so manches Wort des Einigungsvertrages, der in großer Eile fertiggestellt werden mußte, nicht auf die Goldwaage gelegt werden. Von § 2 werden vielmehr alle familienrechtliche Fragen erfaßt, die – anders als zB eine Eheschließung oder eine rechtskräftige Ehescheidung – noch nicht abgeschlossen iSd. Art. 236 § 1 sind.

12 **2. Allgemeine Ehewirkungen.** Für die allgemeinen Ehewirkungen iSd. Art. 14 EGBGB tritt mit dem 3. 10. 1990 uU ein Statutenwechsel ein. Hat zB ein deutsch-italienisches Ehepaar seinen letzten gemeinsamen gewöhnlichen Aufenthalt in Prag, so wandten die Gerichte der DDR (sofern sie überhaupt zuständig waren) das ostdeutsche Familiengesetzbuch (FGB) an (§§ 5 lic. c, 19 RAG), und heute ist nach Art. 5 Abs. 1 S. 2, 14 Abs. 1 Nr. 2 EGBGB tschechisches Recht maßgebend, sofern ein Ehegatte noch in der Tschechischen Republik wohnen bleibt.

13 **3. Name einer Person.** Der Name ist nach Auffassung des EGBGB keine Wirkung eines familienrechtlichen Verhältnisses, sondern ein persönliches Recht (Art. 10 EGBGB). Abgeschlossen iSd. Art. 236 § 1 EGBGB ist lediglich ein Namenserwerb vor dem 3. 10. 1990. Die Namensführung oder Namensänderung seit dem 3. 10. 1990 unterliegt dem neuen Recht (Art. 8 Einigungsvertrag), also dem Art. 10 EGBGB. In diesem Zusammenhang sind sowohl beim Ehenamen als auch beim Kindesnamen zwei verschiedene Willensbekundungen zu unterscheiden, nämlich die kollisionsrechtliche Namenswahl gemäß Art. 10 Abs. 2 bis 4 EGBGB und die materiellrechtlichen Namensbestimmungen nach den §§ 1355, 1616, 1720, 1757 BGB sowie nach einem entsprechenden ausländischen Sachrecht, das durch Art. 10 EGBGB bestimmt wird. Beide Bekundungen werden zusammen häufig darin geäußert, daß ein bestimmter Name gewählt wird. Ob das zulässig ist, muß nach dem Sachrecht der anwendbaren Rechtsordnung, also auf zwei Ebenen geprüft werden.

14 **a) Ehename.** Der Ehename wird nach dem 3. 10. 1990 durch Art. 10 EGBGB bestimmt. Der vorher erworbene Name bleibt nach dem intertemporal maßgebenden Recht bestehen (s. RdNr. 13). Seit dem 3. 10. 1990 stand den Eheleuten die kollisionsrechtliche Wahl gemäß Art. 10 Abs. 3 EGBGB aF offen. Seit der Änderung des Art. 10 EGBGB durch das FamNamRG,[13] das am 1. 4. 1994 in Kraft getreten ist, dürfen die Eheleute das Statut ihres Ehenamens jederzeit (bei oder nach der Eheschließung), jedoch nur einmal wählen. Für die bis zum 31. 3. 1994 geltende Rechtslage galten für die Rechtswahl nach der Eheschließung die Art. 10 Abs. 3 und Art. 220 Abs. 4 EGBGB. Haben die Ehegatten bereits nach bisherigem Recht (Art. 10 Abs. 2 bis 4 und Art. 220 Abs. 4 EGBGB aF) eine Rechtswahl getroffen, so eröffnet ihnen der Art. 7 § 5 Abs. 1 FamNamRG eine zeitlich begrenzte neue Rechtswahl (vgl. auch 1.2.2 und 1.3 FamNamÄndVwV[14]).

15 Ist deutsches **Sachrecht** anwendbar, so gilt heute der neue § 1355 BGB mit den Übergangsregelungen des Art. 7 §§ 1 bis 4 FamNamRG sowie § 13a Abs. 2 EheG für Eheschließungen im Ausland. Ist ausländisches Namensrecht berufen, so bestimmt dieses, ob die Eheleute überhaupt und eventuell wie lange ihren Ehenamen wählen oder ihren Namen einseitig gestalten dürfen.

[13] BGBl. 1993 I S. 2054.

[14] Allgemeine Verwaltungsvorschrift vom 24. 3. 1994 zu Art. 7 des Familiennamensrechtsgesetzes, StAZ 1994, 163.

b) Der **Name des Kindes** wird nach dem 3. 10. 1990 durch Art. 10 EGBGB bestimmt. Der vor dem 3. 10. 1990 erworbene Name bleibt nach dem intertemporal maßgebenden Recht bestehen (s. RdNr. 13). Seit dem 3. 10. 1990 können die Eltern das Statut für den Namen ihres Kindes bestimmen. Dafür galt ursprünglich Art. 10 Abs. 5 und 6 EGBGB aF und ab 1. 4. 1994 der neue Art. 10 Abs. 3 bis 4 EGBGB. Wurde das Kind im Ausland geboren, erlaubte der ehemalige Art. 220 Abs. 5 EGBGB, Erklärungen über den Kindesnamen nachzuholen. Diese Vorschrift ist entfallen. Bei Geburt des Kindes im Ausland sind Erklärungen gegenüber dem Standesbeamten des Standesamts I in Berlin abzugeben (2.2.1 lit. b FamNamÄndVwV). Art. 7 § 5 Abs. 2 FamNamRG enthält lediglich eine Übergangsvorschrift, die eine zeitlich befristete Neuwahl des Namens gemäß Art. 10 Abs. 3 EGBGB nF gestattet. **16**

Ist deutsches Sachrecht anwendbar, so beurteilen sich die Möglichkeiten, den Namen eines Kindes zu gestalten, nach den §§ 1616, 1616a, 1720, 1757 BGB nF mit den entsprechenden Übergangsvorschriften in Art. 7 § 1 Abs. 3, § 3 FamNamRG. Ist ausländisches Namensrecht berufen, so bestimmt dieses, wie der Name des Kindes lautet. **17**

4. Ehegüterrecht. Das intertemporale Internationale Ehegüterrecht ist in Art. 236 § 3 EGBGB gesondert geregelt und wird dort erörtert (s. RdNr. 61ff.). **18**

5. Ehescheidung. Bei der Ehescheidung sind die Scheidung als Statusakt selbst und die Scheidungswirkungen zu trennen. **19**

a) Die **Statusentscheidung** fällt unter Art. 236 § 1 EGBGB, wenn sie vor dem 3. 10. 1990 rechtskräftig geworden ist (s. dort RdNr. 15). War die Scheidungsklage am 3. 10. 1990 bereits anhängig, so stand nach § 20 Abs. 1 RAG (ebenso insoweit Art. 17 Abs. 1 S. 1 EGBGB) das anwendbare Recht fest. Deshalb sollte eine solche Ehescheidung wie bei Art. 220 EGBGB (s. dort RdNr. 13) als bereits abgeschlossen gelten und nicht mehr dem neuen IPR unterstellt werden. Lediglich für die seit dem 3. 10. 1990 eingereichten Scheidungsanträge ist das anwendbare Recht nach Art. 17 EGBGB zu bestimmen, und wie stets bei der Vorschrift ist auf ein abweichendes Ehewirkungsstatut Rücksicht zu nehmen, wenn zurückliegendes Verhalten der Eheleute zu beurteilen ist. **20**

b) Die **Scheidungswirkungen** können wie zB der Unterhalt Dauertatbestände sein (dazu s. RdNr. 23). Das ist jedoch anders beim Versorgungsausgleich. Dieser Anspruch entsteht mit Scheidung der Ehe. Deshalb gilt für das auf den Versorgungsausgleich anwendbare Recht hinsichtlich der vor dem 3. 10. 1990 anhängig gewordenen Scheidungsverfahren das alte ostdeutsche IPR und für später anhängig gewordene Verfahren der Art. 17 Abs. 3 EGBGB. Ist deutsches Recht anwendbar, muß die intertemporale Vorschrift des Art. 234 § 6 EGBGB beachtet werden (s. dort RdNr. 5ff.) und die Spezialvorschrift, welche der Einigungsvertrag in Anlage I Kapitel III, Sachgebiet B, Abschnitt II Nr. 2 §§ 1 und 2 für die ostdeutschen Bundesländer enthält. **21**

6. Unterhalt. Das Statut für den Unterhalt, der bis zum Ablauf des 2. 10. 1990 geschuldet wurde, ist nach Art. 236 § 1 gemäß dem alten IPR der DDR zu bestimmen (s. dort RdNr. 28). Art. 236 § 2 gilt nur für den Unterhalt seit dem 3. 10. 1990. **22**

a) Der Anspruch auf **nachehelichen Unterhalt** von Eheleuten ist eine Scheidungswirkung, und zwar sowohl nach § 20 RAG, als auch nach Art. 8 Haager Unterhaltsstatut-Übereinkommen (UStA) (s. Art. 18 Anh. I RdNr. 165). Deshalb ist das anwendbare Unterhaltsstatut für die am 3. 10. 1990 noch anhängigen Scheidungsverfahren nach altem IPR zu bestimmen. Sind deutsch-italienische Eheleute vor dem 3. 10. 1990 in Ostberlin nach dem FGB geschieden worden, zogen dann nach Westberlin und wird nun im ehemaligen Ostberlin gegen den jetzt dort ansässigen Ehemann auf nachehelichen Unterhalt geklagt, so ergibt sich keine Situation, wie sie der BGH am 10. 11. 1993 zu beurteilen hatte;[15] denn dieser Fall war und ist für beide deutschen Rechtsordnungen international, und der Art. 18 Abs. 5 EGBGB ist unanwendbar. Erst für die später anhängig geworde- **23**

[15] BGH IPRax 1994, 373 mit krit. Bem. *Siehr* S. 360.

nen und noch anhängig werdenden Scheidungsverfahren gilt Art. 8 UStA (s. Art. 18 EGBGB Anh. I RdNr. 161ff.). Ist deutsches Recht anwendbar, muß die intertemporale Vorschrift des Art. 234 § 5 EGBGB beachtet werden (s. dort RdNr. 4ff.).

24 b) Der **Kindesunterhalt** für die Zeit seit dem 3. 10. 1990 unterliegt dem Recht, das die Art. 4ff. UStA bestimmen (s. Art. 18 EGBGB Anh. I RdNr. 83ff.). Ist deutsches Recht anwendbar, so sind die Spezialregeln des Einigungsvertrages in Anlage I Kapitel III, Sachgebiet B, Abschnitt I Nr. 2, zu beachten und die Übergangsvorschriften des Art. 234 §§ 8 und 9 EGBGB (s. dort RdNr. 9ff. bzw. 1). Eine in der DDR vereinbarte Abfindung war nach dem Recht der DDR zumindest teilweise nichtig (§§ 46 iVm. § 21 FGB) und ist nun den veränderten Umständen anzupassen.[16]

25 **7. Herstellung von Kindschaftsbeziehungen.** Ist eine Kindschaftsbeziehung vor dem 3. 10. 1990 gemäß dem maßgebenden Recht wirksam begründet worden,[17] so handelt es sich um einen abgeschlossenen Vorgang iSd. Art. 236 § 1 EGBGB und die Statusbegründung (durch Geburt, Anerkennung, Vaterschaftsfeststellung, Legitimation oder Adoption) bleibt wirksam (s. dort RdNr. 15). Ist eine solche Statusbegründung bisher fehlgeschlagen oder noch nicht erfolgt, so beurteilt sich seit dem 3. 10. 1990 die Statusbegründung nach den Art. 19 bis 23 EGBGB. Dasselbe gilt für eine Statusbegründung mit stärkeren Wirkungen (zB durch eine Volladoption), als sie bisher eingetreten ist.

26 Ist deutsches Recht maßgebend, so sind in den ostdeutschen Bundesländern die intertemporalrechtlichen Vorschriften des Art. 234 §§ 7, 12 und 13 EGBGB zu beachten (s. dort jeweils RdNr. 1ff.).

27 **8. Wirkungen von Kindschaftsbeziehungen.** Bereits bestehende Kindschaftsbeziehungen werden seit dem 3. 10. 1990 nach dem Recht beurteilt, das die Art. 19 bis 23 EGBGB oder Staatsverträge der BRepD für anwendbar erklären. Das kann einen Statutenwechsel mit sich bringen. Sofern deutsches Recht maßgebend ist, darf die intertemporalrechtliche Vorschrift des Art. 234 § 11 EGBGB nicht vergessen werden (s. dort RdNr. 6ff.).

28 **9. Vormundschaft, Pflegschaft und Betreuung.** Diese Institute gehören ebenfalls zu den von Art. 236 § 2 EGBGB erfaßten Fragen, sofern nicht bereits vor dem 3. 10. 1990 eine Vormundschaft oder Pflegschaft wirksam begründet worden ist. Seit dem 3. 10. 1990 entsteht eine Vormundschaft, Pflegschaft (einerlei ob kraft Hoheitsaktes oder kraft Gesetzes) oder Betreuung nach dem vom neuen IPR berufenen Recht. Bei Anwendbarkeit deutschen Rechts sind wichtige intertemporalrechtliche Regeln (Art. 234 §§ 14 und 15 EGBGB) und interlokale Unterschiede (Art. 230 Abs. 1 EGBGB) zu beachten.

V. Interlokales Kollisionsrecht

29 **1. Problem.** Auf Grund spezieller Sachnormen für die ostdeutschen Bundesländer (Anlage I Kapitel III, Sachgebiet B, Abschnitt I Nr. 2 und Abschnitt II Nr. 2 des Einigungsvertrags; Art. 230 Abs. 1 EGBGB) und bei Anwendung der intertemporalrechtlichen Vorschriften (Art. 234 §§ 1 bis 15 EGBGB) kommt im Westen und im Osten der BRepD teilweise auch weiterhin unterschiedliches Sachrecht zur Anwendung. Diese Divergenzen bereiten keine interlokalrechtlichen Probleme, wenn ein Sachverhalt vorliegt, der lediglich Kontakte zu den ostdeutschen Bundesländern hat. Sobald jedoch auch räumlich-persönliche Beziehungen zu den westdeutschen Bundesländern bestehen, taucht notwendigerweise die Frage des interlokalen Kollisonsrecht auf, ob das in den neuen Bundesländern als Partikularrecht fortgeltende DDR-Recht gilt (zur Behandlung abgeschlossener Altfälle ist auf die Vorbem. vor Art. 236 § 1 RdNr. 1 und bei Art. 236 § 1 RdNr. 15 zu verweisen)

[16] AG Karlsruhe DtZ 1992, 191.

[17] Eine wirksame Kindschaftsbeziehung ist nicht hergestellt worden, wenn das DDR-Urteil wegen verfahrensrechtlicher Mängel gegen den ordre public verstößt: AG Hamburg-Wandsbek DtZ 1991, 307 (dt.-schweizerischer Fall).

oder das allgemeine deutsche Recht. Manchmal geben die oben genannten Sondervorschriften für die ostdeutschen Bundesländer Hinweise auf ihren innerdeutschen räumlich-persönlichen Anwendungsbereich, manchmal jedoch auch nicht. Ebenfalls im zuletzt genannten Fall muß die deutsche interlokalrechtliche Frage beantwortet werden. Das gilt auch bei Verfahren vor westdeutschen Gerichten, sofern die Anwendung ostdeutschen Sonderrechts in Betracht kommt. Dieser interlokale Konflikt ist für weiter andauernde Wirkungen familienrechtlicher Verhältnisse – gemäß den Ausführungen in der Vorbemerkung vor Art. 236 (dort RdNr. 2) – nicht nach den bisherigen in der Bundesrepublik angewendeten Regeln des interdeutschen Kollisionsrechts zu behandeln, sondern nach den bewährten Regeln des interlokalen Kollisionsrechts, soweit die angegebenen Sondervorschriften nicht selbst Hinweise geben.

2. Name einer Person. a) Der **Ehename** von (zB deutsch-italienischen) Eheleuten, die vor dem 3. 10. 1990 in der DDR geheiratet haben und deren Familienname aus der Sicht der DDR nach § 7 FGB beurteilt wird, bleibt bestehen (s. RdNr. 13). Art. 234 § 3 EGBGB sieht für die Anpassung an § 1355 BGB eine Spezialnorm vor, sofern seit dem 3. 10. 1990 überhaupt deutsches Recht für die Namensführung maßgebend ist (s. dort RdNr. 2). Bei einem Fall mit Auslandsberührung (also bei Beteiligung eines Ehepartners ohne deutsches Personalstatut) sind Art. 10 Abs. 2 EGBGB sowie die Übergangsvorschrift des Art. 7 § 5 Abs. 1 FamNamRG anzuwenden. Die intertemporale Vorschrift des Art. 234 § 3 EGBGB kommt also immer dann zur Anwendung, wenn Eheleute mit ostdeutschem Namensstatut in der früheren DDR geheiratet haben und wenn sie deshalb eine Wahl gemäß § 1355 Abs. 1 S. 1 BGB nicht haben treffen oder Erklärungen nach § 1355 Abs. 3 bis 5 BGB nicht haben abgeben können. Diese Vorschrift des Art. 234 § 3 Abs. 1 EGBGB ist eine Sonderregelung gegenüber der generellen Vorschrift des § 13a Abs. 2 EheG (Eheschließung außerhalb des früheren Geltungsbereichs des EheG und Rückkehr in dessen Geltungsbereich). Diese Eheleute haben sich also an die in Art. 234 § 3 Abs. 1 S. 1 EGBGB enthaltene Jahresfrist zu halten, müssen also gemäß § 193 BGB bis zum Ablauf des 4. 10. 1991 gehandelt haben. Lediglich dann, wenn die Ehegatten außerhalb der heutigen BRepD geheiratet haben und ostdeutsches Recht für ihren Namen maßgebend ist, gelten § 13a Abs. 2 EheG und Art. 234 § 3 Abs. 6 EGBGB. 30

b) Der **Name eines Kindes,** das vor dem 3. 10. 1990 geboren wurde, beurteilt sich nach dem bisher maßgebenden deutschen Recht (Art. 234 § 10 EGBGB). Gemeint ist hiermit ein in der DDR geborenes Kind deutsch-ausländischer Eltern, dessen Namen noch nicht nach dem BGB beurteilt wurde. Die Namensführung seit dem 3. 10. 1990 untersteht bei einem deutschen Kind (vgl. Art. 5 Abs. 1 S. 2 EGBGB) aus der ehemaligen DDR dem BGB (Art. 234 § 1 EGBGB), also seit dem 1. 4. 1994 den §§ 1616, 1616a, 1720, 1757 BGB idF. des FamNamRG vom 16. 12. 1993.[18] Für die Erstreckung einer Namensänderung nach Art. 234 § 3 Abs. 1 S. 1 EGBGB auf Abkömmlinge ist Art. 234 § 3 Abs. 2 bis 5 EGBGB zu beachten, der sich eng an §§ 2 und 4 des EheNÄndG[19] vom 27. 3. 1979 anlehnt. 31

3. Allgemeine Ehewirkungen. Hier ergeben sich keine interlokalen Kollisionen; denn seit dem 3. 10. 1990 gelten alle Vorschriften des BGB für die allgemeinen Ehewirkungen auch für diejenigen Ehepaare, die gemäß Art. 14 EGBGB nun deutschem Recht unterstehen. 32

4. Ehegüterrecht. Vgl. hierzu Art. 236 § 3 RdNr. 1ff. 33

5. Ehescheidung. a) Für die **Statusentscheidung** sind außer der ganz allgemeinen Vorschrift des Art. 18 Einigungsvertrag (Fortgeltung gerichtlicher Entscheidungen der DDR) keine Übergangsvorschriften vorgesehen. Interlokalrechtliche Probleme treten nicht auf, da das neue Recht seit dem 3. 10. 1990 für alle Scheidungsverfahren vor ostdeutschen Gerichten gilt. Anknüpfungspunkt ist also primär das Forum. Auch für westdeutsche 34

[18] BGBl. 1993 II S. 2054.

[19] BGBl. 1979 I S. 401.

Gerichte, vor denen Scheidungsverfahren am 3. 10. 1990 anhängig sind, gilt nun das BGB ebenfalls für Situationen, in denen vor dem 3. 10. 1990 gemäß Art. 17 Abs. 1 S. 1, 14 Abs. 1 Nr. 2 EGBGB das ostdeutsche FGB auf deutsch-ausländische Eheleute anwendbar war. Das war bei der Reform des deutschen Scheidungsrechts ebenso: Das neue Scheidungsrecht der §§ 1564ff. BGB galt auch für Ehen, die vor Inkrafttreten der neuen Vorschriften geschlossen worden waren (Art. 12 Nr. 3 Abs. 1 des 1. EheRÄndG).

35 **b)** Für die **Scheidungswirkungen** ist – abgesehen vom gesondert zu behandelnden nachehelichen Unterhalt (s. RdNr. 36) – der Versorgungsausgleich bedeutsam. Seit dem 3. 10. 1990 gelten in den ostdeutschen Bundesländern auch die §§ 1587ff. BGB über den Versorgungsausgleich, allerdings mit gewissen Spezialvorschriften (Anlage I Kapitel III, Sachgebiet B Abschnitt I Nr. 2 des Einigungsvertrages). Diese Sondervorschriften setzen voraus, daß ein Versorgungsausgleich im Hinblick auf die in Ostdeutschland erworbenen Versorgungsansprüche durchzuführen wäre. Ob dagegen überhaupt ein Versorgungsausgleich durchzuführen ist, sagt Art. 234 § 6 EGBGB. Dort wird in Satz 1 (Ehescheidung vor dem Inkrafttreten des SGB Buch VI in den ostdeutschen Bundesländern am 1. 1. 1992) anscheinend an den Ort der Ehescheidung in Ostdeutschland angeknüpft. Richtiger ist es aber, auf das maßgebende Scheidungsfolgenstatut abzustellen. Ist dies gemäß Art. 17 Abs. 3, 17 Abs. 1, 14 Abs. 1 EGBGB das westdeutsche Recht (letzter gemeinsamer g. A. der ostdeutsch-ausländischen Eheleute in Westdeutschland), so dürfte einem Versorgungsausgleich nichts im Wege stehen. Das gilt auch für spätere Entscheidungen. Bei rein ostdeutschen Fällen wird in diesen zukünftigen Situationen kein Versorgungsausgleich durchgeführt, wenn die Voraussetzungen des Art. 234 § 6 S. 2 EGBGB vorliegen. Bei getrenntem g. A. der Ehegatten ist trotz ostdeutschen Scheidungsstatuts der Versorgungsausgleich vorzunehmen, wenn der Antragsgegner im Westen Versorgungsanwartschaften erworben hat (Art. 17 Abs. 3 S. 2 Nr. 1 EGBGB).[20] Haben beide geschiedenen Ehegatten getrennt im Westen ihren g. A. begründet, so wurde nach früherem innerdeutschen Kollisionsrecht auf Deutsche das westdeutsche Recht maßgebend,[21] und damit ist auch Raum für einen Versorgungsausgleich einer in der DDR geschiedenen Ehe deutscher Eheleute.[22] Auf gemischt-nationalen Ehen ist eine solche Judikatur nicht entsprechend anzuwenden.

36 **6. Unterhalt. a)** Für den **nachehelichen Unterhalt** enthält Art. 234 § 5 EGBGB eine intertemporalrechtliche Vorschrift. Diese Norm ist hinsichtlich ihres persönlich-räumlichen Anwendungsbereichs neutral formuliert: Das bisherige Recht bleibt maßgebend. Das gilt gleichermaßen vom westdeutschen Recht (sofern anwendbar in der DDR) und vom ostdeutschen Recht, das im Osten und Westen anwendbar war.[23] Fraglich ist hierbei, ob diese Fortgeltung bisherigen Rechts auch für ein am 3. 10. 1990 bereits anhängigen Scheidungsverfahren zwischen deutsch-ausländischen Eheleuten anzunehmen ist, weil sowohl nach § 20 Abs. 1 S. 1 RAG als auch nach Art. 17 Abs. 1 S. 1 EGBGB, Art. 8 Abs. 1 UStA für die Anknüpfung des Scheidungsfolgenstatuts der Zeitpunkt der Rechtshängigkeit maßgebend ist. Diese Frage ist zu bejahen.

37 Ist der nacheheliche Unterhalt **deutscher** Ehegatten vor dem 3. 10. 1990 nach dem **Recht der DDR** oder einem **ausländischen Unterhaltsrecht** festgesetzt worden und begründen die geschiedenen Eheleute **später** ihren getrennten g. A. im Bereich der alten deutschen Bundesländer oder West-Berlin, so fragt sich, ob diese Aufenthaltsbegründung zur Änderung des Unterhaltsstatuts bei deutschen Beteiligten führt. In einem innerdeutschen Fall gemäß Art. 234 § 5 EGBGB hat der BGH am 10. 11. 1993 den Unterhalt nach

[20] BGH DtZ 1991, 93; OLG Celle DtZ 1992, 54.

[21] Oben Fn. 10. Verlegte nur eine Ehegatte seinen g. A. in den Westen, erfolgt auch nach dem 1. 1. 1992 kein Versorgungsausgleich: BGH DtZ 1994, 279.

[22] BGH DtZ 1992, 150.

[23] Zur Anwendung des DDR-Rechts in innerdeutschen Fällen vgl. BGH NJW-RR 1992, 1474 und hierzu *Graba* DtZ 1993, 39; KG DtZ 1992, 86 (nachehelicher Unterhalt zwischen Eheleuten im Beitrittsgebiet); KG DtZ 1992, 396 (nachehelicher Unterhalt, wenn nur ein Ehegatte in die BRepD übergesiedelt war).

geltendem deutschen Recht beurteilt, sobald die geschiedenen deutschen Eheleute ihren g. A. im Geltungsbereich westdeutschen Rechts begründet haben.[24] Dieses richtige Ergebnis läßt sich mühelos mit der bisher geltenden Rechtsprechung zum innerdeutschen Kollisionsrecht rechtfertigen.[25] Der BGH meinte jedoch, das Ergebnis auch mit Art. 18 Abs. 5 EGBGB (deutsches Recht bei deutschen Beteiligten, bei g. A. des Verpflichteten im Inland und deutschem Forum) untermauern zu können. Diese für den zu entscheidenden innerdeutschen Fall überflüssige Hilfsbegründung ist unzutreffend; denn Art. 18 Abs. 5 EGBGB (= Art. 15 Haager Unterhaltsstatut-Übereinkommen 1973; abgek. UStA) kann durch nachträgliche Vorgänge das unwandelbar angeknüpfte Statut der nachehelichen Unterhaltspflicht (Art. 18 Abs. 4 S. 1 EGBGB = Art. 8 Abs. 1 UStA) nicht abändern. Der Vorbehalt des Art. 15 UStA (= Art. 18 Abs. 5 EGBGB) ersetzt nur die Anknüpfungs**merkmale** der Art. 4–8 UStA durch die kumulierende Anknüpfung an die StA der Parteien, den g. A. des Verpflichteten und das Forum, **nicht** jedoch den Anknüpfungs**zeitpunkt.**[26]

38 Dieses Verständnis des Vorbehalts gemäß Art. 15 UStA ist auch für Art. 236 § 2 EGBGB bedeutsam. Es bleibt bei demjenigen ursprünglichen Statut des nachehelichen Unterhalts deutsch-ausländischer Eheleute, das einmal vor dem 3. 10. 1990 im Scheidungsurteil festgelegt ist, sofern nicht dieses ursprüngliche Statut (das nicht durch Art. 8 Abs. 1 UStA fixiert wird, weil das UStA in der DDR nicht galt) einen Statutenwechsel durch Aufenthaltswechsel zuläßt.

39 **b)** Ist auf den **Kindesunterhalt** überhaupt deutsches Recht anwendbar, so entsteht ein zusätzliches interlokales Problem daraus, daß rein faktisch den Lebenshaltungskosten in den ostdeutschen Bundesländern Rechnung getragen werden muß (Art. 234 § 8 EGBGB) und daß in den ostdeutschen Bundesländern die Regelunterhalt-Verordnung vom 27. 6. 1970 idF der letzten Anpassungsverordnung von 1992[27] nicht gilt (Anlage I Kapitel III, Sachgebiet B Abschnitt I Nr. 2 des Einigungsvertrages). Deshalb enthalten Art. 234 §§ 8 und 9 EGBGB Ermächtigungen an die ostdeutschen Landesregierungen, durch Rechtsverordnung die Unterhaltsrenten den Gegebenheiten des jeweiligen Landes anzupassen (§ 8) und den Regelbedarf festzusetzen (§ 9). Gegenwärtig gelten in den fünf ostdeutschen Bundesländern inhaltsgleiche RegelbedarfsVO der Landesregierungen.[28] Daneben gelten Unterhaltstabellen für verschiedene Gerichtsbezirke.[29] All diese Vorschriften gehen davon aus, daß das Kind seinen gewöhnlichen Aufenthalt in einem der neuen Bundesländer hat.[30] Dies haben ost- und westdeutsche Gerichte in gleicher Weise zu beachten.[31]

40 **7. Herstellung von Kindschaftsbeziehungen. a)** Für die **Abstammung** enthält Art. 234 § 7 EGBGB eine Übergangsvorschrift. Verschiedene Situationen sind zu unterscheiden.

41 **(1)** Sofern **Entscheidungen vor dem 3. 10. 1990** bereits ergangen sind, bleiben sie wirksam (Art. 18 Einigungsvertrag, Art. 234 § 7 Abs. 1 S. 1 EGBGB). Dies gilt vor allem für Entscheidungen der DDR, aber auch kraft des bisher schon geltenden Rechts für westdeutsche Entscheidungen, die in internationalen Fällen das Recht der DDR auf die in § 7 Abs. 1 genannten Fragen angewandt haben.

42 **(2)** Für **neue Statusklagen** gilt bei Anwendbarkeit deutschen Rechts grundsätzlich das neue Recht (Art. 234 § 1 EGBGB), und zwar auch dann, wenn das Kind vor dem 3. 10.

[24] BGH IPRax 1994, 373 mit krit. Bem. *Siehr* S. 360; *Mansel* DtZ 1990, 225, 228f. Nun hat der BGH sogar diese Entscheidung auf einen innerdeutschen Fall ausgedehnt, in dem nur ein Ehegatte in den Westen gezogen war: BGH DtZ 1994, 371.

[25] BGH IPRax 1994, 373 mit Bem. *Siehr* S. 360.

[26] *Siehr* IPRax 1994, 360.

[27] 4. AnpassungsVO vom 19. 3. 1993, BGBl. 1992 I S. 535.

[28] Vgl. hierzu *Maurer* DtZ 1993, 130, 133 zu Fn. 39.

[29] Vgl. zB Berlin (DtZ 1992, 212); Cottbus und Frankfurt/Oder (DtZ 1992, 276); Magdeburg und Halle (DtZ 1992, 16), Magdeburg-Naumburg (DtZ 1992, 212); sächsische Gerichte (DtZ 1992, 241); Thüringer Gerichte (DtZ 1992, 275).

[30] KG DtZ 1992, 289; hierzu kritisch, jedoch unrichtig *Wichorski* DtZ 1992, 379.

[31] Vgl. KG DtZ 1992, 287 und 1993, 378; OLG Naumburg DtZ 1993, 314 (innerdeutsch). Hierzu *Maurer* DtZ 1993, 130, 134.

1990 geboren ist. Aus der Divergenz der bisher bestehenden und der jetzt geltenden Klagefristen und Klagemöglichkeiten können sich Schwierigkeiten ergeben. Diese Komplikationen will § 7 so gut wie möglich bannen. Dies tut § 7 Abs. 2 für erstmals im jetzigen Zeitpunkt Klageberechtigte (zB das Kind). Frage ist, ob dies nur für rein ostdeutsche Fälle gilt (alle Beteiligten deutscher StA lebten in der DDR und wohnen auch jetzt noch in den ostdeutschen Bundesländern) oder ob auch andere Situationen darunter fallen, zB ein deutsch-polnisches Kind in der DDR, das in Hamburg die Ehelichkeit nach dem in Hamburg wohnenden deutschen Vater anfechten möchte. Gemäß dem Sinn der Vorschrift des § 7 Abs. 2 (favor legitimitatis) sollte diese Vorschrift auch bei internationalen Fällen immer dann anwendbar sein, wenn entweder (vor welchem deutschen Gericht auch immer) ostdeutsches Recht für die Klage maßgebend war oder wenn ein westdeutsches Gericht (vor dem eine Klageberechtigung vielleicht gegeben wäre) zuständig, aber deshalb für Personen mit Wohnsitz in der DDR schwer zugänglich war.[32] § 7 Abs. 2 gilt also lediglich dann nicht, wenn Parteien bereits vor dem Beitritt im Westen wohnten oder wenn nur der Klageberechtigte im Westen wohnte und dort einen leicht zugänglichen Gerichtsstand für eine Klage nach westdeutschem Sachrecht hatte (zB das Kind wohnte im Westen und konnte nach Art. 19 Abs. 1 EGBGB aF und Art. 19 Abs. 1 S. 3, 5 Abs. 1 S. 2 EGBGB nF die Ehelichkeit anfechten, hat es aber versäumt, die Frist des § 1596 Abs. 2 BGB zu wahren.

43 (3) Für die am 3. 10. 1990 **anhängigen Klagen** wird gemäß § 7 Abs. 3 der Zweck der Vorschrift § 7 Abs. 2 weiter verfolgt. Ist eine Klage in allen Situationen, die unter § 7 Abs. 2 fallen (s. RdNr. 42), nach dem nun maßgebenden BGB wegen Fristablaufs nicht mehr möglich, so wird der Zeitraum von der Klageerhebung bis zum 3. 10. 1990 in die Anfechtungsfrist des BGB nicht eingerechnet. Dies gilt für jedes deutsche Verfahren, das vor dem 3. 10. 1990 das Recht der DDR nach dem IPR des jeweiligen Forums zugrundegelegt hätte.

44 **b)** Für die **Legitimation** durch nachfolgende Ehe bedurfte es keiner Übergangsvorschrift. Dies war lediglich für die Ehelicherklärung auf Antrag des Kindes (§§ 1740a ff. BGB) notwendig; denn sie war dem FGB unbekannt, und nach § 1740e BGB kann sie nur binnen Jahresfrist nach dem Tod des Vaters beantragt werden. Diese Frist beginnt bei Maßgeblichkeit deutschen Rechts nach Art. 234 § 12 EGBGB nicht vor dem 3. 10. 1990 zu laufen. Stillschweigend vorausgesetzt wird wiederum, daß vorher keine Antragstellung möglich war. Gesagt wird jedoch nicht, wie geartet die interlokale Situation (alle Beteiligten lebten in der DDR, alle in der BRepD oder einer hier, der andere dort) gewesen sein muß. Ebenso wie bei der Abstammung (s. RdNr. 42) sollte auch hier in favorem legitimationis der Art. 234 § 12 EGBGB immer dann anwendbar sein, wenn deutsches Recht maßgebend ist, das Kind im Zeitpunkt, im dem die Antragsfrist des § 1740e Abs. 1 S. 1 BGB zu laufen beginnt, seinen gewöhnlichen Aufenthalt nicht in einem der alten Bundesländer der BRepD besaß und deshalb rein tatsächlich keine Möglichkeit hatte, einen Antrag erfolgreich bei dem nach § 43a FGG zuständigen Gericht zu stellen.

45 **c)** Eine **Annahme als Kind,** die vor dem 3. 10. 1990 von einem ostdeutschen Gericht oder einer ostdeutschen Behörde ausgesprochen worden ist, bleibt gültig (Art. 18, 19 Einigungsvertrag). Dasselbe gilt für Entscheidungen über die Aufhebung einer Annahme (Art. 234 § 13 Abs. 2 EGBGB). Seit dem 3. 10. 1990 gelten für die Folgen der Annahme grundsätzlich die Vorschriften des BGB (Art. 234 § 1 EGBGB), sofern überhaupt deutsches Recht anwendbar ist. Dieser Statutenwechsel findet auch dann statt, wenn ein westdeutsches Gericht die Annahme nach ostdeutschem Recht vorgenommen haben sollte.

46 Von diesem Statutenwechsel macht Art. 234 § 13 EGBGB einige Ausnahmen. Soweit ostdeutsche Adoptionen nach ostdeutschem Recht stärkere oder andere Wirkungen haben als nach westdeutschem Recht, bleibt es beim ostdeutschen Recht. So sind die Ausnahmen

[32] OLG Celle DtZ 1991, 350.

in Art. 234 § 13 Abs. 1 EGBGB zu erklären. Für Erwachsenenadoptionen, die vor Inkrafttreten des FGB auch in der DDR möglich waren (§§ 1741 ff. BGB aF) und nach diesem Recht ausgesprochen wurden, galten bis zum 2. 10. 1990 die Adoptionswirkungen des FGB (§ 2 EG-FGB), und nun sind an deren Stelle die allgemeinen Vorschriften des BGB über die Adoption Minderjähriger getreten.

47 Die Vorschriften des Art. 234 § 13 Abs. 3 bis 7 EGBGB gelten für die Aufhebung einer in der DDR ausgesprochenen Adoption. Dies ergibt sich aus dem Sinn der Vorschrift (Korrektur gewisser Unregelmäßigkeiten bei Adoptionen in der DDR).[33] Das AdoptFristG vom 30. 9. 1991[34] verlängerte die Frist für Aufhebungsverträge bis zum 2. 10. 1993.

48 **8. Wirkungen von Kindschaftsbeziehungen.** Ebenfalls Art. 234 § 11 EGBGB über die elterliche Sorge sagt nicht, wie intensiv die Beziehungen der dort angesprochenen Rechtsverhältnisse zur ehemaligen DDR gewesen sein müssen.

49 **a)** Soweit von **Entscheidungen** gesprochen wird, die über den 3. 10. 1990 hinaus aufrechterhalten bleiben (Art. 18, 19 Einigungsvertrag; Art. 234 § 11 Abs. 1 bis 3 EGBGB) sind Entscheidungen von Gerichten oder Behörden der DDR gemeint. Für die Dauerwirkungen gilt seit dem 3. 10. 1990 das BGB. Dies kommt insbesondere in Art. 234 § 11 Abs. 2 S. 2 EGBGB über die Änderung von Entscheidungen zum Ausdruck. Auch die in Art. 234 § 11 Abs. 4 EGBGB erwähnte Unterbringung bezieht sich auf Unterbringungen in der ehemaligen DDR.

50 **b)** Die **Amtspflegschaft** für nichteheliche Kinder war dem FGB unbekannt. Nach Art. 230 Abs. 1 EGBGB gelten die §§ 1706 bis 1710 BGB nicht in den neuen ostdeutschen Bundesländern. Dies führt zu einem erheblichen Unterschied zwischen Ost- und Westdeutschland. Einfach zu beantworten ist die Frage nach dem räumlich-persönlichen Geltungsbereich des ostdeutschen Partikularrechts solange, als das nichteheliche Kind im Gebiet der ehemaligen DDR und Ostberlin seinen gewöhnlichen Aufenthalt hat und auch dort beibehält. Wie ist es jedoch, wenn das nichteheliche Kind seinen gewöhnlichen Aufenthalt in den Westen verlegt? Steht dieser Fall der Situation gleich, in der ein im Ausland geborenes nichteheliches Kind seinen gewöhnlichen Aufenthalt ins Inland verlegt und deshalb nach Art. 20 Abs. 2 EGBGB, § 1709 Abs. 2 BGGB automatisch einen Amtspfleger erhält, und zwar trotz Geltung des Art. 3 MSA.[35] Diese Frage ist mE zu verneinen.[36] Der deutsch-deutsche Konflikt ist anders zu behandeln als ein ausschließlich deutsch-ausländischer Konflikt gemäß § 1709 Abs. 2 BGB und nicht einfach deshalb mit diesem gleichzustellen, weil in beiden Situationen der gewöhnliche Aufenthalt in den Geltungsbereich eines Rechts mit einer Amtspflegschaft verlegt wird. Art. 230 Abs. 1 EGBGB sagt für einen Teil Deutschlands, daß die elterliche Gewalt der nichtehelichen Mutter unbeschränkt sein soll und fällt damit eine inländische Wertentscheidung, die sich stärker an den beteiligten Personen und deren Herkunft orientiert als an territorialen Vorstellungen.[37] Durch den Wechsel des gewöhnlichen Aufenthalts innerhalb der Bundesrepublik sollte eine nichteheliche Mutter nicht automatisch ihre volle elterliche Gewalt verlieren, wenn sie diese einmal nach deutschem Recht, das in den ostdeutschen Bundesländern gilt, innehatte. Dieser Fall ist einer Situation gleichzustellen, in der eine Amtspflegschaft nach § 1707 BGB aufgehoben worden ist. Kommt die Mutter im Osten[38] oder Westen nicht zurecht, kann sie jederzeit Hilfe beantragen.

[33] Hierzu *M. Weber* DtZ 1992, 10.

[34] BGBl. 1991 I S. 1930.

[35] S. BGHZ 111, 199 = NJW 1990, 3073, ganz allgemein für internationale Fälle.

[36] *A. A. Lück* FamRZ 1992, 886; *Maurer* DtZ 1993, 130, 133.

[37] Vgl. BT-Drucks. 11/7817 (Unterrichtung zu den Anlagen I und II des Einigungsvertrags) S. 36 (Inaussichtstellung der Novellierung des Nichtehelichenrechts des BGB unter Berücksichtigung ostdeutschen Rechts). So auch die in Arbeit befindlichen Entwürfe für ein Beistandschaftsgesetz: Abschaffung der gesetzlichen Amtspflegschaft.

[38] Vgl. LG Berlin DtZ 1991, 383: Beistand für ein ne. Kind in Ostberlin für Klage gegen Tansanier als Vater.

51 c) Über das **Erbrecht** eines nichtehelichen Kindes nach einem deutschen Erblasser sagt Art. 235 § 1 Abs. 2 EGBGB, daß „auch sonst" (bei einem Erbfall nach dem 2. 10. 1990) die Vorschriften des BGB über den Erbersatzanspruch und den vorzeitigen Erbausgleich (§§ 1934a bis 1934e, 2338a BGB) nicht für ein nichteheliches Kind gelten, das vor dem 3. 10. 1990 geboren ist. Stattdessen gelten die normalen Vorschriften für das Erbrecht des ehelichen Kindes. Diese Vorschrift will die erbrechtliche „Position" (soweit man überhaupt vor dem Erbfall von einer solchen sprechen kann) eines nichtehelichen Kindes, die es vor dem 3. 10. 1990 innehatte, durch die Wiedervereinigung und die Ausdehnung des deutschen Rechts auf die ostdeutschen Bundesländer nicht schmälern. Diese „Position" hatte ein Kind jedoch nur, wenn es sie im Zeitpunkt der Geburt nach dem Recht der DDR (einschließlich seines IPR) überhaupt hatte. Das war lediglich dann der Fall, wenn der Erblasser damals Deutscher im Sinne des Staatsbürgerschaftsgesetzes der DDR war und deshalb mit der Anwendung ostdeutschen Erbrechts zu rechnen war (§ 25 Abs. 1 RAG). Dies trifft zB nicht zu, wenn es um die Erbfolge nach einem westdeutschen Vater ohne DDR-Staatsbürgerschaft mit gewöhnlichem Aufenthalt in der damaligen BRepD geht. Hier hatte das Kind keine „Aussicht" auf ein volles Erbrecht erworben, und es bleibt bei den Ansprüchen gemäß den §§ 1934a bis 1934e BGB. Angeknüpft wird also an die DDR-Staatsangehörigkeit des Kindesvaters im Zeitpunkt der Wiedervereinigung. Diese Anknüpfung ist nicht grundgesetzwidrig; denn diese Anknüpfung dient lediglich dazu, den räumlich-persönlichen Anwendungsbereich des Art. 235 § 1 Abs. 2 EGBGB sinnvoll zu bestimmen.

52 Wenn man schon in Art. 235 § 1 Abs. 2 EGBGB auf eine „Erbaussicht" Rücksicht nimmt, müßte diese Vorschrift ebenfalls für ein im Westen wohnendes Kind eines ostdeutschen Vaters mit DDR-Bürgerrecht im Zeitpunkt der Wiedervereinigung gelten.

53 **9. Vormundschaft, Pflegschaft und Betreuung.** Mit den Art. 234 §§ 14 und 15 EGBGB genannten Vormundschaften und Pflegschaften sind solche gemeint, die von Instanzen der DDR nach DDR-Recht angeordnet worden sind und seit dem 3. 10. 1990 fortgelten (Art. 18, 19 Einigungsvertrag). Diese Vormundschaften und Pflegschaften werden in ihrem nach bisherigem Recht festgelegten Wirkungsbereich fortgeführt, und zwar, von Ausnahmen abgesehen (Art. 234 §§ 14 Abs. 4, 5; Art. 234 15 Abs. 2 EGBGB) nach den Vorschriften des BGB einschließlich der Betreuung. UU erfolgt eine gewisse Anpassung (Art. 234 §§ 14 Abs. 2, 3; 15 Abs. 2 EGBGB).

IV. Probleme des Allgemeinen Teils

54 **1. Vorfragen.** Familienrechtliche Vorfragen, insbesondere im deutschen interlokalen Privatrecht (s. RdNr. 29 bis 53), sollten hier möglichst selbständig angeknüpft werden (s. Bd. 7, Einl. RdNr. 395), um dieselben Fragen, in welchem Zusammenhang sie auch auftreten, wie stets im deutschen Sachrecht gleich zu beantworten.

55 **2. Renvoi.** Das Problem der Rück- und Weiterverweisung (s. Art. 4 RdNr. 1 bis 60 EGBGB) tritt im intertemporalen IPR nur indirekt auf, weil dort lediglich gesagt wird, welche Kollisionsnormen des EGBGB (einschließlich des Art. 4) für familienrechtliche Dauerwirkungen zur Anwendung kommen. Im deutschen interlokalen Privatrecht (s. RdNr. 29 bis 53) ist das IPR der DDR stets dann zu beachten, wenn und soweit auf das „bisherige Recht" verwiesen wird. Zwar setzen die Vorschriften des Art. 234 EGBGB die Anwendung deutschen Rechts voraus, jedoch kann sich ergeben, daß in der DDR auf Grund des RAG westdeutsches Recht angewandt wurde (zB der Name eines Kindes westdeutscher Eltern, das, ohne DDR-Bürger zu sein, in der DDR lebte: Art. 234 § 10 EGBGB iVm. § 22 S. 1 RAG).

56 **3. Ordre public.** Für das internationale Privatrecht gilt Art. 6 EGBGB. Soweit im deutschen interlokalen Privatrecht (s. RdNr. 29 bis 53) Korrekturen anzubringen sind (vgl. zB Art. 234 § 13 Abs. 4 bis 7 EGBGB), nehmen sich die interlokalrechtlichen Vor-

rechtlichen Vorschriften des Art. 234 EGBGB dieser Situation an, so daß sich ein Rückgriff auf einen ungeschriebenen innerdeutschen ordre public erübrigt.

VII. Verfahrensrecht

1. Zuständigkeit. a) Für die **internationale Zuständigkeit** gelten seit dem 3. 10. 1990 die neuen westdeutschen Vorschriften über die internationale Zuständigkeit. Diese Vorschriften konnten mit den bilateralen Rechtshilfeverträgen der DDR kollidieren. Mit deren Außerkrafttreten ist die Gefahr einer Kollision beseitigt worden (s. RdNr. 6). **57**

b) Interlokale Zuständigkeiten sind nicht geregelt. Insoweit gelten die normalen Vorschriften der ZPO und des FGG über die örtliche Zuständigkeit (Art. 8 Einigungsvertrag). **58**

2. Verfahren. Im internationalen und interlokalen Privatrecht gilt seit dem 3. 10. 1990 das häufig ungeschriebene internationale Zivilverfahrensrecht und für das interlokale Privatrecht das normale Zivilverfahrensrecht. **59**

3. Anerkennung ausländischer Entscheidungen. Entscheidungen, die **vor** dem 3. 10. 1990 gefällt worden sind, unterstehen dem bisherigen Recht (einschließlich des staatsvertraglichen Anerkennungsrechts). Wird die Anerkennung erst **nach** dem 3. 10. 1990 verlangt, so wurden auch die in der ehemaligen Bundesrepublik geltenden Staatsverträge berücksichtigt. Die ehemaligen Rechtshilfeverträge der DDR sind mit Wirkung vom 3. 10. 1990 erloschen (s. RdNr. 6). **60**

§ 3 Güterstand

Die güterrechtlichen Wirkungen von Ehen, die vor dem Wirksamwerden des Beitritts geschlossen worden sind, unterliegen von diesem Tag an dem Artikel 15; dabei tritt an die Stelle des Zeitpunkts der Eheschließung der Tag des Wirksamwerdens des Beitritts. Soweit sich allein aus einem Wechsel des anzuwendenden Rechts nach Satz 1 Ansprüche wegen der Beendigung des früheren Güterstandes ergeben würden, gelten sie bis zum Ablauf von zwei Jahren nach Wirksamwerden des Beitritts als gestundet.

Übersicht

I. Bedeutung des § 3

Für Ehen, die vor dem 3. 10. 1990 geschlossen worden sind, bestimmt Art. 236 § 3, welches Recht für die güterrechtlichen Wirkungen maßgebend ist. Diese Vorschrift soll gerade wegen der unwandelbaren Anknüpfung des Güterrechtsstatuts nach Art. 15 Abs. 1 EGBGB (im Gegensatz zum ausschlaggebenden Maßstab des § 19 RAG und der Rechtshilfeverträge der DDR) sicherstellen, daß wegen des bisher maßgeblichen DDR-Rechts eine Überführung in das Güterrecht des BGB problemlos vorgenommen werden kann. **1**

II. Staatsverträge

2 Auch für das Güterrecht stellten die 35 bilateralen Rechtshilfeverträge der DDR Verweisungsnormen auf. Hier ist ebenso wie bei Art. 236 § 2 EGBGB zu entscheiden: Diese Verträge sind mit Wirkung vom 3. 10. 1990 erloschen (s. RdNr. 6).

III. Gegenstand und Maßstab der Überleitung

3 Für die Auslegungs- und Beurteilungsmaßstäbe gilt das bei Art. 236 § 2 EGBGB Gesagte (s. RdNr. 7 bis 10). Zum Gegenstand des Art. 236 § 3 EGBGB gehört auch der güterrechtlich zu qualifizierende Ausgleichsanspruch nach § 40 FGB.[1]

IV. Intertemporales Kollisionsrecht

4 **1. Gesetzlicher Güterstand. a)** Für **Altehen,** die vor dem 3. 10. 1990 geschlossen worden sind, wurde das Güterrechtsstatut bis zum 2. 10. 1990 nach dem in der DDR geltenden Verweisungsrecht gleichberechtigungskonform festgelegt. Insoweit brauchte also Art. 236 § 3 EGBGB keine Vorschrift, die – wie Art. 220 Abs. 3 EGBGB – für die Zeit bis zur Änderung des IPR das Güterrechtsstatut bestimmt. Seit dem 3. 10. 1990 ist das Güterrechtsstatut nach Art. 15 EGBGB zu bestimmen (§ 3 S. 1). Das kann zu einem Statutenwechsel führen, wenn Art. 15 EGBGB ein anderes Güterrecht beruft als § 19 RAG oder als ein Staatsvertrag der DDR.[2] Art. 236 § 3 EGBGB sieht keine Übergangsvorschrift nach dem Muster des Art. 234 § 4 Abs. 2 EGBGB vor und erlaubt keinem Ehegatten, einseitig zu erklären, das bisher maßgebliche Statut solle weiterhin anwendbar sein. Das ist insofern verständlich, als die Übergangsvorschriften des Art. 234 § 4 Abs. 2 EGBGB und des Art. 8 I Nr. 3 GleichberG sachrechtlicher Natur sind, die aufzustellen nur dem kollisionsrechtlich anwendbaren Sachrecht obliegt. Eine kollisionsrechtliche Protesterklärung zur Weitergeltung des bisher geltenden Güterstatuts ist hier auch nicht notwendig, weil § 19 RAG vor einem Statutenwechsel durch einseitigen Akt eines Ehegatten nicht bewahrte; das Vertrauen auf den Fortbestand eines Güterrechtsstatuts wurde also auch bisher nicht geschützt. Bei einer Bestimmung der güterrechtlichen Wirkungen gemäß der unwandelbaren Anknüpfung des Art. 15 Abs. 1, 14 EGBGB (mit Anknüpfungszeitpunkt des 3. 10. 1990) wird nun besser sichergestellt, daß durch einseitigen Akt kein Statutenwechsel herbeigeführt wird.

5 Aus einem Statutenwechsel können sich Ansprüche wegen Beendigung des früheren Güterstandes ergeben. Für diese Ansprüche gilt Art. 236 § 3 S. 2 EGBGB, zB die Vermögensauseinandersetzung hinsichtlich des DDR-Güterstandes der Eigentums- und Vermögensgemeinschaft.[3] Art. 236 § 3 S. 2 EGBGB entspricht dem Art. 220 Abs. 3 S. 4 EGBGB (s. dort RdNr. 3, Art. 15 RdNr. 179).

6 **b)** Die **Ehen des neuen Rechts,** die seit dem 3. 10. 1990 geschlossen worden sind und werden, unterstehen dem neuen IPR des EGBGB.

7 **2. Vertragsmäßiges Güterrecht.** § 3 spricht allgemein von „güterrechtlichen Wirkungen von Ehen", umfaßt also auch das vertragsmäßige Güterrecht. Trotzdem fragt sich: Wird ein vertraglicher Güterstand, der vor dem 3. 10. 1990 von dem bisher geltenden IPR berufen wurde, durch die Änderung des IPR gegen den Willen der Eheleute geändert? Die Antwort ist ebenfalls von dem Sachrecht zu geben, welches das neue IPR des Art. 15 EGBGB beruft. Hat zB das bisher geltende IPR ein Sachrecht berufen und haben die Eheleute nach diesem Sachrecht einen Güterstand geschlossen, so gilt der vereinbarte Güterstand unter dem neuen Güterrechtsstatut in angepaßter Weise weiter. Haben zB

[1] Vgl. BGH DtZ 1993, 281 (innerdeutsch).

[2] *Rauscher* DtZ 1991, 20, 21; *Staudinger-Dörner* Art. 236 §§ 1–3 EGBGB RdNr. 58.

[3] KG DtZ 1992, 24. Vgl. auch BGH DtZ 1992, 120 und 122 (Wertbemessung bei Vermögensauseinandersetzung).

deutsch-polnische Eheleute nach ihrem polnischen Wohnsitzrecht (Art. 22 Abs. 2 Rechtshilfevertrag der DDR mit Polen von 1957) Gütertrennung vereinbart, so würde die polnische Gütertrennung auch unter neuem IPR weitergelten (Art. 15 Abs. 2 Nr. 1 oder 2 EGBGB, Art. 47 § 1 poln. FamGB von 1964). Gerade Art. 15 Abs. 2 EGBGB mit seinen Wahlmöglichkeiten wird dazu führen, daß das bisher geltende Recht auch durch Rechtswahl nach Art. 15 Abs. 2 EGBGB hätte gewählt werden können. Dann aber bestimmt das weiterhin maßgebende Güterstatut, ob bis zu einem neuem Vertrag oder einer richterlichen Änderung ein bereits geschlossener Ehevertrag bestehen bleibt.

3. VFGüterstandsG. Auch das Gesetz vom 4. 8. 1969 über den ehelichen Güterstand von Vertriebenen und Flüchtlingen (s. Art. 16 Anh.) ist übergeleitet worden; denn eine Ausnahme wurde nicht gemacht (Art. 8 Einigungsvertrag und dessen Anlage I Kapitel III, Abschnitt I). Diese Überleitung bedeutet, daß die ostdeutschen Gerichte die von diesem Gesetz erfaßten Fälle (auch bei früheren Flüchtlingen aus dem Osten) genauso behandeln müssen, wie dies bisher und weiterhin die westdeutschen Gerichte tun. **8**

V. Interlokales Kollisionsrecht

1. Gesetzlicher Güterstand. Leben deutsch-ausländische Eheleute am 3. 10. 1990 im gesetzlichen Güterstand des FGB (Eigentums- und Vermögensgemeinschaft iSd. § 13 FGB), so wird dieser Güterstand mangels abweichender Vereinbarung oder entgegenstehender Erklärung (Art. 234 § 4 Abs. 2 EGBGB) in den gesetzlichen Güterstand der Zugewinngemeinschaft übergeleitet (Art. 234 § 3 Abs. 1 EGBGB). Diese Vorschrift, die dem Art. 8 I Nr. 3 GleichberG ähnelt, setzt voraus, daß die Eheleute nach dem in der ehemaligen DDR geltenden Recht (einschließlich deren IPR), also im gesetzlichen Güterstand des § 13 FGB gelebt haben. Das ist zB aus DDR-Sicht der Fall, wenn DDR-Bürger in den Westen gegangen sind und nur aus westdeutscher Sicht durch das VFGüterstandG (s. RdNr. 8) einen westdeutschen Güterstand erhalten haben; denn nach ostdeutschem Recht lag kein Statutenwechsel vor. Nun jedoch gilt sowohl für ost- und westdeutsche Gerichte einheitlich die Zugewinngemeinschaft für alle Eheleute, die keinen Ehevertrag geschlossen haben und einer Überleitung ihres Güterstandes in die Zugewinngemeinschaft nicht rechtzeitig widersprochen haben. **9**

2. Vertragsmäßiges Güterrecht. Das vertragsmäßige Güterrecht, das bei Anwendbarkeit ostdeutschen Rechts im Rahmen des § 14 FGB vereinbart werden konnte, wird in Art. 234 § 4 EGBGB nur insofern erwähnt, als bei einer solchen Vereinbarung die Überleitungsvorschriften nicht gelten. Für diese Fälle ist Art. 200 Abs. 1 EGBGB, die Übergangsvorschrift von 1896 für das Ehegüterrecht, entsprechend anzuwenden: Soweit keine Überleitung durch Art. 234 § 4 EGBGB stattfindet, bleibt es für die am 3. 10. 1990 bestehenden Ehen beim vertraglich vereinbarten Ehegüterrecht. Die Ehegatten sind jedoch frei, jederzeit einen Güterstand des BGB zu wählen. Anders als bei Art. 8 I Nr. 5ff. GleichberG erfolgt also keine Anpassung des Güterstandes nach § 14 FBG an einen Güterstand des BGB. Das wäre auch schwierig gewesen. Ihren vertraglichen Güterstand des FBG sollten Eheleute nach § 1412 BGB in das Güterrechtsregister eintragen lassen. **10**

VI. Probleme des Allgemeinen Teils

Hier gilt dasselbe wie bei Art. 236 § 2 RdNr. 54 bis 56. **11**

VII. Verfahrensrecht

Vgl. hierzu Art. 236 § 2 RdNr. 57 bis 60. **12**

Sachverzeichnis

Bearbeiterin: Assesorin Nicola Hentze

Die fetten Zahlen bezeichnen die Artikel und Paragraphen der jeweils angegebenen Gesetze, die mageren die Randnummern.